Dr. h. c. FRITZ ENCKE
Dr. GÜNTHER BUCHHEIM
Prof. Dr. SIEGMUND SEYBOLD

ZANDER
Handwörterbuch der Pflanzennamen

15. Auflage

E.U.
VERLAG
EUGEN
ULMER

Korrigierter Nachdruck der 14. Auflage

Die Deutsche Bibliothek – CIP-Einheitsaufnahme

Zander, Robert:
Handwörterbuch der Pflanzennamen / Zander. Fritz Encke ... – 15. Aufl., korr. Nachdr. der 14. Aufl. – Stuttgart : Ulmer, 1994

ISBN 3-8001-5072-7
NE: Encke, Fritz [Bearb.]; HST

Wollgrasweg 41, 70599 Stuttgart (Hohenheim)
Printed in Germany
Einband: Alfred Krugmann, Freiberg
Satz: Typobauer Filmsatz GmbH, Ostfildern
Druck und Bindung: Clausen & Bosse GmbH, Leck

Inhaltsverzeichnis

Vorwort

Wiederum kann nach nur wenigen Jahren eine völlig neue Auflage des Handwörterbuches erscheinen. Das begrüßen die Herausgeber, ermöglicht es ihnen doch, viele seit der 13. Auflage erschienene wichtige Schriften, so neben anderen die 2. Auflage von Mansfeld, „Verzeichnis landwirtschaftlicher und gärtnerischer Kulturpflanzen“ und Band 1–3 von „The European Garden Flora“, entsprechend auszuwerten. Größere Änderungen ergaben sich bei den *Cactaceae.* Hier folgten wir im allgemeinen der Bearbeitung der Familie von D. R. Hunt und N. P. Taylor in Band 3 von „The European Garden Flora“ (1989); in der Abgrenzung der 55 Gattungen wurden auch von der Internationalen Organisation für Sukkulentenforschung (I. O. S.) geförderte Schriften berücksichtigt. Günther Buchheim kümmerte sich vor allem um die systematische und nomenklatorische Richtigkeit. Siegmund Seybold bearbeitete und ergänzte das alphabetische Namenverzeichnis der im Handwörterbuch vorkommenden Artbezeichnungen und ihre Übersetzungen. Erstmals konnten nun alle nicht von Eigennamen abgeleiteten Artbezeichnungen übersetzt oder einer Deutung nahegebracht werden. Darüber hinaus ist das Werk wie seine Vorgänger in allen Teilen das Ergebnis der gesamten Arbeit der drei Herausgeber.
57 Gattungen und 291 Arten wurden neu aufgenommen, das Autorenverzeichnis wurde um 220 Autoren erweitert.* Die Angaben über die Verbreitungsgebiete wurden kritisch durchgesehen und ergänzt. Außerdem finden sich Berichtigungen, die das Werk auf den neuesten Stand bringen, auf fast jeder Seite, vor allem im Hauptteil sowie bei den Kapiteln über die Artbezeichnungen und die Autoren der Pflanzennamen.
Auch die Hinweise auf den Naturschutz wurden erweitert. Mit der Vereinigung Deutschlands ist eine Zusammenführung der in den vorherigen Teilgebieten geschützten Arten notwendig geworden. Zusätzlich wird durch ein besonderes Zeichen auf die Arten hingewiesen, die durch das Washingtoner Artenschutzübereinkommen geschützt sind. Ferner wurde eine größere Zahl von Gattungen und Arten, die seit einer Reihe von Jahren in zunehmendem Maße in der Binderei als Trockenmaterial verarbeitet werden, neu aufgenommen.
Man mache sich aber klar, daß in einem solchen Buch nicht etwa alle in Deutschland oder anderen Gebieten wild vorkommenden Gattungen und Arten enthalten sein können. Dafür muß man die entsprechenden Floren dieser Länder heranziehen. Das Handbuch enthält verständlicherweise nur eine, wenn auch sehr umfangreiche Auswahl von Pflanzen, so alle gartenbaulich, land- und forstwirtschaftlich genutzten Pflanzen, sonstige Nutzpflanzen, offizinelle oder als Drogen genutzte Gewächse sowie die häufigsten in botanischen Gärten gezogenen Gewächshaus- und Freilandpflanzen.
Das Handwörterbuch wendet sich also nach seinem Inhalt an Gärtner, Land- und Forstwirte und Botaniker, an Apotheker, Drogisten, Lehrer, Biologen, aber auch an Wissenschaftler der verschiedensten Gebiete, soweit sie sich mit Pflanzen beschäf-

* Das Wörterbuch umfaßt damit insgesamt 3262 Gattungen (nebst 271 Gattungssynonymen), 13962 Arten, 990 infraspecifische Taxa und 266 Sorten sowie 8209 Synonyme für die drei letztgenannten Gruppen, insgesamt also 27308 Namen.

tigen, an Berufsschüler, Studenten, Philatelisten, ja an alle naturwissenschaftlich Interessierten überhaupt. Sie alle finden neben sprachlichen und grundsätzlichen Erwägungen, die zur Benennung der Pflanzen führen, die korrekten Namen einer Vielzahl von Gattungen und Arten. Dies erspart ihnen das oft beschwerliche und schwierige Nachschlagen in den verschiedenen, oft schwer beschaffbaren Schriften und gibt ihnen die Gewähr, den korrekten Namen zu verwenden, dadurch also das sichere Bewußtsein, von allen verstanden zu werden, die in irgendeiner Weise in Praxis oder Wissenschaft mit Pflanzen zu tun haben. Vor allem sichert die Benutzung unseres Handbuches bei allen literarischen Arbeiten vom Buch über die Zeitschrift bis hin zu Katalog und Preisliste den einheitlichen Gebrauch des „richtigen", das heißt des korrekten Namens. Auch bei der Etikettierung in botanischen Sammlungen, auf Ausstellungen, in Baumschulen und allen anderen gärtnerischen Betrieben ist es aus dem gleichen Grunde unentbehrlich.
Man bleibe sich aber bewußt, daß mit dem Fortschreiten der Wissenschaft auch künftig Namensänderungen auftreten werden, die ihren Niederschlag dann in der nächsten Auflage dieses Werkes finden. Nicht zuletzt deshalb benutze man dieses Werk nicht ohne Kenntnis von Teil I und den Erläuterungen zu den übrigen Teilen. Sollte sich trotz aller Sorgfalt hie und da ein Fehler eingeschlichen haben oder sollte der eine oder andere Leser einen Namen vermissen, so schreibe er dies dem Verlag, der besondere Anfragen gerne an die Autoren weitergibt. Verlag und Verfasser sind für kritische Hinweise, die ihnen die Möglichkeit zu einer weiteren Verbesserung des Handwörterbuches bieten, jederzeit dankbar. Es ist ihnen ein Bedürfnis, allen herzlich zu danken, die sich in den vergangenen Jahren mit Berichtigungen und Anregungen an sie wandten.

Januar 1993

Dr. h. c. Fritz Encke,
Greifenstein, Westerwald

Dr. Günther Buchheim,
John Carter Brown Library,
Providence, R. I., U. S. A.

Prof. Dr. Siegmund Seybold,
Staatliches Museum für
Naturkunde, Stuttgart

Robert Zander

Dr. Robert Zander wurde am 26. Juli 1892 in Magdeburg als Sohn eines Gärtnereibesitzers geboren und starb am 8. Mai 1969 als Leiter der Bücherei des deutschen Gartenbaues in Berlin. Zwischen Geburt und Tod dieses Mannes liegt ein reiches, der Botanik und dem Gartenbau verschriebenes Leben, dessen Wirken sich am sichtbarsten niedergeschlagen hat in zahlreichen Schriften und dem Aufbau der Bücherei des deutschen Gartenbaues, mit 35000 Bänden eine der reichhaltigsten Gartenbaubüchereien der Welt. Zanders Tätigkeit in den letzten Jahren lag in der karteimäßigen Erfassung des Inhaltes gartenbaulicher Zeitschriften, eine mühsame Arbeit, deren Ergebnisse allen zugute kommen, die auf gartenbaulichem Gebiet wissenschaftlich arbeiten.

Das weiter unten folgende Verzeichnis der wichtigsten Schriften Zanders zeugt von der Vielseitigkeit des Schriftstellers, der außerdem über viele Jahre hinweg als Schriftleiter einigen Zeitschriften ihr Gesicht gab, nicht zuletzt der altberühmten „Gartenflora", die leider während des Krieges ihr Erscheinen einstellen mußte. Diejenige der Zanderschen Schriften aber, die am stärksten in die Breite gewirkt hat und noch immer wirkt, ist das „Handwörterbuch der Pflanzennamen", das heute, wenn auch längst nicht mehr von ihm bearbeitet, in der 14. Auflage vorliegt. Den Anstoß zu dieser Arbeit bekam Zander 1926, als ihn der Reichsverband des deutschen Gartenbaues nach Berlin berief mit dem Auftrag, ein Handwörterbuch der Pflanzennamen als Grundlage für eine einheitliche Benennung gärtnerisch genutzter Pflanzen zu schaffen. Die erste Auflage konnte bereits 1927 erscheinen, ein Nachtrag 1928.

Inzwischen wurde das Handwörterbuch, der „Zander", wie es von allen seinen Benutzern genannt wird, zum unentbehrlichen Ratgeber der Gärtner, Förster, Pharmazeuten, vieler Botaniker, also all derer, die rasch und sicher den korrekten Namen einer wirtschaftlich oder anders genutzten Pflanze feststellen wollen. Die Arbeit an der gartenbaulichen Nomenklatur führte Zander in den Internationalen Gartenbau-Nomenklaturausschuß, dessen Sekretär er auf dem 12. Internationalen Gartenbau-Kongreß in Berlin war. Bis zu seinem Tode war er tätiges Mitglied des Deutschen Arbeitskreises für Gartenbau-Nomenklatur.

Im Laufe seines Lebens, vor allem als Leiter der heute der Bibliothek der Technischen Universität Berlin angegliederten Gartenbaubücherei, hat er zahllose Menschen an seinem großen Wissen und seiner einzigartigen Literaturkenntnis teilnehmen lassen, sie angeregt und ihnen jede erdenkliche Hilfe bei wissenschaftlichen Arbeiten gegeben.

Liste der wichtigsten Veröffentlichungen von Robert Zander

1. Beitrag zur Kenntnis der tertiären Hölzer des Geiseltals. Dr.-Dissertation, Halle, Januar 1923. Abdruck in „Braunkohle“ Jahrg. XXII, H. 2 (14. 4. 23) S. 17f., H. 3 (21. 4. 23) S. 38f.
2. Führer durch den Botanischen Garten der Universität Halle/S. Botanischer Garten Halle/S. 1925.
3. Handwörterbuch der Pflanzennamen und ihre Erklärungen. Gärtnerische Verlagsgesellschaft, Berlin 1927, hierzu Nachtrag 1928.
   2. Aufl. Anfang 1932
   3. Aufl. 1936
   4. Aufl. Anfang 1938
   5. Aufl. Ende 1938
   6. Aufl. 1940
   7. Aufl. Ulmer, Stuttgart 1954
   8. Aufl. Ulmer, Stuttgart 1955
   9. Aufl. Ulmer, Stuttgart 1964
   in Zusammenarbeit mit
   F. Encke und G. Buchheim
4. Wunder der Blüten, Bd. 76 der „Wege zum Wissen“, Ullstein, Berlin 1927.
5. Schmarotzende Pflanzen. Brehmverlag, Berlin 1930, seitdem oft nachgedruckt.
6. Zanders großes Gartenlexikon. Ullstein, Berlin 1934.
7. Wörterbuch der gärtnerischen Fachausdrücke in 4 Sprachen. Büro des Internationalen Gartenbaukongresses, Berlin 1938.
8. Fachwörterbuch der Konservenindustrie in 8 Sprachen. Dr. Serger & Hempel, Braunschweig 1939.
9. Die Kunst des Pflanzenbeschreibens. Ulmer, Stuttgart 1939, 2. Aufl. 1947.
10. Deutsch-Botanisches Wörterbuch. Ulmer, Stuttgart 1940, 2. Aufl. 1947 als „Kleines Botanisches Fremdwörterbuch“.
11. Die Pflanze im Liebesleben der Völker. Naturkunde, Hannover und Berlin-Zehlendorf 1951.
12. Geschichte des Gärtnertums. Ulmer, Stuttgart 1952.
13. In Zusammenarbeit mit anderen Autoren: Leitfaden für den gärtnerischen Berufsschulunterricht. Gärtnerische Verlagsgesellschaft, Berlin 1929, und folgende Auflagen.
14. Mitarbeiter bei „Kluges Alphabet“ im Propyläenverlag 1934/35.
15. In Zusammenarbeit mit Dr. Clara Teschner: Der Rosengarten, eine geschichtliche Studie durch zwei Jahrtausende. Trowitzsch & Sohn, Frankfurt/O. 1939.
16. Geschichte des Obstbaues für Trenkles Lehrbuch des Obstbaus. Bechtold & Co., Wiesbaden 1942, und folgende Auflagen.

Teil I
Einführung in die botanische Namenkunde

1 Allgemeine Regeln für die Namengebung

Die Benennung der (Wild- und Kultur-)Pflanzen mit wissenschaftlichen Namen (d.h. botanischen Namen in lateinischer Form) wird durch den „International Code of Botanical Nomenclature" (ICBN) von 1988 geregelt. Eine Übertragung ins Deutsche unter dem Titel „Internationaler Code der Botanischen Nomenklatur" wurde von Dr. Werner Greuter, Leitender Direktor, und Dr. Paul Hiepko, Direktor am Botanischen Garten und Museum in Berlin-Dahlem, gefertigt (Berlin 1989, Englera 11). Die Benennung der land-, wald- und gartenbaulichen Sorten wird durch den „Internationalen Code der Nomenklatur der Kulturpflanzen" (ICNCP) 1980 geregelt. (Deutsche Fassung siehe Seite 19).
Anregungen für den Ausbau des letztgenannten Codes sind zu richten an den Arbeitsausschuß Nomenklatur der Deutschen Gartenbauwissenschaftlichen Gesellschaft, 3 Hannover-Herrenhausen, Herrenhäuser Str. 2.

2 Ausspracheregeln

Alle wissenschaftlichen Pflanzennamen werden, abgesehen von den Sortennamen, nach den jetzt gültigen Regeln für die lateinische Sprache behandelt, auch wenn sie rein griechische oder neusprachige Form behalten haben.
Für den allgemeinen Gebrauch ist es als ausreichend erkannt worden, durch ein einheitliches Zeichen die zu betonende Silbe zu markieren.
Für eingehendere Studien bedarf es der Unterscheidung von kurz oder lang zu bewertenden Vokalen, wie es im folgenden erläutert wird.
Zur Erleichterung der Unterschiede, ob ein Vokal kurz oder lang zu sprechen ist (vgl. Betonungsregeln), werden hier in Teil I (sonst nicht!) zwei verschiedene Akzente verwendet. Der Akut (á) gibt den kurzen Vokal an, der Gravis (à) den langen. Es ist also zu sprechen:

1. kurz und betont
   á wie in Apfel
   é wie in Kelch
   í wie in Himbeere
   ó wie in Hopfen
   ú wie in Tulpe

2. lang und betont
   à wie in Dahlie
   è wie in Reseda
   ì wie in Primel
   ò wie in Mohn
   ù wie in Blume

Für die Aussprache galten früher „die Richtlinien für die Lehrpläne der höheren Schulen", Weidmannsche Taschenausgabe 19. Heft, 1. Band, 8. Aufl., Stand vom 1. Januar 1931. Neuerdings wird die Aussprache in den deutschen Schulen nicht mehr einheitlich gelehrt. Das c wird z.T. wieder vor e, i, y, ae, oe wie z gesprochen, sonst wie k.

1. für Selbstlaute (Vokale)

a) Alle Selbstlaute werden getrennt gesprochen, z.B. *le-i-ánthus* (glattblütig), nicht *lei-ánthus*. Im täglichen gärtnerischen Gebrauch ist gegen die Annäherung an unsere Umgangssprache kaum etwas einzuwenden, also z.B. *lei-ánthus* zu spre-

brasilianische Art *Gloxínia maculáta* L'Hérit. gegründet. LODDIGES führte 1817 die verwandte *Gloxínia speciósa* Lodd. ein. Aus dieser sind die Sorten hervorgegangen. Inzwischen hat sich ergeben, daß die Pflanze zu der von NEES VON ESENBECK 1825 gegründeten Gattung *Sinníngia* gehört. Nach NEES hieß die Pflanze *Sinníngia hélleri*; nach den internationalen Regeln muß sie also jetzt heißen: *Sinníngia speciósa* (Lodd.) Hiern. In der Praxis wird also diese *Sinníngia speciósa* den „deutschen" Namen Gloxinie (nach dem Colmarer Arzt GLOXIN) tragen und im Gartenbau stets eine Gloxinie sein - mit dem botanischen Namen *Sinníngia*. (Über die deutschen Pflanzennamen s. Teil V.) Ein prächtiges Gegenstück für nomenklatorische Bereinigung ist dem inzwischen verstorbenen Prof. Dr. BURRET zu verdanken, der bei seiner Bearbeitung der Palmen folgendem Kuriosum begegnete:
Im Index Kewensis (s. Literaturverzeichnis) steht: *Seafórthia élegans*, siehe *Archontophoénix cunninghámii* H. Wendl. et Drude. Nach der Quellenangabe muß es aber heißen, *Archontophoénix cunninghamiána* (H. Wendl.) H. Wendl. et Drude. Bei *Seafórthia élegans* steht im Index Kewensis als Autor Hook., das muß aber Hook. non R. Br. heißen, denn es liegt eine Beschreibung von ROBERT BROWN vor, die sich nicht mit der von HOOKER deckt und aus der hervorgeht, daß HOOKER Teile von *Archontophoénix* und Teile von *Seafórthia* (Blätter und Früchte) vermengt als Unterlage zu seiner Tafel von *Seafórthia élegans* Hook. benutzte. Da nun aber nach neueren Forschungen die *Seafórthia élegans* R. Br. zur Gattung *Ptychospérma* gehört, heißt sie jetzt *Ptychospérma élegans* (R. Br.) Bl. und führt als Synonym *Seafórthia élegans* R. Br. Neben ihr besteht *Archontophoénix cunninghamiána* (H. Wendl.) H. Wendl. et Drude.
Im Gartenbau ist dies Nebeneinander zum Durcheinander geworden, d. h. *Archontophoénix cunninghamiána* (H. Wendl.) H. Wendl. et Drude wird häufig als *Ptychospérma* (bzw. als *Seafórthia*) kultiviert, obwohl beide Pflanzen verschiedenen Gattungen angehören.

7 Internationale Nomenklaturregeln

a Der „Internationale Code der Botanischen Nomenklatur" (ICBN) und seine Anwendung

Die botanische Nomenklatur ist ein schwieriges Gebiet der Botanik. Das geht allein daraus hervor, daß die Grundsätze, die die Benennung der Pflanzen regeln sollen, auf alle Pflanzen anwendbar sein müssen, d. h. die vorweltlichen, also die fossilen, mit denen sich die Paläobotanik befaßt, dann die Algen, Pilze, Flechten, Moose, Farne usw. bis zu den höchstentwickelten Blütenpflanzen. Auch die nicht frei in der Natur entstandenen Sippen, die sich unter direkter oder indirekter Einwirkung des Menschen entwickelten, müssen in ihrer Benennung von der Nomenklatur erfaßt werden (vgl. ICNCP). Jeder Vorschlag zur Regelung der Benennung muß sich in den verschiedenen Gebieten in mehrjähriger praktischer Anwendung erst bewähren, bevor man ihn als „Regel" verabschieden kann und bevor man die „Ausnahmen" herausgefunden hat, die solche „Regeln" gegebenenfalls einengen.
Die Nomenklaturregeln bilden ein bestimmtes Benennungssystem, das seine Anwendung in der botanischen Systematik (botanische Taxonomie) findet. Diese Disziplin umfaßt ein Arbeitsgebiet, in dem subjektive Auffassungen über die Abgrenzungen botanischer Gruppen und Rangstufen (z. B. Art, Varietät usw.) unvermeidbar sind. Außerdem erweitern neue Beobachtungen ständig unsere Kenntnisse. Das bedingt den unaufhörlichen - wenn auch langsamen - Wandel in der Systematik. Dieser richtet sich nach dem Erkenntnisreichtum dessen, der sich mit einer bestimmten Pflanzenfamilie beschäftigt. Durch die sogenannten „Übergangsformen", in denen Unterscheidungsmerkmale keine sichere Entscheidung über die

Zugehörigkeit zur einen oder anderen Art oder Gattung erlauben, muß es der subjektiven Auffassung des Bearbeiters überlassen bleiben, wo er den Trennstrich zieht.
Andererseits hängt die Bearbeitung einer Gattung zuweilen davon ab, ob die Blüten oder Früchte einer zweifelhaften Art zu beschaffen sind. Handelt es sich um seltenere Bäume, so dauert es oft Jahrzehnte, bis entschieden werden kann, ob sie ihren Platz im System (Klassifizierung) zu Recht einnehmen.
Muß der Platz für eine Art oder Gattung im System gewechselt und damit der Name geändert werden, dann kann und darf die Namenänderung nur unter Berücksichtigung der Nomenklaturvorschriften des „Codes" geschehen.
In früheren Zeiten, bevor es Nomenklaturregeln gab, verfuhr jeder hierbei - von Ausnahmen abgesehen - nach eigenem Gutdünken. Das ging so lange, bis man das dadurch bedingte Verhängnis erkannte. In seiner umfassenden Schrift „Die Technik der wissenschaftlichen Pflanzenbenennung" (1949) schildert einer unserer erfahrensten Nomenklatoren, RUDOLF MANSFELD (1901–1960), die geschichtliche Entwicklung der botanischen Namenkunde und der nun schon ein Jahrhundert währenden Bestrebungen zur Schaffung fester Regeln. Es erübrigt sich deshalb, hier auf die historische Seite näher einzugehen, zumal dies in kurzer und trotzdem verständlicher Form nicht möglich ist.
Für die praktische Anwendung muß allen Ausführungen vorangestellt werden, daß Nomenklatur und Systematik zwei an sich grundverschiedene Dinge sind. Deshalb wurde einleitend ein ganz kleiner Einblick in einige wenige jener vielen Schwierigkeiten gegeben, die sich der Systematik täglich bieten.
Mit Nomenklaturvorschriften läßt sich - auch mit dem Prioritätsgesetz, d.h. dem Vorrang des (zeitlich begrenzt!) ältesten Namens - keine sichere Entscheidung über die Zugehörigkeit zur einen oder anderen Art oder Gattung treffen. Hat aber der Systematiker entschieden, daß z.B. unsere Hortensie zur Gattung *Hydrangéa* gehört und nicht, wie THUNBERG annahm, der die erste gültig veröffentlichte Beschreibung gab, zu *Vibúrnum*, dann gilt nicht der älteste Name *Vibúrnum macrophýllum.* Aber nach den jetzt geltenden Nomenklaturvorschriften muß die älteste Artbezeichnung zu dem Namen jener Gattung gestellt werden, in die die Pflanze nach allgemeiner Auffassung gehört. Unsere Hortensie darf also nur *Hydrangéa macrophýlla* (Thunb.) Ser. heißen, weil SERINGE sie als erster korrekt in diese Gattung stellte. Alle anderen Namen, wie *Hydrangéa horténsis* Sm., *Horténsia opuloídes* Lam., *Hydrangéa opuloídes* hort. usw., gehören in die Synonymik, d.h. sind als Nebennamen zu betrachten.
Hätte indessen vor der Überführung der Hortensie von der Gattung *Vibúrnum* zur Gattung *Hydrangéa* bereits eine andere Art den Namen *Hydrangéa macrophýlla* getragen, dann müßte das nächstjüngere Synonym als korrekter Name eintreten.
Dieses kleine, einfache Beispiel möge die Wirkungsbereiche von Systematik und Nomenklatur illustrieren. Es zeigt zugleich einige Schwierigkeiten auf, die nur der Eingeweihte zu erkennen und zu überwinden vermag. Das Beispiel mahnt alle diejenigen, die mit Pflanzen zu tun haben, nicht leichtfertig mit den Pflanzennamen umzugehen.
Der Namen-Wirrwarr, unter dem besonders der Gartenbau mit der wohl größten Anzahl Arten von Handelspflanzen zu leiden hat, ist nicht nur geschichtlich bedingt, wie es vorher angedeutet wurde, sondern beruht zum nicht geringen Teil auf fahrlässigem Gebrauch der Pflanzennamen in den Preisverzeichnissen und den Inseraten, leider auch in Büchern und Zeitschriften.
Wenn zur Behebung des durch Namenänderungen scheinbar unvermeidlichen Wirrwarrs von der Praxis ein Verzeichnis von Namen der Handelspflanzen als verbindliche, unveränderliche Liste gefordert wird, so ist das sehr zu verstehen. Dennoch wurde diese wiederholt geforderte Liste der Namen, die beizubehalten

sind (Nomina specifica conservanda), auf mehreren internationalen botanischen Kongressen bisher stets abgelehnt.
Auf dem vorletzten internationalen botanischen Kongreß in Sydney (1981) wurde zwar eine Bestimmung angenommen, die den Schutz von Artnamen ermöglicht, jedoch wurde ihre Anwendung auf weltwirtschaftlich bedeutende Pflanzen eingeschränkt. Es bleibt also im Prinzip dabei, daß es keine verbindliche Liste der Artnamen mit starrer Nomenklatur geben wird.*
Wie verhängnisvoll eine Liste unveränderlicher Namen (Nom. cons.) sein würde, lehrte jüngst im Gartenbau das Beispiel eines beliebten Weinrebengewächses, das teils als *Vítis voinieriána*, teils als *Císsus v.*, teils als *Rhoicíssus v.* gehandelt wurde. Die erste gültig mit Abbildung veröffentlichte Beschreibung (Revue horticole 1902) ließ Zweifel aufkommen, ob in der Abbildung oder in der Beschreibung ein Fehler enthalten ist. Lange Zeit war kein blühendes Exemplar aufzufinden. Erst 50 Jahre nach der Erstbeschreibung konnte festgestellt werden, daß die Art ihren Merkmalen nach nur zur Gattung *Tetrastígma* gehören kann, also *Tetrastígma voinieriánum* heißen muß.
Die Botanik kann und darf nicht an solchen Erkenntnissen vorübergehen. Und da es mehr solcher Fälle gibt, als man gemeinhin glaubt (auch natürliche Bastarde noch ungeklärten Ursprungs usw.), würde sich die Praxis mit einer starren Namenliste sehr bald wieder mit der Forschung in Widerspruch befinden und auch der praktischen Züchterarbeit im Wege stehen.
Wenn der Praktiker, d. h. der Gärtner, Landwirt, Förster, Heilpflanzenanbauer usw. den „Internationalen Code der Botanischen Nomenklatur“ (ICBN) durchzuarbeiten beginnt, wird er das Buch bald verzweifelt beiseite legen.
Im folgenden soll versucht werden, die wichtigsten Vorschriften zu erläutern, die für den Umgang mit Pflanzennamen nötig sind. Wer jedoch in die Verlegenheit kommt, selbst Pflanzen neu beschreiben oder benennen zu müssen, der muß selbstverständlich den ganzen Code beherrschen, oder er muß sich vom systematisch und nomenklatorisch geschulten Botaniker beraten lassen. Sonst läuft er Gefahr, daß der von ihm gefundene Name in den meisten Fällen für ungültig erklärt wird, weil er den Regeln nicht entspricht.
Der Code enthält Grundsätze, Regeln und Empfehlungen für die Benennung der Pflanzen.
In der Präambel des ICBN wird ausgesagt, daß der Code anstrebt, eine beständige Methode für die Benennung zu geben, ferner werden durch seine Anwendung Namen vermieden und verworfen, die zu Irrtümern oder falschen Deutungen Anlaß geben oder Verwirrung in der Wissenschaft anrichten können. Die Regeln sollen ferner das unnütze Aufstellen von Namen vermeiden helfen.
Grundsatz I bestimmt, daß die botanische Nomenklatur von der zoologischen unabhängig ist.
Grundsatz II regelt, daß die Anwendung der Namen taxonomischer Gruppen beliebiger Rangstufe mit Hilfe nomenklatorischer Typen bestimmt wird (s. Typenmethode).
Grundsatz III besagt, daß sich die Nomenklatur taxonomischer Gruppen auf die Priorität der Veröffentlichungen gründet.
Im Grundsatz IV wird ausgesagt, daß eine jede taxonomische Gruppe mit bestimmter Umgrenzung, Stellung und Rangstufe, abgesehen von einigen wenigen Ausnah-

* Den Verfassern eines Wörterbuches könnte nichts lieber sein als eine solche starre Liste, die ihnen die endlosen Mühen erspart, der Forschung rastlos auf den Fersen zu sein und häufig genug ahnen zu müssen, ob ein neuer Name Bestand haben kann – dazu das Beachten der geltenden Nomenklaturvorschriften. Mit der nötigen Verantwortung jedoch können selbst die Wörterbuch-Autoren entgegen ihrem Empfinden nicht der starren Nomenklatur das Wort reden.

men, nur einen korrekten Namen führen darf, und zwar den ältesten, der den Regeln entspricht.
Nach Grundsatz V wird festgelegt, daß alle wissenschaftlichen Namen, gleich welchen Ursprungs, nach lateinischen Sprachregeln behandelt werden. (Für die Namen der Sorten bestehen andere Vorschriften!)
Grundsatz VI schließlich bestimmt, daß die Nomenklaturregeln rückwirkende Kraft haben, es sei denn, es wird ausdrücklich eine Einschränkung vorgenommen.
Gemäß Art. 1 wird der Fachausdruck *Taxon* (Mehrzahl: *Taxa*) eingeführt. Hiermit werden taxonomische Gruppen irgendeiner Rangstufe (also die der Art, Gattung, Familie usw.) bezeichnet.
Art. 2 besagt, daß jede Pflanze als zu einer Anzahl von Taxa gehörig behandelt wird, deren Rangstufen fortlaufend einander untergeordnet sind (siehe in diesem Wörterbuch die Teile II, III und IV); die Rangstufe der Art (Species) gilt als die grundlegende. In Art. 7–10 wird die Typenmethode behandelt. Ein nomenklatorischer Typus ist das Grundelement eines Taxons, an das der Name des Taxons dauernd geknüpft ist. Für eine Art oder ein Taxon unterhalb der Art (Unterart, Varietät, Form) ist der nomenklatorische Typus ein einzelnes Exemplar (in Ausnahmefällen eine Abbildung). Bei rezenten Pflanzen muß das Typusexemplar dauerhaft konserviert werden und darf keine lebende Pflanze sein. Für eine Gattung oder Unterabteilung davon (Untergattung, Sektion usw.) ist der nomenklatorische Typus eine Art, für eine Familie oder Unterfamilie usw. die Gattung, auf deren gegenwärtigen oder früheren Namen der der Familie usw. gegründet ist. Für Taxa höherer Rangstufen als der Familie gilt der Grundsatz der Typisierung (und auch der der Priorität gemäß Art. 11.4 und 16 Anm. 1) nicht. Es sei ausdrücklich betont, daß der nomenklatorische Typus eines Taxons nicht der besonders charakteristische („typische“) Bestandteil zu sein braucht; er ist lediglich das Element, mit dem der Name für dauernd verbunden ist.
Nach Art. 11.1 hat jedes Taxon nur einen korrekten Namen, ausgenommen (lt. Art. 18.5) einige Familien, die üblicherweise nicht die Endung -aceae tragen (*Gramíneae, Compósitae* usw.), für die eine alternative Benennung (Wahl zwischen zwei Namen) erlaubt ist; ebenso wird (lt. Art. 19.7) bei der Familie *Leguminósae* die Wahl zwischen den Unterfamiliennamen *Papilionoídeae* und *Faboídeae* zugelassen. Vgl. Teil II, Seite 43–46 (gekennzeichnet mit „alt.“).
Sehr wichtig ist der in der Präambel des ICBN enthaltene Abschnitt, der wörtlich lautet: „Die allein maßgeblichen Gründe, einen Namen zu ändern, sind entweder eine gründlichere Kenntnis der Tatsachen, die sich aus sachkundiger taxonomischer Forschung ergibt, oder die Notwendigkeit, eine regelwidrige Benennung aufzugeben.“ Zu beachten ist insbesondere, daß die ursprüngliche Schreibung eines Namens, wie sie der Autor des Namens gegeben hat, beibehalten werden muß (in bezug auf evtl. Ausnahmen, s. Art. 73).
Für die Praxis (Gartenbau, Landbau, Waldbau usw.) ist ferner wichtig zu wissen, daß gemäß Art. 13 für Samenpflanzen und Farnpflanzen nur die Veröffentlichungen ab 1. Mai 1753 (Linné, Species plantarum, ed. 1) für die nomenklatorischen Arbeiten herangezogen werden. Namen aus älteren Veröffentlichungen kommen für die Prioritätsbewertung nicht in Betracht. (Für manche andere Pflanzengruppen, wie Laubmoose, Pilze und einen Teil der Algen, sind andere Daten zugrunde gelegt worden; dies gilt auch für alle fossilen Pflanzen). Eine weitere Einschränkung des Grundsatzes der Priorität ist nach Art. 14 darin gegeben, daß für Namen von Familien, Gattungen und Arten mit weltwirtschaftlicher Bedeutung, die infolge des Vorhandenseins älterer und oft wenig bekannter Namen geändert werden müßten, die Möglichkeit des Schutzes (Konservierung) besteht. Namen, die zur Konservierung vorgeschlagen werden, werden zunächst für den für die betreffende Gruppe zuständigen internationalen Fachausschüssen zur Prüfung überwiesen; nach Emp-

fehlung durch dieses Gremium billigt der Allgemeine Ausschuß für Nomenklatur die betreffenden Namen, und schließlich entscheidet ein internationaler botanischer Kongreß endgültig darüber. Die betreffenden Namen werden in eine Liste der beizubehaltenden Namen aufgenommen (Anhang II und III).
Die übrigen Artikel des Codes regeln die Namengebung an sich und die Gültigkeit der Veröffentlichung.
In Anhang I werden die Vorschriften für die Namen von Bastarden gegeben und die Schreibweise geregelt.
Man verwendet zur Bezeichnung von Bastarden das Multiplikationszeichen ×. (Bei Schreibmaschinenschrift nie das X bzw. x als Ersatz verwenden, es führt zu Irrtümern!). Bei Artbastarden schreibt man z.B. *Sálix × capréola*, oder - wenn man die Eltern angeben will - eine Formel, bei der unabhängig vom Geschlecht der Eltern die alphabetische Reihenfolge gewählt wird, z.B. *Sálix × capréola: S. auríta × S. cáprea*. Man gewöhne sich daran, den Gattungsnamen stets abgekürzt zu wiederholen, also nicht *S. auríta × cáprea*. - Ist das Geschlecht bekannt und will man es kennzeichnen, dann schreibt man z.B. *Digitális lútea* ♀ × *D. purpúrea* ♂.
Bei Gattungsbastarden wird das Bastardzeichen vor den „Gattungsnamen" gesetzt z.B. × *Mahobérberis = Bérberis × Mahónia*; × *Heuchérella tiarelloídes = Heúchera × brizoídes × Tiarélla cordifólia*.
Im ICBN gibt der Anhang II A und II B eine Liste der beizubehaltenden Familiennamen (Nomina familiarum conservanda), der Anhang III A eine Liste der beizubehaltenden Gattungsnamen (Nomina generica conservanda), der Anhang III B eine Liste der beizubehaltenden Artnamen (Nomina specifica conservanda) und Anhang IV eine Liste der zu verwerfenden Namen (Nomina utique rejicienda).
Abschließend kann gesagt werden, daß die Systematiker in aller Welt im allgemeinen von landesüblichen Gepflogenheiten in der Nomenklatur Abstand genommen haben, so daß die modernen Monographien von Pflanzenfamilien oder -gattungen unter Berücksichtigung der Nomenklaturregeln erarbeitet worden sind. Damit ist bereits eine gewisse Stabilität erreicht worden. Es liegt nun bei der Praxis selbst, sich schnellsten zur einmütigen Übernahme der geregelten Namen zu entschließen.

b Der „Internationale Code der Nomenklatur der Kulturpflanzen" (ICNCP) im Wortlaut

Abgefaßt und angenommen von der Internationalen Kommission für die Nomenklatur der Kulturpflanzen der Internationalen Union der Biologischen Wissenschaften. Herausgegeben von C.D. Brickell, Vorsitzender, E.G. Voss, A.F. Kelly, F. Schneider, Mitglieder, und R.H. Richens, Sekretär des Redaktionsausschusses. Utrecht (Niederlande) 1980.
Deutsche Fassung herausgegeben vom Arbeitskreis Nomenklatur der Deutschen Gartenbauwissenschaftlichen Gesellschaft mit Genehmigung des International Bureau for Plant Taxonomy and Nomenclature, Utrecht.

Internationaler Code der Nomenklatur der Kulturpflanzen 1980

Allgemeine Gesichtspunkte und leitende Grundsätze

Artikel 1
Kulturpflanzen sind für die Zivilisation unerläßlich. Deshalb ist es wichtig, über ein klares, beständiges und international angenommenes System für die Benennung der Kulturpflanzen zu verfügen.

Artikel 2
Der Internationale Code der Botanischen Nomenklatur („Botanischer Code")* regelt den Gebrauch der botanischen Namen in lateinischer Form für Kultur- und Wildpflanzen, außer für Pfropfchimären (s. Art. 20–24).

Artikel 3
Das Ziel des vorliegenden Codes ist Einheitlichkeit, Genauigkeit und Beständigkeit in der Benennung der land-, garten- und waldbaulichen Sorten (s. Art. 5, 10 und 11), denen normalerweise Phantasienamen, wie z.B. Apfel 'Cox's Orangen Renette', Gerste 'Proctor', *Juglans regia* 'King', gegeben werden.
Ein Sortenname muß für jedermann frei verwendbar sein, um die betreffende Sorte zu bezeichnen. In bestimmten Ländern werden für Sorten auch Warenzeichen verwendet. Diese dürfen nur nach den Regeln des Warenzeichenrechts verwendet werden. Das gleiche Warenzeichen kann in einigen Ländern für verschiedene Sorten verwendet werden, und in einigen Ländern kann das gleiche Warenzeichen nicht nur für Sorten, sondern auch für andere Waren verwendet werden. Ein Sortenname kann im allgemeinen nicht als Warenzeichen registriert werden.
Die Namen der Gattungen und Arten in der Umgangssprache, wie z.B. Buche für *Fagus*, Kartoffel für *Solanum tuberosum*, Stockmalve für *Alcea rosea*, Topinambur für *Helianthus tuberosus* und Roggen für *Secale*, werden durch diesen Code nicht geregelt.

Artikel 4
Die Registrierung der Sortennamen ist für die nomenklatorische Beständigkeit von größter Bedeutung (s. Art. 53–56 und Anhang). Die Registrierung von Warenzeichen für Sorten ist ein durch Gesetz geregeltes Verfahren und keine Angelegenheit dieses Codes.

Artikel 5
Sortennamen werden auch in Erlassen mit nationaler oder internationaler Gesetzeskraft verwendet.
Dieser Code hat keine Gesetzeskraft; seine Befolgung ist freiwillig. Die Artikel und Empfehlungen dieses Codes sollten jedoch unbedingt von allen angenommen und angewendet werden, die für den bindenden Gebrauch von Sortennamen verantwortlich sind.

Artikel 6
Die Artikel dieses Codes haben rückwirkende Kraft, wenn es nicht ausdrücklich anders angegeben ist (s. Art. 27, 30, 31, 34, 37–39, 44, 45, 55).

Rangstufen und ihre Bezeichnungenm

Hauptrangstufen

Artikel 7
Kulturpflanzen erhalten Namen auf drei Hauptrangstufen: Gattung, Art und Sorte (Cultivar).

---

* W. Greuter et al.: International Code of Botanical Nomenclature, adopted by the Fourteenth International Botanical Congress, Berlin, July–August 1987. D-6240 Königstein, 1988 (Regnum Vegetabile, Band 118).

Artikel 8
Namen auf der *Gattungs*-Rangstufe sind:

a) Botanische Gattungsnamen und in der Umgangssprache für Gattungen verwendete Namen (*Lilium, Pinus, Triticum* - Lilie, Kiefer, Weizen).

b) Botanische und in der Umgangssprache verwendete Namen für intergenerische Bastarde (× *Triticosecale*, × *Sorbopyrus*, × *Sanderara* - Triticale).

c) Botanische und in der Umgangssprache für intergenerische Pfropfchimären verwendete Namen (+ *Crataegomespilus*).

Artikel 9
Namen auf der *Art*-Rangstufe sind:

a) Botanische und in der Umgangssprache verwendete Artnamen (*Lilium candidum*, Madonnenlilie).

b) Botanische und in der Umgangssprache verwendete Namen für interspecifische Bastarde (*Tilia* × *vulgaris*, Holländische Linde).

c) Botanische und in der Umgangssprache verwendete Namen für interspecifische Propfchimären (*Syringa + correlata).*

d) Botanische und in der Umgangssprache verwendete Namen für besondere interspecifische Kombinationen eines intergenerischen Bastards (× *Cupressocyparis leylandii*; Zitrange).

Anmerkung: Der botanische Artname ist eine binäre Kombination (Binom); er besteht aus einem Gattungsnamen und nur *einem* darauffolgenden specifischen Epitheton. Beispiel: *Lilium candidum, Lilium* ist der Gattungsname und *candidum* das specifische Epitheton.

Artikel 10
Der internationale Fachausdruck Cultivar (abgekürzt cv.) bezeichnet einen Bestand kultivierter Pflanzen, der sich durch irgendwelche (morphologische, physiologische, cytologische, chemische oder andere) Merkmale deutlich auszeichnet und bei (geschlechtlicher oder ungeschlechtlicher) Fortpflanzung seine sortentypischen Merkmale beibehält.

Cultivar (Sorte) ist die niedrigste Rangstufe, auf der Namen in diesem Code behandelt werden.
Dieser Fachausdruck ist abgeleitet von cultivated variety.

Anmerkung 1: Bei der Erwägung, ob zwei Populationen zur gleichen oder zu verschiedenen Sorten gehören, ist die Art und Weise ihrer Entstehung ohne Belang. Beispiele: Die Nelke 'William Sim' bringt Farbmutanten hervor, die bei weiterer Mutation und Rückmutationen nicht zu unterscheidende Farbvarianten verschiedenen Ursprungs ergeben können. Alle nicht unterscheidbaren Farbvarianten werden, unabhängig von ihrem Ursprung, als eine Sorte behandelt.
Die Tabake - beschrieben als 'Mac Nair 30' und 'NC 2326' - stellen nur eine Sorte dar, obwohl ihre Resistenz gegen *Phytophthora parasitica* var. *nicotianae* von verschiedenen Wildarten herrührt. Durch ihre vorhandenen Merkmale können sie nicht unterschieden werden.

Anmerkung 2: Der Begriff Cultivar unterscheidet sich wesentlich von dem botanischen Begriff *varietas*; diese ist eine Rangstufe unterhalb der Art.
Botanische Varietäten tragen stets Namen in lateinischer Form, die durch den Botanischen Code geregelt werden. Regeln für die Bildung von Sortennamen werden in diesem Code gegeben (s. Art. 27-32).

Anmerkung 3: Der Begriff Cultivar ist gleichbedeutend mit *variety* im Englischen, *variété* im Französischen, *variedad* im Spanischen, *variedade* im Portugiesischen, *varietà* oder *razza* im Italienischen, *varieteit* oder *ras* im Niederländischen, *Sorte* im Deutschen, *sort* in skandinavischen Sprachen und im Russischen, *p'inchung* im Chinesischen und *hinshu* im Japanischen, wenn diese Wörter verwendet werden, um eine Kulturvarietät zu bezeichnen.

Anmerkung 4: Die Fachausdrücke Cultivar und Sorte (im Sinne von Kulturvarietät) sind gleichbedeutend.
Bei Übersetzungen oder Bearbeitungen des Codes für besondere Zwecke kann im Text Cultivar, Sorte oder der entsprechende Ausdruck in anderen Sprachen verwendet werden.

Anmerkung 5: In der Regel umfaßt eine Sorte nur einen Teil der Art, botanischen Varietät oder einer anderen botanischen Rangstufe, der sie zugehört. Eine Sorte kann jedoch den gleichen Umfang haben wie jede von diesen.

Anmerkung 6: Zeichnet sich die Provenienz einer forstlichen Art durch ein oder mehrere Merkmale aus und behält sie bei Fortpflanzung ihre Unterscheidungsmerkmale, so kann sie als eine Sorte angesehen werden.

Artikel 11
Sorten unterscheiden sich in der Art und Weise ihrer Fortpflanzung. So lassen sich z.B. folgende Kategorien von Sorten unterscheiden:

a) Eine Sorte, die aus einem oder mehreren annähernd gleichen Klonen besteht.
Ein Klon ist ein Bestand von Individuen (die auch Chimären sein können), der ursprünglich aus einem einzigen Individuum durch vegetative Vermehrung erzeugt worden ist, z.B. durch Stecklinge, Teilung, Pfropfung oder obligate Apomixis.
Individuen, die aus einer von der Mutterpflanze unterscheidbaren Knospenmutation vermehrt worden sind, stellen eine eigene Sorte dar.

Beispiele: *Fraxinus excelsior* 'Westhofs Glorie'; Kartoffel 'Bintje', *Cynodon dactylon* 'Coastal'; *Syringa vulgaris* 'Decaisne'; *Rubus nitidoides* 'Merton Early'.

b) Eine Sorte, die aus einer oder mehreren ähnlichen Linien gewöhnlich selbstbefruchtender Individuen oder aus Inzucht-Linien gewöhnlich fremdbefruchtender Individuen besteht.
Beispiele: *Triticum aestivum* 'Marquis'; *Zea mays* 'Wisconsin 153 A'.

Anmerkung: Eine Mehrliniensorte kann als eine einzelne Sorte oder als eine Mischung verschiedener Sorten angesehen werden.

c) Eine Sorte, die aus fremdbefruchtenden Individuen besteht, welche genetische Unterschiede aufweisen können, die aber ein oder mehrere Merkmale besitzt, durch die sie von anderen Sorten unterschieden werden kann.

Beispiele: *Lolium perenne* 'Scotia', *Phlox drummondii* 'Sternenzauber', ein Gemisch verschiedener Farbformen, die alle durch die gleiche sternförmige Gestalt der Blumenkrone gekennzeichnet sind; *Medicago sativa* 'Ranger', deren Originalsaatgut aus der Kreuzung von 5 durch Samen vermehrten Linien stammt, von denen jede unter Isolierung weiter erhalten wird.

d) Eine Sorte, die aus einem Bestand von Individuen besteht, der jedesmal durch Kreuzung neu gewonnen wird. Das schließt ein: Einfach-Hybride, Doppel-Hybride, Dreiweg-Hybride, Top-Crosses und Sorten-Bastarde.

Beispiele: *Sorghum* 'Texas 610', eine Einfach-Hybride; Mais 'US 13', eine Doppel-Hybride, die aus 4 Inzuchtlinien entstanden ist; Mais 'H-611', ein Sorten-Bastard zwischen 'Kenya Flat White' und 'Ecuador 573'.

e) Eine Sorte, die aus einem oder mehreren annähernd gleichen Klonen besteht, die sich in ihren Wuchseigenschaften vom normalen Habitus deutlich unterscheiden und diese bei geeigneten Vermehrungsmethoden auch behalten.

Beispiele: *Chamaecyparis pisifera* 'Squarrosa Intermedia', eine Jugendform; *Sequoia sempervirens* 'Prostrata', eine kriechende Form; *Picea abies* 'Pygmaea', hexenbesenartig.

Artikel 12
Der Brauch, eine verbesserte Auslese einer Sorte als einen Stamm (engl. strain) oder mit einem gleichbedeutenden Fachausdruck zu bezeichnen, wird in diesen Code nicht übernommen. Jede derartige Auslese, die genügend Unterschiede von der Elternsorte zeigt, so daß sie einen eigenen Namen verdient, ist als eine besondere Sorte anzusehen (s. Empf. 12 A).

Anmerkung: Der Fachausdruck Stamm (engl. strain) findet außer in seiner oben angeführten Bedeutung manchmal Anwendung bei einer Sorten-Gruppe hybriden Ursprungs, z. B. *Lilium* Olympic Strain.
Das übliche Verfahren, das durch diesen Code für Gruppen empfohlen wird, ist in den Artikeln 25 und 26 dargelegt.

Empfehlung 12 A
Eine neue Sorte, die durch Auslese oder Knospenmutation aus einer anderen Sorte hervorgegangen ist, jedoch mit dieser eine starke Ähnlichkeit behält, sollte nach Möglichkeit so benannt werden, daß der Name auf die Verwandtschaft hinweist, aber nicht so, daß dies Anlaß zu Verwechslungen geben könnte. Das gleiche gilt für neue Sorten, die sich nur durch ein einziges Merkmal unterscheiden.

Beispiele: Der Apfel 'Crimson Bramley' ist eine Knospenmutante des Apfels 'Bramley's Seedling'; der Weißkohl 'Wisconsin All Seasons', der gegen die Kohlwelke („Yellows") resistent ist, ist eine Auslese aus der nichtresistenten Sorte 'All Seasons'. Sojabohne 'Amsoy 71', resistent gegen *Phytophthora sojae*, ist durch Einkreuzen eines resistenten Typs und anschließender wiederholter Rückkreuzung mit 'Amsoy' entstanden.

Sammelnamen
Anmerkung 1: Ein Sammelname ist eine gemeinsame Bezeichnung für die Nachkommenschaft einer bestimmten Kreuzung.

Anmerkung 2: Art. 13–17 basieren auf den Art. H. 1–10 des Botanischen Codes.

Artikel 13
Botanische Namen in lateinischer Form für interspecifische und intergenerische Bastarde und ihre Nachkommen werden durch den Botanischen Code geregelt.
Solche Bastarde werden entweder durch eine Formel oder einen Namen bezeichnet. Alle Nachkommen aus derselben Kombination zweier oder mehrerer Elternarten haben die gleiche Formel oder den gleichen botanischen Namen, außer wenn bestehende Gepflogenheiten oder besondere Umstände es anders erfordern, wie z. B. bei Bastarden mit unterschiedlichen Chromosomenverhältnissen.
Wenn jedoch ein Bastard nur einem seiner Elternsorten in fast allen Merkmalen ähnlich ist, erhält er den gleichen Namen wie diese Elternsorte.

Artikel 14
Die Formel für die ersten und folgenden Generationen von interspecifischen oder intergenerischen Kreuzungen besteht aus den durch Multiplikationszeichen × verbundenen botanischen Namen der Eltern.

Beispiele: Die Formel für alle aus der Kreuzung von *Camellia japonica* mit *C. saluenensis* hervorgegangenen interspecifischen Sorten ist *Camellia japonica* × *C. saluenensis.* Eine bestimmte Sorte dieser Abstammung, z.B. 'Donation', kann als *(Camellia japonica* × *C. saluenensis)* 'Donation' bezeichnet werden.
Die Formel für alle Sorten einer intergenerischen Kreuzung von *Festuca pratensis* und *Lolium perenne* ist *Festuca pratensis* × *Lolium perenne.* Eine bestimmte Sorte dieser Abstammung, z.B. 'Prior', kann als *(Festuca pratensis* × *Lolium perenne)* 'Prior' bezeichnet werden.
Die Formel für die Nachkommenschaft einer interspecifischen oder intergenerischen somatischen Kreuzung, die durch ein parasexuelles Verfahren wie Protoplasten-Fusion erreicht wurde, besteht aus den durch Multiplikationszeichen (in runden Klammern) verbundenen botanischen Namen der Eltern.

Beispiel: *Nicotiana glauca* (×) *Nicotiana langsdorffii.*

Empfehlung 14A
Die Reihenfolge der Namen kann entweder alphabetisch (wie in diesem Code) sein oder, wenn der weibliche Elter bekannt ist, mit dem Namen des weiblichen Elters beginnen. Das männliche (♂) und weibliche (♀) Zeichen kann, wenn es gewünscht wird, hinzugefügt werden. Das Verfahren, das in einer Veröffentlichung angewendet wird, sollte deutlich angegeben werden.

Artikel 15
Der botanische Name für die ersten und die folgenden Generationen von interspecifischen Kreuzungen besteht aus dem Gattungsnamen und einem lateinischen Sammelnamen, dem ein Multiplikationszeichen × vorangestellt wird.

Beispiele: Alle Bastardsorten, die aus der Kreuzung von *Camellia japonica* mit *C. saluenensis* entstanden sind, können mit dem Sammelnamen in lateinischer Form *Camellia* × *williamsii* bezeichnet werden. Eine bestimmte Sorte, z.B. 'Donation', kann als *Camellia* × *williamsii* 'Donation' oder nur als *Camellia* 'Donation' aufgeführt werden.
Lilium × *sulphurgale* ist der Sammelname für Bastarde zwischen *Lilium regale* und *L. sulphureum.*

Anmerkung: Der latinisierte Sammelname eines interspecifischen Bastards wird nicht berührt, wenn der botanische Name eines der Eltern aus nomenklatorischen Gründen geändert wird.

Artikel 16
Der botanische Name für die ersten und folgenden Generationen von intergenerischen Kreuzungen, bei denen zwei Gattungen beteiligt sind, besteht aus einem „Gattungs"-Namen, der normalerweise aus Teilen des Namens der beiden Eltern-Gattungen gebildet wird. Ihm geht das Multiplikationszeichen × unmittelbar voraus und ein latinisierter Sammelname folgt.
Der „Gattungs"-Name eines intergenerischen Bastards, bei dem vier oder mehr Gattungen beteiligt sind, besteht aus einem Personennamen, dem die Endung -ara angehängt ist. Der „Gattungs"-Name eines intergenerischen Bastards, bei dem drei Eltern-Gattungen beteiligt sind, wird aus Teilen des Namens der drei Eltern-Gattungen gebildet oder besteht aus einem Personennamen, dem die Endung -ara angehängt ist.
Alle Nachkommen einer bestimmten intergenerischen Kreuzung haben, unabhängig von der Art, den gleichen „Gattungs"-Namen.

Beispiel: Alle Nachkommen aus der Kreuzung irgend einer *Cupressus*-Art mit

irgend einer *Chamaecyparis*-Art können mit dem Sammelnamen in lateinischer Form × *Cupressocyparis* bezeichnet werden.
Alle Nachkommen einer bestimmten Kombination von Arten in einer intergenerischen Kreuzung haben den gleichen Sammelnamen.

Beispiele: Alle Nachkommen aus Kreuzungen von *Cupressus macrocarpa* und *Chamaecyparis nootkatensis* können mit dem Sammelnamen in latinisierter Form × *Cupressocyparis leylandii* bezeichnet werden. Nachkommen aus Kreuzungen von *Cupressus glabra* und *Chamaecyparis nootkatensis* können mit dem Sammelnamen × *Cupressocyparis notabilis* bezeichnet werden.
× *Potinara* bezeichnet alle Bastarde, die aus der Kombination *Brassavola* × *Cattleya* × *Laelia* × *Sophronitis* entstanden sind. × *Wilsonara* bezeichnet alle Bastarde, die aus der Kombination *Cochlioda* × *Odontoglossum* × *Oncidium* entstanden sind; × *Sophrolaeliocattleya* bezeichnet alle Bastarde, die aus der Kombination *Cattleya* × *Laelia* × *Sophronitis* entstanden sind.

Artikel 17
Für die gültige Veröffentlichung des botanischen „Gattungs"-Namens eines intergenerischen Bastards müssen die Namen der Eltern-Gattungen angegeben werden, jedoch ist keine Beschreibung oder lateinische Diagnose erforderlich. Ein solcher Name wird als eine abgekürzte Formel angesehen. Zur gültigen Veröffentlichung eines Sammelnamens in latinisierter Form für einen interspecifischen oder intergenerischen Bastard am oder nach dem 1. Januar 1935 gehört eine lateinische Diagnose und ein „Gattungs"-Name.

Artikel 18
Ein Sammelname kann auch ein Wort oder eine Wortfolge aus nicht mehr als drei Wörtern in einer lebenden Sprache sein. Im Sinne dieses Artikels werden eine willkürlich gebildete Folge von Buchstaben, eine Abkürzung oder eine Zahl als ein Wort betrachtet. Alle Nachkommen aus der Kombination von denselben zwei oder mehr Arten haben denselben Sammelnamen in einer lebenden Sprache, außer wenn bestehende Gepflogenheiten oder besondere Umstände es anders erfordern, wie z.B. bei Orchideen.

Empfehlung 18A
Eine als Sammelname gebrauchte Wortfolge kann Wörter wie „Hybride", „Hybriden", „Kreuzungen", „grex" (lateinisch für Schwarm oder Herde, abgekürzt g.) usw. enthalten, die den zusammenfassenden Charakter der Einheit anzeigen.

Beispiel: *Lilium* Bellingham Hybrids ist ein Sammelname in einer lebenden Sprache für interspecifische Bastarde zwischen *Lilium humboldtii* und *L. pardalinum.*

Empfehlung 18B
Ein Sammelname in einer lebenden Sprache sollte, wenn ihm ein Sortenname folgt, gewöhnlich in runde Klammern gesetzt werden, z.B. *Lilium* (Bellingham Hybrids) 'Shuksan'; *Rosa* (Teehybride) 'Richmond'; *Cattleya* (Fabia g.) 'Prince of Wales'. Die Klammern können weggelassen werden; wenn aus dem Zusammenhang klar hervorgeht, daß es sich um einen Sammelnamen handelt, kann auch das Wort grex oder seine Abkürzung wegfallen, z.B. *Cattleya* Fabia 'Prince of Wales'.

Anmerkung: Das Multiplikationszeichen × darf nicht als Teil eines Sammelnamens verwendet werden.

Beispiel: *Lilium* (× Bellingham) 'Shuksan' oder *Lilium* (× Bellingham-Hybriden) 'Shuksan' sollten nicht für *Lilium* (Bellingham-Hybriden) 'Shuksan' verwendet werden.

Artikel 19
Wird ein interspecifischer Bastard ohne Sortenname in Kultur genommen, so muß ihm ein Sortenname gegeben werden, wenn später Material derselben Abstammung, das von dem vorherigen sich durch ein oder mehrere Merkmale deutlich unterscheidet, ebenfalls in Kultur genommen wird.

Beispiel: Als die erste Sorte von *Viburnum* × *bodnantense (V. farreri* × *V. grandiflorum)* in Kultur genommen wurde, erhielt sie keinen Sortennamen. Um sie von anderen inzwischen gewonnenen Formen derselben Abstammung zu unterscheiden, wurde ihr später der Name 'Dawn' gegeben.

Empfehlung 19 A
Einem in Kultur genommenen interspecifischen Bastard ohne Sortennamen sollte zu der Sammelnamen-Formel noch ein Sortenname gegeben werden, auch wenn keine weitere Sorte des Bastards bekannt ist.

Pfropfchimären

Artikel 20
Propfchimären bestehen aus Gewebekombinationen zweier erblich verschiedener Pflanzen. Sie können durch Pfropfung entstehen und sind keine geschlechtlich erzeugten Bastarde.
Pfropfchimären werden mit einer Formel oder mit einem Namen bezeichnet.
Solche Namen sind gültig veröffentlicht durch Anführung der botanischen Namen der miteinander verbundene Pflanzen in der die Pfropfchimären erwähnenden Veröffentlichung. Die Rechtschreibung der Wörter in latinisierter Form, die für Namen von Pfropfchimären verwendet werden, sollte in Einklang mit dem Botanischen Code stehen; falls dies nicht der Fall ist, sollte sie korrigiert werden.

Artikel 21
Die Formel einer Pfropfchimäre besteht aus den durch das Pluszeichen + verbundenen Namen der beiden Komponenten in alphabetischer Reihenfolge.

Beispiele: *Cytisus purpureus* + *Laburnum anagyroides; Syringa* × *chinensis* + *S. vulgaris.*

Artikel 22
Gehören die Komponenten einer Pfropfchimäre zu derselben Gattung, so besteht der Name aus dem Gattungsnamen, auf den das Pluszeichen + und ein Epitheton folgen.

Beispiel: *Syringa* + *correlata (Syringa* × *chinensis* + *S. vulgaris).* Das Epitheton der Pfropfchimäre darf nicht das gleiche sein wie das eines aus denselben Partnern geschlechtlich erzeugten Bastards.

Artikel 23
Gehören die Komponenten einer Pfropfchimäre zu verschiedenen Gattungen, so besteht der Name aus einem neuen „Gattungs"-Namen, der normalerweise durch eine Kombination der Gattungsnamen der Komponenten gebildet wird, dem das Pluszeichen + vorangestellt wird und dem ein Epitheton folgt. Der „Gattungs"-Name und das Epitheton dürfen nicht die gleichen sein wie die eines aus denselben Partnern geschlechtlich erzeugten Bastards.

Beispiele: + *Crataegomespilus dardarii (Crataegus monogyna* + *Mespilus germanica)*; aber × *Crataemespilus gillottii (Crataegus monogyna* × *Mespilus germanica)*; + *Laburnocytisus adamii (Cytisus purpureus* + *Laburnum anagyroides).*

wenden, werden die Anfangsbuchstaben aller Wörter eines Sortennamens groß geschrieben, sofern es die Landessprache nicht anders fordert.
Ein Sortenname sollte mit einem Namen in der Umgangssprache nur dann verknüpft werden, wenn der Name in der Umgangssprache eindeutig ist.

Beispiele: *Chamaecyparis lawsoniana* cv. Silver Queen, *Chamaecyparis lawsoniana* 'Silver Queen', cv. Silber Queen, 'Silver Queen'; *Foeniculum vulgare* var. *azoricum* 'Perfektion', cv. Perfektion, 'Perfektion'; Kartoffel cv. Duke of York, Kartoffel 'Duke of York', cv. Duke of York, 'Duke of York'; *Syringa vulgaris* 'Mont Blanc' und Flieder 'Mont Blanc' sind korrekt.

Anmerkung: Doppelte Anführungsstriche oder die Abkürzung var. dürfen zur Kennzeichnung der Sortennamen nicht verwendet werden.

Artikel 30
Ab 1. Januar 1959 sollte ein neuer Sortenname vorzugsweise aus ein oder zwei Wörtern bestehen; er darf nicht aus mehr als drei Wörtern bestehen.
Im Sinne dieses Artikels gelten eine willkürliche Folge von Buchstaben, eine Abkürzung oder eine Zahl als ein Wort (s. Empfehlung 31 A).

Artikel 31
Ab 1. Januar 1959 in folgender Form veröffentlichte neue Sortennamen sind ungültig veröffentlicht (s. Art. 37):

a) Der botanische Name einer Gattung oder der Gattungs- oder Artname in der Umgangssprache, falls das zu Verwechslungen führen würde.

Beispiele: Solche Sortennamen wie Pappel 'Eucalyptus', Kamelie 'Rose' und Pflaume 'Aprikose' können nicht mehr gültig veröffentlicht sein, weil sie als *Eucalyptus* 'Pappel', Rose 'Kamelie' und Aprikose 'Pflaume' aufgefaßt werden können. Es bestehen jedoch keine Bedenken gegen *Achillea millefolium* 'Rose Queen', Nelke 'Ashington Apricot' oder Nelke 'Heather Pink', weil hier kaum Anlaß zu Verwechslung besteht.

b) Namen von Sorten hybriden Ursprungs, die durch Kombination von Teilen der latinisierten Artbezeichnung der Elternarten gebildet werden.

Beispiel: 'Salujapica' darf nicht als Sortenname für einen Bastard zwischen *Camellia japonica* und *C. saluenensis* gebraucht werden (s. Art. 15).

c) Namen, die das Wort Varietät (oder var.) oder das Wort Form enthalten. Wenn jedoch wie im Englischen üblich var. die Bedeutung von „variegated" hat, wird der Name nicht verworfen; „variegated" muß jedoch voll ausgeschrieben werden.

Beispiele: *Polygonum affine* 'Lowndes Variety' oder *Polygonum affine* 'Lowndes Var.', *Iris chrysographes* 'Inshriach Form'. *Astrantia major* 'Sunningdale Var.' wird erweitert zu *Astrantia major* 'Sunningdale Variegated'. *Anthemis tinctoria* 'Perrys Variety' wurde vor dem 1. Januar 1959 veröffentlicht und darf nicht verkürzt werden zu *Anthemis tinctoria* 'Perry'.

Empfehlung 31 A
Es wird dringend empfohlen, nach Möglichkeit die folgenden Formen von neuen Sortennamen zu vermeiden:

a) Namen, die zusammengesetzt sind aus Abkürzungen, Zahlen oder willkürlichen Folgen von Buchstaben, außer wenn es überkommener Brauch in einem Land oder bei Kulturpflanzen erfordert. Beispiel von Kulturpflanzen, bei denen ein solcher Name zulässig ist: Zuckerrohr 'POJ 2878'.

b) Namen, die mit einem Artikel beginnen, es sei denn, daß es der Sprachgebrauch erfordert.

Beispiele: Nicht 'The Colonel', sondern 'Colonel'; jedoch nicht 'Rochelle', sondern 'La Rochelle'.

c) Namen, die von Eigennamen abstammen und Abkürzungen enthalten mit Ausnahme der Abkürzung „Mrs." im Englischen.
Beispiele: Nicht 'G. Creelman', sondern 'George Creelman'; nicht 'Wm. Thomas', sondern 'William Thomas'; nicht 'Mt. Kisco', sondern 'Mount Kisco'; nicht 'St. Tudy', sondern 'Saint Tudy'.

d) Namen mit Anredeformen, sofern es nicht die Landessitte verlangt, z.B. für verheiratete Frauen.

Beispiele: Unzulässige Anredeformen sind: Fräulein, Herr, Mademoiselle, Miss, Mister, Monsieur, Señor, Señorita und entspechende Anredeformen in anderen Sprachen. Zulässige Anredeformen sind: Frau, Madame, Mrs., Señora und entsprechende Anredeformen in anderen Sprachen für verheiratete Frauen.

e) Namen, die aus übermäßig langen Wörtern oder Wortfolgen bestehen oder solche enthalten.

Beispiele: 'Centenaire de Rozain-Bourcharlat'; 'Diplomgartenbauinspektor'.

f) Namen, die die Vorzüge einer Sorte übertreiben oder die durch die Einführung neuer Sorten oder aus anderen Gründen unzutreffend werden können.

Beispiele: Gurke 'Beste von Allen'; Bohne 'Longest Possible'; *Laburnum* 'Latest and Longest'.

g) Namen, die sich auf eine Eigenschaft beziehen, die allgemein vorhanden sind oder vermutlich in einer Gruppe von verwandten Sorten allgemein vorkommen werden; andererseits sind Namen annehmbar, die sich zwar auf eine oder mehrere Eigenschaften beziehen, aber dennoch eindeutig sind.

Beispiele: Nicht Rose 'Yellow', sondern Rose 'Yellow Queen'; nicht Endivie 'Curled', sondern Endivie 'Curly Snowman'; nicht Apfel 'Crimson Cooker', sondern Apfel 'Crimson Bramley'.

h) Namen, die leicht mit bestehenden Namen derselben oder naher verwandter Sorten-Gruppen verwechselt werden können (s. Art. 50).

Beispiele: 'Beatrice' und 'Beatrix'; 'Charmian' und 'Charmain'; 'Ellen', 'Helen', 'Helena' und 'Hélène'; 'Werner', 'Verner', 'Warner' und 'Warnaer'; 'Darwin' und 'Charles Darwin'.

Namen, die die Wörter Kreuzung, Bastard, Hybride, grex oder deren englische Form cross oder hybrid enthalten.

i) Namen, in denen der Name der Pflanze in der Umgangssprache enthalten ist.

Beispiele: Kungsroggen; Aobakomugi.

Empfehlung 31 B
Bei der Veröffentlichung eines Sortennamens sollte klar herausgestellt werden, ob der Name des Züchters oder Zuchtbetriebes oder die Marke ein unbedingt notwendiger Bestandteil des Sortennamens ist oder nicht.

Anmerkung: In einigen Ländern ist die Verwendung des Namens des Züchters, des Zuchtbetriebes oder der Marke als Bestandteil des Sortennamens rechtlich nicht zulässig, da diese den freien Vertrieb einer Sorte nach Beendigung des Sortenschutzes behindern.

Artikel 32
Wenn ein Sortenname in einer anderen Sprache übernommen werden muß, bleibt er nach Möglichkeit unverändert. Er kann jedoch in eine andere Schrift übertragen

oder übersetzt werden. In diesem Fall wird die Übertragung oder die Übersetzung als Originalname in veränderter Form betrachtet. Das Datum der Veröffentlichung ist das der Veröffentlichung des ursprünglichen Namens.

Beispiele: Gurke 'Noa's Forcing' ist eine Übersetzung von Gurke 'Noas Treib'; Wirsingkohl 'Eisenkopf' wird im Englischen übersetzt mit 'Ironhead', im Französischen mit 'Tête de fer', im Schwedischen mit 'Järnhuvud'.
'Amanogawa", der Name einer Sorte von *Prunus serrulata*, ist die Übertragung aus der japanischen Schrift in lateinische Buchstaben.

Empfehlung 32 A
Personennamen dürfen nicht übersetzt werden.

Beispiele: 'Charles' sollte nicht in 'Karl' oder 'Karel', 'San Pietro' nicht in 'Saint Peter', 'Sankt Peter' oder 'Saint Pierre', 'Jean Jacques' nicht in 'John James' geändert werden.

Empfehlung 32 B
Es ist wünschenswert, daß Registerstellen nur ein Transliterationssystem im Hinblick auf eine bestimmte Sprache verwenden.

Veröffentlichung und Gebrauch von Sortennamen

Definitionen

Artikel 33
Ein gültiger Sortenname steht im Einklang mit den Artikeln dieses Codes oder ist in einem durch Gesetz geregelten Verfahren festgesetzt, etwa durch Eintragung in ein amtliches Sortenregister, ohne Berücksichtigung der Artikel dieses Codes, außer Art. 42. Ein nicht gültiger Sortenname steht im Widerspruch zu den Artikeln dieses Codes, es sei denn, er ist in einem durch Gesetz geregelten Verfahren festgesetzt wie oben vorgesehen.
Der korrekte Name einer Sorte ist der älteste zur Verfügung stehende gültige Name. Ausnahmen s. Art. 27, 44–52.

Anmerkung 1: Der Begriff *gültig* ist oben definiert. Er bedeutet nicht Übereinstimmung mit dem Gesetz irgendeines Landes. Es ist möglich, daß ein Sortenname im Einklang mit diesem Code gültig ist, jedoch nicht im Einklang mit einem bestimmten Gesetz steht.

Anmerkung 2: Sortennamen, die einer Empfehlung widersprechen, sind deswegen nicht ungültig.

Artikel 34
Um gültig zu sein, müssen Sortennamen, die vor dem 1. Januar 1959 gegeben worden sind, entweder gemäß Artikel 37, 41 und 42 veröffentlicht oder von einer Registerstelle angenommen sein (s. Art. 53–56).
Ab 1. Januar 1959 veröffentlichte Sortennamen müssen, um gültig zu sein, in Übereinstimmung mit den Artikeln 37–42 gültig veröffentlicht sein.

Artikel 35
Jede Sorte hat nur *einen* korrekten Sortennamen. Sie kann aber auch ein oder mehrere gültige Synonyme haben. Ein *Handelssynonym* ist ein anderer Name einer Sorte, der anstelle ihres korrekten Namens unter eingeschränkten besonderen Umständen verwendet wird, z. B., wenn ein Name aus handelstechnischen Gründen in einem Land nicht annehmbar ist.

Anmerkung: Ein Name ist aus handelstechnischen Gründen nicht annehmbar, wenn er schwierig auszusprechen ist oder wenn der ursprüngliche Name oder eine Übersetzung eine unerwünschte Nebenbedeutung oder einen anderen Sinn haben würde.

Empfehlung 35 A
Es sollte unter allen Umständen ein Sortenname für eine Sorte allgemein gebraucht werden.

Gültige Veröffentlichung

Artikel 36
Um gültig veröffentlicht zu sein, muß ein Sortenname in Übereinstimmung mit den Artikeln 27–31 gebildet sein.

Anmerkung: In diesem Code bedeutet Veröffentlichung *gültige Veröffentlichung*, wenn es nicht anders aus dem Zusammenhang hervorgeht.

Artikel 37
Die Gültigkeit der Veröffentlichung eines Sortennamens wird durch die Verfügbarkeit oder Verteilung von Druckschriften oder ähnlich vervielfältigtem Material an die Öffentlichkeit bewirkt.

Anmerkung 1: Druckschriften und ähnlich vervielfältigtes Material im Sinne dieses Artikels sind Lesestoff, der durch irgendein mechanisches oder graphisches Verfahren vervielfältigt ist, wodurch eine Anzahl genau übereinstimmender, lesbarer und unauslöschbarer Kopien vom Original hergestellt wird. Hierzu zählen z.B. Mikrofilme und Fotokopien, jedoch ist handgeschriebenes Material, auch wenn es mechanisch oder graphisch vervielfältigt ist, ausgeschlossen; das gilt auch für Zeitungen und Zeitschriften nichtfachlichen Inhalts; ausgenommen sind die in Anmerkung 2 festgesetzten Fälle.

Anmerkung 2: Sortenbeschreibungen in chinesischen, japanischen und koreanischen Büchern werden als gültig veröffentlicht angesehen, wenn sie vor dem 1. Januar 1900 von dem handgeschriebenen Original von Hand kopiert worden sind oder wenn sie vor, an oder nach diesem Datum mechanisch oder grafisch von einem handgeschriebenen Original vervielfältigt worden sind.

Empfehlung 37 A
Exemplare von Druckschriften oder ähnlich vervielfältigtem Material, die neue Sortennamen enthalten, sollten an die zuständigen Registerstellen und entsprechende Bibliotheken geschickt werden.

Artikel 38
Ab 1. Januar 1959 (einschl.) müssen, damit die Veröffentlichung gültig ist, Druckschriften oder ähnlich vervielfältigtes Material, das den neuen Sortennamen enthält, deutlich datiert sein, zumindest hinsichtlich der Jahreszahl. Neue Sortennamen in nicht datierten Handelskatalogen sind nur dann gültig veröffentlicht, wenn diese Kataloge vor 1959 erschienen sind.

Anmerkung: Wird ein Handelskatalog in aufeinanderfolgenden Jahren unverändert bis auf ein gesondert eingesetztes Datum herausgegeben, so wird er als eine einzige Veröffentlichung mit dem Datum seiner ersten Ausgabe angesehen.

Artikel 39
Die Veröffentlichung eines Sortennamens am oder nach dem 1. Januar 1959 muß, um gültig zu sein, von einer Beschreibung begleitet sein oder einen Hinweis auf

eine früher veröffentlichte Beschreibung als Sorte oder als auf irgendeiner botanischen Rangstufe stehend (s. Art. 27) enthalten. Für die vor dem 1. Januar 1959 veröffentlichten Sortennamen ist eine Beschreibung oder ein Hinweis auf eine früher veröffentlichte Beschreibung nicht erforderlich.

Empfehlung 39 A
Die Beschreibung sollte nach Möglichkeit Einzelheiten enthalten, um die Sorte von verwandten Sorten unterscheiden zu können, oder wenn dies nicht möglich ist, um sie in einer angenommenen Klassifizierung unterbringen zu können. Abstammung und Geschichte der Sorte sowie Name des Ursprungszüchters oder Ersteinführers sollten, wenn sie bekannt sind, angegeben werden (s. Art. 55).

Empfehlung 39 B
Der Beschreibung sollte nach Möglichkeit eine Abbildung beigefügt werden.

Empfehlung 39 C
Ein konserviertes Exemplar und/oder eine nach Möglichkeit farbige Abbildung sollte(n) in einem öffentlichen Herbarium hinterlegt und in der Beschreibung zitiert werden.

Artikel 40
Für die Beschreibung, die für eine gültige Veröffentlichung erforderlich ist, darf jede Sprache gebraucht werden.

Empfehlung 40 A
Es wird empfohlen, daß bei einer Sortenbeschreibung in einer Sprache, die keine lateinische oder kyrillische Sprache verwendet, eine Übersetzung oder eine Zusammenfassung der Sortenbeschreibung in einer Sprache gegeben wird, die eine von diesen beiden Schriftarten verwendet.

Artikel 41
Die Veröffentlichung eines Sortennamens ist nicht gültig, wenn sie gegen den Willen des Ursprungszüchters oder seines Rechtsnachfolgers geschieht (s. Art. 55).

Artikel 42
Ein Sortenname ist nicht gültig veröffentlicht und muß verworfen werden, wenn die zugehörige Sorte weder besteht noch bestanden hat.

Priorität

Artikel 43
Die Benennung der Sorten gründet sich auf die Priorität der Veröffentlichung, sofern nicht ausdrücklich eine Einschränkung gemacht wird (s. Art. 27, 44–52).

Artikel 44
Als Ausgangspunkte einer gültigen Veröffentlichung der Sortennamen werden angesehen:

a) Eine Liste, die von einer internationalen Registerstelle veröffentlicht oder dazu bestimmt wird (s. Art. 53).

b) Eine Veröffentlichung, die von der Internationalen Kommission für die Nomenklatur der Kulturpflanzen nach Beratung mit zuständigen Organisationen angenommen wird, wenn keine internationale Registerstelle besteht.

c) Philip Miller, The Gardeners Dictionary, Ed. 6, 1752, wenn eine solche angenommene Liste fehlt.

Anmerkung: Diese Ausgabe des Werkes von Miller ist die erste umfassende Abhandlung über Kulturpflanzen unmittelbar vor Linné, Species Plantarum, Ed. 1, 1753.

Artikel 45
Das Datum eines Sortennamens ist:

a) Vor dem 1. Januar 1959 das Datum seiner gültigen Veröffentlichung oder seiner Registrierung, wobei von den beiden Daten das zeitlich weiter zurückliegende den Vorrang hat.

b) Ab. 1. Januar 1959 das Datum seiner gültigen Veröffentlichung.

Artikel 46
Wird ein Sortenname allgemein anstelle eines älteren gültigen Namens für dieselbe Sorte gebraucht, so wird der allgemein angewendete als korrekter Name beibehalten, wenn der Gebrauch des älteren zu Verwirrung führen würde.
Falls eine Registerstelle besteht, kann ein solches Verfahren nur mit ihrer Billigung durchgeführt werden (s. auch Art. 27 c).

Beibehaltung und Wiederverwendung von Sortennamen

Artikel 47
Wird der botanische Name geändert (z. B. durch Vereinigung oder Aufteilung von Gattungen oder durch Aufnahme eines älteren Namens), so muß der Sortenname unverändert bleiben, sofern derselbe Sortenname nicht bereits in seiner neuen Stellung für eine andere Sorte in Gebrauch ist (s. auch Art. 48 und 50).

Beispiel: Die folgenden Namen beziehen sich alle auf dieselbe Sorte: *Scilla hispanica* 'Rose Queen', *S. campanulata* 'Rose Queen', und *S. hispanica* var. *campanulata* 'Rose Queen', *Hyacinthoides hispanica* 'Rose Queen' und *Endymion hispanicus* 'Rose Queen'. Der Sortenname 'Rose Queen' wird von Änderungen in der Nomenklatur der Art nicht betroffen.

Artikel 48
Der Name einer Sorte kann später für eine andere Sorte normalerweise nicht wieder verwendet werden. Ausnahmsweise kann nach dem Ermessen einer internationalen Registerstelle die Wiederverwendung eines Sortennamens gebilligt werden, jedoch nur wenn die Registerstelle sicher ist, daß die Originalsorte nicht mehr in Kultur ist, nicht mehr als Zuchtmaterial verwendet wird oder in Gen- oder Saatgutbanken nicht vorhanden ist und keine wichtige Komponente im Stammbaum anderer Sorten darstellt.

Verwerfung von Sortennamen

Artikel 49
Ein Sortenname muß verworfen werden, wenn er im Widerspruch zu den Artikeln dieses Codes steht.

Artikel 50
Innerhalb derselben Sorten-Gruppe darf ein Sortenname nur einmal verwendet werden.

Anmerkung 1: Mit Sorten-Gruppen ist die taxonomische Einheit bzw. der Bestand von taxonomischen Einheiten gemeint, in dessen Bereich der Gebrauch eines Sortennamens für zwei verschiedene Sorten zur Verwirrung führen würde. Das kann sich beispielsweise beziehen auf eine oder mehrere Gattungen, Arten, Unterarten oder Sorten-Gruppen.

Anmerkung 2: Die Grenzen einer Sorten-Gruppe werden durch eine internationale Registerstelle, falls eine solche besteht, festgelegt, andernfalls durch die Internationale Kommmission für die Nomenklatur der Kulturpflanzen.

Artikel 51

Wird durch den Gebrauch desselben Namens für zwei oder mehr weitverbreitet angebaute Sorten derselben Sorten-Gruppe Anlaß zu Verwirrung gegeben (s. Art. 50), so behält die Sorte den gültigen Namen, der dafür von einer Registerstelle ausgewählt wird. Falls es keine Registerstelle gibt, behält diejenige Sorte den Namen, für die er als erster gewählt und veröffentlicht wurde; andernfalls behält die Sorte den Namen, die unter ihm am bekanntesten ist (s. Art. 46, 48).

Anmerkung: Wenn innerhalb einer Sorten-Gruppe ein Name für mehr als eine Sorte gültig verwendet worden ist, z.B. durch die Gesetzgebung in verschiedenen Ländern, sollte dies durch eine zusätzliche Erklärung verdeutlicht werden.

Artikel 52

Ein Sortenname muß verworfen werden, wenn er irrtümlich ein Wort enthält, das anzeigt, daß die betreffende Pflanze zu einer Gruppe gehört, mit der die Sorte nicht verwandt ist.

Beispiel: Die Kirsche 'Kochs Verbesserte Ostheimer' gehört nicht zur Ostheimer-Gruppe und sollte deshalb mit dem nächstälteren Namen 'Podbielski' bezeichnet werden.

Sortenregistrierung

Artikel 53

Sortenregistrierung bedeutet die Annahme eines Sortennamens durch eine Sortenregisterstelle und die Eintragung dieses Namens in ein Register.
Eine nichtamtliche Sortenregisterstelle ist jegliche Organisation oder Kommission, die mit Zustimmung der interessierten Organisationen mit der Registrierung betraut ist. Sie kann international oder national sein.
Eine amtliche Sortenregisterstelle ist eine Institution, die für die Sortenregistrierung verantwortlich ist und durch Gesetz eines besonderen Landes oder durch eine Vereinbarung zwischen den Ländern geschaffen wird.
Die Registrierung von Warenzeichen, die für Sorten beantragt werden können, ist ein durch Gesetz geregeltes Verfahren und betrifft nicht diesen Code.

Anmerkung: Die Annahme eines Sortennamens zur Registrierung schließt nicht notwendigerweise ein Urteil über die Selbständigkeit der Sorte gegenüber anderen Sorten oder über ihren gartenbaulichen, landwirtschaftlichen oder forstwirtschaftlichen Wert ein.
Die Prüfung der Sorten im Hinblick auf ihre Selbständigkeit ist dennoch von größter Wichtigkeit und sollte nach Möglichkeit durchgeführt werden, bevor ein Sortenname zur Registrierung angenommen wird, wie das bei landwirtschaftlichen und anderen Kulturpflanzen in vielen Ländern gehandhabt wird.
Werden Listen von registrierten Namen veröffentlicht, so sollten die Sortenregisterstellen deutlich angeben, ob die betreffenden Sorten geprüft wurden oder nicht.

Artikel 54
Ein von einer nichtamtlichen Sortenregisterstelle registrierter Name ist nur dann gültig, wenn er mit den Artikeln dieses Codes übereinstimmt.

Artikel 55
Ab 1. Januar 1959 darf ein Sortenname nicht gegen den ausdrücklichen Wunsch des Ursprungszüchters oder seines Rechtsnachfolgers in ein nichtamtliches Register aufgenommen werden.

Anmerkung: Der Ursprungszüchter ist im allgemeinen der Züchter oder Entdecker der Sorte.

Artikel 56
In Ländern, in denen Sorten auch Warenzeichen erhalten, können diese in nicht amtlichen Sortenregistrierlisten neben dem Sortennamen, zu dem sie gehören, aufgeführt werden. Warenzeichen dürfen nicht gegen den Wunsch des Warenzeicheninhabers aufgeführt werden. Sie sind deutlich durch das Zeichen ® kenntlich zu machen.

Änderung des Codes

Artikel 57
Dieser Code kann nur durch Beschluß der Internationalen Kommission für die Nomenklatur der Kulturpflanzen der IUBS geändert werden.

Anhang

Empfehlungen für die Tätigkeit der Registerstellen

1. Die Registerstellen sollten für die Eintragung von Sortennamen folgende zusätzliche Angaben fordern:
a) Name und Adresse des Ursprungszüchters, ggf. des Einführers, oder ihrer Rechtsnachfolger;
b) Name des Beschreibers oder des Namengebers, wenn die Sorte früher beschrieben oder benannt worden ist, zusammen mit vollständigem Hinweis auf Datum und Ort der Veröffentlichung;
c) der Originalname, wenn der zur Registrierung vorgelegte Name ein Handelssynonym ist;
d) die Abstammung, wenn sie bekannt ist;
e) Einzelheiten der Prüfung auf Unterscheidbarkeit einschließlich Datum und Prüfstelle;
f) gegebenenfalls Auszeichnungen mit Datum;
g) eine Beschreibung, falls bisher keine Beschreibung veröffentlicht worden ist.
2. Die Registerstellen sollten Listen der Sortennamen zusammenstellen und veröffentlichen. Diese Listen sollten nach Möglichkeit enthalten:
a) die Namen der in Kultur befindlichen Sorten (s. auch Art. 56), wobei für jeden Namen die unter 1. aufgeführten Einzelheiten angegeben werden, sofern sie verfügbar sind;
b) die Namen derjenigen Sorten, die – obwohl sie nicht mehr kultiviert werden – historische Bedeutung besitzen, z. B. als Ausgangsmaterial bestehender Sorten;
c) alle bekannten Synonyme, wobei Handelssynonyme als solche gekennzeichnet werden sollen;
d) verworfene Sortennamen.

Teil II
Das Pflanzenreich (systematische Übersicht)

(Nach A. ENGLER, Syllabus der Pflanzenfamilien, 12. Auflage, ed. H. MELCHIOR et E. WERDERMANN, Bd. 1. Berlin 1954; Bd. 2. Berlin 1964. Pteridophyta nach RODOLFO PICHI-SERMOLLI, Uppsala Universitets Årsskrift 1958 (6): 70–90. 1958 u. Webbia 31 (2): Tabelle 1. 1977).
Im Verlauf der reichlich 25 bzw. 35 Jahre, die seit dem Erscheinen der letzten Fassung des Englerschen Systems vergangen sind, wurden zahlreiche miteinander konkurrierende phylogenetische Systeme veröffentlicht. Ganz abgesehen davon, daß die meisten auf die Angiospermen (Bedecktsamer) beschränkt sind, weichen die jeweiligen Fassungen der einzelnen Verfasser von Fall zu Fall oft erheblich ab und werden einer ständigen Revision unterzogen. Die Diskussion und zum Teil auch heftige Auseinandersetzung über die relativen Vor- und Nachteile der jeweiligen Systeme ist aber hauptsächlich auf einen verhältnismäßig kleinen Teil der Fachbotaniker begrenzt. Die Wahl eines dieser Systeme für das Handwörterbuch der Pflanzennamen erscheint deshalb zum gegenwärtigen Zeitpunkt unangebracht. Zitiert seien in diesem Zusammenhang die Worte von Rudolf Mansfeld in dem Kapitel: Übersicht über die „Pareys Blumengärtnerei“ zugrunde liegende systematische Anordnung (im Indexband der 2. Auflage von Pareys Blumengärtnerei, S. 21, 1961), die auch heute noch volle Gültigkeit besitzen: „... Trotzdem ist es mit geringen Änderungen auch in der vorliegenden Auflage beibehalten worden. Maßgebend dafür war einmal, daß die neueren Systeme, wie schon gesagt, untereinander erhebliche Abweichungen zeigen, ohne daß eines von ihnen als das zur Zeit am besten begründete angesehen werden kann. Zum anderen sind diese Systeme mit wenigen Ausnahmen nur mehr oder weniger vollständige Entwürfe oder Aufzählungen von Gruppen von Familien; es fehlen die zu einem vollständigen System notwendigen Beschreibungen und Übersichten bzw. Schlüssel, so daß nur der erfahrene Spezialist mit diesen arbeiten kann.“

1. Abteilung **Bacterióphyta.** Bakterien
2. Abteilung **Cyanóphyta.** Blaualgen
3. Abteilung **Glaucóphyta**
4. Abteilung **Myxóphyta.** Schleimpilze
5. Abteilung **Euglenóphyta**
6. Abteilung **Pyrrhóphyta**
7. Abteilung **Chrysóphyta**
8. Abteilung **Chlorophyta.** Grünalgen
9. Abteilung **Charóphyta.** Armleuchterpflanzen
10. Abteilung **Phaeóphyta.** Braunalgen
11. Abteilung **Rhodóphyta.** Rotalgen
12. Abteilung **Fúngi.** Pilze
13. Abteilung **Lichénes.** Flechten
    (Die 3., 5., 6. und 7. Abteilung gehören zu den Algen)
14. Abteilung **Bryóphyta.** Moose
    1. Klasse **Hepáticae.** Lebermoose
       Hier nur besprochen: Ordnung **Marchantiáles**
       Marchantiáceae

2. Klasse **Músci**, Laubmoose
Hier nur besprochen: Unterklasse **Sphágnidae**, Torfmoose
Einzige Ordnung **Sphagnáles**
Sphagnáceae

15. Abteilung **Pteridóphyta.** Farnpflanzen
1. Klasse **Lycópsida**
1. Unterklasse **Protolepidodéndridae** (nur fossil)
1. Ordnung **Drepanophycáles**
Drepanophycáceae
2. Ordnung **Protolepidodendráles**
Eleutherophylláceae, Protolepidodendráceae, Colpodexyláceae, Sublepidodendráceae, Archaeosigillariáceae, Lepidosigillariáceae
2. Unterklasse **Lycopodíidae.** Bärlappe
Einzige Ordnung **Lycopodiáles**
Lycopodiáceae
3. Unterklasse **Selaginéllidae.** Moosfarne
Einzige Ordnung **Selaginelláles**
Selaginelláceae
4. Unterklasse **Lepidodéndridae.** Schuppenpflanzen
1. Ordnung **Lepidodendráles** (nur fossil)
Lepidodendráceae, Bothrodendráceae, Cyclostigmatáceae, Sigillariáceae
2. Ordnung **Lepidocarpáles** (nur fossil)
Lepidocarpáceae
3. Ordnung **Isoëtáles**
Pleuromeiáceae (nur fossil), *Nathorstianáceae* (nur fossil), *Isoëtáceae*
4. Ordnung **Miadesmiáles** (nur fossil)
Miadesmiáceae

2. Klasse **Sphenópsida**
1. Unterklasse **Hyeníidae** (nur fossil)
Einzige Ordnung **Hyeniáles**
Hyeniáceae
2. Unterklasse **Pseudoborníidae** (nur fossil)
Einzige Ordnung **Pseudoborniáles**
Pseudoborniáceae
3. Unterklasse **Sphenophýllidae** (nur fossil)
Einzige Ordnung **Sphenophylláles**
Sphenophylláceae, Cheirostrobáceae, Tristachyáceae
4. Unterklasse **Equisétidae**
Einzige Ordnung **Equisetáles**
Archaeocalamitáceae (Asterocalamitáceae) (nur fossil), *Calamitáceae* (nur fossil), *Equisetáceae*

3. Klasse **Noeggerathiópsida** (nur fossil)
1. Unterklasse **Noeggerathíidae**
1. Ordnung **Noeggerathiáles**
Noeggerathiáceae
2. Ordnung **Plagiozamitáles**
Plagiozamitáceae
2. Unterklasse **Tingíidae**
Einzige Ordnung **Tingiáles**
Tingiáceae

4. Klasse **Psilotópsida**
Einzige Ordnung **Psilotáles**
Psilotáceae, Tmesipteridáceae

5. Klasse **Psilophytópsida** (nur fossil)
1. Unterklasse **Rhyníidae**
Einzige Ordnung **Rhyniáles**
Rhyniáceae, Horneophytáceae (Horneáceae)
2. Unterklasse **Zosterophýllidae**
Einzige Ordnung **Zosterophylláles**
Zosterophylláceae
3. Unterklasse **Psilophýtidae**
Einzige Ordnung **Psilophytáles**
Psilophytáceae
4. Unterklasse **Asteroxýlidae**
Einzige Ordnung **Asteroxyláles**
Asteroxyláceae
5. Unterklasse **Pseudosporóchnidae**
Einzige Ordnung **Pseudosporochnáles**
Pseudosporochnáceae

6. Klasse **Filicópsida.** Farne
1. Unterklasse **Primofilícidae** (nur fossil)
1. Ordnung **Iridopteridáles**
Arachnoxyláceae, Iridopteridáceae
2. Ordnung **Zygopteridáles**
Clepsidropsidáceae, Zygopteridáceae
3. Ordnung **Botryopteridáles**
Botryopteridáceae, Tubicaulidáceae
4. Ordnung **Anachoropteridáles**
Anachoropteridáceae
5. Ordnung **Stauropteridáles**
Stauropteridáceae
2. Unterklasse **Ophioglóssidae**
Einzige Ordnung **Ophioglossáles**
Helminthostachyáceae, Botrychiáceae, Ophioglossáceae
3. Unterklasse **Marattíidae**
Einzige Ordnung **Marattiáles**
Psaroniáceae (nur fossil), *Angiopteridáceae, Marattiáceae, Danaeáceae, Christenseniáceae (Kaulfussiáceae)*
4. Unterklasse **Osmúndidae**
Einzige Ordnung **Osmundáles**
Osmundáceae
5. Unterklasse **Plagiogyríidae**
Einzige Ordnung **Plagiogyriáles**
Plagiogyriáceae
6. Unterklasse **Gleicheníidae**
1. Ordnung **Stromatopteridáles**
Stromatopteridáceae
2. Ordnung **Gleicheniáles**
Oligocarpiáceae (nur fossil), *Gleicheniáceae*
3. Ordnung **Polypodiáles**
1. Unterordnung **Polypodiíneae**
Gramittáceae, Loxogrammáceae, Polypodiáceae

2. Unterordnung **Dipteridíneae**
Cheiropleuriáceae, Dipteridáceae
4. Ordnung **Matoniáles**
Matoniáceae

7. Unterklasse **Schizaéidae**
1. Ordnung **Schizaeáles**
Senftenbergiáceae (nur fossil), *Klukiáceae* (nur fossil), *Tempskyáceae* (nur fossil), *Acrosticopteridáceae* (nur fossil), *Schizaeáceae, Anemiáceae, Lygodiáceae*
2. Ordnung **Negripteridáles**
Negripteridáceae
3. Ordnung **Pteridáles**
1. Unterordnung **Pteridíneae**
Sinopteridáceae, Cryptogrammáceae, Actiniopteridáceae, Acrosticháceae, Adiantáceae, Hemionitidáceae, Vittariáceae
2. Unterordnung **Taenitidíneae**
Taenitidáceae
3. Unterordnung **Parkeriíneae**
Parkeriáceae
4. Ordnung **Platyzomatáles**
Platyzomatáceae

8. Unterklasse **Marsiléidae**
Einzige Ordnung **Marsileáles**
Marsileáceae

9. Unterklasse **Hymenophýllidae**
1. Ordnung **Hymenophylláles**
Hymenophylláceae
2. Ordnung **Hymenophyllopsidáles**
Hymenophyllopsidáceae
3. Ordnung **Loxsomatáles**
Loxsomatáceae
4. Ordnung **Dicksoniáles**
1. Unterordnung **Thyrsopteridíneae**
Thyrsopteridáceae
2. Unterordnung **Culcitíneae**
Culcitáceae
3. Unterordnung **Dicksoniíneae**
Dicksoniáceae, Lophosoriáceae
4. Unterordnung **Cyatheíneae**
Cyatheáceae
5. Unterordnung **Metaxyíneae**
Metaxyáceae
5. Ordnung **Dennstaedtiáles**
1. Unterordnung **Dennstaedtiíneae**
Dennstaedtiáceae, Hypolepidáceae
2. Unterordnung **Lindsaeíneae**
Lindsaeáceae
6. Ordnung **Aspidiáles**
1. Unterordnung **Thelypteridíneae**
Thelypteridáceae
2. Unterordnung **Aspleniíneae**
Aspleniáceae

3. Unterordnung **Aspidiíneae**
Onocleáceae, Woodsiáceae, Athyriáceae, Aspidiáceae, Lomariopsidáceae, Elaphoglossáceae
4. Unterordnung **Davalliíneae**
Nephrolepidáceae, Oleandráceae, Davalliáceae
7. Ordnung **Blechnáles**
Blechnáceae
10. Unterklasse **Salviniídae**
Einzige Ordnung **Salviniáles**
Azolláceae, Salviniáceae

16. Abteilung **Gymnospérmae.** Nacktsamer

1. Klasse **Cycadópsida**
1. Ordnung **Pteridospérmae.** Samenfarne (nur fossil)
Lyginopteridáceae, Medullosáceae, Calamopityáceae, Lyginopteridáceae, Peltaspermáceae, Corystospermáceae
2. Ordnung **Caytoniáles** (nur fossil)
Caytoniáceae
3. Ordnung **Cycadáles.** Palmfarne
Cycadáceae
4. Ordnung **Nilssoniáles** (nur fossil)
Nilssoniáceae
5. Ordnung **Bennettitáles** (nur fossil)
Williamsoniáceae, Wielandielláceae, Bennettitáceae
6. Ordnung **Pentoxyláles** (nur fossil)
Pentoxyláceae
7. Ordnung **Ginkgoáles**
Ginkgoáceae

2. Klasse **Coniferópsida**
1. Ordnung **Cordaitáles** (nur fossil)
Pityáceae, Cordaitáceae, Poroxyláceae
2. Ordnung **Coníferae**
Lebachiáceae (nur fossil), *Voltziáceae* (nur fossil), *Cheirolepidáceae* (nur fossil), *Protopináceae* (nur fossil), *Pináceae, Taxodiáceae, Cupressáceae, Podocarpáceae, Cephalotaxáceae, Araucariáceae*

3. Klasse **Taxópsida**
Einzige Ordnung **Taxáles**
Taxáceae

4. Klasse **Chlamydospérmae** *(Gnetópsida)*
Einzige Ordnung **Gnetáles**
Welwitschiáceae, Ephedráceae, Gnetáceae

17. Abteilung **Angiospérmae**. Bedecktsamer
1. Klasse **Dicotyledóneae.** Zweikeimblättrige
1. Unterklasse **Archichlamýdeae**
1. Ordnung **Casuarináles**
Casuarináceae
2. Ordnung **Juglandáles**
Myricáceae, Juglandáceae

3. Ordnung **Balanopáles**
   Balanopáceae
4. Ordnung **Leitneriáles**
   Leitneriáceae, Didymeláceae
5. Ordnung **Salicáles**
   Salicáceae
6. Ordnung **Fagáles**
   Betuláceae, Fagáceae
7. Ordnung **Urticáles**
   Rhoipteleáceae, Ulmáceae, Eucommiáceae, Moráceae, Urticáceae
8. Ordnung **Proteáles**
   Proteáceae
9. Ordnung **Santaláles**
   1. Unterordnung **Santalíneae**
      Olacáceae, Dipentodontáceae, Opiliáceae, Grubbiáceae, Santaláceae, Misodendráceae
   2. Unterordnung **Loranthíneae**
      Loranthúceae
10. Ordnung **Balanophoráles**
    Balanophoráceae
11. Ordnung **Medusandráles**
    Medusandráceae
12. Ordnung **Polygonáles**
    Polygonáceae
13. Ordnung **Centrospérmae**
    1. Unterordnung **Phytolaccíneae**
       Phytolaccáceae, Gyrostemonáceae, Achatocarpáceae, Nyctagináceae, Mollugináceae, Aizoáceae
    2. Unterordnung **Portulacíneae**
       Portulacáceae, Baselláceae
    3. Unterordnung **Caryophyllíneae**
       Caryophylláceae
    4. Unterordnung **Chenopodiíneae**
       Dysphaniáceae, Chenopodiáceae, Amarantháceae

    Anhang: *Didiereáceae*
14. Ordnung **Cactáles**
    Cactáceae
15. Ordnung **Magnoliáles**
    Magnoliáceae, Degeneriáceae, Himantandráceae, Winteráceae, Annonáceae, Eupomatiáceae, Myristicáceae, Canelláceae, Schisandráceae, Illiciáceae, Austrobaileyáceae, Trimeniáceae, Amborelláceae, Monimiáceae, Calycantháceae, Gomortegáceae, Lauráceae, Hernandiáceae, Tetracentráceae, Trochodendráceae, Eupteleáceae, Cercidiphylláceae
16. Ordnung **Ranunculáles**
    1. Unterordnung **Ranunculíneae**
       Ranunculáceae, Berberidáceae, Sargentodoxáceae, Lardizabaláceae, Menispermáceae
    2. Unterordnung **Nymphaeíneae**
       Nymphaeáceae, Ceratophylláceae
17. Ordnung **Piperáles**
    Sauruгáceae, Piperáceae, Chlorantháceae, Lactoridáceae
18. Ordnung **Aristolochiáles**
    Aristolochiáceae, Rafflesiáceae, Hydnoráceae

19. Ordnung **Guttiferáles**
    1. Unterordnung **Dilleniíneae**
       Dilleniáceae, Paeoniáceae, Crossosomatáceae, Eucryphiáceae, Medusagynáceae, Actinidiáceae
    2. Unterordnung **Ochníneae**
       Ochnáceae, Dioncophylláceae, Strasburgeriáceae, Dipterocarpáceae
    3. Unterordnung **Theíneae**
       Theáceae, Caryocaráceae, Marcgraviáceae, Quiináceae, Guttíferae [alt.: *Clusiáceae*]
    4. Unterordnung **Ancistrocladíneae**
       Ancistrocladáceae
20. Ordnung **Sarraceniáles**
    Sarraceniáceae, Nepentháceae, Droseráceae
21. Ordnung **Papaveráles**
    1. Unterordnung **Papaveríneae**
       Papaveráceae
    2. Unterordnung **Capparíneae**
       Capparáceae, Cruciferae [alt.: *Brassicáceae*], *Tovariáceae*
    3. Unterordnung **Resedíneae**
       Resedáceae
    4. Unterordnung **Moringíneae**
       Moringáceae
22. Ordnung **Batáles**
    Batáceae
23. Ordnung **Rosáles**
    1. Unterordnung **Hamamelidíneae**
       Platanáceae, Hamamelidáceae, Myrothamnáceae
    2. Unterordnung **Saxifragíneae**
       Crassuláceae, Cephalotáceae, Saxifragáceae, Brunelliáceae, Cunoniáceae, Davidsoniáceae, Pittosporáceae, Byblidáceae, Roriduláceae, Bruniáceae
    3. Unterordnung **Rosíneae**
       Rosáceae, Neuradáceae, Chrysobalanáceae
    4. Unterordnung **Leguminosíneae**
       Connaráceae, Leguminósae [alt.: *Fabáceae*], *Krameriáceae*
24. Ordnung **Hydrostachyáles**
    Hydrostachyáceae
25. Ordnung **Podostemáles**
    Podostemáceae
26. Ordnung **Geraniáles**
    1. Unterordnung **Limnanthíneae**
       Limnantháceae
    2. Unterordnung **Geraniíneae**
       Oxalidáceae, Geraniáceae, Tropaeoláceae, Zygophylláceae, Lináceae, Erythroxyláceae
    3. Unterordnung **Euphorbiíneae**
       Euphorbiáceae, Daphniphylláceae
27. Ordnung **Rutáles**
    1. Unterordnung **Rutíneae**
       Rutáceae, Cneoráceae, Simaroubáceae, Picrodendráceae, Burseráceae, Meliáceae, Akaniáceae
    2. Unterordnung **Malpighíneae**
       Malpighiáceae, Trigoniáceae, Vochysiáceae

3. Unterordnung **Polygalíneae**
Tremandráceae, Polygaláceae
28. Ordnung **Sapindáles**
1. Unterordnung **Coriariíneae**
Coriariáceae
2. Unterordnung **Anacardiíneae**
Anacardiáceae
3. Unterordnung **Sapindíneae**
Aceráceae, Bretschneideráceae, Sapindáceae, Hippocastanáceae, Sabiáceae, Melianthácea, Aextoxicáceae
4. Unterordnung **Balsaminíneae**
Balsamináceae
29. Ordnung **Julianiáles**
Julianiáceae
30. Ordnung **Celastráles**
1. Unterordnung **Celastríneae**
Cyrilláceae, Pentaphylacáceae, Aquifoliáceae, Corynocarpáceae, Pandáceae, Celastráceae, Staphyleáceae, Hippocrateáceae, Stackhousiáceae, Salvadoráceae
2. Unterordnung **Buxíneae**
Buxáceae
3. Unterordnung **Icaciníneae**
Icacináceae, Cardiopteridáceae
31. Ordnung **Rhamnáles**
Rhamnáceae, Vitáceae, Leeáceae
32. Ordnung **Malváles**
1. Unterordnung **Elaeocarpíneae**
Elaeocarpáceae
2. Unterordnung **Sarcolaeníneae**
Sarcolaenáceae
3. Unterordnung **Malvíneae**
Tiliáceae, Malváceae, Bombacáceae, Sterculiáceae
4. Unterordnung **Scytopetalíneae**
Scytopetaláceae
33. Ordnung **Thymelaeáles**
Geissolomatáceae, Penaeáceae, Dichapetaláceae, Thymelaeáceae, Elaeagnáceae
34. Ordnung **Violáles**
1. Unterordnung **Flacourtiíneae**
Flacourtiáceae, Peridiscáceae, Violáceae, Stachyuráceae, Scyphostegiáceae, Turneráceae, Malesherbiáceae, Passifloráceae, Achariáceae
2. Unterordnung **Cistíneae**
Cistáceae, Bixáceae, Sphaerosepaláceae, Cochlospermáceae
3. Unterordnung **Tamaricíneae**
Tamaricáceae, Frankeniáceae, Elatináceae
4. Unterordnung **Caricíneae**
Caricáceae
5. Unterordnung **Loasíneae**
Loasáceae
6. Unterordnung **Begoniíneae**
Datiscáceae, Begoniáceae
35. Ordnung **Cucurbitáles**
Cucurbitáceae

36. Ordnung **Myrtiflórae**
   1. Unterordnung **Myrtíneae**
      Lythráceae, Trapáceae, Crypteroniáceae, Myrtáceae, Dialypetalantháceae, Sonneratiáceae, Punicáceae, Lecythidáceae, Melastomatáceae, Rhizophoráceae, Combretáceae, Onagráceae, Oliniáceae, Halorágáceae, Theligonáceae
   2. Unterordnung **Hippuridíneae**
      Hippuridáceae
   3. Unterordnung **Cynomoriíneae**
      Cynomoriáceae
37. Ordnung **Umbelliflórae**
   Alangiáceae, Nyssáceae, Davidiáceae, Cornáceae, Garryáceae, Araliáceae, Umbellíferae [alt.: *Apiáceae*]

2. Unterklasse **Sympétalae**
   1. Ordnung **Diapensiáles**
      Diapensiáceae
   2. Ordnung **Ericáles**
      Clethráceae, Pyroláceae, Ericáceae, Empetráceae, Epacridáceae
   3. Ordnung **Primuláles**
      Theophrastáceae, Myrsináceae, Primuláceae
   4. Ordnung **Plumbagináles**
      Plumbagináceae
   5. Ordnung **Ebenáles**
      1. Unterordnung **Sapotíneae**
         Sapotáceae, Sarcospermatáceae
      2. Unterordnung **Eheníneae**
         Ebenáceae, Styracáceae, Lissocarpáceae, Symplocáceae, Hoplestigmatáceae
   6. Ordnung **Oleáles**
      Oleáceae
   7. Ordnung **Gentianáles**
      Loganiáceae, Desfontainiáceae, Gentianáceae, Menyantháceae, Apocynáceae, Asclepiadáceae, Rubiáceae
   8. Ordnung **Tubiflórae**
      1. Unterordnung **Convolvulíneae**
         Polemoniáceae, Fouquieriáceae, Convolvuláceae
      2. Unterordnung **Boraginíneae**
         Hydrophylláceae, Boragináceae, Lennoáceae
      3. Unterordnung **Verbeníneae**
         Verbenáceae, Callitricháceae, Labiátae [alt.: *Lamiáceae*]
      4. Unterordnung **Solaníneae**
         Nolanáceae, Solanáceae, Duckeodendráceae, Buddlejáceae, Scrophulariáceae, Globulariáceae, Bignoniáceae, Henriqueziáceae, Acantháceae, Pedaliáceae, Martyniáceae, Gesneriáceae, Columelliáceae, Orobancháceae, Lentibulariáceae
      5. Unterordnung **Myoporíneae**
         Myoporáceae
      6. Unterordnung **Phrymíneae**
         Phrymáceae
   9. Ordnung **Plantagináles**
      Plantagináceae

10. Ordnung **Dipsacáles**
Caprifoliáceae, Adoxáceae, Valerianáceae, Dipsacáceae
11. Ordnung **Campanuláles**
Campanuláceae, Sphenocleáceae, Pentaphragmatáceae, Goodeniáceae, Brunoniáceae, Stylidiáceae, Calyceráceae, Compósitae [alt.: *Asteráceae*]

2. Klasse **Monocotyledóneae.** Einkeimblättrige
1. Ordnung **Helóbiae**
1. Unterordnung **Alismatíneae**
Alismatáceae, Butomáceae
2. Unterordnung **Hydrocharitíneae**
Hydrocharitáceae
3. Unterordnung **Scheuzeriíneae**
Scheuchzeriáceae
4. Unterordnung **Potamogetoníneae**
Aponogetonáceae, Juncagináceae, Potamogetonáceae, Zannichelliáceae, Najadáceae
2. Ordnung **Triuridáles**
Triuridáceae
3. Ordnung **Liliiflórae**
1. Unterordnung **Liliíneae**
Liliáceae, Xanthorrhoeáceae, Stemonáceae, Agaváceae, Haeomodoráceae, Cyanastráceae, Amaryllidáceae, Hypoxidáceae, Velloziáceae, Taccáceae, Dioscoreáceae
2. Unterordnung **Pontederiíneae**
Pontederiáceae
3. Unterordnung **Iridíneae**
Iridáceae, Geosiridáceae
4. Unterordnung **Burmanniíneae**
Burmanniáceae, Corsiáceae
5. Unterordnung **Philydríneae**
Philydráceae
4. Ordnung **Juncáles**
Juncáceae, Thurniáceae
5. Ordnung **Bromeliáles**
Bromeliáceae
6. Ordnung **Commelináles**
1. Unterordnung **Commeliníneae**
Commelináceae, Mayacáceae, Xyridáceae, Rapateáceae
2. Unterordnung **Eriocaulíneae**
Eriocauláceae
3. Unterordnung **Restioníneae**
Restionáceae, Centrolepidáceae
4. Unterordnung **Flagellariíneae**
Flagellariáceae
7. Ordnung **Gramináles**
Gramíneae [alt.: *Poáceae*]
8. Ordnung **Príncipes**
Pálmae [alt.: *Arecáceae*]
9. Ordnung **Synánthae**
Cyclantháceae
10. Ordnung **Spathiflórae**
Aráceae, Lemnáceae

11. Ordnung **Pandanáles**
    Pandanáceae, Sparganiáceae, Typháceae
12. Ordnung **Cyperáles**
    Cyperáceae
13. Ordnung **Scitamíneae**
    Musáceae, Zingiberáceae, Cannáceae, Marantáceae, Lowiáceae
14. Ordnung **Microspérmae**
    Orchidáceae

Teil III
Familien und Gattungen (alphabetische Übersicht)

Acantháceae: *Acánthus – Aphelándra – Asystásia – Barléria – Belopérone – Brillantaisia – Chamaeránthemum – Crossándra – Cryptophrágmium – Dipteracánthus – Eránthemum – Fittónia – Goldfússia – Graptophýllum – Hemígraphis – Hygróphila – Hypoéstes – Jacobínia – Justícia – Mackaya – Odontonéma – Pachýstachys – Perilépta – Perístrophe – Porphyrocóma – Pseuderánthemum – Ruéllia – Ruspólia – Ruttleya – Sanchézia – Schauéria – Strobilánthes – Sýmpagis – Thunbérgia – Whitfieldia – Xantheránthemum*
Aceráceae: *Ácer – Dipterónia*
Acrosticháceae: *Acróstichum – Ptéris*
Actinidiáceae: *Actinídia – Saurauia*
Actiniopteridáceae: *Actiniópteris*
Adiantáceae: *Adiántum*
Adoxáceae: *Adóxa*
Agaváceae: *Agáve – Beaucárnea – Beschornéria – Cordylíne – Dasylírion – Doryánthes – Dracaena – Furcraea – Hesperáloë – Manfréda – Nolína – Poliánthes – Samuéla – Sansevieria – Yúcca*
Aizoáceae: *Ácrodon – Aethephýllum – Aloinópsis – Apténia – Argyrodérma – Aridária – Astrídia – Bergeránthus – Carpánthea – Carpobrótus – Carruánthus – Cephalophýllum – Chasmatophýllum – Cheiridópsis – Conicósia – Conóphytum – Cylindrophýllum – Delospérma – Dinteránthus – Disphýma – Dorotheánthus – Dracóphilus – Drosánthemum – Eberlánzia – Ebractéola – Erépsia – Faucária – Fenestrária – Gibbaeum – Glottiphýllum – Heréroa – Hymenógyne – Jacobsénia – Jensenobótrya – Juttadintéria – Kensítia – Lamprónthus – Líthops – Machairophýllum – Maléphora – Mesembryánthemum – Micrópterum – Mitrophýllum – Monilária – Nanánthus – Neohenrícia – Oóphytum – Ophthalmophýllum – Osculária – Pleióspilos – Prénia – Psammóphora – Psilocaulon – Rabíea – Rhinephýllum – Rhombophýllum – Rúschia – Scelétium – Schwantésia – Sesúvium – Skiatóphytum – Sphalmánthus – Stomátium – Tetragónia – Titanópsis – Trichodiadéma – Vanheerdea – Vanzijlia*
Alangiáceae: *Alángium*
Alismatáceae: *Alísma – Baldéllia – Caldésia – Echinódorus – Lurónium – Sagittária*
Amarantháceae: *Aerva – Alternanthéra – Amaránthus – Bósea – Celósia – Gomphréna – Iresíne – Ptilótus – Pupália*
Amaryllidáceae: *Alstroeméria – × Amarcrínum – × Amarýgia – Amarýllis – Bomárea – Brunsvígia – Chlidánthus – Clívia – Crínum – Cyrtánthus – Eucharis – Galánthus – Griffínia – Habránthus – Haemánthus – Hippeástrum – Hymenocállis – Ixiolírion – Leucójum – Lycóris – Narcíssus – Neríne – Pancrátium – Phaedranássa – Scadóxus – Sprekélia – Sternbérgia – Worsleya – Zephyránthes*
Anacardiáceae: *Anacárdium – Cótinus – Harpephýllum – Mangífera – Pachycórmus – Pistácia – Rhus– Schinópsis – Schínus – Semecárpus – Spóndias*
Anemiáceae: *Anémia*
Angiopteridáceae: *Angiópteris*
Annonáceae: *Annóna – Artábotrys – Asimína – Canánga – Monodóra – Oxándra – Xylópia*
Apiáceae: siehe **Umbellíferae**

Apocynáceae: *Acokanthéra – Adénium – Allamánda – Alstónia – Amsónia – Apócynum – Aspidospérma – Beaumóntia – Caríssa – Catharánthus – Cérbera – Dipladénia – Funtúmia – Holarrhéna – Huntéria – Mandevílla – Nérium – Pachypódium – Peltástes – Pluméria – Prestónia – Rauvólfia – Rházya – Strophánthus – Tabernaemontána – Thevétia – Trachelospérmum – Trachómitum – Vínca – Willughbḗia*

Aponogetonáceae: *Aponogéton*

Aquifoliáceae: *Ílex – Nemopánthus*

Aráceae: *Ácorus – Aglaonéma – Alocásia – Amorphophállus – Anthúrium – Anúbias – Ariópsis – Arisǣma – Arísarum – Árum – Caládium – Cálla – Callópsis – Colocásia – Cryptocóryne – Culcásia – Cyrtospérma – Dieffenbáchia – Dracóntium – Dracúnculus – Epiprémnum – Homaloména – Lagenándra – Lásia – Lysíchiton – Mónstera – Nephthýtis – Oróntium – Peltándra – Philodéndron – Pinéllia – Pístia – Póthos – Remusátia – Rhaphidóphora – Rhektophýllum – Rhodóspatha – Sauromátum – Schismatoglóttis – Scindápsus – Spathicárpa – Spathiphýllum – Stenospermátion – Stēūdnera – Symplocárpus – Syngónium – Typhónium – Typhonodórum – Xanthosóma – Zamiocúlcas – Zantedéschia*

Araliáceae: *Arália – Cussónia – Eleutherocóccus – × Fatshédera – Fátsia – Hédera – Kalópanax – Méryta – Neópanax – Nothópanax – Oplópanax – Oreópanax – Pánax – Polýscias – Pseudópanax – Schéfflera – Tetrápanax – Trevésia*

Araucariáceae: *Ágathis – Araucária*

Arecáceae: siehe **Pálmae**

Aristolochiáceae: *Aristolóchia – Ásarum*

Asclepiadáceae: *Arāūjia – Asclépias – Calótropis – Carallúma – Ceropégia – Ciónura – Cryptostégia – Decabélone – Dischídia – Drégea – Duvália – Echidnópsis – Fóckea – Hōōdia – Hóya – Huérnia – Huerniópsis – Marsdénia – Órbea – Oxypétalum – Pectinária – Períploca – Piaránthus – Sarcostémma – Schubértia – Stapélia – Stephanótis – Trichocāūlon – Vincetóxicum – Whíte-Sloánea – Xysmalóbium*

Aspidiáceae: *Arachniódes – Cyrtómium – Didymochlǣna – Dryópteris – Fadyénia – Polybótrya – Polýstichum – Rumóhra – Tectária*

Aspleniáceae: *Asplénium – Camptosórus – Céterach – Phyllítis*

Asteráceae: siehe **Compósitae**

Athyriáceae: *Athýrium – Currània – Cystópteris – Diplázium*

Azolláceae: *Azólla*

Balsamináceae: *Hydrócera – Impátiens*

Barringtoniáceae: *Barringtónia*

Baselláceae: *Anrédera – Basélla – Ullúcus*

Begoniáceae: *Begónia – Hillebrándia*

Berberidáceae: *Áchlys – Bérberis – Bongárdia – Caulophýllum – Diphyllḗia – Epimédium – Gymnospérmium – Jeffersónia – Leóntice – × Mahobérberis – Mahónia – Nandína – Plagiorhégma – Podophýllum – Ranzánia – Vancouvéria*

Betuláceae: *Álnus – Bétula – Cárpinus – Córylus – Óstrya*

Bignoniáceae: *Anemopǣgma – Bignónia – Campsídium – Cámpsis – Catálpa – Clytóstoma – Crescéntia – Cybístax – Eccremocárpus – Glazióva – Incarvíllea – Jacaránda – Kigélia – Macfadyéna – Oróxylum – Pandórea – Parmentiéra – Phaedránthus – Pithecocténium – Podránea – Pyrostégia – Radermáchera – Spathódea – Tecóma – Tecomária*

Bixáceae: *Bixa*

Blechnáceae: *Bléchnum – Dōōdia – Stenochlǣna – Woodwárdia*

Bombacáceae: *Adansónia – Bómbax – Ceíba – Dúrio – Ochróma – Pachíra – Pseudóbombax*

Boragináceae: *Adelocáryum – Alkánna – Anchúsa – Arnébia – Borágo – Brúnnera – Buglossoídes – Caccínia – Cerínthe – Córdia – Cynoglóssum – Échium – Ehrétia – Eritríchium – Heliotrópium – Láppula – Lindelófia – Lithodóra – Lithospérmum –*

Lobostémon – Merténsia – Móltkia – Myosótis – Omphalódes – Onósma – Pentaglóttis – Pulmonária –Ríndera – Solenánthus – Sýmphytum – Trachystémon
Botrychiáceae: *Botrýchium*
Brassicáceae: siehe **Crucíferae**
Bromeliáceae: *Abromeitiélla – Acanthóstachys – Aechméa – Ánanas – Araeocóccus – Billbérgia – Brocchínia – Bromélia – Canístrum – Catópsis – Cottendórfia – Cryptánthus – Deuterocóhnia – Dýckia – Fasciculária – Fosterélla – Greigia – Guzmánia – Héchtia – Hohenbérgia – Neoglazióvia – Neoregélia – Nidulárium – Ochagávia – Orthóphytum – Pitcairnia – Pórtea – Pseudánanas – Púya – Quesnélia – Ronnbérgia – Streptócalyx – Tillándsia – Vriesea – Wittróckia*
Bruniáceae: *Brúnia*
Buddlejáceae: *Buddléja*
Burseráceae: *Aucoumea – Boswéllia – Búrsera – Canárium – Commíphora – Dacryódes*
Butomáceae: *Bútomus – Hydrócleys – Limnócharis*
Buxáceae: *Búxus – Pachysándra – Sarcocócca – Simmóndsia*
Byblidáceae: *Býblis*

Cactáceae: *Acanthocalýcium – Aporocáctus – Ariocárpus – Arrojádoa – Arthrocéreus – Astróphytum – Austrocephalocéreus – Aztékium – Bergerocáctus – Blossféldia – Browníngia – Carnegíea – Cephalocéreus – Céreus – Chiapásia – Cleistocáctus – Coleocephalocéreus – Copiápoa – Corryocáctus – Coryphántha – Denmóza – Disocáctus – Echinocáctus – Echinocéreus – Echinofossulocáctus – Echinópsis – Epiphýllum – Epithelántha – Eriosýce – Escobária – Espóstoa – Eulýchnia – Ferocáctus – Frailea – Gymnocalýcium – Haageocéreus – Harrísia – Hatióra – Heliabrávoa – Heliocéreus – Homalocéphala – Hylocéreus – Lepísmium – Leuchtenbérgia – Lophóphora – Maihuénia – Mammillária – Matucána – Melocáctus – Micranthocéreus – Míla – Monvíllea – Myrtillocáctus – Neolloydia – Neoportéria – Neoraimóndia – Nopalxóchia – Obregónia – Opúntia – Oreocéreus – Oróya – Pachycéreus – Paródia – Pediocáctus – Pelecýphora – Peniocéreus – Peréskia – Pereskiópsis – Pilosocéreus – Poláskia – Praecéreus – Pseudorhípsalis – Pterocáctus – Rebútia – Rhípsalis – Schlumbérgera – Sclerocáctus – Selenicéreus – Stenocéreus – Stephanocéreus – Stetsónia – Strombocáctus – Tacínga – Thelocáctus – Uebelmánnia – Weberbauerocéreus – Weberocéreus – Wittiocáctus*
Callitricháceae: *Callítriche*
Calycantháceae: *Calycánthus – Chimonánthus*
Campanuláceae: *Adenóphora – Asyneuma – Azorína – Campánula – Canarína – Centropógon – Codonópsis – Cyanánthus – Downíngia – Edraiánthus – Hippobróma – Hýpsela – Isótoma – Jasióne – Legousia – Lobélia – Michauxia – Monópsis – Músschia – Ostrówskia – Physopléxis – Phyteuma – Platycódon – Prátia – Siphocámpylus – Solenópsis – Symphyándra – Trachélium – Wahlenbérgia*
Canelláceae: *Canélla*
Cannáceae: *Cánna*
Capparáceae: *Cápparis – Cleóme – Cratéva – Gynandrópsis*
Caprifoliáceae: *Abélia – Dierville – Dipélta – Heptacódium – Kolkwítzia – Leycestéria – Linnaea – Lonícera – Sambúcus – Symphoricárpos – Triósteum – Vibúrnum – Weigela*
Caricáceae: *Cárica*
Caryocaráceae: *Caryocar*
Caryophylláceae: *Agrostémma – Arenária – Cerástium – Diánthus – Gypsóphila – Herniária – Lýchnis – Minuártia – Moehríngia – Myosóton – Paronýchia – Petrocóptis – Petrorhágia – Phrynélla – Sagína – Saponária – Siléne – Spérgula – Stellária – Vaccária*
Casuarináceae: *Casuarína*
Celastráceae: *Cátha – Celástrus – Elaeodéndron – Euónymus – Maytenus – Paxístima – Tripterýgium*
Cephalotáceae: *Cephalótus*

Cephalotaxáceae: *Cephalotáxus*

Ceratophylláceae: *Ceratophýllum*

Cercidiphylláceae: *Cercidiphýllum*

Chenopodiáceae: *Anábasis – Átriplex – Bássia – Béta – Blítum – Chenopódium – Kóchia – Salicórnia – Spinácia – Suaeda – Telóxys*

Chloranthàceae: *Chloránthus*

Chrysobalanáceae: *Chrysobálanus – Licánia – Parinári*

Cistáceae: *Cístus – Fumána – Halímium – Heliánthemum*

Clethráceae: *Cléthra*

Clusiáceae: siehe **Guttíferae**

Cneoráceae: *Cneórum*

Combretáceae: *Anogeissus – Combrétum – Quisquális – Terminália*

Commelináceae: *Aploleia – Callísia – Campélia – Cochliostéma – Coleotrýpe – Commelína – Cyanótis – Dichorisándra – Geogenánthus – Palisóta – Sidérasis – Tinántia – Tradescántia – Weldénia – Zebrína*

Compósitae: *Achilléa – Adenostýles – Agératum – Ajánia – Ambérboa – Ambrósia – Ammóbium – Anácyclus – Anáphalis – Andrýala – Antennária – Ánthemis – Apóseris – Árctium – Arctótis – Argyránthemum – Árnica – Arnóseris – Artemísia – Áster – Asteríscus – Athanásia – Báccharis – Barnadésia – Béllis – Béllium – Berárdia – Berkheya – Bídens – Blúmea – Boltónia – Brachýcome – Brachyglóttis – Buphthálmum – Cacália – Caléndula – Callístephus – Calocéphalus – Carduncéllus – Cárduus – Carlína – Cárthamus – Cassínia – Catanánche – Celmísia – Centauréa – Cephalípterum – Chaenáctis – Chamaemélum – Chamomílla – Charíeis – Chartólepis – Chiliótrichum – Chrysánthemum – Chrysócoma – Chrysógonum – Chrysópsis – Cicérbita – Cichórium – Círsium – Cladánthus – Cnícus – Coleóstephus – Conýza – Coreópsis – Cósmos – Cótula – Craspédia – Crépis – Cýnara – Dáhlia – Dendránthema – Dimorphothéca – Dorónicum – Dracópis – Dyssódia – Echinácea – Echínops – Emília – Erígeron – Eriocéphalus – Eriophýllum – Eupatórium – Euryops – Felícia – Gaillárdia – Galinsóga – Gamólepis – Gazánia – Gérbera – Gnaphálium – Grindélia – Guizótia – Gynúra – Haplopáppus – Helénium – Helianthélla – Heliánthus – Helichrýsum – Heliópsis – Helípterum – Hértia – Heteránthemis – Heterothéca – Hidálgoa – Hierácium – Homógyne – Húmea – Hymenostémma – Hymenóxis – Hypochaeris – Ínula – Jurínea – Kalímeris – Lactúca – Lapsána – Lasthénia – Layia – Leontopódium – Leucanthemélla – Leucanthemópsis – Leucánthemum – Leucógenes – Leuzea – Líatris – Ligulária – Lindheimera – Lónas – Mádia – Marshállia – Matricária – Melampódium – Mikánia – Montánoa – Mutísia –Oldenbúrgia – Oleária – Onopórdum – Onóseris – Osteospérmum – Otánthus – Othónna – Ozothámnus – Pachystégia – Palafóxia – Parthénium – Perézia – Petasítes – Phaenocóma – Pícris – Piquéria – Podachaenium – Podólepis – Polýmnia – Prenánthes – Pseudognaphálium – Pterónia – Ptilostémon – Pyrethrópsis – Raoulia – Relhánia – Rudbéckia – Santolína – Sanvitália – Saussúrea – Scólymus – Scorzonéra – Senécio – Serrátula – Sílphium – Sílybum – Sinacália – Solidágo – × Solidáster – Sónchus – Spilánthes – Stévia – Stoebe – Stokésia – Tagétes – Tanacétum – Taráxacum – Tarchonánthus – Telékia – Thelespérma – Tithónia – Tólpis – Townséndia – Tragopógon – Trídax – Tussilágo – Urospérmum – Ursínia – Venídium – Verbesína – Vernónia – Vittadínia – Waitzia – Wedélia – Wyéthia – Xánthium – Xeránthemum – Zínnia*

Convolvuláceae: *Argyreia – Calonýction – Calystégia – Convólvulus – Cúscuta – Dichóndra – Evólvulus – Fálkia – Ipomoea – Jacquemóntia – Merrémia – Operculína – Pharbítis – Porána – Quámoclit – Stictocárdia*

Coriariáceae: *Coriária*

Cornáceae: *Aucúba – Córnus – Curtísia – Griselínia – Helwíngia*

Corynocarpáceae: *Corynocárpus*

Crassuláceae: *Adromíschus – Aeónium – Aïchrýson – Altamiránoa – Chiastophýllum –*

Cotylédon – Crássula – Cremnóphila – Dudléya – Echevéria – Graptopétalum – Greenóvia – Jovibárba – Kalánchoë – Lenophýllum – Monánthes – Oróstachys – Pachýphytum – × Pachyvéria – Pistorínia – Rhodíola – Rosulária – Sédum – Sempervívum – Sinocrássula – Umbilícus
Crucíferae: *Aethionéma – Alliária – Alyssoídes – Alýssum – Anastática – Árabis – Armorácia – Aubriéta – Barbaréa – Bertéroa – Biscutélla – Brássica – Camelína – Capsélla – Cardamíne – Cheiránthus – Choríspora – Cochleária – Coluteocárpus – Conríngia – Crámbe – Dentária – Drába – Erúca – Erucástrum – Erýsimum – Eutréma – Fibígia – Heliophila – Hésperis – Hutchínsia – Ibéris – Ísatis – Jonopsídium – Kérnera – Lepídium – Lobulária – Lunária – Malcólmia – Matthíola – Moricándia – Morísia – Nastúrtium – Orychophrágmus – Petrocállis – Phoenicaúlis – Ptilótrichum – Ráphanus – Schiveréckia – Schizopétalon – Sinápis – Sisýmbrium – Thláspi – Vélla*
Cryptogrammáceae: *Cryptográmma – Llávea – Onýchium*
Cucurbitáceae: *Ábobra – Acanthosícyos – Benincása – Bryónia – Citrúllus – Coccínia – Cúcumis – Cucúrbita – Cyclanthéra – Diplócyclos – Ecbállium – Echinocýstis – Guránia – Kedróstis – Lagenária – Lúffa – Melóthria – Momórdica – Neoalsómitra – Séchium – Sicána – Sícyos – Telfaíria – Thladiántha – Triochosánthes – Xerosícyos*
Culcitáceae: *Cúlcita*
Cunoniáceae: *Cunónia*
Cupressáceae: *Cállitris – Calócedrus – Chamaecýparis – × Cupressocýparis – Cupréssus – Fitzróya – Fokiénia – Juníperus – Microbióta – Tetraclínis – Thúja – Thujópsis – Widdringtónia*
Cyananastráceae: *Cyanástrum*
Cyatheáceae: *Alsóphila – Cyáthea – Sphaerópteris*
Cycadáceae: *Bowénia – Ceratozámia – Cýcas – Dióon – Encephalártos – Lepidozámia – Macrozámia – Microcýcas – Stangéria – Zámia*
Cyclantháceae: *Carludovíca – Cyclánthus – Dicranopýgium – Ludóvia*
Cyperáceae: *Cárex – Cládium – Cypérus – Eleócharis – Erióphorum – Fimbristýlis – Lagenocárpus – Lepirónia – Mapánia – Scirpodéndron – Scírpus*

Daphniphylláceae: *Daphniphýllum*
Datiscáceae: *Datísca*
Davalliáceae: *Davállia – Humáta – Scyphulária*
Davidiáceae: *Davídia*
Dennstaedtiáceae: *Dennstáedtia – Microlépia*
Desfontainiáceae: *Desfontáinia*
Diapensiáceae: *Gálax – Schizocódon – Shórtia*
Dicksoniáceae: *Cibótium – Dicksónia*
Didiereáceae: *Decarýia – Didiérea*
Dilleniáceae: *Dillénia – Hibbértia*
Dioscoreáceae: *Dioscórea – Támus*
Dipsacáceae: *Cephalária – Dípsacus – Knáutia – Morína – Pterocéphalus – Scabiósa – Succísa*
Dipterocarpáceae: *Dipterocárpus – Dryobálanops – Hópea – Pentácme – Shórea – Vatéria*
Droseráceae: *Aldrovánda – Dionáea – Drósera – Drosophýllum*

Ebenáceae: *Diospýros*
Elaeagnáceae: *Elaeágnus – Hippóphaë – Shephérdia*
Elaeocarpáceae: *Aristotélia – Crinodéndron – Elaeocárpus– Muntíngia*
Elaphoglossáceae: *Elaphoglóssum*
Elatináceae: *Elatíne*
Empetráceae: *Coréma – Émpetrum*

Epacridáceae: *Cyathódes – Dracophýllum – Épacris – Leucopógon – Trochocárpa*
Ephedráceae: *Éphedra*
Equisetáceae: *Equisétum*
Ericáceae: *Agapétes – Andrómeda – Árbutus – Arctostáphylos – Bejária – Bruckenthália – Bryánthus – Callúna – Cassíope – Cavendíshia – Chamaedáphne – Cladothámnus – Corallóbotrys – Daboécia – Enkiánthus – Epigaea – Eríca – × Gaulnéttya – Gaulthéria – Gaylussácia – Kálmia – Lédum – Leiophýllum – Leucóthoë – Loiseleuria – Lyónia – Macleania – Menziésia – Oxydéndrum – Pernéttya – Phyllódoce – Píeris – Rhododéndron – Rhodothámnus – Thibaudia – Tripetaleia – Vaccínium – Zenóbia*
Eriocauláceae: *Eriocaulon – Paepalánthus – Syngonánthus*
Erythroxyláceae: *Erythróxylum*
Eucommiáceae: *Eucómmia*
Eucryphiáceae: *Eucrýphia*
Euphorbiáceae: *Acalýpha – Aleurítes – Andráchne – Antidésma – Baccaurea – Breynia – Chrozóphora – Cnidóscolus – Codiaeum – Cróton – Dalechámpia – Émblica – Euphórbia – Excoecária – Gárcia – Hévea – Hippómane – Homalánthus – Húra – Játropha – Joannésia – Mallótus – Mánihot – Mercuriális – Monadénium – Pedilánthus – Phyllánthus – Plukenétia – Ricinodéndron – Rícinus – Sápium – Sauropus – Securínega – Stillíngia – Synadénium – Tetracarpídium*
Eupteleáceae: *Euptélea*

Fabáceae: siehe **Leguminósae**
Fagáceae: *Castánea – Castanópsis – Chrysólepis – Fágus – Nothofágus – Quércus*
Flacourtiáceae: *Azára – Berberidópsis – Dovyális – Flacourtia – Hydnocárpus – Idésia – Pángium – Ryánia*
Fouquieriáceae: *Fouquiéria – Ídria*
Frankeniáceae: *Frankénia*

Garryáceae: *Gárrya*
Gentianáceae: *Centaurium – Chirónia – Eustoma – Éxacum – Gentiána – Halénia – Órphium – Sabátia – Swértia*
Geraniáceae: *Biebersteinia – Eródium – Gapánium – Pelargónium – Sarcocaulon*
Gesneriáceae: *Achímenes – Aeschynánthus – Alloplévtus – Alsóbia – Asteranthéra – Boea – Bríggsia – Chiríta – Chrysóthemis – × Codonantánthus – Codonánthe – Colúmnea – Conándron – Corallodíscus – Cyrtándra – Diastéma – Drymónia – Epíscia – Eucodónia – Gesnéria – Gloxínia – Habérlea – Hypocýrta – Jancaea – Koellikéria – Kohléria – Mitrária – Moussónia – Nautilócalyx – Nematánthus – Neomortónia – Opithándra – Petrocósmea – Ramónda – Rehmánnia – Rhabdothámnus – Rhinchoglóssum – Rytidophýllum – Saintpaulia – Sarmiénta – Sinníngia – Smithiántha – Streptocárpus – Titanótrichum*
Ginkgoáceae: *Gínkgo*
Gleicheniáceae: *Gleichénia*
Globulariáceae: *Globulária*
Gnetáceae: *Gnétum*
Goodeniáceae: *Goodénia – Lechenaultia – Scaevola – Selliéra*
Gramíneae: *Achnátherum – Aegilops – Agropýron – Agróstis – Aira – Alopecúrus – Ammóphila – Anthoxánthum – Apéra – Arrhenátherum – Arundinária – Arúndo – Avéna – Avénula – Bambúsa – Beckmánnia – Bothrióchloa – Bouteloua – Brachiária – Brachypódium – Bríza – Brómus – Búchloë – Calamagróstis – Catabrósa – Chasmánthium – Chimonobambúsa – Chlóris – Chrysopógon – Chúsquea – Cóix – Cortadéria – Corynéphorus – Cymbopógon – Cýnodon – Cynosúrus – Dáctylis – Dendrocálamus – Deschámpsia – Desmazéria – Diarrhéna – Digitária – Dinóchloa – Echinóchloa – Eleusíne – Élymus – Eragróstis – Euchlaena – Festúca – Gaudínia – Gigantóchloa –*

Glycéria – Hakonéchloa – Helictótrichon – Hieróchloë – Hólcus – Hórdeum – Hýstrix – Imperáta – Indocálamus – Koeléria – Lagúrus – Lamárckia – Le͞ersia – Le͞ymus – Lólium – Lýgeum – Mélica – Mílium – Miscánthus – Molínia – Muhlenbérgia – Nárdus – Oplísmenus – Orýza – Otátea – Panícum – Páspalum – Pennisétum – Phaláris – Phárus – Phléum – Phragmítes – Phyllórhachis – Phyllóstachys – Piptátherum – Pleioblástus – Póa – Pogonátherum – Polypógon – Pseudosása – Rhynchélytrum – Sáccharum – Sása – Sasaélla – Sasamórpha – Schizachýrium – Sécale – Semiarundinária – Sesléria – Setária – Shibata͞ea – Sinarundinária – Sorghástrum – Sórghum – Spartína – Spodiopógon – Stenótaphrum – Stípa – Thamnocálamus – Thysanola͞ena – Trípsacum – Trisétum – Tríticum – Uníola – Vetivéria – Zéa – Zizánia

Guttíferae: *Calophýllum – Clúsia – Garcínia – Harungána – Hypéricum – Mámmea – Mésua – Platónia – Rhe͞edia*

Haemodoráceae: *Anigozánthos – Haemodórum – Macropídia – Tecophila͞ea – Wachendórfia – Xiphídium*
Haloragáceae: *Gúnnera – Myriophýllum – Proserpináca*
Hamamelidáceae: *Corylópsis – Disánthus – Distýlium – Fothergílla – Hamamélis – Liquidámbar – Loropétalum – Parrótia – Parrotiópsis – Sinowilsónia – × Sycoparrótia – Sycópsis – Trichócladus*
Hemionitidáceae: *Anográmma – Coniográmme – Hemionítis – Pityrográmma*
Hippocastanáceae: *A͞esculus*
Hippuridáceae: *Hippúris*
Hydrocharitáceae: *Egéria – Elódea – Hydrílla – Hydrócharis – Lagarosíphon – Limnóbium – Ottélia – Stratiótes – Vallisnéria*
Hydrophylláceae: *Eriodíctyon – Hydrólea – Hydrophýllum – Nemóphila – Phacélia – Romanzóffia – Wigándia*
Hymenophylláceae: *Hymenophýllum – Trichómanes*
Hypolepidáceae: *Hypólepis – Lonchítis – Pterídium*
Hypoxidáceae: *Curcúligo – Hypóxis – Rhodohypóxis*

Icacináceae: *Citronélla*
Illiciáceae: *Illícium*
Iridáceae: *Acidanthéra – Anomalésia – Anomathéca – Arístea – Babiána – Belamcánda – Chasmánthe – Crocósmia – Crócus – Cypélla – Dieráma – Díetes – Diplarrhéna – Ferrária – Fre͞esia – Galáxia – Geissorrhíza – Gladíolus – Gynandríris – Herbértia – Hermodáctylus – Hesperántha – Homéria – Íris – Íxia – Lapeiro͞usia – Libértia – Mora͞ea – Neomárica – Nivénia – Orthrosánthus – Romúlea – Schizostýlis – Sisyrínchium – Solenómelus – Sparáxis – Tigrídia – Tritónia – Watsónia*
Isoëtáceae: *Isóëtes*

Juglandáceae: *Cárya – Júglans – Pterocárya*
Juncáceae: *Júncus – Lúzula – Priónium*

Krameriáceae: *Kraméria*

Labiátae: *Ácinos – Aeollánthus – Agástache – Ájuga – Ballóta – Calamíntha – Cóleus – Collinsónia – Dracocéphalum – Elshóltzia – Eremóstachys – Galeópsis – Glechóma – Hedeóma – Hormínum – Hýptis – Hyssópus – Ibóza – Lallemántia – Lamiástrum – Lámium – Lavándula – Leonótis – Leonúrus – Lýcopus – Marrúbium – Meehánia – Melíssa – Melíttis – Méntha – Microméria – Moluccélla – Monárda – Monardélla – Népeta – Ócimum – Oríganum – Orthosíphon – Ozothámnus – Perílla – Peróvskia – Phlómis – Physostégia – Plectránthus – Pogostémon – Prostanthéra – Prunélla – Pycnóstachys – Rosmarínus – Sálvia – Saturéja – Scutellária – Sideritis – Stáchys – Te͞ucrium – Thýmus – Westríngia*

Lamiáceae: siehe **Labiátae**

Lardizabaláceae: *Akébia – Decaisnea – Holboellia – Lardizábala – Sinofranchétia – Stauntónia*

Lauráceae: *Cassýtha – Cinnamómum – Eusideróxylon – Laurus – Líndera – Litséa – Neolitséa – Ocótea – Pérsea – Sássafras – Umbellulária*

Lecythidáceae: *Berthollétia – Lécythis*

Leeáceae: *Leea*

Leguminósae: *Ábrus – Acácia – Adenanthéra – Adenocárpus – Adésmia – Aeschynómene – Afzélia – Albízia – Alhági – Amhérstia – Amícia – Amórpha – Anágyris – Andíra – Anthýllis – Ápios – Árachis – Aspálathus – Aspálthium – Astrágalus – Baptísia – Bauhínia – Bossiaea – Brachyséma – Brównea – Bútea – Caesalpínia – Cajánus – Calliándra – Calóphaca – Campylótropis – Canavália – Caragána – Carmichaélia – Cássia – Castanospérmum – Centroséma – Ceratónia – Cércis – Chamaecrísta – Chorizéma – Chrístia – Cícer – Cladrástis – Cliánthus – Clitória – Colútea – Copaífera – Coronílla – Crotalária – Cyamópsis – Cýtisus – Dalbérgia – Délonix – Dérris – Desmódium – Dillwýnia – Dípteryx – Dólichos – Entáda – Enterolóbium – Erinácea – Erýthrina – Erythrophléum – Eutáxia – Galéga – Genísta – Gledítsia – Gliricídia – Glycíne – Glycyrrhíza – Goodia – Gossweilerodéndron – Guibourtia – Gymnócladus – Haematóxylum – Halimodéndron – Hardenbérgia – Hedýsarum – Hippocrépis – Hóvea – Hymenaea – Indigófera – Ínga – Inocárpus – Íntsia – Isoberlínia – Kennédia – + Laburnocýtisus – Labúrnum – Láthyrus – Lens – Lespedéza – Leucaena – Lonchocárpus – Lótus – Lupínus – Maackia – Medicágo – Melilótus – Mimósa – Mucúna – Mundúlea –Myróxylon – Neptúnia – Notospártium – Onóbrychis – Onónis – Ornìthopus – Oxylóbium – Oxýtropis – Pachyrhízus – Parkinsónia – Parochétus – Peltógyne – Pettéria – Phaséolus – Physostígma – Piptánthus – Piscídia – Písum – Pithecellóbium – Podalýria – Prosópis – Psophocárpus – Pterocárpus – Puerária – Pultenaea – Retáma – Rhynchósia – Robínia – Samánea – Schótia – Sesbánia – Sophóra – Spártium – Strongýlodon – Sutherlándia – Swainsóna – Tamaríndus – Templetónia – Tephrósia – Tetragonólobus – Thermópsis – Trachylóbium – Trifólium – Trigonélla – Úlex – Vícia – Vígna – Virgília – Wistéria – Xýlia*

Lemnáceae: *Lémna – Spirodéla – Wólffia*

Lentibulariáceae: *Pinguícula – Utriculária*

Liliáceae: *Agapánthus – Albúca – Áletris – Állium – Áloë – Anthéricum – Arthropódium – Aspáragus – Asphodelíne – Asphódelus – Aspidístra – Astélia – Astróloba – Bellevália – Béssera – Blandfórdia – Blooméria – Bowíea – Brimeura – Brodiaea – Bulbíne – Bulbinélla – Bulbocódium – Calochórtus – Camássia – Cardiócrinum – Chamaelírium – Chionodóxa – × Chionoscílla – Chloróphytum – Clintónia – Cólchicum – Convallária – Dánaë – Dianélla – Dichelostémma – Drimiópsis – Eremúrus – Erythrónium – Eucomis – Fritillária – Gágea – Galtónia – Gastéria – Geitonoplésium – Gloriósa – Hawórthia – Helónias – Heloniópsis – Hemerocállis – Hósta – Hyacinthoídes – Hyacínthus – Ipheion – Kniphófia – Lachenália – Lapagéria – Ledeboúria – Leucocóryne – Lílium – Liríope – Littónia – Lourya – Maiánthemum – Melánthium – Mílla – Muscári – Narthécium – Nectaroscórdum – Nomócharis – Notholírion – Nothoscórdum – Ophiopógon – Ornithógalum – Paradísea – Páris – Philésia – Phórmium – Poellnítzia – Polygónatum – Puschkínia – Reinéckea – Róhdea – Rúscus – Sandersónia – Schoenocaulon – Scílla – Sémele – Smilacína – Smílax – Speiránthа – Stréptopus – Thysanótus – Tofiéldia – Tricýrtis – Tríllium – Triteleia – Tulbághia – Túlipa – Urgínea – Uvulária – Veltheimia – Verátrum – Wúrmbea – Xerophýllum – Zigadénus*

Limnantháceae: *Limnánthes*

Lináceae: *Línum – Reinwárdtia*

Loasáceae: *Blumenbáchia – Caióphora – Eucníde – Loása – Mentzélia – Scyphánthus*

Loganiáceae: *Fagraea – Gelsémium – Logánia – Spigélia – Strýchnos*

Lomariopsidáceae: *Bolbítis – Lomariópsis*

Loranthάceae: *Arceuthóbium – Loránthus – Víscum*
Lowiáceae: *Orchidántha*
Lycopodiáceae: *Diphasiástrum – Hupérzia – Lycopódium*
Lygodiáceae: *Lygódium*
Lythráceae: *Cuphéa – He̅i̅mia – Lafoénsia – Lagerstro̅e̅mia – Lawsónia – Lýthrum*

Magnoliáceae: *Liriodéndron – Magnólia – Michélia*
Malpighiáceae: *Heterópteris – Malpíghia – Thryállis*
Malváceae: *Abelmóschus – Abutílon – Álcea – Altha̅e̅a – Alyógyne – Anisodóntea – Callírhoë – Go̅e̅thea – Gossýpium – Hibíscus – Hohéria – Kitaibélia – Lagunária – Lavátera – Lawréncia – Malópe – Málva – Malvavíscus – Pala̅u̅a – Plagiánthus – Sída – Sidálcea – Sphaerálcea – Thespésia – Triplóchlamys – Uréna – Wércklea – Wissádula*
Marantáceae: *Ataenídia – Caláthea – Ctenánthe – Maránta – Stachyphrýnium – Strománthe – Thália*
Marattiáceae: *Maráttia*
Marcgraviáceae: *Marcgrávia*
Marchantiáceae: *Marchántia*
Marsileáceae: *Marsílea – Piluléria – Regnellídium*
Martyniáceae: *Craniolária – Ibicélla – Martýnia – Proboscídea*
Mayacáceae: *Mayáca*
Melastomatáceae: *Amphiblémma – Bertolónia – × Bertoneríla – Blákea – Cálvoa – Centradénia – Clidémia – Dissótis – Gravésia – Heterocéntron – Heterótrichum – Medinílla – Melástoma – Micónia – Monocha̅e̅tum – Monólena – Osbéckia – Phyllágathis – Rhéxia – Soneríla – Tibouchína – Tocóca – Triólena*
Meliáceae: *Aglaía – Antela̅e̅a – Cabrálea – Carápa – Cedréla – Entandrophrágma – Guárea – Kháya – Lánsium – Mélia – Sandóricum – Swieténia – Toóna*
Melianthάceae: *Gre̅y̅ia – Meliánthus*
Menispermáceae: *Anamírta – Chondodéndron – Cócculus – Dioscoreophýllum – Jateorhíza – Menispérmum*
Menyantháceae: *Menyánthes –Nymphoídes – Villársia*
Monimiáceae: *Pe̅u̅mus*
Moráceae: *Antiáris – Artocárpus – Brósimum – Broussonétia – Cánnabis – Castílla – Cecrópia – Chloróphora – Cudránia – Dorsténia – Fícus – Húmulus – × Macludránia – Maclúra – Mórus – Pseudolmédia*
Moringáceae: *Morínga*
Musáceae: *Enséte – Helicónia – Músa – Ravenála – Strelítzia*
Myoporáceae: *Myóporum*
Myricáceae: *Comptónia – Myríca*
Myristicáceae: *Myrística – Pycnánthus*
Myrsináceae: *Ardísia – Hymenándra – Myrsíne*
Myrtáceae: *Ácca – Agónis – Angóphora – Ba̅e̅ckea – Beaufórtia – Callistémon – Calothámmus – Campomanésia – Chamela̅u̅cium – Darwínia – Eucalýptus – Eugénia – Kúnzea – Leptospérmum – Lophomýrtus – Lúma – Melale̅u̅ca – Metrosidéros – Myrciária – Mýrtus – Piménta – Psídium – Regélia – Rhodomýrtus – Syzýgium – Tristánia – Úgni – Verticórdia*

Najadáceae: *Nájas*
Nepentháceae: *Nepénthes*
Nephrolepidáceae: *Nephrólepis*
Nolanáceae: *Alóna – Nolána*
Nyctagináceae: *Abrónia – Bougainvíllea – Mirábilis – Pisónia*
Nymphaeáceae: *Brasénia – Cabómba – Euryale – Nelúmbo – Núphar – Nympha̅e̅a – Victória*
Nyssáceae: *Camptothéca – Nýssa*

Ochnáceae: *Lophíra – Óchna*
Olacáceae: *Dulácia – Ongókea – Ptychopétalum – Ximénia*
Oleáceae: *Abeliophýllum – Chionánthus – Fontanésia – Forestiéra – Forsýthia – Fráxinus – Jasmínum – Ligústrum – Ólea – Osmánthus – Phillýrea – Schrébera – Syrínga*
Oleandráceae: *Oleándra*
Onagráceae: *Circaea – Clárkia– Epilóbium – Fúchsia – Gaura – Lopézia – Ludwígia – Oenothéra*
Onocleáceae: *Matteuccia – Onocléa*
Ophioglossáceae: *Ophioglóssum*
Orchidáceae: *Acacállis – Acámpe – Acanthophíppium – Áceras – Acinéta – Áda – × Adaglóssum – × Adamára – × Adióda – Aërángis – × Aëridáchnis – Aërídes – × Aëridocéntrum – × Aëridofinétia – × Aëridoglóssum – × Aëridópsis – × Aëridostýlis – × Aëridovánda – × Aliceára – Anacámptis – Angraecum – Angúloa – × Angulocáste – Anoectochílus – × Anoectomária – Anóta – Ansellia – × Ansídium – × Arachnoglóttis – × Arachnópsis – × Arachnostýlis – × Aránda – × Arandánthe – × Aranthéra – × Arizára – × Armodáchnis – Arpophýllum – Arundína – × Ascocénda – Ascocéntrum – × Ascofinétia – × Ascoráchnis – Aspásia – × Aspoglóssum – × Bardéndrum – Barkéria – × Bateostýlis – Bifrenária – Blétia – Bletílla – × Bloomára – Bóllea – Bothrióchilus – × Bradiguésia – × Brapásia – Brassávola – Brássia – × Brassídium – × Brassocattleya – × Brassodiácrium – × Brassoëpidéndrum – × Brassolaelia – × Brassolaeliocattleya – × Brassotónia – × Bratónia – Broughtónia – × Broughtópsis – Bulbophýllum – × Burkillára – × Burrageára – Calánthe – Calýpso – Catasétum – Cattleya – × Cattleytónia – Caulárthron – × Caulocattleya – Cephalanthéra – × Charleswortára – Chiloschísta – × Chondrobóllea – Chondrorhýncha – Chýsis – Cirrhaea – Cleisóstoma – Clowésia – × Cochlénia – Cochlióda – Coelia – Coelógyne – × Colmanára – Comparéttia – Coryánthes – Cryptochílus – Cryptophoránthus – Cycnóches – × Cycnódes – Cymbídium – Cypripédium – Cyrtopódium – Cyrtórchis – Dactylorhíza – × Dekensára – Dendróbium – Dendrochílum – × Diabroughtónia – × Dialaelia – × Dialaeliocattleya – × Dialaeliópsis – Diaphanánthe – Dichaea – × Dillonára – Dimorphórchis – Dísa – × Domindésmia – × Domliópsis – × Doriélla – × Doritaenópsis – Dorítis – Dossínia – Drácula – × Elleanthéra – Elleánthus – Encýclia – × Epibroughtónia – × Epicattleya – Epidéndrum – × Epidiácrium – × Epidróbium – Epigeneium – × Epígoa – × Epilaelia – × Epilaeliocattleya – × Epilaeliópsis – Epipáctis – × Epiphronítis – × Epitónia – Éria – Eriópsis – Erýcina – Esmerálda – × Esmeránda – Euánthe – Eulóphia – Eulophiélla – × Euráchnis – × Fujiwarára – Galeándra – Galeóttia – Gastrochílus –× Gauntlettária – Gomésa – Góngora – Goodyéra – Grammatophýllum – Gróbya – Gymnadénia – Habenária – × Hartára – × Hawaiiára – Hélcia – Hexadésmia – Hexísea – × Holttumára – × Hookerára – Hormídium – Houllétia – × Huntleánthes – Huntleya – Ionópsis – Isabélia – Isochílus – × Iwanagára – × Kirchára – Lacaena – Laelia – × Laeliocattkéria – × Laeliocattleya – × Laeliopleya – Laeliópsis – × Laelónia – × Laeópsis – × Laycockára – × Leptolaelia – Leptótes – × Limára – Limodórum – Líparis – Lissochílus – Lístera – Lockhártia – × Lowára – Ludísia – Lueddemánnia – × Luisánda – Luísia – Lycáste – × Lycastenária – Macódes – Macropléctrum – Maláxis – Masdevállia – Maxillária – Meiracýllium – Miltónia – × Miltonídium – × Miltonióda – Miltoniópsis – × Miltonpásia – × Miltonpília – × Mizutára – × Moirára – Mormódes – Mormólyca – Nageliélla – × Nakamotoára – Neofinétia – Neógyna – × Neostýlis – Neóttia – Nigritélla – Octadésmia – Octoméria – × Odontióda – × Odontobrássia – × Odontocídium – Odontoglóssum – × Odontónia – Oeceóclades – × Oncidaréttia – × Oncidásia – × Oncidénia – × Oncidéza – × Oncidióda – Oncídium – × Oncidpília – × Onoára – Óphrys – × Opsisánda – × Opsisánthe – Órchis – Ornithídium – Ornithocéphalus – × Osmentára – Otoglóssum – Pábstia – Paphínia – Paphiopedílum – Pécteilis – Peristéria – Pescatória – × Pescoránthes – × Phaiocalánthe – × Phaiocymbídium – Pháius – Phalaenópsis – × Phalaeriánda – × Phalandópsis – × Phalanétia – Pholi-*

dóta – Phragmipédium – Physosíphon – Platanthéra – Pleióne – Pleurothállis – Polycýcnis – Polystáchya – Porroglóssum – × Potinára – Promenaea – Psygmórchis – Pteróceras – Pteróstylix – × Recchára – × Renádes – × Renancéntrum – × Renanétia – × Renanópsis – × Renanstýlis – × Renantánda – Renanthéra – × Renanthoglóssum – × Renanthópsis – Restrépia – × Rhynchocéntrum – × Rhynchonópsis – Rhynchostýlis – × Rhyndorópsis – × Ridleyára – × Rodréttia – × Rodricídium – × Rodridénta – Rodriguézia – × Rodritónia – × Rolfeára – Rossioglóssum – Rudolfiélla – × Sanderára – × Sappanára – Sarcochílus – × Sarcorhíza – × Sarcothéra – Scaphosépalum – Scaphyglóttis – Schoenórchis – × Schombobrassávola – × Schombocattleya – × Schombodiácrium – × Schomboëpidéndrum – × Schombolaelia – × Schombolaeliocattleya – × Schombotónia – Schombúrgkia – Scuticária – Serápias – × Shipmanára – Sigmatóstalix – Sobrália – × Sophrocattleya – × Sophrolaelia – × Sophrolaeliocattleya – Sophronitélla – Sophronítis – × Sophróvola – Spathoglóttis – Spiránthes – Stanhópea – Stenoglóttis – Stenorrhýnchos – Symphyglóssum – × Tetraliópsis – × Tetratónia – Thúnia – × Trevorára – Trichocéntrum – × Trichocídium – Trichopília – × Trichovánda – Trigonídium – × Vancámpe – Vánda – × Vandáchnis – × Vandacostýlis – × Vandaenópsis – × Vandofinétia – × Vandopsídes – Vandópsis – × Vandorítis – Vanílla – × Vascostýlis – × Vuylstekeára – × Warneára – Wárrea – Warszewiczélla – × Wilsonára – × Withnerára – Xylóbium – × Yamadára – × Yapára – × Zygobatemánnia – × Zygocáste – × Zygócolax – Zygopétalon – × Zygorhýncha – × Zygostýlis

Orobancháceae: *Aeginétia – Orobánche*

Osmundáceae: *Leptópteris – Osmúnda – Tódea*

Oxalidáceae: *Averrhóa – Bióphytum – Óxalis*

Paeoniáceae: *Paeónia*

Pálmae: *Acanthophoenix – Acoelorrháphe – Acrocómia – Aíphanes – Archontophoenix – Aréca – Arecástrum – Arénga – Astrocáryum – Attálea – Báctris – Bentínckia – Borássus – Bráhea – Bútia – Cálamus – Calyptrógyne – Caryóta – Ceróxylon – Chamaedórea – Chamaerops – Chambeyrónia – Chrysalidocárpus – Coccothrínax – Cócos – Copernícia – Córypha – Cryosóphila – Cyrtóstachys – Daemónorops – Desmóncus – Dictyospérma – Elaeis – Eutérpe – Geónoma – Hedýscepe – Hóweia – Hyophórbe – Hyphaene – Jubaea – Latánia – Leopoldínia – Lepidórhachis – Licuála – Livistóna – Lodoícea – Metróxylon – Microcoelum – Nannórrhops – Neodýpsis – Nýpa – Oenocárpus – Orbígnya – Phoenicophórium – Phoenix – Phytélephas – Pinánga – Polyandrocócos – Pritchárdia – Ptychospérma – Ráphia – Reinhárdtia – Rhapidophýllum – Rhápis – Rhopaloblaste – Rhopalostýlis – Roystónea – Sábal – Salácca – Scheelea – Serenóa – Synechánthus – Thrínax – Trachycárpus – Trithrínax – Veitchia – Verschafféltia – Wallíchia – Washingtónia*

Pandanáceae: *Freycinétia – Pandánus*

Papaveráceae: *Adlúmia – Argemóne – Boccónia – Cathcártia – Chelidónium – Corýdalis – Dendromécon – Dicéntra – Dicranostígma – Eomécon – Eschschólzia – Fumária – Glaucium – Hunnemánnia – Hylomécon – Hypécoum – Macleaya – Meconópsis – Papáver – Platystémon – Platystígma – Roeméria – Romneya – Rupicápnos – Sanguinária – Sarcocápnos – Stylóphorum*

Parkeriáceae: *Ceratópteris*

Passifloráceae: *Adénia – Passiflóra*

Pedaliáceae: *Ceratothéca – Harpagóphytum – Sésamum*

Philydráceae: *Phílydrum*

Phytolaccáceae: *Ercílla – Phytolácca – Rivína – Trichostígma*

Pináceae: *Ábies – Cédrus – Keteleeria – Lárix – Pícea – Pínus – Pseudólarix – Pseudotsúga – Tsúga*

Piperáceae: *Peperómia – Píper*

Pittosporáceae: *Billardiéra – Citrióbatus – Hymenósporum – Pittósporum – Sóllya*

Plantagináceae: *Littorélla – Plantágo*

Platanáceae: *Plátanus*

Plumbagináceae: *Acantholímon – Arméria – Ceratostígma – Goniolímon – Limoniástrum – Limónium – Plumbágo – Psyllióstachys*

Poáceae: siehe **Gramíneae**

Podocarpáceae: *Dacrýdium – Phyllócladus – Podocárpus – Sáxe-Gothǽa*

Polemoniáceae: *Cántua – Cobǽa – Collómia – Gília – Ipomópsis – Linánthus – Phlox – Polemónium*

Polygaláceae: *Polýgala*

Polygonáceae: *Antígonon – Atrapháxis – Coccóloba – Eriógonum – Fagopýrum – Fallópia – Homalocládium – Muehlenbéckia – Oxýria – Polýgonum – Reynóutria – Rhéum – Rúmex*

Polypodiáceae: *Aglaomórpha – Drymoglóssum – Drynária – Goniophlébium – Microsórum – Phlebódium – Platycérium – Polypódium – Pyrrósia – Solanópteris*

Pontederiáceae: *Eichhórnia – Heteranthéra – Pontedéria*

Portulacáceae: *Anacámpseros – Calandrínia – Claytónia – Lewísia – Móntia – Portuláca – Portulacária – Talínum*

Potamogetonáceae: *Potamogéton – Zostéra*

Primuláceae: *Anagállis – Andrósace – Ardisiándra – Córis – Cortúsa – Cýclamen – Dionýsia – Dodecátheon – Hottónia – Lysimáchia – Prímula – Sámolus – Soldanélla – Trientális – Vitaliána*

Proteáceae: *Áulax – Bánksia – Dryándra – Embóthrium – Gevuína – Grevíllea – Hákea – Helícia – Isopógon – Leucadéndron – Leucospérmum – Lomátia – Macadámia – Prótea – Róupala – Stenocárpus – Stirlíngia – Xylomélum*

Psilotáceae: *Psilótum*

Punicáceae: *Púnica*

Pyroláceae: *Chimáphila – Monéses – Pýrola*

Ranunculáceae: *Aconítum – Actǽa – Adónis – Anemóne – Anemonélla – Anemonópsis – Aquilégia – Calliánthemum – Cáltha – Cimicífuga – Clématis – Clematópsis – Consólida – Cóptis – Delphínium – Eránthis – Glaucídium – Hellébor us – Hepática – Hydrástis – Isopýrum – Myosúrus – Nigélla – Pulsatílla – Ranúnculus – Semiaquilégia – Thalíctrum – Tróllius – Xanthorhíza*

Resedáceae: *Reséda*

Restionáceae: *Elégia*

Rhamnáceae: *Berchémia – Ceanóthus – Collétia – Hovénia – Nóltea – Paliúrus – Phýlica – Pomadérris – Rhámnus – Sagerétia – Zíziphus*

Rhizophoráceae: *Rhizóphora*

Roriduláceae: *Rorídula*

Rosáceae: *Acǽna – Adenóstoma – Agrimónia – Alchemílla – Amelánchier – Áphanes – Arónia – Arúncus – Cercocárpus – Chamaebátia – Chamaebatiária – Choenoméles – Colúria – Cotoneáster – + Crataegoméspilus – Cratǽgus – × Crataeméspilus – Cydónia – Drýas – Duchésnea – Eriobótrya – Exochórda – Fallúgia – Filipéndula – Fragária – Géum – Gillénia – Hagénia – Holodíscus – Kérria – Málus – Margyricárpus – Méspilus – Néillia – Neviúsia – Oemléria – Osteoméles – Peraphýllum – Petróphyton – Photínia – Physocárpus – Potentílla – Prinsépia – Prúnus – Púrshia – Pyracántha – Pýrus – Quillája – Rhaphiólepis – Rhodótypos – Rósa – Rúbus – Sanguisórba – Sarcopotérium – Sibbáldia – Sibirǽa – Sorbária – × Sorbópyrus – Sórbus – Spencéria – Spirǽa – Stephanándra – Stranvǽsia – Waldstéinia*

Rubiáceae: *Adína – Alibértia – Anthocéphalus – Aspérula – Bouvárdia – Cephaélis – Cephalánthus – Chiocócca – Cinchóna – Cóffea – Coprósma – Coutárea – Gálium – Gardénia – Genípa – Hamélia – Hoffmánnia – Houstónia – Hydnóphytum – Ixóra – Leptodérmis – Lucúlia – Manéttia – Mitchélla – Morínda – Mussaénda – Myrmecódia*

– Nértera – Oxyánthus – Pausinystália – Pavétta – Péntas – Phuópsis – Pseudocinchóna – Remíjia – Rondelétia – Rothmánnia – Rúbia – Seríssa – Sherárdia – Uncária – Venguéria
Rutáceae: *Adenándra – Ǣgle – Agathósma – Ámyris – Barósma – Borónia – Casimíroa – Chloróxylon – Choísya – × Citrofortunélla – Cítrus – Clauséna – Coleonéma – Córrea – Crówea – Cuspária – Dictámnus – Diósma – Eriostémon – Erythróchiton – Euódia – Fortunélla – Galípea – Glycósmis – Haplophýllum – Limónia – Melícope – Microcítrus – Murrāya – Oríxa – Phellodéndron – Pilocárpus – Poncírus – Ptélea – Rúta – Skímmia – Triphásia – Zanthóxylum*

Salicáceae: *Pópulus – Sálix*
Salviniáceae: *Salvínia*
Santaláceae: *Pyrulária – Sántalum*
Sapindáceae: *Blíghia – Cardiospérmum – Dimocárpus – Dodonǣa – Erioglóssum – Filícium – Koelreutéria – Lítchi – Melicóccus – Nephélium – Paullínia – Sapíndus – Serjánia – Ungnádia – Xanthóceras*
Sapotáceae: *Chrysophýllum – Diploknéma – Madhúca – Manilkára – Mimúsops – Paláquium – Payéna – Poutéria – Vitellária*
Sarraceniáceae: *Darlingtónia – Heliámphora – Sarracénia*
Saururáceae: *Anemópsis – Houttuýnia – Saurúrus*
Saxifragáceae: *Astílbe – Astilboídes – Bāuera – Bergénia – Boykínia – Bréxia – Carpentéria – Chrysosplénium – Corókia – Dármera – Decumária – Deinánthe – Dēutzia – Díchroa – Escallónia – Féndlera – Fráncoa – Hēuchera – × Heucherélla – Hydrangéa – Ítea – Jamésia – Kirengeshóma – Leptarrhéna – Mitélla – Parnássia – Peltoboykínia – Philadélphus – Pileostégia – Ríbes – Rodgérsia – Saxífraga – Schizophrágma – Tanakǣa – Téllima – Tiarélla – Tolmíea*
Schisandráceae: *Kadsúra – Schisándra*
Scrophulariáceae: *Alónsoa – Anarrhínum – Angelónia – Antirrhínum – Asarína – Bácopa – Bowkéria – Calceolária – Célsia – Chaenarrhínum – Chelóne – Collínsia – Cymbalária – Dermatóbotrys – Diáscia – Digitális – Erínus – Euphrásia – Freylínia – Gratíola – Hébe – Hebenstrétia – Isopléxis – Jovellána – Lagótis – Lathrǣa – Leucophýllum – Limnóphila – Linária – Lindenbérgia – Mázus – Melampýrum – Micránthemum – Mímulus – Nemésia – Óftia – Otacánthus – Ourísia – Paederóta – Parahébe – Paulównia – Penstémon – Phygélius – Picrorhíza – Rhinánthus – Rhodóchiton – Russélia – Scrophulária – Sibthórpia – Sútera – Sýnthyris – Tetranéma – Torénia – Verbáscum – Verónica – Wulfénia – Zaluziánskya*
Selaginelláceae: *Selaginélla*
Simaroubáceae: *Ailánthus – Picrámnia – Picrásma – Quássia*
Sinopteridáceae: *Adiantópsis – Cheilánthes – Doryópteris – Pellǣa*
Solanáceae: *Átropa – Browállia – Brunfélsia – Cápsicum – Céstrum – Cyphomándra – Datúra – Duboísia – Fabiána – Hyoscýamus – Iochróma – Juanullóa – Lýcium – Lycopérsicon – Mandrágora – Nicándra – Nicotiána – Nierembérgia – Petúnia – Phýsalis – Salpíchroa – Salpiglóssis – Schizánthus – Scopólia – Solándra – Solánum – Streptosólen – Véstia*
Sparganiáceae: *Spargánium*
Sphagnáceae: *Sphágnum*
Stachyuráceae: *Stachyúrus*
Staphyleáceae: *Staphyléa*
Sterculiáceae: *Abróma – Brachýchiton – Cóla – Dombēya – Firmiána – Fremontodéndron – Hermánnia – Mahérnia – Pterygóta – Stercúlia – Theobróma – Thomásia – Triplóchiton*
Stylidiáceae: *Stylídium*
Styracáceae: *Halésia – Pteróstyrax – Stýrax*
Symplocáceae: *Sýmplocos*

Taccáceae: *Tácca*
Tamaricáceae: *Myricária – Reaumúria – Támarix*
Taxáceae: *Táxus – Torreya*
Taxodiáceae: *Cryptoméria – Cunninghámia – Glyptóstrobus – Metasequóia – Sciadópitys – Sequóia – Sequoiadéndron – Taiwánia – Taxódium*
Tetracentráceae: *Tetracéntron*
Theáceae: *Caméllia – Cleyera – Franklínia – Gordónia – Hártia – Stewártia – Ternstroemia – Vísnea*
Thelypteridáceae: *Cyclosórus – Thelýpteris*
Theophrastáceae: *Clavíja – Deherainia – Theophrásta*
Thymelaeáceae: *Dáphne – Dírca – Edgewórthia – Gnídia – Gonystýlus – Passerína – Pimélea*
Tiliáceae: *Clappertónia – Córchorus – Enteléa – Gréwia – Péntace – Sparmánnia – Tília*
Trapáceae: *Trápa*
Trochodendráceae: *Trochodéndron*
Tropaeoláceae: *Tropaeolum*
Turneráceae: *Túrnera*
Typháceae: *Týpha*

Ulmáceae: *Céltis – Hemiptélea – Úlmus – Zelkóva*
Umbellíferae: *Aciphýlla – Aegopódium – Aethúsa – Ámmi – Anéthum – Angélica – Anthríscus –Ápium – Astrántia – Athamánta – Azorélla – Búnium – Bupleurum – Cárum – Centélla – Chaerophýllum – Cicúta – Conium – Coriándrum – Críthmum – Cumínum – Daucus – Didíscus – Doréma – Erýngium – Férula – Foenículum – Hacquétia – Heracléum – Hydrocótyle – Levísticum – Ligústicum – Lilaeópsis – Magýdaris – Melanoselínum – Méum – Molospérmum – Mýrrhis – Oenánthe – Opópanax – Pastináca – Petroselínum – Peucédanum – Pimpinélla – Sanícula – Séseli – Síum – Smýrnium – Thápsia – Tórilis – Trachyspérmum*
Urticáceae: *Boehméria – Coussápoa – Debregeásia – Lapórtea – Myriocárpa – Parietária – Pelliónia – Pílea – Soleirólia – Úrera – Urtíca*

Valerianáceae: *Centránthus – Fédia – Nardóstachys – Patrínia – Valeriána – Valerianélla*
Velloziáceae: *Barbacénia – Vellózia*
Verbenáceae: *Aloýsia – Amasónia – Callicárpa – Caryópteris – Clerodéndrum – Duránta – Gmelína – Holmskióldia – Lantána – Nyctánthes – Pétrea – Phýla – Rhaphithámnus – Stachytarphéta – Tectóna – Verbéna – Vítex*
Violáceae: *Hymenanthéra – Melícytus – Víola*
Vitáceae: *Ampelópsis – Cayrátia – Císsus – Cyphostémma – Parthenocíssus – Rhoicíssus – Tetrastígma – Vítis*
Vittariáceae: *Vittária*

Welwitschiáceae: *Welwítschia*
Winteráceae: *Drímys*
Woodsiáceae: *Woodsia*

Xanthorrhoeáceae: *Xanthorrhoea*
Xyridáceae: *Xýris*

Zingiberáceae: *Aframómum – Alpínia – Amómum – Boesenbérgia – Brachychílum – Burbídgea – Cautleya – Cóstus – Cúrcuma – Elettária – Glóbba – Hedýchium – Kaempféria – Nicolaia – Roscoea – Tapeinóchilos – Zíngiber*
Zygophylláceae: *Guajácum – Péganum – Porliéria*

Teil IV
Gattungen und Arten

1 Erläuterungen

1. Die wissenschaftlichen Pflanzennamen sind in Teil IV alphabetisch nach den Gattungsnamen angeordnet. Die korrekten Namen sind fett, die Verweisungen mager gedruckt.
2. Die Artnamen sind innerhalb der Gattungen ebenfalls alphabetisch angeordnet und die korrekten durch Numerierung und Fettdruck hervorgehoben. Bei Gattungen mit mehr als 1 Art sind auch die Synonyme alphabetisch registriert und durch einen waagerechten Strich an Stelle der Nummer gekennzeichnet; ihre Zugehörigkeit zu einer Art ist durch die Nummer dieser Art angedeutet.
3. Die Synonyme sind in Klammern zu den Gattungs- bzw. Artnamen gesetzt.
4. Varietäten, Formen und Sorten sind nur in wenigen Fällen berücksichtigt worden, und zwar meistens die, für die in Preisverzeichnissen Verwechslungen mit Arten vorliegen. Ausgedehntere Aufzählung ist im Rahmen eines Taschenbuches nicht möglich. Sind also einige Namen nicht aufzufinden, so ist zuerst festzustellen, ob der Name vielleicht einer Unterart, Varietät, Form oder Sorte angehört.
5. Artbastarden, die durch ein Epitheton in lateinischer Form mit vorangehendem (×) Multiplikationszeichen bezeichnet sind, folgt in Klammer eine Formel, die in alphabetischer Reihenfolge die Namen der Eltern enthält, z.B. *Begónia × duchártrei (B. echinosépala × B. scharffiána).*
6. Hinweise sind durch einen Doppelpunkt gekennzeichnet, der soviel wie „siehe" bedeutet.
7. Die Autorennamen sind vollständig oder in den üblichen Abkürzungen hinzugefügt. (Vgl. hierzu Teil VII.) Im praktischen Betrieb (Gärtnerei usw.) sind sie entbehrlich.
8. Von deutschen Pflanzennamen wurden nur solche aufgenommen, die sich im Sprachgebrauch gebildet und eingebürgert haben. In Teil V sind sie in alphabetischer Reihenfolge vereinigt; durch einen Doppelpunkt getrennt findet man dort hinter jedem deutschen Namen den botanischen Namen. Über die deutschen Pflanzennamen an sich siehe Teil V.
9. Die Anordnung der Namen in IV entspricht dem folgenden Schema:

Genísta L.	–f.–	*Leguminósae*
(Gattung und Autor)	(Geschlecht)	(Familie)

Ginster
(deutscher Name)

. . . .

. . . .

– *delphinénsis:* 14 (bedeutet: siehe Art 14)

. . . .

. . . .

14. sagittális	L.	– Flügelginster
(Art)	(Autor)	(deutscher Name)

var. **mínor**	DC.	(*G. delphinénsis* Verl.)
(Varietät)	(Autor)	(Synonym zur Varietät)
♄	〰›	V–VI
(Strauch)	(Kriechpflanze)	(Blütezeit)
S-Frankr.		
(Heimat)		

10. Der Kennzeichnung der Winterhärte wurden das Klima Mitteleuropas, vorzüglich Deutschlands, und der Gebiete mit ähnlichem Klima und die entsprechenden Klimazonen der USA zugrunde gelegt.

11. Zeichen und Abkürzungen

Die Verwendung von Zeichen und Abkürzungen ist besonders für Preisverzeichnisse und Kataloge, aber auch für manche anderen Veröffentlichungen ein wertvolles Hilfsmittel, Raum und dadurch Kosten zu sparen. Im übrigen prägen Zeichen sich leicht ein. Die in Teil IV verwendeten Zeichen und Abkürzungen sind fast alle dem Normblatt DIN 11530 entnommen. Diese Norm wurde aufgestellt vom Gartenbau-Nomenklatur-Ausschuß im Zentralverband des Deutschen Gemüse-, Obst- und Gartenbaues e. V. in Zusammenarbeit mit dem Bund deutscher Baumschulen (BdB). „Sie erstreckt sich auf die wichtigsten Zeichen und Abkürzungen, die in Katalogen und Prospekten von Gärtnereien, Baumschulen, Saatzuchtbetrieben sowie sonstigem gärtnerischem Schrifttum verwendet werden. Ihre einheitliche Benutzung soll die Verständigung sowie die Lagerhaltung und Bestellung der Drucktypen für die Zeichen erleichtern."
Normblatt DIN 11530 sollte in der Hand eines jeden sein, der sich mit der Zusammenstellung von Katalogen, Prospekten und Preisverzeichnissen beschäftigt, aber auch in der Hand jedes Gartenbauschriftstellers, der beabsichtigt, in einer fachlichen Schrift Zeichen zu verwenden. Normblatt DIN 11530 ist durch die Beuth-Vertrieb GmbH in Berlin 15 und Köln zu beziehen.
Nachfolgend werden nur Zeichen und Abkürzungen aufgeführt, die in Teil II und IV dieses Werkes benutzt werden.

Zeichen

⊙ Einjährige Pflanze
⚇ Zweijährige Pflanze
♃ Staude
♄ Halbstrauch
♄ Strauch
♄ Baum
× Bastard (Hybride)
+ Pfropfbastard (Chimäre)
⦚ Hängepflanze
⦚ Kletterpflanze
〰› Kriechpflanze
◡ Topfpflanze
⦙ Einfassung
⌓ Polsterpflanze
△ Steingarten
〰 Ufer- u. Sumpfpflanze
≋ Wasserpflanze
⌂W Warmhaus
⌂K Kalthaus
⌂A Alpinenhaus
▭ Kasten
∧ Winterschutz
☠ Giftpflanze
⁂ Fruchtschmuck
✂ Schnitt für Vasenschmuck oder Verwendung in der Binderei
Ⓝ Nutzpflanze
▽ Nach der Bundesartenschutzverordnung (BArtSchV) vom 19. 12. 1986 geschützte einheimische, europäische oder außereuropäische Art (gilt für alte und neue Bundesländer)
∗ Nach dem Washingtoner Artenschutzübereinkommen geschützte Art (vgl. Gesetz vom 22. Mai 1975)*

* Jeder, der Pflanzen aus Übersee oder aus dem Ausland einführen oder mitbringen will, unterrichte sich vorher darüber, ob sie nicht aufgrund des Washingtoner Artenschutzübereinkommens weder gesammelt noch eingeführt werden dürfen.

Abkürzungen

ssp.	=	subspecies = Unterart
var.	=	varietas = Varietät
convar.	=	Convarietät = Gruppe von Varietäten innerhalb einer variablen Art
f.	=	forma = Form
cv.	=	cultivar = Sorte (gekennzeichnet durch Vorsetzen der Abkürzung cv. oder durch Einschluß des Sortennamens in zwei einfache Anführungsstriche, z. B. *Sédum spectábile* 'Brillant' oder *S. s.* cv. Brillant)
alt.	=	alternativ (in Teil II in der Bedeutung „die Wahl lassend zwischen zwei Familiennamen", z. B. *Compósitae* (alt.: *Asteráceae*)
emend.	=	emendavit = abgeändert durch ...
ex	=	aus (dem Werk) von ...
in	=	in (dem Werk) von ...
nom. cons.	=	nomen conservandum (geschützter Name; nur bei Artnamen hinzugefügt)
non; nec	=	nicht; auch nicht
p. p.	=	pro parte (= zum Teil, d. h. die Art ist aufgeteilt worden und der ehemalige Name gehört z. T. zur einen, z. T. zur anderen neuen Art)
sensu	=	im Sinne von
s. str.	=	sensu stricto, im engeren Sinne von
vel	=	auch, aber auch
m.	=	masculinum = männlich
f.	=	femininum = weiblich
n.	=	neutrum = sächlich
D	=	Duft
i	=	immergrün
Off.	=	offizinell (Pflanze in den jeweils neuesten Ausgaben der Arzneibücher in der Bundesrepublik Deutschland, der ehemaligen Deutschen Demokratischen Republik, Österreich und/oder der Schweiz sowie der deutschen Fassung der „Pharmacopoea Europaea" aufgeführt; andere Arzneipflanzen sind als Nutzpflanzen ausgewiesen)
I–XII	=	Blütezeit: Monat(e) in römischen Ziffern

2 Abkürzungen der Heimatgebiete mit einigen geographischen Hinweisen

Die Angaben über die Heimat der einzelnen Arten können in einem Handbuch mit beschränktem Raum naturgemäß nur ungefähr sein. Die Abkürzungen sind im allgemeinen so gehalten, daß der Rest leicht zu ergänzen ist. Zur Unterstützung für den geographisch nicht so erfahrenen Benutzer dienen die nachfolgenden kurzen Erläuterungen. Änderungen in der Benennung von Gebieten der ehemaligen Sowjetunion und in Jugoslawien konnten in dieser Auflage nicht berücksichtigt werden.

Abess.	=	Abessinien, Äthiopien, Staat in NO-Afrika
Abruz.	=	Abruzzen, Gebirgslandschaft des mittleren Apennins, Italien
Admiralitäts-Ins.	=	Admiralitäts-Inseln, Gruppe im Bismarck-Archipel

Adriat. Küste	=	Adriatische Küste, Italien und Jugoslawien
Afgh.	=	Afghanistan, Staat im NO des Iranischen Hochlandes
Afr.	=	Afrika, afrikanisch
Ägäis	=	Ägäisches Meer, hier Inseln zwischen Griechenland und Kleinasien
Ägypt.	=	Ägypten, Staat in NO-Afrika
Alab.	=	Alabama (Ala.), Staat, USA
Alab.-Fluß	=	Alabama-Fluß, in SW-Alabama
Alaska	=	Alaska (Alas.), Staat, USA
Alb.	=	Alberta, Provinz, Kanada
Alban.	=	Albanien, Staat an der Westküste der Balkanhalbinsel
Aleut.	=	Aleuten, Inselkette von S-Alaska bis Kamtschatka
Alger.	=	Algerien, nordafrikanischer Staat
Alg. Sahara	=	Algerische Sahara
Allegh.	=	Alleghenygebirge im O der USA
Alp.	=	Alpen
Altai	=	Altai, Gebirgsland S-Sibiriens
Altweltl. Trop.	=	Altweltliche Tropen
Am.	=	Amerika, amerikanisch
Amanus	=	Amanus, Teil des O-Taurus, Türkei
Amaz.	=	Amazonas, Gebiet des Amazonenstroms, S-Amerika
Ambon	=	Ambon, Amboina, Molukkeninsel
Amur	=	Amur, Hauptstrom O-Sibiriens
Anat.	=	Anatolien, asiatischer Teil der Türkei
And.	=	Anden, Kordilleren, südamerikanischer Gebirgszug zwischen Feuerland und dem Karibischen Meer
Andam.	=	Andamanen, Inselkette im W der Halbinsel Malakka
Andin.	=	Andinisch
Angola	=	Angola, südwestafrikanischer Staat
Anhwei	=	Anhwei, Provinz, China
Ankara	=	Ankara, türkische Provinz
Annam	=	Annam, vietnamesische Provinz
Antarkt.	=	Antarktis, antarktisch
Anticosti Ins.	=	Anticosti Insel, im Mündungsbereich des Sankt-Lorenz-Stroms
Antill.	=	Antillen, Teil der unter Westindien zusammengefaßten Inselkette Mittelamerikas
Apenn.	=	Apenninen, italienischer Gebirgszug
Appalach.	=	Appalachen, Appalachians, Gebirge an der Ostseite N-Amerikas
Apuan. Alp.	=	Apuanische Alpen, Gebirgsgruppe in der NW-Toskana, Italien
Äquat.	=	Äquatorial, Äquator
Arab.	=	Arabien, Halbinsel Vorderasiens
Arakan	=	Arakanberge, Burma
Ardenn.	=	Ardennen, Gebirge in Luxemburg, S-Belgien und N-Frankreich
Arg.	=	Argentinien, südamerikanischer Staat
Ariz.	=	Arizona, Staat, USA
Ark.	=	Arkansas, Staat, USA
Arkt.	=	Arktis, arktisch
Arm.	=	Armenien, zentrales Hochland zwischen dem anatolischen und dem iranischen Hochland, auch Republik

As.	=	Asien
Aserbeid.	=	Aserbeidschan, Landschaft in NW-Iran und Transkaukasien
Asiat.	=	Asiatisch
Ass.	=	Assam, nordöstlichster Staat der Indischen Union
Athos	=	Athos-Berg, Griechenland
Atl.	=	Atlantisch
Atlas	=	Atlasgebirge, N-Afrika
Außertrop.	=	Außertropisch
Austral.	=	Australien
Auverg.	=	Auvergne, Landschaft in M-Frankreich
Azor.	=	Azoren, Inselgruppe im Atlantischen Ozean
Baffin Isl.	=	Baffin Island, Insel in N-Kanada
Bahama	=	Bahama-Inseln zwischen Florida (USA) und Hispaniola
Bahia	=	Bahia, brasilianischer Staat
Baikal	=	Baikalsee, O-Sibirien
Baikalgebg.	=	Baikalgebirge, O-Sibirien
Balear.	=	Balearen, Inselgruppe im westlichen Mittelmeer
Bali	=	Bali, westlichste der Kleinen Sundainseln
Balk.	=	Balkanhalbinsel
Balt. Reg.	=	Baltische Region, umfaßt Estland, Lettland, Litauen
Banglad.	=	Bangladesch, früheres Ostpakistan, Staat in Ostbengalen, Südasien
Barbados	=	Barbados, Insel der Kleinen Antillen
Basutol.	=	Basutoland: siehe Lesotho
Bayer. Wald	=	Bayerischer Wald, Gebirgszug in NO-Bayern (einschl. Fichtelgebirge und Oberpfalz)
Bayern	=	Bayern, Land im SO der Bundesrepublik Deutschland
Belg.	=	Belgien
Belize	=	Belize, ehemals Brit. Honduras, Staat in Mittelamerika
Belutsch.	=	Belutschistan, Provinz W-Pakistans
Bengal.	=	Bengalen, Landschaft im NO Indiens u. in Bangladesch
Beringstr.	=	Beringstraße, Verbindung zwischen Stillem Ozean und nördl. Polarmeer
Berm.	=	Bermuda-Inseln, isolierte Inselgruppe im nördl. Atlantischen Ozean
Bessar.	=	Bessarabien, Landschaft zwischen Pruth, Donau und Schwarzem Meer, heute Moldanien
Bhut.	=	Bhutan, Staat im östl. Himalaja
Bith. Olymp	=	Bithynischer Olymp, NW-Kleinasien
Bodensee	=	Bodenseegebiet (Süddeutschland, W-Österreich, N-Schweiz)
Bogotá	=	Bogotá, Kolumbien
Böhmer Wald	=	Böhmer Wald, Gebirgszug im W der Tschechoslowakei
Bol.	=	Bolivien, südamerikanischer Staat
Born.	=	Borneo, Kalimantan, größte Insel des Malaiischen Archipels
Bosn.	=	Bosnien, Landschaft in Jugoslawien
Botsw.	=	Botswana, südafrikanischer Staat
Br. Kol.	=	Britisch Kolumbien, kanadische Provinz
Bras.	=	Brasilien, südamerikanischer Staat
Buchara	=	Buchara, Bokhara, Landschaft in Usbekistan
Buenos A.	=	Buenos Aires, Distrikt und Stadt, Argentinien

Bulg.	=	Bulgarien
Burma	=	Burma, Birma, Staat im NW Hinterindiens
Calabar	=	Calabar, S-Nigeria
Capri	=	Capri, Insel im Golf von Neapel
Carac.	=	Caracas, Stadt in Venezuela
Carol.	=	North Carolina und South Carolina, Staaten, USA
Cayenne	=	Cayenne, Insel vor Französisch Guayana
Celeb.	=	Celebes, heute Sulawesi, Sundainsel
Ceram	=	Ceram, größte Insel der Molukken, Indonesien
Cevenn.	=	Cevennen, französisches Gebirge, Abfall zum Rhônebecken
Ceyl.	=	Ceylon, Insel im Indischen Ozean, als Staat heute Sri Lanka
Chamba	=	Chamba, Stadt im indo-tibetanischen Grenzgebiet
Chatham	=	Chatham-Inseln, Neuseeland
Chile	=	Chile, Staat im südl. S-Amerika
Chiloë	=	Chiloë, chilenische Insel
Chiloë-Arch.	=	Chiloë-Archipel, Chile
China	=	China
Chios	=	Chios, griechische Insel vor der Westküste Kleinasiens
Color.	=	Colorado (Col.), Staat, USA
Conn.	=	Connecticut, Staat, USA
Cornwall	=	Cornwall, englische Landschaft
Costa R.	=	Costa Rica, Staat, Mittelamerika
Cott. Alp.	=	Cottische Alpen, Teil der Westalpen
Curaçao	=	Curaçao-Insel, vor der Nordküste Venezuelas
Cyrenaica	=	Cyrenaica, Landschaft in Libyen, N-Afrika
Dagestan	=	Dagestan, autonome Republik auf der Westseite des Kaspischen Meeres
Dahur.	=	Dahurien, Landschaft in SO-Sibirien und der NO-Mongolei
Dak.	=	North Dakota und South Dakota, Staaten, USA
Dalm.	=	Dalmatien, Jugoslawien
Dänem.	=	Dänemark
Daressal.	=	Daressalam, Tansania, O-Afrika
Dekkan	=	Dekkan, Halbinsel Vorderindiens
Del.	=	Delaware, Staat, USA
Deutschl.	=	Bundesrepublik Deutschland
Distr. of Col.	=	District of Columbia, USA
Dobr.	=	Dobrudscha, rumänische Landschaft zwischen Schwarzem Meer und Donau
Dolom.	=	Dolomiten, Ostalpen
Dom. Rep.	=	Dominikanische Republik, Ostteil der Insel Hispaniola
Donauländ.	=	Donauländer
Dsung.	=	Dsungarei, Landschaft im N der chinesischen Provinz Sinkiang
Eifel	=	Eifel, westdeutsches Gebirge
Ek.	=	Ekuador, Staat, S-Amerika
Elba	=	Elba, Insel im Mittelmeer
Elburs	=	Elburs, Gebirge im nördlichen Iran
Elfenbeink.	=	Elfenbeinküste, Staat in W-Afrika
El Salv.	=	El Salvador, Staat in Mittelamerika
Elsaß	=	Elsaß (Alsace), Landschaft in NO-Frankreich

Engl.	=	England, Großbritannien
Eritr.	=	Eritrea, äthiopische Provinz am Roten Meer
Espirito	=	Espirito Santo, brasilianischer Küstenstaat
Estl.	=	Estland, baltischer Staat
Euphrat	=	Euphratgebiet, Euphrat, Strom in Vorderasien
Eur.	=	Europa, europäisch
Euras.	=	Eurasien
Falkl.	=	Falklandinseln, Malwinen, Inselgruppe im südatlantischen Ozean
Fennoskand.	=	Fennoskandinavien, zusammenfassende Bezeichnung für Skandinavien, Finnland, Karelien u. die Halbinsel Kola
Fern. Póo	=	Fernando Póo, Insel im Golf von Guinea, W-Afrika
Feuerl.	=	Feuerland, Inselgruppe an der Südspitze S-Amerikas
Fichtelgebg.	=	Fichtelgebirge, Höhenzug am Nordende des Bayerischen Waldes
Fidschi-Ins.	=	Fidschi-Inseln, Inselgruppe im Stillen Ozean
Finnl.	=	Finnland
Flor.	=	Florida (Fla.), Staat, USA
Fränk. Jura	=	Fränkischer Jura, Gebirgszug in Süddeutschland
Frankr.	=	Frankreich
Franz. Guay.	=	Französisch Guayana, Gebiet im nördlichen Südamerika
Fuerteventura	=	Fuerteventura, eine der Kanarischen Inseln
Fukien	=	Fukien, Provinz, China
Gabun	=	Gabun, Staat in W-Afrika
Galápag.	=	Galápagosinseln, Inselgruppe im Stillen Ozean
Gambia	=	Gambia, Staat und Fluß in Westafrika
Gardasee	=	Gardasee, See in N-Italien
Gebg.	=	Gebirge
Gem.	=	Gemäßigt, temperiert
Georg.	=	Georgia (Ga.), Staat, USA
Georgien	=	Georgien, auch Grusinien, Landschaft u. Republik am Südhang des Kaukasus
Gesellsch. ins.	=	Gesellschaftsinseln, Südsee
Ghana	=	Ghana, Staat in W-Afrika
Gibralt.	=	Gibraltar, Halbinsel an der Südküste Spaniens
Golfküste	=	Golfküste, Küste des Golfs von Mexiko
Gotl.	=	Gotland, schwedische Ostseeinsel
Griech.	=	Griechenland
Grönl.	=	Grönland
Große Seen	=	Gebiet der 5 großen Seen in Nordamerika
Guadel.	=	Guadeloupe, westindische Insel
Guat.	=	Guatemala, mittelamerikanischer Staat
Guay.	=	Guayana, Landschaft und Staat in S-Amerika
Guin.	=	Guinea, Küstenstaat W-Afrikas
Hain.	=	Hainan, Insel vor der Südküste Chinas
Haiti	=	Haiti, Westteil der Insel Hispaniola
Harz	=	Harz, Gebirge in M-Deutschland
Hawaii	=	Hawaii-Inseln, engl. Sandwich-Islands, Inselgruppe im Stillen Ozean und Staat, USA; größte Insel Hawaii
Herk.?	=	Herkunft unbekannt
Him.	=	Himalaja
Hinterind.	=	Hinterindien, Halbinsel in SO-Asien
Hispaniola	=	Hispaniola, Insel der Großen Antillen

Hochgebg.	=	Hochgebirge
Hohes Venn	=	Hohes Venn, Höhenzug in W-Deutschland und O-Belgien
Holl.	=	Holland, Niederlande
Honan	=	Honan, Provinz, China
Hond.	=	Honduras, mittelamerikanischer Staat
Hongk.	=	Hongkong, Hafenstadt an der südchinesischen Küste
Huds. Bay	=	Hudson Bay, Kanada
Hunan	=	Hunan, Provinz, China
Hunsrück	=	Hunsrück, Höhenzug in W-Deutschland
Hupeh	=	Hupeh, Provinz, China
Ibiza	=	Ibiza, Insel der Balearen
Id.	=	Idaho, Staat, USA
Ill.	=	Illinois, Staat, USA
Illyr. Gebg.	=	Illyrische Gebirge, in Dalmatien und Albanien
Ind.	=	Indien, Staat in Vorderindien
Indiana	=	Indiana (Ind.), Staat, USA
Indoch.	=	Indochina, Hinterindien
Indones.	=	Indonesien, Inselstaat in SO-Asien
Indus	=	Indus, Strom in Vorderindien
Innere Mongol.	=	Innere Mongolei, Landschaft in NO-China
Ion. Ins.	=	Ionische Inseln vor der Westküste Griechenlands
Iowa	=	Iowa (Ia.), Staat, USA
Irak	=	Irak, Staat in Vorderasien
Iran	=	Iran, Persien, Staat in Vorderasien
Irl.	=	Irland
Isl.	=	Island, Staat und Insel im N-Atlantik
Isr.	=	Israel, Staat im Vorderen Orient
Istanb.	=	Istanbul, ehemals Konstantinopel, Türkei
Ital.	=	Italien
Ital. Alp.	=	Italienische Alpen
Jam.	=	Jamaika, Staat und Insel der Großen Antillen
James Bay	=	James Bay, südl. Teil der Hudson Bay, Kanada
Jap.	=	Japan
Java	=	Java, Insel im Malaiischen Archipel
Jem.	=	Jemen, Staat im SW der Arabischen Halbinsel
Jugosl.	=	Jugoslawien
Jul. Alp.	=	Julische Alpen, Teil der südöstl. Kalkalpen
Jünn.	=	Jünnan, Provinz, China
Jura	=	Jura, Gebirgszug zwischen Rhône und Rhein
Kaiserstuhl	=	Kaiserstuhl, Höhenzug in SW-Deutschland
Kalabr.	=	Kalabrien, Landschaft in S-Italien
Kalahari	=	Kalahari, südafrikanische Landschaft
Kalif.	=	Kalifornien (Cal.), Staat, USA
Kalkalp.	=	Kalkalpen
Kamb.	=	Kambodscha, Kampuchea, Staat in Hinterindien
Kamboda	=	Kamboda, Sri Lanka (Ceylon)
Kamer.	=	Kamerun, westafrikanischer Staat
Kamer. berg	=	Kamerunberg, W-Afrika
Kamtsch.	=	Kamtschatka, nordasiatische Halbinsel
Kan.	=	Kanada
Kanar.	=	Kanarische Inseln, Inselgruppe vor der Nordwestküste Afrikas

Kans.	=	Kansas, Staat, USA
Kansu	=	Kansu, Provinz, China
Kantabr.	=	Kantabrische Gebirge, westl. Fortsetzung der Pyrenäen
Kanton	=	Kanton, Stadt in der chinesischen Provinz Kwangtung
Kap	=	Kapprovinz, Südafrika
Kapverd.	=	Kapverdische Inseln, Staat und Inselgruppe vor der westafrikanischen Küste
Kärnt.	=	Kärnten, österreichisches Bundesland
Karp.	=	Karpaten, Gebirge in O-Europa
Karroo	=	Karroo, Trockensteppe in Südafrika
Kasach.	=	Kasachstan, Landschaft und Republik zwischen unterer Wolga im W und Altai im O
Kaschm.	=	Kaschmir, Staat im nordwestl. Himalaja, geteilt zwischen Pakistan u. Indien
Kask. Gebg.	=	Kaskadengebirge, Gebirgszug in den westl. USA
Kasp. Meer	=	Kaspisches Meer, größter Binnensee der Erde, östl. des Kaukasus
Kasp. Region	=	Gebiete um das Kaspische Meer
Katanga	=	Katanga, Provinz, Zaire
Kauk.	=	Kaukasus, Hochgebirge zwischen Schwarzem und Kaspischem Meer
Keewatin	=	Keewatin, Bezirk in N-Kanada
Kenia	=	Kenia, ostafrikanischer Staat
Kent.	=	Kentucky (Ky.), Staat, USA
Kerguel.	=	Kerguelen, Inselgruppe im südl. Indischen Ozean
Khas.	=	Khasia, Assam
Kiangsi	=	Kiangsi, Provinz, China
Kilik. Taurus	=	Kilikischer Taurus, türkischer Gebirgszug
Kl. Antill.	=	Kleine Antillen, Karibische Inseln, westindische Inselgruppe
Kl. As.	=	Kleinasien, Halbinsel zwischen dem Schwarzen Meer, dem Ägäischen Meer und dem Mittelmeer
Kleinasiat.	=	Kleinasiatisch
Kol.	=	Kolumbien, Staat, S-Amerika
Kola	=	Kola, Halbinsel im N der Russ. Föderation
Komor.	=	Komoren, Inselgruppe im Indischen Ozean
Kongo	=	Kongo, mittelafrikanischer Staat
Konkan	=	Konkan, Küstenstrich in W-Vorderindien
Kont.	=	Kontinental, Kontinent
Kordof.	=	Kordofan, Provinz, Sudan
Korea	=	Korea, geteilt in N- und S-Korea, zwei ostasiatische Staaten
Kors.	=	Korsika, Insel im Mittelmeer
Kosmopol.	=	Kosmopolit
Kreta	=	Kreta, griechische Mittelmeerinsel
Krim	=	Krim, Halbinsel an der Nordküste des Schwarzen Meeres
Kroat.	=	Kroatien, jugoslawischer Bundesstaat
Kuba	=	Kuba, Cuba, Staat und Insel der Antillen
Kumaon	=	Kumaon, am Himalaja
Kurdist.	=	Kurdistan, vorderasiatisches Hochland
Kuril.	=	Kurilen, Inseln im Pazifischen Ozean
Kwangsi	=	Kwangsi, Autonome Region, China
Kwantung	=	Kwantung, Provinz, China

Kweitschou	=	Kweitschou, Provinz, China
Kyklad.	=	Kykladen, Inselgruppe im Ägäischen Meer
Labr.	=	Labrador, Halbinsel N-Amerikas
Lagos	=	Lagos, Nigeria
Lake Sup.	=	Lake Superior, Oberer See, zwischen Kanada und USA
Lamped.	=	Lampedusa, Insel südl. von Sizilien
Langkawi	=	Langkawi, Insel vor der Westküste Malakkas
Laos	=	Laos, Staat in Indochina
La Plata	=	La Plata, Mündungsbucht des Paraná- und des Uruguay-Flusses
Lesotho	=	Lesotho, Staat, S-Afrika
Lettl.	=	Lettland, baltischer Staat
Liban.	=	Libanon, Gebirge im Staat Libanon
Liber.	=	Liberia, westafrikanischer Staat
Ligur. Alp.	=	Ligurische Alpen, N-Italien
Likiang	=	Likiang in Jünnan, China
Linosa	=	Linosa, Insel südl. von Sizilien
Lit.	=	Litauen, baltischer Staat
Long Isl.	=	Long Island, Insel, zum Staat New York gehörig, USA
Lord-Howe-Ins.	=	Lord-Howe-Inseln, Südsee
Louis.	=	Louisiana (La.), Staat, USA
Lushai Hills	=	Lushai Hills, Assam
Luzon	=	Luzon, Hauptinsel der Philippinen
Lykien	=	Lykien, Landschaft an der Südwestküste Kleinasiens
M	=	Mittel, Zentral
Mack.-Fluß	=	Mackenzie-Fluß, NW-Kanada
Mad.	=	Madeira, Insel im Atlantischen Ozean
Madag.	=	Madagaskar, Insel und Staat im Indischen Ozean
Magdal. Ins.	=	Magdalen-Insel, im Mündungsgebiet des Sankt-Lorenz-Stroms
Magellan	=	Magellanstraße, zwischen dem Südamerikanischen Festland und Feuerland
Mähr.	=	Mähren, Morava, Tschechoslowakei
Maine	=	Maine (Me.), Staat, USA
Mainfr.	=	Mainfranken, Landschaft in Süddeutschland
Makarones.	=	Makaronesien, westafrikanische Inselgruppe, umfassend die Kapverdischen und Kanarischen Inseln und Madeira
Malab.	=	Malabar, Landschaft an der Südwestküste Vorderindiens
Mal. Arch.	=	Malaiischer Archipel, zwischen SO-Asien und Neuguinea gelegene Inselgruppen, meist zu Indonesien gehörend
Malak.	=	Malakka, Malaiische Halbinsel, südlichster Teil Hinterindiens
Malawi	=	Malawi, südostafrikanischer Staat
Malays.	=	Malaysia, Föderation in SO-Asien
Mallor.	=	Mallorca, Baleareninsel
Malongwefl.	=	Malongwefluß, O-Afrika
Malta	=	Malta, Staat und Inselgruppe im Mittelmeer
Mandsch.	=	Mandschurei, nordöstl. Teil Chinas
Manip.	=	Manipur, Staat der Indischen Union
Manit.	=	Manitoba, Provinz, Kanada
Marian.	=	Marianen, Inselgruppe im Pazifischen Ozean
Marok.	=	Marokko, Staat, NW-Afrika
Mart.	=	Martinique, Insel der Kleinen Antillen

Maryl.	=	Maryland (Md.), Staat, USA
Maskar.	=	Maskarenen, Inseln im Indischen Ozean (Réunion, Mauritius, Rodriguez)
Mass.	=	Massachusetts, Staat, USA
Maurit.	=	Mauritius, Insel im Indischen Ozean
Mazed.	=	Mazedonien, Makedonien, Landschaft in N-Griechenland und jugoslawischer Bundesstaat
Med.	=	Mediterrangebiet, Mittelmeergebiet
Mekong-Salwin	=	Mekong-Salwin-Gebiet, Hinterindien
Melanes.	=	Melanesien, Inselgruppen im südwestl. Stillen Ozean
Menor.	=	Menorca, Minorca, Baleareninsel
Mesop.	=	Mesopotamien, Landschaft des Iraks zwischen Euphrat und Tigris
Mex.	=	Mexiko, mittelamerikanischer Staat
Mich.	=	Michigan, Staat, USA
Mikrones.	=	Mikronesien, Inselwelt im westl. Stillen Ozean
Minas Gerais	=	Minas Gerais, brasilianischer Binnenstaat
Mind.	=	Mindanao, Philippineninsel
Minn.	=	Minnesota, Staat, USA
Miquelon	=	Miquelon, 2 Inseln im nördlichen Atlantischen Ozean südlich Neufundlands
Miss.	=	Mississippi, Staat, USA
Mississippi-Tal	=	Mississippi-Tal, südliche und mittlere USA
Missouri	=	Missouri (Mo.), Staat, USA
Mobile Fluß	=	Mobile Fluß, in SW-Alabama
Moldanien	=	Moldanien, Moldova, Republik in SO-Europa
Moldau	=	Moldau, Landschaft in Rumänien zwischen O-Karpaten und Pruth
Moluk.	=	Molukken, östlichste Inselgruppe Indonesiens
Mongol.	=	Mongolei, Staat und Hochland zwischen der asiat. Sowjetunion und China
Mont.	=	Montana, Staat, USA
Monte Baldo	=	Monte Baldo, Südalpen
Monten.	=	Montenegro (Crna Gora), jugoslawischer Bundesstaat
Moulm.	=	Moulmein, Stadt an der Mündung des Salwinflusses, Burma
Moz.	=	Mozambique, Moçambique, Staat, SO-Afrika
Murmank.	=	Murmanküste, Nordküste der Kola-Halbinsel
N	=	Nord
N-Territ.	=	Northern Territory, australischer Staat
Namib.	=	Namibia, früher SW-Afrika, südafrikanischer Staat
Nat.	=	Natal, Provinz, S-Afrika
N. Brunsw.	=	New Brunswick, Provinz, Kanada
Neapol. Apenn.	=	Neapolitanische Apenninen
Nebr.	=	Nebraska, Staat, USA
Nepal	=	Nepal, Staat im mittleren Himalaja
Neue Hebriden	=	Neue Hebriden, Inselgruppe im Stillen Ozean
Neuengl.	=	Neuengland, Gebiet der nordöstl. USA
Neufundl.	=	Neufundland, Provinz, Kanada
Neukaled.	=	Neukaledonien, Insel im Stillen Ozean
Neuseel.	=	Neuseeland, Staat, Doppelinsel in der Südsee
Neusüdwal.	=	Neusüdwales, australischer Staat
Neuweltl. Trop.	=	Neuweltliche Tropen

Nev.	=	Nevada, Staat, USA
New-Brit.	=	New-Britain, Insel, Melanesien
New Mex.	=	New Mexico (N.M.), Staat, USA
N. Guin.	=	Neuguinea, Insel nördl. Australiens
N. Hampsh.	=	New Hampshire (N.H.), Staat, USA
Nicar.	=	Nicaragua, mittelamerikanischer Staat
Niedersachsen	=	Niedersachsen, Land im NW der Bundesrepublik Deutschland
Nied. Kalif.	=	Niederkalifornien, Halbinsel, NW-Mexiko
Nig.	=	Nigeria, westafrikanischer Staat
Niger	=	Niger, Gebiet des Nigerflusses, auch Staat, W-Afrika
Nikobar.	=	Nikobaren, Inselgruppe im Golf von Bengalen
Nil	=	Nil, Strom in NO-Afrika
Nilgiri	=	Nilgiri, Hochland im SW Vorderindiens
N. Jers.	=	New Jersey (N.J.), Staat, USA
Nor. Alp.	=	Norische Alpen, Teil der Ostalpen
Nördl. Halbk.	=	Nördliche Halbkugel, Nördliche Hemisphäre
Norf.-Ins.	=	Norfolk-Insel, zwischen Neuseeland und Neukaledonien
Norw.	=	Norwegen
Nowa. Semlja	=	Nowaja Semlja, zwei Inseln im N-Polarmeer
N. Scot.	=	Nova Scotia, Neuschottland, Provinz, Kanada
Nub.	=	Nubien, Landschaft in NO-Afrika, zum Sudan gehörig
Nuristan	=	Nuristan, Landschaft in Afghanistan
N. Y.	=	New York, Staat, USA
Nyassal.	=	Nyassaland: siehe Malawi
O	=	Ost
Oberburma	=	Oberburma, nördl. Teil Burmas
Oberital.	=	Oberitalien, nördl. Teil Italiens
Ochotsk. Meer	=	Ochotskisches Meer, Randmeer des Stillen Ozeans
Ohio	=	Ohio (O.), Staat, USA
Okinawa	=	Okinawa, größte der Riukiu-Inseln
Okla.	=	Oklahoma, Staat, USA
Öland	=	Öland, schwedische Ostseeinsel
Omi	=	O-mei-schan, Omi, Berg in Szetschuan, China
Ont.	=	Ontario, Provinz, Kanada
Oranjefreist.	=	Oranjefreistaat, Provinz, Südafrika
Oreg.	=	Oregon, Staat, USA
Orgelgebg.	=	Orgelgebirge, Brasilien
Orinoko	=	Orinoko-Gebiet, Venezuela
Österr.	=	Österreich
Ostfriesl.	=	Ostfriesland, Landschaft in NW-Deutschland
Ostsee	=	Ostseegebiet
Ozark Mount.	=	Ozark Mountains, Gebirgszug in den mittleren USA
Pak.	=	Pakistan, Staat, Vorderindien
Paläst.	=	Palästina, Landschaft Israels und Jordaniens
Pamir	=	Pamir, Hochland und Gebirge in Zentralasien
Pan.	=	Panama, mittelamerikanischer Staat
Pandsch.	=	Pandschab, Landschaft in Vorderindien
Pansubtrop.	=	Pansubtropisch
Pantrop.	=	Pantropisch
Pará	=	Pará, Staat N-Brasiliens
Parag.	=	Paraguay, Staat, S-Amerika
Paraná	=	Paraná, südamerikanischer Strom u. brasilian. Staat

Patag.	=	Patagonien, südlichster Teil S-Amerikas
Pazif.	=	Pazifisch
Pazif. Ins.	=	Pazifische Inseln, im westl. Stillen Ozean
Peking	=	Peking, China
Pelop.	=	Pelopennes, südl. Halbinsel Griechenlands
Pemako	=	Pemako-Berge, Tibet
Pemba	=	Pemba, ostafrikanische Insel vor der Küste Tansanias
Penang	=	Penang, Insel an der Westküste Malakkas
Penns.	=	Pennsylvanien (Pa.), Staat, USA
Pernamb.	=	Pernambuco, brasilianischer Küstenstaat am Atlantischen Ozean
Pers. Golf	=	Persischer Golf, Golf von Iran, am Indischen Ozean
Peru	=	Peru, Staat, S-Amerika
Phil.	=	Philippinen, Staat und Inselgruppe im Malaiischen Archipel
Piem.	=	Piemont, Landschaft in Oberitalien
Pol.	=	Polen
Polyn.	=	Polynesien, die östl. Südseeinseln
Pondol.	=	Pondoland, Landschaft in Südafrika
Pont.	=	Pontisches Gebirge, Türkei, am Schwarzen Meer
Port.	=	Portugal
Prince Edward Isl.	=	Prince Edward Island, kanad. Provinz
Puerto R.	=	Puerto Rico, Portoriko, Insel der Großen Antillen
Pulan Tawor	=	Pulan Tawor, Insel bei Malakka
Pyren.	=	Pyrenäen
Pyren. Halbins.	=	Pyrenäische Halbinsel, Iberische Halbinsel
Queb.	=	Quebec, Provinz, Kanada
Queensl.	=	Queensland, australischer Staat
Quelpart	=	Quelpart, Insel vor der Südküste Koreas
Rät. Alp.	=	Rätische Alpen, Teil der zentralen Ostalpen
Réun.	=	Réunion, Maskarenen-Insel, Indischer Ozean
Rheingeb.	=	Rheingebiet
Rhode Isl.	=	Rhode Island (R. I.), Staat, USA
Rhodope	=	Rhodope-Gebirge, Rhodopen, Bergland längs der bulgarisch-griechischen Grenze
Rhodos	=	Rhodos, Insel im östl. Mittelmeer
Riesengebg.	=	Riesengebirge, höchster Teil der Sudeten
Rio de Jan.	=	Rio de Janeiro, Stadt und Bundesstaat in Brasilien
Rio Negro	=	Rio Negro, Nebenfluß des Amazonenstroms
Riukiu-Ins.	=	Riukiu-Inseln, Inselkette zwischen Kiuschu (Japan) und Taiwan
Riviera	=	Riviera, Küstensaum am Mittelmeer von Marseille bis La Spezia
Rocky Mount.	=	Rocky Mountains, Felsengebirge, Gebirgszug im W Kanadas und der USA
Rodrig.	=	Rodriguez, östlichste der Maskarenen-Inseln im Indischen Ozean
Roraima	=	Roraimaberg, an der Grenze zwischen Venezuela, Brasilien und Guayana
Rotes Meer	=	Rotes Meer, Nebenmeer des Indischen Ozeans
Rügen	=	Rügen, Insel in der Ostee
Rum.	=	Rumänien
Rußl.	=	Rußland

S	=	Süd
Sachal.	=	Sachalin, Insel an der ostasiatischen Küste
Sahara	=	Sahara, Wüste in N- u. W-Afrika
Sairam	=	Sairam-nor, See im N der Provinz Sinkiang, China
Salom.	=	Salomonen, Inselgruppe in Melanesien
Samarkand	=	Samarkand, Stadt und Landschaft im Tal des Serafschan, Usbekistan
Sambia	=	Sambia, Staat im nördl. S-Afrika
Samoa	=	Samoa-Inseln, polynesische Inselgruppe im Stillen Ozean (Pazifik)
Sandwich	=	Sandwich-Inseln: siehe Hawaii
San Salv.	=	San Salvador, Vulkan bei der gleichnamigen Hauptstadt des Staates El Salvador
Sansib.	=	Sansibar, ostafrikanische Insel vor der Küste Tansanias
Santa Cat.	=	Santa Catarina, südbrasilianischer Küstenstaat
São Paulo	=	São Paulo, südbrasilianischer Küstenstaat
São Tomé	=	São Tomé, Insel im Golf von Guinea, W-Afrika
Sarawak	=	Sarawak, NW-Borneo
Sard.	=	Sardinien, Insel im Mittelmeer
Sask.	=	Saskatchewan, Provinz, Kanada
Schansi	=	Schansi, Provinz, China
Schanstaat	=	Schanstaat, im gebirgigen O-Burma
Schensi	=	Schensi, Provinz, China
Schottl.	=	Schottland
Schw.	=	Schweiz
Schw. Meer	=	Schwarzes Meer
Schwäb. Jura	=	Schwäbischer Jura (Schwäbische Alb), Gebirgszug in SW-Deutschland
Schwarzw.	=	Schwarzwald, Gebirge in SW-Deutschland
Schwed.	=	Schweden
Seealp.	=	Seealpen, Teil der Westalpen
Selvagens	=	Selvagens, Felseninseln im Atlantischen Ozean südl. von Madeira
Seneg.	=	Senegal, Senegambien, Staat, W-Afrika
Sennar	=	Sennar, Stadt am Blauen Nil, Sudan
Serb.	=	Serbien, jugoslawischer Bundesstaat
Seych.	=	Seychellen, Inselgruppe im Indischen Ozean
Sib.	=	Sibirien
Siebenb.	=	Siebenbürgen, Landschaft in Rumänien
Sierra Leo.	=	Sierra Leone, westafrikanischer Staat
Sierra Nev.	=	Sierra Nevada, Teil des Andalusischen Berglandes, S-Spanien
Sierra Nev.	=	Sierra Nevada, Kalifornisches Hochgebirge, USA
Sikk.	=	Sikkim, Staat der Ind. Union im Himalaja
Sinkiang	=	Sinkiang-Uighur, autonomes Gebiet Chinas in Zentralasien
Sinai	=	Sinai-Halbinsel im N des Roten Meeres
Singap.	=	Singapore, Staat und Insel an der Südspitze der Halbinsel Malakka
Sitka	=	Sitka, Stadt auf der Baronowinsel vor der Südostküste Alaskas
Siz.	=	Sizilien, Mittelmeerinsel vor der Südspitze Italiens
Skand.	=	Skandinavien

Slowak.	=	Slowakei, südöstl. Teil der Tschechoslowakei
Smyrna	=	Smyrna, Izmir, W-Anatolien, Türkei
Sokot.	=	Sokotra, Inselgruppe im Indischen Ozean
Somalia	=	Somalia, ostafrikanischer Staat
Sonora	=	Sonora, mexikanischer Staat
Span.	=	Spanien
Spitzberg.	=	Spitzbergen, Inselgruppe im nördl. Eismeer
Sporaden	=	Griechische Inseln im Ägäischen Meer
St.-Lorenz-Str.	=	Sankt-Lorenz-Strom, engl. Saint Lawrence River, im östl. Kanada
St. Vincent	=	Saint Vincent, Insel der Kleinen Antillen
Strandja-Gebg.	=	Strandja-Gebirge, Balkan
Subarkt.	=	Subarktisch
Subtrop.	=	Subtropen, subtropisch
Sudan	=	Sudan, afrikanischer Staat im oberen Nilgebiet
Sudet.	=	Sudeten, mitteleuropäisches Gebirge
Südhalbk.	=	Südhalbkugel, Südliche Hemisphäre
Südseeins.	=	Südseeinseln, Inseln im südwestl. Teil des Stillen Ozeans
Sum.	=	Sumatra, zweitgrößte Insel des malaiischen Archipels
Sunda	=	Sundainseln, südostasiatische Inselgruppe
Surin.	=	Surinam, Staat in Mittel-Guyana, S-Amerika
Swasil.	=	Swasiland, Staat in S-Afrika
Syr.	=	Syrien, Staat in Vorderasien
Szetsch.	=	Szetschuan, Provinz, China
Tadschik.	=	Tadschikistan, Zentralasiat. Republik, in deren O das Pamir-Hochland
Tahiti	=	Tahiti, größte der Gesellschaftsinseln, Südsee
Taiw.	=	Taiwan, ehemals Formosa, Insel und Staat
Tanger	=	Tanger, am westl. Eingang der Straße von Gibraltar
Tans.	=	Tansania, Staat, O-Afrika
Tasm.	=	Tasmanien, Insel im SO Australiens
Tatra	=	Tatra, höchste Gebirge der Karpaten
Tauern	=	Hohe Tauern, Gebirgsgruppe der Ostalpen
Taurus	=	Taurus, das südl. Randgebirgssystem Anatoliens, Türkei
Temp.	=	Temperiert, gemäßigt
Tenass.	=	Tenasserim, Fluß und Stadt in Burma
Tener.	=	Teneriffa, größte der Kanarischen Inseln
Tenn.	=	Tennessee, Staat, USA
Tex.	=	Texas, Staat, USA
Thail.	=	Thailand, ehemals Siam, Staat in Hinterindien
Thess. Olymp	=	Thessalischer Olymp, griechisches Gebirge
Tib.	=	Tibet, Hochland in Zentralasien
Tibesti	=	Tibesti, Gebirgsland in der mittleren Sahara
Tien-schan	=	Tien-schan, Gebirge in Zentralasien
Timor	=	Timor, größte der Kleinen Sundainseln, SO-Asien
Tirol	=	Tirol, Landschaft in Österreich u. N-Italien, auch österr. Bundesland
Tmolos	=	Tmolos-Gebirge, Bôs Dagh, S-Türkei
Tobago	=	Tobago, Insel, Westindien
Togo	=	Togo, Staat, W-Afrika
Tongk.	=	Tongking, Tây-bâc, Provinz im nördl. Vietnam
Torres-Str.	=	Torres-Straße, Meerenge zwischen Australien und Neuguinea

Toskana	=	Toskana, Landschaft in Mittelitalien
Transkauk.	=	Transkaukasien, das südl. Kaukasusvorland
Transsilv. Alp.	=	Transsilvanische Alpen, Name der Südkarpaten
Transv.	=	Transvaal, Provinz, Südafrika
Trin.	=	Trinidad, Insel im S der Kleinen Antillen
Trop.	=	Tropen, tropisch
Tsangpo	=	Tsangpo, Oberlauf des Brahmaputras in SO-Tibet
Tschechosl.	=	Tschechoslowakei
Tschek.	=	Tschekiang, Provinz, China
Tunes.	=	Tunesien, nordafrikanischer Staat am Mittelmeer
Türk.	=	Türkei
Turkest.	=	Turkestan, mittelasiatische Landschaft
Turkm.	=	Turkmenistan, Republik in M-Asien
Uganda	=	Uganda, Staat, O-Afrika
Ukr.	=	Ukraine, Republik in SO-Europa
Uluguru	=	Uluguru-Berge, Küstenhinterland von Tansania, O-Afrika
Ung.	=	Ungarn
Unt. Donautal	=	Unteres Donautal, Rumänien
Unterägypt.	=	Unterägypten, nördl. Teil Ägyptens
Unterburma	=	Unterburma, südl. Teil Burmas
Ural	=	Ural, Gebirgszug in Rußland, Scheide zwischen Europa und Asien
Uralfluß	=	Uralfluß, im südl. Ural
Urgesteinsalp.	=	Urgesteinsalpen
Urug.	=	Uruguay, Staat, S-Amerika
USA	=	Vereinigte Staaten von Amerika
Usamb.	=	Usambara, Bergland im NO von Tansania, O-Afrika
Ussuri	=	Ussuri, rechter Nebenfluß des Amurs, Ostasien
Utah	=	Utah (Ut.), Staat, USA
Uttar Pradesh	=	Uttar Pradesh, Staat im Norden Indiens
Vancouv.	=	Vancouver, Insel vor dem südlichsten Teil der kanadischen Provinz Britisch Kolumbien
Venez.	=	Venezuela, Staat im nördl. S-Amerika
Verm.	=	Vermont (Vt.), Staat, USA
Vict.	=	Victoria, Staat Australiens
Vietn.	=	Vietnam, Staat an der Südostküste Hinterindiens
Virg.	=	Virginia (Va.), Staat, USA
Voges.	=	Vogesen, südwestl. Randgebirge der Oberrheinischen Tiefebene
Vord. As.	=	Vorderasien, südwestl. Teil Asiens
Vorderind.	=	Vorderindien, südasiatischer Subkontinent südl. des Himalajas
W	=	West
Wales	=	Wales, Landschaft im SW Großbritanniens
Wash.	=	Washington, Staat, USA
Weißrußl.	=	Weißrußland, Republik in O-Europa
Wellingt.	=	Wellington, Neuseeland
Westind.	=	Westindien, Inseln Mittelamerikas von den Antillen und Bahama-Inseln bis Trinidad und Aruba
Wisc.	=	Wisconsin (Wis.), Staat, USA
Wladiw.	=	Wladiwostok, Stadt und Berge am Stillen Ozean, Rußland
Wolga	=	Wolga, Strom in der Russ. Föderation

W-Virg.	=	West Virginia (W. Va.), Staat, USA
Wyom.	=	Wyoming (Wy.), Staat, USA
Yucat.	=	Yucatan, Halbinsel im nördl. Mittelamerika
Yukon	=	Yukon, Strom im NW N-Amerikas, auch kanadische Provinz
Zaire	=	Zaire, ehemalige Republik Kongo, Staat in Mittelafrika
Zentralafr. Rep.	=	Zentralafrikanische Republik, Staat in Mittelafrika
Zimb.	=	Zimbabwe, Staat in S-Afrika
Zirkumpol.	=	Zirkumpolar
Zulul.	=	Zululand, Natal, Südafrika
Zyp.	=	Zypern, Insel im Mittelmeer

Abélia R. Br. - f. - *Caprifoliáceae*
1. **chinénsis** R. Br. (*A. rupéstris* Lindl.) ♄ ⌂ VII-IX, M- u. O-China
2. **engleriána** (Graebn.) Rehd. (*Linnáea engleriána* Graebn.) ♄ ⌂ oder ∧ VI-VII, M- u. W-China
3. **floribúnda** (Martens et Gal.) Decne. ♄ i ⌂ V-VI, Mex.
4. **graebneriána** Rehd. ♄ ⌂ VII, M-China
5. × **grandiflóra** (Rovelli ex André) Rehd. (*A. chinénsis* × *A. uniflóra; A. rupéstris* Lindl. var. *grandiflóra* Rovelli ex André, *A. rupéstris* hort. Späth non Lindl.) ♄ ∧-⌂ VII-X
- *rupéstris* hort. Späth: 5
- *rupéstris* Lindl.: 1
- *rupéstris* Lindl. var. *grandiflóra*: 5
6. **schumánnii** (Graebn.) Rehd. (*Linnáea schumánnii* Graebn.) ♄ ⌂ VI bis IX, W-China
7. **spathuláta** Sieb. et Zucc. ♄ ⌂, Jap.
8. **triflóra** R. Br. ex Wall. ♄ ⌂, NW-Him.
9. **uniflóra** R. Br. ex Wall. ♄ i ⌂ VI-IX, O-China
10. **zánderi** (Graebn.) Rehd. (*Linnáea zánderi* Graebn.) ♄ ⌂, M- u. NW-China

Abeliophýllum Nakai - n. - *Oleáceae*
1. **dístichum** Nakai ♄ ∧ V, M-Korea

Abelmóschus Medik. - m. - *Malváceae*
1. **esculéntus** (L.) Moench (*Hibíscus esculéntus* L.) - Okra ⊙ VII-VIII Ⓝ, NO-Afr., Ind., in den Trop. zuweilen eingebürg.
2. **mánihot** (L.) Medik. (*Hibíscus mánihot* L.) - Okra ⊙-♃ VII-IX Ⓝ, Trop. As., in den übrigen Trop. zuweilen eingebürg.
3. **moschátus** Medik. (*Hibíscus abelmóschus* L.) ⊙-⊙ VII-VIII Ⓝ, Ind., in den Trop. zuweilen eingebürg.

Abéria cáffra: Dovyális 1
- *gárdneri: Dovyális* 2

Ábies Mill. - f. - *Pináceae*
Tanne
1. **álba** Mill. (*Pínus pícea* L., *A. nóbilis* A. Dietr., *A. pectináta* (Lam.) DC.) - Weißtanne ♄ i Ⓝ, W-, M-, S- u. westl. O-Eur.
2. **amábilis** (Dougl. ex Loud.) Dougl. ex James Forbes - Purpurtanne ♄ i Ⓝ, N-Am.: SO-Alaska bis N-Kalif.
- *arizónica:* 16
3. **balsámea** (L.) Mill. - Balsamtanne ♄ i D Ⓝ, N-Am.: Neufundl. u. Labr. bis Alb., südl. bis Virg. u. W-Virg., Minn.
- *brachyphýlla:* 13
- *cándicans:* 19
4. **cephalónica** Loud. - Griechische Tanne ♄ i Ⓝ, Griech., Ägäis
5. **cilícica** (Ant. et Kotschy) Carr. - Cilicische Tanne ♄ i, Kl. As., N-Syr.
6. **cóncolor** (Gord. et Glend.) Lindl. ex Hildebr.
var. **cóncolor** - Grautanne ♄ i Ⓝ, USA: Color., Utah, Nev. u. Ariz., östl. bis W-Wyom. u. New Mex.; Nied. Kalif.
var. **lowiána** (Gord.) Lemm. (*A. lowiána* (Gord.) A. Murr.) ♄ i, USA: Oreg. bis Kalif.
- *excélsa: Pícea* 1
7. **fargésii** Franch. ♄ i, M-China
8. **fírma** Sieb. et Zucc. - Momitanne ♄ i, Jap.
9. **forréstii** Craib ♄ i, SW-China
10. **fráseri** (Pursh) Poir. ♄ i Ⓝ, USA: Allegh., Virg. u. W-Virg. bis N-Carol., Tenn.
11. **grándis** (Dougl. ex D. Don) Lindl. - Riesentanne ♄ i Ⓝ, N-Am.: Br. Kol. bis N-Kalif., östl. bis Mont. u. Id.
12. **holophýlla** Maxim. ♄ i, Mandsch., Korea
13. **homólepis** Sieb. et Zucc. (*A. brachyphýlla* Maxim.) - Nikkotanne ♄ i Ⓝ, Jap.
14. × **insígnis** Carr. ex Bailly (*A. nordmanniána* × *A. pínsapo*) ♄ i
15. **koreána** Wils. - Koreanische Tanne ♄ i ∧ (wenn jung) ♣, Korea
16. **lasiocárpa** (Hook.) Nutt. (*A. subalpína* Engelm.)
var. **arizónica** (Merriam) Lemm. (*A. arizónica* Merriam) ♄ i D, USA: Color. bis New Mex. u. Ariz.
var. **lasiocárpa** ♄ i Ⓝ, N-Am.: SO-Alaska u. Yukon bis Oreg., Nev., Utah u. New Mex.
- *lowiána:* 6
17. **magnífica** A. Murr. (*A. nóbilis* (Dougl. ex D. Don) Lindl. var. *ma-*

gnífica (A. Murr.) Kellogg) ♄ i Ⓝ, USA: Oreg. bis Kalif. u. Nev.
18. **mariésii** Mast. ♄ i, Jap.
- *nóbilis* A. Dietr.: 1
- *nóbilis* (Dougl. ex D. Don) Lindl.: 23
- *nóbilis* var. *magnífica:* 17
19. **nordmanniána** (Stev.) Spach (*A. cándicans* Fisch. ex Henkel et W. Hochst.) - Nordmannstanne ♄ i Ⓝ, Kl. As., Kauk.
20. **numídica** de Lannoy ex Carr. - Algiertanne ♄ i, NO-Alger.
- *pectináta:* 1
21. **píndrow** (Lamb.) Royle ♄ i Ⓝ, Afgh. bis W-Nepal
22. **pínsapo** Boiss. - Spanische Tanne ♄ i Ⓝ, S-Span., N-Marok.
23. **procéra** Rehd. (*A. nóbilis* (Dougl. ex D. Don) Lindl. non A. Dietr.) ♄ i Ⓝ, USA: Wash. bis N-Kalif.
24. **sachalinénsis** (Fr. Schmidt) Mast. ♄ i Ⓝ, N-Jap., Kuril., Sachal.
25. **sibírica** Ledeb. - Sibirische Tanne ♄ i Ⓝ, NO-Rußl., Sib., Kamtsch., südl. bis Turkest. u. Mandsch.
26. **spectábilis** (D. Don) Spach (*A. webbiána* (Wall. ex D. Don) Lindl.) ♄ i Ⓝ, N-Pak. bis O-Nepal
- *subalpína:* 16
27. **vēitchii** Lindl. ♄ i Ⓝ, Jap.
28. × **vilmorínii** Mast. (*A. cephalónica* × *A. pínsapo*) ♄ i
- *webbiána:* 26

Ábobra Naud. - f. - *Cucurbitáceae*
1. **tenuifólia** (Gill.) Cogn. ♃ ⌇ ⌂K oder ∧ ♣, Außertrop. S-Am.

Abróma Jacq. - n. - *Sterculiáceae*
1. **augústum** (L.) L. f. ♄ ⚘ ⌂W Ⓝ, SO-As. bis N-Austral.

Abromeitiélla Mez - f. - *Bromeliáceae*
1. **brevifólia** (Griseb.) Castell. (*A. chloräntha* (Spegazz.) Mez) ♃ ⌂K ⌓, S-Bol., NW-Arg.
- *chlorántha:* 1
2. **lorentziána** (Mez) Castell. ♃ i ⌓ ⌂K, Hochland NW-Arg.

Abrónia Juss. - f. - *Nyctagináceae*
1. **umbelláta** Lam. ♃ (⊙ gezogen) D VII bis X, N-Am: Br. Kol. bis Kalif.; Nied. Kalif.

Ábrus Adans. - m. - *Leguminósae*
1. **precatórius** L. - Paternostererbse ♄ ⌇ ⌂W ⚘ Ⓝ, Pantrop., häufig eingebürg., einschl. S-Flor.

Abutílon Mill. - n. - *Malváceae*
- *avicénnae:* 8
1. **darwínii** Hook. f. ♄ ⌂K, Bras.
2. **-Hybriden** (*A.* × *hýbridum* hort.; entstanden durch Kreuzungen verschiedener Arten, insbesondere von *A. darwínii* × *A. píctum*) ♄ ⌂K I–XII
- × *hýbridum:* 2
3. **índicum** (L.) Sweet ⊙–♃ ⌂K Ⓝ, Altweltl. Trop., in den neuweltl. Trop., Westind. u. Flor eingebürg.
4. **insígne** Planch. ♄ ⌂K, Kol., Venez.
5. **megapotámicum** (Spreng.) St.-Hil. et Naud. (*A. vexillárium* E. Morr.) ♄ ⌂K ⌇ I–XII, Bras.
6. **píctum** (Gill. ex Hook. et Arn.) Walp. (*A. striátum* Dicks. ex Lindl.) ♄ ⌂K VIII–XI, Bras.; in M-Am. u. im nördl. S-Am. eingebürg., vielleicht auch einheimisch
- *selloánum:* 7
7. **selloviánum** Regel (*A. selloánum* auct.) ♄ ⌂K VII-IX, Bras.
- *striátum:* 6
8. **theophrásti** Medik. (*A. avicénnae* Gaertn., *Sída abutílon* L.) - Chinesischer Hanf, Chinesische Jute, Samtpappel ⊙ Ⓝ, SO-Eur., Med., durch Vord. As. bis Ind., Tib., China, im übrigen Eur., in N-Afr., den USA u. Austral. stellenweise eingebürg.
9. **venósum** Walp. ♄ ⌂K VIII–XI, Bras.?
- *vexillárium:* 5
10. **vitifólium** (Cav.) K.B. Presl (*Corynabutílon vitifólium* (Cav.) Kearn.) ♄ ⌂K V–VI, Chile

Acacállis Lindl. - f. - *Orchidáceae*
1. **cyánea** Lindl. ♃ ⌂W V–VI ✱, Bras., Venez., Kol.

Acácia Mill. (einschl. *Senegália* Raf., *Racospérma* (DC.) Mart.) - f. - *Leguminósae*
Akazie
1. **aculeatíssima** Macbr. (*A. tenuifólia* F. v. Muell. non L.) ♄ ⌂K I–XII, SO-Austral.
2. **aláta** R.Br.
var. **platýptera** Benth. ♄ ⌂K III–V, W-Austral.
- *arábica:* 20
3. **armáta** R.Br. (*A. paradóxa* DC.) -

Känguruhdorn ♄ ⌂K ▽ III–IV Ⓝ, SW- bis W-Austral., S-Austral., Queensl., Neusüdwal., Vict.
4. **baileyána** F. v. Muell. ♄–ħ ⌂K III–IV Ⓝ, Austral.: Neusüdwal.
5. **calamifólia** Sweet ex Lindl. ♄ ⌂K III bis IV, Neusüdwal., Vict.
6. **cátechu** (L.f.) Willd. ħ ⌂K Ⓝ, Pak., Ind., Burma, Thail., Sum., Java, Abess., Sambia
7. **cornígera** (L.) Willd. (*A. spadicígera* Cham. et Schlechtend.) ♄–ħ ⌂W III, Mex. bis Costa R., in Westind. u. S-Flor. eingebürg.
8. **cultrifórmis** A. Cunn. ex G. Don ♄ ⌂K III–IV, Austral.: Queensl., Neusüdwal.
9. **cyanophýlla** Lindl. (*A. salígna* auct. mult. non (Labill.) H.L. Wendl.) ħ ⌂K Ⓝ, W-Austral., in S-Eur. u. N-Afr. eingebürg.
10. **cýclops** A. Cunn. ex G. Don ♄ ⌂K Ⓝ, W-Austral., in M-Port. eingebürg.
11. **dealbáta** Link (*A. decúrrens* var. *dealbáta* (Link) F. v. Muell.) ħ ⌂K I–IV Ⓝ, Austral.: Queensl., Neusüdwal., Vict., Tasm., in S-Eur. eingebürg.
12. **decúrrens** (J.C. Wendl.) Willd. ħ ⌂K I bis IV Ⓝ, Austral.: Neusüdwal., in S-Austral., Vict. und Tasm. eingebürg.
- *decúrrens* var. *dealbáta:* 11
- *decúrrens* var. *móllis:* 18
13. **drummóndii** Lindl. ♄ ⌂K ▽ III–IV, W-Austral.
14. **farnesiána** (L.) Willd. ♄–ħ ⌂K II–IV Ⓝ, Tex. bis S-Kalif., Mex. bis Arg., S-Flor., Westind., in N-Flor. bis Louis. sowie in Span. eingebürg.
- *floribúnda:* 17, 24
- *hórrida:* 15
- *juniperína:* 31
15. **karroo** Hayne (*A. hórrida* auct. non Willd.) ♄–ħ ⌂K Ⓝ, S-Afr., in SW-Eur. u. N-Afr. eingebürg.
16. **latifólia** Benth. ħ ⌂K, NO-Austral.
- *lébbeck: Albízia* 4
17. **longifólia** (Andr.) Willd. var. **floribúnda** (Vent.) F. v. Muell. (*A. floribúnda* (Vent.) Willd.) ♄–ħ ⌂K III, Austral.: Neusüdwal., Vict.
- *lophántha: Albízia* 5
18. **meárnsii** De Wild. (*A. decúrrens* var. *móllis* Lindl., *A. mollíssima* auct. non Willd., *Racospérma meárnsii* (De Wild.) Pedley) ħ ⌂K I–IV Ⓝ, Austral.: Queensl., Neusüdwal., Vict., Tasm., in Port., Span. u. Ital. eingebürg.
19. **melanóxylon** R.Br. (*Racospérma melanóxylon* (R.Br.) Pedley) - Schwarzholzakazie, „Blackwood" ħ ⌂K III–IV Ⓝ, Austral.: Queensl., Neusüdwal., Vict., Tasm., in SW-Eur. u. N-Afr. eingebürg.
- *mollíssima:* 18
20. **nilótica** (L.) Willd. ex Del. (*A. arábica* (Lam.) Willd.) ħ ⌂K Ⓝ, Trop. Afr., südl. bis Nat., in Ind. eingebürg.
- *paradóxa:* 3
21. **podalyriifólia** A. Cunn. ex G. Don ♄ ⌂K XII–III, NO-Austral.
22. **pulchélla** R.Br. (*Racospérma pulchéllum* (R.Br.) Pedley) ♄ ⌂K ▽ IV–V, SW- bis W-Austral.
23. **pycnántha** Benth. ♄–ħ ⌂K III–IV Ⓝ, SO- bis S-Austral., in S-Port. u. S- u. M-Ital. eingebürg.
24. **retinódes** Schlechtend. (*A. floribúnda* auct. non (Vent.) Willd.) ♄ – ħ ⌂K II–IX D, S-Austral., Vict., Tasm., Flinders Island, in S-Eur. eingebürg.
25. **ricéana** Hensl. ħ ⌂K III–IV, Tasm.
- *salígna* auct. mult. non (Labill.) H.L. Wendl.: 9
26. **salígna** (Labill.) H.L. Wendl. ħ ⌂K II bis IV Ⓝ, O-Austral., Vict.
27. **sénegal** (L.) Willd. (*A. vérek* Guill. et Perrott., *Senegália sénegal* (L.) Britt.) - Gummiarabikumbaum ħ ⌂K Ⓝ Off., Seneg. bis Kordof. u. Nig., Arab.
- *spadicígera:* 7
28. **sphaerocéphala** Cham. et Schlechtend. ♄ – ħ ⌂W, Mex.
29. **suavéolens** (Sm.) Willd. ♄ ⌂K III bis VIII, Austral.: Queensl., Neusüdwal., Vict., Tasm.
30. **súma** Kurz ħ ⌂K Ⓝ, Burma, Ceyl., trop. Afr.
- *tenuifólia:* 1
31. **ulicifólia** (Salisb.) Court (*Mimósa ulicifólia* Salisb., *A. juniperína* Willd.) ♄ ⌂K III–IV, Austral.:

Queensl., Neusüdwal., Vict., Tasm.
- *vérek:* 27
32. **verticilláta** (L'Hérit.) Willd. ♄ Ⓚ III bis IV, S-Austral., Neusüdwal., Vict., Tasm.

Acǽna Mutis ex L. – f. – *Rosáceae*
Stachelnüßchen
1. **anserinifólia** (J. R. et G. Forst.) Druce (*A. sanguisórbae* (L.f.) Vahl) ♃ ⁓, Neuseel., SO-Austral., in Engl. u. Irl. eingebürg.
2. **argéntea** Ruiz et Pav. ♃ ⁓, Peru, Chile
3. **buchanánii** Hook. f. ♃ ⁓, Neuseel.
4. **caesiiglaúca** (Bitt.) Bergm. (*A. glaúca* hort.) ♃ ⁓, Neuseel.
- *glaúca:* 4
- *glaucophýlla:* 6
5. **lúcida** Vahl ♃ ⁓, Antarkt. S-Am.
6. **magellánica** (Lam.) Vahl (*A. glaucophýlla* Bitt.) ♃ ⁓, Patag., Feuerl.
7. **microphýlla** Hook. f. ♃ ⁓, Neuseel.
8. **nóvae-zelándiae** Kirk ♃ ⁓, Neuseel.
9. **pinnatífida** Ruiz et Pav. ♃, Chile, Patag.
- *sanguisórbae:* 1
10. **spléndens** Hook. et Arn. ♃ ⌓, Chile, Patag.

Acalýpha L. – f. – *Euphorbiáceae*
1. **hispaniólae** Urb. (*A. péndula* hort.) ♄ ⁓ ⌇ Ⓦ III–IX, Hispaniola
2. **híspida** Burm. f. (*A. sánderi* N. E. Br.) – Katzenschwanz ♄ Ⓦ ⊽ I–X, Mal. Arch.?, kult. u. in all. Trop. verwild.
3. **índica** L. ⊙ VII–VIII, Altweltl. Trop.
4. **integrifólia** Willd.
var. **coloráta** (Poir.) Pax et K. Hoffm. ♄ Ⓦ, Maskar.
- *margináta:* 6
- *musáica:* 6
- *obováta:* 6
- *péndula:* 1
- *sánderi:* 2
5. **wilkesiána** Muell. Arg. ♄ Ⓦ, Südseeins.
6. **-Wilkesiana-Hybriden** (z. B. 'Marginata' (*A. margináta* hort. non (Poir.) Spreng.), 'Miltoniana', 'Musaica' (*A. musáica* B. S. Williams), 'Obovata' (*A. obováta* hort. non. Benth.)) ♄ Ⓦ

Acámpe Lindl. – f. – *Orchidáceae*
1. **rígida** (Sm.) P. F. Hunt (*Vánda multiflóra* Lindl., *A. multiflóra* (Lindl.) Lindl.) ♃ Ⓦ VII–X ✱, O-Afr. bis trop. As.

Acanthocalýcium Bckbg. – n. – *Cactáceae*
- *formósum: Echinópsis* 13
1. **hyalacánthum** (Spegazz.) Bckbg. (*Lobívia hyalacántha* Spegazz., *Helianthocéreus hyalacánthus* (Spegazz.) Bckbg.) Ⓚ ✱, Arg.
- *klimpeliánum:* 3
2. **peitscheriánum** Bckbg. Ⓚ ✱, Arg.
3. **spiniflórum** (K. Schum.) Bckbg. (*Echinópsis spiniflóra* (K. Schum.) Berger, *A. klimpeliánum* (Weidl. et Werderm.) Bckbg., *Lobívia klimpeliána* (Weidl. et Werderm.) Bckbg.) Ⓚ ✱, Arg.
4. **violáceum** (Werderm.) Bckbg. (*Echinópsis violácea* Werderm.) Ⓚ ✱, Arg.

Acantholímon Boiss. – n. – *Plumbagináceae*
Igelpolster
- *androsáceum:* 5
- *echínus:* 5
1. **glumáceum** (Jaub. et Spach) Boiss. ♃ ⌓ △ ∧ VII–VIII, Kauk., Arm., Kurdist.
2. **kótschyi** (Jaub. et Spach) Boiss. ♃ ⌓ △ ∧ VII–VIII, Syr.
3. **libanóticum** (Fenzl) Boiss. ♃ ⌓ △ ∧ VII–VIII, Liban.
4. **oliviéri** (Jaub. et Spach) Boiss. (*A. venústum* Boiss.) ♃ ⌓ △ ∧ VII bis VIII, Kilik. Taurus
5. **ulicínum** (Willd. ex Schult.) Boiss. (*A. androsáceum* (Jaub. et Spach) Boiss., *A. echínus* auct. non (L.) Bunge) ♃ ⌓ △ ∧ VII–VIII, S-Balk., Kreta, Kl. As.
- *venústum:* 4

Acanthópanax: Eleutherocóccus
- *giráldii: Eleutherocóccus* 1
- *hényri: Eleutherocóccus* 2
- *pentaphýllus: Eleutherocóccus* 5
- *ricinifólius: Kalópanax* 1
- *senticósus: Eleutherocóccus* 3
- *setchuenénsis: Eleutherocóccus* 4
- *sieboldiánus: Eleutherocóccus* 5
- *simónii: Eleutherocóccus* 6
- *spinósus: Eleutherocóccus* 5

Acanthophíppium Bl. - n. - *Orchidáceae*
1. **bícolor** Lindl. ♃ ⌂Ⓦ V–VI ✱, Ceyl.
2. **javánicum** Bl. ♃ ⌂Ⓦ III–IV ✱, Malak., Sum., Java, Born.

Acanthophoe̅nix H. Wendl. - f. - *Pálmae*
1. **crinita** (Bory) H. Wendl. (*Aréca crinita* Bory) ♄ ⌂Ⓦ, Maskar.
2. **rúbra** (Bory) H. Wendl. (*Aréca rúbra* Bory) ♄ ⌂Ⓦ, Maskar.

Acanthorrhíza aculeáta: Cryosóphila 1
- *warscewíczii: Cryosóphila* 2

Acanthosícyos Welw. ex Hook. f. - m. - *Cucurbitáceae*
1. **hórridus** Welw. ex Hook. f. - Naraspflanze ♃ ⌂Ⓚ Ⓝ, Angola, Namib.

Acanthóstachys Klotzsch - f. - *Bromeliáceae*
1. **strobilácea** (Schult. f.) Klotzsch (*Hohenbérgia strobilácea* Schult. f.) ♃ ⌂Ⓦ ⌇, Bras., Arg., Parag.

Acanthoxánthium spinósum: Xánthium 2

Acánthus L. - m. - *Acantháceae*
Akanthus
- *balcánicus:* 2
- *cároli-alexándri:* 6
1. **dioscóridis** L.
var. **perríngii** Siehe ♃ △ ∧ VI–VII, Gebg. Kl. As.
2. **hungáricus** (Borb.) Baen. (*A. balcánicus* Heyw. et I. B. K. Richards.) ♃ ✂ VI–VIII, Balk., nördl. bis SW-Rum. u. NW-Jugosl.
3. **ilicifólius** L. ♄ ≈ ⌂Ⓦ, Trop. As., Polyn., SO-Afr.
4. **móllis** L. ♃ ∧ VII–VIII, W- u. M-Med., nördl. bis NW-Jugosl., Port.
5. **montánus** (Nees) T. Anders. ♄ ⌂Ⓦ IX bis II, Trop. W-Afr.
- *spinosíssimus:* 6
6. **spinósus** L. (*A. spinosíssimus* Pers., *A. cároli-alexándri* Hausskn.) ♃ △ VII–VIII, SO-Ital., Balk., Ägäis, Alger., O-Med.

Ácca O. C. Berg - f. - *Myrtáceae*
1. **sellowiána** (O. C. Berg) Burret (*Orthostémon sellowiánus* O. C. Berg, *Feijóa sellowiána* (O. C. Berg) O. C. Berg) ♄ ⌂Ⓦ Ⓝ, S-Bras., Urug., Parag., N-Arg.

Ácer L. - n. - *Aceráceae*
Ahorn
1. **buergeriánum** Miq. ♄, Jap., O-China, Taiw.
- *califórnicum:* 24
2. **campéstre** L. - Feldahorn, Maßholder ♄ IV–V Ⓝ, Eur., N-Afr., Kl. As., Kauk., N-Iran
3. **capíllipes** Maxim. ♄ V, Jap.
4. **cappadócicum** Gled. (*A. lae̅tum* C. A. Mey.) ♄ V–VI, Kauk., W-As. bis Him. u. W-China
5. **carpinifólium** Sieb. et Zucc. ♄–♄, V, Jap.
6. **circinátum** Pursh ♄–♄ IV–V Ⓝ, N-Am.: Alaska bis N-Kalif.
7. **cissifólium** (Sieb. et Zucc.) K. Koch (*Negúndo cissifólium* Sieb. et Zucc.) ♄ V, Jap.
- *créticum:* 35
- *dasycárpum:* 33
8. **davídii** Franch. ♄ V, Szetsch., Jünn., Hupeh
9. **forréstii** Diels ♄, Hupeh, Szetsch.
10. **gínnala** Maxim. - Feuerahorn ♄ V Ⓝ, Jap., Korea, Mandsch., O-Sib., Mongol., M- u. N-China
11. **gríseum** (Franch.) Pax ♄ V, W-China
12. **grósseri** Pax (*A. hérsii* Rehd., var. *hérsii* (Rehd.) Rehd.) ♄–♄ IV–V, M-China
- *grósseri* var. *hérsii:* 12
13. **heldre̅ichii** Orph. ex Boiss. ♄ V Ⓝ, Balk.
- *hérsii:* 12
14. **hyrcánum** Fisch. et C. A. Mey. ♄ IV bis V, Ital., Balk., Vord. As.
15. **insígne** Boiss. et Buhse (*A. velutínum* Boiss. var. *glabréscens* (Boiss. et Buhse) Rehd.) ♄, Kauk., N-Iran
- *insígne* Nichols.: 40
- *ítalum:* 26
16. **japónicum** Thunb. ♄–♄ V, Jap.
- *lae̅tum:* 4
17. **lobélii** Ten. - Kalabrischer Spitzahorn ♄ V, Südl. Ital., Golf von Neapel
18. **macrophýllum** Pursh ♄ V Ⓝ, N-Am.: SO-Alaska bis Kalif.
19. **maximowicziánum** Miq. (*A. nikoénse* auct. non (Miq.) Maxim.) ♄ V, Jap., M-China
20. **miyábei** Maxim. ♄ V, Jap.
21. **móno** Maxim. (*A. píctum* Franch. non Thunb. ex Murr., *A. truncátum* ssp. *móno* (Maxim.) E. Murr.) ♄ IV bis V, Jap., Korea, Mandsch., Amur,

Sachal., China
22. **monspessulánum** L. - Felsenahorn ♄ IV ⓝ, S-, O-Frankr., M-Rheingeb., Mainfr., S-Eur., Med., NW-Afr., W-As.
23. × **negléctum** Lange (*A. campéstre* × *A. lobélii* Ten.?; *A.* × *zoeschénse* Pax) ♄ IV
24. **negúndo** L. (*Negúndo aceroídes* Moench, *N. fraxinifólium* (Raf.) C. de Vos) - Eschenahorn
ssp. **califórnicum** (Torr. et A. Gray) Wesm. (*Negúndo califórnicum* Torr. et A. Gray, *A. califórnicum* (Torr. et A. Gray) D. Dietr.) ♄ IV, Kalif.
ssp. **negúndo** ♄ IV ⓝ, N-Am.: Neuengl. bis S-Ont. u. Minn., Manit. u. Alb., südl. bis Flor., Tex., Ariz., Nev. u. Kalif.; Mex. bis Guat., in Oreg. u. Wash., O-Kan. u. Eur. eingebürg.
- *nikoénse:* 19
25. **obtusátum** Waldst. et Kit. ex Willd. (*A. ópalus* Mill. var. *obtusátum* (Waldst. et Kit. ex Willd.) Henry, *A. ópalus* Mill. ssp. *obtusátum* (Waldst. et Kit. ex Willd.) Gams) ♄ IV ⓝ, Balk., M- u. S-Ital., Siz., Kors., N-Afr.
26. **ópalus** Mill. (*A. opulifólium* Chaix, *A. ítalum* Lauth) ♄ IV-V, SW-Eur., nördl. bis SW-Deutschl., Alger.
- *ópalus* ssp. *obtusátum:* 25
- *ópalus* var. *obtusátum:* 25
- *opulifólium:* 26
- *orientále:* 35
27. **palmátum** Thunb. ex Murr. (*A. polymórphum* Sieb. et Zucc. non Spach) - Japanischer Ahorn ♄-♄ VI, Jap., Korea, China (Mit vielen Sorten)
28. **pensylvánicum** L. (*A. striátum* Du Roi) ♄ VI, N-Am.: N. Scot. u. Queb. bis Manit., südl. bis Penns., N-Georg. u. Mich.
- *píctum* Franch.: 21
- *píctum* Thunb. ex Murr.: *Kalópanax* 1
29. **platanoídes** L. - Spitzahorn ♄ IV-V ⓝ, Eur., Kl. As., Kauk., N-Iran
- *polymórphum:* 27
30. **pseudoplátanus** L. - Bergahorn ♄ V ⓝ, Eur., Kauk., Kl.As.
31. **rúbrum** L. - Rotahorn ♄ III-IV ⓝ, N-Am.: Neufundl. bis Manit., südl. bis Flor. u. Tex.
32. **rufinérve** Sieb. et Zucc. ♄ V, Jap.
33. **saccharínum** L. (*A. dasycárpum* Ehrh.) - Silberahorn ♄ III-IV ⓝ, N-Am.: N.Brunsw. bis Minn. u. S-Dak., südl. bis Flor., Louis. u. Okla.
- *saccharóphorum:* 34
34. **sáccharum** Marsh. (*A. saccharóphorum* K. Koch) - Zuckerahorn ♄ IV ⓝ, N-Am.: N.Scot. u. Queb. bis Manit., südl. bis Georg., Alab., Miss. u. Tex.
35. **sempérvirens** L. (*A. orientále* auct. non L., *A. créticum* auct. non L.) ♄ i ⌂, Griech., Kreta, O-Med.
- *septémlobum: Kalópanax* 1
36. **sieboldiánum** Miq. ♄-♄ V, Jap.
37. **spicátum** Lam. ♄-♄ V-VI, N-Am.: Neufundl. u. Labr. bis Sask., südl. bis Penns., N-Georg. u. Iowa
- *striátum:* 28
38. **tatáricum** L. ♄ V ⓝ, Östl. M-Eur., SO-Eur., W-As.
39. **tegmentósum** Maxim. ♄ V, Mandsch., Korea, Amur, Ussuri
40. **trautvétteri** Medv. (*A. insígne* Nichols. non Boiss. et Buhse) ♄ V, Istanb., N-Anat., W-Kauk.
41. **triflórum** Kom. ♄ V, Korea, NO-China
42. **truncátum** Bunge ♄ V ⓝ, N-China
- *truncátum* ssp. *móno:* 21
- *velutínum* var. *glabréscens:* 15
- × *zoeschénse:* 23

Aceránthus diphýllus: Epimédium 2

Áceras R. Br. - n. - *Orchidáceae*
Ohnhorn
1. **anthropóphorum** (L.) R. Br. ex Ait. f. ♃ V-VI ▽ ✱, W-, M- u. S-Eur., nördl. bis M-Engl. u. Holl.; N-Afr., Med.

Acetósa alpína: Rúmex 2
- *scutáta: Rúmex* 9

Acetosélla vulgáris: Rúmex 1

Achilléa L. - f. - *Compósitae*
Garbe
1. **abrotanoídes** (Vis.) Vis. ♃ VI-VIII, W-Balk.
- *aegýptica:* 20
2. **ageratifólia** (Sibth. et Sm.) Boiss. (*A. ageratifólia* ssp. *aizóon* (Griseb.) Heimerl) ♃ △ ⌓ VI-VII, M-Balk.

- *ageratifólia* ssp. *aïzóon:* 2
- *ageratifólia* var. *sérbica:* 18
- *áurea:* 4
3. **canéscens** Form. ♃ △ VI, S- u. W-Griech., Alban., Monten.
4. **chrysócoma** Friv. (*A. áurea* Lam.) ♃ △ VI–VIII, Alban., Mazed., Kl.As.
5. **clavénae** L. - Weißer Speik ♃ △ VI bis VII ▽, O- u. S-Alp., Gebg. Jugosl., Alban., N-Griech.
6. **clypeoláta** Sibth. et Sm. non hort. ♃ VI–VII, Balk.
7. **érba-rótta** All.
   ssp. **moscháta** (Wulf.) I.B.K. Richards. (*A. moscháta* Wulf.) ♃ △ VII–IX ▽, Zentrale Alp., Apenn.
   ssp. **rupéstris** (Porta) I.B.K. Richards. (*A. rupéstris* Porta) ♃ △ V bis VI ▽, Apenn.
- *eupatórium:* 8
8. **filipendulína** Lam. (*A. eupatórium* M.B.) ♃ ✂ VII–IX, Kauk., Kl.As., Iran, Afgh., M-As.
9. **grandifólia** Friv. ♃ VI, S- u. M-Balk.
10. **holoserícea** Sibth. et Sm. ♃ △ V bis VIII, S- u. W-Balk.
11. × **jabornéggii** Hal. (*A. clavénae* × *A. érba-rótta*) ♃ △ VI–VIII
12. × **kelléreri** Sünderm. (*A. clypeoláta* × *A. pseudopectináta*) ♃ △ VI–VIII
13. × **kolbiána** Sünderm. (*A. clavénae* × *A. umbelláta*) ♃ △ VI–VIII
14. **linguláta** Waldst. et Kit. ♃ △ VI–VII, Karp., Gebg. M-Jugosl. bis N-Griech.
15. **millefólium** L. - Schafgarbe ♃ ✂ VI bis X ⊛ Off., Eur., Sib., Kauk., N-Iran, in N-Am., Austral. u. Neuseel. eingebürg. (Mit einigen Sorten)
- *mongólica:* 19
- *moscháta:* 7
16. **ptármica** L. - Bertramsgarbe, Sumpfgarbe, Weißer Dorant ♃ ✂ VII–IX ⊛, Eur., W-As., im östl. N-Am. eingebürg.
- *ptármica* ssp. *pyrenáica:* 17
17. **pyrenáica** Sibth. ex Godr. (*A. ptármica* ssp. *pyrenáica* (Sibth. ex Godr.) Heimerl) ♃ VII–IX, N-Span., Pyren., Gebg. südl. M-Frankr.
- *rupéstris:* 7
18. **sérbica** Nym. (*A. ageratifólia* var. *sérbica* (Nym.) Hayek) ♃ △ ⌓ V–VI, Alp., M-Apenn.
19. **sibírica** Ledeb. (*A. mongólica* Fisch.) ♃ ✂ VII–IX, Nördl. temp. As., Jap., Alaska bis Manit., Queb.
20. **taygétea** Boiss. et Heldr. (*A. aegýptica* L.) ♃ VI–VII, S-Griech., S-Ägäis
21. **tomentósa** L. ♃ △ V–VII, SW-, südl. M-Eur., W-As.
22. **umbelláta** Sibth. et Sm. ♃ △ VI bis VIII, Griech.

Achímenes Pers. - f. - *Gesneriáceae* Schiefteller
- *argyrostígma: Koellikéria* 1
1. **cándida** Lindl. (*Dicýrta cándida* (Lindl.) Hanst.) ♃ ⓦ VI–VIII, Mex. bis Pan.
- *coccínea:* 3
2. **dúlcis** C.V. Morton ♃ ⓦ VII–IX, Mex.
- *ehrenbérgii: Eucodónia* 1
3. **erécta** (Lam.) H.P. Fuchs (*A. coccínea* (Scop.) Pers., *A. rósea* Lindl., *A. pulchélla* (L'Hérit.) Hitchc.) ♃ ⓦ VII–IX, Jam., Mex., M-Am., Kol.
- *erinoídes: Koellikéria* 1
4. **fláva** C.V. Morton ♃ ⓦ VII–VIII, Mex.
- *ghiesbréghtii:* 7
5. **glabráta** (Zucc.) Fritsch (*A. gloxiniiflóra* (Scheidw.) Forkel et Lem., *Gloxínia fimbriáta* Brongn.) ♃ ⓦ VI bis VIII, Mex.
- *gloxiniiflóra:* 5
6. **grandiflóra** (Schiede) DC. (*Treviràna grandiflóra* Schiede) ♃ ⓦ ⛉ VII–IX, Mex. bis Costa R.
7. **heterophýlla** (Mart.) DC. (*A. ignéscens* Lem., *A. ghiesbréghtii* hort. ex Lindl.) ♃ ⓦ ⛉ VII–IX, Mex., Guat.
- *hirsúta:* 14
8. **-Hybriden** ♃ ⓦ ⛉ VI–IX
- *ignéscens:* 7
- *lanáta: Eucodónia* 1
9. **longiflóra** (Sessé et Moç.) DC. ♃ ⓦ ⛉ VII–IX, Mex. bis Pan.
10. **mexicána** (Seem.) Benth. et Hook. f. ex Fritsch ♃ ⛉ ⓦ VII–IX, Mex.
11. **mísera** Lindl. ♃ ⓦ VII–IX, Mex. bis Hond.
12. **pátens** Benth. ♃ ⓦ ⛉ VII–IX, Mex.
13. **pedunculáta** Benth. ♃ ⓦ ⛉ VII–IX,

Mex. bis Kol. u. Venez.
– *pulchélla:* 3
– *rósea:* 3
14. **skínneri** Lindl. (*A. hirsúta* Lindl. non DC.) ♃ ⌂ ▽ VII–IX, Mex. bis Guat.
15. **warszewicziána** (Regel) H.E. Moore (*Dicýrta warszewicziána* Regel) ♃ ⌂ VII–IX, Mex. bis El Salv. u. Hond.

Áchlys DC. – f. – *Berberidáceae*
1. **triphýlla** (Sm.) DC. ♃ VII–VIII, N-Am.: Br. Kol. bis Kalif.

Achnátherum P. Beauv. – n. – *Gramíneae*
Rauhgras
1. **calamagróstis** (L.) P. Beauv. (*Agróstis calamagróstis* L., *Stípa calamagróstis* (L.) Wahlenb., *Lasiagróstis calamagróstis* (L.) Link) – Ränkgras, Silberährengras ♃ ∧ VI–IX, S- u. südl. M-Eur.
– *pekinénse: Stípa* 8

Áchras caimíto: Poutéria 1
– *lucúma: Poutéria* 3
– *zapóta: Manilkára* 2

Achyránthes lindénii: Iresíne 2
– *verschafféltii: Iresíne* 1

Acidanthéra Hochst. – f. – *Iridáceae*
1. **bícolor** Hochst.
var. **muríelae** R.H. Perry (*A. muríelae* (R.H. Perry) hort., *Gladiólus calliánthus* Marais 'Murielae') ♃ D ⌂ VII–VIII, Abess.

Acinéta Lindl. – f. – *Orchidáceae*
1. **bárkeri** (Batem.) Lindl. (*Peristéria bárkeri* Batem.) ♃ ⌂ IX–XI ∗, Mex.
2. **chrysántha** (C. Morr.) Lindl. et Paxt. (*A. dénsa* Lindl. et Paxt.) ♃ ⌂ IX–X ∗, Costa R., Pan., Kol.
– *dénsa:* 2
– *humbóldtii:* 3
3. **supérba** (H.B.K.) Rchb. f. (*A. humbóldtii* Lindl.) ♃ ⌂ III–VI ∗, Venez., Kol., Ek.

Ácinos Mill. – m. – *Labiátae*
1. **alpínus** (L.) Moench (*Calamíntha alpína* (L.) Lam., *Saturéja alpína* (L.) Scheele) – Alpensteinquendel ♃ △ VII–IX, Gebg. M- u. S-Eur., Med., Kl.As.

Aciphýlla J.R. et G. Forst. – f. – *Umbellíferae*
1. **aūrea** W.R.B. Oliv. ♄ i ⌂–⌂, Neuseel.
2. **squarrósa** J.R. et G. Forst. ♃ ∧ VIII, Neuseel.

Acoelorrháphe H. Wendl. – f. – *Pálmae*
1. **wríghtii** (Griseb. et H. Wendl.) H. Wendl. (*Paurótis wríghtii* (Griseb. et H. Wendl.) Britt.) ♄ i ⌂, S-Flor., Bahama, Kuba, Mex. bis Hond.

Acokanthéra G. Don – f. – *Apocynáceae*
1. **oblongifólia** (Hochst.) Codd (*A. spectábilis* (Sond.) Hook. f., *Caríssa spectábilis* (Sond.) Pichon, *Toxicophlǣa spectábilis* Sond.) ♄ i D ☠ ⌂ II–IV, Kap, Nat.
2. **oppositifólia** (Lam.) Codd (*A. venenáta* auct. non (Thunb.) G. Don, *Caríssa acokanthéra* Pichon) ♄ i D ☠ ⌂ II–IV, Trop. O-Afr., S-Afr.
– *ouabáïo:* 3
3. **schímperi** (A.DC.) Schweinf. (*A. ouabáïo* Poiss., *Caríssa schímperi* A.DC.) ♄ i ☠ ⌂ II–IV Off., O-Afr., SW-Arab.
– *spectábilis:* 1
– *venenáta:* 2

Aconítum L. – n. – *Ranunculáceae*
Eisenhut
1. **ánthora** L. – Giftheil ♃ ☠ ▽ VI–VIII, Gebg. M-Span., Pyren., Jura, Alp., Karp., Kauk., M- u. O-As.
– × *aréndsii:* 3
2. × **cámmarum** L. emend. Fr. (*A. napéllus* × *A. variegátum; A.* × *intermédium* DC., *A.* × *stoerkiánum* Rchb.) ♃ ✂ VII–VIII
3. **carmichaélii** Debeaux (*A. físcheri* F.B. Forbes et Hemsl. non Rchb.)
var. × **aréndsii** hort. (*A. carmichaélii* var. *carmichaélii* × *A. carmichaélii* var. *wilsónii; A.* × *aréndsii* hort.) ♃ ✂ ☠ IX–X
var. **wilsónii** (Stapf ex Mottet) Munz (*A. wilsónii* Stapf ex Mottet) ♃ ☠ VIII–IX, M-China
– *físcheri:* 3
4. **flavéscens** S. Wats. ♃ ☠ VI, Westl. N-Am.
5. **hemsleyánum** E. Pritz. ♃ ⸾ ☠ VII–IX, M-China
6. **hénryi** E. Pritz. emend. Hand.-Mazz. ♃ ☠ VII–VIII, W-China
– × *intermédium:* 2
7. **lamárckii** Rchb. ex Spreng. (*A. pyrenáicum* L. p. p., *A. ranunculifólium*

Rchb.) ♃ ☠ ▽ VII–VIII, Gebg. südl. M-Eur., S-Eur.
- *lycóctonum* auct. non L.: 13
- *lycóctonum* L.: 10
8. **napéllus** L. - Sturmhut, Eisenhut ssp. **napéllus** ♃ ☠ VI–VIII Off. ▽, W-, M-Eur., nördl. bis Schwed. ssp. **pyramidále** (Mill.) Rouy et Fouc. (*A. pyramidále* Mill.) ♃ ☠ VII bis VIII ▽, W-, westl. M-Eur.
9. **paniculátum** Lam. ♃ ☠ ▽ VII–VIII, Gebg. M-Eur. bis M-Ital. u. Rum.
- *pyramidále:* 8
- *pyrenáicum:* 7
- *ranunculifólium:* 7
- *rostrátum:* 11
10. **septentrionále** Koelle (*A. lycóctonum* L.) ♃ VI ▽, Norw. bis M-Rußl.
- × *stoerkiánum:* 2
11. **variegátum** L. (*A. rostrátum* Bernh. ex DC.) ♃ ☠ VII–VIII ▽, Gebg. M-Eur. bis M-Ital., Bulg. u. W-Ukr.
12. **volúbile** Pall. ex Koelle ♃ ≷ ☠ VII bis VIII, Jap., Korea, Mandsch., O-Sib.
13. **vulpária** Rchb. ex Spreng. (*A. lycóctonum* auct. non L.) ♃ ☠ VI–VIII ▽, W-Eur. bis Rum. u. Pol.
- *wilsónii:* 3

Ácorus L. - m. - *Aráceae*
Kalmus
1. **cálamus** L. - Kalmus ♃ ~ Ⓦ Off., S- u. O-As., in Eur., Vord. As., N-Am. eingebürg.
2. **gramíneus** Soland., Jap., China, Thail., Ind. 'Pusillus' (var. *pusíllus* (Sieb.) Engl.) ♃ ~ (bunte Sorten Ⓚ Ⓐ oder ∧)
- *gramíneus* var. *pusíllus:* 2

Acrocéntron scabiósa: Centauréa 22
Acroclínium róseum: Helípterum 6

Acrocómia Mart. - f. - *Pálmae*
1. **tótai** Mart. ♄ Ⓚ Ⓦ, Parag., Arg., Bol.
2. **vinífera** Oerst. ♄ Ⓦ Ⓦ, Trop. Am.

Ácrodon N. E. Br. - m. - *Aizoáceae*
1. **bellidiflórus** (L.) N. E. Br. ♃ Ⓚ, Kap

Acrólophus diffúsus: Centauréa 10

Acróstichum L. - n. - *Acrosticháceae*
1. **āúreum** L. ♃ Ⓦ ≈–~, Pantrop., vor allem Küsten
- *latifólium: Elaphoglóssum* 2
- *villósum: Elaphoglóssum* 3

Actāéa L. - f. - *Ranunculáceae*
Christophskraut
- *álba:* 1
- *nígra:* 3
1. **pachýpoda** Elliott (*A. álba* auct. non (L.) Mill.) ♃ V–VI ♣, N-Am.: Prince Edward Isl. bis Manit., südl. bis Georg., Louis. u. Okla.
2. **rúbra** (Ait.) Willd. ♃ V–VI ♣, N-Am.: Labr. bis Alaska, südl. bis N. Jers., W-Virg., S-Dak. bis Color., New Mex. u. Kalif.
3. **spicáta** L. (*A. nígra* (L.) Ph. Gärtn., B. Mey. et Scherb.) ♃ V–VI ♣ ☠, Eur., temp. u. arkt. As.

Actínea acāúlis: Hymenóxys 1
- *grandiflóra: Hymenóxys* 2
- *herbácea: Hymenóxys* 1
- *linearifólia: Hymenóxys* 3

Actinélla grandiflóra: Hymenóxys 2
- *lanáta: Eriophýllum* 1
- *linearifólia: Hymenóxys* 3

Actinídia Lindl. - f. - *Actinidiáceae*
1. **argúta** (Sieb. et Zucc.) Planch. ex Miq. ♄ ≷ D VI Ⓦ, China, Korea, Jap.
2. **chinénsis** Planch. - Kiwipflanze ♄ ≷ V bis VI Ⓦ, China, Taiw.
3. **kolomíkta** (Rupr. et Maxim.) Maxim. ♄ ≷ D V Ⓦ, Jap., M- u. W-China, Korea
4. **melanándra** Franch. ♃ ≷ Ⓦ VI–VII, China
5. **polýgama** (Sieb. et Zucc.) Planch. ex Maxim. ♄ ≷ D Ⓦ VI–VII, Mandsch., Korea, Sachal., Jap., W-China
6. **purpúrea** Rehd. ♄ ≷ VI–VII ∧, W-China

Actiniópteris Link - f. - *Actiniopteridáceae*
1. **austrális** (L. f.) Link (*A. radiáta* (Sw.) Link) ♃ Ⓦ, S- u. O-Afr., Arab. bis Ind.

Actinólepis coronária: Lasthénia 2
Actinómeris alternifólia: Verbesína 1
- *helianthoídes: Verbesína* 3
- *squarrósa: Verbesína* 1

Actinophlōéus macarthúrii: Ptychospérma 2

Áda Lindl. - f. - *Orchidáceae*
1. **aurantíaca** Lindl. ♃ Ⓚ II–III ✻, Kol., Ek., Venez.

× **Adaglóssum** Cogn. (*Áda* × *Odontoglóssum*) - n. - *Orchidáceae*

× **Adamára** hort. (*Brassávola* × *Cattlēýa* × *Epidéndrum* × *Lāélia*; ×

Vaughnára hort.) – f. – *Orchidáceae*
Adámsia scilloídes: Puschkínia 1
Adansónia L. – f. – *Bombacáceae*
1. **digitáta** L. – Baobab, Affenbrotbaum ♄ Ⓚ ®, Trop. Afr., Madag., Komor.
Adélia acumináta: Forestiéra 1
– *ligustrína: Forestiéra* 2
– *neomexicána: Forestiéra* 3
Adelocáryum Brand – n. – *Boragináceae*
1. **anchusoídes** (Lindl.) Brand ♃ △ VI bis VII, M-As., Kaschm.
2. **coelestínum** (Lindl.) Brand (*Cynoglóssum coelestínum* Lindl.) ⊙–♃ VII–IX, N-Ind.
Adenándra Willd. – f. – *Rutáceae*
1. **frágrans** (Sims) Roem. et Schult. (*Diósma frágrans* Sims) ♄ Ⓚ D i III bis IV ®, Kap
Adenanthéra L. – f. – *Leguminósae*
1. **pavonína** L. – Indischer Korallenbaum, Roter Sandelholzbaum, „Coralwood" ♄ i ♧ Ⓚ ®, Ind., SO-As., in den Trop. häufig angebaut
Adénia Forssk. – f. – *Passifloráceae*
1. **pechuélii** (Engl.) Harms ♄ Ⓚ, Namib.
Adénium Roem. et Schult. – n. – *Apocynáceae*
– *namaquánum: Pachypódium* 7
1. **obésum** (Forssk.) Roem. et Schult. ♄ Ⓦ ☠, Arab., Ägypt., Sudan, Somalia, Abess., Uganda bis Kenia, Tans.
Adenocárpus DC. – m. – *Leguminósae*
1. **complicátus** (L.) J. Gay ♄ Ⓚ V–VII, SW-Eur., Med., bis NW-Frankr. u. N-Afr.
2. **decórticans** Boiss. ♄ Ⓚ V–VI, S-Span., NW-Afr.
3. **foliolósus** (Ait.) DC. ♄ Ⓚ V–VI, Kanar.
Adenóphora Fisch. – f. – *Campanuláceae* Schellenblume
1. **bulleyána** Diels ♃ VII–VIII, W-China
2. **confúsa** Nannf. (*A. fárreri* hort.) ♃ VI–VII, W-China
3. **coronopifólia** Fisch. (*A. himalayána* Feer) ♃ VII–VIII, Dahur.
– *fárreri:* 2
– *himalayána:* 3
4. **liliifólia** (L.) Ledeb. ex A. DC. (*Campánula liliifólia* L.) ♃ VII–VIII ▽, M-Eur. bis Sib. u. Mandsch.
5. **megalántha** Diels ♃ VII–VIII, M-China
6. **ornáta** Diels ♃ VII–VIII, W-China
7. **palústris** Kom. ♃ VII–VIII, China, Jap.
8. **potanínii** Korsh. ♃ VII–VIII, W-China
9. **tashíroi** (Mak. et Nakai) Mak. et Nakai ♃ VII–VIII, Jap., Quelpart
10. **triphýlla** (Thunb.) A. DC. (*A. verticilláta* (Pall.) Fisch.) ♃ VII–VIII, O-As.: O-Sib. bis China, Taiw., Jap.
– *verticilláta:* 10
Adenóstoma Hook. et Arn. – n. – *Rosáceae*
1. **fasciculátum** Hook. et Arn. ♄ i Ⓚ V bis VI, Kalif.; nördl. Nied. Kalif.
2. **sparsifólium** Torr. ♄ i Ⓚ V–VI, S-Kalif.; Nied. Kalif.
Adenostýles Cass. – f. – *Compósitae* Alpendost
– *álbifrons:* 1
1. **alliáriae** (Gouan) Kerner (*A. álbifrons* (L. f.) Rchb.) ♃ △ VII–VIII, Von Voges., Schwarzw. u. Karp. südl. bis M- u. O-Span., Kors., N-Griech.
2. **alpína** (L.) Bluff et Fingerh. (*A. glábra* (Mill.) DC.) ♃ △ VII–VIII, Alp. u. Vorland, Apenn., Jura, Kors.
– *glábra:* 2
Adésmia DC. – f. – *Leguminósae*
1. **boronioídes** Hook. ♄ Ⓚ V, Chile
Adhatóda cydoniifólia: Justícia 2
Adiantópsis Fée – f. – *Sinopteridáceae*
1. **pedáta** T. Moore ♃ Ⓦ, Jam., Kuba
2. **radiáta** (L.) Fée ♃ Ⓦ, Trop. Am.
Adiántum L. – n. – *Adiantáceae* Frauenhaarfarn
1. **aethiópicum** L. (*A. assímile* Sw.) ♃ Ⓦ, Altweltl. Trop. und Subtrop.
– *assímile:* 1
2. **bessóniae** Jenman (*A. ténerum* Sw. 'Bessoniae') ♃ Ⓦ, Antill.
3. **capíllus-véneris** L. ♃ Ⓚ–Ⓐ, Subtrop.; W-, S-Eur., Schw., in Belg. u. Ung. eingebürg.; NW-Afr.; N-Am.: Flor. bis Tex., nördl. bis Virg., Missouri, Color., Utah, Kalif. u. isoliert in Br. Kol.; Mex. bis Venez. u. Peru, Westind.
4. **caudátum** L. (*A. ciliátum* Bl.) ♃ Ⓦ

⇝ ⸾, Trop. Afr. u. As.
- *ciliátum:* 4
5. **concínnum** Willd. ♃ ⓐ, Westind., Mex. bis Venez. u. Peru, in Ceyl. eingebürg.
- *cuneátum:* 22
6. **curvátum** Kaulf. ♃ ⓦ, Bras.
- *decórum:* 22
7. **diáphanum** Bl. ♃ ⓦ, Neuseel., O-Austral., Melanes., trop. As., in Ceyl. eingebürg.
8. **dolabrifórme** Hook. ♃ ⓦ, Bras., Pan.
9. **edgewórthii** Hook. ♃ ⓦ ⇝ ⸾, Him., China
10. **féei** T. Moore ♃ ⓦ, Mex., Guat.
11. **formósum** R.Br. ♃ ⓦ, O-Austral., Neuseel., in Ceyl. eingebürg.
- *frágrans: Cheilánthes* 4
12. **fúlvum** Raoul ♃ ⓚ, Polyn., Austral., Neuseel.
13. **hispídulum** Sw. (*A. pubéscens* Schkuhr) ♃ ⓚ, Neuseel., Austral. (außer S-Austral.), trop. As. u. Afr.
- *lunulátum:* 17
14. **macrophýllum** Sw. ♃ ⓦ, Trop. Am.
- *monosorátum:* 21
15. **pedátum** L.
var. **aleúticum** Rupr. ♃, N-Am.: Neufundl. bis Verm., Ont., Wisc. u. westl. N-Am.: Alaska bis Kalif.
var. **pedátum** ♃ ✂ N-Am.: Queb. bis Alaska, südl. bis Georg., Louis., Okla. u. Kalif.; China, Jap., Mandsch., O-Sib., Sachal., Kamtsch.
16. **peruviánum** Klotzsch ♃ ⓦ, Ek. bis Bol.
17. **philippénse** L. (*A. lunulátum* Burm. f.) ♃ ⓦ, Altweltl. Trop.
18. **platyphýllum** Sw. (*A. seemánnii* Hook.) ♃ ⓦ, M-Am. bis Bol. u. Bras.
19. **polyphýllum** Willd. ♃ ⓦ, Venez., Kol., Trin.
20. **prínceps** T. Moore ♃ ⓦ, Mex. bis Pan. u. Kol.
- *pubéscens:* 13
21. **pulveruléntum** L. (*A. monosorátum* Willd.) ♃ ⓦ, Mex. bis Bras. u. Bol., in Ceyl. eingebürg.
22. **raddiánum** K.B. Presl (*A. cuneátum* Langsd. et Fisch.) ♃ ▽ ✂ ⓦ (Formenreiche Art, u.a. 'Decorum' (*A. decórum* T. Moore)), Trop. M- u. S-Am., auf den Azor. u. in Ceyl. eingebürg.
23. **renifórme** L. ♃ ⓚ, Mad., Kanar.
- *rhomboídeum:* 27
24. **rubéllum** T. Moore ♃ ⓦ, Bol.
- *seemánnii:* 18
25. **ténerum** Sw. ♃ ⓦ ▽, Flor., Antill., Mex. bis Peru
- *ténerum* 'Bessoniae': 2
26. **tetraphýllum** Humb. et Bonpl. ex Willd. ♃ ⓦ, Trop. Am., W-Afr.
27. **trapezifórme** L. (*A. rhomboídeum* Schkuhr) ♃ ⓦ, Trop. Am., in Ceyl. eingebürg.
28. **venústum** G. Don ♃ ∧, Him.
29. **williámsii** T. Moore ♃ ⓦ, Peru

Adína Salisb. - f. - *Rubiáceae*
1. **cordifólia** (Roxb.) Benth. et Hook. f. ex Brandis ħ ⓦ Ⓝ, Ind., Ceyl., Burma, Laos, Vietn.

× **Adióda** hort. (*Áda* × *Cochlióda*) - f. - *Orchidáceae*

Adlúmia Raf. ex DC. - f. - *Papaveráceae*
1. **fungósa** (Ait.) Greene ex B.S.P. (*Fumária fungósa* Ait., *A. cirrhósa* Raf. ex DC.) ⊙ ⸾ VII–X, N-Am.: Queb. bis Ont. u. Minn., südl. bis Del., N-Carol. u. Tenn.

Adonídia merríllii: Véitchia 1

Adónis L. - f. - *Ranunculáceae*
Adonisröschen
1. **aestivális** L. - Sommerblutströpfchen ⊙ ⁞ V–VIII ☠, Eur. (außer N), Med., N-Afr., Kl. As. bis M-As. u. NW-Him.
2. **aléppica** Boiss. ⊙ ⁞ je nach Aussaat IV–VI ☠, Kl. As. bis Paläst.
3. **amurénsis** Regel et Radde (*A. davúrica* auct. hort. germ. et batav. non Rchb., *A. dahúrica* auct.) ♃ △ II–IV, Jap., Korea, Mandsch., Amur, Sachal.
4. **ánnua** L. emend. Huds. (*A. autumnális* L.) - Herbstfeuerröschen ⊙ ⁞ je nach Aussaat V–VIII ☠, S-Eur., nördl. bis S-Schw., im restl. Eur. mitunter eingebürg., Med., N-Afr., Kl.As., Syr., Zyp., Paläst.
- *autumnális:* 4
- *dahúrica:* 3
- *davúrica:* 3
5. **flámmea** Jacq. ⊙ ⁞ je nach Aussaat V

bis VII ☠, M- u. S-Eur. bis N-Frankr., Kl.As., Iran, Syr., Zyp., Ägypt.

6. **pyrenáica** DC. ♃ △ VI–VII, N-Span., Pyren., Seealp.
7. **vernális** L. - Adonisröschen ♃ △ IV bis V ☠ Off. ▽, O-, M-, S-Eur., Elsaß, nördl. bis M-Ural u. SO-Schwed., Kauk., W-Sib.

Adóxa L. - f. - *Adoxáceae*
Moschuskraut
1. **moschatellína** L. ♃ III–V, Eur., Kl.As., Kauk., Sib., N-Am.: Alaska u. Yukon bis S-Dak. u. New Mex.; Wisc., Minn. u. Iowa; N.Y.

Adromíschus Lem. - m. - *Crassuláceae*
Kurzstiel
1. **clavifólius** (Haw.) Lem. (*A. vanderheydénii* hort. ex Berger) ♃ Ⓚ, Kap
2. **cōoperi** (Bak.) Berger ♃ Ⓚ, Kap
3. **cristátus** (Haw.) Lem. ♃ Ⓚ, Kap
4. **festívus** C.A. Sm. ♃ Ⓚ, Kap
5. **hemisphaéricus** (L.) Lem. ♃ Ⓚ, SW-Kap, Namib.
- *maculátus* hort. non (Salm-Dyck) Lem.: 11
6. **maculátus** (Salm-Dyck) Lem. ♃ Ⓚ, Kap
7. **mammilláris** (L. f.) Lem. ♃ Ⓚ, Kap, Namib.
8. **mariánae** (Marl.) Berger ♃ Ⓚ, Kap
- *rhombifólius* (Bak.) Berger: 9
9. **rhombifólius** (Haw.) Lem.
var. **sphenophýllus** (C.A. Sm.) Jacobs. (*A. sphenophýllus* C.A. Sm., *A. rhombifólius* (Bak.) Berger non (Haw.) Lem.) ♃ Ⓚ, Kap
10. **rotundifólius** (Haw.) v. Poelln. ♃ Ⓚ, Kap
- *sphenophýllus:* 9
11. **trígynus** (Burch.) v. Poelln. (*A. maculátus* hort. non (Salm-Dyck) Lem.) ♃ Ⓚ, Transv. bis Namib.
- *vanderheydénii:* 1

Aechméa Ruiz et Pav. - f. - *Bromeliáceae*
1. **aquílega** (Salisb.) Griseb. (*Gravísia aquílega* (Salisb.) Mez, *G. exsúdans* (Lodd.) Mez, *Hohenbérgia exsúdans* (Lodd.) E. Morr.) ♃ Ⓦ, Costa R., Trin., Tobago, Venez. bis Bras.
- *bernoulliána:* 30
2. **bícolor** L.B.Sm. ♃ i Ⓚ, Bras.: Bahia
3. **bracteáta** (Sw.) Griseb. (*A. schiedeána* Schlechtend.) ♃ i Ⓦ, Mex. bis Kol.
4. **bromeliifólia** (Rudge) Bak. ♃ i Ⓦ, Guat. bis Arg.
- *caeruléscens:* 25
5. **calyculáta** (E. Morr.) Bak. (*Hoplóphytum calyculátum* E. Morr.) ♃ i Ⓦ, Bras., Arg.
6. **cándida** E. Morr. ex Bak. ♃ i Ⓦ, Bras.
7. **caudáta** Lindm. ♃ i Ⓦ, Bras.
8. **chantínii** (Carr.) Bak. ♃ i Ⓦ, Kol., N-Peru, Amaz.
9. **coeléstis** (K. Koch) E. Morr. ♃ i Ⓦ, Bras.
10. **comáta** (Gaudich.) Bak.
var. **comáta** (*A. lindénii* (E. Morr.) Bak.) ♃ i Ⓦ, Bras.
var. **makoyána** (Mez) L.B.Sm. (*A. lindénii* (E. Morr.) Bak. var. *makoyána* Mez, *A. lindénii* 'Variegata') ♃ i Ⓦ, Nur aus Kultur bek.
- *crocophýlla:* 36
11. **cylindráta** Lindm. ♃ i Ⓦ, Bras.
12. **dealbáta** E. Morr. ex Bak. ♃ i Ⓦ, Bras.
13. **distichántha** Lem.
var. **distichántha** ♃ i Ⓦ, Bras., Bol., Parag., Urug., Arg.
var. **glazióvii** (Bak.) L.B.Sm. (*A. glazióvii* Bak.) ♃ i Ⓦ, Bras.
14. **farinósa** (Regel) L.B.Sm. (*A. glomeráta* var. *farinósa* (Regel) Mez)
var. **conglomeráta** (Bak.) L.B.Sm. (*A. glomeráta* (Beer) Mez) ♃ i Ⓦ, Bras.
15. **fasciáta** (Lindl.) Bak. (*Billbérgia fasciáta* Lindl., *B. rhodocyánea* Lem.) ♃ i Ⓦ VII–IX, Bras.
16. **féndleri** André ♃ i Ⓦ, Venez.
17. **filicāúlis** (Griseb.) Mez ♃ i Ⓦ, Venez.
18. **fosteriána** L.B.Sm. ♃ i Ⓦ, Bras.
19. **fúlgens** Brongn. ♃ i Ⓦ, Bras. (Dazu 'Discolor' (var. *díscolor* (C. Morr.) Brongn. ex Bak.))
- *fúlgens* var. *díscolor:* 19
20. **galeóttii** Bak. ♃ i Ⓦ, Mex.
21. **gamosépala** Wittm. ♃ i Ⓦ, Bras.
- *glaziówii:* 13
- *glomeráta:* 14
- *glomeráta* var. *farinósa:* 14
22. **grácilis** Lindm. ♃ i Ⓦ, Bras.

– *hýstrix:* 35
23. **kertésziae** Reitz ♃ i ⌂, Bras.
– *lalíndei:* 27
– *legrelliána:* 43
– *lindénii:* 10
– *lindénii* var. *makoyána:* 10
– *lindénii* 'Variegata': 10
24. **linguláta** (L.) Bak. (*Bromélia linguláta* L., *Wittmáckia linguláta* (L.) Mez) ♃ i ⌂, Kl. Antill., Trin., Venez. bis Bras.
25. **lueddemanniána** (K. Koch) Mez (*A. caeruléscens* (Regel) hort. ex Bak.) ♃ i ⌂, S-Mex., Guat., Br. Hond.
26. **magdalénae** (André) André ex Bak. ♃ i ⌂ Ⓝ, Mex. bis Venez. u. Ek.
27. **maríae-regínae** H. Wendl. (*A. lalíndei* Lind. et Rodig.) ♃ i ⌂, Costa R., Kol.
– *marmoráta: Quesnélia* 4
28. **melinónii** Hook. ♃ i ⌂, Guay., Amaz.
29. **merténsii** (G. F. W. Mey.) Schult. f. ♃ i ⌂, Nördl. S-Am., Trin.
30. **mexicána** Bak. (*A. bernoulliána* Wittm.) ♃ i ⌂, Mex., Guat., Costa R., Pan., Ek.
31. **miniáta** (Beer) hort. ex Bak. (*Lamprocóccus miniátus* Beer) ♃ i ⌂, Bras. (Dazu 'Discolor' (var. *díscolor* (Beer) Beer))
– *miniáta* var. *díscolor:* 31
32. **nidularioídes** L. B. Sm. ♃ i ⌂, S-Kol. bis N-Peru
33. **nudicaúlis** (L.) Griseb. ♃ i ⌂, Mex., M-Am., Westind., Venez., Ek., Bras.
34. **orlandiána** L. B. Sm. ♃ i ⌂, Bras.
35. **ornáta** Bak. (*A. hýstrix* E. Morr. ex C. Morr., *Chevaliéria ornáta* Gaudich.) ♃ i ⌂, Bras.
36. **pectináta** Bak. (*A. crocophýlla* (E. Morr.) Bak.) ♃ i ⌂, Bras.
37. **penduliflóra** André (*A. schultesiána* Mez) ♃ i ⌂, Costa R. bis Peru u. Venez., Amaz.
38. **pineliána** (Brongn. ex Planch.) Bak. ♃ i ⌂, Bras.
39. **pubéscens** Bak. ♃ i ⌂, Hond. bis Kol.
40. **purpureorósea** (Hook.) Wawra (*A. suavéolens* Knowl. et Westc.) ♃ i ⌂, Bras.
41. **racínae** L. B. Sm. ♃ i ⌂, Bras.
42. **ramósa** Mart. ex Schult. f. ♃ i ⌂, Bras.
43. **recurváta** (Klotzsch) L. B. Sm. (*A. legrelliána* (Bak.) Bak.) ♃ i ⌂, Bras., Urug.
44. **saxícola** L. B. Sm. ♃ i ⌂, O-Bras.
– *schiedeána:* 3
– *schultesiána:* 37
45. **spectábilis** Brongn. ex Houllet ♃ i ⌂, Kol., Venez.
46. **sphaerocéphala** Bak. (*Chevaliéria sphaerocéphala* Gaudich.) ♃ i ⌂, Bras.
– *suavéolens:* 40
47. **tessmánnii** Harms ♃ i ⌂, Kol., Peru
48. **tillandsioídes** (Mart. ex Schult. f.) Bak. ♃ i ⌂, Mex., M-Am., Kol., Venez., Guay., Bras.
49. **victoriána** L. B. Sm. ♃ i ⌂, Bras.
50. **weilbáchii** Didr. ♃ i ⌂, Bras. (Dazu 'Leodiensis' (var. *leodiénsis* André))
– *weilbáchii* var. *leodiénsis:* 50
51. **zebrína** L. B. Sm. ♃ i ⌂, S-Kol., N-Ek.

Ǽgilops L. – f. – *Gramíneae*
1. **geniculáta** Roth (*Tríticum ovátum* (L.) Gren. et Godr., *T. vágans* (Jord. et Fourr.) Greuter) ⊙ ✂ VI–VIII, S-Eur., Med.
– *squarrósa:* 2
2. **triunciális** L. (*Tríticum triunciále* (L.) Rasp., *A. squarrósa* L.) ⊙ Ⓝ VI–VIII, S-Eur., Med.
3. **ventricósa** Tausch (*Tríticum ventricósum* (Tausch) Ces., Passer. et Gibelli) ⊙ ✂ Ⓝ VII–VIII, SW-Eur., W-Med., N-Afr.

Aeginétia L. – f. – *Orobancháceae*
1. **índica** L. ♃ Schmarotzer ⌂ VIII–X, Ind., Malays., Jap.

Ǽgle Corrêa – f. – *Rutáceae*
1. **marmélos** (L.) Corrêa ♄ ⌂ Ⓝ, Ind., Burma

Aegonýchon: Buglossoídes
– *purpurocaerúleum: Buglossoídes* 2

Aegopódium L. – n. – *Umbelliferae*
Geißfuß
1. **podagrária** L. – Geißfuß, Giersch ♃ Ⓝ VI–VIII, Eur., Kl. As., Kauk., Sib., im östl. N-Am. eingebürg.

Aeolánthus: Aeollánthus

Aeollánthus Mart. ex Spreng. (*Aeolánthus* Mart.) – m. – *Labiátae*

1. **répens** Oliv. ♄ i ⌂ IV–V, Kamer., Sudan, O-Afr.

Aeónium Webb et Berth. – n. – *Crassuláceae*

1. **arbóreum** (L.) Webb et Berth. (*Sempervívum arbóreum* L.) ♄ ⌂ I–II ▽, Marok., im Med. u. in Port. eingebürg.
2. **balsamíferum** Webb et Berth. (*Sempervívum balsamíferum* Webb et Berth.) ♄ ⌂ D ▽, Kanar.
 – *caespitósum:* 18
3. **canariénse** (L.) Webb et Berth. (*Sempervívum canariénse* L.) ♄ ⌂ IV bis V ▽, Kanar.
4. **ciliátum** (Willd.) Webb et Berth. (*Sempervívum ciliátum* Willd.) ♄ ⌂ III–IV ▽, Kanar.
5. **cuneátum** Webb et Berth. (*Sempervívum cuneátum* Webb et Berth.) ♄ ⌂ IV–VI ▽, Tener.
6. **decórum** (Christ) Webb ex Bolle (*Sempervívum decórum* Christ) ♄ ⌂ IV–VI ▽, Kanar.
7. × **domésticum** (Praeg.) Berger (wahrscheinlich *A.* species × *A. tortuósum; Sempervívum domésticum* Praeg., *Aïchrýson domésticum* Praeg.) ♄ ⌂ VI ▽
8. **glutinósum** (Ait.). Webb et Berth. (*Sempervívum glutinósum* Ait.) ♄ ⌂ VI–VIII ▽, Mad.
9. **gōōchiae** Webb et Berth. (*Sempervívum gōōchiae* Webb et Berth.) ♄ ⌂ V–VIII ▽, Kanar.
10. **hawórthii** Webb et Berth. (*Sempervívum hawórthii* hort. angl. ex Webb et Berth.) ♄ ⌂ IV–V ▽, Kanar.
11. **hierrénse** (Murr.) Pit. et Proust (*Sempervívum hierrénse* Murr.) ♄ ⌂ IV–V ▽, Kanar.
12. **holochrýsum** Webb et Berth. (*Sempervívum holochrýsum* Webb et Berth.) ♄ ⌂ XII–III ▽, Kanar.
13. **lindlēyi** Webb et Berth. (*Sempervívum lindlēyi* Webb et Berth.) ♄ ⌂ VII–IX ▽, Kanar.
14. **manriqueórum** (Christ) Bolle (*Sempervívum manriqueórum* Christ) ♄ ⌂ I–II ▽, Kanar.
15. **nóbile** Praeg. ⊙ ⌂ VI ▽, Kanar.
16. **percárneum** (Murr.) Pit. et Proust (*Sempervívum percárneum* Murr.) ♄ ⌂ IV–V ▽, Kanar.
17. **sedifólium** (Webb) Pit. et Proust (*Sempervívum sedifólium* (Webb) Christ, *Aïchrýson sedifólium* Webb) ♄ ⌂ V ▽, Kanar.
18. **símsii** (Sweet) Stearn (*Sempervívum símsii* Sweet, *S. caespitósum* Otto, *A. caespitósum* (Otto) Webb et Berth.) ♃ ⌂ IV–V ▽, Kanar.
19. **spathulátum** (Hornem.) Praeg. (*Sempervívum spathulátum* Hornem., *S. strepsícladum* (Webb et Berth.) Bornm., *A. strepsícladum* Webb et Berth.) ♄ ⌂ III–V ▽, Kanar.
 – *strepsícladum:* 19
20. **tabulifórme** (Haw.) Webb et Berth. (*Sempervívum tabulifórme* Haw.) ⊙ ⌂ VII–VIII ▽, Kanar.
21. **tortuósum** (Ait.) Berger (*Sempervívum tortuósum* Ait., *Aïchrýson tortuósum* (Ait.) Praeg., *Aïchrýson pygmāeum* (Chr. Sm. ex Link) Webb et Berth.) ♄ ⌂ V–VI ▽, Kanar.
22. **undulátum** Webb et Berth. (*Sempervívum undulátum* Webb et Berth., *S. youngiánum* Webb et Berth., *A. youngiánum* Webb et Berth.) ♄ ⌂ IV–V ▽, Kanar.
23. **úrbicum** (Chr. Sm. ex Hornem.) Webb et Berth. (*Sempervívum úrbicum* Chr. Sm. ex Hornem.) ⊙ ⌂ IV–V ▽, Kanar.
 – *youngiánum:* 22

Āera: Āira

Aërángis Rchb. f. – f. – *Orchidáceae*

1. **articuláta** (Rchb. f.) Schlechter (*Angrāecum articulátum* Rchb. f.) ♃ ⌂ III–IV ∗, Madag.
2. **citráta** (Thou.) Schlechter (*Angrāecum citrátum* Thou.) ♃ ⌂ II–IV ∗, Madag.
3. **ellísii** (Rchb. f.) Schlechter (*Angrāecum ellísii* Rchb. f.) ♃ ⌂ VII–IX ∗, Madag.
4. **hyaloídes** (Rchb. f.) Schlechter (*Angrāecum hyaloídes* Rchb. f.) ♃ ⌂ II bis III ∗, Madag.
5. **kotschyána** (Rchb. f.) Schlechter (*Angrāecum kotschyánum* Rchb. f., *Angrāecum kótschyi* Rchb. f.) ♃ ⌂ IX–X ∗, Trop. O-Afr., S-Afr.
6. **modésta** (Hook. f.) Schlechter (*Angrāecum modéstum* Hook. f.) ♃ ⌂

IV–V ∗, Madag.

× **Aëridáchnis** hort. (*Aërides* × *Aráchnis*) – f. – *Orchidáceae*

Aërídes Lour. – n. – *Orchidáceae*
- *brookei:* 2
1. **crassifólium** Parish et Rchb. f. ♃ ⌂ V–VI ∗, Moulm.
2. **críspum** Lindl. (*A. brookei* Batem.) ♃ ⌂ V–VI ∗, Mal. Arch.
- *cylíndricum:* 8
3. **falcátum** Lindl. ex Paxt. (*A. larpéntiae* Rchb. f.) ♃ ⌂ V–VI ∗, Burma
4. **japónicum** Lind. et Rchb. f. ♃ ⌂ VI bis VII ∗, Jap.
- *larpéntiae:* 3
5. **lawrénceae** Rchb. f. ♃ ⌂ VI–VIII ∗, Phil.
6. **multiflórum** Roxb. ♃ ⌂ VI–IX ∗, Him. bis S-Vietn.
7. **odorátum** Lour. ♃ ⌂ VI–VII ∗, Ind. bis China, Java, Phil.
- *retúsum: Rhynchostýlis* 2
8. **vandárum** Rchb. f. (*A. cylíndricum* Hook.) ♃ ⌂ II–VI ∗, Him.

× **Aëridocéntrum** hort. (*Aërídes* × *Ascocéntrum*) – n. – *Orchidáceae*

× **Aëridofinétia** hort. (*Aërídes* × *Neofinétia*) – f. – *Orchidáceae*

× **Aëridoglóssum** hort. (*Aërídes* × *Ascoglóssum*) – n. – *Orchidáceae*

× **Aëridópsis** hort. (*Aërídes* × *Phalaenópsis*) – f. – *Orchidáceae*

× **Aëridostýlis** A. D. Hawkes (*Aërídes* × *Rhynchostýlis;* × *Rhynchorádes* hort.) – f. – *Orchidáceae*

× **Aëridovánda** Colman (*Aërídes* × *Vánda*; × *Aërovánda* hort.) – f. – *Orchidáceae*

× *Aërovánda:* × *Aëridovánda*

Aerva Forssk. – f. – *Amaranthéceae*
1. **scándens** (Roxb.) Wall. (*A. sanguinolénta* Bl.) ♃ ⌂, Westl. trop. Afr., Ind., Java

Aesándra butyrácea: Diploknéma 1

Aeschrion excélsa: Picrásma 1

Aeschynánthus Jack – m. – *Gesneriáceae*
1. **boscheánus** de Vriese (*Trichósporum boscheánum* (de Vriese) O. Kuntze, *A. lampónga* Miq.) ♄ ⌂ ⁞ i VI–VIII, Sum.
2. **evrárdii** Pellegrin ♄ i ⌂, Annam
- *grandiflórus:* 6
3. **hillebrándtii** Hemsl. ♄ i ~~ ⌂, Burma
- *javánicus:* 7
- *lampónga:* 1
- *lobbiánus:* 7
4. **marmorátus** T. Moore (*Trichósporum marmorátum* (T. Moore) O. Kuntze) ♄ ⌂ i ⁞ Burma, Thail., Malak.
5. **micránthus** C.B. Clarke ♄ ⁞ i ⌂ VI bis VIII, Him., Sikk. bis Burma
6. **parasíticus** (Roxb.) Wall. (*Trichósporum grandiflórum* D. Don, *A. grandiflórus* (D. Don) Spreng.) ♄ ⌂ ⁞ i VII–VIII, Khas.
- *púlcher:* 7
7. **radícans** Jack (*A. púlcher* (Bl.) G. Don, *Trichósporum púlchrum* Bl., *A. javánicus* hort. Rollisson ex Hook., *Trichósporum javánicum* (hort. Rollisson ex Hook.) O. Kuntze, *A. lobbiánus* hort. Veitch ex Hook., *Trichósporum lobbiánum* (hort. Veitch ex Hook.) O. Kuntze) ♃ – ♄ ⌂ ⁞ i VI–VIII, Malak., Java
8. **speciósus** Hook. (*Trichósporum speciósum* (Hook.) O. Kuntze) ♄ ⌂ ⁞ i VI–IX, Java, Born., Malak.
9. × **spléndidus** T. Moore (*A. parasíticus* × *A. speciósus*) ♄ ⌂ ⁞ i
10. **trícolor** Hook. (*Trichósporum trícolor* (Hook.) O. Kuntze) ♄ ⌂ ⁞ i V bis VII, Born.

Aeschynómene L. – f. – *Leguminósae*
1. **áspera** L. ♄ ~~ ⌂ Ⓝ, Ind.
2. **índica** L. ☉ ~~ ⌂ Ⓝ VII–IX, Ind.

Aesculus L. – f. – *Hippocastanáceae*
Roßkastanie
1. **argúta** Buckl. (*A. glábra* var. *argúta* (Buckl.) Robins.) ♄ ☠ V–VI, USA: NO-Kans. bis M- u. O-Tex.
2. × **cárnea** Hayne (*A. hippocástanum* × *A. pávia; A.* × *rubicúnda* Loisel.) ♄ V–VI
- *díscolor:* 10
3. **fláva** Soland. (*A. octándra* Marsh., *A. lútea* Wangenh.) ♄ ☠ Ⓝ V–VI, USA: Penns. bis Ill., südl. bis Georg. u. Alab.
4. **glábra** Willd. (*A. ohioénsis* (Michx. f.) DC.) ♄ ☠ Ⓝ V, USA: Penns. u. Mich. bis Nebr. u. Kans., südl. bis Tenn., Alab., Miss. u. Tex.
- *glábra* var. *argúta:* 1
- *glaucéscens:* 8

5. **hippocástanum** L. – Gemeine Roßkastanie ♄ ⓝ Off. V, M-Balk., Bulg., in W- u. M-Eur. eingebürg.
6. × **hýbrida** DC. (*A. fláva* × *A. pávia; A.* × *versícolor* (Spach) Wender.) ♄ V–VI
- *lútea:* 3
- *macrostáchya:* 9
7. × **mutábilis** (Spach) Schelle (*A.* × *neglécta* × *A. pávia*) ♄ V–VI
8. × **neglécta** Lindl. (*A. fláva* × *A. sylvática; A. glaucéscens* Sarg.) ♄ V bis VI, USA: Virg. bis Georg. u. NW-Flor.
- *octándra:* 3
- *ohioénsis:* 4
9. **parviflóra** Walt. (*A. macrostáchya* Michx.) ♄ VII–VIII, USA: S-Carol. bis Alab. u. Flor.
10. **pávia** L. (*Pávia rúbra* Lam., *A. díscolor* Pursh) ♄ – ♄ ☠ VI, USA: Virg. u. W-Virg. bis Missouri u. Okla., südl. bis Flor., Louis. u. Tex.
- × *rubicúnda:* 2
11. **turbináta** Bl. ♄ ⓝ V–VI, Jap.
- × *versícolor:* 6

Aetheopáppus pulchérrimus: Centauréa 19

Aethephýllum N.E.Br. – n. – *Aizoáceae*
1. **pinnatífidum** (L. f.) N.E.Br. (*Micrópterum pinnatífidum* (L. f.) Schwant.) ⸾ Ⓚ, Kap

Aethionéma R.Br. – n. – *Crucíferae* Steintäschel
1. **arménum** Boiss. ♃ △ V (Hierher wahrscheinlich 'Warley Rose'), Anat.
2. **cordátum** (Desf.) Boiss. ♃ △ ∧ V bis VI, M-Griech., Anat., Transkauk., Iran
3. **coridifólium** DC. ♄ △ ∧ V–VIII, Liban., S-Anat.
4. **diástrophis** Bunge ♄ oder ♃ △ ∧ V bis VI, Arm.
- *graecum:* 8
5. **grandiflórum** Boiss. et Hohen. (*A. pulchéllum* Boiss. et Huet) ♄ △ ∧ VI bis VII, Anat., Kauk. bis N-Irak u. Iran
6. **iberídeum** (Boiss.) Boiss. ♃ △ ∧ V, O-Griech., Kl. As., Kauk.
7. **oppositifólium** (Pers.) Hedge (*Eunómia oppositifólia* (Pers.) DC.) ♃ △ ∧ IV–V, Liban., Anat., Transkauk.
- *pulchéllum:* 5
8. **saxátile** (L.) R.Br. (*A. graecum* Boiss. et Sprun.) ⊙ – ♃ △ V–VI, Gebg. Span. über Alp. bis Balk. u. Taurus, Med., Atlas, Kreta
9. **schistósum** (Boiss. et Kotschy) Kotschy ♃ △ ∧ VI, Kilik. Taurus
10. **speciósum** Boiss. et Huet ♃ △ ∧, O-Anat., Irak
11. **stylósum** DC. ♃ △ ∧ VI, Kilik. Taurus, W-Syr.

Aethúsa L. – f. – *Umbellíferae* Gleiße
1. **cynápium** L. – Hundspetersilie ⊙ VI bis X ☠, Eur., Kl. As., Kauk., W-Sib., Alger., im nordöstl. N-Am. eingebürg.

Aframómum K. Schum. – n. – *Zingiberáceae*
1. **meleguéta** K. Schum. – Paradieskörnerpflanze ♃ Ⓦ ⓝ, Trop. W-Afr.

Afzélia Sm. – f. – *Leguminósae*
1. **africána** Sm. ex Pers. – Afrikanisches Mahagoni ♄ ✂ Ⓦ ⓝ, Seneg. bis Kongo

Agapánthus L'Hérit. – m. – *Liliáceae*
1. **africánus** (L.) Hoffmgg. (*A. umbellátus* L'Hérit.) ♃ i Ⓚ VII–VIII, Kap
2. **campanulátus** Leighton ♃ Ⓚ VII bis VIII, Nat., Pondol.
3. **cauléscens** Spreng. emend. Leighton ♃ Ⓚ VIII–IX, S-Afr.
4. **comptónii** Leighton ♃ i Ⓚ IX–X, Kap
5. **-Headbourne-Hybriden** ♃ Ⓚ bis ∧ VII–VIII
6. **inapértus** P. Beauv. emend. Leighton ♃ Ⓚ IX–X, Transv.
- *orientális:* 7
7. **praecox** Willd. emend. Leighton (*A. umbellátus* Redouté non L'Hérit.) ♃ i ✂ Ⓚ VII–VIII, Kap, Nat.
   ssp. **mínimus** (Lindl.) Leighton
   ssp. **orientális** (Leighton) Leighton (*A. orientális* Leighton)
   ssp. **praecox**
- *umbellátus* L'Hérit.: 1
- *umbellátus* Redouté: 7

Agapétes D. Don ex G. Don – f. – *Ericáceae*
- *acumináta: Corallóbotrys* 1
1. **buxifólia** Nutt. ♄ i Ⓚ ⊟ III–V, Bhut.

2. **rugósa** (Hook.) Sleum. (*Pentapterýgium rugósum* Hook.) ♄ i ⌂ III–V, Khas.
3. **sérpens** (Wight) Sleum. (*Pentapterýgium sérpens* (Wight) Klotzsch) ♄ i ⌇ ⌂ I–V, Him.

Agástache Clayt. ex Gronov. - f. - *Labiátae*
1. **cána** (Hook.) Woot. et Standl. (*Cedronélla cána* Hook.) ♄ (bei uns ☉) VII–VIII, USA: New Mex. u. Tex.
2. **mexicána** (H.B.K.) Lint. et Epling (*Cedronélla mexicána* (H.B.K.) Benth.) ♄ (bei uns ☉) VII–IX, Mex.
3. **urticifólia** (Benth.) O. Kuntze ♃ (bei uns ☉) ✂ VIII, N-Am.: Br. Kol., südl. bis Mont. u. Kalif.

Agathǣa caeléstis: Felícia 1

Ágathis Salisb. - f. - *Araucariáceae* Kaurifichte
- *álba:* 2
1. **austrális** (D. Don) Salisb. - Kaurifichte, „Kaori" ♄ ⌂ Ⓝ, Neuseel.
2. **dámmara** (Lamb.) L.C. Rich. (*A. álba* (Bl.) Foxw., *A. loranthifólia* Salisb.) - Dammarabaum, „Kaori" ♄ ⌂ Ⓝ, Malays., Indones., Phil., Indoch.
- *loranthifólia:* 2
3. **robústa** (C. Moore ex F. v. Muell.) F.M. Bailey - Queenslandkauri, „Kaori" ♄ ⌂ Ⓝ, NO-Austral.

Agathósma Willd. - f. - *Rutáceae* Duftraute
- *betulína: Barósma* 1
1. **ciliáta** (L.) Link ♄ ⌂ III–V, S-Afr.
- *crenuláta: Barósma* 2
2. **hírta** (Lam.) Bartl. et H.L. Wendl. ♄ ⌂ VI–VII, S-Afr.
3. **imbricáta** (L.) Willd. ♄ ⌂ VI–VII, S-Afr.
- *pulchélla: Barósma* 5
- *serratifólia: Barósma* 6

Agáve L. - f. - *Agaváceae*
1. **álbicans** Jacobi i ⌂, Mex.
2. **americána** L. - „Hundertjährige Aloe" i ⌂ Ⓝ, Mex., in den Trop. u. Subtrop. u. im Med. u. in Port. eingebürg. (auch Schw.)
- *angustifólia:* 48
3. **applanáta** K. Koch (*A. schnittspáhnii* Jacobi) i ⌂, N- u. O-Mex.
- *atróvirens* var. *salmiána:* 36
4. **attenuáta** Salm-Dyck (*A. cérnua* Berger) - Drachenbaumagave i ⌂, Mex.
- *beaucárnei:* 24
- *besseriána:* 26
5. **bracteósa** S. Wats. ex Engelm. i ⌂, NO-Mex.
- *califórnica:* 14
6. **cántula** (Haw.) Roxb. i ⌂ Ⓝ, Heimat unbek., wahrsch. W-Mex., in SO-As., bes. Phil., eingebürg.
7. **caróli-schmídtii** Berger i ⌂, Guat.
- *cérnua:* 4
8. **chiapénsis** Jacobi i ⌂, Mex.
- *coccínea* hort. non Roezl ex Jacobi: 25
9. **coccínea** Roezl ex Jacobi i ⌂, Mex.
- *concínna:* 26
- *cornúta:* 50
- *cubénsis: Furcrǣa* 4
10. **dasylirioídes** Jacobi et Bouché i ⌂, Guat.
- *dasylirioídes* var. *dealbáta:* 11
11. **dealbáta** Lem. ex Jacobi (*A. dasylirioídes* var. *dealbáta* (Lem. ex Jacobi) Bak.) i ⌂, Mex.
12. **echinoídes** Jacobi i ⌂, Mex.
13. **excélsa** Jacobi (*A. vivípara* Wight non L.) i ⌂, Herk. unbek.
14. **falcáta** Engelm. (*A. califórnica* Bak.) var. **espadína** Berger i ⌂ Ⓝ, Mex.
15. **fenzliána** Jacobi i ⌂, Mex.
- *ferdinándi-régis:* 46
16. **férox** K. Koch i ⌂, Mex.
- *filamentósa:* 17
17. **filífera** Salm-Dyck var. **filamentósa** (Salm-Dyck) Bak. (*A. filamentósa* Salm-Dyck) i ⌂, Mex.
- *fœ́tida: Furcrǣa* 3
18. **fourcroýdes** Lem. (*A. ixtlioídes* Lem.) - Henequen-Agave i ⌂ Ⓝ, Mex.: Yucat.
19. **franzosínii** Bak. i ⌂, Mex.
20. **geminiflóra** (Tagl.) Ker-Gawl. (*Littǣa geminiflóra* Tagl., *Bonapártea júncea* Willd.) i ⌂, Mex.?
21. **ghiesbréghtii** K. Koch i ⌂, Mex.
- *hexapétala: Furcrǣa* 4
22. **hórrida** Lem. ex Jacobi i ⌂, Mex.
23. **íngens** Berger i ⌂, Mex.
- *ixtlioídes:* 18
24. **kerchóvei** Lem. (*A. beaucárnei* Lem.) i ⌂, Mex.

25. **latíssima** Jacobi (*A. macrocúlmis* Tod., *A. coccínea* hort. non Roezl ex Jacobi) i ⌂K, Mex.?
– *lophántha* var. *univittáta*: 42
– *lúrida:* 45
26. **macroacántha** Zucc. (*A. besseriána* Jacobi, *A. concínna* Bak.) i ⌂K, Mex.
– *macrocúlmis:* 25
– *maculósa: Mánfreda* 1
27. **margarítae** T. S. Brandeg. i ⌂K, Nied. Kalif.
28. **marmoráta** Roezl i ⌂K, Mex.
29. **megalacántha** Hemsl. i ∧ oder ⌂A, Mex.
– *mexicána:* 45
30. **parrasána** Berger i ⌂K, Mex.
31. **párryi** Engelm. i ⌂K ∧, USA: Ariz.; Mex.
32. **polyacántha** Jacobi i ⌂K, O-Mex.
33. **potatórum** Zucc. (*A. scólymus* Karw.) var. **verschafféltii** (Lem.) Berger (*A. verschafféltii* Lem.) i ⌂K, Mex.
34. **purpusórum** Berger i ⌂K, Mex.
35. **roezliána** Bak. i ⌂K, Mex.
36. **salmiána** Otto ex Salm-Dyck (*A. atróvirens* Karw. var. *salmiána* (Otto ex Salm-Dyck) Trel.) i ⌂K Ⓝ, Mex.
37. **scábra** Salm-Dyck (*A. wislizéni* Engelm.) i ⌂K, Mex.
38. **schidígera** Lem. i ⌂K, Mex.
– *schnittspáhnii:* 3
– *scólymus:* 33
39. **sisalána** Perrine – Sisalagave i ⌂K Ⓝ, Mex.
40. **striáta** Zucc. i ⌂K, Mex.
41. **strícta** Salm-Dyck i ⌂K, Mex.
42. **univittáta** Haw. (*A. lophántha* Schiede ex Kunth var. *univittáta* (Haw.) hort.) i ⌂K, Mex.
43. **utahénsis** Engelm. i ⌂K, USA: Utah, Ariz., Kalif.
44. **vangrólae** Trel. i ⌂K, Westind.
– *variegáta: Mánfreda* 2
45. **véra-cruz** Mill. (*A. lúrida* Ait., *A. mexicána* Lam. p. p.) i ⌂K, Mex.
– *verschafféltii:* 33
46. **victóriae-regínae** T. Moore (*A. ferdinándi-régis* Berger) i ⌂K, ∗, Mex.
47. **vilmoriniána** Berger i ⌂K, NW-Mex.
– *virgínica: Mánfreda* 3
48. **vivípara** L. (*A. angustifólia* Haw.) i ⌂K, Mex.
– *vivípara* Wight: 13
– *wislizéni:* 37
49. **xalapénsis** Roezl ex Jacobi i ⌂K, Mex.
50. **xylonacántha** Salm-Dyck (*A. cornúta* hort.) i. ⌂K, Mex.
51. **yuccifólia** DC. i ⌂K, Mex.

Agératum L. – n. – *Compósitae*
Leberbalsam
1. **conyzoídes** L. ⊙ VII–IX, M- u. S-Am., in den übrigen Trop. eingebürg.
2. **corymbósum** Zucc. ♄ ⌂K VI–IX, Mex.
3. **houstoniánum** Mill. (*A. mexicánum* Sims) ♄ ⌂K V–X, Mex., Guat., Belize
– *mexicánum:* 3

Aglaía Lour. – f. – *Meliáceae*
– *doméstica: Lánsium* 1
1. **odoráta** Lour. ♄ ⌂W D Ⓝ, SO-As., Phil.

Aglaomórpha Schott – f. – *Polypodiáceae*
1. **corónans** (Wall.) Copel. (*Polypódium corónans* Wall.) ♃ i ⌂W, S-Him. bis N-Malays.
2. **heracléa** (Kunze) Copel. (*Polypódium heracléum* Kunze) ♃ i ⌂W, Mal. Arch. bis N. Guin.
3. **meyeniána** Schott (*Polypódium meyeniánum* (Schott) Hook.) ♃ i ⌂W, Phil. bis Taiw.

Aglaonéma Schott – n. – *Aráceae*
1. **brevíspathum** (Engl.) Engl.
f. **brevíspathum** ♄ i ⌂W, SO-As.
f. **hóspitum** (F. N. Williams) Nicols. (*A. hóspitum* F. N. Williams) ♄ i ⌂W, Thail.
– *commutátum* auct. non Schott: 2
2. **commutátum** Schott ♄ i ⌂W
var. **commutátum**, Phil., Celeb.
var. **élegans** (Engl.) Nicols. (*A. élegans* Engl.), Luzon
var. **maculátum** (Hook f.) Nicols. (*A. marantifólium* hort. non Bl. var. *maculátum* Hook. f., *A. commutátum* auct. non Schott), Luzon
var. **robústum** (Alderw. van Rosenb.) Nicols. (*A. robústum* Alderw. van Rosenb.), Nur in Kult. bek.
'Pseudobracteatum' (*A. pseudobracteátum* hort.)
'Treubii' (*A. tréubii* hort. non Engl.)
'Tricolor' (*A. marantifólium* var. *trícolor* hort.)
3. **costátum** N. E. Br. ♄ i ⌂W, Langkawi

4. **críspum** (Pitch. et Manda) Nicols. (*A. roebelínii* Pitch. et Manda, *A. roebelínii* lusus *pseudobracteósum* Engl.) ♄ i ⌂K, Luzon
- *élegans:* 2
- *hóspitum:* 1
- *marantifólium* var. *maculátum:* 2
- *marantifólium* var. *trícolor:* 2
5. **modéstum** Schott ex Engl. (*A. símplex* L. H. Bailey non Bl.) ♄ i ⌂W, SO-China, N-Laos, N-Thail.
6. **nítidum** (Jack) Kunth f. **curtísii** (N. E. Br.) Nicols. (*A. oblongifólium* Schott non (Roxb.) Kunth var. *curtísii* N. E. Br.) ♄ i ⌂W, Burma, Sum., Born.
- *oblongifólium* var. *curtísii:* 6
7. **píctum** (Roxb.) Kunth ♄ i ⌂W, Sum.
- *pseudobracteátum:* 2
- *robústum:* 2
- *roebelínii:* 4
- *roebelínii* lusus *pseudobracteósum:* 4
8. **rotúndum** N. E. Br. ♄ i ⌂W, Sum.
- *símplex:* 5
- *tréubii:* 2

Agónis (DC.) Lindl. - f. - *Myrtáceae*
1. **flexuósa** (Willd.) Sweet ♄ - ♄ ⌂K, W-Austral.

Agrimónia L. - f. - *Rosáceae* Odermennig
1. **eupatória** L. - Kleiner Odermennig ♃ VI–VIII Off., Eur., Vord. u. M-As., Med., N-Afr., Kanar., Mad.
- *odoráta:* 2
2. **procéra** Wallr. (*A. odoráta* auct. non Mill.) - Großer Odermennig ♃ VI bis VIII Off., W-, M- u. S-Eur. bis SW-Finnl. u. O-Ukr., Kl. As., N-Afr.

Agropýron Gaertn. - n. - *Gramíneae* Quecke
1. **canínum** (L.) P. Beauv. (*Tríticum canínum* L., *Roegnéria canína* (L.) Nevski) ♃ VI–VIII, Eur., W-As.
- *canínum* ssp. *május* var. *latiglúme:* 6
2. **cristátum** (L.) Gaertn. (*Brómus cristátus* L., *Tríticum cristátum* (L.) Schreb.) ♃ Ⓝ, Östl. M-Eur., S-Eur., Kl. As., Kauk., Iran, Afgh., Sib.
3. **intermédium** (Host) P. Beauv. ex Baumg. (*Elytrígia intermédia* (Host) Nevski, *Élymus híspidus* (Opiz) Meld.) ♃ Ⓝ, M-, S- u. SO-Eur. bis Kauk., Iran
- *intermédium* ssp. *trichóphorum:* 7
4. **junceifórme** (Á. et D. Löve) Á. et D. Löve (*Elytrígia junceifórmis* Á. et D. Löve, *A. júnceum* (L.) P. Beauv. ssp. *borealiatlánticum* Simonet et Guinochet) ♃ Ⓝ, Engl., W-Eur., Deutschl.
- *júnceum: Élymus* 2
- *júnceum* ssp. *borealiatlánticum:* 4
- *pauciflórum:* 6
5. **répens** (L.) P. Beauv. (*Tríticum répens* L., *Elytrígia répens* (L.) Desv. ex Nevski, *Élymus répens* (L.) Gould) - Quecke ♃ Ⓝ Off., Eur., Sib., N-Afr., N-Am.: nur Neufundl. bis Maine; im übrigen Kont. eingebürg., auch in Mex.
6. **trachycaúlum** (Link) Malte ex H. F. Lewis (*Tríticum trachycaúlum* Link, *T. pauciflórum* Schweinitz, *A. pauciflórum* (Schweinitz) Hitchc. non Schur, *Roegnéria pauciflóra* (Schweinitz) Hyl., *Elytrígia intermédia* ssp. *barbuláta* (Schur) Á. Löve, *Élymus pauciflórus* (Schweinitz) Gould, *A. canínum* ssp. *május* (Vasey) Hitchc. var. *latiglúme* (Scribn. et J. G. Sm.) Hitchc.) ♃ Ⓝ, N-Am.: Neufundl. bis Alaska, südl. bis Maryl., New Mex. u. Kalif.; NW-Mex.
7. **trichóphorum** (Link) Richt. (*Élymus híspidus* (Opiz) Meld. ssp. *hispídulus* (Schur) Meld., *A. intermédium* ssp. *trichóphorum* (Link) Volkart) ♃, Südöstl. M-Eur., SO-Eur.

Agrostémma L. - n. - *Caryophylláceae* Kornrade
- *coronária: Lýchnis* 4
1. **githágo** L. - Kornrade ⊙ VI–VIII Samen ☠, Eur., As., N-Afr., Kanar., in N-Am. eingebürg.

Agróstis L. - f. - *Gramíneae* Straußgras
- *álba:* 5, 7
1. **alpína** Scop. ♃ VII–VIII, Eur. Gebg.
- *calamagróstis: Achnátherum* 1
2. **canína** L. ♃ ⁓ VII–VIII Ⓝ, Eur., Sib., N-Am.: Neufundl. bis Maine, eingebürg. in Queb., südl. bis Del., W-Virg. u. Mich.
- *canína* ssp. *montána:* 9
3. **capilláris** L. (*A. ténuis* Sibth., *A. vulgáris* With.) ♃ VI–VII Ⓝ, Eur., W-

Sib., Kl. As., Kauk., Arm., N-Afr., in N-Am. eingebürg.
- *coarctáta:* 9
4. **curtísii** Kerguélen (*A. setácea* Curt. non Vill.) ♃ VI–VII, W-Eur., nördl. bis Engl.
- *élegans* Thore ex Loisel. 8
- *élegans* (Willd. ex Gaud.) hort.: *Áira* 2
5. **gigantéa** Roth (*A. álba* auct. p.p. non L., *A. nígra* With.) – Fioringras ♃ VII-VIII Ⓝ, Euras., N-Afr., O-Queb.
- *miliácea: Piptátherum* 1
6. **nebulósa** Boiss. et Reut. ⊙ ✂ VII bis IX, M-, O- u. S-Span., SO-Port., Marok.
- *nígra:* 5
- *palústris:* 7
- *pulchélla: Áira* 2
- *pusílla:* 9
- *setácea:* 4
- *spíca-vénti: Apéra* 1
7. **stolonífera** L. (*A. álba* auct. p.p. non L., *A. palústris* Huds., var. *palústris* (Huds.) Farw.) ♃ VI–VII Ⓝ, Eur., Med., N-Afr., W-As., N-Am.: Grönl., Neufundl. bis Alaska, südl. bis Virg. u. Wash., Austral., S-Afr.
- *stolonífera* var. *palústris:* 7
- *stricta:* 9
8. **tenérrima** Trin. (*A. élegans* Thore ex Loisel. non (Walt.) Salisb. nec (Willd. ex Gaud.) hort.) ⊙ V–VI, SW-Eur., W-Med.
- *ténuis:* 3
9. **vineális** Schreb. (*A. strícta* J.F. Gmel., *A. coarctáta* Ehrh. ex Hoffm., *A. canína* ssp. *montána* (Hartm.) Hartm., *A. pusílla* Dumort.) ♃ VII–VIII Ⓝ, NW- u. M-Eur., Sib.
- *vulgáris:* 3

Aïchrýson Webb et Berth. – n. – *Crassuláceae*
- *dichótomum:* 1
- *doméstícum: Aeónium* 7
1. **láxum** (Haw.) Bramw. (*A. dichótomum* (DC.) Webb et Berth., *Sempervívum dichótomum* DC., *S. ánnuum* Cout.) ⊙–⊙ Ⓚ V–VI ▽, Kanar., in Port. eingebürg.
- *pygmǽum: Aeónium* 21
- *sedifólium: Aeónium* 17
- *tortuósum: Aeónium* 21

Ailánthus Desf. – f. – *Simaroubáceae*
1. **altíssima** (Mill.) Swingle (*A. glandulósa* Desf., *A. peregrína* (Buc'hoz) Barkl.) – Götterbaum ♄ VII Ⓝ, China, in fast ganz N-Am. u. M-, S- u. W-Eur. eingebürg.

Aíphanes Willd. – f. – *Pálmae*
1. **caryotifólia** (H.B.K.) H. Wendl. (*Martinézia caryotifólia* H.B.K.) ♄ Ⓦ Ⓝ, Nördl. S-Am.

Aipyánthus echioídes: Arnébia 1

Áira L. (*Áera* Aschers.) – f. – *Gramíneae* Schmielenhafer
- *caerúlea: Molínia* 2
- *capilláris:* 2
1. **caryophýllea** L. ⊙ V–VII, Eur., N-, O-, M-, S-Afr., Kanar., Med., in N-Am. eingebürg.
- *cespitósa: Deschámpsia* 1
- *élegans:* 2
2. **elegantíssima** Schur (*A. élegans* Willd. ex Gaud. p.p., *A. capilláris* Host non Savi nec Lag., *Agróstis élegans* (Willd. ex Gaud.) hort. non Thore ex Loisel. nec (Walt.) Salisb., *Agróstis pulchélla* hort.) ⊙ ✂ je nach Aussaat V–VIII, Frankr., südl. M-Eur., Med., Balk., in den atl. u. pazif. USA eingebürg.
- *flexuósa: Deschámpsia* 2
3. **prǽcox** L. ⊙ IV–VI, N-, M- u. W-Eur., Kanar., in den atl. u. pazif. USA eingebürg.
- *pulchélla:* 4
4. **tenórei** Guss. (*A. pulchélla* Link non Willd.) ⊙ IV–V, W-Med.

Ajánia P. Poljakov – f. – *Compósitae*
1. **pacífica** (Nakai) Bremer et Humphries (*Chrysánthemum pacíficum* Nakai) ♃ ✂ X, Jap.

Ájuga L. – f. – *Labiátae* Günsel
1. **chamǽpitys** (L.) Schreb. (*Teúcrium chamǽpitys* L., *A. suffrutéscens* Willk., *Chamǽpitys suffrutéscens* (Willk.) Holub) – Schlagkräutlein ⊙ bis ⊙ △ V–IX, Eur., Med., N-Afr. bis Kl. As., in Virg. eingebürg.
2. **genevénsis** L. ♃ △ V–VI, Eur. (außer SW u. N), N-, M- und O-As., im östl. N-Am. eingebürg.

3. **pyramidális** L. ♃ △ VI–VII, Eur., Kauk.
4. **réptans** L. ♃ △ ⟿ V–VI, Eur., N-Afr., Kl. As., Kauk., Iran, im östl. N-Am. eingebürg.
- *suffrutéscens:* 1

Akébia Decne. - f. - *Lardizabaláceae*
- *lobáta:* 2
1. **quináta** (Houtt.) Decne. ♄ ⸾ IV–V, M-China bis Jap., Korea
2. **trifoliáta** (Thunb.) Koidz. (*A. lobáta* Decne.) ♄ ⸾ V, M-China bis Jap.

Alángium Lam. - n. - *Alangiáceae*
1. **chinénse** (Lour.) Harms (*Márlea begoniifólia* Roxb.) ♄ Ⓚ oder ∧, M-China bis S-As., Afr.
2. **platanifólium** (Sieb. et Zucc.) Harms (*Márlea platanifólia* Sieb. et Zucc.) ♄ bis ♄ D Ⓚ - ∧ VI–VII, Jap., Korea

Albízia Durazz. - f. - *Leguminósae*
1. **chinénsis** (Osbeck) Merr. (*A. stipuláta* (Roxb.) Boivin) - „Djeungdjing" ♄ Ⓦ Ⓝ, SO-As.
- *distáchya:* 5
- *falcáta:* 2
2. **falcatária** (L.) Fosb. (*A. moluccána* Miq., *A. falcáta* auct.) - „Djeungdjing" ♄ Ⓦ Ⓝ, Malak., Indones.
3. **julibríssin** Durazz. ♄ Ⓚ VIII–IX Ⓝ, Abess., Iran bis Jap. u. M-China, in den südöstl. USA eingebürg.
4. **lébbeck** (L.) Benth. (*Mimósa lébbeck* L., *Acácia lébbeck* (L.) Willd.) ♄ Ⓚ Ⓝ, Ind., S-China, Mal. Arch. bis NO-Austral., in Afr. u. Westind. eingebürg.
5. **lophántha** (Willd.) Benth. (*Acácia lophántha* Willd., *Albízia distáchya* (Vent.) Macbr.) ♄ Ⓚ III–IV, SW-Austral.
- *moluccána:* 2
- *stipuláta:* 1

Albúca L. - f. - *Liliáceae*
1. **nelsónii** N.E.Br. ♃ Ⓚ VII–VIII, Nat.

Álcea L. - f. - *Malváceae*
1. **rósea** L. (*Althaea rósea* (L.) Cav.) - Stockmalve, Stockrose ⊙ - ⊙ ✂ Ⓝ VII–IX (Mit vielen Sorten), Herkunft wahrscheinl. O-Med., fast weltweit eingebürg.

Alchemílla L. - f. - *Rosáceae*
Frauenmantel
- *acutíloba:* 6
1. **alpína** L. ♃ △ VI–VIII, Eur. Geb., Grönl., Miquelon
- *arvénsis: Áphanes* 1
2. **conjúncta** Bab. ♃ △ VI–VIII, Jura, SW-Alp., in Engl. eingebürg.
3. **erythrópoda** Juz. ♃ VI–VIII, W-Karp., Gebg. Balk., Krim
4. **físsa** Günth. et Schummel ♃ △ VI bis VIII, Pyren., Voges., Alp., Sudet.
5. **hoppeána** (Rchb.) Dalla Torre ♃ △ VI–VIII, N-Alp.
6. **móllis** (Buser) Rothm. (*A. acutíloba* hort. non Opiz) ♃ VI, O-Karp., W-As., Kauk., in Österr. eingebürg.
- *praténsis:* 8
7. **spléndens** Christ ex Favrat ♃ △ VI bis VIII, Schw. Alp., Jura
- *vulgáris:* 8
8. **xanthochlóra** Rothm. (*A. vulgáris* auct. non L., *A. praténsis* auct. non Opiz) ♃ VI–VIII, W- u. M-Eur., W-As., im östl. N-Am. eingebürg.

Aldrovánda L. - f. - *Droseráceae*
Wasserfalle
1. **vesiculósa** L. ♃ ≈ ▽, S-, M- u. O-Eur., von S-Frankr. bis Rußl.; M-, O- u. S-As., Timor, Austral.: N-Territ., Queensl., Neusüdwal., M-, O- u. S-Afr.

Alectorólophus: Rhinánthus

Áletris L. - f. - *Liliáceae*
1. **farinósa** L. ♃ VII–VIII, N-Am.: Maine bis Ont. u. Minn., südl. bis Flor. u. Tex.
- *punícea: Blandfórdia* 4

Aleurítes J.R. et G. Forst. - f. - *Euphorbiáceae*
1. **cordáta** (Thunb.) R.Br. ex Steud. (*Vernícia cordáta* (Thunb.) Airy Shaw) ♄ i Ⓚ ☠ Ⓝ, SO-As.
2. **fórdii** Hemsl. (*Vernícia fórdii* (Hemsl.) Airy Shaw) - Tungölbaum, Holzölbaum ♄ i Ⓦ ☠ Ⓝ, M-As., W- u. M-China
3. **moluccána** (L.) Willd. (*A. tríloba* J.R. et G. Forst.) - Lichtnußbaum ♄ i Ⓦ ☠ Ⓝ, Trop. SO-As., in den übrigen Trop. eingebürg.
4. **montána** (Lour.) Wils. (*Vernícia montána* Lour.) ♄ i Ⓚ ☠ Ⓝ, SO-China, N-Burma
- *tríloba:* 3
5. **trispérma** Blanco (*Reutéalis*

trispérma (Blanco) Airy Shaw) ♄ ⚘ Ⓦ ⓝ, Phil.
Alhági Gagnebin – f. – *Leguminósae*
– *camelórum:* 2
1. **maurórum** Medik. – Mannabaum ♄ Ⓚ ⓝ, Sahara, SO-Med., Kauk. bis Him.
2. **pseudalhági** (M.B.) Desv. ex B.A. Keller et Schaparenko (*A. camelórum* Fisch.) – Kameldorn ♄ Ⓚ ⓝ, SO-Rußl., Kasach., Arm., Iran, Syr., Ägypt.
Alibértia A. Rich. – f. – *Rubiáceae*
1. **edúlis** (L.C. Rich.) A. Rich. ♄ Ⓦ ⓝ, Westind., Mex. bis Amaz.
× **Aliceára** hort. (*Brássia* × *Miltónia* × *Oncídium*) – f. – *Orchidáceae*
Alisma L. – n. – *Alismatáceae*
Froschlöffel
– *flávum: Limnócharis* 1
1. **gramíneum** Lej. (*A. loesélii* Górski) ♃ ~ – ≈, Eur., N-As., N-Afr.
2. **lanceolátum** With. (*A. stenophýllum* (Aschers. et Graebn.) Sam.) ♃ ~, Eur., Kanar., N-Afr., W- u. M-As.
– *loesélii:* 1
– *nátans: Lurónium* 1
– *parnassiifólium: Caldésia* 1
3. **plantágo-aquática** L. – Froschlöffel
ssp. **brévipes** (Greene) Sam. (*A. triviále* Pursh, var. *americánum* Schult. et Schult. f.) ♃ ~ VI–IX, N-Am.: Queb. bis Br. Kol., südl. bis Maryl., Nebr., New Mex. u. Ariz.; Mex., O-As.
ssp. **orientále** (Sam.) Sam. ♃ ~ VI bis IX, O-As.
ssp. **plantágo-aquática** ♃ ~ VI–X, Eur., Med., W-As., N-, O-, S-Afr.
– *plantágo-aquática* var. *americánum:* 3
– *ranunculoídes: Baldéllia* 1
– *stenophýllum:* 2
– *subulátum: Sagittária* 13
– *tenéllum: Echinódorus* 16
– *triviále:* 3
Alkánna Tausch – f. – *Boragináceae*
1. **tuberculáta** (Forssk.) Meikle (*A. tinctória* (L.) Tausch) – Schminkwurz, Alkannawurzel ♃ Ⓚ VI ⓝ, S-Eur., nördl. bis SO-Tschechosl., Med.
Allamánda L. – f. – *Apocynáceae*
1. **cathártica** L. Ⓦ V–XI, Nordöstl. S-Am.
var. **carthártica** ≹
var. **grandiflóra** (Lam.) L.H. Bailey et Raffill (*A. grandiflóra* Lam.) ♄
var. **hendersónii** (Bull) L.H. Bailey et Raffill (*A. hendersónii* Bull, *A. cathártica* 'Hendersonii') ≹
var. **nóbilis** (T. Moore) L.H. Bailey et Raffill (*A. nóbilis* T. Moore) ≹
– *cathártica* 'Hendersonii': 1
– *cathártica* var. *schóttii:* 3
– *grandiflóra:* 1
– *hendersónii:* 1
2. **neriifólia** Hook. ♄ Ⓦ VI–X, S-Am.
– *nóbilis:* 1
3. **schóttii** Pohl (*A. cathártica* L. var. *schóttii* (Pohl) L.H. Bailey et Raffill) ≹ ♄ i, Nördl. S-Am.
4. **violácea** Gardn. et Fielding ♄ ≹ i Ⓦ IX–X, S-Am.
Alliária Heist. ex Fabr. – f. – *Crucíferae*
Lauchkraut
1. **petioláta** (M.B.) Cavara et Grande (*A. officinális* Andrz. ex M.B., *Sisýmbrium alliária* (L.) Scop.) – Knoblauchskraut ⊙ V–VI, Eur., Kl. As. bis Afgh., Him., N-Afr., im östl. u. mittl. N-Am. eingebürg.
Állium L. – n. – *Liliáceae*
Lauch
1. **acuminátum** Hook. ♃ △ V–VI, N-Am.: Br. Kol. bis Kalif., östl. bis Wyom., Color. u. Ariz.
2. **aflatunénse** B. Fedtsch. ♃ V, M-As.
– *albopilósum:* 11
3. **ampelóprasum** L. – Ackerknoblauch, Sommerknoblauch ♃ ⓝ, S- u. W-Eur., Med., Kl. As., Kauk. bis Iran, N-Afr., in Virg. eingebürg.
– *angulósum:* 40
– *ascalónicum:* 9
4. **atropurpúreum** Waldst. et Kit. ♃ VI bis VII, Ung., Rum., N- u. O-Balk., in Österr. eingebürg.
– *azúreum:* 6
5. **beesiánum** W.W. Sm. ♃ △ VI–VII, W-China
6. **caerúleum** Pall. (*A. azúreum* Ledeb.) ♃ VI–VII ✂, SO-Rußl., N-, M-As.
7. **caesium** Schrenk (*A. urceolátum* Regel) ♃ ▭ △ ∧ V–VI, Sib., M-As.
– *candidíssimum:* 23
8. **carinátum** L.

ssp. **carinátum** ♃ VI–VIII, S- u. M-Eur., nördl. bis Schwed. u. Estl., in NW-Eur. eingebürg.
ssp. **pulchéllum** (G. Don) Bonnier et Layens (*A. pulchéllum* G. Don, *A. flávum* L. var. *pulchéllum* (G. Don) Regel, *A. cirrhósum* Vand.) ♃ VII bis VIII, S-Eur., westl. bis SO-Frankr., Schw., S-Bayern
9. **cépa** L. - Zwiebel, Bolle
var. **ascalónicum** Backer (*A. ascalónicum* auct. non L.) - Schalotte ⓝ, Nur in Kult. bek.
var. **cépa** ♃ ⓝ, Nur in Kult. bek.
var. **vivíparum** (Metzg.) Alef. - Luftzwiebel ♃ VI–VII ⓝ, Heimat unbek.
- *cépa* var. *prolíferum:* 28
10. **cérnuum** Roth ♃ ⓝ VI–VII, N-Am.: Queb. bis Br. Kol., südl. bis Georg., Alab. u. Ariz.; Mex.
11. **christóphii** Trautv. (*A. albopilósum* C.H. Wright) ♃ VI–VII, Kl. As., N-Iran, Turkest.
- *cirrhósum:* 8
- *cowánii:* 23
12. **críspum** Greene ♃ V ∧, Kalif.
13. **cyáneum** Regel (*A. purdómii* W.W. Sm.) ♃ △ V–VI, W-China
14. **cyathóphorum** Bur. et Franch.
var. **fárreri** (Stearn) Stearn) (*A. fárreri* Stearn) ♃ VII–VIII, NW-China: Kansu
- *fárreri:* 14
15. **fistulósum** L. - Winterzwiebel ♃ ⓝ, Wild unbek.
16. **flávum** L. ♃ △ VI–VII, Östl. M-Eur., S-Eur., Med., Kauk., W-As.
- *flávum* var. *pulchéllum:* 8
17. **gigantéum** Regel ♃ ✂ VII–VIII, Him., M-As.
18. **insúbricum** Boiss. et Reut. (*A. narcissiflórum* Vill. ssp. *insúbricum* (Boiss. et Reut.) Fiori) ♃ △ V–VI, Ital. Alp.
19. **jesdiánum** Boiss. ♃ V, Iran, Irak
- *kansuénse:* 36
20. **karataviénse** Regel ♃ △ IV–V, M-As.
21. **móly** L. ♃ △ V–VI, Span., SW-Frankr.
22. **narcissiflórum** Vill. ♃ △ V–VI, SW-Alp.
- *narcissiflórum* ssp. *insúbricum:* 18
23. **neapolitánum** Cyr. (*A. candidíssimum* Cav., *A. cowánii* Lindl.) ♃ Ⓚ V–VI, S-Eur., Port., Med.
24. **nígrum** L. ♃ II–III, Med., W-As.
- *odórum:* 29
25. **oreóphilum** C.A. Mey. (*A. ostrowskiánum* Regel) ♃ △ VI–VII, Kauk., O-Turkest.
- *ostrowskiánum:* 25
26. **paradóxum** (M.B.) G. Don ♃ △ IV bis V, Kauk., Iran, Turkest., in Deutschl. u. der Tschechosl. eingebürg.
27. **pórrum** L. ♃ ⓝ VI–VII, Heimat unbek., wahrscheinl. O-Med.
var. **pórrum** - Porree, Winterlauch, Breitlauch ⓝ
var. **sectívum** Lueder-Perlzwiebel ⓝ
28. × **prolíferum** (Moench) Schrad. ex Willd. (*A. cépa* × *A. fistulósum; A. cépa* var. *prolíferum* (Moench) Alef.) - Catawissazwiebel ♃ ⓝ, Nur in Kult. bek.
- *pulchéllum:* 8
- *purdómii:* 13
29. **ramósum** L. (*A. odórum* L.) ♃ ⓝ VI, M-As.
30. **rosenbachiánum** Regel ♃ ✂ V–VI, Buchara, Turkest., Iran
31. **róseum** L. ♃ V–VI, S-Eur., Med., Kl. As.
- *rotúndum:* 35
32. **satívum** L. - Knoblauch ♃ VII–VIII ⓝ Off., Nur in Kult. bek.
var. **ophioscórdum** (Link) Döll - Schlangenknoblauch, Echte Rokkenbolle
var. **satívum** - Knoblauch
33. **schoenóprasum** L. - Schnittlauch ♃ VI–VII ⓝ, Eur., Kl. As. bis Iran, N-, M- u. O-As., N-Am.
34. **schubértii** Zucc. ♃ Ⓚ VI–VII, Paläst., M-As.
35. **scorodóprasum** L.
ssp. **rotúndum** (L.) Stearn (*A. rotúndum* L.) ♃ VIII, S-, M-Eur., nördl. bis N-Deutschl., Tschechosl. u. M-Ukr., Vord. As., N-Afr.
ssp. **scorodóprasum** ♃ VIII, N- u. M-Eur., stellenweise südl. bis Bulg. u. Krim
- *senéscens:* 40
- *sículum: Nectaroscórdum* 1
36. **sikkiménse** Bak. (*A. kansuénse* Re-

gel, *A. tibéticum* Rendle) ♃ △ VI bis VII, Him. bis W-China

37. **sphaerocéphalon** L. ♃ VI–VII ✂, M- u. S-Eur., Med., Kauk., Vord. As.
38. **stipitátum** Regel ♃ VII, Turkest., Afgh., Pak.
- *tibéticum:* 36
39. **tríquetrum** L. ♃ ⓚ ▭ △ ∧ III–V, W-Med., Port.
40. **tuberósum** Rottl. ex Spreng. (*A. angulósum* Lour. non L., *A. senéscens* Miq. non L.) ♃ VIII–IX ⓝ, Jap., China, Ind., Nepal
41. **unifólium** Kellogg ♃, USA: Oreg. bis Kalif.
- *urceolátum:* 7
42. **ursínum** L. – Bärenlauch ♃ V, Eur., Kl. As., Kauk., Sib.
43. **victoriális** L. – Allermannsharnisch ♃ VII–VIII ▽, Hochgebg. von Pyren. bis Kauk., Ural, Altai, N-Am.: Aleut.
44. **vineále** L. ♃ V–VII, S-, M-Eur., Med., N-Afr., W-As., in den östl. USA eingebürg.
45. **zebdanénse** Boiss. et Noë ♃ △ V, Liban., Kl. As.

Allopléctus Mart. – m. – *Gesneriáceae*

1. **capitátus** Hook. ♄ ⓦ, Venez., Kol.
- *forgétii: Nautilócalyx* 2
- *lýnchii: Nautilócalyx* 3
- *nummulária: Neomortónia* 1
- *pállidus: Nautilócalyx* 4
- *sanguíneus: Colúmnea* 18
2. **schlímii** Planch. et Lind. ♄ i ⓦ, And. Kol. u. Venez.
3. **vittátus** Lind. et André ♄ ⓦ, O-Peru

Allosórus críspus: Cryptográmma 1

Álnus Mill. – f. – *Betuláceae*
Erle

1. **cordáta** (Loisel.) Desf. (*A. cordifólia* Ten.) ħ III–IV ⓝ, Kors., S-Ital., in Span. u. auf den Azor. eingebürg.
- *cordifólia:* 1
2. **fírma** Sieb. et Zucc. ħ IV ⓝ, Jap.
3. **glutinósa** (L.) Gaertn. (*Bétula álnus* L. var. *glutinósa* L.) – Schwarzerle ħ II–III ⓝ, Eur. bis Kauk., Sib., N-Afr., im östl. u. mittl. N-Am. eingebürg.
4. **hirsúta** (Spach) Rupr. (*A. tinctória* Sarg.) ħ ⓝ, Jap., Sachal., Kamtsch., Korea, O-Sib.
5. **incána** (L.) Moench (*Bétula álnus* L. var. *incána* L.) – Grauerle, Weißerle
   ssp. **incána** ħ II–III ⓝ, Eur. (in W-Eur. eingebürg.), Kauk., Kamtsch., Korea, O-Sib.
   ssp. **rugósa** (Du Roi) R. T. Clausen (*A. rugósa* (Du Roi) Spreng.) ♄ ≈ III bis IV, N-Am.: Neufundl. u. Labr. bis Yukon, südl. bis Maryl., W-Virg., Indiana, N-Dak., Br. Kol., im nördl. M-Eur. eingebürg.
6. **japónica** (Thunb.) Steud. ħ IV ⓝ, Jap., Korea, Mandsch., Ussuri
7. **jorulléńsis** H. B. K. ħ ⓚ ⓝ, Mex., Venez., Ek., Peru, Bol., Arg.
8. **oregóna** Nutt. (*A. rúbra* Bong. non Marsh.) – Roterle ħ ⓝ, N-Am.: SO-Alaska bis Kalif., östl. bis Id.
9. **péndula** Matsum. ħ IV ⓝ, Jap.
- *rúbra:* 8
- *rugósa:* 5
10. × **spaéthii** Call. (*A. japónica* × *A. subcordáta*) ħ
11. **subcordáta** C. A. Mey. ħ IV, Kauk., Iran
- *tinctória:* 4
12. **víridis** (Chaix) DC. (*Bétula víridis* Chaix)
   ssp. **víridis** – Grünerle ♄ IV–V ⓝ, Gebg. M- u. SO-Eur.

Alocásia (Schott) G. Don – f. – *Aráceae*

1. × **amazónica** André (*A. lówii* × *A. sanderiána*) ♃ ⓦ
2. **cuculláta** (Lour.) G. Don ⓦ ⓝ, Bengal., Burma, Ceyl.
3. **cúprea** (K. Koch et Bouché) K. Koch (*A. metállica* (Otto) Hook. f. non Schott) ♃ ⓦ, Born.
4. **korthálsii** Schott (*A. thibautiána* Mast.) ♃ ⓦ, Born.
- ? *lindénii: Homaloména* 1
5. **lówii** Hook. f. ♃ ⓦ, Born., Malak.
6. **macrorrhíza** (L.) G. Don ♃ ⓦ ⓝ, Ceyl.,?, in den Trop. vielfach eingebürg.
   'Variegata' (var. *variegáta* (K. Koch et Bouché) Furtado) ♃ ⓦ
- *macrorrhíza* var. *variegáta:* 6
- *metállica:* 2
7. **micholitziána** Sand. ♃ ⓦ, Phil.
8. **odóra** (Lodd.) Spach ⓦ, NO-Ind. bis China, Phil.
9. **plúmbea** K. Koch ex Van Houtte ♃ ⓦ, Java

10. **pórtei** Schott (*Schizocásia pórtei* (Schott) Engl.) i ⌂W, Phil.
11. **putzeysii** N. E. Br. ♃ ⌂W, Sum.
12. **sanderiána** Bull ♃ ⌂W ✻, Mind.
- *thibautiána:* 3
13. **watsoniána** Mast. ♃ ⌂W, Sum.
14. **zebrína** K. Koch et Veitch ♃ ⌂W ✻, Phil.

Áloë L. - f. - *Liliáceae*
Aloe
1. **abyssínica** Lam. ♃ ⌂K Ⓝ I–IV ✻, Abess.
2. **africána** Mill. ħ ⌂K Off. III–IV ✻, Transv., Kap
- *africána* Salm-Dyck: 23
- *albocíncta:* 28
3. **arboréscens** Mill. ♄ ⌂K I–IV ✻, Nat., Kap, Malawi, in S-Span., S-Frankr. u. Port. eingebürg.
4. **aristáta** Haw. ♃ ⌂K V–VI ✻, Nat., Oranjefreist.
- *atróvirens: Hawórthia* 10
5. **bainésii** Dyer ♄ ⌂K ✻, S-Afr.
- *barbadénsis:* 34
6. **brevifólia** Mill. (*A. prolífera* Haw.) ♃ ⌂K ✻, Kap
7. **cámperi** Schweinf. (*A. éru* Berger) ♄ ⌂K IV–VI ✻, Abess., Eritr.
8. **ciliáris** Haw. ♄ ξ ⌂K I–III ✻, S-Afr.
9. **comósa** Marl. et Berger ♄ ⌂K ✻, Kap
10. **dichótoma** Masson - Drachenbaumaloe, Köcherbaum ħ ✻, S-Afr., Namib.
11. **dístans** Haw. ♄ ⌂K VI–VII ⌂K ✻, Kap
- *dísticha* L.: *Gastéria* 7
- *dísticha* Mill.: 25
12. **divaricáta** Berger ♄ ⌂K ✻, W- u. SW-Madag.
- *éru:* 7
13. **férox** Mill. (*A. supralǽvis* Haw.) ♄ ⌂K III–IV ✻ Off., Lesotho, Nat., Oranjefreist., Kap
14. **glaúca** Mill. ♃ ⌂K ✻, Kap
15. **grandidentáta** Salm-Dyck ♄ ⌂K VI bis VII ✻, S-Afr.
16. **húmilis** (L.) Mill. ♃ ⌂K III–VI ✻, Kap
17. **littorális** Bak. (*A. rubrolútea* Schinz) ♄ ⌂K ✻, Angola bis Namib.
18. **longistýla** Bak. ♃ ⌂K ✻, Kap
- *macowánii:* 29
- *maculáta: Gastéria* 11
19. **marlóthii** Berger ħ ⌂K ✻, Botsw., Nat., Transv.
20. **mitrifórmis** Mill. (*A. perfoliáta* L.) ♄ ⌂K VI–VIII ✻, Kap
- *nígricans: Gastéria* 13
- *nítida: Gastéria* 14
- *nóbilis:* 27
- *oblíqua* DC.: *Gastéria* 18
- *oblíqua* Haw.: *Gastéria* 11
- *oblíqua* Jacq.: *Gastéria* 13
- *pentagóna: Astróloba* 4
- *perfoliáta:* 20
- *perfoliáta* var. *véra:* 34
21. **pérryi** Bak. ♄ ⌂K Ⓝ Off. ✻, Sokot., in O-Afr. u. Arab. kult.
22. **plicátilis** (L.) Mill. ħ - ♄ ⌂K V–VI ✻, Kap
23. × **príncipis** (Haw.) Stearn (*A. arboréscens* × *A. férox; A. africána* Salm-Dyck non Mill., *A.* × *salmdyckiána* Roem. et Schult.) ♄ ⌂K III–IV ✻, S-Afr.
- *prolífera:* 6
- *pseudonígricans: Gastéria* 17
- *púlchra: Gastéria* 18
- *rubrolútea:* 17
24. **rubroviolácea** Schweinf. ♄ ⌂K ✻, Jem.
- × *salmdyckiána:* 23
25. **saponária** (Ait.) Haw. (*A. dísticha* Mill. non L., *A. umbelláta* Salm-Dyck) ♃ ⌂K V–VI ✻, Nat.
- *soccotrína:* 30
26. **spicáta** Bak. ħ ⌂K ✻Off., S-Afr.
- *spirális: Astróloba* 4
27. **stans** Berger (*A. nóbilis* Bak. non Haw.) ♄ ⌂K ✻, S-Afr.
28. **striáta** Haw. (*A. albocíncta* Haw.) ♃ ⌂K IV–V ✻, Kap, Namib.
29. **striátula** Haw. (*A. macowánii* Bak.) ♄ ⌂K ✻, S-Afr.
- *subcarináta: Gastéria* 20
- *subnígricans: Gastéria* 17
30. **succotrína** All. (*A. soccotrína* DC.) ♄ ⌂K I–II ✻, Kap, in S-Span. u. S-Frankr. eingebürg.
- *supralǽvis:* 13
31. **tenúior** Haw. ♄ ⌂K I–II ✻, S-Afr.
32. **thráskii** Bak. ħ ⌂K ✻, Oranjefreist., Nat., Zulul.
- *umbelláta:* 25
33. **variegáta** L. ♄ ⌂K IV–V ✻, Kap, Botsw.
34. **véra** (L.) Burm. f. (*A. perfoliáta* L. var. *véra* L., *A. barbadénsis* Mill., *A. vulgáris* Lam.) - Echte Aloe ♄ ⌂K I

bis IV Ⓝ Off. ✱, Kapverd., Kanar., Med., S-Arab., NO-Afr., NW-Ind., S-China
- *verrucósa: Gastéria* 21
35. **vírens** Haw. ♃ ⌂K IV–VII ✱, Heimat unbek.
- *vulgáris:* 34
36. **zebrína** Bak. ♃ ⌂K ✱, Angola, Namib., Botsw., Transv.

Aloinópsis Schwant. – f. – *Aizoáceae*
1. **orpénii** (N.E.Br.) L. Bol. (*Prepodésma orpénii* (N.E.Br.) N.E.Br.) ♃ ⌂K, Kap

Alóna Lindl. – f. – *Nolanáceae*
1. **coeléstis** Lindl. (*Nolána coeléstis* (Lindl.) Miers) ♄ i ⌂K VI–X, Chile

Alónsoa Ruiz et Pav. – f. – *Scrophulariáceae*
1. **acutifólia** Ruiz et Pav. (*A. myrtifólia* Roezl) ♄ (⊙ kultiv.) VII–IX, Peru, Bol.
- *incisifólia:* 3
- *linearifólia:* 2
2. **lineáris** (Jacq.) Ruiz et Pav. (*A. linearifólia* Steud., *A. linifólia* Roezl) ♄ (⊙ kultiv.) VII–IX, Peru
- *linifólia:* 2
3. **meridionális** (L. f.) O. Kuntze (*A. incisifólia* Ruiz et Pav., *A. warscewíczii* Regel) ♄ (meist ⊙ kultiv.) VII–IX, Mex. bis Chile, Venez.
- *myrtifólia:* 1
- *warscewíczii:* 3

Alopecúrus L. – m. – *Gramíneae* Fuchsschwanzgras
- *agréstis:* 3
1. **geniculatus** L. ♃ ≈ V–VIII, Euras., Med., im nordöstl. N-Am. sowie in Austral. u. Neuseel. eingebürg.
2. **lanátus** Sibth. et Sm. ♃ △ ∧ V, Kl. As.
3. **myosuroídes** Huds. (*A. agréstis* L.) ⊙ V–IX, W-, M- u. S-Eur., Med., W-As., in Neuseel. eingebürg.
4. **praténsis** L. ♃ V–VII Ⓝ, N-, M- u. W-Eur., Kauk., W-Sib., N-Afr., Med., im nördl. N-Am. eingebürg.

Aloýsia Juss. – f. – *Verbenáceae*
1. **chamaedrifólia** Cham. (*Líppia chamaedrifólia* (Cham.) Steud.) ♄ ⌂K VII–VIII, Bras., Arg.
2. **triphýlla** (L'Hérit.) Britt. (*Líppia citriodóra* (Ort. ex Pers.) H.B.K., *L. triphýlla* (L'Hérit.) O. Kuntze) – Zitronenstrauch ♄ D ⌂K VII–IX Ⓝ, Urug., Arg., Chile

Alpínia Roxb. – f. – *Zingiberáceae*
1. **calcaráta** (Haw.) Rosc. ♃ ⌂W IX–X, Ind.
2. **galánga** (L.) Willd. (*Maránta galánga* L.) ♃ ⌂W Ⓝ, SO-As., Ind.
3. **japónica** (Thunb.) Miq. ♃ ⌂K, Jap., Taiw., China
4. **malaccénsis** (Burm. f.) Rosc. (*Maránta malaccénsis* Burm. f.) ♃ ⌂W III–V Ⓝ, O-Him. bis Mal. Arch.
- *nútans:* 9
5. **officinárum** Hance – Galgant ♃ ⌂W Ⓝ Off., S-China, Hain.
6. **purpuráta** (Vieill.) K. Schum. ♄ ⌂W ✂, Pazif. Ins.
7. **rafflesiána** Wall. ex Bak. ♃ ⌂W, Malak.
- *sánderae:* 8
- *speciósa:* 9
8. **vittáta** Bull (*A. sánderae* hort. Sander) ♄ i ⌂W, Pazif. Ins.
9. **zerúmbet** (Pers.) B.L. Burtt et R.M. Sm. (*A. speciósa* (J.C. Wendl.) K. Schum., *A. nútans* hort. non (Andr.) Rosc.) ♃ ⌂W IV–VI, O-As.
10. **zingibérina** Hook f. ♃ ⌂W, Tongk.

Alsíne Gaertn. non L.: *Minuártia*

Alsóbia Hanst. – f. – *Gesneriáceae*
1. **dianthiflóra** (H.E. Moore et R.G. Wils.) Wiehler (*Epíscia dianthiflóra* H.E. Moore et R.G. Wils.) ♃ ⌂W VI bis IX, Mex., Costa R.
2. **punctáta** (Lindl.) Hanst. (*Drymónia punctáta* Lindl., *Epíscia punctáta* (Lindl.) Hanst.) ♄ ⌂W, Mex., Guat.

Alsómitra sarcophýlla: Neoalsómitra 1

Alsóphila R.Br. – f. – *Cyatheáceae*
- *austráiis* hort. non R.Br.: *Sphaerópteris* 1
1. **austrális** R.Br. (*Cyáthea austrális* (R.Br.) Domin) ♄ i ⌂K ▽ ✱, Austral.: Queensl., Neusüdwal., Vict., Tasm.
2. **capénsis** (L. f.) J. Sm. (*Hemitélia capénsis* (L. f.) R.Br., *Cyáthea capénsis* (L. f.) Sm.) ♄ i ⌂W ▽ ✱, S-Afr., S-Bras.
- *cóoperi: Sphaerópteris* 1
3. **trícolor** (Col.) Tryon (*Cyáthea dealbáta* (G. Forst.) Sw., *C. trícolor* Col.) ♄ i ⌂K ▽ ✱, Neuseel., Norf.-Ins.

Alstónia R.Br. – f. – *Apocynáceae*

1. **constrícta** F. v. Muell. ♄ i ⌂, Austral.: Neusüdwal., Queensl.
2. **scholáris** (L.) R. Br. - „Pulai" ♄ i ⌂ ⓝ, S- u. SO-As., Austral.

Alstroeméria L. - f. - *Amaryllidáceae*
Inkalilie
- *aurantíaca:* 1
1. **āurea** Grah. (*A. aurantíaca* D. Don) ♃ ∧ VI–VIII, Chile
2. **haemántha** Ruiz et Pav. (*A. pulchélla* Sims non L. f.) ♃ ∧ VI–VII, Chile
3. **-Hybriden** ♃ ▭ ∧ VI–VII
4. **lígtu** L. ♃ ▭ oder ∧ VI–VII, Chile, Arg.
5. **pelegrína** L. (*A. peregrína* Pers.) ♃ ⌂ oder ▭ VI–VIII, N-Chile, Peru
- *peregrína:* 5
6. **psittácina** Lehm. ♃ ▭ oder ∧ VI bis VIII, N-Bras.
- *pulchélla* hort.: 7
- *pulchélla* Sims: 2
7. **versícolor** Ruiz et Pav. (*A. pulchélla* hort. non L. f.) ♃ ⌂ oder ▭ VI–VII, Chile

Altamiránoa Rose - f. - *Crassuláceae*
1. **ericoídes** (Rose) Jacobs. (*Villádia imbricáta* Rose) ♃ ⌂, Mex.
2. **guatemalénsis** (Rose) E. Walth. (*Villádia guatemalénsis* Rose) ♃ ⌂, Guat.

Alternanthéra Forssk. - f. - *Amarantháceae*
Papageienblatt
1. **ficoídea** (L.) R. Br. ex Roem. et Schult. ♃ ⌂ ⁞, Mex. bis Bras.
'Amoena' (*A. amōena* (Lem.) Voss) ⓝ
'Bettzickiana' (*A. bettzickiána* (Regel) Voss)
'Versicolor' (*A. versícolor* (Lem.) Seubert) (und weitere Sorten)

Althāea L. - f. - *Malváceae*
1. **cannabína** L. - Hanf-Stockmalve ♃ VII–IX ⓝ, S-, SO- u. östl. M-Eur., Med., N-Afr., W-As.
2. **officinális** L. - Eibisch, Samtpappel ♃ VII ▽ ⓝ Off., Eur., Sib., Altai, Vord. As., Med., N-Afr., im Küstengebiet des nördl. N-Am. eingebürg.
- *rósea: Álcea* 1

Alyógyne Alef. - f. - *Malváceae*
1. **huegélii** (Endl.) Fryx. (*Hibíscus huegélii* Endl.) ♃ ⌂ IV–XI, S- u. W-Austral.

Alyssoídes Mill. - f. - *Crucíferae*
1. **utriculáta** (L.) Medik. ♃ △ IV–VI, SW- u. westl. M-Alp., Apenn., Balk., S-Rum.

Alýssum L. - n. - *Crucíferae*
Steinkraut
1. **alpéstre** L. ♃ ⇝ △ VI, M- u. W-Alp.
- *arduíni:* 11
2. **argénteum** All. ♄ △ VI–VIII, S-Alp.
- *argénteum* hort. et auct. balc.: 7
3. **diffúsum** Ten. ♃ ⇝ △ IV–VI, Gebg. Ital., SW-Alp., Pyren., N-Span., Griech.
- *marítimum: Lobulária* 1
4. **markgráfii** O. E. Schulz ♃ △ ∧ V bis VI, Alban., benachb. Gbge., S-Rum.
5. **moellendorfiánum** Aschers. ex Beck ♃ △ VI–VII, W-Jugosl.
6. **montánum** L. ♃ ⇝ △ D IV–VI ▽, Eur., N-Afr., Kl. As., Syr.
7. **murále** Waldst. et Kit. (*A. argénteum* hort. et auct. mult. balc. non All.) ♃ △ V–VI, SO-Eur., Vord. As.
8. **ovirénse** Kerner ♃ ⇝ △ V–VI, SO-Alp., W-Jugosl.
9. **répens** Baumg. (*A. transsilvánicum* Schur) ♃ △ V–VI, SO- u. östl. M-Eur., Vord. As.
10. **rostrátum** Stev. non hort. ⊙ - ⊙ V bis VI, SO-Eur.
11. **saxátile** L. (*Aurínia saxátilis* (L.) Desv., *Alýssum arduíni* Fritsch) ♄ - ♃ △ ⁞ IV–V ▽ (Mit einigen Sorten), Südl. M- u. S-Eur., Med., Kl. As.
12. **serpyllifólium** Desf. ♃ △ VI, SW-Eur., N-Afr.
- *spinósum: Ptilótrichum* 1
- *transsilvánicum:* 9
13. **wulfeniánum** Bernh. ♃ ⇝ △ VI bis VIII, SO-Alp.

Amáracus dictámnus: Oríganum 3
- *pulchéllus: Oríganum* 4
- *púlcher: Oríganum* 8
- *scáber: Oríganum* 8

Amaránthus L. - m. - *Amarantháceae*
Amarant
1. **caudátus** L. - Gartenfuchsschwanz ⊙ VII–X ⓝ, Trop. u. subtrop. S-Am.
- *chloróstachys:* 3
2. **cruéntus** L. (*A. hýbridus* L. ssp. *cruéntus* (L.) Thell. var. *cruéntus* (L.) Mansf.) ⊙ ⓝ VII–IX, S-Mex. oder

Guat., in wärmeren Länd. öfter verwild. u. sich einbürgernd, in S-Eur. eingebürg.
– *gangéticus:* 6
3. **hýbridus** L. (*A. chloróstachys* L.) ⊙ Ⓝ, Trop. Am., in N-Am. u. Euras. eingebürg.
– *hýbridus* ssp. *cruéntus* var. *cruéntus:* 2
– *hýbridus* ssp. *hypochondríacus:* 4
4. **hypochondríacus** L. (*A. leucocárpus* S. Wats., *A. hýbridus* ssp. *hypochondríacus* (L.) Thell.) ⊙ VII–IX Ⓝ, Trop. u. subtrop. Am., in N-Am. u. Eur. eingebürg.
– *leucocárpus:* 4
– *melanchólicus:* 6
5. **retrofléxus** L. – Ackerfuchsschwanz ⊙ Ⓝ VI–IX, Subtrop. Am., fast weltweit eingebürg.
6. **trícolor** L. (*A. melanchólicus* L., *A. gangéticus* L.) ⊙ Ⓝ, Trop. As.

× **Amarcrínum** J. Coutts (*Amarýllis* × *Crínum*; × *Crindónna* Ragioneri, × *Crinodónna* Stapf) – n. – *Amaryllidáceae*
1. **memória-córsii** (Ragioneri) H.E. Moore (*Amarýllis bélla-dónna* × *Crínum mōōrei*; × *Crindónna memória-córsii* Ragioneri, × *Crinodónna córsii* Stapf, × *A. howárdii* J. Coutts) ♃ Ⓚ

× **Amarýgia** Cif. et Giacom. (*Amarýllis* × *Brunsvígia*) – f. – *Amaryllidáceae*
1. **párkeri** (W. Wats.) H.E. Moore (*Amarýllis bélla-dónna* × *Brunsvígia josephínae*; × *Brunsdónna párkeri* (W. Wats.) Worsley) ♃ Ⓚ

Amarýllis L. – f. – *Amaryllidáceae*
– *āulica: Hippeástrum* 1
– *āurea: Lycóris* 1
1. **bélla-dónna** L. – Belladonnalilie ♃ Ⓚ ▭ ∧ ✂ VIII–IX, Kap
– *bulbispérma: Crínum* 5
– *formosíssima: Sprekélia* 1
– *párdina: Hippeástrum* 5
– *psittácina: Hippeástrum* 7
– *purpúrea: Cyrtánthus* 6
– *regínae: Hippeástrum* 9
– *reticuláta: Hippeástrum* 10
– *robústa: Hippeástrum* 1
– *tettāui: Hippeástrum* 1
– *vittáta* hort.: *Hippeástrum* 3
– *vittáta* L'Hérit.: *Hippeástrum* 12

Amasónia L. f. (*Taligálea* Aubl.) – f. – *Verbenáceae*
1. **calýcina** Hook. f. (*A. punícea* hort., *Taligálea punícea* hort.) ♄ Ⓦ XI–III, Guay.

Ambérboa (Pers.) Less. – f. – *Compósitae*
1. **moscháta** (L.) DC. (*Centauréa moscháta* L., *C. odoráta* hort., *C. suavéolens* L.) ⊙ ✂ VII–IX, SW-As.

Ambrósia L. – f. – *Compósitae*
1. **artemisiifólia** L. (*A. elátior* L.) – Ragweed ⊙ VII–VIII, N-Am., Mex., im östl. M-Eur. u. in SO-Eur. eingebürg.
– *elátior:* 1
– *mexicána: Chenopódium* 4
2. **psilostáchya** DC. ♃ VIII–X, N-Am.: Mich. bis Sask. u. Mont., südl. bis Louis. u. Tex.; Mex., in Deutschl. eingebürg.
3. **trífida** L. ⊙ VI–IX, N-Am.: Queb. bis Br. Kol., südl. bis Flor., Alab., Louis., Tex., Ariz.; Mex., in Deutschl. eingebürg.

Ambúlia: Limnóphila
– *gratioloídes: Limnóphila* 2
– *heterophýlla: Limnóphila* 1
– *sessiliflóra: Limnóphila* 3

Amelánchier Medik. – f. – *Rosáceae* Felsenbirne
– *alnifólia* auct. non (Nutt.) Nutt.: 5
1. **alnifólia** (Nutt.) Nutt. ♄–♄ V Ⓝ, N-Am.: Ont. bis Yukon u. Alaska, südl. bis Iowa, Color., New Mex., Ariz. u. Kalif.
– *alnifólia* var. *flórida:* 5
2. **arbórea** (Michx. f.) Fern. ♄–♄ III–IV Ⓝ, N-Am.: N. Brunsw. bis Minn., südl. bis Flor., Louis. u. Tex.
3. **asiática** (Sieb. et Zucc.) Endl. ex Walp. ♄–♄ V, Jap., Korea
– *botryápium:* 7
– *canadénsis* K. Koch: 7
4. **canadénsis** (L.) Medik. (*A. oblongifólia* (Torr. et A. Gray) M.J. Roem.) ♄ bis ♄ IV Ⓝ, N-Am.: Neufundl. bis Georg. u. Miss.
– *confúsa:* 7
5. **flórida** Lindl. (*A. oxýodon* Koehne, *A. alnifólia* auct. non (Nutt.) Nutt., *A. alnifólia* var. *flórida* (Lindl.) Schneid.) ♄–♄ V, N-Am.: Alaska bis

Kalif., östl. bis Id. u. Sask.
- *laévis* auct. non Wieg.: 7
6. **laévis** Wieg. ♄, meist ♄ ⓝ IV–V, N-Am.: Neufundl. bis Ont., südl. bis Georg., Alab., Ohio u. Kans.
7. **lamárckii** F. G. Schroeder (*A. botryápium* (L. f.) DC., *A. canadénsis* K. Koch non (L.) Medik., *A. confúsa* auct. non Hyl., *A. laévis* auct. non Wieg.) - Kupferfelsenbirne ♄-♄ IV bis V, Östl. USA, in NW-Deutschl., Holl. u. Belg. eingebürg.
- *oblongifólia:* 4
8. **ovális** Medik. (*A. vulgáris* Moench, *A. rotundifólia* (Lam.) Dum.-Cours.) - Felsenbirne ♄ IV–V ⓝ, S- u. M-Eur., Vord. As., Med., N-Afr.
- *oxýodon:* 5
- *rotundifólia:* 8
9. **sanguínea** (Pursh) DC. ♄ V, N-Am.: Maine u. Queb. bis Ont. u. Minn., südl. bis N-Carol., Tenn. u. Iowa
10. **spicáta** (Lam.) K. Koch ♄ V, N-Am.: Queb. bis Ont., südl. bis Penns. u. S-Dak., in N-Eur., Frankr., Deutschl. u. Österr. eingebürg.
11. **stolonífera** Wieg. ♄ V ⓝ, N-Am.: Neufundl. bis Ont., südl. bis Virg., Mich. u. Minn.
12. **utahénsis** Koehne ♄-♄ V, USA: Mont. bis Wash., südl. bis Color., Tex. u. Kalif.; Nied. Kalif.
- *vulgáris:* 8

Amhérstia Wall. - f. - *Leguminósae*
Tohabaum
1. **nóbilis** Wall. ♄ ⓦ, Burma

Amícia H. B. K. - f. - *Leguminósae*
1. **zygómeris** DC. ♄ ⓚ IX–X, Mex.

Ámmi L. - n. - *Umbellíferae*
Knorpelmöhre
1. **május** L. ⊙ VI–X ⓝ, Med., von den Kanar. bis Iran, Abess., in W- u. M-Eur. sowie N-Am. eingebürg.
2. **visnága** (L.) Lam. - Zahnstocherkraut ⊙ VII–IX ⓝ Off., Med., Port., Vord. As., in N-Am. eingebürg.

Ammóbium R. Br. - n. - *Compósitae*
Papierknöpfchen
1. **alátum** R. Br. - Papierknöpfchen, Sandimmortelle ♃ (⊙ kultiviert) ✂ VII–IX, Austral.: Queensl., Neusüdwal.

Ammocállis rósea: Catharánthus 1

Ammóphila Host - f. - *Gramíneae*
Helmgras
1. **arenária** (L.) Link (*Arúndo arenária* L., *Calamagróstis arenária* (L.) Roth) - Helm, Strandhafer ♃ VII bis VIII ⓝ, Med., W-, M- u. N-Eur., von Wash. bis N-Kalif. eingebürg.
2. **breviliguláta** Fern. ♃ VII–IX ⓝ, N-Am.: Küsten von Neufundl. u. Labr. bis N-Carol., Große Seen

Amómum Roxb. - n. - *Zingiberáceae*
- *cardamómum* L. non Roxb.: *Elettária* 1
1. **compáctum** Soland. ex Maton (*A. cardamómum* Roxb. non L. 1753, *A. kepulága* Sprague et Burk.) - Java-Kardamomen ♃ ⓦ ✂ ⓝ, Indones.

Amórpha L. - f. - *Leguminósae*
1. **canéscens** Pursh - Bleibusch ♄ △ VI bis VII ⓝ, N-Am.: Mich. bis Sask., südl. bis Tex. u. New Mex.
2. **fruticósa** L. - Bastardindigo ♄ VI bis VIII ⓝ, N-Am.: Manit. u. Sask., südl. bis Flor., Louis., Tex. u. Ariz.; Mex., in M- u. S-Eur. eingebürg.
- *microphýlla:* 3
3. **nána** Nutt. (*A. microphýlla* Pursh) ♄ △ VI–VII ⓝ, N-Am.: Manit. u. Sask., südl. bis Iowa u. Color.

Amorphophállus Bl. ex Decne. - m. - *Aráceae*
1. **búlbifer** (Roxb.) Bl. ♃ ⓦ, NO-Ind.
- *campanulátus:* 3
2. **kónjac** K. Koch (*A. rivièri* Durieu, *Hydrósme rivièri* (Durieu) Engl.) ♃ ⓦ ⓝ, SO-As.
3. **paeoniifólius** (Dennst.) Nicols. (*A. campanulátus* (Roxb.) Bl. ex Decne.) ♃ ⓦ ⓝ, NO-Ind. bis Vietn., Phil., N. Guin., Polyn.
- *rivièri:* 2
4. **titánum** (Becc.) Becc. ex Arcang. ♃ ⓦ, Sum.

Ampelópsis Michx. emend. Planch. - f. - *Vitáceae*
Scheinrebe
1. **aconitifólia** Bunge (*Vítis disécta* Carr.) ♄ ⌇, N-China, Mongol.
2. **brevipedunculáta** (Maxim.) Trautv. (*Císsus brevipedunculáta* Maxim.) var. **maximowíczii** (Regel) Rehd. (*A. heterophýlla* (Thunb.) Sieb. et Zucc. non Bl., *Vítis heterophýlla* Thunb.,

V. heterophýlla Thunb. var. *maximowíczii* Regel) ♄ ⌇ ♣, O-China
'Citrulloides' (f. *citrulloídes* (Lebas) Rehd.) ♄ ⌇
'Elegans' (f. *élegans* (K. Koch) Rehd., *Vítis élegans* K. Koch, *A. heterophýlla* (Thunb.) Sieb. et Zucc. non Bl. f. *élegans* (K. Koch) Voss) ♄ ⌇ ⊽ ♣
– *brevipedunculáta* f. *citrulloídes:* 2
– *brevipedunculáta* f. *élegans:* 2
– *hederácea: Parthenocíssus* 3
– *henryána: Parthenocíssus* 1
– *heterophýlla:* 2
– *heterophýlla* f. *élegans:* 2
3. **japónica** (Thunb.) Mak. (*A. serjaniifólia* Bunge) ♄ ⟿ ♣ ∧, Jap., N-China
4. **megalophýlla** (Veitch) Diels et Gilg ♄ ⌇ ♣, W-China
5. **orientális** (Lam.) Planch. (*Císsus orientális* Lam., *Vítis orientális* (Lam.) Boiss.) ♄ ⌇ Ⓚ ∧ ⊽, Kl. As., Syr.
– *quinquefólia: Parthenocíssus* 3
– *serjaniifólia:* 3
– *tricuspidáta: Parthenocíssus* 4

Amphiblémma Naud. – n. – *Melastomatáceae*
1. **cymósum** (Schrad. et J.C. Wendl.) Naud. ♄ Ⓦ VII–VIII, Trop. W-Afr., von Guin. bis Elfenbeink.

Amphícome argúta: Incarvíllea 1
– *emódi: Incarvíllea* 4

Amsónia Walt. – f. – *Apocynáceae*
– *amsónia:* 2
1. **angustifólia** Michx. ♃ IV–V, USA: N-Carol. bis Tex.
2. **tabernaemontána** Walt. (*Tabernaemontána amsónia* L., *A. amsónia* (L.) Britt.) ♃ IV–V, USA: Virg. bis Kans., südl. bis Georg., Louis. u. Okla., von Mass. bis Penns. eingebürg.

Amýgdalus: Prúnus u. sp. 19, 20, 26, 41, 56, 58

Ámyris P. Br. – f. – *Rutáceae*
1. **balsamífera** L. – Balsambaum, „Balsam Torchwood" ♄ – ♄ Ⓚ Ⓝ, S-Flor., Antill., Mex. bis S-Am.

Anábasis L. – f. – *Chenopodiáceae*
1. **aphýlla** L. ♄ Ⓝ, SO-Rußl., Vord. As., M-As.

Anacámpseros L. – f. – *Portulacáceae* Liebesröschen
1. **albíssima** Marl. (*A. avasmontána* Dint.) ♃ Ⓚ *, Kap, Namib.
2. **alstónii** Schönl. ♃ Ⓚ *, Kap, Namib.
3. **arachnoídes** (Haw.) Sims ♃ Ⓚ *, Kap, Transv.
– *arachnoídes* hort.: 8
– *avasmontána:* 1
4. **dínteri** Schinz ♃ Ⓚ *, Namib.
– *filamentósa* De Wild.: 8
5. **filamentósa** (Haw.) Sims ♃ Ⓚ *, Kap
6. **papyrácea** E. Mey. ex Sond. ♃ Ⓚ *, Kap, Namib.
7. **quinária** E. Mey. ex Sond. ♃ Ⓚ *, Kap, Namib.
8. **ruféscens** (Haw.) Sweet (*A. filamentósa* De Wild. non (Haw.) Sims, *A. arachnoídes* hort. non (Haw.) Sims) ♃ Ⓚ *, Kap
9. **telephiástrum** DC. ♃ Ⓚ *, Kap
10. **tomentósa** Berger ♃ Ⓚ *, Namib.

Anacámptis L.C. Rich. – f. – *Orchidáceae* Hundswurz
1. **pyramidális** (L.) L.C. Rich. ♃ VI–VII ▽ *, Eur., Med., SW-As., N-Afr.

Anacárdium L. – n. – *Anacardiáceae*
1. **occidentále** L. – Acajubaum, Kaschubaum ♄ Ⓦ Ⓝ, Heimat wahrsch. Bras., in den übrigen Trop. vielfach eingebürg.

Anácharis: Elódea
– *callitrichoídes: Elódea* 1
– *canadénsis: Elódea* 2
– *dénsa: Egéria* 1
– *nuttállii: Elódea* 4
– *occidentális: Elódea* 4

Anácyclus L. – m. – *Compósitae*
– *depréssus:* 2
1. **officinárum** Hayne – Deutscher Bertram ⊙ Ⓝ, Med.? (Die unter diesem Namen kultivierten Pflanzen sind meist *Ánthemis altíssima* L. oder andere *Anácyclus*-Arten)
2. **pyréthrum** (L.) Link (*Ánthemis pyréthrum* L.) – Römischer Bertram
var. **depréssus** (Ball) Maire (*A. depréssus* Ball) ♃ △ ∧ V–VIII, Atlas
var. **pyréthrum** ⊙ Ⓝ, SO-Span., N-Afr., Arab., Syr.
3. **radiátus** Loisel. ⊙ VI–VIII, Med., Port.

Anagállis L. – f. – *Primuláceae*

Gauchheil
1. **arvénsis** L. - Ackergauchheil ⊙, Eur., Med., gem. W- u. M-As., N- u. S-Afr., Kanar., in N-Am. eingebürg.
- *collína:* 2
- *grandiflóra:* 2
- *linifólia:* 2
2. **monélli** L. (*A. collína* Schousb., *A. linifólia* L., *A. grandiflóra* Andr.) ⊙ VI–IX, SW-Eur., W-Med., N-Afr.

Anágyris L. - f. - *Leguminósae*
1. **fóetida** L. - Stinkstrauch ♄ Ⓚ V ☠, Med., S.-Port.

Anamírta Colebr. - f. - *Menispermáceae*
Scheinmyrte
1. **cócculus** Wight et Arn. ♄ § Ⓦ ☠ Ⓝ, Trop. O-As., Ind. bis N. Guin.

Ánanas Mill. - m. - *Bromeliáceae*
1. **bracteátus** (Lindl.) Schult. f. ♃ i Ⓦ, Bras., Parag.
2. **comósus** (L.) Merr. (*Bromélia ánanas* L., *B. comósa* L., *Ánanas satívus* (Lindl.) Schult. f., *Ananássa satíva* Lindl.) - Ananas ♃ Ⓦ Ⓝ, Nur in Kult. bek.
3. **nánus** (L.B. Sm.) L.B. Sm. ♃ i Ⓦ, M- u. N-Bras.
- *satívus:* 2

Ananássa satíva: Ánanas 2

Anáphalis DC. - f. - *Compósitae*
Perlpfötchen
1. **cinnamómea** (DC.) Benth. ex C.B. Clarke (*Antennária cinnamómea* DC., *Anáphalis margaritácea* var. *cinnamómea* (DC.) Hand.-Mazz.) ♃ VII–VIII, Him.
2. **margaritácea** (L.) Benth. et Hook. f. (*Gnaphálium margaritáceum* L., *Antennária margaritácea* (L.) R.Br.) var. **margaritácea** - Silberimmortelle ♃ VII–IX, N-Am., NO-As., Jap., in N-Eur. u. Deutschl. eingebürg.
var. **yedoénsis** (Franch. et Sav.) Ohwi (*A. yedoénsis* (Franch. et Sav.) Maxim.) ♃ VII–IX, Jap.
- *margaritácea* var. *cinnamómea:* 1
3. **nubígena** DC. ♃ △ ∧ VI–VII, Afgh., Pak., Tib. bis Jünn.
4. **triplinérvis** (Sims) C.B. Clarke ♃ △ VII–VIII, Him.
- *yedoénsis:* 2

Anarrhínum Desf. - n. - *Scrophulariáceae*
1. **bellidifólium** (L.) Willd. (*Antirrhínum bellidifólium* L.) ⊙-♃ △ VI–VII, Pyren. Halbins., Frankr., N-Ital., W-Deutschl.

Anastática L. - f. - *Crucíferae*
Rose von Jericho
1. **hierochúntica** L. ⊙ VII, Marok. bis S-Iran

Anchúsa L. - f. - *Boragináceae*
Ochsenzunge
1. **angustíssima** K. Koch (*A. caespitósa* hort.) ♃ △ ∧ V–X, Kl. As., Arm.
2. **azúrea** Mill. (*A. itálica* Retz.) ⊙-♃ VI–IX, S- u. südl. M-Eur., Med., N-Afr. bis Iran, im nördl. M-Eur. sowie in N-Am. eingebürg.
3. **barreliéri** (All.) Vitm. (*Buglóssum barreliéri* All.) ⊙-♃ VI–VIII, Ital. bis Ukr., N-Balk., Kl. As.
- *caespitósa* hort.: 1
4. **capénsis** Thunb. ⊙ VII–VIII, S-Afr.
5. **cespitósa** Lam. (*Pentaglóttis cespitósa* (Lam.) Tausch) ♃ △ Ⓚ V bis IX, Kreta
- *echioídes: Arnébia* 1
- *itálica:* 2
- *myosotidiflóra: Brúnnera* 1
6. **officinális** L. ⊙-♃ VI–IX, O-, SO- u. M-Eur., auch Dänem. u. Holl. bis Frankr., Balear., Kl. As.
- *sempérvirens: Pentaglóttis* 1

Ancistrocáctus: Sclerocáctus
- *crassihamátus: Sclerocáctus* 9
- *schéerii: Sclerocáctus* 8
- *uncinátus: Sclerocáctus* 9

Andíra Juss. - f. - *Leguminósae*
1. **araróba** Aguiar (*Vateireópsis araróba* (Aguiar) Ducke) ♄ Ⓦ ☠ Off., Bras.
2. **inérmis** (W. Wright) H.B.K. ex DC. - „Angelin" ♄ Ⓦ ☠ Ⓝ, S-Flor., Antill., Mex., M- u. S-Am., trop. W-Afr.

Andráchne L. - f. - *Euphorbiáceae*
1. **cólchica** Fisch. et C.A. Mey. ex Boiss. ♄ VII–IX, Kauk.
2. **phyllanthoídes** (Nutt.) Muell. Arg. ♄ VII–IX, USA: Missouri bis Ark. u. Tex.

Andrómeda L. - f. - *Ericáceae*
Gränke, Lavendelheide, Rosmarinheide
- *arbórea: Oxydéndrum* 1
- *axilláris: Leucóthoë* 1

– *calyculáta: Chamaedáphne* 1
– *catesbaei: Leucóthoë* 1
– *dealbáta: Zenóbia* 1
– *ferrugínea: Lyónia* 1
– *floribúnda: Píeris* 1
– *fontanesiána: Leucóthoë* 6
– *formósa: Píeris* 2
1. **glaucophýlla** Link ♄ i V–VI, N-Am.: Grönl., Neufundl. u. Labr. bis Sask., südl. bis N. Jers., Indiana, Minn.
– *japónica: Píeris* 3
– *lúcida: Lyónia* 3
– *mariána: Lyónia* 4
– *nána: Píeris* 4
2. **polifólia** L. – Lavendelheide ♄ i ☠ V bis VIII, Zirkumpol., auch Alp. u. Karp.
– *pulverulénta: Zenóbia* 1
– *racemósa* L.: *Leucóthoë* 4
– *racemósa* Lam.: *Lyónia* 2
– *recúrva: Leucóthoë* 5

Andropógon barbátus: Chlóris 1
– *citrátus: Cymbopógon* 1
– *confertiflórus: Cymbopógon* 5
– *flexuósus: Cymbopógon* 2
– *grýllus: Chrysopógon* 1
– *ischaemum: Bothrióchloa* 1
– *iwarancúsa: Cymbopógon* 3
– *martínii: Cymbopógon* 4
– *muricátus: Vetivéria* 1
– *nárdus: Cymbopógon* 5
– *polydáctylos: Chlóris* 1
– *schoenánthus: Cymbopógon* 6
– *scopárius: Schizachýrium* 1
– *squarrósus: Vetivéria* 1

Andrósace L. – f. – *Primuláceae* Mannsschild
1. **aïzóon** Duby ♃ △ V, Ind., China
2. **albána** Stev. ⊙ △ IV–V, Arm., N-Iran, Kl. As.
– *arachnoídea:* 18
– *brigantíaca:* 3
3. **cárnea** L.
ssp. **brigantíaca** (Jord. et Fourr.) I. K. Fergus. (*A. brigantiáca* Jord. et Fourr.) ♃ △ VI, Cott. Alp.
ssp. **cárnea** ♃ △ VI–VII, Gebg. W-Eur., von N-Span. u. Pyren. bis Voges., östl. bis westl. M-Alp.
ssp. **lággeri** (Huet) Nym. (*A. lággeri* Huet) ♃ △ IV–VI, M-Pyren.
4. **chamaejásme** Wulf. emend. Host ♃ △ VI ▽, Alp., Karp., Kauk., M-, N-u. O-As., Alaska, arkt. NW-Kan.
– *dúbyi:* 13
5. **foliósa** Duby ex Decne. ♃ △ V–VI, NW-Him.
6. **hedraeántha** Griseb. ♃ △ V–VI, M-Balk.
7. **helvética** (L.) All. ♃ △ V–VI ▽, Alp.
8. **láctea** L. ♃ △ V–VI ▽, Span., Jura, Schwäb. Jura, Alp. bis N-Balk., O-Karp.
9. **lactiflóra** Pall. ⊙ △ V–VI, Sib., Mongol.
– *lággeri:* 3
10. **lanuginósa** Wall. ♃ △ V–VI, Him.
11. **máxima** L. ⊙ △ IV–V, Med., NW-Afr., S-, M- u. O-Eur. bis W-As. u. Sib.
12. **obtusifólia** All. ♃ △ V ▽, Span., Alp., N-Apenn., Sudet., Karp., Balk., südl. bis Mazed.
13. **primuloídes** Duby (*A. dúbyi* Hyl.) ♃ △ VI–VII, W-Him.
'Chumbyi' (*A. sarmentósa* var. *chúmbyi* Fitzh.)
14. **sarmentósa** Wall. (*A. sarmentósa* var. *watkínsii* Hook. f.) ♃ △ VI–VII, Him., W-China
– *sarmentósa* var. *chúmbyi:* 13
– *sarmentósa* var. *watkínsii:* 14
15. **sempervivoídes** Jacquem. ex Duby ♃ △ VI–VII, Kaschm., Tib.
16. **septentrionális** L. ⊙ △ IV–V, Nördl. Halbk.
17. **strigillósa** Franch. ♃ △ VI, Sikk.
18. **villósa** L.
var. **arachnoídea** (Schott, Nym. et Kotschy) R. Knuth (*A. arachnoídea* Schott, Nym. et Kotschy) ♃ △ VI bis VII, Ital., SO-Eur.
– *vitaliána: Vitaliána* 1

Andrýala L. – f. – *Compósitae*
1. **agárdhii** Haenseler ex DC. ♃ Ⓐ – ▭ V–VII, S-Span.: Sierra Nev.

Aneiléma geniculátum: Tradescántia 6

Aneimia: Anémia

Anémia Sw. (*Aneimia* Sw. corr. Kaulf.) – f. – *Anemiáceae*
1. **mandiocána** Raddi ♃ Ⓦ, Bras.
2. **phyllítidis** (L.) Sw. ♃ Ⓦ, Trop. Am., in Ceyl. eingebürg.
3. **rotundifólia** Schrad. ♃ Ⓦ, S-Bras.
4. **tomentósa** (Savigny) Sw. ♃ Ⓦ, Trop. S-Am., Nat., Abess., S-Ind.

Anemóne L. - f. - *Ranunculáceae*
Anemone
- *acutíloba: Hepática* 1
- *albána: Pulsatílla* 1
- *alpína: Pulsatílla* 2
- *angulósa: Hepática* 3

1. **apennína** L. ♃ △ IV-V, S-Eur.: Kors. bis Bulg., südl. bis Siz. u. Griech.
2. **baicalénsis** Turcz. et Ledeb. ♃ ⟿ IV-V, Baikalgebg.
3. **baldénsis** Jacq. ♃ △ VI-VIII, N-Span., Alp., Kroat., S-Karp.
4. **blánda** Schott et Kotschy ♃ △ III-IV, SO-Eur., Kauk., Vord. As.
5. **canadénsis** L. (*A. pensylvánica* L., *A. dichótoma* Michx. non L.) ♃ △ V, N-Am.: Queb. bis Br. Kol., südl. bis Maryl., Kans. u. New Mex.
6. **coronária** L. - Garten- oder Kronenanemone ♃ ✂ III-V, Med., W-As. (Mit vielen Sorten)

- *dichótoma:* 5
- × *élegans:* 9

7. × **fúlgens** (DC.) Gáyer (*A. horténsis* × *A. pavonína*) ♃ ✂ III-V

- × *fúlgens* var. *annuláta-grandiflóra:* 16
- *globósa:* 12
- *hepática: Hepática* 2

8. **hupehénsis** (Lemoine) Lemoine (*A. japónica* (Thunb.) Sieb. et Zucc. var. *hupehénsis* Lemoine) var. **japónica** (Thunb.) Bowl. et Stearn (*A. japónica* (Thunb.) Sieb. et Zucc. non Houtt., *A. nippónica* Merr.) ♃ ✂ VIII-IX, Jap., S-China

- *hupehénsis* var. *tomentósa:* 22
- × *hýbrida:* 9
- *japónica:* 8
- *japónica* var. *hupehénsis:* 8

9. **-Japonica-Hybriden** (*A. hupehénsis* var. *japónica* × *A. vitifólia; A.* × *hýbrida* Paxt., *A.* × *élegans* Decne.) - Herbstanemonen ♃ ✂ VII-IX (Mit vielen Sorten)
10. × **lésseri** Wehrh. (*A. multífida* × *A. sylvéstris*) ♃ △ V-VI

- *magellánica:* 12

11. **-Mona-Lisa-Hybriden** ♃ Ⓚ ✂ X-V

- *montána: Pulsatílla* 4

12. **multífida** Poir. (*A. globósa* Torr. et A. Gray) Nutt. ex Pritz., *A. magellánica* hort.) ♃ VI, N-Am.: Neufundl. bis Alaska, südl. bis Maine, S. Dak., New Mex. u. Kalif.; südl. S-Am.
13. **narcissiflóra** L. - Berghähnlein ♃ △ ☠ V-VI ▽, Gebg. S-, M- u. O-Eur., Voges., As.
14. **nemorósa** L. - Buschwindröschen ♃ III-V ☠, Eur., O-, NO-As.

- *nippónica:* 8

15. **palmáta** L. ♃ V-VI, W-Med.

- *pátens: Pulsatílla* 5

16. **pavonína** Lam. emend. Stearn (*A.* × *fúlgens* var. *annuláta-grandiflóra* hort.) ♃ V-VI, Med.

- *pensylvánica:* 5

17. **polyánthes** D. Don ♃ △ VI, Pak. bis Bhut.

- *praténsis: Pulsatílla* 6
- *pulsatílla: Pulsatílla* 8

18. **ranunculoídes** L. ♃ ☠ IV-V, Eur., W-Sib., Kauk.
19. **rivuláris** Buch.-Ham. ex DC. ♃ V bis VI, Ind., SW-China
20. **rupícola** Cambess. ♃ △ VII-VIII, Afgh. bis SW-China

- *slávica: Pulsatílla* 3

21. **sylvéstris** L. ♃ V-VI ☠ ▽, W-, M- u. O-Eur., Sib., Kauk.

- *thalictroídes: Anemonélla* 1

22. **tomentósa** (Maxim.) Pe'i (*A. vitifólia* Buch.-Ham. var. *tomentósa* (Maxim.) Ulbr., *A. hupehénsis* var. *tomentósa* (Maxim.) Hyl.) ♃ VIII bis IX, N-China

- *transsylvánica: Hepática* 3

23. **trifólia** L. ♃ V, Gebg. südöstl. M-, S- u. SW-Eur.

- *vernális: Pulsatílla* 7

24. **vitifólia** Buch.-Ham. ex DC. ♃ VIII bis X, Afgh. bis W-China u. Burma

- *vitifólia* var. *tomentósa:* 22

Anemonélla Spach - f. - *Ranunculáceae*

1. **thalictroídes** (L.) Spach (*Anemóne thalictroídes* L., *Thalíctrum anemonoídes* Michx., *Syndésmon thalictroídes* (L.) Hoffmgg.) ♃ IV-V, N-Am.: Maine bis Ont. u. Minn., südl. bis Flor., Alab., Miss., Ark. u. Okla.

Anemonópsis Sieb. et Zucc. - f. - *Ranunculáceae*
Scheinanemone

1. **macrophýlla** Sieb. et Zucc. ♃ VIII, Jap.

Anemopaēgma Mart. et Meissn. - n. -

Bignoniáceae
1. **chamberlaýnii** (Sims) Bur. et K. Schum. (*Bignónia chamberlaýnii* Sims) ♄ ⌇ ⌂W IX, Bras.

Anemópsis Hook. et Arn. – f. – *Saururáceae*
1. **califórnica** (Nutt.) Hook. et Arn. ♃ ∿ ⌂K VII–VIII, Tex. bis Nev. u. Kalif., Mex.

Anéthum L. – n. – *Umbellíferae*
Dill
1. **gravéolens** L.
var. **gravéolens** – Ackerdill ⊙ VIII, Vord. As., Ind., in Eur., bes. im Med., u. im nördl. N-Am. eingebürg.
var. **hortórum** Alef. – Gartendill ⊙ VII–VIII Ⓝ, Nur in Kult bek.

Angélica L. – f. – *Umbellíferae*
1. **archangélica** L. (*Archangélica officinális* (Moench) Hoffm.)
ssp. **archangélica**
var. **archangélica** – Engelwurz ♃ VI bis VIII, N-, M-Eur. (im restl. Eur. eingebürg.), N-As., Kauk., Grönl.
var. **satíva** (Mill.) Rikli (*Angélica satíva* Mill., *Archangélica satíva* (Mill.) Bess.) ♃ VII–VIII Ⓝ Off., Nur in Kult bek.

Angelónia Humb. et Bonpl. – f. – *Scrophulariáceae*
1. **angustifólia** Benth. ♃ ⌂W VII–X, Mex. bis Guay., Peru
2. **cornígera** Hook. ⊙ VII–VIII, Bras.
3. **gárdneri** Hook. ♄ – ♃ ⌂W VII–VIII, Bras.
– *grandiflóra:* 4
4. **salicariifólia** Humb. et Bonpl. (*A. grandiflóra* hort.) ♃ ⌂W VII–X, Nördl. S-Am., Westind.

Angiópteris Hoffm. – f. – *Angiopteridáceae*
Bootfarn
1. **evécta** (G. Forst.) Hoffm. – Bootfarn i ⌂W, Ind., Ceyl., Jap., N-Austral., Polyn., Madag.

Angóphora Cav. – f. – *Myrtáceae*
1. **floribúnda** (Sm.) Sweet (*A. intermédia* DC.) ♄ i ⌂K, O-Austral.

Angraécum Bory – n. – *Orchidáceae*
– *arcuátum: Cyrtórchis* 1
– *articulátum: Aërángis* 1
– *citrátum: Aërángis* 2
1. **ebúrneum** Bory
ssp. **ebúrneum** ♄ i ⌂W XI–I ✱, Maskar.
ssp. **supérbum** (Thou.) Sengh. (*A. supérbum* Thou.) ♄ i ⌂W XI–I ✱, Madag.
2. **eichleriánum** Kraenzl. ♄ ⌂W IX ✱, Nig., Kamer., Gabun, Zaire, Angola
– *ellísii: Aërángis* 3
– *falcátum: Neofinétia* 1
– *hyaloídes: Aërángis* 4
– *kotschyánum: Aërángis* 5
– *kótschyi: Aërángis* 5
– *modéstum: Aërángis* 6
– *pellúcidum: Diaphanánthe* 2
– *sesquipedále: Macropléctrum* 1
– *supérbum:* 1

Angúloa Ruiz et Pav. – f. – *Orchidáceae*
1. **brevílabris** Rolfe ♃ ⌂W VI ✱, Kol.
2. **cliftónii** Rolfe ♃ ⌂W ✱, Kol.?
3. **clowésii** Lindl. ♃ ⌂W V–VII ✱, Kol., Venez.
– *hernandézii: Stanhópea* 4
4. **rúckeri** Lindl. ♃ ⌂W V–VI ✱, Kol.
5. **uniflóra** Ruiz et Pav. (*A. virginális* Lind.) ♃ ⌂W V–VII ✱, Kol. u. Venez. bis Peru
– *virginális:* 5

× **Angulocáste** hort. (*Angúloa* × *Lycáste*) – f. – *Orchidáceae*

Anhalónium fissurátum: Ariocárpus 2
– *furfuráceum: Ariocárpus* 4
– *kotschoubeánum: Ariocárpus* 3
– *lewínii: Lophóphora* 1
– *trigónum: Ariocárpus* 6
– *williámsii: Lophóphora* 1

Anigozánthos Labill. – m. – *Haemodoráceae*
Känguruhblume
– *coccíneus:* 1
1. **flávidus** DC. (*A. coccíneus* Paxt.) ♃ ⌂K ✱ V–VI, W-Austral.
– *fuliginósus: Macropídia* 1
2. **gabriélae** Domin ♃ ⌂K V–VI ✱, W-Austral.
3. **húmilis** Lindl. ♃ ⌂K V–VI ✱, W-Austral.
4. **-Hybriden** ♃ ⌂K ✂
5. **manglésii** D. Don ♃ ⌂K V–VI ✱, W-Austral.
6. **pulchérrimus** Hook. ♃ ⌂K V–VI ✱, W-Austral.
7. **rúfus** Labill. ♃ ⌂K V–VI ✱, W-Austral.

8. **víridis** Lindl. ♃ Ⓚ V–VI ✱, W-Austral.
Anisántha stérilis: Brómus 14
– *tectórum: Brómus* 15
Anisodóntea K.B. Presl – f. – *Malváceae*
1. **capénsis** (L.) D.M. Bates (*Málva capénsis* L., *Malvástrum cápense* (L.) Garcke) – Fleißiges Lieschen ♄ Ⓚ VI bis IX, S-Afr.
Anisóstichus capreolátus: Bignónia 1
Anísum vulgáre: Pimpinélla 1
Annóna L. – f. – *Annonáceae*
1. **cherimóla** Mill. – „Cherimoya" ♄ Ⓦ Ⓝ, Peru, Ek., in trop. Gebg. u. den Subtrop. eingebürg.
2. **muricáta** L. – Sauersack, Stachelannone ♄ Ⓦ Ⓝ, S-Mex. bis Peru u. Bras., Antill.
3. **reticuláta** L. – Ochsenherz, Netzannone ♄ Ⓦ Ⓝ, Antill., Mex.
4. **squamósa** L. – Rahmapfel, Süßsack, Zuckerapfel ♄ Ⓦ Ⓝ, Antill., M-Am., in S-Flor. eingebürg.
– *tríloba: Asimína* 1
Anoectochílus Bl. – m. – *Orchidáceae*
– *dawsoniánus: Ludísia* 1
– *lówii: Dossínia* 1
1. **regális** Bl. (*A. setáceus* (Bl.) Lindl.) ♃ i Ⓦ IV–VI ✱, Ceyl.
– *setáceus:* 1
2. **sikkiménsis** King et Pantl. ♃ i Ⓦ ✱, Sikk.
× **Anoectomária** Rolfe (*Anoectochílus* × *Ludísia*) – f. – *Orchidáceae*
Anogéissus (DC.) Guill., Perrott. et A. Rich. – f. – *Combretáceae*
1. **latifólia** (Roxb. ex DC.) Wall. ex Bedd. – „Yon" ♄ Ⓦ Ⓝ, Ind., Ceyl.
Anográmma Link – f. – *Hemionitidáceae*
1. **leptophýlla** (L.) Link (*Gymnográmma leptophýlla* (L.) Desv.) ♃ Ⓚ, Atl. W-Eur., S-Eur., Schw., Med., N- u. S-Afr., W-As., Ind., Ceyl., Austral., Neuseel.
– *schizophýlla: Pityrográmma* 6
Anomalésia N.E.Br. – f. – *Iridáceae*
1. **cunónia** (L.) N.E.Br. (*Antholýza cunónia* L.) ♃ Ⓚ V–VI, Kap
Anomathéca Ker-Gawl. – f. – *Iridáceae*
– *corymbósa: Lapeiróusia* 1
– *cruénta:* 2
1. **grandiflóra** Bak. (*Lapeiróusia grandiflóra* (Bak.) Bak.) ♃ Ⓚ IV–V, S-Afr.
– *júncea:* 3
2. **láxa** (Thunb.) Goldblatt (*Lapeiróusia láxa* (Thunb.) N.E.Br., *Gladiólus láxus* Thunb., *L. cruénta* (Lindl.) Bak., *A. cruénta* Lindl.) ♃ Ⓚ IV–VI, Östl. S-Afr.
3. **verrucósa** (Vogel) Goldblatt (*Lapeiróusia júncea* (L. f.) Pourr., *A. júncea* (L. f.) Ker-Gawl.) ♃ Ⓚ IV–V, Kap
Anóta (Lindl.) Schlechter – f. – *Orchidáceae*
1. **densiflóra** (Lindl.) Schlechter (*Saccolábium gigantéum* Lindl., *Vánda densiflóra* Lindl.) ♄ Ⓦ XI ✱, Burma
2. **violácea** (Lindl.) Schlechter (*Saccolábium violáceum* (Lindl.) Rchb. f., *Vánda violácea* Lindl.) ♄ Ⓦ II ✱, Phil.
Anrédera Juss. – f. – *Baselláceae*
1. **cordifólia** (Ten.) Steenis (*Boussingáultia cordifólia* Ten., *B. grácilis* Miers var. *pseudobaselloídes* (Haum.) L.H. Bailey, *B. baselloídes* Hook. non H.B.K.) ♃ ≹ Ⓚ Ⓝ, Parag. bis S-Bras. u. N-Arg., in S- u. SO-Eur. eingebürg.
Anséllia Lindl. – f. – *Orchidáceae*
1. **africána** Lindl. ♄ Ⓦ XII–I ✱, W-Afr.
2. **gigantéa** Rchb. f. ♄ Ⓦ XII–I ✱, Trop. u. S-Afr.
× **Ansídium** hort. (*Anséllia* × *Cymbídium*) – n. – *Orchidáceae*
Antelǽa Gaertn. (*Azadiráchta* A. Juss.) – f. – *Meliáceae*
1. **azadiráchta** (L.) Adelbert (*Mélia azadiráchta* L., *Azadiráchta índica* A. Juss.) – Nimbaum ♄ Ⓦ ☠ Ⓝ, Ind., Burma, Ceyl., Malak., Mal. Arch., in O-Afr., S-Arab. u. S-Iran eingebürg.
Antennária Gaertn. – f. – *Compósitae* Katzenpfötchen
1. **alpína** (L.) Gaertn. ♃ △ ⇝ VII bis VIII, Zirkumpol.
– *apríca:* 4
– *cándida:* 2
– *cinnamómea: Anáphalis* 1
2. **dioíca** (L.) Gaertn. (*Gnaphálium dioícum* L.)
var. **boreális** A. Camus (*A. tomentósa* hort., *A. cándida* hort.) ♃ ⇝ △ V–VI, Nördl. gem.-subarkt. Zone
var. **dioíca** ♃ ⇝ V–VII Ⓝ ▽, Euras.
– *margaritácea: Anáphalis* 2

3. **neglécta** Greene
var. **attenuáta** (Fern.) Cronq. (*A. neodioíca* Greene, *A. rupícola* Fern.) ♃ ⇝ △ V–VI, N-Am.: Alaska, Neufundl. bis Wash., südl. bis Virg., Kans., Ariz. u. Kalif.
- *neodioíca:* 3
4. **parvifólia** Nutt. (*A. apríca* Greene) ♃ ⇝ △ V–VI, N-Am.: Ont. bis Alaska, südl. bis Minn., New Mex., Ariz.; Mex.
5. **plantaginifólia** (L.) Hook. ♃ ⇝ △ V bis VI, N-Am.: Queb. bis Minn., südl. bis Georg. u. Tex.
- *rupícola:* 3
- *tomentósa:* 2

Ánthemis L. – f. – *Compósitae*
Hundskamille
1. **altíssima** L. emend. Spreng. (*A. cóta* L. emend. Vis.; meist fälschlich unter dem Namen *Anácyclus officinárum* kultiviert) ⊙ VI–VIII Ⓝ, S-Eur., Med., Port., Vord. u. M-As.
- *arábica: Cladánthus* 1
2. **arvénsis** L. – Ackerkamille ⊙ – ⊙ V bis X, Eur., N-Afr., Kl. As., Arm., im östl. N-Am. eingebürg.
3. **austríaca** Jacq. ⊙–⊙ VI–VIII, Östl. M-, SO-Eur., Anat., Arm., Kauk., N-Afr.
- *biebersteiniána:* 9
4. **carpática** Waldst. et Kit. ex Willd. ♃ △ VII–VIII, N-Span., Pyren., österr. Alp. bis O-Karp. u. N-Griech.
5. **cinérea** Panč. ♃ △ ∧ VI–VIII, Balk.
- *cóta:* 1
6. **cótula** L. ⊙ Ⓝ VI–X, Eur., Vord. As., N-Afr., Kanar., in N- u. S-Am. sowie Austral. eingebürg.
7. **crética** L.
ssp. **crética** (*A. orientális* (L.) Degen (ssp. *montána* (L.) Hayek, *A. montána* L.) ♃ △ VI–VII, Gebg. S-Eur. (aber nicht Kretas!), W-Tschechosl.
- *grandiflóra: Dendránthema* 2
8. **hausskréchtii** Boiss. et Reut. ♃ △ VI bis VII, Syr., Irak, Iran, S-Anat.
9. **marschalliána** Willd. (*A. biebersteiniána* (Adams) K. Koch, *Chrysánthemum biebersteiniánum* Adams) ♃ △ ∧ V–VII, Kauk., Gebg. Kl.As.
- *montána:* 7
- *nóbilis: Chamaemélum* 1
- *orientális* ssp. *montána:* 7
- *pyréthrum: Anácyclus* 2
10. **sáncti-johánnis** Turrill ♃ ∧ VI bis VIII, SW-Bulg.
11. **tinctória** L. – Färberkamille ♃ ✂ VII–IX, Fast ganz Eur., W-As., im nordöstl. N-Am. eingebürg.
12. **triumféttii** (L.) DC. ♃ VII–VIII, Gebg. Schw., S-Eur.

Anthéricum L. – n. – *Liliáceae*
Graslilie
- *bichétii: Chloróphytum* 2
1. **liliágo** L. ♃ V–VI, Eur., Kl. As., N-Afr.
- *liliástrum: Paradísea* 1
2. **ramósum** L. ♃ VI–VIII, Eur. bis Kauk.

Anthocéphalus A. Rich. – f. – *Rubiáceae*
1. **cadámba** (Roxb.) Miq. – Kaddam ♄ ⌂ Ⓝ, Malays., Phil., Indones., N. Guin.

Antholýza aethiópica: Chasmánthe 1
- *cáffra: Chasmánthe* 2
- *cunónia: Anomalésia* 1
- *paniculáta: Crocósmia* 4

Anthoxánthum L. – n. – *Gramíneae*
Ruchgras
- *aristátum:* 2
1. **odorátum** L. – Ruchgras ♃ D V–VI Ⓝ, Eur., Med., NW-Afr., Vord. As., N-As., in N-Am., Austral., Tasm. eingebürg.
2. **puélii** Lecoq et Lamotte (*A. aristátum* auct. non Boiss.) ⊙, Kanar., Mad., SW-, W-Eur., NW-Deutschl., östl. bis Pol., im östl. u. pazif. N-Am. eingebürg.

Anthríscus Pers. emend. Hoffm. – m. – *Umbellíferae*
Kerbel
1. **cerefólium** (L.) Hoffm.
ssp. **cerefólium** (var. *satívus* (Lam.) Endl.) – Gartenkerbel ⊙ VI Ⓝ, Nur in Kult. bek.
ssp. **trichospérmus** (Wimm.) Arcang. (var. *trichospérmus* Wimm., *Chaerophýllum trichospérmum* Schult. non Lam., *A. trichospérmus* Spreng. non Pers.) – Wilder Kerbel ⊙ VI, Donauländ., S- u. M-Rußl., W-Sib., SW-As., in W- u. M-Eur. sowie N-Am. eingebürg.
- *cerefólium* var. *satívus:* 1

- *cerefólium* var. *trichospérmus:* 1
2. **sylvéstris** (L.) Hoffm. - Wiesenkerbel ♃ IV–VII ⓝ, N- u. M-Eur., Sib., Kauk., Med., N-Afr., Abess., im nordöstl. atl. N-Am. eingebürg.
- *trichospérmus:* 1

Anthúrium Schott - n. - *Aráceae*
1. **acaule** (Jacq.) Schott ♃ ⓦ, Antill.
- *andraeánum* hort.: 3
2. **andraeánum** Lind. (*A. andreánum* Lind. corr. André) ♄ ⓦ, Kol.
3. **-Andraeanum-Hybriden** (*A.* × *cultórum* Birdsey, *A. andraeánum* hort. non Lind.) - Große Flamingoblume ♄ ✂ ⓦ
- *andreánum:* 2
4. **bákeri** Hook. f. ♃ ♣ ⓦ, Guat. bis Kol.
5. **béllum** Schott ♄ ⓦ, Bras.
6. **bogoténse** Schott ♄ ⓦ, Kol.
7. **corrugátum** Sodiro (*A. papillósum* Markgr.) ♄ i ⓦ, Kol., Ek.
8. **crassinérvium** (Jacq.) Schott (*A. ellípticum* K. Koch et Bouché) ♃ ⓦ, Venez.
9. **crystállinum** Lind. et André ♃ D ⓦ, Pan. bis Peru
- × *cultórum:* 3
10. **digitátum** (Jacq.) G. Don ♄ ⓦ, Venez.
- *ellípticum:* 8
11. **erythrocárpum** Sodiro ♄ ⓦ, Bras.
- *físsum:* 21
12. **forgétii** N.E.Br. ♄ D ⓦ, Kol.
13. **galeóttii** K. Koch ♃ ⓦ, S-Bras.
14. **harrísii** Endl. ♄ ⓦ, Bras.
15. **hookeri** Kunth ♄ ⓦ, Kleine Antill. von St. Kitts südl., Trin., Surin.
- × *hortulánum:* 29
16. **insígne** Mast. ♄ § ⓦ, Kol., Ek.
17. **kalbreyeri** hort. Veitch ex Mast. et T. Moore ♄ § ⓦ, Kol.
18. **leuconeurum** Lem. ♄ ⓦ, Mex.
19. **macrólobum** hort. Bull ex Mast. et T. Moore ♄ ⓦ, Bras.
20. **magníficum** Lind. ♄ ⓦ, Kol.
21. **palmátum** (L.) G. Don (*A. físsum* K. Koch ex Regel) ♄ i ⓦ, Westind.
- *papillósum:* 7
22. **paraguayénse** Engl. ♃ ⓦ, Parag.
23. **pedatoradiátum** Schott ♄ ⓦ, Mex.
24. **radícans** K. Koch ♄ § ⓦ, S-Bras.?
25. **regále** Lind. ♄ ⓦ, Peru
26. × **robústum** hort. (*A. regále* × *A.* species) ♄ ⓦ
27. **scándens** (Aubl.) Engl. ♄ § ♣ ⓦ, Westind., S-Mex. bis S-Bras.
- *scherzeriánum* hort.: 29
28. **scherzeriánum** Schott ♄ ⓦ, Guat., Costa R.
29. **-Scherzerianum-Hybriden** (*A. scherzeriánum* hort. non Schott, *A.* × *hortulánum* Birdsey) - Kleine Flamingoblume ♃ ✂ ⓦ
30. **signátum** K. Koch et Mathieu ♄ ⓦ, Venez.
31. **subsignátum** Schott ♄ ⓦ, Costa R.
32. **trinérve** Miq. ♄ i ⓦ, Bras.
33. **veitchii** Mast. ♄ ⓦ, Kol.
34. **warocqueánum** T. Moore ♄ ⓦ, Kol.
35. **wendlíngeri** G.M. Barroso ♃ § i ♣ ⓦ, Costa R.

Anthýllis L. - f. - *Leguminósae*
Wundklee
1. **bárba-jóvis** L. - Jupiters Bart ♄ i ⓚ III–V, Med., von Span. bis Jugosl., Alger.
2. **hermánniae** L. ♄-♄ i △ ∧ IV–V, Med.
3. **montána** L. - Bergwundklee ♃ △ V bis VIII, Gebg. S-Eur., Alp., NW-Afr.
4. **vulnerária** L. - Wundklee, Tannenklee ♃ IV–VI ⓝ, Eur., Vord. As., N-Afr., südl. bis Sahara, Abess.

Antiáris Lesch. - f. - *Moráceae*
1. **toxicária** (Pers.) Lesch. - Upasbaum ♄ ⓦ ☠ ⓝ, Trop. Afr. bis Malays., Indones., Phil., Fidschi-Ins.

Antidésma L. - n. - *Euphorbiáceae*
1. **búnius** (L.) Spreng. ♄ ⓦ ⓝ, Ind. bis SW-China, Malays., Phil., Queensl.

Antígonon Endl. - n. - *Polygonáceae*
1. **léptopus** Hook. et Arn. ♄ § ⓦ VII bis VIII, W-Mex.

Antirrhínum L. - n. - *Scrophulariáceae*
Löwenmaul
- *asarína: Asarína* 5
- *bellidifólium: Anarrhínum* 1
1. **hispánicum** Chav.
ssp. **hispánicum** ♃ △ ∧ VII–IX, SO-Span., Marok.
2. **május** L. - Gartenlöwenmaul ♃ (⊙ kultiviert) ✂ VI–IX (mit vielen Sorten), SW-Eur. bis NW-Afr., W-As., in W-, M- u. SO-Eur. eingebürg.

3\. **mólle** L. ♄ △ ∧ oder Ⓐ VII–IX, O- u. M-Pyren., benachbarte Gebg. NO-Span., NO-Port.

Anúbias Schott – f. – *Aráceae*

1\. **afzélii** Schott (*A. lanceoláta* hort. non N.E.Br.) ♃ i ~ Ⓦ, Westl. trop. Afr.

2\. **bárteri** Schott
var. **glábra** N.E.Br. (*A. lanceoláta* N.E.Br.) ♃ ~ Ⓦ, Kamer., Gabun, S-Nig.
var. **nána** (Engl.) Crusio (*A. nána* Engl.) ♃ ~ Ⓦ, Kamer.

– *congénsis:* 3

3\. **heterophýlla** Engl. (*A. congénsis* N.E.Br.) ♃ ~ Ⓦ, Trop. Afr.

– *lanceoláta* hort.: 1
– *lanceoláta* N.E.Br.: 2
– *nána:* 2

Apéra Adans. – f. – *Gramíneae*
Windhalm

1\. **spíca-vénti** (L.) P. Beauv. (*Agróstis spíca-vénti* L.) ⊙ VI–VII, Eur., W-Sib.

Áphanes L. – f. – *Rosáceae*

1\. **arvénsis** L. (*Alchemílla arvénsis* (L.) Scop.) – Ackerfrauenmantel ⊙ V bis IX, S-, W- u. M-Eur. bis S-Schwed., Lit. u. NO-Pol., As., N-Afr., in N-Am. eingebürg.

Apheländra R.Br. – f. – *Acantháceae*

– *amōena:* 3
– *atróvirens:* 2

1\. **aurantíaca** (Scheidw.) Lindl.
var. **aurantíaca** (*A. aurantíaca* var. *rōezlii* Van Houtte, *A. fascinátor* Lind. et André, *A. punctáta* hort. non Bull) ♄ Ⓦ IV–VII, Mex. bis Bol.
var. **nítens** (Hook. f.) Wasshausen (*A. nítens* Hook. f.) ♄ Ⓦ IV–V, Kol. bis Peru

– *aurantíaca* var. *rōezlii:* 1

2\. **bahiénsis** (Nees) Wasshausen (*A. atróvirens* N.E.Br.) ♃ Ⓦ, Bahia

3\. **blanchetiána** (Nees) Hook. f. (*A. amōena* Bull) ♄ Ⓦ VII–VIII, Bahia

4\. **chamissoniána** Nees (*A. punctáta* Bull) ♄ Ⓦ IX–X, S-Bras.

– *fascinátor:* 1

5\. **fláva** Nees (*A. fuscopunctáta* Markgr.) ♄ Ⓦ IX–X, Kol.

– *fuscopunctáta:* 5
– *leopóldii:* 9

6\. **liboniána** Lind. ♄ Ⓦ meist IV–VI, Bras.

7\. **maculáta** (Tafalla ex Nees) Voss (*Stenándrium lindénii* N.E.Br.) ♃ i ~ Ⓦ, Ek., Peru, Bol.

– *nítens:* 1
– *punctáta* Bull: 4
– *punctáta* hort.: 1

8\. **sinclairiána** Nees ♄ Ⓦ IV–IX, Costa R., Pan.

9\. **squarrósa** Nees (*A. squarrósa* var. *leopóldii* Van Houtte, *A. leopóldii* (Van Houtte) Lowe) ♄ Ⓦ ▽ VI–X, SO-Bras. (Mit mehreren Sorten, u.a. 'Fritz Prinsler')

– *squarrósa* var. *leopóldii:* 9

10\. **tetragóna** (Vahl) Nees ♄ Ⓦ VI–X, Venez.

Ápicra áspera: Astróloba 1
– *deltoídea: Astróloba* 2
– *foliolósa: Astróloba* 3
– *pentagóna: Astróloba* 4
– *rubriflóra: Poellnítzia* 1
– *spirális: Astróloba* 4

Ápios Fabr. – f. – *Leguminósae*
Erdbirne

1\. **americána** Medik. (*Glycíne ápios* L., *A. tuberósa* Moench) – Erdbirne ♃ ⸾ D VII–IX Ⓝ, N-Am.: N. Brunsw. bis Minn. u. Color., südl. bis Flor. u. Tex., in Ital. u. Frankr. mitunter eingebürg.

Ápium L. – n. – *Umbellíferae*
Eppich

1\. **gravéolens** L. – Sellerie, Eppich ♃ VII–IX
var. **dúlce** (Mill.) Pers. – Bleichsellerie, Stielsellerie Ⓝ, Nur in Kult bek.
var. **gravéolens** – Wilder Sellerie ~, Eur., Med., W-As. bis Vorderind., N- u. S-Afr., S-Am.
var. **rapáceum** (Mill.) Gaud. – Knollensellerie, Wurzelsellerie Ⓝ, Nur in Kult bek.
var. **secalínum** Alef. – Schnittsellerie Ⓝ, Nur in Kult. bek.

Aplolēia Raf. (*Leptocallísia* (Benth. et Hook. f.) Pichon) – f. – *Commelináceae*

1\. **monándra** (Sw.) H.E. Moore (*A. diffúsa* Raf., *Callísia monándra* (Sw.) Schult. et Schult. f., *C. umbelluláta* Lam., *Leptocallísia umbelluláta*

(Lam.) Pichon, *L. monándra* (Sw.) W. Ludw. et Rohw.) ♃ ≈ ⦚ ⌂W, Trop. Am.
- *multiflóra: Callísia* 3

Apócynum L. – n. – *Apocynáceae*
Hundsgift
1. **androsaemifólium** L. ♃ ☠ VII–IX, N-Am.: Neufundl. bis Alaska, südl. bis N-Carol., Ark. u. New Mex.; Mex.
2. **cannabínum** L., N-Am.: Queb. bis Wash., südl. bis Flor., Tex. u. Kalif.
var. **cannabínum** (var. *glabérrimum* A. DC., var. *pubéscens* (J. Mitch.) Stanst.) A. DC.) ♃ ☠ VI–VIII
var. **greeneánum** (Bég. et Bel.) Woods. ♃ ☠ VII–IX
- *cannabínum* var. *glabérrimum:* 2
- *cannabínum* var. *pubéscens:* 2
- *vénetum: Trachómitum* 1

Aponogéton L. f. – m. – *Aponogetonáceae*
Wasserähre
1. **bernieriánus** (Decne.) Hook. f. ♃ ≋ ⌂W, O-Madag.
2. **boivianiánus** Baill. ex Jumelle ♃ ≋ ⌂W IX–II, N-Madag.
3. **críspus** Thunb. ♃ ≋ ⌂W, Ceyl.
4. **desertórum** Zeyh. ex Spreng. (*A. leptostáchyus* E. Mey., *A. kraussiánus* Hochst.) ♃ ≈ ⌂W, S- u. O-Afr.
5. **distáchyos** L. f. ♃ ≋ D ⌂K, Kap, eingebürg. in S-Austral., Neuseel., im westl. S-Am. u. in W-Eur.
6. **elongátus** F. v. Muell. ex Benth. ♃ ≋ ⌂W, N- u. O-Austral.
- *fenestrális:* 8
7. **henkeliánus** Falkenb. et Baum ♃ ≋ ⌂W, Madag.
- *kraussiánus:* 4
- *leptostáchyus:* 4
8. **madagascariénsis** (Mirb.) Van Bruggen (*A. fenestrális* (Poir.) Hook. f., *Ouvirándra fenestrális* Poir.) – Gitterpflanze ♃ ≋ ⌂W, Madag.
9. **nudiflórus** Peter ♃ ≋ ⌂W, O-Afr.
10. **ulváceus** Bak. ♃ ≋ ⌂W, Madag.
11. **undulátus** Roxb. ♃ ≋ ⌂W, SW-Ind. bis Mal. Arch.

Aporocáctus Lem. – m. – *Cactáceae*
Peitschen- oder Schlangenkaktus
1. **conzáttii** Britt. et Rose ⦚ ⌂K ✻, S-Mex.: Oaxaca
2. **flagellifórmis** (L.) Lem. (*Céreus flagellifórmis* (L.) Mill., *A. flagrifórmis* (Pfeiff.) Britt. et Rose, *A. léptophis* (DC.) Britt. et Rose, *Céreus flagrifórmis* Pfeiff., *C. léptophis* DC.) ⦚ ⌂K ✻, M-Mex.: Hidalgo
- *flagrifórmis:* 2
- *léptophis:* 2
3. **martiánus** (Zucc.) Britt. et Rose (*Céreus martiánus* Zucc.) ⦚ ⌂W ✻, S-Mex.: Oaxaca

Apóseris Neck. ex Cass. – f. – *Compósitae*
Stinkkohl, Stinksalat
1. **fo͡etida** (L.) Less. (*Hyóseris fo͡etida* L.) ♃ △ VI–VII, M-Eur. bis SO-Frankr., N-Ital., M-Jugosl., Weißrußl.

Apténia N. E. Br. – f. – *Aizoáceae*
1. **cordifólia** (L. f.) N. E. Br. (*Mesembryánthemum cordifólium* L. f.) ♄ ⌂K VII–IX, S-Afr., in S-Eur. eingebürg.

Aquilégia L. – f. – *Ranunculáceae*
Akelei
- *akiténsis:* 9
1. **alpína** L. ♃ △ V ▽, Alp., N-Apenn.
2. **amáliae** Heldr. ex Boiss. ♃ △ V ▽, Balk.
3. **atráta** W. D. J. Koch ♃ V–VI ▽, S-Deutschl., Alp., Apenn.
4. **caerúlea** James ♃ ✂ V–VI ▽, USA: Rocky Mount. (Mont. u. Id. bis New Mex. u. Utah)
5. **canadénsis** L. ♃ ✂ V–VI ▽, N-Am.: N. Scot. bis Sask., südl. bis Georg., Flor. u. Tex.
6. **chrysántha** A. Gray ♃ ✂ VI–VIII ▽, USA: Color. bis New Mex. u. Ariz.; NW-Mex.
- × *cultórum:* 13
7. **díscolor** Levier et Leresche ♃ △ V ▽, N-Span.
- *ecalcaráta: Semiaquilégia* 1
8. **einseleána** F. W. Schultz ♃ △ VI–VII ▽, Alp.
9. **flabelláta** Sieb. et Zucc. (*A. akiténsis* Huth)
var. **púmila** (Huth) Kudô (*A. akiténsis* sensu auct. jap. non Huth, *A. flabelláta* var. *prototýpica* Takeda) ♃ △ V ▽, Jap., Kuril., Sachal., Korea
- *flabelláta* var. *prototýpica:* 9
10. **formósa** Fisch. ♃ ✂ V–VII ▽, N-Am.: Sitka bis Kalif., östl. bis Mont.

u. Utah
11. **glandulósa** Fisch. ex Link var. **jucúnda** (Fisch. et Avé-Lall.) Bak. (*A. jucúnda* Fisch. et Avé-Lall.) ♃ △ V–VI ▽, Altai
12. **gráta** F. Malý ex Zimmeter ♃ △ V ▽, Jugosl.
- × *hýbrida:* 13
13. **-Hybriden** (*A.* × *cultórum* Bergm., *A.* × *hýbrida* hort.) ♃ ✂ V–VI
14. **jonésii** Parry ♃ △ V ▽, N-Am.: Nördl. Rocky Mount. (Alb. bis Wyom.)
- *jucúnda:* 11
15. **longíssima** A. Gray ex S. Wats. ♃ D ✂ VI–VII ▽, Tex. u. New Mex. bis Mex.
16. **olýmpica** Boiss. ♃ △ V ▽, Kauk., Transkauk., N-Iran
17. **pyrenáica** DC. ♃ △ IV–VI ▽, Pyren., N-Span.
18. **scopulórum** Tidestrom ♃ △ V–VI ▽, N-Am.: Rocky Mount. (Wyom., Utah, Nev.)
19. **sibírica** (L.) Lam. ♃ △ ✂ V–VI ▽, Sib., Amur, Mongol.
20. **skínneri** Hook. ♃ ✂ V–VII ▽, USA: Gebg. New Mex.
21. **thalictrifólia** Schott et Kotschy ♃ △ V–VI ▽, Südl. Kalkalp.
22. **vulgáris** L. – Akelei ♃ ✂ ☠ V–VI ▽, Eur., Med., N-Afr., Kanar.

Árabis L. – f. – *Crucíferae*
Gänsekresse
- *álbida:* 8
1. **alpína** L. ♃ △ IV–V, Arkt., Gebg. Eur., O-Afr., in N-Am. südl. bis Queb. u. Huds. Bay
- *alpína* ssp. *caucásica:* 8
2. **androsácea** Fenzl ♃ △ ⌓ V–VI, Kilik. Taurus
3. × **aréndsii** Wehrh. (*A. aubrietioídes* × *A. caucásica*) ♃ △ IV
4. **aubrietioídes** Boiss. ♃ △ IV, Kilik. Taurus
- *bellidifólia:* 12
5. **blepharophýlla** Hook. et Arn. ♃ △ ∧ Ⓐ III–V, M-Kalif.
6. **bryoídes** Boiss. ♃ △ ⌓ VI–VII, S-Balk.
7. **carduchórum** Boiss. ♃ △ VI–VII, Kl. As., Arm.
8. **caucásica** Willd. ex Schlechtend. (*A. álbida* Stev. ex Fisch., *A. alpína* ssp. *caucásica* (Willd. ex Schlechtend.) Briq.) ♃ △ III–IV, Kanar. u. Mad., Med. bis Kauk. u. M-As.
9. **ferdinándi-cobúrgi** Kellerer et Sünderm. ♃ △ IV–VI, Mazed.
- *jacquínii:* 12
10. **procúrrens** Waldst. et Kit. ♃ △ IV–V, Karp., Balk.
11. **scopoliána** Boiss. ♃ △ ⌓ V, SO-Kalkalp., W-Balk.
12. **sŏyeri** Reut. et Huet (*A. bellidifólia* Jacq. non Crant) ssp. **subcoriácea** (Gren.) Breistr. (*A. jacquínii* Beck, *A. sŏyeri* ssp. *jacquínii* (Beck) B.M.G. Jones) ♃ △ VI–VII, Alp. u. Vorland, W-Karp.
- *sŏyeri* ssp. *jacquínii:* 12
13. × **suendermánnii** Kellerer ex Sünderm. (*A. ferdinándi-cobúrgi* × *A. procúrrens*) ♃ ⌓ △ IV–V
14. **vochinénsis** Spreng. ♃ i ⁓ △ V, SO-Kalkalp.

Árachis L. – f. – *Leguminósae*
Erdnuß
1. **hypogǣa** L. – Erdnuß ☉ ▭ Ⓦ Off., Trop. u. subtrop. S-Am., Heimat wahrscheinl. Bol.

Arachnánthe cathcártii: Esmerálda 1
- *lówii: Dimorphórchis* 1

Arachniódes Bl. – f. – *Aspidiáceae*
1. **nippónica** (Rosenst.) Ohwi (*Rumóhra nippónica* (Rosenst.) Ching, *Polýstichum nippónicum* Rosenst.) ♃ ∧, Jap. China

Aráchnis lówii: Dimorphórchis 1

× **Arachnoglóttis** hort. (*Aráchnis* × *Trichoglóttis*; × *Staurachnis* hort., × *Tricháchnis* hort.) – f. – *Orchidáceae*

× **Arachnópsis** hort. (*Aráchnis* × *Phalaenópsis*) – f. – *Orchidáceae*

× **Arachnostýlis** hort. (*Aráchnis* × *Rhynchostýlis*) – f. – *Orchidáceae*

Araeocóccus Brongn. – m. – *Bromeliáceae*
1. **flagellifólius** Harms ♃ i Ⓦ, Bras., Amaz.

Arália L. – f. – *Araliáceae*
- *balfouriána: Polýscias* 5
1. **cachemírica** Decne. ♃ VI–VII, Kaschm.
2. **califórnica** S. Wats. ♃ VII–VIII, USA: SW-Oreg. bis Kalif.

- *chabriéri: Elaeodéndron* 1
3. **chinénsis** L. - Angelikabaum ♄ ⋀ Ⓝ VIII-IX, China
- *chinénsis* var. *mandshúrica:* 6
4. **cordáta** Thunb. (*A. edúlis* Sieb. et Zucc.) ♃ Ⓝ VI-VII, Jap., Sachal., Mandsch., Korea, China
- *dactylifólia: Oreópanax* 2
- *edúlis:* 4
- *eláta:* 6
- *elegantíssima: Schéfflera* 4
- *filicifólia: Polýscias* 1
- *fruticósa: Polýscias* 2
- *guilfoylei: Polýscias* 3
5. **híspida** Vent. ♄ VI-VII, N-Am.: Neufundl. bis Manit., südl. bis N-Carol. u. Minn.
- *japónica: Fátsia* 1
- *kerchoveána: Schéfflera* 5
6. **mandshúrica** Maxim. (*Dimorphánthus mandshúricus* (Maxim.) Maxim. et Rupr., *A. chinénsis* L. var. *mandshúrica* (Maxim.) Rehd., *A. eláta* (Miq.) Nakai) ♄ - ♄ VIII-X Ⓝ, Ussuri, N-China, Korea, Jap.
7. **nudicaulis** L. ♃ VI-VII, N-Am.: Neufundl. bis Br. Kol., südl. bis Georg., Color. u. Id.
- *nymphaeifólia: Oreópanax* 3
- *papyrífera: Tetrápanax* 1
8. **racemósa** L. ♃ VII-VIII, N-Am.: N. Brunsw. bis Manit., südl. bis Georg., Alab., Miss., Kans., Utah, Ariz.; N-Mex.
- *reticuláta: Méryta* 1
- *schéfflera: Schéfflera* 3
- *sieböldii: Fátsia* 1
9. **spinósa** L. ♄ - ♄ VII-VIII, USA: N. Jers. u. Penns. bis Missouri, südl. bis Flor. u. Tex., in N.Y. u. Conn. eingebürg.
- *veitchii: Schéfflera* 8

× **Aránda** hort. (*Aráchnis* × *Vánda*; × *Vandachnánthe* hort., × *Vandaráchnis* hort.) - f. - *Orchidáceae*

× **Arandánthe** hort. (*Aráchnis* × *Euánthe* × *Vánda*) - f. - *Orchidáceae*

× **Aranthéra** hort. (*Aráchnis* × *Renanthéra*) - f. - *Orchidáceae*

Araucária Juss. - f. - *Araucariáceae*
1. **angustifólia** (Bertol.) O. Kuntze (*A. brasiliána* A. Rich.) ♄ Ⓚ Ⓝ, Gebg. S-Bras. u. N-Arg.
2. **araucána** (Mol.) K. Koch (*A. imbricáta* Pav.) ♄ ⋀ Ⓝ ✻, Geb. S-Chiles, N-Patag.
3. **bidwíllii** Hook. - Bunya-Bunya-Baum ♄ Ⓚ Ⓝ, Austral.: SO-Queensl.
- *brasiliána:* 1
4. **columnáris** (G. Forst.) Hook. (*A. cookii* Endl., *A. excélsa* (Lamb.) R.Br. quoad basion.) ♄ Ⓚ, Neukaled., Neue Hebriden
- *cookii:* 4
5. **cunninghámii** D. Don ♄ Ⓚ Ⓝ, Queensl., N. Guin.
- *excélsa:* 4, 6
6. **heterophýlla** (Salisb.) Franco (*A. excélsa* R.Br. quoad descr.) - Zimmertanne ♄ Ⓚ, Norf.-Ins.
- *imbricáta:* 2

Araujia Brot. - f. - *Asclepiadáceae*
1. **sericífera** Brot. ♄ ≀ Ⓚ Ⓝ VII-IX, Arg., Peru, in SW-Eur. eingebürg.

Árbutus L. - f. - *Ericáceae*
Erdbeerbaum
1. **andráchne** L. ♄ - ♄ i Ⓚ III-IV, S-Alban., Griech., Ägäis, S-Krim, Kl. As.
2. × **andrachnoídes** Link (*A. andráchne* × *A. únedo*) ♄ - ♄ i Ⓚ III-IV
3. **menziésii** Pursh ♄ i Ⓚ Ⓝ, N-Am.: Br. Kol. bis Kalif.; Nied. Kalif.
4. **únedo** L. - Erdbeerbaum ♄ - ♄ i Ⓚ Ⓝ XI-XII, SW-Eur., Med., NW-Afr., Kanar., NW-Irl.
- *úva-úrsi: Arctostáphylos* 3

Arceuthóbium M.B. - n. - *Loranthaceae*
1. **oxýcedri** (DC.) M.B. - Wacholdermistel ♄ (auf *Juníperus* species schmarotzend) i Ⓚ, S-Eur., Med. bis W-Him.

Arceuthos drupácea: Juníperus 4

Archangélica officinális: Angélica 1
- *satíva: Angélica* 1

Archontophoenix H. Wendl. et Drude - f. - *Pálmae*
1. **alexándrae** (F. v. Muell.) H. Wendl. et Drude (*Ptychospérma alexándrae* F. v. Muell.) ♄ Ⓦ, NO-Austral.
2. **cunninghamiána** (H. Wendl.) H. Wendl. et Drude (*Ptychospérma cunninghamiánum* H. Wendl., *Seafórthia élegans* Hook. non R.Br.) ♄ Ⓦ, O-Austral.

Arctánthemum árcticum: Dendránthema 1

Arctérica nána: Píeris 4
Árctium L. - n. - *Compósitae*
Klette
1. **láppa** L. (*Láppa májor* Gaertn.) - Große Klette ⊙ VII-VIII Off., Eur., Kl. As., Kauk., Sib., Altai, China; im nordöstl. N-Am. eingebürg.
2. **mínus** (Hill) Bernh. (*Láppa mínor* Hill) ⊙ VII-VIII Off., Eur., Kauk., N-Afr., W-As.; in N-Am. eingebürgert.
3. **tomentósum** Mill. (*Láppa tomentósa* (Mill.) Lam.) ⊙ VII-VIII, Eur., Sib., Kauk., Kl. As.; in Kan. u. den NO-USA eingebürg.

Arctostáphylos Adans. - f. - *Ericáceae*
Bärentraube
1. **alpína** (L.) Spreng. (*Arctóus alpína* (L.) Niedenzu) ♄ ⟿ i △ (besser Ⓐ) V-VI, Zirkumpol. (in Eur. südl. bis Pyren., M-Apenn. u. N-Alban., in N-Am. südl. bis Kan. u. Maine bis N. Hampsh.)
2. **manzaníta** Parry - Manzanita ♄ i Ⓚ IV-V, USA: Oreg. bis N-Kalif.
3. **úva-úrsi** (L.) Spreng.) (*Árbutus úva-úrsi* L.) - Bärentraube ♄ ⟿ i △ IV bis V Off. ▽, Zirkumpol. (südl. bis S-Eur., in N-Am. südl. bis Virg., Ill., New Mex. u. Kalif.)

Arctótis L. - f. - *Compósitae*
Bärenohr
1. **acaúlis** L. (*A. scapígera* Thunb.) ♃ (⊙ kult.) VI-IX, S-Afr.
2. **breviscápa** Thunb. ⊙-⊙ VII-IX, S-Afr.
3. **-Hybriden** ⊙ VII-IX
- *scapígera:* 1
- *stoechadifólia:* 4
4. **venústa** Norl. (*A. stoechadifólia* auct. non Bergius) ♃ (⊙ kult.) VIII-X, S-Afr.

Arctóus alpína: Arctostáphylos 1
Ardísia Sw. - f. - *Myrsináceae*
1. **crenáta** Sims (*A. crenuláta* Lodd., non *A. críspa* (Thunb. ex Murr.) A. DC.) ♄ i ♣ ⊖ Ⓦ, Jap., Korea, Taiw., China bis N-Ind.
- *crenuláta:* 1
- *críspa:* 1
2. **malouiána** (Lind. et Rodig.) Markgr. (*Labísia malouiána* Lind. et Rodig.) ♄ i Ⓦ, Born.

Ardisiándra Hook. f. - f. - *Primuláceae*
1. **wettsteínii** J. Wagner ♃ ⟿ Ⓐ-Ⓚ VI bis VIII, Gebg. trop. Afr.

Aréca L. - f. - *Pálmae*
Betelpalme
- *álba: Dictyospérma* 1
1. **alíceae** F. v. Muell. ♄ Ⓦ, Austral.
- *baúeri: Rhopalostýlis* 1
2. **cátechu** L. - Betelnußpalme ♄ Ⓦ Ⓝ Off., Wahrscheinl. Phil.
- *crinita: Acanthophoénix* 1
- *lutéscens: Chrysalidocárpus* 1
- *rúbra: Acanthophoénix* 2
- *sápida: Rhopalostýlis* 2
3. **triándra** Roxb. ♄ Ⓦ, Ind., Malak.

Arecástrum (Drude) Becc. - n. - *Pálmae*
1. **romanzoffiánum** (Cham.) Becc. (*Cócos romanzoffiána* Cham., *C. plumósa* Hook.) ♄ Ⓦ Ⓝ, S-Bras. bis Arg.

Aregélia: Neoregélia + sp. 1-5, 8-12
Arenária L. - f. - *Caryophylláceae*
Sandkraut
- *armeriástrum:* 1
1. **armerína** Bory (*A. armeriástrum* Boiss.) ♃ ⟿ △ VI-VII, S-Span., Marok.
2. **baleárica** L. ♃ △ IV-VIII, Sard., Kors., Balear., in Engl. eingebürg.
- *biebersteínii:* 8
3. **grácilis** Waldst. et Kit. ♃ △ V-VI, S-u. W-Jugosl.
- *graminifólia:* 8
4. **grandiflóra** L. ♃ △ V-VIII, M- u. S-Eur., afr. Hochgebg.
5. **gypsophiloídes** L. ♃ △ VI-VII, Bulg. bis Iran
- *laricifólia: Minuártia* 3
6. **ledebouriána** Fenzl ♃ ⟿ △ VII bis VIII, Kl. As.
- *micradénia:* 8
7. **montána** L. ♃ △ V-VIII, SW-Eur., nördl. bis NW-Frankr., N-Afr.
8. **procéra** Spreng.
ssp. **glábra** (F.N. Williams) Holub (*A. graminifólia* Schrad. non Ard., *A. biebersteínii* auct. non Schlechtend., *A. micradénia* Smirnov) ♃ △ VI-VII, Östl. M- u. O-Eur., Sib., Dahur.
ssp. **procéra** ♃ △ VI-VII, Ukr., S-Rußl.
9. **purpuráscens** Ram. ex DC. ♃ △ VII bis VIII, Pyren., Kantabr.
10. **rígida** M. B. ♃ ⟿ △ VII-IX, S-Ukr.,

Schwarzmeerküste S-Rußl., Rum., Bulg.

11. **rotundifólia** M.B. ♃ △ VII–VIII, Rum., N-Balk., Anat., Kauk.
12. **serpyllifólia** L. ⊙ - ⊙ V–IX, S- u. M-Eur., N-Afr., W-As., in N-Am. eingebürg.
13. **tetráquetra** L. ♃ △ ⌓ VII–VIII, Pyren., Gebg. SO-Span.

Arénga Labill. - f. - *Pálmae*
Zuckerpalme

1. **éngleri** Becc. ♄ Ⓦ, Taiw., Riukiu-Ins.
2. **pinnáta** (Wurmb) Merr. (*A. sacchari-fera* Labill. ex DC.) - Zuckerpalme ♄ Ⓦ Ⓝ, Hinterind. bis Mal. Arch.
3. **porphyrocárpa** (Bl.) H.E. Moore (*Didymospérma porphyrocárpum* (Bl.) H. Wendl. et Drude ex Hook. f.) - Gomutipalme ♄ D Ⓦ, Java

- *saccharífera:* 2

Arequípa: Oreocéreus

- *aurantíaca: Matucána* 1
- *hāynii: Matucána* 2
- *hempeliána: Oreocéreus* 4
- *myriacántha: Matucána* 3
- *weingartiána: Oreocéreus* 4

Arethúsa chinénsis: Bletílla 1

Arétia vitaliána: Vitaliána 1

Argemóne L. - f. - *Papaveráceae*
Stachelmohn

- *álba:* 4

1. **grandiflóra** Sweet ⊙ VII–IX, Mex.
2. **mexicána** L. ⊙ Ⓝ VII–IX, Westind., M-Am., in S- u. M-Eur. eingebürg.
3. **platýceras** Link et Otto ⊙ VIII–IX, Mex.
4. **polyánthemos** (Fedde) G. Ownb. (*A. álba* James) ⊙-⊙ VII–IX, Östl. Fuß der Rocky Mount., südwestl. W-Dak. u. O-Wyom., südl. bis New Mex. u. Tex.

Argyránthemum Webb ex Schultz Bip. - n. - *Compósitae*

1. **anethifólium** (Willd.) Brouss. (*Chrysánthemum anethifólium* (Willd.) Steud.) ♄ Ⓚ I–XII, Kanar.
2. **frutéscens** (L.) Schultz Bip. (*Chrysánthemum frutéscens* L.) - Strauchmargerite ♄ Ⓚ I–XII, Kanar.

Argyrēia Lour. - f. - *Convolvuláceae*
Silberkraut

1. **nervósa** (Burm. f.) Boj. (*A. speciósa* (L. f.) Sweet, *Convólvulus speciósus* L. f.) ♄ § Ⓚ VII, Ind.

Argyrodérma N.E.Br. - n. - *Aizoáceae*

1. **testiculáre** (Ait.) N.E.Br. ♃ Ⓚ, Kap

Aridária N.E.Br. (*Nycteránthus* Neck. ex Rothm.) - f. - *Aizoáceae*

1. **noctiflóra** (L.) Schwant. (*Nycteránthus noctiflórus* (L.) Rothm.) ♃ D Ⓚ VII–VIII, Namib.

Ariocárpus Scheidw. - m. - *Cactáceae*
Wollfruchtkaktus

- *denégrii: Obregónia* 1

1. **agavoídes** (Castañeda) Anderson (*Neogamésia agavoídes* Castañeda) Ⓚ ✱, NO-Mex.: Tamaulipas
2. **fissurátus** (Engelm.) K. Schum. (*Mammillária fissuráta* Engelm., *Roseocáctus fissurátus* (Engelm.) Berger, *Anhalónium fissurátum* (Engelm.) Engelm.)
   var. **fissurátus** Ⓚ ✱, SW-Tex., NO-Mex.: Coahuila
   var. **llōydii** (Rose) W.T. Marsh. (*A. llōydii* Rose, *Roseocáctus llōydii* (Rose) Berger) Ⓚ ✱, NO- und nördl. M-Mex.: Coahuila, Durango, Zacatecas

- *furfuráceus:* 4

3. **kotschoubeyánus** (Lem.) K. Schum. (*Anhalónium kotschoubeyánum* Lem., *Roseocáctus kotschōubeyanus* (Lem.) Berger) Ⓚ ✱, NO- bis M-Mex.: Nuevo León, Durango, San Luis Potosí

- *llōydii:* 2

4. **retúsus** Scheidw. (*A. furfuráceus* (S. Wats.) H.J. Thomps., *Anhalónium furfuráceum* (S. Wats.) Coult., *Anhalónium retúsum* (Scheidw.) Salm-Dyck) Ⓚ ✱, NO-, M-Mexiko: Coahuila, Zacatecas, San Luis Potosí
5. **scaphoróstrus** Böd. Ⓚ ✱, NO-Mex.: Nuevo León

- *strobilifórmis: Pelecýphora* 2

6. **trigónus** (F.A.C. Web.) K. Schum. (*Anhalónium trigónum* F.A.C. Web.) Ⓚ ✱, NO-Mex.: Nuevo León, Tamaulipas

Ariópsis Nimmo - f. - *Aráceae*

1. **peltáta** Nimmo ♃ Ⓦ II–III, Indones., Malays.

Arisǣma Mart. - n. - *Aráceae*
Feuerkolben

- *atrórubens:* 10

1. **candidíssimum** W.W. Sm. ♃ ⌂W, W-China
2. **consanguíneum** Schott ♃ ꝏ ∧ V, Gem. O-As. bis Jünn.
3. **dracóntium** (L.) Schott - Grüner Drachen, Drachenwurzel ♃ VI, N-Am.: Queb. bis Ont. u. Wisc., südl. bis Flor. u. Tex.; NO-Mex.
4. **fargésii** S. Buchet ♃ ⌂K III–IV, Szetsch.
5. **griffíthii** Schott ♃ ∧ III–IV, Sikk., Bhut. u. angrenz. Ind.
- *japónicum:* 7
6. **ríngens** (Thunb.) Schott ♃ ⌂K III–IV, Jap., O-China, S-Korea
7. **serrátum** (Thunb.) Schott (*A. japónicum* Bl.) ♃ ⌂K III–IV, Jap., Kuril., Korea, China
8. **speciósum** (Wall.) Mart. ♃ ⌂K Ⓝ III, Gem. Him.: Nepal, Sikk.
9. **tortuósum** (Wall.) Schott ♃ ⌂W Ⓝ V bis VI, Ind.
10. **triphýllum** (L.) Torr. (*A. atrórubens* (Ait.) Bl.) ♃ ꝏ III–IV, N-Am.: N. Brunsw. bis Manit., südl. bis Flor., Louis. u. Tex.

Arísarum Mill. - n. - *Aráceae*
1. **proboscídeum** (L.) Savi ♃ ⌂K V, M- u. S-Ital., SW-Span.
2. **vulgáre** O. Targ.-Tozz. ♃ ⌂K V, Med., M- u. S-Port., Azor., Kanar.

Arístea Ait. - f. - *Iridáceae*
- *corymbósa: Nivénia* 1
1. **cyánea** Ait. ♃ ⌂K IV–V u. IX–X, S-Afr.

Aristolóchia L. - f. - *Aristolochiáceae* Pfeifenblume
- *altíssima:* 12
- *brasiliénsis:* 5
- *caudáta:* 9
1. **cauliflóra** Ule (*A. leuconēura* hort. non Lind.) ♄ ≀ ⌂W, Peru
2. **clematítis** L. - Osterluzei ♃ V–VII ☠, Eur. (außer N), Kl. As., Kauk., in Engl., Schottl. u. Norw. eingebürg.
- *dúrior:* 8
- *élegans:* 6
3. **fimbriáta** Cham. ♄ ≀ ⌂W V–VII, Bras., Parag., Arg.
- *gígas:* 4
4. **grandiflóra** Sw. (*A. gígas* Lindl.) ♄ ≀ ⌂W VII–IX, Antill.
5. **labiáta** Willd. (*A. brasiliénsis* Mart. et Zucc., *A. ornithocéphala* Hook.) ♄ ≀ ⌂W IV–IX, Bras.
- *leuconēura:* 1
6. **littorális** Parodi (*A. élegans* Mast.) ♄ ≀ IV–X, Bras.
7. **líndneri** Berger ⊙ ⁓ VII–VIII, Bol.
8. **macrophýlla** Lam. (*A. sípho* L'Hérit., *A. dúrior* auct. non Hill) - Pfeifenwinde ♄ ≀ VI–VIII, USA: Penns. u. W-Virg., südl. bis Georg. u. Alab., in N. Jers. u. Neuengl. stellenweise eingebürg.
9. **macroúra** Gomez (*A. caudáta* Booth) ♄ ≀ ⌂W VI–IX, Bras., Parag., Bol., Arg.
10. **moupinénsis** Franch. ♄ ≀ VI, W-China
- *ornithocéphala:* 5
11. **rotúnda** L. ♃ ∧ V, S-Eur., Med., Schw.
12. **sempérvirens** L. (incl. *A. altíssima* Desf.) ♄ ≀ i ∧-⌂K, S-Griech., Kreta, S-Ital., Siz.
13. **serpentária** L. ♃ VII, USA: Conn. bis Ill. u. Kans., südl. bis Flor. u. Tex.
- *sípho:* 8
14. **tomentósa** Sims ♄ ≀ VI–VII, USA: N-Carol. bis Missouri u. Kans., südl. bis Flor. u. Tex., im westl. N. Y. stellenweise eingebürg.
15. **tricaudáta** Lem. ♄ ⌂W II–IX, Mex.

Aristotélia L'Hérit. - f. - *Elaeocarpáceae*
1. **chilénsis** (Mol.) Stuntz (*A. mácqui* L'Hérit.) ♄ i ⌂K, Chile

× **Arizára** hort. (*Cattlēya* × *Domíngoa* × *Epidéndrum*) - f. - *Orchidáceae*

Armeníaca: Prúnus + sp. 4, 6, 15, 33, 35

Arméria (DC.) Willd. - f. - *Plumbagináceae* Grasnelke
1. **alliácea** (Cav.) Hoffmgg. et Link (*A. plantagínea* Willd., *Slátice plantagínea* All., *A. arenária* (Pers.) Roem. et Schult., *A. pseudarméria* auct. non (Murr.) Mansf.) ♃ △ V–VII ▽, W-Eur. bis W-Deutschl. u. N-Ital., NW-Afr.
- *alpína:* 3
- *arenária:* 1
- *cespitósa:* 2
- *elongáta:* 3
2. **juniperifólia** (Vahl) Hoffmgg. et

Link (*A. cespitósa* (Cav.) Boiss.) ♃ △ i IV–V ▽, M-Span.
- *latifólia:* 4
3. **marítima** (Mill.) Willd. ♃ △ ⁞ i VI–IX ▽
ssp. **alpína** (Willd.) Pinto da Silva (*A. alpína* Willd.), Eur. Hochgebg., von N-Span. bis W-Karp. u. Balk.
ssp. **elongáta** (Hoffm.) Bonnier (*A. elongáta* (Hoffm.) W. D. J. Koch), N- u. M-Eur., Voges.
ssp. **marítima** (*A. vulgáris* Willd.), N-Eur., N-Deutschl., östl. bis NW-Rußl.
- *plantagínea:* 1
- *pseudarméria* auct.: 1
4. **pseudarméria** (Murr.) Mansf. (*A. latifólia* Willd.) ♃ △ i VI–VIII ▽, Westl. M-Port.
- *vulgáris:* 3

× **Armodáchnis** A. D. Hawkes (*Aráchnis* × *Armodórum*) - f. - *Orchidáceae*

Armorácia Ph. Gärtn., B. Mey. et Scherb. - f. - *Crucíferae*
Meerrettich
1. **rusticána** Ph. Gärtn., B. Mey. et Scherb. (*A. satíva* Bernh., *Cochleária armorácia* L., *Ráphanis mágna* Moench) - Meerrettich ♃ VI–VII ⓔ, S-Rußl., O-Ukr., im übrigen Eur., in W-As. u. N-Am. eingebürg.

Arnébia Forssk. - f. - *Boragináceae*
1. **púlchra** (Willd. ex Roem. et Schult.) Edmondson (*Huýnhia púlchra* (Willd. ex Roem. et Schult.) Greuter et Burdet, *A. longiflóra* K. Koch, *Echioídes longiflóra* (K. Koch) Johnst., *Lycópsis echioídes* L. quoad syn. non descr. et typ., *Anchúsa echioídes* (L.) M. B. quoad descr. non typ., *Nónea echioídes* (L.) Roem. et Schult. quoad descr. non typ., *Arnébia echioídes* (L.) DC. quoad descr. non typ., *Múnbya echioídes* (L.) Boiss. quoad descr. non typ., *Aipyánthus echioídes* (L.) Stev. quoad descr. non typ., *Macrotómia echioídes* (L.) Boiss. quoad descr. non typ.) - Prophetenblume ♃ ∧ △ V–VI, Kl. As., Kauk., Transkauk., N-Iran

Árnica L. - f. - *Compósitae*
Arnika
1. **chamissónis** Less. ♃ V–VIII Off., N-Am.: Alaska bis Kalif., östl. bis Br. Kol., Mont., Wyom., Color., New Mex.
2. **lanceoláta** Nutt. (*A. móllis* A. Gray non Hook.) ♃ VII, N-Am.: Queb. bis Maine, N. Hampsh. u. N. Y.
- *móllis:* 2
3. **montána** L. - Arnika ♃ △ V–VI ⓝ Off. ▽, Eur.
4. **sachalinénsis** (Regel) A. Gray ♃ VII bis VIII, Sachal., Ochotsk. Meer
- *tussilagínea: Ligulária* 10

Arnóseris Gaertn. - f. - *Compósitae*
Lämmersalat
1. **mínima** (L.) Schweigg. et Koerte ⊙ VI–IX, Eur., in Neuseel. u. Austral. eingebürg.

Arónia Medik. - f. - *Rosáceae*
Apfelbeere
1. **arbutifólia** (L.) Pers. (*Méspilus arbutifólia* L., *Sórbus arbutifólia* (L.) Heynh., *Pýrus arbutifólia* (L.) L. f.) - Zwergvogelbeere ♄ ✿ IV–V, N. Am.: N. Scot. bis Mich., südl. bis Flor. u. Tex.
- *floribúnda:* 3
2. **melanocárpa** (Michx.) Elliott (*Méspilus arbutifólia* L. var. *melanocárpa* Michx., *Sórbus melanocárpa* (Michx.) Heynh., *Pýrus melanocárpa* (Michx.) Willd.) ♄ ⓝ V–VI, N-Am.: Neufundl. bis Minn., südl. bis S-Carol. u. Tenn.
3. **prunifólia** (Marsh.) Rehd. (*Méspilus prunifólia* Marsh., *Cratáegus prunifólia* (Marsh.) Baumg., *Pýrus floribúnda* Lindl., *A. floribúnda* (Lindl.) Spach) ♄ V–VI, N-Am.: Neufundl. bis Ont., südl. bis Virg. u. Indiana

Arpophýllum Lex. - n. - *Orchidáceae*
1. **gigantéum** Lindl. ♃ ⓚ III–IV ∗, Mex. bis M-Am., Kol., Jam.
2. **spicátum** Lex. ♃ ⓚ XII–I ∗, Mex. bis Costa R.

Arrhenátherum P. Beauv. - n. - *Gramíneae*
Glatthafer
- *desertórum: Helictótrichon* 1
1. **elátius** (L.) P. Beauv. ex J. S. et K. B. Presl (*Avéna elátior* L.) - Französisches Raygras, Eur., Med., N-Afr., Kanar., W-As., in N-Am. eingebürg.

ssp. **bulbósum** (Willd.) Schübl. et G. Martens (var. *bulbósum* (Willd.) Spenn.) ♃ VI–VII
ssp. **elátius** ♃ VI–VII Ⓝ
– *parlatórei: Helictótrichon* 2

Arrojádoa Britt. et Rose – f. – *Cactáceae*
1. **penicilláta** (Gürke) Britt. et Rose Ⓚ ✻, Bras.
– *polyántha: Micranthocéreus* 1
2. **rhodántha** (Gürke) Britt. et Rose Ⓚ ✻, Bras.

Artábotrys R. Br. – m. – *Annonáceae*
1. **hexapétalus** (L. f.) Bhandari (*A. odoratíssimus* R. Br. ex Ker-Gawl., *A. uncinátus* (Lam.) Merr.) ♄ ⸾ i D Ⓦ, Ceyl., S-Ind.

Artánthe magnífica: Píper 7

Artemísia L. – f. – *Compósitae*
Beifuß
1. **abrótanum** L. (*A. procéra* Willd.) – Eberraute ♄ VII–X Ⓝ, Heimat unbek., in S-, SO-Eur. u. von Vord. As. bis Sib. eingebürg.
2. **absínthium** L. – Wermut, Absinth ♄ VII–IX Ⓝ, Off., W-Med. bis S-Sib. u. Kaschm., in N-Am. eingebürg.
3. **ánnua** L. ⊙ VIII–IX, SO-Eur., W-As., Ind., China, Sib., Mandsch., Korea, Taiw., Jap., in S- u. M-Eur. sowie N-Am. eingebürg.
4. **armeníaca** Lam. (*A. canéscens* Willd.) ♃ ⟿ △, Arm.
5. **austríaca** Jacq. ♃ ⟿ VII–VIII, N-, östl. M- u. O-Eur., Kauk., Kl. As., Iran, in S-Deutschl. eingebürg.
– *baumgarténii:* 9
– *boreális:* 6
6. **campéstris** L.
ssp. **boreális** (Pall.) H. M. Hall et Clements (*A. boreális* Pall.) ♃ VIII bis X, N-Am.: Grönl. bis Alaska, südl. bis Neufundl., Queb., Mich., Color. u. Oreg.; NO-As.: Kamtsch.; Alp.
– *canéscens:* 4
7. **cína** O. C. Berg – Zitwer ♄ VII–IX ☠ Off., S-Kasach.
8. **dracúnculus** L. (*A. glaūca* Pall.) – Estragon, Dragon ♃ VIII–X Ⓝ, Jugosl., Ung., S- u. O-Rußl., Sib., N-Am.: Manit. bis Yukon, südl. bis Tex.; N-Mex., in M-Eur. eingebürg.
9. **eriántha** Ten. (*A. petrósa* Fritsch, *A. baumgarténii* Bess., *A. villársii* Godr. et Gren.) ♃ △ VI–VIII, Pyren., Seealp., Apenn., Karp., Balk.
10. **frígida** Willd. ♄ VII–VIII, N-Am.: Alaska bis Wash., östl. bis Wisc. u. Kans., südl. bis Ariz.; Sib., SO- u. O-Rußl., im nordöstl. N-Am. eingebürg.
– *glaciális* var. *nítida:* 15
– *glaūca:* 8
11. **gmelínii** Webb ex Stechm. (*A. sacrórum* Ledeb.) ♄ (⊙ kultiviert) VIII–IX, M-As., Sib., NO-As.
12. **lactiflóra** Wall. ex DC. ♃ ✂ IX–X, W-China
– *lanáta* var. *nítida:* 15
– *láxa:* 22
13. **ludoviciána** Nutt. (*A. purshiána* Bess.) ♃ VII–VIII, N-Am.: Mich. bis Br. Kol., südl. bis Ark. u. Tex.; Mex., im atl. nordöstl. N-Am. eingebürg.
14. **marítima** L. – Meerwermut ♃ VIII bis IX Ⓝ, W-, nördl. M- u. N-Eur. bis Mongol.
– *mutellína:* 22
15. **nítida** Bertol. (*A. glaciális* L. var. *nítida* (Bertol.) Fiori et Paol., *A. lanáta* Willd. var. *nítida* (Bertol.) DC.) ♃ △ VIII–IX, SO-Alp., Apuan. Alp.
– *petrósa:* 9
16. **póntica** L. ♄ ⟿ VII–VIII Ⓝ, M- u. O-Eur. bis W-Sib., im östl. N-Am. eingebürg.
– *procéra:* 1
– *purshiána:* 13
– *sacrórum:* 11
17. **schmidtiána** Maxim. ♃ △ VIII, Jap., S-Kuril., Sachal.
18. **scopária** Waldst. et Kit. ⊙ VII–IX, Gem. As. bis M- u. O-Eur.
19. **spléndens** Willd.
var. **brachyphýlla** Kitamura ♃ △ VII bis VIII, Kl. As., Kauk., Arm., Iran
20. **stelleriána** Bess. ♃ ⟿ VII–VIII, Jap., Korea, Sachal., Kuril., Kamtsch., im östl. N-Am. u. in N-Eur. eingebürg.
21. **tridentáta** Nutt. ♄ D VIII–IX, N-Am.: Br. Kol. bis N-Dak., südl. bis Kalif. u. New Mex.; Nied. Kalif.
22. **umbellifórmis** Lam. (*A. mutellína* Vill. non S. G. Gmel., *A. láxa*

(Lam.) Fritsch) - Edelraute, Silberraute ♃ △ VII–IX ® ▽, Alp., N-Apenn.
23. **vallesíaca** All. ♃ △ VII–VIII, SW-Schw., SO-Frankr., NW-Ital.
- *villársii:* 9
24. **vulgáris** L. - Beifuß ♃ VII–VIII ®, Eur., N-Afr., N- u. M-As., im östl. N- u. in S-Am. eingebürg.

Arthrocéreus Berger - m. - *Cactáceae*
1. **microsphaéricus** (K. Schum.) Berger (*Céreus microsphaéricus* K. Schum., *C. damaziói* K. Schum. ex Weingt.) ⓚ *, Bras.
- *mirábilis: Echinópsis* 24
2. **rondoniánus** Bckbg. et Voll ⓚ *, Bras.

Arthropódium R. Br. - n. - *Liliáceae*
1. **cándidum** Raoul (*A. refléxum* Col.) ♃ ⓚ V–VI, Neuseel.
2. **cirrhátum** (G. Forst.) R. Br. ♃ ⓚ V bis VI, Neuseel.
3. **milleflórum** (DC.) Macbr. (*A. paniculátum* (Andr.) R. Br.) ♃ ⓚ V bis VI, Austral.: Queensl. bis Tasm. u. S-Austral.
4. **mínus** R. Br. ♃ ⓚ VI–VII, Austral.
- *paniculátum:* 3
- *refléxum:* 1

Artocárpus J. R. et G. Forst. - m. - *Moráceae*
1. **áltilis** (Parkins. ex Du Roi) Fosb. corr. St. John (*A. commúnis* J. R. et G. Forst., *A. incísus* (Thunb.) L. f.) - Brotfruchtbaum ♄ ⓦ ®, Moluk., N. Guin.
- *cannónii: Fícus* 2
- *commúnis:* 1
2. **heterophýllus** Lam. (*A. jáca* Lam., *A. integrifólius* auct. non L. f.) - Jackfruchtbaum ♄ ⓦ ®, Vorderind.
- *incísus:* 1
3. **íntеger** (Thunb.) Merr. (*A. integrifólius* L. f.) ♄ ⓦ ®, Burma bis Vietn., W-Malays., Sum., Born.
- *integrifólius* auct. non L. f.: 2
- *integrifólius* L. f.: 3
- *jáca:* 2

Árum L. - n. - *Aráceae*
Aronstab
- *bícolor: Caládium* 1
- *cornútum: Sauromátum* 1
1. **dioscóridis** Sibth. et Sm. ♃ ⓚ III–IV, Kl. As.
- *dracúnculus: Dracúnculus* 3
- *esculéntum: Colocásia* 2
- *guttátum: Sauromátum* 1
2. **itálicum** Mill. ♃ ஃ ☠ IV–V, S- u. W-Eur., nördl. bis S-Engl., Kanar., Med.
3. **maculátum** L. - Aronstab ♃ IV–V ஃ ☠, W-, M- u. S-Eur., nördl. bis Schottl., östl. bis N-Ukr.
4. **orientále** M. B. ♃ VI, Östl. M-Eur. u. Balk., nördl. bis S-Schwed., westl. bis Balear. u. Siz., östl. bis Krim, Kl. As., Turkest.
5. **palaestínum** Boiss. (*A. sánctum* hort.) ♃ ⓚ D III–IV, Paläst.
6. **píctum** L. f. ♃ ∧ IX-X, Kors., Balear., Sard.
- *sánctum:* 5
- *ternátum: Pinéllia* 1

Arúncus L. - m. - *Rosáceae*
Geißbart
1. **aethusifólius** Nakai ♃ V–VI, Jap., Korea
- *astilboídes:* 2
2. **dioícus** (Walt.) Fern. (*A. sylvéstris* Kostel., *A. vulgáris* Raf., *Spiraéa arúncus* L.)
var. **astilboídes** (Maxim.) Hara (*A. astilboídes* Maxim.) ♃ VI–VII, Jap.
var. **dioícus** ♃ ✂ ☠ VI–VII ▽, Eur., Kauk., Him., O-Sib., Jap., Korea, Gem. China, N-Am.: Penns. bis Iowa, südl. bis N-Carol., Georg., Alab., Ark. u. Okla.
3. **párvulus** Kom. ♃ △ VI, Sib.
- *sylvéstris:* 2
- *vulgáris:* 2

Arundína Bl. - f. - *Orchidáceae*
1. **graminifólia** (D. Don) Hochr. (*A. speciósa* Bl.) ♃ ⓦ III–IV *, Him. u. Nepal bis Indoch. u. Thail., Mal. Arch., in Hawaii eingebürg.

Arundinária Michx. - f. - *Gramíneae*
- *acumináta: Otátea* 1
- *ánceps:* 1
- *auricoma: Pleioblástus* 9
- *chíno: Pleioblástus* 1
- *fastuósa: Semiarundinária* 1
- *gramínea: Pleioblástus* 2
- *híndsii: Pleioblástus* 3
- *húmilis: Pleioblástus* 4
- *japónica: Pseudosása* 1

1. **jaunsarénsis** Gamble (*A. ánceps* Mitf.) ♄ i, M- u. NW-Him.
- *marmórea: Chimonobambúsa* 1
- *nítida: Sinarundinária* 1
- *palmáta: Sása* 3
- *púmila: Pleioblástus* 5
- *pygmaéa: Pleioblástus* 6
- *ramósa: Sasaélla* 1
- *simónii: Pleioblástus* 7
- *spathácea: Thamnocálamus* 1
2. **tesseláta** (Nees) Munro ♄ i, S-Afr.
- *variegáta: Pleioblástus* 8
- *viridistriáta: Pleioblástus* 9

Arúndo L. – f. – *Gramíneae*
Pfahlrohr
- *arenária: Ammóphila* 1
1. **dónax** L. – Pfahlrohr, Riesenschilf ♃ ⁓ ∧ Ⓦ, S-Eur., Med., Transkauk., in den S-USA (Ark., Tex. bis S-Kalif.) u. im trop. Am. eingebürg.

Asarína Mill. – f. – *Scrophulariáceae*
1. **antirrhiniflóra** (Humb. et Bonpl. ex Willd.) Pennell (*Maurándya antirrhiniflóra* Humb. et Bonpl. ex Willd.) ♃ Ⓐ Ⓚ VI–IX, USA: Tex. bis Kalif.; Mex.
2. **barclaiána** (Lindl.) Pennell (*Maurándya barclaiána* Lindl.) ♄ ⌇ Ⓚ VII bis IX, Mex.
3. **erubéscens** (D. Don) Pennell (*Maurándya erubéscens* (D. Don) A. Gray) ♄ ⌇ Ⓚ VII–IX, Mex.
4. **lophospérmum** (L.H. Bailey) Pennell (*Maurándya lophospérmum* L.H. Bailey) ♄ ⌇ Ⓚ VII–IX, Mex.
5. **procúmbens** Mill. (*Antirrhínum asarína* L.) ♃ ∧ Ⓚ △ V–IX, S-Frankr., Pyren., NO-Span., Schw., Ung.
6. **purpúsii** (T.S. Brandeg.) Pennell (*Maurándya purpúsii* T.S. Brandeg.) ♃ Ⓚ VII–VIII, SW-Mex.
7. **scándens** (Cav.) Pennell (*Maurándya scándens* Cav.) ♃ – ♄ (nur ⊙ kult.) VI–X, Mex.

Ásarum L. – n. – *Aristolochiáceae*
Haselwurz
1. **canadénse** L. ♃ III–IV, N-Am.: N. Brunsw. bis Manit., südl. bis N-Carol., Alab. u. Ark.
2. **caudátum** Lindl. ♃ i VII, N-Am.: Br. Kol. bis Mont., südl. bis Kalif.
3. **europaéum** L. – Haselwurz ♃ i ☠ IV bis V Off., N-Span. u. Frankr. bis O-Rußl., W-Sib., Altai, in Engl., Dänem., Norw. u. Schwed. eingebürg.
4. **hartwégii** S. Wats. ♃ i, USA: Oreg., Kalif.

Asclépias L. – f. – *Asclepiadáceae*
Seidenpflanze
- *carnósa: Hóya* 3
- *cornúti:* 6
1. **curassávica** L. ♄ Ⓚ VI–IX, Flor., Westind., Mex. bis trop. S-Am., in S-Span. u. Marok. eingebürg.
- *douglásii:* 5
2. **fruticósa** L. (*Gomphocárpus fruticósus* (L.) R.Br.) ♄ Ⓚ ✿ Ⓦ VI–VIII, S-Afr., im Med. u. in Austral. eingebürg.
3. **incarnáta** L. ♃ VI–VIII, N-Am.: Queb. bis Manit. u. Wyom., südl. bis Georg., Louis., Tex. u. New Mex.
4. **physocárpa** (E. Mey.) Schlechter ♄ Ⓚ, Kap bis trop. Afr. u. Kapverd.
5. **speciósa** Torr. (*A. douglásii* Hook.) ♃ ✿ VI–VIII, N-Am.: Minn. bis Br. Kol., südl. bis Tex. u. Kalif.
6. **syríaca** L. (*A. cornúti* Decne.) ♃ ∧ ✿ VI–VIII Ⓦ, N-Am.: N. Brunsw. bis Sask., südl. bis Georg. u. Okla., in verschied. Teilen Eur. eingebürg.
7. **tuberósa** L. ♃ ∧ ✿ VI–VIII, USA: N. Hampsh. bis N-Dak., südl. bis Flor. u. Ariz.; N-Mex.

× **Ascocénda** hort. (*Ascocéntrum* × *Vánda*) – f. – *Orchidáceae*

Ascocéntrum Schlechter ex J.J. Sm. – n. – *Orchidáceae*
1. **ampulláceum** (Lindl.) Schlechter (*Saccolábium ampulláceum* Lindl.) ♄ Ⓦ V–VI ✻, Him., Burma, Thail.
2. **curvifólium** (Lindl.) Schlechter ♄ Ⓦ ✻, Nepal, Ass., Burma, Thail., Indoch.
3. **miniátum** (Lindl.) Schlechter ♄ Ⓦ ✻, Him. bis Thail., Java

× **Ascofinétia** hort. (*Ascocéntrum* × *Neofinétia*) – f. – *Orchidáceae*

× **Ascoráchnis** hort. (*Aráchnis* × *Ascocéntrum*) – f. – *Orchidáceae*

Asimína Adans. – f. – *Annonáceae*
Papau
1. **tríloba** (L.) Dun. (*Annóna tríloba* L.) ♄ ∧ IV–V Ⓦ, N-Am.: N.Y. bis Ont., Mich. u. Nebr., südl. bis Georg.,

Flor. u. Tex.

Aspálathus L. - f. - *Leguminósae*
1. **acumináta** Lam. ♄ i ⌂K, S-Afr.
2. **contamináta** DC. ♄ i ⌂K, S-Afr.
3. **lineáris** (Burm. f.) R. Dahlgr. ♄ i ⌂K Ⓝ, S-Afr.

Aspálthium Medik. - n. - *Leguminósae*
1. **bituminósum** (L.) Fourr. (*Psorálea bituminósa* L.) - Asphaltklee ♃ ⌂K Ⓝ, Kanar., Med., Arab.

Asparagópsis setácea: Aspáragus 19

Aspáragus L. - m. - *Liliáceae*
Spargel
1. **acutifólius** L. ♄, S-Eur., Med.
2. **africánus** Lam. (*A. cóoperi* Bak.) ♄ § ⌂K, S-Afr., Namib.
3. **álbus** L. ♄ ☘ ⌂K, W- u. M-Med., Port.
4. **asparagoídes** (L.) Druce (*Medéola asparagoídes* L., *A. medeoloídes* Thunb., *Myrsiphýllum asparagoídes* (L.) Willd.) ♃ § ⌂W ✂, Kap, in S-Eur. eingebürg.
- *cóoperi:* 2
5. **críspus** Lam. (*A. decúmbens* Jacq.) ♃ § § ⌂K, S-Afr.
- *decúmbens:* 5
6. **defléxus** Bak. ♄ § ⌂K, Angola
7. **densiflórus** (Kunth) Jessop, Nat. 'Sprengeri' (*A. spréngeri* Regel) ♄ 'Meyeri' (*A. méyeri* hort., *A. myérsii* hort., *A. densiflórus* 'Myers') § ▽ ✂ ⌂K
- *densiflórus* 'Myers': 7
8. **drepanophýllus** Welw. (*A. duchésnei* Lindl.) ♄ § ⌂W XII–II, Trop. W- u. M-Afr.
- *duchésnei:* 8
9. **falcátus** L. ♄ § ⌂W - ⌂K VII–VIII, Ceyl., trop. Afr. bis Nat.
10. **filicínus** Buch.-Ham. ex D. Don ♃ ∧ ✂, Him., SW-China
11. **laricínus** Burch. ♄ ⌂K, S-Afr., Botsw.
12. **lúcidus** Lindl. ♄ § ∧, China, Korea, Jap., Taiw.
13. **madagascariénsis** Bak. ♄ ⌂W, Madag.
- *medeoloídes:* 4
- *méyeri:* 7
- *myérsii:* 7
14. **officinális** L. - Spargel ♃ IV–V ✂ Ⓝ, Eur., Med., N-Afr., Vord. As. bis Iran, W-Sib., in N-Am. stellenweise eingebürg.
- *officinális* var. *pseudóscaber:* 15
- *plumósus:* 19
15. **pseudóscaber** Grec. (*A. officinális* var. *pseudóscaber* (Grec.) Aschers. et Graebn.) ♃ ✂ IV–V, NO-Jugosl. bis W-Ukr.
16. **racemósus** Willd. (*A. tetragónus* Bresler) ♄ § ⌂K, S-Afr., O-Afr., As.
17. **retrofráctus** L. ♄ § ⌂K, S-Afr.
18. **scándens** Thunb. var. **defléxus** Bak. ♃ § ⌂K, Kap
19. **setáceus** (Kunth) Jessop (*Asparagópsis setácea* Kunth, *Aspáragus plumósus* Bak.) ♄ § ▽ ✂ ⌂W IX–X, S-Afr., nördl. bis Nat. (Dazu einige Sorten wie 'Plumosus', 'Plumosus Nanus')
- *spréngeri:* 7
20. **tenuifólius** Lam. ♃ ☘ ✂, Frankr., Schw., Österr., Ital. bis Bosn.
- *tetragónus:* 16
21. **trichophýllus** Bunge ♃ ✂, NO-As., N-China
22. **umbellátus** Link ♄ ⌂K ☘ VI–VIII, Kanar., Mad.
23. **verticillátus** L. ♄ § ✂, SO-Eur., Kauk., Iran, Sib.
24. **virgátus** Bak. ♃ ⌂K, S-Afr.

Aspásia Lindl. - f. - *Orchidáceae*
1. **lunáta** Lindl. ♃ ⌂W IV–V ✱, Bras.

× *Aspásium:* × *Oncidásia*

Asperélla hýstrix: Hýstrix 1

Aspérula L. - f. - *Rubiáceae*
Meier, Meister
1. **arcadiénsis** Sims ♃ V–VI, S-Griech.
- *azúrea:* 9
2. **cynánchica** L. - Hügelmeier ♃ △ VI bis IX, Fast ganz Eur. bis Kauk., Med.
3. **gussónii** Boiss. (*A. suberósa* Guss. non Sibth. et Sm.) ♃ △ VII–VIII, N-Siz.
4. **hexaphýlla** All. ♃ △ VI–VII, SW-Alp.
5. **hírta** Ram. ♃ △ VII–X, M- u. W-Pyren., N-Span.
6. **lilaciflóra** Boiss. ♃ △ VI–VII, Kl. As.
7. **neilréichii** Beck ♃ △ VI–VII, NO-Kalkalp., Tschechosl.
8. **nítida** Sibth. et Sm. ♃ △ VII–VIII, Bith. Olymp
- *odoráta: Gálium* 3
9. **orientális** Boiss. et Hohen. (*A. azúrea* Jaub. et Spach, *A. setósa* hort.) ⊙

D VI–VII, SW-As., in Ung. eingebürg.
– *setósa:* 9
– *suberósa* Guss.: 3
10. **suberósa** Sibth. et Sm. ♃ △ V–VI, N-Griech., SW-Bulg.
11. **taurína** L. ♃ V–VI, S- u. südl. M-Eur.
12. **tinctória** L. (*Gálium triándrum* Hyl.) ♃ VI–VII, Eur., östl. bis M-Rußl., S-Ural

Asphodelíne Rchb. – f. – *Liliáceae*
Junkerlilie
– *balánsae:* 1
1. **damascéna** (Boiss.) Bak. (*A. balánsae* J. Gay ex Bak., *A. isthmocárpa* Bak.) ♃ ∧ V, SW-As.
– *isthmocárpa:* 1
2. **libúrnica** (Scop.) Rchb. (*Asphódelus libúrnicus* Scop.) ♃ ∧ VI, O-Med.
3. **lútea** (L.) Rchb. (*Asphódelus lúteus* L.) ♃ ∧ V–VI, Med.
4. **taúrica** (Pall.) Kunth (*Asphódelus taúricus* Pall.) ♃ ∧ IV–V, Griech., Kl. As. bis Kauk.
5. **tenúior** (Fisch.) Ledeb. ♃ ∧ VI, Kauk., Arm., Iran

Asphódelus L. – m. – *Liliáceae*
Affodill
1. **álbus** Mill. ♃ V–VI Ⓝ, S-Eur., S-Frankr., Schw., Ung.
– *libúrnicus: Asphodelíne* 2
– *lúteus: Asphodelíne* 3
– *taúricus: Asphodelíne* 4

Aspidístra Ker-Gawl. – f. – *Liliáceae*
Schusterpalme
1. **elátior** Bl. ♃ ⌂K II–IV, China, in Jap. eingebürg.
2. **lúrida** Ker-Gawl. ♃ ⌂K III–V, China

Aspídium Sw.
– *acrostichoídes: Polýstichum* 1
– *anguláre: Polýstichum* 12
– *boóttii: Dryópteris* 4
– *caryotídeum: Cyrtómium* 1
– *cicutárium: Tectária* 1
– *decúrrens: Tectária* 2
– *dryópteris: Currània* 1
– *falcátum: Cyrtómium* 2
– *fílix-mas* var. *goldiána: Dryópteris* 11
– *fílix-mas* var. *marginális: Dryópteris* 13
– *macrophýllum: Tectária* 3
– *palústre: Thelýpteris* 5
– *phegópteris: Thelýpteris* 6
– *rígidum: Dryópteris* 18
– *robertiánum: Currània* 2
– *spinulósum: Dryópteris* 5
– *thelýpteris: Thelýpteris* 5
– *trifoliátum: Tectária* 4

Aspidospérma Mart. et Zucc. – n. – *Apocynáceae*
1. **quebrácho-blánco** Schlechtend. – Quebrachobaum ♄ ⌂K Ⓝ, Westl. S-Am.
2. **ramiflórum** Muell. Arg. ♄ ✂ ⌂K, Bras.

Asplénium L. – n. – *Aspleniáceae*
Streifenfarn
– *achilleifólium:* 15
1. **adiántum-nígrum** L. ♃ △, Eur. (außer N), N-Afr., Transkauk., S-China
– *alpéstre: Athýrium* 1
– *angustifólium: Diplázium* 6
2. **antíquum** Mak. ♃ i ⌂W, M- u. S-Jap., Riukiu-Ins. bis Taiw.
– *australásicum:* 11
– *belángeri:* 5
3. **bulbíferum** G. Forst. ♃ ⌂W, Austral., Neuseel., N-Ind.
– *céterach: Céterach* 1
4. **daucifólium** Lam. (*A. vivíparum* (L. f.) K. B. Presl) ♃ ⌂W, Maurit., Réun.
5. **decórum** Kunze (*A. belángeri* Kunze non Bory, *A. ténerum* G. Forst. var. *belángeri* (Kunze) C. Chr.) ♃ ⌂W, Ceyl., Sum. bis N. Guin., Indoch., Phil.
6. **dimórphum** Kunze ♃ ⌂W, Norf.-Ins.
– *ebéneum:* 13
– *fílix-fémina: Athýrium* 2
7. **físsum** Kit. ex Willd. ♃ △ ▽, Alp., südeur. Gebg.
8. **fontánum** (L.) Bernh. (*A. hálleri* (Roth) DC.) ♃ △ ▽, SW-, südl. u. westl. M-Eur., S-Eur., NW-Him., Turkest.
– *hálleri:* 8
– *lanceolátum:* 12
9. **longíssimum** Bl. ♃ ⌂W, Indones.
– *lúcidum:* 10
10. **lyállii** (Hook. f.) T. Moore (*A. lúcidum* G. Forst. non Burm. f.) ♃ ⌂W, S-Afr., Madag., Neuseel.
11. **nídus** L. (*A. nídus-ávis* hort.) – Nestfarn ♃ ⌂W, Trop. As., Polyn., trop. Austral., O-Afr.

var. **australásicum** J. Sm. (*A. australásicum* (J. Sm.) Hook.)
var. **nídus**
- *nídus-ávis:* 11
12. **obovátum** Viv. (*A. lanceolátum* auct. non Huds.) ♃ ∧ (besser Ⓐ oder Ⓚ), SW-Eur., M- u. W-Med., N-Afr., Ägäis
13. **platyneūron** (L.) Oakes (*A. ebéneum* Ait.) ♃ Ⓚ, N-Am.: Maine u. Queb. bis Iowa u. Color., südl. bis Flor. u. Tex.; Westind., nördl. S-Am., S-Afr.
14. **rúta-murária** L. - Mauerraute ♃ △, Eur., Med., N-Afr., SW-As. bis Him., östl. N-Am.
15. **rutifólium** (Bergius) Kunze (*A. achilleifólium* (Lam.) C. Chr. non Liebm.) ♃ Ⓦ, Jap., S-Korea, Taiw., China bis Ind.
16. **septentrionále** (L.) Hoffm. - Gabelstreifenfarn ♃ △, Eur., Kl. As., Kauk., Altai, Him., westl. u. mittl. USA
17. **sérra** Langsd. et Fisch. ♃ Ⓦ, Trop. Afr. u. Am.
- *ténerum* var. *belángeri:* 5
18. **trichómanes** L. emend. Huds. - Steinfeder ♃ △, Kosmopol. (Südhalbk. sehr disjunkt)
19. **víride** Huds. - Grüner Streifenfarn ♃ △, Eur., NW-Afr., Kauk., Vord. As., Him., Sib., N-Am. (inkl. Grönl.), NW-Mex.
- *vivíparum:* 4

× **Aspoglóssum** hort. (*Aspásia* × *Odontoglóssum*) - n. - *Orchidáceae*

Astélia Banks et Soland. ex R.Br. - f. - *Liliáceae*
1. **bánksii** A. Cunn. ♃ Ⓚ, Neuseel.

Áster L. - m. - *Compósitae*
Aster
- *ácris:* 34
- *agrostifólius:* 22
1. **albéscens** (DC.) Hand.-Mazz. (*Microglóssa albéscens* (DC.) C.B. Clarke) ♄ △ ∧- Ⓚ VII–VIII, Gem. Him. u. China
2. × **alpéllus** hort. (*A. alpínus* × *A.améllus*) ♃ △ VI–VII
3. **alpínus** L. - Alpenaster ♃ △ V–VI ▽, Eur. Gebg., von M-Deutschl. südl., W- u. M-As., Iran, Sib., westl. N-Am.: Alaska bis Color.
4. **améllus** L. - Bergaster ♃ VII–IX ▽, Vom nördl. M-Frankr. u. Lit. südl. bis N-Ital. u. Mazed., Sib., Kauk., Arm., Anat.
(Mit vielen Sorten)
5. **andersónii** A. Gray ♃ VII–IX, Westl. N-Am.
6. **asteroídes** (DC.) O. Kuntze (*A. likiangénsis* Franch.) ♃ △ V–VI, SO-Tib., Bhut., W-China
7. **azúreus** Lindl. ♃ VIII–IX, N-Am.: N.Y. u. Ont. bis Minn., südl. bis Georg., Alab. u. Tex.
8. **bellidiástrum** (L.) Scop. (*Bellidiástrum michélii* Cass.) ♃ △ IV–VI, Jura, Schwarzw., Schwäb. Jura, Alp. bis Karp., Apenn.
- *bergeriánus: Felícia* 3
9. **cánus** Waldst. et Kit. (*A. sedifólius* ssp. *cánus* (Waldst. et Kit.) Merxm.) ♃ VIII–IX, Ung., Siebenb., Österr., Tschechosl.
- *chinénsis: Callístephus* 1
10. **ciliolátus** Lindl. (*A. lindleyánus* Torr. et A. Gray) ♃ IX–X, N-Am.: Anticosti Ins. bis Huds. Bay, nordwestl. bis Br. Kol., südl. bis N.Y., Minn. u. Wyom.
11. **cordifólius** L. ♃ IX–X, N-Am.: N. Scot. u. Queb. bis Minn., südl. bis Georg., Alab. u. Missouri
(Mit einigen Sorten)
12. **diplostephioídes** (DC.) C.B. Clarke ♃ △ V–VI, Him., SO-Tib., W-China
13. **divaricátus** L. ♃ IX–X, N-Am.: Maine u. Queb. bis Lake Sup., südl. bis Georg. u. Alab., in Holl. eingebürg.
14. **dumósus** L. ♃ VIII–X, N-Am.: Maine bis Ont., Mich. u. Ill., südl. bis Flor., Louis. u. Tex.
15. **-Dumosus-Hybriden** (*A. dumósus* × *A. nóvi-bélgii*) - Kissenastern ♃ IX bis XI
16. **ericoídes** L. (*A. multiflórus* Ait.) ♃ IX bis XI, N-Am.: Maine bis Br. Kol., südl. bis Georg., Miss., Tex. u. Ariz.; Mex.
(Mit verschiedenen Sorten)
17. **fárreri** W.W. Sm. et Jeffrey ♃ △ V bis VI, W-China, Tib.
18. **fláccidus** Bunge (*A. purdómii* Hutchins.) ♃ △ V–VI, Sib., N-China:

Schansi, M-As., Him., Afgh.
19. × **frikártii** Frikart (*A.améllus* × *A. thomsónii*) ♃ VIII–XI (Mit einigen Sorten)
20. **himaláicus** C. B. Clarke ♃ △ V–VI, Tib., Nepal, Sikk., Bhut., Ass., Burma, China
- *hirsuticaulis:* 22
- *incísus: Kalímeris* 1
21. **laevis** L. ♃ IX–X, N-Am.: Maine bis Yukon, südl. bis Georg., Color., New Mex. u. Oreg., in N- u. M-Eur. eingebürg.
22. **lateriflórus** (L.) Britt. (*A. hirsuticaulis* Lindl. ex DC., *A. agrostifólius* Small) ♃ IX-X, N-Am.: Magdal. Ins. bis Ont. u. Minn., südl. bis Georg., Tenn. u. Ark.
- *likiangénsis:* 6
- *lindleyánus:* 10
23. **linósyris** (L.) Bernh. (*Linósyris vulgáris* Cass. ex DC., *Crinitária linósyris* (L.) Less.) - Goldhaar ♃ VII–X, S- u. M-Eur., nördl. bis Engl., SO-Schwed., M-Rußl., N-Afr.
- *lutéscens:* 30
24. **macrophýllus** L. ♃ VIII, N-Am.: N. Brunsw. u. Queb. bis Wisc. u. Minn., südl. bis Maryl., N-Carol., Alab. u. Ill., in Holl., N-Deutschl. u. Pol. eingebürg.
25. **mongólicus** Franch. ♃ VII–IX, O-As.
- *montánus:* 36
- *multiflórus:* 16
26. **nóvae-ángliae** L. - Rauhblattaster ♃ ✂ IX–X, N-Am.: Queb. bis Alb., südl. bis Maryl., N-Carol., Ark., Kans., Color., New Mex., in M-Eur. eingebürg. (Mit vielen Sorten)
27. **nóvi-bélgii** L. - Glattblattaster ♃ ✂ IX–X, N-Am.: Neufundl. bis Queb., südl. bis Georg., in M- u. NW-Eur. eingebürg. (Mit vielen Sorten)
28. **párviceps** (Burgess) Mackenz. et Bush ♃ ✂ X–XI, USA: Ill., Iowa, Missouri
- *parviflórus:* 42
- *pilósus* var. *prínglei:* 29
29. **prínglei** (A. Gray) Britt. (*A. pilósus* Willd. var. *prínglei* (A. Gray) S. F. Blake) ♃ IX–X, N-Am.: Maine bis Ont. u. Wisc., südl. bis Penns. u. im Gebg. bis Alab. u. Tenn.
30. **ptarmicoídes** (Nees) Torr. et A. Gray var. **lutéscens** (Lindl.) A. Gray (*A. lutéscens* (Lindl.) Torr. et A. Gray) ♃ VIII–IX, N-Am.: Ont. bis Sask., südl. bis Ill. u. S-Dak.
- *purdómii:* 18
31. **pyrenaeus** Desf. ex DC. ♃ VIII–IX, W- u. M-Pyr.
32. **savatiéri** Mak. ♃ △ V–VII, Jap.
33. **schréberi** Nees ♃ VII–VIII, USA: N. Hampsh. bis Wisc., südl. bis Virg. u. Kent., in Schottl. eingebürg.
34. **sedifólius** L. (*A. ácris* L.) ♃ VIII–IX, S- u. O-Eur., Ung., N-As.
- *sedifólius* ssp. *cánus:* 9
35. **shórtii** Lindl. ♃ IX–X, USA: Penns. bis Wisc. u. Iowa, südl. bis Georg. u. Alab.
36. **sibíricus** L. (*A. montánus* R. Br., *A. subintegérrimus* (Trautv.) Ostenf. et Resv.) ♃ VIII–IX ▽, Norw., N-Rußl., Sib., O-As., westl. N-Am.: Alaska bis Oreg. u. Mont.
37. **stracheyi** Hook. f. ♃ △ V–VI, W-Him.
- *subcaerúleus:* 41
- *subintegérrimus:* 36
38. **tatáricus** L. f. ♃ VIII–X, Arkt. Rußl., Sib., China, Mandsch., Mongol., Korea, Jap.
39. **thomsónii** C. B. Clarke ♃ VII–IX, W-Him.
40. **tibéticus** Hook. f. ♃ △ V–VI, Him., Tib.
41. **tongolénsis** Franch. (*A. subcaerúleus* S. Moore) ♃ △ V–VI, W-China (Mit einigen Sorten)
42. **tradescántii** L. (*A. parviflórus* Nees) ♃ VIII–X, N-Am.: Neufundl. bis Mich., südl. bis Mass. u. N. Y., in M-Eur. eingebürg.
43. **tripólium** L. - Strandaster ⊙ VII–IX, Küsten u. Binnenland Eur., N-Afr., M-As., Jap.
44. **umbellátus** Mill. ♃ VIII–IX, N-Am.: Neufundl. bis Minn., südl. bis Georg. u. Kent.
45. **vimíneus** Lam. ♃ VIII–X, N-Am.: Queb. bis Ont. u. Mich., südl. bis Georg., Louis. u. Tex.
46. **yunnanénsis** Franch. ♃ △ V–VI, W-

China, SO-Tib.
× *Asterágo:* × *Solidáster*
- *lútea:* × *Solidáster* 1
Asteranthéra Klotzsch et Hanst. - f. - *Gesneriáceae*
1. **ováta** (Cav.) Hanst. ♄ ⚘ i ⌂ XII-V, S-Chile
Asteríscus Mill. - m. - *Compósitae*
1. **marítimus** (L.) Less. (*Odontospérmum marítimum* (L.) Schultz Bip., *Buphthálmum marítimum* L.) ♃ ⌂ VIII-IX, W-Med., Port., Griech., Kanar.
2. **pygmaeus** Coss. et Kral. - Rose von Jericho ☉ ⌂, Alg. Sahara bis Belutsch.
3. **seríceus** (L. f.) DC. (*Odontospérmum seríceum* (L. f.) Schultz Bip., *Buphthálmum seríceum* L. f.) ♄ ⌂ VIII bis IX, Kanar.: Fuerteventura
Astílbe Buch.-Ham. ex D. Don - f. - *Saxifragáceae*
- × *aréndsii:* 1
1. **-Arendsii-Hybriden** (*A.* × *aréndsii* Arends) ♃ ✂ VII-IX
(Mit vielen Sorten)
2. **astilboídes** (Maxim.) Lemoine (*Spiraea astilboídes* (Maxim.) T. Moore) ♃ VII, Jap.
3. **chinénsis** (Maxim.) Franch. et Sav.
var. **chinénsis** ♃ VII, N-China, Korea, Amur
var. **davídii** Franch. (*A. davídii* (Franch.) Henry) ♃ VII, Jap., Korea, Mandsch., N-China, Amur, Ussuri
var. **púmila** hort. ♃ VIII-IX, Tib.
var. **taquétii** Vilm. ♃ VII, O-China
4. **-Crispa-Hybriden** ♃ △ VII
- *davídii:* 3
5. **glabérrima** Nakai
var. **saxátilis** Nakai ♃ △ VII-VIII, Jap.
6. **grándis** Stapf ex Wils. ♃ VII-VIII, NW- u. M-China
7. **japónica** (C. Morr. et Decne.) A. Gray ♃ V-VI, Jap.
8. **-Japonica-Hybriden** ♃ ✂ VI-VII
9. **koreána** (Kom.) Nakai ♃ VII-VIII, Korea, N-China
10. **rivuláris** Buch.-Ham. ex D. Don ♃ VIII, Him.
11. **simplicifólia** Mak. ♃ VII, Jap.
12. **-Simplicifolia-Hybriden** ♃ △ VII
13. **thunbérgii** (Sieb. et Zucc.) Miq. ♃ VII-VIII, Jap.
14. **-Thunbergii-Hybriden** ♃ VII-VIII
Astilboídes (Hemsl.) Engl. - f. - *Saxifragáceae*
1. **tabuláris** (Hemsl.) Engl. (*Rodgérsia tabuláris* (Hemsl.) Kom.) ♃ ≈ VI, Mandsch., N-Korea
Astrágalus L. - m. - *Leguminósae*
Tragant
- *alopecuroídes:* 3
1. **angustifólius** Lam. ♄ △ VII-VIII, Balk., Kreta, Kl. As.
- *aristátus:* 12
- *baeticus:* 2
2. **boeticus** L. (*A. baeticus* auct.) - Kaffeewicke, Schwedischer Kaffee, Stragel ♃ V-VII Ⓝ, Med., S-Port., Mad., Vord. As.
- *campéstris: Oxýtropis* 1
3. **centralpínus** Braun-Blanq. (*A. alopecuroídes* auct. non L.) ♃ VII-VIII, SW-Alp., S-Bulg.
4. **cícer** L. ♃ VI-VIII Ⓝ, W-, S- u. M-Eur. bis Sib. u. M-As., Kauk.
5. **dánicus** Retz. ♃ △ V-VI, SW-, W-, N-, M-Eur., As.
6. **depréssus** L. ♃ △ V-VI, Gebg. S-Eur. bis Kl. As., NO-Schw., Med., N-Afr.
7. **exscápus** L. ♃ △ V-VI, Span., M-Alp., M-Deutschl., Tschechosl., Ung., Balk., Ukr.
8. **glycyphýllos** L. ♃ V-IX Ⓝ, Eur. bis Sib., Kauk., Kl. As.
9. **gúmmifer** Labill. ♄ ⌂ Ⓝ Off., Vord. As.
10. **microcéphalus** Willd. ♄ ⌂ Off., Kl. As., Kauk.
11. **monspessulánus** L. ♃ △ V-VI, Span., Pyren., S-Alp. bis Balk., W-Ukr., Med., N-Afr.
- *montánus: Oxýtropis* 3
12. **sempérvirens** Lam. (*A. aristátus* L'Hérit.) ♄ △ VII-VIII, M- u. N-Span., Pyren., Apenn., S-Alp., Balk.
- *seríceus: Oxýtropis* 2
13. **tragacántha** L. ♄ VI-VII, S-Eur.
Astrántia L. - f. - *Umbellíferae*
Sterndolde
1. **bavárica** F. W. Schultz ♃ △ VII-VIII, O-Alp.
2. **carniólica** Wulf. ♃ △ VII-VIII, SO-

Alp., Jugosl.
- *helleborifólia:* 4
- *heterophýlla:* 4
3. **májor** L. ♃ ⋈ VI–VIII, M- u. O-Eur., südl. bis N-Span., M-Ital. u. Bulg., Kauk.
4. **máxima** Pall. (*A. helleborifólia* hort. non Salisb., *A. heterophýlla* Willd.) ♃ ⋈ VI–VIII, Kauk., Kl. As.
5. **mínor** L. ♃ △ VII–VIII, Pyren., SW-Alp. bis Schw., N-Apenn.

Astrapǣa wallíchii: Dombe͞ya 5

Astrídia Dint. et Schwant. – f. – *Aizoáceae*
1. **dínteri** L. Bol. (*A. velutína* (Dint.) Dint. et Schwant., *Mesembryánthemum velutínum* Dint. non L. Bol.) ♃ ⌂K, Namib.

Astrocáryum G. F. W. Mey. – n. – *Pálmae* Sternnußpalme
1. **jauáry** Mart. ♄ ⌂W Ⓝ, Bras.
2. **mexicánum** Liebm. ♄ ⌂W, Mex. bis Hond.
3. **murumúru** Mart. ♄ ⌂W Ⓝ, Bras.
4. **vulgáre** Mart. ♄ ⌂W Ⓝ, Bras.

Astróloba Uitew. – f. – *Liliáceae*
1. **áspera** (Haw.) Uitew. (*Ápicra áspera* (Haw.) Willd., *Hawórthia áspera* (Haw.) Haw.) ♃ ⌂K, Kap
2. **deltoídea** (Hook. f.) Uitew. (*Ápicra deltoídea* (Hook. f.) Bak.) ♃ ⌂K, Karroo
3. **foliolósa** (Haw.) Uitew. (*Ápicra foliolósa* (Haw.) Willd., *Hawórthia foliolósa* (Haw.) Haw.) ♃ ⌂K, Karroo
4. **pentagóna** (Willd.) Uitew. (*Ápicra pentagóna* (Willd.) Willd., *Áloë pentagóna* (Willd.) Haw. non Jacq., *Hawórthia pentagóna* (Willd.) Haw.)
   var. **pentagóna** ♃ ⌂K, Karroo
   var. **spirális** (Duval) Uitew. (*Áloë spirális* Haw. non L., *Hawórthia spirális* Duval, *Ápicra spirális* (Duval) Willd.) ♃ ⌂K, Kap

Astróphytum Lem. – n. – *Cactáceae* Sternkaktus, Bischofsmütze
1. **astérias** (Zucc.) Lem. – Seeigelkaktus ⌂K VI–VIII ✱, S-Tex. bis N-Mex.
2. **capricórne** (A. Dietr.) Britt. et Rose – Bischofsmütze ⌂K ✱, N-Mex.
3. **myriostígma** Lem. – Bischofsmütze ⌂K ✱, NO-Mex.
4. **ornátum** (DC.) Britt. et Rose – Sternkaktus ⌂K ✱, Mittl. O-Mex.

Asyneūma Griseb. et Schenk – n. – *Campanuláceae*
1. **canéscens** (Waldst. et Kit.) Griseb. et Schenk (*Phyteūma canéscens* Waldst. et Kit., *Podánthum canéscens* (Waldst. et Kit.) Boiss.) ♃ VII bis VIII, SO-Eur., nördl. bis SO-Slowak.
2. **michauxioídes** (Boiss.) Damboldt (*Campánula michauxioídes* Boiss.) ⊝ VI–VII, Kl. As.

Asystásia Bl. – f. – *Acantháceae*
- *bélla: Mackāya* 1
1. **scándens** (Lindl.) Hook. ♄ ⌂W VII bis VIII, W-Afr.: Guin., Sierra Leo., Liber.

Atáccia áspera: Tácca 2
- *cristáta: Tácca* 2

Ataenídia Gagnep. – f. – *Marantáceae*
1. **conférta** (Benth.) Milne-Redh. (*Phrýnium confértum* (Benth.) K. Schum.) ♃ i ⌂W, Westl. trop. Afr., von Kamer. bis Angola

Athamánta L. – f. – *Umbellíferae* Augenwurz
1. **creténsis** L. (*Libanótis creténsis* (L.) Scop.) ♃ – ⊙ VI–VIII, SO-Span., Pyren., Schwäb. Jura, Alp., M-Jugosl.
- *haynáldii:* 2
- *rupéstris:* 2
2. **túrbith** (L.) Brot. (*A. rupéstris* (Scop.) Rchb.)
   ssp. **haynáldii** (Borb. et Uechtr.) Tutin (*A. haynáldii* Borb. et Uechtr.) ♃ △ VI–VII, W-Jugosl., Alban.

Athanásia L. – f. – *Compósitae*
- *ánnua: Lónas* 1
1. **crithmifólia** (L.) L. ♄ ⌂K VI–VIII, S-Afr.

× *Athertonára:* × *Renanópsis*

Athýrium Roth – n. – *Athyriáceae* Frauenfarn
- *acrostichoídes: Diplázium* 1
- *alpéstre:* 1
- *austrále: Diplázium* 2
1. **distentifólium** Tausch ex Opiz (*A. alpéstre* (Hoppe) Rylands non Clairv., *A. rhǣticum* (L.) Gremli non Roth, *Asplénium alpéstre* Hoppe) ♃, N-, M- u. nördl. S-Eur., Voges., Kl. As., Kauk., Sib., O-As., N-Am.: Alaska bis Kalif., Color.; Grönl., Queb.,

Neufundl.
2. **fílix-fémina** (L.) Roth (*Polypódium fílix-fémina* L., *Asplénium fílix-fémina* (L.) Bernh.) ♃, Eur., NW-Afr., As., N-Am., Mex., S-Am.
- *goeringiánum:* 3
3. **nipónicum** (Mett.) Hance (*A. goeringiánum* (Kunze) T. Moore) ♃, Jap., Korea, Mandsch., China, Taiw.
- *pycnocárpon: Diplázium* 6
- *rhaéticum:* 1
- *thelypteroídes: Diplázium* 1
- *thelypteroídes* f. *acrostichoídes: Diplázium* 1
- *umbrósum: Diplázium* 2
4. **vidálii** (Franch. et Sav.) Nakai ♃, Jap., Korea, Taiw.

Atrágene alpína: Clématis 2
- *macropétala: Clématis* 23
- *sibírica: Clématis* 2

Atrapháxis L. - f. - *Polygonáceae*
Bocksknöterich
1. **frutéscens** (L.) K. Koch (*A. lanceoláta* (M.B.) Meissn.) ♄ △ VIII–IX Ⓝ, S-Rußl. bis W- u. M-As.
- *lanceoláta:* 1
2. **muschketówii** Krasn. ♄ ✿ △ V–VI, Tien-schan
3. **spinósa** L. ♄ △ ✿ VIII, W- u. M-As. bis S-Rußl.

Átriplex L. - f. - *Chenopodiáceae*
Melde
1. **horténsis** L. - Gartenmelde ⊙ VII bis IX Ⓝ, Heimat vermutl. Vord. As., in M- u. S-Eur. stellenweise eingebürg.
2. **pátula** L. ⊙ VI–X, Eur. bis Kauk., N-Afr., O-Sib., N-Am.: Neufundl. bis Br. Kol., südl. bis S-Carol. u. Missouri

Átropa L. - f. - *Solanáceae*
Tollkirsche
1. **acumináta** Royle ex Lindl. ♃ ☠, Ind.
2. **béllа-dónna** L. - Tollkirsche ♃ ☠ VI bis VII Off., W-, M- u. S-Eur., Balk., Med., Kl. As., Iran, N-Afr., in Dänem., Schwed. u. Irl. eingebürg.
- *rhomboídea: Salpíchroa* 1

Attálea H.B.K. - f. - *Pálmae*
- *cohúne: Orbígnya* 1
- *excélsa: Schéelea* 1
1. **funífera** Mart. ex Spreng. - Bahia-Piassavapalme ♄ Ⓦ Ⓝ, Bahia u. Espirito
- *spectábilis: Orbígnya* 3

Aubriéta Adans. (*Aubriétia* DC.) - f. - *Crucíferae*
Blaukissen
1. **colúmnae** Guss. ♃ ⁓ △ IV–V, Ital., Siz., Alban., W-Jugosl., Rum.
- × *cultórum:* 3
2. **deltoídea** (L.) DC. (*A. graéca* Griseb.) ♃ ⁓ △ IV–V, Siz., Balk. bis Kl. As., Ägäis, in SW- u. W-Eur. eingebürg.
- *graéca:* 2
3. **-Hybriden** (*A.* × *cultórum* Bergm.) ♃ ⁓ △ IV–V

Aubriétia: Aubriéta

Aucoúmea Pierre - f. - *Burseráceae*
1. **klaineána** Pierre - „Okoumé" ♄ Ⓦ Ⓝ, Trop. W-Afr.

Aucúba Thunb. - f. - *Cornáceae*
Aukube
1. **japónica** Thunb. ex Murr. ♄ i ✿ III bis IV, Him. bis China, Korea u. Jap. (Mit vielen Sorten)

Aúlax Bergius - f. - *Proteáceae*
1. **umbelláta** (Thunb.) R. Br. (*A. cneorifólia* Knight) ♄ i ✂ Ⓚ, S-Afr.

Aúliza ciliáris: Epidéndrum 3
- *parkinsoniána: Epidéndrum* 13

Aurínia saxátilis: Alýssum 11

Austrocephalocéreus (Bckbg.) Bckbg. emend. Buxb. et Buin. (einschl. *Espostoópsis* Buxb., *Gerocéphala* Ritt.) - m. - *Cactáceae*
1. **dybówskii** (Rol.-Goss.) Bckbg. (*Céreus dybówskii* Rol.-Goss., *Cephalocéreus dybówskii* (Rol.-Goss.) Britt. et Rose, *Espostoópsis dybówskii* (Rol.-Goss.) Buxb.) Ⓚ ∗, O-Bras.: Bahia
- *fluminénsis: Coleocephalocéreus* 1
2. **lehmanniánus** (Werderm.) Bckbg. (*Cephalocéreus lehmanniánus* Werderm., *Micranthocéreus lehmanniánus* (Werderm.) Ritt.) Ⓚ ∗, Bras.
3. **purpúreus** (Gürke) Bckbg. (*Cephalocéreus purpúreus* Gürke, *Micranthocéreus purpúreus* (Gürke) Ritt.) Ⓚ ∗, Bras.

Austrocylindropúntia: Opúntia + sp. 16, 20, 50, 52, 65, 67, 71, 74, 75

Avéna L. - f. - *Gramíneae*
Hafer

1. **byzantína** K. Koch ⊙ Ⓝ, Med.
- *cándida: Helictótrichon* 4
- *desertórum: Helictótrichon* 1
- *distichophýlla: Trisétum* 1
- *elátior: Arrhenátherum* 1
2. **fátua** L. – Flughafer, Windhafer ⊙ ✂ VI–VIII, Eur., W-As., in N-Afr., N-Am. u. Mex. eingebürg.
- *flavéscens: Trisétum* 2
3. **núda** L. emend. Mansf. – Sandhafer, Rauhhafer
ssp. **núda** (*A. strigósa* Schreb., *A. núda* ssp. *strigósa* (Schreb.) Mansf.) ⊙ VII–VIII Ⓝ, Eur.
- *núda* ssp. *strigósa:* 3
- *parlatórei: Helictótrichon* 2
- *planicúlmis: Helictótrichon* 3
- *praténsis: Avénula* 1
- *pubéscens: Avénula* 2
4. **satíva** L. – Hafer, Saathafer, ⊙ VI bis VII Ⓝ, Herkunft unbek., Kulturpfl. seit Bronzezeit
- *sempérvirens: Helictótrichon* 4
5. **stérilis** L. ⊙ ✂ VII–VIII, Kanar., Med. bis Iran, M-As. u. Abess.
- *strigósa:* 3

Avenástrum desertórum: Helictótrichon 1
- *parlatórei: Helictótrichon* 2
- *planicúlme: Helictótrichon* 3
- *praténse: Avénula* 1
- *pubéscens: Avénula* 2

Avenélla: Deschámpsia
- *flexuósa: Deschámpsia* 2

Avenóchloa: Avénula
- *planicúlmis: Helictótrichon* 3
- *praténsis: Avénula* 1
- *pubéscens: Avénula* 2

Avénula (Dumort.) Dumort. (*Avenóchloa* Holub) – f. – *Gramíneae*
- *planicúlmis: Helictótrichon* 3
1. **praténsis** (L.) Dumort. (*Avéna praténsis* L., *Avenástrum praténse* (L.) Jess., *Helictótrichon praténse* (L.) Pilg., *Avenóchloa praténsis* (L.) Holub) ♃ VI–VII, N-, W- u. M-Eur., gem. As.
2. **pubéscens** (Huds.) Dumort. (*Avéna pubéscens* Huds., *Avenástrum pubéscens* (Huds.) Jess., *Helictótrichon pubéscens* (Huds.) Pilg., *Avenóchloa pubéscens* (Huds.) Holub) ♃ V–VII Ⓝ, N-, M- u. O-Eur., W-As.

Averrhóa L. – f. – *Oxalidáceae* Gurkenbaum
1. **bilímbi** L. – Gurkenbaum ♄ Ⓦ Ⓝ, Heimat unbek., in manchen trop. Gebieten eingebürg.
2. **carambóla** L. – Karambolabaum ♄ Ⓦ Ⓝ, Malays., in den Trop. oft eingebürg.

Aylóstera: Rebútia
- *deminúta: Rebútia* 5
- *fiebrígii: Rebútia* 9
- *kupperiána: Rebútia* 12
- *pseudodeminúta: Rebútia* 17
- *spegazziniána: Rebútia* 21
- *steinmánnii: Rebútia* 23

Azadiráchta: Anteláea
- *índica: Anteláea* 1

Azálea albréchtii: Rhododéndron 4
- *amóena: Rhododéndron* 82
- *arboréscens: Rhododéndron* 6
- *atlántica: Rhododéndron* 9
- *calendulácea: Rhododéndron* 16
- *canadénsis: Rhododéndron* 24
- *índica* L. non hort.: *Rhododéndron* 74
- *japónica: Rhododéndron* 78
- *káempferi: Rhododéndron* 79
- *linearifólia: Rhododéndron* 88
- *lútea: Rhododéndron* 16
- *móllis* André: *Rhododéndron* 78
- *móllis* Bl.: *Rhododéndron* 97
- *mucronáta: Rhododéndron* 99
- *nudiflóra: Rhododéndron* 114
- *obtúsa: Rhododéndron* 105
- *occidentális: Rhododéndron* 106
- *pentaphýlla: Rhododéndron* 112
- *periclymenoídes: Rhododéndron* 114
- *póntica: Rhododéndron* 90
- *prinophýlla: Rhododéndron* 119
- *procúmbens: Loiseléuria* 1
- *reticuláta: Rhododéndron* 124
- *rósea: Rhododéndron* 119
- *schlippenbáchii: Rhododéndron* 132
- *sinénsis: Rhododéndron* 97
- *tschonóskii: Rhododéndron* 149
- *váseyi: Rhododéndron* 151
- *viscósa: Rhododéndron* 153

Azára Ruiz et Pav. – f. – *Flacourtiáceae*
1. **microphýlla** Hook. f. ♄ D i Ⓚ II–III, Chile
2. **serráta** Ruiz et Pav. ♄ i Ⓚ III–V, Chile

Azólla Lam. – f. – *Azolláceae*
1. **caroliniána** Willd. ♃ ≈ Ⓦ Ⓚ, N-

Am.: Mass. bis Wisc., südl. bis Flor. u. Louis.; Mex., Antill., S-Am., in W-, M- u. S-Eur. eingebürg.
2. **filiculoídes** Lam. ♃ ≋ ⌂W ⌂K, N-Am.: Alaska bis Kalif.; Mex., M- u. S-Am., in W-, M- u. S-Eur. sowie Marok. eingebürg.

Azorélla Lam. - f. - *Umbellíferae*
1. **pedunculáris** (Spreng.) Math. et Const. ♃ i ⌂K, Ek.
2. **trifurcáta** (Gaertn.) Pers. ♃ i △ ∧ VI bis VII, Magellan

Azorína Feer - f. - *Campanuláceae*
1. **vidálii** (H.C. Wats.) Feer (*Campánula vidálii* H.C. Wats.) ♄ ⌂K VII bis VIII, Azor.

Aztékium Böd. - n. - *Cactáceae*
1. **rítteri** (Böd.) Böd. (*Echinocáctus rítteri* Böd.) ⌂K ✱, NO-Mex.: Nuevo León

Azureocéreus hertlingiánus: Browníngia 2
- *nóbilis: Browníngia* 2
- *víridis: Browníngia* 4

Babiána Ker-Gawl. - f. - *Iridáceae*
1. **strícta** (Ait.) Ker-Gawl. ♃ ⌂K III-IV, Kap
2. **-Stricta-Hybriden** ♃ ⌂K III-IV (in Kultur sind nur noch Sorten, die aus Kreuzungen von *B. strícta* mit verschiedenen, nicht mehr festzustellenden anderen Arten entstanden sind)

Baccaūrea Lour. - f. - *Euphorbiáceae*
1. **motleyána** (Muell. Arg.) Muell. Arg. - Rambai ♄ ⌂W Ⓦ, Malak., Sum., Java, Born.

Báccharis L. - f. - *Compósitae*
1. **genistelloídes** Pers. ♄ D ⌂K XI-I, Bras. bis Patag.
2. **halimifólia** L. ♄ VIII-X ꝏ, USA: Mass. bis Flor. u. Tex.; Mex., M-Am., Westind., in W-Frankr. u. NW-Span. eingebürg.

Bácopa Aubl. (*Moniéra* P.Br., *Herpéstis* Gaertn. f.) - f. - *Scrophulariáceae*
- *amplexicaūlis:* 1
1. **caroliniána** (Walt.) Robins. (*B. amplexicaūlis* (Pursh) Wettst., *Herpéstis amplexicaūlis* Pursh., *Moniéra amplexicaūlis* (Pursh) Michx.) ♃ ~ bis ≋ ⌂K, USA: Virg. bis Flor. u. Tex.
2. **monniéri** (L.) Pennell (*Lysimáchia monniéri* L., *Herpéstis monniéria* H.B.K., *Moniéra cuneifólia* Michx.) ♃ ~ - ≋ ⌂W, Trop. u. Subtrop.: Mex., M-Am. bis Parag. u. Bras., USA: Virg. bis Flor. u. Tex., Phil., Malak., Irak, in N-Port. u. NW-Span. eingebürg.

Báctris Jacq. ex Scop. - f. - *Pálmae*
1. **gasipáës** H.B.K. (*Guiliélma gasipáës* (H.B.K.) L.H. Bailey, *G. speciósa* Mart., *G. útilis* Oerst., *B. speciósa* (Mart.) Karst., *B. útilis* (Oerst.) Benth. et Hook. f. ex Hemsl.) - Pfirsichpalme ♄ ⌂W Ⓦ, Wahrscheinl. Peru, nur in Kult. bek.

Bāeckea L. - f. - *Myrtáceae*
1. **virgáta** (J.R. et G. Forst.) Andr. ♄ ⌂K VIII-X, O-Austral., Neukaled.

Bāeria: Lasthénia
- *califórnica: Lasthénia* 2
- *chrysóstoma: Lasthénia* 1
- *coronária: Lasthénia* 2
- *grácilis: Lasthénia* 1

Bahía lanáta: Eriophýllum 1
Balántium cúlcita: Cúlcita 1

Baldéllia Parl. - f. - *Alismatáceae*
1. **ranunculoídes** (L.) Parl. (*Echinódorus ranunculoídes* (L.) Engelm. ex Aschers., *Alísma ranunculoídes* L.) ♃ ~ - ≋ ⌂W, M-, NW-, W- u. SW-Eur., nördl. bis S-Norw. u. Gotl., Med., NW-Afr.

Baldíngera arundinácea: Phaláris 1

Ballóta L. - f. - *Labiátae*
Gottvergeß
1. **nígra** L. - Schwarznessel ♃ V-IX, W-, M- u. S-Eur., nördl. bis Irl. u. S-Skand., Med., Kl. As., Iran
2. **pseudodictámnus** (L.) Benth. ♃ △ ∧ bis ⌂A VII-VIII, S-Ägäis

Balsámina horténsis: Impátiens 3
Balsamíta: Tanacétum
- *májor: Tanacétum* 3

Bambúsa Schreb. - f. - *Gramíneae*
Bambus
- *ápus: Gigantóchloa* 1
1. **arundinácea** (Retz.) Willd. ♄ i ⌂W Ⓦ, Ind.
- *áspera: Gigantóchloa* 2
- *āurea: Phyllóstachys* 1
- *bámbos:* 4

- *fastuósa: Semiarundinária* 1
- *flexuósa: Phyllóstachys* 6
2. **glaucéscens** (Willd.) Holtt. ♄ i ∧ bis Ⓚ, China
- *kumasáca: Shibataea* 1
- *marmórea: Chimonobambúsa* 1
- *metáke: Pseudosása* 1
- *nígra: Phyllóstachys* 8
- *palmáta: Sása* 3
- *ramósa: Sasaélla* 1
- *tesseláta: Indocálamus* 1
- *veitchii: Sása* 5
3. **ventricósa** McClure ♄ Ⓚ-Ⓦ, S-China
- *verticilláta: Gigantóchloa* 5
- *viridiglaucéscens: Phyllóstachys* 10
4. **vulgáris** Schrad. ex J.C. Wendl. (*B. bámbos* (L.) Voss) Ⓦ Ⓝ, Nur in Kult. bek., in den Trop. häufig eingebürg.

Bánffya petraea: Gypsóphila 11

Bánksia L. f. - f. - *Proteáceae*
1. **attenuáta** R.Br. ♄ i ✂ Ⓚ ∗, Austral.
2. **báxteri** R.Br. ♄ i ✂ Ⓚ ∗, W-Austral.
3. **coccínea** R.Br. ♄ i ✂ Ⓚ ∗, W-Austral.
4. **collína** R.Br. (*B. littorális* Lindl. non R.Br.) ♄ i Ⓚ ∗, O-Austral.
5. **grándis** Willd. ♄ i ✂ Ⓚ ∗, W-Austral.
6. **hookeriána** Meissn. ♄ i ✂ Ⓚ ∗, Austral.
7. **integrifólia** L. f. ♄ i Ⓚ ∗, O-Austral.
- *littorális:* 4
8. **marcéscens** R.Br. ♄ i ✂ Ⓚ ∗, Austral.
9. **margináta** Cav. ♄ i Ⓚ ∗, SO-Austral., Tasm.
10. **menziésii** R.Br. ♄ i ✂ Ⓚ ∗, Austral.
11. **nútans** R.Br. ♄ i ✂ Ⓚ ∗, SW-Austral.
12. **occidentális** R.Br. ♄ i ✂ Ⓚ ∗, Austral.
13. **prionótes** Lindl. ♄ i ✂ Ⓚ ∗, W-Austral.
14. **scéptrum** Meissn. ♄ i ✂ Ⓚ ∗, W-Austral.
15. **speciósa** R.Br. ♄ i Ⓚ ∗, W-Austral.
16. **verticilláta** R.Br. ♄ i Ⓚ ∗, W-Austral.

Baptísia Vent. - f. - *Leguminósae*
Färberhülse
1. **austrális** (L.) R.Br. ♃ VII-VIII, USA: Penns. bis Indiana u. Kent., südl. bis Georg. u. Tenn.
2. **leucántha** Torr. et A. Gray ♃ VI-VII, USA: Ont. bis Minn., südl. bis Kent., N-Carol., Flor., Kans., Ark., Tex.
3. **tinctória** (L.) Vent. ♃ VII-VIII, N-Am.: Maine bis Ont. u. Minn., südl. bis Flor., Georg. u. Louis.

Barbacénia Vand. - f. - *Velloziáceae*
1. **élegans** (Oliv. ex Hook. f.) Pax (*Vellózia élegans* Oliv. ex Hook. f.) ♄ Ⓚ VI-VIII, Nat.

Barbaréa R.Br. - f. - *Crucíferae*
Barbenkraut
- *praecox:* 1
1. **vérna** (Mill.) Aschers. (*B. praecox* (Sm.) R.Br.) ⊙ V-VI, Ⓝ, SW-Eur., W-Med., in N-Am., S-Afr., Teilen Austral., Neuseel. u. Jap. eingebürg.
2. **vulgáris** R.Br. (*Cámpe barbaréa* (L.) W.F. Wight ex Piper) - Winterkresse, Barbarakraut ⊙-♃ V-VII Ⓝ, Eur., N-Afr., As., in N-Am. u. Neuseel. eingebürg.

× **Bardéndrum** hort. (*Barkéria* × *Epidéndrum*) - n. - *Orchidáceae*

Barkéria Knowl. et Westc. - f. - *Orchidáceae*
1. **élegans** Knowl. et Westc. (*Epidéndrum élegans* (Knowl. et Westc.) Rchb. f.) ♃ Ⓦ III ∗, Mex.
2. **skínneri** (Batem. ex Lindl.) Paxt. (*Epidéndrum skínneri* Batem. ex Lindl.) ♃ Ⓦ IX-I ∗, Guat.
3. **spectábilis** Batem. ex Lindl. (*Epidéndrum lindleyánum* (Batem. ex Lindl.) Rchb. f.) ♃ Ⓦ XI-XII ∗, S-Mex., Guat., El Salv.

Barkhausia rúbra: Crépis 7

Barléria L. - f. - *Acantháceae*
1. **cristáta** L. ♄ Ⓦ VI-VIII, Ind., Burma
2. **obtúsa** Nees ♄ Ⓚ, O-Kap bis Transv.
3. **prionítis** L. ♄ Ⓦ VI-VIII, Trop. As.

Barnadésia Mutis ex L. f. - f. - *Compósitae*
1. **rósea** Lindl. ♄ Ⓚ V-VI, M- u. O-Bras.

Barósma Willd. - f. - *Rutáceae*
Bukkostrauch
1. **betulína** (Bergius) Bartl. et H.L. Wendl. (*Agathósma betulína* (Bergius) Pillans) ♄ i Ⓚ, Kap
2. **crenuláta** (L.) Hook. (*Agathósma*

crenuláta (L.) Pillans) ♄ i Ⓚ, Kap
3. **foetidíssima** Bartl. et H. L. Wendl. ♄ i Ⓚ III–IV, Kap
4. **lanceoláta** (Thunb.) Sond. ♄ i Ⓚ II bis III, Kap bis Nat.
5. **pulchélla** (L.) Bartl. et H. L. Wendl. (*Agathósma pulchélla* (L.) Link) ♄ i Ⓚ II–VI, Kap
6. **serratifólia** (Curt.) Willd. (*Agathósma serratifólia* (Curt.) Spreeth) ♄ i Ⓚ IV–V, Kap

Barringtónia J. R. et G. Forst. – f. – *Barringtoniáceae*
1. **asiática** (L.) Kurz (*B. speciósa* J. R. et G. Forst.) ♄ D Ⓦ, Madag. bis Pazif. Ins., Austral.: N-Queensl., Torres Strait Ins.

Bartónia aurea: Mentzélia 2
– *decapétala: Mentzélia* 1
– *ornáta: Mentzélia* 1

Bartschélla: Mammillária
– *schumánnii: Mammillária* 95

Basélla L. – f. – *Baselláceae*
1. **álba** L. (*B. rúbra* L.) – Malabarspinat, Indischer Spinat ⊙ Ⓦ ♣ ⁓ oder § Ⓝ, Wahrscheinl. Afr. u. SO-As.; heute pantrop.
– *tuberósa: Ullúcus* 1

Bássia All. – f. – *Chenopodiáceae* Dornmelde
1. **hyssopifólia** (Pall.) O. Kuntze ⊙ VIII, Span., Mallor., O-Eur. bis W-As.
– *scopária: Kóchia* 1

Bássia J. G. Koenig ex L.
– *butyrácea: Diploknéma* 1
– *longifólia: Madhúca* 1

× **Bateostýlis** hort. (*Batemánnia* × *Otostýlis*) – f. – *Orchidáceae*

Batráchium aquátile: Ranúnculus 5
– *circinátum: Ranúnculus* 10

Bauera Banks ex Andr. – f. – *Saxifragáceae*
1. **rubioídes** Andr. ♄ i Ⓚ II–V, S-Austral., Neusüdwal., Queensl., Tasm.

Bauhínia L. – f. – *Leguminósae*
1. **acumináta** L. ♄ i Ⓦ V–IX, China, Malays., Ind.
2. **racemósa** Lam. ♄ i § Ⓦ IV–IX, NO-Ind.
3. **variegáta** L. ♄ i Ⓦ I–IV, Ind., China
4. **yunnanénsis** Franch. ♄ § Ⓚ, Jünn.

Beaucárnea Lem. – f. – *Agaváceae*
– *gláuca:* 3
1. **grácilis** Lem. (*Nolína grácilis* (Lem.) Cif. et Giacom., *B. oédipus* Rose) ♄ Ⓚ, Mex.
– *longifólia: Nolína* 1
– *oédipus:* 1
2. **recurváta** Lem. (*Nolína recurváta* (Lem.) Hemsl., *N. tuberculáta* (Roezl) hort., *B. tuberculáta* Roezl) ♄ Ⓚ, Mex.
3. **stricta** Lem. (*Nolína stricta* (Lem.) Cif. et Giacom., *B. gláuca* Roezl) ♄ Ⓚ, Mex.
– *tuberculáta:* 2

Beaufórtia R. Br. – f. – *Myrtáceae*
1. **decussáta** R. Br. ♄ Ⓚ IV–V, SW-Austral.
2. **purpúrea** Lindl. ♄ Ⓚ VI–VIII, SW-Austral.
3. **spársa** R. Br. ♄ Ⓚ VI–VIII, SW-Austral.

× *Beaumontára:* × *Recchára*

Beaumóntia Wall. – f. – *Apocynáceae*
1. **grandiflóra** (Roxb.) Wall. ♄ § D Ⓦ XII–III, O-Him.

Beckmánnia Host – f. – *Gramíneae*
1. **erucifórmis** (L.) Host ♃ Ⓝ, S- u. O-Eur., Kl. As., Vord. As.
2. **syzigáchne** (Steud.) Fern. ⊙ Ⓝ VII bis VIII, N-Am.: Queb. bis Alaska, südl. bis Mich., Kans., New Mex. u. Kalif., eingebürg. in N. Y. bis Penns. u. Missouri; NO- u. M-As., S-Sib. bis Ural u. Wolga

Begónia L. – f. – *Begoniáceae* Begonie, Schiefblatt
1. **acetósa** Vell. ♃ Ⓦ III–V, Bras.
– *ácida* Mart. ex A. DC.: 137
2. **ácida** Vell. ♃ Ⓦ, Bras.
3. **aconitifólia** A. DC. (*B. fauréana* Lind. ex Garnier) ♄ Ⓦ, Bras.
– *acumináta:* 4
4. **acutifólia** Jacq. (*B. acumináta* Dryand.) ♃ Ⓦ, Jam.
5. **albopícta** Bull ♄ Ⓦ, Bras.
– *anguláris:* 135
– *argyrostígma:* 83
6. **barbáta** Wall. ♃ Ⓦ, Ind., Burma
7. **baumánnii** Lem. ♃ Ⓚ, Bol.
8. **bipinnatífida** J. J. Sm., ♄ Ⓦ, N. Guin.
9. **bógneri** Ziesenh. ♃ Ⓦ VIII–IX, Madag.: Presquelle de Masoala
10. **boliviénsis** A. DC. ♃ Ⓚ, Bras.

11. **bóweri** Ziesenh. ♃ ⌂W, Mex.
- *bowringiána:* 14
12. **brádei** Irmsch. ♄ ⌂W, Bras.
13. **caroliniifólia** Regel ♃ ⌂W, Mex., Guat.
14. **cathayána** Hemsl. (*B. bowringiána* hort. non Champ. ex Benth.) ♃ ⌂W, China
- × *cheimántha:* 76
- -Cheimantha-Hybriden: 76
15. **cinnabárina** Hook. ♃ ⌂W, Bol.
16. **coccínea** Hook. (*B. rúbra* hort. non Bl.) ♃ ⌂W, Bras.
17. **cómpta** Bull (*B. stipulácea* Willd. var.?) ♄ ⌂W, Bras.
18. **conchifólia** A. Dietr. ♄ ⌂W, Hond., Costa R., Pan.
19. **concínna** Schott (*B. peltáta* Schott ex A. DC. non Otto et A. Dietr.) ♃ ⌂W, Bras.
20. **convolvulácea** A. DC. ♃ ⌇ ⌂W, Bras.
21. **coráIlina** Carr. ♄ ⌂W, Bras.
22. **-Corallina-Hybriden** ♄ ⌂W I–XII
23. **coriácea** A. DC. ♃ ⌂W III–V, Bol.
24. × **crédneri** Haage et Schmidt (*B. metállica* × *B. scharffiána; B.* × *pictaviénsis* Bruant ex Gard. Chron., *B.* × *pictavénsis* Bruant non Bruant ex André) ♄ ⌂K
25. **críspula** Brade ♃ ⌂W, Bras.
26. **cubénsis** Hassk. (*B. plagionēūra* Milne-Redh.) ♃ ⌂W, Antill.
27. **cucculláta** Willd.
var. **hōōkeri** (A. DC.) L.B. Sm. et Schub. (*B. semperflórens* Link et Otto) ♃ ⌂W, Bras.
- *daedálea:* 136
28. **davísii** hort. Veitch ex Hook. f. ♃ ⌂K, Peru
29. **decóra** Stapf ♃ ⇝ ⌂W, Malak.
30. **deliciósa** Böhme ♃ ⌂W, Born.
31. **diadéma** Lind. ♃ ⌂W, Born.
32. **dichótoma** Jacq. ♃ ⌂W, Venez.
33. **díchroa** Sprague ♃ ⌂W, Bras.
34. **dietrichiána** Irmsch. ♄ ⌂W XII–III, Bras.
35. **dipétala** Grah. ♃ ⌂W, Ind.
- *díscolor:* 57
36. **drégei** Otto et A. Dietr. ♃ ⌂K, Kap
37. × **duchártrei** Bruant ex André (*B. echinosépala* × *B. scharffiána*) ♄ ⌂W
38. **echinosépala** Regel ♃ ⌂W, Bras.
39. **egrégia** N.E. Br. (*B. quadriloculáris* Brade) ♃ ⌂W, Bras.
40. **-Elatior-Hybriden** (*B.* × *hiemális* Fotsch) ♃ ⌂W
41. **emínii** Warb. (*B. póggei* Warb.) ♃ ⌂W, Trop. O-Afr.
42. **epipsíla** Brade ♃ ⌂W, Bras.
43. × **erythrophýlla** Neum. (*B. hydrocotylifólia* × *B. manicáta; B.* × *fēāstii* hort. ex L.H. Bailey)
'Bunchii' ♃ ⌂W
- *evansiána:* 57
44. **exótica** L.B. Sm. ♃ ⌂W, N. Guin.
45. **fagifólia** Fisch. ♃ ⌇ ⌂W, Bras.
- *faureána:* 3
- × *fēāstii:* 43
46. **fernándoi-cóstae** Irmsch. ♃ ⌂W, Bras.
47. **ficifólia** Irmsch. ♃ ⌂W, Nig.
48. **foliósa** H.B.K.
var. **foliósa** ♄ ⌂W, Kol., Venez.
var. × **fuchsifoliósa** (Chev.) hort. (var. *foliósa* × var. *miniáta; B.* × *fuchsifoliósa* Chev.) ♄ ⌂W
var. **miniáta** (Planch.) L.B. Sm. et Schub. (*B. fuchsioídes* Hook., *B. miniáta* Planch.) ♄ ⌂W, Venez.
49. **francónis** Liebm. ⊙ ⌂W, S-Mex., Guat.
50. **froebélii** A. DC. ♃ ⌂K, Ek.
51. **fruticósa** (Klotzsch) A. DC. ♄ ⌂W, Bras.
- × *fuchsifoliósa:* 48
- *fuchsioídes:* 48
52. **fulvosetulósa** Brade ♃ ⌂W, Bras.
53. × **fuscomaculáta** Lange (*B. heracleifólia* × *B. strigillósa; B.* × *rubélla* Bull, non *B. rubélla* Buch.-Ham. ex D. Don, *B.* × *rubellína* L.H. Bailey) ♃ ⌂W
54. **glábra** Aubl. (*B. scándens* Sw.) ♃ ⌇ oder ⌇ ⌂W, Antill., Mex., M-Am., nördl. S-Am. bis Bol.
- *glaucophýlla:* 73
55. **goegoénsis** N.E. Br. ♃ ⌂W, Sum.
56. **grácilis** H.B.K. ♃ ⌂W, Mex., Guat.
57. **grándis** Dryand. (*B. díscolor* Ait.)
var. **evansiána** (Andr.) Irmsch. (*B. evansiána* Andr., *B. sinénsis* A. DC.) ♃ ∧ ⌂K, China
- *haageána:* 128
58. **heracleifólia** Schlechtend. et Cham. ♃ ⌂W, Mex., Guat., Belize
59. **herbácea** Vell. ♃ ⌂W, Bras.
- × *hiemális:* 40

60. **hirtélla** Link ⊙ Ⓚ-Ⓦ, Bras., Peru
61. **híspida** Schott
var. **cucullífera** Irmsch. ♃ Ⓦ, Bras.
- × *horténsis:* 131
62. **húmilis** Dryand.
var. **porteriána** (Fisch., C. A. Mey. et Avé-Lall.) A. DC. ⊙ Ⓚ Ⓦ, Mex., M- u. S-Am., Westind.
63. **hydrocotylifólia** Otto ex Hook. ♃ Ⓦ, Mex.
64. **imperiális** Lem., Mex.
'Smaragdina' ♃ Ⓦ ⇝
- *incána:* 108
65. **incarnáta** Link et Otto ♃ Ⓦ, Mex.
66. **involucráta** Liebm. ♃ Ⓦ, Guat. bis Pan.
- 'Iron Cross': 89
67. **isóptera** Dryand. ♃ Ⓦ, Java
68. **kellermánnii** C. DC. ♄ Ⓦ, Guat.
69. **-Knollenbegonien-Hybriden** (*B.* × *tuberhýbrida* Voss, *B.* Tuberhybrida)
70. **laciniáta** Roxb. ♃ Ⓦ, Ind., Burma, S-China
71. × **langeána** Fotsch (Eltern unbekannt) ♃ Ⓦ
72. **leptótricha** C. DC. ♃ Ⓦ, Parag.
- *liebmánnii:* 78
- *limínghii:* 73
73. **limmingheána** C. Morr. (*B. limínghii* K. Koch, *B. glaucophýlla* Gower) ♄ § i Ⓦ III–V, Bras.
74. **lindleyána** Walp. ♃ Ⓦ, S-Mex., M-Am., Kol.
75. **lístada** L. B. Sm. et Wasshausen ♃ i Ⓦ, Parag.
76. **-Lorrainebegonien-Hybriden** (*B. drégei* × *B. socotrána*; *B.* × *cheimántha* T. H. Everett ex C. Web., *B.*-Cheimantha-Hybriden) ♃ Ⓦ
77. **lubbérsii** E. Morr. ♃ Ⓦ, Bras.
78. **lúdicra** A. DC. (*B. liebmánnii* A. DC.) ♃ Ⓦ, Mex. bis Pan.
79. **ludwígii** Irmsch. ♃ Ⓦ, Ek.
80. **luxúrians** Scheidw. ♃ Ⓦ, Bras.
81. **lyncheána** Hook. f. (*B. roezlii* hort. Benary ex Lynch non Regel) ♃ Ⓦ, Mex.
82. **macrocárpa** Warb. ♃ Ⓦ, Kamer.
83. **maculáta** Raddi (*B. argyrostígma* Fisch. ex Link et Otto) ħ Ⓦ, Bras.
84. **malabárica** Lam. ♃ Ⓦ, Ind., Ceyl.
85. **manicáta** Brongn. ex Cels ♃ Ⓚ, Mex., Guat.
86. **mánnii** Hook. f. (*B. spráguei* C. Web., *B. párva* Sprague non Merr.) ♃ Ⓦ, Kongo
87. × **margarítae** hort. ex Fotsch (*B. echinosépala* × *B. metállica*) ♃ Ⓦ
88. **martiána** Link et Otto ♃ Ⓦ, Mex.
89. **masoniána** Irmsch. (*B.* 'Iron Cross') ♃ Ⓦ, China?
90. **mázae** Ziesenh. ♃ Ⓦ XII–V, Mex.
91. **metáchroa** Fotsch ♃ Ⓦ, Heimat unbek.
92. **metállica** W. G. Sm. ♃ Ⓚ, Bras.
93. **mexicána** Karst. ♃ Ⓦ ⇝, Mex.
94. **-Mexicross-Hybriden** (an der Entstehung der Sorten beteiligt sind *B. bóweri, B. mázae, B. heracleifólia* u. *B. imperiális* 'Smaragdina') ♃ Ⓦ
95. **micranthéra** Griseb. ♃ Ⓚ, Arg., Bol.
- *miniáta:* 48
96. **mínor** Jacq. (*B. nítida* Ait.) ħ Ⓦ, Jam.
97. **mólleri** (C. DC.) Warb. ♃ § Ⓦ, São Tomé
98. **mollicaulis** Irmsch. (*B. subvillósa* hort. non Klotzsch) ⊙ Ⓦ, S-Am.?
99. **nataléensis** Hook. ♃ Ⓚ XII–III, Nat.
100. **nelumbifólia** Cham. et Schlechtend. ♃ Ⓦ, Mex. bis Kol.
- *nítida:* 96
101. **octopétala** L'Hérit. ♃ Ⓚ, Peru
102. **odoráta** Willd. (*B. suavéolens* Lodd.) ħ D Ⓦ, Antill.
103. **ólbia** Kerch. ♃ Ⓦ, Bras.
104. **organénsis** Brade ♄ Ⓦ, Bras.: Rio de Jan.
- *palmifólia:* 148
105. **partíta** Irmsch. ħ Ⓦ, S-Afr.
- *párva:* 86
106. **paulénsis** A. DC. ♃ Ⓦ, Bras.
107. **pearcei** Hook. f. ♃ Ⓚ, Bol.
108. **peltáta** Otto et A. Dietr. (*B. incána* Lindl.) ħ Ⓦ, Mex.
- *peltáta* Schott ex A. DC.: 19
109. **peponifólia** Vis. ♃ Ⓦ, Mex.?
110. × **phyllomaníaca** Mart. (*B. incarnáta* × *B. manicáta*) ♃ Ⓦ
- × *pictavénsis:* 24
- × *pictaviénsis:* 24
- *plagioneura:* 26
111. **platanifólia** Schott ħ Ⓦ, Bras.
- *póggei:* 41
112. **polygonoídes** Hook. f. ♃ § Ⓦ, W-Afr.
113. **popenoei** Standl. ♃ Ⓦ, Hond.

114. **prismatocárpa** Hook. f. ♃ ⌇ ⌂W, Kamer., Fern. Póo
115. × **pseudophyllomaníaca** Lange (*B. heracleifólia* × *B. incarnáta*) ♃ ⌂W
116. **pulchélla** Raddi (*B. símilis* Brade) ♃ ⌂W, Bras.
- *quadriloculáris:* 39
117. **rájah** Ridl. ♃ ⌂W, Mal. Arch.
118. **ramentácea** Paxt. ♃ ⌂W, Bras.
- *renifórmis:* 148
119. **rex** Putz. ♃ ⌂W, Ass.
- *rex-cultórum:* 120
- Rex-cultorum complex: 120
120. **-Rex-Hybriden** (*B. rex-cultórum* L. H. Bailey, *B.* Rex-cultorum complex) ♃ ⌂W
121. **rhizocárpa** Fisch. ♃ ⌂W III–V, Bras.
122. **rhizocaúlis** hort. Berol. ex A. DC. ♃ ⌂W, M-Am.
- *richardsiána:* 138
- *richardsoniána:* 138
123. × **ricinifólia** A. Dietr. (*B. heracleifólia* × *B. peponifólia*) ♃ ⌂W
- *róezlii:* 81
- × *rubélla:* 53
- × *rubellína:* 53
- *rúbra:* 16
124. **rubrovénia** Planch. ♃ ⌂W, Him.
125. **sanguínea** Raddi ħ ⌂W, Bras.
126. **scábrida** A. DC. ♃ ⌂W, Venez.
- *scándens:* 54
127. **scharffiána** Regel ħ ⌂K, Bras.
128. **schárffii** Hook. f. (*B. haageána* hort. ex W. Wats.) ħ ⌂K, Bras.
129. **schmidtiána** Regel (*B. schmídtii* Haage et Schmidt) ♃ ⌂W, Bras.
- *schmídtii:* 129
130. **schulziána** Urb. et Ekm. ♃ ⟿ ⌂W, Haiti
- *semperflórens:* 27
- × *semperflórens-cultórum:* 131
- Semperflorens-cultorum, Gracilis group: 131
131. **-Semperflorens-Hybriden** (*B.* × *semperflórens-cultórum* H. K. Krauss, *B.* × *horténsis* Graf et Zwicky, *B.* Semperflorens-cultorum, Gracilis group) ♃ ⌂W
132. **serratipétala** Irmsch. ♃ ⌂W, N. Guin.
- *símilis:* 116
- *sinénsis:* 57
133. **socotrána** Hook. f. ♃ ⌂W, Sokot.
- *spráguei:* 86
134. **squamulósa** Hook. f. ⌇ ⌂W, Nig. bis Zaire
135. **stipulácea** Willd. (*B. anguláris* Raddi, *B. zebrína* hort.) ħ ⌂W, Bras.
- *stipulácea* var.?: 17
136. **strigillósa** A. Dietr. (*B. daedálea* Lem.) ♃ ⌂W, Guat., Costa R.
- *suavéolens:* 102
137. **subácida** Irmsch. (*B. ácida* Mart. ex A. DC. non Vell.) ♃ ⌂W, Bras.
- *subvillósa:* 98
138. **suffruticósa** Meissn. (*B. richardsiána* T. Moore, *B. richardsoniána* Houllet) ♃ ⌂K, Nat.
139. **sulcáta** Scheidw. ħ ⌂W, Kol.
140. **sutherlándii** Hook. f. ♃ ⌂K, Nat.
141. × **thurstónii** hort. ex Kennedy (*B. metállica* × *B. sanguínea*) ♃ ⌂W
142. **tomentósa** Schott ħ ⌂W, Bras.
- Tuberhybrida: 69
- × *tuberhýbrida:* 69
143. **ulmifólia** Willd. ħ ⌂W, Venez.
144. **unduláta** Schott ħ ⌂W, Bras.
145. **véitchii** Hook. f. ♃ ⌂K, Peru
146. **venósa** Skan ex Hook. f. ♃ ⌂W, Bras.
- × *verschaffeltiána:* 147
147. × **verschafféltii** Regel (*B. carolinifólia* × *B. manicáta; B.* × *verschaffeltiána* Lem.) ♃ ⌂W
148. **vitifólia** Schott (*B. renifórmis* Hook. non Dryand., *B. palmifólia* hort.) ♃ ⌂W, Bras.
149. **wallichiána** Steud. ⊙ ⌂W, Ind.
150. × **weltoniénsis** hort. ex André (*B. drégei* × *B. sutherlándii*) ♃ ⌂K
151. **xánthina** Hook. ♃ ⌂W, Bhut.
- *zebrína:* 135

Befária: Bejária

Bejária Mutis ex L. corr. Zea ex Vent. (*Befária* Mutis ex L.) - f. - *Ericáceae*
„Andenrose"
1. **coarctáta** Humb. et Bonpl. ħ i ⌂K, Peru

Belamcánda Adans. corr. Medik. - f. - *Iridáceae*
Leopardenblume
1. **chinénsis** (L.) DC. (*Pardánthus chinénsis* (L.) Ker-Gawl., *Gemmíngia chinénsis* (L.) O. Kuntze, *B. punctáta* Moench) ♃ ⌂K ꝏ VII–VIII, Jap., China, Taiw., N-Ind., in den nördl.

USA eingebürg.
Belleválía Lapeyr. - f. - *Liliáceae*
1. **románа** (L.) Rchb. (*Hyacínthus ro-mánus* L.) ♃ ∧ - ⌂ IV-V ▽, S-Frankr., Ital., östl. bis Balk., N-Afr.
Bellidiástrum michélii: Áster 8
Béllis L. - f. - *Compósitae*
Maßliebchen
1. **perénnis** L. - Gänseblümchen, Tausendschön ♃ IV-VI, Eur., N-Afr., Kl. As. bis Syr., Iran u. Afgh. (Mit vielen Sorten)
2. **rotundifólia** (Desf.) Boiss. et Reut. (*B. sylvéstris* Cyr. var. *rotundifólia* (Desf.) Batt.) ♃ △ ∧ III-V, SW-Span., Marok., Alger.
- *sylvéstris* var. *rotundifólia:* 2
Béllium L. - n. - *Compósitae*
Zwergmaßliebchen
1. **bellidioídes** L. ♃ △ ∧ V-VI, Balear., Kors., Sard.
2. **minútum** (L.) L. ⊙ △ ∧ V-VIII, Lamped., Griech., Kreta, Kl. As.
Belopérone Nees - f. - *Acantháceae*
- *guttáta: Justícia* 1
1. **plumbaginifólia** (Jacq.) Nees ♄ ⌂ XI bis XII, Bras.
2. **violácea** Planch. et Lind. (*Justícia carthaginénsis* Jacq.) ♄ ⌂ IV-VII, Westind., M-Am., nördl. S-Am.
Benincása Savi - f. - *Cucurbitáceae*
Wachskürbis
1. **híspida** (Thunb. ex Murr.) Cogn. (*B. cerífera* Savi, *Cucúrbita híspida* Thunb. ex Murr., *Lagenária sicerária* (Mol.) Standl. var. *híspida* (Thunb. ex Murr.) Hara) ⊙ ⌇ ♣ ⌂ Ⓝ, Nur in Kult bek.
Benthámia fragífera: Córnus 7
Bentínckia Berry - f. - *Pálmae*
1. **nicobárica** (Kurz) Becc. ♄ ⌂, Nikobar.
Bénzoïn aestivále: Líndera 1
- *praécox: Líndera* 3
- *seríceum: Líndera* 4
Berárdia Vill. - f. - *Compósitae*
1. **subacaúlis** Vill. (*B. lanuginósa* (Lam.) Fiori) ♃ △ ∧ VII-VIII, SW-Alp.
Berberidópsis Hook. f. - f. - *Flacourtiáceae*
Korallenstrauch
1. **corállina** Hook. f. ♄ i ⌇ ⌂ VII-IX, Chile
Bérberis L. - f. - *Berberidáceae*
Sauerdorn, Berberitze
1. **actinacántha** Mart. ex Roem. et Schult. ♄ △ ∧, Chile
2. **aggregáta** Schneid. (*B. brevipaniculáta* hort. non Schneid.)
var. **práttii** (Schneid.) Schneid. (*B. práttii* Schneid.) △ ♣ V-VI, W-China
3. **amurénsis** Rupr. (*B. vulgáris* var. *amurénsis* (Rupr.) Regel) ♄ V, Jap., China, Mandsch., Korea, Amur
- *angulízans:* 12
4. **angulósa** Wall. ex Hook. f. et Thoms. ♄ △ V, M- u. O-Nepal, Sikk., Bhut.
- *approximáta:* 21
- *aquifólium: Mahónia* 2
5. **aristáta** DC. ♄ ♣ V Ⓝ, N-Ind., Nepal, Bhut.
6. **atrocárpa** Schneid. ♄ i V-VI, W-China
- *béalei: Mahónia* 3
7. **beaniána** Schneid. ♄ VI, W-China
8. **brachýpoda** Maxim. ♄ ♣ V, NW-China
9. **bretschnéideri** Rehd. ♄ V, Jap.
- *brevipaniculáta:* 2
10. **buxifólia** Lam. ex Poir. (*B. dúlcis* Sweet) ♄ i V, Chile, Arg.
'Nana' (*B. dúlcis* Sweet var. *nána* Carr.) ♄ i ⫶
11. **calliántha** Mullig. ♄ i ∧ oder ⌂ V, SO-Tib.
12. **canadénsis** Mill. (*B. angulízans* hort. ex Mass.) ♄ ♣ Ⓝ V-VI, USA: W-Virg. bis Georg. u. Alab.; Indiana, Missouri (nicht in Kan.!)
13. **candídula** (Schneid.) Schneid. ♄ i △ V, M-China
- *cároli* var. *hoanghénsis:* 54
- × *chenaúltii:* 30
14. **chillanénsis** (Schneid.) Sprague ex Bean ♄ i ∧ IV-V, Chile, Peru
15. **chinénsis** hort. Paris. ex Poir. (*B. sinénsis* Desf.) ♄ V, Kauk.
16. **chítria** Buch.-Ham. ex Ker-Gawl. ♄ ∧ oder ⌂ ♣ V, W-Nepal, NW-Ind.
17. **circumserráta** (Schneid.) Schneid. ♄ V, NW-China
18. **concínna** Hook. f. ♄ △ ♣ V, Nepal bis Sikk.

- *córyi:* 58
19. **darwínii** Hook. ♄ i △ ∧ IV–V, Chile, Arg.
20. **diáphana** Maxim. ♄ V, Kansu
21. **dictyophýlla** Franch., Jünn.
var. **approximáta** (Sprague) Rehd. (*B. approximáta* Sprague) ♄ ♣ V
var. **epruinósa** Schneid. ♄ ♣ V
22. **dielsiána** Fedde ♄ ♣ V, Szetsch.
- *dúlcis:* 10
- *dúlcis* var. *nána:* 10
23. **empetrifólia** Lam. ex Poir. ♄ i △ ∧ V, Chile
- *fortúnei: Mahónia* 4
24. **francísci-ferdinándi** Schneid. ♄ ♣ V, W-China
- *fremóntii: Mahónia* 5
25. × **frikártii** Schneid. (*B. candídula* × *B. verruculósa*) ♄ i △
26. **gagnepaínii** Schneid.
var. **lanceifólia** Ahrendt ♄ i V–VI, Hupeh
27. **giráldii** Hesse ♄ ♣ VI, Nördl. M-China
28. **heterópoda** Schrenk ex Fisch. et C.A. Mey. ♄ ♣ V, Turkest.
29. **hoókeri** Lem. ♄ i V–VI, Nepal, Sikk. bis Ass., Bhut., China
30. × **hybridogagnepaínii** Ahrendt (*B. gagnepaínii* var. *lanceifólia* × *B. verruculósa*) (Hierher auch als 'Chenault' *B.* × *chenaúltii* Ahrendt) ♄ i △
31. **hypokérina** Airy Shaw ♄ i △ ∧ oder Ⓚ, Oberburma
- *ilicifólia:* × *Mahobérberis* 2
- *japónica: Mahónia* 6
- *japónica* var. *beálei: Mahónia* 3
32. **juliánae** Schneid. ♄ i V–VI, Hupeh
33. **koreána** Palib. ♄ ♣ V, Korea
34. **lempergiána** Ahrendt ♄ i V, Tschek.
35. **linearifólia** Phil. ♄ i ∧ V–VI, Chile
36. × **lologénsis** Sandw. (*B. darwínii* × *B. linearifólia*) ♄ i ∧ VI, Arg.
37. **lýcium** Royle ♄ V–VI, Kaschm. bis Nepal
38. **manipurána** Ahrendt ♄ i V, Manip., Ass.
39. × **mentorénsis** L.M. Ames (*B. juliánae* × *B. thunbérgii*) ♄ i
40. **morrisonénsis** Hayata ♄ △ ♣ V, Taiw.
- *nepalénsis: Mahónia* 9
- *nervósa: Mahónia* 10
41. **oblónga** (Regel) Schneid. ♄ ♣, Turkest.
42. × **ottawénsis** Schneid. (*B. thunbérgii* × *B. vulgáris*) ♄ ♣ V
43. **parvifólia** Sprague ♄ △ VI, W-China
- *pinnáta: Mahónia* 11
- *práttii:* 2
44. **pruinósa** Franch. ♄ i IV–V, Jünn.
- *répens: Mahónia* 12
45. **replicáta** W.W. Sm. ♄ i V, Jünn.
46. × **rubrostílla** Chitt. ♄ ♣ VI (Aus *B. wilsóniae*-Kreuzungen hervorgegangene Sorten)
47. **sargentiána** Schneid. ♄ i V–VI, M-China
48. **sibírica** Pall. ♄ △ V, Sib.
49. **siebóldii** Miq. ♄ △ ♣ V, Jap.
- *sinénsis:* 15
50. × **stenophýlla** Lindl. (*B. darwínii* × *B. empetrifólia*) ♄ i ∧ V
51. **thunbérgii** DC. ♄ ⁞ ♣ V, Jap.
52. **tíschleri** Schneid. ♄ V, W-China
53. **veítchii** Schneid. ♄ i V, M-China
54. **vérnae** Schneid. (*B. cároli* Schneid. var. *hoanghénsis* Schneid.) ♄ ♣ V, NW-China
55. **verruculósa** Hemsl. et Wils. ♄ i △ V bis VI, Kansu
56. **viréscens** Hook. f. et Thoms. ♄ V bis VI, Sikk.
57. **vulgáris** L. - Sauerdorn ♄ V Ⓝ, M-Skand. bis S-Eur., Kl. As., Kauk., N-Iran; in O-Kan. u. den O- bis M-USA eingebürg.
- *vulgáris* var. *amurénsis:* 3
58. **wilsóniae** Hemsl. et Wils.
var. **subcaulialáta** (Schneid.) Schneid. (*B. córyi* Veitch) ♄ △ ♣ VI–VII, W-Szetsch.
var. **wilsóniae** ♄ △ ♣ V–VI, W-Szetsch.
59. **yunnanénsis** Franch. ♄, W-China

Berchémia Neck. ex DC. - f. - *Rhamnáceae*
1. **giraldiána** Schneid. ♄ ⌇ V–VI, Hupeh, Jünn.
2. **racemósa** Sieb. et Zucc. ♄ ⌇ VIII–IX, Jap., Taiw.
3. **scándens** (Hill) K. Koch (*B. volúbilis* (L. f.) DC.) ♄ ⌇ ∧ VI, USA: Virg. bis Missouri, südl. bis Flor. u. Tex.
- *volúbilis:* 3

Bergénia Moench - f. - *Saxifragáceae*
- *bifólia:* 3

1. **ciliáta** (Haw.) Sternb. (*B. liguláta* var. *ciliáta* (Haw.) Engl., *Megásea ciliáta* Haw.)
   f. **liguláta** (Wall.) Yeo (*B. liguláta* (Wall.) Engl.) ♃ △ ∧ III–IV, Afgh., Pak.
2. **cordifólia** (Haw.) Sternb. (*Megásea cordifólia* Haw.) ♃ △ IV–V, Altai, Mongol.
3. **crassifólia** (L.) Fritsch (*B. bifólia* Moench, *Megásea crassifólia* (L.) Haw.)
   var. **crassifólia** ♃ △ IV–V Ⓝ, Sib., Mongol., in Österr. u. Frankr. eingebürg.
   var. **pacífica** (Kom.) Nekr. (*B. pacífica* (Kom.) Kom.) ♃ △ IV–V, Ussuri, Gebg. Wladiw.
- *delavāyi:* 5
4. **-Hybriden** (Zusammenfassung von Sorten unbekannter Herkunft wie 'Abendglut', 'Morgenröte', 'Silberlicht') ♃ △ III–V
- *liguláta:* 1
- *liguláta* var. *ciliáta:* 1
- × *newryénsis:* 7
- *ornáta:* 6
- *pacífica:* 3
5. **purpuráscens** (Hook. f. et Thoms.) Engl. (*Megásea purpuráscens* Hook. f. et Thoms., *B. delavāyi* (Franch.) Engl., *B. yunnanénsis* hort.) ♃ △ V bis VI, W-China, N-Burma
6. × **schmídtii** (Regel) Silva Tarouca (*B. ciliáta* × *B. crassifólia*; *B. strachēyi* var. *schmídtii* (Regel) hort. ex Wehrh., *B. ornáta* Stein ex Guill.) ♃ △ III–V
7. × **smíthii** Engl. et Irmsch. (*B. cordifólia* × *B. purpuráscens; B.* × *newryénsis* Yeo) (Mit einigen engl. Sorten) ♃ △ IV–V
8. **strachēyi** (Hook. f. et Thoms.) Engl. ♃ △ III, O-Afgh., Pak., Kaschm., Nepal, W-Tib.
- *strachēyi* var. *schmídtii:* 6
- *yunnanénsis:* 5

Bergeránthus Schwant. - m. - *Aizoáceae*
1. **múlticeps** (Salm-Dyck) Schwant. ♃ Ⓚ, Kap
2. **scápiger** (Haw.) N. E. Br. ♃ Ⓚ, Kap
3. **vespertínus** (Berger) Schwant. ♃ Ⓚ, Kap

Bergerocáctus Britt. et Rose - m. - *Cactáceae*
1. **emóryi** (Engelm.) Britt. et Rose (*Céreus emóryi* Engelm.) Ⓚ ✱, Kalif., Nied. Kalif.

Berkhēya Ehrh. - f. - *Compósitae*
1. **macrocéphala** J. M. Wood ♃ ∧ VII bis VIII, S-Afr.

Bertéroa DC. - f. - *Crucíferae*
Graukresse
1. **incána** (L.) DC. ⊙–⊙ VI–X, M-Eur. bis M-As., N-Med., in N-Am. eingebürg.

Berthollétia Humb. et Bonpl. - f. - *Lecythidáceae*
1. **excélsa** Humb. et Bonpl. - Brasil- oder Paranußbaum ♄ Ⓦ Ⓝ, Amaz.

Bertolónia Raddi - f. - *Melastomatáceae*
- *guttáta: Gravésia* 1
- *hirsúta: Triólena* 1
1. **maculáta** Mart. ex DC. ♃ Ⓦ, NO-Bras.
2. **marmoráta** Naud. ♃ Ⓦ, N-Bras.
- *pubéscens: Triólena* 2

× **Bertoneríla** hort. (*Bertolónia* × *Soneríla*) - f. - *Melastomatáceae*
1. **houtteána** hort. ♃ Ⓦ

Beschornéria Kunth - f. - *Agaváceae*
1. **bracteáta** Jacobi ♃ i Ⓚ, Mex.
2. **decosteriána** Bak. ♃ i Ⓚ, Mex.
- *multiflóra: Furcrāea* 1
3. **pubéscens** Berger ♃ i Ⓚ, Mex.
4. **tubiflóra** (Kunth et Bouché) Kunth ♃ i Ⓚ, Mex.
5. **yuccoídes** Hook. f. ♃ i Ⓚ, Mex.

Béssera Schult. f. - f. - *Liliáceae*
Korallentröpfchen
1. **élegans** Schult. f. ♃ Ⓚ VII–IX, Mex.

Béta L. - f. - *Chenopodiáceae*
Bete, Rübe
1. **vulgáris** L.
   ssp. **marítima** (L.) Arcang. (*B. marítima* L.) - Wildbete, Seemangold ♃, Atl. Küsten Eur., Mad., Kanar., Med., östl. bis Ind.
   ssp. **vulgáris** ⊙ Ⓝ V–IX, Nur in Kult. bek.
   convar. **cícla** (L.) Alef. (*B. cícla* (L.) L., ssp. *cícla* (L.) K. Koch) - Blatt- u. Stielmangold
   var. **cícla** - Schnittmangold, Mangold, Beißkohl
   var. **flavéscens** DC. - Stielmangold,

Stengelmangold, Rippenmangold, Römischer Kohl, Schweizer Mangold, Römische Bete, Cardonenbete
convar. **vulgáris** - Dickrüben
var. **altíssima** Döll - Zuckerrübe
var. **lútea** DC. - Gelbe Rübe, Gelbe Bete
var. **rapácea** K. Koch - Futterrübe, Runkeln, Runkelrübe, Viehmangold, Burgunderrübe
var. **vulgáris** - Rote Rübe, Rote Bete, Salatrübe

Betónica grandiflóra: Stáchys 6
- *hirsúta: Stáchys* 8
- *macrántha: Stáchys* 6
- *nívea: Stáchys* 9
- *officinális: Stáchys* 10

Bétula L. - f. - *Betuláceae*
Birke
- *álba:* 16, 20

1. **albosinénsis** Burk.
var. **albosinénsis** ♄, M- u. W-China
var. **septentrionális** Schneid. ♄, Szech.
2. **alleghaniénsis** Britt. (*B. lútea* Michx. f.) - Gelbbirke ♄ Ⓝ, N-Am.: Neufundl. u. Queb. bis Manit., südl. bis Maryl., N-Carol., Georg., Tenn., Ill., Iowa
- *álnus* var. *glutinósa: Álnus* 3
- *álnus* var. *incána: Álnus* 5
3. **corylifólia** Regel et Maxim. ex Regel ♄, Jap.
4. **costáta** Trautv. ♄, NO-As.
5. **davúrica** Pall. - Schwarzbirke ♄ Ⓝ, Jap., Korea. Mandsch., Ussuri, Amur
6. **ermánii** Cham. ♄ Ⓝ, Jap., NO-As.
7. **húmilis** Schrank ♄ ▽, M-, NO-Eur., Sib.
8. **jacquemóntii** Spach (*B. útilis* var. *jacquemóntii* (Spach) C. Winkl.) ♄, W-Him.
9. × **koéhnei** Schneid. (*B. papyrífera* × *B. péndula*) ♄
10. **lénta** L. - Zuckerbirke ♄ Ⓝ, N-Am.: Maine bis Queb. u. Ont., südl. bis Maryl., Georg. u. Alab.
- *lútea:* 2
- *mandshúrica:* 17
- *mandshúrica* var. *japónica:* 17
11. **maximowicziána** Regel ♄, Jap., S-Kuril.
12. **medwediéwii** Regel ♄-♄, Transkauk.
13. **nána** L. - Zwergbirke ♄ △ ▽, N-Eur. bis N. As., Gebg. M-Eur., Grönl., Baffin Isl., Alaska
14. **nígra** L. - Schwarzbirke ♄ Ⓝ, USA: N. Hampsh. bis Minn., südl. bis Flor. u. Tex.
- *papyrácea:* 15
15. **papyrífera** Marsh. (*B. papyrácea* Ait.) - Papierbirke ♄ Ⓝ, N-Am.: Neufundl. u. Labr. bis Alaska, südl. bis Penns., N-Carol., Color., Nev., Mont., Oreg.
16. **péndula** Roth (*B. álba* L. sensu Coste, *B. verrucósa* Ehrh.) - Sandbirke, Weißbirke ♄ Ⓝ Off., Eur., Sib., Kl. As., Kauk., N-Iran, N-Afr.
17. **platyphýlla** Sukatsch. (*B. mandshúrica* (Regel) Nakai)
var. **japónica** (Miq.) Hara (*B. mandshúrica* var. *japónica* (Miq.) Rehd.) ♄, Jap., Mandsch., N-China
var. **platyphýlla** ♄ Ⓝ, NO-As.: Mandsch., Korea, Jap., N-China
18. **populifólia** Marsh. ♄, N-Am.: Prince Edward Isl. bis Queb. u. Ont., südl. bis Del., Virg. u. Indiana
19. **potanínii** Batal. (*B. wilsónii* Bean) ♄, W-China
20. **pubéscens** Ehrh. (*B. álba* L. sensu Roth) - Moorbirke ♄-♄ Ⓝ Off., Eur. bis Sib., Kauk., Vord. As.
21. **púmila** L. ♄, N-Am.: Neufundl. bis Br. Kol., südl. bis N. Jers., Iowa, N-Dak. u. Mont.
22. **schmídtii** Regel ♄ Ⓝ, Jap., Korea, Mandsch., Ussuri
23. **útilis** D. Don
var. **práttii** Burk. ♄, W-China
- *útilis* var. *jacquemóntii:* 8
- *verrucósa:* 16
- *víridis: Álnus* 11
- *wilsónii:* 19

Bídens L. - f. - *Compósitae*
Zweizahn
- *atrosanguínea: Cósmos* 1
- *dahlioídes: Cósmos* 1, 3
- *diversifólia: Cósmos* 3

1. **ferulifólia** (Jacq.) DC. (*Coreópsis ferulifólia* Jacq.) ⊙ - ⊙ VIII, S-Ariz., Mex.
- *formósa: Cósmos* 2
- *húmilis:* 2

– *húmilis* var. *macrántha:* 2
2. **triplinérvia** H. B. K. var. **macrántha** (Wedd.) Sherff (*B. húmilis* H. B. K., *B. húmilis* var. *macrántha* Wedd.) ♃ (⊙ gezogen) VII, Mex. bis Chile

Bieberstēinia Steph. – f. – *Geraniáceae*
1. **orphánidis** Boiss. ♃ △ ∧ oder ⌂A V bis VI, S-Griech., Kl. As.

Bifrenária Lindl. – f. – *Orchidáceae*
1. **atropurpúrea** (Lodd.) Lindl. ♃ ⌂W VI bis VII ∗, Bras.
2. **aureofúlva** (Hook.) Lindl. ♃ ⌂W X ∗, Bras.
– *bélla: Cōēlia* 1
3. **fuerstenbergiána** Schlechter ♃ ⌂W VII ∗, Bras.
4. **harrisóniae** (Hook.) Rchb. f. ♃ ⌂W III bis V ∗, Bras.
5. **tetragóna** (Lindl.) Schlechter ♃ ⌂W VI–VII ∗, S-Bras.
6. **tyriánthina** Rchb. f. ♃ ⌂W V–VII ∗, Bras.

Bignónia L. – f. – *Bignoniáceae*
– *austrális: Pandórea* 2
– *buccinatória: Phaedránthus* 1
– *callistegioídes: Clytóstoma* 1
– *capénsis: Tecomária* 1
1. **capreoláta** L. (*Anisóstichus capreolátus* (L.) Bur., *Doxántha capreoláta* (L.) Miers) – Kreuzrebe ♄ § i ⌂K V bis VI, USA: Maryl. bis Missouri, südl. bis Flor., Louis. u. Tex.
– *chamberlāynii: Anemopāegma* 1
– *chinénsis: Cámpsis* 1
– *grandiflóra: Cámpsis* 1
– *ígnea: Pyrostégia* 1
– *pandorána: Pandórea* 2
– *radícans: Cámpsis* 2
– *speciósa: Clytóstoma* 1
– *únguis-cáti: Macfadyéna* 1
– *stans: Tecóma* 2
– *venústa: Pyrostégia* 1

Bilderdýkia: Fallópia
– *aubértii: Fallópia* 1
– *baldschuánica: Fallópia* 2
– *convólvulus: Fallópia* 3
– *dumetórum: Fallópia* 4

Billardiéra Sm. – f. – *Pittosporáceae*
1. **longiflóra** Labill. ♄ § § & ⌂K VII, SO-Austral., Tasm.
2. **scándens** Sm. ♄ § § & ⌂K VI–IX, O- u. S-Austral., Tasm.

Billbérgia Thunb. – f. – *Bromeliáceae*
– *amábilis:* 22
1. **amōēna** (Lodd.) Lindl. (*B. speciósa* Thunb.) ♃ ⌂W, O-Bras.
– *baraquiniána:* 4
2. **brasiliénsis** L. B. Sm. (*B. leopóldii* E. Morr. non (hort. Versch. ex Lem.) Lind. ex Houllet nec K. Koch) ♃ ⌂W, Bras.
– *burchéllii:* 5
3. **chlorostícta** hort. Saund. (*B. saundérsii* hort. Bull ex Dombr.) ♃ ⌂W, NO-Bras.
– *decóra* Bak.: 18
4. **decóra** Poepp. et Endl. (*B. baraquiniána* Lem.) ♃ ⌂W, NW-Bras., Peru, Bol.
5. **distáchia** (Vell.) Mez (*B. burchéllii* Bak.) ♃ ⌂W, Bras.
6. **euphémiae** E. Morr. ♃ ⌂W, S-Bras.
– *fasciáta: Aechméa* 15
– *granulósa:* 18
7. **hórrida** Regel ♃ ⌂W, Bras.
8. **iridifólia** (Nees et Mart.) Lindl. ♃ ⌂W, O- u. N-Bras.
– *leopóldii* E. Morr.: 2
9. **leopóldii** (hort. Versch. ex Lem.) Lind. ex Houllet ♃ ⌂W, Bras.
– *leopóldii* K. Koch: 22
– *liboniána: Quesnélia* 3
10. **liētzei** E. Morr. ♃ ⌂W, Bras.
11. **macrócalyx** Hook. ♃ ⌂W, Bras.
12. **magnífica** Mez ♃ ⌂W, Bras.
13. **mēyeri** Mez ♃ ⌂W, Bras.
– *moreliána:* 14
14. **morélii** Brongn. (*B. moreliána* Brongn. non Lem.) ♃ ⌂W, Bras.
15. **nútans** H. Wendl. ex Regel ♃ ⌂K bis ⌂W, S-Bras., Urug., Parag., N-Arg.
– *porteána* Bak.: 18
16. **porteána** Brongn. ex Beer ♃ ⌂W, Bras.
17. **pyramidális** (Sims) Lindl. (*B. thyrsoídea* Mart. ex Schult.) ♃ ⌂W, O-Bras.
– *rhodocyánea: Aechméa* 15
18. **rósea** hort. ex Beer (*B. granulósa* Brongn., *B. decóra* Bak. non Poepp. et Endl., *B. porteána* Bak. non Brongn. ex Beer) ♃ ⌂W, Trin. Venez.
19. **sanderiána** E. Morr. ♃ ⌂W, Bras.
– *saundérsii:* 3
– *speciósa:* 1
– *thyrsoídea:* 17

20. **venezueláña** Mez ♃ ⌂, Venez.
21. **viridiflóra** H. Wendl. ♃ ⌂, Hond., Guat.
22. **vittáta** Brongn. ex Morel (*B. amábilis* Beer, *B. leopóldii* K. Koch non (hort. Versch. ex Lem.) Lind. ex Houllet nec E. Morr.) ♃ ⌂, O- u. NO-Bras., Parag., N-Arg.
23. **zebrína** (Herb.) Lindl. ♃ ⌂, O-Bras., Parag., N-Arg.

Binghámia melanostéle: Epóstoa 4

Bióphytum DC. - n. - *Oxalidáceae*
1. **prolíferum** (Arn.) Wight ♃ ⌂, Ceyl.
2. **sensitívum** (L.) DC. ♃ ⌂, Trop. Afr. u. As.

Bióta orientális: Thúja 3

Biscutélla L. - f. - *Cruciferae* Brillenschote
1. **laevigáta** L. ♃ △ V–VI ▽, W-, M- u. S-Eur. bis W-Rußl.

Bistórta májor: Polýgonum 6
- *vivípara: Polýgonum* 24

Bíxa L. - f. - *Bixáceae*
1. **orelláña** L. - Annatostrauch, Orleansstrauch ♄-♄ ⌂ ®, Trop. Am., in den altweltl. Trop. u. Austral. (Queensl.) eingebürg.

Blákea P.Br. - f. - *Melastomatáceae*
1. **grácilis** Hemsl. ♄ ⌂ II, Costa R.

Blandfórdia Sm. - f. - *Liliáceae*
1. **cunninghámii** Lindl. (*B. grandiflóra* auct. non R.Br.) ♃ ⌂, Neusüdwal.
- *flámmea:* 2
- *grandiflóra* auct.: 1
2. **grandiflóra** R.Br. (*B. flámmea* Hook.) ♃ ⌂ VII–VIII, Queensl., Neusüdwal.
- *margináta:* 4
3. **nóbilis** Sm. ♃ ⌂ VII, Neusüdwal.
4. **punícea** (Labill.) Sweet (*Áletris punícea* Labill., *B. margináta* Herb. ex Lindl.) ♃ ⌂, Tasm.

Bléchnum L. - n. - *Blechnáceae* Rippenfarn
1. **auriculátum** Cav. ♃ ⌂, Gem. S-Am.
2. **austrále** L. ♃ ⌂, S-Afr.
3. **brasiliénse** Desv. ♃ ⌂, Guat., Kol., Peru, Bol., Bras., Arg., Parag., Urug.
4. **fraxíneum** Willd. ♃ ⌂, Trop. N- u. S-Am.
5. **gíbbum** (Labill.) Mett. (*Lomária gíbba* Labill.) ♃ ⌂, Neukaled., Neue Hebriden
6. **moórei** C. Chr. (*Lomária ciliáta* T. Moore) ♃ ⌂, Neukaled.
7. **occidentále** L. ♃ ⌂, Trop. Am., in Ceyl. eingebürg.
8. **pénna-marína** (Poir.) Kuhn - Seefeder ♃ ⌂ oder ∧ △, Südl. S-Am., S-Austral., Neuseel.
9. **spícant** (L.) Roth - Rippenfarn ♃ i △ ▽, Eur., N-Afr., Kl. As., Kauk., N-Iran, China, Jap., Pazif. N-Am.: Alaska bis Kalif.
10. **tabuláre** (Thunb.) Kuhn ♃ ∧, Austral., Neuseel., Maskar., Madag., Kap, südl. S-Am.

Blétia Ruiz et Pav. - f. - *Orchidáceae*
1. **campanuláta** Llave et Lex. ♃ ⌂ V bis VIII ✻, Mex.
2. **catenuláta** Ruiz et Pav. (*B. sanguínea* Poepp. et Endl.) ♃ ⌂ V–VII ✻, Ek., Peru, Bol., Bras.
- *hyacínthina: Bletílla* 2
- *masúca: Calánthe* 3
3. **purpúrea** (Lam.) DC. (*B. shephérdii* Hook., *B. verecúnda* R.Br.) ♃ ⌂ V bis VII ✻, Flor., Westind., M-Am., Kol., Venez.
- *sanguínea:* 2
- *shephérdii:* 3
- *verecúnda:* 3

Bletílla Rchb. f. (*Jiménsia* Raf.) - f. - *Orchidáceae*
1. **chinénsis** (Rolfe) Schlechter (*Arethúsa chinénsis* Rolfe) ♃ ⌂ VI ✻, Jünn.
- *hyacínthina:* 2
2. **striáta** (Thunb.) Rchb. f. (*Blétia hyacínthina* (Sm.) R.Br., *Bletílla hyacínthina* (Sm.) Rchb. f. ex Pfitz.) ♃ ⌂ ⌂ ∧ V–VI ✻, Jap., China, O-Tib., Okinawa

Blíghia C. König - f. - *Sapindáceae*
1. **sápida** C. König - Akipflaume, Akee ♄ i ⌂ ®, W-Afr.: Sierra Leo. bis Kamer., in den Trop. u. Subtrop., einschl. S-Flor., häufig eingebürg.

Blítum L. - n. - *Chenopodiáceae*
1. **capitátum** L. (*Chenopódium capitátum* (L.) Aschers.) - Ähriger Erdbeerspinat ⊙ VII–VIII ®, Zirkumpol., in N-Am. südl. bis N. Jers., Indiana u. Missouri
2. **virgátum** L. (*Chenopódium virgátum* (L.) Ambrosi, *C. foliósum* Aschers.)

- Erdbeerspinat ⊙ VII–VIII ⓝ, S-Eur., Vord. As., durch Anbau weltweit verbr.

× **Bloomára** hort. (*Broughtónia* × *Laeliópsis* × *Tetramícra*) - f. - *Orchidáceae*

Blooméria Kellogg - f. - *Liliáceae*

1. **crócea** (Torr.) Coville
var. **aúrea** (Kellogg) Ingram (*B. aúrea* Kellogg) ♃ ⓚ VII, S-Kalif., Mex.

Blossféldia Werderm. - f. - *Cactáceae*

1. **liliputána** Werderm. (*Paródia liliputána* (Werderm.) N. P. Tayl.) ♃ ⓚ *, N-Arg.: La Rioja, Catamarca, Salta, Jujuy; S-Bol.: Tarija, Chucuisaca, Potosi

Blúmea DC. - f. - *Compósitae*

1. **balsamífera** (L.) DC. ♃ ⓚ ⓝ, Him., Ind., Burma, Indones., Phil., S-China, Taiw.

Blumenbáchia Schrad. - f. - *Loasáceae*

- *grandiflóra: Caióphora* 1
1. **insígnis** Schrad. ⊙ VII–VIII, Bras. bis Arg.
- *laterítia: Caióphora* 2

Boccónia L. - f. - *Papaveráceae*

- *cordáta: Macleáya* 1
1. **frutéscens** L. ♄ ⓚ X, Mex., Antill., Costa R.
- *microcárpa: Macleáya* 2

Boéa Comm. ex Lam. - f. - *Gesneriáceae*

1. **hygroscópica** F. v. Muell. ♃ i ⓦ, Queensl.

Boehméria Jacq. - f. - *Urticáceae*
Ramie

- *argéntea: Myriocárpa* 2
1. **bíloba** Wedd. ♄ ⓦ, Jap.
2. **nívea** (L.) Gaudich. - Ramie ♄ ⓚ ⓝ, Jap., China, Indoch., Malays.

Boesenbérgia O. Kuntze - f. - *Zingiberáceae*

1. **rotúnda** (L.) Mansf. (*Cúrcuma rotúnda* L., *Kaempféria panduráta* Roxb., *B. panduráta* (Roxb.) Schlechter) ♃ ⓦ ⓝ V, Ind., Ceyl., Java

Bolbítis Schott - f. - *Lomariopsidáceae*

1. **heteróclita** (K. B. Presl) Ching (*Gymnópteris flagellífera* (Wall.) Bedd.) ♃ ⓦ, Trop. SO-As.

Bolivicéreus samaipátanus: Cleistocáctus 9

Bóllea Rchb. f. - f. - *Orchidáceae*

1. **coeléstis** (Rchb. f.) Rchb. f. (*Zygopétalon coeléste* Rchb. f.) ♃ ⓦ, VII bis VIII *, Kol.
2. **lalíndei** Rchb. f. (*Zygopétalon lalíndei* Rchb. f.) ♃ ⓦ VII–VIII *, Kol.

× *Bolleochondrorhýncha:* × *Chondrobóllea*

× *Bollwilléria:* × *Sorbópyrus*

Boltónia L'Hérit. - f. - *Compósitae*

1. **asteroídes** (L.) L'Hérit. (*B. glastifólia* (Hill) L'Hérit.)
var. **latisquáma** (A. Gray) Cronq. (*B. latisquáma* A. Gray) ♃ VIII–IX, USA: Missouri bis Kans., südl. bis Ark. u. Okla.

Bomárea Mirb. - f. - *Amaryllidáceae*

1. **caldásii** (H. B. K.) Aschers. et Graebn. ♃ ⌇ ⓚ VI–VIII, Kol., Ek.
2. **cárderi** Mast. ♃ ⌇ ⓚ VI–VIII, Kol.
- *conférta:* 4
3. **edúlis** (Tussac) Herb. ♃ ⌇ ⓚ VI bis VIII, Westind., Mex., M-Am., nördl. S-Am., südl. bis Bras.
4. **patacocénsis** Herb. (*B. conférta* Benth.) ♃ ⌇ ⓚ VI–VIII, Kol., Ek.
5. **salsílla** (L.) Herb. ♃ ⌇ ⓚ VI–VIII, Chile

Bómbax L. - n. - *Bombacáceae*

1. **ceíba** L. (*B. aculeátum* L., *B. malabáricum* DC., *Salmália malabárica* (DC.) Schott et Endl.) ♄ ⓦ ⓝ, Trop. As., N. Guin. bis N-Austral.
- *ellípticum: Pseudóbombax* 1

Bonapártea júncea: Agáve 20

Bonátea speciósa: Habenária 1

Bongárdia C. A. Mey. - f. - *Berberidáceae*

1. **chrysógonum** (L.) Griseb. (*Leóntice chrysógonum* L.) ♃ ∧ (besser ⓚ) IV bis V, Vord. As., Afgh., Pak., früher auch S-Ägäis

Borágo L. - f. - *Boragináceae*
Boretsch

- *laxiflóra:* 2
1. **officinális** L. - Boretsch ⊙ V–VII ⓝ, W-Med., in W-, M- u. O-Eur. eingebürg.
- *orientális: Trachystémon* 1
2. **pygmaéa** (DC.) Chater et Greuter (*B. laxiflóra* Poir.) ♃ △ ∧ VII–X, Kors., Sard.

Borássus L. - f. - *Pálmae*

Borassuspalme
1. **flabéllifer** L. (*B. flabellifórmis* Murr.) – Lontaro- oder Palmyrapalme ♄ ⌂W Ⓝ, Ind., Burma, Ceyl.

Borónia Sm. – f. – *Rutáceae*
Korallenraute
1. **aláta** Sm. ♄ ⌂K V ✻, W-Austral.
2. **denticuláta** Sm. ♄ i ⌂K ✻, W-Austral.
3. **elátior** Bartl. ♄ ⌂K IV–V ✻, W-Austral.
4. **heterophýlla** F. v. Muell. ♄ ⌂K III–IV ✻, W-Austral.
5. **megastígma** Nees ex Bartl. ♄ D ⌂K III bis V ✻, W-Austral.
6. **pinnáta** Sm. ♄ ⌂K V ✻, Austral.: Vict., Neusüdwal.; Tasm.

Borzicáctus: Cleistocáctus
– *acanthúrus: Cleistocáctus* 1
– *aurantíacus: Matucána* 1
– *aurivíllus: Cleistocáctus* 6
– *aureispínus: Cleistocáctus* 11
– *doelziánus: Oreocéreus* 2
– *haynii: Matucána* 2
– *icosagónus: Cleistocáctus* 6
– *roezlii: Cleistocáctus* 8
– *samaipátanus: Cleistocáctus* 9
– *sépium: Cleistocáctus* 10

Bósea L. – f. – *Amarantháceae*
1. **yervamóra** L. ♄ & ⌂K, Kanar.

Bossiaea Vent. – f. – *Leguminósae*
1. **cinérea** R. Br. ♄ ⌂K III, Austral.: Neusüdwal., Vict.; Tasm.
2. **dísticha** Lindl. ♄ ⌂K III–V, W-Austral.
3. **heterophýlla** Vent. ♄ ⌂K, Austral.: Queensl., Neusüdwal., Vict.
4. **linophýlla** R. Br. ♄ ⌂K V–VI, W-Austral.

Boswéllia Roxb. ex Colebr. – f. – *Burseráceae*
Weihrauchbaum
1. **sácra** Flueckiger (*B. cárteri* Birdw.) ♄ i ⌂K Ⓝ, Somalia, Ägypt., S-Arab.

Bothrióchilus Lem. – m. – *Orchidáceae*
1. **macrostáchyus** (Lindl.) L. O. Williams (*Coelia macrostáchya* Lindl.) ♃ ⌂W VIII–IX ✻, Mex., Costa R., Pan., Kol.

Bothrióchloa O. Kuntze – f. – *Gramíneae*
Bartgras
1. **ischaemum** (L.) Keng (*Andropógon ischaemum* L., *Dichánthium ischaemum* (L.) Roberty) ♃ VII–X, W- u. M-Eur. bis Vord. As. u. M-As., Med., N-Afr., China, Taiw., N-Korea

Botrýchium Sw. – n. – *Botrychiáceae*
1. **lunária** (L.) Sw. – Mondraute ♃ ▽, Eur., NW-Afr., N-As. bis Jap., N-Am., Austral., Neuseel., Patag.

Bougainvíllea Comm. ex Juss. corr. Spach – f. – *Nyctagináceae*
1. × **buttiána** Holtt. et Standl. (*B. glábra* × *B. peruviána*) ♄ ≀ ⌂W IV–VI (Hierzu einige Sorten)
2. **glábra** Choisy ♄ ≀ ⌂K IV–VI, Bras.
3. **peruviána** Humb. et Bonpl. ♄ ≀ ⌂W, Kol. bis Peru
4. **spectábilis** Willd. ♄ ≀ ⌂W IV–VI, Bras.

Boussingaultia baselloídes: Anrédera 1
– *cordifólia: Anrédera* 1
– *grácilis* var. *pseudobaselloídes: Anrédera* 1

Bouteloua Lag. corr. P. Beauv. – f. – *Gramíneae*
1. **curtipéndula** (Michx.) Torr. (*B. racemósa* Lag.) ♃ VII–IX Ⓝ, N-Am.: Maine bis Ont. u. Mont., südl. bis Alab., Tex. u. Kalif.; Mex., M-Am.
– *grácilis:* 2
2. **oligostáchya** (Nutt.) Torr. ex A. Gray (*B. grácilis* (H. B. K.) Griffiths non Vasey) ♃ VII–IX Ⓝ, N-Am.: Wisc., Minn. u. Manit. bis Alb., südl. bis Tex. u. Kalif.; Mex.
– *racemósa:* 1

Bouvárdia Salisb. – f. – *Rubiáceae*
Bouvardie
– *cavanillésii:* 5
– × *doméstica:* 1
– *fláva:* 2
– *humbóldtii:* 4
– × *hýbrida:* 1
1. **-Hybriden** (*B.* × *doméstica* Thorsr. et Reis., *B.* × *hýbrida* hort.) ♄ ✂ ⌂K VII–IX
– *jacquínii:* 6
2. **laevis** Martens et Gal. (*B. fláva* Decne.) ♄ ⌂K IV–V, Mex.
3. **leiántha** Benth. ♄ ⌂K VII–IX, Mex. bis Costa R.
4. **longiflóra** (Cav.) H. B. K. (*B. humbóldtii* hort.) ♄ ⌂K VIII–XI, Mex.
5. **multiflóra** (Cav.) Schult. et Schult. f. (*B. cavanillésii* DC.) ♄ ⌂K VIII–IX, Mex.
6. **ternifólia** (Cav.) Schlechtend. (*B. tri-*

phýlla Salisb., *B. jacquínii* H.B.K.) ♄ ⌂ IV–VI, Mex.
- *triphýlla:* 6

Bowénia Hook. f. - f. - *Cycadáceae*
1. **serruláta** (Bull) Chamberl. (*B. spectábilis* var. *serruláta* Bull) i ⌂ ✱, Queensl.
2. **spectábilis** Hook. ex Hook. f. i ⌂ ✱, Queensl.
- *spectábilis* var. *serruláta:* 1

Bowíea Harv. ex Hook. f. - f. - *Liliáceae*
1. **volúbilis** Harv. ex Hook. f. (*Schizobasópsis volúbilis* (Harv. ex Hook. f.) Macbr.) ♃ ⌂, S-Afr., Namib.

Bowkéria Harv. - f. - *Scrophulariáceae*
1. **gerrardiána** Harv. ex Hiern (*B. triphýlla* hort.) ♃ i ⌂ IV–V, Nat.

Boykínia Nutt. - f. - *Saxifragáceae*
1. **aconitifólia** Nutt. ♃ VI–VII, USA: Allegh., von W-Virg. u. Virg. bis Georg. u. Alab.
2. **jamésii** (Torr.) Engl. (*Telésonix jamésii* (Torr.) Raf.) ♃ ∧ oder ⌂ IV–VI, N-Am.: Rocky Mount., von Alb. u. Wyom. bis Nev. u. New Mex.
3. **rotundifólia** Parry ♃ VI–VIII, S-Kalif.
- *tellimoídes: Peltoboykínia* 1

Brachiária (Trin.) Griseb. - f. - *Gramíneae*
1. **erucifórmis** (Sm.) Griseb. ⊙ ✂ VII bis VIII, Altweltl. Trop., Med.
2. **mútica** (Forssk.) Stapf ⊙ ⓦ, W-Afr.

Brachychílum (R. Br. ex Wall.) O. G. Peters. - n. - *Zingiberáceae*
1. **horsfíeldii** (R. Br. ex Wall.) O. G. Peters. ♃ ✿ ⌂, Java

Brachýchiton Schott et Endl. - m. - *Sterculiáceae*
1. **acerifólius** (A. Cunn.) F. v. Muell. (*Stercúlia acerifólia* A. Cunn.) ♄ i ⌂, O-Austral.
2. **popúlneus** (Schott et Endl.) R. Br. (*Stercúlia diversifólia* G. Don) ♄ i ⌂, O-Austral.
3. **rupéstris** (Lindl.) K. Schum. (*Stercúlia rupéstris* (Lindl.) Benth.) ♄ ⌂, Austral.: Queensl.

Brachýcome Cass. nom. cons. (*Brachýscome* Cass.) - f. - *Compósitae*
1. **iberidifólia** Benth., ⊙ D VII–IX, W- bis nördl. S-Austral.
2. **melanocárpa** F. v. Muell. et Sond. ♃ ⌂, Austral.
3. **multífida** DC. ⊙ VI–IX, Queensl.

Brachyglóttis J. R. et G. Forst. - f. - *Compósitae*
1. **repánda** J. R. et G. Forst. ♄–♄ i ⌂, Neuseel.

Brachypódium P. Beauv. - n. - *Gramíneae*
Zwenke
1. **pinnátum** (L.) P. Beauv. ♃ VI–VIII ⓦ, Eur., W-As., Med., N-Afr.
2. **sylváticum** (Huds.) P. Beauv. (*Brevipódium sylváticum* (Huds.) Á. et D. Löve) ♃ VII–IX, Eur., Med., N-Afr., Vord. As., Jap.

Brachýscome: Brachýcome

Brachyséma R. Br. - n. - *Leguminósae*
1. **lanceolátum** Meissn. ♄ ⌂, W-Austral.

× **Bradiguésia** hort. (*Brássia* × *Rodriguézia*; × *Rodrássia* hort.) - f. - *Orchidáceae*

× **Brapásia** hort. (*Aspásia* × *Brássia*) - f. - *Orchidáceae*

Bráhea Mart. ex Endl. - f. - *Pálmae*
1. **armáta** S. Wats. (*Erythéa armáta* (S. Wats.) S. Wats.) ♄ ⌂, Nied. Kalif.
2. **brandegéei** (C. A. Purp.) H. E. Moore (*Erythéa brandegéei* C. A. Purp.) ♄ ⌂, S-Kalif.
3. **dúlcis** (H. B. K.) Mart. ♄ ⌂, Mex. bis Guat.
4. **edúlis** H. Wendl. ex S. Wats. (*Erythéa edúlis* (H. Wendl. ex S. Wats.) S. Wats.) ♄ ⌂, Mex., Guadel.

Brasénia Schreb. - f. - *Nymphaeáceae*
Schleimkraut
1. **schréberi** J. F. Gmel. (*B. peltáta* Pursh, *B. purpúrea* (Michx.) Casp.) ♃ ≈ ⌂ ⓦ, Trop. As., Afr., Austral. u. Am., auch N-Am.: Prince Edward Isl. bis Minn., südl. bis Flor. u. Tex. sowie Br. Kol. bis Kalif.

Brasilicáctus: Paródia
- *gráessneri: Paródia* 12
- *haselbérgii: Paródia* 13

Brasiliopúntia: Opúntia
- *brasiliénsis: Opúntia* 12

Brassáia actinophýlla: Schéfflera 1

Brassávola R. Br. - f. - *Orchidáceae*
1. **cebolléta** Rchb. f. ♃ ⌂ ✱, O-Bras., Parag.
2. **cuculláta** (L.) R. Br. ♃ ⌂ IX–XII ✱,

Mex. bis Hond., Westind. u. nördl. S-Am.
3. **digbyána** Lindl. (*Rhynchola͞elia digbyána* (Lindl.) Schlechter) ♃ ⌂ VI bis VIII ✻, Mex. bis Belize
4. **flagelláris** Rodr. ♃ ⌂ IV ✻, Bras.
5. **gla͞uca** Lindl. (*Rhynchola͞elia gla͞uca* (Lindl.) Schlechter) ♃ ⌂ II–III ✻, Mex., Guat., Hond.
6. **nodósa** (L.) Lindl. ♃ ⌂ X–XII ✻, Antill., M-Am., Kol. bis Surin.
7. **perrínii** Lindl. ♃ ⌂ V–VI ✻, SO-Bras., Parag.

Brássia R. Br. - f. - *Orchidáceae*
1. **antherótes** Rchb. f.
var. **antherótes** (*B. longíssima* Nash non (Rchb. f.) Schlechter, *B. longíssima* (Rchb. f.) Schlechter var. *mínor* Schlechter) ♃ ⌂ VI ✻, Trop. Am.
var. **longíssima** (Rchb. f.) Teuscher (*B. longíssima* (Rchb. f.) Schlechter non Nash) ♃ ⌂ VI ✻, Costa R.
- *brachiáta:* 7
2. **caudáta** (L.) Lindl. ♃ ⌂ II–III ✻, Flor., Westind., Mex. bis Pan.
3. **gireoudiána** Rchb. f. et Warsc. ♃ ⌂ V–VIII ✻, Costa R., Pan.
- *guttáta:* 6
4. **lanceána** Lindl. ♃ ⌂ VIII–IX ✻, Surin., Venez.
5. **lawrenceána** Lindl. ♃ ⌂ V–VI ✻, Guay., Surin., Venez., Bras.
- *longíssima:* 1
- *longíssima* var. *mínor:* 1
6. **maculáta** R. Br. (*B. guttáta* Lindl.) ♃ ⌂ VI–VIII ✻, Westind., Belize, Guat., Hond.
7. **verrucósa** Lindl. (*B. brachiáta* Lindl.) ♃ ⌂ IV–VI ✻, Mex., Guat., Hond., Venez.

Brássica L. - f. - *Crucíferae*
Kohl
1. **alboglábra** L. H. Bailey - Chinese kale Ⓝ, S- u. M-China
- *campéstris:* 6
- *chinénsis:* 6
- *erúca: Erúca* 1
- *hírta: Sinápis* 1
2. **júncea** (L.) Czern. - Sareptasenf, Indischer Senf Ⓝ, SO der eur. UdSSR, Kauk., M-As., S-Sib., in Eur. stellenweise eingebürg.
- *káber* var. *pinnatífida: Sinápis* 2
- *napobrássica:* 3
3. **nápus** L. emend. Metzg., Nur in Kult. bek.
ssp. **nápus** - Raps, Ölraps, Lewat, Kohlsaat, Kohlsamen Ⓝ Off.
ssp. **rapífera** Metzg. (*B. nápus* var. *napobrássica* (L.) Rchb., *B. napobrássica* (L.) Mill.) - Kohlrübe, Wruke, Steckrübe, Unterkohlrabi Ⓝ
- *nápus* var. *napobrássica:* 3
4. **nígra** (L.) W. D. J. Koch - Schwarzer Senf Ⓝ Off., Eur., Med. bis Tib., in N-Am. eingebürg.
5. **olerácea** L. - Kohl
ssp. **olerácea** - Kohl, Wildform an der Atlantikküste, von NO-Schottl., Engl., N- u. W-Frankr. bis N-Span., im NO bis Helgoland
convar. **acéphala** (DC.) Alef., Nur in Kult. bek.
var. **costáta** DC. (var. *tronchúda* L. H. Bailey) - Tronchuda-, Rippen- oder Portugiesischer Kohl Ⓝ
var. **medullósa** Thell. - Markstammkohl, Markkohl Ⓝ
var. **sabéllica** L. - Grün- oder Braunkohl, Krauskohl, Federkohl, Geschlitzter Kohl, Krausblättriger Kohl Ⓝ
var. **víridis** L. - Blatt- oder Blätterkohl, Kuhkohl, Futterkohl Ⓝ
convar. **botrýtis** (L.) Alef., Nur in Kult. bek.
var. **botrýtis** - Blumenkohl, einschl. Kopfbrokkoli, Karfiol Ⓝ
var. **itálica** Plenck - Spargelkohl, Brokkoli, Sprossenbrokkoli Ⓝ
convar. **capitáta** (L.) Alef., Nur in Kult. bek.
var. **capitáta** (var. *rúbra* L.) - Weiß- u. Rotkohl, Weiß- u. Rotkraut Ⓝ
var. **saba͞uda** L. - Wirsing, Welschkohl Ⓝ
convar. **caulorápa** (DC.) Alef., Nur in Kult bek.
var. **gongylódes** L. - Kohlrabi, Oberkohlrabi Ⓝ
convar. **fruticósa** (Metzg.) Alef., Nur in Kult bek.
var. **gemmífera** DC. - Rosenkohl, Brüsseler Kohl, Rosenwirsing, Sprossenkohl Ⓝ
var. **ramósa** DC. - Strauch-, Stau-

den- oder Tausendkopfkohl Ⓝ
- *olerácea* var. *rúbra:* 5
- *olerácea* var. *tronchúda:* 5
- *pekinénsis:* 6

6. **rápa** L. emend. Metzg. (*B. campéstris* L.)
ssp. **chinénsis** (L.) Hanelt (*B. chinénsis* L.) - Chinakohl, Ⓝ
ssp. **dichótoma** (Roxb. ex Flem.) Hanelt - Indien rape, Brown sarson Ⓝ, Vor allem in Ind. kult.
ssp. **oleífera** (DC.) Metzg. (var. *silvéstris* (Lam.) S.M. Briggs) - Rübsen, Rübsaat Ⓝ, Von N-Afr., dem Med. über fast das gesamte Euras. verbr.
ssp. **pekinénsis** (Lour.) Hanelt (*B. pekinénsis* (Lour.) Rupr.) - Pekingkohl, Chinakohl Ⓝ
ssp. **rápa** - Wasser-, Stoppel-, Herbst- oder Weiße Rübe Ⓝ Off.
ssp. **triloculáris** (Roxb.) Hanelt (*B. triloculáris* (Roxb.) Hook. f. et Thoms.) - Yellow sarson, Indian colza Ⓝ, Vor allem in Ind. kult.
- *rápa* var. *silvéstris:* 6
- *triloculáris:* 6

× **Brassídium** hort. (*Brássia* × *Oncídium*) - n. - *Orchidáceae*

× *Brassocattlaelia:* × *Brassolaeliocattleya*

× **Brassocattleya** Rolfe (*Brassávola* × *Cattleya*; × *Brassoleya* hort., × *Correvónia* hort.) - f. - *Orchidáceae*

× **Brassodiácrium** hort. (*Brassávola* × *Caulárthron*) - n. - *Orchidáceae*

× **Brassoëpidéndrum** hort. (*Epidéndrum* × *Rhyncholaelia*; × *Epibrassávola* hort., × *Epívola* hort.) - n. - *Orchidáceae*

× **Brassolaelia** Rolfe (*Brassávola* × *Laelia*) - f. - *Orchidáceae*

× **Brassolaeliocattleya** hort. (*Brassávola* × *Cattleya* × *Laelia* × *Rhyncholaelia*; × *Laeliobrassocattleya* hort., × *Brassocattlaelia* hort.) - f. - *Orchidáceae*

× *Brassoleya:* × *Brassocattleya*

× *Brassonítis:* × *Sophróvola*

× *Brassophrolaeliocattleya:* × *Potinára*

× *Brassophronítis:* × *Sophróvola*

× **Brassotónia** hort. (*Brassávola* × *Broughtónia*) - f. - *Orchidáceae*

× **Bratónia** hort. (*Brássia* × *Miltónia;* × *Miltássia* hort.) - f. - *Orchidáceae*

Bravóa geminiflóra: Poliánthes 1

Brevipódium sylváticum: Brachypódium 2

Bréxia Noronha ex Thou. - f. - *Saxifragáceae*
1. **madagascariénsis** (Lam.) Ker-Gawl. ♄ ⌂W, Madag.

Breynia J.R. et G. Forst. - f. - *Euphorbiáceae*
1. **dísticha** J.R. et G. Forst. (*Phyllánthus nivósus* W.G. Sm., *B. nivósa* (W.G. Sm.) Small) ♄ ⌂W, Südseeins., in S-Flor. u. den Trop. eingebürg.

Bríggsia Craib - f. - *Gesneriáceae*
1. **aurantíaca** B.L. Burtt ♃ ⌂A, S-Tib.
2. **muscícola** (Diels) Craib (*B. penlópii* C.E.C. Fisch.) ♃ ⌂A V–VI, Jünn., Bhut. bis SO-Tib.
- *penlópii:* 2

Brillantaisia P. Beauv. - f. - *Acanthàceae*
1. **lámium** (Nees) Benth. ♃ ⌂W IV–IX, Trop. Afr.

Brimeura Salisb. - f. - *Liliáceae*
1. **amethýstina** (L.) Chouard (*Hyacínthus amethýstinus* L., *H. hispánicus* Lam.) ♃ V–VI ▽, Pyren., Gebg. NO-Span., NW-Jugosl.

Bríza L. - f. - *Gramíneae*
Zittergras
- *grácilis:* 3
1. **máxima** L. (*B. rúbra* Lam.) ⊙ V–VI, S-Eur., Med., Kanar.
2. **média** L. ♃ V–VII Ⓝ, Eur., Kl. As., Kauk., im nordöstl. N-Am. eingebürg.
3. **mínor** L. (*B. grácilis* hort.) ⊙ VI–VII, S- u. W-Eur., nördl. bis S-Engl., Med., im östl. u. pazif. N-Am. eingebürg.
- *rúbra:* 1

Brocchínia Schult. f. - f. - *Bromeliáceae*
1. **paniculáta** Schult. f. ♃ i ⌂W, Bras., SO-Kol., Venez.

Brodiaea Sm. - f. - *Liliáceae*
- *bridgésii: Triteleia* 1
- *congésta: Dichelostémma* 1
1. **coronária** (Salisb.) Engl. (*B. grandiflóra* Sm.) ♃ ∧ ▭ ⌂K, N-Am.: Br. Kol. bis Kalif.
- *coronária* var. *múndula:* 2
2. **élegans** Hoover (*B. coronária* (Salisb.) Engl. var. *múndula* Jeps., *B. grandiflóra* hort. non Sm.) ♃ ⌂K oder

∧ VI, USA: Oreg. bis Kalif.
- *grandiflóra* hort.: 2
- *grandiflóra* Sm.: 1
- *hyacínthina: Triteleia* 2
- *ixioídes: Triteleia* 3
- *láctea: Triteleia* 2
- *láxa: Triteleia* 4
- *lútea: Triteleia* 3
- *multiflóra: Dichelostémma* 2
- *pedunculáris: Triteleia* 5
- *uniflóra: Ipheion* 1

Bromélia L. – f. – *Bromeliáceae*
1. **agavifólia** Brongn. ex Houllet ♃ i ⌂, Cayenne
- *ánanas: Ánanas* 2
2. **balánsae** Mez ♃ i ⌂, Parag., Arg.
- *bícolor: Fasciculária* 1
- *comósa: Ánanas* 2
- *fastuósa:* 3
- *linguláta: Aechméa* 24
3. **pínguin** L. (*B. fastuósa* Lindl.) ♃ i ⌂ ⓝ, Pan., Westind., Guay., Bras.
4. **sérra** Griseb. ♃ i ⌂ ⓝ, Arg., Bol., Parag., Bras.

Brómus L. – m. – *Gramíneae*
Trespe
1. **arvénsis** L. – Ackertrespe ⊙ ✂ VI bis VIII ⓝ, S- u. südl. M-Eur., Med., W-As.
- *arvénsis* Poll.: 5
- *ásper:* 11
2. **brizifórmis** Fisch. et C. A. Mey. ⊙ ✂ VI–VIII, SW- u. M-As., in Alaska u. Kan. eingebürg.
3. **cathárticus** Vahl (*B. unioloídes* (Willd.) H. B. K., *B. willdenówii* Kunth) ⊙ – ⊙ ✂ VII–IX ⓝ, S-Am., besonders Arg. u. Urug., in den östl. u. mittl. USA sowie in S-Eur. eingebürg.
- *cristátus: Agropýron* 2
4. **danthóniae** Trin. ⊙ VI–VIII, SW- u. M-As.
5. **eréctus** Huds. (*B. arvénsis* Poll. non L., *Zérna erécta* (Huds.) Panzer ex Jacks.) ♃ ⓝ, S-, W- u. M-Eur., Med., SW-As., NW-Afr., im östl. u. pazif. N-Am. eingebürg.
6. **hordeáceus** L.
ssp. **hordeáceus** (*B. móllis* L.) ⊙ VI bis VII, Eur., Med., N-Afr., W-As., in N-Am., Nied. Kalif. u. Hawaii eingebürg.
7. **inérmis** Leyss. (*Zérna inérmis* (Leyss.) Lindm.) ♃ ⓝ, Eur., Kauk., Sib. bis China, in N-Am. eingebürg.
8. **japónicus** Thunb. ex Murr. ⊙ V–VI, M- u. S-Eur. bis W- u. M-As., Him., in N-Am. eingebürg.
- *jubátus:* 14
9. **lanceolátus** Roth (*B. macróstachys* Desf.) ⊙ VI–VIII, S-Eur., Med. bis O-As.
- *macróstachys:* 9
10. **madriténsis** L. (*Zérna madriténsis* (L.) Panzer ex Jacks.) ⊙ VI–VII, S- u. W-Eur., nördl. bis NW-Frankr., Kanar., Med., W-As.
- *móllis:* 6
11. **ramósus** Huds. (*Zérna ramósa* (Huds.) Lindm., *B. ásper* Murr.) ♃ ✂ VII–VIII, W-, M- u. S-Eur., Med., W- u. M-As., Him., NW-Afr.
12. **rúbens** L. ⊙ VII–VIII, SW-Eur., Med.; USA: eingebürg. von Wash. bis Kalif., östl. bis Id. u. Ariz., auch in Mass., N. Y. u. Tex.
13. **secalínus** L. – Roggentrespe ⊙ ✂ V bis VIII, Eur., Med., N-Afr., W-Sib., in N-Am. eingebürg.
14. **stérilis** L. (*B. jubátus* Ten., *Zérna stérilis* (L.) Panzer ex Jacks., *Anisántha stérilis* (L.) Nevski) ⊙ ✂ V–VIII, S-, W- u. M-Eur., W-Sib., N-Afr., in N-Am., Hawaii u. Westind. eingebürg.
15. **tectórum** L. (*Zérna tectórum* (L.) Panzer ex Jacks., *Anisántha tectórum* (L.) Nevski) ⊙ – ⊙ V–VI, Eur., Med., N-Afr., Kanar., Vord. As., M-As., in N-Am. u. Hawaii eingebürg.
- *unioloídes:* 3
- *willdenówii:* 3

Brósimum Sw. – n. – *Moráceae*
Kuhbaum
1. **alicástrum** Sw. – Brotnußbaum ♄ i ⌂ ⓝ, Westind., Mex., M-Am., Ek., Venez., Peru bis Bras.
- *galactodéndron:* 2
2. **útile** (H. B. K.) Pitt. (*B. galactodéndron* D. Don ex Sweet) – Kuhmilchbaum ♄ i ⌂ ⓝ, Guay., Bras., Peru

Broughtónia R. Br. – f. – *Orchidáceae*
- *domingénsis: Laeliópsis* 1
1. **sanguínea** (Sw.) R. Br. ♃ ⌂ V–VI ∗, Kuba, Jam.

× **Broughtópsis** hort. (*Broughtónia* ×

Laeliópsis; × *Liopónia* hort.) - f. - *Orchidáceae*

Broussonétia L'Hérit. ex Vent. - f. - *Moráceae*

1. **papyrífera** (L.) Vent. - Papiermaulbeerbaum ♄ - ♄ V, ⊛, Jap.?, Taiw., China, Malak., Thail., Burma, in S-Eur. u. den östl. u. südwestl. USA eingebürg.

Browállia L. - f. - *Solanáceae*

1. **americána** L. (*B. demíssa* L., *B. eláta* L.) ⊙ VII–IX, Trop. Am.
- *demíssa:* 1
- *eláta:* 1
2. **grandiflóra** D. Don ⊙ VI–IX, Peru
- *májor:* 3
3. **speciósa** Hook. (*B. májor* hort.) ♄ ⌂ I–XII, Kol.
4. **viscósa** H.B.K. ⊙ VI–IX, Peru

Brównea Jacq. corr. Murr. - f. - *Leguminósae*

1. **aríza** Benth. ♄ ⌂, Kol.
2. **coccínea** Jacq. ♄ ⌂, Venez.
3. **grándiceps** Jacq. ♄ ⌂, Venez.

Browníngia Britt. et Rose emend. Buxb. - f. - *Cactáceae*

1. **chlorocárpa** (H.B.K.) W.T. Marsh. (*Céreus chlorocárpus* (H.B.K.) DC., *Gymnanthocéreus chlorocárpus* (H.B.K.) Bckbg., *Seticéreus chlorocárpus* (H.B.K.) Bckbg.) ⌂ ∗, N-Peru
2. **hertlingiána** (Bckbg.) Buxb. (*Clistanthocéreus hertlingiánus* Bckbg., *Azureocéreus hertlingiánus* (Bckbg.) Bckbg. ex Rauh, *A. nóbilis* Akers et H. Johns.) ⌂ ∗, Peru
3. **microspérma** (Werderm. et Bckbg.) W.T. Marsh. (*Céreus microspérmus* Werderm. et Bckbg., *Gymnanthocéreus microspérmus* (Werderm. et Bckbg.) Bckbg., *Gymnocéreus microspérmus* (Werderm. et Bckbg.) Bckbg.) ⌂ ⊛ ∗, N-Peru
4. **víridis** (Rauh et Bckbg.) Buxb. (*Azureocéreus víridis* Rauh et Bckbg.) ⌂ ∗, Peru

Bruckenthália Rchb. - f. - *Ericáceae*
Ährenheide

1. **spiculifólia** (Salisb.) Rchb. ♄ i △ VI bis VII, Gebg. Rum., Balk., Kl. As.

Brugmánsia: Datúra
- *arbórea: Datúra* 1
- *áurea: Datúra* 2
- × *cándida: Datúra* 3
- × *insígnis: Datúra* 7
- *sanguínea: Datúra* 10
- *suavéolens: Datúra* 12
- *versícolor: Datúra* 13

Brunélla: Prunélla

Brunfélsia L. - f. - *Solanáceae*

1. **americána** L. ♄ i D ⌂, Antill.
- *calýcina:* 3
- *hopéana:* 5
2. **latifólia** (Pohl) Benth. (*Franciscea latifólia* Pohl) ♄ i ⌂ I–V, Bras.
3. **pauciflóra** (Cham. et Schlechtend.) Benth.
var. **calýcina** (Benth.) J.A. Schmidt (*B. calýcina* Benth., *Francíscea calýcina* (Benth.) Hook.) ♄ i ⌂ I–VI, Bras.
4. **unduláta** Sw. ♄ i D ⌂, Jam.
5. **uniflóra** (Pohl) D. Don (*B. hopeána* (Hook.) Benth., *Francíscea hopeána* Hook.) ♄ i D ⌂ I–VII, Guay., Venez., Bras.

Brúnia L. - f. - *Bruniáceae*

1. **albiflóra** Phillips ♄ D ✂ ⌂, Kap
2. **laévis** Thunb. ♄ ✂ ⌂, S-Afr.
3. **nodiflóra** L. ♄ ✂ ⌂, S-Afr.

Brúnnera Stev. - f. - *Boragináceae*
Kaukasusvergißmeinnicht

1. **macrophýlla** (Adams) Johnst. (*Anchúsa myosotidiflóra* Lehm., *B. myosotidiflóra* (Lehm.) Stev.) ♃ IV bis VI, Kauk., W-Sib.

× *Brunsdónna párkeri:* × *Amarýgia* 1

Brunsvígia Heist. - f. - *Amaryllidáceae*
- *gigantéa:* 2
1. **josephínae** (Redouté) Ker-Gawl. ♃ ⌂ VIII–X, S-Afr.
- *multiflóra:* 2
2. **orientális** (L.) Ait. ex Eckl. (*B. gigantéa* Heist., *B. multiflóra* Ait.) ♃ ⌂ VIII–X, S-Afr.

Bryánthus S.G. Gmel. - m. - *Ericáceae*

1. **gmelínii** G. Don (*B. muscifórmis* Nakai) ♄ △ VII–VIII, Jap., Kuril., Kamtsch.

Bryónia L. - f. - *Cucurbitáceae*
Zaunrübe

1. **álba** L. - Weiße Zaunrübe ♄ ⌇ ⚭ ☠ VII, S-, M- u. O-Eur. bis N-Iran, in W- u. N-Eur. eingebürg.
2. **crética** L. - Rote Zaunrübe

ssp. **crética** ♃ ⚕ ☠, Ägäis
ssp. **dioíca** (Jacq.) Tutin (*B. dioíca* Jacq.) ♃ ⚕ ⚭ ☠ VI–IX, W-, M- u. S-Eur., N-Afr., in N-Eur. eingebürg.
- *dioíca:* 2
- *laciniósa: Diplócyclos* 1
- *punctáta: Melóthria* 4
- *scábra: Melóthria* 4

Bryonópsis laciniósa: Diplócyclos 1
Bryophýllum: Kalánchoë
- *calýcinum: Kalánchoë* 21
- *crenátum: Kalánchoë* 13
- *daigremontiánum: Kalánchoë* 6
- *pinnátum: Kalánchoë* 21
- *porphyrócalyx: Kalánchoë* 22
- *prolíferum: Kalánchoë* 23
- *scándens: Kalánchoë* 1
- *tubiflórum: Kalánchoë* 30
- *uniflórum: Kalánchoë* 31

Búchloë Engelm. – m. – *Gramíneae*
1. **dactyloídes** (Nutt.) Engelm. – Büffelgras ♃ Ⓝ, N-Am.: Manit. u. Minn. bis Mont., südl. bis Louis., Ariz.; Mex.

Buddléja L. – f. – *Buddlejáceae*
Buddleie, Schmetterlingsstrauch
1. **albiflóra** Hemsl. (*B. hemsleyána* Koehne) ♄ VII–IX, M- u. W-China
2. **alternifólia** Maxim. ♄ D VI, NW-China
3. **colvíllei** Hook. f. et Thoms. ♄ Ⓚ VI, Him.
4. **críspa** Benth. ♄ D VII–VIII, Him.
5. **davídii** Franch. (*B. variábilis* Hemsl.) ♄ VII–X, China, in Teilen W- u. M-Eur. sowie in Maryl. u. Kalif. eingebürg.
- *davídii* var. *nanhoénsis:* 9
6. **globósa** Hope ♄ Ⓚ VII–VIII, Chile, Peru
- *hemsleyána:* 1
- *heterophýlla:* 8
7. **índica** Lam. (*Nicodémia diversifólia* Ten.) ♄ i Ⓦ – Ⓚ, Madag.
8. **madagascariénsis** Lam. (*B. heterophýlla* Lindl.) ♄ ⚕ Ⓦ I–V, Madag.
9. **-Nanhoensis-Hybriden** (*B. davídii* var. *nanhoénsis* (Chitt.) Rehd.) ♄ IX bis X
10. **nívea** Duthie (*B. stenostáchya* Rehd. et Wils.) ♄ ∧ VIII–IX, W-China
- *stenostáchya:* 10
- *variábilis:* 5

Buglossoídes Moench (*Aegonýchon* S.F. Gray) – f. – *Boragináceae*
1. **gastónii** (Benth.) Johnst. (*Lithospérmum gastónii* Benth.) ♃ Ⓐ VI–VII, W-Pyren.
2. **purpurocaerúlea** (L.) Johnst. (*Lithospérmum purpurocaerúleum* L., *Aegonýchon purpurocaerúleum* (L.) Holub) ♃ ⟿ V–VI, Elsaß, M- u. S-Eur. bis Engl. u. südl. M-Rußl., Kl. As., Iran

Buglóssum barreliéri: Anchúsa 3

Bulbíne N. M. Wolf – f. – *Liliáceae*
1. **alooídes** (L.) Willd. ♃ Ⓚ IV, S-Afr.
- *ánnua:* 5
2. **bulbósa** (R. Br.) Haw. (*Bulbinópsis bulbósa* (R. Br.) Borzi) ♃ Ⓚ, O-Austral.
3. **cauléscens** L. ♄ Ⓚ III, Kap
4. **mesembryanthoídes** Haw. ♃ Ⓚ, Kap
5. **semibarbáta** (R. Br.) Haw. (*B. ánnua* hort. non Willd., *Bulbinópsis semibarbáta* (R. Br.) Borzi) ⊙ V–VI, Austral.

Bulbinélla Kunth – f. – *Liliáceae*
1. **angustifólia** (Cock. et Laing) L. B. Moore ♃ i VI–VII Ⓐ – Ⓚ, Neuseel.
2. **hōōkeri** (Hook.) Cheesem. ♃ i VI bis VII Ⓐ – Ⓚ, Neuseel.
3. **róssii** (Hook. f.) Cheesem. ♃ i VI bis VII Ⓐ – Ⓚ, Neuseel.

Bulbinópsis bulbósa: Bulbíne 2
- *semibarbáta: Bulbíne* 5

Bulbocódium L. – n. – *Liliáceae*
Frühlingslichtblume
1. **vérnum** L. (*Cólchicum vérnum* (L.) Ker-Gawl. ex Stef., *C. bulbocódium* Ker-Gawl.) ♃ ⚭ II–III, Pyren., SW- u. westl. M-Alp.

Bulbophýllum Thou. – n. – *Orchidáceae*
1. **aurátum** (Lindl.) Rchb. f. (*Cirrhopétalum campanulátum* Rolfe) ♃ Ⓦ X ∗, Sum.
2. **barbígerum** Lindl. ♃ Ⓦ VI–VII ∗, Trop. W-Afr.: Sierra Leo. bis Kamer. u. Zaire
3. **ericssónii** Kraenzl. ♃ Ⓦ X ∗, Born.
4. **falcátum** (Lindl.) Rchb. f. (*Megaclínium falcátum* Lindl.) ♃ Ⓦ V–VI ∗, W-Afr.: Sierra Leo. bis Zaire u. Uganda
- *fascinátor:* 15
5. **gracíllimum** (Rolfe) Rolfe (*Cirrhopé-*

talum gracíllimum Rolfe, C. psittacoídes Ridl.) ♃ ⌂ VI–X ✱, Malak. bis Fidschi-Ins.
6. **leucórhachis** (Rolfe) Schlechter (*Megaclínium leucórhachis* Rolfe) ♃ ⌂ IV–V ✱, W-Nig., Kamer.
7. **lóbbii** Lindl. ♃ ⌂ V–VI ✱, Java, Sum., Born., Malak., Thail., Tenass.
8. **longiflórum** Thou. (*Cirrhopétalum thouársii* Lindl., *C. umbellátum* (G. Forst.) Frapp. ex Cordem.) ♃ ⌂ VII ✱, Trop. Afr., Madag., SO-As., Indones., Pazif. Ins., N-Austral.
9. **longíssimum** (Ridl.) Ridl. (*Cirrhopétalum longíssimum* Ridl.) ♃ ⌂ XI ✱, Thail., Malak.
10. **makoyánum** (Rchb. f.) Ridl. (*Cirrhopétalum makoyánum* Rchb. f.) ♃ ⌂ I–II ✱, Ind.
11. **mastersiánum** (Rolfe) J.J. Sm. (*Cirrhopétalum mastersiánum* Rolfe) ♃ ⌂ I–II ✱, Moluk., Born.
12. **medúsae** (Lindl.) Rchb. f. (*Cirrhopétalum medúsae* Lindl.) ♃ ⌂ X–XII ✱, Thail., Malak., Born., Sum., Phil.
13. **ornatíssimum** (Rchb. f.) J.J. Sm. (*Cirrhopétalum ornatíssimum* Rchb. f.) ♃ ⌂ ✱, Ass., O-Him.
14. **picturátum** (Lodd.) Rchb. f. (*Cirrhopétalum picturátum* Lodd.) ♃ ⌂ V bis VI ✱, Moulm.
15. **pútidum** (Teijsm. et Binn.) J.J. Sm. (*B. fascinátor* (Rolfe) Rolfe, *Cirrhopétalum fascinátor* Rolfe) ♃ ⌂ IX ✱, Annam
16. **wendlandiánum** (Kraenzl.) Dammer (*Cirrhopétalum colléttii* Hemsl.) ♃ ⌂ V ✱, Oberburma

Búnium L. – n. – *Umbellíferae*
1. **bulbocástanum** L. Erdkastanie, Erdeichel ♃ VI–VII Ⓝ, SW-, W-, M-Eur., Ital. bis NW-Jugosl.

Buphthálmum L. – n. – *Compósitae* Ochsenauge
– *marítimum: Asteríscus* 1
1. **salicifólium** L. – Ochsenauge, Rindsauge ♃ VI–VIII, M-Eur., westl. bis SO-Frankr., östl. bis M-Jugosl.
– *seríceum: Asteríscus* 3
– *speciosíssimum: Telékia* 2
– *speciósum: Telékia* 1

Bupleūrum L. – n. – *Umbellíferae* Hasenohr
1. **fruticósum** L. ♄ i ∧ – ⌂ VII–IX, S-Eur., Med., Syr., westl. N-Afr.
2. **ranunculoídes** L. ♃ △ VII–VIII, Gebg. S- u. M-Eur., Sib., Kamtsch., Alaska
3. **rotundifólium** L. ⊙ VI–VIII, M- u. S-Eur. bis Rußl., Kauk., Iran, Med.

Burbídgea Hook. f. – f. – *Zingiberáceae*
1. **schizochēila** Hackett ♃ ⌂ III–VI, Born.

× **Burkillára** hort. (*Aërídes* × *Aráchnis* × *Vánda*) – f. – *Orchidáceae*

× **Burrageára** hort. (*Cochlióda* × *Miltónia* × *Odontoglóssum* × *Oncídium*) – f. – *Orchidáceae*

Búrsera Jacq. ex L. – f. – *Burseráceae*
– *delpechiána:* 2
1. **fagaroídes** (H.B.K.) Engl. ♄ – ♄ ⌂, Ariz., Nied. Kalif., Mex.
– *gummífera:* 3
2. **penicilláta** (Sessé et Moç. ex DC.) Engl. (*B. delpechiána* Poiss. ex Engl.) ♄ ⌂ Ⓝ, Mex., Trop. Am.
3. **simarúba** (L.) Sarg. (*B. gummífera* Jacq. ex L.) ♄ ⌂ Ⓝ, S-Flor., Westind., Mex., M-Am., nördl. S-Am.
4. **tenuifólia** Rose ♄ i ⌂, Mex.

Bútea Roxb. ex Willd. – f. – *Leguminósae*
1. **supérba** Roxb. – Plossobaum ♄ ⌂ Ⓝ, Thail.

Bútia (Becc.) Becc. – f. – *Pálmae*
1. **bonnétii** (Becc.) Becc. (*Cócos bonnétii* (Becc.) hort., *C. austrális* hort. var. *bonnétii* (Becc.) hort.) ♄ ⌂, Bras.
2. **capitáta** (Mart.) Becc. (*Cócos austrális* hort. non Mart.) ♄ ⌂, S-Bras., Urug., N-Arg.
3. **eriόspatha** (Mart. ex Drude) Becc. (*Cócos eriόspatha* Mart. ex Drude) ♄ ⌂, S-Bras.
4. **yatáy** (Mart.) Becc. (*Cócos yatáy* Mart.) – Yataypalme ♄ ⌂, Arg.

Bútomus L. – m. – *Butomáceae* Blumenbinse
1. **umbellátus** L. ♃ ⩪ VI–VIII, Eur., N-Afr., As., eingebürg. im nördl. N-Am.

Butyrospérmum: Vitellária
– *paradóxum: Vitellária* 1
– *párkii: Vitellária* 1

Búxus L. – f. – *Buxáceae* Buchsbaum

1. **baleárica** Lam. ħ i ✤ Ⓚ, Balear., S-Span., Sard., NW-Afr.
- *harlándii:* 2
- *japónica:* 2
2. **microphýlla** Sieb. et Zucc.
var. **koreána** Nakai ħ i ✤, Korea, China
var. **japónica** (Muell. Arg.) Rehd. et Wils. (*B. japónica* Muell. Arg.) ħ i ✤, Jap.
var. **sínica** Rehd. et Wils. (*B. harlándii* hort. non Hance?) ħ i ✤, China
3. **sempérvirens** L.
var. **sempérvirens** (*B. sempérvirens* var. *arboréscens* L.) ħ i ✤ IV–V Ⓝ ▽, SW-, westl. M-Eur., Med., N-Afr., W-As.
- *sempérvirens* var. *arboréscens:* 3

Býblis Salisb. - f. - *Byblidáceae*
1. **gigantéa** Lindl. ♃ i Ⓦ ✱, N. Guin., W-Austral.: Östl. von Perth
2. **liniflóra** Salisb. ♃ i Ⓦ ✱, N. Guin., W-Austral. bis Queensl.

Cabómba Aubl. - f. - *Nymphaeáceae*
1. **aquática** Aubl. ♃ ≈ Ⓦ, Guay. bis Amaz.
2. **austrális** Spegazz. ♃ ≈ Ⓦ, im Winter Ⓚ, S-Bras., Parag., Urug., atl. Arg., Chile
3. **caroliniána** A. Gray ♃ ≈ Ⓦ, N-Am.: Mich. bis Missouri, südl. bis Flor. u. Tex., in Mass. bis Ohio eingebürg.
- *caroliniána* var. *pulchérrima:* 5
4. **furcáta** Schult. ♃ ≈ Ⓦ, Bras.
5. **pulchérrima** (R.M. Harper) Fassett (*C. caroliniána* var. *pulchérrima* R.M. Harper) ♃ ≈ Ⓦ, USA: S-Carol., Georg., Flor.

Cabrálea A. Juss. - f. - *Meliáceae*
1. **cangeréana** Saldanha ♄ Ⓚ, Bras.

Cacália L. - f. - *Compósitae*
- *coccínea: Emília* 1
1. **peltifólia** Mak. ♃ IX–X, Jap.

Caccínia Savi - f. - *Boragináceae*
1. **glaúca** Savi ħ △ V–VI, N-Iran

Cáctus aúreus: Corryocáctus 1
- *cocheníllifer: Opúntia* 17
- *latispínus: Ferocáctus* 11
- *mammilláris: Mammillária* 58
- *multanguláris: Haageocéreus* 3
- *vivíparus: Escobária* 7

Caesalpínia L. - f. - *Leguminósae*
1. **coriária** (Jacq.) Willd. (*Poinciána coriária* Jacq., *Libidíbia coriária* (Jacq.) Schlechtend.) ♄ Ⓦ Ⓝ, Mex., M-Am. bis nördl. S-Am., Westind.
2. **decapétala** (Roth) Alston (*C. japónica* Sieb. et Zucc.) ħ § Ⓚ VI–VII, Ceyl., Ind., China, Jap., Korea, Mal. Arch.
3. **echináta** Lam. - Brasilholz ♄ Ⓦ Ⓝ, Trop. Am.
4. **gilliésii** (Wall. ex Hook.) Benth. (*Poinciána gilliésii* Wall. ex Hook.) ħ bis ♄ Ⓚ VII–VIII, Urug., Arg., Chile
- *japónica:* 2
5. **pulchérrima** (L.) Sw. (*Poinciána pulchérrima* L.) ħ - ♄ Ⓚ VII, Westind.
6. **sáppan** L. - Sappanholz ♄ Ⓦ Ⓝ, Ind., Ceyl., Malak., Indoch., China
7. **sepiária** Roxb. ħ § Ⓦ VI–VII, Ind., Malays., Phil., Jap.

Caióphora K.B. Presl (*Cajóphora* Endl.) - f. - *Loasáceae*
Brennwinde
1. **contórta** (Lam.) K.B. Presl (*Blumenbáchia grandiflóra* (Lam.) Ruiz et Pav. ex G. Don, *Loása contórta* Lam.) ⊙ § VII–IX, Chile, Peru
2. **laterítia** (Hook.) Klotzsch (*Loása laterítia* (Hook.) Gill. ex Arn., *L. aurantíaca* hort., *Blumenbáchia laterítia* (Hook.) Griseb.) ♃ § VII–X, Arg.

Cajánus DC. - m. - *Leguminósae*
1. **cájan** (L.) Huth (*Cýtisus cájan* L., *Cajánus bícolor* DC., *C. índicus* Spreng.) - Straucherbse, Taubenerbse ħ Ⓚ Ⓝ, Nur in Kult. bek., in vielen trop. Ländern, vor allem Ind., angeb.

Cajóphora: Caióphora

Caládium Vent. - n. - *Aráceae*
Kaladie
- *argyrítes:* 3
1. **bícolor** (Ait.) Vent. (*Árum bícolor* Ait.) ♃ Ⓦ II–IV, Amaz.
- *bícolor* hort.: 2
2. **-Bicolor-Hybriden** (*C. × hortulánum* Birdsey, *C. bícolor* hort. non (Ait.) Vent.) ♃ Ⓦ III–IV
- *× hortulánum:* 2
3. **humbóldtii** Schott (*C. argyrítes* Lem.) ♃ Ⓦ, Bras., Venez.
4. **lindénii** (André) Madison (*Xantho-*

sóma lindénii (André) Engl.) ♃ ⌂, Kol.
5. **marmorátum** Mathieu (*C. thripedéstum* Lem.) ♃ ⌂, Ek.
6. **schombúrgkii** Schott ♃ ⌂, Guay., Bras.
7. **-Schomburgkii-Hybriden** (Pfeilblättrige Sorten) ♃ ⌂
- *seguínum: Dieffenbáchia* 11
- *thripedéstum:* 5

Calamagróstis Adans. - f. - *Gramíneae*
Reitgras
1. × **acutiflóra** (Schrad.) Rchb. (*C. arundinácea* × *C. epigéjos*) ♃ VI bis VII, Eur.
- *arenária: Ammóphila* 1
2. **arundinácea** (L.) Roth ♃, Eur., N- u. M. As.
3. **epigéjos** (L.) Roth ♃ VI–VIII, Euras., N-Afr.
4. **vária** (Schrad.) Host ♃ VII–IX, M- u. S-Eur., Gotl.
5. **villósa** (Chaix) J.F. Gmel. ♃ VII bis VIII, M-Eur., Balk.

Calamíntha Mill. - f. - *Labiátae*
Steinquendel
- *alpína: Ácinos* 1
- *glandulósa:* 2
1. **grandiflóra** (L.) Moench (*Saturéja grandiflóra* (L.) Scheele) ♃ △ VII bis VIII, Südl. M- u. S-Eur., Med., Kl. As., Kauk., Iran
2. **népeta** (L.) Savi (*Saturéja calamíntha* (L.) Scheele)
ssp. **glandulósa** (Req.) P.W. Ball (*C. officinális* Moench, *C. glandulósa* (Req.) Benth.) ♃ S-, W-Eur., Schw., in den östl. USA eingebürg.
ssp. **népeta** (*C. nepetoídes* Jord.) ♃ VII–IX, Gebg. S-Eur., südl. M-Eur., N-Afr. u. Kl. As., in den östl. USA eingebürg.
- *nepetoídes:* 2
- *officinális:* 2

Cálamus L. - m. - *Pálmae*
Rotangpalme, Stuhlrohr, Spanisches Rohr
1. **aspérrimus** Bl. ♄ ⸗ ⌂, Java
2. **caēsius** Bl. ♄ ⸗ ⌂ ⓝ, Born., Malak.
3. **ciliáris** Bl. ♄ ⸗ ⌂, Sum., Java
4. **longisétus** Griff. ♄ ⸗ ✂ ⌂, Burma
5. **óptimus** Becc. ♄ ⸗ ⌂ ⓝ, Born.
6. **rótang** L. ♄ ⸗ ⌂ ⓝ, S-Ind., Ceyl.

Calandrínia H.B.K. - f. - *Portulacáceae*
1. **ciliáta** (Ruiz et Pav.) DC.
var. **menziésii** (Hook.) Macbr. (*C. menziésii* (Hook.) Torr. et A. Gray, *C. speciósa* hort. non Lindl.) ⊙ VI bis VII, USA: Wash. bis Kalif.
2. **grandiflóra** Lindl. ♃-♄ (⊙ gezogen) VI–IX, Chile
- *menziésii:* 1
- *speciósa:* 1
3. **umbelláta** (Ruiz et Pav.) DC. ♃ - ♄ (⊙ gezogen) VII–IX, Peru, Chile

Calánthe R.Br. - f. - *Orchidáceae*
1. **brevicórnu** Lindl. ♃ ⌂ V–VI ∗, Nepal, Sikk.
2. **cardioglóssa** Schlechter (*C. fuerstenbergiána* Kraenzl.) ♃ ⌂ X–XII ∗, Ass., Laos, Kamb., Thail.
- *fuerstenbergiána:* 2
3. **masúca** (D. Don) Lindl. (*Blétia masúca* D. Don) ♃ ⌂ VI–VIII ∗, Sikk., SW-China, Thail., Malays.
- *regniéri:* 7
4. **rósea** (Lindl.) Benth. et Hook. f. ♃ ⌂ X–XI ∗, Thail.
5. **sylvática** (Thou.) Lindl. ♃ ⌂ V ∗, Madag., Maurit.
6. **triplicáta** (Willem.) Ames (*C. veratrifólia* (Willd.) R.Br.) ♃ ⌂ IV bis V ∗, S-Ind., Ceyl., SO-As., Malays., Indones. bis Jap., Austral., Fidschi-Ins.
- × *veītchii:* 8
- *veratrifólia:* 6
7. **vestíta** Lindl. ♃ ⌂ XII–II ∗, Burma, Thail., Indoch., Malak., Born., Celeb.
'Regnieri' (*C. regniéri* Rchb. f.) ♃ ⌂ I–III
8. **-Vestita-Hybriden** (*C.* × *veītchii* Lindl.) ♃ ⌂ XII–III ∗

× *Calanthopháius:* × *Phaiocalánthe*

Caláthea G.F.W. Mey. - f. - *Marantáceae*
1. **aēmula** Koern. ♃ ⌂, Heimat unbek.
2. **argyraēa** Koern. (*Maránta argyraēa* (Koern.) hort.) ♃ ⌂, Heimat unbek.
3. **bachemiána** E. Morr. (*Maránta bachemiána* (E. Morr.) hort. ex O.G. Peters., *M. kegeliána* hort.) ♃ ⌂, Bras.
- *bícolor: Maránta* 2
4. **crocáta** E. Morr. et Jorisenne ♃ ⌂

IV bis V, Bras.
5. **cylíndrica** (Rosc. et K. Koch) K. Schum. (*Phrýnium cylíndricum* Rosc. et K. Koch) ♃ Ⓦ, Bras.
6. **exímia** Koern. ♃ Ⓦ, M-Am.
- *fasciáta:* 20
- *insígnis:* 7
7. **lancifólia** Boom (*C. insígnis* Bull non O.G. Peters.) ♃ Ⓦ, Bras.
8. **leopárdina** (Bull) Regel (*Maránta leopárdina* Bull) ♃ Ⓦ, Bras.
9. **lietzei** E. Morr. (*Maránta lietzei* (E. Morr.) hort.) ♃ Ⓦ, Bras.
10. **lindeniána** Wallis ♃ Ⓦ, NW-Bras., Peru
11. **makoyána** E. Morr. (*Maránta makoyána* (E. Morr.) hort.) ♃ Ⓦ, Bras.
12. **mediopícta** (E. Morr.) Regel (*Maránta mediopícta* E. Morr.) ♃ Ⓦ, Bras.
13. **mícans** (Klotzsch) Koern. ♃ Ⓦ, M-Am. bis Guay., Bol.
14. **orbiculáta** Lodd. ♃ Ⓦ, Bras.
15. **ornáta** (Lind.) Koern. (*Maránta ornáta* Lind.) ♃ Ⓦ, Guay., Kol.
16. **pavónii** Koern. (*C. tubíspatha* Hook. f.) ♃ Ⓦ, Peru
17. **picturáta** (Lind.) K. Koch et Lind. ♃ Ⓦ, Bras.
18. **prínceps** (Lind.) Regel ♃ Ⓦ, N-Bras.
19. **roseopícta** (Lind.) Regel (*Maránta roseopícta* Lind.) ♃ Ⓦ, Bras.
20. **rotundifólia** (K. Koch) Koern., Bras. 'Fasciata' (*C. fasciáta* (Lind.) Koern., *Maránta fasciáta* Lind.) ♃ Ⓦ
21. **rufibárba** Fenzl ♃ Ⓦ, Bras.
- *tubíspatha:* 16
22. **unduláta** Lind. et André ♃ Ⓦ, Bras., Peru
23. **variegáta** Koern. ♃ Ⓦ, Heimat unbek.
24. **veitchiána** Veitch ex Hook. f. ♃ Ⓦ, Trop. S-Am.
25. **warscewíczii** (Mathieu ex Planch.) Koern. (*Maránta warscewíczii* Mathieu ex Planch.) ♃ Ⓦ, Costa R.
26. **wiotiána** Makoy ex E. Morr. (*Maránta wiótii* E. Morr.) ♃ Ⓦ, O-Bras.
27. **zebrína** (Sims) Lindl. (*Maránta zebrína* Sims), SO-Bras. 'Binotii' (var. *binótii* hort. ex L.H. Bailey) ♃ Ⓦ
- *zebrína* var. *binótii:* 27

Calathiána vérna: Gentiána 30

Calceolária L. – f. – *Scrophulariáceae* Pantoffelblume
1. **álba** Ruiz et Pav. ♄ Ⓚ VI–VII, Arg., Peru, Chile
2. **biflóra** Lam. (*C. plantagínea* Sm.) ♃ ∧ Ⓚ △ V–VI, Chile, Arg.
- *chelidonioídes:* 11
3. **crenatiflóra** Cav. ♃ V–VI, Chile
- *darwínii:* 12
- × *herbeohýbrida:* 4
- × *hýbrida:* 4
4. **-Hybriden** (*C.* × *herbeohýbrida* Voss, *C.* × *speciósa* Lilja, *C.* × *hýbrida* hort.) ⊙ ⊽ Ⓚ ▭ IV–V
5. **integrifólia** Murr. (*C. rugósa* Ruiz et Pav.) ħ Ⓚ V-IX, Chile, Chiloë-Arch.
6. **mexicána** Benth. ⊙ VI–VIII, Gebg. Mex. u. M-Am.
7. **pavónii** Benth. ♄ ⌇ Ⓚ VIII–X, Peru, Bol.
8. **pinnáta** L. ⊙ VI–IX, Chile, Peru, Bol., Bras., Jam.
- *plantagínea:* 2
9. **polyrrhíza** Cav. ♃ △ ∧ VI–VIII, Patag.
- *punctáta: Jovellána* 1
- *rugósa:* 5
- *scabiosifólia:* 11
- *sinclairii: Jovellána* 2
- × *speciósa:* 4
10. **tenélla** Poepp. et Endl. ♃ Ⓚ–∧ V bis VII, Chile
11. **tripartíta** Ruiz et Pav. (*C. chelidonioídes* H.B.K., *C. scabiosifólia* Roem. et Schult.) ⊙ V–IX, Ek., Peru, Chile.
12. **uniflóra** Lam. (*C. darwínii* Benth.) ♃ Ⓐ VI–VII, Patag.
- *violácea: Jovellána* 3

Calcítrapa stelláta: Centauréa 5

Caldésia Parl. – f. – *Alismatáceae*
1. **parnassiifólia** (Bassi) Parl. (*Alísma parnassiifólium* Bassi) ♃ 〰 ≋ Ⓚ ∇, Frankr., M- u. O-Eur., Ital. bis Bulg. u. SW-Rußl., Ägypt., M-Afr., Madag., SO-As., Jap., N. Guin., N-Austral.

Caléndula L. – f. – *Compósitae* Ringelblume
1. **officinális** L. – Gartenringelblume ⊙ VI–X ⊛ Off., Heimat vermutl. Med.,

im westl. S-Eur. u. in Engl. eingebürg. (Mit vielen Sorten)
- *pluviális: Dimorphothéca* 1
Calímeris: Kalímeris
Cálla L. - f. - *Aráceae*
Sumpfkalla
- *aethiópica: Zantedéschia* 1
- *elliottiána: Zantedéschia* 3
1. **palústris** L. ♃ ⁓ ☠ V–VI ▽, N-, M- u. O-Eur., Voges., N-As., Jap., N-Am.: Neufundl. bis Alaska, südl. bis Maryl. u. Iowa, in Engl. eingebürg.
Calliándra Benth. - f. - *Leguminósae*
1. **fúlgens** Hook. f. ♄ i ⌂ III, Mex.
2. **grácilis** Klotzsch ♄ i ⌂, M-Am.
- *houstónii:* 3
3. **inérmis** (L.) Druce (*C. houstónii* (L'Hérit.) Benth.) ♄ i ⌂, Mex.
4. **portoricénsis** (Jacq.) Benth. ♄ i ⌂ VI bis VII, Westind., Mex. bis Pan.
5. **tweédii** Benth. ♄ i ⌂, Bras.
Calliánthemum C. A. Mey. - n. - *Ranunculáceae*
Jägerblume
1. **anemonoídes** (Zahlbr.) Endl. ex Heynh. (*C. rutifólium* Rchb. non (L.) C. A. Mey.) ♃ △ III–IV, NO-Kalkalp.
2. **coriandrifólium** Rchb. (*C. rutifólium* (L.) C. A. Mey. non Rchb.) ♃ △ VI bis VII, NO-Span., Pyren., Alp., Karp., Bosn.
3. **kerneriánum** Freyn ex Kerner ♃ △ V bis VI, Monte Baldo
- *rutifólium* (L.) C. A. Mey.: 2
- *rutifólium* Rchb.: 1
Callicárpa L. - f. - *Verbenáceae*
Schönfrucht, Liebesperlenstrauch
1. **americána** L. ♄ ☘ ⌂ VI–VII, USA: Maryl. bis Okla., südl. bis Flor. u. Tex.; Westind.
2. **bodiniéri** Lév.
var. **giráldii** (Hesse ex Rehd.) Rehd. (*C. giráldii* Hesse ex Rehd.) ♄ ☘ VI bis VII, M- bis W-China
3. **dichótoma** (Lour.) K. Koch (*C. purpúrea* Juss., *C. japónica* Thunb. var. *angustifólia* Sav.) ♄ ☘, Jap., Korea, Taiw., O- u. M-China
- *giráldii:* 2
4. **japónica** Thunb.
var. **angustáta** Rehd. ♄ ☘ VIII, M-China
- *japónica* var. *angustifólia:* 3
- *purpúrea:* 3
5. **rubélla** Lindl. ♄ ☘ ⌂, China, Burma, Ass.
Calliópsis bícolor: Coreópsis 19
- *cardaminifólia: Coreópsis* 7
- *tinctória: Coreópsis* 19
Calliphrúria subedentáta: Eúcharis 5
Callírhoë Nutt. - f. - *Malváceae*
1. **digitáta** Nutt. ♃ (⊙ kult.) VII–IX, USA: Missouri u. Kans. bis Ark. u. Tex.
2. **involucráta** (Torr. et A. Gray) A. Gray (*Málva involucráta* Torr. et A. Gray, *C. verticilláta* (L.) Groenl.) ♃ (⊙ kult.) VII–IX, USA: N-Dak. bis Wyom., südl. bis Tex. u. Utah; Mex.
3. **papáver** (Cav.) A. Gray (*Málva papáver* Cav.) ♃ (⊙ kult.) VII–IX, USA: Georg. bis Missouri, südl. bis Flor. u. Tex.
4. **pedáta** (Torr. et A. Gray) A. Gray (*Málva pedáta* Torr. et A. Gray) ♃ (⊙ kult.) VII–IX, Südl. USA
- *verticilláta:* 2
Callísia Loefl. - f. - *Commelináceae*
1. **élegans** Alex. ex H. E. Moore (*Setcreásia striáta* hort., *S. groegeriána* hort.) ♃ ⁓ ⌇ ⌂, N-Mex.
2. **frágans** (Lindl.) Woods. (*Spironéma frágrans* Lindl., *Rectanthéra frágrans* (Lindl.) O. Degener) ♃ ⌂, S-Mex.
- *martensiána:* 3
- *monándra: Aploléia* 1
3. **multiflóra** (Martens et Gal.) Standl. (*Aploléia multiflóra* (Martens et Gal.) H. E. Moore, *Leptocallísia multiflóra* (Martens et Gal.) Pichon, *C. martensiána* (Kunth) C. B. Clarke, *C. répens* hort. non L.) ♃ ⁓ ⌇ ⌂, Mex., Guat.
4. **naviculáris** (Ortgies) D. R. Hunt (*Tradescántia naviculáris* Ortgies, *Phyódina naviculáris* (Ortgies) Rohw.) ♃ ⁓ i ⌂, Mex.
- *répens* hort.: 3
5. **répens** L. ♃ ⁓ ⌇ ⌂, Trop. Am.
- *umbelluláta: Aploléia* 1
6. **warscewicziána** (Kunth et Bouché) D. R. Hunt (*Tradescántia warscewicziána* Kunth et Bouché, *Spironéma warscewicziánum* (Kunth et Bouché) G. Brückn., *Tripogándra warscewicziána* (Kunth et Bouché)

Woods., *Hadródemas warscewicziánum* (Kunth et Bouché) H.E. Moore) ♃ i ⌂, Guat.

Callistémon R.Br. – m. – *Myrtáceae*
Zylinderputzer
1. **brachyándrus** Lindl. ♄ i ⌂ VIII–IX, S-Austral., Neusüdwal., Vict.
2. **citrínus** (Curt.) Skeels (*Metrosidéros citrína* Curt., *M. semperflórens* Lodd., *M. lanceoláta* Sm., *C. lanceolátus* (Sm.) DC. ♄ i ⌂ VI–VII, Austral.: Queensl., Neusüdwal., Vict.
- *lanceolátus:* 2
- *linearifólius:* 3
3. **rígidus** R.Br. (*C. linearifólius* DC.) ♄ i ⌂, Austral.: Neusüdwal.
4. **salígnus** (Sm.) DC. (*Metrosidéros salígna* Sm.) ♄ – ♄ i ⌂ VI–VII, SO-, S-Austral.: Queensl., Neusüdwal.
5. **speciósus** (Sims) DC. (*Metrosidéros speciósa* Sims) ♄–♄ i ⌂ VI–VIII, W-Austral.
6. **viminális** (Soland. ex Gaertn.) G. Don ♄ i ⌂ IV–V, Austral.: Neusüdwal.

Callístephus Cass. – m. – *Compósitae*
Sommeraster
1. **chinénsis** (L.) Nees (*Áster chinénsis* L.) ⊙ ✂ VII–X, M-, N- u. O-As. (Mit vielen Sorten)

Callítriche L. – f. – *Callitricháceae*
Wasserstern
- *autumnális:* 2
1. **hamuláta** Kütz. ex W.D.J. Koch (*C. intermédia* auct. non Hoffm., *C. palústris* ssp. *hamuláta* (Kütz. ex W.D.J. Koch) Schinz et Thell., *C. intermédia* ssp. *hamuláta* (Kütz. ex W.D.J. Koch) Claph.) ♃ ≈ Freiland, auch ⌂, W-, NW- u. M-Eur. bis Finnl., Ural, Lettl., Jugosl. u. Siz.; Grönl.
2. **hermaphrodítica** L. (*C. autumnális* L.) ♃ ≈ Freiland, auch ⌂, N-, W- u. O-Eur., N- u. M-Deutschl., N-, M- u. NO-As., N-Am., südl. bis Neuengl., Mich., Minn. u. Kalif.
- *intermédia:* 1
- *intermédia* ssp. *hamuláta:* 1
3. **palústris** L. emend. Schotsman (*C. vérna* L., *C. vernális* Kütz. ex W.D.J. Koch) ♃ ≈ Freiland, auch ⌂, Euras., Med., N. Guin., Neukaled., SO-Austral., N-Am. (inkl. Grönl.), südl. bis Virg., W-Virg., Nebr., Tex. u. Kalif.
- *palústris* ssp. *hamuláta:* 1
- *palústris* ssp. *stagnális:* 4
4. **stagnális** Scop. (*C. palústris* ssp. *stagnális* (Scop.) Schinz et Thell.) ♃ ≈ Freiland, auch ⌂, Eur., Med., Kl. As., Him., S-Ind., Ceyl., Taiw., Kanar., N-Afr., Abess., O-Afr., Madag., Neukaled., im nordöstl. u. nordwestl. N-Am. sowie in SO-Austral. u. Neuseel. eingebürg.
- *vérna:* 3
- *vernális:* 3

Cállitris Vent. – f. – *Cupressáceae*
- *arenósa:* 1
- *articuláta: Tetraclínis* 1
- *calcaráta:* 2
1. **columelláris** F. v. Muell. (*C. arenósa* A. Cunn. ex R.T. Bak. et H.G. Sm., *C. gláuca* R.Br. ex R.T. Bak. et H.G. Sm., *C. hugélii* Franco, non *Frenéla hugélii* Carr.) ♄ i ⌂, W-Austral.
- *cupressifórmis:* 4
2. **endlícheri** (Parl.) F.M. Bailey (*C. calcaráta* R.Br. ex F.M. Bailey) ♄ i ⌂ Ⓝ, SO-Austral.
- *gláuca:* 1
- *hugélii:* 1
3. **préissii** Miq. (*C. robústa* (A. Cunn. ex Parl.) R.Br. ex F.M. Bailey) ♄ i ⌂ Ⓝ, SO-Austral., Tasm.
- *quadriválvis: Tetraclínis* 1
4. **rhomboídea** R.Br. ex L.C. Rich. (*C. cupressifórmis* F. v. Muell.) ♄ i ⌂ Ⓝ, Austral.: Queensl., Neusüdwal.
- *robústa:* 3

Callópsis Engl. – f. – *Aráceae*
1. **volkénsii** Engl. ♃ i ⌂ I–XII, Tans.

Callúna Salisb. – f. – *Ericáceae*
Besenheide, Heidekraut
1. **vulgáris** (L.) Hull ♄ i VI–X Ⓝ, Eur., Sib., Kl. As., N-Marok., im nordöstl. N-Am. eingebürg. (Mit vielen, meist mit lateinischen Namen belegten Sorten)

Calocárpum sapóta: Poutéria 4

Calócedrus Kurz – f. – *Cupressáceae*
Flußzeder
1. **decúrrens** (Torr.) Florin (*Libócedrus decúrrens* Torr., *Heydéria decúrrens* (Torr.) K. Koch) ♄ IV Ⓝ, USA: Oreg.

bis Kalif. u. W-Nev.; Nied. Kalif.

Calocéphalus R. Br. - m. - *Compósitae*

1. **brównii** (Cass.) F. v. Muell. (*Leucóphyta brównii* Cass.) ♄ ⁞ ⌂K, Austral.

Calochórtus Pursh - m. - *Liliáceae*
Mormonentulpe

1. **álbus** (Benth.) Dougl. ex Benth. ♃ ∧ VI–VIII, Kalif.
2. **amábilis** Purdy ♃ ∧ VI–VII, Kalif.
3. **caerúleus** (Kellogg) S. Wats. ♃ ⌂K oder ∧ VII, Kalif.
4. **macrocárpus** Dougl. ♃ ⌂K oder ∧ VIII, N-Am.: Br. Kol. bis Id. u. Mont., südl. bis Kalif. u. Nev.; N-Mex.
5. **spléndens** Dougl. ex Benth. ♃ ⌂K VIII, Kalif., Nied. Kalif.
6. **supérbus** Purdy ex Howell ♃ ⌂K oder ∧ VI–VII, Kalif.
7. **venústus** Dougl. ex Benth. ♃ ⌂K oder ∧ VI–VII, Kalif.
8. **véstae** Purdy ♃ ⌂K oder ∧ VI–VII, Kalif.

Caloméria amaranthoídes: Húmea 1

Calonýction Choisy - n. - *Convolvuláceae*
Mondwinde

- *aculeátum:* 1

1. **álbum** (L.) House (*C. aculeátum* (L.) House, *C. speciósum* Choisy, *C. bóna-nox* (L.) Boj., *Ipomoēa bóna-nox* L., *I. álba* L.) - Mondwinde ♃ ⌇ ⌂W VII–VIII, Pantrop.

- *bóna-nox:* 1

2. **muricátum** (L.) G. Don (*Convólvulus muricátus* L., *Ipomoēa muricáta* (L.) Jacq., *Calonýction speciósum* Choisy var. *muricátum* (L.) Choisy) ♃ ⌇ ⌂W VII–VIII, Pantrop.

- *speciósum:* 1
- *speciósum* var. *muricátum:* 2

Calóphaca Fisch. ex DC. - f. - *Leguminósae*

1. **grandiflóra** Regel ♄ ⁓ VI–VII, Turkest.
2. **wolgárica** (L. f.) Fisch. ♄ VI–VII, S-Rußl., S- u. O-Ukr.

Calophýllum L. - n. - *Guttíferae*

- *antillánum:* 1

1. **brasiliénse** Cambess. (*C. antillánum* Britt., *C. jacquínii* Fawc. et Rendle, *C. calába* Jacq. non L.) ♄ i ☠ ⌂W Ⓝ, Westind., Mex., südl. bis nördl. S-Am.

- *calába:* 1

2. **inophýllum** L. ♄ ⌂W ☠ Ⓝ, Küsten O-Afr. u. S-Ind. bis Malak., Austral.: Queensl., N-Territ.

- *jacquínii:* 1

Calothámnus Labill. - m. - *Myrtáceae*

1. **ásper** Turcz. ♄ i ⌂K, W-Austral.
2. **longíssimus** F. v. Muell. ♄ i ⌂K, W-Austral.
3. **quadrífidus** R. Br. ♄ i ⌂K, W-Austral.
4. **sanguíneus** Labill. ♄ i ⌂K, W-Austral.
5. **villósus** R. Br. ♄ i ⌂K, W-Austral.

Calótropis R. Br. - f. - *Asclepiadáceae*

1. **gigantéa** (L.) Dryand. ♄ ⌂W ☠ Ⓝ, Ind. bis S-China, Malak., Mal. Arch.
2. **procéra** (Ait.) Dryand. ♄ ⌂K ☠ Ⓝ, W-, M- u. O-Afr., Arab., Iran, Pak., Ind.

Cáltha L. - f. - *Ranunculáceae*
Dotterblume

- *holúbyi:* 2

1. **leptosépala** DC. ♃ ⁓ V, N-Am.: Alaska bis Alb., südl. bis Oreg., Nev. u. New Mex.
2. **palústris** L. (*C. holúbyi* Beck, *C. polypétala* Hochst. ex Lorent) - Sumpfdotterblume ♃ ⁓ ☠ III–V, Eur., M-, N-, O-As., Kl. As., Kauk., nördl. N-Am.: Neufundl. bis Alaska, südl. bis Virg., S-Carol., Tenn. u. Nebr.

- *polypétala:* 2

Cálvoa Hook. f. - f. - *Melastomatáceae*

1. **orientális** Taub. (*C. sessiliflóra* Cogn. ex De Wild. et Dur.) ♃ ⌂W, Trop. Afr.

Calycánthus L. - m. - *Calycantháceae*
Gewürzstrauch

- *fértilis:* 1

1. **flóridus** L. ♄ D V–VII, USA: W-Virg. u. Virg., südl. bis Flor. u. Miss.
   var. **flóridus**
   var. **laevigátus** (Willd.) Torr. et A. Gray (*C. laevigátus* Willd., *C. glaūcus* Willd., *C. fértilis* Walt.) ♄ V–VII, USA: Penns. u. Ohio, südl. bis Georg. u. Alab.

- *glaūcus:* 1
- *laevigátus:* 1

2. **occidentális** Hook. et Arn. ♄ D VI bis VIII, USA: Kalif.

- *praēcox: Chimonánthus* 1

Calýpso Salisb. - f. - *Orchidáceae*

1. **bulbósa** (L.) Oakes (*C. boreális* Salisb.) ♃ IV–V ▽ ∗, N-Eur., N-As., N-Am.: Labr. bis Alaska, südl. bis Neuengl., N. Y., Mich., Minn., Ariz. u. Kalif.

Calyptrógyne H. Wendl. - f. - *Pálmae*

1. **ghiesbreghtiána** (Lind. et H. Wendl.) H. Wendl. (*Geónoma ghiesbreghtiána* Lind. et H. Wendl.) ♄ ⌂, Mex. bis Hond.

Calystégia R. Br. - f. - *Convolvuláceae*

- *dahúrica* auct.: 3
1. **dahúrica** (Herb.) Sweet (*Convólvulus dahúricus* Herb.) ♃ ≹ VII–VIII, M-As.
- *dahúrica* var. *pellíta:* 2
2. **pellíta** (Ledeb.) G. Don (*Convólvulus pellítus* Ledeb., *Calystégia dahúrica* (Herb.) Sweet var. *pellíta* (Ledeb.) Choisy, *Calystégia pubéscens* Lindl.) ♃ ≹ VI–IX, Jap., N-China, Korea
- *pubéscens:* 2
3. **púlchra** Brummitt et Heyw. (*C. dahúrica* auct. non (Herb.) Sweet, *Convólvulus púlcher* (Brummitt et Heyw.) Oberd.) ♃ ≹ VI–X, Heimat unbek., in N- u. M-Eur. eingebürg.
4. **sépium** (L.) R. Br. (*Convólvulus sépium* L.) - Zaunwinde ♃ ≹ ⓝ VI–IX, Kosmopol. der gem. Zonen
5. **soldanélla** (L.) R. Br. ex Roem. et Schult. (*Convólvulus soldanélla* L.) ♃ VII–VIII ▽, Küsten S-, W- u. NW-Eur., N-Afr., S- u. westl. N-Am., O-As., Austral.

Camássia Lindl. - f. - *Liliáceae*

1. **cusíckii** S. Wats. ♄ ∧ IV–V, USA: Oreg.
- *esculénta:* 3, 4
- *fráseri:* 4
2. **leichtlínii** (Bak.) S. Wats. ♃ IV–V, N-Am.: Br. Kol. bis Kalif.
3. **quámash** (Pursh) Greene (*Phalángium esculéntum* Nutt., *P. quámash* Pursh, *C. esculénta* (Nutt.) Lindl. non (Ker-Gawl.) Coville) ♃ ∧ V bis VI, N-Am.: Br. Kol. bis Alb., südl. bis Kalif. u. Utah
4. **scilloídes** (Raf.) Cory (*C. fráseri* Torr., *C. esculénta* (Ker-Gawl.) Coville non (Nutt.) Lindl.) ♃ ∧ IV–V, N-Am.: SW-Penns. bis Ont., Iowa u. Kans., südl. bis Alab. u. Tex.

Camelína Crantz - f. - *Cruciferae*
Leindotter

1. **satíva** (L.) Crantz (*Mýagrum satívum* L.) ⊙ VI–VII ⓝ, Eur. bis M-As., N-Afr.

Caméllia L. - f. - *Theáceae*

1. **cuspidáta** (Kochs) Veitch ♃ i ⓚ III bis IV, China
2. **hongkongénsis** Seem. ♄ i ⓚ I–II, Hongk.
3. **japónica** L. - Kamelie ♄–♄ i ⓚ I–IV ⓝ, Jap., Korea, Taiw., Riukiu-Ins.
4. **maliflóra** Lindl. ♄–♄ i I–III, China
5. **oleífera** Abel ♄ i ⓚ X–XII ⓝ, China: Szech., Hunan, Kiangsi
6. **reticuláta** Lindl. ♄ i ⓚ II–III, China
7. **salicifólia** Champ. ex Benth. ♄ i ⓚ XI bis II, China, Taiw.
8. **saluenénsis** Stapf ex Bean ♄ i ⓚ IX bis III, Jünn.
9. **sasánqua** Thunb. ex Murr. ♄ i D ⓚ XI bis III ⓝ, Jap., Riukiu-Ins., Vietn., Laos, China
10. **sinénsis** (L.) O. Kuntze (*Théa sinénsis* L., *T. víridis* L., *T. bóhea* L., *C. théa* Link, *C. theífera* Griff.) - Teestrauch ♄ - ♄ i ⓚ ⓝ, China, Ass., Burma
- *théa:* 10
- *theífera:* 10

Campánula L. - f. - *Campanuláceae*
Glockenblume

- *abietína:* 32
1. **alliariifólia** Willd. ♃ VI–VII, Kauk., Anat.
- *alliónii:* 2
2. **alpéstris** All. (*C. alliónii* Vill.) ♃ △ VI–VII, SW-Alp.
3. **alpína** Jacq. ⊙–♃ △ VII–VIII, O-Alp., Karp., Gebg. Balk.
- *argunénsis:* 5
4. **arvática** Lag. ♃ ⓐ VII, NW-Span.
5. **aūcheri** A. DC. (*C. argunénsis* Rupr.) ♃ △ VI, Arm. bis Iran
6. **barbáta** L. ⊙–♃ △ VI–VII, S-Norw., Alp., O-Sudet., Span.
7. **bellidifólia** Adams ♃ △ V–VI, Kauk.
8. **bononiénsis** L. ♃ VII–IX, SO-Frankr., M- u. O-Eur., südl. bis Alban., W-Sib., Iran, Kauk.
- *canariénsis: Canarína* 1
- *capénsis: Wahlenbérgia* 1

9. **carpática** Jacq.
var. **carpática** ♃ △ VI–VII, Karp.
var. **turbináta** (Schott, Nym. et Kotschy) Nichols. (*C. turbináta* Schott, Nym. et Kotschy) ♃ △ V–VI, Karp.
10. **cenísia** L. ♃ △ VII–VIII, Alp.
11. **cespitósa** Scop. ♃ △ VII–IX, O-Alp., NW-Jugosl.
12. **cochleariifólia** Lam. (*C. pusílla* Haenke) ♃ △ VI–VII, Eur. Gebg.
13. **collína** M.B. ♃ △ VI–VII, Kauk., Anat.
14. **elatínes** L. ♃ △ ∧ VI–VII, Piem.
- *elatínes* var. *fenestrelláta:* 16
- *elatínes* var. *gargánica:* 18
15. **excísa** Schleich. ex Murith ♃ ⤳ △ (besser Ⓐ) VI–VII, SW- u. südl. M-Alp.
16. **fenestrelláta** Feer (*C. elatínes* var. *fenestrelláta* (Feer) Fiori, *C. gargánica* ssp. *fenestrelláta* (Feer) Hayek) ♃ △ ∧ VI–VII, W-Jugosl., O-Alban.
17. **frágilis** Cyr. ♃ Ⓚ ⁑ VI–VII, M- u. S-Ital.
18. **gargánica** Ten. (*C. elatínes* L. var. *gargánica* (Ten.) Fiori) ♃ △ ∧ VI bis VIII, SO-Ital.: Monte Gargano; W-Griech.
- *gargánica* ssp. *fenestrelláta:* 16
19. **glomeráta** L. ♃ VI–VIII, Eur., Kauk., Iran, SW- u. M-As.
- *graminifólia: Edraiánthus* 3
- *grandiflóra: Platycódon* 1
- *grándis:* 33
- *hederácea: Wahlenbérgia* 2
20. **isophýlla** Moretti ♃ ⁑ Ⓚ VII–IX, Ligur. Alp.
'Mayi' (var. *mayi* hort.)
- *isophýlla* var. *mayi:* 20
- *jacquínii: Trachélium* 3
21. **kolenatiána** C.A. Mey. ex Rupr. ⊙ – ♃ △ VI–VII, Kauk.
22. **laciniáta** L. ♃ Ⓚ VI, Kreta, S-Griech.
23. **lactiflóra** M.B. ♃ VI–VII, Kauk., W-As., in der Tschechosl. u. Schottl. eingebürg.
24. **lanáta** Friv. ⊙ △ VI–VII, W- u. M-Bulg., SO-Jugosl.
25. **latifólia** L. (*C. macrántha* Fisch.) ♃ VI–VII ▽, Eur., W-Sib., Kauk., Anat., Iran
- *latíloba:* 33
- *liliifólia: Adenóphora* 4
26. **longistýla** Fomin ⊙ VI–VII, Kauk.
- *macrántha:* 25
27. **macrostýla** Boiss. et Heldr. ⊙ VII, M- u. S-Anat.
28. **médium** L. - Marienglockenblume ⊙ ✂ VI–VII, N- u. M-Ital., SO-Frankr., in Span., Engl., Deutschl., Österr., Ung. u. Rum. eingebürg.
- *michauxioídes: Asyneuma* 2
29. **moesíaca** Velen. ⊙ VI–VII, M- u. NW-Balk.
30. **mirábilis** Alboff ⊙ VI–VII, W-Kauk.
- *nóbilis:* 38
31. **orphanídea** Boiss. ⊙ △ ∧ VI–VII, S-Bulg., NO-Griech.
32. **pátula** L.
ssp. **abietína** (Griseb.) Simonkai (*C. abietína* Griseb.) ♃ △ VI–VIII, O- u. S-Karp., N-Balk.
ssp. **pátula** ⊙ V–VIII, Euras.
- *péndula: Symphyándra* 2
- *pentagónia: Legousia* 1
33. **persicifólia** L.
ssp. **sessiliflóra** (K. Koch) Velen. (*C. latíloba* A. DC., *C. grándis* Fisch. et C.A. Mey., *C. sessiliflóra* K. Koch) ♃ ✂ VI–VII, Balk.
34. **portenschlagiána** Schult. ♃ △ VI bis VIII, Dalm.
35. **poscharskyána** Degen ♃ △ VI–IX, S-Dalm.
36. **primulifólia** Brot. ♃ VI–VII, Port., SW-Span.
37. **púlla** L. ♃ △ VII–VIII, NO-Alp.
38. **punctáta** Lam. (*C. nóbilis* Lindl.) ♃ △ VI–VII, Jap., NW-China, Korea, O-Sib.
- *pusílla:* 12
39. **pyramidális** L. ♃ Ⓚ – ▭ VI–VIII, N-Ital., NW-Balk.
40. **raddeána** Trautv. ♃ △ VI–VII, Kauk.
41. **rapunculoídes** L. ♃ VI–IX, Eur., Kauk., M-As., W-Sib., Kl. As., eingebürg. im östl. N-Am.
42. **rapúnculus** L. - Rapunzel ⊙ V–VI Ⓝ, Eur., N-Afr., Sib., SW-As.
43. **rhomboidális** L. ♃ VI–VII, SW- u. M-Alp., Jura, in Belg., Holl., Deutschl. u. der Tschechosl. eingebürg.
44. **rotundifólia** L. ♃ V–X, Eur., Med., Sib., N-Am.: Labr. bis Alaska, südl.

bis N. Jers., Nebr., Tex. u. Kalif.; Mex.

45. **rupéstris** Sibth. et Sm. ⊙ ⓚ VI–VII, Südl. M-Griech.
46. **sarmática** Ker-Gawl. ♃ VI–VII, Kauk.
47. **saxífraga** M.B. ♃ △ VI–VII, Kauk.
- *serpyllifólia: Edraiánthus* 6
- *sessiliflóra:* 33
48. **sibírica** L. ⊙ VI–VIII, NO-Deutschl. bis NW-Rußl., südl. bis M-Ital., S-Bulg., Krim, W-Sib.
49. **speciósa** Pourr. ♃ ⓐ VI–VII, M- u. O-Pyren., Cevenn.
- *spéculum-véneris: Legoūsia* 2
50. **spicáta** L., ⊙ △ VI–VII, Alp., südl. bis M-Ital. u. Monten.
51. × **stansfiëldii** hort. (*? C. carpática × C. waldsteiniána*) ♃ △ VII–VIII
52. **thyrsoídes** L. ⊙ △ VII–VIII ▽, Jura, Alp., Gebg. Balk.
53. **tommasiniána** W.D.J. Koch ♃ △ VI bis VII, NW-Jugosl.: Istrien
54. **trachélium** L. ♃ VII–VIII, Eur., N-Afr., Syr., Iran, Sib., in N-Am. eingebürg.
55. **tridentáta** Schreb. ♃ △ IV–V, Kauk., Anat.
- *turbináta:* 9
56. × **vanhoūttei** Carr. (*? C. latifólia × C. punctáta*) ♃ VI–VII
57. **versícolor** Andr. ♃ VII–IX, Balk., SO-Ital.
- *vidálii: Azorína* 1
58. **waldsteiniána** Schult. ♃ △ VI–VII, Kroat.
59. × **wóckei** Sünderm. (*C. tommasiniána × C. waldsteiniána*) ♃ △ VII
60. **zoýsii** Wulf. ♃ △ VII–VIII, SO-Alp.

Cámpe barbaréa: Barbaréa 2

Campélia L.C. Rich. - f. - *Commelináceae*
1. **zanónia** (L.) H.B.K. ♃ ⓚ, Westind., Mex. bis Bras. u. Bol.

Campomanésia Ruiz et Pav. - f. - *Myrtáceae*
1. **lineatifólia** Ruiz et Pav. ♄ ⓦ Ⓝ, Bol. bis Kol., NW-Bras.

Campsídium Seem. - n. - *Bignoniáceae*
- *chilénse:* 2
1. **filicifólium** Van Geert ♄ ≷ i ⓚ, Fidschi-Ins.
2. **valdiviánum** Seem. (*C. chilénse* Reiss. et Seem.) ♄ ≷ i ⓚ, Chile

Cámpsis Lour. - f. - *Bignoniáceae* Trompetenblume
- *chinénsis:* 1
1. **grandiflóra** (Thunb.) K. Schum. (*C. chinénsis* (Lam.) K. Koch, *Tecóma grandiflóra* (Thunb.) Loisel., *Bignónia chinénsis* Lam., *B. grandiflóra* Thunb.) ♄ ≷ ⓚ VIII–IX, China
- × *hýbrida:* 3
2. **radícans** (L.) Seem. ex Bur. (*Bignónia radícans* L., *Tecóma radícans* (L.) Juss.) ♄ ≷ VII–IX, USA: N. Jers. bis Iowa, südl. bis Flor. u. Tex., eingebürg. nördl. bis Conn. u. Mich.
3. × **tagliabuána** (Vis.) Rehd. (*C. grandiflóra × C. radícans; C. × hýbrida* (Dipp.) Zab.) ♄ ∧ VII–VIII

Camptosórus Link - m. - *Aspleniáceae*
1. **rhizophýllus** (L.) Link (*Scolopéndrium rhizophýllum* (L.) Hook.) - Wanderndes Blatt ♃ ⓐ - ∧, N-Am.: Queb. bis Minn., südl. bis Georg. u. Okla.

Camptothéca Decne. - f. - *Nyssáceae*
1. **acumináta** Decne. ♄ ⓚ, China, Tib.

Campylótropis Bunge - f. - *Leguminósae*
1. **macrocárpa** (Bunge) Rehd. (*Lespedéza macrocárpa* Bunge) ♄ VIII–IX, N- u. M-China

Canánga (DC.) Hook. f. et Thoms. - f. - *Annonáceae*
1. **odoráta** (Lam.) Hook. f. et Thoms. - Ylang-Ylangpflanze ♄ ⓦ Ⓝ, Mal. Arch., Phil., Pazif. Ins., N-Austral.

Canarína L. - f. - *Campanuláceae*
1. **canariénsis** (L.) Vatke (*Campánula canariénsis* L., *Canarína campanuláta* L., *C. campánula* Lam.) ♃ ≷ ⓚ XI–III, Kanar.

Canárium L. - n. - *Burseráceae*
1. **álbum** (Lour.) Raeusch. - Chinesische Weiße Olive ♄ ⓦ Ⓝ, Annam, Tongk., S-China
- *commúne:* 2
- *edúle: Dacryódes* 1
2. **índicum** L. (*C. commúne* L.) ♄ ⓦ Ⓝ, Moluk., N. Guin., Salom., Neue Hebriden
3. **pímela** C. König - Chinesische Schwarze Olive ♄ ⓦ Ⓝ, Hongk., Tongk., Annam, Kamb., Laos, S-China, Hain.

4. **stríctum** Roxb. ♄ ⌂W Ⓝ, Ind., Oberburma

Canavália DC. - f. - *Leguminósae*
1. **ensifórmis** (L.) DC. - Jackbohne, Schwertbohne ♃ § ⌂W Ⓝ, Trop. Am.
2. **gladiáta** (Jacq.) DC. - Schwertbohne ♃ § Ⓝ, Altwelt. Trop.
3. **polystáchya** (Forssk.) Schweinf. ♃ § ⌂W Ⓝ, SW-China, Ind., Arab., Madag., Abess., Somalia

Canélla P. Br. - f. - *Canelláceae*
1. **winterána** (L.) Gaertn. (*C. álba* Murr.) ♄ i D ⌂W Ⓝ, Westind., S-Flor.

CaníStrum E. Morr. - n. - *Bromeliáceae*
- *amazónicum: Wittróckia* 1
1. **aurantíacum** E. Morr. ♃ i ⌂W, Bras.
- *ebúrneum:* 3
2. **fosteriánum** L. B. Sm. ♃ i ⌂W, Bras.
3. **lindénii** (Regel) Mez (*Nidulárium lindénii* Regel, *C. ebúrneum* E. Morr.)
   var. **róseum** (E. Morr.) L. B. Sm. (*C. róseum* E. Morr.) ♃ i ⌂W, Bras.
- *róseum:* 3

Cánna L. - f. - *Cannáceae*
Blumenrohr
1. **edúlis** Ker-Gawl. ♃ ⌂K Ⓝ, Westind., Venez., Bras. bis Arg.
2. **fláccida** Salisb. ♃ ∿ ⌂K-⌂W, USA: S-Carol. bis Flor.
- × *generális:* 5
3. **glaúca** L. ♃ ⌂K VI-IX, Westind., S.-Am.
4. **índica** L. ♃ ⌂K Ⓝ VII-IX, Westind., M- u. S-Am., in den südl. USA u. den altweltl. Trop. eingebürg.
5. **-Indica-Hybriden** (*C.* × *generális* L. H. Bailey) ♃ ⌂K VI-X (Hierunter faßt man alle Sorten der Garten-Canna zusammen)
6. **iridiflóra** Ruiz et Pav. ♃ ⌂K VI-IX, Peru

Cánnabis L. - f. - *Moráceae*
Hanf
1. **satíva** L.
   ssp. **índica** (Lam.) E. Small et Cronq. (*C. índica* Lam.) ⊙ Ⓝ, SO-Rußl., Iran, Afgh., NW-Ind.
   ssp. **satíva** - Hanf ⊙ Ⓝ, Nur in Kult. bek., häufig eingebürg., u. a. in Teilen von Eur. u. N-Am.
   'Gigantea' (var. *chinénsis* (Del.) A. DC., *C. gigantéa* Del. ex Vilm.) - Riesenhanf ⊙

Cántua J. Juss. ex Lam. - f. - *Polemoniáceae*
- *breviflóra: Gília* 3
1. **buxifólia** J. Juss. ex Lam. ♄ i ⌂K IV, Peru, Bol., Chile

Cápparis L. - f. - *Capparáceae*
Kapernstrauch
1. **spinósa** L. - Echter Kapernstrauch ♄ ⌂K Ⓝ, Port., Med. u. Sahara bis Kauk., Arm., Iran, Turkest., W-Tib., W-Him., W-Vorderind.

Capsélla Medik. - f. - *Crucíferae*
Hirtentäschel
1. **búrsa-pastóris** (L.) Medik. - Hirtentäschel ⊙ III-X Ⓝ, Gem. Zonen Euras., Med., N-Afr., Kanar., fast weltweit eingebürg.

Cápsicum L. - n. - *Solanáceae*
Spanischer Pfeffer, Paprika
1. **ánnuum** L. - Spanischer Pfeffer, Paprika ⊙ - ♄ Ⓝ Off., Wahrscheinl. aus Mex., heute überall angebaut (Nach Mansfeld gehören hierzu fast alle derzeit in Nordamerika und Europa angebauten *Cápsicum*-Sorten)
2. **baccátum** L.
   var. **baccátum** ⊙-♄ Ⓝ, Bol. bis M-Peru, N-Arg., W-Parag., S-Bras.
   var. **péndulum** (Willd.) Eshbaugh (*C. péndulum* Willd.) ⊙ - ♄ Ⓝ, S-Am., bes. Bol., Peru
3. **chinénse** Jacq. ⊙ - ♄ Ⓝ, Wahrscheinl. W-Amaz., nur kult. bek.
4. **frutéscens** L. - Cayennepfeffer, Chillies ⊙-♄ Ⓝ Off., Trop. Am., in vielen Länd. angeb.
- *péndulum:* 2

Caragána Fabr. - f. - *Leguminósae*
Erbsenstrauch
1. **arboréscens** Lam. - Erbsenstrauch ♄ V ☠ Ⓝ, Sib., Mandsch., in Frankr. eingebürg.
2. **aurantíaca** Koehne ♄ V-VI, Sib. bis Afgh. u. Turkest.
3. **decórticans** Hemsl. ♄ VI, Afgh.
- *frutéscens:* 4
4. **frútex** (L.) K. Koch (*C. frutéscens* (L.) Medik.) ♄ V, O-Bulg. bis M- u. S-Rußl., Kasach., Turkest. u. Sib.
5. **jubáta** (Pall.) Poir. ♄ IV-V, O-Sib. bis W-China u. Turkest.
6. **maximowicziána** Kom. ♄ V-VI, W-

China
7. **microphýlla** Lam. ♄ V–VI, Sib., N-China
8. **pygmaéa** (L.) DC. ♄ △ V–VI, Sib., NW-China
9. **sínica** (Buc'hoz) Rehd. ♄ V–VI, N-China
10. **spinósa** (L.) DC. ♄ V–VI, Sib.

Carallúma R. Br. - f. - *Asclepiadáceae*
Fliegenblume
- *atrosanguínea: Huerniópsis* 1
- *brównii:* 4
1. **burchárdii** N. E. Br. ♃ ⓚ ▽, Kanar., S-Marok.
- *cómpta: Piaránthus* 1
- *crássa: Whíte-Sloánea* 1
2. **europaéa** (Guss.) N. E. Br. (*Stapélia europaéa* Guss.) ♃ ⓚ ▽, SO-Span., Lamped., Linosa, N-Afr., Paläst.
- *grándidens:* 5
- *leendértziae:* 7
3. **lugárdii** N. E. Br. ♃ ⓚ, Kap, Botsw., Namib.
4. **lútea** N. E. Br.
ssp. **lútea** (*C. vansónii* Bremek. et Oberm.) ♃ ⓚ, Zimb., Transv., Nat., Kap
ssp. **vága** (N. E. Br.) Leach (*C. brównii* Dint. et Berger, *C. nebrównii* Berger, *C. pseudonebrównii* Dint.) ♃ ⓚ, Namib., Angola, Kap
5. **maculáta** N. E. Br. (*C. grándidens* Verdoorn) ♃ ⓚ, Botsw.: N-Kalahari
6. **mammilláris** (L.) N. E. Br. (*Stapélia mammilláris* L.) ♃ ⓚ, Kap
7. **melanántha** (Schlechter) N. E. Br. (*C. leendértziae* N. E. Br., *Stapélia melanántha* Schlechter) ♃ ⓚ, Transv., Zimb.
8. **moniliformis** Bally ♃ ⓚ, Somalia
- *nebrównii:* 4
- *pseudonebrównii:* 4
- *vansónii:* 4

Carápa Aubl. - f. - *Meliáceae*
1. **guianénsis** Aubl. - „Andiroba" ♄ i ⓦ Ⓝ, Belize bis Ek., Guay. u. Bras., Trin., Tobago
2. **procéra** DC. - „African crabwood" ♄ i ⓦ Ⓝ, Trop. Afr.

Cardámine L. - f. - *Crucíferae*
Schaumkraut
- *bulbífera: Dentária* 1
- *digitáta: Dentária* 4
- *enneaphýllos: Dentária* 2
- *heptaphýlla: Dentária* 3
- *pentaphýllos: Dentária* 4
- *pinnáta: Dentária* 3
1. **praténsis** L. - Wiesenschaumkraut ♃ III–V, Eur., nördl. M-As., N-Am.: Grönl., Labr. bis Alaska, südl. bis N. Jers. u. Minn.
2. **trifólia** L. ♃ △ V–VI, Jura, Alp. u. Vorland bis Karp., südl. bis M-Ital. u. M-Jugosl.

Cardiócrinum (Endl.) Lindl. - n. - *Liliáceae*
1. **cathayánum** (Wils.) Stearn (*Lílium cathayánum* Wils.) ♃, O-, M-China
2. **cordátum** (Thunb.) Mak. (*Lílium cordátum* Thunb.) ♃ VIII, S-Jap., China, S-Sachal.
3. **gigantéum** (Wall.) Mak. (*Lílium gigantéum* Wall.) - Riesenlilie ♃ VII bis VIII, Him., NW-Burma, SO-Tib.

Cardiospérmum L. - n. - *Sapindáceae*
1. **halicácabum** L. - Ballonpflanze, Herzsame ⊙–⊙ ≹ ⁂, Berm., USA: Flor. bis Tex.; trop. Am., in vielen Teilen der Welt eingebürg.

Carduncéllus Adans. - m. - *Compósitae*
1. **rhaponticoídes** Coss. et Durieu ex Pomel ♃ ∧ V–VI, Atlas

Cárduus L. - m. - *Compósitae*
Distel
- *altíssimus: Círsium* 2
- *benedíctus: Cnícus* 1
1. **deflorátus** L. ♃ VI–VIII, Gebg. M-Eur., südl. bis Pyren., N-Apenn., S-Karp. u. Balk.
- *erióphorus: Círsium* 4
2. **kérneri** Simonkai ♃ VII–VIII, SO-Karp., M- u. NO-Balk.
- *móllis: Jurínea* 1
3. **nútans** L. ⊙ Ⓝ VII–VIII, W-, M- u. S-Eur., Sib., Kl. As., Kauk., N-Afr.

Cárex L. - f. - *Cyperáceae*
Segge
1. **acutifórmis** Ehrh. ♃ ~ V–VI, Eur., Med., N- u. S-Afr., W-, M-As., Him.
2. **álba** Scop. ♃ IV, M-Eur., bis NO-Span., Pyren. u. S-Karp., Kauk., Sib., bis Amur u. Ussuri, Mandsch.
3. **arenária** L. ♃ V–VI Ⓝ, Küsten W-, M- u. südl. N-Eur., auch Binnenland, von Frankr. bis Pol. u. Lit., in Maryl. u. Virg. eingebürg.

4. **báccans** Nees ♃ ⌂K &, Ind.
5. **baldénsis** L. ♃ △ VII ▽, O-Alp.
6. **brúnnea** Thunb., S-As., Mal. Arch., Maskar., Austral.
'Variegata' (*C. elegantíssima* hort.) ♃ ⊍ ⌂W-⌂K
7. **buchanánii** Berggr. ♃ △, Neuseel.
8. **caryophýllea** Latour. (inkl. *C. ruthénica* Krecz., *C. scabricúspis* Krecz.) ♃ III-IV, Eur., Kauk., Arm., Iran, M-Sib., M-As., eingebürg. in den östl. USA: Maine bis Distr. of Col.
9. **cómans** Berggr. ♃ ∧, Neuseel.
10. **cónica** Boott ♃ IV-VI, Jap.
11. **cúrvula** All. ♃ △ VII-VIII, Pyren., Alp., Karp., Balk.
12. **digitáta** L. ♃, Eur., Kauk., N-Iran, N-Korea, Mandsch., N-Jap.
13. **eláta** All. (*C. hudsónii* A.W. Benn.) ♃ ≈ V, Eur., Kauk., Tunes.
- *elegantíssima:* 6
14. **ericetórum** Poll. ♃ ≈ IV-V, Eur., Kauk., N-, M-As.
15. **fírma** Host ♃ △ VI-VIII, Alp., N-Karp., Tatra, Apenn.
16. **fláva** L. ♃ ≈ VI-VII, Eur., Med., NW-Afr., Kaschm., N-Am.: südl. bis N. Jers., Ohio, Wisc. u. Br. Kol.
17. **fráseri** Andr. (*Cymophýllus fráseri* (Andr.) Mackenz.) ♃ V-VII, USA: Penns. u. W-Virg., südl. bis S-Carol. u. Tenn.
18. **grayi** Carey ♃ ≈ VI, N-Am.: Queb. bis Iowa, südl. bis Georg., Miss. u. Ark.
19. **hachijoénsis** Akiyama ♃, Jap.
- *hudsónii:* 13
20. **húmilis** Leyss. ♃ III-IV, Eur. (außer N), Kauk., Sib., Mandsch. Korea, Jap.
- *japónica:* 22
- *máxima:* 25
21. **montána** L. ♃ △ IV-V, Eur., Kauk., Ural, W-Sib., O-As.
22. **morrówii** Boott (*C. japónica* hort. non Thunb.) ♃ i, Jap.
23. **muskinguménsis** Schweinitz ♃, N-Am.: Ont. bis Manit., südl. bis Kent., Missouri u. Kans.
24. **ornithópoda** Willd. ♃ △ IV-VI, Eur.
25. **péndula** Huds. (*C. máxima* Scop.) ♃ i ≈ VI, Eur. bis Kl. As., Kauk., M-As., Syr., Zyp., N-Afr., Mad.
26. **petríei** Cheesem. ♃ ∧ VII-X, Neuseel.
27. **plantagínea** Lam. ♃ i V-VI, N-Am.: N. Brunsw. bis Manit, südl. bis Penns., Tenn., Alab., Wisc. u. Minn.
28. **pseudocypérus** L. ♃ ≈ VI, Eur., Sib., Kauk., Jap., Neuseel., Med., N-Afr., Mad., N-Am.: Neufundl. bis Sask., südl. bis N. Jers. u. N-Dak.
29. **ripária** Curt. ♃ ≈ V-VI, Eur. bis M-Sib. u. Mongol., Med., NW-Afr., Kl. As., Kauk.
- *ruthénica:* 8
- *scabricúspis:* 8
30. **scapósa** C.B. Clarke ♃ ⌂W IX-XI, S-China, Indoch.
31. **sempérvirens** Vill. ♃ VI-VIII, Gebg. N-Span., Pyren., Alp., Jura, Apenn., N-Balk., Karp.
32. **siderostícta** Hance ♃ IV-V, O-China, Mandsch.
33. **sylvática** Huds. ♃ i VI, Eur., Kl. As. bis Kauk. u. N-Iran, Sib., Liban., NW-Afr., in Long Isl. eingebürg.
34. **umbrósa** Host ♃ V, M- u. O-Eur., bis Frankr. u. Pyren., N-Ital., N-Balk., Kauk., Transkauk., Kl. As.
35. **vulpína** L. ♃ ≈ V-VI, Eur., Kl. As., Zyp., Kauk., Kasach., Sib., M-As., N-Afr., Mad., Kanar.

Cárica L. - f. - *Caricáceae*
Melonenbaum
- *candamarcénsis:* 3
- × *heilbórnii* var. *pentagóna:* 2
1. **papaya** L. - Melonenbaum ♄ i ⌂W Ⓝ, Trop. Am., aber Heimat unbek.; eingebürg. in S-Flor., Westind., Mex., M-Am., S-Am., den altweltl. Trop.
2. **pentagóna** Heilborn (*C.* × *heilbórnii* V. Badillo var. *pentagóna* (Heilborn) V. Badillo) - „Babaco" ♄ ⌂W Ⓝ, Wahrsch. Andenstaaten des nördl. S-Am.
3. **pubéscens** (A. DC.) Solms (*C. candamarcénsis* hort. ex Hook. f.) ♄ i ⌂W Ⓝ, And. Ek., Kol. u. Chiles, Pan.

Caríssa L. - f. - *Apocynáceae*
Wachsbaum
- *acokanthéra: Acokanthéra* 2
- *arduína:* 1
1. **bispinósa** (L.) Desf. ex Brenan (*C. arduína* Lam.) ♄ i ⌂K, S-Afr.

2. **edúlis** Vahl ♄ Ⓦ, Trop. Afr., Arab.
- *grandiflóra:* 3
3. **macrocárpa** (Eckl.) A. DC. (*C. grandiflóra* (E. Mey.) A. DC.) ♄ i Ⓚ Ⓝ, Östl. S-Afr.
- *schímperi: Acokanthéra* 3
- *spectábilis: Acokanthéra* 1

Carlína L. - f. - *Compósitae*
Eberwurz
1. **acanthifólia** All. (*C. útzka* Hacq.) ♃ △ ∧ VIII–IX, S-, O- u. südl. M-Eur., Frankr.
2. **acaúlis** L. - Eberwurz, Silberdistel, Südl. M- u. S-Eur., westl. bis M-Frankr., östl. bis Weißrußl., südl. bis M-Span. u. N-Griech.
ssp. **acaúlis** ♃ △ VII–IX ▽
ssp. **símplex** (Waldst. et Kit.) Nym. (var. *cauléscens* (Lam.) Gaud., var. *alpína* (Jacq.) Beck) ♃ △ VII–IX ▽
- *acaúlis* var. *alpína:* 2
- *acaúlis* var. *cauléscens:* 2
- *útzka:* 1
3. **vulgáris** L. - Golddistel, Eberwurz ⊙ bis ♃ VII–IX Ⓝ, Eur., Sib., Kauk.

Carludovíca Ruiz et Pav. - f. - *Cyclantháceae*
- *atróvirens: Dicranopýgium* 1
1. **húmilis** Poepp. et Endl. Ⓦ, Kol.
2. **latifólia** Ruiz et Pav. Ⓦ, Westind.
3. **moritziána** Klotzsch Ⓚ, Kol.
4. **palmáta** Ruiz et Pav. - Panamapalme Ⓦ Ⓝ, N-Am. bis Bol. u. W-Bras.
5. **plicáta** Klotzsch Ⓦ, Kol., Bras.

Carmichaélia R. Br. ex Lindl. - f. - *Leguminósae*
1. **arbórea** (G. Forst.) Druce (*C. austrális* auct. non R. Br. ex Lindl.) ♄ Ⓚ VI–VII, Neuseel.
- *austrális:* 1
2. **enýsii** Kirk ♄ Ⓚ VI–VIII, Neuseel.
3. **flagellifórmis** Col. ex Hook. f. ♃ Ⓚ VI, Neuseel.
4. **williámsii** Kirk ♄ Ⓦ III–IV, Neuseel.

Cármona retúsa: Ehrétia 1

Carnegíea Britt. et Rose (einschl. *Neobuxbaúmia* Bckbg. emend. Daws. et Buxb.) - f. - *Cactáceae*
1. **euphorbioídes** (Haw.) Bckbg. (*Neobuxbaúmia euphorbioídes* (Haw.) Buxb.) ♄ Ⓚ ∗, Mex.
2. **gigantéa** (Engelm.) Britt. et Rose (*Céreus gigantéus* Engelm.) - Saguaro, Riesenkaktus ♄ Ⓚ Ⓝ ∗, USA: Ariz., SO-Kalif.; Mex.
3. **polýlopha** (DC.) D.R. Hunt (*Neobuxbaúmia polýlopha* (DC.) Bckbg.) ♄ Ⓚ ∗, M-Mex.

Carolínea insígnis: Pachíra 2
- *macrocárpa: Pachíra* 1

Carpánthea N. E. Br. - f. - *Aizoáceae*
1. **pomeridiána** (L.) N. E. Br. (*Mesembryánthemum pomeridiánum* L.) ⊙ VI–IX, Kap

Carpentéria Torr. - f. - *Saxifragáceae*
1. **califórnica** Torr. ♄ i Ⓚ VI–VII, Kalif.

Cárpinus L. - f. - *Betuláceae*
Weißbuche, Hainbuche
1. **bétulus** L. - Hain- oder Weißbuche ♄ ♣ VI Ⓝ, Eur., von SO-Engl. bis S-Rußl., Kl. As., Kauk., N-Iran
2. **caroliniána** Walt. ♄ ♣ Ⓝ, N-Am.: Neuengl. u. Queb. bis Minn., südl. bis Flor. u. Tex.; auch Mex. bis Guat. u. Belize
3. **cordáta** Bl. ♄ ♣, Jap., Korea, N- u. W-China
4. **orientális** Mill. ♄ ♣, SO-Eur.
5. **tschonóskii** Maxim. (*C. yedoénsis* Maxim.) ♄ ♣, Jap., Korea, N-China
- *yedoénsis:* 5

Carpobrótus N. E. Br. - m. - *Aizoáceae*
1. **acinacifórmis** (L.) L. Bol. (*Mesembryánthemum acinacifórme* L.) ♃ Ⓚ VII–XI, Kap, Nat., an den Küsten S- u. SW-Eur. sowie N-Afr. eingebürg., auch in Austral. u. Tasm.
2. **edúlis** (L.) N. E. Br. (*Mesembryánthemum edúle* L.) ♃ Ⓚ Ⓝ, Kap, an den Küsten S- u. W-Eur. sowie N-Afr. eingebürg.
3. **muíri** (L. Bol.) L. Bol. (*Mesembryánthemum muíri* L. Bol.) ♃ Ⓚ, Kap

Carpogýmnia: Currània
- *dryópteris: Currània* 1
- *robertiána: Currània* 2

Carruánthus (Schwant.) Schwant. ex N. E. Br. - m. - *Aizoáceae*
- *canínus:* 2
1. **peérsii** L. Bol. (*Tischléria peérsii* (L. Bol.) Schwant.) ♃ Ⓚ, Kap
2. **ríngens** (L.) Boom (*C. canínus* (Haw.) Schwant.) ♃ Ⓚ, Kap

Cárthamus L. - m. - *Compósitae*

1. **tinctórius** L. - Saflor, Färberdistel ⊙ ♀ VII ⓝ, Vord. As., in M- u. S-Eur. eingebürg.

Cárum L. - n. - *Umbellíferae*
Kümmel
1. **cárvi** L. - Kümmel ⊙ V-VI ⓝ Off., Eur., Sib., Kauk., Vord. As., Him., Mongol., Marok., in N-Am. eingebürg.
- *cópticum: Trachyspérmum* 1

Cárya Nutt. - f. - *Juglandáceae*
Hickorynuß
- *álba:* 6, 7
- *amára:* 1
1. **cordifórmis** (Wangenh.) K. Koch (*C. amára* (Michx. f.) Nutt.) - Bitternuß ♄ ⓝ, N-Am.: Queb. bis Ont., Minn. u. Nebr., südl. bis Flor. u. Tex.
2. **glábra** (Mill.) Sweet (*C. porcína* (Michx. f.) Nutt., *Júglans glábra* Mill.) - Ferkelnuß ♄ ⓝ, N-Am.: Mass. bis Ont., Ill. u. Iowa, südl. bis Flor., Louis. u. Tex.
3. **illinoinénsis** (Wangenh.) K. Koch (*C. olivifórmis* (Michx.) Nutt., *Hicória pécan* (Marsh.) Britt., *C. pécan* (Marsh.) Engl. et Graebn. non (Walt.) Nutt.) - Pekannußbaum, Pekan ♄ ⓝ, USA: Kent. u. Indiana bis Iowa u. Nebr., südl. bis Alab., Miss., Louis. u. Tex.; Mex.
4. **laciniósa** (Michx. f.) Loud. (*C. sulcáta* Nutt., *C. pubéscens* (Willd.) Sweet) - Königsnuß ♄ ⓝ, N-Am.: N.Y. bis Ont., Iowa u. Nebr., südl. bis N-Carol., Georg., Alab., Miss., Okla. u. Kans.
- *microcárpa:* 5
- *olivifórmis:* 3
5. **ovális** (Wangenh.) Sarg. (*C. microcárpa* Nutt. p.p.) ♄ ⓝ, N-Am.: N. Hampsh. bis Ont., Wisc., Iowa u. Missouri, südl. bis Georg., Alab., Miss. u. Ark.
6. **ováta** (Mill.) K. Koch (*C. álba* (L.) Nutt. ex Elliott) - Schuppenrindenhickory ♄ ⓝ, N-Am.: Maine u. Queb. bis Minn. u. Nebr., südl. bis Georg. u. Tex.; Mex.
- *pécan:* 3
- *porcína:* 2
- *pubéscens:* 4
- *sulcáta:* 4
7. **tomentósa** (Lam. ex Poir.) Nutt. (*C. álba* K. Koch non (L.) Nutt. ex Elliott) ♄ ⓝ, N-Am.: Mass. bis Ont., Iowa u. Nebr., südl. bis Flor. u. Tex.

Caryócar F. Allam. ex L. - n. - *Caryocaráceae*
1. **brasiliénse** Cambess. ♄ ⓦ ⓝ, Bras., angrenz. Bol. u. Parag.
2. **nucíferum** L. - „Savarie" ♄ ⓦ ⓝ, Guay., Venez., Bras.

Caryophýllus aromáticus: Syzýgium 1

Caryópteris Bunge - f. - *Verbenáceae*
Bartblume
1. × **clandonénsis** N.W. Simmonds ex Rehd. (*C. incána* × *C. monghólica*) ♄ ∧ IX
2. **incána** (Thunb. ex Houtt.) Miq. (*C. mastacánthus* Schau., *C. sinénsis* (Lour.) Dipp., *C. tangútica* Maxim.) - Blaubart ♄ ∧ IX-X, Jap., Korea, China, Taiw.
- *mastacánthus:* 2
3. **monghólica** Bunge ♄ ∧ VIII-IX ✱, N-China, Mongol.
- *sinénsis:* 2
- *tangútica:* 2

Caryóta L. - f. - *Pálmae*
Fischschwanzpalme
1. **máxima** Bl. ♄ ⓦ, Java
2. **mítis** Lour. (*C. sobolífera* Wall. ex Mart.) ♄ ⓦ, Burma, Malak., Java, Phil.
- *sobolífera:* 2
3. **úrens** L. - Brennpalme ♄ ⓦ ⓝ, Ind., Ceyl., Malak.

Casimíroa Llave ex Lex. - f. - *Rutáceae*
1. **edúlis** Llave et Lex. - Sapote ♄ ⓦ ⓝ, Mex., Guat.

Cassándra: Chamaedáphne
- *calyculáta: Chamaedáphne* 1

Cássia L. - f. - *Leguminósae*
Kassie, Gewürzrinde
- *acutifólia:* 11
1. **angustifólia** Vahl ♄ ⓦ Off., Vorderind., Arab., O-Afr.
2. **artemisioídes** Gaudich. ex A. DC. ♄ ⓚ, O-Austral.
3. **corymbósa** Lam. (*Sénna corymbósa* (Lam.) H.S. Irwin et Barneby) var. **pluríjuga** Benth. (*C. floribúnda* hort. non Cav.) ♄ ⓚ VII-X, Arg., Urug., S-Bras.
- *cotinifólia: Chamaecrísta* 1

4. **didymobótrya** Fresen. (*C. nairobénsis* hort., *Sénna didymobótrya* (Fresen.) H.S. Irwin et Barneby) ♄ ⌂K, Trop. Afr., in den übrigen Trop. vielfach verwild.
5. **fístula** L. - Röhrenkassie ♄ ⌂W Ⓝ, Ind.
- *floribúnda:* 3
6. **grándis** L. f. ♄ ⌂W Ⓝ, Mex. bis Bras., Westind.
7. **hebecárpa** Fern. (*C. marilándica* hort. non L., *Sénna hebecárpa* (Fern.) H.S. Irwin et Barneby) ♃ ∧ VII–IX, USA: Neuengl. bis Wisc., südl. bis N-Carol. u. Tenn.
8. **itálica** (Mill.) Lam. ex Steud. (*C. obováta* Collad.) ♄ ⌂K Ⓝ, Trop. Afr., Seneg. bis Abess., östl. bis NW-Ind.
9. **laevigáta** Willd. (*Sénna septemtrionális* (Viv.) H.S. Irwin et Barneby) ♄ ⌂K VII–VIII, Trop. Am.
- *marilándica:* 7
- *nairobénsis:* 4
- *obováta:* 8
10. **occidentális** L. (*Sénna occidentális* (L.) H.S. Irwin et Barneby) ⊙ ⌂K IX bis X Ⓝ, Westind., Mex. bis S-Am., in den südöstl. u. mittl. USA sowie in den altweltl. Trop. eingebürg.
11. **sénna** L. (*C. acutifólia* Del., *Sénna alexandrína* Mill.) ♄ ⌂W Off., Alger. bis Sudan: Sennar, Nub., Kordof.
12. **siámea** Lam. (*Sénna siámea* (Lam.) H.S. Irwin et Barneby) - „Djohar" ♄ ⌂W Ⓝ, Ind., Ceyl., Mal. Arch., im trop. Am. eingebürg.
13. **tomentósa** L. f. ♄ ⌂K, Mex., Guat., westl. S-Am.
14. **tóra** L. - Kawal ⊙ VII–IX Ⓝ, Trop., in Am. nördl. bis USA: Penns. bis Mich., Ill., Missouri u. Kans.

Cassíne orientális: Elaeodéndron 1

Cassínia R.Br. 1818, non 1813 - f. - *Compósitae*

1. **fúlvida** Hook. f. ♄ i ⌂K VII–VIII, Neuseel.
2. **vauvilliérsii** (Homb. et Jacquinot ex Decne.) Hook. f. ♄ i ⌂K VII–VIII, Neuseel.

Cassíope D. Don. - f. - *Ericáceae* Schuppenheide

1. **fastigiáta** (Wall.) D. Don ♄ i IV–V, W-Him. bis China
2. **hypnoídes** (L.) D. Don (*Harrimanélla hypnoídes* (L.) Coville) ♄ i △ VI–VII, Arkt. Gebiete N-Eur. u. N-Am., im NO südl. bis Maine u. N. Hampsh.
3. **lycopodioídes** (Pall.) D. Don ♄ i IV, Jap., Kuril., Kamtsch., Alaska
4. **mertensiána** (Bong.) D. Don ♄ i △ IV, N-Am.: Alaska bis Alb., südl. bis Kalif. u. Nev.
5. **tetragóna** (L.) D. Don - Zypressenheide ♄ i △ V, Arkt. Gebiete Eur., Sib., N-Am., südl. bis Oreg. u. Mont.
6. **wárdii** Marq. ♄ i △ V, SO-Tib.

Cassýtha L. - f. - *Lauráceae*

1. **pubéscens** R.Br. ♄ § ⌂K, Austral., auf *Pavónia, Coleonéma álbum, Hibíscus* etc. schmarotzend

Castánea Mill. - f. - *Fagáceae* Kastanie

- *americána:* 2
1. **crenáta** Sieb. et Zucc. (*C. japónica* Bl.) ♄ - ♄ Ⓝ, Jap.
2. **dentáta** (Marsh.) Borkh. (*C. americána* (Michx.) Raf.) ♄ Ⓝ, N-Am.: Maine bis Ont., Mich. u. Minn., südl. bis Georg. u. Miss.
- *japónica:* 1
3. **mollíssima** Bl. ♄ Ⓝ, China, Korea, Taiw.
4. **púmila** (L.) Mill. ♄–♄ Ⓝ, USA: Mass., N. Jers. u. Penns. bis Ark. u. Okla., südl. bis Flor u. Tex.
5. **satíva** Mill. (*C. vésca* Gaertn., *C. vulgáris* Lam.) - Eßkastanie ♄ Ⓝ, S- u. südl. M-Eur., Voges., Kl. As., Kauk., Kasp. Meer, Alger., in W- u. im nördl. M-Eur. eingebürg.
- *vésca:* 5
- *vulgáris:* 5

Castanópsis (D. Don) Spach - f. - *Fagáceae*

- *chrysophýlla: Chrysólepis* 1
1. **hýstrix** Hook. f. et Thoms. ex Miq. ♄ ⌂W Ⓝ, Him., Malak.

Castanospérmum A. Cunn. ex Hook. - n. - *Leguminósae*

1. **austrále** A. Cunn. et Fras. ex Hook. - „Black bean" ♄ i ⌂K, Austral.: Neusüdwal.

Castílla Cerv. (*Castillóa* Endl.) - f. - *Moráceae*

1. **elástica** Cerv. - Panamakautschukbaum ♄ ⌂W Ⓝ, S-Mex. bis nördl. S-Am.

Castillóa: Castílla

Casuarína Adans. - f. - *Casuarináceae* Kasuarine, Känguruhbaum

1. **cunninghamiána** Miq. ♄ ⌂K Ⓝ, Austral.: Queensl., Neusüdwal.
2. **equisetifólia** J.R. et G. Forst. ♄ ⌂K Ⓝ, N-, NO-Austral., Neukaled., trop. SO-As., Maskar., in S-Flor., Berm. u. zahlr. trop. Gebieten eingebürg.
- *quadriválvis:* 3
3. **strícta** Dryand. (*C. quadriválvis* Labill.) ♄ ⌂K Ⓝ, Austral., Tasm.
4. **torulósa** Dryand. ♄ ⌂K Ⓝ, Austral.: Queensl., Neusüdwal.

Catabrósa P. Beauv. - f. - *Gramíneae* Quellgras

1. **aquática** (L.) P. Beauv. ♃ ≈ V–X, Eur., N- u. W-As., N-Afr., N-Am., südl. bis N. Brunsw., Wisc., Nebr. u. Ariz.

Catálpa Scop. - f. - *Bignoniáceae* Trompetenbaum

1. **bignonioídes** Walt. ♄ VI–VII Ⓝ, USA: Georg. u. Flor. bis Louis., eingebürg. von Neuengl. bis Tex.
2. **búngei** C.A. Mey. ♄ VII–VIII Ⓝ, N-China
3. × **erubéscens** Carr. (*C. bignonioídes* × *C. ováta; C.* × *hýbrida* Späth) ♄ VI–VII
4. **fargésii** Bur. (*C. vestíta* Diels) ♄ VII, W-China
- *hényri:* 5
- × *hýbrida:* 3
- *kaémpferi:* 5
5. **ováta** G. Don (*C. kaémpferi* (DC.) Sieb. et Zucc., *C. hényri* Dode) ♄ VII, China, in den nordöstl. USA eingebürg.
6. **speciósa** (Warder ex Barney) Engelm. ♄ VI Ⓝ, USA: Indiana u. Ill. bis Iowa, südl. bis Tenn., Ark. u. Tex., eingebürg. östl. bis Ohio, W-Virg. u. Virg.
- *vestíta:* 4

Catanánche L. - f. - *Compósitae* Rasselblume

1. **caerúlea** L. ♃ VII–IX, SW-Eur., N-Afr.

Catapódium rígidum: Desmazéria 1

Catasétum L.C. Rich. ex Kunth - n. - *Orchidáceae*

1. **atrátum** Lindl. ♃ ⌂W V ✻, Bras.
2. **barbátum** (Lindl.) Lindl. ♃ ⌂W V ✻, Guay., Bras., Peru
- *bungeróthii:* 9
3. **callósum** Lindl. ♃ ⌂W XII ✻, Venez., Kol.
4. **cérnuum** (Lindl.) Rchb. f. ♃ ⌂W V–VI ✻, Bras.
5. **fimbriátum** (C. Morr.) Lindl. et Paxt. ♃ ⌂W V–VI ✻, Trop. S-Am.
6. **integérrimum** Hook. (*C. maculátum* hort. non Kunth) ♃ ⌂W IX–X ✻, Guat.
7. **macrocárpum** L.C. Rich. ex Kunth ♃ ⌂W X–XII ✻, Trin., S-Am.
- *maculátum* hort.: 6
8. **maculátum** Kunth ♃ ⌂W IX ✻, Kol., Ek., Venez.
9. **pileátum** Rchb. f. (*C. bungeróthii* N.E.Br.) ♃ ⌂W X ✻, Trin., Venez., Bras.
10. **platyglóssum** Schlechter ♃ ⌂W ✻, Ek., Kol.
- *russelliánum: Clowésia* 1
11. **saccátum** Lindl. ♃ ⌂W ✻, Guay., Bras., Peru
12. **trúlla** Lindl. ♃ ⌂W IX ✻, Bras.

Cátha Forssk. ex Schreb. - f. - *Celastráceae* Kathstrauch

1. **edúlis** (Vahl) Forssk. ex Endl. (*Celástrus edúlis* Vahl) ♄ i ⌂K Ⓝ, Abess. bis SO-Kap, Jem.

Catharánthus G. Don - m. - *Apocynáceae*

1. **róseus** (L.) G. Don (*Vínca rósea* L., *Lóchnera rósea* (L.) Rchb., *Ammocállis rósea* (L.) Small) ♃ ☠ ⌂W–⌂K Off. III–X, Madag., pantrop. eingebürg.

Cathcártia Hook. f. - f. - *Papaveráceae*

1. **villósa** Hook. f. ex Hook. (*Meconópsis villósa* (Hook. f. ex Hook.) G. Tayl.) ♃ △ ∧ VI, Him.: O-Nepal bis Bhut.

× *Catlaélia:* × *Laeliocattléya*

× *Catlaenítis:* × *Sophrolaeliocattléya*

Catópsis Griseb. - f. - *Bromeliáceae*

1. **berteroniána** (Schult. f.) Mez ⌂W, S-Flor., M-Am. bis O-Bras.
2. **brevifólia** Mez et Wercklé ⌂W, Mex.,

Guat., Costa R.
3. **floribúnda** (Brongn.) L. B. Sm. ⌂, S-Flor., Westind., M-Am. bis Venez.
4. **háhnii** Bak. ⌂, S-Mex., Guat., Hond. bis Nicar.
5. **morreniána** Mez ⌂, S-Mex. bis Costa R.
6. **nútans** (Sw.) Griseb. ⌂, Westind., M-Am. bis nördl. S-Am.
- *penduliflóra: Fosterélla* 1
7. **sessiliflóra** (Ruiz et Pav.) Mez ⌂, S-Mex. bis S-Bras. u. Ek.

Cattlēya Lindl. – f. – *Orchidáceae*
1. **aclándiae** Lindl. ♃ ⌂ VI–VII ∗, Bras.: Bahia
2. **amethystoglóssa** Lind. et Rchb. f. ♃ ⌂ IV–V ∗, Bras.: Bahia bis Minas Gerais
3. **aurantíaca** (Batem. ex Lindl.) P. N. Don ♃ ⌂ VII–VIII ∗, Mex., M-Am.
- *āurea:* 7
4. **bícolor** Lindl. ♃ ⌂ IX–XI ∗, Bras.: Rio de Jan., Minas Gerais
5. **bowringiána** O'Brien ♃ ⌂ X–XI ∗, M-Am.
- *citrína: Encýclia* 5
6. **dormaniána** Rchb. f. ♃ ⌂ I–II ∗, Bras.: Rio de Jan.
7. **dowiána** Batem. (*C. labiáta* var. *dowiána* (Batem.) hort.)
   var. **āurea** (Lind.) B. S. Williams et T. Moore (*C. āurea* Lind.) ♃ ⌂ IX bis X ∗, Kol.
   var. **dowiána** ♃ ⌂ VII–IX ∗, M-Am.
- *elátior:* 12
8. **elongáta** Barb. Rodr. ♃ ⌂ V ∗, Bras.: Bahia, Minas Gerais
9. **forbésii** Lindl. ♃ ⌂ VII–IX ∗, Bras.: Santa Cat. bis Pernamb.
10. **gaskelliána** Rchb. f. ex B. S. Williams (*C. labiáta* var. *gaskelliána* (Rchb. f. ex B. S. Williams) hort. Veitch) ♃ ⌂ VII–IX ∗, Venez., Bras.
- *gígas:* 33
11. **granulósa** Lindl. ♃ ⌂ VIII–IX ∗, Bras.: N-Espirito
12. **guttáta** Lindl. (*C. elátior* Lindl.) ♃ ⌂ X–XI ∗, Bras.
- *harrisóniae:* 16
- *harrisoniána* 16
- *imperiális:* 33
13. **intermédia** Grah. ♃ ⌂ V–VI ∗, Bras.
14. **labiáta** Lindl. (*C. labiáta* var. *autumnális* hort., var. *véra* hort.) ♃ ⌂ X bis XI ∗, NO-Bras.
- *labiáta* var. *autumnális:* 14
- *labiáta* var. *dowiána:* 7
- *labiáta* var. *gaskelliána:* 10
- *labiáta* var. *lueddemanniána:* 17
- *labiáta* var. *mendélii:* 20
- *labiáta* var. *móssiae:* 21
- *labiáta* var. *percivaliána:* 23
- *labiáta* var. *schrōederae:* 26
- *labiáta* var. *trianāei:* 28
- *labiáta* var. *véra:* 14
- *labiáta* var. *wárneri:* 32
- *labiáta* var. *warscewíczii:* 33
15. **lawrenceána** Rchb. f. ♃ ⌂ III–IV ∗, Venez., Guay.: Roraima
16. **loddigésii** Lindl. (*C. violácea* hort. non (H. B. K.) Rolfe nec (Lindl.) Beer, *C. harrisóniae* hort., *C. harrisoniána* Rchb. f.) ♃ ⌂ VIII–IX ∗, Bras., Parag.
17. **lueddemanniána** Rchb. f. (*C. labiáta* var. *lueddemanniána* (Rchb. f.) hort.) ♃ ⌂ VII–IX ∗, Venez.
18. **lutéola** Lindl. ♃ ⌂ XI–XII ∗, Oberer Amaz.: Ek., Peru, Bras., Bol.
19. **máxima** Lindl. ♃ ⌂ X–I ∗, Kol., Ek., Peru
20. **mendélii** (Backh.) Rchb. f. (*C. labiáta* var. *mendélii* (Backh. f.) Rchb. f.) ♃ V–VI ∗, Kol.
21. **móssiae** Parker ex Hook. (*C. labiáta* var. *móssiae* (Parker ex Hook.) Lindl.) ♃ ⌂ V–VI ∗, Venez.
22. **nobílior** Rchb. f. ♃ ⌂ V–VI ∗, SW-Bras.
23. **percivaliána** (Rchb. f.) O'Brien (*C. labiáta* var. *percivaliána* Rchb. f.) ♃ ⌂ I–III ∗, Venez.
24. **rex** O'Brien ♃ ⌂ VII–VIII ∗, Kol., Peru
- *sanderiána:* 33
25. **schilleriána** Rchb. f. ♃ ⌂ VII–IX ∗, Bras.: Bahia
26. **schrōederae** hort. Sander (*C. labiáta* var. *schrōederae* (hort. Sander) hort., *C. trianāei* var. *schrōederae* (hort. Sander) Rchb. f.) ♃ ⌂ III–V ∗, Kol.
27. **skínneri** Batem. ♃ ⌂ III–IV ∗, Mex., M-Am.
28. **trianāei** Lind. et Rchb. f. (*C. labiáta* var. *trianāei* (Lind. et Rchb. f.) Du-

chartre) ♃ ⌂W XII–II ✱, Kol.
- *trianaei* var. *schroederae:* 26
29. **velutína** Rchb. f. ♃ ⌂W V–VII ✱, Bras.: Parahiba-Tal
30. **violácea** (H.B.K.) Rolfe ♃ ⌂W VII–IX ✱, Kol., Venez., Guay., südl. bis Peru u. Bras.
- *violácea* hort.: 16
- *violácea* (Lindl.) Beer: *Sophronitélla* 1
31. **walkeriána** Gardn. ♃ ⌂W II–V ✱, Bras., Bol.
32. **wárneri** T. Moore ex Warner (*C. labiáta* var. *wárneri* (T. Moore ex Warner) Veitch) ♃ ⌂W VI–VII ✱, Bras.: Minas Gerais, Espirito
33. **warscewíczii** Rchb. f. (*C. labiáta* var. *warscewíczii* (Rchb. f.) Rchb. f., *C. gígas* Lind. et André, *C. imperiális* hort., *C. sanderiána* hort.) ♃ ⌂W VII bis VIII ✱, Kol.: Medellin

× *Cattleyodéndron:* × *Epicattleya*
× **Cattleytónia** hort. (*Broughtónia* × *Cattleya*) - f. - *Orchidáceae*

Caulárthron Raf. (*Diácrium* (Lindl.) Benth.) - n. - *Orchidáceae*
1. **bicornútum** (Hook.) Raf. (*Epidéndrum bicornútum* Hook., *Diácrium bicornútum* (Hook.) Benth.) ♃ ⌂W IV ✱, Trin., Tobago, S-Am., nördl. des Amaz.

× **Caulocattleya** Dress (*Cattleya* × *Caulárthron;* × *Diacattleya* hort., × *Diacrocattleya* hort.) - f. - *Orchidáceae*

Caulophýllum Michx. - n. - *Berberidáceae*
1. **thalictroídes** (L.) Michx. (*Leóntice thalictroídes* L.) ♃ V, N-Am.: N. Brunsw. bis Manit., südl. bis S-Carol., Alab., Tenn. u. Missouri

Cautleya (Benth.) Royle ex Hook. f. - f. - *Zingiberáceae*
1. **grácilis** (J.J. Sm.) Dandy (*C. lútea* Royle) ♃ ⌂K VIII, Him.
- *lútea:* 1
2. **robústa** Bak. ♃ VIII–IX, Him.

Cavendíshia Lindl. - f. - *Ericáceae*
1. **acumináta** (Hook.) Benth. ex Hemsl. ♃ i § ⌂K XI, Kol., Ek.

Cayrátia Juss. - f. - *Vitáceae*
1. **japónica** (Thunb.) Gagnep. (*Vítis japónica* Thunb.) ♃ § ∧ VI–VII, Jap., Riukiu-Ins., China, Ind., Malays.

Ceanóthus L. - m. - *Rhamnáceae*
Säckelblume
1. **americánus** L. ♄ VII–IX, N-Am.: Maine bis Queb., Ont. u. Manit., südl. bis Flor., Alab., Louis. u. Tex.
- *azúreus:* 2
2. **coerúleus** Lag. (*C. azúreus* Ker-Gawl.) ♄ ⌂K VII–X, Mex., Guat.
- × *deliliánus:* 4
3. **féndleri** A. Gray ♄ VI–VII, USA: S-Dak. bis Wyom., südl. bis New Mex., Ariz.; N-Mex.
4. **-Hybriden** ♄ VII–IX (Hierzu gehören z.B. alle unter *C.* × *deliliánus* Spach und *C.* × *pállidus* Lindl. zusammengefaßten Sorten)
- *ovális:* 5
5. **ovátus** Desf. (*C. ovális* Bigel.) ♄ VI, N-Am.: Maine bis Queb. u. Manit., südl. bis Georg., Alab., Ark. u. Tex.
- × *pállidus:* 4

Cecrópia Loefl. - f. - *Moráceae*
Ameisenbaum
1. **palmáta** Willd. ♄ ⌂W, Westind., nördl. S-Am.
2. **peltáta** L. ♄ ⌂W Ⓝ, Westind., M-Am., nördl. S-Am.

Cedréla P.Br. - f. - *Meliáceae*
1. **odoráta** L. ♄ ⌂K Ⓝ, Mex., M-Am., Guay., Peru, Bol., Bras., Arg.
- *sinénsis: Toóna* 2
- *toóna: Toóna* 1

Cedronélla cána: Agástache 1
- *mexicána: Agástache* 2

Cédrus Trew - f. - *Pináceae*
Zeder
1. **atlántica** (Endl.) Manetti ex Carr. (*C. líbani* ssp. *atlántica* (Endl.) Franco, *C. libanótica* Link ssp. *atlántica* (Endl.) Holmboe) - Atlaszeder ♄ Ⓝ, Atlas
- *brevifólia:* 3
2. **deodára** (D. Don) G. Don - Himalajazeder ♄ Ⓝ, W-Him., von Afgh. bis Garkwal
3. **líbani** A. Rich. (*C. libanótica* Link) ssp. **brevifólia** (Hook. f.) Meikle (*C. brevifólia* (Hook. f.) Henry) ♄, Zyp.
ssp. **líbani** - Libanonzeder ♄ Ⓝ, Liban., Syr., Taurus
ssp. **stenocóma** (Schwarz) P.H. Davis ♄, SO-Anat.

- *líbani* ssp. *atlántica:* 1
- *libanótica:* 3
- *libanótica* ssp. *atlántica:* 1

Ceíba Mill. - f. - *Bombacáceae*
1. **pentándra** (L.) Gaertn. (*Eriodéndron anfractuósum* DC.) - Kapokbaum, Wollbaum, „Fromager" ♄ Ⓦ ⓝ, Heimat unbek., in den Trop. kult.

Celástrus L. - m. - *Celastráceae* Baumwürger
1. **angulátus** Maxim. ♄ ⸾ ♂ VI, NW- u. M-China
- *articulátus:* 3
- *edúlis: Cátha* 1
2. **flagelláris** Rupr. ♄ ⸾ ♂ VI, Jap., Korea, Mandsch., Amur, N-China
- *loesenéri:* 4
3. **orbiculátus** Thunb. (*C. articulátus* Thunb.) ♄ ⸾ ♂ VI, Jap., Mandsch., Sachal., China, in den östl. USA eingebürg.
4. **rosthorniánus** Loes. (*C. loesenéri* Rehd. et Wils.) ♄ ⸾ ♂ VI, M- u. W-China
5. **scándens** L. ♄ ⸾ ♂ ☠ VI, N-Am.: Queb. bis Manit., südl. bis Georg., Alab., Louis. u. Okla.

Celmísia Cass. 1825, non 1817 - f. - *Compósitae*
1. **coriácea** (G. Forst.) Hook. f. ♃ Ⓚ bis Ⓐ, Neuseel.
2. **holoserícea** (G. Forst.) Hook. f. ♃ Ⓚ bis Ⓐ, Neuseel.

Celósia L. - f. - *Amaranthàceae*
1. **cristáta** L. (*C. argéntea* L. var. *cristáta* (L.) O. Kuntze), Trop. Afr., heute pantrop.
   'Cristata' - Hahnenkamm ⊙ VII-IX
   'Plumosa' (*C. plumósa* Burvenich, *C. argéntea* L. var. *plumósa* (Burvenich) Voss) - Federbusch-Celosie ⊙ VII-IX

Célsia L. - f. - *Scrophulariáceae*
1. **acaúlis** Bory et Chaub. (*Verbáscum acaúle* (Bory et Chaub.) O. Kuntze) ♃ Ⓐ ∧ VI-VII, S-Griech.
2. **arctúrus** (L.) Jacq. (*Verbáscum arctúrus* L.) ⊙ Ⓚ-▭ V-VII, Kreta
3. **bugulifólia** (Lam.) Jaub. et Spach (*Verbáscum bugulifólium* Lam.) ♃ Ⓐ-∧ V-VII, N-Griech.
4. **crética** L. f. (*Verbáscum créticum* (L. f.) Cav.) ⊙ Ⓚ - ▭ VI-VII, Med.

Céltis L. - f. - *Ulmáceae* Zürgelbaum
1. **austrális** L. ♄ ⓝ, S-Eur., S-Schw., Mad., Med., N-Afr., Vord. As.
2. **bióndii** Pamp. ♄, M-China
3. **bungeána** Bl. ♄, M- u. N-China, Mandsch., Korea
- *integrifólia:* 5
4. **koraiénsis** Nakai ♄, N-China, Mandsch., Korea
5. **laevigáta** Willd. (*C. mississippiénsis* Spach, *C. integrifólia* Nutt.) ♄ ⓝ, USA: Virg. bis Missouri u. Kans., südl. bis Flor., Tex. u. New Mex.; Mex., Westind.
- *mississippiénsis:* 5
6. **occidentális** L. ♄ ⓝ, N-Am.: Mass. u. Queb. bis Id. u. Utah, südl. bis Flor., Alab., Okla.
7. **sinénsis** Pers. ♄, O-China, Korea, Jap.

Cénia barbáta: Cótula 2

Centauréa L. - f. - *Compósitae* Flockenblume
1. **americána** Nutt. ⊙ VII-VIII, USA: Missouri bis Louis. u. Ariz.; Mex.
2. **argéntea** L. ♃ Ⓚ, Kreta, Ägäis
- *axilláris:* 26
3. **babylónica** (L.) L. ♃ Ⓚ, O-Med.
4. **bélla** Trautv. ♃ △ VI-VII, Kauk.
5. **calcítrapa** L. (*Calcítrapa stelláta* Lam.) ⊙-⊙ VI-X, S-, westl. M-Eur., N-Afr., W-As., im östl. N-Am. eingebürg.
- *candidíssima* hort.: 20
- *candidíssima* Lam.: 6
6. **cinerária** L. (*C. candidíssima* Lam.) ♃-♄ Ⓚ VII-VIII, W-Küste Ital., Siz., N-Afr.
7. **clementéi** Boiss. ex DC. ♃ Ⓚ, SW-Span.
8. **cýanus** L. (*Cýanus arvénsis* Moench) - Kornblume ⊙ ✂ Off. V-VII, Med., eingebürg. im restl. Eur.
9. **dealbáta** Willd. ♃ VI-VII, Kauk.
10. **diffúsa** Lam. (*Acrólophus diffúsus* (Lam.) Á. et D. Löve) ⊙ VII-VIII, M-Span., Schw., SO-Eur., im südl. M-Eur. eingebürg.
- *glastifólia: Chartólepis* 1
11. **hypoleúca** DC. ♃ VII-X, Kl. As., Transkauk., NW-Iran
12. **jacéa** (*Jacéa commúnis* Delarbre) -

Wiesenflockenblume ♃ VI–X, Eur., NW-Afr., N-As., Arm., Kauk., eingebürg. im östl. u. pazif. N-Am.
13. **kosanínii** Hayek ♃ △ VI, Alban.
14. **kotschyána** Heuff. ex W. D. J. Koch ♃ VI–VII, Karp. bis Mazed.
15. **macrocéphala** Puschk. ex Willd. ♃ VII–VIII, Arm., Kauk.
16. **maculósa** Lam. (*C. stoébe* L. ssp. *maculósa* (Lam.) Schinz et Thell.) ♃ VII–IX, W-Med., W-, westl. M-Eur., in N-Am. eingebürg.
17. **montána** L. (*Cýanus montánus* (L.) Baumg.) - Bergflockenblume ♃ V bis VII, Gebg. N-Span., Pyren., Ardenn. bis Karp., M-Ital., M-Jugosl., Kauk.
- *moscháta: Ambérboa* 1
- *nervósa:* 27
- *odoráta: Ambérboa* 1
18. **orientális** L. ♃ ∧ VII–IX, SO-Eur.
19. **pulchérrima** Willd. (*Aetheopáppus pulchérrimus* (Willd.) Cass.) ♃ VI bis VII, Kauk., Kl. As.
20. **ragusína** L. (*C. candidíssima* hort. non Lam.) ♃ Ⓚ VII–VIII, Dalm.
- *rhapóntica: Leúzea* 1
21. **ruthénica** Lam. ♃ VII–VIII, Transsilv. Alp., S-Rußl., Kauk. bis Sib.
22. **scabiósa** L. (*Acrocéntron scabiósa* (L.) Á. et D. Löve) ♃ VII–VIII, Eur., Baikal, Kauk., eingebürg. im nordöstl. N-Am.
23. **simplicicaúlis** Boiss. et Huet ♃ △ VI, Arm.
24. **solstitiális** L. ⊙–⊙ VIII–X, S-, SO-, M-Eur., W-As., in N-Am. eingebürg.
25. **speciósa** Boiss. ♃ - ♄ Ⓚ, Kl. As., Paläst.
- *stoébe* ssp. *maculósa:* 16
- *suavéolens: Ambérboa* 1
26. **triumféttii** All. (*C. axilláris* Willd., *Cýanus triumféttii* (All.) Dostál ex Á. et D. Löve) ♃ VI–VII, S- u. M-Eur., haupts. Gebg. von Pyren. bis Vord. As.
27. **uniflóra** Turra
ssp. **nervósa** (Willd.) Bonnier et Layens (*C. nervósa* Willd.) ♃ VI bis VII, Alp., N-Apenn., S-Karp., N- u. M-Balk.
ssp. **uniflóra** ♃ VI–VII, SW-Alp.

Centaúrium Hill (*Erythraéa* Borkh.) - n. - *Gentianáceae*
Tausendgüldenkraut
1. **chloódes** (Brot.) Sampaio (*Erythraéa chloódes* (Brot.) Gren. et Godr.) ⊙ bis ⊙ △ ∧ (besser Ⓐ) VII–IX, W-Eur. von 40° bis 46° N
2. **erythraéa** Rafn (*C. mínus* auct. non Moench, *Erythraéa centaúrium* auct. non (L.) Pers., *C. umbellátum* Gilib.) ⊙ - ⊙ VII–X ▽ Off., Eur. u. Med. bis Kauk., Vord. u. M-As., eingebürg. in N-Am.: N. Scot. bis Queb. u. Mich., südl. bis Georg. u. Indiana; Wash. bis Id., südl. bis N-Kalif.
- *mínus:* 2
3. **scilloídes** (L. f.) Sampaio (*Erythraéa diffúsa* Woods, *E. massónii* Sw., *E. scilloídes* (L. f.) Chaub. ex Puel) ⊙ bis ♃ △ VII–IX, Atl. Küsten N-Port. bis Engl., Azor.
- *umbellátum:* 2

Centélla L. - f. - *Umbellíferae*
1. **asiática** (L.) Urb. (*Hydrocótyle asiática* L.) ♃ ⏦ Ⓚ Ⓝ, Heimat vermutl. Afr., als Unkraut weltweit verbr.

Centradénia G. Don - f. - *Melastomatáceae*
1. **floribúnda** Planch. ♄ Ⓦ II–VI, Guat.
2. **grandifólia** (Schlechtend.) Endl. ♄ Ⓦ XI–XII, S-Mex., Guat.
3. **inaequilaterális** (Schlechtend. et Cham.) G. Don (*C. rósea* Lindl.) ♄ Ⓦ XI–I, Mex.
- *rósea:* 3

Centránthus Neck. ex DC. (*Kentránthus* Raf.) - m. - *Valerianáceae*
Spornblume
1. **angustifólius** (Mill.) DC. ♃ ∧ V bis VII, S- u. O-Frankr., NW-Schw., N- u. M-Ital.
2. **calcítrapae** (L.) Dufr. ⊙ VII–VIII, S-Eur., Med.
3. **macrosíphon** Boiss. ⊙ V–VIII, S- u. SO-Span., NW-Afr.
4. **rúber** (L.) DC. ♃ V–VII, Med., Port., in W- u. M-Eur. sowie Kalif. eingebürg.

Centropógon K.B. Presl - m. - *Campanuláceae*
1. **cornútus** (L.) Druce (*C. surinaménsis* K.B. Presl) ♄ ≷ Ⓦ XII–II, M-Am. bis Bol.

2. × (?) **lucyánus** Houllet ♄ ⌂ XII–II
- *surinaménsis:* 1

Centroséma (DC.) Benth. - n. - *Leguminósae*
1. **virginiánum** (L.) Benth. ♃ ⌇ ⌂ VII bis VIII, USA: N. Jers. bis Kent. u. Ark., südl. bis Flor., Louis. u. Tex.; trop. Am.

Centrosolénia bulláta: Nautilócalyx 1
- *picta: Nautilócalyx* 6

Cephaélis Sw. - f. - *Rubiáceae*
Brechwurzel
1. **acumináta** Karst. (*Uragóga granaténsis* Baill.) ♃ ⌂ Off., Nicar. bis N-Kol.
2. **ipecacuánha** (Brot.) Tussac (*Uragóga ipecacuánha* (Brot.) Baill., *Psychótria ipecacuánha* (Brot.) Stokes) ♃ ⌂ ☠ Off., Bras., Bol.

Cephalándra índica: Coccínia 1

Cephalanthéra L. C. Rich. - f. - *Orchidáceae*
Waldvöglein
- *álba:* 1
1. **damasónium** (Mill.) Druce (*C. grandiflóra* S.F. Gray, *C. álba* (Crantz) Simonkai, *C. pállens* (Sw.) L.C. Rich.) ♃ V–VI ▽ ∗, W-, M- u. S-Eur., Med., Kl. As., Kauk., NW-Afr.
- *ensifólia:* 2
- *grandiflóra:* 1
2. **longifólia** (L.) Fritsch (*C. ensifólia* (Sw.) L.C. Rich.) ♃ V–VI ▽ ∗, W-, M-, O- u. S-Eur., Med., W-Sib., SW-As., N-Afr.
- *pállens:* 1
3. **rúbra** (L.) L. C. Rich. ♃ VI–VII ▽ ∗, W-, M- u. S-Eur., nördl. bis S-Engl. u. S-Finnl., SW-As., N-Afr.

Cephalánthus L. - m. - *Rubiáceae*
Knopfbusch
1. **occidentális** L. ♄ VII–VIII, N-Am.: N. Scot. bis Ont. u. Minn., südl. bis Flor., Tex., Ariz. u. Kalif.; Mex., Westind.

Cephalária Schrad. ex Roem. et Schult. - f. - *Dipsacáceae*
Schuppenkopf
1. **alpína** (L.) Schrad. ex Roem. et Schult. ♃ VII–VIII, SW- u. M-Alp., Jura, N-Apenn.
- *boética:* 3
2. **gigantéa** (Ledeb.) Bobrov (*C. tatárica* auct. non (L.) Roem. et Schult.) ♃ VII–VIII, Kauk.
3. **leucántha** (L.) Schrad. ex Roem. et Schult. (*C. boética* Boiss.) ♄ VII bis VIII, Med., von Span. u. NW-Afr. bis Monten., S-Port.
4. **syríaca** (L.) Schrad. ex Roem. et Schult. ⊙ ⓝ, SW-As.; Span., Frankr. u. NW-Afr. (ob eingebürg.?)
- *tatárica:* 2

Cephalípterum A. Gray - n. - *Compósitae*
1. **drummóndii** A. Gray ♄ i ✂ ⌂, W- u. S-Austral.

Cephalocéreus Pfeiff. - m. - *Cactáceae*
- *blossfeldiórum: Espóstoa* 1
- *dybówskii: Austrocephalocéreus* 1
- *glaucéscens: Pilosocéreus* 1
- *güntheri: Espóstoa* 2
- *lehmanniánus: Austrocephalocéreus* 2
- *leucostéle: Stephanocéreus* 1
- *melanostéle: Espóstoa* 4
- *pálmeri: Pilosocéreus* 2
- *pentaëdróphorus: Pilosocéreus* 3
- *polyánthus: Micranthocéreus* 1
- *purpúreus: Austrocephalocéreus* 3
1. **senílis** (Haw.) K. Schum. (*Pilocéreus senílis* (Haw.) Lem.) - Greisenhaupt ⌂ ∗, M-Mex.

Cephalocleistocáctus: Cleistocáctus
- *rítteri: Cleistocáctus* 7

Cephalophýllum (Haw.) N. E. Br. - n. - *Aizoáceae*
1. **decípiens** (Haw.) L. Bol. ♃ ⌂, Kap
2. **subulatoídes** (Haw.) N. E. Br. ♃ ⌂, Kap
3. **tricolórum** (Haw.) N. E. Br. ♃ ⌂, Kap

Cephalotáxus Sieb. et Zucc. ex Endl. - f. - *Cephalotaxáceae*
Kopfeibe
- *drupácea:* 2
1. **fortúnei** Hook. ♄ i, M-China
2. **harringtónia** (Knight ex James Forbes) K. Koch
var. **drupácea** (Sieb. et Zucc.) Koidz. (*C. drupácea* Sieb. et Zucc.) ♄ i ⓝ, Jap., M-China
var. **harringtónia** (*C. pedunculáta* Sieb. et Zucc.) ♄ bis ♄ i ⓝ, Jap., China, Korea
- *pedunculáta:* 2

Cephalótus Labill. - m. - *Cephalotáceae*

1. **folliculáris** Labill. ♃ Ⓚ-Ⓦ ✻, W-Austral.: Sporadisch im Küstenstreifen von Mt. Manypeaks bis zum Donelly River u. bei Vallingup

Cerástium L. - n. - *Caryophylláceae*
Hornkraut
1. **alpínum** L.
ssp. **lanátum** (Lam.) Aschers. et Graebn. (*C. lanátum* Lam.) ♃ △ VI bis VIII, Arkt. Zonen Eur. (auch Hochgebg.), N-As., China, N-Am. (inkl. Grönl.)
2. **arvénse** L. ♃ △ IV–V, Eur., N-Afr., gem. As., N- u. S-Am.
3. **biebersteínii** DC. (*C. répens* M.B. non L.) ♃ ⁓ V–VI, Krim
4. **candidíssimum** Correns ♃ ⁓ V–VI, Griech.
- *colúmnae:* 6
5. **grandiflórum** Waldst. et Kit. ♃ △ VII bis VIII, Alban., Jugosl.
- *lanátum:* 1
- *répens:* 3
6. **tomentósum** L.
var. **colúmnae** (Ten.) Arcang. (*C. colúmnae* Ten.) ♃ ⁓ △ V–VI, S-Ital.

Cérasus: Prúnus + sp. 5, 8, 10, 11, 22, 27, 28, 29, 30, 32, 38, 39, 43, 47, 50, 51, 55, 57

Ceratónia L. - f. - *Leguminósae*
Johannisbrotbaum
1. **síliqua** L. ♄ - ♄ i Ⓚ Ⓝ Off., Med., Port., Arab.

Ceratophýllum L. - n. - *Ceratophylláceae*
Hornblatt
1. **demérsum** L. ♃ ≋ Ⓚ, Kosmopol.
2. **submérsum** L. ♃ ≋ Ⓚ, Eur., N-Afr., As., N. Guin.

Ceratópteris Brongn. - f. - *Parkeriáceae*
Hornfarn
1. **thalictroídes** (L.) Brongn., Trop. Afr., S-Jap. bis Polyn., Mal. Arch., Ind., Ceyl., in Jam. eingebürg.
f. **cornúta** (P. Beauv.) Glück (*C. cornúta* (P. Beauv.) Le Prieur) ♃ ≋ Ⓦ
f. **thalictroídes** ⊙ ⁓-≋ Ⓦ Ⓝ

Ceratostígma Bunge - n. - *Plumbagináceae*
1. **plumbaginoídes** Bunge (*Plumbágo larpéntiae* Lindl.) ♃ - ♄ IX–X, W-China, in NW-Frankr. u. NW-Ital. eingebürg.
2. **willmottiánum** Stapf ♄ ∧ IX–X, W-China, Tib.

Ceratothéca Endl. - f. - *Pedaliáceae*
1. **tríloba** E. Mey. ex Bernh. ⊙ D Ⓚ, S-Afr.

Ceratozámia Brongn. - f. - *Cycadáceae*
1. **kuesteriána** Regel Ⓦ ✻, Mex.
- *longifólia:* 2
2. **mexicána** Brongn., Mex.
var. **longifólia** (Miq.) Schust. (*C. longifólia* Miq., *C. robústa* Miq.) Ⓦ ✻
var. **mexicána** Ⓦ ✻
var. **miqueliána** (H. Wendl.) Schust. (*C. miqueliána* H. Wendl.) Ⓦ ✻
- *miqueliána:* 2
- *robústa:* 2

Cérbera L. - f. - *Apocynáceae*
1. **mánghas** L. ♄ i Ⓦ, Trop. As.
2. **odóllam** Gaertn. ♄ - ♄ ☠ ✂ Ⓦ, Ind. bis Pazif. Ins.
3. **tánghin** Hook. (*C. venenímifera* Steud.) ♄ i Ⓦ ☠, Madag.
- *venenímifera:* 3

Cercidiphýllum Sieb. et Zucc. - n. - *Cercidiphylláceae*
Katsurabaum
1. **japónicum** Sieb. et Zucc. ex J. Hoffm. et Schult. f.
var. **japónicum** ♄ IV–V, Jap., M- u. W-China
var. **magníficum** Nakai (*C. magníficum* (Nakai) Nakai) ♄ IV–V, Jap.

Cércis L. - f. - *Leguminósae*
Judasbaum
1. **canadénsis** L. ♄ IV–V, N-Am.: Conn. bis Ont., Wisc. u. Nebr., südl. bis Flor. u. Tex.; Mex.
2. **chinénsis** Bunge ♄–♄ V, M-China
3. **siliquástrum** L. ♄ IV–V Ⓝ, Med., Vord. As.

Cercocárpus H.B.K. - m. - *Rosáceae*
Bergmahagoni
1. **betuloídes** Nutt. ex Torr. et A. Gray ♄–♄ ∧, USA: Oreg. bis Kalif., Ariz.; Nied. Kalif.
2. **ledifólius** Nutt. ex Torr. et A. Gray ♄ bis ♄ Ⓚ Ⓝ, USA: Wash. bis Mont., südl. bis Kalif., Ariz. u. Color.; Nied. Kalif.
3. **montánus** Raf. (*C. parvifólius* Nutt. ex Hook. et Arn.) ♄ ∧, USA: Oreg. bis Wyom., südl. bis Kalif. u. New Mex.; Nied. Kalif., N- u. M-Mex.

- *parvifólius:* 3

Céreus Mill. – m. – *Cactáceae*
Säulenkaktus
- *acránthus: Haageocéreus* 2
1. **aethiops** Haw. (*C. coeruléscens* Salm-Dyck) ⌂ ∗, Arg.
2. **alacriportánus** Pfeiff. ⌂ ∗, S-Bras., Urug., Parag.
- *anguínus: Cleistocáctus* 2
- *areolátus: Cleistocáctus* 3
- *aureus: Corryocáctus* 1
3. **azúreus** Pfeiff. (*Piptanthocéreus azúreus* (Pfeiff.) Riccob.) ⌂ ∗, Bras.
- *baumánnii: Cleistocáctus* 4
- *benéckei: Stenocéreus* 1
- *brachypétalus: Corryocáctus* 2
- *brevistýlus: Corryocáctus* 3
4. **caesius** Salm-Dyck ex Pfeiff. ⌂ ∗, Bras.?
5. **chalybaeus** Först. (*Piptanthocéreus chalybaeus* (Först.) Riccob.) ⌂ ∗, N-Arg., Urug.
- *chénde: Heliabrávoa* 1
- *chichípe: Poláskia* 1
- *chlorocárpus: Browníngia* 1
- *chosicénsis: Haageocéreus* 3
- *cinnabárinus: Heliocéreus* 1
- *coccíneus: Heliocéreus* 2
- *coeruléscens:* 1
- *córyne: Stetsónia* 1
- *damaziói: Arthrocéreus* 1
6. **dayámii** Spegazz. ⌂ ∗, Arg.
- *decúmbens: Haageocéreus* 1
- *dumortiéri: Stenocéreus* 2
- *dybówskii: Austrocephalocéreus* 1
- *elegantíssimus: Heliocéreus* 2
- *emóryi: Bergerocáctus* 1
- *flagellifórmis: Aporocáctus* 2
- *flagrifórmis: Aporocáctus* 2
- *fluminénsis: Coleocephalocéreus* 1
- *gigantéus: Carnegíea* 2
- *grandiflórus: Selenicéreus* 4
- *gréggii: Peniocéreus* 1
7. **hexagónus** (L.) Mill. (*C. lepidótus* Salm-Dyck) ⌂ ∗, Surin. bis N-Venez., Tobago
8. **huntingtoniánus** Weingt. ⌂ ∗, Heimat unbek., wahrscheinl. Arg.
- *ianthothéle: Lepísmium* 3
- *jalapénsis: Selenicéreus* 11
9. **jamacáru** DC. (*Piptanthocéreus jamacáru* (DC.) Riccob.) ⌂ ∗, Bras. 'Monstrosus' ⌂
- *lepidótus:* 7
- *léptophis: Aporocáctus* 2
- *liménsis: Haageocéreus* 2
- *macdonáldiae: Selenicéreus* 9
- *marginátus: Stenocéreus* 6
- *martiánus: Aporocáctus* 3
- *melanostéle: Espóstoa* 4
- *melanótrichus: Corryocáctus* 4
- *microspérmus: Browníngia* 3
- *microsphaericus: Arthrocéreus* 1
10. **neotetragónus** Bckbg. (*C. tetragónus* (Willd.) Haw. non Mill.) ⌂ ∗, Bras.
- *nycticállus: Selenicéreus* 12
11. **peruviánus** (L.) Mill. (*Piptanthocéreus peruviánus* (L.) Riccob.) ⌂ ∗, Heimat unbek., vermutlich südöstl. S–Am., in SO-Frankr. eingebürg. 'Monstrosus' (var. *monstrósus* DC.) – Felsenkaktus ⌂
- *peruviánus* var. *monstrósus:* 11
- *pseudomelanostéle: Haageocéreus* 3
- *pterogónus: Selenicéreus* 14
- *queretaroénsis: Stenocéreus* 5
- *roezlii: Cleistocáctus* 8
- *rostrátus: Selenicéreus* 5
- *schóttii: Pachycéreus* 4
- *schránkii: Heliocéreus* 3
- *sericátus: Espóstoa* 3
- *silvéstrii: Echinópsis* 7
- *spachiánus: Echinópsis* 33
- *speciosíssimus: Heliocéreus* 4
- *speciósus: Heliocéreus* 4
12. **stenogónus** K. Schum. ⌂ ∗, O-Bol. bis Parag., N-Arg.
- *striátus: Peniocéreus* 3
- *tetragónus:* 10
- *thúrberi: Stenocéreus* 7
- *trianguláris: Hylocéreus* 9
13. **válidus** Haw. (*Piptanthocéreus válidus* (Haw.) Riccob.) ⌂ ∗, O-Bol. bis Arg.
- *versícolor: Haageocéreus* 4
- *viperínus: Peniocéreus* 4
- *weberbaueri: Weberbauerocéreus* 2
14. **xanthocárpus** K. Schum. ⌂ ∗, Parag.

Cérinthe L. – f. – *Boragináceae*
Wachsblume
- *alpína:* 1
1. **glábra** Mill. (*C. alpína* Kit. ex Schult.) ♃ △ V–VII, Pyren., Jura, S-Schwarzw., Alp. u. Vorland, S-Apenn., Karp., SW-Bulg., Kl. As.

2. **májor** L. ⊙ VI–VII, Med., M- u. S-Port.

Ceropégia L. – f. – *Asclepiadáceae* Leuchterblume
1. **africána** R. Br. ♃ ⌇ ⌂ ✻, Kap, Nat.
2. **bárkleyi** Hook. f. ♃ ⌇–⌇ ⌂ ✻, Nat.
3. **bulbósa** Roxb. (*C. bulbósa* var. *esculénta* (Edgew.) Hook. f., var. *lúshii* (Grah.) Hook. f., *C. lúshii* Grah.) ♃ ⌇ ⌂ ✻, Ind.
- *bulbósa* var. *esculénta:* 3
- *bulbósa* var. *lúshii:* 3
- *caffrórum:* 10
4. **crassifólia** Schlechter (*C. thorncróftii* N. E. Br.) ♃ ⌇ ⌂ ✻, Namib. bis Nat.
5. **cumingiána** Decne. ♃ ⌇ ⌂ VI–VIII ✻, Mal. Arch., Phil., N. Guin., trop. Austral.
- *débilis:* 15
6. **dichótoma** Haw. ♄ ⌂ VII–X ✻, Kanar.
7. **distíncta** N. E. Br.
ssp. **haygárthii** (Schlechter) H. Huber (*C. haygárthii* Schlechter) ♄ ⌇ ⌂ ✻, Kap, Nat., Transv.
ssp. **lugárdae** (N. E. Br.) H. Huber (*C. lugárdae* N. E. Br.) ♄ ⌇ ⌂ VI–VIII ✻, Angola, nördl. Namib., Botsw., trop. O-Afr., südl. des Äquat.
8. **élegans** Wall.
var. **gárdneri** (Thwaites ex Hook.) H. Huber (*C. gárdneri* Thwaites ex Hook.) ♃ ⌇ ⌂ VII–X ✻, Ceyl.: Kamboda
9. **fúsca** Bolle ♄ ⌂ VII–X ✻, Kanar.
- *gárdneri:* 8
- *hastáta:* 15
- *haygárthii:* 7
10. **lineáris** E. Mey. (*C. caffrórum* Schlechter) ♃ ⌇ – ⌇ ⌂ – ⌂ I–XII ✻, Nat., Moz.
- *lineáris* ssp. *débilis:* 15
- *lineáris* ssp. *wōōdii:* 15
- *lugárdae:* 7
- *lúshii:* 3
11. **radícans** Schlechter ♃ ⁓ ⌂ VI bis VIII ✻, Kap
12. **robynsiána** Werderm. ♃ ⌇ ⌂ V–VIII ✻, Zaire
13. **sandersónii** Decne. ex Hook. f. ♃ ⌇ ⌂ VII–XI ✻, Moz., Transv., Nat.
14. **stapeliifórmis** Haw. ♃ ⌇ ⌂ VII–X ✻, Kap, Transv.
- *thorncróftii:* 4
15. **wōōdii** Schlechter (*C. hastáta* N. E. Br.)
ssp. **débilis** (N. E. Br.) H. Huber (*C. débilis* N. E. Br., *C. lineáris* E. Mey. ssp. *débilis* (N. E. Br.) H. Huber) ♃ ⌇ ⌇ ⌂ – ⌂ I–XII ✻, Malawi, Zimb.
ssp. **wōōdii** (*C. lineáris* E. Mey. ssp. *wōōdii* (Schlechter) H. Huber) ♃ ⌇ ⌇ ⌂ – ⌂ I–XII ✻, Zimb. bis O-Kap

Cerópteris: Pityrográmma 1, 2, 7, 8

Ceróxylon Bonpl. ex DC. – n. – *Pálmae* Wachspalme
1. **alpínum** Bonpl. ex DC. (*C. andícola* Humb. et Bonpl.) ♄ ⌂ Ⓝ, Kol.

Céstrum L. – n. – *Solanáceae* Hammerstrauch
1. **aurantiácum** Lindl. ♄ i ⌂ VII–XI, Guat.
2. **diúrnum** L. ♄ i D ⌂ VIII–X, Antill.
3. **élegans** (Brongn. ex Neum.) Schlechtend. (*C. purpúreum* (Lindl.) Standl., *Habrothámnus élegans* Brongn. ex Neum., *H. purpúreus* Lindl.) ♄ i ⌂ IV–IX, Mex.
4. **fasciculátum** (Endl.) Miers (*Habrothámnus fasciculátus* Endl.) ♄ i ⌂ IV bis V, Mex.
5. (×?) **newéllii** (Veitch) Nichols. (*Habrothámnus newéllii* Veitch, *C.* 'Newellii') ♄ i ⌂ V–IX
- 'Newellii': 5
6. **párqui** L'Hérit. ♄ ⌂ ☠ VI–VII, Gem. S-Am., im Med. eingebürg.
- *purpúreum:* 3

Céterach DC. – n. – *Aspleniáceae* Schriftfarn
1. **officinárum** DC. (*Asplénium céterach* L.) ♃ i ∧ – ⌂ ▽, Med., W- u. M-Eur., Kauk., Vord. As. bis W-Him.

Chaenáctis DC. – f. – *Compósitae*
1. **artemisiifólia** (Harv. et A. Gray) A. Gray ⊙ VII–VIII, S-Kalif.
2. **glabriúscula** DC.
var. **tenuifólia** (Nutt.) H. M. Hall (*C. tenuifólia* Nutt.) ⊙ VII–VIII, S-Kalif.
- *tenuifólia:* 2

Chaenarrhínum Rchb. – n. – *Scrophulariáceae*
- *crassifólium:* 2
1. **glareósum** (Boiss.) Willk. ♃ △ VII bis X, S-Span.: Sierra Nev., Sierra

Tejeda
2. **origanifólium** (L.) Kostel. (*Linária origanifólia* (L.) DC.)
ssp. **crassifólium** (Cav.) Rivas-Goday et Borja (*C. crassifólium* (Cav.) Lange) ♃, S- u. O-Span., Balear.
ssp. **origanifólium** ♃ VIII–X, SW-Eur.
3. **villósum** (L.) Lange (*Linária villósa* (L.) DC.) ♃ △ V–XI, S-Span., SW-Frankr., NW-Afr.

Chaenoméles: Choenoméles
Chaenóstoma: Sútera
– *grandiflórum: Sútera* 1
– *híspidum: Sútera* 2
– *polyánthum: Sútera* 3

Chaerophýllum L. emend. Hoffm. – n. – *Umbellíferae*
1. **bulbósum** L. – Kerbelrübe, Knollenkerbel, Rübenkerbel ⊙ VI–VII Ⓝ, N- u. M-Eur. bis Sib., Kl. As., Kauk., im Distr. of Col. eingebürg.
2. **hirsútum** L. – Bergkerbel ♃ V–VIII, Gebg. S- u. M-Eur., Kauk.
– *temuléntum:* 3
3. **témulum** L. (*C. temuléntum* L.) ⊙–⊙ V–VII ☠, Fast ganz Eur. bis Kauk., Dahur., westl. N-Afr.
– *trichospérmum: Anthríscus* 1

Chamaeánthus wittiánus: Geogenánthus 1

Chamaebátia Benth. – f. – *Rosáceae*
Fiederspiere
1. **foliolósa** Benth. ♄ ∧–Ⓚ VII, Kalif.

Chamaebatiária (Porter ex W.H. Brewer et S. Wats.) Maxim. – f. – *Rosáceae*
1. **millefólium** (Torr.) Maxim. ♄ ∧ bis Ⓚ VII–VIII, Westl. USA: Oreg. bis Id., südl. bis Kalif., Ariz. u. Utah

Chamaebúxus: Polýgala
– *alpéstris: Polýgala* 4
– *vayrédae: Polýgala* 9

Chamaecéreus: Echinópsis
– *silvéstrii: Echinópsis* 7

Chamaecereus-Silvestrii-Hybriden: *Echinópsis* 8

Chamaecístus procúmbens: Loiselēūria 1

Chamaecrísta (L.) Moench – f. – *Leguminósae*
1. **cotinifólia** (G. Don) H.S. Irwin et Barneby (*Cássia cotinifólia* G. Don) ♄ ✂ Ⓚ, Bras.

Chamaecýparis Spach – f. – *Cupressáceae*
Scheinzypresse
1. **fúnebris** (Endl.) Franco (*Cupréssus fúnebris* Endl.) – Trauerzypresse ♄ i Ⓚ Ⓝ, China: Tschek., Kiangsi, Anhwei, Hupeh, Jünn.
2. **lawsoniána** (A. Murr.) Parl. (*Cupréssus lawsoniána* A. Murr.) ♄ i III–IV Ⓝ, USA: SW-Oreg., NW-Kalif., in Eur. mitunter eingebürg.
3. **nootkaténsis** (D. Don) Spach (*C. nutkaénsis* Lindl. et Gord., *Cupréssus nootkaténsis* D. Don) ♄ i IV–VI Ⓝ, N-Am.: Alaska bis N-Kalif.
– *nutkaénsis:* 3
4. **obtúsa** (Sieb. et Zucc.) Sieb. et Zucc. ex Endl. (*Retiníspora obtúsa* Sieb. et Zucc., *Cupréssus obtúsa* (Sieb. et Zucc.) K. Koch) ♄ i III–IV Ⓝ, Jap., Taiw.
5. **pisífera** (Sieb. et Zucc.) Sieb. et Zucc. ex Endl. (*Retiníspora pisífera* Sieb. et Zucc., *Cupréssus pisífera* (Sieb. et Zucc.) K. Koch) ♄ i III–IV Ⓝ, Jap.
– *sphaeroídea:* 6
6. **thyoídes** (L.) B.S.P. (*C. sphaeroídea* (Spreng.) Spach, *Cupréssus thyoídes* L.) ♄ i IV Ⓝ, USA: Maine bis N.Y., südl. bis Flor. u. Miss.
(Bei allen Arten viele Sorten mit meist lateinischen Namen)

Chamaecýtisus: Cýtisus + sp. 1, 3, 11, 12, 22, 24, 28

Chamaedáphne Moench (*Cassándra* D. Don) – f. – *Ericáceae*
1. **calyculáta** (L.) Moench (*Andrómeda calyculáta* L., *Cassándra calyculáta* (L.) D. Don, *Lyónia calyculáta* (L.) Rchb.) ♄ △ ☠ IV–V, NO-Eur., N-As., N-Jap., N-Am.: Neufundl. bis Alaska, südl. bis Georg., Ohio, Alb. u. Br. Kol.

Chamaedórea Willd. – f. – *Pálmae*
Bergpalme
1. **arenbergiána** H. Wendl. Ⓦ, Guat. bis Pan.
2. **cóncolor** Mart. Ⓦ, Mex.
– *desmoncoídes:* 3
3. **elátior** Mart. (*C. desmoncoídes* H. Wendl.) Ⓦ, Mex., Guat.
4. **élegans** Mart. (*Neánthe bélla* O.F. Cook, *Collínia élegans* (Mart.)

Liebm. ex Oerst.) Ⓦ, Mex., Guat.
5. **ernésti-augústi** H. Wendl. (*Eleutheropétalum ernésti-augústi* (H. Wendl.) H. Wendl. ex Oerst.) Ⓦ, Mex. bis Hond.
6. **erúmpens** H.E. Moore Ⓦ, Belize, Guat.
7. **geonomifórmis** H. Wendl. Ⓦ, Hond., Belize
8. **glaucifólia** H. Wendl. Ⓦ, S-Mex.
9. **graminifólia** H. Wendl. Ⓦ, Guat.?
10. **karwinskyána** H. Wendl. Ⓦ, Mex.
11. **metállica** O.F. Cook ex H.E. Moore (*C. nána* hort., *C. púmila* hort., *C. tenélla* hort. non H. Wendl.) ♄ Ⓦ, Mex.
- *nána:* 11
- *púmila:* 11
12. **seifrízii** Burret Ⓦ, Mex., Yucat.
- *tenélla* hort.: 11
13. **tenélla** H. Wendl. Ⓦ, Mex.

Chamaelaucium: Chamelaucium

Chamaelírium Willd. - n. - *Liliáceae*
1. **lúteum** (L.) A. Gray (*Helónias dioíca* Pursh) ♃, N-Am.: Mass. bis Ont. u. Ill., südl. bis Flor. u. Ark.

Chamaemélum Mill. - n. - *Compósitae*
- *inodórum: Matricária* 3
1. **nóbile** (L.) All. (*Ánthemis nóbilis* L., *Órmenis nóbilis* (L.) J. Gay ex Coss. et Germ.) - Römische Kamille ♃ VI-VIII Ⓝ Off., W-Eur., nördl. bis N-Irl., in S- u. im südl. M-Eur. z.T. eingebürg., NW-Afr.
- *tchihatchéwii: Matricária* 4

Chamaenérion angustifólium: Epilóbium 1
- *dodonaei: Epilóbium* 3
- *fleischeri: Epilóbium* 4
- *palústre: Epilóbium* 3

Chamaepericlýmenum canadénse: Córnus 6
- *suécicum: Córnus* 27

Chamaepeuce: Ptilostémon
- *áfra: Ptilostémon* 1
- *casabónae: Ptilostémon* 2

Chamaepitys suffrutéscens: Ájuga 1

Chamaeránthemum Nees - n. - *Acantháceae*
1. **beyríchii** Nees (*Eránthemum beyríchii* (Nees) Regel) ♃ i Ⓦ, S-Bras.
2. **gaudichaudii** Nees (*Eránthemum gaudichaudii* (Nees) Van Houtte) ♃ i Ⓦ, Bras.
- *ígneum: Xantheránthemum* 1

Chamaerops L. - f. - *Pálmae*
Zwergpalme
- *excélsa: Trachycárpus* 1
- *fortúnei: Trachycárpus* 1
1. **húmilis** L. - Zwergpalme ♄ Ⓚ Ⓝ, W-Med., östl. bis Malta, S-Port.
- *hýstrix: Rhapidophýllum* 1

Chamaespártium sagittále: Genísta 14

Chambeyrónia Vieill. - f. - *Pálmae*
1. **macrocárpa** (Brongn.) Vieill. ex Becc. (*Kentiópsis macrocárpa* Brongn.) ♄ Ⓦ, Neukaled.

Chamelaucium Desf. (*Chamaelaucium* DC.) - n. - *Myrtáceae*
1. **uncinátum** Schau. ♄ i Ⓚ III-IV, W-Austral.

Chamérion angustifólium: Epilóbium 1
- *dodonaei: Epilóbium* 3
- *fleischeri: Epilóbium* 4

Chamomílla S.F. Gray - f. - *Compósitae*
Kamille
1. **recutíta** (L.) Rauschert (*Matricária recutíta* L., *M. chamomílla* L.p.p.) - Echte Kamille ⊙ D V-VIII Ⓝ Off., Eur., W-Sib., Kl. As., Kauk., Iran, Afgh., Pandsch., Kanar., Marok., eingebürg. im nordöstl. N-Am.
2. **suavéolens** (Pursh) Rydb. (*Matricária matricarioídes* (Less.) Porter p.p., *M. discoídea* DC., *M. suavéolens* (Pursh) Buchenau non L., *Santolína suavéolens* Pursh) - Strahlenlose Kamille ⊙ VI-VIII, NO-As., Pazif. N-Am., im östl. N-Am. u. in Eur. eingebürg.

Charíeis Cass. - f. - *Compósitae*
1. **heterophýlla** Cass. (*Kaulfússia amelloídes* Nees) ⊙ VI-VIII, westl. Kap

× **Charlesworthára** hort. (*Cochlióda* × *Miltónia* × *Oncídium*) - f. - *Orchidáceae*

Chartólepis Cass. - f. - *Compósitae*
1. **glastifólia** (L.) Cass. (*Centauréa glastifólia* L.) ♃ ⁓ VI-IX, S- u. SO-Rußl.

Chasmánthe N.E.Br. - f. - *Iridáceae*
1. **aethiópica** (L.) N.E.Br. (*Antholýza aethiópica* L.) ♃ Ⓚ V-VI, S-Kap
2. **cáffra** (Bak.) N.E.Br. (*Antholýza cáffra* Bak.) ♃ Ⓚ V-VI, O-Kap bis Natal.

Chasmánthium Link - n. - *Gramíneae*

1. **latifólium** (Michx.) Yates (*Uníola latifólia* Michx.) ♃ ✂ VIII, USA: N. Jers. bis Ill. u. Kans., südl. bis Flor., Alab., Miss., Louis. u. Tex.

Chasmatophýllum (Schwant.) Dint. et Schwant. - n. - *Aizoáceae*
1. **musculínum** (Haw.) Dint. et Schwant. ♃ Ⓚ, Namib., S-Afr.: Oranjefreist., Kap

Cheilánthes Sw. - f. - *Sinopteridáceae*
- *frágrans:* 4
1. **hírta** Sw. ♃ Ⓚ, S-Afr.
2. **marántae** (L.) Domin (*Notholaena marántae* (L.) Desv.) ♃ ∧ (besser Ⓐ oder Ⓚ), Mad., Kanar., S-Eur., südl. M-Eur., nördl. bis M-Frankr. u. S-Tschechosl., Abess. bis NW-Him.
3. **microphýlla** Sw. ♃ Ⓚ, Südöstl. N-Am. bis S-Am.
4. **pteridioídes** (Reichard) C. Chr. (*Adiántum frágrans* L. f., *C. frágrans* (L. f.) Sw.) ♃ ∧ (besser Ⓚ), S-Eur., Med., N-Afr., W-As., NW-Him.

Cheiránthus L. - m. - *Crucíferae* Goldlack
- × *alliónii: Erýsimum* 1
1. **chéiri** L. (*Erýsimum chéiri* (L.) Crantz) - Goldlack ♭ - ♃ D ∧ IV bis VI ☠ ✂, S-Griech., O-Med., in M-, W- u. S-Eur. eingebürg.
- *marítimus: Malcólmia* 2

Cheiridópsis N.E.Br. - f. - *Aizoáceae*
1. **candidíssima** (Haw.) N.E.Br. ♃ Ⓚ, Kap
2. **cigarettífera** (Berger) N.E.Br. ♃ Ⓚ, Kap
3. **gibbósa** Schick et Tisch. ♃ Ⓚ, Kap
4. **marlóthii** N.E.Br. ♃ Ⓚ, Kap
5. **pillánsii** L. Bol. ♃ Ⓚ, Kap
6. **purpúrea** L. Bol. ♃ Ⓚ, Kap

Chelidónium L. - n. - *Papaveráceae* Schöllkraut
- *franchetiánum: Dicranostígma* 1
1. **május** L. ⊙ ☠ IV–IX Off., Eur., Kanar., Med., As., im östl. N-Am. eingebürg.

Chelóne L. - f. - *Scrophulariáceae*
- *barbáta: Penstémon* 7
- *campanuláta: Penstémon* 12
1. **glábra** L. ♃ VIII–X, N-Am.: Neufundl. bis Manit. u. Minn., südl. bis Georg., Alab. u. Missouri
2. **lyónii** Pursh ♃ VII–IX, USA: N- u. S-Carol., Tenn., im südl. Neuengl. eingebürg.
3. **oblíqua** L. - Miesmäulchen ♃ VII bis IX, USA: Maryl. bis Minn., südl. bis Flor., Miss. u. Ark.

Chenopódium L. - n. - *Chenopodiáceae* Gänsefuß
1. **álbum** L. - Weißer Gänsefuß ⊙ VII bis IX Ⓝ, Eur., Kanar., N-Afr., As., N-Am.
- *álbum* ssp. *amaranticolor:* 5
- *amaranticolor:* 5
2. **ambrosioídes** L., Trop. u. subtrop. Am., in M- u. S-Eur., den Kanar., in N-Afr. u. N-Am. eingebürg.
   var. **ambrosioídes** - Mexikanisches Teekraut ⊙ ♃ VI–IX Ⓝ
   var. **anthelmínticum** (L.) A. Gray (*C. anthelmínticum* L.) - Wurmsamen ⊙ ☠ VII–VIII Ⓝ
- *anthelmínticum:* 2
- *aristátum: Telóxys* 1
3. **bónus-henrícus** L. - Guter Heinrich ⊙ VII–VIII Ⓝ, N-, M-, S- u. O-Eur., im nordöstl. N-Am. eingebürg.
4. **bótrys** L. (*Ambrósia mexicána* hort.) ⊙ ✂ VII–VIII, S-Eur., As., Afr., in N-Am. verwild.
- *capitátum: Blítum* 1
- *foliósum: Blítum* 2
5. **gigantéum** D. Don (*C. amaranticolor* (Coste et Reynier) Coste et Reynier, *C. álbum* L. ssp. *amaranticolor* Coste et Reynier) ⊙ Ⓝ VII–VIII, N-Ind.
6. **hýbridum** L. ⊙ VII–IX, Eur. bis O-As., N-Afr., N-Am., in Jap., SO-As. u. Hawaii eingebürg.
7. **muràle** L. ⊙ Ⓝ VII–IX, Fast Kosmopol.
8. **purpuráscens** B. Juss. ex Jacq. ⊙ VII bis VIII, China
9. **quinóa** Willd. - Reismelde, Reisspinat ⊙ Ⓝ, Kol., Ek. bis Chile, Arg.
- *virgátum: Blítum* 2
10. **vulvária** L. ⊙ V–IX, Eur., Med., N-Afr., Kauk., Vord. As.

Chevaliéria ornáta: Aechméa 35
- *sphaerocéphala: Aechméa* 46

Chiapásia Britt. et Rose - f. - *Cactáceae*
1. **nelsónii** (Britt. et Rose) Britt. et Rose (*Epiphýllum nelsónii* Britt. et

Rose, *Phyllocáctus chiapénsis* J.A. Purp., *Disocáctus nelsónii* (Britt. et Rose) Lindgr.) ♄ ⌂ ∗, Mex., Hond.

Chiastophýllum Stapf ex Berger - n. - *Crassuláceae*
Walddickblatt

1. **oppositifólium** (Ledeb. ex Nordm.) Berger (*Cotylédon oppositifólia* Ledeb. ex Nordm.) ♃ △ VI, W-Kauk.

Chíldsia wércklei: Hidálgoa 1
Chilénia subgibbósa: Neoportéria 10
Chileniópsis villósa: Neoportéria 12

Chiliótrichum Cass. - n. - *Compósitae*

1. **diffúsum** (G. Forst.) O. Kuntze ♄ ∧-⌂, And. Chiles bis Arg., südl. bis Magellan

Chilíta: Mammillária
- *bocasána: Mammillária* 11
- *carrétii: Mammillária* 21
- *díscolor: Mammillária* 27
- *eriacántha: Mammillária* 31
- *fraileána: Mammillária* 35
- *glochidiáta: Mammillária* 37
- *lénta: Mammillária* 50
- *nelsónii: Mammillária* 69
- *plumósa: Mammillária* 79
- *prolífera: Mammillária* 84
- *schiedeána: Mammillária* 94
- *seideliána: Mammillária* 96
- *wíldii: Mammillária* 111
- *zephyrantoídes: Mammillária* 114
- *zuccariniána: Mammillária* 57

Chiloschísta Lindl. - f. - *Orchidáceae*

1. **lunífera** (Rchb. f.) J.J. Sm. (*Sarcochílus lunífera* (Rchb. f.) Hook. f.) ⌂ i IV-V ∗, N-Ind., Sikk., Burma, Thail.

Chimáphila Pursh - f. - *Pyroláceae*
Winterlieb

1. **umbelláta** (L.) Barton ♃ i VI-VIII ▽, N-, M- u. O-Eur. (südl. bis M-Rum. u. Krim), Jap., Sachal., N-Am.: Queb. bis Ont., südl. bis Georg. u. Minn.; Alaska bis Kalif., östl. bis Color.

Chimonánthus Lindl. - m. - *Calycantháceae*
Winterblüte

1. **praecox** (L.) Link (*Calycánthus praecox* L., *Chimonánthus frágrans* (Loisel.) Lindl., *Merátia praecox* (L.) Rehd. et Wils.) ♄ D ∧ I-III, China

Chimonobambúsa Mak. - f. - *Gramíneae*

1. **marmórea** (Mitf.) Mak. (*Bambúsa marmórea* Mitf., *Arundinária marmórea* Mitf., *Phyllóstachys marmórea* (Mitf.) Aschers. et Graebn.) ♄, Jap.

Chiocócca P.Br. - f. - *Rubiáceae*

1. **álba** (L.) Hitchc. (*C. racemósa* L.) ♄ i D ⌂ II, S-Flor., Westind.

Chionánthus L. - m. - *Oleáceae*
Schneeflockenstrauch

1. **retúsus** Lindl. et Paxt. ♄ VI-VII, Korea, China, Taiw.
2. **virgínicus** L. ♄-♄ VI, USA: N. Jers. bis Missouri u. Okla., südl. bis Flor., Louis., Tex.

Chionodóxa Boiss. - f. - *Liliáceae*

1. **forbésii** Bak. (*C. stehei* Stapf, *C. tmolúsii* Whittall) ♃ IV, W-Kl. As.
- *gigantéa:* 3
2. **lóchiae** Meikle ♃ V, Zyp.
3. **lucíliae** Boiss. (*C. gigantéa* Whittall) - Schneestolz ♃ III-IV, W-Kl. As.
4. **nána** (Schult. et Schult. f.) Boiss. et Heldr. (*Scílla nána* (Schult. et Schult. f.) Speta) ♃ IV, Kreta
5. **sardénsis** Whittall ♃ IV, W-Kl. As.
- *stehei:* 1
- *tmolúsii:* 1

× **Chionoscílla** J. Allen ex Nichols. (*Chionodóxa* × *Scílla*) - f. - *Liliáceae*

1. **allénii** J. Allen ex Nichols. (*Chionodóxa lucíliae* × *Scílla bifólia*) ♃ III bis IV

Chiríta Buch.-Ham. ex D. Don - f. - *Gesneriáceae*

1. **barbáta** Sprague ♃ ⌂ VII-VIII, Ind., Mal. Arch.
2. **hamósa** (Wall.) R.Br. (*Didymocárpus hamósus* Wall.) ♃ ⌂ VII-VIII, Ind., Burma
3. **horsfieldii** R.Br. ♃ ⌂ III-IV, Java
4. **lavandulácea** Stapf ♃ ⌂ I-III, Mal. Arch.
5. **micromúsa** B.L. Burtt ♃ ⌂ VI-VIII, Thail.
6. **púmila** D. Don ♃ ⌂ VII-IX, Him.
7. **sinénsis** Lindl. ♃ ⌂, Hongk.

Chirónia L. - f. - *Gentianáceae*

1. **linoídes** L. ♄ ⌂ VII-X, S-Afr.

Chlidánthus Herb. - m. - *Amaryllidáceae*

1. **frágrans** Herb. ♃ D ⌂ VII-VIII, Anden Perus bis NO-Arg.

Chloránthus Sw. - m. - *Chloranthάceae*
1. **spicátus** (Thunb.) Mak. (*C. inconspícuus* Sw.) ♄ i ⓦ ⓝ ∗, S-China, in Jap. eingebürg.

Chlóris Sw. - f. - *Gramíneae*
1. **barbáta** Sw. (*Andropógon barbátus* L. 1771, non 1759, *A. polydáctylos* L.) ♃ ⓚ VIII-IX, Pantrop., in Afr. nördl. bis Alg. Sahara
- *élegans:* 5
2. **gayána** Kunth ♃ ⓝ, Sahara, trop. Afr. bis S-Afr.
3. **radiáta** (L.) Sw. ♃ ⓚ VIII-IX, Westind.
4. **truncáta** R.Br. ♃ ⓚ VIII-IX, Austral.: Neusüdwal., Queensl., S-Austral.
5. **virgáta** Sw. (*C. élegans* H.B.K.) ⊙ VII-IX, Pantrop.

Chlорóphora Gaudich. - f. - *Moráceae*
1. **excélsa** (Welw.) Benth. et Hook. f. - „Iroko" ♄ ⓦ ⓝ, Trop. Afr.
2. **tinctória** (L.) Gaudich. ex Benth. et Hook. f. (*Maclúra tinctória* (L.) D. Don ex Steud.) - „Tatajuba" ♄ ⓦ ⓝ, Mex. u. Westind. bis Arg.

Chlorόphytum Ker-Gawl. - n. - *Liliáceae*
1. **amaniénse** Engl. ♃ ⓦ, Usamb.
2. **bichétii** (S. Karrer) Backer (*Phalángium bichétii* S. Karrer, *Anthéricum bichétii* (S. Karrer) Hua) ♃ ⓦ, Gabun
3. **capénse** (L.) Voss (*C. elátum* (Ait.) R.Br. ex Spreng.) ♃ ⓚ - ⓦ, S-Afr. (Alle zur Zeit unter diesem Namen noch gezogenen Pflanzen gehören zu *C. comósum* (Thunb.) Jacques)
4. **comósum** (Thunb.) Jacques (*C. sternbergiánum* (Schult. et Schult. f.) Steud.) ♃ ⓚ - ⓦ, Kap, Nat.
- *elátum:* 3
- *heyneánum:* 5
5. **hēynei** Bak. (*C. heyneánum* Wall. ex Hook. f.) ♃ ⓦ, Ind., Ceyl.
6. **hoffmánnii** Engl. ♃ ⓦ, Tans.
7. **inornátum** Ker-Gawl. ♃ ⓦ, Trop. W-Afr.
8. **macrophýllum** (A. Rich.) Aschers. ex Bak. ♃ ⓦ, Abess.
9. **nepalénse** (Lindl.) Bak. (*C. undulátum* Wall. ex Hook. f.) ♃ ⓦ, Nepal, Sikk.
10. **orchidástrum** Lindl. ♃ ⓦ, Sierra Leo.
- *sternbergiánum:* 4
- *undulátum:* 9

Chloróxylon DC. - n. - *Rutáceae*
1. **swieténia** DC. (*Swieténia chloróxylon* Roxb.) ♄ ⓦ ⓝ, Ind.

Choenoméles Lindl. (*Chaenoméles* Bartl.) - f. - *Rosáceae*
Zierquitte
1. **-Hybriden** ♄ III-IV
2. **japónica** (Thunb.) Lindl. ex Spach (*Pýrus japónica* Thunb., *P. māulei* Mast., *Cydónia māulei* (Mast.) T. Moore, *Cydónia japónica* (Thunb.) Pers.) ♄ III-IV ⓝ, Jap.
- *lagenária:* 3
- *sinénsis: Cydónia* 2
3. **speciósa** (Sweet) Nakai (*Cydónia japónica* Loisel. non (Thunb.) Pers.; der für diese Art häufig verwendete Name *Choenoméles lagenária* (Loisel.) Koidz. ist illegitim (regelwidrig). Er bezieht sich eigentlich auf *Ch. japónica* (Thunb.) Lindl. ex Spach) ♄ III-IV ⓝ, China, eingebürg. in Jap.

Choísya H.B.K. - f. - *Rutáceae*
Orangenblume
1. **ternáta** H.B.K. ♄ i D ⓚ V-VI, Mex.

Chondodéndron Ruiz et Pav. - n. - *Menispermáceae*
1. **microphýllum** (Eichl.) Moldenke ♄ ⌇ ☠ ⓦ, Bras.: Bahia
2. **platyphýllum** (St.-Hil.) Miers ♄ ⌇ ☠ ⓦ, SO-Bras.
3. **tomentósum** Ruiz et Pav. ♄ ⌇ ☠ ⓦ, Pan. bis Bol. u. S-Bras.

× **Chondrobóllea** hort. (*Bóllea* × *Chondrorhýncha*; × *Bolleochondrorhýncha* hort.) - f. - *Orchidáceae*

× *Chondropétalum*: × *Zygorhýncha*

Chondrorhýncha Lindl. - f. - *Orchidáceae*
1. **chestertónii** Rchb. f. ♃ ⓦ VI-VIII ∗, Kol.
2. **fimbriáta** (Lindl. et Rchb. f.) Rchb. f. (*Sténia fimbriáta* Lind. et Rchb. f.) ♃ VII-VIII ∗, Kol.

Chorίspora R.Br. ex DC. - f. - *Crucíferae*
1. **tenélla** (Pall.) DC. ⊙, SO-Eur., W-As.

Chorizéma Labill. - n. - *Leguminósae*

1. **cordátum** Lindl. ♄ Ⓚ ⛉ III–IV, W-Austral.
2. **ilicifólium** Labill. ♄ Ⓚ ⛉ IV–V, W-Austral.
3. **várium** Benth. ♄ Ⓚ ⛉ III–V, W-Austral.

Christélla dentáta: Cyclosórus 2

Chrístia Moench (*Loūrea* Neck. ex Desv., non *Loūrea* Neck. ex Jaume St.-Hil.) – f. – *Leguminósae*

1. **vespertiliónis** (L. f.) Bakh. f. (*Loūrea vespertiliónis* (L. f.) Desv., *C. lunáta* Moench) ⊙ Ⓦ VII–IX, Kamb., S-Vietn.

Chrozóphora A. Juss. corr. Benth. – f. – *Euphorbiáceae*

1. **tinctória** (L.) A. Juss. – Lackmuskraut, Färberkroton ⊙ Ⓝ, S-Eur., Med., W-As. bis Pandsch., N-Afr.

Chrysalidocárpus H. Wendl. – m. – *Pálmae*
Goldfruchtpalme

1. **lutéscens** H. Wendl. (*Aréca lutéscens* hort. non Bory) ♄ Ⓦ ∗, Madag.

Chrysánthemum L. – n. – *Compósitae*
Wucherblume

- *achilleifólium: Tanacétum* 1
- *alpínum: Leucanthemópsis* 1
- *anethifólium: Argyránthemum* 1
- *árcticum: Dendránthema* 1
- *argénteum: Tanacétum* 2
- *balsamíta: Tanacétum* 3
- *biebersteiniánum: Ánthemis* 9

1. **carinátum** Schousb. (*C. trícolor* Andr., *Ismélia carináta* (Schousb.) Schultz Bip.) ⊙ ✂ VI–IX, NW-Afr.

- *cinerariifólium: Tanacétum* 4
- *coccíneum: Tanacétum* 5

2. **coronárium** L. ⊙ ✂ VI–IX, Med., M- u. S-Port.

- *corymbósum: Tanacétum* 6
- *dénsum: Tanacétum* 7
- *erubéscens: Dendránthema* 6
- *frutéscens: Argyránthemum* 2
- *erubéscens: Dendránthema* 6
- -Grandiflorum-Hybriden: *Dendránthema* 2
- *haradjánii: Tanacétum* 8
- × *hortórum: Dendránthema* 2
- *índicum: Dendránthema* 3
- *índicum* hort. non L.: *Dendránthema* 2
- -Indicum-Hybriden: *Dendránthema* 2
- -Koreanum-Hybriden: *Dendránthema* 4
- *leucánthemum: Leucánthemum* 3
- *macrophýllum: Tanacétum* 9
- *május: Tanacétum* 3
- *máwii: Pyrethrópsis* 1
- *maximum: Leucánthemum* 1, 2
- -Maximum-Hybriden: *Leucánthemum* 2
- *millefoliátum: Tanacétum* 10
- *millefólium: Tanacétum* 10
- *multicaūle: Coleóstephus* 1
- *morifólium: Dendránthema* 2
- *nivéllei: Heteránthemis* 1
- *pacíficum: Ajánia* 1
- *paludósum: Hymenostémma* 1
- *parthénium: Tanacétum* 11
- *ptarmiciflórum: Tanacétum* 12
- *róseum: Tanacétum* 5
- *rubéllum: Dendránthema* 6

3. **ségetum** L. ⊙ ✂ VII–X, Ägäis, SW-As., in W- u. N-Eur., Deutschl. sowie N-Afr. eingebürg.

- *serótinum: Leucanthemélla* 1
- *sinénse: Dendránthema* 2

4. × **spectábile** (Lilja) Arvid Nilss. (*C. carinátum* × *C. coronárium*) ⊙ ✂ VII–IX

- × *supérbum: Leucánthemum* 2
- *trícolor:* 1
- *uliginósum: Leucánthemélla* 1
- *vestítum: Dendránthema* 2
- *viscidihírtum: Heteránthemis* 1
- *vulgare: Tanacétum* 13
- *weyríchii: Dendránthema* 5
- *zawádskii: Dendránthema* 6

Chrysobálanus L. – m. – *Chrysobalanáceae*

1. **icáco** L ♄ Ⓦ Ⓝ, S-Flor., Westind., Mex., M-Am. bis Ek. u. N-Bras.

Chrysoboltónia pulchérrima: Dendránthema 6

Chrysócoma L. – f. – *Compósitae*

1. **cóma-aūrea** L. ♃ Ⓚ VII–VIII, S-Afrika.

Chrysógonum L. – n. – *Compósitae*

1. **virginiánum** L. ♃ V–VII, USA: Penns. u. W-Virg. bis Flor. u. Louis.

Chrysólarix: Pseudólarix
- *amábilis: Pseudólarix* 1

Chrysólepis Hjelmqvist – f. – *Fagáceae*

1. **chrysophýlla** (Dougl. ex Hook.) Hjelmqvist (*Castanópsis chryso-*

phýlla (Dougl. ex Hook.) A. DC.) ♄ i ∧ oder Ⓚ ⓝ, USA: Wash. bis Kalif.

Chrysophýllum L. – n. – *Sapotáceae*
1. **cainíto** L. – Sternapfel ♄ i Ⓦ ⓝ, M-Am., Westind.
2. **imperiále** (Lind. ex K. Koch et Fint.) Benth. et Hook. f. (*Theophrásta imperiális* Lind. ex K. Koch et Fint.) ♄ i Ⓦ, Bras.

Chrysopógon Trin. – m. – *Gramíneae*
Goldbart
1. **grýllus** (L.) Trin. (*Andropógon grýllus* L.) – Goldbartgras ♃ ⓝ, S- u. südl. M-Eur., Med. bis Kl. As., Vord. As., Ind.

Chrysópsis (Nutt.) Elliott – f. – *Compósitae*
Goldaster
1. **villósa** (Pursh) Nutt. ♃ △ VII–X, N-Am.: Wisc. bis Br. Kol., südl. bis Tex. u. Kalif.

Chrysosplénium L. – n. – *Saxifragáceae*
Milzkraut
1. **alternifólium** L. ♃ 〰 〰 IV–VI, Eur., N-As., Kauk., Him., China, N-Korea, N-Jap., N-Am.: Grönl., Alb.
2. **oppositifólium** L., W- u. M-Eur., östl. bis NW-Pol. u. NW-Jugosl.
   var. **oppositifólium** ♃ 〰 〰 V–VI
   var. **rosuláre** Schott ♃ 〰 〰 IV–VI

Chrysóthemis Decne. – f. – *Gesneriáceae*
1. **friedrichsthaliána** (Hanst.) H.E. Moore ♃ Ⓦ VII–VIII, M-Am. bis W-Kol.
2. **pulchélla** (Donn ex Sims) Decne. ♃ Ⓦ VI–VIII, M-Am., mittl. S-Am.

Chrysúrus cynosuroídes: Lamárckia 1

Chúsquea Kunth – f. – *Gramíneae*
1. **coronális** Soderstrom et Calderon ♄ i Ⓦ, Guat., Costa R.

Chýsis Lindl. – f. – *Orchidáceae*
1. **aurea** Lindl.
   var. **aurea**
   f. **aurea** ♃ Ⓦ V–VI ∗, M- u. S-Am.
   f. **limmínghii** (Lind. et Rchb. f.) P.H. Allen (*C. limmínghii* Lind. et Rchb. f.) ♃ Ⓦ V–VI ∗, Mex.
   var. **bractéscens** (Lindl.) P.H. Allen (*C. bractéscens* Lindl.) ♃ Ⓦ III–V ∗, Mex., Guat.

Cibótium Kaulf. – n. – *Dicksoniáceae*
– *assámicum:* 1
1. **bárometz** (L.) Sm. (*C. assámicum* Hook.) – Vegetabilisches Lamm Ⓚ ▽ ∗, Südl. China, Taiw., Mal. Arch.
2. **glaucum** (Sm.) Hook. et Arn. Ⓚ ▽ ∗, Hawaii
3. **regále** Versch. et Lem. (*Dicksónia regális* (Versch. et Lem.) Bak.) Ⓚ ▽ ∗, Mex.
4. **schiedei** Schlechtend. et Cham. (*Dicksónia schiedei* (Schlechtend. et Cham.) Bak.) Ⓚ ▽ ∗, Mex., Guat.

Cícer L. – n. – *Leguminósae*
1. **arietínum** L. – Kichererbse ⊙ ⓝ, Wild nicht bekannt, Heimat vielleicht SW-As.

Cicérbita Wallr. – f. – *Compósitae*
Milchlattich
1. **alpína** (L.) Wallr. (*Mulgédium alpínum* (L.) Less., *Sónchus alpínus* L., *Lactúca alpína* (L.) A. Gray) ♃ VI bis VII, Fennoskand., südl. bis Pyren., N-Apenn., Bulg.
2. **bourgaei** (Boiss.) Beauverd (*Mulgédium bourgaei* Boiss., *Lactúca bourgaei* (Boiss.) Irish et N. Tayl.) ♃ VI bis VII, Kl. As.
3. **macrophýlla** (Willd.) Wallr. (*Mulgédium macrophýllum* (Willd.) DC., *Sónchus macrophýllus* Willd.) ♃ VI bis VII, M- u. O-Rußl., Kauk., in M-Eur. eingebürg.
4. **plumiéri** (L.) Kirschl. (*Mulgédium plumiéri* (L.) DC., *Sónchus plumiéri* L., *Lactúca plumiéri* (L.) Gren. et Godr.) ♃ VII–VIII, N-Span., Pyren., W-Alp. bis Voges., S-Schwarzw., SW-Bulg.

Cichórium L. – n. – *Compósitae*
Wegwarte
1. **endívia** L. – Winterendivie, Endivie, Escariol
   var. **críspum** Lam. – Krause Winterendivie ⊙ ⓝ, Nur in Kult. bek.
   var. **endívia** – Schnittendivie ⊙–⊙ VII–X, S-Eur., Med.
   var. **latifólium** Lam. – Breitblättrige Endivie, Escariol ⊙ VII–VIII ⓝ, Nur in Kult. bek.
2. **íntybus** L. – Zichorie, Wegwarte
   var. **foliósum** Hegi – Salatzichorie, Chicorée ⓝ, Nur in Kult. bek.
   var. **íntybus** (var. *sylvéstre* Vis.) – Wilde Zichorie ♃ VII–IX, Eur., Sib., Vord. As., N-Afr., weltweit einge-

schleppt oder eingebürg.
var. **satívum** DC. (ssp. *satívum* (DC.) Janchen) - Wurzelzichorie, Kaffeezichorie ♃ VII–VIII Ⓝ, Nur in Kult. bek.
- *íntybus* ssp. *satívum:* 2
- *íntybus* var. *sylvéstre:* 2

Cicúta L. - f. - *Umbellíferae*
Wasserschierling
1. **virósa** L. (*Selínum virósum* (L.) E.H.L. Krause) ♃ ☠ VII–VIII, Eur., gem. As. bis Jap.

Cimicífuga Wernischek - f. - *Ranunculáceae*
Silberkerze
1. **acérina** (Sieb. et Zucc.) Tanaka (*C. japónica* var. *acérina* (Sieb. et Zucc.) Huth) ♃ VIII–IX, Jap.
2. **americána** Michx. ♃ VIII–IX, USA: Penns. u. W-Virg., südl. bis Georg., Tenn.
- *cordifólia:* 5
3. **dahúrica** (Turcz.) Torr. et A. Gray ex Maxim. ♃ VIII–IX, SO-Sib., Amur, Jap.
4. **japónica** (Thunb.) Spreng. ♃ IX, Jap.
- *japónica* var. *acérina:* 1
5. **racemósa** (L.) Nutt.
var. **cordifólia** (Pursh) A. Gray (*C. cordifólia* Pursh) ♃ VIII–IX, USA: Virg. bis N-Carol. u. Tenn.
var. **racemósa** ♃ VII–VIII, N-Am.: Mass. bis Ont., südl. bis Georg., Tenn. u. Missouri
6. **ramósa** Nakai ♃ IX, Kamtsch., nicht in Jap.
7. **símplex** DC. ♃ IX–X, Jap., Sachal., Kuril., Kamtsch., Mandsch.

Ciminális acaūlis: Gentiána 1
- *alpína: Gentiána* 2
- *occidentális: Gentiána* 4

Cinchóna L. - f. - *Rubiáceae*
Chinarindenbaum
1. **calisáya** Wedd. (*C. ledgeriána* Moens ex Trim.) ♄ Ⓦ Off. Ⓝ, Kol., Ek., Peru, Bol.
- *ledgeriána:* 1
2. **officinális** L. ♄ Ⓦ Off. Ⓝ, Kol. bis Peru
3. **pitayénsis** (Wedd.) Wedd. ♄ Ⓦ Ⓝ, Kol., Ek.
4. **pubéscens** Vahl (*C. succírubra* Pav. ex Klotzsch) ♄ Ⓦ Off., Costa R., Venez. bis Bol.
- *succírubra:* 4

Cinerária alpína: Senécio 5
- *bícolor: Senécio* 11
- *candidíssima: Senécio* 54
- *cruénta: Senécio* 13
- *hýbrida: Senécio* 14
- *marítima: Senécio* 11
- *marítima* var. *candidíssima: Senécio* 54

Cinnamómum Schaeffer - n. - *Lauráceae*
1. **aromáticum** Nees (*C. cássia* Bl.) - Zimtkassie ♄ i Ⓦ Ⓝ, Kwangsi
2. **burmánii** (Nees) Bl. ♄ i Ⓦ Ⓝ, Malays., Indones.
3. **cámphora** (L.) J.S. Presl - „Re", Kampferbaum ♄ i Ⓦ Ⓝ Off., S-China, Taiw., S-Jap., Riukiu-Ins., in Flor., S-Georg. u. SO-Louis. eingebürg.
- *cássia:* 1
4. **micránthum** (Hayata) Hayata ♄ Ⓦ Ⓝ, Taiw.
5. **vérum** J.S. Presl (*C. zeylánicum* Bl.) - Ceylonzimtbaum ♄ i Ⓦ Ⓝ Off., Ceyl., SW-Ind.
- *zeylánicum:* 5

Ciónura Griseb. - f. - *Asclepiadáceae*
1. **erécta** (L.) Griseb. (*Marsdénia erécta* (L.) R.Br.) ♃ ≹ D Ⓚ VI–VII, O-Med.

Circaēa L. - f. - *Onagráceae*
Hexenkraut
1. **alpína** L. ♃ VI–VII, Eur., gem. As., China, Jap., N-Am.: Labr. bis Alaska, südl. bis Georg., Tenn., Iowa, Color., Utah u. Wash.
2. × **intermédia** Ehrh. (*C. alpína* × *C. lutetiána*) ♃ VI–VII, Eur.
3. **lutetiána** L. - Hexenkraut ♃ VI–VII, Euras., N-Afr.

Cirrhaēa Lindl. - f. - *Orchidáceae*
1. **depéndens** (Lodd.) Rchb. f. ♃ Ⓦ VI–VII ∗, Bras.
2. **saccáta** Lindl. ♃ Ⓦ V–VI ∗, Bras.

Cirrhopétalum: Bulbophýllum 1, 5, 8–16

Círsium Mill. emend. Scop. - n. - *Compósitae*
Kratzdistel
1. **acaūle** Scop. (*C. acaūlon* (L.) Scop.) ♃ △ VII–VIII, W-, N- u. M-Eur., südl. bis S-Span., M-Jugosl., SO-Rußl.

- *acaulon:* 1
- *áfrum: Ptilostémon* 1
2. **altíssimum** (L.) Spreng. (*Cárduus altíssimus* L.) ♃ VII–X, USA: N.Y. bis N-Dak., südl. bis Flor. u. Tex.
3. **arvénse** (L.) Scop. - Ackerdistel ♃ VII–VIII, Eur., N-Afr., As., in N-Am. eingebürg.
- *casábonae: Ptilostémon* 2
4. **erióphorum** (L.) Scop. (*Cárduus erióphorus* L.) ⊙ VII–VIII, W-, M- u. S-Eur., N-Ital., W- u. S-Balk.
- *helenioídes:* 5
5. **heterophýllum** (L.) Hill (*C. helenioídes* (L.) Hill) ♃ ✂ VII–VIII, Eur. bis Sib.
6. **japónicum** DC. ♃ ✂ VI–VIII, Jap.
- *lanceolátum:* 11
7. **oleráceum** (L.) Scop. (*Cnícus oleráceus* L.) - Kohldistel ♃ ~ VII bis VIII Ⓝ, W-, N- u. M-Eur., südl. bis N-Span., N-Ital., N-Balk., Rußl., Sib.
8. **palústre** (L.) Scop. ⊙ ~ VII–IX, Fast ganz Eur., N-Afr., Baikal, Neufundl.
9. **rivuláre** (Jacq.) All. (*C. salisburgénse* (Willd.) G. Don) ♃ VI–VII, N-Span., Pyren., M-, O- u. SO-Eur.
- *salisburgénse:* 9
10. **spinosíssimum** (L.) Scop. (*Cnícus spinosíssimus* L.) - Alpenkratzdistel ♃ VII–VIII, Alp., N- u. M-Apenn., Apuan. Alp.
11. **vulgáre** (Savi) Ten. (*C. lanceolátum* (L.) Scop. non Hill) ⊙ VII–IX Ⓝ, Eur., N-Afr., W-As., Sib., in N-Am. eingebürg.

Císsus L. - f. - *Vitáceae*
Klimme
1. **adenópoda** Sprague ♃ ⸾ Ⓦ, Togo bis Kamer. u. Uganda
- *albónitens:* 12
2. **amazónica** Lind. ♃ ⸾ Ⓦ, Amaz.
3. **antárctica** Vent. ♄ i ⸾ Ⓚ, Austral.: Queensl., Neusüdwal.
- *bainésii: Cyphostémma* 1
- *brevipedunculáta: Ampelópsis* 2
- *cactifórmis:* 9
- *capénsis: Rhoicíssus* 1
- *crameriána: Cyphostémma* 2
- *currórii: Cyphostémma* 3
- *dínteri:* 8
4. **díscolor** Bl. ♄ i ⸾ Ⓦ, Java
- *fléckii: Cyphostémma* 4
5. **gongylódes** (Bak.) Burch. (*Vítis gongylódes* Bak., *V. pteróphora* Bak.) ♄ i ⸾ Ⓦ, Bras., Parag., Peru
6. **incísa** (Nutt.) Des Moul. ♄ ⸾ Ⓚ, USA: Missouri u. Kans., südl. bis Flor., Ark. u. Tex.
- *júttae: Cyphostémma* 5
- *mácropus: Cyphostémma* 6
7. **njegérre** Gilg ♃ i ⸾ Ⓦ, Usamb.
8. **nymphaeifólia** Planch. (*C. dínteri* Gilg) ♃ ⇝ Ⓚ, SW-Afr.
- *orientális: Ampelópsis* 5
9. **quadrángula** L. (*C. quadranguláris* hort., *C. cactifórmis* Gilg) ♄ ⸾ Ⓦ, Nat., Trop. Afr., Abess. bis Irak, Ind., Ceyl., Phil., Indones.
- *quadranguláris:* 9
10. **rhombifólia** Vahl (*Rhoicíssus rhomboídea* (hort. non E. Mey. ex Harv.) Planch.) ♃ ⸾ Ⓚ–Ⓦ, Von Mex. u. Westind. durch das trop. Am.
11. **rotundifólia** (Forssk.) Vahl ♄ ⸾ Ⓦ, Tans., Moz.
12. **sicyoídes** L., S-Am.
'Albonitens' (*C. albónitens* Lind. et André) ♄ i ⸾ Ⓚ - Ⓦ
13. **striáta** Ruiz et Pav. ♄ i ⸾ Ⓚ, Chile, S-Bras.
- *voinieriána: Tetrastígma* 1

Cístus L. - m. - *Cistáceae*
Zistrose
1. **álbidus** L. ♄ i Ⓚ, SW-Eur., N-Afr.
2. **créticus** L. (*C. incánus* L. ssp. *créticus* (L.) Heyw., *C. incánus* auct. non L., *C. villósus* auct. vix L., *C. polymórphus* Willk.) ♄ i Ⓚ Ⓝ, S. Eur., Med.
3. **críspus** L. ♄ i Ⓚ, W-Med., M- u. S-Port.
- *incánus:* 2
- *incánus* ssp. *créticus:* 2
4. **ladánifer** L. ♄ i Ⓚ, SW-Eur., N-Afr.
5. **laurifólius** L. ♄ i ∧ VI–VIII, SW-Eur., M-Ital., O-Med.
6. **monspeliénsis** L. ♄ i Ⓚ, S-Eur., Med., N-Afr.
- *polymórphus:* 2
7. **populifólius** L. ♄ ∧ bis Ⓚ, S-Frankr., Span., Port.
8. × **purpúreus** Lam. (*C. créticus* × *C. ladánifer*) ♄ i Ⓚ
- *villósus:* 2

Citrióbatus A. Cunn. ex Putterl. - m. - *Pittosporáceae*
Orangenbeere
1. **multiflórus** A. Cunn. ♄ ✿ ⌂ III–IV, Austral.: Neusüdwal., Queensl.

× **Citrofortunélla** J. Ingram et H.E. Moore (*Cítrus* × *Fortunélla*) - f. - *Rutáceae*
1. **microcárpa** (Bunge) Wijnands (*Cítrus reticuláta* × *Fortunélla margaríta?*; × *C. mítis* (Blanco) J. Ingram et H.E. Moore, *Cítrus microcárpa* Bunge, *Cítrus mítis* Blanco) - Calamondine ♄ i D ✿ ▽ ⌂

Citronélla D. Don - f. - *Icacináceae*
1. **megaphýlla** (Miers) Howard (*Villarésia grandiflóra* Fisch. ex Regel) ♄ - ♄ i ⌂, Bras.

Citrúllus Schrad. - m. - *Cucurbitáceae*
Wassermelone
1. **colocýnthis** (L.) Schrad. (*Cúcumis colocýnthis* L., *Colocýnthis vulgáris* Schrad.) - Koloquinthe ♃ ⸾ ✿ ☠ ⌂ Ⓝ, Kapverd., Kanar., S-Med., Sahara bis Arab., Syr., Paläst., Vord. As. bis Ind.
2. **lanátus** (Thunb.) Matsum. et Nakai (*Cucúrbita citrúllus* L., *Momórdica lanáta* Thunb., *Citrúllus vulgáris* Schrad., *Cúcumis citrúllus* (L.) Ser., *Colocýnthis citrúllus* (L.) O. Kuntze)
ssp. **lanátus**
var. **citrioídes** (L.H. Bailey) Mansf. - Futterwassermelone ☉ ⸾ ✿ ⌂ Ⓝ, S-Afr.
var. **lanátus** ☉ ⸾ ✿ ⌂, Kalahari, Kap u. angrenz. S-Afr., Namib.
ssp. **vulgáris** (Schrad.) Fursa
var. **vulgáris** (*C. lanátus* var. *cáffer* (Schrad.) Mansf.) - Wassermelone ☉ ⸾ ✿ ⌂ Ⓝ, Nur in Kult. bek.
- *lanátus* var. *cáffer:* 2
- *vulgáris:* 2

Cítrus L. - f. - *Rutáceae*
Citrus
1. **aurantiifólia** (Christm. et Panz.) Swingle (*C. líma* Lunan, *C. médica* ssp. *ácida* (Roxb.) Engl.) - Saure Limette ♄-♄ i ✿ ⌂ Ⓝ, Malak., Mal. Arch., in den Trop. sowie in Flor. eingebürg.
2. **aurántium** L. (*C. vulgáris* Risso) - Pomeranze ♄ i ✿ ⌂ Ⓝ, SO-As., eingebürg. in Flor., Georg., den Subtrop. u. Trop.
- *aurántium* ssp. *bergámia:* 3
- *aurántium* ssp. *khátta:* 8
- *aurántium* ssp. *sinénsis:* 19
- *aurántium* var. *grándis:* 13
- *aurántium* var. *ichangénsis:* 6
- *aurántium* var. *sinénsis:* 19
- *austrális: Microcítrus* 2
3. **bergámia** Risso et Poit. (*C. aurántium* ssp. *bergámia* (Risso et Poit.) Wight et Arn. ex Engl.) - Bergamotte ♄ i ✿ ⌂, Herkunft unbek.
- *decumána:* 13
- *decumána* var. *racemósa:* 17
4. **deliciósa** Ten. - Mandarine ♄ i ✿ ⌂ Ⓝ, Herkunft ungewiß, vielleicht Med.
- *grándis:* 13
5. **hýstrix** DC. ♄ i ✿ ⌂ Ⓝ, Burma bis Malays., Phil.
6. **ichangénsis** (Guill.) Swingle (*C. aurántium* var. *ichangénsis* Guill.) ♄ i ✿ ⌂ Ⓝ, SW- u. M-China, Assam
- *japónica: Fortunélla* 2
7. **júnos** Sieb. ex Tanaka ♄ i ✿ ⌂ Ⓝ, China
8. **kárna** Raf. (*C. aurántium* ssp. *khátta* (Bonavia) Engl.) - Khatta ♄ i ✿ ⌂ Ⓝ, Ind.
9. **latifólia** Tanaka ♄ i ✿ ⌂ Ⓝ, Tahiti
- *líma:* 1
10. **limétta** Risso (*C.* × *limónia* var. *limétta* (Risso) Aschers. et Graebn.) - Süße Zitrone ♄ i ✿ ⌂ Ⓝ, Trop. As.
11. **límon** (L.) Burm. f. (*C. limónum* Risso, *C. médica* var. *límon* L., *C. médica* var. *limónum* (Risso) Wight et Arn.) - Zitrone, Sauerzitrone, Limone ♄ i ✿ ⌂ Ⓝ Off., wahrscheinl. SO-As.: N-Burma, S-China, in Flor. u. im trop. Am. eingebürg.
12. × **limónia** Osbeck (*C. límon* × *C. reticuláta?*) ♄ i D ✿ ⌂ Ⓝ Off. (Hierher wahrscheinl. die Otaheite-Orange (*C. otaiténsis* Risso et Poit., *C. taiténsis* Risso))
- × *limónia* var. *limétta:* 10
- *limónum:* 11
- *margaríta: Fortunélla* 3
13. **máxima** (Burm.) Merr. (*C. aurántium* var. *grándis* L., *C. decumána* (L.) L., *C. grándis* (L.) Osbeck) -

Riesenorange, Pampelmuse ♄ i ꝏ ⌂ Ⓝ, SO-As., vermutl. Thail. u. Malays.

14. **médica** L. - Zitronatzitrone ♄–♄ i ⌂ Ⓝ
    var. **éthrog** Engl. ('Ethrog'), W-As., Med.
    var. **médica**, Vorderind., in Flor. eingebürg.
    var. **sarcodáctylis** (Hoola van Nooten) Swingle - Buddhafinger, S- u. O-As.
- *médica* 'Ethrog': 14
- *médica* ssp. *ácida:* 1
- *médica* var. *límon:* 11
- *médica* var. *limónum:* 11
- *microcárpa:* × *Citrofortunélla* 1
- *mítis:* × *Citrofortunélla* 1

15. **myrtifólia** Raf. ♄ i ꝏ ⌂ Ⓝ, vermutl. China
- *nóbilis* Andr. non Lour.: 18

16. × **nóbilis** Lour. (*C. reticuláta* × *C. sinénsis*) - King orange ♄ i ꝏ ⌂ Ⓝ
- *otaiténsis:* 12

17. × **paradísi** Macfad. (*C. máxima* × *C. sinénsis; C. decumána* var. *racemósa* (Risso et Poit.) Roem., *C. racemósa* (Risso et Poit.) Marcov. ex Tanaka) - Grapefruit ♄ i ꝏ ⌂ Ⓝ, In Westind. entstanden
- *racemósa:* 17

18. **reticuláta** Blanco (*C. nóbilis* Andr. non Lour.) - Santaro-Orange ♄–♄ i ꝏ ⌂ Ⓝ, Phil., SO-As.

19. **sinénsis** (L.) Osbeck (*C. aurántium* var. *sinénsis* L., *C. aurántium* ssp. *sinénsis* (L.) Engl.) - Apfelsine, Orange ♄ i ꝏ ⌂ Ⓝ Off., Vielleicht in China entstanden, in Flor. eingebürg.
- *taiténsis:* 12

20. **tangerína** hort. ex Tanaka - Tangerine ♄ i ꝏ ⌂ Ⓝ, Vielleicht China, in China, Jap. u. den USA kult.
- *trifoliáta: Poncírus* 1
- *vulgáris:* 2

Cladánthus Cass. - m. - *Compósitae*
Astblume

1. **arábicus** (L.) Cass. (*Ánthemis arábica* L., *C. prolíferus* (Pers.) DC.) ⊙ VII bis X, S-Span., N-Afr.

Cládium P. Br. - n. - *Cyperáceae*
Schneide

1. **maríscus** (L.) Pohl ♃ ≈ ⋈ VI–VIII, Fast Kosmopol.

Cladothámnus Bong. - m. - *Ericáceae*

1. **pyroliflórus** Bong. ♄ VI, N-Am.: Alaska bis Oreg.

Cladrástis Raf. - f. - *Leguminósae*
Gelbholz
- *amurénsis: Māackia* 1
- *amurénsis* var. *floribúnda: Māackia* 1

1. **kentúkea** (Dum.-Cours.) Rudd (*C. lútea* (Michx. f.) K. Koch, *Virgília lútea* Michx. f., *C. tinctória* Raf.) ♄ V bis VI Ⓝ, USA: N-Carol., Tenn., Kent., Indiana u. Ill., südl. bis Georg., Alab. u. Miss.; Missouri bis Ark. u. Okla.
- *lútea:* 1

2. **sinénsis** Hemsl. ♄ VII–VIII, W- u. M-China
- *tinctória:* 1

Clappertónia Meissn. - f. - *Tiliáceae*

1. **ficifólia** (Willd.) Decne. (*Honckénya ficifólia* Willd.) ♄ ⌂, Trop. Afr.

Clárkia Pursh - f. - *Onagráceae*

1. **amōena** (Lehm.) A. Nels. et Macbr. (*Godétia amōena* (Lehm.) G. Don) - Godetie, Atlasblume ⊙ VI–IX, Kalif.
    ssp. **líndleyi** (Dougl.) F. H. Lewis et M. E. Lewis (*Godétia grandiflóra* Lindl.)
    ssp. **whitnēyi** (A. Gray) F. H. Lewis et M. E. Lewis (*Godétia whitnēyi* (A. Gray) T. Moore)
2. **bréweri** (A. Gray) Greene (*Eucharídium bréweri* A. Gray) ⊙ VII–VIII, Kalif.
3. **concínna** (Fisch. et C. A. Mey.) Greene (*Eucharídium concínnum* Fisch. et C. A. Mey.) ⊙ VII–VIII, Kalif.
- *élegans:* 6

4. **pulchélla** Pursh ⊙ VII–VIII, N-Am.: Br. Kol. bis Oreg. u. Mont.
5. **rhomboídea** Dougl. ⊙ VII–VIII, N-Am.: Br. Kol. bis Kalif., östl. bis Id., Utah u. Ariz.
6. **unguiculáta** Lindl. (*C. élegans* Dougl. non Poir.) ⊙ VII–VIII, Kalif.

Clauséna Burm. f. - f. - *Rutáceae*

1. **lánsium** (Lour.) Skeels ♄ ⌂ Ⓝ, S-China

Clavíja Ruiz et Pav. - f. - *Theophrastáceae*
1. **longifólia** (Jacq.) Mez (*C. ornáta* D. Don, *Theophrásta longifólia* Jacq.) ♄ i D ⌂, Venez.

Claytónia L. - f. - *Portulacáceae*
- *perfoliáta: Móntia* 1
- *sibírica: Móntia* 2
1. **virgínica** L. ♃ △ III, N-Am.: Queb. bis Minn., südl. bis Georg., Alab., Louis. u. Tex.; Mex.

Cleisóstoma Bl. - f. - *Orchidáceae*
1. **filifórmis** (Lindl.) Garay (*Sarcánthus filifórmis* Lindl.) ♄ i ⌂ VI-X ∗, Sikk., Him., Khas., Burma
2. **racemífera** (Lindl.) Garay (*Sarcánthus racémifer* (Lindl.) Rchb. f.) ♄ i ⌂ V-VI ∗, Ind., Nepal, Thail., Burma

Cleistocáctus Lem. (einschl. *Borzicáctus* Riccob., *Cephalocleistocáctus* Ritt., *Loxanthocéreus* Bckbg.) - m. - *Cactáceae*
1. **acanthúrus** (Vaup.) D.R. Hunt (*Borzicáctus acanthúrus* (Vaup.) Britt. et Rose, *Loxanthocéreus acanthúrus* (Vaup.) Bckbg.) ⌂ ∗, M-Peru
2. **anguínus** (Gürke) Britt. et Rose (*Céreus anguínus* Gürke) ⌂ ∗, Parag.
3. **areolátus** (Mühlpf.) Riccob. (*Céreus areolátus* Mühlpf.) ⌂ ∗, Bol.
4. **baumánnii** (Lem.) Lem. (*Céreus baumánnii* Lem.) ⌂ ∗, NO-Arg., Parag., Urug.
5. **broókei** Cárd. (*C. wendlandiórum* Bckbg.) ⌂ ∗, S-Bol.
- *fossulátus: Oreocéreus* 3
6. **icosagónus** (H.B.K.) Rol.-Goss. (*Borzicáctus icosagónus* (H.B.K.) Britt. et Rose, *Matucána icosagóna* (H.B.K.) Buxb., *Borzicáctus aurivíllus* (K. Schum.) Britt. et Rose) - Goldsäule ⌂ ∗, S-Ek., N-Peru
7. **rítteri** Bckbg. (*Cephalocleistocáctus rítteri* (Bckbg.) Bckbg.) ♄ ⌂ ∗, M-Bol.
- *rhodacánthus: Denmóza* 2
8. **roézlii** (Haage jr.) Bckbg. (*Borzicáctus roézlii* (Haage jr.) W.T. Marsh., *Céreus roézlii* Haage jr.) ♄-♄ ⌂ ∗, N-Peru
9. **samaipátanus** (Cárd.) D.R. Hunt (*Bolivicéreus samaipátanus* Cárd., *Borzicáctus samaipátanus* (Cárd.) Kimn.) ⌂ ∗, Bol.
10. **sépium** (Kunth) Rol.-Goss. (*Borzicáctus sépium* (Kunth) Britt. et Rose) ⌂ ∗, Ek.
- *wendlandiórum:* 5
11. **wínteri** D.R. Hunt (*Borzicáctus aureispínus* (Ritt.) Hutchison, *Loxanthocéreus aureispínus* (Ritt.) Buxb., *Winteria aureispína* Ritt., *Hildewíntera aureispína* (Ritt.) Ritt.) ⌇ ⌂ ∗, Bol.

Clématis L. - f. - *Ranunculáceae*
Waldrebe
1. **afoliáta** J. Buchan. ♄ D ⌂ V, Neuseel.
2. **alpína** (L.) Mill. (*Atrágene alpína* L.) ssp. **alpína** - Alpenwaldrebe ♄ △ ⌇ V bis VII ▽, Alp. u. Vorland, Apenn., Karp., N-Balk.
   ssp. **sibírica** (L.) O. Kuntze (*Atrágene sibírica* L., *C. sibírica* (L.) Mill., *C. alpína* var. *sibírica* (L.) Schneid.) ♄ △ V-VII, Norw., Finnl., NO-Rußl. bis O-Sib., südl. bis Ural, M-As. u. Mandsch.
- *alpína* var. *sibírica:* 2
3. **armándii** Franch. ♄ i ⌇ ⌂ V, M- u. S-China
4. **baleárica** L.C. Rich. ♄ i ⌇ ⌂ IX-III, Kors., Menor.
5. **campaniflóra** Brot. ♄ ⌇ ∧ VI-VII, Port., S-Span.
6. **chrysócoma** Franch.
   var. **serícea** (Franch. ex Fin. et Gagnep.) Schneid. (*C. spoóneri* Rehd. et Wils.) ♄ ⌇ ⌂ VII-IX, Jünn.
7. **cirrhósa** L. ♄ i ⌂ I-III, S-Eur., Med., Syr., Anat.
- *coccínea:* 36
8. **colénsoi** Hook. f. ♄ i ⌇ ⌂ V-VI, Neuseel.
9. **críspa** L. (*C. cylíndrica* Sims, *C. símsii* Sweet) ♄ ⌇ VI-VIII, USA: Virg. bis Missouri, südl. bis Flor. u. Tex.
- *cylíndrica:* 9
- *davidiána:* 16
- *dioscoreifólia* var. *robústa:* 24
10. **fargésii** Franch. ♄ ⌇ VI-IX, W-China
11. **flámmula** L. ♄ ⌇ ∧ VII-X, S-Eur., Med., Vord. As. bis Iran
- *flámmula* var. *robústa:* 24
12. **flórida** Thunb. ♄ ⌇ VI-VIII, China, in

Jap. eingebürg.
13. **fremóntii** S. Wats. ♃ ⦚ VII–VIII, USA: Missouri bis Color.
14. **fúsca** Turcz. ♄ ⦚ VII–VIII, Jap., Sib., Kamtsch., Sachal., Kuril.
15. **glaūca** Willd. ♄ ⦚ IX–X, W-China bis Sib.
16. **heracleifólia** DC. (*C. tubulósa* Turcz.)
var. **davidiána** (Decne. ex Verl.) Hemsl. (*C. davidiána* Decne. ex Verl.) ♄ ∧ VIII–IX, N-China
17. **-Hybriden** ♄ ⦚ VI–IX (Zusammenfassung aller großblütigen Sorten)
- *indivísa:* 28
18. **integrifólia** L. ♃ VII–VIII, M- u. SO-Eur. bis M-Rußl., Kl. As., Altai
19. ×**jackmánii** T. Moore (*C. lanuginósa* × *C. viticélla*) ♄ ⦚ VII–X
20. **koreána** Kom. ♄ ⟿ VI, N-Korea, Mandsch.
21. **lanuginósa** Lindl. ♄ ⦚ VI–X, O-China
22. **lasiándra** Maxim. ♄ ⦚ VIII–X, M-China
23. **macropétala** Ledeb. (*Atrágene macropétala* (Ledeb.) Ledeb.) ♄ ⦚ V–VI, N-China bis O-Sib.
24. **maximowicziána** Franch. et Sav. (*C. dioscoreifólia* Lév. et Van. var. *robústa* (Carr.) Rehd., *C. paniculáta* Thunb. non J.F. Gmel., *C. flámmula* L. var. *robústa* Carr.) ♄ ⦚ IX–X, Korea, China
25. **montána** Buch.-Ham. ex DC. ♄ ⦚ V bis VI, Him., W-China: Jünn.
26. **ochroleūca** Soland. ♃ – ♄ V–VI, USA: N.Y. bis Penns., südl. bis Georg.
27. **orientális** L. ♄ ⦚ VII–IX, SO-Rußl., Ukr., Ägäis, W-As., Turkest.
28. **paniculáta** J.F. Gmel. (*C. indivísa* Willd.) ♄ i ⦚ ⓚ V–VI, Neuseel.
- *paniculáta* Thunb.: 24
29. **pátens** C. Morr. et Decne. ♄ ⦚ V–VII, Jap., China
30. **récta** L. ♃ D VI–VII ☠, S-, M- u. O-Eur. bis nördl. gem. As.
31. **rehderiána** Craib ♄ ⦚ ∧ VII–X, W-China
32. **serratifólia** Rehd. ♄ ⦚ VIII–IX, Jap., Mandsch., N-Korea, Ussuri
- *sibírica:* 2
- *símsii:* 9
33. **songárica** Bunge ♄ VIII–IX, Sib. bis Turkest.
- *spoōneri:* 6
34. **stans** Sieb. et Zucc. ♃ VIII–IX, Jap.
35. **tangútica** (Maxim.) Korsh. ♄ ⦚ VI (VIII), Mongol. bis NW-China
36. **texénsis** Buckl. (*C. coccínea* (A. Gray) Engelm. ex Hook. f.) ♄ ⦚ VII bis IX, Tex.
- *tubulósa:* 16
37. **veitchiána** Craib ♄ ⦚ IX–X, W-China
38. **viórna** L. ♄ ⦚ VII, USA: Penns. bis Iowa, südl. bis Georg. u. Tex.
39. **virginiána** L. ♄ ⦚ VIII–IX, N-Am.: N. Scot. u. Queb. bis Manit., südl. bis Georg., Louis. u. Kans.
40. **vitálba** L. – Waldrebe ♄ ⦚ ☠ VII–IX Ⓝ, S-, W- u. M-Eur. bis Kl. As. u. Kasp. Meer., Amanus, Med., Alger.
41. **viticélla** L. ♄ ⦚ VIII–IX, S-Eur., Kl. As., Syr., Iran, in M-Eur. z.T. eingebürg.

Clematópsis Boj. ex Hutchins. – f. – *Ranunculáceae*
1. **villósa** (DC.) Hutchins. (*C. scabiosifólia* (DC.) Hutchins.) ♄ ⓚ VIII–IX, Von Transv. nördl. durch die gem. Gebiete Afr.

Cleóme L. – f. – *Capparáceae*
- *arbórea:* 1
- *gigantéa:* 1
- *grándis:* 1
- *gynándra: Gynandrópsis* 1
1. **hassleriána** Chodat (*C. arbórea* hort. non H.B.K., *C. gigantéa* hort. non L., *C. grándis* hort., *C. púngens* auct. non Willd., *C. spinósa* auct. non Jacq.) – Spinnenpflanze ⊙ VII–X, SO-Bras. bis Arg. (Mit mehreren Sorten)
- *pentaphýlla: Gynandrópsis* 1
- *púngens* auct.: 1
- *púngens* Willd.: 2
- *spinósa* auct.: 1
2. **spinósa** Jacq. (*C. púngens* Willd.) ⊙ VII–X, S-Am., in vielen wärmer. Länd. eingebürg.

Clerodéndron: Clerodéndrum

Clerodéndrum L. (*Clerodéndron* Adans.) – n. – *Verbenáceae*
1. **búngei** Steud. (*C. foētidum* Bunge) ♄ ∧ VIII–IX, Sikk., China, Riukiu-Ins.
- *fállax:* 3

- *foetidum:* 1
2. **frágrans** (Vent.) R. Br. (*Volkaméria frágrans* (Vent.) Ait., *C. philippínum* Schau.), Wärmeres China
'Pleniflorum' ♄ D ⌂ I–XII (mit Unterbrechungen)
- *philippínum:* 2
3. **speciosíssimum** Van Geert (*C. fállax* hort. non Lindl.) ♄ ⌂ VI–IX, Sunda, N. Guin., Polyn.
4. **spléndens** G. Don ♄ ⌇ ⌂ XII–IV, aber auch zu anderen Zeiten, W- u. M-Afr.
5. **thomsóniae** Balf. ♄ ⌇ ⌂ III–VII, W-Afr., Kamer.
6. **trichótomum** Thunb.
var. **fargésii** (Dode) Rehd. ♄ ☘ IX, China, Taiw.
7. **ugandénse** Prain ♄ ⌇ ⌂ IV–IX, Uganda bis Zimb.

Cléthra L. - f. - *Clethráceae*
Scheineller
1. **acumináta** Michx. ♄ VII–VIII, USA: Virg. u. W-Virg. bis Kent., Tenn., Alab. u. Georg.
2. **alnifólia** L. ♄ VII–IX, USA: Maine bis Penns., südl. bis Flor. u. Tex.
3. **arbórea** Ait. ♄ i ⌂ VIII–IX, Mad.
4. **barbinérvis** Sieb. et Zucc. ♄ VII–IX, Jap., Korea, Quelpart
5. **delavayi** Franch. ♄ ⌂ VII–VIII, W-China
6. **fargésii** Franch. ♄ VII–VIII, M-China
7. **tomentósa** Lam. ♄ VIII–IX, USA: N-Carol. bis Flor. u. Alab.

Cleyera Thunb. - f. - *Theáceae*
1. **japónica** Thunb. (*C. ochnácea* DC., *Eurya ochnácea* (DC.) Szysz.), Jap., Korea, Riukiu-Ins., Taiw., China
'Tricolor' (*C. fortúnei* Hook. f., *Eurya japónica* var. *variegáta* hort., *E. latifólia* var. *variegáta* hort.) ♄ - ♄ i ⌂

Cliánthus Soland. ex Lindl. - m. - *Leguminósae*
Ruhmesblume
- *dampiéri:* 1
1. **formósus** (G. Don) Ford et Vickery (*C. dampiéri* A. Cunn. ex Lindl., *C. speciósus* (G. Don) Aschers. et Graebn., *Dónia speciósa* G. Don) - Ruhmesblume ♃ - ♄ i ⌂ VII–IX, Austral.
2. **puníceus** (G. Don) Soland. ex Lindl. (*Dónia punícea* G. Don) ♄ ⌂ i III–V, Neuseel.
- *speciósus:* 1

Clidémia D. Don - f. - *Melastomatáceae*
1. **hírta** (L.) D. Don ♄ ⌂, Trop. Am.

Clinostígma mooreánum: Lepidórhachis 1

Clintónia Dougl. ex Lindl.: *Downíngia*
- *élegans: Downíngia* 1
- *pulchélla: Downíngia* 2

Clintónia Raf. - f. - *Liliáceae*
1. **boreális** (Ait.) Raf. ♃ ☘ V, N-Am.: Labr. bis Manit., südl. bis Georg., Tenn., Wisc. u. Minn.
2. **umbelluláta** (Michx.) Morong ♃ ☘ V, USA: Allegh., von N. Y. bis Georg.
3. **uniflóra** (Schult.) Kunth ♃ V, N-Am.: Alaska bis Kalif., östl. bis Alb., Mont. u. Oreg.

Clistanthocéreus hertlingiánus: Browníngia 2

Clitória L. - f. - *Leguminósae*
1. **ternátea** L. ♃ ⌇ VI–IX ⓦ, Pantrop., wahrscheinl. Heimat S-Am.

Clívia Lindl. - f. - *Amaryllidáceae*
Klivie, Riemenblatt
1. **gardénii** Hook. ♃ ⌂ XII–III, Nat., Transv.
2. **miniáta** (Lindl.) Bosse ♃ ⌂ II–V, Nat.
3. **nóbilis** Lindl. ♃ ⌂ VIII–XI, S-Afr.

Clowésia Lindl. - f. - *Orchidáceae*
1. **russelliána** (Hook.) Dodson (*Catasétum russelliánum* Hook.) ⌂ VIII–IX ∗, Von Mex. südl. bis Pan. u. Venez.

Clúsia L. - f. - *Guttiferae*
1. **grandiflóra** Splitg. ♄ i ⌂, Guay.
2. **rósea** Jacq. - Balsamapfel ♄-♄ i ⌂ ⓦ, S-Flor., Westind., Mex., südl. bis nördl. S-Am.

Clytóstoma Miers ex Bur. - n. - *Bignoniáceae*
1. **callistegioídes** (Cham.) Bur. (*Bignónia callistegioídes* Cham., *B. speciósa* Grah.) ♄ i ⌇ ⌂ III–IV, S-Bras., Arg.

Cneórum L. - n. - *Cneoráceae*
Zeiland
1. **tricóccon** L. ♄ i ⌂, W-Med. (nur eur. Teil)

Cnícus L. - m. - *Compósitae*

Benediktenkraut
1. **benedíctus** L. (*Cárduus benedíctus* (L.) Steud.) - Kardobenediktenkraut, Bitterdistel ⊙ VI–VII Ⓝ Off., Med., Port., Vord. u. M-As., in der Tschechosl., Rum. u. der Ukr. sowie stellenweise in N-Am. eingebürg.
- *oleráceus: Círsium* 7
- *spinosíssimus: Círsium* 10

Cnidóscolus Pohl - m. - *Euphorbiáceae*
1. **úrens** (L.) Arthur (*Játropha úrens* L.) ♄ Ⓦ ☠ (Samen) VII–IX, Kl. Antill. u. S-Mex. bis Arg.

Cobaéa Cav. - f. - *Polemoniáceae*
1. **scándens** Cav. ♄ ⌇ Ⓚ VII–X, Mex.

Coccínia Wight et Arn. - f. - *Cucurbitáceae*
1. **grándis** (L.) Voigt (*C. cordifólia* auct. non (L.) Cogn., *C. índica* Wight et Arn., *Cephalándra índica* (Wight et Arn.) Naud.) - Scharlachranke ♃ ⌇ ⚭ Ⓦ VII–VIII Ⓝ, Trop. As. u. Afr., Austral.: N-Territ., im trop. Am. eingebürg.

Coccóloba P. Br. corr. L. - f. - *Polygonáceae*
- *grandifólia:* 1
1. **pubéscens** L. (*C. grandifólia* Jacq.) ♄ i Ⓦ, Antill., Mex., Guay.
2. **uvífera** (L.) L. - Seetraube ♄–♄ i Ⓦ Ⓝ, Flor., Berm., Bahama, Westind., Mex. bis M-Am. u. nördl. S-Am.

Coccothrínax Sarg. - f. - *Pálmae*
1. **argéntea** (Lodd. ex Schult. et Schult. f.) Sarg. ex Becc. ♄ Ⓚ Ⓝ, Haiti

Cócculus DC. - m. - *Menispermáceae*
Kokkelstrauch
1. **carolínus** (L.) DC. ♄ ⌇ ∧–Ⓚ, USA: Virg. bis Ill. u. Kans., südl. bis Flor. u. Tex.
2. **laurifólius** (Roxb.) DC. ♄ i Ⓚ, Jap., Riukiu-Ins., Taiw., China, SO-As.
3. **orbiculátus** (L.) DC. (*C. trílobus* (Thunb.) DC.) ♄ ⌇ ∧, Him. bis Jap., südl. bis Phil.
- *trílobus:* 3

Cochemíea: Mammillária
- *hálei: Mammillária* 43
- *posélgeri: Mammillária* 82

Cochleária L. - f. - *Crucíferae*
- *armorácia: Armorácia* 1
1. **officinális** L. - Löffelkraut ⊙ V–VI Ⓝ ▽, M-, N- u. W-Eur., Nowa. Semlja, hauptsächl. Küsten
- *saxátilis: Kérnera* 1

× *Cochleatórea:* × *Pescoránthes*

× **Cochlénia** hort. (*Cochleánthes* × *Sténia*) - f. - *Orchidáceae*

Cochlióda Lindl. - f. - *Orchidáceae*
1. **densiflóra** Lindl. ♃ Ⓚ VII–XI ✱, Peru, Bol.
2. **rósea** (Lindl.) Benth. (*Mesospinídium róseum* (Lindl.) Rchb. f., *Odontoglóssum róseum* Lindl.) ♃ Ⓚ XII bis III ✱, Ek., Peru
- *sanguínea: Symphyglóssum* 1

Cochliostéma Lem. - n. - *Commelináceae*
Schneckenfaden
1. **odoratíssimum** Lem. (*C. jacobiánum* K. Koch et Lind.) ♃ Ⓦ, Costa R. bis Kol. u. Ek.

Cócos L. - f. - *Pálmae*
Kokospalme
- *austrális: Bútia* 2
- *austrális* var. *bonnétii: Bútia* 1
- *bonnétii: Bútia* 1
- *erióspatha: Bútia* 3
1. **nucífera** L. ♄ Ⓦ Ⓝ, Pantrop. kult., wahrscheinl. Heimat trop. Melanes.
- *plumósa: Arecástrum* 1
- *romanzoffiána: Arecástrum* 1
- *weddelliána: Microcoélum* 1
- *yatáy: Bútia* 4

Codiaéum A. Juss. - n. - *Euphorbiáceae*
Wunderstrauch
1. **variegátum** (L.) Bl. (*Cróton variegátus* L.)
var. **píctum** (Lodd.) Muell. Arg. (*C. píctum* (Lodd.) Hook.) - „Croton“ ♄ i Ⓦ, Moluk., pantrop. kult.

× **Codonantánthus** W. R. Saylor (*Codonánthe* × *Nematánthus*) - m. - *Gesneriáceae* ♄ i Ⓦ, I–XII

Codonánthe (Mart.) Hanst. - f. - *Gesneriáceae*
1. **crassifólia** (Focke) C. V. Morton ♃ ⌇ Ⓦ, Guay., Bras., O-Peru, Trin.
2. **ventricósa** (Vell.) Hoehne ♃ Ⓦ, S-Bras.

Codonópsis Wall. - f. - *Campanuláceae*
Glockenwinde
1. **bulleyána** Forrest ex Diels ♃ △ VI, NW-Jünn., SO-Tib.
2. **clematídea** (Schrenk ex Fisch. et C. A. Mey.) C. B. Clarke ♃ △ VII, M-

As.
3. **convolvulácea** Kurz
var. **convolvulácea** (*C. vinciflóra* Kom.) ♃ ⁝ △ VII, S- u. SO-Tib., Him.
var. **forréstii** (Diels) Ballard (*C. forréstii* Diels) ♃ ⁝ △ VI–VII, Jünn.
- *forréstii:* 3
4. **lanceoláta** (Sieb. et Zucc.) Trautv. ♃ ⁝ △ VI–VII, Jap., Korea, Mandsch., China, Ussuri
5. **macrócalyx** Diels ♃ ⁝ △ VII, SO-Tib., Jünn.
6. **meleágris** Diels ♃ △ VIII, Jünn.
7. **ováta** Benth. ♃ △ VIII, W-Him.
8. **rotundifólia** Royle ♃ ⁝ △ VI–VII, Him., SO-Tib.
9. **tángshen** Oliv. ♃ ⁝ △ VI–VII, Hupeh
10. **ussuriénsis** (Rupr. et Maxim.) Hemsl. ♃ ⁝ △ VI–VII, Jap., Korea, Mandsch., Ussuri, Amur
- *vinciflóra:* 3
11. **viridiflóra** Maxim. ♃ △ VII–VIII, Kansu, Szetsch.

Coēlia Lindl. - f. - *Orchidáceae*
- *bauerіána:* 2
1. **bélla** (Lem.) Rchb. f. (*Bifrenária bélla* Lem.) ♃ ⓦ X–XI ∗, Guat.
- *macrostáchya: Bothrióchilus* 1
2. **tríptera** (Sm.) G. Don ex Steud. (*C. bauerіána* (Sm.) Lindl.) ♃ ⓦ II–IV ∗, Mex., Westind.

Coelógyne Lindl. - f. - *Orchidáceae*
1. **asperáta** Lindl. ♃ ⓦ IV–VII ∗, Mal. Arch.: Sum. bis N. Guin.
2. **barbáta** Lindl. ex Griff. ♃ ⓦ X–XII ∗, Bhutan, NO-Ind.
3. **carináta** Rolfe ♃ ⓦ VI ∗, N. Guin.
4. **cinnamómea** Teijsm. et Binn. (*C. trinérvis* Lindl.) ♃ ⓦ I ∗, Burma, Kamb., Vietn., Thail., Malays., Java
- *corrugáta:* 17
5. **corymbósa** Lindl. ♃ ⓦ VII–IX ∗, Sikk. bis Khas.
6. **cristáta** Lindl.
var. **cristáta** ♃ ⓚ I–IV ∗, Östl. Him.
var. **hololeūca** Rchb. f. ♃ ⓚ I–IV ∗, Nepal
7. **dayána** Rchb. f. ♃ ⓦ IV–VI ∗, Mal. Arch.: Sum., Born.; Thail.
8. **fimbriáta** Lindl. ♃ ⓚ VIII–X ∗, Khas., Indoch., Thail., China, Hongk.
9. **fláccida** Lindl. ♃ ⓦ III–IV ∗, Nepal
10. **flexuósa** Rolfe ♃ ⓦ IV–VI ∗, Java
11. **fuliginósa** Lindl. ♃ ⓦ XI–XII ∗, Him., Burma
12. **fuscéscens** Lindl. ♃ ⓦ I–II ∗, NO-Ind.
- *gardneriána: Neógyna* 1
- *graminifólia:* 26
13. **huettneriána** Rchb. f. ♃ ⓦ IV–VI ∗, Burma, Thail.
14. **lawrenceána** Rolfe ♃ ⓦ III–IV ∗, Vietn.
15. **massangeána** Rchb. f. ♃ ⓦ V–VII ∗, aber auch zu anderen Zeiten, Thail., Sum., Java
16. **miniáta** (Bl.) Lindl. ♃ ⓦ VII–IX ∗, Mal. Arch.: Java, Bali, Sum.
17. **nervósa** A. Rich. (*C. corrugáta* Wight) ♃ ⓦ IX–X ∗, Ind.
- *ochrácea:* 18
18. **nítida** (Wall. ex Don) Lindl. (*C. ochrácea* Lindl.) ♃ ⓚ IV - VI ∗, Him., Jünn., Burma, Thail., Laos
19. **ovális** Lindl. ♃ ⓦ VI–VIII ∗, Him., Jünn., Burma, Thail.
20. **panduráta** Lindl. ♃ ⓦ VI–VIII ∗, Malak. bis Born.
21. **paríshii** Hook. f. ♃ ⓦ V–VI ∗, Moulm.
22. **speciósa** (Bl.) Lindl. ♃ ⓦ I–XII ∗, Mal. Arch.: Sum., Java, Born.
23. **swaniána** Rolfe ♃ ⓦ VII–VIII ∗, Born., Sum., Malak.
24. **tomentósa** Lindl. ♃ ⓦ IV–V ∗, Mal. Arch.: Sum., Born.; Thail.
- *trinérvis:* 4
25. **vēitchii** Rolfe ♃ ⓦ VII–VIII ∗, N. Guin.
26. **viscósa** Rchb. f. (*C. graminifólia* Parish et Rchb. f.) ♃ ⓦ I–II ∗, SW-China, N-Ind., Burma, Malays.

Cóffea L. - f. - *Rubiáceae*
Kaffee
1. **arábica** L. - Kaffeestrauch, Bergkaffee
var. **abyssínica** A. Chev. ♄ ⓦ Ⓝ, Abess.
var. **mókka** Cramer ♄ D ꝏ ⓦ Ⓝ, O-Afr.?
2. **canéphora** Pierre ex Froehn. (*C. robústa* Lind.) - Kongokaffee, Robustakaffee ♄ ⓦ Ⓝ, Äquator. Afr., von W-Küste durch Kongo bis Uganda

3. **libérica** Bull ex Hiern - Liberiakaffee ♄ ⌂W Ⓝ, Trop. W- u. M-Afr., östl. bis Sudan u. Uganda
4. **racemósa** Lour. - Imhambanekaffee ♄ ⌂W Ⓝ, Tans., Moz., Zimb.
- *robústa:* 2
5. **stenophýlla** G. Don ♄ ⌂W Ⓝ, Guin., Sierra Leo., Elfenbeink.

Cóix L. - f. - *Gramíneae*
1. **lácryma-jóbi** L. - Hiobsträne ⊙-♃ ✂ Ⓝ, Trop. As.

Cóla Schott et Endl. - f. - *Sterculiáceae*
1. **acumináta** (P. Beauv.) Schott et Endl. - Kolabaum ♄ ⌂W Ⓝ Off., Trop. W-Afr.: Togo bis Angola
2. **nítida** (Vent.) Schott et Endl. (*C. véra* K. Schum.) ♄ ⌂W Ⓝ Off., Liber., Elfenbeink.
3. **quinquelóba** (K. Schum.) Garcke (*Stercúlia quinquelóba* K. Schum.) ♄ i ✂ ⌂W, Trop. Afr.
- *véra:* 2
4. **verticilláta** (Thonn.) Stapf ex A. Chev. ♄ ⌂W Ⓝ, Ghana bis S-Nig., Kamer., Kongo

Cólax jugósus: Pábstia 1

Cólchicum L. - f. - *Liliáceae*
Zeitlose
1. **agrippínum** hort. ex Bak. ♃ ⚘ IX, Kl. As.?
2. **arenárium** Waldst. et Kit. ♃ ⚘ IX-X, Östl. M-Eur.
3. **autumnále** L. - Herbstzeitlose ♃ ⚘ VIII-X Ⓝ Off., M-, S- u. W-Eur., N-Afr.
- *bornmüelleri:* 12
- *bulbocódium: Bulbocódium* 1
4. **byzantínum** Ker-Gawl.
var. **cilícicum** Boiss. ♃ ⚘ IX, Taurus
5. **cupánii** Guss. ♃ ⚘ ∧ - ⌂, N-Afr., Frankr.
- *decäisnei:* 13
6. **haussknéchtii** Boiss. ♃ ⚘ X, Iran
7. **-Hybriden** ♃ ⚘ VIII-X
- *läetum* Decne.: 13
8. **läetum** Stev. ♃ ⚘ IX-X, Kauk.
- *longiflórum:* 9
9. **neapolitánum** (Ten.) Ten. (*C. longiflórum* Castagne) ♃ ⚘ VIII-IX, W-Med., Port.
10. **pannónicum** Griseb. et Schenk ♃ ⚘ IX, SO-Eur.
11. **sibthórpii** Bak. ♃ ⚘ IX-X, S-Balk., Kreta
12. **speciósum** Stev.
var. **bornmüelleri** (Freyn) Bergm. (*C. bornmüelleri* Freyn) ♃ ⚘ VIII, Syr., Iran
var. **speciósum** ♃ ⚘ IX-X, Kauk., Kl. As.
13. **tróodi** Kotschy (*C. decäisnei* Boiss., *C. läetum* Decne. non Stev.) ♃ ⚘ ∧ XI-I, Zyp., Kl. As., Liban., Isr.
14. **variegátum** L. ♃ ⚘ VIII, S-Griech., SW-Anat.
- *vérnum: Bulbocódium* 1

Coleocephalocéreus Bckbg. emend. Buxb. et Buin. - m. - *Cactáceae*
1. **fluminénsis** (Miq.) Bckbg. (*Céreus fluminénsis* Miq., *Cephalocéreus fluminénsis* (Miq.) Britt. et Rose, *Austrocephalocéreus fluminénsis* (Miq.) Buxb.) ⌂K ✻, Bras.

Coleonéma Bartl. et H.L. Wendl. - n. - *Rutáceae*
1. **álbum** (Thunb.) Bartl. et H.L. Wendl. (*Diósma álba* Thunb.) ♄ i D ⌂K III-V, Kap
2. **calýcinum** (Steud.) I.J.M. Williams (*Diósma tenuifólia* K.B. Presl non Willd.) ♄ i D ⌂K III-V, Kap

Coleóstephus Cass. - m. - *Compósitae*
1. **multicäulis** (Desf.) Durieu (*Chrysánthemum multicäule* Desf.) ⊙ VII bis VIII, Alger.

Coleotrýpe C.B. Clarke - f. - *Commelináceae*
1. **naталénsis** C.B. Clarke ♃ ⌂W, Nat.

Cóleus Lour. - m. - *Labiátae*
1. **amboínicus** Lour. ♃ ⌂W Ⓝ, Ind. bis Indoch., Malak., Mal. Arch.
- *blúmei:* 2
2. **-Blumei-Hybriden** (*C. blúmei* Benth.) ♄ ⌂K
3. **edúlis** Vatke (*C. tuberósus* A. Rich. non (Bl.) Benth.) ♃ ⌂K Ⓝ, Abess.
4. **esculéntus** (N.E. Br.) G. Tayl. (*Plectránthus esculéntus* N.E. Br.) ♃ ⌂K Ⓝ, Trop. W- u. M-Afr., südl. bis Nat.
5. **forskóhlii** (Poir.) Briq. ♃ ⌂W Ⓝ, O-Afr., Ind.
6. **frederícii** G. Tayl. (*Neomüellera welwítschii* Briq.) ⊙ - ⊙ ⌂K XII, Angola
7. **púmilus** Blanco (*C. rehneltiánus* Berger) ♃-⊙ ⌇ ⌂K XI-I, Luzon, N-Born.
- *rehneltiánus:* 7

8. **rotundifólius** (Poir.) A. Chev. et Perrot (*Plectránthus rotundifólius* (Poir.) Spreng., *Solenostémon rotundifólius* (Poir.) J.K. Morton) ♃ ⌂K Ⓝ, Nur in Kult. bekannt
9. **shirénsis** Gürke ♃ ⌂K XII–I, Trop. O-Afr.
10. **thyrsoídeus** Hook. f. ħ ⌂K XII–II, M-Afr.
- *tuberósus:* 3

Collétia Comm. ex Juss. - f. - *Rhamnáceae*
- *cruciáta:* 1
1. **paradóxa** (Spreng.) Escalante (*C. cruciáta* Gill. et Hook.) ħ ⌂K XI–XII, S-Bras., Urug., N-Arg.
2. **spinósa** Lam. emend. Suesseng. ħ ⌂K, Chile, Arg., nördl. bis Peru, Urug., S-Bras.

Collínia élegans: Chamaedórea 4

Collínsia Nutt. - f. - *Scrophulariáceae*
- *bícolor:* 2
1. **grandiflóra** Dougl. ex Lindl. ⊙ VI bis VIII, N-Am.: Br. Kol. bis Kalif.
2. **heterophýlla** Buist ex Grah. (*C. bícolor* Benth. non Raf.) ⊙ VII–VIII, Kalif.
3. **tinctória** Hartw. ex Benth. ⊙ VII bis VIII, Kalif.
4. **vérna** Nutt. ⊙ V–VI, USA: N.Y. bis Mich., S-Wisc. u. Iowa, südl. bis W-Virg., Kent., Ark. u. Kans.

Collinsónia L. - f. - *Labiátae*
1. **canadénsis** L. ♃ VII–IX N-Am.: Verm. bis Ont. u. Wisc., südl. bis Flor. u. Ark.

Collómia Nutt. - f. - *Polemoniáceae*
- *biflóra:* 1
1. **cavanillésii** Hook. et Arn. (*C. biflóra* (Ruiz et Pav.) Brand, *C. coccínea* Lehm.) ⊙ VII–VIII, Bol., Chile, Arg.
- *coccínea:* 1
2. **grandiflóra** Dougl. ex Lindl. (*Gília grandiflóra* (Dougl. ex Lindl.) A. Gray) ⊙ VI–VIII, N-Am.: Br. Kol. bis Kalif., östl. bis Rocky Mount., in W- u. M-Eur. stellenweise eingebürg.

× **Colmanára** hort. (*Miltónia* × *Odontoglóssum* × *Oncídium;* × *Hatcherára* hort.) - f. - *Orchidáceae*

Colocásia Schott - f. - *Aráceae* Taro
1. **affínis** Schott (*C. jenníngsii* Veitch) ♃ ⌂W, Trop. Him.
- *antiquórum:* 2
- *antiquórum* var. *týpica:* 2
2. **esculénta** (L.) Schott (*Árum esculéntum* L.) - Taro
   var. **antiquórum** (Schott) Hubb. et Rehd. (*C. antiquórum* Schott, *C. antiquórum* var. *týpica* Engl., *C. esculénta* var. *colocásia* (L.) Mansf.) ♃ ⌂W Ⓝ, Ind., in N-Afr. eingebürg.
   var. **aquátilis** (Hassk.) Mansf. ♃ ⌂W Ⓝ, Java
   var. **esculénta** ♃ ⌂W Ⓝ, Hawaii
   var. **fontanésii** (Schott) A.F. Hill ♃ ⌂W Ⓝ, Ind.?
- *esculénta* var. *colocásia:* 2
3. **fállax** Schott ♃ ⌂W, Trop. Him.
4. **gigantéa** (Bl.) Hook. f. (*C. índica* auct. non (Lour.) Kunth) ♃ ⌂W, Ind. bis Vietn. u. Indones.
- *índica:* 4
- *jenníngsii:* 1

Colocýnthis citrúllus: Citrúllus 2
- *vulgáris: Citrúllus* 1

Colúmnea L. - f. - *Gesneriáceae*
- *affínis:* 3
1. **allénii** C.V. Morton ħ ǂ i ⌂W VII–X, Pan.
2. **argúta** C.V. Morton ħ ǂ i ⌂W IX–X, Pan.
3. **aureónitens** Hook. (*C. affínis* C.V. Morton) ♃ ⌂W, Nördl. S-Am.
4. × **bánksii** Lynch (*C. oerstediána* × *C. schiedeána*) ħ i ǂ ⌂W
5. **crassifólia** Brongn. ħ ⌂K VI–VIII, Mex., Guat.
6. **glábra** Oerst. ħ ⌂W VIII–V, Costa R.
7. **gloriósa** Sprague (*C. gloriósa* var. *supérba* hort.), Costa R.
   'Purpurea' ħ i ǂ ⌂W IX–V
- *gloriósa* var. *supérba:* 7
8. **hírta** Klotzsch et Hanst. ħ i ⌂W III bis IV, Costa R.
9. **illépida** H.E. Moore ħ ⌂W, Pan.
10. **lepidocaúla** Hanst. ħ ⌂W, Costa R.
11. **lineáris** Oerst. ħ ⌂W, Costa R.
12. **magnífica** Klotzsch ex Oerst. ħ i ǂ ⌂W, Costa R., Pan.
13. **microphýlla** Klotzsch et Hanst. ħ i ǂ ⌂W III–VIII, Costa R.
14. **nicaraguénsis** Oerst. ħ i ⌂W, Nicar. bis

Pan.
15. **oerstediána** Klotzsch ex Oerst. ♄ i ⦚ ⌂ II–III, Costa R.
16. **percrássa** C. V. Morton ♄ i ⌂, Pan.
17. **pilosíssima** Standl. ♄ i ⦚ ⌂ III–V, Hond.
18. **sanguínea** (Pers.) Hanst. (*Allopléctus sanguíneus* (Pers.) Mart.) ♄ i ⌂, Westind.
19. **schiedeána** Schlechtend. ♄ i ⌂ III bis V, O-Mex.
20. **teuscheri** (C. V. Morton) H. E. Moore (*Trichántha teuscheri* C. V. Morton) ♃ i ⦚ ⌂ XII–I, Ek.
- *tigrína:* 24
21. **túlae** Urb., Haiti, Puerto R. 'Flava' ♃ ♧ ⌂
22. × **vedrariénsis** hort. Vilm. ex Mottet (*C. magnífica* × *C. schiedeána*) ♄ i ⦚ ⌂ II–V
23. **verecúnda** C. V. Morton ♄ ⌂, Costa R.
24. **zebrína** Raymond (*C. tigrína* Raymond non (Karst.) O. Kuntze) ♄ i ⌂, Pan.

Colúria R. Br. - f. - *Rosáceae*
1. **geoídes** (Pall.) Ledeb. (*C. potentilloídes* R. Br.) ♃ IV–V, Altai

Colútea L. - f. - *Leguminósae* Blasenstrauch
1. **arboréscens** L. ♄ ♧ ☠ VI–VIII Ⓝ, S- u. südl. M-Eur., bis M-Frankr., N-Afr., in NW-Eur. eingebürg.
2. **cilícica** Boiss. et Bal. ♄ VI–VII, Griech., Krim, eur. Türk., Kl. As., Kauk.
- *cruénta:* 5
3. **grácilis** Freyn et Sint. ♄ VII, Turkest.
4. × **média** Willd. (*C. arboréscens* × *C. orientális*) ♃ ♧ VI–VIII
5. **orientális** Mill. (*C. cruénta* Ait.) ♄ VI bis IX, Kauk. bis Turkest., in S-Eur. gelegentlich eingebürg.
6. **pérsica** Boiss. var. **búhsei** Boiss. ♄ VII, Kurdist., Iran

Coluteocárpus Boiss. - m. - *Crucíferae*
1. **vesicária** (L.) Holmboe (*C. reticulátus* (Lam.) Boiss.) ♃ ♧ △ IV–V, Arm., Kl. As., Liban.

Cómarum palústre: Potentílla 24

Combrétum Loefl. - n. - *Combretáceae* Langfaden
1. **coccíneum** Lam. (*C. purpúreum* Vahl) ♄ ⦚ ⌂ IX–X, Madag.
2. **comósum** G. Don ♄ ⦚ ⌂ VII–VIII, Sierra Leo.
3. **grandiflórum** G. Don ♄ ⦚ ⌂ VII, Sierra Leo.
- *purpúreum:* 1

Commelína L. - f. - *Commelináceae*
1. **benghalénsis** L. ♃ ⁓ ⦚ ⌂, Altweltl. Trop.
- *coeléstis:* 3
2. **diffúsa** Burm. f. (*C. nudiflóra* hort. non L.) ♃ ⦚ ⦚ ⁓ ⌂, Trop., auch N-Am., nördl. bis Virg., Ill., Missouri u. Kans.
- *nudiflóra:* 2
3. **tuberósa** L. (Hierher nach Rohweder auch *C. coeléstis* Willd.) ♃ ⌂ VI–IX, M- u. S-Am.
4. **virgínica** L. ♃ ⌂ VI–VIII, USA: N. Jers. bis W-Virg., Ill., Missouri u. Kans., südl. bis Flor. u. Tex.

Commíphora Jacq. - f. - *Burseráceae* Myrrhenstrauch
1. **abyssínica** Engl. ♄ ⌂ Ⓝ, N-Abess., S-Arab.
2. **mólmol** Engl. ♄ ⌂ Off., Somalia
3. **opobálsamum** (L.) Engl. - Mekkabalsambaum, Balsamstrauch ♄ ⌂ Ⓝ, Arab., Nub., Abess., Somalia

Comparéttia Poepp. et Endl. - f. - *Orchidáceae*
1. **coccínea** Lindl. ♃ ⌂ XI–XII ✱, Bras.
2. **falcáta** Poepp. et Endl. (*C. rósea* Lindl.) ♃ ⌂ XI–I ✱, Mex. u. Westind. bis Bol. u. Bras.
3. **macropléctron** Rchb. f. ♃ ⌂ IX–X ✱, Kol.
- *rósea:* 2

Comptónia L'Hérit. ex Ait. - f. - *Myricáceae*
1. **peregrína** (L.) J. M. Coult. var. **aspleniifólia** (L.) Fern. (*Myríca aspleniifólia* L., *C. aspleniifólia* (L.) L'Hérit. ex Ait.) ♄ IV–V, USA: Conn. u. Long Isl. bis Virg.

Conándron Sieb. et Zucc. - n. - *Gesneriáceae*
1. **ramondioídes** Sieb. et Zucc. ♃ ⌂ V bis VI, Jap., Taiw.

Conicósia N. E. Br. - f. - *Aizoáceae*
1. **capénsis** (Haw.) N. E. Br. ♃ ⌂, S-Afr.
2. **commúnis** (Edw.) N. E. Br. ♃ ⌂, Kap

Coniográmme Fée - f. - *Hemionitidáceae*
1. **japónica** (Thunb.) Diels (*Hemionítis japónica* Thunb., *Gymnográmma japónica* (Thunb.) Desv.) ♃ ⌂K, Jap., Riukiu-Ins., Taiw., China, Korea

Coníum L. - n. - *Umbellíferae*
Schierling
1. **maculátum** L. - Fleckenschierling ⊙ ☠ VII–VIII Ⓝ, Eur., Vord. As., M-As., Med., N-Afr., in N- u. S-Am. eingebürg.

Conophýllum: Mitrophýllum
- *díssitum: Mitrophýllum* 1
- *grácile: Mitrophýllum* 2
- *gránde: Mitrophýllum* 3
- *mitrátum: Mitrophýllum* 4

Conóphytum N. E. Br. - n. - *Aizoáceae*
- *áltile:* 10
1. **angélicae** (Dint. et Schwant.) N. E. Br. ♃ ⌂K, Namib.
2. **assímile** (N. E. Br.) N. E. Br. ♃ ⌂K, S-Afr.
3. **bílobum** (Marl.) N. E. Br. (*Derenbérgia bíloba* (Marl.) Schwant.) ♃ ⌂K, Kap
- *bolúsiae:* 9
4. **bréve** N. E. Br. ♃ ⌂K, Kap
5. **cálculus** (Berger) N. E. Br. ♃ ⌂W, Kap
6. **depréssum** Lavis ♃ ⌂K, Kap
7. **éctypum** N. E. Br.
var. **tíschleri** (Schwant.) Tisch. (*C. tíschleri* Schwant.) ♃ ⌂K, Kap
8. **elíshae** (N. E. Br.) N. E. Br. (*Derenbérgia elíshae* (N. E. Br.) Schwant.) ♃ ⌂K, Kap
9. **fibulifórme** (Haw.) N. E. Br. (*C. bolúsiae* Schwant.) ♃ ⌂K, Kap
10. **ficifórme** (Haw.) N. E. Br. (*C. odorátum* (N. E. Br.) N. E. Br., *C. áltile* (N. E. Br.) N. E. Br.) ♃ ⌂K, Kap
11. **fúlleri** L. Bol. ♃ ⌂K, Kap
12. **gracilistýlum** (L. Bol.) N. E. Br. (*Derenbérgia gracilistýla* (L. Bol.) Schwant.) ♃ ⌂K, Kap
13. **grandiflórum** L. Bol. ♃ ⌂K, Kap
14. **jacobseniánum** Tisch. ♃ ⌂K, Kap
15. **johánnis-wínkleri** (Dint. et Schwant.) N. E. Br. ♃ ⌂K, Namib.
16. **mēyerae** Schwant. ♃ ⌂K, Kap
17. **minúsculum** (N. E. Br.) N. E. Br. ♃ ⌂K, Kap
18. **minutiflórum** (Schwant.) N. E. Br. ♃ ⌂K, Kap
19. **minútum** (Haw.) N. E. Br. ♃ ⌂K, Kap
20. **múndum** N. E. Br. ♃ ⌂K, Kap
21. **obconéllum** (Haw.) Schwant. ♃ ⌂K, Kap
22. **obcordéllum** (Haw.) N. E. Br. ♃ ⌂K, Kap
- *odorátum:* 10
23. **pellúcidum** Schwant. ♃ ⌂K, Kap
24. **petrǣum** N. E. Br. ♃ ⌂K, Kap
25. **píctum** (N. E. Br.) N. E. Br. ♃ ⌂K, Kap
26. **pillánsii** Lavis ♃ ⌂K, Kap
27. **pusíllum** (N. E. Br.) N. E. Br. ♃ ⌂K, S-Afr.
28. **saxetánum** (N. E. Br.) N. E. Br. (*Derenbérgia saxetána* (N. E. Br.) Schwant.) ♃ ⌂K, Namib.
29. **scítulum** (N. E. Br.) N. E. Br. ♃ ⌂K, Kap
30. **stephánii** Schwant. ♃ ⌂K, Kap
- *tíschleri:* 7
31. **turrígerum** (N. E. Br.) N. E. Br. ♃ ⌂K, Kap
32. **ursprungiánum** Tisch. ♃ ⌂K, Kap
33. **wettstēinii** (Berger) N. E. Br. ♃ ⌂K, Kap

Conríngia Heist. ex Fabr. - f. - *Crucíferae*
1. **orientális** (L.) Dumort. - Ackerkohl ⊙ Ⓝ V–VII, M- u. O-Eur., N-Afr., W-As., im übrigen Eur., in N-Am. u. Teilen Austral. eingebürg.

Consólea: Opúntia
- *macracántha: Opúntia* 42
- *monilifórmis: Opúntia* 51
- *rubéscens: Opúntia* 63
- *spinosíssima: Opúntia* 68

Consólida S. F. Gray - f. - *Ranunculáceae*
1. **ajácis** (L.) Schur (*C. ambígua* (L.) P. W. Ball et Heyw., *Delphínium ajácis* L. emend. J. Gay) - Gartenrittersporn ⊙ ✂ VI–VIII, Med., im südl. M-Eur. eingebürg.
- *ambígua*: 1
2. **orientális** (J. Gay) Schrödinger (*Delphínium orientále* J. Gay, *D. ajácis* L. emend. Willm.) ⊙ VII–VIII, Port., Med., nördl. bis Österr., Ung., Rum. u. W-Rußl., Vord. u. M-As.
3. **regális** S. F. Gray (*Delphínium consólida* L.) - Ackerrittersporn ⊙ VI bis VIII, Eur., Kl. As., Arm.

Convallária L. - f. - *Liliáceae*

Maiglöckchen
– *bifólia: Maiánthemum* 1
– *japónica: Ophiopógon* 2
1. **majális** L. ♃ D ✂ ☠ V Off. ▽, Eur. bis W-As., Kauk., O-As., im östl. N-Am. eingebürg.
– *polygónatum: Polygónatum* 7

Convólvulus L. – m. – *Convolvuláceae*
Ackerwinde
1. **althaeoídes** L. ♃ ⌇ △ ∧ VI–IX, S-Eur., Med., Makarones.
2. **arvénsis** L. ♃ ⌇ VI–X, Euras., N-Afr., in N-Am. u. and. gem. Gebieten der Erde eingebürg.
3. **boissiéri** Steud.
ssp. **boissiéri** (*C. nítidus* Boiss. non Desr.) ♃ ⌓ △ ∧ – Ⓐ VI–VIII, S-Span.
– *brasiliénsis: Ipomoéa* 5
– *caíricus: Ipomoéa* 6
4. **cantábrica** L. ♃ △ ∧ VIII, S- u. südl. M-Eur., bis 48° N in O-Frankr. u. S-Tschechosl., Med., Anat., Kauk., Iran
5. **cneórum** L. – Silberwinde ♄ i Ⓚ V bis IX, W- u. M-Med.
– *dahúricus: Calystégia* 1
– *disséctus: Merrémia* 1
6. **farinósus** L. ♃ ⌇ M-, S-Afr., in Port. eingebürg.
7. **húmilis** Jacq. (*C. undulátus* Cav.) ⊙, Span., Port., Med., NW-Ital., Siz.
8. **lineátus** L. ♄ △ ∧–Ⓐ VII–VIII, Port., Med., S- u. südl. M-Rußl., Vord. As.
– *macrocárpus: Operculína* 1
– *mauritánicus:* 11
9. **meonánthus** Hoffmgg. et Link ⊙, Span., Port., Med., W-Ital., Siz.
– *muricátus: Calonýction* 2
– *nil: Pharbítis* 3
– *nítidus:* 3
10. **oleifólius** Desr. ♄ Ⓚ VII–VIII, S-Griech., Ägäis, Malta, Siz., Zyp., Syr., N-Afr.
– *pellítus: Calystégia* 2
– *púlcher: Calystégia* 3
11. **sabátius** Viv. (*C. mauritánicus* Boiss.) ♃–♄ Ⓚ V–X, Küsten NW-Ital., Siz., NW-Afr.
12. **scammónia** L. ♃ ☠ VI, Krim, O-Ägäis, Kl. As.
13. **scopárius** L. f. ♄ Ⓚ Ⓝ, Kanar.
– *sépium: Calystégia* 4
– *sibíricus: Merrémia* 2
– *soldanélla: Calystégia* 5
– *speciósus: Argyréia* 1
14. **trícolor** L. ⊙ VI–IX, Med., Port., NW-Afr.
– *túrpethum: Operculína* 2
– *undulátus:* 7

Conýza Less. – f. – *Compósitae*
1. **canadénsis** (L.) Cronq. (*Erígeron canadénsis* L.) ⊙ VII–VIII, N-Am., fast weltweit eingebürg.

Copaífera L. – f. – *Leguminósae*
– *copallífera: Guibóurtia* 1
1. **coriácea** Mart. ♄ Ⓦ Ⓝ, S-Am.
– *deméusii: Guibóurtia* 2
2. **gorskiána** Benth. ♄ Ⓦ Ⓝ, Trop. O-Afr.
3. **guyanénsis** Desf. ♄ Ⓦ Ⓝ, S-Am.
– *jacquínii:* 6
4. **langsdórffii** Desf. ♄ Ⓦ Ⓝ, Bras., Parag.
5. **multíjuga** Hayne ♄ Ⓦ Ⓝ, Bras.
6. **officinális** (Jacq.) L. (*C. jacquínii* Desf.) – Copaibobalsam ♄ Ⓦ Ⓝ, Westind., S.-Am.
7. **reticuláta** Ducke ♄ Ⓦ Ⓝ, Bras., Bol.

Copernícia Mart. ex Endl. – f. – *Pálmae*
1. **prunífera** (Mill.) H.E. Moore (*C. cerífera* (Arr. Cam. ex Koster) Mart.) – Karnaubawachspalme ♄ Ⓦ Ⓝ Off., Bras.

Copiápoa Britt. et Rose – f. – *Cactáceae*
1. **cineráscens** (Salm-Dyck) Britt. et Rose Ⓚ ∗, N-Chile: N-Atacama
2. **cinérea** (Phil.) Britt. et Rose
var. **cinérea** Ⓚ ∗, N-Chile: Antofagasta
var. **gigantéa** (Bckbg.) N.P. Tayl. (*C. gigantéa* Bckbg.) Ⓚ ∗, N-Chile
3. **coquimbána** (Rümpl.) Britt. et Rose Ⓚ ∗, N-Chile: N-Coquimbo
4. **echinoídes** (Lem.) Britt. et Rose Ⓚ ∗, N-Chile: Antofagasta
– *fiedleriána:* 7
– *gigantéa:* 2
5. **haseltoniána** Bckbg. Ⓚ ∗, Chile
6. **krainziána** Ritt. Ⓚ ∗, N-Chile
7. **pepiniána** (K. Schum.) Bckbg.
var. **fiedleriána** (K. Schum.) Bckbg. (*C. fiedleriána* (K. Schum.) Bckbg.) Ⓚ ∗, Chile
8. **taltalénsis** (Werderm.) Loos. Ⓚ ∗, Chile

9. **tenuíssima** Ritt. ⌂K ✱, N-Chile

Coprósma J.R. et G. Forst. - f. - *Rubiáceae*

1. **acerósa** A. Cunn. ♄ i ⌂K, Neuseel.
2. **bāuēri** Endl. ♄ i ⌂K Ⓝ, Neuseel., Norf.-Ins.
3. × **kírkii** Cheesem. (*C. acerósa* × *C. répens* A. Rich.) ♄ ⟿ i ⌂K, Neuseel.
4. **lúcida** J.R. et G. Forst. ♄ i ⌂K, Neuseel.
5. **petríei** Cheesem. ♄ i ⟿ △ ∧ (besser ⌂A), Neuseel.

Cóptis Salisb. - f. - *Ranunculáceae* Goldfaden

1. **trifólia** (L.) Salisb. ♃ △ V-VI, Sib., Jap., N-Am.: Alaska bis Br. Kol.

Corallóbotrys Hook. f. - m. - *Ericáceae*

1. **acuminátus** (D. Don ex G. Don) Hook. f. (*Agapétes acumináta* D. Don ex G. Don) ♄ i ⌂K, Khas., Bhut.

Corallodíscus Batal. - m. - *Gesneriáceae*

1. **kingiánus** (Craib) B.L. Burtt ♃ ⌂K VI bis VII, Szetsch.
2. **lanuginósus** (DC.) B.L. Burtt ♃ ⌂K VI-VII, O-Him., Tib., SW-China

Corbulária bulbocódium: Narcíssus 3

Córchorus L. - m. - *Tiliáceae*

1. **capsuláris** L. - Jute, Rundkapseljute ⊙ ⌂K Ⓝ, Wild unbek., hauptsächl. in Ind., China, Taiw. u. Jap. kult.
2. **olitórius** L. - Naltajute, Langkapseljute ⊙ ⌂K Ⓝ, Ind., im trop. As. eingebürg.

Córdia L. - f. - *Boragináceae*

1. **alliodóra** (Ruiz et Pav.) Oken ♄ D ⌂W Ⓝ, Trop. Am.
2. **decándra** Hook. et Arn. ⌂K IV-V, Chile
3. **glábra** Cham. ♄ ⌂W IX-X, Bras.
4. **gréggii** Torr. ♄ ⌂K VII-VIII, N-Mex.
- *retúsa: Ehrétia* 1
5. **supérba** Cham. ♄ ⌂W IX, Bras.

Cordylíne Comm. ex Juss. - f. - *Agaváceae*

1. **austrális** (G. Forst.) Endl. (*Dracǣna austrális* G. Forst.) ♄ i ⌂K, Neuseel.
2. **bánksii** Hook. f. (*Dracǣna beuckelǣrii* K. Koch) ♄ i ⌂K, Neuseel.
3. **bāuēri** Hook. f. ♄ i ⌂K, Norf.-Ins.
- *congésta:* 9
4. **fruticósa** (L.) A. Chev. (*C. terminális* (L.) Kunth) ♄ i ⌂W Ⓝ, Vorderind., über Malak., Mal. Arch., N. Guin., Polyn. bis NO-Austral., Neuseel., Hawaii
5. **haageána** K. Koch ♄ i ⌂W, Trop. Austral.: Queensl.
6. **indivísa** (G. Forst.) Steud. (*Dracǣna indivísa* (G. Forst.) hort.) ♄ i ⌂K, Neuseel.
7. **pumílio** Hook. ♄ i ⌂K, Neuseel.
8. **rúbra** Otto et A. Dietr. ♄ i ⌂K, Heimat unbek.
9. **strícta** (Sims) Endl. (*C. congésta* Endl., *Dracǣna strícta* (Sims) hort.) ♄ i ⌂K, Austral.: Queensl., Neusüdwal.
- *terminális:* 4

Coréma D. Don - n. - *Empetráceae*

1. **álbum** (L.) D. Don ♄ i ⌂K, Port., Span., Azor.

Coreópsis L. - f. - *Compósitae* Mädchenauge

1. **atkinsoniána** Dougl. ex Lindl. ⊙-⊙ VIII-IX, Westl. N-Am.
2. **auriculáta** L. ♃ V-VIII, Südl. USA: Virg. u. Kent., südl. bis Flor. u. Louis.
- *auriculáta* Schkuhr: 16
3. **basális** (Otto et A. Dietr.) S.F. Blake (*C. drummóndii* (D. Don) Torr. et A. Gray, *C. diversifólia* (Elliott) Hook.) ⊙ VII-IX, Tex.
4. **bigelóvii** (A. Gray) Voss (*Leptósyne bigelóvii* (A. Gray) A. Gray) ⊙ VII bis IX, Kalif.
5. **califórnica** (Nutt.) H.K. Sharsm. ⊙ VII-IX, USA: S-Ariz., S-Kalif.
6. **calliopsídea** (DC.) A. Gray (*Leptósyne calliopsídea* (DC.) A. Gray) ⊙ VII-VIII, S-Kalif.
7. **cardaminifólia** (DC.) Torr. et A. Gray (*Calliópsis cardaminifólia* DC.) ⊙ VII-IX, USA: Kans. u. Louis. bis Ariz.; Mex.
- *coronáta:* 14
8. **delphiniifólia** Lam. ♃ VIII-IX, USA: Virg. bis Georg. u. Alab.
- *diversifólia:* 3
9. **douglásii** (DC.) H.M. Hall (*Leptósyne douglásii* DC.) ⊙ VII-VIII, Westl. M-Kalif.
- *drummóndii:* 3
- *ferulifólia: Bídens* 1
10. **grandiflóra** T. Hogg ex Sweet ♃ ✂ VI-VIII, USA: Georg., Missouri,

Kans., südl. bis Flor., Tex. u. New Mex.

11. **lanceoláta** L. ♃ ✂ VI–VIII, N-Am.: Virg., Ont., Wisc. u. Missouri, südl. bis Flor., Tex., New Mex., in Neuengl. u. N. Jers. eingebürg.
12. **májor** Walt. (*C. senifólia* Michx.) ♃ VII–VIII, USA: Penns. u. Ohio, südl. bis Georg. u. Miss.
13. **marítima** (Nutt.) Hook. f. (*Leptósyne marítima* (Nutt.) A. Gray) ♃ (in Kultur ⊙) VI–IX, SW-Kalif.
14. **nuecénsis** A. Heller (*C. coronáta* Hook. non L.) ⊙ VII–IX, Tex.
15. **palmáta** Nutt. ♃ IV–IX, N-Am.: Mich. bis Manit., südl. bis Louis., Ark. u. Tex.
16. **pubéscens** Elliott (*C. auriculáta* Schkuhr non L.) ♃ VI–IX, USA: Virg. bis Ill., Okla., südl. bis Flor., Louis.
17. **rósea** Nutt. ♃ △ VIII–IX, N-Am.: N. Scot., Mass. bis Maryl.

- *senifólia:* 12

18. **stillmánii** (A. Gray) S.F. Blake (*Leptósyne stillmánii* A. Gray) ⊙ VII–IX, M-Kalif.
19. **tinctória** Nutt. (*Calliópsis bícolor* Rchb., *Calliópsis tinctória* (Nutt.) DC.) ⊙ VII–IX, N-Am.: Minn. u. Manit. bis Wash., südl. bis Louis., Tex., New Mex., Ariz. u. Kalif.
20. **trípteris** L. ♃ VII–IX, N-Am.: Ont. bis Wisc., südl. bis Georg., Miss., Louis., Ark. u. Kans.
21. **verticilláta** L. ♃ VI–VIII, USA: Maryl., südl. bis Flor., Alab. u. Ark.

Coriándrum L. - n. - *Umbellíferae*
Koriander

1. **satívum** L. - Koriander ⊙ VI–VIII Ⓝ Off., N-Afr., Vord. As., in S-Eur. eingebürg.

Coriária L. - f. - *Coriariáceae*
Gerberstrauch

1. **japónica** A. Gray ♄ ∧ V, Jap.
2. **myrtifólia** L. ♄ ∧ ☠ IV–V Ⓝ, W-Med.
3. **terminális** Hemsl.
var. **xanthocárpa** Rehd. et Wils. ♄ ♣ ∧ VI, Sikk.

Córis L. - m. - *Primuláceae*
Stachelträubchen

1. **monspeliénsis** L. ♄ Ⓚ (im Sommer △) VI–VII, W- u. M-Med. bis NW-Span.

Córnus L. - f. - *Cornáceae*
Hartriegel

1. **álba** L. (*C. tatárica* Mill., *C. sibírica* Lodd., *Thelycránia álba* (L.) Pojark., *Swída álba* (L.) Opiz) ♄ V–VI, N-Rußl., Sib. bis Mandsch. u. N-Korea, in N-Eur. eingebürg.

- *álba* Wangenh. non L.: 25

2. **alternifólia** L. f. ♄–♄ V–VI, N-Am.: Neufundl. bis Minn. u. Manit., südl. bis Georg., NW-Flor., Alab., Ark. u. Missouri
3. **amómum** Mill. ♄ V–VI, N-Am.: Queb. bis Ont., Indiana, Ill., südl. bis Georg. u. Alab.
4. × **arnoldiána** Rehd. (*C. oblíqua* × *C. racemósa*) ♄ VI–VII

- *asperifólia:* 9
- *báileyi:* 25
- *brachýpoda* K. Koch: 8
- *brachýpoda* C.A. Mey.: 15

5. **bretschnéideri** L. Henry ♄ VI, N-China
6. **canadénsis** L. (*Chamaepericlýmenum canadénse* (L.) Aschers. et Graebn.) ♃ △ ♣ VI, N-Am.: Grönl. u. Labr. bis Alaska, südl. bis Penns., Minn., New Mex. u. Kalif., Jap., Amur, Sachal., Kuril., Kamtsch., Korea

- *candidíssima:* 22

7. **capitáta** Wall. (*Benthámia fragífera* Lindl.) ♄–♄ i Ⓚ VI–VII, Him.
8. **controvérsa** Hemsl. ex Prain (*C. brachýpoda* K. Koch non C.A. Mey.) ♄ bis ♄ VI–VII, Jap., Korea, China
9. **drummóndii** C.A. Mey. (*C. asperifólia* auct. non Michx.) ♄ VI–VII Ⓝ, N-Am.: Ont. bis S-Dak., südl. bis Tenn., Miss., Louis. u. Tex.
10. **flórida** L. - Dogwood, Blumenhartriegel ♄–♄ V Ⓝ, N-Am.: Maine bis Ont., Missouri u. Kans., südl. bis Flor., Tex.; NO-Mex.

- *fóemina:* 26

11. **glabráta** Benth. ♄–♄ VI, USA: Oreg. bis Kalif.
12. **hémsleyi** Schneid. et Wanger. ♄–♄ VII, M-China
13. **héssei** Koehne ♄ △ VI–VIII, NO-As.?
14. **koúsa** Hance
var. **chinénsis** Osborn ♄–♄ VI, China

var. **koúsa** ♄-♄ VI, Jap., Korea
15. **macrophýlla** Wall. (*C. brachýpoda* C.A. Mey.) ♄-♄ VII-VIII, Him., China, Jap.
16. **mas** L. - Kornelkirsche ♄ ✿ II-IV ⓝ, M- u. S-Eur., bis M-Frankr., Kl. As., Kauk., Arm.
17. **nuttállii** Audub. ♄-♄ V ⓝ, N-Am.: Br. Kol. bis S-Kalif., östl. bis Id.
18. **oblíqua** Raf. (*C. purpúsii* Koehne) ♄ VI-VII, N-Am.: N. Brunsw. bis N-Dak., südl. bis Penns., Kent., Ark. u. Okla.
19. **occidentális** (Torr. et A. Gray) Coville (*C. pubéscens* Nutt. non Willd. ex Schult., *C. stolonífera* var. *occidentális* (Torr. et A. Gray) L. Hitchc.) ♄ ✿ VI-VIII, N-Am.: Alaska bis Kalif., östl. bis Id., Mont. u. Nev.
20. **officinális** Sieb. et Zucc. ♄ III-IV, Korea, Jap., China
- *paniculáta:* 22
21. **paucinérvis** Hance ♄ VII-VIII, M-China
- *pubéscens:* 19
- *purpúsii:* 18
22. **racemósa** Lam. (*C. candidíssima* Marsh. non Mill., *C. paniculáta* L'Hérit.) ♄ VI-VII, N-Am.: Maine bis Ont., Minn., südl. bis Del., Kent., Okla.
23. **rugósa** Lam. ♄ V-VII, N-Am.: Queb. bis Manit., südl. bis Virg., Ill., Iowa
24. **sanguínea** L. (*Thelycránia sanguínea* (L.) Fourr., *Swída sanguínea* (L.) Opiz) ♄ V-VI ⓝ, Eur., Kurdist.
25. **serícea** L. (*C. stolonífera* Michx., *C. álba* Wangenh. non L., *Swída serícea* (L.) Holub), N-Am.: Neufundl. bis Alaska, südl. bis Penns., Indiana, Ill., Missouri, New Mex.; Mex., in einigen Ländern Eur. stellenweise eingebürg.
f. **bāileyi** (J.M. Coult. et W.H. Evans) Fosb. (*C. bāileyi* J.M. Coult. et W.H. Evans) ♄ V-VI
f. **serícea** ♄ V-VI
- *sibírica:* 1
- *stolonífera:* 25
- *stolonífera* var. *occidentális:* 19
26. **stricta** Lam. (*C. fœmina* Mill.) ♄ V bis VI, USA: Virg. bis Missouri u. Okla., südl. bis Flor. u. Tex.
27. **suécica** L. (*Chamaepericlýmenum suécicum* (L.) Aschers. et Graebn.) ♃ △ VI-VII, N-Eur., südl. bis Holl. u. N-Deutschl., NO-As., nördl. N-Am.: Grönl. bis Alaska, südl. bis Neufundl., N. Scot. u. Queb.
- *tátarica:* 1

Corókia A. Cunn. - f. - *Saxifragáceae*
1. **buddleioídes** A. Cunn. ♄ i ⓚ, Neuseel.
2. **cotoneáster** Raoul - Zickzackstrauch ♄ ⓚ VI-VII, Neuseel.
3. **macrocárpa** Kirk ♄ i ⓚ, Chatham
4. × **virgáta** Turrill (*C. buddleioídes* × *C. cotoneáster*) ♄ i ⓚ

Coronária coriácea: Lýchnis 4
- *flos-cucúli: Lýchnis* 6
- *flos-jóvis: Lýchnis* 7
- *tomentósa: Lýchnis* 4

Coronílla L. - f. - *Leguminósae* Kronwicke
1. **cappadócica** Willd. ♃ △ V-VII, Kl. As.
2. **coronáta** L. (*C. montána* Jacq.) ♃ △ V-VII, M- u. S-Eur., Kl. As., Kauk., Iran
3. **émerus** L. ♃ ∧ V-VII, M- u. SO-Eur., bis S-Norw. u. O-Span., Kl. As., Syr., N-Afr.
4. **glaūca** L. (*C. valentína* L. ssp. *glaūca* (L.) Batt.) ♄ i ⓚ IV-VII, Med., S-Port.
5. **mínima** L. ♄ ⤳ D △ ∧ VI-VII, SW-Eur. bis NW-Frankr., SW-Schw., O-Ital., N-Afr.
- *montána:* 2
6. **scorpioídes** (L.) W.D.J. Koch - Skorpionskraut ⊙ ✾, Med., S-Eur., Frankr.
7. **vaginális** Lam. ♄ △ V-VII, Gebg. M-Eur., Jura, Alp., Apenn., Balk.
- *valentína* ssp. *glaūca:* 4
8. **vária** L. ♃ ✾ V-IX, S- u. M-Eur., Kl. As., Kauk., Iran, Syr., in W- u. N-Eur. sowie im östl. N-Am. eingebürg.

Corothámnus decúmbens: Cýtisus 8
- *procúmbens: Cýtisus* 19

Corózo oleífera: Elaēis 2

Córrea Andr. - f. - *Rutáceae*
1. **álba** Andr. ♄ i ⓚ I-XII, S-Austral., Vict., Neusüdwal., Tasm.

2. **backhousiána** Hook. ♄ i ⌂ V–VI, Tasm.
3. **bauerlénii** F. v. Muell. ♄ i ⌂, O- u. S-Austral.
- *cardinális:* 5
4. **pulchélla** Mackay ex Sweet ♄ i ⌂, O- u. S-Austral.
5. **refléxa** (Labill.) Vent. (*C. cardinális* F. v. Muell., *C. speciósa* Donn ex Andr.) ♄ i ⌂ III–V, O- u. S-Austral.
- *speciósa:* 5

× *Correvónia:* × *Brassocattleya*

Corryocáctus Britt. et Rose - m. - *Cactáceae*
1. **aureus** (Meyen) Hutchison (*Céreus aureus* Meyen non Salm-Dyck, *Cáctus aureus* Meyen, *Erdísia meyénii* Britt. et Rose) ⌂ ∗, S-Peru, N-Chile
2. **brachypétalus** (Vaup.) Britt. et Rose (*Céreus brachypétalus* Vaup.) ⌂ ∗, S-Peru
3. **brevistýlus** (K. Schum. ex Vaup.) Britt. et Rose (*Céreus brevistýlus* K. Schum. ex Vaup.) ⌂ ∗, S-Peru
4. **melanótrichus** (K. Schum.) Britt. et Rose (*Céreus melanótrichus* K. Schum., *Erdísia melanótricha* (K. Schum.) Bckbg.) ⌂ ∗, Bol.
5. **spiniflórus** (Phil.) Hutchison (*Erdísia spiniflóra* (Phil.) Britt. et Rose, *Eulýchnia claváta* Phil.) ⌂ ∗, Chile
6. **squarrósus** (Vaup.) Hutchison (*Erdísia squarrósa* (Vaup.) Britt. et Rose) ⌂ ∗, M-Peru: Junin

Cortadéria Stapf - f. - *Gramíneae*
1. **selloána** (Schult. et Schult. f.) Aschers. et Graebn. (*Gynérium argénteum* Nees, *C. argéntea* (Nees) Stapf) - Pampasgras ♃ ∧ ⓝ IX–X, S-Bras., Urug., Arg., auf den Azor., in NW-Span. u. Frankr. eingebürg.

Cortúsa L. - f. - *Primuláceae*
Glöckel
1. **matthíoli** L. - Alpenglöckel
   f. **matthíoli** ♃ △ VII–VIII ▽, M- u. O-Rußl., Gebg. Bulg. u. O-Karp. bis SW-Alp., W-As. bis Him.
   f. **pekinénsis** A. Richt. ♃ △ VI–VII, NO-As.

Corýanthes Hook. - f. - *Orchidáceae*
1. **macrántha** (Hook.) Hook. ♃ ⌂ V ∗, Trin., Guay., Venez.
2. **maculáta** Hook. ♃ ⌂ VI–VII ∗, Guay.
3. **speciósa** (Hook.) Hook. ♃ ⌂ VI bis VII ∗, M-Am., Westind., nördl. S-Am.

Corýdalis Vent. - f. - *Papaveráceae*
Lerchensporn
1. **angustifólia** (M.B.) DC. ♃ △ IV, Kauk., Anat., Iran, bei St. Petersburg eingebürg.
2. **bracteáta** (Steph.) Pers. ♃ △ V–VI, Sib., Altai
- *bulbósa* (L.) auct. non DC.: 4
- *bulbósa* (L.) DC.: 12
3. **cashmeriána** Royle ♃ ⌂ V–VIII, Kaschm. bis Bhut.
4. **cáva** (L.) Clairv. (*Fumária cáva* (L.) Mill., *F. bulbósa* Mill. 1771 non L., *C. bulbósa* (L.) auct. non DC.) ♃ III bis V, Eur.
5. **cheilanthifólia** Hemsl. ♃ △ V, W-China
- *glauca:* 11
6. **lútea** (L.) DC. ♃ △ V–IX, S-Alp., N-Med., in W- u. M-Eur. eingebürg.
7. **nóbilis** (L.) Pers. ♃ △ IV–VI, Sib., Altai, in Schwed. eingebürg.
8. **ochroleuca** W. D. J. Koch ♃ △ V–IX, Ital., W-Balk., in W- u. M-Eur. eingebürg.
9. **ophiocárpa** Hook. f. et Thoms. ⊙ △ VI, Jap., Taiw., China, Him.
10. **saxícola** Bunt. (*C. thalictrifólia* Franch. non James. ex Regel) ♃ △ ∧ V–VI, China
11. **sempérvirens** (L.) Pers. (*C. glauca* (Curt.) Pursh) ⊙–⊙ △ VII, N-Am.: Neufundl. bis Alaska, südl. bis Georg., Tenn., Minn., Br. Kol., in Norw. eingebürg.
12. **sólida** (L.) Clairv. (*C. bulbósa* (L.) DC., *Fumária bulbósa* L., *F. sólida* (L.) Mill.) ♃ III–IV, Eur., Alger., Kl. As., Liban., Irak.
- *thalictrifólia:* 10
13. **wilsónii** N. E. Br. ♃ △ ∧ V–IX, M-China

Corylópsis Sieb. et Zucc. - f. - *Hamamelidáceae*
Scheinhasel
1. **glabréscens** Franch. et Sav. ♄ VI, Jap.
2. **pauciflóra** Sieb. et Zucc. ♄ III–IV, Jap., Taiw.

3. **platypétala** Rehd. et Wils. ♄ IV, W-Hupeh
4. **spicáta** Sieb. et Zucc. ♄ II–IV, Jap.
5. **veitchiána** Bean ♄ IV, W-Hupeh
6. **willmóttiae** Rehd. et Wils. ♄ IV, W-Szetsch.

Córylus L. - f. - *Betuláceae*
Haselnuß
1. **avellána** L.
var. **avellána** - Haselnuß ♄ II–III ®, Eur., Kl. As., Zyp., Transkauk., Kauk.
var. **grándis** Ait. - Zellernuß ♄ II–III ®, Eur.
2. **chinénsis** Franch. (*C. colúrna* var. *chinénsis* (Franch.) Burk.) ♄ II–III ®, M- u. W-China
3. **colúrna** L. - Baumhasel ♄ I–III ®, SO-Eur., Kl. As., Transkauk. u. Kauk. bis Him.
- *colúrna* var. *chinénsis:* 2
4. **cornúta** Marsh. (*C. rostráta* Ait.) ♄ II bis III, N-Am.: Neufundl. bis Br. Kol., südl. bis Georg., Missouri, Color. u. Kalif.
5. **máxima** Mill. (*C. tubulósa* Willd.) - Lambertsnuß ♄ II–III ®, SO-Eur., Kl. As.
- *rostráta:* 4
- *rostráta* var. *sieboldiána:* 6
6. **sieboldiána** Bl. (*C. rostráta* var. *sieboldiána* (Bl.) Maxim.) ♄ II–III, Jap., NO-As. bis N-China
- *tubulósa:* 5

Corynabutílon vitifólium: Abutílon 10
Corynánthe johímbe: Pausinystália 1

Corynéphorus P. Beauv. (*Weingaertnéria* Bernh.) - m. - *Gramíneae*
Silbergras
1. **canéscens** (L.) P. Beauv. (*Weingaertnéria canéscens* (L.) Bernh.) - Silbergras ♃ VI–VIII, Eur., in den nordöstl. USA eingebürg.

Corynocárpus J.R. et G. Forst. - m. - *Corynocarpáceae*
Karakabaum
1. **laevigátus** J.R. et G. Forst. ♄ i Ⓚ ☠ (Samen), Neuseel.

Córypha L. - f. - *Pálmae*
Schopfpalme
- *austrális: Livistóna* 1
- *eláta:* 2
- *gembánga:* 2
- *nána: Cryosóphila* 1
1. **umbraculífera** L. - Talipotpalme ♄ i Ⓦ ®, S-Ind., Ceyl.
2. **útan** Lam. (*C. eláta* Roxb., *C. gembánga* (Bl.) Bl.) - Buripalme ♄ i Ⓦ ®, Bengal., Burma, Andam., Malak., Phil., Sunda

Coryphántha (Engelm.) Lem. - f. - *Cactáceae*
- *ceratítes: Neollóydia* 1
1. **claváta** (Scheidw.) Bckbg. Ⓚ ∗, M-Mex.: Hidalgo, Queretaro, Mexico
- *conoídea: Neollóydia* 1
2. **cornífera** (DC.) Britt. et Rose Ⓚ ∗, M-Mex.: Hidalgo
3. **elephántidens** (Lem.) Lem. Ⓚ ∗, SW-Mex.: Michoacan
4. **erécta** (Lem. ex Pfeiff.) Lem. Ⓚ ∗, M-Mex.: Hidalgo
- *grandiflóra: Neollóydia* 1
5. **macrómeris** (Engelm.) Lem. Ⓚ ∗, USA: Texas bis New Mex.; N-Mex.: Chihuahua bis Zacatecas
- *muehlenpfórdtii:* 9
- *neoschéérii:* 9
6. **odoráta** Böd. (*Neollóydia odoráta* (Böd.) Bckbg., *Cumarína odoráta* (Böd.) Buxb.) Ⓚ ∗, NO-Mex.: Tamaulipas, San Luis Potosi
7. **poselgeriána** (A. Dietr.) Britt. et Rose Ⓚ ∗, N-Mex.: Coahuila
8. **rádians** (DC.) Britt. et Rose Ⓚ ∗, M-Mex.
- *roséana: Escobária* 5
9. **schéérii** (O. Kuntze) L. Bens. (*Mammillária schéérii* Mühlpf. 1847 non 1845, *C. muehlenpfórdtii* Britt. et Rose, *C. neoschéérii* Bckbg.) Ⓚ ∗, New Mex.; M-Mex.: Hidalgo
- *vivípara: Escobária* 7
- *zilziána: Escobária* 8

Cósmea: Cósmos
Cosmídium burridgeánum: Thelespérma 1

Cósmos Cav. (*Cósmea* Willd.) - m. - *Compósitae*
Schmuckkörbchen, Kosmee
1. **atrosanguíneus** (Hook.) Voss (*Bídens atrosanguínea* (Hook.) hort., *B. dahlioídes* hort. non S. Wats.) ♃ (⊙ gezogen) VII–X, Mex.
2. **bipinnátus** Cav. (*Bídens formósa* (Bonato) Schultz Bip.) ⊙ ✂ VII–X,

Mex. bis Bras.
3. **diversifólius** Otto (*Bídens diversifólia* (Otto) Schultz Bip. non Ort., *B. dahlioídes* S. Wats.) ⊙-♃ VIII-X, Mex.
4. **sulphúreus** Cav. ⊙ VIII-IX, Mex. bis Bras.

Cóstus L. - m. - *Zingiberáceae*
1. **áfer** Ker-Gawl. ♃ Ⓦ, Seneg. bis Lagos
2. **cuspidátus** (Nees et Mart.) Maas (*C. ígneus* N. E. Br.) ♃ I-XII, Bras.
- *ígneus:* 2
3. **lucanusiánus** J. Braun et K. Schum. ♃ D Ⓦ, Kamer., Kongo
4. **malortieánus** H. Wendl. ♃ Ⓦ, Costa R.
5. **speciósus** (J. G. Koenig) Sm. ♄ Ⓦ, SO-As. bis N. Guin.
6. **spicátus** (Jacq.) Sw. ♃ Ⓦ, Haiti

Cótinus Mill. - m. - *Anacardiáceae*
Perückenstrauch
- *americánus:* 2
1. **coggýgria** Scop. (*Rhus cótinus* L.) - Perückenstrauch, Fisettholz ♄ ꝏ ☠ VI-VII Ⓝ, S-, südl. M-Eur., von SO-Frankr. ostwärts u. nördl. bis SO-Tschechosl. u. M-Ukr., bis M-China, NW-Him.
2. **obovátus** Raf. (*C. americánus* Nutt., *Rhus cotinoídes* Nutt. ex Chapm.) ♄ bis ♄ ꝏ VI-VII, USA: Tenn. bis Alab., Missouri bis Ark. u. Okla., Tex.

Cotoneáster Medik. - m. - *Rosáceae*
Zwergmispel
1. **acuminátus** Lindl. ♄ V, Him., in Frankr. u. Deutschl. mitunter eingebürg.
2. **acutifólius** Turcz. ♄ V-VI, N-China
3. **adpréssus** Bois ♄ △ ⁓ VI, W-China
- *adpréssus* var. *prǣcox:* 35
4. **affínis** Lindl. ♄ ∧ V, W-China, Him.
5. **ambíguus** Rehd. et Wils. ♄ ∧ V-VI, W-China
6. **amœ̄nus** Wils. ♄ i ∧ VI, SW-China
7. **apiculátus** Rehd. et Wils. ♄ VI, W-China
- *applanátus:* 13
8. **bullátus** Bois ♄ ꝏ V-VI, W-China
9. **buxifólius** Wall. ex Lindl. ♄ i ∧ bis Ⓚ, Nilgiri
- *cochleátus:* 27
10. **congéstus** Bak. (*C. microphýllus* var. *glaciális* Hook. f., *C. pyrenáicus* hort.) ♄ i △ VI, Him.
11. **conspícuus** Marq. ♄ V, SO-Tib.
12. **dámmeri** Schneid. (*C. humifúsus* Duthie ex Veitch)
var. **radícans** Dammer ex Schneid. ♄ i △ ⁓ V, W-China
13. **dielsiánus** E. Pritz. (*C. applanátus* Duthie ex Veitch) ♄ ꝏ VI, M- u. W-China
14. **dístichus** Lange (*C. rotundifólius* Bak. non Wall. ex Lindl.) ♄ △ ꝏ V bis VI, Him., SW-China
15. **divaricátus** Rehd. et Wils. ♄ ꝏ VI, M- u. W-China
16. **foveolátus** Rehd. et Wils. ♄ VI, M-China
17. **franchétii** Bois ♄ ꝏ VI, W-China
- *franchétii* var. *sterniánus:* 44
18. **frígidus** Wall. ex Lindl. ♄ ꝏ VI, Him.
- 'Gloire de Versailles': 44
19. **harroviánus** Wils. ♄ i ꝏ ∧ VI, W-China
20. **hebephýllus** Diels ♄ V, SW-China
21. **henryánus** (Schneid.) Rehd. et Wils. ♄ ꝏ VI, M-China
22. **horizontális** Decne.
var. **perpusíllus** Schneid. ♄ △ ꝏ V bis VI, W-China
- *humifúsus:* 12
23. **hupehénsis** Rehd. et Wils. ♄ ꝏ V, M-u. W-China
24. **integérrimus** Medik. ♄ ꝏ ☠ V, Eur., N-As. bis Altai, Anat., Iran
25. **lácteus** W. W. Sm. ♄ i ꝏ ∧ VI-VII, W-China
26. **lúcidus** Schlechtend. ♄ V-VI, Altai
- *melanocárpus:* 31
27. **microphýllus** Wall. ex Lindl. ♄ △ i ꝏ V-VI
var. **cochleátus** (Franch.) Rehd. et Wils. (*C. cochleátus* (Franch.) Klotz, *C. microphýllus* 'Cochleatus'), Him., China
var. **melanótrichus** (Franch.) Hand.-Mazz., W-China
var. **microphýllus** Ⓝ, Him., in Engl. u. Irl. eingebürg.
var. **thymifólius** (Bak.) Koehne, Him.
'Vellaeus' (var. *vellǣus* (Franch.) Rehd. et Wils.)
- *microphýllus* 'Cochleatus': 27

- *microphýllus* var. *glaciális:* 10
- *microphýllus* var. *vellaeus:* 27

28. **moupinensis** Franch. ♄ ♣ VI, W-China
29. **multiflórus** Bunge
var. **calocárpus** Rehd. et Wils. ♄ ♣ V, W-China
30. **nebrodénsis** (Guss.) K. Koch (*C. tomentósus* (Ait.) Lindl.) ♄ ♣ V–VI, S- u. südl. M-Eur., nördl. bis Voges. u. S-Pol., W-As.
31. **níger** (Thunb.) Fries (*C. melanocárpus* Lodd. ex Schneid.) ♄ V–VI, N-, O- u. östl. M-Eur. bis Balk., W-As.
32. **nítens** Rehd. et Wils. ♄ ♣ VI, W-China

- *nummulárius:* 36

33. **obscúrus** Rehd. et Wils. ♄ ♣ VI, W-China
34. **pannósus** Franch. ♄ ♣ VI, SW-China
35. **praecox** (Bois et Berthault) Vilmorin-Andrieux (*C. adpréssus* var. *praecox* Bois et Berthault) ♄ △ ♣ VI, W-China

- *pyracántha: Pyracántha* 2
- *pyrenáicus:* 10

36. **racemiflórus** (Desf.) K. Koch
var. **nummulárius** (Fisch. et C. A. Mey.) Dipp. (*C. nummulárius* Fisch. et C. A. Mey.) ♄ ♣ V–VI, Ägäis, Kl. As., Kauk., Irak, Iran, Turkest.
var. **soongóricus** (Regel et Herd.) Schneid. ♄ ♣ V–VI, W-China
37. **rhytidophýllus** Rehd. et Wils. ♄ i ♣ ∧ VI, W-China
38. **róseus** Edgew. ♄ ♣ VI, Afgh., Pak., Kaschm., NW-Ind.

- *rotundifólius* Bak.: 14

39. **rotundifólius** Wall. ex Lindl. ♄ i ♣ ∧ VI, Him.
40. **rugósus** E. Pritz. (*C. salicifólius* var. *rugósus* (E. Pritz.) Rehd. et Wils.) ♄ i ♣ VI, M-China
41. **salicifólius** Franch.
var. **floccósus** Rehd. et Wils. ♄ i ♣ VI bis VII, W-China

- *salicifólius* var. *rugósus:* 40

42. **serótinus** Hutchins. ♄ i ♣ ∧ VII, W-China
43. **simónsii** Bak. ♄ i ♣ ∧ VI–VII, Khas., in NW-Eur. mitunter eingebürg.
44. **sterniánus** (Turrill) Boom (*C. franchétii* var. *sterniánus* Turrill, *C. wárdii* hort. non W. W. Sm., *C.* 'Gloire de Versailles') ♄ i ♣ ∧ V–VI, Tib.

- *tomentósus:* 30
- *wárdii* hort.: 44

45. **wárdii** W. W. Sm. ♄ i ♣ ∧ VI, SO-Tib.

- × *watéreri:* 46

46. **-Watereri-Hybriden** (*C.* × *watéreri* Exell) (Hierher gehören eine Anzahl von Sorten hybriden Ursprungs, hervorgegangen aus Kreuzungen von *C. frígidus* mit *C. henryánus, C. rugósus* und *C. salicifólius*, z. B. 'Aldenhamensis', 'Cornubia', 'Exburiensis', 'Vicaryi', 'Watereri') ♄ VI
47. **zabélii** Schneid. ♄ V, M-China

Cottendórfia Schult. f. - f. - *Bromeliáceae*

1. **flórida** Schult. f. ♃ ⌂(W), O-Bras.

- *penduliflóra: Fosterélla* 1

Cótula L. - f. - *Compósitae*
Laugenblume

1. **atráta** Hook. f. ♃ ⇝ △ VII–VIII, Neuseel.
2. **barbáta** DC. (*Cénia barbáta* (DC.) Benth. et Hook. f.) ⊙ VII–VIII, S-Afr.
3. **dioíca** (Hook. f.) Hook. f. (*Leptinélla dioíca* Hook. f.) ♃ ⇝ △ VII–VIII, Neuseel.
4. **potentillína** (F. v. Muell.) Druce ♃ ⇝, Neuseel.
5. **squálida** (Hook. f.) Hook. f. (*Leptinélla squálida* Hook. f.) ♃ ⇝ △ ∧ VI–VII, Neuseel.

Cotylédon L. - f. - *Crassuláceae*

- *aïzóon: Rosulária* 1
- *arboréscens: Crássula* 2

1. **barbeyi** Schweinf. ex W. Wats. ♄ ⌂(K), Abess., Jem., Somalia

- *breviflóra: Pistorínia* 1

2. **cacalioídes** L. f. ♄ ⌂(K), Kap
3. **corúscans** Haw. ♄ ⌂(K), Kap, Transv.
4. **decussáta** Sims (*C. flanagánii* Schönl. et Bak. f.) ♄ ⌂(K), Kap, Namib.

- *fasciculáris:* 8
- *flanagánii:* 4
- *grácilis:* 5
- *hispánica: Pistorínia* 2
- *horizontális: Umbilícus* 2
- *intermédia: Umbilícus* 3

5. **jacobseniána** v. Poelln. (*C. grácilis* Berger non Haw.) ♄ ⌂(K) V–VI, Kap

- *laciniáta: Kalánchoë* 12
- *libanótica: Rosulária* 4

6. **macrántha** L. ħ ⌂K XII–III, Kap
- *malacophýlla: Oróstachys* 1
- *oppositifólia: Chiastophýllum* 1

7. **orbiculáta** L. ħ ⌂K VII–VIII, Kap, Nat., Transv., Namib.
- *pachýphytum: Pachýphytum* 1

8. **paniculáta** L. f. (*C. fasciculáris* Ait.) – Butterbaum ħ ⌂K, Kap, Namib.
- *pendulína: Umbilícus* 4
- *pistorínia: Pistorínia* 2

9. **reticuláta** Thunb. ħ ⌂K, Kap, Namib.
- *rupéstris: Umbilícus* 4
- *salzmánnii: Pistorínia* 1
- *sempervívum: Rosulária* 4
- *spinósa: Oróstachys* 2

10. **teretifólia** Thunb. ħ ⌂K VII–VIII, Kap
- *tuberósa: Umbilícus* 4
- *umbilícus-véneris: Umbilícus* 1

11. **unduláta** Haw. ħ ⌂K III–VII, Kap

Coumarōuna: Dípteryx
- *odoráta: Dípteryx* 1

Coussápoa Aubl. – f. – *Urticáceae*

1. **dealbáta** André ♄ i ⌂W, Bras.
2. **schóttii** Miq. ♄ i ⌂W, Bras.

Coutárea Aubl. – f. – *Rubiáceae*

1. **latifólia** Moç. et Sessé ♄ ⌂W, Mex.

Crámbe L. – f. – *Crucíferae*
Meerkohl

1. **cordifólia** Stev. ♃ VI, Kauk.
2. **marítima** L. – Meerkohl ♃ V–VI ▽ Ⓝ, Küsten W- u. N-Eur., N-Deutschl. sowie des Schw. Meers
3. **tatária** Sebeók ♃ V–VI, W-Sib. bis O-Eur., westl. bis Tschechosl. u. Österr.

Craniolária L. – f. – *Martyniáceae*
Vogelkopf

1. **ánnua** L. (*Martýnia craniolária* Gloxin) ⊙ VII–VIII, Nördl. S-Am.

Craspédia G. Forst. – f. – *Compósitae*

1. **globósa** Benth. ♃ (⊙ kult.) ✂ ⌂K VI bis VIII, Austral.
2. **uniflóra** G. Forst. ♃ (⊙ kult.) ✂ ⌂K VI–VII, Neuseel., gem. Austral., Tasm.

Crássula L. (einschl. *Róchea* DC., *Vauánthes* Haw.) – f. – *Crassuláceae*
Dickblatt

1. **alstónii** Marl. ♃ ⌂K X–XI, Kap
2. **arboréscens** (Mill.) Willd. (*Cotylédon arboréscens* Mill.) ħ – ♄ ⌂K, Kap bis Nat.
- *argéntea:* 23
- *árta* hort.: 28
- *árta* Schönl.: 11

3. **barbáta** Thunb. ♃ ⌂K I–V, Kap
4. **bárklyi** N. E. Br. (*C. téres* Marl.) ♃ ⌂K, Namib., Kap
- *bolúsii:* 13

5. **capitélla** Thunb.
ssp. **thyrsiflóra** (Thunb.) Tölken (*C. thyrsiflóra* Thunb., *C. turríta* Thunb., *C. corymbulósa* Link et Otto) ♃ ⌂K, Kap
- *cephalóphora:* 21

6. **coccínea** L. (*Róchea coccínea* (L.) DC., *R. versícolor* (Burch. ex Ker-Gawl.) Link) ħ–♄ ⌂K VII–VIII, S-Afr.
7. **columnáris** Thunb. ⊙ ⌂K X–XI, Kap
- *conjúncta:* 26
- *cōoperi:* 13

8. **corállina** Thunb. (*C. dasyphýlla* Harv.) ♃ ⌂K VII–VIII, Namib., Kap
9. **cordáta** Thunb. ħ ⌂K VI–VIII, SO-Kap
- *corymbulósa:* 5

10. **cultráta** L. (*Globúlea cultráta* (L.) Haw., *C. torquáta* Bak.) ħ ⌂K, Kap
- *cúrta:* 33
- *dasyphýlla:* 8

11. **decéptor** Schönl. et Bak. f. (*C. decéptrix* Schönl., *C. árta* Schönl.) ♃ ⌂K X–XI, Kap, Namib.
- *decéptrix:* 11
- *decípiens:* 36
- *deltoídea:* 28

12. **dichótoma** L. (*Vauánthes dichótoma* (L.) O. Kuntze) – Schriftblume ⊙ ⌂K VII–VIII, Kap
13. **exílis** Harv.
ssp. **cōoperi** (Regel) Tölken (*C. cōoperi* Regel, *C. bolúsii* Hook. f.) ♃ ⌂K III–V, Transv., Namib.
ssp. **sedifólia** (N. E. Br.) Tölken (*C. sedifólia* N. E. Br.) ♃ ⌓ △ ∧ ⌂A VII bis VIII, Kap
- *falcáta:* 25

14. **hemisphaērica** Thunb. ♃ ⌂K, Namib.
- *impréssa:* 32

15. ×**jústi-corderōyi** Jacobs. et v. Poelln. (? *C. exílis* ssp. *cōoperi* × *C. perfoliáta* var. *falcáta*) ♃ ⌂K
16. **láctea** Soland. ex Ait. ħ ⌂K XII–III, O-Kap, Nat., Transv.

- *lycopodioídes:* 20
- *lycopodioídes* var. *pseudolycopodioídes:* 20
- *marginális:* 24

17. **mesembryanthemópsis** Dint. ♃ ⌂, Namib.
18. **mesembryanthoídes** (Haw.) D. Dietr. (*Globúlea mesembryanthoídes* Haw., *C. trachysántha* (Eckl. et Zeyh.) Harv.) ♄ ⌇, SO-Kap

- *milfórdiae:* 33
- *montícola:* 31

19. **multicáva** Lem. (*C. quadrífida* Bak.) ♄ ⌂ IV–VII, Nat., Transv.
20. **muscósa** L. (*C. lycopodioídes* Lam., *C. pseudolycopodioídes* Dint. et Schinz, *C. lycopodioídes* var. *pseudolycopodioídes* (Dint. et Schinz) E. Walth.) ♄ ⌂ II–III, Namib.
21. **nudicaúlis** L. (*C. obvalláta* L., *C. cephalóphora* Thunb., *Globúlea canéscens* Haw.) ♃ ⌂, Namib., Kap, Oranjefreist.

- *oblíqua:* 23
- *obvalláta:* 21

22. **orbiculáris** L. (*C. sedoídes* Mill., *C. rosuláris* Haw.) ♃ ⌂ II–III, Kap bis Nat.
23. **ováta** (Mill.) Druce (inkl. *C. argéntea* Thunb., *C. oblíqua* Soland. ex Ait., *C. portulácea* Lam.) ♄ ⌂ IV–VII, Kap bis Nat.
24. **pellúcida** L.
    ssp. **marginális** (Dryand.) Tölken (*C. marginális* Dryand.) ♃ ⌂ III–V, Kap
25. **perfoliáta** L. (*Róchea perfoliáta* (L.) DC.)
    var. **falcáta** (DC.) Tölken (*C. falcáta* (DC.) H. Wendl., *Róchea falcáta* DC.) ♄ ⌂ VII–IX, SO-Kap, Nat.
    var. **perfoliáta** ♄ ⌂, SO-Kap, Nat.
26. **perforáta** Thunb. (*C. perfóssa* Lam., *C. conjúncta* N.E.Br.) ♃ ⌂, Kap

- *perfóssa* Harv.: 31
- *perfóssa* Lam.: 26

27. **-Picturata-Hybriden** (meist Kreuzungen von *C. picturáta* Boom × *C. schmídtii*) ♃ ⌂
28. **plegmatoídes** Friedr. (*C. árta* hort. non Schönl., *C. deltoídea* auct. non Thunb.) ♃ ⌂, Namib., Kap

- *portulácea:* 23
- *pseudolycopodioídes:* 20

29. **pyramidális** Thunb. ⊙ ⌂, Kap

- *quadrífida:* 19

30. **recúrva** N.E.Br. ♃ ≈ ⌂, Nat.

- *rosuláris:* 22

31. **rupéstris** Thunb. (*C. perfóssa* Harv. non Lam., *C. montícola* N.E.Br.) ♃ ⌂ IV–V, Kap
32. **schmídtii** Regel (*C. impréssa* N.E.Br.) ♃ ⌂ IV–VIII, Namib. bis Transv., Nat.

- *sedifólia:* 13
- *sedoídes:* 22

33. **setulósa** Harv.
    var. **cúrta** (N.E.Br.) Schönl. (*C. cúrta* N.E.Br., *C. milfórdiae* R.S. Byles) ♃ △ ∧, Kap, Nat., Lesotho
34. **sociális** Schönl. ♃ ⌂, SO-Kap
35. **spathuláta** Thunb. ♃ ⌂ IV–V, SO-Kap bis Nat.
36. **técta** Thunb. (*C. decípiens* N.E.Br.) ♃ ⌂, W-Kap

- *téres:* 4

37. **tetragóna** L. ♄ ⌂, O-Kap

- *thyrsiflóra:* 5
- *torquáta:* 10
- *trachysántha:* 18
- *turríta:* 5

\+ **Crataegoméspilus** Simon-Louis (*Crataegus* + *Méspilus*) – f. – *Rosáceae*

- *bronveáuxii:* 1

1. **dardárii** Simon-Louis (*Crataegus monógyna* + *Méspilus germánica;* + *C. bronveáuxii* hort.) ♄ V
2. **potsdamiénsis** Bergann (*Crataegus laevigáta* 'Paulii' + *Méspilus germánica*) ♄ V

Crataegus L. – f. – *Rosáceae*
Weißdorn

- *arkansána:* 21

1. **arnoldiána** Sarg. ♄ V, USA: Mass. bis Conn. u. Long Isl.
2. **azarólus** L. – Azaroldorn, Welsche Mispel ♄ ∧ VII ® Off., Kreta, N-Afr., W-As., in S-Eur. eingebürg.
3. **calpodéndron** (Ehrh.) Medik. (*C. tomentósa* Du Roi non L.) ♄ VI, N-Am.: Ont. bis Minn., südl. bis Georg., Alab., Ark., Kans. u. Tex.

- × *carriérei:* 20
- *champlainénsis:* 36

4. **chlorosárca** Maxim. ♄ V, Jap., Sachal.
5. **chrysocárpa** Ashe (*C. rotundifólia*

Moench non Lam.) ♄ V, N-Am.: Neufundl. bis Sask., südl. bis N. Y., Penns., Kent., Kans., Color., New Mex.
– *coccínea:* 17, 26
6. **coccinioídes** Ashe ♄ ♧ V, USA: Ill., Missouri, Kans. bis Okla. u. Ark.
7. **collína** Chapm. ♄ V, USA: Virg. bis Indiana, Missouri, Kans., südl. bis Georg., Miss. u. Okla.
8. **crus-gálli** L. – Hahnendorn ♄ – ♄ V, N-Am.: Queb. bis Mich. u. Iowa, südl. bis Georg., Flor., Alab., Louis. u. Tex., in der Tschechosl. eingebürg.
9. **dahúrica** Koehne ex Schneid. ♄ IV bis V, SO-Sib.
10. × **dippeliána** Lange (*C. punctáta* × *C. tanacetifólia*) ♄ – ♄ VI
11. **douglásii** Lindl. ♄ V, N-Am.: Alaska bis Kalif., östl. bis Alb., Sask., Ont., Wyom., New Mex.
12. **dsungárica** Zab. ex Lange ♄ V, SO-Sib., N-China
13. **durobrivénsis** Sarg. ♄ V, USA: N. Y.
14. **fláva** Ait. ♄ VI, USA: Virg. bis Flor., Alab. u. Miss.
15. × **grignonénsis** Mouillef. (*C. pubéscens* × *C.* species) ♄ V–VI
16. **holmesiána** Ashe ♄–♄ V, N-Am.: Maine u. Queb. bis Minn., südl. bis Penns. u. Ill.
17. **intricáta** Lange (*C. coccínea* auct. plur., non L.) ♄ V, USA: Neuengl. bis Indiana u. Missouri, südl. bis Virg., Georg. u. Okla., in Rum. eingebürg.
18. **laciniáta** Ucria (*C. orientális* Pall. ex M.B., *C. tanacetifólia* auct. non Pers.) ♄–♄ ♧ VI, SO-Eur., Med., Siz., SO-Span.
19. **laevigáta** (Poir.) DC. (*C. oxyacántha* L. p. p. et auct.) – Weißdorn ♄–♄ V ⓝ Off., NW-, NO- u. M-Eur., südl. bis Pyren., Ital. u. Balk.
'Paulii' (*C. monógyna* var. *kermesína-pléna* hort., *C. laevigáta* 'Coccinea Flore Pleno') – Rotdorn ♄–♄ V
– *laevigáta* 'Coccinea Flore Pleno': 19
20. × **lavállei** Hérincq ex Lavallée (*C. crus-gálli* × *C. pubéscens*; *C.* × *carriérei* Vauvel ex Carr.) ♄–♄ ♧ VI
21. **móllis** (Torr. et A. Gray) Scheele (*C. arkansána* Sarg.) ♄ ♧ VI, N-Am.: Ont. bis N- u. S-Dak., südl. bis Tenn., Alab., Miss., Ark. u. Okla.
22. **monógyna** Jacq. emend. Lindm. – Weißdorn ♄–♄ V–VI ⓝ Off., Eur., N-Afr., Kl. As., Syr. bis Paläst., Kauk., Arm., N-Iran, im östl. N-Am. stellenweise eingebürg.
– *monógyna* var. *kermesína-pléna:* 19
23. × **mordenénsis** Boom (*C. laevigáta* × *C. succulénta*) ♄–♄ ♧ V
24. **nígra** Waldst. et Kit. ♄ – ♄ V Off., Tschechosl., Ung., Jugosl., Alban.
25. **nítida** (Engelm. ex Britt. et A. Brown) Sarg. ♄ ♧ V, USA: Ohio bis Missouri, Ark.
– *orientális:* 18
– *oxyacántha:* 19
26. **pedicelláta** Sarg. (*C. coccínea* L. p. p.) ♄ ♧ V, N-Am.: Maine u. Queb. bis Minn., südl. bis N. Y., Penns., Ill.
27. **pentágyna** Waldst. et Kit. ex Willd. ♄ bis ♄ V Off., Östl. M-Eur., N-Balk. bis S-Ukr., Krim, Transkauk., S-Sib., N-China, Korea
28. **persímilis** Sarg. 'MacLeod' (var. *hortórum* auct., *C.* × *prunifólia* Pers. non *C. prunifólia* (Marsh.) Baumg., *Méspilus prunifólia* Poir. non Marsh.) ♄ V–VI ⓝ
– *persímilis* var. *hortórum:* 28
29. **phaenópyrum** (L. f.) Medik. (*C. populifólia* Walt.) ♄ – ♄ V–VI, USA: Virg. bis Kent. u. Missouri, südl. bis Flor. u. Ark., in Penns., Del. u. den nordöstl. USA eingebürg.
30. **pinnatífida** Bunge ♄ ♧ V ⓝ, Korea, Mandsch., Amur
var. **májor** N. E. Br.
– *populifólia:* 29
31. **pruinósa** (H. L. Wendl.) K. Koch ♄–♄ ♧ V, N-Am.: Neufundl. u. Queb. bis Wisc., südl. bis N-Carol., Ark. u. Okla.
– *prunifólia:* 28, *Arónia* 3
– × *prunifólia:* 28
32. **pubéscens** (H. B. K.) Steud.
f. **stipulácea** (Loud.) Stapf ♄–♄ V–VI, Mex.
33. **punctáta** Jacq. ♄ ♧ VI, N-Am.: Neufundl. u. Queb. bis Iowa, südl. bis N-Carol., Georg., Ark. u. Okla.
34. **rivuláris** Nutt. ex Torr. et A. Gray ♄

bis ♄ VI, USA: Wyom. u. Id. bis Nev., südl. bis New Mex. u. Ariz.
- *rotundifólia:* 5
35. **sanguínea** Pall. ♄–♄ V, M- u. O-Rußl., W-Kasach., O-Sib.
36. **submóllis** Sarg. (*C. champlainénsis* Sarg.) ♄ VI, N-Am.: N. Scot., Maine, Queb. u. Ont. bis Mass. u. N. Y.
37. **succulénta** Schrad. ex Link ♄ ꝏ V, N-Am.: N. Scot., Maine, Queb, Ont. bis Mont., südl. bis N-Carol., Tenn., Missouri, Kans., Color., Utah
- *tanacetifólia:* 18
- *tomentósa:* 3
- *trilobáta: Málus* 20
38. **uniflóra** Münchh. ♄ V–VI, USA: N. Y. u. Penns. bis Missouri u. Okla., südl. bis Flor., Tex.
39. **víridis** L. ♄ V–VI, USA: Del. bis Ill. u. Kans., südl. bis Flor. u. Tex.
40. **wattiána** Hemsl. et Lace ♄ ꝏ V, Altai bis Belutsch., Afgh., Pak., Kasp. Region, N-China
41. **wilsónii** Sarg. ♄–♄ ꝏ V, M-China

× **Crataeméspilus** E. G. Camus (*Cratǣgus × Méspilus*) - f. - *Rosáceae*
1. **gillótii** Beck (*Cratǣgus monógyna × Méspilus germánica*) ♄ V–VI
2. **grandiflóra** (Sm.) E. G. Camus (*Cratǣgus laevigáta × Méspilus germánica*) ♄ V–VI

Cratǣva: Cratéva

Cratéva L. (*Cratǣva* L.) - f. - *Capparáceae*
1. **religiósa** G. Forst. ♄–♄ ⌂W Ⓝ, Trop. O-Afr., Madag., Ind., Malak. bis S-China, Polyn., Queensl.

Cremnóphila Rose - f. - *Crassuláceae*
1. **linguifólia** (Lem.) Moran (*Echevéria linguifólia* Lem.) ♃ ⌂K III–V, Mex.
2. **nútans** (Rose) Rose (*Sédum nútans* Rose) ♃ ⌂K III, Mex.

Crépis L. - f. - *Compósitae*
Pippau
1. **aūrea** (L.) Cass. - Goldpippau ♃ △ VI–VII, Alp., Gebg. Ital., S- u. W-Balk.
- *barbáta: Tólpis* 1
2. **biénnis** L. ⊙ V–VIII, Eur., Kl. As., S-As.
3. **capilláris** (L.) Wallr. (*C. vírens* L.) ⊙ VI–X, Eur.
4. **incána** Sibth. et Sm. ♃ △ VIII, S- u. SO-Griech.
5. **jacquínii** Tausch (inkl. *C. kérneri* Rech. f.) ♃ △ VI–VIII, O-Alp., Karp., Gebg. NW-Balk.
- *kérneri:* 5
6. **pygmǣa** L. ♃ △ VII–VIII, Gebg. SW-Eur., S-Alp., Abruz.
7. **rúbra** L. (*Barkhāūsia rúbra* (L.) Moench) ⊙ VI–VII, S-Ital., Balk., Kreta
8. **terglouénsis** (Hacq.) Kerner ♃ △ VI bis VIII, M- u. O-Alp.
- *vírens:* 3

Crescéntia L. - f. - *Bignoniáceae*
1. **cujéte** L. - Kalebassenbaum ♄ ⌂W Ⓝ, S-Flor., Westind., Mex., M- u. S-Am.

× *Crindónna:* × *Amarcrínum*

Crinitária linósyris: Áster 23

Crinodéndron Mol. - n. - *Elaeocarpáceae*
- *depéndens:* 2
1. **hookeriánum** Gay (*Tricuspidária lanceoláta* Miq.) ♄ i ⌂K V, Chile
2. **patágua** Mol. (*Tricuspidária depéndens* Ruiz et Pav., *C. depéndens* (Ruiz et Pav.) O. Kuntze) ♄–♄ i ⌂K XI–II, Chile

× *Crinodónna:* × *Amarcrínum*

Crínum L. - n. - *Amaryllidáceae*
1. **abyssínicum** Hochst. ♃ ⌂K, Abess.
2. **amábile** Donn ♃ ⌂W III–X, Sum.
- *amábile* var. *augústum:* 4
- *aquáticum:* 6
3. **asiáticum** L. ♃ ⌂W III–X, As., von Ind. bis Polyn.
4. **augústum** Roxb. (*C. amábile* var. *augústum* (Roxb.) Herb.) ♃ ⌂W IV bis VIII, Maurit., Seych.
5. **bulbispérmum** (Burm. f.) Milne-Redh. et Schweickerdt (*C. capénse* auct. non Herb., *C. longifólium* Thunb., *Amarýllis bulbispérma* Burm. f.) ♃ ∧ VII–VIII, S-Afr.
- *cáffrum:* 6
6. **campanulátum** Herb. (*C. aquáticum* Burch., *C. cáffrum* Herb.) ♃ ⌂K VII bis VIII, S-Afr.
- *capénse:* 5
7. **erubéscens** L. f. ♃ ⌂W VII–VIII, Trop. S-Am.
- *gigantéum:* 8
8. **jágus** (J. Thoms.) Dandy (*C. gigan-*

téum Andr.) ♃ ⌂ VI–VIII, Guin. bis Sudan, Uganda u. Angola
9. **latifólium** L. ♃ ⌂ VIII–IX, Trop. As.
- *latifólium* var. *zeylánicum:* 19
- *longifólium:* 5
10. **macowánii** Bak. ♃ ⌂ X–XI, S-Afr.
11. **moōrei** Hook. f. ♃ ⌂ VII–VIII, Nat.
12. **nátans** Bak. ♃ ≈ ⌂, Trop. Afr.: Sierra Leo. bis Kamer.; Ind.
13. **pedunculátum** R. Br. ♃ ⌂ VII–VIII, Austral.: Queensl., Neusüdwal.
14. × **powéllii** hort. (*C. bulbispérmum* × *C. moōrei*) ♃ ∧ VII–IX
15. **praténse** Herb. ♃ ⌂ VII–VIII, Ind.
16. **purpuráscens** Herb. ♃ ≈ ⌂ I–XII, Gambia bis Sudan u. Angola
17. **scábrum** Herb. ♃ ⌂ V–VI, Trop. Afr.
- *speciósum: Cyrtánthus* 6
18. **virgíneum** Mart. ♃ ⌂ VI–VIII, S-Bras.
19. **zeylánicum** (L.) L. (*C. latifólium* var. *zeylánicum* (L.) Hook. f. ex Trim.) ♃ ⌂ IV–V, Trop. As. u. Afr.

Críthmum L. - n. - *Umbellíferae*
1. **marítimum** L. - Meerfenchel, Seefenchel ♃ ⌂ VI–VIII ®, Küsten Port. bis Schottl., Kanar., Mad., Med., Schw. Meer

Crocósmia Planch. - f. - *Iridáceae*
Montbretie
1. **aūrea** (Pappe ex Hook.) Planch. (*Tritónia aūrea* Pappe ex Hook.) ♃ ⌂ IV-V, O-Kap, Nat., trop. O-Afr.
2. × **crocosmiiflóra** (Burbridge et Dean) N. E. Br. (*C. aūrea* × *C. póttsii; Montbrétia crocosmiiflóra* Burbridge et Dean) - Montbretie ♃ ∧ ✂ VII–IX
3. **masoniórum** (L. Bol.) N. E. Br. ♃ ∧ ✂ VII–VIII, S-Afr.: Transkei
4. **paniculáta** (Klatt) Goldblatt (*Anthołýza paniculáta* Klatt, *Cúrtonus paniculátus* (Klatt) N. E. Br.) ♃ ⌂ VIII–IX, S-Afr.
5. **póttsii** (Bak.) N. E. Br. (*Montbrétia póttsii* (Bak.) Bak., *Tritónia póttsii* Bak.) ♃ ∧ VIII, S-Afr.

Crócus L. - m. - *Iridáceae*
Krokus
- *albiflórus:* 32
1. **ancyrénsis** (Herb.) Maw ♃ II–III ▽, Ankara
2. **angustifólius** West. (*C. susiánus* Ker-Gawl.) ♃ III ▽, Krim, Kauk.
- *astúricus:* 27
- *aūreus:* 11
- *balánsae:* 23
3. **banáticus** J. Gay (*C. byzantínus* Herb., *C. iridiflórus* Heuff. ex Rchb.) ♃ IX–X ▽, Nördl. M- u. W-Rum., angrenzendes NO-Jugosl. u. W-Ukr.
4. **biflórus** Mill. ♃ II–III ▽, S-Eur., von Siz. östl. bis Kl. As. u. Kauk.
- *byzantínus:* 3
5. **cambessedésii** J. Gay ♃ ⌂ XI–III ▽, Balear.
6. **cancellátus** Herb. (*C. cilícicus* Maw) ♃ IX–XI ▽, S-Anat., Liban., N-Isr.
7. **chrysánthus** (Herb.) Herb. ♃ II–IV ▽, Bulg., Griech., Kl. As., Vord. As.
- *cilícicus:* 6
- *clúsii:* 27
8. **córsicus** Vanucci ex Maw ♃ IV ▽, Kors.
9. **dalmáticus** Vis. ♃ II–III ▽, SW-Jugosl., N-Alban.
10. **etrúscus** Parl. ♃ III ▽, Toskana
11. **flávus** West. (*C. aūreus* Sibth. et Sm., *C. lúteus* Lam.) ♃ III ▽, SO-Eur., Kl. As.
12. **fleīscheri** J. Gay ♃ III ▽, Kl.As.
- *heuffeliánus:* 32
13. **hyemális** Boiss. et Blanche ♃ XI–XII ▽, Isr., S-Liban., S-Syr.?
14. **imperáti** Ten. ♃ II–III ▽, W-Ital., von Rom südwärts
- *iridiflórus:* 3
15. **korolkówii** Maw ex Regel ♃ III ▽, Iran, Afgh., Turkest., Pak.
16. **kotschyánus** K. Koch (*C. zonátus* J. Gay ex Klatt) ♃ IX–X ▽, Südl. Kl. As., Syr., Liban.
17. **laevigátus** Bory et Chaub. ♃ X–II ▽, S- u. südl. M-Griech., Kyklad., Kreta
18. **longiflórus** Raf. (*C. odórus* Biv.) ♃ X bis XI ▽, SW-Ital., Siz., Malta
- *lúteus:* 11
19. **médius** Balb. ♃ X–XI ▽, Seealp.
20. **mínimus** DC. ♃ III ▽, Kors., Sard.
- *napolitánus:* 32
- *neapolitánus:* 32
21. **níveus** Bowl. ♃ X–XI ▽, S-Griech.
22. **nudiflórus** Sm. ♃ IX ▽, SW-Frankr., N- u. O-Span.

- *odórus:* 18

23. **oliviéri** J. Gay
ssp. **balánsae** (J. Gay ex Bak.) B. Mathew (*C. balánsae* J. Gay ex Bak.) ♃ ▽, W-Anat., Ägäis
ssp. **oliviéri** ♃ III ▽, Alban., Bulg., Griech., Ägäis
24. **pulchéllus** Herb. ♃ IX–XI ▽, Griech., Kl. As.
25. **reticulátus** Stev. ex Adams ♃ II–III ▽, Ital., Ung., Jugosl., Bulg., Rum., S-Rußl.

- *salzmánnii:* 27

26. **satívus** L. - Safran ♃ IX–XI Ⓝ Off., Nur in Kult. bek.
27. **serótinus** Salisb.
ssp. **clúsii** (J. Gay) B. Mathew (*C. clúsii* J. Gay) ♃ X ▽, Port., W-Span., Marok., Alger.
ssp. **salzmánnii** (J. Gay) B. Mathew (*C. astúricus* Herb., *C. salzmánnii* J. Gay) ♃ IX–X ▽, W-, M- u. S-Span., Port., Marok.
28. **síeberi** J. Gay ♃ III ▽, S-Balk., W- u. S-Ägäis
29. **speciósus** M. B. ♃ IX–X ▽, Krim, Kl. As., Iran
30. × **stelláris** Haw. (*C. angustifólius* × *C. flávus*) ♃ III ▽

- *susiánus:* 2

31. **tommasiniánus** Herb. ♃ II–III ▽, S-Ung. bis NW-Bulg.
32. **vérnus** (L.) Hill, M- u. S-Eur., Voges.
ssp. **albiflórus** (Kit. ex Schult.) Aschers. et Graebn. (*C. albiflórus* Kit. ex Schult.) ♃ II–IV ▽, Von der Tschechosl. u. Alban. an westl.
ssp. **vérnus** (*C. heuffeliánus* Herb., *C. neapolitánus* (Ker-Gawl.) Hegi, *C. napolitánus* Mordant et Loisel.) ♃ III bis IV ▽, Vom Elsaß u. von Ital. an östl.
33. **versícolor** Ker-Gawl. ♃ III–IV ▽, NO-Span., SO-Frankr., NW-Ital.
34. **vitellínus** Wahlenb. ♃ I–II ▽, W-Syr., Liban.

- *zonátus:* 16

Crossándra Salisb. - f. - *Acantháceae*

1. **fláva** Hook. ♃ i Ⓦ XII–VI (auch zu anderen Zeiten), Trop. Afr.
2. **infundibulifórmis** (L.) Nees (*C. undulifólia* Salisb.) ♄ Ⓦ V–VIII, Pak., Ind. bis SO-As.
3. **nilótica** Oliv. ♄ Ⓦ V–VIII, Kenia, Moz.
4. **púngens** Lindau ♃ i Ⓦ, Trop. O-Afr.
5. **subacáulis** C. B. Clarke ♃ Ⓦ VII bis VIII, Trop. O-Afr.

- *undulifólia:* 2

Crotalária L. - f. - *Leguminósae*

1. **anagyroídes** H. B. K. ⊙ Ⓚ Ⓝ, Nördl. S-Am.
2. **júncea** L. - Bengalischer Hanf, Ostindischer Hanf, Bombayhanf ⊙ Ⓚ VIII–IX Ⓝ, Nur aus Kultur bek.
3. **retúsa** L. ⊙ Ⓚ VIII–IX Ⓝ, S-As., trop. Afr., im trop. Am. eingebürg.

Cróton L. - m. - *Euphorbiáceae*

1. **cascarílla** Benn. - Kaskarillabaum ♄ Ⓦ Ⓝ, Bahama
2. **elutéria** Benn. - Kaskarillabaum ♄ Ⓦ Ⓝ, Bahama, Westind.
3. **tíglium** L. - Krotonölbaum ♄ Ⓦ ☠ Ⓝ, Ind., Ceyl. bis Phil., S-China, Moluk.

- *variegátus: Codiáeum* 1

Crówea Sm. - f. - *Rutáceae*

1. **angustifólia** Turcz. ♄ i Ⓚ III, W-Austral.
2. **exaláta** F. v. Muell. ♄ i Ⓚ, Austral.
3. **salígna** Andr. ♄ i Ⓚ VII, Austral.: Neusüdwal.

Crucianélla stylósa: Phuópsis 1

Cryóphytum crystállinum: Mesembryánthemum 1

Cryosóphila Bl. - f. - *Pálmae*

1. **nána** (H. B. K.) Bl. (*Córypha nána* H. B. K., *Acanthorrhíza aculeáta* (Liebm.) H. Wendl.) ♄ Ⓦ, Mex.
2. **warscewíczii** (H. Wendl) H. H. Bartlett (*Acanthorrhíza warscewíczii* H. Wendl.) ♄ Ⓦ, Nicar., Costa R., Pan.

Cryptánthus Otto et A. Dietr. - m. - *Bromeliáceae*

1. **acáulis** (Lindl.) Beer (*C. undulátus* Otto et A. Dietr. p. p.) ♃ Ⓦ, Bras.

- *acáulis* var. *bromelioídes:* 5

2. **bahiánus** L. B. Sm. ♃ Ⓦ, Bras.
3. **beúckeri** E. Morr. ♃ Ⓦ, Bras.
4. **bivittátus** (Hook.) Regel ♃ Ⓦ, O-Bras.
5. **bromelioídes** Otto et A. Dietr. (*C. acáulis* var. *bromelioídes* (Otto et A. Dietr.) Mez) ♃ Ⓦ, Bras.
6. **fosteriánus** L. B. Sm. ♃ Ⓦ, NW-Bras.

7. **lacérdae** Ant. ♃ ⌂, O-Bras.?
8. **praetéxtus** E. Morr. ex Bak. ♃ ⌂, Bras.
9. **sinuósus** L.B. Sm. (*C. undulátus* Otto et A. Dietr. p.p.) ♃ ⌂, Bras.
- *undulátus:* 1, 9
10. **zonátus** (Vis.) Beer ♃ ⌂, Bras.

Cryptochílus Wall. – m. – *Orchidáceae*
1. **lúteus** Lindl. ♃ ⌂ V–VI ∗, Sikk.
2. **sanguíneus** Wall. ♃ ⌂ V–VI ∗, Nepal, Sikk.

Cryptocóryne Fisch. ex Wydler – f. – *Aráceae*
1. **affínis** N.E.Br. ex Hook. f. (*C. haerteliána* Jacobs. ex Milk.) ♃ ≈ ⌂, Malak.
2. **álbida** R.N. Parker ♃ ≈ ⌂, Burma
3. **balánsae** Gagnep. (*C. somphóngsii* hort.) ♃ ≈ ⌂, N-Vietn., Thail.
4. **beckéttii** Thwaites ex Trim. ♃ ≈ ⌂, Ceyl.
- *blássii:* 6
5. **ciliáta** (Roxb.) Fisch. ex Schott ♃ ≈ ⌂, Ind., Pak., Thail., Malak., Indones., N. Guin.
6. **cordáta** Griff. (*C. blássii* de Wit) ♃ ≈ ⌂, Born., Malak., S-Thail.
7. **grabówskii** Engl. (*C. grándis* Ridl.) ♃ ≈ ⌂, Malak., Thail.
- *grándis:* 7
8. **griffíthii** Schott ♃ ≈ ⌂, Malak., Sum.
- *haerteliána:* 1
9. **lúcens** de Wit ♃ ∼ – ≈ ⌂, Heimat unbek., vielleicht Ceyl.
10. **lútea** Alston ♃ ≈ ⌂, Ceyl.
- *nevíllii* hort.: 12
11. **nevíllii** Trim. ex Hook. f. ♃ ∼ – ≈ ⌂, Ceyl.
12. **párva** de Wit (*C. nevíllii* hort. non Trim. ex Hook. f.) ∼ – ≈ ⌂, Ceyl.
13. **purpúrea** Ridl. ♃ ∼–≈ ⌂, Malak.
14. **retrospirális** (Roxb.) Fisch. ex Wydler ♃ ∼ – ≈ ⌂, SO-As.
15. **siaménsis** Gagnep. ♃ ≈ ⌂, Thail.
- *somphóngsii:* 3
16. **thwaitésii** Schott ♃ ≈ ⌂, Ceyl.
17. **tórtilis** de Wit ♃ ≈ ⌂, Born.
18. **unduláta** A. Wendt (*C. willísii* Engl. ex Baum) ♃ ∼–≈ ⌂, Ceyl.
19. **verstéegii** Engl. ♃ ∼ ⌂, N. Guin.
20. **wálkeri** Schott ♃ ≈ ⌂, Ceyl.
21. **wéndtii** de Wit ♃ ∼–≈ ⌂, Ceyl.
- *willísii:* 18
22. **zonáta** de Wit ♃ ∼–≈ ⌂, N-Born.

Cryptográmma R.Br. – f. – *Cryptogrammáceae*
- *acrostichoídes:* 1
1. **críspa** (L.) R.Br. ex Hook. (*Allosórus críspus* (L.) Röhl.)
   var. **acrostichoídes** (R.Br. ex Hook.) C.B. Clarke (*C. acrostichoídes* R.Br. ex Hook.) ♃ △, N-Am.: N-Kan. bis Alaska, südl. bis Große Seen, New Mex. u. Kalif.; Kamtsch.
   var. **críspa** ♃ △ ▽, Eur., Kl. As., Kauk.
2. **stélleri** (S.G. Gmel.) Prantl (*Pelláea stélleri* (S.G. Gmel.) Bak., *P. grácilis* Hook.) ♃ △, N-Rußl., Sib., Jap., Him., N-Am.: Labr. bis Alaska, südl. bis Penns., Mich., Iowa, Color., Utah u. Wash.

Cryptoméria D. Don – f. – *Taxodiáceae*
Sicheltanne
1. **japónica** (L. f.) D. Don ♄ i ⊛, Jap., China (Mit vielen Sorten wie 'Bandai-sugi', 'Compacta', 'Cristata', 'Dacrydioides', 'Elegans', 'Jindai-sugi', 'Lobbii', 'Vilmoriniana')

Cryptophoránthus Barb. Rodr. – m. – *Orchidáceae*
1. **atropurpúreus** (Lindl.) Rolfe ♃ ⌂ X ∗, Kuba, Jam.
2. **maculátus** Rolfe ♃ ⌂ VI–VII ∗, Bras.

Cryptophrágmium Nees – n. – *Acantháceae*
1. **ceylánicum** (Arn. et Nees) O. Kuntze (*Gymnostáchyum ceylánicum* Arn. et Nees) ♃ ⌂ I–III, Ceyl.
2. **sanguinoléntum** (Vahl) Nees (*Gymnostáchyum sanguinoléntum* (Vahl) T. Anders., *Justícia sanguinolénta* Vahl) ♃ ⌂, Ceyl.
3. **venústum** (Wall.) Nees (*Gymnostáchyum venústum* (Wall.) T. Anders., *Justícia venústa* Wall.) ♃ ⌂ X–XI, S-Khas.

Cryptostégia R.Br. – f. – *Asclepiadáceae*
1. **grandiflóra** (Roxb.) R.Br. ♃ i ≀ ⌂, VII, Trop. Afr., Maskar., in Ind. kult.

Ctenánthe Eichl. – f. – *Marantáceae*
1. **compréssa** (A. Dietr.) Eichl.
   var. **luschnathiána** (Regel et Koern.) K. Schum. ♃ ⌂, Bras.

2. **kummeriána** (E. Morr.) Eichl. (*Maránta kummeriána* E. Morr.) ♃ ⌂W, Bras.
3. **lubbersiána** (E. Morr.) Eichl. ex O.G. Peters. (*Phrýnium lubbersiánum* (E. Morr.) hort. Makoy) ♃ ⌂W, Bras.
4. **oppenheimiána** (E. Morr.) K. Schum. (*Maránta oppenheimiána* (E. Morr.) hort. ex O.G. Peters.) ♃ ⌂W, Bras.
5. **setósa** (Rosc.) Eichl. (*Phrýnium setósum* Rosc.) ♃ ⌂W, Bras.

Cúcumis L. - m. - *Cucurbitáceae*
1. **angúria** L. ⊙ ꝏ ⦚ ↝ Ⓝ, Trop. Afr., eingebürg. im trop. Am. u. in Queensl.
- *citrúllus: Citrúllus* 2
- *colocýnthis: Citrúllus* 1
2. **dipsáceus** Ehrenb. ex Spach ⊙ ↝ ꝏ ⌂K, Arab.
3. **mélo** L. - Melone, Zucker- oder Gartenmelone ⊙ ↝ ⌂K-▭ Ⓝ
convar. **ambíguus** (Pang.) Greb.
convar. **cassába** (Pang.) Greb. - Kassaba
convar. **cónomon** (Thunb.) Greb. - Gemüsemelone, Ind., M- u. O-China, Korea, Jap., SO-As.
convar. **dúdaim** (L.) Greb. - Ziermelone
convar. **mélo** (convar. *cantalúpa* (Pang.) Greb.) - Kantalupe
- *mélo* convar. *cantalupa:* 3
4. **metulíferus** E. Mey. ex Schrad. - Stachelmelone, Kiwanos ⊙ ↝ ⌂K Ⓝ, Ränder der Kalahari, in Neuseel. angeb.
5. **satívus** L. - Gurke ⊙ ⦚ ↝ Ⓝ, Ind.

Cucúrbita L. - f. - *Cucurbitáceae*
Kürbis
- *citrúllus: Citrúllus* 2
1. **ficifólia** Bouché ♃ ↝ ꝏ Ⓝ, Kulturpfl., Heimat N-Am.
- *híspida: Benincása* 1
- *lagenária: Lagenária* 1
2. **máxima** Duch. - Riesenkürbis ⊙ ↝ ꝏ Ⓝ, Kulturpfl., Heimat S-Am.
3. **míxta** Pang. ⊙ ↝ Ⓝ, Kulturpfl., Heimat Mex. u. Guat.
4. **moscháta** (Duch.) Duch. ex Poir. - Moschuskürbis, Bisamkürbis ⊙ ↝ Ⓝ, Kulturpfl., Heimat M-Am.
5. **pépo** L. - Gartenkürbis ⊙ ↝ ꝏ Ⓝ, Kulturpfl., Heimat nördl. M-Am. bis östl. N-Am.
- *sicerária: Lagenária* 1

Cudránia Trécul - f. - *Moráceae*
1. **tricuspidáta** (Carr.) Bur. ex Lavallée ħ Ⓝ, Korea, M-China

Culcásia P. Beauv. - f. - *Aráceae*
1. **mánnii** (Hook. f.) Engl. ♃ ⌂W, Kamer.

Cúlcita K.B. Presl - f. - *Culcitáceae*
1. **macrocárpa** K.B. Presl (*Balántium cúlcita* (L'Hérit.) Kaulf., *Dicksónia cúlcita* L'Hérit.) ♃ ⌂K Ⓝ ✱, Span., Port., Azor., Makarones.

Cumárina odoráta: Coryphántha 6

Cumínum L. - n. - *Umbellíferae*
1. **cymínum** L. (*C. odórum* Salisb.) - Kreuzkümmel ⊙ Ⓝ, N-Afr., SW-As., in Span., Frankr. u. Siz. eingebürg.

Cunninghámia R.Br. - f. - *Taxodiáceae*
Spießtanne
1. **koníshii** Hayata ħ ∧-⌂K, Taiw.
2. **lanceoláta** (Lamb.) Hook. (*C. sinénsis* L.C. Rich.) - Spießtanne ħ ∧ bis ⌂K Ⓝ, M- u. SO-China
- *sinénsis:* 2

Cunónia L. - f. - *Cunoniáceae*
1. **capénsis** L. ♄-ħ i ⌂K, S-Afr.

Cuphéa P.Br. - f. - *Lythráceae*
Köcherblümchen
1. **hyssopifólia** H.B.K. ♄ ⌂K III-X, Mex., Guat.
2. **ígnea** A.DC. (*C. platycéntra* Lem. non Benth.) - Zigarettenblümchen ♃ ⌂K V-IX, Mex.
3. **lanceoláta** Ait.
var. **silenoídes** (Nees) Regel ⊙ VII bis IX, M-Mex.
- *lanceoláta* Baill.: 6
4. **llávea** Llave et Lex.
var. **miniáta** (Brongn.) Koehne (*C. miniáta* Brongn.) ♄ ⌂K VII-IX, Mex.
5. **micropétala** H.B.K. ♄ ⌂K XI-III, Mex.
- *miniáta:* 4
- *platycéntra:* 2
6. **procúmbens** Cav. (*C. lanceoláta* Baill. non Ait.) ⊙ VI-X, Mex.

× **Cupressocýparis** Dallim. (*Chamaecýparis* × *Cupréssus*) - f. - *Cupressáceae*
1. **leylándii** (A.B. Jacks. et Dallim.)

Dallim. et A.B. Jacks. (*Chamaecýparis nootkaténsis* × *Cupréssus macrocárpa; Cupréssus leylándii* A.B. Jacks. et Dallim.) ♄ i, Wales

Cupréssus L. – f. – *Cupressáceae*
Zypresse

1. **arizónica** Greene ♄ i ∧ ⓝ, USA: S-Kalif., Ariz., SW-New Mex., Tex.; Nied. Kalif., N-Mex.
2. **cashmeriána** Royle ex Carr. ♄ i Ⓚ, Kaschm. oder Tib.
– *fúnebris: Chamaecýparis* 1
– *glandulósa:* 5
3. **goveniána** Gord. ♄ i Ⓚ, Kalif.
– *horizontális:* 7
– *lambertiána:* 6
– *lawsoniána: Chamaecýparis* 2
– *leylándii:* × *Cupressocýparis* 1
4. **lusitánica** Mill. (*C. thurífera* Benth.) ♄ i Ⓚ ⓝ, Mex., Guat.
5. **macnabiána** A. Murr. (*C. glandulósa* Hook. ex Gord.) ♄ – ♄ i Ⓚ, N-Kalif.
6. **macrocárpa** Hartw. (*C. lambertiána* Carr.) ♄ i Ⓚ ⓝ, Kalif.: Monterey County
– *nootkaténsis: Chamaecýparis* 3
– *obtúsa: Chamaecýparis* 4
– *pisífera: Chamaecýparis* 5
7. **sempérvirens** L. – Echte Zypresse
var. **horizontális** (Mill.) Gord. (*C. horizontális* Mill., f. *horizontális* (Mill.) Voss) ♄ i Ⓚ, O-Med., N-Iran
var. **sempérvirens** ♄ i Ⓚ ⓝ, Kreta, Kl. As., Syr., Afgh., NW-Ind., in S-Eur. eingebürg.
'Stricta' (var. *fastigiáta* (Mill. ex DC.) Hansen) ♄ i Ⓚ
– *sempérvirens* f. *horizontális:* 7
– *sempérvirens* var. *fastigiáta:* 7
– *thurífera:* 4
– *thyoídes: Chamaecýparis* 6
8. **torulósa** D. Don ♄ i ⓝ, W-Him.: Chamba bis Nepal; W-China

Curcúligo Gaertn. – f. – *Hypoxidáceae*

1. **capituláta** (Lour.) O. Kuntze (*C. recurváta* Dryand.) ♃ i Ⓦ, Trop. As., Austral.: N-Territ., Queensl., Neusüdwal.
2. **latifólia** Dryand. ♃ i Ⓦ, Burma, Malays., Indones.
– *recurváta:* 1

Cúrcuma L. – f. – *Zingiberáceae*
Safranwurz

1. **amáda** Roxb. ♃ Ⓦ ⓝ, Bengal., Konkan
2. **angustifólia** Roxb. ♃ Ⓦ ⓝ, Ind., Him.
3. **aromática** Salisb. ♃ Ⓦ ⓝ, ? Ind.
4. **heyneána** Val. et Zijp ♃ Ⓦ ⓝ, Java
5. **lónga** L. – Gelbwurzel, Kurkuma ♃ Ⓦ ⓝ, Ind. bis Malak., Mal. Arch.
6. **mángga** Val. et Zijp ♃ Ⓦ ⓝ, Mal. Arch.
7. **purpuráscens** Bl. ♃ Ⓦ ⓝ, Java
8. **roscoeána** Wall. ♃ Ⓦ VIII–X, Burma
– *rotúnda: Boesenbérgia* 1
9. **xanthorrhíza** Roxb. – „Temoe lawak" ♃ Ⓦ ⓝ Off., Malak., Mal. Arch.
10. **zedoária** (Christm.) Rosc. – Zitwerwurzel ♃ Ⓦ ⓝ, SO-As., nur in Kult. bek.

Curméria wallísii: Homaloména 3

Currània Copel. (*Gymnocárpium* Newm. emend. Ching, *Carpogýmnia* Á. et D. Löve) – f. – *Athyriáceae*

1. **dryópteris** (L.) Wherry (*Polypódium dryópteris* L., *Aspídium dryópteris* (L.) Baumg., *Phegópteris dryópteris* (L.) Fée, *Nephródium dryópteris* (L.) Michx., *Lástrea dryópteris* (L.) Bory, *Gymnocárpium dryópteris* (L.) Newm., *Thelýpteris dryópteris* (L.) Slosson, *Dryópteris linnaeána* C. Chr., *D. disjúncta* (Ledeb.) C.V. Morton, *Carpogýmnia dryópteris* (L.) Á. et D. Löve) – Eichenfarn ♃, Nördl. gem. Zone
2. **robertiána** (Hoffm.) Wherry (*Polypódium robertiánum* Hoffm., *Aspídium robertiánum* (Hoffm.) Luerss., *Phegópteris robertiána* (Hoffm.) A. Braun, *Nephródium robertiánum* (Hoffm.) Prantl, *Lástrea robertiána* (Hoffm.) Newm., *Gymnocárpium robertiánum* (Hoffm.) Newm., *Thelýpteris robertiána* (Hoffm.) Slosson, *Dryópteris robertiána* (Hoffm.) C. Chr., *Carpogýmnia robertiána* (Hoffm.) Á. et D. Löve, *Lástrea dryópteris* var. *robertiána* (Hoffm.) Lawalrée) – Ruprechtsfarn ♃, Nördl. gem. Zone

Curtísia Ait. – f. – *Cornáceae*

1. **dentáta** (Burm. f.) N.E.Br. (*C. fagínea* Ait.) ♄ i Ⓚ ⓝ, S-Afr.

Cúrtonus paniculátus: Crocósmia 4

Cúscuta L. - f. - *Convolvuláceae*
Seide
1. **campéstris** Yuncker ⊙ VI–X, N-Am.: Mass. u. Queb. bis Sask. u. Wash., südl. bis S-Carol., Tex. u. Kalif.; Mex., trop. Am., in SW- u. M-Eur. eingebürg.
2. **epílinum** Weihe ⊙ ≹ VI–VIII, SW-As., in Eur. u. N-Afr. alteingebürg.
3. **epíthymum** (L.) L. ⊙ ≹ VII–VIII, Eur., N-Afr., W-As.
4. **europaéa** L. ⊙ ≹ VII–VIII, Eur., N-Med., N-Afr., östl. bis Him.
5. **odoráta** Ruiz et Pav. ♃ Ⓦ, Peru
6. **refléxa** Roxb. ⊙ ≹ X–XII, S-As.

Cuspária Humb. ex R. Br. - f. - *Rutáceae*
1. **febrífuga** Humb. ex DC. (*C. trifoliáta* Engl.) ♄ i Ⓦ, Kol., Venez., Westind.

Cussónia Thunb. - f. - *Araliáceae*
1. **paniculáta** Eckl. et Zeyh. ♄ i Ⓚ, S-Afr.
2. **spicáta** Thunb. ♄ i Ⓚ, Kap, Nat., Tans., Komor.

Cyamópsis DC. - f. - *Leguminósae*
1. **tetragonóloba** (L.) Taub. (*C. psoraleoídes* DC.) ⊙ Ⓝ, Nur in Kult. bek.

Cyanánthus Wall. ex Benth. - m. - *Campanuláceae*
1. **delaváyi** Franch. ♃ △ ∧ VII–VIII, Jünn.
2. **formósus** Diels ♃ △ ∧ VII–VIII, Jünn.
3. **forréstii** Diels ♃ △ ∧ IX, Jünn.
4. **lobátus** Wall. ex Benth. ♃ △ ∧ VII bis X, NW-Him.
5. **microphýllus** Edgew. ♃ △ ∧ VII bis VIII, N-Ind., Nepal
6. **sheríffii** Cowan ♃ △ ∧ VII–VIII, Bhut., S-Tib.

Cyanástrum Oliv. - n. - *Cyanastráceae*
1. **cordifólium** Oliv. ♃ i Ⓦ, Kamer., Gabun

Cyanophýllum magníficum: Micónia 1

Cyanótis D. Don - f. - *Commelináceae*
1. **kewénsis** (Hassk.) C. B. Clarke (*Erythrótis beddómei* Hook. f.) ♃ ⟿ ≹ Ⓦ -Ⓚ, Malab.
2. **somaliénsis** C. B. Clarke ♃ ⟿ ≹ Ⓦ bis Ⓚ, Somalia

Cýanus arvénsis: Centauréa 8
- *montánus: Centauréa* 17
- *triumféttii: Centauréa* 26

Cyáthea Sm. - f. - *Cyatheáceae*
1. **arbórea** (L.) Sm. ♄ i Ⓚ ▽ ∗, Trop. Am.
- *austrális: Alsóphila* 1
- *capénsis: Alsóphila* 2
- *cóoperi: Sphaerópteris* 1
- *dealbáta: Alsóphila* 3
- *insígnis: Sphaerópteris* 2
- *medulláris: Sphaerópteris* 3
2. **spinulósa** Wall. ♄ i Ⓚ ▽ ∗, Ind., Burma
- *trícolor: Alsóphila* 3

Cyathódes Labill. - f. - *Epacridáceae*
- *acerósa:* 2
1. **colensói** (Hook. f.) Hook. f. ♄ ⟿ Ⓐ bis Ⓚ, II–IV, Neuseel.
- *fráseri: Leucopógon* 1
2. **juniperína** (J. R. et G. Forst.) Druce (*C. acerósa* (Gaertn.) R. Br.) ♄ i Ⓚ, Neuseel., Tasm., Austral.

Cybístax Mart. ex Meissn. - f. - *Bignoniáceae*
1. **dónnell-smíthii** (Rose) Seibert - „Primavera" ♄ Ⓦ Ⓝ, SW-Mex., Guat., El Salv., M-Hond.

Cýcas L. - f. - *Cycadáceae*
1. **cairnsiána** F. v. Muell. ♄ i Ⓚ ∗, Austral.
2. **circinális** L.
var. **beddómei** (Dyer) Schust. ♄ Ⓦ ∗, S-Ind.
var. **circinális** ♄ Ⓦ ∗, S-Ind., Ceyl., W-Malays., Taiw., Phil.
3. **média** R. Br. ♄ Ⓦ ∗, Austral.: Queensl.
4. **revolúta** Thunb. ♄ Ⓦ ∗, SO-As., Jap.
5. **rúmphii** Miq. ♄ Ⓦ ∗, Malays., N. Guin., Polyn.
6. **siaménsis** Miq. ♄ Ⓦ ∗, Burma, Thail.

Cýclamen L. - n. - *Primuláceae*
Alpenveilchen
- *abchásicum:* 5
1. **africánum** Boiss. et Reut. ♃ Ⓚ VIII bis X ▽ ∗, Alger.
- *aléppicum:* 14
- *aléppicum* ssp. *puníceum:* 14
- *atkínsii:* 5
2. **baleáricum** Willk. ♃ Ⓚ ▽ ∗, S-Frankr., Balear.
3. **cilícium** Boiss. et Heldr. ♃ ∧-Ⓐ IX bis X ▽ ∗, S-Anat.
- *cilícium* var. *intaminátum:* 10

4. **cólchicum** Alboff (*C. pónticum* (Alboff) Pobed.) ♃ VII–IX ▽ ∗, Transkauk.
5. **cóum** Mill. ♃ △ III–IV ▽ ∗
ssp. **caucásicum** (K. Koch) Schwarz (*C. europaéum* var. *caucásicum* K. Koch, *C. ibéricum* Stev. ex Boiss., *C. cóum* var. *ibéricum* Boiss., *C. abchásicum* (Medv.) Kolak.), Kasp. Meer
ssp. **cóum** (*C. hiemále* Hildebr., *C. cóum* ssp. *hiemále* (Hildebr.) Schwarz, *C. orbiculátum* Mill., *C. atkínsii* hort. ex Glasau non T. Moore), SO-Eur., Syr., Anat.
- *cóum* ssp. *hiémale:* 5
- *cóum* var. *ibéricum:* 5
6. **créticum** (Dörfl.) Hildebr. (*C. repándum* var. *créticum* Dörfl., *C. hederifólium* var. *créticum* (Dörfl.) Schwarz) ♃ ⓚ III–V ▽ ∗, Kreta
7. **cýprium** Kotschy ♃ ⓚ IX–X ▽ ∗, Zyp.
- *europaéum:* 16
- *europaéum* var. *caucásicum:* 5
8. **graécum** Link ♃ ⓚ IX–X ▽ ∗, Griech., Ägäis, Zyp.
9. **hederifólium** Ait. (*C. neapolitánum* Ten., *C. linearifólium* DC.) ♃ ∧ VIII–XI ▽ ∗, S-Eur., von Frankr. u. der Schw. bis Bulg.
- *hederifólium* var. *créticum:* 6
- *hiemále:* 5
- *ibéricum:* 5
10. **intaminátum** (Meikle) Grey-Wils. (*C. cilícium* var. *intaminátum* Meikle) ♃ IX–X ▽ ∗, M- u. S-Anat.
- *latifólium:* 14
11. **libanóticum** Hildebr. ♃ ⓚ IX–XI ▽ ∗, Amanus, Liban.
- *linearifólium:* 9
12. **mirábile** Hildebr. ♃ ∧ IX–X ▽ ∗, W-Kl. As.: Prov. Avelin
- *neapolitánum:* 9
- *orbiculátum:* 5
13. **parviflórum** Pobed. ♃ ⓚ II–IV ▽ ∗, Türk.: Artrin u. Pont.
14. **pérsicum** Mill. (*C. latifólium* Sibth. et Sm., *C. aléppicum* Fisch., *C. puníceum* Pomel, *C. aléppicum* ssp. *puníceum* (Pomel) Glasau, *C. vernále* Mill.) ♃ ⊖ ⓚ VIII–IV ▽ ∗, Griech., Ägäis, SW-As., Tunes.
- *pónticum:* 4
15. **pseudibéricum** Hildebr. ♃ ⓐ –∧ II ▽ ∗, Taurus, Amanus
- *puníceum:* 14
16. **purpuráscens** Mill. (*C. europaéum* auct. non L.) ♃ △ ♀ VII–IX ▽ ∗, SO-Frankr., M-Eur. bis W-Karp. u. M-Jugosl.
17. **repándum** Sibth. et Sm. (*C. vernále* sensu Schwarz non Mill.) ♃ ⓚ – ∧ III–V ▽ ∗, Med., W-Anat., Rhodos
- *repándum* var. *créticum:* 6
18. **rohlfsiánum** Aschers. ♃ ⓚ IX–X ▽ ∗, Cyrenaica
19. **trochopteránthum** Schwarz ♃ ▽ ∗, SW-Anat.
- *vernále:* 14, 17

Cyclanthéra Schrad. - f. - *Cucurbitáceae*
1. **brachýbotrys** (Poepp. et Endl.) Cogn. ⊙ ⟿ ⓝ, Ek., Peru
2. **brachystáchya** (Ser.) Cogn. (*C. explódens* Naud.) - Explodiergurke ⊙ ⌇ ⟿ &, Andin. trop. S-Am.
- *explódens:* 2
3. **pedáta** (L.) Schrad. ⊙ ⌇ & ⓝ, Nur in Kult bek. u. verwild.

Cyclánthus Poit. ex Sprenger - m. - *Cyclantháceae*
Scheibenblume
1. **bipartítus** Poit. ♃ i ⓦ, N-Guat. bis Peru u. Bras.
2. **cristátus** Klotzsch ♃ i ⓦ, Kol.

Cyclóphorus adnáscens: Pyrrósia 2
- *hastátus: Pyrrósia* 1
- *língua: Pyrrósia* 3

Cyclosórus Link - m. - *Thelypteridáceae*
1. **arcuátus** (Poir.) Alston
var. **lépidus** (T. Moore) Alston (*Dryópteris lépida* (T. Moore) C. Chr., *Lástrea lépida* T. Moore, *Thelýpteris pátens* (Sw.) Small 'Lepida') ♃ ⓦ, Trop. S-Am.
2. **dentátus** (Forssk.) Ching (*Dryópteris parasítica* O. Kuntze non L., *Thelýpteris dentáta* (Forssk.) St. John, *Christélla dentáta* (Forssk.) Brownsey et Jermy) ♃ ⓦ, Pantrop. (auch S-Span., Azor., Kreta)

Cycnóches Lindl. - n. - *Orchidáceae*
Schwanenorchis
1. **chlorochílum** Klotzsch ♃ ⓦ V–VI ∗, Kol., Venez., Guay.
2. **egertoniánum** Batem. ♃ ⓦ VIII–IX ∗, Belize u. Guat., südl. bis Costa R.

u. Nicar.
3. **loddigésii** Lindl. ♃ ⌂W VIII–X, ∗, Kol., Venez., Surin., Bras.
4. **maculátum** Lindl. ♃ ⌂W VIII–IX ∗, Mex., Venez.
5. **pentadáctylon** Lindl. ♃ ⌂W III–VI ∗, Bras.
- *pescatórei: Lueddemánnia* 1

× **Cycnódes** hort. (*Cycnóches* × *Mormódes*) - f. - *Orchidáceae*

Cydónia Mill. - f. - *Rosáceae*
Quitte
- *japónica: Choenoméles* 2, 3
- *maulei: Choenoméles* 2
1. **oblónga** Mill. (*C. vulgáris* Delarbre) - Quitte ♄ & V–VI Ⓝ Off., Transkauk., Iran, Turkest., SO-Arab., in S- u. M-Eur. sowie N-Afr., Syr. u. Kl. As. eingebürg.
2. **sinénsis** (Dum.-Cours.) Thouin (*Choenoméles sinénsis* (Dum.-Cours.) Schneid., *Pseudocydónia sinénsis* (Dum.-Cours.) Schneid.) ♄ V Ⓝ, China
- *vulgáris:* 1

Cylindrophýllum Schwant. - n. - *Aizoáceae*
1. **calamifórme** (L.) Schwant. ♃ ⌂K, Kap

Cylindropúntia: Opúntia + sp. 1, 10, 15, 16, 20, 31, 35, 37, 50, 52, 65, 67, 71, 73, 74, 75

Cymbalária Hill - f. - *Scrophulariáceae*
1. **aequitríloba** (Viv.) A. Chev. (*Linária aequitríloba* (Viv.) Spreng.) ♃ i ⇝ △ ∧ VI–VIII, W-Med.
2. **hepaticifólia** (Poir.) Wettst. (*Linária hepaticifólia* (Poir.) Steud.) ♃ ⇝ △ ∧ V–IX, Kors.
3. **murális** Ph. Gärtn., B. Mey. et Scherb. (*Linária cymbalária* (L.) Mill.) - Zimbelkraut ♃ ⇝ △ VI–IX, S-Alp., W-Jugosl., M- u. S-Ital., Siz., Med., N-Afr. bis W-As., im übrig. Eur. eingebürg.
4. **pállida** (Ten.) Wettst. (*Linária pállida* (Ten.) Guss.) ♃ ⇝ △ ∧ VI bis IX, Abruz.
5. **pilósa** (Jacq.) L.H. Bailey (*Linária pilósa* (Jacq.) DC.) ♃ ⇝ △ VI–IX, M- u. S-Ital., Sard.

Cymbídium Sw. - n. - *Orchidáceae*
1. **aloifólium** (L.) Sw. ♃ ⌂K VII–VIII ∗, S-Ind., Burma u. S-China bis Java u. Sum.
2. **canaliculátum** R.Br. ♃ ⌂K IV–V ∗, NO-Austral.
3. **devoniánum** Lindl. et Paxt. ♃ ⌂K V bis VI ∗, Sikk.
4. **ebúrneum** Lindl. (*C. syringodórum* Griff.) ♃ ⌂K IV–V ∗, N-Ind., Burma
- *élegans:* 11
5. **ensifólium** (L.) Sw. ♃ ⌂W V ∗, Ass., China
6. **floribúndum** Lindl. (*C. púmilum* Rolfe) ♃ ⌂K ∗, China, SO-Tib., Jap.
7. **gigantéum** Wall. ex Lindl. ♃ ⌂K IX–X ∗, N-Ind., Him. W-China
8. **grandiflórum** Griff. (*C. hookeriánum* Rchb. f.) ♃ ⌂K I–II ∗, Nepal, Bhut., Tib.
- *hookeriánum:* 8
9. **-Hybriden** ♃ ⌂K I–VI ∗
10. **insígne** Rolfe ♃ ⌂K III–V ∗, Annam
11. **longifólium** D. Don (*C. élegans* (Bl.) Lindl.) ♃ ⌂K XI ∗, Nepal
12. **lowiánum** Rchb. f. ♃ ⌂K II–V ∗, Burma, Khas.
13. **mádidum** Lindl. ♃ ⌂K ∗, Austral.: NO-Neusüdwal. bis Queensl.
14. **mastérsii** Griff. ex Lindl. ♃ ⌂K XI bis XII ∗, Ass.
- *púmilum:* 6
- *syringodórum:* 4
15. **tigrínum** Parish ex Hook. f. ♃ ⌂K VI bis VII ∗, Tenass.
16. **tracyánum** Rolfe ♃ ⌂K X–I ∗, Burma, Thail.

Cymbopógon Spreng. - m. - *Gramíneae*
1. **citrátus** (DC.) Stapf (*Andropógon citrátus* DC.) ♃ ⌂W Ⓝ, Ind., ? Indones.
- *confertiflórus:* 5
2. **flexuósus** (Nees ex Steud.) Stapf (*Andropógon flexuósus* Nees ex Steud.) - Malabargras ♃ ⌂W Ⓝ, Ind.
3. **iwarancúsa** (Roxb.) Schult. (*Andropógon iwarancúsa* Roxb.) - Zitronellgras ♃ ⌂W Ⓝ, Afgh. bis Ass.
4. **martínii** (Roxb.) J.F. Wats. (*Andropógon martínii* Roxb.) ♃ ⌂W Ⓝ, Ind.
5. **nárdus** (L.) Rendle (*Andropógon nárdus* L.)
var. **confertiflórus** (Steud.) Stapf ex Bor (*C. confertiflórus* (Steud.) Stapf, *Andropógon confertiflórus* Steud.) ♃ ⌂W, S-Ind., Ceyl.
var. **nárdus** - Zitronellgras ♃ ⌂W Ⓝ,

Ind.

6. **schoenánthus** (L.) Spreng. (*Andropógon schoenánthus* L.) ♃ Ⓦ Ⓝ, N-Afr. u. Sahara bis NW-Ind.
7. **winteriánus** Jowitt ♃ Ⓦ Off., Ceyl.

Cymophýllus fráseri: Cárex 17

Cynánchum aphýllum: Sarcostémma 1

- *nígrum: Vincetóxicum* 2
- *vincetóxicum: Vincetóxicum* 1

Cýnara L. - f. - *Compósitae*
Artischocke

1. **cardúnculus** L. - Kardone, Gemüseartischocke, Cardy ♃ VIII-IX, Ⓝ, S- u. W-Med., S-Port., in Arg. u. Chile eingebürg.
2. **scólymus** L. - Artischocke ♃ IX-X Ⓝ, Nur aus Kultur bek.

Cýnodon L. C. Rich. - m. - *Gramíneae*

1. **dáctylon** (L.) Pers. - Bermudagras, Hundszahngras ♃ ⁓ VII-IX Ⓝ, Pantrop. u. pansubtrop., in gem. Gebieten vielfach eingebürg.

Cynoglóssum L. - n. - *Boragináceae*
Hundszunge

1. **amábile** Stapf et J.R. Drumm. ⊙ VII-IX, W-China, Tib.
- *apennínum: Solenánthus* 1
2. **cheirifólium** L. ⊙ VII-VIII, M- u. W-Med., Port.
- *coelestínum: Adelocáryum* 2
3. **gránde** Dougl. ex Lehm. ♃ - ⊙ V bis VI, Westl. N-Am.
4. **nervósum** Benth. ex Hook. f. ♃ - ⊙ VII, Him.
5. **officinále** L. ⊙ ☠ (Sam.) V-VI, Fast ganz Eur., SW- u. N-As., in N-Am. eingebürg.

Cynosúrus L. - m. - *Gramíneae*
Kammgras

- *aúreus: Lamárckia* 1
1. **cristátus** L. ♃ VI-VII Ⓝ, Eur., SW-As., im nordöstl. N-Am. eingebürg.

Cypélla Herb. - f. - *Iridáceae*
Becherschwertel

1. **coeléstis** (Lehm.) Diels (*C. plúmbea* Lindl.) ♃ Ⓚ VIII-IX, Bras., Urug., Arg., Parag.?
2. **herbértii** (Lindl.) Herb. (*Moraéa herbértii* Lindl.) ♃ Ⓚ VII, S-Bras., Urug., Arg.
- *plúmbea:* 1

Cypérus L. - m. - *Cyperáceae*
Zypergras

1. **adenóphorus** Schrad. ♃ ⁓ Ⓦ, Bras.
2. **albostriátus** Schrad. (*C. láxus* hort., *C. diffúsus* hort. non Vahl nec Roxb.) ♃ Ⓚ - Ⓦ, S-Afr.
3. **alopecuroídes** Rottb. ♃ Ⓚ-Ⓦ Ⓝ, Altweltl. Trop. u. Subtrop.
- *alternifólius:* 14
- *alternifólius* ssp. *flabellifórmis:* 14
5. **brevifólius** (Rottb.) Hassk. ♃ ⁓ Ⓚ bis Ⓦ, Trop. As. u. Am.
6. **congéstus** Vahl ⊙ VII-VIII, S-Afr., Austral.
- *diffúsus* hort.: 2
7. **diffúsus** Vahl ♃ Ⓚ, Pantrop.
8. **entreriánus** Boeck. ♃ ✂ ∧ - Ⓚ, Urug.
9. **eragróstis** Lam. (*C. végetus* Willd.) ♃ ✂ VII-IX Ⓚ, S-Am., in SW-Eur. sowie den Azor. u. Kanar. eingebürg.
10. **esculéntus** L. - Erdmandel, Chufa ♃ Ⓚ Ⓝ, S-Med., subtrop. u. trop. Afr., Madag., Ind., N-Am., Mex. bis Peru
11. **fértilis** Boeck. ♃ Ⓦ, W-Afr.
- *flabellifórmis:* 14
12. **grácilis** R. Br. ♃ ⁓ Ⓚ - Ⓦ, Austral., Neukaled.
13. **háspan** L. ♃ ⁓ Ⓦ, Pantrop., auch SO-USA
14. **involucrátus** Rottb. (*C. alternifólius* hort. non L., *C. flabellifórmis* Rottb., *C. alternifólius* ssp. *flabellifórmis* (Rottb.) Kükenth.) ♃ ⁓ Ⓚ - Ⓦ, M- u. S-Afr.
- *láxus:* 2
15. **lóngus** L. ♃ ⁓ V-X, S-, W- u. M-Eur., Med., N-, S- u. trop. Afr., Kl. As., Kauk., M-As., Ind.
- *nataléensis:* 16
16. **okawánii** Boeck. (*C. nataléensis* auct. non Hochst. ex Krauss) ♃ ✂ Ⓚ, S-Afr.
17. **papýrus** L. - Papyrusstaude ♃ ⁓ Ⓦ Ⓝ, Trop. M-Afr., südl. bis Angola u. Zimb., Madag., Maskar., in Ägypt., Syr., Isr., Siz. eingebürg.
- *prólifer: Scírpus* 4
18. **rotúndus** L. - Nußgras ♃ Ⓚ Ⓝ, Trop., Subtrop., S-Eur., Med., in den östl. USA eingebürg.
- *végetus:* 9

Cyphomándra Mart. ex Sendtn. - f. - *Solanáceae*

1. **betácea** (Cav.) Sendtn. (*C. crassifólia* (Ort.) Macbr.) - Baumtomate, Tamarillo ♄ Ⓚ Ⓝ, And. Perus, nur aus Kult. bek.

Cyphostémma (Planch.) Alston - n. - *Vitáceae*

1. **bainésii** (Hook. f.) Desc. (*Císsus bainésii* (Hook. f.) Gilg et M. Brandt) Ⓚ, Namib.
2. **crameriánum** (Schinz) Desc. (*Císsus crameriána* Schinz) Ⓚ, Namib.
3. **currórii** (Hook. f.) Desc. (*Císsus currórii* Hook. f.) Ⓚ, Kap, Namib., Angola
4. **fléckii** (Schinz) Desc. (*Císsus fléckii* Schinz) Ⓚ, Namib.
5. **júttae** (Dint. et Gilg) Desc. (*Císsus júttae* Dint. et Gilg) Ⓚ, Namib.
6. **mácropus** (Welw.) Desc. (*Císsus mácropus* Welw.) Ⓚ, Namib.

Cypripédium hort.: *Paphiopedílum*

Cypripédium L. - n. - *Orchidáceae* Frauenschuh

1. **acaūle** Ait. ♃ V-VI ▽ *, N-Am.: Neufundl. bis Alb., südl. bis Long Isl., Georg., Alab., Minn. u. Sask.
2. **arietínum** R.Br. ♃ V-VI ▽ *, N-Am.: Queb. bis Manit., südl. bis Mass., N.Y., Wisc. u. Minn.; O-As.: Jünn., Szetsch.
3. **calcéolus** L. - Marienfrauenschuh
   var. **calcéolus** ♃ V-VI ▽ *, Span., N-, M- u. O-Eur., Kauk., Sib.
   var. **parviflórum** (Salisb.) Fern. (*C. parviflórum* Salisb.) ♃ V-VI ▽ *, N-Am.: Neufundl. bis Br. Kol., südl. bis N. Jers., Georg., Ill., Tex., New Mex., Utah u. Wash.
   var. **pubéscens** (Willd.) Correll (*C. pubéscens* Willd.) ♃ V-VI ▽ *, Östl. N-Am.: N. Scot. bis Minn., südl. bis Georg., Alab., Tenn. u. Missouri
4. **califórnicum** A. Gray ♃ Ⓚ V ▽ *, USA: Oreg., Kalif.
5. **cándidum** Mühlenb. ex Willd. ♃ ~ ∧ V-VI ▽ *, USA: N.Y. bis N-Dak., südl. bis N. Jers., Penns., Kent. u. Missouri
6. **cordígerum** D. Don ♃ ▭ - ∧ V-VI ▽ *, Him., Kaschm., Nepal
7. **fasciculátum** Kellogg ex S. Wats. ♃ ▭ V-VI ▽ *, Westl. N-Am.: Br. Kol. bis Kalif., östl. bis Id., Mont., Color.
8. **fasciolátum** Franch. ♃ ▭-Ⓚ VI ▽ *, W-China
9. **guttátum** Sw. ♃ IV-V ▽ *, N-Rußl., Sib., nordwestl. N-Am.
10. **japónicum** Thunb. ♃ ▭-∧ V-VI ▽ *, Jap., China
11. **macránthon** Sw. ♃ V-VI ▽ *, Östl. Weißrußl. bis M- u. S-Ural, Jap., Korea, Mandsch., N-China, Kamtsch., Sib.
12. **montánum** Dougl. ex Lindl. ♃ ▭ bis ∧ V-VI ▽ *, Westl. N-Am.: Alaska bis Kalif., östl. bis Alb., Mont., Wyom.
   - *parviflórum:* 3
   - *pubéscens:* 3
13. **regínae** Walt. (*C. spectábile* Salisb.) ♃ V-VI ▽ *, N-Am.: Neufundl. bis Manit., südl. bis N. Jers., Penns., Georg., Tenn., Missouri u. N-Dak.
   - *spectábile:* 13

Cyrtándra J.R. et G. Forst. - f. - *Gesneriáceae*

1. **coccínea** Bl. ♄ Ⓚ, Sunda

Cyrtanthéra ghiesbreghtiána: Jacobínia 2
- *magnífica: Jacobínia* 1
- *pohliána: Jacobínia* 1

Cyrtánthus Ait. - m. - *Amaryllidáceae*

1. **angustifólius** (L. f.) L. f. ♃ Ⓚ V-VI, Kap
   - *lutéscens:* 5
2. **mackénii** Hook. f. ♃ Ⓚ V-VI, Nat.
3. **macowánii** Bak. ♃ Ⓚ VI, Kap
4. **oblíquus** (L. f.) Ait. ♃ Ⓚ V-VI, Kap
5. **ochroleūcus** (Herb.) Burch. (*C. lutéscens* Herb.) ♃ Ⓚ II, Kap
6. **purpúreus** (Ait.) Herb. (*Amarýllis purpúrea* Ait., *Vallóta purpúrea* (Ait.) Herb., *V. speciósa* (L. f.) Dur. et Schinz, *Crínum speciósum* L. f.) ♃ Ⓚ VII-VIII, S-Afr.
7. **sanguíneus** (Lindl.) Hook. ♃ Ⓚ VIII, Kap, Nat.

Cyrtómium K.B. Presl - n. - *Aspidiáceae*

1. **caryotídeum** (Wall.) K.B. Presl (*Aspídium caryotídeum* Wall., *Polýstichum falcátum* var. *caryotídeum* (Wall.) Bak., *Phanerophlébia caryotídea* (Wall.) Copel.) ♃ i Ⓚ, Jap., China bis Ind., Hawaii
2. **falcátum** (L. f.) K.B. Presl (*Aspídium falcátum* (L. f.) Sw., *Polýstichum fal-*

cátum (L. f.) Diels, *Phanerophlébia falcáta* (L. f.) Copel.) ♃ i ⌂, Jap., Korea, Riukiu-Ins., Taiw., China, Malak., Mal. Arch., Ind., Polyn., S-Afr., eingebürg. in Engl. u. den Azor.
3. **fortúnei** J. Sm. (*Polýstichum falcátum* var. *fortúnei* (J. Sm.) Bak., *Phanerophlébia fortúnei* (J. Sm.) Copel.) ♃ i ⌂ ⌂ ∧, Jap., Korea, China
4. **macrophýllum** (Mak.) Tagawa ♃ i ∧, Jap., Taiw., China, Him.

Cyrtopódium R. Br. - n. - *Orchidáceae*
1. **andersónii** (Lamb. ex André) R. Br. ♃ ⌂ IV–V ∗, Flor., Venez. bis Bras.
2. **punctátum** (L.) Lindl. ♃ ⌂ IV–VI ∗, Westind. bis Bras. u. Parag.

Cyrtórchis Schlechter - f. - *Orchidáceae*
1. **arcuáta** (Lindl.) Schlechter (*Angraécum arcuátum* Lindl.) ♄ ⌂ IV–V ∗, Trop. u. S-Afr.

Cyrtospérma Griff. - n. - *Aráceae*
1. **johnstónii** (Bull) N. E. Br. ♃ ⌂, Salom.

Cyrtóstachys Bl. - f. - *Pálmae*
1. **rénda** Bl. (*C. lákka* Becc.) ♄ ⌂, Sum., Born., Malays.

Cystópteris Bernh. - f. - *Athyriáceae*
Blasenfarn
- *alpína:* 5
1. **bulbífera** (L.) Bernh. ♃ △, N-Am.: Neufundl. bis Manit. u. Utah, südl. bis N. Jers., Penns., Georg., Tenn., Ark., New Mex. u. Ariz.
- *críspa:* 5
2. **dickieána** Sim (*C. frágilis* var. *dickieána* (Sim) T. Moore, *C. frágilis* ssp. *dickieána* (Sim) Hyl.) ♃ △, N-Eur., Schottl., Span. bis Ital., Schw., SO-Bayern
3. **frágilis** (L.) Bernh. ♃ △, Kosmopol.
- *frágilis* ssp. *alpína:* 5
- *frágilis* ssp. *dickieána:* 2
- *frágilis* var. *dickieána:* 2
4. **montána** (Lam.) Desv. ♃ △ ▽, Zirkumpol.
5. **régia** (L.) Desv. (*C. alpína* (Wulf.) Desv., *C. críspa* (Gouan) H. P. Fuchs, *C. frágilis* ssp. *alpína* (Wulf.) Hartm.) ♃ △ N-Eur., Pyren., Alp., Balk., Vord. As.
6. **sudética** A. Braun et Milde ♃ △ ▽, SO-Bayern, Sudet., Karp., Norw., M- u. O-Rußl., Kauk., O-Sib.

Cytisánthus radiátus: Genísta 13

Cýtisus L. (einschl. *Chamaecýtisus* Link, *Sarothámnus* Wimm.) - m. - *Leguminósae*
Geißklee
- *adámii:* + *Laburnocýtisus* 1
1. **álbus** Hacq. (*C. leucánthus* Waldst. et Kit., *Chamaecýtisus álbus* (Hacq.) Rothm., *Ch. leucánthus* (Waldst. et Kit.) Link) ♃ △ VI–VIII, Tschechosl., SO-Eur., nördl. bis S-Pol.
- *álbus* (Lam.) Link: 16
- *alpínus: Labúrnum* 1
2. **ardoíni** Fourn. ♄ ⁓ △ IV–V, SW-Alp.
- *attleyánus:* 6
3. **austríacus** L. (*Chamaecýtisus austríacus* (L.) Link) ♄ △ VII–VIII, Östl. M- u. SO-Eur. bis südl. M-Rußl., Kauk.
4. **battandiéri** Maire ♄ D ⌂ V–VI, NW-Afr.
5. × **beánii** Nichols. (*C. ardoíni* × *C. púrgans*) ♄ △ V
- *biflórus:* 24
- *cájan: Cajánus* 1
6. **canariénsis** (L.) O. Kuntze var. **ramosíssimus** (Poir.) Briq. (*C. ramosíssimus* Poir., *C. attleyánus* hort.) ♄ i ⌂ ⊽ IV–VI, Kanar.
- *cándicans:* 15
7. **cantábricus** (Willk.) Rchb. f. (*Sarothámnus cantábricus* Willk., *C. scopárius* ssp. *cantábricus* (Willk.) Laínz) ♄ ⁓ V–VI, N-Span. bis SW-Frankr.
- *capitátus:* 28
8. **decúmbens** (Durande) Spach (*Sarothámnus decúmbens* (Durande) Frodin et Heyw., *Corothámnus decúmbens* (Durande) K. Koch) ♄ △ ∧ V bis VI, Nördl. M-Span., M-Frankr. u. Schw. bis S-Ital. u. Alban.
- *elongátus:* 11
9. **emeriflórus** Rchb. (*Lembótropis emeriflórus* (Rchb.) Skalická) ♄ V–VI, S-Alp.
10. **fílipes** (Webb et Berth.) Masf. (*Spartocýtisus fílipes* Webb et Berth.) ♄ ⌂ IV–V, Kanar.
11. **gláber** L. f. (*Chamaecýtisus gláber* (L. f.) Rothm., *Cýtisus elongátus*

Waldst. et Kit.) ♄ V–VI, Rum., Bulg., Jugosl.
12. **hirsútus** L. (*Chamaecýtisus hirsútus* (L.) Link), Südl. M-, S- u. SO-Eur., Vord. As.
var. **alpéstris** Arcang. ♄ V–VI
var. **hirsutíssimus** (K. Koch) Boiss. ♄ V
13. × **kewénsis** Bean (*C. ardoíni* × *C. multiflórus*) ♄ △ ⟿ V
- *labúrnum: Labúrnum* 2
- *leucánthus:* 1
14. **maderénsis** (Webb) Masf. ♄ i ⓚ V bis VI, Mad.
15. **monspessulánus** L. (*Telíne monspessulána* (L.) K. Koch, *Genísta cándicans* L., *C. cándicans* (L.) DC.) ♄ i D ⓚ V–VI, Med., Port., Azor., Kanar., westl. Kl. As., N-Afr.
16. **multiflórus** (L'Hérit. ex Ait.) Sweet (*C. álbus* (Lam.) Link non Hacq., *Sarothámnus álbus* (Lam.) Laínz) ♄ ∧ V–VI, Span., Port., NW-Afr.
17. **nígricans** L. (*Lembótropis nígricans* (L.) Griseb.) ♄ D VI–VII, M- u. SO-Eur., nordöstl. bis M-Rußl.
18. × **praécox** Bean (*C. multiflórus* × *C. púrgans*) - Elfenbeinginster ♄ IV–V
19. **procúmbens** (Waldst. et Kit. ex Willd.) Spreng. (*Sarothámnus prócúmbens* (Waldst. et Kit. ex Willd.) Frodin et Heyw., *Corothámnus procúmbens* (Waldst. et Kit. ex Willd.) K.B. Presl) ♄ ⟿ △ V–VI, Östl. M-Eur., Balk., SW-Rußl.
20. **prolíferus** L. f. ♄ i ⓚ IV–V Ⓝ, Kanar.
21. **púrgans** (L.) Boiss. (*Sarothámnus púrgans* (L.) Godr., *Genísta púrgans* (L.) DC.) ♄ ∧ V–VII, SW-Eur., W-Med., N-Afr.
22. **purpúreus** Scop. (*Chamaecýtisus purpúreus* (Scop.) Link) ♄ △ ∧ VI bis VII, S- u. SO-Alp., Jugosl., Alban.
23. × **racemósus** Marnock ex Nichols. (? *C. canariénsis* × *C. maderénsis* var. *magnifoliósus*) ♄ i ⊖ ⓚ III–V
- *ramosíssimus:* 6
24. **ratisbonénsis** Schaeffer (*Chamaecýtisus ratisbonénsis* (Schaeffer) Rothm., *Cýtisus biflórus* L'Hérit., *C. ratisbonénsis* ssp. *biflórus* (L'Hérit.) Gams) ♄ V–VI, M-Eur. bis SO-Ukr., Kauk., Ural, Altai
- *ratisbonénsis* ssp. *biflórus:* 24
- *sagittális: Genísta* 14
25. **scopárius** (L.) Link (*Sarothámnus scopárius* (L.) Wimm. ex W.D.J. Koch, *Genísta scopária* (L.) Lam.) - Besenginster ♄ V–VI ☠ Ⓝ, W-, S- u. M-Eur., nördl. bis S-Schwed., östl. bis Ukr., im atl. N-Am. eingebürg.
- *scopárius* ssp. *cantábricus:* 7
26. **-Scoparius-Hybriden** ♄ V–VI
27. **sessilifólius** L. ♄ V–VII, Span., S-Frankr., Ital., N-Afr.
28. **supínus** L. (*C. capitátus* Scop., *Chamaecýtisus supínus* (L.) Link) ♄ VI bis VII, M- u. S-Eur. bis M-Frankr. u. W-Ukr.
29. × **versícolor** (Kirchner) Dipp. (*C. hirsútus* × *C. purpúreus*) ♄ V–VI

Daboécia D. Don - f. - *Ericáceae*
Irische Heide
1. **azórica** Tutin et E.F. Warb. (*D. cantábrica* ssp. *azórica* (Tutin et E.F. Warb.) D. McClintock) ♄ i ⓚ VI bis VII, Azor.
2. **cantábrica** (Huds.) K. Koch (*D. polifólia* D. Don) ♄ i ∧-ⓚ VI–IX, N-Port. bis W-Irl.
- *cantábrica* ssp. *azórica:* 1
- *polifólia:* 2
3. × **scótica** D. McClintock (*D. azórica* × *D. cantábrica*) ♄ i ⓚ

Dacrycárpus dacrydioídes: Podocárpus 2
Dacrýdium Lamb. - n. - *Podocarpáceae*
„Maniu"
1. **cupréssinum** Soland. ex Lamb. - „Rimu" ♄ i ⓚ Ⓝ, Neuseel.

Dacryódes Vahl - m. - *Burseráceae*
1. **edúlis** (G. Don) Lam (*Canárium edúle* (G. Don) Hook.) - Saphubaum ♄ ⓦ Ⓝ, Guin. bis Kamer., Angola

Dáctylis L. - f. - *Gramíneae*
Knäuelgras
1. **glomeráta** L. ♃ VI–VII Ⓝ, Eur., Med., N-Afr., W-As., in N- u. S-Am., Austral. u. Neuseel. eingebürg.

Dactylórchis: Dactylorhíza
- *incarnáta: Dactylorhíza* 2
- *maculáta: Dactylorhíza* 3
- *majális: Dactylorhíza* 4

Dactylorhíza Neck. ex Nevski (*Dactylórchis* (Klinge) Vermeulen) – f. – *Orchidáceae*
Knabenkraut
1. **eláta** (Poir.) Soó (*Órchis eláta* Poir.) ♃ ∧ ⌂K V–VI ∇ ∗, SW-Eur., Med., östl. bis Siz., Alger.
– *fúchsii:* 3
2. **incarnáta** (L.) Soó (*Órchis incarnáta* L., *Dactylórchis incarnáta* (L.) Vermeulen, *Órchis strictifólia* Opiz, *Dactylorhíza strictifólia* (Opiz) Rauschert) ♃ V–VII ∇ ∗, Eur., gem. As.
3. **maculáta** (L.) Soó (*Órchis maculáta* L., *Dactylórchis maculáta* (L.) Vermeulen)
ssp. **fúchsii** (Druce) Hyl. (*Órchis fúchsii* Druce, *D. fúchsii* (Druce) Soó) ♃ VI–VII ∇ ∗, Eur. bis M-Sib.
ssp. **maculáta** ♃ V–VIII ∇ ∗, Eur., Med., NW-Afr.
4. **majális** (Rchb.) P.F. Hunt et Summerh. (*Órchis majális* Rchb., *O. latifólia* auct. non L., *Dactylórchis majális* (Rchb.) Vermeulen) ♃ V–VI ∇ ∗, W- u. M-Eur., Balt. Reg. u. N-Rußl., W-As.
5. **sambucína** (L.) Soó (*Órchis sambucína* L.) IV–VI ∇ ∗, Eur., Kauk., Vord. As.
– *strictifólia:* 2

Daedalacánthus nervósus: Eránthemum 1
– *wáttii: Eránthemum* 2

Daemónorops Bl. – f. – *Pálmae*
1. **dráco** Bl. – Drachenblutpalme ♄ ⌂W Ⓝ, Ind.
2. **lewisiána** Mart. ♄ ≀ ⌂W, Penang

Dáhlia Cav. – f. – *Compósitae*
Dahlie, Georgine
– *arbórea:* 2
1. **coccínea** Cav. ♃ ⌂K VIII–IX, Mex.
– × *cultórum:* 3
2. **excélsa** Benth. (*D. arbórea* hort.) ♄ ⌂K XI, Mex.
3. **-Hybriden** (*D.* × *cultórum* Thorsr. et Reis., *D. variábilis* hort. non (Willd.) Desf.) ♃ ⌂K VII–X
4. **imperiális** Roezl ex J.G. Ort. – Baumdahlie ♄ ⌂K XI–II, Mex.
5. **juarézii** hort. ♃ ⌂K VIII–IX, Mex.?
6. **mérckii** Lehm. ♃ ⌂K VII–IX, Mex.
7. **pinnáta** Cav. (*D. rósea* Cav., *D. variábilis* (Willd.) Desf.) ♃ ⌂K VIII–IX, Mex.
– *rósea:* 7
– *variábilis* hort.: 3
– *variábilis* (Willd.) Desf.: 7

Dalbérgia L. f. – f. – *Leguminósae*
1. **latifólia** Roxb. ex DC. – „Palissandre Asie", Indischer Rosenholzbaum ♄ ⌂W Ⓝ, Ind.
2. **nígra** (Vell.) Allem. ex Benth. – Rio-Palisander, „Palissandre Brésil" ♄ ⌂W Ⓝ, Bras.
3. **síssoo** Roxb. ex DC. – „Palissandre Asie", Sissoo ♄ ⌂W Ⓝ, S-Him., vom Indus bis Ass.

Dalechámpia L. – f. – *Euphorbiáceae*
1. **spathuláta** (Scheidw.) Baill.
var. **spathuláta** (*D. roezliána* Muell. Arg. var. *rósea* Muell. Arg., *D. spathuláta* var. *rósea* (Muell. Arg.) Pax et K. Hoffm.) ♄ i ⌂W I–XII, Mex.

Dánaë Medik. – f. – *Liliáceae*
1. **racemósa** (L.) Moench (*Rúscus racemósus* L., *D. laúrus* Medik.) – Alexandrinischer Lorbeer ♄ i ∧–⌂K, N-Syr., Transkauk., Iran

Dáphne L. – f. – *Thymelaeáceae*
Seidelbast
1. **acutíloba** Rehd. ♄ i VII, W-China
2. **alpína** L. – Alpenseidelbast ♄ ☠ D △ V–VI ∇, Gebg. M- u. S-Eur., Kl. As., N-Afr.
3. **altáica** Pall. ♄ D △ V–VI, Altai, Dsung.
4. **arbúscula** Čelak. ♄ i △ VI ∇, Slowak.
5. **blagayána** Freyer ♄ i D △ IV–V ∇, Balk.
6. × **burkwoódii** Turrill (*D. caucásica* × *D. cneórum*) ♄ D V–VI
7. **caucásica** Pall. ♄ D V–VI, Kauk., Kl. As.
8. **cneórum** L. – Rosmarinseidelbast ♄ i D △ V–VI ∇ ☠, Gebg. M- u. S-Eur., östl. bis M-Ukr.
– *collína:* 20
9. **génkwa** Sieb. et Zucc. ♄ IV–V, China, Korea
10. **gnídium** L. ♄ ⌂K VII–IX ∇, Port., S-Eur., Med., Kanar.
11. × **houtteána** Lindl. et Paxt. (*D. lauréola* × *D. mezéreum*) ♄ D IV
12. **lauréola** L. – Lorbeerseidelbast
ssp. **lauréola** ♄ i III–V ☠ ∇, W-, M- u.

S-Eur., Med., N-Afr.
ssp. **philíppi** (Gren.) Rouy (*D. philíppi* Gren.) ♄ ⁓ ☠ IV–V, Pyren.
13. **mezéreum** L. - Seidelbast, Kellerhals ♄ ☠ D III-IV Off. ▽, Eur., Kauk., Kl. As., Sib. bis Altai, im nordöstl. N-Am. eingebürg.
14. × **napolitána** Lodd. (Abstammung ungewiß, vielleicht *D. cneórum* × *D. oleoídes*) ♄ i D ⓚ V–VI
15. **odóra** Thunb. ex Murr. ♄ i D ⓚ I bis III, China
16. **oleoídes** Schreb. ♄ i D ⓚ V–VI ▽, Gebg. S-Eur., Alger., Kl. As., Afgh., Him.
17. **petrǣa** Leyb. ♄ i D ⓚ ∧ VI ▽, N-Ital., nahe Gardasee
- *philíppi:* 12
18. **póntica** L. ♄ i D ∧ V ▽, SO-Eur., Kauk., Kl. As.
19. **retúsa** Hemsl. ♄ i D V–VI, W-Him.
20. **serícea** Vahl (*D. collína* Sm.) ♄ i ⓚ V bis VI ▽, M-, O-Med.
21. **striáta** Tratt. ♄ i ⁓ △ VI–VII ☠ ▽, Alp.
22. **tangútica** Maxim. ♄ i D III–IV, Kansu

Daphniphýllum Bl. - n. - *Daphniphylláceae*
1. **macrópodum** Miq. ♄–♄ i ⓚ, Jap., Korea

Darlingtónia Torr. 1853, non 1851 - f. - *Sarraceniáceae*
1. **califórnica** Torr. ♃ ⓚ V–VIII ✻, USA: S-Oreg. bis NW-Kalif.

Dármera Voss (*Peltiphýllum* (Engl.) Engl.) - f. - *Saxifragáceae*
Schildblatt
1. **peltáta** (Torr. ex Benth.) Voss (*Saxífraga peltáta* Torr. ex Benth., *Peltiphýllum peltátum* (Torr. ex Benth.) Engl.) ♃ ⁓ IV–V, USA: Oreg. bis Kalif.

Darwínia Rudge - f. - *Myrtáceae*
1. **hookeriána** Benth. ♄ i ⓚ IV, S-Austral.
2. **macrostégia** Benth. ♄ i ⓚ IV, S-Austral.

Dasylírion Zucc. - n. - *Agaváceae*
Rauhschopf
1. **acrótrichum** Zucc. (*D. grácile* Planch.) ⓚ, M-Mex.
2. **glaucophýllum** Hook. ⓚ, O-Mex.
- *grácile:* 1
3. **graminifólium** (Zucc.) Zucc. (*Yúcca graminifólia* Zucc.) ⓚ, SO-Mex.
- *laxiflórum:* 5
- *longifólium: Nolína* 1
4. **longíssimum** Lem. (*D. quadrangulátum* S. Wats.) ⓚ, O-Mex.
- *quadrangulátum:* 4
5. **serratifólium** (Karw. ex Schult. f.) Zucc. (*D. laxiflórum* Bak., *Yúcca serratifólia* Karw. ex Schult. f.) ⓚ, O-Mex.

Datísca L. - f. - *Datiscáceae*
Scheinhanf
1. **cannabína** L. - Scheinhanf, Streichkraut ♃ ∧ VII–VIII, Kreta, SW-As. bis Him.

Datúra L. (einschl. *Brugmánsia* Pers.) - f. - *Solanáceae*
Stechapfel
- *álba:* 8
1. **arbórea** L. (*Brugmánsia arbórea* (L.) Lagerh., *D. cornígera* Hook.) ♄ ⓚ, Ek., Peru, N-Chile, Bol.
2. **āūrea** (Lagerh.) Saff. (*Brugmánsia āūrea* Lagerh.) ♄ - ♄ ⓚ VII–IX, And.: M-Kol. bis S-Ek.
- *bertolónii:* 11
3. × **cándida** (Pers.) Saff. (*D. āūrea* × *D. versícolor; Brugmánsia* × *cándida* Pers.) ♄ D ☠ ⓚ VI–XI, Ek.
4. **ceratocāūla** Ort. ⊙ ☠ ⁓ D VIII, Mex.
- *cornígera:* 1
5. **férox** L. ⊙ ☠ VII–VIII, China, im Med. eingebürg.
- *inérmis:* 11
6. **innóxia** Mill. (*D. meteloídes* DC. ex Dun.) ⊙ ☠ VIII–X ⓝ, SW-USA, Mex., S-Am., Westind., in vielen Länd. eingebürg., u.a. Med. u. nordöstl. USA
7. × **insígnis** Barb. Rodr. (*D. suavéolens* × *D. versícolor; Brugmánsia* × *insígnis* (Barb. Rodr.) Lockw.) ♄–♄ ⓚ VII–IX, O-Abhänge der And. Perus u. Ek.
8. **métel** L. (*D. álba* Nees) ⊙ ☠ VI–VII ⓝ, Subtrop. u. trop. As. u. Afr., heute in vielen subtrop. u. trop. Gebiet. eingebürg.
- *meteloídes:* 6
- *prǣcox:* 11
9. **quercifólia** H.B.K. ⊙ ☠ VII, Tex. bis New Mex., N-Mex.

- *rósei:* 10
10. **sanguínea** Ruiz et Pav. (*Brugmánsia sanguínea* (Ruiz et Pav.) D. Don, *D. rósei* Saff.) ♄ ☠ ⌂K I–III, Kol. bis Chile
11. **stramónium** L. - Gemeiner Stechapfel ⊙ ☠ VI–X, Trop. Am., Mex., in all. trop., subtrop. u. gem. Länd. eingebürg.
    var. **godrónii** Danert
    var. **inérmis** (Juss. ex Jacq.) Timm (*D. inérmis* Juss. ex Jacq., *D. bertolónii* Parl. ex Guss., *D. stramónium* f. *inérmis* (Juss. ex Jacq.) Hupka)
    var. **stramónium** Off.
    var. **tátula** (L.) Torr. (*D. tátula* L., *D. praecox* Godr.)
- *stramónium* f. *inérmis:* 11
12. **suavéolens** Humb. et Bonpl. ex Willd. (*Brugmánsia suavéolens* (Humb. et Bonpl. ex Willd.) Bercht. et J.S. Presl) - Engelstrompete ♄ ☠ D ⌂K VIII–X, SO-Bras.
- *tátula:* 11
13. **versícolor** (Lagerh.) Saff. (*Brugmánsia versícolor* Lagerh.) ♄ ⌂K VII–IX, Ek.: Becken von Guyaquil

Daubentónia punícea: Sesbánia 3
- *tripétii: Sesbánia* 5

Daucus L. - m. - *Umbellíferae*
Möhre
1. **caróta** L.
    ssp. **satívus** (Hoffm.) Schübl. et G. Martens (*D. satívus* (Hoffm.) Röhl., var. *satívus* Hoffm.) - Gartenmöhre, Karotte, Gelbe Rübe, Mohrrübe ⊙ ⊙ VI–IX Ⓝ, Nur in Kult. bek.

Davállia Sm. - f. - *Davalliáceae*
- *bulláta:* 6
1. **canariénsis** (L.) Sm. ♃ ⟿ ⌂K, Span., Port., Mad., Kanar., Marok.
- *decúrrens:* 3
2. **denticuláta** (Burm. f.) Mett. ex Kuhn (*D. élegans* Sw.) ♃ ⌂W, Ceyl. u. Ind. bis Polyn., N-Austral., W-Afr.
3. **divaricáta** Bl. (*D. decúrrens* Hook., *D. polyántha* Hook.) ♃ ⟿ ⌂W, Phil., Java, Celeb., N-Ind. bis China
- *élegans:* 2
4. **fejeénsis** Hook. ♃ ⟿ ⌂W, Fidschi-Ins.
5. **griffithiána** Hook. (*Humáta griffithiána* (Hook.) C. Chr.) ♃ i ⌂W, N-Ind., China, Taiw.
- *heterophýlla: Humáta* 2
- *lonchitídea: Microlépia* 2
6. **mariésii** T. Moore ex Bak. (*D. bulláta* Wall. ex Hook.) ♃ ⟿ ⌂W, Jap., Korea, Taiw., China
- *pedáta: Humáta* 3
- *pentaphýlla: Scyphulária* 1
- *polyántha:* 3
7. **pyxidáta** Cav. ♃ ⟿ ⌂W, Austral.: Neusüdwal.
8. **sólida** (G. Forst.) Sw. ♃ ⟿ ⌂W, Malak. bis Polyn., Austral.: Queensl.
9. **trichomanoídes** Bl. ♃ ⟿ ⌇ ⌂W, Jap. bis Ceyl. u. Malays.
- *tyermánnii: Humáta* 4

Davídia Baill. - f. - *Davidiáceae*
Taubenbaum
1. **involucráta** Baill.
    var. **laeta** (Dode) Krüssm. (*D. laeta* Dode) ♄ V–VI, Hupeh, Szetsch.
    var. **vilmoriniána** (Dode) Wanger. ♄ V–VI, Szetsch.

Deamia testúdo: Selenicéreus 14

Debregeásia Gaudich. - f. - *Urticáceae*
1. **longifólia** (Burm. f.) Wedd. (*D. velutína* Gaudich.) ♄ i ⌂W, Subtrop. Him. bis Java

Decabélone Decne. - f. - *Asclepiadáceae*
1. **grandiflóra** K. Schum. (*Tavarésia grandiflóra* (K. Schum.) Berger) ⌂K VII–VIII, Namib., Botsw., Transv., Kap

Decaisnea Hook. f. et Thoms. - f. - *Lardizabaláceae*
1. **fargésii** Franch. ♄ ☘ V–VI, W-China

Decarýia Choux - f. - *Didiereáceae*
1. **madagascariénsis** Choux ♄ ⌂K *, SW-Madag.

Decumária L. - f. - *Saxifragáceae*
Sternhortensie
1. **bárbara** L. ♄ ⌇ ∧ V–VI, USA: Virg. bis Tenn., südl. bis Flor. u. Louis.

Deheraïnia Decne. - f. - *Theophrastáceae*
1. **smarágdina** Decne. ♄ i ⌂W, Mex.

Deinánthe Maxim. - f. - *Saxifragáceae*
1. **bífida** Maxim. ♃ ∧ VII–VIII, Jap.
2. **caerúlea** Stapf ♃ ∧ VII–VIII, W-Hupeh

× **Dekensára** hort. (*Cattleya* × *Rhyncholaelia* × *Schombúrgkia*) - f. - *Orchidáceae*

Délonix Raf. - f. - *Leguminósae*
1. **régia** (Boj. ex Hook.) Raf. (*Poinciána régia* Boj. ex Hook.) - „Flamboyant" ♄ Ⓦ, Madag., heute in vielen trop. u. subtrop. Länd. eingebürg., auch in S-Flor.

Delospérma N. E. Br. - n. - *Aizoáceae*
1. **cóoperi** (Hook. f.) L. Bol. ♄-♃ ∧ Ⓐ VI-VIII, Oranjefreist.
- *echinátum:* 4
2. **ecklónis** (Salm-Dyck) Schwant. ♃ Ⓚ, Kap
3. **lineáre** L. Bol. ♄ ∧ Ⓐ VI-VIII, Lesotho
4. **pruinósum** (Thunb.) J. Ingram (*D. echinátum* Schwant., *Mesembryánthemum echinátum* Ait. non Lam., *M. pruinósum* Thunb.) ♃ Ⓚ, Kap

Delphínium L. - n. - *Ranunculáceae* Rittersporn
- *ajácis* L. emend. J. Gay: *Consólida* 1
- *ajácis* L. emend. Willm.: *Consólida* 2
- *alpínum:* 6
1. **bícolor** Nutt. ♃ △ V-VIII, N-Am.: Sask. bis Alb., südl. bis S-Dak., Wyom., Mont. u. Id.
2. **brunoniánum** Royle ♃ D △ VI-VII, Afgh. bis W-China
3. **cardinále** Hook. ♃ ∧-▭ VII-VIII, S-Kalif.
4. **cashmeriánum** Royle ♃ △ VI-X, Him.
5. **cheilánthum** DC. ♃ VI-VII, O-Sib.
- *consólida: Consólida* 3
- × *cultórum:* 10
6. **elátum** L. (*D. alpínum* Waldst. et Kit.) ♃ VII-VIII ▽, Pyren., Alp., Sudet., Karp., Rußl., N- u. M-As.
7. **físsum** Waldst. et Kit. (*D. hýbridum* Steph. ex Willd. non L.) ♃ VI-VII, S-Eur., nördl. bis Jugosl., Rum. u. M-Ukr., Kauk.
- *formósum:* 9
8. **grandiflórum** L. (*D. grandiflórum* var. *chinénse* Fisch. ex DC.) ♃ △ VI bis VIII, O-Sib., W-China
- *grandiflórum* var. *chinénse:* 8
9. **huetiánum** Meikle (*D. formósum* Boiss. et Huet non Beaton) ♃ VIII-IX, N-Anat.
10. **-Hybriden** (*D.* × *cultórum* Voss, *D. hýbridum* hort. non L. nec Steph. ex Willd.) - Gartenrittersporn (Belladonna-Hybriden, Elatum-Hybriden, Pacific-Hybriden) ♃ ✂ VI-IX
- *hýbridum* hort.: 10
- *hýbridum* Steph. ex Willd.: 7
11. **maackiánum** Regel ♃ VI-VII, Sib.
12. **muscósum** Exell et Hillc. ♃ △ VI bis VII, Bhut.
13. **nudicáule** Torr. et A. Gray ♃ △ ∧ VI bis VII, N-Kalif.
- *orientále: Consólida* 2
14. **semibarbátum** Bien. ex Boiss. (*D. zálil* Aitch., *D. sulphúreum* hort.) ♃ ∧ ✂ VI-VII, Iran, Afgh., N-Ind.
15. **staphiságria** L. ♃ ☠ Ⓚ, Med., Port., Kanar.
- *sulphúreum:* 14
16. **tatsienénse** Franch. ♃ VII, Szetsch.
17. **tricórne** Michx. ♃ V-VI, USA: Penns. bis Minn. u. Nebr., südl. bis Georg., Alab., Ark. u. Okla.
18. **tríste** Fisch. ♃ VI-VII, Sib.
- *zálil:* 14

Dendránthema (DC.) Des Moul. - n. - *Compósitae*
1. **árcticum** (L.) Tzvelev (*Chrysánthemum árcticum* L., *Arctánthemum árcticum* (L.) Tzvelev) ♃ IX-X, Nördl. arkt. Zone
2. **-Grandiflorum-Hybriden** (*D.* × *grandiflórum* (Ramat.) Kitamura, *D. morifólium* (Ramat.) Tzvelev, *Chrysánthemum*-Grandiflorum-Hybriden, *C.*-Indicum-Hybriden, *C. índicum* hort. non L., *C.* × *hortórum* L. H. Bailey, *C. morifólium* Ramat., *C. sinénse* Sabine ex Sweet, *C. vestítum* Stapf, *Ánthemis grandiflóra* Ramat.) - Gärtner-Chrysanthemen ♃ ✂ Ⓚ IX-XII (I-XII)
3. **indicum** (L.) Des Moul. (*Chrysánthemum índicum* L.) ♃ Ⓚ Ⓝ, China
4. **-Koreanum-Hybriden** (*Chrysánthemum*-Koreanum-Hybriden) ♃ ✂ VIII-IX
5. **weyríchii** (Maxim.) Tzvelev (*Chrysánthemum weyríchii* (Maxim.) Miyabe) ♃ △ VI-VII, Jap.
6. **zawádskii** (Herbich) Tzvelev (*Chrysánthemum zawádskii* Herbich) var. **latílobum** (Maxim.) Tzvelev (*Chrysánthemum zawádskii* var. *latílobum* (Maxim.) Kitamura, *C. rubél-*

lum Sealy, *C. erubéscens* Stapf, *Chrysoboltónia pulchérrima* hort.) ♃ ∧ ✂ IX–X, Jap., Korea, N-China, Mandsch.
var. **zawádskii** ♃ △ ⁓ VI–VII, Karp., Sib., Mandsch., N-China, Korea, Jap.

Dendróbium Sw. - n. - *Orchidáceae*
- *acuminátum: Epigenéium* 3
1. **adúncum** Wall. ex Lindl. ♃ ⌂W VI–IX ∗, Him. bis Oberburma u. Indoch.
2. **aggregátum** Roxb. ♃ ⌂W III–V ∗, Indoch. bis S-China
- *amoénum:* 4
- *ámplum: Epigenéium* 1
3. **anósmum** Lindl. (*D. supérbum* Rchb. f.) ♃ ⌂W II–IV ∗, Phil., Mal. Arch., Laos, Vietn., N. Guin.
4. **aphýllum** (Roxb.) C.E.C. Fisch. (*D. amoénum* Wall. ex Lindl.) ♃ ⌂W III bis IV ∗, NO-Ind. bis China u. Malak.
5. **arachnítes** Rchb. f. ♃ D ⌂W V ∗, Burma, Thail.
6. **atrovioláceum** Rolfe ♃ ⌂W IV–V ∗, N. Guin.
- *aúreum:* 28
7. **bellátulum** Rolfe ♃ ⌂K IV–V ∗, Annam
8. **bigíbbum** Lindl. ♃ ⌂W II–III ∗, Austral.: Queensl.; N. Guin.
9. **brymeriánum** Rchb. f. ♃ ⌂W II–III ∗, Burma, Laos, Thail.
- *calceolária:* 38
10. **chrysánthum** Wall. (*D. paxtónii* Lindl.) ♃ ⌂W VIII–IX ∗, Nepal bis Burma u. Thail.
11. **chrysotóxum** Lindl. ♃ ⌂W III–IV ∗, Ind. bis M-China u. Laos
12. **ciliátum** Parish (*D. delacoúrii* Guill.) ♃ ⌂W X–XI ∗, Burma, Thail., Indoch.
- *coelógyne: Epigenéium* 2
- *crassinóde:* 42
13. **crepidátum** Lindl. et Paxt. ♃ ⌂W IV bis V ∗, Ass., Sikk., Burma
14. **crumenátum** Sw. ♃ ⌂W I–XII ∗, Burma, Malak.
- *dalhousieánum:* 46
15. **deárei** Rchb. f. ♃ ⌂W IV–VI ∗, Phil.
- *delacoúrii:* 12
16. **densiflórum** Wall. (*D. thyrsiflórum* Rchb. f.)
var. **galliceánum** Lind. ♃ ⌂W III–V ∗, Him., Burma, Indoch.
17. **devoniánum** Paxt. ♃ ⌂W V–VI ∗, Him., Burma, Indoch.
18. **díscolor** Lindl. (*D. undulátum* R.Br.) ♃ ⌂K I–V ∗, N-Austral, SO-N. Guin.
19. **dracónis** Rchb. f. ♃ ⌂W ∗, Burma, Thail.
20. **falcóneri** Hook. ♃ ⌂W V–VI ∗, Ass., Unterburma
21. **falcoróstrum** Fitzg. ♃ ⌂W ∗, Austral.
22. **fármeri** Paxt. ♃ ⌂W IV–V ∗, Him., Burma, Thail., Malak.
23. **fimbriátum** Hook.
var. **oculátum** Hook. ♃ ⌂W III–V ∗, Sikk.
24. **findleyánum** Parish et Rchb. f. ♃ ⌂W II–III ∗, Burma, Thail.
25. **formósum** Roxb. ♃ ⌂W II–V ∗, Nepal bis Burma u. Thail.
26. **gibsónii** Lindl. ♃ ⌂K VIII–X ∗, Him., Burma, Jünn.
27. **gratiosíssimum** Rchb. f. ♃ ⌂W III–V ∗, Burma, Thail.
28. **heterocárpum** Wall. ex Lindl. (*D. aúreum* Lindl.) ♃ ⌂W I–III ∗, Ind. bis trop. SO-As.
29. **histriónicum** Schlechter ♃ ⌂W IV–V ∗, Thail., Burma
30. **hookeriánum** Lindl. ♃ ⌂W VIII–IX ∗, Him., Ass.
31. **infundíbulum** Lindl.
var. **jamesiánum** (Rchb. f.) Veitch (*D. jamesiánum* Rchb. f.) ♃ ⌂W III–V ∗, Burma
- *jamesiánum:* 31
32. **kingiánum** Bidw. ex Lindl. ♃ ⸾ ⌂K IV–V ∗, O-Austral.
33. **lituiflórum** Lindl. ♃ ⌂W IV–V ∗, NO-Ind., Burma, Thail.
34. **loddigésii** Rolfe (*D. pulchéllum* Lodd. non Roxb. ex Lindl.) ♃ ⌂W II bis IV ∗, Jünn., Honan, Laos
35. **lutéolum** Batem. ♃ ⌂W I–V ∗, Moulm.
- *lyónii: Epigenéium* 3
36. **mínax** Rchb. f. ♃ ⌂W V–VII ∗, Ambon, Moluk.
- *moníle:* 37
37. **moniliförme** (L.) Sw. (*D. monile* (Thunb.) Kraenzl.) ♃ ⌂K IV–V ∗, Jap., S-Korea, China
38. **moschátum** (Willd.) Sw. (*D. calceolá-*

ria Carey) ♃ ⌂W V–VII ∗, Sikk., Burma, Laos, Thail.
39. **nóbile** Lindl. ♃ ⌂W III–VI ∗, Him. bis Jünn., Taiw.
40. **ochreátum** Lindl. ♃ ⌂W III–IV ∗, Khas.
41. **paríshii** Rchb. f. ♃ ⌂W V–VI ∗, Burma, Indoch., S-China
- *paxtónii:* 10
42. **péndulum** Roxb. (*D. crassinóde* Bens. et Rchb. f., *D. wardiánum* Warner) ♃ ⌂W ∗, Ass., Burma, Thail.
43. **phalaenópsis** Fitzg. ♃ ⌂W VIII–XII ∗, N-Austral. bis Indones.
44. **pierárdii** Roxb. ♃ ⌂W IV–V ∗, Him. bis Burma
45. **primulínum** Lindl. ♃ ⌂W IV–V ∗, Nepal, Sikk., Burma, Thail., Malak., Vietn., S-China
- *pulchéllum* Lodd.: 34
46. **pulchéllum** Roxb. ex Lindl. (*D. dalhousieánum* Wall.) ♃ ⌂W IV–V ∗, Him. bis Vietn.
47. **ruppiánum** A. D. Hawkes (*D. speciósum* Sm. var. *fusifórme* F. M. Bailey) ♃ ⌂W III–V ∗, N. Guin., Queensl.
48. **seníle** Parish et Rchb. f. ♃ ⌂W IV–VI ∗, Moulm.
49. **speciósum** Sm. ♃ ⌂K III–V ∗, O-Austral.
- *speciósum* var. *fusifórme:* 47
50. **stratiótes** Rchb. f. ♃ ⌂W VI–VII ∗, Celeb.
51. × **supérbiens** Rchb. f. (*D. bigíbbum* × *D. díscolor*) ♃ ⌂W X–XII ∗, N-Austral.
- *supérbum:* 3
52. **taurínum** Lindl. ♃ ⌂W IX–XII ∗, Phil.
53. **tetragónum** A. Cunn. ♃ ⌂K X–XII ∗, Austral.: Queensl., Neusüdwal.
- *thyrsiflórum:* 16
54. **topaziánum** Ames ♃ ⌂W ∗, Phil.
- *undulátum:* 18
- *wardiánum:* 42
55. **wilkiánum** Rupp ♃ ⌂W ∗, Austral.: Queensl.
56. **williamsónii** Day et Rchb. f. ♃ ⌂K III ∗, Ass., Burma, Thail.

Dendrocálamus Nees - m. - *Gramíneae*
1. **hamiltónii** Nees et Arn. ⌂W Ⓝ, Him.
2. **stríctus** (Roxb.) Nees ⌂W Ⓝ, Ind., Burma bis Malak.

Dendrochílum Bl. (*Platyclínis* Benth.) - n. - *Orchidáceae*
1. **cobbiánum** Rchb. f. ♃ ⌂W IX–X ∗, Luzon
2. **cornútum** Bl. ♃ ⌂W VII–VIII ∗, Java, Sum.
3. **filifórme** Lindl. ♃ ⌂W VI–VII ∗, Phil.
4. **glumáceum** Lindl. ♃ ⌂W I–II ∗, Phil.
5. **latifólium** Lindl. ♃ ⌂W II–IV ∗, Phil.

Dendrócnide moroídes: Lapórtea 2

Dendromécon Benth. - f. - *Papaveráceae* Baummohn
1. **rígida** Benth. - Baummohn ♄ ⌂K III bis VI, Kalif.

Denmóza Britt. et Rose - f. - *Cactáceae*
1. **rhodacántha** (Salm-Dyck) Britt. et Rose (*Echinocáctus rhodacánthus* Salm-Dyck, *Cleistocáctus rhodacánthus* (Salm-Dyck) Lem., *D. erythrocéphala* (K. Schum.) Berger, *Pilocéreus erythrocéphalus* K. Schum.) ⌂K ∗, NW-Arg.

Dennstaédtia Bernh. - f. - *Dennstaedtiáceae* Schüsselfarn
1. **cicutária** (Sw.) Kuhn ♃ ⌂W, Trop. Am.
2. **davallioídes** (R. Br.) T. Moore (*Dicksónia davallioídes* R. Br.) ♃ ⌂W, O-Austral.
3. **obtusifólia** (Willd.) T. Moore (*Dicksónia obtusifólia* Willd.) ♃ ⌂W, Trop. Am.
4. **punctilóbula** (Michx.) T. Moore ♃ ∧, N-Am.: Neufundl. u. N. Scot. bis Mich. u. Missouri, südl. bis Georg. u. Ark.

Dentária L. - f. - *Crucíferae* Zahnwurz
1. **bulbífera** L. (*Cardamíne bulbífera* (L.) Crantz) ♃ IV–V, Eur., Kauk.
- *digitáta:* 4
2. **enneaphýllos** L. (*Cardamíne enneaphýllos* (L.) Crantz) ♃ V–VI, Alp. u. Vorland, S- u. M-Deutschl., Tschechosl., S-Pol., NW-Balk.
3. **heptaphýlla** Vill. (*D. pinnáta* Lam., *Cardamíne heptaphýlla* (Vill.) O. E. Schulz, *C. pinnáta* (Lam.) R. Br.) ♃ IV–V, Pyren., W- u. S-Alp., N-Apenn., Jura, Voges., Schwarzw., Schwäb. Jura
4. **pentaphýllos** L. (*D. digitáta* Lam.,

Cardamíne pentaphýllos (L.) Crantz, *C. digitáta* (Lam.) O.E. Schulz) ♃ V bis VI, Pyren., Cevenn., Voges., Jura, S-Deutschl., Alp.
- *pinnáta:* 3

Derenbérgia: Conóphytum 3, 8, 12, 28

Dermatóbotrys H. Bol. - m. - *Scrophulariáceae*
1. **saundérsii** H. Bol. ♄ Ⓚ I–III, Nat.: Zulul.

Dérris Lour. - f. - *Leguminósae*
1. **ellíptica** (Sweet) Benth. ♄ ≷ Ⓦ ☠ Ⓝ Off., Burma bis Malak.
2. **malaccénsis** Prain ♄ ≷ Ⓦ Off., Malays.

Deschámpsia P. Beauv. (einschl. *Avenélla* W. Sauer et H. Chmelitschek) - f. - *Gramíneae*
Schmiele
1. **cespitósa** (L.) P. Beauv. (*Aíra cespitósa* L.) - Rasenschmiele ♃ ~ VII–IX Ⓝ, Nördl. Halbk., Hochgebg. Afr., Tasm., Neuseel.
2. **flexuósa** (L.) Trin. (*Aíra flexuósa* L., *Avenélla flexuósa* (L.) Drejer) - Drahtschmiele ♃ VI–VII, Eur., Med., N-Afr., nördl. Kl. As., Kauk., Jap., N-Am.: Grönl. bis Alaska, südl. bis Georg. u. Okla.; Mex., Feuerl.

Desfontáinia Ruiz et Pav. - f. - *Desfontainiáceae*
1. **spinósa** Ruiz et Pav. ♄ i Ⓚ VII–VIII, And.: Costa R. bis S-Chile

Desmazéria Dumort. - f. - *Gramíneae*
1. **rígida** (L.) Tutin (*Catapódium rígidum* (L.) C.E. Hubb., *Scleropóa rígida* (L.) Griseb.) ♃ ✂, W-, S-Eur., Kanar., Med. bis N-Iran
2. **sícula** (Jacq.) Dumort. ♃ ✂ Ⓚ, Med.

Desmódium Desv. - n. - *Leguminósae*
1. **canadénse** (L.) DC. ♄ VII, N-Am.: N. Scot. bis Sask., südl. bis Maryl., Virg., Missouri u. Okla.
- *gýrans:* 2
2. **motórium** (Houtt.) Merr. (*D. gýrans* (L. f.) DC.) - Telegraphenpflanze ⊙–♄ Ⓦ VIII–IX, Ind., Ceyl., Phil.
- *penduliflórum: Lespedéza* 7

Desmóncus Mart. - m. - *Pálmae*
1. **orthacánthos** Mart. (*D. hórridus* Splitg. ex Mart.) ♄ ≷ Ⓦ, Surin.

Deuterocóhnia Mez - f. - *Bromeliáceae*
1. **longipétala** (Bak.) Mez ♃ i Ⓚ, Bras., Arg., Peru

Deutzia Thunb. - f. - *Saxifragáceae*
Deutzie
1. **chúnii** Hu ♄ VII, O-China
2. **crenáta** Sieb. et Zucc. (*D. scábra* Thunb. p.p.) ♄ V–VI, Jap.
3. **díscolor** Hemsl. ♄ VI, M-China
4. **grácilis** Sieb. et Zucc. ♄ V–VI, Jap.
5. **-Hybriden**
× **candelábrum** (Lemoine) Rehd. (*D. grácilis* × *D. scábra*)
× **cándida** (Lemoine) Rehd. (*D.* × *lemoínei* × *D. scábra*)
× **cárnea** (Lemoine) Rehd. (*D.* × *rósea* 'Grandiflora' × *D. scábra*)
× **elegantíssima** (Lemoine) Rehd. (*D. purpuráscens* × *D. scábra*)
× **excéllens** (Lemoine) Rehd. (*D.* × *rósea* 'Grandiflora' × *D. vilmorínae*)
× **hýbrida** Lemoine (*D. díscolor* × *D. longifólia*)
× **kalmiiflóra** Lemoine (*D. parviflóra* × *D. purpuráscens*)
× **lemoínei** Lemoine ex Bois (*D. grácilis* × *D. parviflóra*)
× **magnífica** (Lemoine) Rehd. (*D. scábra* × *D. vilmorínae*)
× **maliflóra** Rehd. (*D.* × *lemoínei* × *D. purpuráscens*)
× **myriántha** Lemoine (*D. parviflóra* × *D. setchuenénsis*)
× **rósea** (Lemoine) Rehd. (*D. grácilis* × *D. purpuráscens*)
× **wilsónii** Duthie (? *D. díscolor* × *D. móllis*), M-China
6. **longifólia** Franch. ♄ VI, Szetsch., Jünn.
7. **monbéigei** W.W. Sm. ♄ V–VI, SW-China
8. **ningpoénsis** Rehd. ♄ VII, O-China
9. **púlchra** Vidal ♄ V–VI, Taiw., Phil.
10. **purpuráscens** (Franch. ex L. Henry) Rehd. ♄ V–VI, W-China
11. **scábra** Thunb. (*D. sieboldiána* Maxim.) ♄ VI–VII, Jap., Riukiu-Ins.
- *scábra* Thunb. p.p.: 2
12. **schneideriána** Rehd. ♄ VI–VII, M-China
13. **setchuenénsis** Franch. ♄ VI–VII, M- u. W-China
- *sieboldiána:* 11

14. **stamínea** R. Br. ex Wall. ♄ VI–VII, Him.
15. **vilmorínae** Lemoine ♄ VI, M-China

× **Diabroughtónia** hort. (*Broughtónia* × *Caulárthron*) – f. – *Orchidáceae*

× *Diacatlǣlia:* × *Dialaeliocattlēya*

× *Diacattlēya:* × *Caulocattlēya*

Diácrium: Caulárthron

- *bicornútum: Caulárthron* 1

× *Diacrocattlēya:* × *Caulocattlēya*

× **Dialǣlia** hort. (*Caulárthron* × *Lǣlia*) – f. – *Orchidáceae*

× **Dialaeliocattlēya** hort. (*Cattlēya* × *Caulárthron* × *Lǣlia;* × *Diacatlǣlia* hort.) – f. – *Orchidáceae*

× **Dialaeliópsis** hort. (*Caulárthron* × *Laeliópsis*) – f. – *Orchidáceae*

Dianélla Lam. ex Juss. – f. – *Liliáceae*

1. **caerúlea** Sims ♃ – ♄ i (K), Neukaled., N. Guin., Fidschi-Ins., Austral.: Vict., Neusüdwal.
2. **ensifólia** (L.) DC. ♄ i ✿ (K), Jap., Riukiu-Ins., Taiw., Malays.
3. **intermédia** Endl. ♃ i ✿ (K), Neuseel., Norf.-Ins., Fidschi-Ins.
4. **lǣvis** R. Br. (*D. strumósa* Lindl.) ♃ i ✿ (K), Austral.: Queensl., Neusüdwal., Vict.; Tasm.
5. **revolúta** R. Br. ♃ i (K), W- u. O-Austral., Neukaled.

- *strumósa:* 4

6. **tasmánica** Hook. f. ♃ i ✿ (K), Austral.: Neusüdwal., Vict.; Tasm.

Diánthus L. – m. – *Caryophylláceae* Nelke

- *alpínus* All.: 28

1. **alpínus** L. – Alpennelke ♃ △ VII bis VIII ▽, O-Alp.
2. **anatólicus** Boiss. ♃ ⟿ △ VI–VII ▽, Kl. As.

- *arboréscens:* 37
- *arbóreus:* 15

3. **arenárius** L. – Sandnelke ♃ △ VII bis IX ▽, S-Schwed., O-Deutschl., Tschechosl., Pol., Ung., Rußl. bis Ukr.
4. × **arvernénsis** Rouy et Fouc. (*D. monspessulánus* × *D. seguiéri*) ♃ ⟿ △ VII–VIII ▽
5. **barbátus** L. – Bartnelke ♃ – ⊙ ✂ VI bis VIII ▽, Pyren. bis O-Karp. u. Balk., SW-Rußl. bis Sib., Mandsch., China, in anderen Teilen Eur. eingebürg. (Mit vielen Sorten)
6. **brevicaūlis** Fenzl ♃ △ VII ▽, Taurus

- *cǣsius:* 20

7. **callizónus** Schott et Kotschy ♃ △ ∧ (A) V ▽, S-Karp.
8. **campéstris** M. B. ♃ △ VI ▽, O- u. S-Rußl., Ukr., Moldanien, NO-Rum.
9. **carthusianórum** L. – Kartäusernelke ♃ VI–IX ▽, S-, W- und M-Eur. bis SW-Rußl.
   ssp. **atrórubens** (All.) Hegi
   ssp. **latifólius** (Griseb. et Schenk) Hegi
   ssp. **tenuifólius** (Schur) F. N. Williams
   ssp. **vaginátus** (Chaix) Rouy et Fouc.
10. **caryophýllus** L. – Gartennelke (Hierher gehören u. a. Garten- oder Landnelken, Chornelken, Hängenelken, Malmaisonnelken, Remontantnelken, Rivieranelken, Edelnelken, Margaretennelken, Chabaudnelken) ♃ ✂, Nur aus Kult. bek., Med.?
11. **chinénsis** L. (*D. sinénsis* Link) (Hierher gehören u. a. die Kaisernelke, Heddewigsnelke (*D.* × *heddewígii* (Regel) hort., *D. chinénsis* var. *heddewígii* Regel) ⊙ – ♃, in Kult. ⊙, ✂ VII–IX ▽, China, Korea (Mit vielen Sorten)

- *chinénsis* var. *heddewígii:* 11
- *créticus:* 15

12. **cruéntus** Griseb. ♃ VI–VII ▽, Balk.
13. **deltoídes** L. – Heidenelke ♃ VI–IX ▽, Eur., gem. As., in den USA eingebürg.

- *erináceus:* 40

14. **frēynii** Vandas ♃ △ VIII ▽, Bosn., S-Bulg.

- *friwaldskyánus:* 18

15. **fruticósus** L.
    ssp. **créticus** (Tausch) Runemark (*D. créticus* Tausch, *D. arbóreus* auct. non L.) – Strauchnelke ♄ (K) VII–IX ▽, Ägäis, Kreta
16. **gigantéus** Urv. ♃ VII–VIII ▽, Karp., Balk., M-Ital.
17. **glaciális** Haenke – Gletschernelke ♃ △ VII–VIII ▽, O-Alp., Karp.
18. **grácilis** Sibth. et Sm.
    ssp. **friwaldskyánus** (Boiss.) Tutin (*D. friwaldskyánus* Boiss.) ♃ △ VI

bis VII ▽, SW-Bulg., Mazed.
19. **graníticus** Jord. ♃ △ VI–VIII ▽, Auverg., Cevenn.
20. **gratianopolitánus** Vill. (*D. caesius* Sm.) – Pfingstnelke ♃ △ V–VI ▽, W- u. M-Eur. bis W-Ukr., Ital.
21. **haematócalyx** Boiss. et Heldr. ♃ ⟿ VI–VII ▽, Alban., Griech., Jugosl.
– × *heddewígii:* 11
– *hyssopifólius:* 24
22. **knáppii** (Pant.) Aschers. et Kan. ex Borb. ♃ VI ▽, W-Jugosl.
23. **micrólepis** Boiss. ♃ △ VI ▽, Bulg.
24. **monspessulánus** L. (*D. hyssopifólius* L. p. p.)
ssp. **monspessulánus** ♃ △ VI–VII ▽, S-Eur. bis NW-Schw. u. Österr.
ssp. **sternbérgii** (Sieber ex Kerner) Hegi (var. *sternbérgii* (Sieber ex Kerner) Parl., *D. sternbérgii* Sieber ex Kerner) ♃ △ VII–VIII ▽, O-Alp.
– *monspessulánus* var. *sternbérgii:* 24
25. **myrtinérvius** Griseb. ♃ △ VI ▽, Mazed.
26. **nardifórmis** Janka ♃ △ VI ▽, Unt. Donautal, Dobr.
– *negléctus:* 28
27. **nítidus** Waldst. et Kit. ♃ VII–VIII ▽, W-Karp.
– *noëánus:* 30
28. **pavónius** Tausch (*D. negléctus* Loisel., *D. alpínus* All. non L.) ♃ △ VII bis VIII ▽, SW- u. O-Alp.
29. **pelvifórmis** Heuff. ♃ V–VII, ▽ Serb., Alban., Bulg.
30. **petraeus** Waldst. et Kit.
ssp. **noëánus** (Boiss.) Tutin (*D. noëánus* Boiss.) – Igelnelke ♃ △ VI bis VIII ▽, Bulg.
ssp. **petraeus** – Geröllnelke ♃ △ VI bis VIII ▽, Balk., W- u. M-Rum.
31. **plumárius** L. – Federnelke ♃ V–VI ▽, Östl. M-Eur., von den ital. Alp. bis Tatra, in NO-Span. eingebürg. (Mit vielen Sorten)
32. **seguiéri** Vill.
ssp. **gláber** Čelak. (ssp. *sylváticus* (Hoppe) Hegi, *D. sýlvaticus* Hoppe) ♃ △ VI–VIII ▽, S- u. M-Deutschl., Tschechosl.
ssp. **seguiéri** – Buschnelke ♃ △ VI bis VIII ▽, Westl. M-Eur., S-Frankr., N-Ital.
– *seguiéri* ssp. *sylváticus:* 32
33. **serótinus** Waldst. et Kit. ♃ ⟿ △ VII bis IX ▽, O-Österr. u. SO-Tschechosl. bis Rum.
– *sinénsis:* 11
34. **spiculifólius** Schur ♃ △ VI–VIII ▽, O-Karp.
– *sternbérgii:* 24
35. **stríctus** Banks et Soland. ♃ △ VI bis VII ▽, Kreta, SW-As.
36. **subacaulis** Vill. ♃ △ VI–VIII ▽, SW-Alp., Span., Port.
37. **suffruticósus** Willd. (*D. arboréscens* hort.) ♄ Ⓚ VII–IX ▽, Heimat unbek.
38. **supérbus** L. – Prachtnelke ♃ VII bis VIII ▽, Eur., Sib., Mandsch., Jap., Sachal.
– *sylváticus:* 32
39. **sylvéstris** Wulf.
ssp. **sylvéstris** – Steinnelke ♃ △ VII bis IX ▽, Alp., Jura, Frankr., Ital., Balk.
ssp. **tergestínus** (Rchb.) Hayek (*D. tergestínus* (Rchb.) Kerner) ♃ △ VI bis VII ▽, Ital., W-Jugosl., Alban.
– *tergestínus:* 39
40. **webbiánus** Vis. (*D. erináceus* Boiss.) ♃ △ VI–VII ▽, Kl. As.

Diaphanánthe Schlechter – f. – *Orchidáceae*
1. **bídens** (Sw. ex Pers.) Schlechter (*Listróstachys bídens* Sw. ex Pers., *L. mystacidioídes* Kraenzl.) Ⓦ VI–VII ✱, Sierra Leo. bis Uganda u. Angola
2. **pellúcida** (Lindl.) Schlechter (*Angraecum pellúcidum* Lindl., *Listróstachys pellúcida* (Lindl.) Rchb. f.) Ⓦ XI–I ✱, Sierra Leo. bis Kongo u. Uganda

Diarrhéna P. Beauv. – f. – *Gramíneae*
1. **americána** P. Beauv. ♃ VII–VIII, USA: W-Virg. bis S-Dak., südl. bis Georg., Kent., Ark., Okla. u. Tex.

Diáscia Link et Otto – f. – *Scrophulariáceae*
1. **bárberae** Hook. f. ⊙ VII–IX, S-Afr.
2. **cordáta** N. E. Br. – Doppelhörnchen ♃ △ Ⓐ, Nat.
– *élegans:* 4
3. **rigescéns** E. Mey. ex Benth. ♄ ∧ Ⓐ VIII–IX, S-Afr.
4. **vígilis** Hilliard et B. L. Burtt (*D. élegans* hort.) ♃ Ⓚ, S-Afr.: Oranje-

freist.
Diastéma Benth. - n. - *Gesneriáceae*
1. **quinquevúlnerum** Planch. et Lind. ⓦ ♃ VII-VIII, Venez.

Dicéntra Bernh. (*Díclythra* Raf., *Díclytra* Borkh., *Diélytra* Cham. et Schlechtend.) - f. - *Papaveráceae*
1. **canadénsis** (Goldie) Walp. ♃ △ V, N-Am.: Queb. bis Minn., südl. bis N-Carol., Tenn. u. Missouri
2. **chrysántha** (Hook. et Arn.) Walp. ♃ ∧ VIII-IX, USA: S-Oreg. bis S-Kalif.
3. **cucullária** (L.) Bernh. ♃ V, N-Am.: Queb. bis N-Dak., südl. bis Georg., Alab., Missouri u. Kans.; Wash. bis Oreg. u. Id.
4. **exímia** (Ker-Gawl.) Torr. ♃ V-VI, USA: Allegh.: N.Y. u. W-Virg. bis Georg. u. Tenn.
5. **formósa** (Andr.) Walp.
ssp. **formósa** ♃ VI-X, N-Am.: Br. Kol. bis M-Kalif.
ssp. **oregána** (Eastw.) Munz (*D. oregána* Eastw.) ♃ ∧ IV-IX, USA: Oreg. bis W-Kalif.
- *oregána:* 5
6. **spectábilis** (L.) Lem. - Tränendes Herz ♃ ✂ IV-V, Korea, Mandsch. bis China

Dichaea Lindl. - f. - *Orchidáceae*
1. **muricáta** (Sw.) Lindl. ♃ ⦚ ⓦ ∗, M-Am., Westind., trop. S-Am.

Dichánthium ischaemum: Bothrióchloa 1
Dichelostémma Kunth - n. - *Liliáceae*
1. **congéstum** (Sm.) Kunth (*Brodiaea congésta* Sm.) ♃ ⓚ oder ∧ VI-VII, USA: Wash. bis Kalif.
2. **multiflórum** (Benth.) A. Heller (*Brodiaea multiflóra* Benth.) ♃ ⓚ oder ∧ VI-VII, USA: Oreg. bis Kalif., östl. bis Utah, New Mex.

Dichóndra J.R. et G. Forst. - f. - *Convolvuláceae*
1. **micrántha** Urb. ♃ ⟿ ⓚ XII-VII, China, S-Jap., Riukiu-Ins., in den Trop. eingebürg., in Am. nördl. bis Tex.
2. **répens** J.R. et G. Forst. ♃ ⟿ ⓚ VI bis IX, Pantrop., auch SO-USA
3. **serícea** Sw. ♃ ⟿ ⓚ XII-VII, M- u. S-Am.

Dichorisándra Mikan - f. - *Commelináceae*
- *mosáica* Lind. var. *undáta: Geogenánthus* 1
1. **musáica** K. Koch et Lind. ♃ ⓦ, Bras.
2. **regínae** (Lind. et Rodig.) hort. ex W. Ludw. (*Tradescántia regínae* Lind. et Rodig.) ♃ ⓦ, M-Peru
3. **thyrsiflóra** Mikan ♃ ⓦ IX-X, SO-Bras.
- *undáta: Geogenánthus* 1

Díchroa Lour. - f. - *Saxifragáceae*
1. **febrífuga** Lour. ♄ i ⓦ meist IV-VI, Subtrop. u. trop. As.

Dicksónia L'Hérit. - f. - *Dicksoniáceae*
1. **antárctica** Labill. ♄ i ⓦ ▽ ∗, O-Austral., Tasm.
- *cúlcita: Cúlcita* 1
- *davallioídes: Dennstaedtia* 2
2. **fibrósa** Col. ♄ ⓚ ▽ ∗, Neuseel.
- *obtusifólia: Dennstaedtia* 3
- *regális: Cibótium* 3
- *schiedei: Cibótium* 4
3. **squarrósa** (G. Forst.) Sw. i ⓚ ▽ ∗, Neuseel.

Díclythra: Dicéntra
Díclytra: Dicéntra
Dicranopýgium Harling - n. - *Cyclantháceae*
1. **atróvirens** (H. Wendl.) Harling (*Carludovíca atróvirens* H. Wendl.) ⓦ, Heimat unbek., vielleicht Kol.

Dicranostígma Hook. f. et Thoms. - n. - *Papaveráceae*
- *franchetiánum* hort.: 2
1. **franchetiánum** (Prain) Fedde (*Chelidónium franchetiánum* Prain, *Glaucium vitellínum* hort. non Boiss. et Buhse) ⊙ △ IV-V, Szetsch., Jünn.
2. **leptópodum** (Maxim.) Fedde (*D. franchetiánum* hort. non (Prain) Fedde) ⊙ △ IV-V, Kansu

Dictámnus L. - m. - *Rutáceae*
Diptam
1. **álbus** L. (*D. fraxinélla* Pers.)
var. **álbus** ♃ V-VI ▽, Elsaß, M- u. S-Eur. bis N-Rußl., O-As., Him.
var. **caucásicus** (Fisch. et C.A. Mey.) Rouy (*D. caucásicus* (Fisch. et C.A. Mey.) Fisch. ex Grossh.) ♃ V-VI ▽, S-Rußl., Kauk.

Dictyospérma H. Wendl. et Drude - n. - *Pálmae*
1. **álbum** (Bory) H. Wendl. et Drude ex

Scheff. (*Aréca álba* Bory, *D. rúbrum* Nichols.) ♄ ⌂W, Maurit.
Dicýrta cándida: Achímenes 1
– *warszewicziána: Achímenes* 15
Didiérea Baill. – f. – *Didiereáceae*
1. **madagascariénsis** Baill. (*D. mirábilis* Baill.) ⌂K ✱, SW-Madag.
Didíscus DC. – m. – *Umbellíferae*
Blaudolde
1. **caerúleus** (Grah.) DC. (*Trachýmene caerúlea* Grah., *Huegélia caerúlea* (Grah.) Rchb. ex Pritz. et Benth.) ⊙ ⌂K VII–IX, W-Austral.
Didymocárpus hamósus: Chiríta 2
Didymochlaēna Desv. – f. – *Aspidiáceae*
1. **truncátula** (Sw.) J. Sm. (*D. lunuláta* Van Houtte) Desv.) ♃ ⌂W, Pantrop.
Didymospérma porphyrocárpum: Arénga 3
Dieffenbáchia Schott – f. – *Aráceae*
(Alle Arten ☠)
1. × **bāūsei** hort. Chiswick (*D. maculáta* × *D. wēirii*) ⌂W
2. **bowmánnii** Carr. (*D. regínae* hort.) ⌂W, Kol., Bras.
– *ebúrnea:* 8
3. **húmilis** Poepp. ⌂W, Bras., Peru
4. **imperiális** Lind. et André ⌂W, Peru
5. **latimaculáta** Lind. et André ⌂W, Kol.?
'Illustris (var. *illústris* Fourn.) ⌂W
– *latimaculáta* var. *illústris:* 5
6. **leopóldii** Bull ⌂W, Costa R.
7. **macrophýlla** Poepp. ⌂W, Peru
8. **maculáta** (Lodd.) G. Don (*D. pícta* Schott) ⌂W, Nördl. S-Am.
'Baraquiniana' (var. *baraquiniána* (Versch. et Lem.) Engl.) ⌂W
'Carderi' (var. *látior* Engl. subvar. *cárderi* hort. Bull) ⌂W
'Eburnea' (var. *látior* subvar. *angustifólia* Engl., *D. ebúrnea* hort.) ⌂W
'Jenmannii' (var. *angústior* Engl. subvar. *jenmánnii* (Veitch) Engl.) ⌂W
'Magnifica' (var. *látior* Engl. subvar. *magnífica* (Lind. et Rodig.) Engl., *D. rex* hort.) ⌂W
'Picturata' (var. *látior* Engl. subvar. *picturáta* (Lind. et Rodig.) Engl.) ⌂W
'Shuttleworthiana' (var. *angústior* Engl. subvar. *shuttleworthiána* (hort. Bull) Engl.) ⌂W
– *maculáta* var. *angústior* subvar. *jenmánnii:* 8
– *maculáta* var. *angústior* subvar. *shuttleworthiána:* 8
– *maculáta* var. *baraquiniána:* 8
– *maculáta* var. *látior* subvar. *angustifólia:* 8
– *maculáta* var. *látior* subvar. *cárderi:* 8
– *maculáta* var. *látior* subvar. *magnífica:* 8
– *maculáta* var. *látior* subvar. *picturáta:* 8
9. × **memória-córsii** Fenzl (*D. maculáta* × *D. wallísii*) ⌂W
10. **parlatórei** Lind. et André ⌂W, Kol.
'Marmorea' (var. *marmórea* Lind. et André) ⌂W
– *parlatórei* var. *marmórea:* 10
– *pícta:* 8
– *regínae:* 2
– *rex:* 8
11. **seguíne** (Jacq.) Schott (*Caládium seguínum* Vent.) ⌂W, Westind., Trop. Am.
'Irrorata' (var. *linguláta* (Mart.) Engl. subvar. *irroráta* (Mart.) Engl.)
'Lineata' (var. *lineáta* (K. Koch et Bouché) Engl.) ⌂W
'Liturata' (var. *lituráta* (Schott) Engl.) ⌂W
'Nobilis' (var. *nóbilis* (hort. Versch.) Engl.) ⌂W
– *seguíne* var. *lineáta:* 11
– *seguíne* var. *linguláta* subvar. *irroráta:* 11
– *seguíne* var. *lituráta:* 11
– *seguíne* var. *nóbilis:* 11
12. × **spléndens** hort. Bull (*D. leopóldii* × *D. maculáta*) ⌂W
13. × **wēirii** Berkl. (Abstammung unbek.) ⌂W
Diélytra Cham. et Schlechtend.: *Dicéntra*
Dieráma K. Koch – n. – *Iridáceae*
Trichterschwertel
1. **péndulum** (L. f.) Bak. ♃ ⌂K – ▭ – ∧ VII–VIII, S-Afr. bis Hochländ. O-Afr.
2. **pulchérrimum** (Hook. f.) Bak. ♃ ⌂K bis ∧ IX–X, Kap bis Transv.
Diervílla Mill. – f. – *Caprifoliáceae*
– *canadénsis:* 1
1. **lonícera** Mill. (*D. canadénsis* Willd.) ♄ VI–VII, N-Am.: Neufundl. bis

Manit., südl. bis Del., Virg., N-Carol., Ill. u. Iowa
2. **rivuláris** Gatt. ♄ VII–VIII, USA: S-Allegh.
3. **sessilifólia** Buckl. ♄ VI–VIII, USA: S-Allegh.: Virg. u. Tenn. bis Georg. u. Alab.
4. × **spléndens** (Carr.) Kirchner (*D. lonícera* × *D. sessilifólia*) ♄ VI–VIII

Díetes Salisb. ex Klatt - f. - *Iridáceae*
1. **bícolor** (Steud.) Klatt (*Moraéa bícolor* Steud.) ♃ Ⓚ VI–VII, Kap
2. **iridioídes** (L.) Sweet ex Klatt (*D. végeta* hort. non (L.) N. E. Br., *Moraéa iridioídes* L.) ♃ Ⓚ VI–VIII, S-Afr., nördl. durch O-Afr. bis Kenia
3. **robinsoniána** (F. v. Muell.) Klatt (*Moraéa robinsoniána* (F. v. Muell.) C. Moore et F. v. Muell.) ♃ Ⓚ VII bis VIII, Lord-Howe-Ins.
- *végeta:* 2

Digitális L. - f. - *Scrophulariáceae*
Fingerhut
- *ambígua:* 3
1. **ferrugínea** L. ♃ - ⊙ ♃ ☠ VII–VIII, S- u. SO-Eur., nördl. bis Ung. u. Rum., Syr., Iran, Kl. As.
2. × **fucáta** Ehrh. (*D. lútea* × *D. purpúrea; D.* × *purpuráscens* Roth) ♃ ☠ VI–VII
3. **grandiflóra** Mill. (*D. ambígua* Murr.) ♃ - ⊙ ☠ VI–VII ▽, O- u. M-Eur., westl. bis Belg. u. südl. M-Frankr., südl. bis N-Griech. u. S-Rußl., W-Sib., Kauk., Kl. As.
4. **laevigáta** Waldst. et Kit. ♃ ☠, SO-Eur.
5. **lanáta** Ehrh. ⊙ - ♃ ☠ VII–VIII Off., Balk., S-Ung., S- u. W-Rum., SW-As., im nordöstl. N-Am. eingebürg.
6. **lútea** L. ♃ ☠ VI–VIII ▽, W- u. westl. M-Eur., S-Ital., NW-Afr.
7. × **mertonénsis** Buxt. et Darl. (*D. grandiflóra* × *D. purpúrea*) ♃ ☠ V bis VI
- × *purpuráscens:* 2
8. **purpúrea** L. - Roter Fingerhut ⊙ - ♃ ☠ VI–VII Off., W-, SW- u. M-Eur., Jugosl., N-Afr., in Neufundl. u. N. Scot. eingebürg.
9. **thápsi** L. ♃ ☠ VI–IX, O-Port., M- u. W-Span.

Digitária Heist. ex Fabr. - f. - *Gramíneae*
1. **exílis** (Kipp.) Stapf (*Páspalum exíle* Kipp.) ⊙ Ⓝ, Nur in Kult. bek., angeb. in Sierra Leo., Togo, Nig.
2. **ibúrua** Stapf ⊙ Ⓝ, Nig.
3. **ischaémum** (Schreb.) Mühlenb. (*Panícum lineáre* Krock.) ⊙ VII–X, Fast Kosmopol., häufig eingebürg.
4. **sanguinális** (L.) Scop. (*Panícum sanguinále* L.) - Bluthirse, Blutfennich, Mannagras
var. **esculénta** (Gaud.) Caldesi ⊙ VII–IX Ⓝ, Nur in Kult. bekannt
var. **sanguinális** ⊙ VII–X, Fast Kosmopol., häufig eingebürg.

Dillénia L. - f. - *Dilleniáceae*
1. **índica** L. ♄ i Ⓦ Ⓝ, Vorderind. bis Malak. u. Sunda

× **Dillonára** hort. (*Epidéndrum* × *Laélia* × *Schombúrgkia*) - f. - *Orchidáceae*

Dillwýnia Sm. - f. - *Leguminósae*
1. **floribúnda** Sm. ♄ i Ⓚ III–IV, Austral., Tasm.

Dilómilis: Octadésmia

Dimocárpus Lour. (*Euphória* Comm. ex Juss.) - m. - *Sapindáceae*
1. **lóngan** Lour. (*Euphória longána* Lam., *E. lóngan* (Lour.) Steud.) - Longanbaum, Longane ♄ Ⓦ Ⓝ, S-Ind. bis S-China

Dimorphánthus mandshúricus: Arália 6

Dimorphórchis Rolfe - f. - *Orchidáceae*
1. **lówii** (Lindl.) Rolfe (*Vandópsis lówii* (Lindl.) Schlechter, *Arachnánthe lówii* (Lindl.) Benth. et Hook. f., *Aráchnis lówii* (Lindl.) Rchb. f., *Renanthéra lówii* (Lindl.) Rchb. f., *Vánda lówii* Lindl.) i Ⓦ VII–X *, Born.

Dimorphothéca Moench - f. - *Compósitae*
Kapkörbchen
- *ánnua:* 1
- *aurantíaca:* 2
- *barbériae: Osteospérmum* 1
- *calendulácea:* 2
- *ecklónis: Osteospérmum* 2
1. **pluviális** (L.) Moench (*Caléndula pluviális* L., *D. ánnua* Less.) ⊙ VII bis VIII, Westl. S-Afr.
2. **sinuáta** DC. (*D. calendulácea* Harv., *D. aurantíaca* hort. non DC.) ⊙ VII bis VIII, S-Afr.

Dinóchloa Buse – f. – *Gramíneae*
1. **scándens** O. Kuntze ♄ ⌇ i ⌂W, Java

Dinteránthus Schwant. – m. – *Aizoáceae*
1. **vanzíjlii** (L. Bol.) Schwant. ♃ ⌂K, Kap

Díon: Dióon

Dionaéa Soland. ex Ellis – f. – *Droserá-ceae*
1. **muscípula** Ellis – Venusfliegenfalle ♃ ⌂K ▭ V–VII, USA: Carol.

Dionýsia Fenzl – f. – *Primuláceae*
1. **aretioídes** (Lehm.) Boiss. ♃ ⌓ ⌂A, Elburs

Dióon Lindl. corr. Miq. (*Díon* Lindl.) – n. – *Cycadáceae*
1. **edúle** Lindl. ⌂W ✱, Mex.
2. **spinulósum** Dyer ♄ ⌂W ✱, Mex.

Diopógon: Jovibárba + sp. 1–5
– *heuffélii* var. *regínae-amáliae: Sem-pervívum* 18

Dioscórea L. – f. – *Dioscoreáceae* Yamswurzel
1. **aláta** L. ♃ ⌇ ⌂W ⓝ, Wild unbek., im trop. As. verbr.
2. **balcánica** Košanin ♃ ⌇, SW-Jugosl., N-Alban.
3. **batátas** Decne. ♃ ⌇ ⌂W ⓝ, China, Korea, Jap., in den östl. USA eingebürg.

– *brasiliénsis:* 14

4. **bulbífera** L. (*D. satíva* hort. non L.) ♃ ⌇ ⌂W ⓝ, Trop. Afr., Indoch., Phil., Malays.
5. **caucásica** Lipsky ♃ ⌇, Kauk.
6. **cayenénsis** Lam. ♃ ⌇ ⌂W ⓝ, Trop. W-Afr.

– *díscolor:* 16
– *dodecaneúra:* 16

7. **elephántipes** (L'Hérit.) Engl. (*Testudinária elephántipes* (L'Hérit.) Lindl.) – Elefantenfuß ♄ ⌇ ⌂K, O-Kap, Nat., Transv.
8. **esculénta** (Lour.) Burk. ♃ ⌇ ⌂W ⓝ, Wild unbek., im trop. W-Afr. kult.
9. **fargésii** Franch. ♃ ⌇, W-China
10. **híspida** Dennst. ♃ ⌇ ⌂W ⓝ, Hinterind., Malays., Phil., Honan

– *macroúra:* 12
– *montána:* 13

11. **rotundáta** Poir. ♃ ⌇ ⌂W ⓝ, S-China, N-Vietn., N-Thail., Laos, Ind., Burma
12. **sansibarénsis** Pax (*D. macroúra* Harms) ♃ ⌇ ⌂W, Trop. Afr., Madag.

– *satíva:* 4

13. **sylvática** (Kunth) Eckl. (*D. montána* Dur. et Schinz non Spreng., *Testudinária sylvática* Kunth) ♄ ⌇ ⌂K, O-Kap bis trop. Afr.
14. **trífida** L. f. (*D. brasiliénsis* Willd.) ♃ ⌇ ⌂W ⓝ, Guat., Westind., Kol., Ek., Peru, Guay., Bras.
15. **villósa** L. ♃ ⌇, USA: Neuengl. bis Minn., südl. bis Virg., Tenn., Ark., Tex.
16. **vittáta** hort. (Vielleicht identisch mit *D. dodecaneúra* Vell.; in die gleiche Verwandtschaft gehört *D. díscolor* hort. non Kunth) ♃ ⌇ ⌂W, Bras.

Dioscoreophýllum Engl. – m. – *Menispermáceae*
1. **cummínsii** (Stapf) Diels ♄ ⌇ ⌂W ⓝ, Trop. Afr.

Diósma L. – f. – *Rutáceae* Götterduft
– *álba: Coleonéma* 1
– *frágrans: Adenándra* 1
1. **hirsúta** L. (*D. ericoídes* L., *D. oppositifólia* L., *D. vulgáris* Schlechtend.) ♄ ⌂K I–XII, Kap

– *tenuifólia: Coleonéma* 2

Diosphaéra jacquínii: Trachélium 3
– *rumeliána: Trachélium* 3

Diospýros L. – f. – *Ebenáceae* Dattelpflaume
1. **celébica** Bakh. – Makassar-Ebenholzbaum, „Ebène Macassar" ♄ ⌂W ⓝ, Celeb.
2. **dígyna** Jacq. (*D. ebenáster* auct. non Retz.) – Schwarze Persimone ♄ ⌂W ⓝ, Mex., in trop. Länd. angeb.

– *ebenáster:* 2

3. **ébenum** J.G. Koenig – Ebenholzbaum, „Ebène Asie" ♄ ⌂W ⓝ, Ind., Ceyl.
4. **káki** L. f. – Kakipflaume ♄ ♧ ⌂K VI ⓝ, Jap., S-Korea, China
5. **lótus** L. – Lotuspflaume, Dattelpflaume ♄ ♧ ∧ – ⌂K VI ⓝ, W-As. bis NW-Him., China, Korea, Jap., in der Balk. u. im Med. eingebürg.
6. **virginiána** L. – Persimone ♄ ♧ V–VI ⓝ, USA: Conn. u. N.Y. bis Kans. u. Okla., südl. bis Flor. u. Tex.

Diótis candidíssima: Otánthus 1
– *marítima: Otánthus* 1

Diotostémon hoókeri: Pachýphytum 4

Dipélta Maxim. – f. – *Caprifoliáceae*

1. **floribúnda** Maxim. ♄ V–VI, M-China
Diphasiástrum Holub – n. – *Lycopodiáceae*
Flachbärlapp
1. **complanátum** (L.) Holub (*Lycopódium complanátum* L., *Diphásium complanátum* (L.) Rothm.) ♃ i ⁓ ☠ ▽, Nördl. Halbk., auch nördl. S-Am., Malays., N. Guin., Neukaled., Tahiti

Diphásium complanátum: Diphasiástrum 1
Diphylléia Michx. – f. – *Berberidáceae*
Schirmblatt
1. **cymósa** Michx. ♃ V–VI, USA: Virg. bis Georg.

Dipladénia A. DC. – f. – *Apocynáceae*
1. **atropurpúrea** DC. (*Mandevílla atroviolácea* (Stadelm.) Woods.) ♄ ⌇ ⓦ VII–VIII, Bras.
2. **boliviénsis** Hook. f. (*Mandevílla boliviénsis* (Hook. f.) Woods.) ♄ ⌇ ⓦ IV bis X, Bol.
3. **exímia** Hemsl. (*Mandevílla exímia* (Hemsl.) Woods.) ♄ ⌇ ⓦ VI–VIII, Bras.
4. **-Hybriden** (z. B. 'Amabilis', 'Rosacea', 'Rubiniana') ♄ ⌇ ⓦ V–X
5. **sánderi** Hemsl. (*Mandevílla sánderi* (Hemsl.) Woods.) ♄ ⌇ ⓦ VI–VIII, Bras.
6. **spléndens** (Hook.) A. DC. (*Mandevílla spléndens* (Hook.) R. E. Woods.) ♄ ⌇ ⓦ VII–VIII, Bras.

Diplarrhéna Labill. – f. – *Iridáceae*
1. **latifólia** Benth. ♃ ⓚ VII–VIII, Tasm.
2. **moráea** Labill. ♃ ⓚ VII–VIII, SO-Austral., Tasm.

Diplázium Sw. – n. – *Athyriáceae*
1. **acrostichoídes** (Sw.) Butters (*Athýrium acrostichoídes* (Sw.) Diels, *A. thelypteroídes* (Michx.) Desv., *A. thelypteroídes* f. *acrostichoídes* (Sw.) Gilbert) ♃, N-Am.: Queb. bis Minn., südl. bis Georg., Alab. u. Missouri; China, Him.
2. **austrále** (R. Br.) Wakef. (*Athýrium austrále* (R. Br.) K. B. Presl, *A. umbrósum* (Ait.) K. B. Presl, *D. thelypteroídes* K. B. Presl) ♃, Austral., Neuseel.
3. **celtidifólium** Kunze ♃ ⓦ, Trop. Am.
4. **esculéntum** (Retz.) Sw. ♃ ⓦ, Jap., Taiw., S-China, Indoch., Polyn. bis Malays., Ind., Ceyl.
5. **lanceánum** (Thunb.) K. B. Presl ♃ ⓦ, Jap., Taiw., China, Ind., Ceyl.
6. **pycnocárpon** (Spreng.) Broun (*Athýrium pycnocárpon* (Spreng.) Tidestrom, *Asplénium angustifólium* (Michx.) Milde) ♃ ⁓, N-Am.: Queb. bis Minn., südl. bis Virg., Georg., Alab., Louis., Kans.
7. **sylváticum** (Bory) Sw. ♃ ⓚ, Pantrop.
– *thelypteroídes:* 2

Diplócyclos (Endl.) T. E. Post et O. Kuntze corr. Jeffrey – m. – *Cucurbitáceae*
1. **palmátus** (L.) Jeffrey (*Bryónia laciniósa* L., *Bryonópsis laciniósa* (L.) Naud.) ♃ ⌇ ☘ ⓚ VII–IX, Trop. Afr. u. As., Austral.: N-Territ., Queensl., Neusüdwal.

Diploknéma Pierre – f. – *Sapotáceae*
1. **butyrácea** (Roxb.) Lam (*Bássia butyrácea* Roxb., *Madhúca butyrácea* (Roxb.) Macbr., *Aesándra butyrácea* (Roxb.) Baehni) – Indischer Butterbaum ♄ i ⓦ Ⓝ, Ind., Tib., Nepal, Bhut., Andam.

Diplothémium caudéscens: Polyandrocócos 1
Dípsacus L. – m. – *Dipsacáceae*
Karde
– *fullónum:* 1, 2
1. **satívus** (L.) Honck. (*D. fullónum* L. p. p.) – Weberkarde ⊙ VII–VIII Ⓝ, Nur aus Kult. bek., in Teilen von S-, W- u. M-Eur. eingebürg.
2. **sylvéstris** Huds. (*D. fullónum* L. p. p.) ⊙ VII–VIII, S-, W- u. M-Eur. bis NO-Ukr., Med., N-Afr., Kl. As., Kauk., Iran, im östl. N-Am. eingebürg.

Dipteracánthus Nees emend. Bremek. – m. – *Acantháceae*
1. **devosiánus** (Makoy) Boom (*Ruéllia devosiána* Makoy) ♄ ⓦ IX–XII, Bras.
2. **makoyánus** (Closon) Boom (*Ruéllia makoyána* Closon) ♄ ⓦ IX–XII, Bras.
3. **portéllae** (Hook. f.) Boom (*Ruéllia portéllae* Hook. f.) ♄ ⁓ ⓦ X–I, Bras.

Dipterocárpus Gaertn. f. – m. – *Dipterocarpáceae*

1. **turbinátus** Gaertn. f. – „Yang" ♄ i ⌂ ⓝ, Burma, Ind.

Dipterónia Oliv. – f. – *Aceráceae*

1. **sinénsis** Oliv. ♄ ⚘ ∧ VI, M-China

Dípteryx Schreb. (*Coumaroūna* Aubl.) – f. – *Leguminósae*

1. **odoráta** (Aubl.) Willd. (*Coumaroūna odoráta* Aubl.) – „Elbo", Tonkabohnenbaum ♄ ⌂ ⓝ, N-Bras., Guay., Surin.

Dírca L. – f. – *Thymelaeáceae* Lederholz, Bleiholz

1. **palústris** L. – Lederholz ♄ ☠ III–V, N-Am.: N-Brunsw. u. Ont. bis Minn., südl. bis Flor. u. Louis.

Dísa Bergius – f. – *Orchidáceae*

1. **uniflóra** Bergius (*D. grandiflóra* L. f.) ♃ ⌂ VII–VIII ∗, SW-Kap

Disánthus Maxim. – m. – *Hamamelidáceae*

1. **cercidifólius** Maxim. ♄ ∧ X, Jap.

Dischídia R.Br. – f. – *Asclepiadáceae* Urnenpflanze

1. **álbida** Griff. ⌇ ⌂, Malak., Sum., Born., Celeb.
2. **májor** (Vahl) Merr. (*D. rafflesiána* Wall.) ⌇ ⌂, Vorderind. bis Austral.
3. **merríllii** Becc. ⌇ ⌂, Phil.
4. **pectenoídes** H.H.W. Pears. ⌇ ⌂, Phil.
- *rafflesiána:* 2
5. **sagittáta** Decne. ⌇ ⌂, Java

Disocáctus Lindl. – m. – *Cactáceae*

1. **bifórmis** (Lindl.) Lindl. (*Phyllocáctus bifórmis* (Lindl.) Labour.) ⌂ ▽ ∗, Hond., Guat.
2. **eichlámii** (Weingt.) Britt. et Rose (*Phyllocáctus eichlámii* Weingt.) ⌂ ▽ ∗, Guat.
- *nelsónii: Chiapásia* 1
3. **ramulósus** (Salm-Dyck) Kimn. (*Rhípsalis coriácea* Polak.) ⌂ ▽ ∗, Trop. Am.

Disphýma N.E.Br. – n. – *Aizoáceae*

1. **austrále** (Soland.) J.M. Black ♃ ⌂, Neuseel.
2. **crassifólium** (L.) L. Bol. ♃ ⌂, S-Afr., auf Menor. u. in Port. eingebürg.

Dissótis Benth. – f. – *Melastomatáceae*

1. **exímia** Harv. (*D. prínceps* Triana) ♃ ⌂, S-Afr.
- *plumósa:* 2
- *prínceps:* 1
2. **rotundifólia** (Sm.) Triana (*D. plumósa* (D. Don) Hook. f.) ♃ ⁓ ⌇ ⌂ VII–IX, Sierra Leo. bis Zaire

Distýlium Sieb. et Zucc. – n. – *Hamamelidáceae*

1. **racemósum** Sieb. et Zucc. ♄ i ⌂ III bis IV, Jap., Riukiu-Ins.

Dizygothéca elegantíssima: Schéfflera 4
- *kerchoveána: Schéfflera* 5
- *vēitchii: Schéfflera* 8

Dobrówskya tenélla: Monópsis 1

Dodecátheon L. – n. – *Primuláceae* Götterblume

1. **clevelándii** Greene ♃ △ V–VI, USA: Sierra Nev.
2. **frígidum** Cham. et Schlechtend. ♃ △ V–VI, Beiderseits der Beringstr. bis kanad. Rocky Mount.
3. **hendersónii** A. Gray ♃ △ V–VI, USA: Sierra Nev.
4. **jeffrēyi** Van Houtte ♃ △ V–VI, N-Am.: Alaska bis Kalif., östl. bis Rocky Mount.
5. **mēadia** L. (*D. pauciflórum* (Dur.) Greene) ♃ △ V–VI, Östl. N-Am.: Maryl. u. Penns. bis Wisc., südl. bis Georg., Alab., Louis. u. Tex.
- *pauciflórum:* 5
6. **pulchéllum** (Raf.) Merr. (*D. radicátum* Greene) ♃ △ V–VI, N-Am.: Alaska bis Kalif., östl. bis Rocky Mount.; Mex.
- *radicátum:* 6

Dodonāea Mill. – f. – *Sapindáceae*

1. **tríquetra** J.C. Wendl. ♄ i ☠ ⌂, Trop.
2. **viscósa** (L.) Jacq. ♄ i ☠ ⌂ ⓝ, Pantrop., in Am. nördl. bis Ariz. u. Flor. sowie Westind.

Dólichos L. – m. – *Leguminósae* Helmbohne

- *biflórus: Vígna* 8
1. **láblab** L. (*Láblab níger* Medik., *L. purpúreus* (L.) Sweet, *L. vulgáris* Savi) – Helmbohne, Faselbohne ⊙ ⌇ ⌂ ⓝ, Trop. Afr.?, pantrop. angeb.
- *lobátus: Puerária* 1
- *sója: Glycíne* 1, 2

Dolichothéle: Mammillária
- *bāumii: Mammillária* 8
- *camptótricha: Mammillária* 17
- *longimámma: Mammillária* 55
- *nelsónii: Mammillária* 69
- *surculósa: Mammillária* 105

– *uberifórmis: Mammillária* 55
Dombeya Cav. – f. – *Sterculiáceae*
1. **acutángula** Cav. ♄Ⓦ, Maurit., Réun.
2. **burgéssiae** Gerrard ex Harv. (*D. mastérsii* Hook. f.) ♄Ⓦ, Kenia bis S-Afr.
3. × **cayeuxii** André (*D. burgéssiae* × *D. wallíchii*) ♄Ⓦ
– *mastérsii:* 2
– *natalénsis:* 4
4. **tiliácea** (Endl.) Planch. (*D. natalénsis* Sond.) ♄Ⓦ, S-Afr.
5. **wallíchii** (Lindl.) Benth. et Hook. f. (*Astrapaea wallíchii* Lindl.) ♄Ⓦ II bis III, Madag.

× *Domindéndrum:* × *Epígoa*
× **Domindésmia** hort. (*Domíngoa* × *Hexadésmia*) – f. – *Orchidáceae*
× **Domliópsis** hort. (*Domíngoa* × *Laeliópsis*) – f. – *Orchidáceae*
Dónia punícea: Cliánthus 2
– *speciósa: Cliánthus* 1
Doodia R. Br. – f. – *Blechnáceae*
1. **áspera** R. Br. ♃Ⓚ, O-Austral.
2. **caudáta** (Cav.) R. Br. ♃Ⓚ, O-Austral., Neuseel.
3. **média** R. Br. ♃Ⓚ, Neuseel., Norf.-Ins., Pazif. Ins. bis Hawaii

Doréma D. Don – n. – *Umbellíferae*
1. **ammoniácum** D. Don ♃ VI Off., Iran bis Turkest., Afgh., Sib.

× **Doriélla** hort. (*Dorítis* × *Kingiélla*) – f. – *Orchidáceae*
× **Doritaenópsis** hort. (*Dorítis* × *Phalaenópsis;* × *Doritópsis* hort.) – f. – *Orchidáceae*
Dorítis Lindl. – f. – *Orchidáceae*
1. **pulchérrima** Lindl. (*Phalaenópsis pulchérrima* (Lindl.) J. J. Sm., *P. esmerálda* Rchb. f., *P. buyssoniána* Rchb. f.) Ⓦ VIII–XI ✱, S-China, Burma, Kamb., südl. bis Malak. u. N-Sum.

× *Doritópsis:* × *Doritaenópsis*
Dorónicum L. – n. – *Compósitae*
Gemswurz
1. **austríacum** Jacq. ♃ VI–VIII, Gebg. M- u. S-Eur., bis M-Frankr., Kl. As.
– *caucásicum:* 4
2. **clúsii** (All.) Tausch ♃ V–VI, M-Alp., Karp., Pyren., N-Span.
3. **colúmnae** Ten. (*D. cordátum* auct. non Lam., *D. cordifólium* Sternb.) ♃ V–VI, O-Alp. bis Apenn., Balk., Kl. As.
– *cordátum:* 3
– *cordifólium:* 3
4. **orientále** Hoffm. (*D. caucásicum* M. B.) ♃ ✂ IV–V, Ung., SO-Eur., Kl. As., Kauk.
5. **pardaliánches** L. ♃ VI–VII, W- u. südl. M-Eur., in Engl., Österr. u. der Tschechosl. eingebürg.
6. **plantagíneum** L. ♃ ✂ IV–V, W-Eur., nördl. bis N-Frankr.

Dorotheánthus Schwant. – m. – *Aizoáceae*
1. **bellidifórmis** (Burm. f.) N. E. Br. (*Mesembryánthemum criniflórum* L. f., *D. criniflórus* (L. f.) Schwant.) ⊙ VII bis IX, Kap
– *criniflórus:* 1
2. **gramíneus** (Haw.) Schwant. ⊙ VII bis IX, Kap
3. **oculátus** N. E. Br. ⊙ VII–IX, Kap

Dorsténia L. – f. – *Moráceae*
1. **argentáta** Hook. f. ♃Ⓦ, S-Bras.
2. **arifólia** Lam. ♃Ⓦ, Bras.
3. **contrajérva** L. ♃Ⓦ Ⓝ, Bras., S-Mex., Antill., Afr.
4. **convéxa** De Wild. ♃Ⓦ, Zaire
– *erécta:* 6
5. **hildebrándtii** Engl. ♃Ⓦ, Tans., Kenia
6. **hírta** Desv. (*D. erécta* Vell.) ♃Ⓦ, Bras.
7. **multiradiáta** Engl. ♃Ⓦ, Trop. Afr.
8. **psilúrus** Welw. ♃Ⓦ, Trop. Afr.
9. **urceoláta** Schott Ⓦ, Bras.
'Variegata' Ⓦ
10. **yambuyaénsis** De Wild. ♃Ⓦ, Zaire

Doryánthes Corrêa – f. – *Agaváceae*
Speerblume
1. **excélsa** Corrêa ♃Ⓚ, Austral.: Queensl., Neusüdwal.
2. **pálmeri** A. W. Hill ♃Ⓚ, Austral.: Queensl., Neusüdwal.

Doryópteris J. Sm. – f. – *Sinopteridáceae*
Speerfarn
1. **lúdens** (Wall.) J. Sm. ♃Ⓦ, Hinterind., Phil.
2. **palmáta** J. Sm. ♃Ⓦ, Trop. Am.
3. **pedáta** (L.) Fée ♃Ⓦ, Trop. Am.
4. **sagittifólia** (Raddi) J. Sm. ♃Ⓦ, Venez. bis Bras.

Dossínia C. Morr. – f. – *Orchidáceae*

1. **marmoráta** (Bl.) C. Morr. (*Anoectochílus lówii* Bl., *Macódes marmoráta* Bl.) ♃ ⌂W VII–X ✻, Born.: Sarawak

Douglásia vitaliána: Vitaliána 1

Dovyális E. Mey. ex Arn. – f. – *Flacourtiáceae*
1. **cáffra** (Hook. f. et Harv.) Hook. f. (*Abéria cáffra* Hook. f. et Harv.) ♄ ⌂K Ⓦ, S-Afr.
2. **hebecárpa** (Gardn.) Warb. (*Abéria gárdneri* Clos) ♄ ⌂K, Ind., Ceyl.

Downíngia Torr. (*Clintónia* Dougl. ex Lindl. non Raf.) – f. – *Campanuláceae*
1. **élegans** (Dougl.) Torr. (*Clintónia élegans* Dougl.) ⊙ VII–VIII, USA: Wash. bis Id., südl. bis Kalif. u. Nev.
2. **pulchélla** (Lindl.) Torr. (*Clintónia pulchélla* Lindl.) ⊙ VII–VIII, Kalif.

Doxántha capreoláta: Bignónia 1
- *únguis-cáti: Macfadyéna* 1

Drába L. – f. – *Crucíferae*
Felsenblümchen
1. **aïzoídes** L. ♃ △ III–IV ▽, Pyren. bis Jura, Alp., Schwäb. Jura, N-Karp., Wales
- *aïzóon:* 8
2. **bruniifólia** Stev. (*D. olýmpica* hort. non Sibth.) ♃ △ IV–V, Kauk., Kl. As., Iran, Irak
- *bryoídes:* 10
- *carinthíaca:* 13
3. **cuspidáta** M.B. ♃ △ IV–V ▽, Krim
4. **dedeána** Boiss. et Reut. ♃ △ IV–V ▽, N- u. O-Span.
- *dicranoídes:* 10
5. **fladnizénsis** Wulf. (*D. wahlenbérgii* Hartm.) ♃ △ IV–V ▽, Arkt., Skand., Pyren., Alp., Karp., M-As., Him., Alaska bis Kalif. u. Rocky Mount.
6. **haynáldii** Stur ♃ △ V–VI ▽, Siebenb.
7. **incána** L. ⊙ – ♃ △ IV–V ▽, Arkt., N-Eur., Gebg. W- u. südl. M-Eur., N-As., Kan., USA: Inseln im Lake Sup., Mich.
8. **lasiocárpa** Rochel (*D. aïzóon* Wahlenb.) ♃ △ IV–V ▽, O-Alp., Karp., Ung., Balk.
9. **mollíssima** Stev. ♃ ∧ (besser ⌂K) III bis IV, Kauk.
- *olýmpica:* 2
- *répens:* 12
10. **rígida** Willd. (*D. bryoídes* DC., *D. dicranoídes* Boiss. et Huet) ♃ △ IV bis V, Kauk., Arm.
11. **saūteri** Hoppe ♃ △ V–VI ▽, O-Alp.
12. **sibírica** (Pall.) Thell. (*D. répens* M.B.) ♃ ⟿ △ V–VI ▽, O-Rußl., Kauk. bis Sib., O-Grönl.
13. **siliquósa** M.B. (*D. carinthíaca* Hoppe, ssp. *carinthíaca* (Hoppe) O. Bolòs et Vigo) ♃ △ ▽, Gebg. M- u. S-Eur., von Pyren. bis Karp., Bulg.
- *siliquósa* ssp. *carinthíaca:* 13
- *wahlenbérgii:* 5

Dracǣna L. – f. – *Agaváceae*
1. **arbórea** (Willd.) Link ♄ ⌂K Ⓦ, Trop. W-Afr., südl. bis Angola
2. **aubryána** Brongn. ex E. Morr. (*D. thalioídes* Makoy ex Regel) ♄ ⌂W, Trop. W-Afr.
- *austrális: Cordylíne* 1
- *beuckelǣrii: Cordylíne* 2
3. **concínna** Kunth (*D. margináta* hort. non Lam.) ⌂W, Maurit.
4. **dereménsis** Engl. (*Pleoméle dereménsis* (Engl.) N.E.Br.) ♄ ⌂W, Trop. Afr.
'Bausei' ⌂W, 'Warneckii' ⌂W
5. **dráco** (L.) L. – Drachenbaum ♄ ⌂K bis ⌂W, Kanar., Kapverd., Madag.
6. **ellíptica** Thunb. ♄ ⌂W, Ind., Sum., Java
'Maculata' ⌂W
7. **frágrans** (L.) Ker-Gawl. ♄ ⌂W Ⓦ, Trop. W- u. O-Afr., von Sierre Leo. bis Malawi, Abess.
'Knerkii' ⌂W, 'Lindenii' ⌂W, 'Massangeana' ⌂W, 'Rothiana' ⌂K, 'Victoria' ⌂W
- *godseffiána:* 14
8. **goldieána** Lindl. ♄ ⌂W, Nig. bis Gabun
9. **hookeriána** K. Koch (*D. rúmphii* (Hook.) Regel), SO-Afr.
'Latifolia' ♄ ⌂W, 'Variegata' ⌂W
- *indivísa: Cordylíne* 6
- *margináta* hort. non Lam.: 3
10. **margináta** Lam. ♄ ⌂W, Réun.
11. **phrynioídes** Hook. ♄ ⌂W, Trop. W- u. M-Afr.
12. **refléxa** Lam. (*Pleoméle refléxa* (Lam.) N.E.Br.) ♄ ⌂W, Maurit., Madag.
'Song of India' ⌂W
- *rúmphii:* 9

13. **sanderiána** hort. Sander ex Mast. ♄ ⓦ, Kamer.
- *stricta: Cordylíne* 9
14. **surculósa** Lindl.
var. **maculáta** Hook. f. ♄ ⓦ, Trop. Afr.
'Punctulata' ♄ ⓦ
var. **surculósa** (*D. godseffiána* Sand. ex Mast.)
'Kelleri' ♄ ⓦ
- *thalioídes:* 2
15. **umbraculífera** Jacq. ♄ ⓦ, Maurit.?

Dracocéphalum L. - n. - *Labiátae*
Drachenkopf
1. **austríacum** L. ♃ VII-VIII, Südl. M-Eur., westl. bis SO-Frankr., östl. bis westl. M-Ukr.
2. **bipinnátum** Rupr. (*D. ruprèchtii* Regel) ♃ - ♄ VII-VIII, Turkest., Afgh., Pak., Kaschm., Nepal, Sinkiang
3. **botryoídes** Stev. ♃ △ IV, Kauk.
4. **bullátum** Forrest ♃ △ VI-VII, Jünn.
5. **calophýllum** Hand.-Mazz. ♃ △ ∧ ⓐ IX-X, Szetsch., Jünn.
- *canéscens: Lallemántia* 1
6. **forréstii** W.W. Sm. ♃ △ ∧ VIII-X, Jünn.
7. **grandiflórum** L. ♃ △ VII-VIII, Sib.
8. **hemsleyánum** (Oliv. ex Prain) Prain ex Marq. ♃ △ VII-IX, SO-Tib.
- *ibéricum: Lallemántia* 2
9. **isabéllae** Forrest ex W.W. Sm. ♃ △ VII-VIII, M-China
10. **moldávica** L. ⊙ VII-VIII, S-Sib. bis Him., in O- u. im östl. M-Eur. eingebürg.
11. **nútans** L.
var. **alpínum** Karel. et Kir. ♃ △ VII, N- u. M-As.
- *peltátum: Lallemántia* 3
12. **peregrínum** L. ♃ △ VII-VIII, Altai
- *royleánum: Lallemántia* 4
- *ruprèchtii:* 2
13. **ruyschiána** L. ♃ VII-VIII, M-, N- u. O-Eur. bis N-As., Jap.
- *sibíricum: Népeta* 6

Dracóntium L. - n. - *Aráceae*
1. **gígas** (Seem.) Engl. ♃ ⓦ, Nicar.

Dracóphilus (Schwant.) Dint. et Schwant. - m. - *Aizoáceae*
1. **móntis-dracónis** (Dint.) Dint. et Schwant. ♃ ⓚ, Namib.

Dracophýllum Labill. - n. - *Epacridáceae*
Drachenblatt
1. **secúndum** (Poir.) R.Br. ♄ i ⓚ IV-V, Austral.: Neusüdwal.

Dracópis Cass. - f. - *Compósitae*
1. **amplexicaūlis** (Vahl) Cass. (*Rudbéckia amplexicaūlis* Vahl) ⊙ VII bis VIII, USA: Missouri u. Kans., südl. bis Georg., Miss., Tex.

Drácula Luer - f. - *Orchidáceae*
1. **bélla** (Rchb. f.) Luer (*Masdevállia bélla* Rchb. f.) ♃ ⓚ XII-VI ∗, Kol.
2. **chimǣra** (Rchb. f.) Luer (*Masdevállia chimǣra* Rchb. f.) ♃ ⓚ XI-II ∗, Kol.
3. **erythrochaēte** (Rchb. f.) Luer (*Masdevállia erythrochaēte* Rchb. f.) ♃ ⓚ IX-XI ∗, Guat. u. Costa R. bis Pan. u. Kol.
4. **radiósa** (Rchb. f.) Luer (*Masdevállia radiósa* Rchb. f.) ♃ ⓚ V-VIII ∗, Kol.

Dracúnculus Mill. - m. - *Aráceae*
Drachenwurz
1. **canariénsis** Schott ♃ ⓚ, Kanar.
- *crinítus:* 2
2. **muscívorus** (L. f.) Parl. (*D. crinítus* Schott, *Helicodíceros muscívorus* (L. f.) Engl.) ♃ ⓚ III-IV, Balear., Kors., Sard.
3. **vulgáris** Schott (*Árum dracúnculus* L.) - Drachenwurz ♃ ☠ ⓚ, O- u. M-Med. bis S-Bulg., in S- u. SO-Span. eingebürg.

Dráke-Brockmánia crássa: Whíte-Sloánea 1

Drégea E. Mey. - f. - *Asclepiadáceae*
1. **sinénsis** Hemsl. (*Wattakáka sinénsis* Stapf) ♄ ⌇ ⓚ VI-VII, China

Drímia marítima: Urgínea 1

Drimiópsis Lindl. et Paxt. - f. - *Liliáceae*
1. **kírkii** Bak. ♃ i ⓦ III-IX, Sansib.
2. **maculáta** Lindl. et Paxt. ♃ ⓦ IV bis VII, S-Afr.

Drímys J.R. et G. Forst. - f. - *Winteráceae*
- *aromática:* 1
1. **lanceoláta** (Poir.) Baill. (*D. aromática* F. v. Muell., *Tasmánnia lanceoláta* (Poir.) A.C. Sm.) ♄ i ⓚ, Austral.: Neusüdwal., Vict.; Tasm.
2. **wínteri** J.R. et G. Forst. - Winterrinde ♄ - ♄ i ⓚ, M-Chile bis Feuerl.

Drosánthemum Schwant. – n. – *Aizoáceae*
1. **béllum** L. Bol. ♄ Ⓚ, Kap
2. **floribúndum** (Haw.) Schwant. ♄ Ⓚ VI–VII, Kap, Namib.
3. **híspidum** (L.) Schwant. ♄ Ⓚ VI bis VIII, Namib., Kap, in Mallorca eingebürg.
4. **speciósum** (Haw.) Schwant. ♄ Ⓚ, Kap

Drósera L. – f. – *Droseráceae* Sonnentau
1. **adélae** F. v. Muell. ♃ Ⓚ, NO-Austral.: N-Queensl.
2. **affínis** Welw. ♃ Ⓚ, W-Afr.
3. **alíciae** Hamet (*D. spathuláta* hort. non *D. spatuláta* Labill.) ♃ Ⓚ V bis VIII, S-Afr.
4. **ánglica** Huds. (*D. longifólia* L.) ♃ VII–VIII ▽, M- u. N-Eur., N-Span., W-Bulg., Kauk., N-As., N-Jap., N-Am., Hawaii
5. **auriculáta** Backh. f. ♃ Ⓚ, S-Austral., Vict., Neusüdwal., Tasm., Neuseel.
6. **bináta** Labill. (*D. dichótoma* Banks et Soland. ex Sm.) ♃ Ⓚ V–VII, S- u. O-Austral., Neuseel.
7. **brevifólia** Pursh ⊙ Ⓚ, USA.: Virg. bis Tenn. u. Ark., südl. bis Flor. u. O-Tex.; Mex., südl. bis Bras., Urug., Patag., NO-Arg.
8. **burkeána** Planch. ♃ Ⓚ, S-Afr., Madag.
9. **burmánnii** Vahl ♃ Ⓚ, Ind. bis Jap., südl. bis N-Austral.
10. **capénsis** L. ♃ Ⓚ V–VIII, S-Afr.
11. **capilláris** Poir. ♃ Ⓚ, USA.: SO-Virg. bis Tenn., südl. bis Flor. u. O-Tex.; Westind.; Mex. bis nördl. S-Am.
12. **cistiflóra** L. ♃ Ⓚ, SW-Kap
13. **cuneifólia** L. f. ♃ Ⓚ, S-Afr.

– *dichótoma:* 6

14. **dichrosépala** Turcz. ♄ Ⓚ, SW-Austral.
15. **filifórmis** Raf. ♃ ▭, USA.: Mass. bis Del.; S-Carol. bis Flor. u. Louis.
16. **intermédia** Hayne (*D. longifólia* auct. non L.) ♃ VII–VIII ▽, N-, W- u. M-Eur., südl. bis Port., N-Ital., Karp., Transkauk., Atl. N-Am., Westind.

– *longifólia:* 4, 16
– *macrántha* ssp. *planchónii:* 20

17. **montána** St.-Hil. ♃ Ⓚ, S-Bras., Bol.
18. **paleácea** DC. ♃ Ⓚ, SW-Austral.
19. **pauciflóra** Banks ex DC. ♃ Ⓚ, SW-Kap
20. **planchónii** Hook. f. ex Planch. (*D. macrántha* Endl. ssp. *planchónii* (Hook. f. ex Planch.) Hook. f. ex Planch.) ♄ Ⓚ, S-Austral., Vict., Tasm.
21. **pygmǣa** DC. ♃ Ⓚ, S- u. O-Austral., Tasm., Neuseel.
22. **ramentácea** Burch. ex Harv. et Sond. ♃ Ⓚ Off., SW-Kap
23. **régia** Stephens ♄ Ⓚ, Kap
24. **rotundifólia** L. ♃ VII–VIII ▽, Eur., N-As., Liban., Kauk., Jap., N-Am.

– *spathuláta* hort. non Labill.: 3

25. **spatuláta** Labill. ♃ Ⓚ, Jap., Riukiu-Ins., Taiw., China bis S-As., O-Austral., Tasm., Neuseel.
26. **villósa** St.-Hil. ♃ Ⓚ, S- u. SO-Austral., Tasm.

Drosophýllum Link – n. – *Droseráceae* Taublatt
1. **lusitánicum** (L.) Link ♄ Ⓚ ▽, Port., SW-Span., N-Marok.

Drýandra R. Br. – f. – *Proteáceae*
1. **floribúnda** R. Br. ♄ i Ⓚ, W-Austral.
2. **formósa** R. Br. ♄ i ✂ Ⓚ, W-Austral.
3. **nívea** R. Br. ♄ i Ⓚ, W-Austral.
4. **polycéphala** Benth. ♄ i ✂ Ⓚ, W-Austral.
5. **quercifólia** Meissn. ♄ i ✂ Ⓚ, W-Austral.
6. **squarrósa** R. Br. ♄ i ✂ Ⓚ, W-Austral.

Drýas L. – f. – *Rosáceae* Silberwurz
1. **drummóndii** Richards. ex Hook. (*D. tomentósa* Farr.) ♄ i ⁓ △ VI–VII, Arkt., nördl. N-Am.: Neufundl. bis Alaska, südl. bis Oreg. u. Mont.

– *integrifólia:* 2
– *lanáta:* 2

2. **octopétala** L. – Silberwurz
ssp. **octopétala** (ssp. *chamaedryfólia* (Crantz) Gams), Gebg. der nördl. gem. u. polaren Zone
var. **integrifólia** (Vahl) Hook. f. (*D. integrifólia* Vahl, *D. tenélla* Pursh) ♄ i ⁓ △ VI–VII, Arkt., nördl. N-Am.: Neufundl. bis Alaska u. Alb.
f. **argéntea** (Blytt) Hult. (var. *vestíta* Beck, var. *argéntea* Blytt, *D. lanáta* Stein ex Correv., *C. vestíta* (Beck)

hort.) ♄ i 〰 △ VI–VII, Nördl. Norw., O.Alp.
- *octopétala* ssp. *chamaedryfólia:* 2
- *octopétala* var. *argéntea:* 2
- *octopétala* var. *vestíta:* 2
3. × **suendermánnii** Sünderm. (*D. drummóndii* × *D. octopétala*) ♄ i 〰 △ VI–VII
- *tenélla:* 2
- *tomentósa:* 1
- *vestíta:* 2

Drymoglóssum K. B. Presl - n. - *Polypodiáceae*
1. **carnósum** (Wall.) J. Sm. (*Lemmaphýllum carnósum* (Wall.) K.B. Presl) ♃ ⌂(W), Him.
- *heterophýllum:* 3
2. **niphoboloídes** (Luerss.) Bak. ♃ ⌂(W), Madag.
3. **piloselloídes** (L.) K.B. Presl (*D. heterophýllum* C. Chr., *Pyrrósia piloselloídes* (L.) Price) ♃ ⌂(W), Ind. bis N. Guin.

Drymónia Mart. - f. - *Gesneriáceae*
- *punctáta: Alsóbia* 2
1. **serruláta** (Jacq.) Mart. (*D. spectábilis* (H.B.K.) Mart.) ♄ 〰 ⌇ ⌂(W), Mex. u. Antill. bis Bol. u. Bras.
- *spectábilis:* 1
2. **turriálvae** Hanst. ♄ ⌂(W), Costa R. bis Ek.

Drynária (Bory) J. Sm. - f. - *Polypodiáceae*
1. **quercifólia** (L.) J. Sm. ♃ ⌂(W), Sum. bis Austral. u. Polyn.
2. **rigídula** (Sw.) Bedd. ♃ ⌂(W), Ind., S-China, Malays. bis Polyn. u. Austral.: Queensl.

Dryobálanops Gaertn. f. - f. - *Dipterocarpáceae*
1. **aromática** Gaertn. f. - „Kapur" ♄ i ⌂(W) Ⓝ, Sum., N-Born.

Dryópteris Adans. - f. - *Aspidiáceae* Wurmfarn
- *abbreviáta:* 15
1. **affínis** (Lowe) Fraser-Jenkins (*D. pseudomas* (Wollaston) Holub et Pouzar, *D. bórreri* (Newm.) Oberholzer et Tavel, *D. paleácea* Hand.-Mazz. p.p. non (Sw.) C. Chr.) - Goldschuppenfarn ♃, S-, W- u. M-Eur., Makarones., NW-Afr., Anat., Kauk., Iran
2. **assímilis** S. Walker (*D. expánsa* (K.B. Presl) Fraser-Jenkins et Jermy, *D. dilatáta* (Hoffm.) A. Gray var. *alpína* T. Moore) ♃, Gbge. Skand., Schottl., Deutschl., Schw.
3. **atráta** (Wall.) Ching ♃ ∧, Jap., Quelpart, Taiw., China bis N-Ind.
- *austríaca:* 7
4. × **boottii** (Tuckerm.) Underw. (*D. carthusiána* var. *intermédia* × *D. cristáta; Aspídium boottii* Tuckerm.) ♃, N-Am.: Neufundl. bis Ont., südl. bis Neuengl., Virg. u. Tenn.
- *bórreri:* 1
5. **carthusiána** (Vill.) H.P. Fuchs (*D. spinulósa* (O.F. Muell.) Watt, *Aspídium spinulósum* (O.F. Muell.) Sw., *Lástrea spinulósa* (O.F. Muell.) K.B. Presl) - Dornfarn ♃, Eur. bis M-Sib., Kauk., N-Am.
6. **cristáta** (L.) A. Gray - Moorfarn ♃ 〰 ▽, N- u. M-Eur., W-Sib., N-Am.: Neufundl. bis Sask., südl. bis N-Carol., Tenn., Ark. u. Mont.
- *decursivepinnáta: Thelýpteris* 1
7. **dilatáta** (Hoffm.) A. Gray (*D. austríaca* (Jacq.) Woynar ex Schinz et Thell., *D. spinulósa* var. *dilatáta* (Hoffm.) Watt, *D. spinulósa* var. *americána* (Fisch.) Fern.) ♃, Eur. bis W-Sib., Kl. As., Kauk., O-As., N-Am.
- *dilatáta* var. *alpína:* 2
- *disjúncta: Currània* 1
8. **erythrosóra** (Eaton) O. Kuntze ♃, Jap., Korea, Taiw., China bis Phil.
- *expánsa:* 2
9. **fílix-mas** (L.) Schott - Wurmfarn (formenreiche Art) ♃ ☠ Off., Eur., As., N-Afr., N-Am., Mex., Guat.
10. **frágrans** (L.) Schott ♃ △, Arkt. Eur. bis Sib., Mandsch., Korea, Jap., arkt. N-Am., temp. N-Am.: Labr. bis Ont., südl. bis N.Y., Mich., Wisc. u. Minn.
11. **goldiána** (Hook.) A. Gray (*Aspídium fílix-mas* var. *goldiána* (Hook.) C. Chr.) ♃, N-Am.: N. Brunsw. bis Minn., südl. bis N-Carol., Tenn. u. Iowa
- *hexagonóptera: Thelýpteris* 2
12. **hírtipes** (Bl.) Kunze ♃ ⌂(K) - ∧, Ind., Ceyl., Him., S-China, Hinterind.,

Malays., Polyn. bis Samoa
- *lépida: Cyclosórus* 1
- *limbospérma: Thelýpteris* 3
- *linnaeána: Currània* 1

13. **marginális** (L.) A. Gray (*Aspídium fílix-mas* var. *marginális* (L.) C. Chr.) ♃ △, N-Am.: Queb. bis Br. Kol., südl. bis Long Isl., Georg., Alab., Ark. u. Okla.
- *montána: Thelýpteris* 3
- *noveboracénsis: Thelýpteris* 4

14. **odontóloma** C. Chr. ♃, Him.
15. **oréades** Fomin (*D. abbreviáta* (DC.) Newm.) ♃, Eur., vor allem N-Eur.
- *oreópteris: Thelýpteris* 3
- *paleácea:* 1
- *parasítica: Cyclosórus* 2
- *phegópteris: Thelýpteris* 6
- *pseudomas:* 1
- *rígida:* 18
- *robertiána: Currània* 2

16. **sieböldii** (Van Houtte) O. Kuntze (*Lástrea sieböldii* (Van Houtte) T. Moore) ♃ i Ⓚ – ∧, Jap., Taiw.
- *spinulósa:* 5
- *spinulósa* var. *americána:* 7
- *spinulósa* var. *dilatáta:* 7

17. **standíshii** (T. Moore) C. Chr. (*Polýstichum standíshii* (T. Moore) C. Chr., *P. laserpitiifólium* (Mett.) Diels) ♃ Ⓚ, Jap., Korea
- *thelýpteris: Thelýpteris* 5

18. **villárii** (Bell.) Woynar ex Schinz et Thell. (*Polypódium rígidum* Hoffm. non Aubl., *D. rígida* (Sw.) A. Gray, *Aspídium rígidum* Sw., *Polýstichum rígidum* (Sw.) DC., *Lástrea rígida* (Sw.) K. B. Presl) ♃ △, W-, M- u. S-Eur., NW-Afr.
19. **wallichiána** (Spreng.) Hyl. ♃, Pak., Burma, Nepal, China

Duboísia R. Br. – f. – *Solanáceae*
1. **myoporoídes** R. Br. ♄ – ♄ Ⓚ Ⓦ, O-Austral., Neukaled.

Duchésnea Sm. – f. – *Rosáceae*
1. **índica** (Andr.) Focke (*Fragária índica* Andr.) – Indische Erdbeere ♃ ⤳ ⸾ ⚭ Ⓚ VI–IX, Jap., China bis Ind., in den östl. u. mittl. USA sowie stellenweise in S-Eur. eingebürg.

Dudleya Britt. et Rose (einschl. *Stylophýllum* Britt. et Rose u. *Hasseánthus* Rose) – f. – *Crassuláceae*
1. **caespitósa** (Haw.) Britt. et Rose (*Echevéria caespitósa* (Haw.) DC., *E. cotylédon* (Jacq.) A. Nels. et Macbr., *D. cotylédon* (Jacq.) Britt. et Rose) ♃ Ⓚ III–IV, M-Kalif.
2. **cándida** Britt. (*Echevéria cándida* (Britt.) Berger) ♃ Ⓚ, Nied. Kalif.
- *cotylédon:* 1

3. **cymósa** (Lem.) Britt. et Rose (*Echevéria cymósa* Lem., *E. purpúsii* (K. Schum.) Wittm., *D. purpúsii* (K. Schum.) Britt. et Rose) ♃ Ⓚ VII bis VIII, Kalif.
4. **densiflóra** (Rose) Moran (*Echevéria densiflóra* (Rose) Berger, *Stylophýllum densiflórum* Rose) ♃ Ⓚ VI bis VIII, Kalif.
5. **edúlis** (Nutt.) Moran (*Echevéria edúlis* (Nutt.) Berger, *Stylophýllum edúle* (Nutt.) Britt. et Rose) ♃ Ⓚ, SW-Kalif., NW-Nied. Kalif.
6. **farinósa** (Lindl.) Britt. et Rose (*Echevéria farinósa* Lindl.) ♃ Ⓚ III bis IV, N- u. M-Kalif.
7. **pulverulénta** (Nutt.) Britt. et Rose (*Echevéria pulverulénta* Nutt., *E. argéntea* Lam.) ♃ Ⓚ IV–VI, Kalif., Mex.
- *purpúsii:* 3

8. **rígida** Rose (*Echevéria rígida* (Rose) Berger) ♃ Ⓚ VII–VIII, Nied. Kalif.
9. **variegáta** (S. Wats.) Moran (*Hasseánthus variegátus* (S. Wats.) Rose) ♃ Ⓚ, S-Kalif., Nied. Kalif.

Dulácia Vell. – f. – *Olacáceae*
1. **inopiflóra** (Miers) O. Kuntze (*Liriósma ováta* Miers) ♄ Ⓦ, Kol., Venez., Bras., Peru

Duránta L. – f. – *Verbenáceae*
1. **loréntzii** Griseb. ♄ ⚭ Ⓚ, Arg.
- *plumiéri:* 2

2. **répens** L. (*D. plumiéri* Jacq.) ♄ Ⓚ VIII, Antill., Kalif., Tex. bis Bras.

Dúrio Adans. – m. – *Bombacáceae*
1. **zibethínus** Murr. – Durianbaum, Zibetbaum ♄ Ⓦ Ⓝ, W-Mal. Arch.

Duvália Haw. – f. – *Asclepiadáceae*
1. **pillánsii** N. E. Br. ♃ Ⓚ, Kap
2. **políta** N. E. Br. ♃ Ⓚ, Namib., Transv., Moz.
3. **radiáta** (Sims) Haw. (*Stapélia radiáta* Sims, *S. replicáta* Jacq.) ♃ Ⓚ, Kap,

Oranjefreist.
Dýckia Schult. f. - f. - *Bromeliáceae*
1. **altíssima** Lindl. ♃ ⌂, Bras.
2. **brevifólia** Bak. ♃ ⌂, Bras.
3. **fosteriána** L.B. Sm. ♃ ⌂, Bras.
4. **rariflóra** Schult. f. ♃ ⌂, Bras.
5. **remotiflóra** Otto et A. Dietr. ♃ ⌂, Urug.
6. **rúbra** Wittm. ♃ ⌂, S-Bras.
7. **velascána** Mez ♃ ⌂, Arg.

Dyssódia Cav. - f. - *Compósitae*
1. **tenuíloba** (DC.) Robins. (*Thymóphylla tenuíloba* (DC.) Small) ⊙ ✂ VII–IX, Südl. USA; Mex.

Eberlánzia Schwant. - f. - *Aizoáceae*
1. **spinósa** (L.) Schwant. ♄ ⌂, Kap, Namib.

Ebnerélla: Mammillária
- *aureilanáta: Mammillária* 5
- *bocasána: Mammillária* 11
- *carrétii: Mammillária* 21
- *fraileána: Mammillária* 35
- *glochidiáta: Mammillária* 37
- *plumósa: Mammillária* 79
- *prolífera: Mammillária:* 84
- *schiedeána: Mammillária* 94
- *seideliána: Mammillária* 96
- *surculósa: Mammillária* 105
- *wíldii: Mammillária* 111
- *zephyrantoídes: Mammillária* 114

Ebractéola Dint. et Schwant. - f. - *Aizoáceae*
1. **móntis-móltkei** (Dint.) Dint. et Schwant. ♃ ⌂, Namib.

Ecbállium A. Rich. - n. - *Cucurbitáceae*
1. **elatérium** (L.) A. Rich. (*Momórdica elatérium* L.) - Spritzgurke, Eselsgurke ⊙ ⁓ ☠ VI–VIII, S-Eur., Med., Kl. As., Syr.

Eccremocárpus Ruiz et Pav. - m. - *Bignoniáceae*
1. **scáber** Ruiz et Pav. - Schönranke ♃ ♄ (⊙ gezogen) § VI–X, Chile

× *Echéphytum:* × *Pachyvéria*

Echevéria DC. - f. - *Crassuláceae*
1. **affínis** E. Walth. ♃ ⌂ IV–V, Mex.
2. **agavoídes** Lem. (*Urbínia agavoídes* (Lem.) Rose) ♃ ⌂, Mex.
3. **amoēna** De Smet ♃ ⌂ III–V, Mex.
- *argéntea: Dudlēya* 7
- *bracteósa: Pachýphytum* 1
- *caespitósa: Dudlēya* 1
- *cándida: Dudlēya* 2
4. **carnícolor** (Bak.) E. Morr. ♃ ⌂ I–III, Mex.
5. **coccínea** (Cav.) DC. (*E. pubéscens* Schlechtend.) ♄ ⌂ VI–VIII, Mex.
- *cotylédon: Dudlēya* 1
6. **cuspidáta** Rose ♃ ⌂ VI–VII, Mex.
- *cymósa: Dudlēya* 3
- *densiflóra: Dudlēya* 4
7. **derenbérgii** J.A. Purp. ♃ ⌂ IV–VI, Mex.
- *desmetiána:* 21
- *edúlis: Dudlēya* 5
8. **élegans** Rose (*E. perélegans* Berger) ♄ ⌂ III–VII, Mex.
- *élegans* (Rose) Berger: 12
- *farinósa: Dudlēya* 6
9. **fúlgens** Lem. (*E. retúsa* Lindl.) ♄ ⌂ XI–IV, Mex.
10. **gibbiflóra** DC.
    var. **gibbiflóra** (var. *týpica* Berger) ♄ ⌂ IX–X, Mex.
- *gibbiflóra* var. *týpica:* 10
11. **gigantéa** Rose et C.A. Purp. ♄ ⌂ IX bis X, Mex.
- *glaūca:* 27
12. **hármsii** Macbr. (*E. élegans* (Rose) Berger non Rose, *Oliveránthus élegans* Rose) ♃ ⌂ V–VII, Mex.
13. **lāui** Moran et Meyrán ♃ ⌂ X–III, Mex.
14. **leucótricha** J.A. Purp. ♄ ⌂ III–V, Mex.
- *linguifólia: Cremnóphila* 1
15. **longíssima** E. Walth. ♃ ⌂, Mex.
16. **lútea** Rose ♃ ⌂, Mex.
17. **micrócalyx** Britt. et Rose (*E. purpúsii* Britt. non (K. Schum.) Wittm.) ♃ ⌂, Mex.
18. **multicaūlis** Rose ♄ ⌂ IV–V, Mex.
19. **nodulósa** (Bak.) Otto ♄ ⌂ III–IV, Mex.
- *pachýphytum: Pachýphytum* 1
20. **paniculáta** A. Gray ♃ ⌂, Mex.
21. **peacóckii** Crouch. (*E. desmetiána* De Smet) ♃ ⌂ IV–VII, Mex.
- *perélegans:* 8
22. **pilósa** J.A. Purp. ♄ ⌂ VI, Mex.
23. **prínglei** (S. Wats.) Rose ♃ ⌂ III–IV, Mex.
- *pubéscens:* 5
24. **pulchélla** Berger ♃ ⌂ IV–V, Mex.

25. **pulídonis** E. Walth. ♃ ⌂ II–IV, O-Mex.
- *pulverulénta: Dudléya* 7
26. **pulvináta** Rose ♄ ⌂ III–IV, Mex.
27. **púmila** Van Houtte var. **gláuca** (Bak.) E. Walth. (*E. gláuca* (Bak.) E. Morr.) ♃ ⌂ IV–VI, Mex.
- *purpúsii* Britt.: 17
- *purpúsii* (K. Schum.) Wittm.: *Dudléya* 3
28. **purpusiórum** Berger (*Urbínia purpúsii* Rose) ♃ ⌂ V–VI, S-Mex.
29. **quiténsis** (H. B. K.) Lindl. ♄ ⌂ VII bis VIII, Kol., Ek.
- *retúsa:* 9
- *rígida: Dudléya* 8
30. **secúnda** Booth ♃ ⌂ III–IV, Mex.
31. **setósa** Rose et C. A. Purp. ♃ ⌂ IV bis VII, Mex.

Echidnópsis Hook. f. – f. – *Asclepiadáceae*
Schlangenstapelie
1. **cereifórmis** Hook. f. ♃ ⌂, Abess., Somalia, S-Arab.

Echinácea Moench – f. – *Compósitae*
1. **angustifólia** DC. ♃ Off. VII–IX, N-Am.: Minn. bis Sask., südl. bis Okla. u. Tex.
2. **purpúrea** (L.) Moench (*Rudbéckia purpúrea* L.) ♃ Off. VII–IX, USA: Virg. u. Ohio bis Iowa, südl. bis Georg., Louis.

Echinocáctus Link et Otto – m. – *Cactáceae*
Kugelkaktus
- *andréae: Gymnocalýcium* 1
- *anisítsii: Gymnocalýcium* 2
- *baldiánus: Gymnocalýcium* 3
- *bícolor: Thelocáctus* 1
- *chilénsis: Neoportéria* 3
- *chrysacánthus: Ferocáctus* 1
- *conothélos: Thelocáctus* 2
- *coptonogónus: Echinofossulocáctus* 2
- *crassihamátus: Sclerocáctus* 9
- *cylindráceus: Ferocáctus* 2
- *dámsii: Gymnocalýcium* 2
- *denudátus: Gymnocalýcium* 6
- *echídne: Ferocáctus* 3
- *emóryi: Ferocáctus* 4
- *erectocéntrus: Sclerocáctus* 1
- *flavóvirens: Ferocáctus* 5
- *fórdii: Ferocáctus* 6
- *fossulátus: Thelocáctus* 4
- *gibbósus: Gymnocalýcium* 8
- *gielsdorfiánus: Neollóydia* 2
- *glaucéscens: Ferocáctus* 7
- *gláucus: Sclerocáctus* 2
- *grándis:* 3
1. **grusónii** Hildm. – Goldkugelkaktus ⌂ ✱, Mittl. O- u. N-Mex.
- *hamatacánthus: Ferocáctus* 9
- *háynei: Matucána* 2
- *heterochrómus: Thelocáctus* 3
- *hexaëdróphorus: Thelocáctus* 4
- *hístrix: Ferocáctus* 10
2. **horizonthalónius** Lem. ⌂ ✱, USA: Tex., New Mex., Ariz.; N-Mex.
- *íngens:* 3
- *intertéxtus: Sclerocáctus* 3
- *johnsónii: Sclerocáctus* 4
- *latispínus: Ferocáctus* 11
- *leucacánthus: Thelocáctus* 5
- *lewínii: Lophóphora* 1
- *macrodíscus: Ferocáctus* 12
- *mandrágora: Neollóydia* 5
- *mariposénsis: Sclerocáctus* 5
- *mihanovíchii: Gymnocalýcium* 10
- *monvíllei: Gymnocalýcium* 11
- *multicostátus: Echinofossulocáctus* 6
- *multiflórus: Gymnocalýcium* 12
- *pálmeri:* 3
- *pectinátus: Echinocéreus* 9
- *penínsulae: Ferocáctus* 13
- *pilósus: Ferocáctus* 14
- *phyllacánthus: Echinofossulocáctus* 7
- *platénsis: Gymnocalýcium* 14
3. **platyacánthus** Link et Otto (*E. íngens* Zucc., *E. grándis* Rose, *E. pálmeri* Rose, *E. visnága* Hook.) ⌂ ✱, M- u. N-Mex.
- *polyancístrus: Sclerocáctus* 7
- *póttsii: Ferocáctus* 15
- *quehliánus: Gymnocalýcium* 15
- *rhodacánthus: Denmóza* 1
- *rinconénsis: Thelocáctus* 6
- *rítteri: Aztékium* 1
- *robústus: Ferocáctus* 16
- *roseánus: Escobária* 5
- *sagliónis: Gymnocalýcium* 16
- *sáueri: Neollóydia* 8
- *schéerii: Sclerocáctus* 8
- *schickendántzii: Gymnocalýcium* 17
- *schmiedickeánus: Neollóydia* 9
- *setispínus: Thelocáctus* 7

- *simpsónii: Pediocáctus* 2
- *smíthii: Neolloydia* 10
- *stainésii: Ferocáctus* 14
- *texénsis: Homalocéphala* 1
- *tulénsis: Thelocáctus* 8
- *turbinifórmis: Strombocáctus* 1
- *uncinátus: Sclerocáctus* 9
- *unguispínus: Sclerocáctus* 10
- *vaupeliánus: Echinofossulocáctus* 8
- *vieréckii: Neolloydia* 12
- *viridéscens: Ferocáctus* 17
- *visnága:* 3
- *wagneriánus: Thelocáctus* 1
- *weberbaueri: Matucána* 4
- *wislizéni: Ferocáctus* 18

Echinocéreus Engelm. (einschl. *Wilcóxia* Britt. et Rose) - m. - *Cactáceae* Igelsäulenkaktus

- *baileyi:* 12

1. **berlandiéri** (Engelm.) Haage jr. (*E. blánckii* var. *berlandiéri* (Engelm.) Bckbg.) ⌂ ∗, S-Tex.; NO-Mex.
- *blánckii* var. *berlandiéri:* 1
2. **chloránthus** (Engelm.) Haage jr. (*E. viridiflórus* Engelm. f. *chloránthus* (Engelm.) Krainz) ⌂ ∗, W-Tex., S-New Mex.; Mittl. N-Mex.
3. **cineráscens** (DC.) Lem. (*E. ehrenbérgii* Pfeiff.) ⌂ ∗, Mittl. O- u. N-Mex.
- *coccíneus:* 17
- *dasyacánthus:* 9
- *ehrenbérgii:* 3
4. **engelmánnii** (Engelm.) Lem. ⌂ ∗, SW-USA; NW-Mex.
5. **enneacánthus** Engelm. - Erdbeerkaktus ⌂ ∗, S-New Mex. bis S-Tex.; Mittl. NO-Mex.
6. **féndleri** (Engelm.) Rümpl. ⌂ ∗, Color., New Mex., Ariz., W-Tex.; Mex.: Chihuahua
- *fítchii:* 12
7. **knippeliánus** Liebn. ⌂ ∗, NO-Mex.: SO-Coahuila, S-Nuevo León
- *leptacánthus:* 10
- *lúteus:* 16
8. **papillósus** Rümpl. ⌂ ∗, S-Tex.
9. **pectinátus** (Scheidw.) Engelm. (*Echinocáctus pectinátus* Scheidw., *Echinocéreus dasyacánthus* Engelm.) ⌂ ∗, SW-USA; N-Mex.
- *pectinátus* f. *rigidíssimus:* 13
- *pectinátus* var. *reichenbáchii:* 12
- *pectinátus* var. *rigidíssimus:* 13
10. **pentálophus** (DC.) Lem. (*E. leptacánthus* (DC.) K. Schum.) ⌂ ∗, S-Tex.; Mittl. O- u. NO-Mex.
11. **posélgeri** Lem. (*Wilcóxia posélgeri* (Lem.) Britt. et Rose) ⌂ ∗, S-Tex.; NO-Mex.
- *purpúreus:* 12
12. **reichenbáchii** (Walp.) Haage jr. (*E. purpúreus* Lahman, *E. pectinátus* var. *reichenbáchii* (Walp.) Krainz)
    var. **baileyi** (Rose) N. P. Tayl. (*E. baileyi* Rose) ⌂ ∗, S-Okla., benachb. Tex.
    var. **fítchii** (Britt. et Rose) L. Bens. (*E. fítchii* Britt. et Rose) ⌂ ∗, S-Tex.; NO-Mex.: N-Nuevo León, Tamaulipas
    var. **reichenbáchii** ⌂ ∗, Tex., benachb. Okla.; NO-Mex.
13. **rigidíssimus** (Engelm.) Haage jr. (*E. pectinátus* f. *rigidíssimus* (Engelm.) Krainz, *E. pectinátus* var. *rigidíssimus* (Engelm.) Rümpl.) - Regenbogenkaktus ⌂ ∗, SW-New Mex., SO-Ariz.; NW-Mex.
- *salm-dyckiánus:* 14
14. **scheerii** (Salm-Dyck) Scheer (*E. salm-dyckiánus* Scheer?) ⌂ ∗, N-Mex.
15. **stramíneus** (Engelm.) Rümpl. ⌂ ∗, W-Tex., S-New Mex.; Mittl. N- u. NO-Mex.
16. **subinérmis** Scheer (*E. lúteus* Britt. et Rose) ⌂ ∗, NW-Mex.
17. **triglochidiátus** Engelm. (*E. coccíneus* Engelm.) ⌂ ∗, SW-USA; benachb. N-Mex.
- *viridiflórus* f. *chloránthus:* 2

Echinóchloa P. Beauv. - f. - *Gramíneae* Hühnerhirse

1. **colónum** (L.) Link (*Panícum colónum* L.) - Schamahirse ⊙ Ⓝ, Trop., Subtrop., im Med. u. in den USA eingebürg.
2. **crus-gálli** (L.) P. Beauv. (*Panícum crus-gálli* L., *Oplísmenus crus-gálli* (L.) H.B.K.) - Japanische Hirse, Weizenhirse, Sawahirse ⊙ Ⓝ, Altweltl. Trop. u. Subtrop., Eur., in N-Am. eingebürg.
3. **crus-pavónis** (H.B.K.) Schult. (*Panícum crus-pavónis* (H.B.K.) Nees, *Oplísmenus crus-pavónis* H.B.K.) ⊙

Ⓝ, Trop. u subtrop. Am.: Miss. u. Tex. bis Bol. u. Arg., Westind., in N-Ital. eingebürg.

Echinocýstis Torr. et A. Gray - f. - *Cucurbitáceae*
Igelgurke
1. **lobáta** (Michx.) Torr. et A. Gray (*E. echináta* (Mühlenb. ex Willd.) B.S.P.) ⊙ ≀ VII–VIII, N-Am.: N. Brunsw. bis Sask., südl. bis Flor. u. Tex., in M-Eur. u. SO-Eur. stellenweise eingebürg.

Echinódorus L.C. Rich. ex Engelm. - m. - *Alismatáceae*
1. **amazónicus** Rataj (*E. brevipedicellátus* auct. non (O. Kuntze) Buchenau) ♃ ∼–≋ Ⓦ, Amaz.
2. **argentinénsis** Rataj (*E. longistýlus* auct. non Buchenau) ♃ ∼–≋ Ⓦ, S-Bras., Urug., Arg.
- *aureobrúnneus:* 12
3. **bertéroi** (Spreng.) Fassett ♃ ∼–≋ Ⓦ, Südl. USA, Westind.
4. **bléheri** Rataj ♃ ∼–≋ Ⓦ, Amaz.
- *brevipedicellátus:* 1
5. **cordifólius** (L.) Griseb. (*E. radícans* (Nutt.) Engelm.) ♃ ∼–≋ Ⓦ, USA: Virg. bis Missouri u. Kans., südl. bis Flor. u. Tex.; Mex.
- *de-wíttii:* 6
- *guianénsis:* 6
6. **horizontális** Rataj (*E. de-wíttii* Van Graaf, *E. guianénsis* hort.) ♃ ∼–≋ Ⓦ, Amaz.
7. **húmilis** (L.C. Rich.) Buchenau ♃ ∼ bis ≋ Ⓦ, Seneg. bis Sudan, Kongo bis Sambia
- *intermédius:* 15
8. **latifólius** (Seubert) Rataj (*E. magdalenénsis* auct. non Fassett) ♃ ∼–≋ Ⓦ, Westind., M-Am., Venez., Guay.
- *longistýlus:* 2
9. **macrophýllus** (Kunth) Mich. (*E. muricátus* auct. non Griseb.) ♃ ∼–≋ Ⓦ, S-Am.: Guay. bis Arg.
- *magdalenénsis:* 8
10. **máior** (Mich.) Rataj (*E. mártii* auct. non Mich.) ♃ ∼–≋ Ⓦ, Bras.
- *mártii:* 10
- *muricátus:* 9
11. **nymphaeifólius** (Griseb.) Buchenau ♃ ∼–≋ Ⓦ, Kuba, Mex., Hond.
12. **osíris** Rataj (*E. osirisrúbra* hort., *E. aureobrúnneus* hort.) ♃ ≋ Ⓦ, Bras.
- *osirisrúbra:* 12
- *paniculátus:* 14
13. **parviflórus** Rataj ♃ ∼–≋ Ⓦ, Amaz.
14. **pellúcidus** Rataj (*E. paniculátus* auct. non Mich.) ♃ ∼–≋ Ⓦ, S-Bras., Urug., Arg.
15. **quadricostátus** Fassett var. **xinguénsis** Rataj (*E. intermédius* auct. non (Mart.) Griseb.) ♃ ∼–≋ Ⓦ, Bras.
- *radícans:* 5
- *ranunculoídes: Baldéllia* 1
16. **tenéllus** (Mart.) Buchenau (*Alísma tenéllum* Mart.) ♃ ∼–≋ Ⓦ, USA: Mass. bis Missouri, südl. bis Flor. u. Tex.; Mex., Westind., Kol. u. Venez. bis Parag. u. S-Bras.

Echinofossulocáctus Lawr. (*Stenocáctus* (K. Schum.) Berger) - f. - *Cactáceae*
1. **albátus** (A. Dietr.) Britt. et Rose (*Stenocáctus albátus* (A. Dietr.) F.M. Knuth) Ⓚ ∗, Mex.
2. **coptonogónus** (Lem.) Lawr. (*Echinocáctus coptonogónus* Lem., *Stenocáctus coptonogónus* (Lem.) Berger) Ⓚ ∗, Nördl. M-Mex.
3. **crispátus** (DC.) Lawr. (*Stenocáctus crispátus* (DC.) Berger) Ⓚ ∗, Mex.
4. **gladiátus** (Link et Otto) Lawr. (*Stenocáctus gladiátus* (Link et Otto) Berger) Ⓚ ∗, Mex.
5. **lamellósus** (A. Dietr.) Britt. et Rose (*Stenocáctus lamellósus* (A. Dietr.) Britt. et Rose) Ⓚ ∗, Mex.
- *lloýdii:* 6
6. **multicostátus** (K. Schum.) Britt. et Rose (*Echinocáctus multicostátus* K. Schum., *Stenocáctus multicostátus* (K. Schum.) Berger, *S. lloýdii* (Britt. et Rose) Berger, *E. lloýdii* Britt. et Rose) Ⓚ Ⓝ ∗, N O-Mex.
7. **phyllacánthus** (A. Dietr. et Otto) Lawr. (*Echinocáctus phyllacánthus* A. Dietr. et Otto, *Stenocáctus phyllacánthus* (A. Dietr. et Otto) Berger) Ⓚ ∗, Nördl. M-Mex.
8. **vaupeliánus** (Werderm.) Whitmore (*Echinocáctus vaupeliánus* Werderm., *Stenocáctus vaupeliánus* (Werderm.) Bckbg.) Ⓚ ∗ Östl. M-Mex.: Hidalgo
9. **violaciflórus** (Quehl) Britt. et Rose

(*Stenocáctus violaciflórus* (Quehl) Berger) ⌂ ∗, Mex.
Echinomástus: Sclerocáctus
- *durangénsis: Sclerocáctus* 10
- *erectocéntrus: Sclerocáctus* 1
- *intertéxtus: Sclerocáctus* 3
- *johnsónii: Sclerocáctus* 4
- *unguispínus: Sclerocáctus:* 10

Echinópanax hórridus: Oplópanax 1

Echínops L. - m. - *Compósitae*
Kugeldistel
1. **bannáticus** Rochel ex Schrad. ♃ VII bis IX, SO-Eur.
- *commutátus:* 2
2. **exaltátus** Schrad. (*E. commutátus* Juratzka) ♃ VII–VIII, Östl. M-Eur., N-Ital., N-Balk.
3. **húmilis** M.B. ♃ VIII–IX, W-As.
4. **níveus** Wall. ex Royle ♃ VII–VIII, Him.
5. **rítro** L.
ssp. **rítro** ♃ VII–IX, S-, SO- u. O-Eur., bis 58° N in O-Rußl., Kl. As.
ssp. **ruthénicus** (M.B.) Nym. (*E. ruthénicus* M.B.) ♃ VII–IX, Österr., Ital., Dalm., Bulg., M- u. S-Rußl.
- *ruthénicus:* 5
6. **sphaerocéphalus** L. ♃ VII–VIII, S-, M- u. O-Eur., Sib., Kauk., M-As.

Echinópsis Zucc. (einschl. *Chamaecéreus* Britt. et Rose, *Lobívia* Britt. et Rose, *Setiechinópsis* (Bckbg.) de Haas, *Soehrénsia* (Bckbg.) Bckbg., *Trichocéreus* (Berger) Riccob.) - f. - *Cactáceae*
Seeigelkaktus
1. **ancistróphora** Spegazz. (*Pseudolobívia ancistróphora* (Bckbg.) Bckbg., *E. leucorhodántha* Bckbg., *Pseudolobívia leucorhodántha* (Bckbg.) Bckbg., *E. pelecýrhachis* Bckbg., *Pseudolobívia pelecýrhachis* (Bckbg.) Bckbg.) ⌂ ∗, W-Arg.
2. **aūrea** Britt. et Rose (*Pseudolobívia aūrea* (Britt. et Rose) Bckbg., *Lobívia cylíndrica* Bckbg., *L. aūrea* (Britt. et Rose) Bckbg.) ⌂ ∗, Arg.: Catamarca
3. **backebérgii** Werderm. (*Lobívia backebérgii* (Werderm.) Bckbg., *L. winteriána* Ritt.) ⌂ ∗, O-Bol., S-Peru
4. **brúchii** (Britt. et Rose) Friedr. et Glaetzle (*Lobívia brúchii* Britt. et Rose, *Soehrénsia brúchii* (Britt. et Rose) Bckbg.) ⌂ ∗, Arg.: Tucuman
5. **calochlóra** K. Schum. ⌂ ∗, Bras.: Goias
6. **cándicans** (Salm-Dyck) D.R. Hunt (*Trichocéreus cándicans* (Salm-Dyck) Britt. et Rose) ⌂ ∗, W-Arg.
7. **chamaecéreus** Friedr. et G.D. Rowl. (*Céreus silvéstrii* Spegazz., *Chamaecéreus silvéstrii* (Spegazz.) Britt. et Rose, *Lobívia silvéstrii* (Spegazz.) G.D. Rowl.) ⌂ ∗, Arg.: Tucuman
8. **-Chamaecereus-Hybriden** (Chamaecereus-Silvestrii-Hybriden) ⌂ ∗
9. **chiloénsis** (Colla) Friedr. et G.D. Rowl. (*Trichocéreus chilénsis* (Colla) Britt. et Rose corr. Skottsb., *T. chiloénsis* (Colla) Britt. et Rose) ⌂ ∗, Chile
10. **chrysántha** Werderm. (*Lobívia chrysántha* (Werderm.) Bckbg.) ⌂ ∗, Arg.: Salta, Jujuy
11. **cinnabárina** (Hook.) Labour. (*Lobívia cinnabárina* (Hook.) Britt. et Rose) ⌂ ∗, Bol.
- *densispína:* 18
12. **férox** (Britt. et Rose) Bckbg. (*Lobívia férox* Britt. et Rose, *Pseudolobívia férox* (Britt. et Rose) Bckbg.) ⌂ ∗, Bol. bis N-Arg.
- *fiebrígii:* 25
13. **formósa** (Pfeiff.) Salm-Dyck (*Soehrénsia formósa* (Pfeiff.) Bckbg., *Acanthocalýcium formósum* (Pfeiff.) Bckbg.) ⌂ ∗, Arg.: Mendoza
14. **hamatacántha** Bckbg. (*Pseudolobívia hamatacántha* (Bckbg.) Bckbg.) ⌂ ∗, Arg.: Salta
15. **hertrichiána** (Bckbg.) D.R. Hunt (*Lobívia hertrichiána* Bckbg., *L. binghamiána* Bckbg., *L. allegraiána* Bckbg., *L. incáica* Bckbg., *L. plániceps* Bckbg.) ⌂ ∗, SO-Peru
16. **huáscha** (F.A.C. Web.) Friedr. et G.D. Rowl. (*Lobívia huáscha* (F.A.C. Web.) W.T. Marsh., *Trichocéreus huáscha* (F.A.C. Web.) Britt. et Rose, *T. andalgénsis* (K. Schum.) Hoss.) ⌂ ∗, Arg.: Catamarca, La Rioja
- *kermesína:* 22
17. **kratochviliána** Bckbg. (*Pseudolobívia*

kratochviliána (Bckbg.) Bckbg.) ⌂ ✻, Arg.: Salta

18. **kuehnríchii** (Frič) Friedr. et Glaetzle (*Lobívia kuehnríchii* Frič, *L. densispína* (Werderm.) Bckbg., *E. densispína* Werderm.) ⌂ ✻, N-Arg.: Jujuy
19. **leucántha** (Salm-Dyck) Walp. (*E. sháferi* Britt. et Rose) ⌂ ✻, Arg.: Salta bis Buenos A. u. Rio Negro
- *leucorhodántha:* 1
20. **longispína** (Britt. et Rose) Bckbg. (*Lobívia longispína* Britt. et Rose, *Pseudolobívia longispína* (Britt. et Rose) Bckbg.) ⌂ ✻, N-Arg.: Rio Negro
21. **macrogóna** (Salm-Dyck) Friedr. et G. D. Rowl. (*Trichocéreus macrogónus* (Salm-Dyck) Riccob.) ⌂ ✻, Heimat unbek.
22. **mamillósa** Gürke
var. **kermesína** (Krainz) Friedr. (*E. kermesína* (Krainz) Krainz, *Pseudolobívia kermesína* Krainz) ⌂ ✻, N-Arg.: Jujuy
var. **mamillósa** ⌂, S-Bol.: Tarija
var. **rítteri** (Böd.) Ritt. (*E. rítteri* Böd.) ⌂ ✻, Bol.: Tarija
23. **maximiliána** Heyder (*Lobívia maximiliána* (Heyder) Bckbg., *L. pentlándii* var. *maximiliána* (Heyder) Bckbg.) ⌂ ✻, S-Peru, N-Bol.
24. **mirábilis** Spegazz. (*Arthrocéreus mirábilis* (Spegazz.) W. T. Marsh., *Setiechinópsis mirábilis* (Spegazz.) de Haas) ⌂ ✻, Arg.
- *múltiplex:* 26
25. **obrepánda** (Salm-Dyck) K. Schum. (*Pseudolobívia obrepánda* (Salm-Dyck) Bckbg.)
var. **fiebrígii** (Gürke) Friedr. (*E. fiebrígii* Gürke, *Pseudolobívia fiebrígii* (Gürke) Bckbg., *P. obrepánda* var. *fiebrígii* (Gürke) Bckbg.) D ⌂ ✻, Bol.
var. **obrepánda** ⌂, Bol.: Cochabamba
26. **oxygóna** (Link et Otto) Pfeiff. et Otto (*E. múltiplex* (Pfeiff.) Pfeiff. et Otto) ⌂ ✻, S-Bras., N-Arg.
27. **pachánoi** (Britt. et Rose) Friedr. et G. D. Rowl. (*Trichocéreus pachánoi* Britt. et Rose) D ⌂ ✻, Ek.
28. **pasacána** (Rümpl.) Friedr. et G. D. Rowl. (*Trichocéreus pasacána* (Rümpl.) Britt. et Rose, *Helianthocéreus pasacána* (Rümpl.) Bckbg.) ⌂ ✻, N-Arg.
- *pelecýrhachis:* 1
29. **pentlándii** (Hook.) Salm-Dyck (*Lobívia pentlándii* (Hook.) Britt. et Rose) ⌂ ✻, S-Peru, N-Bol.
30. **polyancístra** Bckbg. (*Pseudolobívia polyancístra* (Bckbg.) Bckbg.), D ⌂ ✻, Arg.: Salta
31. **rhodótricha** K. Schum. ⌂ ✻, Parag., NO-Arg.
- *rítteri:* 22
32. **schickendántzii** F. A. C. Web. (*Trichocéreus schickendántzii* (F. A. C. Web.) Britt. et Rose) ⌂ ✻, W-Arg.: Tucuman
- *sháferi:* 19
33. **spachiána** (Lem.) Friedr. et G. D. Rowl. (*Trichocéreus spachiánus* (Lem.) Riccob., *Céreus spachiánus* Lem.) ⌂ ✻, Arg.
- *spiniflóra: Acanthocalýcium* 3
34. **strigósa** (Salm-Dyck) Friedr. et G. D. Rowl. (*Trichocéreus strigósus* (Salm-Dyck) Britt. et Rose) ⌂ ✻, W-Arg.
35. **tarijénsis** (Vaup.) Werderm. (*Trichocéreus tarijénsis* (Vaup.) Werderm., *T. póco* Bckbg.) ⌂ ✻, S-Bol., N-Arg.: Jujuy
36. **terschéckii** (Pfeiff.) Friedr. et G. D. Rowl. (*Trichocéreus terschéckii* (Pfeiff.) Britt. et Rose) ⌂ ✻, N-Arg.
37. **thelegóna** (K. Schum.) Friedr. et G. D. Rowl. (*Trichocéreus thelegónus* (K. Schum.) Britt. et Rose) ⌂ ✻, W-Arg.: Tucuman
38. **tubiflóra** (Pfeiff.) K. Schum. ⌂ ✻, Arg.: Tucuman, Catamarca, Salta
- *violácea: Acanthocalýcium* 4

Echinospártum hórridum: Genísta 8
Echinospérmum láppula: Láppula 1
Echioídes longiflóra: Arnébia 1
Echítes nútans: Prestónia 1
- *peltátus: Peltástes* 1
- *rubrovenósus: Prestónia* 1

Échium L. – n. – *Boragináceae*
Natternkopf

1. **angustifólium** Mill. (*E. seríceum* Vahl) ♃ ⌂ VI–VIII, Ägäis
- *bourgaeánum:* 9

2. **cándicans** L. f. ♄ ⓚ IV–VII, Mad., Kanar.
3. **créticum** L. ⊙ VII–VIII, W-Med., S-Port.
4. **fastuósum** Jacq. ♄ ⓚ IV–VII, Kanar.
- *lycópsis:* 6
5. **pininána** Webb et Berth. ♃ ⓚ VI bis VIII ▽, Kanar.: Gran Canaria
6. **plantagíneum** L. (*E. lycópsis* L. p. p.) ⊙ - ⊙ VI–VIII, S- u. W-Eur., nördl. bis SW-Engl., NW-Afr.
- *rúbrum:* 7
7. **rússicum** J. F. Gmel. (*E. rúbrum* Jacq.) ⊙ VI–VII, Östl. M- u. SO-Eur. bis M-Rußl.
- *seríceum:* 1
8. **vulgáre** L. ⊙ ☠ VI–VIII, Eur., Kl. As., NW-Afr., im östl. N-Am. eingebürg.
9. **wildprétii** H. H. W. Pears. ex Hook. f. (*E. bourgaeánum* Webb ex Coincy) ♄ ⓚ VI–VIII ▽, Kanar.: Tener., Gran Canaria

Edgewórthia Meissn. - f. - *Thymelaeáceae*
1. **papyrífera** Sieb. et Zucc. ♄ ⓚ ⓝ, China, in Jap. kult.

Edmóndia sesamoídes: Helichrýsum 14

Edraiánthus (A. DC.) DC. - m. - *Campanuláceae*
Büschelglocke
- *croáticus:* 3
1. **dalmáticus** (A. DC.) A. DC. ♃ △ VI bis VII, Dalm., Kroat.
2. **dináricus** (Kerner) Wettst. (*E. pumílio* (Portenschl.) A. DC. var. *májor* Vis.) ♃ △ VII–VIII, W- u. M-Jugosl.
3. **graminifólius** (L.) A. DC. (*Campánula graminifólia* L., *E. croáticus* Kerner) ♃ △ VII–VIII, Gebg. S- u. M-Ital., Siz., Balk.
4. **parnássicus** (Boiss. et Sprun.) Hal. ♃ △ VI–VII, Griech.
5. **pumílio** (Portenschl.) A. DC. ♃ △ VI bis VII, W-Jugosl.
- *pumílio* var. *májor:* 2
6. **serpyllifólius** (Vis.) A. DC. (*Campánula serpyllifólia* Vis.) ♃ △ VI–VII, W-Jugosl., N-Alban.
7. **tenuifólius** (Waldst. et Kit.) A. DC. ♃ △ VI–VII, W-Balk.

Edwárdsia grandiflóra: Sophóra 5
- *macnabiána: Sophóra* 3
- *microphýlla: Sophóra* 3
- *tetráptera: Sophóra* 5

Egéria Planch. - f. - *Hydrocharitáceae*
1. **dénsa** Planch. (*Elódea dénsa* (Planch.) Casp., *Anácharis dénsa* (Planch.) Marie-Vict.) ♃ ≋ ⓦ ⓚ, Subtrop. S-Am. (Bras., Urug., Arg.), in Chile, Mex., im östl. N-Am. sowie in NW- u. M-Eur. eingebürg.

Ehrétia P. Br. - f. - *Boragináceae*
1. **microphýlla** Lam. (*E. buxifólia* Roxb., *Córdia retúsa* Vahl, *Cármona retúsa* (Vahl) Macamura) - Philippinischer Tee, Fukientee ♄ i ⓦ, Ind. bis Malays. u. Phil.

Eichhórnia Kunth - f. - *Pontederiáceae*
1. **azúrea** (Sw.) Kunth ♃ ∼–≋ ⓦ VI bis X, Trop. u. subtrop. Am.
2. **crássipes** (Mart.) Solms (*E. speciósa* Kunth) - Wasserhyazinthe ♃ ∼–≋ ⓦ VI–IX, Trop. u. subtrop. Am., in anderen trop. u. subtrop. Gebieten vielerorts eingebürg., auch in Port.
3. **paniculáta** (Spreng.) Solms ♃ ∼ ⓦ VII–VIII, Trop. Am.
- *speciósa:* 2

Elaeágnus L. - f. - *Elaeagnáceae*
Ölweide
1. **angustifólia** L. - Ölweide, W- As., M-As., Him., China, in S-, im südl. M- u. in O-Eur. eingebürg.
var. **angustifólia** ♄–♄ D V–VI ⓝ
var. **orientális** (L.) O. Kuntze (*E. orientális* L.) ♄–♄ D VI ⓝ
var. **spinósa** (L.) O. Kuntze (*E. spinósa* L.) ♄–♄ D VI ⓝ
- *argéntea:* 2
2. **commutáta** Bernh. ex Rydb. (*E. argéntea* Pursh non Moench) ♄ D V bis VII, N-Am.: Queb. bis Yukon, südl. bis Minn., Nebr., Utah, Br. Kol.
- *críspa:* 8
- *críspa* var. *týpica:* 8
3. × **ebbíngei** Boom ex Doorenb. (*E. macrophýlla* × *E. púngens*) ♄ i X–XII
- *edúlis:* 6
4. **glábra** Thunb. ♄ i ⓚ ∧ X–XI, Jap., China
- *lóngipes:* 6
5. **macrophýlla** Thunb. ♄ i D ⓚ ∧ IX bis XI, Jap., Korea, Riukiu-Ins.
6. **multiflóra** Thunb. (*E. lóngipes* A. Gray, *E. edúlis* Carr.), Jap., Korea,

China
var. **multiflóra** ♄ ✿ IV–V Ⓝ
var. **ováta** (Maxim.) Servett. ♄ ✿ IV bis V Ⓝ
- *orientális:* 1
- *parvifólia:* 8
7. **púngens** Thunb., N-China, Jap.
var. **púngens** ♄ D i Ⓚ X–XI Ⓝ
var. **refléxa** (C. Morr. et Decne.) Schneid. ♄ D i Ⓚ X–XI Ⓝ
var. **simónii** (Carr.) Nichols. ♄ D i Ⓚ X–XI Ⓝ
- *spinósa:* 1
8. **umbelláta** Thunb. (*E. críspa* Thunb., *E. críspa* var. *týpica* Nakai)
var. **parvifólia** (Royle) Schneid. (*E. parvifólia* Royle) ♄ D ✿ V–VI Ⓝ, Him.
var. **umbelláta** ♄ D ✿ V–VI Ⓝ, Jap., Korea, China

Elaēis Jacq. - f. - *Pálmae*
Ölpalme
1. **guineénsis** Jacq. (*E. melanocócca* Gaertn.) ♄ Ⓦ Ⓝ, Trop. W-Afr. bis O-Afr. u. Angola
- *melanocócca:* 1
2. **oleífera** (H.B.K.) Cortés (*Corózo oleífera* (H.B.K.) L.H. Bailey) ♄ Ⓚ Ⓝ, M-Am., nordöstl. S-Am.

Elaeocárpus L. - m. - *Elaeocarpáceae*
Ölfrucht, Ganiterbaum
- *cyáneus:* 2
1. **floribúndus** Bl. ♄ i Ⓦ Ⓝ, O-Bengal. bis Java
2. **reticulátus** Sm. (*E. cyáneus* Ait. f. ex Sims) ♄ i Ⓚ Ⓝ, O-Austral., Tasm.

Elaeodéndron Jacq. f. - n. - *Celastráceae*
1. **orientále** Jacq. (*Cassíne orientális* (Jacq.) O. Kuntze, *Arália chabriéri* hort.) ♄ Ⓦ, Madag., Maurit.

Elaphoglóssum Schott ex J. Sm. - n. - *Elaphoglossáceae*
Zungenfarn
1. **crinítum** (L.) Christ ♃ Ⓦ, Mex., Guat., Costa R.
2. **latifólium** (Sw.) J. Sm. (*Acróstichum latifólium* Sw.) ♃ Ⓦ, Trop. Am.
3. **villósum** (Sw.) J. Sm. (*Acróstichum villósum* Sw.) ♃ Ⓦ, Trop. Am.

Elatíne L. - f. - *Elatináceae*
Tännel
- *gyrospérma:* 1
1. **hydrópiper** L. emend. Oed. (*E. gyrospérma* Düben ex Meinsh.)
f. **submérsa** Seubert ☉ ≈–≋ Ⓚ–Ⓦ, N- u. M-Eur., südl. bis Span., N-Ital., Bulg. u. SO-Rußl., NW-Afr.
2. **macrópoda** Guss.
f. **submérsa** Glück ♃ ≈–≋ Ⓚ–Ⓦ, Frankr., Span., Port., Alger., Marok., Siz., Malta, Sard., Kors., Balear.

Elatostéma púlchrum: Pelliónia 1
- *répens: Pelliónia* 2

Elégia L. - f. - *Restionáceae*
1. **verticilláris** Kunth ♃ ✂ Ⓚ, S-Afr.

Eleócharis R.Br. (*Heleócharis* Lestib.) - f. - *Cyperáceae*
Sumpfried
1. **aciculáris** (L.) Roem. et Schult. (*Scírpus aciculáris* L., *Isólepis aciculáris* (L.) Schlechtend., *Limnóchloa aciculáris* (L.) Rchb.) - Nadelsimse
f. **submérsa** (Hj. Nilss.) Glück (var. *submérsa* (Hj. Nilss.) Svenson) ♃ ≈ bis ≋ Ⓚ–Ⓦ, Arkt. Eur. u. N-Am.
- *aciculáris* var. *submérsa:* 1
2. **dúlcis** (Burm. f.) Trin. ex Henschel - Water chestnut ♃ ≈ Ⓚ Ⓝ, Trop. Afr., Madag., Ind., trop. O-As., Pazif. Ins., Austral.
3. **palústris** (L.) Roem. et Schult. (*Scírpus palústris* L.) ♃ ≈, Fast Kosmopol.
4. **párvula** (Roem. et Schult.) Link ex Bluff, Nees et Schau. (*Scírpus párvulus* Roem. et Schult., *S. pusíllus* Vahl, *Limnóchloa párvula* (Roem. et Schult.) Rchb., *E. pygmaēa* Torr.) ♃ ≈–≋ Ⓚ, Küsten Eur., N- u. S-Afr., Jap., N-Am. bis nördl. S-Am.
- *prolífera:* 5
- *pygmaēa:* 4
5. **vivípara** Link (*E. prolífera* Torr.) ♃ ≈–≋ Ⓚ, USA: Virg. bis Flor.

Elettária Maton - f. - *Zingiberáceae*
1. **cardamómum** (L.) Maton (*Amómum cardamómum* L. non Roxb. nec auct. mult.) - Malabarkardamome ♃ Ⓦ Ⓝ Off., Ceyl., S-Ind., SO-As.
- *cardamómum* var. *május:* 2
2. **május** Sm. (*E. cardamómum* var. *május* (Sm.) Thwaites) - Ceylonkardamome ♃ Ⓦ Ⓝ, Ceyl.

Eleusíne Gaertn. - f. - *Gramíneae*
1. **córacan** (L.) Gaertn. - Korakan ☉ Ⓝ, Altweltl. Trop. u. Subtrop.

2. **índica** (L.) Gaertn. ⊙ ✂ VII–VIII, Altweltl. Trop. u. Subtrop., in S-Eur. u. im östl. u. mittl. N-Am. eingebürg.

Eleutherocóccus Maxim. (inkl. *Acanthópanax* (Decne. et Planch.) Miq.) - m. - *Araliáceae*

1. **giráldii** (Harms) Nakai (*Acanthópanax giráldii* Harms) ♄ VIII, M- u. N-China
2. **hényri** Oliv. (*Acanthópanax hényri* (Oliv.) Harms) ♄ VIII–IX, M-China
3. **senticósus** (Rupr. et Maxim. ex Maxim.) Maxim. (*Hédera? senticósa* Rupr. et Maxim. ex Maxim., *Acanthópanax senticósus* (Rupr. et Maxim. ex Maxim.) Harms) ♄ VII, Jap., Sachal., Korea, Mandsch., Amur, N-China
4. **setchuenénsis** (Harms) Nakai (*Acanthópanax setchuenénsis* Harms) ♃ VII, W-China
5. **sieboldiánus** (Mak.) Koidz. (*Acanthópanax sieboldiánus* Mak., *A. pentaphýllus* (Sieb. et Zucc.) March., *A. spinósus* hort. non (L. f.) Miq.) ♄ VI bis VII, China
6. **simónii** (hort. Simon-Louis ex Schneid.) Hesse (*Acanthópanax simónii* hort. Simon-Louis ex Schneid.) ♄ VI, M-China

Eleutheropétalum ernésti-augústi: Chamaedórea 5

Eliséna longipétala: Hymenocállis 4

Elísma: Lurónium
- *nátans: Lurónium* 1

× **Elleanthéra** hort. (*Renanthéra* × *Renantherélla*) - f. - *Orchidáceae*

Elleánthus K.B. Presl - m. - *Orchidáceae*

1. **capitátus** (Poepp. et Endl.) Rchb. f. ♃ Ⓦ X–XI ∗, Mex. bis S-Am., Westind.
2. **caravàta** (Aubl.) Rchb. f. ♃ Ⓦ IX–X ∗, Guay.

Elódea Michx. (*Helódea* Rchb., *Anácharis* L.C. Rich.) - f. - *Hydrocharitáceae*
Wasserpest

1. **callitrichoídes** (L.C. Rich.) Casp. (*Anácharis callitrichoídes* L.C. Rich.) ♃ ≈ Ⓦ, Arg., Chile
2. **canadénsis** Michx. (*Anácharis canadénsis* (Michx.) L.C. Rich.) ♃ ≈ Ⓚ, N-Am.: Queb. bis Sask. u. Wash., südl. bis N.Y., Kent. u. Kalif., weltweit verschleppt u. vielfach eingebürg.
- *críspa: Lagarosíphon* 2
- *dénsa: Egéria* 1
3. **érnstiae** St. John ♃ ≈ Ⓚ, Arg., im Elsaß, W- u. NW-Deutschl. eingebürg.
4. **nuttállii** (Planch.) St. John (*Anácharis nuttállii* Planch., *E. occidentális* (Pursh) St. John, *Anácharis occidentális* (Pursh) Marie-Vict.) ♃ ≈ Ⓚ, N-Am.: SO-Kan., Maine bis Minn. u. Oreg., südl. bis Virg., Missouri u. Nebr., in Jap. sowie W-Eur. u. W- bis M-Deutschl. eingebürg.
- *occidentális:* 4

Elshóltzia Willd. - f. - *Labiátae*

1. **ciliáta** (Thunb.) Hyl. (*E. cristáta* Willd.) ⊙ IX–XI Ⓝ, Jap., Kuril., Korea, Taiw., China, gem. As., in O- u. M-Eur. eingebürg.
- *cristáta:* 1
2. **stauntónii** Benth. ♄ D IX–X, N-China

Élymus L. - f. - *Gramíneae*
Haargerste

- *arenárius: Leýmus* 1
1. **canadénsis** L. ♃ VII–IX, N-Am.: N. Brunsw. bis S-Alaska, südl. bis N. Carol., Missouri, Tex., New Mex., Ariz. u. Kalif.
2. **fárctus** (Viv.) Runemark ex Meld. (*Tríticum júnceum* L., non *Élymus júnceus* Fisch., *Agropýron júnceum* (L.) P. Beauv., *Elytrígia júncea* (L.) Nevski) ♃ Ⓝ, Küsten Eur., Med., N-Afr., Kl. As.
- *gigantéus: Leýmus* 2
3. **glaúcus** Buckl. ♃ VII–VIII, N-Am.: Ont. bis S-Alaska, südl. bis N.Y., Missouri, New Mex. u. Kalif.
- *híspidus: Agropýron* 3
- *híspidus* ssp. *hispídulus: Agropýron* 7
- *pauciflórus: Agropýron* 6
- *racemósus: Leýmus* 2
- *répens: Agropýron* 5

Elytrígia intermédia: Agropýron 3
- *intermédia* ssp. *barbuláta: Agropýron* 6
- *júncea: Élymus* 2

- *junceifórmis: Agropýron* 4
- *répens: Agropýron* 5

Émblica Gaertn. - f. - *Euphorbiáceae*
1. **officinális** Gaertn. - Himalayan Aula ♄ Ⓝ ⌂, Him.

Embóthrium J.R. et G. Forst. - n. - *Proteáceae*
1. **coccíneum** J.R. et G. Forst. ♄ ⌂, Chile, W-Arg.

Emília Cass. - f. - *Compósitae*
1. **javánica** (Burm. f.) C.B. Robins. (*Cacália coccínea* Sims, *Senécio sagittátus* (Vahl) Hoffm., *E. coccínea* (Sims) G. Don, *E. flámmea* Cass., *E. sonchifólia* hort. non (L.) DC. ex Wight, *E. sagittális* (Vahl) DC.) ⊙ VII–IX, S-China, Ind., Trop. Afr.

Émpetrum L. - n. - *Empetráceae* Krähenbeere, Rauschbeere
1. **atropurpúreum** Fern. et Wieg. ♄ i ⁓ V, N-Am.: St.-Lorenz-Str. bis Maine, N. Hampsh.
- *hermaphrodítum:* 2
2. **nígrum** L.
ssp. **hermaphrodítum** (Lange) Böcher (*E. hermaphrodítum* (Lange) Hagerup) ♄ i ⁓ V, N-Eur., im Gebge. südl. bis Pyren., Apenn., Balk., Kauk., Sib., Grönl., nördl. N-Am., südl. bis Neuengl., Mich., Br. Kol. u. Wash.
ssp. **nígrum** ♄ i ⁓ V, N-Eur., südl. bis Pyren., Jura, Rum., S-Ural, N-As., arkt. N-Am., südl. bis Neufundl., N. Scot., Maine, N.Y., Mich., Minn., Alb., N-Kalif.

Encephalártos Lehm. - m. - *Cycadáceae* Brotpalmfarn
1. **altenstéinii** Lehm. ⚘ (Sam.) ⌂ ✱, S-Afr.
2. **cáffer** (Thunb.) Miq. - Kaffernbrot ⚘ (Sam.) ⌂ ✱, Kap
3. **cycadifólius** (Jacq.) Lehm. ⚘ (Sam.) ⌂ ✱, S-Afr.
4. **hildebrándtii** A. Braun et Bouché ⚘ (Sam.) ⌂ ✱, Trop. O-Afr.
5. **hórridus** (Jacq.) Lehm. ♃ (Sam.) ⌂ ✱, Kap
6. **lebomboénsis** Verdoorn i ⚘ (Sam.) ✱, S-Afr.
7. **lehmánnii** Lehm. ⚘ (Sam.) ⌂ ✱, Kap
8. **longifólius** (Jacq.) Lehm. ⚘ (Sam.) ⌂ ✱, Kap
9. **transvenósus** Stapf et Davy ⚘ (Sam.) ⌂ ✱, Transv.
10. **villósus** Lehm. ⚘ (Sam.) ⌂ ✱, SO-Kap, Nat.

Encephalocárpus: Pelecýphora
- *strobilifórmis: Pelecýphora* 2

Encýclia Hook. - f. - *Orchidáceae*
1. **adenocaúlos** (Llave et Lex.) Schlechter (*Epidéndrum adenocaúlon* Llave et Lex., *E. nemoràle* Lindl., *Encýclia nemorális* (Lindl.) Schlechter) ♃ ⌂ VII ✱, Mex.
2. **aláta** (Batem.) Schlechter (*Epidéndrum alátum* Batem.) ♃ ⌂ V–X ✱, M-Am.
- *atropurpúrea:* 7
3. **báculus** (Rchb. f.) Dressl. et G. Pollard (*Epidéndrum báculus* Rchb. f., *E. pentótis* Rchb. f., *E. beyrodtiánum* Schlechter) ♃ ⌂ VII–IX ✱, Von Mex. südl. bis Kol. u. vielleicht Bras.
4. **brassávolae** (Rchb. f.) Dressl. (*Epidéndrum brassávolae* Rchb. f.) ♃ ⌂ VII–IX ✱, Von Mex. über M-Am. bis W-Pan.
5. **citrína** (Llave et Lex.) Dressl. (*Cattléya citrína* (Llave et Lex.) Lindl.) ♃ ⌂ D IV–V ✱, Mex.
6. **cochleáta** (L.) Lemée (*Epidéndrum cochleátum* L.) ♃ ⌂ XI–II ✱, Flor., Westind., M-Am., Kol., Venez., Guay.
7. **cordígera** (H.B.K.) Dressl. (*Epidéndrum atropurpúreum* auct. non Willd., *Encýclia atropurpúrea* Schlechter) ♃ ⌂ IV–VI ✱, Mex., M-Am., Kol., Venez.
8. **frágrans** (Sw.) Lemée (*Epidéndrum frágrans* Sw.) ♃ ⌂ II–V ✱, Mex., M-Am., nördl. S-Am., Westind.
9. **glumácea** (Lindl.) Pabst (*Epidéndrum glumáceum* Lindl.) ♃ ⌂ IX ✱, O-Bras., Ek.
- *nemorális:* 1
10. **odoratíssima** (Lindl.) Schlechter (*Epidéndrum odoratíssimum* Lindl.) ♃ ⌂ VI–VII ✱, Bras.
11. **oncidioídes** (Lindl.) Schlechter (*Epidéndrum oncidioídes* Lindl.) ♃ ⌂ V bis VI ✱, Guay., Bras.
12. **prismatocárpa** (Rchb. f.) Dressl.

(*Epidéndrum prismatocárpum* Rchb. f.) ♃ ⌂ VII-VIII ✱, Costa R.
13. **radiáta** (Lindl.) Dressl. (*Epidéndrum radiátum* Lindl.) ♃ ⌂ V-VII ✱, Mex., M-Am.
14. **tampénsis** (Lindl.) Schlechter (*Epidéndrum tampénse* Lindl.) ♃ ⌂ VI bis VII ✱, Flor.
15. **véspa** (Vell.) Dressl. (*Epidéndrum variegátum* Hook.) ♃ ⌂ IV-V ✱, Trop. Am.
16. **virgáta** (Lindl.) Schlechter (*Epidéndrum virgátum* Lindl.) ♃ ⌂ VII-VIII ✱, Mex., Guat.
17. **vitellína** (Lindl.) Dressl. (*Epidéndrum vitellínum* Lindl.) ♃ ⌂ X-XII ✱, Mex., Guat.

Endýmion: Hyacinthoídes
- *campanulátus: Hyacinthoídes* 1
- *cérnuus: Hyacinthoídes* 3
- *hispánicus: Hyacinthoídes* 1
- *nútans: Hyacinthoídes* 3

Enkiánthus Lour. - m. - *Ericáceae*
Prachtglocke
1. **campanulátus** (Miq.) Nichols. ♄ V, Jap.
2. **cérnuus** (Sieb. et Zucc.) Mak. ♄ V, Jap.
3. **chinénsis** Franch. ♄ ∧ V, M- u. W-China
4. **perulátus** (Miq.) Schneid. ♄ V, Jap.

Enséte Horan. - n. - *Musáceae*
1. **ventricósum** (Welw.) E.E. Cheesm. (*Músa enséte* J.F. Gmel., *M. ventricósa* Welw., *M. arnoldiána* De Wild., *E. edúle* Bruce ex Horan.) ♃ ⌂ ⓝ, S-, M- u. NO-Afr.

Entáda Adans. - f. - *Leguminósae*
1. **phaseoloídes** (L.) Merr. (*E. scándens* (L.) Benth.) ♄ ≩ ⌂ ⓝ, Trop. Afr. u. As., Pazif. Ins.

Entandrophrágma C. DC. - n. - *Meliáceae*
1. **angolénse** (Welw.) C. DC. ♄ ⌂ ⓝ, W-Afr.
2. **cylíndricum** (Sprague) Sprague ♄ ⌂ ⓝ, W- bis O-Afr.
3. **útile** (Dawe et Sprague) Sprague ♄ ⌂ ⓝ, W- bis O-Afr.

Enteléa R.Br. ex Sims - f. - *Tiliáceae*
1. **arboréscens** R.Br. ♄ - ♄ ⌂, Neuseel.

Enterolóbium Mart. - n. - *Leguminósae*
1. **cyclocárpum** (Willd.) Griseb. - „Guanacaste" ♄ ⌂ ⓝ, Mex., M-Am., nördl. S-Am., Westind.

Eomécon Hance - f. - *Papaveráceae*
1. **chionántha** Hance ♃ ∧ IV, O-China

Épacris Cav. - f. - *Epacridáceae*
Australheide
- *grandiflóra:* 4
1. **heteronéma** Labill. ♄ i ⌂ II-IV, Austral.: Vict., Neusüdwal.; Tasm.
2. **-Hybriden** ♄ i ⌂ XII-IV
3. **impréssa** Labill. ♄ i ⌂ XII-IV, Austral.: Neusüdwal., Vict., S-Austral.; Tasm.
4. **longiflóra** Cav. (*E. grandiflóra* Willd., *E. miniáta* Lindl.) ♄ i ⌂ III-V, Austral.: N-Neusüdwal.
5. **microphýlla** R.Br. (*E. pulchélla* Sieb.) ♄ i D ⌂ III-V, O-Austral., Tasm.
- *miniáta:* 4
6. **obtusifólia** Sm. ♄ i D ⌂ III-IV, Austral.: Queensl., Neusüdwal., Vict.; Tasm.
7. **paludósa** R.Br. ♄ i ⌂ III-V, Austral.: Neusüdwal., Vict.; Tasm.
- *pulchélla:* 5
8. **purpuráscens** R.Br. ♄ i ⌂ III-V, Austral.: Neusüdwal.

Éphedra L. - f. - *Ephedráceae*
- *campylópoda:* 3
1. **distáchya** L. (*E. vulgáris* L.C. Rich.)
ssp. **distáchya** ♄ △ ⟿, S-Eur., nördl. bis NW-Frankr., S-Slowak., M-Ukr. u. S- u. O-Rußl. bis M-As.
ssp. **helvética** (C.A. Mey.) Aschers. et Graebn. (var. *helvética* (C.A. Mey.) St.-Lager, *E. helvética* C.A. Mey.) ♄ △ ⟿, S-Frankr., SW- u. S-Alp.
- *distáchya* var. *helvética:* 1
- *equisetifórmis:* 5
2. **equisetína** Bunge ♄ △, Turkest., Mongol., N-China
3. **frágilis** Desf.
ssp. **campylópoda** (C.A. Mey.) Aschers. et Graebn. (var. *campylópoda* (C.A. Mey.) Stapf, *E. campylópoda* C.A. Mey.) ♄ △ ≩ - ⟿, O-Med., Bulg.
ssp. **frágilis** ♄ △ ≩-⟿, Kanar., Span., W- u. M-Med., S-Port.
- *frágilis* var. *campylópoda:* 3
4. **gerardiána** Wall. ex Stapf

var. **sikkiménsis** Stapf ♄ △, N-Ind.
– *helvética:* 1
5. **májor** Host (*E. equisetifórmis* Webb et Berth., *E. nebrodénsis* Tin. ex Guss., *E. scopária* Lange) ♄ △
ssp. **májor**, Makarones., Span., Med., W-As.
ssp. **procéra** (Fisch. et C.A. Mey.) Markgr. (*E. procéra* Fisch. et C.A. Mey.), Dalm., Griech., Vord. As., Kauk.
– *nebrodénsis:* 5
– *procéra:* 5
– *scopária:* 5
6. **sínica** Stapf ♄ Ⓚ, N-China
7. **shennungiána** Tang ♄ Ⓚ, Fukien
– *vulgáris:* 1
× *Epibrassávola:* × *Brassoëpidéndrum*
× **Epibroughtónia** hort. (*Broughtónia* × *Epidéndrum*) – f. – *Orchidáceae*
× **Epicattleya** hort. (*Cattleya* × *Epidéndrum;* × *Cattleyodéndron* hort., × *Epileya* hort.) – f. – *Orchidáceae*
Epidéndrum L. 1763, non 1753 – n. – *Orchidáceae*
– *adenocaulon: Encýclia* 1
– *alátum: Encýclia* 2
1. **ánceps** Jacq. ♃ Ⓚ ∗, Neuweltl. Trop.
– *atropurpúreum: Encýclia* 7
– *báculus: Encýclia* 3
– *beyrodtiánum: Encýclia* 3
– *bicornútum: Caulárthron* 1
2. **boothiánum** Lindl. ♃ Ⓦ ∗, Kuba
– *brassávolae: Encýclia* 4
3. **ciliáre** L. (*Auliza ciliáris* (L.) Salisb.) ♃ Ⓦ XI–I ∗, Von Westind. bis M-Am. u. dem nördl. S-Am.
4. **cnemidóphorum** Lindl. ♃ Ⓚ IV–V ∗, Costa R., Guat.
– *cochleátum: Encýclia* 6
5. **coronátum** Ruiz et Pav. ♃ Ⓦ ∗, Mex., Belize, Guat., nördl. S-Am., Trin.
6. **diffórme** Jacq. ♃ Ⓦ ∗, Von Flor. über Mex. u. M-Am. bis Westind. u. nördl. S-Am.
7. **diffúsum** Sw. ♃ Ⓦ ∗, Westind., M-Am.
– *élegans: Barkéria* 1
– *falcátum:* 13
– *floribúndum:* 12
– *frágrans: Encýclia* 8
– *glumáceum: Encýclia* 9
– *grandiflórum: Stanhópea* 5
8. **ibaguénse** H.B.K. (*E. radícans* Pav. ex Lindl.) ♃ Ⓦ XII–V ∗, M-Am., nördl. S-Am., Westind.
9. **latifólium** (Lindl.) Garay et H. Sweet (*E. noctúrnum* var. *latifólium* Lindl.) ♃ Ⓦ VIII–X ∗, Trop. Am.
– *lindleyánum: Barkéria* 3
10. **medúsae** (Rchb. f.) Siebert et Voss (*Nanódes medúsae* Rchb. f.) ♃ Ⓦ VII–VIII ∗, Ek.
– *nemoräle: Encýclia* 1
11. **noctúrnum** L. ♃ Ⓦ VIII–X ∗, USA: Flor.; nördl. S-Am., Westind.
– *noctúrnum* var. *latifólium:* 9
– *odoratíssimum: Encýclia* 10
– *oncidioídes: Encýclia* 11
12. **paniculátum** Ruiz et Pav. (*E. floribúndum* H.B.K.) ♃ Ⓦ X–XII ∗, M-Am., nördl. S-Am., Westind.
13. **parkinsoniánum** Hook. (*E. falcátum* Lindl., *Auliza parkinsoniána* (Hook.) Brieg.) ♃ Ⓦ VII–VIII ∗, Mex.
– *pentótis: Encýclia* 3
14. **pórpax** Rchb. f. (*Nanódes pórpax* (Rchb. f.) Brieg.) ♃ Ⓦ ∗, Mex. bis Pan., Venez., Peru
– *prismatocárpum: Encýclia* 12
15. **púrum** Lindl. ♃ Ⓦ ∗, Von Venez. südwestl. bis Bol.
– *radiátum: Encýclia* 13
– *radícans:* 8
16. **schlechteriánum** Ames ♃ Ⓦ ∗, Mex. bis Pan., Venez., Guay., Bras., Peru, Trin.
– *skínneri: Barkéria* 2
17. **stamfordiánum** Batem. ♃ Ⓦ III–IV ∗, Mex. bis Pan., Kol., Venez.
18. **stenopétalum** Hook. ♃ Ⓦ II–III ∗, Westind., von Mex. südl. bis Ek. u. Bras.
– *tampénse: Encýclia* 14
19. **varicósum** Batem. ex Lindl. ♃ Ⓦ VII bis VIII ∗, M-Am.
– *variegátum: Encýclia* 15
– *virgátum: Encýclia* 16
– *vitellínum: Encýclia* 17
× **Epidiácrium** hort. (*Caulárthron* × *Epidéndrum*) – n. – *Orchidáceae*
× **Epidróbium** hort. (*Dendróbium* × *Epidéndrum*) – n. – *Orchidáceae*
Epigaea L. – f. – *Ericáceae*

1. **asiática** Maxim. ♄ i ⟿ IV–V, Jap.
2. **répens** L. ♄ i ⟿ III–IV, N-Am.: Labr. bis Sask., südl. bis Penns., N-Carol., Flor. u. Miss.

Epigeneium Gagnep. – n. – *Orchidáceae*
1. **ámplum** (Lindl.) Summerh. (*Dendróbium ámplum* Lindl.) ♃ Ⓦ V–VI ✻, Sikk.
2. **coelógyne** (Rchb. f.) Summerh. (*Dendróbium coelógyne* Rchb. f.) ♃ Ⓦ X–XI ✻, Burma, Thail.
3. **lyónii** (Ames) Summerh. (*Dendróbium lyónii* Ames, *D. acuminátum* hort.) ♃ Ⓦ ✻, Phil.

× **Epígoa** hort. (*Domíngoa* × *Epidéndrum;* × *Domindéndrum* hort.) – f. – *Orchidáceae*

× **Epiláelia** hort. (*Epidéndrum* × *Láelia;* × *Laeliodéndron* hort.) – f. – *Orchidáceae*

× **Epilaeliocattléya** hort. (*Cattléya* × *Epidéndrum* × *Láelia*) – f. – *Orchidáceae*

× **Epilaeliópsis** hort. (*Epidéndrum* × *Laeliópsis;* × *Epilópsis* hort.) – f. – *Orchidáceae*

× *Epiléya:* × *Epicattléya*

Epilóbium L. – n. – *Onagráceae*
1. **angustifólium** L. (*Chamaenérion angustifólium* (L.) Scop., *Chamérion angustifólium* (L.) Holub) – Weidenröschen ♃ VI–VIII ⓝ, Eur., Kanar., Mad., As., N-Am. einschl. Grönl.
2. **cánum** (Greene) Raven (*Zauschnéria cána* Greene)
   ssp. **angustifólium** (Keck) Raven (*Zauschnéria califórnica* K.B. Presl ssp. *califórnica*) ♃–♄ △ ∧ VII–X, Kalif., Mex.
   ssp. **cánum** ♃–♄ △ ∧ (besser Ⓐ) X bis XI, Kalif.
   ssp. **latifólium** (Hook.) Raven (*Zauschnéria califórnica* ssp. *latifólia* (Hook.) Greene) ♃–♄ △ ∧ VII bis X, USA: Oreg., Kalif., Nev., Ariz., New Mex.
3. **dodonáei** Vill. (*Chamaenérion dodonáei* (Vill.) Schur, *C. palústre* auct. non (L.) Scop., *Chamérion dodonáei* (Vill.) Holub) ♃ VI–VII, M-, S-Eur., bis M-Frankr. u. W-Ukr., Kauk., Kl. As.
4. **fléischeri** Hochst. (*Chamaenérion fléischeri* (Hochst.) Fritsch, *Chamérion fléischeri* (Hochst.) Holub) ♃ △ VII–IX ▽, Alp.
5. **glabéllum** G. Forst. ♃ Ⓐ, VII–VIII, Neuseel.

- *hectóris:* 6

6. **inornátum** Melville (*E. hectóris* hort. non Hausskn., *E. nummulariifólium* hort. non R. Cunn.) ♃ ⟿ △ VI bis VIII, Neuseel.

- *nummulariifólium* hort.: 6

7. **nummulariifólium** R. Cunn. ♃ ⟿ △ VI–VIII, Neuseel.
8. **purpurátum** Hook. f. ♃ ⟿ △ VI bis VIII, Neuseel.

× *Epilópsis:* × *Epilaeliópsis*

Epimédium L. – n. – *Berberidáceae*
Elfenblume, Sockenblume
1. **alpínum** L. ♃ IV–V, Apenn., O- u. S-Alp., Balk., in W- u. M-Eur. stellenweise eingebürg.

- *alpínum* var. *rúbrum:* 7

2. **diphýllum** Grah. (*Acceránthus diphýllus* (Grah.) C. Morr. et Decne.) ♃ IV bis V, Jap.
3. **grandiflórum** C. Morr. (*E. macránthum* C. Morr. et Decne.) ♃ IV–V, Jap., N-China, N-Korea
   'Normale' (f. *normále* (Voss) Stearn, *E. macránthum* var. *musschiánum* (C. Morr. et Decne.) Mak.)
   'Flavescens' (f. *flavéscens* Stearn, *E. sulphúreum* Nakai non C. Morr.)
   'Violaceum' (f. *violáceum* (C. Morr.) Stearn, *E. violáceum* C. Morr., *E. macránthum* var. *violáceum* (C. Morr.) Franch.)
   'Rose Queen' (*E. rúbrum* Nakai non C. Morr.)

- *grandiflórum* f. *flavéscens:* 3
- *grandiflórum* f. *normále:* 3
- *grandiflórum* f. *violáceum:* 3
- *hexándrum: Vancouvéria* 2
- × *lilacínum:* 10
- *macránthum:* 3
- *macránthum* var. *musschiánum:* 3
- *macránthum* var. *níveum:* 10
- *macránthum* var. *sulphúreum:* 8
- *macránthum* var. *versícolor:* 8
- *macránthum* var. *violáceum:* 3
- *musschiánum* var. *violáceum:* 10
- *níveum:* 10
- *ochroléucum:* 8

4. **perralderiánum** Coss. ♃ IV–V, Alger.
5. **pinnátum** Fisch.
ssp. **cólchicum** (Boiss.) Busch (*E. pinnátum* var. *élegans* hort.) ♃ IV–V, W-Transkauk.
– *pinnátum* var. *élegans:* 5
6. **pubígerum** (DC.) C. Morr. et Decne. ♃ V, Bulg., Türk., Kl. As., Kauk.
– *purpúreum:* 7
7. × **rúbrum** C. Morr. (*E. alpínum* × *E. grandiflórum; E. purpúreum* Vilm., *E. alpínum* var. *rúbrum* (C. Morr.) Hook. f.) ♃ IV–V
– *rúbrum* Nakai: 3
– *sulphúreum* C. Morr.: 8
– *sulphúreum* Nakai: 3
8. × **versícolor** C. Morr. (*E. grandiflórum* × *E. pínnatum; E. macránthum* var. *versícolor* C. Morr.) ♃ IV–V
'Cupreum' (f. *cúpreum* C. Morr.)
'Sulphureum' (f. *sulphúreum* C. Morr., *E. macránthum* var. *sulphúreum* C. Morr., *E. sulphúreum* C. Morr., *E. ochroleúcum* Farr.)
– × *versícolor* f. *cúpreum:* 8
– × *versícolor* f. *sulphúreum:* 8
– *violáceum:* 3
9. × **warleyénse** Stearn (*E. alpínum* × *E. pinnátum* ssp. *colchicum*?) ♃ V bis VII
10. × **youngiánum** Fisch. et C. A. Mey. (*E. diphýllum* × *E. grandiflórum*) ♃ IV–V
'Niveum' (f. *níveum* (Vilm.) Stearn, *E. níveum* Vilm., *E. macránthum* var. *níveum* (Vilm.) Voss)
'Roseum' (f. *róseum* (Vilm.) Stearn, *E.* × *lilacínum* Donckelaar ex C. Morr., *E. musschiánum* C. Morr. et Decne. var. *violáceum* hort.)
– × *youngiánum* f. *níveum:* 10
– × *youngiánum* f. *róseum:* 10

Epipáctis Zinn – f. – *Orchidáceae*
1. **helleboríne** (L.) Crantz (*E. latifólia* (L.) All.) ♃ VI–IX ▽ ∗, Eur., Med., N-Afr., W-As., im nordöstl. N-Am. eingebürg.
– *latifólia:* 1
2. **palústris** (L.) Crantz – Sumpfwurz ♃ VI–VII ▽ ∗, Eur., W-As., N-Afr.

× **Epiphronítis** hort. (*Epidéndrum* × *Sophronítis*) – f. – *Orchidáceae*

Epiphyllópsis gaértneri: Hatióra 1

Epiphýllum Haw. non Pfeiff. nec auct. eur. mult. (*Phyllocáctus* Link) - n. – *Cactáceae*
Blattkaktus
1. **angulígerum** (Lem.) G. Don (*Phyllocáctus angúliger* Lem., *E. darráhii* (K. Schum.) Britt. et Rose, *Phyllocáctus darráhii* K. Schum.) – Sägeblattkaktus ♄ ⌂ ∗, Mex.
2. **chrysocárdium** Alex. ⌇ ⌂ ∗, Mex.: Chiapas
3. **crenátum** (Lindl.) G. Don (*Phyllocáctus crenátus* (Lindl.) Lem.) ♄ ⌂ ∗, Hond., Guat.
– *crispátum: Rhípsalis* 5
– *darráhii:* 1
– *gránde:* 5
4. **hoókeri** (Link et Otto) Haw. (*Phyllocáctus hoókeri* (Link et Otto) Salm-Dyck) ♄ ⌂ ∗, Guay., Venez., Trin., Tobago
– *nelsónii: Chiapásia* 1
5. **oxypétalum** (DC.) Haw. (*E. gránde* (Lem.) Britt. et Rose, *Phyllocáctus grándis* Lem., *P. oxypétalus* (DC.) Link) ♄ ⌂ ∗, Mex. bis Guat., Venez. bis Bras.
– *phyllanthoídes: Nopalxóchia* 2
6. **pittiéri** (F. A. C. Web.) Britt. et Rose (*Phyllocáctus pittiéri* F. A. C. Web.) ♄ ⌂ ∗, Costa R.
– *russelliánum: Schlumbérgera* 4
– *russelliánum* var. *gaértneri: Hatióra* 1
7. **stenopétalum** (Först.) Britt. et Rose (*Phyllocáctus stenopétalus* Först.) ♄ ⌂ ∗, Mex.
8. **stríctum** (Lem.) Britt. et Rose (*Phyllocáctus stríctus* Lem.) ♄ ⌂ ∗, S-Mex. bis Pan.
9. **thomasiánum** (K. Schum.) Britt. et Rose (*Phyllocáctus thomasiánus* K. Schum.) ♄ ⌂ ∗, Mex. bis Nicar.
– *truncátum: Schlumbérgera* 5

Epiprémnum Schott – n. – *Aráceae*
1. **pinnátum** (L.) Engl. (*E. mirábile* Schott) ♄ i ⌇ ⌂, Pazif. Ins.
'Aureum' (*E. aúreum* (Lind. et André) Bunt., *Póthos aúreus* Lind. et André, *Rhaphidóphora aúrea* (Lind. et André) Birdsey, *Scindápsus aúreus* (Lind. et André) Engl.) ♄ i ⌇ ⌂

Epíscia Mart. – f. – *Gesneriáceae*

- *chontalénsis:* 2
1. **cupreáta** (Hook.) Hanst. ♃ ⌂ VI bis IX, Kol.
- *dianthiflóra: Alsóbia* 1
- *fúlgida:* 3
2. **lilacína** Hanst. (*E. chontalénsis* (Seem.) Hook. f.) ♃ ⌂ IX–XII, Pan. bis Nicar.
- *punctáta: Alsóbia* 2
3. **réptans** Mart. (*E. fúlgida* (Lind.) Hook. f.) ♃ ⌂ VI–IX, Bras., Kol., Surin.
- *tesseláta: Nautilócalyx* 1

Epitheléntha F. A. C. Web. ex Britt. et Rose - f. - *Cactáceae*
1. **micrómeris** (Engelm.) F. A. C. Web. ex Britt. et Rose (*Mammillária micrómeris* Engelm.) ⌂ ▽ ✱, USA: SO-Ariz., SW-Tex., benachb. NO-Mex.

× **Epitónia** hort. (*Broughtónia* × *Epidéndrum*) - f. - *Orchidáceae*

× *Epívola:* × *Brassoëpidéndrum*

Equisétum L. - n. - *Equisetáceae* Schachtelhalm
1. **arvénse** L. - Ackerschachtelhalm ♃ Off., Nördl. Halbk.
2. **gigantéum** L. - Riesenschachtelhalm ♃ ⌂, Trop. S-Am.
3. **hyemále** L. (*Hippochaéte hyemális* (L.) Börner)
   var. **hyemále** ♃ ≈, Eur., N-As. bis Jap., pazif. N-Am.
   var. **robústum** (A. Braun) Eaton (*E. robústum* A. Braun) ♃ ≈, N-Am.: Ont. bis Yukon, südl. bis Tenn., Louis., Tex., Kalif.; Mex.
- *május:* 8
- *máximum:* 8
4. **palústre** L. - Duwock, Sumpfschachtelhalm ♃ ≈ ☠, Eur., As., südl. bis Kl. As., Kauk., Him., N-Am.: Labr. bis Alaska, südl. bis Penns., Nebr., Wyom., Nev. u. Kalif., Mex. bis Nicar.
- *robústum:* 3
5. **scháffneri** Milde ♃ ≈ ⌂, Mex., Peru, Chile
6. **scirpoídes** Michx. (*Hippochaéte scirpoídes* (Michx.) Farw.) ♃ △ ≈, Zirkumpol.
7. **sylváticum** L. ♃, Eur., N-As., N-Am.: Grönl., Labr. bis Alaska, südl. bis N. Jers., Kent., Iowa, S-Dak., Mont., Id., Br. Kol.
8. **telmatéia** Ehrh. (*E. máximum* auct. non Lam., *E. május* Gars.) ♃ ≈, Eur. (außer N u. NO), Med., Vord. As., N-Afr., westl. N-Am.: Alaska bis S-Kalif., mittl. USA: Keweenaw Halbins., Mich.
9. **variegátum** Schleich. ex F. Web. et Mohr (*Hippochaéte variegáta* (Schleich. ex F. Web. et Mohr) Börner) ♃ △ ≈, N- u. M-Eur., südl. bis S-Span., Pyren., N-Apenn. u. S-Ural, Sib., N-Am.: Grönl., arkt. Gebiete, südl. bis N. Brunsw., Penns., Ill., Utah, Kalif.

Eragróstis N. M. Wolf - f. - *Gramíneae* Liebesgras
- *abessínica:* 4
1. **cúrvula** (Schrad.) Nees ♃ VI–IX, S-Afr. bis Abess.
2. **élegans** Nees (*E. interrúpta* (Lam.) Döll non P. Beauv. nec Steud.) ⊙ ✂ VIII, Bras.
- *interrúpta:* 2
3. **pilósa** (L.) P. Beauv. (*Póa pilósa* L.) ⊙ Ⓝ, S-Eur., Med., nördl. bis M-Frankr., Rheingeb. u. nördl. M-Rußl., W-As., in den östl. u. mittl. USA eingebürg.
4. **tef** (Zuccagni) Trotter (*Póa abyssínica* Jacq., *E. abessínica* Link) - Zwerghirse ⊙ VII Ⓝ, Abess., Eritr.
5. **trichódes** (Nutt.) A. Wood ♃ VIII bis IX, USA: Ohio bis Color., südl. bis Louis. u. Tex.
6. **unioloídes** (Retz.) Nees ex Steud. (*Póa amábilis* hort. non L.) ⊙ ✂ VI bis VIII, Trop. As.

Eránthemum L. - n. - *Acantháceae*
- *alátum: Pseuderánthemum* 1
- *albiflórum: Pseuderánthemum* 2
- *atropurpúreum: Pseuderánthemum* 3
- *beyríchii: Chamaeránthemum* 1
- *cóoperi: Pseuderánthemum* 5
- *gaudichaúdii: Chamaeránthemum* 2
- *ígneum: Xantheránthemum* 1
- *nervósum:* 1
1. **pulchéllum** Andr. (*E. nervósum* (Vahl) R. Br. ex Roem. et Schult., *Daedalacánthus nervósus* (Vahl) T. Anders.) ♄ ⌂ XII–II, Ind.
- *reticulátum: Pseuderánthemum* 4

- *schombúrgkii: Pseuderánthemum* 4
- *sinuátum: Pseuderánthemum* 5
- *tuberculátum: Pseuderánthemum* 6
2. **wáttii** (Bedd.) Stapf (*Daedalacánthus wáttii* (Bedd.) C.B. Clarke) ♄ Ⓦ XI–I, N-Ind.

Eránthis Salisb. - f. - *Ranunculáceae*
Winterling
1. **cilícica** Schott et Kotschy (*E. hyemális* var. *cilícica* (Schott et Kotschy) Huth) ♃ III ♧, Anat. bis Syr.
2. **hyemális** (L.) Salisb. - Winterling ♃ II–III ♧, SO-Frankr., Ital., Jugosl., Ung., Bulg., in M- u. W-Eur. eingebürg.
- *hyemális* var. *cilícica:* 1
3. × **tubergénii** Bowl. (*E. cilícica* × *E. hyemális*) ♃ II–III ♧

Ercílla A. Juss. - f. - *Phytolaccáceae*
1. **spicáta** (Bert.) Moq. (*E. volúbilis* A. Juss.) ♄ i ∮ Ⓚ III–IV, Chile

Erdísia: Corryocáctus 1, 4, 5, 6

Eremóstachys Ledeb. - f. - *Labiátae*
1. **laciniáta** (L.) Bunge (*Phlómis laciniáta* L.) ♃ ∧ VI–VIII, Küsten Kl. As., Syr., Kauk., Aserbeid., Iran, Afgh.

Eremúrus M.B. - m. - *Liliáceae*
Steppenkerze
1. **buchàricus** Regel ♃ ∧ VI–VII, Buchara, Afgh.
- *búngei:* 8
- *elwesiánus:* 2
2. **elwésii** Mich. (*E. robústus* var. *elwésii* (Mich.) Leichtl., *E. elwesiánus* hort.) ♃ ∧ VI–VII, Heimat unbek.
3. **himaláicus** Bak. ♃ ∧ VI, NW-Him. bis Nuristan
4. **-Hybriden** ♃ ∧ VI
5. **ólgae** Regel ♃ ∧ VI, Iran, Tadschik., Afgh.
6. **robústus** (Regel) Regel ♃ ∧ VI bis VII, Turkest., Buchara
- *robústus* var. *elwésii:* 2
7. **spectábilis** M.B. ♃ ∧ VI–VII, Liban., Anat., Irak, Iran
8. **stenophýllus** (Boiss. et Buhse) Bak. ssp. **stenophýllus** (*E. búngei* Bak., *E. stenophýllus* var. *búngei* (Bak.) O. Fedtsch.) ♃ ∧ VI–VII, Iran, Afgh., Pak., Tadschik.
- *stenophýllus* var. *búngei:* 8

Erépsia N.E.Br. - f. - *Aizoáceae*
- *hawórthii: Lampránthus* 8
1. **incláudens** (Haw.) Schwant. ♄ Ⓚ VII bis IX, Kap

Éria Lindl. - f. - *Orchidáceae*
1. **barbaróssa** Rchb. f. ∮ Ⓦ IX ∗, Malays.
2. **bractéscens** Lindl. Ⓦ VI ∗, Malak., Java
3. **javánica** (Sw.) Bl. (*E. stelláta* Lindl.) Ⓦ IV–VI ∗, Him., Burma, Thail., Indones., Phil.
- *stelláta:* 3

Eriánthus ravénnae: Sáccharum 4

Eríca L. - f. - *Ericáceae*
Glockenheide
- *abietína* Bergius: 34
1. **abietína** L. (*E. coccínea* Bergius non L., *E. frondósa* Salisb.) ♄ Ⓚ IV–VII, S-Afr.
2. **álbens** L. ♄ Ⓚ III–IV, S-Afr.
3. **arbórea** L. - Baumheide, „Bruyère“ var. **alpína** Dieck ex Bean (‘Alpina’) ♄ ∧ V–VI, W-Span.
var. **arbórea** ♄ Ⓚ II–IV ®, Med., S-Eur., Kauk., Tibesti, Jem., O-Afr.
- *arbórea* ‘Alpina’: 3
4. **aristáta** Andr. ♄ Ⓚ V–IX, S-Afr.
5. **austrális** L. ♄ ∧ IV–VI, W-Med., Span., Port.
6. **báccans** L. ♄ Ⓚ IV–VII, S-Afr.
7. **báuera** Andr. (*E. bowieána* Lodd.) ♄ Ⓚ VII–IX, S-Afr.
8. **bergiána** L. ♄ V–VII, S-Afr.
- *blánda:* 24
- *bowieána:* 7
9. **bucciniifórmis** Salisb. ♄ Ⓚ IX–X, S-Afr.
10. **cáffra** L. ♄ Ⓚ III–V, S-Afr.
- *calýcina:* 36
11. **canaliculáta** Andr. ♄ Ⓚ II–V, S-Afr.
12. **cárnea** L. nom. cons. (*E. herbácea* L., *E. mediterránea* L.) - Schneeheide ♄ XII–IV (Mit vielen Sorten), Alp., südl. M-Eur., nördl. bis östl. M-Deutschl., östl. bis O-Österr., südl. bis Span., M-Ital. u. Mazed.
13. × **cavendishiána** hort. (*E. abietína* × *E. depréssa*) ♄ Ⓚ V–VII
14. **cerinthoídes** L. ♄ Ⓚ VII–VIII, S-Afr.
15. **chamissónis** Klotzsch ♄ Ⓚ IV, S-Afr.
16. **ciliáris** L. (*E. maweána* Backh. f.) ♄ ∧ VI–VII, W-Eur.
17. **cinérea** L. - Grauheide ♃ ∧ VII bis

VIII, W-Eur., nördl. bis SW-Norw., östl. bis Rheingeb. u. N-Ital., Mad., NW-Afr., auf Nantucket (Mass.) eingebürg.
- *coccínea:* 1
18. **colórans** Andr. ♄ ⌂K IV–VI, S-Afr.
19. **conspícua** Soland. ♄ ⌂K V–VIII, S-Afr.
20. **cruénta** Soland. ♄ ⌂K VIII–X, S-Afr.
21. **curviflóra** L. ♄ ⌂K III–VI, S-Afr.
22. **cyathifórmis** Salisb. (*E. lǣvis* Andr., *E. persolúta* var. *lǣvis* (Andr.) Benth.) ♄ ⌂K III–IV, S-Afr.
23. × **cylíndrica** Andr. (Eltern unbekannt) ♄ ⌂K V–VII
24. **doliifórmis** Salisb. (*E. blánda* Andr., *E. mammósa* Thunb. non L.) ♄ ⌂W VI bis VII, S-Afr.
25. **erigéna** R. Ross (*E. mediterránea* auct. non L., *E. purpuráscens* auct. non L., *E. herbácea* ssp. *occidentális* (Benth.) Laínz) ♃ III–V, Port., Span., SW-Frankr., W-Irl.
26. **exsúrgens** Andr. ♄ ⌂K VI–IX, S-Afr.
27. **flámmea** Andr. ♄ ⌂K X–XII, S-Afr.
28. **floribúnda** Lodd. ♄ ⌂K III–V, S-Afr.
- *frondósa:* 1
29. **grácilis** J.C. Wendl. ♄ ⌂K IX–XII, S-Afr.
- *herbácea:* 12
- *herbácea* ssp. *occidentális:* 25
30. **hiemális** Nichols. ♄ ⌂K II–III, S-Afr.
- × *hýbrida:* 31
31. **-Hybriden** (*E.* × *hýbrida* hort.) ♄ ⌂K IV–V
- *lǣvis:* 22
32. **lusitánica** Rud. ♄ ⌂K II–IV, S-Port. bis SW-Frankr.
33. **mackaiána** Bab. ♄ VII–IX, NW-Span., W-Irl.
34. **mammósa** L. (*E. abietína* Bergius non L., *E. speciósa* Schneev. non Andr.) ♄ ⌂K VII–X, S-Afr.
- *mammósa* Thunb.: 24
- *mauritánica:* 51
- *maweána:* 16
- *mediterránea:* 12, 25
35. **multiflóra** L. ♄ ⌂K XI–II, Med., östl. bis Jugosl.
36. **nígrita** L. (*E. calýcina* L.) ♄ ⌂K III–IV, S-Afr.
- *pelvifórmis:* 51
- *persolúta* Curt.: 51
37. **persolúta** L. (*E. subdivaricáta* Bergius) ♄ ⌂K III–V, S-Afr.
- *persolúta* var. *lǣvis:* 22
38. **petíveri** L. ♄ ⌂K XI–III, S-Afr.
- *purpuráscens:* 25
39. **recurváta** Andr. ♄ ⌂K III–IV, S-Afr.
- *regérminans:* 51
40. **scopária** L. ♄ ⌂K V–VI, SW-Eur., östl. bis westl. M-Ital., nördl. bis nördl. M-Frankr., W-Med.
41. **speciósa** Andr. ♄ ⌂K X–I, S-Afr.
- *speciósa* Schneev.: 34
- *strícta:* 43
- *subdivaricáta:* 37
42. **taxifólia** F.A. Bauer ♄ ⌂K IX–X, S-Afr.
43. **terminális** Salisb. (*E. strícta* Donn ex Willd.) ♄ ∧ VII–IX, W-Med.
44. **tetrálix** L. - Moorheide ♄ VI–IX, N- u. W-Eur., östl. bis M- u. S-Deutschl., Tschechosl., Pol., Lettl., im östl. N-Am. eingebürg.
45. **transpárens** Bergius ♄ ⌂K III–IV, S-Afr.
46. **vágans** L. ♄ VII–IX, W-Eur., Schw., auf Nantucket (Mass.) eingebürg.
47. **ventricósa** Thunb. ♄ ⌂K V–IX, S-Afr.
48. **versícolor** J.C. Wendl. ♄ ⌂K I–XII, S-Afr.
49. **vestíta** Thunb. ♄ ⌂K II–V, S-Afr.
50. **viridiflóra** Andr. ♄ ⌂K VI–VIII, S-Afr.
51. **viridipurpúrea** L. (*E. mauritánica* L., *E. pelvifórmis* Salisb., *E. persolúta* Curt. non L., *E. regérminans* Andr.) ♄ ⌂K III–IV, S-Afr.
52. × **watsónii** (Benth.) Bean (*E. ciliáris* × *E. tetrálix*) ♄ ∧ VII, N- u. W-Eur.
53. × **williámsii** Druce (*E. tetrálix* × *E. vágans*) ♄ VII–VIII, Cornwall
54. × **willmórei** Knowl. et Westc. (Eltern unbek.; *E.* × *wilmoreána* hort.) ♄ ⌂K IV–V
- × *wilmoreána:* 54

Ericoíla clúsii: Gentiána 6
- *kochiána: Gentiána* 1

Erígeron L. - m. - *Compósitae*
Berufkraut
1. **alpínus** L. ♃ △ VI–IX, Gebg. S- u. M-Eur., Balk., Liban., Kauk., NW-Iran
- *alpínus* var. *uniflórus:* 13
- *ásper:* 5
2. **aurantíacus** Regel ♃ △ VII–VIII,

Turkest.
– *bellidifólius:* 11
– *canadénsis: Conýza* 1
3. **compósitus** Pursh ♃ △ VI–VII, N-Am.: Grönl., Labr. bis Alaska, südl. bis Queb., S-Dak., Color., Ariz. u. Kalif.
4. **cōulteri** Porter ♃ △ VI–VII, Rocky Mount.: Mont. u. Id., südl. bis New Mex., Utah u. M-Kalif.
5. **glabéllus** Nutt. (*E. ásper* Nutt.) ⊙ bis ♃ VI, N-Am.: Manit. bis Alaska, südl. bis Wisc., Minn., Color., Utah, Mont., Id.
6. **glāucus** Ker-Gawl. ♃ △ VII–IX, USA: Oreg. bis Kalif.
7. **-Hybriden** (*E.* × *hýbridus* Bergm.) ♃ ✂ VI–VIII
(Hierher gehören die aus Kreuzungen verschiedener Arten hervorgegangenen Sorten)
– × *hýbridus:* 7
8. **karvinskiánus** DC. (*E. mucronátus* DC., *Vittadínia tríloba* hort. non DC.) ♃ ⁓ ∧ △ V–IX, Mex. bis Venez., eingebürg. in S- u. W-Eur., der Schw. sowie NW-Afr.
9. **leiómerus** A. Gray ♃ ⁓ △ VII–VIII, Rocky Mount.: Id. u. Nev., südl. bis Wyom., Color., New Mex.
– *macránthus:* 12
– *mésa-gránde:* 12
– *mucronátus:* 8
10. **philadélphicus** L. ♃ ✂ V–VII, N-Am.: Neufundl. bis Br. Kol., südl. bis Flor., Louis., Tex. u. Kalif.
11. **pulchéllus** Michx. (*E. bellidifólius* Mühlenb.) ♃ VI–VII, N-Am.: Maine bis Queb., Ont. u. Minn., südl. bis Flor., Louis. u. Tex.
12. **speciósus** (Lindl.) DC. (*Stenáctis speciósa* Lindl.)
var. **macránthus** (Nutt.) Cronq. (*E. macránthus* Nutt., *E. mésa-gránde* hort.) ♃ ✂ VI–VII, N-Am.: Rocky Mount., Alb. u. Id., südl. bis New Mex. u. Ariz.
var. **speciósus** ♃ V–VI, N-Am.: Alb. bis Br. Kol., südl. bis New Mex., Ariz. u. Oreg.
13. **uniflórus** L. (*E. alpínus* var. *uniflórus* (L.) Hook.) ♃ △ VII–VIII, Zirkumpol., Gebg. M- u. S-Eur.

Erinácea Adans. – f. – *Leguminósae*
Igelginster
1. **anthýllis** Link (*E. púngens* Boiss.) ♄ △ ∧ Ⓚ IV–V, Gebg. S-Frankr., Kors., Span., Alger., Tunes.

Erínus L. – m. – *Scrophulariáceae*
Alpenbalsam
1. **alpínus** L. ♃ △ V–VII, Gebg. N-, S- u. O-Span. bis M-Ital., Schw. u. W-Österr., Mallor., NW-Afr.

Eriobótrya Lindl. – f. – *Rosáceae*
Wollmispel
1. **japónica** (Thunb.) Lindl. – Japanische Mispel, Loquate ♄ i Ⓚ IX–X Ⓝ, S-Jap., China

Eriocáctus: Paródia
– *leninghāusii: Paródia* 15
– *schumanniánus: Paródia* 25

Eriocāulon L. – n. – *Eriocauláceae*
1. **kúnthii** Koern. ♃ ✂ Ⓚ, Austral.

Eriocéphalus L. – m. – *Compósitae*
1. **africánus** L. ♄ i Ⓚ I–II, S-Afr.

Eriocéreus: Harrísia
– *bonplándii: Harrísia* 1
– *guelíchii: Harrísia* 3
– *jusbértii: Harrísia* 4
– *martínii: Harrísia* 5
– *pomanénsis: Harrísia* 1
– *tortuósus: Harrísia* 7

Eriodéndron anfractuósum: Ceíba 1

Eriodíctyon Benth. – n. – *Hydrophylláceae*
1. **califórnicum** (Hook. et Arn.) Torr. (*E. glutinósum* Benth.) ♃ Ⓚ, Kalif.

Erioglóssum Bl. – n. – *Sapindáceae*
1. **rubiginósum** (Roxb.) Bl. ♄ Ⓦ Ⓝ, Vorderind. bis China u. N-Austral.

Eriógonum Michx. – n. – *Polygonáceae*
Wollknöterich
1. **corymbósum** Benth. ♄ △ VII–IX, Kalif.
2. **flávum** Nutt. ♃ ⁓ △ VII–IX, Kalif.
3. **jamésii** Benth. ♄ △ VII–VIII, USA: Color. bis New Mex.
4. **racemósum** Nutt. ♃ △ VII–VIII, USA: Utah bis New Mex.
5. **umbellátum** Torr. ♄ ⁓ i △ VI–IX, USA: Wash. u. Mont. bis Kalif.

Eriólobus tschonóskii: Málus 21

Erióphorum L. – n. – *Cyperáceae*
Wollgras
1. **angustifólium** Honck. (*E. polystáchion* L.p.p.) ♃ ⁓ IV–V, Zirkum-

pol., Westind., S-Afr.
2. **latifólium** Hoppe (*E. polystáchion* L.p.p.) ♃ ⩊ IV–V, Eur., Kl. As., Transkauk., Kauk.
- *polystáchion:* 1, 2
3. **scheūchzeri** Hoppe ♃ △ ⩊ V–VI, Zirkumpol., Gebg. S- u. M-Eur., M-Sib., Sachal., Jap., Mont., Rocky Mount.
- *spíssum:* 4
4. **vaginátum** L. (inkl. *E. spíssum* Fern.) ♃ ⩊ IV–V, Zirkumpol., südl. bis S-Span., Pyren., Balk., Kauk.

Eriophýllum Lag. – n. – *Compósitae*
Wollblatt
1. **lanátum** (Pursh) James Forbes (*Actinélla lanáta* Pursh, *Bahía lanáta* (Pursh) DC., *E. caespitósum* Dougl.) var. **leucophýllum** (DC.) W.R. Carter ♃ △ ∧ – Ⓚ VI–VII, N-Am.: Br. Kol. bis Oreg. u. Mont.

Eriópsis Lindl. – f. – *Orchidáceae*
1. **bíloba** Lindl. Ⓦ VIII–IX ✱, Costa R. bis Bras. u. Peru

Eriostémon Sm. – m. – *Rutáceae*
1. **myoporoídes** DC. ♄ i Ⓚ III–IV, O-Austral.

Eriosýce Phil. – f. – *Cactáceae*
1. **ceratístes** (Otto) Britt. et Rose Ⓚ ✱, Chile: Santiago, Aconcagua, Coquímba; Arg.

Eritríchium Schrad. ex Gaud. – n. – *Boragináceae*
Himmelsherold
1. **nánum** (L.) Schrad. ex Gaud. – Himmelsherold ♃ △ VI–VII ▽, Über 2000 m in M- u. S-Alp., O- u. S-Karp., Kauk.
2. **rupéstre** (Pall.) Bunge (*E. stríctum* Decne.) ♃ △ VI–VIII, Asiat. Hochgebg.
- *stríctum:* 2

Eródium L'Hérit. ex Ait. – n. – *Geraniáceae*
Reiherschnabel
1. **absinthoídes** Willd. var. **amánum** (Boiss. et Kotschy) Brumh. ♃ △ ∧ VI–VII, Amanus
- *chamaedryoídes:* 10
- *cheilanthifólium:* 9
2. **chrysánthum** L'Hérit. ex DC. ♃ △ VI bis VIII, Griech.
3. **cicutárium** (L.) L'Hérit. ex Ait. ⊙ IV bis X Ⓝ, Med., heute fast Kosmopol.
4. **córsicum** Léman ♃ △ ∧ VI–VII, Kors., Sard.
5. **gruínum** (L.) L'Hérit. ex Ait. ⊙ VI bis VIII, Siz., Ägäis, O-Med., Vord. As., Alger.?
- *macradénum:* 9
6. **manescávii** Coss. ♃ △ VI–IX, W- u. M-Pyren.
7. **moschátum** (L.) L'Hérit. ex Ait. ⊙ VI–VIII Ⓝ, S- u. W-Eur., Med., Vord. As., in M-Eur. sowie N- u. S-Am. eingebürg.
8. **pelargoniiflórum** Boiss. et Heldr. ♃ ∧ VII–VIII, Kl. As.
9. **petraēum** (Gouan) Willd.
ssp. **críspum** (Lapeyr.) Rouy (*E. cheilanthifólium* Boiss.) ♃ △ VI–VII, O-Pyren., S-Span.
ssp. **glandulósum** (Cav.) Bonnier (*E. macradénum* L'Hérit.) ♃ VI–VII, Pyren., N-Span.
ssp. **petraēum** ♃ △ VI–VII, S-Frankr.
10. **reichárdii** (Murr.) DC. (*E. chamaedryoídes* (Cav.) L'Hérit. ex Ait.) ♃ △ ∧ Ⓐ VII–VIII, Balear.
11. **rupéstre** (Pourr. ex Cav.) Guitt. (*E. supracánum* L'Hérit.) ♃ △ ∧ VI bis VII, NO-Span.
- *supracánum:* 11

Erúca Mill. – f. – *Crucíferae*
Rauke
1. **satíva** Mill.
ssp. **satíva** (*Brássica erúca* L., *E. vesicária* (L.) Cav. ssp. *satíva* (Mill.) Thell.) – Ölrauke, Rauke, Ruke ⊙ V–VII Ⓝ, Med. bis südl. M-Eur., östl. bis Afgh., Turkest., im nördl. M-Eur. sowie in Engl. u. Norw. eingebürg., ebenso im N der östl. u. mittl. USA

Erucástrum (DC.) K.B. Presl – n. – *Crucíferae*
Hundsrauke
1. **gállicum** (Willd.) O.E. Schulz (*E. pollíchii* C. Schimp. et Spenn.) ⊙–⊙ IV–X, SW-, M-Eur., im nördl. N-Am. eingebürg.

Ervatámia coronária: Tabernaemontána 1
Ervília satíva: Vícia 4
Érvum ervília: Vícia 4

- *hirsútum: Vícia* 6
- *lens: Lens* 1
- *monánthon: Vícia* 1
- *tetraspérmum: Vícia* 14

Erýcina Lindl. – f. – *Orchidáceae*
1. **echináta** (H.B.K.) Lindl. ♃ Ⓚ *, Mex.

Erýngium L. – n. – *Umbellíferae*
Edeldistel
1. **agavifólium** Griseb. ♃ Ⓚ I–III, Arg.
2. **alpínum** L. – Alpendistel ♃ △ ✂ VII bis VIII ▽, Jura, Alp., Gebg. W- u. M-Jugosl.
3. **amethýstinum** L. ♃ ✂ VII–VIII, Ital., Siz., Balk., Ägäis
- *biebersteiniánum:* 6
4. **bourgátii** Gouan ♃ △ VII–VIII, Span., Pyren., Med.
5. **bromeliifólium** F. Delar. ♃ Ⓚ VIII bis IX, Mex.
6. **caerúleum** M.B. (*E. biebersteiniánum* Nevski) ♃ VII–VIII, SO-Rußl., Kauk., M-As.
7. **campéstre** L. ♃ VII–VIII, M- u. S-Eur. bis Med., Vord. As.
8. **gigantéum** M.B. – Elfenbeindistel ⊙ ✂ VII–VIII, Kauk., Iran
9. **marítimum** L. – Stranddistel ⊙ – ♃ VI–X ▽, Meeresküsten Eur., Med., an der atl. Küste der USA eingebürg.
10. × **oliveriánum** F. Delar. (? *E. gigantéum* × *E. plánum*) ♃ ✂ VII–VIII
11. **pandanifólium** Cham. et Schlechtend. ♃ Ⓚ VII–VIII, S-Bras., Arg., in M-Port. eingebürg.
12. **plánum** L. ♃ ✂ VI–VIII, Östl. M- u. SO-Eur., Vord. As., M-As. bis Altai, Kaschm.
13. **sérbicum** Panč. ♃ ✂ VII–VIII, Serb.
14. **sérra** Cham. et Schlechtend. ♃ ∧ VIII–IX, Bras., Arg.
15. **tricuspidátum** L. ♃ VIII–IX, SW-Span., Sard., Siz., N-Afr.
16. **tripartítum** Desf. ♃ VII–VIII, Heimat unbek.
17. **variifólium** Coss. ♃ ∧ VIII, Marok., Atlas
18. **yuccifólium** Michx. ♃ VII–IX, USA: Conn. bis Kans., südl. bis Flor. u. Tex.
19. × **zabélii** Christ ex Bergm. (*E. alpínum* × *E. bourgátii*) ♃ ✂ VII bis VIII

Erýsimum L. – n. – *Crucíferae*
Schöterich
1. × **alliónii** hort. (Herkunft unsicher; *Cheiránthus* × *alliónii* hort., *E.* × *marshállii* R. Stark?) ⊙ IV–V
- *canéscens:* 4
2. **cheiranthoídes** L. ⊙ V–IX, Euras., Atlas, in N-Am. eingebürg.
- *chéiri: Cheiránthus* 1
3. **crepidifólium** Rchb. ⊙ –♃ ☠ IV–VII, Östl. M- u. SO-Eur.
- *decúmbens:* 5
4. **diffúsum** Ehrh. (*E. canéscens* Roth) ⊙ – ♃ VI–VII, M-, SO-Eur., As.
- *dúbium:* 5
- *helvéticum:* 9
5. **húmile** Pers. (*E. decúmbens* (Schleich. ex Willd.) Dennst., *E. ochroléucum* DC., *E. dúbium* (Suter) Thell. non DC.) ♃ D V–VI, Gebg. N-Span., Pyren., SW-Alp., Schw.
6. **kotschyánum** J. Gay ♃ △ VI–VII, Kl. As.
- × *marshállii:* 1
- *ochroléucum:* 5
7. **perovskiánum** Fisch. et C.A. Mey. ⊙ III–V, Afgh., Kauk.
8. **pulchéllum** (Willd.) J. Gay ♃ △ IV bis VII, O-Alban., S-Jugosl., Bulg.
- *púmilum:* 9
9. **rhaéticum** (Schleich. ex Hornem.) DC. (*E. helvéticum* auct. non (Jacq.) DC., *E. púmilum* auct. non Gaud.) ♃ △ V–VI, Pyren., Alp., Balk.

Erythéa armáta: Bráhea 1
- *brandegéei: Bráhea* 2
- *edúlis: Bráhea* 4

Erythráea: Centáurium
- *centáurium: Centáurium* 2
- *chloódes: Centáurium* 1
- *diffúsa: Centáurium* 3
- *massónii: Centáurium* 3

Erýthrina L. – f. – *Leguminósae*
Korallenstrauch
1. **corallodéndron** L. ♄ Ⓚ ☠, Antill., vermutl. nur kult. u. verwild.
2. **crísta-gálli** L. – Korallenstrauch ♄ Ⓚ VII–IX, Von Bras., Bol. bis Parag. u. Arg.
3. **herbácea** L. ♄ Ⓚ VIII–IX, USA: N-Carol. bis Flor., Alab. bis Tex.; Mex.
4. **humeána** Spreng. (*E. prínceps* A.

Dietr.) ♄ ⌂ VII–X, Trop. Afr.
- *piscípula: Piscídia* 1
- *prínceps:* 4

Erythrochaete dentáta: Liguláría 1

Erythróchiton Nees et Mart. - m. - *Rutáceae*
1. **brasiliénsis** Nees et Mart. ♄ i ⌂, S-Bras., O-Bol., Peru

Erythrónium L. - n. - *Liliáceae* Hundszahn
1. **álbidum** Nutt. ♃ IV–V, N-Am.: Ont. bis Minn., südl. bis Georg., Kent., Missouri, Okla. u. Tex.
2. **americánum** Ker-Gawl. ♃ IV–V, N-Am.: N. Brunsw. bis Minn., südl. bis Georg., Ark., Okla.
3. **califórnicum** Purdy ♃ IV–V, USA: NW-Kalif.
4. **citrínum** S. Wats. ♃ IV–V, USA: S-Oreg.
5. **dens-cánis** L. - Hundszahn ♃ IV–V, M- u. S-Eur., N-As.
- *gigantéum:* 10
6. **grandiflórum** Pursh ♃ IV–V, N-Am.: Br. Kol. bis O-Oreg.
- *hartwégii:* 9
7. **hendersónii** S. Wats. ♃ IV–V, USA: S-Oreg.
8. **-Hybriden** ♃ IV–V
9. **multiscapoídeum** (Kellogg) A. Nels. et Kennedy (*E. hartwégii* S. Wats.) ♃ IV–V, Kalif.: Sierra Nev.
10. **oregónum** Appleg. (*E. gigantéum* hort. non Lindl.) ♃ IV–V, N-Am.: Br. Kol., Wash., Oreg.
11. **revolútum** Sm. ♃ IV–V, N-Am.: von Br. Kol. bis N-Kalif.
12. **tuolumnénse** Appleg. ♃ IV, Kalif.

Erythrophléum Afzel. ex R. Br. - n. - *Leguminósae*
1. **suavéolens** (Guill. et Perrott.) Brenan (*E. guineénse* G. Don) - Rotwasserbaum ♄ ⌂ ®, Sierra Leo.

Erythrorhípsalis: Rhípsalis
- *pilocárpa: Rhípsalis* 14

Erythrótis beddómei: Cyanótis 1

Erythróxylum P. Br. - n. - *Erythroxyláceae*
1. **acuminátum** Ruiz et Pav. ♄ ⌂, Peru
2. **cóca** Lam.
var. **cóca** - Kokastrauch ♄ i ⌂ ®, Bol., S-Peru
var. **ipadú** Plowman ♄ ⌂ ®, Amaz.
3. **lúcidum** H. B. K. ♄ ⌂, Kol.
4. **monógynum** Roxb. ♄ ⌂, Ind., China
5. **novogranaténse** (D. Morris) Hieron.
var. **novogranaténse** ♄ i ⌂, Kol., Venez.
var. **truxillénse** (Rusby) Plowman (*E. truxillénse* Rusby) ♄ i ⌂ ®, N-Peru
- *truxillénse:* 5

Escallónia Mutis ex L. f. - f. - *Saxifragáceae*
- *berteriána:* 6
1. **bífida** Link et Otto (*E. floribúnda* Hook. f. non H. B. K., *E. montevidénsis* (Cham. et Schlechtend.) DC.) ♄ bis ♄ i ⌂ VII–VIII, Bras., Parag., Urug., Arg.
2. **floribúnda** H. B. K. ♄ i ⌂ VII–VIII, Venez., Kol.
- *floribúnda* Hook. f.: 1
- *grahamiána:* 3
3. **illiníta** K. B. Presl (*E. grahamiána* (Gill.) Hook. et Arn.) ♄ i ⌂ VII bis VIII, Chile
4. **laévis** (Vell.) Sleum. (*E. organénsis* Gardn.) ♄ i ⌂ VII–VIII, Bras.
- 'Langleyensis': 5
5. × **langleyénsis** Veitch (*E. rúbra* × *E. virgáta*; *E.* 'Langleyénsis') ♄ ∧-⌂ VII–VIII
- *macrántha:* 8
- *montevidénsis:* 1
- *organénsis:* 4
- *philippiána:* 9
- *pterócladon:* 7
6. **pulverulénta** (Ruiz et Pav.) Pers. (*E. berteriána* DC.) ♄ i ⌂ VII–IX, Chile
7. **rósea** Griseb. (*E. pterócladon* Hook.) ♄ i ⌂ VII–VIII, Chile, Arg.
8. **rúbra** (Ruiz et Pav.) Pers.
var. **macrántha** (Hook. et Arn.) Reiche (*E. macrántha* Hook. et Arn.) ♄ i ⌂ VII–VIII, Chile, Arg.
var. **rúbra** ♄ i ⌂ VII–VIII, Chile, Arg.
9. **virgáta** (Ruiz et Pav.) Pers. (*E. philippiána* (Engl.) Mast., *E. virgáta* var. *philippiána* Engl.) ♄ ∧-⌂ VII bis VIII, Chile, Arg.
- *virgáta* var. *philippiána:* 9

Eschschólzia Cham. - f. - *Papaveráceae* Goldmohn
1. **caespitósa** Benth. (*E. tenuifólia*

Benth.) ⊙ VII–IX, Kalif.: Sierra Nev.

2. **califórnica** Cham. - Schlafmützchen ⊙–♃ (nur ⊙ gezogen) VI–X, Kalif., Oreg., in M- u. W-Eur. eingebürg.

- *tenuifólia:* 1

Escobária Britt. et Rose (einschl. *Neobésseya* Britt. et Rose) - f. - *Cactáceae*

1. **chihuahuénsis** Britt. et Rose ⌂K ∗, N-Mex.: M-Chihuahua
2. **dasyacántha** (Engelm.) Britt. et Rose (*Mammillária dasyacántha* Engelm.) ⌂K ∗, USA: S-New Mex., W-Tex.; N-Mex.
3. **emskoetteriána** (Quehl) Bory (*Mammillária emskoetteriána* Quehl) ⌂K ∗, NO-Mex.; S-Tex.
4. **missouriénsis** (Sweet) D.R. Hunt (*Mammillária missouriénsis* Sweet, *Neobésseya missouriénsis* (Sweet) Britt. et Rose) ⌂K ∗, N-Am.: Manit., North Dak., Mont. bis Tex.; NO-Mex.: SO-Coahuila, S-Nuevo León
5. **roseána** (Böd.) Buxb. (*Echinocáctus roseánus* Böd., *Gymnocáctus roseánus* (Böd.) Glass et Foster, *Coryphántha roseána* (Böd.) Moran) ⌂K ∗, NO-Mex.: SO-Coahuila

- *strobilifórmis:* 6

6. **tuberculósa** (Engelm.) Britt et Rose (*Mammillária tuberculósa* Engelm., *E. strobilifórmis* hort. non (Poselg.) Böd.) ⌂K ∗, USA: S-New Mex., W-Tex.; N-Mex.
7. **vivípara** (Nutt.) Buxb. (*Cáctus vivíparus* Nutt., *Coryphántha vivípara* (Nutt.) Britt. et Rose, *Mammillária vivípara* (Nutt.) Haw.) ⌂K ∗, N-Am.: Alb., Sask., Manit., Kans. bis N-Tex.; N-Mex.: N-Sonora, N-Chihuahua
8. **zilziána** (Böd.) Bckbg. (*Coryphántha zilziána* Böd., *Neobésseya zilziána* (Böd.) Böd.) ⌂K ∗, N-Mex.: M- u. S-Coahuila

Esmerálda Rchb. f. - f. - *Orchidáceae*

1. **cathcártii** (Lindl.) Rchb. f. (*Arachnánthe cathcártii* (Lindl.) Benth., *Vánda cathcártii* Lindl.) ⌂W V–VII ∗, O-Him.

× **Esmeránda** hort. (*Esmerálda* × *Vánda*) - f. - *Orchidáceae*

Espóstoa Britt. et Rose emend. Buxb. - f. - *Cactáceae*

1. **blossfeldiórum** (Werderm.) Buxb. (*Cephalocéreus blossfeldiórum* Werderm., *Thrixanthocéreus blossfeldiórum* (Werderm.) Bckbg., *Facheiroa blossfeldiórum* (Werderm.) W.T. Marsh.) ⌂W ∗, N-Peru
2. **guentheri** (Kupper) Buxb. (*Cephalocéreus guentheri* Kupper, *Vatricánia guentheri* (Kupper) Bckbg.) ⌂K ∗, Bol.
3. **lanáta** (H.B.K.) Britt. et Rose (*Pilocéreus lanátus* (H.B.K.) F.A.C. Web.) ∗, N-Peru
   var. **lanáta** ⌂K
   var. **mocupénsis** H. Johns. ⌂K
   var. **sericáta** (Bckbg.) Bckbg. (*Céreus sericátus* Bckbg., *E. sericáta* (Bckbg.) Bckbg.) ⌂K
4. **melanostéle** (Vaup.) Borg (*Cephalocéreus melanostéle* Vaup., *Binghámia melanostéle* (Vaup.) Britt. et Rose, *Céreus melanostéle* (Vaup.) Berger, *Pseudoespóstoa melanostéle* (Vaup.) Bckbg.) ⌂K ∗, Peru
5. **rítteri** Buin. ⌂K ∗, N-Peru

- *sericáta:* 3

Espostoópsis: Austrocephalocéreus
- *dybówskii: Austrocephalocéreus* 1

Euánthe Schlechter - f. - *Orchidáceae*

1. **sanderiána** (Rchb. f.) Schlechter (*Vánda sanderiána* Rchb. f.) ⌂K IX bis X ∗, SO-Mind.

Eucalýptus L'Hérit. - f. - *Myrtáceae*

1. **álba** Reinw. ex Bl. ♄ i ⌂K Ⓝ, N- u. NO-Austral., Timor, N- Guin.
2. **amygdálina** Labill. (*E. salicifólia* auct. non (Soland. ex Gaertn.) Cav.) ♄ i D ⌂K, Tasm.
3. **botryoídes** Sm. ♄ i ⌂K, Austral.: Neusüdwal., Vict.
4. **calophýlla** R.Br. ex Lindl. ♄ i ✂ ⌂K Ⓝ, Südwestl. W-Austral.
5. **camaldulénsis** Dehnh. (*E. rostráta* Schlechtend. non Cav.) ♄ i ⌂K Ⓝ, Austral.
6. **cinérea** F. v. Muell. ex Benth. ♄ i ✂ ⌂K, Austral.: Neusüdwal., Vict.
7. **citriodóra** Hook. (*E. maculáta* Hook. var. *citriodóra* (Hook.) F.M. Bailey) - „Spotted gum" ♄ i D ⌂K Ⓝ, Austral.: Queensl.

8. **cladócalyx** F. v. Muell. ♄ i ⌂ ®, S-Austral.
9. **diversícolor** F. v. Muell. - „Karri" ♄ i ⌂ ®, Südwestl. W-Austral.
10. **ficifólia** F. v. Muell. ♄ i ⌂, Südwestl. W-Austral.
11. **fruticetórum** F. v. Muell. ex Miq. (*E. polybractéa* R.T. Bak.) ♄ i ⌂ Off., Austral.
12. **glóbulus** Labill. - „Southern blue gum", Blaugummibaum ♄ i ⌂ ® Off., Austral.: Vict., Tasm., in Kalif. eingebürg.
13. **gomphocéphala** DC. ♄ i ⌂ ®, Südwestl. W-Austral.
14. **gúnnii** Hook. f. ♄ i ⌂ ®, Tasm.
15. **lehmánnii** (L. Preiss ex Schau.) Benth. ♄ i ✂ ⌂, W-Austral.
16. **leucóxylon** F. v. Muell. ♄ i ⌂ ®, Austral.: Neusüdwal., Vict., S-Austral.
17. **maculáta** Hook. - „Spotted gum" ♄ i ⌂ ®, Austral.: Queensl., Neusüdwal., Vict.

- *maculáta* var. *citriodóra:* 7

18. **maidénii** F. v. Muell. ♄ i ⌂ ®, Austral.: Neusüdwal., Vict.
19. **margináta** Donn ex Sm. - „Jarrah" ♄ i ✂ ⌂ ®, Südwestl. W-Austral.
20. **micrócorys** F. v. Muell. - „Tallowwood" ♄ i ⌂ ®, Austral.: Queensl., Neusüdwal.
21. **niphophíla** Maiden et Blakely ♄-♄ i ∧, Austral.: Neusüdwal. (Mt. Kosciusko)
22. **oblíqua** L'Hérit. ♄ i ⌂ ®, Austral.: Queensl., Neusüdwal., Vict., S-Austral., Tasm.
23. **paniculáta** Sm. - „Grey iron bark" ♄ i ⌂ ®, Austral.: Neusüdwal.
24. **pauciflóra** Sieb. ex A. Spreng. ♄ i ⌂ ®, S-Austral., Queensl., Neusüdwal., Vict., Tasm.
25. **phellándra** R.T. Bak. et H.G. Sm. ♄ i ⌂, Austral.
26. **piluláris** Sm. - „Black butt" ♄ i ⌂ ®, Austral.: SO-Queensl., Neusüdwal.

- *polybractéa:* 11

27. **pyrifórmis** Turcz. ♄ i ✂ ⌂, S-, W-Austral.
28. **régnans** F. v. Muell. - „Mountain ash" ♄ i ⌂ ®, Austral.: Vict., Tasm.
29. **resinífera** Sm. ♄ i ⌂ ®, Austral.: Queensl., Neusüdwal.
30. **robústa** Sm. ♄ i ⌂ ®, Austral.: Queensl., Neusüdwal.
31. × **rhodántha** Blakely et Steedm. (*E. macrocárpa* Hook. × *E. pyrifórmis* Turcz.) ♄ i ⌂, W-Austral.

- *rostráta:* 5
- *salicifólia:* 2

32. **salígna** Sm. - „Sidney blue gum" ♄ i ⌂ ®, Austral.: SO-Queensl., Neusüdwal.
33. **sideróxylon** A. Cunn. ex Benth. - „Red iron bark" ♄ i ⌂ ®, Austral.: Queensl., Neusüdwal., Vict.
34. **smíthii** R.T. Bak. ♄ i ⌂ Off., Austral.: Neusüdwal., Vict.
35. **tereticórnis** Sm. (*E. umbelláta* (Gaertn.) Domin non Dum.-Cours.) ♄ i ⌂ ®, Austral.: Queensl., Neusüdwal., Vict.

- *umbelláta:* 35

36. **viminális** Labill. - „Manna gum" ♄ i ⌂ ® Austral.: Queensl., Neusüdwal., Vict., S-Austral., Tasm.

Eucharídium bréweri: Clárkia 2
- *concínnum: Clárkia* 3

Eúcharis Planch. et Lind. - f. - *Amaryllidáceae*

1. **amazónica** Planch. (*E. grandiflóra* hort. non Planch. et Lind.) ♃ i ✂ ⌂ XII-I, V-VII, Peru, Ek.
2. **cándida** Planch. et Lind. (*Urceolína cándida* (Planch. et Lind.) Traub) ♃ i ⌂ III, Kol.

- *grandiflóra:* 1

3. **mastérsii** Bak. (*Urceolína mastérsii* (Bak.) Traub) ♃ i ⌂ II-III, Kol.
4. **sanderi** Bak. (*Urceolína sánderi* (Bak.) Traub) ♃ i ⌂ II-IV, Kol.
5. **subedentáta** (Bak.) Benth. et Hook. f. (*Calliphrúria subedentáta* Bak., *Urceolína subedentáta* (Bak.) Traub) ♃ i ⌂ XII, Kol.

Euchlǽna Schrad. - f. - *Gramíneae*

1. **mexicána** Schrad. (*Zéa mexicána* (Schrad.) Reeves et Mangelsd., *Z. máys* ssp. *mexicána* (Schrad.) Iltis) - Teosinte, Rayanagras ⊙ ®, Mex.

Eucníde Zucc. - f. - *Loasáceae*

1. **bartonioídes** Zucc. (*Mentzélia bartonioídes* (Zucc.) Benth. et Hook. f.) ⊙ ⌂ VII-VIII, Mex., New Mex., Tex.

- *úrens: Loása* 3

Eucodónia Hanst. emend. Wiehler - f. -

Gesneriáceae
1. **verticilláta** (Martens et Gal.) Wiehler (*Gloxínia verticilláta* Martens et Gal., *E. ehrenbérgii* Hanst., *Achímenes ehrenbérgii* (Hanst.) H.E. Moore, *Mandiróla lanáta* Planch. et Lind. ex Lem., *Achímenes lanáta* (Planch. et Lind. ex Lem.) Hanst.) ♃ ⌂W VII–X, Mex.

Eúcomis L'Hérit. – f. – *Liliáceae*
Schopflilie
1. **autumnális** (Mill.) Chitt. (*E. unduláta* Ait.) ♃ ⌂K III–IV, S-Afr., Sambia, Malawi
2. **bícolor** Bak. ♃ ⌂K, Nat.
3. **comósa** (Houtt.) Wehrh. (*E. punctáta* (Thunb.) L'Hérit.) ♃ ⌂K VI–VII, S-Afr.
- *punctáta:* 3
- *unduláta:* 1

Eucómmia Oliv. – f. – *Eucommiáceae*
1. **ulmoídes** Oliv. ♄ Ⓝ, M- u. W-China

Eucrýphia Cav. – f. – *Eucryphiáceae*
1. **cordifólia** Cav. – „Ulmo" ♄ – ♄ i ⌂K VIII, S-Chile
2. **glutinósa** (Poepp. et Endl.) Baill. (*E. pinnatifólia* Gay) ♄ D ⌂K VII–VIII, S-Chile
- *pinnatifólia:* 2

Eugénia L. – f. – *Myrtáceae*
Kirschmyrte
- *aromática: Syzýgium* 1
- *austrális: Syzýgium* 4
- *brasiliénsis:* 1
- *caryophýllata: Syzýgium* 1
- *caryophýllus: Syzýgium* 1
- *cumíni: Syzýgium* 2
1. **dombeýi** (Spreng.) Skeels (*E. brasiliénsis* Lam. non Aubl.) ♄ i ⌂K Ⓝ, Bras.
- *jambolána: Syzýgium* 2
- *jámbos: Syzýgium* 3
- *lúma: Lúma* 1
- *michélii:* 3
2. **myriophýlla** Casar. (*Myrciária myriophýlla* (Casar.) O.C. Berg) ♄ i ⌂W, Bras.
- *myrtifólia: Syzýgium* 4
- *paniculáta: Syzýgium* 4
- *paniculáta* var. *austrális: Syzýgium* 4
- *úgni: Úgni* 1
3. **uniflóra** L. (*E. michélii* Lam.) ♄–♄ i ⌂K Ⓝ, Bras. bis Westind.

Eulália japónica: Miscánthus 5

Eulóphia R.Br. ex Lindl. – f. – *Orchidáceae*
- *gigantéa: Lissochílus* 1
1. **guineénsis** Lindl. ⌂W VIII–IX ✱, Trop. W-Afr. bis Angola
2. **horsfállii** (Batem.) Summerh. (*Lissochílus horsfállii* Batem.) ⌂W X ✱, W-Afr.
3. **longifólia** Schlechter ⌂W IX–X ✱, Trop. Am.
- *maculáta: Oeceóclades* 1

Eulophídium maculátum: Oeceóclades 1

Eulophiélla Rolfe – f. – *Orchidáceae*
1. **elisabéthae** Lind. et Rolfe ⌂W IV–V ✱, Madag.
- *hamelínii:* 2
2. **peetersiána** Kraenzl. (*E. hamelínii* Rolfe) ⌂W IV–VI ✱, Madag.

Eulýchnia Phil. – f. – *Cactáceae*
1. **ácida** Phil. ♄–♄ ⌂K ✱, Chile
2. **breviflóra** Phil. ♄–♄ ⌂K ✱, Chile
3. **castánea** Phil. (*Philippicéreus castáneus* (Phil.) Bckbg.) ♄ ⌂K ✱, Chile
- *claváta: Corryocáctus* 5
4. **rítteri** Cullm. ⌂K ✱, Peru
5. **saint-pieána** Ritt. ⌂K ✱, N-Chile

Eunómia oppositifólia: Aethionéma 7

Euódia J.R. et G. Forst. (*Evódia* auct.) – f. – *Rutáceae*
1. **daniéllii** (Benn.) Hemsl. ♄ ✿ V–VII, N-China, Korea
2. **hényri** Dode ♄ ✿ V–VII, M-China
3. **hupehénsis** Dode ♄ ✿ V–VII, Hupeh

Euónymus L. (*Evónymus* L.) – f. – *Celastráceae*
Spindelstrauch
1. **aláta** (Thunb.) Sieb. ♄ ☠ V–VI, Jap., China, Mandsch., Korea, Sachal., Kuril., Ussuri
2. **americána** L. ♄ ✿ VI, USA: N.Y., Penns., W-Virg., Missouri, Okla., südl. bis Flor. u. Tex.
3. **atropurpúrea** Jacq. ♄–♄ ☠, N-Am.: N.Y. u. Ont. bis Mont., südl. bis N-Carol., Alab., Miss., Ark., Okla. u. Tex.
4. **bungeána** Maxim. ♄ V, N-China, Mandsch.
5. **europaéa** L. – Pfaffenhütchen ♄ ✿ ☠ V Ⓝ, Eur., Kl. As., Kauk., Turkest., W-Sib., in den östl. USA eingebürg.
6. **fortúnei** (Turcz.) Hand.-Mazz. (*E. ra-*

dícans var. *acúta* (Rehd.) Rehd.)
var. **fortúnei** ♄ i, M- u. W-China
var. **radícans** (Sieb. ex Miq.) Rehd. (*E. radícans* Sieb. ex Miq.) ♄ i ⁓ ⅋, Jap., Korea, Riukiu-Ins.
var. **végeta** (Rehd.) Rehd. ♄ i, China (Mit vielen Sorten wie 'Carrieri', 'Colorata', 'Gracilis', 'Kewensis', 'Minima', 'Reticulata')

7. **hamiltoniána** Wall. ♄ V–VI
var. **hamiltoníana**, Him.
var. **híans** (Koehne) Blakel. (*E. híans* Koehne), Jap., Korea, Mandsch., China, Sachal., Kuril.
var. **lanceifólia** (Loes.) Blakel. (*E. lanceifólia* Loes.), M- u. S-China
var. **māackii** (Rupr.) Kom. (*E. māackii* Rupr.), N-China bis Korea
var. **nikoénsis** (Nakai) Blakel. (*E. nikoénsis* Nakai), Jap.
var. **yedoénsis** (Koehne) Blakel. (*E. yedoénsis* Koehne), Jap., Korea, China

- *híans:* 7

8. **japónica** Thunb. ♄ i ∧ – ⌂K Ⓝ, Jap., Riukiu-Ins., Korea (Mit vielen Sorten wie 'Albomarginata', 'Argenteovariegata', 'Aureomarginata', 'Macrophylla', 'Microphylla', 'Pyramidata', 'Viridivariegata'
9. **kiautschóvica** Loes. (*E. pátens* Rehd.) ♄ i oft ⁓, O- u. M-China

- *lanceifólia:* 7

10. **latifólia** (L.) Mill. ♄ V–VI Ⓝ, Südl. M- u. SO-Eur., bis M-Ital. u. S-Frankr., Kauk., N-Iran, Kl. As., Alger.

- *māackii:* 7

11. **nána** M.B.
var. **turcestánica** (Dieck) Krischt. (var. *koopmánii* (Lauche) Lauche ex Koehne) ♄ V–VI, Tien-schan, Altai

- *nána* var. *koopmánii:* 11
- *nikoénsis:* 7

12. **obováta** Nutt. ♄ ⁓, N-Am.: N.Y. u. Ont. bis Mich. u. Ill., südl. bis Tenn. u. Missouri
13. **oxyphýlla** Miq. ♄, Jap., Korea, S-Kuril., M-China

- *pátens:* 9

14. **pauciflóra** Maxim. ♄ V–VI, NO-As.
15. **phellomána** Loes. ex Diels ♄, N- u. W-China
16. **plánipes** (Koehne) Koehne (*E. sachalinénsis* auct. non (Fr. Schmidt) Maxim.) ♄ ⅋ V, Jap., Ussuri, Mandsch., Korea

- *radícans:* 6
- *radícans* var. *acúta:* 6
- *sachalinénsis:* 16

17. **sanguínea** Loes. ex Diels ♄ ⅋ V, M- u. W-China
18. **verrucósa** Scop. ♄ ✿ V–VI, Südöstl. M- u. O-Eur., südl. bis N-Ital. u. Alban., Kauk.

- *yedoénsis:* 7

Eupatórium L. – n. – *Compósitae* Wasserdost

- *ageratoídes:* 15

1. **álbum** L. ♃ VIII–IX, USA: Long Isl. bis Maryl., Virg., Kent. u. Ark., südl. bis Flor. u. Louis.
2. **altíssimum** L. ♃ IX–X, USA: Penns. bis Nebr., südl. bis N-Carol., Alab., Missouri u. Tex.
3. **aromáticum** L. ♃ VIII–X, USA: Mass. bis Maryl., W-Virg. u. Ohio, südl. bis Flor. u. Louis.
4. **atrórubens** (Lem.) Nichols. (*Hebeclínium atrórubens* Lem.) ♄ D ⌂W II bis III, S-Mex.
5. **cannabínum** L. ♃ VII–IX, Eur., N-Afr., Syr., Kl. As., Iran, Kauk., W-Sib.
6. **coelestínum** L. ♃ VII–X, USA: N. Jers. bis Ill. u. Kans., südl. bis Flor. u. Tex.
7. **glechonophýllum** Less. ♄ ⌂K VII–X, Chile

- *iánthinum:* 17

8. **incarnátum** Walt. ♃ V–X, USA: Virg. bis Missouri, südl. bis Flor. u. Ariz.; Mex.
9. **ligustrínum** DC. (*E. micránthum* Lag., *E. weinmanniánum* Regel et Koern.) ♄ ⌂K IX–XI, Mex. bis M-Am.
10. **maculátum** L. ♃ VII–IX, N-Am.: Neufundl. bis Br. Kol., südl. bis Penns., N-Carol., Indiana, Iowa, Neb., Utah, New Mex.
11. **megalophýllum** (Lem.) Klatt (*Hebeclínium megalophýllum* Lem.) ♄ ⌂W III–IV, Mex.

- *micránthum:* 9

12. **perfoliátum** L. ♃ VII–X, N-Am.: Queb. bis Manit., südl. bis Long Isl., Flor., Alab., Louis. u. Tex.
13. **purpúreum** L. ♃ VII–IX, USA: N. Hampsh. bis Minn. u. Nebr., südl. bis Flor., Tenn., Ark. u. Okla.
14. **ripárium** Regel ♄ ⌂K IV–V, Mex., Westind.
15. **rugósum** Houtt. (*E. ageratoídes* L. f., *E. urticifólium* Reichard non L. f.) ♃ ☠ VII–IX, N-Am.: N. Scot. bis Sask., südl. bis Virg., Georg., Flor., Alab., Louis. u. Tex., in S-Span. eingebürg.
- *scándens: Mikánia* 1
16. **sessilifólium** L. ♃ VIII–IX, USA: Mass. bis Indiana, südl. bis Georg., Alab. u. Missouri
17. **sórdidum** Less. (*Hebeclínium iánthinum* Hook., *E. iánthinum* (Hook.) Hemsl.) ♄ D ⌂W III–IV, Mex.
18. **triplinérve** Vahl ♄ ⌂W Ⓝ, Trop. Am., in Maurit., Ind. u. Java eingebürg.
- *urticifólium:* 15
19. **vernále** Vatke et Kurtz ♄ ⌂K II–III, Mex.
- *weinmanniánum:* 9

Euphórbia L. - f. - *Euphorbiáceae*
Wolfsmilch
(fast alle Arten ☠)

1. **abyssínica** J.F. Gmel. ♄ ⌂K ✻, Abess.
2. **aggregáta** Berger ♄ ⌂K ✻, Kap, Oranjefreist.
- *alcicórnis:* 84
3. **ámmak** Schweinf. ♄ ⌂K ✻, S-Arab.
4. **amygdaloídes** L. ♃ IV–V, M-, S- u. W-Eur., östl. bis M-Ukr. u. Krim, Kl. As., Kauk., N-Iran, N-Afr.
- *anacántha:* 101
5. **anguláris** Klotzsch (*E. lemaireána* Boiss.) ♄ ⌂K ✻, O-Afr.
6. **antiquórum** L. ♄ ⌂K ✻, Vorderind.
7. **aphýlla** Brouss. ex Willd. ♄ ⌂K ✻, Kanar.
8. **atropurpúrea** Brouss. ♄ ⌂K ✻, Tener.
9. **avasmontána** Dint. (*E. kalahárica* Marl.) ⌂K ✻, Namib., Kap
10. **balsamífera** Ait. ♄ ⌂K ✻, Kanar., W-Afr., S-Arab., Somalia
11. **barnhártii** Croiz. (*E. trigóna* Roxb. non Haw.) ♄ ⌂K ✻, Vorderind.
- *beaumieriána:* 70
12. **beharénsis** Leandri ♄ ⌂K ✻, SW-Madag.
13. **bérgeri** N.E.Br. (*E. parvimámma* Berger, *E. fructuspína* Sweet, *E. cáput-medúsae* var. *mínor* Ait.) ⌂K ✻, Kap?
- *biglandulósa:* 86
- *bójeri:* 63
14. **bubalína** Boiss. (*E. oxystégia* Bak. non Boiss.) ♄ ⌂K ✻, Kap
15. **bupleurifólia** Jacq. ⌂K ✻, Kap, Nat.
16. **canariénsis** L. ♄ ⌂K ✻, Kanar.
- *candelábrum* var. *erythrǣae:* 30
17. **capituláta** Rchb. ♃ △ VI–VII, Balk.
18. **cáput-medúsae** L. (*E. frúctus-píni* Mill., *E. medúsae* Thunb., *E. commelínii* DC.) ⌂K ✻, Kap
- *cáput-medúsae* var. *mínor:* 13
19. **charácias** L. (*Tithýmalus charácias* (L.) Hill)
ssp. **charácias** ♃ V–VI, W-Med., Port.
ssp. **wulfénii** (Hoppe ex W.D.J. Koch) A.R. Sm. (*E. wulfénii* Hoppe ex W.D.J. Koch, *E. véneta* sensu Hayek, non Willd.) ♃ V–VI, O-Med.
20. **cláva** Jacq. ⌂K ✻, Kap
21. **coeruléscens** Haw. (*E. virósa* var. *coeruléscens* (Haw.) Berger) ♄ ⌂K ✻, Kap
- *commelínii:* 18
22. **cōōperi** N.E.Br. ♄ ⌂K ✻, Nat., Transv., Swasil.
23. **corolláta** L. VIII, N-Am.: N.Y. u. Ont. bis Minn. u. Nebr., südl. bis Flor. u. Tex.
24. **cylindrifólia** Marn.-Lapost. et Rauh ⁓ ⌂K ✻, SO-Madag.
25. **cyparíssias** L. ♃ ☠ IV–V, Eur., im N eingebürg., ebenso in N-Am.
26. **decáryi** A. Guill. ⌂K ✻, SO-Madag.
27. **dendroídes** L. ♄ ⌂K, Med.
28. **echínus** Hook. f. et Coss. ♄ ⌂K ✻, S-Marok.
- *énopla:* 45
29. **ephedroídes** E. Mey. ♄ ⌂K ✻, Kap
- *epithymoídes:* 77
30. **erythrǣae** (Berger) N.E.Br. (*E. candelábrum* Trémaut var. *erythrǣae* Berger) ♄ ⌂K ✻, Abess.
31. **esculénta** Marl. ⌂K ✻, Kap
32. **ésula** L. ♃ V–VII, Eur., in N-Am. eingebürg.
33. **exígua** L. ☉ VI–X, Eur., Med., Kl. As., N-Afr., Kanar., Mad.

34. **fasciculáta** Thunb. ⌂K ✱, Kap
35. **férox** Marl. ⌂K ✱, Kap
36. **fimbriáta** Scop. (*E. mammilláris* hort. non L.) ⌂K ✱, Kap
37. **franckiána** Berger ħ ⌂K ✱, Kap?
- *fructuspína:* 13
- *frúctus-píni:* 18
38. **fúlgens** Karw. ex Klotzsch (*E. jacquiniiflóra* Hook.) ✂ ⌂W XII–I, Mex.
- *gerardiána:* 90
39. **globósa** (Haw.) Sims ħ ⌂K ✱, Kap
40. **gorgónis** Berger ⌂K ✱, Kap
41. **grandicórnis** Goeb. ħ ⌂W ✱, Nat., Kenia, Tans.
42. **grándidens** Haw. ♄ ⌂W ✱, Kap
43. **griffíthii** Hook. f. ♃ V–VI, Bhut., S-Tib.
44. **helioscópia** L. ⊙ IV–X, Eur., Med., W-As., Ind., SO-Austral., Neuseel., in N- u. im südl. S-Am. sowie in O-As. eingebürg.
45. **heptagóna** L. (*E. énopla* Berger non Boiss.) ⌂K ✱, Kap
- *hermentiána:* 102
46. **heterophýlla** L. ⊙ - ħ VII–IX, Trop. u. subtrop. Am., nördl. bis Ariz., in Louis. u. Tex. eingebürg.
47. **hislópii** N. E. Br. (*E. mílii* var. *hislópii* (N. E. Br.) Ursch et Leandri) ħ ⌂K ✱, Madag.
48. **hórrida** Boiss. ⌂K ✱, Kap
- *hýstrix* var. *víridis:* 75
49. **inconstántia** R. A. Dyer ⌂K ✱, Kap
50. **íngens** E. Mey. ♄ ⌂K ✱, Nat., Transv., Swasil., Moz., Zimb.
- *jacquiniiflóra:* 38
51. **jansenvillénsis** Nel ⌂K ✱, Kap
- *kalahárica:* 9
- *kéysii:* 56
52. **láctea** Haw. ħ - ♄ ⌂W ✱, Vorderind., Ceyl., Moluk.
- *láctea* hort.: 79
- *láro:* 99
53. **láthyris** L. ⊙ VII–VIII, S-, W- u. M-Eur., ursprüngl. wohl nur im O- u. M-Med. u. in W-As., in N-Am. eingebürg.
54. **lediénii** Berger ħ ⌂K ✱, Kap
- *lemaireána:* 5
55. **lignósa** Marl. ħ ⌂K ✱, Namib.
- × *lómii:* 56
56. **-Lomii-Hybriden** (*E. lophogóna* × *E. mílii*; *E.* × *lómii* Rauh, *E. kéysii* hort.) ħ ▽ ⌂K - ⌂W I–II
57. **lophogóna** Lam. ħ ⌂K - ⌂W ✱, Madag.
58. **lúcida** Waldst. et Kit. ♃ V–VII ▽, Südl. M-, SO- u. O-Eur., W-Sib., im nordöstl. N-Am. eingebürg.
- *mammilláris* hort.: 36
59. **mammilláris** L. ħ ⌂K ✱, Kap
60. **marginàta** Pursh (*E. variegáta* Sims) - Schnee-auf-dem-Berge ⊙ VII–X, USA: Minn. bis Color., südl. bis Tex., New Mex.
- *marlóthii:* 64
61. **mauritánica** L. ħ ⌂K ✱, Kap, Nat., Namib.
- *medúsae:* 18
62. **melofórmis** Ait. ⌂K ✱, Kap
63. **mílii** Des Moul. (*E. spléndens* Boj. ex Hook.) - Christusdorn
var. **mílii** (*E. bójeri* Hook.) ħ ⌂K - ⌂W ✱, Madag.
- *mílii* var. *hislópii:* 47
64. **montéiroi** Hook. f. (*E. marlóthii* Pax) ⌂K ✱, Angola, Namib., Botsw.
65. **myrsinítes** L. ♃ △ IV–VI, S-Eur.: Balear. bis Krim; Kl. As.
- *neriifólia* hort.: 104
66. **neriifólia** L. ♄ ⌂W ✱, Vorderind.
67. **nicaeénsis** All. ♃ V–VII, Eur. (außer N), Med., Kl. As., Kauk.
- *niciciána:* 90
68. **nivúlia** Buch.-Ham. ħ - ♄ ⌂W ✱, Vorderind.
69. **obésa** Hook. f. ⌂K ✱, Kap
70. **officinárum** L. (*E. beaumieriána* Hook. f. et Coss.) ħ ⌂K ✱, N-Afr.
71. **oncóclada** Drake ħ ⌂K ✱, Madag.
72. **orníthopus** Jacq. (*E. pátula* (Haw.) Sweet non Mill.) ⌂K ✱, Kap
- *oxystégia:* 14
73. **palústris** L. ♃ V–VI ▽, Fast ganz Eur., Sib., Kauk.
- *parvimámma:* 13
- *pátula:* 72
74. **péndula** Boiss. ħ ⌂K ✱, Kap
75. **pentagóna** Haw. (*E. hýstrix* Jacq. var. *víridis* hort.) ħ ⌂K ✱, Kap
- *pentagóna* Royle: 88
76. **péplus** L. ⊙ VII–X, Fast Kosmopol., Heimat: Afr. u. Eur.
77. **polychróma** Kerner (*E. epithymoídes* Jacq. non L.) ♃ V–VI, M- u. SO-Eur., bis M-Ukr. u. Bulg.
78. **polygóna** Haw. ⌂K ✱, Kap

- *procúmbens:* 81
79. **pseudocáctus** Berger (*E. láctea* hort. non Haw.) ♄ ⌂K ∗, Nat.
80. **pteroneūra** Berger ♄ ⌂W ∗, Mex.
81. **pugnifórmis** Boiss. (*E. procúmbens* Sweet) ⌂K ∗, Kap
82. **pulchérrima** Willd. ex Klotzsch (*Poinséttia pulchérrima* (Willd. ex Klotzsch) Grah.) - Poinsettie, Adventsstern, Weihnachtsstern ♄ ☐ ✂ ⌂W XII, Trop. Mex., M-Am.
83. **pulvináta** Marl. ♄ ⌂K ∗, Kap, Nat., Oranjefreist., Transv., Lesotho
- *quercifólia:* 104
84. **ramipréssa** Croiz. (*E. alcicórnis* hort. ex Berger non Bak.) ♄ - ħ ⌂K ∗, Madag.
85. **resinífera** O.C. Berg (*E.* „San Salvador") ♄ ⌂K Off. ∗, Marok.
- *rhipsaloídes:* 99
86. **rígida** M.B. (*E. biglandulósa* Desf.) ♃ △ ∧ VII–VIII, S-Eur., SW-As.
87. **róbbiae** Turrill ♃ V–VII, Kl. As.
88. **royleána** Boiss. (*E. pentagóna* Royle non Haw.) ħ ⌂K ∗, Vorderind.
- „San Salvador": 85
89. **schímperi** K.B. Presl ⌂K ∗, S-Arab.
90. **seguieriána** Neck.
ssp. **niciciána** (Borb. et Novák) Rech. f. (*E. niciciána* Borb. et Novák) ♃ V bis IX, Alban., Bulg., Griech., Jugosl., Türk.
ssp. **seguieriána** (*E. gerardiána* Jacq.) ♃ V–IX, Eur. außer im N u. im extremen S
- *schúbei: Monadénium* 2
- *scolopéndria:* 93
91. **sikkiménsis** Boiss. ♃ VII–VIII, Sikk., Bhut.
- *spléndens:* 63
92. **squarrósa** Haw. ⌂K ∗, Kap
93. **stelláta** Willd. (*E. uncináta* DC., *E. scolopéndria* Donn) ⌂K ∗, Kap
94. **stellispína** Haw. ⌂K ∗, Kap
95. **stenóclada** Baill. ħ ⌂K ∗, Madag.
96. **submammilláris** (Berger) Berger ⌂K ∗, Kap
97. **suzánnae** Marl. ⌂K ∗, Kap
98. **tetragóna** Haw. ħ ⌂K ∗, Kap
99. **tirucálli** L. (*E. rhipsaloídes* Lem. non Welw., *E. láro* Drake) ♄ - ħ ⌂K ⊕ ∗, Trop. O- u. S-Afr., Madag.
100. **trianguláris** Desf. ħ ⌂K ∗, Kap, Nat.
101. **tridentáta** Lam. (*E. anacántha* Ait.) ⌂K ∗, Kap
102. **trigóna** hort. vix Haw. (*E. hermentiána* Lem.) ♄ - ħ ⌂K ∗, Trop. Namib.
- *trigóna* Roxb.: 11
103. **túbiglans** Marl. ex R.A. Dyer ⌂K ∗, Kap
- *uncináta:* 93
104. **undulatifólia** Janse (*E. neriifólia* hort. non L., *E. quercifólia* hort.) ♄ bis ħ ⌂K ∗, Heimat unbek.
105. **válida** N.E.Br. ⌂K ∗, Kap
- *variegáta:* 60
- *véneta:* 19
106. **viguiéri** Denis ♄ ⌂K ∗, W-Madag.
- *viminális: Sarcostémma* 1
107. **virósa** Willd. ♄ ⌂K ∗, Kap, Namib.
- *virósa* var. *coeruléscens:* 21
- *wulfénii:* 19
108. **xylophylloídes** Brongn. ex Lem. ♄ ⌂K ∗, Madag.

Euphória: Dimocárpus
- *lóngan: Dimocárpus* 1
- *longána: Dimocárpus* 1

Euphrásia L. - f. - *Scrophulariáceae* Augentrost
1. **rostkoviána** Hayne (*E. officinális* L.p.p.) VI–IX, Eur. (außer SW) bis W-Sib.

Eupritchárdia gaudichāudii: Pritchárdia 1
- *pacífica: Pritchárdia* 2

Euptélea Sieb. et Zucc. - f. - *Eupteleáceae*
- *franchétii:* 1
1. **pleiospérma** Hook. f. et Thoms. (*E. franchétii* van Tiegh.) ħ, Südl. M-China, SO-Tib., Him.
2. **polyándra** Sieb. et Zucc. ħ, Jap.

× **Euráchnis** hort. (*Aráchnis* × *Euánthe*) - f. - *Orchidáceae*

Éurya japónica var. *variegáta: Clēyera* 1
- *latifólia* var. *variegáta: Clēyera* 1
- *ochnácea: Clēyera* 1

Eurýale Salisb. - f. - *Nymphaeáceae*
1. **férox** Salisb. ♃ ⌂W ≈ VI–VIII ⊕, Jap., China, Taiw., N-Ind.

Euryángium súmbul: Férula 4

Éuryops Cass. - m. - *Compósitae*
1. **abrotanifólius** DC. (*E. athanásiae* DC. non Less.) ♄ i ⌂K, S-Afr.
2. **acrāeus** M.D. Henders. (*E. evánsii* hort. non Schlechter) ♄ ⌂A V–VI, S-

Afr.
- *athanásiae* DC. non Less.: 1
3. **athanásiae** Less. ♄ i ⌂ III-IV, S-Afr.
4. **chrysanthemoídes** (DC.) Nordenst. (*Gamólepis chrysanthemoídes* DC.) ♄ ⌂ IV-IX, S-Afr.
- *evánsii* hort.: 2
5. **evánsii** Schlechter ♄ i ⌂ V-VI, S-Afr.
6. **pectinátus** (L.) Cass. ♄ i ⌂ V-VI, S-Afr.
7. **tenuíssimus** (L.) DC. ♄ i ⌂ V-IX, Kap
8. **virgíneus** (L. f.) DC. ♄ i ⌂ III-IV, S-Afr.

Eusideróxylon Teijsm. et Binn. (*Sálgada* Blanco) - f. - *Lauráceae*
1. **lauriflóra** (Blanco) J. Schultze-Motel (*Sálgada lauriflóra* Blanco, *E. zwágeri* Teijsm. et Binn.) - „Billian" ♄ ⌂ ®, Born., S-Sum., Phil.

Éustoma Salisb. - n. - *Gentianáceae*
Prärieenzian
1. **grandiflórum** (Raf.) Shinners (*Lisiánthus russelliánus* Hook., *E. russelliánum* (Hook.) G. Don ex Sweet) ⊙ ✂ ⌂ VII-VIII, USA: Color. u. Nebr., südl. bis Tex.; N-Mex.

Eutáxia R. Br. - f. - *Leguminósae*
1. **myrtifólia** R. Br. ♄ i ⌂ III-IV, W-Austral.

Eutérpe Mart. - f. - *Pálmae*
1. **edúlis** Mart. - Assaipalme ♄ ⌂, Bras., Arg.
2. **olerácea** Mart. - Kohlpalme ♄ ⌂ ®, Bras. bis Venez. u. Guay.

Éutoca víscida: Phacélia 8

Eutréma R. Br. - n. - *Crucíferae*
1. **wasábi** (Sieb.) Maxim. (*Wasábia japónica* (Miq.) Matsum.) ♃ ®, Jap., O-Sib.

Evódia auct.: *Euódia*

Evólvulus L. - m. - *Convolvuláceae*
1. **arbúsculus** Poir. ♄ ⦚ ⌂ I-XII, Dom. Rep.
2. **glomerátus** Nees et Mart. ssp. **grandiflórus** (Parodi) Ooststroom ♄ ⦚ ⌂ I-XII, Arg., S-Bras., Parag.
3. **purpureocoerúleus** Hook. ♃ ⟿ ⌂ VI-VIII, Jam.

Evónymus: Euónymus

Éxacum L. - n. - *Gentianáceae*
1. **affíne** Balf. f. - Blaues Lieschen ⊙ ⌂ VII-IX, Sokot.

Excoecária L. - f. - *Euphorbiáceae*
1. **cochinchinénsis** Lour. (*E. bícolor* Hassk.) ♄ i ☠ ⌂, S-Vietn.

Exochórda Lindl. - f. - *Rosáceae*
- *albértii:* 2
1. **giráldii** Hesse var. **wilsónii** Rehd. ♄ IV-V, M-China
- *grandiflóra:* 4
2. **korolkówii** Lavallée (*E. albértii* Regel) ♄ V, Turkest.
3. × **macrántha** (Lemoine) Schneid. (*E. korolkówii* × *E. racemósa*) ♄ V
4. **racemósa** (Lindl.) Rehd. (*E. grandiflóra* Lindl.) ♄ V, O-China

Exogónium púrga: Ipomōea 13

Fába bóna: Vícia 5
- *vulgáris: Vícia* 5

Fabiána Ruiz et Pav. - f. - *Solanáceae*
1. **imbricáta** Ruiz et Pav. ♄ i ⌂ - ⌂, S-Peru bis S-Chile, Arg.

Fachēiroa blossfeldiórum: Espóstoa 1

Fadyénia Hook. - f. - *Aspidiáceae*
1. **prolífera** Hook. (*F. fadyénii* (Mett.) C. Chr.) ♃ ⟿ ⌂, Antill.

Fagopýrum Mill. - n. - *Polygonáceae*
Buchweizen
- *convólvulus: Fallópia* 3
1. **esculéntum** Moench (*Polýgonum fagopýrum* L., *F. sagittátum* Gilib., *F. vulgáre* Th. Nees) - Buchweizen ⊙ VI-VIII ®, Turkest., S-Sib., N-China, in Eur. eingebürg.
- *sagittátum:* 1
2. **tatáricum** (L.) Gaertn. (*Polýgonum tatáricum* L.) ⊙ VII-IX ®, M-As., Sib., Him.
- *vulgáre:* 1

Fagrǣa Thunb. - f. - *Loganiáceae*
1. **frágrans** Roxb. - „Trai" ♄ ⌂ ®, Malak., Mal. Arch.

Fágus L. - f. - *Fagáceae*
Buche
- *americána:* 3
1. **crenáta** Bl. (*F. siebóldii* Endl. ex A. DC.) ♄ ®, Jap.
2. **engleriána** Seemen ♄, M-China
- *ferrugínea:* 3
3. **grandifólia** Ehrh. (*F. americána* Sweet, *F. ferrugínea* Ait.) ♄ ®, N-

Am.: Prince Edward Isl. bis Wisc., südl. bis Flor. u. Tex.
- *macrophýlla:* 4
- *orientális:* 4
- *siebóldii:* 1
4. **sylvática** L. – Rotbuche
ssp. **orientális** (Lipsky) Greuter et Burdet (*F. orientális* Lipsky, *F. macrophýlla* (Hohen. ex DC.) Koidz.) ♄, SO-Eur., Kl. As., N-Kauk., N-Iran
ssp. **sylvática** ♄ IV–V ⓝ Off., M- u. W-Eur., nördl. bis SO-Norw., östl. bis Krim, südl. bis Griech., Siz. u. M-Span.
(Sorten sind u.a. 'Asplenifolia', 'Atropunicea' [Blutbuche], 'Cuprea', 'Fastigiata', 'Laciniata', 'Pendula' [Hängebuche], 'Purpureopendula', 'Zlatia')
f. **suenteliénsis** hort. ex Schelle (var. *tortuósa* Pépin, 'Tortuosa') – Süntelbuche, Niedersächsisches u. nördliches oberrheinisches Hügelland
- *sylvática* var. *tortuósa:* 4

Fálkia L. f. – f. – *Convolvuláceae*
1. **répens** L. f. ♃ ⁓ ⌂ V–VIII, S-Afr.

Fallópia Adans. (*Bilderdýkia* Dumort.) – f. – *Polygonáceae*
1. **aubértii** (L. Henry) Holub (*Polýgonum aubértii* L. Henry, *P. baldschuánicum* auct. non Regel, *Bilderdýkia aubértii* (L. Henry) Moldenke) ♄ ∮ VII–X, W-China, Tib., in Eur. gelegentl. eingebürg.
2. **baldschuánica** (Regel) Holub (*Polýgonum baldschuánicum* Regel, *Bilderdýkia baldschuánica* (Regel) D.A. Webb, *Reynoūtria baldschuánica* (Regel) Moldenke) ♄ ∮ VII–X, Tadschik.
3. **convólvulus** (L.) Á. Löve (*Polýgonum convólvulus* L., *Bilderdýkia concólvulus* (L.) Dumort., *Fagopýrum convólvulus* (L.) H. Gross) – Windenknöterich ⊙ ∮ VII–X, Eur., gem. As., N-Afr., Med.
4. **dumetórum** (L.) Holub (*Polýgonum dumetórum* L., *Bilderdýkia dumetórum* (L.) Dumort.) – Heckenknöterich ⊙ ∮ VII–IX, Eur., Sib., NO-China
- *japónica: Reynoūtria* 1
- *sachalinénsis: Reynoūtria* 2

Fallúgia Endl. – f. – *Rosáceae*
1. **paradóxa** (D. Don) Endl. ♄ ∧ ⚭ VI bis VIII ⓝ, USA: S-Nev., Utah; N-Mex.

Farfúgium gránde: Ligulária 10
- *japónicum: Ligulária* 10

Fargésia spathácea: Thamnocálamus 1

Farsétia clypeáta: Fibígia 1

Fasciculária Mez – f. – *Bromeliáceae*
1. **bícolor** (Ruiz et Pav.) Mez (*Bromélia bícolor* Ruiz et Pav.) ♃ ⌂, Chile
2. **kirchhoffiána** (Wittm.) Mez ♃ ⌂, Chile
3. **pitcairniifólia** (Verl.) Mez (*Héchtia pitcairniifólia* Verl.) ♃ ⌂, Chile

× **Fatshédera** A. Guill. (*Fátsia* × *Hédera*) – f. – *Araliáceae*
Efeuaralie
1. **lízei** (hort. ex Cochet) A. Guill. (*Fátsia japónica* × *Hédera hélix*) – Efeuaralie ♄ i ⌂

Fátsia Decne. et Planch. – f. – *Araliáceae*
1. **japónica** (Thunb. ex Murr.) Decne. et Planch. (*Arália japónica* Thunb. ex Murr., *A. siebóldii* hort.) – Zimmeraralie ♄ i ⌂, Jap., Riukiu-Ins., S-Korea

Faucária Schwant. – f. – *Aizoáceae*
1. **bosscheána** (Berger) Schwant. ♃ ⌂, Kap
2. **felína** (West.) Schwant. ex Jacobs. ♃ ⌂, Kap
3. **grándis** L. Bol. ♃ ⌂, Kap
4. **lupína** (Haw.) Schwant. ♃ ⌂, Kap
5. **tigrína** (Haw.) Schwant. – Tigermaul ♃ ⌂, Kap
6. **tuberculósa** (Rolfe) Schwant. ♃ ⌂, Kap

Fédia Gaertn. – f. – *Valerianáceae*
Afrikanischer Baldrian
1. **cornucópiae** (L.) Gaertn. ⊙ VII bis VIII, Med., S-Port.

Feijóa sellowiána: Ácca 1

Felícia Cass. – f. – *Compósitae*
1. **amelloídes** (L.) Voss (*Agathǣa caeléstis* Cass.) – Kapaster, Blue Daisy ♃ – ♄ ⌂ I–XII, S-Afr.
2. **amoēna** (Schultz-Bip.) Levyns (*F. páppei* (Harv.) Hutchins.) ⊙ – ♃ VIII–IX, S-Afr.
3. **bergeriána** (Spreng.) O. Hoffm. (*Áster bergeriánus* (Spreng.) Harv.) ⊙ VII–VIII, S-Afr.

- *frágilis:* 5
4. **fruticósa** (L.) Nichols. ♄ i ⌂, Kap, Transv.
- *páppei:* 2
5. **tenélla** (L.) Nees (*F. frágilis* Cass.) ⊙ bis ♃ ⌂ VII–VIII, S-Afr.

Féndlera Engelm. et A. Gray - f. - *Saxifragáceae*
1. **rupícola** A. Gray ♄ △ ∧ - ⌂ V, USA: New Mex. bis Ariz., Color.

Fenestrária N. E. Br. - f. - *Aizoáceae*
1. **aurantíaca** N. E. Br. ♃ ⌂, Kap
   f. **aurantíaca**
   f. **rhopalophýlla** (Schlechter et Diels) G. D. Rowl. (*F. rhopalophýlla* (Schlechter et Diels) N. E. Br.)

Fénzlia dianthiflóra: Linánthus 2

Ferdinánda éminens: Podachaénium 1

Ferocáctus Britt. et Rose - m. - *Cactáceae*
- *acanthódes:* 2
1. **chrysacánthus** (Orcutt) Britt. et Rose (*Echinocáctus chrysacánthus* Orcutt) ⌂ ∗, NW-Mex.: Isla Cedros
- *colorátus:* 8
- *covíllei:* 4
2. **cylindráceus** (Engelm.) Orcutt (*Echinocáctus cylindráceus* Engelm., *F. acanthódes* hort. non (Lem.) Britt. et Rose) - Teufels-Nadelkissen ⌂ ∗, NW-Mex.: NO- u. O-Nied. Kalif., N-Sonora
3. **echídne** (DC.) Britt. et Rose (*Echinocáctus echídne* DC.) ⌂ ∗, N- u. NO-Mex.
4. **emóryi** (Engelm.) Orcutt (*Echinocáctus emóryi* Engelm., *F. covíllei* Britt. et Rose) ⌂ ∗, SW-Ariz.; NW-Mex.
5. **flavóvirens** (Scheidw.) Britt. et Rose (*Echinocáctus flavóvirens* Scheidw.) ⌂ ∗, S-Mex.
6. **fórdii** (Orcutt) Britt. et Rose (*Echinocáctus fórdii* Orcutt) ⌂ ∗, NW-Mex.
7. **glaucéscens** (DC.) Britt. et Rose (*Echinocáctus glaucéscens* DC.) ⌂ ∗, Mittl. O-Mex.
8. **grácilis** Gates (*F. colorátus* Gates) ⌂ ∗, NW-Mex.
9. **hamatacánthus** (Mühlpf.) Britt. et Rose (*Echinocáctus hamatacánthus* Mühlpf., *Hamatocáctus hamatacánthus* (Mühlpf.) F. M. Knuth) ⌂ ∗, USA: SO-New Mex., S- u. W-Tex.; NO-Mex.
10. **hístrix** (DC.) Linds. (*Echinocáctus hístrix* DC., *F. melocactifórmis* (DC.) Britt. et Rose) ⌂ ∗, Nördl. M-Mex.
- *hórridus:* 13
11. **latispínus** (Haw.) Britt. et Rose (*Cáctus latispínus* Haw., *Echinocáctus latispínus* (Haw.) Hemsl.) - Teufelszunge ⌂ ∗, Nördl. M- u. S- Mex.
12. **macrodíscus** (Mart.) Britt. et Rose (*Echinocáctus macrodíscus* Mart.) ⌂ ∗, Mex.: Guanafuato, Oaxaca
- *melocactifórmis:* 10
- *orcúttii:* 17
13. **penínsulae** (C. A. F. Web.) Britt. et Rose (*Echinocáctus penínsulae* C. A. F. Web., *F. hórridus* Britt. et Rose) ⌂ ∗, NW-Mex.: M- u. S-Nied. Kalif.
14. **pilósus** (Salm-Dyck) Werderm. (*Echinocáctus pilósus* Salm-Dyck, *E. stainésii* Salm-Dyck, *F. stainésii* (Salm-Dyck) Britt. et Rose) ⌂ ∗, Mittl. N-Mex.
15. **póttsii** (Salm-Dyck) Bckbg. (*Echinocáctus póttsii* Salm-Dyck) ⌂ ∗, NW-Mex.: SO-Sonora, SW-Chihuahua, N-Sinaloa
16. **robústus** (Pfeiff.) Britt. et Rose (*Echinocáctus robústus* Pfeiff.) ⌂ ∗, S-Mex.: SO-Puebla
- *setispínus: Thelocáctus* 7
- *stainésii:* 14
17. **viridéscens** (Torr. et A. Gray) Britt. et Rose (*Echinocáctus viridéscens* Torr. et A. Gray, *F. orcúttii* (Engelm.) Britt. et Rose) ⌂ ∗, USA: SW-Kalif., nahe San Diego; NW-Nied. Kalif.
18. **wislizéni** (Engelm.) Britt. et Rose (*Echinocáctus wislizéni* Engelm.) ⌂ ∗, NW-Mex.: Sonora, Chihuahua, Durango, Sinaloa

Ferónia elephántum: Limónia 1
- *limónia: Limónia* 1

Ferrária Burm. ex Mill. - f. - *Iridáceae*
1. **críspa** Burm. (*F. unduláta* L.) ♃ ⌂ III–IV, Kap, in Mallor. eingebürg.

Férula L. emend. W. D. J. Koch - f. - *Umbellíferae*
Steckenkraut

1. **ássa-foetida** L. - Stinkasant, Teufelsdreck ♃ ∧ VII–VIII Ⓝ, Iran, Afgh., Turkest.
2. **commúnis** L. - Riesenfenchel ♃ ∧ VII–VIII Ⓝ, Med.
- *galbaníflua:* 3
3. **gummósa** Boiss. (*F. galbaníflua* Boiss. et Buhse) ♃ Ⓝ, Iran, Turkest.
- *hispánica:* 7
4. **moscháta** (Reinsch) Kozo-Polj. (*F. súmbul* (Kauffm.) Hook. f., *Euryángium súmbul* Kauffm.) ♃, Turkest.
5. **nárthex** Boiss. ♃ ∧ VII–VIII Ⓝ, NW-Him.
6. **rubricaúlis** Boiss. ♃, Vord. As.
- *súmbul:* 4
7. **tingitána** L. (*F. hispánica* Rouy) ♃ ∧ VII–VIII, O- u. S-Span., Marok. bis Cyrenaica, Chios, Rhodos, Syr., Paläst.

Festúca L. - f. - *Gramíneae*
Schwingel
- *acerósa:* 19
1. **alpéstris** Roem. et Schult. ♃ △, SO-Alp.
2. **alpína** Suter ♃ △ VII–VIII, Pyren., Alp. bis Kroat.
3. **amethýstina** L. ♃ △ V–VI, Alp., S-Deutschl. bis Pol., SO-Eur., NO-Kl. As., Kauk.
4. **arundinácea** Schreb. (*F. elátior* L.) ♃ VI–VII Ⓝ, Eur., W-As., Altai, N-Afr.
- *capilláta:* 7
5. **cinérea** Vill. (*F. glaúca* Lam.) ♃ △ V bis VI, SO-Frankr., NW-Ital., W- u. M-Deutschl.
- *crínum-úrsi:* 6
- *elátior:* 4, 17
- *elátior* ssp. *praténsis:* 17
6. **éskia** Ram. ex DC. (*F. crínum-úrsi* Ram.) ♃ ⤳ VII–VIII, Pyren., N-Span.
- *fállax:* 15
7. **filifórmis** Pourr. (*F. tenuifólia* Sibth., *F. capilláta* Lam.) - Feinschwingel ♃ V–VII, N-, W- u. M-Eur., Neufundl., sonst im östl. N-Am. eingebürg.
8. **frígida** (Hack.) Richt. ♃ △ VI–VII, S-Span.: Sierra Nev.
9. **gautiéri** (Hack.) Richt. (*F. scopária* Kerner ex Nym.) ♃ △ V–VI, SW-Frankr., NO-Span.
10. **gigantéa** (L.) Vill. ♃ VII–VIII, Eur., W-As., N-Afr.
11. **glaciális** (Miègev. ex Hack.) Richt. ♃ △ VI–VII, Pyren.
- *glaúca:* 5
12. **hálleri** All. - Gemsenschwingel ♃ △ VII–VIII, Alp., Gebg. M- u. SW-Jugosl.
13. **heterophýlla** Lam. ♃ V–IX, Eur. (außer N), Kauk.
14. **maírei** St.-Yves ♃, Atlas
15. **nigréscens** Lam. (*F. fállax* Thuill., *F. rúbra* ssp. *commutáta* Gaud.) ♃ ⤳ V bis VI Ⓝ, S-, W- u. M-Eur.
16. **ovína** L. - Schafschwingel ♃ V–VII Ⓝ, N- u. M-Eur., Balear., N-Ital., Sib., N-Afr., im nordöstl. N-Am. eingebürg.
17. **praténsis** Huds. (*F. elátior* auct. non L., *F. elátior* ssp. *praténsis* (Huds.) Hack.) - Wiesenschwingel ♃ VI–VII Ⓝ, Eur., W-As., in N-Am. eingebürg.
18. **pseudodalmática** Krajina ex Domin ♃, Östl. M-Eur., Rußl.
- *púmila:* 20
19. **punctória** Sm. (*F. acerósa* K. Koch) ♃ △ VI–VII, N-Türk.
20. **quadriflóra** Honck. (*F. púmila* Chaix) ♃ △ VII–VIII, Pyren., Jura, Alp., Karp., Balk.
21. **rúbra** L. - Rotschwingel ♃ ⤳ V–VI Ⓝ, Nördl. gem. Zone
- *rúbra* ssp. *commutáta:* 15
22. **rupicáprina** (Hack.) Kerner ♃ △, M- u. O-Alp.
- *scopária:* 9
- *tenuifólia:* 7
23. **valesíaca** Schleich. ex Gaud., S-, M- u. O-Eur., W-As., Kauk.
'Glaucantha' ♃ △ V–VI
24. **vivípara** (L.) Sm. ♃ △, Arkt. u. NO-Eur., südl. bis SW-Irl.

Fibígia Medik. - f. - *Crucíferae*
Schildkresse
1. **clypeáta** (L.) Medik. (*Farsétia clypeáta* (L.) R. Br.) ♃ △ ∧ ✂ V–VI, S-Tirol bis N-Griech. u. Krim

Ficária vérna: Ranúnculus 11
Ficínia poirétii: Scírpus 1

Fícus L. - f. - *Moráceae*
Feigenbaum
1. **altíssima** Bl. ♄ i ⌂, Ass. bis Mal.

Arch. u. Phil.

2. **áspera** G. Forst. (*F. cannónii* (Bull ex Van Houtte) N. E. Br., *Artocárpus cannónii* Bull ex Van Houtte) 'Parcellii' (*F. parcéllii* Veitch ex Cogn. et March.) ħ i ♣ ⌂, Neue Hebriden
3. **auriculáta** Lour. (*F. roxbúrghii* Miq.) ħ - ħ i ⌂, Him. bis S-China, Thail. u. Vietn.
- *austrális:* 30
- *barbáta:* 38
4. **bárteri** Sprague ħ - ħ i ⌂, Trop. W- u. M-Afr.
5. **benghalénsis** L. (*F. índica* L.) - Banyanbaum
var. **kríshnae** (C. DC.) Corner (*F. kríshnae* C. DC., 'Krishnae') ħ i ⌂, Ind.
- *benghalénsis* 'Krishnae': 5
6. **benjamína** L. (*F. nítida* Thunb., *F. retúsa* L. var. *nítida* (Thunb.) Miq.) ħ i ⌂, Ind., S-China, SO-As. u. N-Austral.
7. **binnendijkii** Miq. ħ i ⌂, Java
- *buxifólia:* 17
8. **callósa** Willd. (*F. porteána* Regel) ħ i ⌂, Ind., Ceyl. u. SO-As.
- *cannónii:* 2
9. **cárica** L. - Echter Feigenbaum ħ ∧ bis ⌂ Ⓝ Off., M- u. S-Ital., Griech., Vord. As., NW-Ind.; im übrigen S-Eur., in W-Eur. u. N-Afr. eingebürg.
10. **celebénsis** Corner (*F. irreguláris* Miyabe) ħ i ⌂, Celeb.
- *cerasifórmis:* 26
11. **cyathistípula** Warb. ħ i ♣ ⌂, Trop. Afr.
12. **deltoídea** Jack (*F. diversifólia* Bl.) ħ i ♣ ⌂, Mal. Arch.
- *diversifólia:* 12
13. **dryepondtiána** André ħ i ⌂, M-Afr.
- *edúlis:* 15
14. **elástica** Roxb. - Gummibaum ħ i ⌂ Ⓝ, O-Him. bis Mal. Arch., Sum., Java (Dazu einige Sorten wie 'Decora', 'Doescheri', 'Variegata')
- *foveoláta* var. *nippónica:* 33
- *glabélla:* 39
- *glomeráta:* 28
15. **habrophýlla** Seem. (*F. edúlis* Bur.) ħ i ♣ ⌂, Neukaled.
16. **híspida** L. f. ħ-ħ ⌂, Trop. As., von Ind. bis N-Austral.
- *índica:* 5
- *infectória:* 39
- *irreguláris:* 10
- *kríshnae:* 5
- *lácor:* 39
17. **leprieurii** Miq. (*F. trianguláris* Warb.,? *F. buxifólia* De Wild.) ħ i ⌂, Trop. Afr.
18. **lyráta** Warb. (*F. panduráta* hort. Sander non Hance) ħ i ⌂, Trop. W-Afr.
19. **macrophýlla** Desf. ex Pers. ħ i ⌂, Austral.: Queensl., Neusüdwal.; Lord-Howe-Ins.
20. **microcárpa** L. f. (*F. retúsa* hort. non L.) ħ i ⌂, SO-As. bis Ind., Malays. u. Austral.
21. **montána** Burm. f. (*F. quercifólia* Bl.) ħ ⟿ i ⌂, SO-As.,?Ind.
22. **nekbúdu** Warb. (*F. útilis* Sim) ħ i ⌂, Trop. u. S-Afr.
23. **neriifólia** Sm. ħ i ⌂, Him.
- *nippónica:* 33
- *nítida:* 6
24. **nymphaeifólia** Mill. ħ i ⌂, Pan. bis Bras.
25. **pálmeri** S. Wats. ħ i ⌂, Nied. Kalif.
- *panduráta:* 18
- *parcéllii:* 2
26. **parietális** Bl. (*F. cerasifórmis* Desf.) ħ i ⌂, Trop. W-Afr.
- *porteána:* 8
27. **púmila** L. (*F. stipuláta* Thunb., *F. répens* hort. non Rottl.) - Kletter-Ficus ħ i ≹ ⟿ ⌂ - ⌂, Jap., Riukiu-Ins., Taiw., China, N-Vietn. (Hierzu einige Sorten wie 'Minima', 'Serpyllifolia', 'Variegata')
- *quercifólia:* 21
28. **racemósa** L. (*F. glomeráta* Roxb. non Blanco, *F. vésca* Miq.) ħ i ⌂, Ind. u. Ceyl. bis China u. SO-As.
- *radícans:* 32
29. **religiósa** L. - Pepulbaum der Inder, Bobaum ħ i ⌂, Ind., Ceyl.
- *répens:* 27
- *retúsa:* 20
- *retúsa* var. *nítida:* 6
- *roxbúrghii:* 3
30. **rubiginósa** Desf. ex Vent. (*F. austrális* Willd.) ħ i ⌂, Austral.: Queensl., Neusüdwal.
31. **rúmphii** Bl. ħ i ⌂, Ind. bis SO-Afr.

32. **sagittáta** Vahl (*F. radícans* Desf.) ♄ i ⌂K - ⌂W, O-Him. bis Phil., Mikrones.
- *salicifólia:* 36
33. **sarmentósa** Sm.
var. **nippónica** (Franch. et Sav.) Corner (*F. nippónica* Franch. et Sav., *F. foveoláta* Wall. var. *nippónica* (Franch. et Sav.) King) ♄ i ⌇ ⌂K - ⌂W, O-Him. bis China u. Jap.
34. **schléchteri** Warb. ♄ i ⌂W, S-As., Neukaled.
- *stipuláta:* 27
35. **stricta** Miq. ♄ i ⌂W, China: Jünn.; SO-As.
36. **subuláta** Bl. (*F. salicifólia* Miq.) ♄ i ⌂W, NO-Ind., S-China, Mal. Arch. bis Salom.
37. **sycómorus** L. - Sykomore, Eselsfeige ♄ ⌂K Ⓝ, O-Med., Arab. u. N-Afr. bis SO-Afr.
- *trianguláris:* 17
- *útilis:* 22
- *vésca:* 28
38. **villósa** Miq. (*F. barbáta* Miq.) ♄ ⌇ i ⌂W, NO-Ind., Andam.
39. **vírens** Ait. (*F. lácor* Buch.-Ham., *F. infectória* Miq., *F. glabélla* Bl.) ♄ i ⌂W, Pak., Ind., Ceyl., China, SO-As.
40. **vogélii** (Miq.) Miq. ♄ i ⌂W, Trop. W-Afr.

Filícium Thwaites ex Hook. f. - n. - *Sapindáceae*
Flügelblatt
1. **decípiens** (Wight et Arn.) Thwaites ♄ i ⌂W, M- u. O-Afr., Ind., Ceyl., Fidschi-Ins.

Filipéndula Mill. emend. Adans. - f. - *Rosáceae*
Mädesüß
- *hexapétala:* 6
1. **kamtschática** (Pall.) Maxim. (*Spiraēa kamtschática* Pall., *S. palmáta* Miq. non Murr. nec Thunb. nec Pall.) ♃ VII–VIII, Jap., Mandsch., Kamtsch.
2. **palmáta** (Pall.) Maxim. (*Spiraēa palmáta* Pall. non Murr. nec Thunb. nec Miq., *S. digitáta* Willd.) ♃ VI bis VIII, Sib., Kamtsch.
3. **purpúrea** Maxim. (*Spiraēa palmáta* Thunb. non Murr. nec Pall. nec Miq.) ♃ VI–VIII, Jap.
4. **rúbra** (Hill) Robins. (*Spiraēa lobáta* Gronov., *S. palmáta* Murr. non Thunb. nec Pall. nec Miq.) ♃ VI bis VII, USA: Penns. bis Iowa, südl. bis Georg., Kent. u. Ill. (Hierher auch die Sorte 'Venusta')
5. **ulmária** (L.) Maxim. (*Spiraēa ulmária* L.) - Mädesüß ♃ ≈ VI–IX Ⓝ, Eur., W-As. bis N-Sib.
6. **vulgáris** Moench (*Spiraēa filipéndula* L., *Ulmária filipéndula* (L.) Hill, *F. hexapétala* Gilib.) - Mädesüß ♃ VI - VII, Eur., Kl. As. bis Kauk., W-Sib., N-Afr., Med.

Fimbristýlis Vahl - f. - *Cyperáceae*
1. **globulósa** (Retz.) Kunth (*Scírpus globulósus* Retz.) ♃ ⌂W Ⓝ, Ceyl., Ind., Malays., Marian.

Firmiána Marsili - f. - *Sterculiáceae*
1. **símplex** (L.) W.F. Wight (*F. platanifólia* (L. f.) Schott et Endl., *Stercúlia platanifólia* L. f.) ♄ ⌂K, Riukiu-Ins., Taiw., China, Indoch.

Fittónia Coem. - f. - *Acantháceae*
- *argyroneūra:* 2
1. **gigantéa** Lind. ex André ♃ ⌂W, Peru
2. **verschafféltii** (Lem.) Van Houtte ♃ ⌂W, Kol. bis Bol.
'Argyroneura' (var. *argyroneūra* (Coem.) Regel, *F. argyroneūra* Coem.) ♃ ⌂W
'Pearcei' (var. *peārcei* (Veitch) Regel) ♃ ⌂W
- *verschafféltii* var. *argyroneūra:* 2
- *verschafféltii* var. *peārcei:* 2

Fitzrōya Hook. f. ex Lindl. - f. - *Cupressáceae*
1. **cupressoídes** (Mol.) Johnst. - „Alerce" ♄ ⌂K ✱, S-Chile, N-Patag.

Flacoūrtia Comm. ex L'Hérit. - f. - *Flacourtiáceae*
1. **índica** (Burm. f.) Merr. - Batokopflaume ♄ ⌂W Ⓝ ✱, Altweltl. Trop.

Fóckea Endl. - f. - *Asclepiadáceae*
- *capénsis:* 1
1. **críspa** (Jacq.) K. Schum. (*F. capénsis* Endl.) ♄ ⌇ ⌂K, Kap
2. **multiflóra** K. Schum. ♄ ⌂K, S-Angola, Tans.

Foenículum Mill. - n. - *Umbellíferae*
Fenchel
1. **vulgáre** Mill. (*F. officínale* All.), Med., Vord. As., in den Subtrop. sowie Teilen von Eur. u. N-Am. eingebürg.

ssp. **piperítum** (Ucria) Cout. (*F. piperítum* Ucria) – Pfefferfenchel ⊙ – ♃ VII–VIII Ⓝ, Med., Port.
ssp. **vulgáre** – Gartenfenchel
var. **azóricum** (Mill.) Thell. – Gemüsefenchel ⊙ – ♃ VII- VIII Ⓝ
var. **dúlce** (Mill.) Batt. et Trab. (*F. dúlce* Mill.) – Gewürzfenchel ⊙ – ♃ VII–VIII Ⓝ Off.
var. **vulgáre** – Wilder Fenchel ⊙ – ♃ VII–VIII Off.

Fokiénia Henry et H.H. Thomas – f. – *Cupressáceae*
1. **hodgínsii** Henry et H.H. Thomas – „Pemou" ♄ i Ⓚ, Fukien

Fontanésia Labill. – f. – *Oleáceae*
- *angustifólia:* 2
1. **fortúnei** Carr. ♄ V–VI, O-China
2. **philliraeoídes** Labill. (*F. angustifólia* Dipp.) ♄ V–VI, SO-Siz., Anat., Syr.

Forestiéra Poir. – f. – *Oleáceae*
1. **acumináta** (Michx.) Poir. (*Adélia acumináta* Michx.) ♄ – ♄ ~ IV–V, USA: Indiana bis Kans., südl. bis Flor. u. Tex.
2. **ligustrína** (Michx.) Poir. (*Adélia ligustrína* Michx.) ♄ VIII, USA: Kent., Tenn. bis Alab., Flor.
3. **neomexicána** A. Gray (*Adélia neomexicána* (A. Gray) O. Kuntze) ♄ IV–V, USA: Tex. bis New Mex., Kalif., Color.

Forsýthia Vahl – f. – *Oleáceae*
Forsythie, Goldglöckchen
1. **europaéa** Degen et Bald. ♄ IV–V, N-Alban., S-Jugosl.
- *fortúnei:* 6
2. **giraldiána** Lingelsh. ♄ IV–V, NW-China
3. × **intermédia** Zab. (*F. suspénsa* × *F. viridíssima*) ♄ ✂ IV–V (Mit mehreren Sorten)
4. **japónica** Mak. ♄ IV, Jap.
5. **ováta** Nakai ♄ IV, Korea
6. **suspénsa** (Thunb.) Vahl
var. **fortúnei** (Lindl.) Rehd. (*F. fortúnei* Lindl., 'Fortunei') ♄ IV, O-China
var. **siebóldii** Zab. ♄ IV, Jap.
var. **suspénsa** ♄ IV, China
- *suspénsa* 'Fortunei': 6
7. **viridíssima** Lindl. ♄ V, China

Fortunélla Swingle – f. – *Rutáceae*
Kumquat
1. **híndsii** (Champ. ex Benth.) Swingle ♄ i Ⓚ Ⓝ, Hongk., S-China
2. **japónica** (Thunb.) Swingle (*Cítrus japónica* Thunb.) – Marumi-Kumquat ♄ i ⚘ Ⓝ, S-China
3. **margaríta** (Lour.) Swingle (*Cítrus margaríta* Lour.) – Oval Kumquat ♄ i Ⓚ Ⓝ, Kanton

Fosterélla L.B. Sm. – f. – *Bromeliáceae*
1. **penduliflóra** (C.H. Wright) L.B. Sm. (*Catópsis penduliflóra* C.H. Wright, *Lindmánia penduliflóra* (C.H. Wright) Stapf, *Cottendórfia penduliflóra* C.H. Wright) ♃ Ⓦ Peru, Bol., W-Arg.

Fothergílla L. – f. – *Hamamelidáceae*
Federbuschstrauch
- *alnifólia:* 1
- *alnifólia* var. *májor:* 2
- *carolína:* 1
1. **gardénii** Murr. (*F. alnifólia* L. f., *F. carolína* (L.) Britt.) ♄ △ V, USA: Virg. bis Georg. u. Alab.
2. **májor** (Sims) Lodd. (*F. alnifólia* L. f. var. *májor* Sims, *F. montícola* Ashe) ♄ V, USA: N-Carol. bis Alab.
- *montícola:* 2

Fouquiéria H.B.K. – f. – *Fouquieriáceae*
- *columnáris: Ídria* 1
1. **spléndens** Engelm. ♄ Ⓚ, Nied. Kalif.; S-Kalif.

Fragária L. – f. – *Rosáceae*
Erdbeere
1. × **ananássa** (Duch.) Guédès (vermutl. *F. chiloénsis* × *F. virginiána; F.* × *mágna* Thuill., *F. grandiflóra* Ehrh. non (L.) Crantz) – Gartenerdbeere, Ananaserdbeere ♃ Ⓝ, Heimat unbek., in Eur. vielfach eingebürg.
2. **chiloénsis** (L.) Mill. – Chileerdbeere ♃ Ⓝ, Pazif. Küste Am.: Alaska bis Kalif., S-Chile, in Tener. eingebürg.
- *collína:* 6
- *elátior:* 3
- *grandiflóra:* 1
- *horténsis:* 4
- *índica: Duchésnea* 1
- × *mágna:* 1
3. **moscháta** West. (*F. elátior* Ehrh.) – Moschuserdbeere ♃ Ⓝ, M-Eur., bis NW-Frankr., N-Span., M-Ital., Türk., M-Rußl., in N-Eur. einge-

bürg.
4. **vésca** L. – Walderdbeere
var. **horténsis** (Duch.) Staudt (*F. horténsis* Duch.) ♃ V–VI ⓝ, Nur in Kult. bek.
f. **álba** (Duch.) Staudt ♃ V–VI, Nur in Kult. bek.
f. **eflagéllis** (Duch.) Staudt – Rankenlose Erdbeere ♃ V–VI ⓝ, Alp.
f. **semperflórens** (Ser.) Staudt – Monatserdbeere ♃ V–X ⓝ, Frankr.
var. **monophýlla** Duch. ♃ V–VI, Alp.
var. **vésca** ♃ V–VI ⓝ, Zirkumpol.
5. **virginiána** Mill. – Scharlacherdbeere ♃ ⓝ, N-Am.: Neufundl. u. Labr. bis Alaska, südl. bis Georg., Alab., Louis., Color., New Mex. u. Kalif., in O-Eur. stellenweise eingebürg.
6. **víridis** West. (*F. collína* Ehrh.) – Hügelerdbeere ♃ ⓝ, Eur. bis W-As.

Fraīlea Britt. et Rose – f. – *Cactáceae*
– *asterioídes:* 1
– *brúchii: Gymnocalýcium* 4
1. **castánea** Bckbg. (*F. asterioídes* Werderm.) ⓚ ∗, NO-Arg.: Misiones; S-Bras.: Rio Grande do Sul; N-Urug.
2. **cataphrácta** (Dams) Britt. et Rose ⓚ ∗, O-Bol.; Bras.: S-Mato Grosso; S- u. O-Parag.
3. **colombiána** (Werderm.) Bckbg. ⓚ ∗, S-Bras., Urug.
4. **gracíllima** (Lem.) Britt. et Rose ⓚ ∗, M-, N-Urug., S-Bras.: Rio Grande do Sul
5. **grahliána** (K. Schum.) Britt. et Rose ⓚ ∗, S-Parag.,?Arg.: Misiones
6. **knippeliána** (Quehl) Britt. et Rose ⓚ ∗, S-Parag.
7. **púmila** (Lem.) Britt. et Rose ⓚ ∗, S-Parag., S-Bras.: Rio Grande do Sul; NW-Urug.
8. **pygmaēa** (Spegazz.) Britt. et Rose ⓚ ∗, S-Bras.: Rio Grande do Sul; Urug.

Francíscea calýcina: Brunfélsia 3
– *hopeána: Brunfélsia* 5
– *latifólia: Brunfélsia* 2

Fráncoa Cav. – f. – *Saxifragáceae*
1. **sonchifólia** Cav.
var. **appendiculáta** (Cav.) Reiche (*F. appendiculáta* Cav.) ♃ ⓚ, Chile
var. **ramósa** (D. Don) Reiche (*F. ramósa* D. Don) ♃ ⓚ V–VII, Chile

Frángula álnus: Rhámnus 9
– *purshiána: Rhámnus* 13
– *rupéstris: Rhámnus* 14

Frankénia L. – f. – *Frankeniáceae*
1. **hirsúta** L. ♄ △ ∧ VI–VIII, Med., SO-Eur.
2. **laēvis** L. ♃ △ ∧ VI–VIII, W-Eur., W-Med.

Franklínia Marsh. – f. – *Theáceae*
1. **alatamáha** Marsh. (*Gordónia alatamáha* (Marsh.) Sarg.) ♄ VIII–X, USA: Georg.

Fráxinus L. – f. – *Oleáceae*
Esche
1. **americána** L. – Weißesche ♄ ⓝ, N-Am.: N. Scot. bis Minn. u. Nebr., südl. bis Flor. u. Tex.
2. **angustifólia** Vahl
ssp. **angustifólia** ♄, W-Med., Port.
ssp. **oxycárpa** (M.B. ex Willd.) Franco et Rocha Afonso (*F. oxycárpa* M.B. ex Willd., *F. oxyphýlla* M.B.) ♄, Östl. M-Eur., S-Eur., Vord. As., M-As.
3. **anómala** Torr. ex S. Wats. ♄, USA: Color. bis Kalif., Ariz. u. New Mex.
4. **bungeána** A. DC. ♄, N-China
5. **chinénsis** Roxb.
var. **chinénsis** ♄, China
var. **rhynchophýlla** (Hance) Hemsl. (*F. rhynchophýlla* Hance) ♄, N-China, Korea, Jap.
6. **excélsior** L. – Esche ♄ ⓝ, Eur., Kl. As. (Mit vielen Sorten, darunter 'Diversifolia' (f. *monophýlla* Desf.), 'Hessei', 'Nana' (f. *globósa* hort.), 'Pendula')
– *excélsior* f. *globósa:* 6
– *excélsior* f. *monophýlla:* 6
– *lanceoláta:* 13
7. **latifólia** Benth. (*F. oregána* Nutt.) ♄ ⓝ, N-Am.: Br. Kol. bis Kalif.
8. **longicúspis** Sieb. et Zucc. ♄, Jap., China: Szetsch.
9. **mandshúrica** Rupr. ♄ ⓝ, Jap., Sachal., Korea, Mandsch., Amur, N-China
10. **nígra** Marsh. – Schwarzesche ♄ ⓝ, N-Am.: Neufundl. bis Manit. u. N-Dak., südl. bis Del., Virg., W-Virg., Indiana u. Iowa
– *oregána:* 7
11. **órnus** L. – Mannaesche, Blumenesche ♄ V–VI ⓝ Off., Span., M- u. O-

Med. u. südl. M-Eur., nördl. bis S-Tschechosl. u. NO-Rum., östl. entlang der Küste von Kl. As. bis Liban.
- *oxycárpa:* 2
- *oxyphýlla:* 2
- *parvifólia:* 17

12. **paxiána** Lingelsh. ħ - ♄, China, Him.
13. **pennsylvánica** Marsh. (*F. pubéscens* Lam.)
var. **pennsylvánica** - Rotesche ♄ ≈ Ⓝ, N-Am.: Neuengl. u. Queb. bis Minn., südl. bis Alab. u. Louis.
var. **subintegérrima** (Vahl) Fern. (var. *lanceoláta* (Borkh.) Sarg., *F. lanceoláta* Borkh.) - Grünesche ♄ ≈, N-Am.: Queb. bis Alb. u. Mont., südl. bis Georg., Flor., Alab., Louis. u. Tex.
- *pennsylvánica* var. *lanceoláta:* 13
14. **platýpoda** Oliv. (*F. spaethiána* Lingelsh.) ♄, Jap., China: Hupeh, Kansu, Szetsch., Jünn.
15. **potamóphila** Herd. ♄, Turkest.
- *pubéscens:* 13
16. **quadranguláta** Michx. - Blauesche ♄ Ⓝ, N-Am.: Ont. bis Wisc. u. Iowa, südl. bis W-Virg., Alab., Ark. u. Okla.
- *rhynchophýlla:* 5
17. **rotundifólia** Mill. (*F. parvifólia* Lam.) ♄, S-Eur., Kl. As.
18. **sieboldiána** Bl. ♄, Jap., S-Korea, China: Kiangsi
- *spaethiána:* 14
19. **xanthoxyloídes** (G. Don) DC. ♄ Ⓝ, S-Med., Vord. As., bis Belutsch., Afgh., W-Him.

Fréesia Eckl. ex Klatt - f. - *Iridáceae*
- *álba:* 4
1. **armstróngii** W. Wats. ♃ Ⓚ II-V, S-Afr.
2. **corymbósa** (Burm. f.) N. E. Br. (*F. odoráta* (Lodd.) Klatt, *F. refrácta* var. *odoráta* (Lodd.) Voss) ♃ Ⓚ II-V, S-Afr.
3. **-Hybriden** ♃ D ✂ Ⓚ
4. **láctea** Eckl. ex Klatt (*F. álba* M. Foster, *T. refrácta* var. *álba* (M. Foster) Anon.) ♃ D Ⓚ II-V, S-Afr.
- *odoráta:* 2
5. **refrácta** (Jacq.) Eckl. ex Klatt ♃ Ⓚ II-V, S-Afr., in Mallor. eingebürg.
- *refrácta* var. *álba* hort.: 6
- *refrácta* var. *álba* (M. Foster) Anon.: 4
- *refrácta* var. *odoráta:* 2
6. **sparmánnii** (Thunb.) N. E. Br. (*F. refrácta* var. *álba* hort. non (M. Foster) Anon.) ♃ D Ⓚ II-V, Kap

Fremóntia: Fremontodéndron
- *califórnica: Fremontodéndron* 1
- *mexicána: Fremontodéndron* 2

Fremontodéndron Coville (*Fremóntia* Torr. 1854 non 1843) - n. - *Sterculiáceae*
1. **califórnicum** (Torr.) Coville (*Fremóntia califórnica* Torr.) ħ Ⓚ, Kalif. bis Ariz., Nied. Kalif.
2. **mexicánum** Davids. (*Fremóntia mexicána* (Davids.) Macbr.) ħ Ⓚ, S-Kalif., Nied. Kalif.

Frenéla hugélii: Cállitris 1

Freycinétia Gaudich. - f. - *Pandanáceae*
1. **insígnis** Bl. ħ i ∫ Ⓦ IV-VI, Java
2. **luzonénsis** K. B. Presl ħ i ∫ Ⓦ, Phil.

Freylínia Colla - f. - *Scrophulariáceae*
- *cestroídes:* 1
1. **lanceoláta** G. Don (*F. cestroídes* Colla) ħ i Ⓚ XI, S-Afr.
2. **unduláta** Benth. ħ i Ⓚ VI, S-Afr.

Fritillária L. - f. - *Liliáceae*
1. **acmopétala** Boiss. ♃ IV-V ▽, Kilik. Taurus, Zyp., Syr., Liban.
2. **āūrea** Schott ♃ IV ▽, Kilik. Taurus
3. **camtschatcénsis** (L.) Ker-Gawl. ♃ VI ▽, Alaska bis Wash., Ussuri, Sachal., Kuril., Kamtsch., Jap.
4. **grāēca** Boiss. et Sprun. ♃ IV-V ▽, Jugosl., Alban., Griech., Kreta
5. **imperiális** L. - Kaiserkrone ♃ III-V ☠ ▽, NW-Him., Afgh., Iran
(Mit vielen, zum Teil lateinisch benannten Sorten)
6. **lanceoláta** Pursh ♃ ▭ V ▽, N-Am.: Br. Kol. bis Id. u. Kalif.
7. **latifólia** Willd. ♃ IV ▽, Kauk.
- *macrophýlla: Notholírion* 2
8. **meleágris** L. - Schachbrettblume, Kiebitzblume ♃ IV-V ☠ ▽, M-, O- u. SO-Eur., Kauk.
(Mit vielen, zum Teil lateinisch benannten Sorten)
9. **pallidiflóra** Schrenk ♃ IV ▽, O-Sib., NW-China
10. **pérsica** L. ♃ ▭ IV ▽, Syr., Iran, Irak

11. **pluriflóra** Torr. ♃ ▭ IV–V ▽, Kalif.
12. **póntica** Wahlenb. ♃ IV–V ▽, Balk. bis SW-Türk.
13. **pudíca** (Pursh) Spreng. ♃ IV ▽, N-Am.: Br. Kol. bis Kalif., östl. bis Alb., Mont., Wyom., Utah u. Nev.
14. **pyrenáica** L. ♃ V ▽, N-Span., südl. Pyren. bis M-Frankr.
15. **recúrva** Benth. ♃ ▭ IV–V ▽, USA: Kalif., S-Oreg.
16. **ruthénica** Wikstr. ♃ IV–V ▽, S- u. SO-Rußl.
17. **sewerzówii** Regel (*Korolkówia sewerzówii* (Regel) Regel) ♃ ∧ IV ▽, M-As.: Tien-schan, Pamir

Fúchsia L. – f. – *Onagráceae*
Fuchsie
- 'Alba': 16
- *alpéstris:* 21

1. **arboréscens** Sims (*F. syringiflóra* Carr.) – Baumfuchsie, Fliederfuchsie ♄ – ♄ D ⌂ X–III, Mex., Guat., Costa R.
2. **austromontána** Johnst. (*F. serratifólia* Hook. non Ruiz et Pav.) ♄ ⌂, Peru
3. × **bacilláris** Lindl. (*F. microphýlla* × *F. thymifólia*) ♄ ⌂ VI–IX, Mex.
4. **boliviána** Carr. ♄ ⌂ VI–IX, Ek., Peru, Bol., Arg.
5. **coccínea** Soland. ♄ ⌂ VI–IX, S-Bras.
6. **colénsoi** Hook. f. ♄ ⌂ VII–IX, Neuseel.

- *cónica:* 16

7. **cordifólia** Benth. ♄ ⌂ VIII–IX, Mex., Guat.
8. **corymbiflóra** Ruiz et Pav. ♄ ⌂ VII bis IX, Ek., Peru
9. **denticuláta** Ruiz et Pav. (*F. serratifólia* Ruiz et Pav.) ♄ ⌂, Peru, Bol.

- *díscolor:* 16

10. **excorticáta** (J. R. et G. Forst.) L. f. ♄ ⌂, Neuseel.
11. **fúlgens** Moç. et Sessé ex DC. ♄ ⌂ VI bisVIII, Mex.

- *globósa:* 16
- *grácilis:* 16

12. **hemsleyána** Woods. et Seibert ♄ ⌂ V–IX, Costa R., Pan.

- × *hýbrida:* 13

13. **-Hybriden** (*F.* × *hýbrida* Voss, *F. speciósa* hort.) – Gartenfuchsien ♄ V bis X
14. **lycioídes** Andr. ♄ ⌂, Chile
15. **macrántha** Hook. ♄ ⟿ ⌂ IV–VI, Peru

- *macrostémma:* 16
- *macrostémma* var. *cónica:* 16
- *macrostémma* var. *globósa:* 16
- *macrostémma* var. *grácilis:* 16

16. **magellánica** Lam. (*F. macrostémma* Ruiz et Pav.) – Scharlachfuchsie ♄ ⌂ V–IX, S-Chile, Arg.
'Conica' (var. *cónica* (Lindl.) L. H. Bailey, *F. cónica* Lindl., *F. macrostémma* var. *cónica* (Lindl.) D. Don)
'Discolor' (var. *díscolor* (Lindl.) L. H. Bailey, *F. díscolor* Lindl.)
'Globosa' (var. *globósa* (Lindl.) L. H. Bailey, *F. globósa* Lindl., *F. macrostémma* var. *globósa* (Lindl.) D. Don)
'Gracilis' (var. *grácilis* (Lindl.) L. H. Bailey, *F. grácilis* Lindl., *F. macrostémma* var. *grácilis* (Lindl.) Nichols.)
'Molinae' ('Alba')

- *magellánica* var. *cónica:* 16
- *magellánica* var. *díscolor:* 16
- *magellánica* var. *globósa:* 16
- *magellánica* var. *grácilis:* 16

17. **microphýlla** H. B. K. ♄ ⌂ IX–X, Mex.
18. **minimiflóra** Hemsl. ♄ ⌂, Mex.
19. **minutiflóra** Hemsl. ♄ ⌂, Trin.
20. **procúmbens** R. Cunn. ex A. Cunn. ♄ ⟿ ⌇ ⌂ III–V, Neuseel.
21. **régia** (Vand. ex Vell.) Munz var. **alpéstris** (Gardn.) Munz (*F. alpéstris* Gardn.) ♄ ⌇ ⌂, Bras.

- *serratifólia* Hook.: 2
- *serratifólia* Ruiz et Pav.: 9
- *speciósa:* 13

22. **spléndens** Zucc. ♄ ⌂ VII–XI, Mex., Guat., Costa R.

- *syringiflóra:* 1

23. **thymifólia** H. B. K. ♄ ⌂ VI–IX, Mex.
24. **triphýlla** L. ♄ ⌂ V–XI, Haiti, Dom. Rep.
25. **-Triphylla-Hybriden** – Traubenblütige Fuchsien ♄ ⌂ VII–X
26. **tuberósa** Krause ♄ ⌂, Peru
27. **venústa** H. B. K. ♄ ⌂, Kol.

× **Fujiwarára** hort. (*Brassávola* × *Cattléya* × *Laeliópsis*) – f. – *Orchidáceae*

Fumána (Dun.) Spach – f. – *Cistáceae*
Heideröschen

1. **procúmbens** (Dun.) Gren. et Godr.

(*Heliánthemum fumána* (L.) Mill., *H. procúmbens* Dun., *F. vulgáris* Spach) ♄ △ ∧ VI–VIII, W-, westl. M- u. S-Eur., nördl. bis N-Frankr.; Öland u. Gotl., Med., W-As.

Fumária L. - f. - *Papaveráceae*
Erdrauch
- *africána: Rupicápnos* 1
- *bulbósa* L.: *Corýdalis* 12
- *bulbósa* Mill. 1771: *Corýdalis* 4
- *cáva: Corýdalis* 4
- *fungósa: Adlúmia* 1

1. **officinális** L. - Erdrauch ⊙ V–X, Eur., Med., W- u. gem. As., N-Afr.

- *sólida: Corýdalis* 12

Fúnckia: Hósta

Fúnkia: Hósta
- *ováta: Hósta* 20
- *subcordáta: Hósta* 12
- *tardiflóra: Hósta* 17

Funtúmia Stapf - f. - *Apocynáceae*

1. **elástica** (Preuss) Stapf ♄ ⌂W Ⓝ, Trop. Afr., von Kamer. bis Uganda

Furcraea Vent. - f. - *Agaváceae*

1. **bedinghausii** K. Koch (*Beschornéria multiflóra* hort., *Roezlia bulbífera* hort. ex Siebert et Voss, *Yúcca bulbífera* hort., *F. roezlii* André) ⌂K, M-Mex.
- *cubénsis:* 4
2. **élegans** Tod. ⌂K, Mex.
- *flavovíridis:* 6
3. **foetida** (L.) Haw. (*Agáve foetida* L., *F. gigantéa* Vent.) ⌂K Ⓝ, Yucat., M-Am., nördl. u. östl. S-Am.
- *gigantéa:* 3
4. **hexapétala** (Jacq.) Urb. (*F. cubénsis* (Jacq.) Vent., *Agáve cubénsis* Jacq., *A. hexapétala* Jacq.) ⌂K, Kuba, Haiti
- *lindénii:* 6
- *pubéscens* Bak.: 7
5. **pubéscens** Tod. ⌂K, Mex.?
- *roezlii:* 1
6. **sellóa** K. Koch (*F. flavovíridis* Hook.), Mex., Guat., Kol.
'Marginata' (*F. lindénii* Jacobi, *F. sellóa* var. *margináta* Trel.) ⌂K
- *sellóa* var. *margináta:* 6
7. **unduláta** Jacobi (*F. pubéscens* Bak. non Tod.) ⌂K, Mex.?

Gágea Salisb. - f. - *Liliáceae*
Gelbstern

1. **arvénsis** (Pers.) Dumort. (*G. villósa* (M.B.) Duby) ♃ III–IV, Eur., nördl. bis Holl., S-Schwed. u. westl. M-Ukr.; SW-As., N-Afr.
2. **lútea** (L.) Ker-Gawl. (*G. sylvática* (Pers.) Loud.) ♃ III–IV, Eur., Kauk., Sib., Him., O-As.
- *sylvática:* 2
- *villósa:* 1

Gaillárdia Foug. - f. - *Compósitae*
Kokardenblume
- *acaulis: Hymenóxys* 1

1. **amblýodon** J. Gay ⊙ VI–XI, Tex.
2. **aristáta** Pursh (*G. grandiflóra* hort. non Van Houtte) ♃ VI–IX, N-Am.: Br. Kol. bis Sask., südl. bis Ariz. u. New Mex., auf den Azor. u. in S-Span. eingebürg.
- *bícolor* Lam.: 5
- *bícolor* Pursh: 4
- *grandiflóra:* 2
3. **-Hybriden** (Zusammenfassung aller Sorten, deren Herkunft nicht mehr bekannt ist, die aber meist von *G. aristáta* und *G. pulchélla* abstammen) ♃ ∧ ✂ VI–IX
4. **lanceoláta** Michx. (*G. bícolor* Pursh non Lam.) ⊙ - ♃ VI–IX, USA: S-Carol. bis Flor., westl. bis Missouri u. Tex.
- *pícta:* 5
5. **pulchélla** Foug. (*G. bícolor* Lam.) var. **pícta** (Sweet) A. Gray (*G. pícta* Sweet) ⊙ ✂ VI–IX, USA: S-Carol. bis Flor., westl. bis Ariz. u. Color.

Galánthus L. - m. - *Amaryllidáceae*
Schneeglöckchen

1. **elwésii** Hook. f. ♃ II ▽ ✱, M-Jugosl. u. SW-Ukr. bis O-Griech., Kl. As.
2. **ikáriae** Bak. ♃ II–III ▽ ✱, Ägäis, N-Anat., N-Iran, Kauk.
- *latifólius:* 4
3. **nivális** L. ♃ II–III ▽ ✱, W-, M-, S- u. SO-Eur., von den Pyren. bis S-Rußl.
4. **plicátus** M.B. (*G. latifólius* Salisb. non Rupr.) ♃ III ▽ ✱, Rum. bis Krim

Gálax L. 1753, non 1754 - f. - *Diapensiáceae*
Bronzeblatt

1. **urceoláta** (Poir.) Brummitt (*G. aphýlla* hort. non L., *Pýrola urceo-*

láta Poir.) ♃ i VI–VII, USA: Appalach., von W-Maryl. durch W-Virg. bis Virg., Kent., Tenn., Carol. bis N-Alab. u. Georg.

Galáxia Thunb. – f. – *Iridáceae*

1. **ováta** Thunb. ♃ Ⓚ VII–VIII, SW-Kap

Gále palústris: Myríca 2

Galeándra Lindl. – f. – *Orchidáceae*

1. **batemánii** Rolfe ♃ Ⓚ VII–VIII ✱, Mex., Guat.
2. **devoniána** Schomb. ex Lindl. ♃ Ⓦ VI bis VIII ✱, Guay., Venez., Bras.

Galéga L. – f. – *Leguminósae*
Geißraute

1. **bícolor** Hausskn. ♃ ✂ VII–VIII, Kl. As., W-As.
2. × **hartlándii** Hartland (*G. bícolor* × *G. officinális*) ♃ ✂ VII–VIII
3. **officinális** L. ♃ ✂ VII–VIII Ⓝ, O-, M- u. S-Eur., Kl. As., Vord. As., Med., Alger., in W-Eur. eingebürg.

Galeóbdolon: Lamiástrum
– *lúteum: Lamiástrum* 1

Galeópsis L. – f. – *Labiátae*
Hanfnessel, Hohlzahn

– *dúbia:* 2

1. **ládanum** L. – Ackerhohlzahn ⊙ VI bis X, Eur., W-As. bis Kauk., Altai

– *ochroléuca:* 2

2. **ségetum** Neck. (*G. ochroléuca* Lam., *G. dúbia* Leers) – Saathohlzahn ⊙ VII–IX Off., W-, M-Eur., bis Dänem. u. NO-Ital.
3. **speciósa** Mill. ⊙ VI–X, M-, N- u. O-Eur. bis Sib., Kauk.
4. **tétrahit** L. – Hanfnessel ⊙ VI–X, Eur. bis Sib., Kauk., Ind., O-As., im nördl. N-Am. eingebürg.

Galeóttia A. Rich. – f. – *Orchidáceae*

1. **fimbriáta** Lind. ♃ Ⓦ IV–V ✱, Kol.

Galinsóga Ruiz et Pav. – f. – *Compósitae*
Knopfkraut

1. **ciliáta** (Raf.) S. F. Blake (*G. quadriradiáta* auct. non Ruiz et Pav.) ⊙ VII bis X, Mex. bis Chile, in Eur. u. N-Am. eingebürg.
2. **parviflóra** Cav. – Franzosenkraut ⊙ VII–X, S-Am., heute weltweit eingebürg.

– *quadriradiáta:* 1

Galípea Aubl. – f. – *Rutáceae*

1. **officinális** Hancock – Angusturabaum ♄ i Ⓦ, S-Am.

Gálium L. – n. – *Rubiáceae*
Labkraut

1. **aparíne** L. – Klebkraut, Klettenlabkraut ⊙ VI–X, Nördl. Halbk.
2. **mollúgo** L. – Wiesenlabkraut ♃ ⇝ VI – IX, Eur., W-Sib., Kl. As., Kauk., Ind., Med., N-Afr., im nordöstl. N-Am. eingebürg.
3. **odorátum** (L.) Scop. (*Aspérula odoráta* L.) – Waldmeister ♃ D V–VI Ⓝ, Eur., N-Afr., Sib.
4. **rúbrum** L. ♃ △ VI–VII, Schw., Vorland der S-Alp. u. N-Apenn.

– *triándrum: Aspérula* 12

5. **vérum** L. ♃ VI–IX, Eur., Vord. As., Med., N-Afr., eingebürg. im nordöstl. u. mittl. N-Am.

Galphímia gláuca: Thryállis 1

Galtónia Decne. – f. – *Liliáceae*

1. **cándicans** (Bak.) Decne. (*Hyacínthus cándicans* Bak.) – Riesenhyazinthe ♃ VII–VIII, S-Afr.

Gamólepis Less. – f. – *Compósitae*

– *chrysanthemoídes: Éuryops* 4

1. **tagétes** (L.) DC. (*G. ánnua* Less.) ⊙ VI–VII, S-Afr.

Gárcia Rohr – f. – *Euphorbiáceae*

1. **nútans** Rohr ♄ Ⓦ Ⓝ, Westind., Mex., M-Am., Kol.

Garcínia L. – f. – *Guttíferae*

1. **cochinchinénsis** (Lour.) Choisy ♄ i Ⓦ Ⓝ, S-Vietn., Kamb.
2. **dúlcis** (Roxb.) Kurz ♄ i Ⓦ Ⓝ, Phil., Java, Timor, Moluk.
3. **hanbúryi** Hook. f. – Gummi-Guttibaum ♄ i ☠ Ⓝ, Hinterind.
4. **índica** (Thou.) Choisy ♄ i Ⓦ Ⓝ, Vorderind.
5. **mangostána** L. – Mangostane ♄ i Ⓦ Ⓝ, Malak.
6. **morélla** Desr. ♄ i Ⓦ Ⓝ, Bengal. bis Thail.

Gardénia Ellis – f. – *Rubiáceae*

1. **amóena** Sims ♄ i Ⓦ VI, China
2. **cornúta** Hemsl. ♄ i Ⓦ, S-Afr.

– *flórida:* 3
– *globósa: Rothmánnia* 2
– *grandiflóra:* 3

3. **jasminoídes** Ellis (*G. flórida* L., *G. radícans* Thunb., *G. grandiflóra* Lour.) ♄ i D ✂ Ⓦ Ⓝ VII–X, Jap., Riukiu-Ins., Taiw., China (Hierzu

als Sorten mit gefüllten und größeren Blüten 'Fortunei', 'Plena', 'Veitchii')
4. **lúcida** Roxb. ♄ – ♄ i ⌂W, Ind., Burma, Phil.
- *radícans:* 3
- *rothmánnia: Rothmánnia* 1
- *stanleyána: Rothmánnia* 3
5. **thunbérgia** L. f. ♄ i ⌂K I–III, S-Afr. bis Moz.

Gárrya Dougl. ex Lindl. – f. – *Garryáceae*
1. **ellíptica** Dougl. ex Lindl. ♄ i ⌂K I–III Ⓝ, USA: Oreg. bis Kalif.
2. **fadyénii** Hook. ♄ i ⌂K I–III, Jam., Kuba

Gásoul crystállinum: Mesembryánthemum 1

Gastéria Duval – f. – *Liliáceae*
1. **acinacifólia** (Jacq.) Haw. ⌂K, Kap
- *anguláta:* 7
2. **angustifólia** (Ait.) Haw. (*G. dísticha* var. *angustifólia* (Ait.) Bak.) ⌂K, S-Kap
3. **armstróngii** Schönl. ⌂K, Kap
4. **caespitósa** v. Poelln. ⌂K, S-Afr.
5. **cándicans** Haw. ⌂K, S-Afr.
6. **carináta** (Mill.) Duval ⌂K, Kap
7. **dísticha** (L.) Haw. (*G. anguláta* (Willd.) Haw., *G. língua* (Thunb.) Berger, *Áloë dísticha* L.) ⌂K, Kap
- *dísticha* var. *angustifólia:* 2
8. **excaváta** (Willd.) Haw. ⌂K, S-Kap
- *formósa:* 15
9. **húmilis** v. Poelln. ⌂K, Kap
10. **liliputána** v. Poelln. ⌂K, S-Afr.
- *língua:* 7
11. **maculáta** (Thunb.) Haw. (*Áloë oblíqua* Haw. non DC. nec Jacq., *A. maculáta* Thunb.) ⌂K, S-Afr.
12. **neliána** v. Poelln. ⌂K, S-Afr.
13. **nígricans** (Haw.) Haw. (*Áloë nígricans* Haw., *A. oblíqua* Jacq. non Haw. nec DC.) ⌂K, S-Afr.
14. **nítida** (Salm-Dyck) Haw. (*Áloë nítida* Salm-Dyck) ⌂K, S-Afr.
15. **pícta** Haw.
var. **formósa** (Haw.) Bak. (*G. formósa* Haw.) ⌂K, S-Kap
var. **pícta** ⌂K, S-Kap
16. **planifólia** (Bak.) Bak. ⌂K, Kap
17. **pseudonígricans** (Salm-Dyck) Haw. (*Áloë pseudonígricans* Salm-Dyck, *A. subnígricans* Spreng., *G. subnígricans* (Spreng.) Haw.) ⌂K, S-Afr.
18. **púlchra** (Ait.) Haw. (*Áloë púlchra* Jacq., *A. oblíqua* DC. non Haw. nec Jacq.) ⌂K, S-Afr.
19. **schweickerdtiána** v. Poelln. ⌂K, S-Afr.
20. **subcarináta** (Salm-Dyck) Haw. (*Áloë subcarináta* Salm-Dyck) ⌂K, S-Afr.
- *subnígricans:* 17
21. **verrucósa** (Mill.) Duval (*Áloë verrucósa* Mill.) ⌂K, Kap

× *Gastrocalánthe:* × *Phaiocalánthe*

Gastrochílus D. Don – m. – *Orchidáceae*
1. **bellínus** (Rchb. f.) O. Kuntze (*Saccolábium bellínum* Rchb. f.) ⌂K II bis III ✱, Burma, Thail.

Gaudínia P. Beauv. – f. – *Gramíneae*
1. **frágilis** (L.) P. Beauv. ⊙ ✂ V–VIII, W- u. südl. M-Eur., Med.

× **Gaulnéttya** Marchant (*Gaulthéria* × *Pernéttya;* × *Gaulthéttia* Camp) – f. – *Ericáceae*
1. **wisleyénsis** Marchant (*Gaulthéria shállon* × *Pernéttya mucronáta;* × *Gaulthéttia wisleyénsis* (Marchant) Camp, × *G.* 'Wisley Pearl') ♄ i ∧ bis ⌂K IV–VI

Gaulthéria L. – f. – *Ericáceae*
Scheinbeere
1. **cuneáta** (Rehd. et Wils.) Bean ♄ i ∧ ♧ VI, W-China
2. **híspida** R.Br. ♄ i ♧ ⌂K V–VI, Austral.: Vict.; Tasm.
3. **hōokeri** C.B. Clarke ♄ i ♧ ⌂K III–IV, O-Him.
4. **itoána** Hayata ♄ i ♧ ∧–⌂K, Taiw.
5. **miqueliána** Takeda ♄ i ♧ ∧ VI, Jap., Sachal., Kuril., Aleut.
6. **procúmbens** L. ♄ i ♧ ⁓ VII–VIII, N-Am.: Neufundl. bis Manit., südl. bis Georg., Alab., Kent., Minn.
- *pyrolifólia:* 7
7. **pyroloídes** Hook. f. et Thoms. ex Miq. (*G. pyrolifólia* Hook. f. et Thoms. ex C.B. Clarke) ♄ i ♧ ∧–⌂K V–VI, O-Him.
8. **rupéstris** (L. f.) D. Don ex G. Don ♄ i ⌂K VI–VII, Neuseel.
9. **semiínfera** (C.B. Clarke) Airy Shaw ♄ i ♧ ⌂K V, Him., W-China
10. **shállon** Pursh ♄ i V–VI, N-Am.: Alaska bis S-Kalif.
11. **trichophýlla** Royle ♄ i ♧ ⁓ ∧–⌂K V,

W-China, Him.
12. **veitchiána** Craib ♄ i ♣ ⌂ V, Hupeh
13. **yunnanénsis** (Franch.) Rehd. ♄ i ⌂ V bis VI, W-China

× *Gaulthéttia:* × *Gaulnéttya*
- × *wisleyénsis:* × *Gaulnéttya* 1

× **Gauntlettária** hort. (*Broughtónia* × *Cattleyópsis* × *Laeliópsis*) - f. - *Orchidáceae*

Gaūra L. - f. - *Onagráceae*
Prachtkerze
1. **coccínea** (Nutt. ex Fras.) Pursh ♃ ⌂ VII-X, N-Am.: Manit. bis Alb., südl. bis Okla., Tex. u. Kalif.
2. **lindhēimeri** Engelm. et A. Gray ♄-♃ ⌂ VII-X, USA: Tex., Louis.

Gaylussácia H.B.K. - f. - *Ericáceae*
1. **baccáta** (Wangenh.) K. Koch (*G. resinósa* Torr. et A. Gray) ♄ V-VI, N-Am.: Neufundl. u. Queb. bis Sask., südl. bis Georg., Alab., Louis.
2. **brachýcera** (Michx.) A. Gray ♄ i ∧ V bis VI, USA: Maryl. u. Del. bis Penns., Kent., Tenn.
3. **dumósa** (Andr.) Torr. et A. Gray ex A. Gray ♄ ⁓ V-VI, N-Am.: Neufundl. bis Penns. u. Tenn., südl. bis Flor. u. Miss.
4. **frondósa** (L.) Torr. et A. Gray ex Torr. ♄ V-VI, USA: N. Hampsh. bis N.Y., südl. bis Flor. u. Louis.
- *resinósa:* 1

Gazánia Gaertn. - f. - *Compósitae*
- *bracteáta:* 2
1. **-Hybriden** (Hierher die fast ausschließlich gezogenen Sorten, entstanden aus Kreuzungen verschiedener Arten, z.B. *G. krebsiána* ssp. *serruláta, G. lineáris, G. rígens* u.a.)
2. **krebsiána** Less.
ssp. **serruláta** (DC.) Roessler (*G. nívea* auct. non Less., *G. bracteáta* N.E. Br., *G. pygmāea* Sond.) ♄ VI bis IX, S-Afr.
3. **lineáris** (Thunb.) Druce (*G. longiscápa* DC.) ♃-⊙ VII-IX, S-Afr.
- *longiscápa:* 3
- *nívea:* 2
4. **pavónia** (Andr.) R.Br. ♃ VI-VIII, S-Afr.
5. **pinnáta** (Thunb.) Less. ♃ VI-VIII, Kap
- *pygmāea:* 2
6. **rígens** (L.) Gaertn. (*G. spléndens* hort. angl. ex E.G. et A. Henders.)
var. **rígens** ⌂ VII-IX, S-Afr., in Port. u. den Balear. eingebürg.
var. **uniflóra** (L. f.) Roessler (*G. uniflóra* L. f.) ♄ ⌂ V-IX, S-Afr.
- *spléndens:* 6
- *uniflóra:* 6

Geissorrhíza Ker-Gawl. - f. - *Iridáceae*
1. **excísa** (L. f.) Ker-Gawl. ♃ ⌂ IV-V, S-Afr.
2. **grándis** Hook. f. ♃ ⌂ IV-V, S-Afr.
3. **hírta** Ker-Gawl. ♃ ⌂ IV-V, S-Afr.
4. **húmilis** (Thunb.) Ker-Gawl. ♃ ⌂ VI-VII, Kap
5. **rádians** (Thunb.) Goldblatt (*G. rochénsis* hort.) ♃ ⌂ V, S-Afr.
- *rochénsis:* 5
6. **secúnda** (Bergius) Ker-Gawl. ♃ ⌂ V, S-Afr.

Geitonoplésium A. Cunn. ex R.Br. - n. - *Liliáceae*
1. **cymósum** (R.Br.) Hook. ♄ i § ⌂, Austral.: Queensl. bis Vict., Phil., O-Malays. bis Salom., Fidschi-Ins.

Gelsémium Juss. - n. - *Loganiáceae*
1. **rankínii** Small ♄ i ⌂, Südl. USA
2. **sempérvirens** (L.) Jaume St.-Hil. ♄ i § D ⌂ ☠ IV-VI, USA: O-Virg. bis Ark., südl. bis Flor. u. Tex.; Guat.

Gemmíngia chinénsis: Belamcánda 1

Genípa L. - f. - *Rubiáceae*
1. **americána** L. - „Jagua", „Marmeldose" ♄ ⌂ ⓝ, Westind., Mex. bis Peru u. Bras.

Genísta L. - f. - *Leguminósae*
Ginster
(alle Arten ☠)
1. **aetnénsis** (Raf. ex Biv.) DC. ♄ ⌂ VII, Sard., Siz.
2. **ánglica** L. ♄ VI-VII, W-Eur., Deutschl. bis S-Schwed., SW-Ital.
3. **aspalathoídes** Lam. ♄ ⌂ VI, Siz., Alger., Tunes.
- *cándicans: Cýtisus* 15
4. **cinérea** (Vill.) DC. ♄ ⌂ V-VI, W-Med.
- *dalmática:* 16
- *delphinénsis:* 14
5. **ephedroídes** DC. ♄ D ⌂ V-VI, Sard., Kors., Siz.
6. **germánica** L. ♄ VI-VII, S-Schwed. bis SW-Frankr. u. M-Rußl., südl. bis

M-Ital. u. Bulg.
7. **hispánica** L. ♄ ∧ △ VI–VII, Span., S-Frankr.
8. **hórrida** (Vahl) DC. (*Echinospártum hórridum* (Vahl) Rothm.) ♄ ∧–⌂ VI bis VIII, Südl. M-Frankr., N-Span.
9. **januénsis** Viv. ♄ ⌂ V–VI, Ital., SO-Eur.
10. **lýdia** Boiss. ♄ ∧ V–VI, O-Balk., Anat.
- *monospérma: Retáma* 1
11. **pilósa** L. - Sandginster ♄ ⟿ V–VII, W- u. M-Eur. bis S-Schwed., M-Ital., Mazed.
12. **pulchélla** Vis. (*G. villársii* Clementi) ♄ ⟿ △ VI, SO-Frankr., W-Balk.
- *púrgans: Cýtisus* 21
13. **radiáta** (L.) Scop. (*Cytisánthus radiátus* (L.) O. F. Lang) ♄ ∧ V–VI, S-Alp. bis SO-Eur.
14. **sagittális** L. (*Genistélla sagittális* (L.) Gams, *Chamaespártium sagittále* (L.) P. Gibbs, *Pterospártum sagittále* (L.) Willk., *Cýtisus sagittális* (L.) W. D. J. Koch) - Flügelginster
var. **mínor** DC. (*G. delphinénsis* Verl.) ♄ ⟿ V–VI, S-Frankr.
var. **sagittális** ♄ ⟿ V–VI, M-Eur., SO-Belg., südl. bis Span., S-Ital. u. Griech.
- *scopária: Cýtisus* 25
15. **serícea** Wulf. - Seidenginster ♄ ⌂ bis ∧ V–VI, Gebg. NO-Ital., W-Balk.
16. **sylvéstris** Scop.
var. **púngens** (Vis.) Rehd. (*G. dalmática* H. L. Wendl.) ♄ ⟿ ⌂–⌂ V bis VII, Adriat. Küste
17. **tinctória** L. - Färberginster ♄ VI bis VIII, Fast ganz Eur. bis Ural, W-Sib., Med., Kl. As., Kauk., in den nordöstl. USA eingebürg.
- *villársii:* 12

Genistélla sagittális: Genísta 14

Gentiána L. - f. - *Gentianáceae*
Enzian
- *acáulis* L. p. p.: 6
1. **acáulis** L. s. str. (*G. excísa* W. D. J. Koch non K. B. Presl, *G. kochiána* E. Perr. et Song., *Ericoíla kochiána* (E. Perr. et Song.) Á. et D. Löve, *Ciminális acáulis* (L.) Moench) ♃ △ VI bis VII ▽, Gebg. S- u. südl. M-Eur., südl. bis N-Span., M-Ital., Bulg.
- *acáulis* var. *alpína:* 2
2. **alpína** Vill. (*G. acáulis* L. var. *alpína* (Vill.) Griseb., *Ciminális alpína* (Vill.) Holub) ♃ △ V–VI ▽, SW- u. westl. M-Alp., M-Pyren., span. Sierra Nev.
3. **andréwsii** Griseb. ♃ VIII, N-Am.: Verm. u. Queb. bis Sask., südl. bis Georg., Ark. u. Color.
4. **angustifólia** Vill. (*G. occidentális* Jakowatz, *Ciminális occidentális* (Jakowatz) Holub) ♃ △ V–VI ▽, SW-Alp. bis Schw., Jura, Pyren.
5. **asclepiádea** L. - Schwalbenwurzenzian ♄ VIII ▽ Off., Gebg. M-Eur., südl. bis M-Ital., Kors., M-Griech., östl. bis NW-Ukr., Vord. As., Kauk.
6. **clúsii** E. Perr. et Song. (*G. acáulis* L. p. p., *Ericoíla clúsii* (E. Perr. et Song.) Á. et D. Löve) ♃ △ V–VI ▽, Gebg. M- u. S-Eur., westl. bis S-Frankr., nördl. bis Karp., südl. bis N-Ital., N-Jugosl.
7. **cruciáta** L. (*Tretorhíza cruciáta* (L.) Opiz)
ssp. **cruciáta** ♃ VII–IX ▽, S- M- u. O-Eur., W-Sib., Kauk., Arm., Kl. As., Iran
ssp. **phlogifólia** (Schott et Kotschy) Tutin (*G. phlogifólia* Schott et Kotschy) ♃ VI–VII ▽, O- u. S-Karp.
8. **dahúrica** Fisch. ♃ VI–VII, Kl. As. bis NW-China
9. **decúmbens** L. f. ♃ VII–VIII ▽, O-Rußl., M- u. NO-As.
10. **dinárica** Beck ♃ △ V–VI ▽, Gebg. SW-Jugosl., Alban., Abruz.
- *excísa:* 1
11. **fárreri** Balf. f. ♃ △ VIII–IX, N-Kansu bis Tib.
12. **fetisówii** Regel et C. Winkl. ♃ VIII, O-Turkest., W-Sib., NO-China
13. **freyniána** Bornm. ♃ △ VIII, Kl. As.
14. **gracílipes** Turrill ♃ VII–VIII, Kansu
15. **hexaphýlla** Maxim. ♃ VII–VIII, Kansu, O-Tib.
- *kochiána:* 1
16. **kúrroo** Royle ♃ △ IX–X, Him.
- *lagodechiána:* 24
17. **lútea** L. ♃ VI–VIII ⓝ Off. ▽, Gebg. Port. u. Span., Ital., Cevenn., Alp. u. Vorland, nördl. bis M-Frankr. u. südl. S-Deutschl., Karp., Balk., N- u.

W-Anat.
- *occidentális:* 4
18. **ornáta** Wall. ♃ △ VIII–IX, Nepal
19. **pannónica** Scop. ♃ Off. VII–IX ▽, O-Alp., von der NO-Schw. bis NW-Jugosl., Bayer. Wald, Böhmer Wald
20. **párryi** Engelm. ♃ △ VIII, USA: Color., New Mex., Utah
- *phlogifólia:* 7
21. **pneumonánthe** L. (*Pneumonánthe vulgáris* F. W. Schmidt) - Lungenenzian ♃ VII–IX ▽, Eur., W-As., südl. bis Kauk.
22. **punctáta** L. ♃ VII–IX Off. ▽, Alp., Sudet., Karp., Balk., südl. bis S-Bulg.
23. **purpúrea** L. ♃ VII–IX ⓝ Off. ▽, Alp., Apenn., S-Norw.
- *scéptrum:* 24
24. **septémfida** Pall.
var. **lagodechiána** Kusn. (*G. lagodechiána* hort., *G. scéptrum* hort. non Griseb.) ♃ △ VIII–IX, O-Kauk.
25. **sinoornáta** Balf. f. ♃ △ ∧ IX–X, NW-Jünn., Likiang
26. **stramínea** Maxim. ♃ △ VIII–IX, NO-Tib., NW-China
27. **tibética** King ♃ VII–VIII, Tib., Him.
28. **triflóra** Pall. ♃ VIII–IX, Sib., Jap.
29. **veitchiórum** Hemsl. ♃ △ IX-X, Szetsch., O-Tib.
30. **vérna** L. (*Híppion vérnum* (L.) F. W. Schmidt, *Calathiána vérna* (L.) Holub) ♃ △ IV–V ▽, Gebg. S-Eur., NW- u. M-Eur.
31. **walujéwii** Regel et Schmalh.
var. **kesselríngii** (Regel) Kusn. ♃ VII bis VIII, O-Turkest.

Geogenánthus Ule - m. - *Commelináceae*
1. **poeppígii** (Miq.) Faden (*Peperómia? poeppígii* Miq., *Dichorisándra undáta* K. Koch et Lind., *D. mosáica* Lind. var. *undáta* (K. Koch et Lind.) W. Mill., *Chamaeánthus wittiánus* Ule, *G. wittiánus* (Ule) Ule, *G. undátus* (K. Koch et Lind.) Mildbr. et Strauss) ♃ Ⓦ, Oberer Amaz.

Geónoma Willd. - f. - *Pálmae*
1. **acaúlis** Mart. Ⓦ, M-Bras.
2. **élegans** Mart. Ⓦ, M-Bras.
- *ghiesbreghtiána: Calyptrógyne* 1
3. **grácilis** H. Wendl. Ⓦ, Bras.
4. **pohliána** Mart. Ⓦ, Trop. Bras.
5. **spixiána** Mart. Ⓦ, Bras.

Geránium L. - n. - *Geraniáceae*
Storchschnabel
- *anemonifólium:* 19
1. **argénteum** L. ♃ △ ∧ VI–VIII, S-Kalkalp., W-Alp., N-Apenn.
2. **aristátum** Freyn ♃ VI–VII, S-Alban., S-Jugosl., NW-Griech.
- *arménum:* 25
3. **cinéreum** Cav. ♃ △ VI–VII, M-Pyren.
- *cinéreum* var. *subcauléscens:* 34
4. **columbínum** L. ⊙ V–IX, Eur., Med., Kauk., Vord. As., in den östl. USA eingebürg.
5. **dalmáticum** (Beck) Rech. f. ♃ △ VI bis VII, SW-Jugosl., N-Alban.
6. **dissectum** L. ⊙ V–IX, Eur., Med., Mad., Kanar., Kauk., Vord. As.
7. **endréssii** J. Gay ♃ V–VI, W-Pyren.
8. **eriostémon** DC. (*G. platyánthum* Duthie) ♃ VI–VII, Nepal, W-China, Jap.
9. **fárreri** Stapf (*G. napulígerum* hort. non Franch.) ♃ △ VI–VIII, Kansu, Szetsch.
- *grandiflórum:* 10
10. **himalayénse** Klotzsch (*G. grandiflórum* Edgew. non L., *G. meebóldii* Briq.) ♃ △ VII–IX, NO-Afgh. bis M-Nepal, Pamir
11. **ibéricum** Cav. ♃ △ VII–VIII, Kauk., NO-Anat., in NW-Frankr. eingebürg.
- *ibéricum* hort. var. *platypétalum:* 22
- *lancastriénse:* 31
12. **macrorrhízum** L. ♃ △ VI–VII, Balk., Karp., S-Alp., Apenn., in W-Eur., im südl. M-Eur. u. auf der Krim eingebürg.
13. **maculátum** L. ♃ VI–VII, N-Am.: Maine bis Manit., südl. bis Georg., Tenn., Missouri u. Kans.
14. × **magníficum** Hyl. (*G. ibéricum* × *G. platypétalum*) ♃ VI–VII
- *meebóldii:* 10
15. **mólle** L. ⊙ V–IX, Eur., Med., W-As., N-Afr.
16. × **monacénse** Harz (*G. phaéum* × *G. refléxum; G. punctátum* hort.) ♃
- *napulígerum:* 9
17. **nepalénse** Sweet ♃ △ V–VII, Afgh.,

Pak., W-China, Ceyl.
18. **nodósum** L. ♃, Pyren., S-Frankr., M-Ital., Schw., M-Jugosl.
19. **palmátum** Cav. (*G. anemonifólium* L'Hérit. ex Ait.) ♃ i ⌂ VII-IX, Kanar., Mad.
20. **palústre** L. ♃ ~ - ≋ VI-VIII, M-, O- u. S-Eur., Kauk., Arm.
21. **phaēum** L. ♃ VI-VII, M-, S- u. südl. O-Eur., in tieferen Lagen verwild. oder eingebürg.
- *platyánthum:* 8
22. **platypétalum** Fisch. et C. A. Mey. (*G. ibéricum* hort. non Cav. var. *platypétalum* (Fisch. et C. A. Mey.) Boiss.) ♃ VI-VIII, Kauk., Kl. As., Iran
23. **praténse** L. - Wiesenstorchschnabel ♃ VI-VIII, Fast ganz Eur., Sib., M-As.
24. **procúrrens** Yeo ♃, Him.
25. **psilostémon** Ledeb. (*G. arménum* Boiss.) ♃ VI-VII, NO-Anat., SW-Kauk.
- *punctátum:* 16
26. **pylzowiánum** Maxim. ♃ VI-VIII, W-China: Kansu, Schansi, Szetsch., Jünn.
27. **refléxum** L. ♃ VI-VII, Ital., Jugosl. bis N-Griech.
28. **renárdii** Trautv. ♃ VI, Kauk.
29. **richardsónii** Fisch. et Trautv. ♃ ~ V bis VI, Westl. N-Am.
30. **robertiánum** L. - Ruprechtskraut ⊙ V-X, Eur., Med., N-Afr., W- u. M-As., Jap., Taiw., China, Him., N-Am.: Neufundl. bis Manit., südl. bis Maryl. u. Ill.
31. **sanguíneum** L.
var. **sanguíneum** ♃ △ V-IX, Eur., Kauk., Arm., Kl. As.
var. **striátum** West. (var. *lancastriénse* (With.) Nichols., var. *prostrátum* (Cav.) Pers., *G. lancastriénse* With.) ♃ ~, Engl.
- *sanguíneum* var. *lancastriénse:* 31
- *sanguíneum* var. *prostrátum:* 31
32. **sessiliflórum** Cav. ♃ △ VI-VII, S-Am. bis Austral. u. Neuseel.
33. **stapfiánum** Hand.-Mazz. ♃ △ V-VI, Jünn., Szetsch.
34. **subcauléscens** L'Hérit. ex DC. (*G. cinéreum* Cav. var. *subcauléscens* (L'Hérit. ex DC.) R. Knuth) ♃ △ VI bis VII, M- u. S-Ital., S- u. W-Balk., Kl. As., Liban.
35. **sylváticum** L. - Waldstorchschnabel ♃ VI-VII, Eur., W-Sib., Kl. As., Arm., Kauk., Iran
36. **travérsii** Hook. f. ♃ ∧ VII-IX, Chatham
37. **tuberósum** L. ♃ IV-V, S-Eur., Med., Kl. As., Kauk., Iran
38. **wallichiánum** D. Don ♃ △ ∧ VIII bis IX, Gem. Him.
39. **wlassoviánum** Link ♃ VI-X, Gebg. M-As. bis Mandsch.

Gérbera L. - f. - *Compósitae*
1. **-Hybriden** ♃ ✂ ⌂ I-XII
2. **jamesónii** H. Bol. ex Hook. f. ♃ ✂ ⌂ IV-IX, S-Afr.
3. **viridifólia** Schultz Bip. ♃ ⌂ IV-VIII, S-Afr.

Gerocéphala: Austrocephalocéreus

Gesnéria L. - f. - *Gesneriáceae*
- *albiflóra:* 4
- *cardinális: Sinníngia* 3
1. **cubénsis** (Decne.) Baill. (*Pentarháphia cubénsis* Decne.) ♄ i ⌂ VI-VII, Kuba, Haiti
2. **cuneifólia** (Moç. et Sessé ex DC.) Fritsch (*Pentarháphia cuneifólia* (Moç. et Sessé ex DC.) Hanst.) ♃ i ⌂, Puerto R.
3. **libanénsis** Lind. ex C. Morr. (*Pentarháphia libanénsis* (Lind. ex C. Morr.) Hanst.) ♄ i ⌂ VII-VIII, O-Kuba
- *macrántha: Sinníngia* 3
4. **pedunculósa** (DC.) Fritsch (*G. albiflóra* (Decne.) O. Kuntze, *Pentarháphia pedunculósa* (DC.) Decne.) ♃ i ⌂ VII-VIII, Puerto R.
5. **ventricósa** Sw. (*Pentarháphia longiflóra* Lindl.) ♄ i ⌂ VI-VIII, Kl. Antill.
- *zebrína: Smithiántha* 4

Géum L. - n. - *Rosáceae*
Nelkenwurz
- *borísii:* 2
1. **chiloénse** Balb. (*G. coccíneum* hort. non Sibth. et Sm., *G. sibíricum* hort.) ♃ i VI-VIII, Chiloë
- *coccíneum* hort.: 1
2. **coccíneum** Sibth. et Sm. (*G. borísii* hort. non Kellerer) ♃ i V-VII, Balk., Kl. As.

3. **-Hybriden** ♃ i V–VII (Hierher zählen alle, z. T. aus Kreuzungen zwischen *G. chiloénse* und *G. coccíneum* entstandenen Sorten)
4. **montánum** L. (*Sievérsia montána* (L.) Spreng., *Paragéum montánum* (L.) Hara) – Gebirgsnelkenwurz ♃ i △ V bis VI, Hochgebg. M- u. S-Eur.
5. **réptans** L. (*Sievérsia réptans* (L.) Spreng., *Paragéum réptans* (L.) Král.) ♃ △ V–VI, Alp., Karp., N-Alban., SW-Bulg.
6. × **rhaéticum** Bruegg. (*G. montánum* × *G. réptans*) ♃ △ V–VI
7. **rivále** L. ♃ V–VI, Eur., W- u. M-Sib., Vord. As., N.-Am.: Labr. bis Br. Kol., südl. bis N. Jers., Missouri, New Mex. u. Wash.
- *sibíricum:* 1
8. **triflórum** Pursh (*Sievérsia triflóra* (Pursh) R. Br.) ♃ V–VIII, N-Am.: Neufundl. bis Br. Kol., südl. bis Ill., Nebr., Rocky Mount. u. Kalif.
9. **urbánum** L. – Nelkenwurz ♃ VI–X, Eur., W-Sib., Kl. As., Vord. As., M-As., bis NW-Him., N-Afr.

Gevuína Mol. – f. – *Proteáceae*
1. **avellána** Mol. (*Guevína avellána* Mol.) ♄ i ⓚ ⓦ, Chile, Arg.

Gíbasis geniculáta: Tradescántia 6

Gibbaéum Haw. – n. – *Aizoáceae*
1. **álbum** N. E. Br. ♃ ⓚ, Kap
2. **gibbósum** (Haw.) N. E. Br. (*G. muírii* N. E. Br.) ♃ ⓚ, Kap
3. **heáthii** (N. E. Br.) L. Bol. ♃ ⓚ, Kap
- *muírii:* 2
4. **pubéscens** (Haw.) N. E. Br. ♃ ⓚ, Kap
5. **velutínum** (L. Bol.) Schwant. ♃ ⓚ, Kap

Gigantóchloa Kurz ex Munro – f. – *Gramíneae*
1. **ápus** (Schult. f.) Kurz ex Munro (*Bambúsa ápus* Schult. f.) ⓦ ⓦ, Burma,? Java
2. **áspera** (Schult. f.) Kurz (*Bambúsa áspera* Schult. f.) ⓦ ⓦ, Malak. bis Mal. Arch.
3. **átter** (Hassk.) Kurz ex Munro ⓦ ⓦ, S-China
4. **kúrzii** Gamble ⓦ ⓦ, Java
5. **verticilláta** (Willd.) Munro (*Bambúsa verticilláta* Willd.) ⓦ ⓦ, Malak., Mal. Arch.

Gília Ruiz et Pav. – f. – *Polemoniáceae*
1. **achilleifólia** Benth. ⊙ VIII, S-Kalif., Nied. Kalif.
- *aggregáta: Ipomópsis* 1
- *androsácea: Linánthus* 1
2. **capitáta** Sims ⊙ VII–VIII, N-Am.: Br. Kol. bis Kalif., östl. bis Id.; Nied. Kalif.
- *coronopifólia: Ipomópsis* 2
- *densiflóra: Linánthus* 3
- *dianthoídes: Linánthus* 2
- *grandiflóra* (Benth.) Steud.: *Linánthus* 3
- *grandiflóra* (Dougl. ex Lindl.) A. Gray: *Collómia* 2
3. **laciniáta** Ruiz et Pav. (*Cántua breviflóra* Juss.) ⊙ VII, Peru, Chile, Arg.
- *liniflóra: Linánthus* 4
- *lútea: Linánthus* 1
- *micrántha: Linánthus* 1
- *rúbra: Ipomópsis* 2
4. **trícolor** Benth. ⊙ VII, W-Kalif.

Gillénia Moench (*Porteránthus* Britt.) – f. – *Rosáceae*
1. **stipuláta** (Mühlenb.) Baill. (*Spiraéa stipuláta* Mühlenb.) ♃ VII–VIII, USA: N. Y. bis Kans., südl. bis Georg., Alab., Louis. u. Tex.
2. **trifoliáta** (L.) Moench (*Spiraéa trifoliáta* L.) ♃ VI–VIII, N-Am.: N. Y. u. Ont. bis Mich., südl. bis Georg. u. Alab.

Gínkgo L. – f. – *Ginkgoáceae*
Ginkgo
1. **bíloba** L. (*Salisbúria adiantifólia* Sm.) ♄ ♣ IV–VI ⓦ, SO-China

Gladíolus L. – m. – *Iridáceae*
Gladiole, Siegwurz
- *byzantínus:* 2
- *calliánthus* Marais 'Murielae': *Acidanthéra* 1
1. **cardinális** Curt. (*G. speciósus* Eckl.) ♃ ⓚ VI–VII ▽, SW-Kap
- × *chíldsii:* 3
- × *colvíllei:* 3
2. **commúnis** L.
   ssp. **byzantínus** (Mill.) A. P. Ham. (*G. byzantínus* Mill.) ♃ ∧ VI–VII ▽, Span., Siz., Malta, NW-Afr.
   ssp. **commúnis** ♃ V–VI ▽, S-Eur., Med., Kauk., Iran, in M-Eur. stellenweise eingebürg.
- × *gandavénsis:* 3

3. **-Hybriden** ♃ ✂ ⌂ VI–IX (Hierzu gehören alle Sorten der „Edelgladiolen", zu deren Vorläufern u. a. folgende Kreuzungen zählen: *G.* × *chíldsii* hort., *G* × *colvíllei* Sweet, *G.* × *gandavénsis* Van Houtte, *G.* × *leichtlínii* hort., *G.* × *lemoínei* hort., *G.* × *nanceiánus* hort.)
4. **imbricátus** L. - Wiesensiegwurz ♃ ⁓ VII ▽, W-Alp., M-, O- u. SO-Eur., W-Sib., Kauk., Transkauk.
5. **itálicus** Mill. (*G. ségetum* Ker-Gawl.) ♃ V ▽, S-Eur., Med., Kanar., nördl. bis Schw. u. W-Frankr., Kauk., Vord. As.
- *láxus: Anomathéca* 2
- × *leichtlínii:* 3
- × *lemoínei:* 3
- × *nanceiánus:* 3
6. **natalénsis** (Eckl.) Reinw. ex Hook. (*G. psittácinus* Hook., *G. primulínus* Bak.) ♃ ⌂ VII–IX ▽, S-Afr. bis Abess. u. Arab.
7. **palústris** Gaud. - Sumpfsiegwurz ♃ ⁓ VI–VII ▽, M-, O-Eur. bis N-Balk., N-Ital., O-Frankr.
8. **papílio** Hook. f. (*G. purpureoaurátus* Hook. f.) ♃ ⌂ VII–VIII ▽, S-Afr.
- *primulínus:* 6
- *psittácinus:* 6
- *purpureoaurátus:* 8
9. **saundérsii** Hook. f. ♃ ⌂ VII–VIII ▽, S-Afr.
- *ségetum:* 5
- *speciósus:* 1
10. **trístis** L. ♃ ⌂ V–VI ▽, Kap

Glaucídium Sieb. et Zucc. - n. - *Ranunculáceae*
1. **palmátum** Sieb. et Zucc. ♃ ∧ - ⌂ IV–V, Jap.

Glaūcium Mill. - n. - *Papaveráceae*
Hornmohn
1. **corniculátum** (L.) J.H. Rudolph ⊙ bis ⊙ VI–VIII, S-Eur., nördl. bis Ung. u. südl. M-Rußl., Med., Vord. As., im übrigen Eur. stellenweise eingebürg.
2. **flávum** Crantz ⊙–♃ ☠ VI–VII, S- u. W-Eur., Med., Schw. Meer, Irak, Ägypt., in M-Eur. u. den nordöst. USA eingebürg.
3. **grandiflórum** Boiss. et Huet ♃ VI bis VIII, Kl. As., Iran
4. **squamígerum** Karel. et Kir. ⊙ VII bis VIII, Turkest.
- *vitellínum: Dicranostígma* 1

Glazióva Bur. (*Glazióvia* Benth. et Hook. f.) - f. - *Bignoniáceae*
1. **bauhinioídes** Bur. ex Baill. ♄ ⌇ ⌂, Bras.

Glazióva Mart. ex Drude: *Microcoēlum*
- *martiána: Microcoēlum* 1

Glaziόvia: Glazióva Bur.

Glechóma L. (*Glecóma* L.) - f. - *Labiátae*
Gundermann
1. **hederácea** L. (*Népeta hederácea* (L.) Trev.) ♃ i ⁓ ⌇ ☠ IV–VI, Eur., N-, W- u. M-As., Jap., im östl. N-Am. eingebürg.
- *hederácea* ssp. *hirsúta:* 2
2. **hirsúta** Waldst. et Kit. (*G. hederácea* ssp. *hirsúta* (Waldst. et. Kit.) Herm.) ♃ i ⁓ ⌇ ☠ IV–VI, Östl. M- u. SO-Eur.

Glecóma: Glechóma

Gledítsia L. - f. - *Leguminósae*
Lederhülsenbaum
- *hórrida:* 1
- *hórrida* ssp. *hórrida:* 1
1. **japónica** Miq. (*G. hórrida* (Thunb.) Mak. non Salisb. nec Willd.)
   ssp. **japonica** (*G. hórrida* ssp. *hórrida*) ♄, Jap., Korea, China
2. **triacánthos** L. ♄ VI–VII Ⓝ, USA: N. Y. bis S-Dak., südl. bis Flor., Louis. u. Tex., im O der Allegh. eingebürg., ebenso stellenweise in M- u. S-Eur.

Gleichénia Sm. - f. - *Gleicheniáceae*
1. **flabelláta** R. Br. (*Stícherus flabellátus* (R. Br.) St. John) ⌂, Austral., Tasm., Neukaled., Neuseel.
2. **microphýlla** R. Br. ⌂, Austral., Tasm., Neukaled., Neuseel., Malays.

Gliricídia H. B. K. - f. - *Leguminósae*
1. **sépium** (Jacq.) Kunth ex Walp. ♄–♄ ⌂ Ⓝ, Mex., M-Am. bis Kol.

Glóbba L. - f. - *Zingiberáceae*
1. **atrosanguínea** Teijsm. et Binn. ♃ ⌂, Born.
2. **bulbífera** Roxb. (*G. marantína* Wall. non L.) ♃ ⌂ VII–IX, Östl. Him., W-Malak.
3. **marantína** L. ♃ ⌂ VII–IX, Moluk.,

Ambon, Südseeins.
- *marantína* Wall.: 2
4. **winítii** C.H. Wright ♃ Ⓦ VII–IX, Thail.

Globulária L. - f. - *Globulariáceae*
Kugelblume
1. **alýpum** L. ♃ i Ⓚ III–X ▽, Med.
- *aphyllánthes:* 5
- *bellidifólia:* 3
2. **cordifólia** L. ♄ i △ ⟿ V–VI ▽, NO-Span., Pyren., Alp. u. Vorland, Apenn., Karp., Balk.
- *cordifólia* ssp. *bellidifólia:* 3
- *elongáta:* 5
3. **meridionális** (Podp.) Schwarz (*G. bellidifólia* Ten., *G. cordifólia* ssp. *bellidifólia* Wettst.) ♄ i △ ⟿ V–VI ▽, SO-Alp., Balk., M- u. S-Apenn.
- *nána:* 6
4. **nudicaúlis** L. ♃ i △ VI–VII ▽, N-Span., Pyren., Alp., Apenn., Dalm., Kroat.
5. **punctáta** Lapeyr. (*G. aphyllánthes* auct. non Crantz, *G. willkómmii* Nym., *G. elongáta* Hegetschw.) ♃ i △ V–VI ▽, N-Frankr. bis M-Deutschl. u. Tschechosl., südl. bis NO-Span., S-Ital., N-Griech., südl. M- u. O-Rußl., Kauk.
6. **répens** Lam. (*G. nána* Lam.) ♄ i △ ⟿ V–VI ▽, Gebg. SW-Eur.
7. **stýgia** Orph. ex Boiss. ♄ i △ ⟿ ∧ V bis VI ▽, N-Pelop.
8. **trichosántha** Fisch. et C.A. Mey. ♃ i △ ⟿ V - VI ▽, O-Balk., Krim, Kl. As., Kauk.
- *willkómmii:* 5

Globúlea canéscens: Crássula 21
- *cultráta: Crássula* 10
- *mesembryanthoídes: Crássula* 18

Gloriósa L. - f. - *Liliáceae*
Ruhmeskrone
1. **supérba** L. (*G. símplex* L., *G. virés-cens* Lindl., *G. plántii* Loud., *G. car-sónii* Bak., *G. rothschildiána* O' Brien) Formenreiche Art ♃ Ⓦ ☠ VI bis VIII, Trop. Afr. u. As.

Glottiphýllum Haw. - n. - *Aizoáceae*
1. **apiculátum** N. E. Br. ♃ Ⓚ, Kap
2. **frágans** (Salm-Dyck) Schwant. ♃ D Ⓚ, Kap
3. **hérrei** L. Bol. ♃ D Ⓚ, Kap
4. **linguifórme** (L.) N. E. Br. ♃ Ⓚ, Kap
5. **lóngum** (Haw.) N. E. Br. ♃ Ⓚ VI, Kap
6. **nélii** Schwant. ♃ Ⓚ, Kap
7. **praepíngue** (Haw.) N. E. Br. ♃ Ⓚ, Kap
8. **suáve** N. E. Br. ♃ D Ⓚ, Kap

Gloxínia L'Hérit. - f. - *Gesneriáceae*
- *fimbriáta: Achímenes* 5
- *lindeniána: Kohléria* 9
- *maculáta:* 1
1. **perénnis** (L.) Fritsch (*G. maculáta* L'Herit.) ♃ D Ⓦ IX–XI, Kol. bis Bras., Peru
- *speciósa: Sinníngia* 13
2. **sylvática** (H. B. K.) Wiehler (*See-mánnia sylvática* (H. B. K.) Hanst., *S. latifólia* Fritsch) ♃ Ⓦ VII–X, Peru, Bol.
- *verticilláta: Eucodónia* 1

Glycéria R. Br. - f. - *Gramíneae*
Schwaden
- *aquática:* 2
1. **flúitans** (L.) R. Br. ♃ ~ - ≋ VI–IX Ⓝ, Eur., Med., Kauk., W-Sib., Vord. As., N-Afr., Tasm., nordöstl. N-Am.: Neufundl., O-Queb., N. Scot., Nantucket Island (Mass.)
2. **máxima** (Hartm.) Holmberg (*Póa aquática* (L.) Wahlenb. non (L.) J. S. et K.B. Presl, *G. spectábilis* Mert. et W.D.J. Koch) ♃ ≋ VII–VIII Ⓝ, Eur. (außer Pyren. Halbins.), Sib., Kl. As., Kauk., in Neuseel. eingebürg.
- *spectábilis:* 2

Glycíne Willd. - f. - *Leguminósae*
- *ápios: Ápios* 1
- *frutéscens: Wistéria* 2
- *híspida:* 1
1. **max** (L.) Merr. (*Dólichos sója* L., *Phaséolus max* L., *Sója híspida* Moench, *G. híspida* (Moench) Ma-xim.) - Sojabohne ⊙ Ⓝ Off., Alte Kulturpfl.
2. **sója** Sieb. et Zucc. (non *Dólichos sója* L.; *G. ussuriénsis* Regel et Maack) ⊙, Amur, Ussuri, China bis Ind.
- *subterránea: Vígna* 6
- *ussuriénsis:* 2
- *violácea: Hardenbérgia* 2

Glycósmis Corrêa - f. - *Rutáceae*
1. **arbórea** (Roxb.) DC. (*Limónia arbó-rea* Roxb., *L. pentaphýlla* Retz., *G.*

pentaphýlla auct. non DC.) ♄ i D Ⓦ, Ind., SO-As.

Glycyrrhíza L. - f. - *Leguminósae*
Süßholz
1. **echináta** L. - Römisches oder Russisches Süßholz ♃ VI-IX Ⓝ, SO-Eur., nördl. bis Ung., Kl. As.
2. **glábra** L. - Süßholz, Lakritze ♃ VI bis IX Ⓝ Off., S-, O-Eur., W-Sib., Vord. As., M-As., in Kreta u. im W-Med. u. südl. M-Eur. eingebürg.

Glyptóstrobus Endl. - f. - *Taxodiáceae*
1. **lineáta** (Poir.) Druce (*G. pénsilis* (D. Don) K. Koch, *G. heterophýlla* (Brongn.) Endl.) ♄ i Ⓚ Ⓝ, SO-China

Gmelína L. - f. - *Verbenáceae*
1. **arbórea** Roxb. - „Gumari" ♄ Ⓦ Ⓝ, Ind., Burma, Ceyl., Andam.

Gnaphálium L. - n. - *Compósitae*
Ruhrkraut
- *dioícum: Antennária* 2
1. **hoppeánum** W.D.J. Koch (*Omalothéca hoppeána* (W.D.J. Koch) Schultz Bip. et F.W. Schultz) ♃ △ VII-VIII, M-Eur., von W-Alp. bis Sudet. u. W-Karp., N-Span., Pyren., Ital., NW-Balk.
- *lanátum: Helichrýsum* 11
- *leontopodioídes: Leontopódium* 6
- *margaritáceum: Anáphalis* 2
- *nivále: Leontopódium* 1
2. **norvégicum** Gunn. (*Omalothéca norvégica* (Gunn.) Schultz Bip. et F.W. Schultz) ♃ △ VII-IX, Eur., südl. bis N-Span. u. Pyren., Alp., Bulg. u. M-Ural, Sib., Grönl., NO-Kan.
- *obtusifólium: Pseudognaphálium* 1
- *orientále: Helichrýsum* 10
- *polycéphalum: Pseudognaphálium* 1
- *sieboldiánum: Leontopódium* 4
- *stracheyi: Leontopódium* 8
3. **supínum** L. (*Omalothéca supína* (L.) DC.) ♃ △ VI-IX Ⓝ, N-Eur., Gebg. M- u. S-Eur., Sib., Kauk., Kl. As., N-Am.: Grönl., Labr., Gebg. Maines, Queb. u. N. Hampsh.

Gnétum L. - n. - *Gnetáceae*
1. **gnémon** L.
var. **gnémon** ♄ Ⓦ Ⓝ, Malak., Mal. Arch., Phil., N. Guin. bis Fidschi-Ins.
var. **ovalifólium** (Poir.) Bl. ♄ Ⓦ Ⓝ, Celeb. bis Fidschi-Ins.

Gnídia L. - f. - *Thymelaeáceae*
- *carináta:* 2
1. **denudáta** Lindl. ♄ i Ⓚ III-VI, S-Afr.
2. **polystáchya** Bergius (*G. carináta* Thunb.) ♄ i Ⓚ IV-VI, S-Afr.

Godétia amoena: Clárkia 1
- *grandiflóra: Clárkia* 1
- *whitneyi: Clárkia* 1

Goethea Nees - f. - *Malváceae*
1. **cauliflóra** Nees ♄ i Ⓦ VII-X, Bras.
2. **strictiflóra** Hook. ♄ i Ⓦ VII-IX, Bras.

Goldfússia Nees - f. - *Acantháceae*
1. **anisophýlla** (Wall. ex Lodd.) Nees (*Strobilánthes anisophýllus* (Wall. ex Lodd.) T. Anders.) ♄ i Ⓦ, Khas.
2. **isophýlla** Nees (*Strobilánthes isophýllus* (Nees) T. Anders.) ♄ i Ⓦ, Ass.?

Gomésa R. Br. (*Goméza* auct.) - f. - *Orchidáceae*
1. **críspa** (L.) Klotzsch et Rchb. f. ♃ Ⓦ V-VII ✱, Bras.

Goméza: Gomésa
Gomózia granadénsis: Nértera 1
Gomphocárpus fruticósus: Asclépias 2

Gomphréna L. - f. - *Amarantháceae*
Kugelamarant
1. **globósa** L. - Kugelamarant ⊙ ✂ VII-X, Ind., kult. im trop. bis subtrop. Am.
2. **haageána** Klotzsch ⊙ VII-IX, Tex. bis Mex.

Góngora Ruiz et Pav. - f. - *Orchidáceae*
- *atropurpúrea:* 2
- *bufónia:* 2
1. **galeáta** (Lindl.) Rchb. f. ♃ Ⓦ VI bis VIII ✱, Mex.
- *maculáta:* 2
2. **quinquenérvis** Ruiz et Pav. (*G. atropurpúrea* Hook., *G. bufónia* Lindl., *G. maculáta* Lindl.) ♃ Ⓦ IV-VI ✱, Mex., M-Am., nördl. S-Am., Trin.
3. **truncáta** Lindl. ♃ Ⓦ VI-VII ✱, Mex.

Goniolímon Boiss. - n. - *Plumbagináceae*
1. **elátum** (Fisch. ex Spreng.) Boiss. (*Limónium elátum* (Fisch. ex Spreng.) O. Kuntze) ♃ ∧ VII-IX, SO-Rußl., W-Kasach.
2. **tatáricum** (L.) Boiss. (*Limónium tatáricum* (L.) Mill.) ♃ ✂ VII-IX, SO-Eur., nördl. bis südl. M-Rußl., Kauk., N-Afr.

Goniophlébium K.B. Presl - n. - *Polypodiáceae*
1. **subauriculátum** (Bl.) K.B. Presl (*Polypódium subauriculátum* Bl., *P. reinwárdtii* Kunze) ♃ ⌇ i Ⓦ NO-Ind. u. SW-China bis Austral.: NO-Queensl.

Gonystýlus Teijsm. et Binn. - m. - *Thymelaeáceae*
1. **báncanus** (Miq.) Kurz - „Ramin" ħ Ⓦ Ⓝ, Indones., Malak.

Goodénia Sm. - f. - *Goodeniáceae*
1. **grandiflóra** Sims ♄ Ⓚ VII, Austral.
2. **ováta** Sm. ♄ Ⓚ VII–VIII, Austral.

Gōōdia Salisb. - f. - *Leguminósae*
1. **lotifólia** Salisb. ħ Ⓚ IV–VII, Austral. (außer N-Territ.)

Goodyéra R. Br. - f. - *Orchidáceae*
Netzblatt
1. **coloráta** Bl. ♃ Ⓦ ∗, Java, Sum.
- *díscolor: Ludísia* 1
2. **híspida** Lindl. ♃ Ⓦ ∗, Khas., Sikk., Bhut.
3. **répens** (L.) R. Br. ♃ VII–VIII ▽ ∗, N-, SW- u. M-Eur., N-, W- u. M-As., N-Am.: Labr. bis Alaska, südl. bis Neuengl., N. Y., Gebg. N-Carol. u. Tenn., Mich., S-Dak., Rocky Mount. bis New Mex., Br. Kol.
4. **reticuláta** Bl. ♃ Ⓦ ∗, Java, Sum.

Gordónia Ellis - f. - *Theáceae*
- *alatamáha: Franklínia* 1
- *anómala:* 1
1. **axilláris** (Roxb. ex Ker-Gawl.) D. Dietr. (*G. anómala* Spreng.) ħ i Ⓚ XI–IV, S-China
2. **lasiánthus** (L.) Ellis ♄–ħ i Ⓚ VII bis VIII Ⓝ, USA: Virg. bis Flor., Alab. bis Louis.

Gossweilerodéndron Harms - n. - *Leguminósae*
1. **balsamíferum** (Vermoesen) Harms ħ Ⓦ Ⓝ, Zaire

Gossýpium L. - n. - *Malváceae*
Baumwolle
1. **arbóreum** L. ⊙–♃ Ⓦ–Ⓚ Ⓝ, Indusdelta, sonst angeb.
2. **barbadénse** L. (*G. peruviánum* Cav., *G. vitifólium* Lam.)
var. **braziliénse** (Raf.) Fryx. (var. *brasiliénse* (Macfad.) Mauer, *G. brasiliénse* Macfad.) ♄ Ⓦ –Ⓚ Ⓝ, Östl. trop. S-Am.
- *barbadénse* var. *brasiliénse:* 2
- *brasiliénse:* 2
3. **herbáceum** L. ⊙ Ⓦ–Ⓚ Ⓝ, Turkest., M-As. bis Belutsch., in Kl. As., im O-Med. u. in SO-Eur. eingebürg.
4. **hirsútum** L.
var. **hirsútum** - Upland Cotton ⊙–ħ Ⓦ–Ⓚ Ⓝ Off., M-Am., in S-Flor. eingebürg.
var. **punctátum** (Schumach. et Thonn.) J.B. Hutchins., Silow et Stephens (*G. religiósum* L., *G. punctátum* Schumach. et Thonn.) ⊙ Ⓦ bis Ⓚ Ⓝ, M-Am., Küste des Golfs von Mex., von Belize bis Flor., Bahama, Westind.
- *peruviánum:* 2
- *punctátum:* 4
- *religiósum:* 4
- *vitifólium:* 2

Grammatophýllum Bl. - n. - *Orchidáceae*
- *fenzliánum:* 1
- *rumphiánum:* 1
1. **scríptum** Bl. (*G. fenzliánum* Rchb. f., *G. rumphiánum* Miq.) Ⓦ VI ∗, Moluk., Ambon
2. **speciósum** Bl. Ⓦ ∗, Malak. bis Moluk., Phil.

Graptopétalum Rose - n. - *Crassuláceae*
1. **amethýstinum** (Rose) E. Walth. (*Pachýphytum amethýstinum* Rose) ♃ i Ⓚ, VII–VIII, Mex.
2. **béllum** (Moran et Meyrán) D.R. Hunt (*Tácitus béllus* Moran et Meyrán) ♃ ▽ Ⓚ V–VI, Mex.: Chihuahua
3. **paraguayénse** (N. E. Br.) E. Walth. (*Sédum weinbérgii* (Rose) Berger, *G. weinbérgii* (Rose) E. Walth.) ♃ Ⓚ, Mex.?
- *weinbérgii:* 3

Graptophýllum Nees - n. - *Acantháceae*
1. **píctum** (L.) Griff. (*Justícia picta* L., *G. hórtense* Nees) ħ Ⓦ, N. Guin.?

Gratíola L. - f. - *Scrophulariáceae*
Gnadenkraut
1. **officinális** L. ♃ ⏖ ☠ VI–VIII ▽, Eur., nördl. bis Holl., Estl., S-Ural, W-As. bis Altai, Kl. As.

Gravésia Naud. - f. - *Melastomatáceae*
1. **guttáta** (Hook.) Triana (*Bertolónia guttáta* Hook.) ♃ Ⓦ, Madag.

Gravísia aquílega: Aechméa 1

- *exsúdans: Aechméa* 1

Greenóvia Webb et Berth. - f. - *Crassuláceae*
1. **aïzóon** Bolle (*Sempervívum aïzóon* (Bolle) Christ) ♃ ⌂K V ▽, Kanar.
2. **aūrea** (Chr. Sm. ex Hornem.) Webb et Berth. (*Sempervívum aūreum* Chr. Sm. ex Hornem.) ♃ ⌂K III–IV ▽, Kanar.
3. **dodrantális** (Willd.) Webb et Berth. (*Sempervívum dodrantále* Willd., *S. grácile* (Bolle) Christ, *G. grácile* Bolle) ♃ ⌂K II–III ▽, Tener.
- *grácile:* 3

Greígia Regel - f. - *Bromeliáceae*
1. **sphaceláta** (Ruiz et Pav.) Regel ⌂K, Chile, Peru

Grevíllea R. Br. corr. R. Br. - f. - *Proteáceae*
- *alpéstris:* 1
1. **alpína** Lindl. (*G. alpéstris* Meissn.) ♄ i ⌂K IV–V, Austral.: Vict., Neusüdwal.
2. **aspleniifólia** R. Br. ex Salisb. ♄-♄ i ⌂K III–V, Austral.: Neusüdwal.
3. **bánksii** R. Br. ♄-♄ i ⌂K, Austral.: Queensl., N-Neusüdwal.
4. **crithmifólia** R. Br. ♄ i ⌂K VI–VIII, W-Austral.
5. **glabráta** (Lindl.) Meissn. (*Manglésia glabráta* Lindl., *G. manglésii* hort.) ♄ i ⌂K, W-Austral.
6. **hilliána** F. v. Muell. ♄-♄ i ⌂K, Austral.: Neusüdwal., Queensl.
7. **juniperína** R. Br. (*G. sulphúrea* A. Cunn.) ♄ i ⌂K V, Austral.: Neusüdwal.
- *manglésii:* 5
- *preíssii:* 11
8. **punícea** R. Br. (*G. speciósa* (Knight) McGillivray) ♄ i ⌂K III–VI, Austral.: Neusüdwal.
9. **robústa** A. Cunn. ex R. Br. - Australische Silbereiche, „Silky oak“ ♄ i ▽ ⌂K Ⓝ, Austral.: Neusüdwal., Queensl., in M- u. S-Am. stellenweise eingebürg.
10. **rosmarinifólia** A. Cunn. ♄ i ⌂K VII bis VIII, Austral.: Neusüdwal., Vict.
- *speciósa:* 8
- *sulphúrea:* 7
11. **thelemanniána** Huegel (*G. preíssii* Meissn.) ♄ i ⌂K III–V, W-Austral.

Gréwia L. - f. - *Tiliáceae*
1. **asiática** L. ♄ ⌂W Ⓝ, Ind.
2. **occidentális** L. ♄-♄ ⌂K, S-Afr.

Greýia Hook. et Harv. - f. - *Meliantháceae*
1. **sutherlándii** Hook. et Harv. ♄ ⌂K VII bis X, Nat.

Griffínia Ker-Gawl. - f. - *Amaryllidáceae*
1. **hyacínthina** (Ker-Gawl.) Ker-Gawl. ♃ ⌂W VII–VIII, Bras.

Grindélia Willd. - f. - *Compósitae*
- *húmilis:* 3
1. **lanceoláta** Nutt. ⊙ VII–VIII, USA: Tenn. bis Missouri u. Kans., südl. bis Alab., Louis. u. Tex.
2. **robústa** Nutt. ⊙-♃ VI–IX Ⓝ, Kalif.
3. **squarrósa** (Pursh) Dun. (*G. húmilis* Hook. et Harv.) ⊙-♃ VI–IX, N-Am.: Manit. u. Minn. bis Br. Kol., Nev., Tex.

Griselínia G. Forst. - f. - *Cornáceae*
1. **littorális** (Raoul) Raoul ♄-♄ i ⌂K, Neuseel.
2. **lúcida** G. Forst. ♄-♄ i ⌂K, Neuseel.

Gróbya Lindl. - f. - *Orchidáceae*
1. **amhérstiae** Lindl. ♃ ⌂W IX ✱, Bras.
2. **galeáta** Lindl. ♃ ⌂W VIII–IX ✱, Bras.

Grossulária alpéstris: Ríbes 1
- *alpéstris* var. *gigantéa: Ríbes* 1
- *hirtélla: Ríbes* 11
- *oxyacanthoídes: Ríbes* 21
- *reclináta: Ríbes* 26
- *úva-críspa: Ríbes* 26

Grusónia: Opúntia
- *bradtiána: Opúntia* 11
- *cereifórmis: Opúntia* 11

Guajácum L. - n. - *Zygophylláceae* Pockholz
1. **officinále** L. - „Gaïac“ ♄ i ⌂W Ⓝ, Westind., Pan., Kol., Venez.
2. **sánctum** L. - „Gaïac“ ♄ i ⌂W Ⓝ ✱, Westind., Bahama, Flor., S-Mex.

Guárea Allem. ex L. - f. - *Meliáceae*
1. **cedráta** (A. Chev.) Pellegr. ♄ ⌂W Ⓝ, Elfenbeink.
2. **guidónia** (L.) Sleum. (*G. trichilioídes* Allem. ex L., *G. guára* (Jacq.) P. Wils.) - „Gubinga“ ♄ i ☠ ⌂W Ⓝ, Westind., Pan. bis trop. S-Am.

Guevína avellána: Gevuína 1

Guiboūrtia Benn. - f. - *Leguminósae*
1. **copallífera** Benn. (*Copaífera copallí-*

fera (Benn.) Milne-Redh.) ♄ ⌂W Ⓝ, Trop. W-Afr.
2. **demēusii** (Harms) Léonard (*Copaífera demēusii* Harms) - „Cramantee" ♄ ⌂W Ⓝ, Trop. W-Afr.
Guiliélma gasipáës: Báctris 1
- *speciósa: Báctris* 1
- *útilis: Báctris* 1
Guizótia Cass. - f. - *Compósitae*
1. **abyssínica** (L. f.) Cass. (*G. oleífera* DC.) - Gingellikraut ⊙ VIII–IX Ⓝ, Abess., in Kalif. eingebürg.
Gúnnera L. - f. - *Haloragáceae*
- *brasiliénsis:* 3
- *chilénsis:* 6
1. **hamiltónii** Kirk ♃ ⟿ ⌂A-⌂K, Neuseel.
2. **magellánica** Lam. ♃ ∧, S-Chile, Falkl.
3. **manicáta** Lind. ex André (*G. brasiliénsis* Schindler) ♃ ∧ VII–VIII, S-Bras.
4. **microcárpa** Kirk (*G. míxta* Kirk) ♃ ⟿ ⁓ ⌂A-⌂K, Neuseel.
- *míxta:* 4
5. **prorépens** Hook. f. ♃ ⟿ ⁓ ⌂A-⌂K, Neuseel.
- *scábra:* 6
6. **tinctória** (Mol.) Mirb. (*G. chilénsis* Lam., *G. scábra* Ruiz et Pav.) ♃ ∧ VII–VIII, Chile
Gurània (Schlechtend.) Cogn. - f. - *Cucurbitáceae*
1. **malacophýlla** Barb. Rodr. ♄ ≀ ⌂W VIII bis IX, Oberer Amaz.
Guzmánia Ruiz et Pav. - f. - *Bromeliáceae*
1. **angustifólia** (Bak.) Wittm. ⌂W, Costa R., Pan., Kol. bis Ek.
2. **berteroniána** (Schult. f.) Mez ⌂W, Puerto R.
- *cardinális:* 9
3. **conífera** (André) Mez ⌂W, Peru, Ek.
4. **dissitiflóra** (André) L. B. Sm. ⌂W, Costa R., Pan., Kol.
5. **donnelsmíthii** Mez ex J. D. Sm. ⌂W, Costa R.
6. **erythrólepis** Brongn. ex Planch. ⌂W, Costa R., Antill.
7. **-Hybriden** (Hierunter sind die durch Kreuzungen entstandenen Sorten zusammenzufassen, z. B. 'Intermedia', 'Magnifica') ⌂W
8. **lindénii** (André) Mez ⌂W, N- u. M-Peru
9. **linguláta** (L.) Mez (*G. cardinális* Mez, *G. linguláta* var. *spléndens* (Bouché) Mez)
var. **linguláta** ⌂W, M-Am., Westind., Kol., Bol., Bras.
var. **mínor** (Mez) L. B. Sm. (*G. mínor* Mez) ⌂W, Costa R., Pan., Kol., Ek., Bras.
- *linguláta* var. *spléndens:* 9
10. **melinónis** Regel ⌂W, Guay., Kol., Ek., Peru, Bol.
- *mínor:* 9
11. **monostáchia** (L.) Rusby ex Mez (*G. trícolor* Ruiz et Pav.) ⌂W, Flor., Westind., Nicar. bis Venez., Kol., Ek., Peru, Bol.
12. **mucronáta** (Griseb.) Mez ⌂W, Venez.
13. **musáica** (Lind. et André) Mez (*Vrīesea musáica* (Lind. et André) Cogn. et March.) ⌂W, Pan., Kol.
14. **nicaraguénsis** Mez et C.F. Bak. ex Mez ⌂W, M-Am.
15. **sanguínea** (André) André ex Mez ⌂W, Costa R., Trin., Ek.
- *trícolor:* 11
16. **variegáta** L.B. Sm. ⌂W, Ek., N-Peru
17. **vittáta** (Mart.) Mez ⌂W, Kol., Bras.
18. **wittmáckii** André ex Mez ⌂W, Kol.
19. **záhnii** (Hook. f.) Mez ⌂W, Costa R., Pan.
Gymnadénia R. Br. - f. - *Orchidáceae* Händelwurz
- *conópea:* 1
1. **conópsea** (L.) R. Br. (*G. conópea* auct.) ♃ V–VIII ▽ ∗, Eur., Sib., O-As., Kl. As., Kauk.
2. **odoratíssima** (L.) L.C. Rich. ♃ D VI bis VIII ▽ ∗, Eur., von S-Schwed. u. dem westl. M-Rußl., südl. bis N- u. NO-Span., N-Ital. u. M-Jugosl.
Gymnándra stolonífera: Lagótis 1
Gymnanthocéreus chlorocárpus: Browníngia 1
- *microspérmus: Browníngia* 3
Gymnocáctus
- *conothélos: Thelocáctus* 2
- *gielsdorfiánus: Neollōydia* 2
- *horrípilus: Neollōydia* 3
- *mandrágora: Neollōydia* 5
- *roseánus: Escobária* 5
- *sāueri: Neollōydia* 8

– *valdeziánus: Neolloydia* 11
– *vieréckii: Neolloydia* 12

Gymnocalýcium Pfeiff. – n. – *Cactáceae*

1. **andréae** (Böd.) Bckbg. (*Echinocáctus andréae* Böd.) Ⓚ *, N-Arg.: Córdoba
2. **anisítsii** (K. Schum.) Britt. et Rose (*Echinocáctus anisítsii* K. Schum., *E. dámsii* K. Schum., *G. dámsii* (K. Schum.) Britt. et Rose) Ⓚ *, Parag.
3. **baldiánum** (Spegazz.) Spegazz. (*Echinocáctus baldiánus* Spegazz., *G. venturiánum* Frič ex Bckbg., *G. sanguiniflórum* (Werderm.) Werderm.) Ⓚ *, NW-Arg.: Catamarca, La Rioja, Tucuman, Salta
4. **brúchii** (Spegazz.) Hoss. (*Frailea brúchii* Spegazz., *G. lafaldénse* Vaup.) Ⓚ *, N-Arg.: Córdoba
5. **cardenasiánum** Ritt. Ⓚ *, S-Bol.

– *dámsii:* 2

6. **denudátum** (Link et Otto) Pfeiff. (*Echinocáctus denudátus* Link et Otto) Ⓚ *, S-Bras.: Rio Grande do Sul

– *fidaiánum: Rebútia* 8

7. **fleischeriánum** Bckbg. Ⓚ *, N-Parag.

– *friedríchii:* 10

8. **gibbósum** (Haw.) Pfeiff. (*Echinocáctus gibbósus* (Haw.) DC.) Ⓚ *, Patag., S-Arg.

– *glaucum:* 9
– *lafaldénse:* 4
– *loricátum:* 18

9. **mazanénse** Bckbg. (*G. glaucum* Ritt.) Ⓚ *, N-Arg.: La Rioja
10. **mihanovíchii** (Frič et Gürke) Britt. et Rose (*Echinocáctus mihanovíchii* Frič et Gürke, *G. friedríchii* (Werderm.) Pažout) Ⓚ *, N-Parag.
11. **monvíllei** (Lem.) Britt. et Rose (*Echinocáctus monvíllei* Lem.) Ⓚ *, Parag.
12. **multiflórum** (Hook.) Britt. et Rose (*Echinocáctus multiflórus* Hook.) Ⓚ *, N-Arg.: Córdoba

– *neocumíngii: Rebútia* 15
– *neumanniánum: Rebútia* 16

13. **oenánthemum** Bckbg. Ⓚ *, N-Arg.: Mendoza, Córdoba
14. **platénse** (Spegazz.) Britt. et Rose (*Echinocáctus platénsis* Spegazz.) Ⓚ *, Arg.: Buenos A.
15. **quehliánum** (Haage jr.) Berger (*Echinocáctus quehliánus* Haage jr.) Ⓚ *, N-Arg.: Córdoba
16. **sagliónis** (Cels) Britt. et Rose (*Echinocáctus sagliónis* Cels) Ⓚ *, NW-Arg.: Salta, Tucuman, Catamarca

– *sanguiniflórum:* 3

17. **schickendántzii** (F. A. C. Web.) Britt. et Rose (*Echinocáctus schickendántzii* F. A. C. Web.) Ⓚ *, N-Arg.: Córdoba, Catamarca, Tucuman
18. **spegazzínii** Britt. et Rose (*G. loricátum* Spegazz.) Ⓚ *, N-Arg.: Salta

– *venturiánum:* 3

Gymnocárpium: Currània
– *dryópteris: Currània* 1
– *phegópteris: Thelýpteris* 6
– *robertiánum: Currània* 2

Gymnocéreus microspérmus: Browníngia 3

Gymnócladus Lam. – m. – *Leguminósae*
Geweihbaum

1. **dioícus** (L.) K. Koch (*G. canadénsis* Lam.) ♄ V–VI Ⓝ, USA: N. Y. bis S-Ont., S-Minn. u. S-Dak., südl. bis Alab., Miss., Louis., Tex. u. Okla., von Del. bis Virg. eingebürg.

Gymnográmma argéntea: Pityrográmma 1
– *arifólia: Hemionítis* 1
– *calomélanos: Pityrográmma* 2
– *japónica: Coniográmme* 1
– *leptophýlla: Anográmma* 1
– *palmáta: Hemionítis* 2
– *pulchélla: Pityrográmma* 5
– *sulphúrea: Pityrográmma* 7

Gymnópteris flagellífera: Bolbítis 1

Gymnospérmium Spach – n. – *Berberidáceae*

1. **albértii** (Regel) Takht. (*Leóntice albértii* Regel) ♃ Ⓐ IV–V, M-As.

Gymnostáchyum ceylánicum: Cryptophrágmium 1
– *sanguinoléntum: Cryptophrágmium* 2
– *venústum: Cryptophrágmium* 3

Gýmnothrix caudáta: Pennisétum 5
– *latifólia: Pennisétum* 4

Gynandríris Parl. – f. – *Iridáceae*

1. **sisyrínchium** (L.) Parl. (*Íris sisyrínchium* L.) ♃ ∧ (besser ▭) IV–V, Port., Med., SW-As. bis Pak.

Gynandrópsis DC. – f. – *Capparáceae*

1. **gynándra** (L.) Briq. (*Cleóme gynándra* L., *C. pentaphýlla* L., *G. pentaphýlla* (L.) DC.) - „Massarubee" ⊙ Ⓚ Ⓝ, Altweltl. Trop., in den neuweltl. Trop. eingebürg.

Gynérium argéntum: Cortadéria 1

Gynúra Cass. - f. - *Compósitae*

1. **aurantíaca** (Bl.) DC. ♄ Ⓦ IX–X, Java, Celeb.
2. **procúmbens** (Lour.) Merr. (*G. sarmentósa* (Bl.) DC.) ♃ ≀≀ Ⓦ, Trop. W-Afr., Malays. bis Thail. u. China
- *sarmentósa:* 2
3. **scándens** O. Hoffm. ♄ ≀≀ Ⓦ IV–IX, Trop. O-Afr.

Gypsóphila L. - f. - *Caryophylláceae* Schleierkraut

1. **acutifólia** Stev. ex Spreng. ♃ VII–IX, Ukr., Kauk., in Rum. u. Deutschl. eingebürg.
2. **aretioídes** Boiss. ♃ ∧ △ VI–VII, N-Iran
3. **cerastioídes** D. Don ♃ △ V–VI, Him., von Kaschm. bis Sikk.
4. **curvifólia** Fenzl ♃ △ ∧ VI, Kl. As.
5. **élegans** M. B. ⊙ VII, S-Ukr., Kauk., Kl. As., N-Iran
6. **libanótica** Boiss. ♃ △ ∧ VI, Liban., Syr., Kl. As.
7. × **monstrósa** Gerbeaux (*G. répens* × *G. stevénii*) ♃ △ V–VI
8. **murális** L. ⊙ VI–X, M- u. O-Eur., bis NW-Span., S-Schwed. u. M-Griech., Kl. As., Kauk., Sib., Mandsch., im östl. N-Am. stellenweise eingebürg.
- *ortegioídes: Phrynélla* 1
9. **pacífica** Kom. ♃ ✂ VI–VIII, Sib., Mandsch., M-As.
10. **paniculáta** L. - Schleierkraut ♃ ✂ VI bis VIII, O- u. südl. M-Eur., Kauk., W-Sib., in Belg. u. im nördl. M-Eur. eingebürg.
11. **petrǣa** (Baumg.) Rchb. (*G. transsylvánica* Spreng., *Bánffya petrǣa* Baumg.) ♃ △ VI–VIII, S- u. O-Karp., Rhodope
12. **répens** L. ♃ ⁓ △ V–VI, Gebg. M- u. S-Eur.
13. **stevénii** Fisch. ♃ △ VII, Kauk.
14. × **suendermánnii** Fritsch (*G. petrǣa* × *G. répens*) ♃ △ V–VI
15. **tenuifólia** M. B. ♃ ⌓ △ ∧ VI, Kauk., Kl. As.
- *transsylvánica:* 11

Haageocéreus Bckbg. (*Peruvocéreus* Akers) - m. - *Cactáceae*

- *acránthus:* 2
- *albispínus:* 3
- *austrális:* 1
- *chosicénsis:* 3
1. **decúmbens** (Vaup.) Bckbg. (*Céreus decúmbens* Vaup., *H. austrális* Bckbg.) Ⓚ ∗, S-Peru, N-Chile
- *icosanoídes:* 4
2. **liménsis** (Salm-Dyck) Ritt. (*Céreus liménsis* Salm-Dyck, *C. acránthus* Vaup., *H. acránthus* (Vaup.) Bckbg., *H. olowinskiánus* Bckbg.) Ⓚ ∗, M-Peru
3. **multanguláris** (Willd.) Ritt. (*Cáctus multanguláris* Willd., *Céreus chosicénsis* Werderm. et Bckbg., *H. chosicénsis* (Werderm. et Bckbg.) Bckbg., *Peruvocéreus albispínus* Akers, *H. albispínus* (Akers) Bckbg., *Céreus pseudomelanostéle* Werderm. et. Bckbg., *H. pseudomelanostéle* (Werderm. et Bckbg.) Bckbg.) Ⓚ ∗, M-Peru
- *olowinskiánus:* 2
- *pseudomelanostéle:* 3
4. **versícolor** (Werderm. et Bckbg.) Bckbg. (*Céreus versícolor* Werderm. et Bckbg., *H. icosanoídes* Rauh et Bckbg.) Ⓚ ∗, N-Peru
- *weberbaūeri: Weberbauerocéreus* 2

Habenária Willd. - f. - *Orchidáceae*

1. **bonátea** Rchb. f. (*H. robústa* N. E. Br., *Bonátea speciósa* (L. f.) Willd.) ♃ Ⓚ V–III ∗, S-Afr.
2. **cárnea** N. E. Br. ♃ Ⓦ IX–X ∗, Penang
- *pusílla:* 3
- *radiáta: Pécteilis* 1
3. **rhodochē̄ila** Hance (*H. pusílla* Rchb. f.) ♃ Ⓦ IX–X ∗, Indoch., Malak., nördl. bis S-China
- *robústa:* 1

Habérlea Friv. - f. - *Gesneriáceae*

1. **ferdinándi-cobúrgi** Urum. ♃ △ IV–V, M-Bulg.
2. **rhodopénsis** Friv. ♃ △ IV–V, Rhodope- u. Balk.-Gebg.

Habránthus Herb. - m. - *Amaryllidáceae*
- *andersónii:* 3
1. **brachyándrus** (Bak.) Sealy ♃ ⌂K VI bis VIII, S-Bras., S-Chile
2. **robústus** Herb. ex Sweet (*H. tubíspathus* auct. mult. non (L'Hérit.) Traub, *Zephyránthes robústa* (Herb. ex Sweet) Bak.) ♃ ⌂K VII–VIII, S-Bras., ? Arg.
- *tubispathus* auct. mult. non (L'Hérit.) Herb.: 2
3. **tubíspathus** (L'Hérit.) Traub (*H. andersónii* Herb.) ♃ ⌂K VII–VIII, S-Bras., Urug., O-Arg., S-Chile

Habrothámnus elégans: Céstrum 3
- *fasciculátus: Céstrum* 4
- *newéllii: Céstrum* 5
- *purpúreus: Céstrum* 3

Hacquétia Neck. ex DC. - f. - *Umbellíferae*
Schaftdolde
1. **epipáctis** (Scop.) DC. ♃ III-V, O-Kalkalp., S-Sudet., Karp.

Hadródemas warscewicziánum: Callísia 6

Haemadíction venósum: Prestónia 1

Haemánthus L. - m. - *Amaryllidáceae*
Blutblume
1. **álbiflos** Jacq. - Elefantenohr ♃ i ⌂K VII–X, S-Afr.
- *álbiflos* var. *pubéscens:* 4
- *cándidus:* 3
- *cinnabárinus: Scadóxus* 1
2. **coccíneus** L. non Forssk. (*H. tigrínus* Jacq.) ♃ ⌂K VIII–IX, S-Afr., Namib.
3. **húmilis** Jacq.
ssp. **hirsútus** (Bak.) Snijman (*H. cándidus* Bull) ♃ ⌂K, VIII–IX, S-Afr.
- *kalbréyeri: Scadóxus* 2
- *katherínae: Scadóxus* 2
- *lindénii: Scadóxus* 1
- *magníficus: Scadóxus* 3
- *multiflórus: Scadóxus* 2
- *nataléensis: Scadóxus* 3
4. **pubéscens** L. (*H. álbiflos* var. *pubéscens* (L.) hort.) ♃ ⌂K, VII–X, S-Afr., Namib.
- *tigrínus:* 2

Haemária: Ludísia
- *díscolor: Ludísia* 1
- *rubrivénia: Ludísia* 1

Haematóxylum L. - n. - *Leguminósae*
1. **campechiánum** L. - Campecheholz, Blauholz, Blutholz, „Campêche" ♄ i ⌂W Ⓝ, Mex., M-Am. bis nördl. S-Am.

Haemodórum Sm. - n. - *Haemodoráceae*
1. **planifólium** R. Br. ♃ ⌂K VIII, Austral.: Neusüdwal., Queensl.
2. **teretifólium** R. Br. ♃ ⌂K VIII, Austral.: Neusüdwal., Queensl.

Hagénia J.F. Gmel. - f. - *Rosáceae*
1. **abyssínica** (Bruce) J.F. Gmel. ♄ ⌂K Ⓝ, Abess. bis N-Malawi

Hákea Schrad. - f. - *Proteáceae*
- *aciculáris:* 12
1. **ceratophýlla** R. Br. ħ i ⌂K, W-Austral.
2. **cyclocárpa** Lindl. ħ i ⌂K, W-Austral.
- *eucalyptoídes:* 6
3. **ferrugínea** R. Br. ħ i ⌂K VII–VIII, W-Austral.
4. **flórida** R. Br. ħ i ⌂K VII, W-Austral.
5. **gibbósa** Cav. ħ i ⌂K, Austral.: Neusüdwal.
6. **laurína** R. Br. (*H. eucalyptoídes* Meissn.) ħ -♄ i ⌂K Ⓝ, W-Austral.
7. **multilineáta** Meissn. ħ i ⌂K, W-Austral.
8. **nodósa** R. Br. ħ i ⌂K, S-Austral., Vict.
9. **oleifólia** R. Br. ħ -♄ i ⌂K, W-Austral.
- *pectináta:* 13
10. **pugioniformis** Cav. ħ i ⌂K V–VI, S-Austral., Vict., Tasm.
11. **salicifólia** (Vent.) B.L. Burtt (*H. salígna* (Knight) Salisb.) ħ i ⌂K VII bis VIII, Austral.: Neusüdwal., Queensl.
- *salígna:* 11
12. **serícea** Schrad. (*H. aciculáris* (Sm. ex Vent.) Knight) ħ i ⌂K V–VIII, Austral.: Neusüdwal., Vict., Flinders, Cap Barren Ins.
13. **suavéolens** R. Br. (*H. pectináta* Colla) ħ i D ⌂K VII–VIII, W-Austral.
14. **vária** R. Br. ħ i ⌂K, W-Austral.

Hakonéchloa Mak. ex Honda - f. - *Gramíneae*
1. **mácra** (Munro) Mak. ex Honda ♃ ∧ VII–X, Jap.

Halénia Borkh. - f. - *Gentianáceae*
1. **ellíptica** D. Don ⊙ ⌂K VII–VIII, Him.
2. **perrottétii** Griseb. ⊙ ⌂K VII–VIII, Ind.

Halésia Ellis ex L. - f. - *Styracáceae*
Schneeglöckchenbaum

1. **carolína** L. (*H. tetráptera* Ellis) ♄–♄ IV–V, USA: Virg. bis Ohio u. Ill., südl. bis Georg., Flor. u. O-Tex.
- *carolína* var. *montícola:* 3
2. **díptera** Ellis ♄–♄ VI, USA: S-Carol., Tenn. u. Ark., südl. bis Flor. u. Tex.
3. **montícola** (Rehd.) Sarg. (*H. carolína* var. *montícola* Rehd.) ♄ IV Ⓝ, USA: N-Carol., Tenn., südl. bis Georg., Ark. u Okla.
- *tetráptera:* 1

Halímium (Dun.) Spach - n. - *Cistáceae*
- *alyssoídes:* 1
1. **lasiánthum** (Lam.) Spach (*Heliánthemum lasiánthum* (Lam.) Pers., *Halímium alyssoídes* (Lam.) K. Koch) ♄ i Ⓚ V–VI, S-Port., SW- u. NW-Span., Frankr.
2. **umbellátum** (L.) Spach (*Heliánthemum umbellátum* (L.) Mill.) ♄ i Ⓚ V bis VI, SW- u. M-Frankr., N-Span., N-Port., Alger.

Halimodéndron Fisch. ex DC. - n. - *Leguminósae*
Salzstrauch
1. **halodéndron** (Pall.) Voss (*H. argénteum* (Lam.) Fisch. ex DC.) ♄ VI–VII Ⓝ, SO-Ukr., SO-Rußl., Transkauk. bis Turkest., Altai

Hamamélis L. - f. - *Hamamelidáceae*
Zaubernuß
1. × **intermédia** Rehd. (*H. japónica* × *H. móllis*) ♄ I–III
2. **japónica** Sieb. et Zucc. ♄ I–IV, Jap.
3. **móllis** Oliv. ♄ I–III, W-Hupeh
4. **vernális** Sarg. ♄ I–III, USA: Missouri, Okla., Louis., Alab.
5. **virginiána** L. ♄–♄ IX–X Ⓝ Off., N-Am.: N. Brunsw. u. Queb. bis Minn., südl. bis Flor., Louis. u Tex.

Hamatocáctus: Thelocáctus
- *crassihamátus: Sclerocáctus* 9
- *hamatacánthus: Ferocáctus* 9
- *setispínus: Thelocáctus* 7
- *uncinátus: Sclerocáctus* 9

Hamélia Jacq. - f. - *Rubiáceae*
1. **pátens** Jacq. ♄ i Ⓦ VI–IX, S-Flor., Bahama, Westind., Mex., M-Am., S-Am., südl. bis Bol.

Haplopáppus Cass. corr. Endl. - m. - *Compósitae*
- *coronopifólius:* 2
1. **cróceus** A. Gray ♃ △ ∧ VII–X, Rocky Mount.
2. **glutinósus** Cass. (*H. coronopifólius* DC.) ♃ △ ∧ VII–X, And. Chiles, Arg.

Haplophýllum A. Juss. corr. Rchb. - n. - *Rutáceae*
1. **patavínum** (L.) G. Don (*Rúta patavína* L.) ♃ △ VI–VIII, Alban., Griech., NO-Ital., Jugosl., SW-Rum.

Hardenbérgia Benth. - f. - *Leguminósae*
1. **comptoniána** (Andr.) Benth. (*Kennédia comptoniána* (Andr.) Link) ♄ ≀ i Ⓚ I–IV, W-Austral.
- *monophýlla:* 2
2. **violácea** (Schneev.) Stearn (*Glycíne violácea* Schneev., *Kennédia monophýlla* Vent., *H. monophýlla* (Vent.) Benth.) ♄ ≀ ⇝ i Ⓚ III–IV, Austral.: Queensl., Neusüdwal., Vict., Tasm.

Hariόta: Hatióra

Harónga madagascariénsis: Harungána 1

Harpagóphytum DC. ex Meissn. - n. - *Pedaliáceae*
Teufelskralle
1. **procúmbens** (Burch.) DC. ♃ Ⓚ, S-Afr.

Harpálium rígidum: Heliánthus 12

Harpephýllum Bernh. ex Krauss - n. - *Anacardiáceae*
1. **cáffrum** Bernh. ex Krauss ♄ i Ⓚ, Nat., Kap

Harrimanélla hypnoídes: Cassíope 2

Harrísia Britt. (*Eriocéreus* (Berger) Riccob.) - f. - *Cactáceae*
1. **bonplándii** (Pfeiff.) Britt. et. Rose (*Eriocéreus bonplándii* (Pfeiff.) Riccob., *E. pomanénsis* (F.A.C. Web.) Riccob., *H. pomanénsis* (F.A.C. Web.) Britt. et Rose) Ⓚ *, S-Bras. u. Parag. bis N-Arg.
2. **grácilis** (Mill.) Britt. Ⓚ *, Jam., Flor.
3. **guelíchii** (Spegazz.) Britt. et Rose (*Eriocéreus guelíchii* (Spegazz.) Berger) Ⓚ *, N-Arg.
4. **jusbértii** (K. Schum.) Borg (*Eriocéreus jusbértii* (K. Schum.) Riccob.) Ⓚ *, Heimat unbek.
5. **martínii** (Labour.) Riccob. (*Eriocéreus martínii* (Labour.) Riccob.) Ⓚ *, Arg.
- *pomanénsis:* 1

6. **tetracántha** (Labour.) D.R. Hunt (*Roseocéreus tetracánthus* (Labour.) Bckbg.) ⌂ *, Bol.
7. **tortuósa** (James Forbes) Britt. et Rose (*Eriocéreus tortuósus* (James Forbes) Riccob.) ⌂ *, Arg.

× **Hartára** hort. (*Broughtónia* × *Laélia* × *Sophronítis*) – f. – *Orchidáceae*

Hártia Dunn – f. – *Theáceae*

1. **sinénsis** Dunn ♄ –♄ ⌂ VI, W-China

Hartmánnia rósea: Oenothéra 11

– *speciósa: Oenothéra* 12

Hartwégia purpúrea: Nageliélla 1

Harungána Lam. – f. – *Guttíferae*

1. **madagascariénsis** Lam. ex Poir. (*Harónga madagascariénsis* (Lam. ex Poir.) Choisy) ♄ ⌂ ®, Trop. Afr., Madag., Maurit.

Hasseánthus: Dudléya

– *variegátus: Dudléya* 9

× *Hatcherára:* × *Colmanára*

Hatióra Britt. et Rose (*Harióta* DC. non Adans., einschl. *Rhipsalidópsis* Britt. et Rose) – f. – *Cactáceae*

– *claváta: Rhípsalis* 4

1. **gaértneri** (Regel) Barthlott (*Rhípsalis gaértneri* (Regel) Vaup., *Schlumbérgera gaértneri* (Regel) Britt. et Rose, *Rhipsalidópsis gaértneri* (Regel) Moran, *Epiphyllópsis gaértneri* (Regel) Berger, *Epiphýllum russeliánum* Hook. var. *gaértneri* Regel) – Osterkaktus ⌂ *, O-Bras.: Minas Gerais
2. × **graéseri** (Werderm.) Barthlott (*H. gaértneri* × *H. rósea; Rhípsalis* × *graéseri* Werderm., × *Rhipsaphyllópsis graéseri* Werderm., *Rhipsalidópsis* × *graéseri* (Werderm.) Moran) ⌂ *
3. **rósea** (Lagerh.) Barthlott (*Rhípsalis rósea* Lagerh., *Rhipsalidópsis rósea* (Lagerh.) Britt. et Rose) ⌂ *, SO-Bras.: Paraná
4. **salicornioídes** (Haw.) Britt. et. Rose (*Rhípsalis salicornioídes* Haw.) ⌂ *, SO-Bras.

× **Hawaiiára** hort. (*Renanthéra* × *Vánda* × *Vandópsis*) – f. – *Orchidáceae*

Hawórthia Duval – f. – *Liliáceae*

1. **angustifólia** Haw. ♃ ⌂, S-Afr.
2. **arachnoídea** (L.) Duval ♃ ⌂, S-Afr.

– *áspera: Astróloba* 1

– *asperiúscula:* 28

3. **attenuáta** Haw. (*H. fasciáta* hort. non (Willd.) Haw., var. *caespitósa* (Berger) Farden) ♃ ⌂, Kap

– *attenuáta* var. *caespitósa:* 3

– *chalwínii:* 5

4. **chloracántha** Haw. ♃ ⌂, Kap
5. **coarctáta** Haw. (*H. chalwínii* Marl. et Berger) ♃ ⌂, S-Afr.
6. **coóperi** Bak. (*H. pilífera* Bak., *H. obtúsa* var. *pilífera* (Bak.) Uitew.) ♃ ⌂, S-Afr.
7. **cymbifórmis** (Haw.) Duval (*H. obtúsa* Haw., *H. planifólia* Haw.) ♃ ⌂, S-Afr.

– *fasciáta* hort.: 3

8. **fasciáta** (Willd.) Haw. ♃ ⌂, Kap

– *foliolósa: Astróloba* 3

9. **glabráta** (Salm-Dyck) Bak. var. **cóncolor** Salm-Dyck ♃ ⌂, S-Afr.
10. **herbácea** (Mill.) Stearn (*Áloë atrovírens* DC.) ♃ ⌂, Kap

– *laetevírens:* 26

11. **limifólia** Marl. ♃ ⌂, Transv., Nat., Swasil.
12. **longiána** v. Poelln. ♃ ⌂, Kap

– *margaritífera:* 16

13. **maughánii** v. Poelln. ♃ ⌂, Kap

– *mínima:* 24

14. **mirábilis** Haw. (*H. nitídula* v. Poelln.) ♃ ⌂, Kap?
15. **mucronáta** Haw. ♃ ⌂, Kap

– *nitídula:* 14

– *obtúsa:* 7

– *obtúsa* var. *pilífera:* 6

– *papillósa:* 16

– *pellúcens:* 24

– *pentagóna: Astróloba* 4

– *pilífera:* 6

– *planifólia:* 7

16. **púmila** (L.) Duval (*H. margaritífera* (L.) Haw., *H. papillósa* (Salm-Dyck) Haw.) ♃ ⌂, S-Afr.
17. **pygmaéa** v. Poelln. ♃ ⌂, Kap
18. **rádula** (Jacq.) Haw. ♃ ⌂, Kap

– *recúrva:* 27

19. **reinwárdtii** (Salm-Dyck) Haw. ♃ ⌂, Kap
20. **reticuláta** Haw. ♃ ⌂, O-Kap
21. **retúsa** (L.) Duval ♃ ⌂, Kap
22. × **rígida** (Lam.) Haw. ♃ ⌂, S-Afr.

– *spirális: Astróloba* 4

- *ténera:* 24
- *tesseláta:* 27

23. × **tortuósa** (Haw.) Haw. ♃ Ⓚ, Heimat unbek.
24. **translúcens** (Haw.) Haw. (*H. pellúcens* Haw.)
ssp. **ténera** (v. Poelln.) Bayer (*H. ténera* v. Poelln., *H. mínima* Bak. non (Ait.) Haw.) ♃ Ⓚ, Kap
ssp. **translúcens** ♃ Ⓚ, Kap
25. **truncáta** Schönl. ♃ Ⓚ, Kap
26. **túrgida** Haw. (*H. laetevírens* Haw.) ♃ Ⓚ, Kap
27. **venósa** (Lam.) Haw.
ssp. **recúrva** (Haw.) Bayer (*H. recúrva* Haw., *H. tesseláta* Haw.) ♃ Ⓚ, Kap, Namib.
28. **viscósa** (L.) Haw. (*H. asperiúscula* Haw.) ♃ Ⓚ, Kap

Hébe Comm. ex Juss. (*Verónica* L. sect. *Hébe* (Comm. ex Juss.) Benth.) - f. - *Scrophulariáceae*
Strauchveronika

- × *andersónii:* 1

1. **-Andersonii-Hybriden** (*H.* × *andersónii* (Lindl. et Paxt.) Cock.) ♄ i Ⓚ ▽ VIII-X
2. **anómala** (J. Armstr.) Cock. ♄ i Ⓚ-∧ VI-VII, Neuseel.
- *armstróngii* hort.: 20
3. **armstróngii** (Johns. ex J. Armstr.) Cock. et Allan ♄ i V-VI, Neuseel.
4. **balfouriána** (Hook. f.) Cock. ♄ i Ⓚ bis ∧ VI-VII, Neuseel.
5. **benthámii** (Hook. f.) Cock. et Allan ♄ i Ⓚ, Neuseel.
- × *bidwíllii: Parahébe* 1
6. **brachysíphon** Summerh. (*Verónica travérsii* Hook. f. 1878 non 1864, *H. travérsii* hort.) ♄ i ∧ (besser Ⓐ), Neuseel.
7. **buchanánii** (Hook. f.) Cock. et Allan ♄ i Ⓚ VI-VII, Neuseel.
8. **buxifólia** (Benth.) Cock. et Allan ♄ i Ⓚ-∧ VI-VII, Neuseel.
9. **carnósula** (Hook. f.) Cock. et Allan ♄ i Ⓚ-∧ VI-VIII, Neuseel.
- *catarráctae: Parahébe* 2
10. **cupressoídes** (Hook. f.) Andersen ♄ i Ⓚ-∧ VI, Neuseel.
11. **diosmifólia** (R. Cunn. ex A. Cunn.) Cock. et Allan ♄ i Ⓚ ▽ IV-V, Neuseel.
12. **ellíptica** (G. Forst.) Pennell ♄ i Ⓚ VI bis VII, Neuseel., S-Chile, Falkl.
13. **epacrídea** (Hook. f.) Cock. et Allan ♄ i ↝ Ⓚ-∧ VII, Neuseel.
14. **glaucocaerúlea** (J. Armstr.) Cock. (*H. pimeleoídes* var. *glaucocaerúlea* (J. Armstr.) Cock. et Allan) ♄ i Ⓚ bis ∧ VII-VIII, Neuseel.
15. **hāāstii** (Hook. f.) Cock. et Allan ♄ i ↝ ∧ (besser Ⓐ oder Ⓚ), Neuseel.
16. **hectóris** (Hook. f.) Cock. et Allan ♄ i Ⓚ-∧ VII-VIII, Neuseel.
17. **hulkeána** (F. v. Muell.) Cock. et Allan ♄ i Ⓚ V-VI, Neuseel.
18. **loganioídes** (J. Armstr.) Wall. ♄ i ↝ Ⓚ-∧ VI-VII, Neuseel.
- *lyállii: Parahébe* 3
19. **lycopodioídes** (Hook. f.) Cock. et Allan ♄ i Ⓚ - ∧ VI, Neuseel.
20. **ochrácea** Ashw. (*H. armstróngii* hort. non (Johns. ex J. Armstr.) Cock. et Allan) ♄ △ i V-VI, Neuseel.
21. **pimeleoídes** (Hook. f.) Cock. et Allan ♄ i ↝ Ⓚ VII-VIII, Neuseel.
- *pimeleoídes* var. *glaucocaerúlea:* 14
22. **pinguifólia** (Hook. f.) Cock. et Allan ♄ i V-VII, Neuseel.
23. **salicifólia** (G. Forst.) Pennell ♄ i Ⓚ VI-VII, Neuseel.
24. **speciósa** (R. Cunn. ex A. Cunn.) Andersen ♄ i Ⓚ IX-X, Neuseel.
25. **subalpína** (Cock.) Cock. et Allan ♄ i Ⓚ-∧ VI, Neuseel.
26. **travérsii** (Hook. f.) Cock. et Allan (*Verónica travérsii* Hook. f. 1864) ♄ i Ⓚ-∧ VI-VIII, Neuseel.
- *travérsii* hort.: 6
27. **vernicósa** (Hook. f.) Cock. et Allan ♄ i Ⓚ-∧ VII-VIII, Neuseel.

Hebeclínium atrórubens: Eupatórium 4
- *iánthinum: Eupatórium* 17
- *megalophýllum: Eupatórium* 11

Hebenstrétia L. - f. - *Scrophulariáceae*
1. **comósa** Hochst. ♃ (⊙ gezogen) VII bis IX, Malawi, Zimb., Transv., Nat.
2. **dentáta** L. ⊙ VII-IX, Kap

Héchtia Klotzsch - f. - *Bromeliáceae*
1. **argéntea** Bak. Ⓚ, Mex.
2. **desmetiána** (Bak.) Mez Ⓚ, Mex.
3. **glomeráta** Zucc. Ⓚ, Mex.
4. **márnier-lapostóllei** L. B. Sm. Ⓚ, Mex.
- *pitcairniifólia: Fasciculária* 3

5. **rósea** E. Morr. ex Bak. ⓚ, Mex.
6. **schótti** Bak. ⓚ, Mex.
7. **texénsis** S. Wats. ⓚ, Tex.

Hedeóma Pers. - f. - *Labiátae*
1. **pulegioídes** (L.) Pers. ⊙ VII–VIII, N-Am.: Queb. bis Minn. u. S-Dak., südl. bis Flor., Tenn., Ark. u. Kans.

Hédera L. - f. - *Araliáceae*
Efeu
- *algeriénsis:* 2
- *canariénsis:* 2
1. **cólchica** (K. Koch) K. Koch ♄ ⌇ i ∧, Kauk., N-Anat., in Frankr. u. auf der Krim eingebürg.
2. **hélix** L. - Efeu
ssp. **canariénsis** (Willd.) Cout. (*H. canariénsis* Willd., *H. algeriénsis* Hibb.) ♄ ⌇ i ⓚ VIII–X, Azor., Port., Kanar., Mad., NW-Afr.
ssp. **hélix** ♄ ⟿–⌇ i ☠ (Früchte) VIII bis X Off., Eur., östl. bis Lit. u. Ukr., in den südöstl. USA eingebürg.
ssp. **poetárum** Nym. ♄ ⌇ i ∧ ☠ (Früchte) IX–X, Griech., Türk., Zyp., Vord. As., Krim, Kauk., in Frankr. u. Ital. eingebürg.
(Hierzu eine große Zahl von Sorten, vielfach mit lateinischen Namen)
- *hélix* var. *hibérnica:* 3
3. **hibérnica** hort. ex Kirchner (*H. hélix* var. *hibérnica* (hort. ex Kirchner) Jäg.) ♄ ⌇ i IX–X, SW-Irl.
- *himaláica:* 4
- *japónica:* 6
4. **nepalénsis** K. Koch (*H. himaláica* Tobl.) ♄ ⌇ i ∧, Him.
5. **pastuchóvii** Woron. ♄ ⌇ i ∧, W-Kauk., Iran
6. **rhómbea** (Miq.) Bean (*H. japónica* Paul non Jungh.) ♄ ⌇ i ∧, Jap., Riukiu-Ins.
- *? senticósa: Eleutherocóccus* 3

Hedýchium J.G. Koenig - n. - *Zingiberáceae*
- *cárneum:* 2
1. **chrysoleūcum** Hook. (*H. coronárium* var. *chrysoleūcum* (Hook.) Bak.) ♃ D ⓦ VIII, Ind.
2. **coccíneum** Buch.-Ham.
var. **cárneum** (Rosc.) Bak. (*H. cárneum* Rosc.) ♃ D ⓦ VIII–X, Ind., Burma
3. **coronárium** J.G. Koenig ♃ D ⓦ IV bis V, Ind. bis Indones.
- *coronárium* var. *chrysoleūcum:* 1
4. **flávum** Roxb. ♃ ⓦ IV–V, Subtrop. Him.
5. **gardneriánum** Rosc. ♃ D ⓚ -ⓦ VIII bis IX, O-Him., Nepal, Sikk.
6. **máximum** Rosc. ♃ D ⓦ IV–V, Vorderind.
7. **speciósum** Wall. ♃ D ⓦ VIII, Subtrop. Him.
8. **spicátum** Buch.-Ham. ♃ ⓦ X, Subtrop. Him.

Hedyótis caerúlea: Houstónia 1
- *michaūxii: Houstónia* 2
- *serpyllifólia: Houstónia* 2

Hedýsarum L. - n. - *Leguminósae*
Süßklee
- *caucásicum:* 2
1. **coronárium** L. - Italienischer Hahnenkopf ⊙-♃ V–VII ⓝ, W- u. M-Med., in Teilen S-Eur. eingebürg.
2. **hedysaroídes** (L.) Schinz et Thell. (*H. obscúrum* L., *H. caucásicum* M.B.) ♃ △ VI–VIII, Pyren., S-Frankr., Alp., Sudet., Karp., Arkt. Rußl., N- u. M-Ural, Kauk., Arm., Kl. As.
3. **multíjugum** Maxim. ♄ VI–IX, Mongol.
- *obscúrum:* 2
- *onóbrychis: Onóbrychis* 1
- *striátum: Lespedéza* 6

Hedýscepe H. Wendl. et Drude - f. - *Pálmae*
1. **canterburyána** (C. Moore et F. v. Muell.) H. Wendl. et Drude ♄ ⓚ bis ⓦ, Lord-Howe-Ins.

Hēēria élegans: Heterocéntron 1
- *rósea: Heterocéntron* 2

Heimerliodéndron brunoniánum: Pisónia 2

Hēīmia Link - f. - *Lythráceae*
1. **salicifólia** (H.B.K.) Link ♄ i ⓚ VII bis IX, S-USA bis S-Am.

Hélcia Lindl. - f. - *Orchidáceae*
1. **sanguinolénta** Lindl. (*Trichopília sanguinolénta* (Lindl.) Rchb. f.) ♃ ⓚ I–II ✱, Ek., Kol.

Helénium L. - f. - *Compósitae*
Sonnenbraut
1. **autumnále** L. (*H. grandiflórum* Nutt.) ♃ ✂ VIII–IX, N-Am.: Queb. bis Br. Kol., südl. bis Flor., Tex. u.

Ariz.
2. **bigelóvii** A. Gray ♃ VI–VII, USA: Kalif. bis Oreg.
3. **bolánderi** A. Gray ♃ VI–VIII, NO-Kalif.
4. **flexuósum** Raf. (*H. nudiflórum* Nutt.) ♃ VII–X, USA: N-Carol., Kent., Missouri u. Kans., südl. bis Georg. u. Tex.
- *grandiflórum:* 1
5. **hoopésii** A. Gray ♃ V–VI, USA: Rocky Mount. bis Oreg., Kalif.
6. **-Hybriden** (Hierunter werden alle Sorten zusammengefaßt. Ihre Herkunft ist unsicher, doch ist bei den meisten wohl *H. autumnále* beteiligt) ♃ ✂ VII–X
- *nudiflórum:* 4

Heleócharis Lestib.: *Eleócharis*

Heliabrávoa Bckbg. - f. - *Cactáceae*
1. **chénde** (Rol.-Goss.) Bckbg. (*Céreus chénde* Rol.-Goss., *Lemaireocéreus chénde* (Rol.-Goss.) Britt. et Rose) Ⓚ ✱, S-Mex.

Heliámphora Benth. - f. - *Sarraceniáceae*
1. **heterodóxa** Steyerm. ♃ Ⓦ, Venez.
2. **nútans** Benth. ♃ Ⓦ, Roraima
3. **mínor** Gleas. ♃ Ⓦ, Venez.

Helianthélla Torr. et A. Gray - f. - *Compósitae*
1. **quinquenérvis** (Hook.) A. Gray ♃ VI bis IX, Rocky Mount.

Heliánthemum Mill. - n. - *Cistáceae* Sonnenröschen
- *alpéstre:* 6
1. **apennínum** (L.) Mill. (*H. polifólium* (L.) Mill.) ♃ △ V–VII ▽, S- u. W-Eur., nördl. bis M-Deutschl., Med., N-Afr., Kl. As.
2. **cánum** (L.) Baumg. ♄ △ V–VII ▽, M-, W- u. S-Eur., Öland, Kl. As., Arm., NW-Afr.
- *chamaecístus:* 5
- *fumána: Fumána* 1
3. **-Hybriden** (Zusammenfassung aller Sorten, meist entstanden aus Kreuzungen von *H. apennínum* mit *H. nummulárium*) ♄ △ ∧ V–VII
- *itálicum:* 6
- *itálicum* ssp. *alpéstre:* 6
- *itálicum* ssp. *rupífragum:* 6
- *lasiánthum: Halímium* 1
4. **lunulátum** (All.) DC. ♄ △ ∧ VI bis VII, Seealp.
5. **nummulárium** (L.) Mill. non Grosser (*H. chamaecístus* Mill., *H. vulgáre* Gaertn.) ♄ △ V–VI, Fast ganz Eur., Med., Atlas, Kl. As., Arm., Kauk.
6. **oelándicum** (L.) DC. ♄ △ ∧ V–VI
   ssp. **alpéstre** (Jacq.) Breistr. (*H. alpéstre* (Jacq.) DC., *H. itálicum* ssp. *alpéstre* (Jacq.) Beger), Pyren., Alp., Karp., Balk., Kl. As.
   ssp. **itálicum** (L.) Font Quer et Rothm. (*H. itálicum* (L.) Pers.), Med.
   ssp. **oelándicum**, Öland
   ssp. **rupífragum** (Kerner) Breistr. (*H. rupífragum* Kerner, *H. itálicum* ssp. *rupífragum* (Kerner) Beger), O- u. östl. M-Eur.
- *polifólium:* 1
- *procúmbens: Fumána* 1
- *rupífragum:* 6
- *umbellátum: Halímium* 2
- *vulgáre:* 5

Helianthocéreus hyalacánthus: Acanthocalýcium 1
- *pasacána: Echinópsis* 28

Heliánthus L. - m. - *Compósitae* Sonnenblume
1. **angustifólius** L. (*Rudbéckia angustifólia* (L.) L.) ⊙-♃ VIII–X, USA: Long Isl., N. Jers. bis Missouri, südl. bis Flor. u. Tex.
2. **ánnuus** L. - Sonnnenblume ⊙ VII bis X Ⓝ, Westl. u. mittl. N-Am., N-Mex., in Eur. öfter eingebürg. (Hierzu viele Sorten, z. T. mit lateinischen Namen wie 'Bismarckianus', 'Giganteus', 'Globulosus-Fistulosus', 'Californicus', 'Uniflorus' etc.)
3. **argophýllus** Torr. et A. Gray ⊙ VIII bis X, Tex.
4. **atrórubens** L. (*H. sparsifólius* hort.) ♃ VII–X, USA: Virg. bis Tenn., südl. bis Flor. u. Louis.
- *cucumerifólius:* 5
5. **débilis** Nutt.
   ssp. **cucumerifólius** (Torr. et A. Gray) Heiser (var. *cucumerifólius* (Torr. et A. Gray) A. Gray, *H. cucumerifólius* Torr. et A. Gray) ⊙ VII

bis IX, USA: Flor. bis Tex.
ssp. **débilis** ⊙ ✂ VII–IX, USA: Flor. bis Tex.
- *débilis* var. *cucumerifólius:* 5
6. **decapétalus** L. ♃ VII–X, N-Am.: Queb. u. Maine bis Minn. u. Nebr., südl. bis Georg., Kent. u. Missouri
- *decapétalus* var. *multiflórus:* 11
7. **gigantéus** L. ♃ VIII–X, N-Am.: Queb. bis Sask., südl. bis Flor.
8. × **laetiflórus** Pers. (*H. rígidus* × *H. tuberósus; H. rígidus* Rydb. non (Cass.) Desf., *H. scabérrimus* Britt. et A. Brown non Elliott) ♃ VIII–IX, N-Am.: N. Y. bis Sask., südl. bis Georg., Missouri u. Nebr., in einigen Teilen Eur. eingebürg.
- × *laetiflórus* var. *rígidus:* 12
9. **microcéphalus** Torr. et A. Gray ♃ VIII–IX, USA: Penns. bis Ill., südl. bis Flor., Alab., Miss. u. Missouri
10. **móllis** Lam. ♃ VII–IX, USA: Ohio u. Mich. bis Iowa, südl. bis Georg., Alab., Louis. u. Tex.
- *móllis* Willd.: 14
11. × **multiflórus** L. (*H. ánnuus* × *H. decapétalus; H. decapétalus* var. *multiflórus* (L.) hort.) ♃ ✂ VII–VIII
- *orgyális:* 13
12. **rígidus** (Cass.) Desf. (*H. scabérrimus* Elliott, *H.* × *laetiflórus* var. *rígidus* (Cass.) Fern., *Harpálium rígidum* Cass.) ♃ VII–IX, N-Am.: Ont. u. Mich. bis Mont., südl. bis Georg., Alab., Louis. u Tex.
- *rígidus* Rydb.: 8
13. **salicifólius** A. Dietr. (*H. orgyális* DC.) ♃ IX–X, USA: Nebr. bis Color., südl. bis Missouri, Ark., Okla. u. Tex.
- *scabérrimus* Britt. et A. Brown: 8
- *scabérrimus* Elliott: 12
- *sparsifólius:* 4
14. **strumósus** L. (*H. móllis* Willd. non Lam.)
var. **strumósus** ♃ VII–IX, N-Am.: Queb. bis N-Dak., südl. bis Georg., Alab., Ark. u. Okla.
var. **willdenowiánus** Thell. ♃ Ⓝ, Nur in Kult. bek.
15. **tuberósus** L. - Topinambur, Erdbirne ♃ IX–X Ⓝ, N-Am.: Ont. bis Sask., südl. bis Georg., Tenn. u. Ark., im atl. Gebiet eingebürg., ebenso in Eur., vor allem M-Eur.

Helichrýsum Mill. corr. Pers. - n. - *Compósitae*
Strohblume
1. **apiculátum** (Labill.) DC. (*H. ramosíssimum* Hook.) ♄ i ✂ Ⓚ, Austral.: Vict., Neusüdwal., S-Austral.
2. **arenárium** (L.) Moench ♄ ⁓ VII–IX Off. ▽, Eur., Sib., Vord. As., M-As., Mongol.
3. **bellidioídes** (G. Forst.) Willd. ♃ ⁓ i Ⓚ, Neuseel.
4. **bracteátum** (Vent.) Andr., Austral., in Span. eingebürg.
'Monstrosum' (var. *compósitum* Nichols.) - Gartenstrohblume ⊙ -♃ ✂ VII–IX
- *bracteátum* var. *compósitum:* 4
5. **cassiniánum** Gaudich. (*Schoenia cassiniána* (Gaudich.) Stoetz) ⊙ ✂ VII–VIII, Austral.
6. **cordátum** DC. ♄ i ✂ Ⓚ, W-Austral.
7. **frígidum** (Labill.) Willd. ♃ ⌂ Ⓚ V bis VII, Kors., Sard.
- *leontopódium: Leucógenes* 1
- *marginátum:* 8
8. **milfórdiae** Killick (*H. marginátum* hort. non DC.) ♃ i ⌂ △ ∧ Ⓚ VI bis VIII, S-Afr., Lesotho
9. **níveum** Boiss. et Heldr. ♃ VII, Kl. As.
10. **orientále** (L.) Gaertn. (*Gnaphálium orientále* L.) ♃ ∧ VIII, Griech., Ägäis
11. **petioláre** Hilliard et B.L. Burtt (*H. petiolátum* auct. non (L.) DC., *Gnaphálium lanátum* hort.) ♄ i Ⓚ VIII bis IX, S-Afr.
- *petiolátum:* 11
12. **plicátum** (Fisch. et C.A. Mey.) DC. ♃ ⁓ VII–VIII, S-Balk., W-As.
- *ramosíssimum:* 1
- *rosmarinifólium: Ozothámnus* 1
13. **selágo** (Hook. f.) Benth. et Hook. f. ex Kirk ♄ i Ⓚ, Neuseel.
14. **sesamoídes** (L.) Thunb. (*Xeránthemum sesamoídes* L., *Edmóndia sesamoídes* (L.) Willd.) ♄ i ✂ Ⓚ, S-Afr.
15. **sibthórpii** Rouy (*H. virgíneum* (Sibth. et Sm.) Griseb. non DC.) ♃ Ⓚ VI bis VII, Athos
16. **stoechas** (L.) Moench ♄ ✂ Ⓚ, S-, W-Eur., nördl. bis NW-Frankr., W-

Med.
17. **subulifólium** Harv. ♃ ✂ ⌂, S-Afr.
18. **thianshánicum** Regel ♃ ⟿ VII bis VIII, Turkest.
– *virgíneum:* 15

Helícia Lour. – f. – *Proteáceae*
1. **praeálta** F. v. Muell. ♄ i ✂ ⌂, Austral.

Helicodíceros muscívorus: Dracúnculus 2

Helicónia L. – f. – *Musáceae*
– *angustifólia:* 2
1. **aurantíaca** Ghiesbr. ♃ i ✂ ⌂ XII-I, S-Mex., M-Am.
2. **bícolor** Benth. (*H. angustifólia* Hook.) ♃ i ⌂, Bras.
3. **bihái** (L.) L. ♃ i ⌂, Westind.
4. **caribaéa** Lam. ♃ i ✂ ⌂, Westind.
5. **choconiána** S. Wats. ♃ i ⌂, Guat.
6. **illústris** Ball ex Mast., Ind., Java, Fidschi-Ins.
'Rubricaulis' ♃ i ⌂
7. **latispátha** Benth. ♃ ✂ ⌂, S-Mex. bis M-Am.
8. **metállica** Planch. et Lind. ♃ i ⌂ I bis XII, Pan. bis trop. S-Am.
9. **psittacórum** L. f. ♃ i ✂ ⌂, Westind., Guay., Bras., Parag.
10. **rostráta** Ruiz et Pav. ♃ i ✂ ⌂, Arg. bis Peru
11. **strícta** hort. Veitch ex Guill. ♃ ⌂, Pazif. Ins.
– *variegáta:* 13
12. **wagneriána** O. G. Peters. ♃ i ✂ ⌂, Costa R., Pan.
13. **zebrína** Plowman, Kress et H. Kennedy (*H. variegáta* Loes.) ♃ i ⌂, Peru

Helictótrichon Bess. ex Schult. et Schult. f. – n. – *Gramíneae* Wiesenhafer
1. **desertórum** (Less.) Nevski ex Krasch. (*Avéna desertórum* Less., *Avenástrum desertórum* (Less.) Podp., *Arrhenátherum desertórum* (Less.) Potzt.) – Steppenhafer ♃ VI bis VII, Österr. u. Tschechosl. bis S-Rußl., Turkest., W-Sib.
2. **parlatórei** (Woods ex Dalla Torre) Pilg. (*Avéna parlatórei* Woods ex Dalla Torre, *Avenástrum parlatórei* (Woods ex Dalla Torre) Beck, *Arrhenátherum parlatórei* (Woods ex Dalla Torre) Potzt.) ♃ VI–VIII, Kalkalp.
3. **planicúlme** (Schrad.) Pilg. (*Avéna planicúlmis* Schrad., *Avénula planicúlmis* (Schrad.) Parl., *Avenóchloa planicúlmis* (Schrad.) Holub, *Avenástrum planicúlme* (Schrad.) Jess.) ♃ VIII–IX, O-Sudet., Karp., Balk., nördl. Kl. As.
– *praténse: Avénula* 1
– *pubéscens: Avénula* 2
4. **sempérvirens** (Vill.) Pilg. (*Avéna sempérvirens* Vill., *A. cándida* hort.) ♃ V–VI, W-Med., Frankr.

Heliocéreus (Berger) Britt. et Rose – m. – *Cactáceae*
1. **cinnabárinus** (Eichlam) Britt. et Rose (*Céreus cinnabárinus* Eichlam) ⌂ ∗, Guat.
2. **coccíneus** Britt. et Rose (*Céreus coccíneus* Salm-Dyck non DC., *H. elegantíssimus* Britt. et Rose, *H. speciósus* var. *elegantíssimus* (Britt. et Rose) Bckbg., *Céreus elegantíssimus* (Britt. et Rose) Berger) ⌂ ∗, M-Mex.
– *elegantíssimus:* 2
3. **schránkii** (Zucc.) Britt. et Rose (*Céreus schránkii* Zucc.) ⌂ ∗, Mex.
4. **speciósus** (Cav.) Britt. et Rose (*Céreus speciosíssimus* (Desf.) DC., *C. speciósus* (Cav.) K. Schum.) ⌂ ∗, M- u. S-Mex., Guat.
– *speciósus* var. *elegantíssimus:* 2

Helióphila Burm. f. ex L. – f. – *Crucíferae*
1. **integrifólia** L. (*H. pilósa* Lam.) ⊙ VII bis IX, Kap
2. **longifólia** DC. ⊙ VII–IX, S-Afr.
– *pilósa:* 1

Heliópsis Pers. – f. – *Compósitae* Sonnenauge
1. **helianthoídes** (L.) Sweet
var. **helianthoídes** ♃ ✂ VII–IX, USA: N. Y. u. Ont. bis Minn., südl. bis Georg. Alab.
var. **scábra** (Dun.) Fern. (*H. scábra* Dun.) ♃ ✂ VI–IX, N-Am.: N. Y. u. Ont. bis Br. Kol., südl. bis Maryl., Tenn., Ark., Tex. u. New Mex.

Heliospérma alpéstre: Siléne 2
– *quadridentátum: Siléne* 13
– *quadrífidum: Siléne* 13

Heliotrópium L. – n. – *Borragináceae*

Heliotrop
1. **arboréscens** L. (*H. peruviánum* L., *H. corymbósum* Ruiz et Pav.) ♄ i D ⌂ V bis IX, Peru

Helípterum DC. - n. - *Compósitae*
Sonnenflügel
1. **canéscens** (L.) DC. ♄ i ✂ ⌂, Kap
2. **corymbiflórum** Schlechtend. ⊙ VII bis VIII, Austral.
3. **exímium** (L.) DC. ♄ i ✂ ⌂, Kap
4. **humboldtiánum** (Gaudich.) DC. (*H. sandfórdii* Hook.) ⊙ VII-VIII, W-Austral.
5. **manglésii** (Lindl.) F. v. Muell. (*Rhodánthe manglésii* Lindl.) ⊙ ✂ VII-VIII, W-Austral.
6. **róseum** (Hook.) Benth. (*Acroclínium róseum* Hook.) ⊙ ✂ VII-IX, Austral.
- *sandfórdii:* 4

Helléborus L. - m. - *Ranunculáceae*
Nieswurz
- *abchásicus:* 10
- *antiquórum:* 10
- *argutifólius:* 6
- *atrórubens:* 3
1. **boccónei** Ten. ♃ i ☠ ∧- ⌂ III ▽
ssp. **boccónei**, M- u. S-Ital.
ssp. **sículus** (Schiffn.) Merxm. et Podl., S-Ital., Siz.
- *caucásicus:* 10
2. **cyclophýllus** Boiss. ♃ D ☠ IV-V ▽, S-Balk.
3. **dumetórum** Waldst. et Kit. ♃ ☠ II-V ▽
ssp. **atrórubens** (Waldst. et Kit.) Merxm. et Podl. (*H. atrórubens* Waldst. et Kit.) ♃ ☠ IV-V, Jugosl.
ssp. **dumetórum**, Östl. M-Eur.
4. **foetidus** L. ♃ - ♄ i ☠ III-IV ▽, SW-Eur., W- u. M-Deutschl., Schw., Ital.
- *guttátus:* 10
5. **-Hybriden** (Zusammenfassung aller durch Kreuzung verschiedener Arten entstandenen Sorten) ♃ i ☠ II bis V ▽
- *kóchii:* 10
6. **lívidus** Ait.
ssp. **córsicus** (Briq.) Yeo (*H. argutifólius* Viv., *H. trifólius* Mill. ssp. *córsicus* Briq.) ♃ i ☠ III-IV ▽, Kors., Sard.
ssp. **lívidus** ♃ i ☠ ∧-⌂ III-IV ▽, Balear.
7. **multífidus** Vis. ♃ ☠ III-V ▽, N-Ital. bis Siebenbürg., S-Jugosl. u. Alban.
ssp. **istríacus** (Schiffn.) Merxm. et Podl.
ssp. **multífidus**
ssp. **sérbicus** (Schiffn.) Merxm. et Podl.
8. **níger** L. - Christrose
ssp. **macránthus** (Freyn) Schiffn. ♃ i ☠ XII-III ▽, Ital., N-Jugosl.
ssp. **níger** ♃ i ☠ ✂ XII-III ▽, O-Alp., Karp., Apenn., Jugosl.
9. **odórus** Waldst. et Kit. ♃ i ☠ D II-III ▽, Von N-Ital. bis S-Rum. u. Bulg.
- *olýmpicus:* 10
10. **orientális** Lam. (*H. abchásicus* A. Braun, *H. antiquórum* A. Braun, *H. caucásicus* A. Braun, *H. guttátus* A. Braun, *H. kóchii* Schiffn., *H. olýmpicus* Lindl.) ♃ i ☠ II-IV ▽, W-, N- u. NO-Türk., O-Bulgar.
11. **purpuráscens** Waldst. et Kit. ♃ ☠ III-IV ▽, Östl. M-Eur., östl. bis W-Ukr.
- *trifólius* ssp. *córsicus:* 6
12. **víridis** L.
ssp. **occidentális** (Reut.) Schiffn. ♃ ☠ II-III ▽, W-Eur.
ssp. **víridis** ♃ ☠ II-III ▽, M-Eur., Seealp.

Helmínthia echioídes: Pícris 1
Helminthothéca echioídes: Pícris 1
Helódea Rchb.: *Elódea*

Helónias L. - f. - *Liliáceae*
1. **bulláta** L. ♃ ≈ V-VI, USA: N. Y. u N. Jers. bis Virg., Penns. bis Georg.
- *dioíca: Chamaelírium* 1

Helonióopsis A. Gray - f. - *Liliáceae*
1. **orientális** (Thunb.) T. Tanaka (*H. japónica* Maxim.)
var. **breviscápa** (Maxim.) Ohwi (*H. breviscápa* Maxim.) ♃ i ∧ IV, Jap.
var. **orientális** ♃ i ∧ III-IV, Jap., Korea, Sachal.

Helwíngia Willd. - f. - *Cornáceae*
1. **japónica** (Thunb.) F. G. Dietr. (*H. rusciflóra* Willd.) ♄ VI, Jap., Riukiu-Ins.

Helxíne soleirólii: Soleirólia 1

Hemerocállis L. - f. - *Liliáceae*
Taglilie
1. **altíssima** Stout ♃ i VII-IX, China:

Um Nanking
2. **aurantíaca** Bak. ♃ VII–VIII, China
3. **citrína** Baroni ♃ D VII–VIII, Schensi
4. **dumortiéri** C. Morr. (*H. gramínea* var. *humílior* Maxim.) ♃ V–VI, Jap., O-Sib., Mandsch., Korea
5. **esculénta** Koidz. ♃ V–VI, Jap., Sachal.
– *fláva:* 9
6. **forréstii** Diels ♃ Ⓚ VI, Jünn.
7. **fúlva** (L.) L. ♃ VI–VII, Heimat unbek., vermutl. Jap. u. China, in Eur. u. im östl. N-Am. eingebürg.
– *gramínea:* 11
– *gramínea* var. *humílior:* 4
– *graminifólia:* 11
8. **-Hybriden** ♃ V–VIII
9. **lilioasphódelus** L. (*H. fláva* L.) ♃ D V–VI, O-As., in Eur. z. T. eingebürg.
10. **middendórffii** Trautv. et C. A. Mey. ♃ V–VII u. IX, Jap., Sachal., Amur, Ussuri, Korea, Mandsch., N-China
11. **mínor** Mill. (*H. gramínea* Andr., *H. graminifólia* Schlechtend.) ♃ V–VI, N-China, Mongol., O-Sib., Korea
12. **multiflóra** Stout ♃ V–VI, Hunan
13. **nána** W. W. Sm. et Forrest ♃ D Ⓚ, W-Jünn.
– *serótina:* 14
– *siebóldii: Hósta* 16
14. **thunbérgii** Bak. (*H. serótina* Focke) ♃ D VII–VIII, N-China, Korea

Hemígraphis Nees emend. T. Anders. – f. – *Acantháceae*
1. **alternáta** (Burm. f.) T. Anders. (*H. coloráta* (Bl.) Hallier f.) ♃ ⸾ i Ⓦ, Heimat unbek., kult. u. verwild. im Mal. Arch. u. auf den Phil.
– *coloráta:* 1
2. **repánda** (L.) Hallier f. (*Ruéllia repánda* L.) ♃ ⸾ i Ⓦ, Heimat unbek., Malays.?

Hemionítis L. – f. – *Hemionitidáceae*
1. **arifólia** (Burm.) T. Moore (*H. cordáta* Hook. et Grev., *Gymnográmma arifólia* Burm.) ♃ Ⓦ, Ind., Ceyl., Malays., Phil.
– *cordáta:* 1
– *japónica: Coniográmme* 1
2. **palmáta** L. (*Gymnográmma palmáta* (L.) Link) ♃ Ⓦ, Trop. Am.

Hemipáppus cánus: Tanacétum 2

Hemiptélea Planch. – f. – *Ulmáceae*
1. **davídii** (Hance) Planch. ♄, N-China, Mandsch.

Hemitélia capénsis: Alsóphila 2

Hepática Mill. – f. – *Ranunculáceae*
Leberblümchen
1. **acutíloba** DC. (*Anemóne acutíloba* (DC.) Laws.) ♃ III–IV, USA: Maine bis Minn., südl. bis Georg., Alab. u. Missouri
– *angulósa:* 3
2. **nóbilis** Gars. (*Anemóne hepática* L., *H. tríloba* Chaix) ♃ III–IV ▽, Eur., O-As.
3. **transsylvánica** Fuss (*Anemóne transsylvánica* (Fuss) Heuff., *A. angulósa* auct. non Lam., *H. angulósa* auct. non (Lam.) DC.) ♃ II–IV, Siebenb.
– *tríloba:* 2

Heptacódium Rehd. – n. – *Caprifoliáceae*
1. **jasminoídes** Airy Shaw ♄–♄ ∧ D VIII–IX, Sinkiang

Heptapléurum arborícola: Schéfflera 2

Heracléum L. – n. – *Umbellíferae*
Bärenklau, Herkuleskraut
– *laciniátum:* 5
1. **lanátum** Michx. (*H. máximum* Bartr.) ♃ VI–VII, N-Am.: Labr. bis Alaska, südl. bis Neuengl., Gebg. Georg., Ohios, Kans., New Mex. u. Kalif.; Sib.
2. **mantegazziánum** Somm. et Levier ⊙ VII ☠ (hautreizend), SW-As., in Eur. eingebürg.
– *máximum:* 1
3. **pubéscens** (Hoffm.) M. B. ⊙ – ♃ VII, Kl. As.
4. **sphondýlium** L. ⊙ –♃ VI–X ®, Eur. bis Sib., Med., N-Afr., im nordöstl. N-Am. eingebürg.
5. **stevénii** Manden. (*H. laciniátum* auct. non Hornem., *H. villósum* auct. non (Hoffm.) Fisch. ex Spreng.) ⊙ –♃ VII, Kauk.
– *villósum:* 5

Herbértia Sweet – f. – *Iridáceae*
1. **pulchélla** Sweet ♃ Ⓚ VII–IX, S-Chile, S-Bras.

Heréroa (Schwant.) Dint. et Schwant. – f. – *Aizoáceae*
1. **hesperántha** (Dint.) Dint. et Schwant. (*H. karasbergénsis* (L.

Bol.) Friedr.) ♃ ⓚ, Namib.
- *karasbergénsis:* 1
2. **nélii** Schwant. ♃ ⓚ, Kap
3. **puttkameriána** (Berger et Dint.) Dint. et Schwant. ♃ ⓚ, Namib.

Hermánnia L. - f. - *Sterculiáceae*
1. **incána** Cav. (*H. cándicans* Ait.) ♃ i ⓚ IV–VII, S-Afr.
- *verticilláta: Mahérnia* 1

Hermodáctylus Mill. - m. - *Iridáceae* Wolfsschwertel
1. **tuberósus** (L.) Mill. (*Íris tuberósa* L.) ♃ ⓚ -∧ II–V, Med., von SW-Frankr. bis Griech.

Herniária L. - f. - *Caryophylláceae* Bruchkraut
1. **glábra** L. ⊙–♃ ⁓ VII–IX Off., Eur. bis W-Sib., Vord. As., N-Afr.
2. **hirsúta** L. ⊙–♃ ⁓ VII–IX Off., Med., W-, M- u. O-Eur., SW-As., O-Afr.

Herpéstis: Bácopa
- *amplexicaúlis: Bácopa* 1
- *monniéria: Bácopa* 2

Hértia Less. - f. - *Compósitae*
1. **cheirifólia** (L.) O. Kuntze (*Othónna cheirifólia* L., *H. crassifólia* (L.) Less., *Othonnópsis cheirifólia* (L.) Benth. et Hook. f.) ♄ i △ ⓐ -ⓚ V bis VII, Alger., Tunes.

Hertrichocéreus benéckei: Stenocéreus 1

Hesperáloë Engelm. - f. - *Agaváceae*
1. **funífera** (Lem.) Trel. (*Yúcca funífera* Lem.) ♃ i ⓚ, N-Mex.
2. **parviflóra** (Torr.) Coult. (*Yúcca parviflóra* Torr.) ♃ i ⓚ, SW-Tex.

Hesperántha Ker-Gawl. - f. - *Iridáceae*
1. **angústa** (Jacq.) Ker-Gawl. ♃ D ⓚ IV–V, S-Afr.
2. **falcáta** (L. f.) Ker-Gawl. ♃ D ⓚ IV, S-Afr.
3. **graminifólia** Sweet ♃ D ⓚ IX-X, S-Afr.
- *infléxa* var. *stanfórdiae:* 4
4. **vagináta** (Sweet) Goldblatt (*H. infléxa* (F. Delar.) R. Foster var. *stanfórdiae* (L. Bol.) R. Foster, *H. stanfórdiae* L. Bol.) ♃ D ⓚ IV-V, Kap
- *stanfórdiae:* 4

Hésperis L. - f. - *Crucíferae* Nachtviole
1. **bicuspidáta** (Willd.) Poir. (*H. violácea* Boiss.) ♃ V–VI, Syr. bis Liban., Kl. As.
2. **matronális** L. - Nachtviole ⊙ - ♃ V bis VI, M- u. S-Eur., W- u. M-As., im östl. N-Am. eingebürg.
- *violácea:* 1

Hesperomécon lineáris: Platystígma 1

Hesperoscórdum hyacínthinum: Triteléia 2

Heteránthemis Schott - f. - *Compósitae*
1. **viscidehírta** Schott (*Chrysánthemum viscidehírtum* (Schott) Thell., *C. nivéllei* hort. non Braun-Blanq. et Maire) ⊙ ✂ VII–IX, S-Span., Port., NW-Afr., W-Med.

Heteranthéra Ruiz et Pav. - f. - *Pontederiáceae*
1. **dúbia** (Jacq.) MacMill. (*H. graminea* Vahl, *Zosterélla dúbia* (Jacq.) Small) ♃ ≈ ⓚ-ⓦ, N-Am.: Queb. u. Ont. bis Id. u. Oreg., südl. bis Flor. u. Tex.; Mex., Kuba, trop. Am.
- *gramínea:* 1
2. **limósa** (Sw.) Willd. ♃ ⁓ ⓦ, USA: Kent. bis Minn., Nebr. u. Color., südl. bis Flor. u. New Mex.; Mex., trop. Am.
3. **pedunculáris** Benth. ♃ ⁓ ⓦ, Trop. u. subtrop. S-Am. bis Mex.
4. **renifórmis** Ruiz et Pav. ♃ ⁓ ⓦ, Trop. u. subtrop. Am. bis nördl. USA, in N-Ital. eingebürg.
5. **zosterifólia** Mart. ♃ ≈ ⓦ, Bras., Bol.

Heterocéntron Hook. et Arn. - n. - *Melastomatáceae*
1. **élegans** (Schlechtend.) O. Kuntze (*Heéria élegans* Schlechtend., *Schizocéntron élegans* (Schlechtend.) Meissn.) ♃ i ⁓ ⓦ VI–VII, Mex.
2. **macrostáchyum** Naud. (*H. róseum* A. Braun et Bouché, *Heéria rósea* (A. Braun et Bouché) Triana) ♄ ⓦ IX–XII, Mex.
- *róseum:* 2
3. **subtriplinérvium** (Link et Otto) A. Braun et Bouché ♄ ⓦ IX–XI, Mex.

Heterópteris H. B. K. - f. - *Malpighiáceae*
1. **chrysophýlla** Kunth ♄ § i ⓦ III, Bras.

Heterothéca Cass. - f. - *Compósitae*
1. **inuloídes** Cass. ♃ ∧ - ⓚ VII–VIII, Mex.

Heterótrichum DC. - n. - *Melastomatáceae*

1. **mácrodon** Planch. ♄ i ⌂W, Venez.

Heuchera L. – f. – *Saxifragáceae*

1. **americána** L. ♃ V–VIII, N-Am.: Conn. bis Ont. u. Mich., südl. bis Georg., Alab., Louis. u. Okla.
– × *brizoídes:* 3
2. **cylíndrica** Dougl. ex Hook. ♃ VI bis VII, N-Am.: Br. Kol. bis Kalif., östl. bis Alb., Mont., Wyom., Nev.
3. **-Hybriden** (Unter dieser Sammelbezeichnung sind alle Sorten zu vereinigen, auch die bisher unter *H.* × *brizoídes* Lemoine (*H. micrántha* × *H. sanguínea*) geführten, da die Eltern vieler Sorten nicht bekannt sind) ♃ ✂ V–VI
4. **micrántha** Dougl. ex Lindl. ♃ VI, N-Am.: Br. Kol., südl. bis M-Kalif.
5. **pubéscens** Pursh ♃ V–VI, USA: Penns. bis N-Carol. u. Kent.
6. **sanguínea** Engelm. – Purpurglöckchen ♃ V–VII, USA: Ariz., New Mex.; N-Mex.

× **Heucherélla** Wehrh. (*Heuchera* × *Tiarélla*) – f. – *Saxifragáceae*

1. **álba** (Lemoine) Stearn (wahrscheinlich *Heuchera álba* × *Tiarélla cordifólia*) ♃ V–VI
2. **tiarelloídes** (Lemoine) Wehrh. ex Stearn (*Heuchera*-Hybride × *Tiarélla cordifólia*) ♄ V–VI

Heurnia: Huérnia

Hévea Aubl. – f. – *Euphorbiáceae*

1. **brasiliénsis** (Willd. ex A. Juss.) Muell. Arg. – Parakautschukbaum ♄ i ⌂W Ⓝ, Amaz.

Hexacéntris coccínea: Thunbérgia 4
– *mysorénsis: Thunbérgia* 10

Hexadésmia Brongn. – f. – *Orchidáceae*

1. **crurígera** Rchb. f. ♃ ⌂W IV–V ∗, Costa R., Guat.
2. **fasciculáta** Brongn. ♃ ⌂W I–V ∗, Mex.
3. **micrántha** Lindl. (*Pseudohexadésmia micrántha* (Lindl.) Brieg.) ♃ ⌂W IV bis V ∗, Costa R., Guat.

Hexísea Lindl. – f. – *Orchidáceae*

1. **bidentáta** Lindl. ♃ ⌂W VI ∗, Mex., M-Am., Kol., Venez., Guay., Peru
2. **imbricáta** (Lindl.) Rchb. f. ♃ ⌂W V bis VI ∗, Mex., M-Am., Kol., Venez.

Heydéria decúrrens: Calócedrus 1

Hibbértia Andr. – f. – *Dilleniáceae*

1. **lasíopus** Benth. ♄ i ⌂K, Austral.
2. **scándens** (Willd.) Dryand. ex Hoogl. (*H. volúbilis* (Vent.) Andr.) ♄ i § ⌂K VI – IX, Austral.: Queensl., Neusüdwal.
– *volúbilis:* 2

Hibíscus L. – m. – *Malváceae*
Eibisch
– *abelmóschus: Abelmóschus* 3
1. **acetosélla** Welw. ex Hiern (*H. eetveldeánus* De Wild. et Dur.) ♃ oder ☉ VII–VIII, Trop. W-Afr.
2. **cannabínus** L. – Ambari, Dekkanhanf ☉–♃ VII–VIII Ⓝ, Trop. Afr. bis Vorderind.
3. **diversifólius** Jacq. ♃–♄ ⌂W, Trop. Afr., Pazif. Ins., Austral.: Queensl., Neusüdwal.
– *eetveldeánus:* 1
– *esculéntus: Abelmóschus* 1
4. **heterophýllus** Vent. ♄ ⌂W, Austral.: Queensl., Neusüdwal.
– *huegélii: Alyógyne* 1
– *mánihot: Abelmóschus* 2
5. **militáris** Cav. ♃ ⌂K VII–VIII, USA: Penns. bis Minn. u. Nebr., südl. bis Flor. u. Tex.
6. **moscheutos** L. – Sumpfeibisch ♃ ≈ VIII–X, USA: Maryl. bis Indiana, südl. bis Flor. u. Alab.
7. **mutábilis** L. ♄–♄ ⌂K, S-China, Taiw.
– *popúlneus: Thespésia* 1
8. **rósa-sinénsis** L. – Chinesischer Roseneibisch ♄ ⌂W III–X, Trop. As.? (Mit vielen Sorten)
9. **sabdaríffa** L. – Rama ☉ ⌂K VII–VIII Ⓝ Off., Angola?, in den Trop. eingebürg.
10. **schizopétalus** (Mast.) Hook. f. ♄ ⌂W V bis XI, Trop. O-Afr.
11. **syríacus** L. – Roseneibisch ♄ VIII bis IX, S- u. O-As., in S-Eur. stellenweise eingebürg. (Mit vielen Sorten)
12. **tiliáceus** L. – „Majagua" ♄–♄ i ⌂K Ⓝ, Jap., Taiw., S-China, Ind., Malays., Austral., im trop. u. subtrop. Am. eingebürg., auch in S-Flor.
13. **triónum** L. – Stundeneibisch ☉ VII bis X, SO- u. östl. M-Eur., W- u. M-As., N-, O- u. S-Afr.

Hicória pécan: Cárya 3

Hidálgoa Llave et Lex. - f. - *Compósitae*
1. **wércklei** Hook. f. (*Chíldsia wércklei* (Hook. f.) J.L. Childs) ♃ ⸾ ⌂ VIII bis IX, Costa R.

Hierácium L. - n. - *Compósitae*
Habichtskraut
- *álbidum:* 5
1. **alpínum** L. ♃ △ VII-VIII, Gebg. N- u. M-Eur., Voges., Sudet., N-Balk., Ural, W-Sib., Grönl.
2. **aurantíacum** L. ♃ ⁓ VI-VIII, Gebg. N- u. M-Eur., Pol., NW-Rußl., SO-Eur., W-As., im nordöstl. N-Am. eingebürg.
3. **bombýcinum** Boiss. et Reut. ♃ △ V, Span.
4. **bornmüelleri** Freyn ♃ △ VI-VIII, Kl. As.
5. **intybáceum** All. (*H. álbidum* Vill.) ♃ △ VII-VIII, Alp., Voges.
- *lanátum:* 9
6. **pannósum** Boiss. ♃ △ VI-VII, Balk., N-Ägäis, Kl. As.
7. **pilosélla** L. ♃ ⁓ V-IX, Fast ganz Eur., NW-Sib., Kl. As., im nordöstl. N-Am. eingebürg.
8. × **rúbrum** Peter (*H. aurantíacum* × *H. flagelláre*) ♃ ⁓ VI-VII, Sudet., W-Rum.
9. **tomentósum** (L.) L. (*H. lanátum* (L.) Vill.) ♃ △ VI-VII, Jura bis Apuan. Alp.
10. **villósum** Jacq. ♃ △ VI-VII, Gebg. Eur., von Jura, Tatra u. Karp. südl. bis SW-Alp., S-Apenn., N-Bulg.
11. **waldsteínii** Tausch ♃ △ VI-VII, NW-Jugosl. bis nördl. M-Griech.

Hieróchloë R. Br. - f. - *Gramíneae*
Mariengras
1. **odoráta** (L.) P. Beauv. (*Hólcus odorátus* L.) - Vanillegras ♃ D ⁓ V-VI ⊛, N-, M- u. O-Eur., N-As., N-Am.: Labr. bis Alaska, südl. bis N. Jers., S-Dak., New Mex., Ariz., Nev. u. Oreg.

Higgínsia ghiesbréghtii: Hoffmánnia 2
- *refúlgens: Hoffmánnia* 3
- *refúlgens* var. *röezlii: Hoffmánnia* 5

Hildewíntera aureispína: Cleistocáctus 11

Hillebrándia Oliv. - f. - *Begoniáceae*
1. **sandwicénsis** Oliv. ♃ ⌂ V, Hawaii

Hippeástrum Herb. - n. - *Amaryllidáceae*
Ritterstern, „Amaryllis"
1. **aúlicum** (Ker-Gawl.) Herb. (*Amarýllis aúlica* Ker-Gawl.) var. **robústum** (Otto et A. Dietr.) Voss (*Amarýllis robústa* Otto et A. Dietr., *A. tettaúi* Topf) ♃ i ⌂ XI-III, M-Bras.
2. **élegans** (Spreng.) H.E. Moore (*H. solandriflórum* (Lindl.) Herb.) ♃ ⌂ I, auch V-VI, S-Am.
- *equéstre:* 8
- × *hortórum:* 3
3. **-Hybriden** (*H.* × *hortórum* Maatsch, *Amarýllis vittáta* hort. non L'Hérit., *H. vittátum* hort. non (L'Hérit.) Herb.) (Zusammenfassung aller Sorten. An ihrer Entstehung sind mehrere, zum Teil nicht mehr festzustellende Arten beteiligt) ♃ ⌂ I bis IV
4. **leopóldii** Dombr. ♃ ⌂, Bol.
5. **párdinum** (Hook. f.) Lem. (*Amarýllis párdina* Hook. f.) ♃ ⌂ I-IV, Bol.
6. **praténse** (Poepp.) Bak. ♃ ⌂ III-V, Chile
- *procérum: Worsléya* 1
7. **psittácinum** (Ker-Gawl.) Herb. (*Amarýllis psittácina* Ker-Gawl.) ♃ ⌂ IV - V, S-Bras.
8. **puníceum** (Lam.) O. Kuntze (*H. equéstre* (Ait.) Herb.) ♃ ⌂ XII-IV, Trop. Am.
9. **regínae** (L.) Herb. (*Amarýllis regínae* L.) ♃ ⌂ I-IV, Mex., Antill. bis Bras., Peru
10. **reticulátum** (L'Hérit.) Herb. (*Amarýllis reticuláta* L'Hérit.) ♃ ⌂ IX bis XII, S-Bras.
'Striatifolium' (var. *striatifólium* Bak.) ♃ D ⌂ VIII-IX
- *reticulátum* var. *striatifólium:* 10
- *rútilum:* 11
- *solandriflórum:* 2
11. **striátum** (Lam.) H.E. Moore (*H. rútilum* (Ker-Gawl.) Herb.) ♃ ⌂ XI bis III, Bras.
- *vittátum* hort.: 3
12. **vittátum** (L'Hérit.) Herb. (*Amarýllis vittáta* L'Hérit.) ♃ ⌂ II-VI, And. Perus

Híppion vérnum: Gentiána 30

Hippobróma G. Don - f. - *Campanuláceae*

1. **longiflóra** (L.) G. Don (*Lobélia longiflóra* L., *Lauréntia longiflóra* (L.) Peterm., *Isótoma longiflóra* (L.) K.B. Presl) ♃ ☠ ⌂ VI–VIII, Westind., eingebürg. von Mex. bis Bras. u. Peru

Hippochaēte hyemális: Equisétum 3
- *scirpoídes: Equisétum* 6
- *variegáta: Equisétum* 9

Hippocrépis L. - f. - *Leguminósae* Hufeisenklee
1. **comósa** L. ♃ △ V–X ⓦ, W-, M-, S-Eur., nördl. bis Engl.

Hippómane L. - f. - *Euphorbiáceae*
1. **mancinélla** L. ♄ i ☠ ⌂, S-Flor., Westind., M-, S-Am.

Hippóphaë L. - f. - *Elaeagnáceae* Sanddorn
1. **rhamnoídes** L.
   ssp. **carpática** Rousi ♄ ⚭ III–IV ⓦ, Alp. u. Vorland, Karp., Ung.
   ssp. **fluviátilis** van Soest ♄ ⚭ II–IV ⓦ, Pyren., Alp. u. Vorland, S-Deutschl., Apenn.
2. **salicifólia** D. Don ♄ ⚭ III–IV, Him.

Hippúris L. - f. - *Hippuridáceae* Tannenwedel
1. **vulgáris** L. ♃ ≈–≈, Eur., N-As., N-Am.: Grönl., Neufundl. bis Alaska, südl. bis N. Y., Minn., Nebr., New Mex. u. Kalif.; südlichstes S-Am., Antarkt.

Hoffmánnia Sw. - f. - *Rubiáceae*
1. **díscolor** (Lem.) Hemsl. ♃ i ⌂, Mex.
2. **ghiesbréghtii** (Lem.) Hemsl. (*Higgínsia ghiesbréghtii* (Lem.) Hook.) ♄ i ⌂, Mex., Guat.
3. **refúlgens** (Hook.) Hemsl. (*Higgínsia refúlgens* Hook.) ♄ i ⌂, Mex.
4. **regális** (Hook.) Hemsl. ♄ i ⌂, Mex.
5. **roēzlii** (Regel) Regel (*Higgínsia refúlgens* var. *roēzlii* Regel) ♃ i ⌂, Mex.

Hohenbérgia Schult. f. ex Schult. et Schult. f. - f. - *Bromeliáceae*
1. **augústa** (Vell.) E. Morr. ♃ ⌂, Bras.
- *exsúdans: Aechméa* 1
2. **stelláta** Schult. f. ex Schult. et Schult. f. ♃ ⌂, Tobago, Trin., Venez., Bras.
- *strobilácea: Acanthóstachys* 1

Hohéria A. Cunn. - f. - *Malváceae*
1. **glabráta** Sprague et Summerh. ♄–♄ ⌂ VI–VII, Neuseel.
2. **popúlnea** A. Cunn. ♄–♄ i ⌂ IX, Neuseel.

Holarrhéna R. Br. - f. - *Apocynáceae*
1. **pubéscens** (Buch.-Ham.) Wall. ex G. Don (*H. antidysentérica* (Roxb. ex Flem.) Wall. ex A. DC., *H. febrífuga* Klotzsch) ♄ ⌂, Pak., Ind., Malak., S- u. O-Afr.

Holboēllia Wall. - f. - *Lardizabaláceae*
1. **latifólia** Wall. (*Stauntónia latifólia* (Wall.) Wall.) ♄ ⌇ ⌂ VII–VIII, Him.

Hólcus L. emend. Sw. - m. - *Gramíneae* Honiggras
1. **lanátus** L. ♃ VI–VIII ⓦ, Eur., Med., Kl. As., Liban., Kauk., Kanar., N-Afr., im östl. u. westl. N-Am. eingebürg.
2. **móllis** L. ♃ VI–VII, Eur., Med., Alger.
- *odorátus: Hieróchloë* 1

Holmskióldia Retz. - f. - *Verbenáceae*
1. **sanguínea** Retz. ♄ i ⌂, Subtrop. Him., Malays.

Holodíscus (K. Koch) Maxim. - m. - *Rosáceae*
1. **díscolor** (Pursh) Maxim. (*Spirāea díscolor* Pursh)
   var. **ariifólius** (Sm.) Aschers. et Graebn. ♄ VII–VIII, N-Am.: Br. Kol. bis Kalif., Id., Mont.
2. **dumósus** (Nutt. ex Hook.) A. Heller (*Spirāea dumósa* Nutt. ex Hook.) ♄ VII–VIII, USA: Wyom., Utah, New Mex.; Mex.

Holoschoēnus románus: Scírpus 3
- *vulgáris: Scírpus* 3

× **Holttumára** hort. (*Aráchnis* × *Renanthéra* × *Vánda*; × *Renánda* hort.) - f. - *Orchidáceae*

Homalánthus A. Juss. corr. Rchb. (*Omalánthus* A. Juss.) - m. - *Euphorbiáceae*
1. **populifólius** Grah. ♄ ⌂, O-Austral., N. Guin.

Homalocéphala Britt. et Rose - f. - *Cactáceae*
1. **texénsis** (Hopffer) Britt. et Rose (*Echinocáctus texénsis* Hopffer) ⌂ ✱, NO-Mex.; Tex., SO-New Mex.

Homalocládium (F.v. Muell.) L.H. Bailey - n. - *Polygonáceae*

Bandbusch
1. **platýcladum** (F. v. Muell.) L. H. Bailey (*Muehlenbéckia platýclada* (F. v. Muell.) Meissn.) ♄ ⌂, Salom.
Homaloména Schott ex Schott et Endl. - f. - *Aráceae*
1. **lindénii** (Rodig.) Ridl. (*Alocásia? lindénii* Rodig.) ♃ ⌂, N. Guin.
2. **rubéscens** (Roxb.) Kunth ♃ i ⌂, Sikk., Ass., Burma
3. **wallísii** (Mast.) Regel (*Curméria wallísii* Mast.) ♃ i ⌂, Kol., Venez.
Homéria Vent. - f. - *Iridáceae*
1. **collína** (Thunb.) Vent. (*Moraēa collína* Thunb., *H. breyniána* (L.) Lewis quoad basion.) ♃ ⌂ VII–VIII, S-Afr.
Homógyne Cass. - f. - *Compósitae*
Alpenlattich
1. **alpína** (L.) Cass. ♃ i △ V–VI, Gebg. W-, M- u. S-Eur.
2. **díscolor** (Jacq.) Cass. ♃ i △ VI–VII, O-Alp., Gebg. M-Jugosl.
3. **sylvéstris** (Scop.) Cass. ♃ △ V–VI, SO-Alp., Gebg. W- u. M-Jugosl.
Honckénya ficifólia: Clappertónia 1
Hoōdia Sweet ex Decne. - f. - *Asclepiadáceae*
1. **bāinii** Dyer
var. **bāinii** ⌂, Kap, Namib.
var. **júttae** (Dint.) H. Huber (*H. júttae* Dint.) ⌂, Namib.
2. **gordónii** (Masson) Sweet ⌂, Kap, Namib.
- *júttae:* 1

× **Hookerára** hort. (*Cattlēya* × *Caulárthron* × *Rhyncholaēlia*) - f. - *Orchidáceae*
Hópea Roxb. - f. - *Dipterocarpáceae*
1. **odoráta** Roxb. ♄ i ⌂ ⓝ, Burma, Andam., Vietn., Phil., Born.
Hoplóphytum calyculátum: Aechméa 5
Hórdeum L. - n. - *Gramíneae*
Gerste
- *dístichon:* 2
- *hexástichon:* 2
1. **jubátum** L. - Mähnengerste ⊙ - ⊙ VI - VIII, N- u. S-Am., Mex., Sib., in M-Eur. eingebürg.
- *polýstichon:* 2
- *satívum:* 2
2. **vulgáre** L. (*H. satívum* Jess.) - Saatgerste, Nur aus Kult. bek.
convar. **dístichon** (L.) Alef. (*H. dístichon* L.) - Zweizeilige Gerste ⊙ VI bis VII ⓝ
convar. **vulgáre** (*H. polýstichon* Haller f., *H. hexástichon* L.) - Vielzeilige Gerste ⊙ V–VI ⓝ
Hormatophýlla spinósa: Ptilótrichum 1
Hormídium (Lindl.) Heynh. - n. - *Orchidáceae*
1. **trípterum** Cogn. ♃ ⌂ ∗, Trop. Am.
Hormínum L. - n. - *Labiátae*
Drachenmaul
1. **pyrenáicum** L. ♃ △ VI–VIII ▽, N-Span., Pyren., Alp.
Horridocáctus curvispínus: Neoportéria 4
- *kesselringiánus: Neoportéria* 4
- *nígricans: Neoportéria* 5
- *tuberisulcátus: Neoportéria* 5
Hósta Tratt. (*Fúnckia* Dumort. non Willd., *Fúnkia* Spreng.) - f. - *Liliáceae*
Funkie
- *albomarginata:* 16
- *caerúlea:* 20
1. **críspula** F. Maekawa (*H. latifólia* Matsum. var. *albimargináta* Wehrh.) ♃ VII, Nur in Kult. bek.
2. **decoráta** L. H. Bailey ♃ VIII, Nur in Kult. bek.
3. **eláta** Hyl. (*H. fortúnei* var. *gigantéa* L. H. Bailey) ♃ VI–VII, Jap.
4. **fortúnei** (Bak.) L. H. Bailey (*H. sieboldiána* var. *fortúnei* (Bak.) Aschers. et Graebn.) ♃ VII, Herkunft ungewiß
- *fortúnei* var. *gigantéa:* 3
- *glaūca:* 15
5. **gracíllima** F. Maekawa (*H. lóngipes* var. *gracíllima* (F. Maekawa) Fujita) ♃ VIII–X, Jap.
6. **helenioídes** F. Maekawa ♃ VIII, Jap.
7. **-Hybriden** ♃ VI–IX
- *japónica:* 8
8. **lancifólia** (Thunb.) Engl. (*H. japónica* (Thunb.) Aschers. et Graebn.) ♃ VII–IX, Jap.
- *lancifólia* var. *albomargináta:* 16
- *lancifólia* var. *longifólia:* 10
- *lancifólia* var. *tardiflóra:* 17
- *latifólia* var. *albimargináta:* 1
9. **lóngipes** (Franch. et Sav.) L. H. Bailey (*H. sieboldiána* var. *lóngipes* (Franch. et Sav.) Matsum.) ♃ VIII

bis IX, Jap.
- *lóngipes* var. *gracíllima:* 5
- *lóngipes* var. *latifólia:* 14
10. **longíssima** (Honda) Honda (*H. lancifólia* var. *longifólia* Honda) ♃ VII bis VIII, Jap.
11. **nakaiána** F. Maekawa ♃ VII–VIII, Jap., Korea
12. **plantagínea** (Lam.) Aschers. (*Fúnkia subcordáta* Spreng.) ♃ VIII–X, China
13. **rectifólia** Nakai ♃ VII–VIII, Jap., S-Kuril., Sachal., Ussuri
14. **rupífraga** Nakai (*H. lóngipes* var. *latifólia* F. Maekawa) ♃ VIII, Jap., Korea
15. **sieboldiána** Engl. (*H. gla͡uca* (Sieb.) Stearn)
var. **élegans** Hyl. ♃ VI–VII, Jap.
- *sieboldiána* var. *fortúnei* (Bak.) Aschers. et Graebn.: 4
- *sieboldiána* var. *fortúnei* Voss non (Bak.) Aschers. et Graebn.: 18
- *sieboldiána* var. *gla͡uca:* 18
- *sieboldiána* var. *lóngipes:* 9
16. **siebóldii** (Paxt.) Ingram (*Hemerocállis siebóldii* Paxt., *Hósta lancifólia* var. *albomargináta* (Hook.) Stearn, *H. albomargináta* (Hook.) Ohwi) ♃ VII–VIII, Jap.
17. **tardiflóra** (W. Irv.) Stearn (*Fúnkia tardiflóra* W. Irv., *H. lancifólia* var. *tardiflóra* (W. Irv.) L.H. Bailey) ♃ IX–XI, Nur in Kult. bek.
18. **tokudáma** F. Maekawa (*H. sieboldiána* var. *fortúnei* Voss non (Bak.) Aschers. et Graebn., *H. sieboldíana* var. *gla͡uca* Mak. et Matsum.) ♃ VI bis VII, Jap.
19. **unduláta** (Otto et A. Dietr.) L.H. Bailey ♃ VII–IX, Nur in Kult. bek.
20. **ventricósa** Stearn (*Fúnkia ováta* Spreng., *H. caerúlea* (Tratt.) Andr. non Jacq.) ♃ VIII, China, Jap., in den atl. USA eingebürg.
21. **venústa** F. Maekawa ♃ VII–VIII, Quelpart, Jap.

Hottónia L. – f. – *Primuláceae*
Wasserfeder
1. **palústris** L. ♃ ≋ V–VII ▽, Eur., von S-Schwed. bis M-Ital. u. Rum., Kl. As.

Houllétia Brongn. – f. – *Orchidáceae*
1. **brocklehurstiána** Lindl. ♃ ⓦ XI *, Bras.
2. **lansbérgii** Lind. et Rchb. f. ♃ ⓦ IX *, Costa R.
3. **odoratíssima** Lind. ex Lindl. et Paxt. ♃ ⓦ VIII–IX *, Venez., Kol., Peru, Bol., Bras.

Houstónia L. – f. – *Rubiáceae*
Porzellansternchen
1. **caerúlea** L. (*Hedyótis caerúlea* (L.) Hook.) ♃ △ V–VI, N-Am.: N. Scot. bis Queb., Ont. u. Wisc., südl. bis Georg., Alab., Ark.
2. **serpyllifólia** Michx. (*Hedyótis serpyllifólia* (Michx.) Torr. et A. Gray non Poir., *Hedyótis micha͡uxii* Fosb.) ♃ △ V–VI, USA: Penns. bis Georg. u. Tenn.

Houttuýnia Thunb. corr. Thunb. – f. – *Saururáceae*
1. **cordáta** Thunb. ♃ 〰 ∧ –ⓚ, Jap., Riukiu-Ins., Taiw., China, Him., Java

Hóvea R. Br. – f. – *Leguminósae*
1. **chorizemifólia** DC. ♄ i ⓚ IV, W-Austral.
2. **púngens** Benth. ♄ i ⓚ IV–V, W-Austral.

Hovénia Thunb. – f. – *Rhamnáceae*
Japanischer Rosinenbaum
1. **dúlcis** Thunb. – Japanischer Mahagoni ♄ VI–VII ⓝ, Jap., Korea, China

Hówea: Hóweia

Hóweia Becc. (*Hówea* Hook. f.) – f. – *Pálmae*
1. **belmoreána** (C. Moore et F.v. Muell.) Becc. (*Kéntia belmoreána* C. Moore et F.v.Muell.) ♄ ⓚ –ⓦ, Lord-Howe-Ins.
2. **forsteriána** (C. Moore et F.v. Muell.) Becc. (*Kéntia forsteriána* C. Moore et F.v. Muell.) ♄ ⓚ –ⓦ, Lord-Howe-Ins.

Hóya R. Br. – f. – *Asclepiadáceae*
Wachsblume
1. **austrális** R. Br. ♄ i ≀ ⓚ IX–XI, Austral.: Queensl., Neusüdwal.
2. **bélla** Hook. ♄ i ≀ ⓦ V–IX, Tenass.
3. **carnósa** (L. f.) R. Br. (*Asclépias carnósa* L. f.) – Wachsblume, „Asclepias“ ♄ i ≀ ⓚ V–IX, M-China bis Queensl.
4. **cinnamomifólia** Hook. ♄ i ≀ ⓦ VII,

Java
5. **imperiális** Lindl. ♄ i ⌇ ⌂W VII–IX, Malak., Ambon
6. **lacunósa** Bl. ♄ i ⌇ ⌂W III–VI, Malab. bis Born.
7. **lineáris** Wall. ♄ i ⌇ ⌂W, Him.
8. **longifólia** Wall. ♄ i ⌇ ⌂W VI, Sikk., Khas.
9. **multiflóra** (Decne.) Bl. ♄ i ⌇ ⌂W VII bis VIII, Mal. Arch., Malak. bis Phil.
10. **purpureofúsca** Hook. ♄ i ⌇ ⌂W IX, Java

Huegélia caerúlea: Didíscus 1

Huérnia R. Br. (*Heūrnia* Spreng.) – f. – *Asclepiadáceae*
1. **áspera** N. E. Br. ⌂K, Sansib.
2. **barbáta** (Masson) Haw. (*Stapélia barbáta* Masson) ⌂K, Oranjefreist., Kap
– *bicampanuláta:* 7
3. **breviróstris** N. E. Br. ⌂K, Kap
4. **campanuláta** (Masson) R. Br. (*Stapélia campanuláta* Masson) ⌂K, Kap
5. **hýstrix** (Hook. f.) N. E. Br. (*Stapélia hýstrix* Hook. f.) ⌂K, Nat., Transv., Moz., Zimb.
6. **keniénsis** R. E. Fr. ⌂K, Kenia
7. **kírkii** N. E. Br. (*H. bicampanuláta* Verdoorn) ⌂K, Transv., Moz.
8. **macrocárpa** (A. Rich.) Spreng. (*Stapélia macrocárpa* A. Rich., *H. penzígii* N. E. Br. var. *schímperi* Berger) ⌂K, Abess.
9. **oculáta** Hook. f. ⌂K, Namib.
– *penzígii* var. *schímperi:* 8
10. **primulína** N. E. Br. ⌂K, Kap
11. **schneideriána** Berger ⌂K, Malawi, Moz.
12. **transvaalénsis** Stent ⌂K, Transv.
13. **zebrína** N. E. Br. ⌂K, Nat., Transv., Botsw., Namib.

Huerniópsis N. E. Br. – f. – *Asclepiadáceae*
1. **atrosanguínea** (N. E. Br.) A. White et Sloane (*Carallúma atrosanguínea* (N. E. Br.) N. E. Br.) ⌂K, Botsw., Transv.
2. **decípiens** N. E. Br. ⌂K, Namib., Botsw., Kap
3. **papilláta** Nel ⌂K, Botsw.

Humáta Cav. – f. – *Davalliáceae*
1. **falcinélla** (K. B. Presl) Copel. ♃ i ⌂W, Phil.
– *griffithiána: Davállia* 6
2. **heterophýlla** (Sm.) Desv. (*Davállia heterophýlla* Sm.) ♃ i ⌇ ⌂W, Malak. bis Polyn.
3. **répens** (L. f.) Diels (*Davállia pedáta* Sm.) ♃ i ⟿ ⌂W, Trop. As. u. Austral.
4. **tyermánnii** T. Moore (*Davállia tyermánnii* Bak.) ♃ i ⌂K–⌂W, China

Húmea Sm. – f. – *Compósitae*
1. **élegans** Sm. (*Caloméria amaranthoídes* Vent.) ⊙ D ⌂K VI–XI, Austral.: Neusüdwal., Vict.

Húmulus L. – m. – *Moráceae*
Hopfen
1. **japónicus** Sieb. et Zucc. (*H. scándens* (Lour.) Merr.) – Japanischer Hopfen ⊙ ⌇ VII–VIII, Jap., Taiw., China, in den nordöstl. USA eingebürg.
2. **lúpulus** L. – Gemeiner Hopfen ♃ ⌇ VII – VIII ⓝ Off., Eur., W-Sib., Vord. As., M-As., N-Am.: N. Brunsw. bis Queb. u. Mont., südl. bis Penns., Kent., Missouri, Kans. u. New Mex.
– *scándens:* 1

Hunnemánnia Sweet – f. – *Papaveráceae*
1. **fumariifólia** Sweet ⊙–♃ VI–X, Mex.

Huntéria Roxb. – f. – *Apocynáceae*
1. **ebúrnea** Pichon ♄ ⌂W, Trop. W-Afr.

× **Huntleánthes** hort. (*Cochleánthes* × *Huntlēya*) – f. – *Orchidáceae*

Huntlēya Batem. ex Lindl. – f. – *Orchidáceae*
– *cérina: Pescatória* 1
1. **meleágris** Lindl. (*H. búrtii* (Endres et Rchb. f.) Rolfe) ♃ ⌂W VI–VII ✱, Bras., Venez., Guay.

Hupérzia Bernh. – f. – *Lycopodiáceae*
Teufelsklaue
1. **selágo** (L.) Bernh. ex Schrank et Mart. (*Lycopódium selágo* L., *Uróstachys selágo* (L.) Herter) ♃ ☠ ▽, Zirkumpol., SO-Austral., Tasm., Neuseel., antarkt. Inseln

Húra L. – f. – *Euphorbiáceae*
1. **crépitans** L. – „Assacu" ♄ ☠ ⌂W ⓝ, Trop. Am.

Hutchínsia R. Br. – f. – *Crucíferae*
Gemskresse
1. **alpína** (L.) R. Br. (*Noccāea alpína* (L.) Rchb.)
ssp. **alpína** ♃ △ V–VIII, Alp., Pyren., Apenn., Tatra

ssp. **auerswáldii** (Willk.) Laínz (*H. auerswáldii* Willk., *Noccaea auerswáldii* (Willk.) Willk.) ♃ △ V–VI, N- u. NO-Span., Rum.
ssp. **brevicaulis** (Hoppe) Arcang. (*H. brevicaulis* (Hoppe) Hoppe ex W. D. J. Koch) ♃ △ V–VIII, Südl. M-Eur., Ital., Balk.

Huýnhia púlchra: Arnébia 1

Hyacinthélla azúrea: Muscári 3

Hyacinthoídes Medik. (*Endýmion* Dumort.) – f. – *Liliáceae*

1. **hispánica** (Mill.) Rothm. (*Scílla hispánica* Mill., *S. campanuláta* Ait., *Hyacínthus campanulátus* (Ait.) hort., *Endýmion campanulátus* (Ait.) Willk., *E. hispánicus* (Mill.) Chouard) ♃ ∧ ✂ IV–V ▽, Westhälfte der Pyren. Halbins., verwild. in S- u. W-Eur. (Mit vielen Sorten)
2. **itálica** (L.) Rothm. (*Scílla itálica* L.) ♃ V ▽, SO-Frankr., NW-Ital., SW-Port.
3. **non-scrípta** (L.) Chouard ex Rothm. (*Scílla non-scrípta* (L.) Hoffmgg. et Link, *Endýmion nútans* Dumort., *E. cérnuus* (L.) Willk.) – Hasenglöckchen ♃ V ▽, W-Eur., W-Deutschl., in Ostfriesl. eingebürg.

Hyacínthus L. – m. – *Liliáceae*
Hyazinthe

- *amethýstinus: Brimeura* 1
- *azúreus: Muscári* 3
- *campanulátus: Hyacinthoídes* 1
- *cándicans: Galtónia* 1
- *hispánicus: Brimeura* 1

1. **orientális** L. – Hyazinthe ♃ D IV–V Ⓝ, O-Med., SW-As. (Mit vielen Sorten)

- *románus: Bellevália* 1

Hydnocárpus Gaertn. – f. – *Flacourtiáceae*

1. **anthelmíntica** Pierre ex Laness. ♄ Ⓦ Ⓝ, Indoch., Thail.
2. **kúrzii** (King) Warb. ♄ Ⓦ Ⓝ, Ass., Burma

- *laurifólia:* 3

3. **pentándra** (Buch.-Ham.) Oken (*H. laurifólia* (Dennst.) Sleum.) ♄ Ⓦ Ⓝ, SW-Ind.

Hydnóphytum Jack – n. – *Rubiáceae*

1. **formicárum** Jack ♄ i Ⓦ, Moluk., Sum.

Hydrangéa L. – f. – *Saxifragáceae*
Hortensie

- *acumináta:* 7

1. **anómala** D. Don
ssp. **petioláris** (Sieb. et. Zucc.) McClintock (*H. petioláris* Sieb. et Zucc., *H. scándens* Maxim. non Poepp. ex DC. nec Rehd.) ♄ ⌇ VII, Jap., Taiw., S-Kuril., Sachal., S-Korea
2. **arboréscens** L.
ssp. **arboréscens** ♄ VII–VIII, USA: Von N. Y. durch die Apallach. bis Georg. u. Alab.
ssp. **díscolor** (Ser.) McClintock (*H. cinérea* Small p. p.) ♄ VI–VII, Gebg. der südöstl. USA, westl. bis Alab.
ssp. **radiáta** (Walt.) McClintock (*H. radiáta* Walt.) ♄ ∧ VI–VII, Gebg. SO-USA
3. **áspera** D. Don
ssp. **áspera** ♄ VII–VIII, O-As.
ssp. **sargentiána** (Rehd.) McClintock (*H. sargentiána* Rehd.) ♄ VII bis VIII, Hupeh
ssp. **strigósa** (Rehd.) McClintock (*H. strigósa* Rehd., *H. áspera* var. *macrophýlla* Hemsl.) ♄ VIII, O-As.

- *áspera* var. *macrophýlla:* 3
- *bretschneideri*: 4
- *cinérea:* 2
- *cuspidáta:* 6

4. **heteromálla** D. Don (*H. bretschneideri* Dipp., *H. xanthoneura* Diels) ♄ VI–VII, Him., China

- *horténsia:* 7

5. **-Hybriden** ♄ Ⓚ
6. **involucráta** Sieb. (*H. cuspidáta* (Thunb.) Miq.) ♄ VII–IX, Jap.
7. **macrophýlla** (Thunb. ex Murr.) Ser.
ssp. **macrophýlla** (*H. macrophýlla* var. *normális* Wils., *H. marítima* Haworth-Booth, *H. horténsia* Sieb.), Jap.
(Hierzu gehören f. **coerúlea** (Hook.) Wils., f. **otáksa** (Sieb. et Zucc.) Wils. (*H. otáksa* Sieb. et Zucc.), f. **mariésii** (Bean) Wils., f. **veitchii** Wils.) ♄ VI bis VII
ssp. **serráta** (Thunb.) Mak. (*H. serráta* (Thunb.) Ser., *H. acumináta* Sieb. et Zucc.) ♄ VII–VIII, Jap., Quelpart

- *macrophýlla* var. *normális:* 7
- *marítima:* 7
- *otáksa:* 7
8. **paniculáta** Sieb. ♄ VII–VIII, Jap., S-Kuril., SO-China, Sachal.
- *petioláris:* 1
9. **quercifólia** Bartr. ♄ ∧ VI, USA: Georg., Flor. bis Miss.
- *radiáta:* 2
- *sargentiána:* 3
- *scándens:* 1
- *serráta:* 7
- *strigósa:* 3
10. **-Teller-Hybriden** - Teller-Hortensien ♄ VII–X
- *xanthoneúra:* 4

Hydrástis Ellis ex L. - f. - *Ranunculáceae*
Orangenwurzel
1. **canadénsis** L. ♃ V ☠ ⓝ, USA: Verm. bis Minn. u. Nebr., südl. bis Georg., Alab., Ark.

Hydrílla L. C. Rich. - f. - *Hydrocharitáceae*
Wasserquirl
1. **verticilláta** (L. f.) Royle (*H. lithuánica* (Bess.) Dandy) ♃ ≈ ⓦ, Engl. nördl. M-Eur., O-Eur., S- u. O-As., Sunda, Austral., Maurit., Madag., NO-Afr., in den südöstl. USA eingebürg.

Hydrócera Bl. - f. - *Balsamináceae*
1. **triflóra** (L.) Wight et Arn. ⊙ ⓦ ~ VII–IX, Trop. S-As.

Hydrócharis L. - f. - *Hydrocharitáceae*
Froschbiß
1. **mórsus-ránae** L. ♃ ~ VII–VIII, Eur., W-Sib., Med., N-Afr., in S-Ont. u. SW-Queb. eingebürg.

Hydrócleys L. C. Rich. - f. - *Butomáceae*
Wassermohn
1. **nymphoídes** (Humb. et Bonpl. ex Willd.) Buchenau (*Limnócharis humbóldtii* L. C. Rich.) ♃ ≈ ⓦ VI bis X, Trop. S-Am. bis Buenos A.

Hydrocótyle L. - f. - *Umbellíferae*
Wassernabel
- *asiática: Centélla* 1
1. **disSécta** Hook. f. ♃ ~ ⓚ, Neuseel.
2. **moscháta** G. Forst. ♃ ~ ⓚ, Neuseel., in SW-Irl. eingebürg.
3. **nóvae-zelándiae** DC. ♃ ~ ⓚ VII bis VIII, Neuseel.
4. **vulgáris** L. ♃ ~ VII–VIII, Eur., Kasp. Meer, NW-Afr.

Hydrólea L. - f. - *Hydrophylláceae*
Wasserbläuling
1. **spinósa** L. ♄ ~ ⓦ VII–X, Mex. bis Urug., Ek., Kuba, Jam., Trin.

Hydromýstria stolonífera: Limnóbium 2

Hydrophýllum L. - n. - *Hydrophylláceae*
Wasserblatt
1. **canadénse** L. ♃ V–VI, N-Am.: Verm., Mass. bis Ont., südl. bis Alab. u. Missouri
2. **macrophýllum** Nutt. ♃ V–VI, USA: W-Virg. bis Ill., südl. bis Georg. u. Alab.
3. **virginiánum** L. ♃ V–VI, N-Am.: Queb. bis Manit., südl. bis Virg., Tenn., Ark. u. Kans.

Hydrósme riviéri: Amorphophállus 2

Hygróphila R. Br. - f. - *Acantháceae*
Wasserfreund
1. **angustifólia** R. Br. (*H. salicifólia* Nees) ♃ ~ -≈ ⓦ, SO-As.
2. **corymbósa** (Bl.) Lindau ♃ ≈ ⓦ, Phil.
3. **lacústris** (Schlechtend. et Cham.) Nees ♃ ≈ ⓦ, Trop. Am.
4. **polyspérma** (Roxb.) T. Anders. ⊙ -♃ ~ -≈ ⓦ, Ind.
- *salicifólia:* 1
5. **triflóra** (Roxb.) Fosb. et Sachet (*Synnéma triflórum* (Roxb.) O. Kuntze) ♃ ~-≈ ⓦ, Trop. As.

Hylocéreus (Berger) Britt. et Rose - m. - *Cactáceae*
Waldcereus
1. **costaricénsis** (F. A. C. Web.) Britt. et Rose ♄ ⌇ ⓦ ∗, Costa R.
2. **guatemalénsis** (Eichlam) Britt. et Rose ♄ ⌇ ⓦ ∗, Guat.
3. **monacánthus** (Lem.) Britt. et Rose ♄ ⌇ ⓦ ∗, Pan., Kol.
4. **ocampónis** (Salm-Dyck) Britt. et Rose ♄ ⌇ ⓦ ∗, Mex.
5. **polyrhízus** (F. A. C. Web.) Britt. et Rose ♄ ⌇ ⓦ ∗, Pan., Kol.
6. **purpúsii** (Weingt.) Britt. et Rose ♄ ⌇ ⓦ ∗, Mex.
7. **stenópterus** (F. A. C. Web.) Britt. et Rose ♄ ⌇ ⓦ ∗, Costa R.
- *tricostátus:* 9
8. **trigónus** (Haw.) Saff. ♄ ⌇ ⓦ ∗, Antill.
9. **undátus** (Haw.) Britt. et Rose (*H. tri-*

costátus (Rol.-Goss.) Britt. et Rose, *Céreus trianguláris* hort. non (L.) Haw.) ♄ ⌇ ⓦ Ⓝ ✱, Jam., Haiti, Mart.

Hylomécon Maxim. - f. - *Papaveráceae*

1. **japónica** (Thunb.) Prantl et Kuendig (*Stylóphorum japónicum* (Thunb.) Miq.) ♃ V–VI, O-As.

Hymenǣa L. - f. - *Leguminósae*
Heuschreckenbaum

1. **coúrbaril** L. - „Courbaril" ♄ ⓦ Ⓝ, Westind., Bras., Surin., Guay., Venez.

Hymenándra (A. DC.) Spach - f. - *Myrsináceae*

1. **wallíchii** DC. ♄ ⓦ, Bengal., Ass.

Hymenanthéra R. Br. - f. - *Violáceae*

1. **crassifólia** Hook. f. ♄ i Ⓚ -Ⓐ IV–V, Neuseel.

Hymenocállis Salisb. - f. - *Amaryllidáceae*

1. **amáncaës** (Ruiz et Pav.) Nichols. (*Isméne amáncaës* Herb.) ♃ Ⓚ VI bis VII, Peru

- *caláthina:* 6

2. **caribǣa** (L.) Herb. (*Pancrátium caribǣum* L.) ♃ i ⓦ meist VII–IX, Westind.
3. **harrisiána** Herb. ♃ Ⓚ VI–VII, Mex.

- *lácera:* 7

4. **longipétala** (Lindl.) Macbr. (*Eliséna longipétala* Lindl.) ♃ Ⓚ Ek., Peru
5. × **macrostéphana** Bak. (*H. narcissiflóra* × *H. speciósa*) ♃ i ⓦ meist III bis V
6. **narcissiflóra** (Jacq.) Macbr. (*Pancrátium narcissiflórum* Jacq., *P. caláthinum* Ker-Gawl., *H. caláthina* (Ker-Gawl.) Nichols., *Isméne caláthina* (Ker-Gawl.) Herb.) ♃ Ⓚ VI–VII, Peru, Bol.
7. **rotáta** (Ker-Gawl.) Herb. (*H. lácera* Salisb.) ♃ ⓦ III–V, Südl. USA
8. **speciósa** (L. f. ex Salisb.) Salisb. (*Pancrátium speciósum* (L. f. ex Salisb.) Salisb.) ♃ i ⓦ meist IX–XI, Westind.
9. **tubiflóra** Salisb. (*H. unduláta* (H.B.K.) Herb., *Pancrátium undulátum* H.B.K.) ♃ i ⓦ III–V oder IX bis X, Nördl. S-Am.

- *unduláta:* 9

Hymenócyclus engleriánus: Maléphora 1

Hymenógyne Haw. - f. - *Aizoáceae*

1. **glábra** (Ait.) Haw. ⊙ VII–VIII, Kap

Hymenophýllum Sm. - n. - *Hymenophylláceae*
Hautfarn

- *ciliátum:* 2

1. **demíssum** (G. Forst.) Sw. et Schrad. (*Mecódium demíssum* (G. Forst.) Copel.) ♃ Ⓚ, Polyn., Phil., Sunda bis Neuseel.
2. **hirsútum** (L.) Sw. emend. C.V. Morton (*H. ciliátum* (Sw.) Sw., *Sphaerociónium hirsútum* (L.) Copel.) ♃ ⓦ, Pantrop.
3. **polyánthon** (Sw.) Sw. (*Mecódium polyánthon* (Sw.) Copel.) ♃ ⓦ, Pantrop.
4. **tunbrigénse** (L.) Sm. ♃ Ⓚ ▽, W-Eur., W-Deutschl., nördl. M-Ital., Mad., Kanar., W-Kauk.

Hymenósporum R. Br. ex F. v. Muell. - n. - *Pittosporáceae*

1. **flávum** (Hook.) F. v. Muell. ♄-♄ i Ⓚ, Austral.

Hymenostémma (Kunze) Willk. - n. - *Compósitae*

1. **paludósum** (Poir.) Pomel (*Chrysánthemum paludósum* Poir., *Leucánthemum paludósum* (Poir.) Bonnet et Barratte) ⊙ VI–IX, S- u. SO-Span., S-Port., Balear., N-Afr.

Hymenóxys Cass. - f. - *Compósitae*

1. **acaúlis** (Pursh) Parker (*Gaillárdia acaúlis* Pursh, *Actínea acaúlis* (Pursh) Spreng., *Tetranéuris acaúlis* (Pursh) Greene, *Actínea herbácea* (Greene) Robins.) ♃ △ ∧ V–VI, N-Am.: Ohio, Ont., Ill. bis Mont., südl. bis Tex., Ariz. u. Nev.

- *califórnica: Lasthénia* 2

2. **grandiflóra** (Torr. et A. Gray ex A. Gray) Parker (*Actinélla grandiflóra* Torr. et A. Gray ex A. Gray, *Rydbérgia grandiflóra* (Torr. et A. Gray ex A. Gray) Greene, *Actínea grandiflóra* (Torr. et A. Gray ex A. Gray) O. Kuntze) ♃ △ ∧ V–VI, USA: Mont. bis Id., südl. bis Color. u. Utah
3. **linearifólia** Hook. (*Actinélla linearifólia* (Hook.) Torr. et A. Gray, *Tetranéuris linearifólia* (Hook.) Greene, *Actínea linearifólia* (Hook.) O. Kuntze) ⊙ VI–IX, USA: Kans. bis

Louis., westl. bis New Mex.
Hyophorbe Gaertn. - f. - *Pálmae*
1. **lagenicaulis** (L.H. Bailey) H.E. Moore (*Mascaréna lagenicaulis* L.H. Bailey) ♄ ⌂, Maurit.
2. **verschafféltii** H. Wendl. (*Mascaréna verschafféltii* (H. Wendl.) L.H. Bailey) ♄ ⌂, Rodrig.

Hyoscýamus L. - m. - *Solanáceae*
Bilsenkraut
1. **múticus** L. ⊙-⊙ ☠ VII-IX ⓝ, Alg., Sahara, Nub., Unterägypt., Arab., Syr. bis Afgh., Pak. u. N-Ind.
2. **níger** L. ⊙ -⊙ ☠ VII-IX Off., Eur., W- u. N-As. bis Him., Med., N-Afr., in O-As., N-Am. u. Austral. eingebürg.

Hyóseris foetida: Apóseris 1
Hypécoum L. - n. - *Papaveráceae*
Lappenblume
- *grandiflórum:* 1
1. **imbérbe** Sibth. et Sm. (*H. grandiflórum* Benth.) ⊙ VII-IX, Med., S-Eur.
2. **procúmbens** L. ⊙ VII-IX, Med., S-Eur.

Hypéricum L. - n. - *Guttíferae*
Johanniskraut
1. **aegýpticum** L. ♄ i ⌂ VIII, N-Afr., Med. Inseln von Sard. bis Kreta
2. **androsaemum** L. ♄ ∧ VII-IX ⓝ, W- u. S-Eur., Med., Kl. As., Kauk., Alger., Tunes.
3. **annulátum** Moris (*H. degénii* Bornm.) ♃ △ VI-VIII, W-Jugosl. bis N-Griech., Sard.
4. **áscyron** L. (*H. pyramidátum* Ait.) ♃ VII, N-Am.: Maine bis Manit., südl. bis N. Jers., Missouri u. Kans.; M- u. O-As.
- *aureum:* 11
5. **calýcinum** L. ♄ i △ VII-IX, SO-Bulg., Türk., N-Anat., in W- u. S-Eur. stellenweise eingebürg.
6. **cerastoídes** (Spach) N.K.B. Robson (*H. rhodoppéum* Friv.) ♄ ⁓ △ ∧ VI bis VIII, SO-Balk.
7. **córis** L. ♄ △ ∧-⌂ VII-VIII, S-Alp. bis N- u. M-Ital., SO-Frankr.
- *degénii:* 3
8. **densiflórum** Pursh ♄ i VII-X, USA: Long Isl. bis Missouri, südl. bis Flor. u. Tex.
- *elátum:* 15
9. **empetrifólium** Willd. ♄ i ⌂ VII-VIII, Griech., Ägäis, N-Alban.
10. **frágile** Heldr. et Sart. ex Boiss. ♄ △ ∧ VI-VIII, O-Griech.
11. **frondósum** Michx. (*H. aureum* Bartr. non Lour.) ♄ ∧ VII-VIII, USA: S-Carol. bis Kent. u. S-Indiana, südl. bis Alab. u. Tex.
12. **hircínum** L. ♄ V-VII, Med., in W-Eur. eingebürg.
13. **hookeriánum** Wight et Arn. ♄ ∧-⌂ VII-IX, W-China, Ass., Sikk.
14. **humifúsum** L. ♃ △ VI-IX, W-, M- u. O-Eur., N-As., Jap., Mad., Kanar., Med., S-Afr.
15. **inodórum** Mill. (*H. elátum* Ait.) ♄ VII bis VIII, Kauk., Iran, Mad.
- *inodórum* Willd.: 24
16. **kalmiánum** L. ♄ i VIII, N-Am.: Queb. bis Ont., südl. bis N. Y. u. Ill.
17. × **moseriánum** André (*H. calýcinum* × *H. pátulum*) ♄ VI-VIII
18. **olýmpicum** L. ♄ △ ∧ VI-VII, Balk., Kl. As.
19. **pátulum** Thunb. ♄ ∧ VII-IX, Jap.
20. **perfóratum** L. - Johanniskraut ♃ V bis VIII, Eur., W-As., Med., N-Afr., in N-Am. eingebürg.
21. **polyphýllum** Boiss. et Bal. ♄ △ VI bis VIII, Vord. As., Kl. As.
- *pyramidátum:* 4
22. **répens** L. ♃ ⁓ △ VI, Kl. As.
23. **réptans** Hook. f. et Thoms. ex Dyer ♄ ⁓ △ ∧ IX-X, Sikk.
- *rhodoppéum:* 6
24. **xylosteifólium** (Spach) N.K.B. Robson (*H. inodórum* Willd. non Mill.) ♄ V-VII, NO-Anat., Transkauk.

Hyphaene Gaertn. - f. - *Pálmae*
Dumpalme
1. **thebáica** (L.) Mart. ♄ ⌂ ⓝ, Seneg., Gambia über südl. Sahara bis Ägypt., Sudan, Somalia

Hýphear europaeum: Loránthus 1
Hypochaeris L. (*Hypochoeris* L.) - f. - *Compósitae*
Ferkelkraut
1. **maculáta** L. ♃ VI-VII, Fast ganz Eur., Sib., Kauk.
2. **uniflóra** Vill. ♃ △ VI-VIII, Gebg. M-Eur., Riesengebg. bis W-Ukr.

Hypochoeris: Hypochaeris
Hypocýrta Mart. - f. - *Gesneriáceae*

1. **glábra** Hook. ♄ i ⌂ VII–IX, Bras.
- *nummulária: Neomortónia* 1
- *radícans: Nematánthus* 1
- *strigillósa: Nematánthus* 5

Hypoéstes Soland. ex R. Br. – f. – *Acanthàceae*
1. **phyllostáchya** Bak. (*H. sanguinolénta* hort. non (Van Houtte) Hook. f.) ♄ i ⌂, Madag.

Hypólepis Bernh. – f. – *Hypolepidáceae* Buchtenfarn
1. **millefólia** Hook. ♃ ∧–⌂, Neuseel.
2. **répens** (L.) K.B. Presl ♃ ⌂, Trop. Am.
3. **tenuifólia** (G. Forst.) Bernh. ex K.B. Presl ♃ ⌂, Java bis Austral.

Hypóxis L. – f. – *Hypoxidáceae*
1. **hirsúta** (L.) Coville ♃ IV–V, USA: Maine bis Manit. u. N-Dak., südl. bis Flor. u. Tex.

Hýpsela K.B. Presl – f. – *Campanuláceae*
1. **renifórmis** (Kunth) K.B. Presl (*H. longiflóra* (Hook.) Benth. et Hook. f.) ♃ ⟿ ⌂ VII–VIII, Chile

Hýptis Jacq. – f. – *Labiátae*
1. **spicígera** Lam. (*Mesophǣrum spicígerum* (Lam.) O. Kuntze) ♄ ⌂ ®, Trop. Am., eingebürg. im trop. Afr., Madag.

Hyssópus L. – m. – *Labiátae* Ysop
1. **officinális** L.
ssp. **aristátus** (Godr.) Briq. (*H. aristátus* Godr.) ♄ △ VI–IX, Span., Frankr., Balk.
ssp. **officinális** ♄ △ VI–IX ®, S-, südl. M- u. O-Eur., westl. M-As., Med., N-Afr., im nördl. M-Eur. eingebürg.

Hýstrix Moench – f. – *Gramíneae*
1. **pátula** Moench (*Asperélla hýstrix* Willd.) ♃ ✂ VI–VIII, N-Am.: N. Scot. bis N. Dak., südl. bis Georg., Tenn., Ark. u. Okla.

Ibéris L. – f. – *Crucíferae* Schleifenblume
1. **amára** L. (*I. coronária* hort.) ⊙ V bis VIII, W-Eur., westl. M-Eur., Ital., Jugosl.
- *bourgǣi:* 2
- *candolleána:* 6
- *corifólia:* 7
- *coronária:* 1
2. **crenáta** Lam. (*I. pectináta* Boiss., *I. bourgǣi* Boiss.) ⊙ VI–VIII, M- u. S-Span.
3. **gibraltárica** L. ♄ i ⌂ IV-VI, Gibralt., Marok.
4. **odoráta** L. ⊙ V–VIII, Griech., Türk., Kreta, N-Afr., SW-As.
- *pectináta:* 2
5. **pinnáta** L. ⊙–⊙ VI–VIII, S-Eur.
6. **pruítii** Tin. (*I. candolleána* Jord.) ♃ ∧–⌂ III–IV, Hochgebg. Med.
7. **saxátilis** L.
var. **corifólia** Sims (*I. corifólia* (Sims) Sweet) ♄ i △ V–VI, S-Eur.
8. **semperflórens** L. ♄–♄ i ⌂ IV-V, Siz., W-Küste Ital.
9. **sempérvirens** L. ♄ i △ ⁞ V, Med.
10. **umbelláta** L. ⊙–⊙ ✂ VI–VIII, Med.

Ibicélla Van Eseltine – f. – *Martyniáceae*
1. **lútea** (Lindl.) Van Eseltine (*Martýnia lútea* Lindl., *Proboscídea lútea* (Lindl.) Stapf) ⊙ ♣ VII–VIII, S-Bras., Urug., Parag., N-Arg.

Ibóza N. E. Br. – f. – *Labiátae*
1. **ripária** (Hochst.) N. E. Br. (*Moschósma ripária* Hochst.) ♃ ⌂ XII bis II, S-Afr.

Idésia Maxim. – f. – *Flacourtiáceae* Orangenkirsche
1. **polycárpa** Maxim. ♄ ∧ V–VI, Jap., Taiw., N- u. W-China, Korea

Ídria Kellogg – f. – *Fouquieriáceae*
1. **columnáris** Kellogg (*Fouquiéria columnáris* (Kellogg) Kellogg ex Curran) ♄ ⌂, Nied. Kalif. bis Sonora

Ignátia amára: Strýchnos 1

Ílex – f. – *Aquifoliáceae* Stechpalme
1. × **altacleránsis** (Loud.) Dallim. (*I. aquifólium* × *I. perádo*) ♄ i (Mit mehreren Sorten)
2. **aquifólium** L. ♄–♄ i ♣ ☠ (Früchte) V bis VI ® Off. ▽, W-, M- u. S-Eur., N-Afr., W-As. bis China (Mit vielen Sorten wie ‘Angustifolia’, ‘Latifolia’, ‘Laurifolia’, ‘Pyramidalis’ u.a.)
3. **bioritsénsis** Hayata (*I. pérnyi* Franch. var. *vēitchii* (Veitch) Bean ex Rehd.) ♄–♄ i, China, Taiw.
4. **ciliospinósa** Loes. ♄ i ∧, M- u. W-China

5. **corállina** Franch. ♄–♄ i ∧, M- u. W-China
6. **cornúta** Lindl. et Paxt. ♄ i Ⓚ VI–VII, O-China
7. **crenáta** Thunb. ♄ i V–VI, Jap.
8. **decídua** Walt. ♄ –♄ ♣ V, USA: Maryl. bis Kans., südl. bis Flor. u. Tex.; NO-Mex.
9. **fargésii** Franch. ♄ i V–VI, W-China
10. **glábra** (L.) A. Gray – Tintenbeere ♄ i VI, N-Am.: N. Scot., Maine, Mass., südl. bis Flor. u. Louis.
11. **íntegra** Thunb. ♄ –♄ Ⓚ III–IV, Jap., Taiw., S-Korea, China
12. **laevigáta** (Pursh) A. Gray ♄ ♣ VI bis VII, USA: Maine bis N. Y., südl. bis S-Carol. u. Georg.
13. **latifólia** Thunb. ♄–♄ Ⓚ VI–VII, Jap., O-China
14. × **meséryeae** S.-Y. Hu (*I. aquifólium* × *I. rugósa*) ♄ i
15. **opáca** Ait. ♄–♄ i VI, USA: Mass. bis Missouri u. Okla., südl. bis Flor. u. Tex.
16. **paraguariénsis** St.-Hil. (*I. paraguénsis* D. Don, *I. paraguayénsis* Hook.) – Mate-Teestrauch ♄ i Ⓚ Ⓝ, Parag., Arg., Urug., Bras.
 - *paraguayénsis:* 16
 - *paraguénsis:* 16
17. **pedunculósa** Miq.
 var. **continentális** (Loes.) Bean ♄–♄ i VI, M-China
18. **perádo** Ait. ♄ i Ⓚ, Azor., Kanar., Mad.
 - *pérnyi* var. *veitchii:* 3
19. **serráta** Thunb. ♄ ♣ VI, Jap., China 'Sieboldii' (*Ílex sieboldii* Miq.)
 - *sieböldii:* 19
20. **verticilláta** (L.) A. Gray ♄ ♣ VI–VII, N-Am.: Neufundl. bis Queb. u. Minn., südl. bis Flor., Georg., Louis. u. Ark.
21. **vomitória** Ait. ♄ i ∧–Ⓚ, USA: Virg. bis Ark. u. Okla., südl. bis Flor. u. Tex.; S-Mex.
22. **yunnanénsis** Franch. ♄ i ∧, SW-China

Iliámna rivuláris: Sphaerálcea 3

Illícium L. – n. – *Illiciáceae*
 Sternanis
1. **anisátum** L. (*I. religiósum* Sieb. et Zucc.) – Japanischer Sternanis ♄–♄ ☠ Ⓚ Ⓝ, Jap., Korea
 - *religiósum:* 1
2. **vérum** Hook. f. – Sternanis ♄ i Ⓚ Ⓝ Off., Wild unbek., angeb. in S-China u. Tongk.

Impátiens L. – f. – *Balsamináceae*
 Springkraut, Balsamine
1. **aurícoma** Baill. ♃ Ⓦ I–XII, Komor.
2. **balfóurii** Hook. f. ♃ Ⓚ VII–VIII, W-Him., in S- u. im südl. M-Eur. stellenweise eingebürg.
3. **balsámina** L. (*Balsámina horténsis* Desp.) – Gartenbalsamine ⊙ VI–IX, Ind., Malak., China, in Frankr. u. im öst. M-Eur. gelegentl. eingebürg. (Hierzu viele Sorten)
 - *bícolor:* 10
 - *biflóra:* 4
4. **capénsis** Meerb. (*I. biflóra* Walt.) ⊙ VII–X, N-Am.: Neufundl. bis Alaska, südl. bis Flor., Alab., Ark., Okla. u. Oreg., in Engl. u. Frankr. eingebürg.
5. **glandulífera** Royle (*I. róylei* Walp.) ⊙ D VII–X, Him., in Eur. u. im nordöstl. N-Am. eingebürg.
6. **háwkeri** Bull, N. Guin., Südseeins. 'Exotica' ♃ i Ⓚ–Ⓦ VIII–X
 - *hólstii:* 16
7. **linearifólia** Warb. ♃ Ⓦ, N. Guin.
8. **mariánae** Rchb. f. ex Hook. f. ♃ ⇝ Ⓦ VI–VII, Ass.
9. **-Neu-Guinea-Hybriden** (*I. háwkeri* × *I. linearifólia*) ♃ Ⓦ I–XII
10. **niamniaménsis** Gilg emend. G. M. Schulze (*I. bícolor* Hook. f.) ♃ Ⓦ I bis XII, Trop. O-Afr.
11. **nóli-tángere** L. – Kräutlein-rührmich-nicht-an, Waldspringkraut ⊙ VII–VIII, Eur., Sib., O-As., pazif. N-Am.: Alaska bis Wash.
 - *olíveri:* 15
12. **parviflóra** DC. ⊙ VI–X, M-As., in Eur. eingebürg.
13. **platypétala** Lindl. ♃ Ⓦ VII–VIII, Java, Celeb.
14. **répens** Moon ♃ ⇝ Ⓦ VI–VIII, Ceyl., Ind.
 - *róylei:* 5
15. **sodénii** Engl. et Warb. ex Engl. (*I. olíveri* C. H. Wright ex W. Wats.) ♃ Ⓚ IV-VIII, Kenia, N- u. O-Tans.
 - *sultáni:* 16

16. **walleriána** Hook. f. (*I. hólstii* Engl., *I. sultáni* Hook. f.) – Fleißiges Lieschen ♃ ⌂ ⊡ I–XII, Trop. O-Afr.: Tans. bis Moz. (Hierzu viele Sorten)

Imperáta Cyr. – f. – *Gramíneae*
1. **cylíndrica** (L.) Raeusch. (*I. arundinácea* Cyr. var. *europaea* Anderss.) – Alang-Alang-Gras ♃ ⌂ ⓦ, S-Eur., Med., altweltl. Trop., Austral.
- *sacchariflóra: Miscánthus* 4

Imperatória altíssima: Peucédanum 2
- *ostrúthium: Peucédanum* 1

Incarvíllea Juss. – f. – *Bignoniáceae*
1. **argúta** (Royle) Royle (*Amphícome argúta* Royle) ♃ ⌂ –∧ VIII, W-Him.
- *brévipes:* 7
2. **compácta** Maxim. ♃ △ ∧ V–VII, NW-China
- *compácta* var. *grandiflóra:* 7
3. **delavayi** Bur. et Franch. ♃ ∧ VI bis VII, Jünn.
4. **emódi** (Lindl.) Chatterjee (*Amphícome emódi* Lindl.) ♃ ⌂ –∧ VIII, Him.
- *grandiflóra:* 7
- *grandiflóra* var. *brévipes:* 7
5. **-Hybriden** ♃ VI–IX
6. **lútea** Bur. et Franch. ♃ △ ∧ ⌂ VI bis VII, SW-China
7. **mairei** (Lév.) Grierson (*I. grandiflóra* var. *brévipes* Sprague, *I. brévipes* (Sprague) hort.)
   var. **grandiflóra** (Bur. et Franch.) Grierson (*I. grandiflóra* Bur. et Franch., *I. compácta* Maxim. var. *grandiflóra* (Bur. et Franch.) Wehrh.) ♃ △ ∧ V–VI, SO-Tib., Bhut., Nepal, W-China
8. **ólgae** Regel ♃ VI–IX, Turkest.
9. **sinénsis** Lam.
   ssp. **variábilis** (Batal.) Grierson (*I. variábilis* Batal.) ♄–♃ ∧ VI–VIII, W-China
- *variábilis:* 9

Indigófera L. – f. – *Legumínosae*
Indigostrauch
1. **amblyántha** Craib ♄ VII–X, China
2. **decóra** Lindl. (*I. incarnáta* Nakai) ♄ ∧ VII–VIII, Jap., M-China
- *gerardiána:* 3
3. **heteréntha** Wall. ex Brandis (*I. gerardiána* Wall. ex Bak.) ♄ ∧ VI–IX, Him.
- *incarnáta:* 2
4. **kirilówii** Maxim. ex Palib. ♄ VI, Jap., Korea, Mandsch., N-China
5. **potanínii** Craib ♄ VII–IX, NW-China
6. **tinctória** L. – Indigostrauch, Indigo ♄ ⌂ VII ⓦ, Wild nicht sicher bek., W-Afr.?

Indocálamus Nakai – m. – *Gramíneae*
1. **tesselátus** (Munro) King (*Bambúsa tesseláta* Munro, *Sása tesseláta* (Munro) Mak. et Shib.) ♃ i ∧, Jap.

Ínga Mill. – f. – *Legumínosae*
1. **edúlis** Mart. ♄ ⌂ ⓦ, Hond. bis M-Bras.
2. **feuíllei** DC. ♄ ⌂ ⓦ, Peru

Inocárpus J. R. et G. Forst. – m. – *Legumínosae*
1. **fágifer** (Parkins. ex Du Roi) Fosb. corr. St. John (*I. edúlis* J. R. et G. Forst.) – Tahitikastanie ♄ i ⌂ ⓦ, Malays. bis Polyn.

Inopsídium: Jonopsídium

Íntsia Thou. – f. – *Legumínosae*
1. **bíjuga** (Colebr.) O. Kuntze – „Merbau" ♄ ⌂ ⓦ, Von O-Afr. durch S-As. u. den Mal. Arch. bis N. Guin., Fidschi-Ins. u. Südseeins., NO-Queensl.

Ínula L. – f. – *Compósitae*
Alant
1. **acaulis** Schott et Kotschy – Zwergalant ♃ △ ∧ VII–VIII, Kilik. Taurus
- *afghánica:* 7
2. **ensifólia** L. ♃ △ VII–VIII, O- u. östl. M-Eur., westl. bis N-Ital., Gotl., Kauk. (In Kultur nur die Sorte 'Compacta')
- *glandulósa:* 9
3. **helénium** L. – Alant ♃ VII–X, SO-Eur.?, W- u. M-As., im übrigen Eur., in Jap. u. N-Am. vielfach eingebürg.
4. **hírta** L. ♃ VI–IX, Elsaß, S-, M- u. O-Eur. bis Kauk., W-Sib.
5. **hookeri** C.B. Clarke ♃ VIII–IX, Sikk.
- *macrocéphala* hort.: 11
6. **macrocéphala** Kotschy et Boiss. ♃ VII–VIII, Arm.
7. **magnífica** Lipsky (*I. afghánica* hort.) ♃ VII–VIII, Kauk.
8. **óculus-chrísti** L. ♃ △ ∧ VI–VIII, SO- u. östl. M-Eur., nördl. bis 53° N im südl. M-Rußl., W-As., Alger.?

9. **orientális** Lam. (*I. glandulósa* Puschk. ex Willd. non Lam.) ♃ VI bis VII, Kl. As., Kauk.
10. **rhizocéphala** Schrenk ♃ △ ∧ VII bis VIII, Iran, Afgh., Pak., M-As.
11. **royleána** DC. (*I. macrocéphala* hort. non Kotschy et Boiss.) ♃ VIII-IX, Him.
12. **salicína** L. ♃ VII-IX, Fast ganz Eur. bis Kauk., Kl. As.

Iochróma Benth. - n. - *Solanáceae* Veilchenstrauch
1. **coccíneum** Scheidw. ♄ ⓚ VII-VIII, M-Am.
2. **cyáneum** (Lindl.) M. L. Green (*I. tubulósum* Benth., *I. lanceolátum* (Miers) Miers) ♄ ⓚ VII-VIII, Kol.
3. **fuchsioídes** (Humb. et Bonpl.) Miers ♄ ⓚ VII-VIII, Kol.
4. **grandiflórum** Benth. ♄ ⓚ VII-VIII, And. Perus u. Ek.
- *lanceolátum:* 2
- *tubulósum:* 2

Ionópsis H. B. K. - f. - *Orchidáceae*
1. **utricularioídes** (Sw.) Lindl. (*I. paniculáta* Lindl., *I. ténera* Lindl.) ♃ ⓦ XII-X, *, Trop. Am., von Flor. bis Bras. u. Ek.

Iphéion Raf. - n. - *Liliáceae*
1. **uniflórum** (Grah.) Raf. (*Mílla uniflóra* Grah., *Brodiáea uniflóra* (Lindl.) Engl., *Triteléia uniflóra* Lindl.) - Frühlingsstern ♃ ⓚ -∧ IV bis V, S-Bras., Urug., Arg.

Ipomóea L. - f. - *Convolvuláceae* Prunkwinde
- *álba: Calonýction* 1
1. **aquática** Forssk. (*I. réptans* auct. non (L.) Poir.) ♃ od. ⊙ ⟿ ⓦ Ⓝ XI-VI, Trop. W-Afr. bis Arab. u. Ind., in vielen trop. Länd. kult.
2. **arboréscens** (Humb. et Bonpl. ex Willd.) G. Don ⓚ VI-VIII, Mex.
3. **batátas** (L.) Lam. - Süßkartoffel, Batate ♃ ⌇-⟿ ⓦ Ⓝ, Nur aus Kult. bek.
- *bíloba:* 12
- *bóna-nox: Calonýction* 1
4. **bonariénsis** Hook. ♃ ⌇ ⓦ VIII-X, Arg.
5. **brasiliénsis** (L.) Sweet (*Convólvulus brasiliénsis* L., *I. pes-cáprae* ssp. *brasiliénsis* (L.) Ooststroom) ♃ ⟿ ⓦ I-VII, Pantrop. (außer Ind.)
6. **caírica** (L.) Sweet (*Convólvulus caíricus* L., *I. palmáta* Forssk.) ♃ ⌇ ⓦ II bis VII, Pantrop.
7. **cárnea** Jacq.
ssp. **fistulósa** (Mart. ex Choisy) Austin (*I. fistulósa* Mart. ex Choisy, *I. crassicáulis* (Benth.) Robins.) ♄ ⓦ I-VI, M-Am., nördl. S-Am.
- *coccínea: Quámoclit* 1
- *crassicáulis:* 7
- *digitáta:* 10
- *dissécta: Merrémia* 1
- *fistulósa:* 7
- *hederácea: Pharbítis* 2
- *hederifólia: Quámoclit* 2
8. **horsfálliae** Hook. ♄ i ⌇ ⓚ X-I, Trop. Am.
- *imperiális: Pharbítis* 3
- *léarii: Pharbítis* 1
9. **macrorhíza** Michx. (*I. micháuxii* Sweet) ♄ i ⌇ -⟿ ⓚ VIII-IX, S-Kalif., Flor. bis Mex.
10. **mauritiána** Jacq. (*I. digitáta* auct. non L., *I. paniculáta* (L.) R. Br.) ♃ ⌇ ⓦ VII bis IX, Pantrop.
- *micháuxii:* 9
- × *multífida: Quámoclit* 4
- *muricáta: Calonýction* 2
- *nil: Pharbítis* 3
- *palmáta:* 6
11. **panduráta** (L.) G. F. W. Mey. ♃ ⌇ ∧ VII-IX, N-Am.: Conn. bis S-Ont., Mich., Kans., südl. bis Flor. u. Tex.
- *paniculáta:* 10
12. **pes-cáprae** (L.) R. Br. (*I. bíloba* Forssk.) ♃ i ⌇-⟿ ⓦ Ⓝ, Küsten, Pantrop.
- *pes-cáprae* ssp. *brasiliénsis:* 5
13. **púrga** (Wender.) Hayne (*Exogónium púrga* (Wender.) Benth.) ♃ ⌇ ☠ ⓚ VII-X Off., Mex., Pan.
- *purpúrea: Pharbítis* 4
- *quámoclit: Quámoclit* 5
- *réptans:* 1
- *rubrocaerúlea:* 16
14. **setósa** Ker-Gawl. ♄ ⌇ ⓦ VIII-X, Bras.
- *sibírica: Merrémia* 2
15. **stans** Cav. ♄ ⓚ, Mex.
16. **trícolor** Cav. (*I. rubrocaerúlea* Hook., *I. violácea* Lunan et auct. mult., non L., *Pharbítis rubrocaerúlea* (Hook.) Planch.) ♃ (⊙ gezogen) ⌇ ⓚ VIII-X,

Trop. Am.
- *tuberósa: Merrémia* 3
- *túrpethum: Operculína* 2
- *violácea:* 16

Ipomópsis Michx. – f. – *Polemoniáceae*
1. **aggregáta** (Pursh) Grant (*Gília aggregáta* (Pursh) Spreng.) ⊙ – ⊙ VII bis X, N-Am.: Br. Kol. bis Kalif., östl. bis Color. u. Tex.; Mex.
- *élegans:* 2
2. **rúbra** (L.) Wherry (*Gília rúbra* (L.) A. Heller, *G. coronopifólia* (Willd.) Pers., *I. élegans* Michx.) ♃ VII-X, USA: N-Carol. bis Okla., südl. bis Flor. u. Tex.

Iresíne P. Br. – f. – *Amarantháceae*
1. **hérbstii** Hook. f. (*Achyránthes verschafféltii* Lem.) ⊙ ⁞ ⓦ, Bras. (Hierzu eine Reihe von Sorten wie 'Aureireticulata', 'Biemuelleri', 'Wallisii')
2. **lindénii** Van Houtte (*Achyránthes lindénii* (Van Houtte) hort.) ♃ ⁞ ⓦ, Ek.

Iridodíctyum: Íris + sp. 5, 18, 36, 37, 69, 88, 94

Íris L. (einschl. *Iridodíctyum* Rodion., *Júno* Tratt., *Xíphion* Mill.) – f. – *Iridáceae*
Schwertlilie
- *aláta:* 63
- *ánglica:* 48
1. **-Anglica-Hybriden** ♃ ✂ ∧ ⓚ
2. **aphýlla** L. (*I. nudicaúlis* Lam.) ♃ V ▽, M-Deutschl. bis SO-Eur., Kauk., Kl. As.
- *arenária:* 40
3. **atropurpúrea** Bak. ♃ ▭ ⓚ V ▽, Isr.
4. **aúcheri** (Bak.) Sealy (*I. sindjarénsis* Boiss., *Júno aúcheri* (Bak.) Klatt) ♃ △ ∧ ⓚ II–III ▽, Kl. As., Syr., Irak
- *aúrea:* 17
5. **bakeriána** M. Foster (*Iridodíctyum bakeriánum* (M. Foster) Rodion.) ♃ △ ∧ II–III ▽, Gebg. im Euphratgebiet (Kl. As., Irak)
- *balkána:* 68
- Barbata-Gruppen: 29
6. **barnúmiae** M. Foster et Bak. ♃ △ ∧ ▭ V–VI ▽, O-Anat., NO-Irak, Iran
7. **bismarckiána** Regel ♃ △ ▭ ∧ V ▽, Liban.
8. **boissiéri** Henriq. (*Xíphion boissiéri* (Henriq.) Rodion.) ♃ ∧ VI ▽, NW-Span., N-Port.
- *bornmúelleri:* 18
- *bosníaca:* 68
9. **bracteáta** S. Wats. ♃ V–VI ▽, USA: Oreg. bis Kalif.
10. **brevicaúlis** Raf. (*I. foliósa* Mackenz. et Bush, *I. hexagóna* Elliott non Walt.) ♃ VI ▽, USA: Ohio bis Kans., südl. bis Alab. u. Tex.
11. **buchárica** M. Foster ♃ △ ∧ III–IV ▽, Tadschik., NO-Afgh.
12. **bulleyána** Dykes ♃ ∧ V–VI ▽, W-China, N-Burma
13. **caucásica** Hoffm. ♃ △ III–IV ▽, Kl. As. u. Kauk. bis Iran
- *caucásica* Regel: 58
- *chamaeíris:* 51
14. **chrysógraphes** Dykes ♃ ⁓ VI ▽, Szetsch., Jünn.
15. **clárkei** Bak. ♃ VI ▽, O-Him.
16. **cristáta** Ait. ♃ ⁓ △ V–VI ▽, USA: Maryl. bis Missouri, südl. bis N-Carol., Alab., Miss., Ark. u. Okla.
17. **crócea** Jacquem. ex R. Foster (*I. aúrea* Lindl. non Link nec Raf.) ♃ VI ▽, Kaschm.?
- *cúprea:* 27
18. **danfórdiae** (Bak.) Boiss. (*I. bornmúelleri* Hausskn., *Iridodíctyum danfórdiae* (Bak.) Nothdurft) ♃ D △ III bis IV ▽, Kilik. Taurus
19. **delavaýi** Mich. ♃ ⁓ VII ▽, Jünn.
- *desertórum:* 33
20. **dichótoma** Pall. (*Pardanthópsis dichótoma* (Pall.) L.W. Lenz ♃ (in Kultur ⊙) VIII–IX ▽, Sib., Mandsch., Mongol.
21. **douglasiána** Herb. (*I. húmilis* Beech. non Georgi, *I. watsoniána* Purdy) ♃ VI ▽, USA: Oreg. bis Kalif.
22. **ensáta** Thunb. (*I. kaémpferi* Lem.) ♃ VI ⓝ ▽, M-As., China, Korea, Jap.
23. **filifólia** Boiss. (*Xíphion filifólium* (Boiss.) Klatt) ♃ ∧ VI ▽, SW-Span., Marok.
- *flavíssima:* 40
- *florentína:* 29
24. **foetidíssima** L. ♃ VI ▽, S- u. W-Eur., nördl. bis Engl., östl. bis NO-Ital., Med.
- *foliósa:* 10
25. **forréstii** Dykes ♃ V–VI ▽, Jünn.

26. **fosteriána** Aitch. et Bak. ♃ △ ∧ III ▽, NW-Afgh. bis zur turkm. Grenze, Iran
27. **fúlva** Ker-Gawl. (*I. cúprea* Pursh) ♃ ≈ VI ▽, USA: Ill. bis Missouri, südl. bis Alab. u. Louis.
28. **gatésii** M. Foster ♃ ▭ ⌂ V, ▽, N-Irak, SO-Anat.
29. **germánica** L.
var. **florentína** Dykes (*I. florentína* auct. vix L.) ♃ V Ⓝ ▽, Med.
var. **germánica** ♃ ✂ V–VII Ⓝ ▽, Med., SW-As., in Eur. eingebürg.
Barbata-Elatior-Gruppe
Barbata-Media-Gruppe
Barbata-Nana-Gruppe
- *gigantéa:* 59
30. **gracílipes** A. Gray ♃ △ VI ▽, Jap.
31. **graeberiána** Sealy ♃ △ IV ▽, Turkest.
32. **gramínea** L. - Pflaumeniris ♃ D △ VI ▽, M- u. S-Eur., westl. bis SW-Frankr. u. Span., östl. bis M-Ukr., Kauk.
- *gueldenstaedtiána:* 33
33. **halóphila** Pall. (*I. gueldenstaedtiána* Lepech., *I. desertórum* Ker-Gawl., *I. spúria* ssp. *halóphila* (Pall.) D.A. Webb et Chater) ♃ V–VI ▽, S-Rußl., Kauk. bis W-Sib., M-As., Him. u. Mongol.
- *hexagóna* Elliott: 10
34. **hexagóna** Walt. (*I. virgínica* Michx. non L.) ♃ ∧ VI ▽, USA: Küsten Virg. bis Flor. u. Tex.
- *hispánica:* 95
35. **-Hispanica-Hybriden** ♃ ✂ ∧ ⌂
36. **hístrio** Rchb. f. (*Iridodíctyum hístrio* (Rchb. f.) Rodion.) ♃ △ ∧- ⌂ III ▽, Kl. As., Liban., Paläst.
37. **histrioídes** (G.F. Wils.) S. Arn. (*Iridodíctyum histrioídes* (G.F. Wils.) Nothdurft) ♃ △ ⌂ III ▽, N-Kl. As.
- × *hollándica:* 38
38. **-Hollandica-Hybriden** (*I.* × *hollándica* hort.) ♃ ✂ ∧ ⌂
39. **hoogiána** Dykes ♃ ∧ ⌂ V ▽, Turkest.
- *húmilis* Beech.: 21
40. **húmilis** Georgi (*I. flavíssima* Pall., *I. arenária* Waldst. et Kit.) ♃ D △ V bis VI ▽, M-Tschechosl. u. Österr. bis SO-Rußl.
41. **innomináta** L.F. Henders. ♃ △ ∧ ✂ VI ▽, USA: Oreg., N-Kalif.
42. **japónica** Thunb. ♃ ∧ ⌂ III–IV ▽, Jap., M-China
43. **júncea** Poir. (*Xíphion júnceum* (Poir.) Klatt) ♃ ∧ ⌂ V–VI ▽, SW-Span., Siz., N-Afr.
- *kaémpferi:* 22
44. × **kóchii** Kerner ex Stapf (*I. germánica* × *I. pállida*) ♃ IV ▽, Dalm.
45. **korolkówii** Regel ♃ ∧ V–VI ▽, Turkest., Afgh.
46. **lacústris** Nutt. ♃ △ V ▽, N-Am.: Ont. bis Wisc.
47. **laevigáta** Fisch. ♃ ≈ VII–VIII ▽, Jap., Mandsch., Korea, China
48. **latifólia** (Mill.) Voss (*I. xiphioídes* Ehrh., *I. ánglica* Steud., *Xíphion latifólium* (Mill.) hort.) ♃ ∧ VI ▽, N-Span., Pyren.
49. **longipétala** Herb. ♃ V–VI ▽, Kalif.
50. **lortétii** Barb. ex Boiss. ♃ ∧ (besser ⌂) V–VI ▽, Liban.
51. **lutéscens** Lam. (*I. chamaeíris* Bertol.)
ssp. **lutéscens** ♃ IV–V ▽, Ital., S-Frankr., NO-Span.
52. **magnífica** Vved. ♃ ∧ (besser ⌂) IV ▽, M-As.
53. **mandshúrica** Maxim. ♃ V ▽, S-Mandsch., Korea
- *mellíta:* 81
54. **mesopotámica** Dykes ♃ V–VI ▽, S-Anat., Syr., Isr.
55. **milésii** M. Foster ♃ V–VII ▽, NW-Him.
56. **missouriénsis** Nutt. ♃ V–VI ▽, N-Am.: S-Dak. bis Br. Kol., südl. bis New Mex., Ariz. u. Kalif.; Mex.
57. **monniéri** DC. ♃ VI–VII ▽, Kreta
- *nána:* 71
- *nudicaúlis:* 2
- *ochroleúca:* 59
58. **orchioídes** Carr. (*I. caucásica* Regel non Hoffm.) ♃ △ ∧ IV ▽, Turkest.
59. **orientális** Mill. (*I. ochroleúca* L., *I. spúria* ssp. *ochroleúca* (L.) Dykes, *I. gigantéa* Carr.) ♃ VI–VII ▽, NO-Griech., W-Anat.
- *orientális* Thunb: 74
60. **pállida** Lam. ♃ D VI Ⓝ ▽, N-Ital., W-Jugosl., in S-Eur., Österr. u. Schw. verwild. oder eingebürg., W-As.

61. **paradóxa** Stev. ♃ ∧ (besser ⌂) VI ▽, Arm., N-Iran
- *pavónia: Moraéa* 2
62. **pérsica** L. ♃ △ ∧ ⌂ II–III ▽, S- u. SO-Anat., N-Syr., NO-Irak, Ägypt.
63. **planifólia** (Mill.) Fiori et Paol. (*I. aláta* Poir.) ♃ ⌂ XI–I ▽ ⌂, Port., S-Span., Siz., Kreta, westl. N-Afr.
64. **pseudácorus** L. ♃ 〰 VI ▽, Eur., W-Sib., Kauk., Vord. As., Med., N-Afr., im östl. N-Am. eingebürg.
65. **púmila** L. – Zwergschwertlilie ♃ △ IV – V ▽, Südl. M-Eur., SO-Eur., Kl. As., Kauk., Transkauk., Sib., in Deutschl. eingebürg.
66. **-Pumila-Hybriden** ♃ △ V–VI
67. **-Regeliocyclus-Hybriden** ♃ ∧ ⌂
68. **reichenbáchii** Heuff. (*I. bosníaca* Beck, *I. balkána* Janka) ♃ △ IV ▽, Von Jugosl. u. SW-Rum., südl. bis östl. M-Griech.
69. **reticuláta** M. B. (*Iridodíctyum reticulátum* (M. B.) Rodion.) ♃ △ III ▽, Kauk., Kl. As., Irak, Iran
70. **rosenbachiána** Regel ♃ ⌂ I–III ▽, Afgh., Turkest.
71. **ruthénica** Ker-Gawl. (*I. nána* Maxim., *I. uniflóra* Pall.) ♃ △ V–VI ▽, SO-Eur. bis China u. Korea
72. **sári** Schott ♃ ▭ ⌂ VII ▽, M- u. S-Anat.
73. × **sambucína** L. (*I. pállida* × *I. variegáta*) ♃ V–VI ▽, Vord. As., in M-Eur. u. S-Eur. eingebürg.
74. **sanguínea** Donn (*I. orientális* Thunb. non Mill.) ♃ V–VI ▽, Jap., Korea, Mandsch., O-Sib.
75. **setósa** Pall. ex Link ♃ VI ▽, Jap., Kuril., Sachal., O-Sib., Aleut., Alaska
76. **sibírica** L. ♃ 〰 V –VI ▽, M- u. O-Eur., N-Balk., Kauk., Iran, Sib.
- *sindjarénsis:* 4
77. **sintenísii** Janka ♃ △ V–VI ▽, SO-Eur. bis Kl. As.
- *sisyrínchium: Gynandríris* 1
78. **songárica** Schrenk ♃ V ▽, M- u. O-As.
- *spathácea: Moraéa* 4
- *spathuláta: Moraéa* 4
79. **spúria** L. ♃ 〰 VI–VII ▽, S-Schwed. bis M-Span., NO-Griech. u. S-Ukr., Kauk., Iran, Alger.
- *spúria* ssp. *halóphila:* 33
- *spúria* ssp. *ochroléuca:* 59
80. **stolonífera** Maxim. ♃ ∧ ⫘ V–VI ▽, Turkest.
- *stylósa:* 86
81. **suavéolens** Boiss. et Reut. (*I. mellíta* Janka) ♃ △ IV–V ▽, Balk., NW-Türk.
82. **susiána** L. – Dame in Trauer ♃ ∧ (besser ▭ oder ⌂) V–VI ▽, Heimat unbek., Iran?, Liban.?
83. **tectórum** Maxim. ♃ △ ∧ VI ▽, China
84. **ténax** Dougl. ex Lindl. ♃ △ ∧ V ▽, USA: Wash., Oreg. bis Kalif.; Nied. Kalif.
85. **tingitána** Boiss. et Reut. (*Xíphion tingitánum* (Boiss. et Reut.) Bak.) ♃ ⌂ IV–V ▽, Marok., Alger.
- *tricuspidáta: Moraéa* 5
- *tricúspis: Moraéa* 5
- *tuberósa: Hermodáctylus* 1
86. **unguiculáris** Poir. (*I. stylósa* Desf.) ♃ ⌂ XI–III ▽, N-Afr., O-Med.
- *uniflóra:* 71
87. **variegáta** L. ♃ V–VI ▽, M- u. SO-Eur., vom südl. M-Deutschl. u. der W-Ukr. bis Jugosl.
88. **vartánii** M. Foster (*Iridodíctyum vartánii* (M. Foster) Rodion.) ♃ ⌂ XII bis I ▽, Paläst.
89. **vérna** L. △ ∧ IV ▽, USA: Maryl. bis Kent., südl. bis S-Carol., Georg. u. Miss.
90. **versícolor** L. ♃ 〰 V–VIII ▽, N-Am.: Labr. bis Manit., südl. bis Virg., Ohio, Wisc. u. Minn., in N-Eur. u. Deutschl. eingebürg.
- *virgínica:* 34
91. **warleyénsis** M. Foster ♃ ▭ ⌂ IV ▽, M-As.
- *watsoniána:* 21
92. **willmottiána** M. Foster ♃ ▭ ⌂ III bis IV ▽, O-Turkest.
93. **wilsónii** C.H. Wright ♃ V–VI ▽, W-China
94. **winogradówii** Fomin (*Iridodíctyum winogradówii* (Fomin) Rodion.) ♃ △ ∧ ⌂ III–IV ▽, Kauk., Transkauk.
- *xiphioídes:* 48
95. **xíphium** L. (*I. hispánica* Steud., *Xíphion vulgáre* Mill.) ♃ ∧ VI ▽, S-Frankr., Span., Port., N-Afr.

Isabélia Barb. Rodr. - f. - *Orchidáceae*
1. **pulchélla** (Kraenzl.) Sengh. et Teuscher (*Neolaúchea pulchélla* Kraenzl., *Meiracýllium wettsteínii* Porsch) ♃ ⓦ XI-X ✱, S-Bras.

Ísatis L. - f. - *Crucíferae*
1. **tinctória** L. - Waid, Färberwaid ⊙ VI ⓝ, Eur. bis W-As., N-Afr., in vielen Gebieten nur eingeschleppt oder eingebürg.

Isláya: Neoportéria
- *bícolor: Neoportéria* 6
- *islayénsis: Neoportéria* 6
- *krainziána: Neoportéria* 6
- *mínor: Neoportéria* 6
- *mollendeńsis: Neoportéria* 6

Ismélia carináta: Chrysánthemum 1

Isméne amáncaës: Hymenocállis 1
- *caláthina: Hymenocállis* 6

Isnárdia: Ludwígia
- *alternifólia: Ludwígia* 1
- *palústris: Ludwígia* 6

Isoberlínia Craib et Stapf ex Holland - f. - *Leguminósae*
1. **angolénsis** (Welw. ex Benth.) Hoyle et Brenan ♄ ✂ ⓦ, Trop. Afr.

Isochílus R. Br. - m. - *Orchidáceae*
1. **lineáris** (Jacq.) R. Br. ♃ ⓦ VI-VII ✱, Trop. Am., Westind.

Isóëtes L. - f. - *Isoëtáceae*
Brachsenkraut
1. **echinóspora** Durieu (*I. tenélla* Léman ex Desv., *I. setácea* auct. non Lam.) ♃ ≋ ∧ ⓚ ▽, N-, NO-, W-, M- u. SO-Eur., M-Sib.
2. **lacústris** L. (*I. leióspora* H. Klinggr.) - Sumpfbrachsenkraut ♃ ≋ (auch ⓚ) ▽, N-, O-, M- u. W-Eur., S-Grönl.
- *leióspora:* 2
3. **malinverniána** Ces. et De Not. ♃ ≋ ⓚ - ⓦ, Reisanbaugebiete NW-Ital.
- *setácea:* 1
- *tenélla:* 1

Isolatocéreus dumortiéri: Stenocéreus 2

Isólepis aciculáris: Eleócharis 1
- *cérnua: Scírpus* 1
- *grácilis: Scírpus* 1
- *holoschoénus: Scírpus* 3
- *prolífera: Scírpus* 5

Isolóma: Kohléria 1, 3, 5, 6, 8, 9, 10, 12

Isopléxis (Lindl.) Benth. - f. - *Scrophulariáceae*
1. **canariénsis** (L.) Lindl. ex G. Don ♄ i ⓚ V-VI ▽, Kanar.

Isopógon R. Br. - m. - *Proteáceae*
1. **báxteri** R. Br. ♄ i ⓚ III, W-Austral.
2. **cuneátus** R. Br. ♄ i ⓚ III-V, W-Austral.
3. **sphaerocéphalus** Lindl. ♄ i ⓚ IV-V, W-Austral.

Isopýrum L. - n. - *Ranunculáceae*
Muschelblümchen, Tolldocke
1. **thalictroídes** L. ♃ ☠ IV-V, Südl. u. östl. M-Eur., bis Pyren., M-Ital., Bulg. u. M-Ukr.

Isótoma (R. Br.) Lindl. - f. - *Campanuláceae*
1. **axilláris** Lindl. (*I. senecioídes* A. DC., *Lauréntia axilláris* (Lindl.) F. E. Wimm.) ♃ (⊙) VII-IX, Austral.
2. **fluviátilis** (R. Br.) F. v. Muell. (*Lauréntia fluviátilis* (R. Br.) F. E. Wimm.) ♃ ⟿ ∧ - ⓐ, S-Austral., Tasm., Neuseel.
- *longiflóra: Hippobróma* 1
3. **petraéa** F. v. Muell. ♃ ⓚ VII-IX, Austral.
- *senecioídes:* 1

Isótypus onoseroídes: Onóseris 1

Ítea L. - f. - *Saxifragáceae*
1. **ilicifólia** Oliv. ♄ i ⓚ VIII, W-China
2. **virgínica** L. ♄ ∧ VII-VIII, USA: N. Jers. bis Okla., südl. bis Flor. u. Louis.

× **Iwanagára** hort. (*Cattléya* × *Cauľárthron* × *Laélia* × *Rhyncholaélia*) - f. - *Orchidáceae*

Íxia L. 1762, non 1753 - f. - *Iridáceae*
Klebschwertel
- *bulbífera: Sparáxis* 1
1. **campanuláta** Houtt. (*I. speciósa* Andr., *I. craterioídes* Ker-Gawl.) ♃ ✂ ⓚ ▭ VI-VII, Kap
- *corymbósa: Lapeiroúsia* 1
- *craterioídes:* 1
- *crocáta: Tritónia* 1
- *grandiflóra: Sparáxis* 2
2. **-Hybriden** ♃ ✂ ▭ IV-VI
3. **maculáta** L. ♃ ✂ ⓚ ▭ V-VI, Kap
4. **paniculáta** D. Delar. ♃ ✂ ⓚ ▭ V bis VI, Kap, in W-Eur. stellenweise eingebürg.
- *speciósa:* 1
- *trícolor: Sparáxis:* 3
5. **viridiflóra** Lam. ♃ ✂ ⓚ ▭ V-VI,

Kap

Ixiolírion Herb. - n. - *Amaryllidáceae*

1. **kolpakowskiánum** Regel ♃ ∧ VI bis VII, Sairam
- *montánum:* 2
- *pallásii:* 2
2. **tatáricum** (Pall.) Herb. (*I. montánum* (Labill.) Herb., *I. pallásii* Fisch. et C.A. Mey.) ♃ △ V, Kl. As., Kasp. Meer, Iran, Irak, Afgh., Pak., W-Sib.

Ixóra L. - f. - *Rubiáceae*

1. **acumináta** Roxb. ♄ i D ⌂W, N-Ind.
2. **borbónica** Cordem. ♄ i ⌂W, Réun.
3. **chinénsis** Lam. ♄ i ⌂W VII-VIII, Ind.
4. **coccínea** L. ♄ i ⌂W IV-VIII, Ind.
- *congésta:* 6
5. **fúlgens** Roxb. ♄ i ⌂W VII-VIII, Sunda
6. **griffíthii** Hook. (*I. congésta* Roxb.) ♄ i ⌂W VII-VIII, Burma, Singap.
7. **-Hybriden** ♄ i ⌂W III-IX

Jacaránda Juss. - f. - *Bignoniáceae*

1. **brasiliána** Pers. ♄ ✂ ⌂W, Bras.
2. **mimosifólia** D. Don (*J. ovalifólia* R. Br.) ♄ ⌂W, Arg.
- *ovalifólia:* 2
3. **procéra** Spreng. ♄ ⌂W, Guay.

Jacéa commúnis: Centauréa 12

Jacobínia Nees ex Moric. - f. - *Acantháceae*

1. **cárnea** (Lindl.) Nichols. (*Justícia cárnea* Lindl., *Cyrtanthéra magnífica* Nees, *Jacobínia magnífica* (Nees) Lindau, *Jacobínia pohliána* (Nees) Lindau, *Cyrtanthéra pohliána* Nees) ♄ ⊔ ⌂W VI-VIII, Bras.
2. **ghiesbreghtiána** (Lem.) Hemsl. (*Justícia ghiesbreghtiána* Lem., *Cyrtanthéra ghiesbreghtiána* (Lem.) Decne.) ♄ i ⌂K XI-II, Mex.
- *magnífica:* 1
3. **pauciflóra** (Nees) Lindau (*Libónia floribúnda* K. Koch, *Sericógraphis pauciflóra* Nees, *Justícia pauciflóra* (Nees) Griseb. non Vahl, *J. rizzínii* Wasshausen) ♄ i ⊔ ⌂K XII-II, Bras.
4. × **penrhosiénsis** (Carr.) L.H. Bailey (*J. ghiesbreghtiána* × *J. pauciflóra; Libónia* × *penrhosiénsis* Carr.) ♄ i ⊔ ⌂K XII-III
- *pohliána:* 1

Jacobsénia L. Bol. et Schwant. - f. - *Aizoáceae*

1. **kólbei** (L. Bol.) L. Bol. et Schwant. ♃ ⌂K, Kap

Jacquemóntia Choisy - f. - *Convolvuláceae*

1. **pentántha** (Jacq.) G. Don (*J. violácea* (Vahl) Choisy) ♄ § ⌂K VII-IX, Trop. Am., nördl. bis Flor.

Jambósa caryophýllus: Syzýgium 1
- *jámbos: Syzýgium* 3
- *vulgáris: Syzýgium* 3

Jamésia Torr. et A. Gray - f. - *Saxifragáceae*

1. **americána** Torr. et A. Gray ♄ △ ∧ D V, USA: Nev., Ariz., New Mex.

Jancǣa Boiss. (*Jankǣa* Boiss.) - f. - *Gesneriáceae*

1. **heldrḗichii** (Boiss.) Boiss. (*Ramónda heldrḗichii* (Boiss.) Benth. et Hook. f.) ♃ △ ⌂A VI-VII, Thess. Olymp

Jankǣa: Jancǣa

Jasióne L. - f. - *Campanuláceae*
Sandglöckchen

1. **críspa** (Pourr.) Sampaio ssp. **críspa** (*J. húmilis* (Pers.) Loisel.) ⊙-♃ ▽ VI-VIII, Pyren., N- u. NO-Span., NW-Afr.
- *húmilis:* 1
2. **lǣvis** Lam. (*J. perénnis* Vill. ex Lam.) ♃ △ VII-VIII, W- u. westl. M-Eur., Balk. bis SW-Rum., S-Ital.
3. **montána** L. ♃ VI-VIII, Fast ganz Eur., N-Afr., Kl. As., in den nordöstl. USA eingebürg.
- *perénnis:* 2

Jasmínum L. - n. - *Oleáceae*
Jasmin

- *affíne:* 12
1. **azóricum** L. ♄ § D ⌂K VII-X, Mad.
2. **beesiánum** Forrest et Diels ♄ § D ⌂K V, W-China
3. **flóridum** Bunge ♄ i ⌂K VII-IX, China, Jap.
4. **frúticans** L. ♄ i ⌂K VII-IX, S-Eur., Med.
- *gracíllimum:* 8
- *grandiflórum* hort.: 12
5. **grandiflórum** L. (*J. officinále* f. *grandiflórum* (L.) Kobuski, *J. officinále* var. *grandiflórum* (L.) Stokes) ♄ D VI bis IX Ⓝ, Arab.? od. Him.?
6. **húmile** L.
'Revolutum' (var. *revolútum* (Sims)

Stokes, *J. revolútum* Sims)
f. **wallichiánum** (Lindl.) P.S. Green (var. *glábrum* (DC.) Kobuski, *J. pubígerum* D. Don var. *glábrum* DC., *J. wallichiánum* Lindl.) ♄ i ⌂K VI bis VIII, Nepal
- *húmile* var. *glábrum:* 6
- *húmile* var. *revolútum:* 6
7. **mésnyi** Hance (*J. primulínum* Hemsl.) ♄ i ⌂K III–IV, W-China
8. **multiflórum** (Burm. f.) Andr. (*J. gracíllimum* Hook. f.) ♄ i § D ⌂W I–III, Ind.
9. **nítidum** Skan ♄ § i D ⌂W, Admiralitäts-Ins.
10. **nudiflórum** Lindl. - Winterjasmin ♄ XII–III, W-China, in Frankr. stellenweise eingebürg.
11. **odoratíssimum** L. ♄ D i VI–IX Ⓝ, Mad., Kanar.
12. **officinále** L., Iran bis Kaschm. u. China, in S-Eur. eingebürg.
f. **affíne** (Royle ex Lindl.) Rehd. (*J. affíne* Royle ex Lindl., *J. grandiflórum* hort. non L.) ♄ ⌂K VI - IX
f. **officinále** ♄ D ⌂K VI–IX Ⓝ
- *officinále* f. (var.) *grandiflórum:* 5
13. **párkeri** Dunn ♄ i ∧–⌂K VI, NW-Him.
14. **polyánthum** Franch. ♄ § D ⌂K VI–IX, W-China
- *primulínum:* 7
- *pubígerum* var. *glábrum:* 6
- *revolútum:* 6
15. **rex** Dunn ♄ ⌂W, SW-Thail.
16. **sámbac** (L.) Ait. ♄ § D ⌂K III–X Ⓝ, Ind., Ceyl.
- *simplicifólium:* 18
17. × **stephanénse** Lemoine (*J. beesiánum* × *J. officinále* f. *affíne*) ♄ § D ⌂K bis ∧ VI–VII
18. **volúbile** Jacq. (*J. simplicifólium* hort. non G. Forst.) ♄ § II–IV, Austral.
- *wallichiánum:* 6

Jateorhíza Miers - f. - *Menispermáceae*
1. **palmáta** (Lam.) Miers (*J. colúmba* (Roxb.) Miers) ♄ § ⌂W Ⓝ, SO-Afr.

Játropha L. - f. - *Euphorbiáceae*
- *berlandiéri:* 1
1. **cathártica** Terán et Berland. (*J. berlandiéri* Torr.) ♄ ⌂W, Mex.
2. **cúrcas** L. - Purgiernuß ♃ ☠ (Samen) ⌂W Ⓝ, Mex., Berm. bis Chile, Parag.
- *mánihot: Mánihot* 4
3. **macrocárpa** Griseb. ♄ ⌂W, Arg.
4. **multífida** L. ♄ ⌂W ☠ (Samen) VII Ⓝ, Mex., Westind. bis Venez., Bras.
5. **podágrica** Hook. ♄ ☠ (Samen) ⌂W V bis VI, Guat., Nicar., Costa R., Pan.
- *úrens: Cnidóscolus* 1

Jeffersónia Barton - f. - *Berberidáceae*
1. **diphýlla** (L.) Pers. (*Podophýllum diphýllum* L.) ♃ △ V–VI, N-Am.: N. Y. u. Ont. bis Minn., südl. bis Maryl. u. Alab.
- *dúbia: Plagiorhégma* 1

Jensenobótrya Herre - f. - *Aizoáceae*
1. **lossowiána** Herre ♃ ⌂K, Namib.

Jiménsia: Bletílla

Joannésia Vell. - f. - *Euphorbiáceae*
1. **prínceps** Vell. ♄ ⌂K Ⓝ, Venez., N-Bras.

Jonopsídium (DC.) Rchb. (*Inopsídium* Walp.) - n. - *Crucíferae*
Scheinveilchen
1. **acaūle** (Desf.) Rchb. ⊙ VI–VII, Port.

Jovellána Ruiz et Pav. - f. - *Scrophulariáceae*
1. **punctáta** Ruiz et Pav. (*Calceolária punctáta* (Ruiz et Pav.) Vahl) ♄ i ⌂K VI–VII, S-Chile
2. **sinclāirii** (Hook.) Kraenzl. (*Calceolária sinclāirii* Hook.) ♄ i ⌂W VI–VII, Neuseel.
3. **violácea** (Cav.) G. Don (*Calceolária violácea* Cav.) ♄ i ⌂W VII–VIII, Chile

Jovibárba (DC.) Opiz (*Diopógon* Jord. et Fourr.) - f. - *Crassuláceae*
1. **alliónii** (Jord. et Fourr.) D.A. Webb (*Sempervívum alliónii* (Jord. et Fourr.) Nym., *Diopógon alliónii* Jord. et Fourr., *D. hírtus* ssp. *alliónii* (Jord. et Fourr.) H. Huber) ♃ i △ VII ▽, SW-Alp.
2. **arenária** (W.D.J. Koch) Opiz (*Sempervívum arenárium* W.D.J. Koch, *Diopógon hírtus* ssp. *arenárius* (W.D.J. Koch) H. Huber) ♃ i △ VIII ▽, O-Alp., im Fichtelgebg. eingebürg.
3. **heuffélii** (Schott) Á. et D. Löve (*Sempervívum pátens* Griseb. et Schenk, *S. heuffélii* Schott, *Diopógon heuffélii* (Schott) H. Huber) ♃ △ VIII ▽, SO-Eur.
4. **hírta** (L.) Opiz (*Sempervívum hírtum* L., *Diopógon hírtus* (L.) H.P. Fuchs

ex H. Huber) ♃ i △ VIII ▽, O-Alp., Karp., Ung., Dalm., Alban.
5. **sobolífera** (Sims) Opiz (*Sempervívum soboliferum* Sims, *Diopógon hírtus* ssp. *boreális* H. Huber) ♃ i △ VII ▽, M- u. O-Eur.

Juanullóa Ruiz et Pav. – f. – *Solanáceae*
1. **aurantíaca** Otto et A. Dietr. ♄ i ⓦ VI bis X, Peru

Jubaea H. B. K. – f. – *Pálmae*
Honigpalme
1. **chiléensis** (Mol.) Baill. (*J. spectábilis* H. B. K.) ♄ ⓚ, Chile

Júglans L. – f. – *Juglandáceae*
Nußbaum
1. **ailantifólia** Carr.
var. **ailantifólia** (*J. sieboldiána* Maxim. non Goepp., *J. cordifórmis* var. *ailantifólia* (Carr.) Rehd.) ♄ ⓝ, Jap.
var. **cordifórmis** (Mak.) Rehd. (*J. cordifórmis* Maxim. non Wangenh., *J. sieboldiána* var. *cordifórmis* Mak.) ♄ ⓝ, Jap.
– *califórnica* var. *híndsii:* 3
2. **cinérea** L. – Butternußbaum ♄ ⓝ, N-Am.: N. Brunsw. bis N-Dak., südl. bis S-Carol., Georg. u. Ark.
– *cordifórmis:* 1
– *cordifórmis* var. *ailantifólia:* 1
– *glábra: Cárya* 2
– *honórei:* 6
3. **híndsii** (Jeps.) Jeps. ex R.E. Sm. (*J. califórnica* S. Wats. var. *híndsii* Jeps.) ♄ ⓚ ⓝ, M-Kalif., im übrigen Kalif. eingebürg.
4. **mandshúrica** Maxim. ♄ ⓝ, Mandsch., Amur, Ussuri
5. **microcárpa** Berland. (*J. rupéstris* Engelm. ex Torr.) ♄–♄ ⓝ, USA: Kans., Okla., Tex., New Mex.; NO-Mex.
6. **neotrópica** Diels (*J. honórei* Dode) ♄ ⓚ ⓝ, Anden S-Am., von Venez. bis Peru u. Bol.
7. **nígra** L. – Schwarznußbaum ♄ ⓝ, N-Am.: Mass. bis Ont. u S-Dak., südl. bis Georg., Flor. u. Tex.
8. **régia** L. – Walnußbaum
ssp. **fállax** (Dode) Popov ♄ ⓝ, M-As.
ssp. **kamaónica** (C. DC.) Mansf. ♄ ⓝ, Nordwestl. M-Him.
ssp. **régia** ♄ ⓝ, Balk., Vord. As., im übrigen Eur. oft eingebürg.
ssp. **turcománica** Popov ♄ ⓝ, Turkest.
– *rupéstris:* 5
– *sieboldiána:* 1
– *sieboldiána* var. *cordifórmis* 1
9. **stenocárpa** Maxim. ♄, Mandsch.

Júncus L. – m. – *Juncáceae*
Binse
1. **articulátus** L. (*J. lampocárpus* Ehrh. ex Hoffm.) ♃ ≈ VII–X, Eur., N-As., Med., N-Afr., N-Am.: Neufundl. bis Br. Kol., südl. bis N. Jers., W-Virg., Minn. u Oreg., in S-Afr., SO-As., S-Austral. u. Neuseel. eingebürg.
2. **bufónius** L. – Krötenbinse ⊙ VI–IX, Fast Kosmopol. besond. in der nördl. u. südl. gem. Zone
3. **castáneus** Sm. ♃ △ VI–VII, Alp.: Österr., Schw., N-Ital.; Hohe Tatra, Schottl., Fennoskand., arkt. Rußl., NW- u. M-Ural, N-As., N-Am.: arkt. Gebiete, südl. bis Queb., N-Manit., Rocky Mount. bis New Mex.
4. **compréssus** Jacq. ♃ ≈ VI–IX, Eur., W-As., Med., N-Afr., O-Kan.: Neufundl. bis Ont.
– *decípiens:* 5
5. **effúsus** L. (*J. decípiens* (Buchenau) Nakai) ♃ ≈ VI–VIII, Fast Kosmopol. (fehlt in Austral. u. Neuseel.)
'Spiralis' ♃ ≈ ∧– ⓚ
– *glaúcus:* 6
6. **infléxus** L. (*J. glaúcus* Ehrh. ex Sibth.) ♃ ≈ VI–VIII, Eur., nördl. bis Schottl., Skand. u. N-Rußl., östl. bis Vord. As., M-As. u. Him., südl. bis NW-Afr. u. Kanar., isoliert in Java, Ceyl., S-Iran u. S-Afr., eingebürg. in Neuseel. u. im nordöstl. N-Am.
– *lampocárpus:* 1

Juníperus L. – f. – *Cupressáceae*
Wacholder
1. **chinénsis** L. (*J.* × *média* Van Melle) ♄–♄ IV-V, Jap., China, Mongol.
(Mit vielen Sorten mit oft lateinischen Namen wie 'Aurea', 'Pfitzeriana', 'Plumosa' u. a.)
2. **commúnis** L. – Wacholder
ssp. **alpína** (Sm.) Čelak. (*J. sibírica* Burgsd., *J. nána* Willd., ssp. *nána* (Willd.) Syme, var. *montána* Ait., var. *nána* (Willd.) Baumg., var. *saxátilis* auct. non (Pall.) Willd., var. *alpína* Sm.) – Zwergwacholder ♄ VII bis VIII, N-Eur., Span., Sard., Alp.,

Sudet., Karp., Balk., N-As., N-Am.: Grönl. bis Alaska, südl. bis Maine, Wisc., Wyom. u. Kalif.
(Mit vielen Sorten mit oft lateinischen Namen wie 'Compressa', 'Minima', 'Repanda' u. a.)
ssp. **commúnis** (var. *erécta* Pursh) ♄ bis ♄ IV-V ⓦ Off. ▽, Eur., N-, M- u. W-As., N-Am.: Maine bis Manit., südl. bis Maryl., Georg., Ill., Nebr.
ssp. **depréssa** (Pursh) Franco (var. *depréssa* Pursh, *J. depréssa* (Pursh) Raf.) ♄ ⟿ N-Am.: Neufundl. bis Alb., südl. bis N. Jers., Virg., N-Carol., Ohio, Minn., Mont., Id.
ssp. **hemisphǣrica** (J. S. et K. B. Presl) Nym. (*J. hemisphǣrica* J. S. et K. B. Presl, var. *hemisphǣrica* (J. S. et K. B. Presl) Parl.) ♄, S-Eur., Alger.
- *commúnis* ssp. (var.) *nána:* 2
- *commúnis* var. *alpína:* 2
- *commúnis* var. *depressa:* 2
- *commúnis* var. *erécta:* 2
- *commúnis* var. *hemisphǣrica:* 2
- *commúnis* var. *montána:* 2
- *commúnis* var. *saxátilis:* 2
3. **conférta** Parl. (*J. litorális* Maxim.) ♄ ⟿ △, Jap., Sachal.
- *depréssa:* 2
4. **drupácea** Labill. (*Arcēuthos drupácea* (Labill.) Ant. et Kotschy) ♄ Ⓚ, Griech., Kl. As., Syr.
- *hemisphǣrica:* 2
5. **horizontális** Moench (*J. prostráta* Pers., *J. virginiána* var. *prostráta* (Pers.) Torr.) - Kriechwacholder ♄ ⟿ △, N-Am.: Neufundl. bis Alaska, südl. bis Maine, Minn., Color., Wyom. u. Mont.
(Mit einigen Sorten mit lateinischen Namen wie 'Douglasii', 'Glauca', 'Prostrata' u. a.)
- *litóralis:* 3
6. **lucayána** Britt. ♄ Ⓚ, Westind.
- *macrocárpa:* 7
- × *média:* 1
- *nána:* 2
7. **oxýcedrus** L.
ssp. **macrocárpa** (Sm.) Ball (*J. macrocárpa* Sm.) ♄-♄ Ⓚ ⓦ, S-, SO-Span., Med., Bulg., Vord. As.
ssp. **oxýcedrus** - Baumwacholder ♄ bis ♄ Ⓚ ▽ Off., S-Eur., Med., bis Kauk. u. Iran
8. **phoenícea** L. ♄-♄ Ⓚ ⓦ, Port., Med.
9. **procéra** Hochst. ex Endl. ♄ Ⓚ ⓦ, Abess., Usamb., Kenia, Tans., Moz., Zimb.
- *prostráta:* 5
10. **recúrva** Buch.-Ham. ex D. Don ♄-♄, Sikk. bis Bhut., SW-China
11. **rígida** Sieb. et Zucc. ♄ ∧- Ⓚ, Jap., Korea, N-China
12. **sabína** L. - Sadebaum ♄ ☠ IV-V Off., Alp., Tatra, Karp., südeur. Gebg., SO-Rußl., Kauk., N-Iran, W-Sib., M-As.
(Mit einigen Sorten, z. T. mit lateinischen Namen wie 'Cupressifolia' und 'Tamariscifolia')
13. **scopulórum** Sarg. ♄ ⓦ, N-Am.: N-Dak. u. Alb. bis Br. Kol., südl. bis Nebr., Color., Tex., New Mex., Ariz., Nev. u. Wash.
- *sibírica:* 2
14. **squamáta** Lamb. ♄, Him., W- u. M-China, Taiw. (Mit einigen Sorten, z. T. mit lateinischen Namen wie 'Meyeri' und 'Wilsonii')
15. **thurífera** L. ♄ Ⓚ, Span., Pyren., W-Alp., Kors., W-Med., N-Afr.
16. **virginiána** L. ♄-♄ ☠ IV-V ⓦ, N-Am.: Maine bis Queb., Ont. u. S-Dak., südl. bis Georg., Flor. u Tex.
(Mit vielen Sorten, z. T. mit lateinischen Namen wie 'Fastigiata', 'Glauca', 'Pendula', 'Tripartita', u. a.)
- *virginiána* var. *prostráta:* 5

Júno: Íris
- *āucheri: Íris* 4

Jurínea Cass. - f. - *Compósitae*
Bisamdistel, Silberscharte
1. **aláta** (Desf.) Cass. (*Cárduus móllis* hort.) ♃ VI-VII, Kauk.
2. **cyanoídes** (L.) Rchb. ♃ VII-VIII ▽, M-Eur., Rußl. bis 58° N, W-As.
3. **depréssa** (Stev.) C. A. Mey. (*Serrátula depréssa* Stev.) ♃ D △ VII-VIII, Kl. As., Kauk.

Jussiǣa: Ludwígia + sp. 3, 4, 7, 9

Justícia L. - f. - *Acantháceae*
1. **brandegeána** Wasshausen et L. B. Sm. (*Belopérone guttáta* T. S. Brandeg.) ♄ Ⓦ fast I-XII, NO-Mex., in Flor. eingebürg.

– *calycótricha: Schauéria* 1
– *cárnea: Jacobínia* 1
– *carthaginénsis: Belopérone* 2
2. **cydoniifólia** (Nees) Lindau (*Adhatóda cydoniifólia* Nees) ♄ § ⌂W, Bras.
– *ghiesbreghtiána: Jacobínia* 2
– *pauciflóra: Jacobínia* 3
– *pícta: Graptophýllum* 1
– *rizzínii: Jacobínia* 3
– *sanguinolénta: Cryptophrágmium* 2
– *venústa: Cryptophrágmium* 3

Juttadintéria Schwant. – f. – *Aizoáceae*
1. **desertícola** (Marl.) Schwant. ♃ ⌂K, Namib.

Kadsúra Juss. – f. – *Schisandráceae*
1. **japónica** (L.) Dun. ♄ i § & ⌂K VII–XI, Jap., China, Taiw.

Kaempféria L. – f. – *Zingiberáceae* Gewürzlilie
1. **galánga** L. ♃ D ⌂W VI–VIII ®, Ind.
2. **gilbértii** Bull ♃ ⌂W VII–VIII, Ind.
3. **ornáta** N. E. Br. ♃ ⌂W, Born.
– *panduráta: Boesenbérgia* 1
4. **roscoeána** Wall. ♃ ⌂W VII–IX, Burma
5. **rotúnda** L. ♃ D ⌂W VI–VIII ®, SO-As., genaue Herkunft unbek.
6. **vittáta** N. E. Br. ♃ ⌂W, Sum.

Kalánchoë Adans. (einschl. *Bryophýllum* Salisb. und *Kitchíngia* Bak.) – f. – *Crassuláceae*
1. **beauvérdii** Hamet (*K. scándens* Perr. de la Bâthie, *Bryophýllum scándens* (Perr. de la Bâthie) Berger) ♃ § ⌂K, Madag.
2. **beharénsis** Drake ♄ ⌂K, S-Madag.
3. **béntii** C.H. Wright ex Hook. f. (*K. teretifólia* Defl. non Haw.) ♄ ⌂K IV bis V, S-Arab.
4. **blossfeldiána** v. Poelln. – Flammendes Käthchen ♄ ⌂K ▽ II–V, Madag.
– *cárnea:* 12
– *coccínea:* 12
5. **crenáta** (Andr.) Haw. (*K. íntegra* (Medik.) O. Kuntze var. *crenáta* (Andr.) Cuf.) ♄ ⌂K V–VI, Trop. Afr., Mal. Arch.
– *crenáta* (Bak.) Hamet: 13
6. **daigremontiána** Hamet et Perr. de la Bâthie (*Bryophýllum daigremontiánum* (Hamet et Perr. de la Bâthie) Berger) ♃ ⌂K, SW-Madag.
– *dýeri:* 24
7. **flámmea** Stapf ♃ ⌂K XII, Somalia
8. **globulífera** Perr. de la Báthie ♃ ⌂K, Madag.
– *grandiflóra* A. Rich.: 16
9. **grandiflóra** Wight et Arn. ♄ ⌂K V, O-Afr., Vorderind.
10. **-Hybriden** ♄ ▽ ✂ ⌂K I–XII
– *íntegra* var. *crenáta:* 5
11. × **kewénsis** hort. (*K. béntii* × *K. flámmea*) ♄ ⌂K
12. **laciniáta** (L.) DC. (*K. spathuláta* DC., *K. cárnea* N. E. Br., *K. coccínea* Welw., *Cotylédon laciniáta* L.) ♄ ⌂K V–VI, W-, O- u. S-Afr., Jem., Vorderind., Sunda, Bras.
13. **laxiflóra** Bak. (*Bryophýllum crenátum* Bak., *K. crenáta* (Bak.) Hamet non (Andr.) Haw.) ♃ ⌂K I–III, Madag.
14. **longiflóra** Schlechter ex J.M. Wood ♃ ⌂K, S-Afr.: Nat.
– *macrántha:* 16
15. **mangínii** Hamet et Perr. de la Bâthie ♃ ⇝ § ⌂K II–III, S-Madag.
16. **marmoráta** Bak. (*K. grandiflóra* A. Rich. non Wight et Arn., *K. macrántha* Bak.) ♃ ⌂K I–VI, Somalia, Abess., Sudan, Kenia, Kongo
17. **miniáta** Hilsenb. et Boj. ♄ ⌂K, Madag.
18. **orgyális** Bak. ♄ ⌂K, Madag.
19. **peltáta** (Bak.) Baill. (*Kitchíngia peltáta* Bak.) ♄ ⌂K, Abess.
20. **petitiána** A. Rich. ♄ ⌂K, Abess.
21. **pinnáta** (Lam.) Pers. (*Bryophýllum pinnátum* (Lam.) Oken, *B. calýcinum* Salisb.) – Brutblatt ♃ ⌂K, Heimat ungewiß, in vielen trop. u. subtrop. Gebieten verbr.
22. **porphyrócalyx** (Bak.) Baill. (*Kitchíngia porphyrócalyx* Bak., *Bryophýllum porphyrócalyx* (Bak.) Berger) ♄ i ⌂K, M-Madag.
23. **prolífera** (Bowie) Hamet (*Bryophýllum prolíferum* Bowie) ♃ ⌂K, M-Madag.
24. **quartiniána** A. Rich. (*K. dýeri* N. E. Br.) ♃ ⌂K I–III, Malawi, Abess.
25. **rotundifólia** (Haw.) Haw. ♃ ⌂K XII bis IV, Kap, Sokot.
– *scándens:* 1
26. **schizophýlla** (Bak.) Baill. (*Kitchíngia schizophýlla* Bak.) ♃ § ⌂K, M-Madag.
27. **somaliénsis** Hook. f. non Bak. ♃ ⌂K

IV–V, O-Afr.
- *spathuláta:* 12
- *teretifólia:* 3
28. **thyrsiflóra** Harv. ♃ ⌂ IV–V, Kap, Transv.
29. **tomentósa** Bak. ♄ ⌂, M-Madag.
30. **tubiflóra** (Harv.) Hamet (*Bryophýllum tubiflórum* Harv.) ♃ ⌂, S-Madag.
31. **uniflóra** (Stapf) Hamet (*Bryophýllum uniflórum* (Stapf) Berger, *Kitchíngia uniflóra* Stapf) ♃ ⌂, Madag.
32. **velutína** Welw. ex Britten ♃ ⌂, Angola, Kongo, Malawi, Tans., Sansib.

Kalímeris (Cass.) Cass. (*Calímeris* Nees) - f. - *Compósitae*
1. **incísa** (Fisch.) DC. (*Áster incísus* Fisch., *Calímeris integrifólia* hort.) ♃ VII–IX, Jap., Korea, Mandsch., N-China, Sib.

Kálmia L. - f. - *Ericáceae*
Lorbeerrose
1. **angustifólia** L. ♄ i ☠ VI–VII, N-Am.: Labr. bis Manit., südl. bis Virg., Georg. u. Mich., in Deutschl. u. NW-Engl. eingebürg.
2. **latifólia** L. - Berglorbeer ♄ i ☠ V–VI, N-Am.: N. Brunsw. bis Ont., Ohio, Indiana u. Tenn., südl. bis Georg., Flor. u. Louis.
3. **polifólia** Wangenh. ♄ i V–VI ☠, N-Am.: Labr. u. Huds. Bay bis Alaska, südl. bis N. Jers., Minn., Id. u. Oreg., in SO-Engl. eingebürg.

Kalópanax Miq. - m. - *Araliáceae*
1. **píctus** (Thunb. ex Murr.) Nakai (*Ácer píctum* Thunb. ex Murr., *A. septémlobum* Thunb. ex Murr., *K. septémlobus* (Thunb. ex Murr.) Koidz., *Acanthópanax ricinifólius* (Sieb. et Zucc.) Seem.) ♄–♄ VII bis VIII, Jap., S-Kuril., Sachal., Korea, Mandsch., China, Ussuri

Kaulfússia amelloídes: Charíeis 1

Kedróstis Medik. - f. - *Cucurbitáceae*
1. **africána** (L.) Cogn. ♃ ⌇ ⌂, S-Afr., Namib.

Kennédia Vent. - f. - *Leguminósae*
1. **coccínea** Vent. ♄ i ⌇ ⌂ IV–IX, W-Austral.
- *comptoniána: Hardenbérgia* 1
2. **macrophýlla** Benth. ♄ ⌇ i ⌂, W-Austral.
- *monophýlla: Hardenbérgia* 2
3. **nígricans** Lindl. ♄ ⌇ ⌂ V–VI, W-Austral.
4. **prostráta** R. Br. ♄ ⌂ IV–VI, Austral., Tasm.
5. **rubicúnda** (Schneev.) Vent. ♄ ⌇ ⌂ IV bis VI, O-Austral.

Kensítia Fedde - f. - *Aizoáceae*
1. **pillánsii** (Kensit) Fedde ♄ ⌂, Kap

Kéntia baueri: Rhopalostýlis 1
- *belmoreána: Hóweia* 1
- *forsteriána: Hóweia* 2
- *macarthúrii: Ptychospérma* 2
- *mooreána: Lepidórhachis* 1
- *sápida: Rhopalostýlis* 2

Kentiópsis macrocárpa: Chambeyrónia 1

Kentránthus: Centránthus

Kérnera Medik. - f. - *Crucíferae*
Kugelschötchen
1. **saxátilis** (L.) Sweet (*Cochleária saxátilis* L., *K. myagródes* Medik.) ♃ △ VI–VII, Gebg. S- u. M-Eur.

Kérria DC. - f. - *Rosáceae*
Kerrie
1. **japónica** (L.) DC. ♄ IV–V, W- u. M-China, in der Schw. u. W-Rußl. eingebürg. (Mit einigen Sorten)

Keteleeria Carr. - f. - *Pináceae*
1. **davidiána** (Bertrand) Beissn. ♄ ⌂ Ⓝ, W-China
2. **fortúnei** (A. Murr.) Carr. ♄ ⌂, SO-China

Kháya A. Juss. - f. - *Meliáceae*
1. **anthothéca** (Welw.) C. DC. - „Acajou blanc" ♄ ⌂ Ⓝ, W- u. M-Afr.
2. **grandifolíola** C. DC. ♄ ⌂ Ⓝ, Trop. W-Afr.
3. **ivorénsis** A. Chev. ♄ ⌂ Ⓝ, Trop. W-Afr.
4. **nyásica** Stapf ex Bak. f. ♄ ⌂ Ⓝ, Kamer., Sambia, Zimb., Katanga
5. **senegalénsis** (Desr.) A. Juss. - „Acajou Cailcedrat", Gambia-Mahagoni ♄ ⌂ Ⓝ, Trop. W- u. M-Afr.

Kigélia DC. - f. - *Bignoniáceae*
1. **africána** (Lam.) Benth. (*K. pinnáta* (Jacq.) DC.) - Leberwurstbaum ♄ ⌂, Trop. Afr.

× **Kirchára** hort. (*Cattleya* × *Epidéndrum* × *Laelia* × *Sophronítis*) - f. - *Orchidáceae*

Kirengeshóma Yatabe - f. - *Saxifragáceae*

1. **palmáta** Yatabe ♃ VIII–IX, Jap.

Kitaibélia Willd. – f. – *Malváceae*
1. **vitifólia** Willd. ♃ VII–VIII, Jugosl.

Kitchíngia: Kalánchoë
- *peltáta: Kalánchoë* 19
- *porphyrócalyx: Kalánchoë* 22
- *schizophýlla: Kalánchoë* 26
- *uniflóra: Kalánchoë* 31

Kleínia: Senécio + sp. 2, 6, 7, 9, 12, 18, 19, 20, 24, 27, 33, 34, 35, 37, 39, 43, 46, 49, 50, 51, 52

Klúgia notoniána: Rhinchoglóssum 1

Knautia L. – f. – *Dispacáceae*
1. **arvénsis** (L.) Coult. (*Scabiósa arvénsis* L.) ♃ V–IX, Fast ganz Eur., W-Sib., Kauk., N-Afr., im nordöstl. N-Am. eingebürg.
2. **dipsacifólia** Kreutzer (*K. sylvática* auct. non (L.) Duby) ♃ VI–IX, Gebg. M-Eur. bis O-Belg. u. südl. M-Frankr.
3. **longifólia** (Waldst. et Kit.) W.D.J. Koch (*Scabiósa longifólia* Waldst. et Kit.) ♃ VII–VIII, S- u. O-Alp., O-Karp., westl. M-Balk.
4. **macedónica** Griseb. ♃ VII–VIII, M-Balk., SO-Rum.
5. **magnífica** Boiss. et Orph. ♃ VII-VIII, N- u. M-Griech.
- *sylvática:* 2

Kneiffia fruticósa: Oenothéra 7
- *púmila: Oenothéra* 10
- *tetragóna: Oenothéra* 13

Kniphófia Moench – f. – *Liliáceae* Fackellilie, Tritome
- *alooídes:* 11
1. **burchéllii** (Sw.) Kunth (*K. laxiflóra* Kunth, *Trítoma burchéllii* Sw.) ♃ ∧ bis Ⓚ, IX–X, Kap
2. **foliósa** Hochst. (*K. quartiniána* A. Rich.) ♃ Ⓚ VIII–IX, Abess.
3. **galpínii** Bak. ♃ ∧– Ⓚ IX-X, Transv., Nat.
4. **grácilis** Harv. ex Bak. ♃ Ⓚ VI–VIII, Nat.
5. **-Hybriden** ♃ ✂ ∧ VI–X
- *laxiflóra:* 1
6. **macowánii** (hort.) Bak. (*Trítoma macowánii* hort.) ♃ ✂ ∧ VII–IX, S-Afr.
7. **nelsónii** Mart. ♃ Ⓚ X, Oranjefreist.
8. **púmila** (Ait.) Kunth (*Trítoma púmila* (Ait.) Ker-Gawl.) ♃ ∧ – Ⓚ VIII, Zaire, Sudan, Abess., Uganda
- *quartiniána:* 2
9. **rúfa** Leichtl. ex Bak. ♃ ∧– Ⓚ VI bis VIII, Nat.
10. **túckii** Leichtl. ex Bak. ♃ ∧ VI–VII, Mittl. S-Afr.
11. **uvária** (L.) Hook. (*K. alooídes* Moench, *Trítoma uvária* (L.) Ker-Gawl.) ♃ ∧ ✂ VIII–IX, S-Afr.

Kóchia Roth – f. – *Chenopodiáceae*
1. **scopária** (L.) Schrad. (*Bássia scopária* (L.) A.J. Scott) – Besenkraut ⊙ VII–IX Ⓝ, S- u. O-Rußl., Vord. As., M- u. O-As., in M-, SW- u. S-Eur. sowie im pazif. N-Am. eingebürg.
   'Childsii' (var. *chíldsii* Kraus) ⊙ VII bis IX
   'Trichophylla' (var. *trichophýlla* (Voss) Boom) – Feuerbusch ⊙ ⁞ VIII bis IX

Koeléria Pers. – f. – *Gramíneae*
- *cristáta:* 2
1. **glaúca** (Schrad.) DC. (*Póa glaúca* Schkuhr non Vahl) ♃ △ VI–VII, M- u. O-Eur., W- u. M-As.
- *grácilis:* 2
2. **macrántha** (Ledeb.) Schult. (*K. grácilis* Pers., *K. cristáta* auct. non (L.) Pers.) ♃ V–VI (VIII), Kanar., Eur., As. (außer S), N-Am., Mex., And. Perus u. Bol.

Koellikéria Regel – f. – *Gesneriáceae*
1. **erinoídes** (DC.) Mansf. (*Achímenes erinoídes* DC., *A. agyrostígma* Hook., *K. argyrostígma* (Hook.) Regel) ♃ Ⓦ VII–VIII, Costa R. bis Arg.

Koelreutéria Laxm. – f. – *Sapindáceae* Blasenbaum
1. **paniculáta** Laxm. ♄ ✿ VII–VIII, Jap., Korea, China

Kohléria Regel – f. – *Gesneriáceae*
1. **amábilis** (Planch. et Lind.) Fritsch (*Tydaéa amábilis* Planch. et Lind., *Isolóma amábile* (Planch. et Lind.) hort. ex Bellair et St.-Léger, *Tydaéa cecíliae* André, *Isolóma bogoténse* var. *amábile* (Planch. et Lind.) Voss) ♃ Ⓦ IV–X, Kol.
2. **-Amabilis-Hybriden** ♃ ▽ Ⓦ V–X
3. **bogoténsis** (Nichols.) Fritsch (*Isolóma bogoténse* Nichols., *Tydaéa pícta* (Benth.) Decne., *Isolóma píctum* (Benth.) hort. non (Hook.) Decne. ex Planch.) ♃ Ⓦ VII–IX,

Kol.
4. -**Bogotensis-Hybriden** ♃ Ⓦ VII–IX
5. **digitaliflóra** (Lind. et André) Fritsch (*Sciadócalyx digitaliflóra* Lind. et André, *Isolóma digitaliflórum* (Lind. et André) hort. ex Bellair et St.-Léger) ♃ Ⓦ VIII–IX, Kol.
- *élegans: Moussónia* 1
6. **eriántha** (Benth.) Hanst. (*Isolóma eriánthum* (Benth.) Benth. ex Decne.) ♃ Ⓦ VIII–X, Kol.
7. -**Eriantha-Hybriden** ♃ Ⓦ VIII–IX
8. **hirsúta** (H. B. K.) Regel (*Isolóma hirsútum* (H. B. K.) Regel) ♄ Ⓦ VIII bis X, Kol., Venez., Guay., Trin.
9. **lindeniána** (Regel) H.E. Moore (*Tydǣa lindeniána* Regel, *Isolóma lindeniánum* (Regel) Nichols., *Gloxínia lindeniána* (Regel) Fritsch) ♃ Ⓦ IX bis X, Ek.
10. **ocelláta** (Hook.) Fritsch (*Tydǣa ocelláta* (Hook.) Regel, *Isolóma ocellátum* (Hook.) Benth. et Hook. f.) ♃ Ⓦ VII–IX, Kol.
11. -**Sciadotydaea-Hybriden** ♃ Ⓦ VII bis IX
12. **spicáta** (H. B. K.) Oerst. (*Isolóma spicátum* (H. B. K.) Decne., *K. wagéneri* Regel) ♃ Ⓦ VII–IX, Mex. bis Peru
- *wagéneri:* 12
13. **warscewíczii** (Regel) Hanst. ♃ Ⓦ VII–IX, Kol.

Kohlrǟuschia prolífera: Petrorhágia 1
- *saxífraga: Petrorhágia* 2

Kolkwítzia Graebn. - f. - *Caprifoliáceae*
1. **amábilis** Graebn. ♄ V–VI, Hupeh

Korolkówia sewerzówii: Fritillária 17
Krǟinzia: Mammillária
- *guelzowiána: Mammillária* 40
- *longiflóra: Mammillária* 54

Kraméria L. - f. - *Krameriáceae*
1. **triándra** Ruiz et Pav. - Ratanhia ♄ Ⓦ Off., Peru, Bol., Chile

Kummerówia stipulácea: Lespedéza 5
- *striáta: Lespedéza* 6

Kúnzea Rchb. - f. - *Myrtáceae*
1. **ambígua** (Sm.) Druce (*Leptospérmum ambíguum* Sm.) ♄ Ⓦ VIII–II, Austral.: Neusüdwal., Vict.; Tasm.
2. **báxteri** (Klotzsch) Schau. ♄ Ⓚ V, W-Austral.
3. **parvifólia** Schau. ♄ Ⓚ, Austral.: Neusüdwal., Vict.
4. **pomífera** F. v. Muell. ♄ Ⓚ, S-Austral. u. Vict.

Labísia malouiána: Ardísia 2
Láblab níger: Dólichos 1
- *purpúreus: Dólichos* 1
- *vulgáris: Dólichos* 1

\+ **Laburnocýtisus** Schneid. (*Labúrnum* + *Cýtisus*) - m. - *Leguminósae*
1. **adámii** (Poit.) Schneid. (*Labúrnum anagyroídes* + *Cýtisus purpúreus; Labúrnum adámii* (Poit.) Kirchner, *Cýtisus adámii* Poit.) ♄ VI

Labúrnum Fabr. - n. - *Leguminósae*
Goldregen
- *adámii:* + *Laburnocýtisus* 1
1. **alpínum** (Mill.) Bercht. et J.S. Presl (*Cýtisus alpínus* Mill.) ♄ - ♄ ☠ VI Ⓝ, Südl. M-Eur., Ital., W-Balk.
2. **anagyroídes** Medik. (*L. vulgáre* Bercht. et J.S. Presl, *Cýtisus labúrnum* L.) ♄–♄ ☠ V–VI Ⓝ, Frankr., Gebg. südl. M-Eur. u. Ital., W-Jugosl., in NW- u. im nördl. M-Eur. eingebürg.
(Dazu eine Reihe von Sorten)
- *vulgáre:* 2
3. × **watéreri** (Kirchner) Dipp. (*L. alpínum* × *L. anagyroídes*) ♄–♄ ☠ V bis VI

Lacǣna Lindl. - f. - *Orchidáceae*
1. **bícolor** Lindl. ♃ Ⓦ V–VI ∗, Mex., Guat.

Lachenália Jacq. f. - f. - *Liliáceae*
1. **aloídes** (L. f.) Aschers. et Graebn. (*Phórmium aloídes* L. f., *L. trícolor* Jacq.) ♃ ✂ Ⓚ I–III, Kap, Nat.
2. -**Aloides-Hybriden** (Darunter 'Aurea', 'Luteola', 'Nelsonii', 'Quadricolor' u. a.) ♃ ✂ Ⓚ I–III
3. **bulbífera** (Cyr.) Aschers. et Graebn. (*L. péndula* Soland.) ♃ ✂ Ⓚ I–III, S-Afr.
4. **contamináta** Soland. ♃ Ⓚ, S-Afr.
5. **frágrans** Jacq. ♃ D Ⓚ, S-Afr.
6. **glǟucina** Jacq. ♃ Ⓚ III–IV, Kap
7. **lilacína** Bak. ♃ Ⓚ II–III, S-Afr.
8. **liliiflóra** Jacq. ♃ Ⓚ II–III, S-Afr.
9. **mutábilis** Lodd. ♃ Ⓚ II–III, Nat.
10. **orchioídes** (L.) Soland. ♃ Ⓚ II–IV, Kap

11. **orthopétala** Jacq. ♃ ⓚ, S-Afr.
12. **pállida** Soland. ♃ ⓚ V, S-Afr.
- *péndula:* 3
13. **purpureocaerúlea** Jacq. ♃ ⓚ III–IV, S-Afr.
14. **pustuláta** Jacq. ♃ ⓚ II–III, S-Afr.
15. **refléxa** Thunb. ♃ ⓚ II–III, S-Afr.
16. **rúbida** Jacq. ♃ ⓚ IX, Kap
- *trícolor:* 1
17. **unícolor** Jacq. ♃ ⓚ VIII, S-Afr.
18. **unifólia** Jacq. ♃ ⓚ III, S-Afr.

Lactúca L. – f. – *Compósitae*
Lattich
- *alpína: Cicérbita* 1
- *bourgǽi: Cicérbita* 2
- *plumiéri: Cicérbita* 4
1. **satíva** L. – Salat, Lattich, Heimat unsicher (Ägypt., W-As.?)
var. **angustána** hort. ex L. H. Bailey (var. *asparágina* L. H. Bailey) – Spargelsalat ⊙ Ⓝ
var. **capitáta** L. (ssp. *capitáta* (L.) Alef.) – Kopfsalat ⊙ Ⓝ
var. **críspa** L. (convar. *secalína* Alef.) – Blattsalat, Schnittsalat, Pflücksalat ⊙ Ⓝ
var. **longifólia** Lam. (convar. *longifólia* (Lam.) Alef.) – Römischer Salat, Bindesalat ⊙ Ⓝ
- *satíva* convar. *longifólia:* 1
- *satíva* convar. *secalína:* 1
- *satíva* ssp. *capitáta:* 1
- *satíva* var. *asparágina:* 1
- *scaríola:* 2
2. **serríola** L. (*L. scaríola* L.) – Wilder Lattich, Stachelsalat, Kompaßpflanze, Eur., Vord. As., M-As., N-Ind., Mad., Kanar., Alger., Abess., in N-Am. eingebürg.
f. **integrifólia** Bogenh. ⊙–⊙ Ⓝ
f. **serríola** ⊙–⊙
3. **virósa** L. – Giftlattich ⊙–⊙ ☠ VII bis IX Ⓝ, S-, W- u. M-Eur., W-As., N-Afr.

Lǽlia Lindl. – f. – *Orchidáceae*
- *acumináta:* 20
1. **álbida** Batem. ♃ ⓦ XII–I ✻, Mex.
2. **ánceps** Lindl. ♃ ⓦ XII–II ✻, Mex., Hond. (Sortenreiche Art)
3. **autumnális** Lindl. ♃ ⓦ XI–I ✻, Mex.
- *boothiána:* 13
4. **cinnabárina** Lindl. ♃ ⓦ II–V ✻, Bras.
5. **críspa** (Lindl.) Rchb. f. ♃ ⓦ VII bis VIII ✻, Bras.: Rio de Jan., Minas Gerais
6. **crispáta** (Thunb.) Garay (*L. rupéstris* (Rchb. f.) Lindl.) ♃ ⓦ ✻, Bras.
7. **crispilábia** A. Rich. ex Warner ♃ ⓦ VII–VIII ✻, Bras.
8. **fláva** Lindl. ♃ ⓦ V–VI ✻, Bras.: Minas Gerais
9. **furfurácea** Lindl. ♃ ⓦ IX–XI ✻, Mex.
- *grándis* var. *tenebrósa:* 22
10. **harpophýlla** Rchb. f. ♃ ⓦ II–III ✻, Bras.: Espirito, Minas Gerais
11. **-Hybriden** ♃ ⓦ
12. **jongheána** Rchb. f. ♃ ⓦ II–IV ✻, Bras.: Minas Gerais
13. **lobáta** (Lindl.) Veitch (*L. boothiána* Rchb. f.) ♃ ⓦ IV–V ✻, Bras.: Rio de Jan., São Paulo
14. **lóngipes** Rchb. f. ♃ ⓦ VII ✻, Bras.: Minas Gerais
15. **lúndii** (Rchb. f. et Warm.) Cogn. ♃ ⓦ ✻, Bras.
- *majális:* 21
16. **mílleri** Blumensch. ♃ ⓦ V–VI ✻, Bras.: Minas Gerais
17. **perrínii** (Lindl.) Lindl. ♃ ⓦ IX–X ✻, Bras.
18. **púmila** (Hook.) Rchb. f. ♃ ⓦ IX-X ✻, Bras.
(Sortenreiche Art)
19. **purpuráta** Lindl. ♃ ⓦ V–VI ✻, Bras.
(Sortenreiche Art)
20. **rubéscens** Lindl. (*L. acumináta* Lindl.) ♃ ⓦ XI–I ✻, Mex., bis Pan.
- *rupéstris:* 6
21. **speciósa** (H. B. K.) Schlechter (*L. majális* Lindl.) ♃ ⓦ IV–V ✻, Mex.
- *supérbiens: Schombúrgkia* 2
22. **tenebrósa** (Gower) Rolfe (*L. grándis* Lindl. et Paxt. var. *tenebrósa* Gower) ♃ ⓦ V–VII ✻, Bras.: Bahia, Espirito
23. **xánthina** Lindl. ♃ ⓦ V–VI ✻, Bras.: Espirito, Bahia

× *Laeliobrassocattlēya:* × *Brassolaeliocattlēya*
× **Laeliocattkéria** hort. (*Barkéria* × *Cattlēya* × *Lǽlia*) – f. – *Orchidáceae*
× **Laeliocattlēya** Rolfe (*Cattlēya* × *Lǽlia;* × *Catlǽlia* hort.) – f. – *Orchidáceae*
× *Laeliodéndron:* × *Epilǽlia*

× **Laeliopleya** hort. (*Cattleya* × *Laeliópsis*) - f. - *Orchidáceae*
Laeliópsis Lindl. et Paxt. - f. - *Orchidáceae*
1. **domingénsis** Lindl. (*Broughtónia domingénsis* (Lindl.) Rolfe) ♃ ⌂ IV bis VI ∗, Bahama, Dom. Rep.

× **Laelónia** hort. (*Brougtónia* × *Laelia*) - f. - *Orchidáceae*
× **Laeópsis** hort. (*Laelia* × *Laeliópsis*; × *Liaópsis* hort., × *Opsilaelia* hort.) - f. - *Orchidáceae*
Lafoénsia Vand. - f. - *Lythráceae*
1. **punicifólia** DC. ♄ ⌂ ⓦ, Mex. bis nördl. S-Am.

Lagarosíphon Harv. - m. - *Hydrocharitáceae*
1. **madagascaríensis** Casp. ♃ ≈ ⌂, Madag.
2. **májor** (Ridl.) Moss (*L. muscoídes* Harv. var. *májor* Ridl., *Elódea críspa* hort.) ♃ ≈ ⌂ - ⌂, S-Afr., eingebürg. in Neuseel., N-Ital., NW-Frankr., Engl.
- *muscoídes* var. *májor:* 2

Lagenándra Dalzell - f. - *Aráceae*
1. **ováta** (L.) Thwaites ♃ ⁓ ☠ ⌂, Ceyl. bis S-Ind.

Lagenária Ser. - f. - *Cucurbitáceae*
Flaschenfrucht
1. **sicerária** (Mol.) Standl. (*Cucúrbita siceréria* Mol., *C. lagenária* L., *L. vulgáris* Ser.) - Flaschenkürbis, Kalebasse ⊙ ⌇ D ⊗ ⌂ VI-IX ⓦ, Altweltl. Trop., sonst angeb.
(Mit vielen z.T. lateinische Namen tragende Sorten wie 'Clavata', 'Gourda', 'Pyrotheca', 'Rotunda' u.a.)
- *siceréria* var. *híspida: Benincása* 1

Lagenocárpus Nees - m. - *Cyperáceae*
1. **rígidus** Nees ♃ ✂ ⌂, Bras.

Lagerstroemia L. - f. - *Lythráceae*
1. **índica** L. ♄-♄ ⌂ VIII-X, China, Korea, als Zierstrauch in all. trop. u. subtrop. Ländern
2. **speciósa** (L.) Pers. - „Bang-Lang" ♄ ⌂ ⓦ, Trop. As.

Lagótis Gaertn. - f. - *Scrophulariáceae*
1. **stolonífera** (K. Koch) Maxim. (*Gymnándra stolonífera* K. Koch) ♃ ⁓ △ VI-VII, Kauk.

Lagunária (DC.) Rchb. - f. - *Malváceae*
1. **patersónii** (Andr.) G. Don ♄ i ⌂, O-Austral., Lord-Howe-Ins., Norf.-Ins.

Lagúrus L. - m. - *Gramíneae*
Hasenschwanzgras, Sammetgras
1. **ovátus** L. ⊙-⊙ VI-VIII, Med., Makarones.

Lallemántia Fisch. et C.A. Mey. - f. - *Labiátae*
1. **canéscens** (L.) Fisch. et C.A. Mey. (*Dracocéphalum canéscens* L.) ⊙-⊙ VII-IX, Kl. As., Transkauk., Iran
2. **ibérica** (M. B.) Fisch. et C.A. Mey. (*Dracocéphalum ibéricum* M. B). ⊙ bis ⊙ VII-VIII ⓦ, Kl. As., Kauk. bis Iran, Irak u. Turkest.
3. **peltáta** (L.) Fisch. et C.A. Mey. (*Dracocéphalum peltátum* L.) ⊙ VII bis VIII, Kl. As., Kauk. bis Iran, Irak u. Turkest.
4. **royleána** (Benth.) Benth. (*Dracocéphalum royleánum* Benth.) ⊙ VII bis VIII ⓦ, Iran, Afgh., Pak. bis M-As. u. W-China

Lamárckia Moench corr. Koel. - f. - *Gramíneae*
1. **aurea** (L.) Moench (*Chrysúrus cynosuroídes* Pers., *Cynosúrus aureus* L.) ⊙ VII-VIII, Kanar., Med., Port., Abess.

Lamiástrum Heist. ex Fabr. (*Galeóbdolon* Adans.) - n. - *Labiátae*
1. **galeóbdolon** (L.) Ehrend. et Polatsch. (*Lámium galeóbdolon* L., *Lámium lúteum* (Huds.) Krock., *Galeóbdolon lúteum* Huds.) - Goldnessel ♃ ⁓ V - VII, Eur., Vord. As.

Lámium L. - n. - *Labiátae*
Taubnessel
1. **álbum** L. ♃ V-VIII, Fast ganz Eur., W-As. bis Him., Jap.
2. **amplexicaule** L. ⊙ IV-VIII, Eur., Vord. As., Med., N-Afr., Kanar., in N-Am. eingebürg.
- *galeóbdolon: Lamiástrum* 1
- *lúteum: Lamiástrum* 1
3. **maculátum** L. ♃ VI-VIII, Eur., nördl. bis N-Deutschl. u. nördl. M-Rußl., Kl. As., N-Iran
4. **orvála** L. - Nesselkönig ♃ V-VI, N-Ital. u W-Österr. bis W-Jugosl. u. S-Ung.
5. **purpúreum** L. ⊙ III-X, Eur. bis Kl. As., Syr., Med., N-Afr., im östl. N-

Am. eingebürg.

Lamprànthus N. E. Br. – m. – *Aizoáceae*
1. **aurantíacus** (DC.) Schwant. ♄ ⌂W VII–IX, Kap
2. **a̅u̅reus** (L.) N. E. Br. ♄ ⌂K VII–IX, Kap
3. **blándus** (Haw.) Schwant. ♄ ⌂K VII bis IX, Kap
4. **brównii** (Hook. f.) N. E. Br. ♄ ⌂K VII bis IX, Kap
5. **conspícuus** (Haw.) N. E. Br. ♄ ⌂W VII bis IX, Kap
6. **falcátus** (L.) N. E. Br. ♄ D ⌂K VII–IX, Kap
7. **glomerátus** (L.) N. E. Br. ♄ ⌂K VII bis IX, Kap
8. **hawórthii** (G. Don) N. E. Br. (*Erépsia hawórthii* (G. Don) Schwant.) ♄ ⌂K VII–VIII, Kap
9. **sociórum** (L. Bol.) N. E. Br. ♄ ⌂K VII bis X, Kap
10. **spectábilis** (Haw.) N. E. Br. ♄ ⌂K VII bis IX, Kap
11. **ze̅y̅heri** (Salm-Dyck) N. E. Br. ♄ ⌂K VII–IX, Kap

Lamprocóccus miniátus: Aechméa 31

Lampsána: Lapsána

Lánsium Corrêa – n. – *Meliáceae*
1. **doméstícum** Corrêa emend. Jack (*Aglaía doméstica* (Corrêa emend. Jack) Pellegr.) – Lansibaum ♄ ⌂K Ⓝ, SO-As., Celeb., Phil., westl. N. Guin.

Lantána L. – f. – *Verbenáceae*
Wandelröschen
- *aculeáta:* 1
1. **cámara** L. (*L. aculeáta* L., *L. mutábilis* Salisb., *L. nívea* Vent., *L. crócea* Jacq.) ♄ ⌂K ☠ (Beeren) VI–IX Ⓝ, Trop. Am., eingebürg. in den übrigen Trop. sowie von Flor. bis Tex. u. in Hawaii
2. **-Camara-Hybriden** (*L.* × *hýbrida* hort.) ♄ ⌂K ☠ (Beeren) VI–IX
- *crócea:* 1
- *delicatíssima:* 3
- × *hýbrida:* 2
3. **montevidénsis** (Spreng.) Briq. (*L. sellowiána* Link et Otto, *L. delicatíssima* hort.) ♄ ⌂K ☠ (Beeren) VI–IX, Bras., Urug., eingebürg. von Flor. bis Tex.
- *mutábilis:* 1
- *nívea:* 1
- *sellowiána* 3
4. **urticifólia** Mill. ♄ ⌂K ☠ (Beeren) VI bis IX, Mex.

Lapagéria Ruiz et Pav. – f. – *Liliáceae*
1. **rósea** Ruiz et Pav. ♄ i § ⌂K VIII–XII (aber auch zu anderen Zeiten), Chile

Lapeiro̅u̅sia Pourr. – f. – *Iridáceae*
1. **corymbósa** (L.) Ker-Gawl. (*Íxia corymbósa* L., *Anomathéca corymbósa* (L.) hort.) ♃ ⌂K V, SW-Kap
- *cruénta: Anomathéca* 2
- *grandiflóra: Anomathéca* 1
- *júncea: Anomathéca* 3
- *láxa: Anomathéca* 2

Lapórtea Gaudich. – f. – *Urticáceae*
1. **canadénsis** (L.) Wedd. ♃ Ⓝ, N-Am.: Queb. bis Manit., südl. bis Flor., Alab., Miss. u. Okla.
2. **moroídes** Wedd. (*Dendrócnide moroídes* (Wedd.) Chew) ♄ – ♄ ♣ ⌂W, Austral.: Queensl.

Láppa mајor: Árctium 1
- *mínor: Árctium* 2
- *tomentósa: Árctium* 3

Láppula Moench – f. – *Boragináceae*
Igelsame
1. **squarrósa** (Retz.) Dumort. (*L. myosótis* Moench, *L. echináta* Gilib., *Echinospérmum láppula* (L.) Lehm.) ⊙ VI–VII Ⓝ, Eur. bis W-As., N-Afr., O-As., in N-Eur. u. N-Am. eingebürg.

Lapsána L. (*Lampsána* Mill.) – f. – *Compósitae*
1. **commúnis** L. – Rainkohl ⊙–♃ VII bis IX, Eur., N-Afr., N-Iran, im nordöstl. N-Am. eingebürg.

Lardizábala Ruiz et Pav. – f. – *Lardizabaláceae*
1. **biternáta** Ruiz et Pav. ♄ ⌂K ♣ XII, Chile

Lárix Mill. – f. – *Pináceae*
Lärche
- *americána:* 6
- *dahúrica:* 4
1. **decídua** Mill. (*L. europa̅e̅a* DC.) ♄ III bis IV Ⓝ Off., Alp., Sudet., Karp.
2. × **eurokurilénsis** Rohm. et Dimpf. (*L. decídua* × *L. gmelínii*) ♄
3. × **eurólepis** Henry (*L. decídua* × *L. ka̅e̅mpferi*) ♄

- europāea: 1
4. **gmelínii** (Rupr.) Kuzen. (*L. dahúrica* (Loud.) Turcz. et Trautv.) var. **japónica** (Maxim. ex Regel) Pilg. (*L. kurilénsis* Mayr) ♄ III–IV, S-Kuril., Sachal.
5. **kaēmpferi** (Lamb.) Carr. (*L. leptólepis* (Sieb. et Zucc.) Sieb. ex Gord.) ♄ III–IV Ⓝ, M-Jap.
- *kurilénsis:* 4
6. **laricína** (Du Roi) K. Koch (*L. americána* Michx.) ♄ III Ⓝ, N-Am.: Neufundl. u. Labr. bis Alaska, südl. bis Maryl., W-Virg., Ill., Wisc., Minn., Alb. u. Br. Kol.
- *leptólepis:* 5
7. **lyállii** Parl. ♄ N-Am.: Gebg. SO-Br. Kol. u. S-Alb. bis Wash., N-Id. u W-Mont.
8. **occidentális** Nutt. ♄ Ⓝ, N-Am.: Br. Kol. bis Mont., Id. u. Oreg.
9. × **péndula** (Soland.) Salisb. (*L. decídua* × *L. laricína*) ♄ III–IV
10. **potanínii** Batal. ♄, W-China
- *rússica:* 11
11. **sibírica** (Münchh.) Ledeb. (*L. rússica* (Endl.) Sabine ex Trautv.) ♄ III bis IV Ⓝ Off., NO-Rußl. bis Sib., M-As., Mongol.

Lásia Lour. - f. - *Aráceae*
1. **spinósa** (L.) Thwaites (*L. aculeáta* Lour.) ♄ ⁓ Ⓦ VI–IX, Indomal. Gebiet

Lasiagróstis calamagróstis: Achnátherum 1

Lasthénia Cass. (*Baēria* Fisch. et C.A. Mey.) - f. - *Compósitae*
1. **califórnica** DC. ex Lindl. (*L. chrysóstoma* (Fisch. et C.A. Mey.) Greene, *Baēria chrysóstoma* Fisch. et C.A. Mey., *B. grácilis* (DC.) A. Gray) ⊙ VII bis VIII, USA: Oreg. bis Ariz. u. Kalif.; Nied. Kalif.
- *chrysóstoma:* 1
2. **coronária** (Nutt.) Ornd. (*Baēria coronária* (Nutt.) A. Gray, *Actinólepis coronária* (Nutt.) A. Gray, *Hymenóxys califórnica* Hook., *Baēria califórnica* (Hook.) Chamb.) ⊙ VII–VIII, S-Kalif., N-Nied. Kalif.

Lástrea decursivepinnáta: Thelýpteris 1
- *dryópteris: Curránia* 1
- *dryópteris* var. *robertiána: Curránia* 2
- *hexagonóptera: Thelýpteris* 2
- *lépida: Cyclosórus* 1
- *limbospérma: Thelýpteris* 3
- *noveboracénsis: Thelýpteris* 4
- *oreópteris: Thelýpteris* 3
- *phegópteris: Thelýpteris* 6
- *rígida: Dryópteris* 18
- *robertiána: Curránia* 2
- *siebóldii: Dryópteris* 16
- *spinulósa: Dryópteris* 5
- *thelýpteris: Thelýpteris* 5

Latánia Comm. ex Juss. - f. - *Pálmae*
- *āurea:* 3
- *borbónica* hort.: *Livistóna* 2
- *borbónica* Lam.: 2
- *commersónii:* 2
- *glaucophýlla:* 1
1. **loddigésii** Mart. (*L. glaucophýlla* hort.) ♄ Ⓦ, Maurit.
2. **lontaroídes** (Gaertn.) H.E. Moore (*L. borbónica* Lam., *L. commersónii* J.F. Gmel., *L. rúbra* Jacq.) ♄ Ⓦ, Maurit., Réun.
- *rúbra:* 2
3. **verschafféltii** Lem. (*L. āurea* hort.) ♄ Ⓦ, Rodrig.

Lathrāea L. - f. - *Scrophulariáceae* Schuppenwurz
1. **clandestína** L. ♃ (auf den Wurzeln von *Sálix, Pópulus, Álnus* usw. schmarotzend) IV-V, W-Eur., von Belg. bis N- u. O-Span., östl. bis M- u. S-Ital.
2. **squamária** L. ♃ (auf den Wurzeln von *Álnus, Córylus, Fágus, Pópulus* usw. schmarotzend) IV-V, Eur., W-As., Him.

Láthyrus L. - m. - *Leguminósae* Platterbse
1. **áphaca** L. ⊙ ⸾ ☠ (Samen) V–VII Ⓝ, Subtrop. O-Afr., Med., westl. M-Eur., SO-Eur., W-As.
- *articulátus:* 3
2. **cícera** L. ⊙ ⸾ ☠ (Samen) VI–VIII Ⓝ, Kanar., S-Eur., Med., östl. bis Syr., Irak, Iran, Transkauk.
3. **clýmenum** L. (*L. articulátus* L.) ⊙ VII–VIII Ⓝ, Mad., Port., Med.
4. **gmelínii** Fritsch (*L. lúteus* (L.) Peterm. non Moench, *Órobus lúteus* L.) ♃ V–VII, M- u. S-Ural, Gebg. M-As.
5. **grandiflórus** Sibth. et Sm. ♃ ⸾ ∧ VI

bis IX, S-Balk., S-Ital., Siz.
6. **hirsútus** L. ⊙ ⸾ VI–VIII, Med., M-Eur. bis S-Rußl., Irak, N-Afr., in den südöstl. USA eingebürg.
7. **japónicus** Willd.
ssp. **marítimus** (L.) P. W. Ball (*L. marítimus* (L.) Bigel., *L. japónicus* var. *gláber* (Ser.) Fern.) ♃ ⸾ ⁓ VI–VIII ▽, Küsten W-Eur., Ostsee, subarkt. Rußl., O-As., pazif. u. atl. N-Am., Große Seen
- *japónicus* var. *gláber:* 7
8. **laevigátus** (Waldst. et Kit.) Gren. ♃ V–VIII, M-Eur. bis N-Span., N-Balk., W-Rußl.
9. **latifólius** L. - Staudenwicke ♃ ⸾ VI bis VIII, M- u. S-Eur. bis N-Frankr., Med., in Deutschl., Belg. u. Engl. eingebürg.
- *lúteus:* 4
- *marítimus:* 7
10. **níger** (L.) Bernh. (*Órobus níger* L.) ♃ V–VI, Eur., Kauk., Syr., N-Afr.
11. **óchrus** (L.) DC. ⊙ ⸾ VI–VIII Ⓝ, S-Eur., Med.
12. **odorátus** L. - Wohlriechende Wicke ⊙ ⸾ D ✂ VI–IX, S-Ital., Siz. (Mit vielen Sorten)
13. **praténsis** L. ♃ VI–VII, Euras., N-Afr., Abess., im nordöstl. N-Am. eingebürg.
14. **satívus** L. - Saatplatterbse, Deutsche Kichererbse ⊙ ⸾ ☠ (Samen) VI–VIII Ⓝ, Wild unbek., in Eur. u. im Med. eingebürg.
15. **sylvéstris** L. - Waldplatterbse ♃ ⸾ VII–IX Ⓝ, Fast ganz Eur., SW-As.
16. **tuberósus** L. ♃ ⸾–⁓ VI–VII Ⓝ, SW-, M- u. SO-Eur. bis W- u. M-As., in den nordöstl. USA u. Ont. eingebürg.
17. **vérnus** (L.) Bernh. (*Órobus vérnus* L.) - Frühlingsplatterbse ♃ IV–V, Eur. bis W-Sib., Kauk., N-Kl. As.

Lauréntia axilláris: Isótoma 1
- *fluviátilis: Isótoma* 2
- *gasparrínii: Solenópsis* 1
- *longiflóra: Hippobróma* 1
- *michélii: Solenópsis* 1
- *minúta: Solenópsis* 2
- *tenélla: Solenópsis* 2

Laurocérasus lusitánica: Prúnus 30
- *officinális: Prúnus* 29

Laūrus L. - f. - *Lauráceae*
Lorbeerbaum
1. **azórica** (Seubert) Franco (*L. canariénsis* Webb et Berth. non Willd.) ♄ i Ⓚ IV–V, Kanar., Mad., Azor.
- *canariénsis:* 1
2. **nóbilis** L. - Lorbeerbaum ♄ i Ⓚ IV bis V Ⓝ Off., Med.

Lavándula L. - f. - *Labiátae*
Lavendel
1. **angustifólia** Mill. (*L. spíca* L. p.p.) - Echter Lavendel
ssp. **angustifólia** (*L. officinális* Chaix, *L. véra* DC.) ♄ i D △ VI–VII Ⓝ Off., Med.
2. **dentáta** L. ♄ i D Ⓚ VI–VII, W-Med.
3. **lanáta** Boiss. ♄ i D VI–IX, Gebg. S- u. SO-Span.
4. **latifólia** Medik. (*L. spíca* auct. non L.) - Großer Speik ♄ i D △ ∧ VI bis VII Ⓝ, Med., Port.
- *officinális:* 1
- *pedunculáta:* 6
5. **pinnáta** L. ♄ i D Ⓚ VIII–IX, Kanar., Mad.
- *spíca:* 1, 4
6. **stoēchas** L. - Schopflavendel
ssp. **pedunculáta** (Mill.) Sampaio ex Rozeira (*L. pedunculáta* Cav.) ♄ i D Ⓚ VII–IX, M-Span., Gebg. NO-Port.
ssp. **stoēchas** ♄ i D Ⓚ VII–X, Med.
- *véra:* 1

Lavátera L. - f. - *Malváceae*
1. **arbórea** L. ♄ Ⓚ VII–IX, Küsten W-Eur., Med., Kanar.
2. **ólbia** L. ♄ Ⓚ VII–X, W-Med., M- u. S-Port.
3. **thuringíaca** L. ♃ VII–IX, M- u. SO-Eur. bis M-Ital. u. nördl. M-Rußl., W-As.
4. **triméstris** L. ⊙ VII–X, Med., Port., in Rußl. eingebürg.

Lawréncia Hook. - f. - *Malváceae*
1. **hélmsii** (F. v. Muell. et Tate) N.S. Lander ♄ i ✂ Ⓚ, Austral.

Lawsónia L. - f. - *Lythráceae*
1. **inérmis** L. (*L. álba* Lam.) - Hennastrauch ♄ Ⓚ Ⓝ, NO-Afr. bis Ind., im trop. Am. eingebürg.

× **Laycockára** hort. (*Aráchnis* × *Phalaenópsis* × *Vandópsis*) - f. - *Orchidáceae*

Layia Hook. et Arn. ex DC. - f. - *Compósitae*
- *calliglóssa:* 1
1. **chrysanthemoídes** (DC.) A. Gray (*L. calliglóssa* A. Gray) ⊙ VII–VIII, Kalif.
- *élegans:* 3
2. **glandulósa** (Hook.) Fisch. et C.A. Mey. ⊙ VII–VIII, N-Am.: Br. Kol., S-Kalif., Id.; Mex.
3. **platyglóssa** (Fisch. et C.A. Mey.) A. Gray (*L. élegans* Torr. et A. Gray) ⊙ VII - VIII, Kalif.

Lechenaultia R. Br. - f. - *Goodeniáceae*
1. **bíloba** Lindl. ♄ i ⌂K VII–VIII, W-Austral.
2. **formósa** R. Br. ♄ i ⌂K VII–VIII, W-Austral.

Lécythis Loefl. - f. - *Lecythidáceae*
1. **urnígera** Mart. - Krukenbaum ♄ ⌂K Ⓝ, Bras., Guay.

Ledebouria Roth - f. - *Liliáceae*
1. **sociális** (Bak.) Jessop (*Scílla sociális* Bak., *S. violácea* Hutchins., *S. paucifólia* Bak.) ♃ i ⌂K -⌂W IV–V, S-Afr.

Ledenbérgia roseoaénea: Trichostígma 1

Lédum L. - n. - *Ericáceae*
Porst
1. **groenlándicum** Oed. (*L. palústre* ssp. *groenlándicum* (Oed.) Hult.) ♄ i ✲ V bis VI, N-Am.: W-Grönl., Labr. bis Alaska, südl. bis N. Jers., Penns., Minn., Alb. u. Oreg., in Engl. u. W-Deutschl. eingebürg.
2. **palústre** L. - Sumpfporst ♄ i ✲ ▽, N- u. M-Eur., südl. bis S-Deutschl., NO-Österr., N-Ukr., N-As.
- *palústre* ssp. *groenlándicum:* 1

Leea D. Royen ex L. - f. - *Leeáceae*
1. **amábilis** hort. Veitch ex Mast. ♄ ⌂W, W-Born.
2. **rúbra** Bl. ♄ ⌂W, Java
3. **sambucína** (L.) Willd. ♄ ⌂W, Ind., Mal. Arch., Phil., Indoch.

Leersia Sw. - f. - *Gramíneae*
1. **oryzoídes** (L.) Sw. (*Orýza oryzoídes* (L.) Brand, *O. clandestína* (Web. ex Wiggers) A. Braun) - Wilder Reis, Queckenreis ♃ ≈ ≈ VIII–X, N-Am.: Queb. bis Br. Kol., südl. bis Flor., Alab., Louis., Tex., New Mex., Ariz. u. Kalif.; Westind., S-Am., Euras., Med.

Legousia Durande - f. - *Campanuláceae*
1. **pentagónia** (L.) Druce (*Campánula pentagónia* L., *Speculária pentagónia* (L.) A. DC.) ⊙ VI–IX, Ägäis, O-Balk., O-Med., Syr., Irak, Iran, in Span. u. Frankr. eingebürg.
2. **spéculum-véneris** (L.) Chaix (*Campánula spéculum-véneris* L., *Speculária spéculum-véneris* (L.) A. DC.) - Venusspiegel ⊙ VI–IX, SW- u. südl. M-Eur., nördl. bis Holl., Med., N-Afr., W-As.

Leiophýllum Hedw. f. - n. - *Ericáceae*
Sandmyrte
1. **buxifólium** (Bergius) Elliott ♄ ⌂ bis ≈ V–VI, USA: N. Jers. bis Flor.

Lemaireocéreus benéckei: Stenocéreus 1
- *chénde: Heliabrávoa* 1
- *chichípe: Poláskia* 1
- *dumortiéri: Stenocéreus* 2
- *erúca: Stenocéreus* 3
- *marginátus: Pachycéreus* 1
- *pruinósus: Stenocéreus* 4
- *queretaroénsis: Stenocéreus* 5
- *stellátus: Stenocéreus* 6
- *thúrberi: Stenocéreus* 7
- *wéberi: Pachycéreus* 5

Lembótropis emeriflórus: Cýtisus 9
- *nígricans: Cýtisus* 17

Lemmaphýllum carnósum: Drymoglóssum 1

Lémna L. - f. - *Lemnáceae*
Wasserlinse
1. **gíbba** L. (*Telmatóphace gíbba* (L.) Schleid.) ♃ ≈, Eur., Vord. As. bis Him., Med., N-, O- u. S-Afr., westl. N-Am., Westind., M-Am., westl. S-Am., südl. bis Arg.
2. **mínor** L. ♃ ≈, Temp. Gebiete der nördl. Halbk.
- *polyrhíza: Spirodéla* 1
3. **trisúlca** L. ♃ ≈, Euras., Med., N-Am.: Queb. bis Br. Kol. u. Alaska, südl. bis Alab., Ark. u. Tex.; Mex., Maurit., S-Austral.

Lenophýllum Rose - n. - *Crassuláceae*
1. **guttátum** Rose ♃ ≈ ⌂K, Mex.
2. **pusíllum** Rose ♃ ≈ ⌂K, Mex.

Lens Mill. - f. - *Leguminósae*
Linse
1. **culináris** Medik. (*L. esculénta* Moench, *Érvum lens* L.) - Linse ⊙ VI–VIII Ⓝ, Wild unbek., in Eur. u.

im Med. mitunter eingebürg.

Leonótis (Pers.) R. Br. - f. - *Labiátae*
Löwenohr
1. **leonúrus** (L.) R. Br. ♄ ⓚ IX-XI, S-Afr.

Leóntice L. - f. - *Berberidáceae*
Trapp
- *albértii: Gymnospérmum* 1
- *chrysógonum: Bongárdia* 1
1. **leontopétalum** L. - Löwentrapp ♃ ∧ IV, SO-Balk., Ägäis, SW-As., N-Afr.
- *thalictroídes: Caulophýllum* 1

Leóntodon taráxacum: Taráxacum 2

Leontopódium (Pers.) R. Br. - n. - *Compósitae*
Edelweiß
1. **alpínum** Cass. - Edelweiß
ssp. **alpínum** ♃ △ VI-VIII ▽, Pyren., Alp. u. Jura bis Karp., N-Balk.
ssp. **nivále** (Ten.) Tutin (*Gnaphálium nivále* Ten., *L. nivále* (Ten.) A.L.P. Huet ex Hand.-Mazz.) ♃ △ VI-VII ▽, Abruz., Jugosl., SW-Bulg.
- *alpínum* var. *campéstre:* 5
- *alpínum* var. *sibíricum:* 5
- *alpínum* var. *stracheyi:* 8
- *calocéphalum* Diels: 3
2. **calocéphalum** (Franch.) Beauverd ♃ △ VI-VII, Tib., SW-China
3. **himalayánum** DC. (*L. calocéphalum* Diels non (Franch.) Beauverd) ♃ △ VI-VII, Tib., Sikk., Him., Jünn.
4. **japónicum** Miq. (*Gnaphálium sieboldiánum* Franch. et Sav.) ♃ VI-VII, Jap., China
5. **leontopodioídes** (Willd.) Beauverd (*L. alpínum* var. *campéstre* Beauverd, *L. alpínum* var. *sibíricum* (Cass.) O. Fedtsch., *L. ochroleucum* Beauverd) ♃ △ VI-VII, Altai bis Him.
- *nívale:* 1
- *ochroleucum:* 5
6. **palibiniánum** Beauverd (*L. sibíricum* DC., *Gnaphálium leontopodioídes* Rchb.) ♃ VI-VII, Mongol., Sib.
- *sibíricum:* 6
7. **soulíei** Beauverd ♃ △ VI-VII, Szetsch., Jünn.
8. **stracheyi** (Hook. f.) C.B. Clarke (*L. alpínum* var. *stracheyi* Hook. f., *Gnaphálium stracheyi* (Hook. f.) C.B. Clarke) ♃ VI-VII, SW-China

Leonúrus L. - m. - *Labiátae*
Herzgespann
1. **cardíaca** L. (*L. villósus* Desf. ex Spreng.) ♃ VI-IX, Eur., W-As. bis Him. u. O-Sib., N-Afr., in N-Am. eingebürg.
2. **lanátus** (L.) Pers. ♃ VII-VIII, Sib., M-As.
- *villósus:* 1

Leopoldínia Mart. - f. - *Pálmae*
1. **piassába** Wallace - Parapiassavapalme ♄ ⓦ Ⓝ, Bras., Venez.

Lepídium L. - n. - *Crucíferae*
Kresse
1. **satívum** L. - Gartenkresse ⊙ VI-VII Ⓝ, NO-Afr., Ägypt., Vord. As., in Eur. eingebürg.

Lepidórhachis O.F. Cook - f. - *Pálmae*
1. **mooreána** (F.v. Muell.) O.F. Cook (*Kéntia mooreána* F.v. Muell., *Clinostígma mooreánum* (F.v. Muell.) H. Wendl. et Drude) ♄ ⓚ - ⓦ, Lord-Howe-Ins.

Lepidozámia Regel - f. - *Cycadáceae*
1. **peroffskyána** Regel (*Macrozámia peroffskyána* (Regel) Miq., *M. denisónii* C. Moore et F.v. Muell.) ♄ i ☠ ⓦ ✱, Austral.: Queensl., Neusüdwal.

Lepirónia Pers. - f. - *Cyperáceae*
1. **articuláta** (Retz.) Domin ♃ ⓦ Ⓝ, Madag., Ceyl., Malak. bis Austral., Fidschi-Ins.

Lepísmium Pfeiff. (inkl. *Pfeiffera* Salm-Dyck) - n. - *Cactáceae*
- *cavernósum:* 1
- *chrysocárpum: Rhípsalis* 16
- *commúne:* 1
1. **crucifórme** (Vell.) Miq. (*Rhípsalis squamulósa* (Salm-Dyck) K. Schum., *R. crucifórmis* (Vell.) Castell., *L. commúne* Pfeiff., *L. cavernósum* Lindb.) ♄ ⌇ ⌇ ⓦ ✱, Bras., Arg., Parag.
- *dissímile: Rhípsalis* 6
- *floccósum: Rhípsalis* 7
- *gibbérulum: Rhípsalis* 8
- *grandiflórum: Rhípsalis* 9
2. **houlletiánum** (Lem.) Barthlott (*Rhípsalis houlletiána* Lem.) ♄ ⓦ ✱, O-Bras.
3. **ianthothéle** (Monv.) Barthlott (*Céreus ianthothéle* Monv., *Rhípsalis ianthothéle* (Monv.) K. Brandeg.,

Pfeiffera ianthothéle (Monv.) F. A. C. Web.) ♄ Ⓚ ✱, Bol., Arg.
- *marnieriánum: Rhípsalis* 6
- *megalánthum: Rhípsalis* 10
- *paradóxum: Rhípsalis* 13
- *pulvinígerum: Rhípsalis* 15
- *puniceodíscus: Rhípsalis* 16
- *puniceodíscus* var. *chrysocárpum: Rhípsalis* 16
4. **trigónum** (Pfeiff.) Bckbg. (*Rhípsalis trigóna* Pfeiff.) ♄ Ⓦ ✱, Bras.

Leptándra virgínica: Verónica 34

Leptarrhéna R. Br. - f. - *Saxifragáceae*
1. **pyrolifólia** (D. Don) R. Br. ♃ i △ ∧ VI–VII, Kamtsch. über Aleut., Alaska, W-Kan. bis Wash.

Leptinélla dioíca: Cótula 3
- *squálida: Cótula* 5

Leptocallísia: Aploléia
- *monándra: Aploléia* 1
- *multiflóra: Callísia* 3
- *umbelluláta: Aploléia* 1

Leptocladódia: Mammillária
- *densispína: Mammillária* 25
- *elongáta: Mammillária* 30
- *leóna: Mammillária* 83
- *microhélia: Mammillária* 64
- *microhélia* f. *microheliópsis: Mammillária* 64
- *sphaceláta: Mammillária* 101
- *vipérina: Mammillária* 101

Leptodérmis Wall. - f. - *Rubiáceae*
1. **lanceoláta** Wall. ♄ Ⓚ VI–X, NW-Him.
2. **oblónga** Bunge ♄ ∧ VII–X, N-China

× **Leptoláelia** hort. (*Láelia* × *Leptótes*) - f. - *Orchidáceae*

Leptópteris K. B. Presl - f. - *Osmundáceae*
1. **hymenophylloídes** (A. Rich.) K. B. Presl (*Tódea hymenophylloídes* A. Rich.) ♃ Ⓚ, Neuseel.
2. **supérba** (Col.) K. B. Presl (*Tódea supérba* Col.) ♃ Ⓚ, Neuseel.

Leptosíphon grandiflórus: Linánthus 3
- *lúteus: Linánthus* 1

Leptospérmum J. R. et G. Forst. - n. - *Myrtáceae*
- *ambíguum: Kúnzea* 1
1. **arachnoídeum** Sm. ♄ i Ⓚ VII–VIII, Austral.: Neusüdwal.
2. **attenuátum** Sm. ♄ i Ⓚ V, Austral.: Queensl., Neusüdwal.
3. **flavéscens** Sm. (*L. róseum* hort.) ♄ i Ⓚ VII–VIII, Austral.: Vict., Queensl., Neusüdwal.; Tasm.
4. **-Hybriden** ♄ i Ⓚ
5. **laevigátum** (Soland. ex Gaertn.) F. v. Muell. ♄ i Ⓚ Ⓦ, Austral.: Vict., Queensl., Neusüdwal.; Tasm.
6. **lanígerum** (Ait.) Sm. (*L. pubéscens* Lam.) ♄ i Ⓚ VII–VIII, SO-Austral., Tasm.
7. **myrtifólium** Sieb. ♄ i Ⓚ, Austral.: Vict., Neusüdwal.; Tasm.
- *perforátum: Metrosidéros* 5
- *pubéscens:* 6
8. **rodwayánum** Summerh. et Comb. ♄ i Ⓚ VIII, Tasm.
- *róseum:* 3
9. **rotundifólium** (Maiden et Betche) Domin ♄ i Ⓚ, O-Austral.
10. **rupéstre** Hook. f. ♄ i Ⓚ, Tasm.
- *scándens: Metrosidéros* 3
11. **scopárium** J. R. et G. Forst. ♄ -♄ i ✂ Ⓚ V–VI, Neuseel., Austral.: Vict., Neusüdwal. (Veränderliche Art mit vielen Sorten)

Leptósyne: Coreópsis 4, 6, 9, 13, 18

Leptótes Lindl. - f. - *Orchidáceae*
1. **bícolor** Lindl. (*Tetramícra bícolor* (Lindl.) Benth.) Ⓦ I-III ✱, O-Bras.
2. **unícolor** Barb. Rodr. Ⓦ II ✱, S-Bras.

Lespedéza Michx. - f. - *Leguminósae* Buschklee
1. **bícolor** Turcz. ♄ VIII–IX Ⓦ, N-China bis Mandsch., Ussuri, Korea, Jap.
- *bícolor* var. *álba:* 3
2. **cuneáta** (Dum.-Cours.) G. Don (*L. serícea* (Thunb.) Miq. non Benth.) ♄ VIII–IX Ⓦ, Jap., Korea, Mandsch., China, Taiw. bis Ind. u. Afgh., Phil., Austral., in den S- u. O-USA eingebürg.
- *formósa:* 7
3. **japónica** L. H. Bailey (*L. bícolor* Turcz. var. *álba* Bean) ♄ IX, Jap., Korea, Mandsch.
- *macrocárpa: Campylótropis* 1
4. **maximowíczii** Schneid. ♄ VII–VIII, Jap., Korea
- *serícea:* 2
- *siebóldii:* 7
5. **stipulácea** Maxim. (*Kummerówia stipulácea* (Maxim.) Mak.) ♄ Ⓦ, Jap., N-China, Korea, Mandsch., Amur, in

den östl. u. mittl. USA eingebürg.
6. **striáta** (Thunb. ex Murr.) Hook. et Arn. (*Hedýsarum striátum* Thunb. ex Murr., *Kummerówia striáta* (Thunb. ex Murr.) Schindler) ♄ ⓝ, O-Sib., Mandsch., China, Korea, Jap., Taiw., Ind., in den S- u. O-USA eingebürg.
7. **thunbérgii** (DC.) Nakai (*L. formósa* Koehne, *L. siebóldii* Miq., *Desmódium penduliflórum* Oudem.) ♄ ∧ IX–X, N-China, Jap.

Leucadéndron R. Br. - n. - *Protéaceae*
1. **aémulum** R. Br. ♄ i ✂ ⓚ, S-Afr.
2. **argénteum** (L.) R. Br. - Silberbaum ♄ i ⓚ, Kap
3. **coníferum** (L.) Meissn. ♄ i ✂ ⓚ, Kap
4. **corymbósum** Bergius ♄ i ⓚ, Kap
5. **grandiflórum** (Salisb.) R. Br. ♄ i ✂ ⓚ, Kap
6. **levisiánum** (L.) Bergius ♄ i ⓚ, Kap
7. **muírii** Phillips ♄ i ✂ ⓚ, Kap
8. **nervósum** Phillips et Hutchins. ♄ i ✂ ⓚ, Kap
9. **platyspérmum** R. Br. ♄ i ✂ ⓚ, Kap
10. **plumósum** R. Br. ♄ i ⓚ, S-Afr.
11. **pubéscens** R. Br. ♄ i ✂ ⓚ, Kap
12. **sabulósum** T.M. Salter ♄ i ✂, Kap
13. **salígnum** Bergius ♄ i ✂ ⓚ, Kap
14. **tórtum** R. Br. ♄ i ⓚ, S-Afr.

Leucaēna Benth. - f. - *Leguminósae*
1. **leucocéphala** (Lam.) de Wit (*Mimósa glaūca* L. 1763, non 1753, *L. glaūca* auct. non (Moench) Benth., *Mimósa leucocéphala* Lam.) ♄ ⓦ ⓝ, Trop. Am., von Flor. bis Westind. u. S-Am., eingebürg. in Tex., Kalif. u. in Hawaii

Leucanthemélla Tzvelev - f. - *Compósitae*
1. **serótina** (L.) Tzvelev (*Chrysánthemum serótinum* L., *C. uliginósum* Pers., *Tanacétum serótinum* (L.) Schultz Bip.) ♃ IX–X, SO-Tschechosl. u. östl. M-Jugosl. bis N-Ukr. u. NO-Bulg.

Leucanthemópsis (Giroux) Heyw. - f. - *Compósitae*
1. **alpína** (L.) Heyw. (*Chrysánthemum alpínum* L., *Tanacétum alpínum* (L.) Schultz Bip., *Pyréthrum alpínum* (L.) Schrank) - Alpenmargerite ♃ △ VI–VIII, Gebg. Eur., von Karp südl. bis M-Span., M-Apenn. u. M-Jugosl.

Leucánthemum Mill. - n. - *Compósitae*
1. **máximum** (Ram.) DC. (*Chrysánthemum máximum* Ram.) ♃ ✂ VI–VII, Pyren. (Mit vielen Sorten)
- *corymbósum: Tanacétum* 6
2. **-Maximum-Hybriden** (*Chrysánthemum × supérbum* Bergm. ex Ingram, *C. máximum* hort. non Ram., *C.*-Maximum-Hybriden, *L. × supérbum* (Bergm. ex Ingram) Soreng et Cope) ♃ ✂ VI–VII
- *paludósum: Hymenostémma* 1
- *parthénium: Tanacétum* 11
3. **vulgáre** (Lam.) DC. (*Chrysánthemum leucánthemum* L.) - Wiesenmargerite ♃ ⓝ VI–IX, Eur. bis Altai, Kauk., in N-Am. eingebürg.

Leuchtenbérgia Hook. - f. - *Cactáceae*
1. **príncipis** Hook. ⓚ ✳, Mittl. N-Mex.

Leucocóryne Lindl. - f. - *Liliáceae*
1. **ixioídes** (Hook.) Lindl. ♃ ✂ ⓚ III bis IV, Chile

Leucógenes Beauverd - m. - *Compósitae*
1. **leontopódium** (Hook. f.) Beauverd (*Helichrýsum leontopódium* Hook. f.) ♃ i ⓐ, Neuseel.

Leucójum L. - n. - *Amaryllidáceae* Knotenblume
1. **aestívum** L. ♃ ∧ V–VI ▽, W-, M- u. S-Eur., SW-As., Kauk., in Holl. u. im nordöstl. atl. N-Am. eingebürg.
2. **autumnále** L. ♃ IX–X ⓐ, Port., Span., W-Med., N-Afr.
3. **vérnum** L. - Märzbecher ♃ ☠ III–IV ▽, Pyren., östl. W- u. M-Eur. bis M-Ital., Rum.

Leucophýllum Humb. et Bonpl. - n. - *Scrophulariáceae*
1. **frutéscens** (Berland.) Johnst. (*L. texánum* Benth.) ♄ i ⓚ IV-VII, Tex.

Leucóphyta brównii: Calocéphalus 1

Leucopógon R. Br. - m. - *Epacridáceae*
1. **fráseri** A. Cunn. (*Cyathódes fráseri* (A. Cunn.) Allan) ♄ i ⓚ VII–VIII, Austral.: Neusüdwal.; Tasm., Neuseel.
2. **virgátus** (Labill.) R. Br. ♄ i ⓚ VII bis VIII, O- u. S-Austral., Tasm.

Leucospérmum R. Br. - n. - *Proteáceae*
1. **cordifólium** (Salisb. ex Knight)

Fourc. (*L. nútans* R. Br.) ♄ i ✂ Ⓚ, Kap
2. **grandiflórum** (Salisb.) R. Br. ♄ i Ⓚ V–VII, Kap
- *nútans:* 1

Leucóthoë D. Don - f. - *Ericáceae*
Traubenheide
1. **axilláris** (Lam.) D. Don (*Andrómeda axilláris* Lam., *A. catesbǣi* Walt.) ♄ i V–VI, USA: Virg. bis Flor. u. Miss.
- *catesbǣi:* 6
- *editórum:* 6
- *fontanesiána:* 6
2. **grayána** Maxim. ♄ V–VI, Jap.
3. **kēiskei** Miq. ♄ i ∧ - Ⓚ VII, Jap.
4. **racemósa** (L.) A. Gray (*Andrómeda racemósa* L., *Lyónia racemósa* (L.) D. Don) ♄ V–VI, USA: Mass. bis Penns. u. Tenn., südl. bis Flor. u. Louis.
5. **recúrva** (Buckl.) A. Gray (*Andrómeda recúrva* Buckl.) ♄ ∧ IV–VI, USA: Virg. bis Georg. u. Alab.
6. **wálteri** (Willd.) Melvin (*L. catesbǣi* A. Gray, *L. editórum* Fern. et Schub., *L. fontanesiána* (Steud.) Sleum., *Andrómeda fontanesiána* Steud.) ♄ i IV–VI, USA: Virg. bis Georg. u. Penn.

Lēūzea DC. (*Rhapónticum* Adans. non Ludw.) - f. - *Compósitae*
1. **rhapóntica** (L.) Holub (*Centauréa rhapóntica* L., *Rhapónticum scariósum* Lam.) - Bergscharte ♃ VII–VIII ▽, Alp.

Levísticum Hill - n. - *Umbellíferae*
Liebstöckel
1. **officinále** W.D.J. Koch (*Ligústicum paludapifólium* (Lam.) Aschers.) - Maggikraut ♃ VII–VIII Ⓝ Off., Iran, in Eur. u. den USA eingebürg.

Lewísia Pursh - f. - *Portulacáceae*
1. **brachýcalyx** Engelm. ex A. Gray ♃ △ ∧ (besser Ⓐ) V, USA: New Mex., Ariz., Utah, S-Kalif.
2. **columbiána** (Howell) Robins. ♃ i △ ∧ (besser Ⓐ) VI-VIII, USA: Wash., Kask. Gebg.
3. **cotylédon** (S. Wats.) Robins.
var. **howéllii** (S. Wats.) Robins. ♃ i △ ∧ (besser Ⓐ) VI–VIII, USA: Oreg.
- *cotylédon* var. *héckneri:* 4
4. **héckneri** (C.V. Morton) Howell (*L. cotylédon* var. *héckneri* (C.V. Morton) Munz) ♃ i △ ∧ (besser Ⓐ) VI, Kalif.
5. **-Hybriden** ♃ i △ ∧ (besser Ⓐ) VI bis VIII
6. **leána** (Porter) Robins. ♃ i △ ∧ (besser Ⓐ) VI–VIII, USA: Oreg., Kalif.
7. **oppositifólia** (S. Wats.) Robins. ♃ i △ ∧ (besser Ⓐ) VI–VIII, USA: Oreg., Kalif.
8. **pygmǣa** (A. Gray) Robins., USA: Sierra Nev., nördl. bis Wash., östl. bis Rocky Mount.
var. **nevadénsis** (A. Gray) Fosb. ♃ △ ∧ (besser Ⓐ) VI–VII
var. **pygmǣa** ♃ △ ∧ (besser Ⓐ) VI bis VII
9. **redivíva** Pursh ♃ △ ∧ (besser Ⓐ) VI–VIII, Rocky Mount.
10. **twēēdyi** (A. Gray) Robins. ♃ △ ∧ (besser Ⓐ) VI–VII ∗, USA: Wash., Rocky Mount.

Leycestéria Wall. - f. - *Caprifoliáceae*
1. **crocothýrsos** Airy Shaw ♄ Ⓚ IV, Ass.
2. **formósa** Wall. ♄ ∧ VIII–IX, SW-China, Him.

Lēymus Hochst. - m. - *Gramíneae*
1. **arenárius** (L.) Hochst. (*Élymus arenárius* L.) ♃ VII–VIII Ⓝ, Küsten W-, M- u. N-Eur., Sib.
- *gigantéus:* 2
2. **racemósus** (Lam.) Tzvelev (*Élymus racemósus* Lam., *E. gigantéus* Vahl, *L. gigantéus* (Vahl) Pilg.) ♃ VII bis VIII, SO-Eur., Schw. Meer, Kasp. Meer, S-Rußl. bis W-Sib.

× *Liaópsis:* × *Laeópsis*

Líatris Gaertn. ex Schreb. - f. - *Compósitae*
Prachtscharte
1. **élegans** (L.) Willd. ♃ VIII–IX, USA: Virg. bis Flor.
2. **graminifólia** (Walt.) Willd. ♃ VIII–X, USA: N. Jers. u. S-Penns. bis Flor., Alab.
3. **punctáta** Hook. ♃ VIII–X, N-Am.: Mich. u. Manit. bis Alb., südl. bis Ark., Tex. u. New Mex.
4. **pycnostáchya** Michx. ♃ VII–IX, USA: Wisc. bis Minn. u. S-Dak., südl. bis Kent., Louis., Okla. u. Tex.
5. **scariósa** (L.) Willd. ♃ VIII–IX, USA: S-Penns. bis N-Georg.

6. **spicáta** (L.) Willd. ♃ VII–IX, N-Am.: Long Isl. bis Ont., Mich. u. Wisc., südl. bis Flor., Miss. u. Louis.

Libanótis creténsis: Athamánta 1

Libértia Spreng. – f. – *Iridáceae*
1. **caeruléscens** Kunth ♃ ⌂K V, Chile
2. **formósa** Grah. ♃ ⌂K V–VI, Chile
3. **grandiflóra** (R. Br.) Sw. ♃ ⌂K VII bis VIII, Neuseel.
4. **ixioídes** (G. Forst.) Spreng. ♃ ⌂K IV bis V, Neuseel.
5. **pulchélla** (R. Br.) Spreng. ♃ ⌂K III bis IV, SO-Austral., Neuseel., Chile, N. Guin.

Libidíbia coriária: Caesalpínia 1

Libócedrus decúrrens: Calócedrus 1

Libónia floribúnda: Jacobínia 3
– × *penrhosiénsis: Jacobínia* 4

Licánia Aubl. – f. – *Chrysobalanáceae*
1. **arbórea** Seem. ♄ ⌂W Ⓝ, Mex. bis Pan., Kol. bis Peru
2. **crassifólia** Benth. ♄ ⌂W Ⓝ, Guay.
3. **rígida** Benth. – „Grigri" ♄ ⌂W Ⓝ, Franz. Guay., Bras., Peru

Licária púchury-májor: Ocótea 2

Licuála Thunb. – f. – *Pálmae*
– *élegans:* 3
1. **grándis** H. Wendl. ⌂W, Melanes.: New-Brit.
2. **peltáta** Roxb. ⌂W, Ind., Burma
3. **púmila** Bl. ex Schult. et Schult. f. (? *L. élegans* Bl.) ⌂W, Java, Sum.
4. **spinósa** Thunb. ⌂W, SO-As.

Ligulária Cass. – f. – *Compósitae*
– *clivórum:* 1
1. **dentáta** (A. Gray) Hara (*Erythrochǣte dentáta* A. Gray, *Senécio clivórum* (Maxim.) Maxim., *L. clivórum* Maxim.) ♃ ✂ VIII–IX, Jap., China, in O-Engl. eingebürg.
2. × **héssei** (Hesse) Bergm. (*L. dentáta* × *L. wilsoniána*) ♃ ✂ VII
3. **hodgsónii** Hook. ♃ VII–IX, Jap., S-Kuril., Sachal.
4. **japónica** Less. ex DC. (*Senécio palmatífidus* (Sieb. et Zucc.) Juel) ♃ VIII–IX, Jap., Korea, China, Taiw.
– *kǣmpferi:* 10
5. **macrophýlla** (Ledeb.) DC. (*Senécio ledebōurii* Schultz Bip.) ♃ VII–VIII, Altai, Kauk.
6. × **palmatíloba** hort. Hesse (*L. dentáta* × *L. japónica*) ♃ ✂ VI–VII
7. **przewálskii** (Maxim.) Diels (*Senécio przewálskii* Maxim.) ♃ VIII–IX, Kansu
8. **sibírica** (L.) Cass. (*Senécio sibíricus* (L.) C.B. Clarke non L. f.)
   var. **sibírica** ♃, Gebg. M- u. S-Frankr., O- u. östl. M-Eur., südl. bis Österr., Bulg., S-Ural, Sib. bis Jap., China
   var. **speciósa** (Schrad. ex Link) DC. (*L. speciósa* (Schrad. ex Link) Fisch. et C.A. Mey.) ♃ ≈ VII–VIII, Jap., Korea, Sachal., Mandsch., O-Sib., China
– *speciósa:* 8
9. **stenocéphala** (Maxim.) Matsum. et Koidz. (*Senécio stenocéphalus* Maxim.) ♃ VI–VIII, Jap., N-China, Taiw.
– *tangútica: Sinacália* 1
10. **tussilagínea** (Burm. f.) Mak. (*Tussilágo japónica* L., *Árnica tussilagínea* Burm. f., *L. kǣmpferi* Sieb. et Zucc., *Farfúgium gránde* Lindl., *F. japónicum* (L.) Kitamura) ♃ i ⌂K IX–X, Jap.
11. **veitchiána** (Hemsl.) Greenm. (*Senécio veitchiánus* Hemsl.) ♃ ≈ IX-X, W-China
12. **wilsoniána** (Hemsl.) Greenm. (*Senécio wilsoniánus* Hemsl.) ♃ ≈ IX–X, M-China

Ligústicum L. – n. – *Umbellíferae*
Mutterwurz
1. **mutellína** (L.) Crantz (*Méum mutellína* (L.) Gaertn.) ♃ △ VI–VIII, Gebg. M- u. SO-Eur.
– *paludapifólium: Levísticum* 1

Ligustrína amurénsis: Syrínga 20
– *amurénsis* var. *japónica: Syrínga* 20
– *pekinénsis: Syrínga* 13

Ligústrum L. – n. – *Oleáceae*
Liguster, Rainweide
– *acuminátum:* 15
1. **amurénse** Carr. ♄ VI–VII, N-China, in den südöstl. USA eingebürg.
– *ciliátum* Rehd.: 15
– *ciliátum* Sieb. ex Bl.: 5
2. **compáctum** Hook. f. et Thoms. ex Brandis (*L. yunnanénse* Henry) ♄ ∧ bis ⌂K VI–VII, SW-China, Him.
– *coriáceum:* 7
3. **delavayánum** Hariot (*L. práttii*

Koehne, *L. ionándrum* Diels) ♄ i ∧ bis ⓚ, Jünn., Burma
4. × **ibólium** Coe ex Rehd. (*L. obtusifólium* × *L. ovalifólium*) ♄ VI–VII
5. **ibóta** Sieb. et Zucc. (*L. ciliátum* Sieb. ex Bl.) ♄ VI, Jap.
6. **índicum** (Lour.) Merr. (*L. nepalénse* Wall.) ♄ i ⓚ, Him., Indoch.
- *ionándrum:* 3
7. **japónicum** Thunb. ♄ i ⓚ VI–VIII, Jap., Korea
'Rotundifólium' (var. *rotundifólium* Bl., *L. coriáceum* Nois. ex Carr.) ♄ i ∧- ⓚ
- *japónicum* var. *rotundifólium:* 7
8. **lúcidum** Ait. f. ♄-♄ ⓚ VIII–IX ⓝ, China, Korea
- *médium:* 15
- *nepalénse:* 6
9. **obtusifólium** Sieb. et Zucc.
var. **regeliánum** (Koehne) Rehd. (*L. regeliánum* Koehne) ♄ ⚘ VI, Jap.
10. **ovalifólium** Hassk. ♄ i D VII, Jap., in den südl. USA eingebürg.
- *práttii:* 3
11. **purpúsii** Hoefker ♄ VIII, China
12. **quihoūi** Carr. ♄ ∧ IX, China
- *regeliánum:* 9
13. **sinénse** Lour.
var. **stauntónii** (A. DC.) Rehd. (*L. stauntónii* A. DC.) ♄ D ∧ VII bis VIII, M-China
- *stauntónii:* 13
14. **strongylophýllum** Hemsl. ♄ i ∧ (besser ⓚ) VII, M-China
15. **tschonóskii** Decne. (*L. acuminátum* Koehne, *L. ciliátum* Rehd. non Sieb. ex Bl., *L. médium* hort. ex Rehd. non Franch. et Sav.) ♄ ⚘ VI, Jap.
16. **vulgáre** L. ♄ D ⚘ ☠ VI–VII ⓝ, S-, W- u. M-Eur., nördl. bis Norw. u. Schwed., östl. bis M-Ukr., Med., N-Afr., Kl. As., Kauk., im östl. N-Am. eingebürg.
(Mit vielen Sorten wie 'Aureum', 'Atrovirens', 'Lodense' u. a.)
- *yunnanénse:* 2

Lilaeópsis Greene - f. - *Umbellíferae*
1. **attenuáta** (Hook. et Arn.) Fern. ♃ ≈ ≈ ⓚ, Südöstl. N-Am., gem. östl. S-Am., in Port. u. NW-Span. eingebürg.

Lílium L. - n. - *Liliáceae*
Lilie
1. **amábile** Palib. ♃ VII ▽, Korea
- *aurantíacum:* 7
2. **aurátum** Lindl. - Goldbandlilie ♃ D ∧ ▭ VI–VII ▽, Jap.
3. **-Auratum-Hybriden** ♃ D ∧ ▭ VI bis VIII
(Hierzu viele z. T. durch Kreuzungen mit anderen Arten entstandene Sorten)
4. **-Aurelianense-Hybriden** ♃ VII–IX (Hierher alle durch Kreuzungen von *L. hénryi* Bak. mit *L. sargéntiae* Wils. und durch spätere Rückkreuzungen mit anderen Arten entstandene Sorten)
- Backhouse Hybrids: 22
- Bellingham Hybrids: 47
5. **bolánderi** S. Wats. ♃ ∧ ▭ VII–VIII ▽, USA: S-Oreg., N-Kalif.
6. **brównii** Miellez ♃ ∧ ▭ VI–VII ▽, SO-China, Burma
7. **bulbíferum** L. - Feuerlilie
ssp. **bulbíferum** ♃ V–VII ▽, N-Span., Deutschl., O-Frankr., Alp., Kors., Ital., Jugosl.
ssp. **cróceum** (Chaix) Pers. (*L. cróceum* Chaix, *L. aurantíacum* West.) ♃ VI–VII ▽, Hauptsächl. S-Alp.
8. **callósum** Sieb. et Zucc. ♃ ∧ VII bis VIII ▽, Hupeh, Mandsch., Jap., Taiw.
9. **canadénse** L. ♃ VII ▽, Östl. N-Am.: Queb. bis Ohio u. Indiana, südl. bis Maryl., Penns., Virg., Alab. u. Kent.
10. **cándidum** L. - Madonnenlilie ♃ D ✂ VI–VII ▽, O-Med. bis SW-As.
11. **carniólicum** Bernh. ex W. D. J. Koch - Krainer Lilie ♃ VI ▽, SO-Alp., W- u. M-Jugosl., Balk.
- *caroliniánum:* 41
- *cathayánum: Cardiócrinum* 1
- × *centigále:* 56
12. **cérnuum** Kom. ♃ D VI–VII ▽, Korea, Mandsch., Ussuri
13. **chalcedónicum** L. ♃ VII–VIII ▽, S- u. W-Griech., S-Alban.
14. **columbiánum** Hanson ex Bak. ♃ ▭ VII–VIII ▽, N-Am.: Br. Kol. bis N-Kalif., östl. bis Id. u. Nev.
15. **cóncolor** Salisb. ♃ VI–VII ▽, Hupeh, Hunan, Jünn.
(Mit einigen Sorten)

- *cordátum: Cardiócrinum* 2
- *cróceum:* 7
- *dahúricum:* 50
- × *dalhansónii:* 22
- *daúricum:* 50

16. **davídii** Elwes
var. **willmóttiae** (Wils.) Raffill (*L. willmóttiae* Wils.) ♃ VII–VIII ▽, W-Hupeh, O-Szetsch., Schansi
17. **-Davidii-Hybriden** ♃ VII–VIII (Hierher gehören viele Kreuzungen von *L. davídii* Elwes mit anderen Arten, u.a. Sortengruppen wie Preston Hybrids, Fiesta Hybrids, Sonnenwend-Hybriden etc.)

- *davúricum:* 50

18. **duchártrei** Franch. (*L. fárreri* Turrill) ♃ D ∧ VI–VII ▽, NW-Jünn., W-Szetsch., SW-Kansu

- *élegans:* 37
- *fárreri:* 18
- Fiesta Hybrids: 17

19. **formosánum** (Bak.) Wallace (*L. longiflórum* Thunb. var. *formosánum* Bak., *L. philippinénse* Bak. var. *formosánum* (Bak.) Wils.) ♃ ✂ D ∧ ▭ Ⓚ VII–VIII ▽, Taiw.

- *gigantéum: Cardiócrinum* 3

20. **grayi** S. Wats. ♃ VI–VII ▽, USA: Virg., N-Carol., Tenn.

- Green Dragon: 27
- Green Mountains Hybrids: 27

21. **hansónii** Leichtl. ex D.D.T. Moore ♃ VI ▽, Ussuri, Jap., Korea
22. **-Hansonii-Hybriden** ♃ VI–VII (Durch Kreuzungen von *L. hansónii* Leichtl. ex D.D.T. Moore mit *L. mártagon* L. und *L. medeoloídes* A. Gray entstandene Hybriden, so *L.* × *dalhansónii* Powell, *L.* × *márhan* Th. Hoog, Backhouse Hybrids)
23. **harrisiánum** Beane et Vollmer (*L. pardálinum* var. *gigantéum* Stearn et Woodc.) ♃ VII ▽, N-Kalif.
24. **heldreichii** Freyn ♃ VI ▽, Griech.
25. **hénryi** Bak. ♃ VIII–IX ▽, Hupeh, Kweitschou
(Mit vielen durch Kreuzungen mit anderen Arten entstandenen Sorten, siehe *L.*-Aurelianense-Hybriden)
26. **humbóldtii** Roezl et Leichtl. ex Duchartre (Veränderliche, zu Kreuzungen benutzte Art) ♃ ▭ VII–VIII ▽, M-Kalif.

- *hyacínthinum: Notholírion* 1
- × *imperiále:* 27

27. **-Imperiale-Hybriden** (*L.* × *imperiále* Wils., *L.* × *prínceps* Wils.) (Hierher gehören Kreuzungen von *L. regále* Wils., *L. sargéntiae* Wils. und *L. leucánthum* var. *centifólium* (Stapf) Stearn, so Olympic Hybrids, Green Mountains Hybrids, Green Dragon)
28. **japónicum** Thunb. ex Houtt. (*L. krámeri* Hook. f., *L. makínoi* Koidz.) ♃ D ▭ Ⓚ VII - VIII ▽, Jap.
29. **kesselringiánum** Mischtsch. ♃ D VII bis VIII ▽, Georgien, NO-Anat.

- *krámeri:* 28

30. **lancifólium** Thunb. (*L. tigrínum* Ker-Gawl.) - Tigerlilie ♃ VIII–IX Ⓝ ▽, Jap., Korea, O-China, Mandsch., in den nordöstl. USA eingebürg. (Mit einigen Sorten)
31. **lankongénse** Franch. ♃ D VIII ▽, NW-Jünn.
32. **ledebourii** (Bak.) Boiss. ♃ D V–VI ▽, Aserbeid.
33. **leichtlínii** Hook. f.
var. **maximowíczii** (Regel) Bak. (*L. maximowíczii* Regel, *L. pseudotigrínum* Carr.) ♃ VII–VIII ▽, Jap., Korea, Mandsch.
34. **leucánthum** (Bak.) Bak.
var. **centifólium** (Stapf) Stearn ♃ ▭ VII–VIII ▽, W-Kansu
var. **chloráster** Wils. ♃ ▭ ∧ VII bis VIII ▽, Hupeh
35. **longiflórum** Thunb. ♃ D ✂ Ⓚ VIII bis IX ▽, S-Jap., Riukiu-Ins., Taiw.

- *longiflórum* var. *formosánum* 19

36. **macklíniae** Sealy ♃ ▭ VI–VII ▽, NO-Ind. (Manipur)

- *macrophýllum: Notholírion* 2

37. **maculátum** Thunb. (*L. élegans* Thunb., *L. thunbergiánum* Schult. et Schult. f.) ♃ ▽, Jap.
38. **-Maculatum-Hybriden** (Zusammenfassung aller ursprünglich aus Kreuzungen von *L. bulbíferum* ssp. *bulbíferum* und *L. bulbíferum* ssp. *cróceum* (Chaix) Bak. entstandenen Sorten)

- *makínoi:* 28
- × *márhan:* 22

39. **mártagon** L. - Türkenbundlilie ♃ VI

bis VII ▽, Eur., Transkauk., Sib. (Mit einigen Sorten)
- *maximowíczii:* 33
40. **medeoloídes** A. Gray ♃ VII ▽, Jap., Kuril. bis Kamtsch., Tschek.
41. **michaūxii** Poir. (*L. caroliniánum* Michx. non Bosc) ♃ D ▭ ∧ VIII ▽, USA: S-Virg., N- u. S-Carol., Georg., Alab., Flor., Louis.
- Midcentury Hybrids: 66
42. **monadélphum** M. B. (*L. szovitsiánum* Fisch. et Avé-Lall.)
var. **arménum** (Mischtsch.) P. H. Davis et Henders. ♃ D VIII ▽, Arm., NO-Anat.
var. **monadélphum** ♃ VII ▽, N-Kauk., NO-Anat.
- *myriophýllum:* 62
43. **nepalénse** D. Don ♃ D ⓚ VII–VIII ▽, Nepal, Bhut., Kumaon
44. **occidentále** Purdy ♃ ▭ VII ▽, S-Oreg., N-Kalif.
- Olympic Hybrids: 27
45. **papillíferum** Franch. ♃ ∧ (besser ⓚ) ▽, NW-Jünn.
46. **pardálinum** Kellogg - Pantherlilie ♃ VII ▽, S-Oreg., NW-Kalif. (Mit einigen Sorten)
- *pardálinum* var. *gigantéum:* 23
47. **-Pardalinum-Hybriden** (Zusammenfassung von Kreuzungen von *L. pardálinum* Kellogg, *L. humbóldtii* Roezl et Leichtl. ex Duchartre und *L. párryi* S. Wats., so z. B. *L.* Bellingham Hybrids)
48. **párryi** S. Wats. ♃ D ▭ VII ▽, Kalif., Ariz.
49. **párvum** Kellogg ♃ VII ▽, Kalif.: Kask. Gebg. bis Sierra Nev.
50. **pensylvánicum** Ker-Gawl. (*L. daúricum* Ker-Gawl., *L. davúricum* auct., *L. dahúricum* auct.) ♃ VI ▽, Altai, Mongol., Amur, N-Mandsch., N-Korea, Sachal., Kamtsch., Jap. (Formenreiche Art, häufig zu Kreuzungen benutzt)
51. **philadélphicum** L. - Waldlilie ♃ ∧ VI–VIII ▽, N-Am.: Maine u. Queb. bis Br. Kol., südl. bis Del., Maryl., W-Virg., N-Carol., Kent., Nebr., New Mex.
52. **philippinénse** Bak. ♃ D ⓚ VIII ▽, Luzon
- *philippinénse* var. *formosánum:* 19
53. **pompónium** L. ♃ △ VI–VII ▽, Franz. u. ital. Seealp.
- Preston Hybrids: 17
- × *prínceps:* 27
- *pseudotigrínum:* 33
54. **púmilum** DC. (*L. tenuifólium* Schrank) ♃ VII ▽, N-Korea, Mandsch., O-Sib., Mongol., N-China (Mit einigen Sorten)
55. **pyrenáicum** Gouan ♃ D V–VI ▽, N-Span., O-Pyren., SW-Frankr.
56. **regále** Wils. - Königslilie ♃ D ✂ VII ▽, Szetsch. (Hierzu einige durch Mutation und durch Kreuzungen mit anderen Arten entstandene Sorten oder Hybriden, z. B. 'Royal Gold', *L.* × *centigále* hort., *L.* × *sulphurgále* hort.)
57. **rubéllum** Bak. ♃ D V–VI ▽, Jap.
58. **rubéscens** S. Wats. ♃ D ∧ ▭ VI bis VII ▽, S-Oreg., N-Kalif.
59. **sargéntiae** Wils. ♃ D VII ▽, Szetsch.
- Sonnenwend-Hybriden: 17
60. **speciósum** Thunb. - Prachtlilie ♃ D ✂ IX ▽, Jap., Taiw., Kiangsi, Anhwei
61. **-Speciosum-Hybriden** ♃ D ✂ VIII bis IX (Hierher vor allem Kreuzungen mit *L. aurátum* Lindl.)
62. **sulphúreum** Bak. (*L. myriophýllum* Franch.) ♃ D ⓚ ▭ ∧ IX ▽, Jünn. bis N-Burma
- × *sulphurgále:* 56
63. **supérbum** L. ♃ VII–VIII ▽, USA: N. Hampsh. bis Mass. u. Indiana, südl. bis Georg. u. Alab.
- *szovitsiánum:* 42
64. **taliénse** Franch. ♃ D VII ▽, NO-Jünn.
- *tenuifólium:* 54
65. × **testáceum** Lindl. (*L. cándidum* × *L. chalcedónicum*) ♃ VII–VIII
- *thomsoniánum: Notholírion* 3
- *thunbergiánum:* 37
- × *tigrímax:* 66
- *tigrínum:* 30
66. **-Tigrinum-Hybriden** ♃ VII–VIII (Hierzu viele Sorten u. Sortengruppen, hervorgegangen aus Kreuzungen mit anderen Arten, so *L.* × *tigrí-*

max hort., Midcentury Hybrids)
67. **wallichiánum** Schult. et Schult. f. ♃ Ⓚ X–XI ▽, S-Him., von Kumaon über Nepal, Sikk., Bhut. bis Ass.
68. **wárdii** F. C. Stern ♃ D VIII–IX ▽, SO-Tib.
69. **washingtoniánum** Kellogg ♃ ∧ – ▭ VI–VII ▽, USA: Kask. Gebg. bis Sierra Nev.
- *willmóttiae:* 16

× **Limára** hort. (*Aráchnis* × *Renanthéra* × *Vandópsis*) – f. – *Orchidáceae*

Limnánthemum: Nymphoídes 1–4

Limnánthes R. Br. – f. – *Limnantháceae* Sumpfblume
1. **douglásii** R. Br. ⊙ VI–VIII, USA: Kalif., Oreg.

Limnóbium L. C. Rich. – n. – *Hydrocharitáceae*
1. **spóngia** (Bosc) Steud. ♃ ≋ Ⓚ, USA: Del. u. N. Y. bis Missouri, südl. bis Flor. u. Tex.; trop. Am.
2. **stoloníferum** (G. F. W. Mey.) Griseb. (*Hydromýstria stolonífera* G. F. W. Mey., *Trianéa bogoténsis* Karst.) ♃ ≋ Ⓦ, Mex. bis S-Bras., Westind.

Limnócharis Humb. et Bonpl. – f. – *Butomáceae* Sumpflieb
1. **fláva** (L.) Buchenau (*L. emargináta* Humb. et Bonpl., *Alísma flávum* L.) ♃ ∿–≋ Ⓦ VII–VIII, Mex. u. Antill. über Bras. bis Peru
- *humbóldtii: Hydrócleys* 1

Limnóchloa aciculáris: Eleócharis 1
- *párvula: Eleócharis* 4

Limnóphila R. Br. (*Ambúlia* Lam.) – f. – *Scrophulariáceae*
- *gratioloídes:* 2
1. **heterophýlla** (Roxb.) Benth. (*Ambúlia heterophýlla* (Roxb.) Baill.) ♃ ≋ Ⓦ, Ind., Pak., Ceyl., Indones., S-China, Taiw., Jap.
2. **índica** (L.) Druce (*L. gratioloídes* R. Br., *Ambúlia gratioloídes* (R. Br.) Baill.) ♃ ≋ Ⓦ, Trop. u. subtrop. As., Afr. u. Austral.
3. **sessiliflóra** Bl. (*Ambúlia sessiliflóra* (Bl.) Baill.) ♃ ≋, Ind., Pak., Ceyl., Indones., Jap., Vietn., China, Korea, Marian.

Limodórum Boehm. – n. – *Orchidáceae* Dingel
1. **abortívum** (L.) Sw. ♃ V–VII ▽ ✱, M- u. S-Eur., Med., SW-As., N-Afr.

Limónia L. – f. – *Rutáceae*
1. **acidíssima** L. (*Ferónia limónia* (L.) Swingle, *F. elephántum* Corrêa) – Elefantenapfel ħ Ⓦ ⓝ, Ind., vom Him.-Vorland bis Malab., Ceyl.
- *arbórea: Glycósmis* 1
- *pentaphýlla: Glycósmis* 1
- *trifólia: Triphásia* 1

Limoniástrum Heist. ex Fabr. – n. – *Plumbagináceae*
1. **monopétalum** (L.) Boiss. ♄ i Ⓚ VII bis IX, Med., Port.

Limónium Mill. (*Státice* L. p.p.) – n. – *Plumbagináceae* Widerstoß, Meerlavendel
1. **arboréscens** (Brouss.) O. Kuntze ♄ i Ⓚ VII–VIII ▽, Tener., Las Palmas
2. **bellidifólium** (Gouan) Dumort. (*L. cáspium* (Willd.) Gams) ♃ i △ ∧ (besser Ⓚ) VIII–X ▽, Küsten Med. u. Schw. Meer, S-Rußl., Engl.
3. **binervósum** (G. E. Sm.) C. E. Salmon ♃ ∧ VIII–IX ▽, W-Eur., nördl. bis SW-Schottl.
4. **bonduéllei** (Lestib.) O. Kuntze ⊙–♃ ✂ VIII–X ▽, N-Span., N-Afr.
5. **bourgeáui** (Webb) O. Kuntze ♄ i Ⓚ VII–VIII ▽, Kanar.
- *cáspium:* 2
- *elátum: Goniolímon* 1
6. **feruláceum** (L.) Chaz. ♃ ∧ VII bis VIII ▽, W- u. M-Med., M- u. S-Port.
- *globulariifólium:* 14
7. **gmelínii** (Willd.) O. Kuntze ♃ VII bis VIII ▽, Östl. M- u. SO-Eur., Sib.
8. **gougetiánum** (Girard) O. Kuntze ♃ i △ ∧ (besser Ⓚ) VII–VIII ▽, Balear., Alger.
9. **latifólium** (Sm.) O. Kuntze ♃ V–VII ▽, Rum., Bulg. bis SO-Rußl.
10. **macrophýllum** (Brouss.) O. Kuntze ♄ i Ⓚ VII–VIII ▽, Tener.
11. **minútum** (L.) Fourr. ♃ ∿ i △ ∧ (besser Ⓐ) VII–VIII ▽, SO-Frankr.
12. **perézii** (Stapf) Hubb. (*Státice perézii* Stapf) ♄ i Ⓚ VIII–X ▽, Kanar.
13. **pubérulum** (Webb) O. Kuntze ♄ Ⓚ V–VII ▽, Kanar.
14. **ramosíssimum** (Poir.) Maire (*Státice globulariifólia* Desf., *L. globulariifó-*

lium (Desf.) O. Kuntze) ♃ ∧ i VI bis IX ▽, Med.
15. **sinénse** (Girard) O. Kuntze ⊙ - ♃ ✂, China
16. **sinuátum** (L.) Mill. ⊙ -♃ ✂ VII–IX ▽, Med., S-Port., Sahara
- *suworówii: Psyllióstachys* 1
- *tatáricum: Goniolímon* 2
17. **vulgáre** Mill. (*Státice limónium* L.) - Widerstoß, Strandnelke, Strandflieder ♃ VIII–IX ▽, Atl. Küste Eur., Ostsee, östl. bis Rügen u. SW-Schwed., Med.

Linánthus Benth. - m. - *Polemoniáceae*
1. **androsáceus** (Benth.) Greene (*Gília androsácea* (Benth.) Steud.), Kalif.
ssp. **androsáceus** ⊙ VII–VIII
ssp. **lúteus** (Benth.) H.L. Mason (*Leptosíphon lúteus* Benth., *Gília lútea* (Benth.) Steud.) ⊙ VII–VIII
ssp. **micránthus** (Steud. ex Benth.) H.L. Mason (*Gília micrántha* Steud. ex Benth.) ⊙ VII–VIII
2. **dianthiflórus** (Benth.) Greene (*Fénzlia dianthiflóra* Benth., *Gília dianthoídes* Endl.) ⊙ Ⓚ IV-VI, S-Kalif., Nied. Kalif.
3. **grandiflórus** (Benth.) Greene (*Leptosíphon grandiflórus* Benth., *Gília grandiflóra* (Benth.) Steud. non (Dougl. ex Lindl.) A. Gray, *G. densiflóra* (Benth.) Benth.) ⊙ V–IX, Kalif.
4. **liniflórus** (Benth.) Greene (*Gília liniflóra* Benth.) ⊙ VII–VIII, Kalif.

Linária Mill. - f. - *Scrophulariáceae*
Leinkraut
- *aequitríloba: Cymbalária* 1
1. **alpína** (L.) Mill. - Alpenleinkraut ⊙ ⟿ △ VII–VIII, Gebg. M- u. S-Eur., von Jura u. Karp. bis M-Span., M-Ital. u. M-Griech.
2. **amethýstea** (Lam.) Hoffmgg. et Link ⊙ V–VIII, Span, Port., N-Afr.
- *bipartíta:* 5
3. **-Bipartita-Hybriden** (wahrscheinlich entstanden aus Kreuzungen von *L. incarnáta* mit *L. maroccána* und *L. reticuláta*) ⊙ VI–VIII
- *cymbalária: Cymbalária* 3
- *dalmática:* 4
4. **genistifólia** (L.) Mill.
ssp. **dalmática** (L.) Maire et Petitm. (*L. dalmática* (L.) Mill.) ♃ VII–VIII, Balk., Rum., S-Ital., Med., in M-Eur. stellenweise eingebürg.
ssp. **genistifólia** ♃ VII–VIII, SO- u. östl. M-Eur., westl. bis Ital., nördl. bis 54° N im östl. M-Rußl.
- *hepaticifólia: Cymbalária* 2
5. **incarnáta** (Vent.) Spreng. (*L. bipartíta* auct. eur. non (Vent.) Willd.) ⊙ VI–VII, Port., W-Span., NW-Afr.
6. **maroccána** Hook. f. ⊙ VI–VII, Marok.
- *origanifólia: Chaenarrhínum* 2
- *pállida: Cymbalária* 4
- *pilósa: Cymbalária* 5
7. **purpúrea** (L.) Mill. ♄ ∧ VII–X, M- u. S-Ital., Siz., in Engl. u. Irl. stellenw. eingebürg.
8. **reticuláta** (Sm.) Desf. ♃ V–VII, N-Afr.
9. **triornithóphora** (L.) Willd. ♃ △ ∧ VI–IX, W-Span., N- u. M-Port.
10. **trístis** (L.) Mill. ♃ - ⊙ △ VI–IX, SW-Span., S-Port., N-Afr.
- *villósa: Chaenarrhínum* 3
11. **vulgáris** Mill. ♃ V–X, Fast in ganz Eur., W-As., in N-Am. eingebürg.

Lindelófia Lehm. - f. - *Boragináceae*
1. **longiflóra** (Benth.) Baill. ♃ ∧ V–VI, W-Him.

Lindenbérgia Lehm. - f. - *Scrophulariáceae*
1. **grandiflóra** (Buch.-Ham.) Benth. ♄ Ⓚ XI-II, Subtrop. Him.

Líndera Thunb. - f. - *Lauráceae*
Fieberstrauch
1. **bénzoïn** (L.) Bl. (*Bénzoïn aestivále* (Nutt.) Nees) ♄ III–V, N-Am.: Maine bis Ont., Mich., Ill., Iowa, Missouriu.Kans.,südl.bisFlor.u.Tex.
2. **obtusíloba** Bl. ♄ - ♄ ∧ IV, Jap., Korea, China
3. **praécox** (Sieb. et Zucc.) Bl. (*Bénzoïn praécox* Sieb. et Zucc.) ♄ ∧ IV, Jap.
4. **serícea** (Sieb. et Zucc.) Bl. (*Bénzoïn seríceum* Sieb. et Zucc.) ♄ III–IV, Jap.

Lindérnia japónica: Mázus 1

Lindheímera A. Gray et Engelm. - f. - *Compósitae*
1. **texána** A. Gray et Engelm. ⊙ VII bis IX, Tex., Mex.

Lindleyélla aurantíaca: Rudolfiélla 1
Lindmánia penduliflóra: Fosterélla 1

Linnǣa L. - f. - *Caprifoliáceae*
Moosglöckchen
1. **boreális** L. ♄ ⟿ VI–VIII ▽, N- u. nördl. M-Eur., N-As., nördl. N-Am., südl. bis Penns., S-Dak., Color., Utah u. N-Kalif., Alp., Sudet., Karp., Ural, Kauk.
- *engleriána: Abélia* 2
- *schumánnii: Abélia* 6
- *zánderi: Abélia* 10

Linósyris vulgáris: Áster 23

Línum L. - n. - *Lináceae*
Lein
- *alpínum:* 12
- *angustifólium:* 3
1. **arbóreum** L. ♄ △ ∧ (besser Ⓚ) V bis VI ▽, Kreta, Griech., SW-Anat., Rhodos
2. **austríacum** L. ♃ V–VII ▽, M- u. S-Eur., Med., Vord. As. bis Kauk.
3. **biénne** Mill. (*L. angustifólium* Huds., *L. usitatíssimum* ssp. *angustifólium* (Huds.) Thell.) - Wildlein ♃ VI–VII ▽, Kanar., Mad., N-Afr., W- u. S-Eur., Balk., Kl. As., Syr., Irak, Transkauk., Kauk.
4. **campanulátum** L. ♄ ∧ (besser Ⓚ) VI bis VII ▽, W-Med., von O-Span. bis M-Ital.
5. **capitátum** Kit. ex Schult. ♃ △ ∧ VI bis VII ▽, M- u. S-Ital., Balk., Kl. As.
6. **cathárticum** L. - Purgierlein ⊙ VI bis VIII, Eur., Med., N-Afr. bis Kauk., Iran, Neufundl., im nordöstl. N-Am. eingebürg.
- *crépitans:* 14
7. **élegans** Sprung. ex Boiss. (*L. iberidifólium* Auch. ex Planch.) ♃ △ V–VI ▽, Alban., Griech., Jugoswl., Kl. As.
8. **flávum** L. ♃-♄ △ ∧ VI–VIII ▽, M- u. SO-Eur., nördl. bis M-Rußl.
9. **grandiflórum** Desf. ⊙ VI–IX, Alger.
10. **hypericifólium** K. B. Presl ♃ △ V–VI, Kauk.
- *iberidifólium:* 7
11. **narbonénse** L. ♃ ∧ VI–VII ▽, W- u. M-Med., Span., NO-Port.
12. **perénne** L.
ssp. **alpínum** (Jacq.) Ockendon (*L. alpínum* Jacq.) - Alpenlein ♃ △ VI bis VIII ▽, N-Span., Pyren., Alp., Apenn., Rhodope, N-Ural
ssp. **perénne** ♃ VI–VIII ▽, M- u. O-Eur., W-As.
- *salsoloídes:* 13
13. **suffruticósum** L.
ssp. **salsoloídes** (Lam.) Rouy (*L. salsoloídes* Lam.) ♃ △ ∧ V–VII ▽, N-Span., W-Alp., nördl. bis nördl. M-Frankr.
14. **usitatíssimum** L. - Lein ⊙ VI–VII Ⓝ Off.
convar. **crépitans** (Boenn.) Kulpa et Danert (*L. crépitans* (Boenn.) Dumort.) - Springlein, Klenglein, Nur aus Kult. bek.
convar. **mediterráneum** (Vavilov ex Ell.) Kulpa et Danert - Öllein, Nur aus Kult. bek.
convar. **usitatíssimum** - Faserlein, Schließlein, Flachs, Nur aus Kult. bek.
- *usitatíssimum* ssp. *angustifólium:* 3
15. **viscósum** L. ♃ ∧ VI–VII ▽, S- u. südl. M- Eur., von Span. bis S-Deutschl., Österr. u. N-Jugosl.

× *Liopónia:* × *Broughtópsis*

Líparis L. C. Rich. - f. - *Orchidáceae*
- *eláta:* 1
- *lóngipes:* 3
1. **nervósa** (Thunb.) Lindl. (*L. eláta* Lindl.) ♃ Ⓦ VII–VIII ✱, Trop. Am.
2. **refléxa** Lindl. ♃ Ⓦ IX–X ✱, Austral.
3. **viridiflóra** (Bl.) Lindl. (*L. lóngipes* Lindl.) ♃ Ⓦ XII-I ✱, Sikk., S-Ind., Ceyl., Java

Líppia canéscens: Phýla 1
- *chamaedrifólia: Aloýsia* 1
- *citriodóra: Aloýsia* 2
- *répens* hort. non Spreng.: *Phýla* 1
- *répens* Spreng.: *Phýla* 1
- *triphýlla: Aloýsia* 2

Liquidámbar L. - f. - *Hamamelidáceae*
Amberbaum
1. **orientális** Mill. ♄ ∧ V Off., S-Kl. As., Syr.
2. **styracíflua** L. ♄ V Ⓝ, USA: Conn. bis Ill., Missouri u. Okla., südl. bis Flor., Louis. u. Tex.; Mex., Guat.

Liriodéndron L. - n. - *Magnoliáceae*
Tulpenbaum
1. **tulipífera** L. ♄ V–VII Ⓝ, N-Am.: Verm. bis Ont., Mich., Wisc. u. Missouri, südl. bis Flor., Miss. u. Louis.

Liríope Lour. - f. - *Liliáceae*

1. **muscári** (Decne.) L. H. Bailey (*Ophiopógon muscári* Decne.) ♃ i Ⓚ, O-As.
   (Mit vielen Sorten)
2. **spicáta** (Thunb.) Lour. (*Ophiopógon spicátus* (Thunb.) Lodd.) ♃ i Ⓚ, Jap., Riukiu-Ins., China

Liriósma ováta: Dulácia 1
Lisiánthus russelliánus: Eústoma 1
Lissochílus R. Br. - m. - *Orchidáceae*
1. **gigantéus** Welw. (*Eulóphia gigantéa* (Welw.) N. E. Br.) Ⓦ VI–VII ✱, Angola, Zaire
- *horsfállii: Eulóphia* 2

Lístera R. Br. - f. - *Orchidáceae*
Zweiblatt
1. **cordáta** (L.) R. Br. ♃ V–VIII ▽ ✱, Isl., N-, M- u. O-Eur., Pyren., Apenn., Kauk., N-As., N-Am.: Grönl., Labr. bis Alaska, südl. bis Maryl., N-Carol., Minn., New Mex. u. Kalif.
2. **ováta** (L.) R. Br. ♃ V–VII ▽ ✱, Eur., W- u. M-As.

Listróstachys bídens: Diaphanánthe 1
- *mystacidioídes: Diaphanánthe* 1
- *pellúcida: Diaphanánthe* 2

Lítchi Sonn. - f. - *Sapindáceae*
1. **chinénsis** Sonn. - Litchibaum, Litchipflaume ♄ i Ⓦ V Ⓝ, S-China

Lithodóra Griseb. - f. - *Boragináceae*
1. **diffúsa** (Lag.) Johnst. (*Lithospérmum diffúsum* Lag., *L. prostrátum* Loisel.) ♄ i △ ∧ (besser Ⓐ) V–VII, SW-Eur., nördl. bis NW-Frankr.
   (Dazu einige Sorten)
2. **fruticósa** (L.) Griseb. (*Lithospérmum fruticósum* L.) ♄ i Ⓚ V–VI, W-Med.
3. **oleifólia** (Lapeyr.) Griseb. (*Lithospérmum oleifólium* Lapeyr.) ♄ i Ⓐ VI, O-Pyren.
4. **rosmarinifólia** (Ten.) Johnst. (*Lithospérmum rosmarinifólium* Ten.) ♄ i Ⓚ I–II, S-Ital., Siz., Alger.

Líthops N. E. Br. - f. - *Aizoáceae*
- *alpína:* 25
1. **aucámpiae** L. Bol. ♃ Ⓚ, Transv., NW-Kap
- *aurantíaca:* 29
2. **bélla** (Dint.) N. E. Br., Namib.
   var. **bélla** ♃ Ⓚ
   var. **eberlánzii** (Dint. et Schwant.) de Boer et Boom (*L. eberlánzii* (Dint. et Schwant.) N. E. Br.) ♃ Ⓚ
   var. **lericheána** (Dint. et Schwant.) de Boer et Boom (*L. lericheána* (Dint. et Schwant.) Dint. et Schwant.) ♃ Ⓚ
- *brévis:* 6
3. **bromfíeldii** L. Bol. ♃ Ⓚ, Kap
- *christínae:* 27
4. **comptónii** L. Bol. ♃ Ⓚ, Kap
5. **deboërii** Schwant. ♃ Ⓚ, S-Afr.
- *dendrítica:* 25
6. **dínteri** Schwant.
   var. **brévis** (L. Bol.) Fearn (*L. brévis* L. Bol.) ♃ Ⓚ, Kap
   var. **dínteri** ♃ Ⓚ, Namib.
- *diútina:* 21
7. **divérgens** L. Bol. ♃ Ⓚ, Kap, Namib.
8. **doróthеae** Nel ♃ Ⓚ, Kap
- *eberlánzii:* 2
- *eleváta:* 16
9. **elísae** de Boer ♃ Ⓚ, Kap
10. **erniána** Jacobs. ♃ Ⓚ, Namib.
- *framésii:* 21
11. **francísci** (Dint. et Schwant.) N. E. Br. ♃ Ⓚ, Namib.
12. **fúlleri** N. E. Br. ♃ Ⓚ, Kap
13. **fúlviceps** (N. E. Br.) N. E. Br. ♃ Ⓚ, Namib.
- *géyeri:* 16
14. **glaudínae** de Boer ♃ Ⓚ, Kap
15. **gracilidelineáta** Dint. ♃ Ⓚ, Namib.
16. **hérrei** L. Bol. (*L. translúcens* L. Bol., *L. eleváta* L. Bol.)
   var. **géyeri** (Nel) de Boer et Boom (*L. géyeri* Nel) ♃ Ⓚ, Kap
   var. **hérrei** ♃ Ⓚ, Kap, Namib.
17. **júlii** (Dint. et Schwant.) N. E. Br. (*L. láctea* Schick et Tisch., *L. júlii* var. *pállida* Tisch.) ♃ Ⓚ, Namib.
- *júlii* var. *pállida:* 17
18. **karasmontána** (Dint. et Schwant.) N. E. Br., Namib.
   var. **karasmontána** ♃ Ⓚ
   var. **mickbergénsis** (Dint.) de Boer et Boom (*L. mickbergénsis* Dint.) ♃ Ⓐ
   var. **opalína** (Dint.) de Boer et Boom (*L. opalína* Dint.) ♃ Ⓚ
   var. **summitátum** (Dint.) de Boer et Boom (*L. summitátum* Dint.) ♃ Ⓚ
- *láctea:* 17
- *lericheána:* 2
19. **leslíei** (N. E. Br.) N. E. Br.
   var. **leslíei** ♃ Ⓚ, Transv.

var. **vénteri** (Nel) de Boer et Boom (*L. vénteri* Nel) ♃ ⌂K, Kap

20. **locális** (N. E. Br.) Schwant.
var. **terrícolor** (N. E. Br.) de Boer et Boom (*L. terrícolor* N. E. Br.) ♃ ⌂K, Kap

21. **marmoráta** (N. E. Br.) N. E. Br. (*L. diútina* L. Bol., *L. framésii* L. Bol., *L. umdausénsis* L. Bol.) ♃ ⌂K, Kap

22. **meyeri** L. Bol. ♃ ⌂K, Kap

- *mickbergénsis:* 18
- *nélii:* 26

23. **olivácea** L. Bol. ♃ ⌂K, Kap

- *opalína:* 18

24. **óptica** (Marl.) N. E. Br. ♃ ⌂K, Namib.

25. **pseudotruncatélla** (Berger) N. E. Br., Namib.
var. **alpína** (Dint.) Jacobs. (*L. alpína* Dint.) ♃ ⌂K
var. **dendrítica** (Nel) de Boer et Boom (*L. dendrítica* Nel) ♃ ⌂K
var. **pseudotruncatélla** ♃ ⌂K

- *rugósa:* 27

26. **ruschiórum** (Dint. et Schwant.) N. E. Br.
var. **nélii** (Dint. et Schwant.) de Boer et Boom (*L. nélii* Schwant.) ♃ ⌂K, Namib.

27. **schwantésii** Dint., Namib.
var. **christínae** (de Boer) Fearn (*L. christínae* de Boer) ♃ ⌂K
var. **rugósa** (Dint.) de Boer et Boom (*L. rugósa* Dint.) ♃ ⌂K
var. **schwantésii** ♃ ⌂K
var. **triebneri** (L. Bol.) de Boer et Boom (*L. triebneri* L. Bol.) ♃ ⌂K
var. **urikosénsis** (Dint.) de Boer et Boom (*L. urikosénsis* Dint.) ♃ ⌂K

28. **steineckeána** Tisch. ♃ ⌂K, Namib.

- *summitátum:* 18
- *terrícolor:* 20
- *translúcens:* 16
- *triebneri:* 27

29. **turbinifórmis** (Haw.) N. E. Br. (*L. aurantíaca* L. Bol.) ♃ ⌂K, Kap

- *umdausénsis:* 21
- *urikosénsis:* 27

30. **vállis-maríae** (Dint. et Schwant.) N. E. Br.) ♃ ⌂K, Namib.

- *vénteri:* 19

Lithospérmum L. - n. - *Boragináceae*
Steinsame

- *angustifólium:* 2

1. **canéscens** (Michx.) Lehm. ♃ △ ∧ IV bis V, N-Am.: Ont. bis Sask., südl. bis Georg., Alab., Miss. u. Tex.

- *diffúsum: Lithodóra* 1
- *fruticósum: Lithodóra* 2
- *gastónii: Buglossoídes* 1

2. **incísum** Lehm. (*L. angustifólium* Michx. non Forssk.) ♃ ∧ V–VI, N-Am.: Ont. bis Br. Kol., südl. bis Indiana, Missouri, Tex.; N-Mex.

3. **officinále** L. - Steinsame, Steinhirse ♃ V–VII Ⓝ, Eur., Med., W-As. bis Baikal, Kauk., Iran, N-China, Jap., im nordöstl. N-Am. eingebürg.

- *oleifólium: Lithodóra* 3
- *prostrátum: Lithodóra* 1
- *purpurocaerúleum: Buglossoídes* 2
- *rosmarinifólium: Lithodóra* 4

Litséa Lam. - f. - *Lauráceae*

1. **calophýlla** (Miq.) Mansf. (*L. sebífera* Bl. non Pers.) - Javanischer Talgbaum ♄ ⌂W Ⓝ, Malak., Java, Born.

- *gláuca: Neolitséa* 1

2. **japónica** (Thunb.) Juss. ♄ i ⌂K IX bis I, Jap., Riukiu-Ins., S-Korea

- *sebífera:* 1

Littáea geminiflóra: Agáve 20

Littónia Hook. f. - f. - *Liliáceae*

1. **modésta** Hook. f. ♃ ⌇ ⌂W VI–VII, Nat., Transv., Pondol.

Littorélla Bergius - f. - *Plantagináceae*
Strandling

1. **uniflóra** (L.) Aschers. (*Plantágo uniflóra* L., *L. júncea* Bergius, *L. lacústris* L.) ♃ ~ - ≈ V–VI, VIII–IX, N- bis W- u. M-Eur., südl. bis Azor., Sard. u. S-Rum.

Livistóna R. Br. - f. - *Pálmae*

1. **austrális** (R. Br.) Mart. (*Córypha austrális* R. Br.) ♄ ⌂W, O-Austral.

2. **chinénsis** (Jacq.) R. Br. ex Mart. (*Latánia borbónica* hort. non Lam.) ♄ ⌂W, S-China?, S-Jap., Riukiu-Ins.

- *hoogendórpii:* 4

3. **rotundifólia** (Lam.) Mart. ♄ ⌂W, N-Born., Celeb., Moluk., Phil.

4. **sáribus** (Lour.) Merr. ex A. Chev. (*L. hoogendórpii* Teijsm. et Binn. ex Miq.) ♄ ⌂W, SO-As., Indones., Phil.

Llávea Lag. - f. - *Cryptogrammáceae*

1. **cordifólia** Lag. ♃ ⌂K, Mex.

Loása Adans. - f. - *Loasáceae*

1. **acanthifólia** Desr. ♃–⊙ VII–IX,

Chile
- *ambrosiifólia:* 3
- *aurantíaca: Caióphora* 2
- *contórta: Caióphora* 1
- *híspida:* 3
- *lateritia: Caióphora* 2
- *papaverifólia:* 4

2. **trícolor** Ker-Gawl. ⊙ VII–VIII, Chile
3. **úrens** Jacq. (*L. híspida* L. f., *L. ambrosiifólia* Juss., *Eucníde úrens* (Jacq.) Parry) ⊙ VII–VIII, Peru
4. **vulcánica** André (*L. papaverifólia* H. B. K., *L. wallísii* Regel) ⊙ VII–IX, Ek., Kol.

- *wallísii:* 4

Lobélia L. – f. – *Campanuláceae*
- *amoéna:* 3
- *anguláta: Prátia* 1

1. **cardinális** L. ♃ ⩊ ⌂ VII–IX, N-Am.: N. Brunsw. bis Mich. u. Minn., südl. bis Golf v. Mex.
2. **dortmánna** L. ♃ ≋ ☠ ⌂ VII–VIII ▽, N-Am.: Neufundl. bis Minn., südl. bis N. Jers. u. Wisc.; Br. Kol. bis Oreg.; N- u. nördl. M-Eur. bis SW-Frankr. u. Weißrußl.; N-Afr., Kl. As.
3. **elongáta** Small (*L. amoéna* auct. non Michx.) ♃ ⩊ ∧ – ⌂ VIII–X, USA: Del. u. Maryl. bis Georg.
4. **erínus** L. ⊙–♃ V–VIII, Kap (Mit vielen Sorten)
5. **fenestrális** Cav. ⊙–⊙ VII–VIII, USA: Tex. bis New Mex. u. Ariz.; Mex.

- *fúlgens:* 12

6. × **gerárdii** Chabanne et Goujon ex Sauv. (*L. cardinális* × *L. siphilítica*) Hierher gehört wahrscheinlich 'Vedrariensis' (*L.* × *vedrariénsis* hort.) ♃ ∧ VIII–IX
7. **infláta** L. ⊙ ☠ VII–VIII Off., N-Am.: N. Scot. bis Sask., südl. bis Georg., Alab., Miss., Ark., Kans.
8. **laxiflóra** H. B. K. ♃–♄ ⌂ VII–X, Mex. bis Kol.

- *longiflóra: Hippobróma* 1
- *ramósa:* 13

9. **sessilifólia** Lamb. ♃ ⩊ VI–VII, Jap., Kuril., Sachal., Taiw., Korea, Mandsch., O-Sib.
10. **siphilítica** L. ♃ ⩊ VII–IX, N-Am.: Maine bis Manit. u. Color., südl. bis Virg., N-Carol., Alab., Miss., Louis. u. Tex.
11. × **speciósa** hort. (*L. cardinális* × *L. siphilítica* × *L. spléndens*) ♃ ✂ ⌂ VIII–IX
12. **spléndens** Willd. (*L. fúlgens* Hemsl.) ♃ ⩊ ⌂ VII–X, USA: Missouri, Okla. u. Tex. bis Kalif.; Mex.
13. **tenúior** R. Br. (*L. ramósa* Benth.) ♃ ⌂ V–IX, W-Austral.
14. **túpa** L. ♃–♄ ☠ ⌂ IX–X, Chile
15. **válida** L. Bol. ♄ ⌂, Kap

- × *vedrariénsis:* 6

Lobívia: Echinópsis
- *allegraiána: Echinópsis* 15
- *aúrea: Echinópsis* 2
- *backebérgii: Echinópsis* 3
- *binghamiána: Echinópsis* 15
- *brúchii: Echinópsis* 4
- *chrysántha: Echinópsis* 10
- *cinnabárina: Echinópsis* 11
- *cylíndrica: Echinópsis* 2
- *densispína: Echinópsis* 18
- *euánthema: Rebútia* 3
- *famatiménsis: Rebútia* 7
- *férox: Echinópsis* 12
- *hertrichiána: Echinópsis* 15
- *huáscha: Echinópsis* 16
- *hyalacántha: Acanthocalýcium* 1
- *incáica: Echinópsis* 15
- *klimpeliána: Acanthocalýcium* 4
- *kuehnríchii: Echinópsis* 18
- *longispína: Echinópsis* 20
- *maximiliána: Echinópsis* 23
- *pentlándii: Echinópsis* 29
- *pentlándii* var. *maximiliána: Echinópsis* 23
- *plániceps: Echinópsis* 15
- *silvéstrii: Echinópsis* 7

Lobostémon Lehm. – m. – *Boragináceae*
1. **argénteus** (Lehm.) Buek ♄ ⌂ VI, S-Afr.
2. **fruticósus** (L.) Buek ♄ ⌂ V, S-Afr.
3. **glaucophýllus** (Pers.) Buek ♄ ⌂ V, S-Afr.

Lobulária Desv. – f. – *Crucíferae*
1. **marítima** (L.) Desv. (*Alýssum marítimum* (L.) Lam.) – Duftsteinrich
   var. **benthámii** (Voss) L. H. Bailey et E. Z. Bailey ⊙, Nur in Kult bek.
   var. **marítima** ⊙ VI–IX, Azor., Kanar., S-Eur., Med., im übrigen Eur. z. T. eingebürg.

Lóchnera rósea: Catharánthus 1
Lockhártia Hook. - f. - *Orchidáceae*
1. **lunífera** (Lindl.) Rchb. f. ♃ Ⓦ VII bis VIII ✻, Bras.
2. **oerstédii** Rchb. f. ♃ Ⓦ VI-VIII ✻, Mex. bis Pan.
3. **robústa** Schlechter ♃ Ⓦ VI-VIII ✻, Guat.
4. **verrucósa** Rchb. f. ♃ Ⓦ V ✻, Guat.

Lodoícea Comm. ex DC. - f. - *Pálmae* Seychellennußpalme
1. **maldívica** (J.F. Gmel.) Pers. (*L. sechellárum* Labill.) ♄ Ⓦ, Seych.

Logánia R. Br. - f. - *Loganiáceae*
1. **albiflóra** (Andr.) Druce (*L. floribúnda* R. Br.) ♄ Ⓚ IV-V, Austral.: Queensl., Neusüdwal., Vict.

Loiseleūria Desv. - f. - *Ericáceae* Felsenröschen
1. **procúmbens** (L.) Desv. (*Azálea procúmbens* L., *Chamaecístus procúmbens* (L.) O. Kuntze) ♄ ⁓ i △ VI bis VII, N-Eur., nördl. N-Am.: Grönl. bis Alaska, südl. bis N. Scot., Queb., Maine, N. Hampsh., Alb., Br. Kol. u. Wash.; N-As., Gebg. Frankr., Pyren. über Alp. bis Karp.

Lólium L. - n. - *Gramíneae* Lolch
1. × **boucheánum** Kunth (*L. multiflórum* × *L. perénne; L.* × *hýbridum* Hausskn.) - Oldenburgisches Weidelgras ♃ Ⓝ
- × *hýbridum:* 1
- *itálicum:* 2
2. **multiflórum** Lam. (*L. itálicum* A. Braun) - Welsches Weidelgras, Italienisches Raygras ⊙-♃ VI-VIII Ⓝ, W-, M- u. S-Eur., Med., N-Afr., Vord. As. bis Syr., in N-Am. eingebürg.
3. **perénne** L. - Deutsches Weidelgras, Englisches Raygras, Lolch ♃ VI-X Ⓝ, Eur., Med., N-Afr., Kanar., gem. As., in N-Am. eingebürg.
4. **temuléntum** L. - Taumellolch ⊙ ☠ (Samen), Eur., Med., Afr., W-As., Austral.

Lomária ciliáta: Bléchnum 6
- *gíbba: Bléchnum* 5

Lomariópsis Fée - f. - *Lomariopsidáceae*
1. **sorbifólia** (L.) J. Sm. emend. Underw. (*Stenochlaēna sorbifólia* (L.) J. Sm.) ♃ ⌇ Ⓦ, Trop. Afr. u. As.

Lomátia R. Br. - f. - *Proteáceae*
1. **ferrugínea** (Cav.) R. Br. ♄ i Ⓚ VII, Chile
2. **hirsúta** (Lam.) Diels ex Macbr. (*L. oblíqua* (Ruiz et Pav.) R. Br.) ♄-♄ i Ⓚ, Peru, Bras.
- *longifólia:* 3
3. **myricoídes** (Gaertn. f.) Domin (*L. longifólia* R. Br.) ♄ i Ⓚ VII, Austral.: Neusüdwal., Vict.
- *oblíqua:* 2

Lónas Adans. - f. - *Compósitae*
1. **ánnua** (L.) Vines et Druce (*Athanásia ánnua* L., *L. inodóra* (L.) Gaertn.) ⊙ VIII-X, NW-Afr., Siz., SO-Ital.

Lonchítis L. - f. - *Hypolepidáceae*
1. **hirsúta** L. (*Ptéris laciniáta* Willd.) ♃ Ⓦ, Mex. bis Peru
2. **pubéscens** Willd. ♃ Ⓦ, Trop. Afr.

Lonchocárpus H. B. K. - m. - *Leguminósae*
1. **nícou** (Aubl.) DC. (*L. útilis* A. C. Sm.) ♄ ⌇ ☠ Ⓦ Ⓝ, Vermutl. nur in Kult., angeb. vor allem in Peru u. W-Amaz.
2. **urucú** Kill. et A. C. Sm. ♄ ⌇ ☠ Ⓦ Ⓝ, Amaz.
- *útilis:* 1

Lonícera L. - f. - *Caprifoliáceae* Heckenkirsche, Geißblatt (alle Arten vermutlich ☠)
- *albértii:* 58
1. **alpígena** L. - Alpenheckenkirsche ♄ ✿ ☠ V, Gebg. südl. M- u. S-Eur.
2. **alseuosmoídes** Graebn. ♄ ⌇ i VI-VII, W-China
3. **altmánnii** Regel et Schmalh. ♄ IV-V, Turkest.
4. × **americána** (Mill.) K. Koch (*L. caprifólium* × *L. etrúsca*) ♄ ⌇ D VI bis VIII, SO-Eur.
5. × **amoēna** Zab. (*L. korolkówii* × *L. tatárica*) ♄ VI
6. **angustifólia** Wall. ex DC. ♄ V-VI, Kaschm. bis Sikk.
- *brachýpoda:* 31
7. × **brównii** (Regel) Carr. (*L. hirsúta* × *L. sempérvirens*) ♄ ⌇ V-VIII (Mit einigen Sorten wie 'Fuchsioides', 'Punicea', 'Plantierensis' u.a.)
8. **caerúlea** L. ♄ IV-V, NO-Eur., Pyren.

bis SW-Tschechosl. u. Bulg., Kauk., N-As.
(Formenreiche Art)

9. **canadénsis** Bartr. ex Marsh. (*L. ciliáta* (Pursh) Poir.) ♄ V, N-Am.: Queb. bis Sask., südl. bis Penns., N-Carol., W-Virg., Indiana, Wisc., Iowa
10. **caprifólium** L. - Jelängerjelieber ♄ ⌇ D V–VI, Östl. M- u. SO-Eur., westl. bis Ital., in anderen Teilen Eur. eingebürg.
11. **chaetocárpa** (Batal. ex Rehd.) Rehd. (*L. híspida* var. *chaetocárpa* Batal. ex Rehd.) ♄ ꝏ V, W-China
- *chinénsis:* 31
12. **chrysántha** Turcz. ♄ V–VI, Jap., S-Kuril., Sachal., Korea, O-Sib.
- *ciliáta:* 9
13. **ciliósa** (Pursh) Poir. ♄ ⌇ VI, N-Am.: Br. Kol. bis Kalif., Mont., Utah
14. **deflexícalyx** Batal. ♄ V–VI, W-China, Tib.
15. **dioíca** L. (*L. glaúca* Hill, *L. parviflóra* Lam.) ♄ ⁓ VI–VII, N-Am.: Maine u. Queb. bis Manit., südl. bis Georg. u. Missouri
- *dioíca* var. *glaucéscens:* 21
16. **etrúsca** Santi ♄ ⌇ i ∧ - Ⓚ VII–VIII, Schw., S-Eur., Med., NW-Afr.
17. **ferdinándi** Franch. ♄ ꝏ VI, N-China, Mongol.
18. **fláva** Sims ♄ ⌇ D VI, USA: N-Carol. bis Missouri, südl. bis Georg., Alab., Ark. u. Okla.
- *flexuósa:* 31
19. **fragrantíssima** Lindl. et Paxt. ♄ ∧ II bis III, O-China
20. **giráldii** Rehd. ♄ ⌇ i VI–VII, NW-China
- *glaúca:* 15
21. **glaucéscens** (Rydb.) Rydb. (*L. dioíca* var. *glaucéscens* (Rydb.) Butters) ♄ ⌇ V–VI, N-Am.: Queb. bis Br. Kol., südl. bis N-Carol., Kent., Missouri u. Kans.
22. **gracílipes** Miq. ♄ ꝏ IV-V, Jap.
23. × **heckróttii** hort. ex Rehd. (*L.* × *americána* × *L. sempérvirens*) ♄ D VI–IX
24. **hénryi** Hemsl. ♄ ⌇ -⁓ i VI–VII, W-China
25. **hildebrandiána** Collett et Hemsl. ♄ ⌇ i D Ⓚ-Ⓦ VI–VIII, Burma, Thail., China
26. **hirsúta** Eaton (*L. pubéscens* Sweet non Stokes) ♄ ⌇ VI–VII, N-Am.: Queb. bis Sask., südl. bis Penns., Ohio, Mich., Nebr.
27. **híspida** (Steph. ex Fisch.) Pall. ex Roem. et Schult. ♄ V, Turkest. bis W-China
- *híspida* var. *chaetocárpa:* 11
28. **ibérica** M. B. ♄ VI, Transkauk., Iran
29. **impléxa** Ait. ♄ ⌇ i D Ⓚ VI–VIII, Med., Port., Kl. As.
30. **involucráta** (Richards.) Banks ex Spreng. ♄ ꝏ V–VI, N-Am.: Queb. bis N. Brunsw.; James Bay bis Lake Sup.; Alaska bis Kalif.; Mex.
31. **japónica** Thunb.
var. **chinénsis** (P.W. Wats.) Bak. (*L. chinénsis* P.W. Wats., *L. flexuósa* Ker-Gawl. non Thunb.) ⌇ - ⁓ V–VII, China, Mandsch., Korea, in den östl. USA eingebürg.
var. **japónica** ⌇ -⁓ V–VII, Jap., in den östl. u. mittl. USA sowie in W- u. S-Eur. eingebürg.
var. **répens** (hort. Bogor. ex Sieb.) Rehd. (*L. brachýpoda* DC.) mit der Sorte 'Reticulata' ♄ ⌇-⁓ D VI–VII, Jap., China
32. **korolkówii** Stapf ♄ VI, Turkest.
33. **ledeboúrii** Eschsch. ♄ ꝏ VI, Kalif.
- *ligustrína* var. *pileáta:* 47
- *ligustrína* var. *yunnanénsis:* 42
34. **maáckii** (Rupr.) Maxim.
f. **podocárpa** Franch. ex Rehd. ♄ D VI, China
35. **maximowíczii** (Rupr.) Maxim. ♄ V bis VI, Korea, Mandsch.
36. **microphýlla** Willd. ex Roem. et Schult. ♄ V, M-As.
37. **morrówii** A. Gray ♄ ꝏ V–VI, Jap.
38. × **myrtilloídes** J.A. Purp. (*L. angustifólia* × *L. myrtíllus?*) ♄ D V - VI
39. **myrtíllus** Hook. f. et Thoms. ♄ D V bis VI, Afgh. bis Sikk.
40. **nervósa** Maxim. ♄ V–VI, NW-China
41. **nígra** L. ♄ ☠ V–VI Ⓝ, S-, W- u. M-Eur., von den Pyren. bis Karp. u. Bulg.
42. **nítida** Wils. (*L. ligustrína* Wall. var. *yunnanénsis* Franch., *L. pileáta* Oliv. f. *yunnanénsis* (Franch.) Rehd., *L. yunnanénsis* (Franch.)hort.) ♄ i V, W-

China
43. **oblongifólia** (Goldie) Hook. ♄ V, N-Am.: Queb. bis Manit., südl. bis Penns., Ohio, Mich., Minn.
44. **obováta** Royle ex Hook. f. et Thoms. ♄ V, Sikk. bis Kaschm. u. Afgh.
45. **orientális** Lam.
var. **caucásica** (Pall.) Zab. ♄ V–VII, Transkauk., Arm.
var. **longifólia** Dipp. ♄ V–VII, Kamtsch.?
- *parviflóra:* 15
46. **periclýmenum** L. – Waldgeißblatt ♄ § ☠ D V–VI, W-, M- u. S-Eur., nordöstl. bis Schwed., NW-Afr. (Mit einigen Sorten)
47. **pileáta** Oliv. (*L. ligustrína* Wall. var. *pileáta* (Oliv.) Franch.) ♄ i D ☠ V, M- u. W-China
- *pileáta* f. *yunnanénsis:* 42
48. **prolífera** (Kirchner) Rehd. ♄ VI–VII, N-Am.: Ont. bis Manit., südl. bis Tenn., Ark. u. Kans.
49. **prostráta** Rehd. ♄ ⩫ ∧ VI, W-China
50. × **pseudochrysántha** A. Braun ex Rehd. (*L. chrysántha* × *L. xylósteum*) ♄ V – VI
- *pubéscens:* 26
51. × **purpúsii** Rehd. (*L. fragrantíssima* × *L. standíshii*) ♄ i D II–IV
52. **pyrenáica** L. ♄ V, Pyren., NO-Span., Mallor., Marok.
53. **quinqueloculáris** Hardw. ♄ ⚭ VI, Him. bis Afgh. u. Belutsch.
54. **rupícola** Hook. f. et Thoms. ♄ ∧ V bis VI, Him.
55. **ruprechtiána** Regel ♄ ⚭ V, Mandsch. bis China
56. **sempérvirens** L. ♄ § i ∧ V–VIII, USA: Maine bis Nebr., südl. bis Flor. u. Tex.
57. **símilis** Hemsl.
var. **delavayi** (Franch.) Rehd. ♄ § i ∧ bis Ⓚ VIII, W-China
58. **spinósa** Jacquem. ex Walp.
var. **albértii** (Regel) Rehd. (*L. albértii* Regel) ♄ D V, Turkest.
59. **spléndida** Boiss. ♄ § i ∧ – Ⓚ VI bis VIII, S-Span.
60. **standíshii** Jacques ♄ i D II–IV, China
61. **syringántha** Maxim.
var. **wólfii** Rehd. ♄ D V–VI, NW-China
62. **tangútica** Maxim. ♄ ⚭ V–VI, W-China
63. **tatárica** L. VI Ⓝ, Südl. M-Rußl. bis SO-Sib., Altai u. Turkest. (Mit vielen Sorten)
64. × **tellmanniána** Magyar ex Späth (*L. sempérvirens* × *L. tragophýlla*) § ♄ ∧ VI
65. **thibética** Bur. et Franch. ♄ VI–VII, W-China
66. **tomentélla** Hook. f. et Thoms. ♄ VI, Sikk.
67. **tragophýlla** Hemsl. ♄ § VI, W-China
68. **webbiána** Wall. ex DC. ♄ IV–V, SO-Eur., Afgh., Him.
69. **xylósteum** L. ♄ ☠ V–VI Ⓝ, Eur. bis M-As., Kauk.
- *yunnanénsis:* 42

Lopézia Cav. – f. – *Onagráceae*
1. **racemósa** Cav. (*L. coronáta* Andr., *L. lineáta* Zucc.) ⊙–♃ IV–XI, Mex. bis El Salv.

Lophíra Banks ex Gaertn. f. – f. – *Ochnáceae*
1. **lanceoláta** van Tiegh. ex Keay (*L. aláta* auct. non Banks ex Gaertn. f.) – „Azobé“ ♄ Ⓦ Ⓝ, Trop. W-Afr.

Lophocéreus: Pachycéreus
- *schóttii: Pachycéreus* 4

Lophomýrtus Burret – f. – *Myrtáceae*
1. **bulláta** (Soland. ex A. Cunn.) Burret (*Mýrtus bulláta* Soland. ex A. Cunn. non Salisb.) ♄ i Ⓚ, Neuseel.
2. **obcordáta** (Raoul) Burret (*Mýrtus obcordáta* (Raoul) Hook. f.) ♄ i Ⓚ, Neuseel.

Lophóphora Coult. – f. – *Cactáceae*
1. **williámsii** (Lem. ex Salm-Dyck) Coult. (*Anhalónium williámsii* (Lem. ex Salm-Dyck) Lem., *L. echináta* Croiz.)
var. **lútea** (Rouhier) Soulanger (*L. lútea* (Rouhier) Bckbg., *L. echináta* Croiz. var. *lútea* (Rouhier) Croiz., *Echinocáctus lewínii* Ochoterena, non *Anhalónium lewínii* Hennings, *L. lewínii* sensu H. J. Thomps.) Ⓚ ☠ *, Mex.
var. **williámsii** – „Pellote“, „Peyotl“ Ⓚ ☠ *, USA: New Mex. u. Tex.; Mex.

Lophospérmum atrosanguíneum: Rhodóchiton 1

Loránthus Jacq. - m. - *Lorantháceae*
1. **europaeus** Jacq. (*Hýphear europaeum* (Jacq.) Danser) - Eichenmistel ♄ (auf verschiedenen *Fagáceae* schmarotzend) V-VI, SO-Eur., westl. bis Ital., nördl. bis O-Deutschl., Kl. As.

Loropétalum R. Br. ex Rchb. - n. - *Hamamelidáceae*
Riemenblume
1. **chinénse** (R. Br.) Oliv. ♄ Ⓚ XII-IV, Jap., wärmer. China, Ass., Khas.

Lótus L. - m. - *Leguminósae*
Hornklee
1. **berthelótii** Lowe ex Masf. (*L. peliorhýnchus* (Webb) Hook. f.) ♃ ⁓-§ Ⓚ III-IV ▽, Tener.
2. **corniculátus** L. ♃ △ ⁓ V-IX Ⓝ, Eur., Med., N- u. O-Afr., Vord. As., Him., Tib., O-As.
3. **edúlis** L. ⊙ Ⓝ, Med., S-Port.
4. **jacobaeus** L. ♃ Ⓚ IV-V, Kapverd.
5. **maculátus** Breitf. ♄ Ⓚ III-IV, Kanar.
- *pedunculátus:* 6
- *peliorhýnchus:* 1
- *siliquósus: Tetragonólobus* 1
- *tetragonólobus: Tetragonólobus* 2
6. **uliginósus** Schkuhr (*L. pedunculátus* auct. non Cav.) ♃ ⁓ VI-VII Ⓝ, Eur., Med., N-Afr., Mad., in Tener. eingebürg., Vord. As. bis Tib.

Lourea: Chrístia
- *vespertiliónis: Chrístia* 1

Lourya Baill. - f. - *Liliáceae*
1. **campanuláta** Baill. ♃ Ⓦ, S-Vietn.

× **Lowára** hort. (*Brassávola* × *Laelia* × *Sophronítis*) - f. - *Orchidáceae*

Loxanthocéreus: Cleistocáctus
- *acanthúrus: Cleistocáctus* 1
- *aureispínus: Cleistocáctus* 11

Lucúlia Sweet - f. - *Rubiácae*
1. **grandifólia** B.N. Ghose ♄ Ⓚ, Bhut.
2. **gratíssima** (Wall.) Sw. ♄-♄ D Ⓚ XII bis II, Gem. Him.
3. **pinceána** Hook. ♄ Ⓦ VII-VIII, Khas.

Lucúma caimíto: Poutéria 1
- *campechiána: Poutéria* 2
- *obováta: Poutéria* 3

Ludísia A. Rich. (*Haemária* Lindl.) - f. - *Orchidáceae*
Blutstendel
1. **díscolor** (Ker-Gawl.) A. Rich. (*Goodyéra díscolor* Ker-Gawl., *Haemária díscolor* (Ker-Gawl.) Lindl.)
var. **dawsoniána** (Low ex Rchb. f.) Schlechter (*Anoectochílus dawsoniánus* Low ex Rchb. f.) ♃ i Ⓦ IX-XII ∗, Malak.
var. **díscolor** ♃ i Ⓦ IX-XII ∗, Singap. bis S-China
var. **rubrivénia** (Rchb. f.) Schlechter (*Haemária rubrivénia* Rchb. f.) ♃ i Ⓦ IX-XII ∗, Malak.

Ludóvia Brongn. - f. - *Cyclantháceae*
1. **lancifólia** Brongn. (*L. crenifólia* Drude) § i Ⓦ, Trop. S-Am.

Ludwígia L. (einschl. *Jussiaea* L., *Isnárdia* L.) - f. - *Onagráceae*
1. **alternifólia** L. (*Isnárdia alternifólia* (L.) DC., *L. macrocárpa* Michx., *L. microcárpa* Link) ♃ ⁓ - ≋ Ⓦ, N-Am.: Mass. u. Ont. bis Iowa u. Kans., südl. bis Flor., Louis. u. Tex.; Mex. bis nördl. S-Am., in Kärnt. eingebürg.
2. **arcuáta** Walt. ♃ ⁓ - ≋ Ⓦ, USA: Virg., Carol.
3. **clavellína** L.D. Gómez et Molinet (*Jussiaea répens* L., non *Ludwígia répens* Sw.)
var. **grandiflóra** L.D. Gómez (*Jussiaea grandiflóra* Michx. non Ruiz et Pav., *J. michauxiána* Fern.) ♃ ≋ Ⓦ VII - VIII, USA: N-Carol. bis Flor. u. Louis., weiter nördl. (bis Penns.) nur eingebürg.
4. **helminthorrhíza** (Mart.) Hara (*Jussiaea nátans* Humb. et Bonpl., non *Ludwígia nátans* (L.) Elliott) ≋ Ⓦ, S-Mex. bis S-Am.
- *macrocárpa:* 1
- *microcárpa:* 1
- *mullértii:* 5
5. **nátans** (L.) Elliott (*L. mullértii* hort.) ♃ ⁓ - ≋ Ⓦ, Trop. Am., nördl. bis Westind., Mex., SO-USA, Berm.
6. **palústris** (L.) Elliott (*Isnárdia palústris* L., *L. répens* Sw.) - Sumpflöffelchen ♃ ⁓ - ≋ Ⓦ, Eur., Med., westl. As., Afr., N-Am., Berm., Mex., Westind., S-Am., in Hawaii u. Neuseel. eingeschl.
7. **peruviána** (L.) Hara (*Jussiaea peruviána* L.) ♄ -♄ ≋ Ⓦ VII-VIII, Flor. bis Arg. u. Peru
8. **pulvináris** Gilg ♃ ⁓ - ≋ Ⓦ, M- u. S-

Afr.
- *répens:* 6
9. **suffruticósa** (L.) L.D. Gómez (*Jussiaea suffruticósa* L.) ♄ ≈ ⌂ VII bis VIII, Pantrop.

Lueddemánnia Rchb. f. - f. - *Orchidáceae*
1. **pescatórei** (Lindl.) Rchb. f. (*Cycnóches pescatórei* Lindl.) ♃ ⌂ VII ∗, Kol.

Lúffa Mill. - f. - *Cucurbitáceae*
1. **acutángula** (L.) Roxb. ☉ ⌇ ಹ ⌂ ⓝ, Trop. As.
2. **aegyptíaca** Mill. (*Momórdica lúffa* L., *M. cylíndrica* L., non *Lúffa cylíndrica* M.J. Roem.) - Schwammgurke ☉ ⌇ ಹ ⌂ ⓝ, Altweltl. Trop.
- *cylíndrica:* 2
3. **operculáta** (L.) Cogn. ☉ ⌇ ಹ ⌂ ⓝ, Mex. bis Bras. u. Peru

× **Luisánda** hort. (*Luísia* × *Vánda*) - f. - *Orchidáceae*

Luísia Gaudich. - f. - *Orchidáceae*
1. **amesiána** Rolfe ⌂ VI-VII ∗, Burma
2. **teretifólia** Gaudich. ⌂ VI-IX ∗, Sikk., Khas., Ind., Ceyl., SO-As., Indones. bis Neukaled.

Lúma A. Gray - f. - *Myrtáceae*
1. **apiculáta** (DC.) Burret (*Mýrtus lúma* Mol., *Eugénia lúma* (Mol.) O.C. Berg) - Lumamyrte ♄ i ⌂ ⓝ, Chile, Arg.

Lunária L. - f. - *Crucíferae*
Silberling
1. **ánnua** L. (*L. biénnis* Moench) - Judassilberling ☉-⊙ ✂ ಹ V-VI, SO-Eur., Ital., in anderen Teilen Eur. eingebürg.
- *biénnis:* 1
2. **redivíva** L. - Silberblatt ♃ ಹ D ☠ V bis VII, Eur.

Lupínus L. - m. - *Leguminósae*
Lupine
1. **álbus** L. (*L. térmis* Forssk.) - Weißlupine ☉ VII-VIII ⓝ, S-Balk., O-Med., in Alger. eingebürg.
2. **angustifólius** L. (*L. várius* L. 1753, non 1763) ☉ VI-IX ⓝ, S-Eur., Med., Port.
3. **arbóreus** Sims - Baumlupine ♄ ⌂ VII-VIII, Kalif., in Wash. sowie Engl. u. Irl. eingebürg.
4. **crucksһánksii** Hook. (*L. mutábilis* var. *crucksһánksii* (Hook.) Sweet) ☉ VII-X ⓝ, And. Perus
5. **densiflórus** Benth.
var. **áureus** (Kellogg) Munz (*L. menziésii* J.G. Agardh, *L. densiflórus* var. *menziésii* (J.G. Agardh) C. P. Sm.) ☉ VI-IX, Kalif.
- *densiflórus* var. *menziésii:* 5
6. **-Einjährige-Hybriden** ☉ ✂ VII bis VIII
7. **hartwégii** Lindl. ☉ VII-X, Mex.
- *hirsútus:* 9
8. **lúteus** L. - Gelbe Lupine ☉ VI-IX ⓝ, W-Med., Port.
- *menziésii:* 5
9. **micránthus** Guss. (*L. hirsútus* L. 1763 p.p., et auct. mult., non L. 1753) ☉ VI-IX ⓝ, Med., Port.
10. **mutábilis** Sweet ☉ VII-X ⓝ, Wild unbek., in S-Am. kult.
- *mutábilis* var. *crucksһánksii:* 4
11. **nánus** Dougl. ☉ VI-VII, Kalif.
12. **perénnis** L. ♃ V-VIII ⓝ, N-Am.: Maine u. Ont. bis Minn., südl. bis Flor. u. Louis., in M-Eur. mitunter eingebürg.
13. **pilósus** Murr. (*L. várius* L. 1763 et auct. mult., non L. 1753, *L. várius* ssp. *orientális* Franco et Pinto da Silva) ☉ VI-VII ⓝ, Griech., Ägäis, Syr. bis Ägypt.
14. **polyphýllus** Lindl. - Staudenlupine ♃ VI-VIII ⓝ, Pazif. N-Am.: Br. Kol. bis Kalif., östl. bis Alb. u. Rocky Mount. bis Color., im nordöstl. N-Am. u. in Eur. eingebürg.
15. **-Polyphyllus-Hybriden** (z.B. Russel-Hybriden) ♃ ✂ VI-VIII
- *térmis:* 1
- *várius* L. 1753: 2
- *várius* L. 1763: 13
- *varius* L. ssp. *orientális:* 13

Lurónium Raf. (*Elísma* Buchenau) - n. - *Alismatáceae*
Schwimmlöffel
1. **nátans** (L.) Raf. (*Alísma nátans* L., *Elísma nátans* (L.) Buchenau) ♄ ≈ VI, W-, M- u. O-Eur. bis S-Schwed., M-Rußl., N-Karp.

Lúzula DC. - f. - *Juncáceae*
Hainsimse, Marbel
- *álbida:* 4
1. **campéstris** (L.) DC. ♃ III-IV, Eur.,

N-Afr., trop. W-Afr., Kl. As., Kauk., Neufundl.
2. **fórsteri** (Sm.) DC. ♃ IV–V (VII), S-, W- u. südl. M-Eur., nördl. bis Engl., Med., SW-As., N-Afr.
3. **lútea** (All.) DC. ♃ VII–VIII, Pyren., Alp., N-Apenn.
4. **luzuloídes** (Lam.) Dandy et Wilm. (*L. nemorósa* (Poll.) E. Mey. non Hornem., *L. álbida* (Hoffm.) DC.) ♃ VI, M- u. SO-Eur., westl. bis M-Frankr. u. Pyren., südl. bis nördl. M-Ital., im nordöstl. N-Am. eingebürg.
- *nemorósa:* 4
5. **nívea** (L.) DC. ♃ i VII–VIII, Pyren., NO-Span., M-Frankr., Alp., Apenn.
6. **pilósa** (L.) Willd. ♃ III–V, Eur., Kauk., Transkauk., W-Sib.
7. **sylvática** (Huds.) Gaud. ♃ i IV–VI, Eur., N-Kl. As., W-Kauk., Java, Peru?, Bras.?

Lycáste Lindl. - f. - *Orchidáceae*
1. **aromática** (Grah. ex Hook.) Lindl. ♃ D ⓦ IV–V ✻, Mex., Belize, Hond., Guat.
2. **brevíspatha** (Klotzsch) Lindl. (*L. cándida* Lindl. ex Rchb. f.) ♃ ⓦ XII ✻, Nicar., Costa R., Pan.
- *cándida:* 2
- *costáta:* 5
3. **cruénta** (Lindl.) Lindl. ♃ ⓦ III–V ✻, Mex. bis El Salv.
4. **déppei** (Lodd.) Lindl. ♃ ⓦ X–XI oder II–IV ✻, Mex., Guat.
5. **fimbriáta** (Poepp. et Endl.) Cogn. (*L. costáta* (Lindl.) Lindl.) ♃ ⓦ III–V ✻, Kol. bis Peru
- *gigantéa:* 6
6. **longipétala** (Ruiz et Pav.) Garay (*Maxillária longipétala* Ruiz et Pav., *L. gigantéa* Lindl.) ♃ ⓦ VI - VIII ✻, Peru, Ek., Kol., Venez.
7. **macrophýlla** (Poepp. et Endl.) Lindl. ♃ ⓦ XI–I ✻, M-Am. bis Bol.
8. **skínneri** (Batem. ex Lindl.) Lindl. (*L. virginális* (Scheidw.) Lindl.) ♃ ⓦ XI bis III ✻, Mex. bis Hond.
9. **trícolor** (Klotzsch) Rchb. f. ♃ ⓦ ✻, Guat., Costa R., Pan.
- *virginális:* 8

× **Lycastenária** hort. (*Bifrenária* × *Lycáste;* × *Lycastéria* hort.) - f. - *Orchidáceae*

× *Lycastéria:* × *Lycastenária*

Lýchnis L. - f. - *Caryophylláceae*
Lichtnelke
- *álba: Siléne* 10
1. **alpína** L. (*Viscária alpína* (L.) G. Don) - Alpenpechnelke ♃ △ VI bis VII, N- u. NW-Eur., Alp., Apenn., Pyren., N-Span.; N-Am.: Grönl. u. Labr. bis Neufundl. u. Queb.
2. **-Arkwrightii-Hybriden** ♃ VI–VIII
- *atropurpúrea:* 11
3. **chalcedónica** L. - Brennende Liebe ♃ VI–VII, M-, SW- u. SO-Rußl.
4. **coronária** (L.) Desr. (*Coronária tomentósa* A. Braun, *C. coriácea* Schischkin ex Gorschk., *Agrostémma coronária* L.) - Vexiernelke ⊙-♃ VII–VIII, SO-Eur., Kl. As. bis Turkest., Him., in M- u. SW-Eur. sowie im nordöstl. N-Am. stellenweise eingebürg.
5. **coronáta** Thunb. (*L. grandiflóra* Jacq.) ♃ ∧ VI–VIII, China
- *dioíca: Siléne* 7
- *diúrna: Siléne* 7
6. **flos-cucúli** L. - Kuckucksblume (*Coronária flos-cucúli* (L.) A. Braun) ♃ V–VIII, Eur., Kauk., Sib., im nordöstl. N-Am. eingebürg.
7. **flos-jóvis** (L.) Desr. (*Coronária flos-jóvis* (L.) A. Braun) - Jupiterblume ♃ V - VII, W-Alp., in Österr. u. der Tschechosl. stellenweise eingebürg.
8. **fúlgens** Fisch. ex Sims ♃ ∧ VI bis VIII, Jap., N-Korea, Mandsch., Ussuri
- *grandiflóra:* 5
9. **-Haageana-Hybriden** ♃ ✂ VI–IX
- *lagáscae: Petrocóptis* 1
10. **miqueliána** Rohrb. ♃ VII–X, M- u. S-Jap.
- *pyrenáica: Petrocóptis* 2
- *vespertína: Siléne* 10
11. **viscária** L. (*Viscária vulgáris* Bernh., *V. viscósa* Aschers.)
ssp. **atropurpúrea** (Griseb.) Chater (*L. atropurpúrea* (Griseb.) Nym., *Viscária atropurpúrea* Griseb., *V. sartórii* Boiss.) ♃ △ VI–VII, Balk., Rum.
ssp. **viscária** - Pechnelke ♃ V–VI, Eur., W-Sib., Transkauk.
(Mit einigen Sorten)

Lyciánthes rantónnei: Solánum 31
Lýcium L. – n. – *Solanáceae*
Bocksdorn, Teufelszwirn
1. **bárbarum** L. (*L. halimifólium* Mill., *L. vulgáre* Dun.) – Bocksdorn ♄ ☠ VI–IX, M-China, in Eur., W-As. u. N-Afr. eingebürg.
2. **chinénse** Mill.
var. **ovátum** (Veill.) Schneid. (*L. rhombifólium* (Moench) Dipp.) ♃ & ☠ VI–X, N-China, in W-, M- u. S-Eur. stellenweise eingebürg.
3. **europǽum** L. ♄ ☠ ⇝ ⌂K, Med., Port.
– *halimifólium:* 1
4. **pállidum** Miers ♄ ∧ & ☠ V–VIII, USA: New Mex. bis Utah
– *rhombifólium:* 2
5. **ruthénicum** Murr. ♄ ☠ VII–VIII, Kasach., M-As., Vord. As.
6. **turcománicum** Turcz. ♄ ☠ VI–VIII, Turkest., N-China
– *vulgáre:* 1
Lycopérsicon Mill. – n. – *Solanáceae*
1. **esculéntum** Mill. nom. cons. (*Solánum lycopérsicum* L., *L. lycopérsicum* (L.) Karst. ex Farw.)
var. **cerasifórme** (Dun.) A. Gray – Kirschtomate ♃ & ⌂K Ⓝ, Peru
var. **esculéntum** – Tomate ♃ & ⌂K Ⓝ, Peru, Ek.
– *lycopérsicum:* 1
2. **pimpinellifólium** (L.) Mill. (*Solánum racemiflórum* Vilm. non Dun., *S. racemígerum* (Lange) Zodda) – Johannisbeertomate ⊙ & ⌂K Ⓝ, Peru, Ek., Galápag.
Lycopódium L. – n. – *Lycopodiáceae*
Bärlapp
1. **annótinum** L. ♃ i ⇝ ☠ ∇, Arkt. u. nördl. temp. Zone
2. **clavátum** L. ♃ i ⇝ ☠ Off. ∇, Arkt. u. nördl. temp. Zone, trop. Gebg., südl. temp. Zone
– *complanátum: Diphasiástrum* 1
– *hippúris:* 3
– *selágo: Hupérzia* 1
3. **squarrósum** G. Forst. (*L. hippúris* Desv., *Phlegmariúrus squarrósus* (G. Forst.) Á. et D. Löve) ♃ i ⌂W, Ind., Ceyl., Java
Lycópsis echioídes: Arnébia 1
Lýcopus L. – m. – *Labiatae*
Wolfstrapp
1. **europǽus** L. ♃ ~ VII–IX, Eur., N- u. W-As., Med., N-Afr., im atl. N-Am. u. in Austral. eingebürg.
2. **virgínicus** L. ♃ ~ VII–IX USA: Maine bis Minn. u. Nebr., südl. bis Georg. u. Tex.
Lycóris Herb. – f. – *Amaryllidáceae*
1. **africána** (Lam.) Roem. (*L. aúrea* (L'Hérit.) Herb., *Amarýllis aúrea* L'Hérit., *Neríne aúrea* (L'Hérit.) Bury) ♃ ⌂K – ⌂W V–VIII, Jap., Riukiu-Ins., Taiw., China
– *aúrea:* 1
2. **incarnáta** Comes ex Spreng. ♃ ∧ ▭ VII–VIII, M-China
3. **radiáta** (L'Hérit.) Herb. ♃ ⌂K–⌂W VIII–IX, Jap., Riukiu-Ins.
4. **sanguínea** Maxim. ♃ ⌂K VII–VIII, Jap., China
5. **spréngeri** Comes ex Bak. ♃ ∧ ▭ VII bis VIII, S-Jap.?
6. **squamígera** Maxim. ♃ ∧ ▭ VII bis VIII, Jap.
Lýgeum Loefl. ex L. – n. – *Gramíneae*
1. **spártum** Loefl. ex L. ♃ ⌂K Ⓝ, Med.
Lygódium Sw. – n. – *Lygodiáceae*
Kletterfarn
1. **flexuósum** (L.) Sw. (*L. pinnatífidum* Hook.) ♃ § ⌂W, Ind., Ceyl., S-China, Phil., Austral.: Queensl.
2. **japónicum** (Thunb.) Sw. ♃ § ⌂W, Jap., Riukiu-Ins., Taiw., Korea, China
3. **palmátum** (Bernh.) Sw. ♃ § ∧–⌂K, USA: N. Hampsh. bis N. Y., Penns., Ohio u. Kent., südl. bis Georg. u. Tenn.
– *pinnatífidum:* 1
4. **scándens** (L.) Sw. ♃ § ⌂W, Trop. Afr. u. As., Austral., Polyn.
5. **volúbile** Sw. ♃ ⌂W, Trop. Am.
Lýgos monospérma: Retáma 1
× *Lyonára:* × *Schombolaeliocattlěya*
Lyónia Nutt. – f. – *Ericáceae*
– *calyculáta: Chaemaedáphne* 1
1. **ferrugínea** (Walt.) Nutt. (*Andrómeda ferrugínea* Walt.) ♄–♄ i ⌂K II–III, USA: S-Carol. bis Flor.
2. **ligustrína** (L.) DC. (*Andrómeda racemósa* Lam. non L.) ♄ ☠ ~ V–VI, USA: Maine bis N. Y., Kent., Ark. u. Okla., südl. bis Flor., Louis. u. Tex.
3. **lúcida** (Lam.) K. Koch (*Andrómeda*

lúcida Lam., *Píeris lúcida* (Lam.) Rehd. non Lév.) ♄ i ⌂ IV–V, USA: S-Virg. bis Flor. u. Louis.
4. **mariána** (L.) D. Don (*Andrómeda mariána* L., *Piéris mariána* (L.) Benth. et Hook. f.) ♄ ⁓ ∧ V–VI, USA: Rhode Isl. bis O-Penns., Tenn., Ark., südl. bis Flor. u. Tex.
- *racemósa: Leucóthoë* 4

Lysíchiton Schott - m. - *Aráceae*
1. **americánus** Hult. et St. John (*L. japónicus* Schott) ♃ ⁓ IV–V, N-Am.: Alaska, Oreg., Kalif., östl. bis Id. u. Mont.
2. **camtschatcénsis** (L.) Schott ♃ ⁓ V bis VI, Jap., Kuril., Kamtsch., Sachal., Ussuri
- *japónicus:* 1

Lysimáchia L. - f. - *Primuláceae*
Felberich
1. **barýstachys** Bunge ♃ VII-VIII, Jap., Korea, N-China, Mandsch.
2. **ciliáta** L. (*Steironéma ciliátum* (L.) Baudo) ♃ ⁓ VII–VIII, N-Am.: Queb. bis Br. Kol., südl. bis Flor., Tex., New Mex. u. Oreg.
3. **clethroídes** Duby ♃ VI–VII, Jap., Mandsch., China, Indoch.
4. **congestiflóra** Hemsl. ♃ ⌇ ⁓ ⌂ V bis IX, China
5. **ephémerum** L. ♃ ∧ VI–IX, Pyren. Halbins., SW-Frankr., Marok.
6. **fortúnei** Maxim. ♃ ✂ VII–VIII, Jap., Korea, Taiw., China
- *monniéri: Bácopa* 2
7. **némorum** L. ♃ ⁓ V–VII, W- u. M-Eur., bis S-Schwed., Jugosl., Siz., Kauk.
8. **nummulária** L. - Pfennigkraut ♃ ⁓ V–VII, Eur., Kauk., im östl. u. mittl. N-Am. sowie in anderen gem. Gebieten der ganzen Welt eingebürg.
9. **punctáta** L. ♃ ⁓ VI–VIII, O-, SO- u. östl. M-Eur., westl. bis N-Ital., Kl. As., im nordöstl. N-Am. eingebürg.
10. **thyrsiflóra** L. (*Naumbúrgia thyrsiflóra* (L.) Rchb.) ♃ ⁓ V–VII, Nördl. gem. Zone
11. **vulgáris** L. ♃ ⁓ VI–VIII, Fast ganz Eur., As., Med., N-Afr., im nordöstl. N-Am. eingebürg.

Lýthrum L. - n. - *Lythráceae*
Weiderich
1. **alátum** Pursh ♃ ⁓ VI–VIII, N-Am.: Ont. bis Br. Kol., südl. bis Georg., Louis. u. Tex.
2. **salicária** L. - Blutweiderich ♃ VI bis VIII, Eur., As., Med., NW-Afr., im nordöstl. u. mittl. N-Am. eingebürg., SO-Austral., Tasm.
3. **virgátum** L. - Rutenweiderich ♃ ⁓ VI–VIII, SO-, O- u. östl. M-Eur., W-As., S-Sib., in Mass. eingebürg.

Māáckia Rupr. - f. - *Leguminósae*
1. **amurénsis** Rupr. et Maxim. (*Cladrástis amurénsis* (Rupr. et Maxim.) K. Koch)
var. **amurénsis** (var. *týpica* Schneid.) ♄ VII–VIII, Mandsch., Amur, Ussuri, Taiw., Korea
var. **būérgeri** (Maxim.) Schneid. (*Cladrástis amurénsis* var. *floribúnda* Maxim. ex Franch. et Sav.) ♄ VII bis VIII, Jap.

Macadámia F. v. Muell. - f. - *Proteáceae*
1. **ternifólia** F. v. Muell. ♄ i ⌂ ⓝ, Austral.: Queensl., Neusüdwal.
2. **tetraphýlla** L. Johns. ♄ i ⌂ ⓝ, Austral.: Queensl., Neusüdwal.

Macfadyéna A. DC. - f. - *Bignoniáceae*
1. **únguis-cáti** (L.) A. Gentry (*Bignónia únguis-cáti* L., *Doxántha únguis-cáti* (L.) Rehd.) ♄ ⌇ ⌂, Mex.: Yucatan; Guat., Arg.

Machaerocéreus: Stenocéreus
- *erúca: Stenocéreus* 3

Machairophýllum Schwant. - n. - *Aizoáceae*
1. **acuminátum** L. Bol. ⌂, Kap

Mackāýa Harv. - f. - *Acantháceae*
1. **bélla** Harv. (*Asystásia bélla* (Harv.) Benth. et Hook. f.) ♄ i ⌂ VI–VIII, S-Afr.

Maclēánia Hook. - f. - *Ericáceae*
1. **anguláta** Hook. ♄ i ⌂ VII–VIII, Peru
2. **cordifólia** Benth. (*M. punctáta* Hook.) ♄ i ⌂ III–IV, Peru, Ek.
3. **insígnis** Martens et Gal. (*M. longiflóra* Lindl., *M. púlchra* Hook. f.) ♄ i ⌂ VII–VIII, Mex., Guat., Hond.
- *longiflóra:* 3
4. **ováta** Klotzsch ♄ i ⌂, Costa R., Pan.
- *púlchra:* 3
- *punctáta:* 2

Macleaya R. Br. - f. - *Papaveráceae* Federmohn
1. **cordáta** (Willd.) R. Br. (*Boccónia cordáta* Willd.)
var. **cordáta** ♃ VII–VIII, Jap., China, Taiw.
var. **yedoénsis** (André) Fedde ♃ VII bis VIII, Jap., M- u. O-China, Taiw.
2. **microcárpa** (Maxim.) Fedde (*Boccónia microcárpa* Maxim.) ♃ VII–VIII, N-Schansi, Kansu

× **Macludránia** André (*Cudránia* × *Maclúra*) - f. - *Moráceae*
1. **hýbrida** André (*Cudránia tricuspidáta* × *Maclúra pomífera* 'Inermis') ♄

Maclúra Nutt. - f. - *Moráceae* Osagedorn
1. **pomífera** (Raf.) Schneid. (*M. aurantíaca* Nutt.) ♄ ꝏ ®, USA: Ark. bis Okla. u. Tex., im östl. N-Am. eingebürg.
- *tinctória: Chloróphora* 2

Macódes (Bl.) Lindl. - f. - *Orchidáceae*
- *marmoráta: Dossínia* 1
1. **petóla** (Bl.) Lindl. - Goldblatt ♃ i ⌂ *, Sum. u. Malays. bis Phil.

Macropídia J.R. Drumm. ex Harv. - f. - *Haemodoráceae*
1. **fumósa** J.R. Drumm. ex Harv. (*Anigozánthos fuliginósus* Hook.) ♃ ⌂ V–VI *, W-Austral.

Macropléctrum Pfitz. - n. - *Orchidáceae*
1. **sesquipedále** (Thou.) Pfitz. (*Angraecum sesquipedále* Thou.) ♄ ⌂ XII–II *, Madag.

Macrotómia echioídes: Arnébia 1

Macrozámia Miq. - f. - *Cycadáceae*
1. **commúnis** L. Johns. i ☠ ⌂ *, Austral.: Neusüdwal.
- *denisónii: Lepidozámia* 1
2. **miquélii** (F.v. Muell.) A. DC. i ⌂ *, Austral.: Queensl., Neusüdwal.
3. **pauli-guiliélmi** W. Hill et F.v. Muell. i ☠ ⌂ *, SO-Austral.
- *peroffskyána: Lepidozámia* 1
4. **spirális** (Salisb.) Miq. (*M. tridentáta* (Willd.) Regel) i ☠ ⌂ *, Östl. u. subtrop. Austral.
- *tridentáta:* 4

Madhúca Buch.-Ham. ex J.F. Gmel. - f. - *Sapotáceae*
- *butyrácea: Diploknéma* 1
1. **longifólia** (J.G. Koenig) Macbr. (*Bássia longifólia* J.G. Koenig, *M. índica* J.F. Gmel.) ♄ i ⌂ ®, Ceyl., Ind., Burma

Mádia Mol. - f. - *Compósitae*
1. **élegans** D. Don ex Lindl. ⊙ VII bis VIII, USA: Wash. bis Kalif.; Nied. Kalif.
2. **satíva** Mol. - Madie ⊙ VII–VIII ®, USA: Wash. bis Kalif.; Chile

Magnólia L. - f. - *Magnoliáceae* Magnolie
1. **acumináta** (L.) L. ♄ V–VI ®, N-Am.: Westl. N. Y. u. SO-Ont. bis Missouri u. Okla., südl. bis Georg., Alab. u. Louis.
- *acumináta* var. *cordáta:* 2
- *conspícua:* 4
2. **cordáta** Michx. (*M. acumináta* var. *cordáta* (Michx.) Sarg.) ♄ V–VI, USA: N-Carol., S-Carol., Georg.
3. **cylíndrica** Wils. ♄ IV–V, Anhwei
4. **denudáta** Desr. (*M. yúlan* Desf., *M. conspícua* Salisb., *M. précia* Corrêa ex Vent.) ♄–♄ III–IV, M-China
5. **fráseri** Walt. ♄ V–VI, USA: Virg. bis Kent., südl. bis Georg. u. Alab.
- *gláuca:* 21
- *grácilis:* 8
6. **grandiflóra** L. ♄ i D ⌂ VI–VIII ®, USA: N-Carol. bis Flor. u. Tex.
7. **hypoleúca** Sieb. et Zucc. (*M. obováta* Thunb. p.p.) ♄ D ∧ V–VI, Jap., Kuril.
8. **kóbus** DC. (*M. tomentósa* Thunb. p.p., *M. grácilis* Salisb. p.p.)
var. **boreális** Sarg. ♄ IV–V, Jap., Korea
var. **kóbus** ♄ IV–V, Jap.
- *kóbus* var. *stelláta:* 17
9. **liliiflóra** Desr. (*M. purpúrea* Curt.) ♄ V, M-China
10. × **loebneri** Kache (*M. kóbus* × *M. stelláta*) ♄ IV
11. **macrophýlla** Michx. ♄ D ∧ VI bis VIII, USA: W-Virg. u. Ohio bis Kent. u. Ark., südl. bis Flor. u. Louis.
- *obováta:* 7
- *parviflóra:* 13
- *précia:* 4
- *purpúrea:* 9
12. **salicifólia** (Sieb. et Zucc.) Maxim. ♄ bis ♄ D ∧ IV–V, Jap.

13. **sieböldii** K. Koch (*M. parviflóra* Sieb. et Zucc. non Bl.) ♄ -♄ D ∧ VI-VII, Jap., Korea
- *sieböldii* ssp. *sinénsis:* 14
14. **sinénsis** (Rehd. et Wils.) Stapf (*M. sieböldii* ssp. *sinénsis* (Rehd. et Wils.) Spongb.) ♄ D ∧ - K-in-house VI, Szetsch.
15. × **soulangiána** Soul.-Bod. (*M. denudáta* × *M. liliiflóra*) ♄ IV–V
16. -**Soulangiana-Hybriden** (z. B. 'Amabilis', 'Lennei', 'Rustica Rubra' ('Rustica'), 'Speciosa' u. a.) ♄ IV–V bis VI
- -Soulangiana-Hybriden 'Rustica': 16
17. **stelláta** (Sieb. et. Zucc.) Maxim. (*M. kóbus* var. *stelláta* (Sieb. et Zucc.) Blackburn) ♄ D III–IV, Jap.
18. × **thompsoniána** (Loud.) C. de Vos (*M. tripétala* × *M. virginiána*) ♄ VI bis VII
- *tomentósa:* 8
19. **tripétala** (L.) L. (*M. umbrélla* Desr.) - Schirmmagnolie ♄ D VI–VII, USA: Penns. bis Indiana, N-Ark. u. Okla., südl. bis Georg. u. S-Ark.
- *umbrélla:* 19
20. × **véitchii** Bean (*M. campbéllii* × *M. denudáta*) ♄ IV
21. **virginiána** L. (*M. glaúca* L.) ♄-♄ D ∧ VI ⊛, USA: Mass. bis Penns. u. Tenn., südl. bis Flor., Miss. u. Tex.
- × *watsónii:* 22
22. × **wieseneri** Carr. (?*M. hypoleúca* × *M. sieböldii*; *M.* × *watsónii* Hook. f.) ♄ D VI–VIII
23. **wilsónii** (Finet et Gagnep.) Rehd. ♄ bis ♄ VI, China: Szetsch., Kansu, N-Jünn.
- *yúlan:* 4

Magýdaris W. D. J. Koch ex DC. - f. - *Umbellíferae*
1. **pastinácea** (Lam.) Paol. ♃ ✂ K-in-house, S-Ital., Sard., Siz.

Mahérnia L. - f. - *Sterculiáceae*
1. **verticilláta** L. (*Hermánnia verticilláta* (L.) K. Schum.) ♄ D K-in-house II–V, S-Afr.

× **Mahobérberis** Schneid. (*Bérberis* × *Mahónia*) - f. - *Berberidáceae*
1. **aquisargéntii** Krüssm. (*Bérberis sargéntiana* × *Mahónia aquifólium*) ♄ i
2. **neubértii** (Baumann ex Lem.) Schneid. (*Bérberis vulgáris* × *Mahónia aquifólium; Bérberis ilicifólia* hort. ex Zab. non G. Forst.) ♄

Mahónia Nutt. - f. - *Berberidáceae* Mahonie
1. **acanthifólia** Wall. ex G. Don ♄ i K-in-house IX–II, Uttar Pradesh bis SW-China
2. **aquifólium** (Pursh) Nutt. (*Bérberis aquifólium* Pursh) ♄ i IV–V, N-Am.: Br. Kol. bis Oreg., in Frankr. eingebürg.
3. **béalei** (Fort.)Carr. (*Bérberis japónica* var. *béalei* (Fort.) Skeels, *B. béalei* Fort.) ♄ i D ∧ - K-in-house II–V, Hupeh
- *fasciculáris:* 11
4. **fortúnei** (Lindl.) Fedde (*Bérberis fortúnei* Lindl.) ♄ i K-in-house V, Hupeh, Szetsch.
5. **fremóntii** (Torr.) Fedde (*Bérberis fremóntii* Torr.) ♄ i D K-in-house VI, USA: Color. bis Tex.; Mex.
6. **japónica** (Thunb. ex Murr.) DC. (*Bérberis japónica* (Thunb. ex Murr.) R. Br.) ♄ i D ∧ II–V, Wild unbek.
7. **lomariifólia** Takeda ♄ i D K-in-house XI–III, Burma, W-China
8. × **média** C. D. Brickell (*M. japónica* × *M. lomariifólia*) ♄ i K-in-house IX–III
9. **napaulénsis** DC. (*Bérberis nepalénsis* Spreng.) ♄ i K-in-house III–IV, Nepal
10. **nervósa** (Pursh) Nutt. (*Bérberis nervósa* Pursh) ♄ i ∧ IV–V, N-Am.: Br. Kol. bis Kalif.
11. **pinnáta** (Lag.) Fedde (*Bérberis pinnáta* Lag., *M. fasciculáris* DC.) ♄ i ∧- K-in-house V, Kalif. u. New Mex. bis Mex.
12. **répens** (Lindl.) G. Don (*Bérberis répens* Lindl.) ♄ i V, N-Am.: Br. Kol. bis Kalif. u. New Mex.

Maiánthemum Wiggers - n. - *Liliáceae* Schattenblume
1. **bifólium** (L.) F. W. Schmidt (*Convallária bifólia* L.) ♃ ☠ V, Eur., Sib., O-As.

Maihuénia Phil. ex K. Schum. - f. - *Cactáceae*
1. **patagónica** (Phil.) Britt. et Rose quoad basion. K-in-house ✻, Patag.
2. **poeppígii** (Pfeiff.) K. Schum. K-in-house ✻, S-Chile

Majorána horténsis: Oríganum 5
- *onítes: Oríganum* 6

Maláchium: Myosóton
- *aquáticum: Myosóton* 1

Malacocárpus erináceus: Paródia 9
- *maāsii: Paródia* 16
- *vorwerkiánus: Párodia* 9

Maláxis Soland. ex Sw. - f. - *Orchidáceae*
1. **díscolor** (Lindl.) O. Kuntze (*Microstýlis díscolor* Lindl.) ♃ ⌂Ⓦ VII ✻, Ceyl.
2. **metállica** (Rchb. f.) O. Kuntze (*Microstýlis metállica* Rchb. f.) ♃ ⌂Ⓦ V ✻, Born.

Malcólmia R. Br. corr. Spreng. - f. - *Crucíferae*
1. **bícolor** Boiss. et Heldr. ⊙ VI–IX, Griech., S-Alban.
2. **marítima** (L.) R. Br. (*Cheiránthus marítimus* L.) ⊙ VI–IX, S- u. W-Griech., S-Alban., im übrigen S-Eur. mitunter eingebürg.

Maléphora N. E. Br. (*Hymenócyclus* Schwant.) - f. - *Aizoáceae*
1. **engleriána** (Dint. et Berger) Dint. et Schwant. (*Hymenócyclus engleriánus* (Dint. et Berger) Dint. et Schwant.) ♄ ⌂Ⓚ, Namib.

Mallótus Lour. - m. - *Euphorbiáceae*
1. **philippénsis** (Lam.) Muell. Arg. ♄–♄ i ⌂Ⓚ Ⓝ Off., Ind. bis Austral.

Malópe L. - f. - *Malváceae*
1. **trífida** Cav. ⊙ VII–X, SW-Span., südl. M-Port., Marok.

Malpíghia L. - f. - *Malpighiáceae*
1. **coccígera** L. ♄ i ⌂Ⓦ VI–VIII, Westind.
2. **glábra** L. - „Barbados cherry" ♄ i ⌂Ⓦ III–IX Ⓝ, Tex. bis nördl. S-Am., Westind.
3. **mexicána** Juss. ♄ i ⌂Ⓦ Ⓝ, Mex.
4. **punicifólia** L. - „Barbados cherry" ♄ i ⌂Ⓦ VII Ⓝ, Mex., Westind., Venez. bis Peru, Guay.
5. **úrens** L. ♄ i ⌂Ⓦ Ⓝ, Westind.

Málus Mill. - f. - *Rosáceae*
Apfelbaum
1. **angustifólia** (Ait.) Michx. (*Pýrus angustifólia* Ait., *M. sempérvirens* Desf.) ♄ -♄ D IV-V, USA: N. Jers. bis Kent. u. Missouri, südl. bis Georg., Flor., Louis. u. Tex.
2. **baccáta** (L.) Borkh. (*Pýrus baccáta* L.)
var. **baccáta** ♄ ❀ IV–V, NO-As. bis China, nur aus Kult. bek.
var. **mandshúrica** (Maxim.) Schneid. (*Pýrus baccáta* var. *mandshúrica* Maxim.) ♄–♄ D ❀ IV-V, M-Jap. bis Amur u. M-China, Korea, Sachal.
- *commúnis:* 16
3. **coronária** (L.) Mill. (*Pýrus coronária* L.) ♄ D V, N-Am.: N. Y. u. Ont. bis Minn., Missouri u. Kans., südl. bis Carol., Georg., Alab., Ark.
- *crataegifólia:* 5
- *dasyphýlla:* 16
4. **doméstica** Borkh. (*M. sylvéstris* var. *doméstica* (Borkh.) Mansf., *M. púmila* var. *doméstica* (Borkh.) Schneid.) - Kulturapfel ♄ V Ⓝ, In Kult. entstand., aber in Eur. oft verwild. u. gelegentl. eingebürg. (Hierher gehören die meisten eur. Kulturäpfel)
5. **florentína** (Zuccagni) Schneid. (*M. crataegifólia* (Savi) Koehne) ♄ V–VI, Ital., S-Jugosl., N-Griech., Alban., N-Anat.
6. **floribúnda** Sieb. ex Van Houtte ♄–♄ ❀ V, Jap., nur aus Kult. bek.
7. **halliána** Koehne ♄ V–VI, Jap. u. China, nur aus Kult. bek.
8. **hupehénsis** (Pamp.) Rehd. (*Pýrus hupehénsis* Pamp., *M. theífera* Rehd.) ♄–♄ D IV-V, China, N-Ind.
9. **-Hybriden** (Unter dieser Sammelbezeichnung werden hier sowohl die einfachen, oft mit lateinischen Namen belegten Artbastarde (z. B. *M.* × *scheidéckeri* Späth ex Zab. = *M. floribúnda* × *M. prunifólia*) als auch die Vielfalt der mit Phantasienamen belegten Sorten zusammengefaßt) ♄–♄ IV–V
10. **ioénsis** (A. Wood) Britt. (*Pýrus coronária* var. *ioénsis* A. Wood, *P. ioénsis* (A. Wood) L. H. Bailey) ♄ D V–VI, USA: Indiana bis Ill., Wisc. u. Minn., südl. bis Ark., Louis., Tex., Kans., Nebr.
11. **kansuénsis** (Batal.) Schneid. (*Pýrus kansuénsis* Batal.) ♄ -♄ V, NW-China
- *niedzwetzkyána:* 14
12. **práttii** (Hemsl.) Schneid. (*Pýrus práttii* Hemsl.) ♄–♄ V, M- u. W-China
13. **prunifólia** (Willd.) Borkh. (*Pýrus prunifólia* Willd.)

var. **prunifólia** ♄ IV ®, NO-As., nur aus Kult. bek.
var. **rínkii** (Koidz.) Rehd. (*M. ríngo* Sieb. ex Carr., *M. púmila* var. *rínkii* Koidz.) ♄ IV ®, O-As., nur aus Kult. bek.
- *púmila:* 16
- *púmila* var. *doméstica:* 4
- *púmila* var. *rínkii:* 13
- *ríngo:* 13
- *sargéntii:* 17
- × *scheidéckeri:* 9
- *sempérvirens:* 1
- *siebóldii:* 17

14. **sievérsii** (Ledeb.) M. J. Roem.
var. **niedzwetzkyána** (Dieck) Lichonos (*M. niedzwetzkyána* Dieck, *Pýrus niedzwetzkyána* (Dieck) Hemsl.) ♄ V ®, SW-Sib., Tien-schan, NW-China
var. **sievérsii** ♄ V ®, M-As.
15. **spectábilis** (Ait.) Borkh. (*Pýrus spectábilis* Ait.) ♄-♄ IV–V, China, nur aus Kult. bek.
16. **sylvéstris** Mill. (*Pýrus málus* L., *P. sylvéstris* S. F. Gray non Moench, *M. commúnis* Poir.) - Apfel
ssp. **mítis** (Wallr.) Mansf. (*M. púmila* Mill., *Pýrus púmila* (Mill.) Aschers. et Graebn.)
var. **mítis** (*M. dasyphýlla* Borkh.) - Filzapfel ♄ V ®, Donauländ., Schw., N-Balk.
var. **paradisíaca** (L.) L. H. Bailey (*Pýrus málus* var. *paradisíaca* L.) – Paradiesapfel ♄ V ®, Balk. bis W-As.
ssp. **sylvéstris** (*Pýrus málus* var. *sylvéstris* L.) - Holzapfel, Wildapfel ♄ V ®, W-, M-, O- u. südöstl. N-Eur.
- *sylvéstris* var. *doméstica:* 4
- *theífera:* 8

17. **toríngo** (Sieb.) Sieb. ex de Vriese (*Sórbus toríngo* Sieb., *Pýrus siebóldii* Regel, *M. siebóldii* (Regel) Rehd.)
var. **sargéntii** (Rehd.) Schneid. (*M. sargéntii* Rehd., *Pyrus sargéntii* (Rehd.) Bean) ♄ & V, N-Jap., Kuril.
var. **toríngo** ♄ &, Jap., Korea
18. **toringoídes** (Rehd.) Hughes (*M. transitória* var. *toringoídes* Rehd., *Pýrus toringoídes* (Rehd.) Osborn, *Sinómalus toringoídes* (Rehd.) Koidz.) ♄ bis ♄ & V, NW-China
19. **transitória** (Batal.) Schneid. (*Pýrus transitória* Batal., *Sinómalus transitória* (Batal.) Koidz.) ♄-♄ & V, NW-China
- *transitória* var. *toringoídes:* 18
20. **trilobáta** (Labill.) Schneid. (*Crataégus trilobáta* (Labill.) Labill., *Pýrus trilobáta* (Labill.) DC., *Sórbus trilobáta* (Labill.) Schneid.) ♄-♄, NO-Griech., Türk., Syr., Liban., Isr.
21. **tschonóskii** (Maxim.) Schneid. (*Pýrus tschonóskii* Maxim., *Eriólobus tschonóskii* (Maxim.) Rehd.) ♄ V, Jap.
22. **yunnanénsis** (Franch.) Schneid. (*Pýrus yunnanénsis* Franch.) ♄ V, W-China

Málva L. - f. - *Malváceae*
Malve
1. **álcea** L. - Sigmarskraut, Rosenpappel ♃ VI-IX, Eur., in den nordöstl. USA eingebürg.
- *capénsis: Anisodóntea* 1
- *críspa:* 5
- *involucráta: Callírhoë* 2
- *mauritiána:* 4
- *melúca:* 5
2. **moscháta** L. - Moschusmalve ♃ VII bis IX, Eur., in N-Eur. sowie im nordöstl. N-Am. eingebürg.
- *munroána: Sphaerálcea* 2
3. **neglécta** Wallr. - Wegmalve ⊙ VI bis IX Off., Eur., Vord. As., M-As., Ind., N-Afr., in N-Am. eingebürg.
- *papáver: Callírhoë* 3
- *pedáta: Callírhoë* 4
4. **sylvéstris** L. (*M. mauritiána* L.) - Algiermalve ⊙-⊙ VII–IX ® Off., Eur., Sib., Vord. As., M-As., Him., Med., NW-Afr.
- *umbelláta: Sphaerálcea* 4
5. **verticilláta** L. (*M. críspa* (L.) L., *M. melúca* Graebn. ex Medv.) ⊙ VII bis IX ®, O-As., in S- u. M-Eur. eingebürg.

Malvástrum capénse: Anisodóntea 1
- *munroánum: Sphaerálcea* 2

Malvavíscus Fabr. - m. - *Malváceae*
Beerenmalve
1. **arbóreus** Cav. (*M. móllis* (Ait.) DC. ♄ ⌂ XII–II, Mex. bis Peru u. Bras.

Mamillópsis: Mammillária
- *senílis: Mammillária* 99

Mámmea L. - f. - *Guttíferae*

1. **americána** L. – Mammiapfel ♄ ⓦ Ⓝ, Westind., südl. M-Am., nördl. S-Am. bis Guay.

Mammillária Haw. (*Neomammillária* Britt. et Rose; einschl. *Bartschélla* Britt. et Rose, *Chilíta* Orcutt, *Cochemíea* (K. Brandeg.) Walton, *Dolichothéle* (K. Schum.) Britt. et Rose, *Ebnerélla* Buxb., *Kraīnzia* Bckbg., *Leptocladódia* Buxb., *Mamillópsis* (E. Morr.) F. A. C. Web. ex Britt. et Rose, *Mammilloÿdia* Buxb., *Oehmea* Buxb., *Phellospérma* Britt. et Rose, *Pseudomammillária* Buxb., *Solísia* Britt. et Rose) – f. – *Cactáceae* Warzenkaktus

1. **álbicans** (Britt. et Rose) Berger ⓚ ∗, Nied. Kalif.
2. **albícoma** Böd. ⓚ ∗, Nordöstl. M-Mex.
3. **albilanáta** Bckbg. ⓚ ∗, SW-Mex.: Guerrero
4. **applanáta** Engelm. ⓚ ∗, M- u. S-Tex.
5. **aureilanáta** Bckbg. (*M. cephalóphora* Quehl non Salm-Dyck, *Ebnerélla aureilanáta* (Bckbg.) Buxb.) ⓚ ∗, Mex.
6. **aurihamáta** Böd. ⓚ ∗, Östl. M-Mex.
7. **bachmánnii** Böd. ⓚ ∗, Mex.
- *balsasoídes:* 9
8. **baūmii** Böd. (*Dolichothéle baūmii* (Böd.) Werderm. et Buxb.) ⓚ ∗, NO-Mex.
- *bélla:* 71
9. **benéckei** Ehrenb. (*M. balsasoídes* Craig) ⓚ ∗, W-Mex.
10. **blossfeldiána** Böd. (*M. shurlíana* (Gates) Gates) ⓚ ∗, Nied. Kalif.
11. **bocasána** Poselg. (*Chilíta bocasána* (Poselger) Orcutt, *Ebnerélla bocasána* (Poselg.) Buxb.) ⓚ ∗, M-Mex.: San Luis Potosi
12. **bombýcina** Quehl ⓚ ∗, Nördl. M-Mex.?
13. **brandegēei** (Coult.) K. Brandeg. ⓚ ∗, Nied. Kalif.
14. **brauneána** Böd. ⓚ ∗, NO-Mex.: Tamaulipas
15. **brávoae** Craig ⓚ ∗, Mex.
16. **calacántha** Tieg. ⓚ ∗, M-Mex.: Queretaro, Guanajuato
17. **camptótricha** Dams (*Pseudomammillária camptótricha* (Dams) Buxb., *Dolichothéle camptótricha* (Dams) Tieg.) ⓚ ∗, Östl. M-Mex.
18. **cándida** Scheidw. (*Mammilloÿdia cándida* (Scheidw.) Buxb.) ⓚ ∗, Mex.
19. **cáput-medúsae** Otto (*M. sempervívi* var. *cáput-medúsae* (Otto) Bckbg.) ⓚ ∗, Mex.
20. **cárnea** Zucc. ⓚ ∗, S-Mex.
21. **carrétii** Rebut ex K. Schum. (*Chilíta carrétii* (Rebut ex K. Schum.) Orcutt, *Ebnerélla carrétii* (Rebut ex K. Schum.) Buxb.) ⓚ ∗, N-Mex.: Coahuila
- *celsiána:* 66
- *centricírrha:* 57
- *cephalóphora:* 5
22. **chionocéphala** J. A. Purp. ⓚ ∗, NO-Mex.
- *collínsii:* 110
23. **compréssa** DC. ⓚ ∗, M-Mex.
- *conoídea: Neolloÿdia* 1
- *dasyacántha: Escobária* 2
24. **dealbáta** A. Dietr. ⓚ ∗, Mex.
25. **densispína** (Coult.) Orcutt (*Leptocladódia densispína* (Coult.) Buxb.) ⓚ ∗, M-Mex.
26. **dioíca** K. Brandeg. ⓚ ∗, SW-Kalif.; Nied. Kalif.
- *discifórmis: Strombocáctus* 1
27. **díscolor** Haw. (*Chilíta díscolor* (Haw.) Orcutt) ⓚ ∗, Gebg. M-Mex.: Puebla
28. **dumetórum** J. A. Purp. ⓚ ∗, Tex., SO-New Mex.
- *durispína:* 47
- *echinária:* 30
29. **eichlámii** Quehl ⓚ ∗, Guat., Hond.
- *élegans* var. *haageána:* 41
30. **elongáta** DC. (*M. echinária* DC., *Leptocladódia elongáta* (DC.) Buxb.) ⓚ ∗, M-Mex.
- *emskoetteriána: Escobária* 3
31. **eriacántha** Pfeiff. (*Chilíta eriacántha* (Pfeiff.) Orcutt) ⓚ ∗, O-Mex.: Veracruz
32. **erythrospérma** Böd. ⓚ ∗, Östl. M-Mex.: San Luis Potosi
- *fissuráta: Ariocárpus* 2
33. **flavéscens** (DC.) Haw. ⓚ ∗, Westind.
34. **formósa** Scheidw. ⓚ ∗, Nordöstl.

M-Mex.
35. **fraileána** (Britt. et Rose) Böd. (*Neomammillária fraileána* Britt. et Rose, *Chilíta fraileána* (Britt. et Rose) Orcutt., *Ebnerélla fraileána* (Britt. et Rose) Buxb.) ⌂ *, Nied. Kalif.
- *furfurácea: Ariocárpus* 4
36. **geminispína** Haw. ⌂ *, M-Mex.
37. **glochidiáta** Mart. (*Chilíta glochidiáta* (Mart.) Orcutt, *Ebnerélla glochidiáta* (Mart.) Buxb.) ⌂ *, Mex.
38. **grácilis** Pfeiff., ⌂ *, Östl. M-Mex.
39. **graessneriána** Böd. ⌂ *, Mex.
40. **guelzowiána** Werderm. (*Krainzia guelzowiána* (Werderm.) Bckbg., *Phellospérma guelzowiánum* (Werderm.) Buxb.) ⌂ *, NW-Mex.: Durango
41. **haageána** Pfeiff. (*M. élegans* DC. var. *haageána* (Pfeiff.) Krainz) var. **schmóllii** (Bravo) D. R. Hunt (*M. schmóllii* (Bravo) Werderm.) ⌂ *, Südöstl. M-Mex.
42. **hahniána** Werderm. ⌂ *, M-Mex.: Guanajuato
43. **hálei** K. Brandeg. (*Cochemíea hálei* (K. Brandeg.) Walton) ⌂ *, Nied. Kalif.
- *hemisphaerica:* 45
44. **herrérae** Werderm. ⌂ *, Östl. M-Mex.: San Luis Potosi, Queretaro
45. **heyderi** Mühlpf. (*M. hemisphaerica* Engelm.) ⌂ *, SW-USA; N-Mex.
- *hidalgénsis:* 81
- *horrípila: Neolloydia* 3
46. **karwinskiána** Mart. ⌂ *, S-Mex.: Puebla, Oaxaca
47. **kewénsis** Salm-Dyck (*M. durispína* Böd.) ⌂ *, M-Mex.: Queretaro, Hidalgo, Guanajuato
48. **klissingiána** Böd. ⌂ *, Mex.
- *lanáta:* 104
49. **lasiacántha** Engelm. ⌂ *, USA: W-Tex. bis New Mex.; Mex.
50. **lénta** K. Brandeg. (*Chilíta lénta* (K. Brandeg.) Orcutt) ⌂ *, Mex.
- *leóna:* 83
51. **leucántha** Böd. ⌂ *, Östl. M-Mex.
52. **leucótricha** Scheidw. ⌂ *, Mex.
53. **lloydii** (Britt. et Rose) Orcutt (*Neomammillária lloydii* Britt. et Rose) ⌂ *, Nördl. M-Mex.: Zacatecas
54. **longiflóra** (Britt. et Rose) Berger (*Neomammillária longiflóra* Britt. et Rose, *Krainzia longiflóra* (Britt. et Rose) Bckbg., *Phellospérma longiflóra* (Britt. et Rose) Buxb.) ⌂ *, Gebg. NW-Mex.: Durango
55. **longimámma** DC. (*Dolichothéle longimámma* (DC.) Britt. et Rose, *D. uberifórmis* (Zucc.) Britt. et Rose, *M. uberifórmis* Zucc.) ⌂ *, Östl. M-Mex.
56. **macracántha** DC. ⌂ *, Mex.
57. **magnimámma** Haw. (*M. zuccariniána* Mart., *M. centricírrha* Lem., *Chilíta zuccariniána* (Mart.) Orcutt) ⌂ *, M-Mex.: San Luis Potosi, Hidalgo
58. **mammilláris** (L.) Karst. (*Cáctus mammilláris* L., *M. símplex* Haw.) ⌂ *, N-Venez., Curaçao
59. **marksiána** Krainz ⌂ * NW-Mex.: Sinaloa
60. **mazatlanénsis** K. Schum. ⌂ *, NW-Mex.: Sonora bis Nayarit
61. **melaleuca** Karw. (*Dolichothéle melaleuca* (Karw.) Craig) ⌂ *, Mex.
62. **melanocéntra** Poselg. ⌂ *, NO-Mex.: Nuevo León
63. **mendeliána** (Bravo) Werderm. (*Neomammillária mendeliána* Bravo, *M. woodsii* Craig) ⌂ *, M-Mex.: Guanajuato
64. **microhélia** Werderm. (*M. microheliópsis* Werderm., *Leptocladódia microhélia* (Werderm.) Buxb., *L. microhélia* f. *microheliópsis* (Werderm.) Krainz) ⌂ *, M-Mex.: Queretaro
- *microheliópsis:* 64
- *micrómeris: Epitheléntha* 1
- *missouriénsis: Escobária* 4
65. **moellendorffiána** Shurly ⌂ *, M-Mex.: Hidalgo
66. **muehlenpfórdtii** Först. (*M. celsiána* auct. non Lem.) ⌂ *, M-Mex.
- *múlticeps:* 84
67. **múndtii** K. Schum. ⌂ *, Gebg. M-Mex., nahe Toluca
68. **mýstax** Mart. ⌂ *, M- bis S-Mex.: Hidalgo bis Oaxaca
69. **nelsónii** (Britt. et Rose) Böd. (*Neomammillária nelsónii* Britt. et Rose, *Chilíta nelsónii* (Britt. et Rose) Orcutt, *Oehmea nelsónii* (Britt. et Rose) Buxb., *Dolichothéle nelsónii*

(Britt. et Rose) Bckbg.) Ⓚ ∗, SW-Mex.: Michoacan, Guerroa
70. **neumanniána** Lem. Ⓚ ∗, Mex.
71. **nunézii** (Britt. et Rose) Orcutt (*Neomammillária nunézii* Britt. et Rose, *M. solísii* (Britt. et Rose) Böd., *M. nunézii* var. *solísii* (Britt. et Rose) Bckbg., *M. bélla* Bckbg.) Ⓚ ∗, SW-Mex.: Guerroa
– *nunézii* var. *solísii:* 71
– *obconélla:* 81
72. **occidentális** (Britt. et Rose) Böd. (*Neomammillária occidentális* Britt. et Rose) Ⓚ ∗, W-Mex.: Codima
73. **orcúttii** Böd. Ⓚ ∗, Mex.
– *papyracántha: Sclerocáctus* 6
74. **parkinsónii** Ehrenb. Ⓚ ∗, M-Mex.
75. **pectinífera** F. A. C. Web. (*Solísia pectináta* (Stein) Britt. et Rose) Ⓚ ∗, Südöstl. M-Mex.
76. **pennispinósa** Krainz (*Phellospérma pennispinósum* (Krainz) Buxb.) Ⓚ ∗, N-Mex.: Coahuila
77. **perbélla** Hildm. ex K. Schum. Ⓚ ∗, M-Mex.: Queretaro, Hidalgo, Mexico
78. **pettersónii** Hildm. Ⓚ ∗, M-Mex.: Jalisco
79. **plumósa** F. A. C. Web. (*Chilíta plumósa* (F. A. C. Web.) Orcutt, *Ebnerélla plumósa* (F. A. C. Web.) Buxb.) Ⓚ ∗, N-Mex.: Coahuila
80. **polýedra** Mart. Ⓚ ∗, Mex.
81. **polythéle** Mart. (*M. obconélla* Scheidw., *M. tetracántha* Pfeiff., *M. hidalgénsis* J. A. Purp.) Ⓚ ∗, M-Mex.: Hidalgo
82. **posélgeri** Hildm. (*Cochemíea posélgeri* (Hildm.) Britt. et Rose) Ⓚ ∗, Nied. Kalif.
83. **póttsii** Salm-Dyck (*M. leóna* Poselg., *Leptocladódia leóna* (Poselg.) Buxb.) Ⓚ ∗, SW-Tex.; N-Mex.
84. **prolífera** (Mill.) Haw. (*M. múlticeps* Salm-Dyck, *Chilíta prolífera* (Mill.) Orcutt, *Ebnerélla prolífera* (Mill.) Buxb.) Ⓚ ∗, SW-USA; NO-Mex., Kuba, Hispaniola
85. **pseudoperbélla** Quehl Ⓚ ∗, Heimat unbek.
86. **pugionacántha** Först. Ⓚ ∗, Mex.
87. **rékoi** (Britt. et Rose) Vaup. (*Neomammillária rékoi* Britt. et Rose) Ⓚ ∗, S-Mex.: Oaxaca
88. **rettigiána** Böd. Ⓚ ∗, Mex.
89. **rhodántha** Link et Otto Ⓚ ∗, Gebg. M-Mex.
90. **roseoálba** Böd. Ⓚ ∗, NO-Mex.: Tamaulipas
91. **rúbida** Bckbg. Ⓚ ∗, Mex.
92. **rūestii** Quehl Ⓚ ∗, Hond., Guat.
93. **sartórii** J. A. Purp. Ⓚ ∗, O-Mex.: Veracruz
– *schēerii: Coryphántha* 9
94. **schiedeána** Ehrenb. (*Chilíta schiedeána* (Ehrenb.) Orcutt, *Ebnerélla schiedeána* (Ehrenb.) Buxb.) Ⓚ ∗, Östl. M-Mex.: Hidalgo
– *schmóllii:* 41
95. **schumánnii** Hildm. (*Bartschélla schumánnii* (Hildm.) Britt. et Rose) Ⓚ ∗, S-Nied. Kalif.
96. **seideliána** Quehl (*Chilíta seideliána* (Quehl) Orcutt, *Ebnerélla seideliána* (Quehl) Buxb.) Ⓚ ∗, M-Mex.: Zacatecas, Queretaro
97. **seitziána** Mart. Ⓚ ∗, Mex.
98. **sempervívi** DC. Ⓚ ∗, Östl. M-Mex.
– *sempervívi* var. *cáput-medúsae:* 19
99. **senílis** Salm-Dyck (*Mamillópsis senílis* (Salm-Dyck) F. A. C. Web. ex Britt. et Rose) Ⓚ ∗, Gebg. NW-Mex.
100. **sheldónii** (Britt. et Rose) Böd. (*Neomammillária sheldónii* Britt. et Rose) Ⓚ ∗, NW-Mex.: Sonora
– *shurliána:* 10
– *símplex:* 58
– *solísii:* 71
101. **sphaceláta** Mart. (*M. vipérina* J. A. Purp., *Leptocladódia vipérina* (J. A. Purp.) Buxb., *L. sphaceláta* (Mart.) Buxb.) Ⓚ ∗, S-Mex.: Puebla, Oaxaca
102. **sphāerica** A. Dietr. (*Dolichothéle sphāerica* (A. Dietr.) Britt. et Rose) Ⓚ ∗, SO-Tex. bis NO-Mex.
103. **spinosíssima** Lem. Ⓚ ∗, M-Mex.
104. **supertéxta** Mart. (*M. lanáta* (Britt. et Rose) Orcutt, *Neomammillária lanáta* Britt. et Rose) Ⓚ ∗, Mex.
105. **surculósa** Böd. (*Dolichothéle surculósa* (Böd.) Bckbg. ex Buxb., *Ebnerélla surculósa* (Böd.) Buxb.) Ⓚ ∗, NO-Mex.
– *tetracántha:* 81

106. **tetrancístra** Engelm. (*Phellospérma tetrancístrum* (Engelm.) Britt. et Rose) ⓚ *, SW-USA; N-Mex.
107. **tiegeliána** Bckbg. ⓚ *, Mex.
108. **toliménsis** Craig ⓚ *, M-Mex.: Queretaro
- *tuberculósa: Escobária* 6
- *uberifórmis:* 55
109. **vieréckii** Böd. ⓚ *, NO-Mex.: Tamaulipas
- *vivípara: Escobária* 7
- *vipérina:* 101
110. **voburnénsis** Scheer (*Neomammillária collínsii* Britt. et Rose, *Mammillária collínsii* (Britt. et Rose) Orcutt) ⓚ *, S-Mex., Guat.
111. **wíldii** A. Dietr. (*Chilíta wíldii* (A. Dietr.) Orcutt, *Ebnerélla wíldii* (A. Dietr.) Buxb.) ⓚ *, M-Mex.: Hidalgo
- *woodsii:* 63
112. **zahniána** Böd. et Ritt. ⓚ *, Mex.
113. **zeilmanniána** Böd. ⓚ *, M-Mex.: Guanajuato
114. **zephyrantoídes** Scheidw. (*Chilíta zephyrantoídes* (Scheidw.) Orcutt, *Ebnerélla zephyrantoídes* (Scheidw.) Buxb.) ⓚ *, M-Mex.
115. **zeyeriána** Haage jr. ex K. Schum. ⓚ *, N-Mex.: Coahuila, Durango
- *zuccariniána:* 57

Mammilloydia: Mammillária
- *cándida: Mammillária* 18

Mandevílla Lindl. - f. - *Apocynáceae*
- *atroviolácea: Dipladénia* 1
- *boliviénsis: Dipladénia* 2
- *exímia: Dipladénia* 3
1. **láxa** (Ruiz et Pav.) Woods. (*M. suavéolens* Lindl.) ♄ ⌇ ⓚ-ⓦ VI–VIII, Arg., Bol.
- *sánderi: Dipladénia* 5
- *spléndens: Dipladénia* 6

Mandiróla lanáta: Eucodónia 1

Mandrágora L. - f. - *Solanáceae* Alraunwurzel
- *acaulis:* 2
1. **autumnális** Bertol. (*M. officinárum* auct. non L.) ♃ ☠ V, Med., S- u. M-Port.
- *officinárum* auct.: 1
2. **officinárum** L. (*M. acaulis* Gaertn., *M. vernális* Bertol.) ♃ ☠, N-Ital., W-Jugosl.
- *vernális:* 2

Manéttia Mutis ex L. - f. - *Rubiáceae*
1. **bícolor** Paxt. ♄ ⌇ ⓚ IV–IX, Bras.
2. **glábra** Cham. et Schlechtend. ♄ ⌇ ⓚ II–VI, Südl. S-Am.
3. **infláta** Sprague ♄ ⌇ ⓚ IV–IX, Parag., Urug.

Mánfreda Salisb. - f. - *Agaváceae*
1. **maculósa** (Hook.) Rose (*Agáve maculósa* Hook.) ♃ ⓚ V–VIII, S-Tex., N-Mex.
2. **variegáta** (Jacobi) Rose (*Agáve variegáta* Jacobi) ♃ ⓚ IV–V, S-Tex., N-Mex.
3. **virgínica** (L.) Salisb. (*Agáve virgínica* L.) ♃ ∧ VIII–IX, USA: Virg. u. W-Virg. bis Missouri, südl. bis Flor. u. Tex.

Mangífera L. - f. - *Anacardiáceae*
1. **caesia** Jack ex Wall. ♄ i ⓦ Ⓝ, Indones., Phil.
2. **foetida** Lour. ♄ i ⓦ Ⓝ, Wild wahrsch. nur von Vietn. bis Thail.
3. **índica** L. - Mangobaum ♄ i ⓦ Ⓝ, NO-Ind., N-Burma, weltweit in den Trop. angeb.
4. **odoráta** Griff. ♄ i ⓦ Ⓝ, Heimat unbek.
- *pinnáta: Spóndias* 3

Manglésia glabráta: Grevíllea 5

Mánihot Mill. - f. - *Euphorbiáceae*
1. **carthagenénsis** (Jacq.) Muell. Arg. ♄ ⓦ Ⓝ, Mex., M-Am., Kol., Venez.
2. **dichótoma** Ule ♄ ⓦ Ⓝ, Bras.: Bahia
3. **dúlcis** (J. F. Gmel.) Pax var. **multífida** (Grah.) Pax ♃ ⓦ Ⓝ, S-Bras.: Paraná
4. **esculénta** Crantz (*Játropha mánihot* L., *M. utilíssima* Pohl) - Maniok, Cassava ♄ ⓦ Ⓝ, Trop. Bras.
5. **glazióvii** Muell. Arg. - Cearakautschukbaum ♄ ⓦ Ⓝ, NO-Bras.
- *utilíssima:* 4

Manilkára Adans. - f. - *Sapotáceae*
- *baláta:* 1
1. **bidentáta** (A. DC.) A. Chev. (*M. baláta* Dubard, *Mimúsops baláta* Crueg. ex Griseb. non (Aubl.) Gaertn. f.) - Balatabaum, „Balata rouge" ♄ i ⓦ Ⓝ, Westind., Pan., nördl. S-Am.
2. **zapóta** (L.) van Royen (*Áchras zapóta* L.) - Sapotillbaum, Breiapfel-

baum ♄ i ⌂ ⊛, S-Mex. u. M-Am., südl. bis Costa R., in S-Flor. eingebürg.
Manúlea híspida: Sútera 2
Mapánia Aubl. - f. - *Cyperáceae*
1. **húmilis** Náves et F.-Vill. (*M. lúcida* N.E. Br.) ♃ ⌂, Ind.
Maránta L. - f. - *Marantáceae*
- *amábilis: Strománthe* 1
- *argyraēa: Caláthea* 2
1. **arundinácea** L. - Pfeilwurz ♃ ⌂ ⊛, Mittl. bis nördl. S-Am.
- *bachemiána: Caláthea* 3
2. **bícolor** Ker-Gawl. (*Caláthea bícolor* (Ker-Gawl.) Steud.) ♃ i ⌂, Bras., Guay.
3. **depréssa** E. Morr. ♃ i ⌂, Bras.
- *fasciáta: Caláthea* 20
- *galánga: Alpínia* 2
- *kegeliána: Caláthea* 3
- *kummeriána: Ctenánthe* 2
- *leopárdina: Caláthea* 8
4. **leuconeūra** E. Morr., Bras.
'Erythroneura' (var. *erythroneūra* Bunt.) ♃ ⌂
'Kerchoviana' (var. *kerchoviána* E. Morr.) ♃ ⌂
'Massangeana' (var. *massangeána* E. Morr.) ♃ ⌂
- *leuconeūra* var. *erythroneūra:* 4
- *leuconeūra* var. *kerchoviána:* 4
- *leuconeūra* var. *massangeána:* 4
- *lietzei: Caláthea* 9
- *makoyána: Caláthea* 11
- *malaccénsis: Alpínia* 4
- *mediopícta: Caláthea* 12
5. **noctiflóra** Regel et Koern. ♃ i ⌂, Bras.?
- *oppenheimiána: Ctenánthe* 4
- *ornáta: Caláthea* 15
- *roseopícta: Caláthea* 19
- *warscewíczii: Caláthea* 25
- *wiótii: Caláthea* 26
- *zebrína: Caláthea* 27
Maráttia Sw. - f. - *Marattiáceae*
1. **cicutifólia** Kaulf. ♃ i ⌂, S-Bras.
2. **fraxínea** Sm. (*M. salicína* Sm.) ♃ i ⌂, W-Afr. über S-Ind. u. Ceyl. bis Austral., Neuseel.
- *kaulfússii:* 3
3. **laēvis** Sm. (*M. kaulfússii* J. Sm.) ♃ i ⌂, Antill. bis S-Bras.
- *salicína:* 2
Marcgrávia L. - f. - *Marcgraviáceae*
1. **umbelláta** L. ♄ i ⌇ ⌂, Antill. bis Bras.
Marchántia L. - f. - *Marchantiáceae*
1. **polymórpha** L. ~, Fast Kosmopol.
Marginatocéreus marginátus: Pachycéreus 1
Margyricárpus Ruiz et Pav. - m. - *Rosáceae*
1. **pinnátus** (Lam.) O. Kuntze (*M. setósus* Ruiz et Pav.) ♄ i ⚭ ⌂ IV–VI, Anden S-Am.
Márica bráchypus: Neomárica 1
- *caerúlea: Neomárica* 2
- *grácilis: Neomárica* 3
- *northiána: Neomárica* 4
Márlea begoniifólia: Alángium 1
- *platanifólia: Alángium* 2
Marrúbium L. - n. - *Labiátae*
Andorn
- *candidíssimum:* 1
1. **incánum** Desr. (*M. candidíssimum* auct. non L.) ♃ ∧ VI–VII, Ital., Siz., W-Balk.
2. **kótschyi** Boiss. et Hohen. ♃ △ ~ ∧ VI–VII, Kl. As.
3. **libanóticum** Boiss. ♃ △ ~ ∧ VI bis VII, Liban.
- *seríceum:* 4
4. **supínum** L. (*M. seríceum* Boiss.) ♃ △ ~ ∧ V–VII, M-, S- u. SO-Span., N-Afr.
5. **velutínum** Sibth. et Sm. ♃ △ ∧ VI bis VII, N- u. M-Griech.
6. **vulgáre** L. ♃ VI–VIII Off., Eur., von Engl., S-Schwed., M-Rußl., südl. bis W- u. M-As., Him., Med., N-Afr., Kanar., in Neuengl., N.Y. u. S-Ont. eingebürg.
Marsdénia R. Br. - f. - *Asclepiadáceae*
1. **cundurángo** Rchb. f. - Kondurangostrauch ♄ ⌇ i ⌂ Off., Anden Kol., Ek., Perus
- *erécta: Ciónura* 1
2. **reichenbáchii** Triana ♄ i ⌂, S-Am.
3. **tinctória** R. Br. ♄ i ⌂ ⊛, Him. bis China, Mal. Arch.
Marshállia Schreb. - f. - *Compósitae*
1. **caespitósa** Nutt. ♃ △ ∧ (besser ⌂) V–VI, USA: SW-Missouri u. Okla. bis Louis. u. Tex.
Marshallocéreus thúrberi: Stenocéreus 7
Marsílea L. - f. - *Marsileáceae*
Kleefarn

1. **drummóndii** A. Braun ♃ ⁓ Ⓚ, M- u. S-Austral.
2. **hirsúta** R. Br. ♃ ⁓ Ⓚ, Austral.: Queensl., Neusüdwal.
3. **quadrifólia** L. ♃ ⁓ Azor., W-, M- u. S-Eur., Wolgadelta, W-As., Kaschm., Ind., Ceyl., N-China, Jap.

Martinézia caryotifólia: Aïphanes 1

Martýnia L. - f. - *Martyniáceae*

1. **ánnua** L. ⊙ VII-VIII, Mex., M-Am., Antill.
- *craniolária: Craniolária* 1
- *frágrans: Proboscídea* 1
- *louisiánica: Proboscídea* 2
- *lútea: Ibicélla* 1
- *proboscídea: Proboscídea* 2
- *violácea: Proboscídea* 1

Mascaréna lagenicaulis: Hyophórbe 1
- *verschafféltii: Hyophórbe* 2

Masdevállia Ruiz et Pav. - f. - *Orchidáceae*

1. **amábilis** Rchb. f. et Warsc. ♃ Ⓚ XII bis II ✻, Peru
- *bélla: Drácula* 1
- *cándida:* 14
2. **calóptera** Rchb. f. ♃ Ⓦ ✻, N-Peru u. S-Ek.
3. **caudáta** Lindl. ♃ Ⓚ XI-III ✻, Venez., Kol., Ek., Peru
- *chimaera: Drácula* 2
4. **coccínea** Lind. ex Lindl. (*M. harryána* Rchb. f., *M. lindénii* André) ♃ Ⓚ III bis VI ✻, Kol., Peru
5. **coriácea** Lindl. ♃ Ⓚ V-VII ✻, Kol.
- *erythrochaete: Drácula* 3
- *harryána:* 4
6. **hórrida** Teuscher et Garay ♃ Ⓚ ✻, Costa R.
- *ígnea:* 10
7. **infrácta** Lindl. ♃ Ⓚ V-VII ✻, S-Bras., Peru
8. **liliputána** Cogn. ♃ Ⓚ ✻, Bras.: São Paulo
- *lindénii:* 4
9. **macrúra** Rchb. f. ♃ Ⓚ II-III ✻, Kol.
10. **militáris** Rchb. f. et Warsc. (*M. ígnea* Rchb. f.) ♃ Ⓚ V-VI ✻, Kol.
- *muscósa: Porroglóssum* 1
- *radiósa: Drácula* 4
11. **rolfeána** Kraenzl. ♃ Ⓚ IV-VII ✻, Costa R.
12. **rósea** Lindl. ♃ Ⓚ V-VII ✻, Ek. bis Kol.
13. **schlímii** Lind. ex Lindl. ♃ Ⓚ IV-V ✻, Venez., Kol.
14. **tovarénsis** Rchb. f. (*M. cándida* Klotzsch) ♃ Ⓚ XI-II ✻, Venez.
15. **veitchiána** Rchb. f. ♃ Ⓚ V-VI ✻, Peru
16. **velífera** Rchb. f. ♃ Ⓚ XI-I ✻, Kol.

Matricária L. - (*Tripleurospérmum* Schultz Bip.) - f. - *Compósitae*
Mutterkraut
- *capénsis: Tanacétum* 11
1. **caucásica** (Willd.) Poir. (*Tripleurospérmum caucásicum* (Willd.) Hayek) ♃ ⁓ △ V-VII, Bulg., Alban., Kauk., Kl. As.
- *chamomílla: Chamomílla* 1
- *discoídea: Chamomílla* 2
- *exímia: Tanacétum* 11
- *inodóra:* 3
- *marítima* ssp. *inodóra:* 3
- *matricarioídes: Chamomílla* 2
2. **oréades** Boiss. (*Chrysánthemum oréades* (Boiss.) Wehrh., *Tripleurospérmum oréades* (Boiss.) Rech. f.) ♃ ⁓ △ IV-VII, Kl. As., Syr.
- *parthenioídes: Tanacétum* 11
- *parthénium: Tanacétum* 11
3. **perforáta** Mérat (*M. inodóra* L., *Tripleurospérmum inodórum* (L.) Schultz Bip., *M. marítima* L. ssp. *inodóra* (K. Koch) Soó, *Chrysánthemum marítimum* (L.) Pers. ssp. *inodórum* (K. Koch) Vaar., *Chamaemélum inodórum* (L.) Vis.) ⊙ VI-X, Fast ganz Eur., Kauk., W-As.
- *recutíta: Chamomílla* 1
- *suavéolens: Chamomílla* 2
4. **tchihatchéwii** (Boiss.) Voss (*Chamaemélum tchihatchéwii* Boiss., *Tripleurospérmum tchihatchéwii* (Boiss.) Bornm.) ♃ ⁓ △ V-VII, Kleinasiat. Küste.

Matteuccia Tod. - f. - *Onocleáceae*
Straußenfarn, Trichterfarn
1. **orientális** (Hook.) Trev. (*Struthiópteris orientális* Hook.) ♃ ∧, Jap., Kuril., Korea, China bis Him.
2. **pensylvánica** (Willd.) Raymond (*M. struthiópteris* var. *pensylvánica* (Willd.) C.V. Morton, *Struthiópteris pensylvánica* Willd., *Pterétis pensylvánica* (Willd.) Fern.) ♃, N-Am.: Neufundl. bis Alaska, südl. bis

Virg., S-Dak. u. südl. Br. Kol.
3. **struthiópteris** (L.) Tod. (*Struthiópteris germánica* Willd., *S. filicástrum* All., *Pterétis struthiópteris* (L.) Nieuwl., *Onocléa struthiópteris* (L.) Hoffm.) - Straußenfarn ♃ ⩋ ▽, N-, M- u. O-Eur., bis Belg., SW-Alp. u. M-Jugosl., Kauk., östl. N-As.
- *struthiópteris* var. *pensylvánica:* 2

Matthíola R. Br. corr. Spreng. - f. - *Crucíferae*
Levkoje
- *bicórnis:* 3
1. **fruticulósa** (L.) Maire (*M. vária* (Sibth. et Sm.) DC., *M. trístis* R. Br.) ♃ △ ∧ V-VI, S-Eur., Med., Schw.
2. **incána** (L.) R. Br. - Levkoje ⊙ - ♄ D ✂ V-VIII, S-, W-Eur., Med., Kl. As., N-Afr., Kanar., auf Kreta eingebürg.
3. **longipétala** (Vent.) DC.
ssp. **bicórnis** (Sibth. et Sm.) P. W. Ball (*M. bicórnis* (Sibth. et Sm.) DC.) ⊙ D V-VI, Griech., Ägäis
- *trístis:* 1
- *vária:* 1

Matucána Britt. et Rose - f. - *Cactáceae*
1. **aurantíaca** (Vaup.) Buxb. (*Arequípa aurantíaca* (Vaup.) Werderm., *Submatucána aurantíaca* (Vaup.) Bckbg., *Borzicáctus aurantíacus* (Vaup.) Kimn. et Hutchison) ⓚ ✱, N-Peru
2. **háynii** (Otto ex Salm-Dyck) Britt. et Rose (*Echinocáctus háynii* Otto ex Salm-Dyck, *Borzicáctus háynii* (Otto ex Salm-Dyck) Kimn., *Arequípa háynii* (Otto ex Salm-Dyck) Britt. et Rose) ⓚ ✱, N-Peru
- *icosagóna: Cleistocáctus* 6
- *myriacántha:* 4
3. **rítteri** Buin. (*Submatucána rítteri* (Buin.) Bckbg.) ⓚ ✱, Peru
4. **weberbáueri** (Vaup.) Bckbg. (*Echinocáctus weberbáueri* Vaup., *M. myriacántha* (Vaup.) Buxb., *Arequípa myriacántha* (Vaup.) Britt. et Rose, *Submatucána myriacántha* (Vaup.) Bckbg.) ⓚ ✱, Peru

Maurándya: Asarína 1, 2, 3, 4, 6, 7

Maxillária Ruiz et Pav. - f. - *Orchidáceae*
- *dénsa: Ornithídium* 2
1. **elátior** Rchb. f. ♃ ⓦ ✱, Mex., Guat., Hond., Costa R.
2. **fucáta** Rchb. f. ♃ ⓦ V-VI ✱, Ek.
3. **grandiflóra** (H. B. K.) Lindl. ♃ ⓦ V bis VI ✱, Nördl. andin. S-Am., S-Guay.
- *henchmánnii:* 16
4. **lepidóta** Lindl. ♃ ⓦ V-VII ✱, Kol., Venez., Ek., Peru
- *longipétala: Lycáste* 6
5. **luteoálba** Lindl. ♃ ⓦ II-IV ✱, Costa R. bis Ek.
6. **margináta** (Lindl.) Fenzl ♃ ⓦ VII-X ✱, Bras.
7. **nigréscens** Lindl. ♃ ⓦ VI-VII ✱, Venez., Kol.
8. **ochroléuca** Lodd. ♃ ⓦ ✱, Bras.
9. **pícta** Hook. ♃ ⓚ I-IV ✱, O-Bras.
10. **porphyrostéle** Rchb. f. ♃ ⓦ II-IV ✱, Bras.
11. **sanderiána** Rchb. f. ♃ ⓦ VIII-X ✱, Ek., Peru
12. **sanguínea** Rolfe ♃ ⓦ ✱, Costa R., Pan.
13. **setígera** Lindl. ♃ ⓦ VI-VIII ✱, Kol.
14. **striáta** Rolfe ♃ ⓦ VII-IX ✱, Ek., Peru
15. **tenuifólia** Lindl. ♃ ⓦ VII-IX ✱, Mex., M-Am.
16. **variábilis** Batem. ex Lindl. (*M. henchmánnii* Hook.) ♃ ⓦ I-XII ✱, Mex. bis Pan.
17. **venústa** Lind. et Rchb. f. ♃ ⓦ IX-XI ✱, Venez., Kol.
- *warreána: Wárrea* 1

Mayáca Aubl. - f. - *Mayacáceae*
1. **fluviátilis** Aubl. (*M. vandéllii* Schott et Endl.) ♃ i ⩋ ⓦ VI-VIII, Guay.
2. **sellowiána** Kunth ♃ i ⩋ ⓦ VI-VIII, Bras.
- *vandéllii:* 1

Máytenus Mol. - f. - *Celastráceae*
1. **boária** Mol. ♄ i ⓚ V, Chile

Mázus Lour. - m. - *Scrophulariáceae*
1. **japónicus** (Thunb.) O. Kuntze (*Lindérnia japónica* Thunb., *M. rugósus* Lour.) ⊙ VI-VIII, Jap., Korea, Riukiu-Ins., China, Ind., im östl. u. pazif. N-Am. eingebürg.
2. **miquélii** Mak. (*M. stolónifer* (Maxim.) Mak.) ♃ ⩋ △ V-VI, Jap.
3. **pumílio** R. Br. ♃ ∧ △ V-VI, Neuseel., Austral., Tasm.

4. **radícans** (Hook. f.) Cheesem. ♃ ⁓ △ ∧ V–VI, Neuseel.
- *rugósus:* 1
- *stolónifer:* 2

Mecódium demíssum: Hymenophýllum 1
- *polyánthon: Hymenophýllum* 3

Meconópsis Vig. - f. - *Papaveráceae* Scheinmohn
1. **aculeáta** Royle ⊙ △ VII–VIII, W-Him.
2. **betonicifólia** Franch. ♃ △ VI–VIII, Tib., Jünn., Oberburma
3. **cámbrica** (L.) Vig. ♃ VI–X, W-Eur.
4. **chelidoniifólia** Bur. et Franch. ♃ VII bis VIII, W-Szetsch.
5. **dhwójii** G. Tayl. ex Hay ⊙ VI–VIII, Nepal
6. **grándis** Prain ♃ VI–VII, Nepal, Tib., Sikk.
7. **horrídula** Hook. f. et Thoms. ♃ - ⊙ VII–VIII, Nepal bis W-China
8. **integrifólia** (Maxim.) Franch. ⊙ △ VII–VIII, Tib. bis Szetsch., Jünn., Kansu
9. **napaulénsis** DC. (*M. wallíchii* Hook.) ⊙ VI, Nepal bis Szetsch.
10. **paniculáta** (D. Don) Prain ⊙ VI bis VII, Nepal bis Ass.
11. **punícea** Maxim. ⊙-♃ VII–VIII, NW-Szetsch., S-Kansu, NO-Tib.
12. **quintuplinérvia** Regel ♃ △ VII–VIII, Tib., W-China
13. **régia** G. Tayl. ⊙ VII–VIII, Nepal
14. **simplicifólia** (D. Don) Walp. ⊙ VII bis VIII, Nepal bis Tib.
15. **sinuáta** Prain ⊙ VII–VIII, Nepal bis Bhut.
16. **supérba** King ex Prain ⊙ VII–VIII, Tib., Bhut.
- *villósa: Cathcártia* 1
17. **violácea** F. K. Ward ⊙ VII–VIII, Oberburma, Tib.
- *wallíchii:* 9

Medéola asparagoídes: Aspáragus 4

Medicágo L. - f. - *Leguminósae* Schneckenklee
- *caerúlea:* 2
- *falcáta:* 2
1. **lupulína** L. - Hopfenklee, Gelbklee ⊙ - ♃ IV–X ®, Eur., Med., N-Afr., W- bis O-As., in N-Am. eingebürg.
2. **satíva** L. - Luzerne
ssp. **caerúlea** (Less. ex Ledeb.) Schmalh. (*M. caerúlea* Less. ex Ledeb.) ♃ VI–IX, SO-Rußl., Kasach., M-As.
ssp. **falcáta** (L.) Arcang. (*M. falcáta* L.) - Sichelluzerne, Sichelklee ♃ V bis VI, Eur., As. bis Mongol., Tib., Ind.
ssp. **falcáta** × ssp. **satíva** (*M.* × *vária* Martyn; ssp. × *vária* (Martyn) Arcang.) - Sandluzerne ♃ VI–IX ®, Euras.
ssp. **satíva** ♃ VI–IX ®, S-Rußl., Vord. As. bis M-As., im übrigen Eur. u. in N-Am. eingebürg.
- *satíva* ssp. × *vária:* 2
- × *vária:* 2

Medinílla Gaudich. - f. - *Melastomatáceae*
1. **curtísii** Hook. f. ♄ i ⌂, Sum.
- *farinósa:* 7
2. **javanénsis** Bl. ♄ i ⌂ XII–III, Java
3. **magnífica** Lindl. ♄ i ⌂ II–VIII, Phil.
4. **sedifólia** Jumelle et Perr. ♄ i ⌇ ⌂, Madag.
5. **sieboldiána** Planch. ♄ i ⌂ II–III, Moluk.
6. **teysmánnii** Miq. ♄ i ⌂ III–V, Celeb., N. Guin.
7. **venósa** (Bl.) Bl. (*M. farinósa* hort.) ♄ i ⌂ I–XII, Malays.

Meehánia Britt. - f. - *Labiátae*
1. **urticifólia** (Miq.) Mak. ♃ ⁓ V–VI, Jap., Mandsch., Korea

Megaclínium falcátum: Bulbophýllum 4
- *leucórhachis: Bulbophýllum* 6

Megaptérium missouriénse: Oenothéra 9

Megásea ciliáta: Bergénia 1
- *cordifólia: Bergénia* 2
- *crassifólia: Bergénia* 3
- *purpuráscens: Bergénia* 5

Meiracýllium Rchb. f. - n. - *Orchidáceae*
1. **wendlándii** Rchb. f. ⌂ *, Mex., Guat.
- *wettstēinii: Isabélia* 1

Melaleūca L. - f. - *Myrtáceae* Myrtenheide
1. **armilláris** (Soland. ex Gaertn.) Sm. ♄ i ⌂ VI, Austral.: Vict., Neusüdwal.
2. **decussáta** R. Br. ex Ait. f. ♄ i ⌂ VI, S-Austral., Vict.
- *diffúsa: Metrosidéros* 1
3. **diosmifólia** R. Br. ♄ i ⌂, W-Austral.
4. **ericifólia** Sm. ♄ i ⌂, Austral.: Neu-

südwal., Vict., Queensl.; Tasm.
– *flórida: Metrosidéros* 3
5. **fúlgens** R.Br. ♄ i ⌂ VI, W-Austral.
6. **hypericifólia** (Salisb.) Sm. ♄ i ⌂ VI bis VIII, Austral.: Neusüdwal., Queensl.
7. **laterítia** Otto ♄ i ⌂ VI–VIII, W-Austral.
8. **leucadéndra** (L.) L. – Kajeputbaum ♄ i ⌂ Ⓝ, Hinterind. bis Austral.
9. **linariifólia** Sm. ♄–♄ i ⌂, Austral.: Neusüdwal., Queensl.
– *lúcida: Metrosidéros* 7
10. **micrómera** Schau. ♄ i ⌂, W-Austral.
11. **nesóphila** F. v. Muell. ♄–♄ i ⌂, W-Austral.
12. **rádula** Lindl. ♄ i IX–X, W-Austral.
13. **styphelioídes** Sm. ♄ i ⌂ V–VII, Austral.: Neusüdwal.
14. **thymifólia** Sm. ♄ i ⌂, Austral.: Neusüdwal., Vict.
15. **viridiflóra** Soland. ex Gaertn. – Niaulibaum ♄ i ⌂ Ⓝ Off., Neukaled., W-Austral., N-Territ., Queensl.
16. **wilsónii** F. v. Muell. ♄ i ⌂ S-Austral., Vict.

Melampódium L. – n. – *Compósitae*
1. **paludósum** H.B.K. ♃ ⌂ VI–IX, S-Am.

Melampýrum L. – n. – *Scrophulariáceae*
Wachtelweizen
1. **praténse** L. ⊙ VI–VIII, Eur., W-As.

Melándrium: Siléne 7, 8, 10, 21

Melanoselínum Hoffm. – n. – *Umbellíferae*
1. **decípiens** (Schrad. et H.L. Wendl.) Hoffm. ⊙ ⌂ IV–VI, Mad., Kanar., Azor.

Melánthium L. – n. – *Liliáceae*
1. **hýbridum** Walt. (*M. latifólium* Desr.) ♃ VII–VIII, USA: Conn. u. N.Y. bis Georg.
– *latifólium:* 1
2. **virgínicum** L. ♃ VII–VIII, USA: N.Y. bis Iowa, südl. bis Flor. u. Tex.

Melástoma L. – n. – *Melastomatáceae*
– *decémfidum:* 2
1. **malabáthricum** L. ♄ ⌂ VII, Malays., Thail., Laos, Vietn., Polynes. bis N-Austral.
2. **sanguíneum** Sims (*M. decémfidum* Roxb.) ♄ ⌂, IX–X, Hinterind., S-China, Sunda

Mélia L. – f. – *Meliáceae*
– *azadiráchta: Antelaéa* 1
1. **azédarach** L. (*M. japónica* G. Don) – Zedrachbaum, „Xoan" ♄ ☠ ⌂ Ⓝ VI, SW-As., unterer Him. bis W-China, im trop. Am. u. in den SO-USA eingebürg.

Meliánthus L. – m. – *Melianthaceae*
Honigstrauch
1. **comósus** Vahl ♄ ⌂ VII–VIII, S-Afr.
2. **májor** L. – Honigstrauch ♄ ⌂ V–VII, S-Afr., auf den Kanar., in Ind. u. Bol. verwild.
3. **mínor** L. ♄ ⌂ V–VII, S-Afr.

Mélica L. – f. – *Gramíneae*
Perlgras
1. **altíssima** L. ♃ V–VI, Östl. M- u. O-Eur., temp. As.
2. **ciliáta** L. (*M. nebrodénsis* Parl.) ♃ V bis VI, S-, M- u. SO-Eur., S-Schwed., SW-Finnl., Med., N-Afr., Kanar., SW-As.
3. **mútica** Walt. ♃ V–VI, USA: Maryl. bis Iowa, südl. bis Flor., Alab., Louis. u. Tex.
– *nebrodénsis:* 2
4. **nútans** L. ♃ V–VI, Eur., N- u. SW-As.
5. **transsilvánica** Schur ♃ VI, Östl. M- u. O-Eur., westl. bis östl. Frankr., O-Kauk.
6. **uniflóra** Retz. ♃ V–VI, Eur., SW-As., Med., N-Afr.

Melicóccus P.Br. – m. – *Sapindáceae*
1. **bijugátus** Jacq. – Honigbeere ♄ ⌂ Ⓝ, Trop. Am.

Melícope J.R. et G. Forst. – f. – *Rutáceae*
1. **ternáta** J.R. et G. Forst. ♄ i ⌂ VI, Neuseel.

Melícytus J.R. et G. Forst. – m. – *Violáceae*
1. **ramiflórus** J.R. et G. Forst. ♄ ⚤ ⌂, Neuseel.

Melilótus Mill. – m. – *Leguminósae*
Steinklee
1. **álbus** Medik. – Weißer Bucharaklee ⊙ VII–IX Ⓝ, Eur., W-As., in N-Am. u. Austral. eingebürg.
2. **altíssimus** Thuill. ⊙ VII–IX Ⓝ, Eur., W-Sib.
3. **officinális** (L.) Pall. ⊙ VI–IX Ⓝ, Eur. bis W-China, in N-Eur. u. N-Am.

eingebürg.

Melíssa L. - f. - *Labiátae*
Melisse
1. **officinális** L. - Zitronenmelisse ♃ D VI–VIII ⓝ Off., S-Eur., Med., Vord. As., M-As., im übrigen Eur. eingebürg.

Melíttis L. - f. - *Labiátae*
Immenblatt
1. **melissophýllum** L. ♃ V–VI, W-, M- u. S-Eur., östl. bis Lit. u. nördl. M-Ukr.

Melocáctus Link et Otto - m. - *Cactáceae*
Melonenkaktus
1. **azúreus** Buin. et Brederoo Ⓚ ∗, O-Bras.: Bahia
2. **caésius** H. L. Wendl. Ⓚ ∗, Trin.
- *commúnis:* 5
3. **curvispínus** Pfeiff. (*M. maxónii* (Rose) Gürke, *M. oaxacénsis* (Britt. et Rose) Bckbg.) Ⓚ ∗, S- u. O-Mex., Guat.
- *depréssus:* 8
- *ernéstii:* 6
4. **glaucéscens** Buin. et Brederoo Ⓚ ∗, O-Bras.: Bahia
5. **intórtus** (Mill.) Urb. (*M. commúnis* (Ait.) Link et Otto) Ⓚ ∗, Westind.
- *janseniánus:* 7
- *maxónii:* 3
- *oaxacénsis:* 3
6. **óreas** Miq. (*M. ernéstii* Vaup.) Ⓚ ∗, O-Bras.
7. **peruviánus** Vaup. (*M. jansenіánus* Bckbg.) Ⓚ ∗, N- u. M-Peru, S-Ek.
8. **violáceus** Pfeiff. (*M. depréssus* Hook.) Ⓚ ∗, O-Bras.

Melóthria L. - f. - *Cucurbitáceae*
1. **japónica** (Thunb.) Maxim. ex Cogn. ♃ ≀ ♂♀, Jap.
2. **maderaspatána** (L.) Cogn. (*Múkia maderaspatána* (L.) M. J. Roem.) ⊙ ≀ ♂♀, Trop. Afr., As., Austral.
3. **péndula** L. ♃ ♂♀, USA: Virg. bis Missouri u. Okla., südl. bis Flor. u. Tex.; Mex.
4. **punctáta** (Thunb.) Cogn. (*Bryónia punctáta* Thunb., *B. scábra* Thunb., *Pilógyne suávis* Schrad., *Zehnéria suávis* (Schrad.) Endl. ex Walp.) ♃ ≀ D ♂♀ Ⓚ V–VIII, Abess., Sokot., Kamer., Kongo, O- u. S-Afr., Madag., Java, Celeb.
5. **scábra** Naud. ⊙ ≀ ♂♀, Mex.

Menispérmum L. - n. - *Menispermáceae*
Mondsame
1. **canadénse** L. ♄ ≀ VI–VII, N-Am.: Queb. bis Manit., südl. bis Georg., Alab., Ark. u. Okla.
2. **daúricum** DC. ♄ ≀ VI–VII, Jap., Korea, Mandsch., N-China, O-Sib.

Méntha L. - f. - *Labiátae*
Minze
1. **aquática** L. - Bachminze ♃ D VII–X ⓝ, Eur., Med., W-As. bis N-Iran, M-As., N-, O- u. S-Afr.
2. **arvénsis** L.
ssp. **arvénsis** - Ackerminze ♃ D VI bis VIII, Subtrop. u. gem. Gebiete der nördl. Halbk.
ssp. **haplocályx** (Briq.) Briq. (*M. arvénsis* var. *piperáscens* Malinv.) - Japanische Minze ♃ D VI–VIII ⓝ Off., O-As., weltweit angepfl.
- *arvénsis* var. *piperáscens:* 2
- *citráta:* 5
3. × **géntilis** L. (*M. arvénsis* × *M. spicáta*) - Edelminze ♃ D ⓝ, in Eur. entstanden
4. **longifólia** (L.) L. - Roßminze ♃ D ⓝ, Kanar., Med., Marok., W- u. S-Eur. bis Turkm. u. Kaschm., Pak. bis Kl. As., Liban., Isr., Abess., Kenia
5. × **piperíta** L. (*M. aquática* × *M. spicáta*), vermutl. in Engl. entstanden
var. **citráta** (Ehrh.) Briq. (*M. citráta* Ehrh.) ♃ D ⓝ
var. **piperíta** - Pfefferminze ♃ D ⓝ Off.
6. **pulégium** L. - Poleiminze ♃ D ⓝ, S-, W- u. M-Eur., Kanar., Mad., Med., in As. östl. bis Turkm., Iran u. Arab., Abess.
7. **requiénii** Benth. (*Menthélla requiénii* (Benth.) Pér.) ♃ ⇝ D ∧ - Ⓐ VI bis IX, Kors., Sard., in W-Eur. eingebürg.
8. **spicáta** L. (*M. víridis* (L.) L.) - Ährenminze ♃ D ⓝ, Herkunft unbek.
9. **suavéolens** Ehrh. - Apfelminze ♃ ⓝ, S- u. W-Eur., in M- u. N-Eur. eingebürg.
- *víridis:* 8

Menthélla requiénii: Méntha 7

Mentzélia L. – f. – *Loasáceae*
- *áurea:* 2
- *bartonioídes: Eucníde* 1
1. **decapétala** (Pursh) Urb. et Gilg (*M. ornáta* (Nutt.) Torr. et A. Gray, *Bartónia ornáta* Nutt., *B. decapétala* Pursh) ⊙ – ♃ ▭ VIII–X, N-Am.: Iowa bis Sask. u. Alb., südl. bis Okla., Tex. u. Nev.
2. **lindleýi** Torr. et A. Gray (*Bartónia áurea* Lindl., *M. áurea* (Lindl.) Baill. non Nutt.) ⊙ VII–VIII, Kalif.
- *ornáta:* 1

Menyánthes L. – f. – *Menyantháceae* Bitterklee, Fieberklee
- *exaltáta: Villársia* 1
- *ováta: Villársia* 2
1. **trifoliáta** L. ♃ ≋–〰 V–VI Off. ▽, Gem. u. arkt. Gebiete der nördl. Halbk.

Menziésia Sm. – f. – *Ericáceae*
1. **ciliícalyx** (Miq.) Maxim. ♄ V–VI, Jap.
- *ciliícalyx* var. *purpúrea:* 4
2. **ferrugínea** Sm. ♄ VI, N-Am.: Alaska bis Oreg.
3. **pilósa** (Michx.) Juss. ♄ V–VI, USA: Penns. u. W-Virg. bis Georg. u. Alab.
4. **purpúrea** Maxim. (*M. ciliícalyx* var. *purpúrea* (Maxim.) Mak.) ♄ V–VI, Jap.

Merátia praécox: Chimonánthus 1

Mercuriális L. – f. – *Euphorbiáceae* Bingelkraut
1. **ánnua** L. ⊙ VI–X, ☠, Eur., Med., Kanar., SW-As.
2. **perénnis** L. ♃ IV–V ☠, Eur., N-Afr., Vord. As.

Merrémia Dennst. ex Endl. – f. – *Convolvuláceae*
1. **dissécta** (Jacq.) Hallier f. (*Convólvulus disséctus* Jacq., *Ipomóea dissécta* (Jacq.) Pursh, *Operculína dissécta* (Jacq.) House) ♃ ⌇ VII–X, Flor. u. Georg. bis Tex., südl. bis Chile u. Arg.
- *macrocárpa: Operculína* 1
2. **sibírica** (L.) Hallier f. (*Convólvulus sibíricus* L., *Ipomóea sibírica* (L.) Pers.) ⊙ ⌇ VII–IX, O-As.
3. **tuberósa** (L.) Rendle (*Ipomóea tuberósa* L., *Operculína tuberósa* (L.) Meissn.) ♃ ⓦ, Bras., Westind., trop. Afr., Ind.
- *túrpethum: Operculína* 2

Merténsia Roth – f. – *Boragináceae*
1. **ciliáta** (James) G. Don ♃ ∧ V–VII, Rocky Mount.
2. **echioídes** Benth. ♃ △ ∧ V–VI, W-Him., Tib.
3. **elongáta** Benth. ♃ △ V–VI, Kaschm.
4. **lanceoláta** (Pursh) DC. ♃ △ ∧ IV bis V, Rocky Mount.
5. **paniculáta** (Ait.) G. Don ♃ ∧ V–VI, N-Am.: Huds. Bay bis Alaska, südl. bis Mich., Minn., Mont., Id. u. Wash.
6. **primuloídes** C. B. Clarke ♃ △ 〰 ∧ V–VI, Him.
7. **pterocárpa** Tatew. et Ohwi ♃ △ V bis VIII, Jap., S-Kuril.
- *pulmonarioídes:* 10
8. **sibírica** (L.) G. Don ♃ V–VI, O-Sib.
9. **tibética** C. B. Clarke ♃ 〰 ⓚ V–VI, Tib.
10. **virgínica** (L.) Pers. (*Pulmonária virgínica* L., *M. pulmonarioídes* Roth) ♃ △ ∧ IV–V, N-Am.: N. Y. u. Ont. bis Minn., südl. bis S-Carol., Alab., Ark. u. Kans.

Méryta J. R. et G. Forst. – f. – *Araliáceae*
1. **denhámii** Seem. (*Arália reticuláta* Willd., *Oreópanax reticulátus* (Willd.) Decne. et Planch.) ♄ i ⓦ, Neukaled.

Mesembryánthemum L. emend. L. Bol. – n. – *Aizoáceae* Mittagsblume
- *acinacifórme: Carpobrótus* 1
- *cordifólium: Apténia* 1
- *criniflórum: Dorotheánthus* 1
1. **crystállinum** L. (*Cryóphytum crystállinum* (L.) N. E. Br., *Gásoul crystállinum* (L.) Rothm.) – Eiskraut ⊙ VIII–IX ⓦ, Namib., Kap, Med., Kanar., Port., eingebürg. in Kalif. u. im südl. Austral.
- *echinátum: Delospérma* 4
- *edúle: Carpobrótus* 2
- *muíri: Carpobrótus* 3
- *oculátum: Sphalmánthus* 2
- *pomeridiánum: Carpánthea* 1
- *pruinósum: Delospérma* 4
- *velutínum: Astrídia* 1

Mesosphǽrum spicígerum: Hýptis 1

Mesospinídium róseum: Cochlióda 2
- *sanguíneum: Symphyglóssum* 1

Méspilus L. - f. - *Rosáceae*
Mispel
- *arbutifólia: Arónia* 1
- *arbutifólia* var. *melanocárpa: Arónia* 2
1. **germánica** L. ♄-♄ V-VI Ⓝ, SO-Eur., Vord. As., in M- u. W-Eur. eingebürg.
- *prunifólia* Marsh.: *Arónia* 3
- *prunifólia* Poir.: *Cratāégus* 28

Mésua L. - f. - *Guttíferae*
1. **férrea** L. - Nagasbaum, „Gaugau" ♄ Ⓦ Ⓝ, Ind., Thail., Malak., Andam.

Metasequóia Miki ex Hu et Cheng - f. - *Taxodiáceae*
1. **glyptostroboídes** Hu et Cheng (*Sequóia glyptrostroboídes* (Hu et Cheng) Weide, *M. dísticha* (Heer) Miki) ♄ Ⓝ, NO-Szetsch., SW-Hupeh

Metrosidéros Banks ex Gaertn. - f. - *Myrtáceae*
Eisenholzbaum
- *citrína: Callistémon* 2
1. **diffúsa** (G. Forst.) Sm. (*Melalēūca diffúsa* G. Forst., *Metrosidéros hypericifólia* A. Cunn. non Salisb.) ♄ i ξ ≈ Ⓚ IV-V, Neuseel.
2. **excélsa** Soland. ex Gaertn. (*M. tomentósa* A. Rich.) ♄-♄ i Ⓚ II-III, Neuseel.
- *flórida* (G. Forst.) Sm.: 3
- *flórida* Hook. f.: 6
3. **fúlgens** Soland. ex Gaertn. (*Leptospérmum scándens* J.R. et G. Forst., *M. scándens* (J.R. et G. Forst.) Druce non Soland. ex Gaertn., *M. flórida* (G. Forst.) Sm., *Melalēūca flórida* G. Forst.) ♄ ξ i Ⓚ VIII, Neuseel.
- *hypericifólia:* 1
4. **kermadecénsis** W.R.B. Oliv. (*M. villósa* Kirk) ♄ i Ⓚ VI-VIII, Neuseel.
- *lanceoláta: Callistémon* 2
5. **perforáta** (J.R. et G. Forst.) A. Rich. (*Leptospérmum perforátum* J.R. et G. Forst., *M. scándens* Soland. ex Gaertn.) ♄ ξ i Ⓚ IV-V, Neuseel.
6. **robústa** A. Cunn. (*M. flórida* Hook. f. non (G. Forst.) Sm.) ♄ i Ⓚ III-IV, Neuseel.
- *salígna: Callistémon* 4
- *scándens* (J.R. et G. Forst.) Druce: 3
- *scándens* Soland. ex Gaertn.: 5
- *semperflórens: Callistémon* 2
- *speciósa: Callistémon* 5
- *tomentósa:* 2
7. **umbelláta** Cav. (*Melalēūca lúcida* G. Forst. non L. f.) ♄ - ♄ i Ⓚ II-III, Neuseel.
- *villósa:* 4

Metróxylon Rottb. - n. - *Pálmae*
Sagopalme
1. **ságu** Rottb. (*M. rúmphii* (Willd.) Mart.) - Sagopalme ♄ Ⓦ Ⓝ, Malak., Mal. Arch., N. Guin.

Méum Mill. - n. - *Umbellíferae*
Bärwurz
1. **athamánticum** Jacq. ♃ D △ V-VIII, Gebg. W- u. M-Eur., bis S-Ital., Bulg.
- *mutellína: Ligústicum* 1

Meyénia erécta: Thunbérgia 5

Michāūxia L'Hérit. - f. - *Campanuláceae*
1. **campanuloídes** L'Hérit. ⊙ ∧ VII bis IX, Kl. As.
2. **laevigáta** Vent. ⊙ △ ∧ VII-VIII, N-Iran
3. **tchihatchéffii** Fisch. et Heldr. ⊙ ∧ VII-VIII, Kilik. Taurus

Michélia L. - f. - *Magnoliáceae*
1. **champáca** L. - „Champaka" ♄ i Ⓚ Ⓝ, Ind., Java
2. **fígo** (Lour.) Spreng. (*M. fuscáta* (Andr.) Wall.) ♄ i D Ⓚ IV-VI, SO-China
- *fuscáta:* 2

Micónia Ruiz et Pav. - f. - *Melastomatáceae*
1. **calvéscens** DC. 'Magnifica' (*M. magnífica* (hort.) Triana, *Cyanophýllum magníficum* hort.) ♄ i Ⓦ, Mex.
2. **hookeriána** Triana ♄ i Ⓦ, Ek., Peru
- *magnífica:* 1

Micránthemum Michx. - n. - *Scrophulariáceae*
1. **umbrósum** (J.F. Gmel.) S.F. Blake (*M. orbiculátum* Michx.) ♃ ≈ - ≋ Ⓦ, M-Am., nördl. bis Tex., Flor., Virg.

Micranthocéreus Bckbg. - m. - *Cactáceae*
- *lehmanniánus: Austrocephalocéreus* 2
1. **polyánthus** (Werderm.) Bckbg. (*Ce-*

phalocéreus polyánthus Werderm., *Arrojádoa polyántha* (Werderm.) D. R. Hunt) ⌂ *, O-Bras.: Bahia
– *purpúreus: Austrocephalocéreus* 3
Microbióta Kom. – f. – *Cupressáceae*
1. **decussáta** Kom. ♄ ⁓ i △, SO-Sib.: Prov. Primorskaja, Olga-Gebiet
Microcítrus Swingle – f. – *Rutáceae*
1. **australásica** (F. v. Muell.) Swingle ♄ ⌂, O-Austral.
2. **austrális** (Planch.) Swingle (*Cítrus austrális* Planch.) ♄ ⌂, NO-Austral.
Microcoēlum Burret et Potzt. (*Glazióva* Mart. ex Drude non Bur.) – n. – *Pálmae*
1. **weddelliánum** (H. Wendl.) H. E. Moore (*Cócos weddelliána* H. Wendl., *Syágrus weddelliána* (H. Wendl.) Becc., *Glazióva martiána* Glaz. ex Drude, *M. martiánum* (Glaz. ex Drude) Burret et Potzt.) – Kokospälmchen ⌂, Trop. Bras.
Microcýcas (Miq.) A. DC. – f. – *Cycadáceae*
1. **calócoma** (Miq.) A. DC. ♄ i ⌂ *, W-Kuba
Microglóssa albéscens: Áster 1
Micrográmma vacciniifólia: Polypódium 10
Microlépia K. B. Presl – f. – *Dennstaedtiáceae*
1. **hírta** K. B. Presl ♃ ⌂, Ind. bis Polyn.
2. **platyphýlla** (D. Don) J. Sm. (*Davállia lonchitídea* Wall.) ♃ ⌂, N-Ind. bis Ceyl.
3. **spelúncae** (L.) T. Moore ♃ ⌂, Trop. u. S-Afr.
Microméles alnifólia: Sórbus 1
Microméria Benth. – f. – *Labiátae*
1. **croática** (Pers.) Schott (*Saturéja croática* (Pers.) Briq.) ♄ △ VI–VII, Jugosl.
– *pygmāea: Saturéja* 2
– *rupéstris:* 2
2. **thymifólia** (Scop.) Fritsch (*M. rupéstris* (Wulf.) Benth., *Saturéja rupéstris* Wulf., *S. thymifólia* Scop.) ♃–♄ △ VII–X, N-Ital., Jugosl., Ung.
Micrópterum Schwant. – n. – *Aizoáceae*
1. **hérrei** Schwant. ☉ ⌂, Kap
– *pinnatífidum: Aethephýllum* 1
Microsórium: Microsórum
Microsórum Link (*Microsórium* Link corr. Link) – n. – *Polypodiáceae*
1. **musifólium** (Bl.) Ching (*Polypódium musifólium* Bl., *Pleopéltis musifólia* (Bl.) T. Moore) ♃ i ⌂, Malays. bis N. Guin.
2. **ptéropus** (Bl.) Copel. (*Polypódium ptéropus* Bl.) ♃ ≋ ⌂, Ind., Ceyl., Java
3. **punctátum** (L.) Copel. (*Polypódium punctátum* L., *P. irioídes* Poir., *Phymatódes punctátum* (L.) K. B. Presl) ♃ i ⌂, Trop. Australas., Pazif. Ins.
4. **scándens** (G. Forst.) Tindale (*Polypódium scándens* G. Forst., *Phymatódes scándens* (G. Forst.) K. B. Presl) ♃ i ⌂, O-Austral.
Microstýlis díscolor: Maláxis 1
– *metállica: Maláxis* 2
Mikánia Willd. – f. – *Compósitae*
– *apiifólia:* 2
– *scándens* hort.: *Senécio* 40
1. **scándens** (L.) Willd. (*Eupatórium scándens* L.) ♃ ⌇ ⁓ ⌂ VII–VIII, Trop. Am., N-Am.: Maine bis Ont., südl. bis Flor. u. Tex.
2. **ternáta** (Vell.) Robins. (*M. apiifólia* DC.) ♃ ⌇⌇ ⌂, Bras.: Rio de Janeiro bis Santa Cat.
Míla Britt. et Rose – f. – *Cactáceae*
1. **caespitósa** Britt. et Rose ⌂ *, M-Peru
2. **nealeána** Bckbg. ⌂ *, Peru
Mílium L. – n. – *Gramíneae*
Flattergras
1. **effúsum** L. ♃ ⁓ V–VII, Eur., Sib., Him., N-Am.: Neufundl. bis Ont., südl. bis Maryl. u. Minn.
Mílla Cav. – f. – *Liliáceae*
1. **biflóra** Cav. ♃ ✂ ⌂ VII–VIII, Mex., Guat.
– *uniflóra: Iphēion* 1
× *Milpásia:* × *Miltonpásia*
× *Milpília:* × *Miltonpília*
× *Miltássia:* × *Bratónia*
× *Miltoglóssum:* × *Odontónia*
Miltónia Lindl. – f. – *Orchidáceae*
1. **ánceps** Lindl. ♃ ⌂ IV–V *, Bras.
2. **cándida** Lindl. ♃ ⌂ VIII–XI *, Bras.
3. **clowésii** Lindl. ♃ ⌂ IX–X *, Bras.
4. **cuneáta** Lindl. ♃ ⌂ II–III *, Bras.
– *endrésii: Miltoniópsis* 4
5. **flavéscens** Lindl. ♃ ⌂ VI–X *, Bras.
6. **-Hybriden** ♃ ⌂

- *phalaenópsis: Miltoniópsis* 1
7. **regnéllii** Rchb. f. ♃ ⌂ VII–IX ✱, O-Bras.
- *roezlii: Miltoniópsis* 2
8. **schroederiána** (Rchb. f.) Veitch ♃ ⌂ I–II ✱, M-Am.
9. **spectábilis** Lindl. ♃ ⌂ VIII ✱, Bras.
- *vexillária: Miltoniópsis* 3
10. **warscewíczii** Rchb. f. ♃ ⌂ III–IV ✱, Costa R., Kol., Peru

× **Miltonídium** hort. (*Miltónia* × *Oncídium*) – n. – *Orchidáceae*

× **Miltonióda** hort. (*Cochlióda* × *Miltónia*) – f. – *Orchidáceae*

Miltoniópsis Godefr. – f. – *Orchidáceae*
1. **phalaenópsis** (Lind. et Rchb. f.) Garay et Dunsterv. (*Odontoglóssum phalaenópsis* Lind. et Rchb. f., *Miltónia phalaenópsis* (Lind. et Rchb. f.) Nichols.) ♃ ⌂ VIII–XI ✱, Kol.
2. **roezlii** (Rchb. f.) Godefr. (*Odontoglóssum roezlii* Rchb. f., *Miltónia roezlii* (Rchb. f.) Nichols.) ♃ ⌂ X bis XI ✱, Kol.
3. **vexillária** (Rchb. f.) Godefr. (*Odontoglóssum vexillárium* Rchb. f., *Miltónia vexillária* (Rchb. f.) Nichols.) ♃ ⌂ V–VI ✱, Kol., Ek.
4. **warscewíczii** (Rchb. f.) Garay et Dunsterv. (*Odontoglóssum warscewíczii* Rchb. f., *Miltónia endrésii* Nichols.) ♃ ⌂ II ✱, Costa R., Pan.

× **Miltonpásia** hort. (*Aspásia* × *Miltónia*; × *Milpásia* hort.) – f. – *Orchidáceae*

× **Miltonpília** hort. (*Miltónia* × *Trichopília*; × *Milpília* hort.) – f. – *Orchidáceae*

Mimósa L. – f. – *Leguminósae*
- *glauca: Leucaena* 1
- *lébbeck: Albízia* 4
- *leucocéphala: Leucaena* 1
1. **pudíca** L. – Schamhafte Sinnpflanze ♄ ⌂ VII–VIII ⊙, Bras., in den Trop. verwild.
2. **sensitíva** L. ♄ ⌇ ⌂, Trop. Am.
3. **spegazzínii** Pirotta ♄ ⌂, Arg.
- *ulicifólia: Acácia* 31

Mímulus L. – m. – *Scrophulariáceae*
Gauklerblume, Affenblume
1. **aurantiácus** Curt. (*M. glutinósus* J. C. Wendl.) ♄ i ⌂ V–VIII, Kalif.
2. **cardinális** Dougl. ex Benth. ♄ VI–IX, USA: Utah bis Oreg.; Nied. Kalif.
3. **cúpreus** hort. ex Dombr. ♃ ⁓ △ ∧ VII–IX, Chile
- *glutinósus:* 1
4. **guttátus** Fisch. ex DC. (*M. langsdórffii* Donn ex Greene) ♃ ⁓ ⁓ VI bis VIII, Alaska bis Mex., in vielen Gebieten Eur. sowie in den nordöstl. USA eingebürg.
5. **-Hybriden** (*M.* × *tigrínus* hort. ex Vilm., *M.* × *hýbridus* hort. ex Siebert et Voss). Entstehung nicht mehr festzustellen, jedoch sind die Sorten vor allem aus Kreuzungen von *M. guttátus* × *M. lúteus* entstanden)
- × *hýbridus:* 5
- *langsdórffii:* 4
6. **lewísii** Pursh ♃ ⁓ ∧ VI–VIII, N-Am.: Br. Kol. bis Kalif., Utah
7. **lúteus** L. ♃ ⁓ V–VIII, Chile, in Schottl. eingebürg.
8. **moschátus** Dougl. ex Lindl. ♃ ⁓ ⁓ ∧ VI–VIII, N-Am.: Br. Kol. bis Kalif., Utah sowie Neufundl., Queb. u. N-Mich., südl. bis N. Y. u. W-Virg., in N-, M- u. W-Eur. stellenweise eingebürg.
9. **primuloídes** Benth. ♃ ⁓ △ ∧ VI bis IX, USA: Wash. bis Kalif.
10. **répens** R. Br. ♃ ⁓ ⌂, Neuseel., Austral., Tasm.
11. **ríngens** L. ♃ VI–VIII, N-Am.: N. Scot. bis Manit., südl. bis Georg., Alab., Louis., Tex. u. Color.
- × *tigrínus:* 5

Mimúsops L. – f. – *Sapotáceae*
- *baláta: Manilkára* 1
1. **eléngi** L. ♄ D ⌂ ⊙, Ind., SO-As., N. Guin., Salom.

Mína lobáta: Quámoclit 3

Minuártia L. (*Alsíne* Gaertn. non L.) – f. – *Caryophylláceae*
Miere
1. **graminifólia** (Ard.) Jáv. (*Alsíne rosánii* Guss.) ♃ △ ⌓ VII–VIII, Ital., Siz., Jugosl., Alban., Rum.
2. **juniperína** (L.) Maire et Petitm. (*Alsíne juniperína* (L.) Wahlenb.) ♃ ⁓ △ VI, Griech., SW-As.
3. **laricifólia** (L.) Schinz et Thell. (*Alsíne laricifólia* (L.) Crantz, *Arenária laricifólia* L.) ♃ △ VI–VIII, Gebg. S-

u. südl. M-Eur., von Span. bis Karp.
4. **recúrva** (All.) Schinz et Thell. (*Alsíne recúrva* (All.) Wahlenb.) ♃ ⌓ △ VII - VIII, Gebg. S- u. südl. M-Eur., von Port. bis S-Karp.
5. **stelláta** (E.D. Clarke) Maire et Petitm. (*Alsíne stelláta* (E.D. Clarke) Hal.) ♃ △ VII-VIII, Gebg. Griech. u. S-Alban.
6. **vérna** (L.) Hiern (*Alsíne vérna* (L.) Wahlenb.) ♃ ⌓ △ V-VIII, Mittelgebg. u. Hochgebg. der gem. u. subtrop. Zone der nördl. Halbk., arkt. u. subarkt. Gebiete

Mirábilis L. - f. - *Nyctagináceae*
Wunderblume
1. **jalápa** L. - Wunderblume ♃ Ⓚ VI bis X, Westl. trop. Am.
2. **longiflóra** L. ♃ D Ⓚ VII-VIII, Ariz., Tex., Mex.

Miscánthus Anderss. - m. - *Gramíneae*
Chinaschilf
1. **florídulus** (Labill.) Warb. ex K. Schum. et Lauterb. (*M. japónicus* Anderss.) ♃ VII-VIII, Jap., Taiw., Polyn.
- *japónicus:* 1
2. **oligostáchyus** Stapf ♃ VIII-X, Jap.
3. **purpuráscens** Anderss. ♃ IX-X, O-As.
4. **sacchariflórus** (Maxim.) Hack. (*Imperáta sacchariflóra* Maxim.) ♃ VIII, Jap., Mandsch., Ussuri, Korea, N-China
5. **sinénsis** (Thunb.) Anderss. (*Eulália japónica* Trin.) ♃ IX-X, Jap., S-Kuril., Korea, China, Thail., in den östl. USA eingebürg. (Mit den Sorten 'Giganteus', 'Gracillimus', 'Vittatus', 'Zebrinus')
6. **tinctórius** (Steud.) Hack. ♃ VIII-IX, Jap.
7. **transmorrisonénsis** Hayata ♃ IX-X, Taiw.

Mitchélla L. - f. - *Rubiáceae*
Rebhuhnbeere
1. **répens** L. ♃ ⟿ △ IV-VII, N-Am.: Neufundl. bis Minn., südl. bis Flor., Tex.; Mex.

Mitélla L. - f. - *Saxifragáceae*
1. **cauléscens** Nutt. ♃ V, N-Am.: Br. Kol. bis Mont., N-Kalif.
2. **diphýlla** L. ♃ IV-V, N-Am.: Queb. bis Minn., südl. bis S-Carol., Tenn., Miss. u. Missouri
3. **pentándra** Hook. ♃ IV-V, N-Am.: S-Color., O-Kalif. über Rocky Mount. bis Alaska

Mitrária Cav. - f. - *Gesneriáceae*
1. **coccínea** Cav. ♄ i ⌇ Ⓚ V-IX, S-Chile

Mitrophýllum Schwant. (einschl. *Conophýllum* Schwant.) - n. - *Aizoáceae*
1. **díssitum** (N.E.Br.) Schwant. (*Conophýllum díssitum* (N.E. Br.) Schwant., *Schwantésia díssita* (N.E. Br.) L. Bol.) ♃ Ⓚ, Kap
2. **grácile** (Schwant.) de Boer (*Conophýllum grácile* Schwant.) ♃ Ⓚ, Kap
3. **gránde** N. E. Br. (*Conophýllum gránde* (N.E. Br.) L. Bol.) ♃ Ⓚ, Kap
4. **mitrátum** (Marl.) Schwant. (*Conophýllum mitrátum* (Marl.) Schwant.) ♃ Ⓚ, Kap

× **Mizutára** hort. (*Cattléya* × *Caulárthron* × *Schombúrgkia*) - f. - *Orchidáceae*

Moehríngia L. - f. - *Caryophylláceae*
1. **muscósa** L. - Moosmiere ♃ △ V bis VIII, Gebg. S- u. M-Eur.

× **Moirára** hort. (*Phalaenópsis* × *Renanthéra* × *Vánda*) - f. - *Orchidáceae*

Molínia Schrank - f. - *Gramíneae*
Pfeifengras
- *altíssima:* 1
1. **arundinácea** Schrank (*M. altíssima* Link, *M. caerúlea* ssp. *altíssima* (Link) Domin, *M. litorális* Host, *M. caerúlea* ssp. *litorális* (Host) K.H. Paul, *M. caerúlea* ssp. *arundinácea* (Schrank) K.H. Paul) ♃ ⁓ VI-VIII, Eur.
2. **caerúlea** (L.) Moench (*Aíra caerúlea* L.) ♃ ⁓ VII-IX Ⓝ, Eur. bis W-Sib., Kl. As., Kauk., Med.
- *caerúlea* ssp. *altíssima:* 1
- *caerúlea* ssp. *arundinácea:* 1
- *caerúlea* ssp. *litorális:* 1
- *litorális:* 1

Molospérmum W.D.J. Koch - n. - *Umbellíferae*
Striemendolde
1. **peloponnesíacum** (L.) W.D.J. Koch (*M. cicutárium* DC.) ♃ ⁓ V-VI, S-Alp., Pyren.

Móltkia Lehm. - f. - *Boragináceae*
1. **coerúlea** (Willd.) Lehm. ♃ △ ∧ (bes-

ser ⓐ) VI–VII, Kl. As.
2. **doērfleri** Wettst. ♃ △ VI–VII, NO-Alban.
- *graminifólia:* 5
3. × **intermédia** (Froeb.) Ingram (*M. petrāea* × *M. suffruticósa*) ♄ △ V bis VIII
4. **petrāea** (Tratt.) Griseb. ♄ △ VI–VII, Gebg. M-Jugosl. bis M-Griech.
5. **suffruticósa** (L.) Brand (*M. graminifólia* (Viv.) Nym.) ♄ △ ∧ (besser ⓐ) VI–VII, Ital. Alp.

Moluccélla L. - f. - *Labiátae*
Muschelblume
1. **lāevis** L. ⊙ ✂ VII–VIII, W-As.

Momórdica L. - f. - *Cucurbitáceae*
1. **balsámina** L. - Balsamapfel ⊙ ⌇ ♧ ⓚ VI–VIII Ⓝ, Afr. bis NW-Ind., in Austral. u. im trop. Am. eingebürg.
2. **charántia** L. (*M. muricáta* Willd.) - Balsambirne ⊙ ⌇ ♧ ⓚ VI–VIII Ⓝ, Trop. u. Subtrop., in den SO-USA eingebürg.
3. **cochinchinénsis** (Lour.) Spreng. ♃ ⌇ ⓚ VI–VIII, Ind., Taiw., Phil., Vietn.
- *cylíndrica: Lúffa* 2
- *elatérium: Ecbállium* 1
4. **involucráta** E. Mey. ex Sond. ♃ ⌇ ♧ ⓚ VI–VIII, Nat.
- *lanáta: Citrúllus* 2
- *lúffa: Lúffa* 2
- *muricáta:* 2

Monadénium Pax - n. - *Euphorbiáceae*
1. **lugárdae** N.E. Br. ♄ ⓚ, Namib., Transv., Zimb.
2. **schúbei** (Pax) N.E. Br. (*Euphórbia schúbei* Pax) ♄ ⓚ, Tans., Zimb.

Monánthes Haw. - f. - *Crassuláceae*
- *agrióstaphis:* 4
1. **anagénsis** Praeg. ♃ ⓚ V–VI ▽, Tener.
2. **atlántica** Baill. (*M. murális* Hook. f. non (Webb) Christ) ♃ ⓚ V–VI ▽, Atlas
3. **brachycāulos** (Webb et Berth.) Lowe (*Petróphyes brachycāulon* Webb et Berth.) ♃ ⓚ ▽, Kanar., Selvagens
4. **laxiflóra** (DC.) Bolle (*Sédum laxiflórum* DC., *Petróphyes agrióstaphis* Webb et Berth., *M. agrióstaphis* (Webb et Berth.) Christ) ♄ ⓚ III–IV ▽, Kanar.
- *murális* Hook. f.: 2
5. **murális** (Webb) Christ (*Petróphyes murális* Webb) ♄ ⓚ V ▽, Kanar.
6. **pállens** (Webb) Christ (*Petróphyes pállens* Webb) ♃ ⓚ V–VI ▽, Kanar.
7. **polyphýlla** Haw. (*Sempervívum monánthes* Ait., *Petróphyes polyphýllum* (Haw.) Webb et Berth.) ♃ ⓚ VI ▽, Kanar.
8. **subcrassicāulis** (O. Kuntze) Praeg. (*Sempervívum monánthes* var. *subcrassicāule* O. Kuntze) ♃ ⓚ V–VI ▽, Kanar.

Monárda L. - f. - *Labiátae*
Indianernessel
- *bradburiána:* 5
1. **dídyma** L. ♃ VII–IX, USA: N.Y. bis Mich., südl. bis Georg. u. Tenn.
2. **fistulósa** L. ♃ D VII–IX, N-Am.: Queb. bis Br. Kol., südl. bis Virg., Georg., Alab., Miss., Louis., Tex., New Mex., Ariz.; Mex.
3. **-Hybriden** (Hierher gehören alle Sorten. Ihre Entstehung ist nicht bekannt, jedoch sind wohl *M. dídyma* und *M. fistulósa* daran beteiligt) ♃ VII–IX
4. **punctáta** L. ♃ VII–IX, USA: Verm. bis Minn., südl. bis Flor., Louis., Tex. u. Ariz.; Mex.
5. **russeliána** Nutt. ex Sims (*M. bradburiána* Beck) ♃ VII–VIII, USA: Kent. bis Ill. u. Iowa, südl. bis N-Alab., Ark. u. NO-Tex.

Monardélla Benth. - f. - *Labiátae*
1. **macrántha** A. Gray ♃ △ VIII–IX, S-Kalif.

Monéses Salisb. ex S.F. Gray - f. - *Pyroláceae*
1. **uniflóra** (L.) A. Gray (*Pýrola uniflóra* L.) ♃ VI–VII ▽, Eur. bis Sib., Jap., Korea, Sachal., China, N-Am.: Labr. bis Alaska, südl. bis Penns., Minn., Color., Utah, Oreg.

Moniéra: Bácopa
- *amplexicāulis: Bácopa* 1
- *cuneifólia: Bácopa* 2

Moniléria Schwant. - f. - *Aizoáceae*
1. **globósa** (L. Bol.) L. Bol. ♃ ⓚ, Kap

Monochaētum (DC.) Naud. - n. - *Melastomatáceae*
1. **alpéstre** Naud. ♄ ⓚ II–IV, Mex.
2. **bonplándii** (Kunth) Naud. (*M. seríceum* hort.) ♄ ⓚ II, Peru, Kol., Ve-

nez.
3. **hírtum** (Karst.) Triana ♄ ⌂W, Venez.
– *serícеum:* 2

Monodóra Dun. – f. – *Annonáceae*
1. **myrística** (Gaertn.) Dun. – Kalebassenmuskat ♄ ⌂W Ⓝ, Trop. Afr.: Sierra Leo. bis Angola, östl. bis Uganda

Monólena Triana – f. – *Melastomatáceae*
1. **primuliflóra** Hook. f. ♃ ⌂W, Kol.

Monópsis Salisb. – f. – *Campanuláceae*
1. **unidentáta** (Ait. f.) F. E. Kimmer (*Dobrówskya tenella* (Thunb.) Sond.) ⊙ 〰 ⌇ VI–IX, S-Afr.

Mónstera Adans. – f. – *Aráceae*
1. **acumináta** K. Koch ♄ ⌇ i ⌂W, M-Am.
2. **adansónii** Schott (*M. pertúsa* (L.) de Vriese non Schott) ♄ ⌇ i ⌂W, Costa R. bis Bras.
3. **deliciósa** Liebm. (*Philodéndron pertúsum* Kunth et Bouché) ♄ ⌇ i ⌂K bis ⌂W Ⓝ, Mex., M-Am.
   'Borsigiana' (*M. deliciósa* var. *borsigiána* (K. Koch ex Engl.) Engl. et Krause) ♄ ⌇ i ⌂K – ⌂W
– *deliciósa* var. *borsigiána:* 3
– *lativagináta: Rhaphidóphora* 1
4. **oblíqua** (Miq.) Walp. ♄ ⌇ i ⌂W, Nördl. S-Am.
– *pertúsa:* 2

Montánoa Llave et Lex. – f. – *Compósitae*
1. **bipinnatífida** (Kunth) K. Koch (*Úhdea bipinnatífida* Kunth) ♄ ⌂K II bis III, Mex.
2. **mollíssima** Brongn. ♄ ⌂K IX–X, Mex.

Montbrétia crocosmiiflóra: Crocósmia 2
– *póttsii: Crocósmia* 5

Móntia L. – f. – *Portulacáceae*
1. **perfoliáta** (Donn ex Willd.) Howell (*Claytónia perfoliáta* Donn ex Willd.) – Kubaspinat ⊙ V–VI Ⓝ, N-Am.: Br. Kol. bis Kalif., östl. bis Dak., Wyom., Utah u. Ariz.; Nied. Kalif., in W- u. im westl. M-Eur. sowie in Kuba eingebürg.
2. **sibírica** (L.) Howell (*Claytónia sibírica* L.) ♃ △ IV–V, N-Am.: Alaska bis Kalif., östl. bis Mont. u. Utah, in Holl. u. Engl. eingebürg.

Monvíllea Britt. et Rose emend. Buxb. – f. – *Cactáceae*
1. **anisítsii** (K. Schum.) Berger ⌂K *, Parag.
2. **cavendíshii** (Monv.) Britt. et Rose ⌂K *, S-Bras., N-Arg.
3. **diffúsa** Britt. et Rose ⌂K *, S-Ek., N-Peru
4. **haageána** Bckbg. ⌂K *, Parag.
5. **lindenzweigiána** (Gürke) Bckbg. ⌂K *, Parag.
– *marítima: Praecéreus* 1
6. **phatnospérma** (K. Schum.) Britt. et Rose ⌂K *, Parag.
7. **spegazzínii** (F. A. C. Web.) Britt. et Rose ⌂K *, Arg.

Moraea Mill. corr. L. – f. – *Iridáceae*
1. **aristáta** (D. Delar.) Aschers. et Graebn. (*Vieusseuxia aristáta* D. Delar., *V. glaucópis* DC., *M. glaucópis* (DC.) Drapiez) ♃ ⌂K VI–VII, Kap
– *bícolor: Díetes* 1
– *collína: Homéria* 1
– *glaucópis:* 1
– *herbértii: Cypélla* 2
– *iridioídes: Díetes* 2
2. **neopavónia** R. Foster (*Íris pavónia* L. f., *M. pavónia* (L. f.) Ker-Gawl. non (L. f.) Thunb., *Vieusseuxia pavónia* (L. f.) DC.) ♃ ⌂K VI–VII, Kap
– *pavónia:* 2
3. **polyánthos** L. f. ♃ ⌂K VI–VII, Kap
– *robinsoniána: Díetes* 3
– *spathácea:* 4
4. **spathuláta** (L. f.) Klatt (*Íris spathuláta* L. f., *I. spathácea* Thunb., *M. spathácea* (Thunb.) Ker-Gawl.) ♃ ⌂K III–IV, Kap, Oranjefreist., Nat.
5. **tricúspidáta** (L. f.) Lewis (*Íris tricuspidáta* L. f., *I. tricúspis* Thunb., *M. tricúspis* (Thunb.) Ker-Gawl., *Vieusseuxia tricúspis* (Thunb.) Spreng.) ♃ ⌂K V–VI, Kap
– *tricúspis:* 5

Morawétzia: Oreocéreus
– *doelziána: Oreocéreus* 2

Moricándia DC. – f. – *Crucíferae*
1. **arvénsis** (L.) DC. ⊙ VII–VIII, Med., Sahara
– *sonchifólia: Orychophrágmus* 1

Morína L. – f. – *Dipsacáceae*
1. **bulleyána** Forrest et Diels ♃ ∧ VI bis VII, W-China
2. **kokánica** Regel ♃ ∧ VI–VII, Turkest.
3. **longifólia** Wall. ♃ ∧ VI–VIII, Nepal
4. **pérsica** L. ♃ ∧ VII–VIII, S- u. O-

Balk., Iran, Kl. As.
Morínda L. - f. - *Rubiáceae*
1. **citrifólia** L. ♄ ⌂ ⓦ, S-Ind., Mal. Arch. bis Pazif. Ins. u. Austral.
Morínga Adans. - f. - *Moringáceae*
- *arábica:* 2
1. **oleífera** Lam. (*M. pterygospérma* Gaertn.) - Pferderettichbaum ♄ ⌂ ⓦ, Vorder- u. Hinterind., in den Trop. eingebürg.
2. **peregrína** (Forssk.) Fiori (*M. arábica* (Lam.) Pers.) - Bennußbaum ♄ ⌂ ⓦ, Isr. bis Ägypt., Somalia
- *pterygospérma:* 1
Morísia J. Gay - f. - *Crucíferae*
1. **monánthos** (Viv.) Aschers. (*M. hypogaea* J. Gay) ♃ △ ∧ (besser ⌂) V bis VII, Kors., Sard.
Mormódes Lindl. - f. - *Orchidáceae*
1. **aromática** Lindl. ⌂ X ∗, Mex.
2. **buccinátor** Lindl. ⌂ X-XI ∗, Trop. Am.
3. **colóssus** Rchb. f. (*M. macrántha* Lindl. et Paxt.) ⌂ III ∗, Costa R., Pan.
- *macrántha:* 3
4. **maculáta** (Klotzsch) L.O. Williams (*M. párdina* Batem.) ⌂ IX-X ∗, Mex.
- *párdina:* 4
5. **variábilis** Rchb. f. ⌂ ∗, Ek.
Mormólyca Fenzl - f. - *Orchidáceae*
1. **ríngens** (Lindl.) Schlechter (*Trigonídium ríngens* Lindl.) ⌂ V-X ∗, Mex. bis Costa R.
Mórus L. - f. - *Moráceae*
Maulbeerbaum
1. **álba** L. - Weißer Maulbeerbaum ♄ V ⓦ, N-Ind., M-As. bis China, in SO-Eur. u. den östl. USA eingebürg.
2. **nígra** L. - Schwarzer Maulbeerbaum ♄ ∧ - ⌂ V ⓦ, Transkauk., Vord. As., in S-Eur., im Med. u. in den südöstl. USA eingebürg.
3. **rúbra** L. - Roter Maulbeerbaum ♄ V ⓦ, N-Am.: Verm. bis Ont. u. S-Dak., südl. bis Flor. u. Tex., Berm.
Moschósma ripária: Ibóza 1
Moussónia Regel - f. - *Gesneriáceae*
1. **élegans** Decne. (*Kohléria élegans* (Decne.) Loes.) ♃ ⌂ VII-IX, S-Mex. bis Pan.
Mucúna Adans. (*Stizolóbium* P.Br.) - f. - *Leguminósae*
1. **prúriens** (L.) DC. (*Stizolóbium prúriens* (L.) Medik.) - Juckbohne, Juckfasel
ssp. **deeringiána** (Bort) Hanelt (*Stizolóbium deeringiánum* Bort, *M. deeringiána* (Bort) Merr., *M. útilis* Wall. ex Wight, var. *útilis* (Wall. ex Wight) Bak. ex Burck) ⊙ ⚘ ⌂ ⓦ (Zusammenfassung aller Kultursippen)
ssp. **prúriens** ⊙ ⚘ ⌂ ⓦ, Ursprung nicht sicher bek., wahrsch. im trop. As.
Muehlenbéckia Meissn. - f. - *Polygonáceae*
1. **adpréssa** (Labill.) Meissn. ♄ ⸾ ⟿ ⌂, Außertrop. Austral.
2. **axilláris** (Hook. f.) Walp. ♄ △ ∧, Neuseel.
3. **compléxa** (A. Cunn.) Meissn. (*Polýgonum compléxum* A. Cunn.) ♄ ⸾ ⟿ ⌂, Neuseel.
- *platycládia: Homalocládium* 1
Muhlenbérgia Schreb. - f. - *Gramíneae*
1. **mexicána** (L.) Trin. ♃ VII-IX, N-Am.: Queb. bis Br. Kol., südl. bis Del., N-Carol., Indiana, Kans., New Mex., Ariz. u. Kalif. (nicht in Mex.!)
Múkia maderaspatána: Melóthria 2
Mulgédium: Cicérbita 1-4
Múnbya echioídes: Arnébia 1
Mundúlea (DC.) Benth. - f. - *Leguminósae*
1. **serícea** (Willd.) A. Chev. (*M. suberósa* (DC.) Benth.) ♄ ⚘ ⌂ ⓦ, Trop. Afr., Madag., Vorderind. bis Mal. Arch.
Muntíngia L. - f. - *Elaeocarpáceae*
1. **calabúra** L. ♄-♄ ⌂ ⓦ, Mex. bis Peru, Amaz., in Thail. u. den Phil. eingebürg.
Murraea: Murraya
Murraya J.G. Koenig ex L. corr. Murr. (*Murraea* J.G. Koenig ex L.) - f. - *Rutáceae*
- *exótica:* 2
1. **koenígii** (L.) Spreng. ♄ i ⌂ ⓦ, Ind., Ceyl., Burma bis Laos u. Kamb.
2. **paniculáta** (L.) Jack (*M. exótica* L. corr. Murr.) ♄ i D ⌂ ⓦ, N-Ind., Ceyl., Java, Sum., Phil., Austral., Pazif. Ins.

Músa L. - f. - *Musáceae*
Banane
1. **acumináta** Colla (*M. cavendíshii* Lamb. ex Paxt., *M. malaccénsis* Ridl., *M. zebrína* Van Houtte ex Planch.) ♃ Ⓦ Ⓝ, Ass., Burma, Thail., Annam, Malak., Mal. Arch., Phil., Austral., N. Guin.
- *arnoldiána: Enséte* 1
2. **balbisiána** Colla (*M. seminífera* Lour. p. p.) ♃ Ⓦ Ⓝ, Ind., Burma, S-China, Phil., N. Guin., New-Brit.
3. **básjoo** Sieb. - Japanische Faserbanane ♃ Ⓦ Ⓝ, Riukiu-Ins.
- *cavendíshii:* 1
- *coccínea:* 10
- *enséte: Enséte* 1
- *féhi:* 9
- *malaccénsis:* 1
4. **mánnii** Hook. ♃ Ⓦ, Ass.
5. × **paradisíaca** L. (*M. acumináta* × *M. balbisiána*; *M.* × *sapiéntum* L., *M.* × *paradisíaca* var. *sapiéntum* (L.) O. Kuntze, *M.* × *paradisíaca* var. *normális* O. Kuntze, *M.* × *sapiéntum* var. *paradisíaca* (L.) Bak.) - Banane ♃ Ⓦ Ⓝ, In allen Tropenländern angeb. (Hierzu wahrscheinlich auch *M. rosácea* Jacq.)
- × *paradisíaca* var. *normális:* 5
- × *paradisíaca* var. *sapiéntum:* 5
- *rosácea:* 5
6. **sanguínea** Hook. f. ♃ Ⓦ, Ass.
- × *sapiéntum:* 5
- × *sapiéntum* var. *paradisíaca:* 5
- *seminífera:* 2
7. **sumatrána** Becc. ex André ♃ Ⓦ, Sum.
8. **téxtilis** Née - Manilahanf ♃ Ⓚ Ⓝ, N-Born., Phil.
9. **troglodytárum** L. (*M. féhi* Bert. ex Vieill.) ♃ Ⓦ Ⓝ, Tahiti, Neukaled., Fidschi-Ins.
10. **uranóscopos** Lour. (*M. coccínea* Andr.) ♃ Ⓦ, S-China
- *ventricósa: Enséte* 1
- *zebrína:* 1

Muscadínia rotundifólia: Vítis 10

Muscári Mill. - n. - *Liliáceae*
Traubenhyazinthe
1. **armeníacum** Leichtl. ex Bak. (*M. botryoídes* 'Heavenly Blue', *M. polyánthum* Boiss.) ♃ IV ▽, Jugosl., Bulg., Griech., Kl. As., Kauk.
- *atlánticum:* 8
2. **aucheri** (Boiss.) Bak. (*M. tubergeniánum* Turrill) ♃ III–IV ▽, N-Anat.
3. **azúreum** Fenzl (*Hyacínthus azúreus* (Fenzl) Bak., *Hyacinthélla azúrea* (Fenzl) Chouard) ♃ III–IV ▽, Kl. As.
4. **botryoídes** (L.) Mill. emend. DC.
var. **botryoídes** - Straußhyazinthe, Bisamhyazinthe ♃ III–IV ▽, M- u. S-Eur. bis Kl. As. u. Transkauk., in den östl. u. mittl. USA eingebürg.
var. **heldreichii** (Boiss.) D. Stuart (*M. heldreichii* Boiss.) ♃ △ III–IV ▽, Griech.
- *botryoídes* 'Heavenly Blue': 1
5. **comósum** (L.) Mill. ♃ V–VI ▽, Span., Frankr., M-Eur., S-Rußl., Med., Vord. As. (In Kultur ausschließlich die Sorten 'Monstrosum' und 'Plumosum')
- *heldreichii:* 4
6. **latifólium** Armitage, J. Kirk et Playne ex J. Kirk ♃ V–VI ▽, S- u. W-Anat.
7. **macrocárpum** Sweet ♃ IV–V ▽, Kreta, Kyklad., westl. Kl. As.
8. **negléctum** Guss. ex Ten. (*M. racemósum* (L.) DC., *M. atlánticum* Boiss. et Reut.) ♃ III–IV D ▽, Frankr., SW- u. M-Eur. bis Vord. As., Med., N-Afr., in den östl. USA eingebürg.
- *polyánthum:* 1
- *racemósum:* 8
- *tubergeniánum:* 2

Mussaénda L. - f. - *Rubiáceae*
1. **erythrophýlla** Schumach. et Thonn. ħ–≀ Ⓦ VI–VIII, Trop. W-Afr.

Músschia Dumort. - f. - *Campanuláceae*
1. **aurea** (L. f.) Dumort. ♃ Ⓚ VII–IX, Mad.
2. **wollastónii** Lowe ħ Ⓚ VI–IX ▽, Mad.

Mutísia L. f. - f. - *Compósitae*
1. **clématis** L. f. ħ ≀ Ⓦ VII–X, Peru, Kol., Ek.
2. **decúrrens** Cav. ħ ≀ Ⓚ VII–VIII, Chile
3. **ilicifólia** Cav. ħ ≀ Ⓚ, Chile
- *infléxa:* 7
4. **linearifólia** Cav. ħ ⟿ Ⓚ, Chile
5. **sinuáta** Cav. ħ ≀ ⟿ Ⓚ, Chile

6. **speciósa** Ait. ♄ ⦚ ⌂ VII–X, Bras.
7. **subuláta** Ruiz et Pav. (*M. infléxa* Cav.) ♄ ⦚ ⌂, Chile

Mýagrum satívum: Camelína 1

Myóporum Soland. ex G. Forst. – n. – *Myoporáceae*
1. **acuminátum** R. Br. ♄ i ⌂ IV, Austral.
2. **lǣtum** G. Forst. ♄ i ⌂ IV–VII, Neuseel.
3. **parvifólium** R. Br. ♄ i ⌂ VII–VIII, Austral., Tasm.
4. **serrátum** R. Br. ♄–♄ i ⌂ V, Austral.

Myosótis L. – f. – *Boragináceae*
Vergißmeinnicht
1. **alpéstris** F. W. Schmidt ♃ VI–VIII, Zirkumpol., Gebg. Eur., As., N-Am.: Alaska bis Br. Kol., Id., Wyom.
- *alpéstris* hort.: 9
2. **arvénsis** (L.) Hill – Ackervergißmeinnicht ⊙ V–VIII, Eur., Med., NW-Afr., Jap., W-As. bis Vorderind., im nordöstl. N-Am. eingebürg.
3. **austrális** R. Br. ♃ ⌂ VI–VIII, Austral., Tasm., Neuseel.
4. **azórica** H. C. Wats. ♃ IV–X, Azor.
- *caespitítia:* 8
- *caespitósa* ssp. *rehstḗineri:* 8
5. **explanáta** Cheesem. ♃ III–V, Neuseel.
6. **-Hybriden**
(Hierunter werden Sorten vereinigt, deren Herkunft unsicher ist) ♃ ⌂ III–IV
- *oblongáta:* 9
7. **palústris** (L.) L. (*M. scorpioídes* L. emend. Hill, non emend. L.) – Sumpfvergißmeinnicht ♃ V–VIII, Eur., Sib., im atl. u. pazif. N-Am. eingebürg.
- *palústris* ssp. *caespitítia:* 8
8. **rehstḗineri** Wartm. (*M. caespitósa* K. F. Schultz ssp. *rehstḗineri* (Wartm.) Nym., *M. caespitítia* (DC.) Kerner, *M. palústris* ssp. *caespitítia* (DC.) E. Baumann) ♃ ⩪ IV–V ▽, Alp. u. Vorland, Bodensee
- *scorpioídes:* 7
9. **sylvática** Ehrh. ex Hoffm. (*M. alpéstris* hort. non F. W. Schmidt, *M. oblongáta* Link) ♃ V–VII, Eur., Kl. As., M-As., ostwärts bis Jap.(?), NW-Afr. (Hierzu eine Reihe von Sorten)

Myosóton Moench (*Maláchium* Fr.) – n. – *Caryophylláceae*
Wasserdarm
1. **aquáticum** (L.) Moench (*Maláchium aquáticum* (L.) Fr., *Stellária aquática* (L.) Scop.) ♃ ⩪ ⦚ VI–IX, Eur., As., im nordöstl. N-Am. eingebürg.

Myosúrus L. – m. – *Ranunculáceae*
Mäuseschwänzchen
1. **mínimus** L. ⊙ IV–VI, Eur., NW-Afr., W-As., N-Am.: Virg. bis Ont., Ill., Minn. u. Sask., südl. bis Flor. u. Tex.

Myrciária O. C. Berg – f. – *Myrtáceae*
1. **cauliflóra** (DC.) O. C. Berg – Jaboticaba ♄ i ⌂ Ⓝ, S-Bras.
- *myriophýlla: Eugénia* 2

Myríca L. – f. – *Myricáceae*
Gagel
- *aspleniifólia: Comptónia* 1
- *carolinénsis* hort.: 3
- *caroliniénsis* Mill.: 1
1. **cerífera** L. (*M. caroliniénsis* Mill.) ♄ bis ♄ i ⩪ IV–V, USA: N. Jers. bis Flor. u. Tex.
2. **gále** L. (*Gále palústris* (Lam.) Chev.) – Gagelstrauch ♄ D ⩪ IV, W-, N-Eur., N-Deutschl., N-Pol., Balt. Reg., N-Am.: Labr. u. Neufundl. bis Alaska, südl. bis N. Y., N-Carol., Tenn., Ont., Minn. u. Oreg.
- *nági:* 4
3. **pensylvánica** Loisel. (*M. carolinénsis* hort.; non *M. caroliniénsis* Mill.) ♄ IV–V, N-Am.: Neufundl. bis N-Carol. u. Ohio, in S-Engl. u. Holl. eingebürg.
4. **rúbra** Sieb. et Zucc. (*M. nági* DC. non Thunb.) ♄–♄ ⌂ Ⓝ, Jap., Taiw., O- u. S-China

Myricária Desv. – f. – *Tamaricáceae*
Rispelstrauch
1. **germánica** (L.) Desv. (*Támarix germánica* L.) – Rispelstrauch ♄ VII bis VIII, N-, M- u. nördl. S-Eur., W- u. M-As.

Myriocárpa Benth. – f. – *Urticáceae*
Tausendfrucht
1. **densiflóra** Benth. ♄ i ⌂, S-Am.
2. **stipitáta** Benth. (*Boehméria argéntea* hort. non Lind.) ♄ i ⌂, Bras.

Myriophýllum L. – n. – *Haloragáceae*

1. **alterniflórum** DC. ♃ ≈, W-, N- u. M-Eur. bis Siz. u. W-Ukr., N-Afr., N-Am.: Grönl., Neufundl. bis Alaska, südl. bis Mass., N.Y. u. Minn.
2. **aquáticum** (Vell.) Verdc. (*M. brasiliénse* Cambess., *M. proserpinacoídes* Gill. ex Hook. et Arn.) – Papageienfeder ♃ ≈ ⌂K, Trop. u. subtrop. S-Am., südl. bis Arg. u. Chile, in Java, Jap., Austral., Neuseel., den USA, Port., Span. u. SW-Frankr. stellenweise eingebürg.
- *brasiliénse:* 2
3. **elatinoídes** Gaudich. ♃ ≈ ⌂K, Westl. S-Am., N-Bras., Mex., Tasm., Neuseel., Chatham, Falkl.
4. **heterophýllum** Michx. ♃ ≈ ⌂K, N-Am.: Queb. bis N-Dak., südl. bis Flor., Tex. u. New Mex., in der Schw., Österr. u. O-Deutschl. eingebürg.
5. **hippuroídes** Nutt. ex Torr. et A. Gray (*M. scabrátum* Cham. et Schlechtend. non Michx.) ♃ ≈ ⌂K, USA: N.Y. bis Wisc., Wash. bis Kalif.; Mex.
6. **pinnátum** (Walt.) B.S.P. (*M. scabrátum* Michx.) ♃ ≈ ⌂K – ⌂W, USA: Neuengl. bis Iowa, südl. bis Flor. u. Tex.; Westind.
- *proserpinacoídes:* 2
- *scabrátum* Cham. et Schlechtend.: 5
- *scabrátum* Michx.: 6
7. **spicátum** L. ♃ ≈ ⌂K, Euras., Med., N-, M- u. S-Afr., Makarones., Sum., Phil.
8. **verticillátum** L. ♃ ≈, Eur., Med., NW-Afr., Kl. As., Sib., Kamtsch., Jap., N-Am.: Neufundl. bis Br. Kol., südl. bis Maryl. u. Utah

Myrística Gronov. – f. – *Myristicáceae*
Muskatnußbaum
1. **argéntea** Warb. ♄ ⌂W Ⓝ, N. Guin.
2. **frágrans** Houtt. (*M. officinális* L. f.) – Muskatnußbaum ♄ i ⌂W Ⓝ Off., Moluk.
3. **malabárica** Lam. ♄ ⌂W Ⓝ, Ind.
- *officinális:* 2

Myrmecódia Jack – f. – *Rubiáceae*
Ameisenknolle
1. **antoínii** Becc. ħ i ⌂W, Torres-Str.
2. **echináta** Miq. (*M. tuberósa* Jack, *M. inérmis* DC.) ħ i ⌂W, Malak.
- *inérmis:* 2
3. **platytýrea** Becc. ħ i ⌂W, N. Guin.
- *tuberósa:* 2

Myróxylon L. f. – n. – *Leguminósae*
Balsambaum
1. **bálsamum** (L.) Harms (*Toluífera bálsamum* L.)
var. **bálsamum** (*M. toluífera* H.B.K., *M. bálsamum* var. *genuínum* (Baill.) Harms) ♄ i ⌂W Off., Guat., Venez., Kol., Ek., Bras.
var. **perěírae** (Royle) Harms (*M. perěírae* (Royle) Klotzsch, *Toluífera perěírae* (Royle) Baill.) – Perubalsambaum ♄ i ⌂W Ⓝ Off., S-Mex. bis Pan.

Mýrrhis Mill. emend. Scop. – f. – *Umbellíferae*
1. **odoráta** (L.) Scop. – Süßdolde, Myrrhenkerbel ♃ V–VI Ⓝ, N-Span., Pyren., Alp. (im übrigen M-Eur. eingebürg.), Apenn., W-Balk. bis Alban.

Myrsíne L. – f. – *Myrsináceae*
1. **africána** L.
var. **microphýlla** Drège ♄ i ⌂K III–V, Azor., N- u. S-Afr., Afgh. bis Him.
var. **retúsa** Ait. ♄ i ⌂K III–V, Azor.

Myrsiphýllum asparagoídes: Aspáragus 4

Myrtillocáctus Console – m. – *Cactáceae*
1. **cóchal** (Orcutt) Britt. et Rose ⌂K ∗, Nied. Kalif.
2. **geometrízans** (Mart.) Console ⌂K ∗, Mex., Nied. Kalif.
3. **schénckii** (J.A. Purp.) Britt. et Rose ⌂K ∗, Mex.

Mýrtus L. – f. – *Myrtáceae*
Myrte
- *bulláta: Lophomýrtus* 1
1. **commúnis** L. – Brautmyrte ♄ i D ⌂K VI–X, Med.
- *cumíni: Syzýgium* 2
- *lúma: Lúma* 1
- *obcordáta: Lophomýrtus* 2
- *tomentósa: Rhodomýrtus* 1
- *úgni: Úgni* 1

Naegélia amábilis: Smithiántha 3
- *cinnabárina: Smithiántha* 1
- *multiflóra: Smithiántha* 3
- *zebrína: Smithiántha* 4

Nageliélla L.O. Williams – f. – *Orchidá-*

ceae
1. **purpúrea** (Lindl.) L.O. Williams (*Hartwégia purpúrea* Lindl.) ♃ Ⓦ VI bis VIII ✻, Mex., Guat.

Nájas L. – f. – *Najadáceae*
1. **gramínea** Del. ⊙–♃ ≋ Ⓚ – Ⓦ, N-Ital., Rum., Bulg., N- u. O-Afr., trop. u. subtrop. As., W-Austral., Neukaled.
2. **índica** (Willd.) Cham. ♃ ≋ Ⓦ, Trop. As.
3. **malesiána** W.J.J.O. de Wilde ♃ ≋ Ⓦ, SO-As.
4. **mícrodon** A. Braun ♃ ≋ Ⓦ, Südl. USA, M- u. S-Am.

× **Nakamotoára** hort. (*Ascocéntrum* × *Neofinétia* × *Vánda*) – f. – *Orchidáceae*

Nanánthus N.E.Br. – m. – *Aizoáceae*
1. **vittátus** (N.E.Br.) Schwant. ♃ Ⓚ, S-Afr.

Nandína Thunb. – f. – *Berberidáceae*
1. **doméstica** Thunb. ex Murr. ♄ i ☠ Ⓚ VI–VII, Jap., M-China

Nannórrhops H. Wendl. – f. – *Pálmae*
1. **ritchiána** (Griff.) Aitch. Ⓚ, Ind., Afgh., Belutsch., S-Iran

Nanódes medúsae: Epidéndrum 10
– *pórpax: Epidéndrum* 14

Narcíssus L. – m. – *Amaryllidáceae*
Narzisse (Zwiebeln ☠)
1. **assoánus** Dufr. (*N. juncifólius* auct. non Salisb. nec Lag., *N. requiénii* M.J. Roem.) ♃ △ ∧ III–IV ▽, S- u. O-Span., S-Frankr.
2. **asturiénsis** (Jord.) Pugsley (*N. mínimus* (Bak.) hort., *N. mínor* var. *mínimus* Bak.) ♃ △ ∧ III–IV ▽, N-Port., NW- u. nördl. Span.
– × *biflórus:* 9
3. **bulbocódium** L. (*Corbulária bulbocódium* (L.) Haw.) – Reifrocknarzisse ♃ ∧ IV–V ▽, Span., Port., SW-Frankr., Marok., Alger.
4. **cyclamíneus** DC. ♃ △ ∧ III–IV ▽, NW-Port., NW-Span.
5. **élegans** (Haw.) Spach ♃ D ∧ – Ⓚ IX–X ▽, Balear., W-Med., W- u. S-Ital., Siz.
– *exsértus:* 12
– *hispánicus:* 13
– × *greniéri:* 9
6. × **incomparábilis** Mill. (*N. poéticus* × *N. pseudonarcíssus*) ♃ III–IV ▽, Frankr., in S- u. W-Eur. verwild.
7. × **johnstónii** (Bak.) Pugsley (*N. pseudonarcíssus* × *N. triándrus* var. *cérnuus*; *N. pseudonarcíssus* var. *johnstonii* Bak.) ♃ IV ▽, Port.
8. **jonquílla** L. – Jonquille ♃ D △ ∧ IV Ⓝ ▽, S-Eur., Vord. As., Alger.
– *juncifólius:* 1
– *lobuláris:* 10
9. × **medioluteus** Mill. (*N. poéticus* × *N. tazétta*; *N.* × *biflórus* Curt., *N.* × *tazettopoéticus* Gren. et Godr., *N.* × *greniéri* A. Richt., *N.* × *poétaz* hort. ex L.H. Bailey) ♃ D IV–V ▽, Frankr., in S-Eur. verwild.
– *mínimus:* 2
10. **mínor** L.
var. **conspícuus** Haw. (*N. nánus* Spach, *N. lobuláris* hort.) ♃ △ ∧ III bis IV ▽, Span., Port.
– *mínor* var. *mínimus:* 2
– *nánus:* 10
11. × **odórus** L. (*N. jonquílla* × *N. pseudonarcíssus*) ♃ D IV–V, In Kult. entstanden, verwildert im Med., östl. bis Dalm.
– *papyráceus:* 14
– × *poétaz:* 9
12. **poéticus** L. – Dichternarzisse
ssp. **poéticus** ♃ ✂ ☠ IV–V Ⓝ ▽, S-Eur.
ssp. **radiiflórus** (Salisb.) Bak. (*N. radiiflórus* Salisb., *N. exsértus* Haw., *N. stelláris* Haw.) ♃ ✂ ☠ IV–V ▽, Voges., südl. M-Eur., W-Balk.
13. **pseudonarcíssus** L.
ssp. **májor** (Curt.) Bak. (*N. hispánicus* Gouan) ♃ IV–V ▽, Port., Span., Frankr.
ssp. **pseudonarcíssus** – Trompetennarzisse, Osterglocke ♃ ✂ ☠ III–IV ▽, W-Eur., W-Schw., Ital., Eifel, Hunsrück, Hohes Venn
– *pseudonarcíssus* var. *johnstónii:* 7
– *radiiflórus:* 12
– *requiénii:* 1
– *stelláris:* 12
14. **tazétta** L. – Tazette
ssp. **papyráceus** (Ker-Gawl.) Nichols. (*N. papyráceus* Ker-Gawl., *N.* 'Totus Albus Grandiflorus' der Kataloge) – Paperwhite-Narzisse ♃ D

Ⓚ I–III ▽, S-Frankr. bis Dalm.
ssp. **tazétta** ♃ D ✂ III–V ▽, Med., S-Port., Vord. As., M-China bis Jap.
- × *tazettopoéticus:* 9
- 'Totus Albus Grandiflorus': 14
15. **triándrus** L. ♃ Ⓚ IV–V ▽, Med., SW-Eur.
16. **watiéri** Maire ♃ Ⓚ VI ▽, Marok.

Nardóstachys DC. - f. - *Valerianáceae*
1. **jatamánsi** (D. Don) DC. (*N. grandiflóra* DC.) - Nardenähre ♃ △ ⓝ, Uttar Pradesh bis SW-China

Nárdus L. - f. - *Gramíneae*
1. **stricta** L. - Borstgras ♃ △ VI–VIII, Eur., N-As., Kauk., Kl. As., N-Am.: Grönl., Neufundl.

Narthécium Huds. - n. - *Liliáceae* Beinbrech
1. **ossífragum** (L.) Huds. ♃ ⚘ ⏦ VII bis VIII ▽, W- u. NW-Eur., NW-Deutschl.

Nastúrtium R. Br. - n. - *Crucíferae*
1. **microphýllum** Boenn. ex Rchb. (*Roríppa microphýlla* (Boenn. ex Rchb.) Hyl. ex Á. et D. Löve, *N. officinále* var. *microphýllum* (Boenn. ex Rchb.) Thell.) - Brunnenkresse ♃ ≋ VI ⓝ, Eur., As., N-Afr., im östl. N-Am. eingebürg.
- *nastúrtium-aquáticum:* 2
2. **officinále** R. Br. (*Roríppa nastúrtium-aquáticum* (L.) Hayek, *N. nastúrtium-aquáticum* (L.) Karst.) - Brunnenkresse ♃ ≋ VI ⓝ, Kosmopol., jedoch im östl. N-Am. nur eingebürg.
- *officinále* var. *microphýllum:* 1

Naumbúrgia thyrsiflóra: Lysimáchia 10

Nautilócalyx Lind. ex Hanst. - m. - *Gesneriáceae*
1. **bullátus** (Lem.) Sprague (*Centrosolénia bulláta* Lem., *Epíscia tesseláta* hort. ex Lem.) ♃ Ⓦ, Amaz. bis Peru
2. **forgétii** (Sprague) Sprague (*Alloplécctus forgétii* Sprague) ♃ Ⓦ, Peru
3. **lýnchii** (Hook. f.) Sprague (*Alloplécctus lýnchii* Hook. f.) ♃ Ⓦ, Ek. od. Peru
4. **pállidus** (Sprague) Sprague (*Alloplécctus pállidus* Sprague) ♃ Ⓦ, Peru
5. **picturátus** Skog ♃ Ⓦ, Peru
6. **píctus** (Hook.) Sprague (*Centrosolénia pícta* Hook.) ♃ Ⓦ, Amaz, Guay.

Neánthe bélla: Chamaedórea 4

Nectaroscórdum Lindl. - n. - *Liliáceae*
1. **sículum** (Ucria) Lindl. (*Állium sículum* Ucria) ♃ Ⓚ ✂ V, W-Med.

Negúndo aceroídes: Ácer 24
- *califórnicum: Ácer* 24
- *cissifólium: Ácer* 7
- *fraxinifólium: Ácer* 24

Néillia D. Don - f. - *Rosáceae*
1. **affínis** Hemsl. ♄ V–VI, W-China
- *longiracemósa:* 3
2. **sinénsis** Oliv. ♄ V–VI, M- u. W-China
3. **thibética** Franch. (*N. longiracemósa* Hemsl.) ♄ V–VI, Him., W-China

Nelúmbium: Nelúmbo
- *lúteum: Nelúmbo* 1
- *nelúmbo: Nelúmbo* 2
- *speciósum: Nelúmbo* 2

Nelúmbo Adans. (*Nelúmbium* Juss.) - f. - *Nymphaeáceae* Lotosblume
1. **lútea** (Willd.) Pers. (*Nelúmbium lúteum* Willd., *Nelúmbo pentapétala* (Walt.) Fern.) - Amerikanische Lotosblume ♃ ≋ Ⓦ VII–VIII, N-Am.: Neuengl. bis Ont., Minn., Iowa, südl. bis Flor. u. Tex.; Westind., Mex., M-Am. bis Kol.
2. **nucífera** Gaertn. (*Nelúmbium nelúmbo* (L.) Druce, *N. speciósum* Willd.) - Indische Lotosblume ♃ ≋ IV–VIII ⓝ, Kasp. Meer: Wolgadelta, Iran, durch Ind. bis Jap. u. Austral., in Ital. u. Rum. eingebürg. (Mit vielen Sorten)
- *pentapétala:* 1

Nematánthus Schrad. - m. - *Gesneriáceae*
1. **gregárius** D.L. Denh. (*N. radícans* (Klotzsch et Hanst. ex Hanst.) H.E. Moore non K.B. Presl, *Hypocýrta radícans* Klotzsch et Hanst. ex Hanst.) ♄ i Ⓦ, Bras.
2. **-Hybriden** ♄ i Ⓦ
3. **lóngipes** DC. ♄ Ⓦ XII–II, Bras.
4. **perianthómegus** (Vell.) H.E. Moore ♃–♄ Ⓦ, Bras.
- *radícans:* 1
5. **strigillósus** (Mart.) H.E. Moore (*Hypocýrta strigillósa* Mart.) ♄ i Ⓦ III–V, Bras.

Nemésia Vent. - f. - *Scrophulariáceae*

1. **floribúnda** Lehm. ⊙ VII–VIII, S-Afr.
2. **-Hybriden** (Alle Sorten stammen von *N. strumósa* und *N. versícolor* ab; zum Teil sind sie aus Kreuzungen beider hervorgegangen) ⊙ VI bis VIII
3. **lilacína** N.E.Br. ⊙ VII–VIII, Trop. SW-Afr.
4. **strumósa** Benth. ⊙ VI–IX, S-Afr.
5. **versícolor** E. Mey. ex Benth. ⊙ VII bis VIII, S-Afr.

Nemopánthus Raf. - m. - *Aquifoliáceae* Berghülse
1. **mucronátus** (L.) Trel. ♄ ⩋ V–VI, N-Am.: Neufundl. bis Minn., südl. bis N. Scot., Neuengl., Virg., Ohio u. Ill.

Nemóphila Nutt. - f. - *Hydrophylláceae* Hainblume
1. **auríta** Lindl. (*Pholístoma aurítum* (Lindl.) Lilja) ⊙ VI–VII, Kalif.
- *insígnis:* 3
2. **maculáta** Benth. ex Lindl. ⊙ VI–VII, Kalif.: Sierra Nev.
3. **menziésii** Hook. et Arn. (*N. insígnis* Dougl.) ⊙ VI–VIII, Kalif. bis Oreg. (Hierzu einige Sorten)

Neoalsómitra Hutchins. - f. - *Cucurbitáceae*
1. **sarcophýlla** (Wall.) Hutchins. (*Alsómitra sarcophýlla* (Wall.) M.J. Roem.) ♄ ≹ i Ⓦ, Burma, Thail., Timor

Neobésseya: Escobária
- *missouriénsis: Escobária* 4
- *zilziána: Escobária* 8

Neobuxbaumia: Carnegíea
- *euphorbioídes: Carnegíea* 1
- *polýlopha: Carnegíea* 3

Neocardenásia herzogiána: Neoraimóndia 2

Neochilénia aerocárpa: Neoportéria 9
- *chilénsis: Neoportéria* 3
- *napína: Neoportéria* 7
- *odiéri: Neoportéria* 9
- *taltalénsis: Neoportéria* 11

Neodýpsis Baill. - f. - *Pálmae*
1. **decáryi** Jumelle ♄ i Ⓦ ✻, Madag.

Neofinétia Hu - f. - *Orchidáceae*
1. **falcáta** (Thunb.) Hu (*Angraecum falcátum* (Thunb.) Lindl.) i Ⓚ VI bis VII ✻, Jap., Riukiu-Ins., Korea

Neogamésia agavoídes: Ariocárpus 1

Neoglazióvia Mez - f. - *Bromeliáceae*
1. **cóncolor** C.H. Wright ♃ Ⓦ ⓝ, N-Bahia
2. **variegáta** (Arr. Cam.) Mez ♃ Ⓦ ⓝ, Bras.

Neógyna Rchb. f. - f. - *Orchidáceae*
1. **gardneriána** (Lindl.) Rchb. f. (*Coelógyne gardneriána* Lindl.) Ⓦ XII ✻, Nepal, Jünn.

Neohenrícia L. Bol. - f. - *Aizoáceae*
1. **sibbéttii** (L. Bol.) L. Bol. ♃ Ⓚ, S-Afr.: Oranjefreist.

Neolauchea pulchélla: Isabélia 1

Neolitséa (Benth.) Merr. - f. - *Lauráceae*
1. **serícea** (Bl.) Koidz. (*Litséa glauca* hort. non Sieb.) ♄ i Ⓚ VII–VIII, Jap., Korea, China, Taiw.

Neolloydia Britt. et Rose (einschl. *Normanbókea* Kladiwa et Buxb.) - f. - *Cactáceae*
- *ceratítes:* 1
1. **conoídea** (DC.) Britt. et Rose (*Mammillária conoídea* DC., *Coryphántha conoídea* (DC.) Orcutt ex Berger, *N. grandiflóra* (Pfeiff.) F.M. Knuth, *Coryphántha grandiflóra* (Pfeiff.) Berger, *N. ceratítes* (Quehl) Britt. et Rose, *Coryphántha ceratítes* (Quehl) Berger) Ⓚ ✻, O- u. NO-Mex.; SW-Tex.
2. **gielsdorfiána** (Werderm.) F.M. Knuth (*Echinocáctus gielsdorfiánus* Werderm., *Gymnocáctus gielsdorfiánus* (Werderm.) Bckbg., *Thelocáctus gielsdorfiánus* (Werderm.) Werderm.) Ⓚ ✻, NO-Mex.: SW-Tamaulipas
- *grandiflóra:* 1
3. **horrípila** (Lem.) Britt. et Rose (*Mammillária horrípila* Lem., *Gymnocáctus horrípilus* (Lem.) Bckbg., *Thelocáctus horrípilus* (Lem.) Kladiwa) Ⓚ ✻, O-Mex.: Hidalgo
4. **lophophoroídes** (Werderm.) Anderson (*Thelocáctus lophophoroídes* Werderm., *Turbinicárpus lophophoroídes* (Werderm.) Buxb. et Bckbg., *Toumeya lophophoroídes* (Werderm.) Bravo et W.T. Marsh., *Strombocáctus lophophoroídes* (Werderm.) F.M. Knuth) Ⓚ ✻, O-Mex.: San Luis Potosi

5. **mandrágora** (Berger) Anderson (*Echinocáctus mandrágora* Berger, *Gymnocáctus mandrágora* (Berger) Bckbg.) ⌂K ∗, NO-Mex.: S-Coahuila, S-Nuevo Leon
- *odoráta: Coryphántha* 6
6. **pseudomacrochéle** (Bckbg.) Anderson (*Strombocáctus pseudomacrochéle* Bckbg., *Turbinicárpus pseudomacrochéle* (Bckbg.) Buxb. et Bckbg., *Toume̅y̅a pseudomacrochéle* (Bckbg.) Bravo et W.T. Marsh.) ⌂K ∗, Östl. M-Mex.: Queretaro
7. **pseudopectináta** (Bckbg.) Anderson (*Pelecýphora pseudopectináta* Bckbg., *Normanbókea pseudopectináta* (Bckbg.) Kladiwa et Buxb., *Turbinicárpus pseudopectinátus* (Bckbg.) Buxb. et Bckbg., *Thelocáctus pseudopectinátus* (Bckbg.) Anderson et Boke) ⌂K ∗, NO-Mex.: SW-Tamaulipas, S-Nuevo Leon
8. **sa̅u̅eri** (Böd.) F.M. Knuth (*Echinocáctus sa̅u̅eri* Böd., *Gymnocáctus sa̅u̅eri* (Böd.) Bckbg., *Thelocáctus sa̅u̅eri* (Böd.) Berger) ⌂K ∗, NO-Mex.: SW-Tamaulipas
9. **schmiedickeána** (Böd.) Anderson (*Echinocáctus schmiedickeánus* Böd., *Turbinicárpus schmiedickeánus* (Böd.) Buxb. et Bckbg., *Toume̅y̅a schmiedickeána* (Böd.) Bravo et W.T. Marsh.) ⌂K ∗, NO-, O-Mex.: S-Nuevo Leon, SW-Tamaulipas, San Luis Potosi
10. **smíthii** (Mühlpf.) Kladiwa et Fittkau (*Echinocáctus smíthii* Mühlpf.) ⌂K ∗, NO-Mex.: SO-Coahuila, Nuevo Leon, San Luis Potosi
11. **valdeziána** (Möll.) Anderson (*Pelecýphora valdeziána* Möll., *Normanbókea valdeziána* (Möll.) Kladiwa et Buxb., *Thelocáctus valdeziánus* (Möll.) Bravo, *Gymnocáctus valdeziánus* (Möll.) Bckbg.) ⌂K ∗, NO-Mex.: SO-Coahuila, S-Nuevo León
12. **vieréckii** (Werderm.) F.M. Knuth (*Echinocáctus vieréckii* Werderm., *Thelocáctus vieréckii* (Werderm.) Bravo, *Gymnocáctus vieréckii* (Werderm.) Bckbg.) ⌂K ∗, NO-Mex.: SO-Nuevo León, SW-Tamaulipas

Neomammillária: Mammillária + sp. 35, 53, 54, 63, 69, 71, 72, 87, 100, 110

Neomárica Sprague – f. – *Iridáceae*
1. **bráchypus** (Bak.) Sprague (*Márica bráchypus* Bak.) ♃ ⌂W IV–VI, Westind.
2. **caerúlea** (Ker-Gawl.) Sprague (*Márica caerúlea* Ker-Gawl.) ♃ ⌂W IV bis VII, Bras.
3. **grácilis** (Herb. ex Hook.) Sprague (*Márica grácilis* Herb. ex Hook.) ♃ ⌂W IV–VII, Bras.
4. **northiána** (Schneev.) Sprague (*Márica northiána* (Schneev.) Ker-Gawl.) ♃ ⌂W IV–VII, Bras.

Neomortónia Wiehler – f. – *Gesneriáceae*
1. **nummulária** (Hanst.) Wiehler (*Hypocýrta nummulária* Hanst., *Allopléctus nummulária* (Hanst.) Wiehler) ♄ i ⟿ ⌂W VII–VIII, Mex., Guat., Costa R., Pan.

Neomu̅e̅llera welwítschii: Cóleus 6

Neópanax Allan – m. – *Araliáceae*
1. **arbóreus** (G. Forst.) Allan (*Nothópanax arbóreus* (G. Forst.) Seem.) ♄ i ⌂K VII–VIII, Neuseel.

Neoportéria Britt. et Rose (einschl. *Isla̅y̅a* Bckbg., *Pyrrhocáctus* Berger) – f. – *Cactáceae*
1. **aricénsis** (Ritt.) Donald et G.D. Rowl. (*Pyrrhocáctus aricénsis* Ritt.) ⌂K ∗, Chile: S-Arica
2. **bulbócalyx** (Werderm.) Donald et G.D. Rowl. (*Pyrrhocáctus bulbócalyx* (Werderm.) Bckbg.) ⌂K ∗, N-Arg.: Catamarca, La Rioja
3. **chilénsis** (K. Schum.) Britt. et Rose (*Echinocáctus chilénsis* K. Schum., *Neochilénia chilénsis* (K. Schum.) Bckbg.) ⌂K ∗, Chile
4. **curvispína** (Bert.) Donald et G.D. Rowl. (*Horridocáctus kesselringiánus* Dölz, *H. curvispínus* (Bert.) Bckbg., *Pyrrhocáctus curvispínus* (Bert.) Bckbg. et F.M. Knuth) ⌂K ∗, Chile: um Santiago
- *gerocéphala:* 8
5. **hórrida** (Gay) D.R. Hunt (*N. tuberisulcáta* (Jacobi) Donald et G.D. Rowl., *Pyrrhocáctus tuberisulcátus* (Jacobi) Krainz, *Horridocáctus tuberisulcátus* (Jacobi) Y. Ito, *N. nígricans* (Linke) Britt. et Rose, *Pyrrhocáctus nígricans* (Linke) Krainz,

Horridocáctus nígricans (Linke) Bckbg. et Dölz) ⌂K ✻, Chile: um Santiago
6. **islayénsis** (Först.) Donald et G.D. Rowl. (*N. krainziána* (Ritt.) Donald et G.D. Rowl., *Isláya islayénsis* (Först.) Bckbg., *I. mollendénsis* (Vaup.) Bckbg., *I. mínor* Bckbg., *I. krainziána* Ritt., *I. bícolor* Akers et Buin.) ⌂K ✻, S-Peru, N-Chile
- *krainziána:* 6
- *litorális:* 10
7. **napína** (Phil.) Bckbg. (*Neochilénia napína* (Phil.) Y. Ito) ⌂K ✻, Chile: Huasco
8. **nídus** Britt. et Rose (*N. gerocéphala* Y. Ito) ⌂K ✻, Chile
- *nígricans:* 5
9. **odiéri** (Lem.) Bckbg. (*Neochilénia odiéri* (Lem.) Bckbg., *Neochilénia aerocárpa* (Ritt.) Bckbg.) ⌂K ✻, Chile: Copiapo bis Huasco
10. **subgibbósa** (Haw.) Britt. et Rose (*Chilénia subgibbósa* (Haw.) Bckbg., *N. litorális* Ritt.) ⌂K ✻, Chile
11. **taltalénsis** Hutchison (*Neochilénia taltalénsis* (Hutchison) Bckbg.) ⌂K ✻, Chile
- *tuberisulcáta:* 5
12. **villósa** (Monv.) Berger (*Chileniópsis villósa* (Monv.) Bckbg.) ⌂K ✻, Chile: Huasco

Neoraimóndia Britt. et Rose - f. - *Cactáceae*
1. **arequipénsis** (Meyen) Bckbg. (*Pilocéreus macróstibas* K. Schum., *N. macróstibas* (K. Schum.) Britt. et Rose, *N. roseiflóra* (Werderm. et Bckbg.) Bckbg.) ⌂K ✻, N-Peru
2. **herzogiána** (Bckbg.) Buxb. et Krainz (*Neocardenásia herzogiána* Bckbg.) ⌂K ✻, Bol.
- *macróstibas:* 1
- *roseiflóra:* 1

Neoregélia L.B. Sm. (*Aregélia* O. Kuntze) - f. - *Bromeliáceae*
1. **ampullácea** (E. Morr.) L.B. Sm. (*Aregélia ampullácea* (E. Morr.) Mez, *Nidulárium ampulláceum* E. Morr.) ♃ ⌂W, Bras.
2. **binótii** (Ant.) L.B. Sm. (*Aregélia binótii* (Ant.) Mez, *Nidulárium binótii* (Ant.) E. Morr.) ♃ ⌂W, S-Bras.
3. **carolínae** (Beer) L.B. Sm. (*Aregélia carolínae* (Beer) Mez, *Nidulárium meyendórffii* Regel) ♃ ⌂W, Bras.
4. **chlorostícta** (Bak.) L.B. Sm. (*Aregélia chlorostícta* (Bak.) Mez, *Nidulárium chlorostíctum* (Bak.) E. Morr.) ♃ ⌂W, Bras.
5. **concéntrica** (Vell.) L.B. Sm. (*Aregélia concéntrica* (Vell.) Mez, *Nidulárium acanthocráter* E. Morr.) ♃ ⌂W, Bras.
6. **farinósa** (Ule) L.B. Sm. (*Nidulárium farinósum* Ule) ♃ ⌂W, Bras.
7. **fosteriána** L.B. Sm. ♃ ⌂W, Bras.
- *morreniána:* 8
8. **pineliána** (Lem.) L.B. Sm. (*N. morreniána* (Ant.) L.B. Sm., *Aregélia morreniána* (Ant.) Mez, *Nidulárium morreniánum* (Ant.) hort. Makoy) ♃ ⌂W, Bras.
9. **prínceps** (Bak.) L.B. Sm. (*Aregélia prínceps* (Bak.) Mez, *Nidulárium prínceps* (Bak.) E. Morr.) ♃ ⌂W, Bras.
10. **sarmentósa** (Regel) L.B. Sm. (*Aregélia sarmentósa* (Regel) Mez, *Nidulárium sarmentósum* Regel) ♃ ⌂W, Bras.
11. **spectábilis** (T. Moore) L.B. Sm. (*Aregélia spectábilis* (T. Moore) Mez, *Nidulárium spectábile* T. Moore) ♃ ⌂W, Bras.
12. **trístis** (Beer) L.B. Sm. (*Aregélia trístis* (Beer) Mez, *Nidulárium tríste* (Beer) Regel) ♃ ⌂W, Bras.
13. **zonáta** L.B. Sm. ♃ ⌂W, Bras.

× **Neostýlis** hort. (*Neofinétia* × *Rhynchostýlis*) - f. - *Orchidáceae*

Neóttia Guett. - f. - *Orchidáceae*
Nestwurz
1. **nídus-ávis** (L.) L.C. Rich. ♃ V-VI ▽ ✻, Eur., W-Sib., Transkauk., NW-Afr.

Nepénthes L. - f. - *Nepentháceae*
Kannenstrauch
1. **albomargináta** Lobb ♄ i ⌂W ▽ ✻, Mal. Arch., Sum., Born.
2. **ampullária** Jack ♄ i ≀ ⌂W ▽ ✻, Mal. Arch., Sum., Born., N. Guin.
3. **bicalcaráta** Hook. f. ♄ ≀ i ⌂W ▽ ✻, Born.
4. **búrkei** Mast. ♄ i ⌂W ▽ ✻, Phil.
- *curtísii:* 12
5. × **coccínea** Mast. (*N.* × *hookeriána* ×

N. mirábilis) ♄ ⌂ ▽
6. **distillatória** L. ♄ i ⸾ ⌂ ▽ ✱, Ceyl.
7. **grácilis** Korth. ♄ i ⸾ ⌂ ▽ ✱, Malak., Sum., Born.
8. × **hookeriána** Lindl. (vermutlich *N. ampullária* × *N. rafflesiána*) ♄ i ⸾ ⌂ ▽ ✱, Born.
9. **-Hybriden** (Hierher die vielen, meist vor 1914 entstandenen Bastarde) ♄ i ⸾ ⌂
10. **khasiána** Hook. f. ♄ i ⸾ ⌂ ▽ ✱, Khas.
11. **madagascariénsis** Poir. ♄ i ⌂ ▽ ✱, Madag.
12. **máxima** Reinw. (*N. curtísii* Mast.) ♄ i ⸾ ⌂ ▽ ✱, Celeb., Born., N. Guin.
13. **mirábilis** (Lour.) Druce (*N. phyllámphora* Willd.) ♄ i ⸾ ⌂ ▽ ✱, S-China über Indoch., Malak., Sunda bis N. Guin. u. Queensl.
14. **northiána** Hook. f. ♄ i ⸾ ⌂ ▽ ✱, Born.
- *phyllámphora:* 13
15. **rafflesiána** Jack ♄ i ⸾ ⌂ ▽ ✱, Malak., Born., Sum.
16. **rájah** Hook. f. ♄ i ⌂ ▽ ✱, Born.
17. **sanguínea** Lindl. ♄ i ⸾ ⌂ ▽ ✱, Malak.
18. **veītchii** Hook. f. ♄ i ⟿ ⌂ ▽ ✱, Born.
19. **ventricósa** Blanco ♄ i ⌂ ▽ ✱, Phil.

Népeta L. - f. - *Labiátae*
Katzenminze
1. **catária** L. - Katzenminze ♃ D VI bis IX, S-, O- u. M-Eur., O-Med., W- u. M-As. bis Him., im übrigen Eur. sowie in N-Am. eingebürg.
2. × **faassénii** Bergm. ex Stearn (*N. mussínii* × *N. nepetélla*; *N. mussínii* hort. non Spreng. ex Henckel) ♃ V bis IX
3. **grandiflóra** M.B. ♃ VI-VIII, Kauk., in O- u. im östl. M-Eur. sowie in Queb. u. N.Y. stellenweise eingebürg.
- *hederácea: Glechóma* 1
- *macrántha:* 6
- *mussínii* hort.: 2
- *mussínii* Spreng. ex Henckel: 5
4. **nervósa** Royle ex Benth. ♃ △ VII bis IX, Kaschm.
5. **racemósa** Lam. (*N. mussínii* Spreng. ex Henckel) ♃ VI-VIII, Kl. As., Iran, Nuristan
6. **sibírica** L. (*Dracocéphalum sibíricum* (L.) L., *N. macrántha* Fisch. ex Benth.) ♃ VII-VIII, S-Sib., Mongol., Kansu

Nephélium L. - n. - *Sapindáceae*
1. **lappáceum** L. - Rambutan ♄ i ⌂ Ⓝ, Ind., S-Vietn., Mal. Arch., Phil.
2. **mutábile** Bl. - Pulassan ♄ ⌂ Ⓝ, Malak., Mal. Arch., Phil.

Nephródium dryópteris: Currània 1
- *oreópteris: Thelýpteris* 3
- *phegópteris: Thelýpteris* 6
- *robertiánum: Currània* 2
- *thelýpteris: Thelýpteris* 5
- *thelypteroídes: Thelýpteris* 5

Nephrólepis Schott - f. - *Nephrolepidáceae*
1. **acumináta** (Houtt.) Kuhn (*N. davallioídes* (Sw.) Kunze) ♃ i ⌂, Sunda, Java, Celeb.
- *acúta:* 2
2. **biserráta** (Sw.) Schott (*N. acúta* (Schkuhr) K.B. Presl) ♃ i ⌂, Fast pantrop.
- *cordáta:* 3
3. **cordifólia** (L.) K.B. Presl (*N. tuberósa* Hook., *N. cordáta* hort.) ♃ i ⌂, Trop. As. bis Neuseel.
- *davallioídes:* 1
4. **exaltáta** (L.) Schott ♃ i ⌂, Fast pantrop.
(Veränderliche Art mit vielen Sorten)
5. **pectináta** (Willd.) Schott ♃ ⌂, Trop. Am.
- *tuberósa:* 3

Nephthýtis Schott - f. - *Aráceae*
1. **afzélii** Schott (*N. libérica* N.E.Br.) ♃ i ⌂, Trop. W-Afr.: Sierra Leo., Liber.
- *picturáta: Rhektophýllum* 1

Neptúnia Lour. - f. - *Leguminósae*
1. **olerácea** Lour. ♃ ⁓ ⌂ Ⓝ, Pantrop.
2. **pléna** (L.) Benth. ♄ ≋ ⌂ VI-VIII, Am. u. asiat. Trop.

Neríne Herb. - f. - *Amaryllidáceae*
- *āurea: Lycóris* 1
1. **bowdénii** W. Wats. ♃ ⌂ IX, S-Afr.
- *corúsca:* 5
- *curvifólia:* 5
2. **flexuósa** (Jacq.) Herb. ♃ ⌂ IX, S-Afr.
3. **húmilis** (Jacq.) Herb. ♃ ⌂ VIII-IX, Kap
4. **pudíca** Hook. f. ♃ ⌂ IX-X, S-Afr.
5. **sarniénsis** (L.) Herb. - Guernseyli-

lie, Kap
var. **corúsca** (Herb.) Bak. (*N. corúsca* Herb.) ♃ Ⓚ IX–X
var. **curvifólia** (Jacq.) Traub (*N. curvifólia* (Jacq.) Herb.) ♃ Ⓚ IX–X
var. **sarniénsis** ♃ Ⓚ IX–X
var. **venústa** (Ker-Gawl.) Bak. (*N. venústa* (Ker-Gawl.) Herb.) ♃ Ⓚ IX bis X
6. **unduláta** (L.) Herb. ♃ Ⓚ IX–X, Kap
- *venústa:* 5

Nérium L. - n. - *Apocynáceae*
Oleander
- *divaricátum: Tabernaemontána* 1
1. **oleánder** L. (*N. índicum* Mill., *N. odórum* Soland. ex Ait.) - Oleander ♄ i ☠ VI–IX, Med., S-Port., Iran bis O-As.
(Mit vielen Sorten)

Nértera Banks et Soland. ex Gaertn. - f. - *Rubiáceae*
1. **granadénsis** (Mutis ex L. f.) Druce (*Gomózia granadénsis* Mutis ex L. f., *N. depréssa* Banks et Soland. ex Gaertn.) - Korallenbeere ♃ ⁓ ♣ V bis VI, M- bis S-Am., Neuseel., Austral.: Neusüdwal., Vict.; Tasm.

Neviúsia A. Gray - f. - *Rosáceae*
1. **alabaménsis** A. Gray - Schneelocke ♄ VI–VII, USA: Alab.

Nicándra Adans. - f. - *Solanáceae*
1. **physalódes** (L.) Gaertn. ⊙ VII–IX ☠ Ⓝ, Peru, in M- u. SO-Eur. stellenweise eingebürg.

Nicodémia diversifólia: Buddléja 7

Nicolāia Horan. (*Phaeoméria* Lindl. ex K. Schum.) - f. - *Zingiberáceae*
1. **elátior** (Jack) Horan. (*Phaeoméria magnífica* (Rosc.) K. Schum.) ♃ Ⓦ VII–VIII, Malays.

Nicotiána L. - f. - *Solanáceae*
Tabak
- *affínis:* 1
1. **aláta** Link et Otto, SO-Bras., Urug., Parag., Arg., im östl. M-Eur. stellenweise eingebürg.
'Grandiflora' (*N. affínis* T. Moore) ⊙–♃ D VII–IX
2. **glaūca** Grah. ♄ Ⓚ ☠ VIII–X, Arg., Bol., Parag., im Med. u. in Port. sowie Tex. bis Flor. eingebürg.
3. **langsdórffii** Weinm. ⊙ VII–VIII, Bras., Chile
4. **longiflóra** Cav. ♃ D VIII, Arg., Chile
5. **rústica** L. - Bauerntabak ⊙–♃ ☠ Ⓝ, Wild unbek., wahrsch. N-Am., in Eur. u. den östl. USA stellenweise eingebürg.
6. × **sánderae** hort. Sander ex W. Wats. (*N. aláta* × *N. forgetiána*) ⊙ VII–IX
7. **suavéolens** Lehm. ⊙–⊙ D VII–VIII, SO-Austral.
8. **sylvéstris** Spegazz. et Comes ♃ D VII–IX, Arg.
9. **tabácum** L. - Tabak ⊙–♃ VII–IX ☠ Ⓝ, Wild unbek., wahrsch. S-Am., in Eur. oft eingebürg.
10. **tomentósa** Ruiz et Pav. ♄ (⊙ gezogen) VII–VIII, Bras., Peru
11. **wigandioídes** K. Koch et Fint. ♄ VII bis VIII, Kol.

Nidulárium Lem. - n. - *Bromeliáceae*
- *acanthocráter: Neoregélia* 5
- *amazónicum: Wittróckia* 1
- *ampulláceum: Neoregélia* 1
1. **billbergioídes** (Schult. f.) L. B. Sm. (*N. citrínum* (Burch.) Mez) ♃ Ⓦ, O-Bras.
- *binótii: Neoregélia* 2
2. **burchéllii** (Bak.) Mez ♃ Ⓦ, Bras.
- *chlorostíctum: Neoregélia* 4
- *citrínum:* 1
- *farinósum: Neoregélia* 6
3. **fúlgens** Lem. ♃ Ⓦ, O-Bras.
4. **innocéntii** Lem. ♃ Ⓦ, O-Bras.
var. **innocéntii**
var. **lineátum** (Mez) L. B. Sm. (*N. lineátum* Mez)
var. **paxiánum** (Mez) L. B. Sm. (*N. paxiánum* Mez)
var. **striátum** Wittm. (*N. striátum* (Wittm.) hort. ex Mez)
var. **wittmackiánum** (Harms) L. B. Sm. (*N. wittmackiánum* Harms)
- *lindénii: Canístrum* 3
- *lineátum:* 4
- *paxiánum:* 4
- *meyendórffii: Neoregélia* 3
- *morreniánum: Neoregélia* 8
- *prínceps: Neoregélia* 9
5. **procérum** Lindm. ♃ Ⓦ, O-Bras.
6. **purpúreum** Beer ♃ Ⓦ, O-Bras.
7. **regelioídes** Ule ♃ Ⓦ, Bras.
8. **rútilans** E. Morr. ♃ Ⓦ, Bras.
- *sarmentósum: Neoregélia* 10
9. **scheremetiéwii** Regel ♃ Ⓦ, O-Bras.

10. **seidélii** L. B. Sm. et Reitz ♃ ⌂, Bras.
- *spectábile: Neoregélia* 11
- *striátum:* 4
- *tríste: Neoregélia* 12
11. **utriculósum** Ule ♃ ⌂, O-Bras.
- *wittmackiánum:* 4

Nierembérgia Ruiz et Pav. - f. - *Solanáceae*
- *calýcina:* 1
- *caerúlea:* 2
- *frutéscens:* 4
1. **grácilis** Hook. (*N. calýcina* hort. non Hook.) ♃ ⌂ VII-VIII, Arg.
2. **hippománica** Miers var. **violácea** Millán (*N. caerúlea* Sealy non Miers) ♃ ⌂ VI-IX, Arg.
3. **répens** Ruiz et Pav. (*N. rivuláris* Miers) ♃ ⁓ ⌂ VII-IX, Arg., Chile, Urug.
- *rivuláris:* 3
4. **scopária** Sendtn. (*N. frutéscens* Durieu) ♄ ⌂ VII-IX, Urug., Arg.

Nigélla L. - f. - *Ranunculáceae* Schwarzkümmel
1. **damascéna** L. - Braut in Haaren, Jungfer im Grünen ⊙ ✂ VI-IX, Med., Kl. As., Kanar., in M-Eur. eingebürg.
2. **hispánica** L. ⊙ VII-VIII, Span., Port., NW-Afr.
3. **satíva** L. ⊙ VII-VIII ⊛, Med., W-As.

Nigritélla L. C. Rich. - f. - *Orchidáceae*
1. **nígra** (L.) Kirschl. - Kohlröschen ♃ △ V-VI ▽ *, Hochgebg. Eur., von W- u. N-Span., Pyren. bis Karp., Apenn., Balk., Skand.

Nípa: Nýpa
- *frúticans: Nýpa* 1

Niphóbolus adnáscens: Pyrrósia 2
- *língua: Pyrrósia* 3
- *tricúspis: Pyrrósia* 1

Nivénia Vent. - f. - *Iridáceae*
1. **corymbósa** (Ker-Gawl.) Bak. (*Arístea corymbósa* (Ker-Gawl.) Benth., *Witsénia corymbósa* Ker-Gawl.) ♄ ⌂ II bis IV, Kap

Noccǣa alpína: Hutchínsia 1
- *auerswáldii: Hutchínsia* 1
- *montána: Thláspi* 3

Noléna L. ex L. f. - f. - *Nolanáceae* Glockenwinde
1. **acumináta** Miers (*N. lanceoláta* Miers) ⊙ VI-IX, Chile
- *atriplicifólia:* 4
- *coeléstis: Alóna* 1
- *grandiflóra:* 4
2. **humifúsa** (Gouan) Johnst. (*N. prostráta* L. f.) ⊙ ⁓ ⌇ VII-VIII, Peru
- *lanceoláta:* 1
3. **napifórmis** Phil. ⊙ ⁓ ⌇ VII-VIII, Chile bis Peru
4. **paradóxa** Lindl. (*N. atriplicifólia* D. Don, *N. grandiflóra* Lehm.) ⊙ ⁓ VII-VIII, Chile
- *prostráta:* 2

Nolína Michx. - f. - *Agaváceae*
- *grácilis: Beaucárnea* 1
1. **longifólia** (Schult. et Schult. f.) Hemsl. (*Yúcca longifólia* Schult. et Schult. f., *Dasylírion longifólium* (Schult. et Schult. f.) Zucc., *Beaucárnea longifólia* (Schult. et Schult. f.) Bak.) ♄ ⌂, S-Mex.
- *recurváta: Beaucárnea* 2
- *stricta: Beaucárnea* 3
- *tuberculáta: Beaucárnea* 2

Nóltea Harv. et Sond. - f. - *Rhamnáceae*
1. **africána** (L.) Rchb. ♄ i ⌂ V, S-Afr.

Nomócharis Franch. - f. - *Liliáceae*
1. **apérta** (Franch.) Wils. ♃ VI-VII, NW-Jünn., N-Burma, Tibet
2. **fárreri** (W.E. Evans) Harrow (*N. pardánthina* var. *fárreri* W.E. Evans) ♃ VI-VII, NO-Burma
- *mǡirei:* 3
3. **pardánthina** Franch. (*N. mǡirei* Lév.) ♃ VI-VII, NW-Jünn., Szetsch.
- *pardánthina* var. *fárreri:* 2

Nónea echioídes: Arnébia 1

Nopálea: Opúntia
- *cochenillífera: Opúntia* 17

Nopalxóchia Britt. et Rose - f. - *Cactáceae*
1. **-Hybriden** (*Phyllocáctus*-Hybriden) ♄ ⌂ IV-VI
2. **phyllanthoídes** (DC.) Britt. et Rose (*Epiphýllum phyllanthoídes* (DC.) Sweet, *Phyllocáctus phyllanthoídes* (DC.) Link) ♄ ⌂ *, Mex.

Normanbókea: Neollōydia
- *pseudopectináta: Neollōydia* 7
- *valdeziána: Neollōydia* 11

Nothofágus Bl. - f. - *Fagáceae* Scheinbuche
1. **alpína** (Poepp. et Endl.) Oerst. (*N. procéra* (Poepp. et Endl.) Oerst.) -

„Rauli" ♄ ⓝ, Chile, Arg.
2. **antárctica** (G. Forst.) Oerst. ♄, Chile
3. **dombéyi** (Mirb.) Oerst. - „Coigüe" ♄ ⓝ, Chile
4. **oblíqua** (Bl.) Oerst. - „Pellin" ♄ ⓝ, S-Arg., Chile
- *procéra:* 1

Notholǽna marántae: Cheilánthes 2

Notholírion Wall. ex Boiss. - n. - *Liliáceae*
1. **campanulátum** Cott. et Stearn (*Lílium hyacínthinum* McDougall) ♃ ∧ V–VI, Sikk. bis Jünn.
2. **macrophýllum** (D. Don) Boiss. (*Lílium macrophýllum* (D. Don) Voss, *Fritillária macrophýlla* D. Don) ♃ ∧ III–V, Nepal, Bhut., Sikk., W-China
3. **thomsoniánum** (Royle) Stapf (*Lílium thomsoniánum* (Royle) Lindl.) ♃ ∧ V–VI, W-Him. bis Afgh.

Nothópanax Miq. - m. - *Araliáceae*
- *arbóreus: Neópanax* 1
1. **davídii** (Franch.) Harms ♄ i Ⓚ VII bis VIII, M- u. W-China
- *fruticósus: Polýscias* 2
- *guilfóylei: Polýscias* 3

Nothoscórdum Kunth - n. - *Liliáceae*
1. **grácile** (Ait.) Stearn (*N. frágrans* (Vent.) Kunth, *N. inodórum* (Ait.) Nichols.) ♃ D Ⓚ V–VI, Mex.

Notocáctus: Paródia + sp. 1, 5, 6, 8, 9, 12, 13, 14, 15, 17, 19, 22, 23, 25, 27

Notónia: Senécio + sp. 6, 31, 43, 49

Notospártium Hook. f. - n. - *Leguminósae*
1. **carmichaéliae** Hook. f. ♄ Ⓚ VII, Neuseel.

Núphar Sm. - f. - *Nymphaeáceae* Mummel, Teichrose
1. **ádvena** (Ait.) Ait. f. ♃ ≋ V–VIII, USA: Neuengl. bis Nebr., südl. bis Flor. u. Tex.; Mex., Westind.
2. **japónica** DC. ♃ ≋ VII–VIII, Jap.
3. **lútea** (L.) Sm. - Gelbe Teichrose, Seekandel, Mummel ♃ ≋ VI–VIII ▽, Eur. bis Vord. As., Sib., Med., N-Afr.
4. **púmila** (Timm) DC. ♃ ≋ VI–VIII ▽, N-, M- u. O-Eur., bis Schottl., M-Frankr. u. SW-Jugosl., Sib., Kamtsch., Jap.

Nuttállia cerasifórmis: Oemléria 1

Nyctánthes L. - f. - *Verbenáceae* (früher zu den *Oleáceae* gerechnet)
1. **árbor-trístis** L. - Trauerbaum ♄ D Ⓦ VII ⓝ, M-Ind.

Nycteránthus: Aridária
- *noctiflórus: Aridária* 1

Nycterínia capénsis: Zaluziánskya 1
- *selaginoídes: Zaluziánskya* 2

Nyctocéreus: Peniocéreus
- *serpentínus: Peniocéreus* 2

Nymphaéa L. - f. - *Nymphaeáceae* Seerose
1. **álba** L. ♃ ≋ VI–VIII ▽, Eur., Med., NW-Afr., Paläst., Kauk., Kaschm.
2. **amazónum** Mart. et Zucc. ♃ D ≋ Ⓦ V–VIII, Mex. bis Bras.
3. **caerúlea** Savigny - Blaue Lotosblume ♃ ≋ Ⓦ - Ⓚ V–VIII, N- u. M-Afr., Paläst.
4. **cándida** K.B. Presl ♃ ≋ VI–VIII ▽, N-, M- u. O-Eur., Holl., N-Span., W-Sib., Kauk.
5. **capénsis** Thunb. ♃ ≋ Ⓦ V–VIII, S- u. O-Afr., Madag.
6. **citrína** Peter ♃ D ≋ Ⓦ V–VIII, Malongwefl.
7. **coloráta** Peter ♃ ≋ Ⓦ V–VIII, Daressal.
8. × **daubenyána** Daubeny (*N. caerúlea* × *N. micrántha*) ♃ ≋ Ⓦ III–X
9. **élegans** Hook. ♃ D ≋ Ⓦ V–VIII, USA: New Mex., Tex.; Mex. bis Guat.
- *fláva:* 14
10. **flavóvirens** Lehm. (*N. grácilis* hort. non Zucc.) ♃ ≋ Ⓦ VI–VIII, Mex.
11. **gigantéa** Hook. - Riesenseerose ♃ D ≋ Ⓦ VII–IX, Austral., N. Guin.
- *grácilis:* 10
12. **-Hybriden** (Winterharte und nicht winterharte Sorten) ♃ ≋
13. **lótus** L. - Ägyptische Lotosblume var. **dentáta** (Schumach. et Thonn.) Nichols. ♃ D ≋ Ⓦ VI–IX, M-Afr. var. **lótus** ♃ D ≋ Ⓦ VI–IX, Ägypt., M-, W- u. SO-Afr., trop. SO-As. var. **thermális** (DC.) Tuzson (*N. thermális* DC.) ♃ D ≋ Ⓦ VI–IX, NW-Rum.
14. **mexicána** Zucc. (*N. fláva* Leitn.) ♃ D ≋ Ⓦ VI–VIII, Flor., Tex., Mex.
15. **micrántha** Guill. et Perrott. ♃ D ≋ Ⓦ III–X, W-Afr.
16. **odoráta** Ait. ♃ D ≋ VI–VIII, Östl.

N-Am. bis Mex. u. El Salv., Westind., in W-Eur. stellenweise eingebürg.
17. **rúbra** Roxb. et Salisb. ♃ ≈ ⌂ VI bis VIII, Ind., in Ung. stellenweise eingebürg.
18. **stelláta** Willd. ♃ ≈ ⌂ VI–VIII, S- u. SO-As., Malak.
19. **tetragóna** Georgi - Zwergseerose ♃ D ≈ VI–VIII, NO-Eur., N-As., China, Jap., Him., N-Am.: Maine u. Queb. bis Keewatin u. Alaska, südl. bis Mich., Minn., Id. u. Wash.
- *thermális:* 13
20. **tuberósa** Paine ♃ ≈ VI–VIII, N-Am.: Queb. bis Ont., Minn. u. Nebr., südl. bis Maryl., Ill. u. Ark.

Nymphoídes Séguier - f. - *Menyantháceae*
Seekanne
1. **aquática** (Walt.) O. Kuntze (*Limnánthemum aquáticum* (Walt.) Britt.) - Banana Plant der Amerikaner ♃ ≈ ⌂, USA: N. Jers., südl. bis Flor. u. Tex.
2. **humboldtiána** (H.B.K.) O. Kuntze (*Limnánthemum humboldtiánum* (H.B.K.) Griseb.) ♃ ≈ ⌂ VII–IX, Trop. Am.
3. **índica** (L.) O. Kuntze (*Limnánthemum índicum* (L.) Thwaites) - Indische Seekanne ♃ ≈ ⌂ VII–IX, SO-As., SW-China, Jap. bis Austral., Fidschi-Ins.
4. **peltáta** (S.G. Gmel.) O. Kuntze (*Limnánthemum peltátum* S.G. Gmel., *L. nymphoídes* (L.) Hoffmgg. et Link) - Heimische Seekanne ♃ ≈ VII–IX ▽, Eur., Sib., Jap., Korea, Taiw., China

Nýpa Steck (*Nípa* Thunb.) - f. - *Pálmae*
Nipapalme
1. **frúticans** Wurmb (*Nípa frúticans* (Wurmb) Thunb.) ♄ i ~ ⌂ ®, Ceyl., Hinterind. bis Mal. Arch., Phil., Riukiu-Ins., trop. Austral.

Nýssa L. - f. - *Nyssáceae*
Tupelobaum
1. **aquática** L. ♄ V ®, USA: Virg., Kent. u. Missouri, südl. bis Flor., Louis. u. Tex.
2. **sylvática** Marsh. ♄ ~ VI ®, N-Am.: Maine bis Ont., Mich., Ill., Missouri u. Oklahoma, südl. bis Florida u. Texas; Mexiko

Oakesiélla sessilifólia: Uvulária 3

Obregónia Frič - f. - *Cactáceae*
1. **denégrii** Frič (*Ariocárpus denégrii* (Frič) W.T. Marsh.) ⌂ ∗, NO-Mex.: Tamaulipas

Ochagávia Phil. - f. - *Bromeliáceae*
1. **cárnea** (Beer) L.B. Sm. ex Loos. (*O. lindleyána* (Lem.) Mez) ♃ ⌂, Chile

Óchna L. - f. - *Ochnáceae*
1. **kírkii** Oliv. ♄ ⌂, Kenia, Tans., N-Moz.
2. **serruláta** (Hochst.) Walp. ♄ & ⌂-⌂ II–IV, Trop. Afr.

Ochróma Sw. - n. - *Bombacáceae*
1. **pyramidále** (Cav. ex Lam.) Urb. (*O. lagópus* Sw.) - Balsabaum, „Balsa" ♄ i ⌂ ®, Mex. bis Bol., Westind.

Ócimum L. - n. - *Labiátae*
1. **americánum** L. ⊙ VII–VIII ®, Trop. As. u. Afr.
2. **basílicum** L. - Basilikum ⊙ D VI bis VIII ®, Heimat nicht sicher bek., in den Subtrop. gepflanzt u. verwild.
3. **cánum** Sims ⊙ VII ®, Trop. As. u. Afr.
- *críspum: Perílla* 1
- *frutéscens: Perílla* 1

Ocótea Aubl. - f. - *Lauráceae*
1. **bulláta** E. Mey. - „Stinkwood" ♄ i ⌂ ®, S-Afr.
2. **púchury-májor** Mart. (*Licária púchury-májor* (Mart.) Kosterm.) - Pichurimbaum ♄ i ⌂ ®, Bras.
3. **rodiaei** (Schomb.) Mez - „Greenheart" ♄ i ⌂ ®, Guay.
4. **usambarénsis** Engl. - „Camphor" ♄ ⌂ ®, Tans., Kenia

Octadésmia Benth. (*Dilómilis* Raf.) - f. - *Orchidáceae*
1. **montána** Benth. ⌂ IV–VI ∗, Westind.

Octoméria R.Br. - f. - *Orchidáceae*
1. **crassifólia** Lindl. ⌂ ∗, Bras.
2. **grácilis** Lindl. ⌂ ∗, Bras.
3. **graminifólia** (L.) R.Br. ⌂ IV ∗, Westind. bis Kol. u. Bras.
4. **grandiflóra** Lindl. ⌂ X ∗, Bras., Surin., Trin., Bol., Parag.
5. **juncifólia** Barb. Rodr. ⌂ X ∗, Bras.

× **Odontióda** hort. (*Cochlióda* × *Odontoglóssum*) - f. - *Orchidáceae*
× **Odontobrássia** hort. (*Brássia* × *Odontoglóssum*) - f. - *Orchidáceae*
× **Odontocídium** hort. (*Odontoglóssum* × *Oncídium*) - n. - *Orchidáceae*
Odontoglóssum H.B.K. - n. - *Orchidáceae*
1. **a͞ureum** (Lindl.) Garay (*Oncídium a͞ureum* Lindl.) ⌂K V-VI *, Peru
2. **bictoniénse** (Batem.) Lindl. ⌂K IX-X *, Mex. bis El Salv.
3. **blándum** Rchb. f. ⌂K *, Kol.
- *brevifólium: Otoglóssum* 1
4. **cariníferum** Rchb. f. ⌂K III-IV *, Costa R.
5. **cervantésii** Llave et Lex. ⌂K XI-III *, Mex. bis Guat.
6. **cirrhósum** Lindl. ⌂K IV-V *, Ek., Peru
- *citrósmum:* 30
7. **constríctum** Lindl. ⌂K X-XII *, Venez., Kol., Ek.
8. **convallarioídes** (Schlechter) Ames et Correll ⌂K IX-XI *, Costa R.
9. **cordátum** Lindl. (*O. ho͞okeri* Lem.) ⌂K VII-VIII *, Mex., Guat., El Salv., Hond., Costa R., Venez.
10. **críspum** Lindl. ⌂K II-IV *, Kol. (Mit vielen Naturhybriden und Sorten)
11. **cristátum** Lindl. ⌂K IV-V *, Kol., Ek.
12. **cruéntum** Rchb. f. ⌂K *, Kol., Ek.
13. **edwárdii** Rchb. f. ⌂K II-III *, Ek.
- *gránde: Rosioglóssum* 1
14. **hállii** Lindl. ⌂K III-IV *, Kol., Ek., Peru
15. **harryánum** Rchb. f. ⌂K VII-VIII *, Kol. bis Peru
16. **hastilábium** Lindl. ⌂K IV-VII *, Kol.
- *ho͞okeri:* 9
17. **hunnewelliánum** Rolfe ⌂K X-IV *, Kol.
- *insle͞ayi: Rosioglóssum* 2
18. **krámeri** Rchb. f. ⌂K *, Costa R., Pan.
19. **la͞eve** Lindl. ⌂K VI-VIII *, Mex., Guat.
20. **lindleyánum** Rchb. f. ⌂K V-VII *, Kol.
21. **londesboroughiánum** Rchb. f. ⌂K XI bis XII *, Mex.
22. **loxénse** F.C. Lehm. et Kraenzl. ⌂K *, Ek.
23. **luteopurpúreum** Lindl. ⌂K III-VI *, Kol.
24. **maculátum** Llave et Lex. ⌂K III-IV *, Mex. bis Guat.
25. **majále** Rchb. f. (*O. platyche͞ilum* Weathers) ⌂K *, Guat.
26. **nevadénse** Rchb. f. ⌂K *, Kol.
27. **nóbile** Rchb. f. (*O. pescatórei* Lindl.) ⌂K III-V *, Kol.
28. **odorátum** Lindl. ⌂K III-V *, Venez., Kol.
29. **oerstédii** Rchb. f. ⌂K II-V *, Costa R.
30. **péndulum** (Llave et Lex.) Batem. (*O. citrósmum* Lindl.) ⌂K *, Mex.
- *pescatórei:* 27
- *phalaenópsis: Miltoniópsis* 1
- *platyche͞ilum:* 25
31. **pulchéllum** Lindl. D ⌂K II-IV *, Guat.
32. **reichenhe͞imii** Lind. et Rchb. f. ⌂K *, Mex.
- *ro͞ezlii: Miltoniópsis* 2
- *róseum: Cochlióda* 2
33. **róssii** Lindl. ⌂K II-IV *, Mex., Guat., Nicar.
34. **sanderiánum** Rchb. f. ⌂K *, Venez., Kol.
- *schlieperiánum: Rosioglóssum* 3
35. **stellátum** Lindl. ♃ ⌂K *, Mex.
36. **triúmphans** Rchb. f. ⌂K III-V *, Kol.
37. **úro-skínneri** Lindl. ⌂K VII-IX *, Guat., Hond.
- *vexillárium: Miltoniópsis* 3
- *williamsiánum: Rosioglóssum* 4
- *warscewíczii: Miltoniópsis* 4

Odontonéma Nees - n. - *Acantháceae*
1. **schomburgkiánum** (Nees) O. Kuntze) (*Thyrsacánthus schomburgkiánus* Nees, *T. rútilans* Planch.) ♄ ⌂W XII-I, Kol.

× **Odontónia** hort. (*Miltónia* × *Odontoglóssum*; × *Miltoglóssum* hort.) - f. - *Orchidáceae*
Odontospérmum marítimum: Asteríscus 1
- *seríceum: Asteríscus* 3

Oeceóclades Lindl. - f. - *Orchidáceae*
1. **maculáta** (Lindl.) Lindl. (*Eulophídium maculátum* (Lindl.) Pfitz., *Eulóphia maculáta* (Lindl.) Rchb. f.) ♃ ⌂W VIII-X *, Flor., Westind., trop. S-Am., im trop. Afr. von Seneg. bis Angola u. Zimb. im S u. Sansib. u. Pemba im O

Oehmea: Mammillária
– *nelsónii: Mammillária* 69
Oemléria Rchb. (*Osmarónia* Greene) – f. – *Rosáceae*
1. **cerasifórmis** (Torr. et A. Gray ex Hook. et Arn.) Landon (*Osmarónia cerasifórmis* (Torr. et A. Gray ex Hook. et Arn.) Greene, *Nuttállia cerasifórmis* Torr. et A. Gray ex Hook. et Arn.) ♄ V, N-Am.: Br. Kol. bis Kalif.

Oenánthe L. – f. – *Umbellíferae*
Rebendolde
1. **aquática** (L.) Poir. (*Phellándrium aquáticum* L., *O. phellándrium* Lam.) – Wasserfenchel, Roßkümmel ⊙ ☠ VI–VIII Ⓝ, Eur., W-As., Sib.
2. **javánica** (Bl.) DC. ⊙ Ⓝ, Vorderind. bis Mal. Arch., Phil., China, Korea, Jap., Austral.
– *phellándrium:* 1

Oenocárpus Mart. – m. – *Pálmae*
1. **bacába** Mart. ♄ Ⓦ Ⓝ, Amaz. bis Guay., Surin.

Oenothéra L. – f. – *Onagráceae*
Nachtkerze
1. **acaúlis** Cav. (*O. taraxacifólia* Sweet) ⊙–♃ D △ ∧ VI–X, Chile
2. × **aréndsii** Silva Tarouca et Schneid. (*O. rósea* × *O. speciósa*) ♃ △ ∧ VI bis IX
3. **biénnis** L. (*Ónagra biénnis* (L.) Scop.) – Schinkenkraut, Rapontikawurzel ⊙ VII–IX Ⓝ, N-Am. bis Mex., in Eur., Kl. As., Neuseel. eingebürg.
4. **caespitósa** Nutt. (*Pachýlophus caespitósus* (Nutt.) Spach) ⊙–♃ △ ∧ VI - VIII, USA: S-Dak. bis Wash., südl. bis Color., Nev. u. Kalif.
5. **drummóndii** Hook. (*Raimánnia drummóndii* (Hook.) Rose) ⊙–⊙ VII–VIII, Tex. bis NO-Mex.
6. **erythrosépala** Borb. (*O. lamarckiána* de Vries non Ser.) ⊙ VI–IX, Wild unbek., in W- u. M-Eur. sowie N-Am. eingebürg.
7. **fruticósa** L. (*O. lineáris* Michx., *Knéiffia fruticósa* (L.) Spach) ♃–♄ VI bis VIII, USA: Mass. bis N.Y., Mich. u. Missouri, südl. bis Flor. u. Okla.
– *fruticósa* var. *yóungii:* 13
– *gláuca:* 13
8. **-Hybriden** ♃ VI–IX (Zusammenfassung verschiedener Sorten unbekannter Herkunft)
– *lamarckiána:* 6
– *lineáris:* 7
– *macrocárpa:* 9
9. **missouriénsis** Sims (*O. macrocárpa* Nutt., *Megaptérium missouriénse* (Sims) Spach) ♃ ⟿ △ VI–IX, USA: Missouri u. Kans. bis Tex.
10. **perénnis** L. (*O. púmila* L., *Knéiffia púmila* (L.) Spach) ⊙–♃ V–VIII, N-Am.: Neufundl. bis Manit., südl. bis Del., Virg., Georg., W-Virg. u. Missouri
– *púmila:* 10
11. **rósea** L'Hérit. ex Ait. (*Hartmánnia rósea* (L'Hérit. ex Ait.) G. Don) ⊙ bis ♃ Ⓐ oder ∧ VI–VII, Tex. bis Peru, in S-Eur. eingebürg.
12. **speciósa** Nutt. (*Xylopléurum speciósum* (Nutt.) Raimann, *Hartmánnia speciósa* (Nutt.) Small) ⊙–♃ ∧ VI bis IX, USA: Missouri u. Kans. bis Tex.; Mex., in den SO-USA eingebürg.
– *taraxacifólia:* 1
13. **tetragóna** Roth (*O. fruticósa* var. *yóungii* L.H. Bailey, *Knéiffia tetragóna* (Roth) Pennell)
var. **fráseri** (Pursh) Munz (*O. gláuca* Michx.) ♃ V–VIII, USA: S-Appalach.
var. **tetragóna** ♃ VI–VIII, USA: N.Y. bis Ill., südl. bis Georg., Tenn., eingebürg. östl. bis Maine u. N. Scot.

Óftia Adans. – f. – *Scrophulariáceae* (früher zu den *Myoporáceae* gerechnet)
1. **africána** (L.) Bocq. (*O. jasmínum* (Medik.) Wettst.) ♄ i Ⓚ IV–IX, S-Afr.

Oldenbúrgia Less. – f. – *Compósitae*
1. **arbúscula** DC. ♄ i Ⓚ, S-Afr.

Ólea L. – f. – *Oleáceae*
Ölbaum, Olive
– *aquifólium: Osmánthus* 7
1. **europáea** L. – Ölbaum, Olivenbaum
ssp. **africána** (Mill.) P.S. Green (*O. africána* Mill., *O. chrysophýlla* Lam.) ♄ i Ⓚ, S- u. trop. Afr., SW-China

ssp. **europǽa** (*O. satíva* Hoffmgg. et Link) ♄ i ⌂ VII–VIII ® Off., Nur in Kult. bek.
ssp. **sylvéstris** (Mill.) Rouy (*O. oleáster* Hoffmgg. et Link, *O. europǽa* var. *oleáster* (Hoffmgg. et Link) DC., var. *sylvéstris* (Mill.) Brot., ssp. *oleáster* (Hoffmgg. et Link) Negodi) ♄ i ⌂ VII–VIII, Kanar., Med., Port., Krim, Kauk., Vord. As.

Oleándra Cav. - f. - *Oleandráceae*
1. **articuláta** (Sw.) K.B. Presl (*O. nodósa* (Willd.) K.B. Presl) ♃ ⏦ ⌂, Trop. SO-As.

Oleária Moench - f. - *Compósitae*
1. **angustifólia** Hook. f. ♄ i ⌂ VII–VIII, Neuseel.
2. **argophýlla** (Labill.) F. v. Muell. ♄ i ⌂ VII–VIII, SO-Austral., Tasm.
3. **erubéscens** (DC.) Dipp. ♄ i ⌂ V–VI, S-Austral., Vict., Neusüdwal., Tasm.
- *fórsteri:* 9
- *gunniána:* 14
4. × **hāástii** Hook. f. (*O. avicenniifólia* (Raoul) Hook. f. × *O. moscháta*) ♄ i ⌂ VII–VIII
- *insígnis: Pachystégia* 1
5. **macrodónta** Bak. ♄ i ⌂ VII–VIII, Neuseel.
6. **moscháta** Hook. f. ♄ D i ⌂ VII–VIII, Neuseel.
7. **nummulariifólia** (Hook. f.) Hook. f. ♄ i ⌂, Neuseel.
8. **odoráta** Petrie ♄ i ⌂ VII–VIII, Neuseel.
9. **paniculáta** (J.R. et G. Forst.) Druce (*O. fórsteri* (Hook. f.) Hook. f.) ♄ i ⌂, Neuseel.
- *phlogopáppa:* 14
10. **ramulósa** (Labill.) Benth. ♄ i ⌂ I–III, Austral., Tasm.
11. **semidentáta** Decne. ex Hook. f. ♄ i ⌂ VII–VIII, Chatham
12. **solándri** Hook. f. ♄ i ⌂ VIII–X, Neuseel.
13. **speciósa** Hutchins. ♄ i ⌂ IV–V, Austral.
14. **stelluláta** (Labill.) DC. (*O. gunniána* Hook. f., *O. phlogopáppa* (Labill.) DC.) ♄ i ⌂ VI, Tasm.

Olférsia corcovadénsis: Polybótrya 1
Oliveránthus élegans: Echevéria 12
Olmédia lǽvis: Pseudolmédia 1
Omalánthus: Homalánthus
Omalothéca hoppeána: Gnaphálium 1
- *norvégica: Gnaphálium* 2
- *supína: Gnaphálium* 3

Omphalódes Mill. - f. - *Boragináceae*
1. **cappadócica** (Willd.) DC. ♃ △ ∧ IV bis V, Kl. As., W-Kauk.
2. **linifólia** (L.) Moench ⊙ VI–IX, SW-Eur., W-Med.
3. **lucíliae** Boiss. ♃ △ V–VI, S- u. M-Griech., Anat.
- *lusitánica:* 4
4. **nítida** Hoffmgg. et Link (*O. lusitánica* auct. non (L.) Pourr. ex Lange) ♃ △ ∧ V–VI, N-Port., NW-Span.
5. **vérna** Moench - Gedenkemein ♃ IV bis V, SO-Alp., südl. bis N-Apenn. u. M-Rum., in W- u. M-Eur. eingebürg.

Ónagra biénnis: Oenothéra 3
× **Oncidaréttia** hort. (*Comparéttia* × *Oncídium*; × *Oncidéttia* hort.) - f. - *Orchidáceae*
× **Oncidásia** hort. (*Aspásia* × *Oncídium*; × *Aspásium* hort.) - f. - *Orchidáceae*
× **Oncidénia** hort. (*Macradénia* × *Oncídium*) - f. - *Orchidáceae*
× *Oncidéttia:* × *Oncidaréttia*
× **Oncidéza** hort. (*Gomésa* × *Oncídium*) - f. - *Orchidáceae*
× *Oncidguézia:* × *Rodricídium*
× **Oncidióda** hort. (*Cochlióda* × *Oncídium*) - f. - *Orchidáceae*

Oncídium Sw. - n. - *Orchidáceae*
1. **altíssimum** (Jacq.) Sw. ⌂ IV–VII ✱, Mart., St. Vincent
2. **ampliátum** Lindl. ⌂ IV–V ✱, Guat. bis Pan., Kol., Ek., Peru, Venez., Trin.
3. **ansíferum** Rchb. f. ⌂ - ⌂ XI–I ✱, Guat., Costa R., Pan.
- *ǽureum: Odontoglóssum* 1
4. **bicallósum** Lindl. ⌂ VIII–X ✱, Mex., Guat., El Salv.
5. **brachyándrum** Lindl. (*O. graminifólium* Lindl.) ⌂ V–VII ✱, Mex., Guat.
6. **bracteátum** Rchb. f. et Warsc. ⌂ ✱, Costa R., Pan.
- *bryolophótum:* 21
7. **carthagenénse** (Jacq.) Sw. ⌂ V–VI

∗, Westind., Flor. durch Mex. u. M-Am. bis Pan., nördl. S-Am.: Kol., Venez.
8. **cavendishiánum** Batem. Ⓦ IV-V ∗, Mex., Guat., Hond.
9. **cebolléta** (Jacq.) Sw. (*O. sprúcei* Lindl.) Ⓦ XI-V ∗, Trop. Am.
10. **cheiróphorum** Rchb. f. Ⓚ X-XII ∗, Pan., Kol.
11. **cóncolor** Hook. (*O. unguiculátum* Klotzsch non Lindl.) Ⓦ IV-V ∗, Bras.: Rio de Jan. u. Minas Gerais
12. **cornígerum** Lindl. Ⓦ VIII-IX ∗, Bras.
13. **críspum** Lodd. Ⓦ IX-XII ∗, Bras.
- *cucullátum:* 38
14. **dasystýle** Rchb. f. Ⓦ V-VII ∗, Bras.
15. **divaricátum** Lindl. Ⓦ IX-X ∗, Bras.
16. **excavátum** Lindl. Ⓦ IX-X ∗, Peru, Ek.
17. **flexuósum** Sims Ⓦ IX-XII ∗, Bras., Arg., Parag.
18. **forbésii** Hook. Ⓦ IX-XI ∗, Bras.
19. **gárdneri** Lindl. Ⓦ VI-VII ∗, Bras.
- *graminifólium:* 5
- *guttátum:* 30
20. **harrisoniánum** Lindl. Ⓦ V ∗, Bras.
21. **heteránthum** Poepp. et Endl. (*O. bryolophótum* Rchb. f.) Ⓦ IV-VII ∗, Costa R., Pan., Venez., Kol., Ek., Peru, Bol.
22. **híans** Lindl. Ⓦ IX-X ∗, Bras.
23. **incúrvum** Barker ex Lindl. Ⓦ IX-XI ∗, Mex.
24. **jonesiánum** Rchb. f. Ⓦ VIII-X ∗, Bras., Parag.
25. **krameriánum** Rchb. f. Ⓦ I-XII ∗, Costa R., Pan., Ek., Peru
26. **lanceánum** Lindl. Ⓦ VI-VIII ∗, Bras., Guay., Venez., Trin.
27. **leucochílum** Batem. ex Lindl. Ⓦ I bis V ∗, Mex., Guat., Hond.
28. **liebmánnii** Rchb. f. ex Kraenzl. Ⓦ ∗, Mex.
29. **lóngipes** Lindl. Ⓦ III-V ∗, Bras.: Orgelgebg.
30. **lúridum** Lindl. (*O. guttátum* Rchb. f.) Ⓦ V-VIII ∗, Flor., Mex., durch M-Am. bis Hond., nördl. S-Am., Westind.
31. **macránthum** Lindl. Ⓚ V-VII ∗, Kol., Ek., Peru
32. **maculátum** (Lindl.) Lindl. Ⓦ V-VII ∗, Mex., Guat., Hond.
33. **marshalliánum** Rchb. f. Ⓦ V-VI ∗, Bras.
34. **microchílum** Batem. ex Lindl. Ⓦ VI bis VII ∗, Guat.
35. **nánum** Lindl. Ⓦ IV-V ∗, Guay., Venez., Bras., Peru
36. **nubígenum** Lindl. Ⓦ XII-I ∗, Kol., Ek., Peru
37. **oblongátum** Lindl. Ⓚ ∗, Mex., Guat.
38. **oliváceum** H.B.K. (*O. cucullátum* Lindl.) Ⓚ VII-VIII ∗, Ek.
39. **onústum** Lindl. Ⓦ IV-V ∗, Pan.
40. **ornithorhýnchum** H.B.K. Ⓚ X-XI ∗, Mex., Guat., El Salv., Costa R.
41. **papílio** Lindl. Ⓦ I-XII ∗, Trin., Venez., Kol., Ek., Peru
42. **phalaenópsis** Lind. et Rchb. f. Ⓚ XII bis IV ∗, Ek.
43. **phymatochílum** Lindl. Ⓦ IV-VI ∗, Mex., Guat., Bras.
44. **praetéxtum** Rchb. f. Ⓦ VII ∗, Bras.?
45. **púbes** Lindl. Ⓦ VI-VIII ∗, Bras.: Rio de Jan., Minas Gerais, Paraná
46. **pulvinátum** Lindl. Ⓦ VII-VIII ∗, Bras.
47. **púmilum** Lindl. Ⓚ IV-V ∗, S-Bras.
- *pusíllum: Psygmórchis* 1
48. **refléxum** Lindl. Ⓦ IX-X ∗, Mex., Guat.
- *rogérsii:* 60
49. **sánderae** Rolfe Ⓚ VII-VIII ∗, Peru
50. **sarcódes** Lindl. Ⓦ IV-V ∗, Bras.
51. **schilleriánum** Rchb. f. ♃ Ⓦ VIII-X ∗, Bras.
52. **serrátum** Lindl. Ⓦ VII-VIII ∗, Peru
53. **sphacelátum** Lindl. Ⓦ IV-VI ∗, Mex. bis El Salv.
54. **sphegíferum** Lindl. Ⓦ VII-VIII ∗, Bras.
55. **spléndidum** A. Rich. ex Duchartre Ⓦ X-XII ∗, Mex.
- *sprúcei:* 9
56. **stenótis** Rchb. f. Ⓦ XII-II ∗, Nicar. bis Ek.
57. **stramíneum** Batem. ex Lindl. Ⓦ IV bis VI ∗, Mex.
58. **supérbiens** Rchb. f. Ⓚ IV-V ∗, Venez., Kol.
59. **tigrínum** Llave et Lex.
   var. **tigrínum** Ⓚ X-XII ∗, Mex.
   var. **unguiculátum** (Lindl.) Lindl. (*O. unguiculátum* Lindl.) Ⓦ X-XII ∗,

Mex.
- *unguiculátum* Klotzsch: 11
- *unguiculátum* Lindl.: 59
60. **varicósum** Lindl.
var. **rogérsii** (hort. ex Batem.) Rchb. f. (*O. rogérsii* hort. ex Batem.) ⌂ X bis I ∗, Bras.
61. **vólvox** Rchb. f. ⌂ IX–X ∗, Venez.
62. **wentworthiánum** Batem. ex Lindl. ⌂ VI–VIII ∗, Mex., Guat.
× **Oncidpília** hort. (*Oncídium* × *Trichopília*) - f. - *Orchidáceae*
Ongókea Pierre - f. - *Olacáceae*
1. **góre** (Hua) Pierre (*O. klaineána* Pierre) - „Angueuk" ♄ ⌂ ®, Äquat. W-Afr.
× **Onoára** hort. (*Ascocéntrum* × *Renanthéra* × *Vánda* × *Vandópsis*) - f. - *Orchidáceae*
Onóbrychis Mill. - f. - *Leguminósae*
1. **viciifólia** Scop. (*Hedýsarum onóbrychis* L., *O. satíva* Lam.) - Esparsette, Hahnenkamm ♃ V–VII ®, Heimat unbek., vielleicht M-Eur., in vielen Teilen Eur. eingebürg.
Onocléa L. - f. - *Onocleáceae*
Perlfarn
1. **sensíbilis** L. ♃ ~, N-Am.: Neufundl. u. S-Labr. bis Manit., südl. bis Flor., Louis. u. Tex.; O-As.; in Engl. u. Schottl. stellenweise eingebürg.
- *struthiópteris*: *Mattéuccia* 3
Onónis L. - f. - *Leguminósae*
Hauhechel
- *cenísia*: 1
1. **cristáta** Mill. (*O. cenísia* L.) ♃ ~ △ ∧ VI–IX, SW-Alp., M-Apenn., Span., N-Afr.
2. **fruticósa** L. ♄ △ ∧ VI–VIII, M- u. O-Span., M-Pyren., SO-Frankr., Alger.
3. **nátrix** L. ♃ △ VII–VIII, S- u. W-Eur., Schw., Kaiserstuhl, Med., N-Afr.
4. **répens** L. ♃ ~ VI–VII, Eur., Marok., W-Kl. As.
5. **rotundifólia** L. ♄ △ ∧ V–IX, SO-Span. bis O-Österr., M-Ital.
6. **spinósa** L. - Hauhechel ♃ ~ V–IX Off., W-, M- u. S-Eur., Med., N-Afr., Vord. As., M-As.
Onopórdum L. - n. - *Compósitae*
Eselsdistel
1. **acánthium** L. ⊙ VII–IX, Eur. (außer N), Vord. As. bis Iran u. Dsung., im östl. N-Am. eingebürg.
2. **acaúlon** L. ⊙ ∧ VII–VIII, Gebg. S-, M- u. O-Span., Pyren., W-Med.
3. **bracteátum** Boiss. et Heldr. ⊙ VII bis VIII, S-Balk., Ägäis, Kl. As.
4. **illýricum** L. ⊙ VII–VIII, Med., Port., S-Bulg.
5. **taúricum** Willd. (*O. viscósum* Hornem. ex Spreng., *O. vírens* DC.) ⊙ VII–VIII, SO-Eur.
- *vírens*: 5
- *viscósum*: 5
Onóseris Willd. - f. - *Compósitae*
1. **onoseroídes** (H.B.K.) Robins. (*Isótypus onoseroídes* H.B.K., *O. isótypus* Benth. et Hook. f.) ♄ ⌂ I–V, S-Mex., Guat., Hond., Pan., Kol., N-Venez.
Onósma L. - n. - *Boragináceae*
Lotwurz, Goldtropfen
1. **alboróseum** Fisch. et C.A. Mey. ♃ △ ∧ V - VI, Kl. As.
2. **bourgaéi** Boiss. ♃ △ ∧ V–VI, Arm.
3. **echioídes** L. ♃ △ ∧ V–VI ▽, Ital., Siz., W-Balk.
4. **seríceum** Willd. ♃ △ ∧ V–VI, Anat. bis Iran
5. **sieheánum** Hayek ♃ △ ∧ V–VI, Kilik. Taurus
6. **stellulátum** Waldst. et Kit. ♃ △ V–VI ▽, W-Jugosl.
7. **taúricum** Pall. ex Willd. ♃ ▽ ∧ V bis VI ▽, SO-Eur.
Onýchium Kaulf. - n. - *Cryptogrammáceae*
Klauenfarn
1. **japónicum** (Thunb.) Kunze ♃ i ⌂, Jap., S-Korea, China, Taiw., Malak. bis Ind., auf den Azor. eingebürg.
Oóphytum N.E.Br. - n. - *Aizoáceae*
1. **ovifórme** (N.E.Br.) N.E.Br. ♃ ⌂, Kap
Operculína Silva Manso - f. - *Convolvuláceae*
- *dissécta*: *Merrémia* 1
1. **macrocárpa** (L.) Urb. (*Convólvulus macrocárpus* L., *Merrémia macrocárpa* (L.) Roberty) ♃ ®, Bras., Westind.
- *tuberósa*: *Merrémia* 3
2. **túrpethum** (L.) Silva Manso (*Convólvulus túrpethum* L., *Ipomóea túrpethum* (L.) R.Br., *Merrémia túrpethum* (L.) Rendle) ♄ ☠, Trop. O-Afr. u. S-

As. bis Austral. u. Polyn.

Ophioglóssum L. – n. – *Ophioglossáceae* Natternzunge, Natternfarn
1. **péndulum** L. ♃ ⌇ ⓦ, Jap., Taiw., Phil., Malays. bis Ind. u. Ceyl., Polyn., Austral., Madag., Seych.
2. **vulgátum** L. ♃, Nördl. Halbk., südl. bis trop. W- u. M-Afr., Burma, Mex.

Ophiopógon Ker-Gawl. – m. – *Liliáceae* Schlangenbart
1. **jabúran** (Kunth) Lodd. ♃ i ⓚ VII bis VIII, Jap., Riukiu-Ins.
2. **japónicus** (L. f.) Ker-Gawl. (*Convallária japónica* L. f.) ♃ i ∧ ⓚ VII bis VIII, Jap., Korea, S-China, Phil.
– *muscári: Liríope* 1
3. **planiscápus** Nakai ♃ i ♣ ⓚ ⓐ V–VI, Jap.
– *spicátus: Liríope* 2

Óphrys L. emend. R. Br. – f. – *Orchidáceae* Kerfstendel
– *adrachnítes:* 3
1. **apífera** Huds. ♃ VI–VII ▽ ∗, S-, W- u. M-Eur., nördl. bis N-Irl., Med., Kauk., Transkauk., Kl. As., Iran, Isr., N-Afr.
– *arachnítes:* 3
– *aranífera:* 6
– *fuciflóra:* 3
2. **fúsca** Link ♃ ⓚ IV–V ▽ ∗, Med., M- u. S-Port., SW-Rum.
3. **holosérica** (Burm. f.) Greuter (*Órchis fuciflóra* Crantz, *Órchis holosérica* Burm. f., *Óphrys fuciflóra* (F. W. Schmidt) Moench, *Óphrys arachnítes* (Scop.) Reichard non Lam. nec *Óphrys adrachnítes* Mill.) ♃ VI ▽ ∗, S-, W- u. M-Eur., nördl. bis S-Engl. u. M-Tschechosl., Med., Kl. As., Syr.
4. **insectífera** L. emend. L. (*O. muscífera* Huds.) ♃ V–VI ▽ ∗, Fast ganz Eur. (außer SO)
– *muscífera:* 4
5. **spéculum** Link ♃ ⓚ V ▽ ∗, Med., M- u. S-Port.
– *sphecódes:* 6
6. **sphegódes** Mill. (*O. aranífera* Huds., *O. sphecódes* auct.) ♃ IV–VI ▽ ∗, W-, M- u. S-Eur., nördl. bis S-Engl. u. M-Deutschl., östl. bis Krim, Kl. As., Kauk., Med., N-Afr.

Ophthalmophýllum Dint. et Schwant. – n. – *Aizoáceae*
1. **friedríchiae** (Dint.) Dint. et Schwant. ♃ ⓚ, Namib.
– *hérrei:* 2
2. **lóngum** (N. E. Br.) Tisch. (*O. hérrei* Lavis) ♃ ⓚ, Kap
3. **schúldtii** Schwant. ♃ ⓚ, Namib.

Opithándra B. L. Burtt – f. – *Gesneriáceae*
1. **primuloídes** (Miq.) B. L. Burtt ♃ ⓚ V–VI, Jap.

Oplísmenus P. Beauv. – m. – *Gramíneae*
– *crus-gálli: Echinóchloa* 2
– *crus-pavónis: Echinóchloa* 3
1. **hirtéllus** (L.) P. Beauv. (*Panícum hirtéllum* L., *O. imbecíllis* hort. non (R. Br.) Reiss. et Seem.) ♃ i ⁓ ⌇ ⓚ, Mex. u. Westind. bis Arg., Afr., Polyn.
– *imbecíllis* hort.: 1
2. **imbecíllis** (R. Br.) Reiss. et Seem. ♃ i ⁓ ⌇ ⓦ, O-Austral., Neuseel., Polyn.

Oplópanax (Torr. et A. Gray) Miq. – m. – *Araliáceae*
1. **hórridus** (Sm.) Miq. (*Echinópanax hórridus* (Sm.) Sm. ex J. G. Cooper) ♄ ⁓ ∧ VII–VIII, N-Am.: Ont., N-Mich., Alaska bis Mont. u. Kalif.; Jap.

Opópanax W. D. J. Koch – m. – *Umbellíferae*
1. **chirónium** (L.) W. D. J. Koch – Gummiwurz ♃ ⓚ VI–VII ®, W- u. M-Med., N- u. M-Balk., SO-Rum.

× *Opsilaélia*: × *Laeópsis*

× **Opsisánda** hort. (*Vánda* × *Vandópsis*; × *Tanakára* hort. 1947, non 1952; × *Vandopsivánda* hort.) – f. – *Orchidáceae*

× **Opsisánthe** hort. (*Euánthe* × *Vandópsis*) – f. – *Orchidáceae*

Opúntia Mill. (einschl. *Austrocylindropúntia* Bckbg., *Brasiliopúntia* (K. Schum.) Berger, *Consólea* Lem., *Cylindropúntia* (Engelm.) F. M. Knuth, *Grusónia* F. Reichenb. ex K. Schum., *Nopálea* Salm-Dyck, *Tephrocáctus* Lem.) – f. – *Cactáceae* Opuntie, Feigenkaktus
1. **acanthocárpa** Engelm. et Bigel. (*Cylindropúntia acanthocárpa* (Engelm.

et Bigel.) F. M. Knuth) ♄ Ⓚ ✻, USA: Nev., Ariz., Kalif.; Mex.
2. **alexándri** Britt. et Rose (*Tephrocáctus alexándri* (Britt. et Rose) Bckbg., *T. halóphilus* (Spegazz.) Bckbg., *T. riojána* Bckbg., *O. halóphila* Spegazz.) Ⓚ ✻, Arg.
3. **andícola** Pfeiff. (*Tephrocáctus andícola* (Pfeiff.) Lem., *T. glomerátus* (Haw.) Bckbg. var. *andícola* (Pfeiff.) Bckbg.) Ⓚ ✻, Arg.
4. **aoracántha** Lem. (*Tephrocáctus aoracánthus* (Lem.) Lem., *T. articulátus* (Pfeiff. ex Otto) Bckbg. var. *ovátus* (Pfeiff.) Bckbg.) Ⓚ ✻, W-Arg.
5. **aurantíaca** Gill. ex Lindl. (*O. exténsa* Salm-Dyck) ♄ ⟿ Ⓚ ✻, Urug., Arg., in O-Austral. verwild.
6. **azúrea** Rose ♄ Ⓚ ✻, Mex.
7. **basiláris** Engelm. et Bigel. ♄ Ⓚ ✻, USA: Utah, Ariz., Nev., Kalif.; NW-Mex.: Sonora
8. **beckeriána** K. Schum. ♄ Ⓚ ✻, Heimat unbek.
9. **bergeriána** F. A. C. Web. ex Berger ♄ bis ♄ Ⓚ ✻, Heimat unbek., an der ital. Riviera verwild.
10. **bigelóvii** Engelm. (*Cylindropúntia bigelóvii* (Engelm.) F. M. Knuth) ♄ Ⓚ ✻, USA: S-Nev. bis Kalif., Ariz.; Nied. Kalif.
11. **bradtiána** (Coult.) K. Brandeg. (*Grusónia bradtiána* (Coult.) Britt. et Rose, *G. cereifórmis* F. Reichenb.) Ⓚ, N-Mex.: Coahuila
12. **brasiliénsis** (Willd.) Haw. (*Brasiliopúntia brasiliénsis* (Willd.) Berger) ♄ Ⓚ ✻, Mittl. S-Am.
13. **brúchii** Spegazz. (*Tephrocáctus brúchii* (Spegazz.) Spegazz., *T. alexándri* (Britt. et Rose) Bckbg. var. *brúchii* (Spegazz.) Bckbg.) Ⓚ ✻, Arg.
14. **brunnéscens** Britt. et Rose ♄ Ⓚ ✻, N-Arg.
- *camánchica:* 57
15. **chólla** F. A. C. Web. (*Cylindropúntia chólla* (F. A. C. Web.) F. M. Knuth) ♄ Ⓚ ✻, Nied. Kalif.
16. **clavarioídes** Pfeiff. (*Cylindropúntia clavarioídes* (Pfeiff.) F. M. Knuth, *Austrocylindropúntia clavarioídes* (Pfeiff.) Bckbg.) ♄ Ⓚ ✻, Arg.
17. **cochenillífera** (L.) Mill. (*Cáctus cocheníllifer* L., *Nopálea cochenillífera* (L.) Salm-Dyck) ♄ Ⓚ Ⓝ ✻, Heimat unbek., alte Kulturpfl.
18. **compréssa** (Salisb.) Macbr. (*O. humifúsa* (Raf.) Raf., *O. rafinésquei* Engelm.) ♃ ⟿ ✻, N-Am.: Mass. bis Ont. u. Mont., südl. bis S-Carol., Georg., Alab., Miss. u. Okla.
19. **corrugáta** Salm-Dyck (*Tephrocáctus corrugátus* (Salm-Dyck) Bckbg., *O. longispína* Haw. var. *corrugáta* (Salm-Dyck) Bckbg., *O. microdísca* F. A. C. Web.) Ⓚ ✻, NW-Arg.
20. **cylíndrica** (Lam.) DC. (*Cylindropúntia cylíndrica* (Lam.) F. M. Knuth, *Austrocylindropúntia cylíndrica* (Lam.) Bckbg.) ♄ Ⓚ ✻, S-Ek., Peru
- *decumána:* 46
21. **decúmbens** Salm-Dyck Ⓚ ✻, Mex., Guat.
22. **diademáta** Lem. (*Tephrocáctus diademátus* (Lem.) Lem., *T. articulátus* (Pfeiff. ex Otto) Bckbg. var. *diademátus* (Lem.) Bckbg.) Ⓚ ✻, W-Arg.
23. **dillénii** (Ker-Gawl.) Haw. ♄ Ⓚ ✻, SO-Küste der USA, Berm., Westind., N-Venez.
24. **durangénsis** Britt. et Rose ♄ Ⓚ ✻, Mex.
25. **eláta** Link et Otto ♄–♄ Ⓚ ✻, Bras., Parag.
26. **engelmánnii** Salm-Dyck ♄ Ⓚ ✻, Südstaaten der USA bis N-Mex.
27. **erinácea** Engelm. et Bigel.
var. **erinácea** ♄ Ⓚ ✻, USA: Kalif., Nev., Utah, Ariz., New Mex.
var. **utahénsis** (Engelm.) L. Bens. (*O. rhodántha* K. Schum.) ♄ ⟿ ✻, USA: Nebr. bis Utah, südl. bis New Mex., Kalif.
- *exténsa:* 5
28. **fícus-índica** (L.) Mill. - Feigenopuntie ♄ Ⓚ Ⓝ ✻, Ursprüngl. Heimat unbek., in den Trop. u. Subtrop., auch im Med., in S-Flor. u. Berm., häufig eingebürg.
29. **floccósa** Salm-Dyck (*Tephrocáctus floccósus* (Salm-Dyck) Bckbg.) Ⓚ ✻, M-Peru bis Bol.
30. **frágilis** (Nutt.) Haw. ♄ ⟿ ✻, N-Am.: Manit. bis Br. Kol., südl. bis Tex. u. Ariz.
31. **fúlgida** Engelm. (*Cylindropúntia fúl-*

gida (Engelm.) F.M. Knuth) ♄ ⓚ ∗, Ariz., Mex.
32. **glomeráta** Haw. (*Tephrocáctus glomerátus* (Haw.) Bckbg., *O. hypogǣa* Werderm.) ⓚ ∗, N-Arg.
- *halóphila:* 2
- *herrféldtii:* 64
33. **hickénii** Britt. et Rose (*Tephrocáctus hickénii* (Britt. et Rose) Spegazz.) ⓚ ∗, S-Arg.
- *hóssei:* 53
- *humifúsa:* 18
- *hypogǣa:* 32
34. **hyptiacántha** F.A.C. Web. ♄ ⓚ ∗, Mex.
35. **imbricáta** (Haw.) DC. (*Cylindropúntia imbricáta* (Haw.) F.M. Knuth) ♄ ⓚ ∗, USA: Color. bis New Mex.; Mex.
- *inérmis:* 69
36. **invícta** K. Brandeg. ♄ ⓚ ∗, Nied. Kalif.
37. **kléiniae** DC. (*Cylindropúntia kléiniae* (DC.) F.M. Knuth) ♄ ⓚ ∗, USA: Tex. bis Ariz.; N- u. M-Mex.
38. **kuehnrichiána** Werderm. et Bckbg. (*Tephrocáctus kuehnrichiánus* (Werderm. et Bckbg.) Bckbg.) ⓚ ∗, M-Peru
- *labouretiána:* 46
39. **lagópus** K. Schum. (*Tephrocáctus lagópus* (K. Schum.) Bckbg.) ⓚ ∗, Peru, Bol.
40. **leptocáulis** DC. (*Cylindropúntia leptocáulis* (DC.) F.M. Knuth) ♄ ⓚ ∗, USA: Tex. bis Ariz.; N-Mex.
41. **leucótricha** DC. ♄ ⓚ ∗, M-Mex.
- *longispína* var. *corrugáta:* 19
42. **macracántha** Griseb. (*Consólea macracántha* (Griseb.) Britt.) ⓚ ∗, Kuba
43. **macrocéntra** Engelm. (*O. violácea* Engelm. var. *macrocéntra* (Engelm.) L. Bens.) ♄ ⓚ ∗, USA: W-Tex. bis Ariz.; N-Mex.
44. **marénae** Parsons ♄ ⓚ ∗, NW-Mex.: Sonora
45. **marnieriána** Bckbg. ♄ ⓚ ∗, Mex.
46. **máxima** Mill. (*O. decumána* (Willd.) Haw., *O. labouretiána* Console) ♄ ⓚ ∗, Heimat unbek., im Med. gelegentl. eingebürg.
47. **megacántha** Salm-Dyck ♄ ⓚ ⓦ ∗, Mex.
48. **micródasys** (Lehm.) Pfeiff. - Goldopuntie ♄ ⓚ ∗, M- u. N-Mex.
- *micródasys* var. *rúfida:* 64
- *microdísca:* 19
49. **mieckléyi** K. Schum. ♄ ⓚ ∗, Parag.
50. **miquélii** Monv. (*Cylindropúntia miquélii* (Monv.) Bckbg., *Austrocylindropúntia miquélii* (Monv.) Bckbg.) ♄ ⓚ ∗, Chile
- *missouriénsis:* 59
- *monacántha:* 76
51. **moniliórmis** (L.) Haw. (*Consólea monilifórmis* (L.) Britt.) ⓚ ∗, Haiti
52. **páchypus** K. Schum. (*Cylindropúntia páchypus* (K. Schum.) Bckbg., *Austrocylindropúntia páchypus* (K. Schum.) Bckbg.) ♄ ⓚ ∗, Peru
53. **paedióphila** Castell. (*O. hóssei* (Krainz et Gräser) G.D. Rowl., *Tephrocáctus hóssei* Krainz et Gräser, *T. articulátus* (Pfeiff. ex Otto) Bckbg. var. *polyacánthus* (Spegazz.) Bckbg.) ⓚ ∗, W-Arg.
54. **pailána** Weingt. ♄ ⓚ ∗, Mex.
55. **pentlándii** Salm-Dyck (*Tephrocáctus pentlándii* (Salm-Dyck) Bckbg.) ⓚ ∗, Bol.
56. **péstifer** Britt. et Rose ⓚ ∗, M-Ek. bis M-Peru
57. **phaeacántha** Engelm. (Sehr vielgestaltige Art)
var. **camánchica** (Engelm. et Bigel.) Borg (*O. camánchica* Engelm. et Bigel.) ♄ ⟿ ∗, USA: Color. u. Tex. bis New Mex. u. Ariz.
var. **phaeacántha** ♄ ∗, USA: Tex. bis Ariz.; N-Mex.
58. **platyacántha** Salm-Dyck (*Tephrocáctus platyacánthus* (Salm-Dyck) Lem.) ⓚ ∗, Arg.
59. **polyacántha** Haw. (*O. missouriénsis* DC.) ♄ ⟿ ∗, N-Am.: N-Dak. bis Alb. u. Wash., südl. bis Tex., Ariz.; N-Mex.
60. **pycnántha** Engelm. ♄ ⓚ ∗, Nied. Kalif.
- *rafinésquei:* 18
61. **rauppiána** K. Schum. (*Tephrocáctus rauppiánus* (K. Schum.) Bckbg., *T. sphǣricus* (Först.) Bckbg. var. *rauppiánus* (K. Schum.) Bckbg.) ⓚ ∗, Arg.

- *rhodántha:* 27
62. **robústa** H. L. Wendl. ♄ ⓚ ✱, M-Mex.
63. **rubéscens** Salm-Dyck (*Consólea rubéscens* (Salm-Dyck) Lem.) ⓚ ✱, Westind.
64. **rúfida** Engelm. (*O. herrféldtii* Kupper, *O. micródasys* var. *rúfida* (Engelm.) K. Schum.) ♄ ⓚ ✱, Tex., N-Mex.
65. **salmiána** Pfeiff. (*Cylindropúntia salmiána* (Pfeiff.) F. M. Knuth, *Austrocylindropúntia salmiána* (Pfeiff.) Bckbg.) ♄ ⓚ ✱, Bras., Parag., O-Arg., Bol.
- *salmiána* var. *spegazzínii:* 67
66. **schéerii** F. A. C. Web. ♄ ⓚ ✱, M-Mex.: Queretaro
67. **spegazzínii** F. A. C. Web. (*Cylindropúntia spegazzínii* (F. A. C. Web.) Bckbg., *Austrocylindropúntia spegazzínii* (F. A. C. Web.) Bckbg., *A. salmiána* (Pfeiff.) Bckbg. var. *spegazzínii* (F. A. C. Web.) Bckbg.) ♄ ⓚ ✱, N-Arg.
68. **spinosíssima** (Martyn) Mill. (*Consólea spinosíssima* (Martyn) Lem.) ♄ ⓚ ✱, Jam.
69. **stricta** (Haw.) Haw. (*O. inérmis* (DC.) DC.) ♄ ⓚ ✱, USA: S-Tex., Flor.; Kuba, an der Küste von SO-Frankr. eingebürg.
70. **strobilifórmis** Berger (*Tephrocáctus strobilifórmis* (Berger) Bckbg., *T. articulátus* (Pfeiff. ex Otto) Bckbg. var. *inérmis* (Spegazz.) Bckbg.) ⓚ ✱, W-Arg.
71. **subuláta** (Mühlpf.) Engelm. (*Cylindropúntia subuláta* (Mühlpf.) F. M. Knuth, *Austrocylindropúntia subuláta* (Mühlpf.) Bckbg.) ♄ ⓚ ✱, S-Peru
72. **tomentósa** Salm-Dyck ♄ ⓚ ✱, Mex.
73. **tunicáta** (Lehm.) Link et Otto (*Cylindropúntia tunicáta* (Lehm.) F. M. Knuth) ♄ ⓚ ✱, Tex., Mex., in Ek. bis Chile eingebürg.
74. **verschafféltii** Cels (*Cylindropúntia verschafféltii* (Cels) Bckbg., *Austrocylindropúntia verschafféltii* (Cels) Bckbg.) ♄ ⓚ ✱, Bol., N-Arg.
75. **vestíta** Salm-Dyck (*Cylindropúntia vestíta* (Salm-Dyck) Bckbg., *Austrocylindropúntia vestíta* (Salm-Dyck) Bckbg.) ♄ ⓚ ✱, Bol.
- *violácea* var. *macrocéntra:* 43
76. **vulgáris** Mill. non auct. mult. (*O. monacántha* (Willd.) Haw.) ♄ ⓚ ✱, Bras. bis Arg., an der Küste von SO-Frankr. sowie in vielen trop. u. subtrop. Gebieten eingebürg.
77. **xanthostémma** K. Schum. ♄ ⁓ ✱, USA: Color.

Órbea Haw. (*Stultítia* (Phillips) Phillips) - f. - *Asclepiadáceae*
1. **cóoperi** (N. E. Br.) Leach (*Stapélia cóoperi* N. E. Br., *Stultítia cóoperi* (N. E. Br.) Phillips) ⓚ, SO-Kap
2. **tapscóttii** (Verdoorn) Leach (*Stapélia tapscóttii* Verdoorn, *Stultítia tapscóttii* (Verdoorn) Phillips) ⓚ, Botsw., Transv., Kap
3. **variegáta** (L.) Haw. (*Stapélia variegáta* L.) ⓚ, SO-Kap
4. **verrucósa** (Masson) Leach (*Stapélia verrucósa* Masson) ⓚ, S-Afr.

Orbígnya Mart. ex Endl. - f. - *Pálmae*
1. **cohúne** (Mart.) Dahlgr. ex Standl. (*Attálea cohúne* Mart.) ♄ ⓦ Ⓝ, Mex., M-Am.
2. **phaleráta** Mart. ♄ i ✂ ⓦ, Bol.
3. **spectábilis** (Mart.) Burret (*Attálea spectábilis* Mart.) ♄ ⓦ Ⓝ, Bras.

Orchidántha N. E. Br. - f. - *Lowiáceae*
1. **maxillarioídes** (Ridl.) K. Schum. ♃ i ⓦ, Pulan Tawor

Órchis L. - f. - *Orchidáceae* Knabenkraut
1. **corióphora** L. ♃ VI–VIII ▽ ✱, S-, M- u. O-Eur., nördl. bis Belg. u. Lit., Med., NW-Afr.
- *eláta: Dactylorhíza* 1
- *fúchsii: Dactylorhíza* 3
- *fuciflóra: Óphrys* 3
- *holosérica: Óphrys* 3
- *incarnáta: Dactylorhíza* 2
- *latifólia: Dactylorhíza* 4
- *maculáta: Dactylorhíza* 3
- *majális: Dactylorhíza* 4
2. **máscula** (L.) L. ♃ V–VI ▽ ✱, Skand. bis S-Eur., Med., Vord. As., N-Afr.
3. **militáris** L. ♃ V–VI ▽ ✱ Ⓝ, Von S-Engl. u. NW-Rußl. bis nördl. M-Span., M-Ital. u. Bulg., Kl. As., Kauk., Sib.
4. **mório** L. ♃ V–VI ▽ ✱ Ⓝ, S- u. M-Eur., nördl. bis N-Engl., S-Norw. u.

Estl., östl. bis M-Rußl., Sib., Kl. As., Kauk., Iran, Syr., Med., NW-Afr.
5. **purpúrea** Huds. ♃ V–VI ▽ ✻, S-, M- u. O-Eur., von Dänem. südl. bis N- u. S-Span., Sard., N-Griech. u. Krim, Kl. As., Kauk., Med., NW-Afr.
- *sambucína: Dactylorhíza* 5
- *strictifólia: Dactylorhíza* 2
6. **ustuláta** L. ♃ V–VII ▽ ✻, S-, M- u. O-Eur., Ural, Kauk., W-Sib.

Oreocéreus (Berger) Riccob. (einschl. *Arequípa* Britt. et Rose, *Morawétzia* Bckbg.) - m. - *Cactáceae*
1. **celsiánus** (Salm-Dyck) Riccob. (*Pilocéreus celsiánus* Salm-Dyck, *O. neocelsiánus* Bckbg.) Ⓚ ✻, Gebg. NW-Arg. u. Bol.
- *celsiánus* var. *fossulátus:* 3
- *celsiánus* var. *hendrikseniánus:* 5
- *celsiánus* var. *tróllii:* 6
2. **doelziánus** (Bckbg.) Borg (*Morawétzia doelziána* Bckbg., *Borzicáctus doelziánus* (Bckbg.) Kimn.) Ⓚ ✻, M-Mex.
3. **fossulátus** (Labour.) Bckbg. (*Pilocéreus fossulátus* Labour., *Cleistocáctus fossulátus* (Labour.) Mottram, *O. celsiánus* var. *fossulátus* (Labour.) Krainz) Ⓚ ✻, Bol.
4. **hempeliánus** (Gürke) D.R. Hunt (*Arequípa hempeliána* (Gürke) Oehme, *A. weingartiána* Bckbg., *O. rettígii* (Quehl) Buxb.) Ⓚ ✻, Gebg. S-Perus u. N-Chiles
5. **hendrikseniánus** Bckbg. (*O. celsiánus* var. *hendrikseniánus* (Bckbg.) Krainz) Ⓚ ✻, S-Peru, N-Chile
- *neocelsiánus:* 1
- *rettígii:* 4
6. **tróllii** (Kupper) Bckbg. (*O. celsiánus* var. *tróllii* (Kupper) Krainz) Ⓚ ✻, S-Bol., N-Arg.

Oreodóxa olerácea: Roystónea 1
- *régia: Roystónea* 2

Oreoherzógia: Rhámnus 3, 11, 12

Oreópanax Decne. et Planch. - m. - *Araliáceae*
Bergaralie
1. **andreánus** March. ♄ i Ⓚ, Ek.
2. **dactylifólius** (Lindl.) hort. (*Arália dactylifólia* Lindl.) ♄ - ♄ i Ⓚ I–III, Mex.
3. **nymphaeifólius** Decne. et Planch. (*Arália nymphaeifólia* (Decne. et Planch.) hort.) ♄–♄ i Ⓚ I–III, Guat.
- *reticulátus: Méryta* 1

Oreópteris limbospérma: Thelýpteris 3

Oríganum L. - n. - *Labiátae*
Dost
1. **amánum** G.E. Post ♃ △ ∧ Ⓐ VII bis VIII, Amanus
2. **dictámnus** L. (*Amáracus dictámnus* (L.) Benth.) - Diptamdosten ♄ Ⓚ Ⓐ ▭ VII–VIII, Kreta
- *heracleóticum:* 9
3. × **hýbridum** Mill. (*O. dictámnus* × *O. sipýleum*; *O. pulchéllum* Boiss., *Amáracus pulchéllus* (Boiss.) Briq.) ♃ △ bis Ⓐ VII, Vord. As.
4. **laevigátum** Boiss. ♃ △ ∧ VIII–IX, Amanus, Zyp.
5. **majorána** L. (*Majorána horténsis* Moench) - Majoran ⊙–⊙ - ♃ VI Ⓝ, N-Afr., Med., Zyp., W-Anat., SW-As., östl. bis Vorderind., in S-Eur. stellenweise eingebürg.
6. **onítes** L. (*Majorána oníte*s (L.) Benth.) ♄ Ⓚ Ⓝ, O-Med.
- *pulchéllum:* 3
7. **rotundifólium** Boiss. ♃ ∧–Ⓐ VII bis VIII, Arm.
8. **scábrum** Boiss. et Heldr. (*Amáracus scáber* (Boiss. et Heldr.) Briq.)
ssp. **púlchrum** (Boiss. et Heldr.) P.H. Davis (*Amáracus púlcher* (Boiss. et Heldr.) Briq.) ♃ △ ∧ (besser Ⓐ) VII–VIII, S-Griech.
ssp. **scábrum** ♃ △ ∧ (besser Ⓐ) VII bis VIII, S-Griech.
9. **vulgáre** L.
ssp. **víride** (Boiss.) Hayek (*O. heracleóticum* L.p.p.) ♄ Ⓚ Ⓝ, Pak., Ind. bis O-China
ssp. **vulgáre** ♃ VII–IX Ⓝ, Eur., Sib., Kl. As., Iran, Him., Taiw., im nordöstl. N-Am. eingebürg. (Mit einigen Sorten, z.B. 'Compactum')

Oríxa Thunb. - f. - *Rutáceae*
1. **japónica** Thunb. ♄ V, Jap., S-Korea, China

Órmenis nóbilis: Chamaemélum 1

Ornithídium Salisb. - n. - *Orchidáceae*
1. **coccíneum** Salisb. Ⓦ VI–VII ✻, Westind.
2. **dénsum** (Lindl.) Rchb. f. (*Maxillária*

dénsa Lindl.) Ⓦ I–IV ✱, Mex., Guat.
3. **sophronítis** Rchb. f. Ⓦ V–IX ✱, Venez.

Ornithocéphalus Hook. - m. - *Orchidáceae*
1. **grandiflórus** Hook. Ⓦ VII–VIII ✱, Bras.
2. **iridifólius** Rchb. f. Ⓦ ✱, Mex., Guat.

Ornithógalum L. - n. - *Liliáceae*
Milchstern
1. **arábicum** L. (*O. corymbósum* Ruiz et Pav.) ♃ ✂ Ⓚ, Med., Port.
- *caudátum:* 3
2. **cónicum** Jacq. (*O. lácteum* Jacq.) ♃ Ⓚ VI–VII, Kap
- *corymbósum:* 1
- *lácteum* Jacq.: 2
- *lácteum* Vill.: 4
- *latifólium:* 7
3. **longibracteátum** Jacq. (*O. caudátum* Ait.) ♃ i Ⓚ, S-Afr.
4. **narbonénse** L. (*O. lácteum* Vill. non Jacq., *O. pyrenáicum* Desf. non L., *O. pyramidále* ssp. *narbonénse* (L.) Aschers. et Graebn.) ♃ VI–VII, Med., Frankr., SO-Eur., Kauk.
5. **nútans** L. ♃ IV–V, SO-Eur., Vord. As., in M-Eur. eingebürg.
6. **pyramidále** L. ♃ VI–VII, Med., im südl. M-Eur. eingebürg.
- *pyramidále* ssp. *narbonénse:* 4
- *pyrenáicum* Desf.: 4
7. **pyrenáicum** L. (*O. latifólium* L.) ♃ VI–VII, W-, südl. M- u. S-Eur., Kauk., Vord. As.
8. **saundérsii** Bak. - Riesenchincherinchee ♃ ✂ Ⓚ I–V, S-Afr.
9. **thyrsoídes** Jacq. - „Chincherinchee“ ♃ ✂ Ⓚ VI–VIII, Kap
10. **umbellátum** L. - Stern von Bethlehem ♃ IV–V, Med., Kauk., Vord. As., N-Afr., in M-Eur. sowie im östl. u. mittl. N-Am. eingebürg.

Ornithóphora radícans: Sigmatóstalyx 1

Orníthopus L. - m. - *Leguminósae*
1. **satívus** Brot. - Serradella ⊙ VI–VII Ⓝ, SW-Eur., W-Med., NW-Afr., im nördl. M-Eur. u. in Rußl. stellenweise eingebürg.

Orobánche L. - f. - *Orobancháceae*
Sommerwurz
1. **álba** Steph. ex Willd. (*O. epíthymum* DC.) - Quendelsommerwurz ♃ IV bis IX, Eur., nördl. bis Schottl., Belg., M-Rußl., W-As. bis Kauk., Him., N-Afr.
2. **amethýstea** Thuill. ♃ V–VI, S-, W- u. westl. M-Eur., Med., Vord. As. bis Iran
- *caerúlea:* 7
3. **crenáta** Forssk. (*O. speciósa* DC.) ⊙ VI–VII, S-Eur., Med.
- *epíthymum:* 1
4. **grácilis** Sm. ♃ V–VII, S-, W- u. M-Eur. bis Transkauk., NW-Afr.
5. **héderae** Duby - Efeusommerwurz ♃ VI–VIII, W-, S- u. südl. M-Eur., nördl. bis Irl., Med., N-Afr., Kl. As.
6. **lucórum** A. Braun - Hainsommerwurz ♃ VII–VIII, O-Alp. u. Vorland
7. **purpúrea** Jacq. (*Phelypǣa caerúlea* (Vill.) C. A. Mey., *O. caerúlea* Vill.) ♃ VI–VII, Eur. bis Transkauk., Kanar., Med., NW-Afr.
8. **ramósa** L. (*Phelypǣa ramósa* (L.) C. A. Mey.) - Hanftod ⊙ VI–VIII, S- u. südl. M-Eur., Med., Kasp. Meer, Rotes Meer, Pers. Golf, NW-Afr., S-Afr., im W- u. im nördl. M-Eur. eingebürg.
- *speciósa:* 3
9. **teúcrii** Holandre - Gamandersommerwurz ♃ VI–VII, Belg. bis Karp., südl. bis N-Span. u. Pyren., N-Ital., Jugosl., M-Rum., Med.

Órobus lúteus: Láthyrus 4
- *níger: Láthyrus* 10
- *vérnus: Láthyrus* 17

Oróntium L. - n. - *Aráceae*
Goldkeule
1. **aquáticum** L. ♃ ≈ V–VI, USA: Mass. bis Kent., südl. bis Flor. u. Louis.

Oróstachys Fisch. ex Berger - m. - *Crassuláceae*
Sternwurz
1. **malacophýllus** (Pall.) Fisch. ex Sweet (*Cotylédon malacophýlla* Pall., *Umbilícus malacophýllus* (Pall.) DC.) ♃ △ VI–VII, O-Sib. bis S-Korea
2. **spinósus** (L.) Sweet (*Cotylédon spinósa* L., *Umbilícus spinósus* (L.) DC.) ♃ △ VI–VII, Sib., Mongol., Altai, W-Tib.

Oróxylum Vent. – n. – *Bignoniáceae*
1. **índicum** (L.) Kurz ♄ i ✂ ⌂ Ⓝ, Ind. bis Malays.

Oróya Britt. et Rose – f. – *Cactáceae*
1. **peruviána** (K. Schum.) Britt. et Rose (*O. neoperuviána* Bckbg.) ⌂ ✻, M-Peru

Órphium E. Mey. – n. – *Gentianáceae*
1. **frutéscens** (L.) E. Mey. ♄ ⌂ VII bis VIII, Kap

Orthóphytum Beer – n. – *Bromeliáceae*
1. **foliósum** L.B. Sm. ♃ ⌂, Bras.
2. **navioídes** (L.B. Sm.) L.B. Sm. ♃ ⌂, O-Bras.
3. **rúbrum** L.B. Sm. ♃ ⌂, O-Bras.
4. **saxícola** (Ule) L.B. Sm. ♃ ⌂, O-Bras.

Orthosíphon Benth. – m. – *Labiátae*
1. **aristátus** (Bl.) Miq. (*O. spicátus* (Thunb.) Backer, Bakh. f. et Steenis non Benth., *O. stamíneus* Benth.) ♃ ⌂ VII–VIII Off., Ind., Malak., Phil. bis Austral. (Queensl.), trop. Am.

Orthostémon sellowiánus: Ácca 1

Orthrosánthus Sweet – m. – *Iridáceae*
1. **chimboracénsis** (H.B.K.) Bak. ♃ ⌂ VI, And. Mex. bis Perus
2. **multiflórus** Sweet ♃ ⌂ VI–VII, S- u. SW-Austral.

Orychophrágmus Bunge – m. – *Crucíferae*
1. **violáceus** (L.) O.E. Schulz (*O. sonchifólius* Bunge, *Moricándia sonchifólia* (Bunge) Ledeb.) ⊙ – ⊙ VII bis VIII, Temp. As.

Orýza L. – f. – *Gramíneae*
- *clandestína: Leérsia* 1
- *oryzoídes: Leérsia* 1
1. **satíva** L. – Reis ⊙ ≈ Ⓝ Off., Alte Kulturpfl., Herkunft: SO-As., N-Austral., trop. Afr.

Oryzópsis: Piptátherum
- *miliácea: Piptátherum* 1

Osbéckia L. – f. – *Melastomatáceae*
1. **stelláta** Wall. ♄ ⌂ VII–VIII, Ind. bis China

Osculária Schwant. – f. – *Aizoáceae*
1. **deltoídes** (L.) Schwant. ♄ ⌂ VII–IX, Kap

Osmánthus Lour. – m. – *Oleáceae* Duftblüte
- *aquifólium:* 7
1. **armátus** Diels ♄ i D ⌂ VII, W-China
2. × **burkwoódii** (Burkw. et Skipw.) P.S. Green (*O. decórus* × *O. delaváyi*; × *Osmárea burkwoódii* Burkw. et Skipw.) ♄ i D IV–V
3. **decórus** (Boiss. et Bal.) Kasapl. (*Phillýrea decóra* Boiss. et Bal., *P. vilmoriniána* Boiss. et Bal. ex Boiss.) ♄ i V, Vord. As.
4. **delaváyi** Franch. (*Siphonosmánthus delaváyi* (Franch.) Stapf) ♄ i ⌂ IV, W-China
- *forréstii:* 9
5. × **fortúnei** Carr. (*O. frágrans* × *O. heterophýllus*) ♄ i D ⌂
6. **frágrans** (Thunb.) Lour. ♄ i D ⌂ VI bis VIII Ⓝ, Jap., SW-China, O-Him.
7. **heterophýllus** (G. Don) P.S. Green (*Ólea aquifólium* Sieb. et Zucc., *Osmánthus aquifólium* (Sieb. et Zucc.) Benth. et Hook. f., *O. ilicifólius* (Hassk.) hort. ex Carr.) ♄ i D IX–X, Jap., Taiw.
- *ilicifólius:* 7
8. **serrulátus** Rehd. ♄ i D ⌂ III–IV, Him., W-China
9. **yunnanénsis** (Franch.) P.S. Green (*O. forréstii* Rehd.) ♄ i D ⌂, W-China

× *Osmárea burkwoódii: Osmánthus* 2

Osmarónia: Oemléria
- *cerasifórmis: Oemléria* 1

× **Osmentára** hort. (*Broughtónia* × *Cattléya* × *Laeliópsis*) – f. – *Orchidáceae*

Osmúnda L. – f. – *Osmundáceae* Königsfarn
1. **cinnamómea** L. (*O. imbricáta* Kunze) – Zimtfarn ♃, Östl. N-Am.: Neufundl. bis Minn., südl. bis Flor. u. Tex.; Mex. bis Bras., Westind., O-As.
2. **claytoniána** (*O. interrúpta* Michx.) – Teufelsfarn ♃, Östl. N-Am.: Neufundl. bis Manit., südl. bis Virg., Georg., Kent. u. Ark.; Korea, Mandsch., Ussuri, Taiw., SW-China bis Him.
- *imbricáta:* 1
- *interrúpta:* 2
3. **regális** L. – Königsfarn ♃ ≈ ▽, Nördl. u. südl. Halbk. (fehlt Austral. u. SO-As.)
(Mit mehreren Sorten wie 'Cris-

tata', 'Gracilis' (var. *grácilis* (Link) Hook.), 'Purpurascens')
- *regális* var. *grácilis:* 3

Osteoméles Lindl. - f. - *Rosáceae*
- *anthyllidifólia:* 1
1. **schweríniae** Schneid. (*O. anthyllidifólia* Franch. non Lindl.)
var. **microphýlla** Rehd. et Wils. ♄ i ⌂ III–IV, W-China
2. **subrotúnda** K. Koch ♄ i ⌂ III–IV, SO-China

Osteospérmum L. - n. - *Compósitae*
1. **barbériae** (Harv.) Norl. (*Dimorphothéca barbériae* Harv.) ♃–♄ ∧ - ⌂, S-Afr.
2. **ecklónis** (DC.) Norl. (*Dimorphothéca ecklónis* DC.) ♄–♄ (in Kultur ⊙) VII bis IX, S-Afr.

Ostrówskia Regel - f. - *Campanuláceae*
1. **magnífica** Regel ♃ △ ∧ VII–VIII, Turkest.

Óstrya Scop. - f. - *Betuláceae*
Hopfenbuche
1. **carpinifólia** Scop. ♄ IV–V ®, S-, SO- u. südl. M-Eur., Kl. As.
2. **japónica** Sarg. ♄, Jap., Korea, China
3. **virginiána** (Mill.) K. Koch ♄, N-Am.: N. Scot. bis Manit., südl. bis Flor. u. Tex.; Mex., Guat.

Otacánthus Lindl. - m. - *Scrophulariáceae*
1. **coerúleus** Lindl. ♃ ⌂ IV–VIII, Bras.

Otánthus Hoffmgg. et Link - m. - *Compósitae*
1. **marítimus** (L.) Hoffmgg. et Link (*Diótis marítima* (L.) Desf. ex Cass., *D. candidíssima* Desf.) ♃ ⟿ ⌂ VIII bis IX, Küsten S- u. W-Eur., nördl. bis Irl.; NW-Afr.

Otátea (McClure et E. W. Sm.) Calderon et Soderstrom - f. - *Gramíneae*
1. **acumináta** (Munro) Calderon et Soderstrom (*Arundinária acumináta* Munro) ♄ i ⌂, Mex.

Othónna L. - f. - *Compósitae*
1. **capénsis** L. H. Bailey (*O. crassifólia* Harv. non L.) ♃ ⟿ ⌂, Kap
2. **carnósa** Less. ♃ ⌂ VII–VIII, Kap
- *cheirifólia: Hértia* 1
- *crassifólia:* 1
3. **euphorbioídes** Hutchins. ♄ i ⌂, Kap
- *pusílla: Senécio* 35
4. **retrórsa** DC. ♃ ⌂ I–X, Kap

Othonnópsis cheirifólia: Hértia 1

Otoglóssum (Schlechter) Garay et Dunsterv. - n. - *Orchidáceae*
1. **brevifólium** (Lindl.) Garay et Dunsterv. (*Odontoglóssum brevifólium* Lindl.) ⌂ I–XII ✻, Kol., Peru, Ek.

Ottélia Pers. - f. - *Hydrocharitáceae*
1. **alismoídes** (L.) Pers. (*O. japónica* Miq.) ♃ ≈ ⌂, Trop. u. subtrop. As., N-Austral., Salom., Ägypt.
- *japónica:* 1
2. **ulvifólia** Walp. ♃ ≈ ⌂, Zimb., Sambia, W-Afr.

Ourísia Comm. ex Juss. - f. - *Scrophulariáceae*
1. **coccínea** (Cav.) Pers. ♃ ⌂ V–IX, Chile
2. **élegans** Phil. ♃ ⌂–⌂ VII–VIII, Chile
3. **macrophýlla** Hook. ♃ ⌂ VII, Neuseel.

Ouvirándra fenestrális: Aponogéton 8

Óxalis L. - f. - *Oxalidáceae*
Sauerklee
1. **acetosélla** L. - Waldsauerklee ♃ ☠ IV–V, Eur. bis Sib., Kauk., M-As. bis Jap.
2. **adenophýlla** Gill. ♃ △ ∧ IV, Chile, W-Arg.
3. **articuláta** Savigny
ssp. **rúbra** (St.-Hil.) Lourt. (*O. rúbra* St.-Hil.) ♃ ⌂ IX–XI, Arg., Parag.
- *bowieána:* 4
4. **bowíei** Herb. (*O. bowieána* hort., *O. purpúrea* hort. non L., *O. purpuráta* Jacq. var. *bowíei* (Herb.) Sond.) ♃ ⌂, Kap
5. **braziliénsis** Lodd. ex Westc. et Knowl. ♃ ⌂ V, Bras.
- *carnósa:* 17
- *cérnua:* 19
6. **corniculáta** L. - Hornsauerklee ⊙ IV–X, S-Eur., Med., Vord. As., weltweit verschleppt u. oft eingebürg.
7. **corymbósa** DC. (*O. martiána* Zucc.) ♃ ⌂, Trop. Am.
'Aureoreticulata' ♃ ⌂
8. **déppei** Lodd. ex Sweet (*O. esculénta* Otto et A. Dietr.) - Glücksklee ♃ ⌂ VIII–X, Mex.
9. **dillénii** Jacq. (*O. strícta* L. p. p.) ♃ VI bis X, N-Am.: Prince Edward Isl. u. Maine bis Br. Kol., südl. bis Flor. u.

Tex.; Mex., in S-, W- u. M-Eur. eingebürg.
10. **enneaphýlla** Cav. ♃ D △ ∧ IV, Falkl., Patag.
- *esculénta:* 8
- *europǣa:* 11
11. **fontána** Bunge (*O. strícta* L. p. p., *O. europǣa* Jord.) ♃ VI–X, N-Am.: Queb. bis N-Dak. u. Color., südl. bis Georg., Tenn., Okla. u. Ariz., O-As., in Eur. eingebürg.
12. **hedysaroídes** H. B. K. ♄ i ⌂W I–XII, Venez., Kol., Ek.
'Rubra' - Fire Tree
13. **hírta** L. ♃ ⌂K X–III, Kap
14. **lasiándra** Zucc. ♃ ⌂K VIII–X, Mex.
15. **latifólia** H. B. K. ♃ ⌂K, Mex., südl. bis Peru, Westind.
16. **magellánica** G. Forst. ♃ ⌂K IV–V, Südl. S-Am., S-Austral., Neuseel.
- *martiána:* 7
17. **megalorrhíza** Jacq. (*O. carnósa* Mol.) ♄ ⌂K I–XII, Chile, Bol., Peru, Galápag.
18. **ortgíesii** Regel ♄ i ⌂W, And. Perus
19. **pes-cáprae** L. (*O. cérnua* Thunb.) ♃ ⌂K, S-Afr., im Med. u. in W-Eur., den Kanar. sowie den Trop. u. Subtrop. eingebürg.
- *purpuráta* var. *bowíei:* 4
- *purpúrea* hort.: 4
20. **purpúrea** L. (*O. variábilis* Jacq.) ♃ ⌂K X–XII, Kap, in SW-Eur. eingebürg.
21. **regnéllii** Miq. ♃ ⌂K, Peru, Bras., Bol., Parag., Arg.
22. **rósea** Jacq. ⊙ VI–VIII, Chile
- *rúbra:* 3
23. **ruscifórmis** Mikan ♄ i ⌂W, Bras.
- *strícta:* 9, 11
24. **succulénta** Barnéoud ♃ ⌂K, Chile, Peru
25. **tetraphýlla** Cav. non hort. nec Link et Otto - Glücksklee ♃ ⌂K VII–VIII, Mex., in Frankr., Österr. u. Jugosl. eingebürg.
26. **trianguláris** St.-Hil. ♃ ⌂K, Bras.
27. **tuberósa** Mol. ♃ ⌂K Ⓝ, And., von Kol. bis Bol., Chile, nur kult. bek.
28. **valdiviénsis** Barnéoud ⊙ VII bis VIII, Chile
- *variábilis:* 20
29. **versícolor** L. ♃ ⌂K II–III, Kap
30. **vespertiliónis** Zucc. ♃ ⌂K, Mex.

Oxándra A. Rich. - f. - *Annonáceae*
1. **lanceoláta** (Sw.) Baill. - „Lancewood" ♄ ⌂W Ⓝ, Trop. S.-Afr.

Oxyánthus DC. - m. - *Rubiáceae*
1. **formósus** Hook. f. ♄ i D ⌂W, Trop. Afr.

Oxycóccus macrocárpos: Vaccínium 8
- *palústris: Vaccínium* 12

Oxydéndrum DC. - n. - *Ericáceae*
Sauerbaum
1. **arbóreum** (L.) DC. (*Andrómeda arbórea* L.) ♄ VII–VIII Ⓝ, USA: Penns. bis S-Indiana, südl. bis Flor. u. Louis.

Oxylóbium Andr. - n. - *Leguminósae*
1. **lineariifólium** (G. Don) Domin (*O. callístachys* hort. non (F. v. Muell.) Benth.) ♄ i ⌂K VII–VIII, W-Austral.

Oxypétalum R. Br. - n. - *Asclepiadáceae*
1. **caerúleum** (D. Don) Decne. (*Twéedia caerúlea* D. Don) ♄ i § ⌂K VI–IX, S-Bras., Urug.

Oxýria Hill - f. - *Polygonáceae*
Säuerling
1. **dígyna** (L.) Hill ♃ △ VII–IX, Arkt. Eur., As. u. N-Am. einschl. Grönl., Hochgebg., von Pyren. bis Alp. u. Kl. As., Kauk., M- u. O-As., Rocky Mount., Kask. Gebg., Sierra Nev.

Oxýtropis DC. - f. - *Leguminósae*
Spitzkiel
1. **campéstris** (L.) DC. (*Astrágalus campéstris* L.) ♃ △ VI–VIII, N-Eur., N-As., Pyren., Alp., Karp., nördl. N-Am. (in den Rocky Mount. südl. bis Color.)
2. **hálleri** Bunge ex W. D. J. Koch (*Astrágalus seríceus* Lam. p. p., *O. serícea* (Lam.) Simonkai non Nutt.) ♃ △ ∧ VI–VIII, N-Span., Pyren., Alp., Karp., Schottl., O-Alban.
3. **jacquínii** Bunge (*Astrágalus montánus* auct. non L., *O. montána* auct. ssp. *jacquínii* (Bunge) Hayek) ♃ △ VII–VIII, Alp., Franz. Jura
- *montána* ssp. *jacquínii:* 3
- *serícea:* 2

Ozothámnus R. Br. - m. - *Labiátae*
1. **rosmarinifolius** (Labill.) DC. (*Helichrýsum rosmarinifólium* (Labill.) DC.) ♄ i ⌂K ✂ VI, Tasm., SO-Austral.

Pábstia Garay - f. - *Orchidáceae*
1. **jugósa** (Lindl.) Garay (*Cólax jugósus* (Lindl.) Lindl.) ♃ ⌂ V–VII ∗, Bras.

Pachíra Aubl. - f. - *Bombacáceae*
1. **aquática** Aubl. (*P. macrocárpa* (Cham. et Schlechtend.) Walp., *Carolínea macrocárpa* Cham. et Schlechtend.) ♄ ⌂ VI, S-Mex. bis Ek., N-Peru, N-Bras.
- *fastuósa: Pseudóbombax* 1
2. **insígnis** (Sw.) Savigny (*Carolínea insígnis* Sw.) ♄ ⌂ VII–VIII ®, SW-Kol., NW-Peru, Bras., Guay.
- *macrocárpa:* 1

Pachístima: Paxístima

Pachycéreus (Berger) Britt. et Rose (einschl. *Lophocéreus* (Berger) Britt. et Rose) - m. - *Cactáceae*
1. **marginátus** (DC.) Britt. et Rose (*Marginatocéreus marginátus* (DC.) Bckbg., *Stenocéreus marginátus* (DC.) Berger et Buxb. ex Buxb., *Lemaireocéreus marginátus* (DC.) Berger) ♄ ⌂ ∗, M- u. S-Mex.
2. **pécten-aboríginum** (Engelm.) Britt. et Rose ♄ ⌂ ∗, W-Mex.
3. **prínglei** (S. Wats.) Britt. et Rose ♄ ⌂ ∗, Nied. Kalif., N-Mex.
- *queretaróensis: Stenocéreus* 5
4. **schóttii** (Engelm.) D.R. Hunt (*Céreus schóttii* Engelm., *Lophocéreus schóttii* (Engelm.) Britt. et Rose, *Pilocéreus schóttii* (Engelm.) Lem.) ♄ ⌂ ∗, NW-Mex. bis Ariz.
5. **wéberi** (Coult.) Bckbg. (*Lemaireocéreus wéberi* (Coult.) Britt. et Rose, *Stenocéreus wéberi* (Coult.) Buxb., *Ritterocéreus wéberi* (Coult.) Bckbg.) ♄ ⌂ ∗, S-Mex.

Pachycórmus Coville - f. - *Anacardiáceae*
1. **díscolor** (Benth.) Coville - Elefantenbaum ♄ ⌂, Nied. Kalif.

Pachýlophus caespitósus: Oenothéra 4

Pachýphytum Link, Klotzsch et Otto - n. - *Crassuláceae*
- *amethýstinum: Graptopétalum* 1
1. **bracteósum** Link, Klotzsch et Otto (*Echevéria bracteósa* (Link, Klotzsch et Otto) Lindl. et Paxt., *Cotylédon pachýphytum* Bak., *Echevéria pachýphytum* (Bak.) E. Morr.) ♃ i ⌂ IV bis VI, Mex.
2. **brevifólium** Rose ♃ i ⌂, Mex.
3. **compáctum** Rose ♃ i ⌂ VI, Mex.
4. **hoōkeri** (Salm-Dyck) Berger (*Diotostémon hoōkeri* Salm-Dyck, *P. uniflórum* Rose) ♃–♄ i ⌂ IV–V, Mex.
5. **longifólium** Rose ♄ i ⌂ VII–VIII, Mex.
6. **ovíferum** J.A. Purp. ♃ i ⌂ V–VI, Mex.
- *uniflórum:* 4

Pachypódium Lindl. - n. - *Apocynáceae*
1. **barónii** Cost. et Bois, N-Madag.
var. **barónii** ⌂ ∗
var. **windsórii** (H. Poiss.) Pichon ⌂ ∗
2. **brevicaūle** Bak. ⌂ ∗, Madag.
3. **densiflórum** Bak. ♄ ⌂ ∗, M-, SW- u. SO-Madag.
4. **geaȳi** Cost. et Bois ♄ ⌂ ∗, SW-Madag.
5. **horombénse** H. Poiss. ⌂ ∗, M- u. S-Madag.
6. **lamérei** Drake ♄ ⌂ ∗, S- u. SW-Madag.
7. **namaquánum** (Wyley ex Harv.) Welw. (*Adénium namaquánum* Wyley ex Harv.) ♄ ⌂ ∗, Kap, Namib.
8. **rosulátum** Bak. ⌂ ∗, N- bis S-Madag.
9. **saundérsii** N.E.Br. ♄ ⌂ ∗, S-Afr., Zimb., Moz.
10. **succuléntum** (Thunb.) A.DC. ⌂ VI bis VIII ∗, Kap

Pachyrhízus L.C. Rich. ex DC. - m. - *Leguminósae*
1. **ahípa** (Wedd.) Parodi ♃ ⌇ ⌂ ®, Wild unbek., in Bol. u. Arg. kult.
- *angulátus:* 2
2. **erósus** (L.) Urb. (*P. angulátus* L.C. Rich. ex DC.) - Yamsbohne ♃ ⌇ ⟿ ⌂ ®, Mex., M-Am., in S-Flor. u. den altweltl. Trop. eingebürg.
3. **tuberósus** (Lam.) A. Spreng. ♃ ⌇ ⌂ VII ®, Amaz., Peru, Ek., Bol.

Pachysándra Michx. - f. - *Buxáceae*
1. **axilláris** Franch. ♄ i ∧ IV, China
2. **procúmbens** Michx. ♃ i ⟿ III–IV, USA: Kent. bis Flor. u. Louis.
3. **terminális** Sieb. et Zucc. ♄ i ⟿ ⚘ IV, Jap., China

Pachýstachys Nees - f. - *Acantháceae*
1. **coccínea** (Aubl.) Nees ♄ ⌂, Westind., nördl. S-Am.

2. **lútea** Nees ♃ ☐ ⓦ III–X, Peru

Pachystégia Cheesem. – f. – *Compósitae*

1. **insígnis** (Hook. f.) Cheesem. (*Oleária insígnis* Hook. f.) ♄ i ⓚ VI–VII, Neuseel.

× **Pachyvéria** hort. Haage et Schmidt ex Berger (*Echevéria* × *Pachýphytum*; × *Echéphytum* Gossot) – f. – *Crassuláceae*
(Hierzu gehört eine ganze Reihe von Bastarden verschiedener Eltern wie × *P. pachyphytoídes* (De Smet) E. Walth., × *P. scheidéckeri* (De Smet) E. Walth., × *P. sempervivoídes* (Gossot) G. D. Rowl., × *P. spathuláta* (hort.) E. Walth.)

Pádus: Prúnus + sp. 32, 39, 40, 44, 48, 59

Paederóta L. – f. – *Scrophulariáceae*

1. **bonaróta** (L.) L. (*Verónica bonaróta* L.) ♃ △ ∧ VI–VIII, O-Alp.
2. **lútea** Scop. (*Verónica lútea* (Scop.) Wettst.) – Gelbes Mänderle ♃ △ VI bis VIII, O-Alp., Gebg. W-Jugosl.

Paeónia L. – f. – *Paeoniáceae*
Päonie, Pfingstrose

– *albiflóra:* 7

1. **anómala** L.
var. **intermédia** (C. A. Mey. ex Ledeb.) O. et B. Fedtsch. ♃ VI–VII ▽, Kola bis W-Sib. u. Altai

– *arbórea:* 16
– *arietína:* 10

2. **brotéroi** Boiss. et Reut. ♃ V ▽, S- u. W-Span., Port.
3. **cambessedésii** (Willk.) Willk. ♃ V bis VI ▽, Balear.

– *chinénsis:* 7
– *corállina:* 10

4. **coriácea** Boiss. ♃ V–VI ▽, S-Span., Marok.
5. **daúrica** Andr. (*P. triternáta* Pall.) ♃ V–VI ▽, Jugosl., Rum., Rußl., Kl. As., Iran

– *decóra:* 14

6. **delavāyi** Franch. ♄ VI, Jünn., Sinkiang

– *húmilis:* 13

7. **lactiflóra** Pall. (*P. albiflóra* Pall., *P. chinénsis* hort. Vilm., *P. sinénsis* (Sims) hort.) – Chinesische Päonie ♃ VI–VII, O-Sib., Mandsch., Korea, China, Tib.
8. **-Lactiflora-Hybriden** – Edelpäonien ♃ ✂ VI

– *lobáta:* 14

9. **lútea** Delav. ex Franch. ♄ ∧ V–VI, China, Tib.
10. **máscula** (L.) Mill. (*P. corállina* Retz.)
ssp. **arietína** (G. Anders.) Cull. et Heyw. (*P. arietína* G. Anders.) ♃ V bis VI ▽, O-Eur., Kl. As.
ssp. **máscula** ♃ V–VI ▽, S-Eur., nördl. bis nördl. M-Frankr. u. Österr., N-Afr., Kauk., Irak, Iran
11. **mlokosewítschii** Lomak. ♃ IV–V, M-Kauk.

– *moútan:* 16

12. **obováta** Maxim.
var. **willmóttiae** (Stapf) F. C. Stern (*P. willmóttiae* Stapf) ♃ VI, China
13. **officinális** L. emend. Willd.
ssp. **húmilis** (Retz.) Cull. et Heyw. (*P. húmilis* Retz., *P. peregrína* var. *húmilis* (Retz.) Huth) ♃ V–VI ▽, SW-Eur.
ssp. **officinális** ♃ V–VI ☠ ⓝ ▽, Frankr. u. Schw. bis Jugosl. u. Alban. (Dazu verschiedene Sorten)
14. **peregrína** Mill. (*P. decóra* G. Anders., *P. lobáta* Desf.) ♃ V–VI ▽, Ital., Balk., S-Rum., Kl. As.

– *peregrína* var. *húmilis:* 13

15. **potanínii** Kom.
var. **trollioídes** (Stapf ex F. C. Stern) F. C. Stern (*P. trollioídes* Stapf ex F. C. Stern) ♄ VII–VIII, Tib.

– *sinénsis:* 7

16. **suffruticósa** Andr. (*P. arbórea* Donn, *P. moútan* Sims) – Strauchpäonie ♄ V–VI, NW-China, Tib., Bhut.
17. **-Suffruticosa-Hybriden** – Strauchpäonien ♄ V–VI
18. **tenuifólia** L. ♃ ∧ V–VI ▽, SO-Eur., Kl. As., Kauk.

– *triternáta:* 5
– *trollioídes:* 15

19. **vēitchii** Lynch
var. **woodwárdii** (Stapf ex Cox) F. C. Stern (*P. woodwárdii* Stapf ex Cox) ♃ △ VI–VII, Kansu

– *willmóttiae:* 12

20. **wittmanniána** Hartwiss ex Lindl.
var. **nudicárpa** Schipcz. ♃ V, W-Kauk.
var. **wittmanniána** ♃ V, NW-Kauk.

- *woodwárdii:* 19

Paepalánthus Kunth - m. - *Eriocauláceae*
1. **elongátus** (Bong.) Koern. ♃ ✂ ⓚ, Bras.

Palafóxia Lag. - f. - *Compósitae*
1. **hookeriána** Torr. et A. Gray ⊙ VII bis X, USA: Nebr. bis Tex.
2. **texána** DC. ⊙ VII–X, Tex.

Paláquium Blanco - n. - *Sapotáceae*
1. **gútta** (Hook. f.) Baill. - Guttaperchabaum ♄ i ⓦ ®, Malak., Sum., Born.

Palāūa Cav. - f. - *Malváceae*
1. **dissécta** Benth. (*P. flexuósa* Mast.) ⊙ VI–VIII, Chile, Peru

Palisóta Rchb. ex Endl. - f. - *Commelináceae*
1. **albértii** Gentil ♃ ஃ ⓦ, Trop. Afr.
2. **bárteri** Hook. f. ♃ ஃ ⓦ, Trop. Afr.
3. **bracteósa** C.B. Clarke ♃ ஃ ⓦ, Trop. Afr.
- *elizabéthae:* 4
4. **pynāērtii** De Wild. ♃ ⓦ, Trop. Afr. 'Elizabethae' (*P. elizabéthae* Gentil) ♃ ⓦ

Paliúrus Mill. - m. - *Rhamnáceae*
1. **spína-chrísti** Mill. (*P. aculeátus* Lam., *P. austrális* Gaertn.) - Christdorn ♄ ∧ (besser ⓚ) VII, Med., Balk., Transkauk. u. Iran, Him., China, in Mallor. eingebürg.

Pánax L. - m. - *Araliáceae*
Kraftwurz, Gilgen
- *fruticósus: Polýscias* 2
1. **gínseng** C.A. Mey. (*P. schínseng* Th. Nees) - Ginseng ♃ ∧ ® Off. VI bis VIII, N- u. M-China, N-Korea, Ussuri
2. **japónicus** C.A. Mey. ♃ ∧ ® VI bis VIII, Jap., China, Vietn. bis Thail.
3. **pseudoschínseng** Wall. ♃ ∧ ® VI bis VIII, N-Ind., Nepal, Burma bis N-Vietn. u. SW-China
4. **quinquefólius** L. - Amerikanischer Ginseng ♃ ∧ VII–VIII ® *, N-Am.: Queb. bis Manit., südl. bis Flor., Alab., Louis., Okla.
- *schínseng:* 1
5. **trifólius** L. ♃ ∧ V–VI, N-Am.: Prince Edward Isl. bis Minn., südl. bis Georg., Ohio u. Nebr.

Pancrátium L. - n. - *Amaryllidáceae*
Pankrazlilie
- *caláthinum: Hymenocállis* 6
- *caribāēum: Hymenocállis* 2
1. **illýricum** L. ♃ D ⓚ oder ∧ V–VII, Kors., Sard., Capri
2. **marítimum** L. ♃ D ⓚ VII–IX ▽, Med.
- *narcissiflórum: Hymenocállis* 6
- *speciósum: Hymenocállis* 8
- *undulátum: Hymenocállis* 9

Pandánus Parkins. - m. - *Pandanáceae*
Schraubenbaum
1. **baptístii** Warb. ♄ i ⓦ, New-Brit.
2. **candelábrum** P. Beauv. ♄ i ⓦ, W-Afr.
3. **caricósus** Kurz ♄ i ⓦ, Java
4. **dúbius** Spreng. (*P. pacíficus* Veitch ex Mast.) ♄ i ⓦ, N. Guin., Moluk., Marian.
5. **furcátus** Roxb. (*P. hórridus* Bl.) ♄ i ⓦ, Ind., Burma
- *hórridus:* 5
6. **houllétii** Carr. ♄ i ⓦ, Singap.
7. **labyrínthicus** Kurz ♄ i ⓦ, Sum.
8. **latifólius** Hassk. ♄ i ⓦ ®, Moluk., Java, nur angeb. bek.
- *nítidus:* 12
- *odoratíssimus:* 13
- *odórifer:* 13
- *pacíficus:* 4
9. **pygmāēus** Thou. ♄ i ⓦ, Madag.
10. **refléxus** K. Koch ♄ i ⓦ, O-Afr. Ins.
11. **sánderi** Mast. ♄ i ⓦ, Mal. Arch.
12. **stenophýllus** Kurz (*P. nítidus* Kurz) ♄ i ⓦ, W-Java
13. **tectórius** Parkins. ex Du Roi (*P. odórifer* (Forssk.) O. Kuntze, *P. odoratíssimus* L. f.) ♄ i ⓦ ®, Polyn., S-As., trop. Austral.
14. **útilis** Bory ♄ i ⓦ ®, Madag.
15. **vandermēēschii** Balf. f. ♄ i ⓦ, Maurit.
16. **variegátus** Miq. ♄ i ⓦ, Polyn.
17. **vēītchii** hort. Veitch ex Mast. et T. Moore ♄ i ⓦ, Polyn.

Pandórea (Endl.) Spach - f. - *Bignoniáceae*
1. **jasminoídes** (Lindl.) K. Schum. (*Tecóma jasminoídes* Lindl.) ♄ ⌇ D ⓚ VII - IX, Austral.
2. **pandorána** (Andr.) Steenis (*Bignónia pandorána* Andr., *B. austrális* Ait.) ♄ ⌇ i ⓚ, Austral.
- *ricasoliána: Podránea* 1

Pángium Reinw. - n. - *Flacourtiáceae*

1. **edúle** Reinw. ♄ ☠ ⌂ ⓝ, Mal. Arch.

Panícum L. – n. – *Gramíneae*
Hirse
1. **capilláre** L. ⊙ ✂ VII–IX, N-Am.: Maine u. Queb. bis Manit. u. Mont., südl. bis Flor. u. Tex.; Berm., in Span., der Schw. u. in Ung. eingebürg.
2. **clandestínum** L. – Bambushirse ♃ VII–VIII, N-Am.: N. Scot. bis Iowa u. Kans., südl. bis Flor. u. Tex.
– *colónum: Echinóchloa* 1
– *crus-gálli: Echinóchloa* 2
– *crus-pavónis: Echinóchloa* 3
– *gláucum: Pennisétum* 2
– *hirtéllum: Oplísmenus* 1
– *lineáre: Digitária* 3
3. **máximum** Jacq. – Guineagras ⊙–♃ ⓝ, Siz., trop. Afr., S-Afr., Madag., Maskar., Jem., in Ind., S-Am., S-Flor., S-Tex. u. Kalif. eingebürg.
4. **miliáceum** L. – Rispenhirse, Echte Hirse ⊙ VII–VIII ⓝ, Alte Kulturpfl., Heimat SO-As.
– *miliáre:* 5
– *palmifólium: Setária* 3
– *plicátum: Setária* 3
– *sanguinále: Digitária* 4
– *sulcátum: Setária* 4
5. **sumatrénse** Roth ex Roem. et Schult. (*P. miliáre* auct. non Lam.) – Kutkihirse ⊙ ⓝ, In Ind. u. Ceyl. angeb., wild unbek.
6. **virgátum** L. – Rutenhirse ♃ ✂ VII bis IX, N-Am.: N. Scot. bis Sask. u. Mont., südl. bis Golfküste; Berm., Westind., Mex., M-Am.

Papáver L. – n. – *Papaveráceae*
Mohn
1. **alboróseum** Hult. ♃ △ IV–VI, Alaska, Kamtsch.
– *alpínum* ssp. *alpínum:* 3
– *alpínum* ssp. *kérneri:* 5
– *alpínum* ssp. *rhǽticum:* 13
– *alpínum* ssp. *séndtneri:* 16
2. **atlánticum** (Ball) Coss. ♃ VI–VIII, Marok., in Engl. stellenweise eingebürg.
3. **búrseri** Crantz (*P. alpínum* ssp. *alpínum* sensu Markgr. non L.) ♃ △ VI bis VII, N-Alp., N-Karp.
4. **gláucum** Boiss. et Hausskn. (*P. somníferum* var. *gláucum* (Boiss. et Hausskn.) O. Kuntze) – Tulpenmohn ⊙ VI–VIII, Syr. bis Iran
5. **kérneri** Hayek (*P. alpínum* ssp. *kérneri* (Hayek) Fedde) ♃ △ VI–VII, SO-Alp., M-Jugosl.
6. **laterítium** K. Koch ♃ △ VI–IX, Arm., in Engl. stellenweise eingebürg.
– *miyabeánum:* 8
7. **monánthum** Trautv. ♃ △ VI–VIII, Kauk.
8. **nudicáule** L. – Islandmohn
ssp. **nudicáule** ♃ △ VI–IX, Arkt. u. subarkt. Gebiete As. u. N-Am., südl. bis Rocky Mount.
ssp. **xanthopétalum** Fedde (*P. miyabeánum* Tatew.) ♃ △ V, M- u. N-As.
9. **orientále** L. ♃ ✂ V–VI, N-Iran, Arm., Kauk., Kl. As.
10. **pavonínum** Fisch. et C.A. Mey. – Pfauenmohn ⊙ VI–VII, Afgh., Turkest.
11. **pilósum** Sibth. et Sm. ♃ △ VI–VII, Bith. Olymp
– *pyrenáicum* ssp. *rhǽticum:* 13
– *pyrenáicum* ssp. *séndtneri:* 16
12. **radicátum** Rottb. ♃ △ V–VI, NW-Eur., N-As., N-Am.
13. **rhǽticum** Leresche ex Gremli (*P. alpínum* ssp. *rhǽticum* (Leresche ex Gremli) Nym., *P. pyrenáicum* ssp. *rhǽticum* (Leresche ex Gremli) Fedde) ♃ △ VI–VII, O-Pyren., SW-, M- u. S-Alp.
14. **rhóeas** L. (*P. strigósum* (Boenn.) Schur) – Klatschmohn ⊙ V–VII ☠, Fast ganz Eur., Med., gem. As., N-Afr., in N-Am. eingebürg.
(Hierzu ein großes Sortiment mit verschiedenen Sortengruppen wie Ranunkelmohn, Japanischer Pomponmohn, Shirley- oder Seidenmohn)
15. **rupífragum** Boiss. et Reut. ♃ VI bis VIII, S-Span.
16. **séndtneri** Kerner ex Hayek (*P. alpínum* ssp. *séndtneri* (Kerner ex Hayek) Schinz et Keller, *P. pyrenáicum* ssp. *séndtneri* (Kerner ex Hayek) Fedde) ♃ △ VI–VII ▽, M- u. O-Alp.
– *setígerum:* 17
17. **somníferum** L. – Schlafmohn

ssp. **setígerum** (DC.) Corbière (*P. setígerum* DC.) ⊙ VI–VIII, W-Med., Kanar., Mad., Kauk.
ssp. **somníferum** ⊙ VI–VIII ⓝ Off., Nur als Kulturpfl. bek., in Eur. u. As. vielfach verwild. oder eingebürg.
- *somníferum* var. *glaúcum:* 4
- *strigósum:* 14

Paphínia Lindl. - f. - *Orchidáceae*
1. **cristáta** (Lindl.) Lindl. ⓦ VIII–IX ∗, Trin., Guay., Kol., Venez.
2. **grandiflóra** Rodr. (*P. grándis* Rchb. f.) ⓦ IX–XI ∗, Bras.
- *grándis:* 2

Paphiopedílum Pfitz. (*Cypripédium* hort. non L.) - n. - *Orchidáceae* Venusschuh
1. **acmodóntum** Schoser ex M. W. Wood ♃ i ⓦ III–IV ▽ ∗, Phil.
2. **appletoniánum** (Gower) Rolfe (*P. wolteriánum* (Kraenzl.) Pfitz.) ♃ i ⓦ III–V ▽ ∗, Thail., Laos, Kamb.
3. **árgus** (Rchb. f.) Pfitz. ♃ i ⓦ IV–V ▽ ∗, Luzon
4. **armeniácum** Chen et Liu ♃ i ⓦ ▽ ∗, Jünn.
5. **barbátum** (Lindl.) Pfitz. ♃ i ⓦ IV–V ▽ ∗, Malays.
6. **bellátulum** (Rchb. f.) Pfitz. ♃ i ⓦ III bis IV ▽ ∗, W-Burma, Thail., (?) SW-China
7. **bulleniánum** (Rchb. f.) Pfitz. ♃ i ⓦ VI–VIII ▽ ∗, Born., Sum., Malays.
8. **callósum** (Rchb. f.) Pfitz. ♃ i ⓦ II bis III ▽ ∗, Thail., Kamb., Laos
- *chamberlainiánum:* 43
9. **charleswórthii** (Rolfe) Pfitz. ♃ i ⓦ IX–X ▽ ∗, Schanstaat
10. **cilioláre** (Rchb. f.) Stein ♃ i ⓦ IV bis VI ▽ ∗, Phil.: Mind., Camiguin, Dinagal, Luzon
11. **cóncolor** (Batem.) Pfitz. ♃ i ⓦ XII bis III ▽ ∗, SO-Burma, Jünn., Thail., Laos, Kamb., Vietn.
- *curtísii:* 40
12. **dayánum** (Lindl.) Stein ♃ i ⓦ V–VI ▽ ∗, Born.: Sabah
13. **delenátii** Guill. ♃ i ⓦ ▽ ∗, Vietn.
14. **drúryi** (Bedd.) Stein ♃ i ⓦ V–VI ▽ ∗, S-Ind.
15. **éxul** (O'Bríen) Pfitz. ♃ i ⓦ V–VI ▽ ∗, Thail.
16. **fairrieánum** (Lindl.) Pfitz. ♃ i ⓦ IX bis X ▽ ∗, Sikk., Bhut., NO-Ind.
17. **glandulíferum** (Bl.) Pfitz. (*P. praéstans* (Rchb. f.) Pfitz.) ♃ i ⓦ ▽ ∗, Westl. N. Guin. u. angrenz. Inseln
18. **glaucophýllum** J. J. Sm. ♃ i ⓦ I–XII ▽ ∗, Java
19. **godefróyae** (Hemsl.) Pfitz. ♃ i ⓦ IV bis VI ▽ ∗, Thail. u. angrenz. Inseln
20. **gratrixiánum** (Mast.) Guill. ♃ i ⓚ ▽ ∗, Laos, (?) Vietn.
21. **haynaldiánum** (Rchb. f.) Stein ♃ i ⓦ I–III ▽ ∗, Phil.: Luzon, Negros
22. **hirsutíssimum** (Lindl.) Pfitz. ♃ i ⓚ III–V ▽ ∗, NO-Ind.: Ass., Manip., Lushai u. Naga Hills
23. **-Hybriden** ♃ i ✂ ⓦ I–XII ▽ ∗
24. **insígne** (Wall. ex Lindl.) Pfitz. ♃ i ⓚ XI–III ▽ ∗, NO-Ind.: Meghalaya, Khasia
25. **javánicum** (Reinw. ex Lindl.) Pfitz. ♃ i ⓦ ▽ ∗, Java, Bali, Flores, (?) Sum.
26. **lawrenceánum** (Rchb. f.) Stein ♃ i ⓦ IV–V ▽ ∗, Born.: Sarawak, (?) Sabah
27. **lówii** (Lindl.) Pfitz. ♃ i ⓦ III–VII ▽ ∗, Malays., Sum., Java, Born., Celeb.
28. **mastersiánum** (Rchb. f.) Pfitz. ♃ i ⓦ IV–VII ▽ ∗, Moluk.
29. **níveum** (Rchb. f.) Stein ♃ i ⓦ IV–VII ▽ ∗, N-Malays., S-Thail.
30. **papuánum** (Ridl.) Ridl. ♃ i ⓦ ▽ ∗, Hochland N. Guin.
31. **paríshii** (Rchb. f.) Stein ♃ i ⓦ IV bis VII ▽ ∗, N- u. NO-Burma, Thail., SW-China
32. **philippinénse** (Rchb. f.) Pfitz. ♃ i ⓦ V–VI ▽ ∗, Phil.
- *praéstans:* 17
33. **primulínum** M. W. Wood et P. Tayl. ♃ i ⓦ ▽ ∗, N-Sum.
34. **purpurátum** (Lindl.) Stein ♃ i ⓦ VI bis IX ▽ ∗, Hongk.
35. **rothschildiánum** (Rchb. f.) Stein ♃ i ⓦ VII–IX ▽ ∗, Born.
36. **sanderiánum** (Rchb. f.) Stein ♃ i ⓦ VII–IX ▽ ∗, Born.: Sarawak
37. **spiceriánum** (Rchb. f. ex Mast. et T. Moore) Pfitz. ♃ i ⓦ XI–I ▽ ∗, NO-Ind.: Mizoram, Manip.; NW-Burma
38. **stónei** (Hook.) Stein ♃ i ⓦ V–VII ▽ ∗, Born.: Sarawak

39. **sukhakúlii** Schoser et Sengh. ♃ i ⌂ IX–V ▽ ∗, NO-Thail.
40. **supérbiens** (Rchb. f.) Pfitz. (*P. curtísii* (Rchb. f.) Pfitz.) ♃ i ⌂ V–VII ▽ ∗, N- u. M-Sum.
41. **tónsum** (Rchb. f.) Pfitz. ♃ i ⌂ III bis VII ▽ ∗, N- u. M-Sum.
42. **venústum** (Wall.) Pfitz. ♃ i ⌂ IX–I ▽ ∗, NO-Ind.: Meghalaya, Sikk.; O-Nepal, Bhut.
43. **victória-regína** (Sand.) M.W. Wood (*P. chamberlainiánum* (Sand.) Stein) ♃ i ⌂ I–IX ▽ ∗, Sum.
44. **villósum** (Lindl.) Pfitz. ♃ i ⌂ XII bis IV ▽ ∗, NO-Ind.: Lushai Hills, Ass.; Burma, Thail.
45. **violáscens** Schlechter ♃ i ⌂ IX–X ▽ ∗, N. Guin.
46. **wárdii** Summerh. ♃ i ⌂ ▽ ∗, N-Burma, Thail.

– *wolteriánum:* 2

Paradísea Mazzuc. – f. – *Liliáceae*
Paradieslilie
1. **liliástrum** (L.) Bertol. (*Anthéricum liliástrum* L., *P. hemeroanthericoídes* Mazzuc.) ♃ D V–VI ▽, Österr., Schw., Oberital., Pyren., N-Span.

Paragéum montánum: Géum 4
– *réptans: Géum* 5

Parahébe W.R.B. Oliv. – f. – *Scrophulariáceae*
1. × **bidwíllii** (Hook.) W.R.B. Oliv. (*P. decóra* × *P. lyállii*; *Hébe* × *bidwíllii* (Hook.) Allan) ♄ i ⁓ ∧ – ⌂ VI bis VII, Neuseel.
2. **catarráctae** (G. Forst.) W.R.B. Oliv. (*Hébe catarráctae* (G. Forst.) Allan) ♄ i ⌂, Neuseel.
3. **lyállii** (Hook. f.) W.R.B. Oliv. (*Hébe lyállii* (Hook. f.) Allan) ♄ i ∧ V–VI, Neuseel.

Paraphalaenópsis denévei: Phalaenópsis 5
Parathelýpteris noveboracénsis: Thelýpteris 4
Pardanthópsis dichótoma: Íris 20
Pardánthus chinénsis: Belamcánda 1

Parietária L. – f. – *Urticáceae*
Glaskraut
1. **officinális** L. (*P. erécta* Mert. et W.D.J. Koch) ♃ VII–X ®, M-, S- u. SO-Eur., westl. bis M-Frankr., Med., N-Afr.

Parinári Aubl. – f. – *Chrysobalanáceae*
1. **campéstris** Aubl. ♄ ⌂ ®, Antill., Guay., Bras.
2. **corymbósa** Miq. ♄ ⌂ ®, Java
3. **excélsa** G. Don ♄ ⌂ ®, Guin.
4. **lauréna** A. Gray ♄ ⌂ ®, Fidschi-Ins.
5. **macrophýlla** Sabine ♄ ⌂ ®, W-Afr.: Seneg., Sierra Leo., Nig., Ghana
6. **scábra** Hassk. ♄ ⌂ ®, Java

Páris L. – f. – *Liliáceae*
Einbeere
1. **quadrifólia** L. ♃ ☠ V–VI, Eur., Kl. As., Sib., Altai

Parkinsónia L. – f. – *Leguminósae*
1. **aculeáta** L. ♄ i ⌂ ®, USA: Tex. bis Ariz.; Nied. Kalif., Mex. bis S-Am., in Kalif., Flor. u. Westind. eingebürg.

Parmentiéra DC. – f. – *Bignoniáceae*
1. **aculeáta** (H.B.K.) Seem. (*P. edúlis* DC.) ♄ i ⌂ ®, Mex., Guat., Hond., El Salv., Costa R.

Parnássia L. – f. – *Saxifragáceae*
Herzblatt
1. **palústris** L. – Sumpfherzblatt ♃ ⁓ VII–IX ▽, Nördl. u. gem. Gebiete der nördl. Halbk.

Parochétus Buch.-Ham. ex D. Don – m. – *Leguminósae*
1. **commúnis** Buch.-Ham. ex D. Don ♃ △ ∧ (im Winter ⌂) ⁓ IX–II, Kühleres trop. As. u. O-Afr.

Paródia Spegazz. (einschl. *Brasilicáctus* Bckbg., *Eriocáctus* Bckbg., *Notocáctus* (K. Schum.) Berger) – f. – *Cactáceae*
1. **alacriportána** Bckbg. et Voll (*Notocáctus alacriportánus* (Bckbg. et Voll) Buxb. ⌂ ∗, S-Bras.: Rio Grande do Sul
2. **aureicéntra** Bckbg. ⌂ ∗, N-Arg.: Salta

– *aureispína:* 20

3. **ayopayána** Cárd. ⌂ ∗, M-Bol.: Cochabamba
4. **buenéckeri** Buin. ⌂ ∗, S-Bras.: SO-Santa Catarina, NO-Rio Grande do Sul
5. **buiníngii** (Buxb.) N.P. Tayl. (*Notocáctus buiníngii* Buxb.) ⌂ ∗, N-Urug.; S-Bras.: S-Rio Grande do Sul
6. **caespitósa** (Spegazz.) N.P. Tayl. (*Notocáctus caespitósus* (Spegazz.)

Bckbg., *N. mínimus* Frič et Berger) Ⓚ ✳, Urug.; S-Bras.: Rio Grande do Sul
- *catamarcénsis:* 18
7. **chrysacánthion** (K. Schum.) Bckbg. Ⓚ ✳, N-Arg.: Jujuy
8. **concínna** (Monv.) N.P. Tayl. (*Notocáctus concínnus* (Monv.) Berger, *N. apricus* (Arech.) Berger) Ⓚ ✳, Urug.; S-Bras.: Rio Grande do Sul
9. **erinácea** (Haw.) N.P. Tayl. (*Notocáctus erináceus* (Haw.) Krainz, *Malacocárpus erináceus* (Haw.) Lem. ex Förster, *Wiggínsia erinácea* (Haw.) D.M. Porter, *W. vorwerkiána* (Werderm.) D.M. Porter, *Malacocárpus vorwerkiánus* (Werderm.) Bckbg.) Ⓚ ✳, Urug., NO-Arg.; S-Bras.: Rio Grande do Sul
10. **erythrántha** (Spegazz.) Bckbg. Ⓚ ✳, N-Arg.: Salta
11. **faustiána** Bckbg. Ⓚ ✳, N-Arg.: Salta
12. **graessneri** (K. Schum.) Brandt (*Notocáctus graessneri* (K. Schum.) Berger, *Brasilicáctus graessneri* (K. Schum.) Bckbg.) Ⓚ ✳, S-Bras.: Rio Grande do Sul
13. **haselbergii** (Rümpl.) Brandt (*Notocáctus haselbérgii* (Rümpl.) Berger, *Brasilicáctus haselbérgii* (Rümpl.) Bckbg.) Ⓚ ✳, S-Bras.: O-Rio Grande do Sul
14. **hérteri** (Werderm.) N.P. Tayl. (*Notocáctus hérteri* (Werderm.) Buin. et Kreuzgr.) Ⓚ ✳, S-Bras.: Rio Grande do Sul; Urug.
15. **leninghausii** (K. Schum.) Brandt (*Notocáctus leninghausii* (K. Schum.) Berger, *Eriocáctus leninghausii* (K. Schum.) Bckbg.) Ⓚ ✳, S-Bras.: Rio Grande do Sul
- *liliputána: Blossféldia* 1
16. **maasii** (Heese) Berger (*Malacocárpus maasii* (Heese) Britt. et Rose) Ⓚ ✳, S-Bol.; N-Arg.: Jujuy
17. **mammulósa** (Lem.) N.P. Tayl. (*Notocáctus mammulósus* (Lem.) Berger, *N. submammulósus* (Lem.) Bckbg., *N. pampeánus* (Spegazz.) Bckbg., *N. submamillósus* var. *pampeánus* (Spegazz.) Bckbg.) Ⓚ ✳, S-Bras.: Rio Grande do Sul; Urug., NO-Arg.
18. **microspérma** (F.A.C. Web.) Spegazz. (*P. catamarcénsis* Bckbg., *P. sanguiniflóra* Frič ex Bckbg., *P. setífera* Bckbg.) Ⓚ ✳, N-Arg.: Catamarca, Tucuman, Salta
19. **mueller-melchérsii** (Frič ex Bckbg.) N.P. Tayl. (*Notocáctus mueller-melchérsii* Frič ex Bckbg.) Ⓚ ✳, Urug.
20. **mutábilis** Bckbg. (*P. aureispína* Bckbg.) Ⓚ ✳, N-Arg.: Salta
21. **nivósa** Frič ex Bckbg. Ⓚ ✳, N-Arg.: Salta
22. **ottónis** (Lehm.) N.P. Tayl. (*Notocáctus ottónis* (Lehm.) Berger) Ⓚ ✳, NO-Arg., S-Parag.
23. **rútilans** (Dän. et Krainz) N.P. Tayl. (*Notocáctus rútilans* Dän. et Krainz) Ⓚ ✳, N-Urug.
- *sanguiniflóra:* 18
24. **schuetziána** Jajó Ⓚ ✳, N-Arg.: Jujuy
25. **schumanniána** (Nicolai) Brandt (*Notocáctus schumanniánus* (Nicolai) Frič, *Eriocáctus schumanniánus* (Nicolai) Bckbg.) Ⓚ ✳, S-Parag., NO-Arg.
26. **schwebsiána** (Werderm.) Bckbg. Ⓚ ✳, M-Bol.: Cochabamba
27. **scópa** (Spreng.) N.P. Tayl. (*Notocáctus scópa* (Spreng.) Berger) Ⓚ ✳, S-Bras.: Rio Grande do Sul; Urug.
- *setífera:* 18

Paronýchia Mill. - f. - *Caryophylláceae* Mauermiere
1. **argéntea** Lam. ♃ △ ⟿ ∧ IV-VI, S-Eur., Med.
2. **capitáta** (L.) Lam. ♃ △ ⟿ ∧ IV-VI, S-Eur., N-Afr.
3. **kapéla** (Hacq.) Kerner
   ssp. **kapéla** ♃ △ ⟿ ∧ V-VI, S-Eur., nördl. bis Österr.
   ssp. **serpyllifólia** (Chaix) Graebn. (*P. serpyllifólia* (Chaix) DC.) ♃ △ ⟿ ∧ V-VI, Span., Pyren., Frankr., Apenn., Atlas
- *serpyllifólia:* 3

Parrótia C.A. Mey. - f. - *Hamamelidáceae*
- *jacquemontiána: Parrotiópsis* 1
1. **pérsica** (DC.) C.A. Mey. ♄ - ♄ III-IV, N-Iran

Parrotiópsis (Niedenzu) Schneid. - f. - *Hamamelidáceae*
1. **jacquemontiána** (Decne.) Rehd.

(*Parrótia jacquemontiána* Decne.) ♄ bis ♄ V, Him.
Párrya menziésii: Phoenicaúlis 1
Parthénium L. – n. – *Compósitae*
1. **argentátum** A. Gray – „Guayule“ ♄ Ⓚ Ⓝ, Tex., N-Mex.
2. **integrifólium** L. ♃ VII–IX, USA: N.Y. bis Minn., südl. bis Georg., Alab., Tex.

Parthenocíssus Planch. – f. – *Vitáceae* Jungfernrebe
1. **henryána** (Hemsl.) Graebn. ex Diels et Gilg (*Vítis henryána* Hemsl., *Ampelópsis henryána* (Hemsl.) Rehd.) ♄ ⌇ Ⓚ, M-China
2. **insérta** (Kerner) Fritsch (*P. vitácea* (Knerr) Hitchc. var. *týpica* Rehd., *P. quinquefólia* var. *vitácea* (Knerr) L.H. Bailey) ♄ ⌇, N-Am.: Queb. bis Manit. u. Mont., südl. bis Penns., Ill., Kans., New Mex., Ariz. u. Kalif.
3. **quinquefólia** (L.) Planch. emend. Rehd. (*Ampelópsis hederácea* (Ehrh.) DC., *A. quinquefólia* (L.) Michx.) – Wilder Wein ♄ ⌇, N-Am.: Maine u. Queb. bis Minn., südl. bis Flor. u. Tex.; Mex. (Formenreiche Art)
- *quinquefólia* var. *vitácea:* 2
4. **tricuspidáta** (Sieb. et Zucc.) Planch. (*Ampelópsis tricuspidáta* Sieb. et Zucc.) ♄ ⌇, Jap., Korea, China (Formenreiche Art, hierzu ‘Lowii’, ‘Purpurea’, ‘Veitchii’ (*Vítis veítchii* (Carr.) hort. ex Schneid., *P. veítchii* (Carr.) Graebn.))
- *veítchii:* 4
- *vitácea* var. *týpica:* 2

Páspalum L. – n. – *Gramíneae*
1. **cerésia** (O. Kuntze) Chase ♃ Ⓦ VII bis VIII, Trop. S-Am.
- *commersónii:* 4
2. **dilatátum** Poir. – „Dallis grass“ ♃ Ⓝ, M-Am. bis Bras., Urug., Arg., in S-Eur. u. in den USA (außer im N) eingebürg.
3. **dístichum** L. (*P. paspaloídes* (Michx.) Scribn.) – „Knot grass“ ♃ Ⓝ, USA: Virg. bis Tenn., Ark., Okla., Utah, Id., Wash., südl. bis Flor. u. Kalif.; Westind., Mex., M-Am. bis Arg., Küsten der altweltl. Trop., auch N-Afr., in S-Eur. u. im Med. eingebürg.
- *exíle: Digitária* 1
- *paspaloídes:* 3
4. **scrobiculátum** L. (*P. commersónii* Lam.) – Kodahirse ♃ Ⓝ, Altweltl. Trop., S-China, Jap., Austral.

Passerína L. – f. – *Thymelaeáceae*
1. **ericoídes** L. ♄ i Ⓚ VII–VIII, S-Afr.
2. **filifórmis** L. ♄ i Ⓚ VII–VIII, S-Afr.

Passiflóra L. – f. – *Passifloráceae* Passionsblume (alle Arten i)
1. **aláta** Dryand. ♄ ⌇ Ⓦ IV–VIII Ⓝ, Bras., Peru
2. **amethýstina** Mikan ♄ ⌇ Ⓦ IX–IV, Bras.
3. **antioquénsis** Karst. (*Tacsónia van-volxémii* Lem., *P. van-volxémii* (Lem.) Triana et Planch.) ♄ ⌇ Ⓚ, Kol.
4. **caerulea** L. ♄ ⌇ Ⓚ – ∧ VI–IX, S-Bras., Parag., Arg., in vielen Gebieten der Trop. eingebürg.
5. **capsuláris** L. ♄ ⌇ D Ⓦ VI–VII, Guat. u. Westind. bis Parag.
6. **cinnabárina** Lindl. ♄ ⌇ Ⓚ III–VIII, Austral.
7. **coccínea** Aubl. ♄ ⌇ Ⓦ, Venez. bis Bol.
8. **coriácea** Juss. ♄ ⌇ Ⓦ, Mex. bis Bol.
9. × **decaisneána** Planch. (*P. aláta* × *P. quadranguláris*) ♄ ⌇ Ⓦ V–VI
10. **edúlis** Sims – Purpurgranadilla ♃ – ♄ ⌇ Ⓚ VI–VIII Ⓝ, Bras., im nördl. S-Am. u. in Westind. eingebürg.
11. **foétida** L. ♃ ⌇ Ⓚ VII–IX Ⓝ, Trop. Am., in den altweltl. Trop. verwild.
12. **grácilis** Jacq. ex Link ⊙ ⌇ ♧ Ⓦ VII bis VIII, Venez., im trop. u. subtrop. Am. eingebürg.
13. **holoserícea** L. ♄ ⌇ D Ⓦ, M-Am.
14. **incarnáta** L. ♃ ⌇ ∧ – Ⓚ V–VII Off., USA: Maryl. bis Missouri u. Okla., südl. bis Flor. u. Tex.; Berm.
- *kermesína:* 27
15. **laurifólia** L. ♄ ⌇ Ⓦ VI–VII Ⓝ, Venez., Bras., O-Peru, Arg.
16. **liguláris** Juss. – Granadilla ♄ ⌇ Ⓚ IX bis X Ⓝ, Guat., Ek., Venez., Peru
17. **lútea** L. ♄ ⌇ Ⓚ VI–VIII, USA: Penns. bis Flor., westl. bis Ill., Missouri, Kans., Okla. u. Tex.
- *maculifólia:* 22
18. **malifórmis** L. ♄ ⌇ Ⓦ VII–XI Ⓝ, Westind. bis nördl. S-Am.

19. **manicáta** (Juss.) Pers. (*Tacsónia manicáta* Juss.) ♄ ⌂, Venez., Kol., Ek., Peru, Bol.
20. **membranácea** Benth. - Rosengranadilla ♄ ⌇ ⌂ ⓝ, Guat.
21. **mollíssima** (H.B.K.) L.H. Bailey - Curuba ♄ ⌇ ⌂ ⓝ, Venez. bis Bol.
22. **organénsis** Gardn. (*P. maculifólia* Mast.) ♄ ⌇ ⌂, VII–VIII, Bras.
23. **pinnatistípula** Cav. (*Tacsónia pinnatistípula* (Cav.) Juss.) ♄ ⌂ ⓝ, Kol., Ek.
- *princeps:* 26
24. **psilántha** (Sodiro) Kill. (*Tacsónia psilántha* Sodiro) ♄ ⌇ ⌂ ⓝ, Ek.
25. **quadranguláris** L. - Riesengranadilla ♄ ⌇ ⌂ V–VII ⓝ, Trop. Am.
26. **racemósa** Brot. (*P. princeps* Lodd.) ♄ ⌇ ⌂ V–IX, Bras.
27. **raddiána** DC. (*P. kermesína* Link et Otto) ♄ ⌇ ⌂ V–IX, Bras.
28. **suberósa** L. ♄ ⌇ ⌂ VI–VIII, Trop. S-Am.
29. **trifasciáta** Lem. ♄ ⌇ D ⌂ VII–VIII, Peru
- *van-volxémii:* 3
30. **violácea** Vell. ♄ ⌇ ⌂ VIII–IX, O-Bras. bis Parag. u. Bol.

Pastináca L. - f. - *Umbellíferae*
Pastinak
1. **satíva** L. ⊙ VII–VIII ⓝ, Eur., Kauk., Sib. bis Altai, in N-Am. eingebürg.

Patrínia Juss. - f. - *Valerianáceae*
Goldbaldrian
1. **gibbósa** Maxim. ♃ V–VI, Jap.
- *palmáta:* 3
2. **scabiosifólia** Fisch. - Goldbaldrian ♃ V–VI, Jap., Kuril., Sachal., Taiw., Korea, China, Mandsch., O-Sib.
3. **tríloba** Miq. (*P. palmáta* Maxim.) ♃ V–VI, Jap.

Patrísia pyrífera: Ryánia 1

Paullínia L. - f. - *Sapindáceae*
1. **cupána** H.B.K. ♄ i ⌇ ⌂ ⓝ, Orinoko, Amaz., Pará
2. **thalictrifólia** Juss. ♄ i ⌇ ⌂, Bras.

Paulównia Sieb. et Zucc. - f. - *Scrophulariáceae*
1. **tomentósa** (Thunb. ex Murr.) Steud. (*P. imperiális* Sieb. et Zucc.) ♄ IV–V ⓝ, China, in den atl. USA, der Schw. u. Ital. eingebürg.

Paurótis wríghtii: Acoelorrháphe 1

Pausinystália Pierre ex Beille - f. - *Rubiáceae*
1. **johímbe** (K. Schum.) Pierre ex Beille (*Corynánthe johímbe* K. Schum.) - Yohimbe ♄ ⓝ ⌂, W-Afr.

Pavétta L. - f. - *Rubiáceae*
1. **cáffra** L. f. ♄ i ⌂ VI–VIII, S-Afr.
2. **índica** L. ♄ i D ⌂, Ind.

Pávia rúbra: Aesculus 10

Pavónia multiflóra: Triplóchlamys 1

Paxístima Raf. (*Pachístima* auct.) - f. - *Celastráceae*
1. **cánbyi** A. Gray ♄ i △ ∧ IV–V, USA: Virg., W-Virg., Kent., Ohio
2. **myrsinítes** (Pursh) Raf. ♄ i △ ∧ IV, Br. Kol. bis Kalif. u. Mex.

Payéna A. DC. - f. - *Sapotáceae*
1. **leérii** (Teijsm. et Binn.) Kurz - „Balam" ♄ ⌂ ⓝ, SO-As.

Pécteilis Raf. - f. - *Orchidáceae*
1. **radiáta** (Thunb.) Raf. (*Habenária radiáta* Thunb.) ♃ ⌂ VIII ∗, Jap., Korea

Pectinária Haw. - f. - *Asclepiadáceae*
1. **articuláta** (Haw.) Haw. ♃ ⌂, Kap
2. **asperiflóra** N.E.Br. ♃ ⌂, Kap
3. **saxátilis** N.E.Br. ♃ ⌂, Kap

Pedilánthus Poit. - m. - *Euphorbiáceae*
- *carinátus:* 2
1. **pavónis** Boiss. ♄ ⌂ ☠ ⓝ, Mex.
2. **tithymaloídes** (L.) Poit. (*P. carinátus* Spreng.) ♄ ⌂ ☠, S-Mex. bis M-Am. u. S-Kol.

Pediocáctus Britt. et Rose - m. - *Cactáceae*
- *papyracánthus: Sclerocáctus* 6
1. **peeblesiánus** (Croiz.) Benson ⌂ ∗, USA: Ariz.
2. **simpsónii** (Engelm.) Britt. et Rose (*Echinocáctus simpsónii* Engelm.) ⌂ ∗, Westl. USA: O-Wash. bis Mont., südl. bis M-Nev., N-Ariz. u. New Mex.

Péganum L. - n. - *Zygophylláceae*
Steppenraute
1. **hármala** L. ♃ ☠ ⌂ VII–VIII ⓝ, Med., SO-Eur., Vord. As.

Peiréskia: Peréskia

Pelargónium L'Hérit. ex Ait. - n. - *Geraniáceae*
Pelargonie, fälschlich als „Geranie"
1. **angulósum** (Mill.) L'Hérit. ex Ait. ♄ ⌂, Kap

- *betulifólium:* 2
2. **betulínum** (L.) L'Hérit. ex Ait. (*P. betulifólium* Salisb.) ♄ ⌂ VII–VIII, Kap
3. **capitátum** (L.) L'Hérit. ex Ait. ħ D ⌂ VII–VIII Ⓝ, S-Afr.
4. **carnósum** (L.) L'Hérit. ex Ait. ⌂ V, SW-Afr.
5. × **citrósmum** Voigt ex Sprague (*P. críspum* hort. non (L.) L'Hérit. ex Ait.) ♄ D ⌂ VII–VIII
- *cordátum:* 6
6. **cordifólium** (Cav.) Curt. (*P. cordátum* L'Hérit. ex Ait.) ♄ ⌂ V, Kap
7. **crassicaūle** L'Hérit. ex Ait. ♄ ⌂ VII, SW-Afr.
- *críspum* hort.: 5
8. **críspum** (L.) L'Hérit. ex Ait. ♄ D ⌂ IV–VI, Kap
9. **crithmifólium** Sm. ♄ ⌂, Kap, Namib.
10. **cucullátum** (L.) L'Hérit. ex Ait. ♄ ⌂ VIII–IX, Kap
- × *domésticum:* 19
11. **echinátum** Curt. ♄ ⌂, S-Afr.
12. **endlicheriánum** Fenzl ♃ △ ∧ (besser ⌂) VII, Südl. Kl. As., Arm., N-Syr.
13. **exstipulátum** (Cav.) L'Hérit. ex Ait. ħ bis ♄ D ⌂ VI–IX, S-Afr.
14. **feruláceum** (Burm. f.) Willd. ♄ ⌂, Kap
15. × **frágrans** (Poir.) Willd. (*P. exstipulátum* × *P. odoratíssimum*) ♄ D ⌂ VII–VIII Ⓝ, Südafr. Hochland, Kap
16. **fúlgidum** (L.) L'Hérit. ex Ait. ♄ ⌂ VIII–IX, Kap
17. **gibbósum** (L.) L'Hérit. ex Ait. ♄ ⌂ VI, Kap
- *grandiflórum* hort.: 19
18. **grandiflórum** Willd. ♄ ⌂ IV–VI, Namib., Kap
19. **-Grandiflorum-Hybriden** (*P.* × *domésticum* L.H. Bailey, *P. grandiflórum* hort. non Willd.) - Edelpelargonien ♄ ⌂ IV–VI
20. **gravéolens** L'Hérit. ex Ait. - Rosenpelargonie ♄ D ⌂ VI–VIII Ⓝ, Kap
- × *hortórum:* 31
21. **ínquinans** (L.) L'Hérit. ex Ait. ♄ ⌂ V bis X, S-Afr.
22. **odoratíssimum** (L.) L'Hérit. ex Ait. - Zitronenpelargonie ♄ D ⌂ VII–VIII Ⓝ, S-Afr.
- *peltátum* hort.: 24
23. **peltátum** (L.) L'Hérit. ex Ait. - Efeupelargonie ħ ∿ - ⌇ ⌂ IV–X, Südostafr. Küstenländer
24. **-Peltatum-Hybriden** (*P. peltátum* hort. non (L.) L'Hérit. ex Ait.) - Efeupelargonien ħ ∿ ⌇ IV–X
25. **quercifólium** (L. f.) L'Hérit. ex Ait. ♄ D ⌂ VII–VIII, Kap
26. **rádens** H.E. Moore (*P. rádula* (Cav.) L'Hérit. ex Ait.) - Rosenpelargonie ♄ D ⌂ VI–VIII Ⓝ, Kap
- *rádula:* 26
27. **tetragónum** (L. f.) L'Hérit. ex Ait. ♄ ⌂ VI, S-Afr.
28. **tomentósum** Jacq. ♃ - ħ D ⌂, Kap
29. **tríste** (L.) L'Hérit. ex Ait. ⌂ VII bis VIII, Kap
- *zonále* hort.: 31
30. **zonále** (L.) L'Hérit. ex Ait. ħ - ♄ ⌂ V bis X, Kap
31. **-Zonale-Hybriden** (*P.* × *hortórum* L.H. Bailey, *P. zonále* hort. non (L.) L'Hérit. ex Ait.) - Zonalpelargonien ħ - ♄ D ⌂ IV–X

Pelecýphora Ehrenb. (einschl. *Encephalocárpus* Berger) - f. - *Cactáceae* Asselkaktus
1. **asellifórmis** Ehrenb. - Asselkaktus ⌂ ✱, Mex.: San Luis Potosi
- *pseudopectináta: Neollōydia* 7
2. **strobilifórmis** (Werderm.) Kreuzgr. (*Encephalocárpus strobilifórmis* (Werderm.) Berger, *Ariocárpus strobiliformis* Werderm.) ⌂ ✱, NO-Mex.: Nuevo León, Tamaulipas
- *valdeziána: Neollōydia* 11

Pellǣa Link - f. - *Sinopteridáceae*
1. **atropurpúrea** (L.) Link ♃ ∧ - ⌂, N-Am.: Neuengl. bis Ont., Minn. u. S-Dak., südl. bis Flor. u. Ariz.
- *cordáta:* 5
2. **falcáta** (R.Br.) Fée ♃ ⌂, S-As., O-Austral., Tasm., Neuseel.
- *flexuósa:* 3
- *grácilis: Cryptográmma* 2
- *hastáta:* 6
3. **ováta** (Desv.) Weatherby (*P. flexuósa* Kaulf. ex Schlechtend. et Cham.) ♃ ⌂, Tex. bis N-Arg., Haiti
4. **rotundifólia** (G. Forst.) Hook. ♃ ⌂, Neuseel., Norf.-Ins.
5. **sagittáta** (Cav.) Link var. **cordáta** (Cav.) A. Tryon (*P. cor-*

dáta (Cav.) J. Sm.) ♃ ⌂, Tex. bis Mex.
- *stélleri: Cryptográmma* 2
6. **víridis** (Forssk.) Prantl (*P. hastáta* (L.) Link non Thunb.) ♃ ⌂, S-Afr., Madag., Maskar., auf den Azor. u. in Ceyl. eingebürg.

Pelliónia Gaudich. - f. - *Urticáceae*
- *daveauána:* 2
1. **púlchra** N.E.Br. (*Elatostéma púlchrum* (N.E.Br.) Hallier f.) ♃ ⌂, S-Vietn.
2. **répens** (Lour.) Merr. (*Elatostéma répens* (Lour.) Hallier f., *P. daveauána* N.E.Br.), S-Vietn., Burma, Malak.
'Repens' (var. *maculáta* A. Chev.) ♃ ⌂
'Viridis' (var. *víridis* (N.E.Br.) A. Chev.) ♃ ⌂
- *répens* var. *maculáta:* 2
- *répens* var. *víridis:* 2

Peltándra Raf. - f. - *Aráceae*
1. **sagittifólia** (Michx.) Morong (*P. álba* Raf.) ♃ ⌂, USA: Virg., Georg., Flor.
- *unduláta:* 2
2. **virgínica** (L.) Schott et Endl. (*P. unduláta* Raf.) ♃ ∧ - ⌂, N-Am.: Maine u. Queb. bis Ont., südl. bis Flor. u. Tex.

Peltástes Woods. - m. - *Apocynáceae*
1. **peltátus** (Vell.) Woods. (*Echítes peltátus* Vell.) ♄ i ⌂, Bras.

Peltiphýllum: Dármera
- *peltátum: Dármera* 1

Peltoboykínia (Engl.) Hara - f. - *Saxifragáceae*
1. **tellimoídes** (Maxim.) Hara (*Boykínia tellimoídes* (Maxim.) Engl.) ♃ VI bis VII, M-Jap.

Peltógyne Vogel - f. - *Leguminósae*
1. **paniculáta** Benth. - „Amarante" ♄ ⌂ Ⓝ, Guay., Bras.

Peniocéreus (Berger) Britt. et Rose (einschl. *Nyctocéreus* (Berger) Britt. et Rose) - m. - *Cactáceae*
1. **gréggii** (Engelm.) Britt. et Rose) (*Céreus gréggii* Engelm.) ⌂ ✱, Mittl. N- u. NW-Mex.
2. **serpentínus** (Lag. et Rodr.) N.P. Tayl. (*Nyctocéreus serpentínus* (Lag. et Rodr.) Britt. et Rose) ⌂ ✱, Mex.
3. **striátus** (K. Brandeg.) Buxb. (*Céreus striátus* K. Brandeg., *Wilcóxia striáta* (K. Brandeg.) Britt. et Rose) ⌂ ✱, S-Ariz.; NW-Mex.
4. **viperínus** (F.A.C. Web.) Kreuzgr. (*Céreus viperínus* F.A.C. Web., *Wilcóxia viperína* (F.A.C. Web.) Britt. et Rose) ⌂ ✱, Mittl. S-Mex.

Pennisétum L.C. Rich. - n. - *Gramíneae*
Federborstengras
1. **alopecuroídes** (L.) Spreng. (*P. compréssum* R.Br., *P. japónicum* Trin., *P. purpuráscens* (Thunb.) O. Kuntze non H.B.K.) ♃ VIII-IX, Jap., Korea bis Phil.
2. **americánum** (L.) Leeke (*Panícum glaúcum* L. p. p., *Pennisétum glaúcum* (L.) R.Br., *P. typhoídeum* L.C. Rich. ex Pers., *P. typhoídes* (Burm. f.) Stapf et C.E. Hubb.) - Perlhirse, Negerhirse ⊙ ⌂ Ⓝ, Nur in Kult. bek.
- *compréssum:* 1
- *fláccidum:* 3
- *glaúcum:* 2
3. **incómptum** Nees (*P. fláccidum* Griseb.) ♃ VII-IX, Him.
- *japónicum:* 1
4. **latifólium** Spreng. (*Gýmnothrix latifólia* (Spreng.) Schult. non J.S. et K.B. Presl) ♃ ⌂ VIII-X, Bras., Peru bis Urug., Arg.
- *longistýlum:* 8
- *macrostáchyum:* 7
5. **macroúrum** Trin. (*Gýmnothrix caudáta* Schrad.) ♃ ✂ ∧ VIII-IX, S-Afr.
6. **orientále** L.C. Rich. ♃ VIII-X, O- u. N-Afr., Arab., Ind., M- u. SW-As.
- *purpuráscens:* 1
- *rueppelliánum:* 7
- *rueppéllii:* 7
7. **setáceum** (Forssk.) Chiov. (*P. macrostáchyum* Fresen., *P. rueppelliánum* Hochst., *P. rueppéllii* Steud.) ♃ (meist ⊙ gezogen) ⌂ VIII-X, NW-Siz., N- u. NO-Afr., SW-As., Arab.
- *typhoídes:* 2
- *typhoídeum:* 2
8. **villósum** R.Br. ex Fresen. (*P. longistýlum* hort. Vilm. non Hochst. ex A. Rich.) ♃ (meist ⊙ gezogen) VIII bis IX, Azor., NO-Afr., Arab., in den Trop. u. Subtrop. häufig verwild.,

auf den Balear. eingebürg.

Penstémon Schmidel (*Pentstémon* Ait.) - m. - *Scrophulariáceae* Bartfaden

1. **acaúlis** L.O. Williams ♃ ∧, USA: Wyom., Utah
2. **acuminátus** Dougl. ♃ ∧ VII–VIII, USA: Wash. u. Id. bis Nev.
3. **alpínus** Torr. (*P. gláber* Pursh var. *alpínus* (Torr.) A. Gray) ♃ △ VII bis VIII, Rocky Mount.
- *arizónicus:* 44
4. **attenuátus** Dougl. ex Lindl. ♃ V, USA: Id., Wash., Oreg.
5. **auribérbis** Pennell ♃ ∧, USA: Color.
6. **azúreus** Benth. ♃ - ♄ ∧ (besser Ⓐ) VII–VIII, Kalif.
7. **barbátus** (Cav.) Roth (*Chelóne barbáta* Cav.), Utah bis Mex.
var. **barbátus** ♃ ∧ VII–IX
var. **torréyi** (Benth.) A. Gray (*P. torréyi* Benth.) ♃ ∧ VII–IX
8. **-Barbatus-Hybriden** ♃ ∧ VII–IX (Entstanden aus Kreuzungen von *P. barbátus* mit *P. virgátus* und anderen Arten)
9. **barréttiae** A. Gray ♄ ∧, besser Ⓐ V, USA: Oreg.
10. **bridgésii** A. Gray ♄ ∧ VII–IX, Westl. USA
11. **caespitósus** Nutt. ex A. Gray ♃ △ ⇝ ∧ VI–VII, USA: Color., Utah
12. **campanulátus** (Cav.) Willd. (*Chelóne campanuláta* Cav.) ♃ - ♄ ∧ VII–IX, Mex., Guat.
13. **cobaéa** Nutt. ♃ Ⓚ VII–IX, USA: Nebr. bis Ark., Okla. u. Tex.
14. **confértus** Dougl. ♃ △ ∧ VI–VII, Rocky Mount. bis Oreg. u. Kalif.
15. **cordifólius** Benth. ♄ ⌇ Ⓚ VI–VIII, S-Kalif.
16. **cyanánthus** Hook. (*P. gláber* Pursh var. *cyanánthus* (Hook.) A. Gray) ♃ Ⓐ VI–IX, USA: Utah, Id., Wyom.
17. **davidsónii** Greene (*P. menziésii* Hook. var. *davidsónii* (Greene) Piper) ♃ △ ⇝ ∧ VI–VIII, USA: Wash. bis Kalif.
- *diffúsus:* 41
18. **digitális** Nutt. (*P. laevigátus* var. *digitális* (Nutt.) A. Gray) ♃ ∧ VII bis VIII, N-Am.: Maine u. Queb. bis S-Dak., südl. bis Virg., Alab., Louis. u. Tex.
19. **eriántherus** Pursh ♄ ∧ VI, N-Am.: N-Dak. u. Nebr., westl. bis Br. Kol. u. Wash.
- *fruticósus:* 39
- *gentianoídes:* 23
- *gentianoídes* var. *hýbridus:* 27
20. **gláber** Pursh ♃ ∧ V–VI, USA: N-Dak. bis Wyom.
- *gláber* var. *alpínus:* 3
- *gláber* var. *cyanánthus:* 16
- *glaúcus:* 21
- *gloxinioídes:* 27
21. **grácilis** Nutt. (*P. glaúcus* Grah.) ♃ △ ∧ VI–VII, N-Am.: Br. Kol. bis Ont., südl. bis New Mex. u. Wisc.
22. **hállii** A. Gray ♃ △ ∧ VII–VIII, USA: Color.
23. **hartwégii** Benth. (*P. gentianoídes* Lindl.) ♃ - ♄ ∧ (besser Ⓚ) VI–VIII, Kühleres Mex.
- *hartwégii* var. *hýbridus:* 27
24. **heterophýllus** Lindl. ♃ - ♄ Ⓚ VI bis VIII, Kalif.
25. **hirsútus** (L.) Willd. (*P. pubéscens* Soland.) ♃ ∧ VI–VIII, N-Am.: Queb. u. Ont. bis Wisc., südl. bis Virg., Kent. u. Tenn.
26. **húmilis** Nutt. ex A. Gray ♃ ∧ VI, USA: Kalif. bis Id., Wyom. u. W-Color.
27. **-Hybriden** (*P.* × *hýbridus* Groenl. et Rümpl., *P. gentianoídes* var. *hýbridus* hort., *P. hartwégii* var. *hýbridus* hort., *P. gloxinioídes* hort.) ♃ VII–IX
- × *hýbridus:* 27
28. **laevigátus** (L.) Ait. ♃ ∧ VI–VIII, USA: N. Jers., Penns., W-Virg., südl. bis S-Carol., Flor., Alab. u. Miss.
- *laevigátus* var. *digitális:* 18
29. **linarioídes** A. Gray ♃ △ ∧ VI–VII, USA: Color.
30. **lyállii** (A. Gray) A. Gray ♄ ∧, besser Ⓚ, V–VI, USA: N-Id. u. W-Mont.
31. **menziésii** Hook. ♄ △ ⇝ ∧ VI–VII, Westl. N-Am., südl. bis Wash.
- *menziésii* var. *davidsónii:* 17
- *menziésii* var. *newbérryi:* 32
- *micránthus:* 35
32. **newbérryi** A. Gray (*P. menziésii* Hook. var. *newbérryi* (A. Gray) A. Gray) ♄ △ ∧ VI–VII, Kalif.

- *newbérryi* var. *rupícola:* 38
33. **ovátus** Dougl. ♃ VII, N-Am.: Br. Kol. bis Wash. u. Oreg.
34. **pinifólius** Greene ♃ △ ∧ VII–VIII, Westl. N-Am., Mex.
35. **procérus** Dougl. ex Grah. (*P. micránthus* Nutt.) ♃ ∧ VI, N-Am.: S-Alaska u. Yukon bis S-Color.
- *pubéscens:* 25
36. **richardsónii** Dougl. ♃ ∧ VII, N-Am.: Br. Kol., Wash., Oreg.
37. **rōezlii** Regel ♄ △ ∧ VI–VIII, USA: Oreg., Nev., Kalif.
38. **rupícola** (Piper) Howell (*P. newbérryi* A. Gray var. *rupícola* Piper) ♄ △ ∧ ⟿ VI–VII, USA: Wash., Oreg.
39. **scōuleri** Lindl. (*P. fruticósus* (Pursh) Greene) ħ △ VI–VII, N-Am.: Br. Kol. bis Id.
40. **secundiflórus** Benth. ♃ VI–VIII, USA: Color., Wyom.
41. **serrulátus** Menz. ex Sm. (*P. diffúsus* Dougl.) ♄ ∧ VI–VII, N-Am.: Br. Kol. bis Kalif.
42. **teucrioídes** Greene ♄ ∧ VI, USA: Color.
- *torrēyi:* 7
43. **venústus** Dougl. ♄ ∧ VI–IX, USA: Wash., Oreg., Id.
44. **whipleánus** A. Gray (*P. arizónicus* A. Heller) ♃ △ ∧ VII–VIII, Ariz.
45. **wríghtii** Hook. ♄ ∧ VI–VIII, USA: W-Tex. bis Ariz.

Péntace Hassk. - f. - *Tiliáceae*
1. **burmánica** Kurz - „Thitka" ħ ⌂ Ⓝ, Burma

Pentácme A. DC. - f. - *Dipterocarpáceae*
1. **contórta** (Vidal) Merr. et Rolfe - „White Lauan" ħ ⌂ Ⓝ, Phil.

Pentaglóttis Tausch - f. - *Boragináceae*
- *cespitósa: Anchúsa* 5
1. **sempérvirens** (L.) Tausch ex L.H. Bailey (*Anchúsa sempérvirens* L., *Caryólopha sempérvirens* (L.) Fisch. et Trautv.) ♃ V–VI, SW-Frankr., Span., M-Port.

Pentapterýgium rugósum: Agapétes 2
- *sérpens: Agapétes* 3

Pentarháphia: Gesnéria 1–5

Péntas Benth. - f. - *Rubiáceae*
1. **lanceoláta** (Forssk.) Defl. (*P. cárnea* Benth.) ♄ ⌂ IX–I, Trop. Afr., Arab.

Pentstémon: Penstémon

Peperómia Ruiz et Pav. - f. - *Piperáceae* Peperomie, Zwergpfeffer
- *anguláta:* 24
1. **argyrēia** (Miq.) E. Morr. (*P. arifólia* Miq. var. *argyrēia* (Miq.) Hook. f., *P. sandérsii* C. DC.) ♃ i ⌂, Nördl. S-Am.
2. **arifólia** hort. non Miq. ♃ i ⌂, Heimat unbek.
- *arifólia* var. *argyrēia:* 1
- 'Astrid': 19
- *bícolor:* 30
3. **blánda** (Jacq.) H.B.K. ♄ i ⌂, Trop. S-Am., M-Am., nördl. bis Flor., Westind.
4. **caperáta** Yuncker ♃ i ⌂ (Mit einigen Sorten), Bras.?
5. **clusiifólia** (Jacq.) Hook. (*P. obtusifólia* (L.) A. Dietr. var. *clusiifólia* (Jacq.) C. DC.) ♃ i ⌂, Westind.
6. **columbiána** Miq. ♃ i ⌂, Kol.
7. **dolabrifórmis** H.B.K. ♃ i ⌂, Peru
- *ebúrnea:* 14
8. **fráseri** C. DC. (*P. resediflóra* Lind. et André) ♃ i D ⌂ VI–VIII, Ek.
9. **galioídes** H.B.K. ♃ i ⌂, Westind., M- u. S-Am.
10. **gardneriána** Miq. ♃ i ⌂, Bras.
11. **glabélla** (Sw.) A. Dietr. ♃ i ⌂, M- u. S-Am., Westind.
12. **griseoargéntea** Yuncker (*P. hederifólia* hort., *P. pulchélla* hort. non A. Dietr.) ♃ i ⌂, Heimat unbek.
- *hederifólia:* 12
13. **incána** (Haw.) Hook. ♃ i ⌂, SO-Bras.
14. **maculósa** (L.) Hook. (*P. ebúrnea* hort., *P. sarcophýlla* Sodiro) ♃ i ⌂, Trop. S-Am.
- *magnoliifólia:* 18
15. **marmoráta** Hook. (*P. verschafféltii* Lem.) ♃ i ⌂, S-Bras.
16. **metállica** Lind. et Rodig. ♃ i ⌂, Peru
17. **nivális** Miq. ♃ i ⌂, Peru
- *nummulariifólia:* 25
18. **obtusifólia** (L.) A. Dietr. (*P. magnoliifólia* (Jacq.) A. Dietr., *P. tithymaloídes* (Vahl) A. Dietr.) ♃ i ⌂, Trop. S-Am., M-Am., nördl. bis Mex., Westind. (Mit einigen Sorten)
- *obtusifólia* var. *clusiifólia:* 5
19. **órba** Bunt. (*P.* 'Astrid') ♃ i ⌂, Hei-

mat unbek.
20. **ornáta** Yuncker ♃ i ⌂, Venez., N-Bras.
21. **pereskiifólia** (Jacq.) H.B.K. ♃ i ⌂, Nicar., Pan., trop. S-Am.
- ? *poeppígii: Geogenánthus* 1
22. **polybótrya** H.B.K. ♃ i ⌂, Kol., Peru
- *prostráta:* 25
- *pulchélla:* 12
23. **puteoláta** Trel. ♃ i ⌂, Kol.
24. **quadranguláris** (J.V. Thomps.) A. Dietr. (*P. anguláta* H.B.K.) ♃ ⇝ ⌂, Westind., Pan. u. nördl. S-Am.
- *resediflóra:* 8
25. **rotundifólia** (L.) H.B.K. (*P. nummulariifólia* H.B.K.)
var. **pilósior** (Miq.) DC. (*P. prostráta* B.S. Williams) ♃ i ⌂, SO-Bras.
var. **rotundifólia** ♃ i ⇝ ⌂, M-Am., Arg., Bol.
26. **rubélla** (Haw.) Hook. ♃ i ⌂, Jam.
- *sandérsii:* 1
- *sarcophýlla:* 14
27. **scándens** Ruiz et Pav. (*P. sérpens* hort. non (Sw.) Loud.) ♃ ⇝ ≀ i ⌂, Westind., Pan. bis Bras. u. Peru
- *sérpens:* 27
- *tithymaloídes:* 18
28. **trichocárpa** Miq. ♃ ⌂, Bras.
29. **urocárpa** Fisch. et C.A. Mey. ♃ i ⌂, Trop. S-Am.
30. **velutína** Lind. et André (*P. bícolor* Sodiro) ♃ i ⌂, Ek.
- *verschafféltii:* 15
31. **verticilláta** (L.) A. Dietr. ♃ i ⌂, Kuba, Jam.

Peraphýllum Nutt. ex Torr. et A. Gray – n. – *Rosáceae*
Sandbirne
1. **ramosíssimum** Nutt. ♄ △ ∧ IV–V, USA: Oreg. bis Kalif. u. Color.

Peréskia Mill. (*Peiréskia* K. Schum.) – f. – *Cactáceae*
1. **aculeáta** Mill. (*P. peréskia* (L.) Karst.) ♄ ≀ D ⌂ ⓝ ✱, Trop. Am., südl. bis Parag., N-Arg., nördl. bis Westind. u. Flor.
- *amápola:* 4
2. **bléo** (H.B.K.) DC. (*Rhodocáctus bléo* (H.B.K.) F.M. Knuth) ♄ ⌂ ✱, Kol., Pan.
- *grandiflóra:* 3
3. **grandifólia** Haw. (*P. grandiflóra* hort. ex Pfeiff., *Rhodocáctus grandifólius* (Haw.) F.M. Knuth) ♄–♄ VIII–IX ✱, Bras.
4. **nemorósa** Rojas Acosta (*P. amápola* F.A.C. Web.) ♄–♄ ⌂ V–X ✱, Parag., Urug., Arg.
- *peréskia:* 1
5. **sacharósa** Griseb. (*Rhodocáctus sacharósus* (Griseb.) Bckbg.) ♄ – ♄ ⌂ VIII–X ✱, Arg., Parag., Bol.

Pereskiópsis Britt. et Rose – f. – *Cactáceae*
1. **diguétii** (F.A.C. Web.) Britt. et Rose (*P. velutína* Rose) ♄ ⌂ ✱, Mex.
2. **rotundifólia** (DC.) Britt. et Rose ♄ ⌂ ✱, Mex.
3. **spathuláta** (Otto) Britt. et Rose ♄ ⌂ ✱, Mex.
- *velutína:* 1

Perézia Lag. – f. – *Compósitae*
1. **multiflóra** (Humb. et Bonpl.) Less. ⊙ VII–VIII, Bras.
2. **sonchifólia** Bak. ⊙ VII–VIII, Urug.
3. **viscósa** Less. ⊙ VI–VII, Chile

Perilépta Bremek. – f. – *Acantháceae*
1. **dyeriána** (Mast.) Bremek. (*Strobilánthes dyeriánus* Mast.) ♄ ⌂, Burma

Périlla L. – f. – *Labiátae*
Schwarznessel
1. **frutéscens** (L.) Britt. (*Ócimum frutéscens* L., *P. ocymoídes* L.), Him., Burma, China, Jap.
'Nankinensis' (var. *críspa* (Thunb.) Decne. ex L.H. Bailey, *Ócimum críspum* Thunb., *P. nankinénsis* (Lour.) Decne.) ⊙ D IX–X ⓝ

Períploca L. – f. – *Asclepiadáceae*
1. **graéca** L. ♄ ≀ ☠ VII–VIII, Balk. bis S-Rum. u. Ital., N-Afr., M- u. O-Med.
2. **sépium** Bunge ♄ ≀ ☠ VI–VII, N-China

Peristéria Hook. – f. – *Orchidáceae*
Taubenorchis
- *bárkeri: Acinéta* 1
1. **cérina** Lindl. ⌂ VI–VII ✱, M-Am.
2. **eláta** Hook. ⌂ VII–VIII ✱, Costa R. bis Kol. u. Venez.
- *maculáta:* 3
3. **péndula** Hook. (*P. maculáta* hort.) ⌂ I–III ✱, Guay., Surin., Venez., Peru

Perístrophe Nees – f. – *Acantháceae*

- *angustifólia:* 1
1. **hyssopifólia** (Burm. f.) Bremek. (*P. angustifólia* Nees, *P. salicifólia* (Bl.) Hassk.) ♄ Ⓦ, Java
- *salicifólia:* 1
2. **speciósa** (Roxb. ex Wall.) Nees ♄ Ⓦ XII–III, Bengal.

Pernéttya Gaudich. corr. Gaudich. - f. - *Ericáceae*
Torfmyrte
1. **fúrens** (Hook. et Arn.) Klotzsch ♄ i ☠ Ⓚ, V, Chile
2. **mucronáta** (L. f.) Gaudich. ex Spreng. ♄ i ♣ ∧ V–VI, S-Chile bis Feuerl. (Eine vielgestaltige Art mit verschiedenen Sorten)
3. **prostráta** (Cav.) Sleum.
var. **pentlándii** (DC.) Sleum. ♄ i ♣ ∧ V–VI, Costa R. bis N-Chile
var. **prostráta** ♄ ⁓ ♣ ∧ i V–VI, Costa R. bis M-Chile
4. **tasmánica** Hook. f. ♄ i ⁓ ♣ Ⓚ V, Tasm.

Peróvskia Karel. - f. - *Labiátae*
1. **abrotanoídes** Karel. ♄ △ VIII–IX, Iran, Turkest., Afgh., Pak., Kaschm., Tien-schan, Tib.
2. **atriplicifólia** Benth. ♄ △ VIII–IX, Afgh. bis Him. u. Tib.
3. **scrophulariifólia** Bunge ♄ △ VIII–IX, N-Afgh., Pamir, Tien-schan

Pérsea Mill. - f. - *Lauráceae*
1. **americána** Mill. (*P. gratíssima* Gaertn. f., *P. leiógyna* S.F. Blake) - Avocadobirne, Aguacate ♄ i Ⓦ - Ⓚ Ⓝ, Mex., M-Am. bis Peru, Bras., in S-Flor. eingebürg.
- *gratíssima:* 1
- *leiógyna:* 1
2. **schiedeána** Nees ♄ i Ⓚ Ⓝ, Mex., M-Am.

Pérsica: Prúnus
- *vulgáris: Prúnus* 41

Persicária affínis: Polýgonum 1
- *alpína: Polýgonum* 2
- *amphíbia: Polýgonum* 3
- *amplexicáulis: Polýgonum* 4
- *bistórta: Polýgonum* 6
- *campanuláta: Polýgonum* 7
- *capitáta: Polýgonum* 8
- *filifórmis: Polýgonum* 10
- *hydrópiper: Polýgonum* 11
- *maculáta: Polýgonum* 17
- *orientális: Polýgonum* 15
- *polystáchya: Polýgonum* 18
- *serícea: Polýgonum* 20
- *vacciniifólia: Polýgonum* 23
- *vivípara: Polýgonum* 24
- *weyríchii: Polýgonum* 25

Peruvocéreus: Haageocéreus
- *albispínus: Haageocéreus* 3

Pescatória Rchb. f. - f. - *Orchidáceae*
1. **cérina** (Lindl.) Rchb. f. (*Huntléya cérina* Lindl.) ♃ Ⓦ VI–VII ✻, Costa R., Pan.
2. **dayána** Rchb. f. ♃ Ⓦ VI–IX ✻, Kol.
3. **lamellósa** Rchb. f. (*Zygopétalon lamellósum* Rchb. f.) ♃ Ⓦ VII–VIII ✻, Kol.

× **Pescoránthes** hort. (*Cochleánthes* × *Pescatória*; × *Cochleatórea* hort.) - f. - *Orchidáceae*

Petasítes Mill. - m. - *Compósitae*
Pestwurz
1. **álbus** (L.) Gaertn. ♃ ⁓ △ III–IV, S-Norw. bis S-Eur. u. Bulg., Kauk., Arm., Altai
2. **frágrans** (Vill.) K.B. Presl ♃ D ⁓ △ ∧ XII–III, M-Med., Alger., in W-Eur. eingebürg.
3. **hýbridus** (L.) Ph. Gärtn., B. Mey. et Scherb. (*P. officinális* Moench) - Gemeine Pestwurz ♃ ⁓ III–IV, Eur., N- u. W-As.
4. **japónicus** (Sieb. et Zucc.) Maxim. ♃ D ⁓ III–IV, Jap., Riukiu-Ins., Kuril., Sachal., Korea, China
- *níveus:* 5
- *officinális:* 3
5. **paradóxus** (Retz.) Baumg. (*P. níveus* (Vill.) Baumg.) ♃ △ ⁓ III–V, Pyren., Jura, Alp. u. Vorland, O-Karp., M-Jugosl.
6. **spúrius** (Retz.) Rchb. (*P. tomentósus* DC.) ♃ III–IV, N-, O- u. nördl. M-Eur., W-As.
- *tomentósus:* 6

Pétrea L. - f. - *Verbenáceae*
1. **volúbilis** L. - Purpurkranz ♄ i ≹ Ⓦ III bis IV, Mex. bis Pan., Westind.

Petrocállis R. Br. - f. - *Crucíferae*
Steinschmückel
1. **pyrenáica** (L.) R. Br. ♃ △ ⌓ V–VI ▽, O-Span., Pyren., Alp., Karp.

Petrocóptis A. Braun ex Endl. - f. - *Caryophylláceae*

Pyrenäennelke
1. **glaucifólia** (Lag.) Boiss. (*P. lagáscae* (Willk.) Willk., *Lýchnis lagáscae* (Willk.) Hook.) ♃ △ VI–VIII, Gebg. N-Span.
- *lagáscae:* 1
2. **pyrenáica** (Bergeret) A. Braun (*Lýchnis pyrenáica* Bergeret) ♃ △ VI–VII, W-Pyren.

Petrocósmea Oliv. - f. - *Gesneriáceae*
1. **kérrii** Craib ♃ i Ⓚ, Thail.
2. **nervósa** Craib ♃ i Ⓚ, Jünn.
3. **parryórum** C.E.C. Fisch. ♃ i Ⓚ, Ass.: Lushai Hills

Petróphyes: Monánthes 3, 4, 5, 6, 7

Petróphyton (Nutt. ex Torr. et A. Gray) Rydb. - n. - *Rosáceae*
1. **caespitósum** (Nutt. ex Torr. et A. Gray) Rydb. (*Spiraēa caespitósa* Nutt. ex Torr. et A. Gray) ♄ i △ ⁓ VII–VIII, USA: Mont., S-Dak. bis Kalif. u. New Mex.
2. **cineráscens** (Piper) Rydb. (*Spiraēa cineráscens* Piper) ♄ ⁓ △ IX, Nordwestl. N-Am.

Petrorhágia (Ser. ex DC.) Link - f. - *Caryophylláceae*
1. **prolífera** (L.) P.W. Ball et Heyw. (*Túnica prolífera* (L.) Scop., *Kohlraūschia prolífera* (L.) Kunth) ⊙ VI–X, M-, nördl. S- u. SO-Eur., S-Schwed., Kl. As., Kauk.
2. **saxífraga** (L.) Link (*Túnica saxífraga* (L.) Scop., *Kohlraūschia saxífraga* (L.) Dandy) ♃ △ VI–IX, S- bis M-Eur., Vord. As., Kauk., Iran

Petroselínum Hill - n. - *Umbellíferae*
Petersilie
1. **críspum** (Mill.) Nym. ex A.W. Hill (*P. horténse* auct. non Hoffm., *P. satívum* Hoffm.), Med., in vielen Ländern Eur. eingebürg.
convar. **críspum** (ssp. *críspum*) - Blattpetersilie ⊙ VI–VII Ⓝ Off.
convar. **radicósum** (Alef.) Danert (ssp. *tuberósum* (Bernh. ex Rchb.) Soó) - Knollenpetersilie, Petersilienwurzel ⊙ VI–VII Ⓝ Off.

Pettéria K.B. Presl - f. - *Leguminósae*
1. **ramentácea** (Sieber) K.B. Presl ♄ VI, Jugosl., N-Alban.

Petúnia Juss. - f. - *Solanáceae*
Petunie
- × *atkinsiána:* 2
1. **axilláris** (Lam.) B.S.P. (*P. nyctaginiflóra* Juss.) ⊙ - ♄ D VI–IX, S-Bras., Urug., Arg.
- × *hýbrida:* 2
2. **-Hybriden** (*P. axilláris* × *P. violácea*; *P.* × *hýbrida* Vilm., *P.* × *atkinsiána* D. Don) ⊙ D V–IX
(Hierher das ganze in verschiedene Gruppen unterteilte Sortiment der Gartenpetunien)
- *nyctaginiflóra:* 1
3. **violácea** Lindl. ⊙ - ♄ VI–IX, Bras., Urug., Arg.

Peucédanum L. - n. - *Umbellíferae*
- *altíssimum:* 2
1. **ostrúthium** (L.) W.D.J. Koch (*Imperatória ostrúthium* L.) - Meisterwurz, Kaiserwurz, Ostruz ♃ VII bis VIII Ⓝ Gebg. Span., Pyren., Cevenn., Alp.
2. **verticilláre** (L.) K. Koch ex DC. (*P. altíssimum* (Mill.) Thell. non Desf., *Imperatória altíssima* (Mill.) Leute, *Tommasínia altíssima* (Mill.) Thell.) ⊙-♃ ☠ VII–VIII, O- u. östl. M-Alp. bis Ung., N-Jugosl. u. M-Ital.

Peūmus Mol. - f. - *Monimiáceae*
1. **bóldus** Mol. ♄ i Ⓚ Off., Chile

Pfeiffera: Lepísmium
- *ianthothéle: Lepísmium* 3

Phacélia Juss. - f. - *Hydrophylláceae*
1. **campanulária** A. Gray ⊙ VII–IX, Color., S-Kalif.
2. **congésta** Hook. (*P. tanacetifólia* A. DC. non Benth.) ⊙ VII–IX, Tex. bis New Mex.
3. **divaricáta** (Benth.) A. Gray ⊙ VII bis VIII, Kalif.
4. **lineáris** (Pursh) Holz. (*P. menziésii* Torr.) ⊙ - ♃ VII–IX, N-Am.: Alb. bis Br. Kol., südl. bis Wyom. u. Kalif.
- *menziésii:* 4
5. **mínor** (Harv.) Thell. ex F. Zimm. (*P. whitlávia* A. Gray, *Whitlávia grandiflóra* Harv.) ⊙ VII–VIII, S-Kalif.
6. **párryi** Torr. ⊙ VI–IX, Kalif., Nied. Kalif., Mex.
- *tanacetifólia* A. DC.: 2
7. **tanacetifólia** Benth. ⊙ VI–VIII Ⓝ, Kalif. bis Ariz., Nied. Kalif., Mex.
8. **víscida** (Benth. ex Lindl.) Torr. (*Eu-*

toca víscida Benth. ex Lindl.) ⊙ VII bis VIII, Kalif.
- *whitlávia:* 5

Phaedranássa Herb. - f. - *Amaryllidáceae*
1. **carmiólii** Bak. ♃ ⌂, Costa R.
2. **lehmánnii** Regel ♃ ⌂, Kol.
3. **schizántha** Bak. ♃ ⌂, Peru, Ek.

Phaedránthus Miers - m. - *Bignoniáceae*
1. **buccinatórius** (DC.) Miers (*Bignónia buccinatória* DC.) ♄ i ⌇ ⌂ VII-VIII, Mex.

Phaenocóma D. Don - f. - *Compósitae*
1. **prolífera** (L.) D. Don ♄ i ✂ ⌂, Kap

Phaeoméria: Nicolaia
- *magnífica: Nicolaia* 1

× **Phaiocalánthe** hort. (*Calánthe* × *Pháius;* × *Calanthopháius* hort., × *Gastrocalánthe* hort., × *Phaiocalanthódes* hort., × *Phaiolimatopreptánthe* hort., × *Phaiopreptánthe* hort., × *Phalánthe* hort.) - f. - *Orchidáceae*

× *Phaiocalanthódes*: × *Phaiocalánthe*

× **Phaiocymbídium** hort. (*Cymbídium* × *Pháius*) - n. - *Orchidáceae*

× *Phaiolimatopreptánthe*: × *Phaiocalánthe*

× *Phaiopreptánthe*: × *Phaiocalánthe*

Pháius Lour. - m. - *Orchidáceae*
- *blúmei:* 4
1. **flávus** (Bl.) Lindl. (*P. maculátus* Lindl.) ♃ ⌂ ✂ IV-V *, Mal. Arch., Ind.
- *grandifólius:* 4
2. **humblótii** Rchb. f. ♃ ⌂ ✂ VI-VII *, Madag.
3. **-Hybriden** ♃ ⌂ ✂ II-VIII *
- *maculátus:* 1
4. **tankervílleae** (Banks) Bl. (*P. grandifólius* Lour., *P. blúmei* Lindl., *P. wallíchii* Hook. f.) ♃ ⌂ ✂ II-VI *, N-Ind., Sikk., Him., Ass., Burma, Ceyl., Malak., Mal. Arch., China, Austral.
- *wallíchii:* 4

Phalaenópsis Bl. - f. - *Orchidáceae*
1. **amábilis** (L.) Bl. (*P. grandiflóra* Lindl., *P. rimestadiána* (Lind.) Rolfe) ⌂ X-II *, Queensl., N. Guin., Indones. bis Sum. im W, zu den Phil. (Palawan-Ins.) im N
2. **amboinénsis** J.J. Sm. ⌂ XII-I *, Ambon
3. **aphrodíte** Rchb. f. ⌂ XII-IV *, Phil., Taiw.
- *buyssoniána: Dorítis* 1
4. **córnu-cérvi** (Breda) Bl. et Rchb. f. ♃ ⌂ V-IX *, Nikobar., Burma, Thail., Malays., Sum. bis Born.
5. **denévei** J.J. Sm. (*Paraphalaenópsis denévei* (J.J. Sm.) A.D. Hawkes) ⌂ *, Born.
6. **equéstris** (Schau.) Rchb. f. (*P. rósea* Lindl.) ♃ ⌂ VIII-IX *, Phil., Taiw.
- *esmerálda: Dorítis* 1
- *grandiflóra:* 1
7. **-Hybriden** ⌂ ✂ I-XII *
8. **lueddemanniána** Rchb. f. ⌂ V-VI *, Phil.
9. **mánnii** Rchb. f. ⌂ V-VIII *, Sikk., Ass., Vietn.
10. **maríae** Burbidge ex Warner et B.S. Williams ♃ ⌂ VI-VIII *, Phil., Born.
11. **paríshii** Rchb. f. ⌂ V-VI *, Moulm.
- *pulchérrima: Dorítis* 1
- *rimestadiána:* 1
- *rósea:* 6
12. **schilleriána** Rchb. f. ⌂ I-III *, Phil.
13. **stuartiána** Rchb. f. ⌂ I-III *, Phil.
14. **sumatrána** Korth. et Rchb. f. ⌂ V bis VI *, Thail., Malak., Sum., Java, Born.
15. **violácea** Witte (*Staurópsis violácea* (Witte) Rchb. f.) ⌂ V-VII *, Malak., Sum., Born.

× **Phalaeriánda** hort. (*Aërides* × *Phalaenópsis* × *Vánda*; × *Tanakára* hort. 1952 non 1947) - f. - *Orchidáceae*

× **Phalandópsis** hort. (*Phalaenópsis* × *Vandópsis*) - f. - *Orchidáceae*

× **Phalanétia** hort. (*Neofinétia* × *Phalaenópsis*) - f. - *Orchidáceae*

Phalángium bichétii: Chlorophytum 2
- *esculéntum: Camássia* 3
- *quámash: Camássia* 3

× *Phalánthe*: × *Phaiocalánthe*

Phaláris L. - f. - *Gramíneae*
Glanzgras
1. **arundinácea** L. (*Typhoídes arundinácea* (L.) Moench, *Baldíngera arundinácea* (L.) Dumort., *Phalaroídes arundinácea* (L.) Rauschert) - Mi-

litz, Rohrglanzgras ♃ ⁓ ✂ VI–VII Ⓝ, Eur., W-, N- u. O-As., N-Am.
2. **canariénsis** L. - Kanariengras, Spitzsamen ⊙ ✂ VII–VIII Ⓝ, Makarones., NW-Afr., W-Med.

Phalaroídes arundinácea: Phaláris 1
Phanerophlébia caryotídea: Cyrtómium 1
- *falcáta: Cyrtómium* 2
- *fortúnei: Cyrtómium* 3

Pharbítis Choisy - f. - *Convolvuláceae*
1. **acumináta** (Vahl) Choisy (*Ipomoea leárii* Paxt., *P. leárii* (Paxt.) Lindl.) ♄ ≀ Ⓚ - Ⓦ VII–IX, Pantrop.
2. **hederácea** (Jacq.) Choisy (*Ipomoea hederácea* Jacq.) ⊙ ≀ VII–IX, Trop. Am.
- *híspida:* 4
- *leárii:* 1
3. **nil** (L.) Choisy (*Convólvulus nil* L., *Ipomoea nil* (L.) Roth) ♃ ≀ Ⓚ VII bis IX, Pantrop. (Mit vielen Sorten; hierher auch *Ipomoea imperiális* hort., die japanischen Kaiserwinden)
4. **purpúrea** (Roth) Boj. (*Ipomoea purpúrea* Roth, *P. híspida* (Zucc.) Choisy) ⊙ ≀ VII–IX, Trop. Am.
- *rubrocaerúlea: Ipomoea* 16

Phárus P. Br. - m. - *Gramíneae*
1. **latifólius** L. ♃ i Ⓦ, Westind., M-Am. bis Bras.
'Vittatus'

Phaséolus L. - m. - *Leguminósae*
Bohne
- *aconitifólius: Vígna* 1
1. **acutifólius** A. Gray - Teparybohne ⊙ Ⓝ, USA: Tex. bis Ariz.; Mex.
- *anguláris: Vígna* 2
- *caracálla: Vígna* 3
2. **coccíneus** L. (*P. multiflórus* Lam.) - Feuerbohne, Prunkbohne ⊙ ≀ × VI bis IX, Heimat wahrsch. Mex. bis M-Am.
- *liménsis:* 3
3. **lunátus** L. (*P. liménsis* Macfad.) - Mondbohne, Limabohne ⊙ auch ≀ ☠ Ⓝ, M-, S-Am.
- *max: Glycíne* 1
- *multiflórus:* 2
- *múngo: Vígna* 4
- *radiátus: Vígna* 5
- *retúsus:* 4
4. **riténsis** M.E. Jones (*P. retúsus* Benth.) ♃ Ⓝ, USA: Tex., New Mex., Ariz.
5. **vulgáris** L. - Gartenbohne, Fisole
ssp. **vulgáris**, Nur in Kult bek., Heimat subtrop. Am.
var. **nánus** (L.) Aschers. - Buschbohne ⊙ Ⓝ
var. **vulgáris** - Stangenbohne ⊙ ≀ Ⓝ

Phegópteris connéctilis: Thelýpteris 6
- *decursivepinnáta: Thelýpteris* 1
- *dryópteris: Currània* 1
- *polypodioídes: Thelýpteris* 6
- *robertiána: Currània* 2
- *vulgáris: Thelýpteris* 6

Phellándrium aquáticum: Oenánthe 1

Phellodéndron Rupr. - n. - *Rutáceae*
Korkbaum
1. **amurénse** Rupr. ♄ VI Ⓝ, Jap., N-China, Korea, Mandsch., Ussuri, Amur
2. **chinénse** Schneid. ♄ VI, M-China
3. **japónicum** Maxim. ♄ VI, Jap.
4. **lavállei** Dode ♄ VI, Jap.
5. **sachalinénse** (Fr. Schmidt) Sarg. ♄ VI, Jap., Sachal., Korea, W-China

Phellospérma: Mammillária
- *guelzowiánum: Mammillária* 40
- *longiflórum: Mammillária* 54
- *pennispinósum: Mammillária* 76
- *tetrancístrum: Mammillária* 106

Phelypaea caerúlea: Orobánche 7
- *ramósa: Orobánche* 8

Philadélphus L. - m. - *Saxifragáceae*
Sommerjasmin, Pfeifenstrauch
1. **argyrócalyx** Woot. ♄ D VI–VIII, New Mex.
- *billiárdii:* 13
2. **brachýbotrys** (Koehne) Koehne (*P. pekinénsis* var. *brachýbotrys* Koehne) ♄ VI–VII, China?
3. **califórnicus** Benth. ♄ D VI–VII, Kalif.
4. **coronárius** L. ♄ D V–VI, N- u. M-Ital., Österr., Jugosl., M-Rum., Kl. As.
- *coronárius* var. *salicifólius:* 24
5. **-Coronarius-Hybriden** ♄ D V–VI
- × *cymósus:* 6
6. **-Cymosus-Hybriden** (*P.* × *cymósus* Rehd.) ♄
7. **delavayi** L. Henry ♄ VI, Jünn.
8. **flóridus** Beadle ♄ VI, USA: Georg.
- *gloriósus:* 12

- *gordoniánus:* 17
- *grandiflórus:* 12

9. **hirsútus** Nutt. ♄ VI, USA: N-Carol. u. Kent., südl. bis Georg. u. Alab.
10. **-Hybriden** (Hybriden verschiedenen Ursprungs, ausschließlich der hier genannten Hybriden-Gruppen)
11. **incánus** Koehne ♄ D VII, Schansi, Hupeh
12. **inodórus** L., USA: Virg. u. Tenn., südl. bis Flor. u. Alab.
    var. **grandiflórus** (Willd.) A. Gray (*P. grandiflórus* Willd., *P. gloriósus* Beadle) ♄ VI
    var. **láxus** (Schrad. ex DC.) S.-Y. Hu (*P. láxus* Schrad. ex DC.) ♄ VI
    var. **strigósus** Beadle (*P. strigósus* (Beadle) Rydb.) ♄ VI
13. × **insígnis** Carr. (*P. califórnicus* vel *cordifólius* × *P. pubéscens*; *P. billiárdii* Koehne) ♄ D VI–VII, USA: Kalif., Oreg.
14. **intéctus** Beadle (*P. pubéscens* var. *intéctus* (Beadle) A.H. Moore) ♄ VI, USA: Tenn. bis Alab., Ark.
15. **kansuénsis** (Rehd.) S.-Y. Hu (*P. pekinénsis* var. *kansuénsis* Rehd.) ♄ D VII, NW-China

- *láxus:* 12
- × *lemoínei:* 16

16. **-Lemoinei-Hybriden** (*P. coronárius* × *P. microphýllus*; *P.* × *lemoínei* Lemoine) ♄ VI–VII
17. **lewísii** Pursh
    var. **gordoniánus** (Lindl.) Koehne (*P. gordoniánus* Lindl.) ♄ VI–VII, N-Am.: Br. Kol. bis Id. u. N-Kalif.

- *magdalénae:* 29

18. **microphýllus** A. Gray ♄ D VI, USA: Color. bis New Mex., Ariz.
19. **pekinénsis** Rupr. ♄ D V–VI, N-China bis Korea

- *pekinénsis* var. *brachýbotrys:* 2
- *pekinénsis* var. *kansuénsis:* 15
- × *polyánthus:* 20

20. **-Polyanthus-Hybriden** (*P.* × *polyánthus* Rehd.) ♄
21. **pubéscens** Loisel.
    var. **verrucósus** (Schrad. ex DC.) S.-Y. Hu (*P. verrucósus* Schrad. ex DC.) ♄ VI, USA: Tenn. u. Ill., südl. bis Alab. u. Ark.

- *pubéscens* var. *intéctus:* 14

22. **purpuráscens** (Koehne) Rehd. ♄ D VI, W-China

- × *purpureomaculátus:* 23

23. **-Purpureomaculatus-Hybriden** (*P. cōulteri* S. Wats. × *P.*-Lemoinei-Hybriden; *P.* × *purpureomaculátus* Lemoine) ♄ D VI–VII
24. **salicifólius** K. Koch (*P. coronárius* var. *salicifólius* (K. Koch) Jäg.) ♄ D VI, Heimat unbek.

- *satsumánus* sensu K. Koch vel Rehd.: 26

25. **satsumánus** Sieb. ex Miq. ♄ VI, Jap.
26. **satsúmi** (Sieb.) S.-Y. Hu (*P. satsumánus* sensu K. Koch, sensu Rehd. non Sieb. ex Miq.) ♄ D VI, Jap.
27. **schrénkii** Rupr. ♄ D V–VI, Mandsch. bis Korea
28. **sericánthus** Koehne ♄ VI, M- u. W-China

- *strigósus:* 12

29. **subcánus** Koehne
    var. **magdalénae** (Koehne) S.-Y. Hu (*P. magdalénae* Koehne) ♄ D VI, W-China
30. **tomentósus** Wall. ex Royle ♄ D VI, Him.

- *verrucósus:* 21
- × *virginális:* 31

31. **-Virginalis-Hybriden** (*P.* × *virginális* Rehd.) ♄ D

Philésia Comm. ex Juss. - f. - *Liliáceae*

1. **magellánica** J.F. Gmel. (*P. buxifólia* Willd.) ♄ Ⓚ S-Chile, Feuerl.

Philippicéreus castánea: Eulýchnia 3

Phillýrea L. - f. - *Oleáceae*
Steinlinde

1. **angustifólia** L. ♄ i Ⓚ V–VI, W- u. M-Med., Port.

- *decóra: Osmánthus* 3

2. **latifólia** L. (*P. média* L., *P. latifólia* var. *média* (L.) Schneid.) ♄ i Ⓚ V, Med., Port.

- *latifólia* var. *média:* 2
- *média:* 2
- *vilmoriniána: Osmánthus* 3

Philodéndron Schott corr. Schott - n. - *Aráceae*

1. **adamántinum** Mart. i Ⓦ, Parag.

- *andreánum:* 29

2. **angustiséctum** Engl. (*P. élegans* K. Koch) ⌇ i Ⓦ, W-Kol.

- *asperátum:* 31

3. **augustínum** K. Koch i ⌂, S-Am.
4. **bipennifólium** Schott (*P. panduri-fórme* hort. non (H.B.K.) Kunth) § i ⌂, S-Bras.
5. **bipinnatífidum** Schott ex Endl. (*P. sélloum* K. Koch) i ⌂, SO-Bras.
6. **cannifólium** Mart. (*P. martiánum* Engl.) i ⌂, SO-Bras.
- *cordátum* hort.: 38
7. **cordátum** (Vell.) Kunth § i ⌂, SO-Bras.
8. × **corsiniánum** hort. ex Regel (*P. verrucósum* × *P.* species) § i ⌂
9. **crassinérvium** Lindl. i ⌂, Guay.
- *daguénse:* 43
10. **devansayeánum** Lind. i ⌂, Andin. Ek. u. Peru
11. **doméstícum** Bunt. (*P. hastátum* hort. non K. Koch et Sello) ♄ i ⌂, Bras.?
- *duisbérgii:* 16
12. **eíchleri** Engl. i ⌂, Bras.
- *élegans:* 2
13. **elongátum** Engl. (*P. hastátum* K. Koch et Sello) § i ⌂, Bras.
14. **erubéscens** K. Koch et Aug. § i ⌂, Kol.
15. **exímium** Schott § i ⌂, Bras.
16. **féndleri** Schott (*P. duisbérgii* Epple ex Bunt.) ♄ i § ⌂, Kol., Venez., Trin.
17. **gigantéum** Schott § i ⌂, Westind., Trin.
18. **glazióvii** Hook. f. i ⌂, Bras.
19. **gloriósum** André ⟿ i ⌂, Kol.
20. **grandifólium** (Jacq.) Schott § i ⌂, Guay.
- *hastátum* hort.: 11
- *hastátum* K. Koch et Sello: 13
21. **houlletiánum** Engl. § i ⌂, Guay.
22. **ilsemánnii** hort. Saund. (Nach Engler vielleicht nur die Jugendform von *P. sagittifólium* Liebm.) § i ⌂, Heimat unbek.
23. **ímbe** Schott ex Endl. § i ⌂, S-Bras.
24. **lácerum** (Jacq.) Schott § i ⌂, Kuba, Jam., Haiti
- *laciniátum:* 32
- *laciniósum:* 32
25. **latifólium** K. Koch (*P. sellowiánum* K. Koch) i ⌂, Carac.
26. **latílobum** Schott § i ⌂, Peru
27. **longilaminátum** Schott § i ⌂, S-Bras.
28. **mámei** André i ⌂, Ek.
- *martiánum:* 6
29. **melanochrýsum** Lind. et André (*P. andreánum* Devans.) ⓝ i ⌂, Kol.
30. **melinónii** Brongn. ex Regel i ⌂, Nördl. S-Am.
- *mícans:* 38
31. **ornátum** Schott (*P. asperátum* K. Koch, *P. sodíroi* hort. ex Bellair et St.-Léger) § i ⌂, Venez. bis Peru u. SO-Bras.
- *oxycárdium:* 38
- *panduriförme:* 4
32. **pedátum** (Hook.) Kunth (*P. laciniátum* (Vell.) Engl., *P. laciniósum* Schott) § i ⌂, Guay., angrenzendes Venez. u. Bras.
- *pertúsum: Mónstera* 3
33. **pinnatífidum** (Jacq.) Schott i ⌂, Venez., Trin.
34. **radiátum** Schott § i ⌂, SO-Mex., Guat.
35. **rugósum** Bogn. et Bunt. § i ⌂, Ek.
36. **sagittifólium** Liebm. § i ⌂, S-Mex.
37. **sanguíneum** Regel § i ⌂, Mex.
38. **scándens** K. Koch et Sello
    ssp. **oxycárdium** (Schott) Bunt. (*P. cordátum* hort. non (Vell.) Kunth, *P. oxycárdium* Schott) § i ⌂, O-Mex.
    ssp. **scándens**
    f. **mícans** (K. Koch) Bunt. (*P. mícans* K. Koch) § i ⌂, Pan.
- *sélloum:* 5
- *sellowiánum:* 25
39. **símsii** (Hook.) Kunth i ⌂, Venez.
- *sodíroi:* 31
40. **squamíferum** Poepp. § i ⌂, Östl. trop. S-Am.
41. **tripartítum** (Jacq.) Schott § i ⌂, Trop. M- u. S-Am.
- *triúmphans:* 43
42. **tuxtlánum** Bunt. § i ⌂, Mex.
43. **verrucósum** Mathieu ex Schott (*P. daguénse* Lind., *P. triúmphans* hort.) § i ⌂, Costa R. bis Ek.
44. **wendlándii** Schott i ⌂, M-Am.

Phílydrum Banks ex Gaertn. – n. – *Philydráceae*
1. **lanuginósum** Banks ex Gaertn. ♃ ≋ ⌂, Jap., Taiw., China, Ind., Burma, Thail., Malays., Austral.

Phlebódium (R.Br.) J. Sm. – n. – *Polypodiáceae*
1. **aúreum** (L.) J. Sm. (*Polypódium aúreum* L.) ♃ i ⟿ ⌂, Trop. S-Am., in

Ceyl. eingebürg.
Phlegmariúrus squarrósus: Lycopódium 3
Phléum L. - n. - *Gramíneae*
Lieschgras
1. **praténse** L. - Wiesenlieschgras, Timotheegras ♃ VI–VII ®, Eur., Med., Alger., N-As., in N-Am. eingebürg.

Phlómis L. - f. - *Labiátae*
Brandkraut
1. **cashmeriána** Royle ex Benth. ♃ VI bis VII, Kaschm., Pak., Afgh., Turkest.
2. **fruticósa** L. ♄-♄ i ⌂ VI–VII, Med., westl. bis Sard., in Span. eingebürg.
3. **hérba-vénti** L. ♃ VII–VIII, Med., Port., S- u. O-Eur., Kl. As., Iran, W-Sib.
- *laciniáta: Eremóstachys* 1
4. **russeliána** (Sims) Benth. (*P. viscósa* hort. non Poir.) ♃ VI–VII, N-Anat. (Fast alle im Gartenbau unter dem Namen *P. viscósa* gezogenen Pflanzen gehören zu obiger Art)
5. **sámia** L. ♃ VI–VII, Griech., Kl. As.
6. **tuberósa** L. ♃ VI–VII, Östl. M- u. SO-Eur., Rußl. bis Sib., Kauk., Kl. As., N-Iran, Mongol.
- *viscósa* hort.: 4
7. **viscósa** Poir. ♄ ⌂, SW-As.

Phlox L. - f. - *Polemoniáceae*
Phlox
1. **adsúrgens** Torr. ♃ ⁓ △ V–VI, USA: Kalif., Oreg.
2. **amōēna** Sims ♃ △ IV–V, USA: S- u. N-Carol., Tenn. u. Kent., südl. bis Flor. u. Miss.
- × *aréndsii:* 3
3. **-Arendsii-Hybriden** (*P. divaricáta* ssp. *laphámii* × *P.*-Paniculata-Hybriden; *P.* × *aréndsii* hort.) ♃ V bis VI
4. **bífida** Beck (*P. stellária* A. Gray) - Sandphlox ♃ ⁓ △ IV–V, USA: Mich. bis Iowa, südl. bis Kent., Missouri u. Okla.
5. **boreális** Wherry ♃ △ ⁓ IV–V, Alaska
6. **brittónii** Small (*P. subuláta* var. *brittónii* (Small) Wherry) ♃ ⁓ △ V bis VI, USA: Virg., N-Carol.
- *canadénsis:* 8
7. **carolína** L. (*P. suffruticósa* Vent.) ♃ VI–VII, USA: Maryl., Kent. u. Indiana, südl. bis N-Carol. u. Alab.
- *decussáta:* 16
8. **divaricáta** L. (*P. canadénsis* Sweet)
ssp. **divaricáta** ♃ △ V–VI, N-Am.: Verm. u. Queb. bis Mich. u. Ill., südl. bis S-Carol. u. Alab.
ssp. **laphámii** (A. Wood) Wherry (var. *laphámii* A. Wood) ♃ △ V–VI, USA: Virg., Alab., Wisc., Minn. u. Nebr., südl. bis Flor. u. Tex.
- *divaricáta* var. *laphámii:* 8
9. **douglásii** Hook. ♃ △ ⁓ V–VI, USA: Wash. bis W-Mont.
10. **drummóndii** Hook. - Einjahrsphlox, Flammenblume ⊙ VII–IX, Tex. u. angrenz. Staat. (Mit vielen Sorten)
11. **glabérrima** L. ♃ ⁓ VI–VIII, USA: Virg. bis Wisc., südl. bis Flor. u. Tex.
- × *hortórum:* 16
12. **maculáta** L. ♃ VI–VII, N-Am.: Queb. u. Conn. bis Minn., südl. bis Del., Virg., Tenn. u. Missouri
13. **-Maculata-Hybriden** (*P. carolína* × *P. maculáta*) ♃ ✂ VI–VII
- *nivális:* 19
14. **ováta** L. ♃ VII–VIII, USA: Penns. bis Indiana, südl. bis N-Carol. u. Alab.
15. **paniculáta** L. ♃ VI–VIII, USA: N. Y. bis Iowa, südl. bis N-Carol., Georg., Miss. u. Ark.
16. **-Paniculata-Hybriden** (*P. decussáta* hort., *P.* × *hortórum* Bergm.) ♃ ✂ VI–VIII
17. **pilósa** L. ♃ IV–V, N-Am.: Conn., Ont., Mich., Iowa, Missouri u. Kans., südl. bis Flor. u. Tex.
- *réptans:* 18
- *setácea:* 19
- *stellária:* 4
18. **stolonífera** Sims (*P. réptans* Michx.) ♃ ⁓ △ IV–V, USA: Penns. bis Ohio, südl. bis Carol. u. Georg.
19. **subuláta** L. (*P. setácea* L.) - Moosphlox
var. **nivális** (Lodd.) Brand (*P. nivális* Lodd.) ♃ ⁓ △ III–V, USA: Virg. bis Georg. u. Alab., südl. bis Flor. u. Tex.
var. **subuláta** ♃ ⁓ △ IV–V, USA: Long Isl. bis Mich., südl. bis Maryl., N-Carol. u. Tenn., in Neuengl. ein-

gebürg.
- *subuláta* var. *brittónii:* 6
- *suffruticósa:* 7

Phoenicaulis Nutt. - m. - *Crucíferae*
1. **cheiranthoídes** Nutt. (*P. menziésii* (Hook.) Steud., *Párrya menziésii* (Hook.) Greene) ♃ △ IV–VI, USA: Wash. u. Id. bis Nev. u. N-Kalif.

Phoenicophórium H. Wendl. - n. - *Pálmae*
1. **borsigiánum** (K. Koch) Stuntz (*Stevensónia borsigiána* (K. Koch) L. H. Bailey, *S. grandifólia* Duncan ex Balf. f., *P. sechellárum* H. Wendl.) ♄ i ⓦ, Seych.

Phoenix L. - f. - *Pálmae*
1. **acaulis** Buch.-Ham. ex Roxb. i ⓚ, Ass., Burma
2. **canariénsis** hort. ex Chabaud ♄ i ⓚ, Kanar.
3. **dactylífera** L. - Dattelpalme ♄ i ⓚ ⓝ, Wild nicht bek.
- *leonénsis:* 6
4. **loureirii** Kunth i ⓚ, Ass. bis S-China
5. **pusílla** Gaertn. i ⓚ, S-Ind. bis Ceyl.
6. **reclináta** Jacq. (*P. leonénsis* Lodd., *P. spinósa* Schumach.) ♄ i ⓚ, Trop. u. S-Afr., Madag.
7. **roebelénii** O'Brien i ⓦ, Laos
8. **rupícola** T. Anders. ♄ i ⓚ, Him., Sikk., Ass.
- *spinósa:* 6
9. **sylvéstris** (L.) Roxb. - Walddattel ♄ ⓚ ⓝ, Ind.
10. **theophrásti** Greuter ♄ i ⓚ, Kreta

Pholidóta Lindl. ex Hook. - f. - *Orchidáceae*
1. **articuláta** Lindl. ♃ ⓦ V–IX ∗, Burma bis Java
- *imbricáta:* 2
2. **pállida** Lindl. (*P. imbricáta* sensu Lindl. non Roxb.) ⓦ IV–VII ∗, Ind. Monsungebiet, Burma, Ceyl., Mal. Arch., Indoch.
3. **ventricósa** Rchb. f. ⓦ III–V ∗, Sunda

Pholístoma aurítum: Nemóphila 1

Phórmium J. R. et G. Forst. - n. - *Liliáceae*
Neuseeländer Flachs
- *aloídes: Lachenália* 1
- *colénsoi:* 1
1. **cookiánum** Le Jolis (*P. colénsoi* Hook. f.) ♃ i ⓚ, Neuseel.
2. **ténax** J. R. et G. Forst. - Neuseeländer Flachs ♃ i ⓚ ⓝ, Neuseel.

Photínia Lindl. - f. - *Rosáceae*
Glanzmispel
1. × **fráseri** Dress (*P. glábra* × *P. serruláta*) ♄ i ⓚ
2. **glábra** (Thunb.) Maxim. ♄ i ∧ (besser ⓚ) V–VI, Jap.
3. **serruláta** Lindl. ♄ i ∧ (besser ⓚ) V bis VI ⓝ, China
4. **villósa** (Thunb.) DC. ♄ VI, Jap., Korea, China

Phragmipédium Rolfe - n. - *Orchidáceae*
1. **boissieriánum** (Rchb. f.) Rolfe ♃ i ⓦ VIII–X ∗, Peru, Bol.
2. **caricínum** (Lindl.) Rolfe ♃ i ⓦ IV bis VII ∗, Peru, Bol.
3. **caudátum** (Lindl.) Rolfe ♃ i ⓦ II–V ∗, Peru bis Venez. u. Pan.
4. **lindleyánum** (Lindl.) Rolfe ♃ i ⓦ XI ∗, Guay., Venez.
5. **longifólium** (Rchb. f. et Warsc.) Rolfe
var. **roezlii** (Rchb. f.) Veitch ♃ i ⓦ I bis XII ∗, Kol.
6. **schlímii** (Rchb. f.) Rolfe ♃ i ⓚ I–XII ∗, Kol.

Phragmítes Adans. - m. - *Gramíneae*
Schilf, Rohr
1. **austrális** (Cav.) Trin. ex Steud. (*P. commúnis* Trin.) ♃ ≈ VIII–IX ⓝ, Kosmopol.

Phrynélla Pax et K. Hoffm. - f. - *Caryophylláceae*
1. **ortegioídes** (Fisch. et C. A. Mey.) Pax et K. Hoffm. (*Saponária ortegioídes* (Fisch. et C. A. Mey.) Boiss. et Bal., *Gypsóphila ortegioídes* (Fisch. et C. A. Mey.) Boiss.) ♃ △ VIII–IX, Kl. As.

Phrýnium confértum: Ataenídia 1
- *cylíndricum: Caláthea* 5
- *lubbersiánum: Ctenánthe* 3
- *setósum: Ctenánthe* 5

Phuópsis (Griseb.) Hook. f. - f. - *Rubiáceae*
1. **stylósa** (Trin.) Jacks. (*Crucianélla stylósa* Trin.) ♃ △ VI–VIII, Kauk., Iran

Phygélius E. Mey. ex Benth. - m. - *Scrophulariáceae*

1. **aequális** Harv. ex Hiern ♄ ∧ VII–IX, S-Afr.
2. **capénsis** E. Mey. ex Benth. ♄ ∧ (besser ⌂) VII–X, S-Afr.

Phýla Lour. - f. - *Verbenáceae*
1. **nodiflóra** (L.) Greene (*Líppia répens* Spreng.), Trop. u. Subtrop., O-Med., in N-Am. nördl. bis Virg. u. Okla., in N-Afr. eingebürg.
var. **canéscens** (H.B.K.) Moldenke (*Líppia canéscens* Kunth) ♃ ⟿ ⌂ VII–VIII
var. **nodiflóra** ♃ ⟿ ⌂ VII–VIII
var. **rósea** (D. Don) Moldenke (*Líppia répens* hort. non Spreng.) ♃ ⟿ ⌂ VII–VIII

Phýlica L. - f. - *Rhamnáceae*
Kapmyrte
- *acerósa:* 1
1. **ericoídes** L. (*P. acerósa* Willd.) ♄ i ⌂ XI–III, Kap
- *myrtifólia:* 2
2. **paniculáta** Willd. (*P. myrtifólia* Poir.) ♄ i ⌂, Kap, Nat., Transv., Zimb.
3. **plumósa** L. ♄ i ⌂, Kap

Phyllágathis Bl. - f. - *Melastomatáceae*
1. **rotundifólia** (Jack) Bl. ♄ i ⌂, Sum.

Phyllánthus L. - m. - *Euphorbiáceae*
1. **ácidus** (L.) Skeels (*P. dístichus* (L.) Muell. Arg.) ♄ i ⌂ ®, Ind., Mal. Arch., Madag., in S-Flor. u. Westind. eingebürg.
2. **amárus** Schumach. et Thonn. (*P. nirúri* hort. non L.) ♄ i ⌂, Trop. W-Afr., in den übrigen Trop. eingebürg.
3. **angustifólius** (Sw.) Sw. ♄ i ⌂, Jam., in S-Flor. eingebürg.
4. **arbúscula** (Sw.) J. F. Gmel. (*P. speciósus* Jacq.) ♄ i ⌂, Jam.
- *dístichus:* 1
5. **émblica** L. - Amblabaum, Amla ♄ i ⌂ ®, Maskar., Ind., Mal. Arch., China
6. **grandifólius** L. ♄ i ⌂, S-Am.
7. **mimosoídes** Sw. ♄ i ⌂, Westind.
- *nirúri:* 2
- *nivósus: Breȳnia* 1
8. **púlcher** (Baill.) Muell. Arg. ♄ i ⌂, SO-As., W-Malays., Sum., Java
- *speciósus:* 4

Phyllítis Hill (*Scolopéndrium* Adans.) - f. - *Aspleniáceae*
Hirschzunge
1. **scolopéndrium** (L.) Newm. (*Scolopéndrium vulgáre* Sm., *S. officinárum* Sw., *S. officinále* DC., *Asplénium scolopéndrium* L.) ♃ i (auch ▽ ⌂) ▽, Eur., Kauk., Vord. As., N-Afr., Mad., Kanar., Jap., östl. N-Am.: N. Brunsw., N. Y., Ont., Tenn.
(Mit vielen, meist lateinisch benannten Sorten wie 'Crispa', 'Digitata', 'Marginata', 'Undulata')

Phyllóbolus resúrgens: Sphalmánthus 3

Phyllocáctus Link: *Epiphýllum*
- *angúliger: Epiphýllum* 1
- *bifórmis: Disocáctus* 1
- *chiapénsis: Chiapásia* 1
- *crenátus: Epiphýllum* 3
- *darráhii: Epiphýllum* 1
- *eichlámii: Disocáctus* 2
- *grándis: Epiphýllum* 5
- *hoōkeri: Epiphýllum* 4
- *oxypétalus: Epiphýllum* 5
- *phyllanthoídes: Nopalxóchia* 2
- *pittiéri: Epiphýllum* 6
- *stenopétalus: Epiphýllum* 7
- *stríctus: Epiphýllum* 8
- *thomasiánus: Epiphýllum* 9

Phyllocáctus-Hybriden: *Nopalxóchia* 1

Phyllócladus L. C. Rich. ex Mirb. - m. - *Podocarpáceae*
Blatteibe
- *alpínus:* 1
1. **asplenifólius** (Labill.) Hook. f. (*P. alpínus* Hook. f.) ♄ i ⌂, Neuseel.
2. **trichomanoídes** D. Don ♄ i ⌂, Tasm., Neuseel.

Phyllódoce Salisb. - f. - *Ericáceae*
Blauheide
1. **aleútica** (Spreng.) A. Heller ♄ ⟿ ∧ IV–V, Alaska, Jap., Sachal., Kuril., Kamtsch.
2. **bréweri** (A. Gray) A. Heller ♄ ∧ V bis VI, Rocky Mount.
3. **caerúlea** (L.) Bab. (*P. taxifólia* (Pall.) Salisb.) ♄ ∧ VI–VII, Arkt.-alp. Gebiete Eur., N-Am. u. N-As.
4. **empetrifórmis** (Sm.) D. Don ♄ ∧ V bis VII, N-Am.: Br. Kol. bis Kalif., östl. bis Mont.
5. **nippónica** Mak. ♄ ∧ V–VII, Jap.
- *taxifólia:* 3

Phyllórhachis Trim. - f. - *Gramíneae*
1. **sagittáta** Trim. ♃ ⌂ X–II, Angola,

Tans., Sambia, Malawi

Phyllóstachys Sieb. et Zucc. – f. – *Gramíneae*

1. **aūrea** (Carr.) Carr. ex A. et C. Riv. (*Bambúsa aūrea* Carr., *P. bambusoídes* var. *aūrea* (Carr.) Mak.) ♄ i ∧ ⓝ, S-China
2. **aureosulcáta** McClure ♄ i, NO-China
3. **bambusoídes** Sieb. et Zucc. (*P. quilióí* A. et C. Riv., *P. reticuláta* (Rupr.) K. Koch) ♄ i ⌂ ⓝ, M- u. S-China

– *bambusoides* var. *aūrea:* 1

4. **bissétii** McClure ♄ i, Herk. unbek.
5. **decóra** McClure ♄ i, Herk. unbek.

– *fastuósa: Semiarundinária* 1

6. **flexuósa** A. et C. Riv. (*Bambúsa flexuósa* Carr. non Munro) ♄ i ∧, China

– *marmórea: Chimonobambúsa* 1

7. **niduläria** Munro ♄ i ⌂ ⓝ, China
8. **nígra** (Lodd. ex Lindl.) Munro (*Bambúsa nígra* Lodd. ex Lindl.) ♄ i ∧, China
9. **propínqua** McClure ♄ i, China

– *quilióí:* 3
– *reticuláta:* 3

10. **viridiglaucéscens** (Carr.) A. et C. Riv. (*Bambúsa viridiglaucéscens* Carr.) ♄ i ∧ ⓝ, S- bis M-China

Phymatódes punctátum: Microsórum 3
– *scándens: Microsórum* 4

Phymósia acerifólia: Sphaerálcea 3
– *umbelláta: Sphaerálcea* 4

Phyódina naviculáris: Callísia 4

Phýsalis L. – f. – *Solanáceae*
Lampionblume

1. **alkekéngi** L.
   var. **alkekéngi** ♃ ♣ ✂ V–VIII, Südl. M- u. S-Eur. bis W-As.
   var. **franchétii** (Mast.) Mak. (*P. franchétii* Mast., *P. bunyárdii* hort., *P. franchétii* var. *bunyárdii* (hort.) Mak.) ♃ ♣ ✂ VII, Jap., Korea, N-China

– *bunyárdii:* 1
– *edúlis* hort.: 2
– *edúlis* Sims: 3
– *franchétii:* 1
– *franchétii* var. *bunyárdii:* 1

2. **ixocárpa** Brot. ex Hornem. (*P. edúlis* hort. non Sims) – Tomatillo ⊙ ♣ ⓝ, USA: New Mex. u. Tex.; Mex., Westind.?, im östl. N-Am. eingebürg.
3. **peruviána** L. (*P. edúlis* Sims) – Kapstachelbeere ⊙ ♣ ⓝ, S-Am., Heimat wahrsch. Peru, weltweit kult., in M- u. S-Eur. verwild.
4. **pruinósa** L. – Erdkirsche, Erdbeertomate ⊙ ♣ ⓝ, USA: Maine bis Iowa u. Kans., südl. bis Flor. u. Alab.
5. **pubéscens** L. ⊙ ⓝ, USA: Penns. bis Kans. u. Kalif., südl. bis Flor. u. Tex.; Mex., trop. Am., in der Ukr. stellenweise eingebürg.

Physocárpus (Cambess.) Maxim. – m. – *Rosáceae*
Blasenspiere

1. **amurénsis** (Maxim.) Maxim. ♄ VI bis VII, Mandsch., Korea
2. **capitátus** (Pursh) O. Kuntze ♄ ∧ VI, USA: Oreg., Utah, Kalif.
3. **intermédius** (Rydb.) Schneid.
   f. **parvifólius** Rehd. ♄ ♣ VI, N-Am.: S-Ont. u. N.Y. bis Ill., Missouri, Ark., Color.
4. **malváceus** (Greene) A. Nels. ♄ VI, N-Am.: Br. Kol. bis Mont., Wyom., Utah, Oreg.
5. **monógynus** (Torr.) Coult. ♄ △ V–VI, USA: S-Dak., Wyom. bis Tex. u. New Mex.
6. **opulifólius** (L.) Maxim. (*Spirāea opulifólia* L.) ♄ VI–VII, N-Am.: Queb. bis Huds. Bay, Wisc., Minn. u. Color., südl. bis S-Carol., Tenn. u. Ark.

Physopléxis (Endl.) Schur – f. – *Campanuláceae*

1. **comósa** (L.) Schur (*Phytēuma comósum* L.) – Teufelskralle ♃ △ VII bis VIII, Südl. Kalkalp.

Physosíphon Lindl. – m. – *Orchidáceae*

1. **tubátus** (Lodd.) Rchb. f. (*P. loddigésii* Lindl.) ⌂ III–V ∗, Mex. bis Guat.

Physostégia Benth. – f. – *Labiátae*
Gelenkblume

1. **virginiána** (L.) Benth. ♃ ✂ VII–IX, N-Am.: Queb. bis Minn., südl. bis Del., Maryl., N-Carol., Tenn. u. Missouri

Physostígma Balf. – n. – *Leguminósae*

1. **venenósum** Balf. ♃ ⦚ ☠ ⌂ ⓝ Off., Trop. W-Afr.: Niger, Calabar

Phytélephas Ruiz et Pav. – f. – *Pálmae*
Elfenbeinpalme

1. **macrocárpa** Ruiz et Pav. - Steinnußpalme i ⓦ Ⓝ, Pan. bis Peru

Phyteūma L. - n. - *Campanuláceae*
Teufelskralle
1. **betonicifólium** Vill. (*P. michélii* Rchb. non All.) ♃ △ VI–IX, Alp., Gebg. N-Ital., W-Ung.
- *canéscens: Asyneūma* 1
2. **charmélii** Vill. ♃ △ VI–VIII, Gebg. SW-Eur., östl. bis südl. M-Alp., Neapol. Apenn.
- *comósum: Physopléxis* 1
- *hálleri:* 5
- *michélii:* 1
3. **nígrum** F. W. Schmidt ♃ V–VII, Ardenn. u. Voges. bis östl. M-Eur.
4. **orbiculáre** L. ♃ △ V–IX, S-Engl. u. Lettl., südl. bis O-Span. u. Alban.
5. **ovátum** Honck. (*P. hálleri* All.) ♃ △ V, S- u. südl. M-Eur., von Pyren. bis NW-Jugosl.
6. **scheūchzeri** All. ♃ △ VI–VIII, S-Alp., N-Apenn.
7. **sieberi** Spreng. ♃ △ V, Dolom.
8. **spicátum** L. ♃ V–VII, S-Norw. u. Estl., südl. bis N-Span. u. Monten.

Phytolácca L. - f. - *Phytolaccáceae*
Kermesbeere
1. **acinósa** Roxb. ♃ VI–X ♣ Ⓝ, China, Jap., in Ind. u. Eur. stellenweise eingebürg.
2. **americána** L. (*P. decándra* L.) - Kermesbeere ♃ ☠ (Samen) ♣ VII bis VIII Ⓝ, N-Am.: Neuengl., Queb., N. Y. u. Ont., südl. bis Flor. u. Tex.; Mex., in S-.Eur. u. N-Afr. eingebürg.
3. **chiléns is** Miers ♃ Ⓝ, Chile
- *clavígera:* 6
- *decándra:* 2
4. **dioíca** L. ♄ i ⓚ Ⓝ, Bras., Parag., Urug., Peru, Arg., im Med. stellenweise eingebürg.
5. **esculénta** Van Houtte ♃ ♣ Ⓝ VI–X, Jap., China, Korea
6. **polyándra** Batal. (*P. clavígera* W. W. Sm.) ♃ ♣ VII–VIII, Jünn.

Piaránthus R. Br. - m. - *Asclepiadáceae*
1. **cómptus** N. E. Br. (*Carallúma cómpta* (N. E. Br.) Schlechter) ⓚ, Kap
2. **foētidus** N. E. Br. ⓚ, Kap
3. **globósus** A. White et Sloane ⓚ, Heimat unbek.
4. **párvulus** N. E. Br. ⓚ, Kap
5. **pillánsii** N. E. Br. ⓚ, Kap

Pícea A. Dietr. - f. - *Pináceae*
Fichte
1. **ábies** (L.) Karst. (*Pínus ábies* L., *Pícea excélsa* (Lam.) Link, *P. vulgáris* Link, *Ábies excélsa* (Lam.) Poir.) - Gemeine Fichte, Rotfichte (Mit sehr vielen Sorten, die meist lateinische Namen tragen) ♄ Ⓝ, N-, M- u. SO-Eur., in N-Span. (Pyren.) eingebürg.
- *ábies* ssp. *obováta:* 14
- *ajanénsis:* 10
- *álba:* 7
- *alcoquiána:* 3
2. **asperáta** Mast. ♄ Ⓝ, Hupeh, Szetsch., Jünn.
3. **bícolor** (Maxim.) Mayr (*P. alcoquiána* (Veitch ex Lindl.) Carr.) ♄ Ⓝ, M-Jap.
4. **brachýtyla** (Franch.) Pritz. (*P. sargentiána* Rehd. et Wils.) ♄ Ⓝ, NO-Ind., W-China
5. **breweriána** S. Wats. ♄, USA: S-Oreg., N-Kalif.
- *canadénsis:* 7
6. **engelmánnii** Parry ex Engelm. ♄ Ⓝ, N-Am.: Br. Kol. u. Alb., südl. bis Kalif., Ariz., New Mex.
- *excélsa:* 1
- *fénnica:* 14
7. **glaūca** (Moench) Voss (*P. álba* (Münchh.) Link, *P. canadénsis* (Mill.) B. S. P. non (L.) Link) - Schimmelfichte ♄ Ⓝ, N-Am.: Labr. bis Alaska, südl. bis Neuengl., Minn., S-Dak., Wyom., Mont. u. Br. Kol.
8. **gléhnii** (Fr. Schmidt) Mast. ♄, Jap., Sachal.
- *hondoénsis:* 10
9. × **húrstii** de Hurst (*P. engelmánnii* × *P. púngens*) ♄
10. **jezoénsis** (Sieb. et Zucc.) Carr. (*P. ajanénsis* Fisch. ex Carr.)
var. **hondoénsis** (Mayr) Rehd. (*P. hondoénsis* Mayr) ♄, M-Jap.
var. **jezoénsis** ♄ Ⓝ, Jap., Mandsch., Sachal.
11. **koyámai** Shiras. ♄, Jap., Korea
12. **likiangénsis** (Franch.) Pritz. - Likiangfichte ♄, Bhut., W-China

13. **mariána** (Mill.) B.S.P. (*P. nígra* (L.) Link) - Schwarzfichte ♄ ⓝ, N-Am.: Labr. bis Alaska, südl. bis Neuengl., Penns., Virg., Mich., Minn., Manit. u. Br. Kol.
- *nígra:* 13
14. **obováta** Ledeb. (*P. ábies* ssp. *obováta* (Ledeb.) Hult., *P. fénnica* (Regel) Kom.) - Sibirische Fichte ♄ ⓝ, NO-Eur., N-As. bis Kamtsch., Mandsch., Jap.
15. **omórika** (Panč.) Purk. (*Pínus omórika* Panč.) - Omorikafichte, Serbische Fichte ♄ ⓝ, M-Jugosl.
16. **orientális** (L.) Link - Kaukasusfichte ♄ ⓝ, Kauk., Kl. As.
(Mit verschiedenen Sorten)
17. **políta** (Sieb. et Zucc.) Carr. - Tigerschwanzfichte ♄, Jap.
18. **púngens** Engelm. - Stechfichte ♄, USA: Wyom., Id., Color., Utah, New Mex, Ariz.
(Mit vielen Sorten, die meist lateinische Namen tragen)
19. **purpúrea** Mast. - Purpurfichte ♄, W-China
20. **rúbens** Sarg. (*P. rúbra* (Du Roi) Link non (L.C. Rich.) A. Dietr.) - Rotfichte ♄ ⓝ, N-Am.: Prince Edward Isl. bis Ohio, südl. bis N-Carol. u. Tenn.
- *rúbra:* 20
- *sargentiána:* 4
21. **schrenkiána** Fisch. et C.A. Mey. ♄ ⓝ, M-As.
22. **sitchénsis** (Bong.) Carr. - Sitkafichte ♄ ⓝ, N-Am.: Alaska bis N-Kalif.
23. **smithiána** (Wall.) Boiss. - Himalajafichte ♄ ⓝ, W-Him.: Afgh. bis Kumaon
- *vulgáris:* 1
24. **wilsónii** Mast. ♄, M- u. W-China

Picrámnia Sw. - f. - *Simaroubáceae*
1. **antidésma** Sw. ♄ ⌂W, Mex., Hond., Westind.

Picrásma Bl. - f. - *Simaroubáceae*
Bitterholz
1. **excélsa** (Sw.) Planch. (*Aéschrion excélsa* (Sw.) O. Kuntze) ♄ ⌂K ⓝ, Antill.
2. **quassioídes** (D. Don) Benn. ♄ V-VI, Jap., Taiw., Korea, N-China, Ind.

Pícris L. - f. - *Compósitae*
Bitterkraut
1. **echioídes** L. (*Helmínthia echioídes* (L.) Juss., *Helminthothéca echioídes* (L.) Holub) ⊙ VII-IX, S-Eur., Med., SW-As., in M-Eur. eingebürg.
2. **hieracioídes** L. ⊙ -♃ VII-X, Euras.

Picrorhíza Royle ex Benth. - f. - *Scrophulariáceae*
1. **kúrroa** Royle ex Benth. ♃ VIII, W-Him.

Píeris D. Don - f. - *Ericáceae*
1. **floribúnda** (Pursh ex Sims) Benth. et Hook. f. (*Andrómeda floribúnda* Pursh ex Sims) ♄ i IV-V, USA: Virg. u. W-Virg. bis Georg.
2. **formósa** (Wall.) D. Don (*Andrómeda formósa* Wall., *P. forréstii* Harrow ex W.W. Sm., var. *forréstii* (Harrow ex W.W. Sm.) Airy Shaw) ♄ i ⌂K IV-V, O-Him., Oberburma, Jünn.
- *formósa* var. *forréstii:* 2
- *forréstii:* 2
3. **japónica** (Thunb. ex Murr.) D. Don ex G. Don (*Andrómeda japónica* Thunb. ex Murr.) ♄ i ✾ III-V, Jap.
- *lúcida: Lyónia* 3
- *mariána: Lyónia* 4
4. **nána** (Maxim.) Mak. (*Andrómeda nána* Maxim., *Arctérica nána* (Maxim.) Mak.) ♄ i △ III-V, NO-As. bis Beringstr.
5. **taiwanénsis** Hayata ♄ i ∧ III-IV, Taiw.

Pílea Lindl. - f. - *Urticáceae*
Kanonierblume
1. **cardiérei** Gagnep. et A. Guill. ♃ i ⌂K bis ⌂W, N-Vietn.
- *callitrichoídes:* 5
2. **crassifólia** (Willd.) Bl. (*P.* 'Moon Valley') ♃ i ⌂W III-V, Jam.
- *globósa:* 9
3. **grandifólia** (L.) Bl. (*P. grándis* Wedd.) ♄ i ⌂W, Jam.
- *grándis:* 3
4. **involucráta** (Sims) Urb. (*P. pubéscens* hort. non Liebm.) ♃ i ⌂W, Westind. u. Pan., südl. bis nördl. S-Am.
5. **microphýlla** (L.) Liebm. (*P. muscósa* Lindl., *P. callitrichoídes* (H.B.K.) Kunth) - Kanonierblume ♃ i ⌂K bis ⌂W, Trop. Am., in der Balk. eingebürg.
- 'Moon Valley': 2
- *muscósa:* 5
6. **nummulariifólia** (Sw.) Wedd. ♃ i ⁓

Ⓦ, Westind. u. Pan., nördl. S-Am.
7. **peperomoídes** Diels ♃ i Ⓚ - Ⓦ, W-Jünn.
- *pubéscens:* 4
8. **répens** (Sw.) Wedd. ♃ i Ⓦ, Westind.
9. **serpyllácea** (H.B.K.) Liebm. (*P. globósa* Wedd.) ♄ i Ⓚ, Peru
10. **spruceána** Wedd. ♃ i Ⓦ, Peru, Bol.

Pileostégia Hook. f. et Thoms. - f. - *Saxifragáceae*
1. **viburnoídes** Hook. f. et Thoms. ♄ i ≹ ∧ Ⓚ IX, Khas., S-China, Taiw.

Pilocárpus Vahl - m. - *Rutáceae*
1. **jaborándi** Holmes ♄ i Ⓦ ☠ Off., Trop. S-Am.
2. **microphýllus** Stapf ♄ i Ⓦ ☠ Off., NO-Bras.
3. **pennatifólius** Lem. ♄ i Ⓦ ☠ Off., S-Bras., Parag.
4. **racemósus** Vahl ♄-♄ i Ⓦ ☠ Off., Westind.
5. **spicátus** St.-Hil. ♄ i Ⓦ ☠, Bras.

Pilocéreus K. Schum. non Lem.: *Pilosocéreus*
- *celsiánus: Oreocéreus* 1
- *erythrocéphalus: Denmóza* 1
- *fossulátus: Oreocéreus* 3
- *glaucéscens: Pilosocéreus* 1
- *lanátus: Espóstoa* 3
- *leucostéle: Stephanocéreus* 1
- *macróstibas: Neoraimóndia* 1
- *pálmeri: Pilosocéreus* 2
- *pentaëdróphorus: Pilosocéreus* 3
- *schóttii: Pachycéreus* 4
- *senílis: Cephalocéreus* 1

Pilógyne suávis: Melóthria 4

Pilosocéreus R.S. Byles et G.D. Rowl. (*Pilocéreus* K. Schum. non Lem., *Pseudopilocéreus* Buxb.) - m. - *Cactáceae*
1. **glaucéscens** (Labour.) R.S. Byles et G.D. Rowl. (*Pilocéreus glaucéscens* Labour., *Cephalocéreus glaucéscens* (Labour.) Borg, *Pseudopilocéreus glaucéscens* (Labour.) Buxb.) ♄ Ⓚ ✻, O-Bras.
2. **pálmeri** (Rose) R.S. Byles et G.D. Rowl. (*Cephalocéreus pálmeri* Rose, *Pilocéreus pálmeri* (Rose) F.M. Knuth) ♄ Ⓚ ✻, O-Mex.
3. **pentaëdróphorus** (Labour.) R.S. Byles et G.D. Rowl. (*Pilocéreus pentaëdróphorus* Labour., *Cephalocéreus pentaëdróphorus* (Labour.) Britt. et Rose, *Pseudopilocéreus pentaëdróphorus* (Labour.) Buxb.) ♄ Ⓚ ✻, O-Bras.: Bahia
4. **werdermanniánus** (Buin. et Brederoo) Ritt. (*Pseudopilocéreus werdermanniánus* Buin. et Brederoo) ♄ Ⓚ ✻, O-Bras.: Minas Gerais

Pilulária L. - f. - *Marsileáceae*
Pillenfarn
1. **globulífera** L. ♃ ≈, W- u. M-Eur., südl. bis Port. u. M-Ital., nördl. bis S-Finnl., östl. bis Pol.
2. **minúta** Durieu ex A. Braun ♃ ≈ Ⓦ, W-Med., Port., atl. Marok.; W-Anat.

Pimélea Banks ex Soland. - f. - *Thymelaeáceae*
Glanzstrauch
- *decussáta:* 1
1. **ferrugínea** Labill. (*P. decussáta* R.Br.) ♄ i Ⓚ IV-V, W-Austral.
2. **linifólia** Sm. ♄ i Ⓚ V, Austral., Tasm.

Piménta Lindl. - f. - *Myrtáceae*
- *ácris:* 2
1. **dioíca** (L.) Merr. (*P. officinális* Lindl.) - Pimentbaum, Nelkenpfeffer ♄ i Ⓦ Ⓝ, Mex., M-Am., Westind.
- *officinális:* 1
2. **racemósa** (Mill.) J.W. Moore (*P. ácris* (Sw.) Kostel.) - Bayrumbaum ♄ i Ⓚ Ⓝ, Westind., Venez., Guay.

Pimpinélla L. - f. - *Umbellíferae*
Bibernelle
1. **anísum** L. (*Anísum vulgáre* Gaertn.) - Anis ⊙ VII-VIII Ⓝ Off., Heimat vermutl. östl. Med., in Eur. häufig eingebürg.
2. **májor** (L.) Huds. ♃ VI-X Ⓝ Off., Eur., Kl. As., Kauk.
- *mínor: Sanguisórba* 2
3. **saxífraga** L. ♃ VI-X Ⓝ Off., Eur., Vord. As., M-As., Sib., im nordöstl. N-Am. eingebürg.

Pinánga Bl. - f. - *Pálmae*
1. **decóra** Lind. et Rodig. Ⓦ, Born.
2. **kúhlii** Bl. Ⓦ, Java, Sum.

Pinéllia Ten. - f. - *Aráceae*
1. **ternáta** (Thunb.) Breit. (*P. tuberífera* Ten., *Árum ternátum* Thunb.) ♃ V bis VI, Jap., Korea, China

Pinguícula L. - f. - *Lentibulariáceae*
Fettkraut
1. **alpína** L. - Alpenfettkraut ♃ ≈ △ V

bis VI ▽, Arkt. u. subarkt. Eur., eur. Gebg., von Pyren. bis Karp., N-Ural, M-As.
- *bakeriána:* 6
- *caudáta:* 6
2. **cyclosécta** Casper ♃ Ⓚ, Mex.
3. **grandiflóra** Lam. ♃ ~~ △ V–VI, SW-Irl., Gebg. SW-Eur. bis Schw. Jura
4. **gypsícola** T. S. Brandeg. ♃ ~~ Ⓚ – ▭ VI–VIII, Mex.
5. **lusitánica** L. ♃ ~~, W-Eur., östl. bis 5° O in S-Frankr.
6. **moranénsis** H. B. K. (*P. caudáta* Schlechtend., *P. bakeriána* hort. ex Sand.) ♃ ~~ Ⓚ–Ⓦ ▭ VI–IX, Mex.
7. **villósa** L. ♃ ~~, Finnl., Norw., Schwed., N-Rußl.
8. **vulgáris** L. – Gemeines Fettkraut ♃ ~~ V–VI ▽, Eur., Marok., M-As., nördl. N-Am., inkl. Grönl., südl. bis N. Brunsw., Verm., N.Y., Mich., Minn., Alb. u. Wash.

Pínus L. – f. – *Pináceae*
Kiefer
- *ábies: Pícea* 1
1. **albicaúlis** Engelm. ♄ i, N-Am.: Br. Kol. bis Kalif., östl. bis Alb., Id., Mont., Wyom. u. Nev.
2. **aristáta** Engelm. – Grannenkiefer ♄ i Ⓝ, USA: Rocky Mount., von Color. bis New Mex. u. Ariz.
3. **armándii** Franch. ♄ i Ⓝ, M- u. W-China, Korea, Taiw.
- *austrális:* 25
- *austríaca:* 24
4. **ayacahuíte** Ehrenb. ♄ i ✂ Ⓚ Ⓝ, Mex. bis Guat.
5. **banksiána** Lamb. (*P. divaricáta* (Ait.) Dum.-Cours.) ♄–♄ i Ⓝ, N-Am.: N. Scot. u. Queb. bis Mack.-Fluß, südl. bis N.Y., Minn., Manit., Sask. u. Alb.
6. **bungeána** Zucc. ex Endl. ♄ i ∧, NW-China
7. **canariénsis** Chr. Sm. ♄ i Ⓚ Ⓝ, Kanar.
8. **cémbra** L. – Zirbelkiefer, Arve ♄ i Ⓝ, Hochgebg. M-Eur.: Alp. bis Karp.
- *cembroídes* var. *monophýlla:* 20
- *clusiána:* 24
9. **contórta** Dougl. ex Loud. (*P. ínops* Bong. non Soland.) – Drehkiefer ♄ i Ⓝ, N-Am.: Alaska u. Yukon bis Kalif., östl. bis Alb., Sask., N-Dak. u. Color.; Nied. Kalif.
10. **coúlteri** D. Don ♄ i ∧, Kalif., Nied. Kalif.
11. **densiflóra** Sieb. et Zucc. ♄ i Ⓝ, Jap., Korea
- *divaricáta:* 5
- *excélsa:* 44
12. **fléxilis** James ♄ i Ⓝ, N-Am.: N-Dak. bis Br. Kol., südl. bis New Mex., Ariz., Nev. u. Kalif.
13. **gerardiána** Wall. ex D. Don ♄ i Ⓚ Ⓝ, Kaschm., Pak., Afgh.
- *griffíthii:* 44
14. **halepénsis** Mill. – Seekiefer ♄ i ∧ bis Ⓚ Ⓝ Off., Med., von Span. bis Kl. As., westl. N-Afr.
15. **heldréichii** Christ – Panzerkiefer ♄ i, Balk.
- *heldréichii* var. *leucodérmis:* 19
- *ínops:* 9
16. **jeffréyi** Grev. et Balf. ex A. Murr. ♄ i Ⓝ, S-Oreg., Kalif., Nied. Kalif.
17. **koraiénsis** Sieb. et Zucc. ♄ i Ⓝ, Korea, M-Jap., Mandsch., Ussuri
18. **lambertiána** Dougl. – Zuckerkiefer ♄ i Ⓝ, Oreg., Kalif., Nev., Nied. Kalif.
- *larício:* 24
19. **leucodérmis** Ant. (*P. heldréichii* var. *leucodérmis* (Ant.) Markgr. ex Fitschen) – Schlangenhautkiefer ♄ i Ⓝ, Balk., S-Ital.
- *longifólia:* 35
- *marítima:* 28
20. **monophýlla** Torr. et Frém. (*P. cembroídes* Zucc. var. *monophýlla* (Torr. et Frém.) Voss) – Nußkiefer ♄ i Ⓝ, USA: Wyom. u. Id. bis Nev., südl. bis Ariz. u. Kalif.; Nied. Kalif.
- *montána:* 23
- *montána* ssp. *múghus:* 23
- *montána* ssp. *pumílio:* 23
- *montána* var. *rostráta:* 43
- *montána* var. *rotundáta:* 43
21. **montezúmae** Lamb. ♄ i Ⓚ, Westl. N-Am.: Br. Kol. bis Kalif.; Mex.
22. **montícola** Dougl. ex D. Don ♄ i Ⓝ, N-Am.: S-Br. Kol. bis Alb., Id. u. Mont., südl. bis Kalif. u. Nev.
- *múghus:* 23
23. **múgo** Turra (*P. montána* Mill.) – Berg- oder Krummholzkiefer
ssp. **múgo** (var. *múghus* (Scop.) Zenari, *P. múghus* Scop., *P. montána*

ssp. *múghus* (Scop.) Aschers. et Graebn.) ♄–♄ i ⓝ Off., Gebg. M-Eur., bes. O-Alp. u. Vorland
ssp. **pumílio** (Haenke) Franco (var. *pumílio* (Haenke) Zenari, *P. pumílio* Haenke, *P. montána* ssp. *pumílio* (Haenke) Aschers. et Graebn.) ♄–♄ i Off., Gebg. M-Eur., Ital. u. Balk.
- *múgo* var. *múghus:* 23
- *múgo* var. *pumílio:* 23
- *múgo* var. *rostráta:* 43
- *múgo* var. *rotundáta:* 43

24. **nígra** Arnold (*P. austríaca* Hoess, *P. nígricans* Host) - Schwarzkiefer Off.
ssp. **larício** (Poir.) Maire (var. *calábrica* (Loud.) Schneid., var. *poiretiána* (Loud.) Schneid., *P. larício* Poir.) ♄ i, S-Ital., Siz., Kors.
ssp. **nígra** (var. *austríaca* (Hoess) Badoux) ♄ i ⓝ, NO- u. M-Ital., Österr., Jugosl., Alban., Griech.
ssp. **pallasiána** (Lamb.) Holmboe (var. *caramánica* (Loud.) Rehd., *P. pallasiána* Lamb.) ♄ i, O-Balk., Krim, Kauk., Kl. As.
ssp. **salzmánnii** (Dun.) Franco (var. *cebennénsis* (Godr.) Rehd., *P. salzmánnii* Dun., *P. clusiána* Rojas Clemente) ♄ i, NW-Marok., Span., SW-Frankr.
- *nígra* var. *austríaca:* 24
- *nígra* var. *calábrica:* 24
- *nígra* var. *caramánica:* 24
- *nígra* var. *cebennénsis:* 24
- *nígra* var. *poiretiána:* 24
- *nígricans:* 24
- *omórika: Pícea* 15
- *pallasiána:* 24

25. **palústris** Mill. (*P. austrális* Michx. f.) - Sumpfkiefer ♄ i ⛰ ⓝ Off., USA: Virg. bis Flor., Louis. u. Tex.
26. **parviflóra** Sieb. et Zucc. (*P. pentaphýlla* Mayr) ♄, Jap.
- *pentaphýlla:* 26

27. **peūce** Griseb. ♄ i ⓝ, Gebg. W-Bulg., O-Alban., S-Jugosl. u. N-Griech.
- *pícea: Ábies* 1

28. **pináster** Soland. (*P. marítima* Lam. non Mill.) - Strandkiefer ♄ i ⛰ ⓝ Off., Küsten W-Med.
29. **pínea** L. - Pinie ♄ i ⛰ ⓝ, Med., Port., Mad., Kanar.
30. **ponderósa** Dougl. ex P. et C. Laws. - Gelbkiefer ♄ i ⓝ, N-Am.: Br. Kol. bis Kalif., östl. bis Mont., N-Dak., Nebr., Color., W-Tex.; Nied. Kalif. u. N-Mex.
31. **púmila** (Pall.) Regel - Zwergkiefer ♄ i △ ⓝ, NO-Sib., Kamtsch., Jap.
- *pumílio:* 23

32. **púngens** Lamb. ♄ i, USA: N. Jers., Penns., W-Virg., südl. bis Georg. u. Tenn.
33. **resinósa** Soland. ♄ i ⓝ, N-Am.: Neufundl. bis Manit., südl. bis Penns., W-Virg., Mich., Ill. u. Minn.
34. **rígida** Mill. - Pechkiefer, „Pitch pine" ♄ i ⓝ, N-Am.: N. Brunsw. bis Ont. u. Ohio, südl. bis Virg., Georg. u. Tenn.
- *rotundáta:* 43

35. **roxbúrghii** Sarg. (*P. longifólia* Roxb. ex Lamb. non Salisb.) ♄ i ⓝ, Bhut. bis Afgh.
36. **sabiniána** Dougl. ex D. Don - Nußkiefer, ♄ i ∧ ✂ ⓝ, Kalif.
- *salzmánnii:* 24

37. × **schwerínii** Fitschen (*P. stróbus* × *P. wallichiána*) ♄ i
38. **stróbus** L. - Weymouthskiefer ♄ i ⓝ, N-Am.: Neufundl. bis Manit., südl. bis Maryl., Georg., Tenn., Ill., Iowa
39. **sylvéstris** L. - Gemeine Kiefer, Föhre ♄ i ⓝ Off., Eur., N-As., Vord. As., im nordöstl. N-Am. eingebürg.
40. **tabulifórmis** Carr. ♄ i ⓝ, N- bis W-China, Korea
41. **tāēda** L. ♄ i ⓝ, USA: N. Jers. bis Tenn., Ark., Okla., südl. bis Flor. u. Tex.
42. **thunbergiána** Franco (*P. thunbérgii* Parl. non Lamb.) - Japanische Schwarzkiefer ♄ i ⓝ, Jap.
- *thunbérgii:* 42

43. **uncináta** Mill. ex Mirb.
ssp. **rotundáta** (Link) Janchen et Neumayer (var. *rotundáta* (Link) Ant., *P. rotundáta* Link, *P. múgo* var. *rotundáta* (Link) Hoopes, *P. montána* var. *rotundáta* (Link) Aschers. et Graebn.) ♄–♄ i, S- u. M-Deutschl., O-Österr., Tschechosl., SW-Pol.
ssp. **uncináta** (*P. múgo* var. *rostráta* (Ant.) Hoopes, *P. montána* var. *rostráta* (Ant.) Aschers. et Graebn.) - Hakenkiefer ♄ - ♄ i, Span., Frankr.,

Schw., W-Österr.
– *uncináta* var. *rotundáta:* 43
44. **wallichiána** A.B. Jacks. (*P. excélsa* Wall. ex Lamb. non Lam., *P. griffíthii* M'Clelland) – Tränenkiefer ♄ i ⓝ, Him., westl. bis Afgh.

Píper L. – n. – *Piperáceae*
Pfeffer
1. **adúncum** L. ♄ – ♄ i ⌂, Westind., Trop. Am.
2. **bétle** L. – Betelpfeffer ♄ i ⌇ ⌂ ⓝ, Ind., Malak., Mal. Arch.
– *bícolor:* 7
– *celtidifólium:* 14
3. **crocátum** Ruiz et Pav. ♄ ⌇ i ⌂, Peru
4. **cubéba** L. f. – Kubebenpfeffer ♄ i ⌇ ⌂ ⓝ, W-Mal. Arch.
5. **guineénse** Schumach. et Thonn. – Aschantipfeffer ♄ i ⌂ ⓝ, Trop. W- u. M-Afr., östl. bis Uganda
6. **lóngum** L. ♄ i ⌂ ⓝ, Subtrop. O-Him.
7. **magníficum** Trel. (*Artánthe magnífica* Lind. non Miq., *P. bícolor* Yuncker) ♄ i ⌂, Peru
8. **methýsticum** G. Forst. – Kawapfeffer, Rauschpfeffer ♄ i ⌂ ⓝ, Heimat unbek., vermutl. westl. der Fidschi-Ins.
9. **nígrum** L. – Pfeffer (Schwarzer und Weißer) ♄ i ⌇ ⌂ ⓝ Off., Wahrscheinl. Malab. Küste
10. **ornátum** N.E.Br. ♄ i ⌇ ⌂, Celeb.
11. **porphyrophýllum** (Lindl.) N.E.Br. ♄ i ⌇ ⌂, Malak., Born.
12. **retrofráctum** Vahl ♄ i ⌂ ⓝ, Mal. Arch.
13. **sylváticum** Roxb. ♄ ⇝ oder ⌇ i ⌂, Subtrop. O-Him.
14. **unguiculátum** Ruiz et Pav. (*P. celtidifólium* Desf.) ♄ i ⌂, Peru

Piptanthocéreus azúreus: Céreus 5
– *chalybaéus: Céreus* 5
– *jamacáru: Céreus* 9
– *peruviánus: Céreus* 11
– *válidus: Céreus* 13

Piptánthus Sweet – m. – *Leguminósae*
1. **nepalénsis** (Hook.) Sweet (*P. laburnifólius* (D. Don) Stapf) ♄ V ⌂, Nepal bis Sikk. u. Bhut.

Piptátherum P. Beauv. (*Oryzópsis* Michx.) – n. – *Gramíneae*
1. **miliáceum** (L.) Coss. (*Agróstis miliácea* L., *Oryzópsis miliácea* (L.) Aschers. et Schweinf.) – Grannenhirse ♃ ⓝ S-Eur., Med., Mad., Kanar., Ägypt., Arab.

Piquéria Cav. – f. – *Compósitae*
1. **trinérvia** (Jacq.) Cav. (*Stévia serráta* hort. non Cav.) ♃ ✂ ⌂ VII–II, Mex., Haiti

Pírola: Pýrola
Pírus: Pýrus

Piscídia L. – f. – *Leguminósae*
1. **piscípula** (L.) Sarg. (*P. erýthrina* (Loefl.) L., *Erýthrina piscípula* L.) ♄ ⌂ ⓝ, S-Flor., Westind., S-Mex.

Pisónia L. – f. – *Nyctagináceae*
– *álba:* 1
– *brunoniána:* 2
1. **grándis** R.Br. (*P. álba* Spanoghe) ♄ ⌂ ⓝ, Ceyl., Sunda, N. Guin., O-Austral., Polyn., O-Afr.
2. **umbellífera** (J.R. et G. Forst.) Seem. (*P. brunoniána* Endl., *Heimerliodéndron brunoniánum* (Endl.) Skottsb.) ♄–♄ i ⌂, Maurit. bis Austral.: Queensl., Neusüdwal., Lord-Howe-Ins.; Norf.-Ins., Neuseel. (Ausschließl. in Kult. die Sorte 'Variegata')

Pistácia L. (*Terebínthus* Mill.) – f. – *Anacardiáceae*
Pistazie
1. **lentíscus** L. (*Terebínthus lentíscus* (L.) Moench) – Mastixstrauch ♄ i D ⌂
var. **chía** Desf. ⓝ Off., Nur in Kult. bek.
var. **lentíscus** ⓝ, Kanar., Med., Port.
2. **terebínthus** L. – Terpentinpistazie ♄ i D ⌂ ⓝ, Med., Port.
3. **véra** L. – Echte Pistazie ♄–♄ i D ⌂ ⓝ, NO-Iran, N-Afgh., M-As., auf den Balear. eingebürg.

Pístia L. – f. – *Aráceae*
Wassersalat
1. **stratiótes** L. ♃ i ≋ ⌂, Pantrop. u. pansubtrop.

Pistorínia DC. – f. – *Crassuláceae*
1. **breviflóra** Boiss. (*Cotylédon breviflóra* (Boiss.) Maire)
ssp. **breviflóra** ⊙ VII–VIII, S-Span.
ssp. **salzmánnii** (Boiss.) Jacobs. (*Cotylédon salzmánnii* (Boiss.) Schönl., *P. salzmánnii* Boiss., *P. hispánica* var. *salzmánnii* (Boiss.) Willk.) ⊙

VII bis VIII, Marok., Alger.
2. **hispánica** (L.) DC. (*Cotylédon hispánica* L., *C. pistorínia* Ort., *Sédum hispánicum* (L.) Hamet non L.)
var. **hispánica** ⊙ VII–VIII, M- u. S-Span., Port.
var. **maculáta** (Maire) Jacobs. ⊙ VII bis VIII, Marok.
- *hispánica* var. *salzmánnii:* 1
- *salzmánnii:* 1

Písum L. - n. - *Leguminósae*
Erbse
1. **satívum** L. - Erbse, Alte Kulturpfl., weltweit kult.
ssp. **abyssínicum** (A. Braun) Berger (*P. abyssínicum* A. Braun) ⊙ ⌇ VI–IX Ⓝ, Abess., Jem.
ssp. **asiáticum** Gov. ⊙ ⌇ VI–IX Ⓝ, Gebg. N-Afr., SW- u. M-As. bis Tib. u. Ind.
ssp. **elátius** (Stev.) Schmalh. (*P. elátius* Stev.) ⊙ ⌇ VI–IX Ⓝ, S-Eur., Med. u. Vord. As. bis Tib. u. Ind.
ssp. **satívum** ⊙ ⌇ V–VII Ⓝ
convar. **axíphium** Alef. emend. C.O. Lehm. - Zuckererbsen
convar. **medulláre** Alef. emend. C.O. Lehm. - Markerbsen
convar. **satívum** - Schalerbsen
convar. **speciósum** (Dierb.) Alef. emend. C.O. Lehm. (ssp. *arvénse* (L.) Aschers. et Graebn., *P. arvénse* L.) - Futtererbsen, Peluschken
ssp. **syríacum** Berger (*P. syríacum* (Berger) C.O. Lehm.) ⊙ ⌇ VI–IX Ⓝ, Isr., Jord., Liban., Syr., Zyp., N-Irak, NW-Iran
ssp. **transcaucásicum** Gov. ⊙ ⌇ VI–IX Ⓝ, SO-Rußl., N-Kauk., M-Transkauk.
(Mit vielen Sorten)

Pitcaírnia L'Hérit. - f. - *Bromeliáceae*
- *albucifólia:* 15
1. **altenstéinii** (Link, Klotzsch et Otto) Lem. ♃ i Ⓦ IV–V, Guat.
2. **andreána** Lind. ♃ i Ⓦ VI–VII, Kol.
3. **angustifólia** Soland. ♃ i Ⓦ IX, Puerto R.
4. **aphelandriflóra** Lem. ♃ i Ⓦ VI–VII, Pan., Ek.
5. **atrórubens** (Beer) Bak. ♃ i Ⓦ VII bis VIII, Mex., Costa R., Pan.
- *cérnua:* 9
6. **corállina** Lind. et André ♃ i Ⓦ III bis V, Kol., Peru
7. **echináta** Hook. ♃ i Ⓦ VI–VII, Kol.
- *exscápa:* 9
8. **flammea** Lindl.
var. **flámmea** ♃ i Ⓦ, Bras.
var. **roézlii** (E. Morr.) L.B. Sm. (*P. roézlii* E. Morr.) ♃ i Ⓦ X–XI, And. S-Am.
9. **heterophýlla** (Lindl.) Beer (*P. cérnua* Kunth et Bouché, *P. exscápa* Hook., *P. heterophýlla* var. *exscápa* (Hook.) Mez) ♃ Ⓦ II–III, S-Mex. über Pan. u. Venez. bis N-Peru
- *heterophýlla* var. *exscápa:* 9
10. **integrifólia** Ker-Gawl. ♃ i Ⓦ VIII, Venez., Trin.
11. **maidifólia** (C. Morr.) Decne. ex Planch. ♃ i Ⓦ IV–V, Costa R., Hond., Kol., Venez., Guay., Surin.
12. **paniculáta** (Ruiz et Pav.) Ruiz et Pav. ♃ i Ⓦ XI–I, Peru u. angrenz. Länder
13. **punícea** Scheidw. ♃ i Ⓦ IV–V, Mex., Guat.
14. **recurváta** (Scheidw.) K. Koch ♃ i Ⓦ III–V, Kol.
- *roézlii:* 8
15. **spicáta** (Lam.) Mez (*P. albucifólia* Schrad.) ♃ i Ⓦ III–VIII, Westind.
16. **tabulifórmis** Lind. ♃ i Ⓦ, S-Mex.
17. **unduláta** Scheidw. ♃ i Ⓦ VII–VIII, Bras.
- *venústa: Púya* 7
- *violácea: Púya* 3
18. **xanthócalyx** Mart. ♃ i Ⓦ VI–VIII, Mex.

Pithecellóbium Mart. - n. - *Leguminósae*
1. **bigéminum** (L.) Mart. ♄ Ⓦ Ⓝ, O-Him., Hinterind., Mal. Arch., Phil.
2. **dúlce** (Roxb.) Benth. ♄ Ⓦ Ⓝ, Mex. bis nördl. S-Am.
3. **jirínga** (Jack) Prain ex King ♄ Ⓦ Ⓝ, Tenass., Malak., Mal. Arch.
- *sáman: Samánea* 1

Pithecocténium Mart. ex Meissn. - n. - *Bignoniáceae*
1. **echinátum** (Jacq.) K. Schum. ♄ ⌇ i ✂ Ⓦ, Kuba, Jam., Mex. bis Bras. u. Parag.

Pittósporum Banks ex Soland. - n. - *Pittosporáceae*
Klebsame

1. **colénsoi** Hook. f. (*P. tenuifólium* ssp. *colénsoi* (Hook. f.) Kirk) ♄ i Ⓚ IV, Neuseel.
2. **coriáceum** Ait. ♄ i D Ⓚ V–VI, Mad., Tener.
3. **crassifólium** Banks et Soland. ex A. Cunn. ♄–♄ i Ⓚ VI–VIII, Neuseel.
4. **dállii** Cheesem. ♄ i D Ⓚ VI–VII, Neuseel.
5. **eugenioídes** A. Cunn. ♄–♄ i D Ⓚ VII bis VIII, Neuseel.
6. **floribúndum** Wight et Arn. ♄ i D Ⓚ, Subtrop. Him.
7. **glabrátum** Lindl. ♄ i D Ⓚ V, Subtrop. China
8. **heterophýllum** Franch. ♄ i Ⓚ V–VI, Subtrop. China
9. **phillyraeoídes** DC. ♄ i Ⓚ, Austral.
10. **resiníferum** Hemsl. ♄ i Ⓚ Ⓝ, Phil.
11. **revolútum** Ait. f. ♄ i D Ⓚ II–IV, Austral.: Queensl., Neusüdwal., Vict.
12. **rhombifólium** A. Cunn. ex Hook. ♄ i Ⓚ XI, Austral.: Queensl., Neusüdwal.
13. **tenuifólium** Soland. ex Gaertn. ♄–♄ i D Ⓚ IV–V, Neuseel.

– *tenuifólium* ssp. *colénsoi:* 1

14. **tobíra** (Thunb. ex Murr.) Ait. f. ♄ i D Ⓚ III–V, Subtrop. China, Jap., S-Korea
15. **undulátum** Vent. ♄–♄ i D Ⓚ V–VII Ⓝ, O-Austral.
16. **viridiflórum** Sims ♄–♄ i D Ⓚ V, S-Afr.

Pityrográmma Link – f. – *Hemionitidáceae*
Gold- und Silberfarne

1. **argéntea** (Willd.) Domin (*Cerópteris argéntea* (Willd.) Kuhn, *Gymnográmma argéntea* (Willd.) Mett.) ♃ Ⓦ, Trop. u. S-Afr.
2. **calomélanos** (L.) Link (*Cerópteris calomélanos* (L.) Underw., *Gymnográmma calomélanos* (L.) Kaulf.) ♃ Ⓦ, Westind. bis S-Bras. u. Ek., westafr. Ins., in Ceyl. eingebürg.
3. **chrysophýlla** (Sw.) Link ♃ Ⓦ, Puerto R., Kl. Antill., auf den Azor. eingebürg.
4. **dealbáta** (K. B. Presl) Tryon (*P. schäffneri* (Fée) Weatherby) ♃ Ⓦ, Mex., M-Am.

– *ebénea:* 8

5. **pulchélla** (T. Moore) Domin (*Gymnográmma pulchélla* T. Moore) ♃ Ⓦ, Venez.

– *schäffneri:* 4

6. **schizophýlla** (Bak.) Maxon (*Gymnográmma schizophýlla* Bak., *Anográmma schizophýlla* (Bak.) Diels) ♃ Ⓦ, Jam.
7. **sulphúrea** (Sw.) Maxon (*Cerópteris sulphúrea* (Sw.) Fée, *Gymnográmma sulphúrea* (Sw.) Desv.) ♃ Ⓦ, Westind., in Ceyl. eingebürg.
8. **tartárea** (Cav.) Maxon (*Cerópteris tartárea* (Cav.) Link, *P. ebénea* (L.) Proctor) ♃ Ⓦ, Trop. Am.

Plagiánthus J. R. et G. Forst. – m. – *Malváceae*

1. **divaricátus** J.R. et G. Forst. ♄ i Ⓚ VI, Neuseel.

Plagiorhégma Maxim. – n. – *Berberidáceae*

1. **dúbium** Maxim. (*Jeffersónia dúbia* (Maxim.) Benth. et Hook. f.) ♃ △ IV bis V, Mandsch.

Plagiospérmum sinénse: Prinsépia 1

Plantágo L. – f. – *Plantagináceae*
Wegerich

1. **áfra** L. (*P. psýllium* L. 1762, non 1753 nec 1759) – Flohkraut ⊙ V bis VII Off., S-Eur., Med., Vord. As.
2. **arenária** Waldst. et Kit. (*P. índica* L., *P. psýllium* L. 1753, non 1759 nec 1762) – Sandwegerich ⊙ VI–IX Off., S-, M- u. O-Eur., Vord. As., W-Sib., im östl. N-Am. eingebürg.
3. **argéntea** Chaix ♃ VII-VIII, S- u. südl. M-Eur., von O-Pyren. bis N-Griech. u. Rum.

– *cýnops:* 8
– *índica:* 2

4. **lanceoláta** L. – Spitzwegerich ♃ IV bis IX Off., Eur., W-Sib., Vord. As., M-As., Him., Med., N-Afr., in N-Am. eingebürg.
5. **májor** L. – Breitwegerich ♃ VII–X, Eur., As., Med., N-Afr., Kanar., in N-Am. eingebürg.
6. **média** L. – Mittelwegerich ♃ V–VI, Eur., Vord. As., Sib.
7. **nivális** Boiss. ♃ △ ∧ (besser Ⓐ) VII bis VIII, Span.: Sierra Nev.

– *psýllium* 1, 2

8. **sempérvirens** Crantz (*P. cýnops* L. 1762, non L. 1753, *P. suffruticósa*

Lam.) ♄ i △ V–VII, SW-Eur., W-Med., in M-Eur. stellenw. eingebürg.

9. **subuláta** L.
ssp. **insuláris** (Gren. et Godr.) Nym. ♃ i ⌓ △ V, Hochgebg. Kors., Sard., Siz.

- *suffruticósa:* 8
- *uniflóra: Littorélla* 1

Platanthéra L. C. Rich. - f. - *Orchidáceae*
Waldhyazinthe

1. **bifólia** (L.) L. C. Rich. ♃ V–VI ▽ ✱, Eur., W-As., Med., N-Afr.
2. **chlorántha** (Cust.) Rchb. ♃ V–VI ▽ ✱, Gem. u. südl. Eur., N-Afr.

Plátanus L. - f. - *Platanáceae*
Platane

- × *acerifólia:* 1

1. × **hispánica** Münchh. (*P. occidentális* × *P. orientális*; *P.* × *hýbrida* Brot., *P.* × *acerifólia* (Ait.) Willd.) ♄, Ursprung unbek.

- × *hýbrida:* 1

2. **occidentális** L. ♄ Ⓝ, N-Am.: Maine bis Ont. u. Nebr., südl. bis Flor. u. Tex.; NO-Mex.
3. **orientális** L. ♄ Ⓝ, Balk., Kl. As., W-As., östl. bis Him.

Platónia Mart. - f. - *Guttíferae*

1. **esculénta** (Arr. Cam.) Rickett et Stafl. (*P. insígnis* Mart.) - „Parcouri" ♄ ⌂W Ⓝ, Trop. Bras.

Platycérium Desv. - n. - *Polypodiáceae*
Geweihfarn

- *alcicórne* hort.: 3
- *alcicórne* (Sw.) Desv.: 9
- *alcicórne* (Willem.) Tard.-Bl.: 11

1. **andínum** Bak. ♃ i ⌂W, Peru, Bol.
2. **angolénse** Welw. ex Bak. (*P. elephantótis* Schweinf.) ♃ i ⌂W, Trop. Afr.

- *bifórme:* 4

3. **bifurcátum** (Cav.) C. Chr. ♃ i ⌂W
var. **bifurcátum** (var. *normále* Domin, *P. alcicórne* hort. non (Sw.) Desv. nec (Willem.) Tard.-Bl.), Austral.: Queensl.; N. Guin.
(Mit verschiedenen Sorten wie 'Majus', 'Roberts', 'Ziesenhenne', 'Netherlands')
var. **lancíferum** Domin, Austral.: Queensl.
var. **subrhomboídeum** Domin, Austral.: NO-Queensl.

- *bifurcátum* var. *híllii:* 7
- *bifurcátum* var. *normále:* 3

4. **coronárium** (J. G. Koenig ex O. F. Muell.) Desv. (*P. bifórme* (Sw.) Bl.) ♃ i ⌂W, Malays. bis Thail., Indoch., Phil.

- *elephantótis:* 2

5. **ellísii** Bak. ♃ i ⌂W, M-Madag.

- *gránde* auct.: 10

6. **gránde** (J. Sm. ex Fée) K. B. Presl ♃ i ⌂W, Phil., Luzon: Mt. Christobal
7. **híllii** T. Moore (*P. bifurcátum* var. *híllii* (T. Moore) Domin) ♃ i ⌂W, Austral.: Queensl.
8. **madagascariénse** Bak. ♃ i ⌂W, Madag.
9. **stemária** (P. Beauv.) Desv. (*P. alcicórne* (Sw.) Desv.) ♃ i ⌂W, Trop. Afr.

- *sumbawénse:* 15

10. **supérbum** Jonch. et Hennipm. (*P. gránde* auct. et hort. non (J. Sm. ex Fée) K. B. Presl) ♃ i ⌂W, Austral.: Gebg. NO-Queensl., südl. bis Neusüdwal.; O-Malays., Java
11. **vássei** Poiss. (*P. alcicórne* (Willem.) Tard.-Bl. non (Sw.) Desv.) ♃ i ⌂W bis ⌂K, Moz., Madag., Maurit., Komor., Seych.
12. **vëitchii** (Underw.) C. Chr. ♃ i ⌂W, NO-Austral.
13. **wallíchii** Hook. ♃ i ⌂W, Malak.
14. **wilhelmínae-regínae** Alderw. van Rosenb. ♃ i ⌂W, N. Guin.
15. **willínckii** T. Moore (*P. sumbawénse* Christ) ♃ i ⌂W, Java, Celeb., Timor, Austral.?
(Mit einigen Sorten wie 'Mayi', 'Kingii', 'Pygmaeum', 'Lemoinei', 'Payton' etc.)

Platýcladus orientális: Thúja 3

- *stricta: Thúja* 3

Platyclínis: Dendrochílum

Platycódon A. DC. - m. - *Campanuláceae*
Ballonblume

1. **grandiflórus** (Jacq.) A. DC. (*Campánula grandiflóra* Jacq., *Wahlenbérgia grandiflóra* (Jacq.) Schrad.) ♃ VII bis VIII, Jap., N-China, Mandsch., Ussuri

Platystémon Benth. - m. - *Papaveráceae*

1. **califórnicus** Benth. ☉ VII–VIII, Kalif.

Platystígma Benth. - n. - *Papaveráceae* Abendmohn
1. **lineáre** Benth. (*Hesperomécon lineáris* (Benth.) Greene) ⊙ VII-VIII, S-Kalif.

Plectránthus L'Hérit. - m. - *Labiátae* Harfenstrauch
- *austrális:* 4
1. **coleoídes** Benth. (in Kult. nur 'Marginatus') ♃ i ⓚ, SO-Ind.
- *esculéntus: Cóleus* 4
2. **fruticósus** L'Hérit. - Mottenkönig ♄ ⓚ II-V, S-Afr.
3. **oertendáhlii** Th. Fr. ♃ i ⟿ ⦚ ⓦ IX bis X, S-Afr.
4. **parviflórus** Willd. (*P. austrális* R. Br.) ♃ i ⓚ - ⓦ, Austral., Pazif. Ins.
5. **prostrátus** Gürke ♃ ⦚ ⟿ i ⓚ - ⓦ, Tans.: Kilimandscharo-Gebiet
6. **purpurátus** Harv. ♃ ⦚ ⟿ ⓚ - ⓦ, Nat.
- *rotundifólius: Cóleus* 8

Pleioblástus Nakai - m. - *Gramíneae*
1. **chíno** (Franch. et Sav.) Mak. (*Arundinária chíno* (Franch. et Sav.) Mak.) ♃ i, Jap.
2. **gramíneus** (Bean) Nakai (*Arundinária gramínea* (Bean) Mak.) ♃ i ∧, Jap.
3. **híndsii** (Munro) Nakai (*Arundinária híndsii* Munro) ♃ i ∧, Hongk.
4. **húmilis** (Mitf.) Nakai (*Arundinária húmilis* Mitf., *Sása húmilis* (Mitf.) E. G. Camus) ♃ i ∧, Jap.
5. **púmilus** (Mitf.) Nakai (*Arundinária púmila* Mitf.) ♃ i ∧, Jap.
6. **pygmaéus** (Miq.) Nakai (*Arundinária pygmaéa* (Miq.) Mitf., *Sása pygmaéa* (Miq.) E. G. Camus) ♃ i ⟿, Jap.
7. **simónii** (Carr.) Nakai (*Arundinária simónii* (Carr.) A. et C. Riv.) ♃ i ∧ ⓦ, Jap.
8. **variegátus** (Sieb. ex Miq.) Mak. (*Arundinária variegáta* (Sieb. ex Miq.) Mak., *Sása variegáta* (Sieb. ex Miq.) E. G. Camus), Jap.
9. **viridistriátus** (Sieb. ex André) Mak. (*Arundinária viridistriáta* (Sieb. ex André) Mak. ex Nakai, *A. aurícoma* Mitf.) ♃ i ∧, Jap.

Pleióne D. Don - f. - *Orchidáceae*
1. **bulbocodioídes** (Franch.) Rolfe (*P. yunnanénsis* (Rolfe) Rolfe) ♃ △ ∧ (besser ⓐ) V ∗, Tib., China, Taiw.
2. **formosána** Hayata ♃ ⓚ IV-VI ∗, Jünn.
3. **hookeriána** (Lindl.) B. S. Williams ♃ ⓚ V-VI ∗, Ass., Sikk., Nepal, Bhut., Thail., Laos
4. **húmilis** (Sm.) D. Don ♃ ⓚ VIII-V ∗, Nepal, Sikk., Burma
5. × **lagenária** Lindl. (*P. maculáta* × *P. praécox*) ♃ ⓚ VI-VII ∗, Burma, Bhut., Ass., Sikk., Thail.
6. **maculáta** (Lindl.) Lindl. ♃ ⓚ VII bis VIII ∗, Burma, Bhut., Ass., Sikk., Thail.
7. **praécox** (Sm.) D. Don (*P. reichenbachiána* (T. Moore et Veitch) B. S. Williams, *P. wallichiána* (Lindl.) Lindl.) ♃ ⓚ VI-XII ∗, Ass., Sikk., Nepal, Burma, China
- *reichenbachiána:* 7
- *wallichiána:* 7
- *yunnanénsis:* 1

Pleióspilos N. E. Br. - m. - *Aizoáceae*
1. **bolúsii** (Hook. f.) N. E. Br. ♃ ⓚ X bis XI, Kap
2. **nélii** Schwant. ♃ ⓚ X-XI, Kap
3. **prismáticus** (Marl.) Schwant. ♃ ⓚ IX-XI, Kap
4. **símulans** (Marl.) N. E. Br. ♃ D ⓚ X bis XI, Kap

Pleoméle dereménsis: Dracaéna 4
- *refléxa: Dracaéna* 12

Pleopéltis crassifólia: Polypódium 2
- *musifólia: Microsórum* 1
- *phyllítidis: Polypódium* 8

Pleuropterópyrum undulátum: Polýgonum 2

Pleurothállis R. Br. - f. - *Orchidáceae*
1. **gélida** Lindl. ♃ ⓦ ∗, Trop. Am.
- *ghiesbreghtiána:* 6
2. **grándis** Rolfe ♃ ⓦ VIII-IX ∗, Costa R.
3. **gróbyi** Batem. ex Lindl. ♃ ⓦ VII ∗, Westind., Mex., M- u. S-Am.
4. **immérsa** Lind. et Rchb. f. ♃ ⓦ I-II ∗, Mex., M-Am., Kol., Venez.
- *macrophýlla:* 8
5. **pectináta** Lindl. ♃ ⓦ V-VII ∗, Bras.
- *quadrífida:* 6
6. **racemiflóra** Lindl. ex Hook. (*P. quadrífida* (Llave et Lex.) Lindl., *P. ghiesbreghtiána* A. Rich. et Gal.) ♃ ⓦ ∗, Jam., Mex., M-Am., Kol., Ve-

nez.
7. **répens** Ames ♃ ⌂ ✱, Guat.
8. **revolúta** (Ruiz et Pav.) Garay (*P. macrophýlla* H. B. K.) ♃ ⌂ I–III ✱, Trin., Venez. u. Kol. bis Arg. u. Bol.
9. **saurocéphala** Lodd. ♃ ⌂ ✱, Bras.
10. **tribuloídes** (Sw.) Lindl. ♃ ⌂ ✱, Kuba, Jam., Mex., M-Am.

Plukenétia L. – f. – *Euphorbiáceae*
– *conóphora: Tetracarpídium* 1
1. **volúbilis** L. ♄ ⌇ ⌂ ⓦ, Westind., Amaz. bis O-Bol.

Plumbágo L. – f. – *Plumbagináceae*
Bleiwurz
1. **auriculáta** Lam. (*P. capénsis* Thunb.) – Bleiwurz ♄ ⌂ VI–IX, S-Afr.
– *capénsis:* 1
– *coccínea:* 3
2. **europaéa** L. ♃ IX, S-Eur., Med.
3. **índica** L. (*P. rósea* L., *P. coccínea* Salisb.) ♄ ⌇ ⌂ VI–XI, Ind., SO-As.
– *larpéntiae: Ceratostígma* 1
– *rósea:* 3
4. **zeylánica** L. ♄ ⌇ ⌂ I–III, SO-As.

Pluméria L. – f. – *Apocynáceae*
Frangipani
– *acutifólia:* 2
1. **álba** L. ♄ D ⌂ VI–IX, Puerto R., Kl. Antill.
– *lútea:* 2
2. **rúbra** L. ♄ D ⌂ VI–IX, Mex. bis Pan.
f. **acutifólia** (Poir.) Woods. (*P. acutifólia* Poir., *P. rúbra* var. *acutifólia* (Poir.) L. H. Bailey)
f. **lútea** (Ruiz et Pav.) Woods. (*P. lútea* Ruiz et Pav.)
f. **rúbra**
f. **trícolor** (Ruiz et Pav.) Woods. (*P. trícolor* Ruiz et Pav.)
– *rúbra* var. *acutifólia:* 2
– *trícolor:* 2

Pneumonánthe vulgáris: Gentiána 21

Póa L. – f. – *Gramíneae*
Rispengras
– *abyssínica: Eragróstis* 4
1. **alpína** L., N-Eur., Gebg. M- u. S-Eur., Kl. As., Kauk., N- u. M-As., Alger., N-Am.: Grönl., Neufundl. bis Alaska, südl. bis Queb., Mich., Color., Utah, Oreg.
var. **alpína** ♃ △ V–IX ⓦ
var. **vivípara** L. ♃ △ V–VII
– *amábilis: Eragróstis* 6
2. **ánnua** L. ⊙ III–XII, Kosmopol.
– *aquática: Glycéria* 2
3. **badénsis** Haenke ex Willd. ♃ ⁓ △ V–VII, SW-Frankr., M-, mittl. S- u. SO-Eur.
4. **bulbósa** L. ♃ V ⓦ, Eur. u. Med. bis Vord. As., M-As., NW-Him.
– *caésia:* 7
5. **chaíxii** Vill. (*P. sudética* Haenke) ♃ V–VII, M-, S- u. westl. O-Eur., Kl. As., Kauk.
6. **compréssa** L. ♃ ⁓ VI–VII, Eur., Kl. As., Kauk., in N-Am. eingebürg.
– *glaúca* Schkuhr: *Koeléria* 1
7. **glaúca** Vahl (*P. caésia* Sm.) ♃ △ VI bis VII, N-Eur., eur. Gebg., südl. bis Pyren., Alp. u. N-Griech., N-As., N-Am.: Grönl. u. arkt. Gebiete bis Alaska, südl. bis Neuengl., Ont., Minn., Color., Utah u. Wash.
8. **nemorális** L. – Hainrispengras ♃ VI bis VII ⓦ, Eur., Med., N-Afr., As., N-Am.: Grönl., Labr. bis Alaska, südl. bis Penns. u. Oreg., vielleicht nicht heimisch u. nur eingebürg.
9. **palústris** L. – Sumpfrispengras ♃ VI bis VII ⓦ, Eur., As., N-Afr. u. N-Am.: Neufundl. bis Alaska, südl. bis Virg., N-Carol., Nebr., Color. u. Kalif.
– *pilósa: Eragróstis* 3
10. **praténsis** L. – Wiesenrispe ♃ V–VII ⓦ, Eur., N-As., Kauk., Marok., Alger., N-Am., vielleicht nicht heimisch u. nur eingebürg., Austral.
– *sudética:* 5
11. **triviális** L. – Gemeines Rispengras ♃ VI–VII ⓦ, Eur., W-As., N-Afr., Kanar., N-Am.: Neufundl. bis Ont., südl. bis Georg., Louis. u. Kans., im südwestl. Teil des Areals vielleicht nur eingebürg.

Podachaénium Benth. – n. – *Compósitae*
1. **éminens** (Lag.) Schultz Bip. (*Ferdinánda éminens* Lag., *P. paniculátum* Benth.) ♄ D ⌂ I–III, M-Am.

Podalýria Willd. – f. – *Leguminósae*
1. **argéntea** Salisb. ♄ i ⌂ VII–VIII, S-Afr.
2. **calyptráta** (Retz.) Willd. ♄ i ⌂ III–V, S-Afr.
3. **serícea** (Andr.) R. Br. ♄ i ⌂ I–III, S-Afr.

Podánthum canéscens: Asynéuma 1
Podocárpus L'Hérit. ex Pers. – m. – *Podocarpáceae*
Steineibe
– *alpínus:* 7
1. **andínus** Poepp. ex Endl. ♄ i ⌂, And. S-Chiles, Arg., W-Austral., N-Territ., Queensl., Neusüdwal.
– *chinénsis:* 8
2. **dacrydioídes** A. Rich. (*Dacrycárpus dacrydioídes* (A. Rich.) De Laubenf.) ♄ i ⌂, Neuseel.
3. **elongátus** (Ait.) L'Hérit. ex Pers. ♄ i ⌂, W-Afr.
4. **ferrugíneus** D. Don ♄ i ⌂, Neuseel.
5. **gracílior** Pilg. ♄ i ⌂, Abess., Uganda, Kenia
6. **latifólius** (Thunb.) R.Br. ex Mirb. ♄ i ⌂, S-Afr.
7. **lawréncei** Hook. f. (*P. alpínus* R.Br. ex Hook. f.) ♄ i ⌂, Austral.: Vict.; Tasm.
8. **macrophýllus** (Thunb.) D. Don (*P. chinénsis* Sweet ♄ i ⌂, S-Jap., Riukiu-Ins., S-China
– *nagéia:* 9
9. **nági** (Thunb.) Zoll. et Moritzi ex Mak. (*P. nagéia* R.Br. ex Mirb.) ♄ i ⌂ ⓝ, S-Jap., Riukiu-Ins., Taiw.
10. **neriifólius** D. Don ♄ i ⌂, Born., Him.
11. **nivális** Hook. ♄ i ∧ oder ⌂, Neuseel.
12. **nubígenus** Lindl. ♄ i ⌂, Chile, Patag.
13. **salígnus** D. Don ♄ i ⌂, Chile
14. **totára** G. Benn. ex D. Don ♄ i ⌂, Neuseel.

Podólepis Labill. – f. – *Compósitae*
1. **aristáta** Benth. ⊙ VII–VIII, Austral.
2. **canéscens** A. Cunn. ⊙ VII–IX, Austral.
3. **grácilis** Grah. ⊙ VII–IX, Austral.

Podophýllum L. – n. – *Berberidáceae*
Maiapfel, Fußblatt
– *diphýllum: Jeffersónia* 1
– *emódi:* 1
1. **hexándrum** Royle (*P. emódi* Wall. ex Hook. f. et Thoms.) ♃ ☠ V, Him.
2. **peltátum** L. ♃ ☠ V Off., N-Am.: Queb. bis Minn., südl. bis Flor., Tex.
3. **pleiánthum** Hance ♃ ∧ ☠ V, China, Taiw.

Podránea Sprague – f. – *Bignoniáceae*
1. **ricasoliána** (Tanfani) Sprague (*Pandórea ricasoliána* (Tanfani) Baill.) ♄ ⌇ ⌂ VII–X, S-Afr.

Poellnítzia Uitew. – f. – *Liliáceae*
1. **rubriflóra** (L. Bol.) Uitew. (*Ápicra rubriflóra* L. Bol.) ♃ i ⌂, S-Kap

Pogonátherum P. Beauv. – n. – *Gramíneae*
1. **paníceum** (P. Beauv.) Hack. (*Sáccharum paníceum* P. Beauv., *S. saccharoídeum* P. Beauv.) ♃ ▽ ⌂, Wärmeres China, Malays., NO-Austral.

Pogostémon Desf. – m. – *Labiátae*
1. **cáblin** (Blanco) Benth. (*P. patchóuli* Pellet.) – Patschulipflanze ♄ D ⌂ VII–IX ⓝ, Phil.

Poinciána coriária: Caesalpínia 1
– *gilliésii: Caesalpínia* 4
– *pulchérrima: Caesalpínia* 5
– *régia: Délonix* 1
Poinséttia pulchérrima: Euphórbia 82

Poláskia Bckbg. emend. Buxb. – f. – *Cactáceae*
1. **chichípe** (Rol.-Goss.) Bckbg. (*Céreus chichípe* Rol.-Goss., *Lemaireocéreus chichípe* (Rol.-Goss.) Britt. et Rose) ⌂ ✱, Mex.

Polemónium L. – n. – *Polemoniáceae*
Jakobsleiter, Sperrkraut
1. **caerúleum** L.
var. **caerúleum** ♃ VI–VII ▽, N- u. M-Eur., südl. bis Pyren., M-Jugosl., S-Rußl., Sib., M-As.
var. **himalayánum** Bak. (var. *grandiflórum* Manning) ♃ VI–VIII, Him.
– *caerúleum* var. *grandiflórum:* 1
2. **cárneum** A. Gray ♃ ∧ (besser ⌂) V bis VI, USA: Oreg., Kalif.
– *confértum:* 7
3. **foliosíssimum** A. Gray ♃ ∧ VII bis VIII, USA: Rocky Mount., von Wyom. bis Id., südl. bis New Mex. u. Ariz.
4. **pauciflórum** S. Wats. ♃ ∧ (am besten ⊙) VI–VII, USA: Tex. bis Ariz.; Mex.
5. **réptans** L. ♃ IV–V, USA: N.Y. bis Minn., südl. bis Georg., Alab., Miss., Ark. u. Okla.
6. × **richardsónii** hort. (Eltern ungewiß, vielleicht *P. caerúleum* × *P. réptans*) ♃ IV–VII
7. **viscósum** Nutt. (*P. confértum* A.

Gray) ♃ △ ∧ VII–VIII, N-Am.: Rocky Mount., von Mont. bis Br. Kol., südl. bis New Mex. u. Ariz.

Poliánthes L. – f. – *Agaváceae*

1. **geminiflóra** (Llave et Lex.) Rose (*Bravóa geminiflóra* Llave et Lex.) ♃ i Ⓚ VII–VIII, Mex.
2. **tuberósa** L. – Tuberose ♃ D ✂ Ⓚ VII–X Ⓝ, Nur in Kult. bek., Heimat wahrsch. M-Mex.

Polyandrocócos Barb. Rodr. – f. – *Pálmae*

1. **caudéscens** (Mart.) Barb. Rodr. (*Diplothémium caudéscens* Mart.) – Buripalme ♄ Ⓦ, Bras.

Polybótrya Humb. et Bonpl. ex Willd. – f. – *Aspidiáceae*

1. **cervína** (L.) Kaulf. (*Olférsia corcovadénsis* Raddi) ♃ ⌇ Ⓦ, Mex. bis Bras., Westind.
2. **osmundácea** Humb. et Bonpl. ex Willd. ♃ ⌇ Ⓦ, Westind. bis Bol., Bras.
3. **serratifólia** Klotzsch ♃ ⌇ Ⓦ, Mex. bis Bras.

Polycýcnis (Lindl.) Rchb. f. – f. – *Orchidáceae*

1. **barbáta** (Lindl.) Rchb. f. ♃ Ⓦ V–VII ✱, Costa R., Pan., Kol., Venez., Bras.

Polýgala L. (einschl. *Chamaebúxus* Spach) – f. – *Polygaláceae* Kreuzblume

1. **amára** L. ♃ ⁓ V–VI, Gebg. des östl. M-Eur. u. N-Jugosl.
2. **butyrácea** Heckel ♄ Ⓦ Ⓝ, W-Afr.
3. **calcárea** F.W. Schultz ♃ Ⓐ IV–VI, W-Eur., nördl. bis S-Engl., Schw., SW- u. W-Deutschl.
4. **chamaebúxus** L. (*Chamaebúxus alpéstris* Spach, *Polygaloídes chamaebúxus* (L.) Schwarz) ♄ i △ ∧ IV–IX, Alp. u. M-Eur., südl. bis S-Ital. u. W-Jugosl.
5. × **dalmaisiána** L.H. Bailey (*P. myrtifólia* var. *grandiflóra* × *P. oppositifólia* var. *cordáta*) ♄ i Ⓚ III–VIII
6. **myrtifólia** L.
   var. **grandiflóra** (Lodd.) Hook. ♄ i Ⓚ III–VII, Kap
7. **oppositifólia** L., Kap
   var. **cordáta** Harv. ♄ i Ⓚ III–VII
   var. **latifólia** Ker-Gawl. ♄ i Ⓚ III–VII
8. **sénega** L. ♃ V–VII Off., N-Am.: Queb. bis Alb., südl. bis Georg., Tenn., Ark. u. S-Dak.

– *speciósa:* 10

9. **vayrédae** Costa (*Chamaebúxus vayrédae* (Costa) Willk.) ♄ i △ ∧ (besser Ⓐ) IV–VIII, O-Pyren.
10. **virgáta** Thunb.
    var. **speciósa** (Sims) Harv. (*P. speciósa* Sims) ♄ i Ⓚ III–VII, Kap

Polygaloídes chamaebúxus: Polýgala 4

Polygónatum Mill. – n. – *Liliáceae* Salomonssiegel

1. **biflórum** (Walt.) Elliott (*P. canaliculátum* (Mühlenb.) Pursh) ♃ V, N-Am.: N. Brunsw. bis Mich., Iowa u. Nebr., südl. bis Flor. u. Tex.

– *canaliculátum:* 1, 2

2. **commutátum** (Schult. f.) A. Dietr. (*P. gigantéum* A. Dietr., *P. canaliculátum* auct. non (Mühlenb.) Pursh) ♃ V, N-Am.: N. Hampsh. bis Manit., südl. bis S-Carol., Tenn., Missouri u. Okla.
3. **falcátum** A. Gray ♃ V, Jap., Korea

– *gigantéum:* 2

4. **hírtum** (Poir.) Pursh (*P. latifólium* (Jacq.) Desf.) ♃ VI, Österr., Tschechosl., Ital., Balk., Rußl., Kauk.
5. **hōōkeri** Bak. ♃ △ V, W-Szetsch., Tib., Sikk.

– *japónicum:* 7
– *latifólium:* 4
– *macránthum:* 9

6. **multiflórum** (L.) All. ♃ ☠ V–VI, Eur., Med., Vord. As., Him., O-As.
7. **odorátum** (Mill.) Druce (*Convallária polygónatum* L., *P. officinále* All.) – Salomonssiegel
   var. **odorátum** ♃ D ☠ V–VI, Eur., Med., Sib. bis Dahur., W-Him., China, Mongol., Jap.
   var. **thunbérgii** (C. Morr. et Decne.) Hara (*P. thunbérgii* C. Morr. et Decne., *P. japónicum* C. Morr. et Decne.) ♃ IV–V, Jap.

– *officinále:* 7

8. **róseum** (Ledeb.) Kunth ♃ V–VI, Altai, Dsung., Sinkiang
9. **stenánthum** Nakai (*P. macránthum* (Maxim.) Koidz.) ♃ V–VII, Jap., Korea

- *thunbérgii:* 7
10. **verticillátum** (L.) All. ♃ ☠ V–VI, Eur., Ural, Kl. As., Kauk., Afgh., Tib.

Polýgonum L. - n. - *Polygonáceae*
Knöterich

1. **affíne** D. Don (*Persicária affínis* (D. Don) Ronse Decraene) ♃ ⇝ VIII bis IX, Nepal
2. **alpínum** All. (*P. polymórphum* Ledeb., *Pleuropterópyrum undulátum* (Murr.) Á. et D. Löve, *Persicária alpína* (All.) H. Gross) - Alpenknöterich ♃ VI–IX, Gebg. S- u. südl. M-Eur.
3. **amphíbium** L. (*Persicária amphíbia* (L.) S.F. Gray) - Wasserknöterich ♃ ≈ VI–IX, Nördl. u. südl. gem. Zone, S-Afr.
4. **amplexicaúle** D. Don (*Persicária amplexicaúlis* (D. Don) Ronse Decraene) ♃ VI–X, Him., in Engl. u. Irl. eingebürg.
- *aubértii: Fallópia* 1
5. **aviculáre** L. - Vogelknöterich ⊙ V bis IX Off., Nördl. gem. Zone
- *baldschuánicum: Fallópia* 1, 2
6. **bistórta** L. (*Bistórta májor* S.F. Gray, *Persicária bistórta* (L.) Sampaio) - Wiesenknöterich ♃ V–VIII, Euras.
7. **campanulátum** Hook. f. (*Persicária campanuláta* (Hook. f.) Ronse Decraene)
var. **lichiangénse** (W.W. Sm.) Steward (*P. lichiangénse* W.W. Sm.) ♃ VIII–X, W-Him.
8. **capitátum** Buch.-Ham. ex D. Don (*Persicária capitáta* (Buch.-Ham. ex D. Don) H. Gross) ♃ ⇝ Ⓚ V–VIII, N-Ind., Him., O-As.
- *cárneum:* 16
- *compléxum: Muehlenbéckia* 3
- *convólvulus: Fallópia* 3
- *cuspidátum: Reynoútria* 1
- *cuspidátum* var. *compáctum: Reynoútria* 1
- *dumetórum: Fallópia* 4
9. **equisetifórme** Sibth. et Sm. ♄ Ⓚ IX bis X, Port., Med., S-Bulg.
- *fagopýrum: Fagopýrum* 1
10. **filifórme** Thunb. ((*P. virginiánum* L. var. *filifórme* (Thunb.) Merr., *Persicária filifórmis* (Thunb.) Nakai) ♃ VII–VIII, Jap.
11. **hydrópiper** L. (*Persicária hydrópiper* (L.) Opiz) - Wasserpfeffer ⊙ ⇝ VII bis IX ☠, Eur., Med., N-Afr., Vord. As., Sib. bis O-As., Him., SO-As., in N-Am. eingebürg.
- *lichiangénse:* 7
12. **macrophýllum** D. Don (*P. sphaerostáchyum* Meissn.) ♃ VII–IX, Him., bis W-China
13. **multiflórum** Thunb. ♃ § ∧ - Ⓚ IX bis X, China
14. **odorátum** Lour. ⊙ D Ⓝ, Hinterind., N-Vietn.
15. **orientále** L. (*Persicária orientális* (L.) Spach) - Orientknöterich ⊙ VII–X, Ind., Malak., Mal. Arch., China, Austral., in M- u. S-Eur. eingebürg.
16. **paleáceum** Wall. (*P. cárneum* K. Koch) ♃ △ ✂ V–VII, Him.
17. **persicária** L. (*Persicária maculáta* (Raf.) Á. et D. Löve) - Flohknöterich ⊙ VII–IX, Eur., gem. As., Med., N-Afr., in N-Am. eingebürg.
- *polymórphum:* 2
18. **polystáchyum** Wall. ex Meissn. (*Persicária polystáchya* (Wall. ex Meissn.) H. Gross) ♃ D IX–X, Him. bis Sib., in M- u. NW-Eur. eingebürg.
- *reynoútria: Reynoútria* 1
- *sachalinénse: Reynoútria* 2
19. **scopárium** Req. ex Loisel. ♃ - ♄ Ⓚ, Kors., Sard.
20. **seríceum** Pall. (*Persicária sericea* (Pall.) H. Gross) ♃ V–VI, Sib.
- *sphaerostáchyum:* 12
- *tatáricum: Fagopýrum* 2
21. **tenuicaúle** Bisset et S. Moore ♃ ⇝ △ ∧ IV–VI, Jap.
22. **tinctórium** Ait. - Färberknöterich ♃ Ⓝ, China
23. **vacciniifólium** Wall. ex Meissn. (*Persicária vacciniifólia* (Wall. ex Meissn.) Ronse Decraene) ♄ △ ⇝ ∧ (auch Ⓐ) VIII–IX, Him.
- *virginiánum* var. *filifórme:* 10
24. **vivíparum** L. (*Bistórta vivípara* (L.) S.F. Gray, *Persicária vivípara* (L.) Ronse Decraene) - Knöllchenknöterich ♃ △ VI–VIII, Hochgebg. der nördl. gem. Zone, arkt. Gebiete Eur., As., N-Am.

25. **weyríchii** Fr. Schmidt ex Maxim. (*Persicária weyríchii* (Fr. Schmidt ex Maxim.) Ronse Decraene) ♃ VII bis VIII, Sachal., S-Kuril.

Polýmnia L. - f. - *Compósitae*
1. **sonchifólia** Poepp. et Endl. ♃ ⓚ ⓝ, Osthang der And. von Bogotá

Polypódium L. - n. - *Polypodiáceae*
Tüpfelfarn
1. **angustifólium** Sw. ♃ i ⓦ, Trop. Am.
- *áureum: Phlebódium* 1
- *bífrons: Solanópteris* 1
- *corónans: Aglaomórpha* 1
2. **crassifólium** L. (*Pleopéltis crassifólia* (L.) T. Moore) ♃ i ⓦ, Trop. M- u. S-Am.
3. **decúrrens** Raddi ♃ i ⓦ, Bras., Peru, Westind.
- *dryópteris: Currània* 1
- *fílix-fémina: Athýrium* 2
- *heracléum: Aglaomórpha* 2
4. **interjéctum** Shivas (*P. vulgáre* ssp. *prionódes* (Aschers.) Rothm.) ♃ i, W- u. M-Eur.
- *irioídes: Microsórum* 3
- *juglandifólium:* 13
- *leiorhízum:* 6
5. **longifólium** Mett. ♃ i ⓦ, Malak., Phil.
6. **lúcidum** Roxb. (*P. leiorhízum* Wall. et Mett.) ♃ i ⓦ, N- u. S-Ind.
7. **lycopodioídes** L. ♃ i ⓦ, Trop. Am.
- *meyeniánum: Aglaomórpha* 3
- *musifólium: Microsórum* 1
- *phegópteris: Thelýpteris* 6
8. **phyllítidis** L. (*Pleopéltis phyllítidis* (L.) Alston) ♃ i ⓦ, Flor. bis S-Bras.
9. **polypodioídes** (L.) Watt ♃ ⁓ ⓦ, USA: Del., Virg., Kent., Missouri u. Okla., südl. bis Flor. u. Tex.; Mex., M-Am. bis S-Am., S-Afr.
- *ptéropus: Microsórum* 2
- *punctátum: Microsórum* 3
- *reinwárdtii: Goniophlébium* 1
- *rígidum: Dryópteris* 18
- *robertiánum: Currània* 2
- *scándens: Microsórum* 4
- *subauriculátum: Goniophlébium* 1
10. **vacciniifólium** Langsd. et Fisch. (*Micrográmma vacciniifólia* (Langsd. et Fisch.) Copel.) ♃ i ⚘ ⓦ, Trop. Am.
11. **virginiánum** L. (*P. vulgáre* var. *virginiánum* (L.) Eaton) ♃ i, N-Am.: Neufundl. bis Alaska, südl. bis Virg., Georg., Alab., Ark. u. Kalif.; O-As.
12. **vulgáre** L. - Engelsüß ♃ i ⁓, Eur., As., S-Afr., Kerguel., Hawaii
- *vulgáre* ssp. *prionódes:* 4
- *vulgáre* var. *virginiánum:* 11
13. **wallichiánum** Spreng. (*P. juglandifólium* D. Don non Humb. et Bonpl. ex Willd.) ♃ i ⓦ, N-Ind., China

Polypógon Desf. - m. - *Gramíneae*
Bürstengras
1. **monspeliénsis** (L.) Desf. ☉ ✂ V bis VII, S- u. W-Eur., nördl. bis S-Engl., Makarones., Med., N-, NO- u. S-Afr., O- u. S-As., im atl. und pazif. N-Am. sowie in Tasm. eingebürg., ebenso in Holl. u. Belg.

Polýscias J.R. et G. Forst. - f. - *Araliáceae*
Fiederaralie
- *balfouriána:* 5
1. **cumingiána** (K.B. Presl) F.-Vill. (*Arália filicifólia* C. Moore ex Fourn., *P. filicifólia* (C. Moore ex Fourn.) L.H. Bailey, *P. rumphiána* Harms) ♄ i ⓦ, Pazif. Ins.
- *filicifólia:* 1
2. **fruticósa** (L.) Harms (*Pánax fruticósus* L., *Arália fruticósa* (L.) hort., *Nothópanax fruticósus* (L.) Miq.) ♄ i ⓦ ⓝ, Vorderind. bis Polyn.
3. **guilfoylei** (Bull) L.H. Bailey (*Arália guilfoylei* Bull, *Nothópanax guilfoylei* (Bull) Merr.) ♄ i ⓦ ⓝ, Pazif. Ins.
4. **pinnáta** J.R. et G. Forst. ♄ - ♄ i ⓦ, Mal. Arch.
- *rumphiána:* 1
5. **scutellária** (Burm. f.) Fosb. (*Arália balfouriána* hort. ex André, *P. balfouriána* (hort. ex André) L.H. Bailey) ♄ i ⓦ, Neukaled.

Polystáchya Hook. - f. - *Orchidáceae*
1. **affínis** Lindl. ♃ ⓦ VII–VIII ∗, W-Afr., Zaire, Angola, Uganda

Polýstichum Roth - n. - *Aspidiáceae*
Schildfarn
1. **acrostichoídes** (Michx.) Schott (*Aspídium acrostíchoides* (Michx.) Sw.) ♃ i ✂, N-Am.: Prince Edward Isl. u. N. Brunsw. bis Iowa u. Kans., südl. bis Flor. u. Tex.
2. **aculeátum** (L.) Roth (*P. lobátum*

(Huds.) Chev.) ♃ i ▽, Eur., O-As., Kanar., N-Afr.
- *aculeátum* (Sw.) Schott: 12
- *adiantifórme: Rumóhra* 1
3. **andersónii** L. S. Hopkins ♃ i, N-Am.: Alaska bis N-Oreg., Id., Mont.
- *anguláre:* 12
4. **auriculátum** (L.) K.B. Presl ♃ i ⌂, Vorderind., Ceyl.
5. **braūnii** (Spenn.) Fée ♃ i ⌂ ▽, N-, M-, nördl. S- u. O-Eur., Voges., Kauk., Amur, N-Am.: Neufundl. bis Ont., südl. bis N. Scot., N. Brunsw., N-Neuengl., Penns. u. Mich.; Alaska, Hawaii
- *falcátum: Cyrtómium* 2
- *falcátum* var. *caryotídeum: Cyrtómium* 1
- *falcátum* var. *fortúnei: Cyrtómium* 3
- *laserpitiifólium: Dryópteris* 17
6. **lepidocaūlon** (Hook.) J. Sm. ♃ i ⌂, Jap., Korea, China, Taiw.
- *lobátum:* 2
7. **lonchítis** (L.) Roth – Lanzenfarn ♃ i ▽, Eur., Kl. As., Kauk., Sib., M-As., Him., Jap., N-Am.: Grönl., Neufundl., Queb., Ont., Mich., Yukon u. Alaska bis Color., Utah u. Kalif.
8. **mohrioídes** (Bory) K.B. Presl ♃, N-Am.: Wash., N-Kalif., südl. bis zu den chilen. Kordilleren
9. **munítum** (Kaulf.) K.B. Presl – Schwertfarn ♃ i ∧ ✂, Alaska bis Kalif., östl. bis Mont.
- *nippónicum: Arachniódes* 1
- *oreópteris: Thelýpteris* 3
10. **polyblépharum** (Roem.) K.B. Presl ♃, Jap., S-Korea
11. **rígens** Tagawa ♃ i, Jap.
- *rígidum: Dryópteris* 18
12. **setíferum** (Forssk.) T. Moore ex Woynar (*P. anguláre* (Kit. ex Willd.) K.B. Presl, *P. aculeátum* (Sw.) Schott non (L.) Roth, *Aspídium anguláre* Kit. ex Willd.) – Schildfarn ♃ i ▽, W-, M- u. S-Eur., Med., Ind., Ceyl. (Mit einigen Sorten)
- *standíshii: Dryópteris* 17
- *thelýpteris: Thelýpteris* 5
13. **trípteron** (Kunze) K.B. Presl ♃, Jap., S-Kuril., China bis O-Sib.
14. **tsus-siménse** (Hook.) J. Sm. ♃ i ∧ oder ⌂, Jap., Korea, China, Taiw.

Pomadérris Labill. – f. – *Rhamnáceae*
1. **apétala** Labill. ħ–♄ i VI, Austral.: Vict.; Tasm., Neuseel.

Poncírus Raf. – f. – *Rutáceae*
1. **trifoliáta** (L.) Raf. (*Cítrus trifoliáta* L.) – Bitterorange ħ ∧ ꝏ IV–V, N-China bis Hupeh, in Jap. eingebürg.

Pontedéria L. – f. – *Pontederiáceae*
1. **cordáta** L. ♃ ≈ ⌂ VI–X, N-Am.: Prince Edward Isl. bis Ont., südl. bis Long Isl., Flor., Missouri u. Okla.; M-Am., südl. S-Am.
- *cordáta* var. *lancifólia:* 2
2. **lanceoláta** Nutt. (*P. cordáta* var. *lancifólia* (Mühlenb.) Torr.) ♃ ≈ ⌂ VI–X, Trop. u. subtrop. Am., in N-Am. von Flor. u. Tex. nördl. bis Virg. u. Missouri

Pópulus L. – f. – *Salicáceae*
Pappel
1. **álba** L. – Silberpappel ♄ Ⓝ, M-, S- u. O-Eur. bis W-Sib. u. M-As., N-Afr., in N-Am. eingebürg.
var. **pyramidális** Bunge (f. *pyramidális* (Bunge) Dipp.) ♄, M-As.
- *álba* f. *pyramidális:* 1
2. **angustifólia** James ex Torr. ♄, N-Am.: Manit. bis Alb., südl. bis Tex., New Mex., Ariz. u. Kalif.; N-Mex.
3. **balsamífera** L. (*P. tacamahácca* Mill.)
var. **balsamífera** – Balsampappel ♄ D Ⓝ, N-Am.: Labr. bis Alaska, südl. bis Neuengl., Minn., Nebr., Color., Wyom. u. Oreg.
var. **subcordáta** Hyl. (var. *fernaldiána* Rouleau) ♄ D, N-Am.: Ont., südl. bis Queb., N-Neuengl., N.Y., Mich.
- *balsamífera* var. *fernaldiána:* 3
4. × **berolinénsis** (K. Koch) Dipp. (*P. laurifólia* × *P. nígra* 'Italica') ♄ Ⓝ
- × *canadénsis:* 5
5. **-Canadensis-Hybriden** (*P.* × *canadénsis* Moench, *P.* × *euramericána* Guinier, „Euro-amerikanische Bastarde") ♄ Ⓝ
(Zusammenfassung einer größeren Gruppe von Hybriden und deren Auslesen, die wohl alle ihren Ursprung in Kreuzungen von *P. deltoídes* mit *P. nígra* haben, z.B. 'Gelrica', 'Marilandica', 'Robusta', 'Serotina')

- *cándicans:* 9
6. × **canéscens** (Ait.) Sm. (*P. álba* × *P. trémula*) - Graupappel ♄ Ⓝ, M-, O- u. S-Eur., westl. bis SO-Engl., W-As., in den östl. u. mittl. USA eingebürg.
7. **deltoídes** Bartr. ex Marsh. ♄ Ⓝ, N-Am.: Queb. bis Manit., südl. bis Flor. u. Tex., in manchen Gebieten Eur. eingebürg.
- *deltoídes* ssp. *monilífera:* 16
- *deltoídes* var. *occidentális:* 16
- × *euramericána:* 5
- *fastigiáta:* 15
8. × **generósa** Henry (*P. deltoídes* × *P. trichocárpa*) ♄ Ⓝ
9. **gileadénsis** Rouleau (*P. cándicans* sensu J. Schultze-Motel, non Ait.) - Pappel „Balm-of-Gilead" ♄ Ⓝ (Abstammung ungeklärt; möglicherweise ein Bastard zwischen *P. balsamífera* × *P. deltoídes*), in Eur. gelegentl. eingebürg.
10. **grandidentáta** Michx. ♄ Ⓝ, N-Am.: N. Scot. bis Ont. u. N-Dak., südl. bis N-Carol., Tenn., Missouri
- *itálica:* 15
11. **koreána** Rehd. ♄ Ⓝ, Korea
12. **lasiocárpa** Oliv. ♄ Ⓝ, M- u. W-China
13. **laurifólia** Ledeb. ♄ Ⓝ, S-Sib.
14. **maximowíczii** Henry (*P. suavéolens* Maxim. non Fisch.) ♄ Ⓝ, Jap., Korea, Mandsch., Ussuri, Amur, Sachal., Kamtsch.
15. **nígra** L. - Schwarzpappel ♄ Ⓝ, Eur., W-Sib., Vord. As., N-Afr.
'Italica' (*P. pyramidális* Rozan., *P. nígra* ssp. *pyramidális* (Rozan.) Čelak., *P. nígra* var. *pyramidális* (Rozan.) Spach, *P. fastigiáta* Desf., *P. itálica* (Münchh.) Moench, *P. nígra* var. *itálica* Münchh.) - Pyramidenpappel ♄
- *nígra* ssp. *pyramidális:* 15
- *nígra* var. *itálica:* 15
- *nígra* var. *pyramidális:* 15
- *pyramidális:* 15
16. **sargéntii** Dode (*P. deltoídes* ssp. *monilífera* (Ait.) Eckenwalder, *P. deltoídes* var. *occidentális* Rydb.) ♄ Ⓝ, N-Am.: Manit. bis Alb., südl. bis NW-Tex. u. New Mex.
17. **simónii** Carr. ♄ Ⓝ, N-China
18. **suavéolens** Fisch. ♄ Ⓝ, Turkest. bis Kamtsch., Mandsch., Korea
- *suavéolens* Maxim.: 14
19. **szechuánica** Schneid. ♄ Ⓝ, Szetsch.
- *tacamahácca:* 3
20. **trémula** L. - Zitterpappel, Espe ♄ Ⓝ, Eur., N-Afr., Kl. As., Kauk., Sib., China
21. **tremuloídes** Michx. ♄ Ⓝ, N-Am.: Labr. bis Alaska, südl. bis Virg., Nebr., New Mex. u. Kalif.; N-Mex. u. Nied. Kalif.
22. **trichocárpa** Torr. et A. Gray ex Hook. ♄ Ⓝ, N-Am.: Alaska bis S-Kalif., östl. bis Yukon, Alb., Mont., Wyom. u. Utah; Nied. Kalif.
23. **trístis** Fisch. ♄ Ⓝ, M-As.
24. **wilsónii** Schneid. ♄ Ⓝ, Hupeh, Szetsch.

Porána Burm. f. - f. - *Convolvuláceae*
1. **paniculáta** Roxb. ♄ ≹ Ⓦ VIII, Ind., Malays.
2. **racemósa** Roxb. ⊙ Ⓦ VII–XI, Ind., Burma

Porliéria Ruiz et Pav. - f. - *Zygophylláceae*
1. **hygrómetra** Ruiz et Pav. (*P. hygrométrica* Pav. ex A. Gray) ♄ Ⓚ IV, Peru

Porphyrocóma Scheidw. - f. - *Acantháceae*
1. **lanceoláta** Scheidw. (*P. pohliána* (Nees) Lindau) ♃ Ⓦ III, Bras.

Porroglóssum Schlechter - n. - *Orchidáceae*
1. **echídna** (Rchb. f.) Garay (*Masdevállia muscósa* Rchb. f.) ♃ Ⓚ V–VIII ✻, Ek., Kol.

Pórtea Brongn. ex K. Koch - f. - *Bromeliáceae*
1. **kermesína** Brongn. ex K. Koch ♃ i Ⓦ, Bras.
2. **petropolitána** (Wawra) Mez ♃ i Ⓦ, Bras.

Porteránthus: Gillénia

Portuláca L. - f. - *Portulacáceae*
Portulak
1. **grandiflóra** Hook. ⊙ VI–VIII, Arg., Bras., Urug., in M- u. SO-Eur. stellenweise eingebürg.
2. **olerácea** L.
ssp. **satíva** (Haw.) Čelak. (var. *satíva* (Haw.) DC.) ⊙ VII–X Ⓝ, Nur in Kult. bek.

- *olerácea* var. *satíva:* 2
3. **umbratícola** H. B. K. ⊙ VI–VIII, Kol.

Portulacária Jacq. – f. – *Portulacáceae*
Strauchportulak
1. **áfra** Jacq. – Speckbaum ♄ i ⌂, S-Afr.

Potamogéton L. – m. – *Potamogetonáceae*
Laichkraut
- *caespitósus:* 4
1. **críspus** L. ♃ ≈ VI–VIII, Fast Kosmopol. (fehlt in S-Am.), in N-Am. u. Neuseel. eingebürg.
2. **nátans** L. ♃ ≈ VII–VIII, Nördl. Halbk., S-Am.
3. × **nítens** Web. (*P. gramíneus* × *P. perfoliátus*) ♃ ≈ VI–VIII, W-, N-, M- u. O-Eur.
4. **rútilus** Wolfg. (*P. caespitósus* Nolte) ♃ ≈ VII–VIII, NW-, N-, M- u. nordöstl. O-Eur.

Potentílla L. – f. – *Rosáceae*
Fingerkraut
1. **álba** L. ♃ ⁓ V–VI, M-Eur. bis O-Pyren., N-Balk., Rußl.
2. **alchemilloídes** Lapeyr. ♃ △ ⁓ V bis VI, Pyren.
3. **ambígua** Cambess. ♃ △ ⁓ VII bis VIII, Him.
4. **anserína** L. ♃ ⁓ V–VIII, Fast Kosmopol.
5. **argéntea** L. ♃ △ VIII, Eur., W- u. M-As., im östl. N-Am. eingebürg.
6. **argyrophýlla** Wall. ex Lehm. (*P. insígnis* Royle) ♃ △ VI–VII, W-Him.
7. **atrosanguínea** Lodd. ex D. Don ♃ VI bis IX, Nepal
8. **aūrea** L.
ssp. **aūrea** ♃ △ VI–VIII, Eur. Hochgebg., von N-Span. bis Sudet., Karp., Balk., Kl. As.
ssp. **chrysocráspeda** (Lehm.) Nym. (*P. ternáta* K. Koch, *P. chrysocráspeda* Lehm.) ♃ ⁓ △ VI–VII, Balk., S- u. O-Karp., Anat.
9. **caeléscens** L. ♃ △ VII–VIII, Gebg. Span., Mallor., Alp. bis Balk., Atlas
- *chrysocráspeda:* 8
10. **cinérea** Chaix ♃ ⁓ △ III–V, SW-Eur., Schw., Ital.
11. **clusiána** Jacq. ♃ △ VII–VIII, O-Alp., Gebg. W-Jugosl. u. Alban.
12. **crántzii** (Crantz) Beck ex Fritsch ♃ △ VI–VII, W-Eur., eur. Hochgebg., Kauk., Kl. As., N-As., Grönl., arkt. N-Am., südl. bis Neufundl. u. N-Queb.
- *davúrica:* 16
13. **erécta** (L.) Raeusch. (*P. tormentílla* Stokes, *P. sylvéstris* Neck.) – Blutwurz ♃ V–VIII Off., Eur., W-Sib., Vord. As., Neufundl.
14. **fragifórmis** Willd. ♃ △ VI–VII, N-As., Altai, Alaska
- *fragifórmis* ssp. *megalántha:* 19
15. **fruticósa** L. ♄ V–VIII, SW-, W-Eur., Balt. Reg., N-As., Jap., N-Am.: Labr. bis Alaska, südl. bis N. Jers., Ohio, S-Dak., New Mex., Ariz. u. Kalif.
var. **fruticósa**
var. **mandshúrica** Maxim., Jap., N-China, Mandsch.
var. **rígida** (Wall. ex Lehm.) Wolf (var. *arbúscula* (D. Don) hort.)
var. **unifolioláta** Ludl.
(Mit vielen Sorten)
- *fruticósa* var. *arbúscula:* 15
- *fruticósa* var. *davúrica:* 16
16. **glabráta** Willd. (*P. davúrica* Nestl., *P. fruticósa* var. *davúrica* (Nestl.) Ser.) ♄ V–VIII, Sib., N-China
17. **grandiflóra** L. ♃ VII–VIII, Alp., M- u. O-Pyren., M- u. O-Span.
18. **-Hybriden** ♃ VI–VIII (Durch Kreuzungen von *P. argyrophýlla* mit *P. atrosanguínea* und anderen Arten entstandene Sorten)
- *insígnis:* 6
19. **megalántha** Takeda (*P. fragifórmis* Willd. spp. *megalántha* (Takeda) Hult.) ♃ VII–VIII, Jap.
20. **nepalénsis** Hook. ♃ VII–IX, W-Him. (Mit einigen Sorten)
21. **neumanniána** Rchb. (*P. tabernaemontáni* Aschers., *P. vérna* auct. non L.) ♃ ⁓ IV–V, N-, W- u. M-Eur., bis Weißrußl. u. Bulg.
22. **nevadénsis** Boiss. ♃ △ V–VI, S-Span.: Sierra Nev.
23. **nítida** L. ♃ △ VII–VIII, SW- u. SO-Alp., N-Apenn.
24. **palústris** (L.) Scop. (*Cómarum palústre* L.) – Blutauge ♃ ⁓ VI–VII, Euras., N-Am.: Grönl., Labr. bis Alaska, südl. bis N. Jers., Ohio, Iowa, Wyom. u. Kalif.

25. **pyrenáica** Ram. ex DC. ♃ △ VII bis VIII, Pyren., N- u. M-Span.
26. **récta** L. ♃ VI–VII, M-, O- u. S-Eur. bis M-As., Med., N-Afr., im östl. N-Am. eingebürg.
27. **réptans** L. ♃ V–VIII, Eur., As., Med., N-Afr.
(Nur eine gefülltblühende Sorte in Kultur)
28. **rupéstris** L., Nördl. gem. Zone
var. **pygmaéa** Duby ♃ △ VI–VII
var. **rupéstris** ♃ V–VI
29. **salesoviána** Steph. ♄ △ VI–VIII, Gem. As.
30. **speciósa** Willd. ♃ △ VI–VII, W- u. S-Balk. bis Kl. As., Kreta
- *sylvéstris:* 13
- *tabernaemontáni:* 21
- *ternáta:* 8
31. × **tonguéi** (*P. ánglica* × *P. nepalénsis*; *P.* × *tormentílli-formósa* Maund) ♃ ⟿ △ VII–VIII
- *tormentílla:* 13
- × *tormentílli-formósa:* 31
32. **tridentáta** Ait. ♄ VI–VII, N-Am.: Grönl., Labr. bis Mack.-Fluß, südl. bis Neuengl., Georg., Ont., Mich., Wisc., N-Dak.
- *vérna:* 21
33. **villósa** Pall. ex Pursh ♃ △ V–IX, Westl. N-Am., NO-As.

Potérium muricátum: Sanguisórba 2
- *officinále: Sanguisórba* 4
- *polýgamum: Sanguisórba* 2
- *sanguisórba: Sanguisórba* 2
- *spinósum: Sarcopotérium* 1

Póthos L. - m. - *Aráceae*
- *argyraéus: Scindápsus* 1
- *aúreus: Epiprémnum* 1
1. **beccariánus** Engl. i ⌇ ⓦ, Born.
- *celatocaúlis: Rhaphidóphora* 1
- *decípiens:* 3
2. **louréirii** Hook. et Arn. (*P. microphýllus* Schott, *P. terminális* Haenke) i ⌇ ⓦ, S-China
- *microphýllus:* 2
3. **scándens** L. (*P. decípiens* Schott) i ⌇ ⓦ, Vorderind., Malays.
- *terminális:* 2

× **Potinára** hort. (*Brassávola* × *Cattléya* × *Laélia* × *Sophronítis*; × *Brassophrolaeliocattléya* hort.) - f. - *Orchidáceae*

Pourrétia alpéstris: Púya 1
- *violácea: Púya* 3

Poutéria Aubl. - f. - *Sapotáceae*
1. **caimíto** (Ruiz et Pav.) Radlk. (*Áchras caimíto* Ruiz et Pav., *Lucúma caimíto* (Ruiz et Pav.) Roem. et Schult.) ♄ ⓦ Ⓝ, Peru bis O-Ek., oberer Amaz. bis Guay.
2. **campechiána** (H. B. K.) Baehni (*Lucúma campechiána* H. B. K.) ♄ ⓦ Ⓝ, Kuba, Mex. bis Bras., in S-Flor. eingebürg.
3. **lucúma** (Ruiz et Pav.) O. Kuntze (*Áchras lucúma* Ruiz et Pav., *Lucúma obováta* H. B. K.) ♄ ⓚ Ⓝ, Peru, Chile
4. **sapóta** (Jacq.) H. E. Moore et Stearn (*Calocárpum sapóta* (Jacq.) Merr.) - Große Sapote ♄ ⓦ Ⓝ, Mex., M-Am.

Praecéreus Buxb. - m. - *Cactáceae*
1. **marítimus** (Britt. et Rose) Buxb. (*Monvíllea marítima* Britt. et Rose) ⓚ ✻, S-Ek., N-Peru

Prátia Gaudich. - f. - *Campanuláceae*
1. **anguláta** (G. Forst.) Hook. f. (*Lobélia anguláta* G. Forst.) ♃ ⟿ ꝏ △ ∧ (besser ⓐ oder ⓚ) VI–VIII, Neuseel.
- *begoniifólia:* 3
2. **mácrodon** Hook. f. ♃ ⟿ ⓐ VII bis VIII, Neuseel.
3. **nummulária** (Lam.) A. Braun et Aschers. (*P. begoniifólia* (Wall.) Lindl.) ♃ ⟿ ⓚ VII–VIII, Him., Ind., Burma, Thail., Vietn., M- u. S-China, Phil., Taiw.
4. **pedunculáta** Benth. ♃ ⟿ ∧, Austral.
5. **répens** Gaudich. ♃ ⟿ ⓚ VII–X, Falkl.

Prenánthes L. - f. - *Compósitae*
Hasenlattich
1. **álba** L. ♃ VII–IX, N-Am.: Queb. bis Sask., südl. bis Neuengl., Georg., Tenn., Missouri u. S-Dak.
2. **purpúrea** L. ♃ VII–VIII, Von M-Frankr., M-Deutschl. u. S-Pol. südl. bis N- u. O-Span., M-Ital. u. Griech.
3. **serpentária** Pursh ♃ VIII–IX, USA: Mass. u. N. Y. bis Ohio, südl. bis Flor. u. Miss.

Prénia N. E. Br. - f. - *Aizoáceae*
1. **relaxáta** (Willd.) N. E. Br. ♄ ⟿ ⓚ, Kap

Prepodésma orpénii: Aloinópsis 1
Prestónia R. Br. - f. - *Apocynáceae*
1. **quinquanguláris** (Jacq.) Spreng. (*Echítes nútans* G. Anders., *E. rubrovenósus* Lind., *Haemadíction venósum* Lindl., *P. venósa* (Lindl.) Mottet) ♄ i ⌇ Ⓦ, Westind., südl. bis Guay. u. Venez.

Prímula L. - f. - *Primuláceae*
Primel
- *abchásica:* 78
- *acáulis:* 78
- *acáulis* var. *ibérica:* 78
- *acáulis* var. *rúbra:* 78
1. **álgida** Adams ♃ △ V, Kauk. bis Turkest., N-Iran, Altai
2. **alliónii** Loisel. ♃ Ⓐ III–IV ▽, Seealp.
3. **alpícola** Stapf (*P. microdónta* var. *alpícola* (Stapf) W. W. Sm.) ♃ ⩪ V bis VI, Tsangpo
4. **amoéna** M. B. (*P. elátior* var. *amoéna* (M. B.) Duby) ♃ △ IV, Kauk., NO-Anat.
- *angústidens:* 81
5. **anisodóra** Balf. f. et Forrest ♃ VI bis VII, Jünn., Szetsch.
- 'Asthore': 11
6. **aurantíaca** W. W. Sm. et Forrest ♃ ⩪ VII, Jünn.
- *aurícula* hort.: 8
7. **aurícula** L. - Alpenaurikel ♃ △ IV bis VI ▽ (Dazu viele Lokalrassen), Alp., Schwarzw., Fränk. Jura, Alpenvorland, Karp., Apenn.
8. **-Auricula-Hybriden** (*P. aurícula* hort. non L., *P.* × *horténsis* Wettst.) - Gartenaurikel ♃ IV–V (Zusammenfassung aller Sorten, deren einer Elternteil *P. aurícula* L. ist)
9. **auriculáta** Lam. ♃ △ IV–V, Türk., Iran, Kauk., N-Irak, Afgh., Turkest.
10. **beesiána** Forrest ♃ ⩪ VI–VII, Jünn., Szetsch.
- × *bullesiána:* 11
11. **-Bullesiana-Hybriden** (*P. beesiána* × *P. bulleyána*; *P.* × *bullesiána* Bees, 'Asthore', Moerheim-Hybriden, Ipswich-Hybriden) ♃ VI–VII
12. **bulleyána** Forrest ♃ ⊙ VI–VII, NW-Jünn., S-Szetsch.
13. **burmánica** Balf. f. et F. K. Ward ♃ ⩪ VI–VII, Oberburma, Jünn.
- *cachemiriána:* 23
- *canéscens:* 74
14. **capitáta** Hook.
ssp. **mooreána** (Balf. f. et W. W. Sm.) W. W. Sm. et Forrest ♃ ∧ VII bis VIII, O-Him.
ssp. **sphaerocéphala** (Balf. f. et Forrest) W. W. Sm. et Forrest ♃ ∧ VII bis VIII, W-China
15. **carniólica** Jacq. (*P. integrifólia* Scop. non L.) ♃ △ IV–V ▽, Jul. Alp.
- *carpática:* 24
16. **chionántha** Balf. f. et Forrest ♃ ⩪ ∧ V–VI, NW-Jünn.
17. **chungénsis** Balf. f. et F. K. Ward ♃ ⩪ V–VI, Jünn., Szetsch., Bhut., Ass.
18. **clárkei** G. Watt ♃ ⩪ △ IV, Kaschm.
19. **clusiána** Tausch (*P. integrifólia* L. p. p., *P. spectábilis* Mert. et W. D. J. Koch non Tratt.) ♃ △ IV ▽, NO-Alp.
20. **cockburniána** Hemsl. ⊙ ⩪ V–VI, SW-Szetsch.
- Colossea-Primeln: 25
- *colúmnae:* 74
- *commutáta:* 77
- *cordifólia:* 24
- *cortusoídes* hort.: 64
21. **cortusoídes** L. ♃ IV–V, W-Sib.
22. **daonénsis** Leyb. (*P. oenénsis* Thomas ex Gremli) ♃ △ III–IV ▽, Rät. Alp.
23. **denticuláta** Sm. - Kugelprimel ♃ △ III–IV, Afgh., östl. durch Him. bis W-China (Hierzu als Sorte 'Cachemiriana' (*P. cachemiriána* Munro, var. *cachemiriána* (Munro) Hook. f.))
- *denticuláta* var. *cachemiriána:* 23
24. **elátior** (L.) Hill ♃ III–V Off.
ssp. **cordifólia** (Rupr.) W. W. Sm. et Forrest (*P. cordifólia* Rupr.), Kauk., Arm.
ssp. **elátior** (inkl. ssp. *carpática* (Griseb. et Schenk) W. W. Sm. et Forrest, *P. carpática* (Griseb. et Schenk) Fuss), S-, W- u. M-Eur., bis Dänem. u. M-Ukr., Sib., Vord. As., M-As.
ssp. **intricáta** (Gren. et Godr.) Widm. (*P. intricáta* Gren. et Godr., *P. pallásii* Lehm. ssp. *intricáta* (Gren. et Godr.) H.-Harrison), Gebg. S- u. südl. M-Eur.
ssp. **leucophýlla** (Pax) H.-Harrison

ex W.W. Sm. et Fletcher (*P. leucophýlla* Pax), O-Karp.
ssp. **pallásii** (Lehm.) W.W. Sm. et Forrest (*P. pallásii* Lehm.), Ural, Kauk. bis Arm., Iran, Altai
ssp. **pseudoelátior** (Kusn.) W.W. Sm. et Forrest (*P. pseudoelátior* Kusn.), Kauk., NO-Anat.
- *elátior* ssp. *carpática:* 24
- *elátior* var. *amoēna:* 4
25. **-Elatior-Hybriden** (*P.* × *polyántha* hort., *P.*-Polyantha-Hybriden. Hierher gehören u.a. Grandiflora-, Colossea-, Vierländer-Primeln) ♃ ✂ IV–V
26. **farinósa** L. ♃ △ ⩪ IV–V ▽, N- u. M-Eur., M- u. O-Span., Pyren., Alp., Karp., N-As., Gebg. W-, M- u. O-As.
27. **floríbunda** Wall. ♃ Ⓚ II–III, W-Him.: Kumaon
28. **floríndae** F. K. Ward ♃ ⩪ VII–IX, SO-Tib.: Tsangpo
29. **forbésii** Franch. ⊙ ▽ Ⓚ I–V, Jünn. bis Oberburma
30. **frondósa** Janka ♃ ⩪ △ V ▽, M-Bulg.
- *giraldiána:* 53
31. **gemmífera** Batal. ♃ △ IV–V, Kansu, O-Tib., Szetsch.
32. **glaucéscens** Moretti
ssp. **calýcina** (Duby) Pax ♃ △ III–IV ▽, Ital. Alp.
33. **glutinósa** Wulf. ♃ △ V ▽, O-Alp., Bosn.
- *glycocósma:* 81
- Grandiflora-Primeln: 25
34. **grándis** Trautv. ♃ ⩪ V–VI, Kauk.
35. **hálleri** J. F. Gmel. (*P. longiflóra* Jacq.) ♃ △ IV–V ▽, Alp., Karp., Gebg. Balk.
- × *hélenae:* 42
36. **helodóxa** Balf. f. ♃ ⩪ VI–VII, W-Jünn., NO-Burma
- *heterochróma:* 78
37. **hirsúta** All. (*P. rúbra* J.F. Gmel., *P. viscósa* Vill. non All.) ♃ △ IV ▽, Alp., Pyren. (Formenreiche Art)
- *hirsúta* Rchb.: 77
- *hirsúta* Vill.: 45
- × *horténsis:* 8
- *infláta:* 74
38. **integrifólia** L. ♃ △ IV ▽, M-Alp., O- u. M-Pyren.
- *integrifólia* L.p.p.: 19
- *integrifólia* Scop.: 15
- *intricáta:* 24
39. **involucráta** Wall. ♃ △ ⩪ IV, W-Him., Sikk., Bhut., SO-Tib., Szetsch.
- Ipswich-Hybriden: 11
40. **japónica** A. Gray ♃ V–VI, Jap., Taiw.
41. **júliae** Kusn. ♃ △ IV, Transkauk.: Georgien
42. **-Juliae-Hybriden** (*P.* × *pruhoniciána* hort., *P.* × *hélenae* hort., *P.* × *juliána* hort., *P.* × *verwánii* hort.) ♃ △ IV
- × *juliána:* 42
43. × **kewénsis** W. Wats. (*P. floribúnda* × *P. verticilláta*) ♃ ▽ Ⓚ II–IV
44. **kitaibeliána** Schott ♃ △ IV–V ▽, Westl. M-Jugosl.
45. **latifólia** Lapeyr. (*P. viscósa* All., *P. hirsúta* Vill. non All.) ♃ D V–VI ▽, SW- u. M-Alp., Pyren.
46. **laurentiána** Fern. ♃ ⩪ IV–V, N-Am.: Labr., Neufundl., Queb., N. Scot., Maine
- *leucophýlla:* 24
- *lichiangénsis:* 59
- *littoniána:* 76
- *longiflóra:* 35
47. **lutéola** Rupr. ♃ △ ⩪ IV–V, O-Kauk.
- *macrócalyx:* 74
48. **malacoídes** Franch. - Flieder- oder Brautprimel ⊙ ▽ Ⓚ I–III, Jünn. (Mit vielen Sorten)
49. **marginàta** Curt. ♃ i △ III–IV ▽, See- u. Cott. Alp.
50. **megaseifólia** Boiss. ♃ Ⓚ III–IV, Kl. As.: Pont., Schw. Meer
- *microdónta* var. *alpícola:* 3
51. **mínima** L. - Speik, Hab mich lieb ♃ △ V–VI ▽, O-Alp. bis Sudet., M-Karp., Balk.
- Moerheim-Hybriden: 11
52. **móllis** Nutt. ♃ △ VI–VII, Bhut., Ass., bis Him., Burma, Jünn.
53. **muscarioídes** Hemsl. (*P. tsarongénsis* Balf. f. et Forrest, *P. giraldiána* Balf. f. non Pax) ♃ △ ⩪ ∧ VI, Jünn., Szetsch., SO-Tib.
54. **nútans** Delav. ex Franch. ♃ △ IV–V, W- u. O-Jünn., SW-Szetsch.
55. **obcónica** Hance - Becherprimel ♃ ▽ Ⓚ I–XII, Jünn., Szetsch., Hupeh, Kweitschou, Kwantung (Mit vielen Sorten)
- *oenénsis:* 22

- *officinális:* 74

56. **palinúri** Petagna ♃ i D ⌂ oder ⌂ III bis IV ▽, SW-Ital.: Kap Palinuri

- *pallásii:* 24
- *pallásii* ssp. *intricáta:* 24
- *pannónica:* 74

57. **pedemontána** Thomas ex Gaud. ♃ IV ▽, SW-Alp., Kantabr.
58. **poissónii** Franch. ♃ 〰 VI–VII, W-Jünn., W-Szetsch.

- × *polyántha:* 25
- -Polyantha-Hybriden: 25

59. **polyneura** Franch. (*P. veitchii* Duthie, *P. lichiangénsis* (Forrest) Forrest, *P. saxátilis* var. *pubéscens* Pax et K. Hoffm.) ♃ V–VI, Jünn., Szetsch., SO-Tib., Kansu
60. **praenitens** Ker-Gawl. (*P. sinénsis* Sabine ex Lindl. non Lour.) – Chinesenprimel ♃ i ⌓ ⌂ XII–IV, Herk. unbek., wahrsch. chines. Gartenpfl. (Mit vielen Sorten)

- *prionótes:* 79
- × *pruhoniciána:* 42
- *pseudoelátior:* 24

61. × **pubéscens** Jacq. (*P. aurícula* × *P. hirsúta*) ♃ △ IV–VI ▽, Alp. (Naturhybride)
62. **pulverulénta** Duthie ♃ V–VI, W-Szetsch.
63. **rósea** Royle ♃ △ 〰 III–IV, NW-Him., Kaschm., Afgh.

- *rúbra:* 37

64. **saxátilis** Kom. (*P. cortusoídes* hort. non L.) ♃ IV–V, Mandsch., N-Korea: Pei-shan

- *saxátilis* var. *pubéscens:* 59

65. **scótica** Hook. ♃ △ 〰 IV–V ▽, N-Schottl.
66. **secundiflóra** Franch. (*P. vittáta* Bur. et Franch.) ♃ V–VI, NW-Jünn., SW-Szetsch.

- *sibthórpii:* 78

67. **siebóldii** E. Morr. ♃ V–VI, Jap., Korea, Amur, Mandsch., N-Mongol.
68. **sikkiménsis** Hook.
var. **pudibúnda** W. W. Sm. ♃ △ VI bis VII, Nepal, Sikk., Tib., Bhut., Szetsch.
var. **sikkiménsis** ♃ 〰 VI–VII, Him., von Nepal bis Bhut., S- u. O-Tib., Szetsch., Jünn.

- *sinénsis:* 60

69. **sinolísteri** Balf. f. ♃ ⌂ III–V, Jünn. (Auch zu Kreuzungen mit *P. obcónica* verwendet)
70. **sinoplantagínea** Balf. f. et Forrest ♃ △ VI–VII, NW-Jünn., W-Szetsch. u. angrenzendes Tib.
71. **sinopurpúrea** Balf. f. ♃ △ VI, Jünn. bis Tib.

- *spectábilis* Mert. et W. D. J. Koch: 19

72. **spectábilis** Tratt. ♃ △ IV–V ▽, Ital. Alp.

- *tsarongénsis:* 53

73. **tyrolénsis** Schott ♃ △ IV ▽, S-Tirol, Dolom.

- *uralénsis:* 74
- *veitchii:* 59

74. **véris** L. (*P. officinális* (L.) Hill) – Schlüsselblume
ssp. **canéscens** (Opiz) Hayek ex Lüdi (*P. canéscens* Opiz, *P. pannónica* Kerner, *P. infláta* Duby) ♃ IV–V, Südl. M-Eur. bis S-Frankr. u. N-Span.
ssp. **colúmnae** (Ten.) Lüdi (*P. colúmnae* Ten.) ♃ IV–V, Gebg. S-Eur., NO-Anat.
ssp. **macrócalyx** (Bunge) Lüdi (*P. macrócalyx* Bunge, *P. uralénsis* Fisch.) ♃ V, SO-Rußl., Krim, Turkest., Dsung., N-Iran, Kauk., Ural
ssp. **véris** ♃ IV–V ☤ Off., Eur., Sib., Vord. As., M-As.
75. **verticilláta** Forssk. ♃ ⌓ ⌂ II–IV, Jem.

- × *verwánii:* 42

76. **viálii** Delav. ex Franch. (*P. littoniána* Forrest) ♃ ∧ VI–VII, NW-Jünn., SW-Szetsch.

- Vierländer-Primeln: 25

77. **villósa** Wulf. (*P. hirsúta* Rchb. non All. nec Vill., *P. commutáta* Schott) ♃ △ IV–VI ▽, Nor. Alp.

- *viscósa* All.: 45
- *viscósa* Vill.: 37
- *vittáta:* 66

78. **vulgáris** Huds. (*P. acaulis* (L.) Hill) – Kissenprimel
ssp. **heterochróma** (Stapf) W. W. Sm. et Forrest (*P. heterochróma* Stapf) ♃ IV, N-Iran, Kasp. Meer
ssp. **sibthórpii** (Hoffmgg.) W. W. Sm. et Forrest (*P. sibthórpii* Hoffmgg., *P. acaulis* var. *rúbra* Sibth. et Sm., *P.*

vulgáris var. *rúbra* (Sibth. et Sm.) Lüdi, *P. acaúlis* var. *ibérica* Hoffm., *P. abchásica* Sosn.) ♃ IV ▽, O-Balk., Krim, Kl. As., Arm., Kauk., N-Iran
ssp. **vulgáris** ♃ III–IV ▽, W-, S- u. M-Eur. bis Dänem. u. N-Ukr., Kl. As., Liban., N-Afr.
(Mit vielen Sorten)
- *vulgáris* var. *rúbra:* 78
79. **waltónii** G. Watt (*P. prionótes* Balf. f. et G. Watt) ♃ VI–VII, SO-Tib., Bhut.
- *wárdii:* 83
80. **warschenewskiána** B. Fedtsch. ♃ ∧ IV–V, Turkest.
81. **wilsónii** Dunn (*P. angústidens* (Franch.) Pax, *P. glycocósma* Petitm.) ♃ ⩫ VI–VII, W-Jünn., W-Szetsch.
82. **wulfeniána** Schott ♃ △ III–IV ▽, SO-Kalkalp., S-Karp.
83. **yargongénsis** Petitm. (*P. wárdii* Balf. f.) ♃ △ ⩫ IV–V, NW-Jünn., SW-Szetsch., SO-Tib.

Prinsépia Royle - f. - *Rosáceae*
1. **sinénsis** (Oliv.) Oliv. ex Bean (*Plagiospérmum sinénse* Oliv.) ♄ IV, N-China
2. **uniflóra** Batal. ♄ IV, N-China

Priónium E. Mey. - n. - *Juncáceae*
Palmenschilf
1. **serrátum** (L. f.) Drège (*P. palmíta* E. Mey.) ♄ i ⩫ ⌂, S-Afr.

Pritchárdia Seem. et H. Wendl. ex H. Wendl. - f. - *Pálmae*
- *filífera: Washingtónia* 1
1. **gaudichaúdii** (Mart.) H. Wendl. (*Eupritchárdia gaudichaúdii* (Mart.) O. Kuntze) ♄ i ⌂ Ⓝ, Hawaii
2. **pacífica** Seem. et H. Wendl. ex H. Wendl. (*Eupritchárdia pacífica* (Seem. et H. Wendl. ex H. Wendl.) O. Kuntze) ♄ i ⌂ Ⓝ, Fidschi-Ins., Samoa

Proboscídea Schmidel - f. - *Martyniáceae*
Gemshorn
1. **frágrans** (Lindl.) Decne. (*Martýnia frágrans* Lindl., *M. violácea* Engelm.) ⊙ D ♣ VIII, Mex.
- *jussiéui:* 2
2. **louisiánica** (Mill.) Thell. (*Martýnia louisiánica* Mill., *P. jussiéui* Medik., *Martýnia proboscídea* Gloxin) ⊙ ♣ VII–VIII Ⓝ, USA: Del. bis Minn., südl. bis Georg., Tex. u. New Mex.; N-Mex.
- *lútea: Ibicélla* 1

Promenáea Lindl. - f. - *Orchidáceae*
- *citrína:* 4
1. **lentiginósa** Lindl. ⌂ VII–VIII ✻, Bras.
2. **rollisónii** Lindl. ⌂ VII–VIII ✻, Bras.
3. **stapelioídes** (Link et Otto) Lindl. ⌂ VII–IX ✻, Bras.
4. **xánthina** (Lindl.) Lindl. (*P. citrína* (D. Don) Lindl.) ⌂ VII–VIII ✻, Bras.

Proserpináca L. - f. - *Haloragáceae*
1. **palústris** L. ♃ ⩫ ⌂, N-Am.: N. Scot. bis Ont., Minn. u. Missouri, südl. bis Flor., Louis., Okla. u. Tex.; Westind., Mex., M-Am.

Prosópis L. - f. - *Leguminósae*
1. **álba** Griseb. ♄ ⌂ Ⓝ, Bol., Arg.
2. **chiléensis** (Mol.) Stuntz ♄ ⌂ Ⓝ, Antill., Peru, Bol., Arg., Chile
3. **cinerária** (L.) Druce (*P. spicígera* L.) ♄ ⌂ Ⓝ, Westl. Ind., Afgh., Iran, N-Afr.
4. **juliflóra** (Sw.) DC. - Mesquitebaum ♄–♄ ⌂ Ⓝ, USA: Tex. bis Kalif., N-Mex., Kol., Venez.
- *spicígera:* 3
5. **tamarúgo** F. Phil. ♄ ⌂, Chile

Prostanthéra Labill. - f. - *Labiátae*
1. **nívea** A. Cunn. ex Benth. ♄ i D ⌂ V, Austral.: Neusüdwal., Vict., Queensl.; Tasm.
2. **ovalifólia** R. Br. ♄ i D ⌂ I–III, Austral.: Queensl., Neusüdwal.
3. **rotundifólia** R. Br. ♄ i D ⌂ II–III, Austral.: Neusüdwal., Vict., S-Austral.; Tasm.
4. **síeberi** Benth. ♄ i D ⌂ III–IV, Austral.: Neusüdwal.
5. **violácea** R. Br. ♄ i D ⌂ IV, Austral.: Neusüdwal.

Prótea L. 1771 non 1753 - f. - *Proteáceae*
1. **barbígera** Meissn. ♄ i ✂ ⌂, S-Afr.
2. **cynaroídes** (L.) L. ♄ i ⌂, Kap
3. **exímia** (Knight) Fourc. (*P. latifólia* R. Br.) ♄ i ⌂, S-Afr.
4. **grándiceps** Tratt. ♄ i ✂ ⌂, Kap
- *latifólia:* 3

– *mellífera:* 7
5. **nána** Thunb. ħ i ⌂, Kap
6. **neriifólia** R. Br. ħ i ✂ ⌂, S-Afr.
7. **répens** (L.) L. non Thunb. (*P. mellífera* Thunb.) ħ i ⌂, Kap
8. **speciósa** L. ħ – ♄ i ⌂, Kap

Prunélla L. (*Brunélla* Mill.) – f. – *Labiátae*
Braunelle
1. **grandiflóra** (L.) Scholler
ssp. **grandiflóra** ♃ VI–VIII, Eur., Med., Kl. As., Kauk.
ssp. **pyrenáica** (Gren. et Godr.) A. et O. Bolòs ♃ 〰 VI–VIII, SW-Eur.
2. × **pinnatífida** Pers. (*P. laciniáta* × *P. vulgáris*) 〰 VI–VIII
3. **vulgáris** L. ♃ VI–IX, Eur., Med., M-As.
4. × **webbiána** Paul (vermutlich *P. grandiflóra* × *P. hastifólia*) ♃ 〰 VI bis IX

Prúnus L. (einschl. *Amýgdalus* L., *Armeníaca* Scop., *Cérasus* Mill., *Pádus* Mill., *Pérsica* Mill.) – f. – *Rosáceae*
Pflaume, Kirsche, Pfirsich, Mandel, Aprikose
– *ácida:* 10
1. **americána** Marsh. – Amerikapflaume ħ–♄ Ⓝ, N-Am.: Neuengl. bis Manit. u. Mont., südl. bis Flor., New Mex., Utah; Mex.
2. × **amygdalopérsica** (West.) Rehd. (*P. dúlcis* × *P. pérsica*)
'Pollardii' ħ–♄ III–IV
– *amýgdalus:* 19
– *amýgdalus* var. *amára:* 19
– *amýgdalus* var. *frágilis:* 19
– *amýgdalus* var. *satíva:* 19
3. **angustifólia** Marsh. – Chicasapflaume ♄ IV Ⓝ, USA: N. Jers. bis Missouri u. Nebr., südl. bis Flor., Tex. u. New Mex.
4. **armeníaca** L. (*Armeníaca vulgáris* Lam., *A. commúnis* Bess.) – Aprikose, Marille ♄ IV Ⓝ, Turkest. bis Dahur., Mandsch., N-China, in Eur. stellenweise eingebürg.
– *armeníaca* var. *mandshúrica:* 33
– *austéra:* 10
5. **ávium** (L.) L. (*Cérasus ávium* (L.) Moench) – Süßkirsche, Vogelkirsche
var. **ávium** ♄ IV–V Ⓝ, Eur., bis W-Sib., S-Turkest., N-Iran, Kauk., Kl. As., N-Afr., in N-Am. eingebürg.
var. **durácina** (L.) Schübl. et G. Martens – Knorpelkirsche ♄ IV–V Ⓝ, Nur in Kult. bek.
var. **juliána** (L.) Schübl. et G. Martens – Herzkirsche ♄ IV–V Ⓝ, Nur in Kult. bek.
6. **brigantína** Vill. (*Armeníaca brigantína* (Vill.) Pers.) – Briançonaprikose ħ–♄ V Ⓝ, SO-Frankr.
7. **campanuláta** Maxim. ħ ⌂ III–IV, Riukiu-Ins., Taiw.
8. **canéscens** Bois (*Cérasus canéscens* (Bois) Sokolov) ħ IV–V, M- u. W-China
9. **cerasífera** Ehrh. (*P. myrobólana* Poit. et Turpin, *P. myrobálanus* (L.) Loisel.) – Kirschpflaume, Myrobalane ħ bis ♄ III–IV Ⓝ, Balk., Krim, Irak, durch Kauk. u. Transkauk. bis SW-Sib., im übrigen Eur. stellenweise eingebürg.
Atropurpurea-Hybriden ('Atropurpurea', f. *atropurpúrea* (Jäg.) Rehd., 'Pissardii', var. *pissárdii* (Carr.) L.H. Bailey, *P. pissárdii* Carr.) – Blutpflaume (Mit mehreren Sorten)
– *cerasífera* 'Atropurpurea': 9
– *cerasífera* f. *atropurpúrea:* 9
– *cerasífera* 'Pissardii': 9
– *cerasífera* var. *pissárdii:* 9
10. **cérasus** L. (*Cérasus vulgáris* Mill.) – Sauerkirsche, Weichselkirsche
ssp. **ácida** (Dumort.) Aschers. et Graebn. (*P. ácida* K. Koch non Ehrh., *Cérasus ácida* Dumort.) – Schattenmorelle u. a. ♄ IV–V Ⓝ, Östl. Med.
ssp. **cérasus** ♄ IV–V Ⓝ Off., SW-As., in Eur. u. N-Am. vielfach eingebürg.
var. **austéra** L. (*P. austéra* (L.) Ehrh., *Cérasus austéra* (L.) Borkh.) – Süßweichsel, Morelle
var. **cérasus** – Glaskirsche, Amarelle, Baumweichsel
var. **marásca** (Host) Vis. (*Cérasus marásca* Host, *P. marásca* (Host) Rchb.)
(Mit vielen der Früchte oder Blüten wegen gezogenen Sorten)
– *claudiána:* 18

- *commúnis:* 19
11. **concínna** Koehne (*Cérasus concínna* (Koehne) Ohle) ♄ - ♄ IV, Hupeh
12. **conradínae** Koehne ♄ ∧ III, M-China
13. **cornúta** (Royle) Steud. ♄ V, Him.
14. **cyclámina** Koehne ♄-♄ V, M-China
15. × ? **dasycárpa** Ehrh. (vermutlich *P. armeníaca* × *P. cerasífera*; *Armeníaca dasycárpa* (Ehrh.) Borkh.) ♄ ∧ III
16. **davidiána** (Carr.) Franch. ♄ - ♄ III, N-China
17. **dielsiána** Schneid. ♄-♄ IV, M-China
18. **doméstica** L. - Pflaume, Zwetschge ♄ IV ®, Kauk., im Med. u. in Eur. oft eingebürg.
 ssp. **doméstica** (ssp. *oeconómica* (Borkh.) Schneid.) - Pflaume, Zwetschge, Zwetsche
 ssp. **insitítia** (L.) Schneid. (*P. insitítia* L.) - Haferpflaume, Kriechenpflaume, Spilling; in Eur. u. N-Am. eingebürg.
 ssp. **itálica** (Borkh.) Gams (*P. itálica* Borkh., *P. claudiána* (Pers.) Poit. et Turpin) - Reneklode (Reineclaude), Rundpflaume
 ssp. **syríaca** (Borkh.) Janchen (var. *cérea* L., *P. syríaca* Borkh.) - Mirabelle
- *doméstica* ssp. *oeconómica:* 18
- *doméstica* var. *cérea:* 18
19. **dúlcis** (Mill.) D.A. Webb (*Amýgdalus commúnis* L., *P. commúnis* (L.) Arcang. non Huds., *P. amýgdalus* Batsch) - Mandelbaum ♄ III-IV ®, M-, Vord. As., im Med. oft eingebürg.
 var. **amára** (DC.) Buchheim (*P. amýgdalus* var. *amára* (DC.) Focke) - Bittermandelbaum Off.
 var. **dúlcis** (*P. amýgdalus* var. *satíva* (C.F. Ludw.) Focke) - Mandelbaum Off.
 var. **frágilis** (Borkh.) Buchheim (*P. amýgdalus* var. *fragílis* (Borkh.) Focke) - Knackmandelbaum, Krachmandelbaum
20. **fenzliána** Fritsch (*Amýgdalus fenzliána* (Fritsch) Lipsky) ♄ ∧ III, Kauk.
21. × **frúticans** Weihe (*P. doméstica* ssp. *insitítia* × *P. spinósa*) ♄ IV ®, M-Eur.
22. **fruticósa** Pall. (*Cérasus fruticósa* (Pall.) Woron.) - Steppenkirsche ♄ IV-V, M-, SO- u. O-Eur. bis W-Sib.
23. **glandulósa** Thunb. ex Murr. ♄ V, China (Mit einigen gefüllt blühenden Sorten)
24. **grayána** Maxim. ♄ VI, Jap.
25. **hortulána** L.H. Bailey - Gärtnerpflaume (Hortulan plum) ♄ IV bis V ®, USA: Indiana bis Iowa, südl. bis Alab., Ark. u. Okla.
26. **incána** (Pall.) Batsch (*Amýgdalus incána* Pall.) ♄ IV, Kl. As.
27. **incísa** Thunb. ex Murr. (*Cérasus incísa* (Thunb. ex Murr.) Loisel. ex Duham.) ♄ III-IV, Jap.
- *insitítia:* 18
- *itálica:* 18
28. **japónica** Thunb. ex Murr. (*Cérasus japónica* (Thunb. ex Murr.) Loisel. ex Duham.) - Japanische Mandelkirsche ♄ V, China bis Korea
29. **laurocérasus** L. (*Laurocérasus officinális* M.J. Roem., *Cérasus laurocérasus* (L.) Loisel.) - Kirschlorbeer, Lorbeerkirsche ♄ i IV-V ☠ ® Off., O-Balk., Vord. As., Kauk., in S- u. W-Eur. stellenweise eingebürg. (Mit mehreren geographischen Formen und Sorten)
30. **lusitánica** L. (*Cérasus lusitánica* (L.) Loisel., *Laurocérasus lusitánica* (L.) M.J. Roem.) ♄ - ♄ i ∧ oder ⌂ VI, SW-Frankr., Span., Port., Azor., Kanar.
31. **maāckii** Rupr. ♄ IV, Mandsch., Korea
32. **máhaleb** L. (*Cérasus máhaleb* (L.) Mill., *Pádus máhaleb* (L.) Borkh.) - Felsenkirsche, Steinweichsel, Weichselrohr ♄ IV-V ®, M- u. S-Eur., Kl. As., Kauk., Turkest., Mesop., Syr., Iran, in N-Am. eingebürg.
33. **mandshúrica** (Maxim.) Koehne (*Armeníaca mandshúrica* (Maxim.) Skvorc., *P. armeníaca* var. *mandshúrica* Maxim.) ♄ V, Ussuri, Mongol., China, Korea
- *marásca:* 10
34. **marítima** Marsh. - Strandpflaume ♄ IV, USA: Maine bis Penns. u. Del.
35. **múme** Sieb. et Zucc. (*Armeníaca múme* (Sieb. et Zucc.) Sieb. ex Carr.) - Japanische Aprikose ♄ III-IV, China

36. **munsoniána** W. F. Wight et Hedrick - „Wild goose plum" ♄ IV–V ⓦ, USA: Ohio bis Kans., südl. bis Miss., Louis. u. Tex.
- *myrobálanus:* 9
- *myrobólana:* 9
- *nána* Du Roi: 59
- *nána* (L.) Stokes: 56
37. **nígra** Ait. ♄ IV ⓦ, N-Am: Queb. bis Manit., südl. bis Virg., Georg., Iowa
38. **nippónica** Matsum. (*Cérasus nippónica* (Matsum.) Ohle) ♄ V, Jap., Kuril.
39. **pádus** L. (*Cérasus pádus* (L.) DC., *Pádus ávium* Mill.) - Traubenkirsche ♄–♄ V ⓦ, Eur., Kl. As., N-As., Jap.
40. **pensylvánica** L. f. (*Pádus pensylvánica* (L. f.) Sokolov) ♄ - ♄ IV–V, N-Am.: Labr. bis Br. Kol., südl. bis Virg., N-Carol., S-Dak. u. Color.
41. **pérsica** (L.) Batsch (*Amýgdalus pérsica* L., *A. púmila* Lour. non L., *Pérsica vulgáris* Mill.) - Pfirsichbaum ♄–♄ IV ⓦ
var. **nucipérsica** (L.) Schneid. (var. *nectarína* (Ait. f.) Maxim.) - Nektarine, Nur in Kult. bek.
var. **pérsica**, N- u. M-China
(Mit vielen Frucht- und Ziersorten)
- *pérsica* var. *nectarína:* 41
42. **pilosiúscula** (Schneid.) Koehne ♄ - ♄ IV, M- u. W-China
- *pissárdii:* 9
43. **prostráta** Labill. (*Cérasus prostráta* (Labill.) Ser.) ♄ △ ∧ IV, Med., W-As.
44. **pseudocérasus** Lindl. (*Pádus pseudocérasus* (Lindl.) Sokolov) ♄ III ⓦ, W-Hupeh
45. **púmila** L. - Sandkirsche ♄ △ V, N-Am.: Große Seen
- *sachalinénsis:* 47
46. **salicína** Lindl. ♄ IV ⓦ, SO- u. N-China
47. **sargéntii** Rehd. (*P. serruláta* var. *sachalinénsis* (Fr. Schmidt) Wils., *P. sachalinénsis* (Fr. Schmidt) Koidz., *Cérasus sachalinénsis* (Fr. Schmidt) Kom. et Klobukova-Alisova) ♄ V, Jap., Sachal., Korea
48. **serótina** Ehrh. (*P. virginiána* L. p. p., *Pádus virginiána* Mill. non Borkh., *Pádus serótina* (Ehrh.) Borkh.) - „Black cherry" der Amerikaner ♄ V bis VI ⓦ, N-Am.: N. Scot. bis N-Dak., südl. bis Flor. u. Tex.; Ariz. u. New Mex.; Mex. bis Guat., in Eur. stellenweise eingebürg.
49. **sérrula** Franch. ♄ - ♄ IV–V, W-China
50. **serruláta** Lindl. (*Cérasus serruláta* (Lindl.) G. Don ex Loud.) ♄–♄ IV–V ⓦ, Jap., China, Korea
(Mit vielen Sorten, meist japanischer Herkunft)
- *serruláta* 'Takasago': 51
- *serruláta* var. *sachalinénsis:* 47
51. **siebóldii** (Verl.) Wittm. (*Cérasus siebóldii* Verl., *P. serruláta* 'Takasago') ♄ IV, Jap., wild unbek.
52. **simónii** Carr. ♄ IV–V ⓦ, N-China, aber wild unbek.
53. **speciósa** (Koidz.) Ingram ♄ IV, Jap.
54. **spinósa** L. - Schlehdorn, Schlehe ♄ IV–V ⓦ, Eur., Vord. As., Kauk., Med., N-Afr.
55. **subhirtélla** Miq. (*Cérasus subhirtélla* (Miq.) Sokolov) ♄ IV–V, Jap.
(Mit einigen Sorten)
- *syríaca:* 18
56. **tenélla** Batsch (*P. nána* (L.) Stokes non Du Roi, *Amýgdalus nána* L.) - Zwergmandel ♄ IV–V, Östl. M-Eur. bis O-Sib.
57. **tomentósa** Thunb. ex Murr. (*Cérasus tomentósa* (Thunb. ex Murr.) Loisel.) ♄ IV–V ⓦ, N- u. W-China, Tib., Korea
58. **tríloba** Lindl. (*Amýgdalus pedunculáta* Bunge) - Mandelbäumchen ♄ III–IV, Pamir bis Alai, Tien-schan, Afgh., China, Mongol.
59. **virginiána** L. (*Pádus virginiána* (L.) Borkh. non Mill., *Pádus nána* (Du Roi) Borkh., *Pádus rúbra* Mill., *Prúnus nána* Du Roi) - „Choke cherry" der Amerikaner ♄–♄ V ⓦ, N-Am.: Neufundl. bis Sask., Alb. u. Br. Kol., südl. bis N-Carol., Missouri, Kans., New Mex., Ariz., S-Kalif.
- *virginiána* L. p. p.: 48
60. × **yedoénsis** Matsum. (? *P. serruláta* × *P. subhirtélla*) ♄ IV, Jap.

Psammóphora Dint. et Schwant. - f. - *Aizoáceae*

1. **modésta** (Dint. et Berger) Dint. et Schwant. ⌂, Namib.

Pseudánanas Hassl. ex Harms - m. - *Bromeliáceae*
1. **sagenárius** (Arr. Cam.) Camargo (*P. macrodóntes* (E. Morr.) Harms) ♃ i (W), Bras., Parag.

Pseuderánthemum Radlk. - n. - *Acanthâceae*
1. **alátum** (Nees) Radlk. (*Eránthemum alátum* Nees) ♄ i (W) VII-VIII, Mex.
2. **albiflórum** (Hook.) Radlk. (*Eránthemum albiflórum* Hook.) ♄ i (W) VI bis VIII, Bras.
3. **atropurpúreum** (Bull) L.H. Bailey (*Eránthemum atropurpúreum* Bull non Hook. f.) ♄ i (W), Polyn.
4. **reticulátum** (Hook. f.) Radlk. (*Eránthemum reticulátum* Hook. f., *E. schombúrgkii* hort.) ♄ i (W), Polyn.?
- *setícalyx: Ruspólia* 1
5. **sinuátum** (Vahl) Radlk. (*Eránthemum cōōperi* Hook., *E. sinuátum* (Vahl) R. Br.) ♄ i (W) VI-VIII, Neukaled.
6. **tuberculátum** (Hook. f.) Radlk. (*Eránthemum tuberculátum* Hook. f.) (K)-(W) VIII bis IX, Polyn.

Pseudóbombax Dug. - n. - *Bombacáceae*
1. **ellípticum** (H.B.K.) Dug. (*Bómbax ellípticum* H.B.K., *Pachíra fastuósa* (Moç. et Sessé ex DC.) Decne.) ♄ i (W), Mex. bis Guat.

Pseudocinchóna A. Chev. - f. - *Rubiáceae*
1. **africána** A. Chev. ex Perrot ♄ (W), Trop. Afr.

Pseudocydónia sinénsis: Cydónia 2
Pseudoespóstoa melanostéle: Espóstoa 4

Pseudognaphálium Kirp. - n. - *Compósitae*
1. **obtusifólium** (L.) Hilliard et B.L. Burtt (*Gnaphálium obtusifólium* L., *G. polycephálum* Michx.) ⊙ VII-IX, N-Am.: Prince Edward Isl. bis Ont., südl. bis Flor., Alab., Louis. u. Tex.
- *Pseudohexadésmia micrántha: Hexadésmia* 3

Pseudólarix Gord. (*Chrysólarix* H.E. Moore) - f. - *Pináceae*
Goldlärche
1. **amábilis** (J. Nels.) Rehd. (*P. kǣmpferi* (Lamb.) Gord., *Chrysólarix amábilis* (J. Nels.) H.E. Moore) - Goldlärche ♄, O-China

Pseudolmédia Trécul - f. - *Moráceae*
1. **lǣvis** (Ruiz et Pav.) Macbr. (*Olmédia lǣvis* Ruiz et Pav.) ♄ i (K), Peru, Parag.

Pseudolóbivia ancistróphora: Echinópsis 1
- *āurea: Echinópsis* 2
- *férox: Echinópsis* 12
- *fiebrígii: Echinópsis* 25
- *hamatacántha: Echinópsis* 14
- *kermesína: Echinópsis* 22
- *kratochviliána: Echinópsis* 17
- *leucorhodántha: Echinópsis* 1
- *longispína: Echinópsis* 20
- *obrepánda: Echinópsis* 25
- *obrepánda* var. *fiebrígii: Echinópsis* 25

Pseudolysimáchion incánum: Verónica 26
- *longifólium: Verónica* 15
- *spicátum: Verónica* 26
- *spúrium: Verónica* 27

Pseudomammillária: Mammillária
- *camptótricha: Mammillária* 17

Pseudópanax K. Koch - m. - *Araliáceae*
1. **crassifólius** (Soland. ex A. Cunn.) K. Koch ♄ i (K), Neuseel.
2. **díscolor** (Kirk) Harms ♄ i (K), Neuseel.
3. **férox** (Kirk) Kirk ♄-♄ i (K), Neuseel.
4. **lessónii** (DC.) K. Koch ♄-♄ i (K), Neuseel.

Pseudopilocéreus: Pilosocéreus
- *glaucéscens: Pilosocéreus* 1
- *pentaëdróphorus: Pilosocéreus* 3
- *werdermanniánus: Pilosocéreus* 4

Pseudorhípsalis Britt. et Rose - f. - *Cactáceae*
1. **himantóclada** (Rol.-Goss.) Britt. et Rose (*Rhípsalis himantóclada* Rol.-Goss., *Wíttia costaricénsis* Britt. et Rose) (W) *, Costa R.

Pseudosása Mak. ex Nakai - f. - *Gramíneae*
1. **japónica** (Sieb. et Zucc. ex Steud.) Mak. (*Arundinária japónica* Sieb. et Zucc. ex Steud., *Sása japónica* (Sieb. et Zucc. ex Steud.) Mak., *Bambúsa metáke* Sieb. ex Nichols.) ♄ i, Jap., S-Korea

Pseudotsúga Carr. - f. - *Pináceae*
Douglasie
1. **menziésii** (Mirb.) Franco (*P. taxifó-*

lia Britt., *P. douglásii* (Sabine ex D. Don) Carr.
var. **glaúca** (Beissn.) Franco (*P. glaúca* (Beissn.) Mayr) ♄ i ⓝ, N-Am.: Rocky Mount.
var. **menziésii** ♄ i ⓝ, N-Am.: Br. Kol. bis Kalif., östl. bis Mont., Wyom., Color., New Mex., W-Tex.; N-Mex. (Sortenreiche Art)

Psídium L. – n. – *Myrtáceae*
- *aráca:* 3
- *cattleiánum:* 4
1. **friedrichsthaliánum** (O. C. Berg) Niedenzu ♄ i ⓦ ⓝ, Costa R., Guat.
2. **guajáva** L. (*P. pyríferum* L., *P. pomíferum* L.) – Guayave ♄ i ⓦ IV–V ⓝ, Mex. bis Bras., in den übrigen Trop. u. Subtrop. einschl. S-Flor. häufig eingebürg.
3. **guineénse** Sw. (*P. aráca* Raddi) – Araça ♄ i ⓦ ⓝ, Guat., Westind. bis Peru u. Rio de Jan.
4. **littoräle** Raddi (*P. cattleiánum* Sabine) ♄ i ⓦ ⓝ, Vermutl. O-Bras., eingebürg. von Flor. u. Kalif. bis Arg., ebenso in Ind., China u. Afr.
- *littoräle* var. *lóngipes:* 5
5. **lóngipes** (O. C. Berg) McVaugh (*P. littoräle* Raddi var. *lóngipes* (O. C. Berg) Fosb.) ♄ i ⓦ, S-Flor., Bahama
- *pomíferum:* 2
- *pyríferum:* 2

Psilocaúlon N. E. Br. – n. – *Aizoáceae*
1. **méntiens** (Berger) N. E. Br. (*P. símile* (Sond.) Schwant.) ♄ ⓚ, Kap

Psilostémon orientális: Trachystémon 1

Psilótum Sw. – n. – *Psilotáceae*
1. **núdum** (L.) P. Beauv. (*P. tríquetrum* (L.) Sw.) ♃ i ⓦ, Trop. u. Subtrop., in Eur. in S-Span., in N-Am. von S-Carol. bis Flor, auch in Austral.

Psophocárpus Neck. ex DC. – m. – *Leguminósae*
1. **tetragonólobus** (L.) DC. – Goabohne ♃ § ⓚ ⓝ, S-As.

Psorálea bituminósa: Aspálthium 1

Psychótria ipecacuánha: Cephaélis 2

Psygmórchis Dodson et Dressl. – f. – *Orchidáceae*
1. **pusílla** (L.) Dodson et Dressl. (*Oncídium pusíllum* (L.) Rchb. f.) ⓦ VII bis VIII ∗, M- u. S-Am.

Psylliostachys (Jaub. et Spach) Nevski – f. – *Plumbagináceae*
1. **suworówii** (Regel) Roshk. (*Limónium suworówii* (Regel) O. Kuntze) ⊙ ✂ VII–IX, Kauk., Turkest., Iran

Ptélea L. – f. – *Rutáceae*
Lederstrauch
1. **baldwínii** Torr. et A. Gray ♄ D ♣ VI, Kalif.
2. **trifoliáta** L. ♄–♄ D ♣ VI, N-Am.: Queb. u. N.Y. bis Ont. u. Nebr., südl. bis Flor., Alab., Louis., Tex. u. Ariz.; Mex.

Pterétis pensylvánica: Mattéuccia 2
- *struthiópteris: Mattéuccia* 3

Pterídium Gled. ex Scop. – n. – *Hypolepidáceae*
Adlerfarn
1. **aquilínum** (L.) Kuhn ♃ ☠, Kosmopol.

Ptéris L. – f. – *Acrostícháceae*
Saumfarn
- *argúta:* 7
1. **argyréa** T. Moore (*P. quadriaurita* var. *argyréa* (T. Moore) hort., *P. quadriaurita* 'Argyrea') ♃ ⓚ, Ind., Ceyl.
2. **biaurita** L. (*P. quadriaurita* var. *biaurita* (L.) hort.) ♃ ⓚ, Trop. u. Subtrop.
- *crenáta:* 5
3. **crética** L. ♃ ⓚ, Altweltl. Trop. u. Subtrop., Med., nördl. bis S-Schw. (Sortenreiche Art)
4. **dentáta** Forssk. (*P. flabelláta* Thunb.) ♃ ⓚ, Trop. u. S-Afr.
5. **ensifórmis** Burm. f. (*P. crenáta* Sw.) ♃ ⓚ, Trop. As., Austral., Polyn. (Hierher gehören 'Evergemiensis' und 'Victoriae')
- *flabelláta:* 4
- *laciniáta: Lonchítis* 1
- *longifólia:* 12
6. **multífida** Poir. (*P. serruláta* auct. non Forssk.) ♃ ⓚ, China, Jap., Indoch., in Ceyl. eingebürg.
7. **palústris** Poir. (*P. argúta* Ait., *P. serruláta* sensu Fl. Eur., non Forssk.) ♃ ⓚ ▽, Azor., S-Span., Kanar., in Port. eingebürg.
8. **quadriauríta** Retz. ♃ ⓚ, S-Ind., Ceyl. 'Tricolor' (*P. trícolor* Lind., var. *trícolor* (Lind.) hort.)
- *quadriauríta* 'Argyrea': 1
- *quadriauríta* var. *argyréa:* 1

- *quadriauríta* var. *biauríta:* 2
- *quadriauríta* var. *trícolor:* 8
9. **semipinnáta** L. ♃ ⓚ, Jap., Taiw., China, trop. As.
- *serruláta* auct.: 6
- *serruláta* sensu Fl. Eur.: 7
10. **trémula** R. Br. ♃ ⓚ, Austral., Neuseel.
- *trícolor:* 8
11. **umbrósa** R. Br. ♃ ⓚ, Austral.
12. **vittáta** L. (*P. longifólia* L.) ♃ ⓚ, Altweltl. Trop. u. Subtrop., Med., S- u. SO-Span.

Pterocáctus K. Schum. - m. - *Cactáceae* Flügelkaktus
1. **kúntzei** K. Schum. (*P. tuberósus* Britt. et Rose, non *Opúntia tuberósa* Pfeiff.) ⓚ ✻, W-Arg. bis Patag.

Pterocárpus Jacq. - m. - *Leguminósae*
1. **índicus** Willd. - „Padouk", „Amboina" ♄ ⓦ Ⓝ, Trop. As.
2. **marsúpium** Roxb. - „Padouk" ♄ ⓦ Ⓝ, Ind., Ceyl.
3. **santalínus** L. f. - „Red sanders" ♄ ⓦ Ⓝ, S-Ind.

Pterocárya Kunth - f. - *Juglandáceae* Flügelnuß
- *caucásica:* 1
1. **fraxinifólia** (Lam.) Spach (*P. caucásica* C.A. Mey.) ♄ VI, Kauk. bis N-Iran
2. **rhoifólia** Sieb. et Zucc. ♄ VI, Jap.
3. **stenóptera** C. DC. ♄ VI, China

Pterocéphalus Adans. - m. - *Dipsacáceae*
1. **perénnis** Coult.
ssp. **perénnis** (*P. parnássi* Spreng., *P. perénnis* ssp. *parnássi* (Spreng.) Vierh.) ♃ ⁓ △ ∧ VII-VIII, S- u. O-Griech.

Pteróceras van Hasselt ex Hassk. - n. - *Orchidáceae*
1. **pállidum** (Bl.) Holtt. (*Sarcochílus pállidus* (Bl.) Rchb. f., *S. unguiculátus* Lindl.) i ⓦ I-XII ✻, Phil.

Pterónia L. - f. - *Compósitae*
1. **fasciculáta** L. f. ♄ i ✂ ⓚ, Kap

Pterospártum sagittále: Genísta 14

Pteróstylix R. Br. - f. - *Orchidáceae*
1. **bánksii** Hook. ♃ ⓚ VI-II ✻, Neuseel.
2. **cúrta** R. Br. ♃ ⓚ ✻, Austral., Neukaled.

Pteróstyrax Sieb. et Zucc. - f. - *Styracáceae*
1. **corymbósa** Sieb. et Zucc. ♄ VI, Jap., China
2. **híspida** Sieb. et Zucc. ♄-♄ VI, Jap.

Pterygóta Schott et Endl. - f. - *Sterculiáceae*
1. **aláta** (Roxb.) R. Br. (*Stercúlia aláta* Roxb.) ♄ i ✂ ⓦ, Trop. As.

Ptilostémon Cass. (einschl. *Chamaepeuce* DC.) - m. - *Compósitae*
1. **áfer** (Jacq.) Greuter (*P. diacánthus* hort. non (Labill.) Greuter, *Círsium áfrum* (Jacq.) Fisch., *Chamaepeuce áfra* (Jacq.) DC.) - Elfenbeindistel ⊙ - ♃ VII-VIII, Balk., Kl. As.
2. **casábonae** (L.) Greuter (*Círsium casábonae* (L.) DC., *Chamaepeuce casábonae* (L.) DC.) ⊙ - ♃ VII-VIII, W-Med.
- *diacánthus:* 1

Ptilótrichum C. A. Mey. - n. - *Crucíferae*
1. **spinósum** (L.) Boiss. (*Alýssum spinósum* L., *Hormatophýlla spinósa* (L.) Küpfer) ♄ △ V-VI, O- u. S-Span., S-Frankr., Alger., Marok.

Ptilótus R. Br. - m. - *Amarantháceae* Haarschöpfchen
1. **manglésii** (Lindl.) F. v. Muell. (*Trichínium manglésii* Lindl.) ♃ ⓚ IV bis VIII, W-Austral.

Ptychopétalum Benth. - n. - *Olacáceae*
1. **olacoídes** Benth. - Muira-puamabaum ♄ i ⓦ, Bras., Surin., Franz. Guay.
2. **uncinátum** Anselmino - Muira-puamabaum ♄ i ⓦ, Amaz.

Ptychospérma Labill. - n. - *Pálmae*
- *alexándrae: Archontophoenix* 1
- *cunninghamiánum: Archontophoenix* 2
1. **élegans** (R. Br.) Bl. (*Seafórthia élegans* R. Br.) ♄ i ⓚ, Austral.: Queensl.
2. **macarthúrii** (H. Wendl.) Nichols. (*Kéntia macarthúrii* H. Wendl., *Actinophloeus macarthúrii* (H. Wendl.) Becc.) ♄ i ⓚ, N. Guin.

Ptychótis ájowan: Trachyspérmum 1
- *cóptica: Trachyspérmum* 1

Puerária DC. - f. - *Leguminósae*
1. **lobáta** (Willd.) Ohwi (*Dólichos lobátus* Willd., *P. thunbergiána* (Sieb. et Zucc.) Benth., *P. hirsúta* (Thunb.)

Schneid. non Kurz) - Kopoubohne ♄ ⦚ D ∧ Ⓚ ⓝ, Jap., Korea, China, in den südöstl. USA eingebürg.

Pulmonária L. - f. - *Boragináceae*
Lungenkraut

1. **angustifólia** L. ♃ IV–V ▽, NO-, O- u. östl. M-Eur., Kauk.
2. **móllis** Wulf. ex Hornem. (*P. montána* auct. non Lej., *P. montána* ssp. *móllis* (Wulf. ex Hornem.) Gams) ♃ IV–V ▽, M- u. SO-Eur.
- *montána:* 2
- *montána* ssp. *móllis:* 2
3. **officinális** L. - Lungenkraut ♃ IV–V, Holl. u. S-Schwed., südl. bis N-Ital., Bulg.
- *pićta:* 5
4. **rúbra** Schott ♃ IV–V, Karp., Gebg. Balk.
5. **saccharáta** Mill. (*P. pićta* Rouy) ♃ IV–V, SO-Frankr., N- u. M-Apenn.
6. **stiríaca** Kerner ♃ IV–V, O-Alp.
- *virgínica: Merténsia* 10

Pulsatílla Mill. - f. - *Ranunculáceae*
Kuhschelle, Küchenschelle

1. **albána** (Stev.) Bercht. et J.S. Presl (*Anemóne albána* Stev.) ♃ △ IV ▽, Kauk., Anat., Iran
2. **alpína** (L.) Delarbre (*Anemóne alpína* L.) ♃ △ VI–VIII ▽, Voges., Gebg. M- u. S-Eur., Kauk., Rocky Mount.
3. **hálleri** (All.) Willd.
   ssp. **hálleri** ♃ △ III–IV ▽, Alp., W-Karp., Balk., Krim
   ssp. **slávica** (G. Reuss) Zamels (*P. slávica* G. Reuss, *Anemóne slávica* (G. Reuss) Hayek) ♃ △ III–IV ▽, W-Karp.
4. **montána** (Hoppe) Rchb. (*Anemóne montána* Hoppe) ♃ △ IV–V ▽, SW-Schw. bis O-Rum. u. Bulg.
5. **pátens** (L.) Mill. (*Anemóne pátens* L.) ♃ △ III–IV ▽, O- u. östl. M-Eur., westl. bis Schwed. u. Bayern, W-Sib.
6. **praténsis** (L.) Mill. (*Anemóne praténsis* L.) ♃ △ IV–V ▽, M- u. O-Eur., westl. bis SO-Schwed., W-Dänem. u. Österr.
- *slávica:* 3
7. **vernális** (L.) Mill. (*Anemóne vernális* L.) ♃ △ III–IV ▽, Skand. bis M-Span., N-Ital., Bulg., Sib.
8. **vulgáris** Mill. (*Anemóne pulsatílla* L.) ♃ △ ☠ III–IV ▽, Engl. u. W-Frankr., nördl. bis Schwed., östl. bis Ukr.

Pultenaēa Sm. - f. - *Leguminósae*

1. **fléxilis** Sm. ♄ i Ⓚ V, Austral.: Neusüdwal.
2. **gúnnii** Benth. ♄ i Ⓚ V, Austral.: Vict.; Tasm.
3. **rósea** F. v. Muell. ♄ i Ⓚ IV, Austral.: Vict.

Púnica L. - f. - *Punicáceae*

1. **granátum** L. - Granatapfelbaum, Granatbaum ♄-♄ Ⓚ VII–VIII ⓝ, Vord. As., im Med. eingebürg. (Sortenreiche Art, darunter 'Nana' (var. *nána* (L.) Pers.), der Zwerggranatbaum)

Pupália Juss. - f. - *Amarantháceae*

1. **atropurpúrea** Moq. ♃ Ⓦ, Trop. As. u. Afr., in S-Span. eingebürg.

Púrshia DC. ex Poir. - f. - *Rosáceae*

1. **tridentáta** (Pursh) DC. ♄ V, USA: Oreg. u. Kalif. bis Wyom. u. New Mex.

Puschkínia Adams - f. - *Liliáceae*

1. **scilloídes** Adams (*Adámsia scilloídes* (Adams) Willd.)
   var. **libanótica** (Zucc.) Boiss. (*P. libanótica* Zucc.) ♃ IV–V, Liban.
   var. **scilloídes** ♃ IV–V, Kl. As., Kauk.

Púya Mol. - f. - *Bromeliáceae*

1. **alpéstris** (Poepp.) Gay (*Pourrétia alpéstris* Poepp.) ♄ i Ⓚ, M-Chile
2. **chiléntsis** Mol. ♄ i Ⓚ, M-Chile
3. **coerúlea** Lindl.
   var. **coerúlea** ♃ i Ⓚ, Chile
   var. **violácea** (Brongn.) L.B. Sm. et Loos. (*P. violácea* (Brongn.) Mez, *Pitcaīrnia violácea* Brongn., *Pourrétia violácea* (Brongn.) Lindl.) ♃ i Ⓚ, Chile
4. **gígas** André ♄ i Ⓚ, Kol.
5. **raimóndii** Harms ♄ i Ⓚ, M- u. S-Peru, Bol., N-Chile
6. **spathácea** (Griseb.) Mez ♃ Ⓚ, Nördl. M-Arg.
7. **venústa** Phil. (*Pitcaīrnia venústa* Phil. ex Bak.) ♃ i Ⓚ, Chile
- *violácea:* 3

Pycnánthus Warb. - f. - *Myristicáceae*

1. **angolénsis** (Welw.) Warb. - „Ilomba" ♄ Ⓦ ⓝ, Angola

Pycnóstachys Hook. - f. - *Labiátae*
1. **dáwei** N.E. Br. ♃ ⌂ XII–II, Uganda
2. **urticifólia** Hook. ♃ ✂ ⌂ VIII, Trop. u. S-Afr.

Pyracántha M.J. Roem. - f. - *Rosáceae* Feuerdorn
1. **angustifólia** (Franch.) Schneid. ♄ i ♧ ⌂ VI–VII, SW-China
2. **coccínea** M.J. Roem. (*Cotoneáster pyracántha* (L.) Spach) ♄ i ♧ V, S-Eur., westl. bis N-Span., SW-As. (Mit einigen Sorten)
- *crenatoserráta:* 3
- *crenuláta* var. *rogersiána:* 4
3. **fortuneána** (Maxim.) H.L. Li (*P. crenatoserráta* (Hance) Rehd.) ♄ i ♧ ∧ - ⌂ V–VII, M- u. W-China
4. **rogersiána** (A.B. Jacks.) Bean (*P. crenuláta* var. *rogersiána* A.B. Jacks.) ♄ i ♧ ⌂ VI, SW-China

Pyrethrópsis Wilcox, Bremer et Humphries - f. - *Compósitae*
1. **gayána** (Coss. et Durieu) Wilcox, Bremer et Humphries (*Chrysánthemum gayánum* (Coss. et Durieu) Ball, *C. máwii* Hook f.) ♄ ⌂ VII bis VIII, Atlas

Pyréthrum: Tanacétum
- *alpínum: Leucanthemópsis* 1
- *balsamíta: Tanacétum* 3
- *cárneum: Tanacétum* 5
- *cineraiifólium: Tanacétum* 4
- *corymbósum: Tanacétum* 6
- *dénsum: Tanacétum* 7
- *macrophýllum: Tanacétum* 9
- *parthénium: Tanacétum* 11
- *róseum: Tanacétum* 5

Pýrola L. (*Pírola* Neck.) - f. - *Pyroláceae* Wintergrün
1. **média** Sw. ♃ VI–VIII ▽, N- u. M-Eur. bis N-Ital., Mazed., Krim, S-Ural, Sib., W-As.
2. **mínor** L. ♃ VI–VIII ▽, Eur., As. bis Jap. u. Sachal., N-Am.: Grönl., Labr. bis Alaska, südl. bis Neuengl., Mich., Minn., New Mex. u. Kalif.
3. **rotundifólia** L. ♃ VII–VIII ▽, Eur., südl. bis M- u. O-Span., N-Ital., Bulg., Krim; W-As. bis Altai u. China; N-Am.: Grönl., Neufundl. bis Queb. u. Ont., südl. bis Neuengl., N-Carol., Kent., Wisc. u. Minn.
- *uniflóra: Monéses* 1
- *urceoláta: Gálax* 1

Pyrostégia K.B. Presl - f. - *Bignoniáceae*
1. **venústa** (Ker-Gawl.) Miers (*P. ígnea* (Vell.) K.B. Presl, *Bignónia ígnea* Vell., *B. venústa* Ker-Gawl.) ♄ i ⌇ ⌂ X–I, Bras., Parag.

Pyrrhē̄ima loddigésii: Sidérasis 1

Pyrrhocáctus: Neoportéria
- *aricénsis: Neoportéria* 1
- *bulbócalyx: Neopórteria* 2
- *curvispínus: Neoportéria* 4
- *nígricans: Neoportéria* 5
- *tuberisulcátus: Neoportéria* 5

Pyrrósia Mirb. - f. - *Polypodiáceae*
1. **hastáta** (Thunb.) Ching (*Niphóbolus tricúspis* J. Sm., *Cyclóphorus hastátus* (Thunb.) C. Chr.) ♃ i ⌂, Jap., Korea, Mandsch.
2. **lanceoláta** (L.) Farw. (*Niphóbolus adnáscens* (Sw.) Kaulf., *Cyclóphorus adnáscens* (Sw.) Desv.) ♃ i ⌇ ⌂, Trop. As. u. Afr.
3. **língua** (Thunb.) Farw. (*Niphóbolus língua* (Thunb.) J. Sm., *Cyclóphorus língua* (Thunb.) Desv.) ♃ i ⌂, Jap., Taiw., China bis Indoch.
- *piloselloídes: Drymoglóssum* 3

Pyrulária Michx. - f. - *Santaláceae*
1. **púbera** Michx. ♄ ☠ ⌂ Ⓝ, USA: Penns. u. W-Virg. bis Georg. u. Alab.

Pýrus L. (*Pírus* auct.) - f. - *Rosáceae* Birnbaum
- *americána: Sórbus* 2
- *amygdalifórmis:* 13
- *angustifólia: Málus* 1
- *arbutifólia: Arónia* 1
- *ária: Sórbus* 3
- *aucupária: Sórbus* 4
- *baccáta: Málus* 2
- *baccáta* var. *mandshúrica: Málus* 2
1. **betulifólia** Bunge ♄ V, N-China
2. **bretschnē̄ideri** Rehd. ♄ IV–V, N-China
3. **calleryána** Decne. ♄, M- u. S-China
   var. **dimorphophýlla** (Mak.) Koidz. ♄ V, Jap.
   var. **fauríei** (Schneid.) Rehd. ♄ V, Korea
- *chamaeméspilus: Sórbus* 6
- *commúnis* auct. non L.: 8
4. **commúnis** L. (*P. doméstica* Medik.

non (L.) Sm.) - Birnbaum ♄ IV–V ⓝ, Nur in Kult. bek.
- *commúnis* ssp. *salviifólia:* 12
- *commúnis* var. *áchras:* 8
- *commúnis* var. *pyráster:* 8
- *coronária: Málus* 3
- *coronária* var. *ioénsis: Málus* 10
- *decóra: Sórbus* 8
- *doméstica* (L.) Sm.: *Sórbus* 10
- *doméstica* Medik.: 4
5. **elaeagrifólia** Pall.
var. **kotschyána** (Boiss. ex Decne.) Boiss. ♄ IV–V, Kl. As.
- *floribúnda: Arónia* 3
- *heterophýlla:* 10
- *hupehénsis: Málus* 8
- *ioénsis: Málus* 10
- *japónica: Choenoméles* 2
- *kansuénsis: Málus* 11
- *málus: Málus* 16
- *málus* var. *paradisíaca: Málus* 16
- *málus* var. *sylvéstris: Málus* 16
- *maulei: Choenoméles* 2
- *melanocárpa: Arónia* 2
- *niedzwetzkyána: Málus* 14
6. **nivális** Jacq. - Schneebirne, Lederbirne ♄ IV–V ⓝ, S- u. südl. M-Eur., Kl. As.
7. **phaeocárpa** Rehd. ♄ V, N-China
- *práttii: Málus* 12
- *prunifólia: Málus* 13
- *púmila: Málus* 16
8. **pyráster** Burgsd. (*P. commúnis* auct. non L., *P. commúnis* var. *áchras* Wallr., *P. commúnis* var. *pyráster* (Burgsd.) Wallr. et DC.) ♄ V, S-, W- u. M-Eur.
9. **pyrifólia** (Burm. f.) Nakai (*P. serótina* Rehd.) - Chinesische Birne, Sandbirne
var. **cúlta** (Mak.) Nakai (*P. sinénsis* L.H. Bailey non Poir. nec Lindl.) - Nashi ♄ IV ⓝ, Nur in Kult bek.
10. **regélii** Rehd. (*P. heterophýlla* Regel et Schmalh. non Pott nec (Spach) Steud.) ♄ V–VI, Turkest.
11. **salicifólia** Pall. ♄ IV–V, Kl. As., Kauk., Iran
12. **salviifólia** DC. (*P. commúnis* ssp. *salviifólia* (DC.) Gams) - Salbeibirne ♄ IV–V, Belg. bis Griech. u. Krim
- *sargéntii: Málus* 17
- *serótina:* 9
- *siebóldii: Málus* 17
- *sinénsis:* 9
- *spectábilis: Málus* 15
13. **spinósa** Forssk. (*P. amygdalifórmis* Vill.) ♄ V, S-Eur., Med., Kl. As.
- *suécica: Sórbus* 18
- *sylvéstris: Málus* 16
- *toringoídes: Málus* 18
- *torminális: Sórbus* 35
- *transitória: Málus* 19
- *trilobáta: Málus* 20
- *tschonóskii: Málus* 21
14. **ussuriénsis** Maxim.
var. **hondoénsis** (Kikuchi et Nakai) Rehd. ♄ IV, M-Jap.
var. **ovoídea** (Rehd.) Rehd. ♄ IV, N-China, Korea
- *yunnanénsis: Málus* 22

Quámoclit Mill. - f. - *Convolvuláceae*
Sternwinde
1. **coccínea** (L.) Moench (*Ipomoea coccínea* L.) ⊙ ≷ VII–X, N-Mex., Ariz.
2. **hederifólia** (L.) G. Don (*Ipomoea hederifólia* L.) ⊙ ≷ VII–IX, Südl. USA bis Arg., heute pantrop.
3. **lobáta** (Cerv.) House (*Mína lobáta* Cerv., *Qu. mína* G. Don) ♃ ≷ ⌂ VII bis IX, S-Mex.
- *mína:* 3
4. × **multífida** Raf. (*Qu. coccínea* vel *Qu. hederifólia* × *Qu. vulgáris*; *Qu.* × *slóteri* House, *Ipomoea* × *multífida* (Raf.) Shinners) ⊙ ≷ VII–XI
- *pinnáta:* 5
- × *slóteri:* 4
5. **vulgáris** Choisy (*Ipomoea quámoclit* L., *Qu. pinnáta* Boj.) ⊙ ≷ VII–VIII, Trop. Am.

Quássia L. - f. - *Simaroubáceae*
1. **amára** L. - Quassiaholzbaum, Quassia ♄ ⌂ ⓝ, Mex., Westind., N-Bras., Guay.

Quércus L. - f. - *Fagáceae*
Eiche
1. **acutíssima** Carruth. (*Qu. serráta* Sieb. et Zucc. non Thunb.) ♄ ⓝ, Jap., Korea, China, Him.
- *aegilops:* 25
2. **álba** L. - Weißeiche ♄ ⓝ, N-Am.: Maine bis Queb., Ont. u. Minn., südl. bis Flor. u. Tex.

3. **aliéna** Bl. ♄ Ⓝ, Jap., Korea bis M-China
4. **alnifólia** Poech ħ–♄ i ∧ (besser Ⓐ), Zyp.
- *aquática:* 28
- *banísteri:* 17
5. **bícolor** Willd. (*Qu. platanoídes* (Lam.) Sudw.) ♄ Ⓝ, N-Am.: Maine u. Queb. bis Minn. u. Nebr., südl. bis Del., Georg., Tenn., Ark. u. Okla.
- *boreális:* 38
- *boreális* var. *máxima:* 38
- *bungeána:* 42
6. **castaneifólia** C.A. Mey. ♄ Ⓝ, Kauk., Iran
7. **cérris** L. - Zerreiche ♄ Ⓝ, Südl. M- u. S-Eur., Kl. As., Liban., in M-Span. eingebürg.
- *chinénsis:* 42
8. **coccífera** L. - Kermeseiche ħ i Ⓚ Ⓝ, Med., Port., Kl. As.
9. **coccínea** Münchh. - Scharlacheiche ♄ Ⓝ, N-Am.: Maine bis Ont. u. Missouri, südl. bis Virg., Georg., Alab., Miss., Ark. u. Okla.
- *conférta:* 12
- *dáimio:* 10
10. **dentáta** Thunb. (*Qu. obováta* Bunge, *Qu. dáimio* hort. ex K. Koch) ♄ Ⓝ, Jap., Korea, W- u. N-China
11. **falcáta** Michx. ♄, USA: Long Isl. bis Missouri u. Okla., südl. bis Georg., Flor., Louis. u. Tex.
- *farnétto:* 12
- *ferrugínea:* 26
12. **frainétto** Ten. (*Qu. conférta* Kit. ex Schult., *Qu. farnétto* Ten.) ♄, M- u. S-Ital., Balk., nördl. bis Ung. u. Rum., Kl. As.
13. **glandulífera** Bl. (*Qu. serráta* Thunb. non auct.) ♄, Jap., Korea bis W-China
14. **hartwissiána** Stev. ♄, O-Balk., Kl. As., bis Kauk.
15. × **hispánica** Lam. (*Qu. cérris* × *Qu. súber*) ♄, S-Frankr., Ital., Balk. (Mit vielen Sorten, so 'Crispa', 'Dentata', 'Lucombeana', wahrscheinlich auch 'Ambrozyana')
16. **ílex** L. - Steineiche ♄ i Ⓚ Ⓝ, Port., Med., N-Span. bis NW-Frankr.
17. **ilicifólia** Wangenh. (*Qu. banísteri* Michx., *Qu. nána* (Marsh.) Sarg. non Willd., *Qu. púmila* (Marsh.) Sudw.) ħ–♄, USA: Maine bis Penns. u. W-Virg., südl. bis Virg., N-Carol. u. Kent.
18. **imbricária** Michx. - Schindeleiche ♄, USA: N. Jers. bis Penns., Wisc., Iowa u. Nebr., südl. bis S-Carol., Tenn., Alab., Louis., Ark. u. Kans.
19. **infectória** Olivier - Galleiche ♄ Ⓚ Off., Ägäis, Kl. As., Zyp., Vord. As.
- *lanuginósa:* 35
20. **laurifólia** Michx. - Lorbeereiche ♄ ∧ (besser Ⓚ), USA: N. Jers. bis Flor., Louis. u. Tex.
21. **líbani** Olivier - Libanoneiche ħ - ♄, Syr., Kl. As.
22. **lyráta** Walt. ♄ Ⓝ, USA: N. Jers. bis Georg., Flor. u. Tex., im Mississippi-Tal nördl. bis Ill. u. Indiana
23. **macranthéra** Fisch. et C.A. Mey. ex Hohen. ♄, SO-Kauk. bis N-Iran
24. **macrocárpa** Michx. ♄ Ⓝ, N-Am.: N. Brunsw. bis Sask., südl. bis Penns., Alab., Louis. u. Tex.
25. **macrólepis** Kotschy (*Qu. áegilops* auct. non L.) - Walloneneiche ♄ Ⓝ, S-Ital., S-Balk., Ägäis, W-As.
26. **marilándica** Münchh. (*Qu. nígra* Wangenh. non L., *Qu. ferrugínea* Michx. f.) ♄, USA: Long Isl. bis Mich. u. Nebr., südl. bis Georg., Flor. u. Tex.
27. **mongólica** Fisch. ex Turcz. ♄ Ⓝ, O-Sib., N-China, Korea, N-Jap.
- *nána:* 17
- *nígra* Du Roi: 43
28. **nígra** L. (*Qu. uliginósa* Wangenh., *Qu. aquática* Walt.) - Wassereiche ♄, USA: N. Jers. bis Flor. u. Tex., im Mississippi-Tal nördl. bis Missouri
- *nígra* Wangenh.: 26
- *obováta:* 10
- *obtusíloba:* 39
29. **palústris** Münchh. - Sumpfeiche ♄ ≈ Ⓝ, N-Am.: Rhode Isl. bis Ont., Iowa u. Kans., südl. bis N-Carol., Tenn., Ark. u. Okla.
- *pedunculáta:* 37
30. **petráea** (Mattuschka) Liebl. (*Qu. séssilis* Erh., *Qu. sessiliflóra* Salisb.) - Traubeneiche, Wintereiche ♄ Ⓝ Off., Eur. (außer NO u. O), Kauk. (Mit vielen Sorten wie 'Columna'

und 'Mespilifolia')
31. **phéllos** L. - Weideneiche ♄ ⏦, USA: Long Isl. bis Georg., Flor. u. Tex., im Mississippi-Tal nördl. bis Ill. u. Missouri
- *platanoídes:* 5
32. **póntica** K. Koch ♄, Arm., Kauk.
33. **prinoídes** Willd. ♄, USA: Maine bis Minn. u. Nebr., südl. bis N-Carol., Tenn., Alab., Ark., Okla. u. Tex.
34. **prínus** L. - Kastanieneiche ♄ ⓝ, N-Am.: Maine bis Ont. u. Ill., südl. bis Virg., Georg., Alab. u. Miss.
- × *pseudotúrneri:* 41
35. **pubéscens** Willd. (*Qu. lanuginósa* (Lam.) Thuill. non Lam., *Qu. pubéscens* ssp. *lanuginósa* (Lam.) Schwarz) - Flaumeiche ♄ ⓝ Off., W-, M- u. S-Eur., Kauk., Kl. As.
- *pubéscens* ssp. *lanuginósa:* 35
- *púmila:* 17
36. **pyrenáica** Willd. (*Qu. tóza* Touss. Bast.) ♄ - ♄ ⓝ, SW-Eur.
37. **róbur** L. (*Qu. pedunculáta* Ehrh.) - Stieleiche ♄ ⓝ Off., Eur., Kauk. (Mit vielen Sorten)
38. **rúbra** L. (*Qu. boreális* Michx. f., *Qu. boreális* var. *máxima* (Marsh.) Sarg.) - Amerikanische Roteiche ♄ ⓝ
var. **boreális** (Michx. f.) Farw., N-Am.: Queb. bis Ont., südl. bis Penns., N-Carol., Mich., Wisc. u. Iowa
var. **rúbra**, N-Am.: Prince Edward Isl. bis Minn. u. Nebr., südl. bis Georg., Miss., Ark. u. Okla.
- *serráta* Carruth.: 42
- *serráta* Sieb. et Zuc.: 1
- *serráta* Thunb.: 13
- *sessiliflóra:* 30
- *séssilis:* 30
39. **stelláta** Wangenh. (*Qu. obtusíloba* Michx.) ♄ ⓝ, USA: S-Mass. bis Iowa u. Kans., südl. bis Flor. u. Tex.
40. **súber** L. - Korkeiche ♄ i Ⓚ ⓝ, Port., S-Span., SW-Frankr., W- u. M-Med.
- *tinctória:* 43
- *tóza:* 36
41. × **túrneri** Willd. (? *Qu. ílex* × *Qu. róbur*) ♄ i
'Pseudoturneri' (*Qu.* × *pseudotúrneri* Schneid. non Veitch ex Späth) ♄ i
- *uliginósa:* 28
42. **variábilis** Bl. (*Qu. chinénsis* Bunge non Abel, *Qu. bungeána* F.B. Forbes, *Qu. serráta* Carruth. non Thunb. nec Sieb. et Zucc.) ♄ ⓝ, N-China, Korea, Jap., Taiw.
43. **velutína** Lam. (*Qu. nígra* Du Roi non L., *Qu. tinctória* Bartr. ex Michx.) - Färbereiche ♄, N-Am.: Maine bis Ont., Minn. u. Nebr., südl. bis Georg., Flor. u. Tex.
(Mit einigen Sorten)

Quesnélia Gaudich. - f. - *Bromeliáceae*
1. **arvénsis** (Vell.) Mez ♃ i Ⓦ, Bras.
2. **húmilis** Mez ♃ i Ⓦ, Bras.
3. **liboniána** (De Jonghe) Mez (*Billbérgia liboniána* De Jonghe) ♃ i Ⓦ, Bras.
4. **marmoráta** (Lem.) R.W. Read (*Aechméa marmoráta* (Lem.) Mez) ♃ i Ⓦ, Bras.
- *roseomarginàta:* 5
5. **quesneliána** (Brongn.) L.B. Sm. (*Qu. roseomargináta* Carr.) ♃ i Ⓦ, Bras.

Quilléja Mol. - f. - *Rosáceae*
1. **saponária** Mol. ♄ i Ⓚ ⓝ Off., Chile, Bol., Peru

Quisquális L. - f. - *Combretáceae*
1. **índica** L. ♄ ⌇ Ⓦ VII–VIII, M- u. S-Afr., Ind. bis Malays.

Rabíea N.E.Br. - f. - *Aizoáceae*
1. **albínota** (Haw.) N.E.Br. Ⓚ, Kap

Racospérma: Acácia
- *meárnsii: Acácia* 18
- *melanóxylon: Acácia* 19
- *pulchéllum: Acácia* 22

Radermáchera Zoll. et Moritzi - f. - *Bignoniáceae*
1. **sínica** (Hance) Hemsl. (*Stereospérmum sínicum* Hance) ♄ i Ⓦ, SO-China

Raimánnia drummóndii: Oenothéra 5

Ramónda L.C. Rich. - f. - *Gesneriáceae*
- *heldréichii: Jancáea* 1
1. **mycóni** (L.) Rchb. (*R. pyrenáica* Pers.) ♃ i △ V–VI, M- u. O-Pyren., NO-Span.
2. **natháliae** Panč. et Petr. (*R. sérbica* var. *natháliae* (Panč. et Petr.) hort.) ♃ i △ V, S-Jugosl., N-Griech.
- *pyrenáica:* 1

3. × **régis-ferdinándi** Kellerer (*R. mycóni* × *R. nathäliae*) ♃ i △ V
4. **sérbica** Panč. ♃ i △ V–VI, Alban., S-Jugosl., NW-Bulg., NW-Griech.
- *sérbica* var. *nathäliae:* 2

Rándia maculáta: Rothmánnia 3

Ranúnculus L. – m. – *Ranunculáceae* Hahnenfuß
- *ácer:* 2
1. **aconitifólius** L. ♃ V–VII, M-Eur. bis südl. Eur., W-Rußl.
- *aconitifólius* ssp. *platanifólius:* 20
2. **ácris** L. (*R. ácer* auct.) – Butterblume ♃ ☠ V–IX, Euras., N-Afr., in N-Am. eingebürg.
'Multiplex' – Goldranunkel, Goldknöpfchen ♃ V–IX
- *africánus:* 7
3. **alpéstris** L. – Alpenhahnenfuß ♃ △ VI–VII, Pyren., Alp., Jura, Karp., Apenn.
4. **amplexicaúlis** L. ♃ △ V–VI, Pyren., Gebg. N-Span.
5. **aquátilis** L. (*Batráchium aquátile* (L.) Dumort.) – Wasserhahnenfuß ♃ ≋ VI–VIII, Eur., M- u. O-As., pazif. N-Am., westl. u. südl. S-Am., N- u. S-Afr., in Neuseel. eingebürg.
6. **arvénsis** L. – Ackerhahnenfuß ⊙ V bis VII, Eur., W-As., Med., N-Afr.
7. **asiáticus** L. (*R. horténsis* Pers., *R. africánus* hort.) – Ranunkel ♃ ✂ Ⓚ V–VI, Kreta, SW-As. (Sortenreiche Art)
8. **bulbósus** L. – Knollenhahnenfuß ♃ IV bis VIII ☠, Eur., W-As., N-Afr., in N-Am. eingebürg.
9. **cassúbicus** L. ♃ IV–VII, O-Eur.
10. **circinátus** Sibth. (*R. divaricátus* sensu Coste, non Schrank, *Batráchium circinátum* (Sibth.) Spach) ♃ ≋ V–IX, Eur., gem. As.
- *delphiniifólius:* 12
- *divaricátus:* 10
11. **ficária** L. (*Ficária vérna* Huds.) – Scharbockskraut, Feigwurz ♃ III–V, Eur., Vord. As., Med., N-Afr.
12. **flabelláris** Raf. (*R. delphiniifólius* Torr. non H. B. K.) ♃ ≋ VI–VII, N-Am.: Maine bis Br. Kol., südl. bis N-Carol., Louis., Kans., Utah u. Kalif.
13. **flámmula** L. ♃ ⁓ VI–X, Eur., Kauk., Altai, M-As., Med., Alger., N-Am.: Neufundl., N. Scot.; Oreg.
- *geraniifólius:* 19
14. **gramíneus** L. ♃ △ V–VI, SW-Eur., Schw., NW-Afr.
- *horténsis:* 7
15. **lanuginósus** L. ♃ V–VI, Dänem. bis S-Eur., Rußl., Kauk.
'Pleniflorus' ♃ V–VI
16. **língua** L. ♃ ⁓ ☠ VI–VIII ▽, N-Eur. bis südl. Eur., W-As., Kauk., W-Him.
17. **millefoliátus** Vahl ♃ △ ∧ V–VI, S- u. östl. M-Eur., Alger., O-Med.
18. **monspelíacus** L. ♃ ∧ IV–V, W-Med.
19. **montánus** Willd. (*R. geraniifólius* sensu Schinz et Thell. non Pourr.) ♃ △ V–IX, Jura, S-Schwarzw., N- u. M-Alp. sowie Vorland
20. **platanifólius** L. (*R. aconitifólius* ssp. *platanifólius* (L.) Rouy et Fouc.) ♃ V bis VI, Skand. bis südl. Eur., W-Rußl.
21. **psilóstachys** Griseb. ♃ △ ∧ V, Ung., Balk.
22. **pyrenaéus** L. (*R. pyrenáicus* hort.) ♃ △ ∧ V–VII, Alp., Pyren., Gebg. Span., Kors.
- *pyrenáicus:* 22
23. **répens** L., ♃ ⁓ V–VIII, Eur., As., Med., N-Afr., in N-Am. eingebürg.
'Pleniflorus' (var. *pleniflórus* Fern.) ♃ ⁓ V–VIII
- *répens* var. *pleniflórus:* 23
24. **thóra** L. ♃ △ ☠ V–VII, M-Pyren., N-Span., Jura, Alp., Karp., Balk.

Ranzánia T. Itô – f. – *Berberidáceae*
1. **japónica** (T. Itô) T. Itô ♃ V–VI, Jap.

Raoúlia Hook. f. ex Raoul – f. – *Compósitae*
- *alboserícea:* 3
- *austrális* Hook. f.: 3
1. **austrális** Hook. f. ex Raoul (*R. lutéscens* Beauverd) ♃ i ⁓ △ ∧, Neuseel.
2. **glábra** Hook. f. ♃ i △ ⁓ ∧ (besser Ⓐ), Neuseel.
3. **hoókeri** Allan (*R. austrális* Hook. f. 1853, non ex Raoul 1846, *R. alboserícea* Col.) ♃ i ⁓ △ ∧ VII–IX, Neuseel.
- *lutéscens:* 1
4. **subserícea** Hook. f. ♃ i △ ⁓ ∧ (besser Ⓐ), Neuseel.
5. **tenuicaúlis** Hook. f. ♃ i △ ⁓ ∧ (bes-

ser ⓐ), Neuseel.
Ráphanis mágna: Armorácia 1
Ráphanus L. - m. - *Crucíferae*
Rettich
1. **raphanístrum** L. - Hederich ⊙ VI bis VIII, Eur., Med., in N-Am. eingebürg.
2. **satívus** L., Alte Kulturpfl., Heimat vielleicht Vord. As.
var. **gayánus** (Fisch. et C.A. Mey.) Webb - Verwilderter Rettich ⊙ V
var. **longipinnátus** L.H. Bailey - Chinese radish, Chinaradies ⊙ V ⓝ
var. **mōūgri** Helm - Schlangenrettich ⊙ V ⓝ
var. **níger** (Mill.) S. Kerner - Rettich, Radi ⊙ V ⓝ
var. **oleifórmis** Pers. - Ölrettich ⊙ V ⓝ
var. **satívus** (var. *radícula* Pers.) - Radieschen ⊙ V ⓝ
- *satívus* var. *radícula:* 2
Ráphia P. Beauv. - f. - *Pálmae*
1. **farinífera** (Gaertn.) Hyl. (*R. rúffia* (Jacq.) Mart., *R. pedunculáta* P. Beauv.) - Bastpalme, Raffiapalme ♄ i ⓦ ⓝ, Ostafr. Küste, Madag.
- *pendunculáta:* 1
- *rúffia:* 1
2. **vinífera** P. Beauv. - Weinpalme ♄ i ⓦ ⓝ, Trop. W-Afr.
Raphidóphora: Rhaphidóphora
Raphiólepis: Rhaphiólepis
Rauvólfia L. - f. - *Apocynáceae*
- *canéscens:* 2
1. **serpentína** (L.) Benth. ♄ i ⓦ ⓝ Off., Ind., Ass., Sikk., Thail., Ceyl., Sum., Java
2. **tetraphýlla** L. (*R. canéscens* L.) ♄ ⓦ, Trop. Am.
3. **vomitória** Afzel. ♄ i ⓦ, Trop. Afr.
Ravenála Adans. - f. - *Musáceae*
1. **madagascariénsis** J.F. Gmel. - Baum der Reisenden ♄ i ⓦ, Madag.
Reaumúria Hasselq. ex L. - f. - *Tamaricáceae*
1. **hypericoídes** Willd. ♄ △ ∧ (besser ⓐ) V-VI, Transkauk. bis Dsung.
Rebútia K. Schum. (einschl. *Aylóstera* Spegazz., *Sulcorebútia* Bckbg., *Weingártia* Werderm.) - f. - *Cactáceae*
1. **albiflóra** Ritt. et Buin. ⓚ ∗, Bol.: Tarija
2. **arenácea** Cárd. (*Sulcorebútia arenácea* (Cárd.) Ritt.) ⓚ ∗, Bol.: Cochabamba
3. **aureiflóra** Bckbg. (*R. euánthema* (Bckbg.) Buin. et Donald, *Lobivia euánthema* Bckbg.) ⓚ ∗, NW-Arg.
- *costáta:* 23
4. **cylíndrica** (Donald) D.R. Hunt (*Sulcorebútia cylíndrica* Donald) ⓚ ∗, Bol.: Cochabamba
5. **deminúta** (F.A.C. Web.) Berger (*Aylóstera deminúta* (F.A.C. Web.) Bckbg.) ⓚ ∗, NW-Arg.
6. **einstēīnii** Frič ⓚ ∗, NW-Arg.: Volcan Chani
- *euánthema:* 3
7. **famatinénsis** (Spegazz.) Spegazz. (*Lobívia famatinénsis* (Spegazz.) Britt. et Rose) ⓚ ∗, W-Arg.: La Rioja, San Juan
8. **fidaiána** (Bckbg.) D.R. Hunt (*Weingártia fidaiána* (Bckbg.) Werderm., *Gymnocalýcium fidaiánum* (Bckbg.) Hutchison) ⓚ ∗, Bol.
9. **fiebrígii** (Gürke) Britt. et Rose (*Aylóstera fiebrígii* (Gürke) Bckbg.) ⓚ ∗, Bol.; NW-Arg.
10. **glomeriséta** Cárd. (*Sulcorebútia glomeriséta* (Cárd.) Ritt.) ⓚ ∗, Bol.: Cochabamba
- *hyalacántha:* 24
11. **krainziána** Kesselr. ⓚ ∗, Bol.?
- *krainziána* var. *hyalacántha:* 24
12. **kupperiána** Böd. (*Aylóstera kupperiána* (Böd.) Bckbg.) ⓚ ∗, Bol.: Tarija
13. **marsóneri** Werderm. ⓚ ∗, N-Arg.: Jujuy
14. **minúscula** K. Schum. ⓚ ∗, N-Arg.: Tucuman
15. **neocumíngii** (Bckbg.) D.R. Hunt (*Weingártia neocumíngii* Bckbg., *Gymnocalýcium neocumíngii* (Bckbg.) Hutchison) ⓚ ∗
16. **neumanniána** (Bckbg.) D.R. Hunt (*Weingártia neumanniána* (Bckbg.) Werderm., *Gymnocalýcium neumanniánum* (Bckbg.) Hutchison) ⓚ ∗, N-Arg.: Jujuy
17. **pseudodeminúta** Bckbg. (*Aylóstera pseudodeminúta* (Bckbg.) Bckbg.) ⓚ ∗, NW-Arg., Bol.
18. **pygmǣa** (R. E. Fr.) Britt. et Rose ⓚ

*, NW-Arg.
19. **rauschii** (Frank) D.R. Hunt (*Sulcorebútia rauschii* Frank) Ⓚ *, Bol.: Chuquisaca
20. **senílis** Bckbg. Ⓚ *, N-Arg.: Salta
21. **spegazziniána** Bckbg. (*Aylóstera spegazziniána* (Bckbg.) Bckbg.) Ⓚ *, NW-Arg.
22. **steinbáchii** Werderm. (*Sulcorebútia steinbáchii* (Werderm.) Bckbg.) Ⓚ *, Bol.: Cochabamba
23. **steinmánnii** (Solms) Britt. et Rose (*R. costáta* Werderm., *Aylóstera steinmánnii* (Solms) Bckbg.) Ⓚ *, Bol.: Chuquisaca
24. **wessneriána** Bewer. (*R. hyalacántha* (Bckbg.) Bckbg., *R. krainziána* var. *hyalacántha* (Bckbg.) Buchheim) Ⓚ *, N-Bol.
25. **xanthocárpa** Bckbg. Ⓚ *, N-Arg.: Salta

× **Recchára** hort. (*Brassávola* × *Cattléya* × *Laélia* × *Schombúrgkia*; × *Beaumontára* hort.) - f. - *Orchidáceae*

Rechsteinéria: Sinníngia 2, 3, 9, 15, 16

Rectanthéra frágrans: Callísia 2

Regélia Schau. - f. - *Myrtáceae*
1. **ciliáta** Schau. ♄ i Ⓚ VII-VIII, W-Austral.

Regnellídium Lindm. - n. - *Marsileáceae*
1. **diphýllum** Lindm. ♃ i ∿ Ⓚ - Ⓦ, S-Bras., N-Arg.

Rehmánnia Libosch. ex Fisch. et C.A. Mey. - f. - *Gesneriáceae*
1. **anguláta** (Oliv.) Hemsl. ♃ Ⓚ V-VII, China
2. **eláta** N. E. Br. ♃ Ⓚ V-VI, China
3. **glutinósa** (Gaertn.) Libosch. (*R. sinénsis* (Buc'hoz) Libosch. ex Fisch. et C.A. Mey.) ♃ Ⓚ V-VI, China
4. **hénryi** N. E. Br. ♃ Ⓚ VI-VIII, China

- *sinénsis:* 3

Reinéckea Kunth - f. - *Liliáceae*
1. **cárnea** (Andr.) Kunth ♃ ∿ Ⓚ, Jap., China

Reinhárdtia Liebm. - f. - *Pálmae*
1. **grácilis** (H. Wendl.) Drude ex Dammer ♄ i Ⓦ, Mex., Guat. bis Hond.

Reinwárdtia Dumort. - f. - *Lináceae*
1. **índica** Dumort. (*R. tetrágyna* Planch., *R. trígyna* (Roxb.) Planch.) ♄ Ⓚ XI-III, Gebg. N-Ind.

Relhánia L'Hérit. - f. - *Compósitae*
1. **quinquenérvis** Thunb. ♄ i D Ⓚ VI bis VIII, Kap

Remíjia DC. - f. - *Rubiáceae*
1. **ferrugínea** DC. ♄ Ⓦ, S-Bras.

Remusátia Schott - f. - *Aráceae*
1. **vivípara** (Roxb.) Schott ♃ Ⓦ, Gebg. Ind., Java

× **Renádes** hort. (*Aërídes* × *Renanthéra*) - f. - *Orchidáceae*

× **Renancéntrum** hort. (*Ascocéntrum* × *Renanthéra*) - n. - *Orchidáceae*

× *Renánda:* × *Holttumára*

× **Renanétia** hort. (*Neofinétia* × *Renanthéra*) - f. - *Orchidáceae*

× **Renanópsis** hort. (*Renanthéra* × *Vandópsis;* × *Athertonára* hort., × *Renópsis* hort.) - f. - *Orchidáceae*

× **Renanstýlis** hort. (*Renanthéra* × *Rhynchostýlis*) - f. - *Orchidáceae*

× **Renantánda** hort. (*Renanthéra* × *Vánda;* × *Renantheránda* hort.) - f. - *Orchidáceae*

Renanthéra Lour. - f. - *Orchidáceae*
1. **coccínea** Lour. ♄ i Ⓦ III u. X *, S-Vietn.
2. **imschootiána** Rolfe ♄ i Ⓦ V-VII *, Ass., Burma, Indoch.

- *lówii: Dimorphórchis* 1

3. **pulchélla** Rolfe ♄ i Ⓦ VII *, Ass.
4. **storíei** Rchb. f. (*Vánda storíei* Storie ex Rchb. f.) ♄ i Ⓦ VI-VII *, Phil.

× *Renantheránda:* × *Renantánda*

× **Renanthoglóssum** hort. (*Ascoglóssum* × *Renanthéra*) - n. - *Orchidáceae*

× **Renanthópsis** hort. (*Phalaenópsis* × *Renanthéra*) - f. - *Orchidáceae*

× *Renópsis:* × *Renanópsis*

Reséda L. - f. - *Resedáceae*
Reseda
1. **álba** L. ⊙ VI-IX, S-Eur., östl. bis Jugosl., Kreta, Med., N-Afr., Vord. As., in M- u. NW-Eur. sowie im nordöstl. N-Am. eingebürg.
2. **lutéola** L. - Färberwau ⊙ VI-VIII Ⓝ, S-, W- u. M-Eur., Kanar., Med. bis Afgh.
3. **odoráta** L. - Gartenreseda ⊙-♃ D VII-IX Ⓝ, Vermutl. SO-Med., in S- u. M-Eur. mitunter eingebürg.

Restrépia H. B. K. - f. - *Orchidáceae*

1. **antennífera** H. B. K. ♃ i Ⓚ II–III ✱, Kol., Venez., Ek.
2. **élegans** Karst. ♃ i Ⓚ I–III ✱, Venez.
3. **guttuláta** Lindl. (*R. maculáta* Lindl.) ♃ i Ⓚ I–II ✱, Kol., Ek., Venez.
- *maculáta:* 3

Retáma Raf. – f. – *Leguminósae* Retamastrauch
1. **monospérma** (L.) Boiss. (*Genísta monospérma* (L.) Lam., *Lýgos monospérma* (L.) Heyw.) ♄ Ⓚ II–III Ⓝ, S-Port., SW-Span., NW-Afr.

Retinispora obtúsa: Chamaecýparis 4
- *pisífera: Chamaecýparis* 5

Reutéalis trispérma: Aleurítes 5

Reynoutria Houtt. – f. – *Polygonáceae*
- *baldschuánica: Fallópia* 2
1. **japónica** Houtt. (*Polýgonum cuspidátum* Sieb. et Zucc., *P. reynoutria* Mak., *Fallópia japónica* (Houtt.) Ronse Decraene) var. **compácta** (Hook. f.) Buchheim (*Polýgonum cuspidátum* var. *compáctum* (Hook. f.) L.H. Bailey) ♃ VIII bis X, Jap., Korea, China, Taiw., in Eur. eingebürg. (*Polýgonum reynoutria* der Gärten ist eine weibliche Form von *Reynoutria japónica* var. *compácta*)
2. **sachalinénsis** (Fr. Schmidt) Nakai (*Polýgonum sachalinénse* Fr. Schmidt, *Fallópia sachalinénsis* (Fr. Schmidt) Ronse Decraene) ♃ IX-X, Jap., Sachal., S-Kuril., in Eur. eingebürg.

Rhabdothámnus A. Cunn. – m. – *Gesneriáceae*
1. **solándri** A. Cunn. ♄ i Ⓚ IX–X, Neuseel.

Rhámnus L. – f. – *Rhamnáceae* Kreuzdorn
1. **alatérna** L. ♄ i Ⓚ III–IV, Med., Port.
2. **alnifólia** L'Hérit. ♄ △ ⁓ V–VI, N-Am.: Neufundl. bis Br. Kol., südl. bis N. Jers., Wyom. u. Kalif.
3. **alpína** L. (*Oreoherzógia alpína* (L.) W. Vent) – Alpenkreuzdorn ssp. **alpína** ♄ V–VI, SW-Eur., M-Alp., Ital., W-Med., NW-Afr. ssp. **fállax** (Boiss.) Maire et Petitm. (*R. fállax* Boiss., *R. carniólica* Kerner, *Oreoherzógia fállax* (Boiss.) W. Vent) ♄ V–VI, O-Alp., Balk.
- *carniólica:* 3
4. **caroliniána** Walt. ♄ V–VI, USA: Virg. bis Missouri u. Nebr., südl. bis Flor. u. Tex.; Mex.
5. **cathártica** L. – Kreuzdorn ♄ V–VI ☠ (Früchte) Ⓝ, Eur., W-Sib., Vord. As., M-As., Med., NW-Afr., im östl. N-Am. eingebürg.
6. **crenáta** Sieb. et Zucc. ♄ VI, Jap., Korea, N-China
7. **davúrica** Pall. ♄ V, Dahur. bis N-China, Mandsch., Korea
8. **erythroxyloídes** Hoffmgg. (*R. pallásii* Fisch. et C.A. Mey.) ♄, W-As.
- *fállax:* 3
9. **frángula** L. (*Frángula álnus* Mill.) – Faulbaum, Pulverholz ♄ –♄ V–VI ☠ Ⓝ Off., Eur., Sib., Vord. As., M-As., Med., NW-Afr., im nordöstl. N-Am. eingebürg.
10. **globósa** Bunge ♄ Ⓝ, N- u. W-China
11. **imeretína** Booth ex Kirchner (*Oreoherzógia imeretína* (Booth ex Kirchner) W. Vent) ♄ VI, Kauk., W-As.
- *infectória:* 15
- *pallásii:* 8
12. **púmila** Turra (*Oreoherzógia púmila* (Turra) W. Vent) ♄ △ ⁓ VI–VII, Span., Pyren., Alp., Apenn., W-Balk.
13. **purshiána** DC. (*Frángula purshiána* (DC.) J.G. Cooper) ♄ –♄ VII Off., N-Am.: Br. Kol. bis Kalif., östl. bis Id. u. Mont.
14. **rupéstris** Scop. (*Frángula rupéstris* (Scop.) Schur) ♄ △ ⁓ VI–VII, W-Balk. bis NO-Ital.
15. **saxátilis** Jacq. ssp. **saxátilis** (*R. infectória* L.) – Färberdorn ♄ ⁓ △ IV–V, S- u. südl. M-Eur.
16. **útilis** Decne. ♄ IV–V Ⓝ, W-China

Rhaphidóphora Hassk. (*Raphidóphora* Hassk.) – f. – *Aráceae*
- *aurea: Epiprémnum* 1
1. **celatocaulis** (N. E. Br.) F. Knoll (*Mónstera lativagináta* hort. non Engl. et Krause, *Póthos celatocaulis* N. E. Br.) ♄ ≀ i Ⓦ, Born.
2. **decursíva** (Wall.) Schott ♄ ≀ i Ⓦ, Ind., N-Burma, N-Indoch.

Rhaphiólepis Lindl. corr. Poir. (*Raphiólepis* Lindl.) – f. – *Rosáceae*

1. × **delacourii** André (*R. índica* × *R. umbelláta*) ♄ i ⌂K III–V
2. **índica** (L.) Lindl. ♄ i ⌂K II–VIII, S-China
- *japónica:* 3
3. **umbelláta** (Thunb.) Mak. (*R. japónica* Sieb. et Zucc.) ♄ i D ⌂K V–VI, Jap., Korea, Riukiu-Ins.

Rhaphithámnus Miers - m. - *Verbenáceae*
1. **spinósus** (Juss.) Moldenke (*R. cyanocárpus* Miers) ♄ i ⌂K, III–IV, M- u. S-Chile, Arg.

Rhapidophýllum H. Wendl. et Drude - n. - *Pálmae*
Nadelpalme
1. **hýstrix** (Pursh) H. Wendl. et Drude (*Chamaerops hýstrix* Pursh) ⌂K, USA: S-Carol. bis Flor.

Rhápis L. f. ex Ait. - f. - *Pálmae*
Steckenpalme
1. **excélsa** (Thunb.) Henry (*R. flabellifórmis* L'Hérit. ex Ait.) ⌂K, China?
- *flabellifórmis:* 1
2. **húmilis** Bl. ⌂K, S-China

Rhapónticum Adans. non Ludw.: *Leuzea*
- *scariósum: Leuzea* 1

Rházya Decne. - f. - *Apocynáceae*
1. **orientális** (Decne.) A. DC. ♃ VII–IX, Griech., NW-Anat.

Rheedia L. - f. - *Guttíferae*
1. **acumináta** (Ruiz et Pav.) Planch. et Triana (*R. madrúno* (H. B. K.) Planch. et Triana) ♄ ⌂W Ⓝ, Kol. bis Peru

Rhektophýllum N. E. Br. - n. - *Aráceae*
1. **mirábile** N. E. Br. (*Nephthýtis picturáta* N. E. Br.) ♄ i ⸾ ⌂W, Kamer., Kongo, Nig.

Rhéum L. - n. - *Polygonáceae*
Rhabarber
1. **acuminátum** Hook. f. et Thoms. ♃ V bis VI, Sikk.
2. **alexándrae** Batal. - Königsrhabarber ♃ VI–VII, W-China, Tib.
3. **austrále** D. Don (*R. emódi* Wall.) ♃ VI–VII, M-As. bis Him.
- *emódi:* 3
4. **kialénse** Franch. ♃ △ V–VI, China
5. **nóbile** Hook. f. et Thoms. ♃ VI–VII, Sikk.
6. **officinále** Baill. ♃ VI–VII Off., SW-China, SO-Tib., Burma
7. **palmátum** L.
ssp. **palmátum** - Medizinalrhabarber ♃ VI Off., W-China, O-Tib.
ssp. **tangúticum** (Maxim.) Stapf (*R. palmátum* var. *tangúticum* Maxim.) - Kronrhabarber ♃ VI Ⓝ, NW-China, NO-Tib.
- *palmátum* var. *tangúticum:* 7
8. **rhabárbarum** L. (*R. undulátum* L.) - Krauser Rhabarber ♃ V Ⓝ, O-Sib., Dahur. bis N-China, Mandsch.
9. **rhapónticum** L. - Rhabarber, Rhapontik ♃ V–VI Ⓝ ▽, Bulg.: Rhodope
10. **ríbes** L. ♃ V–VI, Liban., Iran
- *undulátum:* 8

Rhéxia L. - f. - *Melastomatáceae*
1. **virgínica** L. ♃ ∧ ⏦ VII–VIII, N-Am.: N. Scot. bis N. Y. u. Ont., südl. bis Georg., Flor., Alab., Louis., Okla.

Rhinánthus L. (*Alectorólophus* Zinn) - m. - *Scrophulariáceae*
Klappertopf
1. **alectorólophus** (Scop.) Poll. ⊙ ✂ V bis IX, M-Eur. bis N-Frankr., Holl., S-Pol. u. west. M-Rußl., südl. bis N-Ital., N-Jugosl. u. M-Ung.

Rhinchoglóssum Bl. 1826 (*Rhynchoglóssum* Bl. 1828) - n. - *Gesneriáceae*
1. **notoniánum** (Wall.) B.L. Burtt (*Klúgia notoniána* (Wall.) DC.) ♃ ⌂W III bis IX, Östl. Ind., Ceyl.

Rhinephýllum N. E. Br. - n. - *Aizoáceae*
1. **broomii** L. Bol. ♃ ⌂K, Kap

Rhipsalidópsis: Hatióra
- *gaertneri: Hatióra* 1
- × *graeseri: Hatióra* 2
- *rósea: Hatióra* 3

Rhípsalis Gaertn. (einschl. *Erythrorhípsalis* Berger) - f. - *Cactáceae*
Rutenkaktus, Binsenkaktus, Korallenkaktus
1. **baccífera** (J. Mill.) Stearn (*R. cassútha* Gaertn., *R. cassýtha* auct.) ♄ ⸾ ⌂W ∗, Pantrop.
2. **capillifórmis** F. A. C. Web. ♄ ⸾ ⌂W ∗, O-Bras.
- *cassútha:* 1
- *cassýtha:* 1
3. **cereúscula** Haw. (*R. sagliónis* (Lem.) Otto) ♄ ⌂W ∗, Bras., Arg., Urug., Parag.
- *chrysocárpa:* 16
4. **claváta** F. A. C. Web. (*Hatióra cla-

váta (F.A.C. Web.) Moran) ⌂ ✱, Bras.
- *conférta:* 18
- *coriácea: Disocáctus* 3
5. **crispáta** (Haw.) Pfeiff. (*Epiphýllum crispátum* Haw.) ♄ ⌂ ✱, O-Bras.
- *crucifórmis: Lepísmium* 1
6. **dissímilis** (Lindb.) K. Schum. (*Lepísmium dissímile* Lindb., *L. marniciánum* Bckbg.) ♄ ⌂ ✱, O-Bras.
7. **floccósa** Salm-Dyck (*Lepísmium floccósum* (Salm-Dyck) Bckbg.) ♄ ⸾ ⌂ ✱, Bras., Bol.
- *funális:* 9
- *gaértneri: Hatióra* 1
8. **gibbérula** F.A.C. Web. (*Lepísmium gibbérulum* (F.A.C. Web.) Bckbg.) ♄ ⸾ ⌂ ✱, Bras.
- × *graéseri: Hatióra* 2
9. **grandiflóra** Haw. (*R. funális* (Spreng.) Salm-Dyck, *Lepísmium grandiflórum* (Haw.) Bckbg.) ♄ ⌂ ✱, Bras.: Rio de Jan.
- *himantóclada: Pseudorhípsalis* 1
- *houlletiána: Lepísmium* 2
- *ianthothéle: Lepísmium* 3
10. **megalántha** Loefgr. (*Lepísmium megalánthum* (Loefgr.) Bckbg.) ♄ ⌂ ✱, Bras.
- *mesembryanthemoídes:* 11
11. **mesembryanthoídes** Haw. (*R. mesembryanthemoídes* auct.) ♄ ⌂ ✱, Bras.
12. **pachýptera** Pfeiff. ♄ ⌂ ✱, SO-Bras.
13. **paradóxa** (Salm-Dyck) Salm-Dyck (*Lepísmium paradóxum* Salm-Dyck) ♄ ⌂ ✱, Bras.
14. **pilocárpa** Loefgr. (*Erythrorhípsalis pilocárpa* (Loefgr.) Berger) ♄ ⌂ ✱, Bras.: São Paulo
15. **pulvinígera** Lindb. (*Lepísmium pulvinígerum* (Lindb.) Bckbg.) ♄ ⌂ ✱, Bras., NO-Parag.
16. **puniceodíscus** Lindb. (*Lepísmium puniceodíscus* (Lindb.) Bckbg.)
var. **chrysocárpa** (Loefgr.) Borg (*R. chrysocárpa* Loefgr., *Lepísmium chrysocárpum* (Loefgr.) Bckbg., *L. puniceodíscus* var. *chrysocárpum* (Loefgr.) Bckbg.) ♄ ⸾ ⌂ ✱, Bras.
var. puniceodíscus ♄ ⸾ ✱, Bras.
17. **rhómbea** (Salm-Dyck) Pfeiff. ♄ ⌂ ✱, Bras.
- *rósea: Hatióra* 3
- *sagliónis:* 3
- *salicornioídes: Hatióra* 4
- *squamulósa: Lepísmium* 1
18. **téres** (Vell.) Steud. (*R. conférta* Salm-Dyck) ♄ ⌂ ✱, Bras.
- *trigóna: Lepísmium* 4

× *Rhipsaphyllópsis graéseri: Hatióra* 2

Rhizóphora L. – f. – *Rhizophoráceae*
Mangrovebaum
1. **conjugáta** L. – „Palétuvier" ♄ i 〰 ⌂ Ⓦ, Mangroven des trop. As.
2. **mángle** L. – „Palétuvier rouge" ♄ i 〰 ⌂ Ⓦ, Mangroven Am., nördl. bis S-Flor., W-Afr., Polyn.
3. **mucronáta** Lam. – „Palétuvier" ♄ i 〰 ⌂ Ⓦ, Mangroven Jap., Austral. (N-Territ., Queensl.) bis O-Afr.

Rhodánthe manglésii: Helípterum 5

Rhodíola L. – f. – *Crassuláceae*
1. **crássipes** (Hook. f. et Thoms.) Boriss. (*Sédum crássipes* Hook. f. et Thoms.) ♃ VI, W-Him. bis W-China, Tib.
2. **heterodónta** (Hook. f. et Thoms.) Boriss. (*Sédum heterodóntum* Hook. f. et Thoms.) ♃ △, W-Him., Tib., Afgh.
3. **hobsónii** (Prain ex Hamet) Fu (*Sédum hobsónii* Prain ex Hamet, *S. praegeriánum* W. W. Sm.) ♃ △ VII bis VIII, Tib.
4. **kirilówii** (Regel) Regel ex Maxim. (*Sédum kirilówii* Regel) ♃ △ VI, NW-China, Mongol., Him.
5. **rhodántha** (A. Gray) Jacobs. (*Sédum rhodánthum* A. Gray) ♃ △ VI–VII, USA: Mont. bis Ariz., Rocky Mount.
6. **rósea** L. (*Sédum rósea* (L.) Scop., *S. rhodíola* DC.) – Rosenwurz ♃ △ VI bis VII, Eur. Gebg., von den Pyren. bis Karp., Skand., Isl., N- u. O-As., nördl. N-Am., südl. bis Maine, Verm., N. Y. u. Penns., N-Carol.
7. **semenówii** (Regel et Herd.) Boriss. (*Sédum semenówii* (Regel et Herd.) Mast.) ♃ △ VI–IX, M-As.
8. **yunnanénsis** (Franch.) Fu (*Sédum yunnanénse* Franch., *S. hénryi* Diels) ♃ △ VI–IX, Jünn., Szetsch., Schansi, Hupeh

Rhodocáctus bléo: Peréskia 2
- *grandifólius: Peréskia* 3

- *sacharósus: Peréskia* 5

Rhodóchiton Zucc. ex Otto et A. Dietr. - m. - *Scrophulariáceae*

1. **atrosanguíneus** (Zucc.) Rothm. (*R. volúbilis* Zucc., *Lophospérmum atrosanguíneum* Zucc.) ♄ ⌇ ⓚ VIII–X, Mex.

Rhododéndron L. - n. - *Ericáceae* Alpenrose

1. **adenógynum** Diels ♄ i ∧ IV, NW-Jünn.
2. **adenóphorum** Balf. f. et W. W. Sm. ♄ i ∧ IV, Jünn.
- *aechmophýllum:* 158
- *aganníphum* var. *flavorúfum:* 51
- *aganníphum* var. *glaucópeplum:* 58
3. **alabaménse** Rehd. ♄ ⁓ V, USA: Alab.
4. **albréchtii** Maxim. (*Azálea albréchtii* (Maxim.) O. Kuntze) ♄ IV-V, Jap.
5. **ambíguum** Hemsl. ♄ i IV–V, M-Szetsch.
6. **arboréscens** (Pursh) Torr. (*Azálea arboréscens* Pursh) ♄ D VI, USA: S-Penns. bis Kent., südl. bis Georg. u. Alab.
7. **arbóreum** Sm. ♄–♄ i ☠ ⓚ III–IV, Kaschm., Bhut., Ass., Ceyl.
8. **argyrophýllum** Franch. ♄ i IV-V, W-Szetsch., Tib.
9. **atlánticum** (Ashe) Rehd. (*Azálea atlántica* Ashe) ♄ D V, USA: N. Jers. bis Tex.
10. **augustínii** Hemsl. ♄ i IV–V, Szetsch., W-Hupeh, Jünn.
11. **auriculátum** Hemsl. ♄ i ⓚ VII–VIII, Hupeh
12. **barbátum** Wall. ♄ -♄ i ⓚ IV, Nepal, Sikk.
13. **brachyánthum** Franch. ♄ i VI, Burma, Jünn.
14. **brachycárpum** D. Don ex G. Don (*R. fauríei* Franch.) ♄ i VI, Jap.
15. **burmánicum** Hutchins. ♄ i V, SW-Burma
16. **calenduláceum** (Michx.) Torr. (*Azálea lútea* L., *A. calendulácea* Michx., *R. lúteum* (L.) Schneid. non Sweet) ♄ VI, USA: Penns. bis Ohio, südl. bis Georg. u. Alab.
17. **callimórphum** Balf. f. et W. W. Sm. (*R. cýclium* Balf. f. et Forrest) ♄ i ∧ VI, W-Jünn., NO-Burma
18. **calóphytum** Franch. ♄ i ∧ IV, W-Szetsch., Tib.
19. **calostrótum** Balf. f. et F. K. Ward ssp. **calostrótum** ♄ i △ ∧ (besser ⓚ), Ind., NO-Burma, China ssp. **keléticum** (Balf. f. et Forrest) Cull. (*R. keléticum* Balf. f. et Forrest, *R. radícans* Balf. f. et Forrest) ♄ i △ ∧ IV; Jünn., SO-Tib.
20. **campanulátum** D. Don ♄ i IV–V, Kaschm. bis Bhut.
21. **campylocárpum** Hook. f. ♄ i ☠ ∧ IV bis V, Him. Sikk. u. O-Nepals
22. **campylógynum** Franch. ssp. **campylógynum** ♄ i V–VI, W-Jünn., SO-Tib., Burma ssp. **myrtilloídes** (Balf. f. et F. K. Ward) Cowan et Davidian ♄ i △ V bis VI, W-Jünn.
23. **camtscháticum** Pall. ♄ V, Kuril., Kamtsch., Sachal., Jap., Alaska bis Br. Kol.
24. **canadénse** (L.) Torr. (*Rhodóra canadénsis* L., *Azálea canadénsis* (L.) O. Kuntze) ♄ IV–V, N-Am.: Neufundl. u. Queb. bis Ont., südl. bis N. Jers. u. Penns.
- *cantábile:* 128
25. **capitátum** Maxim. non Franch. ♄ i V, Kansu
26. **caroliniánum** Rehd. ♄ i ∧ V, USA: N-Carol.
27. **catawbiénse** Michx. ♄–♄ i ☠ V–VI, USA: Allegh., von W-Virg. u. Virg. bis Georg. u. Alab.
28. **caucásicum** Pall. ♄ i ∧ V, Kauk.
29. **cephalánthum** Franch. ♄ i △ ∧ (besser ⓚ) V, Jünn., Szetsch.
- *charítopes* ssp. *tsangpoénse:* 148
- *chartophýllum:* 158
30. **chrysánthum** Pall. ♄ i IV, Sib. bis M-China
- *chrýseum:* 127
31. **ciliátum** Hook. f. ♄ i ⓚ IV, Nepal, Bhut., China
32. **ciliícalyx** Franch. ♄ i D ⓚ III–IV, Jünn.
33. **cinnabárinum** Hook. f. ♄ i ∧ (besser ⓚ) V–VI, Sikk.
34. **clementínae** Forrest ♄ i V, SW-Szetsch., NW-Jünn.
35. **concínnum** Hemsl. (*R. yánthinum* Bur. et Franch.) ♄ ∧ IV–V, Szetsch.:

Omi
36. **cuneátum** W. W. Sm. (*R. rávum* Balf. f. et W. W. Sm.) ♄ i △ IV, Jünn., Szetsch.
- *cýclium:* 17
37. **dalhoūsiae** Hook. f. ♄ i D Ⓚ V–VI, Ind., Nepal, Bhut., Burma, China
38. **daúricum** L. ♄ II–III, Altai bis Korea, Mandsch., N-Jap., Mongol., China
39. **davidsoniánum** Rehd. et Wils. ♄ i ∧ IV–V, Jünn., W-Szetsch.
40. **decórum** Franch. ♄ i D ∧ (besser Ⓚ) IV–VI, Jünn., Szetsch.
41. **degroniánum** Carr. ♄ i IV, Jap.
- *desquamátum:* 126
42. **diáprepes** Balf. f. et W. W. Sm. ♄ i Ⓚ V, SW-Jünn., NO-Burma
43. **dichroánthum** Diels ♄ i ∧ V–VI, Jünn.
44. **díscolor** Franch. ♄ –♄ i ∧ (besser Ⓚ) VI–VII, Szetsch., Hupeh
45. **edgewórthii** Hook. f. ♄ i D Ⓚ IV–V, Ind., Bhut., Burma, China
46. **falcóneri** Hook. f. ♄ i Ⓚ IV–V, Him., von Nepal bis Bhut.
47. **fargésii** Franch. ♄ i ∧ IV, Szetsch., Hupeh
48. **fastigiátum** Franch. ♄ i △ IV–V, Jünn.
- *fauríei:* 14
49. **ferrugíneum** L. - Alpenrose ♄ i ♄ V bis VI ☠ ▽, Alp., Pyren., Jura, Gebg. W-Jugosl.
50. **fictolácteum** Balf. f. (*R. rex* Lév. ssp. *fictolácteum* (Balf. f.) D.F. Chamberl.) ♄–♄ i Ⓚ IV–V, Jünn., SW-Szetsch.
51. **flavorúfum** Balf. f. et Forrest (*R. aganníphum* Balf. f. et F.K. Ward var. *flavorúfum* (Balf. f. et Forrest) D.F. Chamberl.) ♃ i IV–V, SO-Tib., Mekong-Salwin
- *flávum:* 90
52. **floribúndum** Franch. ♄ i ∧ IV, S-Szetsch., O-Jünn.
53. **forréstii** Balf. f. ex Diels (*R. répens* Balf. f. et Forrest, var. *répens* (Balf. f. et Forrest) Cowan et Davidian) ♄ i △ ⤳ IV, NW-Jünn., SO-Tib.
- *forréstii* var. *répens:* 53
54. **fortúnei** Lindl. ♄ i D ∧ V–VII, Tschek.
55. **fúlgens** Hook. f. ♄ i ∧ (besser Ⓚ) III, Him., von Bhut. bis Nepal
56. **fúlvum** Balf. f. et W. W. Sm. ♄ i ∧ (besser Ⓚ) III–IV, W-Jünn., SO-Tib.
57. **galáctinum** Balf. f. ♄ i ∧ IV–V, Szetsch.
58. **glaucópeplum** Balf. f. et Forrest (*R. aganníphum* Balf. f. et F. K. Ward var. *glaucópeplum* (Balf. f. et Forrest) D.F. Chamberl.) ♄ i ∧ V, Jünn., Mekong-Salwin
59. **glaucophýllum** Rehd. (*R. glaūcum* Hook. f. non (Lam.) Sweet) ♄ i △ ∧ (besser Ⓚ) V, Nepal, Ind., Bhut., China
- *glaūcum:* 59
60. **gránde** Wight ♄ –♄ i Ⓚ II–III, Sikk., Bhut.
61. **griersoniánum** Balf. f. et Forrest ♄ i Ⓚ V–VI, W-Jünn.
62. **griffithiánum** Wight ♄ i D Ⓚ V, Him., von Sikk. bis Bhut.
63. **gymnocárpum** Balf. f. et Tagg ♄ i V, SO-Tib.
- *haemáleum:* 130
64. **haematódes** Franch. ♄ i ∧ V, Jünn.
65. **heliólepis** Franch. ♄ i ∧ V–VI, Burma, Jünn.
66. **hemitrichótum** Balf. f. et Forrest ♄ i △ ∧ (besser Ⓚ) IV, SW-Szetsch., N-Jünn.
67. **hippophaeoídes** Balf. f. et W. W. Sm. ♄ i △ IV, Jünn.
68. **hirsútum** L. - Almenrausch ♄ i △ V bis VI ▽, M- u. O-Alp., Gebg. NW-Jugosl.
69. **hodgsónii** Hook. f. ♄ i ∧ IV, Him., von Nepal bis Bhut.
70. **houlstónii** Hemsl. et Wils. ♄ i V–VI, Hupeh, O-Szetsch.
71. **hunnewelliánum** Rehd. et Wils. ♄ i ∧ III–IV, W-Szetsch.
72. **-Hybriden**
Arboreum-Hybriden
Arendsii-Hybriden
Aronense-Hybriden
Campylocarpum-Hybriden
Catawbiense-Hybriden
Caucasicum-Hybriden
Discolor-Hybriden
Fortunei-Hybriden
Griffithianum-Hybriden
Impeditum-Hybriden
Kaempferi-Hybriden (Malvaticum-Hybriden)

Kurume-Hybriden
Maximum-Hybriden
Metternichii-Hybriden
Oreodoxa-Hybriden
Ponticum-Hybriden
Repens-Hybriden
Smirnowii-Hybriden
Vuykianum-Hybriden
Williamsianum-Hybriden
♄ i IV–V

73. **impedítum** Balf. f. et W. W. Sm. ♄ i ∧ IV, Jünn., Szetsch.
74. **índicum** (L.) Sweet (*Azálea índica* L. non hort.) ♄ i ∧ (besser ⌂) VI, Jap.
75. **insígne** Hemsl. et Wils. ♄ i ∧ V–VI, SW-Szetsch.
76. **intricátum** Franch. ♄ i ∧ IV, W-Szetsch.
77. **irrorátum** Franch. ♄–♄ i ⌂ III–IV, Jünn.
78. **japónicum** (A. Gray) Valcken. Suring. (*Azálea móllis* André non Bl., *A. japónica* A. Gray) ♄ ☠ V, Jap.
79. **kaempferi** Planch. (*R.* × *obtúsum* (Lindl.) Planch. var. *kaempferi* (Planch.) Wils., *Azálea kaempferi* (Planch.) André) ♄ i IV–V, Jap.
80. **keiskei** Miq. ♄ i ☠ ∧ (besser ⌂) IV bis V, Jap.
- *keléticum:* 19
81. **keysii** Nutt. ♄ i ∧ V, M-Jap.
82. **kiusiánum** Mak. (*R.* × *obtúsum* (Lindl.) Planch. var. *japónicum* (Maxim.) Zab., *Azálea amoena* Lindl.) ♄ i ∧ IV–V, Jap.
- *kótschyi:* 101
83. **kyáwii** Lace et W. W. Sm. ♄ –♄ i ∧ V, NO-Burma
84. **lappónicum** (L.) Wahlenb. (*R. parvifólium* Adams) ♄ i △ IV, Skand., N-Rußl., NO-As., Jap., Korea, N-Am.: arkt. Gebiete, südl. bis Neufundl., Queb., Maine, N. Hampsh., N. Y. u. Wisc.
- *ledifólium:* 99
85. **lepidostýlum** Balf. f. et Forrest ♄ i ∧ bis ⌂ IV–V, W-Jünn.
86. **lepidótum** Wall. ex G. Don ♄ i V–VI, Him., Tib., Szetsch., Jünn., Burma
87. **leucáspis** Tagg ♄ i ∧ (besser ⌂) II bis III, Tib.
88. **linearifólium** Sieb. et Zucc. (*R. macrosépalum* Maxim. var. *linearifólium* (Sieb. et Zucc.) Mak., *Azálea linearifólia* (Sieb. et Zucc.) Hook. f.) ♄ ∧ (besser ⌂) IV-V, Jap.
89. **lutéscens** Franch. ♄ i ∧ III–IV, Szetsch.
- *lúteum* (L.) Schneid.: 16
90. **lúteum** Sweet (*R. flávum* (Hoffmgg.) G. Don, *Azálea póntica* L.) ♄ D ☠ V, SO- u. öst. M-Eur., Anat., Kauk.
- *macrosépalum* var. *linearifólium:* 88
91. **maddénii** Hook. f. ♄ i D ⌂ VI, Ind., Burma, Bhut., China, Vietn.
- *makínoi:* 157
- Malvaticum-Hybriden: 72
92. **mariésii** Hemsl. et Wils. ♄ i ∧ V, SO- u M-China
93. **máximum** L. ♄–♄ i VI–VII Ⓝ, N-Am.: N. Scot. u. Ont. bis Ohio, südl. bis Georg. u. Alab.
94. **metternichii** Sieb. et Zucc. ♄ i ☠ IV, Jap.
95. **micránthum** Turcz. ♄ i VI, N-China, N-Korea
96. **mínus** Michx. (*R. punctátum* Andr.) ♄ i VI–VII, USA: Tenn. u. N-Carol. bis Alab.
97. **mólle** (Bl.) G. Don (*Azálea móllis* Bl., *A. sinénsis* Lodd., *R. sinénse* (Lodd.) Sweet) ♄ ∧ V–VI, O- u. M-China
98. **moupinénse** Franch. ♄ i ⌂ I–II, Szetsch., O-Tib.
99. **mucronátum** (Bl.) G. Don (*R. ledifólium* (Hook.) G. Don, *Azálea mucronáta* Bl.) ♄ D V, Jap.
100. **mucronulátum** Turcz. ♄ i II–III, Jap., Korea, China, Ussuri, Mongol., O-Sib.
101. **myrtifólium** Schott et Kotschy (*R. kótschyi* Simonkai) ♄ i △ V, Karp., Gebg. Bulg. u. Mazed.
102. **neriiflórum** Franch. ♄ i ∧ (besser ⌂) IV–V, Jünn.
103. **nippónicum** Matsum. ♄ V, Jap.
- *nudiflórum:* 114
104. **nuttállii** Booth ♄ i D ⌂ IV–V, Ind., China
105. × **obtúsum** (Lindl.) Planch. (*R. kaempferi* × *R. kiusiánum*; *Azálea obtúsa* Lindl.) ♄ IV–V, Jap.
- × *obtúsum* var. *japónicum:* 82
- × *obtúsum* var. *kaempferi:* 79
106. **occidentále** (Torr. et A. Gray) A.

Gray (*Azálea occidentális* Torr. et A. Gray) ♄ VI, USA: Oreg., Kalif.

107. **orbiculáre** Decne. ♄ i IV, W-Szetsch.

108. **oreodóxa** Franch. ♄ i III–IV, W-Szetsch.

109. **oreótrephes** W. W. Sm. ♄ i ∧ V, Jünn., SO-Tib.

110. **orthócladum** Balf. f. et Forrest ♄ i △ IV, N-Jünn., Szetsch.

- *parvifólium:* 84

111. **pemakoénse** F. K. Ward ♄ i △ III bis IV, Ind., Tib.: Pemako

112. **pentaphýllum** Maxim. (*Azálea pentaphýlla* (Maxim.) Copel.) ♄ IV bis V, Jap.

113. **peregrínum** Tagg ♄ -♄ i ⌂ IV–V, SW-Szetsch.

114. **periclymenoídes** (Michx.) Shinners (*Azálea nudiflóra* L., *R. nudiflórum* (L.) Torr., *Azálea periclymenoídes* Michx.) ♄ V, USA: Maine bis Ohio u. Kent., südl. bis S-Carol. u. Tenn.

115. **polýlepis** Franch. ♄ i ∧ IV, W-Szetsch.

116. **pónticum** L. ♄ i ∧ V–VI, SW-Span., M- u. S-Port., O-Balk., Kl. As., Kauk.

117. **poukhanénse** (Lév.) Nakai (*R. yedoénse* Maxim. et Regel var. *yedoénse*) ♄ ∧ V, M-Korea

118. × **praécox** Carr. (*R. ciliátum* × *R. daúricum*) ♄ i III–IV

119. **prinophýllum** (Small) Millais (*Azálea prinophýlla* Small, *A. rósea* Loisel., *R. róseum* (Loisel.) Rehd.) ♄ D V, N-Am.: Maine u. Queb. bis Ohio u. Missouri, südl. bis Virg., Tenn., Ark. u. Okla.

120. **przewálskii** Maxim. ♄ i VI, NW-China, O-Tib., SW-Szetsch.

- *punctátum:* 96

121. **quinquefólium** Bisset et S. Moore ♄ ∧ IV–V, Jap.

122. **racemósum** Franch. ♄ i △ ∧ IV, Jünn.

- *radícans:* 19
- *rávum:* 36

123. **recurvioídes** Tagg et F. K. Ward ♄ i V, N-Burma

- *répens:* 53

124. **reticulátum** D. Don ex G. Don (*R. rhómbicum* Miq., *Azálea reticuláta* (D. Don ex G. Don) K. Koch) ♄ IV bis V, Jap.

- *rex* ssp. *fictolácteum:* 50

125. **rhabdótum** Balf. f. et R. E. Cooper ♄ i VI, Bhut.

- *rhómbicum:* 124
- *róseum:* 118

126. **rubiginósum** Franch. (*R. desquamátum* Balf. f. et Forrest) ♄ i ∧ IV–V, Jünn.

127. **rupícola** W. W. Sm.
var. **chrýseum** (Balf. f. et F. K. Ward) W. R. et M. N. Philipson (*R. chrýseum* Balf. f. et F. K. Ward) ♄ i △ IV–V, NW-Jünn., Mekong-Salwin
var. **rupícola** ♄ i V, Jünn.

128. **russátum** Balf. f. et Forrest (*R. cantábile* Balf. f. ex Hutchins.) ♄ i △ VI–V, NW-Jünn.

129. **saluenénse** Franch. ♄ i ∧ IV–V, NW-Jünn.

130. **sanguíneum** Franch.
var. **haemáleum** (Balf. f. et Forrest) Cowan (*R. haemáleum* Balf. f. et Forrest) ♄ i ∧ (besser ⌂) V–VI, SO-Tib., Jünn., Mekong-Salwin
var. **sanguíneum** ♄ i ∧ (besser ⌂) V, NW-Jünn., SO-Tib.

131. **sargentiánum** Rehd. et Wils. ♄ i ∧ V, M-Szetsch.

132. **schlippenbáchii** Maxim. (*Azálea schlippenbáchii* (Maxim.) O. Kuntze) ♄ IV–V, Jap., Korea, NO-Mandsch.

133. **scíntillans** Balf. f. et W. W. Sm. ♄ i △ ∧ IV–V, Likiang

134. **seársiae** Rehd. et Wils. ♄ i ∧ (besser ⌂) IV–V, W-Szetsch.

135. **símsii** Planch ♄ i ⌂ V, China, Taiw. (Stammform der Topfazaleen)

136. **-Simsii-Hybriden** – Topfazaleen ♄ i ▽ ⌂

- *sinénse:* 97

137. **sinogránde** Balf. f. et W. W. Sm. ♄ bis ♄ i ⌂ IV, W-Jünn., NO-Burma, SO-Tib.

138. **smirnówii** Trautv. ♄ i V–VI, Kauk., NO-Anat.

139. **sperábile** Balf. f. et Farr. ♄ i ⌂ V, NO-Oberburma

140. **strigillósum** Franch. ♄ i ⌂ II–III, Szetsch.

141. **sutchuenénse** Franch. ♄ i III–IV,

Szetsch., Hupeh
142. **taliénse** Franch. ♄ i V, W-Jünn.
143. **tapetifórme** Balf. f. et F. K. Ward ♄ i △ IV–V, Grenzgeb. Jünn. u. Tib.
144. **telmatēium** Balf. f. et W. W. Sm. ♄ i △ IV, Jünn.
145. **thomsónii** Hook. f. ♄ i ∧ (besser Ⓚ) IV, Sikk., Bhut., Tib.
146. **traillliánum** Forrest et W. W. Sm. ♄ i IV–V, NW-Jünn., SW-Szetsch.
147. **triflórum** Hook. f. ♄ i ∧ IV–V, Nepal, Ind., Bhut., NO-Burma, Tib.
148. **tsangpoénse** F. K. Ward (*R. charítopes* Balf. f. et Farr. ssp. *tsangpoénse* (F. K. Ward) Cull.) ♄ i △ ∧ V, Tib.
149. **tschonóskii** Maxim. (*Azálea tschonóskii* (Maxim.) O. Kuntze) ♄ V, Jap., S-Korea
150. **ungérnii** Trautv. ♄ ☠ i ∧ VI, Kauk., NO-Anat.
151. **váseyi** A. Gray (*Azálea váseyi* (A. Gray) Rehd.) ♄ IV–V, USA: N-Carol.
152. **vernicósum** Franch. ♄ i ∧ (besser Ⓚ) V, W-Jünn., W-Szetsch.
153. **viscósum** (L.) Torr. (*Azálea viscósa* L.) ♄ D IV, USA: Maine bis Ohio, südl. bis S-Carol. u. Tenn.
154. **wallíchii** Hook. f. ♄ i ∧ (besser Ⓚ) IV, Sikk.
155. **wárdii** W. W. Sm. ♄ i ∧ V, W-Jünn., Szetsch., SO-Tib.
156. **williamsiánum** Rehd. et Wils. ♄ i ∧ IV, Szetsch.
157. **yakushimánum** Nakai
ssp. **makínoi** (Tagg) D. F. Chamberl. (*R. makínoi* Tagg) ♄ i VI, S-Jap.
ssp. **yakushimánum** ♄ i V, Jap.
- *yánthinum:* 35
- *yedoénse* var. *yedoénse:* 117
158. **yunnanénse** Franch. (*R. aechmophýllum* Balf. f. et Forrest, *R. chartophýllum* Franch.) ♄ i ∧ (besser Ⓚ) V, NO-Burma, Jünn., Szetsch., Tib.

Rhodohypóxis Nel - f. - *Hypoxidáceae*
1. **bāūrii** (Bak.) Nel ♃ △ ∧ (besser Ⓐ oder Ⓚ) VII–VIII, Gebg. S-Afr.

Rhodomýrtus (DC.) Rchb. - f. - *Myrtáceae*
1. **tomentósa** (Ait.) Hassk. (*Mýrtus tomentósa* Ait.) ♄ i ♣ Ⓦ VI, Trop.As.

Rhodóra canadénsis: Rhododéndron 24

Rhodóspatha Poepp. - f. - *Aráceae*
1. **heliconiifólia** Schott ♄ i ⌇ Ⓦ, Trop. S-Am.

Rhodothámnus Rchb. - m. - *Ericáceae*
Zwergalpenrose
1. **chamaecístus** (L.) Rchb. ♄ i △ V–VI ▽, O-Alp.

Rhodótypos Sieb. et Zucc. - m. - *Rosáceae*
Scheinkerrie
1. **scándens** (Thunb.) Mak. (*R. kerrioídes* Sieb. et Zucc.) ♄ V–VI, Jap., Korea, China

Rhōēo díscolor: Tradescántia 10
- *spathácea: Tradescántia* 10

Rhoicíssus Planch. - f. - *Vitáceae*
1. **capénsis** (Burm. f.) Planch. (*Císsus capénsis* (Burm. f.) Willd.) ♄ i ⌇ Ⓚ, Nat.
2. **digitáta** (L. f.) Gilg et M. Brandt ♄ ⌇ i Ⓚ, O-Kap bis trop. Afr.
- *rhomboídea: Císsus* 10

Rhombophýllum (Schwant.) Schwant. - n. - *Aizoáceae*
1. **nélii** Schwant. Ⓚ, Kap
2. **rhomboídeum** (Salm-Dyck) Schwant. Ⓚ, Kap

Rhopaloblásté Scheff. - f. - *Pálmae*
1. **cerámica** (Miq.) Burret (*R. hexándra* Scheff.) ♄ i Ⓦ, Ceram

Rhopalostýlis H. Wendl. et Drude - f. - *Pálmae*
Nikaupalme
1. **bāūeri** (Seem.) H. Wendl. et Drude (*Aréca bāūeri* (Seem.) Hook. f., *Kéntia bāūeri* Seem.) ♄ i Ⓚ, Norf.-Ins.
2. **sápida** (Soland. ex G. Forst.) H. Wendl. et Drude (*Aréca sápida* Soland. ex G. Forst., *Kéntia sápida* (Soland. ex G. Forst.) Mart.) ♄ i Ⓚ, Neuseel.

Rhus L. - f. - *Anacardiáceae*
Sumach
1. **aromática** Ait. (*R. canadénsis* Marsh. non Mill.) ♄ D III–IV, N-Am.: Queb. u. Verm. bis Nebr. u. Kans., südl. bis Flor., Louis. u. Tex.
- *canadénsis:* 1
2. **chinénsis** Mill. (*R. osbéckii* (DC.) Steud. ex Schneid., *R. semialáta* var. *osbéckii* DC.) - Gallensumach ♄–♄ VIII–IX, Jap., Taiw., Korea,

Mandsch., China bis Mal. Arch.
3. **copállina** L. - Kopallsumach ħ-ħ VII-VIII, USA: Maine bis Mich., südl. bis Georg., Flor., Alab., Louis. u. Tex.
4. **coriária** L. - Gerbersumach ħ ⌂ ☠ Ⓝ, S-Eur., Makarones., Med., Vord. As.
- *cotinoídes: Cótinus* 2
- *cótinus: Cótinus* 1
5. **glábra** L. - Scharlachsumach ħ-ħ VII-VIII Ⓝ, N-Am.: Maine bis Br. Kol., südl. bis Flor., Tex. u. Ariz.
- *glábra* var. *boreális:* 6
- × *hýbrida:* 6
- *osbéckii:* 2
6. × **pulvináta** Greene (*R. glábra* × *R. týphina; R.* × *hýbrida* Rehd., *R. glábra* var. *borealís* Britt.) ħ VII bis VIII, N-Am.: Neuengl. bis Manit., südl. bis N-Carol., Indiana u. Minn.
7. **radícans** L. (*Toxicodéndron radícans* (L.) O. Kuntze) - Kletternder Giftsumach, Poison Ivy ħ ⌇ ⟿ ☠ VI bis VII, N-Am.: Queb. bis Br. Kol., südl. bis Flor., Tex., New Mex. u. Ariz.; Mex. bis Guat.
- *semialáta* var. *osbéckii:* 2
8. **succedánea** L. (*Toxicodéndron succedáneum* (L.) O. Kuntze) - Talgsumach ħ-ħ ⌂ Ⓝ, Jap., Taiw., China, Malak., Ind.
9. **sylvéstris** Sieb. et Zucc. ħ VI, Jap., Taiw., China, Korea
10. **toxicodéndron** L. (*Toxicodéndron quercifólium* (Michx.) Greene) - Giftsumach ħ ☠ V-VI, USA: N. Jers. bis Missouri u. Okla., südl. bis Flor. u. Tex.
11. **trilobáta** Nutt. ex Torr. et A. Gray ħ ∧ III-IV Ⓝ, N-Am.: Indiana bis Iowa, Alb. u. Oreg., südl. bis Tex. u. Kalif.; Mex.
12. **typhína** L. - Hirschkolbensumach, Essigbaum ħ-ħ VI-VII Ⓝ, N-Am.: Queb. bis Ont. u. Minn., südl. bis N-Carol., Tenn. u. Iowa
13. **verniciflua** Stokes (*Toxicodéndron verniciflua* (Stokes) O. Kuntze) - Lacksumach ħ ☠ IV Ⓝ, Jap., M-China
14. **vérnix** L. (*Toxicodéndron vérnix* (L.) O. Kuntze) - Giftsumach ħ ☠ VI bis VII, N-Am.: Maine bis Queb., Ont. u. Minn., südl. bis Flor., Louis. u. Tex.

Rhynchélytrum Nees - n. - *Gramíneae*
1. **répens** (Willd.) C.E. Hubb. (*Tricholaéna répens* (Willd.) Hitchc., *T. rósea* Nees, *R. róseum* (Nees) Stapf et C.E. Hubb. ex Bews) ♃ (⊙ gezogen) ✂ VII-VIII Ⓝ, Trop. Afr., östl. S-Afr., in Flor., Tex. u. Ariz. eingebürg.

× **Rhynchocéntrum** hort. (*Ascocéntrum* × *Rhynchostýlis*) - n. - *Orchidáceae*
Rhynchoglóssum: Rhinchoglóssum
Rhyncholaélia digbyána: Brassávola 3
- *glaúca: Brassávola* 5

× **Rhynchonópsis** hort. (*Phalaenópsis* × *Rhynchostýlis*) - f. - *Orchidáceae*
× *Rhynchorádes:* × *Aëridostýlis*
Rhynchósia Lour. - f. - *Leguminósae*
1. **phaseoloídes** DC. ħ ☠ ∞ ⌂, Trop. Am.

Rhynchospérmum jasminoídes: Trachelospérmum 2
Rhynchostýlis Bl. - f. - *Orchidáceae*
1. **coeléstis** (Rchb. f.) Rchb. f. ex Veitch (*Saccolábium coeléste* Rchb. f.) ħ i ⌂ VII-VIII ✻, Thail.
2. **rétusa** (L.) Bl. (*Aërides retúsum* (L.) Sw.) ħ i ⌂ VI-VII ✻, Ind., Burma, Ceyl. bis Mal. Arch., Indoch., Phil.

× *Rhynchovánda:* × *Vandacostýlis*
× **Rhyndorópsis** hort. (*Dorítis* × *Phalaenópsis* × *Rhynchostýlis*) - f. - *Orchidáceae*
Rhytidophýllum: Rytidophýllum
Ríbes L. - n. - *Saxifragáceae*
Johannisbeere, Stachelbeere
1. **alpéstre** Wall. ex Decne. (*Grossulária alpéstris* (Wall. ex Decne.) Berger)
var. **alpéstre** ħ IV-V, Him., W-China
var. **gigantéum** Jancz. (*Grossulária alpéstris* var. *gigantéa* (Jancz.) Berger) ħ IV-V Ⓝ, W-China
2. **alpínum** L. - Alpenjohannisbeere ħ IV-V, N- u. M-Eur., im Gebg. südl. bis N-Span., M-Ital. u. Bulg.
3. **americánum** Mill. (*R. flóridum* L'Hérit.) ħ IV-V, N-Am.: N. Scot. bis Alb., südl. bis Del., Nebr., Color. u. New Mex.
- *aúreum* Lindl.: 20

4. **aūreum** Pursh - Goldjohannisbeere ♄ IV–V ⓝ, USA: Wash. bis Kalif., östl. bis Sask., S-Dak. u. New Mex.
5. **céreum** Dougl. ♄ △ IV–V, N-Am.: Br. Kol. bis Kalif., östl. bis Mont., Nebr., Color. u. New Mex.
6. **divaricátum** Dougl. ♄ IV–V, N-Am.: Br. Kol. bis Kalif.
7. **fasciculátum** Sieb. et Zucc. ♄ IV–V, Jap., Korea, N-China

- *flóridum:* 3
- *frágrans:* 20

8. **gayánum** (Spach) Steud. ♄ Ⓚ V, Chile
9. **glandulósum** Grauer ♄ △ ⁓ IV, N-Am.: Labr. bis Alaska, südl. bis N. Y., N-Carol., Ohio, Minn., Sask. u. Br. Kol.
10. × **gordoniánum** Beaton (*R. odorátum* × *R. sanguíneum*) ♄ IV–V

- *grossulária:* 26

11. **hirtéllum** Michx. (*Grossulária hirtélla* (Michx.) Spach) - Amerikanische Stachelbeere ♄ IV–V ⓝ, N-Am.: Labr. bis Manit., südl. bis Penns., W-Virg., Minn. u. N-Dak.
12. **lacústre** (Pers.) Poir. - Sumpfstachelbeere ♄ ⁓ V, N-Am.: Neufundl. bis Alaska, südl. bis N. Y., Tenn., Ohio, Minn., Color., Kalif.
13. **laurifólium** Jancz. ♄ i Ⓚ II–III, N-China
14. **leptánthum** A. Gray ♄ IV–V, USA: Color. bis New Mex. u. Utah
15. **lóbbii** A. Gray ♄ ∧ IV–V, N-Am.: Br. Kol. bis Kalif.
16. **maximowíczii** Batal. ♄ V, Jap., Korea, Mandsch.
17. **multiflórum** Kit. ex Roem. et Schult. ♄ IV–V, Balk., M-Ital., Sard. (In Gartenjohannisbeeren eingekreuzt)
18. **nígrum** L. - Schwarze Johannisbeere, Ahlbeere ♄ D V ⓝ, M- u. O-Eur. bis M-Sib., Mandsch., Him., Turkest., Kauk., Arm., in W- u. NW-Eur. vermutlich nicht heimisch, nur eingebürg. (Hierzu viele Sorten)
19. **níveum** Lindl. ♄ ∧ IV–V, USA: Id. u. Wash. bis Nev.
20. **odorátum** H. L. Wendl. (*R. aūreum* Lindl. non Pursh, *R. frágrans* Lodd. non Pall.) ♄ IV–V ⓝ, USA: Minn. bis S-Dak., südl. bis Ark. u. Tex.
21. **oxyacanthoídes** L. (*Grossulária oxyacanthoídes* (L.) Mill.) ♄ ⁓ IV–V, N-Am.: Huds. Bay bis Yukon, südl. bis Mich., N-Dak., Mont.
22. **petraēum** Wulf. - Felsenjohannisbeere ♄ IV–VI ⓝ, Von Pyren. durch Voges., Gebg. M-Eur. bis Sudet. u. Karp., Balk., N-Afr.

- *pubéscens:* 26
- *reclinátum:* 26

23. **rúbrum** L. (*R. sylvéstre* (Lam.) Mert. et W. D. J. Koch, *R. vulgáre* Lam. p. p., *R. satívum* (Rchb.) Syme, *R. rúbrum* ssp. *vulgáre* (Lam.) Domin) - Rote Johannisbeere ♄ IV–V ⓝ, W- u. westl. M-Eur., in N-Am. eingebürg. (Hiervon die meisten Gartenjohannisbeeren abstammend)

- *rúbrum* L. p. p.: 25
- *rúbrum* ssp. *rúbrum:* 25
- *rúbrum* ssp. *vulgáre:* 23

24. **sanguíneum** Pursh - Blutjohannisbeere ♄ IV–V, N-Am.: Br. Kol. bis N-Kalif.
(Hierzu viele Sorten)

- *satívum:* 23

25. **spicátum** Robs. (*R. rúbrum* L. p. p., *R. vulgáre* Lam. p. p., *R. rúbrum* ssp. *rúbrum* (L.) Schwarz) - Nordische Johannisbeere ♄ IV–V ⓝ, N- u. NO-Eur., auch O-Deutschl., Sib.
(Mit nur wenigen Sorten)

- *sylvéstre:* 23

26. **úva-críspa** L. (*Grossulária úva-críspa* (L.) Mill.) - Stachelbeere
var. **reclinátum** (L.) Berland. (*R. reclinátum* L., *Grossulária reclináta* (L.) Mill.) ♄ IV–V ⓝ, Nur in Kult. bek.
var. **satívum** DC. (*R. grossulária* L.) ♄ IV–V ⓝ, Nur in Kult. bek. (Hierzu die meisten Sorten)
var. **úva-críspa** (*R. pubéscens* (W. D. J. Koch) Opiz, ssp. *pubéscens* (W. D. J. Koch) Schwarz) ♄ IV–V ⓝ, S-, M- u. W-Eur., sonst eingebürg., N-Afr., Kauk., östl. bis N- u. NO-China

- *úva-críspa* ssp. *pubéscens:* 26
- *vulgáre:* 23, 25

Richárdia: Zantedéschia 1–3, 5

Ricinodéndron Muell. Arg. - n. - *Eu-*

phorbiáceae
1. **heudelótii** (Baill.) Pierre ex Pax (*R. africánum* Muell. Arg.) - „Erimado" ♄ ⌂ ⓝ, Seneg. bis Usamb. u. Angola

Rícinus L. - m. - *Euphorbiáceae*
Wunderbaum, Palma Christi
1. **commúnis** L. ♄-♄ ☠ (Samen) ⌂ -⌂ VIII-X ⓝ Off., Nur in Kult. bek., Heimat wahrscheinl. trop. Afr., in allen Trop. u. Subtrop. eingebürg. (Hierzu viele Sorten mit meist lateinischen Namen)

× **Ridleyára** hort. (*Aráchnis* × *Trichoglóttis* × *Vánda*) - f. - *Orchidáceae*

Ríndera Pall. - f. - *Boragináceae*
1. **caespitósa** (DC.) Gürke ♃ △ ∧ (besser ⌂) V-VIII, Kl. As.
2. **umbelláta** (Waldst. et Kit.) Bunge ♃ i △ ∧ V-VII, O-Jugosl. bis SW-Ukr.

Ritterocéreus pruinósus: Stenocéreus 4
- *queretaroénsis: Stenocéreus* 5
- *wéberi: Pachycéreus* 5

Rivína L. - f. - *Phytolacáceae*
1. **húmilis** L.
var. **glábra** L. (*R. lǣvis* L.) ♄ ☍ ⌂ ⓝ, Flor. u. Tex., Bahama, Westind., Mex., M- u. nördl. S-Am., Kapverd., Maurit., Austral.: Queensl., Neusüdwal.

Robínia L. - f. - *Leguminósae*
Robinie (fälschlich als „Akazie")
1. **híspida** L. ♄ VI u. IX, USA: Virg. u. Kent. bis Georg. u. Alab.
2. × **hóldtii** Beissn. (*R. luxúrians* × *R. pseudoacácia*) ♄
3. **kelsēyi** Kelsey ex Hutchins. ♄ V-VI, USA: N-Carol.
4. **luxúrians** (Dieck) Schneid. (*R. neomexicána* auct. non A. Gray) ♄ VI ⓝ, USA: Color. bis Nev., südl. bis W-Tex., New Mex. u. Ariz.; Mex.
5. **neomexicána** A. Gray ♄ VI-VII, New Mex.
- *neomexicána* auct. non A. Gray: 4
6. **pseudoacácia** L. - Robinie, Scheinakazie ♄ ☠ (Rinde für Vieh) ⓝ, USA: Appalach., von Penns. bis Georg. u. Alab., Ozark Mount. in Missouri, Ark. u. Okla., im übrigen östl. u. mittl. N-Am. sowie in Eur. eingebürg.
(Hierzu viele, meist lateinisch benannte Sorten, darunter 'Monophylla', 'Pyramidalis' ('Fastigiata', f. *erécta* Rehd.))
- *pseudoacácia* 'Fastigiata': 6
- *pseudoacácia* f. *erécta:* 6
7. **viscósa** Vent. ♄ VI-VIII, USA: Penns. bis W-Virg., südl. bis Georg. u. Alab.

Róchea: Crássula
- *coccínea: Crássula* 6
- *falcáta: Crássula* 25
- *perfoliáta: Crássula* 25
- *versícolor: Crássula* 6

Rodgérsia A. Gray - f. - *Saxifragáceae*
1. **aesculifólia** Batal. ♃ VI-VII, M-China
2. **pinnáta** Franch. ♃ VII, Jünn.
3. **podophýlla** A. Gray ♃ VII-VIII, Jap., Korea
4. **purdómii** hort. ♃ VI-VII, China
5. **sambucifólia** Hemsl. ♃ VII-VIII, Jünn.
- *tabuláris: Astilboídes* 1

× *Rodrássia:* × *Bradiguésia*

× **Rodréttia** hort. (*Comparéttia* × *Rodriguézia*) - f. - *Orchidáceae*

× **Rodricídium** hort. (*Oncídium* × *Rodriguézia*; × *Oncidguézia* hort.) - n. - *Orchidáceae*

× **Rodridénta** hort. (*Macradénia* × *Rodriguézia*) - f. - *Orchidáceae*

Rodriguézia Ruiz et Pav. - f. - *Orchidáceae*
1. **decóra** (Lem.) Rchb. f. ♃ ⌂ IX-X *, Bras.
2. **secúnda** H. B. K. ♃ ⌂ V-VI *, Pan., trop. S-Am.
3. **venústa** Rchb. f. ♃ ⌂ X *, Bras.

× **Rodritónia** hort. (*Miltónia* × *Rodriguézia*) - f. - *Orchidáceae*

Roegnéria canína: Agropýron 1
- *pauciflóra: Agropýron* 6

Roeméria Medik. - f. - *Papaveráceae*
1. **hýbrida** (L.) DC. ⊙ ☠ VII-VIII, S-Eur., Med., Vord. As.
2. **refrácta** DC. ⊙ VII-VIII, Arm. bis Kauk., Iran, Turkest., Afgh.

Rōezlia bulbífera: Furcrǣa 1

Róhdea Roth - f. - *Liliáceae*
1. **japónica** (Thunb. ex Murr.) Roth ♃ i ⌂, SW-China, Jap.
(Mit einigen Sorten)

× **Rolfeára** hort. (*Cattlēya* × *Rhyncholǣlia* × *Sophronítis*) - f. - *Orchidá-*

ceae

Romanzóffia Cham. - f. - *Hydrophylláceae*

1. **sitchénsis** Bong. ♃ ∧ (besser ⌂A) V bis VI, Alaska bis Kalif.
2. **unalaschkénsis** Cham. ♃ ∧ (besser ⌂A) V–VI, O-Aleut.

Romnēya Harv. - f. - *Papaveráceae*

1. **cōulteri** Harv. ♃ ∧ VII–IX, SW-Kalif., NW-Mex.

Romúlea Maratti - f. - *Iridáceae*

1. **bulbocódium** (L.) Sebast. et Mauri ♃ ⌂K III–IV, Med., Port., Span., S-Bulg.

Rondelétia L. - f. - *Rubiáceae*

1. **amoēna** (Planch.) Hemsl. ♄ i ⌂K III bis V, Mex. bis Pan.
2. **cordáta** Benth. ♄ i ⌂K VI–VII, Guat.
3. **odoráta** Jacq. (*R. speciósa* Lodd.) ♄ i D ⌂W XI–III, Kuba, Pan.

- *speciósa:* 3

Ronnbérgia E. Morr. et André - f. - *Bromeliáceae*

1. **columbiána** E. Morr. ♃ i ⌂W, Kol.
2. **morreniána** Lind. et André ♃ i ⌂W, Kol.

Rorídula Burm. f. ex L. - f. - *Roriduláceae*
Taupflanze

1. **dentáta** L. ♄ i ⌂K, Kap
2. **gorgónias** Planch. ♄ i ⌂K, Kap

Roríppa microphýlla: Nastúrtium 1

- *nastúrtium-aquáticum: Nastúrtium* 2

Rósa L. - f. - *Rosáceae*
Rose

1. **aciculáris** Lindl. (*R. carélica* Fr.) ♄ D V–VI, NO-Eur., Sib., N-Am.: Queb. bis Alaska, südl. bis W-Virg., Color., New Mex., Br. Kol.

- *afzeliána* ssp. *coriifólia:* 15

2. **agréstis** Savi (*R. sépium* Thuill. non Lam.) - Ackerrose ♄ VI, Eur., N-Afr.
3. × **álba** L. (vermutlich *R. canína* × *R.* × *bífera*; nach anderen Angaben *R. arvénsis* × *R. gállica* × *R.* species (sect. *Canínae*) ♄ D ∞ VI Ⓝ, Seit dem Altert. in Kult.
(Mit mehreren Sorten)

- *alpína:* 55

4. **arkansána** Porter ♄ VI–VII, N-Am.: N. Y. bis Alb., südl. bis Distr. of Col., Kans., Tex. u. New Mex.
5. **arvénsis** Huds. (*R. répens* Scop.) Kriechrose, Feldrose ♄ ⟿ ≀ D VI bis VII, S-, W- u. M-Eur.

- *baleárica:* 66

6. **bánksiae** Ait. f. - Banksrose ♄ i ≀ D ⌂K IV–VII, M- u. W-China
(Hierzu verschiedene Sorten)
7. **bélla** Rehd. et Wils. ♄ D VI, N-China

- *bengalénsis:* 20
- *berberifólia:* 56

8. × **bífera** (Poir.) Pers. (*R. damascéna* auct. non Mill., vermutlich *R. gállica* × *R. moscháta*) ♄ Ⓝ
9. **blánda** Ait. (*R. fraxinifólia* C. C. Gmel. non Borkh.) ♄ V–VI, N-Am.: Neufundl. bis Manit., südl. bis Penns. u. Nebr.
10. **boissiéri** Crép. (*R. britzénsis* Koehne) ♄ V–VI, Kl. As. bis Irak, Iran, Kauk.
11. × **borboniána** Desp. (*R. chinénsis* × *R.* × *damascéna*) - Bourbonrose ♄ ∧ VI–IX
(Hierzu verschiedene Sorten)
12. **bracteáta** J. C. Wendl. ♄ i ⌂K VII bis VIII, S-China, Taiw., in den südöstl. USA eingebürg.

- *britzénsis:* 10
- × *bruántii:* 13

13. **-Bruantii-Hybriden** (*R.* × *bruántii* Rehd.) ♄ D VI–VII
14. **bruónii** Lindl. ♄ ≀ D ⌂K VI–VII, Afgh., Pak., Kaschm., Nepal, Szetsch.
15. **cāēsia** Sm. (*R. coriifólia* Fr., *R. afzeliána* ssp. *coriifólia* (Fr.) Keller et Gams) ♄ VI, Eur., Kl. As.

- *calendárum:* 22

16. **califórnica** Cham. et Schlechtend. ♄ D ∧ V–VIII, Oreg. bis Nied. Kalif.
17. **canína** L. - Hundsrose ♄ ∞ VI–VIII Ⓝ Off., Eur., Vord. As., M-As., Med., N-Afr., im östl. N-Am. eingebürg.
(Formenreiche Art)

- *canína* ssp. *dumetórum:* 21
- *carélica:* 1

18. **carolína** L. (*R. húmilis* Marsh.) - Wiesenrose ♄ VII–VIII, N-Am.: N. Scot. bis Minn. u. Nebr., südl. bis Flor. u. Tex.

- *carolinénsis:* 78

19. **centifólia** L. - Zentifolie, Kohlrose, Provencerose ♄ D VI–VIII Off., Hei-

mat unbek., vielleicht Kauk., wahrsch. Hybride
(Hierzu eine Reihe von Sorten, darunter verschiedene „Moosrosen")

20. **chinénsis** Jacq. (*R. índica* Lour. non L., *R. bengalénsis* Pers.) - Bengalrose, Chinesische Rose ♄ ⌂ VI–IX, China
(Hierzu viele winterharte Sorten, darunter auch 'Minima' (var. *mínima* (Sims) Voss, *R. lawrenceána* Sweet), die Zwergrose; 'Semperflorens', die Monatsrose; 'Viridiflora', die Grüne Rose, u. a.)

- *chinénsis* var. *mínima:* 20
- *cinnamómea* L. 1753: 55
- *cinnamómea* L. 1759: 43
- *coriifólia:* 15

21. **corymbífera** Borkh. (*R. dumetórum* Thuill., *R. canína* ssp. *dumetórum* (Thuill.) Parment.) ♄ ꕤ VI, Eur., N-Afr., Kl. As.

- *damascéna* auct.: 8

22. × **damascéna** Mill. (*R. gállica* × *R. phoenícea* oder *R. gállica* × *R. moscháta; R. calendárum* Borkh., *R. gállica* var. *damascéna* (Mill.) Voss) ♄ D VI–IX Ⓝ Off., Uralte Kulturrose
23. **davídii** Crép. ♄ ꕤ ∧ VI–VII, W-China
24. **davúrica** Pall. ♄ VI–VII, N-China, NO-As.

- *dumetórum:* 21

25. **écae** Aitch. ♄ ∧ V–VI, Afgh., Turkest., Pak., M-As., China

- *eglantéria:* 63
- *féndleri:* 82
- *ferrugínea:* 32

26. **-Floribunda-Rosen** ♄ VI–IX
27. **-Floribunda-Grandiflora-Rosen** ♄ VI bis IX
28. **foetida** J. Herrm. (*R. lútea* Mill.) - Fuchsrose ♄ D VI, Kl. As., Iran bis Afgh. u. NW-Him.
(Eltern der gelben und orangefarbenen Edelrosen)
29. **foliolósa** Nutt. ex Torr. et A. Gray ♄ VII–VIII, USA: Ark. u. Okla. bis Tex.

- *fraxinifólia:* 9

30. **gállica** L. - Essigrose ♄ D VI Ⓝ Off., S- u. M-Eur., westl. bis Belg. u. M-Frankr., Vord. As., in den nordöstl. USA u. in Span. eingebürg.
(Hierzu eine Reihe von Sorten)

- *gállica* var. *damascéna:* 22

31. **-Gartenrosen** (Edelrosen) (Hierzu zählen Teerosen, Teehybriden (Teehybridrosen), Remontantrosen und Pernetsche Rosen) ♄ ✂ VI–IX
32. **glaūca** Pourr. (*R. ferrugínea* auct. non Vill., *R. rubrifólia* Vill.) ♄ VI bis VII, Voges., Gebg. M-Eur., südl. bis Pyren., M-Ital., N-Alban.

- *glaucophýlla:* 35

33. **gymnocárpa** Nutt. ♄ △ ∧ VI–VII, N-Am.: Br. Kol. bis Kalif., östl. bis Mont. u. Id.
34. **hélenae** Rehd. et Wils. ♄ D ꕤ ∧ (besser ⌂) VI–VII, M-China
35. **hemisphaērica** J. Herrm. (*R. glaucophýlla* Ehrh., *R. sulphúrea* Ait.) ♄ VI bis VII, Wild unbek.
36. **hemsleýana** Täckholm ♄ VI, M-China
37. **hugónis** Hemsl. ♄ V–VI, M-China

- *húmilis:* 18
- *índica:* 20
- *índica* var. *frágrans:* 52
- *índica* var. *odoráta:* 52

38. **jundzíllii** Bess. (*R. margináta* auct. non Wallr.) ♄ VI, M- u. O-Eur., westl. bis M-Frankr. u. NW-Ital., W-As.

- *kamtschática:* 64

39. **-Kordesii-Hybriden** ♄ VI–VII
40. **laevigáta** Michx. ♄ i D ⌂ V–VI, W-Hupeh, Fukien, Taiw., in den südl. USA eingebürg.

- *lawrenceána:* 20

41. **láxa** Retz. (*R. soongárica* Bunge) ♄ VII, Turkest., Dsung.

- *lúcida:* 78
- *lútea:* 28

42. **macrophýlla** Lindl. ♄ ꕤ VI, Afgh. u. Pak. bis SW-China
43. **majális** J. Herrm. emend. Mansf. (*R. cinnamómea* L. 1759 non 1753, *R. spinosíssima* L. p. p.) - Zimtrose, Mairose ♄ D V–VI, N-, M- u. O-Eur., N- u. W-As., im östl. u. südl. N-Am. eingebürg.
(Hierzu 'Plena')

- *manéttii:* 50
- *margináta:* 38

44. **micrántha** Borrer ex Sm. ♄ VI, W-, M- u. S-Eur., bis N-Ukr., Med., im

östl. u. südl. N-Am. eingebürg.
- *microphýlla:* 62
45. **moscháta** J. Herrm. - Moschusrose ♄ ⌇ i D Ⓚ IV–VII Ⓝ, Him., Iran, Abess., im Med. u. in den südl. USA eingebürg.
(Elter vieler Strauchrosen-Sorten)
46. **moyésii** Hemsl. et Wils. ♄ ꝏ VI, Szetsch.
(Hierzu verschiedene Sorten)
47. **multibracteáta** Hemsl. et Wils. ♄ ꝏ VII, Szetsch.
48. **multiflóra** Thunb. ex Murr. (*R. polyántha* Sieb. et Zucc. non Carr.) ♄ ⌇ ꝏ VI–VII, Jap., Korea, in den östl. USA eingebürg.
(Hierzu viele Sorten hoher Kletterrosen)
49. **nítida** Willd. ♄ ꝏ VI–VII, N-Am.: Neufundl. bis Queb., südl. bis Conn.
- × *noisettiána:* 50
50. **-Noisettiana-Hybriden** (*R. chinénsis* × *R. moscháta; R.* × *noisettiána* Thory) ♄ ⌇ D ∧ - Ⓚ VI–X (Mit früher vielen Sorten, darunter 'Manettii' (*R. manéttii* Crivelli ex Rivers), 'Maréchal Niel')
51. **nutkána** K.B. Presl ♄ ꝏ VI–VII, N-Am.: Alaska bis Kalif., östl. bis Wyom.
52. **odoráta** (Andr.) Sweet (*R. índica* var. *odoráta* Andr., *R. índica* var. *frágrans* Thory, *R. théa* Savi) - Teerose ♄ i ⇝ ∧ - Ⓚ VI–IX, China
(Mit früher vielen Sorten)
53. **omeiénsis** Rolfe (*R. serícea* var. *omeiénsis* (Rolfe) G.D. Rowl.)
f. **pteracántha** (Franch.) Rehd. et Wils. ♄ ꝏ V–VI, W-Szetsch.
- *oxýodon:* 55
54. **palústris** Marsh. (*R. pensylvánica* Michx.) ♄ VII–VIII, N-Am.: N. Scot. bis Minn., südl. bis Flor. u. Ark.
55. **pendulína** L. (*R. cinnamómea* L., 1753 non 1759, *R. alpína* L.)
var. **oxýodon** (Boiss.) Rehd. (*R. oxýodon* Boiss.) ♄ ꝏ V–VI, O-Kauk.
var. **pendulína** ♄ ꝏ V–VI Off., Gebg. S- u. M-Eur., Voges.
- *pensylvánica:* 54
56. **pérsica** Michx. ex Juss. (*R. simplicifólia* Salisb., *R. berberifólia* Pall.) - Persische Rose ♄ ∧ (besser Ⓚ) VI bis VIII, Iran, Afgh. bis Dsung.
57. **pimpinellifólia** L. (*R. spinosíssima* L. p. p.) - Bibernellrose, Dünenrose
var. **altáica** (Willd.) Thory ♄ V–VI, Sib., Dsung., Altai
var. **pimpinellifólia** ♄ V–VI, Eur., W-As., Med., N-Afr., in N-Am. eingebürg.
(Elter vieler Sorten)
58. **pisocárpa** A. Gray ♄ ꝏ D VI–VIII, N-Am.: Br. Kol. bis Kalif., östl. bis Id.
- × *polyántha* Carr.: 60
- *polyántha* Sieb. et Zucc.: 48
59. **-Polyantha** ♄ VI–IX
60. **-Polyantha-Hybriden** (*R.* × *polyántha* Carr., *R.* × *rehderiána* Blackburn) ♄ VI–IX
- *pomífera:* 77
61. **práttii** Hemsl. ♄ VI–VII, W-China
- *regeliána:* 64
- × *rehderiána:* 60
- *répens:* 5
62. **roxbúrghii** Tratt. (*R. microphýlla* Roxb. ex Lindl.) ♄ ꝏ VI, China, Jap.
63. **rubiginósa** L. (*R. eglantéria* L. p. p.) - Weinrose, Schottische Zaunrose ♄ ꝏ VI Ⓝ, Eur., Kauk., Kl. As., in N-Am. eingebürg.
(Hierzu verschiedene Sorten)
- *rubrifólia:* 32
64. **rugósa** Thunb. (*R. regeliána* Lind. et André, *R. kamtschática* Vent.) - Kartoffelrose ♄ D ꝏ V–IX Ⓝ, Gem. u. nördl. Teile O-As. bis Kuril., Kamtsch., Sachal., in Teilen N-, W- u. M-Eur. sowie im nordöstl. N-Am. eingebürg.
(Mit vielen Sorten)
65. × **rugótida** Darthuis (*R. nítida* × *R. rugósa*) ♄ V–IX
66. **sempérvirens** L. (*R. baleárica* Desf.) ♄ i ⌇ Ⓚ VI–VII, Med., SW-Eur.
(Hierzu früher viele Sorten)
- *sépium:* 2
67. **serafínii** Viv. ♄ ꝏ △ VI, M-Med., Bulg., S-Jugosl.
68. **serîcea** Lindl. ♄ V, W-Him.
- *serícea* var. *omeiénsis:* 53
69. **setígera** Michx. - Prärierose ♄ ⌇ VII bis VIII, N-Am.: N. Y. u. Ont. bis Nebr., südl. bis Flor. u. Tex., in Neuengl. eingebürg.

(Elter mancher Kletterrosen)
70. **setípoda** Hemsl. et Wils. ♄ ꝏ VII, M-China
71. **sícula** Tratt. ♄ ꝏ △ D ∧ VI, Med.
- *simplicifólia:* 56
- *soongárica:* 41
72. **soulieána** Crép. ♄ ⸾ D ∧ VI–VII, W-China
- *spinosíssima:* 43, 57
73. **stelláta** Woot. ♄ ꝏ △ VI–VII, USA: Tex., New Mex.
- *sulphúrea:* 35
74. **sweginzówii** Koehne ♄ ꝏ VI, NW-China
- *théa:* 52
75. **tomentósa** Sm. – Filzrose, Waldrose ♄ ꝏ VI–VII, Eur., Kauk., Kl. As., in Prince Edward Isl. eingebürg.
76. **tuschética** Boiss. ♄ D V–VI, Dagestan
77. **villósa** L. (*R. pomífera* J. Herrm.) – Apfelrose ♄ ꝏ VI–VII Ⓝ, Eur., Vord. As., Kauk.
78. **virginiána** J. Herrm. (*R. carolinénsis* Marsh., *R. lúcida* Ehrh.) ♄ ꝏ VI–VII, N-Am.: Neufundl. bis Ont., südl. bis Virg., N-Carol., Alab. u. Missouri
79. **watsoniána** Crép. ♄ ⸾ VI, Nur in Kult. bek.
80. **wichuraiána** Crép. ♄ ⸾ ⟿ ∧ VI bis VIII, Jap., Korea, Taiw., O-China, im östl. N-Am. verwild.
(Elter vieler Kletterrosen-Sorten)
81. **willmóttiae** Hemsl. ♄ D VI–VII, W-China
82. **wóodsii** Lindl.
var. **féndleri** (Crép.) Rehd. (*R. féndleri* Crép.) ♄ VI–VII, N-Am.: Ont. u. Minn. bis Br. Kol., südl. bis Missouri, Nebr. u. Ariz.; N-Mex.
83. **xánthina** Lindl. ♄ V–VI, Korea, N-China, Mongol., Turkest.

Roscóea Sm. – f. – *Zingiberáceae*
1. **alpína** Royle ♃ △ ∧ VI–VIII, Ind., Nepal, Tib., Sikk., Bhut.
2. **cautleoídes** Gagnep. ♃ △ ∧ VI bis VIII, NW-Jünn., Szetsch.
3. **humeána** Balf. f. et W. W. Sm. ♃ △ ∧ V–VI, W-Jünn., Szetsch.
4. **purpúrea** Sm. ♃ △ ∧ VIII–IX, Him.

Roseocáctus fissurátus: Ariocárpus 2
- *kotschoubeyánus: Ariocárpus* 3
- *llóydii: Ariocárpus* 2

Roseocéreus tetracánthus: Harrísia 6

Rossioglóssum (Schlechter) Garay et G. C. Kennedy – n. – *Orchidáceae*
1. **gránde** (Lindl.) Garay et G. C. Kennedy (*Odontoglóssum gránde* Lindl.) ♃ Ⓚ IX–III ✻, Mex., Guat.
2. **insleáyi** (Barker ex Lindl.) Garay et G. C. Kennedy (*Odontoglóssum insleáyi* Barker ex Lindl.) Ⓚ X–XII ✻, Mex.
3. **schlieperiánum** (Rchb. f.) Garay et G. C. Kennedy (*Odontoglóssum schlieperiánum* Rchb. f.) ♃ Ⓚ IX–III ✻, Costa R., Pan.
4. **williamsiánum** (Rchb. f.) Garay et G. C. Kennedy (*Odontoglóssum williamsiánum* Rchb. f.) ♃ Ⓚ VII–IX ✻, Guat., Hond., Costa R.

Rosmarínus L. – m. – *Labíatae*
1. **officinális** L. – Rosmarin ♄ i D ∧ (besser Ⓐ oder Ⓚ) V–VI Ⓝ Off., Med., bis Port. u. NW-Span.

Rosulária (DC.) Stapf – f. – *Crassuláceae*
1. **aïzóon** (Fenzl) Berger (*Umbilícus aïzóon* Fenzl, *Cotylédon aïzóon* (Fenzl) Schönl., *R. pállida* (Schott et Kotschy) Stapf) ♃ i △ ∧ VII, Anat.
2. **chrysántha** (Boiss. et Heldr.) Takht. (*Umbilícus chrysánthus* Boiss. et Heldr.) ♃ i △ VI–VIII, Anat.
- *libanótica:* 4
- *pállida:* 1
- *pestalózzae:* 4
3. **sedoídes** (Decne.) H. Ohba (*Sempervivélla álba* (Edgew.) Stapf, *Sempervivélla sedoídes* (Decne.) Stapf, *Sempervívum álbum* Edgew., *Sempervívum sedoídes* Decne.) ♃ ∧ III–IV, Kaschm.
4. **sempervívum** (M. B.) Berger (*R. libanótica* (L.) Sam. quoad descr., non quoad basion., *Cotylédon sempervívum* M. B., *Umbilícus sempervívum* (M. B.) DC., *Cotylédon libanótica* Labill., non *Sédum libanóticum* L., *Umbilícus libanóticus* (Labill.) DC., *U. pestalózzae* Boiss., *R. pestalózzae* (Boiss.) Sam.) ♃ i △ ∧ VI, Kauk., NW-Iran, Irak, Ägypt.

Rothmánnia Thunb. – f. – *Rubiáceae*
1. **capénsis** Thunb. (*Gardénia rothmánnia* L. f.) ♄ i Ⓚ VII, S-Afr.

2. **globósa** (Hochst.) Keay (*Gardénia globósa* Hochst.) ♄ i D ⌂ VI, Nat.
3. **longiflóra** Salisb. (*Rándia maculáta* DC., *Gardénia stanleyána* Hook.) ♄ i ⌂ VI–VII, Sierra Leo.

Roupala Aubl. - f. - *Proteáceae*
1. **brasiliénsis** Klotzsch (*R. póhlii* Meissn.) ♄ i ⌂, Bras.
- *corcovadénsis:* 2
2. **macrophýlla** Pohl (*R. corcovadénsis* hort. ex Meissn.) ♄ i ⌂, Bras.
- *póhlii:* 1

Roystónea O.F. Cook - f. - *Pálmae*
Königspalme
1. **olerácea** (Jacq.) O.F. Cook (*Oreodóxa olerácea* (Jacq.) Mart.) ♄ i ⌂, Trin., Barbados, Venez., O-Kol.
2. **régia** (H. B. K.) O.F. Cook (*Oreodóxa régia* H. B. K.) - Königspalme ♄ i ⌂, Kuba

Rúbia L. - f. - *Rubiáceae*
Krapp
1. **cordifólia** L. ♃ ⓦ, NW-Him. durch Ind., Ceyl. bis Malak., Dahur., Jap.
2. **peregrína** L. - Levantinische Krappwurzel ♃ ⌂ ⓦ, S- u. W-Eur., Med.
3. **tinctórum** L. ♃ VI–VII ⓝ Off., Vord. As., M-As., in S-, W- u. M-Eur. sowie N-Afr. eingebürg.

Rúbus L. - m. - *Rosáceae*
Himbeere, Brombeere
1. **allegheniénsis** Porter - Brombeere ♄ ꝏ ⓦ, N-Am.: N. Scot. u. Queb. bis Minn., südl. bis Maryl., N-Carol., Tenn. u. Missouri
2. **álmus** L.H. Bailey - Brombeere ♄ ꝏ ⓦ, Tex.
3. **árcticus** L. ♃ △ VI–IX, N-Eur., arkt. N-As. u. N-Am.: Labr. bis Alaska, südl. bis Neufundl., Queb., Manit. u. Alb.
4. **armeníacus** Focke - Brombeere ♄ ⓦ, Kauk., in Österr. u. Deutschl. häufig verwild.
5. **austrális** G. Forst. ♄ ≷ i ⌂, Neuseel.
6. **bellóbatus** L.H. Bailey ♄ ꝏ ⓦ, N-Am.: Queb. bis Mich., südl. bis Verm. u. N. Jers.
7. **biflórus** Buch.-Ham. ♄ ≷ D ∧ V, Him.
8. **bífrons** Vest ex Tratt. - Brombeere ♄ ꝏ ⓦ, W- u. M-Eur., südl. bis Ital.
9. **calycinoídes** Hayata (*R. fockeánus* hort. non Kurz) ♄ ⁓ i △ ∧ V–VII, Taiw.
10. **chamaémorus** L. - Moltebeere ♃ △ VI ⓝ ▽, Zirkumpol., in Eur. südl. bis Niedersachsen u. NW-Tschechosl., in N-Am. südl. bis Maine, Long Isl., Manit. u. Br. Kol.
11. **cockburniánus** Hemsl. (*R. giraldiánus* Focke) ♄ ∧ VI, N- u. M-China
12. **coreánus** Miq. ♄ V–VI, Jap., Korea, China
13. **crataegifólius** Bunge ♄ V–VI, Jap., Korea, N-China, Mongol.
14. **cuneifólius** Pursh (*R. parvifólius* Walt. non L.) - Sandbrombeere ♄ ꝏ ⓦ, Östl. USA: Conn. bis Flor.
15. **deliciósus** Torr. ♄ V, USA: Color.
16. **flagelláris** Willd. - Sumpfhimbeere ♄ ⁓ i ꝏ V–VI ⓦ, N-Am.: Maine u. Queb. bis Minn., südl. bis Georg. u. Ark.
- *fockeánus:* 9
17. **frondósus** (Torr.) Bigel. - Brombeere ♄ ꝏ ⓝ N-Am.: Mass. u. Ont. bis Indiana, südl. bis Virg.
18. **fruticósus** L. - Echte Brombeere (Sammelart mit etwa 2000 Kleinarten) ♄ ⓦ, Eur.
- *giraldiánus:* 11
19. **glaúcus** Benth. - Himbeere ♄ ꝏ ⌂ ⓦ, Costa R. bis Ek.
20. **hényri** Hemsl. et O. Kuntze var. **bambusárum** (Focke) Rehd. ♄ i ≷ VI, M-China
21. **idaéus** L. s. str. - Himbeere ♄ V–VIII ⓝ Off., Eur., gem. u. subarkt. As., im nordöstl. N-Am. eingebürg.
- *idaéus* ssp. *strigósus:* 40
- *idaéus* var. *strigósus:* 40
22. **illecebrósus** Focke - Erdbeer-Himbeere ♄ ꝏ VII–X ⓦ, Jap.
- *incísus:* 29
23. **inérmis** Pourr. (*R. ulmifólius* Schott) - Brombeere ♄ ꝏ ⓝ VI–VII, S-, W- u. M-Eur., NW-Afr., Makarones.
24. **laciniátus** (West.) Willd. - Brombeere ♄ ꝏ ⓦ, VI–VII, Herkunft unbek., in Eur. u. N-Am. häufig eingebürg.
25. **lasiostýlus** Focke ♄ ꝏ VI, M-China
26. **leucodérmis** Dougl. ex Torr. et A. Gray ♄ V–VI, N-Am.: Br. Kol. bis Kalif., östl. bis Mont., Utah u. Nev.
27. **loganobáccus** L.H. Bailey (*R. ursínus*

var. *loganobáccus* (L. H. Bailey) L. H. Bailey) - Loganberry u. Boysenberry der Amerikaner ♄ ♣ ⓦ, Entstand in Kalif., in den pazif. USA häufig kult.

28. **macropétalus** Dougl. ex Hook. - Brombeere ♄ ♣ ⓦ, N-Am.: Br. Kol. bis N-Kalif.
- *macrostémon:* 34
29. **microphýllus** L. f. (*R. incísus* Thunb.) ♄ VI-VII, Jap., China
- *moluccánus:* 35
- *nutkánus:* 32
30. **occidentális** L. - Schwarze Himbeere ♄ ♣ ⓦ V-VI, N-Am.: Queb. bis Minn. u. Color., südl. bis Georg. u. Ark.
31. **odorátus** L. VI-VIII, N-Am.: Queb. u. Ont. bis Mich., südl. bis N-Carol., Georg. u. Tenn.
32. **parviflórus** Nutt. (*R. nutkánus* Moç. ex Ser.) ♄ VI-VIII, N-Am.: Ont. u. Mich. bis S-Alaska, südl. bis Ariz. u. Kalif.; Mex.
- *parvifólius:* 14
33. **phoenicolásius** Maxim. - Japanische Weinbeere ♄ VI-VII ⓦ, Jap., Korea, China
- *polýtrichus:* 41
34. **procérus** P. J. Muell. (*R. macrostémon* Focke) ♄ ♣, S-, W- u. M-Eur.
35. **refléxus** Ker.-Gawl. (*R. moluccánus* hort. non L.) ♄ i ⌇ ⓦ, China
36. **roribáccus** (L. H. Bailey) Rydb. - Brombeere ♄ ♣ W, N-Am.: Mass. bis Queb., südl. bis Penns. u. Kent.
37. **rósa** L. H. Bailey - Brombeere ♄ ♣ ⓦ, N-Am.: N. Scot. bis Minn., südl. bis Virg. u. Missouri
38. **spectábilis** Pursh ♄ ∧, N-Am.: Alaska bis Kalif., östl. bis Id.
39. **squarrósus** Fritsch ♄ ⌇ i ⓚ, Neuseel.
40. **strigósus** Michx. (*R. idǣus* var. *strigósus* (Michx.) Maxim., *R. idǣus* ssp. *strigósus* (Michx.) Focke) - Himbeere ♄ ♣ ⓦ, N-Am.: Labr. u. Neufundl. bis Br. Kol., südl. bis Virg., N-Carol. u. Wyom.
- *titánus:* 45
41. **trícolor** Focke (*R. polýtrichus* Franch.) ♄ ∧ VII-VIII, W-China
42. **triviális** Michx. - Brombeere ♄ ♣ ⓦ, USA: Maryl. bis Missouri, südl. bis Flor., Tex. u. Okla.
- *ulmifólius:* 23
43. **ursínus** Cham. et Schlechtend. - Brombeere ♄ i ♣ ⓦ, USA: Oreg. bis Kalif.; Nied. Kalif.
- *ursínus* var. *loganobáccus:* 27
44. **vélox** L. H. Bailey - Brombeere ♄ ♣ ⓦ, Nur in Kult. bek.
45. **vitifólius** Cham. et Schlechtend. var. **titánus** (L. H. Bailey) L. H. Bailey (*R. titánus* L. H. Bailey) - Riesenbrombeere ♄-♄ ♣ ⓦ, Nur in Kult. bek.

Rudbéckia L. - f. - *Compósitae*
Sonnenhut

- *amplexicaúlis: Dracópis* 1
- *angustifólia: Heliánthus* 1
- *bícolor:* 2
- *dēámii:* 1

1. **fúlgida** Ait.
var. **dēámii** (S. F. Blake) Perdue (*R. dēámii* S. F. Blake) ♃ VIII-IX, USA: Indiana
var. **fúlgida** ♃ VIII-X, USA: N. Jers. bis Ill., südl. bis Flor. u. Louis.
var. **speciósa** (Wender.) Perdue (*R. speciósa* Wender., *R. newmánii* Loud.) ♃ ✂ VIII-X, USA: N. Y. bis Missouri, südl. bis Georg. u. Alab.
var. **sullivántii** (Boynton et Beadle) Cronq. (*R. sullivántii* Boynton et Beadle, *R. speciósa* var. *sullivántii* (Boynton et Beadle) Robins., *R. palústris* Small) ♃ VIII-X, USA: Ohio u. Mich. bis Missouri, südl. bis Alab. u. Ark.
(Hierzu einige Sorten)
2. **hírta** L.
var. **hírta** ⊙-⊙ VII-IX, USA: Maine bis Penns. u. Ill., südl. bis Georg. u. Alab., in M-Eur. eingebürg.
var. **pulchérrima** Farw. (*R. bícolor* Nutt., *R. serótina* Nutt.) ⊙ VIII-IX, USA: Indiana bis Missouri u. Okla., südl. bis Alab. u. Tex., in S-Kan., den übrigen USA u. Mex. eingebürg.
3. **lacináta** L.
var. **húmilis** L. H. Gray (*R. laevigáta* Pursh) ♃ VII-IX, USA: Gebg. Virg., Kent. bis Georg. u. Tenn.
var. **laciniáta** ♃ VII-VIII, N-Am.: Queb. bis Mont., südl. bis Flor.,

Louis., Tex., New Mex. u. Ariz., in M-Eur. eingebürg.
- *laevigáta:* 3
4. **máxima** Nutt. ♃ VII–IX, USA: Tex. u. Louis., nördl. bis Missouri
- *newmánii:* 1
5. **nítida** Nutt. ♃ VII–IX, USA: Georg. bis Flor. u. Tex.
- *palústris:* 1
- *purpúrea: Echinácea* 2
- *serótina:* 2
- *speciósa:* 1
- *speciósa* var. *sullivántii:* 1
6. **subtomentósa** Pursh ♃ VII–IX, USA: Indiana bis Wisc. u. Iowa, südl. bis Tex. u. Louis.
- *sullivántii:* 1
7. **tríloba** L. ⊙–⊙ VII–IX, USA: N. Y. bis Minn., südl. bis Georg., Louis., Okla., in Neuengl. eingebürg.

Rudolfiélla Hoehne - f. - *Orchidáceae*
1. **aurantíaca** (Lindl.) Hoehne (*Lindleyélla aurantíaca* (Lindl.) Schlechter) ♃ ⓦ IX–X ✱, Trin., Guay., Venez.

Ruéllia L. - f. - *Acantháceae*
- *amoéna:* 1
- *ciliósa:* 2
- *devosiána: Dipteracánthus* 1
1. **graecízans** Backer (*R. amoéna* Nees, *R. longifólia* (Pohl) Griseb. non L. C. Rich., *Stephanophýsum longifólium* Pohl) ♄ ⓦ V–X, S-Am.
2. **húmilis** Nutt. (*R. ciliósa* auct. non Pursh) ♃ ⓚ VIII–IX, USA: Penns. bis Nebr., südl. bis Flor., Alab., Louis. u. Tex.
- *longifólia:* 1
3. **macrántha** Mart. ex Nees ♄ ⓦ XII bis V, Bras.
- *maculáta: Sýmpagis* 1
- *makoyána: Dipteracánthus* 2
- *portéllae: Dipteracánthus* 3
- *repánda: Hemígraphis* 2
4. **strépens** L. ♃ ∧ (besser ⓐ) VIII bis IX, USA: N. Jers. bis Kans., südl. bis S-Carol. u. Tex.

Rúmex L. - m. - *Polygonáceae*
Ampfer
- *acetósa* var. *horténsis:* 8
1. **acetosélla** L. (*Acetosélla vulgáris* (W. D. J. Koch) Fourr.) ♃ ⁓ V–VII, Eur., Sib., O-As., Med., NW-Afr., in N-Am. eingebürg.
2. **alpínus** L. (*Acetósa alpína* (L.) Moench) - Alpenampfer ♃ VII bis VIII ⓝ, Höhere Gebg. M- u. S-Eur. bis Kauk. u. Arm., in Engl. eingebürg.
3. **críspus** L. ♃ ⁓ VI–VIII, Eur., Med., As., in N-Am. eingebürg.
4. **flexuósus** Soland. ex Hook. f. ♃ ∧ VI bis VII, Neuseel.
5. **hymenosépalus** Torr. ♃ VII–VIII ⓝ, USA: Okla., W-Tex. bis Kalif.
6. **obtusifólius** L. ♃ ⁓ VII, Eur. bis W-Sib., Vord. As., Med., Alger.
7. **patiéntia** L. - Gartenampfer, Gemüseampfer ♃ VII–VIII ⓝ, Östl. M-Eur., SO-Eur. bis Vord. As., in den USA eingebürg.
8. **rugósus** Campd. (*R. acetósa* L. var. *horténsis* Dierb.) - Gartensauerampfer ♃ V–VIII ⓝ, Nur in Kult. bek.
9. **scutátus** L. (*Acetósa scutáta* (L.) Mill.) - Römischer Ampfer ♃ VI bis VIII ⓝ, S-, W- u. M-Eur., Vord. As., Kauk., NW-Afr.
10. **vesicárius** L. ♃ ⓝ, Griech., N-Afr., Vord. As., Ind., Malak.

Rumóhra Raddi - f. - *Aspidiáceae*
1. **adiantifórmis** (G. Forst.) Ching (*Arachniódes adiantifórmis* (G. Forst.) Tindale, *Polýstichum adiantifórme* (G. Forst.) J. Sm.) - Lederfarn ♃ i ⓚ, S-Afr., M- u. S-Am., Austral., Polyn., Neuseel.
- *nippónica: Arachniódes* 2

Rupicápnos Pomel - f. - *Papaveráceae*
1. **africána** (Lam.) Pomel (*Fumária africána* Lam.) ♃ V–VI ⓐ ▽, NW-Afr., SW-Span.

Rúschia Schwant. - f. - *Aizoáceae*
1. **odontócalyx** (Schlechter et Diels) Schwant. (*R. rupícola* (Engl.) Schwant.) ♄ ⓚ, Namib., Kap
2. **perfoliáta** (Mill.) Schwant. ♄ ⓚ, Kap
- *rupícola:* 1
3. **semidentáta** (Salm-Dyck) Schwant. ♄ ⓚ, Kap
4. **tumídula** (Haw.) Schwant. ♄ ⓚ, Kap, Namib.
5. **umbelláta** (L.) Schwant. ♄ ⓚ, Kap
6. **uncináta** (L.) Schwant. ♄ ⓚ, Kap, Namib.

7. **vulvária** (Dint.) Schwant. ħ ⌂K, Namib.

Rúscus L. - m. - *Liliáceae*
Mäusedorn
1. **aculeátus** L. - Mäusedorn ħ i ∧ (besser ⌂K) III–IV, W-, S- u. südl. M-Eur., Med., Schw. Meer
- *andrógynus: Sémele* 1
2. **hypoglóssum** L. ħ i ⌂K IV–V, N-Ital. u. Österr. sowie Tschechosl. bis Krim, N-Anat.
3. **hypophýllum** L. ħ i ⌂K V–VI, W-Med., Siz., Mad., in Kreta eingebürg.
- *racemósus: Dánaë* 1

Ruspólia Lindau - f. - *Acantháceae*
1. **setícalyx** (C.B. Clarke) Milne-Redh. (*Pseuderánthemum setícalyx* (C.B. Clarke) Stapf) ħ i ⌂W, Trop. O-Afr.

Russélia Jacq. - f. - *Scrophulariáceae*
1. **equisetifórmis** Schlechtend. et Cham. (*R. júncea* Zucc.) ħ ⌇ ⌂K V–X, Mex., durch M-Am. u. Westind. bis Guay., Kol., Peru
- *júncea:* 1
2. **sarmentósa** Jacq. ħ ⌂K V–X, Wärm. Mex., Kuba

Rúta L. - f. - *Rutáceae*
Raute
1. **gravéolens** L. ♃–ħ D ☠ VI–VII Ⓝ, Balk., Med., weltweit kult., in S-Eur. eingebürg.
- *patavína: Haplophýllum* 1

Ruttléya Harv. - f. - *Acantháceae*
1. **fruticósa** Hemsl. ħ ⌂W, Östl. trop. Afr.

Ryánia Vahl - f. - *Flacourtiáceae*
1. **pyrífera** (L.C. Rich.) Uittien (*R. speciósa* Vahl, *Patrísia pyrífera* L.C. Rich.) ♄ ⌂W Ⓝ, Westind.

Rydbérgia grandiflóra: Hymenóxys 2

Rytidophýllum Mart. 1829 (*Rhytidophýllum* Mart. 1832) - n. - *Gesneriáceae*
1. **tomentósum** (L.) G. Don ħ ⌂W VII bis IX, Jam.

Sabadílla officinális: Schoenocáulon 1

Sábal Adans. - f. - *Pálmae*
- *adansónii:* 3
1. **blackburniána** Glazebr. ex Schult. et Schult. f. (*S. umbraculífera* (Jacq.) Mart.) ♄ ⌂W, Heimat unbek.
2. **mauritiifórmis** (Karst.) Griseb. et H. Wendl. ♄ ⌂W, Mex. bis Venez., Trin.
3. **mínor** (Jacq.) Pers. (*S. adansónii* Guersent) ♄ ⌂K, USA: N-Carol. bis Flor., S-Tex. u SW-Ark.
4. **palmétto** (Walt.) Lodd. ex Schult. et Schult. f. - Palmettopalme ♄ ⌂W, USA: N-Carol. bis Georg. u. Flor.; Bahama
- *umbraculífera:* 1

Sabátia Adans. - f. - *Gentianáceae*
1. **anguláris** (L.) Pursh ⊙ ⌂K ▭ VII bis IX, N-Am.: N. Y. u. Ont. bis Wisc. u. Missouri, südl. bis Flor., Louis. u. Okla.
2. **campéstris** Nutt. ⊙ ⌂K ▭ VII–IX, USA: Ill. bis Iowa, südl. bis Ark., Okla. u. Tex.
3. **chloroídes** Pursh ⊙ ⌂K ▭ VII–IX, USA: Mass. bis N-Carol.

Sáccharum L. - n. - *Gramíneae*
Zuckerrohr
1. **arundináceum** Retz. ♃ ⌂W Ⓝ, NO-Ind. bis Malak.
2. **bárberi** Jesw. (*S. officinárum* ssp. *bárberi* (Jesw.) Burk.) ♃ ⌂W Ⓝ, N-Ind., nur in Kult. bek.
3. **officinárum** L. ♃ ⌂W Ⓝ, Trop. SO-As., Polyn., nur in Kult. bek.
- *officinárum* ssp. *bárberi:* 2
- *officinárum* ssp. *sinénse* var. *sinénse:* 6
- *paníceum: Pogonátherum* 1
4. **ravénnae** (L.) Murr. (*Eriánthus ravénnae* (L.) P. Beauv.) - Seidengras ♃ ∧ IX–X, Med. bis Turkest., NW-Ind., Somalia, in den südöstl. USA stellenweise eingebürg.
5. **robústum** Brandis et Jesw. ex Grassl ♃ ⌂W Ⓝ, N. Guin. u. benachb. Ins.
- *saccharoídeum: Pogonátherum* 1
6. **sinénse** Roxb. (*S. officinárum* ssp. *sinénse* (Roxb.) Burk. var. *sinénse*) ♃ ⌂W Ⓝ, N-Ind., südl. China, Jap., nur in Kult. bek.
7. **spontáneum** L. ♃ ⌂W, Ind., Mal. Arch., S-China, Phil., N- Guin., SW- u. M-As., Ägypt.

Saccolábium ampulláceum: Ascocéntrum 1
- *bellínum: Gastrochílus* 1
- *coeléste: Rhynchostýlis* 1
- *gigantéum: Anóta* 1
- *violáceum: Anóta* 2

Sagerétia Brongn. - f. - *Rhamnáceae*
1. **théa** (Osbeck) M.C. Johnst. (*S. théezans* (L.) Brongn.) ♄ D Ⓚ - Ⓦ, Jap., Riukiu-Ins., Taiw., M- u. O-China, Ind.

Sagína L. - f. - *Caryophylláceae*
Mastkraut
1. **subuláta** (Sw.) K.B. Presl (*S. pilífera* hort.) - Sternmoos ♃ 〰 VI–VIII, SW- u. M-Eur. bis Schwed. u. Norw.

Sagittária L. - f. - *Alismatáceae*
Pfeilkraut
- *alpína:* 9
1. **chiléns**is Cham. et Schlechtend. (*S. montevidénsis* ssp. *chiléns*is (Cham. et Schlechtend.) Bogin) ♃ 〰-≋ Ⓚ, Chile
- *chinénsis:* 5
2. **engelmanniána** J. G. Sm. ♃ 〰 Ⓚ, USA: Mass. bis S-Carol.
- *falcáta:* 4
- *filifórmis:* 13
- *grácilis:* 5
3. **gramínea** Michx. ♃ 〰 - ≋ Ⓚ, N-Am.: Neufundl. u. Labr. bis Ont. u. S-Dak., südl. bis Flor., Louis. u. Tex.; Kuba, in Pan., auf Java u. in Austral. eingebürg.
- *gramínea* var. *platyphýlla:* 10
- *gramínea* var. *téres:* 14
- *hastáta:* 5
4. **lancifólia** L. (*S. falcáta* Pursh) ♃ 〰 Ⓦ VII–IX, USA: Del. u. Maryl. bis Flor. u. Tex.; Mex., M-Am., nördl. S-Am., Westind.
5. **latifólia** Willd. (*S. grácilis* Pursh, *S. hastáta* Pursh, *S. símplex* Pursh, *S. sagittifólia* auct. non L., *S. chinénsis* Pursh, *S. longiróstra* (Michx.) J. G. Sm., *S. obtúsa* Mühlenb. ex Willd.) ♃ 〰 ∧ (besser Ⓚ), N-Am.: N. Scot. bis Br. Kol., südl. bis S-Carol., Flor., Alab., Louis., Okla. u. Kalif.; Mex., nordwestl. S-Am., in Eur. stellenweise eingebürg.
- *leucopétala:* 11
6. **longíloba** Engelm. ex Torr. ♃ ≋ Ⓚ, USA: Nebr. bis Kalif.; Mex.
- *longiróstra:* 5
- *loráta:* 13
7. **macrophýlla** Zucc. ♃ 〰 - ≋ Ⓚ, Südl. USA, Mex.
8. **montevidénsis** Cham. et Schlechtend. ♃ 〰 Ⓦ VI–VIII, Bras., Urug., Arg.
- *montevidénsis* ssp. *chilénsis:* 1
- *nátans* Michx.: 13
9. **nátans** Pall. (*S. alpína* Willd.) ♃ ≋, NO-Eur., südl. bis 55° N im S-Ural, NO-As.
- *obtúsa:* 5
10. **platyphýlla** (Engelm.) J. G. Sm. (*S. gramínea* var. *platyphýlla* Engelm.) ♃ 〰 - ≋ Ⓚ, USA: Missouri bis Kans., südl. bis Alab., Louis. u. Tex.; M-Am.
- *sagittifólia* auct. non L.: 5
11. **sagittifólia** L. - Pfeilkraut
ssp. **leucopétala** (Miq.) Hartog ex Steenis (*S. leucopétala* Miq.) ♃ 〰 VI–VII Ⓝ, Subtrop. u. trop. S- u. SO-As., Schw. Meer u. Arab. bis S-Ind., Vietn., S-China
ssp. **sagittifólia** ♃ 〰 VI–VII, Euras.
- *símplex:* 5
12. **sinénsis** Sims ♃ 〰 Ⓚ Ⓝ, Jap., Korea, China, Ind. bis S-Ukr.
13. **subuláta** (L.) Buchenau (*Alísma subulátum* L., *S. nátans* Michx. non Pall., *S. loráta* (Chapm.) Small, *S. filifórmis* J. G. Sm.) ♃ ≋ Ⓚ - Ⓦ, USA: Mass. bis Flor. u. Alab.; Kol. u. Venez. bis S-Bras. (eingebürg.?), in Ung. u. Rum. eingebürg.
14. **téres** S. Wats. (*S. gramínea* var. *téres* (S. Wats.) Bogin) ♃ ≋ Ⓚ, USA: Mass. bis Maryl.

Saintpaulia H. Wendl. - f. - *Gesneriáceae*
Usambaraveilchen
1. **confúsa** B.L. Burtt (*S. kewénsis* hort. non C.B. Clarke, *S. diplótricha* hort. non B.L. Burtt) ♃ i Ⓦ, Tans.
- *diplótricha:* 1
2. **goetzeána** Engl. ♃ i Ⓦ - ? Ⓚ, Tans.: Uluguru
3. **grótei** Engl. ♃ i Ⓦ, Tans.
4. **ionántha** H. Wendl. - Usambaraveilchen ♃ i Ⓦ I–XII, Tans.
5. **-Ionantha-Hybriden** ♃ i ▽ Ⓦ, I–XII
- *kewénsis:* 1
6. **magungénsis** E.P. Roberts ♃ i Ⓦ, Tans.
7. **tongwénsis** B.L. Burtt ♃ i Ⓦ, NO-Tans.

Salácca Reinw. - f. - *Pálmae*

1. **zalúcca** (Gaertn.) Voss (*S. edúlis* Reinw.) ♄ ⌂ ⓝ, Indones., Malays.

Sálgada: Eusideróxylon

- *lauriflóra: Eusideróxylon* 1

Salicórnia L. - f. - *Chenopodiáceae*
Glasschmalz, Queller

1. **europaēa** L. (*S. herbácea* (L.) L.) - Queller ⊙ VIII-X, NW-Eur., N-Deutschl.; diese oder nahe verwandte Arten im restl. Eur. u. in N-Afr., N-As., N-Am.

Salisbúria adiantifólia: Gínkgo 1

Sálix L. - f. - *Salicáceae*
Weide

1. **acutifólia** Willd. (*S. daphnoídes* ssp. *acutifólia* (Willd.) Dahl) ♄ III ⓝ, NO-Pol., Rußl., Sib., Altai, Dsung., Mandsch.
- *adenophýlla:* 15
2. **aegyptíaca** L. (*S. medémii* Boiss.) ♄ III-IV ⓝ, Griech., asiat. Gebg.
3. **álba** L. - Silberweide, Eur., W- u. S-As., W-Sib., Him., Tib., N-Afr., in N-Am. eingebürg.
ssp. **álba** ♄ IV-V ⓝ
ssp. **vitellína** (L.) Arcang. (var. *vitellína* (L.) Stokes) - Dotterweide ♄ IV-V ⓝ
'Tristis' (var. *trístis* (Ser.) Gaud., var. *vitellína-péndula* Rehd.) - Trauerweide ♄
- *álba* var. *vitellína:* 3
- *álba* var. *vitellína-péndula:* 3
- *álba* var. *trístis:* 3
- *americána:* 54
- *amygdálina:* 60
4. **amygdaloídes** Anderss. - Pfirsichweide ♄ -♄ IV-V, N-Am.: Queb. bis Br. Kol., südl. bis Penns., Kent., Tex. u. Ariz.; N-Mex.
5. **ápoda** Trautv. ♄ △ IV, Kauk., Elbrus-Gebg.
- *arenária:* 51
6. **auríta** L. - Ohrweide ♄ ⏦ IV-V ⓝ, Eur., W-As.
7. **babylónica** L. (*S. elegantíssima* K. Koch) ♄ ∧ IV-V ⓝ, Transkauk. bis China u. Jap.
- *babylónica* var. *pekinénsis:* 39
- *bícolor:* 47
8. × **blánda** Anderss. (*S. babylónica* × *S. frágilis*) ♄ IV-V
9. **bóckii** Seemen ♄ ∧ VIII-IX, W-China
10. **caēsia** Vill. ♄ △ ⏦ V, Alp., S-Ural
11. **cándida** Flüggé ex Willd. ♄ ⏦ IV, N-Am.: Neufundl. u. Labr. bis Alaska, südl. bis N. Jers., Iowa, Mont., Color., Id., Br. Kol.
12. **cáprea** L. - Salweide ♄-♄ III-IV ⓝ, Eur., Sib., M-As., Kl. As. bis Iran, O-As.
13. × **chrysócoma** Dode (*S. álba* ssp. *vitellína* × *S. babylónica*) ♄ IV-V
14. **cinérea** L. ♄ III-IV ⓝ, Eur. bis Kamtsch. u. Iran, N-Afr.
15. **cordáta** Michx. (*S. adenophýlla* Hook.) ♄ V, N-Am.: Labr. bis N-Ont., südl. bis Mass., N.Y., Mich., Ill. u. Wisc.
- *cordáta* Mühlenb: 54
16. × **cottétii** Kerner (*S. myrsinifólia* × *S. retúsa*) ♄ △ ⏦, Alp.
17. **daphnoídes** Vill. - Reifweide ♄-♄ III bis IV ⓝ, N-Eur., Gebg. M- u. SO-Eur., M-As., Him., O-Sib., Amur, Sachal., NO-China
- *daphnoídes* ssp. *acutifólia:* 1
18. × **dasýclados** Wimm. (Vermutlich *S. cáprea* × *S. cinérea* × *S. viminális*) - Bandstockweide ♄ III-IV ⓝ, NO-Deutschl., NO-Eur., N-As.
19. **díscolor** Mühlenb. ♄-♄ IV, N-Am.: Labr. bis Br. Kol., südl. bis Del., Kent., Missouri, S-Dak., Mont. u. Id.
20. **eleágnos** Scop. (*S. incána* Schrank) ♄ bis ♄ VI-V, Gebg. M- u. S-Eur. bis Kl. As.
- *elegantíssima:* 7
21. × **erdíngeri** Kerner (*S. cáprea* × *S. daphnoídes*) ♄ VI
22. **exígua** Nutt. ♄-♄, N-Am.: Br. Kol., Nebr. bis Wyom., Tex., Kalif.
23. **frágilis** L. - Knackweide ♄ -♄ IV-V ⓝ, S-, M- u. O-Eur., Kl. As., Syr., Iran, Altai, W- u. M-Sib.
24. **glábra** Scop. ♄ IV-V, Hochgebg. M- u. SO-Eur.
- *grácilis:* 46
25. **gracilistýla** Miq. ♄ III-IV, Jap., Korea, Mandsch., China
26. **hastáta** L. ♄ V-VI, N-Eur., Gebg. M- u. S-Eur. bis NO-As., Kaschm.
'Wehrhahnii' (*S. wehrháhnii* Bonst.) ♄ V-VI

27. × **hélix** L. (*S. purpúrea* × *S. viminális*) - Rotweide ♄ III–IV ⓝ
28. **helvética** Vill. ♄ △, Alp.
29. **herbácea** L. - Zwergweide ♄ △ ⩪ VI, Arkt. u. subarkt. Eur. u. N-Am. (südl. bis Neufundl., Queb., Maine, New Hamsph. u. N. Y.), Gebg. M- u. S-Eur.
30. **húmilis** Marsh. - Prärieweide ♄ V bis VI, N-Am.: Labr., Neufundl. u. Queb. bis Minn. u. N-Dak., südl. bis Flor. u. Tex.
- *incána:* 20
31. **íntegra** Thunb. ♄ IV, Jap., Korea
32. **intérior** Rowlee (*S. longifólia* Mühlenb.) ♄ IV–V, N-Am.: N. Brunsw. u. S-Queb. bis Alaska, südl. bis Virg., Louis. u. Tex.
33. **irroráta** Anderss. ♄ IV, USA: Color. bis Tex., New Mex., Ariz.
34. **lanáta** L. ♄ △ V, N-Eur., N-As.
35. **lappónum** L. ♄ V–VI, N-Eur., W-Sib., Gebg. W-, östl. M- u. SO-Eur.
36. **lasiándra** Benth. ♄ V, N-Am.: Alaska u. Yukon bis Kalif., östl. bis Sask., Mont., Color., New Mex. u. Ariz.
- *longifólia:* 32
37. **lúcida** Mühlenb. ♄ V, N-Am.: Labr. bis Sask., südl. bis Del., Virg., Iowa u. S-Dak.
38. **magnífica** Hemsl. ♄ V, W-China
39. **matsudána** Koidz. (*S. babylónica* var. *pekinénsis* Henry) ♄ IV–V ⓝ, N-China, Korea, Mandsch., O-Sib.
'Tortuosa' ♄ IV–V
- *medémii:* 2
40. × **mollíssima** Elwert (*S. triándra* × *S. viminális*) ♄ -♄ IV ⓝ
41. **myrsinifólia** Salisb. (*S. nígricans* Sm.) ♄ ⩪ V, N- u. M-Eur. bis W-As. u. N-Sib., Gebg. S-Eur.
42. **myrsinítes** L. ♄ △ V, N-Eur., N-As. bis Kamtsch.
43. **myrtilloídes** L. - Moorweide ♄ △ ⩪ ⩪ V–VI, N-, M- u. O-Eur. bis O-As.
44. **nígra** Marsh. ♄ IV–V, N-Am.: N. Brunsw. bis N-Dak., südl. bis Flor. u. Tex.; NO-Mex.
- *nígricans:* 41
45. **pentándra** L. - Lorbeerweide ♄ -♄ ⩪ V–VI, Eur., Kl. As., Kauk., Sib., O-As.
46. **petioláris** Sm. (*S. grácilis* Anderss.) ♄ IV ⓝ, N-Am.: Queb. u. N. Brunsw. bis Alb., südl. bis N. Jers., Virg., Nebr. u. Color.
47. **phylicifólia** L. (*S. bícolor* Ehrh. ex Willd., ssp. *bícolor* (Ehrh. ex Willd.) O. Bolòs et Vigo) ♄ V ⓝ, Pyren., Voges., Harz, N-Eur., Innere Mongol., NW-China
- *phylicifólia* ssp. *bícolor:* 47
48. **purpúrea** L. - Purpurweide ♄ III–IV ⓝ, Eur. (außer N) u. N-Afr. bis Vord. As., Kauk., M-As., O-As.
49. **pyrifólia** Anderss. ♄-♄ IV, N-Am.: Labr. bis Yukon, südl. bis Maine, Minn. u. Sask.
50. **rehderiána** Schneid. ex Sarg. ♄ -♄ IV ⓝ, Szetsch., SW-Kansu
51. **répens** L. - Kriechweide
ssp. **argéntea** (Sm.) E. G. et A. Camus (*S. arenária* L.) ♄ IV–V, Atl. Küsten Eur., westl. Ostsee
ssp. **répens** ♄ IV–V ⓝ, N-, W- u. M-Eur.
ssp. **rosmarinifólia** (L.) Čelak. (*S. rosmarinifólia* L.) ♄ IV–V, M- u. O-Eur., bis Belg., Schwed., N-Ital., W- u. M-As., Sib.
52. **reticuláta** L. - Netzweide ♄ △ ⩪ VI bis VII, Arkt. u. subarkt. Eur., As. u. N-Am., Gebg. M- u. S-Eur.
53. **retúsa** L. ♄ △ ⩪, Alp., Karp., Apenn., nördl. Balk.
- *retúsa* ssp. *serpillifólia:* 58
54. **rígida** Mühlenb. (*S. cordáta* Mühlenb. non Michx., *S. americána* hort. ex Ulbr.) ♄ IV–V ⓝ, N-Am.: Neufundl. bis Br. Kol., südl. bis N-Carol., Georg., Alab., Missouri, Color., Ariz. u. Kalif.
- *rosmarinifólia:* 51
55. × **rúbens** Schrank (*S. álba* × *S. frágilis*) ♄, M-Eur.
56. **sachalinénsis** Fr. Schmidt ♄, Jap., Amur, Ussuri, Sachal., Kamtsch., Kuril.
'Sekka' ♄
57. × **séricans** Tausch ex Kerner (*S. cáprea* × *S. viminális*; *S.* × *smithiána* Willd). ♄ III–IV
58. **serpillifólia** Scop. (*S. retúsa* L. ssp. *serpillifólia* (Scop.) Arcang.) ♄ △ ⩪ VI–VII, Alp., W-Jugosl.

59. × **simulátrix** F. B. White (*S. arbúscula* × *S. herbácea?*) ♄ ⁓, Schottl.
- × *smithiána:* 57
60. **triándra** L. emend. Ser. (*S. amygdálina* L. emend. Fr.) - Mandelweide ♄-♄ IV-V Ⓝ, Eur., Kl. As., Arm., Iran, Kauk., Sib. bis China u. Jap., N-Afr.
61. **úva-úrsi** Pursh ♄ △ ⁓ N-Am.: Grönl. u. Labr. bis Alaska, südl. bis Queb., N. Hampsh. u. N. Y.
62. **viminális** L. - Korbweide, Hanfweide ♄ III-IV Ⓝ, M-, O- u. NO-Eur., westl. bis W-Frankr., östl. bis NO-As., Kauk., Him., China
- *wehrháhnii:* 26

Salmália malabárica: Bómbax 1

Salpíchroa Miers - f. - *Solanáceae*
1. **origanifólia** (Lam.) Baill. (*Átropa rhomboídea* Gill. et Hook., *S. rhomboídea* (Gill. et Hook.) Miers) ♄ ≹ D ♣ ⌂, S-Bras. bis Feuerl., in S- u. SW-Eur. sowie NW-Afr. stellenweise eingebürg.

Salpiglóssis Ruiz et Pav. - f. - *Solanáceae*
1. **sinuáta** Ruiz et Pav. (*S. variábilis* hort.) - Trompetenzunge ⊙ VI bis VIII, Chile (Mit vielen Sorten)

Sálvia L. - f. - *Labiátae*
Salbei
- *aethíopis* Brot.: 2
1. **aethíopis** L. (*Sclárea aethíopis* (L.) Mill., *Sálvia lanáta* Moench) - Wollsalbei, Silberblatt ⊙ VI-VII Ⓝ, S- u. SO-Eur., nördl. bis S-Tschechosl. u. 51° N im südl. M-Rußl., O-Med., Vord. As.
2. **argéntea** L. (*S. candidíssima* Guss., *S. aethíopis* Brot. non L.) - Silberblattsalbei ⊙ VII-VIII, S-Eur., östl. bis Bulg., Med., N-Afr.
3. **azúrea** Michx. ex Lam.
var. **grandiflóra** Benth. (*S. pítcheri* Torr. ex Benth., ssp. *pítcheri* (Torr. ex Benth.) Epling) ♃ ⌂ VIII-X, USA: Minn. bis Nebr., südl. bis Kent., Ark. u. Tex.
- *azúrea* ssp. *pítcheri:* 3
4. **barrelíeri** Etl. (*S. bícolor* Desf.) ⊙ bis ♃ ∧ V-VIII, SW-Span., NW-Afr.
- *bícolor:* 4
5. **canariénsis** L. ♄ ⌂, Kanar.
6. **candelábrum** Boiss. ♃ VII-VIII, S-Span.
- *candidíssima:* 2
7. **carduácea** Benth. ♃ ⌂ VII-IX, Kalif.
8. **coccínea** Buc'hoz ex Etl. ♃ - ♄ (⊙ gezogen) ⌂ VI-X, USA: S-Carol. bis Flor., westl. bis Tex.; Mex., Westind., trop. Am.
9. **cóncolor** Lamb. ex Benth. (*S. cyánea* Benth.) ♄ ⌂ IX-XII, Mex., M-Am.
- *cyánea:* 9
10. **élegans** Vahl (*S. rútilans* Carr.) ♄ D ⌂ VII-VIII, Gebg. Mex. u. Guat.
11. **farinácea** Benth. ♃-♄ (⊙ gezogen) ⌂ V-X, USA: Tex., New Mex.
12. **fláva** G. Forst. ♃ VII, China
13. **fruticósa** Mill. (*S. tríloba* L. f.) - Griechische(r) Salbei ♄ V, M- u. O-Med., Anat.
14. **fúlgens** Cav. ♄ ⌂ VIII-X, Mex.
15. **glutinósa** L. ♃ VII-IX, Eur. bis SW-As., Him.
- *grahámii:* 24
16. **grandiflóra** Etl. ♃ ∧ VI-VII, M- u. S-Balk., Krim, Türk., Zyp., N-Afr.
17. **gréggii** A. Gray ♄ -♄ ⌂ IX-X, Tex., Mex.
- *haematódes:* 29
18. **heérii** Regel ♄ ⌂ I-XII, Peru
19. **híans** Royle ♃ VII-VIII, Kaschm.
- *hormínum:* 40
20. **involucráta** Cav. ♄-♄ ⌂ VII-IX, Mex., M-Am.
21. **jurisícii** Košanin ♃ △ VI-IX, Mazed.
- *lanáta:* 1
22. **lavandulifólia** Vahl ♄-♃ D VI-VIII, S-, M- u. O-Span., S-Frankr., NW-Afr.
23. **leucántha** Cav. ♄ ✂ ⌂ VII-VIII, Mex.
24. **microphýlla** H. B. K. (*S. grahámii* Benth.) ♄ ⌂ VII-IX, Mex.
25. **nemorósa** L. (*S. sylvéstris* auct. non L.) ♃ VI-VII, M-, SO- u. O-Eur., SW-As.
26. **nútans** L. ♃ VI-VIII, M-Ung. u. SW-Bulg., östl. bis östl. M-Rußl.
27. **officinális** L. - Gartensalbei ♄ D ∧ VI-VII Ⓝ Off., N- u. M-Span., S-Frankr., W-Balk., in S- u. im südl. M-Eur., sowie in Vord. As. eingebürg.

28. **pátens** Cav. ♃ ∧ (besser Ⓚ) VI–IX, Mex.
- *pítcheri:* 3
29. **praténsis** L. – Wiesensalbei
ssp. **haematódes** (L.) Briq. (*S. haematódes* L.) ♃ VI–VIII, Eur.
ssp. **praténsis** ♃ VI–VIII, Eur., in den nordöstl. USA eingebürg.
30. **przewálskii** Maxim. ♃ VI, China
31. **recógnita** Fisch. et C.A. Mey. ♃ VII bis VIII, Kl. As.
32. **ríngens** Sibth. et Sm. ♃ ∧ VI–VII, S- u. O-Balk.
- *rútilans:* 10
33. **scabiosifólia** Lam. ♃ △ VII–VIII, NO-Bulg., Krim
34. **sclárea** L. – Muskatellersalbei ⊙ D Ⓝ VI–VII, S-Eur., Med., Vord. As.
- *silvéstris* hort.: 36
35. **spléndens** Buc'hoz ex Etl. ♃ bis ♄ Ⓚ V–IX, Bras.
(Mit mehreren Sorten)
36. × **supérba** (Silva Tarouca et Schneid.) Stapf (*? S. nemorósa* × *S. villicáulis; S. silvéstris* hort.) ♃ VI bis VIII
- *sylvéstris* auct. non. L.: 25
- *tríloba:* 13
37. **uliginósa** Benth. ♃ ∧ VII–IX, S-Bras., Urug., Arg.
38. **verbascifólia** M. B. ⊙–♃ VII–VIII, Anat., Kauk.
39. **verticilláta** L. ♃ VII–IX, S-, O- u. östl. M-Eur., Kauk. bis Kl. As., N-Iran
40. **víridis** L. (*S. hormínum* L.) ⊙ –♃ VI bis VIII, S-Eur., Med., SW-As.
(Mit einigen Sorten)

Salvínia Séguier – f. – *Salviniáceae*
Schwimmfarn
1. **auriculáta** Aubl. (*S. rotundifólia* Willd.) ♃ ≋ Ⓦ, Berm., Westind., Mex. bis Arg., W-Afr.
2. **mínima** Bak. (*S. rotundifólia* auct. non Willd.) ♃ ≋ Ⓦ, Mex., M- u. S-Am.
3. **nátans** (L.) All. ⊙ ≋ ▽, Euras., nördl. bis M-Sib. u. Amur, südl. bis Mal. Arch., Alger.
- *rotundifólia:* 1, 2

Samánea (DC.) Merr. – f. – *Leguminósae*
1. **sáman** (Jacq.) Merr. (*Pithecellóbium sáman* (Jacq.) Benth.) – Regenbaum ♄ Ⓦ Ⓝ, Mex., M- u. S-Am., in Westind. u. den altweltl. Trop. eingebürg.

Sambúcus L. – f. – *Caprifoliáceae*
Holunder
1. **caerúlea** Raf. (*S. gláuca* Nutt.) ♄ D ♧ ∧ VI–VII Ⓝ, N-Am.: Br. Kol. bis Kalif., östl. bis Mont., Color. u. W-Tex.; Nied. Kalif., N-Mex.
2. **callicárpa** Greene (*S. racemósa* var. *callicárpa* (Greene) Jeps.) ♧ ∧ VI bis VII, N-Am.: Alaska bis N-Kalif.
3. **canadénsis** L. ♄ D ♧ VI–VII Ⓝ, N-Am.: N. Scot. bis Manit., südl. bis Georg., Flor., Louis. u. Tex.; Antill., Mex. (Mit einigen Sorten)
4. **ébulus** L. – Zwergholunder, Attich ♃ ☠ D VII–VIII, Eur., Mad., Med., N-Afr., W-As., Vord. As.
- *gláuca:* 1
5. **melanocárpa** A. Gray ♄ ♧ ∧ VII bis VIII, N-Am.: Br. Kol. bis Id. u. Kalif.
6. **nígra** L. – Schwarzer Holunder, Flieder ♄ –♄ D ♧ VI–VII Ⓝ Off., Eur., Kauk., Kl. As., W-Sib., N-Afr. (Mit einigen Sorten)
7. **púbens** Michx. ♄ ♧ VI–VII, N-Am.: Neufundl. bis Alaska u. Br. Kol., südl. bis Flor., Color. u. Oreg.
8. **racemósa** L. – Traubenholunder ♄ ♧ IV–V Ⓝ, Eur., Kl. As. bis N-China (Mit einigen Sorten)
- *racemósa* var. *callicárpa:* 2

Sámolus L. – m. – *Primuláceae*
Bunge
1. **parviflórus** Raf. (*S. floribúndus* H. B. K., *S. valerándi* L. var. *floribúndus* (H. B. K.) Rchb.) ♃ ∼ – ≋ Ⓦ, Trop. Am., Mex., N-Am.: Flor. bis Kalif., nördl. bis Prince Edward Isl., Queb., Ont., Ill. u. Br. Kol.

Samuéla Trel. – f. – *Agaváceae*
1. **carnerosána** Trel. ♄ i Ⓦ, SW-Tex., Mex.
2. **faxoniána** Trel. ♄ i Ⓚ, SW-Tex., N-Mex.

Sanchézia Ruiz et Pav. – f. – *Acantháceae*
1. **nóbilis** Hook. f. ♄ i Ⓦ, Ek.
2. **parvibracteáta** Sprague et Hutchins. ♄ i Ⓦ, Trop. Am.

× *Sánda:* × *Trichovánda*
× **Sanderára** hort. (*Brássia* × *Coch-*

lióda × *Odontoglóssum*) - f. - *Orchidáceae*

Sandersónia Hook. - f. - *Liliáceae*

1. **aurantíaca** Hook. ♃ ⌂W VII, S-Afr., Nat.

Sandóricum Cav. - n. - *Meliáceae*

1. **koetjápe** (Burm. f.) Merr. (*S. indícum* Cav.) - „Katon" ♄ i ꝏ ⌂W Ⓝ, Hinterind., Malays.

Sanguinária L. - f. - *Papaveráceae* Blutwurz

1. **canadénsis** L. ♃ ☠ IV–V, N-Am.: Queb. bis Manit., südl. bis Flor. u. Tex.

Sanguisórba L. - f. - *Rosáceae* Wiesenknopf

1. **canadénsis** L. ♃ VII–X, N-Am.: Labr. bis Mich., südl. bis Georg., Indiana, Ill.
- *máior:* 4
2. **mínor** Scop. (*Potérium sanguisórba* L., *Pimpinélla mínor* (Scop.) Lam.) - Pimpernell
ssp. **mínor** ♃ V–VI Ⓝ, Eur., gem. As.
ssp. **muricáta** (Spach) Briq. (*S. muricáta* (Spach) Gremli, *Potérium muricátum* Spach, *P. polýgamum* Waldst. et Kit., *S. polýgama* (Waldst. et Kit.) Beck non F. Nyl.) ♃ VI–VII Ⓝ, Med., S-Eur., in M- u. N-Eur. eingebürg.
- *muricáta:* 2
3. **obtúsa** Maxim. ♃ ✂ VII–IX, Jap.
4. **officinális** L. (*S. máior* Gilib., *Potérium officinále* (L.) A. Gray) - Großer Wiesenknopf ♃ VII–VIII Ⓝ, Gem. Euras.
- *polýgama:* 2
- *spinósa: Sarcopotérium* 1
5. **tenuifólia** Fisch. ex Link ♃ VIII, Jap., O-Sib., Kamtsch., Kuril., Sachal., Korea, Mandsch.

Sanícula L. - f. - *Umbellíferae* Sanikel

1. **europaéa** L. ♃ V–VII, Eur., Med., Afr., M- u. O-As.

Sanseviéria Thunb. - f. - *Agaváceae* Bogenhanf

1. **arboréscens** Gér. et Labr. ♃ i ⌂W, Trop. O-Afr.
2. **cylíndrica** Boj. - Ife ♃ i ⌂W Ⓝ, Angola
3. **dóoneri** N. E. Br. ♃ i ⌂W, Trop. O-Afr.
4. **ehrenbérgii** Bak. ♃ i ⌂W, Trop. O-Afr.
5. **grácilis** N. E. Br. ♃ i ⌂W, Trop. O-Afr.
6. **grándis** Hook. f. ♃ i ⌂W, S-Afr.?
- *guineénsis* Bak.: 11
- *guineénsis* Gér. et Labr.: 14
- *guineénsis* (L.) Willd.: 7
- *háhnii:* 14
7. **hyacinthoídes** (L.) Druce (*S. guineénsis* (L.) Willd., *S. spicáta* Haw., *S. thyrsiflóra* (Petagna) Thunb.) ♃ i ⌂W Ⓝ, S-Afr.
8. **kírkii** Bak. ♃ i ⌂K, Trop. O-Afr.
- *lauréntii:* 14
9. **libérica** hort. ex Gér. et Labr. ♃ ⌂W, Liber.
10. **longiflóra** Sims ♃ i ⌂W Ⓝ, Trop. W-Afr., Angola, Kongo
11. **metállica** Gér. et Labr. (*S. guineénsis* Bak. non (L.) Willd.) ♃ i ⌂W, Trop. Afr.
12. **párva** N. E. Br. ♃ i ⌂W, Trop. O-Afr.
13. **roxburghiána** Schult. et Schult. f. ♃ i ⌂W Ⓝ, Östl. Ind., Burma
- *spicáta:* 7
- *thyrsiflóra:* 7
14. **trifasciáta** Prain (*S. guineénsis* Gér. et Labr. non (L.) Willd.) ♃ i ⌂W Ⓝ, Trop. W-Afr., S-Nig. (Hierzu mehrere Sorten wie 'Craigii', 'Hahnii' (*S. háhnii* hort.), 'Laurentii' (var. *lauréntii* (De Wild.) N. E. Br., *S. lauréntii* De Wild.)
- *trifasciáta* var. *lauréntii:* 14
15. **zeylánica** (L.) Willd. ♃ ⌂W, Ceyl.

Sántalum L. - n. - *Santaláceae*

1. **álbum** L. - Sandelholzbaum, „Santal" ♄ D i ⌂W Ⓝ, Vorderind. bis Malays., Austral.: N-Territ.

Santolína L. - f. - *Compósitae* Heiligenkraut

1. **chamaecyparíssus** L.
ssp. **chamaecyparíssus** ♄ D i △ ∧ (besser ⌂K) VII–VIII, Pyren. bis NW-Ital. u. Schw., Med.
ssp. × **lindávica** Sünderm. (*S. chamaecyparíssus* ssp. *chamaecyparíssus* × *S. chamaecyparíssus* ssp. *tomentósa*) ♄ i ∧ VI–VII
ssp. **tomentósa** (Pers.) Arcang. (*S. tomentósa* Pers., *S. pinnáta* Viv.) ♄ D i △ ∧ (besser ⌂K) VII–VIII, Pyren. bis M-Ital., Med.
2. **élegans** Boiss. ex DC. ♄ i △ ∧ (besser ⌂K), S-Span.: Sierra Nev.
- *pinnáta:* 1

3. **rosmarinifólia** L. (*S. víridis* Willd., *S. vírens* Mill.) ♄ i D ∧ (besser ⌂K) VII bis VIII, Pyren. Halbins., S-Frankr., NW-Afr.
- *suavéolens: Chamomílla* 2
- *tomentósa:* 1
- *vírens:* 3
- *víridis:* 3

Sanvitália Lam. - f. - *Compósitae*
1. **procúmbens** Lam. ☉ VII-X, Mex., Guat.

Sapíndus L. - m. - *Sapindáceae*
1. **mukoróssi** Gaertn. ♄ i ♣ ⌂W Ⓝ, Jap., China, Burma, Him.
2. **rárak** DC. ♄ i ♣ ⌂W Ⓝ, Hinterind., Mal. Arch.
3. **saponária** L. - Seifenbaum ♄ i ♣ ⌂W Ⓝ, Mex. bis Arg., USA: Georg. bis Flor.
4. **trifoliátus** L. ♄ i ⌂W Ⓝ, Vorderind., Ceyl.

Sápium P. Br. - n. - *Euphorbiáceae*
1. **sebíferum** (L.) Roxb. - Chinesischer Talgbaum ♄ i ♣ ⌂W Ⓝ, M-China bis Hain., Tongk., Taiw., in den südöstl. USA eingebürg.

Saponária L. - f. - *Caryophylláceae*
1. **bellidifólia** Sm. ♃ ⌓ △ V-VI, Balk.
2. **caespitósa** DC. ♃ △ ⌓ V-VI, M-Pyren.
3. **calábrica** Guss. (*S. graeca* Boiss.) ☉ je nach Aussaat von VI-IX, O-Med.
4. **cýpria** Boiss. ♃ ∧ (besser ⌂A) VIII bis IX, Zyp.
- *graeca:* 3
5. **haussknéchtii** Simml. (*S. sícula* Raf. ssp. *intermédia* (Simml.) Chater) ♃ △ VIII-IX, Griech.
6. × **lempérgii** hort. (*S. cýpria* × *S. haussknéchtii*) ♃ △ VIII-IX
7. **lútea** L. ♃ △ VII-VIII, SW- u. M-Alp.
8. **ocymoídes** L. ♃ ⇝ △ VI-VII, Gebg. Span., S-Frankr., Ital., Schw. Jura, Alp., N-Afr.
9. **officinális** L. - Seifenkraut ♃ VIII bis IX Ⓝ, M-, O- u. S-Eur., W-Sib., Vord. As., in N-Eur. u. N-Am. eingebürg.
10. × **oliväna** Wocke (*S. caespitósa* × *S. púmila*) ♃ △ VI-VII
- *ortegioídes: Phrynélla* 1
11. **pulvináris** Boiss. ♃ ⌓ △ VI-VII, Liban., Anat.
- *púmila:* 12
12. **pumílio** (L.) Fenzl ex A. Braun (*S. púmila* Janchen ex Hayek) ♃ ⌓ △ VII-VIII, O-Alp., SO-Karp.
- *sícula* ssp. *intermédia:* 5
- *vaccária: Vaccária* 1
13. × **wiemánnii** Fritsch (*S. caespitósa* × *S. lútea*) ♃ △ V-VI

× **Sappanára** hort. (*Aráchnis* × *Phalaenópsis* × *Renanthéra*) - f. - *Orchidáceae*

Sarcánthus filifórmis: Cleisóstoma 1
- *racémifer: Cleisóstoma* 2

Sarcocápnos DC. - f. - *Papaveráceae*
1. **enneaphýlla** (L.) DC. ♃ △ ∧ (besser ⌂A) VI, Südl. M- u. O-Span., O-Pyren.

Sarcocaulon (DC.) Sweet - n. - *Geraniáceae*
Dickstengel, Buschmannskerze
- *burmánnii:* 6
1. **crassicaule** Rehm ♄ ⌂K, Namib.
2. **flavéscens** Rehm ♄ ⌂K, Namib., NW-Kap
3. **inérme** Rehm ♄ ⌂K, Namib.
4. **multífidum** E. Mey. ex R. Knuth ♄ ⌂K, Namib., NW-Kap
5. **patersónii** (DC.) G. Don (*S. rígidum* Schinz) ♄ ⌂K, Namib., NW-Kap
- *rígidum:* 5
6. **vanderiétiae** L. Bol. (*S. burmánnii* auct. non (DC.) Sweet) ♄ ⌂K, O-Kap

Sarcochílus R. Br. - m. - *Orchidáceae*
1. **falcátus** R. Br. ⌂W i IV-V ✻, Austral.: Neusüdwal., Queensl.
2. **hartmánnii** F.v. Muell. i ⌂W III-IV ✻, W-Austral.
- *luníferus: Chiloschísta* 1
- *pállidus: Pteróceras* 1
- *unguiculátus: Pteróceras* 1

Sarcocócca Lindl. - f. - *Buxáceae*
1. **confúsa** Sealy ♄ i D XII-III, Heimat unbek.
2. **hookeriána** Baill. (*S. prunifórmis* var. *hookeriána* (Baill.) Hook.) ♄ i D ⌂K IX-XI, W-Him., Afgh.
- *hookeriána* var. *húmilis:* 3
3. **húmilis** (Rehd. et Wils.) Stapf ex Sealy (*S. hookeriána* var. *húmilis* Rehd. et Wils.) ♄ i D I-III, N-China
- *prunifórmis* var. *hookeriána:* 2
4. **ruscifólia** Stapf ♄ i D ⌂K XII-III, M-

u. W-China
5. **salígna** (D. Don) Muell. Arg. ♄ i ⌂K XII–III, Him.

Sarcopotérium Spach – n. – *Rosáceae*
1. **spinósum** (L.) Spach (*Potérium spinósum* L., *Sanguisórba spinósa* (L.) Bertol.) ♄ ⌂K V–VIII, Sard. bis O-Med., N-Afr.

× **Sarcorhíza** hort. (non *Sarcorrhíza* Bullock) (*Rhinerrhíza* × *Sarcochílus*) – f. – *Orchidáceae*

Sarcostémma R. Br. – n. – *Asclepiadáceae*
1. **viminále** (L.) R. Br. (*Euphórbia viminális* L., *Cynánchum aphýllum* L.) ♄ ⌇ ⌂W, Trop. u. subtrop. Afr., SW-Afr., Kap

× **Sarcothéra** hort. (*Renanthéra* × *Sarcochílus*) – f. – *Orchidáceae*

Sarmiénta Ruiz et Pav. – f. – *Gesneriáceae*
1. **scándens** (Brandis) Pers. (*S. répens* Ruiz et Pav.) ♄ ⟿ ⌇ ⌂K II–III, Chile

Sarothámnus: Cýtisus + sp. 7, 8, 16, 19, 21, 25

Sarracénia L. – f. – *Sarraceniáceae*
Schlauchpflanze
1. **aláta** (A. Wood) A. Wood (*S. slédgei* Macf.) ♃ ⏦ D i ⌂K ▭ ✻, USA: Vom Alab.- u. Mobile-Fluß bis SO-Tex.
- *drummóndii:* 4
2. **fláva** L. ♃ i ⏦ ⌂K ▭ ✻, USA: Virg., Carol., Georg., Flor., Alab.
3. **-Hybriden** ♃ i ⏦ ⌂K ▭
4. **leucophýlla** Raf. (*S. drummóndii* Croom) ♃ ⏦ i ⌂K ▭ ✻, USA: S-Georg. u. N-Flor. bis Miss.
5. **mínor** Walt. (*S. varioláris* Michx.) ♃ i ⏦ ⌂K ▭ ✻, USA: Südl. N-Carol., Georg., Flor.
6. **oreóphila** (Kearn.) Wherry ♃ i ⏦ ⌂K ▭ ✻, USA: NO-Alab. bis W- u. M-Georg.
7. **psittácina** Michx. ♃ i ⏦ ⌂K ▭ ✻, USA: Georg. u. NW-Flor., westl. bis Louis.
8. **purpúrea** L. ♃ i ⏦ ∧ (besser ▭) ✻, N-Am.: Labr. bis Mack.-Fluß, südl. bis Flor., Alab., Louis.
9. **rúbra** Walt. ♃ i ⏦ ⌂K ▭ ✻, USA: N-Carol. bis Flor.
- *slédgei:* 1
- *varioláris:* 5

Sása Mak. et Shib. – f. – *Gramíneae*
Zwergbambus
- *albomargináta:* 5
- *boreális: Sasamórpha* 1
- *húmilis: Pleioblástus* 4
- *japónica: Pseudosása* 1
1. **kagamiána** Mak. et Uchida ♄ i, Jap.
2. **kuriléns is** (Rupr.) Mak. et Shib. ♄ i, Jap., Kuril., Korea
3. **palmáta** (Burbidge) E. G. Camus (*Bambúsa palmáta* Burbidge, *Arundinária palmáta* (Burbidge) Bean) ♄ i ∧, Jap., Sachal.
- *pygmǣa: Pleioblástus* 6
- *ramósa: Sasaélla* 1
- *tesseláta: Indocálamus* 1
4. **tsuboiána** Mak. ♄ i, Jap.
- *variegáta: Pleioblástus* 8
5. **vḗitchii** (Carr.) Rehd. (*Bambúsa vḗitchii* Carr., *S. albomargináta* (Mak.) Mak. et Shib.) ♄ i ∧, Jap.

Sasaélla Mak. – f. – *Gramíneae*
1. **ramósa** (Mak.) Mak. (*Bambúsa ramósa* Mak., *Sása ramósa* (Mak.) Mak. et Shib., *Arundinária ramósa* (Mak.) Mak.) ♄ i, Jap.

Sasamórpha Nakai – f. – *Gramíneae*
1. **boreális** (Hack.) Nakai (*Sása boreális* (Hack.) Mak.) ♄ i, Jap., Korea

Sássafras Nees – n. – *Lauráceae*
1. **álbidum** (Nutt.) Nees (*S. variifólium* O. Kuntze var. *álbidum* (Nutt.) Fern.)
var. **álbidum** ♄ ∧ IV–V, USA: Maine bis Mich. u. Ill., südl. bis Virg. u. Ark.
var. **mólle** (Raf.) Fern. (*S. officinále* Th. Nees et Eberm.) ♄ ∧ IV–V Ⓝ, USA: Maine bis N. Y., Ill., Iowa u. Kans., südl. bis Flor. u. Tex.

Saturéja L. – f. – *Labiátae*
Kölle
- *alpína: Ácinos* 1
- *calamíntha: Calamíntha* 2
- *croática: Micromméria* 1
- *grandiflóra: Calamíntha* 1
1. **horténsis** L. – Bohnenkraut, Pfefferkraut, Kölle ⊙ D VII–X Ⓝ, Med., Iran
- *illýrica:* 2
2. **montána** L. – Winterbohnenkraut
ssp. **montána** (var. *commúnis* Vis.) ♃ △ IX Ⓝ, NO-Span. bis S-Alban.,

NW-Jugosl.
ssp. **illýrica** (Host) Nym. (*S. subspicáta* Bartl. ex Vis., *Microméria pygmǣa* (Sieb. ex Vis.) Rchb., *S. pygmǣa* Sieb. ex Vis., *S. illýrica* Host) ♃ △ IX ⓝ, N-Balk.
- *montána* var. *commúnis:* 2
- *pygmǣa:* 2
3. **rumélica** Velen. ♃ △ VIII–IX, Südl. M-Bulg.
- *rupéstris: Microméria* 2
4. **spicígera** (K. Koch) Boiss. ♃ IX ⓝ, Kauk.-Gebiet, NO-Türk., NW-Iran
- *subspicáta:* 2
- *thymifólia: Microméria* 2

Saurāuia Willd. – f. – *Actinidiáceae*
1. **gigantéa** DC. ♄ i ⌂, Java, Nepal
2. **tomentósa** (H. B. K.) Spreng. ♄ i ⌂, S-Am.

Sauromátum Schott - n. – *Aráceae*
Eidechsenwurz
1. **venósum** (Ait.) Kunth (*Árum cornútum* hort., *S. guttátum* (Wall.) Schott, *Árum guttátum* Wall.) ♃ ⌂, Subtrop. As., Sudan bis Malawi

Sāuropus Bl. – m. – *Euphorbiáceae*
1. **andrógynus** (L.) Merr. (*S. álbicans* Bl.) ♄ i ⌂ ⓝ, Ceyl., Ind. bis China, SO-As.

Saururópsis chinénsis: Saurúrus 2

Saurúrus L. – m. – *Saururáceae*
Molchschwanz
1. **cérnuus** L. (*S. lúcidus* Donn) ♃ ~ ∧ VI–VII, N-Am.: Rhode Isl., Conn., Queb., Ont., Missouri u. Kans., südl. bis Flor. u. Tex., in Oberital. eingebürg.
- *cérnuus* Thunb.: 2
2. **chinénsis** (Lour.) Baill. (*S. lourēirii* Decne., *S. cérnuus* Thunb. non L., *Saururópsis chinénsis* (Lour.) Turcz.) ♃ ~ ∧ VI–VII, N-China bis Jap., Korea, Phil.
- *lourēirii:* 2
- *lúcidus:* 1

Saussúrea DC. – f. – *Compósitae*
Alpenscharte
1. **alpína** (L.) DC. ♃ VII–VIII, Engl., Pyren., M-Eur., Alp., Karp., NW-Rußl., arkt. As. u. N-Am.
2. **cóstus** (Falc.) Lipschitz (*S. láppa* (Decne.) C.B. Clarke) ♃ VII–VIII ⓝ ∗, Kaschm.
3. **díscolor** (Willd.) DC. ♃ VII–VIII, Alp., Karp., Apenn., Ural, Altai, Him.
- *láppa:* 2
4. **pygmǣa** (Jacq.) Spreng. ♃ VII–VIII, O-Alp., W-Karp.

Sáxe-Gothǣa Lindl. – f. – *Podocarpáceae*
1. **conspícua** Lindl. ♄ –♄ i ⌂, Chile, W-Patag.

Saxífraga L. – f. – *Saxifragáceae*
Steinbrech
1. **aïzoídes** L. ♃ ⟿ ~ △ VI–IX ▽, Arkt. N-Eur., Hochgebg. von Pyren. bis Balk., arkt. N-Am., südl. bis Neufundl., Queb., Verm., N. Y., Alb. u. Br. Kol.
- *aïzóon:* 50
- *altíssima:* 36
2. **aquática** Lapeyr. ♃ △ V–VI ▽, O- u. M-Pyren.
- × *aréndsii:* 3
3. **-Arendsii-Hybriden** (*S.* × *aréndsii* Engl.) (Durch Kreuzung verschiedener Arten der Sektion *Dactyloídes* entstandene Sorten) ♃ ⌓ △ V
4. **aretioídes** Lapeyr. ♃ ⌓ △ IV ▽, Pyren., N-Span.
5. **áspera** L. emend. DC. ♃ ⌓ ⟿ VII bis VIII ▽, Alp., N-Apenn., O- u. M-Pyren.
- *áspera* ssp. *bryoídes:* 8
- *bóryi:* 46
6. **bronchiális** L. ♃ ⌓ △ VI–VII ▽, N-Ural, N-As., Alaska
7. **brunoniána** Wall. ♃ ⟿ △ ∧ oder ▭ VI–VII ▽, Him.
8. **bryoídes** L. (*S. áspera* ssp. *bryoídes* (L.) Engl. et Irmsch.) ♃ △ ⟿ VII bis VIII ▽, Eur. Hochgebg.
9. **burseriána** L. ♃ ⌓ △ III–IV ▽, O-Alp.
(Mit einigen Sorten)
10. **cǣsia** L. ♃ ⌓ △ V–VII ▽, Pyren., Alp. Apenn., Karp.
11. **callósa** Sm.
ssp. **callósa** (*S. linguláta* Bell.) ♃ ⌓ △ VI ▽, Seealp., Apenn., Sard., Siz.
ssp. **catalāūnica** (Boiss.) D.A. Webb (*S. catalāūnica* Boiss.) ♃ ⌓ △ VI ▽, NO-Span., SO-Frankr.
12. **canaliculáta** Boiss. et Reut. ex Engl. ♃ △ VI ▽, N-Span.

- *cartilagínea:* 50
- *cataláunica:* 11

13. **cebennénsis** Rouy et E. G. Camus ♃ ⌓ △ V ▽, Cevenn.

- *ceratophýlla:* 63
- *cervicórnis:* 51

14. **cespitósa** L. ♃ ⌓ △ V ▽, Arkt. u. subarkt. Eur., As. u. N-Am. (südl. bis Neufundl., Queb. u. Rocky Mount. in Color.)
15. **cochleáris** Rchb. ♃ ⌓ △ V–VI ▽, Seealp., Ligur. Alp.
16. **conífera** Coss. et Durieu ♃ ⌓ Ⓚ ▽, N-Span., Alger.
17. **cortusifólia** Sieb. et Zucc.
    var. **fortúnei** (Hook.) Maxim. ♃ ∧ IX–X ▽, Jap., Sachal., S-Kuril., Korea, Mandsch., Ussuri, China
18. **corymbósa** Boiss. (*S. luteovíridis* Schott et Kotschy) ♃ ⌓ △ ∧ IV ▽, O- u. S-Karp., Bulg.
19. **cotylédon** L. ♃ △ VI ▽, S- u. M-Alp., M-Pyren., Norw., Isl.
20. **crustáta** Vest ♃ ⌓ △ V–VI ▽, O-Alp. bis M-Jugosl.
21. **cuneáta** Willd. ♃ ⌓ △ VI ▽, Pyren., N-Span.
22. **cuneifólia** L. ♃ △ VI–VIII ▽, Pyren., N-Span., Alp., N-Apenn., O-Karp., NW-Jugosl.
23. **cuscutifórmis** Lodd. ♃ ⟿ Ⓐ – Ⓚ ▽, China?
24. **cymbalária** L. ⊙ – ⊙ △ V–VIII ▽, O-Karp., SW-As., N-Afr.
25. **diapensioídes** Bell. ♃ ⌓ △ (besser Ⓚ) IV ▽, SW-Alp.
26. **diversifólia** Wall. ♃ △ ∧ VI–VIII ▽, Him.
27. **erioblásta** Boiss. et Reut. (*S. globulífera* var. *erioblásta* (Boiss. et Reut.) Engl. et Irmsch.) ♃ ⌓ △ ∧ VI ▽, Gebg. S- u. SO-Span.
28. **exaráta** Vill.
    ssp. **moscháta** (Wulf.) Cavill. (*S. moscháta* Wulf.) ♃ ⌓ △ V–VI ▽, Gebg. S- u. M-Eur., N-Anat., Kauk.
29. **federíci-augústi** Biasol.
    ssp. **grisebáchii** (Degen et Dörfl.) D. A. Webb (*S. grisebáchii* Degen et Dörfl., *S. porophýlla* var. *montenegrína* (Hal. et Bald.) Engl. et Irmsch.) ♃ ⌓ △ IV ▽, Balk.
30. **ferdinándi-cobúrgii** Kellerer et Sündermann.
    var. **radoslavóvii** Stoj. ♃ ⌓ △ IV–V ▽, Mazed.
31. **geranioídes** L. ♃ △ VI ▽, O-Pyren., NO-Span.

- *géum* auct.: 35

32. × **géum** L. (*S. hirsúta* × *S. umbrósa*) ♃ VI–VII ▽, Pyren., W- u. M-Eur., Neufundl.

- *géum* var. *hirsúta:* 35

33. **globulífera** Desf. (*S. granaténsis* Boiss. et Reut.) ♃ ⌓ △ (besser Ⓐ) VI ▽, S-Span., NW-Afr.

- *globulífera* var. *erioblásta:* 27
- *granaténsis:* 33

34. **granuláta** L. ♃ V–VI, Eur., W-Med., NW-Afr.

- *grisebáchii:* 29

35. **hirsúta** L. (*S. géum* auct. non L., *S. géum* var. *hirsúta* (L.) Engl. et Irmsch.) ♃ VI–VII ▽, Pyren., N-Span., SW-Irl.
36. **hóstii** Tausch
    ssp. **hóstii** (*S. altíssima* Kerner, var. *altíssima* (Kerner) Engl.) ♃ ⌓ V–VI ▽, O-Alp.
    ssp. **rhaética** (Kerner) Braun-Blanq. ♃ ⌓ △ V–VI ▽, Ital. Alp.

- *hóstii* var. *altíssima:* 36

37. **hypnoídes** L. - Moossteinbrech ♃ △ V–VI ▽, NW-Eur., südöstl. bis Voges. u. Schw.
38. **irrígua** M. B. ♃ ⌓ △ V–VI ▽, Krim
39. **juniperifólia** Adams (*S. juniperína* M. B., *S. macedónica* Degen, *S. pseudosáncta* Janka) ♃ ⌓ △ IV–V ▽, Bulg., Kauk.

- *juniperifólia* ssp. *sáncta:* 55
- *juniperína:* 39

40. **-Kabschia-Engleria-Hybriden** ♃ ⌓ △ (auch ⌓) III–V (Mit vielen Sorten)

- *kolenatiána:* 50

41. **kótschyi** Boiss. ♃♭ △ IV ▽, Kl. As.
42. **laévis** M. B. ♃ ⌓ △ IV-V ▽, Kauk.

- *latína:* 49

43. **lilacína** Duthie ♃ ⌓ △ IV ▽, W-Him.

- *linguláta:* 11

44. **longifólia** Lapeyr. △ VI ▽, Pyren., O-Span.

- *luteovíridis:* 18
- *macedónica:* 39

45. **manschuriénsis** Kom. ♃ ∧ VI ▽, Mandsch., Korea
46. **margináta** Sternb.
var. **coriophýlla** (Griseb.) Engl. ♃ ⌓ △ V ▽, Balk.
var. **margináta** (var. *eumargináta* Engl. et Irmsch., *S. bóryi* Boiss. et Heldr.) ♃ ⌓ △ V ▽, Balk., S-Karp., M- u. S-Ital.
var. **rocheliána** (Sternb.) Engl. et Irmsch. ♃ ⌓ △ V ▽ Balk.
- *margináta* var. *eumargináta:* 46
- *moscháta:* 28
47. **muscoídes** All. ♃ ⌓ △ (besser ▭) V bis VI ▽, Alp.
48. **mutáta** L. △ VI–VII ▽, Alp., S-Karp.
49. **oppositifólia** L.
var. **latína** Terracc. (*S. latína* (Terracc.) Hayek) ♃ ⤳ △ IV ▽, Apenn.
var. **oppositifólia** ♃ ⤳ △ IV ▽, Arkt., nördl. N-Am., N-Sib., N-Eur., Hochgebg. M-Eur., Span.
50. **paniculáta** Mill. (*S. aïzóon* Jacq.)
ssp. **cartilagínea** (Willd.) D. A. Webb (*S. cartilagínea* Willd., *S. kolenatiána* Regel, ssp. *kolenatiána* (Regel) D. A. Webb ex Köhlein) ▽, Kauk., Kl. As., Iran
ssp. **paniculáta** ▽, Gebg. S-, W- u. M-Eur., Norw.
(Formenreiche Art) ♃ ⌓ △ V–VI ▽
- *paniculáta* ssp. *kolenatiána:* 50
51. **pedemontána** All.
ssp. **cervicórnis** (Viv.) Engl. (*S. cervicórnis* Viv.) ♃ △ VI ▽, Kors., Sard.
ssp. **pedemontána** ♃ △ VI ▽, SW- bis M-Alp.
- *peltáta: Dármera* 1
52. **pensylvánica** L. ♃ V–VI ▽, USA: Maine bis Minn., südl. bis Virg., W-Virg., Ill. u. Missouri
53. **porophýlla** Bertol. ♃ ⌓ △ IV-V ▽, M- u. S-Ital.
- *porophýlla* var. *montenegrína:* 29
- *porophýlla* var. *sibthorpiána:* 57
- *pseudosáncta:* 39
54. **rotundifólia** L.
var. **heucherifólia** (Griseb. et Schenk) Engl. ♃ VI–VII ▽, O-Karp., Balk.
var. **rotundifólia** ♃ VI–VII ▽, Alp. u. Vorland, Hochgebg. S-Eur., Kauk., Arm.
55. **sáncta** Griseb. (*S. juniperifólia* ssp. *sáncta* (Griseb.) D. A. Webb) ♃ ⌓ △ IV–V ▽, Griech., Kl. As.
- *sarmentósa:* 59
- *sartórii:* 56
56. **scárdica** Griseb. (*S. sartórii* Heldr.) ♃ ⌓ △ V ▽, Gebg. Balk.
57. **sempervívum** K. Koch (*S. porophýlla* Bertol. var. *sibthorpiána* (Griseb.) Engl. et Irmsch.) ♃ ⌓ △ IV–V ▽, Balk., Anat.
58. **sprúneri** Boiss. ♃ ⌓ Ⓐ oder ▭ V ▽, Gebg. N-Alban. bis M-Griech.
59. **stolonífera** Meerb. (*S. sarmentósa* L. f.) - Judenbart ♃ ⊽ Ⓚ V–VIII ▽, Jap., China
60. **stribrnýi** (Velen.) Podp. ♃ ⌓ △ (besser Ⓚ oder ▭) V ▽, Bulg., N-Griech.
61. **tenélla** Wulf. ♃ ⤳ △ VI–VII ▽, SO-Alp.
62. **tombeanénsis** Boiss. ex Engl. ♃ ⌓ △ (besser ▭) V ▽, Ital. Alp.
63. **trifurcáta** Schrad. (*S. ceratophýlla* Dryand.) ♃ ♭ △ V–VI ▽, N-Span.
64. **umbrósa** L. - Porzellanblümchen, Jehowablümchen ♃ V–VI ▽, W- u. M-Pyren.
65. × **úrbium** D. A. Webb (*S. spathuláta* × *S. umbrósa*) ♃ V–VI
66. **valdénsis** DC. ♃ ⌓ △ VI ▽, SW-Alp.
67. **vandéllii** Sternb. ♃ ⌓ △ (besser ▭) V ▽, Ital. Alp.
68. **veitchiána** Balf. ♃ ⤳ △ V–VI ▽, W-Hupeh

Scabiósa L. - f. - *Dipsacáceae*
Skabiose
- *arvénsis: Knáutia* 1
1. **atropurpúrea** L. - Purpurskabiose ⊙ bis ⊙ D ✂ VII–X, S-Eur., Med. (Mit vielen Sorten)
2. **caucásica** M. B. ♃ ✂ VII–IX, Kauk. (Mit verschiedenen Sorten)
3. **columbária** L. ♃ VII–IX, Eur., von Schottl. u. Estl. südwärts, Med., NW-Afr., Kauk.
4. **graminifólia** L. ♃ △ VII–VIII, S-Eur., Schw., Med.
5. **japónica** Miq.
var. **alpína** Takeda ⊙ △ VII–IX, Jap.
var. **japónica** ⊙ VII–IX, Jap.
- *longifólia: Knáutia* 3

6. **lúcida** Vill. ♃ △ VII–IX, Pyren., Voges., Jura, Alp., Karp., Illyr. Gebg.
7. **ochroleūca** L. ⊙ -♃ VII–IX, Östl. M-Eur., Pol. bis M- u. S-Rußl., Sib., N-Balk.
8. **prolífera** L. ⊙ VI–VII, Syr.
9. **reuteriána** Boiss. ⊙ VII–VIII, Kl. As.
10. **silenifólia** Waldst. et Kit. ♃ △ VII bis IX, Illyr. Gebg., Abruz.
11. **stelláta** L. (*Trochocéphalus stellátus* (L.) Á. et D. Löve) - Sternskabiose ⊙ VI–VIII, SW-Eur., W-Med.

- *succísa: Succísa* 1

12. **vestína** Facch. ex W. D. J. Koch ♃ △ VI–VIII, S-Alp., N-Apenn.

Scadóxus Raf. - m. - *Amaryllidáceae*

1. **cinnabárinus** (Decne.) Friis et Nordal (*Haemánthus cinnabárinus* Decne., *H. lindénii* N. E. Br.) ♃ i ⓦ IV–V, Sierra Leo. bis Angola u. Uganda
2. **multiflórus** (Martyn) Raf. (*Haemánthus multiflórus* Martyn)
   ssp. **katherínae** (Bak.) Friis et Nordal (*Haemánthus katherínae* Bak.) ♃ i ⓚ IV–V, Östl. S-Afr.
   ssp. **multiflórus** (*Haemánthus kalbrēyeri* Bak.) ♃ i ⓚ IV–V, Trop. u. südl. Afr., Jem.
3. **puníceus** (L.) Friis et Nordal (*Haemánthus natalénsis* Poppe, *H. magníficus* (Herb.) Herb.) ♃ i ⓚ III–IV, O- u. S-Afr.

Scaēvola L. - f. - *Goodeniáceae*

- *āemula:* 1

1. **salígna** G. Forst. (*S. āemula* R. Br.) ♃-♄ ⓚ, Neukaled.
2. **húmilis** R. Br. ♄ ⓚ, Austral
3. **suavéolens** R. Br. ♃-♄ ⓚ, Austral.

Scaphosépalum Pfitz. - n. - *Orchidáceae*

1. **ochthódes** (Rchb. f.) Pfitz. ♃ ⓦ I bis XII ✻, Kol.

Scaphyglóttis Poepp. et Endl. - f. - *Orchidáceae*

1. **béhrii** Rchb. f. ⓦ III–V ✻, Guat.

Scelétium N. E. Br. - n. - *Aizoáceae*

1. **namaquénse** L. Bol. ⓚ IX–X, Kap

Schauéria Nees - f. - *Acantháceae*

1. **calycótricha** (Link et Otto) Nees (*Justícia calycótricha* Link et Otto) ♄ ⓦ VII–VIII, Bras.
2. **flavícoma** (Lindl.) N. E. Br. ♄ ⓦ VII bis VIII, Bras.

Schēēlea Karst. - f. - *Pálmae*

1. **martiána** Burret (*Attálea excélsa* Mart. ex Spreng.) ♄ ⓦ ⓝ, Bras.

Schéfflera J.R. et G. Forst. - f. - *Araliáceae*

1. **actinophýlla** (Endl.) Harms (*Brassāia actinophýlla* Endl.) ♄ i ⓦ, NO-Austral., N. Guin.
2. **arborícola** (Hayata) Hayata (*Heptaplēūrum arborícola* Hayata) ♄ i ⓦ, Taiw.

- *cunninghámii:* 3

3. **digitáta** J.R. et G. Forst. (*S. cunninghámii* Miq., *Arália schéfflera* Spreng.) ♄ i ⓚ, Neuseel.
4. **elegantíssima** (Veitch ex Mast.) Lowry et Frodin (*Arália elegantíssima* Veitch ex Mast., *Dizygothéca elegantíssima* (Veitch ex Mast.) R. Vig. et A. Guill.) ♄ i ⓦ, Neukaled.
5. **kerchoveána** (Veitch ex W. Richards) Frodin et Lowry (*Arália kerchoveána* Veitch ex W. Richards, *Dizygothéca kerchoveána* (Veitch ex W. Richards) N. Tayl.) ♄ i ⓦ, Südsee-Ins.
6. **octophýlla** (Lour.) Harms ♄ -♄ i ⓦ, S-China, Taiw., Vietn., Jap., Riukiu-Ins.
7. **pūēckleri** (K. Koch) Frodin (*Tupidánthus calyptrátus* Hook. f. et Thoms.) ♄-♄ i ⓚ, Ind. bis SW-China, NW-Vietn., Laos, Burma, NW-Thail.
8. **vēītchii** (Carr.) Frodin et Lowry (*Arália vēītchii* Carr., *Dizygothéca vēītchii* (Carr.) N. Tayl.) ♄ i ⓦ, Neukaled.
9. **venulósa** (Wight et Arn.) Harms ♄ i ⓦ, Ind.

Schinópsis Engl. - f. - *Anacardiáceae*

1. **balánsae** Engl. - „Quebracho colorado" ♄ ⓦ ⓝ, Parag., Arg.

- *loréntzii:* 2

2. **quebrácho-colorádo** (Schlechtend.) Barkl. et T. Mey. (*S. loréntzii* (Griseb.) Engl.) - Quebrachoholzbaum, „Quebracho colorado" ♄ ⓦ ⓝ, Arg., Bras., Parag., Urug.

Schínus L. - m. - *Anacardiáceae* Pfefferbaum

- *depéndens:* 2

1. **mólle** L. - Peruanischer Pfeffer-

baum ♄ i ⌂ V ⓝ, Mex. bis Chile, S-Bras., Urug., NO-Arg., in Span. u. im Med. eingebürg.
2. **polýgamus** (Cav.) Cabr. (*S. depéndens* Ort.) ♄–♄ i ⌂ V, Westl. S-Am.
3. **terebinthifólius** Raddi - Brasilianischer Pfefferbaum ♄ i ⌂ IV ⓝ, Bras., in Span. u. Port. eingebürg.

Schisándra Michx. - f. - *Schisandráceae*
1. **chinénsis** (Turcz.) Baill. ♄ ⚷ D ⚥ V bis VI, Jap., Korea, China, Amur, Sachal.

Schismatoglóttis Zoll. et Moritzi - f. - *Aráceae*
1. **asperáta** Engl. ♃ i ⌂, Born.
2. **concínna** Schott (*S. lavállei* Lind.) ♃ i ⌂, Sum., Java, Born.
- *lavállei:* 2
3. **neoguineénsis** (Lind.) N. E. Br. ♃ i ⌂, N. Guin.
4. **pícta** Schott ♃ i ⌂, Sum., Java, Born., Celeb.
5. **púlchra** N. E. Br. ♃ i ⌂, Born.

Schiveréckia Andrz. ex DC. - f. - *Crucíferae*
Zwerggänsekresse
- *bornmüelleri:* 1
1. **döerfleri** (Wettst.) Bornm. (*S. bornmüelleri* Prantl) ♃ △ IV–V, SW-Jugosl., Kl. As.
2. **podólica** (Bess.) Andrz. ♃ △ IV, W-Ukr., Moldau, NO-Rum.

Schizachýrium Nees - n. - *Gramíneae*
1. **scopárium** (Michx.) Nash (*Andropógon scopárius* Michx.) ♃, N-Am.: N. Brunsw. u. Queb. bis Alb., südl. bis Flor., Tex. u. Ariz.

Schizánthus Ruiz et Pav. - m. - *Solanáceae*
Spaltblume
1. **pinnátus** Ruiz et Pav. ⊙ VII–IX, Chile
2. **retúsus** Hook. ⊙ VII–IX, Chile
- × *wisetonénsis:* 3
3. **-Wisetonensis-Hybriden** (*S.* × *wisetonénsis* Low) ⊙ VII–IX (Mit vielen Sorten)

Schizobasópsis volúbilis: Bowíea 1
Schizocápsa plantagínea: Tácca 4
Schizocásia pórtei: Alocásia 9
Schizocéntron élegans: Heterocéntron 1

Schizocódon Sieb. et Zucc. - m. - *Diapensiáceae*
1. **soldanelloídes** Sieb. et Zucc. ♃ i ∧ (besser ▭ oder ⌂) III–IV, Jap.

Schizopétalon Sims - n. - *Crucíferae*
1. **wálkeri** Sims ⊙ VI–VIII, Chile

Schizophrágma Sieb. et Zucc. - n. - *Saxifragáceae*
1. **hydrangeoídes** Sieb. et Zucc. ♄ ⚷ VII, Jap.

Schizostýlis Backh. f. et Harv. ex Hook. f. - f. - *Iridáceae*
Spaltgriffel
1. **coccínea** Backh. f. et Harv. ♃ ⌂ X bis XII, Östl. S-Afr.

Schlumbérgera Lem. - f. - *Cactáceae*
- × *bucklēyi:* 1
- *gäertneri: Hatióra* 1
1. **-Hybriden** (darunter *S.* × *bucklēyi* (T. Moore) Tjaden = *S. russelliána* × *S. truncáta*) - Echter Weihnachtskaktus ♄ ⌂ XI–I
2. **opuntioídes** (Loefgr. et Dusén) D. R. Hunt ♄ ⚷ ⌂ XII–III ∗, Bras.: Rio de Jan.
3. **orssichiána** Barthlott et A. McMillan ♄ ⌂ VIII–IX u. II–III ∗, SO-Bras.: Serra do Mar
4. **russelliána** (Hook.) Britt. et Rose (*Epiphýllum russelliánum* Hook.) ♄ ⚷ ⌂ ∗, SO-Bras.: Orgelgebirge
5. **truncáta** (Haw.) Moran (*Epiphýllum truncátum* Haw., *Zygocáctus truncátus* (Haw.) K. Schum.) - Gliederkaktus, Weihnachtkaktus ♄ ⌂ XII–I ∗, SO-Bras.: Rio de Jan.

Schöenia cassiniána: Helichrýsum 5

Schoenocäulon A. Gray - n. - *Liliáceae*
1. **officinále** (Cham. et Schlechtend.) A. Gray (*Sabadílla officinális* (Cham. et Schlechtend.) Brandt) ♃ ☠ ⌂ Off., Venez., Guat., Mex., Westind.

Schoenopléctus lacústris: Scírpus 4
- *lacústris* ssp. *gläucus: Scírpus* 4
- *prólifer: Scírpus* 5
- *tabernaemontáni: Scírpus* 4

Schoenórchis Bl. - f. - *Orchidáceae*
1. **juncifólia** Bl. ⚷ i ⌂ V–VI ∗, Java, Sum.

× *Schombávola:* × *Schombobrassávola*
× **Schombobrassávola** hort. (*Rhyncholäelia* × *Schombúrgkia;* × *Schombávola* hort.) - f. - *Orchidáceae*
× **Schombocattlēya** hort. (*Cattlēya* ×

Schombúrgkia; × *Schomburgkiocattleya* hort., × *Schomcattleya* hort.) – f. – *Orchidáceae*

× **Schombodiácrium** hort. (*Caulárthron* × *Schombúrgkia*) – n. – *Orchidáceae*

× **Schomboëpidéndrum** hort. (*Epidéndrum* × *Schombúrgkia*) – n. – *Orchidáceae*

× **Schombolaelia** hort. (*Laelia* × *Schombúrgkia*) – f. – *Orchidáceae*

× **Schombolaeliocattleya** hort. (*Cattleya* × *Laelia* × *Schombúrgkia;* × *Lyonára* hort.) – f. – *Orchidáceae*

× *Schombónia:* × *Schombotónia*

× **Schombotónia** hort. (*Broughtónia* × *Schombúrgkia;* × *Schombónia* hort.) – f. – *Orchidáceae*

Schombúrgkia Lindl. – f. – *Orchidáceae*
- *críspa:* 1
1. **gloriósa** Rchb. f. (*S. críspa* Lindl.) ⌂ X–XII ∗, Kol. u. Venez. bis Bol. u. S-Bras.
2. **supérbiens** (Lindl.) Rolfe (*Laelia supérbiens* Lindl.) ♃ ⌂ IV–V ∗, Mex. bis Hond.
3. **tibícinis** Batem. ⌂ V–VI ∗, Mex. bis Pan.
4. **unduláta** Lindl. ⌂ V–VII ∗, Trin., Venez., Kol.

× *Schomburgkiocattleya:* × *Schombocattleya*

× *Schomcattleya:* × *Schombocattleya*

Schótia Jacq. – f. – *Leguminósae*
1. **áfra** (L.) Bodin (*S. speciósa* Jacq.) ♄ bis ♄ ⌂ IX–X, S-Afr.
2. **brachypétala** Sond. ♄ ⌂ VIII, S-Afr.
- *speciósa:* 1

Schrébera Roxb. – f. – *Oleáceae*
1. **arbórea** A. Chev. ♄ i ✂ ⌂, Guin.

Schubértia Mart. – f. – *Asclepiadáceae*
1. **grandiflóra** Mart. et Zucc. ♄ § D ⌂ VII–VIII, Bras.

Schwantésia Dint. – f. – *Aizoáceae*
- *díssita: Mitrophýllum* 1
1. **triebneri** L. Bol. ⌂, Kap

Sciadócalyx digitaliflóra: Kohléria 5

Sciadópitys Sieb. et Zucc. – f. – *Taxodiáceae*
Schirmtanne
1. **verticilláta** (Thunb.) Sieb. et Zucc. ♄ i, Jap.

Scílla L. – f. – *Liliáceae*
- *amethýstina:* 8
1. **amoena** L. ♃ IV–V ▽, Nur in Kult. bek., stellenweise verwildert
2. **autumnális** L. ♃ ∧ VIII–IX ▽, W-, S- u. SO-Eur., Med., NW-Afr. bis S-Rußl, Iran, Irak
3. **bifólia** L. ♃ III ▽, S-, M-Eur., Kl. As., Kauk.
4. **bithýnica** Boiss. ♃ IV ▽, O-Bulg., NW-Anat.
- *campanuláta: Hyacinthoídes* 1
- *chinénsis:* 12
5. **furseórum** Meikle ♃ IV ▽, NO-Afgh.
- *hispánica: Hyacinthoídes* 1
6. **hohenáckeri** Fisch. et C.A. Mey. ♃ III ▽, S-Iran, Aserbeid.
7. **hyacinthoídes** L. ♃ ∧ IV–V ▽, Med., Port.
- *itálica: Hyacinthoídes* 2
8. **litardiérei** Breistr. (*S. praténsis* Waldst. et Kit., *S. amethýstina* Vis.) ♃ V–VI ▽, Jugosl.
- *marítima: Urgínea* 1
9. **mischtschenkoána** Grossh. (*S. tubergeniána* Stearn) ♃ III–IV ▽, Kauk.
- *nána: Chionodóxa* 4
- *non-scrípta: Hyacinthoídes:* 3
- *paucifólia: Ledeboúria* 1
10. **peruviána** L. ♃ ⌂ V–VI ▽, W-Med., M- u. S-Port., Mad.
- *praténsis:* 8
11. **puschkinioídes** Regel ♃ III–IV ▽, Turkest.
12. **scilloídes** (Lindl.) Druce (*S. chinénsis* Benth.) ♃ VIII–IX ▽, Jap., Korea, China, Riukiu-Ins., Taiw., Mandsch., Ussuri
13. **sibérica** Haw. – Blausternchen ♃ III bis IV ▽, M-Rußl. bis Kauk. u. Vord. As.
- *sociális: Ledeboúria* 1
- *tubergeniána:* 9
- *violácea: Ledeboúria* 1

Scindápsus Schott – m. – *Aráceae*
- *aúreus: Epiprémnum* 1
1. **píctus** Hassk., Malays.
'Argyraeus' (var. *argyraeus* (hort. ex Engl.) Engl., *Póthos argyraeus* hort. ex Engl.) § i ⌂

Scirpodéndron Zipp. ex Kurz – n. – *Cyperáceae*
1. **ghaeri** (Gaertn.) Merr. ♃ ⌂ Ⓦ, Ceyl., Hinterind., Malays., Austral. (Queensl.), Samoa

Scírpus L. - m. - *Cyperáceae*
Simse
- *aciculáris: Eleócharis* 1
1. **cérnuus** Vahl (*Isólepis cérnua* (Vahl) Roem. et Schult., *I. grácilis* (Poir.) Nees, *S. grácilis* Poir., *Ficínia poirétii* Kunth) ♃ i ﹏ ⌂ W- u. S-Eur., Med., N-, O- u. S-Afr., Madag., Austral., Neuseel.
2. **cespitósus** L. (*Trichóphorum cespitósum* (L.) Hartm.) ♃ ﹏ V–VIII, Eur., südl. bis M-Span., Kors. u S-Bulg., N- u. NW-Rußl.
- *globulósus: Fimbristýlis* 1
- *grácilis:* 1
3. **holoschoénus** L. (*Holoschoénus vulgáris* Link, *H. románus* (L.) Fritsch, *Isólepis holoschoénus* (L.) Roem. et Schult.) - Kopfsimse ♃ ﹏ VII–VIII, Eur., nördl. bis S-Engl. u. Weißrußl., Kanar., Med., östl. bis Sib., M-As. u. Afgh., Pandsch.
4. **lacústris** L. (*Schoenopléctus lacústris* (L.) Palla) - Seebinse, Teichbinse
ssp. **lacústris** ♃ ﹏ - ≋ VI–VII ®, Eur., Sib.
ssp. **tabernaemontáni** (C.C. Gmel.) Syme (*S. tabernaemontáni* C.C. Gmel., *S. lacústris* ssp. *glaúcus* (Sm.) Hartm., *Schoenopléctus tabernaemontáni* (C.C. Gmel.) Palla, *Schoenopléctus lacústris* ssp. *glaúcus* (Sm.) Becherer) ♃ ﹏ -≋ VI–VII, Euras., Med., NW-Afr.
- *lacústris* ssp. *glaúcus:* 4
- *palústris: Eleócharis* 3
- *párvulus: Eleócharis* 4
5. **prólifer** Rottb. (*Cypérus prólifer* (Rottb.) hort. Berol., *Schoenopléctus prólifer* (Rottb.) Palla, *Isólepis prolífera* (Rottb.) R. Br.) ♃ i ﹏ ⌂, Kap, Austral., Neuseel.
- *pusíllus: Eleócharis* 4
6. **sylváticus** L. ♃ V–VII, Eur., Kauk., Sib., O-As.
- *tabernaemontáni:* 4
7. **tenéllus** Willd. ♃ ﹏ ﹏ ⌂, Bras.

Sclárea aethíopis: Sálvia 1

Sclerocáctus Britt. et Rose (einschl. *Ancistrocáctus* (K. Schum.) Britt. et Rose, *Echinomástus* Britt. et Rose, *Toumeýa* Britt. et Rose) - m. - *Cactáceae*
1. **erectocéntrus** (Coult.) N.P. Tayl. (*Echinocáctus erectocéntrus* Coult., *Echinomástus erectocéntrus* (Coult.) Britt. et Rose) ⌂ *, N-Mex.: N-Sonora; SW-Ariz.
2. **glaúcus** (K. Schum.) L. Bens. (*Echinocáctus glaúcus* K. Schum.) ⌂ *, USA: O-Utah, W-Color.
3. **intertéxtus** (Engelm.) N.P. Tayl. (*Echinocáctus intertéxtus* Engelm., *Echinomástus intertéxtus* (Engelm.) Britt. et Rose) ⌂ *, USA: SO-Ariz., New Mex., SW-Tex.; N-Mex.: Sonora, Chihuahua, Cohauila
4. **johnsónii** (Engelm.) N.P. Tayl. (*Echinocáctus johnsónii* Engelm., *Echinomástus johnsonii* (Engelm.) Baxt.) ⌂ *, USA: O-Kalif., Nev., W-Ariz.
5. **mariposénsis** (Hester) N.P. Tayl. (*Echinocáctus mariposénsis* Hester) ⌂ *, N-Mex.: Cohauila; S-Tex.
6. **papyracánthus** (Engelm.) N.P. Tayl. (*Mammillária papyracántha* Engelm., *Toumeýa papyracántha* (Engelm.) Britt. et Rose, *Pediocáctus papyracánthus* (Engelm.) L. Bens.) ⌂ *, USA: O-Ariz., New Mex.
7. **polyancístrus** (Engelm. et Bigel.) Britt. et Rose (*Echinocáctus polyancístrus* Engelm. et Bigel.) ⌂ *, USA: S-Kalif., SW-Nev.
8. **scheérii** (Salm-Dyck) N.P. Tayl. (*Echinocáctus scheérii* Salm-Dyck, *Ancistrocáctus scheérii* (Salm-Dyck) Britt. et Rose) ⌂ *, NO-Mex.: Nuevo Leon, Tamaulipas; S-Tex.
9. **uncinátus** (Gal.) N.P. Tayl. (*Echinocáctus uncinátus* Gal., *Hamatocáctus uncinátus* (Gal.) Orcutt, *Ancistrocáctus uncinátus* (Gal.) L. Bens.)
var. **crassihamátus** (F.A.C. Web.) L. Bens. (*Hamatocáctus crassihamátus* (F.A.C. Web.) Buxb., *Ancistrocáctus crassihamátus* (F.A.C. Web.) L. Bens., *Echinocáctus crassihamátus* F.A.C. Web.) ⌂ *, USA: S-Tex., S-New Mex.
var. **uncinátus** ⌂ *, Tex. bis N-Mex.
10. **unguispínus** (Engelm.) N.P. Tayl. (*Echinocáctus unguispínus* Engelm., *Echinomástus unguispínus* (Engelm.) Britt. et Rose)

var. **durangénsis** (Runge) N.P. Tayl. (*Echinomástus durangénsis* (Runge) Britt. et Rose) ⓚ ∗, N-Mex.: San Luis Potosi, Zacatecas, O-Durango, S-Chihuahua
var. **unguispínus** ⓚ ∗, N-Mex.: Chihuahua, Zacatecas
Scleropóa rígida: Desmaziéra 1
Scolopéndrium: Phyllítis
– *officinále: Phyllítis* 1
– *officinárum: Phyllítis* 1
– *rhizophýllum: Camptosórus* 1
– *vulgáre: Phyllítis* 1
Scólymus L. – m. – *Compósitae*
1. **hispánicus** L. – Goldwurzel, Spanische Golddistel ⊙ VIII ⓝ, S-Eur. bis NW-Frankr., Med.
Scopólia Jacq. corr. Link – f. – *Solanáceae*
Tollkraut
1. **anómala** (Link et Otto) Airy Shaw (*S. lúrida* Dun.) ♃, Nepal, Sikk.
2. **carniólica** Jacq., Südöstl. M- u. SO-Eur. bis Ital., M-Ukr. u. Lit.
var. **brevifólia** Dun. ♃ ☠ IV–V
var. **carniólica** ♃ ☠ IV–V
– *lúrida:* 1
Scorzonéra L. – f. – *Compósitae*
Schwarzwurzel
1. **aristáta** Ram. ex DC. ♃ VII–VIII, M- u. O-Pyren., S-Alp., N- u. M-Apenn.
2. **hispánica** L. – Schwarzwurzel ♃ VI bis VIII ⓝ ▽, M-, S- u. SO-Eur., W-Sib., Kauk.
3. **purpúrea** L. ♃ VI–VIII ▽
ssp. **purpúrea**, W-Deutschl. u. Lit., südl. bis M-Ital., M-Griech., SO-Rußl., südl. M-Frankr.
ssp. **rósea** (Waldst. et Kit.) Nym. (*S. rósea* Waldst. et Kit.), Östl. M-Eur., Balk., N- u. M-Ital.
– *rósea:* 3
Scrophulária L. – f. – *Scrophulariáceae*
Braunwurz
1. **canína** L. ♃ △ VI–VIII
ssp. **canína**, S- u. südl. M-Eur. bis M-Frankr., Med.
ssp. **hóppei** (W.D.J. Koch) P. Fourn. (*S. hóppei* W.D.J. Koch, *S. juraténsis* Schleich.), Jura, S-Alp., Apenn.
– *hóppei:* 1
– *juraténsis:* 1
2. **nodósa** ♃ V–VIII, Eur., N-, W- u. O-As., Neufundl.
Scutellária L. – f. – *Labiátae*
Helmkraut
1. **alpína** L. – Alpenhelmkraut
var. **alpína** ♃–♄ △ V–VII, Span., Schw., Ital., Jugosl., Griech., Rum.
var. **supína** (L.) I.B.K. Richards. (var. *lupulína* (L.) Boiss.) ♃–♄ △ V bis VII, Rußl., Altai
– *alpína* var. *lupulína:* 1
2. **altíssima** L. ♃ VI–VII, O-, M- u. SO-Eur., M- u. S-Ital., Kauk.
3. **baicalénsis** Georgi (*S. macrántha* Fisch.) ♃ △ VII–VIII, O-Sib., Mongol., N-China
– *canéscens:* 5
4. **costaricána** H. Wendl. (*S. mociniána* hort. non Benth.) ♃ – ♄ ⓦ V–VII, Costa R.
5. **incána** Spreng. (*S. canéscens* Nutt.) ♃ VIII–IX, USA: N. Jers. u. N. Y. bis Iowa, südl. bis N-Carol., Alab., Ark. u. Kans.
– *macrántha:* 3
– *mociniána:* 4
6. **orientális** L.
var. **pinnatífida** Boiss. ♃ △ VII–IX, Alban. bis Krim, Kl. As., Iran
7. **scordiifólia** Fisch. ex Schrank ♃ △ VI bis VIII, Sib.
8. **ventenátii** Hook. ♃ ⓦ VII–VIII, Kol.
9. **violácea** Hayne ♃ ⓦ VI–IX, Dekkan, Ceyl.
Scuticária Lindl. – f. – *Orchidáceae*
1. **hadwénii** (Lindl.) Hook. ⸾ ⓦ V–VI ∗, Guay., Bras.
2. **steélii** (Hook.) Lindl. ⸾ ⓦ V–X ∗, Guay., Venez., Bras.
3. **strictifólia** Hoehne ♃ ⓦ ∗, Bras.
Scyphánthus Sweet – m. – *Loasáceae*
1. **élegans** Sweet ♃ ⸾ ⓚ VII–VIII, Chile
Scyphulária Fée – f. – *Davalliáceae*
1. **pentaphýlla** (Bl.) Fée (*Davállia pentaphýlla* Bl.) ♃ ⁓ i ⓦ, Java bis Polyn.
Seafórthia élegans Hook.: *Archontophoénix* 2
– *élegans* R. Br.: *Ptychospérma* 1
Sécale L. – n. – *Gramíneae*
Roggen
1. **cereále** L. ⊙–⊙ V–VI ⓝ, Alte Kulturpflanze, wild unbek.
Séchium P. Br. – n. – *Cucurbitáceae*

Chayote
1. **edúle** (Jacq.) Sw. ♃ ⸗ ♾ ⌂ ⓝ, Nur in Kult. bek.

Securínega Comm. ex Juss. - f. - *Euphorbiáceae*
1. **suffruticósa** (Pall.) Rehd. (*S. ramiflóra* (Ait.) Muell. Arg., *S. fluggeoídes* Muell. Arg., *S. japónica* Miq.) ♄ VII–VIII ⓝ, Mongol. bis N-China

× *Sedádia amecamecána: Sédum* 10

Sédum L. - n. - *Crassuláceae*
Fetthenne
1. **ácre** L. - Mauerpfeffer ♃ i △ ☠, Eur., W- u. N-As., N-Afr., im nördl. N-Am. eingebürg.
2. **adenótrichum** Wall. ♃ △ V–VI, Him.
3. **adólphi** Hamet ♄ i ⌂ III–IV, Mex.
4. **aïzóon** L. (*S. maximowíczii* Regel) ♃ VII–VIII, Jap., Sib.
- *aïzóon* ssp. *kamtscháticum:* 39
- *aïzóon* ssp. *middendorffiánum:* 39
- *aïzóon* ssp. *selskiánum:* 70
5. **alamosánum** S. Wats. ♃ ⌂ II–IV, NW-Mex.
- *albértii:* 30
6. **alboróseum** Bak. (*S. japónicum* hort. non Sieb., *S. erythrostíctum* Miq.) ♃ VI, O-As., wild unbek.
7. **álbum** L.
ssp. **álbum** ♃ i ⟿ △ VI–VIII, Eur., W- u. N-As., N-Afr.
ssp. **teretifólium** (Lam.) Syme (ssp. *micránthum* (Touss. Bast.) Syme, *S. micránthum* Touss. Bast.) ♃ i ⟿ △ VII, SW- u. südl. M-Eur., N-Afr.
- *álbum* ssp. *micránthum:* 7
8. **allantoídes** Rose ♄ i ⌂ VI–VII, Mex.
9. **alpéstre** Vill. ♃ ⟿ △ VI–VIII, Pyren. bis Karp., Voges., Kl. As.
- *altíssimum:* 69
10. **amecamecánum** Praeg. (× *Sedádia amecamecána* (Praeg.) Moran) ♄ i ⌂ V, Mex.
11. **anacámpseros** L. ♃ i ⟿ △ VII–VIII, Pyren., SW-Alp., Apenn.
12. **ánglicum** Huds. ♃ ⟿ △ VI–VII, W-Eur. bis SW-Schwed., Marok.
- *anopétalum:* 52
- *azúreum:* 14
13. **béllum** Rose ♃ ⌂ III–V, Mex.
- *boloniénse:* 72
14. **caerúleum** L. (*S. azúreum* Desf.) ⊙ VII–IX, Kors., Sard., Siz., Alger.
15. **cautícola** Praeg. ♃ i ⟿ VI–VII, Jap.
16. **compáctum** Rose ♃ i ⟿ ⌂ VI–VII, Mex.
17. **compréssum** Rose ♃ i ⌂ I–V, Mex.
- *córsicum:* 21
18. **craigii** R. T. Clausen ♄ ⌂, Mex.
- *cráSsipes: Rhodíola* 1
19. **cupressoídes** Hemsl. ♃ i ⌂ VII bis VIII, Mex.
20. **cyáneum** Rud. ♃ △ VII–VIII, Jap., Amur, Sachal.
21. **dasyphýllum** L. (*S. córsicum* Duby)
var. **dasyphýllum** ♃ i ⟿ △ VI–VII, M- u. S-Eur., W-Med., N-Afr., in NW-Eur. eingebürg.
var. **suendermánnii** Praeg. ♃ i ⟿ △ ∧ oder ⌂ VI–VIII, Span.
- *dendroídeum* hort.: 60
22. **dendroídeum** Moç. et Sessé ex DC. ♄ i ⌂ V–VI, Mex., Guat.
- *dendroídeum* ssp. *praeáltum:* 60
23. **diffúsum** S. Wats. ♃ ⟿ ⌂, Mex.
24. **divérgens** S. Wats. ♃ ⟿ ⌂, N-Am.: Br. Kol. bis Oreg.
- *diversifólium:* 31
25. **ebracteátum** Moç. et Sessé ex DC. ♃ ⌂ X, Mex.
- *élegans:* 28
- *ellacombiánum:* 39
- *erythrostíctum:* 6
26. **ewérsii** Ledeb. ♃ △ VII–VIII, W-Him. bis Mongol.
- *fabária:* 82
- *farinósum:* 32
27. **floríferum** Praeg. ♃ ⟿ △ VII, NO-China
28. **forsteriánum** Sm.
ssp. **élegans** (Lej.) E. F. Warb. (*S. rupéstre* L. p. p., *S. élegans* Lej.) ♃ △ VI–VIII, Marok., W-Eur.
29. **glaucophýllum** R. T. Clausen (*S. névii* auct. non A. Gray) ♃ ⟿ △ VI, USA: Gebg. Virg. u. W-Virg. bis Georg.
- *glaúcum:* 35
30. **grácile** C. A. Mey. (*S. albértii* Praeg.) ♃ △ VI–VII, N-Iran, Kauk.
31. **gréggii** Hemsl. (*S. diversifólium* Rose) ♃ ⌂ II–V, Mex.
32. **gríseum** Praeg. (*S. farinósum* hort. non Lowe) ♄ i ⌂ I–II, Mex.
33. **hemsleyánum** Rose ♃ ⌂, Mex.
- *hényri: Rhodíola* 8

- *heterodóntum: Rhodíola* 2
- *himalénse:* 78

34. **hirsútum** All. ♃, SW-Eur. bis N-Frankr. u. N-Ital.
35. **hispánicum** L. (*S. gla͞ucum* Waldst. et Kit. non Poir.) ⊙ △ VI–VII, Alp., S- u. SO-Eur., Kl. As., Vord. As., in Bayern stellenweise eingebürg.
    var. **mínus** Praeg. ♃ ⟿ △

- *hispánicum* (L.) Hamet non L.: *Pistorínia* 2
- *hobsónii: Rhodíola* 3

36. **hulténii** Froed. ♃ i ⌂, Mex.
37. **humifúsum** Rose ♃ i ⟿ ⌂ IV–VI, Mex.
38. **hýbridum** L. ♃ i ⟿ VII–VIII, M- u. S-Ural

- *hýbridum* Urv.: 80
- *ibéricum:* 80
- *índicum: Sinocrássula* 1
- *índicum* var. *yunnanénse: Sinocrássula* 2
- *japónicum:* 6

39. **kamtscháticum** Fisch. et C.A. Mey. (*S. aïzóon* ssp. *kamtscháticum* (Fisch. et C.A. Mey.) Froed.)
    var. **ellacombiánum** (Praeg.) R.T. Clausen (*S. ellacombiánum* Praeg.) ♃ VII–VIII, Jap.
    var. **kamtscháticum** ♃ VII–VIII, Jap., N-China, Kamtsch., Ussuri, Sachal.
    var. **middendorffiánum** (Maxim.) R.T. Clausen (*S. middendorffiánum* Maxim., *S. aïzóon* ssp. *middendorffiánum* (Maxim.) R.T. Clausen) ♃ VII–VIII, O-Sib., Mandsch.

- *kirilówii: Rhodíola* 4

40. **krájinae** Domin (*S. ukraínae* hort.) ♃ i ⟿ VI–VII, S-Slowak.?

- *laxiflórum: Monánthes* 4
- *libanóticum: Rosulária* 4

41. **liebmanniánum** Hemsl. ♃ i ⌂ VI bis VIII, Mex.
42. **lineáre** Thunb. ♃ i ⟿ △ ∧ ⌂ oder ⌂ V–VI, Jap., Riukiu-Ins.
43. **lýdium** Boiss. ♃ i ⟿ △ VI–VII, Westl. Kl. As.

- *maximowíczii:* 4
- *máximum:* 82

44. **mexicánum** Britt. ♃ i ⌂ IV–VI, Mex., in NW-Span. eingebürg.

- *micránthum:* 7
- *middendorffiánum:* 39
- *míte:* 72

45. **monregalénse** Balb. ♃ △ ∧ VII bis VIII, SW-Alp., Apenn., Kors.
46. **moranénse** H. B. K. ♄ i ⌂ VII, Mex.
47. **morganiánum** E. Walth. ♃ i ⟿ ⌇ ⌂, Mex., wild unbek.
48. **múlticeps** Coss. et Durieu ♄ ⌂ VII, Alger.

- *névii:* 29
- *nicaeénse:* 69

49. **nussbaumeriánum** Britt. ♄ i ⌂, Mex.

- *nútans: Cremnóphila* 2

50. **oaxacánum** Rose ♃ i ⟿ ⌂, Mex.
51. **obcordátum** R.T. Clausen ♄ ⌂, Mex.

- *obtusátum:* 53

52. **ochrole͞ucum** Chaix (*S. anopétalum* DC.) ♃ △ VI–VII, S-Eur., nördl. bis SW-Rum., S-Schw., M-Frankr., in Maine eingebürg.
53. **oregánum** Nutt. (*S. obtusátum* hort. non A. Gray) ♃ i ⌓ △ ∧ VII bis VIII, N-Am.: Alaska bis N-Kalif.
54. **oxypétalum** H. B. K. ♄ i ⌂ VI–VII, Mex.
55. **pachyphýllum** Rose ♄ i ⌂ IV, Mex.
56. **pálmeri** S. Wats. ♄ i ⌂ I–VI, Mex.
57. **pilósum** M. B. ⊙ △ ∧ V–VI, Kl. As., Iran, Kauk.
58. **plurica͞ule** Kudô ♃ △ VII–VIII, Sachal.
59. **populifólium** Pall. ♄ – ♃ △ VI–VII, Sib.
60. **praeáltum** A. DC. (*S. dendroídeum* hort. non Moç. et Sessé ex DC., *S. dendroídeum* Moç. et Sessé ex DC. ssp. *praeáltum* (A. DC.) R.T. Clausen) ♄ i ⌂, Mex.

- *praegeriánum: Rhodíola* 3

61. **pruinátum** Link ex Brot. ♃ i ⟿ △ ∧ VII, N- u. M-Port., NW-Span.
62. **pulchéllum** Michx. ♃ i △ VII–VIII, USA: Virg. bis Ill., Missouri u. Kans., südl. bis Georg., Alab., Ark. u. Tex.

- *purpuráscens:* 82
- *purpúreum:* 82

63. **refléxum** L. (*S. rupéstre* ssp. *refléxum* (L.) Hegi et Schmid, *S. rupéstre* L. p. p.) – Tripmadam ♃ i △ VII–VIII Ⓝ, M-Eur. bis Norw., Finnl., W-Ukr., Athos, Siz., W-Frankr., NO- u. N-Span.
64. **retúsum** Hemsl. ♄ i ⌂ VI–IX, Mex.

- *rhodánthum: Rhodíola* 5
- *rhodíola: Rhodíola* 6

65. **rhodocárpum** Rose ♃, USA: Sierra Nev.

- *rósea* (L.) Scop.: *Rhodíola* 6
- *róseum* Stev.: 79

66. × **rubrotínctum** R. T. Clausen (Abstammung ungeklärt) ♄ i ⌂, Mex.

- *rupéstre:* 28, 63
- *rupéstre* ssp. *refléxum:* 63

67. **sarmentósum** Bunge ♃ i △ ∧ (besser ⌂) VII, Jap., Korea, Mandsch., N-China
68. **sartoriánum** Boiss.
var. **stribrnýi** (Velen.) D. A. Webb (*S. stribrnýi* Velen.) ♃ ⁓ △ VI, S-Bulg., NO-Griech.
69. **sedifórme** (Jacq.) Pau (*S. altíssimum* Poir., *S. nicaeénse* All.) ♃ i △ V–VII, Med., Port., Span. bis M-Frankr., Kl. As., Zyp., Liban.
70. **selskiánum** Regel et Maack (*S. aïzóon* ssp. *selskiánum* (Regel et Maack) Froed.) ♃ VII–VIII, Mandsch., Amur

- *semenówii: Rhodíola* 7

71. **sempervivoídes** Fisch. ex M. B. (*S. sempervívum* Ledeb.) ⊙ i △ VI–VIII, Kl. As., Arm., Kauk., Iran

- *sempervívum:* 71

72. **sexanguláre** L. (*S. míte* Gilib., *S. boloniénse* Loisel.) ♃ ⁓ VI–VII, M-Eur. bis Finnl., Lit., Moldan., M-Griech., M-Frankr.
73. **siebóldii** Sweet ♃ △ ∧ (besser ⌂ oder ⌂) IX–X, Jap.
74. **spathulifólium** Hook. ♃ i ⁓ VI, N-Am.: Br. Kol. bis Kalif.
75. **spectábile** Bor. ♃ VIII–IX, Korea, Mandsch.
76. **spúrium** M. B. ♃ ⁓ △ VI–VIII, N-Iran, Kauk., Arm., Kurdist., in Eur. sowie im nordöstl. N-Am. stellenweise eingebürg.
77. **stáhlii** Solms ♃ i ⁓ ⌂ VIII–IX, Mex.
78. **stenopétalum** Pursh (*S. himalénse* hort.) ♃ △ ∧ VI–VII, N-Am.: Br. Kol. bis Kalif., östl. bis Mont.
79. **steveniánum** Rouy et E. G. Camus (*S. róseum* Stev.) ♃ ⁓ △ VII–VIII, Kauk.
80. **stoloníferum** S. G. Gmel. (*S. ibéricum* Stev., *S. hýbridum* Urv. non L.) ♃ ⁓ △ VI–VII, N-Iran, Kl. As., Kauk.

- *stribrnýi:* 68

81. **tatarinówii** Maxim. ♃ △ VII–IX, N-China, Mongol.
82. **teléphium** L.
ssp. **fabária** (W. D. J. Koch) Kirschl. (*S. fabária* W. D. J. Koch, *S. vulgáre* (Haw.) Link) ♃ VII–VIII, W- u. M-Eur., im nordöstl. N-Am. eingebürg.
ssp. **máximum** (L.) Krock. (*S. máximum* (L.) Hoffm.) ♃ VII–VIII, Eur., Kauk.
ssp. **teléphium** (*S. purpuráscens* W. D. J. Koch, *S. purpúreum* (L.) Schult.) ♃ VII–VIII, Eur., Kauk., Sib., im nordöstl. N-Am. eingebürg.
83. **tenuifólium** (Sibth. et Sm.) Strobl ♃ △, Med., Bulg., Port., N-Span.
84. **ternátum** Michx. ♃ △ VI, USA: N. Y. u. N. Jers. bis Mich. u. Ill., südl. bis Georg. u. Tenn.
85. **treleasei** Rose ♄ i ⌂ IV, Mex.

- *ukraínae:* 40
- *vulgáre:* 82
- *weinbérgii: Graptopétalum* 3
- *yunnanénse: Rhodíola* 8

Seemánnia latifólia: Gloxínia 2

- *sylvática: Gloxínia* 2

Selaginélla P. Beauv. - f. - *Selaginelláceae*
Mooskraut, Moosfarn

- *africána:* 35
- *albónitens:* 29
- *amoena:* 22

1. **ápoda** (L.) Fern. (*S. ápus* Spring, *S. ápus* var. *mínor* hort. ex A. Braun) ♃ i ⁓ ⌂, N-Am.: Maine u. Queb. bis Wisc. u. Missouri, südl. bis Flor. u. Tex., in Berlin eingebürg.

- *ápus:* 1
- *ápus* var. *mínor:* 1
- *azórica:* 16

2. **bifórmis** A. Braun ex Kuhn ♃ i ⁓ ⌂, O-As., Ind., Malak., Mal. Arch., Phil.
3. **braunii** Bak. ♃ i ⌂, W-China

- *caesia:* 31
- *caesia* var. *arbórea:* 37
- *canaliculáta:* 6
- *cauléscens:* 15

- *cauléscens* var. *japónica:* 15

4. **concínna** (Sw.) Spring (*S. rubélla* T. Moore) ♃ i ⌂W, Maskar.

- *cuspidáta* var. *emiliána:* 19

5. **delicatíssima** A. Braun ♃ i ⌂K, Kol.
6. **delicátula** (Desv.) Alston (*S. canaliculáta* Bak. non (L.) Spring) ♃ i ⌂K, O-Him., S-China

- *denticuláta* hort.: 16

7. **denticuláta** (L.) Link ♃ i ⁓→ △ ⌂A, S-Eur., Med., Port., Mad., Kanar.
8. **douglásii** (Hook. et Grev.) Spring ♃ i ⁓→ △, N-Am.: Br. Kol., Wash., Oreg. bis Kalif., östl. bis Id.

- *emmeliána:* 19
- *erýthropus* var. *májor:* 30

9. **flabelláta** (L.) Spring ♃ i ⌂W, Westind.
10. **galeóttii** Spring ♃ i ⌂W, Mex.
11. **grándis** T. Moore ♃ i ⌂W, Born.
12. **griffíthii** Spring ♃ i ⌂W, Trop. As.
13. **haematódes** (Kunze) Spring ♃ i ⌂W, Pan. bis Bol.
14. **helvética** (L.) Link ♃ i ⁓→ △ ▽, Alp., M- u. SO-Eur., Kl. As., Kauk., O-As.: N-China, Mandsch., Korea, Amur, Ussuri

- *inaequalifólia* var. *perélegans:* 21

15. **invólvens** (Sw.) Spring emend. Hieron. (*S. cauléscens* (Wall. ex Hook. et Grev.) Spring, *S. cauléscens* var. *japónica* (T. Moore ex McNab) Bak., *S. japónica* T. Moore ex McNab) ♃ i ⌂W, Ind., Ceyl., Malak., China, Jap., Java

- *japónica:* 15

16. **kraussiána** (Kunze) A. Braun (*S. denticuláta* hort. non (L.) Spring, *S. azórica* Bak.) ♃ i ⁓→ ⌂K - ⌂W, Trop. u. S-Afr., in S- u. W-Eur. (einschl. Azor.) eingebürg.
17. **lepidophýlla** (Hook. et Grev.) Spring - Auferstehungspflanze ♃ i ⌂W, Tex. bis Ariz., südl. bis El Salv.
18. **marténsii** Spring ♃ i ⌂K-⌂W, Mex.
19. **palléscens** (K.B. Presl) Spring (*S. emmeliána* Van Geert, *S. cuspidáta* var. *emiliána* Van Houtte ex Nichols.) ♃ i ⌂W, Mex. bis Kol. u. Venez.
20. **pilífera** A. Braun ♃ i ⌂W, Tex., Mex.
21. **pléna** (Desv.) Hieron. (*S. inaequalifólia* (Hook. et Grev.) Spring var. *perélegans* (T. Moore) Bak.) ♃ i ⌂W, O-Him.
22. **pulchérrima** Liebm. et Fourn. (*S. amœ̄na* Bull) ♃ i ⌂W, Mex.
23. **rotundifólia** Spring ♃ i ⌂K-⌂W, Westind.

- *rubélla:* 4

24. **rupéstris** (L.) Spring ♃ i ⁓→ △, N-Am.: Queb. bis Manit., südl. bis Georg., Alab., Ark. u. Okla.
25. **selaginoídes** (L.) Link (*S. spinulósa* A. Braun ex Döll) ♃ i ⁓→ △ ▽, N-Eur., Gebg. S- u. M-Eur., Kauk., Sib., NO-As., Jap., nördl. N-Am., einschl. Grönl., südl. bis Neufundl., Maine, Mich., Minn., Color. u. Br. Kol.
26. **sérpens** (Desv. ex Poir.) Spring ♃ i ⁓→ ⌂W, Westind.
27. **sibírica** (Milde) Hieron. ♃ i ⁓→ △, Jap., Sachal., N-Korea, O-Sib. bis Alaska

- *spinulósa:* 25

28. **stenophýlla** A. Braun ♃ i ⌂K, Mex.
29. **tenélla** (P. Beauv.) Spring (*S. albónitens* Spring) ♃ i ⁓→ ⌂W, Westind.
30. **umbrósa** Lem. ex Hieron. (*S. erýthropus* (Mart.) Spring var. *májor* Spring) ♃ i ⌂W, Yucat., M-Am., Kol., Bras.
31. **uncináta** (Desv.) Spring (*S. cǣsia* (hort.) hort. ex Kunze) ♃ i ⁓→ ⌂W, S-China
32. **underwōōdii** Hieron. ♃ i △, Westl. USA
33. **victóriae** T. Moore ♃ i ⌂W, Born., Fidschi-Ins.
34. **viticulósa** Klotzsch ♃ i ⌂W, Costa R. u. Pan. bis Kol. u. Venez.
35. **vogélii** Spring (*S. africána* A. Braun) ♃ i ⌂W, Trop. W-Afr.
36. **wallíchii** (Hook. et Grev.) Spring ♃ i ⌂W, Ind.
37. **willdenówii** (Desv. ex Poir.) Bak. (*S. cǣsia* var. *arbórea* (hort. ex Courtin) hort.) ♃ i ≀ ⌂W, Him. bis S-China u. Indones.

Selenicéreus (Berger) Britt. et Rose - m. - *Cactáceae*
Schlangencereus

1. **boeckmánnii** (Otto) Britt. et Rose ♄ ≀ ⌂K ✱, O-Mex., Kuba, Haiti
2. **brevispínus** Britt. et Rose ♄ ≀ ⌂K ✱,

Kuba
3. **coniflórus** (Weingt.) Britt. et Rose ♄ ⸾ ⌂ ✱, Haiti
4. **grandiflórus** (L.) Britt. et Rose (*Céreus grandiflórus* (L.) Mill.) - Königin der Nacht ♄ ⸾ ⌂ ✱, Jam., Kuba, Haiti, O-Mex.
- *grusoniánus:* 9
5. **hamátus** (Scheidw.) Britt. et Rose (*Céreus rostrátus* Lem.) ♄ ⸾ ⌂ VII ✱, Mex.
6. **honduréensis** (K. Schum.) Britt. et Rose ♄ ⸾ ⌂ ✱, Hond., Guat.
7. **inérmis** (Otto) Britt. et Rose ♄ ⸾ ⌂ ✱, Venez., Kol.
8. **kunthiánus** (Otto) Britt. et Rose ♄ ⸾ ⌂ ✱, Hond.?
9. **macdonáldiae** (Hook.) Britt. et Rose (*Céreus macdonáldiae* Hook.)
var. **grusoniánus** (Weingt.) Bckbg. (*S. grusoniánus* (Weingt.) Berger) ♄ ⸾ D VII ⌂ ✱, Herkunft unbek.
var. **macdonáldiae** ♄ ⸾ D VII ⌂ ✱, Hond.?
10. **nelsónii** (Weingt.) Britt. et Rose ♄ ⸾ ⌂ ✱, S-Mex.
11. **pringlei** Rose (*Céreus jalapénsis* Vaup.) ♄ ⸾ ⌂ ✱, Mex.
12. **pteránthus** (Link et Otto) Britt. et Rose (*Céreus nycticállus* Link) - Prinzessin der Nacht ♄ ⸾ ⌂ VII–VIII ✱, O-Mex.
13. **spinulósus** (DC.) Britt. et Rose ♄ ⸾ ⌂ ✱, O-Mex.; SO-Tex.
14. **testúdo** (Karw.) Buxb. (*Dēāmia testúdo* (Karw.) Britt. et Rose, *Céreus pterogónus* Lem.) ♃ ⌂ ✱, Mex. bis Kol.
15. **urbaniánus** (Gürke et Weingt.) Britt. et Rose ♄ ⸾ ⌂ ✱, Haiti, Kuba
16. **vágans** (K. Brandeg.) Britt. et Rose ♄ ⸾ ⌂ ✱, W-Mex.
17. **vaupélii** (Weingt.) Berger ♄ ⸾ ⌂ ✱, Haiti

Selínum virósum: Cicúta 1

Selliéra Cav. - f. - *Goodeniáceae*
1. **radícans** Cav. ♃ ⁓ ⁓ ⌂ VII–IX, O-Austral., Tasm., Neuseel., Chile

Semecárpus L. f. - f. - *Anacardiáceae*
1. **anacárdium** L. f. - Ostindischer Tintenbaum ♄ i ⌂ ⓝ, Gebg. Ind.

Sémele Kunth - f. - *Liliáceae*
1. **andrógyna** (L.) Kunth (*Rúscus andrógynus* L.) ♄ i ⸾ ⌂, Kanar.

Semiaquilégia Mak. - f. - *Ranunculáceae*
1. **ecalcaráta** (Maxim.) Sprague et Hutchins. (*Aquilégia ecalcaráta* Maxim.) ♃ △ VI–VII, W-China

Semiarundinária Mak. ex Nakai - f. - *Gramíneae*
1. **fastuósa** (Marliac ex Mitf.) Mak. ex Nakai (*Bambúsa fastuósa* Marliac ex Mitf., *Arundinária fastuósa* (Marliac ex Mitf.) Mak., *Phyllóstachys fastuósa* (Marliac ex Mitf.) hort. ex E.G. Camus)
var. **fastuósa** ♄ i ∧, Jap.
var. **yashadáke** (Mak.) Mak. (*S. yashadáke* Mak.) ♄ i, Jap.

Sempervivélla álba: Rosulária 3
- *sedoídes: Rosulária* 3

Sempervívum L. - n. - *Crassuláceae*
Hauswurz
- *aïzóon: Greenóvia* 1
- *álbum: Rosulária* 3
- *alliónii: Jovibárba* 1
1. **áltum** Turrill ♃ i △ VI ▽, Kauk.
- *andreánum:* 19
- *ánnuum: Aïchrýson* 1
- *anómalum:* 16
2. **arachnoídeum** L., N-Span., Pyren. bis Karp.
ssp. **arachnoídeum** (*S. doelliánum* C.B. Lehm., *S. arachnoídeum* ssp. *doelliánum* (C.B. Lehm.) Schinz et Keller) ♃ i △ VII–VIII ▽
ssp. **tomentósum** (C.B. Lehm. et Schnittsp.) Schinz et Thell. (*S. lággeri* Schott) ♃ i △ VII–VIII ▽ (Elter vieler natürlicher Bastarde und Sorten)
- *arachnoídeum* ssp. *doelliánum:* 2
- *arbóreum: Aeónium* 1
- *arenárium: Jovibárba* 2
3. **arménum** Boiss. et Huet ♃ i △ VII ▽, N-Anat.
- *assímile:* 15
4. **atlánticum** Ball (*S. tectórum* var. *atlánticum* (Ball) Hook.) ♃ i ⌂ VI ▽, Atlas, Marok.
- *āūreum: Greenóvia* 2
5. **balcánicum** Stoj. ♃ i △ VI–VII ▽, Balk.
- *balsamíferum: Aeónium* 2
- *borísii:* 7

- *caespitósum: Aeónium* 18
- *canariénse: Aeónium* 3
6. **cantábricum** J.A. Huber (*S. vicéntii* Pau ssp. *cantábricum* (J.A. Huber) Fernández Casas) ♃ i ⌂ ▽, N-Span.
- *ciliátum: Aeónium* 4
7. **ciliósum** Craib (*S. borísii* Degen et Urum., *S. ciliósum* f. *borísii* (Degen et Urum.) Jacobs.) ♃ i △ VI–VII ▽, Bulg., Jugosl., NW-Griech.?
- *ciliósum* f. *bórisii:* 7
- *cuneátum: Aeónium* 5
- *decórum: Aeónium* 6
- *dichótomum: Aïchrýson* 1
- *dodrantále: Greenóvia* 3
- *doelliánum:* 2
8. **dolomíticum** Facch. ♃ i △ VI–VII ▽, O-Alp.
- *doméstícum: Aeónium* 7
9. **erythraēum** Velen. ♃ i △ VII–VIII ▽, Bulg.
- *globíferum:* 20
- *glutinósum: Aeónium* 8
- *goōchiae: Aeónium* 9
- *grácile: Greenóvia* 3
- *hawórthii: Aeónium* 10
- *heuffélii: Jovibárba* 3
- *hierrénse: Aeónium* 11
- *hírtum: Jovibárba* 4
- *holochrýsum: Aeónium* 12
10. **-Hybriden** ♃ i △ VI–VIII
11. **kindíngeri** Adamov. ♃ i ⌂ VII ▽, Mazed.
12. **kosanínii** Praeg. ♃ i △ VII ▽, SW-Jugosl.
- *lággeri:* 2
13. **leucánthum** Panč. ♃ i △ VII ▽, Bulg.: Rila-Gebg.
- *lindlēyi: Aeónium* 13
14. **macedónicum** Praeg. ♃ i △ VI ▽, SW-Jugosl.
- *manriqueórum: Aeónium* 14
15. **marmóreum** Griseb. (*S. schlehánii* Schott, *S. assímile* Schott), ♄ i △ VII ▽, Balk., Tschechosl., O-Eur.
- *monánthes: Monánthes* 7
- *monánthes* var. *subcrassicaūle: Monánthes* 8
16. **montánum** L. (*S. anómalum* hort.)
ssp. **burnátii** Wettst. ex Hayek ♃ i △ VI–VIII ▽, SW-Alp.
ssp. **montánum** ♃ i △ VI–VIII ▽, Pyren., Kors., Alp., Karp.
ssp. **stiríacum** Wettst. ex Hayek ♃ i △ VI–VIII ▽, O-Alp.
(Sehr variabel, sich leicht mit anderen Arten kreuzend)
- *pátens: Jovibárba* 3
- *percárneum: Aeónium* 16
17. **púmilum** M. B. ♃ i △ VII ▽, Kauk.
18. **regínae-amáliae** Heldr. et Guicc. ex Hal. (*Diopógon heuffélii* (Schott) H. Huber var. *regínae-amáliae* (Heldr. et Guicc. ex Hal.) Jacobs.) ♃ i △ VI bis VII ▽, Gebg. Griech., S-Alban.
- *ruthénicum:* 22
- *schlehánii:* 15
- *sedifólium: Aeónium* 17
- *sedoídes: Rosulária* 3
- *símsii: Aeónium* 18
- *sobolíferum: Jovibárba* 5
- *spathulátum: Aeónium* 19
- *strepsícladum: Aeónium* 19
- *tabulifórme: Aeónium* 20
19. **tectórum** L. ▽
ssp. **alpínum** (Griseb. et Schenk) Wettst. ex Hayek (*S. andreánum* Wale) ♃ i △ VI–VIII ▽, Gebg. W-, M- u. S-Eur.
ssp. **calcáreum** (Jord.) Cariot et St.-Lager ♃ i △ VI–VIII ▽, Franz. Alp.
ssp. **tectórum** ♃ i △ VI–VIII ▽, auf Dächern, wild nicht bek.
(Sehr variable Art, deren Formen sich untereinander und mit vielen anderen Arten kreuzen)
- *tectórum* var. *atlánticum:* 4
- *tortuósum: Aeónium* 21
20. **transcaucásicum** Muirh. (*S. globíferum* auct. non L. nec Curt.) ♃ i △ VI ▽, Kauk., Anat.
- *undulátum: Aeónium* 22
- *úrbicum: Aeónium* 23
- *vicéntii* ssp. *cantábricum:* 6
21. **wulfénii** Hoppe ex Mert. et W.D.J. Koch ♃ i △ VII–VIII ▽, Österr., Schw. u. ital. Alp.
- *youngiánum: Aeónium* 22
22. **zelebórii** Schott (*S. ruthénicum* (W.D.J. Koch) Schnittsp. et C.B. Lehm.) ♃ i △ VI–VII ▽, Bulg., Rum.

Senécio L. - m. - *Compósitae*
(einschl. *Klēinia* Mill., *Notónia* DC.)
Kreuzkraut, Greiskraut
1. **abrotanifólius** L.
ssp. **abrotanifólius** (*S. abrotanifólius*

ssp. *tiroliénsis* (Kerner ex Dalla Torre) Gams, *S. tiroliénsis* Kerner ex Dalla Torre) ♄ △ VI–VII, M- u. O-Alp., NW-Jugosl.
ssp. **carpáthicus** (Herbich) Nym. ♃ △ VI–VII, Karp., Gebg. Balk.
- *abrotanifólius* ssp. *tiroliénsis:* 1
2. **acaūlis** (L. f.) Schultz Bip. (*Klēinia acaūlis* (L. f.) DC.) ♃ i ⌂ III–IV, Kap
3. **adonidifólius** Loisel. ♃ △ VI, N- u. M-Span., Pyren., S-Frankr.
4. **aloídes** DC. ♄ ⌂, Namib.
5. **alpínus** (L.) Scop. (*Cinerária alpína* (L.) L., *S. cordátus* W.D.J. Koch) ♃ ⁓ VI–VII, Alp. u. Vorland, N- u. M-Apenn.
6. **amaniénsis** (Engl.) Jacobs. (*Notónia amaniénsis* Engl., *Klēinia amaniénsis* (Engl.) Berger) ♃ i ⌂, Tans.
7. **anteuphórbium** (L.) Schultz Bip. (*S. pteronēurus* Hook. f., *Klēinia anteuphórbium* (L.) DC.) ♄ ⌂, Kap, S-Marok.
8. **árcheri** (Compt.) Jacobs. ♄ ⌂, Kap
9. **articulátus** (L. f.) Schultz Bip. (*Klēinia articuláta* (L. f.) Haw.) ♄ ⌂, Kap
- *aurantíacus:* 29
10. **āūreus** L. ♃ V–VII, N-Am.: Labr. bis Ont. u. N-Dak., südl. bis Flor., Alab. u. Ark.
11. **bícolor** (Willd.) Tod. (*Cinerária bícolor* Willd., *C. marítima* L., *S. marítimus* (L.) Rchb. non L. f., *S. cinerária* DC.) ♄ i ⌂, Med.
- *capitátus:* 29
- *carniólicus:* 28
- *cinerária:* 11
- *cinerária* var. *candidíssima:* 54
12. **citrifórmis** G.D. Rowl. (*Klēinia pusílla* hort.) ♃ ⁓ ⌂, Kap
- *clivórum: Ligulária* 1
- *cordátus:* 5
13. **cruéntus** (Masson ex L'Hérit.) DC. (*Cinerária cruénta* Masson ex L'Hérit.) ♃ ⌂ III–IV, Kanar.
14. **-Cruentus-Hybriden** (*Cinerária hýbrida* Willd. non Bernh., *S.* × *hýbridus* Hyl.) - Gartencinerarien ♃ ⌂ II–IV
(Mit vielen Sorten)
- *cylíndricus:* 51
15. **dória** L. (*S. macrophýllus* M. B.) ♃ VII–VIII, O-Frankr., Österr., Tschechosl., südl. M-Rußl., südl. bis S-Span., Siz., Bulg.
16. **dorónicum** (L.) L. ♃ △ VI–VII, Gebg. M- u. S-Eur.
17. **élegans** L. ⊙–⊙ VII–X, S-Afr.
18. **ficoídes** (L.) Schultz Bip. (*Klēinia ficoídes* (L.) Haw.) ♄–♄ i ⁓ ⌂, Kap
- *fúchsii:* 41
19. **fúlgens** (Hook. f.) Nichols. (*Klēinia fúlgens* Hook. f., *S. hookeriánus* (Hook. f.) Jacobs.) ♃ ⌂, Nat.
20. **galpínii** (Hook. f.) Jacobs. (*Klēinia galpínii* Hook. f.) ♄ -♄ ⌂ XII–I, Transv.
- *ghiesbréghtii:* 21
21. **grandifólius** Less. (*S. ghiesbréghtii* Regel) ♄ -♄ ⌂ I–III, Mex.
22. **grēyi** Hook. f. ♄ i ∧ (besser ⌂) VII bis VIII, Neuseel.: Wellingt.
23. **hálleri** Dandy (*S. uniflórus* (All.) All. non Retz.) ♃ △ VI–VIII, SW- u. südl. M-Alp.
24. **hawórthii** (Sweet) Schultz Bip. (*Klēinia hawórthii* (Sweet) DC., *K. tomentósa* Haw.) ♄ i ⌂, Kap
25. **hectóris** J. Buchan. ♄ i ⌂, Neuseel.: S-Ins.
26. **heritiéri** DC. ♃ i ⌂ II–III, Tener.
27. **herreánus** Dint. (*Klēinia gomphophýlla* Dint. ex Jacobs., *K. herreána* (Dint.) Merxm.) ♃ ⁓ ⌂, Namib.
- *hookeriánus:* 19
- × *hýbridus:* 14
28. **incánus** L.
ssp. **carniólicus** (Willd.) Braun-Blanq. (*S. carniólicus* Willd.) ♃ VII bis VIII ▽, SW- u. M-Alp., Apenn.
ssp. **incánus** ♃ ▽ VII–VIII, M- u. O-Alp., Karp.
29. **integrifólius** (L.) Clairv.
ssp. **aurantíacus** (Hoppe ex Willd.) Briq. et Cavill. (*S. aurantíacus* (Hoppe ex Willd.) Less.) ♃ △ VI bis VIII; Gebg. des östl. M-Eur.
ssp. **capitátus** (Wahlenb.) Cuf. (*S. capitátus* (Wahlenb.) Steud.) ♃ △ VI bis VIII, Alp., Karp., Alban.
ssp. **integrifólius** ♃ △ VI–VIII, Fast ganz Eur., N-As.
30. **jacobāēa** L. - Jakobskraut ⊙–♃ VI bis X ☠, Fast ganz Eur., N-Afr., Sib., Kl. As., Kauk., im atl. u. pazif. N-

Am. eingebürg.

31. **jacobsénii** G. D. Rowl. (*Notónia petraéa* R. E. Fr. non Boiss. et Reut.) ♄ ⏝ ⌂, Kenia, Tans.
32. **kírkii** Hook. f. ex Kirk ♃ i ⌂ VII bis VIII, Neuseel.: N-Ins.
33. **kleínia** (L.) Less. (*Kleínia neriifólia* Haw.) ♄ ⌂, Kanar.
34. **kleiniifórmis** Suesseng. (*Kleínia kleiniifórmis* (Suesseng.) Boom) ♄ ⌂, S-Afr.
35. **klinghardtiánus** Dint. (*Othónna pusílla* Dint., *Kleínia pusílla* (Dint.) Merxm.) ♃ ⌂, Namib., Kap
36. **laxifólius** J. Buchan. ♄ i ⌂ VII–VIII, Neuseel.: S-Ins.
- *ledebóurii: Liguláría* 5
- *leucóstachys:* 54
37. **longiflórus** (DC.) Schultz. Bip. (*Kleínia longiflóra* DC.) ♄ ⌂, Abess. bis Kap
38. **macroglóssus** DC. ♃ i ⌇ ⌂ XII–II, S-Afr.
- *macrophýllus:* 15
39. **mandralíscae** (Tin.) Jacobs. (*Kleínia mandralíscae* Tin.) ♄ ⌂, Kap?
- *marítimus:* 11
40. **mikanioídes** Otto ex Walp. (*S. scándens* DC. non Buch.-Ham., *Mikánia scándens* hort. non (L.) Willd.) – Sommerefeu ♃ ⌇ ⏝ ⌂, Kap, in S- u. W-Eur. sowie NW-Afr. eingebürg.
41. **nemorénsis** L.
ssp. **fúchsii** (C. C. Gmel.) Čelak. (*S. fúchsii* C. C. Gmel.) ♃ VII–IX, M- u. S-Eur.
ssp. **nemorénsis** ♃ VII–IX, Voges., M- u. O-Eur. bis N-Ital., W-Sib.
- *palmatífidus: Liguláría* 4
42. **paludósus** L. ♃ ⏝ VI–VIII, Engl., Schwed. bis S-Eur., Rußl., W-Sib.
43. **péndulus** (Forssk.) Schultz Bip. (*Notónia péndula* (Forssk.) Chiov., *Kleínia péndula* (Forssk.) DC.) ♃ ⏝ ⌂, Jem., Abess., Somalia
44. **petasítis** (Sims) DC. ♃ i ⌂ I–III, S-Mex.
- *przewálskii: Liguláría* 7
- *pteronéurus:* 7
45. **púlcher** Hook. et Arn. ♃ ⌂ VII–X, Urug., Arg.
46. **radícans** (L. f.) Schultz Bip. (*Kleínia radícans* (L. f.) Haw., *K. gonóclada* DC.) ♃ ⏝ ⌂, Kap, Namib.
- *répens:* 50
- *sagittátus: Emília* 1
47. **scándens** Buch.-Ham. ♄ i ⌇ ⌂, Jap., Taiw., China, Phil., Ind.
- *scándens* DC.: 40
48. **scapósus** DC.
var. **cauléscens** Harv. ♄ i ⌂, Kap
49. **sempervívus** (Forssk.) Schultz Bip. (*Kleínia sempervíva* (Forssk.) DC., *Notónia sempervíva* (Forssk.) Aschers.) ♃ ⌂, Tans., Abess.
50. **sérpens** G. D. Rowl. (*S. répens* (L.) Muschl. non DC., *Kleínia répens* (L.) Haw., *S. succuléntus* Schultz Bip. non DC.) ♃ i ⌂ VII–VIII, Kap
- *sibíricus: Liguláría* 8
51. **spiculósus** (Sheph.) G. D. Rowl. (*Kleínia cylíndrica* Berger, *S. cylíndricus* (Berger) Jacobs., *Kleínia spiculósa* Sheph.) ♄ ⏝ ⌂, Namib.
52. **stapeliifórmis** Phillips (*Kleínia stapeliifórmis* (Phillips) Stapf) ♃ ⌂, Östl. S-Afr.
- *stenocéphalus: Liguláría* 9
- *succuléntus:* 50
- *tangúticus: Sinacália* 1
- *tiroliénsis:* 1
53. **tropaeolifólius** MacOwan ♄ i ⌂, S-Afr.
- *uniflórus:* 23
- *veitchiánus: Liguláría* 11
54. **víra-víra** Hieron. (*S. leucóstachys* Bak., *Cineráría candidíssima* hort., *C. marítima* L. var. *candidíssima* hort., *S. cineráría* DC. var. *candidíssima* hort.) ♃ i ⌂, Arg.
55. **vulgáris** L. – Kreuzkraut ⊙ III–XI, Eur. u. As., N-Afr., in N-Am. eingebürg.
- *wilsoniánus: Liguláría* 12

Senegália: Acácia
- *sénegal: Acácia* 27

Sénna alexandrína: Cássia 11
- *occidentális: Cássia* 10
- *septemtrionális: Cássia* 9
- *siámea: Cássia* 12

Sequóia Endl. – f. – *Taxodiáceae*
Mammutbaum, Redwood
- *gigantéa: Sequoiadéndron* 1
- *glyptostroboídes: Metasequóia* 1
1. **sempérvirens** (D. Don) Endl. ♄ i ∧ (meist ⌂) ®, USA: SW-Oreg. bis

M-Kalif.
- *wellingtónia: Sequoiadéndron* 1
Sequoiadéndron Buchholz - n. - *Taxodiáceae*
Mammutbaum
1. **gigantéum** (Lindl.) Buchholz (*Wellingtónia gigantéa* Lindl., *Sequóia gigantéa* (Lindl.) Decne. non Endl., *Sequóia wellingtónia* Seem.) ♄ i Ⓝ, USA: Kalif.

Serápias L. emend. Sw. - f. - *Orchidáceae*
1. **cordígera** L. ♃ Ⓚ ▭ V ▽ ∗, S-, W-Eur., W-Med.
2. **língua** L. ♃ Ⓚ ▭ V ▽ ∗, SW-Eur., Med.

Serenóa Hook. f. - f. - *Pálmae*
1. **répens** (Bartr.) Small (*S. serruláta* (Michx.) Nichols.) ♄ ⟿ Ⓚ, USA: S-Carol. bis Louis.

Sericógraphis pauciflóra: Jacobínia 3
Seríssa Comm. ex Juss. - f. - *Rubiáceae*
1. **fóetida** (L. f.) Lam. ♄ i Ⓦ Off., SO-As.

Serjánia Mill. - f. - *Sapindáceae*
1. **curassávica** Radlk. - Timbópflanze ♄ Ⓦ Ⓝ, Ind.
2. **cuspidáta** Cambess. ♄ § i Ⓦ, Bras.

Serrátula L. - f. - *Compósitae*
Scharte
- *depréssa: Jurínea* 3
1. **seoánei** Willk. (*S. tinctória* ssp. *seoánei* (Willk.) Lainz, *S. sháwii* hort.) ♃ △ ∧ IX-X, N-Port., NW-Span., SW-Frankr.
- *sháwii:* 1
2. **tinctória** L. - Färberscharte ♃ VII bis VIII, Eur., Alger., Sib.
- *tinctória* ssp. *seoánei:* 1
3. **wólfii** Andrae ♃ VIII, N-, W- u. O-Rußl., Rum.

Sésamum L. - n. - *Pedaliáceae*
1. **índicum** L. (*S. orientále* L.) - Sesam ⊙ Ⓦ Ⓝ Off., Nur in Kult. bek., Heimat wahrscheinl. Abess., Ind.

Sesbánia Scop. - f. - *Leguminósae*
- *aegýptica:* 4
1. **cannabína** (Retz.) Pers. (*S. cochinchinénsis* (Lour.) DC.) ♄ Ⓦ Ⓝ, Trop. Afr. u. As. bis Austral.
- *cochinchinénsis:* 1
2. **grandiflóra** (L.) Pers. - Turibaum ♄ Ⓦ VII-VIII Ⓝ, Trop. SO-As. bis N-Austral.
3. **punícea** (Cav.) Benth. (*Daubentónia punícea* (Cav.) DC.) ♄ Ⓦ IV-X, S-Bras., Urug., NO-Arg.
4. **sésban** (L.) Merr. (*S. aegýptica* (Poir.) Pers.) ♄ Ⓦ VII-VIII Ⓝ, Seneg. bis Oberägypt. u. S-Afr., durch das trop. As. bis N-Austral.
5. **tripétii** (Poit.) hort. ex Hubb. (*Daubentónia tripétii* Poit.) ♄ Ⓚ V-X, N-Arg., Bras.

Séseli L. - n. - *Umbellíferae*
Sesel, Bergfenchel
1. **caespitósum** Sibth. et Sm. ♃ △ VII bis VIII, NW-Kl. As.

Sesléria Scop. - f. - *Gramíneae*
Blaugras
1. **álbicans** Kit. ex Schult. (*S. caerúlea* ssp. *vária* (Jacq.) Hayek, *S. vária* (Jacq.) Wettst.) ♃ △ IV-V, W- u. M-Eur., südl. bis N-Apenn. u. SO-Pol.
2. **argéntea** (Savi) Savi ♃ △ VI-VII, Ital., SO-Frankr., N- u. O-Span.
3. **autumnális** (Scop.) F. W. Schultz ♃ IX-X, N- u. O-Ital. bis Alban.
4. **caerúlea** (L.) Ard. ♃ △ IV-V, Von M-Schwed. u NW-Rußl. südl. bis M-Bulg.
- *caerúlea* ssp. *vária:* 1
5. **heuffleriána** Schur ♃ IV-V, Östl. M-Eur.
6. **nítida** Ten. ♃ IV-V, M- u. S-Ital., Siz.
7. **rígida** Heuff. ex Rchb. ♃ Gebg. Rum., N- u. M-Balk.
- *vária:* 1

Sesúvium L. - n. - *Aizoáceae*
1. **portulacástrum** (L.) L. ♃ ⟿ Ⓚ VII bis VIII Ⓝ, Trop. u. Subtrop.

Setária P. Beauv. - f. - *Gramíneae*
- *gláuca:* 5
1. **itálica** (L.) P. Beauv. - Borstenhirse, Kolbenhirse ⊙ VII-VIII Ⓝ, Nur angebaut bek.
- *lutéscens:* 5
2. **macrostáchya** H. B. K. ♃ VII-VIII, Tex. bis Color. u. Ariz., südl. bis Mex.
3. **palmifólia** (J. G. Koenig) Stapf (*Panícum palmifólium* J. G. Koenig, *P. plicátum* Willd. non Lam.) ♃ i Ⓦ, Trop. As.
4. **poiretiána** (Schult.) Kunth (*S. sul-*

cáta Raddi, *Panícum sulcátum* Bertol. non Aubl.) ♃ i ⌂, Mex. bis Bras., Westind.
5. **púmila** (Poir.) Schult. (*S. glaūca* (L.) P. Beauv. quoad descr., excl. basion., *S. lutéscens* (Weigel) Hubb.) ♃ ✂ ⌂ ®, Altweltl. Subtrop., Med., gem. Euras., in N-Am. eingebürg.
- *sulcáta:* 4
6. **víridis** (L.) P. Beauv. ⊙ VII–X, Eur., Sib., O-As., Med., N-Afr., in N-Am. eingebürg.

Setcreásia groegeriána: Callísia 1
- *purpúrea: Tradescántia* 8
- *striáta: Callísia* 1

Setícéreus chlorocárpus: Browníngia 1
Setiechinópsis: Echinópsis
- *mirábilis: Echinópsis:* 24

Shephérdia Nutt. - f. - *Elaeagnáceae*
Büffelbeere
1. **argéntea** (Pursh) Nutt. ♄–♄ III–IV ®, N-Am.: Manit. bis Alb., südl. bis Iowa, Kans., New Mex., Ariz. u. Kalif., westl. bis Br. Kol., Nev., New Mex.
2. **canadénsis** (L.) Nutt. ♄ IV–V, N-Am.: Neufundl. bis Alaska, südl. bis N. Y. u. Indiana, westl. bis New Mex., Ariz.

Sherárdia L. - f. - *Rubiáceae*
Ackerröte
1. **arvénsis** L. ⊙ VI–X, Eur., Med., Vord. As.

Shibatāēa Mak. ex Nakai - f. - *Gramíneae*
1. **kumasáca** (Zoll. ex Steud.) Mak. ex Nakai (*Bambúsa kumasáca* Zoll. ex Steud., *S. ruscifólia* (Sieb.) Mak., *S. kumasása* (Steud.) Mak.) ♄ i, Jap.

× **Shipmanára** hort. (*Broughtónia* × *Caulárthron* × *Schombúrgkia*) - f. - *Orchidáceae*

Shórea Roxb. ex Gaertn. f. - f. - *Dipterocarpáceae*
1. **robústa** Gaertn. f. - „Sal" ♄ ⌂ ®, N- u. M-Ind.
2. **wīēsneri** Schiffn. - Dammarbaum ♄ ⌂ ®, Ind., Sum., Java, Phil.

Shórtia Torr. et A. Gray - f. - *Diapensiáceae*
1. **galacifólia** Torr. et A. Gray ♃ i ∧ V bis VI, USA: N-Carol.
2. **uniflóra** (Maxim.) Maxim. ♃ i IV–V, Jap.

Sibbáldia L. - f. - *Rosáceae*
Alpengelbling
1. **procúmbens** L. ♃ ⟿ △ VI, N-Am.: Grönl. bis Alaska, südl. bis Neufundl., Queb., N-Hamsph., Color., Utah u. Kalif.; N-Eur., Hochgebg. SW- u. M-Eur., von Span. bis Alp., Kauk., Sib.

Sibirāēa Maxim. - f. - *Rosáceae*
Blauspiere
1. **altaiénsis** (Laxm.) Schneid. (*S. laevigáta* (L.) Maxim.) ♄ V–VI, O-Eur., Sib., Altai

Sibthórphia L. - f. - *Scrophulariáceae*
1. **europāēa** L. ♃ ⟿ ⌂ (besser ⌂) V bis VIII, W-Eur., nördl. bis 52° N in Engl., Azor., Griech., Kreta, trop. Gebg. Afr.

Sicána Naud. - f. - *Cucurbitáceae*
1. **odorífera** (Vell.) Naud. ♃ ⸾ ⌂ VI bis VII ®, Nur in Kult. bek., wahrsch. aus S-Am.

Sícyos L. - m. - *Cucurbitáceae*
Haargurke
1. **angulátus** L. ⊙ ⸾ VI–VII, N-Am.: Maine u. Queb. bis Minn., südl. bis Flor., Louis. u. Tex.

Sída L. - f. - *Malváceae*
- *abutílon: Abutílon* 8
1. **rhombifólia** L. ♄ i ⌂ ®, Trop. u. Subtrop.

Sidálcea A. Gray - f. - *Malváceae*
Präriemalve
1. **cándida** A. Gray ♃ ∧ VII–VIII, USA: Wyom., Color., New Mex., Utah
2. **-Hybriden** ♃ ∧ VI–VIII
3. **malviflóra** (DC.) A. Gray ♃ ∧ VI bis VIII, Kalif.
4. **neomexicána** A. Gray ♃ ∧ VII–IX, USA: Oreg. bis Wyom., südl. bis Mex.
5. **oregána** (Nutt. ex Torr. et A. Gray) A. Gray ♃ ∧ VII–IX, USA: Wash. bis Kalif. u. Nev.

Sidérasis Raf. - f. - *Commelináceae*
1. **fuscáta** (Lodd.) H. E. Moore (*Tradescántia fuscáta* Lodd., *Pyrrhēīma loddigésii* Hassk.) ♃ i ⌂, Bras.

Sideritis L. - f. - *Labiátae*
Gliedkraut
1. **glaciális** Boiss. ♃ △ VI–VII, S-Span.,

N-Afr.
2. **hyssopifólia** L. ♃ △ VI–VII, SW-Eur., Schw., N-Afr.
3. **scárdica** Griseb. ♃ △ VI–VII, M-Balk.

Sievérsia montána: Géum 4
- *réptans: Géum* 5
- *triflóra: Géum* 8

Sigmatóstalix Rchb. f. - f. - *Orchidáceae*
1. **radícans** Rchb. f. (*Ornithóphora radícans* (Rchb. f.) Garay et Pabst) ♃ i ⌂ VII–IX *, Bras.

Siléne L. - f. - *Caryophylláceae*
Leimkraut
1. **acaúlis** (L.) Jacq.
ssp. **exscápa** (All.) Braun-Blanq. (*S. exscápa* All., var. *exscápa* (All.) DC.) ♃ i ⌓ △ V–VIII, Alp., arkt. N-Am., südl. bis Neufundl., N. Scot., Queb., N. Hampsh., Mont. u. Wash.
- *acaúlis* var. *exscápa:* 1
- *álba:* 10
2. **alpéstris** Jacq. (*Heliospérma alpéstre* (Jacq.) Rchb.) ♃ △ VI–VIII, Hochgebg. von Pyren. bis Karp., Balk.
3. **altáica** Pers. ♃ VI–VII, Ural, Altai
4. **arméria** L. - Gartenleimkraut, Morgenröschen ⊙ VI–VIII, M-, S- u. O-Eur.
5. **astérias** Griseb. ♃ △ VI, Balk.
6. **cóeli-rósa** (L.) Godr. (*Viscária oculáta* Lindl.) - Himmelsröschen ⊙ VI–VIII, SW-Eur., W-Med., N-Afr., Kanar.
(Mit mehreren Sorten)
- *cucúbalus:* 19
7. **dioíca** (L. emend. Mill.) Clairv. (*Lýchnis dioíca* L. emend. Mill., *L. diúrna* Sibth., *Melándrium dioícum* (L. emend. Mill.) Coss. et Germ., *M. rúbrum* (Weigel) Garcke) ♃ ⁓ IV bis VII, Eur., W-Sib.
8. **elisabéthae** Jan (*Melándrium elisabéthae* (Jan) Rohrb.) ♃ △ ∧ VI, S-Alp.
- *exscápa:* 1
9. **hóokeri** Nutt. ex Torr. et A. Gray ♃ △ V–VI, USA: SW-Oreg., NW-Kalif.
- *infláta:* 19
10. **latifólia** Poir.
ssp. **álba** (Mill.) Greuter et Burdet (*Lýchnis álba* Mill., *Melándrium álbum* (Mill.) Garcke, *S. álba* (Mill.) E.H.L. Krause non Mühlenb. ex A. Gray, *S. praténsis* (Rafn) Godr. et Gren., *Lýchnis vespertína* Sibth.) ⊙ VI–IX, Eur., Med., N-Afr., Vord. As., Sib.
- *marítima:* 19
11. **péndula** L. ⊙ VI–VIII, Med. (Mit einigen Sorten)
12. **polypétala** (Walt.) Fern. et Schub. ♃ V–VI, USA: Georg., Flor.
- *praténsis:* 10
13. **pusílla** Waldst. et Kit. (*S. quadrífida* auct. non L., *Heliospérma quadrífidum* Rchb., *H. quadridentátum* (Murr.) Schinz et Thell.) ♃ △ VI bis VIII, S- u. M-Eur., nördl. bis Franz. Jura u. W-Karp.
- *quadrífida:* 13
14. **saxífraga** L. ♃ △ V–VI, S-Eur., nördl. bis Schw., Österr. u. S-Karp.
15. **schâfta** S.G. Gmel. ex Hohen. ♃ △ VIII–IX, Kauk.
16. **vallésia** L. ♃ △ VII–VIII, W-Alp., Apenn., Balk.
17. **virgínica** L. ♃ △ ∧ VII–VIII, N-Am.: N. Y. bis Ont. u. Minn., südl. bis Georg., Alab., Ark. u. Okla.
18. **viridiflóra** L. ♃ VI–VII, S-Eur., Tschechosl., Balk., O-As.
19. **vulgáris** (Moench) Garcke (*S. cucúbalus* Wibel, *S. infláta* (Salisb.) Sm.)
ssp. **marítima** (With.) Á. et D. Löve (*S. marítima* With.) ♃ VI–VIII, Küsten W-Eur., von Azor. u. Span. bis Murmansk, N-Afr.
ssp. **vulgáris** ♃ V–IX, Eur., As., N-Afr., Kanar., in N-Am. eingebürg.
20. **waldstéinii** Griseb. ♃ ⁓ △ V–VI, Gebg. Balk.
21. **zawádzkii** Herbich (*Melándrium zawádzkii* (Herbich) A. Braun) ♃ △ VI bis VIII, O-Karp.

Sílphium L. - n. - *Compósitae*
1. **integrifólium** Michx. ♃ VIII–IX, USA: Indiana bis Wisc., Iowa u. Kans., südl. bis Alab., Miss. u. Ark.
2. **laciniátum** L. - Kompaßpflanze ♃ VII–VIII, USA: Ohio bis Minn., S-Dak., südl. bis Alab., Okla. u. Tex.
3. **perfoliátum** L. - Becherpflanze ♃ VII–IX, N-Am.: Ont. bis S-Dak., südl. bis Georg., Miss., Louis. u.

Okla., in Penns. u. Neuengl. stellenweise eingebürg.

4. **terebinthináceum** Jacq. ♃ VII–IX, N-Am.: Ont. bis Ohio u. Minn., südl. bis Georg. u. Louis.
5. **trifoliátum** L. ♃ VII–IX, USA: Penns. bis Indiana, südl. bis S-Carol., Georg., Alab.

Sílybum Adans. – n. – *Compósitae*
Mariendistel

1. **ebúrneum** Coss. et Durieu ⊙ VI–IX, NO-, M- u. SO-Span., NW-Afr.
2. **mariánum** (L.) Gaertn. – Mariendistel ⊙ – ⊙ VI–IX Off., Med., SW-Eur., Vord. As., in anderen Teilen Eur. eingebürg., ebenso in S-Austral.

Simmóndsia Nutt. – f. – *Buxáceae*

1. **chinénsis** (Link) Schneid. (*S. califórnica* (Link) Nutt.) – Jojobastrauch ♄ ⓚ ⓝ, SW-USA; N-Mex.

Sinacália H.E. Robins. et Brettell – f. – *Compósitae*

1. **tangútica** (Maxim.) Nordenst. (*Senécio tangúticus* Maxim., *Liguilária tangútica* (Maxim.) Mattf.) ♃ ⏦ IX bis X, N-China

Sinápis L. – f. – *Crucíferae*
Senf

1. **álba** L.
   ssp. **álba** (*Brássica hírta* Moench) – Weißer Senf ⊙ VI–VII ⓝ Off., Med., Vord. As. bis Ind.
2. **arvénsis** L. (*Brássica káber* (DC.) L. C. Wheeler var. *pinnatífida* (Stokes) L.C. Wheeler) – Ackersenf ⊙ VI bis IX, Eur., As., Med., N-Afr., in N-Am. eingebürg.

Sinarundinária Nakai – f. – *Gramíneae*
– *murielae: Thamnocálamus* 1

1. **nítida** (Mitf.) Nakai (*Arundinária nítida* Mitf.) ♄ i ∧, M- u. W-China

Sinníngia Nees – f. – *Gesneriáceae*

1. **barbáta** (Nees et Mart.) Nichols. ♃ ⓦ I–XII, Bras.
2. **canéscens** (Mart.) Wiehler (*Rechsteinéria canéscens* (Mart.) O. Kuntze, *R. leucótricha* Hoehne, *S. leucótricha* (Hoehne) H.E. Moore) ♃ ⓦ IV bis VIII, Paraná
3. **cardinális** (Lehm.) H.E. Moore (*Gesnéria cardinális* Lehm., *G. macrántha* hort. non Spreng., *Rechsteinéria cardinális* (Lehm.) O. Kuntze) ♃ ⓦ III–IV, VII–VIII, Bras.
4. **concínna** (Hook. f.) Nichols. ♃ ⓦ I bis XII, Bras.
5. **eumórpha** H.E. Moore ♃ ⓦ VI–VII, S-Bras.
6. **gesneriifólia** (Hanst.) Clayberg ♃ ⓦ VII–VIII, Bras.
7. **hirsúta** (Lindl.) Nichols. ♃ ⓦ VI bis VII, Bras.
8. **-Hybriden** – Gartengloxinien ♃ ⓦ IV–VIII
   – *leucótricha:* 2
9. **macrópoda** (Sprague) H.E. Moore (*Rechsteinéria macrópoda* (Sprague) C.H. Curt.) ♃ ⓦ III–IV, S-Bras.
10. **pusílla** (Mart.) Baill. ♃ ⓦ IV–VIII, Bras.
11. **regína** Sprague ♃ ⓦ VI–VII, Bras.
12. **ríchii** Clayberg ♃ ⓦ IX-X, Bras.
13. **speciósa** (Lodd.) Hiern (*Gloxínia speciósa* Lodd.) ♃ ⓦ VI–VIII, Bras.
14. **tubiflóra** (Hook.) Fritsch ♃ ⓦ, Buenos A.
15. **verticilláta** (Vell.) H.E. Moore (*Rechsteinéria verticilláta* (Vell.) L. B. Sm.) ♃ ⓦ, Bras.
16. **warscewíczii** (Bouché et Hanst.) H.E. Moore (*Rechsteinéria warscewíczii* (Bouché et Hanst.) O. Kuntze) ♃ ⓦ, Mex.

Sinocrássula Berger – f. – *Crassuláceae*

1. **índica** (Decne.) Berger (*Sédum índicum* (Decne.) Hamet) ♃ ⓚ IX-X, Vorderind.
2. **yunnanénsis** (Franch.) Berger (*Sédum índicum* var. *yunnanénse* (Franch.) Hamet) ♃ ⓚ IX–X, Jünn.

Sinofranchétia Hemsl. – f. – *Lardizabaláceae*

1. **chinénsis** (Franch.) Hemsl. ♄ ⸾ ♂ V, M- u. W-China

Sinómalus toringoídes: Málus 18
– *transitória: Málus* 19

Sinowilsónia Hemsl. – f. – *Hamamelidáceae*

1. **hénryi** Hemsl. ♄ V, M- u. W-China

Siphocámpylus Pohl – m. – *Campanuláceae*

1. **manettiiflórus** Hook. ♄ i ⓦ IV-X, Kuba

Siphonosmánthus delavāyi: Osmánthus 4

Sisýmbrium L. – n. – *Crucíferae*

Rauke
- *alliária: Alliária* 1
1. **officinále** (L.) Scop. - Wegrauke ⊙ bis ⊙ V-X, Eur., As., Med., NW-Afr., in N-Am. eingebürg.

Sisyrínchium L. - n. - *Iridáceae*
Binsenlilie
- *ánceps:* 1
- *angustifólium* auct. p. p. non Mill.: 8
1. **angustifólium** Mill. (*S. gramíneum* Lam., *S. ánceps* Cav.) ♃ △ ∧ V-VI, N-Am.: Neufundl. bis Br. Kol., südl. bis Flor. u. Tex.
2. **bermudiána** L. ♃ △ ∧ (besser Ⓚ) V bis VI, Berm., in M-Eur. eingebürg.
3. **califórnicum** (Ker-Gawl.) Dryand. ♃ ∧ (besser Ⓚ) VI-VIII, USA: Oreg. bis Kalif.
4. **douglásii** A. Dietr. (*S. grandiflórum* Dougl. non Cav.) ♃ Ⓚ V-VI, N-Am.: Br. Kol. bis N. Kalif.
- *gramíneum:* 1
5. **graminifólium** Lindl. (*S. majále* Link et Klotzsch) ♃ Ⓚ IV-V, Chile
- *grandiflórum:* 4
- *iridifólium:* 7
6. **macoūnii** E.P. Bickn. ♃ ∧ Ⓐ V-VI, Br. Kol.
- *majále:* 5
7. **micránthum** Cav. (*S. iridifólium* H. B. K.) ♃ Ⓚ VI, M-Am. bis NW-Arg.
8. **montánum** Greene (*S. angustifólium* auct. p. p. non Mill.) ♃ △ ∧ VI bis VII, N-Am.: Neufundl. u. Queb. bis Mack.-Fluß u. Br. Kol., südl. bis Penns., Indiana, Nebr. u. Color.
9. **mucronátum** Michx. ♃ △ ∧ (besser Ⓚ) V-VI, USA: Maine bis Wisc., südl. bis N-Carol.
10. **striátum** Sm. ♃ Ⓚ VI-VII, Arg., Chile

Síum L. - n. - *Umbellíferae*
Merk
1. **latifólium** L. ♃ ≋ ☠ VII-VIII, Gem. Eur. bis N- Med., W-As., M-As.
2. **sísarum** L. - Zuckerwurzel, Süßwurzel ♃ VII-VIII Ⓝ, Ung. bis S-Rußl., Kauk., Iran, Turkest., Altai, Baikal, Kl. As., Syr.

Skiatóphytum L. Bol. - n. - *Aizoáceae*
1. **tripólium** (L.) L. Bol. ⊙-♃ Ⓚ, Kap

Skímmia Thunb. - f. - *Rutáceae*
- × *foremánii:* 1
- *fortúnei:* 2
- *frágrans:* 1
1. **japónica** Thunb. (*S. obláta* T. Moore, *S. frágrans* Carr., *S.* × *foremánii* H. Knight) ♄ i D ⚥ V, Jap., Riukiu-Ins., Taiw.
- *obláta:* 1
2. **reevesiána** Fort. (*S. fortúnei* Mast.) ♄ i ⚥ V-VI, China, Luzon, Taiw.
3. × **rogérsii** Mast. (*S. japónica* × *S. reevesiána*) ♄ i ⚥ V

Smilacína Desf. - f. - *Liliáceae*
Schattenblume
1. **racemósa** (L.) Desf. ♃ V-VI, N-Am.: Queb. bis Br. Kol., südl. bis Georg. u. Ariz.
2. **stelláta** (L.) Desf. ♃ V, N-Am.: Labr. u. Neufundl. bis Br. Kol., südl. bis N. Jers., W-Virg., Missouri, Kans., New Mex. u. Kalif.

Smílax L. - f. - *Liliáceae*
Stechwinde
1. **argyrāēa** Lind. et Rodig. ♄ ⦚ i Ⓦ, Peru, Bol.
2. **áspera** L. (*S. mauritánica* Poir.) ♄ ⦚ ⟿ Ⓚ VIII-IX, Kanar., Port., Med. bis Abess. u. Ind.
3. **chína** L. - Chinawurzel ♄ Ⓐ Ⓚ V, Jap., China, Korea
4. **glāūca** Walt. ♄ Ⓐ ∧ (besser Ⓚ), USA: Neuengl., Penns., W-Virg., Ill. u. Missouri, südl. bis Flor. u. Tex.
- *mauritánica:* 2
5. **regélii** Kill. et C.V. Morton (*S. útilis* Hemsl., *S. salubérrima* Gilg) - Sarsaparillawurzel ♄ ⦚ Ⓦ Ⓝ, M-Am.
6. **rotundifólia** L. ♄ ⦚ ⟿ ∧ (besser Ⓚ) VI, N-Am.: N. Scot. bis Ont., Indiana, Missouri u. Okla., südl. bis Flor. u. Tex.
- *salubérrima:* 5
- *útilis:* 5

Smithiántha O. Kuntze - f. - *Gesneriáceae*
- *amábilis:* 3
1. **cinnabárina** (Lind.) O. Kuntze (*Naegélia cinnabárina* Lind.) ♃ Ⓦ IV bis VI, S-Mex.
- × *hýbrida:* 2
2. **-Hybriden** (*S.* × *hýbrida* Voss) ♃ Ⓦ VII-IX
(Meist Bastarde von *S. multiflóra* × *S. zebrína*)

3. **multiflóra** (Martens et Gal.) Fritsch (*S. amábilis* (Regel) O. Kuntze, *Naegélia amábilis* Regel, *N. multiflóra* (Martens et Gal.) Hook.) ♃ ⌂ VII bis VIII, S-Mex.
4. **zebrína** (Paxt.) O. Kuntze (*Gesnéria zebrína* Paxt., *Naegélia zebrína* (Paxt.) Regel) ♃ ⌂ VIII-X, S-Mex.

Smýrnium L. - n. - *Umbellíferae*
1. **olúsatrum** L. - Pferdeeppich ⊙ V bis VI Ⓝ, Kanar., S- u. W-Eur., Med., Vord. As.

Sobrália Ruiz et Pav. - f. - *Orchidáceae*
1. **leucoxántha** Rchb. f. ♃ ⌂ VI-VIII *, Costa R., Pan.
2. **macrántha** Lindl. ♃ ⌂ V-VI *, Mex. bis Costa R.
3. **séssilis** Lindl. ♃ △ VI-VIII *, Bras., Guay., Venez.
4. **xantholeūca** hort. ex L.O. Williams ♃ ⌂ VI-VIII *, M-Am.

Soehrénsia: Echinópsis
- *brúchii: Echinópsis* 4
- *formósa: Echinópsis* 13

Sója híspida: Glycíne 1

Solándra Sw. - f. - *Solanáceae*
1. **grandiflóra** Sw. ♄ ⸾ i D ⌂ VII-VIII, Mex., Jam.
2. **guttáta** D. Don ex Lindl. ♄ ⸾ i D ⌂ VII-VIII, Mex.
- *hartwégii:* 4
3. **longiflóra** Tussac ♄ ⸾ i D ⌂ IX-X, Jam.
4. **máxima** (Sessé et Moç.) P.S. Green (*S. hartwégii* N. E. Br.) ♄ ⸾ i D ⌂ VII bis VIII, Mex.

Solanópteris Copel. - f. - *Polypodiáceae*
1. **bífrons** (Hook.) Copel. (*Polypódium bífrons* Hook.) ♃ ⸾ ⌂, Kol., Ek., Peru

Solánum L. - n. - *Solanáceae*
Nachtschatten
1. **aculeatíssimum** Jacq. ♄ ⌂ ♣ VII bis VIII, Pantrop.
2. **ahanhuíri** Juz. et Buk. ♃ Ⓝ, Nur kult. bek., so in N-Bol.
3. **angustifólium** Mill. (*S. cornútum* Lam.) ⊙ VI-VIII, Mex., Hond.
4. **atropurpúreum** Schrank ♄ ⌂ VII bis VIII, Bras., Urug., Parag., NO-Arg., Kol.
- *auriculátum:* 22
5. **aviculáre** G. Forst. ♄ ⌂ VIII-IX, O-Austral., Neuseel.
6. **berthaūltii** J.G. Hawkes ♃ ⌂ Ⓝ, Bol.
- *capsicástrum:* 9
7. **citrullifólium** A. Braun (*S. heterodóxum* Britt. non Dun.) ⊙ VI-IX, USA: Tex., New Mex.; Mex.
- *cornútum:* 3, 33
8. **críspum** Ruiz et Pav. ♄ ⸾ D ⌂ VI-IX, Chile
9. **diflórum** Vell. (*S. capsicástrum* Link ex Schau.) ♄ ♣ ⌂ VI-VII, S-Bras., Urug.
10. **dulcamára** L. - Bittersüß ♄ ⸾ ⏦ ☠ VI bis IX Ⓝ, Eur., N-Afr., W-As., Ind., O-As., in N-Am. eingebürg.
11. **duplosinuátum** Klotzsch ♃ ⌂ Ⓝ, Trop. Afr. bis S-Afr.
12. **eriánthum** D. Don (*S. verbascifólium* auct. non L.) ♄-♄ ⌂ VII-VIII, Subtrop. u. trop. As., in subtrop. u. trop. Ländern häufig angeb.
13. **gigantéum** Jacq. ♄ ⌂ VII-VIII, Ind., Ceyl., S-Afr.
14. **goniócalyx** Juz. et Buk. ♃ ⌂ Ⓝ, Nur kult. bek., so in M-Peru
- *heterodóxum:* 7
15. **híspidum** Pers. (*S. warscewíczii* Weick ex Lambertye) ♄ ⌂ VII-IX, Mex. bis Costa R., Pan., Peru
16. **integrifólium** Poir. ⊙ ⌂ ♣ VII-VIII, O-Afr.
17. **jasminoídes** Paxt. ♄ ⸾ i ⌂ II-XI, Bras.
18. **laciniátum** Ait. ♄ ⌂ VIII-IX, Neuseel., W-, SO- u. S-Austral., Tasm.
- *lycopérsicum: Lycopérsicon* 1
19. **macrocárpon** L. ♃ ⌂ Ⓝ, Maurit., Madag., trop. O-Afr.
20. **mammósum** L. ♃ ⌂ Peru, Ek., Kol.
21. **marginátum** L. f. ♄ ⌂ VII-VIII, Abess., am Nil
22. **mauritiánum** Scop. (*S. auriculátum* Ait.) ⊙ ⌂ VII-VIII, M- u. S-Am., weltweit in subtrop. u. trop. Gebiete verschleppt
23. **melóngena** L. - Eierfrucht, Aubergine ⊙ ⌂ ♣ VI-VII Ⓝ, Trop. Afr., Ägypt., Arab., NW-Ind.
24. **muricátum** L'Hérit. ex Ait. - Andenbeere, Pepino ♃ -♄ ♣ ⌂ Ⓝ, Nur kult. bek.
25. **nígrum** L. ⊙ ☠ VII-X, Kosmopol.
26. **pénsile** Sendtn. ♄ ⸾ i ⌂ V-X, Guay., Amaz.

27. **phuréja** Juz. et Buk. ♃ Ⓚ Ⓝ, Nur kult. bek., so aus Venez., Kol., Ek., Peru, N-Bol.
28. **pseudocápsicum** L. - Korallenstrauch ♄ ♣ ☠ ⊽ Ⓚ, Mad.
29. **pyracánthum** Jacq. ♄ Ⓚ VII-IX, Madag., trop. Afr.
30. **quitoénse** Lam. ♄ Ⓚ Ⓝ, Peru, Ek., Kol., Venez.
- *racemiflórum: Lycopérsicon* 2
- *racemígerum: Lycopérsicon* 2
31. **rantonnétii** Carr. ex Lescuy. (*Lyciánthes rantónnei* (Carr.) Bitt.) ♄ Ⓚ ♣ VII-X, Parag., Arg.
32. **robústum** H. Wendl. ♃ Ⓚ VIII-IX, Bras.
33. **rostrátum** Dun. (*S. cornútum* auct. non Lam.) ⊙ VI-IX, Mex., westl. u. mittl. N-Am., im östl. N-Am. eingebürg.
34. **seaforthiánum** Andr. ♄ § i Ⓚ - Ⓦ II bis XI, Westind., M-Am.
35. **sessiliflórum** Dun. (*S. topíro* Humb. et Bonpl. ex Dun.) ♃ Ⓚ Ⓝ, Kol., Venez., Ek., Peru, Amaz., Bras.
36. **sisymbriifólium** Lam. ⊙ Ⓚ ☠ VII bis VIII, Arg. bis südl. USA
37. **stenótomum** Juz. et Buk. ♃ Ⓚ Ⓝ, Nur kult. bek., so von S-Peru bis M-Bol.
- *topíro:* 35
38. **tuberósum** L. - Kartoffel ♃ VI-VIII Ⓝ Off., Nur aus Kult. bek., Heimat S-Am.
39. **valdiviénse** Dun. ♄ D Ⓚ VII-VIII, Chile
- *verbascifólium* auct. non L.: 12
40. **verbascifólium** L. ♄ Ⓚ VII-VIII, Pantrop.
- *warscewíczii:* 15
41. **wendlándii** Hook. f. ♄ § i Ⓦ VI-VIII, Costa R.

Soldanélla L. - f. - *Primuláceae*
Troddelblume, Alpenglöckchen
1. **alpína** L. ♃ i △ IV-V ▽, Gebg. Eur., N-Span., Pyren. bis Monten., nördl. bis SW-Schwarzw., südl. bis Kalabr.
2. **carpática** Vierh. ♃ i △ IV-V, W-Karp.
3. **dimoníei** Vierh. ♃ i △ IV-V, Gebg. Mazed., O-Alban., Bulg.
4. **hungárica** Simonkai ♃ i △ IV-V, Gebg. des östl. M-Eur., Balk.
5. **mínima** Hoppe ♃ i △ IV-V ▽, O-Alp., M-Apenn.
6. **montána** Willd. ♃ i △ IV-V ▽, Nördl. Alpenvorland, Bayer. bis Böhmer Wald, Österr. über Karp. u. O-Balk.
7. **pindícola** Hausskn. ♃ i △ IV-V ▽, NW-Griech.
8. **pusílla** Baumg. ♃ i △ IV-V ▽, M- u. O-Alp., S-Karp., N-Apenn., SW-Bulg.
9. **villósa** Darracq ♃ i △ IV-V ▽, W-Pyren., N- u. O-Span.

Soleirólia Gaudich. - f. - *Urticáceae*
1. **soleirólii** (Req.) Dandy (*Helxíne soleirólii* Req.) - Bubiköpfchen ♃ ⇝ ∧ Ⓚ-Ⓦ, Mallor., Kors., Sard., Elba, in W- u. SW-Eur. eingebürg.

Solenánthus Ledeb. - m. - *Boragináceae*
Riesenboretsch
1. **apennínus** (L.) Fisch. et C. A. Mey. (*Cynoglóssum apennínum* L.) ⊙ V bis VII, M- u. S-Ital., Siz.

Solenómelus Miers - m. - *Iridáceae*
1. **pedunculátus** (Hook.) Hochr. ♃ Ⓚ VI, Chile
2. **sisyrínchium** (Griseb.) Diels ♃ Ⓚ VI, Chile

Solenópsis K. B. Presl - f. - *Campanuláceae*
1. **lauréntia** (L.) K. B. Presl (*Lauréntia gasparrínii* (Tin.) Strobl, *L. michélii* A. DC.) ♃ Ⓚ IV-VI, Med., Port., Kanar.
2. **minúta** (L.) K. B. Presl (*Lauréntia minúta* (L.) A. DC., *L. tenélla* (Biv.) A. DC.) ♃ △ (besser Ⓐ) IV-VI, Med.

Solenostémon rotundifólius: Cóleus 8

Solidágo L. - f. - *Compósitae*
Goldrute
- *alpéstris:* 17
1. **argúta** Ait. ♃ VII-IX, N-Am.: Maine bis Ont., südl. bis N-Carol., Alab. u. Ill.
- *brachýstachys:* 4
2. **cǣsia** L. ♃ VIII-IX, N-Am: N. Scot. u. Queb. bis Wisc., Okla., südl. bis Flor. u. Tex.
3. **canadénsis** L. (Elter vieler Sorten) ♃ VII-IX, N-Am.: Neufundl. bis Sask., südl. bis Virg., Tenn., Minn., S-Dak., Color. u. New Mex., in Eur.

vielfach eingebürg.

4. **cútleri** Fern. (*S. virgaūrea* L. var. *alpína* Bigel., *S. brachýstachys* hort.) ♃ △ VII–IX, USA: Maine bis N. Y.
5. **drummóndii** Torr. et A. Gray ♃ VIII bis IX, USA: Missouri, Ill., Ark., Louis.
6. **flexicaūlis** L. (*S. latifólia* A. Gray) ♃ VII–IX, N-Am.: N. Scot. u. N. Brunsw. bis N-Dak., südl. bis Georg., Ark. u. Kans.
7. **graminifólia** (L.) Salisb. ♃ ⏦ VII–IX, N-Am.: Neufundl. u. Queb. bis Alb. u. Br. Kol., südl. bis N-Carol., Kent., Ill., Missouri u. New Mex., in M-Eur. eingebürg.
8. **-Hybriden** ♃ ✂ VII–IX

– *latifólia:* 6

– × *lúteus:* × *Solidáster* 1

– *minutíssima:* 17

9. **missouriénsis** Nutt. ♃ VII–IX, N-Am.: Ont. u. Wisc. bis Br. Kol., südl. bis Missouri, Okla., New Mex. u. Ariz., in N. Jers. eingebürg.
10. **multiradiáta** Ait. ♃ △ VII–VIII, Arkt. u. nördl. N-Am., südl. bis Neufundl., Queb., Rocky Mount., Alaska
11. **nemorális** Ait. ♃ VIII–IX, N-Am.: Prince Edward Isl. u. N. Brunsw. bis Queb., Ont., Minn., N-Dak. u. Alb., südl. bis Georg., Tex. u. Ariz.
12. **odóra** Ait. ♃ D VII, USA: N. Hampsh. bis N. Y., Kent., Missouri u. Okla., südl. bis Flor. u. Tex.
13. **riddéllii** Frank ♃ ⏦ VIII–IX, N-Am.: S-Ont. bis Minn., südl. bis Ohio, Indiana, Ill. u. Missouri; Virg.
14. **rígida** L. ♃ VIII–IX, N-Am.: Mass. bis Sask., südl. bis Georg., Louis. u. Tex.
15. **rugósa** Mill. ♃ VIII–IX, N-Am.: Neufundl. bis Ont., Missouri u. Ark., südl. bis Georg., Flor., Louis. u. Tex.
16. **shórtii** Torr. et A. Gray ♃ VII–VIII, USA: Bei Blue Licks u. auf Rock Island, Kent.
17. **virgaūrea** L. ♃ VII–IX, Eur., N- u. W-As., N-Afr.
    ssp. **minúta** (L.) Arcang. (ssp. *alpéstris* (Waldst. et Kit. ex Willd.) Hayek, *S. alpéstris* Waldst. et Kit. ex Willd.) ♃ △ VII–IX
    ssp. **virgaūrea** ♃ △ VII–IX
    var. **minutíssima** Mak. (*S. minutíssima* (Mak.) Kitamura) ♃ △ IX–X, Jap.: Kiuschiu

– *virgaūrea* ssp. *alpéstris:* 17

– *virgaūrea* var. *alpína:* 4

× **Solidáster** Wehrh. (*Áster* × *Solidágo;* × *Asterágo* Everett) – m. – *Compósitae*

1. **lúteus** M. L. Green ex Dress (*Áster ptarmicoídes* × *Solidágo* species; × *S. hýbridus* Wehrh., × *Asterágo lútea* Everett, *Solidágo* × *lúteus* (M. L. Green ex Dress) Brouillet et Semple) ♃ ✂ VII–IX

Solísia: Mammillária

– *pectináta: Mammillária* 75

Sóllya Lindl. – f. – *Pittosporáceae*

1. **heterophýlla** Lindl. (*S. fusifórmis* (Labill.) Briq.) ♄ ⌇ i ⌂K VII, SW-Austral.

Sónchus L. – m. – *Compósitae*
Saudistel, Gänsedistel

– *alpínus: Cicérbita* 1

1. **arbóreus** DC. ♄ i ⌂K IV–V, Kanar.
2. **arvénsis** L. ♃ VII–VIII, Fast ganz Eur., W-As., Kauk., N-Afr., in N-Am. eingebürg.
3. **ásper** (L.) Hill ⊙ VI–X, Eur., N- u. W-As., N-Afr., Kanar., in N-Am. eingebürg.

– *macrophýllus: Cicérbita* 3

4. **oleráceus** L. ⊙ VI–X, Eur., N- u. W-As., N-Afr., Kanar., in N-Am. eingebürg.
5. **palústris** L. ♃ ⏦ VII–IX, Engl., S-Schwed. bis S-Eur., Rußl., Arm., Kauk.

– *plumiéri: Cicérbita* 4

Soneríla Roxb. – f. – *Melastomatáceae*

1. **margaritácea** Lindl. ♄ ⌂W X–XI, Java

Sophóra L. – f. – *Leguminósae*
Schnurbaum

1. **davídii** (Franch.) Skeels (*S. viciifólia* Hance non Salisb.) ♄ VI, W-China
2. **japónica** L. ♄ VIII, China, Korea
3. **microphýlla** Ait. (*Edwárdsia microphýlla* (Ait.) Salisb., *E. macnabiána* Curt., *S. tetráptera* var. *microphýlla* (Ait.) Hook. f.) ♄ –♄ ⌂K II–III, Neuseel.
4. **prostráta** J. Buchan. ♄ i ⌂K, Neuseel.

5. **tetráptera** J. Mill. (*Edwárdsia tetráptera* (J. Mill.) Poir., *E. grandiflóra* Salisb.) ħ -ħ i ⌂K IV, Neuseel., Lord-Howe-Ins.
- *tetráptera* var. *microphýlla:* 3
- *viciifólia:* 1

× *Sophrocattlǣlia:* × *Sophrolaeliocattlēya*

× **Sophrocattlēya** hort. (*Cattlēya* × *Sophronítis;* × *Sophrolēya* hort.) - f. - *Orchidáceae*

× **Sophrolǣlia** hort. (*Lǣlia* × *Sophronítis*) - f. - *Orchidáceae*

× **Sophrolaeliocattlēya** hort. (*Cattlēya* × *Lǣlia* × *Sophronítis;* × *Catlaenítis* hort., × *Sophrocattlǣlia* hort.) - f. - *Orchidáceae*

× *Sophrolēya:* × *Sophrocattlēya*

Sophronitélla Schlechter - f. - *Orchidáceae*
1. **violácea** (Lindl.) Schlechter (*Sophronítis violácea* Lindl., *Cattlēya violácea* (Lindl.) Beer non (H. B. K.) Rolfe nec hort.) ⌂W XI-II *, Bras.

Sophronítis Lindl. - f. - *Orchidáceae*
1. **cérnua** (Lindl.) Lindl. ⌂W XI-I *, Bras.
2. **coccínea** Rchb. f. (*S. grandiflóra* Lindl.) ⌂W XI-II *, Bras.
- *grandiflóra:* 2
- *violácea: Sophronitélla* 1

× **Sophróvola** hort. (*Brassávola* × *Sophronítis;* × *Brassonítis* hort., × *Brassophronítis* hort.) - f. - *Orchidáceae*

Sorbária (Ser. ex DC.) A. Braun - f. - *Rosáceae*
Fiederspiere
1. **aitchisónii** (Hemsl.) Hemsl. ex Rehd. ħ VII-VIII, Kaschm., Afgh., Pak.
2. **arbórea** Schneid. ħ VII-VIII, China
3. **assúrgens** Vilm. et Bois ħ VII, M-China
4. **grandiflóra** (Sweet) Maxim. ħ △ VII, O-Sib.
- *lindleyána:* 6
5. **sorbifólia** (L.) A. Braun (*Spirǣa sorbifólia* L.) ħ VI-VII, Ural bis Kamtsch., im nordöstl. N-Am. eingebürg.
6. **tomentósa** (Lindl.) Rehd. (*S. lindleyána* Maxim.) ħ ∧ VII-VIII, Him., Afgh., Pak., M-As.

× **Sorbópyrus** Schneid. (*Pýrus* × *Sórbus;* × *Bollwilléria* Zab.) - f. -*Rosáceae*
Hagenbuttenbirne
1. **auriculáris** (Knoop) Schneid. (*Pýrus commúnis* × *Sórbus ária*) ħ IV-V

Sórbus L. - f. - *Rosáceae*
Eberesche
1. **alnifólia** (Sieb. et Zucc.) K. Koch (*Microméles alnifólia* (Sieb. et Zucc.) Koehne) ħ ♣ V-VI, Jap., Korea, Mandsch., China, Ussuri
2. **americána** Marsh. (*Pýrus americána* (Marsh.) DC.) ħ -ħ ~ ♣ V-VI, N-Am.: Neufundl. u. Queb. bis Minn., südl. bis N. Jers., Georg., Tenn. u. Ill.
- *arbutifólia: Arónia* 1
3. **ária** (L.) Crantz (*Pýrus ária* (L.) Ehrh.) - Mehlbeere ħ -ħ V Ⓝ, Eur., Med., N-Afr., Kl. As., Kauk. (Mit einigen Sorten)
4. **aucupária** L. (*Pýrus aucupária* (L.) Gaertn.) - Ebersche, Vogelbeerbaum
ssp. **aucupária** ħ ♣ V Ⓝ, Eur., Kl. As., Kauk., W-Sib.
ssp. **morávica** (Zeng.) Á. Löve (var. *edúlis* Dieck, var. *dúlcis* Krätzl, var. *morávica* Zeng.) ħ ♣ V Ⓝ, Mähr. (Mit vielen Sorten)
- *aucupária* var. *dúlcis:* 4
- *aucupária* var. *edúlis:* 4
- *aucupária* var. *morávica:* 4
5. **cashmiriána** Hedl. ħ ♣ V, Kaschm., Afgh.
6. **chamaeméspilus** (L.) Crantz (*Pýrus chamaeméspilus* (L.) Pall.) - Zwergmehlbeere ħ VI-VII, Voges., Hochgebg. M-, SW-, S-, u. SO-Eur.
7. **commíxta** Hedl. ħ VI, Jap., Kuril., Sachal.
8. **decóra** (Sarg.) Schneid. (*Pýrus decóra* (Sarg.) Hyl.) ħ-ħ ♣ V, N-Am.: Grönl., Labr. bis Ont. u. Manit., südl. bis Neuengl., N. Y., Wisc. u. Minn.
9. **díscolor** (Maxim.) Maxim. ħ ♣ V, N-China
10. **doméstica** L. (*Pýrus doméstica* (L.) Sm.) - Speierling, Sperbe ħ V-VI Ⓝ, S-Eur., nördl. bis M-Deutschl.,

Med., N-Afr., Kl. As., Kauk.
11. **epidéndron** Hand.-Mazz. ♄-♄ V, W-China
12. **esserteauána** Koehne ♄-♄ ♧ V, W-China
- × *fénnica:* 17
13. **fólgneri** (Schneid.) Rehd. ♄-♄ ♧ V, M-China
14. **grácilis** (Sieb. et Zucc.) K. Koch ♄ V, Jap.
15. × **hóstii** (Jacq. f.) K. Koch (*S. chamaeméspilus* × *S. mougeótii*) ♄ ♧ V, M-Eur.
16. **hupehénsis** Schneid. ♄ ♧ V, M- u. W-China
17. × **hýbrida** L. (*S. aucupária* × *S. intermédia; S.* × *fénnica* (Kalm) Fr.) ♄ ♧ V-VI, N-Eur.
18. **intermédia** (Ehrh.) Pers. (*S. suécica* (L.) Krok et Almq., *Pýrus suécica* (L.) Garcke) - Oxelbeere ♄-♄ V Ⓝ, N-Eur., in N-Deutschl. u. N-Pol. eingebürg.
- × *kewénsis:* 25
19. **koehneána** Schneid. ♄ ♧ V, M-China
20. × **latifólia** (Lam.) Pers. (*S. ária* × *S. torminális*) ♄ ♧ V, Port. bis M-Deutschl.
21. **-Lombarts-Hybriden** ♄ ♧ V
22. **megalocárpa** Rehd. ♄ ♧ V, N-China
- *melanocárpa: Arónia* 2
23. **mougeótii** Soy.-Willem. et Godr. ♄-♄ V, N-Span., Pyren., W-Alp., Schw. Jura, Voges., SW-Deutschl.
24. **pluripinnáta** (Schneid.) Koehne ♄-♄ V, W-China
25. **pohuashanénsis** (Hance) Hedl. (*S.* × *kewénsis* Hensen) ♄ V, N-China
26. **práttii** Koehne ♄ ♧ V, W-China
27. **redúcta** Diels ♄ △ ∧, W-China, Burma
28. **rufoferrugínea** (Schneid.) Schneid. ♄-♄ VI, Jap.
29. **sambucifólia** (Cham. et Schlechtend.) Roem. ♄ ♧ VI, Jap., Kuril., Sachal., Kamtsch.
30. **sargentíana** Koehne ♄ ♧ V, W-China
31. **scaláris** Koehne ♄-♄ ♧ V-VI, W-China
32. **serótina** Koehne ♄ V, Heimat unbek.
- *suécica:* 18
33. × **thuringíaca** (Ilse) Fritsch (*S. ária* × *S. aucupária*) ♄ V
34. **tianschánica** Rupr. ♄ ♧ VI, Turkest.
- *toríngo: Málus* 17
35. **torminális** (L.) Crantz (*Pýrus torminális* (L.) Ehrh.) - Elsbeere ♄ ♧ V Ⓝ, S-, W- u. M-Eur., Kl. As., W-As., Med., N-Afr.
- *trilobáta: Málus* 20
36. **vilmorínii** Schneid. ♄-♄ ♧ VI, W-China
37. **zahlbruckneri** Schneid. ♄ ♧ V, China

Sorghástrum Nash - n. - *Gramíneae*
1. **nútans** (L.) Nash (*S. avenáceum* (Michx.) Nash) ♃, N-Am.: Queb. bis Manit., N-Dak. u. Wyom., südl. bis Flor., Tex. u. Ariz.; Mex.

Sórghum Moench - n. - *Gramíneae*
Mohrenhirse
1. **bícolor** (L.) Moench (*S. vulgáre* Pers.)
var. **arduínii** (Koern.) Snowden ⊙ Ⓝ, Nur angeb. bek.
var. **bícolor** ⊙ Ⓝ, Heimat nicht sicher bek., vielleicht Afr. oder S-As.
2. **caffrórum** (Retz.) P. Beauv. (*S. vulgáre* var. *caffrórum* (Retz.) Hubb. et Rehd.) - Kafir ⊙ Ⓝ, Nur angeb. bek.
3. **cérnuum** (Ard.) Host ⊙ Ⓝ, Nur angeb. bek.
4. **dóchna** (Forssk.) Snowden (*S. vulgáre* var. *saccharátum* (Moench) Boerl.) - Zuckerhirse ⊙ Ⓝ, Nur angeb. bek.
5. **dúrra** (Forssk.) Stapf (*S. vulgáre* var. *dúrra* (Forssk.) Hubb. et Rehd.) - Durra ⊙ Ⓝ, Nur angeb. bek.
6. **halepénse** (L.) Pers. - Aleppohirse ♃ VI-VII Ⓝ, Med., südl. M-Eur., Kanar., Vord. As. bis Ind., O-Afr., in vielen Teilen der USA eingebürg.
7. **nervósum** Bess. ex Schult. ⊙ Ⓝ, Heimat unbek., in O-As. angeb.
8. **nígricans** (Ruiz et Pav.) Snowden (*S. vulgáre* var. *angolénse* Rendle) ⊙ Ⓝ, Nur angeb. bek.
- *vulgáre:* 1
- *vulgáre* var. *angolénse:* 8
- *vulgáre* var. *caffrórum:* 2
- *vulgáre* var. *dúrra:* 5
- *vulgáre* var. *saccharátum:* 4

Sparáxis Ker-Gawl. - f. - *Iridáceae*
Fransenschwertel
1. **bulbífera** (L.) Ker-Gawl. (*Íxia bulbífera* L.) ♃ ✂ ⌂ V, SW-Kap

2. **grandiflóra** (F. Delar.) Ker-Gawl. (*Íxia grandiflóra* F. Delar.) ♃ ✂ Ⓚ IV–V, SW-Kap
3. **trícolor** (Schneev.) Ker-Gawl. (*Íxia trícolor* Schneev.) ♃ ✂ Ⓚ VI–VII, SW-Kap
4. **-Tricolor-Hybriden** ♃ ✂ Ⓚ V–VII

Spargánium L. – n. – *Sparganiáceae* Igelkolben
1. **emérsum** Rehm. (*S. símplex* Huds.) ♃ ≈ VI–VII, Eur., W- u. M-As.
2. **eréctum** L. emend. Rchb. (*S. ramósum* Huds.) ♃ ≈ VI–VIII, Eur., Med., Vord. As., M-As.
- *ramósum:* 2
- *símplex:* 1

Sparmánnia L. f. – f. – *Tiliáceae*
1. **africána** L. f. – Zimmerlinde ♄ i Ⓚ I bis III, S-Afr.
- *palmáta:* 2
2. **ricinicárpa** (Eckl. et Zeyh.) O. Kuntze (*S. palmáta* E. Mey. ex Harv.) ♄ i Ⓚ VI–VIII, S-Afr., Madag.

Spartína Schreb. – f. – *Gramíneae*
1. **pectináta** Link (*S. michauxiána* Hitchc.) ♃ VII, N-Am.: Neufundl. bis Alb. u. Wash., südl. bis N. Jers., N-Carol., Kent., Missouri, Tex., New Mex. u. Oreg.

Spártium L. – n. – *Leguminósae* Binsenginster
1. **június** L. ♄ ∧ IX, SW-Eur., Med., Kanar.

Spartocýtisus fílipes: Cýtisus 10

Spathicárpa Hook. – f. – *Aráceae*
1. **sagittifólia** Schott ♃ i Ⓦ I–XII, S-Bras., Parag., Arg.

Spathiphýllum Schott – n. – *Aráceae*
1. **blándum** Schott ♃ i Ⓦ, Westind., Surin.
2. **cannifólium** (Dryand.) Schott ♃ i Ⓦ, Venez., Kol., Guay.
3. **cochlearíspathum** (Liebm.) Engl. ♃ i Ⓦ, S-Mex., Guat.
4. **commutátum** Schott ♃ i Ⓦ, Indones., Phil.
5. **floribúndum** (Lind. et André) N. E. Br. ♃ i Ⓦ, Kol.
6. **ortgíesii** Regel ♃ i Ⓦ, Mex.
7. **patínii** (Hogg) N. E. Br. ♃ Ⓦ, Kol.
8. **phryniifólium** Schott ♃ i Ⓦ, Costa R., Pan.
9. **wallísii** Regel ♃ i Ⓦ, Kol., Venez.

Spathódea P. Beauv. – f. – *Bignoniáceae*
1. **campanuláta** P. Beauv. – Afrikanischer Tulpenbaum ♄ i Ⓦ, Trop. Afr.

Spathoglóttis Bl. – f. – *Orchidáceae*
1. **áurea** Lindl. ♃ Ⓦ V *, Malak.
2. **fortúnei** Lindl. ♃ Ⓦ I *, Hongk.
3. **kimballiána** Hook. f. ♃ Ⓦ IV–V *, Born.
4. **plicáta** Bl. ♃ Ⓦ IV–V *, Ind., SO-As., Indones., N. Guin., Phil.
5. **vieillárdii** Rchb. f. ♃ Ⓦ IX *, Sunda

Speculária pentagónia: Legóusia 1
- *spéculum-véneris: Legóusia* 2

Speiránthа Bak. – f. – *Liliáceae*
1. **convallarioídes** Bak. ♃ ∧ V–VI, O-China

Spencéria Trim. – f. – *Rosáceae*
1. **ramalána** Trim. ♃ VII–VIII, W-China

Spérgula L. – f. – *Caryophylláceae* Spark
1. **arvénsis** L. – Ackerspark
   var. **arvénsis** ⊙ VI–X, Euras., in N-Am. u. gem. Zonen der Südhalbk. eingebürg.
   var. **satíva** (Boenn.) Mert. et W. D. J. Koch ⊙ VI–X ®, Nur in Kult. bek.

Sphaerálcea St.-Hil. – f. – *Malváceae* Kugelmalve
- *acerifólia:* 3
1. **bonariénsis** (Cav.) Griseb. (*S. cisplatína* St.-Hil.) ♄ Ⓚ VII–IX, S-Am., vor allem Arg.
- *cisplatína:* 1
2. **munroána** (Dougl. ex Lindl.) Spach (*Málva munroána* Dougl. ex Lindl., *Malvástrum munroánum* (Dougl. ex Lindl.) A. Gray) ♃ Ⓚ VI–IX, N-Am.: Br. Kol. bis N-Kalif.
3. **rivuláris** (Hook.) Torr. ex A. Gray (*S. acerifólia* Nutt. ex Torr. et A. Gray, *Iliámna rivuláris* (Hook.) Greene, *Phymósia acerifólia* (Nutt. ex Torr. et A. Gray) Rydb.) ♃ Ⓚ VI–IX, Rocky Mount.
4. **umbelláta** (Cav.) St.-Hil. (*Málva umbelláta* Cav., *Phymósia umbelláta* (Cav.) Kearn.) ♄ Ⓚ X, S-Mex.

Sphaerociónium hirsútum: Hymenophýllum 2

Sphaerógyne cinnamómea: Tocóca 1

Sphaerópteris Bernh. – f. – *Cyatheáceae*
1. **cóoperi** (F. v. Muell.) Tryon (*Alsó-*

phila cōoperi F. v. Muell., *A. austrális* hort. non R. Br., *Cyáthea cōoperi* (F. v. Muell.) Domin) ♄ i ⌂ ▽ ∗, Austral.: Queensl., Neusüdwal.
2. **insígnis** (D.C. Eaton) Tryon (*Cyáthea insígnis* D.C. Eaton) ♄ i ⌂ ▽ ∗, Jam.
3. **medulláris** (G. Forst.) Bernh. (*Cyáthea medulláris* (G. Forst.) Sw.) ♄ i ⌂ ▽ ∗, Neuseel., Pazif. Ins.

Sphágnum L. - n. - *Sphagnáceae*
Sumpfmoos ▽

Sphalmánthus N. E. Br. - m. - *Aizoáceae*
1. **dínteri** (L. Bol.) L. Bol. ♄ ⌂, Namib.
2. **oculátus** (N. E. Br.) N. E. Br. (*Mesembryánthemum oculátum* N. E. Br.) ♃ ⌂ VII-VIII, Kap
3. **resúrgens** (Kensit) L. Bol. (*Phyllóbolus resúrgens* (Kensit) Schwant.) ⌂, Kap
4. **salmóneus** (Haw.) N. E. Br. ♃ ⌂, S-Afr.

Spigélia L. - f. - *Loganiáceae*
1. **anthélmia** L. ♃ ⌂, Flor. u. Mex. bis Peru u. Bras.
2. **marilándica** (L.) L. ♃ ☧ VII-IX, USA: Maryl. bis Ohio, Missouri u. Okla., südl. bis Flor. u. Tex.
3. **spléndens** H. Wendl. ex Hook. ♃ ⌂ VII-VIII, Guat., Costa R.

Spilánthes Jacq. - f. - *Compósitae*
1. **olerácea** L. - Husarenknopf, Parakresse ♃ ⌂ Ⓝ, Westind., Bras., Vorderind.

Spinácia L. - f. - *Chenopodiáceae*
Spinat
1. **olerácea** L. - Spinat ⊙ VI Ⓝ, Nur aus Kultur bek.

Spiraēa L. - f. - *Rosáceae*
Spierstrauch
1. **álba** Du Roi ♄ VII-VIII, N-Am.: Queb. u. Verm. bis Sask., südl. bis Del., N-Carol., Ohio, Missouri u. N-Dak.
2. **albiflóra** (Miq.) Zab. ♄ VII-VIII, Heimat unbek., in Jap. kult.
3. **alpína** Pall. ♄ V-VI, NO-As. bis W-China
4. **amōena** Spae (*S. fastigiáta* Wall. ex Schneid.) ♄ V-VI, NW-Him.
5. **arcuáta** Hook. f. ♄ ∧ V, Him.
6. × **argúta** Zab. (*S.* × *multiflóra* × *S. thunbérgii*) ♄ IV-V
- *arúncus: Arúncus* 2
- *astilboídes: Astílbe* 2
7. **bélla** Sims (*S. expánsa* Wall.) ♄ VI, Him.
8. **betulifólia** Pall. ♄ △ VI, Jap., O-Sib., Sachal., Kuril.
- × *billárdii:* 9
9. **-Billardii-Hybriden** (*S.* × *billárdii* Hérincq) ♄ VI-VIII (Mit mehreren Sorten)
10. × **brachýbotrys** Lange (*S. canéscens* × *S. douglásii; S.* × *pruinósa* hort. Muscav. ex Zab.) ♄ VI-VII
11. **bulláta** Maxim. ♄ △ VII, Heimat unbek., in Jap. kult.
- × *bumálda:* 12
12. **-Bumalda-Hybriden** (*S.* × *bumálda* Burvenich) ♄ ⁞ VII-IX (Mit mehreren Sorten)
- *caespitósa: Petróphyton* 1
13. **calcícola** W. W. Sm. ♄ VI, Jünn.
- *callósa:* 26
14. **cána** Waldst. et Kit. ♄ V, NO-Ital., N-Jugosl.
15. **canécens** D. Don ♄ VI, Him.
16. **cantoniénsis** Lour. (*S. reevesiána* Lindl. ex Cambess.) ♄ V-VI, China, in Ibiza eingebürg.
17. **chamaedryfólia** L. emend. Jacq. (*S. flexuósa* Fisch. ex Cambess., *S. ulmifólia* Scop.) ♄ V-VI, Karp., SO-Alp., Balk. bis Sib., NO-As.
- *cineráscens: Petróphyton* 2
18. × **cinérea** Zab. (*S. cána* × *S. hypericifólia*) ♄ V
19. **corymbósa** Raf. (*S. crataegifólia* Link) ♄ VI-VII, USA: N. Jers. bis Penns. u. W-Virg., südl. bis Georg. u. Kent.
- *crataegifólia:* 19
20. **crenáta** L. ♄ V, SO-Eur. bis Kauk., Altai, Iran, in Span. eingebürg.
21. **decúmbens** W.D.J. Koch
ssp. **decúmbens** ♄ △ VI, SO-Alp.
ssp. × **pumiliónum** Zab. (*S. decúmbens* ssp. *decúmbens* × *S. decúmbens* ssp. *tomentósa; S.* × *pumiliónum* Zab.) ♄ △ VII-VIII
ssp. **tomentósa** (Poech) Dostál (var. *tomentósa* Poech, *S. hacquétii* Fenzl et K. Koch, *S. lancifólia* Hoffmgg.) ♄ △ V, NO-Ital.
- *decúmbens* var. *tomentósa:* 21

- *digitáta: Filipéndula* 2
- *díscolor: Holodíscus* 1

22. **douglásii** Hook. ♄ VII–VIII, USA: Oreg., Kalif.
- *dumósa: Holodíscus* 2
- *expánsa:* 7
- *fastigiáta:* 4
- *filipéndula: Filipéndula* 6
- *flexuósa:* 17

23. **gemmáta** Zab. ♄ V, NW-China
- *glabráta:* 26
- *hacquétii:* 21

24. **hénryi** Hemsl. ♄ VI, M- u. W-China
25. **hypericifólia** L. ♄ V–VII, SW-, SO- u. O-Eur. bis Sib. u. M-As.
26. **japónica** L. f. (*S. callósa* Thunb.) var. **glábra** (Regel) Koidz. (*S. glabráta* Lange) ♄ VII–X, Jap., Korea, China bis Him.
- *kamtschática: Filipéndula* 1
- *lancifólia:* 21

27. **latifólia** (Ait.) Borkh. ♄ VI–VIII, N-Am.: Neufundl. u. Labr. bis Mich., südl. bis Long Isl., Virg. u. N-Carol.
- *lobáta: Filipéndula* 4

28. **longigémmis** Maxim. ♄ VII, NW-China
29. **média** Franz Schmidt ♄ IV, Österr., Tschechosl., Karp., Ukr. bis Sib., NO-As.
30. **menziésii** Hook. ♄ VI–VIII, USA: Wash., Oreg., Id.
31. × **multiflóra** Zab. (*S. crenáta* × *S. hypericifólia*) ♄ V
32. **nippónica** Maxim. ♄ VI, Jap.
- *opulifólia: Physocárpus* 6
- *palmáta* Miq.: *Filipéndula* 1
- *palmáta* Murr.: *Filipéndula* 4
- *palmáta* Pall.: *Filipéndula* 2
- *palmáta* Thunb.: *Filipéndula* 3
- × *pruinósa:* 10

33. **prunifólia** Sieb. et Zucc. ♄ ∧ V, M-China, Taiw., Korea
34. **pubéscens** Turcz. ♄ V, N-China
- × *pumiliónum:* 21
- *reevesiána:* 16

35. **salicifólia** L. ♄ VI–VII, SO-, östl. M- u. O-Eur. bis Sib. u. O-As., nordwestl. N-Am., im westl. M-Eur. eingebürg.
36. × **sanssouciána** K. Koch (*S. douglásii* × *S. japónica*) ♄ VI–VIII
37. **sargentiána** Rehd. ♄ VI, W-China
- *sorbifólia: Sorbária* 5
- *stipuláta: Gillénia* 1

38. **thunbérgii** Sieb. ex Bl. ♄ IV–V, China
39. **tomentósa** L. ♄ ~ VII–IX, N-Am.: Prince Edward Isl. bis Queb. u. Manit., südl. bis Virg., N-Carol., Georg., Tenn. u. Ark.
40. **trichocárpa** Nakai ♄ V–VI, Korea
- *trifoliáta: Gillénia* 2

41. **trilobáta** L. ♄ V–VI, N-China bis Turkest.
- *ulmária: Filipéndula* 5
- *ulmifólia:* 17

42. × **vanhoúttei** (Briot) Zab. (*S. cantoniénsis* × *S. trilobáta*) ♄ V–VI
43. **veítchii** Hemsl. ♄ VII, M- u. W-China
44. **wilsónii** Duthie ♄ VI, M- u. W-China

Spiránthes L. C. Rich. – f. – *Orchidáceae*

1. **aestivális** (Poir.) L. C. Rich. ♃ ~ VII ▽ *, W-, südl. M- u. S.Eur., Kl. As., Alger.
- *autumnális:* 3

2. **sinénsis** (Pers.) Ames ♃ ⌂ *, Austral., Neuseel., gem. u. trop. As.
3. **spirális** (L.) Chev. (*S. autumnális* L. C. Rich.) ♃ ~ VIII–X ▽ *, S-, W- u. M-Eur., nördl. bis O-Dänem., Kl. As., Kauk., N-Afr.

Spirodéla Schleid. – f. – *Lemnáceae* Teichlinse

1. **polyrhíza** (L.) Schleid. (*Lémna polyrhíza* L.) ♃ ≈, Eur., As., N-Afr., N-Am., Austral.

Spironéma frágrans: Callísia 2
- *warscewicziánum: Callísia* 6

Spodiopógon Trin. – m. – *Gramíneae*

1. **sibíricus** Trin. ♃ VIII–IX, Sib., Mandsch., Korea, China, Jap.

Spóndias L. – f. – *Anacardiáceae*

1. **cythérea** Sonn. (*S. dúlcis* Soland. ex Parkins.) – Goldpflaume, Süße Balsampflaume ♄ ⌂ Ⓝ, Gesellsch. ins., Fidschi-Ins., Samoa, Madag.
- *dúlcis:* 1

2. **mómbin** L. – Gelbe Mombinpflaume, Gelbpflaume ♄ ⌂ Ⓝ, Trop. Am., Java, in W-Afr. eingebürg.
3. **pinnáta** (J. G. Koenig ex L. f.) Kurz (*Mangífera pinnáta* J. G. Koenig ex L. f.) – Mangopflaume ♄ ⌂ Ⓝ, Vorderind. bis Celeb., Moluk., Phil.
4. **purpúrea** L. – Rote Mombinpflaume

♄ ⌂ ⓝ, Trop. Am., wahrscheinl. M-Am. u. Antill.

Sprekélia Heist. – f. – *Amaryllidáceae*
Jakobslilie
1. **formosíssima** (L.) Herb. (*Amarýllis formosíssima* L.) ♃ ⌂ IV–V, Mex., Guat.

Stachyphrýnium K. Schum. – n. – *Marantáceae*
1. **jagoriánum** (K. Koch) K. Schum. ♃ i ⌂, Malak.

Stáchys L. – f. – *Labiátae*
Ziest
1. **affínis** Bunge (*S. siebóldii* Miq., *S. tuberífera* Naud.) – Knollenziest, Japanische Kartoffel ♃ ⓝ VII–VIII, M- u. N-China
2. **byzantína** K. Koch (*S. lanáta* Jacq. non Crantz, *S. olýmpica* auct. vix Poir.) – Wollziest, Eselsohren ♃ ⁞ VII–IX, Krim, Kl. As., Kauk. bis N-Iran, in Ont. eingebürg.
3. **citrína** Boiss. et Heldr. ♃ △ VI–VIII, Kl. As.
4. **coccínea** Jacq. ♃ ⌂ VII–VIII, Tex. bis Mex.
5. **córsica** Pers. ⊙–♃ ⁓ ⌂ VIII–IX, Kors., Sard.
- *densiflóra:* 8
6. **grandiflóra** (Stev. ex Willd.) Benth. (*Betónica grandiflóra* Stev. ex Willd., *B. macrántha* K. Koch) ♃ VII–VIII, Anat., Kauk., Iran (Mit einigen Sorten)
- *lanáta:* 2
7. **lavandulifólia** Vahl ♃ △ VII–VIII, Kl. As., Irak, Iran, Turkest.
8. **monniéri** (Gouan) P. W. Ball (*S. densiflóra* Benth., *Betónica hirsúta* L.) ♃ △ VII–VIII, Alp., Pyren.
9. **nívea** Labill. (*Betónica nívea* (Labill.) Stev.) ♃ △ VII–VIII, Kauk., Iran
10. **officinális** (L.) Trev. (*Betónica officinális* L.) ♃ VII–VIII, Eur., N-Afr., Kl. As., Kauk.
- *olýmpica:* 2
- *siebóldii:* 1
- *tuberífera:* 1

Stachytarphéta Vahl – f. – *Verbenáceae*
1. **mutábilis** (Jacq.) Vahl ♄ ⌂ II–XI, N- u. nördl. S-Am.

Stachyúrus Sieb. et Zucc. – m. – *Stachyuráceae*
1. **chinénsis** Franch. ♄ ⌂ IV, M-China
2. **prǣcox** Sieb. et Zucc. ♄ III–IV, Jap., Riukiu-Ins.

Stangéria T. Moore – f. – *Cycadáceae*
1. **eríopus** (Kunze) Nash (*S. paradóxa* T. Moore) i ⌂ ∗, Nat., Pondol., westl. bis Port Elizabeth

Stanhópea Frost ex Hook. – f. – *Orchidáceae*
- *bucéphalus:* 5, 7
- *devoniénsis:* 4
- *ebúrnea:* 2
1. **ecornúta** Lem. ♃ i ⌂ VII–IX ∗, Guat., Hond., Nicar., Costa R.
- *grandiflóra* (Humb. et Bonpl.) Rchb. f.: 5
2. **grandiflóra** (Lodd.) Lindl. (*S. ebúrnea* Lindl.) ♄ i ⌂ VIII–IX ∗, Venez., Guay., Bras., Trin.
3. **gravéolens** Lindl. ♃ i ⌂ VII–VIII ∗, Mex., Guat., Hond.
4. **hernandézii** (Kunth) Schlechter (*Angúloa hernandézii* Kunth, *S. devoniénsis* Lindl.) ♃ i ⌂ VII–XI ∗, Mex., Guat.
5. **jenishiána** Kramer ex Rchb. f. (*S. bucéphalus* Lindl. quoad descr. et icon, *Epidéndrum grandiflórum* Humb. et Bonpl., *S. grandiflóra* (Humb. et Bonpl.) Rchb. f. non (Lodd.) Lindl.) ♃ i ⌂ ∗, Ek., Kol.
6. **insígnis** Frost ex Hook. ♃ i ⌂ VIII bis X ∗, Peru?, Bras.
7. **oculáta** (Lodd.) Lindl. (*S. bucéphalus* Lindl. quoad typ.) ♃ i ⌂ VII–X ∗, Mex., Belize, Guat., Hond.
8. **saccáta** Batem. ♃ i ⌂ VII–VIII ∗, Guat.
9. **tigrína** Batem. ♃ i ⌂ VIII–XI ∗, Von Mex. südl. bis Venez., Guay., Bras.
10. **wárdii** Lindl. ♃ i ⌂ VII–IX ∗, Nicar. bis Venez. u. Peru

Stapélia L. – f. – *Asclepiadáceae*
Aasblume
1. **astérias** Masson ⌂, Kap
- *barbáta: Huérnia* 2
- *campanuláta: Huérnia* 4
2. **concínna** Masson ⌂, Kap
- *cōoperi: Órbea* 1
3. **desmetiána** N. E. Br. ⌂, SO-Kap
4. **dínteri** Berger ⌂, Namib.
- *europǣa: Carallúma* 2

5. **flavopurpúrea** Marl.
var. **fléckii** (Berger et Schlechter) A. White et Sloane (*S. fléckii* Berger et Schlechter) ⌂, Namib.
- *fléckii:* 5
6. **gigantéa** N. E. Br. ⌂, Nat., Transv., Zimb., Sambia
7. **grandiflóra** Masson ⌂, SO-Kap, Transv.
8. **hirsúta** L. ⌂, SO-Kap
- *hýstrix: Huérnia* 5
- *macrocárpa: Huérnia* 8
- *mammilláris: Carallúma* 6
- *melanántha: Carallúma* 7
9. **mutábilis** Jacq. ⌂, Herk. unbek.
10. **pillánsii** N. E. Br. ⌂, Kap
- *radiáta: Duvália* 3
- *replicáta: Duvália* 3
11. **revolúta** Masson ⌂, Kap
12. **senílis** N. E. Br. ⌂, Kap
- *tapscóttii: Órbea* 2
- *variegáta: Órbea* 3
- *verrucósa: Órbea* 4

Staphyléa L. - f. - *Staphyleáceae*
Pimpernuß
1. **bolánderi** A. Gray ♄ ∧ IV–V, Kalif.
2. **bumálda** DC. ♄ VI, Jap., Korea, Mandsch., China
3. **cólchica** Stev. ♄ V, Kauk.
4. × **élegans** Zab. (*S. cólchica* × *S. pinnáta*) ♄ V
5. **holocárpa** Hemsl. ♄ IV–V, M-China
6. **pinnáta** L. ♄ V–VI ▽, M-Eur. bis S-Ital., Bulg., W-Ukr., SW-As.
7. **trifólia** L. ♄ V, N-Am.: Queb. bis Ont. u. Minn., südl. bis Georg., Alab., Ark. u. Okla.

Státice: Limónium
- *globulariifólia: Limónium* 14
- *limónium: Limónium* 17
- *perézii: Limónium* 12
- *plantagínea: Arméria* 1

Stauntónia DC. - f. - *Lardizabaláceae*
1. **hexaphýlla** (Thunb.) Decne. ♄ i ≷ ⌂ IV, Jap., Riukiu-Ins., S-Korea
- *latifólia: Holbœllia* 1

× *Stauráchnis:* × *Arachnoglóttis*
× *Stauránda:* × *Trichovánda*
Staurópsis gigantéa: Vandópsis 1
- *lissochiloídes: Vandópsis* 2
- *violácea: Phalaenópsis* 15
Steironéma ciliátum: Lysimáchia 2

Stellária L. - f. - *Caryophylláceae*
Sternmiere
- *aquática: Myosóton* 1
1. **holóstea** L. ♃ IV–VI, Eur., N-Afr., Vord. As.
2. **média** (L.) Vill. - Vogelmiere ⊙ II bis XI, Kosmopol.

Stenáctis speciósa: Erígeron 12
Stenándrium ígneum: Xantheránthemum 1
- *lindénii: Apheländra* 7
Sténia fimbriáta: Chondrorhýncha 2
Stenocáctus: Echinofossulocáctus
- *albátus: Echinofossulocáctus* 1
- *coptonogónus: Echinofossulocáctus* 2
- *crispátus: Echinofossulocáctus* 3
- *gladiátus: Echinofossulocáctus* 4
- *lamellósus: Echinofossulocáctus* 5
- *llōydii: Echinofossulocáctus* 6
- *multicostátus: Echinofossulocáctus* 6
- *phyllacánthus: Echinofossulocáctus* 7
- *vaupeliánus: Echinofossulocáctus* 8
- *violaciflórus: Echinofossulocáctus* 9

Stenocárpus R. Br. - m. - *Proteáceae*
1. **salígnus** R. Br. ♄ i ⌂, Austral.: Queensl., Neusüdwal.
2. **sinuátus** (A. Cunn.) Endl. ♄ i ⌂ VII bis VIII, Austral.: Queensl., Neusüdwal.; N. Guin.

Stenocéreus (Berger) Riccob. (einschl. *Machaerocéreus* Britt. et Rose) - m. - *Cactáceae*
1. **benéckei** (Ehrenb.) Buxb. (*Céreus benéckei* Ehrenb., *Lemaireocéreus benéckei* (Ehrenb.) Britt. et Rose, *Hertrichocéreus benéckei* (Ehrenb.) Bckbg.) ⌂ ✱, W-Mex.
2. **dumortiéri** (Scheidw.) Buxb. (*Céreus dumortiéri* Scheidw., *Lemaireocéreus dumortiéri* (Scheidw.) Britt. et Rose, *Isolatocéreus dumortiéri* (Scheidw.) Bckbg.) ♄ ⌂ ✱, M- u. S-Mex.
3. **erúca** (T. S. Brandeg.) Gibson et Horak (*Lemaireocéreus erúca* (T. S. Brandeg.) Britt. et Rose, *Machaerocéreus erúca* (T. S. Brandeg.) Britt. et Rose) ♄ ⤳ ⌂ ✱, Nied. Kalif.
- *marginátus: Pachycéreus* 1
4. **pruinósus** (Pfeiff.) Buxb. (*Lemaireocéreus pruinósus* (Pfeiff.) Britt. et Rose, *Ritterocéreus pruinósus* (Pfeiff.) Bckbg.) ♄–♄ ⌂ ✱, S-Mex.
5. **queretaroénsis** (F. A. C. Web.) Buxb.

(*Céreus queretaroénsis* F. A. C. Web., *Lemaireocéreus queretaroénsis* (F. A. C. Web.) Saff., *Ritterocéreus queretaroénsis* (Pfeiff.) Bckbg., *Pachycéreus queretaroénsis* (F. A. C. Web.) Britt. et Rose) ♄ Ⓚ ✱, M-Mex.
6. **stellátus** (Pfeiff.) Riccob. (*Lemaireocéreus stellátus* (Pfeiff.) Britt. et Rose) ♄ Ⓚ ✱, S-Mex.
7. **thúrberi** (Engelm.) Buxb. (*Céreus thúrberi* Engelm., *Lemaireocéreus thúrberi* (Engelm.) Britt. et Rose, *Marshallocéreus thúrberi* (Engelm.) Bckbg.) – Orgelpfeifenkaktus ♄ Ⓚ ✱, S-Ariz., SO-Kalif., Nied. Kalif., NW-Mex.
– *wéberi: Pachycéreus* 5

Stenochlaēna J. Sm. – f. – *Blechnáceae*
1. **palústris** (Burm. f.) Bedd. ♃ § i Ⓦ, Trop. As., Austral., Polyn.
– *sorbifólia: Lomariópsis* 1
2. **tenuifólia** (Desv.) T. Moore ♃ § i Ⓦ, Trop. Afr., Madag.

Stenoglóttis Lindl. – f. – *Orchidáceae*
1. **fimbriáta** Lindl. ♃ Ⓚ IX–X ✱, Transv. bis Kap
2. **longifólia** Hook. f. ♃ Ⓚ IX–XI ✱, Nat., Zulul.

Stenolóbium stans: Tecóma 2

Stenorrhýnchos L. C. Rich. ex Spreng. – m. – *Orchidáceae*
1. **orchioídes** (Sw.) L. C. Rich. ♃ Ⓦ V ✱, Trop. Am.
2. **speciósus** (J. F. Gmel.) L. C. Rich. ♃ Ⓦ II–IV ✱, Westind., M- u. nördl. S-Am.

Stenospermátion Schott – n. – *Aráceae*
1. **popayanénse** Schott ♄ i Ⓦ, Kol., Ek.

Stenótaphrum Trin. - n. – *Gramíneae*
1. **secundátum** (Walt.) O. Kuntze (*S. americánum* Schrank, *S. glábrum* Trin.) – St. Augustine-Gras ♃ i ⟿ ▽ Ⓚ–Ⓦ Ⓝ, Küsten des trop. Am., W-Afr., Pazif. Ins.

Stephanándra Sieb. et Zucc. – f. – *Rosáceae*
Kranzspiere
1. **incísa** (Thunb.) Zab. ♄ VI, Jap., Korea
2. **tanákae** (Franch. et Sav.) Franch. et Sav. ♄ VI–VII, Jap.

Stephanocéreus Berger – m. – *Cactáceae*
1. **leucostéle** (Gürke) Berger (*Cephalocéreus leucostéle* (Gürke) Britt. et Rose, *Pilocéreus leucostéle* (Gürke) Werderm.) Ⓚ ✱, Bras.

Stephanophýsum longifólium: Ruéllia 1

Stephanótis Thou. – f. – *Asclepiadáceae*
1. **floribúnda** Brongn. ♄ § i D Ⓦ VI–IX, Madag.

Stercúlia L. – f. – *Sterculiáceae*
– *acerifólia: Brachýchiton* 1
– *aláta: Pterygóta* 1
1. **apétala** (Jacq.) Karst. ♄ Ⓚ Ⓝ, Mex., Westind. bis S-Am.
– *diversifólia: Brachýchiton* 2
2. **foētida** L. ♄ i ✂ Ⓦ Altweltl. Trop.
– *platanifólia: Firmiána* 1
– *quinquelóba: Cóla* 3
– *rupéstris: Brachýchiton* 3
3. **úrens** Roxb. ♄ Ⓦ Ⓝ, Pak., Ind.

Stereospérmum sínicum: Radermáchera 1

Sternbérgia Waldst. et Kit. – f. – *Amaryllidáceae*
1. **lútea** (L.) Ker-Gawl. ex Spreng. ♃ △ ∧ IX–X ☠ ✱, Med., SW- bis M-As.

Stetsónia Britt. et Rose – f. – *Cactáceae*
1. **córyne** (Salm-Dyck) Britt. et Rose (*Céreus córyne* Salm-Dyck) Ⓚ ✱, NW-Arg., S-Bol.

Steūdnera K. Koch – f. – *Aráceae*
1. **colocasiifólia** K. Koch Ⓦ, Burma
2. **díscolor** Bull Ⓦ, Burma

Stevensónia borsigiána: Phoenicophórium 1
– *grandifólia: Phoenicophórium* 1

Stévia Cav. – f. – *Compósitae*
1. **rebaudiána** (Bertoni) Hemsl. ⊙ Ⓚ Ⓝ, NO-Parag.
– *serráta: Piquéria* 1

Stewártia L. (*Stuártia* L'Hérit.) – f. – *Theáceae*
Scheinkamelie
– *koreána:* 3
1. **monadélpha** Sieb. et Zucc. ♄ VII bis VIII, Jap., Quelpart
2. **ováta** (Cav.) Weatherby (*Stuártia pentágyna* L'Hérit., *Stewártia pentágyna* auct.) ♄ VII, USA: Virg. bis Kent., südl. bis Georg. u. Alab.
– *pentágyna:* 2
3. **pseudocaméllia** Maxim.
var. **koreána** (Nakai ex Rehd.) Sealy (*S. koreána* Nakai ex Rehd.) ♄–♄ VII bis VIII, Korea
4. **serráta** Maxim. ♄ VI, Jap.

5. **sinénsis** Rehd. et Wils. ♄-♄ D VI bis VII, M-China

Stícherus flabellátus: Gleichénia 1

Stictocárdia Hallier f. - f. - *Convolvuláceae*

1. **beraviénsis** (Vatke) Hallier f. ♄ ⌇⌇ ⌂, Madag., O-Afr., Sambia, W-Afr.

Stillíngia Garden ex L. - f. - *Euphorbiáceae*

1. **sylvática** L. ♃ ☠ ⌂ V-VI ⊛, USA: Virg. bis Flor. u. Tex.

Stípa L. - f. - *Gramíneae*
Pfriemengras, Federgras

1. **avenácea** L. ♃ V-VI, USA: Mass. bis Wisc., südl. bis Flor. u. Tex.
2. **barbáta** Desf. - Reiherfedergras ♃ VII-VIII ▽, S- u. M-Span., S-Ital., Siz.

- *calamagróstis: Achnátherum* 1

3. **capilláta** L. - Büschelhaargras ♃ VI bis VII ▽, M- u. S-Eur., S-Rußl. bis Sib., Turkest., Iran, Kauk.
4. **elegantíssima** Labill. ♃ ⌂ VI-VII, Austral.
5. **gigantéa** Link ♄ ∧ VI-VII ▽, M- u. S-Span., Port., Ital.

- *grafiána:* 10

6. **grándis** Smirnov ♃ VI-VII, Mongol.
7. **joánnis** Čelak. (*S. pennáta* auct. scand. et ross. non L.) ♄ V-VI ▽, M-, S- u. O-Eur., westl. bis O-Frankr., südl. M-Schwed., N-Afr., W-As.
8. **pekinénsis** Hance (*Achnátherum pekinénse* (Hance) Ohwi) ♃ VII bis VIII, N-China, O-Sib., Sachal., Jap., S-Kuril.

- *pennáta* auct. scand. et ross.: 7

9. **pennáta** L. - Federgras ♃ V-VI ▽, S-, SW- u. M-Eur., Med.
10. **pulchérrima** K. Koch (*S. grafiána* Stev.) ♃ ∧ VI-VII ▽, S-, SO- u. M-Eur., SW-As.

- *stenophýlla:* 12

11. **tenacíssima** L. - Espartogras ♃ ∧ VII-VIII ▽, O-, M- u. S-Span., S-Port., Ibiza, NW-Afr.
12. **tírsa** Stev. emend. Čelak. (*S. stenophýlla* (Czern. ex Lindem.) Trautv.) ♃ V-VI ▽, M-, S- u. O-Eur., W-Sib., Turkest.

Stirlíngia Endl. - f. - *Proteáceae*

1. **latifólia** Steud. ♄ i ✂ ⌂, Austral.

Stoe̅be L. - f. - *Compósitae*

1. **cinérea** Thunb. ♄ i ✂ ⌂, Kap

Stizolóbium: Mucúna

- *deeringiánum: Mucúna* 1
- *prúriens: Mucúna* 1

Stokésia L'Hérit. - f. - *Compósitae*

1. **lae̅vis** (Hill) Greene (*S. cyánea* L'Hérit.) ♃ ∧ VIII-IX, USA: S-Carol. bis Flor. u. Louis.

Stomátium Schwant. - n. - *Aizoáceae*

1. **suavéolens** (Schwant.) Schwant. ♃ D ⌂, Kap

Stranvae̅sia Lindl. - f. - *Rosáceae*

1. **davidiána** Decne.
var. **salicifólia** (Hutchins.) Rehd. ♄ i ꕥ ∧ VI, W-China
var. **unduláta** (Decne.) Rehd. et Wils. (*S. unduláta* Decne.) ♄ i ꕥ ∧ VI, W- u. M-China

- *glaucéscens:* 2

2. **nússia** (D. Don) Decne. (*S. glaucéscens* Lindl.) ♄ i ꕥ ⌂ VI, Him.

- *unduláta:* 1

Stratiótes L. - m. - *Hydrocharitáceae*
Wasseraloe

1. **aloídes** L. ♃ ≈ ▽, W-, M- u. O-Eur., Kauk., W-Sib., Altai

Strelítzia Banks - f. - *Musáceae*

1. **álba** (L. f.) Skeels (*S. augústa* Thunb.) - Kapstrelitzie ♄ i ⌂ I-III, Kap

- *augústa:* 1

2. **caudáta** R.A. Dyer - Transvaalstrelitzie ♄ i ⌂, Transv.

- *júncea:* 5

3. **nicolái** Regel et Koern. - Natalstrelitzie ♄ i ⌂ I-VI, Nat.
4. **parvifólia** Dryand. ♃ i ⌂, SW-Kap

- *parvifólia* var. *juncea:* 5

5. **regínae** Banks - Paradiesvogelblume
var. **júncea** (Ker-Gawl.) H.E. Moore (*S. parvifólia* var. *júncea* Ker-Gawl., *S. júncea* Link) ♄ i ⌂ II-VIII, Kap
var. **regínae** ♃ i ⌂ ✂ II-VIII, Kap

Streptócalyx Beer - m. - *Bromeliáceae*

1. **longifólius** (Rudge) Bak. ♃ i ⌂, Bras. bis Kol., NO-Peru, Bol.
2. **poeppígii** Beer (*S. vallerándii* (Carr.) E. Morr.) ♃ i ⌂, Bras. bis M- Peru u. Bol.

- *vallerándii:* 2

Streptocárpus Lindl. - m. - *Gesneriáceae*
Drehfrucht

1. **cauléscens** Vatke ♃ ⌂ VI–VIII, Trop. Afr.
2. **cyáneus** S. Moore ♃ ⌂ VI–VIII, Transv., Swasil.
3. **dúnnii** Mast. ex Hook. f. ♃ ⌂ VII bis VIII, Transv.
4. **galpínii** Hook. f. ♃ ⌂ IX–X, Transv.
5. **grándis** N. E. Br. ex C.B. Clarke ♃ ⌂ VII–VIII, Nat., Zulul.
6. **haygárthii** N. E. Br. ♃ ⌂, Nat.
7. **hólstii** Engl. ♃ ⌂ VI–VIII, Trop. O-Afr.
8. **-Hybriden** (*S.* × *hýbridus* Voss) ♃ ⌂ III–X (Mit vielen Sorten)
- × *hýbridus:* 8
9. **kírkii** Hook. f. ♄ ⌂ VII–X, Trop. O-Afr.
10. **parviflórus** E. Mey. ♃ ⌂ VI–VIII, S-Afr.
11. **polyánthus** Hook. ♃ ⌂, Nat.
12. **réxii** (Bowie ex Hook.) Lindl. ♃ ⌂ V bis VIII, Kap
13. **saundérsii** Hook. ♃ ⌂ IX, Nat.
14. **saxórum** Engl. ♃ ⌂ VI–X, Trop. O-Afr.: Usamb. bis Uluguru
15. **wendlándii** Sprenger ex Dammann ♃ ⌂ VIII–XI, Nat.
16. **-Wendlandii-Hybriden** ♃ ⌂ V–X

Stréptopus Michx. - m. - *Liliáceae*
1. **amplexifólius** (L.) DC. ♃ ♣ VII–VIII, Nördl. gem. Zone
2. **róseus** Michx. ♃ VI–VII, N-Am.: Labr. bis Ont. u. Manit., südl. bis Penns., N-Carol., Georg., Kent., Tenn., Wisc. u. Minn.

Streptosólen Miers - m. - *Solanáceae*
1. **jamesónii** (Benth.) Miers ♄ ⌂ IV bis VI, Kol., Ek.

Strobilánthes Bl. - m. - *Acantháceae*
- *anisophýllus: Goldfússia* 1
1. **cúsia** (Nees) Imlay ♄ ⌂ ⓝ, N- u. O-Bengal., Ass., N-Burma, S-China
- *dyeriánus: Perilépta* 1
- *isophýllus: Goldfússia* 2
- *maculátus: Sýmpagis* 1

Strománthe Sond. - f. - *Marantáceae*
1. **amábilis** (Lind.) E. Morr. (*Maránta amábilis* Lind.) ♃ i ⌂, Bras.
2. **porteána** Griseb. ♃ i ⌂, Bras.
3. **sanguínea** (Hook.) Sond. ♃ i ⌂, Bras.

Strombocáctus Britt. et Rose emend. Buxb. - m. - *Cactáceae*
1. **discifórmis** (DC.) Britt. et Rose (*Mammillária discifórmis* DC., *Echinocáctus turbinifórmis* Pfeiff., *Ariocárpus discifórmis* (DC.) W.T. Marsh.) ⌂ *, O-Mex.: Hidalgo
- *lophophoroídes: Neollóydia* 4
- *pseudomacrochéle: Neollóydia* 6
- *schmiedickeánus: Neollóydia* 9

Strongýlodon Vogel - m. - *Leguminósae*
1. **macróbotrys** A. Gray ♄ ⌇ ⌂, Phil.

Strophánthus DC. - m. - *Apocynáceae*
1. **caudátus** (L.) Kurz (*S. dichótomus* DC.) ♄ ⌇ i ☠ ⌂, Thail., Malays., Indones., Phil.
- *dichótomus:* 1
2. **grátus** (Wall. et Hook. ex Benth.) Baill. ♄ ⌇ ♣ ☠ ⌂ Off., Seneg., Sierra Leo., S-Nig. bis Kamer., Gabun, Zaire
3. **híspidus** DC. ♄ ⌇ ☠ ⌂ ⓝ, Seneg. u. Sudan bis Kongo, Zentralfr. Rep., N-Angola
4. **kómbe** Oliv. ♄ ⌇ ☠ ⌂ Off., Trop. SO-Afr., Zentralfr. Rep., N-Angola
5. **sarmentósus** DC. ♃ ☠ ⌂, W-Afr.

Struthiópteris filicástrum: Mattéuccia 3
- *germánica: Mattéuccia* 3
- *orientális: Mattéuccia* 1
- *pensylvánica: Mattéuccia* 2

Strýchnos L. - f. - *Loganiáceae*
Brechnußbaum
1. **ignátii** Bergius (*Ignátia amára* L.) - Ignatiusbohne ♄ ⌇ ☠ ⌂, Malak., Sunda, SO-Phil.
2. **nux-vómica** L. - Strychninbaum ♄ ☠ ⌂ ⓝ Off., Vorderind., Ceyl., Malays. bis N-Austral.
3. **spinósa** Lam. - Natalorange ♄ ⌂ ⓝ, Trop. u. S-Afr., Madag., Seych.
4. **toxífera** Schomb. ex Benth. ♄ ⌇ ☠ ⌂, Orinoko, Amaz., Rio Negro, Guay., Venez., Kol., Ek., Peru

Stuártia: Stewártia
- *pentágyna: Stewártia* 2

Stultítia: Órbea
- *cóoperi: Órbea* 1
- *tapscóttii: Órbea* 2

Stylídium Sw. ex Willd. - n. - *Stylidiáceae*
1. **adnátum** R. Br. ♃ ⌂ VI–VII, Austral.
- *graminifólium:* 2

2. **május** (Sw.) Druce (*S. graminifólium* Sw. ex Willd.) ♃ Ⓚ V–VI, Austral.
Stylóphorum Nutt. - n. - *Papaveráceae*
1. **diphýllum** (Michx.) Nutt. ♃ ~ VI bis VII, USA: Penns. bis Wisc., südl. bis Virg., Tenn. u. Missouri
- *japónicum: Hylomécon* 1
Stylophýllum: Dudléya
- *densiflórum: Dudléya* 4
- *edúle: Dudléya* 5
Stýrax L. - f. - *Styracáceae*
Storaxbaum
1. **benzoídes** Craib ♄ i Ⓦ Off., Hinterind.
2. **bénzoïn** Dryand. - Benzoe-Storaxbaum ♄ i Ⓦ Ⓝ Off., Sum., W-Java, Malak.
3. **japónica** Sieb. et Zucc. ♄–♄ ∧ VI bis VII, Jap., Korea, China, Taiw., Phil.
4. **obássia** Sieb. et Zucc. ♄–♄ ∧ V–VI, Jap., Korea, Mandsch., China
5. **officinális** L. ♄ Ⓚ V Ⓝ, O-Med., westl. bis M-Ital., Kl. As.
6. **tonkinénsis** (Pierre) Craib ex Hartwich ♄ Ⓚ Ⓝ Off., Laos, Vietn., O-Thail.
7. **wilsónii** Rehd. ♄ Ⓚ V–VI, W-China
Suaéda Forssk. ex Scop. - f. - *Chenopodiáceae*
1. **véra** Forssk. ex J.F. Gmel. (*S. fruticósa* auct. non L.) ♄ i ∧ (besser Ⓐ oder Ⓚ), VI–VII, S- u. W-Eur., N-Afr., As.
Submatucána aurantíaca: Matucána 1
- *myriacántha: Matucána* 4
- *rítteri: Matucána* 3
Succísa Haller - f. - *Dipsacáceae*
Teufelsabbiß
1. **praténsis** Moench (*Scabiósa succísa* L.) ♃ VII–IX, Eur. bis W-Sib., N-Afr.
Sulcorebútia: Rebútia
- *arenácea: Rebútia* 2
- *cylíndrica: Rebútia* 4
- *glomeriséta: Rebútia* 10
- *ráuschii: Rebútia* 19
- *steinbáchii: Rebútia* 22
Sútera Roth (*Chaenóstoma* Benth.) - f. - *Scrophulariáceae*
1. **grandiflóra** (Galpin) Hiern (*Chaenóstoma grandiflórum* (Galpin) L.H. Bailey) ♄ Ⓚ VII–IX, S-Afr.
2. **híspida** (Thunb.) Druce (*Chaenóstoma híspidum* (Thunb.) Benth., *Manúlea híspida* Thunb.) ♄ Ⓚ VI bis IX, S-Afr.
3. **polyántha** (Benth.) O. Kuntze (*Chaenóstoma polyánthum* Benth.) ♄ Ⓚ VI–IX, S-Afr.
Sutherlándia R. Br. - f. - *Leguminósae*
1. **frutéscens** (L.) R. Br. ♄ Ⓚ VII–IX Ⓝ, Kap
Swainsóna Salisb. - f. - *Leguminósae*
1. **galegifólia** (Andr.) R. Br. ♄ Ⓚ VII bis IX, Austral.: Queensl., Neusüdwal.
Swértia L. - f. - *Gentianáceae*
Tarant
1. **chiráta** Buch.-Ham. ex Wall. ⊙ IX bis X, Him.
2. **perénnis** L. ♃ ~ VII–IX ▽, Gebg. SO- u. M-Eur. bis Pyren. u. N-Span., M-As. bis Jap., N-Am.: Alaska bis Kalif., östl. bis Rocky Mount.
Swída álba: Córnus 1
- *sanguínea: Córnus* 24
- *serícea: Córnus* 25
Swieténia Jacq. - f. - *Meliáceae*
Mahagonibaum
- *chloróxylon: Chloróxylon* 1
1. **macrophýlla** King ♄ Ⓦ Ⓝ, Mex., M-Am. bis Kol., Venez., Peru, Bol., Bras.
2. **mahagóni** (L.) Jacq. ♄ Ⓦ Ⓝ, S-Flor., Mex., Westind., Hond., Kol. bis Peru
Sýagrus weddelliána: Microcoélum 1
× **Sycoparrótia** Endress et Anliker (*Sycópsis* × *Parrótia*) - f. - *Hamamelidáceae*
1. **semidecídua** Endress et Anliker (*Sycópsis sinénsis* × *Parrótia pérsica*) ♄
Sycópsis Oliv. - f. - *Hamamelidáceae*
1. **sinénsis** Oliv. ♄ i Ⓚ II–III, M- u. W-China
Sýmpagis (Nees) Bremek. - f. - *Acantháceae*
1. **maculáta** (Wall.) Bremek. (*Ruéllia maculáta* Wall., *Strobilánthes maculátus* (Wall.) Nees) ♄ i Ⓦ, Ass.
Symphoricárpos Duham. - m. - *Caprifoliáceae*
Schneebeere
(vermutlich alle Arten ☠)
1. **álbus** (L.) S.F. Blake (*S. racemósus* Michx.)

var. **álbus** ♄ ꝏ VII–VIII, N-Am.: Queb. bis Alaska, südl. bis Penns., W-Virg., Mich., Wisc., Minn., Nebr., Color. u. Ariz.
var. **laevigátus** (Fern.) S.F. Blake (*S. rivuláris* Suksd.) – Schneebeere ♄ ꝏ VII–VIII, N-Am.: Alaska bis Kalif.
2. × **chenaúltii** Rehd. (*S. microphýllus* × *S. orbiculátus*) ♄ ꝏ VI–VII
3. **hespérius** G.N. Jones ♄ ꝏ VI–VII, N-Am.: Br. Kol. bis Oreg.
4. **-Hybriden** ♄ ꝏ VI–VIII
5. **microphýllus** H. B. K. ♄ ∧ (besser ⓚ) VIII–IX, Mex.
6. **occidentális** Hook. ♄ VI–VII, N-Am.: Ont. bis Br. Kol., südl. bis Mich., Ill., Missouri, Kans. u. New Mex., eingebürg. östl. bis Penns. u. Neuengl.
7. **orbiculátus** Moench (*S. vulgáris* Michx.) – Korallenbeerstrauch ♄ ꝏ VII–VIII, USA: Penns. bis Ill., Minn., S-Dak. u. Color., südl. bis Flor. u. Tex.; Mex.
– *racemósus:* 1
– *rivuláris:* 1
– *vulgáris:* 7

Symphyándra A. DC. – f. – *Campanuláceae*
1. **hofmánnii** Pant. ⊙ △ VII–IX, Jugosl.
2. **péndula** (M. B) A. DC. (*Campánula péndula* M. B.) ♃ △ VI–VII, Kauk.
3. **wánneri** (Rochel) Heuff. ♃ △ V–VI, Gebg. Bulg., Rum., O-Jugosl.

Symphyglóssum Schlechter – n. – *Orchidáceae*
1. **sanguíneum** (Rchb. f.) Schlechter (*Cochlióda sanguínea* (Rchb. f.) Benth., *Mesospinídium sanguíneum* Rchb. f.) ♃ ⓚ X–XI ∗, Ek.

Sýmphytum L. – n. – *Boragináceae*
Beinwell
1. **ásperum** Lepech. – Komfrey ♃ VI bis VIII Ⓝ, Kauk. bis Arm. u. W-Iran, in Eur. stellenweise eingebürg.
2. **caucásicum** M. B. ♃ VI–VIII, Kauk.
3. **grandiflórum** DC. ♃ V–VII, Kauk.
4. **officinále** L. – Beinwell ♃ V–VII Ⓝ, Eur., östl. bis W-Sib., Krim, Kauk., im östl. N-Am. eingeführt
5. **orientále** L. (*S. taúricum* auct. non Willd.) ♃ VI–VII, SO-Eur., Kl. As.
– *taúricum:* 5
6. **tuberósum** L. ♃ V–VI, W-, M- u. O-Eur.
7. × **upplándicum** Nym. (*S. ásperum* × *S. officinále*) ♃ VI–VIII Ⓝ, in Eur. stellenweise eingebürg.

Symplocárpus Salisb. ex Nutt. – m. – *Aráceae*
Stinkkohl
1. **foétidus** (L.) Nutt. ♃ ⁓ III–IV, Gem. O-As.: Amur, Jap.; N-Am.: Queb. bis Manit., südl. bis Virg., Georg., Tenn., Iowa

Sýmplocos Jacq. – f. – *Symplocáceae*
Rechenblume
1. **paniculáta** (Thunb.) Miq. (*S. crataegoídes* Buch.-Ham.) – Saphirbeere ♄ ꝏ V–VI, Jap., China bis Him.

Synadénium Boiss. – n. – *Euphorbiáceae*
Milchbaum
1. **grántii** Hook. f. ♄ ⓦ, Uganda, Tans., Moz.

Syndésmon thalictroídes: Anemonélla 1

Synechánthus H. Wendl. – m. – *Pálmae*
1. **fibrósus** (H. Wendl.) H. Wendl. ♄ i ⓦ, M-Am.

Syngonánthus Ruhl. – m. – *Eriocauláceae*
1. **élegans** (Bong.) Ruhl. ♃ i ✂ ⓚ, Bras.
2. **níveus** (Kunth) Ruhl. ♃ i ✂ ⓚ, Bras.

Syngónium Schott – n. – *Aráceae*
1. **aurítum** (L.) Schott ♄ ⌇ i ⓦ Jam., Hond.
2. **podophýllum** Schott ♄ ⌇ i ⓦ, Mex., Guat., El Salv., Costa R.
3. **standleyánum** Bunt. (*S. triphýllum* hort.) ♄ i ⌇ ⓦ, Hond., Costa R.
– *triphýllum:* 3
4. **wendlándii** Schott ♄ i ⌇ ⓦ, Costa R.

Synnéma triflórum: Hygróphila 5

Sýnthyris Benth. – f. – *Scrophulariáceae*
1. **stelláta** Pennell (*S. renifórmis* hort. non Benth.) ♃ IV, USA: Oreg., Wash.

Syrínga L. – f. – *Oleáceae*
Flieder
1. **afghánica** Schneid. ♄ V, Afgh. bis Tib.
– *amurénsis:* 20
– *amurénsis* var. *japónica:* 20
– *bretschnéideri:* 25
2. × **chinénsis** Willd. (*S.* × *pérsica* × *S.*

vulgáris; S. × *rothomagénsis* (Renault) hort. ex Mordant) ♄ D V (Mit einigen Sorten)
- *dielsiána:* 10
3. **emódi** Wall. ex G. Don ♄ D V–VI, Afgh., W-Him. bis Kumaon
- *formosíssima:* 28
- × *hyacinthiflóra:* 4
4. **-Hyacinthiflora-Hybriden** (*S. obláta* × *S. vulgáris; S.* × *hyacinthiflóra* (Lemoine) Rehd.) ♄ D V–VI
- *japónica:* 20
5. **josikǣa** Jacq. f. ex Rchb. ♄ V–VI, Transsilv. Alp., Ukr., Karp.
6. **juliánae** Schneid. ♄ D V–VI, W-China
7. **komarówii** Schneid. ♄ VI, N-China
8. **laciniáta** Mill. ♄ V, NW-China, Kansu
9. **mḗyeri** Schneid. ♄ V–VI, N-China 'Palibin' (*S. palibiniána* hort. non Nakai) ♄
10. **microphýlla** Diels (*S. dielsiána* Schneid., *S. schnḗideri* Lingelsh.) ♄ △ VI, N-China
11. **obláta** Lindl. 'Giraldii' (var. *giráldii* (Lemoine) Rehd.) ♄ D IV bis V, N-China
- *obláta* var. *giráldii:* 11
- *palibiniána:* 9, 12
12. **pátula** (Palib.) Nakai (*S. palibiniána* Nakai, *S. velutína* Kom.) ♄ D V–VI, Korea, N-China
13. **pekinénsis** Rupr. (*Ligustrína pekinénsis* (Rupr.) hort. Berol. ex Dieck) ♄ D VI, N-China
14. × **pérsica** L. (*S. afghánica* × *S. laciniáta*) ♄ D V
15. **pinnatifólia** Hemsl. ♄ V, SW-China
16. **potanínii** Schneid. ♄ D VI, W-China
17. **-Preston-Hybriden** (*S. refléxa* × *S. villósa; S.* × *prestóniae* McKelvey) ♄ D V–VI
- × *prestóniae:* 17
18. **pubéscens** Turcz. ♄ D IV-V, N-China
19. **refléxa** Schneid. ♄ VI, M-China
20. **reticuláta** (Bl.) Hara (*S. amurénsis* var. *japónica* (Maxim.) Franch. et Sav., *S. japónica* (Maxim.) Decne., *Ligustrína amurénsis* var. *japoníca* Maxim.)
var. **mandschúrica** (Maxim.) Hara (*S. amurénsis* Rupr., *Ligustrína amurénsis* (Rupr.) Rupr.) ♄–♄ VI–VII, Mandsch.
var. **reticuláta** ♄–♄ VI–VII, Jap.
- × *rothomagénsis:* 2
- *schnḗideri* 10
21. × **swegifléxa** Hesse (*S. refléxa* × *S. sweginzówii*) ♄ VI
22. **sweginzówii** Koehne et Lingelsh. ♄ VI, NW-China
23. **tigerstédtii** H. Sm. ♄ D VI, W-China
24. **tomentélla** Bur. et Franch. (*S. wilsónii* Schneid.) ♄ D VI, W-China
- *velutína:* 12
25. **villósa** Vahl (*S. bretschnḗideri* Lemoine) ♄ V–VI, N-China
26. **vulgáris** L. ♄–♄ D V Ⓝ, Nördl. M-Rum. bis M-Alban. u. NO-Griech., SW-As.
27. **-Vulgaris-Hybriden** ♄ D V
- *wilsónii:* 24
28. **wólfii** Schneid. (*S. formosíssima* Nakai) ♄ D VI, Mandsch., Korea
29. **yunnanénsis** Franch. ♄ D VI, Jünn.

Syzýgium Gaertn. – n. – *Myrtáceae*
1. **aromáticum** (L.) Merr. et L. M. Perry (*Caryophýllus aromáticus* L., *Eugénia aromática* (L.) Baill. non O. C. Berg, *E. caryophýllus* (Spreng.) Bullock et S. G. Harrison, *E. caryophýllata* Thunb., *Jambósa caryophýllus* (Spreng.) Niedenzu) - Gewürznelkenbaum ♄ i ⌂ Ⓝ Off., Moluk.
2. **cumíni** (L.) Skeels (*Mýrtus cumíni* L., *Eugénia cumíni* (L.) Druce, *E. jamboléna* Lam., *S. jamboléna* (Lam.) DC.) - Jambolanapflaume ♄ i ⌂ Ⓝ, Vorderind. u. Ceyl. bis Mal. Arch., trop. China u. O-Austral.
- *jamboléna:* 2
3. **jámbos** (L.) Alston (*Eugénia jámbos* L., *Jambósa vulgáris* DC., *J. jámbos* (L.) Millsp.) - Rosenapfel, Jambos ♄ i ⌂ Ⓝ, SO-As., in den Trop. oft eingebürg.
4. **paniculátum** Banks ex Gaertn. (*Eugénia paniculáta* (Banks ex Gaertn.) Britten, *E. austrális* J. C. Wendl. ex Link, *E. paniculáta* var. *austrális* (J. C. Wendl. ex Link) F. M. Bailey, *E. myrtifólia* Sims) ♄–♄ i ⌂ III–V, Austral.: Neusüdwal., Queensl.

Tabernaemontána L. - f. - *Apocynáceae*
- *amsónia: Amsónia* 2
1. **coronária** (Jacq.) Willd. (*Nérium divaricátum* auct. non L., *Ervatámia coronária* (Jacq.) Stapf) ♄ i D ⓦ VII, Heimat unbek., pantrop. kult.

Tácca J. R. et G. Forst. - f. - *Taccáceae*
- *áspera:* 2
1. **chantriéri** André ♃ i ⓦ, NO-Ind., SO-As.
- *cristáta:* 2
2. **integrifólia** Ker-Gawl. (*T. áspera* Roxb., *T. cristáta* Jack, *Atáccia cristáta* (Jack) Kunth, *A. áspera* (Roxb.) Kunth) ♃ i ⓦ, NO-Ind., Malays., Sum., Java, Born., Thail.
3. **leontopetaloídes** (L.) O. Kuntze (*T. pinnatífida* J. R. et G. Forst.) ♃ ⓦ ⓝ, Malays., Südseeins., trop. Austral.
- *pinnatífida:* 3
4. **plantagínea** (Hance) Drenth (*Schizocápsa plantagínea* Hance) ♃ i ⓦ, S-China, Thail., N-Vietn., Laos

Tacínga Britt. et Rose - f. - *Cactáceae*
1. **funális** Britt. et Rose ♄ ⓦ *, Bras.

Tácitus béllus: Graptopétalum 2
Tacsónia: Passiflóra 3, 19, 23, 24

Tagétes L. - f. - *Compósitae*
Sammetblume, Studentenblume
1. **erécta** L. ⊙ VII-IX, Mex.
2. **-Erecta-Hybriden** ⊙ ✂ VII-IX
- *glandulífera:* 4
3. **lúcida** Cav. ♃ (⊙ gezogen) VIII-IX, Mex., Guat.
4. **minúta** L. (*T. glandulífera* Schrank) ⊙ ⓝ X, Peru u. Bras. bis Chile u. Arg., in vielen trop. Ländern verwild. u. eingebürg., auch in S-Eur. stellenweise eingebürg.
5. **pátula** L. ⊙ VII-X, Mex., Guat.
6. **-Patula-Hybriden** ⊙ VII-X
- *signáta:* 7
7. **tenuifólia** Cav. (*T. signáta* Bartl.) ⊙ VII-X, Mex., M-Am.
(Mit einigen Sorten)

Taiwánia Hayata - f. - *Taxodiáceae*
1. **cryptomerioídes** Hayata ♄ i ⓝ, Taiw., Jünn.

Taligálea: Amasónia
- *punícea: Amasónia* 1

Talínum Adans. - n. - *Portulacáceae*
1. **calýcinum** Engelm. ♃ ⓚ, USA: Ill. bis Nebr., südl. bis Ark. u. Tex.
2. **okanoganénse** English ♃ i △ ∧ (besser ⓚ) VI-VII, Br. Kol.
3. **paniculátum** (Jacq.) Gaertn. ♄ i ⓚ VI bis VIII, Kl. Antill., Mex.
4. **teretifólium** Pursh ♃ i ⓚ, USA: Penns. bis W-Virg. u. Tenn., südl. bis Georg. u. Alab.

Tamaríndus L. - f. - *Leguminósae*
Tamarinde
1. **índica** L. ♄ i ⓦ VI-VII ⓝ, Trop. Afr., in Am. eingebürg., von Flor. bis Bras.

Támarix L. - f. - *Tamaricáceae*
Tamariske
1. **chinénsis** Lour. (*T. japónica* Dipp., *T. juniperína* Bunge, *T. plumósa* Carr.) ♄ VI-VIII ⓝ, M-As., China, in Oreg. u. Kalif. eingebürg.
2. **gállica** L. ♄ VI-VIII ⓝ, SW-Eur., Med., Sahara, in den östl. USA sowie Kalif. eingebürg.
- *germánica: Myricária* 1
- *japónica:* 1
- *juniperína:* 1
3. **parviflóra** DC. ♄-♄ V, Balk., Ägäis, N-Afr., O-Med.
- *pentándra:* 4
- *plumósa:* 1
4. **ramosíssima** Ledeb. (*T. pentándra* Pall.) ♄-♄ VI-VIII, SO-Rußl., Irak, Iran, Afgh., Pak., China, Mongol., Korea
5. **tetrándra** Pall. ex M. B. emend. Willd. ♄ IV-V, O-Balk., Krim, W-As.

Támus L. - m. - *Dioscoreáceae*
Schmerwurz
1. **commúnis** L. ♃ ⌇ ☠ ∧ (besser ⓚ) V, W-, südl. M-, S- u. SO-Eur., Vord. As., Med., N-Afr., Kanar.

Tanacétum L. (einschl. *Balsamíta* Mill., *Pyréthrum* Zinn) - n. - *Compósitae*
1. **achilleifólium** (M.B.) Schultz Bip. (*Chrysánthemum achilleifólium* (M.B.) Prodan) ♃ D VI-VII, SO-Rußl.
- *alpínum: Leucanthemópsis* 1
2. **argénteum** Willd. (*Chrysánthemum argénteum* (Willd.) Boom, *Hemipáppus cánus* K. Koch) ♃ △ ∧ VII, Kl. As.
3. **balsamíta** L. (*Chrysánthemum május* (Desf.) Aschers., *C. balsamíta* (L.) Baill. non L., *Pyréthrum balsamíta*

(L.) Willd., *Balsamíta major* Desf.) - Marienblatt ♃ D VII-VIII ⓦ, Kl. As. bis Arm., N-Iran, in Eur. u. N-Am. stellenweise eingebürg.

4. **cinerariifólium** (Trevir.) Schultz Bip. (*Chrysánthemum cinerariifólium* (Trevir.) Vis., *Pyréthrum cinerariifólium* Trevir.) - Dalmatinische Insektenblume ♃ VI-VII ⓦ Off., Dalm., Alban., in SO- u. im östl. M-Eur. eingebürg.
5. **coccíneum** (Willd.) Grierson (*Chrysánthemum coccíneum* Willd., *C. róseum* Adams, *Pyréthrum róseum* (Adams) M. B., *P. cárneum* M. B.) ♃ ✂ V-VI ⓦ, Kauk., Arm., Iran (Mit mehreren Sorten)
6. **corymbósum** (L.) Schultz Bip. (*Chrysánthemum corymbósum* L., *Pyréthrum corymbósum* (L.) Scop., *Leucánthemum corymbósum* (L.) Gren. et Godr.) ♃ VI-VII, Eur. (außer N), Med., Kl. As., Kauk.
7. **dénsum** (Labill.) Schultz Bip. (*Chrysánthemum dénsum* (Labill.) Steud., *Pyréthrum dénsum* Labill.) △ VII bis VIII, Syr.
8. **haradjánii** (Rech. f.) Grierson (*Chrysánthemum haradjánii* Rech. f.) ♃ △ VII-VIII, Syr.
9. **macrophýllum** (Waldst. et Kit.) Schultz Bip. (*Chrysánthemum macrophýllum* Waldst. et Kit., *Pyréthrum macrophýllum* (Waldst. et Kit.) Willd.) ♃ VI-VIII, NW-Jugosl., Karp., südl. bis Mazed., Kl. As., Kauk., in M-Eur. eingebürg.
10. **millefólium** (L.) Tzvelev (*Chrysánthemum millefólium* (L.) Willd., *C. millefoliátum* L.) ♃ VI-VII, Bulg. bis südl. M-Rußl., Kl. As., Kauk.
11. **parthénium** (L.) Schultz Bip. (*Matricária parthénium* L., *M. parthenioídes* (Desf.) hort., *M. capénsis* hort. non L., *M. exímia* hort., *Chrysánthemum parthénium* (L.) Bernh., *Leucánthemum parthénium* (L.) Gren. et Godr., *Pyréthrum parthénium* (L.) Sm.) ♃ (aber ⊙ gezogen) ✂ VI-IX, Balk., Kl. As., Transkauk., Kauk., in vielen Ländern eingebürg.
12. **ptarmiciflórum** (Webb et Berth.) Schultz Bip. (*Chrysánthemum ptarmiciflórum* (Webb et Berth.) Brenan) ♄ ⓚ, Kanar.

- *serótinum: Leucanthemélla* 1

13. **vulgáre** L. (*Chrysánthemum vulgáre* (L.) Bernh.) - Rainfarn ♃ ☠ VII-IX ⓦ, Eur. bis Kauk., Arm., Sib., in N-Am. eingebürg.

Tanakāēa Franch. et Sav. - f. - *Saxifragáceae*

1. **radícans** Franch. et Sav. ♃ ⤳ i ∧ VI bis VII, Jap.

× *Tanakára* hort. 1947: × *Opsisánda*
× *Tanakára* hort. 1952: × *Phalaeriánda*

Tapeinóchilos Miq. - m. - *Zingiberáceae*

1. **ananássae** (Hassk.) K. Schum. ♃ ⓦ VII-VIII, Ceram

Taráxacum Wiggers - n. - *Compósitae*
Kuhblume

1. **kok-sághyz** Rodin ♃ ⓦ, Kasach.
2. **officinále** Web. (*Leóntodon taráxacum* L.) - Löwenzahn, Kuhblume ♃ II-XI ⓦ Off., Eur., gem. As., in N-Am. u. anderen gem. Gebieten eingebürg.

Tarchonánthus L. - m. - *Compósitae*

1. **camphorátus** L. ♄-♄ i D ⓚ, S-Afr. bis Abess.

Tasmánnia lanceoláta: Drímys 1
Tavarésia grandiflóra: Decabélone 1

Taxódium L. C. Rich. - n. - *Taxodiáceae*
Sumpfeibe, Sumpfzypresse

1. **dístichum** (L.) L. C. Rich.
var. **dístichum** ♄ ⤳ V ⓦ, USA: N. Jers. bis Kent., Missouri, Ark. u. Okla., südl. bis Flor. u. Tex.
var. **nútans** (Ait.) Sweet) (*T. ascéndens* Brongn., *T. imbricárium* (Nutt.) R. M. Harper, *T. dístichum* var. *imbricárium* (Nutt.) Croom) ♄ ⤳ V ⓦ, USA: Virg. bis Flor. u. Alab.

Táxus L. - f. - *Taxáceae*
Eibe

1. **baccáta** L. ♄-♄ i ☠ III-IV ▽, Eur., Kauk., Kl. As., N-Iran, NW-Afr., Mad.
(Mit vielen Sorten)
2. **brevifólia** Nutt. ♄ i ☠ ∧ ⓦ, N-Am.: Alaska bis Kalif., östl. bis Br. Kol., Id. u. Mont.
3. **canadénsis** Marsh. ♄ i ☠, N-Am.: Neufundl. bis Manit., südl. bis Virg., Kent., Ill. u. Iowa

4. **cuspidáta** Sieb. et Zucc. ♄ - ♄ i ☠, Jap., Korea, Mandsch.
5. × **média** Rehd. (*T. baccáta* × *T. cuspidáta*) ♄ i ☠

Tecóma Juss. - f. - *Bignoniáceae*
- *capénsis: Tecomária* 1
1. **castanifólia** (D. Don) Melchior ♄ Ⓚ I–XII, Ek.
- *grandiflóra: Cámpsis* 1
- *jasminoídes: Pandórea* 1
- *radícans: Cámpsis* 2
2. **stans** (L.) Juss. ex H. B. K. (*Bignónia stans* L., *Stenolóbium stans* (L.) Seem.) ♄–♄ Ⓚ VI–VIII, USA: Flor. bis Tex.; Mex., südl. bis S-Am.

Tecomária (Endl.) Spach - f. - *Bignoniáceae*
1. **capénsis** (Thunb.) Spach (*Bignónia capénsis* Thunb., *Tecóma capénsis* (Thunb.) Lindl.) ♄ Ⓚ VIII–X, S-Afr.

Tecophiláea Bert. ex Colla - f. - *Haemodoráceae*
1. **cyanócrocus** Leyb. ♄ Ⓚ ▭ III, Chile

Tectária Cav. - f. - *Aspidiáceae*
1. **cicutária** (L.) Copel. (*Aspídium cicutárium* (L.) Sw.) ♃ i Ⓦ, Fast pantrop.
2. **decúrrens** (K.B. Presl) Copel. (*Aspídium decúrrens* K.B. Presl) ♃ i Ⓦ, Ind. u. Ceyl. bis Polyn.
3. **incísa** Cav. (*T. martinicénsis* (Spreng.) Copel., *Aspídium macrophýllum* Sw.) ♃ i Ⓦ, Trop. Am.
- *martinicénsis:* 3
4. **trifoliáta** (L.) Cav. (*Aspídium trifoliátum* (L.) Sw.) ♃ i Ⓦ, Mex., Antill. bis S-Bras.

Tectóna L. f. - f. - *Verbenáceae*
1. **grándis** L. f. - Teakbaum ♄ Ⓦ Ⓝ, Ind., Burma, Laos, Thail.

Telékia Baumg. - f. - *Compósitae*
1. **speciósa** (Schreb.) Baumg. (*Buphthálmum speciósum* Schreb.) ♃ ⩋ VI bis VIII, SO-Alp., O- u. W-Karp., Balk., Kauk., Transkauk., Kl. As., in Deutschl. u. der Tschechosl. stellenweise eingebürg.
2. **speciosíssima** (L.) Less. (*Bupthálmum speciosíssimum* L.) ♃ △ VI bis VII, S-Alp. zwischen Lugano u. Gardasee

Telésonix jamésii: Boykínia 2

Telfaíria Hook. - f. - *Cucurbitáceae*
1. **occidentális** Hook. f. ♄ ⸾ Ⓦ Ⓝ, Trop. W-Afr.
2. **pedáta** (Sm. ex Sims) Hook. - Talerkürbis ♄ ⸾ Ⓦ Ⓝ, O-Afr., Sansib., Madag., Maskar.

Telíne monspessulána: Cýtisus 15

Téllima R. Br. - f. - *Saxifragáceae*
1. **grandiflóra** (Pursh) Dougl. ex Lindl. ♃ V–VI, N-Am.: Kalif. bis Alaska

Telmatóphace gíbba: Lémna 1

Telóxys Moq. - f. - *Chenopodiáceae*
1. **aristáta** (L.) Moq. (*Chenopódium aristátum* L.) ⊙ ✂ VI–IX, M-As. bis Mandsch.

Templetónia R. Br. - f. - *Leguminósae*
1. **retúsa** (Vent.) R. Br. ♄ i Ⓚ III–VI, S- u. W-Austral.

Tephrocáctus: Opúntia + sp. 2, 3, 4, 13, 19, 22, 29, 32, 33, 38, 39, 53, 55, 58, 61, 70

Tephrósia Pers. - f. - *Leguminósae*
1. **purpúrea** (L.) Pers. ♃ ☠ Ⓦ Ⓝ, Fast pantrop.
2. **virginiána** (L.) Pers. ♃ ∧ VI–VII, N-Am.: N. Hampsh. bis Ont., Mich., Wisc., Minn. u. S-Dak., südl. bis Georg., Flor., Ark., Okla. u. Tex.
3. **vogélii** Hook. f. ♃ ☠ Ⓦ Ⓝ, Trop. Afr.: Sierra Leo., Guin., Moz.

Terebínthus: Pistácia
- *lentíscus: Pistácia* 1

Terminália L. - f. - *Combretáceae* Almend
1. **bellírica** (Gaertn.) Roxb. ♄ Ⓦ Ⓝ, Ind. bis Malays., Ceyl.
2. **catáppa** L. - Katappenbaum, „Badam“ ♄ Ⓦ Ⓝ, O-Afr., Madag., Pak., Ind., Java, N. Guin., in S-Flor. eingebürg.
3. **chébula** (Gaertn.) Retz. - „Chieu liêu“ ♄ Ⓦ Ⓝ, Ind. bis Malays., Ceyl.
4. **supérba** Engl. et Diels - „Limba“ ♄ Ⓦ Ⓝ, W-Afr.

Ternstrōēmia Mutis ex L. f. - f. - *Theáceae*
1. **gymnanthéra** (Wight et Arn.) Sprague (*T. japónica* auct. non Thunb.) ♄ i Ⓚ, Jap., S-Korea, Taiw., China, Ind., Born.

Testudinária elephántipes: Disocórea 7
- *sylvática: Dioscórea* 13

Tetracarpídium Pax - n. - *Euphorbiáceae*
1. **conóphorum** (Muell. Arg.) Hutchins. et Dalziel (*Plukenétia conóphora*

Muell. Arg.) ♄ ⌂ ®, Afr.: Sierra Leo. bis Zaire

Tetracéntron Oliv. - n. - *Tetracentráceae*

1. **sinénse** Oliv. ♄ ∧ VI, NO-Ind., Nepal, Burma, SW-China

Tetraclínis Mast. - f. - *Cupressáceae*
Gliederzypresse

1. **articuláta** (Vahl) Mast. (*Cállitris quadriválvis* Vent., *C. articuláta* (Vahl) Aschers. et Graebn., *Thúja articuláta* Vahl) - Sandarakbaum ♄ i ⌂ ®, SO-Span., Marok., durch Alger., Tunes. bis Malta

Tetragónia L. - f. - *Aizoáceae*

1. **tetragonioídes** (Pall.) O. Kuntze (*T. expánsa* Thunb. ex Murr.) - Neuseelandspinat ⊙ ⁓ ®, Austral., Neuseel., Polyn., Jap., auf den Azor. u. Mallor. u. in Port. eingebürg.

Tetragonólobus Scop. - m. - *Leguminósae*

- *edúlis:* 2

1. **marítimus** (L.) Roth (*Lótus siliquósus* L., *T. siliquósus* (L.) Roth) - Spargelklee ♃ VII-IX, M-, O- u. S-Eur., Kl. As., Kauk., Med., N-Afr.
2. **purpúreus** Moench (*Lótus tetragonólobus* L., *T. edúlis* Link) - Spargelerbse, Spargelbohne ⊙ VI-VIII ®, Med., S-Eur., Transkauk.

- *siliquósus:* 1

× **Tetraliópsis** hort. (*Laeliópsis* × *Tetramícra*) - f. - *Orchidáceae*

Tetramícra bícolor: Leptótes 1

Tetranéma Benth. ex Lindl. - n. - *Scrophulariáceae*

1. **róseum** (Martens et Gal.) Standl. et Steyerm. (*T. mexicánum* Benth. ex Lindl.) ♃ i ⌂ II-X, Mex., Guat. bis Pan.

Tetranéuris acáulis: Hymenóxys 1
- *linearifólia: Hymenóxys* 3

Tetrápanax (K. Koch) K. Koch - m. - *Araliáceae*
Reispapierbaum

1. **papýrifer** (Hook.) K. Koch (*Arália papyrífera* Hook.) ♄ i ⌂ ®, S-China, N-Taiw.

Tetrastígma (Miq.) Planch. - n. - *Vitáceae*

1. **voinieriánum** (Baltet) Pierre ex Gagnep. (*Vítis voinieriána* Baltet, *Císsus voinieriána* (Baltet) Viala) ♄ ⸾ i ⌂, Tongk.

× **Tetratónia** hort. (*Broughtónia* × *Tetramícra*) - f. - *Orchidáceae*

Teúcrium L. - n. - *Labiátae*
Gamander

- *áureum:* 9
- *chamáedrys* hort.: 3

1. **chamáedrys** L. - Edelgamander ♄ △ VII-VIII ®, Eur., nördl. bis Holl., S-Pol., südl. M-Rußl., Med., N-Afr., Syr., Kauk., Iran

- *chamáepitys: Ájuga* 1

2. **frúticans** L. ♄ ⌂ VII-VIII, W-Med., Port., Adriat. Ins.
3. × **lúcidrys** Boom (*T. chamáedrys* × *T. lúcidum; T. chamáedrys* hort. non L.) ♄ i
4. **márum** L. - Amberkraut, Katzenkraut ♄ D ⌂ Off., Inseln W-Med., Insel Murter (NW-Jugosl.)
5. **massiliénse** L. ♄ i ⦙ VI-VIII, Med., Kreta
6. **montánum** L. ♄ ⁓ △ VII-VIII Off., S- u. M-Eur. bis Holl. u. W-Ukr., Med., Kl. As.
7. **musimónum** Humbert ex Maire ♃ ⁓ △ ∧ VI-IX, Atlas
8. **orientále** L. ♃ ∧ VII-VIII, Iran, Kl. As., Transkauk., Liban.
9. **pólium** L. - Marienkraut, Poleigamander
ssp. **áureum** (Schreb.) Arcang. (*T. áureum* Schreb.) ♄ ⁓ i △ ∧ VII bis VIII, Gebg. W-Med.
ssp. **pólium** ♄ i ⌂ VII-VIII Off., S-, M- u. O-Span., S-Frankr., N-Afr.
10. **pyrenáicum** L. ♃ ⁓ VII-VIII, N-Span., SW-Frankr.
11. **scórdium** L. - Wassergamander ♃ ⁓ VII-VIII, Eur., nördl. bis Irl., Schwed., Estl.; N-Afr., Mesop., Turkest., M-As.
12. **scorodónia** L. ♄ VII-IX, S-, W- u. M-Eur., nördl. bis S-Norw., östl. bis Pol.; N-Afr.

Thália L. - f. - *Marantáceae*

1. **dealbáta** Fras. ♃ ≈ ⌂ VII-VIII, USA: S-Carol. bis Missouri, südl. bis Flor. u. Tex.
2. **geniculáta** L. ♃ ≈ ⌂ VII-VIII, Südl. USA bis M-Bras., Arg., im trop. Afr. eingebürg.

Thalíctrum L. - n. - *Ranunculáceae*

Wiesenraute
1. **alpínum** L. ♃ △ VII–VIII, Arkt. u. subarkt. Eur., vereinzelt Pyren., Alp., O-Karp., arkt. As., arkt. N-Am.: Grönl. u. Labr. bis Alaska, südl. bis Neufundl., Queb., Color., Utah, Nev. u. Kalif.
- *anemonoídes: Anemonélla* 1
2. **aquilegifólium** L. - Amstelraute ♃ ∿ V–VII, O- u. M-Eur., Gebg. S-Eur., Sib., Jap.
3. **coreánum** Lév. △ ♃ V, N-As.
4. **delaváyi** Franch. ♃ VII–VIII, W-China
5. **dipterocárpum** Franch. ♃ VII bis VIII, W-China
6. **flávum** L.
ssp. **flávum** ♃ VI–VII, Eur. bis M-Sib., Kauk., Med.
ssp. **glaúcum** (Desf.) Batt. (*T. speciosíssimum* L., *T. glaúcum* Desf.) ♃ VII–VIII, Span., Port., NW-Afr.
7. **foétidum** L. ♃ VI–VIII, Gebg. O-, M- u. SW-Eur., westl. bis NO-Span. (fehlt in Deutschl.)
- *glaúcum:* 6
8. **kiusiánum** Nakai ♃ △ VI–VIII, S-Jap.?
9. **lúcidum** L. ♃ VII–VIII, M- u. O-Eur.
10. **mínus** L. ♃ ✂ V–VI, Eur., N-, O-As., Vord. As., Med., NW-Afr., Abess., S-Afr.
11. **orientále** Boiss. ♃ V–VI, S-Griech., S-Anat., N-Syr.
- *speciosíssimum:* 6
12. **tuberósum** L. ♃ △ ∧ VI–VII, Pyren., O-Span.

Thamnocálamus Munro - m. - *Gramíneae*
1. **spatháceus** (Franch.) Soderstrom (*Fargésia spathácea* Franch., *Arundinária murielae* Gamble, *A. spathacea* (Franch.) McClintock, *Sinarundinária murielae* (Gamble) Nakai) ♄ i ∧, W-Him.

Thápsia L. - f. - *Umbellíferae*
1. **gargánica** L. ♃ ☠ ⌂ VII–VIII, S-Med., Port.

Théa bóhea: Caméllia 10
- *sinénsis: Caméllia* 10
- *víridis: Caméllia* 10

Thelespérma Less. - n. - *Compósitae*
1. **burridgeánum** (Regel, Koern. et Rach) S. F. Blake (*Cosmídium burridgeánum* Regel, Koern. et Rach) ⊙ VII–IX, Tex.
2. **trífidum** (Poir.) Britt. ⊙–⊙ VI–IX, USA: S-Dak. bis Color., südl. bis SW-Missouri, Okla., Tex. u. New Mex.

Thelocáctus (K. Schum.) Britt. et Rose (einschl. *Hamatocáctus* Britt. et Rose) - m. - *Cactáceae*
1. **bícolor** (Pfeiff.) Britt. et Rose (*Echinocáctus bícolor* Pfeiff., *E. wagneriánus* Berger, *T. wagneriánus* Berger, *T. bícolor* var. *wagneriánus* (Berger) Krainz) ⌂ ✻, Tex.; N- u. NO-Mex.
- *bícolor* var. *wagneriánus:* 1
2. **conothélos** (Regel et Klein) F. M. Knuth (*Echinocáctus conothélos* Regel et Klein, *Gymnocáctus conothélos* (Regel et Klein) Bckbg.) ⌂ ✻, NO-Mex.
- *fossulátus:* 4
- *gielsdorfiánus: Neollóydia* 2
3. **heterochrómus** (F. A. C. Web.) Oosten (*Echinocáctus heterochrómus* F. A. C. Web., *T. póttsii* hort. non (Salm-Dyck) Britt. et Rose) ⌂ ✻, N-Mex.: Chihuahua, Durango
4. **hexaëdróphorus** (Lem.) Britt. et Rose (*Echinocáctus hexaëdróphorus* Lem., *E. fossulátus* Scheidw., *T. fossulátus* (Scheidw.) Britt. et Rose) ⌂ ✻, N-Mex.
- *horrípilus: Neollóydia* 3
5. **leucacánthus** (Pfeiff.) Britt. et Rose (*Echinocáctus leucacánthus* Pfeiff.) ⌂ ✻, Mittl. O-Mex.
- *lophophoroídes: Neollóydia* 4
- *lophothéle:* 6
- *lophothéle* var. *nídulans:* 6
- *nídulans:* 6
- *póttsii:* 3
- *pseudopectinátus: Neollóydia* 7
6. **rinconénsis** (Poselg.) Britt. et Rose (*Echinocáctus rinconénsis* Poselg., *T. nídulans* (Quehl) Britt. et Rose, *T. lophothéle* (Salm-Dyck) Britt. et Rose, *T. lophothéle* var. *nídulans* (Quehl) Kladiwa et Fittkau) ⌂ ✻, NO-Mex.
- *saúeri: Neollóydia* 8
7. **setispínus** (Engelm.) Anderson (*Echinocáctus setispínus* Engelm.,

Hamatocáctus setispínus (Engelm.) Britt. et Rose, *Ferocáctus setispínus* (Engelm.) L. Bens.) ⓚ *, NO-Mex.: Tamaulipas; S-Tex.
8. **tulénsis** (Poselg.) Britt. et Rose (*Echinocáctus tulénsis* Poselg.) ⓚ *, NO-Mex.
- *valdeziánus: Neollōydia* 11
- *vieréckii: Neollōydia* 12
- *wagneriánus:* 1

Thelycránia álba: Córnus 1
- *sanguínea: Córnus* 24

Thelýpteris Schmidel - f. - *Thelypteridáceae*
1. **decursivepinnáta** (van Hall) Ching (*Lástrea decursivepinnáta* (van Hall) J. Sm., *Dryópteris decursivepinnáta* (van Hall) Kunze, *Phegópteris decursivepinnáta* (van Hall) Fée) ♃, Jap., Taiw., China bis Indoch., Ind.
- *dentáta: Cyclosórus* 2
- *dryópteris: Currània* 1
2. **hexagonóptera** (Michx.) Weatherby (*Lástrea hexagonóptera* (Michx.) Nieuwl., *Dryópteris hexagonóptera* (Michx.) C. Chr.) ♃, N-Am.: Neuengl. u. Queb. bis Minn. u. Kans., südl. bis Flor. u. Tex.
3. **limbospérma** (All.) H.P. Fuchs (*T. oreópteris* (Ehrh.) Slosson, *Lástrea oreópteris* (Ehrh.) Bory, *Dryópteris oreópteris* (Ehrh.) Maxon, *Nephródium oreópteris* (Ehrh.) Desv., *Polýstichum oreópteris* (Ehrh.) Bernh., *Lástrea limbospérma* (All.) Holub et Pouzar, *Dryópteris limbospérma* (All.) Becherer, *Oreópteris limbospérma* (All.) Holub, *Dryópteris montána* (Vogler) O. Kuntze) ♃, W-, NW-, M- u. nördl. S-Eur., NO-Kl. As., Jap., Kamtsch., N-Am.: Alaska bis Br. Kol.
4. **noveboracénsis** (L.) Nieuwl. (*Lástrea noveboracénsis* (L.) K. B. Presl, *Dryópteris noveboracénsis* (L.) A. Gray, *Parathelýpteris noveboracénsis* (L.) Ching) ♃, N-Am.: Neufundl. bis Mich. u. Ill., südl. bis Georg., Alab., Miss. u. Ark.
- *oreópteris:* 3
5. **palústris** Schott (*T. thelypteroídes* (Michx. f.) Holub, *Nephródium thelypteroídes* Michx. f., *Dryópteris thelýpteris* (L.) A. Gray, *Lástrea thelýpteris* (L.) Bory, *Nephródium thelýpteris* (L.) Strempel, *Polýstichum thelýpteris* (L.) Roth, *Aspídium thelýpteris* (L.) Sw., *A. palústre* Salisb.) - Sumpffarn ♃ ~, Nördl. Halbk., Afr., Neuseel.
- *pátens* 'Lepida': *Cyclosórus* 1
6. **phegópteris** (L.) Slosson (*Lástrea phegópteris* (L.) Bory, *Dryópteris phegópteris* (L.) C. Chr., *Nephródium phegópteris* (L.) Prantl, *Aspídium phegópteris* (L.) Baumg., *Gymnocárpium phegópteris* (L.) Newm., *Polypódium phegópteris* L., *Phegópteris vulgáris* Mett., *P. polypodíoides* Fée, *P. connéctilis* (Michx.) Watt) - Buchenfarn ♃, Gem. Zone der nördl. Halbk.
- *robertiána: Currània* 2
- *thelypteroídes:* 5

Theobróma L. - n. - *Sterculiáceae* Kakaobaum
1. **cacáo** L. ♄ i ⓦ Ⓝ Off., Ursprüngl. vielleicht am oberen Amaz.

Theophrásta L. - f. - *Theophrastáceae*
- *imperiális: Chrysophýllum* 2
1. **jussiēūi** Lindl. (*T. densiflóra* Decne.) ♄ i ⓦ, Haiti, Dom. Rep.
- *longifólia: Clavíja* 1

Thermópsis R. Br. - f. - *Leguminósae* Fuchsbohne
1. **barbáta** Benth. ♃ VI, Him.
2. **caroliniána** Curt. ♃ VI-VII, USA: N-Carol. bis Georg.
3. **fabácea** (Pall.) DC. ♃ VI-VII, Sib. bis westl. N-Am.
4. **lanceoláta** R. Br. (*T. lupinoídes* Link) ♃ VI-VIII, SO-Rußl., Kasach., gem. As.
- *lupinoídes:* 4
5. **montána** Nutt. ♃ V, Rocky Mount. bis Wash.

Thespésia Soland. ex Corrêa - f. - *Malváceae*
1. **popúlnea** (L.) Soland. ex Corrêa (*Hibíscus popúlneus* L.) ♄ ⓦ Ⓝ, Altweltl. Trop., in Westind. u. Flor. eingebürg.

Thevétia L. - f. - *Apocynáceae*
1. **peruviána** (Pers.) K. Schum. (*T. neriifólia* Juss. ex Steud.) ♄ -♄ i ⓦ VI bis VIII ☠, Trop. Am.

Thibaudia Ruiz et Pav. ex St.-Hil. – f. – *Ericáceae*
1. **floribúnda** H. B. K. ♄ i ⌂K, Kol.

Thladiántha Bunge – f. – *Cucurbitáceae*
Quetschblume
1. **dúbia** Bunge ♃ ⌂A ♂♀ VI–VII, N-China, Amur

Thláspi L. – n. – *Crucíferae*
Täschelkraut, Hellerkraut
1. **alpínum** Crantz ♃ △ V–VI, O-Alp.
2. **arvénse** L. – Ackerhellerkraut ⊙ IV bis V, Eur. W-As., Sib., Jap., Med., Alger., in N-Am. eingebürg.
3. **montánum** L. (*Noccaea montána* (L.) F. K. Mey.) ♃ △ IV–V, M-Eur. bis Frankr., S-Jugosl.
4. **rotundifólium** (L.) Gaud. ♃ △ V–VI, Alp.
5. **stylósum** (Ten.) Mutel ♃ ⁓ △ ∧ (besser ⌂K) IV–V, M- u. S-Apenn.

Thomásia J. Gay – f. – *Sterculiáceae*
1. **purpúrea** J. Gay ♄ i ⌂K VI–VII, W-Austral.
2. **quercifólia** J. Gay ♄ i ⌂K VI–VI, W-Austral.
3. **solanácea** J. Gay ♄ i ⌂K V–VII, W-Austral.

Thrínax Sw. – f. – *Pálmae*
– *floridána:* 2
1. **morrísii** H. Wendl. (*T. microcárpa* Sarg.) i ⌂W, Flor., Bahama, Westind.
– *microcárpa:* 1
2. **parviflóra** Sw. (*T. rádiata* Lodd. ex Schult. et Schult. f., *T. floridána* Sarg.) i ⌂W, S-Flor., Westind., Yucat., Belize
– *radiáta:* 2

Thrixanthocéreus blossfeldiórum: Espóstoa 1

Thryállis Mart. – f. – *Malpighiáceae*
1. **glaúca** (Poir.) O. Kuntze (*Galphímia glaúca* (Poir.) Cav.) ♄ i ⌂W, Mex. bis Pan.

Thúja L. – f. – *Cupressáceae*
Lebensbaum
– *articuláta: Tetraclínis* 1
– *gigantéa:* 4
1. **koraiénsis** Nakai ♄–♄ i ⚘, Korea
2. **occidentális** L. ♄ i ⚘ IV–V Ⓝ, N-Am.: Queb. bis Sask., südl. bis Neuengl., N. Y., N-Carol., Tenn., Wisc. u. Minn.
(Mit vielen Sorten)
3. **orientális** L. (*Bióta orientális* (L.) Endl., *Platýcladus orientális* (L.) Franco, *P. stricta* Spach) ♄ i ⚘ IV–V Ⓝ, N-China, Turkest., Arm., Transkauk.
(Mit einigen Sorten)
4. **plicáta** Donn ex D. Don (*T. gigantéa* Nutt.) ♄ i ⚘ Ⓝ, N-Am.: Alaska bis N-Kalif., östl. von Br. Kol. bis Id. u. Mont.
5. **standíshii** (Gord.) Carr. ♄ i ⚘, Jap.

Thujópsis Sieb. et Zucc. ex Endl. – f. – *Cupressáceae*
Hibalebensbaum
1. **dolabráta** (L. f.) Sieb. et Zucc. ♄ i Ⓝ, Jap.

Thunbérgia Retz. – f. – *Acantháceae*
1. **affínis** S. Moore ♄ ⟆ ⌂W IX–X, O-Afr.
2. **aláta** Boj. ex Sims – Schwarzäugige Susanne (Black-eyed Susan) ♃ (meist ⊙ gezogen) ⟆ V–X, SO-Afr.
3. **battiscómbei** Turrill ♃ ⟆ VI–VIII, Trop. Afr.
4. **coccínea** (Nees) Wall. (*Hexacéntris coccínea* Nees) ♄ ⟆ ⌂K I–IV, Ind., Burma
5. **erécta** (Benth.) T. Anders. (*Meyénia erécta* Benth.) ♄ ⌂W I–XII, Trop. W-Afr.
6. **frágrans** Roxb. ♃ ⟆ D ⌂K VI–VIII, Ind.
– *gibsónii:* 8
7. **grandiflóra** (Roxb. ex Rottl.) Roxb. ♄ ⟆ i ⌂W VIII–X, Bengal.
8. **gregórii** S. Moore (*T. gibsónii* S. Moore) ♃ ⟆ VI–VIII, O- bis S-Afr.
9. **laurifólia** Lindl. ♄ ⟆ i ⌂W IV–X, Malays.
10. **mysorénsis** (Wight) T. Anders. ex Bedd. (*Hexacéntris mysorénsis* Wight) ♄ ⟆ ⌂W III–VIII, Nilgiri
11. **natalénsis** Hook. ♄ ⌂W VI–VIII, Nat.
12. **vogeliána** Benth. ♄ ⌂W VII–VIII, Fern. Póo

Thúnia Rchb. f. – f. – *Orchidáceae*
– *álba:* 2
1. **bensóniae** Hook. f. ♃ ⌂K (Winter) ⌂W (Sommer) VI–VII ✳, Burma
2. **bracteáta** (Roxb.) Schlechter (*T. álba* (Lindl.) Rchb. f.) ♃ ⌂K (Winter) ⌂W (Sommer) VI–VIII ✳, Hinterind., Burma
3. **marshalliána** Rchb. f. ♃ ⌂K (Winter)

Ⓦ (Sommer) VI–VII ✱, Burma, Thail., S-China

Thymóphylla tenuíloba: Dyssódia 1

Thýmus L. – m. – *Labiátae*
Thymian
1. × **citriodórus** (Pers.) Schreb. ex Schweigg. et Koerte (*T. pulegioídes* × *T. vulgáris*) ♃ D △ ∧ VI–VII (Mit einigen Sorten)
2. **dōerfleri** Ronn. (*T. hirsútus* var. *dōerfleri* (Ronn.) Ronn.) ♃ ⌂ △ V bis VI, NO-Alban.
- *drúcei:* 4
3. **glabréscens** Willd.
ssp. **glabréscens** ♃ △ V–VI, SO- u. östl. M-Eur.
ssp. **urumóvii** (Velen.) Jal. (*T. hirsútus* M. B.) ♃ △ V–VI, SO-Eur.
- *hirsútus:* 3
- *hirsútus* var. *dōerfleri:* 2
- *lanuginósus:* 4
- *montánus:* 5
4. **prāecox** Opiz
ssp. **árcticus** (E. Durand) Jal. (*T. drúcei* Ronn.)
var. **pseudolanuginósus** Ronn. et Jal. (*T. lanuginósus* hort. non Mill.) ♃ ⇝ i △ ∧ V–VI, W-Eur.
5. **pulegioídes** L. (*T. montánus* Waldst. et Kit.) – Quendel ♃ V–X ⓝ, Eur. bis Kauk. (Formenreiche Art)
6. **satureioídes** Coss. et Bal. – Marokkanischer Thymian ħ Ⓚ ⓝ, Marok.
7. **serpýllum** L. emend. Mill. – Quendel, Feldthymian ♃ ⇝ i △ VII–IX Off., NW-, N-, nördl. M- u. NO-Eur., nördl. von NO-Frankr., N-Österr., N-Ukr., Sib., im östl. N-Am. eingebürg.
(Sehr formenreiche Art mit vielen Sorten)
8. **villósus** L. ħ △ ∧ (besser Ⓚ) VII bis IX, SW-Span., S-Port.
9. **vulgáris** L. – Gartenthymian ħ D ∧ VI–IX ⓝ Off., W-Med. bis SO-Ital.
10. **zýgis** L. – Spanischer Thymian ħ ∧ bis Ⓚ Off., Span., Port., Marok.

Thyrsacánthus rútilans: Odontonéma 1
- *schomburgkiánus: Odontonéma* 1

Thysanolāena Nees – f. – *Gramíneae*
1. **máxima** (Roxb.) O. Kuntze – Tigergras ♃ Ⓦ ⓝ, Ind. bis Malays.

Thysanótus R. Br. – m. – *Liliáceae*
1. **multiflórus** R. Br. ♃ Ⓚ VIII, W-Austral.

Tiarélla L. – f. – *Saxifragáceae*
Schaumblüte
1. **cordifólia** L. ♃ ⇝ V–VI, N-Am.: N. Brunsw. bis Ont. u. Mich., südl. bis Neuengl., N-Carol. u. Tenn.
- *cordifólia* var. *collína:* 4
2. **trifoliáta** L. ♃ V, N-Am.: Br. Kol., Vancouv., Wash., Oreg.
3. **unifoliáta** Hook. ♃ V, N-Am.: S-Alaska bis N-Kalif.
4. **whérryi** Lakela (*T. cordifólia* var. *collína* Wherry) ♃ D V–VI, USA: Virg. u. Tenn. bis Georg., Alab. u. Miss.

Tibouchína Aubl. – f. – *Melastomatáceae*
1. **holoserícea** (Sw.) Baill. ħ i Ⓚ VII, Bras.
- *semidecándra:* 2
2. **urvilleána** (DC.) Cogn. (*T. semidecándra* hort. non (Schrank et Mart. ex DC.) Cogn.) ħ i Ⓚ VIII–V, Bras.

Tigrídia Juss. – f. – *Iridáceae*
Tigerblume
1. **pavónia** (L. f.) DC. – Tigerblume, Pfauenblume ♃ Ⓚ VII–IX, Mex., Guat.
(Mit vielen Sorten)

Tília L. – f. – *Tiliáceae*
Linde
- *álba* Ait.: 14
- *álba* K. Koch: 14
1. **americána** L. (*T. glábra* Vent., *T. nígra* Borkh.) ♄ VII ⓝ, N-Am.: Queb. bis Manit., südl. bis Virg., Alab., Tenn., Ark. u. Tex.
- *argéntea:* 14
2. **cordáta** Mill. (*T. parvifólia* Ehrh. ex Hoffm., *T. ulmifólia* Scop., *T. europāea* L. p. p.) – Winterlinde ♄ D VII ⓝ Off., Eur., W-Sib., Vord. As.
3. **dasystýla** Stev. (*T. rúbra* Stev. non DC.) ♄ VI, Kauk. bis N-Iran
4. × **euchlóra** K. Koch (Vermutlich *T. cordáta* × *T. dasystýla*) – Krimlinde ♄ D VII, Krim
- *europāea:* 2, 13, 16
5. × **flavéscens** A. Braun (*T. americána* × *T. cordáta; T. spāethii* Schneid.) ♄ VII
- *glábra:* 1
- *grandifólia:* 13
6. **heterophýlla** Vent. ♄ VII ⓝ, USA: N.

Y. u. Penns. bis Missouri, südl. bis Flor. u. Alab.
- × *intermédia:* 16
7. **mandshúrica** Rupr. et Maxim. ♄ VII ⓦ, NO-As.
8. **maximowicziána** Shiras. ♄ VII, Jap.
9. **miqueliána** Maxim. ♄ VI, O-China
10. × **móltkei** Späth *(T. americána × T. petioláris)* ♄ VII
11. **mongólica** Maxim. ♄ VII, Mongol., N-China
- *nígra:* 1
12. **olíveri** Szysz. ♄ VI, M-China
- *parvifólia:* 2
- *petioláris:* 14
13. **platyphýllos** Scop. (*T. grandifólia* Ehrh. ex W. D. J. Koch, *T. europǣa* L. p. p.) - Sommerlinde ♄ D VI ⓦ Off., M- u. S-Eur., östl. bis W-Ukr., nördl. bis N-Frankr. u. SW-Schwed., Vord. As.
- *rúbra:* 3
- *spǣthii:* 5
14. **tomentósa** Moench (*T. álba* Ait., *T. argéntea* Desf.) - Silberlinde ♄ D VII ⓦ, Balk., nördl. bis N-Ung. u. W-Ukr., Kl. As.
'Petiolaris' (*T. petioláris* DC., *T. álba* K. Koch non Ait.)
15. **túan** Szysz. ♄ D VII, M-China
- *ulmifólia:* 2
16. × **vulgáris** Hayne (*T. cordáta × T. platyphýllos; T. europǣa* L. p. p., *T. × intermédia* DC.) - Holländische Linde ♄ D VI–VII, Eur.

Tillándsia L. - f. - *Bromeliáceae*
1. **aeránthos** (Loisel.) L. B. Sm. (*T. dianthoídea* Rossi) ⓦ, Bras., Urug., Arg., Parag.
2. **albertiána** Vervoorst ⓦ, Arg.
3. **álbida** Mez et J. A. Purp. ⓦ, Mex.
4. **ánceps** Lodd. ⓦ, W-Am., Trin., nördl. S-Am.
5. **andícola** Gill. ⓦ, Arg.
6. **araūjei** Mez ⓦ, Mittl. O-Bras.
7. **argéntea** Griseb. ⓦ, Mex., Guat., Kuba, Jam.
8. **atroviridipétala** Matuda ⓦ, Mex.
9. **bāileyi** Rose ⓦ, Südl. USA, N-Mex.
10. **balbisiána** Schult. f. ⓦ, Flor. bis M-Am. bis Venez.
11. **bandénsis** Bak. ⓦ, Bol., Parag., Urug., Arg.
12. **bérgeri** Mez ⓦ, Arg.
13. **biflóra** Ruiz et Pav. ⓦ, Costa R., Kol., Venez. bis Peru, Bol.
14. **bourgǣi** Bak. (*T. violácea* Bak. 1889, non (Beer) Bak. 1887) ⓦ, S-Mex., M-Am.
15. **brachycaūlos** Schlechtend. ⓦ, S-Mex., M-Am.
16. **bryoídes** Griseb. (*T. coarctáta* Gill.) ⓦ, Peru, Arg., Bol.
17. **bulbósa** Hook. ⓦ, S-Mex., M-Am., Westind. bis Kol., Bras.
18. **bútzii** Mez (*T. variegáta* Schlechtend. non Vell.) ⓦ, Mex. bis M-Am.
19. **cactícola** L. B. Sm. ⓦ, N-Peru
20. **caerúlea** H. B. K. ⓦ, Peru, Ek.
21. **capilláris** Ruiz et Pav. ⓦ, Mex. bis Peru, Bol., Arg., Chile
22. **cáput-medúsae** E. Morr. ⓦ, Mex., Guat., Hond., El Salv., Costa R.
23. **cauléscens** Brongn. ⓦ, Bol., Peru
24. **circinnatoídes** Matuda ⓦ, Mex., Costa R.
- *coarctáta:* 16
- *coerúlea:* 28
25. **complanáta** Benth. ⓚ, Antill. u. Costa R. bis Peru, Bol.
26. **cóncolor** L. B. Sm. ⓦ, M- u. S-Mex.
- *confúsa:* 33
27. **crocáta** (E. Morr.) Bak. ⓦ, Arg., Bras.
28. **cyánea** Lind. ex K. Koch (*T. lindénii* E. Morr. non Regel, *T. morreniána* Regel, *T. coerúlea* Lind., *T. lindénii* var. *véra* Dombr.) ⓦ, Ek.
- *decompósita:* 33
29. **diaguiténsis** Castell. ⓦ, Parag., N-Arg.
- *dianthoídea:* 1
30. **didísticha** (E. Morr.) Bak. ⓦ, Bras. bis Parag., Bol., Arg.
31. **dísticha** H. B. K. ⓦ, Kol., Ek., Peru
32. **dúra** Bak. ⓦ, Bras.
33. **durátii** Vis.
var. **durátii** ⓦ, Arg., Urug., Bol.
var. **confúsa** (Hassl.) L. B. Sm. (*T. confúsa* Hassl.) ⓦ, Parag.
var. **saxátilis** (Hassl.) L. B. Sm. (*T. decompósita* Bak.) ⓦ, Arg.
34. **ehlersiána** Rauh ⓦ, S-Mex.
35. **fasciculáta** Sw. ⓦ, Mex. bis Kol., Peru

36. **festucoídes** Brongn. ex Mez (W), S-Mex., M-Am.
37. **filifólia** Cham. et Schlechtend. (W), S-Mex., Guat., Hond., Costa R.
38. **flabelláta** Bak. (W), Mex., Guat., El Salv.
39. **flexuósa** Sw. (W), S-Flor., Westind., Pan., Venez., Kol., Guay.
40. **floribúnda** H. B. K. (W), Ek., Peru
41. **funckiána** Bak. (W), Venez.
42. **fúnebris** Castell. (W), Bol., Parag., Arg.
43. **gárdneri** Lindl. (W), Venez., Trin., Kol., Bras.
44. **geminiflóra** Brongn. (W), Bras., Parag., Urug., Arg.
45. **grándis** Schlechtend. (W), M- u. S-Am. bis Guat. u. Hond.
46. **hildae** Rauh (W), N-Peru
47. **imperiális** E. Morr. (K), M- u. S-Mex.
48. **ionántha** Planch. (W), Mex., Guat., Nicar.
49. **júncea** (Ruiz et Pav.) Poir. (W), Flor., M-Am. bis Bol., Peru
50. **kalmbácheri** Matuda (W), Mex.
- *lindeniána:* 51
- *lindénii* E. Morr.: 28
51. **lindénii** Regel (*T. lindeniána* Regel, *T. lindénii* E. Morr. var. *regeliána* E. Morr.) (W), N-Peru, S-Ek.
- *lindénii* var. *regeliána:* 51
- *lindénii* var. *véra:* 28
52. **lineáris** Vell. (W), Bras.
53. **loliácea** Mart. (W), Bras., Bol., Arg., Parag., Peru
54. **lorentziána** Griseb. (W), Bras., Bol., Parag., Arg.
55. **makoyána** Bak. (K), Mex., Guat., Hond., Costa R.
56. **meridionális** Bak. (W), Bras., Arg., Parag.
- *morreniána:* 28
57. **multicaūlis** Steud. (W), M-Mex., Costa R., Pan.
58. **myosúra** Griseb. (W), Arg., Bol.
59. **narthecioídes** K.B. Presl D (W), Ek.
60. **paleácea** K.B. Presl (W), Kol., Bol., Peru, Chile
61. **pedicelláta** (Mez) Castell. (W), Arg., Bol.
62. **plumósa** Bak. (W), Mex., M-Am.
63. **pohliána** Mez (W), Bras., Parag., Arg., Peru
64. **polystáchya** (L.) L. (W), Mex. bis Bras., Bol.
- *polytrichioídes:* 81
65. **pruinósa** Sw. (W), Mex., M-Am., Westind., Bras., Ek.
66. **pueblénsis** L. B. Sm. (W), Mex.
67. **punctuláta** Schlechtend. et Cham. (*T. trícolor* E. Morr. non Cham. et Schlechtend.) (W), Mex. bis Pan., Surin.
68. **raūhii** L. B. Sm. (W), N-Peru
69. **rectángula** Bak. (W), Arg.
70. **recurváta** (L.) L. (W), Südl. USA bis Arg., Chile
- *regína: Vrīesea* 22
71. **remóta** Wittm. (W), Guat., El. Salv.
72. **schátzii** Rauh (K), Mex.
73. **schiedeána** Steud. (*T. vestíta* Cham. et Schlechtend.) (W), Mex., Venez., Kol., Westind.
74. **seleriána** Mez (W), Mex., Guat.
75. **setácea** Sw. (W), S-Carol. bis Tex., Mex., Guat., El Salv., Venez., Bras.
76. **streptophýlla** Scheidw. (W), Mex., Guat., Hond., Jam.
77. **strícta** Soland. (W), Trin., Venez., Guay., Bras., Parag., Arg.
78. **subulífera** Mez (W), Pan., Ek., Trin.
79. **tectórum** E. Morr. (W), N- u. M-Peru
80. **tenuifólia** L. (W), Venez., Kol. bis N-Arg., Antill.
81. **trichólepis** Bak. (*T. polytrichioídes* E. Morr.) (W), Bras., Bol., Parag., Arg.
82. **trícolor** Cham. et Schlechtend. (W), Mex., Guat., Nicar., Costa R.
- *trícolor* E. Morr.: 67
83. **umbelláta** André (W), S-Ek.
84. **usneoídes** (L.) L. – Louisianamoos ǂ (W), USA: Virg. bis Flor. u. Tex.; Mex., M-Am. bis Arg., Chile
85. **utriculáta** L. (W), USA: Flor. bis Georg.; Westind.; Mex., M-Am. bis Venez.
86. **valenzuelána** A. Rich. (W), S-Flor., S-Mex., M-Am., Kol., Venez., Bol.
- *variegáta:* 18
87. **vernicósa** Bak. (W), Bol., Arg., Parag.
- *vestíta:* 73
- *violácea* Bak. (1889, non 1887): 14
88. **violácea** (Beer) Bak. (1887) (K), Mex.
89. **viridiflóra** (Beer) Bak. (W), M-Am., südl. bis Costa R.
90. **wagneriána** L. B. Sm. (W), Peru:

Amaz.
91. **xerográphica** Rohw. ⌂, San Salv., Guat., Mex.
92. **xiphioídes** Ker-Gawl. ⌂, Arg., Parag., Bol.

Tinántia Scheidw. - f. - *Commelináceae*
1. **eréćta** (Jacq.) Schlechtend. (*T. fúgax* Scheidw.) ⊙ VI–VIII, M- u. S-Am.

Tischléria peersii: Carruánthus 1

Titanópsis Schwant. - f. - *Aizoáceae*
1. **calcárea** (Marl.) Schwant. ♃ ⌂, Kap
2. **schwantésii** (Dint. ex Schwant.) Schwant. ♃ ⌂, Namib.

Titanótrichum Solereder - n. - *Gesneriáceae*
1. **oldhámii** (Hemsl.) Solereder ♃ ⌂ V bis VIII, Taiw., S-China

Tithónia Desf. ex Juss. - f. - *Compósitae*
1. **diversifólia** (Hemsl.) A. Gray ⊙ VIII bis X, S-Mex., Guat.
2. **rotundifólia** (Mill.) S.F. Blake (*T. speciósa* (Hook.) Griseb., *T. tagetiflóra* Desf.) ⊙ VIII–X, Mex.
- *speciósa:* 2
- *tagetiflóra:* 2

Tithýmalus charácias: Euphórbia 19

Tocóca Aubl. - f. - *Melastomatáceae*
1. **neocinnamómea** Buchheim et Potzt. (*Sphaerógyne cinnamómea* Lind., *T. cinnamómea* (Lind.) hort. non Triana) ♄ i ⌂, Costa R.

Tódea Willd. ex Bernh. - f. - *Osmundáceae*
1. **bárbata** (L.) T. Moore (*T. africána* Willd.) ♄ i ⌂, Tasm., O-Austral., Neuseel., S-Afr.
- *hymenophylloídes: Leptópteris* 1
- *supérba: Leptópteris* 2

Tofiéldia Huds. - f. - *Liliáceae*
Liliensimse
- *alpína:* 2
- *boreális:* 2
- *palústris:* 2
1. **calyculáta** (L.) Wahlenb. ♃ △ ⁓ VII bis VIII, Alp., Pyren., Karp., M- u. NO-Eur., Schwed.
2. **pusílla** (Michx.) Pers. (*T. boreális* (Wahlenb.) Wahlenb., *T. alpína* Hoppe et Sternb., *T. palústris* auct. non Huds.) ♃ △ ⁓ VII–VIII, Engl., Alp., Isl., Spitzberg., N-Eur., Arkt., As., N-Am.: Grönl. bis Alaska, südl. bis Queb., Minn., Mont. u. Br. Kol.

Tolmíea Torr. et A. Gray - f. - *Saxifragáceae*
1. **menziésii** (Pursh) Torr. et A. Gray, N-Am.: Alaska bis N-Kalif.
f. **gemmífera** Engl. ♃ ∧ (besser ⌂) V–VI
f. **menziésii** ♃ ∧ (besser ⌂) V–VI

Tólpis Adans. - f. - *Compósitae*
1. **barbáta** (L.) Gaertn. (*Crépis barbáta* L.) ⊙ VI–IX, S-Eur., Med.

Toluífera bálsamum: Myróxylon 1
- *pereirae: Myróxylon* 1

Tommasínia altíssima: Peucédanum 2

Toóna (Endl.) M.J. Roem. - f. - *Meliáceae*
Surenbaum
1. **ciliáta** M.J. Roem. (*Cedréla toóna* Roxb. ex Rottl.) ♄ D ⌂ Ⓝ, Him., Burma, Thail.
2. **sinénsis** (A. Juss.) M.J. Roem. (*Cedréla sinénsis* A. Juss.) ♄ ∧ Ⓝ, China, Jap., Korea

Torénia L. - f. - *Scrophulariáceae*
1. **asiática** L. ♃ ⌂ VI–IX, S-Ind.
2. **atropurpúrea** Ridl. ♃ ⌂ VII–IX, Malays.
3. **baillónii** Godefr. ⊙ ⌂ VI–VIII, S-Vietn., Sum.
4. **fourniéri** Lind. ⊙ ⌂ VII–IX, S-Vietn.

Tórilis Adans. - f. - *Umbellíferae*
1. **japónica** (Houtt.) DC. (*T. anthríscus* (L.) C.C. Gmel.) ⊙–⊙ VII–VIII, Eur. bis Kauk., Afr., N- u. O-As., in S-As. eingebürg.

Torreya Arn. - f. - *Taxáceae*
Nußeibe
1. **califórnica** Torr. ♄–♄ i, Kalif.: Küstenkette bis Sierra Nev.
2. **grándis** Fort. ♄ i ⌂ Ⓝ, O-China
3. **nucífera** (L.) Sieb. et Zucc. ♄ i ⌂, Jap.
4. **taxifólia** Arn. ♄ i ⌂, USA: Flor., Georg.

Toumeya: Sclerocáctus
- *lophophoroídes: Neolloydia* 4
- *papyracántha: Sclerocáctus* 6
- *pseudomacrochéle: Neolloydia* 6
- *schmiedickeána: Neolloydia* 9

Townséndia Hook. - f. - *Compósitae*
1. **exscápa** (Richards.) Porter (*T. serícea* Hook., *T. wilcoxiána* A. Wood) ♃ △ ∧ V–VI, N-Am.: Sask. bis Alb.,

südl. bis Ariz.; Mex.
2. **florífera** (Hook.) A. Gray ⊙-⊙ △ ∧ V–VI, USA: Wash. bis M-Utah u. W-Nev.
3. **grandiflóra** Nutt ⊙ △ ∧ V, USA: S-Dak. bis New Mex.
4. **hoōkeri** Beaman ♃ △ ∧ V–VI, N-Am.: Sask. bis Br. Kol., südl. bis Wyom. u. Utah
5. **párryi** D.C. Eaton ⊙ △ ∧ V, N-Am.: Alb. bis Id. u. Wyom.
6. **rothróckii** A. Gray ex Rothrock ♃ △ ∧ (besser ⓚ) V–VI, USA: W-Color.
- *serícea:* 1
- *wilcoxiána:* 1

Toxicodéndron quercifólium: Rhus 10
- *radícans: Rhus* 7
- *succedáneum: Rhus* 8
- *verniciflua: Rhus* 13
- *vérnix: Rhus* 14

Toxicophlaēa spectábilis: Acokanthéra 1

Trachélium L. - n. - *Campanuláceae*
1. **asperuloídes** Boiss. et Orph. ♃ △ ∧ (besser ⓚ) VII, S-Griech.
2. **caerúleum** L. ♃ ⚘ ⓚ VII–IX, W-Med., Port.
3. **jacquínii** (Sieber) Boiss. (*Campánula jacquínii* (Sieber) A. DC., *Diosphaēra jacquínii* (Sieber) Buser) ssp. **jacquínii**, Bulg., NO-Griech. (Athos)
ssp. **rumeliánum** (Hampe) Tutin (*T. rumeliánum* Hampe, *Diosphaēra rumeliána* (Hampe) Bornm.) ♃ △ VII bis VIII, Bulg., Griech., Sporaden
- *rumeliánum:* 3

Trachelospérmum Lem. - n. - *Apocynáceae*
Sternjasmin
1. **asiáticum** (Sieb. et Zucc.) Nakai ♄ ≹ i ⓚ, Jap., Korea
2. **jasminoídes** (Lindl.) Lem. (*Rhynchospérmum jasminoídes* Lindl.) ♄ ≹ i D ⓚ, Jap., Korea, China

Trachómitum Woods. - n. - *Apocynáceae*
1. **vénetum** (L.) Woods. (*Apócynum vénetum* L.) ♃ ⚘ VI–VII ⓝ, Küsten Med. bis China

Trachycárpus H. Wendl. - f. - *Pálmae*
Hanfpalme
1. **fortúnei** (Hook.) H. Wendl. (*Chamaērops excélsa* Mart. non Thunb. ex Murr., *C. fortúnei* Hook.) ♄ i ⓚ ⓝ, Burma, M- u. O-China, S-Jap.

Trachylóbium Hayne - n. - *Leguminósae*
1. **verrucósum** (Gaertn.) Oliv. ♄ ⓦ ⓝ, Moz., Sansib., Madag., Maurit.

Trachýmene caerúlea: Didíscus 1

Trachyspérmum Link - n. - *Umbellíferae*
1. **ámmi** (L.) Sprague (*T. cópticum* (L.) Link, *Cárum cópticum* (L.) Benth. et Hook. f. ex C.B. Clarke, *Ptychótis cóptica* (L.) DC., *P. ájowan* DC.) ♃ ⓚ ⓝ, Nur angeb. bek.
- *cópticum:* 1
2. **roxburghiánum** (DC.) Craib ♃ ⓦ ⓝ, Wild unbek., in Ind. kultiv.

Trachystémon D. Don - m. - *Boragináceae*
1. **orientális** (L.) G. Don (*Borágo orientális* L., *Psilostémon orientális* (L.) DC.) - Rauhling ♃ IV–V, O-Bulg., eur. Türk., Kl. As., W-Kauk.

Tradescántia L. - f. - *Commelináceae*
Dreimasterblume
- *albiflóra:* 5
- × *andersoniána:* 1
1. **-Andersoniana-Hybriden** (*T. ohiénsis* × *T. subáspera* × *T. virginiána; T.* × *andersoniána* W. Ludw. et Rohw., *T. virginiána* auct. non L.) - Gartentradeskantien ♃ V–IX (Mit vielen Sorten)
- *blossfeldiána:* 2
2. **cerinthoídes** Kunth (*T. blossfeldiána* Mildbr.) ♃ i ⓦ, Arg.
- *canaliculáta:* 7
3. **crássula** Link et Otto ♃ ⓚ Arg., Urug.
4. **diurética** Mart. ♃ i ⓦ, Trop. S-Am.
5. **fluminénsis** Vell. emend. G. Brückn. (*T. albiflóra* Kunth., *T. myrtifólia* hort.) ♃ ⟿ i ⓚ-ⓦ, Trop. S-Am., in SW-Eur. eingebürg.
- *fuscáta: Sidérasis* 1
6. **geniculáta** Jacq. (*Aneiléma geniculátum* (Jacq.) Woods., *Gíbasis geniculáta* (Jacq.) Rohw.) ♃ ⟿ i ⓦ, Mex. u. Westind. bis Bras. u. Arg.
- *myrtifólia:* 5
- *naviculáris: Callísia* 4
7. **ohiénsis** Raf. (*T. canaliculáta* Raf., *T. refléxa* Raf.) ♃ IV–VI, USA: Mass. bis Minn. u. Nebr., südl. bis Flor., Alab., Miss., Louis. u. Tex.
8. **pállida** (Rose) D.R. Hunt (*Setcreásia*

purpúrea Boom) ♃ i Ⓦ, Mex.
'Purple Heart'
– *pexáta:* 9
– *pilósa:* 11
– *refléxa:* 7
– *regínae: Dichorisándra* 2
9. **sillamontána** Matuda (*T. pexáta* H.E. Moore) ♃ Ⓚ, NO-Mex.
10. **spathácea** Sw. (*Rhoéo spathácea* (Sw.) Stearn, *R. díscolor* (L'Hérit.) Hance ex Walp.) ♃ i Ⓦ, S-Mex., Belize, Guat.
11. **subáspera** Ker-Gawl. (*T. pilósa* Lehm.) ♃ VI–VII, USA: W-Virg. bis Ill., südl. bi Georg., Flor., Alab., Tenn. u. Missouri, in Penns. eingebürg.
– *virginiána* auct. non L.: 1
12. **virginiána** L. (*T. virgínica* L.) ♃ IV–V, USA: Conn. bis Minn., südl. bis Georg., Tenn. u. Missouri
– *virgínica:* 12
– *warscewicziána: Callísia* 6
13. **zebrína** Bosse (*Zebrína péndula* Schnizl.) ♃ ⁓ ⌇ Ⓦ, Mex.

Tragopógon L. – m. – *Compósitae*
Bocksbart
– *austrális:* 1
1. **porrifólius** L. – Haferwurzel ⊙ – ⊙ VI–VII
ssp. **austrális** (Jord.) Nym. (*T. austrális* Jord., *T. sinuátus* Avé-Lallem.), Kanar., Med., nördl. bis O-Rum.
ssp. **porrifólius** (ssp. *satívus* (Gaterau) Braun-Blanq.) Ⓝ, M- u. O-Med., Kl. As., in N-, W- u. M-Eur. eingebürg.
– *porrifólius* ssp. *satívus:* 1
2. **prátensis** L. – Wiesenbocksbart ⊙ – ♃ ☠ VI–VII, Eur., Sib., Kauk., Iran, im östl. N-Am. eingebürg.
– *sinuátus:* 1

Trápa L. – f. – *Trapáceae*
Wassernuß
1. **nátans** L. ⊙ ≋ VI–VIII ▽, M-, S- u. O-Eur., bis M-Frankr. u M-Rußl., M- u. S-As. bis Jap., Med., N-Afr., in den nordöstl. USA u. Austral. eingebürg.

Tretorhíza cruciáta: Gentiána 7

Trevésia Vis. – f. – *Araliáceae*
1. **búrckii** Boerl. (*T. sánderi* hort.) ♄ i Ⓦ, Sum., Born.
2. **palmáta** (Roxb. ex Lindl.) Vis. ♄ i Ⓦ, Ind.
– *sánderi:* 1

Treviràna grandiflóra: Achímenes 6

× **Trevorára** hort. (*Aráchnis* × *Phalaenópsis* × *Vánda*) – f. – *Orchidáceae*

Trianéa bogoténsis: Limnóbium 2

× *Tricháchnis:* × *Arachnoglóttis*

Trichántha teúscheri: Colúmnea 20

Trichínium manglésii: Ptilótus 1

Trichocaúlon N. E. Br. – n. – *Asclepiadáceae*
– *cactifórme:* 1
1. **clavátum** (Willd.) H. Huber (*T. cactifórme* (Hook.) N. E. Br., *T. melofórme* Marl.) Ⓚ Kap, Botsw., Namib.
– *melóforme:* 1
2. **pedicellátum** Schinz Ⓚ, Namib.
3. **símile** N. E. Br. Ⓚ, Kap

Trichocéntrum Poepp. et Endl. – n. – *Orchidáceae*
1. **alboviolàceum** Rchb. f. ♃ Ⓦ VII–IX ∗, Bras.
2. **orthopléctron** Rchb. f. ♃ Ⓦ X ∗, Bras.

Tríchocereus: Echinópsis + sp. 6, 9, 16, 21, 27, 28, 32, 33, 34, 35, 36, 37

× **Trichocídium** hort. (*Oncídium* × *Trichocéntrum*) – n. – *Orchidáceae*

Trichócladus Pers. – m. – *Hamamelidáceae*
1. **crinítus** (Thunb.) Pers. ♄ i Ⓚ VII bis IX, S-Afr.

Trichodiadéma Schwant. – n. – *Aizoáceae*
1. **dénsum** (Haw.) Schwant. ♄ i Ⓚ I–III, Kap

Tricholáena répens: Rhynchélytrum 1
– *rósea: Rhynchélytrum* 1

Trichómanes L. – n. – *Hymenophylláceae*
Haarfarn
– *radícans:* 3
1. **renifórme** G. Forst. ♃ i ⁓ Ⓚ, Neuseel.
2. **scándens** L. ♃ ⁓ i Ⓚ, Mex., Antill.
3. **speciósum** Willd. (*T. radícans* auct.) ♃ i Ⓚ, Fast pantrop., W-Eur., nördl. bis Irl.

Trichóphorum cespitósum: Scírpus 2

Trichopília Lindl. – f. – *Orchidáceae*
– *coccínea:* 4
– *críspa:* 4

1. **frágrans** (Lindl.) Rchb. f. D ⓚ XII–I ∗, Westind, Venez. u. Kol. bis Bol.
2. **galeottiána** A. Rich. (*T. turiálvae* Batem.) ⓦ VI–VII ∗, Mex.
3. **láxa** (Lindl.) Rchb. f. ♃ ⓦ IX–XI ∗, Venez., Kol., Peru
4. **margináta** Henfr. (*T. coccínea* Lindl., *T. críspa* Lindl.) ⓦ IV–V ∗, Guat. bis Kol.
- *sanguinolénta: Hélcia* 1
5. **suávis** Lindl. et Paxt. ⓦ III–IV ∗, Costa R. bis Kol.
6. **tórtilis** Lindl. ⓦ XII–II ∗, Mex., Guat., Hond., El Salv.
- *turiálvae:* 2

Trichosánthes L. - f. - *Cucurbitáceae*
Haarblume
- *anguína:* 1
- *bracteáta:* 4
1. **cucumerína** L.
ssp. **anguína** (L.) Greb. (*T. anguína* L.) - Schlangenhaargurke ⊙ ≬ ☘ VI bis VIII ⓝ, Vorderind.
- *cucumeroídes:* 3
- *japonica:* 2
2. **kirilowii** Maxim.
var. **japónica** (Miq.) Kitamura (*T. japónica* (Miq.) Regel) ♃ ≬ ∧ (besser ⓚ) VII–VIII, Jap., Riukiu-Ins., Korea
var. **kirilówii** ♃ ≬ ☘ ∧ (besser ⓚ) VII bis VIII, Mongol.
3. **ovígera** Bl. (*T. cucumeroídes* (Ser.) Maxim.) ♃ ≬ ☘ ⓚ VI–VIII, Jap., Taiw., China
4. **tricuspidáta** Lour. (*T. bractéata* Voigt) ♃ ≬ ☘ ⓝ VII–VIII, Ind., SW-As.

Trichósporum: Aeschynánthus 1, 4, 6, 7, 8, 10

Trichostígma A. Rich. - n. - *Phytolaccáceae*
1. **peruviánum** (Moq.) H. Walt. (*Ledenbérgia roseoǣnea* Lem.) ♄ i ⓦ IV bis X, Peru, Ek.

× **Trichovánda** hort. (*Trichoglóttis* × *Vánda;* × *Sánda* hort., × *Staurânda* hort.) - f. - *Orchidáceae*

Tricuspidária depéndens: Crinodéndron 2
- *lanceoláta: Crinodéndron* 1

Tricýrtis Wall. - f. - *Liliáceae*
Krötenlilie
1. **formosána** Bak. (*T. stolonífera* Matsum.) ♃ VIII–IX, Taiw.
2. **hírta** (Thunb.) Hook. ♃ ∧ VIII–X, Jap.
3. **latifólia** Maxim. ♃ ∧ VI–VII, Jap., China
4. **macrópoda** Miq. ♃ ∧ VII–VIII, Jap., China
- *stolonífera:* 1

Trídax L. - f. - *Compósitae*
1. **coronopifólia** (H. B. K.) Hemsl. ⊙ VII–VIII, Mex.
2. **trilobáta** (Cav.) Hemsl. ⊙ VIII–X, Mex.

Trientális L. - f. - *Primuláceae*
Siebenstern
1. **europǣa** L. ♃ V–VII, N- u. M- Eur., N-As.

Trifólium L. - n. - *Leguminósae*
Klee
1. **alexandrínum** L. - Alexandriner Klee ⊙ ⓝ, Nur kult. bek., Heimat vielleicht O-Med., in einigen Teilen Eur. eingebürg.
2. **alpínum** L. - Alpenklee ♃ △ VII bis VIII, Alp., N- u. M-Apenn., Gebg. S-Frankr. u. N-Span.
3. **arvénse** L. - Hasenklee ⊙–⊙ V bis VIII, Eur., N- u. W-As., Med., N-Afr., Abess., Kanar., in N-Am. eingebürg.
4. **fragíferum** L. - Erdbeerklee ♃ ⤳ V bis IX ⓝ, Eur., W-As., Med., N-Afr., Abess., Mad., Kanar.
5. **hýbridum** L. - Schwedenklee ⊙–♃ V bis IX ⓝ, Med., östl. bis Kl. As., Kauk., in vielen Ländern Eur. sowie in N-Am. eingebürg.
6. **incarnátum** L. - Inkarnatklee ⊙–⊙ V–VII ⓝ, S- u. W-Eur., bis Frankr., Ung., Balk., Alger.
7. **lupináster** L. - Lupinenklee ♃ △ VI bis VII, Pol., Karp., Rum. bis Sib., Jap.
8. **pannónicum** Jacq. ♃ VI–VII ⓝ, Östl. M-Eur. u. SO-Eur., westl. bis SW-Alp., Kl. As., Kauk.
9. **praténse** L. - Wiesenklee, Rotklee ♃ VI–VII ⓝ, Eur. bis M-As., Vorderind., Med., Alger., in N-Am. eingebürg.
10. **répens** L. - Weißklee ♃ ⤳ V–X ⓝ, Eur., N- u. W-As., Med., N-Afr., in N-Am., dem Kap u. auf Mad. einge-

bürg.
11. **resupinátum** L. - Persischer Klee ⊙ IV–VI ®, Kanar., Med. bis Mesop., N-Iran
12. **rúbens** L. ♃ VI–VII, M-, W-Eur. bis Med., Kl. As., Arm.
13. **subterráneum** L. - Erdklee ⊙ ®, Med., südl. M- u. S-Eur., Vord. As. bis W-Iran

Trigonélla L. - f. - *Leguminósae*
Bockshornklee
- *besseriána:* 3
1. **caerúlea** (L.) Ser. (*T. melilótus-caerúlea* (L.) Aschers. et Graebn.) - Schabzigerklee, Bisamklee ⊙ VI bis VII ®, Heimat unbek., im Med. u. in Eur. vielfach eingebürg.
- *caerúlea* ssp. *procúmbens:* 3
2. **fœ́num-grǽcum** L. - Bockshornklee, Griechisch Heu ⊙ VI–VII ® Off., SW-As., im Med. u. in Eur. vielfach eingebürg.
- *melilótus-caerúlea:* 1
3. **procúmbens** (Bess.) Rchb. (*T. caerúlea* ssp. *procúmbens* (Bess.) Thell., *T. besseriána* Ser.) ⊙ VI–VII, Östl. M- u. SO-Eur., Kauk., Kl. As.

Trigonídium Lindl. - n. - *Orchidáceae*
- *ríngens: Mormólyca* 1
1. **seemánnii** Rchb. f. ⌂ *, Pan.

Tríllium L. - n. - *Liliáceae*
Dreiblatt, Waldlilie
1. **catesbǽi** Elliott (*T. stylósum* Nutt.) ♃ IV, USA: N-Carol. bis Georg. u. Alab.
2. **chloropétalum** (Torr.) Howell (*T. gigantéum* (Hook. et Arn.) A. Heller, *T. séssile* L. var. *califórnicum* Torr.) ♃ V, USA: Wash. bis Kalif.
3. **eréctum** L. ♃ IV–V, N-Am.: Queb. bis Ont. u. Mich., südl. bis Del., Penns., Georg. u. Tenn.
- *erythrocárpum:* 7
- *gigantéum:* 2
4. **grandiflórum** (Michx.) Salisb. ♃ V bis VI, N-Am.: Maine u. Queb. bis Minn., südl. bis Georg. u. Ark.
5. **nivále** Ridd. ♃ IV–V, USA: Penns. bis Minn., südl. bis Kent. u. Missouri
6. **séssile** L. ♃ V, USA: Virg. bis N. Y., Ill. u. Missouri, südl. bis Georg., Miss. u. Ark.
- *séssile* var. *califórnicum:* 2
- *stylósum:* 1
7. **undulátum** Willd. (*T. erythrocárpum* Michx.) ♃ IV–V, N-Am.: Queb. bis Manit., südl. bis N- Jers., Penns., Georg., Mich. u. Wisc.

Triólena Naud. - f. - *Melastomatáceae*
1. **hirsúta** (Benth.) Triana (*Bertolónia hirsúta* Benth.) ♃ i ⌂, Westl. trop. Am.
2. **pustuláta** Triana (*Bertolónia pubéscens* hort.) ♃ ⌂, Ek.
3. **scorpioídes** Naud. ♃ i ⌂, Mex.

Triósteum L. - n. - *Caprifoliáceae*
Fieberwurz
1. **perfoliátum** L. ♃ V–VII, USA: S-Mass. bis Wisc., Minn. u. Nebr., südl. bis Georg. u. Kans.
2. **pinnatífidum** Maxim. ♃ V–VI, NW-China
3. **rosthórnii** Diels et Graebn. ♃ VI bis VII, China

Tripetalǽia Sieb. et Zucc. - f. - *Ericáceae*
1. **paniculáta** Sieb. et Zucc. ♄ ∧ VIII bis IX, Jap.

Triphásia Lour. - f. - *Rutáceae*
1. **trifólia** (Burm. f.) P. Wils. (*Limónia trifólia* Burm. f.) ♄ i D ⌂ ®, Trop As.

Tripleurospérmum: Matricária + sp. 1–4

Triplóchiton K. Schum. - m. - *Steruliáceae*
1. **scleróxylon** K. Schum. - „Obeche" ♄ ⌂ ®, Westl. trop. Afr.

Triplóchlamys Ulbr. - f. - *Malváceae*
1. **multiflóra** (Juss.) Ulbr. (*Pavónia multliflóra* Juss.) ♄ i ⌂ , IX–V, Bras.

Tripogándra warscewicziána: Callísia 6

Trípsacum L. - n. - *Gramíneae*
1. **dactyloídes** (L.) L. - Gamagras ♃ ®, USA: Neuengl. bis Iowa u. Nebr., südl. bis Flor. u. Tex.; Mex., Westind. u. trop. S-Am., südl. bis Bol. u. Parag.

Tripterýgium Hook. f. - n. - *Celastráceae*
1. **regélii** Sprague et Takeda ♄ ⌇ ⌂, Mandsch. bis Jap.
2. **wilfórdii** Hook. f. ♄ ⌇ ☠ (Wurzel) ⌂ X bis XI ®, S-China, Taiw.

Trisétum Pers. - n. - *Gramíneae*
1. **distichophýllum** (Vill.) P. Beauv. (*Avéna distichophýlla* Vill.) ♃ ⟿ △ VII–VIII, O-Pyren., Alp., Karp.
2. **flavéscens** (L.) P. Beauv. (*Avéna fla-

véscens L.) - Goldhafer ♃ VI ⓦ, Eur., Med., Alger., in N-Am. eingebürg.

Tristánia R. Br. - f. - *Myrtáceae*

1. **conférta** R. Br. ♄ i ⌂, Austral.: Neusüdwal., Queensl.

Triteléia Dougl. ex Lindl. - f. - *Liliáceae*

1. **bridgésii** (S. Wats.) Greene (*Brodiaea bridgésii* S. Wats.) ♃ ⌂ oder ∧ VI, USA: Oreg. bis Kalif.
2. **hyacínthina** (Lindl.) Greene (*Hesperoscórdum hyacínthinum* Lindl., *T. láctea* (Lindl.) Davids. et Moxl., *Brodiaea láctea* (Lindl.) S. Wats., *B. hyacínthina* (Lindl.) Bak.) ♃ ⌂ oder ∧ VI-VII, N-Am.: Br. Kol. bis Kalif., östl. bis Id. u. Nev.
3. **ixioídes** (Ait. f.) Greene (*Brodiaea ixioídes* (Ait. f.) S. Wats. non Hook., *B. lútea* (Lindl.) C.V. Morton) ♃ ⌂ oder ∧ VI, USA: Oreg. bis Kalif.
- *láctea:* 2
4. **láxa** Benth. (*Brodiaea láxa* (Benth.) S. Wats.) ♃ ⌂ oder ∧ VI, USA: Oreg. bis Kalif.
5. **pedunculáris** Lindl. (*Brodiaea pedunculáris* (Lindl.) S. Wats.) ♃ ⌂ oder ∧ VI-VII, N-Kalif.
6. × **tubergénii** L.W. Lenz (*T. láxa* × *T. penduculáris*) ♃ ∧ VII
- *uniflóra: Iphéion* 1

Trithrínax Mart. - m. - *Pálmae*

1. **brasiliénsis** Mart. ♄ i ⌂, Bras.

Tríticum L. - n. - *Gramíneae*
Weizen

1. **aestívum** L. emend. Fiori et Paol. nom. cons. (*T. hybérnum* L. emend. Mérat, *T. satívum* Lam., *T. vulgáre* Vill., *T. cereále* Schrank) - Saatweizen ⊙ VI-VII ⓦ Off., Nur kult. bek.
- *canínum: Agropýron* 1
2. **cárthlicum** Nevski - Persischer Weizen ⊙ ⓦ, Nur kult. bek.
- *cereále:* 1
- *cristátum: Agropýron* 2
3. **dicóccon** Schrank (*T. dicóccum* Schübl.) - Emmer, Ammer ⊙ VI bis VII ⓦ, Nur kult. bek.
- *dicóccum:* 3
4. **dúrum** Desf. - Hartweizen, Glasweizen ⊙ VI-VII ⓦ, Nur kult. bek.
5. **geórgicum** Dekapr. - Kolchischer Emmer ⊙ VI-VII ⓦ, Nur kult. bek.
- *hybérnum:* 1
- *júnceum: Élymus* 2
6. **mácha** Dekapr. et Menabde - Machaweizen ⊙ ⓦ, Nur kult. bek.
7. **monocóccum** L. - Einkorn ⊙ VI-VII ⓦ, Nur kult. bek.
- *ovátum: Aegilops* 1
- *pauciflórum: Agropýron* 6
8. **polónicum** L. - Polnischer Weizen, Gommer ⊙ VI-VII ⓦ, Nur kult. bek.
- *répens: Agropýron* 5
- *satívum:* 1
9. **spélta** L. - Spelz, Dinkel ⊙ VI-VII ⓦ, Nur kult. bek.
10. **sphaerocóccum** Perciv. - Indischer Kugel- oder Zwergweizen ⊙ ⓦ, Nur kult. bek.
- *trachycaulum: Agropýron* 6
- *triunciále: Aegilops* 2
11. **turánicum** Jakubz. - Khorassanweizen ⊙ ⓦ, Nur kult. bek.
12. **túrgidum** L. - Welscher Weizen, Rauhweizen ⊙ VI-VII ⓦ, Nur kult. bek.
- *vágans: Aegilops* 1
- *ventricósum: Aegilops* 3
- *vulgáre:* 1

Trítoma: Kniphófia 1, 6, 8, 11

Tritónia Ker-Gawl. - f. - *Iridáceae*

- *aurea: Crocósmia* 1
1. **crocáta** (L.) Ker-Gawl. (*Íxia crocáta* L., *T. hyálina* (L. f.) Bak.) ♃ ⌂ V-VI, Kap (Mit vielen Sorten)
- *póttsii: Crocósmia* 5

Trochocárpa R. Br. - f. - *Epacridáceae*

1. **laurína** (Rudge) R. Br. ♄-♄ ⌂ VI, O-Austral.

Trochocéphalus stellátus: Scabiósa 11

Trochodéndron Sieb. et Zucc. - m. - *Trochodendráceae*

1. **aralioídes** Sieb. et Zucc. ♄ i V-VI, Jap., Riukiu-Ins., Taiw., Quelpart

Tróllius L. - m. - *Ranunculáceae*
Trollblume

- *americánus:* 5
1. **asiáticus** L. ♃ V-VI, O-Rußl., Sib., Turkest.
2. **chinénsis** Bunge (*T. ledebourii* hort. non Rchb.) ♃ VI-VIII, NO-China
- × *cultórum:* 4
3. **europaeus** L. - Trollblume ♃ ☠ V bis VI ▽, Eur., Kauk., arkt. N-Am.
4. **-Hybriden** (*T.* × *cultórum* Bergm.) ♃ ✂ V-VI

5. **láxus** Salisb. (*T. americánus* Mühlenb. ex DC.) ♄ △ ﹏ IV–V, N-Am.: Conn. bis Mich., südl. bis Del., Penns. u. Ohio; Br. Kol. bis Oreg., östl. bis Color.
- *ledebōurii:* 2
- *pátulus:* 7
6. **púmilus** D. Don ♃ △ VI–VII, Him.
- *púmilus* var. *yunnanénsis:* 8
7. **ranunculínus** (Sm.) Stearn (*T. pátulus* Salisb.) ♃ V–VI, Kauk., Kl. As. bis Iran
8. **yunnanénsis** (Franch.) Ulbr. (*T. púmilus* var. *yunnanénsis* Franch.) ♃ VI–VII, Jünn.

Tropāeolum L. – n. – *Tropaeoláceae*
Kapuzinerkresse
- *adúncum:* 9
1. **azúreum** Miers ♃ ⸾ Ⓚ IX–X, Chile
2. **brachýceras** Hook. et Arn. ♃ ⸾ Ⓚ VI, Chile
- *canariénse:* 9
3. **-Hybriden** ⊙ VII–X
4. **leptophýllum** G. Don ♃ ⸾ Ⓚ VII bis VIII Ⓝ, Bol., Chile
- *lobbiánum:* 7
5. **május** L. ♃ (⊙ gezogen) VII–X Ⓝ, Kol. bis Peru
6. **mínus** L. ♃ (⊙ gezogen) VII–X, Peru
7. **peltóphorum** Benth. (*T. lobbiánum* Veitch) ⊙–♄ Ⓚ I–XII, Kol., Ek.
8. **pentaphýllum** Lam. ♃ ⸾ Ⓚ VII–XI, Von O-Bol. durch M-Bras. nach Parag., Urug., Arg.
9. **peregrínum** L. (*T. adúncum* Sm., *T. canariénse* hort. ex Lindl. et T. Moore) ⊙ ⸾ VII–X, Peru, Ek.?
10. **polyphýllum** Cav. ♃ VI–X, Chile, Arg.
11. **speciósum** Poepp. et Endl. ♃ ⸾ ∧–Ⓚ VIII–X, S- u. M-Chile bis Chiloë
12. **trícolor** Sw. (*T. yarráttii* Youel) ♃ ⸾ Ⓚ III–V, Bol., Chile
13. **tuberósum** Ruiz et Pav. ♃ ⸾ Ⓚ VIII bis IX Ⓝ, Peru, Bol.
- *yarráttii:* 12

Tsúga Carr. – f. – *Pináceae*
Hemlocktanne, Schierlingstanne
1. **canadénsis** (L.) Carr. ♄, N-Am.: N-Scot. u. N. Brunsw. bis Minn., südl. im Gebg. bis N-Georg. u. N-Alab. (Mit einigen Sorten)
2. **caroliniána** Engelm. ♄, USA: Gebg. Virg. bis Georg.
3. **diversifólia** (Maxim.) Mast. (*T. siebóldii* var. *nána* (Endl.) Carr.) ♄, Jap.
4. **heterophýlla** (Raf.) Sarg. ♄ Ⓝ, N-Am.: S-Alaska bis Kalif., östl. bis Br. Kol., Id. u. Mont.
5. **mertensiána** (Bong.) Carr. (*T. pattoniána* (A. Murr.) Engelm.) ♄, N-Am.: S-Alaska bis Kalif., östl. bis Br. Kol., Id., Mont. u. Oreg.
- *pattoniána:* 5
6. **siebóldii** Carr. ♄, Jap.
- *siebóldii* var. *nána:* 3

Tulbághia L. corr. Giseke – f. – *Liliáceae*
1. **capénsis** L. ♃ i Ⓚ VI–VII, Kap
2. **violácea** Harv. ♃ i Ⓚ VII–VIII, S-Afr.

Túlipa L. – f. – *Liliáceae*
Tulpe
1. **agenénsis** DC. (*T. óculus-sólis* St.-Amans) ♃ IV–V ▽, SW-As., in S-Frankr. u. Ital. eingebürg.
2. **arména** Boiss. ♃ IV–V ▽, Anat., Arm.
- *aucheriána:* 13
- *austrális:* 26
- *batalínii:* 19
3. **biflóra** Pall. (*T. polychróma* Stapf) ♃ △ V–VI ▽, O-Anat., Iran, Afgh., SW-Rußl.
- *celsiána:* 26
4. **clusiána** DC. ♃ ▽, NW-Pak., N-Ind. bis Iran, in S-Eur. u. der Türk. eingebürg.
var. **chrysántha** (A. D. Hall) Sealy IV
var. **clusiána** III–IV
var. **stelláta** (Hook.) Regel (*T. stelláta* Hook.) IV
- *dasystémon* hort.: 27
5. **dasystémon** (Regel) Regel ♃ IV ▽, M-As. bis Pamir, Altai, Tien-schan
- *ēichleri:* 30
6. **fosteriána** W. Irv. ♃ IV ▽, M-As., Samarkand
7. **-Fosteriana-Hybriden** ♃ IV
8. **Gartentulpen**
Übersicht der Gruppen:
Einfache Frühe Tulpen
Gefüllte Frühe Tulpen
Mendel-Tulpen
Triumph-Tulpen
Darwin-Tulpen
Darwin-Hybrid-Tulpen

Einfachblühende Späte Tulpen
Lilienblütige Tulpen
Rembrandt-Tulpen
Papagei-Tulpen
Gefüllte Späte Tulpen
♃ ✂ IV–VI

9. **gesneriána** L. ♃ IV–V ▽, SW-Eur., SW- u. südl. M-As.
10. **greígii** Regel ♃ IV–V ▽, M-As. bis Tadschik.
11. **-Greigii-Hybriden** ♃ IV–V
- *hágeri:* 21
12. **hoogiána** B. Fedtsch. ♃ ∧ (besser ▭) IV–V ▽, M-As. bis Gebg. Turkm.
13. **húmilis** Herb. (*T. violácea* Boiss. et Buhse, *T. violácea* var. *pállida* Bornm., *T. pulchélla* (Regel) Bak., *T. aucheriána* Bak.) ♃ V ▽, N- u. W-Iran, N-Irak, Aserbeid.
14. **íngens** J.M.C. Hoog ♃ IV ▽, M-As. bis Pamir, Altai
15. **kaufmanniána** Regel ♃ △ III ▽, M-As. bis Tadschik.
16. **-Kaufmanniana-Hybriden** ♃ III–IV
17. **kolpakowskiána** Regel ♃ IV ▽, M-As., Afgh.
18. **lanáta** Regel ♃ IV ▽, NO-Iran, M-As., Afgh.
19. **linifólia** Regel (*T. batalínii* Regel, *T. maximowíczii* Regel) ♃ ∧ △ V ▽, N-Iran, Afgh., M-As. bis W-Turkest.
- *maximowíczii:* 19
20. **montána** Lindl. (*T. wilsoniána* Th. Hoog) ♃ V ▽, N-Iran, M-As. bis Turkm.
- *óculus-sólis:* 1
21. **orphanídea** Boiss. ex Heldr. (*T. hágeri* Heldr., *T. whittállii* A.D. Hall) ♃ IV ▽, Bulg., Griech., W-Anat.
- *polychróma:* 3
22. **praécox** Ten. ♃ III–IV ▽, Herkunft unbek., in S-Eur. u. W-Anat. eingebürg.
23. **praéstans** Th. Hoog ♃ IV ▽, M-As. bis Pamir, Altai
- *pulchélla:* 13
24. **saxátilis** Sieber ex Spreng. ♃ IV ▽, Kreta, W-Anat.
25. **sprénger**i Bak. ♃ V–VI ▽, Anat.
- *stelláta:* 4
26. **sylvéstris** L.
ssp. **austrális** (Link) Pamp. (*T. austrális* Link, *T. celsiána* DC.) ♃ V ▽, S- u. SO-Eur., nördl. bis NW-Frankr., Schw. u. bis 50° N im östl. M-Rußl., Med., N-Afr.
ssp. **sylvéstris** ♃ D IV ▽, Ital., Siz., Sard., in N- u. M-Eur. stellenweise eingebürg.
27. **tárda** Stapf (*T. dasystémon* hort. non (Regel) Regel) ♃ △ IV ▽, M-As. bis Tien-schan
28. **tubergeniána** Th. Hoog ♃ IV ▽, M-As.
29. **turkestánica** Regel ♃ △ III–IV ▽, M-As., NW-China
30. **undulatifólia** Boiss. (*T. eíchleri* Regel) ♃ IV–V ▽, Jugosl., Griech., W-Anat., Iran, westl. M-As.
31. **urumiénsis** Stapf ♃ △ IV ▽, NW-Iran
- *violácea:* 13
- *violácea* var. *pállida:* 13
- *whittállii:* 21
- *wilsoniána:* 20

Túnica prolífera: Petrorhágia 1
- *saxífraga: Petrorhágia* 2

Tupidánthus calyptrátus: Schéfflera 7
Turbinicárpus: Neollóydia 4, 6, 7, 9

Túrnera L. - f. - *Turneráceae*
- *aphrodisíaca:* 1
1. **diffúsa** Willd. ex Schult.
var. **aphrodisíaca** (L.F. Ward) Urb. (*T. aphrodisíaca* L.F. Ward) ♄ Ⓦ, Bras.
2. **ulmifólia** L. ♄ Ⓦ, Mex., Westind. bis Arg.

Tussilágo L. - f. - *Compósitae*
Huflattich
1. **fárfara** L. ♃ II–IV Off., Eur., N-Afr., N- u. W-As., in N-Am. eingebürg.
- *japónica: Liguléria* 10

Tweédia caerúlea: Oxypétalum 1
Tydaéa: Kohléria 1, 3, 9, 10

Týpha L. - f. - *Typháceae*
Rohrkolben
1. **angustifólia** L. ♃ ≈ VII–VIII, Eur., W-As., Med., N-Afr., N-Am.
2. **latifólia** L. ♃ ≈ VII–VIII ®, Nördl. Halbk., Austral., Polyn.
- *latifólia* ssp. *shuttlewórthii:* 5
3. **laxmánnii** Lepech. ♃ ≈ VII–VIII, Pyren., S-Frankr., Tschechosl., NO-Ital., SO-Eur., Kl. As. u. Kauk. bis M-As. u. N-China
4. **mínima** Funck ex Hoppe ♃ ≈ V–IX

⊛, M- bis SO-Eur., Kauk., W-As.
5. **shuttlewórthii** W. D. J. Koch et Sond. (*T. latifólia* ssp. *shuttlewórthii* (W. D. J. Koch et Sond.) Stoj. et Stef.) ♃ ʬ VII–VIII, Pyren., SO-Frankr., Alp., S-Deutschl., N-Ital., östl. bis Karp.

Typhoídes arundinácea: Phaláris 1

Typhónium Schott - n. - *Aráceae*
1. **gigantéum** Engl.
var. **giráldii** Baroni ♃ ⌂, Peking

Typhonodórum Schott - n. - *Aráceae*
1. **lindleyánum** Schott i ⌂, Trop. Afr., Madag., Maurit.

Uebelmánnia Buin. - f. - *Cactáceae*
1. **pectinífera** Buin. ⌂ *, Bras.: Minas Gerais

Úgni Turcz. - f. - *Myrtáceae*
1. **molínae** Turcz. (*Mýrtus úgni* Mol., *Eugénia úgni* (Mol.) Hook. et Arn.) - Ugni, Chilenische Guava ♄ i ⌂ ⊛, Chile, Bol.

Úhdea bipinnatífida: Montánoa 1

Úlex L. - m. - *Leguminósae*
Stechginster
1. **europǣus** L. ♄ ☠ ∧ V–VII ⊛, W-Eur., NW-Deutschl. bis Ital., in N-Eur. sowie den nordöstl. USA eingebürg.

Ullúcus Lozano - m. - *Baselláceae*
1. **tuberósus** Lozano (*Basélla tuberósa* (Lozano) H. B. K.) ♃ ʬ ⌂ ⊛, Kol., Peru, Bol.

Ulmária filipéndula: Filipéndula 6

Úlmus L. - f. - *Ulmáceae*
Ulme, Rüster
- *álba:* 1
1. **americána** (*U. álba* (Ait.) Raf. non Willd.) - Weißulme ♄ III–IV ⊛, N-Am.: Neufundl. bis Sask., südl. bis Flor., Louis. u. Tex.
(Mit einigen Sorten)
- *campéstris:* 2, 6, 8
- *carpinifólia:* 6
- *effúsa:* 5
- *foliácea:* 6
- *fúlva:* 10
2. **glábra** Huds. emend. Moss (*U. scábra* Mill., *U. montána* With., *U. campéstris* L. p. p.) - Bergulme ♄ III bis IV ⊛, Eur., Kl. As., Kauk., Transkauk., NW-Iran
(Mit mehreren Sorten)
- *glábra* Mill.: 6
3. × **holländica** Mill. (*U. glábra* × *U. mínor* × *U. plóttii* Druce) ♄ III–IV
(Mit mehreren Sorten)
4. **laciniáta** (Trautv.) Mayr ♄ III–IV ⊛, Jap, Korea, N-China, O-Sib., Kamtsch.
5. **lǣvis** Pall. (*U. effúsa* Willd.) - Flatterulme ♄ III–IV, M-, O- u. SO-Eur., westl. bis M-Frankr., W-Kl. As., W-Kauk.
6. **mínor** Mill. emend. Richens (*U. carpinifólia* Ruppius ex Suckow, *U. campéstris* auct. non L., *U. foliácea* sensu Hayek, *U. glábra* Mill. non Huds.) - Feldulme ♄ III–IV ⊛, Fast ganz Eur., Kl. As., Kauk., N-Iran, N-Afr.
(Mit mehreren Sorten)
- *montána:* 2
7. **parvifólia** Jacq. ♄ VIII–IX ⊛, Jap., Korea, Taiw., N- u. M-China
8. **procéra** Salisb. (*U. campéstris* L. p. p.) - Englische Ulme ♄ III–IV, W- u. S-Eur.
(Mit mehreren Sorten)
9. **púmila** L.
var. **arbórea** Litvin. (*U. turkestánica* Regel) ♄ III, Turkest.
10. **rúbra** Mühlenb. (*U. fúlva* Michx.) - Rotulme ♄ III–IV ⊛, N-Am.: Queb. bis N-Dak., südl. bis Flor. u. Tex.
- *scábra:* 2
11. **thomásii** Sarg. - Felsenulme ♄ IV ⊛, N-Am.: Queb. bis S-Dak., südl. bis N. Jers., W-Virg., Tenn., Ark., Missouri u. Kans.
- *turkestánica:* 9

Umbellulária (Nees) Nutt. - f. - *Lauráceae*
Berglorbeer
1. **califórnica** (Hook. et Arn.) Nutt. - „Oregon myrtle“ ♄ i ⌂ I–VI ⊛, USA: Oreg. bis Kalif.

Umbilícus DC. - m. - *Crassuláceae*
Nabelkraut, Venusnabel
- *aïzóon: Rosulária* 1
- *chrysánthus: Rosulária* 2
1. **eréctus** DC. (*Cotylédon umbilícus-véneris* L.) ♃ ⌂, S-Balk., Kalabr.
2. **horizontális** (Guss.) DC. (*Cotylédon*

horizontális Guss.) ♃ ⓚ, S-Med. bis Bulg., Azor., Kanar.
3. **intermédius** Boiss. (*Cotylédon intermédia* (Boiss.) Stef.) ♃ ⓚ, Bulg. bis Kl. As., Isr.
- *libanóticus: Rosulária* 4
- *malacophýllus: Oróstachys* 1
- *pendulínus:* 4
- *pestalózzae: Rosulária* 4
4. **rupéstris** (Salisb.) Dandy (*Cotylédon rupéstris* Salisb., *U. pendulínus* DC., *Cotylédon pendulína* (DC.) Batt., *C. tuberósa* (L.) Hal.) ♃ ⓚ, S- u. W-Eur., nördl. bis Schottl., NW-Afr., Kl. As.
- *sempervívum: Rosulária* 4
- *spinósus: Oróstachys:* 2

Uncária Schreb. - f. - *Rubiáceae*
1. **gámbir** (Hunter) Roxb. ♄ ⓦ Ⓝ, Malak., Mal. Arch.

Ungnádia Endl. - f. - *Sapindáceae*
1. **speciósa** Endl. ♄-♄ ☠ (Samen) ⓚ VI, USA: Tex., New Mex.; N-Mex.

Uníola L. - f. - *Gramíneae*
Plattährengras
- *latifólia: Chasmánthium* 1
1. **paniculáta** L. ♃ Ⓝ, USA: Virg. bis Tex.; Mex., S-Am., Westind.

Uragóga granaténsis: Cephaélis 1
- *ipecacuánha: Cephaélis* 2

Urbínia agavoídes: Echevéria 2
- *purpúsii: Echevéria* 28

Urceolína: Eúcharis 2, 3, 4, 5

Uréna L. - f. - *Malváceae*
1. **lobáta** L. ⊙ ⓦ VII–VIII Ⓝ, Pantrop.

Úrera Gaudich. - f. - *Urticáceae*
1. **baccífera** (L.) Gaudich. ex Wedd. ♄ ⓦ, Trop. Am., von Westind. bis Bras.

Urgínea Steinh. - f. - *Liliáceae*
1. **marítima** (L.) Bak. (*Scílla marítima* L., *Drímia marítima* (L.) Stearn, *U. scílla* Steinh., *U. anthericoídes* (Poir.) Steinh.) - Meerzwiebel ♃ ⓚ ☠ VII–VIII Ⓝ Off., Med., Port., Kanar.

Urospérmum Scop. - n. - *Compósitae*
1. **dalechámpii** (L.) Scop. ex F. W. Schmidt, meist ♃ VII–IX, Med., östl. bis Jugosl.

Uróstachys selágo: Hupérzia 1

Ursínia Gaertn. - f. - *Compósitae*
1. **anethoídes** (DC.) N. E. Br. ⊙ VI bis VIII, S-Afr.
2. **anthemoídes** (L.) Poir. ⊙ VII–IX, S-Afr.
- *púlchra:* 4
3. **speciósa** DC. ⊙ VII–IX, S-Afr.
4. **versícolor** (DC.) N. E. Br. (*U. púlchra* N. E. Br.) ⊙ VI–VIII, S-Afr.

Urtíca L. - f. - *Urticáceae*
Brennessel
1. **cannabína** L. - Sibirische Hanfnessel ♃ Ⓝ, M- u. Vord. As., in S-Rußl. eingebürg.
2. **dioíca** L. - Brennessel, Große Brennnessel ♃ VII–IX Ⓝ, Eur., N-, M- u. O-As., Med., N-Afr., eingebürg. in Polyn., im nördl. N-Am. u. außertrop. S-Am.
3. **pilulífera** L. ⊙ VI–X, Med., W-, S-Eur., Deutschl., SW-As., N-Afr.
4. **úrens** L. - Kleine Brennessel ⊙ VII bis IX Ⓝ, Euras., Kanar., Med., Austral., S-Afr., in N- u. S-Am. eingebürg.

Utriculária L. - f. - *Lentibulariáceae*
Wasserschlauch
1. **alpína** L. (*U. montána* Jacq.) ♃ ⓦ V bis VI, Gebg. Antill. u. S-Am.
2. **coerúlea** L. (*U. uliginoídes* Wight) ♃ ≈ ≈ ⓦ, Ind.
3. **dichótoma** Labill. ♃ ⓦ, Tasm.
4. **endrésii** Rchb. f. ♃ ⓦ, Costa R.
- *exoléta:* 5
5. **gíbba** L.
ssp. **exoléta** (R. Br.) P. Tayl. (*U. exoléta* R. Br.) ♃ ≈ ⓦ XII–III, Trop. Afr., nördl. bis Alger., trop. As. u. N-Austral., Port., SW-Span.
6. **globulariifólia** Mart. ♃ ⓦ, Bras.
7. **iánthina** Hook. f. ♃ ⓦ, Bras.
8. **lateriflóra** R. Br. ♃ ⓦ, Austral., Tasm.
9. **longifólia** Gardn. ♃ ⓦ VI–VIII, Bras.
10. **mínor** L. ♃ ≈ VI–IX ▽, Zirkumpol., in N-Am. südl. bis N. Jers., Iowa, N-Dak., Color. u. Kalif.
- *montána:* 1
11. **nelumbifólia** Gardn. ♃ ⓦ, Bras.
12. **peltáta** Spruce ♃ ⓦ, Trop. Am.
13. **prehénsilis** E. Mey. ⊙ ≈ ⓦ VI–VIII, Trop. Afr.
14. **renifórmis** St.-Hil. ♃ ≈ ⓦ VII–IX, Bras.

– *uliginoídes:* 2
15. **volúbilis** R. Br. ♃ ⓦ, W-Austral.
16. **vulgáris** L. ♃ ≈ VI–VIII ▽, Zirkumpol., in Am. südl. bis Mex.

Uvulária L. – f. – *Liliáceae*
1. **grandiflóra** Sm. ♃ IV–VI, N-Am.: Queb. bis N-Dak., südl. bis Georg., Alab., Ark. u. Okla.
2. **perfoliáta** L. ♃ V, N-Am.: Queb. bis Ont., südl. bis Flor., Alab., Miss. u. Louis.
3. **sessilifólia** L. (*Oakesiélla sessilifólia* (L.) Small) ♃ V–VI, N-Am.: N. Brunsw. bis N-Dak., südl. bis Georg., Alab., Tenn. u. Ark.

Vaccária N.M. Wolf – f. – *Caryophylláceae*
Kuhkraut
1. **hispánica** (Mill.) Rauschert (*V. pyramidáta* Medik., *Saponária vaccária* L., *V. vulgáris* Host, *V. segetális* Garcke, *V. grandiflóra* (Fisch. ex Ser.) Jaub. et Spach) ⊙ ✂ VII–VIII, S- u. M-Eur., Med., N-Afr., Vord. As., Kauk.

Vaccínium L. – n. – *Ericáceae*
Heidelbeere
1. **angustifólium** Ait. ♄ ♣ IV–V ⓝ, N-Am.: Labr. bis Sask., südl. bis N. Jers., Penns., Virg., W-Virg., Mich. u. Minn.
2. **atrocóccum** (A. Gray) A. Heller ♄ ♣ V ⓝ, N-Am.: Maine bis Ont. u. Indiana, südl. bis Flor. u. Ark.
3. **bracteátum** Thunb. ♄ i D ♣ ⓚ VII bis VIII, Jap., S-Korea, Riukiu-Ins., China
– *canadénse:* 9
4. **cespitósum** Michx. ♄ ∧ ♣ V–VIII, N-Am.: Labr. bis Alaska, südl. bis N. Hampsh., N. Y., Mich., Color., Kalif.
5. **corymbósum** L. – Amerikanische Blueberry ♄ ⁓ V ⓝ, N-Am.: N. Scot. bis Wisc., südl. bis Flor. u. Louis. (Mit mehreren Sorten)
– *erýthrinum:* 16
6. **hirsútum** Buckl. ♄ ♣ V–VI, USA: N-Carol. bis Tenn. u. Georg.
7. **lúcidum** (Bl.) Miq. (*V. rollisónii* Hook.) ♄ i ⓚ IV–V, Sum., Java, Celeb.
8. **macrocárpon** Ait. (*Oxycóccus macrocárpos* (Ait.) Pursh) – Großfrüchtige Moosbeere, Cranberry ♄ i ♣ ⁓ VI bis VIII ⓝ, N-Am.: Neufundl. bis Manit., südl. bis N-Carol., Tenn., Ohio, Ill. u. Ark., in Deutschl. eingebürg. (Mit vielen Sorten)
– *maderénse:* 13
9. **myrtilloídes** Michx. (*V. canadénse* Kalm ex Richards.) ♄ ♣ VII–VIII, N-Am.: Labr. bis Br. Kol., südl. bis Penns., Virg., Ohio, Iowa, Sask. u. Mont.
10. **myrtíllus** L. – Heidelbeere ♄ ♣ VI ⓝ Off., Eur., Kauk., N-As., nordwestl. N-Am.: Br. Kol. bis Kalif., östl. bis Alb., S-Dak. u. Color.
11. **nummulária** Hook. f. et Thoms. ex C.B. Clarke ♄ i ⓚ IV–V, Sikk., Bhut.
12. **oxycóccos** L. (*Oxycóccus palústris* Pers.) – Moosbeere ♄ i ⁓ ⁓ ♣ V bis VII, Zirkumpol., in N-Am. südl. bis N. Jers., Virg., N-Carol., Mich., Wisc., Minn., Sask., Alb. u. Oreg.
13. **padifólium** Sm. (*V. maderénse* Link) ♄ i ♣ ⓚ VI, Mad.
– *rollisónii:* 7
14. **stamíneum** L. ♄ IV–VI, N-Am.: Mass. bis Ont., Missouri u. Kans., südl. bis Flor. u. Louis.
15. **uliginósum** L. – Rauschbeere, Moosbeere ♄ ♣ V–VI, Zirkumpol., in N-Am. südl. bis Neuengl., N. Y., Mich. u. Minn.
16. **varingiifólium** (Bl.) Miq. (*V. erýthrinum* Hook.) ♄ i ⓚ X, Sum., Java, Bali
17. **vítis-idǣa** L. – Preiselbeere ♄ i ♣ V bis VI ⓝ Off., N- u. M-Eur., südl. bis Pyren., Apenn., Alban., Bulg., Kauk., N-As., nördl. N-Am.: Grönl., arkt. Kan. u. Alaska, südl. bis Neufundl., Neuengl., Ont., Minn., Br. Kol.

Valeriána L. – f. – *Valerianáceae*
Baldrian
1. **alliariifólia** Adams ♃ VI–VII, O-Griech., Kauk., Kl. As.
2. **arizónica** A. Gray ♃ △ ∧ (besser ⓐ) VII–VIII, USA: Color. bis Utah, südl. bis Ariz.; N-Mex.
3. **céltica** L. – Echter Speik ♃ D △ VII

bis VIII ®, Urgesteinsalp.
4. **dioíca** L. ♃ ⁓ V–VI, W- u. M-Eur. bis SO-Norw., Pol., W-Rußl., S-Ital., Mazed.
5. **globulariifólia** Ram. ex DC. ♃ △ V bis VI, Pyren.
6. **montána** L. - Bergbaldrian ♃ △ V bis VI, Gebg. N-, M- u. O-Span. über Alp. bis Karp., Ital. u. Gebg. Balk.
7. **officinális** L. - Gemeiner Baldrian ♃ V–IX Off., Eur., W- u. M-As., Kauk., Sib., NO-China, Mandsch., Jap., im nordöstl. N-Am. eingebürg.
8. **phu** L. ♃ VII–VIII Kl. As.?
9. **pyrenáica** L. ♃ ⁓ VI–VIII, Pyren., N-Span.
10. **saxátilis** L. - Felsenbaldrian ♃ △ VI bis VIII, O- u. östl. M-Alp., S-Alp., N-Apenn., Monten., Alban.
11. × **suendermánnii** Melchior (*V. montána* × *V. supína*) ♃ D △ V–VI
12. **supína** Ard. - Zwergbaldrian ♃ △ VII–VIII, O- u. östl. M-Alp.
13. **trípteris** L. ♃ △ V–VI, Gebg. SW- u. M-Eur. bis Sudet., Karp., N-Griech.

Valerianélla Mill. - f. - *Valerianáceae*
1. **locústa** (L.) Laterr. (*V. olitória* (L.) Poll.) - Feldsalat, Rapunzel ⊙ IV–V ®, Eur., Med., Kauk. bis Ind.

Vallisnéria L. - f. - *Hydrocharitáceae*
1. **gigantéa** Graebn. - Riesenvallisnerie ♃ ≋ ⌂, SO-As. u. Phil. bis N-Guin., O-Austral., Tasm.
2. **spirális** L. - Schraubenvallisnerie ♃ ≋ ⌂, Trop. u. Subtrop., S-Eur., Med., N-Afr., in W- u. M-Eur. stellenweise eingebürg.

Vallóta purpúrea: Cyrtánthus 6
- *speciósa: Cyrtánthus* 6

× **Vancámpe** hort. (*Acámpe* × *Vánda*) - f. - *Orchidáceae*

Vancouvéria C. Morr. et Decne. - f. - *Berberidáceae*
1. **chrysántha** Greene ♃ i ∧ (besser ⌂) V, USA: Oreg.
2. **hexándra** (Hook.) C. Morr. et Decne. (*Epimédium hexándrum* Hook.) - Rüsselsternchen ♃ ∧ VI, USA: N-Wash. durch Oreg. bis Kalif.
3. **planipétala** Calloni ♃ i ∧ (besser ⌂) V, USA: Oreg. bis Kalif.

Vánda Jones ex R. Br. - f. - *Orchidáceae*
1. **alpína** Lindl. i ⌂ V–VI ∗, Him., Khas.
2. **amesiána** Rchb. f. i ⌂ XII–I ∗, Burma, Kamb., China, Thail.?
- *batemánii: Vandópsis* 2
3. **bensónii** Batem. i ⌂ VIII–X ∗, Burma, Thail.
- *cathcártii: Esmerálda* 1
4. **coerúlea** Griff. ex Lindl. i ⌂ IX–XI ∗, Ass., Burma, Thail.
5. **coeruléscens** Griff. i ⌂ III–V ∗, Burma, Thail.
6. **cóncolor** Bl. i ⌂ I–IV ∗, Java, Sum.
7. **cristáta** Lindl. i ⌂ XII–II ∗, Trop. Him.
8. **denisoniána** Bens. et Rchb. f. i ⌂ IV bis V ∗, Burma, Arakan
- *densiflóra: Anóta* 1
- *gigantéa: Vandópsis* 1
9. **hookeriána** Rchb. f. i ⌂ VIII–IX ∗, Malak., Sum., Born.
10. **insígnis** Bl. i ⌂ X ∗, Moluk., Timor
11. **kimballiána** Rchb. f. i ⌂ IX–XI ∗, Burma, Schanstaat
12. **lamelláta** Lindl. i ⌂ XI–XII ∗, Phil., N-Born.
- *lówii: Dimorphórchis* 1
- *multiflóra: Acámpe* 1
- *paríshii: Vandópsis* 3
13. **púmila** Hook. f. i ⌂ VI–VII ∗, Bhut., Sikk., Thail.
- *sanderiána: Euánthe* 1
- *storíei: Renanthéra* 4
14. **téres** Lindl. i ⌂ VI–VIII ∗, Burma, Thail., Laos
15. **tesseláta** (Roxb.) G. Don i ⌂ XI ∗, Ceyl., Ind., Burma
16. **trícolor** Lindl. i ⌂ XI–V ∗, Java, Laos
- *violácea: Anóta* 2

× *Vandachnánthe:* × *Aránda*

× **Vandáchnis** hort. (*Aráchnis* × *Vandópsis*) - f. - *Orchidáceae*

× **Vandacostýlis** hort. (*Rhynchostýlis* × *Vánda;* × *Rhynchovánda* hort.) - f. - *Orchidáceae*

× **Vandaenópsis** hort. (*Phalaenópsis* × *Vánda;* × *Vandópsis* hort., non *Vandópsis* Pfitz.) - f. - *Orchidáceae*

× *Vandaráchnis:* × *Aránda*

× **Vandofinétia** hort. (*Neofinétia* × *Vánda*) - f. - *Orchidáceae*

× **Vandopsídes** hort. (*Aërídes* × *Van-*

dópsis) - f. - *Orchidáceae*
× *Vandópsis* hort.: × *Vandaenópsis*
Vandópsis Pfitz. - f. - *Orchidáceae*
1. **gigantéa** (Lindl.) Pfitz. (*Vánda gigantéa* Lindl., *Staurópsis gigantéa* (Lindl.) Benth. ex Pfitz.) i ⌂ II–IV ∗, Burma, Thail.
2. **lissochiloídes** (Gaudich.) Pfitz. (*Staurópsis lissochiloídes* (Gaudich.) Pfitz., *Vánda batemánii* Lindl.) i ⌂ VII–X ∗, Phil., Thail.
- *lówii: Dimorphórchis* 1
3. **paríshii** (Rchb. f.) Schlechter (*Vánda paríshii* Rchb. f.) i ⌂ VII–VIII ∗, Burma, Ind.

× *Vandopsivánda:* × *Opsisánda*
× **Vandorítis** hort. (*Dorítis* × *Vánda)* - f. - *Orchidáceae*
Vanguéria Juss. - f. - *Rubiáceae*
1. **madagascariénsis** J.F. Gmel. (*V. edúlis* (Vahl) Vahl) ⊛, Afr., Madag., Maskar.

Vanheérdea L. Bol. - f. - *Aizoáceae*
1. **angústa** (L. Bol.) L. Bol. ⌂, Kap

Vanílla Mill. - f. - *Orchidáceae*
Vanille
1. **aphýlla** Bl. ⌇ ⌂ VII–VIII ∗, Tenass., N-Malays., Java
- *frágrans:* 2
2. **planifólia** Andr. (*V. frágrans* (Salisb.) Ames) - Echte Vanille i ⌇ ⌂ VII bis VIII ⊛ ∗, M-Am. u. Westind., südl. bis Bol., Parag., N-Arg.
3. **pompóna** Schiede i ⌇ ⌂ VI–VII ⊛ ∗, SO-Mex., M-Am., nördl. S-Am.

Vanzíjlia L. Bol. - f. - *Aizoáceae*
1. **annuláta** (Berger) L. Bol. ♄ ⌂, Kap

× **Vascostýlis** hort. (*Ascocéntrum* × *Rhynchostýlis* × *Vánda*) - f. - *Orchidáceae*
Vataireópsis araróba: Andíra 1
Vatéria L. - f. - *Dipterocarpáceae*
1. **copallífera** (Retz.) Alston ♄ ⌂ ⊛, Ceyl.
2. **índica** L. - „Vellapiney" ♄ ⌂ ⊛, Vorderind.

Vatricánia güéntheri: Espóstoa 2
Vauánthes: Crássula
- *dichótoma: Crássula* 12

× *Vaughnára:* × *Adamára*
Véitchia H. Wendl. - f. - *Pálmae*
1. **merríllii** (Becc.) H.E. Moore (*Adonídia merríllii* (Becc.) Becc.) ♄ ⌂, Phil.

Vélla L. - f. - *Crucíferae*
1. **pseudocýtisus** L. ♄ i ⌂ V–VI, M- u. S-Span.
2. **spinósa** Boiss. ♄ ⌂ VI, S- u. SO-Span.

Vellózia Vand. - f. - *Velloziáceae*
1. **aloifólia** Mart. ♄ i ✂ ⌂, Bras.
- *élegans: Barbacénia* 1

Veltheímia Gled. - f. - *Liliáceae*
1. **bracteáta** Bak. (*V. capénsis* hort. non (L.) DC., *V. viridifólia* Jacq.) ♃ ⌂ I bis III, S-Afr.
- *capénsis* hort.: 1
2. **capénsis** (L.) DC. (*V. gláuca* (Ait.) Jacq., *V. róodeae* Phillips)
var. **capénsis** (*V. edúlis* (Vahl) Vahl) ♃ ⌂ I–III, SW-Kap
var. **déasii** P.E. Barnes ♃ ⌂ I–III, S-Afr.
- *edúlis:* 2
- *gláuca:* 2
- *róodeae:* 2
- *viridifólia:* 1

Venídium Less. - n. - *Compósitae*
1. **decúrrens** Less. ♃ (⊙ gezogen) VII bis X, S-Afr.
2. **fastuósum** (Jacq.) Stapf ⊙ VI–IX, S-Afr.

Verátrum L. - n. - *Liliáceae*
Germer
1. **álbum** L. ♃ ☠ VII–VIII Off., Finnl., Norw., Voges., Hochgebg. M-, S- u. O-Eur., Sib., O-As., Alaska
2. **califórnicum** E. Durand ♃ ☠ VII bis VIII, USA: Wash. bis Kalif., östl. bis Mont., Wyom., Color. u. New Mex.; Nied. Kalif.
3. **nígrum** L. ♃ D ☠ VII–VIII, Südl. M- u. S-Eur., O-As.
4. **víride** Ait. ♃ VII ⊛, N-Am.: Queb. bis Minn., südl. bis Maryl., Georg. u. Tenn.

Verbáscum L. - n. - *Scrophulariáceae*
Königskerze
- *acáule: Célsia* 1
- *arctúrus: Célsia* 2
1. **blattária** L. - Schaben- oder Mottenkraut ⊙ VI–VIII, Eur., nördl. bis Holl. u. M-Rußl., Med., NW-Afr., Kl. As., M-As., in N-Am. eingebürg.
2. **bombycíferum** Boiss. (*V. lagúrus* hort. non Fisch. et C.A. Mey.) ⊙ VII–VIII, Westl. Kl. As.

- *bugulifólium: Célsia* 3
3. **chaixii** Vill. ♃ VII–VIII, S-, südl. M- u. O-Eur., westl. bis NO-Span., nördl. bis S-Pol. u. M-Rußl.
- *créticum: Célsia* 4
4. **densiflórum** Bertol. (*V. thapsifórme* Schrad.) ⊙ VII–VIII Off., Eur. nördl. bis Holl., SO-Schwed. u. M-Rußl., Kauk., NW-Afr.
5. **dumulósum** P.H. Davis et Hub.-Mor. ♄ i △ ∧ (besser ⌂) V–VI, Kl. As.
6. **-Hybriden** ⊙ VI–IX
7. **lagúrus** Fisch. et C.A. Mey. ⊙ VII bis VIII, SO-Bulg., eur. Türk., NW-Kl. As.
- *lagúrus* hort.: 2
8. **leiánthum** Benth. ⊙ VII–VIII, Kl. As.
9. **longifólium** Ten. (*V. pannósum* Vis. et Panč., var. *pannósum* (Vis. et Panč.) Murb.) ⊙ - ♃ VI–VIII, Balk., M- u. S-Ital.
- *longifólium* var. *pannósum:* 9
10. **lychnítis** L. ⊙ VI–VIII, Eur., NW-Afr., Kl. As., Kauk.
11. **nígrum** L. ♃ VI–IX, M-Skand. bis N- u. O-Span., N-Ital., N-Balk., Sib., Altai
12. **olýmpicum** Boiss. ⊙ VI–VIII, Bith. Olymp
- *pannósum:* 9
13. **pestalózzae** Boiss. ♄ i ⌂ V–VI, Westl. Kl. As.
14. **phlomoídes** L. ⊙ VII–IX Off., Eur., südl. bis Span., Ital., Vord. As., M-As., in den nordöstl. USA eingebürg.
15. **phoeníceum** L. ⊙-♃ V–VI, SO- u. östl. M-Eur., nördl. bis M-Rußl., W-As. bis Altai, Iran
16. **spinósum** L. ♄ i ⌂, Kreta
- *thapsifórme:* 4
17. **thápsus** L. ⊙ VII–IX, Eur., W-, M- u. O-As., in N-Am. eingebürg.
18. **wiedemanniánum** Fisch. et C.A. Mey. ⊙ VI–VIII, Kl. As.

Verbéna L. - f. - *Verbenáceae*
Verbene
- *aublétia:* 2
1. **bonariénsis** L. ♃ (⊙ gezogen) VII–X, Arg., S-Bras., in Kalif., den südl. USA, Westind. u. Austral. eingebürg.
2. **canadénsis** (L.) Britt. (*V. aublétia* Jacq.) ♃ (⊙ gezogen) VII–X, USA: Virg. bis Iowa, Kans. u. Color., südl. bis Flor. u. Tex.; Mex.
- *chamaedryfólia:* 8
3. **élegans** H. B. K.
var. **asperáta** L.M. Perry ♃ (⊙ gezogen) VII–X, Tex., S-Mex.
4. **hastáta** L. ♃ VII–IX, Br. Kol. bis N. Scot., südl. bis Kalif., Ariz. u. Flor.
- × *hýbrida:* 5
5. **-Hybriden** (*V.* × *hýbrida* Voss) - Gartenverbenen ⊙ VII–X
6. **incísa** Hook. ♃ VII–X, S-Bras., Parag., N-Arg.
7. **officinális** L. - Eisenkraut ♃ VII bis VIII, Eur., Med., von N-Afr. bis W-As., in den östl. USA eingebürg.
8. **peruviána** (L.) Britt. (*V. chamaedryfólia* Juss.) ♃ - ♄ ⌂ VII–IX, Peru bis Bol., Bras. bis Arg.
9. **phlogiflóra** Cham. ♃-♄ (⊙ gezogen) VII–IX, Bras., Parag., Urug., Arg.
10. **platénsis** Spreng. (*V. teucrioídes* Gill. et Hook.) ♃ - ♄ (⊙ gezogen) VII–IX, Bras., Parag., Urug., Arg., Peru, Chile
11. **rígida** Spreng. (*V. venósa* Gill. et Hook.) ♃ (⊙ gezogen) VI–X, S-Bras., Arg., in den südöstl. USA eingebürg.
12. **ténera** Spreng. ♃-♄ ⟿ VI–IX, S-Bras. u. La Plata
13. **tenuisécta** Briq. ♃ ⌇ ⌂ VII–IX, Südl. S-Am.
- *teucrioídes:* 10
- *venósa:* 11

Verbesína L. - f. - *Compósitae*
1. **alternifólia** (L.) Britt. (*Actinómeris alternifólia* (L.) DC., *A. squarrósa* Nutt.) ♃ VIII–IX, N-Am.: N. Y. u. S-Ont. bis Iowa, südl. bis Flor., Louis., Okla.
2. **encelioídes** (Cav.) Benth. et Hook. f. ex A. Gray ⊙ VII–X, USA: Kans. bis Mont., südl. bis Tex., Ariz.; Mex., in Alger. eingebürg.
3. **helianthoídes** Michx. (*Actinómeris helianthoídes* (Michx.) Nutt.) ♃ VI bis VII, USA: Ohio bis Ill. u. Iowa, südl. bis Georg. u. Tex.
4. **purpúsii** T.S. Brandeg. ♃ ⌂ VIII bis

IX, Mex.

Vernícia cordáta: Aleurítes 1

- *fórdii: Aleurítes* 2
- *montána: Aleurítes* 4

Vernónia Schreb. - f. - *Compósitae*

1. **altíssima** Nutt. ♃ ≁ VIII–IX, USA: Westl. N. Y. bis Missouri, südl. bis S-Carol., Georg., Louis.
2. **anthelmíntica** (L.) Willd. ♃ ⓚ ⓝ, Ind.
3. **criníta** Raf. ♃ ≁ VIII–X, USA: Missouri bis Kans., Ark., Okla.
4. **noveboracénsis** (L.) Willd. ♃ VIII bis IX, USA: Mass. bis N. Y. u. Ohio, südl. bis S-Carol., Georg. u. Miss.

Verónica L. - f. - *Scrophulariáceae*
Ehrenpreis

1. **alliónii** Vill. ♃ i ⇝ △ VII–VIII, SW-Alp.
- *amethýstina:* 27
2. **arména** Boiss. et Huet ♃ ⌓ △ VI bis VII, O-Anat., Arm., Georgien
3. **arvénsis** L. - Feldehrenpreis ⊙ IV bis IX, Eur., M- u. O-As., N-Afr., S-Am., in N-Am. eingebürg.
4. **austríaca** L.
   ssp. **austríaca** ♃ VII, O-, östl. M- u. SO-Eur.
   ssp. **teúcrium** (L.) D. A. Webb (*V. teúcrium* L., *V. latifólia* Schrad. non L. nec auct.) ♃ VII, Eur. (außer W), W- u. O-Sib., Altai
   (Mit einigen Sorten)
5. **beccabúnga** L. - Bachbunge ♃ ≁ V bis VIII, Eur., Kl. As., Vord. As. bis Iran, Him., Med., N-Afr., im nordöstl. N-Am. eingebürg.
6. **bombýcina** Boiss. et Kotschy ♃ i ⇝ △ ∧ (besser ⓐ) VI–VIII, Syr., Liban., S- u. SO-Anat.
- *bonaróta: Paederóta* 1
7. **caespitósa** Boiss. ♃ ⌓ △ ∧ (besser ⓐ) V–VI, Kl. As., Syr., Liban.
8. **chamaédrys** L. ♃ ⇝ V–VIII, Eur., N- u. W-As., N-Afr., Kanar., im nordöstl. N-Am. eingebürg.
9. **cinérea** Boiss. et Bal. ♃ ⇝ △ VI bis VII, Kl. As.
- *exaltáta:* 15
10. **filifórmis** Sm. ♃ ⇝ IV–VI, Krim, Kauk., N-Iran, nördl. Kl. As., in NW- u. M-Eur. eingebürg.
11. **frúticans** Jacq. (*V. saxátilis* Scop.) ♃ △ VI–VII, NW-Eur., östl. bis NW-Rußl., Voges., Gebg. M- u. S-Eur., südl. bis N-Span., Kors., M-Jugosl., Grönl.
12. **fruticulósa** L. ♃ △ VI–VII, Hochgebg. W- u. südl. M-Eur., von Voges. u. Sierra Nev. bis NW-Jugosl.
13. **gentianoídes** Vahl V–VI, Kauk., NW-Iran, N- u. M-Anat.
14. **hederifólia** L. ⊙ III–V, Eur., Med., N-Afr., Kl. As., M- u. O-As., in den östl. USA eingebürg.
- *hendersónii:* 28
- *incána:* 26
- *latifólia* auct.: 32
- *latifólia* Schrad.: 4
15. **longifólia** L. (*V. exaltáta* Maund, *Pseudolysimáchion longifólium* (L.) Opiz) ♃ ≁ VII–IX ▽, N-, O- u. M-Eur., westl. bis Belg., südl. bis Bulg., östl. bis Sib., O-As., im nordöstl. N-Am. eingebürg.
    (Mit einigen Sorten)
- *longifólia* var. *subséssilis:* 28
- *lútea: Paederóta* 2
16. **officinális** L. ♃ VI–IX, Eur., Kauk., NW-Iran, M- u. S-Anat., N-Am.: Neufundl. bis Ont., südl. bis N-Carol., Tenn. u. Wisc.
17. **orientális** Mill. ♃ ⌓ △ VI–VIII, Transkauk., Kl. As., N-Iran, N-Irak, Syr., Liban.
- *paniculáta:* 27
18. **pectináta** L. ♃ ⇝ △ ∧ V–VI, O-Balk., Kl. As.
19. **pedunculáris** M. B. ♃ ⇝ △ ∧ V bis VI, S- u. SO-Ukr., SO-Rußl., Kauk., Kl. As.
20. **petraéa** Stev. ♃ △ V–VI, Kauk.
21. **poliifólia** Benth. ♃ ⌓ △ VI–VIII, Syr., Kl. As., Arm., Irak
22. **prostráta** L (*V. rupéstris* hort.) ♃ ⇝ △ V–VI, Holl. u. nördl. M-Rußl., südl. bis N-Span., M-Ital., Mazed., Kauk., Sib.
    (Mit einigen Sorten)
23. **répens** Clarion ex DC. ♃ ⇝ △ ∧ V bis VI, Gebg. Kors., S- u. SO-Span.
- *rupéstris:* 22
24. **saturejoídes** Vis. ♃ ⌓ △ ∧ (besser ⓚ) V–VI, Pyren.; Balk.: N-Alban. bis SW-Bulg.
- *saxátilis:* 11

25. **schmidtiána** Regel ♃ △ VI–VIII, Jap., Sachal.
26. **spicáta** L.
ssp. **incána** (L.) Walters (*V. incána* L., *Pseudolysimáchion incánum* (L.) Holub) ♃ △ VI–VII ▽, O-Eur.
ssp. **spicáta** (*Pseudolysimáchion spicátum* (L.) Opiz) ♃ VII–IX ▽, Eur.
(Mit vielen Sorten)
27. **spúria** L. (*V. paniculáta* L., *V. amethýstina* Willd., *Pseudolysimáchion spúrium* (L.) Rauschert) ♃ VI, M-, O- u. SO-Eur., W-As.
28. **subséssilis** (Miq.) Carr. (*V. longifólia* var. *subséssilis* Miq., *V. hendersónii* hort.) ♃ VII–VIII, Jap.
29. **surculósa** Boiss. et Bal. ♃ ⁓ △ V bis VII, Kl. As.
- *teúcrium:* 4
- *travérsii: Hébe* 6, 26
30. **triphýllos** L. ⊙ III–V, Eur., N-Afr., Kl. As., Kauk., W-As.
31. **turrilliána** Stoj. et Stef. ♃ △ V–VI, O-Balk.: Strandja-Gebg.
32. **urticifólia** Jacq. (*V. latifólia* auct. non L. nec Schrad.) ♃ VI–VIII, Jura bis Karp., südl. bis Pyren., NO-Span., M-Ital., S-Griech., Ural
33. **vérna** L. - Frühlingsehrenpreis ⊙ IV bis V, Fast ganz Eur., W-As. bis Him.
34. **virgínica** L. (*Veronicástrum virgínicum* (L.) Farw., *Leptándra virgínica* (L.) Nutt.) ♃ VII–IX, N-Am.: Mass. bis Manit., südl. bis S-Carol., Flor., Miss., Louis. u. Tex.

Verónica sect. *Hébe: Hébe*
Veronicástrum virginícum: Verónica 34

Verschafféltia H. Wendl. - f. - *Pálmae*
1. **spléndida** H. Wendl. ♄ i ⌂W, Seych.

Verticórdia DC. - f. - *Myrtáceae*
1. **nítens** Schau. ♄ i ✂ ⌂K, W-Austral.

Véstia Willd. - f. - *Solanáceae*
1. **lycioídes** Willd. ♄ i D ⌂K IV–VI, Chile

Vetivéria Bory - f. - *Gramíneae*
1. **zizanioídes** (L.) Nash (*Andropógon squarrósus* Hack., *A. muricátus* Retz.) ♃ ⌂W Ⓝ, Ceyl., Vorderind. bis Burma

Vibúrnum L. - n. - *Caprifoliáceae*
Schneeball (☠, vor allem Früchte vieler Arten)
1. **acerifólium** L. ♄ V–VI, N-Am.: Queb. u. N. Brunsw. bis Minn., südl. bis N-Carol., Georg. u. Tenn.
- *affíne:* 43
2. **alnifólium** Marsh. (*V. lantanoídes* Michx.) ♄ V–VI, N-Am.: Prince Edward Isl. bis Ont., südl. bis N. Jers., N-Carol., Georg. u. Tenn.
- *americánum:* 53
3. **betulifólium** Batal. ♄ & VI–VII, M- u. W-China
4. **bitchiuénse** Mak. ♄ D V, Jap., Korea
5. × **bodnanténse** Aberconway (*V. fárreri* × *V. grandiflórum*) ♄ D XI bis XII, II–III
6. **buddleifólium** Wright ♄ V–VI, M-China
7. **burejaéticum** Regel et Herd. ♄ V, Mandsch., N-China
8. × **burkwoódii** Burkw. et Skipw. (*V. carlésii* × *V. útile*) ♄ D III–IV
(Mit einigen Sorten)
9. × **carlcéphalum** Burkw. ex Pike (*V. carlésii* × *V. macrocéphalum*) ♄ D IV–V
10. **carlésii** Hemsl. ♄ D IV–V, Korea
11. **cassinoídes** L. ♄ VI–VII, N-Am.: Neufundl. bis Manit. u. Minn., südl. bis Del., Maryl., Alab., Tenn., Indiana u. Wisc.
12. **cinnamomifólium** Rehd. ♄ i ⌂K VI, W-China
13. **corylifólium** Hook. f. et Thoms. ♄ VI, O-Him., M- u. W-China
14. **cotinifólium** D. Don ♄ V–VI Ⓝ, Him.
15. **cylíndricum** Buch.-Ham. ex D. Don ♄ i ⌂K VI–IX, W-China, Him.
16. **dasyánthum** Rehd. ♄ VI, M-China
17. **davídii** Franch. ♄ i ∧ VI, W-China
18. **dentátum** L. (Eine vielgestaltige Art) ♄ VI–VII, USA: Mass. bis Penns., W-Virg., Tenn. u. Missouri, südl. bis Flor. u. Tex.
19. **dilatátum** Thunb. ♄ & V–VI, Jap.
20. **erubéscens** Wall. ♄–♄ D VI, Nepal, W-China
21. **fárreri** Stearn (*V. frágrans* Bunge non Loisel.) ♄ D XI–XII und III–IV, N-China
- *frágrans:* 21
22. **grandiflórum** Wall. ex DC. ♄ ⌂K I–III, Him.

23. **harryánum** Rehd. ♄ i ⓚ, W-China
24. **hénryi** Hemsl. ♄ i ∧ VIII, M-China
- *héssei:* 55
25. × **hílleri** Stearn (*V. erubéscens* × *V. hénryi*) ♄ i ∧ VI
26. **hupehénse** Rehd. ♄ V–VI, M-China
27. **ichangénse** (Hemsl.) Rehd. ♄ VI, M- u. W-China
28. × **jáckii** Rehd. (*V. lentágo* × *V. prunifólium*) ♄ V
29. **japónicum** (Thunb.) Spreng. (*V. macrophýllum* van Hall non Thunb.) ♄ i D ⓚ VI, Jap., Riukiu-Ins., Taiw.
30. × **júddii** Rehd. (*V. bitchiuénse* × *V. carlésii*) ♄ D IV–V
31. **lantána** L. - Schlinge ♄ ✿ V–VI ⓝ, M- u. S-Eur., östl. bis M-Ukr., nordwestl. bis Engl., Med., Kl. As., Kauk.
(Mit mehreren Sorten)
- *lantanoídes:* 2
32. **lentágo** L. ♄ V–VI, N-Am.: N. Brunsw. u. Queb. bis Sask., südl. bis N. Jers., Georg., Missouri, auch Color. u. Wyom.
33. **lobophýllum** Graebn. ♄ ✿ VI–VII, M- u. W-China
34. **macrocéphalum** Fort. ♄ V, China
- *macrophýllum:* 29
35. **mólle** Michx. ♄ VI, USA: Penns., Indiana bis Iowa, südl. bis Kent. u. Ark.
36. **mongólicum** (Pall.) Rehd. ♄ V, O-Sib., N-China
37. **núdum** L. ♄ ⩋ VI–VII, USA: Conn. bis Kent. u. Ark., südl. bis Flor. u. Tex.
38. **odoratíssimum** Ker-Gawl. ♄ i D ⓚ V, Him. bis Jap.
39. **ópulus** L. - Gemeiner Schneeball ♄ ✿ V bis VI ⓝ, Eur., N- u. W-As.
(Mit einigen Sorten)
- *ópulus* var. *americánum:* 53
- *oxycóccus:* 53
40. **phlebótrichum** Sieb. et Zucc. ♄ V bis VI, Jap.
41. **plicátum** Thunb., Jap., Taiw., China
f. **plicátum** ♃ V–VI
f. **tomentósum** (Miq.) Rehd. (*V. tomentósum* Thunb. non Lam., var. *tomentósum* Miq., *V. tomentósum* var. *stérile* Dipp.) ♄ V–VI
- *plicátum* var. *tomentósum:* 41
42. **prunifólium** L. ♄ ✿ V–VI ⓝ, USA: Conn. bis Iowa u. Kans., südl. bis Flor. u. Tex.
43. **rafinesquiánum** Schult.
var. **affíne** (Bush) House (*V. affíne* Bush) ♄ V–VI, N-Am.: Ont. bis Minn., südl. bis Virg. u. Ark.
44. × **rhytidocárpum** Lemoine (*V. buddleifólium* × *V. rhytidophýllum*) ♄ V bis VI
45. × **rhytidophylloídes** Valcken. Suring. (*V. lantána* × *V. rhytidophýllum*) ♄ V–VI
46. **rhytidophýllum** Hemsl. ♄ i V–VI, M- u. W-China
47. **rufídulum** Raf. ♄ -♄ V–VI, USA: Virg. bis Kans., südl. bis Flor. u. Tex.
- *sandánkwa:* 51
48. **sargéntii** Koehne ♄ ✿ V–VI, NO-As.
49. **setígerum** Hance ♄ V–VI, M- u. W-China
50. **siebóldii** Miq. ♄ ✿ V–VI, Jap.
51. **suspénsum** Lindl. (*V. sandánkwa* Hassk.) ♄ i D ⓚ III–V, Jap., Riukiu-Ins., Taiw.
52. **tínus** L. - „Laurustinus" der Gärtner ♄ i D ⓚ V–VIII, S-Eur., Med., Anat.
(Mit einigen Sorten)
- *tomentósum:* 41
- *tomentósum* var. *stérile:* 41
53. **trílobum** Marsh. (*V. americánum* auct. non Mill., *V. oxycóccus* Pursh, *V. ópulus* var. *americánum* Ait.) ♄ ⩋ ✿ V–VI ⓝ, N-Am.: Neufundl. bis Br. Kol., südl. bis Penns., S-Dak., Wyom. u. Wash.
54. **útile** Hemsl. ♄ i V, M-China
55. **wríghtii** Miq. ♄ ✿ V–VI, Jap., Sachal., Korea, China
'Hessei' (*V. héssei* Koehne, var. *héssei* (Koehne) Rehd.) ♄ ✿ V–VI
- *wríghtii* var. *héssei:* 55

Vícia L. - f. - *Leguminósae*
Wicke
- *angustifólia:* 12
1. **articuláta** Hornem. (*Érvum monánthon* L., *V. monánthos* (L.) Desf.) - Algarobaslinse, Wicklinse ⊙ ⓝ, S-Eur, SW-Deutschl., Med., N-Afr. bis Kl. As.
2. **benghalénsis** L. - Purpurwicke ⊙ ⓝ, Med., Port., Azor.

3. **crácca** L. - Vogelwicke ♃ VI–VII, Eur., As., in N-Am. eingebürg.
- *dasycárpa:* 16
4. **ervília** (L.) Willd. (*Érvum ervília* L., *Ervília satíva* Link) - Erve, Linsenwicke ⊙ V Ⓝ, S-Eur., SW-Deutschl., Med., N-Afr., W-As.
5. **fába** L. (*Fába bóna* Medik., *F. vulgáris* Moench) - Puffbohne, Saubohne, Dicke Bohne ⊙ VI–VII Ⓝ, Nur angeb. bek.
6. **hirsúta** (L.) S.F. Gray (*Érvum hirsútum* L.) - Zitterwicke, Zitterlinse ⊙ VI–VII Ⓝ, Fast ganz Eur., Med., N-Afr., W-As., in N-Am. eingebürg.
- *monánthos:* 1
7. **narbonénsis** L. - Französische Wicke, Mauswicke ⊙ V–VI Ⓝ, Med., S-Eur., Transkauk., in SW-Deutschl. eingebürg.
8. **oroboídes** Wulf. ♃ VI–VII, O-Alp. bis W-Ung., M-Jugosl.
9. **pannónica** Crantz - Ungarische Wicke ⊙ V–VI Ⓝ, Med., südl. M-Eur., nördl. bis M-Frankr., Tschechosl. u. N-Ukr., östl. bis Kauk., Iran
10. **pliniána** (Trab.) Muratova ⊙ Ⓝ, Alger., Marok.
11. **pyrenáica** Pourr. ♃ △ ∧ V–VI, Gebg. Span. u. S-Frankr.
12. **satíva** L.
ssp. **nígra** (L.) Ehrh. (*V. angustifólia* L., ssp. *angustifólia* (L.) Aschers. et Graebn.) ⊙ VI–VII, Fast ganz Eur., westl. As., Med., N-Afr., in N-Am. eingebürg.
ssp. **satíva** - Saatwicke, Ackerwicke, Futterwicke ⊙ VI–VII Ⓝ, Nur in Kult. bek., Heimat wahrscheinl. Med. bis W-As.
- *satíva* ssp. *angustifólia:* 12
13. **sépium** L. - Zaunwicke ♃ V–VIII, Eur., W- u. M-As., im östl. Kan. u. nördl. Neuengl. eingebürg.
14. **tetraspérma** (L.) Schreb. (*Érvum tetraspérmum* L.) ⊙ VI–VII, Eur., Med., W-As.
15. **uníjuga** A. Braun ♃ V–VI, Sib.
16. **villósa** Roth (*V. dasycárpa* Ten.) - Zottelwicke, Sandwicke ⊙ V–VII Ⓝ, Eur. (im N. eingebürg.), Med., Vord. As., in N-Am. eingebürg.

Victória Lindl. - f. - *Nymphaeáceae*
1. **amazónica** (Poepp.) Sowerby (*V. régia* Lindl.) ♃ ≈ ⌂ VII–X, Amaz. von 4° N –15° S
2. **cruziána** Orb. (*V. tríckeri* hort.) ♃ ≈ ⌂ VII–X, Paraná, N-Arg., Parag.
- *régia:* 1
- *tríckeri:* 2

Vieusseuxia aristáta: Moraea 1
- *glaucópis: Moraea* 1
- *pavónia: Moraea* 2
- *tricúspis: Moraea* 5

Vígna Savi - f. - *Leguminósae*
1. **aconitifólia** (Jacq.) Maréchal (*Phaséolus aconitifólius* Jacq.) - Mattenbohne ⊙ ⁓ Ⓝ, Ind., Arab.
2. **anguláris** (Willd.) Ohwi et Ohashi (*Phaséolus anguláris* (Willd.) W.F. Wight) - Adzubibohne ⊙ Ⓝ, Wild unbek., Heimat wahrsch. O-As.
3. **caracálla** (L.) Verdc. (*Phaséolus caracálla* L.) - Schneckenbohne ♃ § D Ⓝ VII–IX, Trop. S-Am., Antill.
- *cátjang:* 8
- *cylíndrica:* 8
4. **múngo** (L.) Hepper (*Phaséolus múngo* L.) - Urdbohne ⊙ ⁓ Ⓝ, Ind.: Maharashtra, im übrigen Ind. kult.
5. **radiáta** (L.) R. Wilczek (*Phaséolus radiátus* L.)
var. **radiáta** - Mungbohne, Jerusalembohne ⊙ Ⓝ
var. **sublobáta** (Roxb.) Verdc. ⊙, O-Afr., Madag., Ind., Ceyl., SO-As., Indones., Queensl.
- *sesquipedális:* 8
- *sinénsis:* 8
6. **subterránea** (L.) Verdc. (*Glycíne subterránea* L., *Voandzeia subterránea* (L.) Thou. ex DC.) - Bambarra-Erdnuß, Angolaerbse, Erderbse ⊙ ⌂ Ⓝ, N-Niger., Kamer.
7. **umbelláta** (Thunb.) Ohwi et Ohashi - Reisbohne ⊙ Ⓝ, Ind. u. M-China bis Malays.
8. **unguiculáta** (L.) Walp. (*V. sinénsis* (L.) Savi ex Hassk., *Dólichos biflórus* L.)
ssp. **cylíndrica** (L.) Van Eseltine ex Verdc. (*V. cátjang* (Burm. f.) Walp., *V. cylíndrica* (L.) Skeels) - Catjangbohne ⊙ ⁓ - § Ⓝ, M-Afr. oder Ind.

ssp. **sesquipedális** (L.) Verdc. (*V. sesquipedális* (L.) Fruw.) – Spargelbohne ⊙ ⁓›–⌇ Ⓝ, Nur angeb. bek.
ssp. **unguiculáta** – Augenbohne ⊙ ⁓› bis ⌇ Ⓝ, M-Afr.
Villádia guatemalénsis: Altamiránoa 2
– *imbricáta: Altamiránoa* 1
Villarésia grandiflóra: Citronélla 1
Villársia Vent. – f. – *Menyantháceae*
1. **exaltáta** (Sims) F. v. Muell. (*V. renifórmis* R. Br., *Menyánthes exaltáta* Sims) ♃ ⁓ Ⓚ VII, Austral., Tasm.
2. **ováta** (L. f.) Vent. (*Menyánthes ováta* L. f.) ♃ ⁓ Ⓚ VI, Kap
3. **parnassiifólia** R. Br. ♃ ⁓ Ⓚ VIII, Austral., Tasm.
– *renifórmis:* 1
Vínca L. – f. – *Apocynáceae*
Singrün, Immergrün
1. **herbácea** Waldst. et Kit. ♃ ⁓› V–VI, Östl. M- u. SO-Eur., nördl. bis südl. M-Rußl., W-As.
2. **májor** L. ♄ ∧ (besser Ⓚ) IV–V, S-Eur., W- u. M-Med., in W-, im südl. M- u. in SO-Eur. häufig eingebürg., ebenso in den südöstl. USA
(Mit mehreren Sorten)
3. **mínor** L. – Immergrün ♄ i ⁓› IV–V, S-, W- u. M-Eur., östl. bis Lit. u. Krim, Kauk., Kl. As.
(Mit einigen Sorten)
– *rósea: Catharánthus* 1
Vincetóxicum N. M. Wolf – n. – *Asclepiadáceae*
1. **hirundinária** Medik. (*V. officinále* Moench, *Cynánchum vincetóxicum* (L.) Pers.) ♃ ☠ VI–VII, Fast in ganz Eur., N-Afr., Kauk., östl. bis Him. u. Altai
2. **nígrum** (L.) Moench (*Cynánchum nígrum* (L.) Pers. non Cav.) ♃ ⌇, SW-Eur.
– *officinále:* 1
3. **róssicum** (Kleopow) Barbarič ♃ ⌇, Ukr., SO-Rußl.
Víola L. – f. – *Violáceae*
Veilchen
– *adúnca* var. *mínor:* 18
1. **álba** Bess. ♃ i IV–V, M- u. S-Eur., Öland, Alger., Kl. As., Kauk., Syr.
2. **alpína** Jacq. ♃ △ VI–VII, NO-Alp., Karp.
3. **altáica** Ker-Gawl. ♃ V–VII, Altai, Sib.
4. **bertolónii** Pio ♃ △ ∧ V–VI, Seealp., N-Apenn., S-Ital., NO-Siz.
5. **biflóra** L. ♃ △ ⁓ V–VII, N-Eur., Gebg. M- u. S-Eur., N-As., N-Am.: Alaska bis Rocky Mount.
– *bosníaca:* 12
6. **calcaráta** L. ♃ △ V–VII ▽, Alp., S-Jura, W-Balk.
7. **canína** L. – Hundsveilchen ♃ IV–VI, Grönl., Eur., As. bis Jap., südl. bis Kaschm.
8. **cornúta** L. – Hornveilchen ♃ △ VI bis VIII, Pyren., N-Span., in Teilen W-, M- u. S-Eur. eingebürg.
9. **-Cornuta-Hybriden** ♃ VI–VIII
10. **cuculláta** Ait. (?*V. oblíqua* Hill) ♃ ⁓› IV–VI, N-Am.: Neufundl. bis Ont. u. Minn., südl. bis Virg., Georg., Tenn., Ark. u. Nebr.
– *cyánea:* 29
11. **dissécta** Ledeb.
var. **chaerophylloídes** (Regel) Mak. (var. *eizanénsis* Mak., *V. eizanénsis* (Mak.) Mak.) ♃ D IV, Jap.
– *dissécta* var. *eizanénsis:* 11
– *eizanénsis:* 11
12. **elegántula** Schott (*V. bosníaca* Form.) ♃ △ VII–VIII, W-Jugosl., Alban.
13. × **florariénsis** Correv. (*V. cornúta* × *V. rothomagénsis*) ♃ △ VI–VIII
14. **grácilis** Sibth. et Sm. ♃ V–VIII, Monten. bis NO-Griech.
15. **hederácea** Labill. ♃ i ⁓› ⌇ Ⓦ–Ⓚ IV bis XI, O- u. S-Austral.
16. **hírta** L. ♃ III–V, Fast ganz Eur., W-As., östl. bis Altai
– *horténsis:* 32
17. **joói** Janka ♃ D △ IV–V, M-Rum.
18. **labradórica** Schrank (*V. adúnca* Sm. var. *mínor* (Hook.) Fern.) ♃ IV–V, N-Am.: Grönl., Labr. bis Alaska, südl. bis N. Y., N-Dak., Color. u. Kalif.
19. **lútea** Huds. ♃ VI–VIII, W- u. M-Eur., Sudet., Tatra, südl. bis Pyren.
20. **mirábilis** L. ♃ IV–V, Euras.
– *oblíqua:* 10
21. **odoráta** L. – Duftveilchen ♃ D ✂ III bis IV Ⓝ, W-Eur., Med. bis Kauk., Kurdist., NW-Afr., in M-Eur. u. im östl. N-Am. eingebürg.
22. **palmáta** L. ♃ IV–V, N-Am.: N.

Hampsh. bis Ont. u. Minn., südl. bis Flor. u. Miss.
- *papilionácea:* 27
23. **pinnáta** L. ♃ D △ V–VI, Kalkalp.
- *póntica:* 29
24. **reichenbachiána** Jord. ex Bor. (*V. sylvéstris* Lam. emend. Rchb., *V. silvática* Fr.) – Waldveilchen ♃ IV–VI, S-, W- u. M-Eur., nördl. bis Schwed., östl. bis Estl. u. M-Ukr., Kanar., Med., NW-Afr., As.
- *rhodopa͞ea:* 28
- *rhodope͞ia:* 28
25. **riviniána** Rchb. ♃ IV–VI, Eur., Med., Kl. As., Kauk., Iran
26. **rupéstris** F. W. Schmidt ♃ △ ⏦ IV bis V, Eur.
- *sepíncola:* 29
- *silvática:* 24
27. **soróría** Willd. (*V. papilionácea* Pursh) ♃ IV–V, N-Am.: Queb. u. Maine bis Minn., N-Dak. u. Wyom., südl. bis N-Carol., Georg., Kent. u. Okla.
28. **stojanówii** W. Becker (*V. rhodopa͞ea* hort., non *V. rhodope͞ia* W. Becker) ♃ △ V-VII, S-Bulg., NO-Griech.
29. **suávis** M. B. (*V. sepíncola* Jord., *V. póntica* W. Becker, *V. cyánea* Beck) – Parmaveilchen ♃ ✂ ⌂K II–III, S-, M- u. O-Eur.
- *sylvéstris:* 24
- *trícolor* hort.: 32
30. **trícolor** L. – Stiefmütterchen ⊙–♃ V bis VIII Off., Eur., W-Sib., Vord. As., Med., N-Afr.
- *trícolor* var. *máxima:* 32
31. **uliginósa** Bess. – Moorveilchen ♃ ⏦ IV–V, O-Eur., nördl. bis Dänem. u. Finnl., westl. bis O-Deutschl. u. NW-Jugosl.
- × *wittrockiána:* 32
32. **-Wittrockiana-Hybriden** (*V.* × *wittrockiána* Gams, *V. trícolor* hort. non L., *V. trícolor* var. *maxíma* hort., *V. horténsis* auct.) – Gartenstiefmütterchen ⊙ III–XI

Virgília Poir. – f. – *Leguminósae*
1. **capénsis** (L.) Poir. (*V. oroboídes* (Bergius) T. M. Salter) ♄ – ♄ ⌂K VII, S-Afr.
- *lútea: Cladrástis* 1

Viscária alpína: Lýchnis 1
- *atropurpúrea: Lýchnis* 11
- *oculáta: Siléne* 6
- *sartórii: Lýchnis* 11
- *viscósa: Lýchnis* 11
- *vulgáris: Lýchnis* 11

Víscum L. – n. – *Lorantháceae*
Mistel
1. **álbum** L. ♄ i ☘ III–IV, Eur. bis NW-Afr., Vord. As., Him., Burma, Vietn., China, Mandsch., Korea, Jap.
ssp. **abíetis** (Wiesb.) Abrom. (*V. abíetis* (Wiesb.) Fritsch) – Auf *Ábies* schmarotzend Ⓝ
ssp. **álbum** – Auf Laubhölzern schmarotzend Ⓝ
ssp. **austríacum** (Wiesb.) Vollm. (*V. láxum* Boiss. et Reut.) – Auf *Pínus* und *Lárix* schmarotzend

Vísnea L. f. – f. – *Theáceae*
Mocanbaum
1. **mocanéra** L. f. ♄–♄ i D ⌂K III, Kanar., Mad.

Vitaliána Sesler – f. – *Primuláceae*
1. **primuliflóra** Bertol. (*Arétia vitaliána* (L.) Murr., *Douglásia vitaliána* (L.) Hook. f. ex Pax, *Andrósace vitaliána* (L.) Lapeyr.)
ssp. **cinérea** (Sünderm.) I. K. Fergus. ♃ △ IV–V, M- u. SW-Alp., O-Pyren.
ssp. **praetutiána** (Buser ex Sünderm.) I. K. Fergus. ♃ △ IV–V, M-Apenn.
ssp. **primuliflóra** ♃ △ IV–V, SO-Alp.

Vitellária Gaertn. f. (*Butyrospérmum* Kotschy) – f. – *Sapotáceae*
1. **paradóxa** Gaertn. f. (*Butyrospérmum paradóxum* (Gaertn. f.) Hepper, *B. párkii* (G. Don) Kotschy) ♄ ⌂W Ⓝ, Trop. W- u. M-Afr.

Vítex L. – f. – *Verbenáceae*
1. **ágnus-cástus** L. – Mönchspfeffer ♄ ∧ (besser ⌂A) IX–X, S-Eur., Med., W-As.
- *cienkówskii:* 2
- *cuneáta:* 2
2. **doniána** Sweet (*V. cienkówskii* Kotschy et Peyr., *V. cuneáta* Schumach. et Thonn.) ♄ ⌂W Ⓝ, Trop. Afr.
- *incísa:* 3
3. **negúndo** L.
var. **heterophýlla** (Franch.) Rehd. (*V. incísa* Lam., *V. negúndo* var. *incísa*

(Lam.) C. B. Clarke) ♄ ⓚ VII–VIII, N- u. M-China, Mongol.
var. **negúndo** ♄ ⓚ VII–VIII, SO-Afr., Madag., S- u. SO-As., in Flor. eingebürg.
– *negúndo* var. *incísa:* 3

Vítis L. – f. – *Vitáceae*
Rebe

1. **aestivális** Michx. – Sommerrebe ♄ ⌇ ♧ VI Ⓝ, USA: Mass. bis Wisc. u. Kans., südlich bis Georg., Flor. u. Tex.
2. **amurénsis** Rupr. – Amurrebe ♄ ⌇ VI Ⓝ, Jap., Korea, NO-China bis Ussuri u. Amur, Mandsch.
– *armáta:* 5
3. **berlandiéri** Planch. – Winterrebe ♄ ⌇ ♧ VI Ⓝ, USA: SW-Tex., New Mex.
4. **coignétiae** Pulliat ex Planch. (*V. labrúsca* auct. mult. non L.) ♄ ⌇ VI bis VII, Jap., Korea, Sachal.
5. **davídii** (Roman.) Foëx (*V. armáta* Diels et Gilg) ♄ ⌇ VI–VII, China
– *dissécta: Ampelópsis* 1
– *élegans: Ampelópsis* 2
6. **flexuósa** Thunb. ♄ ⌇ VI, Jap., Korea, China
– *gongylódes: Císsus* 5
– *henryána: Parthenocíssus* 1
– *heterophýlla: Ampelópsis* 2
– *heterophýlla* var. *maximowíczii: Ampelópsis* 2
– *japónica: Cayrátia* 1
– *labrúsca* auct. mult. non L.: 4
7. **labrúsca** L. – Fuchsrebe ♄ ⌇ ♧ VI Ⓝ, USA: Maine bis Mich., südl. bis Penns., Georg., Kent. u. Tenn.
– *orientális: Ampelópsis* 5
8. **palmáta** Vahl – Katzenrebe ♄ ⌇ VII bis VIII, USA: Indiana bis Ill. u. Iowa, südl. bis Louis. u. Tex.
– *pteróphora: Císsus* 5
9. **ripária** Michx. (*V. vulpína* Leconte non L. nec Torr. et A. Gray) – Uferrebe ♄ ⌇ D VI Ⓝ, N-Am.: N. Scot. u. N. Brunsw. bis Manit. u. Mont., südl. bis Virg., Tenn., Tex. u. New Mex.
10. **rotundifólia** Michx. (*Muscadínia rotundifólia* (Michx.) Small) – Muscadinerrebe ♄ ⌇ ♧ VI Ⓝ, USA: S-Del. bis Missouri u. Okla., südl. bis Flor. u. Tex.; Mex.
11. **rupéstris** Scheele – Sandrebe ♄ VI Ⓝ, USA: S-Penns. bis Missouri, südl. bis N-Carol., Tenn., Ark. u. Tex.
– *sylvéstris:* 12
– *vẽitchii: Parthenocíssus* 4
12. **vinífera** L. – Weinstock, Weinrebe
ssp. **caucásica** Vavilov ♄ ⌇ VI–VII, M-As.
ssp. **sylvéstris** (C. C. Gmel.) Beger (*V. sylvéstris* C. C. Gmel.) ♄ ⌇ VI–VII ▽, SO- u. südl. M-Eur., bis Korsika u. SW-Deutschl., NW-Afr., Paläst., westl. Kl. As.
ssp. **vinífera** ♄ ⌇ ♧ VI–VII Ⓝ Off., Nur in Kult. bek., in Eur. vielfach eingebürg.
– *voinieriána: Testrastígma* 1
13. **vulpína** L. – Winterrebe ♄ ⌇ ♧ VII Ⓝ, USA: N. Y. bis Missouri u. Kans., südl. bis Flor. u. Tex.
– *vulpína* Leconte: 9

Vittadínia A. Rich. – f. – *Compósitae*

1. **austrális** A. Rich. ♄ ⓚ VII–IX, Austral., Tasm., Neuseel.
– *tríloba* hort. non DC.: *Erígeron* 8

Vittária Sm. – f. – *Vittariáceae*
Bandfarn

1. **lineáta** (L.) Sm. ♃ i ⓦ, Fast pantrop.

Voandzẽia subterránea: Vígna 6

Volkaméria frágrans: Clerodéndrum 2

Vrīesea Lindl. corr. Beer – f. – *Bromeliáceae*

1. **appénii** Rauh ♃ i ⓦ, N-Peru
2. **átra** Mez ♃ ⓦ, Bras.
3. **barillétii** E. Morr. ♃ ⓦ, Bras.
4. **bituminósa** Wawra ♃ ⓦ, Bras.
– *blókii:* 32
5. **carináta** Wawra ♃ ⓦ, SO-Bras.
6. **cereícola** (Mez) L. B. Sm. ♃ ⓦ, N-Peru
7. **chrysóstachys** E. Morr. ♃ ⓦ, Trin., Kol., Peru
8. **conférta** Gaudich. ♃ ⓦ, Bras.
9. **corcovadénsis** (Britt.) Mez ♃ ⓦ, Bras.
10. **ensifórmis** (Vell.) Beer ♃ ⓦ, Bras.
11. **erythrodáctylon** (E. Morr.) E. Morr. ex Mez ♃ ⓦ, Bras.
12. **espinósae** (L. B. Sm.) Gilmartin ♃ ⓦ, S-Ek., N-Peru
13. **fenestrális** Lind. et André ♃ ⓦ, Bras.
14. **flámmea** L. B. Sm. ♃ ⓦ, Bras.

15. **fosteriána** L. B. Sm. ♃ ⌂W, Bras.
16. **friburgénsis** Mez ♃ ⌂W, Arg., Bras.
17. **gigantéa** Gaudich. (*V. tesseláta* (Lind. et André) E. Morr.) ♃ ⌂W, Bras.
- *glaziouána:* 22
18. **guttáta** Lind. et André ♃ ⌂W, Bras.
19. **heliconioídes** (H. B. K.) Hook. ex Walp. ♃ i ⌂W, M-Am. bis Bras.
20. **hieroglýphica** (Carr.) E. Morr. ♃ ⌂W, Bras.
21. **-Hybriden** ♃ ⌂W
22. **imperiális** E. Morr. ex Bak. (*V. glaziouána* Carr., *Tillándsia regína* Bak. non Vell.) ♃ ⌂W, Bras.
23. **incurváta** Gaudich. (*V. róstrum-áquilae* Mez), Bras.
   var. **incurváta** ♃ ⌂W
   var. **infláta** (Wawra) Mez (*V. infláta* Wawra) ♃ ⌂W
- *infláta:* 23
24. **jónghii** (Libon ex K. Koch) E. Morr. ♃ ⌂W, Bras.
- *longibracteáta:* 38
25. **malzínei** E. Morr. ♃ ⌂W, Mex.
- *musáica: Guzmánia* 13
26. **olmosána** L. B. Sm. ♃ IV ⌂W, N-Peru
27. **pardálina** Mez ♃ ⌂W, Bras.
28. **platynéma** Gaudich. ♃ ⌂W, Bras.
29. **platzmánnii** E. Morr. ♃ ⌂W, Bras.
30. **psittácina** (Hook.) Lindl. ♃ ⌂W, Bras., Parag.
31. **racínae** L. B. Sm. ♃ ⌂W, Bras.
32. **regína** (Vell.) Beer (*V. blókii* (Hemsl.) Mez) ♃ ⌂W, Bras.
33. **rodigasiána** E. Morr. ♃ ⌂W, Bras.
- *róstrum-áquilae:* 23
34. **sandérsii** (Carr.) E. Morr. ex Mez ♃ ⌂W, Bras.
35. **scaláris** E. Morr. ♃ ⌂W, Bras.
36. **scéptrum** Mez ♃ ⌂W, Bras.
37. **símplex** (Vell.) Beer ♃ ⌂W, Trin., Kol., Bras.
38. **spléndens** (Brongn.) Lem., Surin. Venez.
   var. **longibracteáta** (Bak.) L. B. Sm. (*V. longibracteáta* Bak.) ♃ ⌂W
   var. **spléndens** ♃ ⌂W
- *tesseláta:* 17
39. **viridiflóra** (Regel) Wittm. ♃ ⌂W, Costa R.
40. **zamorénsis** (L. B. Sm.) L. B. Sm. ♃ ⌂W, Ek.

× **Vuylstekeára** hort. (*Cochlióda* × *Miltónia* × *Odontoglóssum*) - f. - *Orchidáceae*

Wachendórfia Burm. - f. - *Haemodoráceae*
1. **hirsúta** Thunb. ♃ ⌂K IV, S-Afr.
2. **paniculáta** L. ♃ ⌂K IV, S-Afr.
3. **thyrsiflóra** L. ♃ ⌂K V, S-Afr.

Wahlenbérgia Schrad. ex Roth - f. - *Campanuláceae*
1. **capénsis** (L.) A. DC. (*W. elongáta* (Willd.) Schrad. ex Roth, *Campánula capénsis* L.) ⊙ VII–VIII, S-Afr.
- *elongáta:* 1
- *grandiflóra: Platycódon* 1
2. **hederácea** (L.) Rchb. (*Campánula hederácea* L.) ♃ ⁓ V–VI ▽, W-Eur., von Schottl. bis Port. u. Span., östl. bis W- u. SW-Deutschl.

Wáitzia J.C. Wendl. - f. - *Compósitae*
1. **áurea** Steetz (*W. grandiflóra* J.V. Thomps. non Naud.) ⊙ VII–VIII, Austral.
2. **corymbósa** J.C. Wendl. ⊙ VII–VIII, W-Austral.
- *grandiflóra* J.V. Thomps.: 1
3. **grandiflóra** Naud. ⊙ VII–VIII, Austral.
- *nívea:* 4
4. **odontólepis** Turcz. (*W. nívea* Benth.) ⊙ VII–VIII, Austral.

Waldstéinia Willd. - f. - *Rosáceae*
1. **fragarioídes** (Michx.) Tratt. ♃ V–VI, N-Am.: N. Brunsw. bis Minn., südl. bis Georg., Tenn. u. Missouri
2. **geoídes** Willd. ♃ IV–V, Östl. M-Eur. bis S-Bulg. u. W-Ukr.
- *sibírica:* 3
3. **ternáta** (Steph.) Fritsch (*W. sibírica* Tratt., *W. trifólia* Rochel ex W.D.J. Koch, *W. ternáta* ssp. *trifólia* (Rochel ex W.D.J. Koch) Teppn.) ♃ ⁓ V, SO-Österr., NW-Jugosl., Karp., Jap., Sachal., Sib.
- *ternáta* ssp. *trifólia:* 3
- *trifólia:* 3

Wallíchia Roxb. - f. - *Pálmae*
1. **caryotoídes** Roxb. i ⌂W, Ind., Burma
2. **densiflóra** (Mart.) Mart. i ⌂W, Ass.
3. **dísticha** T. Anders. i ⌂W, Ind., Him., Burma

× **Warneára** hort. (*Comparéttia* × *Oncídium* × *Rodriguézia*) - f. - *Orchidáceae*

Wárrea Lindl. - f. - *Orchidáceae*
1. **warreána** (Lodd. ex Lindl.) C. Schweinf. (*Maxillária warreána* Lodd. ex Lindl., *W. trícolor* Lindl.) ⌂ VII-VIII ✳, Kol., Venez.

Warscewiczélla Rchb. f. - f. - *Orchidáceae*
1. **amazónica** Rchb. f. ⌂ XII-III ✳, Amaz., Venez.
2. **díscolor** (Lindl.) Rchb. f. ⌂ I-III ✳, Kuba, Hond., Costa R., Pan., Venez.
3. **flabellifórmis** Cogn. ♃ ⌂ XII-III ✳, Westind.
4. **wailesiána** E. Morr. ♃ ⌂ V-VI ✳, Bras.

Wasábia japónica: Eutréma 1

Washingtónia H. Wendl. - f. - *Pálmae*
1. **filífera** (Lind. ex André) H. Wendl. (*Pritchárdia filífera* Lind. ex André) ♄ i ⌂, S-Kalif., W-Ariz., Nied. Kalif.
- *filífera* var. *robústa:* 2
2. **robústa** H. Wendl. (*W. filífera* var. *robústa* (H. Wendl.) Parish, *W. sonórae* S. Wats.) ♄ i ⌂, Mex.
- *sonórae:* 2

Watsónia Mill. - f. - *Iridáceae*
1. **beatrícis** J.W. Math. et L. Bol. ♃ i ⌂ VI-IX, Kap
2. **bulbillífera** J.W. Math. et L. Bol. ♃ ⌂ IV-VI, Kap
3. **coccínea** Herb. ♃ ⌂ VI-VII, Kap
4. **densiflóra** Bak. ♃ i ⌂ VI-VII, Transv., Nat., Oranjefreist.
5. **húmilis** Mill. ♃ ⌂ VI, Kap
6. **-Hybriden** ♃ ⌂ V-IX
7. **meriána** (L.) Mill. ♃ ⌂ V-VI, Kap
8. **pyramidáta** (Andr.) Stapf (*W. rósea* Ker-Gawl.) ♃ ⌂ V-VI, Kap
- *rósea:* 8

Wattakáka sinénsis: Drégea 1

Weberbauerocéreus Bckbg. - m. - *Cactáceae*
1. **fasciculáris** (Meyen) Bckbg. (*Trichocéreus fasciculáris* (Meyen) Britt. et Rose) ⌂ ✳, S-Peru, N-Chile
2. **weberbaueri** (Vaup.) Bckbg. (*Céreus weberbaueri* Vaup., *W. rauhii* Bckbg. emend. Ritt., *Haageocéreus weberbaueri* (Vaup.) D.R. Hunt) ⌂, M- bis S-Peru

Weberocéreus Britt. et Rose - m. - *Cactáceae*
1. **tondúzii** (F.A.C. Web.) G.D. Rowl. ⌇ ⟿ ⌇ ⌂ ✳, Costa R.

Wedélia Jacq. - f. - *Compósitae*
1. **trilobáta** (L.) Hitchc. ♃ ⟿ ⌇ ⌇ ⌂ VII bis IX, Westind., S-Flor., Trop. Am.

Weigela Thunb. - f. - *Caprifoliáceae*
Weigelie
- *amábilis:* 1
1. **coraeénsis** Thunb. (*W. amábilis* Planch., *W. grandiflóra* (Sieb. et Zucc.) K. Koch) ♄ V-VII, Jap.
2. **floribúnda** (Sieb. et Zucc.) K. Koch ♄ V-VI, Jap.
3. **flórida** (Bunge) A. DC. (*W. rósea* Lindl.) ♄ V-VI, N-China, Korea, Mandsch., Jap.
(Mit einigen Sorten)
- *grandiflóra:* 1
4. **-Hybriden** ♄ V-VII
5. **japónica** Thunb. ♄ V-VI, Jap., China
6. **maximowíczii** (S. Moore) Rehd. ♄ V bis VI, Jap.
7. **middendorffiána** (Trautv. et C.A. Mey.) K. Koch ♄ V-VI, Jap., S-Kuril., Sachal., Ussuri, Amur
8. **praecox** (Lemoine) L.H. Bailey ♄ V, Korea, Mandsch.
- *rósea:* 3

Weingaertnéria: Corynéphorus
- *canéscens: Corynéphorus* 1

Weingártia: Rebútia
- *fidaiána: Rebútia* 8
- *neocumíngii: Rebútia* 15
- *neumanniána: Rebútia* 16

Weldénia Schult. f. - f. - *Commelináceae*
1. **cándida** Schult. f. ♃ ⌂ IV-V, Mex., Guat.

Wellingtónia giganteá: Sequoiadéndron 1

Welwítschia Hook. f. - f. - *Welwitschiáceae*
1. **mirábilis** Hook. f. (*W. bainésii* (Hook. f.) Carr.) ⌂ ✳, Küstengebiet Namib. u. Angolas

Wércklea Pitt. et Standl. - f. - *Malváceae*
1. **insígnis** Pitt. et Standl. ♄ ⌂, Costa R.

Westríngia Sm. - f. - *Labiátae*
1. **fruticósa** (Willd.) Druce (*W. rosmarinifórmis* Sm.) ♄ i ⌂ IV-VII, Austral.: Queensl., Neusüdwal.

Whíte-Sloánea Chiov. - f. - *Asclepiadáceae*

1. **crássa** (N. E. Br.) Chiov. (*Carallúma crássa* N. E. Br., *Dráke-Brockmánia crássa* (N. E. Br.) A. White et Sloane) ♃ Ⓚ, Somalia

Whitfíeldia Hook. - f. - *Acantháceae*
1. **elongáta** C. B. Clarke ♃ i Ⓦ VI–VIII, Trop. W-Afr.
2. **laterítia** Hook. ♄ i Ⓦ I–V, W-Afr.: Sierra Leo.

Whitlávia grandiflóra: Phacélia 5

Widdringtónia Endl. - f. - *Cupressáceae*
1. **cupressoídes** (L.) Endl. ♄ i Ⓚ, S-Afr.
2. **dracomontána** Stapf ♄ i Ⓚ, Nat.
3. **juniperoídes** (L.) Endl. - „Clanwilliam cedar" ♄ i Ⓚ Ⓝ, S-Afr.
4. **whýtei** Rendle - „Mlanje" ♄ Ⓚ Ⓝ, O-Afr., Sambia, Zimb., N-Transv.

Wigándia H. B. K. - f. - *Hydrophylláceae*
1. **caracasána** H. B. K. ♄ Ⓚ, S-Mex. bis Venez. u. Kol., im W-Med. stellenweise eingebürg.

Wiggínsia erinácea: Paródia 9
- *vorwerkiána: Paródia* 9

Wilcóxia: Echinocéreus
- *posélgeri: Echinocéreus* 11
- *striáta: Peniocéreus* 3
- *viperína: Peniocéreus* 4

Willughbéia Roxb. - f. - *Apocynáceae*
1. **fírma** Bl. ♄ ⌇ Ⓦ Ⓝ, Malak., Mal. Arch.

× **Wilsonára** hort. (*Cochlióda* × *Odontoglóssum* × *Oncídium*) - f. - *Orchidáceae*

Wintéria aureispína: Cleistocáctus 11

Wissádula Medik. - f. - *Malváceae*
1. **periplocifólia** (L.) Thwaites ♄ Ⓦ Ⓝ, Pantrop.

Wistária brachýbotrys: Wistéria 1
- *brachýbotrys* var. *álba: Wistéria* 5

Wistéria Nutt. - f. - *Leguminósae*
Glyzine, Wistarie
- *chinénsis:* 4
1. **floribúnda** (Willd.) DC. (*Wistária brachýbotrys* Sieb. et Zucc.) ♄ ⌇ V bis VI, Jap., in den atl. USA eingebürg. (Mit einigen Sorten)
2. **frutéscens** (L.) Poir. (*Glycíne frutéscens* L., *W. speciósa* Nutt.) ♄ ⌇ ∧ VII–IX, USA: Virg. bis Flor., Alab. u. Tex.
3. **macrostáchya** (Torr. et A. Gray) Nutt. ex Torr. et A. Gray ♄ ⌇ VI–VII, USA: Kent. bis Ill. u. Missouri, südl. bis Louis. u. Tex.
4. **sinénsis** (Sims) Sweet (*W. chinénsis* DC.) ♄ ⌇ ☠ IV–V, China, in den nordöstl. USA eingebürg.
- *speciósa:* 2
5. **venústa** Rehd. et Wils. (*Wistária brachýbotrys* var. *álba* W. Mill.) ♄ ⌇ VI bis VII, China

× **Withnerára** hort. (*Aspásia* × *Miltónia* × *Odontoglóssum* × *Oncídium*) - f. - *Orchidáceae*

Witsénia corymbósa: Nivénia 1

Wíttia: Wittiocáctus
- *amazónica: Wittiocáctus* 1
- *costaricénsis: Pseudorhipsalis* 1
- *panaménsis: Wittiocáctus* 2

Wittiocáctus Rauschert (*Wíttia* K. Schum. non Pant.) - m - *Cactáceae*
1. **amazónicus** (K. Schum.) Rauschert (*Wíttia amazónica* K. Schum.) Ⓦ ∗, Peru
2. **panaménsis** (Britt. et Rose) Rauschert (*Wíttia panaménsis* Britt. et Rose) Ⓦ ∗, Pan., Kol., Venez.?

Wittmáckia linguláta: Aechméa 24

Wittróckia Lindm. - f. - *Bromeliáceae*
1. **amazónica** (Bak.) L. B. Sm. (*Nidulárium amazónicum* (Bak.) Lindm., *Canístrum amazónicum* (Bak.) Mez) ♃ Ⓦ, Bras.

Wólffia Horkel ex Schleid. 1844, non 1839 - f. - *Lemnáceae*
1. **arrhíza** (L.) Horkel ex Wimm. - Zwerglinse ♃ ≈, W-, M- u. O-Eur., Med., Afr., S-As.

Woódsia R. Br. - f. - *Woodsiáceae*
Wimpernfarn
1. **alpína** (Bolt.) S. F. Gray (*W. hyperbórea* (Liljebl.) R. Br., *W. ilvénsis* ssp. *arvónica* (With.) Milde) ♃ △ ▽, Zirkumpol., in N-Am. südl bis N. Brunsw., Maine, N. Y., Ont., Mich. u. Minn.
- *glabélla:* 5
- *hyperbórea:* 1
2. **ilvénsis** (L.) R. Br. ♃ △ ▽, Zirkumpol., in N-Am. südl. bis N. Jers., N-Carol., Mich., Iowa, Alb. u. Br. Kol.
- *ilvénsis* ssp. *arvónica:* 1
3. **obtúsa** (Spreng.) Torr. ♃ △, N-Am.: Maine u. Queb. bis Minn. u. Nebr., südl. bis Georg., Alab., Tex.
4. **polystichoídes** Eaton ♃ △, Jap., S-Kuril., Sachal., Amur, Ussuri,

Mandsch., Korea, China, Taiwan
5. **pulchélla** Bertol. (*W. glabélla* auct. eur. centr. non R. Br.) ♃ △ ▽ Alp., Pyren.

Woodwárdia Sm. – f. – *Blechnáceae*
1. **areoláta** (L.) T. Moore ♃ ⁓ ∧, N-Am.: N. Scot. bis Mich., südl. bis Flor. u. Tex.
2. **radícans** (L.) Sm. ♃ i ⌂, Mad., Kanar., SW- u. S-Eur., W-Med., NW-Afr., As.
3. **virgínica** (L.) Sm. ♃ ⁓ ∧, N-Am.: N. Scot. bis Mich., südl. bis Flor. u. Tex., Berm.

Worslēya (W. Wats. ex Traub) Traub – f. – *Amaryllidáceae*
1. **rāyneri** (Hook.) Traub et Moldenke (*Hippeástrum procérum* (Duchartre) Lem.) ♃ ⌂ VII–IX, Bras.: Orgelgebg.

Wulfénia Jacq. – f. – *Scrophulariáceae*
1. **amherstiána** Benth. ♃ △ VI–VII, Him., Afgh.
2. **baldáccii** Degen ♃ △ V–VI, N-Alban.
3. **carinthíaca** Jacq. ♃ △ VI–VII ▽, SO-Alp., Monten.
4. **orientális** Boiss. ♃ △ ∧ (besser ⌂) V–VI, Kl. As., bes. Taurus
5. × **suendermánnii** hort. (*W. baldáccii* × *W. carinthíaca*) ♃ △ V–VI

Wurmbāea: Wúrmbea

Wúrmbea Thunb. (*Wurmbāea* Steud.) – f. – *Liliáceae*
1. **capénsis** Thunb. (*W. campanuláta* Willd.) ♃ ⌂ V–VI, S-Afr.

Wyéthia Nutt. – f. – *Compósitae*
1. **angustifólia** (DC.) Nutt. ♃ ∧ VII bis VIII, USA: Wash. bis Kalif.
2. **helenioídes** (DC.) Nutt. ♃ ∧ VII bis VIII, M-Kalif.
3. **móllis** A. Gray ♃ ∧ VII–VIII, USA: Nev., Kalif.
4. **ováta** Torr. et A. Gray ex Torr. ♃ △ ∧ (besser ⌂) V–VI, Westl. USA

Xantheránthemum Lindau – n. – *Acanthéceae*
1. **ígneum** (Lind.) Lindau (*Eránthemum ígneum* Lind., *Chamaeránthemum ígneum* (Lind.) Regel, *Stenándrium ígneum* (Lind.) André non Nees) ♃ ⇝ ⌂, Peru

Xánthium L. – n. – *Compósitae*
Spitzklette
1. **albínum** (Widd.) H. Scholz emend. Wagenitz
ssp. **ripárium** (Čelak.) Widd. et Wagenitz (*X. ripícola* Holub, *X. ripárium* Itzigs. et Hertsch emend. Lasch) ⊙ Ⓝ, O-, M- u. S-Eur., Heimat wohl nördl. N-Am.
– *ripárium:* 1
– *ripícola:* 1
2. **spinósum** L. (*Acanthoxánthium spinósum* (L.) Fourr.) ⊙ VII–IX, Gem. S-Am., in M- u. S-Eur. sowie N-Afr. u. N-Am. eingebürg.

Xanthóceras Bunge – n. – *Sapindáceae*
Gelbhorn
1. **sorbifólium** Bunge ♄–♄ V–VI, N-China

Xanthorhíza Marsh. (*Zanthorhíza* L'Hérit.) – f. – *Ranunculáceae*
1. **simplicíssima** Marsh. (*Zanthorhíza apiifólia* L'Hérit.) ♄ IV–V, USA: N. Y. bis W-Virg., südl. bis Flor. u. Alab.

Xanthorrhōea Sm. – f. – *Xanthorrhoeáceae*
Grasbaum
1. **austrális** R. Br. ♃ i ⌂, Tasm., S-Austral., Neusüdwal., Vict.
2. **hástilis** R. Br. ♃ i ⌂ Ⓝ, Austral.: Neusüdwal., Vict.
3. **quadranguláta** F. v. Muell. ♃ i ⌂, S-Austral.

Xanthosóma Schott emend. Engl. – n. – *Aráceae*
1. **atróvirens** K. Koch et Bouché ♃ ⌂ Ⓝ, Venez.
– *jacquínii:* 7
– *lindénii: Caládium* 4
2. **mafáffa** Schott
var. **mafáffa** ♃ ⌂ Ⓝ, Wild unbek., in W-Afr. kult.
3. **maximiliánum** Schott ⌂, Bras.
4. **nígrum** (Vell.) Mansf. (*X. violáceum* Schott) ♃ ⌂ Ⓝ, Westind. u. M-Am. bis Bras.
5. **robústum** Schott ⌂, Mex., M-Am.
6. **sagittifólium** (L.) Schott ♃ ⌂ Ⓝ, Westind., Trop. Am.
7. **úndipes** (K. Koch) K. Koch (*X. jacquínii* Schott) ♃ ⌂ Ⓝ, Trop. Am.,

von Mex. bis Peru, in Westind. kult.
- *violáceum:* 4
Xanthóxylum: Zanthóxylum
Xeránthemum L. - n. - *Compósitae*
Papierblume
1. **ánnuum** L. ⊙ ✂ VII–IX, SO- u. östl. M-Eur., Gebg. Kasp. Region, Vord. As., in Span. eingebürg.
- *sesamoídes: Helichrýsum* 14
Xerophýllum Michx. - n. - *Liliáceae*
Bärengras
1. **asphodeloídes** (L.) Nutt. ♃ ∧ V bis VII, USA: N. Jers. bis Del. u. N-Carol.; Gebg. Virg. bis Tenn. u. Georg.
2. **ténax** (Pursh) Nutt. ♃ ∧ ✂ VI–VII, N-Am.: Br. Kol. bis Wyom. u. M-Kalif.
Xerosícyos Humbert - m. - *Cucurbitáceae*
1. **dangúyi** Humbert ♄ i ⌂K, W- u. SW-Madag.
2. **perriéri** Humbert ♃ i ⌂K, W- u. SW-Madag.
Ximénia L. - f. - *Olacáceae*
1. **americána** L. ħ ⌂K Ⓝ, Pantrop., in Am. nördl. bis Flor.
Xiphídium Aubl. - n. - *Haemodoráceae*
1. **coerúleum** Aubl. ♃ i ⌂W V–VI, Westind., Mex. bis S-Am.
Xíphion: Íris + sp. 8, 23, 43, 48, 85, 95
Xýlia Benth. - f. - *Leguminósae*
1. **xylocárpa** (Roxb.) Taub. ħ ⌂W Ⓝ, Ind., Burma, S-Vietn., Malak., Phil.
Xylóbium Lindl. - n. - *Orchidáceae*
1. **hyacínthinum** (Rchb. f.) Schlechter ⌂W VII–VIII ✻, Venez.
- *squálens:* 2
2. **variegátum** (Ruiz et Pav.) Garay et Dunsterv. (*X. squálens* Lindl.) ♃ ⌂W VIII–IX ✻, Costa R., Kol., von Venez. südl. bis Bol. u. Bras.
Xylomélum Sm. - n. - *Proteáceae*
1. **pyrifórme** (Gaertn.) R. Br. ♄ ✂ ⌂K ✻, Austral.: Neusüdwal., Queensl.
Xylópia L. - f. - *Annonáceae*
1. **aethiópica** (Dun.) A. Rich. - Malaguetapfeffer ħ i ⌂W Ⓝ, W-Afr.: Seneg. bis Gabun
2. **quintásii** Engl. et Diels (*X. striáta* Engl.) - Mohrenpfeffer ħ i ⌂W Ⓝ, Trop. W-Afr.
- *striáta:* 2

Xylopleúrum speciósum: Oenothéra 12
Xýris L. - f. - *Xyridáceae*
1. **capénsis** Thunb. ♃ ⌂W, Trop. Afr., S-Afr.
2. **índica** L. ♃ ⌂W, Ind.
3. **operculáta** Labill. ♃ ⌂W, Austral.
Xysmalóbium R. Br. - n. - *Asclepiadáceae*
1. **undulátum** (L.) R. Br. ♃ ⌂K, S-Afr.

× **Yamadára** hort. (*Cattléya* × *Epidéndrum* × *Laélia* × *Rhyncholaélia*) - f. - *Orchidáceae*
× **Yapára** hort. (*Phalaenópsis* × *Rhynchostýlis* × *Vánda*) - f. - *Orchidáceae*
Yúcca L. - f. - *Agaváceae*
Palmlilie
1. **aloifólia** L. i ⌂K VIII–IX, USA: N-Carol. bis Louis.; O-Mex., Westind. (Mit verschiedenen Sorten)
- *angustifólia* hort.: 7
- *angustifólia* Pursh: 11
- *arboréscens:* 3
- *austrális:* 8
2. **baccáta** Torr. i ⌂K, USA: Ariz. bis Nev. u. New Mex., nördl. bis Utah, Color.
- *baccáta* var. *austrális:* 16
3. **brevifólia** Engelm. (*Y. arboréscens* (Torr.) Trel.) - Josuabaum i ⌂K, USA: SO-Kalif., Ariz., Utah, Nev.
- *bulbífera: Furcraéa* 1
4. **desmetiána** Bak. i ⌂K, Mex.
5. **eláta** Engelm. (*Y. radiósa* (Engelm.) Trel.) i ⌂K, USA: Utah, Tex. bis Ariz.; Mex.
6. **elephántipes** Regel (*Y. gigantéa* Lem., *Y. guatemalénsis* Bak.) - Riesenpalmlilie i ⌂K VIII–IX, Mex., Guat.
7. **filamentósa** L. (*Y. angustifólia* hort. non Pursh) i VIII–IX, USA: N. Jers., südl. bis Georg., Flor. u. Miss.
8. **filífera** Chabaud (*Y. austrális* (Engelm.) Trel.) i VII–IX, Mex.
9. **fláccida** Haw. (*Y. pubérula* Haw.) i VIII–IX, USA: N-Carol. bis Alab. (Mit einigen Sorten)
10. **fléxilis** Carr. i ⌂K, Heimat unbek.
- *funífera: Hesperáloë* 1
- *gigantéa:* 6
11. **glaúca** Nutt. ex Fras. (*Y. angustifólia*

Pursh) i ∧ VIII–IX, USA: Iowa u. N-Dak. bis Mont., südl. bis Missouri, Tex., New Mex., Ariz.; Mex.
12. **gloriósa** L. i ⌂K VII–IX, USA: N-Carol. bis Flor.
(Mit einigen Sorten)
- *graminifólia: Dasylírion* 3
- *guatemalénsis:* 6
- *longifólia: Nolína* 1
- *macrocárpa* Engelm.: 15
- *macrocárpa* (Torr.) Coville: 16
- *parviflóra: Hesperáloë* 2
- *péndula:* 13
- *pubérula:* 9
- *radiósa:* 5
- *recúrva:* 13
13. **recurvifólia** Salisb. (*Y. recúrva* Haw., *Y. péndula* Sieb.) i ⌂K, USA: Georg. bis Miss.
(Mit einigen Sorten)
14. **rostráta** Engelm. ex Trel. i ⌂K, Tex., N-Mex.
15. **schóttii** Engelm. (*Y. macrocárpa* Engelm.) i ⌂K, USA: New Mex. u. Ariz.; N-Mex.
- *serratifólia: Dasylírion* 5
16. **torreyi** Shafer (*Y. macrocárpa* (Torr.) Coville non Engelm., *Y. baccáta* var. *austrális* Haw.) i ⌂K, USA: Tex., New Mex.; N-Mex.
17. **treculeána** Carr. i ⌂K, Tex., NO-Mex.
18. **válida** T.S. Brandeg. i ⌂K, Mex.
19. **whípplei** Torr. i ⌂K, Kalif., Nied. Kalif.

Zaluziánskya F.W. Schmidt - f. - *Scrophulariáceae*
Sternbalsam
1. **capénsis** (Benth.) Walp. (*Nycterínia capénsis* Benth.) - Sternbalsam ♄ –♄ (meist ⊙ gezogen) D ⌂K VII–IX, S-Afr.
- *selaginoídes:* 2
2. **villósa** F.W. Schmidt (*Nycterínia selaginoídes* (Thunb.) Benth., *Z. selaginoídes* (Thunb.) Benth.) ⊙ D VII bis IX, S-Afr.

Zámia L. - f. - *Cycadáceae*
- *angustifólia:* 7
- *débilis:* 7
1. **fairchildiána** L.D. Gómez i ⌂W ✱, Costa R.
- *floridána:* 7
- *furfurácea:* 7
2. **lindénii** Regel i ⌂W ✱, Ek.
3. **loddigésii** Miq. i ⌂W ✱, Mex.
- *média:* 7
4. **muricáta** Willd. i ⌂W ✱, Kol., Venez., Mex.
5. **oblíqua** A. Braun i ⌂W ✱, Kol.
6. **pseudoparasítica** Yates (*Z. roezlii* Regel) i ⌂W ✱, Kol., M-Ek., Peru
7. **púmila** L.
ssp. **púmila** (*Z. furfurácea* L. f., *Z. débilis* Ait., *Z. angustifólia* Jacq., *Z. média* Jacq., *Z. floridána* A. DC.) i ⌂W ✱, Flor., Bahama, Westind.
ssp. **pygmaea** (Sims) Eckenwalder (*Z. pygmaea* Sims) i ⌂W ✱, W-Kuba
- *pygmaea:* 7
- *roezlii:* 6
8. **skínneri** Warsc. i ⌂W ✱, Guat. bis Pan.
9. **wallísii** A. Braun i ⌂W ✱, Kol.

Zamiocúlcas Schott - f. - *Aráceae*
1. **zamiifólia** (Lodd.) Engl. (*Z. loddigésii* Schott) ♃ i ⌂W, Trop. O-Afr.

Zantedéschia Spreng. - f. - *Aráceae*
1. **aethiópica** (L.) Spreng. (*Cálla aethiópica* L., *Richárdia africána* Kunth) - Zimmerkalla ♃ ✂ ⌂K I bis VI, Kap, Nat.
(Mit einigen Sorten)
2. **albomaculáta** (Hook. f.) Baill. (*Richárdia albomaculáta* Hook. f.) ♃ ⌂K, Kap, Nat.
3. **elliottiána** (W. Wats.) Engl. (*Cálla elliottiána* (W. Wats.) Knight, *Richárdia elliottiána* W. Wats.) ♃ ✂ ⌂K VI bis VIII, SO-afr. Hochland
4. **jucúnda** Letty ♃ ✂ ⌂K, Transv.
5. **rehmánnii** Engl. (*Richárdia rehmánnii* (Engl.) N. E. Br.) ♃ ⌂K VIII, Nat.

Zanthorhíza: Xanthorhíza
- *apiifólia: Xanthorhíza* 1

Zanthóxylum L. (*Xanthóxylum* J.F. Gmel.) - n. - *Rutáceae*
Gelbholz
- *alátum* var. *planispínum:* 2
- *americánum:* 1
- *bungeánum:* 3
- *búngei:* 3
1. **fraxíneum** Willd. (*Z. americánum* auct. non Mill.) - Zahnwehholz ♄–♄ IV Ⓝ, N-Am.: Queb. bis N-Dak.,

südl. bis Georg., Flor., Alab., Ark. u. Okla.

2. **planispínum** Sieb. et Zucc. (*Z. alátum* Roxb. var. *planispínum* (Sieb. et Zucc.) Rehd. et Wils.) ♄ IV–V, Jap., Riukiu-Ins., Taiw., China, Korea
3. **símulans** Hance (*Z. búngei* Planch. ex Hance 1875, non Hance 1866, *Z. bungeánum* Maxim.) ♄ V–VI Ⓝ, N- u. M-China

Zauschnéria califórnica: Epilóbium 2
- *califórnica* ssp. *califórnica: Epilóbium* 2
- *califórnica* ssp. *latifólia: Epilóbium* 2
- *cána: Epilóbium* 2

Zéa L. - f. - *Gramíneae*
Mais
1. **máys** L. Off. Nur kult. bek.; Ursprung wahrsch. Mex. u. M-Am.
convar. **amylácea** (Sturtev.) Greb. - Weichmais, Stärkemais ⊙ VI–VII Ⓝ
convar. **aorísta** Greb. ⊙ VI–VII Ⓝ
convar. **cerátina** Kuleshov - Wachsmais, Chinesischer Mais ⊙ VI–VII Ⓝ
convar. **dentifórmis** Koern. - Zahnmais, Pferdezahnmais ⊙ VI–VII Ⓝ
convar. **máys** (convar. *vulgáris* Koern.) - Hartmais ⊙ VI–VII Ⓝ
convar. **microspérma** Koern. - Puffmais, Perlmais, Popcorn ⊙ VI–VII Ⓝ
convar. **saccharáta** Koern. - Zuckermais ⊙ VI–VII Ⓝ
- *máys* ssp. *mexicána: Euchla͡ena* 1
- *mexicána: Euchla͡ena* 1

Zebrína Schnizl. - f. - *Commelináceae*
1. **flocculósa** G. Brückn. ♃ ⁓ ⌂Ⓦ, Mex.?
- *péndula: Tradescántia* 13
2. **purpúsii** G. Brückn. ♃ ⁓ ⌂Ⓦ, Mex.

Zehnéria suávis: Melóthria 4

Zelkóva Spach - f. - *Ulmáceae*
1. **carpinifólia** (Pall.) K. Koch (*Z. ulmoídes* (O. Kuntze) Schneid., *Z. crenáta* Spach) ♄ V Ⓝ, Kauk.
- *crenáta:* 1
- *keáki:* 2
2. **serráta** (Thunb. ex Murr.) Mak. (*Z. keáki* (Sieb.) Maxim.) ♄ V Ⓝ, Jap., Korea, China
- *ulmoídes:* 1

Zenóbia D. Don - f. - *Ericáceae*
1. **pulverulénta** (Bartr. ex Willd.) Pollard (*Andrómeda pulverulénta* Bartr. ex Willd., *A. dealbáta* Lindl.) ♄ V bis VI, USA: Virg. bis S-Carol.

Zephyránthes Herb. - f. - *Amaryllidáceae*
Zephirblume
1. **atamásco** (L.) Herb. ♃ ⌂Ⓚ III–IV, USA: Virg. bis Flor., Alab. u. Miss.
- *a͡urea:* 6
2. **brasiliénsis** (Traub) Traub ♃ ⌂Ⓚ, Bras.
3. **cándida** (Lindl.) Herb. ♃ i ⌂Ⓚ VII–X, Arg., Urug., entlang des La Platas
- *carináta:* 4
4. **grandiflóra** Lindl. (*Z. carináta* (Spreng.) Herb.) ♃ ⌂Ⓚ IV–VII, Kuba, Jam., Mex., Guat.
5. **rósea** (Spreng.) Lindl. ♃ ⌂Ⓚ X (auch zu anderen Zeiten), Westind., Guat.
6. **tubiflóra** (L'Hérit.) Schinz (*Z. a͡urea* (Ruiz et Pav.) Bak.) ♃ ⌂Ⓚ XII–I, Peru
7. **verecúnda** Herb. ♃ ⌂Ⓚ IV–VII, N-Mex.

Zérna: Brómus 5, 7, 10, 11, 14, 15

Zigadénus Michx. (*Zygadénus* Endl.) - m. - *Liliáceae*
1. **élegans** Pursh ♃ ⁓ VI–VIII, N-Am.: Manit. bis Alaska, südl. bis Missouri, New Mex. u. Ariz.
2. **fremóntii** (Torr.) Torr. ex S. Wats. ♃ ⁓ VI–VIII, USA: Oreg. bis Kalif.; Nied. Kalif.
3. **nuttállii** A. Gray ♃ V–VI, USA: Tenn. bis Kans., südl. bis Tex.

Zíngiber Boehm. - n. - *Zingiberáceae*
Ingwer
- *cassumúnar:* 3
1. **mióga** (Thunb.) Rosc. ♃ ⌂Ⓦ Ⓝ, Jap.
2. **officinále** Rosc. ♃ ⌂Ⓦ Ⓝ Off., Heimat nicht sicher bek., vielleicht Pazif. Ins.
3. **purpúreum** Rosc. (*Z. cassumúnar* Roxb.) - Blockzitwer ♃ ⌂Ⓦ Ⓝ, Vermutl. Ind., im trop. As. angeb.
4. **spectábile** Griff. ♃ Ⓝ, Mal. Arch.
5. **zerúmbet** (L.) Sm. ♃ ⌂Ⓦ VIII–IX Ⓝ, Nur kult. bek.

Zínnia L. - f. - *Compósitae*
Zinnie
- *angustifólia* auct. non H. B. K.: 3
1. **angustifólia** H. B. K. (*Z. lineáris* Benth.) ⊙ VII–X, USA: Ariz., New

Mex.
(Mit einigen Sorten)
2. **élegans** Jacq. ⊙ VII–IX, Mex.
(Mit einigen Sorten)
3. **haageána** Regel (*Z. angustifólia* auct. non H. B. K., *Z. mexicána* hort. ex Vilm.) ⊙ VII–IX, Mex.
- *lineáris:* 1
- *mexicána:* 3
- *pauciflóra:* 4
4. **peruviána** (L.) L. (*Z. pauciflóra* L.) ⊙ VII–IX, Ariz. u. Mex. bis Arg., Westind.

Zizánia L. - f. - *Gramíneae*
Wilder Reis
1. **aquática** L. ⊙ ≈ Ⓝ, N-Am.: N. Brunsw. u. Queb. bis N-Dak., südl. bis Flor., Louis. u. Tex., in O-Eur. eingebürg.
2. **caduciflóra** (Turcz.) Hand.-Mazz. (*Z. latifólia* (Griseb.) Turcz. ex Stapf) ♃ ≈ Ⓝ, Östl. O-Eur., O-Sib., Jap., China, Taiw., Burma, NO-Ind.
- *latifólia:* 2
3. **palústris** L. ⊙ ≈ Ⓝ, Nordöstl. N-Am.

Zíziphus Mill. (*Zízyphus* Adans.) - f. - *Rhamnáceae*
1. **jujúba** Mill. (*Z. vulgáris* Lam.) - Jujube ♄-♄ Ⓚ IV–V Ⓝ, S- u. SO-Eur., W-As., Syr., Belutsch., NW-Ind., Him., N-China, Jap.
2. **lótus** (L.) Lam. ♄-♄ Ⓚ Ⓝ, Med.
3. **mauritiána** Lam. ♄-♄ Ⓚ IV–V Ⓝ, Trop. Afr., nördl. bis Alger., südl. Vord. As., Afgh., Ind., China, Malays., Austral.
- *vulgáris:* 1

Zízyphus: Zíziphus

Zostéra L. - f. - *Potamogetonáceae*
Seegras
1. **marína** L. ♃ ≈ Ⓝ, Küsten Eur., Med., O-As., N-Am. (atl., pazif. u. Huds. Bay)
- *nána:* 2
2. **nóltii** Hornem. (*Z. nána* Mert. ex Roth p. p.) ♃ ≈ Ⓝ, Küsten Eur., Med., Schw. Meer, Kasp. Meer

Zosterélla dúbia: Heteranthéra 1
Zygadénus: Zigadénus
× **Zygobatemánnia** hort. (*Batemánnia* × *Zygopétalon*) - f. - *Orchidáceae*
Zygocáctus truncátus: Schlumbérgera 5
× **Zygocáste** hort. (*Lycáste* × *Zygopétalon*) - f. - *Orchidáceae*
× **Zygócolax** hort. (*Cólax* × *Zygopétalon;* × *Zýgolax* hort.) - m - *Orchidáceae*
× *Zýgolax:* × *Zygócolax*

Zygopétalon Hook. - n. - *Orchidáceae*
1. **brachypétalum** Lindl. Ⓦ XI–XII ✱, Bras.
- *coeléste: Bóllea* 1
2. **crinítum** Lodd. D Ⓦ X–II ✱, Bras.
- *lalíndei: Bóllea* 2
- *lamellósum: Pescatória* 3
3. **mackáii** Hook. D Ⓦ X–II ✱, Bras.
4. **maxilláre** Lodd. Ⓦ VI–VII ✱, Bras.: Orgelgebg.

× **Zygorhýncha** hort. (*Chondrorhýncha* × *Zygopétalon;* × *Chondropétalum* hort.) - f. - *Orchidáceae*
× **Zygostýlis** hort. (*Otostýlis* × *Zygopétalon*) - f. - *Orchidáceae*

Teil V
Deutsche und einige fremdländische Pflanzennamen

Für die alphabetische Reihenfolge der Namen gilt ä = a, ö = o, ü = u.
Die folgende Liste deutscher Namen gibt die Möglichkeit, die dazugehörigen botanischen Namen in Teil IV zu finden. Bei Doppelnamen wie Spanischer Pfeffer suche man unter Pfeffer, Spanischer. Der Doppelpunkt bedeutet auch hier „siehe".
Zahlen hinter dem Gattungsnamen weisen auf die in Frage kommende Art hin. Ist die Zahl in Klammern gesetzt, so bedeutet das, daß der deutsche Name sowohl für die Gattung als auch für die betreffende Art gilt. Alle als Artnamen gebrauchten Wörter werden groß geschrieben, z. B. Wohlriechendes Veilchen = *Víola odoráta.*
In dieser Liste sind fast nur eingebürgerte deutsche Namen aufgeführt, nicht aber Namen, die kaum von den botanischen Namen abweichen wie Dahlie oder Fuchsie, da diese ohne weiteres in Teil IV unter Dahlia oder Fuchsia zu finden sind. Im übrigen sei darauf hingewiesen, daß die meisten einheimischen Arten keine deutschen Namen besitzen. Von einer Übersetzung der lateinischen Namen wurde fast immer abgesehen, da dadurch oft unschöne Sprachgebilde entstehen, häufig aber auch irreführende Namen, die auf eine spezielle Eigentümlichkeit der Art hinzuweisen scheinen, die sie aber in Wirklichkeit nur zur Zeit der Namengebung hatte, bei der Auffindung und Beschreibung weiterer Arten aber vielfach verlor. Auch einige ausländische Namen wurden aufgeführt. Hierbei handelt es sich um solche, die man häufiger einmal - meist für eine bestimmte Nutzpflanze - in der deutschen Literatur findet.
Bei den Werkhölzern, vielfach tropischen Ursprungs, wurden die Handelsnamen eingefügt. Sie wurden zwischen Anführungszeichen gesetzt. Ihre Kenntnis ist für den Käufer und Bearbeiter von Nutzhölzern wichtig. Es wurden dafür die Angaben von KOLOC in „So heißen die Werkhölzer", 1961, zugrunde gelegt.

Lavendel: *Lavándula*
Lavendel, Echter: *Lavándula* 1
Lavendelheide: *Andrómeda* (2)
Lebensbaum: *Thúja*
Leberbalsam: *Agératum*
Leberblümchen: *Hepática*
Leberwurstbaum: *Kigélia* 1
Lederbirne: *Pýrus* 6
Lederfarn: *Rumóhra* 1
Lederholz: *Dírca* (1)
Lederhülsenbaum: *Gledítsia*
Lederstrauch: *Ptélea*
Leimkraut: *Siléne*
Lein: *Línum* (14)
Leindotter: *Camelína*
Leinkraut: *Linária*
Leopardenblume: *Belamcánda*
Lerchensporn: *Corýdalis*
Leuchterblume: *Ceropégia*
Levkoje: *Matthíola* (2)
Lewat: *Brássica* 3
Libanoneiche: *Quércus* 21
Libanonzeder: *Cédrus* 3
Liberiakaffee: *Cóffea* 3
Lichtnelke: *Lýchnis*
Lichtnußbaum: *Aleurítes* 3
Liebesgras: *Eragróstis*
Liebesperlenstrauch: *Callicárpa*
Liebesröschen: *Anacámpseros*
Liebstöckel: *Levísticum*
Lieschgras: *Phléum*
Liguster: *Ligústrum*
Likiangfichte: *Pícea* 12
Lilie: *Lílium*
Lilie, Krainer: *Lílium* 11
Liliensimse: *Tofiéldia*
Limabohne: *Phaséolus* 3
„Limba“: *Terminália* 4
Limette, Saure: *Cítrus* 1
Limone: *Cítrus* 11
Linde: *Tília*
Linde, Holländische: *Tília* 15
Linse: *Lens* (1)
Linsenwicke: *Vícia* 4
Litchibaum: *Lítchi* 1
Litchipflaume: *Lítchi* 1
Löffelkraut: *Cochleária* 1
Loganberry: *Rúbus* 27
Lolch: *Lólium* (3)
Longanbaum: *Dimocárpus* 1
Longane: *Dimocárpus* 1
Lontaropalme: *Borássus* 1
Loquate: *Eriobótrya* 1
Lorbeer, Alexandrinischer: *Dánaë* 1
Lorbeerbaum: *Laurus* (2)
Lorbeereiche: *Quércus* 20
Lorbeerkirsche: *Prúnus* 29
Lorbeerrose: *Kálmia*
Lorbeerseidelbast: *Dáphne* 12
Lorbeerweide: *Sálix* 45
Lorrainebegonien: *Begónia* 75
Lotosblume: *Nelúmbo*
Lotosblume, Ägyptische: *Nymphaea* 13
Lotosblume, Amerikanische: *Nelúmbo* 1
Lotosblume, Blaue: *Nymphaea* 3
Lotosblume, Indische: *Nélumbo* 2
Lotuspflaume: *Diospýros* 5
Lotwurz: *Onósma*
Louisianamoos: *Tillándsia* 84
Löwenmaul: *Antirrhínum*
Löwenohr: *Leonótis*
Löwentrapp: *Leóntice* 1
Löwenzahn: *Taráxacum* 2
Luftzwiebel: *Állium* 9
Lumamyrte: *Lúma* 1
Lungenenzian: *Gentiána* 21
Lungenkraut: *Pulmonária* (3)
Lupine: *Lupínus*
Lupine, Gelbe: *Lupínus* 8
Lupinenklee: *Trifólium* 7
Luzerne: *Medicágo* 2

Machaweizen: *Tríticum* 6
Mädchenauge: *Coreópsis*
Mädesüß: *Filipéndula* (5, 6)
Madie: *Mádia* 2
Madonnenlilie: *Lílium* 10
Maggikraut: *Levísticum* 1
Mahagoni, Japanischer: *Hovénia* 1
Mahagonibaum: *Swieténia*
Mähnengerste: *Hórdeum* 1
Maiapfel: *Podophýllum*
Maiglöckchen: *Convallária*
Mairose: *Rósa* 43
Mais: *Zéa*
Mais, Chinesischer: *Zéa* 1
„Majagua“: *Hibíscus* 12
Majoran: *Oríganum* 5
Makassar-Ebenholzbaum: *Diospýros* 1
Malabargras: *Cymbopógon* 2
Malabarkardamome: *Elettária* 1
Malabarspinat: *Basélla* 1
Malaguetapfeffer: *Xylópia* 1
Malmaisonnelken: *Diánthus* 10

Mondbohne: *Phaséolus* 3
Mondsame: *Menispérmum*
Mondwinde: *Calonýction* (1)
Montbretie: *Crocósmia* (2)
Moorbirke: *Bétula* 20
Moorfarn: *Dryópteris* 6
Moorheide: *Eríca* 44
Moorveilchen: *Víola* 31
Moorweide: *Sálix* 43
Moosbeere: *Vaccínium* 12, 15
Moosbeere, Großfrüchtige: *Vaccínium* 8
Moosfarn: *Selaginélla*
Moosglöckchen: *Linnáea*
Mooskraut: *Selaginélla*
Moosmiere: *Moehríngia* 1
Moosphlox: *Phlox* 19
Moosrosen: *Rósa* 19
Moossteinbrech: *Saxífraga* 37
Morelle: *Prúnus* 10
Morgenröschen: *Siléne* 4
Mormonentulpe: *Calochórtus*
Moschuserdbeere: *Fragária* 3
Moschuskraut: *Adóxa*
Moschuskürbis: *Cucúrbita* 4
Moschusmalve: *Málva* 2
Moschusrose: *Rósa* 45
Mottenkönig: *Plectránthus* 2
Mottenkraut: *Verbáscum* 1
„Mountain ash“: *Eucalýptus* 28
Muira-puamabaum: *Ptychopétalum* 1, 2
Mummel: *Núphar* (3)
Mungbohne: *Vígna* 5
Muscadinerrebe: *Vítis* 10
Muschelblümchen: *Isopýrum*
Muschelblume: *Moluccélla*
Muskatellersalbei: *Sálvia* 34
Muskatnußbaum: *Myrística* (2)
Mutterkraut: *Matricária*
Mutterwurz: *Ligústicum*
Myrobalane: *Prúnus* 9
Myrrhenkerbel: *Mýrrhis* 1
Myrrhenstrauch: *Commíphora*
Myrte: *Mýrtus*
Myrtenheide:*Melaléuca*

Nabelkraut: *Umbilícus*
Nachtkerze: *Oenothéra*
Nachtschatten: *Solánum*
Nachtviole: *Hésperis* (2)
Nadelkraut: *Crássula* 30
Nadelpalme: *Rhapidophýllum*
Nadelsimse: *Eleócharis* 1
Nagasbaum: *Mésua* 1
Naltajute: *Córchorus* 2
Naraspflanze: *Acanthosícyos* 1
Nardenähre: *Nardóstachys*
Narzisse: *Narcíssus*
Nashi: *Pýrus* 9
Natalorange: *Strýchnos* 3
Natalstrelitzie: *Strelítzia* 3
Natternfarn: *Ophioglóssum*
Natternkopf: *Échium*
Natternzunge: *Ophioglóssum*
Negerhirse: *Pennisétum* 2
Nektarine: *Prúnus* 41
Nelke: *Diánthus*
Nelkenpfeffer: *Piménta* 1
Nelkenwurz: *Géum* (9)
Nesselkönig: *Lámium* 4
Nestfarn: *Asplénium* 11
Nestwurz: *Neóttia*
Netzannone: *Annóna* 3
Netzblatt: *Goodyéra*
Netzweide: *Sálix* 52
Neuseelandspinat: *Tetragónia* 1
Niaulibaum: *Melaléuca* 15
Nieswurz: *Helléborus*
Nikaupalme: *Rhopalostýlis*
Nikkotanne: *Ábies* 13
Nimbaum: *Anteláea* 1
Nipapalme: *Nýpa*
Nordmannstanne: *Ábies* 19
Nußbaum: *Júglans*
Nußeibe: *Torréya*
Nußgras: *Cypérus* 17
Nußkiefer: *Pínus* 20, 36

„Obeche“: *Triplóchiton* 1
Oberkohlrabi: *Brássica* 5
Ochsenauge: *Buphthálmum* (1)
Ochsenherz: *Annóna* 3
Ochsenzunge: *Anchúsa*
Odermennig: *Agrimónia*
Odermennig, Großer: *Agrimónia* 2
Odermennig, Kleiner: *Agrimónia* 1
Ohnhorn: *Áceras*
Ohrweide: *Sálix* 6
„Okoumé“: *Aucóuma* 1
Okra: *Abelmóschus* 1, 2
Ölbaum: *Ólea* (1)
Oleander: *Nérium* (1)
Ölfrucht: *Elaeocárpus*
Olive: *Ólea*
Olive, Chinesische: *Canárium* 1, 3

Teil VI
Artbezeichnungen mit Übersetzungen

Die Übersetzung der Artbezeichnungen verfolgt zwei verschiedene Zwecke. Einmal soll dem Benutzer der wissenschaftliche Name etwas verständlicher gemacht werden. Eine ausführliche etymologische Erklärung würde jedoch in diesem Rahmen zu weit führen; dafür sei auf die Werke von BACKER, GENAUST, STEARN und ZANDER verwiesen. Manche Artbezeichnungen, die von Volksnamen in fernen Ländern abgeleitet sind oder die an antike Namen anknüpfen, können nicht näher erklärt werden. Die Genauigkeit, mit der sie bestimmten Arten zugeordnet werden, ist oft ebenfalls zweifelhaft. Die Erklärung gibt daher häufig nur den Namen der Gattung in Klammern an, die damit gemeint gewesen sein könnte. Beispiel: *cóchal* = Pflanzenname in Mexiko (*Myrtillocáctus*). In anderen Fällen kann eine Artbezeichnung je nach Gattung, zu der sie gehört, Verschiedenes bedeuten. So heißt *ápus* in der Gattung *Selaginélla* „stengellos", bedeutet aber in der Gattung *Gigantóchloa* einen Pflanzennamen aus Java. Alle Übersetzungen beziehen sich ausschließlich auf die im Teil IV vorkommenden Namen. Gelegentlich wurde dabei auch versucht, einen Namen zu deuten. Maßgebend war dabei immer das, was der namengebende Autor gemeint hatte.
Die Übersetzung der Artbezeichnungen soll aber auch die Möglichkeit bieten, bei Arten, die keinen deutschen Namen haben, einen neuen Namen selbst zu bilden. Der Gattungsname kann dabei meist unübersetzt verwendet werden. Von Eigennamen hergeleitete Bezeichnungen, die auch leicht zu übersetzen sind, wurden aus Platzgründen weggelassen. Sie können an ihren charakteristischen Endungen *-i, -ii, -ae, -iae, -orum, -iorum* oder *-ianus* erkannt werden. Zum Beispiel *alexándri, schmóllii, tríanae, boissiéri, purpusiórum, middendorffiánus*. In anderen Fällen wie bei: *écae, brunónis, arduínus, josikǣus, krájinae, martiánus, mycóni, pulidónis* oder *túlae* ist das jedoch weniger leicht ersichtlich.

abbreviátus, gekürzt, abgeschnitten
abchásicus, abchasisch (Kaukasus)
abelmóschus, nach arab.: Moschuskörner (*Hibíscus*)
ábies, antiker Name der Tanne
abietínus, tannenartig
abíetis, Tannen-
abortívus, Mißgeburt-
abrotanifólius, eberrautenblättrig
abrotanoídes, eberrautenähnlich
abrótanum, latein. Pflanzenname: Eberraute
absinthioídes, wermutähnlich
absínthium, latein. Pflanzenname: Wermut
abutílon, nach arab.: indische Malve
abyssínicus, abessinisch
acanthifólius, mit Blättern wie *Acánthus*
acánthium, antiker Pflanzenname
acanthocárpus, mit dornigen Früchten
acanthocráter, stacheliger Krater
acanthódes, dornig, stachelig
acanthúrus, dorniger Schwanz
acáulis, stengellos
acáulos, stengellos
acéphalus, ohne Kopf
ácer, ácris, ácre, scharf
acerifólius, ahornblättrig
acérinus, ahornartig
aceroídes, ahornähnlich
acerósus, nadelscharf
acetósa, latein. Pflanzenname: sauer schmeckende Pflanze
acetosélla, latein. Pflanzenname: kleine, säuerlich schmeckende Pflanze
acetósus, sauer
achilleifólius, mit Blättern wie *Achilléa*
áchras, wilder Birnbaum
aciculáris, nadelspitzig
acidíssimus, sehr sauer
ácidus, sauer
ácifer, acífera, acíferum, nadeltragend
acinacifólius, säbelblättrig
acinacifórmis, säbelförmig
acinósus, beerenreich
acmodóntus, spitzzähnig
acmopétalus, mit spitzigen Kronblättern
acokanthérus, mit spitzigem Staubblatt
aconitifólius, mit Blättern wie *Aconítum*
acráeus, Hochland-
acránthus, mit Blüten an der Spitze
ácris, scharf
acrostichoídes, Acróstichum-ähnlich
acrótrichus, an der Spitze behaart
actinacánthus, mit strahlenartigen Dornen
actinophýllus, strahlenblättrig
aculeatíssimus, sehr stachelig
aculeátus, stachelig
acuminátus, zugespitzt
acutángulus, scharfkantig
acutiflórus, spitzblütig
acutifólius, spitzblättrig
acutifórmis, Cárex-acúta-artig
acutílobus, spitzlappig
acutíssimus, sehr spitzig
acútus, spitz
adamántinus, Diamant-, stahlhart
adenocáulus, mit drüsigem Stiel
adenógynus, mit drüsigem Griffel
adenóphorus, drüsentragend
adenophýllus, mit drüsigen Blättern
adenópodus, mit drüsigen Stielen
adenótrichus, drüsenhaarig
adiantifólius, mit Blättern wie *Adiántum*
adiantifórmis, Adiántum-ähnlich
adiántum-nígrum, latein. Pflanzenname: schwarzer Frauenhaarfarn
adnáscens, anhaftend
adnátus, angewachsen
adonidifólius, mit Blättern wie *Adónis*
adpréssus, angedrückt
adrachnítes, spinnenartig
adsúrgens, aufgerichtet
adúncus, hakig gekrümmt
ádvena, Neuankömmling, Fremdling
aechmophýllus, mit Blättern wie *Aechméa*
áegilops, griech. Pflanzenname
aegyptíacus, ägyptisch
aegýpticus, ägyptisch
áemulus, ähnlich
aequális, gleich, gleichmäßig
aequilaterális, gleichseitig
aequiláterus, gleichseitig
aequitrílobus, mit 3 gleichen Lappen
aeránthos, Blüte in luftiger Höhe
aerocárpus, mit vom Wind verwehten Früchten
aesculifólius, mit Blättern wie *Áesculus*
aestivális, Sommer-

aestívus, sommerlich
aethiópicus, äthiopisch
aethíopis, antiker Pflanzenname
aēthiops, Äthiopier, Mohr
aethusifólius, mit Blättern wie *Aethúsa*
aetnénsis, Ätna- (Sizilien)
áfer, áfra, áfrum, afrikanisch
affínis, verwandt
afghánicus, afghanisch
aflatunénsis, Aflatun- (Tien-schan)
afoliátus, blattlos
africánus, afrikanisch
aganníphus, schneebedeckt
agavifólius, agavenblättrig
agavoídes, agavenähnlich
agenénsis, Agen- (Frankreich)
ageratifólius, mit Blättern wie *Agératum*
ageratoídes, Agératum-ähnlich
aggregátus, gehäuft, gedrängt
ágnus-cástus, antiker Pflanzenname (*Vítex*)
agréstis, Acker-
agrióstaphis, mit Blättern wie wilde Rosinen
agrostifólius, straußgrasblättrig
ahanhuíri, Name einer *Solánum*-Art in Bolivien
ahípa, indian. Pflanzenname (*Pachyrrhízus*)
ailantifólius, mit Blättern wie *Ailánthus*
aïzoídes, Aïzóon- (*Aïzoáceae*)-ähnlich
aïzóon, griech. Pflanzenname: immergrün
ajácis, nach einem griech. Pflanzennamen
ajanénsis, Ajan- (Sibirien)
ájowan, hindustan. Pflanzenname (*Ptychótis*)
akiténsis, Akita- (Japan)
alabaménsis, Alabama- (USA)
alacriportánus, Porto Alegre- (Brasilien)
alamosánus, Alamos- (Mexiko)
alatamáha, Altamaha-Fluß (Georgia, USA)
alatérnus, antiker Pflanzenname
alátus, geflügelt
albánus, Albaner- (Kaukasus)
albátus, weiß gekleidet
álbens, weißlich
albéscens, weiß werdend
álbicans, weiß erscheinend
albicaūlis, mit weißen Zweigen
albícomus, weißhaarig
álbidus, weißlich
albiflórus, weißblütig
álbiflos, weißblütig
álbifrons, weiß belaubt
albogláber, alboglábra, alboglábrum, weiß und kahl
albilanátus, weißwollig
albínotus, mit weißer Zeichnung
albínus, Elbe-
albispínus, weißdornig
albíssimus, hell weiß
albocínctus, weiß gegürtelt
albomaculátus, weiß gefleckt
albomarginátus, weißrandig
albónitens, weiß glänzend
albopíctus, weiß gezeichnet
albopilósus, weißhaarig
alboróseus, weißrosa
alboseríceus, weißseidig
albosinénsis, die chinesische (*Bétula*) *álba*
albostriátus, weiß gestreift
albovioláceus, weiß-violett
albucifólius, mit Blättern wie *Albúca*
álbus, weiß
álcea, antiker Pflanzenname
alchemilloídes, Alchemílla-ähnlich
alcicórnis, elchgeweihartig
alectorólophus, Hahnenkamm
aléppicus, Aleppo- (Syrien)
aleúticus, Aleuten- (Nordamerika)
alexandrínus, Alexandria- (Ägypten)
algeriénsis, algerisch
álgidus, Kälte ertragend
alicástrum, nach der Gattung *Alicástrum* (*Moráceae*)
aliénus, fremd
alismoídes, froschlöffelähnlich
alkekéngi, nach einem arab. Pflanzennamen (*Phýsalis*)
allantoídes, wurstähnlich
alleghaniénsis, Allegheny- (USA)
allegheniénsis, Allegheny- (USA)
alliáceus, lauchartig
alliária, Lauchkraut
alliáriae, Lauchkraut-
alliariifólius, mit Blättern wie *Alliária*
alliodórus, mit Lauchgeruch
álmus, nahrhaft
alnifólius, erlenblättrig
álnus, latein. Pflanzenname: Erle oder Faulbaum

aloídes, aloeähnlich
aloifólius, aloeblättrig
alooídes, Áloë-ähnlich
alopecuroídes, fuchsschwanzähnlich
alpéllus, aus (*Áster*) *alpínus* und (*A.*) *améllus* gebildet
alpéstris, Gebirgs-, Alpen-
alpícola, Alpenbewohner, Gebirgs-
alpígenus, Alpen-
alpínus, Alpen-, Gebirgs-
alseuosmoídes, Alseuósmia- (*Caprifoliáceae*)-ähnlich
altaclarénsis, High Clerk- (England)
altáicus, Altai- (Zentralasien)
altaiénsis, Altai- (Zentralasien)
alternátus, abwechselnd gesetzt
alterniflórus, mit wechselständigen Blüten
alternifólius, mit wechselständigen Blättern
althaeoídes, Althaēa-ähnlich
altifólius, mit hohen Blättern
áltilis, üppig, gemästet
altíssimus, sehr hoch
áltus, hoch
alýpum, griech. Pflanzenname
alyssoídes, Alýssum-ähnlich
amábilis, lieblich
amáda, Pflanzenname in Bengalen (*Cúrcuma*)
amáncaës, Amancaës- (Peru)
amaniénsis, Amani- (Ostafrika)
amánus, Amanus- (Türkei)
amápola, span.: Mohn
amaranthoídes, Amaránthus-ähnlich
amarantícolor, amarantfarben
amaricaūlis, mit bitterem Stengel
amárus, bitter
amazónicus, Amazonas- (Brasilien)
amazónum, Amazonen-, Amazonas- (Brasilien)
ambíguus, zweifelhaft, zweideutig
amblyánthus, stumpfblütig
amblýodon, stumpfzähnig
amboinénsis, Ambon-
amboínicus, Ambon-
ambrosiifólius, mit Blättern wie *Ambrósia*
ambrosioídes, Ambrósia-ähnlich
amecamecánus, Amecameca- (Mexiko)
amelloídes, dem (*Áster*) *améllus* ähnlich
améllus, antiker Pflanzenname
americánus, amerikanisch
amethýsteus, amethystfarben, lila
amethýstinus, amethystfarben, lila
amethystoglóssus, mit amethystfarbener Lippe
ámmak, jemenit. Pflanzenname (*Euphórbia*)
ámmi, griech. Pflanzenname
ammoniácum, Harz von der Ammonsoase
amōenus, anmutig, lieblich
amómum, nach der Gattung *Amómum*
ampelóprasum, Weinbergslauch
amphíbius, auf dem Lande und im Wasser lebend
amplexicaūlis, stengelumfassend
amplexifólius, mit stengelumfassenden Blättern
ampliátus, erweitert
ámplus, groß, ansehnlich
ampulláceus, flaschenartig
ampullárius, Flaschen-
amsónia, nach der Gattung *Amsónia*
amurénsis, Amur- (Ostasien)
amygdalifórmis, mandelbaumförmig
amygdálinus, mandelartig
amygdaloídes, mandelähnlich
amygdalopérsica, Bastard aus (*Prúnus*) *amýgdalus* und (*P.*) *pérsica*
amýgdalus, Mandelbaum
amyláceus, stärkehaltig
amyleasaccharátus, mit Stärke und Zucker
anacámpseros, nach der Gattung *Anacámpseros*
anacánthus, dornenlos
anacárdium, nach der Gattung *Anacárdium* (*Anacardiáceae*)
anagénsis, Anagagebirge- (Kanarische Inseln)
anagyroídes, Anágyris- (*Leguminósae*)-ähnlich
ánanas, nach dem brasilian. Namen der Ananaspflanze
ananássa, Ananas
ananássae, Ananas-
anatólicus, anatolisch, kleinasiatisch
ánceps, zweiseitig, zweischneidig
anchusoídes, Anchúsa-ähnlich
ancistróphorus, hakentragend
ancyrénsis, Ankara- (Türkei)
andalgalénsis, Andalgala- (Argentinien)
andícola, Andenbewohner, Anden

(Südamerika)
andínus, Anden- (Südamerika)
andráchne, griech. Pflanzenname
andrachnoídes, der (*Árbutus*) *andráchne* ähnlich
andrógynus, zwittrig
androsáceus, Mannsschild-
androsaemifólius, mit Blättern wie *Androsaemum*
androsaemum, griech. Pflanzenname
anemonifólius, anemonenblättrig
anemonoídes, anemonenähnlich
anethifólius, dillblättrig
anethoídes, dillähnlich
anfractuósus, gewunden
ánglicus, englisch
angolénsis, Angola- (Westafrika)
anguíneus, schlangenartig
anguínus, schlangenartig
anguláris, kantig
angulátus, kantig
angúliger, angulígera, angulígerum, kantenbildend
angulízans, kantenbildend
angulósus, kantig
angúria, Wassermelone
angustánus, schmal
angustátus, verschmälert
angústidens, schmalzähnig
angustifólius, schmalblättrig
angústior, angústius, schmaler
angustiséctus, schmal geschnitten
angustíssimus, sehr schmal
angústus, schmal, eng
anisátus, nach Anis duftend
anisodórus, nach Anis duftend
anisophýllus, mit ungleichen Blättern
anísum, antiker Pflanzenname: Anis
annótinus, vorjährig
annulátus, beringt
annulátus-grandiflórus, beringt und großblütig
ánnuus, einjährig
anómalus, abnorm
anopétalus, mit aufrecht stehenden Kronblättern
anósmus, geruchlos
anserína, latein. Pflanzenname: Gänse-
anserinifólius, mit Blättern wie (*Potentílla*) *anserína*
ánsifer, ansífera, ansíferum, Gänse tragend (Griffelsäule ist gänseähnlich)
antárcticus, antarktisch
anténnifer, antennífera, antenníferum, fühlertragend
anteuphórbium, Mittel gegen Wolfsmilchgift
anthelmínticus, als Wurmmittel verwendet
anthélmius, als Wurmmittel verwendet
anthemoídes, Ánthemis-ähnlich
anthericoídes, Anthéricum-ähnlich
antherótes, Blüte
ánthora, gegen Gift
anthothécus, mit blütenähnlicher Kapsel
anthríscus, antiker Pflanzenname
anthropóphorus, Menschengestalt tragend, die Blüten sind menschenähnlich
anthyllidifólius, wundkleeblättrig
anthýllis, Wundklee
antidésmus, gegen Gift
antidysentéricus, als Mittel gegen Ruhr gebraucht
antillánus, Antillen- (Mittelamerika)
antioquénsis, Antioquia- (Kolumbien)
antiquórum, der Alten, antik
antíquus, alt
antirrhiniflórus, löwenmäulchenblütig
aoracánthus, mit schwertförmigen Dornen
aorístus, unbestimmt
aparíne, griech. Pflanzenname
apennínus, Apenninen-
apértus, offen
apétalus, ohne Kronblätter
áphaca, antiker Pflanzenname
aphelandriflórus, mit Blüten wie *Aphelándra*
aphrodisíacus, Lust erregend
aphrodíte, Aphrodite
aphyllánthes, mit unbeblättertem Blütenstengel
aphýllus, blattlos
apiculátus, fein zugespitzt
ápifer, apífera, apíferum, mit bienenähnlichen Blüten
apiifólius, mit Blättern wie *Ápium*
ápios, Erdbirne
ápodus, stengellos
appendiculátus, mit Anhängsel
applanátus, abgeflacht
approximátus, angenähert
aprícus, sonnenliebend
ápus, 1. (*Selaginélla*): stengellos;

2. (*Gigantóchloa*): javan. Pflanzenname
aquáticus, Wasser-
aquátilis, Wasser-
aquifólium, antiker Pflanzenname: Stechpalme
aquilegifólius, akeleiblättrig
aquílegus, wassersammelnd
aquilínus, Adler-
aquisargéntii, Bastard aus *Mahónia aquifólium* und *Bérberis sargentiána*
arábicus, arabisch
aráca, Pflanzenname in Rio de Janeiro (*Psídium*)
arachnítes, spinnenartig
arachnoglóssus, mit spinnwebartiger Lippe
arachnoídes, spinnwebartig
arachnoídeus, spinnwebartig
aralioídes, Arália-ähnlich
aránifer, aranífera, araníferum, mit spinnenähnlichen Blüten
araróba, Name einer pflanzlichen Droge in Brasilien (*Andíra*)
araucánus, Arauco- (Chile)
araújei, Arauja- (Brasilien)
arboréscens, baumartig werdend
arbóreus, baumartig
arborícola, Baumbewohner
árbor-trístis, Trauerbaum
arbúscula, Bäumchen
arbúsculus, bäumchenartig
arbutifólius, mit Blättern wie *Árbutus*
arcadiénsis, Arkadien- (Griechenland)
archangélica, die besondere *Angélica*-Art
árcticus, arktisch
arctótis, Bärenohr-
arctúrus, latein. Pflanzenname: Bärenschwanz
arcuátus, bogenförmig
arenáceus, Sandboden-
arenárius, Sandboden-
arenósus, Sand-, sandig
areolátus, gefeldert
arequipénsis, Arequipa- (Peru)
aretioídes, Arétia-ähnlich
argentátus, versilbert
argénteus, silberig
argentinénsis, argentinisch
argophýllus, mit hellen Blättern
argunénsis, Argun- (Kaukasus)
árgus, mit (Argus-)Augen
argutifólius, mit scharf gesägten Blättern
argútus, spitzig
argyraéus, silberig
argyréius, silberig
argyréus, silberig
argyrítes, mit Silberflecken
argyrócalyx, mit silberigem Kelch
argyronéurus, mit silbernen Adern
argyrophýllus, silberblättrig
argyrostígma, mit silberiger Narbe
ária, antiker Pflanzenname: Mehlbeere
aricénsis, Arica- (Chile)
arietínus, mit Hörnern
arifólius, mit Blättern wie *Árum*
ariifólius, mehlbeerenblättrig
aristátus, begrannt
aríza, Name einer *Brównea*-Art in Kolumbien
arizónicus, Arizona- (USA)
arkansánus, Arkansas- (USA)
armátus, bewaffnet
armeníacus, armenisch, bei *Paphiopedílum*: mit aprikosenfarbenen Blüten
arménus, armenisch
arméria, nach der Gattung *Arméria*
armeriástrum, Arméria-ähnlich
armerínus, Arméria-ähnlich
armilláris, armringartig
armorácia, latein. Pflanzenname
aromáticus, würzig, aromatisch
arrhízus, wurzellos
artemisiifólius, mit Blättern wie *Artemísia*
artemisioídes, Artemísia-ähnlich
articulátus, gegliedert
ártus, dicht gedrängt
arúncus, Ziegenbart
arundináceus, schilfrohrartig
arváticus, Arbas- (Spanien)
arvénsis, Acker-
arvernénsis, Auvergne- (Frankreich)
arvónicus, Carnarvon- (Wales)
asarína, span. Pflanzenname (*Antirrhínum*)
ascalónicus, Askalon- (Palästina)
ascéndens, aufsteigend
asclepiádeus, Asclépias-ähnlich
áscyron, griech. Pflanzenname
asellifórmis, asselförmig
asiáticus, asiatisch
aspalathoídes, Aspálathus (*Leguminósae*)-ähnlich

asparáginus, spargelartig
asparagoídes, spargelähnlich
ásper, áspera, ásperum, rauh
asperátus, rauh
asperiflórus, rauhblütig
asperifólius, mit rauhen Blättern
asperiúsculus, etwas rauh
aspérrimus, sehr rauh
asperuloídes, Aspérula-ähnlich
asphodeloídes, Asphódelus-ähnlich
aspleniifólius, mit Blättern wie *Asplénium*
ássa-fœ́tida, Stinkasant
assámicus, Assam- (Indien)
assímilis, verwandt
assúrgens, aufstrebend
astérias, Seestern
asteroídes, sternähnlich, asterähnlich
astilboídes, Astílbe-ähnlich
astúricus, Asturien- (Spanien)
asturiénsis, Asturien- (Spanien)
astútus, schlau, listig
atamásco, Atamasco- (Virginia, USA)
áter, átra, átrum, schwarz
atérrimus, tiefschwarz
athamánticus, Athamas- (Griechenland)
athanásiae, Athanásia- (*Compósitae*)
atlánticus, Atlasgebirge-; bei *Rhododéndron*: atlantisch
atrátus, geschwärzt
atriplicifólius, mit Blättern wie *Átriplex*
atrispinósus, mit dunklen Dornen
atrocárpus, schwarzfrüchtig
atrocóccus, schwarzbeerig
atropurpúreus, dunkelpurpurrot
atrórubens, dunkelrot
atrosanguíneus, dunkelblutrot
atrovioláceus, dunkelviolett
atróvirens, schwärzlich grün
atroviridipétalus, mit schwärzlich grünen Kronblättern
attenuátus, verschmälert
átter, malayischer Pflanzenname (*Gigantóchloa*)
aublétia, nach der Gattung *Aublétia*
aubrietioídes, Aubriéta-ähnlich
aucupária, latein. Pflanzenname: für Vogelfang
augústus, majestätisch
áulicus, fürstlich
auranítidus, goldglänzend
aurantíacus, orangerot
aurantiifólius, mit Blättern wie (*Cítrus*) *aurántium*
aurántium, nach dem pers. Namen einer *Cítrus*-Art
aurátus, golden
aureicéntrus, mit gelbem Mitteldorn
aureiflórus, mit goldgelben Blüten
aureilanátus, gelbwollig
aureispínus, mit gelben Dornen
aurelianénsis, Orleans- (Frankreich)
aureobrúnneus, golden und braun
aureofúlvus, goldbraun
aureónitens, goldglänzend
aureosulcátus, gold gefurcht
áureus, goldgelb
auribérbis, gelbbärtig
auricolor, goldfarben
aurícomus, goldhaarig
aurícula, latein. Pflanzenname: Öhrchen
auriculáris, ohrförmig
auriculátus, ohrförmig
auriculifólius, aurikelblättrig
aurihamátus, mit goldgelben Haken
aurítus, geöhrt
aurivíllus, Goldhaar-
austérus, herb
australásicus, australisch
austrális, südlich, australisch
austríacus, österreichisch
austromontánus, der südlichen Berge
autumnális, Herbst-
avasmontánus, Auasberge- (Südwestafrika)
avellána 1. (*Córylus*): latein. Pflanzenname: Abella- (Italien);
2. (*Gevuína*): chilen. Pflanzenname
avenáceus, haferartig
avicenniifólius, mit Blättern wie *Avicénnia* (*Verbenáceae*)
aviculáris, als Vogelfutter dienend
ávium, Vogel-
axilláris, achselständig
axíphius, ohne schwertförmige Früchte
ayacahuíte, Volksname der *Pínus*-Art in Mexiko
ayopayánus, Ayopaya- (Bolivien)
azadiráchta, nach einem pers. Pflanzennamen (*Antelǽa*)
azarólus, nach einem arab. Pflanzennamen (*Cratǽgus*)
azédarach, nach einem pers. Pflanzennamen (*Mélia*)

azóricus, Azoren- (Atlantischer Ozean)
azúreus, himmelbau

babylónicus, Babylon- (Irak)
bacába, brasilian. Name einer *Oenocárpus*-Art
báccans, beerenartig werdend
baccátus, mit Beeren
báccifer, baccífera, baccíferum, beerentragend
bacilláris, stäbchenförmig
báculus, Stecken, Stock
badénsis, Baden- (bei Wien)
bǣticus, vom bätischen Gebirge (Südspanien)
bahiánus, Bahia- (Brasilien)
bahiénsis, Bahia- (Brasilien)
baicalénsis, Baikalsee-
baláta, indian. Pflanzenname (*Manilkára*)
balcánicus, Balkan-
baldénsis, Monte Baldo- (Gardasee)
baldschuánicus, Baldschuan- (Mittelasien)
baleáricus, Balearen-
balkánus, Balkan-
balsámeus, balsamisch
balsámifer, balsamífera, balsamíferum, Balsam liefernd
balsámina, antiker Pflanzenname
balsamíta, latein. Pflanzenname
bálsamum, Balsam
balsasoídes, der *Mammillária balsasénsis* ähnlich
bámbos, nach einem malayischen Pflanzennamen (*Bambúsa*)
bambusárum, Bambus-
bambusoídes, bambusähnlich
banáticus, Banat- (Ungarn)
báncanus, Banka- (Indonesien)
bandénsis, Uruguay-
bannáticus, Banat- (Ungarn)
barbadénsis, Barbados- (Westindien)
bárba-jóvis, Jupiterbart
barbaréa, latein. Pflanzenname: Barbarakraut
barbaróssa, roter Bart
bárbarus, fremd, ausländisch
barbátus, bärtig
bárbiger, barbígera, barbígerum, barttragend
barbinérvis, mit bärtigen Nerven
barbulátus, etwas bärtig
bárometz, russ. Pflanzenname (*Cibótium*)
bartonioídes, Bartónia-ähnlich
barýstachys, mit schweren Ähren
basális, grundständig
baselloídes, Basélla-ähnlich
basiláris, grundständig
basílicum, königliche Heilpflanze
básjoo, japan. Pflanzenname (*Músa*)
batátas, Name der Batate auf Haiti
bauhinioídes, Bauhínia-ähnlich
bavároicus, bayrisch
beccabúnga, nach dem deutschen Pflanzennamen Bachbunge
begoniifólius, begonienblättrig
beharénsis, Behara- (Madagaskar)
bélla-dónna, schöne Frau
bellátulus, niedlich
bellidiástrum, Béllis-ähnlich
bellidiflórus, mit Blüten wie *Béllis*
bellidifólius, mit Blättern wie *Béllis*
bellidifórmis, Béllis-artig
bellidioídes, Béllis-ähnlich
bellínus, schön
bellíricus, Name einer Frucht in Indien (*Terminália*)
bellóbatus, schöne Brombeere
béllus, schön, hübsch
benedíctus, segensreich, heilkräftig
bengalénsis, Bengalen-
benghalénsis, Bengalen-
benjamínus, nach einem Pflanzennamen in Indien (*Fícus*)
benzoídes, der (*Stýrax*) *bénzoïn* ähnlich
bénzoïn, nach arab.: javanischer Weihrauch (*Stýrax*)
beraviénsis, Beravina- (Madagaskar)
berberifólius, mit Blättern wie *Bérberis*
bergámius, nach einem arab. Pflanzennamen (*Cítrus*)
bermudiána, latein. Pflanzenname: Pflanze der Bermuda-Inseln
berolinénsis, aus Berlin
betáceus, runkelrübenartig
bétle, malabar. Pflanzenname (*Píper*)
betonicifólius, mit Blättern wie *Betónica*
betulifólius, birkenblättrig
betulínus, birkenähnlich
betuloídes, birkenähnlich
bétulus, mittelalterl. Pflanzenname: Birke
biaurítus, mit 2 Ohren
bicalcarátus, mit 2 Spornen

bicallósus, mit 2 Schwielen
bicampanulátus, zweiglockig
bícolor, zweifarbig
bicórnis, mit 2 Hörnern
bicornútus, mit 2 Hörnern
bicrenátus, doppelt gekerbt
bictoniénsis, Bicton- (England)
bicuspidátus, mit 2 Spitzen
bídens, zweizähnig
bidentátus, zweizähnig
biénnis, zweijährig
bífer, bífera, bíferum, zweimal blühend
bífidus, zweispaltig
biflórus, zweiblütig
bifólius, zweiblättrig
bifórmis, zweigestaltig
bífrons, mit unterschiedlichen Blättern oder Blattseiten
bifurcátus, gegabelt, zweizackig
bigéminus, doppelt gepaart
bigíbbus, mit 2 Höckern
biglandulósus, mit 2 Drüsen
bignonioídes, Bignónia-ähnlich
biháí, indian. Pflanzenname (*Músa*)
bijugátus, mit 2 Paaren
bíjugus, mit 2 Paaren
bilímbi, javan. Pflanzenname (*Averrhóa*)
billbergioídes, Billbérgia-ähnlich
bílobus, zweilappig
binátus, zweiteilig
binervósus, zweinervig
bioritsénsis, Bioritsu- (Taiwan)
bipartítus, zweiteilig
bipennifólius, Blätter doppelt fiederförmig
bipinnatífidus, doppelt fiederspaltig
bipinnátus, doppelt gefiedert
biserrátus, doppelt gesägt
bispinósus, mit 2 Dornen
bistórta, latein. Pflanzenname: zweimal gedreht
bitchiuénsis, Bitschiu- (Japan)
biternátus, doppelt dreizählig
bithýnicus, Bithynien- (Türkei)
bituminósus, nach Asphalt riechend, Asphalt-
bivittátus, mit 2 Bändern
blándus, angenehm
blattária, antiker Pflanzenname: Schabenkraut
bléo, Pflanzenname in Kolumbien (*Peréskia*)
blepharophýllus, wimperblättrig
boárius, Rinderfutter-
bocasánus, Sierra de Bocas- (Mexiko)
bodnanténsis, Bodnant- (Wales)
bo̍éticus, vom bätischen Gebirge (Südspanien)
bogoténsis, Bogotá- (Kolumbien)
bóhea, Sortenname des schwarzen Tees in Ostasien
bóldus, nach einem Pflanzennamen in Chile (*Pe̍ūmus*)
boliviánus, Bolivien-
boliviénsis, Bolivien-
boloniénsis, Boulogne- (Frankreich)
bombýcifer, bombycífera, bombycíferum, seidetragend
bombýcinus, seidenartig
bóna-nox, gute Nacht
bonariénsis, Buenos-Aires-
bonátea, nach der Gattung *Bonátea*
bononiénsis, Bologna- (Italien)
bónus, gut
bónus-henrícus, guter Heinrich
borboniánus, Réunion-
borbónicus, Réunion-
borealiatlánticus, nordatlantisch
boreális, nördlich
boronioídes, Borónia-ähnlich
bosníacus, bosnisch (Jugoslawien)
botryápium, Birne mit traubigem Blütenstand
botryoídes, traubenähnlich
bótrys, Traube
botrýtis, Trauben-
brachiátus, armförmig, ästig
brachyándrus, mit kurzen Staubblättern
brachyánthus, mit kurzen Blüten
brachýbotrys, mit kurzer Traube
brachýcalyx, mit kurzem Kelch
brachycárpus, mit kurzen Früchten
brachycáulon, mit kurzem Stengel
brachýceras, mit kurzem Horn
brachýcerus, mit kurzem Horn
brachypétalus, mit kurzen Kronblättern
brachyphýllus, mit kurzen Blättern
brachýpodus, mit kurzem Stiel
bráchypus, mit kurzem Stiel
brachysíphon, kurzröhrig
brachýstachys, mit kurzer Ähre
brachystáchyus, mit kurzer Ähre
brachýtylus, mit kurzen Wülsten
bracteátus, mit Deckblättern
bracteósus, mit Deckblättern

bractéscens, Deckblätter bildend
brasiliánus, brasilianisch
brasiliénsis, Brasilien-
brassávolae, Brassávola-
braziliénsis, Brasilien-
brevicáulis, kurzstengelig
brevicórnu, mit kurzem Horn
breviflórus, mit kurzen Blüten
brevifólius, mit kurzen Blättern
brevílabris, mit kurzer Lippe
breviligulátus, kurz zungenförmig
brevimámmus, kurzwarzig
brevipaniculátus, kurzrispig
brevipedicellátus, mit kurzgestieltem Blütenstand
brevipedunculátus, mit kurzgestielten Blüten
brévipes, kurzstielig
breviróstris, kurz geschnäbelt
brévis, kurz
breviscápus, mit kurzem Schaft
brevisétus, mit kurzen Stacheln
brevíspathus, kurzscheidig
brevispínus, mit kurzen Dornen
brevistýlus, mit kurzem Griffel
brigantíacus, Briançon- (Frankreich)
brigantínus, Briançon- (Frankreich)
britzénsis, Berlin-Britz-
brizifórmis, zittergrasförmig
brizoídes, zittergrasähnlich
bromeliifólius, mit Blättern wie *Bromélia*
bromelioídes, Bromélia-ähnlich
bronchiális, Bronchien-
bruniifólius, mit Blättern wie *Brúnia* (*Bruniáceae*)
brunnéscens, bräunlich
brúnneus, dunkelbraun
bryoídes, moosähnlich
bryolophótus, mit moosigem Kamm
bubalínus, Büffel-
buccinátor, der Trompeter
buccinatórius, allbekannt
bucciniifórmis, trompetenförmig
bucéphalus, Rundkopf
buchároicus, Buchara- (Mittelasien)
buddleifólius, mit Blättern wie *Buddléja*
buddleioídes, Buddléja-ähnlich
bufónius, krötenartig
bugulifólius, günselblättrig
búlbifer, bulbífera, bulbíferum, zwiebeltragend
bulbíllifer, bulbillífera, bulbillíferum, zwiebeltragend
bulbispérmus, mit zwiebelförmigem Samen
bulbócalyx, mit zwiebelförmigem Kelch
bulbocástanum, Erdkastanie
bulbocodioídes, Bulbocódium-ähnlich
bulbocódium, antiker Pflanzenname
bulbósus, Zwiebel-
bullátus, blasig
búnius, nach einem malayischen Pflanzennamen (*Antidésma*)
bupleurifólius, hasenohrblättrig
burejáeticus, Burejagebirge- (Ostasien)
burmánicus, Burma- (Hinterindien)
búrsa-pastóris, Hirtentasche
butyráceus, butterartig
buxifólius, buchsblättrig
byzanthínus, Istanbul-
byzantínus, Istanbul-

cáblin, Pflanzenname auf den Philippinen (*Pogostémon*)
cacalioídes, Cacália-ähnlich
cacáo, nach dem mexikan. Namen des Kakaobaums
cachemiriánus, Kaschmir- (Indien)
cachemíricus, Kaschmir- (Indien)
cactícola, auf Kakteen wachsend
cactifórmis, kaktusförmig
cadámba, Pflanzenname in Indien (*Anthocéphalus*)
caduciflórus, mit leicht abfallenden Blüten
caeléstis, himmelblau
caeruléscens, bläulich
caerúleus, blau
caesiigláucus, blaugrau
cáesius, blaugrau, bläulich
caespitítius, rasenartig
caespitósus, rasenbildend
cáffer, cáffra, cáffrum, Kaffern-
caffrórum, Kaffern-
cáffrus, Kaffern-
caimíto, Pflanzenname in den Anden (*Poutéria*)
cainíto, Pflanzenname in Mittelamerika (*Chrysophýllum*)
caíricus, Kairo-
cájan, malayischer Pflanzenname (*Cajánus*)
calába, Pflanzenname in Westindien (*Calophýllum*)

calábricus, Kalabrien-
calabúra, neuzeitl. Pflanzenname
calacánthus, mit schönen Dornen
calamagróstis, Schilfgras, Reitgras
calamifólius, rohrblättrig
calamifórmis, rohrförmig
calamíntha, antiker Pflanzenname: schöne Minze
cálamus, latein. Pflanzenname: Kalmus
caláthinus, korbähnlich
calcarátus, gespornt
calcáreus, 1. (*Titanópsis*): kalkig aussehend;
2. (*Polýgala, Sempervívum tectórum*): auf Kalk wachsend
calceolária, Pantoffel-
calcéolus, kleiner Schuh
calcícola, Kalkbewohner, Kalk-
calcítrapa, latein. Pflanzenname: Fußangel
calcítrapae, mit Blättern wie (*Centauréa*) *calcítrapa*
cálculus, glattes Steinchen
calendárum, vom Monatsersten, Monats-
calenduláceus, ringelblumenartig
califórnicus, kalifornisch
calisáya, span. Pflanzenname (*Cinchóna*)
calliánthus, mit schönen Blüten
callicárpus, mit schönen Früchten
calliglóssus, schöne Zunge
callimórphus, von schöner Gestalt
calliopsídeus, Calliópsis-ähnlich
callístachys, mit schöner Ähre
callistegioídes, Calystégia-ähnlich
callitrichoídes, wassersternähnlich
callizónus, schwielig geringelt
callósus, schwielig
calocárpus, schönfrüchtig
calocéphalus, mit schönem Kopf
calochlórus, schön grün
calócomus, mit schönem Schopf
calomélanos, schön schwarz
calophýllus, mit schönen Blättern
calóphytum, schöne Pflanze
calópterus, schön geflügelt
calostrótus, schön ausgebreitet
calpodéndron, Urnenbaum
calvéscens, kahl werdend
calycinoídes, kelchähnlich
calýcinus, Kelch-
calycótrichus, mit behaartem Kelch
calyculátus, mit Hüllkelch
calyptrátus, mit Haube
camaldulénsis, Camaldoli- (Italien)
camánchicus, Camanche- (USA)
cámara, Pflanzenname in Westindien (*Lantána*)
camarguénsis, Camargo- (Bolivien)
cámbricus, kambrisch, Wales- (Großbritannien)
camelórum, der Kamele
cámmarum, antiker Pflanzenname
campaniflórus, glockenblütig
campánula, kleine Glocke
campanulárius, glockenförmig
campanulátus, glockenförmig
campanuloídes, glockenblumenähnlich
campechiánus, Campeche- (Mexiko)
campéster, campéstris, campéstre, Feld-
cámphora, Kampfer
camphorátus, kampferhaltig
camptótrichus, mit gebogenen Haaren
campylacánthus, mit krummen Dornen
campylocárpus, krummfrüchtig
campylógynus, mit krummem Griffel
campylópodus, mit krummen Stielen
camtschatcénsis, Kamtschatka-
camtscháticus, Kamtschatka-
canadénsis, kanadisch
canaliculátus, kanalartig, rinnig
canariénsis, kanarisch
cancellátus, gitterförmig
candamarcénsis, Cundimarca- (Kolumbien)
candelábrum, Armleuchter
candelílla, span.: Nachtlicht
cándicans, weiß werdend
candidíssimus, reinweiß
candídulus, weiß
cándidus, reinweiß
canéphorus, Korbträger
canéscens, grau werdend
cangerána, Pflanzenname in Brasilien (*Cabrálea*)
canínus, hundsgemein, Hunds-
cannabínus, hanfartig
cannifólius, mit Blättern wie *Cánna*
cantábilis, des Besingens wert
cantábrica, latein. Pflanzenname (*Convólvulus*)
cantábricus, Kantabrien- (Spanien)
cantabrigiénsis, Cambridge- (England)
cantalúpa, Cantaluppe- (Gutshof bei

Rom)
cantoniénsis, Kanton- (China)
cántula: Pflanzenname in Indien (*Agáve*)
cánus, weißgrau
capénsis, Kap- (Südafrika)
caperátus, gerunzelt
capilláris, haarfein
capillátus, fein behaart
capillifórmis, haarförmig
capíllipes, mit behaarten Stielen
capíllus-véneris, Venushaar
capitátus, kopfförmig
capitéllus, mit kleinem Kopf
capitulátus, köpfchenförmig
cappadócicus, kappadozisch (Türkei)
capreolátus, mit Gabelranken
cápreus, Ziegen-
capricórnis, Ziegenhorn-
caprifólium, latein. Pflanzenname: Geißblatt
capsicástrum, das unechte *Cápsicum*
capsuláris, kapselartig
cáput-medúsae, Medusenhaupt
caracálla, nach span.: Schnecke
caracasánus, Caracas- (Venezuela)
caramánicus, Karamanien- (Kleinasien)
carambóla, Pflanzenname in Indien (*Averrhóa*)
caraváta, Pflanzenname in Guayana (*Elleánthus*)
cardaminifólius, mit Blättern wie *Cardámine*
cardamómum, latein. Pflanzenname: Kardamome
cardíaca, latein. Pflanzenname: Herz- oder Magenmittel
cardinális, scharlachrot; bei *Lobélia*: latein. Pflanzenname
cardioglóssus, mit herzförmiger Lippe
carduáceus, distelartig
carduchórum, Kurden-
cardúnculus, kleine Distel
carélicus, Karelien- (Finnland, Rußland)
caribǣus, karibisch (Mittelamerika)
caricínus, *Cárex*-artig
caricósus, seggenähnlich
cáricus, karisch (Türkei)
carinátus, gekielt
carínifer, carinífera, cariníferum, mit Kiel
carinthíacus, Kärntner- (Österreich)
carlcéphalum, Bastard aus (*Vibúrnum*) *carlésii* und (*V.*) *macrocéphalum*
carmichǣliae, Carmichǣlia-
carmíneus, karminfarben
carnerosánus, Carneros-Paß- (Mexiko)
cárneus, fleischfarben
carnícolor, fleischfarben
carniólicus, Krainer- (Jugoslawien)
carnósulus, etwas fleischig
carnósus, fleischig
carolinénsis, Carolina- (USA)
caroliniánus, Carolina- (USA)
caroliniénsis, Carolina- (USA)
caroliniifólius, mit Blättern wie *Carolínea* (*Bombacáceae*)
carolínus, Carolina- (USA)
caróta, Karotte
carpáthicus, Karpaten-
carpáticus, Karpaten-
carpinifólius, hainbuchenblättrig
carthagenénsis, Cartagena- (Kolumbien)
carthaginénsis, Cartagena- (Kolumbien)
cárthlicus, iberisch (Kaukasus)
carthusianórum, Kartäuser-Mönche-
carthusiánus, La Grande Charteuse-, bei Grenoble (Frankreich)
cartilagíneus, knorpelig
cárvi, nach einem arab. Pflanzennamen (*Cárum*)
caryophyllátus, nelkenartig
caryophýlleus, nelkenartig
caryophýllus, latein. Pflanzenname: Nelke
caryotídeus, Caryóta-ähnlich
caryotifólius, mit Blättern wie *Caryóta*
caryotoídes, Caryóta-ähnlich
cascarílla, Rinde-
cashmeriánus, Kaschmir-
cashmiriánus, Kaschmir-
cáspius, vom Kaspischen Meer
cassába, Volksname einer Melonensorte
cássia, antiker Pflanzenname
cassinoídes, Cassíne (Celastráceae)-ähnlich
cassúbicus, kaschubisch (Polen)
cassumúnar, Pflanzenname in Indien (*Zíngiber*)
cassútha, nach der Gattung *Cassýtha*
cassýtha, nach der Gattung *Cassýtha*
castaneifólius, mit Blättern wie *Castá-*

nea
castaneoídes, Castánea-ähnlich
castáneus, kastanienbraun
castanifólius, mit Blättern wie *Castánea*
catalaūnicus, katalaunisch, Champagne- (Frankreich)
catamarcénsis, Catamarca- (Argentinien)
cataphráctus, gepanzert
catáppa, malayischer Pflanzenname (*Terminália*)
catária, latein. Pflanzenname: Katzenpflanze
cataractárum, Wasserfall-
catarráctae, Wasserfall-
catawbiénsis, Catawba- (USA)
cátechu, hindust. Pflanzenname (*Acácia, Aréca*)
catenulátus, verkettet
catharínae, Ilha-Santa-Catarina- (Brasilien)
cathárticus, abführend
cathayánus, aus Cathay (heute Nordchina)
catingícola, in der Catinga (Vegetationsform Brasiliens) wachsend
cátjang, malayischer Pflanzenname (*Vígna*)
caucásicus, kaukasisch
caudátus, Schwanz-, geschwänzt
caudéscens, stammbildend
cauléscens, stengelig
caulíflórus, stammblütig
caulocárpus, stengelfrüchtig
cautícola, Felsbewohner, Felsen-
cautleoídes, Cautlēya-ähnlich
cavernósus, ausgehöhlt
cávus, hohl
cayenénsis, Cayenne- (Guayana)
cebennénsis, Cevennen- (Frankreich)
cebolléta, span.: kleine Zwiebel
cedrátus, Zedern-
ceíba, Pflanzenname in Amerika (*Bómbax*)
celatocaūlis, mit verstecktem Stengel
celebénsis, Celebes-
celébicus, Celebes-
célticus, keltisch
celtidifólius, zürgelbaumblättrig
cémbra, nach dem italien. Namen (cembro) dieser *Pínus*-Art
cembroídes, der (*Pínus*) *cémbra* ähnlich
cengiálti, Cengialto- (Norditalien)
cenísius, Mont Cenis- (Frankreich)
centaūrium, Kentaurenkraut
centifólius, hundertblättrig
centigále, Bastard aus (*Lílium*) *centifólium* und (*L.*) *regále*
centralpínus, Zentralalpen-
centricírrhus, mit Mittelranke
cépa, die Zwiebel
cephalánthus, kopfblütig
cephalónicus, Kephallonia- (Griechenland)
cephalóphorus, köpfchentragend
cerámicus, Ceram- (Indonesien)
cerásifer, cerasífera, cerasíferum, kirschentragend
cerasifórmis, kirschenförmig
cerastioídes, Cerástium-ähnlich
cerastoídes, Cerástium-ähnlich
cérasus, Kirsche
cerátinus, hornartig
ceratístes, mit Hörnern stoßend
ceratítes, gehörnt
ceratocaūlus, hornstengelig
ceratophýllus, hornblättrig
cercidifólius, mit Blättern wie *Cércis*
cereális, Getreide-
cerefólium, antiker Pflanzenname: Wachsblatt
cereícola, Céreus-Bewohner
cereifórmis, kerzenförmig
cerésia, nach der Gattung *Cerésia* (*Gramíneae*)
céreus, wachsartig, Kerzen-
cereúsculus, einer kleinen Kerze ähnlich
cérifer, cerífera, ceríferum, wachstragend
cerinthoídes, Cerínthe-ähnlich
cérinus, wachsgelb
cérnuus, nickend
cérris, Zerreiche
cerúleus, blau
cervicórnis, hirschgeweihartig
cervínus, hirschartig
cespitósus, rasig, Rasen-
cestroídes, Céstrum-ähnlich
céterach, nach einem arab. Pflanzennamen
ceylánicus, Ceylon-
chaerophylloídes, Chaerophýllum-ähnlich
chaetocárpus, mit borstigen Früchten
chalcedónicus, Chalcedon- (Türkei)

chalybaéus, stahlblau
chamaebúxus, Zwergbuchs
chamaecéreus, Zwerg-*Céreus*
chamaecístus, Zwergzistrose
chamaecyparíssus, Zwergzypresse
chamaedrifólius, gamanderblättrig
chamaedroídes, gamanderähnlich
chamaedryfólius, gamanderblättrig
chamaedryoídes, gamanderähnlich
chamaédrys, Zwergeiche
chamaeíris, Zwergschwertlilie
chamaejásme, Zwergjasmin
chamaeméspilus, Zwergmispel
chamaémorus, Zwergmaulbeere
chamaépitys, griech. Pflanzenname
chamomílla, latein. Pflanzenname: Kamille
champáca, malayischer Pflanzenname (*Michélia*)
champlainénsis, Lake Champlain- (USA)
chapinénsis, Chapin- (Name von Eingeborenen in Guatemala)
charácias, antiker Pflanzenname: für Pfähle
charántia, italien. Pflanzenname (*Momórdica*)
charítopes, wohlgefällig aussehend
chartophýllus, papierblättrig
chebúla, arab. Pflanzenname (*Terminália*): Kabul-
cheilanthifólius, mit Blättern wie *Cheilánthes*
cheilánthus, lippenblütig
cheimánthus, im Winter blühend
cheiranthoídes, *Cheiránthus*-ähnlich
chéiri, nach einem arabischen Pflanzennamen
cheirifólius, goldlackblättrig
cheiróphorus, handförmig
chelidoniifólius, mit Blättern wie *Chelidónium*
chelidonioídes, schöllkrautähnlich
chénde, Pflanzenname in Mexiko (*Heliabrávoa*)
cherimóla, Pflanzenname in Mittelamerika (*Annóna*)
chiapénsis, Chiapas- (Mexiko)
chichípe, Pflanzenname in Mexiko (*Poláskia*)
chihuahuénsis, Chihuahua- (Mexiko)
chilénsis, chilenisch
chillanénsis, Chillan- (Chile)
chiloénsis, Chiloë-
chimaéra, groteske Pflanze
chimboracénsis, Chimborazo- (Ekuador)
chína, China-
chíno, nach dem Namen einer *Pleioblástus*-Art in Japan
chinénsis, chinesisch
chionánthus, mit schneeweißen Blüten
chionocéphalus, schneeköpfig
chiráta, Pflanzenname in Indien (*Swértia*)
chiriquénsis, Chiriqui- (Panama)
chirónium, nach dem Zentaur Cheiron benannt
chítria, hindustan. Pflanzenname (*Bérberis*)
chíus, Chios-
chloódes, grüngelb
chloracánthus, mit grünen Stacheln
chloránthus, grünblühend
chloráster, grüner Stern
chlorocárpus, grünfrüchtig
chlorochílus, mit grüner Lippe
chlorogónus, mit grünen Kanten
chloroídes, *Chlóra*- (*Gentianáceae*)-ähnlich
chloropétalus, mit grünen Kronblättern
chlorosárcus, mit grünem Fleisch
chloróstachys, mit grüner Ähre
chlorostíctus, grün punktiert
chloróxylon, grünes Holz
choconiánus, Rio Chocon- (Guatemala)
chólla, Pflanzenname in Mexiko
chontalénsis, Chontales- (Nicaragua)
chorizemifólius, mit Blättern wie *Chorizéma*
chosicénsis, Chosica- (Peru)
chrysacánthion, goldgelber kleiner Dorn
chrysacánthus, goldgelbdornig
chrysanthemoídes, *Chrysánthemum*-ähnlich
chrysánthus, goldgelbblühend
chrýseus, golden
chrysocárdius, (Staubfäden) mit goldenen Herzen
chrysocárpus, goldgelbfrüchtig
chrysocéphalus, goldgelbköpfig
chrysócomus, mit Goldhaar
chrysocráspedus, golden gesäumt
chrysógonum, nach einem griech. Pflanzennamen

chrysógraphes, golden gefleckt
chrysole͞ucus, gelbweiß
chrysomállus, mit goldgelbem Fell
chrysophýllus, mit goldgelben Blättern
chrysóstachys, mit goldgelben Ähren
chrysóstomus, mit goldgelbem Schlund
chrysotóxus, Goldbogen-
chungénsis, Chung- (Jünnan)
cícer, latein. Pflanzenname: Kichererbse
cícera, latein.: Platterbse
cíclus, sizilianisch
cicutárius, wasserschierlingsartig
cicutifólius, mit Blättern wie *Cicúta*
cigarettíferus, zigarettenartig
ciliáris, bewimpert
ciliátus, bewimpert
cilícicus, Kilikien- (Türkei)
cilícius, Kilikien- (Türkei)
ciliícalyx, mit gewimpertem Kelch
cilioláris, fein bewimpert
ciliolátus, fein bewimpert
ciliospinósus, mit bewimperten Dornen
ciliósus, bewimpert
cína, italien. Name der Droge einer *Artemísia*-Art
cineréria, Aschenpflanze
cinerariifólius, mit Blättern wie *Cinerária*
cinerráscens, grauwerdend
cinéreus, aschgrau
cinnabárinus, zinnoberrot
cinnamómeus, zimtbraun
cinnamomifólius, zimtblättrig
circinális, kreisförmig eingerollt
circinátus, kreisförmig eingerollt
circinnátus, kreisförmig eingerollt
circumserrátus, ringsum gesägt
cirrhátus, mit Ranken
cirrhósus, mit Ranken
cisplatínus, diesseits des La Plata
cissifólius, mit Blättern wie *Císsus*
cistiflórus, zistrosenblütig
citrátus, zitronenartig
citrifólius, zitronenblättrig
citrifórmis, zitronenförmig
citrínus, zitronengelb
citriodórus, nach Zitronen duftend
citroídes, zitronenartig
citrósmus, nach Zitronen duftend
citrullifólius, mit Blättern wie *Citrúllus*
citrulloídes, wassermelonenähnlich
citrúllus, Wassermelone
cladócalyx, mit zweigähnlichem Kelch
clandestínus, verborgen
clandonénsis, Clandon- (England)
cláva, Keule
clavarioídes, keulenähnlich
clavátus, keulenförmig
clavellínus, etwas keulig
clavifólius, keulenblättrig
cláviger, clavígera, clavígerum, keulentragend
clematídeus, waldrebenartig
clématis, Ranken-, nach der Gattung *Clématis*
clematítis, griech. Pflanzenname
clethroídes, Cléthra-ähnlich
clivórum, Hügel-
clusiifólius, mit Blättern wie *Clúsia* (*Guttíferae*)
clýmenum, nach einem griech. Pflanzennamen
clypeátus, schildartig
clypeolátus, schildchenartig
cnemidóphorus, schienentragend
cneorifólius, mit Blättern wie *Cneórum*
cneórum, griech. Pflanzenname
coarctátus, gedrungen
coba͞ea, nach der Gattung *Coba͞ea*
cóca, Name des Kokastrauches in den Anden
cóccifer, coccífera, coccíferum, beerentragend
cócciger, coccígera, coccígerum, beerentragend
coccíneus, scharlachrot
coccinioídes, der (*Crata͞egus*) *coccínea* ähnlich
cócculus, nach der Gattung *Cócculus*
cóchal, Pflanzenname in Mexiko (*Myrtillocáctus*)
cocheníllifer, cochenillífera, cochenillíferum, schildlaustragend
cochinchinénsis, hinterindisch
cochleariifólius, mit löffelkrautförmigen Blättern
cochleáris, löffelartig
cochlearíspathus, mit löffelartiger Scheide
cochleátus, schneckenförmig
coelestínus, himmelblau
coeléstis, himmelblau
co͞eli-rósa, Himmelsrose
coelógyne, nach der Gattung *Coelógyne*
coeruléscens, bläulich

coerúleus, blau
coggýgria, nach einem antiken Pflanzennamen
cohúne, Pflanzenname in Mittelamerika (*Orbígnya*)
cólchicus, Schwarzmeer-
coleoídes, Cóleus-ähnlich
collínus, Hügel-
colocásia, antiker Pflanzenname
colocasiifólius, mit Blättern wie *Colocásia*
colocýnthis, antiker Pflanzenname: Koloquinthe
colombiánus, Kolumbien-
colónum, Bauern-
colórans, färbend
colorátus, farbig
colóssus, Riese, Koloß
colúmba, Taube
columbária, latein. Pflanzenname: taubenblau blühend
columbiánus, Britisch Kolumbien-; bei *Peperómia* und *Ronnbérgia*: Kolumbien-
columbínus, Tauben-
columelláris, pfeilerartig
columnáris, säulenartig
colúrnus, Haselnuß-
cóma-aūrea, Goldschopf
cómans, schopfig
comátus, mit Schopf
commíxtus, vermischt
commúnis, gewöhnlich
commutátus, verändert
comósus, schopfig
compáctus, dicht, kompakt
complanátus, verflacht
compléxus, verschlungen
complicátus, zusammengefaltet
compósitus, zusammengesetzt
compréssus, zusammengedrückt
cómptus, geschmückt
concéntricus, konzentrisch, mit Kreisen um einen gemeinsamen Mittelpunkt
conchifólius, muschelblättrig
concínnus, angenehm
cóncolor, einfarbig
conditívus, zum Einlegen bestimmt
confertiflórus, mit gedrängten Blüten
confértus, dicht gedrängt
confúsus, verkannt
congénsis, Kongo-
congestiflórus, gedrängtblütig
congéstus, gehäuft, gedrängt
conglomerátus, geknäuelt
cónicus, konisch, kegelförmig
cónifer, conífera, coníferum, zapfentragend
coniflórus, zapfenblütig
conjugátus, verbunden, gepaart
conjúnctus, verbunden
connéctilis, verbunden
conoídeus, kegelartig
cónomon, japan. Name einer Unterart der Melone
conópeus, fliegenartig
conóphorus, Kegel tragend
conópseus, fliegenartig
conothélos, mit kegeligen Warzen
consanguíneus, verschwistert
consólida, latein. Pflanzenname
conspérsus, bestreut
conspícuus, ansehnlich
constríctus, zusammengeschnürt
contaminátus, befleckt
continentális, Festlands-
contórtus, gewunden
contrajérva, Gegenkraut, Gegengift
controvérsus, umstritten
convallarioídes, maiglöckchenähnlich
convéxus, gewölbt, konvex
convolvuláceus, windenartig
convólvulus, Winde
conyzoídes, Conýza-ähnlich
copállifer, copallífera, copalliferum, kopalliefernd
copallínus, Kopal-
cópticus, koptisch
coptonogónus, mit eingeschnittenen Kanten
coquimbánus, Coquimbo- (Chile)
córacan, Pflanzenname in Ceylon (*Eleusíne*)
coraeénsis, Korea-
corállinus, korallenrot
corallodéndron, Korallenbaum
córbula, Körbchen
corcovadénsis, Corcovado- (Rio de Janeiro)
cordátus, herzförmig
cordifólius, herzblättrig
cordifórmis, herzförmig
córdiger, cordígera, cordígerum, herzförmig
coreánus, Korea-
coriáceus, lederartig

coriandrifólius, korianderblättrig
coriária, latein. Pflanzenname: Gerberstrauch
coridifólius, mit Blättern wie *Córis*
corifólius, lederblättrig
coriifólius, lederblättrig
corióphorus, Wanzen tragend
coriophýllus, mit lederigen Blättern
coriostáchyus, mit lederiger Ähre
córis, griech. Pflanzenname (*Hypéricum*)
corniculátus, mit kleinen Hörnern
córnifer, cornífera, corníferum, horntragend
córniger, cornígera, cornígerum, horntragend
córnu-cérvi, Hirschgeweih-
cornucópiae, Füllhorn-
cornútus, gehörnt
corollátus, blumenkronartig
corónans, krönend
coronária, bei *Lýchnis*: nach der Gattung *Coronária*
coronárius, kronenartig
coronátus, gekrönt
coronopifólius, mit Blättern wie *Corónopus* (*Crucíferae*)
corrugátus, runzelig
córsicus, korsisch, Korsika-
cortusifólius, mit Blättern wie *Cortúsa*
cortusoídes, Cortúsa-ähnlich
corúscans, blitzend
corúscus, blitzend
corylifólius, haselnußblättrig
corýmbifer, corymbífera, corymbíferum, mit Doldentraube
corymbiflórus, mit Blüten in Doldentrauben
corymbósus, doldentraubig
corymbulósus, mit kleinen Doldentrauben
córyne, Keule
corynódes, keulenartig
costaricánus, Costa Rica-
costaricénsis, Costa Rica-
costátus, gerippt
cóstus, nach der Gattung *Cóstus*
cóta, italien. Pflanzenname (*Ánthemis*)
cotinifólius, mit Blättern wie *Cótinus*
cotinoídes, Cótinus-ähnlich
cótinus, antiker Pflanzenname
cotoneáster, Zwergmispel
cótula, nach der Gattung *Cótula*
cotylédon, Becher
cóum, neuzeitl. latein. Pflanzenname (*Cýclamen*)
coúrbaril, wahrscheinlich Pflanzenname in Westindien (*Hymenǣa*)
cóus, Kos- (griechische Insel)
crácca, latein. Pflanzenname
craniolária, Vogelkopf
crassicaúlis, dickstengelig
crassifólius, dickblättrig
crassihamátus, mit dicken Haken
crassinérvius, dicknervig
crassiníveus, dicht schneeweiß
crassinódis, mit dicken Knoten
crássipes, dickstielig
crassirhizóma, mit dickem Wurzelstock
crássulus, ziemlich dick
crássus, dick
crataegifólius, weißdornblättrig
crataegoídes, weißdornähnlich
crateriоídes, becherähnlich
crenatiflórus, mit gekerbten Blüten
crenatoserrátus, gekerbt-gesägt
crenátus, gekerbt
crenifólius, mit gekerbten Blättern
crenulátus, fein gekerbt
crepidátus, mit Sandalen versehen
crepidifólius, mit Blättern wie *Crépis*
crépitans, knallend
creténsis, Kreta-
créticus, Kreta-
criniflórus, mit Blüten wie *Crínum*
crinítus, langhaarig
crínum-úrsi, Bärenhaar, nicht Bärenlilie
crispátus, gekräuselt
crispilábius, lappig-kraus
críspulus, fein gekräuselt
críspus, kraus
crísta-gálli, Hahnenkamm
cristátus, kammförmig
crithmifólius, Críthmum-blättrig
croáticus, kroatisch (Jugoslawien)
crocátus, krokusfarben
cróceus, gelb
crocophýllus, Crócus-blättrig
crocosmiiflórus, mit Blüten wie *Crocósmia*
crocothýrsos, mit gelbem Strauß
cruciáta, bei *Gentiána*: latein. Pflanzenname
cruciátus, gekreuzt, kreuzförmig
crucifórmis, kreuzförmig
crúciger, crucígera, crucígerum, kreuztra-

gend
cruéntus, blutrot
crumenátus, Geldbeutel-
crúriger, crurígera, crurígerum, dornbildend
crus-gálli, Hahnensporn
crus-pavónis, Pfauensporn
crustátus, krustenartig
cryptomerioídes, Cryptoméria-ähnlich
crystállinus, kristallartig, kristallklar
cubéba, arab. Name für Pfefferbaum
cubénsis, kubanisch
cucúbalus, latein. Pflanzenname
cuculláriá, latein. Pflanzenname: Kapuzenpflanze
cucullátus, kapuzenförmig
cucúllifer, cucullífera, cucullíferum, kapuzentragend
cucumerifólius, gurkenblättrig
cucumerínus, gurkenartig
cucumeroídes, gurkenähnlich
cujéte, Pflanzenname in Brasilien (*Crescéntia*)
cúlcita, Kissen
culináris, Küchen-
cultórum, der Züchter
cultrátus, messerartig
cultrifórmis, messerförmig
cúltus, angebaut
cumíni, Kümmel-
cundurángo, Pflanzenname in Peru (*Marsdénia*)
cuneátus, keilförmig
cuneifólius, mit keilförmigen Blättern
cunónia, nach der Gattung *Cunónia (Cunoniáceae)*
cupána, Pflanzenname in Venezuela (*Paullínia*)
cupreátus, kupferfarben
cupressifórmis, zypressenförmig
cupréssinus, zypressenartig
cupressoídes, zypressenähnlich
cúpreus, kupferfarben
curassávicus, Curaçao- (Westindien)
cúrcas, Pflanzenname unbekannter Herkunft (*Játropha*)
curtipéndulus, kurz herabhängend
cúrtus, verkürzt, niedrig
curvátus, gekrümmt
curviflórus, mit gebogenen Blüten
curvifólius, mit gebogenen Blättern
curvispínus, mit gebogenen Dornen
cúrvulus, schwach gekrümmt
cuscutifórmis, Cúscuta-ähnlich
cúsia, Volksname in Indien (*Strobilánthes*)
cuspidátus, stachelspitzig
cyanánthus, blaublütig
cyáneus, dunkelblau
cyanocárpus, mit blauen Früchten
cyanócrocus, dunkelblauer Krokus
cyanoídes, kornblumenähnlich
cyanophýllus, blaublättrig
cýanus, antiker Pflanzenname: Kornblume
cyathifórmis, becherförmig
cyathistípulus, mit becherförmigen Nebenblättern
cyathóphorus, bechertragend
cycadifólius, mit Blättern wie *Cýcas*
cyclamíneus, Cýclamen-artig
cyclámínus, Cýclamen-artig
cýclius, kreisförmig
cyclocárpus, mit runden Früchten
cyclophýllus, rundblättrig
cýclops, Zyklopenauge-
cycloséctus, kreisförmig geschnitten
cydoniifólius, quittenblättrig
cylindráceus, walzenförmig
cylindrátus, walzenförmig
cylíndricus, walzenförmig
cylindrifólius, mit walzenförmigen Blättern
cymbalárius, mit beckenförmigen Blättern
cymbifórmis, gefäßartig
cymínum, antiker Pflanzenname
cymósus, trugdoldig
cynánchicus, Hundswürger- (*Cynánchum*)-ähnlich
cynápium, Hundspetersilie
cynaroídes, Cýnara-ähnlich
cýnops, griech. Pflanzenname
cynosuroídes, kammgrasähnlich
cyparíssias, griech. Pflanzenname: zypressenartig
cýprius, Zypern-
cythéreus, Tahiti-

dacrydioídes, Dacrýdium-ähnlich
dactýlifer, dactylífera, dactylíferum, datteltragend
dactylifólius, mit fingerförmig gelappten Blättern
dactyloídes, Dáctylis-ähnlich
dáctylon, antiker Pflanzenname: Finger

daedáleus, bunt, kunstvoll
daguénsis, Dagua- (Kolumbien)
dahlioídes, dahlienähnlich
dahúricus, dahurisch (Sibirien)
dāimio, japan.: Adliger
dalmáticus, dalmatinisch, Dalmatien-
damascénus, Damaskus- (Syrien)
damasónium, nach einem griech. Pflanzennamen
dámmara, nach einem malayischen Baumnamen (*Ágathis*)
dánicus, dänisch
danthóniae, Danthónia- (*Gramíneae*)
daonénsis, Val Daone- (Südalpen)
daphnoídes, seidelbastähnlich
dasyacánthus, rauhdornig
dasyánthus, rauhblütig
dasycárpus, rauhfrüchtig
dasýclados, mit rauhen Zweigen
dasylirioídes, Dasylírion-ähnlich
dasyphýllus, rauhblättrig
dasystémon, mit behaarten Staubblättern
dasystýlis, mit behaarter Griffelsäule
dasystýlus, mit behaartem Griffel
daucifólius, möhrenblättrig
daúricus, dahurisch (Sibirien)
davallioídes, Davállia-ähnlich
davúricus, dahurisch (Sibirien)
dealbátus, weiß bestäubt
débilis, schwach
decándrus, mit 10 Staubblättern
decapétalus, mit 10 Kronblättern
decémfidus, zehnspaltig
decéptor, Betrüger
decéptrix, Betrügerin
decíduus, hinfällig, früh abfallend
decípiens, täuschend
decompósitus, doppelt zusammengesetzt
decorátus, geschmückt
decórticans, Rinde abwerfend
decórus, schön, stattlich
decumánus, sehr groß
decúmbens, niederliegend
decúrrens, herablaufend
decursivepinnátus, herablaufend gefiedert
decursívus, herablaufend
decussátus, kreuzweise-gegenständig
defíciens, fehlend (ohne Zentraldorn)
deflexícalyx, mit zurückgebogenem Kelch
defléxus, zurückgeschlagen
deflorátus, mit wenigen Blütenköpfen
delicatíssimus, sehr wohlschmeckend, sehr fein
delicátulus, ziemlich zart, wohlschmekkend
deliciósus, köstlich
delphinénsis, Dauphiné- (Frankreich)
delphiniifólius, mit Blättern wie *Delphínium*
deltoídes, deltaförmig
deltoídeus, deltaförmig
demérsus, untergetaucht
deminútus, verkleinert, klein
demíssus, niedrig, herabhängend
dendríticus, verzweigt
dendroídes, baumähnlich
dendroídeus, baumähnlich
dens-cánis, Hundszahn
densiflórus, dichtblütig
densispínus, dichtdornig
dénsus, dicht
dentátus, gezähnt
denticulátus, fein gezähnt
dentifórmis, zahnförmig
denudátus, nackt
deodára, nach einem Pflanzennamen in Indien: Götterbaum
depéndens, herabhängend
depréssus, niedergedrückt
dereménsis, Derema- (Tansania)
desertícola, Wüstenbewohner
desertícolus, wüstenbewohnend
desertórum, Wüsten-
desmoncoídes, Desmóncus-ähnlich
desquamátus, (Blattoberseite) unbeschuppt
devoniánus, Herzog von Devonshire-
devoniénsis, Herzog von Devonshire-
diacánthus, zweistachelig
diadéma, Diadem
diademátus, gekrönt
diaguiténsis, Diaguitas- (Argentinien)
dianthiflórus, nelkenblütig
dianthoídes, nelkenähnlich
dianthoídeus, nelkenähnlich
diapensioídes, Diapénsia- (*Diapensiáceae*)-ähnlich
diáphanus, durchscheinend
diáprepes, hervorstechend, prächtig
diástrophis, verdreht
dicárpus, zweifrüchtig
dichótomus, gabelig, dichotom

dichroánthus, zweifarbig blühend
dichroséppalus, mit zweifarbigen Kelchblättern
díchrous, zweifarbig
dicóccos, zweikörnig
dicóccus, zweikörnig
dicranoídes, Dícranum- (Gabelzahnmoos)-ähnlich
dictámnus, Diptam, antiker Pflanzenname
dictyophýllus, netzblättrig
didístichus, doppelt zweizeilig
didymobótryus, mit doppelter Traube
dídymus, doppelt
diffórmis, ungewöhnlich
diffúsus, ausgebreitet, zerstreut
diflórus, zweiblütig
digitaliflórus, fingerhutblütig
digitális, Fingerhut
digitátus, gefingert
digýneus, mit 2 Griffeln
dígynus, mit 2 Griffeln
dilatátus, verbreitert
dimorphophýllus, mit verschieden gestalteten Blättern
dimórphus, verschiedengestaltig
dináricus, dinarisch (Jugoslawien)
dioícus, zweihäusig
dioscoreifólius, mit Blättern wie *Dioscórea*
diosmifólius, mit Blättern wie *Diósma*
dipétalus, zweiblättrig
diphýllus, zweiblättrig
diplostephioídes, Diplostéphium- (*Compósitae*)-ähnlich
diplótrichus, mit zweierlei Haaren
dipsáceus, Dípsacus-artig
dipsacifólius, mit Blättern wie *Dípsacus*
dipterocárpus, mit zweiflügeligen Früchten
dípterus, zweiflügelig
disciformis, scheibenförmig
discoídeus, scheibenartig
díscolor, verschiedenfarbig
disjúnctus, zerrissen
disséctus, fein geschlitzt
dissímilis, ungleichartig
dissitiflórus, lockerblütig
díssitus, zerstreut, locker, gespreizt
distáchius, zweijährig
distáchyos, zweijährig
distáchyus, zweijährig
dístans, abstehend
distentifólius, mit entfernten Blättchen
distichánthus, zweizeilig blühend
distichophýllus, zweizeilig beblättert
dístichos, zweizeilig
dístichus, zweizeilig
distillatórius, Tröpfel-
distínctus, verschieden
diuréticus, harntreibend
diúrnus, tagsüber blühend
diútinus, langlebig
divaricátus, sperrig
divérgens, auseinanderstrebend
diversícolor, verschiedenfarbig
diversifólius, verschiedenblättrig
dóchna, arab. Pflanzenname (*Sórghum*)
dodecanēúrus, zwölfnervig
dodrantális, spannenlang
dolabrátus, beilförmig
dolabrifórmis, beilförmig, hobelförmig
dolichocéntrus, mit langem Sporn
doliifórmis, faßförmig
dolomíticus, Dolomiten- (Alpen)
doméstiсus, Haus-
domingénsis, Santo Domingo- (Westindien)
dónax, Pfahlrohr
dória, nach einem latein. Pflanzennamen (*Senécio*)
dorónicum, Gemswurz
dráco, Drache
dracomontánus, Drakensberg- (Südafrika)
dracónis, Drachen-
dracóntium, nach der Gattung *Dracóntium*, Drachenwurz
dracúnculus, latein. Pflanzenname: Drachenwurz, Estragon
drepanophýllus, sichelblättrig
drupáceus, steinfruchtartig
dryópteris, Eichenfarn
dsungáricus, Dsungarei-
dúbius, zweifelhaft
dúdaim, hebr. Name einer Frucht
dulcamára, latein. Pflanzenname: bittersüße Pflanze
dúlcis, süß
dumetórum, Hecken-
dumósus, buschig
dumulósus, kleinbuschig
duplosinuátus, mit doppelt gebuchteten Blättern
durácinus, mit harter Schale
durangénsis, Durango- (Mexiko)

dúrior, dúrius, härter
durispínus, mit harten Dornen
durobrivénsis, Rochester- (USA)
dúrra, Name eines Hirsegrases in Indien (*Sórghum*)
dúrus, hart

ebenenacánthus, schwarzdornig
ebenáster, ebenholzartig
ebéneus, ebenholzschwarz
ébenum, Ebenholz
ebracteátus, ohne Deckblätter
ébulus, latein. Pflanzenname: Zwergholunder
ebúrneus, elfenbeinweiß
ecalcarátus, spornlos
echídna, Viper
echídne, Viper
echinárius, igelartig
echinátus, igelstachelig
echinoídes, igelähnlich
echinosépalus, mit stacheligen Kelchblättern
echinósporus, mit igelartigen Sporen
echínus, Seeigel
echioídes, natternkopfähnlich
ecornútus, ohne Horn
éctypus, erhaben
editórum, Hochland
edúlis, eßbar
effúsus, ausgebreitet
eflagéllis, ohne Ausläufer
eglantéria, nach einem mittelalterl. engl.-französ. Pflanzennamen (*Rósa*)
egrégius, auserlesen
eizanénsis, Hieizan- (Berg in Japan)
elaegrifólius, mit Blättern wie wilde Oliven
elásticus, elastisch
elatérium, nach einem griech. Pflanzennamen
elatínes, antiker Pflanzenname: Tännel-
elatinoídes, Elatíne-ähnlich
elátior, elátius, höher
elátus, hoch
eleágnos, antiker Pflanzenname: Ölweide
electracánthus, mit bernsteinfarbenen Dornen
élegans, zierlich, ansehnlich
elegantíssimus, sehr zierlich
elegántulus, niedlich
eléngi, Pflanzenname in Indien (*Mimúsops*)
elephántidens, elfenbeinartig
elephántipes, elefantenfußartig
elephántopus, elefantenfußartig
elephantótis, Elefantenohr
elephántum, Elefanten-
elephántus, Elefant
elevátus, erhöht
ellípticus, elliptisch
elongátus, verlängert
elutéria, neuzeitl. Pflanzenname
emarginátus, ausgerandet
émblica, Pflanzenname in Bengalen (*Phyllánthus*)
emeriflórus, mit Blüten wie *Coronílla émerus*
emérsus, über Wasser
émerus, veredelte Pflanze
éminens, hervorragend
emódi, Emodus- (Himalaja)
empetrifólius, mit Blättern wie *Émpetrum*
empetrifórmis, Émpetrum-artig
encelioídes, Encélia- (*Compósitae*)-ähnlich
endívia, antiker Pflanzenname
enneacánthus, neundornig
enneaphýllos, neunblättrig
enneaphýllus, neunblättrig
énoplus, bewaffnet
ensátus, schwertförmig
enséte, abessin. Name einer *Músa*-Art
ensifólius, schwertblättrig
ensifórmis, schwertförmig
epacrídeus, Épacris-ähnlich
ephedroídes, Éphedra-ähnlich
ephémerum, antiker Pflanzenname
epidéndron, auf Bäumen wachsend
epigéjos, auf dem Land wachsend
epílinum, auf Lein schmarotzend
epipáctis, nach einem antiken Pflanzennamen
epipsílus, oberseits kahl oder nackt
epithymoídes, der (*Cúscuta*) *epíthymum* ähnlich
epíthymum, auf Thymian schmarotzend
epruinósus, unbereift
equéster, equéstris, equéstre, ritterlich
equisetifólius, mit Blättern wie *Equisétum*, schachtelhalmartig
equisetifórmis, Equisétum-förmig
equisetínus, Equisétum-artig

eragróstis, nach der Gattung *Eragróstis*
érba-rótta, Name einer *Achilléa*-Art in Norditalien
erectocéntrus, mit aufrechtem Mitteldorn
erectocylíndricus, aufrecht walzenförmig
eréctus, aufrecht
eriacánthus, wolldornig
eriántherus, mit wolliger Blüte
eriánthus, wollblütig
ericetórum, der Heidegesellschaften
ericifólius, mit Blättern wie *Eríca*
ericoídes, Eríca-ähnlich
erigénus, irisch
erináceus, igelstachelig
erinoídes, Erínus-ähnlich
erínus, nach der Gattung *Erínus*
erioblástus, wollig keimend
erióphorus, Wolle tragend
eríopus, mit wolligem Stiel
erióspathus, mit wolliger Scheide
eriostémon, mit wolligen Staubblättern
eriótrichus, wollhaarig
erósus, ausgenagt
éru, Pflanzenname in Eritrea (*Áloë*)
erubéscens, rotwerdend
erúca, Raupe
erucifórmis, raupenförmig
erúmpens, hervorbrechend
ervília, antiker Pflanzenname
erythrǽa, nach der Gattung *Erythrǽa*
erythrǽae, Eritrea-
erythrǽus, rötlich
erythránthus, rotblühend
erýthrina, nach der Gattung *Erýthrina*
erýthrinus, korallenrot
erythrocárpus, rotfrüchtig
erythrocéphalus, rotköpfig
erythrochǽte, mit roten Borsten
erythrochǽtos, rotborstig
erythrodáctylon, mit roten Fingern
erythrólepis, rotschuppig
erythronéurus, mit roten Blattnerven
erythrophýllus, rotblättrig
erythrópodus, rotstielig
erýthropus, rotstielig, rotfüßig
erythrosépalus, mit roten Kelchblättern
erythrosórus, mit roten Sporenhäufchen
erythrospérmus, mit rotem Samen
erythrostíctus, mit roten Flecken
erythroxyloídes, Erythróxylon-ähnlich
esculéntus, eßbar
éskia, Name einer *Festúca*-Art in den Pyrenäen
esmerálda, nach der Gattung *Esmerálda*
espadína, Name der Fasern einer *Agáve* in Mexiko
ésula, nach einem mittelalterl. Pflanzennamen: Wolfsmilch
éthrog, chaldäischer oder arab. Name dieser *Cítrus*-Frucht
etrúscus, etrurisch (Toskana, Italien)
euánthemus, blütenreich
eucaliptánus, Eucaliptos- (Bolivien)
eucalyptoídes, Eucalýptus-ähnlich
euchlórus, freudiggrün
eugenioídes, Eugénia-ähnlich
eumarginátus, die echte var. *marginátus*
eumórphus, schön gestaltet
eupatória, antiker Pflanzenname (*Agrimónia*)
eupatórium, nach der Gattung *Eupatórium*
euphorbioídes, Euphórbia-ähnlich
euramericánus, euro-amerikanisch
*eurokuriléns*is, Bastard aus (*Lárix*) *europǽa* und (*L.*) *kuriléns*is
eurólepis, Bastard aus (*Lárix*) *europǽa* und (*L.*) *leptólepis*
europǽus, europäisch
evéctus, aufgetrieben, hoch
exalátus, ungeflügelt
exaltátus, hochgewachsen
exarátus, gekerbt
excavátus, ausgehöhlt
excéllens, hervorragend
excélsior, excélsius, höher, erhabener
excélsus, erhaben, hoch
excísus, ausgeschnitten
excorticátus, rindenlos
exíguus, klein, dürftig
exiliflórus, kümmerlich blühend
exílis, kümmerlich
exímius, ausgezeichnet
exolétus, vergessen
exóticus, exotisch
expánsus, ausgedehnt
explanátus, ausgebreitet
explódens, platzend
exscápus, schaftlos
exsértus, hervorstehend
exstipulátus, ohne Nebenblätter
exsúdans, ausschwitzend
exsúrgens, sich aufrichtend

exténsus, ausgedehnt
éxul, nicht einheimisch

fába, etrusk. Pflanzenname: „Bohne“, Saubohne
fabáceus, bohnenartig
fabária, latein. Pflanzenname: Bohnen-
fagaroídes, Fágara- (*Rutáceae*)-ähnlich
fágifer, fagífera, fagíferum, buchenähnliche Früchte tragend
fagifólius, buchenblättrig
fagíneus, Buchweizen
falcátus, sichelförmig
falcinéllus, sichelförmig
falcoróstrus, sichelschnäbelig
fállax, täuschend, trügerisch
famatiménsis, Famatima- (Argentinien)
fárctus, fest, massiv
fárfara, nach einem latein. Pflanzennamen: Huflattich
farináceus, mehlig bestäubt
farínifer, farinífera, faríníferum, Mehl tragend
farinósus, mehlig bestäubt
farnétto, altitalien. Pflanzenname (*Quércus*)
fasciátus, gebändert
fasciculáris, büschelig
fasciculátus, büschelig
fascinátor, Zauberer
fasciolátus, gestreift
fastigiátus, mit langen, aufstrebenden Seitenzweigen
fastuósus, prächtig
fátuus, geschmacklos, fad
febrífugus, Fieber senkend
féhi, polynes. Name einer *Músa*-Art
fejeénsis, Fidschi-Inseln-
felínus, Katzen-
fenestrális, fensterartig
fenestrellátus, Fensterchen
fénnicus, finnisch
ferdinándi-régis, König-Ferdinand-
férox, stark bewehrt
férreus, eisern
ferrugíneus, rostfarben, braunrot
fértilis, fruchtbar
feruláceus, Férula-artig
ferulifólius, mit Blättern wie *Férula*
festívus, festlich
festucoídes, Festúca-ähnlich
fibrósus, faserig
fibulifórmis, schnallenförmig
ficária, latein. Pflanzenname: Feigen-
ficifólius, feigenblättrig
ficifórmis, feigenförmig
ficoídes, feigenähnlich
ficoídeus, feigenähnlich
fictolácteus, das unechte (*Rhododéndron*) *lácteum*
fícus-índica, indische Feige
fígo, Pflanzenname in Hinterindien (*Michélia*)
filamentósus, fädig
filicástrum, unechter Farn
filicáulis, mit fädlichem Stengel
filicifólius, farnblättrig
filicínus, farnartig
filiculoídes, einem kleinen Farn ähnlich
filíferus, fadentragend
filifólius, mit fädlichen Blättern
filifórmis, fadenförmig
filipendulínus, Filipéndula-artig
filipéndula, latein. Pflanzenname: an Fäden hängend
fílipes, mit fädlichem Stiel
fílix-fémina, weiblicher Farn, Blätter feiner zerteilt
fílix-mas, männlicher Farn, Blätter gröber zerteilt
fimbriátus, gefranst
fírmus, fest
fissurátus, gespalten, mit Spalten
físsus, gespalten
fístula, Röhre
fistulósus, röhrig
flabelláris, fächerähnlich
flabellátus, fächerartig
flabéllifer, flabellífera, flabellíferum, fächertragend
flabellifórmis, fächerförmig
fláccidus, schlaff
fladnizénsis, Fladnitz- (Österreich)
flagelláris, peitschenartig
flagéllifer, flagellífera, flagellíferum, peitschentragend, Ausläufer tragend
flagellifólius, peitschenblättrig
flagellifórmis, peitschenförmig
flagrifórmis, peitschenförmig
flámmeus, feuerrot
flámmula, kleine Flamme
flavéscens, gelb werdend
flavícomus, mit gelbem Schopf
flávidus, gelblich
flavíssimus, intensiv gelb

flavopurpúreus, gelbpurpurn
flavorúfus, gelbrot
flavóvirens, gelbgrün
flavovíridis, gelbgrün
flávus, gelb
flexicaúlis, mit gebogenem Stengel
fléxilis, biegsam, gebogen
flexuósus, gebogen
floccósus, flockig
flocculósus, etwas flockig
florariénsis, Floraire- (bei Genf)
florentínus, Florentiner-
floribúndus, reichblütig
florícomus, mit Blütenschopf
floridánus, Florida- (USA)
florídulus, ziemlich blütenreich
flóridus, blütenreich
flórifer, florífera, floríferum, blütentragend
flos-cucúli, Kuckucksblume
flos-jóvis, Jupiterblume
fluggeoídes, Flúggea (*Euphorbiáceae*)-ähnlich
flúitans, flutend
fluminénsis, Rio de Janeiro-
fluviátilis, Fluß-
foémina, weibliche Pflanze
foénum-graécum, griechisches Heu
foetidíssimus, stark übelriechend
foétidus, stinkend
foliáceus, blattartig
foliolósus, blättchenreich
foliosíssimus, sehr blattreich
foliósus, blattreich
folliculáris, schlauchartig
fontánus, Quellen-
formicárum, Ameisen-
formosánus, Taiwan-
formosíssimus, sehr schön
formósus, schön
fossulátus, rinnig
fourcroýdes, Fourcroýa-ähnlich
foveolátus, mit Grübchen
fragarioídes, erdbeerähnlich
frágifer, fragífera, fragíferum, erdbeertragend
fragifórmis, erdbeerförmig
frágilis, zerbrechlich
frágrans, duftend
fragrantíssimus, stark duftend
frainétto, nach einem altfranzös. Pflanzennamen (*Quércus*)
frángula, neuzeitl. latein. Pflanzenname: Pflanze mit brüchigem Holz
fraxinélla, kleine Esche
fraxíneus, eschenartig
fraxinifólius, eschenblättrig
friburgénsis, Nova Friburgo- (Brasilien)
frígidus, kalt, aus kalten Gebieten
frondósus, laubig
frúctus-píni, Kiefernzapfen
fructuspínus, Kiefernzapfen-
frutéscens, halbstrauchig
frútex, Strauch
frúticans, strauchig
fruticetórum, Gebüsch-
fruticósus, strauchig
fruticulósus, kleinstrauchig
fucátus, geschminkt
fuchsifoliósa, Bastard aus (*Begónia*) *foliósa* und (*B.*) *fuchsioídes*
fuchsioídes, fuchsienähnlich
fuciflórus, mit hummelähnlichen Blüten
fúgax, vergänglich
fúlgens, leuchtend
fúlgidus, leuchtend
fuliginósus, rußig
fullónum, Tuchmacher-
fúlviceps, braunköpfig
fúlvidus, braun
fulvosetulósus, mit kleinen gelbbraunen Borsten
fúlvus, gelbbraun, gelbrot
fumána, Heideröschen
fumariifólius, erdrauchblättrig
fumósus, angeräuchert
funális, strickförmig
fúnebris, Trauer-
fungósus, pilzig, schwammig
fúnifer, funífera, funíferum, schnurtragend
furcátus, gabelförmig
fúrens, wild, berauschend
furfuráceus, kleieartig
fuscátus, bräunlich
fuscéscens, rotbraun werdend
fuscomaculátus, braungefleckt
fuscopunctátus, braunpunktiert
fúscus, dunkel, dunkelbraun, schwärzlich
fusifórmis, spindelförmig

galacifólius, mit Blättern wie *Gálax*
galáctinus, milchweiß
galactodéndron, Milchbaum

galánga, Pflanzenname in Indien (*Alpínia*)
galbanífluus, harzbildend
gále, engl. Volksname für eine *Myríca*-Art
galeátus, mit Helm
galegifólius, mit Blättern wie *Galéga*
galeóbdolon, antiker Pflanzenname
galioídes, Gálium-ähnlich
gállicus, gallisch, französisch
gámbir, malayischer Pflanzenname (*Uncária*)
gamosépalus, mit verwachsenen Kelchblättern
gandavénsis, aus Gent (Belgien)
gangéticus, Ganges-
gargánicus, Monte Gargano- (Italien)
gasipáës, Pflanzenname in Brasilien (*Báctris*)
gélidus, kalt, steif, starr
gembánga, Pflanzenname in Südostasien (*Córypha*)
geminiflórus, zweiblütig
geminispínus, mit doppelten Dornen
gemmátus, mit Knospen
gémmifer, gemmífera, gemmíferum, knospentragend
generális, gemein, allgemein
generósus, vortrefflich
genevénsis, aus Genf
geniculátus, gekniet
genistelloídes, flügelginsterähnlich
genistifólius, ginsterblättrig
génkwa, chines. Pflanzenname (*Dáphne*)
gentianoídes, enzianähnlich
gentílis, zierlich, nett, edel
genuínus, echt
geoídes, nelkenwurzähnlich
geometrízans, gleichmäßig, geometrisch
geonomifórmis, Geónoma-artig
geórgicus, Georgien- (Kaukasus)
geraniifólius, mit Blättern wie *Geránium*
geranioídes, storchschnabelähnlich
germánicus, germanisch, deutsch
gerocéphalus, mit Greisenhaupt
gesneriifólius, mit Blättern wie *Gesnéria*
géum, latein. Pflanzenname
ghǣri, Pflanzenname in Indien (*Scirpodéndron*)
gibbérulus, mit kleinen Höckern
gibbiflórus, höckerblütig
gibbósus, höckerig
gíbbus, höckerig
gibraltáricus, Gibraltar-
gigantéus, riesig
gígas, riesig
gileadénsis, Gilead- (Palästina)
gínnala, Name einer *Ácer*-Art bei den Tungusen
gínseng, chines. Name einer *Pánax*-Art
githágo, antiker Pflanzenname
glabéllus, kahl
gláber, glábra, glábrum, kahl
glabérrimus, völlig kahl
glabrátus, kahlgeworden
glabréscens, kahl werdend
glabriúsculus, fast kahl
glaciális, Gletscher-, Eis-
gladiátus, schwertförmig
glandúlifer, glandulífera, glandulíferum, drüsentragend
glandulósus, drüsig
glareósus, Kies-
glastifólius, waidblättrig
glaucéscens, blauwerdend
glaucifólius, mit blaugrünen Blättern
gláucinus, blaugrün
glaucocaerúleus, blaugrün
glaucóchrous, blaugrün
glaucópeplus, in hellem Gewand
glaucophýllus, blaugrünblättrig
glaucópis, blauäugig, strahlend
gláucus, blaugrün
glechonophýllus, mit Blättern wie *Téucrium pólium*
glóbifer, globífera, globíferum, kugeltragend
globósus, kugelig
globulariifólius, mit Blättern wie *Globulária*
globúlifer, globulífera, globulíferum, pillentragend
globulósus, kleinkugelig
glóbulus, Kügelchen, Pille
glochidiátus, widerhakig
glomerátus, geknäuelt
glomerisétus, mit gehäuften Borsten
gloriósus, herrlich
gloxiniiflórus, mit Blüten wie *Gloxínia*
gloxinioídes, Gloxínia-ähnlich
glumáceus, spelzenartig
glutinósus, klebrig
glycocósmus, süßduftend
glycyphýllos, süßblättrig

glyptostroboídes, Glyptóstrobus-ähnlich
gnémon, Pflanzenname auf den Molukken (*Gnétum*)
gnídium, antiker Pflanzenname: Knidos- (Türkei)
goegoénsis, Goegoe- (Sumatra)
gomphocéphalus, nagelköpfig
gomphophýllus, mit nagelförmigen Blättern
gongylódes, rundlich, rübenähnlich
gonióсalyx, mit kantigem Kelch
gonócladus, mit kantigen Zweigen
góre, Pflanzenname in Westafrika (*Ongókea*)
gorgónias, Medusenhaupt-
gorgónis, Medusenhaupt-
gracilidelineátus, dünn gezeichnet
gracílior, gracílius, schlanker
gracílipes, schlankstielig
grácilis, schlank
gracilistýlus, mit schlankem Griffel
gracíllimus, sehr schlank
graecízans, sich ausbreitend
graēcus, griechisch
gramíneus, grasartig
graminifólius, grasblättrig
granadénsis, Neugranada-, heute Kolumbien
granaténsis, Neugranada-, heute Kolumbien, bei *Saxífraga*: Granada- (Spanien)
granátum, nach einem latein. Pflanzennamen: körniger Apfel
grándiceps, großköpfig
grandicórnis, großhörnig
grándidens, großzähnig
grandidentátus, großzähnig
grandiflórus, großblütig
grandifolíolus, mit großen Blättchen
grandifólius, großblättrig
grándis, groß
graníticus, Granit-
granulátus, mit Knöllchen
granulósus, körnig, Körner
gratianopolitánus, Grenoble- (Frankreich)
gratioloídes, Gratíola-ähnlich
gratiosíssimus, sehr beliebt
gratíssimus, sehr dankbar
grátus, dankbar, angenehm
gravéolens, stark duftend
gregárius, vergesellschaftet
grignonénsis, Grignon- (Frankreich)
griseoargénteus, grau-silbrig
gríseus, grau
groenlándicus, grönländisch
grossulária, nach einem französ. Pflanzennamen (*Ríbes*)
gruínus, kranichartig
grýllus, Grille, ungewöhnliche Pflanze
guajáva, Pflanzenname in Amerika (*Psídium*)
guára, Pflanzenname in Kuba (*Guárea*)
guatemalénsis, Guatemala-
guianénsis, Guayana- (Südamerika)
guidónia, nach der Gattung *Guidónia*
guineénsis, Guinea- (Westafrika)
gúmmifer, gummífera, gummíferum, gummiliefernd
gummósus, gummiartig
gútta, nach dem malayischen Namen für Gummi (Guttapercha)
guttátus, betropft, getüpfelt
guttulátus, mit kleinen Tupfen
guyanénsis, Guayana- (Südamerika)
gymnanthérus, mit unbewimperten Staubbeuteln
gymnocárpus, nacktfrüchtig
gynándrus, zwittrig, Staubblätter und Fruchtblätter teilweise verwachsen
gypsícola, Gipsbewohner, Gips-
gypsophiloídes, gipskrautähnlich
gýrans, sich im Kreise drehend
gyrospérmus, mit spiralig gekrümmten Samen

hachijoénsis, Hachijo-Insel- (Japan)
haemáleus, blutrot
haemánthus, blutrot blühend
haematócalyx, mit blutrotem Kelch
haematódes, blutähnlich
haematophýllus, mit blutroten Blättern
halepénsis, Aleppo- (Syrien)
halicácabum, nach einem antiken Pflanzennamen
halimifólius, mit Blättern wie (*Átriplex*) *hálimus*
halodéndron, nach der Gattung *Halodéndron* (*Verbenáceae*)
halóphilus, salzliebend
hamatacánthus, hakendornig
hamatispínus, hakendornig
hamátus, mit Haken
hamósus, mit Haken
hamulátus, mit kleinen Haken
hapalacánthus, weichdornig

haplocályx, mit schlichtem Kelch
hármala, arabischer Pflanzenname (*Péganum*)
harpophýllus, mit Blättern wie Widerhaken
háspan, Pflanzenname in Ceylon (*Cypérus*)
hássjoo, japan. Pflanzenname (*Mucúna*)
hastátus, spießförmig
hastifólius, spießblättrig
hastilábius, mit spießförmiger Lippe
hástilis, spießförmig
hebecárpus, flaumfrüchtig
hebephýllus, mit flaumigen Blättern
hederáceus, efeuartig
héderae, Efeu-
hederifólius, efeublättrig
hedraeánthus, mit sitzenden, ungestielten Blüten
hedysaroídes, süßkleeartig
helenioídes, Helénium-ähnlich
helénium, antiker Pflanzenname: Alant
helianthoídes, sonnenblumenähnlich
heliconiifólius, mit Blättern wie *Helicónia*
heliconioídes, Helicónia-ähnlich
heliólepis, goldschuppig
helioscópia, antiker Pflanzenname: sonnenwendig
hélix, antiker Pflanzenname
helleborifólius, nieswurzblättrig
helleboríne, griech. Pflanzenname
helminthorrhízus, mit wurmförmiger Wurzel
helodóxa, Zierde des Sumpfes
helvéticus, Schweizer-, schweizerisch
hemeroanthericoídes, Hemerocállis- und *Anthéricum*-ähnlich
hemisphǽricus, halbkugelig
hemitrichótus, zur Hälfte behaart
hepática, latein. Pflanzenname: Leberkraut
hepaticifólius, mit Blättern wie *Hepática*
heptagónus, mit 7 Kanten
heptapétus, mit 7 Kronblättern
heptaphýllus, siebenblättrig
heracleifólius, mit Blättern wie *Heracléum*
heracleóticus, nach einem griech. Pflanzennamen
heracléum, Herkulespflanze
herbáceus, krautig
hérba-vénti, Windkraut
herbeohýbridus, krautige Hybride
hermánniae, Hermánnia-
hermaphrodíticus, zwittrig
hermaphrodítus, zwittrig
hesperánthus, am Abend blühend
hespérius, westlich
heteracánthus, verschiedendornig
heteránthus, verschiedenblütig
heterocárpus, verschiedenfrüchtig
heterochrómus, verschiedenfarbig
heteróclitus, (Blätter) ziemlich verschieden
heterodóntus, verschiedenzähnig
heterodóxus, ungewöhnlich
heteromállus, einseitig zottig
heteronémus, verschiedenfädig
heterophýllus, verschiedenblättrig
heterópodus, mit ungleichen Stielen
heucherifólius, mit Blättern wie *Heūchera*
hexaëdróphorus, Hexaeder (Sechsflächner) tragend
hexagonópterus, mit 6 geflügelten Kanten
hexagónus, sechskantig
hexándrus, mit 6 Staubblättern
hexapétalus, mit 6 Kronblättern
hexaphýllus, sechsblättrig
híans, klaffend
hibérnicus, irisch
hidalgénsis, Hidalgo- (Mexiko)
hiemális, Winter-
hieracioídes, Hierácium-ähnlich
hierochúnticus, Jericho-
hieroglýphicus, Hieroglyphen-
hierrénsis, Hierro- (Kanarische Inseln)
himaláicus, himalaisch
himalayánus, himalaisch
himalayénsis, himalaisch
himalénsis, himalaisch
himantócladus, mit gestriemten Zweigen
hippocástanum, Roßkastanie
hippománicus, giftig für Pferde
hippophaeoídes, sanddornähnlich
hippúris, Tannenwedel
hippuroídes, Hippúris-ähnlich
hircínus, Bocks-
hirsuticaūlis, mit rauhhaarigem Stengel
hirsutíssimus, sehr rauhhaarig
hirsútus, rauhhaarig

hirtéllus, kurzborstig
hírtipes, borstenstengelig
hírtus, borstig
hirundinária, latein. Pflanzenname
hispánicus, spanisch
hispaniólae, Hispaniola- (Haiti)
hispídulus, kurz-steifhaarig
híspidus, steifhaarig
hístrio, Schauspieler
histrioídes, der (*Íris*) *hístrio* ähnlich
histriónicus, Schauspieler-
hístrix, Stachelschwein
hoanghénsis, Hoangho- (China)
hollándicus, holländisch
holocárpus, mit ungeteilten Früchten
holochrýsus, goldgelb
hololéucus, ganz weiß
holophýllus, mit ungeteilten Blättern (nicht ausgerandeten Nadeln)
holoschóenus, Schóenus- (*Cyperáceae*)-ähnlich
holoseríceus, dicht seidenhaarig
holosérícus, dicht seidenhaarig
holóstea, griech. Pflanzenname
homólepis, einheitlich beschuppt
hondoénsis, Hondo- (Japan)
honduréns is, Honduras-
hongkongénsis, Hongkong-
hordeáceus, gerstenartig
horizontális, waagerecht
horizonthalónius, mit waagerechten Dornenringen
hormínum, antiker Pflanzenname
horombénsis, Horombe- (Madagaskar)
horrídulus, stark stachelig
hórridus, abschreckend
horrípilus, von Haaren struppig
horténsis, Garten-
hortórum, Garten-
hortulánus, Gärtner-
hóspitus, bietet Gastlichkeit
huáscha, Waisenkind
humifúsus, niederliegend
humílior, humílius, niedriger
húmilis, niedrig
hungáricus, ungarisch
hupehénsis, Hupeh- (China)
hyacinthiflórus, hyazinthenblütig
hyacínthinus, hyazinthenartig
hyacinthoídes, hyazinthenähnlich
hyalacánthus, mit durchsichtigen Dornen
hyálinus, glasartig, durchscheinend
hyaloídes, durchsichtig
hybérnus, Winter-
hybridogagnepáinii, der aus (*Bérberis*) *gagnepáinii* var. *lanceifólia* u. (*B.*) *verruculósa* entstandene Bastard
hýbridus, Bastard-
hydrangeoídes, Hydrangéa-ähnlich
hydrocotylifólius, mit Blättern wie *Hydrocótyle*
hydrolápathum, antiker Pflanzenname: Wasserampfer
hydrópiper, Pfeffer am Wasser
hyemális, Winter-
hygrómetra, Feuchtigkeitszeiger
hygrométricus, Feuchtigkeit anzeigend
hygroscópicus, sich bei Feuchtigkeit entfaltend
hymenophylloídes, Hymenophýllum-ähnlich
hymenosépalus, mit häutigem Kelch
hyperbóreus, aus dem hohen Norden
hypericifólius, mit Blättern wie *Hypéricum*
hypericoídes, Hypéricum-ähnlich
hypnoídes, Hýpnum (Moos)-ähnlich
hypochondríacus, traurig
hypogáeus, unterirdisch
hypoglóssum, antiker Name einer *Rúscus*-Art
hypokérinus, unterseits wächsern
hypoléucus, unterseits weiß
hypophýllum, (Blüten) unter dem Blatt
hyptiacánthus, mit krallenartigen Dornen
hyrcánicus, hyrkanisch (vom Kaspischen Meer)
hyrcánus, hyrkanisch (vom Kaspischen Meer)
hyssopifólius, ysopblättrig
hýstrix, Stachelschwein

iánthinus, violett
ianthothéle, violettwarzig
ibaguénsis, Ibagué- (Kolumbien)
ibéricus, iberisch (Kaukasus)
iberídeus, Ibéris-ähnlich
iberidifólius, mit Blättern wie *Ibéris*
ibólium, Bastard aus (*Ligústrum*) *ibóta* und (*L.*) *ovalifólium*
ibóta, japan. Pflanzenname (*Ligústrum*)
ibúrua, Name der *Digitária*-Art in Nigeria
icáco, Pflanzenname in Mittelamerika

(*Chrysobálanus*)
ichangénsis, Ichang- (China)
icosagonoídes, dem (*Seticéreus*) *icosagónus* ähnlich
icosagónus, mit 20 Kanten
idaēus, Idagebirge- (Kreta)
ignéscens, feuerrot werdend
ígneus, feuerrot
ikáriae, Ikaria- (griechische Insel)
ílex, antiker Pflanzenname
ilicifólius, stechpalmenblättrig
illecebrósus, anlockend
illépidus, unfein
illinítus, beschmiert, überzogen
illinoinénsis, Illinois- (USA)
illústris, prachtvoll, hell
illýricus, illyrisch (Jugoslawien)
ilvénsis, Elba- (Mittelmeer)
ímbe, Pflanzenname in Südamerika (*Philodéndron*)
imbecíllis, schwächlich
imbérbis, bartlos
imbricárius, dachziegelig
imbricátus, dachziegelig
imeretínus, imeretisch (Kaukasus)
immérsus, untergetaucht, verdeckt
impedítus, behindert, niedrig
imperiális, kaiserlich
impléxus, verflochten
impréssus, eingedrückt
inaequalifólius, ungleichblättrig
inaequilaterális, ungleichseitig
inapértus, ungeöffnet
incáicus, Inka-
incánus, aschgrau
incarnátus, fleischfarben
incisifólius, mit eingeschnittenen Blättern
incísus, eingeschnitten
inclaūdens, einschließend
incomparábilis, unvergleichlich
incómptus, ungeschmückt
inconspícuus, unansehnlich
inconstántia, Veränderlichkeit
incurvátus, einwärts gekrümmt
incúrvus, gekrümmt
índicus, indisch
indivísus, ungeteilt
inérmis, unbewehrt, unbestachelt, unbegrannt
infectórius, Färbe-
inflátus, aufgeblasen
infléxus, gebogen
infráctus, eingeknickt
infundibulifórmis, trichterförmig
infundíbulum, Trichter
íngens, riesig, ungeheuerlich
innominátus, unbenannt, namenlos
innóxius, unschädlich, mit schwachen Stacheln
inodórus, geruchlos
inophýllum, nach der Gattung *Inophýllum*: Blatt mit gebündelten parallelen Nerven
inopiflórus, armselig blühend
ínops, armselig, unansehnlich
inornátus, ungeschmückt
ínquinans, befleckend
inséctifer, insectífera, insectíferum, mit insektenähnlichen Blüten
insértus, eingefügt
insígnis, ausgezeichnet
insitítius, eingepfropft, eingeführt
insúbricus, insubrisch (Norditalien)
insuláris, Insel-
intaminátus, ungefleckt
intéctus, unbedeckt, kahl
ínteger, íntegra, íntegrum, ungeteilt
integérrimus, völlig ganzrandig
integrifólius, mit ungeteilten Blättern
intérior, intérius, innere, Inland-
interjéctus, dazwischenstehend
intermédius, der mittlere
interrúptus, unterbrochen
intertéxtus, verwebt
intórtus, gedreht
intricatíssimus, sehr verworren
intricátus, verworren
intybáceus, zichorienartig
íntybus, latein. Pflanzenname (*Cichórium*)
inuloídes, Ínula-ähnlich
invíctus, unübertroffen
involucrátus, von Hüllblättern umgeben
invólvens, einhüllend
ioénsis, Iowa- (USA)
ionándrus, mit violetten Staubblättern
ionánthus, mit Veilchenblüte
ipadú, Volksname der *Erythróxylum*-Art in Brasilien
ipecacuánha, kleines brechenerregendes Kraut
iridiflórus, schwertlilienblütig
iridifólius, schwertlilienblättrig
iridioídes, Íris-ähnlich

irioídes, Íris-ähnlich
irreguláris, unregelmäßig
irríguus, auf nassem Standort
irrorátus, betaut, bereift
ischaemum, antiker Pflanzenname: blutstillendes Kraut
islayénsis, Islay- (Peru)
isophýllus, mit gleichen Blättern
isópterus, mit gleichen Flügeln
isótypus, nach der Gattung *Isótypus* (*Compósitae*)
isthmocárpus, schmalfrüchtig
istríacus, Istrien-
itálicus, italienisch
ítalus, italienisch
ivorénsis, Elfenbeinküste-
iwarancúsa, Fieber hemmend
ixioídes, Íxia-ähnlich
ixocárpus, mit klebrigen Früchten
ixtlioídes, der (*Agáve*) *íxtli* ähnlich

jaborándi, indian. Pflanzenname (*Pilocárpus*)
jabúran, japan. Pflanzenname (*Ophiopógon*)
jáca, Pflanzenname in Indien (*Artocárpus*)
jacéa, mittelalterl. latein. Pflanzenname
jacobaea, St. Jakobskraut (*Senécio*)
jacobaeus, bei *Lótus*: St. Jago- (Kapverdische Inseln)
jacquiniiflórus, mit Blüten wie *Jacquínia* (*Theophrastáceae*)
jágus, Gärtnername für *gígas*, riesig
jálapa, Xalapa- (Mexiko)
jalapénsis, Xalapa- (Mexiko)
jaliscánus, Jalisco- ((Mexiko)
jamacáru, Pflanzenname in Brasilien (*Céreus*)
jamboléna, Pflanzenname in Indien (*Syzýgium*)
jámbos, nach dem indischen Namen einer *Syzýgium*-Art
jansenvillénsis, Jansenville- (Südafrika)
januénsis, Genua-
japónicus, japanisch
jasmíneus, jasminähnlich
jasminoídes, jasminähnlich
jasmínum, nach der Gattung *Jasmínum*
jatamánsi, Volksname der Narde in Indien
jauáry, Pflanzenname in Brasilien (*Astrocáryum*)
jaunsarénsis, Jaunsar- (NW-Himalaja)
javanénsis, Java-
javánicus, Java-
jesdiánus, Jasd- (Iran)
jezoénsis, Jesso- (Japan)
jiringa, nach dem malaiischen Namen der *Pithecellóbium*-Art
joánnis, St. Ivan- (bei Prag)
johímbe, Name der Rinde einer *Pausinystália*-Art in Afrika
jonquílla, span. Pflanzenname (*Narcíssus*)
jorullénsis, Jorullo- (Mexiko)
jubátus, mähnenartig
jucúndus, lieblich, angenehm
juglandifólius, mit Blättern wie *Júglans*
jugósus, jochartig
jujúba, nach einem pers. Pflanzennamen (*Zíziphus*)
julibríssin, Flockseiden-
juliflórus, kätzchenblütig
junceifórmis, binsenartig
júnceus, binsenartig
juncifólius, binsenblättrig
juniperifólius, wacholderblättrig
juniperínus, wacholderartig
juniperoídes, wacholderähnlich
júnos, nach dem japanischen Namen der Frucht dieser *Cítrus*-Art
juraténsis, Jura- (Schweiz und Frankreich)

káber, pers. Pflanzenname (*Brássica*)
káki, japan. Name einer *Diospýros*-Art
kalaháricus, Kalahari- (Südafrika)
kalmiiflórus, mit Blüten wie *Kálmia*
kamaónicus, Kumaon- (Himalaja)
kamtscháticus, Kamtschatka-
kansuénsis, Kansu- (China)
kapéla, Kapela-Gebirge (Jugoslawien)
karasbergénsis, Karasberg- (Namibia)
karasmontánus, Karasberg- (Namibia)
karataviénsis, Karatau- (Turkestan)
kárna, nach dem Namen der *Cítrus*-Art in Indien
karroo, Name einer *Acácia*-Art in Südafrika
keáki, japan. Name von *Zelkóva*-Arten
keléticus, bezaubernd
keniénsis, Kenia- (Ostafrika)
kentúkeus, Kentucky- (USA)
kepulága, Pflanzenname in Java (*Amó-

mum)
kermadecénsis, Kermadec-Inseln- (Neuseeland)
kermesínus, karmesinrot
kermesínus-plénus, karmesinrot und gefüllt
kerrioídes, Kérria-ähnlich
kewénsis, Kew- (bei London)
khasiánus, Khasia- (Nordindien)
khátta, Pflanzenname in Indien (*Cítrus*)
kialénsis, Kia-la-Berge- (China)
kiautschóvicus, Kiautschau- (China)
kiusiánus, Kiuschu- (Japan)
klḗinia, nach der Gattung *Klḗinia (Compósitae)*
klḗiniae, Klḗinia- (*Compósitae*)
kleiniifórmis, Klḗinia-artig
kóbus, japan. Pflanzenname (*Magnólia*)
koetjápe, malayischer Pflanzenname (*Sandóricum*)
kokánicus, Kokan- (Turkestan)
kok-sághyz, Pflanzenname in Kasachistan: Gummiwurzel (*Taráxacum*)
kolomíkta, Pflanzenname der Tungusen (*Actinídia*)
kómbe, Pflanzenname in Südostafrika (*Strophánthus*)
kónjac, nach dem Namen der *Amorphophállus*-Art in Japan
koraiénsis, Korea-
koreánus, koreanisch
korethroídes, besenähnlich
koúsa, japan. Name für eine *Córnus*-Art
kumasáca, japan. Pflanzenname (*Shibatā́ea*)
kumasása, japan. Pflanzenname (*Shibatā́ea*)
kurilénsis, Kurilen- (Ostasien)
kúrroa, Pflanzenname im Himalaja (*Picrorhíza*)
kúrroo, Pflanzenname im Himalaja (*Gentiána*)

labiátus, mit Lippe
láblab, arab. Pflanzenname (*Dólichos*)
labradóricus, Labrador- (Kanada)
labrúsca, latein. Pflanzenname
laburnifólius, mit Blättern wie *Labúrnum*
labúrnum, latein. Pflanzenname
labyrínthicus, verwickelt
lácer, lácera, lácerum, zerschlitzt
laciniátus, ausgefranst, zerteilt
laciniósus, vielzipfelig
lácor, Schellackproduzierer
lácryma-jóbi, Hiobsträne
lácteus, milchweiß
lactiflórus, milchweiß blühend
lacunósus, lückig, grubig
lacústris, Teich-, See-
ladánifer, ladanífera, ladaníferum, harzliefernd
ládanum, latein. Pflanzenname: wohlriechendes Harz
laetévirens, freudiggrün
laetiflórus, blühfreudig
lā́etus, freudig
laevigátus, glatt
lā́evis, glatt
lafaldénsis, La Falda- (Argentinien)
lagenárius, flaschenartig
lagenicā́ulis, mit flaschenartigem Stamm
lagodechiánus, Lagodechi- (Kaukasus)
lagópus, Hasenpfote
lagúrus, Hasenschwanz
lakka, nach einem malaischen Pflanzennamen (*Cyrtostáchys*)
lamellátus, lamellenartig
lamellósus, lamellenreich
lámium, Taubnessel
lampocárpus, mit glänzenden Früchten
lampónga, Lampong- (Sumatra)
lamprochlórus, glänzend grün
lanátus, wollig
lancastriénsis, Lancaster- (England)
lanceifólius, mit lanzettlichen Blättern
lanceolátus, lanzettlich
láncifer, lancífera, lancíferum, lanzentragend
lancifólius, mit lanzettlichen Blättern
langleyénsis, Langley- (England)
láníger, lanígera, lanígerum, Wolle tragend
lankongénsis, Lankong- (Jünnan)
lánsium, Pflanzenname auf Ambon (*Clauséna*)
lantána, antiker Pflanzenname
lantanoídes, dem (*Vibúrnum*) *lantána* ähnlich
lanuginósus, wollig, flaumig
lapampaénsis, Lapampa- (Chile)
lapathifólius, sauerampferblättrig
láppa, latein. Pflanzenname: Klette

lappáceus, klettenartig
lappónicus, lappländisch
lappónum, der Lappländer
láppula, kleine Klette
laredénsis, Laredo- (Peru)
laricifólius, lärchenblättrig
laricínus, lärchenartig
larício, Lärchenkiefer
láro, Pflanzenname in Madagaskar (*Euphórbia*)
laserpitiifólius, mit Blättern wie *Laserpítium*
lasiacánthus, mit behaarten Dornen
lasiándrus, mit behaarten Staubblättern
lasiánthus, 1. (*Halímium*): mit behaarten Blüten;
2. (*Gordónia*): nach der Gattung *Lasiánthus* (*Theáceae*)
lasiocárpus, mit behaarten Früchten
lasíopus, mit behaartem Stamm
lasiostýlus, mit behaartem Griffel
lateriflórus, seitenblütig
laterítius, ziegelrot
latevaginátus, mit breiten Scheiden
láthyris, griech. Pflanzenname: Wolfsmilch
latifólius, breitblättrig
latiglúmis, mit breiten Spelzen
latílobus, breitlappig
latimaculátus, breitfleckig
latínus, Latium- (Italien)
látior, látius, breiter
latispáthus, mit breiter Scheide
latispínus, mit breiten Dornen
latisquámus, mit breiten Schuppen
latíssimus, sehr breit
lauréntia, nach der Gattung *Lauréntia*
laurentiánus, Sankt-Lorenz-Strom-
lauréola, kleiner Lorbeer
lauriflórus, lorbeerblütig
laurifólius, lorbeerblättrig
laurínus, lorbeerartig
laurocérasus, Kirschlorbeer
láurus, nach der Gattung *Láurus*
lavanduláceus, lavendelartig
lavandulifólius, lavendelblättrig
laxiflórus, lockerblütig
laxifólius, locker beblättert
láxus, locker, schlaff
lébbeck, nach dem arab. Namen einer *Albízia*-Art
lebomboénsis, Lebomboberge- (Swaziland)
ledifólius, mit Blättern wie *Lédum*
leiánthus, glattblütig
leiógynus, mit glattem Griffel
leiómerus, mit kahlen Gliedern
leiorhízus, mit glatter Wurzel
leiósporus, mit glatten Sporen
lens, Linse
lentágo, latein. Pflanzenname
lentiginósus, sommersprossig
lentíscus, latein. Pflanzenname: Mastixbaum
léntus, zäh, klebrig
leodiénsis, aus Lüttich (Liège, Belgien)
leonénsis, Sierra Leone-
leontopetaloídes, latein. Pflanzenname
leontopétalum, nach der Gattung *Leontopétalon* (*Berberidáceae*)
leontopodioídes, edelweißähnlich
leontopódium, nach der Gattung *Leontopódium*
leonúrus, latein. Pflanzenname: Löwenschwanz
leónus, Nuevo León- (Mexiko)
leopárdinus, leopardenartig
lepidocáulis, mit beschupptem Stengel
lepidocáulos, mit beschupptem Stengel
lepidocáulus, mit beschupptem Stengel
lepidophýllus, mit schuppigen Blättern
lepidostýlus, mit schuppigem Griffel
lepidótus, schuppig
lépidus, zierlich
leptacánthus, dünndornig
leptánthus, mit zarter Blüte
leptocáulis, dünnstengelig
leptólepis, dünnschuppig
léptophis, mit dünnen Zweigen (eigentlich: schlangenartig dünn)
leptophýllus, dünnblättrig
leptópodus, dünnstielig
léptopus, dünnstielig
leptosépalus, mit dünnen Kelchblättern
leptostáchyus, dünnährig
leptótrichus, zart behaart
leucacánthus, weißdornig
leucadéndrus, Silberbaum-
leucánthemum, nach einem griech. Pflanzennamen
leucánthus, weißblütig
leucáspis, mit weißem Schild
leucocárpus, weißfrüchtig
leucocéphalus, weißköpfig
leucochílus, weißlippig

leucodérmis, mit weißer Rinde
leucomállus, mit hellem Fell
leuconēūrus, weißnervig
leucopétalus, mit weißen Kronblättern
leucophýllus, weißblättrig
leucórhachis, mit weißer Rippe
leucorhodánthus, weiß-rosablütig
leucóstachys, weißährig
leucostéle, mit weißer Säule
leucótrichus, weißhaarig
leucocánthus, weißgelb
leucóxylon, mit weißem Holz
libanénsis, Mt. Liban- (bei Santiago de Cuba)
líbani, Libanon-
libanóticus, Libanon-
libéricus, Liberia- (Westafrika)
libúrnicus, liburnisch (Jugoslawien)
lichiangénsis, Lichianggebirge (Hinterindien)
lignósus, holzig
lígtu, Pflanzenname in Chile (*Alstroeméria*)
liguláris, zungenförmig
ligulátus, mit Zungen
ligusticifólius, mit Blättern wie *Ligústicum*
ligustrínus, ligusterähnlich
likiangénsis, Lichianggebirge- (Hinterindien)
lilaciflórus, lila blühend
lilacínus, lilafarben
liliágo, lilienartige Pflanze
liliástrum, unechte Lilie
liliiflórus, lilienblütig
liliifólius, lilienblättrig
lilioasphódelus, Affodill-Lilie
lilliputánus, sehr klein
lilliputiánus, sehr klein
líma, nach der arab. Bezeichnung für *Cítrus*-Früchte
limbospérmus, mit Sporenhäufchen am Rand
liménsis, Lima- (Peru)
limétta, kleine Zitrone
limifólius, mit einer Feile ähnlichen Blättern
límon, Zitrone
limónia, pers.-arab. Pflanzenname (*Cítrus, Ferónia*)
limónium, nach einem antiken Pflanzennamen
limónum, Zitrone
limósus, Schlamm-
linariifólius, mit Blättern wie *Linária*
linarioídes, Linária-ähnlich
lindávicus, Lindau- (Bodensee)
linearifólius, mit linealischen Blättern
lineáris, linealisch; bei *Ceropégia*: schnurartig
lineatifólius, mit gestreiften Blättern
lineátus, liniert, gestrichelt
língua, Zunge
linguifólius, mit zungenförmigen Blättern
linguifórmis, zungenförmig
lingulátus, zungenförmig
liniflórus, leinblütig
linifólius, leinblättrig
linoídes, leinähnlich
linophýllus, leinblättrig
linósyris, Pflanze ähnlich *Línum* und *Osýris* (*Santaláceae*)
lissochiloídes, Lissochílus-ähnlich
lístada, gestreift
lithuánicus, litauisch
litorális, Strand-
littorális, Strand-
lituiflórus, krummblütig
liturátus, gestreift
lívidus, bleigrau
lobátus, gelappt
lobophýllus, mit gelappten Blättern
lobuláris, klein gelappt
locális, örtlich
locústa, neuzeitl. latein. Pflanzenname: Ährchen
loganioídes, Logánia-ähnlich
loganobáccus, Logan's Beere
loliáceus, lolchartig
lologénsis, Lologsee- (Argentinien)
lomariifólius, mit Blättern wie *Lomária*
lómi, Bastard aus *Euphórbia lophogóna* und *E. mílii*
lonchitídeus, spießähnlich
lonchítis, griech. Pflanzenname, Blätter spießähnlich
lóngan, nach einem chines. Pflanzennamen (*Dimocárpus*)
longána, nach einem chines. Pflanzennamen (*Euphória*)
longebracteátus, mit langen Deckblättern
longibracteátus, mit langen Deckblättern
longícomus, mit langem Schopf

longicúspis, langspitzig
longiflórus, mit langen Blüten
longifólius, langblättrig
longigémmis, mit langen Knospen
longihamátus, langhakig
longilaminátus, mit langer Blattspreite
longílobus, mit langen Lappen
longimámmus, langwarzig
lóngipes, langstielig
longipétalus, mit langen Kronblättern
longipinnátus, langfiederig
longiracemósus, langtraubig
longiróstris, mit langem Schnabel
longiróstrus, mit langem Schnabel
longiscápus, mit langem Schaft
longíspathus, mit langen Scheiden
longispínus, langdornig
longíssimus, sehr lang
longistýlis, langgriffelig
longistýlus, langgriffelig
lóngus, lang
lonícera, nach der Gattung *Lonícera*
lontaroídes, Lontárus- (*Pálmae*)-ähnlich
lophánthus, büschelblütig
lophogónus, mit kammartigen Rippen
lophophoroídes, Lophóphora-ähnlich
lophospérmum, nach der Gattung *Lophospérmum*, Samen von kammförmigem Rand umgeben
lophothéle, kammwarzig
loranthifólius, mit Blättern wie *Loránthus*
lorátus, riemenartig
loricátus, gepanzert
lotifólius, hornkleeblättrig
lótus, antiker Pflanzenname
louisiánicus, Louisiana- (USA)
loxénsis, Loja- (Ekuador)
lúcens, leuchtend
lúcidrys, Bastard aus *Teūcrium lúcidum* und *T. chamaēdrys*
lúcidus, leuchtend, glänzend
lucórum, der Haine
lucúma, Pflanzenname in Peru (*Poutéria*)
lúdens, spielend
lúdicrus, kurzweilig, kurzlebig
ludoviciánus, St. Louis- (USA)
lúffa, arab. Pflanzenname (*Momórdica*)
lúma, Pflanzenname in Chile (*Myrtáceae*)
lunária, Pflanze mit halbmondförmigen Blättern
lunátus, halbmondförmig
lúnifer, lunífera, luníferum, Halbmond tragend
luníferus, Halbmond tragend
lunulátus, halbmondförmig
lupinaster, unechte Lupine
lupinoídes, lupinenähnlich
lupínus, 1. Lupine;
2. (*Faucária*): Wolfs-
lupulínus, kleiner Hopfen
lúpulus, latein. Pflanzenname: Hopfen
lúridus, schmutzigbraun, fahlgelb
lusitánicus, portugiesisch
luteoálbus, gelbweiß
lutéola, bei *Reséda*: latein. Pflanzenname: gelbfärbende Pflanze
lutéolus, gelblich
luteopurpúreus, gelb-purpurn
luteovíridis, gelbgrün
lutéscens, gelblich
lutetiánus, aus Paris
lúteus, gelb
luxúrians, üppig
luzonénsis, Luzon- (Philippinen)
luzuloídes, Lúzula-ähnlich
lychnítis, antiker Pflanzenname
lycioídes, Lýcium-ähnlich
lýcium, antiker Pflanzenname
lycóctonum, wolftötende Pflanze
lycopérsicum, antiker Pflanzenname, heute Tomate
lycopodioídes, bärlappähnlich
lycópsis, nach der Gattung *Lycópsis* (*Boragináceae*)
lýdius, lydisch (Türkei)
lyrátus, leierförmig

macedónicus, mazedonisch
mácer, mácra, mácrum, mager, dünn
mácha, Name einer *Tríticum*-Art in Transkaukasien
mácqui, Pflanzenname in Chile (*Aristotélia*)
macracánthus, großdornig
macradénus, großdrüsig
macranthérus, mit großen Staubbeuteln
macránthos, großblütig
macránthus, großblütig
macroacánthus, großdornig
macróbotrys, mit großer Traube
macrócalyx, mit großem Kelch
macrocárpos, großfrüchtig
macrocárpus, großfrüchtig

macrocéntrus, mit großen Dornen
macrocéphalus, großköpfig
macrochéle, mit großen Klauen
macrocúlmis, mit großem Halm
macrodíscus, mit großer Scheibe
mácrodon, großzähnig
macrodóntes, großzähnig
macrodóntus, großzähnig
macroglóssus, mit großer Zunge
macrogónus, mit langen Kanten
macrólepis, mit großen Schuppen
macrólobus, großlappig
macrómeris, großgliedrig
macropétalus, mit großen Kronblättern
macrophýllus, großblättrig
macropléctron, großer Sporn
macrópodus, dickfüßig, großfüßig, langstengelig
mácropus, dickfüßig, großfüßig, langstengelig
macrorhízus, großwurzelig
macrorrhízus, großwurzelig
macrosépalus, mit großen Kelchblättern
macrosíphon, großröhrig
macróstachys, großährig
macrostáchyus, großährig
macrostégius, mit großer Hülle
macrostémmus, mit großem Kranz
macrostémon, mit großen Staubblättern
macrostéphanus, mit großer Krone
macróstibas, mit großen (Woll-)Polstern
macrostýlus, großgriffelig
macroúrus, mit langem Schwanz
macrúrus, mit langem Schwanz
maculátus, gefleckt
maculifólius, mit gefleckten Blättern
maculósus, stark gefleckt
madagascariénsis, Madagaskar-
maderaspatánus, Madras- (Indien)
maderénsis, Madeira-
mádidus, wasserreich, weich
madriténsis, Madrid- (Spanien)
madrúno, Pflanzenname in Kolumbien (*Rheedia*)
mafáffa, Pflanzenname in Kolumbien (*Xanthosóma*)
magdalénae, bei *Aechméa*: Magdalenenstrom- (Kolumbien)
magdalenénsis, Magdalenenstrom- (Kolumbien)
magellánicus, Patagonien-
magníficus, großartig
magnifoliósus, großblättrig
magnimámmus, großwarzig
magnoliifólius, magnolienblättrig
mágnus, groß
magungénsis, Magunga- (Tansania)
mahagóni, nach einem amerikan. Pflanzennamen (*Swieténia*)
máhaleb, arab. Pflanzenname: Weichselkirsche
maidifólius, maisblättrig
máior, máius, größer
majális, Mai-
májor, május, größer
majorána, nach einem arab. Pflanzennamen
malabáricus, Malabarküste- (Indien)
malabáthricus, nach einem altindischen Pflanzennamen
malaccénsis, Malakka-
malacoídes, malvenähnlich
malacophýllus, weichblättrig
maldívicus, Malediven- (Inseln westl. Ceylon)
malesiánus, malesisch (Südostasien)
maliflórus, apfelblütig
malifórmis, apfelförmig
málus, latein. Pflanzenname: Apfel
malváceus, malvenartig
malviflórus, malvenblütig
mamillósus, kleinwarzig
mammilláris, zitzenförmig
mammillarioídes, Mammillária-ähnlich
mammósus, warzig
mammulósus, warzig
mancinélla, Äpfelchen
mandiocánus, Mandioca- (Brasilien)
mandrágora, nach der Gattung *Mandrágora*
mandschúricus, mandschurisch
mandshúricus, mandschurisch
manettiiflórus, mit Blüten wie *Manéttia*
mángga, Pflanzenname auf Java (*Cúrcuma*)
mánghas, portugies. Pflanzenname (*Cérbera*)
mángle, Pflanzenname auf den westindischen Inseln (*Rhizóphora*)
mangostána, malayischer Pflanzenname (*Garcínia*)
manicátus, manschettenartig
mánihot, 1. (*Játropha*): Pflanzenname in Brasilien;

2. (*Abelmóschus*): nach der Gattung *Mánihot*
manipuránus, Manipur- (Indien)
manschuriénsis, mandschurisch
manzaníta, Äpfelchen
mapimiénsis, Sierra Mapimi- (Mexiko)
maracasénsis, Maracas- (Brasilien)
marantifólius, mit Blättern wie *Maránta*
marantínus, *Maránta*-ähnlich
marásca, Strauchweichselkirsche
marcéscens, welkend, schlaff
margaríta, Perle
margaritáceus, perlenartig
margarítifer, margaritífera, margaritíferum, perlentragend
marginális, randständig
marginatoálbus, weiß gerändert
marginátus, gerändert
márhan, Bastard aus (*Lílium*) *mártagon* und (*L.*) *hansónii*
maríae-regínae, Königin-Maria-
mariánus, 1. (*Sílybum*): Maria- (Mutter Jesu);
2. (*Lyónia, Pícea*): Maryland- (USA)
marilándicus, Maryland- (USA)
marínus, Meer-
mariposénsis, Mariposa- (Texas)
maríscus, größer, gröber
marítimus, Meeresstrand-
marmélos, nach portugies.: Quitte (*Aegle*)
marmorátus, marmoriert
marmóreus, marmorartig
maroccánus, marokkanisch
marsúpium, Geldbeutel
mártagon, Turban
martinicénsis, Martinique-
márum, nach einem antiken Pflanzennamen
mas, männlich, Männchen
másculus, männlich
massiliénsis, Marseille- (Frankreich)
mastacánthus, mit Lippenblüte
masúca, Pflanzenname im Himalaja (*Calánthe*)
matricarioídes, Matricária-ähnlich
matronális, Frauen-
mauritánicus, mauretanisch (Nordafrika)
mauritiánus, 1. (*Ipomōea, Solánum*): Mauritius-;
2. (*Málva*): nordafrikanisch;
3. (*Túlipa*): Maurienne- (Frankreich);
4. (*Zíziphus*): mauretanisch (Nordafrika)
mauritiifórmis, Mauritia- (*Pálmae*)-förmig
maurórum, der Mauren
max, Pflanzenname in Ceylon (*Glycíne*)
maxillarioídes, Maxillária-ähnlich
maxilláris, Oberkiefer-
máximus, sehr groß
máys, mittelamerikan. Name der *Zéa*-Art
mazanénsis, Mazan- (Argentinien)
mazatlanénsis, Mazatlan- (Mexiko)
mēadia, nach der Gattung *Mēadia* (*Primuláceae*)
medeoloídes, Medéola-ähnlich
médicus, medisch (Vorderasien)
mediolúteus, in der Mitte gelb
mediopíctus, in der Mitte gezeichnet
mediterráneus, mittelländisch
médium, nach einem griech. Pflanzennamen
médius, der mittlere
medulláris, markig
medullósus, markig
medúsae, Medusa-
megacánthus, großdornig
megalacánthus, großdornig
megalánthus, großblütig
megalocárpus, großfrüchtig
megalophýllus, großblättrig
megalorhízos, mit großer Wurzel
megalorrhízus, mit sehr großem Wurzelstock
megaphýllus, großblättrig
megapotámicus, Rio Grande- (Brasilien)
megarrhízus, mit großer Wurzel
megaseifólius, mit Blättern wie *Megásea* (*Bergénia*)
megastígmus, großnarbig
melalēucus, schwärzlich-weiß
melanándrus, mit schwarzen Staubblättern
melanánthus, mit schwarzen Blüten
melanchólicus, traurig
melanocárpus, schwarzfrüchtig
melanocéntrus, mit schwarzem Sporn
melanochrýsus, schwarzgolden
melanocóccus, mit schwarzen Beeren
melanostéle, mit schwarzer Säule

melanótrichus, schwarz behaart
melanóxylon, mit schwarzem Holz
meleágris, Perlhuhn
meleguéta, nach der span.-französ. Bezeichnung für die Samen einer *Aframómum*-Art
melilótus-caerúleus, blauer Steinklee
melissophýllum, nach einem griech. Pflanzennamen: Melissenblatt
méllifer, mellífera, mellíferum, honiggebend
mellítus, Honig-
mélo, Apfel, Melone
melocactifórmis, melonenkaktusförmig
melofórmis, melonenförmig
melóngena, nach einem altindischen Pflanzennamen (*Solánum*)
melúca, vermutlich Pflanzenname in Bolivien (*Málva*)
membranáceus, dünnhäutig
memória-córsii, zur Erinnerung an Corsi Salviati
méntiens, täuschend, trügerisch
mentorénsis, Mentor- (Ohio, USA)
meonánthus, mit kleinen Blüten
meriána, nach der Gattung *Meriána* (*Iridáceae*)
meridionális, südlich
mertonénsis, Merton Park- (London)
mésa-gránde, Grand Mesa- (Colorado, USA)
mesembrianthoídes, Mesembryánthemum-ähnlich
mesembryanthemoídes, Mesembryánthemum-ähnlich
mesembryanthemópsis, Mesembryánthemum-ähnlich
mesembryanthoídes, Mesembryánthemum-ähnlich
mesopotámicus, aus Mesopotamien
metáchrous, die Farbe wechselnd
metáke, japan. Pflanzenname (*Bambúsa*)
metállicus, metallisch, glänzend
métel, nach einem arab. Pflanzennamen (*Datúra*)
meteloídes, der (*Datúra*) *métel* ähnlich
methýsticus, berauschend
metúlifer, metulífera, metulíferum, kleine Pyramiden tragend
mexicánus, mexikanisch
mexicróss, Hybriden mit (*Begónia*) *mexicána*
mezcalaénsis, Mescala- (Mexiko)
mezéreum, nach einem pers. Pflanzennamen: Seidelbast
mícans, schimmernd
michauxioídes, Michaúxia-ähnlich
mickbergénsis, Mickberg- (Namibia)
micradénius, kleindrüsig
micranthérus, mit kleinen Staubbeuteln
micránthus, kleinblütig
micrócalyx, mit kleinem Kelch
microcárpus, kleinfrüchtig
microcéphalus, kleinköpfig
microchílus, mit kleiner Lippe
micrócorys, mit kleinem Helm
micródasys, mit kleinen Borsten
microdíscus, mit kleinen Scheiben
mícrodon, kleinzähnig
microdóntus, kleinzähnig
microheliópsis, der (*Mammillária*) *microhélia* ähnlich
microhélius, mit kleinen Sonnen
micrólepis, kleingeschuppt
micrómeris, mit kleinen Teilen
micromérius, mit kleinen Teilen
micrómerus, mit kleinen Teilen
micromúsa, kleine Banane
micropétalus, mit kleinen Kronblättern
microphýllus, kleinblättrig
microspérmus, kleinsamig
microsphaéricus, kleinkugelig
microthéle, mit kleinen Warzen
mikanioídes, Mikánia-ähnlich
miliáceus, hirseartig
miliáris, kleinkörnig, Hirse-
militáris, Soldat-, helmartig
milleflórus, tausendblütig
millefoliátus, tausendblättrig
millefólium, latein. Pflanzenname (*Achilléa, Chamaebatiára*)
millefólius, tausendblättrig
mimosifólius, mimosenblättrig
mimosoídes, mimosenähnlich
mína, nach der Gattung *Mína* (*Convolvuláceae*)
mínax, überragend
miniátus, mennigfarben
minimiflórus, mit winzigen Blüten
mínimus, sehr klein
mínor, mínus, kleiner
minúsculus, ziemlich klein
minutiflórus, mit sehr kleinen Blüten
minutíssimus, sehr klein
minútus, klein

mióga, japan. Pflanzenname (*Zíngiber*)
mirábilis, wunderbar
míser, mísera, míserum, kümmerlich
mississippiénsis, Mississippi-
missouriénsis, Missouri-
mistiénsis, El Misti- (Vulkan in Peru)
mítis, mild
mitrátus, mützenförmig
mitrifórmis, mützenförmig
míxtus, gemischt
mocanéra, Name einer *Vísnea*-Art auf den Kanarischen Inseln
mocupénsis, Mocupe- (NW-Peru)
modéstus, bescheiden
moesíacus, mösisch (Balkan)
mohrioídes, Móhria-ähnlich
mókka, Mokka- (Arabien)
moldávica, latein. Pflanzenname: Moldau-
mólle, bei *Schínus*: Pflanzenname in Peru
mollendénsis, Mollendo- (Peru)
mollicaúlis, mit weichem Stengel
móllis, weich
mollíssimus, sehr weich
mollúgo, latein. Pflanzenname: weiche Pflanze
mólmol, nach dem Namen des Myrrheharzes in Somalia
moluccánus, Molukken-
móly, Name einer Pflanze der griechischen Sage
mómbin, Pflanzenname auf den Karibischen Inseln (*Spóndias*)
monacánthus, eindornig
monacénsis, aus München
monadélphus, mit „einem“ Staubblatt (Staubblätter verwachsen)
monándrus, mit einem Staubblatt
monánthes, einblütig
monánthos, einblütig
monánthus, einblütig
monghólicus, mongolisch
mongólicus, mongolisch
monílifer, monilífera, monilíferum, eine Perlkette tragend
moniliformis, perlschnurartig, halsbandartig
monílis, Halsband-
móno, Pflanzenname der Tungusen (*Ácer*)
monocóccus, einkörnig
monógynus, eingriffelig
monopétalus, mit einem Kronblatt
monophýllus, 1. (*Fragária, Fráxinus, Hardenbérgia*): mit einteiligen Blättern;
2. (*Pínus*): mit einzeln stehenden Nadeln
monosorátus, mit Sporenhäufchen in einer Reihe
monospérmus, einsamig
monostáchius, mit einer Ähre
monregalénsis, Montereale- (Italien)
monspelíacus, Montpellier- (Südfrankreich)
monspeliénsis, Montpellier- (Südfrankreich)
monspessulánus, Montpellier- (Südfrankreich)
monstrósus, mißgestaltet
montánus, Berg-
montenegrínus, Montenegro-
montevidénsis, Montevideo- (Uruguay)
montezúmae, Montezuma-
montícola, Bergbewohner
móntis-dracónis, Drakensberg- (Südafrika)
móntis-móltkei, Moltkeblick- (Auasberge in Namibia)
moraéa, nach der Gattung *Moraéa*
moranénsis, Moran- (Mexiko)
morávicus, mährisch
mordenénsis, Morden- (Manitoba, Kanada)
morélla, kleine Maulbeere
morifólius, maulbeerbaumblättrig
mório, nach einem griechischen Pflanzennamen
moroídes, maulbeerähnlich
morrisonénsis, Mount Morrison- (Taiwan)
mórsus-ránae, Froschbiß
mosáicus, mosaikförmig
moschatellína, schwach nach Moschus riechende Pflanze
moschátus, Moschus-
moscheútos, antiker Pflanzenname
motórius, in Bewegung
moúgri, Name des Schlangenrettichs in Südostasien
moupinénsis, Moupin- (China)
moútan, chines. Name einer *Paeónia*-Art
mucronátus, mit einer Spitze
mucronulátus, mit kleiner Spitze

múghus, nach dem italien. Namen dieser *Pínus*-Art
múgo, nach dem italien. Namen dieser *Pínus*-Art
mukoróssi, japan. Pflanzenname (*Sapíndus*)
multanguláris, vieleckig
multibracteátus, mit vielen Deckblättern
multicáulis, vielstengelig
multicávus, mit vielen Gruben
múlticeps, vielköpfig
multicostátus, vielrippig
multífidus, vielteilig
multiflórus, vielblütig
multihamátus, mit vielen Haken
multíjugus, vielpaarig
multilineátus, mit vielen Streifen
múltiplex, vielfach
multiradiátus, vielstrahlig
multiscapoídeus, mit vielen Schäften
múme, japan. Name für Pfirsich
múndulus, nett, hübsch
múndus, nett, hübsch
múngo, nach einem indischen Pflanzennamen (*Phaséolus*)
munítus, bewaffnet
murális, Mauer-
muricátus, purpurschneckenförmig, stachelig
murumúru, Pflanzenname in Brasilien (*Astrocáryum*)
musáicus, mosaikförmig, gefleckt
muscári, nach der Gattung *Muscári*
muscarioídes, Muscári-ähnlich
muscícola, Moosbewohner, auf Moos
múscifer, muscífera, muscíferum, fliegentragend, mit fliegenähnlichen Blüten
muscifórmis, moosförmig
muscípula, Fliegenfalle
muscívorus, fliegenfressend
muscoídes, moosähnlich
muscósus, moosartig
musculínus, fleischig
musifólius, bananenblättrig
musimónus, Mufflon-
muskinguménsis, Muskingum- (USA)
mutábilis, veränderlich
mutátus, verändert, ungewöhnlich
mutellína, nach einem Pflanzennamen in den Alpen (*Ligústicum*)
múticus, grannenlos
myagródes, Mýagrum-ähnlich
myoporoídes, Myóporum-ähnlich
myosotidiflórus, mit Vergißmeinnicht-Blüten
myosótis, Vergißmeinnicht
myosuroídes, mäuseschwanzähnlich
myosúrus, nach der Gattung *Myosúrus*: Mäuseschwanz
myriacánthus, reichdornig
myriánthus, reichblütig
myricoídes, Myríca-ähnlich
myriophýllus, tausendblättrig
myriostígma, vielnarbig
myrística, Muskatnuß
myrobálanus, Gewürzeichel
myrobolána, nach einem antiken Pflanzennamen
myrsinifólius, mit Blättern wie *Myrsíne*
myrsinítes, myrtenartig
myrtifólius, myrtenblättrig
myrtilloídes, der (*Lonícera*) *myrtíllus* ähnlich
myrtíllus, kleine Myrte
myrtinérvius, mit Blattnerven wie *Mýrtus*
mysorénsis, Mysore- (Indien)
mystacidioídes, Mystacídium-ähnlich
mýstax, Schnurrbart

nagéia, nach dem japan. Namen einer *Podocárpus*-Art
nági, japan. Pflanzenname (*Myríca, Podocárpus*)
nairobénsis, Nairobi- (Kenia)
namaquánus, Namaqua- (Südafrika)
namaquénsis, Namaqua- (Südafrika)
nanhoénsis, Nan-ho- (Kansu)
nankinénsis, Nanking- (China)
nánus, zwergig
napaulénsis, Nepal- (Himalaja)
napéllus, latein. Pflanzenname: kleine Rübe
napifórmis, rübenförmig
napínus, rübenartig
napobrássica, latein. Pflanzenname: Rübenkohl
napolitánus, Neapel-
napúliger, napulígera, napulígerum, kleine Rüben tragend
nápus, latein. Pflanzenname: Rübe
narbonénsis, Narbonne- (Frankreich)
narcissiflórus, narzissenblütig
nardifórmis, borstgrasförmig
nárdus, Narde

narthecioídes, Narthécium-ähnlich
nárthex, Staude, Stab
nastúrtium-aquáticum, Brunnenkresse
nataléns is, Natal- (Südafrika)
nátans, schwimmend
nátrix, latein. Pflanzenname
navicularis, kahnförmig
navioídes, Návia (*Bromeliáceae*)-ähnlich
neapolitánus, Neapel-
nebrodénsis, Nebroden- (Sizilien)
nebulósus, an feuchten Standorten
nectarína, Nektarine
negléctus, vernachlässigt
negúndo, Pflanzenname in Indien (*Ácer, Vítex*)
nekbúdu, Pflanzenname in Zaire (*Fícus*)
nelumbifólius, mit Blättern wie *Nelúmbo*
nelúmbo, Pflanzenname in Ceylon
nemorális, Hain-, Wald-
nemorénsis, Hain-, Wald-
nemorósus, Hain-, Wald-
némorum, Hain-, Wald-
neocelsiánus, eine neue (andere) *celsiánus*-Art
neocinnamómeus, eine neue (andere) *cinnamómeus*-Art
neocoronárius, eine neue (andere) *coronárius*-Art
neocumíngii, eine neue (andere) *cumíngii*-Art
neodioícus, Name einer neuen zweihäusigen Art
neoguineénsis, Neuguinea-
neomexicánus, Neumexiko- (USA)
neopavónius, die neu benannte *pavónius*-Art
neoperuviánus, eine neue (andere) *peruviánus*-Art
neoröezlii, eine neue (andere) *röezlii*-Art
neoschéerii, eine neue (andere) *schéerii*-Art
neotetragónus, eine neue (andere) *tetragónus*-Art
neotrópicus, südamerikanisch
nepalénsis, Nepal- (Himalaja)
népeta, latein. Pflanzenname: Katzenminze
nepetélla, kleine Katzenminze
nepetoídes, Népeta-ähnlich
neriiflórus, oleanderblütig
neriifólius, oleanderblättrig
nervósus, nervig
nesóphilus, inselliebend, Insel-
nevadénsis, 1. Nevada- (USA); 2. (*Potentílla*): Sierra Nevada- (Spanien)
newryénsis, Newry- (Nordirland)
niamniaménsis, Niam-Niam- (Kongo und Sudan)
nicaeénsis, Nizza- (Frankreich)
nicaraguénsis, Nicaragua-
nicobáricus, Nikobaren-
nícou, nach dem Namen einer *Lonchocárpus*-Art in Surinam
nídulans, nestbildend
nidularioídes, Nidulárium-ähnlich
nidulárius, nestartig
nídus, Nest
nídus-ávis, Vogelnest
níger, nígra, nígrum, schwarz
nigréscens, schwarz werdend, schwärzlich
nígricans, schwarz werdend, schwärzlich
nigrihórridus, schwarzdornig
nígritus, schwarz
nikoénsis, Nikko- (Japan)
nil, blau
nilóticus, Nil-
ningpoénsis, Ningpo- (China)
niphoboloídes, Niphóbolus (*Polypodiáceae*)-ähnlich
niphóphilus, schneeliebend
nipónicus, japanisch
nippónicus, japanisch
nirúri, Pflanzenname in Indien (*Phyllánthus*)
nítens, glänzend
nitídulus, schwach glänzend
nítidus, glänzend
nivális, Schnee-, schneeweiß
níveus, schneeweiß
nivósus, beschneit, Schnee
nivúlia, Pflanzenname in Indien (*Euphórbia*)
njegérre, afrikan. Name einer *Císsus*-Art
nobílior, nobílius, edler, vornehmer
nóbilis, edel, vornehm
noctiflórus, nachts blühend
noctúrnus, nachts blühend
nodiflórus, mit Blüten an den Knoten
nodósus, knotig

nodulósus, mit Knötchen
nóli-tángere, nicht berühren!
non-scríptus, ohne Schriftzeichen auf der Blüte
nootkaténsis, Nutka- (Kanada)
normális, typisch, regelmäßig
norvégicus, norwegisch
nóvae-ángliae, Neuengland- (USA)
nóvae-zelándiae, Neuseeland-
noveboracénsis, New Yorker-
nóvi-bélgii, Neu-Belgien- (Virginia, USA)
novogranaténsis, Kolumbien-
nubígenus, aus den Wolken stammend
núcifer, nucífera, nucíferum, nußtragend
nucipérsica, Walnuß-Pfirsich
nudicárpus, nacktfrüchtig
nudicaúlis, nacktstengelig
nudiflórus, nacktblütig
núdus, nackt
nuecénsis, Nueces- (Texas, USA)
numídicus, numidisch (Nordafrika)
nummulária, 1. (*Lysimáchia, Neomortónia, Vaccínium*): latein. Pflanzenname: Pfennigkraut;
2. (*Prátia*): münzenartig
nummulariifólius, mit münzenartigen (kreisrunden) Blättern
nummulárius, münzenartig
núissia, Volksname in Nepal (*Stranvaésia*)
nútans, nickend
nutkaénsis, Nutka- (Kanada)
nutkánus, Nutka- (Kanada)
nux-vómica, Brechnuß
nyásicus, Malawi- (Ostafrika)
nyctaginiflórus, mit Blüten wie *Mirábilis*
nycticállus, Schönheit der Nacht-
nymphaeifólius, seerosenblättrig
nymphoídes, Nymphaéa-ähnlich

oaxacánus, Oaxaca- (Mexiko)
oaxacénsis, Oaxaca- (Mexiko)
obássia, nach dem japan. Namen einer *Stýrax*-Art
obconéllus, verkehrt kegelförmig
obcónicus, verkehrt kegelförmig
obcordátus, verkehrt herzförmig
obcordéllus, verkehrt herzförmig
obésus, dick
oblátus, breitrund, verkehrt eiförmig
oblíquus, schief, schräg
oblongátus, verlängert
oblongifólius, mit länglichen Blättern
oblóngus, länglich
obovátus, verkehrt eiförmig
obrepándus, leicht gebogen
obscúrus, dunkel
obtusátus, abgestumpft
obtusifólius, stumpfblättrig
obtusílobus, stumpflappig
obtusipétalus, mit stumpfen Kronblättern
obtúsus, stumpf
obvallátus, verhüllt
occidentális, westlich, amerikanisch
occúltus, verborgen
ocellátus, mit Augenfleck
ochnáceus, Óchna-artig
ochráceus, ockergelb
ochreátus, mit tütenartiger Blattscheide (Ochrea)
ochroleúcus, gelblichweiß
óchrus, nach einem griech. Pflanzennamen
ochthódes, uneben, rauh
ocimoídes, Ócimum-ähnlich
octándrus, mit 8 Staubblättern
octopétalus, mit 8 Kronblättern
octophýllus, achtblättrig
oculátus, mit Augen
óculus-chrísti, Christusauge
óculus-sólis, Sonnenauge
ocymoídes, Ócimum-ähnlich
odessánus, Odessa- (Ukraine)
odóllam, nach einem Pflanzennamen in Indien (*Cérbera*)
odontócalyx, mit gezähntem Kelch
odontólepis, mit gezähnten Schuppen
odontolómus, mit gezähntem Rand
odoratíssimus, stark wohlriechend
odorátus, wohlriechend
odórifer, odorífera, odoríferum, duftend
odórus, duftend
oeconómicus, Haushalts-, Haus-
oédipus, mit geschwollenem Fuß
oelándicus, Öland- (Schweden)
oenánthemus, mit weinroter Blüte
oenénsis, Inn- (Ostalpen)
officinális, Arznei-
officinárum, Apotheken-
ohiénsis, Ohio- (USA)
ohioénsis, Ohio- (USA)
okanoganénsis, Okanogan- (Washington, USA)

olacoídes, Oláca-ähnlich
ólbios, glücklich, reich
ólbius, bei *Lavátera*: Hyères- (Südfrankreich)
oléander, Ölbaumrose
oleáster, antiker Name des wilden Ölbaums
oléifer, oleífera, oleíferum, ölbildend
oleifólius, ölbaumblättrig
oleifórmis, olivenförmig
oleoídes, ölbaumähnlich
oleráceus, gemüseartig
oligostáchyus, wenigährig
olitórius, Gemüsegarten-, Küchen-
oliváceus, olivgrün, olivenartig
olivánus, Oliva- (bei Danzig)
olivifórmis, olivenförmig
olmosánus, Olmos- (Peru)
olúsatrum, latein. Pflanzenname
olýmpicus, olympisch, Olymp-
omeiénsis, Mt. Omei- (Szetschuan)
omórika, serb. Name einer *Pícea*-Art
oncidioídes, Oncídium-ähnlich
oncócladus, mit wulstigen Zweigen
onítes, griech. Pflanzenname (*Orígamum*)
onóbrychis, griech. Pflanzenname: Eselsfutter
onoseroídes, Onóseris-ähnlich
onústus, überladen
opácus, glanzlos, matt, dunkel
opalínus, opalfarben
ópalus, nach einem Pflanzennamen in Italien (*Ácer*)
operculátus, mit Deckel
ophiocárpus, mit schlangenartigen Früchten
ophioscórodon, Schlangenlauch
opobálsamum, Augenbalsam
oppositifólius, mit gegenständigen Blättern
ópticus, Augen-
óptimus, der beste
opulifólius, schneeballblättrig
ópulus, antiker Pflanzenname: Feldahorn
opuntioídes, Opúntia-ähnlich
órba, Waise
orbiculáris, kreisförmig
orbiculátus, kreisförmig
orchidástrum, unechte *Órchis*
orchioídes, Órchis-ähnlich
oréades, Bergnymphen-
óreas, Bergnymphe
oregánus, Oregon- (USA)
oregónus, Oregon- (USA)
orellána, Pflanze vom Marañon (Peru)
oreodóxa, Zierde der Berge
oreópepon, Bergmelone
oreóphilus, Berg-
oreópteris, Bergfarn
oreótrephes, Berg-
organénsis, Orgelgebirge- (Brasilien)
orgyális, klafterlang
orientális, orientalisch, östlich
origanifólius, mit Blättern wie *Orígamum*
orlandiánus, Orlando- (Florida, USA)
ornatíssimus, reich geschmückt
ornátus, geschmückt
ornithocéphalus, mit Vogelkopf
ornithópodus, Vogelfuß-
orníthopus, Vogelfuß
ornithorhýnchus, mit Vogelschnabel
órnus, antiker Pflanzenname (*Fráxinus*)
oroboídes, platterbsenähnlich
ortegioídes, Ortégia (*Caryophylláceae*)-ähnlich
orthacánthos, mit geraden Dornen
orthócladus, mit geraden Zweigen
orthopétalus, mit aufrechten Kronblättern
orthopléctron, gerader Sporn
oruréns is, Oruro- (Bolivien)
orvála, nach einem französ. Pflanzennamen (*Lámium*)
oryzoídes, reisähnlich
osíris rúbra, Gärtnername: rote Osiris
osmundáceus, Osmúnda-artig
ossífragus, knochenbrechend
ostrúthium, nach einem antiken oder mittelalterl. Pflanzennamen
otaiténsis, Tahiti-
otáksa, japan. Name einer *Hydrangéa*-Form
ottawénsis, Ottawa- (Kanada)
ouabáio, Pflanzenname in Somalia (*Acokanthéra*)
ovalifólius, mit eiförmigen Blättern
ovális, eiförmig
ovátus, eiförmig
óvifer, ovífera, ovíferum, eiertragend
ovifórmis, eiförmig
óviger, ovígera, ovígerum, eiertragend
ovínus, Schaf-
oviréns is, Berg Obir- (Kärnten)

ovoídeus, eiähnlich
oxyacántha, griech. Pflanzenname: Spitzdorn
oxyacanthoídes, weißdornähnlich
oxycárdius, spitz und herzförmig
oxycárpus, spitzfrüchtig
oxýcedri, auf (*Juníperus*) *oxýcedrus* wachsend
oxýcedrus, antiker Pflanzenname: spitze Zeder
oxycóccos, griech. Pflanzenname: scharfe Beere
oxycóccus, scharfe Beere
oxygónus, scharfkantig
oxýodon, spitzzähnig
oxypétalus, mit spitzen Kronblättern
oxyphýllus, spitzblättrig
oxystégius, mit spitzen Deckblättern

pacalaénsis, Pacala- (Peru)
pachylóbius, dicklappig
pachyphýllus, dickblättrig
pachyphytoídes, Pachýphytum-ähnlich
pachýphytum, dicke Pflanze
pachýpodus, dickstielig
pachýpterus, dickflügelig
páchypus, dickstielig
pacíficus, Pazifik-
padifólius, traubenkirschenblättrig
pádus, latein. Pflanzenname
paedióphilus, Ebenen liebend
paeoniifólius, pfingstrosenblättrig
pailánus, Sierra de la Paila- (Mexiko)
palaestínus, Palästina-
paleáceus, mit Spreuschuppen
palinúri, Kap Palinuro- (Italien)
pállens, bleich
palléscens, bleich werdend
pallidiflórus, blaßblütig
pállidus, bleich, blaß
palmatífidus, handförmig fiederspaltig
palmatílobus, handförmig gelappt
palmátus, handförmig
palmétto, Bezeichnung für Palmzweige in Nord- und Mittelamerika
palmifólius, palmblättrig
palmíta, span. Pflanzenname: Zwergpalme
paludapifólius, mit Sumpf-Sellerie-Blättern
paludósus, Sumpf-
palúster, palústris, palústre, Sumpf-
panaménsis, Panama-
pandanifólius, mit Blättern wie *Pandánus*
pandoránus, unheilbringend
pandurátus, geigenförmig
panduriformis, geigenförmig
paníceus, Hirse-
paniculátus, rispig
pannónicus, ungarisch
pannósus, grobflockig behaart
papáver, nach der Gattung *Papáver*
papaverifólius, mohnblättrig
papāya, Pflanzenname auf den Karibischen Inseln (*Cárica*)
papílio, Schmetterling
papilionáceus, schmetterlingsartig
papillátus, warzig
papíllifer, papillífera, papillíferum, warzentragend
papillósus, warzig
papuánus, Papua-
papyracánthus, mit papierartigen Dornen
papyráceus, Papyrus-
papýrifer, papyrífera, papyríferum, papierliefernd
papýrus, Papier
paradísi, Paradies-
paradisíacus, Paradies-
paradóxus, seltsam, paradox
paraguariénsis, Paraguay-
paraguayénsis, Paraguay-
paraguénsis, Paraguay-
parapetiénsis, Rio Parapeti- (Bolivien)
parasíticus, Schmarotzer-
pardaliánches, antiker Pflanzenname
pardálinus, pantherartig gefleckt
pardánthinus, Pantherblumen-
párdinus, pantherartig gefleckt
parietális, an Mauern
parnássi, Parnaß- (Griechenland)
parnássicus, Parnaß- (Griechenland)
parnássifólius, mit Blättern wie *Parnássia*
párqui, Pflanzenname in Chile (*Céstrum*)
parrasánus, Sierra de Parrás- (Mexiko)
parthenioídes, Parthénium-ähnlich
parthénium, antiker Pflanzenname: Jungfrauenpflanze
partítus, geteilt
parvibracteátus, mit kleinen Deckblättern
párviceps, mit kleinen Köpfen

parviflórus, kleinblütig
parvifólius, kleinblättrig
parvimámmus, mit kleinen Warzen
párvulus, ziemlich klein
párvus, klein
pasacánus, nach einem Pflanzennamen in Argentinien
paspaloídes, Páspalum-ähnlich
pastináceus, pastinakartig
patacocénsis, Patacocha- (Kolumbien)
patagónicus, Patagonien-
patágua, Pflanzenname in Chile (*Crinodéndron*)
patavínus, Padua- (Italien)
patchōuli, Pflanzenname in Indien (*Pogostémon*)
pátens, offen, abstehend
patiéntia, nach dem französ. Namen einer *Rúmex*-Art
pátulus, offen, ausladend
pauciareolátus, mit wenigen Feldern
pauciflórus, wenigblütig
paucifólius, wenigblättrig
paucinérvis, wenignervig
paulénsis, Sao Paulo- (Brasilien)
pávia, nach der Gattung *Pávia*
pavonínus, pfauenbunt
pavónis, des Pfaus
pavónius, Pfau-
pécan, Pflanzenname in Nordamerika (*Cárya*)
pécten-aborígìnum, Kamm der Eingeborenen
pectenoídes, kammähnlich
pectinátus, kammartig
pectínifer, pectinífera, pectiníferum, kammtragend
pedatoradiátus, fußförmig gefingert
pedátus, fußförmig
pedemontánus, Piemont- (Italien)
pedicellátus, mit gestielten Blüten
pedunculáris, mit gestieltem Blütenstand
pedunculátus, mit gestieltem Blütenstand
pedunculósus, mit vielen Blütenstandsstielen
pekinénsis, Peking-
pelargoniiflórus, mit Blüten wie *Pelargónium*
pelecýrhachis, mit beilförmigen Rippen
pelegrína, Pflanzenname in Peru (*Alstroeméria*)
peliorhýnchus, mit dunkelblauem Schnabel
pellítus, pelzartig
pellúcens, durchscheinend
pellúcidus, durchsichtig
peloponnesíacus, Peloponnes- (Griechenland)
peltátus, schildförmig
peltifólius, mit schildförmigen Blättern
peltóphorus, schildtragend
pelvifórmis, schüsselförmig
pemakoénsis, Pemako- (Tibet)
penduliflórus, mit hängenden Blüten
pendulínus, hängend
péndulus, hängend
penicillátus, pinselartig
penínsulae, Halbinsel- (Niederkalifornien)
pénna-marína, Meerfeder
pennatifólius, mit gefiederten Blättern
pennátus, gefiedert
pennispinósus, mit gefiederten Dornen
pennsylvánicus, Pennsylvania- (USA)
penrhosiénsis, Penrhos- (Wales)
pénsilis, hängend
pensylvánicus, Pennsylvania- (USA)
pentadáctylus, fünffingerig
pentaëdróphorus, Fünfflächner tragend
pentagónia, Pflanze mit fünfeckigen Knospen
pentagónus, fünfkantig
pentágynus, fünfgriffelig
pentálophus, mit 5 Kämmen
pentándrus, mit 5 Staubblättern
pentánthus, fünfblütig
pentapétalus, mit 5 Kronblättern
pentaphýllos, fünfblättrig
pentaphýllus, fünfblättrig
pentótis, mit 5 Ohren
peperomoídes, Peperómia-ähnlich
péplus, nach einem griech. Pflanzennamen (*Euphórbia*)
pépo, Kürbis
peponifólius, kürbisblättrig
perádo, Pflanzenname auf den Kanarischen Inseln (*Ílex*)
perbéllus, sehr schön
percárneus, sehr fleischig
percrássus, sehr dick
peregrínus, fremd
perélegans, sehr zierlich
perénnis, ausdauernd
peréskia, nach der Gattung *Peréskia*

pereskiifólius, mit Blättern wie *Peréskia*
perfoliátus, mit durchwachsenen Blättern
perforátus, durchlöchert
perfóssus, durchbohrt
perianthómegus, mit großer Blüte
periclymenoídes, geißblattähnlich
periclýmenum, nach einem griech. Pflanzennamen
periplocifólius, mit Blättern wie *Períploca*
perpusíllus, sehr klein
persicária, latein. Pflanzenname: pfirsichblättrige Pflanze
persicifólius, pfirsichblättrig
pérsicus, persisch; bei *Prunus*: Pfirsich
persímilis, sehr ähnlich
persolútus, sehr locker
pertúsus, durchbrochen
perulátus, mit Knospenschuppen
peruviánus, Peru-
pervíridis, intensiv grün
pes-cáprae, Ziegenfuß
péstifer, pestífera, pestíferum, Verderben bringend, unangenehm
petasítis, Pestwurz-
petioláris, mit gestielten Blättern
petiolátus, mit gestielten Blättern
petóla, malayischer Pflanzenname (*Macódes*)
petraēus, Felsen-
petropolitánus, Petropolis- (bei Rio de Janeiro)
petrósus, felsig, steinig
peūce, Fichte
pexátus, mit Wollkleid
phaeacánthus, mit schwarzbraunen Dornen
phaenópyrum, mit sichtbaren Körnern
phaeocárpus, mit schwarzbraunen Früchten
phaēus, schwarzbraun
phalaenópsis, nach der Gattung *Phalaenópsis* (*Orchidáceae*)
phalerátus, geschmückt
phaseoloídes, bohnenähnlich
phatnospérmus, mit vertieften Samen
phegópteris, Buchenfarn
phellándrium, antiker Pflanzenname
phellándrus, Phellandren enthaltend
phellománus, mit starker Korkbildung
phéllos, Kork, Korkeiche
philadélphicus, Philadelphia- (USA)
philippénsis, Philippinen-
philippinénsis, Philippinen-
philippínus, Philippinen-
philliraeoídes, Phillýrea-ähnlich
phillyraeoídes, Phillýrea-ähnlich
phlebótrichus, mit behaarten Adern
phlogiflórus, mit Blüten wie *Phlox*
phlogifólius, mit Blättern wie *Phlox*
phlogopáppus, mit rötlicher Federkrone
phlomoídes, Phlómis-ähnlich
phoeníceus, purpurn, scharlachrot
phoenicolásius, purpurzottig
phryniifólius, mit Blättern wie *Phrýnium*
phrynioídes, Phrýnium-ähnlich
phu, arab. Name einer *Valeriána*-Art
phuréja, Name einer *Solánum*-Art in Bolivien
phylicifólius, mit Blättern wie *Phýlica*
phyllacánthus, mit blattartigen Stacheln
phyllamphórus, mit Kannen am Blatt
phyllanthoídes, Phyllánthus-ähnlich
phyllítidis, Hirschzungen-
phyllomaníacus, übermäßig Blätter treibend
phyllostáchyus, mit beblätterten Ähren
phymatochílus, mit wulstiger Lippe
physalódes, Phýsalis-ähnlich
piassába, Pflanzenname in Brasilien (*Leopoldínia*)
pícea, latein. Pflanzenname: Fichte
pictavénsis, Poitiers- (Frankreich)
pictaviénsis, Poitiers- (Frankreich)
picturátus, gefleckt, gezeichnet
píctus, gefleckt, gezeichnet
pileátus, mit Hut
pílifer, pilífera, pilíferum, haartragend
pilocárpus, mit behaarten Früchten
pilosélla, nach einem mittelalterl. Pflanzennamen
piloselloídes, dem (*Hierácium*) *pilosélla* ähnlich
pilósior, pilósius, stärker behaart
pilosíssimus, stark behaart
pilosiúsculus, feinhaarig
pilósus, weichhaarig
piluláris, pillenartig
pilulíferus, kleine Kugeln tragend
pímela, nach der Gattung *Pímela* (*Burseráceae*)
pimeleoídes, Pimélea (Thymelaeáceae)-ähnlich
pimpinellifólius, mit Blättern wie *Pimpi-*

nélla
pináster, unechte Kiefer
pindícolus, Pindusgebirge- (Griechenland)
píndrow, hindustan. Name einer *Ábies*-Art
pínea, Pinie
pinguifólius, fettblättrig
pínguin, Pflanzenname in Westindien (*Bromélia*)
pinifólius, kiefernblättrig
pininána, Name einer *Échium*-Art auf den Kanarischen Inseln
pinnatífidus, fiederspaltig
pinnatifólius, mit gefiederten Blättern
pinnatistípulus, mit gefiederten Nebenblättern
pinnátus, gefiedert
pínsapo, Pflanzenname in Spanien (*Ábies*)
piperáscens, pfefferminzähnlich
piperítus, gepfeffert, pfefferartig
piscípula, Fische fangende Pflanze
písifer, pisífera, pisíferum, erbsentragend
pisocárpus, erbsenfrüchtig
pistorínia, nach der Gattung *Pistorínia*
pitayénsis, Pitayo- (Kolumbien)
pitcairniifólius, mit Blättern wie *Pitcaírnia*
plácitus, angenehm
plagioneúrus, mit schiefen Adern
plániceps, flachköpfig
planicúlmis, mit flachem Halm
planifólius, flachblättrig
plánipes, flachstielig
planipétalus, mit flachen Kronblättern
planiscápus, mit flachem Schaft
planispínus, flachdornig
plantagíneus, wegerichartig
plantaginifólius, wegerichblättrig
plantágo-aquática, Wegerich im Wasser
plánus, flach
platanifólius, platanenblättrig
platanoídes, platanenähnlich
platénsis, La Plata- (Argentinien)
platinospínus, mit platinartigen Dornen
platyacánthus, mit breiten Dornen
platyánthus, mit breiten Blüten
platycéntrus, mit breitem Sporn
platýceras, mit breitem Horn
platycheílus, mit breiter Lippe
platycládius, Flachsproß-
platyglóssus, mit breiter Zunge
platynéma, mit breiten Staubfäden
platyneúros, breitnervig
platypétalus, mit breiten Kronblättern
platyphýllos, breitblättrig
platyphýllus, breitblättrig
platýpodus, mit breitem Fuß
platýpterus, breit geflügelt
platyspérmus, breitsamig
platytýreus, breiter Käse-
plegmatoídes, zopfähnlich
pleiánthus, dichtblütig
pleiospérmus, dichtsamig
pleniflórus, gefüllt blühend
plénus, voll, gefüllt
plicátilis, faltbar
plicátus, gefaltet
plumárius, federartig
plumbaginifólius, mit Blättern wie *Plumbágo*
plumbaginoídes, Plumbágo-ähnlich
plúmbeus, bleigrau
plumósus, federig
pluricaúlis, mit vielen Stengeln
pluriflórus, vielblütig
plurijugus, mit vielen (Blätter-)Paaren
pluripinnátus, zahlreich gefiedert
pluviális, Regen-
pneumonánthe, Lungenblume
podagrária, latein. Pflanzenname: Gichtkraut
podágricus, geschwollen
podalyriifólius, mit Blättern wie *Podalýria*
podocárpus, mit gestielten Früchten
podólicus, podolisch (Ukraine)
podophýllus, mit gestielten Blättern
poetárum, Dichter-
poétaz, Bastard aus (*Narcíssus*) *poéticus* und (*N.*) *tazétta*
poéticus, poetisch
pogonioídes, Pogónia (*Orchidáceae*)-ähnlich
pohuashanénsis, Pohuashan- (China)
polifólius, mit Blättern wie (*Teúcrium*) *pólium*
poliifólius, mit Blättern wie (*Teúcrium*) *pólium*
polítus, glänzend
pólium, nach einem griech. Pflanzennamen
polónicus, polnisch
polyacánthus, mit vielen Dornen oder

Stacheln
polyancístrus, mit vielen Haken
polyándrus, mit vielen Staubblättern
polyánthemos, vielblütig
polyánthes, vielblütig
polyánthos, vielblütig
polyánthus, vielblütig
polyblépharus, mit vielen Wimpern (Spreuschuppen)
polybótryus, mit vielen Trauben
polybractéus mit vielen Deckblättern
polybúlbos, mit vielen Knollen (Pseudobulben)
polycárpos, vielfrüchtig
polycárpus, vielfrüchtig
polycéphalus, vielköpfig
polychrómus, vielfarbig
polýcladus, mit vielen Zweigen
polydáctylos, vielfingerig
polýedrus, vielflächig
polýgamus, Pflanze mit eingeschlechtigen und mit Zwitterblüten
polygónatum, nach der Gattung *Polygónatum* (*Liliáceae*)
polygonoídes, Polýgonum-ähnlich
polygónus, mit vielen Kanten
polýlepis, mit vielen Schuppen
polýlophus, mit vielen Kämmen
polymórphus, vielgestaltig
polynéurus, vielnervig
polypétalus, mit vielen Kronblättern
polyphýllus, vielblättrig
polypodioídes, Polypódium-ähnlich
polýrhaphis, vielnadelig
polyrhízus, vielwurzelig
polyrrhízus, vielwurzelig
polyspérmus, vielsamig
polystáchios, vielährig
polystáchyus, vielährig
polystichoídes, Polýstichum-ähnlich
polýstichos, vielzeilig
polythéle, vielwarzig
polytrichioídes, Polýtrichum (Moos-) ähnlich
polýtrichus, mit vielen Haaren
pomanénsis, Poman- (Argentinien)
pomeridiánus, nachmittags blühend
pómifer, pomífera, pomíferum, apfeltragend
pompóna, Pflanzenname in Mexiko (*Vanílla*)
pompónius, prächtig
ponderósus, gewichtig
pónticus, Schwarzmeer-
popayanénsis, Popayan- (Kolumbien)
populifólius, pappelblättrig
populneus, pappelartig
porcínus, Schweine-
porophýllus, porenblättrig
pórpax, Handgriff eines Schildes
porphyrócalyx, mit purpurnem Kelch
porphyrocárpus, purpurfrüchtig
porphyrophýllus, purpurblättrig
porphyrostéle, mit purpurner Säule
porréctus, ausgestreckt
porrifólius, mit Blättern wie (*Állium*) *pórrum*
pórrum, latein. Pflanzenname: Lauch
portoricénsis, Puerto Rico-
portulacástrum, unechter Portulak
portuláceus, Pórtula (*Lythráceae*)-artig
potamóphilus, Fluß-
potatórum, Trinker-
potentillínus, Potentílla-artig
potentilloídes, Potentílla-ähnlich
potosínus, Potosi- (Bolivien)
potsdamiénsis, aus Potsdam
poukhanénsis, Pouk Han- (Korea)
praeáltus, sehr hoch
praécox, frühzeitig
praénitens, stark glänzend
praepínguis, sehr fett
praéstans, vortrefflich
praetéxtus, geschmückt
praetutiánus, Abruzzen- (Italien)
praténsis, Wiesen-
precatórius, Gebets-
précius, mit vor den Blättern erscheinenden Blüten
prehénsilis, eine Stütze ergreifend
prímula, nach der Gattung *Prímula*
primuliflórus, primelblütig
primulifólius, primelblättrig
primulínus, primelartig
primuloídes, primelähnlich
prínceps, fürstlich, der erste
príncipe, Fürst-
príncipis, des Fürsten
prinoídes, stechpalmen- oder steineichenähnlich
prinophýllus, mit Blättern wie (*Quércus*) *prínus*
prínus, antiker Name von Steineiche und Stechpalme
prionítis, sägeförmig
prionódes, sägeähnlich

prionótes, gesägt
prismáticus, prismatisch
prismatocárpus, mit prismaförmigen Früchten
proboscídeus, rüsselartig
procérus, schlank, hoch
procúmbens, niederliegend
procúrrens, mit Ausläufern
prólifer, prolífera, prolíferum, brutbildend
prolíferus, brutbildend
prorépens, kriechend
proserpinacoídes, Proserpináca-ähnlich
prostrátus, niederliegend
proteoídes, Prótea-ähnlich
prototýpicus, ursprünglich, typisch
pruhoniciánus, Průhonice- (Tschechoslowakei)
pruinátus, bereift
pruinósus, bereift
prúnifer, prunífera, pruníferum, pflaumentragend
prunifólius, pflaumenblättrig
prunifórmis, pflaumenförmig
prúriens, juckenerregend
pseudácorus, falscher Kalmus
pseudalhági, falscher Kameldorn
pseudarméria, falsche *Arméria*
pseudoacácia, falsche Akazie
pseudobaselloídes, falsche (*Boussingaúltia*) *baselloídes*
pseudobracteátus, scheinbar mit Deckblättern
pseudobracteósus, scheinbar mit Deckblättern
pseudocáctus, falscher Kaktus
pseudocaméllia, Scheinkamelie
pseudocápsicum, falsches *Cápsicum*
pseudocérasus, falsche (*Prúnus*) *cérasus*
pseudochrysánthus, falsche (*Lonícera*) *chrysántha*
pseudocypérus, falsches Zypergras
pseudocýtisus, falscher Geißklee
pseudodalmáticus, falsche (*Festúca*) *dalmática*
pseudodeminútus, falsche (*Rebútia*) *deminúta*
pseudodictámnus, falscher Diptam
pseudoelátior, falsche (*Prímula*) *elátior*
pseudogínseng, falscher (*Pánax*) *gínseng*
pseudoibéricus, falsches (*Cýclamen*) *ibéricum*
pseudolanuginósus, falscher (*Thýmus*) *lanuginósus*
pseudolycopodioídes, falsche (*Crássula*) *lycopodioídes*
pseudomacrochéle, falsche (*Neolloýdia*) *macrochéle*
pseúdomas, falsche (*Dryópteris*) *fílix-mas*
pseudonarcíssus, falsche Narzisse
pseudonebrównii, falsche (*Carallúma*) *nebrównii*
pseudonígricans, falsche (*Gastéria*) *nígricans*
pseudoparasíticus, scheinbar schmarotzend
pseudopectinátus, falsche (*Achilléa, Neolloýdia*) *pectináta*
pseudoperbéllus, falsche (*Mammillária*) *perbélla*
pseudophyllomaníacus, falsche (*Begónia*) *phyllomaníaca*
pseudoplátanus, falsche Platane
pseudosánctus, falsche (*Saxífraga*) *sáncta*
pseudóscaber, schwach rauh
pseudotigrínus, falsches (*Lílium*) *tigrínum*
pseudotruncatéllus, falsches (*Mesembryánthemum*) *truncatéllum*
pseudotúrneri, falsche (*Quércus*) *túrneri*
pseudovariegátus, falsche (*Peperómia*) *variegáta*
psilánthus, mit kahler Blüte
psilóstachys, mit kahlen Ähren
psilostáchyus, mit kahlen Ähren
psilostémon, mit kahlen Staubblättern
psilúrus, nacktes Anhängsel
psittácinus, papageienfarbig
psittacoídes, papageienähnlich
psittacórum, Papageien-
psoraleoídes, Psorálea-ähnlich
psýllium, latein. Pflanzenname: Flohkraut
ptármica, niesenerregende Pflanze
ptarmiciflórus, mit Blüten wie (*Achilléa*) *ptármica*
ptarmicoídes, der (*Achilléa*) *ptármica* ähnlich
pteracánthus, mit geflügelten Dornen
pteránthus, mit geflügelter Blüte
pteridioídes, Pterídium-ähnlich
pterocárpus, mit geflügelten Früchten
pterócladon, geflügelter Zweig
pterogónus, mit geflügelten Kanten

pteroneūrus, flügelnervig
pteróphorus, flügeltragend
ptéropus, mit geflügeltem Stiel
pterygospérmus, mit geflügeltem Samen
púbens, behaart
púber, púbera, púberum, behaart
pubérulus, schwach flaumig
púbes, mit flaumigem Haar
pubéscens, behaart, flaumhaarig
púbiger, pubígera, pubígerum, flaumbildend
púchury-májor, nach einem Pflanzennamen in Brasilien (*Ocótea*)
pudibúndus, verschämt, errötend
pudícus, schamhaft
pueblénsis, Puebla- (Mexiko)
pugionacánthus, mit dolchartigen Dornen
pugionifórmis, dolchförmig
pugnifórmis, faustförmig
pulchéllus, niedlich
púlcher, púlchra, púlchrum, schön
pulchérrimus, sehr schön
pulegioídes, der (*Méntha*) *pulégium* ähnlich
pulégium, nach einem antiken Pflanzennamen
púllus, schwärzlich, dunkel
pulmonarioídes, lungenkrautähnlich
pulsatílla, latein. Pflanzenname: Kuhglocke
pulveruléntus, voller Staub, bestäubt
pulvináris, Polster-
pulvinátus, Polster-
pulvíniger, pulvinígera, pulvinígerum, polsterbildend
pulvinósus, stark gepolstert
pumílio, Zwerg
pumiliónum, der Zwerge
púmilus, niedrig
punctátus, punktiert
punctilóbulus, lappig und punktiert
punctórius, stechend
punctulátus, fein punktiert
púngens, stechend
puniceodíscus, mit rotem Griffel
puníceus, granatrot
punicifólius, mit Blättern wie *Púnica*
púrga, abführend, Abführmittel
púrgans, abführend
purpuráscens, purpurn werdend
purpurátus, purpurn überlaufen
purpureoaurátus, purpur-golden
purpureocoerúleus, purpurblau
purpureofúscus, purpurbraun
purpureomaculátus, purpurn gefleckt
purpureopilósus, purpurn behaart
purpureoróseus, purpurrosa
purpúreus, purpurrot
purpurocaerúleus, purpurblau
púrus, rein
puschkinioídes, Puschkínia-ähnlich
pusíllus, winzig
pustulátus, pustelartig
puteolátus, von Gruben durchzogen, grubig
pútidus, stinkend, faul
pycnánthus, dichtblütig
pycnocárpos, dichtfrüchtig
pycnostáchyus, dichtährig
pygmaēus, zwergartig
pyracántha, Feuerdorn
pyracánthus, mit feuerroten Dornen
pyramidális, pyramidenförmig
pyramidátus, pyramidenförmig
pyráster, birnenartig
pyrenaēus, Pyrenäen-
pyrenáicus, Pyrenäen-
pyréthrum, Feuerkraut (brennender Geschmack)
pýrifer, pyrífera, pyríferum, birntragend
pyrifólius, birnenblättrig
pyrifórmis, birnförmig
pyroliflórus, mit Blüten wie *Pýrola*
pyrolifólius, mit Blättern wie *Pýrola*
pyroloídes, Pýrola-ähnlich
pyxidátus, büchsenförmig

quadranguláris, vierkantig
quadrangulátus, vierkantig
quadrángulus, vierkantig
quadriaurítus, mit 4 Ohren
quadricostátus, vierrippig
quadridentátus, vierzähnig
quadrífidus, vierspaltig
quadriflórus, vierblütig
quadrifólius, vierblättrig
quadriloculáris, vierfächerig
quadriradiátus, vierstrahlig
quadriválvis, vierklappig
quámash, indian. Pflanzenname (*Camássia*)
quámoclit, nach einem mexikan. Pflanzennamen
quassioídes, Quássia-ähnlich
quebrácho-blánco, weißer Quebracho-

baum
quebrácho-colorádo, roter Quebrachobaum
quercifólius, eichenblättrig
queretaroénsis, Queretaro- (Mexiko)
quinárius, fünfzählig
quinátus, fünfzählig
quinóa, Pflanzenname in Chile (*Chenopódium*)
quinquanguláris, fünfkantig
quinquefólius, fünfblättrig
quinquelóbus, fünflappig
quinqueloculáris, fünffächerig
quinquenérvis, fünfnervig
quinquepétus, mit 5 Kronblättern
quinquevúlnerum, mit 5 Flecken
quintuplinérvius, mit 5 Nerven
quiténsis, Quito- (Ekuador)
quitoénsis, Quito- (Ekuador)

racémifer, racemífera, racemíferum, Trauben tragend
racemiflórus, Blüten in Trauben
racémiger, racemígera, racemígerum, Trauben bildend
racemósus, traubig
rádens, kratzend
rádians, strahlend
radiátus, strahlenförmig
radícans, kriechend, wurzelbildend
radicátus, wurzeltreibend
radicósus, reich bewurzelt
radícula, kleine Wurzel
radiiflórus, strahlenblütig
radiósus, strahlenreich
rádula, Raspel
ragusínus, Dubrovnik- (Jugoslawien)
rájah, König (Sir James Brooke)
ramalánus, Ra-Ma-La- (W-China)
ramentáceus, schuppig
ramiflórus, zweigblütig
ramipréssus, mit flachgedrückten Zweigen
ramondioídes, Ramónda-ähnlich
ramosíssimus, sehr ästig
ramósus, ästig
ramulósus, kleinästig
ranunculínus, hahnenfußartig
ranunculoídes, hahnenfußähnlich
rápa, latein. Pflanzenname: Rübe
rapáceus, rübenartig
raphanístrum, latein. Pflanzenname: eine Art Rettich
raphidacánthus, nadeldornig
rapíferus, Rüben tragend
rapunculoídes, der (*Campánula*) *rapúnculus* ähnlich
rapúnculus, kleine Rübe, Rapunzel
rárak, malayischer Pflanzenname (*Sapíndus*)
rariflórus, mit wenigen Blüten
ratisbonénsis, Regensburg-
ravénnae, Ravenna- (Italien)
rávus, gelblich
rebutioídes, Rebútia-ähnlich
reclinátus, zurückgebogen
recógnitus, anerkannt
rectángulus, rechtwinklig
rectifólius, mit geraden Blättern
réctus, aufrecht, gerade
recurvátus, zurückgekrümmt
recurvifólius, mit gekrümmten Blättern
recurvioídes, dem (*Rhododéndron*) *recúrvum* ähnlich
recúrvus, zurückgekrümmt
recutítus, gestutzt
redivívus, ausdauernd
redúctus, verringert, kleiner
refléxus, zurückgebogen
refráctus, geknickt
refúlgens, zurückstrahlend
regális, königlich
regelioídes, Regélia (*Bromeliáceae*)-ähnlich
regérminans, wieder austreibend
regína, Königin
regínae, Königin-
regínae-amáliae, Königin-Amalie-
régis-ferdinándi, König-Ferdinand-
régius, königlich
régnans, herrschend
relaxátus, erschlafft, niederliegend
religiósus, heilig
remotiflórus, entferntblütig
remótus, entfernt, auseinandergezogen
rénda, malayischer Pflanzenname (*Cyrtóstachys*)
renifórmis, nierenförmig
repándus, ausgeschweift, gekrümmt
répens, kriechend
replicátus, umgeschlagen
réptans, kriechend
resediflórus, mit Blüten wie *Reséda*
resínifer, resinífera, resiníferum, harzbildend
resinósus, harzig

resupinátus, herumgedreht, nach hinten gebogen
resúrgens, auferstehend
reticulátus, netzartig
retinódes, harzig
retrofléxus, zurückgebogen
retrofráctus, abwärts geknickt
retrórsus, rückwärts gekehrt
retrospirális, spiralig zurückgedreht
retúsus, abgestumpft
revolútus, zurückgerollt
rex, König
rex-cultórum, König der Züchter
reynoutria, nach der Gattung *Reynoutria*
rhabárbarum, Wurzel der Barbaren
rhabdótus, gestreift
rhaeticus, rhätisch (Graubünden)
rhamnoídes, Rhámnus-ähnlich
rhapóntica, nach der Gattung *Rhapóntica*: pontische Wurzel
rhaponticoídes, Rhapónticum-ähnlich
rhapónticum, pontische Wurzel
rhipsaloídes, Rhípsalis-ähnlich
rhizocárpus, mit Früchten auf den Wurzeln
rhizocaulis, mit sich bewurzelndem Stengel
rhizocéphalus, wurzelköpfig, mit ungestielten Köpfen
rhizophýllus, an den Blättern bewurzelt
rhodacánthus, mit rosenroten Dornen
rhodánthus, mit rosenroten Blüten
rhodíola, nach der Gattung *Rhodíola*: nach Rosen duftend
rhodocárpus, mit rosenroten Früchten
rhodocheilus, mit rosenroter Lippe
rhodocyáneus, blaurot
rhodopaeus, Rhodopegebirge- (Balkan)
rhodopeius, Rhodopegebirge- (Balkan)
rhodopénsis, Rhodopegebirge- (Balkan)
rhodoppéus, Rhodopegebirge- (Balkan)
rhodótrichus, mit rosenroten Haaren
rhoeas, antiker Pflanzenname
rhoifólius, mit Blättern wie *Rhus*
rhómbeus, rautenförmig
rhómbicus, rautenförmig
rhombifólius, rautenblättrig
rhomboidális, rautenförmig
rhomboídeus, rautenförmig
rhopalophýllus, keulenblättrig
rhynchophýllus, schnabelblättrig
rhytidocárpus, mit runzeligen Früchten
rhytidophylloídes, dem (*Vibúrnum*) *rhytidophýllum* ähnlich
rhytidophýllus, mit runzeligen Blättern
ríbes, nach einem arab. Pflanzennamen
ricinicárpus, mit Früchten wie *Rícinus*
ricinifólius, mit Blättern wie *Rícinus*
rígens, steif
rigéscens, steif werdend
rigidispínus, steifdornig
rigidíssimus, sehr starr
rigídulus, etwas steif
rígidus, steif
rinconénsis, La Rinconada- (Mexiko)
ríngens, den Rachen aufsperrend
ríngo, japan. Name für Apfel
riojánus, La Rioja- (Argentinien)
ripárius, Ufer-
ripícola, Uferbewohner
riténsis, Santa-Rita-Berge- (Arizona, USA)
rítro, nach einem griech. Pflanzennamen
rivális, Bach-
rivuláris, Bach-
róbur, Kernholz
robústus, stark, kernig
románus, römisch
roribáccus, Taubeere
rósa, Rose
rosáceus, rosarot
rósa-sinénsis, chinesische Rose
rósea, bei *Rhodíola*: latein. Pflanzenname
roseoaeneus, rosa-kupferfarben
roseoálbus, rötlichweiß
roseomarginátus, mit rosenrotem Rand
roseopíctus, rosa bemalt
róseus, rosenrot, rosa
rosiflórus, rosenblütig
rosmarinifólius, rosmarinblättrig
rosmarinifórmis, rosmarinähnlich
róssicus, russisch
rostrátus, geschnäbelt
róstrum-áquilae, Adlerschnabel
rosuláris, rosettenbildend
rosulátus, rosettenbildend
rótang, malayischer Pflanzenname (*Cálamus*)
rotátus, radförmig
rothmánnia, nach der Gattung *Rothmánnia*
rothomagénsis, Rouen- (Frankreich)
rotundátus, abgerundet

rotundifólius, rundblättrig
rotúndus, rund
rubellínus, rötlich schimmernd
rubéllus, rot schimmernd
rúbens, rot
rúber, rúbra, rúbrum, rot
rubéscens, rotwerdend
rubicúndus, kräftig rot
rúbidus, rötlich
rubiginósus, braunrot
rubioídes, Rúbia-ähnlich
rubricaūlis, rotstengelig
rubriflórus, rotblühend
rubrifólius, mit roten Blättern
rubrivénius, mit roten Adern
rubrocoerúleus, rot-blau
rubrolúteus, rotgelb
rubrostíllus, mit roten Tropfen (Beeren)
rubrotínctus, rotgefärbt
rubrovénius, mit roten Adern
rubrovenósus, mit roten Adern
rubroviol̥áceus, rotviolett
ruféscens, fuchsrot oder rötlich werdend
rúffia, nach dem Namen der *Ráphia*-Art in Madagaskar
rufibárbus, fuchsrot bärtig
rufídulus, fuchsrot, rötlich
rúfidus, fuchsrot
rufinérvis, fuchsrot geadert
rufoferrugíneus, fuchsrot-rostrot
rúfus, fuchsrot
rugósus, runzelig
rugótida, Bastard aus (*Rósa*) *rugósa* und (*R.*) *nítida*
rumeliánus, rumelisch (Balkan)
rumélicus, rumelisch (Balkan)
rupéster, rupéstris, rupéstre, Felsen-
rupicáprinus, Gemsen-
rupícola, Felsbewohner, Fels-
rupífragus, felsensprengend
rusciflórus, mit Blüten wie *Rúscus*
ruscifólius, mit Blättern wie *Rúscus*
ruscifórmis, Rúscus-artig
russátus, rot gefärbt
rússicus, russisch
rusticánus, vom Lande
rústicus, ländlich
rúta-murária, Mauerraute
ruthénicus, ruthenisch (Ukraine)
rutifólius, mit Blättern wie *Rúta*
rútilans, rötlich
rútilus, rötlich
ruyschiána, latein. Pflanzenname

sabátius, Savona- (Italien)
sabaūdus, Savoyer- (Frankreich)
sabdaríffa, nach einem span. oder westindischen Pflanzennamen (*Hibíscus*)
sabéllicus, Sabeller- (italien. Volksstamm)
sabína, latein. Name des Sadebaums
sabulósus, Sand-
saccátus, sackförmig
saccharátus, zuckerig
sacchárifer, saccharífera, saccharíferum, Zucker liefernd
sacchariflórus, zuckerrohrblütig
saccharínus, zuckerig, Zucker-
saccharoídeus, zuckerrohrähnlich
saccharóphorus, Zucker führend
saccharósus, zuckerig, Zucker-
sáccharum, Zucker
sácer, sácra, sácrum, heilig
sachalinénsis, Sachalin- (Ostasien)
sacrórum, Heiligen-
sagenárius, für Fischernetze
sagittális, pfeilförmig
sagittátus, pfeilförmig
sagittifólius, mit pfeilförmigen Blättern
ságu, malayischer Pflanzenname (*Metróxylon*)
salicária, latein. Pflanzenname: weidenartige Pflanze
salicariifólius, weiderichblättrig
salicifólius, weidenblättrig
salicínus, weidenartig
salicornioídes, Salicórnia-ähnlich
salígnus, weidenartig
salisburgénsis, Salzburg-
salmóneus, lachsfarben
salsílla, Pflanzenname in Chile (*Bomárea*)
salsoloídes, Sálsola-ähnlich
salubérrimus, sehr heilkräftig
saluenénsis, Saluen- (Hinterindien)
salviifólius, salbeiblättrig
samaipatánus, Samaipata- (Bolivien)
sáman, Pflanzenname in Südamerika (*Samánea*)
sámbac, nach einem arab. Pflanzennamen
sambucifólius, holunderblättrig
sambucínus, holunderartig

sámius, Samos-
sanagástus, Sanagasta- (Argentinien)
sáncti-johánnis, St. Iwan, Rilakloster- (Bulgarien)
sánctus, heilig
sandánkwa, japan. Pflanzenname (*Vibúrnum*)
sandíllon, chilen. Bezeichnung für Kugelkaktus
sandwicénsis, Sandwich-Inseln- (= Hawaii)
sanguinális, blutrot
sanguíneus, blutrot
sanguiniflórus, mit blutroten Blüten
sanguinoléntus, blutrot, mit Blutflecken
sanguisórba, mittelalterl. Pflanzenname: blutstillende Pflanze
sanguisórbae, Wiesenknopf-
sansibarénsis, Sansibar-
sanssouciánus, Sanssouci- (bei Potsdam)
santalínus, Sántalum-artig
sápidus, schmackhaft
sapiéntum, der Weisen
saponária, Seifenpflanze
saponárius, Seifen-
sapóta, mexikan. Pflanzenname (*Poutéria*)
sáppan, malayischer Pflanzenname (*Caesalpínia*)
sarcodáctylis, mit fleischiger, fingerförmiger Frucht
sarcódes, fleischig
sarcophýllus, dickblättrig
sardénsis, Sardes- (Türkei)
sári, Sarus- (Kleinasien)
sáribus, Pflanzenname auf den Molukken (*Livistóna*)
sarmáticus, sarmatisch (Südrußland)
sarmentósus, mit Ausläufern
sarniénsis, Guernsey- (brit. Kanalinsel)
sarothroídes, besenähnlich
sasánqua, nach dem japan. Namen einer *Caméllia*-Art
satívus, angepflanzt
satsumánus, Satsuma- (Japan)
satsúmi, Satsuma- (Japan)
satureioídes, Saturéja-ähnlich
saturejoídes, Saturéja-ähnlich
saurocéphalus, mit Eidechsenkopf
saxátilis, Felsen-
saxetánus, Felsen-
saxícola, Felsbewohner, Felsen-
saxífraga, nach der Gattung *Saxífraga*
saxórum, der Felsen
scáber, scábra, scábrum, rauh, scharf
scabérrimus, sehr rauh, sehr scharf
scabiósa, nach dem Gattungsnamen *Scabiósa*
scabiosifólius, skabiosenblättrig
scabrátus, rauh
scabricúspis, mit rauher Spitze
scábridus, rauh, scharf
scaláris, Leiter-
scammónia, antiker Pflanzenname: Purgierwinde
scándens, kletternd
scaphoróstrus, mit kahnförmigem Schnabel
scápiger, scapígera, scapígerum, Schaft tragend
scapósus, mit vielen Stengeln
scárdicus, Schar-Dagh- (Balkan)
scaríola, arab. Pflanzenname (*Lactúca*)
scariósus, trockenhäutig
scéptrum, Zepter
scháfta, Pflanzenname am Kaspischen Meer (*Siléne*)
schéfflera, nach der Gattung *Schéfflera*
schídiger, schidígera, schidígerum, Splitter bildend
schínseng, chines. Name einer *Pánax*-Art
schistósus, auf Schiefer
schizánthus, spaltblütig
schizochéilus, mit geteilter Lippe
schizopétalus, mit geschlitzten Kronblättern
schizophýllus, schlitzblättrig
schoenánthus, binsenblütig
schoenóprasum, binsenblättriger Lauch
scholáris, Schule-
scílla, griech. Pflanzenname
scilloídes, Scílla-ähnlich
scíntillans, funkelnd
scirpoídes, Scírpus-ähnlich
scítulus, allerliebst
sclárea, italien. Pflanzenname (*Sálvia*)
scleróxylon, Hartholz
scolopéndrium, griech. Pflanzenname
scolopéndrius, tausendfüßlerartig, *Scolopéndrium*-ähnlich
scolymoídes, artischockenähnlich
scólymus, antiker Pflanzenname
scópa, Besen
scopária, bei *Kóchia*: latein. Pflanzen-

name: Besen-
scopárius, Besen-
scopulórum, Felsen-
scordiifólius, mit Blättern wie (*Teúcrium*) *scórdium*
scórdium, antiker Pflanzenname
scorodónia, nach einem latein. Pflanzennamen
scorodóprasum, knoblauch- und porreeähnliche Pflanze
scorpioídes, skorpionähnlich
scóticus, schottisch
scríptus, mit Schriftzeichen
scrobiculátus, mit Grübchen
scrophulariifólius, mit Blättern wie *Scrophulária*
scutátus, Schild-
scutellárius, schildchenartig
sébifer, sebífera, sebíferum, Talg liefernd
secalínus, 1. (*Brómus*): Roggen-; 2. (*Ápium, Lactúca*): Schnitt-
sechellárum, Seychellen-
sectívus, schneidbar
secundátus, einseitswendig
secundiflórus, einseitswendig blühend
secúndus, der zweite, einseitswendig
sedifólius, mit Blättern wie *Sédum*
sedifórmis, Sédum-artig
sedoídes, Sédum-ähnlich
segetális, Feld-
ségetum, Saat-
seguíne, Pflanzenname in Westindien (*Dieffenbáchia*)
seguínus, schierlingsartig
selaginoídes, Selágo-ähnlich
selágo, antiker Pflanzenname
semialátus, halb geflügelt
semibarbátus, halb bärtig
semidecándrus, mit 5 Staubblättern
semidecíduus, halbimmergrün
semidentátus, halb gezähnt
semiínferus, halbunterständig
semínifer, seminífera, seminíferum, samentragend
semipinnátus, halbgefiedert
semperflórens, immer blühend
semperflórens-cultórum, (*Begónia*) *semperflórens* der Züchter
sempérvirens, immergrün
sempervívi, Hauswurz-
sempervivoídes, Sempervívum-ähnlich
sempervívum, nach der Gattung *Sempervívum*
sempervívus, immer lebend
senecioídes, Senécio-ähnlich
sénega, mittellatein. Pflanzenname, nach den Seneca-Indianern
sénegal, Senegal
senegalénsis, Senegal-
senéscens, alt werdend, ausdauernd
senifólius, sechsblättrig
senílis, greisenartig
sénna, nach einem arab. Pflanzennamen (*Cássia*)
sensíbilis, empfindsam
sensitívus, empfindsam
senticósus, dornenreich
sepiárius, Hecken-
sepíncola, Heckenbewohner, Hecken-
sépium, Zaun-, Hecken-
septémfidus, siebenteilig
septémlobus, siebenlappig
septentrionális, nördlich
sérbicus, serbisch
séricans, seidig behaart
sericánthus, seidenblütig
sericátus, seidig
seríceus, seidig
serícifer, serícifera, serícíferum, seidetragend
serjaniifólius, mit Blättern wie *Serjánia*
serótinus, spät
sérpens, kriechend, schlängelnd
serpentária, antiker Pflanzenname: Schlangenwurzel
serpentínus, schlangenartig
serpillifólius, thymianblättrig
serpylláceus, thymianartig
serpyllifólius, thymianblättrig
serpýllum, latein. Pflanzenname (*Thýmus*)
sérra, Säge
serratifólius, mit gesägten Blättern
serratipétalus, mit gesägten Kronblättern
serrátus, gesägt
serríola, Stachellattich
sérrula, kleine Säge
serrulátus, fein gesägt
sesamoídes, sesamähnlich
sésban, nach einem arab. Pflanzennamen (*Sesbánia*)
sesquipedális, ellenlang
sessiliflórus, mit sitzenden Blüten
sessilifólius, mit sitzenden Blättern
séssilis, ungestielt, sitzend

setáceus, borstenförmig
setchuenénsis, Szetschuan- (China)
setícalyx, mit borstigem Kelch
sétifer, setífera, setíferum, borstentragend
sétiger, setígera, setígerum, borstentragend
setípodus, mit borstigem Stiel
setispínus, mit borstigen Dornen
setósus, borstig
setulósus, voller Borsten
sexanguláris, sechskantig
shállon, indian. Pflanzenname (*Gaulthéria*)
shirénsis, Shire- (Malawi)
siaménsis, Siam- (Thailand)
siámeus, Siam- (Thailand)
sibéricus, sibirisch
sibíricus, sibirisch
sicerárius, berauschendes Getränk-
sículus, sizilianisch
sicyoídes, Sícyos-ähnlich
sideróstíctus, mit rostbraunen Punkten
sideróxylon, Eisenholz
signátus, gezeichnet
sikkiménsis, Sikkim- (Himalaja)
silenifólius, mit Blättern wie *Siléne*
silenoídes, Siléne-ähnlich
síliqua, Schote
siliquástrum, unechte (*Ceratónia*) *síliqua*
siliquósus, schotenartig
sillamontánus, Sillaberge- (Mexiko)
silváticus, Wald-
silvéster, silvéstris, silvéstre, Wald-, wildwachsend
simarúba, Pflanzenname in Guayana (*Búrsera*)
símilis, ähnlich
símplex, einfach
simplicaúlis, mit einfachem Stiel
simplicifólius, mit einfachen Blättern
simplicíssimus, sehr einfach
símulans, täuschend
simulátrix, die Täuscherin
sindjarénsis, Sindjarberge- (Irak)
sinénsis, chinesisch
sínicus, chinesisch
sinográndis, das chinesische (*Rhododéndron*) *gránde*
sinolísteri, die chinesische (*Prímula*) *lísteri*
sinoornátus, die chinesische (*Gentiána*) *ornáta*
sinoplantagíneus, chinesische wegerichähnliche (*Prímula*-)Art
sinopurpúreus, chinesische rotblühende (*Prímula*-)Art
sinuátus, buchtig
sinuósus, mit vielen Buchten
siphilíticus, gegen Syphilis
sípho, Röhre
sipýleus, Sipuli Dağ- (Kleinasien)
sisalánus, Sisal- (Mexiko)
sísarum, antiker Pflanzenname
síssoo, Pflanzenname in Indien (*Dalbérgia*)
sisymbriifólius, raukenblättrig
sisyrínchium, nach der Gattung *Sisyrínchium*
sitchénsis, Sitka- (USA)
slávicus, slawisch
smaragdiflórus, mit smaragdgrünen Blüten
smarágdinus, smaragdgrün
sobólifer, sobolífera, sobolíferum, Wurzelsprosse bildend
soccotrínus, Sokotra-
sociális, gesellig
sociórum, der Reisegefährten von L. Bolus
socotránus, Sokotra-
sója, chines. Pflanzenname (*Glycíne*)
solanáceus, nachtschattenartig
solandriflórus, mit Blüten wie *Solándra*
soldanélla, nach der Gattung *Soldanélla*: Troddelblume
soldanelloídes, Soldanélla-ähnlich
sólidus, fest, massiv
solstitiális, Sommersonnenwende-
somaliénsis, Somalia- (Ostafrika)
sómnifer, somnífera, somníferum, einschläfernd
sonchifólius, mit Blättern wie *Sónchus*
songáricus, Dsungarei-
sonórae, Sonora- (Mexiko)
soongáricus, Dsungarei-
soongóricus, Dsungarei-
sophronítis, züchtig, bescheiden
sorbifólius, mit Blättern wie *Sórbus*
sórdidus, schmutzig
sorórius, verschwistert, nahe verwandt
spadíciger, spadicígera, spadicígerum, kolbentragend
sparsifólius, lockerblättrig
spársus, locker, zerstreut

spártum, antiker Pflanzenname: Flechtgras
spatháceus, mit Blütenscheide
spathiflórus, mit von Scheiden umhüllten Blüten
spathulátus, spatelig
spathulifólius, mit spatelförmigen Blättern
spatulátus, spatelig
speciosíssimus, sehr prächtig
speciósus, prächtig
spectábilis, ansehnlich
spéculum, Spiegel
spéculum-véneris, Venusspiegel
spélta, Spelz, Dinkel
spelúncae, Höhlen-
sperábilis, erhofft
sphacelátus, mit dunklen Flecken
sphaéricus, kugelig
sphaerocéphalos, kugelköpfig
sphaerocéphalus, kugelköpfig
sphaerocóccus, mit kugeligen Beeren oder Körnern
sphaeroídeus, kugelartig
sphaerostáchyus, mit runden Ähren
sphecódes, wespenähnlich
sphégifer, sphegífera, sphegíferum, mit wespenähnlicher Blüte
sphegódes, wespenähnlich
sphenophýllus, keilblättrig
sphondýlium, nach einem antiken Pflanzennamen
spíca, Ähre
spícant, nach einem alten deutschen Farnnamen (*Bléchnum*)
spicátus, ährig
spíca-vénti, Windähre
spíciger, spicígera, spicígerum, ährentragend
spiculifólius, spitzblättrig
spiculósus, spitzig
spína-chrísti, Christusdorn
spiniflórus, dornblütig
spinosíssimus, sehr dornig
spinósus, dornig
spinulósus, mit kleinen Dornen
spirális, spiralig
spíssus, gedrängt, dicht
spléndens, glänzend
spléndidus, glänzend
spóngia, Schwamm
spontáneus, wildwachsend
spúrius, falsch, unecht
squálens, steif, starr
squálidus, steif, starr
squamária, Schuppenpflanze
squamátus, schuppig
squámifer, squamífera, squamíferum, schuppentragend
squámiger, squamígera, squamígerum, schuppentragend
squamósus, stark schuppig
squamulósus, mit kleinen Schuppen
squarrósus, sparrig
stagnális, in Teichen
stamíneus, staubblattartig
stans, aufrecht
stapeliifórmis, Stapélia-förmig
stapelioídes, Stapélia-ähnlich
staphiságria, griech. Pflanzenname: wilde Rosine
stelláris, Stern-
stellárius, sternartig
stellátus, sternförmig
stellispínus, mit sternförmigen Dornen
stellulátus, mit kleinen Sternen
stemária, wohl: kranzartige Pflanze
stenánthus, schmalblütig
stenocárpus, schmalfrüchtig
stenocéphalus, schmalköpfig
stenócladus, mit dünnen Zweigen
stenocóma, mit schmalem Schopf
stenogónus, schmalkantig
stenopétalus, mit schmalen Kronblättern
stenophýllus, schmalblättrig
stenópterus, schmalflügelig
stenostáchyus, schmalährig
stenótis, mit schmalem Ohr
stenótomus, schmal geschnitten
stephanénsis, St. Étienne- (Frankreich)
stérilis, unfruchtbar, genügsam
stipitátus, gestielt
stipuláceus, nebenblattartig
stipulátus, mit Nebenblättern
stiríacus, Steiermark-
stoébe, latein. Pflanzenname (*Centauréa*)
stoechadifólius, mit Blättern wie (*Lavándula*) *stoéchas*
stoéchas, antiker Pflanzenname
stolónifer, stolonífera, stoloníferum, ausläufertreibend
stramíneus, strohgelb, strohartig
stramónium, latein. Pflanzenname: Stechapfel

stratiótes, Soldat
strépens, rauschend, raschelnd
strepsícladus, mit gedrehten Zweigen
streptophýllus, mit gedrehten Blättern
striatifólius, mit gestreiften Blättern
striátulus, fein gestreift
striátus, gestreift
strictiflórus, steifblütig
strictifólius, steifblättrig
stríctus, straff, steif
strigillósus, mit kleinen Borsten
strigósus, borstig
strobiláceus, zapfenartig
strobilifórmis, zapfenförmig
stróbus, Zapfen
strongylophýllus, rundblättrig
strumósus, mit Kropf
struthiópteris, Straußenfarn
stýgius, langgriffelig
styphelioídes, Styphélia (*Epacridáceae*)-ähnlich
styracíflua, latein. Pflanzenname: Storax liefernd
suavéolens, wohlriechend
suávis, süß
subacǣulis, fast stengellos
subácidus, fast (*Begónia*) *ácida*
subalpínus, subalpin
subásper, subáspera, subásperum, schwach rauh
subauriculátus, fast (*Polypódium*) *auriculátum*
subcaerúleus, bläulich
subcánus, etwas grau
subcarinátus, fast (*Gastéria*) *carináta*
subcauléscens, fast stengellos
subcaulialátus, mit schwachgeflügeltem Stengel
subcordátus, schwach herzförmig; bei *Fúnkia*: fast *F. cordáta*
subcoriáceus, etwas lederig
subcrassicǣulis, etwas dickstengelig
subcylíndricus, schwach walzlich
subdivaricátus, fast (*Eríca*) *divaricáta*
subedentátus, fast ungezähnt
súber, Kork
suberósus, mit korkiger Rinde
subgibbósus, fast (*Neoportéria*) *gibbósa*
subhirtéllus, etwas zottig
subinérmis, fast unbewehrt
subintegérrimus, fast ganzrandig
sublimiflórus, mit erhabener Blüte
sublobátus, schwach lappig
submammilláris, fast (*Euphórbia*) *mammilláris*
submérsus, unter Wasser
submóllis, fast (*Cratǣgus*) *móllis*
subnígricans, fast (*Gastéria*) *nígricans*
subrhomboídeus, fast rautenförmig
subrotúndus, rundlich
subseríceus, etwas seidig
subséssilis, fast sitzend
subsignátus, fast (*Anthúrium*) *signátum*
subspicátus, fast (*Saturéja*) *spicáta*
subterráneus, unterirdisch
subtomentósus, schwach filzig
subtriplinérvius, schwach dreinervig
subulatoídes, pfriemenähnlich
subulátus, pfriemlich
subúlifer, subulífera, subulíferum, pfriementragend
subulifólius, pfriemenblättrig
subvillósus, fast (*Begónia*) *villósa*
succedáneus, Nachfolger-, Ersatz-
succíruber, succírubra, succírubrum, mit rotem Saft
succísa, latein. Pflanzenname: abgebissene Pflanze
succotrínus, Sokotra-
succuléntus, fleischig, saftig
sucrénsis, Sucre- (Bolivien)
sudéticus, Sudeten-
suécicus, schwedisch
suenteliénsis, Süntel- (Norddeutschland)
suffrutéscens, halbstrauchartig
suffruticósus, halbstrauchig
sulcátus, gefurcht
sulphúreus, schwefelgelb
sulphurgále, Bastard aus (*Lílium*) *sulphúreum* und (*L.*) *regále*
sultáni, nach Sultan Bargasj
súma, Pflanzenname in Indien (*Acácia*)
sumatránus, Sumatra-
sumatrénsis, Sumatra-
sumbawénsis, Sumbawa- (südostasiatische Insel)
súmbul, oriental. Pflanzenname (*Férula*)
summitátum, Gipfel-
supérbiens, stolz
supérbus, stolz
supertéxtus, überzogen, bedeckt
supínus, ausgebreitet, niederliegend
supracánus, oberseits grau
supralǣvis, oberseits glatt

surculósus, mit kleinen Schößlingen
surinaménsis, Surinam-
susiánus, Susiana- (Iran, Provinz um Susa)
suspénsus, hängend
sutchuenénsis, Sutchou- (China)
swegifléxa, Bastard aus (*Syrínga*) *sweginzówii* und (*S.*) *refléxa*
swieténia, nach der Gattung *Swieténia*
sycómorus, Sykomore, Maulbeerfeige
sylváticus, Wald-
sylvéster, sylvéstris, sylvéstre, Wald-, wildwachsend
sylvéstris, Wald-, wildwachsend
syríacus, syrisch
syringánthus, fliederblütig
syringiflórus, fliederblütig
syringodórus, nach Flieder duftend
syzigáchne, mit scherenähnlichen Spelzen
szechuánicus, Szetschuan- (China)

tabácum, nach dem indian. Namen des Tabaks
tabernaemontána, nach der Gattung *Tabernaemontána*
tabuláris, schildförmig, tafelförmig
tabulifórmis, tafelförmig
tacamahácca, nach dem aztek. Namen eines Baumes (*Pópulus*)
tǣda, Kienholz
tagétes, nach der Gattung *Tagétes*
tagetiflórus, mit Blüten wie *Tagétes*
taiténsis, Tahiti-
taiwanénsis, Taiwan-
taliénsis, Taligebirge- (Hinterindien)
taltalénsis, Taltal- (Chile)
tamarúgo, nach dem Namen der *Prosópis*-Art in Chile
tampénsis, Tampa- (Florida, USA)
tanacetifólius, mit Blättern wie *Tanacétum*
tangerína, Tangerine
tánghin, Pflanzenname in Madagaskar (*Cérbera*)
tángshen, Tang-chen- (China)
tangúticus, tungusisch (Sibirien)
tapalcalaénsis, Pacala- (Peru)
tapetifórmis, mattenförmig
taquimbalénsis, Taquimbala- (Bolivien)
taraxacifólius, löwenzahnblättrig
taráxacum, nach einem arab. Pflanzennamen
tardiflórus, spätblühend
tárdus, spät
tarijénsis, Tarija- (Bolivien)
tartáreus, lederig
tasmánicus, tasmanisch
tatáricus, tatarisch
tatárius, tatarisch
tatsienénsis, Tatsienlu- (Szetschuan)
tátula, pers. Pflanzenname (*Datúra*)
taúricus, Taurien- (Südrußland)
tauŕinus, 1. (*Aspérula*): Turin- (Italien); 2. (*Dendróbium*): mit stierkopfähnlichen Blüten
taxifólius, eibenblättrig
taygéteus, Taygetos- (Griechenland)
tazétta, kleine Tasse
tazettopoéticus, Bastard aus (*Narcíssus*) *tazétta* und (*N.*) *poéticus*
tectórius, Dach-
tectórum, der Dächer
téctus, verhüllt, bedeckt
tef, nach dem abessin. Namen einer *Eragróstis*-Art
tegmentósus, mit Knospenschuppen
telephiástrum, dem (*Sédum*) *teléphium* ähnlich
teléphium, nach einem antiken Pflanzennamen
tellimoídes, Téllima-ähnlich
telmatéia, nach einem griech. Pflanzennamen: Sumpf-
telmatéius, Sumpf-
temuléntus, betäubend
témulus, betäubend
tenacíssimus, sehr zäh
ténax, zäh
tenebrósus, dunkel
tenéllus, sehr zart
téner, ténera, ténerum, zart
tenérrimus, sehr zart
tenuicaúlis, dünnstielig
tenuifólius, dünnblättrig
tenuílobus, fein gelappt
tenúior, tenúius, zarter, dünner
ténuis, dünn, zart
tenuiséctus, fein zerteilt
tenuíssimus, sehr zart, sehr dünn
tephracánthus, grau bedornt
terebinthifólius, mit Blättern wie *Terebínthus*
terebinthináceus, Terpentin-
terebínthus, latein. Pflanzenname: Terpentinbaum

téres, stielrund, walzenförmig
tereticórnis, mit walzlichen Hörnern
teretifólius, mit stielrunden Blättern
tergestínus, Triest- (Italien)
terglouénsis, Triglav- (Jugoslawien)
terminális, endständig
térmis, nach dem griech. Namen der Lupine
ternátea, nach der Gattung *Ternátea* (*Leguminósae*): Ternate-Insel- (Molukken)
ternátus, dreizähnig
ternifólius, dreiblättrig
terrícolor, erdfarben
tesselátus, schachbrettartig
testáceus, ziegelrot
testiculáris, sackartig
testúdo, Schildkröte
tetracánthus, mit 4 Dornen
tetragonioídes, *Tetragónia*-ähnlich
tetragonólobus, mit viereckigen Hülsen
tetragónus, vierkantig
tetrágynus, mit 4 Griffeln
tétrahit, griech. Pflanzenname: vierseitig
tetrálix, griech. Planzenname: vierfach gewunden
tetrancístrus, mit 4 Haken
tetrándrus, mit 4 Staubblättern
tetraphýllus, vierblättrig
tetrápterus, vierflügelig
tetráquetrus, vierkantig
tetraspérmus, viersamig
tèucrii, Gamander-
teucrioídes, *Tèucrium*-ähnlich
tèucrium, antiker Pflanzenname: Gamander
texánus, Texas- (USA)
texénsis, Texas- (USA)
téxtilis, Faser-, Gewebe-
thalictrifólius, mit Blättern wie *Thalíctrum*
thalictroídes, *Thalíctrum*-ähnlich
thalioídes, *Thália*-ähnlich
thápsi, (*Verbáscum*) *thápsus*-
thapsifórmis, dem (*Verbáscum*) *thápsus* ähnlich
thápsus, antiker Pflanzenname
théa, Teestrauch
thebáicus, Theben- (Ägypten)
theézans, Tee liefernd
théifer, *theífera*, *theíferum*, Tee tragend
thelegónus, mit zitzenförmigen Kanten
thelýpteris, griech. Pflanzenname
thelypteroídes, *Thelýpteris*-ähnlich
thermális, an warmen Quellen
thianshánicus, Tien-schan-
thibéticus, Tibet-
thóra, mittelalterl. Pflanzenname (*Ranúnculus*)
thripedéstus, von Insekten angenagt
thunbérgia, nach der Gattung *Thunbérgia*
thúrifer, *thurífera*, *thuríferum*, weihrauchtragend
thuringíacus, thüringisch
thymifólius, thymianblättrig
thyoídes, *Thúja*-ähnlich
thyrsiflórus, straußblütig
thyrsoídes, straußähnlich
thyrsoídeus, straußähnlich
tianschánicus, Tien-schan-
tiarelloídes, *Tiarélla*-ähnlich
tibéticus, Tibet-
tibícinis, des Flötenspielers
tíglium, nach einem Apothekernamen der *Cróton*-Körner
tigrímax, Bastard aus (*Lílium*) *tigrínum* und (*L.*) *maximowíczii*
tigrínus, Tiger-, buntgefleckt
tiliáceus, lindenartig
tillandsioídes, *Tillándsia*-ähnlich
tinctórius, Färber-
tinctórum, Färber-
tingitánus, Tanger- (Marokko)
tínus, antiker Pflanzenname
tiroliénsis, aus Tirol
tírsa, Name einer *Stípa*-Art in Südrußland
tirucálli, Pflanzenname in Indien (*Euphórbia*)
titánum, Riesen-
titánus, riesig
tithymaloídes, wolfsmilchähnlich
tmolúsii, Tmolos- (Türkei)
tobíra, japan. Name einer *Pittósporum*-Art
tokudáma, japan. Name einer *Hósta*-Art
toliménsis, Toliman- (Mexiko)
toluífera, nach der Gattung *Toluífera*
tombeanénsis, Monte Tombea- (Judikarische Alpen)
tomentéllus, feinfilzig
tomentósus, filzig
tongolénsis, Tongolo- (Szetschuan)

tongwénsis, Tongwe- (Tansania)
tonkinénsis, Tongking- (Vietnam)
tónsus, haarlos, geschoren
toóna, Pflanzenname in Indien (*Cedréla*)
topíro, Volksname der *Solánum*-Art in Kolumbien
tóra, Pflanzenname in Südasien (*Cássia*)
toríngo, nach dem jap. Namen für Apfel
toringoídes, der (*Málus*) *toríngo* ähnlich
tormentílla, nach der Gattung *Tormentílla*
tormentílli-formósus, Bastard zwischen (*Potentílla*) *tormentílla* und (*P.*) *formósa*
torminális, gegen Bauchschmerzen
torquátus, mit Halskette
tórtilis, seilartig gewunden
tortuósus, gewunden
tórtus, gewunden
torulósus, mit kleinen Wulsten
tótai, Pflanzenname in Bolivien (*Acrocómia*)
totára, Pflanzenname in Neuseeland (*Podocárpus*)
tovarénsis, Tovar- (Venezuela)
toxicárius, giftig
toxicodéndron, griech. Pflanzenname: Giftbaum
tóxifer, toxífera, toxíferum, giftig
tóza, span.: ein Stück Baumrinde
trachélium, latein. Pflanzenname: Halswehkraut
trachycāúlus, rauhstengelig
trachysánthus, rauhblütig
tragacántha, Bocksdorn
tragophýllus, Bocksblatt-
transcaucásicus, Transkaukasien-
transitórius, Übergangs-
translúcens, durchscheinend
transmorrisonénsis, jenseits des Mt. Morrison (Taiwan)
transpárens, durchscheinend
transsilvánicus, Siebenbürgen-
transsylvánicus, Siebenbürgen-
transvaalénsis, Transvaal-
transvenósus, mit quer verlaufenden Adern
trapezifórmis, trapezförmig
tremuloídes, zitterpappelähnlich
trémulus, zitternd
triacánthos, mit 3 Dornen
triándrus, mit 3 Staubblättern
trianguláris, dreikantig
tribuloídes, Tríbulus (*Zygophylláceae*)-ähnlich
tricaudátus, mit 3 Schwänzen
trichilioídes, Trichília (Meliáceae)-ähnlich
trichocárpus, mit behaarter Frucht
trichódes, haarartig
trichólepis, mit behaarten Schuppen
trichómanes, nach der Gattung *Trichómanes*
trichomanoídes, Trichómanes-ähnlich
trichóphorus, Haare tragend
trichophýllus, mit haarfeinen Blättern; bei *Gaulthéria*: mit behaarten Blättern
trichosánthus, mit behaarten Blüten
trichospérmus, mit behaarten Früchten
trichótomus, dreiteilig verzweigt
tricóccos, dreibeerig
trícolor, dreifarbig
tricolórus, dreifarbig
tricórnis, dreihörnig
tricostátus, mit 3 Rippen
tricuspidátus, dreispitzig
tricúspis, dreispitzig
tridentátus, dreizähnig
trifasciátus, dreibänderig
tríﬁdus, dreispaltig
triflórus, dreiblütig
trifoliátus, dreiblättrig
trifólius, dreiblättrig
trifurcátus, dreigabelig
triglochidiátus, mit 3 Widerhaken
trigónus, dreikantig
trígynus, mit 3 Griffeln
trilobátus, dreilappig
trílobus, dreilappig
triloculáris, dreifächerig
triméstris, dreimonatig
trinérvius, dreinervig
trinérvis, dreinervig
triónum, latein. Pflanzenname: Feigenblatt-
triornithóphorus, drei Vögel tragend
tripartítus, dreiteilig
tripétalus, mit 3 Kronblättern
triphýllos, dreiblättrig
triphýllus, dreiblättrig
triplicátus, dreifach
triplinérvis, dreinervig

triplinérvius, dreinervig
tripólium, nach einem antiken Pflanzennamen
trípteris, dreiflügelig
trípteros, dreiflügelig
trípterus, dreiflügelig
tríqueter, tríquetra, tríquetrum, dreikantig
trispérmus, dreisamig
trístis, traurig
trisúlcus, dreifurchig
triternátus, dreizählig
triúmphans, triumphierend
triunciális, 3 inches (Zoll) lang (7,6 cm)
triviális, gewöhnlich
trochopteránthus, mit flügelradartigen Blüten
troglodytárum, Affen-
trollioídes, Tróllius-ähnlich
tronchúda, Name einer Kohl-Sippe in Portugal
troódi, Troodos- (Zypern)
tropaeolifólius, mit Blättern wie *Tropaéolum*
trúlla, Kelle
truncátulus, etwas gestutzt
truncátus, gestutzt
truxillénsis, Trujillo- (Peru)
tsangpoénsis, Tsangpo- (Himalaja)
tsarongénsis, Tsarong- (China)
tsus-siménsis, Tsuschima- (Japan)
tubátus, mit Röhre
tuberculátus, knollig, warzig
tuberculósis, mit vielen Knöllchen
tuberhýbridus, Knollenhybride-
tubérifer, tuberífera, tuberíferum, knollentragend
tuberisulcátus, großhöckerig gefurcht
tuberósus, knollig
tubiflórus, röhrenblütig
túbiglans, mit röhrenförmigen Drüsen
tubíspathus, mit röhriger Scheide
tubulósus, röhrig, hohl
tulénsis, Tula- (Mexiko)
tulipífera, latein. Pflanzenname: Tulpen tragend
tumídulus, etwas geschwollen
tunbrigénsis, Tunbridge- (England)
tunicátus, häutig, mit häutiger Hülle
tuolumnénsis, Tuolumne- (Kalifornien)
túpa, Pflanzenname in Chile (*Lobélia*)
tupizénsis, Tupiza- (Bolivien)
turánicus, Turan- (Mittelasien)
turbinátus, kreiselförmig
turbinifórmis, kreiselförmig
túrbith, arab. Pflanzenname
turcestánicus, Turkestan-
turcománicus, turkmenisch (Innerasien)
túrgidus, geschwollen
turiálvae, Vulkan Turrialba- (Costa Rica)
turkestánicus, Turkestan-
túrpethum, nach einem arab. Pflanzennamen (*Operculína*)
turriálvae, Vulkan Turrialba- (Costa Rica)
túrriger, turrígera, turrígerum, Türme tragend
turrítus, turmförmig
tuschéticus, Tuschetien- (Zentralasien)
tussilagíneus, huflattichartig
tuxtlánus, Santiago Tuxtla-(Mexiko)
typhínus, Týpha-artig
typhoídes, Týpha-ähnlich
typhoídeus, Týpha-ähnlich
týpicus, normal, typisch
tyriánthinus, purpurfarben
tyrolénsis, Tiroler-

uberifórmis, euterförmig, strotzend
ugandénsis, Uganda- (Ostafrika)
úgni, Pflanzenname in Chile (*Myrtáceae*)
ukraínae, verballhornt aus *krájinae*
ulicifólius, mit Blättern wie *Úlex*
ulícinus, stechginsterartig
uliginoídes, der (*Utriculária*) *uliginósa* ähnlich
uliginósus, Sumpf-, Moor-
ulmária, ulmenähnliche Pflanze
ulmifólius, ulmenblättrig
ulmoídes, ulmenähnlich
ulváceus, kraus
ulvifólius, mit Blättern wie Meersalat (*Úlva, Chloróphyta*)
umbellátus, doldig
umbéllifer, umbellífera, umbellíferum, Dolden tragend
umbellifórmis, doldenförmig
umbellulátus, mit kleinen Dolden
umbilícus-véneris, Nabel der Venus
umbracúlifer, umbraculífera, umbraculíferum, schirmtragend
umbratícolus, schattenbewohnend
umbrélla, Schirm
umbrósus, schattenliebend

umdausénsis, Umdaus- (Kap)
unalaschkénsis, Unalaska- (Nordamerika)
uncinátus, hakenförmig
úncus, hakig
undátus, wellig
úndipes, mit welligem Stiel
undulatifólius, mit welligen Blättern
undulátus, wellig
undulifólius, mit welligen Blättern
únedo, antiker Name einer *Árbutus*-Art
unguiculáris, fingernagelgroß
unguiculátus, genagelt, nagelförmig
únguis-cáti, Katzenklaue
unguispínus, mit nagelartigen, klauenartigen Dornen
unícolor, einfarbig
uniflórus, einblütig
unifoliátus, einblättrig
unifoliolátus, mit einem Blättchen
unifólius, einblättrig
uníjugus, einpaarig
unioloídes, *Uníola*-ähnlich
univittátus, einstreifig
uplándicus, Uppland- (Schweden)
uralénsis, Ural-
uranóscopos, zum Himmel schauend, aufrecht
urbánus, städtisch
úrbicus, städtisch
urceolátus, urnenförmig
úrens, brennend
urikosénsis, Urikos- (Namibia)
úrniger, urnígera, urnígerum, urnentragend
urocárpus, mit schweifartiger Frucht
ursínus, Bären-
urticifólius, brennesselblättrig
urucú, Pflanzenname in Brasilien (*Lonchocárpus*)
urumiénsis, Urmia- (Iran)
usambarénsis, Usambara- (Ostafrika)
usitatíssimus, sehr nützlich
usneoídes, bartflechtenähnlich
ussuriénsis, Ussuri- (Ostasien)
ustulátus, geschwärzt, angebrannt
utahénsis, Utah- (USA)
útan, malayisch: Wald
útilis, nützlich
utilíssimus, sehr nützlich
utricularioídes, wasserschlauchähnlich
utriculátus, schlauchartig
utriculósus, mit vielen Schläuchen
útzka, Monte Maggiore- (Istrien)
úva-críspa, krause Traube
uvária, latein. Pflanzenname: Pflanze mit Trauben
uvárius, traubig
úva-úrsi, Bärentraube
úvifer, uvífera, uvíferum, Trauben tragend

vaccárius, Kuh-
vacciniifólius, heidelbeerblättrig
vágans, wandernd, kriechend
vaginális, mit Scheiden
vaginátus, mit Scheiden
vágus, umherschweifend, unbestimmt
valdénsis, Waldenser-
valdiviánus, Valdivia- (Chile)
valdiviénsis, Valdivia- (Chile)
valentínus, Valencia- (Spanien)
valesíacus, Wallis- (Schweiz)
válidus, kräftig
vallesíacus, Wallis- (Schweiz)
vallésius, Wallis- (Schweiz)
vállis-maríae, Mariental- (Namibia)
vandárum, Vánda-
variábilis, veränderlich
varicósus, erweitert
variegátus, bunt
variícolor, verschiedenfarbig
variifólius, verschiedenblättrig
varingiifólius, mit Blättern wie *Fícus púmila*
varioláris, schorfartig
várius, verschiedenartig, bunt
vedrariénsis, Verrières- (bei Paris)
végetus, frisch, lebendig
velascánus, Sierra Velasca- (Argentinien)
vélifer, velífera, velíferum, Segel tragend
velláeus, dicht behaart
vélox, schnell
velutínus, samtartig
venenátus, giftig, gefährlich
venénifer, venení̆fera, veneníferum, Gift bringend
venenósus, stark giftig
vénetus, venezianisch
venezuelánus, Venezuela-
venósus, geadert
ventimígliae, Ventimiglia- (Riviera)
ventricósus, bauchig
venulósus, fein geadert
venústus, anmutig

véra-cruz, Veracruz- (Mexiko)
veratrifólius, germerblättrig
verbascifólius, mit Blättern wie *Verbáscum*
verecúndus, bescheiden
vérek, Pflanzenname in Senegal (*Acácia*)
véris, Frühlings-
vernális, Frühlings-
vernicífluus, Firnis liefernd
vernicósus, wie Firnis glänzend
vérnix, Firnis
vérnus, Frühlings-
verrucósus, warzig
verruculósus, mit kleinen Warzen
versícolor, verschiedenfarbig
versipéllis, (Blätter) von veränderlicher Gestalt
verticilláris, quirlblättrig, wirtelig
verticillátus, quirlblättrig, wirtelig
vérus, echt
véscus, eßbar
vesicária, bei *Colútea*: latein. Pflanzenname: Blasenpflanze
vesicárius, blasig
vesiculósus, mit zahlreichen Blasen
véspa, Wespe
vespertiliónis, Fledermaus-
vespertínus, Abend-
vestínus, Val Vestino- (Judikarische Alpen)
vestítus, bekleidet
vexillárius, fahnenartig
viburnoídes, Vibúrnum-ähnlich
viciifólius, wickenblättrig
victória-regína, Königin-Victoria-
victóriae-regínae, Königin-Victoria-
victoriális, latein. Pflanzenname: Sieges-
victoriánus, Vitoria- (Brasilien)
victoriénsis, Ciudad Victoria- (Mexiko)
villicáulis, mit behaartem Stengel
villósus, zottig
viminális, rutenförmig
vimíneus, rutenförmig
vincetóxicum, antiker Pflanzenname: Gift überwindend
vinciflórus, mit Blüten wie *Vínca*
vineális, Weinbergs-
vínifer, vinífera, viníferum, Wein tragend
violáceus, violett
violaciflórus, mit violetten Blüten
violáscens, violett werdend
viórna, span. Pflanzenname
viperínus, schlangenartig
víra-víra, Volksname in Argentinien (*Senécio*)
vírens, grünend
viréscens, grünlich, grün werdend
virgátus, rutenförmig
virgáurea, latein. Pflanzenname: Goldrute
virginális, jungfräulich
virgíneus, jungfräulich
virginiánus, Virginia- (USA)
virgínicus, Virginia- (USA)
viridéscens, grün werdend
viridiflórus, grünblütig
viridifólius, grünblättrig
viridiglaucéscens, grün-blaugrün
viridipurpúreus, grünrot
víridis, grün
viridíssimus, tiefgrün
viridistriátus, grüngestreift
virósus, giftig
viscárius, klebrig
víscidus, klebrig
viscósus, klebrig
visnága, 1. (*Ámmi*): nach einem latein. Pflanzennamen;
2. (*Echinocáctus*): nach dem Namen dieser Art in Mexiko
vitáceus, rebenartig
vitálba, Weißweinrebe
vitaliána, nach der Gattung *Vitaliána*
vitellínus, dottergelb
vitellínus-péndulus, dottergelb-hängend
viticélla, latein. Pflanzenname: kleine Rebe
viticulósus, rebenartig
vitifólius, mit Blättern wie Weinlaub
vítis-idáea, Rebe vom Idagebirge in Kreta
vittátus, gebändert
vivíparus, lebendgebärend
voburnénsis, Woburn Abbey- (Großbritannien)
vochinénsis, Wochein- (Julische Alpen)
volúbilis, windend
vólvox, Kugel
vomitórius, Brechen erregend
vulcánicus, auf Vulkanen wachsend
vulgáris, gewöhnlich
vulgátus, bekannt, verbreitet
vulnerária, latein. Pflanzenname: Wunden heilend

vulpária, Giftpflanze für Füchse
vulpínus, fuchsartig
vulvária, 1. (*Chenopódium*): latein. Pflanzenname;
2. (*Rúschia*): scheidenartig

warleyénsis, Great Warley- (England)
wasábi, nach dem japan. Namen einer *Eutréma*-Art
washingtoniánus, Washington- (westliche USA)
wellingtónia, nach der Gattung *Wellingtónia*
weltoniénsis, Welton Park- (England)
whitlávia, nach der Gattung *Whitlávia*
wigandioídes, Wigándia-ähnlich
wisetonénsis, Wiseton- (England)
wilhelmínae-regínae, Königin-Wilhelmina-
winterána, nach der Gattung *Winterána* (*Canelláceae*)
wisleyénsis, Wisley- (England)
woburnénsis, Woburn Abbey- (Großbritannien)
wolgáricus, Wolga-

xalapénsis, Xalappa- (Mexiko)
xánthinus, goldgelb
xanthócalyx, mit gelbem Kelch
xanthocárpus, gelbfrüchtig
xanthochlórus, gelbgrün
xantholeúcus, gelbweiß
xanthoneúrus, gelbnervig
xanthopétalus, mit gelben Kronblättern
xanthospílus, gelbfleckig
xanthostémmus, mit gelben Staubblättern
xanthoxyloídes, Zanthóxylum-ähnlich
xerográphicus, pastellfarben
xinguénsis, Xingu- (Brasilien)
xiphioídes, schwertähnlich
xíphium, antiker Pflanzenname: schwertförmige Pflanze
xylocárpus, mit holzigen Früchten
xylonacánthus, mit holzigen Dornen
xylophylloídes, Xylophýlla (*Euphorbiáceae*)-ähnlich
xylosteifólius, mit Blättern wie (*Lonícera*) *xylósteum*
xylósteum, griech. Pflanzenname: mit knochenhartem Holz

yakushimánus, Yakushima- (Japan)
yambuyaénsis, Yambuya- (Kongo)
yánthinus, violett
yargongénsis, Yaragong- (Szetschuan)
yashadáke, Pflanzenname in Japan (*Semiarundinária*)
yatáy, Pflanzenname in Südamerika (*Bútia*)
yedoénsis, Edo-, heute Tokio- (Japan)
yervamóra, Maulbeer-Kraut
yuccifólius, Yúcca-blättrig
yuccoídes, Yúcca-ähnlich
yúlan, chines. Pflanzenname: Lilienbaum (*Magnólia*)
yunnanénsis, Jünnan- (China)

zalácca, nach dem Namen der *Salácca*-Art auf den Molukken
zálil, Pflanzenname im Iran (*Delphínium*)
zamiifólius, mit Blättern wie *Zámia*
zamorénsis, Zamora- (Ekuador)
zanónia, latein. Pflanzenname (*Campélia*)
zantorrhíza, Gelbwurz
zapóta, aztek. Pflanzenname (*Manilkára*)
zebdanénsis, Zebdani- (Antilibanon)
zebrínus, mit Zebra-Streifen
zedoária, nach einem pers. Pflanzennamen (*Cúrcuma*)
zephyrantoídes, Zephyránthes-ähnlich
zerúmbet, pers. Name einer *Zíngiber*-Art
zeylánicus, Ceylon-
zibethínus, mit Bisamgeruch
zingibérinus, Ingwer
zizanioídes, Zizánia-ähnlich
zoeschénsis, aus Zöschen (bei Leipzig)
zonális, gürtelartig, gestreift
zonátus, gürtelartig, gestreift
zosterifólius, mit Blättern wie *Zostéra*
zýgis, antiker Pflanzenname
zygómeris, jochteilig, paarig

Teil VII
Autoren der Pflanzennamen

Dieser Teil enthält bis auf wenige Ausnahmen alle in Teil IV vorkommenden Autoren mit ihren üblichen Namenabkürzungen. Als Autornamen bezeichnet man den Namen derjenigen Person, die der Pflanze ihren wissenschaftlichen Namen gegeben hat. Man setzt den Autornamen, wenn er kurz ist, ausgeschrieben hinter den Pflanzennamen. Lange und sehr häufig auftretende kürzere Autornamen werden abgekürzt. Um die Abkürzung als solche zu kennzeichnen, setzt man dahinter einen Punkt. Es bedeutet z.B. L. = Linné, Hook. = Hooker. Hinter Sims, Schott, Nees und ähnlichen Namen fehlt der Punkt, denn dies sind die vollen Namen (vgl. in der Liste Adams und Adans.).
Tragen mehrere Autoren dieselbe Abkürzung, dann werden sie durch Vornamen unterschieden, wie N. E. Br. = Nicholas Edward Brown, R. Br. = Robert Brown usw. Handelt es sich um den Sohn, dann schreibt man ein kleines f. (von filius = Sohn), z.B. Hook. und Hook. f. = Hooker u. Hooker filius.
Sind zwei Personen an der Beschreibung und Namengebung beteiligt, dann werden beide abgekürzten Namen durch et (= und) verbunden. Einen Sonderfall bildet das Dreigestirn Humboldt, Bonpland und Kunth, die kurz H. B. K. geschrieben werden.
Klammerautoren: Ist aus systematischen Gründen eine Art von einer Gattung in eine andere übergeführt worden, dann muß die Artbezeichnung beibehalten werden (sofern nicht die Nomenklaturregeln etwas anderes vorschreiben!). Um zu kennzeichnen, wer in solchem Falle die Artbezeichnung schuf, stellt man den Namen dieses Autors in Klammern voran. Es bedeutet z.B. bei Hydrangéa macrophýlla (Thunb.) Ser., daß Thunberg die Pflanze, die er für ein Vibúrnum hielt, V. macrophýllum nannte. Seringe erkannte den Strauch als zur Gattung Hydrangéa gehörend und nannte ihn damals bereits so, wie es jetzt die Regeln vorschreiben, nämlich Hydrangéa macrophýlla. (Alle anderen Namen sind demnach nicht regelgemäß, also inkorrekt!) Den in Klammern beigefügten Namen nennt man in der Umgangssprache den Klammerautor. Sonderfälle: Haben zwei Autoren aus irgendwelchem Grund den gleichen Namen für zwei verschiedene Arten verwendet, dann weist man durch das Wort non (= nicht) darauf hin, z.B. bedeutet im Namen Eríca blánda Andr. (E. mammósa Thunb. non L.), daß nicht die von Linné als E. mammósa bezeichnete Art identisch ist mit E. blánda, sondern die von Thunberg benannte Art.
Ist ein Name sogar dreimal verwendet worden, dann wird der dritte Autorenname durch das Wort nec (soviel wie: auch nicht) angekündigt, z.B. Pýrus pyrifólia var. cúlta (P. sinénsis L.H. Bailey non Poir. nec Lindl.). Diese Methode soll helfen, Fehler in der Synonymik zu vermeiden.
In der Praxis pflegt man auf die Autornamen zu verzichten, wie man auch die Synonyme nicht mitnennt. In Wörterbüchern, Lexika und Monographien von Pflanzengattungen oder Familien sind sie unentbehrlich. In Katalogen (Preisverzeichnissen) können sie von Bedeutung sein, um dem Käufer die Sicherheit zu geben, daß er Pflanzen erhält, die der Beschreibung der Pflanze durch den angegebenen Autor entsprechen. Ersparen kann sich der Katalogherausgeber die Autornamen, wenn seine Pflanzennamen denen einer bestimmten Liste, Wörterbuch, Monographie usw. voll entsprechen. Er gibt dann einleitend an, nach welchem Buch die Namen verwendet worden sind. In jedem Fall gibt er bei Zitierung der Autoren dem Käufer eine Garantie und geht damit die Verpflichtung ein, daß seine Pflanzen tatsächlich „echt“ sind.
Die nachfolgende Liste soll für die in Teil IV vorkommenden Autoren einen Überblick über ihre Lebensdaten, Herkunft, Arbeitsgebiet, Schriften usw. geben.

Abel = Clarke Abel, England, 5. 9. 1780–14. 11. 1826 Cawnpore, Indien, Engl. Arzt. u. Botaniker, 1816–1817 in China. Schrieb „Narrative of a journey into the interior of China", 1818. Nach ihm die Gattung *Abelia* R. Br.
Aberconway = Henry Duncan McLaren, 2nd Baron Aberconway, 16. 4. 1879–23. 5. 1953 Bodnant, Denbighshire. Walis. Pflanzenliebhaber.
Abrom. = Johannes Abromeit, Paschleitschen, Ostpreußen 17. 2. 1857–19. 1. 1946 Jena. Deutscher Botaniker. Schrieb: „Flora von Ost- und Westpreußen", 1898–1940 (mit Walther Neuhoff, Hans Steffen, A. Jentzsch u. Gustav Vogel). Nach ihm die Gattungen *Abromeitia* Mez und *Abromeitiella* Mez.
Adamov. = Lujo Adamović, Dubrovnik, Dalmatien 31. 7. 1864–1935. Serbischer Botaniker, zeitweilig in Wien u. in Italien ansässig, auch Pflanzensammler. Gab „Plantae balcanicae exsiccatae" heraus, 1896–1910. Schrieb u.a. für Engler u. Drude, Die Vegetation der Erde, Bd. 11 „Die Vegetationsverhältnisse der Balkanländer", 1909; außerdem: „Italien", 1930; „Die Pflanzenwelt der Adrialänder", 1929; „Die pflanzengeographische Stellung und Gliederung Italiens", 1933.
Adams (auch **Adam**) = Michael Friedrich Adams (Johann Friedrich Adam), Moskau 1780–1. 3. 1838 Wereja, Rußland. Deutschruss. Naturwissenschaftler in St. Petersburg, bereiste Sibirien. Nach ihm die Gattung *Adamsia* Willd.
Adans. = Michel Adanson, Aix, Provence 7. 4. 1727–3. 8. 1806 Paris. Franz. Botaniker u. Zoologe, lebte 14 Jahre in Senegal. Schriften: „Histoire naturelle du Sénégal", 1757; „Familles des plantes", 1763–1764. Nach ihm die Gattung *Adansonia* L. sowie die Zeitschrift „Adansonia" (1860–1879, 1961 →).
Adelbert = A.G.L. Adelbert, 1914–1972. Holl. Botaniker in Den Haag.
Afzel. = Adam Afzelius, Larv, Westgotland 7. 10. 1750–30. 1. 1837 Uppsala. Schwed. Botaniker, Schüler Linnés, von 1792–1796 in Sierra Leone, später Prof. in Uppsala. Schriften: „De vegetabilibus suecanis observationes et experimenta", 1785; „De Rosis suecanis", 1804–1813, sowie mehrere Werke über Pflanzen aus Guinea.
J.G. Agardh = Jacob Georg Agardh, Lund 8. 2. 1813–17. 1. 1901 Lund. Sohn von C.A. Agardh. Schwed. Botaniker, Direktor des Bot. Gartens u. Professor der Botanik in Lund von 1847 bis 1879. Hauptwerk: „Species, genera et ordines Algarum", 1848–1901. Nach ihm die Gattungen *Agardhiella* Schmitz, *Agardhinula* De Toni und *Neogardhiella* Wynne et W.R. Taylor.
Aguiar = Joaquim Macedo de Aguiar, 1854 bis 1882. Portug. Botaniker. Nach ihm die Gattung *Aguiaria* Ducke.
Ahrendt = Leslie Walter Allan Ahrendt, 1903 bis 1969. Engl. Botaniker, *Berberis*-Kenner, am Bot. Garten Oxford.
Airy Shaw = Herbert Kenneth Airy Shaw, The Mount, Woodbridge 7. 4. 1902–19. 8. 1985. Engl. Botaniker in Kew. Spezialgebiete: Flora des trop. Asiens, *Euphorbiaceae*. Hrsg. der 7. Aufl. von Willis, J.C.: „A Dictionary of the Flowering Plants and Ferns", 1966; 8. Aufl. 1973. Schrieb: „The Euphorbiaceae of New Guinea", 1980.
Ait. = William Aiton, Hamilton, Schottland 1731–1. 2. 1793 Kew. Engl. Gärtner u. Botaniker, Vorsteher des Bot. Gartens Kew. Hauptwerk: „Hortus kewensis, or, a catalogue of the plants cultivated in the Royal Botanic Garten at Kew", 1789.
Ait. f. = William Townsend Aiton, Kew 2. 2. 1766–9. 10. 1849 Kensington. Sohn von William Aiton. Engl. bot. Gärtner und Nachfolger seines Vaters als Vorsteher des Bot. Gartens in Kew. Hrsg. der 2. Aufl. von „Hortus kewensis, ...", 1810–1813.
Aitch. (auch **Aitchis.**) = James Edward Tierney Aitchison, Nimach, Indien 28. 10. 1836–30. 9. 1898 Mortlake, Surrey. Engl. Botaniker, Arzt, Reisender u. Pflanzensammler, vornehmlich in Asien (Afghanistan, Kaschmir usw.). Schrieb u.a. „A catalogue of the plants of the Punjab and Sindh", 1869; „The botany of the Afghan delimitation commission", 1888 (in Transactions of the Linnean Society of London). Nach ihm die Gattung *Aitchisonia* Hemsl. ex Aitch.
Aitch. et **Bak.** = James Edward Tierney Aitchison u. John Gilbert Baker. Siehe diese.
Akers = John F. Akers, 1906– . Nordamer. Botaniker. Spezialgebiet: *Cactaceae*. Nach ihm die Gattung *Akersia* Buin.
Akers et **Buin.** = John F. Akers u. Albert Frederik Hendrik Buining. Siehe diese.
Akers et **H. Johns.** = John F. Akers u. Joseph Harry Johnson. Siehe diese.
Akiyama = Shigeo Akiyama, Mito, Japan 1. 2. 1906– . Japan. Botaniker. Spezialgebiet: *Carex*.
Alboff = Nikolaj Mihajlovič Alboff (Albov), Parolovo, Rußland 15. 10. 1866–6. 12. 1897 La Plata, Argentinien. Russ. Botaniker, zeitweilig in Argentinien. Schrieb u.a. „Prodromus florae colchicae", 1895; „Essai de flore raisonnée de la Terre de Feu", 1902. Nach ihm die Gattung *Albovia* Schischk.
Alderw. van Rosenb. = Cornelis Rogier Willem Karel van Alderwerelt van Rosenburgh, Kedong Kebo, Java 23. 12. 1863–1. 3. 1936 Den Haag, Holland. Holl. Botaniker. Spezialgebiet: *Pteridophyta*. Schrieb u.a. „Malayan ferns", 1908; „Malayan fern allies", 1915; „Malayan ferns und fern allies", Suppl. 1, 1917.
Alef. = Friedrich Georg Christoph Alefeld, Gräfenhausen 21. 10. 1820–28. 4. 1872 Ober-Ramstadt. Deutscher Arzt u. Botaniker zu Ober-Ramstadt bei Darmstadt. Schrieb u.a. „Landwirtschaftliche Flora ...", 1866.
Alex. (auch **Alexander**) = Edward Johnston Alexander, Asheville, N. Carolina 31. 7. 1901 bis 18. 8. 1985. Nordamer. Botaniker am New York Bot. Garden, Bronx. Hrsg. der „Addisonia". Spezialgebiete: *Cactaceae*, Flora von Nordamerika. Bearbeitete für Britton, Flora of

North America, Bd. 19(1) „Pontederiaceae", 1937 u. (mit E.E. Sherff) Ser. II, Bd. 2 „Compositae-Coreopsidinae", 1955.

Alisova-Klobukova = Evgenija Nikolaevna Alisova-Klobukova, Varzijači 24. 7. 1889–1962. Russ. Botanikerin, Systematikerin u. Pflanzengeographin. Veröffentlichte zus. mit V.L. Komarov zwei Werke über die Flora des Fernen Ostens, 1925 u. „Opredelitel' rastenij dalnevostočnogo kraja", 1931–1932, außerdem [„Die wildwachsenden nützlichen und schädlichen Pflanzen Baschkiriens"], 1960 (russ.).

All. = Carlo Allioni, Turin 3. 9. 1728–30. 7. 1804 Turin. Ital. Arzt u. Botaniker. Schriften: „Flora pedemontana...", 1785; „Auctuarium ad Floram pedemontanam...", 1789; „Rariorum Pedemontii stirpium. Specimen primum", 1755; „Stirpium preaecipuarium littoris et agri nicaeensis enumeratio methodica", 1757. Nach ihm die Gattungen *Allionia* L. und *Allioniella* Rydb. sowie die Zeitschrift „Allionia" (1951 →).

F. Allam. = Fréderic Allamand, Payerne, Schweiz 1736–nach 1803. Schweizer Botaniker u. Arzt. Machte verschiedene Forschungsreisen, so nach Surinam. Korrespondierte mit Linné, der die Gattung *Allamanda* nach ihm benannte.

Allan = Henry Howard Allan, Nelson, Australien 27. 4. 1882–29. 19. 1957. Neuseeländ. Botaniker. Autor von „New Zealand Trees and Shrubs and how to identify them", 1928; „A handbook of the naturalized flora of New Zealand", 1940; „Flora of New Zealand", 1961 bis 1980 (mit L.B. Moore, E. Edgar u. A.J. Healy).

Allem. = Francisco Freire Allemão e Cysneiro, Campo Grande 24. 7. 1797–11. 11. 1874 Fazenda do Medanha. Brasil. Botaniker. Schrieb u.a. „Plantas novas do Brasil", 1844–1849.

J. Allen = James Allen, ca. 1830–8. 3.1906 Highfield, Shepton Mallet, Somerset. Engl. Gärtner u. Pflanzenzüchter, vor allem von *Galanthus, Scilla* u. anderen Zwiebelpflanzen. Schrieb „The botanist's wordbook", 1853 (mit George Macdonald).

P.H. Allen = Paul Hamilton Allen, Enid, Oklahoma 29. 8. 1911–14.11. 1963 New Orleans, Louisiana. Nordamer. Botaniker u. Pflanzensammler, wirkte hauptsächlich in Mittelamerika, bes. Panama. Bearbeitete einen Teil der *Orchidaceae* für Woodson und Schery „Flora of Panama", 1949. Schrieb: „The rain forests of Golfo Dulce", 1956.

Almq. = Siegfrid Oscar Immanuel Almquist, Stockholm 15. 2. 1844–18. 10. 1923 Djursholm. Schwed. Botaniker und Lehrer. Schrieb: „Monographia Arthoniarum Scandinaviae", 1880. Publizierte mit Thorgny Ossian Bolivar Napoleon Krok.

Alston = Arthur Hugh Garfit Alston, West Ashby, Lincolnshire 4. 9. 1902–17. 3. 1958 Barcelona. Engl. Botaniker, 1925–1930 Kurator am Bot. Garten Peradeniya, Ceylon, danach am Brit. Museum, London. Spezialist für *Pteridophyta*, besonders *Selaginella*. Schrieb u.a. Teil 6 (Suppl.) zu H. Trimen: „A handbook to the flora of Ceylon", 1931; „The Kandy flora", 1938; „The ferns and fern-allies of West Tropical Africa", 1959 (bildet ein Supplement zur 2. Aufl. von Hutchinson u. Dalziel „Flora of West Tropical Africa", 1954–1972).

Ambrosi = Francesco Ambrosi, Borgo di Valsugana, Südtirol 17. 11. 1821–9. 4. 1897 Trient. Österr.-ital. Botaniker. Schrieb „Flora del Tirolo meridionale", 1854–1857.

Ames = Oakes Ames, North Easton, Mass. 26. 9. 1874–28. 4. 1950 Ormond, Florida. Nordamer. Botaniker, Orchideenspezialist, 1935 bis 1950 Direktor des Bot. Museums der Harvard-Universität, Cambridge. Hrsg. von „Orchidaceae: illustrations and studies of the family Orchidaceae...", 1905–1922. Schrieb „Orchids in retrospect", 1948. Nach ihm die Gattung *Amesiodendron* Hu.

Ames et **Correll** = Oakes Ames u. Donovan Stewart Correll. Schrieben gemeinsam: „Native Orchids of North America", 1950, u. „Orchids of Guatemala", 1952–1953 (Teil 3, 1965, allein von Correll verfaßt). Siehe auch beide Verfasser.

L.M. Ames = Lawrence Marion Ames, Waverly, Washington 14. 6. 1900–2. 2. 1966. Nordamer. Botaniker. Spezialgebiet: Mykologie, Phytopathologie. Schrieb: „A monograph of the Chaetomiaceae", 1961.

G. Anders. = George Anderson, gest. 10. 1. 1817 West Ham, London. Engl. Botaniker in West Ham, Besitzer eines Salicetums. Sammelte 1815 in Brasilien und auf Barbados.

T. Anders. = Thomas Anderson, Edinburgh 26. 2. 1832–26. 10. 1870 Edinburgh. Schott. Botaniker, Direktor des Bot. Gartens Kalkutta. Sammelte in Bengalen. Schrieb u.a. „Florula adenensis", 1860; „Catalogue of plants cultivated in the Royal Botanic Gardens, Calcutta", 1865.

Andersen = Johannes Carl Andersen, Jütland 1873–1962. Neuseeländ. Botaniker.

Anderson = Edward Frederick Anderson, Covina, Kalifornien 17. 6. 1932– . Nordamer. Botaniker in Walla Walla, Washington, Kakteenspezialist.

Anderson et **Boke** = Edward Frederick Anderson u. Norman Hill Boke, Mobridge, South Dakota 14. 3.1913– . Nordamer. Botaniker. Spezialgebiet: Morphologie und Anatomie der Kakteen. Nach ihm die Gattung *Normanbokea* Kladiwa et Buxb. Siehe auch ersteren.

Anderss. = Nils Johan Andersson, Gärdserum, Småland 20. 2. 1821 –27. 3. 1880 Stockholm. Schwed. Botaniker, Prof. in Stockholm. Teilnehmer an der Weltreise des Schiffs „Eugenie", 1851–1853. Veröffentlichte u.a. „Femhundra afbildningar ... svenska växter ...", 1870; „Atlas öfver den skandinaviska florans naturliga familjer", 1849; „Plantae Scandinaviae descriptionibus et figuris analyticis adumbratae", 1849 bis 1852; „Monographia Salicum hucusque cognitarum", 1867. Bearbeitete für de Candolle, Prodromus in Vol. XVI, 2 „Salicineae", 1868. Nach ihm die Gattung *Anderssoniopiper* Trel.

Andr. = Henry C. Andrews, um 1770–1830. Engl. Botaniker, Blumenmaler u. Kupferstecher. Hauptwerke: „Coloured engravings of heaths", 1794–1830; „Geraniums", 1805 bis 1806; „The Heathery, ..." 1804–1812, 2. Aufl. 1845; „Roses, ...", 1805–1828; „The Botanist's Repository...", 1797–1814, 2. Aufl. 1816. Nach ihm die Gattung *Andreusia* Vent.

Andrae = Carl Justus Andrae, Naumburg, Saale 1. 10. 1816–8. 5. 1885 Bonn. Deutscher Paläobotaniker in Halle und Bonn. Schrieb: „Vorweltliche Pflanzen aus dem Steinkohlengebirge der preußischen Rheinlande und Westphalens", 1865–1870.

André = Édouard François André, Bourges 17. 7. 1840–25. 10. 1911 La Croix. Franz. Gartengestalter, Gärtner u. Schriftsteller, „Jardinier principal" der Stadt Paris. Schriftleiter der „Illustration horticole" von 1870 bis 1880, ab 1882 der „Revue horticole". Schrieb u. a. „Traité des plantes de bruyère", 1864; „Traité des plantes à feuillage ornamental", 1866; „Traité général des parcs et des jardins", 1879; „Bromeliaceae Andreanae", 1889; zus. mit E. Roye u. M.A. Rivière „Les Fougères", 1867. Nach ihm die Gattung *Andrea Mez.*

Andrz. = Antoni Lukianowicz Andrzeiovski, Workowiczach, Wolhynien 1785–22. 12. 1868 Stawicze bei Kiew. Poln.-russ. Botaniker. Schrieb u.a. „Nauka wyrazów botanicznych", 1827. Nach ihm die Gattung *Andrzeiowskia* Rchb.

Anon. = Anonymus (Beschreibung in einem Werk, bei dem der Verfasser unbekannt ist).

Anselmino = Elisabeth Anselmino. Zeitgenöss. deutsche Botanikerin in Berlin. Schrieb die Dissertation: „Stammpflanzen von Muripuama", 1933.

Ant. = Franz Antoine jun., Wien 23. 2. 1815 bis 11. 3. 1886 Wien. Österr. Gärtner, Direktor des Schönbrunner Gartens bei Wien. Schriften: „Der Wintergarten der K. K. Hofburg zu Wien", 1852; „Die Coniferen", 1840–1847; „Die Cupressineen-Gattungen: Arceuthos, Juniperus u. Sabina", 1837–1860. „Phyto-Iconographie der Bromeliaceen ...", 1884.

Ant. et **Kotschy** = Franz Antoine u. Karl Georg Theodor Kotschy. Gemeinsame Schrift: „Coniferen des Cilicischen Taurus", 1855. Siehe auch beide Verfasser.

Appleg. = Elmer Ivan Applegate, Jackson City, Oregon 31. 3. 1867–18. 11. 1949 Klamath Falls, Oregon. Nordamer. Botaniker.

Arcang. = Giovanni Arcangeli, Florenz 18. 7. 1840–16. 7. 1921 Pisa. Ital. Botaniker, 1880 Prof. in Turin, von 1882 an Direktor des Bot. Gartens Pisa. Schrieb u. a. „Compendio della flora italiana", 1882, 2. Aufl. 1894. Nach ihm die Gattung *Arcangelisia* Becc.

Ard. = Pietro Arduino, Caprino di Verona 18. 7. 1728–13. 4. 1805 Padua. Ital. Botaniker. Schriften: „Animadversionum botanicarum specimen", 1759 u. 1764: „Memorie di osservazioni e di sperienze sopra la cultura e gli usi di varie piante", 1766.

Arech. = José Arechavaleta y Balpardo, Urioste bei Bilbao, Spanien 27. 9. 1838–16. 6. 1912 Montevideo. Urug. Botaniker. Schrieb „Las Gramineas uruguayas", 1898; „Flora uruguaya", 1898–1911. Nach ihm die Gattung *Arechavaletaia* Speggazz.

Arends = Georg Arends, 21. 9. 1863–8. 3. 1952 Ronsdorf bei Wuppertal. Deutscher Pflanzenzüchter u. Gründer einer bedeutenden Gärtnerei. Schrieb. „Mein Leben als Gärtner und Züchter", 1951.

Armitage = Edward Armitage, Maidstone, Kent 17. 5. 1822–22. 2. 1906 Cheltenham. Engl. Botaniker. Schrieb u.a.: „Lecture on the botany of Natal", 1854; „Catalogo nominale della piante vascolari che crescono spontanee nei dintorni di Pallenza ed Intra", 1891 (zus. mit E. Weiss).

Armitage, J. Kirk et **Playne** = Edward Armitage, Sir John Kirk u. ... Playne. Siehe diese.

J. Armstr. = Joseph Beattie Armstrong, England 1850–1926. Neuseeländ. Botaniker, Gartendirektor in Christchurch, seit 1862 in Neuseeland. Veröffentlichte in Transactions of the New Zealand Institute 1870, 1872 u. 1888 Beiträge über neuseeländ. Pflanzen.

Arn. = George Arnott Walker Arrnott, Edinburgh 6. 2. 1799–17. 6. 1868 Glasgow. Schott. Botaniker, Direktor des Bot. Gartens Glasgow. Schrieb „Disposition méthodique des expèces de mousses", 1825; „Tentamen methodi muscorum", 1822–1826 (mit Robert Kaye Greville). Nach ihm die Gattung *Arnottia* A. Richard. Siehe auch unter Hook. et Arn. u. Wight et Arn.

Arn. et **Nees** = George Arnott Walker Arnott u. Christian Gottfried David Nees von Esenbeck. Siehe diese.

S. Arn. = Sigfrid Vilhelm Arnell, Gävle 5. 3. 1895–1970. Schwed. Botaniker. Schrieb u.a. „Hepaticae of South Africa", 1963.

Arnold = Johann Franz Xaver Arnold, vielleicht ein Pseudonym, tätig um 1785. Schrieb „Reise nach Mariazell in Steyermark", 1785.

Arr. Cam. (auch **Arruda de Cámara**) = Manoel Arruda da Cámara, Pernambuco, Brasilien 1752–1810 Pernambuco. Portug.-brasil. Botaniker. Schrieb „Dissertação sobre as plantas do Brazil", 1810; zwei weitere Schriften von ihm in Koster, „Travels in Brazil", 2. Band, 1816. Nach ihm die Gattung *Arrudea* Cambess.

Arthur = Joseph Charles Arthur, Lowville, New York 11. 1. 1850–30. 4. 1942 Brook, Indiana. Nordamer. Botaniker. Spezialgebiet: *Uredinales.* Herausgeber u. Mitautor von „The Plant Rusts", 1929. Bearbeitete für Britton, Flora of North America Bd. 7(2)–7(12) „Uredinales", 1907 bis 1927.

Aschers. = Paul Friedrich August Ascherson, Berlin 4. 6. 1834–6. 3. 1913 Berlin. Deutscher Botaniker, Kustos am Bot. Museum Berlin. Hauptwerk: „Flora der Provinz Brandenburg", 1859–1864; für Engler u. Prantl, Die natürlichen Pflanzenfamilien II. 1 (1889) „Potamogetonaceae"; zus. mit R.L.A.M. Gürke „Hydrocharitaceae". Mitarbeiter an Baillon, Henri Ernest: „Dictionnaire de botanique", 1876–1892. Nach ihm die Gattung *Aschersoniodoxa* Gilg et Muschl.

Aschers. et **Graebn.** = Paul Friedrich August Ascherson u. Karl Otto Robert Peter Paul Graebner. Gemeinsame Schriften: Für Engler, Das Pflanzenreich „Potamogetonaceae", 1907; „Flora des nordostdeutschen Flachlandes (außer Ostpreußen)", 1898–1899; „Synopsis der mitteleuropäischen Flora", 1896–1939 (unvollendet); 2. Aufl. 1912–1920 (ebenfalls unvollendet) (sonstige Mitautoren: Paul Graebner fil.; Max Goldschmidt; Curt Schuster; Karl H. Zahn). Siehe auch beide Verfasser.

Aschers. et. **Kan.** = Paul Friedrich August Ascherson u. Agost Kanitz. Schrieben gemeinsam: „Catalogus Cormophytorum et Anthophytorum Serbiae, ...", 1877. Siehe auch beide Verfasser.

Aschers. et. **Schweinf.** = Paul Friedrich August Ascherson u. Georg August Schweinfurth. Schrieben gemeinsam: „Illustration de la flore d'Égypte", 1887, Supplement dazu 1889. Siehe auch beide Verfasser.

Ashe = William Willard Ashe, Raleigh, N. Carolina 4. 6. 1872–18. 3. 1932 Washington, DC. Nordamer. Botaniker u. Förster. Schrieb „The forests, forest lands, and forest products of eastern North Carolina", 1894.

Ashw. = Margot Bernice Ashwin, spätere Forde, 1935– .

Aubl. = Jean Baptiste Christoph Fusée Aublet, Salon, Provence 4. 11. 1720–6. 5. 1778 Paris. Franz. Botaniker u. Apotheker. Bereiste von 1762 bis 1764 Guayana. Schrieb „Histoire des plantes de la Guiane françoise, ...", 1775. Nach ihm die Gattungen *Aubletia* Gaertn. und *Aubletella* Pierre.

Auch. = Pierre Martin Rémi Aucher-Éloy, Blois 2. 10. 1792–6. 10. 1838 Djulfa, Iran. Franz. Botaniker u. Forschungsreisender. Posthum erschien „Rélations de voyages en Orient de 1830 à 1838", 1843.

auct. oder **aut.** = Auctorum (autorum), der Schriftsteller, der Autoren (Genet. pluralis). Übliche Abkürzung, wenn der Name von verschiedenen Autoren benutzt wurde.

Audub. = John James Laforest Audubon, Cayes, Louisiana 26. 4. 1785–27. 1. 1851 New York. Nordamer. Zoologe u. Maler. Gab zahlreiche, meist von ihm selbst illustrierte Werke über amer. Tiere, vor allem Vögel, heraus u. beschrieb auch einige Pflanzen.

Aug. = H. Augustin, 1857–1930. Franz. Botaniker. Publizierte mit K. Koch.

Austin = Daniel Frank Austin, Paducah, Kentucky 18. 5. 1943– . Nordamer. Botaniker in Boca Raton, Florida. Spezialgebiet: Neotrop. *Convolvulaceae*.

aut. = siehe auct.

Avé-Lall. (auch **Lallem.**) = Julius Leopold Eduard (Jules Léopold Édouard) Avé-Lallemant, Lübeck 4. 7. 1803–17. 5. 1867 Lübeck. Deutscher Botaniker, von 1838–1855 in St. Petersburg tätig. Schrieb „De plantis quibusdam Italiae borealis et Germaniae australis rarioribus", 1829. Nach ihm die Gattung *Lallemantia* Fisch. et C.A. Mey.

Bab. (auch: **Babingt.**) = Charles Cardale Babington, Ludlow, Shropshire, 23. 11. 1808–22. 7. 1895 Cambridge. Engl. Botaniker, Prof. zu Cambridge. Schriften u.a.: „Flora bathoniensis", 1834, Supplement dazu 1839; „Primitiae florae sarnicae", 1839; „Manual of British botany", 1843, 10. Aufl. 1922 (ed. A.J. Wilmott); „Flora of Cambridgeshire", 1860. Nach ihm die Gattung *Babingtonia* Lindl.

Backer = Cornelis Andries Backer, Oudenbosch 18. 9. 1874–22. 2. 1963 Heemstede. Holl. Botaniker, 1901–1924 in Java, seit 1914 als „Botanist for the Flora of Java". Seine Schriften über die javanische Flora gipfeln in dem dreibändigen Werk „Flora of Java", das nach seinem Tode von 1963 bis 1968 erschien (mit Reinier Cornelis Bakhuizen van den Brink, jr.). Weitere Schrift: „Varenflora voor Java", 1939 (mit O. Posthumus).

Backer, Bakh. f. et **Steenis** = Cornelis Andries Backer, Reinier Cornelis Bakhuizen van den Brink, jr. u. Cornelis Gijsbert Gerrit Jan van Steenis. Siehe diese.

Backh. f. = James Backhouse (fil.), York 22. 10. 1825–31. 8. 1890 York. Engl. Botaniker u. Gärtner in York. Schrieb „Monograph of the British Hieracia", 1856.

Backh. f. et **Harv.** = James Backhouse (fil.) u. William Henry Harvey. Siehe diese.

V. Badillo = V.M. Badillo, zeitgen. venezolanischer Botaniker. Schrieb: „Monografia de la familia Caricaceae", 1971; bearbeitete für Harling u. Sparre (Hrsg.), Flora of Ecuador, „Caricaceae", no. 20, 1983.

Badoux = Henri Badoux, Cremin, Waadt 22, 5. 1871–1951. Schweizer Botaniker.

Baehni = Charles Baehni, Genf 21. 8. 1906 bis 23. 1. 1964 Genf. Schweizer Botaniker, Direktor des Bot. Gartens und Herbariums, Genf.

Baen. (auch **Baenitz**) = Carl Gabriel Baenitz, Marienwalde, Kreis Arnswalde 28. 1. 1837–3. 1. 1913 Breslau. Deutscher Lehrer, Botaniker u. Pflanzensammler, Herausgeber zahlreicher Exsikkatenwerke. Schrieb: „Flora der östlichen Niederlausitz", 1861; Nachtrag 1868.

E.Z. Bailey = Ethel Zoe Bailey, Ithaca, N. Y. 17. 11. 1889–15. 7. 1983 Ithaca. Nordamer. Botanikerin, Tochter u. Mitarb. ihres Vaters L.H. Bailey, Kurator am Bailey Hortorium, Ithaca, N. Y. Schriften siehe bei L.H. Bailey.

F.M. Bailey = Frederick Manson Bailey, London 8. 3. 1827–25. 6. 1915 Brisbane. Austral. Botaniker. Schrieb „The Queensland flora", 1899–1905; „Comprehensive catalogue of Queensland plants ...", 1913; zus. mit P.R. Gordon „Plants reputed poisonous and injurious to stock", 1887; zus. mit J.E. Woods „A census of the flora of Brisbane", 1879. Nach ihm die Gattung *Austrobaileya* C.T. White.

L.H. Bailey = Liberty Hyde Bailey, South Haven, Michigan 15. 3. 1858–25. 12. 1954 Ithaca, N. Y. Nordamer. Botaniker. Von den vielen Schriften über Botanik, Gartenbau u. Landwirtschaft seien nur einige genannt: „Manual of cultivated plants ...", 1924, 2. Aufl. 1949, auch

1951; „The garden of bellflowers in North America", 1953; zus. mit E. Z. Bailey „Hortus, ...", 1930, Suppl. 1935, „Hortus second, ...", 1941, „Hortus third" (Hrsg. D. M. Bates, J. W. Ingram, H. E. Moore, jr.), 1976; Hrsg. von „Cyclopedia of American horticulture, ...", 1900–1902 (zus. mit Wilhelm Miller), weitere Auflagen 1902, 1904, 1906; „The standard cyclopedia of horticulture", 1914–1917, neue Aufl. 1922; „Cyclopedia of American agriculture", 1907–1909. Nach ihm die Gattungen *Baileya* Harv. et A. Gray ex A. Gray u. *Liberbaileya* Furtado sowie die Zeitschrift „Baileya" (1953 →).

L. H. Bailey et **E. Z. Bailey** = Liberty Hyde Bailey u. Ethel Zoe Bailey. Siehe diese.

L. H. Bailey et **Raffill** = Liberty Hyde Bailey u. Charles Percival Raffill. Siehe diese.

Baill. = Henri Ernest Baillon, Calais 30. 11. 1827–18. 7. 1895 Paris. Franz. Botaniker, Direktor des Bot. Gartens Paris. Schriften: „Dictionnaire de botanique", 1876–1892; „Étude générale du groupe des Euphorbiacées", 1858; „Histoire des plantes", 1866–1895 (engl. Ausg.: „The natural history of plants", 1871–1888); „Iconographie de la flore française", 1885–1894; „Traité de botanique médicale cryptogamique", 1889; „Traité de botanique médicale phanérogamique", 1883–1884; für Martius, Flora brasiliensis Bd. XII, 1 (1886) „Dichapetaleae"; für de Candolle, Prodromus Bd. XVII „Phytocreneae", 1873. Nach ihm die Gattung *Baillonia* Bocq. ex Baill.

Bailly = Émile Bailly, Motteau 1829–20. 12. 1894 Nonan. Franz. Botaniker.

Bak. = John Gilbert Baker, Guisborough, Yorkshire 13. 6. 1834–16. 8. 1920 Kew. Engl. Botaniker, Kustos am Herbarium Kew. Schriften: „Handbook of the Amaryllideae", 1888; „Handbook of the Bromeliaceae", 1889; „Handbook of the Irideae", 1892; „Handbook of the Fern-Allies", 1887; „Flora of Mauritius and the Seychelles", 1877; bearbeitete für Martius, Flora brasiliensis Bd. I, 2 (1870) „Cyatheaceae, Polypodiaceae", Bd. VI, 2 u. 3 (1873/84) „Compositae"; Bd. XIV, 2 (1871) „Connaraceae, Ampelideae". Bearbeitete zahlreiche Familien für Oliver, Flora of Tropical Africa, von Bd. 1 bis Bd. 8(1), 1868–1911 (Bände nicht chronolog. erschienen!). Nach ihm die Gattung *Bakeriantha* L. B. Sm. Siehe auch unter Hook.

Bak. f. = Edmund Gilbert Baker, Sohn des vorigen, Thirsk, Yorkshire 9. 2. 1864–17. 12. 1949 Kew. Engl. Botaniker. Schrieb u. a. „The Leguminosae of Tropical Africa", 1926–1930. Nach ihm die Gattungen *Bakeridesia* Hochr. und *Bakerophyton* (Léonard) Hutchins. Publizierte mit Selmar Schönland.

C. F. Bak. = Charles Fuller Baker, Lansing, Michigan 22. 3. 1872–22. 7. 1927 Los Banos, Philippinen. Nordamer. Botaniker u. Entomologe. Hrsg. zahlreicher Exsikkatenwerke. Publizierte mit Carl Christian Mez.

R. T. Bak. = Richard Thomas Baker, Woolwich, England 1. 12. 1854–14. 7. 1941 Sydney. Austral. Botaniker engl. Abstammung.

R. T. Bak. et **H. G. Sm.** = Richard Thomas Baker u. Henry George Smith. Verfasser von „A research on the Pines of Australia", 1910. Siehe auch beide Verfasser.

Bakh. = Reinier Cornelis Bakhuizen van den Brink, sr., Pascoeroeam, Java 30. 1. 1881–4. 4. 1945 Tjimahi, Java. Holl. Botaniker auf Java.

Bakh. f. = Reinier Cornelis Bakhuizen van den Brink, jr., Panjinangan, Java 11. 9. 1911–1. 5. 1987. Holl. Botaniker am Rijksherbarium in Leiden. Schrieb zusammen mit Cornelis Andries Backer „Flora of Java", 1963–1968.

Bal. (auch **Balansa**) = (Benedict) Benjamin Balansa, Narbonne 1825–Jan. 1892 Hanoi, Indochina. Franz. botanischer Forschungsreisender. Nach ihm die Gattung *Balansaea* Boiss. et Reut. Publizierte mit Pierre Edmond Boissier (Boiss.).

Balb. = Giovanni Battista Balbis, Moretta, Saluzzio 17. 11. 1765–13. 2. 1831 Turin. Ital. Botaniker, Prof. in Turin, lebte zeitweilig in Lyon. Schriften: „Horti academici taurinensis stirpium minus cognitarum ..." 1810; „Flora taurinensis", 1806; „Flore lyonnaise", 1827–1828; „Catalogus stirpium horti botanici taurinensis", 1807, dazu Appendix 1–4, 1810, 1812, 1813, 1814; „Synopsis plantarum horti taurinensis", 1801, 2. Aufl. 1815. Nach ihm die Gattung *Balbisia* Cav.

Bald. = Antonio Baldacci, Bologna 3. 10. 1867–1950. Ital. Botaniker am Bot. Garten Bologna. Publizierte mit Árpád von Degen u. Eugen von Halácsy (Hal.)

Balf. = John Hutton Balfour, Edinburgh 15. 9. 1808–11. 2. 1884 Edinburgh. Schott. Botaniker, Direktor des Bot. Gartens Edinburgh. Schrieb bot. Lehrbücher, über Pflanzen der Bibel, ferner unter Mitarbeit von J. Sadler „Flora of Edinburgh", 1863. Nach ihm die Gattung *Balfourodendron* Mello ex Oliv.

Balf. f. = Sir Isaac Bayley Balfour, Edinburgh 31. 3. 1853–30. 11. 1922 Haslemere, Surrey. Sohn von J.H. Balfour. Schott. Botaniker, Prof. in Edinburgh. Schrieb u. a. „Botany" [of Rodriguez], 1879; „Botany of Socotra", 1888 (in Transactions of the Royal Society of Edinburgh 31).

Balf. f. et **R. E. Cooper** = Sir Isaac Bayley Balfour u. R. E. Cooper. Schott. Pflanzensammler, von 1914–1916 in Indien u. Burma. Siehe ersteren.

Balf. f. et **Farr.** = Sir Isaac Bayley Balfour u. Reginald John Farrer. Siehe diese.

Balf. f. et **Forrest** = Sir Isaac Bayley Balfour u. George Forrest. Siehe diese.

Balf. f. et **W. W. Sm.** = Sir Isaac Bayley Balfour u. Sir William Wright Smith. Siehe diese.

Balf. f. et **Tagg** = Sir Isaac Bayley Balfour u. Harry Frank Tagg. Siehe diese.

Balf. f. et **F. K. Ward** = Sir Isaac Bayley Balfour u. Francis Kingdon Ward. Siehe diese.

Balf. f. et **G. Watt** = Sir Isaac Bayley Balfour u. Sir George Watt. Siehe diese.

Ball = John Ball, Dublin 20. 8. 1818–21. 10. 1889 South Kensington, London. Engl. Jurist u. Botaniker. Schrieb u. a. über Alpenpflanzen u.

die marokkan. Flora sowie „Notes of a naturalist in South America“, 1887.

P.W. Ball = Peter William Ball, 1932– . Engl. Botaniker, Liverpool. Mitarb. an „Flora europaea“, 1964–1980.

P.W. Ball et **Heyw.** = Peter William Ball u. Vernon Hilton Heywood. Siehe diese.

Ballard = Ernest Ballard, Herefordshire 1871 bis 30. 3. 1952 Colwall. Engl. Gärtner u. Pflanzenzüchter. Schrieb „Days in my garden“, 1919.

Bally = Peter René Oscar Bally, 9. 5. 1895–26. 6. 1980 Nairobi. Schweizer Botaniker. Spezialgebiet: Ostafrikan. Sukkulenten. Nach ihm die Gattung *Ballya* Brenan.

Baltet = Charles Baltet, Troyes 14. 1. 1830–24. 11. 1908 Troyes. Franz. Gärtner.

Banks = Sir Joseph Banks, London 13. 2. 1743 bis 19. 6. 1820 Spring Grove, Middlesex. Engl. Förderer der Naturwissenschaften, Präsident der Royal Society. 1772–1820 Leiter von Kew Gardens, die er zu den artenreichsten Sammlungen der Welt machte. Bereiste Labrador u. Neufundland, begleitete Cook auf seiner ersten Weltreise, 1768–1771, durchforschte Island, die Hebriden u. Shetland-Inseln. Sein Herbar u. die riesige Bibliothek heute im Besitz des Brit. Museums London. Posthum erschienen „Illustrations of Australian plants collected in 1770 during Captain Cook's voyage round the world ... With determinations by James Britten“, hrsg. vom Brit. Museum, London 1900–1905, und „Captain Cook's florilegium“, 1973. Nach ihm die Gattung *Banksia* L. f.

Banks et **Soland.** = Sir Joseph Banks u. Daniel Carl Solander. Siehe diese.

Barb. = William Barbey-Boissier, Genthod, Schweiz 14. 7. 1842–18. 11. 1914 Chambésy. Schweizer Botaniker. Verf. von „Epilobium genus a cl. Ch. Cusin illustratum“, 1885; „Florae sardoae compendium ...“, 1884–1885; „Index botanique universel des genres, espèces et variétés de plantes parus depuis le ler Janvier 1901“, 1902–1906 (17199 Indexkarten). Nach ihm die Gattung *Barbeya* Schweinf.

Barb. Rodr. = João Barbosa Rodrigues, Minas Geraës 22. 6. 1842–6. 3. 1909 Rio de Janeiro. Brasil. Botaniker. Schriften: „Genera et species Orchidearum novarum“, 1877–1882; „Myrtacées du Paraguay“, 1903; „Palmae mattogrossenses novae ...“, 1898; „Plantae mattogrossenses ...“, 1898; „Sertum Palmarum brasiliensium ...“, 1903.

Barbarič = Andrej Ivanovič Barbarič, Oster Černigovskoj Gub. 27. 8. 1903– . Russ. Botaniker u. Dendrologe. Publizierte u.a. 1962 über *Cladium.*

Barker = George Barker, 1776–6. 12. 1845 Birmingham. Engl. Chemiker u. Besitzer einer großen Orchideensammlung. Nach ihm die Gattung *Barkeria* Knowl. et Westc.

Barkl. = Fred Alexander Barkley, Hobart, Oklahoma 4. 11. 1908–24. 6. 1989 Tocumseh, Oklahoma. Nordamer. Botaniker. Mitarb. an Lundells „Flora of Texas“, 1961–1969 *(Anacardiaceae).* Schrieb „Key to the phyla of organisms“, 1939; „Lista de los ordenes y familias de las Anthophyta ...“, 1948 (in Rev. Fac. Nac. Agron., Medellin 8).

Barkl. et **T. Mey.** = Fred Alexander Barkley u. Teodoro Meyer. Siehe diese.

Barnéoud = François Marius Barnéoud, Toulon 15. 1. 1821–?. Franz. Botaniker. Schrieb „Monographie génerale de la famille des Plantaginées“, 1845. Nach ihm die Gattung *Barneoudia* Gay.

P.E. Barnes = P.E. Barnes, 20. Jahrh. (?). Südafr. Botaniker.

Barney = E. E. Barney, nordamer. Dendrologe in Dayton, Ohio. Publizierte 1877–1879.

Baroni = Eugenio Baroni, Livorno 22. 2. 1865–3. 5. 1943. Ital. Botaniker. Schrieb „Guida botanica d'Italia“, 1907, 2. Aufl. 1932, 3. Aufl. 1955, 4. Aufl. 1969 (von S. Baroni Zanetti), 5. Aufl. 1980 (dto.).

G.M. Barroso = Graziela Maciel Barroso, 11. 4. 1912– . Brasil. Botanikerin am Bot. Garten Rio de Janeiro. Spezialgebiete: *Compositae, Leguminosae, Araceae.*

Barthlott = Wilhelm Barthlott, 1946– . Deutscher Botaniker in Heidelberg. Schrieb u.a.: „Der Rhipsalis micrantha (H.B.K.) DC.-Komplex in Ecuador und Peru“, 1974.

Barthlott et **A. McMillan** = Wilhelm Barthlott u. A.J. S. McMillan, zeitgenöss. nordamer. Botaniker. Spezialgebiet: Epiphytische *Cactaceae.* Siehe auch ersteren.

Bartl. = Friedrich Gottlieb Bartling, Hannover 9. 12. 1798–19. 11. 1875 Göttingen. Deutscher Botaniker, seit 1837 Direktor des Bot. Gartens Göttingen. Schrieb „Ordines naturales plantarum“, 1830.

Bartl. et **H.L. Wendl.** = Friedrich Gottlieb Bartling u. Heinrich Ludolph Wendland. Veröffentlichten gemeinsam: „Beiträge zur Botanik“, 1824–1825. Siehe auch beide Verfasser.

H.H. Bartlett = Harley Harris Bartlett, Anaconda, Montana 9. 3. 1886–21. 2. 1960 Ann Arbor, Michigan. Nordamer. Botaniker. Prof. in Ann Arbor. Unternahm zahlreiche Forschungs- und Sammelreisen in die asiat. und amer. Tropen. Spezialgebiete: *Oenothera*, trop. Nutzpflanzen. Verf. von über 170 Aufsätzen. Schriften: „Fifty-five rare books from the library of Mrs. Roy Arthur Hunt“, 1949; „Fire in relation to primitive agriculture and grazing in the tropics“, 1955–1957.

Barton (auch **Bart.**) = Benjamin Smith Barton, Lancaster, Pennsylvania 10. 2. 1766–19. 12. 1815 Philadelphia. Nordamer. Botaniker. Verf. von „Elements of botany, ...“, 1803, 2. Aufl. 1812–1814, 3. Aufl. 1827 und eine weitere 1836, ferner „Fragments of the natural history of Pennsylvania“, 1799. Nach ihm die Gattung *Bartonia* Mühlenb. ex Willd.

Bartr. = William Bartram, Kingsessing bei Philadelphia 9. 2. 1739–22. 7. 1823 Kingsessing. Nordamer. Botaniker in Philadelphia. Schrieb: „Travels through North and South Carolina, ...“, 1791 (deutsch: „Reisen durch Nord- und Süd-Karolina“, 1793). Nach ihm die Gattungen

Bartramia Hedw. u. *Bartramidula* Bruch, Schimper et Gümbel.
Bassi = Ferdinando Bassi, Bologna 1710-13. 5. 1774 Bologna. Ital. Arzt u. Botaniker. Vorsteher des Bot. Gartens Bologna. Schrieb: „Ambrosina, novum plantae genus", 1763. Nach ihm die Gattung *Bassia* All.
Bast. = siehe Touss. Bast.
Batal. = Aleksandr Fedorovič Batalin, St. Petersburg 1847-1. 10. 1896 St. Petersburg. Russ. Botaniker am Bot. Garten St. Petersburg.
Batem. = James Bateman, Redivals, Bury, Lancashire 18. 7. 1811-27. 11. 1897 Worthing, Sussex. Engl. Orchideenspezialist. Schriften: „A second century of orchidaceous plants", 1867; „A monograph of Odontoglossum", 1864-1874; „The Orchidaceae of Mexico und Guatemala", 1837-1843. Nach ihm die Gattung *Batemannia* Lindl.
D.M. Bates = David M. Bates, 1935- . Nordamer. Botaniker, Professor am Bailey Hortorium, Cornell University, Ithaca, New York. Spezialgebiet: Nordamer. *Malvaceae.* Mitherausg. von L.H. Bailey „Hortus third", 1976.
Batsch = August Johann Georg Karl Batsch, Jena 28. 10. 1761-29. 9. 1802 Jena. Deutscher Mediziner u. Botaniker, Direktor des Bot. Gartens Jena. Schriften: „Botanik für Frauenzimmer", 1795; „Analyses florum e diversis plantarum generibus...", 1790; „Der geöffnete Blumengarten...", 1796-1798; „Elenchus fungorum", 1783-1789; „Versuch einer Anleitung zur Kenntnis und Geschichte der Pflanzen", 1787; „Synopsis universalis analytica generum plantarum", 1793-1794; „Dispositio generum plantarum Europae", 1794; „Beyträge und Entwürfe zur pragmatischen Geschichte der drey Naturreiche...", 1801. Nach ihm die Gattung *Batschia* J.F. Gmel.
Batt. = Jules Aimé Battandier, Annonay, Saint-Étienne 8. 1. 1848-18. 9. 1922 Algier. Franz. Botaniker u. Pharmazeut in Algier. Veröffentlichte u.a. „Contributions à la flore atlantique", 1919. Nach ihm die Gattung *Battandiera* Maire.
Batt. et **Trab.** = Jules Aimé Battandier u. Louis Charles Trabut. Gemeinsame Schriften: „Flore d'Alger", 1884; „Atlas de la flore d'Alger", 1886-1920; „Flore de l'Algérie", 1888-1897 (andere Mitautoren: Debray, Fernand Gustave; Flagey, Camille; Petit, Paul Charles Michel), Suppl. 1910; „Flore analytique et synoptique de l'Algérie et de la Tunisie", 1905. Siehe auch beide Verfasser.
Baudo = Firmin Baudo, schrieb um 1843. Franz. Botaniker.
F.A. Bauer = Franz Andreas Bauer, Faldsberg 4. 10. 1758-11. 12. 1840 Kew, England. Österr. botanischer Künstler, seit 1788 in England tätig. Schrieb u. illustrierte „Delineations of exotic plants cultivated in the Royal Garden at Kew", 1796-1803; „Strelitzia depicta", 1818; „Illustrations of orchidaceous plants", 1830-1838 (mit John Lindley).
Baum = Hugo Baum, Forst, N. L. 17. 1. 1867 bis 15. 4. 1950 Rostock. Deutscher Botan. Gärtner, von 1901-1933 Leiter des Bot. Gartens Rostock. Botaniker der Kurene-Sambesi-Expedition nach Südangola (1899). Schrieb über diese Reise (1903) u. viele neu entdeckte Pflanzen u. deren Kultur.
Baumann = Charles Baumann, 19. Jahrh., u. Constantine Auguste Napoléon Baumann, 1804-12. 8. 1884 Bollweiler, Elsaß. Franz.-deutsche Gärtner. Veröffentlichten „Les Camellia de Bollwiller" und „Bollweilerer Camellien-Sammlung", 1828-1835.
E. Baumann = Eugen Baumann, Horgen bei Zürich 26. 2. 1868-25. 10. 1933. Schweiz. Botaniker. Schrieb: „Beiträge zur Flora des Untersees (Bodensee)", 1908.
Baumg. = Johann Christian Gottlob Baumgarten, Luckau, Lausitz 7. 4. 1765-29. 12. 1843 Schäßburg, Siebenbürgen. Deutscher Botaniker. Schriften: „Sertum lipsicum...", 1790; „Flora lipsiensis...", 1790; „Enumeratio stirpium magno Transsilvaniae principatui...", 1816-1846. Für „Mantissa prima" u. Register zu diesem Werk siehe Michael Fuss.
Baxt. = Willliam Baxter, Rubgy 15. 1. 1787-1. 11. 1871 Oxford. Engl. Botaniker. Kurator des Bot. Gartens Oxford. Schrieb u.a. „British phaenogamous botany", 1832-1843 (in Lieferungen) u. 1834-1843 (in 6 Bänden), Nachdruck 1856.
Bayer = Martin Bruce Bayer, 1935- . Südafr. Botaniker am Karoo Botanic Garden, Worcester. Schrieb: „Haworthia Handbook", 1976.
Bckbg. = Curt Backeberg, Lüneburg 2. 8. 1894 bis 14. 1. 1966 Hamburg. Deutscher Kakteenforscher, unternahm ausgedehnte Reisen in Mittel- und Südamerika. Hauptwerke: „Die Cactaceae. Handbuch der Kakteenkunde", 1958 bis 1962; „Das Kakteenlexikon", 1966, 2. Aufl. 1970; „Kaktusjagd zwischen Texas und Patagonien", 1930; zus. mit E. Werdermann „Neue Kakteen", 1931. Nach ihm die Gattung *Backebergia* Bravo.
Bckbg. et **Dölz** = Curt Backeberg u. Bruno Dölz. Siehe diese.
Bckbg. et **F.M. Knuth** = Curt Backeberg u. Frederic Marcus Knuth von Knuthenborg. Schrieben gemeinsam: „Kaktus-ABC", 1935. Siehe auch beide Verfasser.
Bckbg. et **Voll** = Curt Backeberg u. Otto Voll. Siehe auch diese.
Beadle = Chauncey Delos Beadle, Saint Catherines, Ontario, Kanada 5. 8. 1866-4. 7. 1950 Asheville, N. Carolina. Nordamer. Botaniker.
Beaman = John Homer Beaman, Marion, N. Carolina 20. 6. 1929- . Nordamer. Botaniker an der Michigan State University, East Lansing, Michigan.
Bean = William Jackson Bean, Malton, Yorkshire 26. 5. 1863-19. 4. 1947 Kew. Engl. Botaniker in Kew. Schrieb: „Trees and shrubs hardy in the British Isles", 1914, 7. Aufl. 1950, 8. Aufl. 1970-1976 (Hrsg. D.L. Clarke).
Beane et **Vollmer** = Lawrence Beane, 1901 bis . Nordamer. Lilienkenner; u. Albert Michael Vollmer, San Diego, Kalifornien 15. 5.1896-1977. Nordamer. Mediziner u. Lilien-

kenner in San Francisco.
Beaton = Donald Beaton, Urray, Schottland 8. 3. 1802-Okt. 1963 Surbiton, Surrey. Engl. Gärtner bei Lord Middleton.
Beauv. = siehe P. Beauv.
Beauverd = Gustave Beauverd, Genf 20. 3. 1867-19. 3. 1942. Schweizer Botaniker u. Künstler, am Herbarium Boissier, Genf. Hrsg. von „Index botanique universel des genres ...", 1902-1906 (siehe W. Barbey-Boissier). Nach ihm die Gattung *Beauverdia* Herter.
Becc. = Odoardo Beccari, Florenz 19. 11. 1843 bis 25. 10. 1920 Florenz. Ital. Botaniker, Palmenspezialist, bereiste Borneo u. Sumatra etc. Schrieb u. a. „Malesia, ...", 1877-1890; „Palmae della tribu Borasseae", 1924; „Asiatic Palms - Corypheae", nach seinem Tode hrsg. in Annals of the Roy. Bot. Garden, Calcutta, 1933; „Asiatic Palms - Lepidocaryeae", 1908 bis 1921. Nach ihm benannt die Gattungen *Beccarianthus* Cogn., *Beccarinda* O. Kuntze, *Beccariodendron* Warb., *Beccariophoenix* Jumelle et Perr.
Becherer = Alfred Becherer, Basel 20. 8. 1897 bis 30. 3. 1977 Lugano. Schweizer Botaniker. Veröffentlichte seit 1920 250 Schriften floristischen, taxonomischen, pflanzengeographischen u. nomenklatorischen Inhalts, darunter „Florae vallesianae supplementum", 1956 (Suppl. zu Jaccard, H.: „Catalogue de la flore valaisanne", 1895); „Führer durch die Flora der Schweiz", 1973. Seit 1957 Herausgeber von Binz, A.: „Schul- und Exkursionsflora der Schweiz", 15. Aufl. 1973 - 17. Aufl. 1980 unter dem Titel „Schul- und Exkursionsflora für die Schweiz mit Berücksichtigung der Grenzgebiete"; seit 1961 (3. Aufl.) Hrsg. von Thommen, E.: „Taschenatlas der Schweizer Flora", 5. Aufl. 1973, 6. Aufl. 1983. Bearbeitete seit 1932 für die Schweizerische Bot. Gesellschaft die „Fortschritte in der Systematik und Floristik der Schweizerflora".
Beck = Günther Beck von Mannagetta und Lerchenau, Preßburg 25. 8. 1856-23. 6. 1931 Prag. Österr.-tschech. Botaniker, Professor in Wien u. Prag. Schriften: „Alpenblumen des Semmeringgebietes", 1898; „Flora von Bosnien, der Herzegowina und des Sandžaks Novipazar", 1904-1916; „Flore Bosne, Hercegovine i Novopazarskog Sandžaka", 1903 bis 1927, von 1950 bis 1974 fortgesetzt von K. Malý; „Flora von Hernstein in Niederösterreich ...", 1884; „Flora von Nieder-Österreich", 1890 bis 1893; für Engler u. Prantl, Die natürlichen Pflanzenfamilien IV. 3b (1893) „Orobanchaceae"; für Engler, Das Pflanzenreich „Orobanchaceae", 1930; für Engler u. Drude, Die Vegetation der Erde, Bd. 4 „Die Vegetationsverhältnisse der illyrischen Länder", 1901.
W. Becker = Wilhelm Becker, Halberstadt 24. 1. 1874-12. 10. 1928 Kirchmöser. Deutscher Pädagoge u. Botaniker. Schrieb „Violae europaeae", 1910. Hrsg. von „Violae exsiccatae", 1900-1908.
Bedd. = Richard Henry Beddome, 11. 5. 1830 bis 23. 2. 1911 Wandsworth. Engl. Forstbotaniker, Offizier, Farnspezialist. Schriften: „The ferns of British India", 1865-1870; „The ferns of Southern India", 1863-1864, 2. Aufl. 1872 bis 1873; Supplement dazu 1876; „The flora sylvatica for Southern India", 1869-1874; „Handbook to the ferns of British India, Ceylon and the Malay Peninsula" 1883, 2. Aufl. mit Supplement 1892; „Icones plantarum Indiae orientalis", 1868-1874.
Beech. = Frederick William Beechey, London 17. 2. 1796-29. 11. 1856 London. Engl. Admiral. Unter seiner Leitung sammelten Collie u. Lay von 1825-1828 auf den Sandwich-Inseln, in Kalifornien, Chile, Südafrika etc. Er veröffentlichte verschiedene Reiseberichte. Für die botanische Ausbeute siehe William Jackson Hooker u. George Arnott Walker Arnott.
Beer = Johann Georg Beer, Wien 3. 7. 1803 bis 13. 3. 1873 Wien. Österr. Liebhaberbotaniker, Stadtrat in Wien. Schrieb u. a. „Die Familie der Bromeliaceen", 1857; „Beiträge zur Morphologie und Biologie der Familie der Orchideen", 1863; „Praktische Studien an der Familie der Orchideen", 1854.
Bees = Bees Ltd., Name einer Gärtnerei in Neston bei Liverpool, England. Besitzer: A. K. Bulley, Kaufmann in Liverpool, Primelzüchter.
Bég. et **Bel.** = Augusto Béguinot, Paliano bei Rom 17. 8. 1875-3. 1. 1940. Ital. Botaniker, zuletzt in Genua tätig; u. N. Belosersky. Ital. Botaniker. Schrieben gemeinsam: „Revisione monografica del genere Apocynum L.", 1914. Béguinot schrieb außerdem: „Flora padovana", 1909 bis 1914; „La flora, il paesaggio botanico e le piante utili della Tripolitania e Cirenaica", 1912.
Beger = Herbert K. E. Beger, Dresden 3. 5. 1889-12. 3. 1955 Berlin. Deutscher Botaniker, Professor in Berlin. Spezialgebiet: Eisenbakterien. Schrieb: „Assoziationsstudien in der Waldstufe des Schanfiggs", 1922-1923.
Beille = Julien Beille, 1862-1946. Franz. Botaniker. Mitarbeiter von A. J. B. Chevalier: „Sudania: Énumération des plantes récoltées en Afrique tropicale", 1911 ff.
Beissn. = Ludwig Beissner, Ludwigslust 6. 7. 1843-21. 12. 1927 Wörrstadt, Rheinhessen. Deutscher Gärtner, Dendrologe, seit 1887 Inspektor des Bot. Gartens Bonn. Hauptwerk: „Handbuch der Nadelholzkunde", 1891, 2. Aufl. 1909, 3. Aufl. 1930 (Bearbeiter J. Fitschen).
Bell. = Carlo Antonio Lodovico Bellardi, Cigliano 30. 7. 1751-4. 5. 1826 Turin. Ital. Botaniker u. Mediziner. Schriften: „Osservazioni botaniche con un saggio d'appendice alla Flora pedemontana ..." 1788; „Appendix ad Floram pedemontanam ...", 1792. Nach ihm die Gattung *Bellardia* All.
Bellair et **St.-Léger** = Georges Adolphe Bellair, 1860-1939, u. Léon Saint-Léger, 19./20. Jahrh. Franz. Gärtner.
Benn. = John Joseph Bennett, Tottenham 8. 1. 1801-29. 2. 1876 Maresfield, Sussex. Engl. Botaniker. Veröffentlichte zus. mit R. Brown „Plantae javanicae rariores ...", 1838-1852. Nach ihm die Gattung *Bennettiodendron* Merr.

A.W. Benn. = Alfred William Bennett, Clapham 24. 6. 1833–28. 1. 1902 London. Engl. Botaniker. Bearbeitete für Martius, Flora brasiliensis Bd. VII (1871) „Hydroleaceae, Pedalineae", Bd. XIII, 3 (1874) „Polygalaceae"; für Oliver, Flora of Tropical Africa, in Bd. 8(2) „Naiadaceae", 1901; schrieb u.a. „The flora of the Alps", 1896.
Bens. = Robson Benson, England 5. 1. 1822 bis 22. 10. 1894 Bath. Engl. Offizier, sammelte Samen u. Pflanzen, vor allem Orchideen, in Malabar, Burma etc.
Bens. et **Rchb. f.** = Robson Benson u. Heinrich Gustav Reichenbach. Siehe diese.
L. Bens. = Lyman David Benson, Kelseyville, Kalifornien 4. 5. 1909–1993. Nordamer. Botaniker, Kakteenspezialist. Schrieb u.a. „The Cacti of Arizona", 1940, 2. Aufl. 1950, 3. Aufl. 1969; „The Native Cacti of California", 1969; „A manual of southwestern desert trees and shrubs", 1944; 2. Aufl. u. d. Titel: „The trees and shrubs of the southwestern deserts" (mit R.A. Darrow), 1954; „Plant classification", 1957, 2. Aufl. 1979; „Plant taxonomy", 1962; „The Cacti of the United States and Canada", 1982.
Benth. = George Bentham, Stoke, Plymouth 22. 9. 1800–10. 9. 1884 London. Engl. Botaniker. Schriften: „Labiatarum genera et species", 1832–1836; „Commentationes de Leguminosarum generibus...", 1837; „Plantas Hartwegianas...", 1839–1857; „The botany of the voyage of HMS Sulphur...", 1844–1846; „Flora hong-kongiensis...", 1861; „Flora australiensis...", 1863–1878; „Handbook of the British flora", 1858, Ausgabe mit Abb. 1865, 3. (neue) Aufl. 1866, 4. Aufl. 1878, 8. Aufl. 1924 (von A.B. Rendle). Bearbeitete für Martius, Flora brasiliensis Bd. XV, 1 u. 2 (1859–1876) „Leguminosae"; für de Candolle, Prodromus in Band VII „Ericaceae", 1838; in Band IX „Polemoniaceae", 1845; in Band XII „Labiatae", 1848; in Band XIV „Polygonaceae-Eriogoneae", 1856; in Band XV, 1 „Stackhousiaceae", 1864. Nach ihm die Gattungen *Benthamia* A. Rich. u. *Neobenthamia* Rolfe.
Benth. et **Hook. f.** = George Bentham u. Joseph Dalton Hooker. Gemeinsames Werk: „Genera plantarum", 1862–1883. Siehe dazu: „Supplemental papers to Bentham and Hooker's Genera plantarum"; ursprüngl. veröffentl. von 1860–1881 in J. Linn. Soc. London, als Sonderdruck 1970. Siehe auch beide Verfasser.
Bercht. = Friedrich Graf von Berchtold, Freiherr von Ungarschütz, Platz bei Neuhaus 25. 10. 1781–3. 4. 1876. Böhm. Botaniker, bereiste Südamerika (Amazonas). Schrieb zus. mit W.B. Seidl u. P.M. Opiz „Oekonomisch-technische Flora Böhmens", 1836–1843; mit F.X. Fieber „Die Potamogeta Böhmens", 1838.
Bercht. et **J.S. Presl** = Friedrich Graf von Berchtold u. Jan Swatopluk Presl. Gemeinsames Werk: „O přirozenosti rostlin aneb rostlinář", 1823–1835. Siehe auch beide Verfasser.
O.C. Berg = Otto Carl Berg, Stettin 18. 8. 1815 bis 20. 11. 1866 Berlin. Deutscher Botaniker u. Pharmazeut. Schriften: „Charakteristik der für die Arzneikunde und Technik wichtigsten Pflanzen-Genera...", 1845; „Anatomischer Atlas zur pharmazeutischen Waarenkunde...", 1863–1865; „Florae brasiliensis myrtographia", 1857–1859.
Bergann = Friedrich Bergann, Dresden 24. 7.1904– . Deutscher Botaniker, Professor in Potsdam.
Berger = Alwin Berger, Möschlitz bei Schleiz, Thür. 28. 8. 1871–21. 4. 1931 Stuttgart. Deutscher Gärtner, Botaniker, Sukkulentenforscher. 1897–1914 Leiter des Hanbury-Gartens La Mortola, Ventimiglia, 1915–1926 Leiter der Staatl. Gärten Württembergs. Schriften: „Hortus mortolensis", 1912; „A Systematic Revision of the Genus Cereus", 1905; „Die Agaven", 1914; „Mesembrianthemen u. Portulacaceen", 1908; „Stapelieen u. Kleinien", 1910; „Sukkulente Euphorbien", 1907; „Kakteen", 1929; „Die Entwicklungslinien der Kakteen", 1926; in Engler, Das Pflanzenreich „Liliaceae-Asphodeloideae-Aloineae", 1908; für Engler, Die natürlichen Pflanzenfamilien, 2. Aufl. Bd. 18a (1930) „Crassulaceae". Nach ihm die Gattungen *Bergeranthus* Schwant. und *Bergerocactus* Britt. et Rose.
Berger et **Buxb.** = Alwin Berger u. Franz Buxbaum. Siehe diese.
Berger et **Dint.** = Alwin Berger u. Moritz Kurt Dinter. Siehe diese.
Berger et **Schlechter** = Alwin Berger u. Friedrich Richard Rudolf Schlechter. Siehe diese.
Bergeret = Jean Bergeret, Lasseube 25. 11. 1751–28. 3. 1813 Paris. Franz. Botaniker. Schrieb „Phytonomatotechnie universelle...", 1783–1786.
Berggr. = Sven Berggren, Hör 12. 8. 1837–28. 6. 1917 Lund. Schwed. Botaniker, Prof. der Botanik in Uppsala und Lund. Spezialgebiet: Moose. Schrieb „On New Zealand Hepaticae", 1898.
Bergius = Peter Jonas Bergius, Erikstad 6. 7. 1730–10. 7. 1790 Stockholm. Schwed. Botaniker. Schriften: „Descriptiones plantarum ex Capite Bonae Spei, ...", 1767; „Materia medica e regno vegetabili", 1778, 2. Aufl. 1782. Nach ihm die Gattung *Bergia* L.
Bergm. = Johannes Baptista Bergmans, Antwerpen, Belgien 6. 6. 1892– . Holl. Gärtner u. bot. Schriftsteller (Nomenklatur der Kulturpflanzen).
Berkel. = Miles Joseph Berkeley, 1803–1889.
Berland. = Jean Louis Berlandier, Fort de l'Ecluse, Frankreich (nahe Genf) 1805 bis Sommer 1851, ertrunken im San Fernando Fluß, Matamoros, Mexiko. Belg. Botaniker, forschte in Texas u. Mexiko. Schrieb: „Mémoire sur la famille des Grossulariées", 1826. Bearbeitete für de Candolle, Prodromus in Bd. III (1828) „Grossularieae". Posthum erschien: „Journey to Mexico during the years 1826 to 1834", 1980. Nach ihm die Gattung *Berlandiera* DC.
Bernh. = Johann Jakob Bernhardi, Erfurt 7. 9. 1774–13. 5. 1850 Erfurt. Deutscher Botaniker. Schriften: „Catalogus plantarum horti erfurten-

sis", 1799; „Systematisches Verzeichnis der Pflanzen, welche in der Gegend um Erfurt gefunden werden", 1800; „Anleitung zur Kenntnis der Pflanzen", 1804; „Beobachtungen über Pflanzengefäße", 1805; „Ueber den Begriff der Pflanzenart und seine Anwendung", 1834.

Berry = Andrew Berry, Ende 18. Jahrh. bis Anf. 19. Jahrh. Engl. Arzt in Madras, Indien, befreundet mit W. Roxburgh (s. d.), für den er Pflanzen zum Bot. Garten in Kalkutta sandte. Nach ihm die Gattung *Berrya* Roxb. corr. DC.

Bert. = Carlo Giuseppe Luigi Bertero, Santa Vittoria d'Alba 14. 10. 1789–nach 9. 4. 1831, auf See zwischen Tahiti und Chile. Ital. Arzt, Botaniker u. Reisender, der in Südamerika viele neue Pflanzen entdeckte. Schrieb „Continuación del Catalogo de plantas observadas en Chile", 1829. Nach ihm die Gattung *Berteroa* DC.

Berth. = Sabin Berthelot, Marseille 4. 4. 1794 bis 18. 11. 1880 Santa Cruz de Teneriffa. Franz. Zoologe u. Botaniker. Konsul in Teneriffa. Schrieb gemeinsam mit P. B. Webb „Histoire naturelle des Îles Canaries", 1835–1850.

Berthault = François Berthault, 1857–12. 2. 1916. Franz. Landwirtschaftswissenschaftler, Prof. in Grignon. Publizierte mit Désiré Georges Jean Marie Bois.

Bertol. = Antonio Bertoloni, Sarzana 11. 2. 1775–17. 4. 1869 Bologna. Ital. Botaniker. Professor u. Direktor des Bot. Gartens Bologna von 1816–1869. Schriften: „Flora italica...", 1833–1854; „Florula guatimalensis, ...", 1840; „Amoenitates italicae...", 1819; „Horti botanici bononiensis plantae novae...", 1838 bis 1839; „Rariorum Liguriae plantarum decas prima (–decas tertia)", 1803 bis 1810 (Titel 1806 u. 1810: „Rariorum Italiae plantarum decas secunda (–decas tertia)"); „Flora italica cryptogama", 1858–1867. Nach ihm die Gattung *Bertolonia* Raddi.

Bertoni = Moisés Santiago Bertoni, 1857 bis 19. 9. 1929 Asunción. Parag. Botaniker, Pflanzensystematiker u. -sammler. Hrsg. naturwiss. Zeitschriften. Schrieb „Descripción física y económica del Paraguay", 1916.

Bertrand = André Bertrand, zeitgenöss. franz. Sukkulentenkenner u. Gartenbauschriftsteller. Schrieb u. a. „Plantes grasses autre que les Cactées", 2. Aufl. 1959; „Plantes d'intérieur", 1957; zus. mit A. Guillaumin „Cactées", 1955.

Bess. = Wilibald Swibert Joseph Gottlieb von Besser, Innsbruck 7. 7. 1784–11. 10. 1842 Krzemeniec. Österr.-poln. Botaniker. Schriften: „Primitiae florae Galiciae austriacae utriusque", 1809; „Enumeratio plantarum hucusque in Volhynia, Podolia, ... collectarum", 1822; „Catalogus plantarum in horto botanico ... Cremeneci cultarum", 1816; Catalogue des plantes du Jardin botanique ... à Krzemieniec", 1811, Suppl. 1812–1815; „Tentamen de Abrotanis", 1832. Nach ihm die Gattung *Bessera* Schult. f.

Betche = R. Ernest Betche, Potsdam 31. 12. 1851–28. 6. 1913 Sydney, New South Wales. Austral. Botaniker deutscher Abstammung. Publizierte mit Joseph Henry Maiden.

Betcke = Ernst Friedrich Betcke, 1815–1865 Pentzlin, Mecklenburg. Deutscher Arzt.

Bewer. = W. Bewerunge, zeitgenöss. Kakteenkenner. Publizierte u. a. über *Rebutia.*

Bews = John William Bews, bei Kirkwall, Orkney-Inseln 16. 12. 1884–10. 11. 1938 Pietermaritzburg. Botaniker und Philosoph, Professor in Edinburgh und Pietermaritzburg.

Bhandari = Madan Mal Bhandari, Jodhpur 31. 1. 1929– . Indischer Botaniker, Pflanzensystematiker. Schrieb: „Flora of the Indian desert", 1978.

Biasol. = Bartolommeo Biasoletto, Dignano, Istrien 24. 4. 1793–17. 1. 1859 Triest. Ital. Apotheker u. Botaniker in Triest. Schrieb u. a. „Escursioni botaniche sullo Schneeberg (Monte nevoso) nelle Carniola", 1846.

C. Bickn. = Clarence Bicknell, London 27. 10. 1842–17. 7. 1918 S. Dalmazzo di Tenda, Italien. Engl. Botaniker, lebte in Italien. Schrieb: „Flowering plants and ferns of the Riviera", 1885; „Flora of Bordighera and San Remo", 1896.

E. P. Bickn. = Eugene Pintard Bicknell, Riverdale-on-Hudson, New York 23. 9. 1859–9. 2. 1925 Hewlett, New York. Nordamer. Botaniker, Ornithologe u. Bankier.

Bidw. = John Carne Bidwill, Exeter, Devon 1815–16. 3. 1853 Tinana, Australien. Engl. Botaniker, Pflanzensammler, Direktor des Bot. Gartens Sidney. Bereiste von 1839 an Australien u. Neuseeland. Schrieb u. a. „Rambles in New Zealand", 1841. Nach ihm die Gattung *Bidwillia* Herb.

Bieb. = siehe M. B.

Bien. = Theophil Bienert, gest. 1873 Riga. Balt. Naturforscher. Nach ihm die Gattung *Bienertia* Bunge.

Bigel. = Jacob Bigelow, Sudbury, Massachusetts 27. 2. 1787–10. 1. 1879 Boston. Nordamer. Mediziner, Botaniker, Prof. in Boston. Schriften: „American Medical Botany", 1817–1821; „Florula bostoniensis", 1814, 2. Aufl. 1824, 3. Aufl. 1840. Nach ihm die Gattung *Bigelowia* DC. Siehe auch Engelm. et Bigel.

Binn. (auch **Binnend.**) = Simon Binnendijk, Leiden 26. 3. 1821–28. 10. 1883 Buitenzorg, Java. Holl. Botaniker am Bot. Garten Buitenzorg, Java. Nach ihm die Gattung *Binnendijkia* Kurz. Siehe auch Teijsm. et Binn.

Birdsey = Monroe Roberts Birdsey, Middletown, Connecticut 15. 3. 1922– . Nordamer. Botaniker in Florida. Schrieb u. a. „The Cultivated Aroids", 1951.

Birdw. = Sir George Christopher Molesworth Birdwood, Belgaum, Indien 8. 12. 1832–28. 6. 1917 Ealing. Engl. Regierungsbeamter in Indien. Schrieb: „Catalogue of the economic products of the presidency of Bombay", 1862, 2. Aufl. 1865.

Bisset = James Bisset, 4. 6. 1843–3. 4. 1911 Edinburgh. Schott. Pflanzensammler, von 1866–1886 in Japan.

Bisset et **S. Moore** = James Bisset und Spencer

Le Marchant Moore. Siehe diese.

Bitt. (auch **Bitter**) = Friedrich August Georg Bitter, Bremen 13. 8. 1873–30. 7. 1927 Bremen. Deutscher Botaniker in Bremen, später Prof. in Göttingen. Schrieb „Die Gattung Acaena", 1910–1911. Bearbeitete für Engler u. Prantl, Die natürlichen Pflanzenfamilien I. 4 (1900) „Marattiaceae, Ophioglossaceae", Nachtrag (1902). Herausg. von Buchenau, F. G. P.: „Flora von Bremen und Oldenburg", 8. Aufl., 1919 u. 9. Aufl. 1927 (mit Bruno Schütt).

Biv. = Antonio de Bivona-Bernardi, Messina 24. 10. 1774–7. 7. 1837 Messina. Sizil. Botaniker. Schriften: „Stirpium rariorum minusque cognitarum in Sicilia sponte provenientium descriptiones ...", 1813–1818; „Sicularum plantarum centuria prima (–centuria secunda)", 1806 bis 1807. Nach ihm die Gattung *Bivonaea* DC.

Bl. = Carl Ludwig Blume, Braunschweig 9. 6. 1796–3. 2. 1862 Leiden. Holl. Botaniker, Direktor des Rijksherbarium in Leiden, bereiste Ostindien u. brachte über 3000 Pflanzenarten von dort mit. Schriften: „Bijdragen tot de flora van Nederlandsch Indië ...", 1825–1827; „Flora Javae nec non insularum adjacentium ..., 1828–1858 (mit J. B. Fischer); „Rumphia, sive commentationes botanice imprimis de plantis Indiae orientalis ...", 1836–1849; „Museum botanicum lugduno-batavum ...", 1849–1857; „Enumeratio plantarum Javae et insularum adjacentium", 1827–1828, 2. Aufl. 1830. Nach ihm die Gattung *Blumea* DC.

Bl. et **Rchb. f.** = Carl Ludwig Blume u. Heinrich Gustav Reichenbach. Siehe diese.

J. M. Black = John McConnell Black, Wigtown, Schottland 28. 4. 1855–2. 12. 1951 Adelaide. Schott.-austral. Botaniker, von 1877 bis 1951 in Australien. Schrieb „Flora of South Australia", 1922–1929, 2. Aufl. 1943–1957, Suppl. 1965 (von H. Eichler), 3. Aufl. 1978 (von J. P. Jessop).

Blackburn = Benjamin Coleman Blackburn, Medina, New York 2. 5. 1908– . Nordamer. Botaniker, Pflanzensystematiker an der Drew University, New Jersey. Schrieb: „Trees and shrubs in eastern North America", 1952.

S. F. Blake (auch **Blake**) = Sidney Fay Blake, Staughton, Mass. 31. 8. 1892–31. 12. 1959 Beltsville, Md. Nordamer. Botaniker. Autor von mehr als 300 Schriften, vor allem über *Compositae*, außerdem „Geographical Guide to Floras of the World", 1942 u. 1961 (mit A. C. Atwood); „Guide to Popular Floras of the United States and Alaska", 1954. Bearbeitete für Britton, North American Flora Bd. 25(4) bis 25(5) „Polygalaceae", 1924. Nach ihm die Gattung *Blakiella* Cuatrecasas.

Blakel. = Ralph Anthony Blakelock, England 1915–31. 5. 1963 London. Engl. Botaniker in Kew. Arbeitete über die Flora des Iraks.

Blakely = William Faris Blakely, Tenterfield, New South Wales, Nov. 1875–1. 9. 1941 Hornsby, New South Wales. Austral. Botaniker. Spezialgebiet: *Eucalyptus*.

Blakely et **Steedm.** = William Faris Blakely u. Henry Steedman. Siehe diese.

Blanche = Charles Isidore Blanche, 1823 bis 11. 12. 1887 Beirut, Libanon. Franz. Konsul u. Pflanzensammler in Syrien u. im Libanon. Publizierte mit Pierre Edmond Boissier (Boiss.)

Blanco = Francisco Manuel Blanco, Navianos, Spanien 24. 11. 1778–1. 4. 1845 Manila. Span. Geistlicher u. Botaniker in Manila. Hauptwerk: „Flora de Filipinas ...", 1837, 2. Aufl. 1845, 3. Aufl. 1877–1883. Siehe auch unter Náves, Andrés u. Fernandez-Villar, Celestine (Náves et F. Vill.).

Bluff = Matthias Joseph Bluff, Köln 5. 2. 1805 bis 5. 6. 1837 Aachen. Deutscher Arzt u. Botaniker.

Bluff et **Fingerh.** = Matthias Joseph Bluff u. Karl Anton Fingerhuth. Gemeinsames Werk: „Compendium florae germanicae", 1821 bis 1833, 2. Aufl. 1836–1839. Siehe auch beide Verfasser.

Bluff, Nees et **Schau.** = Matthias Joseph Bluff, Christian Gottfried Daniel Nees von Esenbeck u. Johann Konrad Schauer. Siehe diese.

Blumensch. = Almiro Blumenschein. Zeitgen. brasilian. Genetiker u. Orchideenspezialist. Publizierte um 1960.

Blytt = Mathias Numsen Blytt, Overhalden 26. 4. 1789–26. 7. 1862 Christiania. Norweg. Botaniker. Schrieb „Norsk flora", 1847; „Norges flora ...", 1861–1877 (mit Axel Gudbrand Blytt). Nach ihm die Gattung *Blyttia* Fries.

Bobrov = Evgenij Grigor'evič Bobrov, Tver 17. 2. 1902–28. 2. 1983 Leningrad. Kurator des Herbariums des Komarov Bot. Instituts, Leningrad, Mitarbeiter u. Sekretär der „Flora U. R. S. S.", 1934–1964, Spezialgebiete: *Dipsacaceae, Geraniaceae, Trifolium.*

Böcher = Tyge Wittrock Böcher, Kopenhagen 25. 10. 1909–März 1983 Kopenhagen. Dänischer Botaniker am Institut für Pflanzenanatomie ..., Kopenhagen. Spezialgebiet: Arkt. Flora. Schrieb: „Grønlands Flora", 1957, 2. Aufl. 1966, engl. Ausgabe „The flora of Greenland", 1968 (alle zus. mit K. J. Holmen u. K. Jakobsen).

Bocq. = Henri Théophile Bocquillon, Cugney, Marne 5. 6. 1834–15. 5. 1883 Paris. Franz. Botaniker. Schrieb u. a. „Revue du groupe des Verbénacées", 1861–1863. Mitarbeiter an Baillon, Henri Ernest: „Dictionnaire de botanique", 1876–1892.

Böd. = Friedrich Bödecker, Watentrup, Lippe 11. 9. 1867–9. 4. 1937 Köln. Deutscher Handwerker u. Kakteenforscher in Köln. Schrieb „Mammillarien-Vergleichsschlüssel", 1933.

Böd. et **Ritt.** = Friedrich Bödecker u. Friedrich Ritter. Siehe diese.

Bodin = Nils Gustaf Bodin, publizierte um 1798.

Boeck. = Johann Otto Boeckeler, Hannover 12. 8. 1803–5. 3. 1899 Varel. Deutscher Apotheker u. Botaniker. Spezialgebiet: *Cyperaceae.* Schrieb „Die Cyperaceen des Königlichen Herbariums zu Berlin", 1868–1877. Nach ihm die Gattung *Boeckeleria* Dur.

Boehm. = Georg Rudolf Boehmer, Liegnitz 1. 10. 1723–4. 4. 1803 Wittenberg. Prof. der Anatomie u. Botanik in Wittenberg. Schrieb u. a. den Text zu G. W. Knorr „Thesaurus rei herbariae hortensisque universalis...", 1750 bis 1772. Weitere Schriften „Bibliotheca scriptorum historiae naturalis. Systematisch-literarisches Handbuch der Naturgeschichte", 1785–1789; „Lexicon rei herbariae tripartitum", 1802. Bearbeiter von Ludwig, C. G.: „Definitiones generum plantarum", 1760. Nach ihm die Gattungen *Boehmeria* Jacq. u. *Boehmeriopsis* Kom.

Boenn. (auch **Boenningh.**) = Clemens Maria Franz von Bönninghausen, Gut Heringhafen, Holland 1785–25. 1. 1864 Münster. Deutscher Arzt u. Botaniker. Schrieb u. a. „Prodromus florae monasteriensis Westphalorum", 1824. Nach ihm die Gattung *Boenninghausenia* Rchb. ex Meissn.

Boerl. = Jacob Gijsbert Boerlage, Uithoorn 18. 11. 1849–25. 8. 1900 Ternate, Java. Holl. Botaniker. Schrieb: „Handleiding tot de kennis der flora von Nederlandsch Indië", 1890 bis 1900; „Catalogus plantarum phanerogamarum quae in horto botanico bogoriensi coluntur", 1899 bis 1901. Nach ihm die Gattung *Boerlagea* Cogn.

Bogenh. = Carl Bogenhard, 3. 4. 1811–1853. Deutscher Botaniker u. Pharmazeut, seit 1852 in den USA. Schrieb „Taschenbuch der Flora von Jena", 1850.

Bogin = Clifford Bogin, 1920– . Nordamer. Botaniker. Publizierte 1955 über *Sagittaria.*

Bogn. = Josef Bogner, 1939– . Deutscher Gärtner u. Botaniker am Bot. Garten München. Spezialgebiet: *Araceae.*

Bogn. et **Bunt.** = Josef Bogner u. George Sydney Bunting. Siehe diese.

Böhme = Paul Böhme, 1860–13. 2. 1935. Deutscher Gärtner.

Bois = Désiré Georges Jean Marie Bois, Granville, Manche 9. 10. 1856–2. 1. 1946 Saint-Mandé. Franz. Botaniker. Schrieb u. a. „Atlas des plantes de jardins et d'appartements", 1891 bis 1896; „Les Orchidées", 1893; „Les plantes alimentaires...", 1927–1937.

Bois et **Berthault** = Désiré Georges Jean Marie Bois u. François Berthault. Siehe diese.

Boiss. = Pierre Edmond Boissier, Genf 25. 5. 1810–25. 9. 1885 Valleyres. Schweizer Botaniker. Hauptwerke: „Voyage botanique dans le midi de l'Espagne...", 1839–1845; „Diagnoses plantarum orientalium novarum", 1842 bis 1859; „Icones Euphorbiarum", 1866; „Flora orientalis", 1867–1884, Supplementum dazu 1888 (herausgegeben von R. Buser); „Elenchus plantarum novarum... in itinere hispanico legit", 1838; für de Candolle, Prodromus in Bd. XII (1848) „Plumbaginaceae", in Bd. XV, 2 (1862/66) zus. mit J. Müller Arg. „Euphorbiaceae". Nach ihm die Gattung *Boissiera* Hochst. ex Steud. sowie die Zeitschrift „Boissiera" (1936 →).

Boiss. et **Bal.** = Pierre Edmond Boissier u. Benjamin (Benedict) Balansa. Siehe diese.

Boiss. et **Blanche** = Pierre Edmond Boissier u. Charles Isidore Blanche. Siehe diese.

Boiss. et **Buhse** = Pierre Edmond Boissier u. Friedrich Alexander Buhse. Gemeinsames Werk: „Aufzählung der auf einer Reise durch Transkaukasien und Persien gesammelten Pflanzen", 1860. Siehe auch beide Verfasser.

Boiss. et **Hausskn.** = Pierre Edmond Boissier u. Heinrich Carl Haussknecht. Siehe diese.

Boiss. et **Heldr.** = Pierre Edmond Boissier u. Theodor Heinrich Hermann von Heldreich. Siehe diese.

Boiss. et **Hohen.** = Pierre Edmond Boissier u. Rudolph Friedrich Hohenacker. Siehe diese.

Boiss. et **Huet** = Pierre Edmond Boissier u. Alfred Huet du Pavillon. Siehe diese.

Boiss. et **Kotschy** = Pierre Edmond Boissier u. Carl Georg Theodor Kotschy. Siehe diese.

Boiss. et **Noë** = Pierre Edmond Boissier u. Friedrich Wilhelm Noë. Siehe diese.

Boiss. et **Orph.** = Pierre Edmond Boissier u. Theodoros Georgios Orphanides. Siehe diese.

Boiss. et **Reut.** = Pierre Edmond Boissier u. Georges François Reuter. Gemeinsame Hrsg. von „Pugillus plantarum novarum Africae borealis Hispaniaeque australis", 1852; „Diagnoses plantarum novarum hispanicarum", 1842. Im übrigen siehe unter Boiss. u. unter Reut.

Boiss. et **Sprun.** = Pierre Edmond Boissier u. Wilhelm von Spruner. Siehe diese.

Boivin = Joseph Robert Bernard Boivin, Montreal 7. 6. 1916–9. 5. 1985 Québec. Kanad. Botaniker am Department of Agriculture herbarium in Ottawa, später an der Universität Laval in Québec. Schrieb u. a.: „Énumeration des plantes du Canada", 1966–1967; „Flora of the Prairie Provinces", 1967–1981.

Boj. = Wenzel (Wenceslas) Bojer, Resanice, Böhmen 23. 9. 1797–4. 6. 1856 Port Louis, Mauritius. Böhm. Botaniker, von 1820 an auf der Insel Mauritius. Schrieb „Hortus mauritianus", 1837. Nach ihm die Gattung *Bojeria* DC.

H. Bol. (auch **H. Bolus**) = Harry Bolus, Nottingham 28. 4. 1834–25. 5. 1911, Oxted, Surrey. Engl. Bankier u. Botaniker in Südafrika. Schriften: „The Orchids of the Cape Peninsula", 1888 (in Trans. S. Afr. Philos. Soc. 5, Teil 1); „Icones Orchidearum austro-africanarum extra-tropicarum...", 1893 bis 1913. Nach ihm benannt die Gattungen *Bolusafra* O. Kuntze, *Bolusanthus* Harms, *Bolusia* Benth., *Bolusiella* Schlechter.

L. Bol. (auch **L. Bolus**) = Harriet Margaret Louisa Bolus (geb. Kensit), Burghersdorp 31. 7. 1877–5. 4. 1970 Kapstadt. Südafr. Botanikerin, Schwiegertochter von Harry Bolus. Kurator des Bolus-Herbariums in Kapstadt. Spezialgebiet: *Aizoaceae.* Schrieb u. a. „Notes on Mesembryanthemum and allied genera", 1928–1958. Nach ihr die Gattung *Kensitia* Fedde.

L. Bol. et **Schwant.** = Harriet Margaret Louisa Bolus u. Gustav Schwantes. Siehe diese.

Bolle = Carl August Bolle, Berlin 21. 11. 1821 bis 19. 2. 1909 Berlin. Deutscher Botaniker u. Dendrologe. Unternahm bot. u. zool. Forschungsreisen. Besitzer der dendrologisch berühmten Insel Scharfenberg bei Tegel. Schrieb: „De vegetatione alpina in Germania extra Alpes obvia", 1846. Nach ihm die Gattung *Bollea*

Rchb. f.

A. et **O. Bolòs** = Antoni de Bolòs i Vayreda, 1889-1975, u. Oriol de Bolòs i Capdevila, 1924 bis . Katalan. Botaniker in Barcelona.

O. Bolòs et **Vigo** = Oriel de Bolòs i Capdevila, 1924- u. J. Vigo, zeitgenöss. katalan. Botaniker in Barcelona. Schrieben gemeinsam: „Flora del països Catalans", 1984.

Bolt. = James Bolton, Halifax um 1758-7. 1. 1799 Luddendon, Halifax. Engl. Botaniker. Schriften: „Filices britannicae, ...", 1785 bis 1790; „An history of fungusses growing about Halifax", 1788-1791; „Geschichte der merckwürdigsten Pilze", 1795-1820 (aus dem Englischen übersetzt von Karl Ludwig Willldenow). Nach ihm die Gattung *Boltonia* L'Hérit.

Bonato = Giuseppe Antonio Bonato, Padua 12. 7. 1753-21. 6. 1836 Padua. Ital. Botaniker, Professor in Padua. Schrieb: „Pisaura automorpha e Coreopsis formosa".

Bonavia = Emanuel Bonavia, 1826-Nov. 1908 Worthing, Sussex. Engl. Arzt u. Botaniker in Indien. Schrieb „The cultivated oranges and lemons... of India and Ceylon, ...", 1888 bis 1890; „The flora of the Assyrian monuments and its outcomes", 1894.

Bong. = August Heinrich Gustav von Bongard, Bonn 12. 9. 1786-Nov. 1839 St. Petersburg. Deutscher Botaniker in St. Petersburg. Schrieb „Verzeichniß der im Jahre 1838 am Saisang-Nor und am Irtysch gesammelten Pflanzen", 1841 (mit C.A. Meyer). Nach ihm die Gattung *Bongardia* C.A. Mey.

Bonnet et **Barratte** = Edmond Bonnet, 1848-1922. Franz. Botaniker am Museum National d'Histoire Naturelle in Paris; u. Jean François Gustave Barratte, 1857-1920. Franz. Botaniker. Schrieben gemeinsam: „Exploration scientifique de la Tunisie. Catalogue raisonné des plantes vasculaires de la Tunisie", 1896.

Bonnier = Gaston Eugène Marie Bonnier, Paris 9. 4. 1853-30. 12. 1922 Paris. Franz. Botaniker, arbeitete experimentell über die Modifizierbarkeit der Pflanzen. Hauptwerk: „Flore complète illustrée en couleurs de France, Suisse et Belgique", 1911-1935 (ab Band 7, 1924, fortgesetzt von R.C.V. Douin). Nach ihm die Gattungen *Bonniera* Cordem. u. *Bonnierella* Vig.

Bonnier et **Layens** = Gaston Eugène Marie Bonnier u. Georges de Layens. Schrieben gemeinsam „Tableaux synoptiques des plantes vasculaires de la flore de France", 1894; „Flore complète portative de la France et de la Suisse", 1909. Siehe auch beide Verfasser.

Bonpl. = Aimé Jacques Alexandre Goujaud dit Bonpland, La Rochelle 29. 8. 1773-11. 5. 1858 Santa Ana, Corrientes, Argentinien. Franz. Arzt, Botaniker u. Forschungsreisender. Reisebegleiter A. von Humboldts, entdeckte über 6000 neue Pflanzenarten, die teils er, teils Kunth (s.d.) beschrieb. Von 1804 an Direktor des Malmaison-Gartens, von 1818 an Prof. in Buenos Aires, von wo er weite Forschungsreisen unternahm. Schriften: „Description des plantes rares cultivées à Malmaison et à Navarre", 1812-1817; zus. mit Humboldt u. Kunth „Nova genera et species plantarum quas in peregrinatione... orbis novi collegerunt", 1815 bis 1825. Nach ihm die Gattung *Bonplandia* Cav. und die Zeitschrift „Bonplandia", Hannover, 1853-1862.

Bonst. = Carl Bonstedt, Naumburg 8. 4. 1866 bis 14. 2. 1953 Göttingen-Geismar. Deutscher bot. Gärtner u. Pflanzenzüchter, ab 1900 Leiter des Bot. Gartens Göttingen. Hrsg. der 1. Aufl. von „Pareys Blumengärtnerei", 1930-1932 (2. Aufl., 1958-1961, siehe unter Encke); „Allendorfs Kulturpraxis der Kalt- und Warmhauspflanzen", 6. Aufl. 1934. Nach ihm die Gattung *Bonstedtia* Wehrh.

Boom = Boudewijn Karel Boom, Gorinchem 26. 3. 1903-21. 3. 1980 Wageningen. Holl. Botaniker. Autor von „Nederlandse dendrologie", 10. Aufl. 1978; „Flora der gekweekte kruidachtige gewassen", 1950 (mit J.D. Ruys), 2. Aufl. 1970; „Flora von kamer- en kasplanten", 1968; mit P. den Ouden „Manual of cultivated conifers", 1965.

Booth = 1. John Richmond Booth, Klein-Flottbeck (Hamburg) 1799-14. 9. 1847. Bedeutender deutscher Gärtner mit weltweiten Verbindungen.
2. John Booth, Sohn des vorigen, Klein-Flottbeck 2. 11. 1836-5. 2. 1908 Groß-Lichterfelde bei Berlin. Deutscher Gärtner, bekannt durch Einführung amer. Gehölze, insbes. von *Pseudotsuga*, der Douglasie.

Boott = Francis M.B. Boott, Boston 26. 9. 1792 bis 25. 12. 1863 London. Engl. Botaniker u. Arzt nordamer. Abstammung. Veröffentlichte „Illustrations of the genus Carex", 1858-1867.

Bor = Norman Loftus Bor, Waterford, Irland 3. 5. 1893-1972. Engl. Botaniker, in Indien tätig. Spezialgebiet: *Gramineae*. Schrieb: „The grasses of Burma, Ceylon, India and Pakistan", 1960. Bearbeiter der Fam. *Gramineae* für K.H. Rechinger, Flora Iranica, No. 70, 1970.

Bor. = Alexandre Boreau, Saumur 15. 3. 1803 bis 5. 7. 1875 Angers. Franz. Botaniker, Direktor des Bot. Gartens in Angers. Schrieb u.a. „Flore du centre de la France", 1840, weitere Auflagen 1849, 1857.

Borb. = Vincze tól Borbás, Ipoly-Litke 29. 7. 1844-17. 7. 1905 Klausenburg. Ungar. Botaniker. Autor von „Vasvármegye növényföldrajza és flórája" [Geographia atque enumeratio plantarum comitatus Castriferrei in Hungaria], 1887; „A Balaton Tavanak és Partmellekenek Növényföldraza és Edényes Növénzyzete", 1900; „Abauj Torna Vármegye Flórája", 1896. Nach ihm die Zeitschriften „Borbasia" (1938 bis 1940) u. „Borbasia Nova" (1940-1949).

Borb. et **Novák** = Vincze tól Borbás u. ... Novák. Botaniker. Siehe ersteren.

Borb. et **Uechtr.** = Vincze tól Borbás u. Rudolf Carl Friedrich von Uechtritz. Siehe diese.

Borg = John Borg, Balzan, Malta 9. 11. 1873 bis 4. 5. 1945 Malta. Engl. Botaniker. Schrieb: „Descriptive flora of the Maltese islands", 1927; „Cacti. A gardener's handbook for their identifi-

cation and cultivation", 2. Aufl. 1951.
Boriss. = Antonina Georgievna Borissova (Borisova), St. Petersburg 3. 6. 1903–1970. Russ. Botanikerin am Komarov Institut in Leningrad. Spezialgebiet: Systematik der Kulturpflanzen. Mitarbeiterin an Komarov, V.L., Flora U.R.S.S., von Bd. 9, 1939 bis Bd. 29, 1964.
Borja = José Borja Carbonell, 1903- . Span. Botaniker am Bot. Garten Madrid. Publizierte mit Salvador Rivas-Goday.
Borkh. = Moritz Balthasar Borkhausen, Gießen 3. 12. 1760–30. 11. 1806 Darmstadt. Deutscher Naturwissenschaftler, Forstbeamter, Kammerrat. Schriften: „Tentamen dispositionis plantarum Germaniae . . .", 1792, auch 1809: „Theoretisch-praktisches Handbuch der Forstbotanik und Forsttechnologie", 1800 bis 1803; „Versuch einer forstbotanischen Beschreibung der in den Hesse-Darmstädtschen Landen, . . ., im Freien wachsenden Holzarten", 1790; „Botanisches Wörterbuch", 1797, auch 1816, mit Nachtrag von F. G. Dietrich.
Börner = Carl Julius Bernhard Börner, Bremen 28. 5. 1880–14. 6. 1953 Naumburg (Saale). Deutscher Botaniker und Entomologe. Schrieb „Eine Flora für das deutsche Volk", 1912 (unter Mitarbeit von L. Lange u. P. Dobe).
Bornm. = Joseph Friedrich Nicolaus Bornmüller, Hildburghausen 6. 12. 1862–19. 12. 1948 Weimar. Deutscher Botaniker, Leiter des Haussknecht-Herbariums in Weimar. Unternahm große Sammelreisen auf dem Balkan, in Kleinasien, Iran, Madeira, auf den Kanarischen Inseln. Schrieb u. a. „Beiträge zur Flora Mazedoniens", 1925–1928. Nach ihm die Gattung *Bornmuelleria* Hausskn.
Borrer = William Borrer, Henfield 13. 6. 1781 bis 10. 2. 1862 Henfield, Sussex. Engl. Botaniker. Schrieb u. a. über engl. Flechten. Nach ihm die Gattung *Borreria* G. F. W. Mey.
Bort = Katherine Stephens Bort, 1870–?. Nordamer. Landwirtschaftswissenschaftlerin.
Bory = Jean Baptiste Geneviève Marcellin Bory de St. Vincent, Agen 6. 7. 1780–22. 12. 1846 in Paris. Franz. Oberst, Naturforscher, Botaniker. Reiste in Südafrika, Algerien etc. Schriften: „Voyage dans les quatre principales îles des mers d'Afrique", 1804; „Expédition scientifique de Morée", 1832–1836 (Botanik in Tome III. 2, 1832–1833, Atlas 1835–1836, unter Mitarbeit von M. Fauché, A. T. Brongniart u. L. A. Chaubard); „Nouvelle flore du Peloponnèse et des Cyclades . . .", 1838; „Histoire des hydrophytes . . .", 1829; „Voyage souterain, ou description du plateau de Saint-Pierre de Maestricht et . . .", 1821; Hrsg. von „Dictionnaire classique d'histoire naturelle", 1822–1831. Nach ihm die Gattung *Borya* Labill.
Bory et **Chaub.** = Jean Baptiste Geneviève Marcellin Bory de St. Vincent u. Louis Anastase Chaubard. Siehe diese.
Borzi = Antonino Borzi, Castroreale, Messina 20. 8. 1852–21. 8. 1921 Cutigliano, Lucca. Ital. Botaniker in Messina u. Palermo. Schrieb: „Studi algologici", 1883–1885. Nach ihm die Gattung *Borzicactus* Riccob.
Bosc = Louis Augustin Guillaume Bosc, Paris 29. 1. 1759–10. 7. 1828 Paris. Franz. Botaniker, Direktor des Bot. Gartens Paris, von 1796 bis 1799 als Gesandter in Nordamerika. Schriften: „Mémoires sur quelques espèces de champignons d'Amérique", 1814; „Mémoires sur les différentes espéces de chênes, . . .", 1808. Nach ihm die Gattung *Boscia* Lam.
Bosse = Julius Friedrich Wilhelm Bosse, Rastede, Oldenburg 12. 8.1788–25. 10. 1864 Oldenburg. Deutscher Gärtner. Schriften: „Vollständiges Handbuch der Blumengärtnerei", 1829; 2. Auflage, 3 Bände, 1840–1842, mit je 1 Nachtrag von 1849 u. 1854; 3. Aufl., 3 Bände, 1859–1861.
Boswell = siehe **Syme.**
Bouché = Carl David Bouché, Berlin 4. 6. 1809 bis 27. 9. 1881 Berlin. Entstammte einer berühmten Gärtnerfamilie, von 1843 bis zu seinem Tode Inspektor des Bot. Gartens Berlin. Hauptwerk: „Die Blumenzucht in ihrem ganzen Umfange", 1855.
Bouché et **Hanst.** = Carl David Bouché u. Johannes Ludwig Emil Robert von Hanstein. Siehe diese.
Bowie = James Bowie, London 1789-2. 7. 1869 Kapstadt. Engl. Pflanzensammler für Kew. Nach ihm die Gattung *Bowiea* Harv. ex Hook. f.
Bowl. = Edward Augustus Bowles, Enfield, Middlesex 14. 5. 1865–7. 5. 1954 Enfield. Engl. Botaniker u. Gärtner. Schrieb u. a. „A handbook of Crocus and Colchicum for gardeners", 1924, auch 1952.
Bowl. et **Stearn** = Edward Augustus Bowles u. William Thomas Stearn. Siehe diese.
Boynton = Frank Ellis Boynton, Hyde Park, Vermont 19. 7. 1859–?. Nordamer. Botaniker.
Boynton et **Beadle** = Frank Ellis Boynton u. Chauncey Delos Beadle. Siehe diese.
F.E. Br. = F. E. Brown, 1. Hälfte 19. Jahrh. Engl. Pflanzenzüchter in Slough.
N.E. Br. = Nicholas Edward Brown, Redhill 9. 7.1849–25. 11. 1934 Kew. Engl. Botaniker in Kew, Sukkulentenforscher (vor allem *Aizoaceae*), Kenner der *Araceae.* Verf. vieler systematischer Schriften, u. a. „Mesembryanthema", 1931 (mit A. Tischer u. M. C. Karsten). Bearbeitete zahlreiche Familien für Oliver, Flora of Tropical Africa, von Bd. 4(1) bis 8(3), 1901–1913 (Bände nicht chronolog. erschienen!). Nach ihm die Gattung *Brownanthus* Schwant.
P. Br. = Patrick Browne, Woodstock, Mayo um 1720–29. 8. 1790 Rushbrook, Mayo. Irischer Arzt u. Botaniker, bereiste Westindien, besonders Jamaika. Schrieb u. a. „The civil and natural history of Jamaica", 1756, 2. Aufl. 1789. Nach ihm die Gattung *Brownea* Jacq. corr. Murr.
R. Br. = Robert Brown, Montrose 21. 12. 1773 bis 10. 6. 1858 London. Engl. Botaniker, von 1801-1805 auf einer Australien-Expedition, später Kustos am Brit. Museum London. Schriften: „Prodromus florae Novae Hollandiae", 1810; „Supplementum primum florae

Novae Hollandiae", 1830; Text zu Ferdinand Lukas Bauer: „Illustrationes florae Novae Hollandiae, ...", 1806–1813; „Vermischte botanische Schriften", 1825–1834 (hrsg. von C.G. Nees von Esenbeck); „The miscellaneous botanical works", 1866–1868. Nach ihm die Gattung *Brunonia* Sm. Siehe auch Benn.

Brade = Alexander Curt Brade, Forst, Lausitz 19. 6. 1881–19. 7. 1971 São Paulo, Brasilien. Deutscher Botaniker, seit 1908 in Mittel- u. Südamerika, zunächst in Costa Rica, dann in Brasilien. Erforscher der Flora von Mittel- u. Südamerika. Nach ihm die Gattung *Bradea* Standl. ex Brade sowie die Zeitschrift „Bradea", 1969 →.

Bramw. = David Bramwell, zeitgenöss. engl. Botaniker in Las Palmas, Kanaren. Spezialgebiete: *Crassulaceae, Echium*, Hrsg. von „Plants and islands", 1979. Schrieb: „Wild flowers of the Canary Islands", 1974 (mit Z. Bramwell).

Brand = August Brand, 1863–17. 9. 1930 Sorau, Niederlausitz. Deutscher Botaniker. Bearbeitete für Engler: Das Pflanzenreich „Symplocaceae", 1901; „Polemoniaceae", 1907; „Hydrophyllaceae", 1913; „Borraginaceae-Borraginoideae-Cynoglosseae", 1921; „Borraginaceae-Borraginoideae-Cryptantheae", 1931. Hrsg. (mit E.H. Hallier u. R. Wohlfarth) der 3. Aufl. von W.D.J. Koch „Synopsis der Deutschen und Schweizer Flora", 1892–1907; Hrsg. der 3. Aufl. von E. Huth „Flora von Frankfurt an der Oder und Umgegend", 1909.

K. Brandeg. = Mary Katherine Brandegee (geb. Layne, verw. Curran), Tennessee 28. 10. 1844–3. 4. 1920 Berkeley, Kalifornien. Nordamer. Botanikerin u. Pflanzensammlerin in San Francisco, Kalifornien. Ehefrau von Townshend Stith Brandegee.

T.S. Brandeg. = Townshend Stith Brandegee, Berlin, Connecticut 16. 2. 1843–7. 4. 1925 Berkeley, Kalifornien. Nordamer. Botaniker u. Pflanzensammler. Hrsg. der Zeitschrift „Zoe", 1890–1894. Nach ihm die Gattung *Brandegea* Cogn.

Brandis = Sir Dietrich Brandis, Bonn 31. 3. 1824–28. 5. 1907 Bonn. Deutscher Forstbotaniker, von 1855–1883 im Forstdienst in Indien, von 1864–1883 als Direktor. Schrieb u.a. „The forest flora of North-West and Central India ...", 1874 (m. J.L. Stewart); „Die Nadelhölzer Indiens", 1886; „Indian trees", 1906. Bearbeitete für Engler u. Prantl, Die natürlichen Pflanzenfamilien III. 6 (1893) „Dipterocarpaceae" (mit E.F. Gilg); III. 7 „Combretaceae", 1893; Verfasser von Lieferung 29–30 von Th. Nees: „Genera plantarum florae germanicae", 1856 bis 1859.

Brandis et **Jesw.** = Sir Dietrich Brandis u. Jacob Jeswiet. Siehe diese.

Brandt = Johann Friedrich Brandt, Jüterbog 25. 5. 1802–15. 7. 1879 St. Petersburg. Deutscher Botaniker und Zoologe, seit 1831 in St. Petersburg. Schriften: „Flora berolinensis", 1824, auch 1825; „Abbildung und Beschreibung der in Deutschland wildwachsenden Giftgewächse", 1828–1838, 2. Aufl. 1838 (zus. mit P. Phoebus u. J.T.C. Ratzeburg). Setzte von 1833 bis 1837 das Werk von F.G. Hayne „Getreue Darstellung und Beschreibung der in der Arzneykunde gebräuchlichen Gewächse" fort.

M. Brandt = Max Brandt, Rüsselsheim 17. 9. 1884–29. 11. 1914 Czczerczow, Polen (im 1. Weltkrieg gefallen). Deutscher Botaniker am Bot. Museum Berlin. Spezialgebiet: *Vitaceae, Violaceae*. Publizierte mit Ernst Friedrich Gilg.

A. Braun = Alexander Carl Heinrich Braun, Regensburg 10. 5. 1805–29. 3. 1877 Berlin. Deutscher Botaniker, seit 1852 Direktor des Bot. Gartens Berlin. Seiner Vielseitigkeit entspricht die Zahl seiner Veröffentlichungen über Systematik, Morphologie, Physiologie u. Pathologie. Genannt sei hier nur: „Conspectus systematicus Characearum europaearum", 1867.

A. Braun et **Aschers.** = Alexander Carl Heinrich Braun u. Paul Friedrich August Ascherson. Siehe diese.

A. Braun et **Bouché** = Alexander Carl Heinrich Braun u. Carl David Bouché. Siehe diese.

A. Braun et **Milde** = Alexander Carl Heinrich Braun u. Carl August Julius Milde. S. diese

J. Braun et **K. Schum.** = Josias Braun (später J. Braun-Blanquet) u. Karl Moritz Schumann. Siehe diese.

Braun-Blanq. (auch **Br.-Bl.**) = Josias Braun-Blanquet, Chur 3. 8.1884–20. 9. 1980 Montpellier. Schweizer Botaniker, lebte in Montpellier, Frankreich. Begründer der Station Internationale de Géobotanique Mediterranéenne et Alpine („SIGMA"). Schrieb u.a. „Pflanzensoziologie", 1928, 2. Aufl. 1951, 3. Aufl. 1964 (engl.: „Plant sociology", 1932); „Flora von Graubünden", 1932–1935 (mit Eduard August Rübel); „Flora raetica advena", 1951; „Les groupements végétaux de la France méditerranéenne", 1952; „Die inneralpine Trockenvegetation", 1961.

Braun-Blanq. et **Maire** =Josias Braun-Blanquet u. René Charles Joseph Ernest Maire. Siehe diese.

Bravo = Helia Bravo-Hollis, Mexico City, Mexiko 30. 9. 1903– . Mexik. Botanikerin. Schrieb: „Las Cactaceas de Mexico", 1937. Nach ihr die Gattung *Heliabravoa* Bckbg.

Bravo et **W.T. Marsh.** = Helia Bravo-Hollis u. William Taylor Marshall. Siehe diese.

Breda = Jacob Gijsbert Samuel van Breda, Delft 24. 10. 1788–2. 9. 1867 Haarlem. Holl. Botaniker u. Paläontologe. Schrieb „Genera et species Orchidearum et Asclepiadearum quas in itinere per insulam Javam ...", 1828–1829.

Breistr. = Maurice Breistroffer, 1906– . Franz. Botaniker, Direktor des Musée d'Histoire Naturelle Grenoble.

Breit. = Wilhelm Breitenbach, Unna 21. 12. 1856–?. Deutscher Botaniker.

Breitf. = Charlotte Breitfeld, Neusalza in Sachsen 5. 1. 1902– . Deutsche Botanikerin, Mitarbeiterin von W. Rauh.

Bremek. = Cornelis Elisa Bertus Bremekamp, Dordrecht 7. 2. 1888–21. 12. 1984 Bilthoven. Holl. Botaniker, ehemals Prof. der Universität

von Pretoria, Südafrika, später am Bot. Museum u. Herbarium in Utrecht. Spezialgebiete: *Acanthaceae, Rubiaceae.* Nach ihm die Gattungen *Bremekampia* Sreemadh. u. *Batopedina* Verdc.
Bremek. et **Oberm.** = Cornelis Elisa Bertus Bremekamp u. Anna Amelia Obermeyer-Mauve. Siehe diese.
Bremer = Karl Bremer, zeitgenöss. engl. Botaniker am Brit. Museum in London. Spezialgebiet: *Compositae.* Publizierte mit Wilcox u. Christopher John Humphries.
Brenan = John Patrick Micklethwait Brenan, Chislehurst, Kent 19. 4. 1917–26. 9. 1985. Engl. Botaniker in Kew, von 1976–1981 Direktor. Mitarbeiter an „Flora of Tropical East Africa", 1953–1967. Hrsg. von „Computers in botanical collections", 1973.
Bresler = Moritz Bresler, Breslau Aug. 1802 bis ca. 1851. Deutscher Botaniker u. Arzt. Schrieb „Generis Asparagi historia naturalis atque medica", 1826.
W.H. Brewer = William Henry Brewer, Poughkeepsie, New York 14. 9. 1828–2. 11. 1910 New Haven, Connecticut. Nordamer. Botaniker u. Pflanzensammler.
W.H. Brewer et **S. Wats.** = William Henry Brewer u. Sereno Watson. Siehe diese.
Brickell - John Brickell, County Louth, Irland 1749–22. 12. 1809 Savannah, Georgia.
C.D. Brickell = Christopher David Brickell, Bodmin, Cornwall 29. 6. 1932 – . Engl. Botaniker u. Gartenbauwissenschaftler, Direktor des botanischen Gartens in Wisley, England.
Brieg. = Friedrich Gustav Brieger, Breslau 11. 10. 1900–6. 2. 1985. Brasilian. Botaniker, Orchideensystematiker. U. a. Mitherausgeber der 3. Aufl. von Schlechter, „Die Orchideen", 1971 ff.
S.M. Briggs = Scott Munro Briggs, 1889–1917. Engl. Botaniker, 1914–1917 in Kew. Nach ihm die Gattung *Briggsia* Craib.
Briot = Charles Briot, 1804–1888 Rueil, Seine-et-Oise. Franz. Baumschulgärtner.
Briq. = John Isaac Briquet, Genf 13. 3. 1870 bis 26. 10. 1931 Genf. Schweizer Botaniker, Direktor des Bot. Gartens Genf. Von 1900–1931 Generalberichterstatter für bot. Nomenklaturfragen auf den Bot. Kongressen. Schrieb u. a. „Études sur les Cytises des Alpes maritimes", 1894; „Prodrome de la flore corse", 1910–1913 (von 1936–1955 fortgesetzt von René de Litardière); „Biographies de botanistes suisses", 1906. Bearbeitete für Engler u. Prantl, Die natürlichen Pflanzenfamilien IV. 3 a (1895) „Verbenaceae, Labiatae", IV. 3 b (1895) „Phrymaceae". Nach ihm die Gattung *Briquetia* Hochr.
Briq. et **Cavill.** = John Isaac Briquet u. François Georges Cavillier. Verfaßten gemeinsam den Text von Bd. 5(2)–7 von Burnat, Émile: „Flore des Alpes maritimes", 1915–1931. Siehe auch beide Verfasser.
Britt. = Nathaniel Lord Britton, New Dorp, Staten Island 15. 1. 1859–25. 6. 1934 New York. Nordamer. Geologe u. Botaniker, Direktor des Bot. Gartens New York. Autor von „Flora of Bermuda", 1918; „The Bahama flora", 1920 (m. C.F. Millspaugh); „North American Trees", 1908 (mit J.A. Shafer); „Manual of the flora of the Northern States and Canada", 1901, 2. Aufl. 1905, 3. Aufl. 1907. Herausg. (mit Lucien Marcus Underwood; später auch William Alphonso Murrill, John Hendley Barnhart u. Harold William Rickett) von: „North American Flora", 1905–1957, 2. Serie 1954 bis →. Nach ihm die Gattung *Brittonella* Rusby und die Zeitschrift „Brittonia", 1931 →. Siehe auch B. S. P.
Britt. et **A. Brown** = Nathaniel Lord Britton u. Addison Brown. Gemeinsames Werk: „An illustrated flora of the Northern United States, Canada and the British possessions", 1896 bis 1898, 2. Aufl. 1913, 3. Aufl. 1952 (Bearbeiter H. A. Gleason) unter dem Titel: „The new Britton and Brown illustrated flora of the Northeastern United States and adjacent Canada" (4th printing 1968). Siehe auch beide Verfasser.
Britt. et **Rose** = Nathaniel Lord Britton u. Joseph Nelson Rose, Gemeinsames Werk: „The Cactaceae", 4 Bde., 1919–1923. Bearbeiteten gemeinsam für Britton: North American Flora in Bd. 22(1) „Crassulaceae", 1905; in Bd. 23(1) bis 23(3) „Mimosaceae", 1928; Bd. 23(4)–23(5) „Caesalpiniaceae", 1930. Siehe auch beide Verfasser.
Britten = James Britten, Chelsea 3. 5. 1846–8. 10. 1924 London. Engl. Botaniker. Schrieb u. a. „European Ferns", 1879–1881. Hrsg. von „Journal of Botany", 1880–1924. Bearbeitete für Oliver, Flora of Tropical Africa, in Bd. 2 „Crassulaceae", 1871. Nach ihm die Gattung *Brittenia* Cogn.
Brongn. = Adolphe Théodore Brongniart, Paris 14. 1. 1801–28. 2. 1876 Paris. Franz. Botaniker, auf Weltreise von 1822–1825. Schriften: „Histoire des végétaux fossiles", 1828–1838; „Recherches sur les graines fossiles silicifiées", 1881; „Mémoire sur la famille des Rhamnées", 1826; „Sur la classification et la distribution des végétaux fossiles", 1822; „Mémoire sur la génération et le développement de l'embryon dans les végétaux phanérogames", 1827. Nach ihm die Gattung *Brongniartia* Kunth. Siehe auch Bory.
Brot. = Felix de Avellar Brotero, Santo Antão do Tojal 25. 11. 1744–4. 8. 1828 Alcolena de Belém. Portug. Botaniker, 1800–1821 Direktor des Bot. Gartens Ajuda bei Lissabon. Veröffentlichte u. a. „Flora lusitanica . . .", 1804–1805; „Phytographia Lusitaniae selectior, . . .", 1800, weitere Aufl. 1816–1827. Nach ihm die Zeitschrift „Brotéria" (1902–1931).
Brouillet et **Semple** = Luc Brouillet u. John C. Semple, zeitgenöss. kanad. Botaniker in Waterloo, Ontario. Spezialgebiet: *Aster, Solidago* u. verwandte Gattungen.
Broun = Maurice Broun, New York 27. 8. 1906– . Nordamer. Ornithologe.
Brouss. = Pierre Marie Auguste Broussonet, Montpellier 28. 2. 1761–26. 7. 1807 Montpellier. Franz. Botaniker u. Zoologe. Konsul auf den Kanar. Inseln, später Prof. in Montpellier.

Schrieb „Elenchus plantarum horti botanici monspeliensis", 1805. Nach ihm die Gattung *Broussonetia* L'Hérit. ex Vent.
A. Brown = Addison Brown, West Newbury, Massachusetts 21. 2. 1830–9. 4. 1913 New York. Nordamer. Jurist u. Botaniker. Nach ihm die Gattung *Addisonia* Rusby und die Zeitschrift „Addisonia" (1916 →). Siehe auch Britt. et A. Brown u. B. S. P.
Brownsey et **Jermy** = Patrick J. Brownsey, zeitgenöss. neuseel. Botaniker in Wellington; u. Anthony Clive Jermy, 1932– . Engl. Botaniker am Natural History Museum, London. Spezialgebiet: Farne. Letzterer schrieb: „British sedges. A handbook to the species of Carex found growing in the British Isles", 1968 (mit T.G. Tutin).
Bruant = Georges Bruant, 1842–1912 Poitiers. Franz. Botaniker.
Bruce = James Bruce, Kinnaird, Stirling 14. 12. 1730–27. 4. 1794 Kinnaird. Schott. Naturwissenschaftler u. Reisender. Veröffentlichte „Travels to discover the source of the Nile", 1790, 3. Aufl. 1813 (deutsch: „Reisen in das Innere von Africa nach Abyssinien an die Quellen des Nils", 1791). Nach ihm die Gattung *Brucea* J.F. Mill.
G. Brückn. = Gerhard Brückner, Berlin 4. 1. 1902– . Deutscher Botaniker. Bearbeitete für Engler, Die natürlichen Pflanzenfamilien, 2. Aufl. Bd. 15a (1930) „Commelinaceae".
Bruegg. = Christian Georg Brügger, Churwalden 11. 3. 1833–16. 10. 1899 Chur. Schweizer Botaniker, gab eine „Flora des Poschiavinothales" heraus.
Brumh. = Philipp Brumhard, Klein-Helmsdorf, Thüringen 21. 10. 1879–?. Deutscher Botaniker in Breslau. Schrieb: „Monographische Uebersicht der Gattung Erodium", 1905.
Brummitt = Richard Kenneth Brummitt, Liverpool 22. 5. 1937– . Engl. Botaniker am Herbarium Kew. Spezialgebiete: Flora Zambesiaca, afrikan. *Leguminosae, Calystegia*, Nomenklatur. Schrieb: „Index to European taxonomic literature" (für 1965–1970), 1966–1977 (z.T. mit I.K. Ferguson u. D.H. Kent) (in Regnum Vegetabile).
Brummitt et **Heyw.** = Richard Kenneth Brummitt u. Vernon Hilton Heywood. Siehe diese.
B. S. P. = Nathaniel Lord Britton (s.d.), Emerson Ellick Sterns (s.d.), Justus Ferdinand Poggenburg (s.d.). Gemeinsame Hrsg. von: „Preliminary catalogue of Anthophyta and Pteridophyta recorded within 100 miles of New York City", 1888. Zusätzl. Mitarbeiter: Addison Brown, Charles Arthur Hollick, Thomas Conrad Porter.
J. Buchan. (auch **Buchanan**) = John Buchanan, 1819–18. 10. 1898 in Neuseeland. Engl. Botaniker, von 1859–1898 in Neuseeland. 1867–1885 Verf. vieler Beiträge über die neuseeländ. Flora in versch. Zeitschriften, außerdem „The indigenous grasses of New Zealand", 1877–1880; „Manual of the indigenous grasses of New Zealand", 1880. Nach ihm die Gattung *Buchanania* Spreng.
Buchenau = Franz Georg Philipp Buchenau, Kassel 12. 1. 1831–23. 4. 1906 Bremen. Deutscher Botaniker u. Pädagoge. Schriften: „Flora der Nordwestdeutschen Tiefebene", 1894; „Flora der Ostfriesischen Inseln", 1881, 2. Aufl. 1891, 3. Aufl. 1896 (Nachtrag 1901). 4. Aufl. 1901; „Flora von Bremen", 1877, 2. Aufl. 1879; Titel ab 3. Aufl. 1885: „Flora von Bremen und Oldenburg", 9. Aufl. 1927 (von F.A.G. Bitter u. Bruno Schütt), 10. Aufl. 1936 (von Bruno Schütt) unter dem Titel: „Flora von Bremen, Oldenburg, Ostfriesland und der ostfriesischen Inseln"; „Kritische Nachträge zur Flora der Nordwestdeutschen Tiefebene", 1904; für Engler, Das Pflanzenreich „Tropaeolaceae", 1902; „Scheuchzeriaceae, Alismataceae et Butomaceae", 1903; „Juncaceae", 1906; für Engler u. Prantl, Die natürlichen Pflanzenfamilien II. 1. (1889) „Juncaginaceae, Alismaceae, Butomaceae", II. 5. (1887), „Juncaceae".
S. Buchet = Samuel Buchet, 1875–1956.
Buch.-Ham. = Francis Buchanan, später Lord Hamilton, Branziet, Perthshire 15. 2. 1762–15. 2. 1829 Leny. Schott. Botaniker, Forschungsreisender, Direktor des Bot. Gartens Kalkutta von 1813–1815. Verf. von „A Journey from Madras through the countries of Mysore...", 1807; „An account of the kingdom of Nepal", 1819.
Buchheim = Arno Fritz Günther Buchheim, Döbeln 26. 10.1924– . Nordamer. Botaniker, Bibliograph u. Bibliothekar deutscher Abstammung, zunächst am Bot. Museum Berlin-Dahlem, von 1963–1981 am Hunt Institute for Botanical Documentation in Pittsburgh, Pennsylvania, seit 1985 an der John Carter Brown Library, Providence, Rhode Island. Mitarbeiter am „Syllabus der Pflanzenfamilien", 12. Aufl., 1964. Mitverfasser der 9. bis 14. Aufl. von „Zander, Handwörterbuch der Pflanzennamen", 1964–1993. Mitherausgeber von „B-P-H" (Botanico-Periodicum-Huntianum), 1968.
Buchheim et **Potzt.** = Arno Fritz Günther Buchheim u. Eva Hedwig Ingeborg Potztal. Siehe diese.
Buchholz = John Theodore Buchholz, Nebraska 14. 7. 1888–1. 7. 1951 Urbana, Illinois. Nordamer. Botaniker. Spezialgebiet: *Coniferae.*
Buc'hoz = Pierre Joseph Buc'hoz, Metz 27. 1. 1731–30. 1. 1807 Paris. Franz. Arzt u. Botaniker. Veröffentlichte neben vielen anderen reich illustrierten Werken „Herbier ou collection des plantes médicinales de la Chine...", 1781; „Herbier colorié de l'Amérique", 1783; „Herbier colorié du Japon", 1792; „Histoire universelle du règne végétal...", 1773–1778; „Plantes nouvellement descouvertes, ...", 1779–1784. Nach ihm die Gattung *Buchozia* L'Hérit.
Buckl. = Samuel Botsford Buckley, Torrey, New York 9. 5. 1809–18. 2. 1884 Austin, Texas. Nordamer. Botaniker u. Geologe. Schrieb: „A preliminary report on the geological and agricultural survey of Texas", 1866. Nach ihm die Gattung *Buckleya* Torr.
Buek = Heinrich Wilhelm Buek, Hamburg 10.

4. 1796–10. 2. 1879 Hamburg. Deutscher Mediziner u. Botaniker. Schrieb „Genera, species et synonyma Candolleana alphabetico ordine disposita, ...“, 1840–1874 (4 Registerbände zu A.P. de Candolles Prodromus).

Buhse = Friedrich Alexander Buhse, Riga 30. 11. 1821–29. 12. 1898. Balt. Botaniker u. Pflanzensammler. Nach ihm die Gattung *Buhsia* Bunge. Siehe auch Boiss. et Buhse.

Buin. = Albert Frederik Hendrik Buining, Groningen 25. 8. 1901–24. 10. 1980. Holl. Botaniker, Sukkulentenspezialist, Mitarbeiter an Krainz, H.: „Die Kakteen“ (von 1972 bis 1975).

Buin. et **Brederoo** = Albert Frederik Hendrik Buining u. ... Brederoo. Siehe ersteren.

Buin. et **Donald** = Albert Frederik Hendrik Buining u. John Donald Donald. Siehe diese.

Buin. et **Kreuzgr.** = Albert Frederik Hendrik Buining u. Kurt G. Kreuzinger. Siehe diese.

Buist = Robert Buist, Cupar Fyfe, Schottl. 14. 11. 1805–13. 7. 1880 Philadelphia, Pennsylv. Nordamer. Gärtner, seit 1828 in USA, Besitzer einer Gärtnerei u. eines Saatzuchtbetriebes. Schrieb „Rose Manual“, 1844, „Family Kitchen-Gardener“, 1847; „American Flower-Garden Directory“, 1832.

Buk. = Sergej Mihajlovič Bukasov, Kursk 13. 9. 1891–17. 7. 1983 Leningrad. Russ. Kulturpflanzensystematiker. Spezialgebiet: *Solanum.* Publizierte mit Sergej Vassilievič Juzepczuk (Juz.).

Bull = William Bull, Winchester, Hampshire 1828–1. 6. 1902 Chelsea, London. Engl. Gärtner, Inhaber einer großen Baumschule.

Bullock = Arthur Allman Bullock, Grimsby 8. 10. 1906–24. 10. 1980. Engl. Botaniker am Herbarium Kew. Spezialgebiete: Pflanzen aus Südafrika, Madagaskar, Maskarenen, *Asclepiadaceae.* Schrieb u.a.: „Flora of Southern Africa. Bibliography of South African botany (up to 1951)“, 1978 (Hrsg. O.A. Leistner).

Bullock et **S.G. Harrison** = Arthur Allman Bullock u. Sydney Gerald Harrison, Harrogate, Yorkshire 21. 4. 1924– . Engl. Botaniker. Hrsg. der 4. Aufl. von A.B. Jackson u. Dallimore „A handbook of Coniferae and Ginkgoaceae“, 1967. Siehe auch ersteren.

Bunge = Aleksandr Andreevič von Bunge, Kiew 24. 9. 1803–6. 7. 1890 Dorpat. Russ. Arzt u. Botaniker, von 1836 an Prof. in Dorpat. Bereiste 1830–1831 China, 1832 den östl. Altai, 1857–1859 Khorassan, Afghanistan. Schrieb u.a. „Enumeratio plantarum quas in China boreali collegit ...“, 1833; „Plantarum mongolico-chinensium decas prima“, 1835; „Generis Astragali species gerontogeae“, 1868–1869; „... Tentamen generis Tamaricum species accuratius definiendi“, 1852. Nach ihm die Gattung *Bungea* C.A. Mey.

Bunt. (auch **Bunting**) = George Sydney Bunting. Pokomoke City, Maryland 22. 7. 1927– . Nordamer. Botaniker. Zunächst am Bailey Hortorium, Ithaca, New York, später am Jardin Botánico de Maracaibo, Venezuela. Spezialgebiete: *Araceae,* Kulturpflanzen.

Bur. = Louis Édouard Bureau, Nantes 20. 5. 1830–14. 12. 1918 Paris. Franz. Botaniker. Direktor des Herbariums am Muséum d'Histoire Naturelle in Paris. Schrieb u.a. „Monographie des Bignoniacées, ...“, 1864; für de Candolle, Prodromus in Bd. XVII (1873) „Moraceae, Artocarpeae“; in Martius, Flora brasiliensis Bd. VIII, 2 (1896/1897) „Bignoniaceae“ (zus. mit K.M. Schumann). Mitarbeiter an Baillon, Henri Ernest: „Dictionnaire de botanique“, 1876 bis 1892.

Bur. et **Franch.** = Louis Édouard Bureau u. Adrien Franchet. Gemeinsame Schrift: „Plantes nouvelles du Thibet et de la Chine occidentale ...“, 1891. Siehe auch beide Verfasser.

Bur. et **K. Schum.** = Louis Édouard Bureau u. Karl Moritz Schumann. Siehe diese.

Burbidge = Frederick William Thomas Burbidge, Wymeswold, Leicestershire 21. 3. 1847–24. 12. 1905 Dublin. Engl. Botaniker, 1879–1905 Kurator des Gartens am Trinity College, Dublin. Schrieb u.a. „Cool Orchids and how to grow them“, 1874; „The Narcissus“, 1875. Nach ihm die Gattung *Burbidgea* Hook. f.

Burch. = William John Burchell, Fulham 23. 7. 1781–23. 3. 1863 Fulham. Engl. Forschungsreisender. Sammelte Pflanzen in St. Helena, Südafrika u. Brasilien. Schrift: „Travels in the interior of Southern Africa“, 1822–1824. Nach ihm die Gattung *Burchellia* R. Br.

Burck = William Burck, 1848–1910.

Burdet = Hervé Maurice Burdet, 1939– . Schweizer Botaniker und Bibliothekar in Genf. Verfaßte: „Auxilium ad botanicorum graphicem“, 1979; „Catalogue des périodiques de la Bibliothèque des Conservatoire et Jardin botaniques de la ville de Genève“, 1980. Publizierte mit Werner Greuter. Hrsg. (mit M.R. Crosby) von „Flora del Paraguay“, 1983 →.

Burgess = Edward Sandford Burgess, Little Valley, N.Y. 19. 1. 1855–23. 2. 1928 New York, N.Y. Nordamer. Botaniker.

Burgsd. = Friedrich August Ludwig von Burgsdorf, Leipzig 23. 3. 1747–18. 6. 1802 Berlin. Deutscher Botaniker, Oberforstmeister der Kurmark. Hauptwerk: „Versuch einer vollständigen Geschichte vorzüglicher Holzarten“, 1783–1800.

Burk. = Isaac Henry Burkill, Chapel Allerton bei Leeds 18. 5. 1870–8. 3. 1965 Leatherhead. Engl. Botaniker. Schrieb „A working list of the flowering plants of Baluchistan“, 1909; „Chapters on the history of botany in India“, 1965. Bearbeitete für Oliver, Flora of Tropical Africa, in Bd. 5(1)–5(2) „Acanthaceae“, 1899 bis 1900 (mit C.B. Clarke). Nach ihm die Gattungen *Burkillanthus* Swingle, *Burkillia* Ridl. u. × *Burkillara* hort.

Burkw. = Arthur Burkwood, 1877–7. 4. 1951. Engl. Pflanzenzüchter u. Baumschulenbesitzer.

Burkw. et **Skipw.** = Burkwood u. Skipwith, engl. Baumschule des 20. Jahrh. Albert Burkwood, 1890–?; Arthur Burkwood, 1888–7. 4. 1951. Erfolgreiche engl. Pflanzenzüchter u. Baumschulgärtner.

Burm. = Johannes Burman, Amsterdam 26. 4.

1706-20. 1. 1779 Amsterdam. Holl. Botaniker u. Mediziner. Schriften: „Rariorum africanarum plantarum...“, 1738-1739; „Thesaurus zeylanicus..., 1736; „Index alter in omnes tomos Herbarii amboinensis...“, 1769. Nach ihm die Gattung *Burmannia* L.
Burm. f. = Nicolaas Laurens Burman, Amsterdam 27. 12. 1733-11. 9. 1793 Amsterdam, Sohn des vorigen. Holl. Botaniker. Schrieb u. a. „Flora indica“, 1768; „Specimen botanicum de Geraniis“, 1759.
Burret = Karl Ewald Maximilian Burret, Saffig bei Andernach 6. 6. 1883-19. 9. 1964 Berlin. Deutscher Botaniker am Bot. Museum Berlin. Palmenspezialist. Veröffentlichte zahlreiche Beiträge über Palmen in versch. Zeitschriften, darunter „Systematische Übersicht über die Gruppen der Palmen“ in Willdenowia 1953; „Beiträge zur Kenntnis der Tiliaceen“ (in Notizblatt Bot. Gart. u. Mus. Berlin-Dahlem 9: 592 bis 880), 1926. Nach ihm die Gattungen *Burrettiodendron* Rehd., *Burretiokentia* Pichi-Sermolli, *Maxburretia* Furtado.
Burret et **Potzt.** = Karl Ewald Maximilian Burret u. Eva Hedwig Ingeborg Potztal. Gemeinsame Schrift: „Systematische Übersicht über die Palmen“ (in Willdenowia, 1956). Siehe auch beide Verfasser.
B. L. Burtt = Brian Laurence Burtt, Claygate 27. 8. 1913- . Schott. Botaniker am Bot. Garten Edinburgh. Spezialgebiete: Altweltliche *Gesneriaceae, Crocus, Colchicum.* Veröffentlichte u. a. „British flowers in colour“, 1952. Nach ihm die Gattung *Burttia* E. G. Bak. et Exell. Siehe auch Hilliard.
B. L. Burtt et **R. M. Sm.** = Brian Laurence Burtt u. Rebecca Merrit Smith, 1932- . Schott. Botanikerin am Bot. Garten Edinburgh. Spezialgebiet: *Zingiberaceae.* Siehe auch ersteren.
Burtt-Davy = siehe Davy.
Burvenich = Frédéric Burvenich, Deynze 26. 6. 1837-27. 3. 1917 Gent. Belg. Gärtner.
Bury = Mrs. Edward Bury, geb. Falkner, Priscilla Susan, 19. Jahrh. Engl. Pflanzenmalerin in Liverpool, malte vor allem *Amaryllidaceae* u. *Liliaceae,* veröffentlicht in „A selection of hexandrian plants, belonging to the natural orders Amaryllidae et Liliacae“, 1831-1834.
Busch = Nikolaj Adol'fovič Busch (Bush), 29. 10. 1869-7. 8. 1941 Belozersk. Russ. Botaniker. Veröffentlichte über 150 Arbeiten, darunter „Sistematika vyšsih rastenij“, 1944; für Flora Sibirii i Dal'nego Vostoka „Papaveraceae, Cruciferae“, 1913-1931; Mitarbeiter an Komarov, V. L., Flora U. R. S. S., Bd. 8, 1939 u. Bd. 18, 1952. Siehe auch unter Kusn.
Buse = Lodewijk Henrick Buse, 1819-1888.
Buser = Robert Buser, Aarau 6. 10. 1857-29. 3. 1931 Genf. Schweizer Botaniker. Veröffentlichte u. a. „Alchemilles valaisannes“, 1894; „Notes sur quelques Alchemilles critiques ou nouvelles“, 1891. Herausgeber des Supplementbandes zu Boissier, P. E., „Flora orientalis“, 1888. Nach ihm die Gattung *Buseria* Durand.
Bush = Benjamin Franklin Bush, Columbus, Indiana 21. 1. 1858-14. 2. 1937 Independence, Missouri. Nordamer. Postamtsstellenleiter u. Botaniker. Siehe auch Mackenz. et Bush.
Butl. = Sir Edwin John Butler, Kilkee, Irland 13. 8. 1874-4. 4. 1943 Ester, England. Engl. Botaniker, Mykologe, von 1903-1920 in Indien.
Butters = Frederic King Butters, Minneapolis, Minnesota 8. 2. 1878-1. 8. 1945 Minneapolis, Minnesota. Nordamer. Botaniker. Schrieb „A monograph of the genus Heuchera“, 1936 (mit Olga K. Lakela u. C. O. Rosendahl).
Buxb. = Franz Buxbaum, Liebenau bei Graz 25. 2. 1900-7. 2. 1979 Fürstenfeld, Österreich. Österr. Botaniker. Schrieb außer vielen Beiträgen über Kakteen in versch. Zeitschriften „Grundlagen und Methoden einer Erneuerung der Systematik der höheren Pflanzen“, 1951; „Morphology of Cacti“, 1951-1955; „Kakteenpflege biologisch richtig“, 1959, 2. Aufl. 1962. Nach ihm die Gattung *Neobuxbaumia* Bckbg. emend. Daws. et Buxb.
Buxb. et **Bckbg.** = Franz Buxbaum u. Curt Bakkeberg. Siehe diese.
Buxb. et **Buin.** = Franz Buxbaum u. Albert Frederik Hendrik Buining. Siehe diese.
Buxb. et **Krainz** = Franz Buxbaum u. Hans Krainz. Ersterer Hauptmitarbeiter u. Bearbeiter der Morphologie, des Systems u. der Gattungen, letzterer Herausgeber u. Bearbeiter der Arten von Krainz, H.: „Die Kakteen“, 1956-1975. Siehe auch beide Verfasser.
Buxt. = Bertram Henry Buxton, England 1852 bis 5. 12. 1934 Devon. Engl. Botaniker, vor allem Bakteriologe, Pflanzenphysiologe, Genetiker. Von 1892-1912 in New York, später in Cambridge, England.
Buxt. et **Darl.** = Bertram Henry Buxton u. Cyril Dean Darlington. Siehe diese.
R. S. Byles = Ronald Steward Byles, zeitgenöss. engl. Botaniker. Publizierte um 1955.
R. S. Byles et **G. D. Rowl.** = Ronald Steward Byles u. Gordon Douglas Rowley. Siehe diese.

Cabr. = Angel Lulio Cabrera, Madrid 19. 10. 1908- . Argent. Botaniker. Schrieb: „La flora des alrededores de Buenos Aires“, 1953; „Flora de la provincia de Buenos Aires“, 1963 bis 1970; „Manual de la flora de los alrededores de Buenos Aires“, 1978 (mit E. M. Zardini).
Caldesi = Ludivico Caldesi, Faenza 19. 9. 1821 bis 2. 6. 1884 Faenza. Ital. Botaniker u. Politiker. Nach ihm die Gattung *Caldesia* Parl.
Call. (auch **Callier**) = Alfons C. Callier, Spremberg 29. 6. 1866-28. 4. 1927 Bunzlau. Deutscher Botaniker u. Dendrologe.
Calloni = Silvio Calloni, Pazello di Lugano, Tessin 10. 2. 1850-24. 2. 1931 Lugano. Schweizer Botaniker, insbes. Pflanzenpathologe u. -systematiker, in Pavia tätig.
Camargo = Luis Alfredo Camargo, 1920 bis . Kolumb. Botaniker in Bogotá. Spezialgebiet: *Berberidaceae.*
Cambess. (auch **Camb.**) = Jacques Cambessèdes, Montpellier 6. 8. 1799-20. 10. 1863 Férussac. Franz. Botaniker. Schrieb u. a. „Enumeratio

plantarum, quas in insulis Balearibus collegit, ...", 1827. Nach ihm die Gattung *Cambessedesia* DC.
Camp = Wendell Holmes Camp, Dayton, Ohio 22. 5. 1905–4. 2. 1963 Storrs, Connecticut. Nordamer. Botaniker.
Campd. = Francisco Campderá, 1793–1862. Katalan. Botaniker u. Arzt. Schrieb: „Monographie des Rumex", 1819.
A. Camus = Aimée Antoinette Camus, Paris 1. 5. 1879–17. 4. 1965. Franz. Botanikerin am Muséum National d'Histoire Naturelle Paris, Tochter von E. G. Camus. Schriften: „Les arbres, arbustes et arbrisseaux d'ornement", 1923; zus. mit E. G. Camus „Classification des saules d'Europe et monographie des saules de France", 1904–1906; „Les Cyprès (genre Cupressus)...", 1914; „Les Chataigniers", 1929; „Les Chênes", 1934–1954.
E. G. Camus = Edmond Gustave Camus, Paris 1852–22. 8. 1915 Paris. Franz. Botaniker. Schriften: „Monographie des Orchidées de France", 1894; „Monographie des Orchidées de l'Europe, de l'Afrique septentrionale, de l'Asie mineure et...", 1908 (mit Paul Bergon u. Aimée Antoinette Camus); „Les Bambusées. Monographie...", 1913; „Iconographie des Orchidées d'Europe et du Bassin Méditerranéen", 1921 bis 1929 (mit Aimée Antoinette Camus). Mitarbeiter an Bd. VI u. VII von Rouy et Foucaud: „Flore de France", 1900–1903.
E. G. et **A. Camus** = Edmond Gustave u. Aimée Antoinette Camus. Siehe diese.
Cárd. = Martin Cárdenas, Cochabamba 12. 11. 1899–14. 2. 1973 Cochabamba. Boliv. Botaniker. Schrieb u. a. „Manual de plantas económicas de Bolivia", 1968 (?). Nach ihm die Gattungen *Cardenasiodendron* Barkl. u. *Neocardenasia* Bckbg.
Carey = William Carey, Paulespury, Northamptonshire 17. 8. 1761–9. 6. 1834 Serampore, Indien. Engl. Botaniker u. Missionar. Gründer eines Botan. Gartens in Serampore, Sprachwissenschaftler. Herausgeber von Roxburgh, W.: „Flora indica", 1820 bis 1824 und 1832. Nach ihm die Gattung *Careya* Roxb.
Cariot = Antoine Cariot, Ecully nahe Lyon 1820–22. 2. 1883 Sainte-Foy-les-Lyon. Franz. Geistlicher u. Botaniker. Schrieb: „Le guide de botaniste à la Grand-Chartreuse et à Chalais", 1856; „Étude des fleurs. Botanique élémentaire", 1854–1855, 7. Aufl. 1884.
Cariot et **St.-Lager** = Antoine Cariot u. Jean Baptiste Saint-Lager. Gemeinsame Verfasser der 8. Aufl. von „Étude des fleurs. Botanique élémentaire", 1889. Siehe auch beide Verfasser.
Carr. = Élie Abel Carrière, May-en-Multian, Seine-et-Marne 4. 6. 1818–17. 8. 1896 Paris. Franz. Gärtner, Botaniker u. Schriftsteller. Zeitweise (bis 1869) Leiter der Baumschule des Muséum d'Histoire Naturelle Paris. Von 1867 bis 1896 Schriftleiter der „Revue horticole". Schrieb u. a. „Traité géneral des Conifères", 1855, Neue Aufl. 1867. Nach ihm die Gattung *Carrierea* Franch.
Carruth. = William Carruthers, Moffat, Dumfriesshire 29. 5. 1830–2. 6. 1922 Norwood, Surrey. Engl. Botaniker u. Dendrologe. Nach ihm die Gattung *Carruthersia* Seem. Siehe auch unter Hiern.
W. R. Carter = William R. Carter, zeitgenöss. kanad. Botaniker. Schrieb zus. mit C. F. Newcome eine Flora von Vancouver and Queen Charlotte Island, 1921.
Casar. = Giovanni Casaretto, Genua 1812 bis 17. 6. 1879 Chiavari. Ital. Botaniker. Schrift: „Novarum stirpium brasiliensium decades", 1842–1845.
Casp. = Johann Xaver Robert Caspary, Königsberg 29. 1. 1818–18. 9. 1887 Illowo. Deutscher Botaniker an der Universität Königsberg. Bearbeitete für Martius, Flora brasiliensis in Bd. IV, 2 (1878) „Nymphaeaceae", die gleiche Familie auch für Engler u. Prantl, Die natürlichen Pflanzenfamilien III. 2 (1888). Verfasser von Lieferung 27 von Th. Nees: „Genera plantarum florae germanicae", 1853. Posthum erschien „Die Flora des Bernsteins", 1907 (mit Richard Klebs).
Casper = Siegfried Jost Casper, Oberneuschönberg 12. 1. 1929– . Deutscher Botaniker, Limnologe am Zentralinstitut für Mikrobiologie in Jena. Bearbeiter (mit H.-D. Krausch) der „Pteridophyta und Anthophyta" der Süßwasserflora von Mitteleuropa, Bd. 23–24, 1980–1981. Spezialgebiet: *Pinguicula.*
Cass. = Comte Alexandre-Henri Gabriel de Cassini, Paris 3. 5. 1781–16. 4. 1832 Paris. Franz. Botaniker u. Jurist. Spezialgebiet: *Compositae.* Schrieb u. a. „Aperçu des genres ou sous-genres nouveaux... des Synantherées", 1816–1818; „Opuscules phytologiques...", 1826–1834. Nach ihm die Gattung *Cassinia* R. Br.
Castagne = Jean Louis Martin Castagne, Marseille 11. 11. 1785–16. 3. 1858 Miramas. Franz. Kaufmann u. Amateurbotaniker. Schrieb: „Catalogue des plantes qui croissent naturellement aux environs de Marseille", 1845; „Catalogue des plantes qui croissent naturellement dans le départment des Bouches-du-Rhône", 1862.
Castañeda = M. Castañeda, publizierte um 1941.
Castell. (auch **Cast.**) = Alberto Castellanos, Córdoba, Argentinien 11. 12. 1896–5. 9. 1968 Rio de Janeiro, Brasilien. Argent. Botaniker. Spezialgebiete: *Cactaceae* des südl. Südamerikas, *Farinosae (Bromeliales).* Schrieb „Los géneros de las Cactáceas argentinas", 1938 (mit H. V. Lelong) sowie Bearbeiter der *Cactaceae* in Descole, H. R.: „Genera et species plantarum argentinarum", Bd. 1, 1943. Nach ihm die Gattungen *Castellanoa* Traub, *Castellanosia* Cárd.
Cav. = Antonio José Cavanilles, Valencia 16. 1. 1745–4. 5. 1804 Madrid. Span. Botaniker u. Geistlicher, Direktor des Bot. Gartens Madrid. U. a. Autor von „Icones et descriptiones plantarum, ...", 1791–1801; „Monadelphiae classis dissertationes decem...", 1785–1790; „Observaciones sobre le historia natural, geografia... del Reyno de Valencia", 1795–1797. Nach ihm die Zeitschrift „Cavanillesia" (1928 →).

Cavara = Fridiano Cavara, Mongardino 17. 11. 1857-25. 6. 1929 Neapel. Ital. Botaniker, Direktor des bot. Gartens Neapel. schrieb: „Appunti di patologia vegetale", 1888.
Cavara et **Grande** = Fridiano Cavara u. Loreto Grande. Siehe diese.
Cavill. (auch **Cavillier**) = François Georges Cavillier, Bussiguy 20. 10. 1868-1953. Schweizer Botaniker. Verfasser von Bd. 5(1) u. mit John Isaac Briquet von Bd. 5(2)-7 von Burnat, Émile: „Flore des Alpes maritimes", 1913-1931.
Čelak. = Ladislav Josef Čelakovsky, Prag 29. 11. 1834-24. 11. 1902 Prag. Böhm. Botaniker, Prof. in Prag. Schrieb u.a. „Prodromus der Flora von Böhmen", 1867-1881 (in Arch. Naturwiss. Landesdurchf. Böhmen, Bot. Abt.) (Tschech. Ausgabe: „Prodromus květeny česke", 1868-1883); „Flora der Umgebung von Prag", 1870.
Cels = Franz. Gärtnerfamilie in Montrouge bei Paris.
1. Jacques Philippe Martin Cels, Versailles 16. 6. 1743-15. 5. 1806 Montrouge.
2. François Cels, Paris 1771-1832 Montrouge, Sohn von Jacques Philippe Martin Cels.
3. Cels Frères: Auguste Louis, 1809-1898, u. Jean François, 1810-1888, Söhne von François Cels.
Cerv. = Vicente Cervantes, Zafra bei Badajoz. Spanien 1755-26. 7. 1829 Mexiko. Mexik. Botaniker.
Ces. = Vincenzo Barone de Cesati, Mailand 24. 5. 1806-13. 2. 1883 Neapel. Ital. Botaniker. Direktor des Bot. Gartens Neapel. Schriften: „Stirpes italicae rariores vel novae, descriptionibus...", 1840-1846; „Saggio su la geografia botanica e su la flora della Lombardia", 1844.
Ces. et **De Not.** = Vincenzo Barone de Cesati u. Giuseppe De Notaris. Siehe diese.
Ces., Passer. et **Gibelli** = Vincenzo Barone de Cesati, Giovanni Passerini u. Giuseppe Gibelli. Schrieben gemeinsam „Compendio della flora italiana,...", 1868-1886. Siehe auch die einzelnen Verfasser.
Chabanne = Charles Félix Gabriel Chabanne, Chatonnay, Isère 5. 9. 1862-2. 5. 1906. Franz. Gärtner in Lyon.
Chabanne et **Goujon** = Charles Félix Gabriel Chabanne u. Joseph Goujon. Siehe diese.
Chabaud = Benjamin Chabaud, 1833-1915. Franz. Gärtner. Schrieb: „Végétaux exotiques cultivés en plein air dans la région des orangers", 1871.
Chaix = Dominique Chaix, Berthaud bei Mont-Aurouze 28. 6. 1730-27. 7. 1799 La Roche-des-Arnauds bei Gap. Franz. Abt u. Botaniker. Mitarbeiter an D. Villars „Histoire des plantes de Dauphiné", Bd. 1, 1786.
Cham. = Ludolf Karl Adelbert von Chamisso (eigentlich Louis Charles Adelaïde Chamisseau de Boncourt), Schloß Boncourt, Champagne 30. 1. 1781-21. 8. 1838 Berlin. Deutscher Botaniker u. Dichter. Nahm 1815-1818 an der Weltumseglung des russ. Kapitäns Kotzebue teil. Seit 1818 Kustos am Bot. Museum Berlin. Schrieb u.a. „Reise um die Welt mit der Romanzoffischen Entdeckungsexpedition in den Jahren 1815 bis 1818", 1836; „Übersicht der nutzbarsten und schädlichsten Gewächse,...", 1827. Nach ihm die Gattung *Chamissoa* H. B. K.
Cham. et **Schlechtend.** = Ludolf Karl Adelbert von Chamisso u. Diederich Franz Leonhard von Schlechtendal. Siehe diese.
Chamb. = Georges de Chambray, Paris 24. 10. 1783 - 7. 4. 1849 Breteuil. Franz Botaniker.
Chamberl. = Charles Joseph Chamberlain, Sullivan, Ohio 22. 2. 1863-5. 1. 1943 Chicago, Illinois. Nordamer. Botaniker. Schriften: „Morphology of the Angiosperms", 1903; „Morphology of the Gymnosperms", 2. Aufl. 1917 (beide Werke mit J.M. Coulter); „Gymnosperms. Structure and evolution", 2. Aufl. 1966.
D.F. Chamberl. = David Franklin Chamberlain, 1. 2. 1941- . Schott. Botaniker am Bot. Garten Edinburgh. Spezialgebiet: *Rhododendron.*
Champ. = John George Champion, Edinburgh 5. 5. 1815-30. 11. 1854 Skutari. Engl. Offizier u. Botaniker, sammelte in Hongkong. Nach ihm die Gattung *Championia* Gardn.
Chapm. = Alvan Wentworth Chapman, Southampton, Mass. 28. 9. 1809-6. 4. 1899 Apalachicola, Florida. Nordamer. Arzt u. Botaniker, seit 1835 in Apalachicola, Florida. Schrieb „Flora of the southern United States", 1860, 2. Aufl. 1883, 3. Aufl. 1897. Nach ihm die Gattung *Chapmannia* Torr. et A. Gray.
Chase = Mary Agnes Chase, geb. Merrill, Iroquois County, Illinois 20. 4. 1869-24. 9. 1963 Washington, D. C. Nordamer. Botanikerin in Washington, D. C. Spezialgebiet: *Gramineae.* Schrieb u.a. „Index to Grass Species", 1962 (zus. mit Cornelia D. Niles). Bearbeitete für Britton, North American Flora in Bd. 17(8) „Poaceae", 1939.
Chater = Arthur Oliver Chater, Aberdeen 21. 8.1933- . Schott. Botaniker am Brit. Museum (Natural History) in London. Mitarbeiter an „Flora europaea", 1964-1980. Spezialgebiet: *Carex.*
Chater et **Greuter** = Arthur Oliver Chater u. Werner Greuter. Siehe diese.
Chatterjee = Debabarta Chatterjee, Chinsura 2. 4. 1911-24. 9. 1960 Calcutta. Ind. Botaniker, Direktor des Indian Botanic Garden, Sibpur, Kalkutta.
Chaub. = Louis Athanase Chaubard, Agen 18. 3. 1781-13. 1. 1854 Paris. Franz. Botaniker. Mitarbeiter von Bory de St. Vincent, „Expédition scientifique de Morée", Tome III. 2 Botanique, 1832-1833, Atlas 1835 bis 1836. Nach ihm die Gattung *Chaubardia* Rchb. f.
Chav. = Édouard Louis Chavannes, 1805 bis 1861. Schweizer Botaniker. Schrieb: „Monographie des Antirrhinées", 1833. Nach ihm die Gattung *Chavannesia* A. DC.
Chaz. = Laurent Marie Chazelles de Prizy. Publizierte 1790 in Frankreich.
Cheel = Edwin Cheel, Chartham, Kent, England 14. 1. 1872-1951. Botaniker in Australien.
Cheesem. = Thomas Frederick Cheeseman, Hull 1846-15. 10. 1923 Auckland, Neuseeland.

Engl. Botaniker, seit 1854 in Neuseeland. Veröffentlichte u.a. „Manual of the New Zealand flora“, 1906, 2. Aufl. 1925; „Illustrations of the New Zealand flora“ (mit W.B. Hemsley), 1914. Nach ihm die Gattung *Cheesemania* O.E. Schulz.
E.E. Cheesm. = Ernest Entwisle Cheesman, 1898- . Engl. Botaniker.
Chen et **Liu**: Sing-Chi Chen, zeitgenöss. Botaniker in Peking, u. F.Y. Liu.
Cheng = Wan-Chun Cheng, 1903- . Chin. Botaniker, vor allem Dendrologe. Schrieb „Les forêts du Se-Tchouan et du Si-Kiang oriental“, 1940. Publizierte mit Hsen-Hsu Hu.
Chev. = François Fulgis Chevallier, Paris 2. 7. 1796-24. 12. 1840 Freiburg i.Br. Franz. Botaniker. Schriften: „Flore générale des environs de Paris“, 1826-1828, 2. Aufl. 1836; „Histoire des Graphidées“, 1824-1827; „Fungorum et Byssorum illustrationes, ...“, 1837 bis 1840.
A. Chev. (auch **Cheval.**) = Auguste Jean Baptiste Chevalier, Domfront 1873-3. 6. 1956 Paris. Franz. Botaniker. Beschäftigte sich mit phytogeographischen Problemen, Taxonomie der Nutzpflanzen u. afr. Pflanzen. Schrieb u.a. „Mission Chari-Lac Tchad, 1902-1904“, 1907; „Sudania: Énumération des plantes récoltées en Afrique tropicale“, 1911 ff.; „La forêt et les bois du Gabon“, 1917; „Les îles du Cap Vert“, 1935; „Flore vivante de l'Afrique occidentale française“, 1938.
A. Chev. et **Perrot** = Auguste Jean Baptiste Chevalier u. Émile Constant Perrot. Schrieben gemeinsam „Les kolatiers et les noix de kola“, 1911. Siehe auch beide Verfasser.
Chew = Wee-Lek Chew, 1932- .
J.L. Childs = John Lewis Childs, Jay, Maine 13. 5. 1856 - 5. 3. 1921 im Zuge zwischen Albany u. New York. Nordamer. Gärtnereibesitzer.
Ching = Ren-Chang Ching, Nanking 16. 2. 1899-22. 7. 1986. Chin. Botaniker am Institute of Botany, Peking. Spezialgebiet: *Pteridophyta*. Schrieb u.a. „Icones filicum sinicarum“, 1934 bis 1958 (begonnen von Hu u. Ching 1930). Nach ihm die Gattung *Chingiacanthus* Hand.-Mazz.
Chiov. = Emilio Chiovenda, Premosello 18. 5. 1871-19. 2. 1941 Bologna. Ital. Botaniker. Schrieb u.a. „Flora delle Alpi Lepontine occidentali“, 1906; „Flora somala“, 1929 bis 1936. Nach ihm die Gattung *Chiovendaea* Spegazz.
Chitt. = Frederick James Chittenden, West Ham, London 25. 10. 1873-31. 7. 1950 Dedham, Essex. Engl. Gärtner u. Botaniker, Direktor der Versuchsgärten der Royal Horticult. Society in Wisley. Hrsg. von „Dictionary of Gardening“, 4 Bde., 1951, 2. Aufl. 1956 (von P. Synge); Suppl. 1956, 2. Aufl. 1969.
H. Chmelitschek = H. Chmelitschek, 1948 bis . Publizierte mit Wilhelm Sauer.
Chodat = Robert Hippolyte Chodat, Moutier-Grandval 6. 4. 1865-28. 4. 1934 Genf. Schweizer Botaniker u. Pflanzensammler in Paraguay. Schrieb u.a.: „Monographia Polygalacearum“, 1891-1893; für Engler u. Prantl, Die natürlichen Pflanzenfamilien III. 4 „Tremandraceae“, 1896; „Polygalaceae“, 1896; mit E. Hassler: „Plantae Hasslerianae“, 1898 bis 1907; „Addenda“, 1917 (von E. Hassler).
Choisy = Jacques Denis Choisy, Jussy bei Genf 5. 4. 1799-26. 11. 1859 Genf. Schweizer Pfarrer, Philosoph, Botaniker. Schriften: „Prodromus d'une monographie de la famille des Hypéricinées“, 1821; für de Candolle, Prodromus in Bd. I „Hypericineae, Guttiferae, Marcgraviaceae“, 1824; in Bd. IX „Convolvulaceae“, 1845; in Bd. X „Hydroleaceae“, 1846; in Bd. XII „Selagineae“, 1848; in Bd. XIII, 2 „Nyctaginaceae“, 1849. Nach ihm die Gattung *Choisya* Kunth.
Chouard = Pierre Chouard, Paris 29. 10. 1903 bis 13. 12. 1983 Paris. Franz. Botaniker.
Choux = Pierre Choux, 1890-?. Franz. Botaniker auf Madagaskar. Spezialgebiet: Sukkulenten, bes. *Asclepiadaceae* u. *Didiereaceae*.
C. Chr. (auch **C. Christ.**) = Carl Frederik Albert Christensen, Kallehaugegaard 16. 1. 1872-24. 11. 1942 Kopenhagen. Dän. Botaniker, Farnspezialist. Veröffentlichte u.a. „Index Filicum, ...“, 1905-1906, Supplemente 1913-1965; „Den danske botaniks historie med tilhørende bibliografi“, 1924-1926; „The Pteridophyta of Madagascar“, 1932. Nach ihm die Gattung *Christensenia* Maxon.
Christ = Konrad Hermann Heinrich Christ, Basel 12. 12. 1833-23. 11. 1933 Basel. Schweizer Botaniker, Professor in Basel. Schrieb u.a. „Das Pflanzenleben der Schweiz“, 1879, 2. Aufl. 1882; „Die Farnkräuter der Erde“, 1897; „Die Geographie der Farne“, 1910; „Die Rosen der Schweiz“, 1873; „Zur Geschichte des alten Bauerngartens in der Schweiz und angrenzenden Gegenden“, 2. Aufl. 1923. Nach ihm die Gattung *Christiopteris* Copel.
Christm. = Gottlieb Friedrich Christmann, Rietenau bei Backnang 22. 2. 1752-1836 Winnenden, Württemberg. Deutscher Botaniker u. Arzt. Übersetzer und Herausgeber (mit G.W.F. Panzer) von Linné, C. v.: „Vollständiges Pflanzensystem“, 1777-1788.
Christm. et **Panzer** = Gottlieb Friedrich Christmann u. Georg Wolfgang Franz Panzer. Siehe diese.
Christy = Robert Miller Christy, Chignall St. James bei Chelmsford 25. 5. 1861-25. 1. 1928. Engl. Botaniker u. Zoologe.
Cif. et **Giacom.** = Raffaele Ciferri, Fermo (Ascoli Piceno) 30. 5. 1897-12. 2. 1964 Pavia. Ital. Botaniker in Florenz, ab 1945 in Pavia; u. Valerio Giacomini, Fagagna (Udine) 21. 1. 1914 bis . Ital. Botaniker. Schrieben gemeinsam „Nomenclator florae italicae“, 1950 bis 1954.
Cirillo = siehe Cyr.
Clairv. = Joseph Philippe de Clairville, Frankreich 1742-31. 7. 1830 Winterthur. Schweizer Botaniker. Schriften: „Plantes et arbustes d'agrément, ...“, 1791-1794; „Auswahl von Pflanzen und Gesträuchen ...“, 1796, franz. Ausgabe 1797; „Manuel d'herborisation en Suisse et en Valais“, 1811, 2. Aufl. 1819.
Claph. = Arthur Roy Clapham, 1904-1990. Engl. Botaniker. Schrieb gemeinsam mit T.G.

Tutin u. E.F. Warburg: „Flora of the British Isles“, 1952, 2. Aufl. 1962, 3. Aufl. 1987 (mit T.G. Tutin u. D.M. Moore); „Flora of the British Isles. Illustrations“, 1957–1964; „Excursion flora of the British Isles“, 1959, 2. Aufl. 1968, 3. Aufl. 1981.

Clarion = Jean Clarion, Saint-Pont-le-Segne 1780–1856 Paris. Franz. Botaniker u. Arzt. Schrieb „Observations sur l'analyse des végétaux“, 1803.

C.B. Clarke = Charles Baron Clarke, Andover, Hampshire 17. 6. 1832–25. 8. 1906 Kew. Engl. Botaniker am Herbarium Kew. Veröffentlichte u.a. „Commelynaceae et Cyrtandraceae bengalenses, ...“, 1874; „Compositae indicae descriptae“, 1876; „Cyrtandreae“, in Monographiae Phanerogamarum, hrsg. von Alph. u. Cas. de Candolle, Bd. 5, 1, 1883 sowie „Commelinaceae“ in Bd. 3, 1881. Bearbeitete für Oliver, Flora of Tropical Africa, in Bd. 4(2) „Gesneraceae“, 1906 (mit J.G. Baker), Bd. 5(1)–5(2) „Acanthaceae“, 1899–1900 (mit I.H. Burkill), Bd. 6(1) „Amarantaceae, Chenopodiaceae, Phytolaccaceae“, 1909 (mit J.G. Baker), Bd. 8(1) „Commelinaceae“, 1901, Bd. 8(2)–8(3) „Cyperaceae“, 1901–1902.

E.D. Clarke = Sir Edward Daniel Clarke, Willingdon 5. 6. 1779–9. 3. 1822 London. Engl. Botaniker. Schrieb u.a. „Travels in various countries of Europe, Asia and Africa“, 1810–1823.

R.T. Clausen = Robert Theodore Clausen, New York 26. 12. 1911–31. 12. 1981 Ithaca. Nordamer. Botaniker an der Cornell University, Ithaca, New York. Schrieb u.a. „Sedum of the Trans-Mexican Volcanic Belt“, 1959; „Sedum of North America, north of the Mexican Plateau“, 1975.

Clayberg = Carl Dudley Owen Clayberg, Tacoma, Washington 1. 3. 1931– . Nordamer. Botaniker in New Haven, Conn.

Clayt. = John Clayton, Fulham, England 1685 bis 15. 12. 1773 bei Williamsburg, Virginia, USA. Engl. Arzt, der in Virginia gesammelte Pflanzen an J.F. Gronovius (s.d.) sandte. Dieser beschrieb sie in „Flora virginica ...“, 1739 bis 1743, 2. Aufl. 1762. Nach ihm die Gattung *Claytonia* L.

Clementi = Giuseppe C. Clementi, Alcenango 30. 12. 1812–22. 3. 1873 Turin. Ital. Botaniker. Schrieb u.a. „Sertulum orientale, seu recensio plantarum in Olympo bithynico, ...“, 1855.

Clements = Frederic Edward Clements, Lincoln, Nebraska 16. 9. 1874–1945. Nordamer. Botaniker, Pflanzensoziologe. Schrieb u.a.: „Plant succession: an analysis of the development of vegetation“, 1916. Publizierte mit Harvey Munroe Hall.

Clos = Dominique Clos, Sorèze 25. 5. 1821 bis 19. 8. 1908 Sorèze. Franz. Botaniker, Direktor des Bot. Gartens Toulouse. Schrieb u.a. „Révision comparative de l'herbier et de l'histoire abrégée des Pyrénées de Lapeyrouse“, 1857; bearbeitete mehrere Familien für Claude Gay: „Historia fisica y politica de Chile, Botanica“, 1846–1849. Nach ihm die Gattung *Closia* Remy.

Closon = J. Closon, um 1900. Belg. Gärtner (?).

Cochet = Pierre Charles Marie Cochet, Coubert, Seine-et-Marne 13. 4. 1866–19. 10. 1936 Coubert. Franz. Gärtner u. Baumschulbesitzer in Coubert, Seine-et-Marne. Rosenspezialist.

Cock. = Leonard Cockayne, Norton Lees, Derbyshire 7. 4. 1855–8. 7. 1934 Wellington, Neuseeland. Engl. Botaniker, von 1881 bis zum Tode in Neuseeland. Veröffentlichte von 1899 an viele Beiträge zur neuseel. Flora in versch. Zeitschriften, außerdem „New Zealand Plants suitable for North American Gardens“, 1914; „The vegetation of New Zealand“, 1921 (als Bd. 14 von Engler u. Drude, Die Vegetation der Erde), 2. Aufl. 1928; zus. mit E.P. Turner „The Trees of New Zealand“, 1928, 5. Aufl. 1967.

Cock. et **Allan** = Leonard Cockayne u. Henry Howard Allan. Siehe diese.

Cock. et **Laing** = Leonard Cockayne u. Robert Malcolm Laing. Siehe diese.

Codd = Leslie Edward Wastell Codd, Dundee, Natal 16. 9. 1908– . Südafr. Botaniker am Bot. Research Institute in Pretoria. Spezialgebiete: *Kniphofia*, südafr. *Apocynaceae* u. *Labiatae*. Schrieb u.a. „Trees and shrubs of the Kruger National Park“, 1951.

Coe = Ernest F.C. Coe, New Haven, Connecticut 1867–1. 1. 1951 Miami, Florida. Nordamer. Gärtner.

Coem. = Henri Eugène Lucien Gaëtan Coemans, Brüssel 30. 10. 1825–8. 1. 1871 Gent. Belg. Abt, Botaniker u. Paläobotaniker. Schrieb „Notice sur quelques cryptogames critiques de la flore belge“, 1858.

Cogn. = Célestin Alfred Cogniaux, Robechies 7. 4. 1841–15. 4. 1916 Genappe. Belg. Botaniker, Kurator des Bot. Gartens Brüssel. Bearbeitete für Martius: Flora brasiliensis in Bd. III, 4–6 (1893–1906), „Orchidaceae“; in Bd. VI, 4 (1878) „Cucurbitaceae“; Bd. XIV, 3 u. 4 (1883/88) „Melastomaceae“; für Engler, Das Pflanzenreich „Cucurbitaceae-Fevilleae et Melothrieae“, 1916, zus. mit H.A.T. Harms „Cucurbitaceae-Cucurbiteae-Cucumerinae“, 1924; für Alph. u. Cas. de Candolle, Monographiae Phanerogamarum, Bd. 3 „Cucurbitaceae“, 1881; Bd. 7, 1891 „Melastomaceae“; gemeinsam mit A. Goossens Hrsg. von „Dictionnaire iconographique des Orchidées“, 1896–1907. Nach ihm die Gattung *Cogniauxia* Baill.

Cogn. et **March.** = Célestin Alfred Cogniaux u. Élie Marchal. Siehe diese.

Coincy = Auguste Henry Cornut de la Fontaine de Coincy, Lille 1. 4. 1837–30. 1. 1903 Courtoisseau, Loiret. Franz. Botaniker. Schrieb „Ecloga plantarum hispanicarum. Figures de plantes trouvées en Espagne“, 1893 bis 1901.

Col. = William Colenso, England 17. 11. 1811 bis 10. 2. 1899 Napier, Neuseeland. Engl. Pfarrer u. Botaniker, von 1834 bis zu seinem Tode in Neuseeland, über dessen Flora, vor allem *Pteridophyta*, er arbeitete. Schrieb „A classification and description of some newly-discovered ferns“, 1845.

Colebr. = Henry Thomas Colebrooke, London

15. 6. 1765–10. 3. 1837 London. Engl. Orientalist, von 1783–1815 in Indien.
Colla = Luigi Colla, Turin 24. 4. 1766–22. 12. 1848 Turin. Ital. Jurist u. Botaniker. Schriften: „Herbarium pedemontanum ...", 1833 bis 1837; „Hortus ripulensis, seu enumeratio plantarum ...", 1824; „Illustrationes et icones rariorum stirpium quae in ejus horto Ripulis florebant, ...", 1825, 1826, 1828, 1852 (in Memorie della Reale Accad. della Scienze di Torino); „Plantae rariores in regionibus chilensibus ..., 1834–1837 (ebenfalls in Memorie ...).
Collad. (auch **Colladon**) = Louis Théodore Frédéric Colladon, Genf 25. 8. 1792–25. 4. 1862 Genf. Schweizer Arzt u. Botaniker. Schrieb: „Histoire naturelle et médicale des Casses", 1816.
Collett = Sir Henry Collett, Thetford, Norfolk 6. 3. 1836–21. 12. 1901 Kew. Engl. Oberst u. Botaniker, sammelte in China (Shan-Staaten). Schrieb „Flora simlensis: ...", 1902, 2. Aufl. 1921.
Collett et **Hemsl.** = Sir Henry Collett u. William Botting Hemsley. Siehe diese.
Colman = Sir Jeremiah Colman, 24. 4. 1859 bis 16. 1. 1942 Reigate. Engl. Fabrikant u. Orchideenzüchter. Schrieb: „Hybridisation of orchids", 1932.
Comb. = Harold Frederick Comber, Nymans, Sussex 1897–23. 4. 1969 Gresham, Oregon. Engl. Gärtner u. Lilienzüchter, lebte später in Oregon. Sammelte von 1925–1927 in den Anden, 1930 in Tasmanien. Schrieb „Andes expeditions 1925–1926 and 1926–1927", 1928; „Field notes of Tasmanian plants, ...", 1930. Publizierte mit Victor Samuel Summerhayes.
Comes = Orazio Comes, Monopolo, Bari 11. 11. 1848–1923 Neapel. Ital. Botaniker. Schrieb u. a. „Darstellung der Pflanzen in den Malereien von Pompeji", 1895.
Comm. = Philibert Commerson, Châtillon-les-Dombes 18. 11. 1727–13. 3. 1773 Mauritius. Franz. Arzt u. Naturwissenschaftler. Begleiter Bougainvilles auf dessen Reise um die Welt von 1766 bis 1769. Nach ihm die Gattung *Commersonia* J. R. et G. Forst.
Compt. = Robert Harold Compton, Tewkesbury, England 6. 8. 1886–11. 7. 1979 Kapstadt. Südafr. Botaniker. Schrieb: „An annotated check list of the flora of Swaziland", 1966.
Console (auch **Cons.**) = Michelangelo Console, Palermo 24. 7. 1812–13. 5. 1897 Palermo. Ital. Botaniker. Spezialgebiet: *Cactaceae*. Nach ihm die Gattung *Consolea* Lem.
Const. = Lincoln Constance, Eugene, Oregon 16. 2. 1909– . Nordamer. Botaniker in Berkeley, Kalifornien. Schrieb: „The systematics of Angiosperms" (in: A century of progress in the natural sciences), 1955. Mitarb. an Lundells „Flora of Texas", 1961–1969 *(Umbelliferae)*. Autobiogr.: „Versatile Berkeley botanist", 1988. Siehe auch Math. et Const.
O.F. Cook = Orator Fuller Cook, Clyde, N. Y. 28. 5. 1867–23. 4. 1949 Lanham, Md. Nordamer. Botaniker. Spezialgebiet: Nutzpflanzen.
J.G. Cooper = James Graham Cooper, New York 19. 6. 1830–19. 7. 1902 Hayward, Kalifornien. Nordamer. Arzt, Botaniker u. Zoologe. Schrieb „The natural history of Washington Territory and Oregon, ...", 1859–1860 (mit George Suckley).
Cope = Edward A. Cope, 1949– . Nordamer. Botaniker am L.H. Bailey Hortorium in Ithaca, New York. Publizierte mit Robert J. Soreng über *Chrysanthemum* u. verwandte Gattungen.
Copel. = Edwin Bingham Copeland, Monroe, Wisconsin 30 9. 1873–16. 3. 1964 Chico, Kalifornien. Nordamer. Botaniker. Veröffentlichte etwa 120 Publikationen über Farne, darunter als wichtigste „Genera Filicum", 1947; „Fern flora of the Philippines", 1958–1961.
Corbière = François Marie Louis Corbière, Champsecret 10. 5. 1850–1941 Cherbourg. Franz. Pädagoge u. Botaniker. Schrieb „Nouvelle Flore de Normandie", 1894.
Cordem. = Philippe Eugène Jacob de Cordemoy, Saint André, Réunion 13. 7. 1837–25. 4. 1911 Hell-Bourg, Réunion. Franz. Botaniker. Schriften: „Cryptogames vasculaires de la Réunion", 1891; „Flore de Île de la Réunion", 1895.
Corner = Edred John Henry Corner, London 12. 1. 1906– . Englischer Botaniker. Spezialgebiete u. a. asiatische u. australische *Ficus*, Phylogenie, Pflanzengeographie, *Clavaria (Basidiomycetes)*. Schrieb u. a. „The seeds of dicotyledons", 1976. 2 Bde.
Corrêa = José Francisco Corrêa de Serra, Serpe, Portugal 5. 6. 1751–11. 9. 1823 Caldas. Portug. Botaniker u. Diplomat, lebte in Lissabon, London, Paris, Nordamerika. Schrieb: „Reduction of all the genera of plants contained in the Catalogus plantarum Americae septentrionalis ...", 1815. Nach ihm die Gattung *Correa* Andr.
Correll = Donovan Stewart Correll, Wilson, N. Carolina 13. 4. 1908–28. 3. 1983. Nordamer. Botaniker. U. a. Autor von „The Potato and its Wild Relatives", 1962. Veröffentlichte zus. mit Oakes Ames: „Native orchids of North America north of Mexico", 1950, u. „Orchids of Guatemala", 1952–1965 (Teil 3 allein von C. verfaßt). Mitarb. an Lundells „Flora of Texas", 1961–1969 *(Pteridophyta, Gymnospermae, Orchidaceae)*. Schrieb: „Manual of the vascular plants of Texas", 1970 (mit M.C. Johnston u. a.); zus. mit H.B. Correll „Aquatic wetland plants of the southwestern United States", 1972 u. 1975.
Correns = Carl Franz Joseph Erich Correns, München 19. 9. 1864–15. 2. 1933 Berlin-Dahlem. Deutscher Botaniker u. Genetiker, Direktor des Biol. Instituts der Kaiser-Wilhelm-Gesellschaft in Berlin. Zusammen mit Hugo de Vries u. Erich von Tschermak-Seyssenegg Wiederentdecker der Mendelschen Gesetze (1900). Schrieb u. a. „Die neuen Vererbungsgesetze", 1912.
Correv. (auch **Corr.**) = J. Henry Correvon, Yverdon 15. 8. 1854–11. 5. 1939 Herisau. Schweizer Gärtner u. Schriftsteller. Schrieb neben vielem

anderem „Album des Orchidées d'Europe centrale et septentrionale", 1899; „Nos Arbres dans la Nature", 1920; „Les plantes des Alpes", 1885; zus. mit P. Robert „La flore alpine", 1908; „Rock Gardens and Alpine Plants", 1930; zus. mit J.F. Schill „Les Joubarbes (Semperviva)", 1924.

Cortés = Santiago Cortés, 1854-1924. Kolumb. Botaniker. Schrieb „Flora de Colombia", 1897.

Cory = Reginald Radcliffe Cory, Malvern, Worcestershire 31. 10. 1871-12. 5. 1934 Stoborough bei Wareham, Dorset. Engl. Kaufmann u. Pflanzensammler, Mäzen.

Coss. = Ernest Saint-Charles Cosson, Paris 22. 7. 1819-31. 12. 1889 Paris. Franz. Botaniker. Schriften: „Notes sur quelques plantes critiques, rares et nouvelles ...", 1849-1852; „Compendium florae atlanticae", 1881-1887; „Illustrationes florae atlanticae", 1882-1897 (mit Jean François Gustave Baratte).

Coss. et **Bal.** = Ernest Saint-Charles Cosson u. Benjamin Balansa. Siehe diese.

Coss. et **Durieu** = Ernest Saint-Charles Cosson u. Michel Charles Durieu de Maisonneuve. Veröffentlichten gemeinsam „Exploration scientifique d'Algérie. Botanique", Bd. 2 u. Atlas, 1855-1869. Siehe auch beide Verfasser.

Coss. et **Germ.** = Ernest Saint-Charles Cosson u. Jacques Nicolas Ernest Germain de Saint-Pierre. Veröffentlichten gemeinsam: „Observations sur quelques plantes critiques des environs de Paris", 1840; „Flore descriptive et analytique des environs de Paris", 1845, 2. Aufl. mit dem Titel „Flore des environs de Paris ...", 1861; „Synopsis analytique de la flore des environs de Paris", 1845, 2. Aufl. 1859, 3. Aufl. 1876. Siehe auch beide Verfasser.

Coss. et **Kral.** = Ernest Saint-Charles Cosson u. Jean Louis Kralik. Veröffentlichten gemeinsam „Catalogue des plantes observées en Syrie et en Palestine", 1854; „Sertulum tunetanum", 1857. Siehe auch beide Verfasser.

Cost. = Julien Noël Costantin, Paris 16. 8. 1857-17. 11. 1936. Franz. Botaniker. Schrieb u.a.: „Les végétaux et les milieux cosmiques", 1898; „La nature tropicale", 1899; „Nouvelle flore des champignons", 1891, 7. Aufl. 1947 (mit Léon Marie Dufour).

Cost. et **Bois** = Julien Noël Costantin u. Désiré Georges Jean Marie Bois. Siehe diese.

Costa = Antonio Cipriano Costa y Cuxart, 26. 9. 1817-16. 7. 1886. Katalan. Botaniker. Schrieb u.a. „Introducción á la Flora de Cataluña y Catálogo razonado de las plantas observadas en esta region", 1864, 2. Aufl. 1877. Nach ihm die Gattung *Costia* Willk.

Coste = Hippolyte Jacques Coste, Balaguier-de-Saint-Sermin 20. 12. 1858-23. 11. 1924 Saint-Paul-des Fonts. Franz. Abt u. Botaniker. Schrieb u.a. „Flore descriptive et illustrée de la France, de la Corse, et des contrées limitrophes", 1900-1906; Suppl. 1-5: 1973 bis 1979 (von P. Jovet u. R. De Vilmorin)

Coste et **Reynier** = Hippolyte Jacques Coste u. Alfred Reynier. Siehe diese.

Cott. = Arthur Disbrowe Cotton, London 15. 1. 1879-27. 12. 1962 Hertford. Engl. Botaniker in Kew. Publizierte Supplemente zu H.J. Elwes „A monograph of the genus Lilium" (mit A. Groves), 1933-1940. Nach ihm die Gattung *Cottonia* Wight.

Cott. et **Stearn** = Arthur Disbrowe Cotton u. William Thomas Stearn. Siehe diese.

Coult. = Thomas Coulter, Dundalk 1793 bis 1843 Dublin. Irischer Arzt, lebte in Genf, sammelte Pflanzen in Mexiko u. Kalifornien. Schrieb „Mémoires sur les Dipsacées", 1823.

J.M. Coult. = John Merle Coulter, Ningpo, China 20. 11. 1851-23. 12. 1928 Yonkers, New York. Nordamer. Botaniker an der University of Chicago. Publizierte u.a. „Manual of the botany of the Rocky Mountain region", 1885; „New manual of botany of the central Rocky Mountains", 1909 (mit A. Nelson); zus. mit C.J. Chamberlain „Morphology of the Gymnosperms", 2. Aufl. 1917; „Morphology of the Angiosperms", 1903. Nach ihm die Gattung *Coulterella* Vasey et Rose.

J.M. Coult. et **W.H. Evans** = John Merle Coulter u. Walter Harrison Evans. Siehe diese.

Court = Arthur Bertram Court, 25. 12. 1927 bis . Austral. Botaniker.

Courtin = Albert Courtin, 19. Jahrh. Deutscher Dendrologe und Gärtner. Schrieb: „Die Cultur der einheimischen und exotischen Farnkräuter und Lycopodien", 1855; „Die Familie der Coniferen", 1858.

Cout. (auch **Coutinho**) = António Xavier Pereira Coutinho, Lissabon 11. 6. 1851-27. 3. 1939 Lissabon. Portug. Botaniker. Schriften: „A flora de Portugal", 1913, 2. Aufl. 1939 (von R.T. Palhinha); „Notas da Flora de Portugal", 1914 bis 1921.

J. Coutts = John Coutts, Lochnager, Aberdeenshire 17. 1. 1872-21. 12. 1952 Woking, Surrey. Engl. botanischer Gärtner in Kew. Schrieb „Lilies" (m. H.B.D. Woodcock), 1935.

Coville (auch **Cov.**) = Frederick Vernon Coville, Preston, N. Y. 23. 3. 1867-9. 1. 1937 Washington, D. C. Spezialgebiete: *Ericaceae, Juncaceae.* Schrieb: „Botany of the Death Valley Expedition", 1893. Bearbeitete für Britton, North American Flora in Bd. 22(3) „Grossulariaceae", 1908 (zus. mit N.L. Britton); Additions in Bd. 22(6), 1918.

Cowan = John Macqueen Cowan, Banchory, Kincardineshire 1891-26. 10. 1960 Edinburgh. Schott. Rhododendronkenner. Schrieb: „The trees of Northern Bengal" (m. A.M. Cowan), 1929; „The Rhododendron leaf", 1950.

Cowan et **Davidian** = John Macqueen Cowan u. H.H. Davidian, 1907- . Schott. Rhododendronkenner am Bot. Garten Edinburgh. Siehe auch ersteren.

Cox = Euan Hillhouse Methven Cox, 1893 bis 1977. Engl. Pflanzensammler. Schrieb „Plant hunting in China", 1945.

Craib = William Grant Craib, Kirkside, Banff 10. 3. 1882-1. 9. 1933 Kew. Schott. Botaniker. Schrieb u.a. „Contributions to the flora of

Siam", 1912; „Flora siamensis enumeratio", 1925–1939 (Bd. 3, 1962, von A. F. G. Kerr). Nach ihm die Gattung *Craibia* Harms et Dunn.
Craib et **Stapf** = William Grant Craib u. Otto Stapf. Siehe diese.
Craig = Robert T. Craig, 20. Jahrh. Nordamer. Botaniker, Kakteenspezialist. Schrieb „The Mammillaria Handbook", 1945. Nach ihm die Gattung *Craigia* W. W. Sm. et W. E. Evans.
Cramer = Carl Eduard Cramer, Zürich 4. 3. 1831–24. 11. 1901 Zürich. Schweizer Botaniker, Prof. am Polytechnikum Zürich. Schriften: „Ueber die Ceramien", 1857; „Ueber Pflanzen-Architektonik", 1860; „Physiologisch-systematische Untersuchungen über die Ceramiaceen", 1863; „Bildungsabweichungen ... und die morphologische Bedeutung des Pflanzeneies", 1864.
Crantz = Heinrich Johann Nepomuk von Crantz, Roodt, Luxemburg 25. 11. 1722 bis 18. 1. 1797 Zeiring bei Judenburg, Steiermark. Österr. Arzt u. Botaniker, Prof. in Wien. Schriften: „Materia medica et chirurgica juxta systema naturae digesta", 1762; „Stirpium austriarum fasciculus I (-fasciculus III), 1762 bis 1767; „Institutiones rei herbariae", 1766; „Classis Umbelliferarum emendata ...", 1767, 2. Aufl. 1769; „Classis Cruciformium emendata ...", 1769; „De duabus draconis arboribus botanicarum ...", 1768.
Crép. = François Crépin, Rochefort 30. 10. 1830–30. 4. 1903 Brüssel. Belg. Botaniker, Gründer einer Gartenbauschule in Gent, Direktor des Bot. Gartens Brüssel. Hauptwerke: „Manuel de la Flore de Belgique", 1860, 6. Aufl. 1916; „Primitiae monographiae Rosarum ...", 1869–1882. Nach ihm die Gattung *Crepinella* March.
Crivelli = Guiseppe Gabriel Balsamo-Crivelli, Mailand 1. 9. 1800–15. 11. 1874 Mailand. Ital. Botaniker. Schrieb u. a. „Prodromus bryologiae mediolanensis", 1834 (mit Guiseppe De Notaris).
Croiz. = Léon Camille Marius Croizat-Chaly, Turin 16. 7. 1894–30. 11. 1982 Coro, Falcon, Venezuela. Nordamer. Botaniker in Südamerika. Spezialgebiet: *Euphorbiaceae.* Schrieb u. a. „Manual of phytogeography", 1952; „Principia botanica", 1960. Nach ihm die Gattung *Croizatia* Steyerm.
Cronq. (auch **Cronquist**) = Arthur John Cronquist, San José, Kalifornien 19. 3. 1919–1992. Nordamer. Botaniker am New York Bot. Garden, Bronx. Schrieb u. a. „The evolution and classification of flowering plants", 1968, 2. Aufl. 1988; „How to know the seed plants", 1979; „An integrated system of classification of flowering plants", 1981; zus. mit H. A. Gleason „Manual of vascular plants of northeastern United States and adjacent Canada", 1963 sowie „The natural geography of plants", 1964; zus. mit C. Leo Hitchcock u. a. "Vascular plants of the Pacific Northwest", 1955–1969; mit C. L. Hitchcock „Flora of the Pacific Northwest", 1973. Hrsg. von „Intermountain flora: Vascular plants of the Intermountain West, USA", 1972 →.
Croom = Hardy Bryan Croom, Lenoir County, North Carolina 8. 10. 1797–9.!0. 1837 auf See vor der Küste von North Carolina. Nordamer. Botaniker. Schrieb „A catalogue of plants native or naturalized in the vicinity of New-Bern, North-Carolina", 1837. Nach ihm die Gattung *Croomia* Torr. ex Torr. et A. Gray.
Crouch. = George Croucher, Dunbar 1833 bis 27. 6. 1905 Ochtertyre, Perthshire. Schott. Gärtner.
Crueg. = Hermann Crüger, Hamburg 11. 2. 1818–25. 2. 1864 San Fernando, Trinidad. Deutscher Botaniker, ging als Apotheker nach Trinidad, wurde 1857 Direktor des Bot. Gartens Port of Spain. Schrieb „Outline of the flora of Trinidad", 1858.
Cuf. = Georg Cufodontis, Triest 3. 8. 1896 bis 18. 11. 1974 Wien. Österr. Botaniker am Bot. Institut der Universität Wien. Schrieb: „Enumeratio plantarum Aethiopiae", 1953–1972 (in Bull. Jard. Bot. État), Nachdruck als Buch 1975.
Cull. = James Cullen, 1936– . Engl. Botaniker. Mitarb. an „Flora europaea", 1964 bis 1980. Schrieb Bd. II von „Phanerogamarum Monographiae: A Revision of Anthyllis vulneraria s. l. in Europe"; mit P. H. Davis „The identification of flowering plant families", 1965, 2. Aufl. 1978.
Cull. et **Heyw.** = James Cullen u. Vernon Hilton Heywood. Siehe diese.
Cullm. = Wilhelm Cullmann, Münnerstadt 8. 6. 1905– . Deutscher Kakteenkenner. Schrieb zus. mit H. Balzer „Kakteen unser Hobby", 1963, 5. Aufl. (zus. mit E. Götz u. G. Gröner) u. d. Titel: „Kakteen; Kultur, Vermehrung und Pflege; Lexikon der Gattungen und Arten", 1984 (engl.: „The encyclopedia of cacti", 1987). Nach ihm die Gattung *Cullmannia* Dist.
A. Cunn. = Allan Cunningham, Wimbledon 13. 7. 1791–27. 6. 1839 Sydney. Engl. Botaniker, 1826 u. 1838 in Neuseeland, sonst in New South Wales, Australien. Schrieb u. a. „Florae insularum Novae Zelandiae precursor", in „Companion to the Botanical Magazine", 1837 u. in „Annals of Natural History", 1838 bis 1839; Mitarbeier von Barron Fields: „Geographical Memoirs on New South Wales", 1825.
A. Cunn. et **Fras.** = Allan Cunningham u. John Fraser. Siehe diese.
R. Cunn. = Richard Cunningham, Wimbledon 12. 2. 1793–15. 4. 1835, Bruder des vorigen, im Inneren Australien auf einer Forschungsreise ermordet. Engl. Botaniker u. Forscher, 1833/34 in Neuseeland, Direktor des Bot. Gartens Sidney. Nach ihm u. seinem Bruder Allan die Gattung *Cunninghamia* R. Br.
Curran = Hugh Mc Collum Curran, New York 16. 11. 1875–?. Nordamer. Förster in Manila, Philippinen. Pflanzensammler. Nach ihm die Gattung *Currania* Copel.
Curt. = William Curtis, Alton, Hampshire 11. 1. 1746–7. 7. 1799 Brompton. Engl. Apotheker, Entomologe, Botaniker, Vorsteher des Apothekergartens Chelsea. Gründete botanische Gärten in Bermondsey, Lambeth 1771 u. in Bromp-

ton 1789. Schriften: „Flora londinensis", 1775 bis 1798; „An Abridgement of the Flora londinensis", 1792; „Lectures of Botany" (hrsg. von S. Curtis), 1805; „Practical observations on the British grasses", 1790, 7. Aufl. 1834; „History of the Browntail Moth", 1782; 1787 gründete er das heute noch erscheinende „Curtis' Botanical Magazine" und war bis 1799 sein Herausgeber. Nach ihm die Gattung *Curtisia* Ait.

C.H. Curt. = Charles Henry Curtis, Wimbledon 3. 6. 1869–24. 3. 1958 Brentford, Middlesex. Engl. Gärtner, Herausgeber von „Orchid Review" (1933–1958) u. „The Gardener's Chronicle" (1918–1950). Schriften: „Sweet Peas and their cultivation", 1908; „Orchids for everyone", 1910: „Annuals, hardy and half-hardy", 1912; „Orchids, their distribution and cultivation", 1950.

Cust. = Jakob Laurenz Custer, 16. 3. 1755 bis 24. 1. 1828. Schweizer Botaniker.

Cyr. = Domenico Maria Leone Cirillo (Cyrillus), Grumo 11. 4. 1739–29. 10. 1799 Neapel. Ital. Staatsmann u. Botaniker. Schrieb u. a. „Ad botanicas institutiones introductio", 1766, 2. Aufl. 1771; „Fundamenta botanica ...", 1785 bis 1787; „Plantarum rariorum regni neapolitani", 1788–1792. Nach ihm die Gattung *Cyrilla* Gard. ex L.

Czern. = Vasili Matveevič Czerniaev (Czernjaew), Kalitva, Zemliansk, Woronesch 1796 bis 21. 2. 1876 Charkow. Russ. Botaniker. Schrieb u. a. „Conspectus plantarum circa Charcoviam et Ucrania ..." 1859.

Dahl = Ove Christian Dahl, Orkedahl, Norwegen 29. 1. 1862–1940. Norweg. Botaniker. Hrsg. von Blytt, Axel Gulbrand: „Haandbog i Norges Flora", 1906.

Dahlgr. = Bror Eric Dahlgren, Schweden 17. 3. 1877–16. 12. 1961 Chicago. Nordamer. Botaniker am Chicago Natural History Museum. Veröffentlichte u. a. „Index of American Palms", 1936 (mit Adolf Carl Noë), Tafelband 1959, Rev. Aufl. 1972 (von Sidney F. Glassman). Nach ihm die Gattung *Dahlgrenia* Steyerm.

R. Dahlgr. = Rolf Martin Teodor Dahlgren, Örebro, Schweden 7. 7. 1932–14. 2. 1987. Schwed. Botaniker am Bot. Museum Kopenhagen. Schrieb: „The monocotyledons – a comparative study", 1982 (mit H. T. Clifford); „The families of monocotyledons", 1985. Spezialgebiet: *Aspalathus*.

Dalla Torre = Karl Wilhelm von Dalla Torre von Thurnberg-Sternhoff, Kitzbühel, Tirol 14. 7.1850–6. 4. 1928, Innsbruck. Österr. Botaniker u. Zoologe. Schriften: Zus. mit A. Hartinger „Atlas der Alpenflora", 1881–1884, 2. Aufl. 1896–1897 (redigiert von E. Palla); „Die volkstümlichen Pflanzennamen in Tirol und Vorarlberg", 1895; zus. mit L. Graf v. Sarnthein „Flora der gefürsteten Grafschaft Tirol, des Landes Vorarlberg und des Fürstentums Liechtenstein", 1900–1913; zus. mit H. A. T. Harms „Genera Siphonogamarum ...", 1900–1907 u. „Register zu Genera Siphonogamarum", 1908.

Dallim. = William Dallimore, Tardebigge, Worcestershire 31. 3. 1871–7. 11. 1959 Tonbridge, Kent. Engl. Botaniker. Schrieb zus. mit A. B. Jackson „A Handbook of Coniferae", 1923, 4. Aufl. 1967 (von S. G. Harrison); außerdem „Holly, Yew and Box", 1908.

Dallim. et **A.B. Jacks.** = William Dallimore u. Albert Bruce Jackson. Siehe diese.

Dalzell = Nicol Alexander Dalzell, Edinburgh 21. 4 1817–18. 1. 1878 Edinburgh. Schott. Botaniker, von 1841–1870 im Forstdienst in Indien. Schrieb „Catalogue of indigenous flowering plants of Bombay Presidency", 1858; zus. mit A. Gibson „The Bombay flora", 1861. Nach ihm die Gattung *Dalzellia* Wight.

Damboldt = Jürgen Damboldt, Hannover 2. 5. 1937–3. 5. 1978 Berlin. Deutscher Botaniker an der Freien Universität Berlin. Herausgeber von Bd. 3(3) für die 2. Aufl. von Hegi, Gustav: „Illustrierte Flora von Mitteleuropa", 1974.

Dammann = ... Dammann, 19. Jahrh. Deutscher Pflanzenzüchter in Italien.

Dammann et **Sprenger** = ... Dammann u. Sprenger. Siehe diese.

Dammer = Carl Lebrecht Udo Dammer, Apolda, Thüringen 8. 1. 1860–15. 11. 1920 Karlsruh bei Kolberg, Pommern. Deutscher Botaniker, Kustos am bot. Garten Berlin. Palmenspezialist. Schrieb u. a. „Palmenzucht und Palmenpflege", 1879; „Anleitung für Pflanzensammler", 1894; für Engler u. Prantl. Die natürlichen Pflanzenfamilien III. 1a (1892–1893) „Polygonaceae, Batidaceae". Nach ihm die Gattung *Dammera* K. Schum. et Lauterb.

Dams = Erich Dams, 19./20. Jahrh. Wissensch. Bibliothekar an der Preuß. Staatsbibliothek in Berlin. Publizierte um 1909 über *Cactaceae*. Ab 1904 Herausg. von „Monatsschrift für Kakteenkunde".

Dän. = Albert Ulrich Däniker, Steinmaur 12. 6. 1894–1957 Zürich. Schweizer Botaniker am Bot. Garten Zürich. Schrieb u. a. „Ein ökologisches Prinzip zur Einteilung der Pflanzengesellschaften", 1928; „Das Pflanzenkleid des Kantons Zürich", 1942.

Dän. et **Krainz** = Albert Ulrich Däniker u. Hans Krainz. Siehe diese.

Dandy = James Edgar Dandy, Preston, Lancashire 24. 9. 1903–10. 11. 1976 Tring. Engl. Botaniker am Brit. Museum London. Spezialgebiet: *Magnoliaceae*. Veröffentlichte u. a. „List of British vascular plants", 1958; „The Sloane Herbarium ... with biographical accounts of the principal contributors ...", 1958; „Index of generic names of vascular plants 1753–1774", 1967. Nach ihm die Gattung *Dandya* H. E. Moore.

Dandy et **Wilm.** = James Edgar Dandy u. Alfred James Wilmott. Siehe diese.

Danert = Siegfried Danert, Isnothen bei Sensburg 25. 12. 1926–12. 11. 1973 Gatersleben. Deutscher Botaniker am Institut für Genetik u. Kulturpflanzenforschung in Gatersleben. Spezialgeb.: Kulturpflanzen. Mitarbeiter an „Urania Pflanzenreich. Höhere Pflanzen" (Bd. 1–2), 1971–1973 u. „Niedere Pflanzen", 1974.

Schrieb: „Die Verzweigung der Solanaceen im reproduktiven Bereich", 1958.

Danser = Benedictus Hubertus Danser, Schiedam 24. 5. 1891-18. 10. 1943 Groningen. Holl. Botaniker, Professor in Groningen. Spezialgebiet: „*Loranthaceae*. Schrieb: „A new system for the genera of the Loranthaceae Loranthoideae", 1933

Darl. = Cyril Dean Darlington, Chorley, England 19. 12. 1903- . Englischer Genetiker u. Cytologe in Oxford. Schrieb u. a. „Chromosomes and plant breeding", 1932; zus. mit E.K. Janaki-Ammal „Chromosome atlas of cultivated plants", 1945; mit A.P. Wylie „Chromosome atlas of flowering plants", 1955; „Chromosome botany", 1956, 2. Auf. 1963 (deutsch: „Chromosomenbotanik", 1957). Publizierte mit Bertram Henry Buxton (Buxt.)

Darracq = Ulysse Darracq, gest. 1872 Saint-Esprit-Bayonne. Franz. Botaniker.

Daubeny = Charles Giles Bridle Daubeny, Stratton, England 11. 2. 1795-13. 12. 1867 Oxford. Engl. Botaniker u. Chemiker in Oxford. Schrieb u. a.: „Oxford Botanic Garden", 1850, 2. Aufl. 1853-1863; „Essay on the trees and shrubs of the ancients", 1865; „Plants of the world and where they grow". New ed., 1868.

Davids. = Anstruther Davidson, Caithness, Schottland 19. 2. 1860-3. 4. 1932 Los Angeles. Nordamer. Botaniker.

Davids. et **Moxl.** = Anstruther Davidson u. Georges Loucks Moxley. Schrieben gemeinsam „Flora of Southern California", 1923. Siehe auch beide Verfasser.

P.H. Davis = Peter Hadland Davis, Weston-super-Mare 18. 6. 1918-1992. Engl. Botaniker. Hrsg. von „Flora of Turkey and the East Aegean Islands", 1965-1988. 10 Bde. Schrieb „The identification of flowering plant families", 1965, 2. Aufl. 1978 (mit J. Cullen): „Principles of Angiosperm taxonomy", 1963 (zus. mit Vernon Hilton Heywood).

P.H. Davis et **Henders.** = Peter Hadland Davis u. D.M. Henderson. Siehe ersteren.

P.H. Davis et **Hub.-Mor.** = Peter Hadland Davis u. Arthur Huber-Morath. Siehe diese.

Dawe et **Sprague** = Morley Thomas Dawe, Sticklepath 9. 9. 1880-14. 7. 1943 Kyrenia, Zypern. Engl. Kolonialbotaniker u. Landwirtschaftssachverständiger; u. Thomas Archibald Sprague. Siehe auch letzteren. Dawe schrieb: „Report on a botanical mission through the forest districts of Budda and the western and Nile provinces of the Uganda Protectorate", 1906.

Daws. = Elmer Yale Dawson, Creston, Iowa 31. 3. 1918-22. 6. 1966 auf See nahe Ghardaqua, Ägypten. Nordamer. Botaniker, hauptsächlich Algenforscher, aber auch Kakteenspezialist. Schrieb u. a. „The Cacti of California", 1966. Nach ihm die Gattung *Neodawsonia* Bckbg.

Daws. et **Buxb.** = Elmer Yale Dawson u. Franz Buxbaum. Siehe diese.

Day = John Day, London 3. 2. 1824-15. 1. 1888 Tottenham, London. Engl. Orchideensammler in Indien, Ceylon, Brasilien etc.

Day et **Rchb. f.** = John Day u. Heinrich Gustav Reichenbach. Siehe diese.

DC. = Augustin Pyramus de Candolle, Genf 4. 2. 1778-9. 9. 1841 Genf. Schweizer Botaniker. Verf. vieler bot. Schriften, darunter der von seinem Sohn u. anderen Botanikern fortgesetzte „Prodromus systematis naturalis regni vegetabilis", 17 Bände, 1824-1873; „Plantarum succulentarum historia...", 1799 bis 1832; „Regni vegetabilis systema naturale...", 1817-1821; „Organographie végétale", 1827 (deutsch: „Organographie der Gewächse", 1828); „Physiologie végétale, 1832; „Mémoire sur la famille des Légumineuses", 1825-1827. Nach ihm die Zeitschrift „Candollea" (1922 →).

A. DC. = Alphonse Louis Pierre Pyramus de Candolle, Paris 27. 10. 1806-4. 4. 1893 Genf, Sohn des vorigen. Nachfolger seines Vaters in der Professur in Genf. Schrieb u. a. „Monographie des Campanulées", 1830; „Géographie botanique raisonnée", 1855; „Lois de nomenclature botanique", 1867; „La phytographie", 1880; „Origine des plantes cultivées", 1882 (englisch: „Origin of cultivated plants", 1884). Bearbeitete für Martius: Flora brasiliensis in Bd. IV,1 „Begoniaceae", 1860, Bd. V,1 „Santalaceae, Myristicaceae", 1861. Gab mit seinem Sohn Casimir heraus „Monographiae Phanerogamarum", 8 Bände, 1878-1893 (Band 9, 1896, allein von C. DC.) u. bearbeitete „Smilaceae", Bd. 1, 1878.

C. DC. = Anne Casimir Pyramus de Candolle, Genf 20. 2. 1836-3. 10. 1918 Vallon. Sohn von Alphonse de Candolle. Gemeinsam mit ihm Hrsg. von „Monographiae Phanerogamarum...", 9 Bände, 1878-1896 u. Bearbeiter von „Meliaceae", Bd. 1, 1878. Bearbeitete für de Candolles Prodromus in Bd. XVI „Piperaceae, Juglandaceae, Myricaceae", 1864-1869; für Martius Flora brasiliensis in Bd. XI, 1 „Meliaceae", 1878.

Debeaux = Jean Odon Debeaux, Agen, Lot-et-Garonne 6.(?) 8. 1826-20. 2. 1910 Toulouse. Franz. Pharmazeut u. Botaniker. Spezialgebiet: Flora von China. Schrieb u. a. „Flore de la Kabylie du Djurdjura", 1894.

de Boer = Hendrik Wijbrand de Boer, Adorp 26. 8. 1885-14. 3. 1970 Groningen. Holl. Sukkulentenforscher u. Nahrungsmittelchemiker.

de Boer et **Boom** = Hendrik Wijbrand de Boer u. Boudewijn Karel Boom. Siehe diese.

Decne. = Joseph Decaisne, Brüssel 7. 3. 1807 bis 8. 2. 1882 Paris. Belg. Botaniker, Prof. am Jardin des Plantes, Paris. Schriften: „Le jardin fruitier du Muséum...", 1858-1875; zus. mit E. Le Maout „Traité général de botanique descriptive et analytique", 1868; zus. mit C. V. Naudin „Manuel de l'amateur des jardins", 1862-1872; für de Candolle, Prodromus in Bd. VIII „Asclepiadaceae", 1844 in Bd. XIII, 1 „Plantaginaceae", 1852. Nach ihm die Gattung *Decaisnea* Hook. f. et Thoms.

Decne. et **Planch.** = Joseph Decaisne u. Jules Émile Planchon. Siehe diese.

Defl. (auch **Deflers**) = Albert Deflers, Doullens 16. 10. 1841-4. 10. 1921 Nancy. Franz. Offizier, später Erforscher der Flora Ägyptens, Arabiens u. des Jemen. Schrieb „Voyage au Yémen", 1889.

Degen (auch **Deg.**) = Árpád von Degen, Preßburg 1866-30. 3. 1934 Budapest. Ung. Botaniker. Schrieb u.a. „Die Flora von Herculesbad", 1901; „Studien über Cuscuta-Arten", 1912; „Flora velebitica", 1936-1938. Nach ihm die Gattung *Degenia* Hayek.

Degen et **Bald.** = Árpád von Degen u. Antonio Baldacci. Siehe diese.

Degen et **Dörfl.** = Árpád von Degen u. Ignaz Dörfler. Siehe diese.

Degen et **Urum.** = Árpád von Degen u. Ivan Kiroff Urumoff. Siehe diese.

O. Degener = Otto Degener, East Orange, New Jersey 13. 5. 1899-16. 1. 1988 Honululu, Hawaii. Nordamer. Pflanzensammler u. Botaniker. Publizierte seit 1933 „Flora hawaiiensis" (bisher 7 Bände), in späteren Jahren zus. mit seiner Frau Isa Degener). Nach ihm die Gattung *Degeneria* I.W. Bailey et A.C. Sm.

de Haas = Th. de Haas, 1888-?. Holl. Sukkulentenforscher.

Dehnh. (auch **Dehnhardt**) = Friedrich Dehnhardt, 1787-1870. Deutscher Botaniker in Neapel. Schrieb u.a. „Catalogus plantarum horti camalduensis, 1829, 2. Aufl. 1832.

de Hurst = ... de Hurst,?

De Jonghe = Jean De Jonghe, Coolscamp bei Brügge 16. 3. 1804-4. 3. 1876 Brüssel. Belg. Gärtner.

Dekapr. = Leonard Leonardovič Dekaprelevič, Tiflis Juli 1886-?. Russ. Kulturpflanzensystematiker.

Dekapr. et **Menabde** = Leonard Leonardovič Dekaprelevič u. A.M. Menabde. Siehe diese.

Del. = Alire Raffeneau Delile, Versailles 23. 1. 1778-5. 7. 1850 Paris. Franz. Botaniker, Arzt, Begleiter Napoleons I. auf dem Feldzug nach Ägypten. Schrieb u.a. „Description de l'Égypte. Histoire naturelle. Botanique", 1813-1814. (Enthält: „Florae aegyptiaceae illustratio" u. „Flore d'Égypte"), 2. Aufl. 1824; „Centurie de plantes d'Afrique du voyage à Méroë", 1826. Nach ihm die Gattung *Lilaea* Humb. et Bonpl.

de Lannoy = ... de Lannoy, publizierte 1863.

D. Delar. = Daniel Delaroche, Genf 1743 bis 1812 Paris. Schweizer Arzt u. Botaniker, Vater von François D. Schrieb: „Descriptiones plantarum aliquot novarum", 1766.

F. Delar. = François Delaroche, 1780-23. 12. 1813 Paris. Schweizer Arzt u. Botaniker, Sohn von Daniel Delaroche. Schrieb „Eryngiorum necnon generis novi Alepideae historia", 1808. Nach ihm u. seinem Vater die Gattung *Rochea* DC.

Delarbre = Antoine Delarbre, Clermont-Ferrand 1744-1841 Clermont-Ferrand. Franz. Botaniker. Schrieb u.a. „Flore d'Auvergne ou recueil des plantes de cette ci devant province", 1795, 2. Aufl. 1800, weitere Aufl. 1836.

De Laubenf. = David J. De Laubenfels, zeitgenöss. nordam. Botaniker in Syracuse, New York. Spezialgebiet: *Coniferae*, bes. der Tropen.

Delav. = Père Pierre Jean Marie Delavay, Les Gets 28.12. 1834-31. 12. 1895 Yunnan-fu, China. Franz. Missionar, Pflanzensammler, Entdecker vieler neuer westchin. Pflanzen, vor allem aus den Provinzen Kwang-tung u. Jünnan, die von A.R. Franchet (s.d.) beschrieben wurden in „Plantae Delavayanae", 1889 bis 1890. Nach ihm die Gattung *Delavaya* Franch.

D.L. Denh. = Dale Lee Denham, 1922- . Nordamer. Botaniker. Spezialgebiet: Neuweltl. *Gesneriaceae.*

Denis = Marcel Denis, Villiers 20. 1. 1897-21. 1. 1929 Clermont-Ferrand. Franz. Botaniker, Pflanzensystematiker u. -soziologe, Prof. in Clermont-Ferrand.

Dennst. = August Wilhelm Dennstedt, Weimar 1776-1826 Weimar. Deutscher Arzt u. Botaniker in Magdala, Thüringen, wiss. Leiter des Bot. Gartens Belvedere bei Weimar. Schriften: „Schlüssel zum Hortus Indicus Malabaricus", 1818; „Hortus Belvedereanus. Oder Verzeichniss der bestimmten Pflanzen, welche in dem Gross-Herzoglichen Garten zu Belvedere, bei Weimar...", 1820-1821. Nach ihm die Gattung *Dennstaedtia* Bernh.

De Not. = Giuseppe De Notaris, Mailand 18. 4. 1805-27. 1. 1877 Rom. Ital. Botaniker, Prof. in Genua u. Rom. Kryptogamenforscher, bes. *Bryophyta.* Schrieb u.a. „De quibusdam Chenopodii speciebus", 1830; „Repertorium florae ligusticae", 1844. Nach ihm die Gattungen *Notarisia* Colla u. *Denotarisia* Grolle sowie die Zeitschriften „Notarisia", 1886-1896, u. „La Nuova Notarisia", 1890 bis 1925. Siehe auch Crivelli u. Cesati (Ces.).

Desc. = Bernhard M. Descoings, 1931- . Franz. Botaniker in Montpellier. Spezialgebiet: *Vitaceae, Asclepiadaceae,* Flora von Madagaskar.

Desf. = Réné Louiche Desfontaines, Tremblay 14. 2. 1750-16. 11. 1833 Paris. Franz. Botaniker, Prof. am Jardin des Plantes, Paris. Hauptwerke: „Choix des plantes du Corollaire des instituts de Tournefort", 1808; „Flora atlantica...", 1798-1799; „Histoire des arbres et des arbrisseaux...", 1809; „Voyage dans les Régences de Tunis et d'Alger", 1838; „Tableau de l'école de botanique...", 1804, 2. Aufl. 1815, 3. Aufl. 1829, Additamentum 1832. Nach ihm die Gattung *Desfontainia* Ruiz et Pav.

De Smet = Louis De Smet, Lokeren 20. 4. 1813 bis 16. 3. 1887 Ledeberg. Belg. Gärtnereibesitzer.

Des Moul. (auch **Des Moulins**) = Charles Robert Alexandre Des Moulins, Southampton 13. 3. 1798-23. 12. 1875 Bordeaux. Franz. Botaniker u. Zoologe in Bordeaux. Schrieb u.a. „Catalogue raisonné des plantes qui croissent sponanément dans le département de la Dordogne", 1840, Supplemente 1846-1859; „Études organiques sur les Cuscutes", 1853.

Desp. = Narcisse Henri François Desportes, Champroud 1776-1856 Le Mans. Franz. Botaniker. Schrieb u.a. „Rosetum gallicum...", 1828; „Flore de la Sarthe et de la Mayenne", 1838.

Desr. = Louis Auguste Joseph Desroussaux, Sedan 27. 7. 1753-20. 1. 1838 Vendières, Marne. Franz. Botaniker. Mitarbeiter von J.B.P.A.M. de Lamarck: „Encyclopédie méthodique Botanique", Bd. 3-4, 1789 bis 1798.
Desv. =August Nicaise Desvaux, Poitiers 28. 8. 1784-12. 7. 1856 Bellevue nahe Angers. Franz. Botaniker. Direktor des Bot. Gartens Angers. Schriften: „Journal de botanique", 1808-1809; „Journal de botanique appliquée à l'agriculture, à la pharmacie...", 1813 bis 1815; „Phyllographie", 1809; „Flore de l'Anjou", 1827; „Traité général de botanique", 1838-1839; „Observations sur les plantes des environs d'Angers...", 1818.
Devans. = Alphonse de la Devansaye, 1845 bis 1900. Franz. Orchideenliebhaber, Präsident der Société d'Horticulture d'Angers et du Maine-et-Loire.
de Vries = Hugo de Vries, Haarlem 16. 2. 1848 bis 25. 5. 1935 Lunteren. Holl. Botaniker u. Genetiker, mit Carl Franz Joseph Erich Correns und Erich von Tschermak-Seyssenegg Wiederentdecker der Mendelschen Gesetze (1900). Schrieb u.a. „Die Mutationstheorie", 1900 bis 1903 (englisch: „The mutation theory", 1910 bis 1911).
de Vriese = Willem Hendrik de Vriese, Oosterhout, Brabant 11. 8. 1806-23. 1. 1862 Leiden. Holl. Botaniker in Leiden. Schrieb u.a. über Arzneipflanzen u. Pflanzen aus Malaysia, außerdem „Descriptions et figures des plantes nouvelles et rares du jardin botanique de l'université de Leide", 1847-1851. Nach ihm die Gattung *Vriesea* Lindl.
De Wild. = Émile Auguste Joseph De Wildeman, Sint-Joost-ten-Node 19. 10. 1866-24. 7. 1947 Brüssel. Belg. Botaniker. Schrieb zahlreiche Werke über Pflanzen aus dem trop. Afrika, u.a. „Les plantes tropicales de grande culture...", 1902, 2. Aufl. 1908; „Contribution à l'étude de la flore du Katanga", 1921 bis 1933; „Plantae Bequaertianae", 1921-1932. Nach ihm die Gattung *Dewildemania* O. Hoffm.
De Wild. et **Dur.** = Émile Auguste Joseph De Wildeman u. Théophile Alexis Durand. Schrieben gemeinsam: „Plantae Thonnerianae congolenses", 1900-1911. Siehe auch beide Verfasser.
W.J.J.O. de Wilde = W.J.J.O. de Wilde, zeitgenöss. holländischer Botaniker am Rijksherbarium in Leiden. Spezialgebiet: *Najadaceae*. Bearbeitete diese Familie für Flora Malesiana Ser. I. Vol. 6(2), 1960.
de Wit = Hendrik Cornelis Dirk de Wit, Purmerend 24. 10. 1909- . Holl. Botaniker in Wageningen (Laboratorium voor Plantensystematiek en -geografie). Spezialgebiete: Wasserpflanzen, trop.-afr. Flora. Schrieb u.a. das in viele Sprachen übersetzte, in deutscher Ausgabe von K.H. Paul bearbeitete „Knaurs Pflanzenreich in Farben", 1964-1965; „Aquarienplanten", 1958, 2. Aufl. 1966; deutsche Ausgabe „Aquarienpflanzen", 1971; engl. Ausgabe „Aquarium plants", 1964.
Dicks. = James Dickson, Traquhair, Schottland 1738-14. 8. 1822 Croydon, Surrey. Engl. Botaniker u. Gärtner. Hauptwerke: „Fasciculus I (-IV) plantarum cryptogamicarum Britanniae", 1785 bis 1801; „Fasiculus I (-?) plantarum phanerogamarum Britanniae", 1789-1791, 1793-1802; „A Collection of dried Plants named on the Authority of the Linnean Herbarium and other original Collections", 1789-1791. Nach ihm die Gattung *Dicksonia* L'Hérit.
Didr. = Didrik Ferdinand Didrichsen, Kopenhagen 3. 6. 1814-20. 3. 1887 Kopenhagen. Dän. Arzt u. Botaniker, Professor in Kopenhagen. Nahm von 1845-1847 an Weltreise mit Schiff „Galathea" teil. Schrieb u.a. „Oversigt over Nicobarøernes Vegetation", in Steen Bille, „Beretning om Corvetten Galathea's Reise omkring Jorden 1845, 1846, 1847", Bd. 1, 1849.
Dieck = Georg Dieck, Zöschen bei Merseburg 28. 4. 1847-21. 10. 1926 Zöschen bei Merseburg. Deutscher Gärtner u. Forschungsreisender. Gründer eines bedeutenden Arboretums in Zöschen, in das er u.a. die von ihm in Dahurien u. im Kaukasus gesammelten Pflanzen setzte. Schrieb „Moor- und Alpenpflanzen und ihre Kultur im National Arboretum und Alpengarten Zöschen bei Merseburg", 1900 (2. Aufl.).
Diels = Friedrich Ludwig Emils Diels, Hamburg 24. 11. 1874-30. 11. 1945 Berlin. Deutscher Botaniker, Direktor des Bot. Gartens u. Museums Berlin. Bereiste Südafrika, Australien, Neuseeland, Java, Ekuador. Verf. vieler bot. Schriften, darunter „Die Flora von Central-China", 1901, Nachtrag dazu 1905; für Engler u. Drude, Die Vegetation der Erde, Bd. 7 „Die Pflanzenwelt von West-Australien" 1906; für Engler, Das Pflanzenreich „Menispermaceae", 1910; „Droseraceae", 1906; für Engler. u. Prantl, Die natürlichen Pflanzenfamilien, 1. Aufl. I. 4 (1899-1900) „Cyatheaceae, Polypodiaceae, Parkeriaceae, Matoniaceae, Gleicheniaceae, Schizaeaceae, Osmundaceae", 2. Aufl. Bd. 15a (1930) „Iridaceae", 18a (1930) „Cephalotaceae, Byblidaceae, Roridulaceae", 17b (1936) „Droseraceae"; „Jugendformen und Blütenreife im Pflanzenreich", 1906; Hrsg. „Ersatzstoffe aus dem Pflanzenreich", 1918; Herausgeber der 11. Aufl. von A. Engler „Syllabus der Pflanzenfamilien", 1936; mit J. Mildbraed u. G.K. Schulze-Menz, „Vegetationskarte von Afrika", 1963 (Willdenowia Beiheft 1); „Pflanzengeographie", 4. Aufl. 1945, 5. Aufl. 1958 (von F. Mattick). Nach ihm die Gattungen *Dielsantha* E. Wimm., *Dielsia* Gilg, *Dielsiocharis* O.E. Schulz, *Dielsiochloa* Pilg., *Dielsiothamnus* R.E. Fries. Siehe auch Engl. et Diels.
Diels et **Gilg** = Friedrich Ludwig Emil Diels u. Ernst Friedrich Gilg. Siehe diese.
Diels et **Graebn.** = Friedrich Ludwig Emil Diels u. Karl Otto Robert Peter Paul Graebner. Siehe diese.
Dierb. = Johann Heinrich Dierbach, Heidelberg 23. 3. 1788-9. 5. 1845 Heidelberg. Deutscher Botaniker. Schrieb u.a. „Flora heidelbergensis", 1819-1820; „Flora mythologica", 1833; „Beiträge zu Deutschlands Flora", 1825-1833; „Syn-

opsis materiae medicae", 1841–1842.
A. Dietr. = Albert Gottfried Dietrich, Danzig 8. 11. 1795–22. 5. 1856 Berlin. Deutscher Botaniker, Kustos am Bot. Garten Berlin. Lehrer an der Gärtner-Lehranstalt Berlin-Schöneberg. Schriften: „Flora regni borussici", 1833–1844; „Terminologie der phanerogamischen Pflanzen ...", 1829, 2. Aufl. 1838.
A. Dietr. et **Otto** = Albert Gottfried Dietrich u. Christoph Friedrich Otto. Gemeinsame Hrsg. von „Allgemeine Gartenzeitung", 1833–1856. Siehe auch beide Verf.
D. Dietr. = David Nathanael Friedrich Dietrich, Ziegenhain 3. 10. 1799–23. 12. 1888 Jena. Deutscher Botaniker u. Gärtner, Kustos am Bot. Garten Jena. Neffe von F. G. Dietrich. Schriften: „Deutschlands ökonomische Flora ...", 1841–1844; „Flora medica ...", 1831–1835; „Flora universalis ...", 1828 bis 1861; „Forstflora ...", 1828–1833; „Lichenographia germanica ...", 1832–1837.
F. G. Dietr. = Friedrich Gottlieb Dietrich, Ziegenhain 9. 3. 1765–2. 1. 1850 Eisenach. Deutscher Botaniker. Prof. u. Hofgartendirektor in Eisenach. Onkel von D. N. F. Dietrich. Schrieb u. a. „Vollständiges Lexicon der Gärtnerei und Botanik", 1802–1811, 2. Aufl. 1820–1824, Nachtrag dazu 1815–1824; „Neuer Nachtrag", 1825 bis 1840; „Die Linnéischen Geranien für Botaniker und Blumenliebhaber", 1802.
Dint. = Moritz Kurt Dinter, Bautzen 10. 6. 1868–16. 12. 1945 Neukirch, Sachsen. Deutscher Botaniker, Sukkulentenforscher. Kustos des Hanbury-Gartens in La Mortola, von 1897 bis 1914 Regierungsbotaniker in Okahandja im ehemaligen Deutsch-Südwestafrika. Schrieb u. a. „Neue und wenig bekannte Pflanzen Deutsch-Südwest-Afrikas", 1914; „Botanische Reisen in SW-Afrika", 1918. Nach ihm die Gattungen *Dintera* Stapf, *Dinteracanthus* C. B. Clarke ex Schinz, *Dinteranthus* Schwant. sowie die Zeitschrift „Dinteria", 1968 →.
Dint. et **Berger** = Moritz Kurt Dinter u. Alwin Berger. Siehe diese.
Dint. et **Gilg** = Moritz Kurt Dinter u. Ernst Friedrich Gilg. Siehe diese.
Dint. et **Schinz** = Moritz Kurt Dinter u. Hans Schinz. Siehe diese.
Dint. et **Schwant.** = Moritz Kurt Dinter u. Gustav Schwantes. Siehe diese.
Dipp. = Leopold Dippel, Santerecken, Pfalz 4. 8. 1827–4. 3. 1914 Darmstadt. Deutscher Botaniker u. Gehölzkenner, Direktor des Bot. Gartens Darmstadt. Hauptwerk: „Handbuch der Laubholzkunde", 1889–1893.
Dode = Louis Albert Dode, Moulins, Altier 15. 1. 1875–1943. Franz. Botaniker u. Gehölzkenner.
Dodson = Calaway H. Dodson, 1928– . Nordamer. Botaniker. Kurator am Missouri Botanical Garden in St. Louis.
Dodson et **Dressl** = Calaway H. Dodson u. Robert Louis Dressler. Siehe beide Verf.
Döll = Johann Christoph Döll, Mannheim 21. 7. 1808–10. 3. 1885 Karlsruhe. Deutscher Botaniker u. Bibliothekar in Karlsruhe. Veröffentlichte u. a. „Flora des Großherzogtums Baden", 1857 bis 1862; „Rheinische Flora", 1843; „Zur Erklärung der Laubknospen der Amentaceen", 1848; für Martius, Flora brasiliensis in Bd. II, 2 (1871/77) u. Bd. II, 3 (1878/80) „Gramineae",
Dölz = Bruno Dölz, gest. 1945. Deutscher Jurist u. Kakteenspezialist, Präsident der Deutschen Kakteengesellschaft.
Dombr. = Henry Honeywood D'Ombrain, Pimlico, London 10. 5. 1818–23. 10. 1905 Ashford, Kent. Engl. Geistlicher u. Gärtner. Hrsg. von „Floral Magazine", 1862–1873; schrieb „The Gladiolus ...", 1873.
Domin = Karel Domin, Kuttenberg, Böhmen 4. 5. 1882–10. 6. 1953 Prag. Tschech. Botaniker. Schrieb u. a. „Plantarum Čechoslovakiae enumeratio species vasulares ...", 1936; „Beiträge zur Flora und Pflanzengeographie Australiens", in Bibliotheca botanica 85, 1914 bis 1915, u. 89, 1921–1929; posthum erschien, zus. mit J. Futák, „Bibliografia k flóre ČSR", 1960.
D. Don = David Don, Doo Hillock, Forfarshire 21. 12. 1799–8. 12. 1841 London. Engl. Botaniker, Bibliothekar der Linnean Society, London. Schrieb u. a. „Prodromus florae nepalensis ...", 1825. Mitarbeiter von A. B. Lambert „A description of the genus Pinus", Bd. 2, 1824; 2. Aufl. Bd. 1–3, 1828–1837; sowie Aufl. 1832.
G. Don = George Don (fil.), Doo Hillock, Forfarshire 17. 5. 1798–25. 2. 1856 London. Sohn von George Don (1764–1814) u. Bruder von David Don. Engl. Botaniker, sammelte Pflanzen in Brasilien etc. für die Royal Horticultural Society, London. Veröffentlichte u. a. „A general history of the dichlamydeous plants ..." (auch unter dem Titel „A general system of gardening and botany"), 1831 bis 1838.
P. N. Don = Patrick N. Don, Edinburgh 1806 bis 17. 8. 1876 Badgebury, Kent. Engl. Gärtner. Herausgeber der 13. Aufl. von James Donn, „Hortus cantabrigiensis", 1845.
Donald = John Donald Donald, 19. 1. 1923 bis . Engl. Chemiker u. Kakteenforscher in Brighton, Sussex.
Donald et **G. D. Rowl.** = John Donald Donald u. Gordon Douglas Rowley. Siehe diese.
Donckelaar = André Donckelaar, 1783 bis 1858. Belg. Botaniker in Gent.
Donn = James Donn, Monivaird, Perthshire 1758–14. 6. 1813 Cambridge. Engl. Botaniker. Veröffentlichte „Hortus cantabrigiensis", 1796, 7. Aufl. 1812, 13. Aufl. (posthum) 1845 (von P. N. Don).
Doorenb. = Simon Gottfried Albert Doorenbos, 1891–?. Holl. Wissenschaftler, Dendrologe.
Dörfl. = Ignaz Dörfler, Wien 19. 6. 1866–26. 8. 1950 Wien. Österr. Botaniker. Hrsg. von „Herbarium normale". Conditum a. F. Schultz, dein continuatum a K. Keck, nunc editum per I. Dörfler, 1894–1915. Veröffentlichte „Botaniker-Adreßbuch", 1896, 2. Aufl. 1902, 3. Aufl. 1909; „Dörfleria", 1909; „Botaniker Porträts", 1906 bis 1907.
Dostál = Josef Dostál, Prag 20. 12. 1903 bis

. Tschech. Botaniker. Schrieb u. a. „Květena ČSR“, 1948–1950; „Klíč k úplné květeně ČSR“, 2. Aufl. 1958; „Botanická nomenklatura“, 1957.
Dougl. = David Douglas, Scone, Schottl. 1798 bis 12. 7. 1834 Sandwich-Inseln. Schott. Pflanzensammler für die Royal Horticultural Society, London. Bereiste vor allem das nordwestl. Amerika, von wo er viele Pflanzen einführte. Nach ihm die Gattung *Douglasia* Lindl. Von ihm gesammelte Pflanzen sind beschrieben in Sir W. J. Hookers Werk „Flora boreali-americana“, 1829–1840.
Drake = Emmanuel Drake del Castillo, Paris 28. 12. 1855–15. 5. 1904 Paris. Franz. Botaniker engl.-kuban.-franz. Herkunft. Veröffentlichte u. a. „Illustrationes florae insularum Maris pacifici“, 1886–1892; „Flore de la Polynésie française“, 1893; Mitarbeiter am bot. Teil von A. Grandidier „Histoire physique, naturelle et politique de Madagascar“, 1886 bis 1902.
Drapiez = Pierre Auguste Joseph Drapiez, Lille 28. 8. 1778–28. 12. 1856 Brüssel. Belg. Botaniker, Mineraloge u. Ornithologe. Schriften: „Herbier de l'amateur de fleurs“, 1828–1835; „Encyclographie du règne végétal“, 1833–1838; „Dictionnaire classique des sciences naturelles“, 1837–1845.
Drège = Johann Franz Drège, Altona 25. 3. 1794–3. 2. 1881 Altona. Deutscher Gärtner u. Pflanzensammler, 1826–1834 in Südafrika. Schrieb „Zwei pflanzengeografische Dokumente“, 1844. Nach ihm die Gattung *Dregea* E. Mey.
Drejer = Salomon Thomas Nicolai Drejer, Eveldrup, Jütland 15. 2. 1813–21. 4. 1842 Kopenhagen. Dän. Botaniker. Schrieb „Flora excursoria hafniensis“, 1838; „Symbolae caricilogicae ...“, 1844.
Drenth = Engbert Drenth, 1945– .
Dress = William John Dress, Buffalo, New York 9. 6. 1918– . Nordamer. Botaniker am L. H. Bailey Hortorium, Cornell University, Ithaca, New York. Redakteur von „Baileya“ u. „Gentes Herbarum“. Spezialgebiete: *Compositae*, Kulturpflanzen.
Dressl. = Robert Louis Dressler, Branson, Missouri 2. 6. 1927– . Nordamer. Botaniker am Smithsonian Tropical Research Institute in Panama. Spezialgebiet: *Orchidaceae*. Schrieb: „The orchids: Natural history and classification“, 1981.
Dressl. et **G. Pollard** = Robert Louis Dressler u. Glenn E. Pollard. Nordamer. Botaniker. Schrieben gemeinsam: „The genus Encyclia in Mexico“, 1974. Siehe auch ersteren.
Druce = George Claridge Druce, Potter's Pury 23. 5. 1850–29. 2. 1932 Oxford. Engl. Botaniker u. Chemiker in Oxford. Schrieb u. a. „The flora of Oxfordshire“, 1886, 2. Aufl. 1927; „The Dillenian Herbaria“ (Hrsg. S. H. Vines), 1907; „List of British plants ...“, 1908, 2. Aufl. „British plant list ...“, 1928; „The comital flora of the British Isles“, 1932. Siehe auch Vines et Druce.
Drude = Carl Georg Oskar Drude, Braunschweig 5. 6. 1852–1. 2. 1933 Dresden. Deutscher Botaniker, Pflanzengeograph u. Palmenkenner, Direktor des Bot. Gartens Dresden. Schriften: Für Martius, Flora brasiliensis in Bd. III, 2 (1881–1882) „Cyclanthaceae, Palmae“; „Handbuch der Pflanzengeographie“, 1890; „Atlas der Pflanzenverbreitung“, 1887; „Deutschlands Pflanzengeographie“, 1896; für Engler u. Drude, Die Vegetation der Erde, Bd. 6 „Der hercynische Florenbezirk“, 1902; für Engler u. Prantl, Die natürlichen Pflanzenfamilien II. 3 (1887) „Palmae, Cyclanthaceae“, III. 2 (1891) „Droseraceae“, III. 8 (1897) „Umbelliferae“, IV. 1 (1889) „Clethraceae, Pirolaceae, Lennoaceae, Ericaceae, Epacridaceae“. Nach ihm die Gattung *Drudeophytum* Coult. et Rose sowie die Zeitschrift „Drudea“ (1961–1964).
J. R. Drumm. = James Ramsey Drummond, auf See vor Madras 25. 5. 1851–11. 4. 1921 Acton. Engl. Botaniker u. Pflanzensammler in Indien, später in Kew. Publizierte mit Otto Stapf.
Dryand. = Jonas Carlsson Dryander, Göteborg 5. 3. 1748–19. 10. 1810 London. Schwed. Botaniker, Schüler Linnés, lebte in England. Bibliothekar bei J. Banks (s. d.) in London. Schrieb u. a. „Catalogus bibliothecae historico-naturalis Josephi Banks. Tomus 3: Botanici“, 1797, „Tomus 5: Supplementum et index auctorum“, 1800. Nach ihm die Gattung *Dryandra* R. Br.
Dubard = Marcel Marie Maurice Dubard, 1873–1914. Franz. Botaniker. Spezialgebiet: *Sapotaceae*.
Düben = Magnus Wilhelm von Düben, 1814 bis 8. 8. 1845 Lund. Schwed. Botaniker. Schrieb u. a. „Handbok i vextrikets naturliga familjer“, 1841.
Duby = Jean Étienne Duby, Genf 15. 2. 1798 bis 24. 11. 1885 Founex. Schweizer Botaniker u. Pfarrer. Veröffentlichte u. a. „Mémoire sur la famille des Primulacées“, 1844; für de Candolle, Prodromus Bd. VIII „Primulaceae“, 1844; „Aug. Pyrami de Candolle Botanicum gallicum ...“, 1828–1830. Nach ihm die Gattung *Dubyaea* DC.
Duch. = Antoine Nicolas Duchesne, Versailles 7. 10. 1747–18. 2. 1827 Paris. Franz. Botaniker. Schrieb „Histoire naturelle des Fraisiers“, 1766; „Manuel de botanique, contenant les propriétés des piantes utiles“, 1764. Nach ihm die Gattung *Duchesnea* Sm.
Duchartre = Pierre Étienne Simon Duchartre, Porticagnes 27. 10. 1811–5. 11. 1894 Paris. Franz. Botaniker, Professor in Paris. Schrieb: „Élements de botanique“, 1867; für de Candolle, Prodromus Bd. XV, 1 „Aristolochiaceae“, 1864; Schriftleiter der „Revue botanique“, Paris 1845–1847.
Ducke = Adolpho Ducke, Triest 19. 10. 1876–5. 1. 1959 Fortaleza, Brasilien. Brasil. Pflanzensammler u. Botaniker. Schrieb über 130 Aufsätze über Pflanzen aus dem Amazonasgebiet, bes. Baumarten. Schriften: „As Leguminosas do Amazônia brasileira“, 1939; „Revision of the genus Hevea, mainly the Brazilian species“, 1939.
Dufr. (auch **Dufresne**) = Pierre Dufresne, La Tour bei Saint-Jeoire, Hochsavoyen 16. 4. 1786

bis 19. 12. 1826 Genf. Franz. Arzt u. Botaniker in Genf. Schrieb: „Histoire naturelle et médicale de la famille des Valérianées“, 1811.
Dug. = Armando Dugand, 1906–1971. Kolumb. Botaniker. Spezialgebiet: Flora von Kolumbien. Nach ihm die Gattung *Dugandia* Britt. et Kill.
Duham. = Henri Louis Duhamel du Monceau, Paris 1700–13. 8. 1782. Franz. Botaniker, Pomologe u. Dendrologe, Inspekteur der Marine. Hrsg. vieler reich illustrierter Werke, darunter „La physique des arbres ...“, 1758; „Traité des arbres et arbustes ...“, 1755; 2. Aufl. („Nouveau Duhamel“) 1800–1819; „Traité des arbres fruitiers ...“, 1768, 2. Aufl. 1782, posthume Aufl. (von P.A. Poiteau u. P.J.F. Turpin) 1807 bis 1835.
Dum.-Cours. = Baron Georges Louis Marie Dumont de Courset, Courset, Pas-de-Calais 16. 9. 1746–3. 6. 1824 Courset. Franz. Botaniker u. Gartenschriftsteller, schuf in Courset bei Boulogne einen bot. Garten. Schrieb u.a. „Le Botaniste Cultivateur ...“, 1802–1805, 2. Auf. 1811 bis 1814.
Dumort. (auch **Dum.**) = Graf Barthélemy Charles Joseph Dumortier, Tournay 3. 4. 1797–9. 6. 1878 Tournay. Belg. Botaniker, Präsident der Deputiertenkammer. Schrieb u.a. „Observations sur les Graminées de la flore belgique“, 1824; „Florula belgica“, 1827; „Analyse des familles des plantes ...“, 1829.
Dun. (auch **Dunal**) = Michel Félix Dunal, Montpellier 24. 10. 1789–29. 7. 1856 Montpellier. Franz. Botaniker. Schriften: „Histoire naturelle, médicale et économique des Solanum ...“, 1813; „Monographie de la famille des Anonacées“, 1817; für de Candolle, Prodromus in Bd. I „Cistineae“, 1824; in Bd. VII, 2 „Vaccinieae“, 1839; in Bd. XIII, 1 „Solanaceae“, 1852. Nach ihm die Gattung *Dunalia* HBK.
Duncan = Andre Duncan (sr.), Pinkerton, Schottland 17. 10. 1744–5. 7. 1828 Edinburgh. Schott. Gärtner in Edinburgh, Begründer der Caledonian Horticultural Society, 1809.
Dunn = Stephen Troyte Dunn, 26. 8. 1868 bis 18. 4. 1938 Sheen, Surrey. Engl. Botaniker in Kew. Schrieb u.a. „Flora of Southwest Surrey“, 1893; „Alien flora of Britain“, 1905. Verfaßte einen Teil des Textes von Bd. 1 von J.S. Gamble „Flora of the presidency of Madras“, 1915. Nach ihm die Gattung *Dunnia* Tutcher.
Dunsterv. = Galfrid Clement Keyworth Dunsterville, 1905–1988. Venezuel. Ingenieur u. Orchideenliebhaber in Caracas. Sammelte u. zeichnete venezuelan. Orchideen für Dunsterville and Garay, „Venezuelan Orchids Illustrated“, 1959–1976.
Dur. (auch **Durand**) = Théophile Alexis Durand, Sint-Joost-ten-Node 4. 9. 1855–12. 1. 1912 Brüssel. Belg. Botaniker. Veröffentlichte u.a. „Index generum phanerogamarum“, 1888; zus. mit É. De Wildeman „Illustrations de la flore du Congo“, 1898–1902. Mit B.D. Jackson Hrsg. von „Index kewensis“, Suppl. 1, 1902–1906. Siehe auch De Wild. et Dur.
Dur. et **Schinz** = Théophile Alexis Durand u. Hans Schinz. Schrieben gemeinsam „Conspectus florae Africae“, 1895–1898, sowie „Études sur la flore de l'état indépendant du Congo“, 1896. Siehe auch beide Verfasser.
E. Durand = Elias Magliore Durand, Mayenne, Frankreich 25. 1. 1794–14. 8. 1873 Philadelphia, Pennsylv. Franz. Botaniker u. Pharmazeut, ab 1816 in den USA. Schrieb: „Plantae Pratteniana californicae“, 1855.
Durande = Jean François Durande, Dijon 1732 bis (?) 23. 1. 1794 Dijon. Franz. Botaniker. Schrieb „Flore de Bourgogne“, 1782.
Durazz. = Antonio Durazzini, zweite Hälfte des 18. Jahrh. Ital. Arzt in Florenz, publizierte um 1772.
Durieu = Michel Charles Durieu de Maisonneuve, Saint-Eutrope 7. 12. 1797–20. 2. 1878 Bordeaux. Zunächst franz. Offizier, später Botaniker. Direktor des Bot. Gartens Bordeaux. Schrieb u.a. „Exploration scientifique de l'Algérie pendant les années 1840, 1841, 1842. Botanique“, 1846–1869; „Notes détachées sur quelques plantes de la flore de la Gironde“, 1855. Siehe auch Coss. et Durieu.
Du Roi = Johann Philipp Du Roi, Braunschweig 2. 6. 1741–8. 12. 1785 Braunschweig. Deutscher Arzt u. Dendrologe. Schrieb „Die Harbk'sche wilde Baumzucht, theils nordamerikanischer und anderer fremder, theils einheimischer Bäume“, 1771–1772, weitere Aufl. 1795–1800. Nach ihm die Gattung *Duroia* L. f.
Dusén = Per Karl Hjalmar Dusén, Wimmerby 4. 8. 1855–22. 1. 1926 Tronas. Schwed. Botaniker u. Pflanzensammler. Mitarbeiter an „Wissenschaftliche Ergebnisse der Schwedischen Expedition nach den Magellansländern, 1895–1897“, 1900–1905. Publizierte u.a. mit Albert Löfgren.
Duthie = John Firminger Duthie, Sittingbourne 12. 5. 1845–23. 2. 1922 Worthing. Engl. Botaniker. Leiter des Bot. Gartens Saharanpur, Indien. Schriften: „The Orchids of the North-Western Himalaya“, 1906; „Illustrations of the indigenous fodder grasses of the plains of North Western India“, 1886 bis 1887; „Flora of the upper Gangetic plain“, 1903–1929. Nach ihm die Gattung *Duthiea* Hack.
Duval = Henri Auguste Duval, Alençon 28. 4. 1777–16. 3. 1814 Paris. Franz. Arzt u. Botaniker. Verf. von „Plantae succulentae, in horto alenconio ...“, 1809.
Dyer = Sir William Turner Thiselton-Dyer, Westminster 28. 7. 1843–23. 12. 1928 Witcombe. Engl. Botaniker. Direktor von Kew Gardens. Ab 1896 Hrsg. der auch nach seinem Tode fortgeführten, von W.H. Harvey u. O.W. Sonder begonnenen „Flora capensis“, u. von Bd. 4 bis 8 (außer 6(2)) von Oliver, „Flora of Tropical Africa“, 1897–1902; schrieb „The Folk Lore of Plants“, 1883. Nach ihm die Gattung *Dyera* Hook. f.
R.A. Dyer = Robert Allen Dyer, Pietermaritzburg 21. 9. 1900–26. 10. 1987 Johannesburg. Südafr. Botaniker in Pretoria. Spezialgebiete: Flora von Südafrika, speziell *Asclepiadaceae* u. *Euphorbia*. Schrieb zus. mit A.C. White u. B.L.

Sloane „The succulent Euphorbiaceae of South Africa“, 1941; „The genera of South African flowering plants“, 1975–1976; „Ceropegia, Brachystelma and Riocreuxia in Southern Africa“, 1983.
Dykes = William Rickatson Dykes, 4. 11. 1877 bis 1. 12. 1925 Woking, Surrey. Engl. Botaniker. Veröffentlichte u.a. „The genus Iris“, 1913; „Notes on tulip species“, 1930.

Eastw. = Alice Eastwood, Toronto, Kanada 19. 1. 1859–29. 10. 1953 San Francisco. Nordamer. Botanikerin in Kalifornien. Schrieb u.a. „A handbook of the trees of California“, 1905. Nach ihr die Gattung *Eastwoodia* T.S. Brandeg.
Eaton (auch **Eat.**) = Amos Eaton, New Concord, New York 17. 5. 1776–10. 5. 1842 Troy, New York. Nordamer. Lehrer u. Botaniker im Staate New York. Schrieb u.a. „A Manual of Botany for the Northern states“, 1817, 4. Aufl. 1824, von 5. Aufl. 1829–7. Aufl. 1836 unter dem Titel „Manual of Botany for North America“; 8. Aufl. 1840 mit dem Titel „North American Botany“, zus. mit J. Wright. Nach ihm die Gattung *Eatonia* Raf.
D.C. Eaton = Daniel Cady Eaton, Fort Gratiot, Michigan 12. 9. 1834–30. 6. 1895 New Haven, Connecticut. Nordamer. Botaniker an der Yale University, New Haven, Conn., Enkel von Amos Eaton. Schrieb u.a. „The Ferns of North America“, 1877–1880; „American Wild Flowers and Ferns...“, 1884. Nach ihm die Gattung *Eatonella* A. Gray.
Eberm. = Carl Heinrich Ebermaier, Rheda 4. 2. 1802–1. 1. 1870 Düsseldorf. Deutscher Arzt u. Botaniker. Schrieb „Plantarum papillionaceum monographia medica“, 1824. Siehe auch Th. Nees et Eberm.
Eckenwalder = James E. Eckenwalder, 1949 bis . Kanad. Botaniker in Toronto. Spezialgebiete: *Cycadaceae, Populus.*
Eckl. = Christan Friedrich Ecklon, Apenrade 17. 12. 1795–9. 10. 1868 Kapstadt. Deutscher Apotheker u. Pflanzensammler. Bereiste mit Karl Zeyher Südafrika u. arbeitete mit ihm über die dortige Flora. Veröffentlichte „Topographisches Verzeichniss der Pflanzensammlung von C.F. Ecklon“, 1827. Nach ihm die Gattung *Ecklonia* Hornem.
Eckl. et **Zeyh.** = Christian Friedrich Ecklon u. Carl Ludwig Philipp Zeyher. Schrieben gemeinsam „Enumeratio plantarum Africae australis extratropicae“, 1834–1837. Siehe auch beide Verfasser.
Edgew. = Michael Pakenham Edgeworth, Edgeworthstown, Irland 24. 5. 1812–30. 7. 1881 Insel Eigg, Schottland. Engl. Botaniker im Dienst der Ostindischen Handelskompanie in Bengalen. Schrieb „Catalogue of plants found in the Banda district 1847–49“, 1851. Nach ihm die Gattung *Edgeworthia* Meissn.
Edmondson = John Richard Edmondson, 1948 bis . Schott. Botaniker in Edinburgh. Spezialgebiet: Flora von Iran u. Arabien.
Edw. = Sydenham Teast Edwards, Usk, Mon 5. 8. 1768–8. 2. 1819 Chelsea, London. Engl. Künstler, Illustrator für Curtis, „The botanical magazine“ u. (ab 1815) „The botanical register“. Publizierte „The new botanic garden“, 1812. Nach ihm die Zeitschrift „Edward's botanical register“ (Fortsetzung von „The botanical register“, 1828–1847). Nach ihm die Gattung *Edwardsia* Salisb.
Ehrenb. (auch **Ehrenbg.**) = Christian Gottfried Ehrenberg, Delitzsch 19. 4. 1795–27. 6. 1876 Berlin. Deutscher Mediziner u. Botaniker, Professor in Berlin, bereiste von 1820 bis 1825 Ägypten, Nubien etc., 1829 mit A. von Humboldt den Ural. Schriften: „Die Infusionsthierchen als vollkommene Organismen“, 1838; „Sylvae mycologicae berolinenses“, 1818; „Symbolae physicae...“, 1828 bis 1900 (Botanik posthum von Karl Moritz Schumann herausgegeben; Mitautor Friedrich Wilhelm Hemprich), „Passat-Staub mit Blut-Regen“, 1847; „Microgeologie. Das Erden und Felsen schaffende Wirken des unsichtbar kleinen selbständigen Lebens auf der Erde“, 1854.
Ehrend. = Friedrich Ehrendorfer, Wien 26. 7. 1927– . Österr. Botaniker, Direktor des Botan. Gartens u. Instituts Wien, Hrsg. der „Liste der Gefäßpflanzen Mitteleuropas“, 1967, 2. Aufl. 1973 sowie von „Areale charakteristischer Gefäßpflanzen der Steiermark“, 1967 (in: Atlas der Steiermark).
Ehrend. et **Polatsch.** = Friedrich Ehrendorfer u. Adolf Polatschek. Siehe diese.
Ehrh. = Jakob Friedrich Ehrhart, Holderbank, Schweiz 4. 11. 1742–26. 6. 1795 Hannover. Deutscher Apotheker u. Botaniker Schweizer Herkunft. 1773–1776 Schüler Linnés, später Leiter der Gärten zu Herrenhausen bei Hannover. Schrieb 7 Bände „Beiträge zur Naturkunde..., besonders der Botanik,...“, 1787 bis 1792. Nach ihm die Gattung *Ehrharta* Thunb.
Eichl. = August Wilhelm Eichler, Neukirchen 22. 4. 1839–2. 3. 1887 Berlin. Deutscher Botaniker, Direktor des Bot. Gartens Graz, später derjenigen von Kiel und Berlin. Veröffentlichte u.a. „Blütendiagramme“, 1875 bis 1878; „Syllabus der Vorlesungen über Phanerogamenkunde“, 1876, 2. Aufl. 1880, 3. Aufl. 1883, 4. Aufl. 1886, 5. Aufl. 1890; Mithrsg. der Flora brasiliensis (von 1861 bis 1886), für die er 25 Familien bearbeitete; für Engler u. Prantl, Die natürlichen Pflanzenfamilien II. 1 (1887) „Cycadaceae, Coniferae, Gnetaceae“; für de Candolle, Prodromus in Bd. 17 „Balanophoraceae“, 1873. Nach ihm die Gattungen *Eichleria* Progel u. *Eichlerodendron* Briq.
Eichlam = Friedrich (Federico) Eichlam, Hildburgshausen?–18. 7. 1911 auf See in der Nähe der Azoren. Deutscher Kakteensammler, schrieb über *Cactaceae.*
Ekm. = Erik Leonard Ekman, Stockholm 14. 10. 1883–15. 1. 1931 Santiago, Domin. Republik. Schwed. Botaniker u. Pflanzensammler in Westindien u. Südam. Siehe auch Urb. et Ekm.
Elliott (auch **Ell.**) = Stephen Elliott, Beaufort, South Carolina 11. 11. 1771–28. 3. 1830

Charleston, South Carolina. Nordamer. Bankier u. Botaniker. Schrieb: „A Sketch of the Botany of South-Carolina and Georgia ...", 1816–1824. Nach ihm die Gattung *Elliottia* Mühlenb. ex Elliott sowie die Zeitschrift „Elliottia", 1964 bis 1966.

Ellis = John Ellis, Irland um 1705–15. 10. 1776 London. Bot. u. zool. interessierter irischer Kaufmann. Schriften: „An historical account of coffee", 1774; „A description of the mangostan and the bread-fruit", 1775; „An essay towards the natural history of the Corallines, and other marine productions", 1755 (franz. Ausgabe 1756, holl. Ausgabe 1756, deutsche Ausgabe 1767). Nach ihm die Gattung *Ellisia* L.

Elwert = Johann Caspar Philipp Elwert, 1760 bis 1827.

Elwes = Henry John Elwes, Colesbourne, Gloucester 16. 5. 1846–26. 11. 1922 Colesbourne. Engl. Dendrologe, Gärtner u. Pflanzensammler. Schrieb „A monograph of the genus Lilium", 1877–1880 (Suppl. von A. Grove, A.D. Cotton u. W.B. Turrill, 1934 bis 1962); „The trees of Great Britain & Ireland", 1906–1913 (mit A. Henry).

Encke = Fritz Joseph Encke, Köln 1. 8. 1904 bis . Deutscher Gärtner u. Gartenbauschriftsteller, von 1929–1968 im Palmengarten, Frankfurt a. M., seit 1945 als Direktor. Herausg. der 2. Aufl. von „Pareys Blumengärtnerei", 1958–1961 (1. Aufl., 1930 bis 1932, siehe unter Bonst.); zus. mit A.F.G. Buchheim u. von der 10. Aufl. an mit S. Seybold Herausg. der 9.–14. Aufl. von „Zander. Handwörterbuch der Pflanzennamen", 1964, 1972, 1979, 1980, 1984, 1993. Schrieb außerdem u.a. „Pflanzen für Zimmer und Balkon", 1. Aufl. 1952, 8. Aufl. 1964, 9. bis 13. Aufl. unter dem Titel „Zimmerpflanzen", 1973, 1979, 1982, 1987; „Sommerblumen", 1961; „Die schönsten Kalt- und Warmhauspflanzen", 1968, 2. Aufl.: „Kalt- und Warmhauspflanzen", 1987; „Zwergsteingärten", 1978; „Kletterpflanzen für Haus und Garten", 1980; „Kübelpflanzen", 1982.

Endl. = Stephan Ladislaus Endlicher, Preßburg 24. 6. 1804–28. 3. 1849 Wien. Österr. Botaniker u. Sinologe, Direktor des Bot. Gartens u. Museums Wien. Schriften: „Prodromus florae norfolkicae" 1833; „Genera plantarum ...", 1836 bis 1850; „Iconographia generum plantarum", 1837–1841; „Enchiridion botanicum ...", 1841; „Synopsis Coniferarum ...", 1847; „Atakta botanica. Nova genera et species plantarum ...", 1833–1835. Mitautor (mit Aloys Putterlick) von Lieferung 22–24 von Th. Nees: „Genera plantarum florae germanicae", 1843–1845. Nach ihm die Gattung *Endlicheria* Nees. Siehe auch Poepp. et Endl. sowie Schott et Endl.

Endres et **Rchb. f.** = A.R. Endres, gest. 1877. Pflanzensammler in Costa Rica, u. Heinrich Gustav Reichenbach. Siehe letzteren.

Endress et **Anliker** = Peter Karl Endress, Bern 21. 8. 1942– . Schweiz. Botaniker in Zürich. Spezialgebiet: *Hamamelidaceae*; u. ... . Anliker.

Engelm. = Georg Engelmann, Frankfurt a. M. 2. 2. 1809–4. 2. 1884 St. Louis, Missouri. Nordamer. Arzt u. Botaniker, sammelte u. beschrieb viele neue Pflanzen aus Texas etc. Veröffentlichte u.a. „Cactaceae of the Boundary", 1859; „Systematic arrangement of the genus Cuscuta", 1859. Nach ihm die Gattung *Engelmannia* A. Gray ex Nutt.

Engelm. et **Bigel.** = Georg Engelmann u. Jacob Bigelow. Schrieben gemeinsam „Description of the Cactaceae" (in Report of explorations ..., Bd. 4, Teil 5, No. 3), 1856. Siehe auch beide Verfasser.

Engelm. et **A. Gray** = Georg Engelmann u. Asa Gray. Schrieben gemeinsam „Plantae Lindheimerianae", 1845 (Teil 2, 1850, verfaßt von Asa Gray; Teil 3, 1907, von Joseph William Blankinship). Siehe auch beide Verfasser.

Engl. = Heinrich Gustav Adolf Engler, Sagan 25. 3. 1844–10. 10. 1930 Berlin. Deutscher Botaniker, seit 1889 Direktor des Bot. Gartens u. Museums Berlin. Begründer u. Hrsg. von „Die natürlichen Pflanzenfamilien" (zus. mit K. A. E. Prantl), 1887–1915, 2. Aufl. seit 1924 erscheinend; „Das Pflanzenreich", 1900 bis 1953 (107 Hefte); „Die Vegetation der Erde" (zus. mit O. Drude), 1896–1928; von 1881–1930 Hrsg. von „Botanische Jahrbücher". Entwickelte das „Engler'sche Pflanzensystem". Kurzfassung davon in „Syllabus der Vorlesungen über ... Botanik", 1892, ab 2. Aufl. 1898 Titel „Syllabus der Pflanzenfamilien" (12. Aufl. 1954–1964). Weitere wesentliche Schriften: „Versuch einer Entwicklungsgeschichte der extratropischen Florengebiete der nördlichen Hemisphäre", 1879 bis 1882; „Monographie der Gattung Saxifraga L.", 1872; „Moraceae (excl. Ficus)" (Bd. 1, 1898) u. „Sapotaceae" (Bd. 8, 1904) für: Monographien afrikanischer Pflanzen-Familien und -Gattungen; für Das Pflanzenreich bearbeitete er Araceae (z. T. mit K. Krause), Aponogetonaceae (zus. mit K. Krause), Saxifragaceae-Saxifraga (zus. mit E. Irmscher); für Martius, Flora brasiliensis in Bd. III, 2 „Araceae", 1878; in Bd. XII, 1 „Guttiferae, Quiinaceae", 1888; in Bd. XII, 2 „Olacineae, Icacineae, Zygophyllaceae, Rutaceae, Simarubaceae, Burseraceae, Ochnaceae, Anacardiaceae, Sabiaceae, Rhizophoraceae", 1872–1876; in Bd. XIV, 2 „Escalloniaceae, Cunoniaceae", 1871; für Alph. u. Cas. de Candolle, Monographiae Phanerogamarum, Bd. 2, 1879 „Araceae"; Bd. 4, 1883 „Burseraceae, Anacardiaceae". Nach ihm benannt die Gattungen *Englerastrum* Briq., *Englerella* Pierre, *Engleria* O. Hoffm., *Englerocharis* Muschl., *Englerodendron* Harms, *Englerophytum* Krause.

Engl. et **Diels** = Heinrich Gustav Adolf Engler u. Friedrich Ludwig Diels. Schrieben gemeinsam für Monographien afrikanischer Pflanzen-Familien und -Gattungen „Combretaceae" (Bd. 3–4), 1899–1900, „Anonaceae", (Bd. 6), 1901. Siehe auch beide Verfasser.

Engl. et **Graebn.** = Heinrich Gustav Adolf Engler u. Karl Otto Robert Peter Paul Graebner. Siehe diese.

Engl. et **Irmsch.** = Heinrich Gustav Adolf Engler

u. Edgar Irmscher. Bearbeiteten gemeinsam für Das Pflanzenreich „Saxifragaceae-Saxifraga", 1916–1919. Siehe auch beide Verfasser.
Engl. et **Krause** = Heinrich Gustav Adolf Engler u. Kurt Krause. Bearbeiteten gemeinsam für Die natürlichen Pflanzenfamilien, 2. Aufl. „Dichapetalaceae", 1931, „Loranthaceae", 1933; für Das Pflanzenreich „Aponogetonaceae", 1906, u. einige Gruppen der „Araceae", 1908–1920. Siehe auch beide Verfasser.
Engl. et **Warb.** = Heinrich Gustav Adolf Engler u. Otto Warburg. Siehe diese.
English = Carl Schurz English, 1904– . Parkdirektor in Seattle, Washington. Nordamer. Pflanzensammler u. Amateurbotaniker.
Epling = Carl Clawson Epling, Waverly, Illionis 15. 4. 1894–17. 11. 1968 Santa Monica, Kalifornien. Nordamer. Botaniker, Prof. der University of California, Los Angeles. Veröffentlichte zwischen 1925 u. 1968 viele Schriften, vor allem über *Labiatae* der westl. Hemisphäre.
Epple = Paul Epple, zeitgenöss. deutscher Gärtner.
Escalante = Manuel G. Escalante, zeitgenöss. argentinischer Botaniker.
Eschsch. = Johann Friedrich Gustav von Eschscholtz, Dorpat 12. 11. 1793–19. 5. 1831 Dorpat. Estnischer Arzt, Zoologe u. Botaniker. Nahm 1815–1818 an der Weltumseglung des russischen Kapitäns Kotzebue teil. Nach ihm die Gattung *Eschscholzia* Cham.
Eseltine = siehe van Eseltine.
Eshbaugh = William Hardy Eshbaugh, Glen Ridge, New Jersey 1. 5. 1936– . Nordamer. Botaniker, Miami University, Oxford, Ohio, Spezialgeb.: Ethnobotanik, *Capsicum*. Schrieb: „Vascular flora of Andros Island, Bahamas", 1988 (mit D.L. Nickrent u. T.K. Wilson).
Etl. (auch **Etling.**) = Andreas Ernst Etlinger, zweite Hälfte des 18. Jahrh. Veröffentlichte 1777 in Erlangen die Dissertation „De Salvia". Nach ihm die Gattung *Etlingera* Giseke.
W.E. Evans = William Edgar Evans, Edinburgh 15. 7. 1882–18. 3. 1963 Edinburgh. Schott. Botaniker in Edinburgh. Publizierte 1904 u. um 1925 mit Sir W.W. Smith (W.W. Sm.)
W.H. Evans = Walter Harrison Evans, Delphi, Indiana 3. 1. 1863–2. 11. 1941 Florence. S. Carolina. Nordamer. Botaniker am U.S. Department of Agriculture. Publizierte mit John Merle Coulter (J.M. Coult.).
Everett = Harry Day Everett, Malone, New York 1880–11. 5. 1908 Negros (ermordet). Nordamer. Pflanzensammler in Manila.
T.H. Everett = Thomas Henry Everett, Liverpool 12. 1. 1903– . Nordamer. Gärtner engl. Abstammung.
Exell = Arthur Wallis Exell, Handsworth 21. 5. 1901–1993. Engl. Botaniker am Brit. Museum, London. Mitherausgeber der „Flora zambesiaca", 1960ff. u. „Conspectus florae angolensis", 1937–1970 (mit F.A. Mendonça). Nach ihm die Gattung *Exellia* Boutique.
Exell et **Hillc.** = Arthur Wallis Exell u. Dorothy Hillcoat. Siehe diese.
Fabr. = Philipp Konrad Fabricius, Butzbach 2. 4. 1714–19. 7. 1774 Helmstedt. Deutscher Mediziner u. Botaniker. Schriften: „Enumeratio methodica plantarum horti medici helmstadiensis...", 1759, weitere Aufl. 1763, 1776; „Primitiae florae butisbacensis", 1743.
Facch. = Francesco Facchini, Forno 24. 10. 1788–6. 10. 1852 Vigo. Ital. Botaniker. Publizierte „Zur Flora Tirols. I. Heft. Flora von Südtirol", 1855.
Faden = Robert B. Faden, zeitgenöss. nordamer. Botaniker. Spezialgebiet: *Commelinaceae.*
Falc. = Hugh Falconer, Forres, Elginshire, Schottl. 29. 2. 1808–31. 1. 1865 London. Schott. Botaniker u. Paläontologe, arbeitete in Indien. Schrieb: „Report on the teak forests of the Tenasserim provinces", 1852.
Falkenb. = Paul Falkenberg, Berlin 2. 9. 1848 bis 1. 11. 1925 Rostock. Deutscher Botaniker, von 1887–1922 Prof. der Botanik in Rostock. Bearbeitete, mit C.J. Schmitz, für Engler u. Prantl, Die natürlichen Pflanzenfamilien I. 2 „Rhodomelaceae", 1897. Schrieb: „Die Rhodomelaceen des Golfes von Neapel", 1901. Nach ihm die Gattung *Falkenbergia* Schmitz.
Falkenb. et **Baum** = Paul Falkenberg u. Hugo Baum. Siehe diese.
Farden = Carl Alexander Farden, 20. Jahrh. Ananaszüchter in Hawaii. Publizierte 1925.
Farr. = Reginald John Farrer, Clapham, Yorkshire 17. 2. 1880–17. 10. 1920 Nyitada, Burma. Engl. Pflanzensammler u. Gartenbauschriftsteller. Sammelte im tibetan.-chin. Gebiet und führte von dort für die Gärten wertvolle Pflanzen ein. Schriften: „My Rock-garden", 1907, später als „The English Rock-garden", 1922; „Alpines and Bog Plants", 1908; „Among the hills", 1911.
Farw. (auch **Farwell**) = Oliver Aktins Farwell, Boston, Massachusetts 13. 12. 1867 bis 1944 Lake Linden, Michigan. Nordamer. Botaniker in Michigan.
Fassett = Norman Carter Fassett, Ware, Massachusetts 27. 3. 1900–14. 9. 1954 Boothbay, Maine. Nordamer. Botaniker. Schrieb: „Spring flora of Wisconsin", 1931, 4. Aufl. (mit O.S. Thomson) 1975; „A manual of aquatic plants", 1940, 2. Aufl. 1957. Siehe auch Tryon.
Favrat = Louis Favrat, Lausanne 23. 7. 1827 bis 27. 1. 1893 Lausanne. Schweizer Botaniker.
Fawc. = William Fawcett, Arklow, Irland 13. 2. 1851–14. 8. 1926 Blackheath. Engl. Botaniker, Direktor des Bot. Gartens von Jamaica von 1886–1908. Schrieb zus. mit A.B. Rendle „Flora of Jamaica", 1910–1936 (Bd. 7, 1936, von A.B. Rendle u. S. Moore; nur Bd. 1, 3–5 u. 7 erschienen.
Fawc. et **Rendle** = William Fawcett u. Alfred Barton Rendle. Siehe diese.
Fearn = Brian Fearn, 1937– . Spezialgebiet: *Lithops.*
Fedde = Friedrich Karl Georg Fedde, Breslau 30. 6. 1873–14. 3. 1942 Berlin-Dahlem. Deutscher Botaniker. Begründer u. Hrsg. von (Fed-

des) „Repertorium specierum novarum regi vegetabilis", Berlin 1905–1942, sowie „Beihefte", 1911–1942. Bearbeitete für Engler, Das Pflanzenreich „Papaveraceae-Hypecoideae et Papaveraceae-Papaveroideae", 1909; Engler, Die natürlichen Pflanzenfamilien, 2. Aufl. Bd. 17b (1936) „Papaveraceae". Veröffentlichte „Lichtbilder zur Pflanzengeographie und Biologie", 1912. Nach ihm die Gattung *Feddea* Urb.

B. Fedtsch. = Boris Alekseevič Fedtschenko, Leipzig 27.(?) 12. 1872–29. 9. 1947 Leningrad. Sohn von Olga A. u. Aleksej P. Fedtschenko. Russ. Botaniker. Schrieb u. a. „Rastitel'nost Turkestana", 1915; Hrsg. (mit B.K. Schischkin) von „Flora jugo-vostoka Evropejskoj časti SSSR", 1927–1938. Mitarbeiter an Komarov, V.L., Flora U.R.S.S., von Bd. 1, 1934 bis Bd. 16, 1950.

O. Fedtsch. = Olga Aleksandrovna Fedtschenko, geb. Armfeld, Moskau 18. 11. 1845 bis 29. 4. 1921 Petrograd, u. Aleksej Pavlovič Fedtschenko, Irkutsk 7. 2. 1844– 15. 9. 1874 Savoyer Alpen. Russ. Botaniker-Ehepaar u. Forschungsreisende, vor allem in Turkestan. Olga A. Fedtschenko veröffentlichte u. a. „Eremurus. Kritische Uebersicht der Gattung", 1909.

O. et **B. Fedtsch.** = Olga Aleksandrovna u. Boris Alekseevič Fedtschenko. Schrieben gemeinsam „Conspectus florae turkestanicae", 1905–1923 (in Beih. Bot. Centralbl.). Siehe auch beide Verfasser.

Fée = Antoine Laurent Apollinaire Fée, Ardente, Ingre 7. 11. 1789–21. 5. 1874 Paris. Franz. Heeresapotheker, Botaniker, Prof. in Straßburg. Schriften: „Essai sur les Cryptogames des écorces exotiques officinales", 1824 bis 1837; „Mémoires lichénographiques", 1838; „Mémoires sur les familles des fougères", 1844–1866; „Cryptogames vasculaires du Brésil", 1869 bis 1873. Nach ihm die Gattung *Feea* Bory.

Feer = Heinrich Feer, Aarau 19. 12. 1857–27. 10. 1892 Aarau. Schweizer Botaniker in Genf. Spezialgebiet: *Campanulaceae.* Nach ihm die Gattung *Feeria* Buser.

Fenzl = Eduard Fenzl, Krummnußbaum, Donau 15. 2. 1808–29. 9. 1879 Wien. Österr. Botaniker, Direktor des Bot. Gartens Wien. Schriften: „Versuch einer Darstellung der geographischen Verbreitungs- und Vertheilungsverhältnisse der natürlichen Familie der Alsineen ...", 1833; „Pugillus plantarum novarum Syriae et Tauri occidentalis primus", 1842; „Illustrationes et descriptiones plantarum Syriae et Tauri occidentalis", 1843; „Illustrierte Botanik oder Naturgeschichte des Pflanzenreiches", 1857; für Martius, Flora brasiliensis in Bd. V, 1 (1864) „Salsolaceae".

Fenzl et **K. Koch** = Eduard Fenzl u. Karl Heinrich Emil Koch. Siehe diese.

I. K. Fergus. = Ian Keith Ferguson, Dublin 15. 2. 1938– . Irischer Botaniker in Kew. Publizierte zus. mit R.K. Brummitt „Index to European taxonomic literature", 1968, 1969 (in Regnum Vegetabile).

Fern. = Merritt Lyndon Fernald, Orono, Maine 5. 10. 1873–22. 9. 1950 Cambridge, Massachusetts. Nordamer. Botaniker am Gray Herbarium, Cambridge, Mass. Herausgeber der 8. Aufl. von „Gray's Manual of botany", 1950.

Fern. et **Schub.** = Merritt Lyndon Fernald u. Bernice Giduz Schubert. Siehe diese.

Fern. et **Wieg.** = Merritt Lyndon Fernald u. Karl McKay Wiegand. Siehe diese.

Fernández Casas = Javier Fernández Casas, 1945– . Spanischer Botaniker.

Fin. et **Gagnep.** = Eugène Achille Finet, Argenteuil 14. 10. 1863–30. 1. 1913 Paris, u. François Gagnepain. Franz. Botaniker. Bearbeiteten gemeinsam für Lecomte, Flora générale de l'Indochine in Bd. 1(1) „Ranunculaceae, Magnoliaceae", 1907. Siehe auch letzteren.

Fingerh. = Carl Anton Fingerhuth, Dom-Esch, Eifel 20. 12. 1798–3. 6. 1876 Dom-Esch. Deutscher Arzt u. Botaniker in Esch bei Euskirchen. Schrieb u. a.: „Monographia generis Capsici", 1832. Nach ihm die Gattung *Fingerhuthia* Nees. Siehe auch Bluff et Fingerh.

Fint. = Gustav Adolph Fintelmann, Berlin 30. 6. 1803–1. 3. 1871 Charlottenhof bei Potsdam. Hofgärtner auf der Pfaueninsel bei Berlin. Publizierte mit Karl Heinrich Emil Koch.

Fiori = Adriano Fiori, Formigine Casinalbo, Modena 17.(?) 12. 1865–5. 11. 1950 Casinalbo. Ital. Botaniker. Schriften: „Boschi e piante legnose dell' Eritrea", 1912; „Nuova flora analitica d' Italia ...", 1923–1929; „Dizionarietto dei nomi volgari in uso e dei correspondenti latini", 3. Aufl. 1933.

Fiori et **Paol.** = Adriano Fiori u. Giulio Paoletti. Schrieben gemeinsam „Flora analitica d' Italia ...", 1896–1908 (unter Mitwirkung von Augusto Béguinot); „Iconographia florae italicae ossia flora italiana illustrata", 1895–1904, 2. Aufl. 1921, 3. Aufl. 1933. Siehe auch beide Verfasser.

Fisch. = Friedrich Ernst Ludwig von Fischer, Halberstadt 20. 2. 1782–17. 6. 1854 St. Petersburg. Deutsch-russ. Botaniker, Direktor des Bot. Gartens St. Petersburg. Verf. zahlreicher Schriften, darunter „Beitrag zur botanischen Systematik, ...", 1812; „Synopsis Astragalorum tragacantharum", 1853.

Fisch. et **Avé-Lall.** = Friedrich Ernst Ludwig von Fischer u. Julius Leopold Eduard Avé-Lallement. Siehe diese.

Fisch. et **Heldr.** = Friedrich Ernst Ludwig von Fischer u. Theodor Heinrich Hermann von Heldreich. Siehe diese.

Fisch. et **Lallem.** = Siehe Fisch. et Avé-Lall.

Fisch. et **C.A. Mey.** = Friedrich Ernst Ludwig von Fischer u. Carl Anton von Meyer. Schrieben gemeinsam „Enumeratio plantarum novarum a cl. Schrenk lectarum", 1841–1842; „Sertum petropolitanum", 1846–1852 (beendet 1869 von Eduard August von Regel) mit den Beschreibungen vieler neuer russ. und nordamer. Pflanzen. Siehe auch beide Verfasser.

Fisch., C.A. Mey. et **Avé-Lall.** = Friedrich Ernst Ludwig von Fischer, Carl Anton von Meyer u. Julius Leopold Eduard Avé-Lallemant. Siehe diese.

Fisch. et **Trautv.** = Friedrich Ernst Ludwig von Fischer u. Ernst Rudolph von Trautvetter. Siehe diese.
C.E.C. Fisch. (auch **C.E. Fischer**) = Cecil Ernest Claude Fischer, Bombay 9. 7. 1874–19. 10. 1950 England. Engl. Botaniker, von 1895 bis 1926 Forstwissenschaftler in Indien, von 1926–1940 Botaniker in Kew. Beendete F.S. Gamble's „Flora of the Presidency of Madras", 1928 bis 1936.
Fitschen = Jost Fitschen, Brest, Kreis Stade 1869–1947 Hamburg. Deutscher Lehrer u. Botaniker, Koniferenkenner. Veröffentlichte u.a. (mit Otto Schmeil) „Flora von Deutschland", 1904 (1982 erschien die 87. Aufl.); „Gehölzflora", 1920, 4. Aufl. 1950, 5. Aufl. (von F. Boerner) 1959, 6. Aufl. 1977 (von Franz H. Meyer). Bearbeiter der 3. Aufl. von Beissner, L.: „Handbuch der Nadelholzkunde", 1930.
Fitzg. = Robert Desmond (auch David) Fitzgerald, Tralee, Kerry, Irland 30. 11. 1830 bis 12. 8. 1892 Sydney. Austral. bot. Künstler irischer Abstammung. Veröffentlichte u.a. „Australian Orchids", 1875–1894.
Fitzh. = S. Wyndham Fitzherbert, gest. Jan. 1916. Engl. Gärtner. Schrieb „Book of wild garden", 1903.
Flem. = John Fleming, gest. 10. 5. 1815 London. Engl. Arzt, lebte in Indien. Schrieb: „A catalogue of Indian medicinal plants and drugs", 1810.
Fletcher = Harold Roy Fletcher, Glossop, Derbyshire 14. 4. 1907–27. 8. 1978. Engl. Botaniker, zunächst Direktor der Royal Horticultural Society's Gardens, Wisley, darauf bis 1970 Direktor des Bot. Gartens Edinburgh. Schrieb u.a. „The Royal Botanic Garden Edinburgh 1670 bis 1970", 1970 (mit W.H. Brown); „A Quest of Flowers", 1975. Mitverfasser (mit W.W. Smith u. George Forrest) von „The genus Primula", 1929 bis 1950; Mithrsg. von „International directory of botanical gardens", 2. Aufl. 1969 (mit D.M. Henderson u. H.T. Prentice).
Florin = Carl Rudolf Florin, Solna bei Stockholm 5. 4. 1894–24. 9. 1965 Stockholm. Schwed. Botaniker u. Paläobotaniker, Direktor des Bot. Gartens (Hortus Bergianus) Stockholm. Eine seiner bedeutendsten Schriften „The distribution of Conifer and Taxad genera in time and space", 1963, in Acta Horti Bergiani.
Flueckiger = Friedrich August Flückiger, Langenthal, Kanton Bern 15. 5. 1828–13. 12. 1894 Bonn. Schweizer Pharmazeut, von 1873 bis 1892 Prof. der Pharmazie in Straßburg. Schrieb u.a. „Lehrbuch der Pharmacognosie des Pflanzenreiches", 1867, 2. Aufl. 1881 bis 1883.
Flüggé = Johann Flüggé, Hamburg 22. 7. 1775 bis 28. 6. 1816 Hamburg-Barmbeck. Deutscher Arzt und Botaniker. Schrieb „Graminum monographiae", 1810.
Focke = Wilhelm Olbers Focke, Bremen 5. 4. 1834–29. 9. 1922 Bremen. Deutscher Arzt u. Botaniker. Bedeutendstes Werk „Die Pflanzen-Mischlinge", 1881; „Synopsis Ruborum Germaniae", 1877; Bearbeiter der Gattung *Rubus* in Ascherson u. Graebner „Synopsis der mitteleuropäischen Flora", Bd. VI, 1, 1900–1905; für Engler u. Prantl, Die natürlichen Pflanzenfamilien III. 3 „Rosaceae", 1890–1891; III. 6 „Eucryphiaceae", 1893. Nach ihm die Gattung *Fockeanthus* Wehrh.
Foëx = Gustave Louis Émile Foëx, Marseille 23. 12. 1844–1. 2. 1906. Franz. Gärtner u. Weinbauspezialist.
Fomin = Aleksandr Vasilievič Fomin, Ermolowka, Saratow 2. 5. 1869–16. 10. 1935 Kiew. Russ. Botaniker. Spezialgebiet: *Pteridophyta*. Hrsg. der „Flora Reipublicae Sovieticae Socialisticae Ucrainicae", 1936, bis 1965 mehrere Auflagen. Mitarbeiter an Bd. 1 von Komarov, V.L., Flora U.R.S.S., 1934. Siehe auch unter Kusn.
Font Quer = Pío Font i Quer, 1888–2. 1. 1964 Barcelona. Katalan. Botaniker. Schrieb u.a. „Flórula de Cardó", 1950; „Diccionario de botánica", 1953. Nach ihm die Gattung *Fontquera* Maire.
Font Quer et **Rothm.** = Pío Font i Quer u. Werner Hugo Paul Rothmaler. Siehe diese.
F.B. Forbes = Francis Blackwell Forbes, U.S.A. 11. 8. 1839–Nov. 1908 Boston, Massachusetts. Nordamer. Botaniker, von 1857 bis 1882 in China, Spezialgebiet: Chin. Pflanzen.
F.B. Forbes et **Hemsl.** = Francis Blackwell Forbes u. William Botting Hemsley. Schrieben gemeinsam „Index florae sinensis", 1886–1905. Siehe auch beide Verfasser.
James Forbes = James Forbes, Bridgend, Perthshire Mai 1773–6. 7. 1861 Woburn Abbey. Engl. Gärtner. Verf. von „Pinetum woburnense", 1839; „Salictum woburnense", 1829, u. anderen Katalogen.
Ford et **Vickery** = Neridah Clifton Ford, 1926 bis , u. Joyce Winifred Vickery. Austral. Botanikerinnen am Herbarium of New South Wales, Sydney. Siehe auch letztere.
Forkel et **Lem.** = . . . Forkel u. Charles Antoine Lemaire. Siehe letzteren.
Form. = Eduard Formánek, Klattau, Mähren 7. 4. 1845–9. 6. 1900 Daphni, Griechenland. Österr. Gymnasiallehrer u. Botaniker in Brünn. Pflanzensammler. Spezialgebiet: Flora des Balkans. Schrieb u.a. „Die Flora von Mähren und Österr. Schlesien", 1887–1897.
Forrest (auch **Forr.**) = George Forrest, Falkirk 13. 3. 1873–5. 1. 1932 Tengyueh, Jünnan, China. Engl. Botaniker u. Pflanzensammler. Führte viele neue chin. Pflanzen ein. Schrieb „Man Hunts and Plant Hunts", 1935. Mitverfasser von Smith, W.W. u. Fletcher, H.R. „The genus Primula", 1929–1950.
Forrest et **Diels** = George Forrest u. Friedrich Ludwig Emil Diels. Siehe diese.
Forrest et **W.W. Sm.** = George Forrest u. Sir William Wright Smith. Siehe diese.
Forssk. = Pehr Forsskål, Helsingfors 11. 1. 1732–11. 7. 1763 Jerim, Jemen. In Finnland geborener schwed. Naturwissenschaftler, bereiste mit C. Niebuhr von 1761–1763 Ägypten u. Arabien. Verf. von „Resa till lyklige Arabien", 1950; „Flora aegyptiaco-arabica . . .", 1775; „Icones

rerum naturalium", 1776. Nach ihm die Gattung *Forsskaolea* L.
G. Forst. (auch **Forst. f.**) = Johann Georg Adam Forster, Nassenhuben bei Danzig 26. 11. 1754 bis 11. 1. 1794 Paris. Deutscher Naturwissenschaftler u. Schriftsteller, Sohn von Johann Reinhold Forster, Prof. in Kassel, später in Wilna. Begleitete Cook zus. mit seinem Vater auf dessen Weltreise von 1772 bis 1775. Sie veröffentlichten die Ergebnisse in „Characteres generum plantarum, quas in itinere ad insulas maris australis collegerunt, ...", 1775 u. 1776 (deutsche Ausgabe 1779). Weitere Schriften: „Florulae insularum Australium prodromus", 1786; „De plantis esculentis insularum oceani australis commentatio botanica", 1786; „Geschichte und Beschreibung des Brodbaums", 1784; „A voyage round the world ...", 1777. Nach Vater und Sohn die Gattung *Forstera* L. f.
J.R. Forst. = Johann Reinhold Forster, Dirschau 22. 10. 1729–9. 12. 1798 Halle. Deutscher Naturwissenschaftler, zunächst Pfarrer zu Nassenhuben, dann Reise durch Russland (1765), Teilnahme an der Cook'schen Weltumseglung (1772–1775). Später Prof. der Naturwissenschaft, der deutschen u. franz. Sprache zu Warrington, England, ab 1780 Prof. in Halle. Schrieb u.a. „Flora Americae septentrionalis", 1771; „Liber singularis de Bysso antiquorum", 1776; „Enchiridion historiae naturali inserviens", 1788. Siehe auch G. Forst.
J.R. et **G. Forst.** = Johann Reinhold u. Johann Georg Forster. Siehe diese.
Först. = Carl Friedrich Förster, 19. Jahrh. Deutscher Botaniker, Kakteenspezialist. Schrieb „Handbuch der Cacteenkunde", 1846, 2. Aufl. 1884–1886 (von Theodor Rümpler).
Fort. = Robert Fortune, Blackadder Town, Berwickshire 16. 9. 1812–13. 4. 1880 Brompton, London. Engl. Gärtner u. Forschungsreisender, der von 1843–1861 auf vier Reisen für die Royal Horticultural Society, London in China, Japan etc. Pflanzen sammelte u. die Teepflanze nach Indien einführte. Schrieb „Three years wanderings in the northern provinces of China", 1847; „A journey to the tea countries of China", 1852; „Yedo and Peking", 1863. Nach ihm die Gattungen *Fortunearia* Rehd. et Wils. u. *Fortunella* Swingle.
Fosb. = Francis Raymond Fosberg, Spokane, Washington 20. 5. 1908–1993. Nordamer. Botaniker in Washington, D. C. Spezialgebiet: Flora des Pazifiks. Schrieb u.a.: „The flora of Aldabra and neighbouring islands", 1980 (mit S.A. Renvoize).
Fosb. et. **Sachet** = Francis Raymond Fosberg u. Marie-Helène Sachet. Siehe diese.
M. Foster = Sir Michael Foster, Huntingdon 8. 3. 1836–28. 1. 1907 London. Engl. Arzt u. Iriskenner. Schrieb „Bulbous Irises", 1892.
M. Foster et **Bak.** = Sir Michael Foster u. John Gilbert Baker. Siehe diese.
R. Foster = Robert Crichton Foster, Springfield, Massachusetts 21. 7. 1904–10. 3. 1986 Springfield, Massachusetts. Nordamer. Botaniker, Spezialgebiete: *Iridaceae*, Flora von Bolivien.
Fotsch = Karl Albert Fotsch, gest. um 1940. Schweizer Gartenbaulehrer u. Begonienkenner. Schrieb „Die Begonien", 1933.
Fouc. = Julien Foucaud, Saint-Clément, Charente-Inférieure 2. 7. 1847–26. 4. 1904 Rochefort-sur-Mer. Franz. Botaniker, Direktor des Bot. Gartens Rochefort-sur-Mer. U.a. Mitarb. an Rouy, „Flore de France", Bd. 1–3, 1893 bis 1896.
Foug. = Auguste Denis Fougeroux de Bondaroy, Paris 10. 10. 1732–28. 12. 1789 Paris. Franz. Botaniker, Neffe von Duhamel du Monceau.
Fourc. = Henri Georges (Henry George) Fourcade, Bordeaux 1866–16. 1. 1948 Humansdorp, Südafrika. Slüdafrikanischer Botaniker französischer Herkunft.
Fourn. = Eugène Pierre Nicolas Fournier, Paris 15. 2. 1834–10. 6. 1884 Paris. Franz. Arzt u. Botaniker. Schrieb u.a. „Recherches anatomiques taxonomiques sur la famille des Crucifères ...", 1865; für Martius, Flora brasiliensis in Bd. VI, 4 (1885) „Asclepiadaceae". Mitarbeiter an Baillon, Henri Ernest: „Dictionnaire de botanique", 1876–1892.
P. Fourn. = Paul-Victor Fournier, Damrémont, Haute Marne 1877–20. 5. 1964. Franz. Botaniker u. Domherr. Veröffentlichte u.a. „Flore complétive de la plaine française", 1928; „Les quatre flores de la France, Corse comprise", 1934–1940, 2. Aufl. 1946, Neue Aufl. 1961; „Le livre des plantes médicinales et vénéneuses de France", 1947–1948; „Arbres, arbustes et fleurs de pleine terre", 1951–1952.
Fourr. = Pierre Jules Fourreau, Lyon 25. 8. 1844–16. 1. 1871 Beaune. Franz. Botaniker. Schrieb „Catalogue des plantes qui croissent spontanément le long du cours du Rhône", 1869. Siehe auch Jord. et Fourr.
Foxw. = Frederick William Foxworthy, Goodland, Indiana 3. 7. 1877–4. 2. 1950 Berkeley, Kalifornien. Nordamer. Dendrologe u. Pflanzensammler, 1911–1917 in Manila, 1918–1932 Forstbeamter in Malaya.
Fr. (auch **Fries**) = Elias Magnus Fries, Femsjö, Småland 15. 8. 1794–8. 2. 1878 Uppsala. Schwed. Botaniker. Schriften: „Novitiae florae suecicae", 1814–1824, 2. Aufl. 1828, „Continuatio", 1832–1842; „Flora hallandica", 1817 bis 1819; „Summa vegetabilium Scandinaviae, ...", 1845–1849; „Observationes mycologicae ...", 1815–1818, weitere Ausgabe 1824; „Systema mycologicum ...", 1821 bis 1832; „Systema orbis vegetabilis. Pars. I. Plantae homonemeae", 1825; „Elenchus fungorum ...", 1828; „Lichenographia europacea reformata", 1831; „Monographie Hymenomycetum Sueciae", 1851–1863. Nach ihm die Zeitschrift „Friesia" (1932 →).
R.E. Fr. (auch **R.E. Fries**) = Klas Robert Elias Fries, Uppsala 11. 7. 1876–29. 1. 1966. Schwed. Botaniker, Sohn von Th. Fries jr. Spezialgebiet: *Annonaceae*. Bearbeitete diese Familie für Engler, Die natürlichen Pflanzenfamilien, 2. Aufl. Bd. 17 a II, 1959. Schrieb u. a. „A short history of

botany in Sweden“, 1950.
Th. Fr. (auch **Th. Fries jr.**) = Theodor Magnus Fries, Femsjö, Småland 28. 10. 1832–29. 3. 1913 Uppsala, Sohn von Elias Magnus Fries. Schwed. Botaniker, Direktor des Bot. Gartens Uppsala. Schriften: „Monographia Stereocaulorum et Pilophororum“, 1858; „Lichenes arctoi Europae Groenlandiaeque hactenus cogniti“, 1860; „Lichenographia scandinavica“, 1871 bis 1874.
Franch. = Adrien René Franchet, Pezou 21. 4. 1834–15. 2. 1900 Paris. Franz. Botaniker am Jardin des Plantes, Paris. Bearbeitete viele Sendungen franz. Pflanzensammler, vor allem aus Asien. So erschienen „Plantae Davidianae ex Sinarum imperio“, 1884–1888; „Plantae Delavayanae“, 1889–1890, etc. Mitarbeiter an Baillon, Henri Ernest: „Dictionnaire de botanique“, 1879–1892. Siehe auch Bur. et Franch.
Franch. et **Sav.** = Adrien René Franchet u. Paul Amedée Ludovic Savatier. Schrieben gemeinsam „Enumeratio plantarum in Japonia sponte crescentium“, 1873–1879. Siehe auch beide Verfasser.
Franco = João Manuel Antonio Paes do Amaral Franco, 1921- . Port. Botaniker. Schriften: „De Coniferarum duarum nominibus“, 1950; „Dendrologia florestal“, 1943.
Franco et **Pinto da Silva** = João Manuel Antonio Paes do Amaral Franco u. Antonio Rodrigo Pinto da Silva. Siehe diese.
Franco et **Rocha Afonso** = João Manuel Antonio Paes do Amaral Franco u. Maria Rocha Afonso da Luz de Oliviera Tavares Monteiro da. Siehe diese.
Frank = Albert Bernhard Frank, Dresden 19. 1. 1839–27. 9. 1900 Berlin. Deutscher Botaniker u. Pflanzenpathologe. Schrieb u.a. „Krankheiten der Kulturpflanzen“, 1880; „Lehrbuch der Pflanzenphysiologie“, 2. Aufl. 1896; „Lehrbuch der Botanik“, 1892; „Über die Pilzsymbiose der Leguminosen“, 1890; Hrsg. der 2. u. 3. Aufl. von Leunis, J., „Synopsis der Pflanzenkunde“, 1877 u. 1883 bis 1886.
Frapp. (auch **Frappier**) = Alphonse Frappier, 19. Jahrh. Haupttätigkeit zwischen 1853 u. 1883. Franz. Botaniker u. Zoologe auf Réunion.
Fras. (auch **Fraser**) = John Fraser, Invernesshire 1750–3. 5. 1811 Chelsea (London). Schott. Baumschulist in Chelsea u. Einführer nordamer. Pflanzen, die er von 1785–1796 in ihrer Heimat sammelte. Schrieb u.a. „A short history of the Agrostis cornucopiae, ...“, 1789; „Thalia dealbata, ...“, 1794; „A catalogue of new and interesting plants in Upper Louisiana ...“, 1813.
Fraser-Jenkins = Christopher Roy Fraser-Jenkins, Bridgend, Glamorgan, Wales 17. 4. 1948 bis . Engl. Botaniker am Brit. Museum (Natural History) in London. Spezialgebiet: *Filices.*
Frém. = John Charles Frémont, Savannah, Georgia 21. 1. 1813–13. 7. 1890 New York. Nordamer. Offizier u. Politiker. Unternahm von 1842–1854 5 Expeditionen nach den westl. USA, auf denen er zahlreiche Pflanzen sammelte, die von John Torrey (s.d.) beschrieben wurden („Plantae Fremontianae“, 1853). Nach ihm die Gattung *Fremontodendron* Coville. Siehe auch Torr. et. Frém.
Fresen. = Johann Baptist Georg Wolfgang Fresenius, Frankfurt a.M. 25. 9. 1808–1. 12. 1866. Deutscher Arzt u. Botaniker. Schriften: „Taschenbuch zum Gebrauche auf botanischen Excursionen in der Umgegend von Frankfurt a.M.“, 1832–1833; „Beiträge zur Flora von Aegypten und Arabien“, 1834; „Beiträge zur Flora von Abyssinien“, 1837 bis 1845; für Martius, Flora brasiliensis in Bd. VIII, 1 (1857) „Cordiaceae, Heliotropieae, Borragineae“. Nach ihm die Gattung *Fresenia* DC.
Freyer = Heinrich Freyer, Idria 7. 7. 1802–21. 8. 1866 Laibach. Österr. Botaniker. Nach ihm die Gattung *Freyera* Rchb.
Freyn = Joseph Franz Freyn, Prag 7. 12. 1845 bis 16. 1. 1903 Prag. Böhm. Ingenieur u. Botaniker in Prag.
Freyn et **Sint.** = Joseph Franz Freyn u. Paul Ernst Emil Sintenis. Siehe diese.
Frič = Alberto V. Frič, Prag 8. 9. 1882–4. 12. 1944. Tschech. Kakteenkenner u. -sammler. Bereiste um 1920 Mexiko.
Frič et **Berger** = Alberto V. Frič u. Alwin Berger. Siehe diese.
Frič et **Gürke** = Alberto V. Frič u. Robert Louis August Maximilian Gürke. Siehe diese.
Friedr. = Hans-Christian Friedrich, Zittau 29. 12. 1925–1992. Deutscher Botaniker, Landeskonservator am Bot. Garten München. Spezialgebiete: *Aizoaceae, Crassulaceae, Molluginaceae*, Mitteleur. *Caryophyllaceae*, Afrik. Sukkulenten.
Friedr. et. **Glaetzle** = Hans-Christian Friedrich u. ... Glaetzle. Siehe ersteren.
Friedr. et **G.D. Rowl.** = Hans-Christian Friedrich u. Gordon Douglas Rowley. Siehe diese.
Friis = Ib Friis, 1945- . Dänischer Botaniker am Bot. Museum u. Herbarium Kopenhagen. Spezialgebiete: Flora von Äthiopien, *Urticaceae, Haemanthus.* Hrsg. (mit W.G. Chaloner u. P.R. Crane) von: „The origins of angiosperms and their biological consequences“, 1987.
Friis et **Nordal** = Ib Friis u. Inger Nordal. Siehe diese.
Frikart = Karl Ludwig Frikart, 1879–1964. Schweizer Gärtner, kreuzte u.a. *Aster amellus* mit *A. thomsonii (A. × frikartii).*
Fritsch = Karl Fritsch, Wien 24. 2. 1864 bis 17. 1. 1934 Graz. Österr. Botaniker (häufig verwechselt mit dem Prager Meteorologen u. Phänologen gleichen Namens, der von 1812 bis 1879 lebte). Schrieb u.a. „Excursionsflora für Oesterreich“, 1897, 2. Aufl. 1909, 3. Aufl. unter dem Titel „Excursionsflora für Oesterreich und die ehemals österreichischen Nachbargebiete“, 1922; bearbeitete für Engler u. Prantl, Die natürlichen Pflanzenfamilien IV. 3b „Gesneriaceae, Columelliaceae“, 1893 bis 1894, IV. 4 „Caprifoliaceae, Adoxaceae“, 1891.
Friv. = Imré Friváldszky von Friváld, Bacskó, Ungarn 6. 2. 1799–3. 4. 1870 Jobbágyi. Ung.

Arzt, Botaniker u. Entomologe, Direktor des Ung. National-Museums. Schrieb über neue Pflanzen des Balkans u. der Türkei.

Frodin = David Gamman Frodin, Chicago, Illinois 8. 4. 1940- . Nordamer. Botaniker in Philadelphia. Schrieb: "Guide to the standard floras of the world", 1964.

Frodin et **Heyw.** = David Gamman Frodin u. Vernon Hilton Heywood. Siehe diese.

Frodin et **Lowry** = David Gamman Frodin u. Porter Peter Lowry, II. Siehe diese.

Froeb. = Karl Otto Froebel, 1844-28. 8. 1906 Zürich. Schweizer Gärtner, Pflanzenzüchter u. Gartengestalter.

Froed. = Harald August Froederstrom, Göteborg 11. 5. 1876-1944. Schwed. Botaniker. Spezialgebiet: *Sedum*.

Froehn. = Albrecht Froehner, publizierte um 1897.

Frost = John Frost, London 1803-17. 3. 1840 Berlin. Engl. Arzt u. Botaniker. Gründer der „Medico-botanical Society". Schrieb „Some account of the science of botany", 1827.

Fruw. (auch **Fruwirth**) = Karl Fruwirth, Wien 31. 8. 1862 bis 21. 7. 1930 Wien. Österr. Botaniker u. Pflanzenzüchter. Hauptwerk: „Handbuch der landwirtschaftlichen Pflanzenzüchtung", 5 Bände, 2.-6. Aufl. 1922-1924.

Fryx. = Paul Arnold Fryxell, Moline, Illinois 2. 2. 1927- . Nordamer. Botaniker in College Station, Texas. Spezialgebiet: *Malvaceae*. Schrieb: „A nomenclator of Gossypium", 1976; „The natural history of the cotton tribe", 1979; „Malvaceae of Mexico", 1988.

Fu = Shu-Hsia Fu, 1916- . Chines. Botaniker, Spezialgebiet: *Crassulaceae* von China.

H.P. Fuchs = Hans Peter Fuchs-Eckert, 29. 10. 1928- . Schweizer Botaniker, ursprünglich in Basel, lebt heute in Trin-Vitg, Graubünden. Schrieb u. a. „Nomenklatur, Taxonomie und Systematik der Gattung Isoëtes . . .", 1962.

Fujita = N. Fujita, zeitgenöss. japanischer Botaniker. Spezialgebiet: *Hosta*.

Funck = Heinrich Christian Funck (auch Funk), Wunsiedel 1771-14. 4. 1839 Gefrees. Deutscher Apotheker u. Botaniker. Schrieb „Kryptogamische Gewächse (besonders) des Fichtelgebirg's", 1800-1838. 42 Hefte; 2. Aufl. (Heft 1-5) 1806 (Exsikkatenwerk mit Text).

Fursa = T.B. Fursa, zeitgenöss. russischer Botaniker in St. Petersburg.

Furtado = Caetano Zavier dos Remedios Furtado, Goa 14. 10. 1897-?. Port.-indischer Botaniker am Bot. Garten Singapur.

Fuss = Johann Michael Fuss, Hermannstadt 5. 10. 1814-17. 4. 1883 Groß-Scheuern, Siebenbürgen. Siebenbürg. Theologe u. Botaniker. Schrieb „Lehrbuch der Naturgeschichte", 1840 bis 1845; „Flora Transsylvaniae excursoria", 1866; gab den 4. Band von Baumgarten, „Enumeratio stirpium magno Transsilvaniae principatui", 1846, heraus u. schrieb dazu „Mantissa prima" nebst Registern, 1846.

Gaertn. = Joseph Gärtner, Calw bei Stuttgart 12. 3. 1732-14. 7. 1791 Tübingen. Deutscher Arzt u. Botaniker. Schrieb „De fructibus et seminibus plantarum", 1788-1792, weitere Ausgabe 1801-1802. Nach ihm die Gattung *Gaertnera* Lam.

Gaertn. f. (auch **C.F. Gaertn.**) = Carl Friedrich von Gärtner, Göppingen 1. 5. 1772-1. 9. 1850 Calw. Sohn des vorigen. Deutscher Arzt u. Botaniker. Schriften: „Supplementum carpologicae, seu continuati operis Josephi Gaertner de fructibus et seminibus plantarum voluminis tertii . . .", 1805-1807; „Beiträge zur Kenntnis der Befruchtung", 1844; „Versuche und Beobachtungen über die Bastarderzeugung im Pflanzenreiche", 1849.

Gagnebin = Abraham Gagnebin de la Ferrière, Renan 29. 8. 1707-23. 4. 1800 Renan, La Ferrière. Schweizer Arzt u. Botaniker. Nach ihm die Gattung *Gagnebina* Neck. ex DC.

Gagnep. = François Gagnepain, Bois-de-Raveau 23. 9. 1866-1952. Franz. Botaniker am Muséum National d'Histoire Naturelle in Paris. Schrieb vor allem über asiatische Pflanzen. Mitarbeiter an und Herausg. von Lecomte, Paul Henri: „Flore générale de l'Indo-Chine", 1907-1950. Nach ihm die Gattung *Gagnepainia* K. Schum. Siehe auch Fin. et Gagnep.

Gagnep. et **A. Guill.** = François Gagnepain u. André Guillaumin. Siehe diese.

Gal. (auch **Galeotti**) = Henri Guillaume Galeotti, Versailles 8. 9. 1814-13. 3. 1858 Brüssel. Franz. Botaniker, Direktor des Bot. Gartens Brüssel. Siehe auch Martens et Gal.

Galpin = Ernest Edward Galpin, Grahamstown 6. 12. 1858-16. 10. 1941 Mosdene bei Naboomspruit, Transvaal. Südafr. Bankier u. Pflanzensammler.

Gamble = James Sykes Gamble, London 2. 7. 1847-16. 10. 1925 Liss, Hampshire, Engl. Botaniker in Indien. Veröffentlichte u. a. „The Bambuseae of British India", 1896 (in Hooker filius, Flora of British India, Bd. 7); „Flora of the Presidency of Madras", 1915-1936. Nach ihm die Gattung *Gamblea* C.B. Clarke.

Gams = Helmut Gams, Brünn 25. 9. 1893-13. 2. 1976 Innsbruck. Österr. Botaniker, Prof. der Botanik in Innsbruck. Veröffentlichte viele Beiträge in versch. Zeitschriften über die alpine Flora, außerdem u. a. „Pflanzenwelt Vorarlbergs", 1931; „Kleine Kryptogamenflora, Bd. IV: Die Moos- und Farnpflanzen", 1940, weitere Auflagen 1948, 1957 u. 1972; „Alpenblumen - Farbige Wunder" (mit P. Kohlhaupt u. a.), 1963-1964.

Garay = Leslie Andrew Garay, Ungarn 6. 8. 1924- . Nordamer. Botaniker, Kurator des Orchid Herbarium of Oakes Ames, Cambridge, Mass. Veröffentlichte mit H. Sweet „The Orchids of Southern Ryukyu-Islands", 1974, u. für Howard, Flora of the Lesser Antilles „Orchidaceae", 1974; für Harling u. Sparre, Flora of Ecuador no. 9 „Orchidaceae", 1978 →.

Garay et **Dunsterv.** = Leslie Andrew Garay u. Galfrid Clemens Keyworth Dunsterville. Veröffentlichten gemeinsam „Venezuelan Orchids Il-

lustrated", 1959-1976. Siehe auch beide Verfasser.
Garay et **G.C. Kennedy** = Leslie Andrew Garay u. George C. Kennedy, zeitgenöss. nordamer. Geophysiker u. Orchideenforscher in Los Angeles, Kalifornien. Siehe auch ersteren.
Garay et **Pabst** = Leslie Andrew Garay u. Guido Frederico João Pabst. Siehe diese.
Garay et **H. Sweet** = Leslie Andrew Garay u. Herman R. Sweet, zeitgenöss. nordamer. Botaniker. Spezialgebiet: *Orchidaceae*. Siehe auch ersteren.
Garcke = Christian August Friedrich Garcke, Bräunrode bei Mansfeld 25. 10. 1819 bis 10. 1. 1904 Berlin. Deutscher Botaniker, Kustos am Bot. Museum Berlin. Hauptwerke: „Flora von Halle", 1848-1856; „Flora von Nord- und Mittel-Deutschland"; 1849, 12. Aufl. 1875, 13. bis 16. Aufl. 1878-1890 unter dem Titel „Flora von Deutschland", 17.-22. Aufl., 1895-1922, unter dem Titel „Illustrierte Flora von Deutschland", 23. Aufl. 1972 unter dem Titel „August Garcke Illustrierte Flora. Deutschland und angrenzende Gebiete", Herausg. Konrad von Weihe.
Garden = Alexander Garden, London 20. 1. 1730-15. 4. 1792 London. Engl. Arzt u. Botaniker, lebte in Nordamerika. Nach ihm die Gattung *Gardenia* Ellis.
Gardn. = George Gardner, Glasgow Mai 1812 bis 10. 3. 1849 Neura Ellia, Ceylon. Engl. Botaniker u. Pflanzensammler, Direktor des Bot. Gartens Peradeniya, Ceylon. Bereiste das Innere Brasiliens. Schrieb: „Travels in the interior of Brazil", 1846, 2. Aufl. 1849. Nach ihm die Gattung *Gardnerodoxa* Sandw.
Gardn. et **Fielding** = George Gardner u. Henry Barron Fielding, 1805-1851. Engl. Botaniker. Schrieben gemeinsam: „Sertum plantarum; or drawings and descriptions of rare and undescribed plants...", 1843-1844. Siehe auch ersteren.
Garnier = Max Garnier. Belg. Gartenbauschriftsteller, von 1894-1896 Redakteur von „L'Illustration horticole" (mit É. Rodigas).
Gars. = François Alexandre Pierre de Garsault, 1691-1778. Franz. Polyhistor. Schrieb u.a. „Description, vertus et usages de 719 plantes", 1767.
Ph. Gärtn., B. Mey. et **Scherb.** = Philipp Gottfried Gärtner (1754-1825), Bernhard Meyer (1767-1836) u. Johannes Scherbius (1769 bis 1813). Verf. von „Oekonomisch-technische Flora der Wetterau", 1799 bis 1802.
Gaterau = ... Gaterau, 18. Jahrh. Franz. Botaniker. Veröffentlichte „Description des plantes qui croissent aux environs de Montauban", 1789.
Gates = Howard Elliott Gates, 1889-1957.
Gatt. = Augustin Gattinger, München 3. 2. 1825-18. 7. 1903 Nashville, Tennessee. Nordamer. Arzt u. Botaniker. Schrieb u.a.: „The flora of Tennessee", 1901.
Gaud. = Jean François Aimé Philippe Gaudin, Longirod 18. 3. 1766-15. 7. 1833 Nyon. Schweizer Botaniker, Prediger im Kanton Waadt, Professor in Lausanne. Veröffentlichte u.a. „Agrostologia helvetica", 1811; „Flora helvetica", 1828-1833. Nach ihm die Gattung *Gaudinia* P. Beauv.
Gaudich. = Charles Gaudichaud-Beaupré, Angoulême 4. 9. 1789-16. 1. 1854 Paris. Franz. Botaniker, begleitete als Marine-Apotheker Freycinet u. Vaillant auf ihren Weltreisen. Schriften: „Voyage autour du monde, ... pendant les années 1817-1820, Botanique", 1826 bis 1830; „Voyage autour du monde, executée pendant les années 1836 et 1837... Botanique", 1841-1866; „Recherches génerales sur l'organographie, la physiologie et l'organogénie des végétaux", 1841. Nach ihm die Gattung *Gaudichaudia* Kunth.
Gay (auch **C. Gay**) = Claude Gay, Draguignan 18. 3. 1800-29. 11. 1873 Flayosc. Franz. Botaniker u. Reisender. Hauptwerk: „Historia física y política de Chile", 1844-1871, darin enthalten „Botánica", 1845-1854.
J. Gay = Jacques Étienne Gay, Nyon, Kanton Waadt 11. 10. 1786-16. 1. 1864 Paris. Franz. Botaniker, Sekretär des Senats in Paris. Schrieb u.a. „Fragment d'une monographie des vraies Buettnériacées", 1823. Nach ihm die Gattung *Gaya* Kunth.
Gáyer = Gyula Gáyer, Celldömölk 16. 2. 1883 bis 13. 6. 1932 Szombathely. Ungar. Botaniker.
Geert = siehe van Geert.
Gentil = Louis Gentil, Lüttich Oktober 1874 bis 1949. Belg. Botaniker, Kurator des Bot. Gartens Brüssel.
A. Gentry = Alwyn Howard Gentry, 1945-1993. Nordamer. Botaniker am Missouri Botanical Garden, St. Louis, Missouri. Hrsg. von „Flora neotropica news" (in Taxon, ab Bd. 38(2), 1989).
Georgi = Johann Gottlieb Georgi, Wachholzhagen, Pommern 31. 12. 1729-7. 11. 1802 St. Petersburg. Deutscher Botaniker u. Reisender, Prof. in St. Petersburg. Schriften: „Bemerkungen einer Reise im Russischen Reich im Jahre 1772", 1775; „Geographisch-physikalische und naturhistorische Beschreibung des Russischen Reiches", 1797-1802.
Gér. = Joseph Gérôme, Hadol 29. 6. 1863 bis 31. 12. 1928 Hadol. Franz. Botaniker. Schrieb „Plantes ornamentales herbacées de plein air et rosiers", 1924.
Gér. et **Labr.** = Joseph Gérôme u. Oscar Labroy, 1877-1953. Franz. Botaniker in Paris. Siehe auch ersteren.
Gerbeaux = ... Gerbeaux,?
Germ. = Jacques Nicolas Ernest Germain de Saint-Pierre, 1815-27. 6. 1882 Hyères. Franz. Botaniker. Schrieb u.a. „Guide du botaniste, ...", 1852; „Nouveau dictionnaire de botanique", 1870. Siehe auch Coss. et Germ.
Gerrard = William Tyler Gerrard, gest. 1866 Foul Point, Madagaskar. Südafr. Pflanzensammler u. Botaniker. Schrieb: „Synopsis Filicum capensium", 1870 (zus. mit Mark John M'Ken).
Ghiesbr. = Auguste Boniface Ghiesbreght, Brüssel 10. 3. 1810-7. 2. 1893 San Cristóbal,

Chiapas, Mexiko. Belg. Pflanzensammler, seit 1837 in Mexiko.
B.N. Ghose = Birendra Nath Ghose, Calcutta 15. 12. 1885-?. Ind. Botaniker.
P. Gibbs = P.E. Gibbs, 1938- . Engl. Botaniker. Mitarb. an „Flora europaea", 1964-1980.
Gibelli = Giuseppe Gibelli, Santa Cristina, Spanien 9. 2. 1831-16. 9. 1898 Turin. Ital. Botaniker. Schrift siehe Ces., Passer et. Gibelli.
Gibson et **Horak** = A.C. Gibson und K.E. Horak, zeitgenöss. Kakteenkenner.
Gilbert = Benjamin Davis Gilbert, Albany, New York 21. 11. 1835-3. 6. 1907 Clayville, New York. Nordamer. Botaniker, Farnspezialist. Schrieb: „Working list of North American Pteridophytes (north of Mexico)", 1901.
Gilg = Ernst Friedrich Gilg, Obereggenen, Baden 12. 1. 1867-11. 10. 1933 Berlin. Deutscher Botaniker, Kustos am Bot. Museum Berlin. Schriften: „Grundzüge der Botanik für Pharmazeuten", 6. Aufl. 1921; „Pharmazeutische Warenkunde", 4. Aufl. 1911; „Lehrbuch der Pharmakognosie", 3. Aufl. 1922; zus. mit H.G.A. Engler Hrsg. der 9. u. 10. Aufl. von „Syllabus der Pflanzenfamilien", 1921; für Engler, Das Pflanzenreich „Monimiaceae" (zus. mit J. Perkins), 1901; Bearbeiter von zahlreichen Familien für Engler u. Prantl, Die natürlichen Pflanzenfamilien, 1. u. 2. Aufl. sowie der „Melastomataceae" (Bd. 2, 1898) u. „Strophanthus" (Bd. 7, 1904) von Engler, Monographien afrikanischer Pflanzen-Familien und -Gattungen. Nach ihm die Gattung *Gilgiochloa* Pilg.
Gilg et **M. Brandt** = Ernst Friedrich Gilg u. Max Brandt. Siehe diese.
Gilib. = Jean Emmanuel Gilibert, Lyon 21. 6. 1741-2. 9. 1814 Lyon. Franz. Botaniker, zeitweise Prof. in Wilna, später in Lyon. Schrieb u.a. „Histoire des plantes d'Europe", 1798, 2. Aufl. 1806. Nach ihm die Gattung *Gilibertia* Ruiz et Pav.
Gill. = John Gillies, Brechin, Schottland 1792 bis 24. 11. 1834 Edinburgh. Schott. Arzt u. Pflanzensammler. Bereiste Euopra u. Südamerika. Nach ihm die Gattung *Gilliesia* Lindl.
Gill. et **Hook.** = John Gillies u. Sir William Jackson Hooker. Siehe diese.
Gilmartin = Amy Jean Gilmartin, Red Bluff, Kalifornien 15. 10. 1932-10. 2. 1989 Pullman, Washington. Nordamer. Botanikerin am Marion Ownbey Herbarium in Pullman, Washington. Spezialgebiet: *Bromeliaceae.*
Girard = Frédérico de Girard, 1810-1851. Franz. Botaniker.
Giroux = Mathilde Giroux, 20. Jahrh. Franz. Botanikerin in Algier.
Giseke = Paul Dietrich Giseke, Hamburg 8. 12. 1741-26. 4. 1796 Hamburg. Deutscher Botaniker, Schüler Linnés. Veröffentlichte u.a. „Icones plantarum", 1777-1778; „Caroli à Linné M.D. Praelectiones in ordines naturales plantarum", 1792. Nach ihm die Gattung *Gisekia* L.
Glasau = Fritz Glasau, zeitgenöss. deutscher Gärtner u. Botaniker. Schriften: „Rosen im Garten", 1961; „Sommergrüne Ziergehölze", 1967.
Glass et **Foster** = C. Glass und R. Foster, zeitgenöss. Kakteenkenner.
Glaz. = Auguste François Marie Glaziou, Lannion, Côtes-du-Nord 28. 8. 1828-30. 3. 1906 Bordeaux. Franz. Gärtner u. Pflanzensammler in Brasilien. Schrieb: „Plantae Brasiliae centralis a Glaziou lectae", 1905-1913 (in Mém. Soc. Bot. France 1 (3)).
Glazebr. = Thomas Kirkland Glazebrook, Ashby-de-la-Zouch, Leicesterhire 4. 6. 1780 bis 17. 1. 1855 Southport, Lancashire. Engl. Glasfabrikant u. Amateurbotaniker.
Gleas. = Henry Allan Gleason, Dalton City, Illinois 2. 1. 1882-1975. Nordamer. Botaniker am N. Y. Botanical Garden. Bearb. „The New Britton and Brown illustrated flora...", 1952 (3. Aufl. von Britton u. A. Brown, s. dort). Schrieb mit A. Cronquist: „Manual of vascular plants of the Northeastern United States and adjacent Canada", 1963. Bearbeitete für Britton, North American Flora, in Band 22(3) „Platanaceae", 1918; Bd. 25(5) „Dichapetalaceae", 1924; Bd. 33(1) „Carduaceae-Vernoniae", 1922.
Gled. = Johann Gottlieb Gleditsch, Leipzig 5. 2. 1714-5. 10. 1786 Berlin. Deutscher Botaniker. Schrieb u.a. „Systema plantarum a staminum situ", 1764; „Methodus Fungorum", 1753; „Botanica medica", 1788-1789. Nach ihm die Gattung *Gleditsia* L.
Glend. = Robert Glendinning, Lanark 27. 9. 1805-9. 11. 1862. Engl. Gärtner, Baumschulbesitzer. Schrieb „Practical hints on the culture of the Pine Apple", 1839. Siehe auch Gord. et Glend.
Gloxin = Benjamin Peter Gloxin, gest. 1784. Elsässer Arzt u. Botaniker in Colmar. Schrieb „Observationes botanicae", 1785. Nach ihm die Gattung *Gloxinia* L'Hérit.
Glück = Christian Maximilian Hugo Glück, Windsheim an der Aisch 13. 12. 1868-28. 9. 1940 Heidelberg. Deutscher Botaniker in Heidelberg. Spezialgebiet: Wasserpflanzen. Schrieb: „Biologische und morphologische Untersuchungen über Wasser- und Sumpfgewächse", 1905-1924; „Blatt- und blütenmorphologische Studien", 1919. Bearbeitete für Pascher, Adolf, Die Süßwasser-Flora Deutschlands, Österreichs und der Schweiz Bd. 15 „Pteridophyten, Gymnospermae, Monocotyledoneae, Dicotyledoneae", 1931; für Pascher, A., Die Süßwasser-Flora Mitteleuropas Bd. 15 „Pteridophyten, Phanerogamen", 1936.
C.C. Gmel. = Carl Christian Gmelin, Badenweiler 18. 3. 1762-26. 6. 1837 Badenweiler. Deutscher Arzt, Botaniker, Prof. u. Direktor des Bot. Gartens Karlsruhe. Verf. von „Flora badensis, alsatica et confinium regionum", 1805-1826.
J.F. Gmel. = Johann Friedrich Gmelin, Tübingen 8. 8. 1748-1. 11. 1804 Tübingen. Deutscher Mediziner u. Botaniker. Schrieb u.a. „Onomatologia botanica completa oder vollständiges botanisches Wörterbuch", 1771-1778 (anonym erschienen); „Caroli à Linné ...Systema naturae...", 13. Aufl. 1788-1793.
S.G. Gmel. = Samuel Gottlieb Gmelin, Tübin-

gen 4. 7. 1744-27. 7. 1774 Achmetkent (Kaukasus). Deutscher Botaniker, Prof. in St. Petersburg, bereiste mit Pallas von 1763-1774 das östl. Rußland. Schriften: „Historia Fucorum", 1768; „Reise durch Rußland zur Untersuchung der drey Natur-Reiche", 1770-1784 (Bd. 4, 1784, posthum von P. S. Pallas herausgegeben).

Godefr. = Alexandre Godefroy-Lebœuf, 1852 bis 2. 8. 1903 Paris. Franz. Pflanzensammler in Cochinchina, am Kongo etc., Orchideenspezialist. Herausg. von „L' Orchidophile", 1881-1893 (mit Du Buysson).

Godr. = Dominique Alexandre Godron, Hayange, Moselle 25. 3. 1807-16. 8. 1880 Nancy. Franz. Botaniker. Verf. von „Flore de Lorraine", 1843-1844, „Supplément", 1845; 2. Aufl. 1857, 3. Aufl. 1883 (von Fliche, P. H. M. T. A. u. Le Monnier, A. G.); „Florula juvenalis", lat. Aufl. 1853; „Florula juvenalis, ou énumération ...", franz. Aufl. 1854. Siehe auch Gren. et Godr.

Godr. et **Gren.** = Dominique Alexandre Godron u. Jean Charles Marie Grenier. Siehe Gren. et Godr.

Goeb. = Karl Christian Traugott Friedemann Goebel, Niederrossla bei Weimar 21. 2. 1794 bis 26. 5. 1851 Dorpat. Deutscher Botaniker, Prof. in Dorpat. Schrieb „Pharmazeutische Waarenkunde ...", 1827-1834 (von 1830 bis 1834 verfaßt von Gustav Kunze). Nach ihm die Gattung *Goebelia* Bunge ex Boiss.

Goepp. = Heinrich Robert Göppert, Sprottau 25. 7. 1800-18. 5. 1884 Breslau. Deutscher Paläobotaniker in Breslau. Schrieb u. a.: „Die Gattungen der fossilen Pflanzen", 1841-1846; „Der Bernstein", 1845; „Die Flora des Bernsteins", 1883-1886 (mit F. A. Menge u. H. W. Conwentz).

Goldblatt = Peter Goldblatt, 1943- . Botaniker am Missouri Botanical Garden, St. Louis, Missouri. Schrieb: „The Moraeas of Southern Africa", 1986; Hrsg. (mit P. P. Lowry, II) von: „Modern systematic studies in African botany", 1988.

Goldie = Hugh Goldie, 19. Jahrh., starb in Creektown, Nigeria. Schott. Missionar u. Pflanzensammler in Westafrika.

Gomez = Bernardino Antonio Gomez, Arcos, Minho, Portugal 1769-13. 1. 1823 Lissabon. Portug. Botaniker. Nach ihm die Gattung *Gomesa* R. Br.

L. D. Gómez = Luis Diego Gómez-P., zeitgenöss. costarikan. Botaniker am Nationalherbarium in San José. Spezialgebiete: Neuweltl. *Pteridophyta, Cycadaceae.*

L. D. Gómez et **Molinet** = Luis Diego Gómez-P. u. ... Molinet. Siehe ersteren.

Gord. = George Gordon, Lucan, Irland 25. 2. 1806-11. 10. 1879 Kew. Engl. Gärtner u. Botaniker, zunächst in Chiswick, später in Kew. Mitarb. von Loudon an „Arboretum et fruticetum britannicum", 1835-1838.

Gord. et **Glend.** = George Gordon u. Robert Glendinning. Schrieben gemeinsam „The Pinetum", 1858, Suppl. 1862, 2. Aufl. 1875, Neue Aufl. 1879. Siehe auch beide Verfasser.

Gorschk. = Sofia Gennad'evna Gorschkova, 1887-1972. Russ. Botanikerin. Mitarbeiterin an Komarov, V. L., Flora U. R. S. S., von Bd. 4, 1935 bis Bd. 26, 1961.

Górski = Stanislaw Batys Górski, 1802-15. 4. 1864 Polesja, Litauen. Poln. Botaniker u. Entomologe.

Gosselin = Siehe Rol.-Goss.

Gossot = P. Gossot, zeitgenöss. Gärtner in Nizza.

Gouan = Antoine Gouan, Montpellier 15. 12. 1733-1. 12. 1821 Montpellier. Franz. Botaniker. Veröffentlichte „Illustrationes et observationes botanicae, ad specierum historiam facientes ...", 1773; „Flora monspeliaca", 1765; „Hortus regius monspeliensis", 1762. Nach ihm die Gattung *Gouania* Jacq.

Goujon = Joseph Goujon, 1858-?. Franz. Gärtner. Publizierte mit Charles Félix Gabriel Chabanne.

Gould = Frank Walton Gould, Mayville, N. Dakota 25. 7. 1913-1981. Nordamer. Botaniker. Spezialgebiet: *Gramineae*. Schrieb: „The grasses of Texas", 1975; „Texas plants: a checklist and ecological summary", 3. Aufl. 1975; „Grass systematics" (mit R. B. Shaw), 2. Aufl. 1983.

Gov. = ... Govorov, Russ. Kulturpflanzenforscher, publizierte 1937.

Gower = William Hugh Gower, 6. 11. 1835 bis 30. 7. 1894 Tooting, London. Engl. Gärtner. Schrieb „Orchids for amateurs" (mit J. Britten), ca. 1879.

Graebn. = Karl Otto Robert Peter Paul Graebner, Aplerbeck 29. 6. 1871-6. 2. 1933 Berlin. Deutscher Botaniker, Kustos am Bot. Museum u. Garten, Berlin. Veröffentlichte zus. mit Ascherson „Synopsis der mitteleuropäischen Flora", 1896-1939 (unvollendet); 2. Aufl. 1912 bis 1920 (ebenfalls unvollendet); außerdem u. a. „Die Heide Norddeutschlands", 1901, für Engler u. Drude, Die Vegetation der Erde, Bd. 5; 2. Aufl. 1925; „Die Pflanzenwelt Deutschlands", 1919; für Engler, Das Pflanzenreich „Typhaceae et Sparganiaceae", 1900; zus. mit Ascherson „Potamogetonaceae", 1907; Hrsg. der 4. Aufl. von „Illustriertes Gartenbau-Lexikon", 1926. Siehe auch Aschers. et Graebn.

Graf = Alfred Byrd Graf, Nürnberg 23. 11. 1901- . Nordamer. Gärtner u. Verleger. Schriften: „Exotica", 3. Aufl. 1963; 9. Aufl. 1977; „Exotic plant manual", 1970, 2. Aufl. 1972; „Tropica", 1978.

Graf et **Zwicky** = Alfred Byrd Graf und Henny Zwicky, 1889-?. Siehe ersteren.

Grah. (auch **R. Grah.**) = Robert C. Graham, Stirling 7. 12. 1786-7. 8. 1845 Coldoch, Perthshire. Schott. Botaniker, Prof. in Edinburgh. Schrift: „Characters of genera extracted from the British flora of W. J. Hooker", 1830.

Grande = Loreto Grande, 1878-1965. Ital. Botaniker. Publizierte mit Fridiano Cavara.

Grant = Verne Edwin Grant, San Francisco, Kalifornien 17. 10. 1917- . Nordamer. Botaniker in Austin, Texas. Schrieb: „The natural his-

tory of the Phlox Family", 1959; „Hummingbirds and their flowers", 1968 (mit K.A. Grant). Spezialgebiet: *Polemoniaceae.*
Gräser = Robert Gräser, zeitgenöss. deutscher Kakteenkenner u. -züchter in Nürnberg. Publizierte mit Hans Krainz.
Grassl = Carl Otto Grassl, 1908- . Nordamerikanischer Botaniker.
Grauer = Sebastian Grauer, Eiderstedt 1758 bis 18. 1. 1820 Kellinghusen, Kr. Steinburg. Deutscher Botaniker.
A. Gray = Asa Gray, Paris, New York 18. 11. 1810-30. 1. 1888 Cambridge, Mass. Nordamer. Botaniker, Prof. an der Harvard-University. Schriften: „A Manual of the Botany of the Northern United States", 1848, 2. Aufl. 1856, 3. Aufl. 1859, 4. Aufl. 1863, 5. Aufl. 1867, posthum erschienen 6.-8. Aufl., 1890 bis 1950; „Genera florae Americae boreali-orientalis illustrata", 1848-1849; „Plantae Wrightianae texano-neomexicanae", 1852 bis 1853; „Botany of the United States Expedition during the years 1838 bis 1842 under the command of Charles Wilkes, Phanerogamia", 1854, Atlas 1856; „Synoptical Flora of North America", 1878-1897 (von B.L. Robinson beendet); „Contributions to North American Botany", in Proceedings of the American academy of arts and siences, Bd. 1-23, 1846-1888. Nach ihm die Zeitschrift „Asa Gray Bulletin" (1893-1901, 1952-1961). Siehe auch Engelm. et A. Gray u. Torr. et A. Gray.
A. Gray et **Engelm.** = Asa Gray u. Georg Engelmann. Siehe diese.
L.H. Gray = Louis Harold Gray, 1905 bis 1955. Engl. Botaniker.
S.F. Gray = Samuel Frederick Gray, London 10. 12. 1766-2. 4. 1828 Chelsea. Engl. Drogist u. Botaniker. Schrieb „A natural arrangement of British plants", 1821.
Greb. (auch **Grebenšc.**) = Igor Sergeevič Grebenščikov, St. Petersburg 16. 2. 1912-3. 3. 1986 Gatersleben. Botaniker am Institut für Kulturpflanzenforschung in Gatersleben.
Grec. = Dimitrie Grecescu, Cernetz 15. 6. 1841 bis 20. 10. 1910 Bukarest. Rumän. Botaniker. Schrieb „Conspectul florei Romaniei", 1898; „Suplement la Conspectul florei Romaniei", 1909.
M.L. Green = Mary Letitia Green, Llandaswrn Vicarage, Wales 27. 11. 1886-15. 1. 1978 Cheltenham, Gloucestershire. Walis. Botanikerin, verheiratet mit Thomas Archibald Sprague.
P.S. Green = Peter Shaw Green, Rochester, England 11. 9. 1926- . Engl. Botaniker in Kew, vorher in Edinburgh u. am Arnold Arboretum, Jamaica Plains, Mass. Spezialgebiet: *Oleaceae.* Mitherausg. von „International directory of botanical gardens", 1963 (mit R.A. Howard u. B.L. Wagenknecht).
Greene = Edward Lee Greene, Hopkinton, Rhode Island 20. 8. 1843-10. 11. 1915 Washington, D. C. Nordamer. Theologe u. Botaniker. Veröffentlichte u.a. „Flora franciscana", 1891-1897; „Manual of the Botany of the Region of San Francisco Bay", 1894; „Illustrations of West American oaks", 1889-1890. Nach ihm die Gattungen *Greenella* A. Gray, *Greenocharis* Gürke et Harms u. *Legenere* McVaugh (Anagramm).
Greenm. = Jesse More Greenman, North East, Pennsylvania 27. 12. 1867-20. 1. 1951 St. Louis, Missouri. Nordamer. Botaniker, zuletzt am Missouri Botanical Garden, St. Louis. Spezialgebiet: Mexikanische Pflanzen. Schrieb: „Monographie der nord- und centralamerikanischen Arten der Gattung Senecio", 1901.
Gremli = August Gremli, Egelshofen-Kreuzlingen 15. 3. 1833-30. 3. 1899 Egelshofen-Kreuzlingen. Schweizer Botaniker. Schrieb u.a. „Beiträge zur Flora der Schweiz", 1870; „Excursionflora für die Schweiz", 1866-1867, 9. Aufl. 1901 (engl. „The flora of Switzerland", 1889, franz. „Flore analytique de la Suisse", 1886 u. 1898); „Neue Beiträge zur Flora der Schweiz", 1880 bis 1890.
Gren. = Jean Charles Marie Grenier, Besançon 4. 11. 1808-9. 11. 1875 Besançon. Franz. Botaniker. Veröffentlichte u.a. „Monographia de Cerastio", 1841; „Contributions à la flore de France", 1837-1868.
Gren. et **Godr.** = Jean Charles Marie Grenier u. Dominique Alexandre Godron. Schrieben gemeinsam „Flore de France. Prospectus", 1846; „Flore de France, ou Description des Plantes... en France et en Corse", 1847-1856. Siehe auch beide Verfasser.
Greuter = Werner Greuter, Genua 27. 2. 1938 bis . Schweizer Botaniker, seit 1978 Direktor des Bot. Gartens u. Museums Berlin. Schrieb u.a.: „Flora der Insel Kythera", 1967 (mit K.H. Rechinger fil.).
Greuter et **Burdet** = Werner Greuter u. Hervé M. Burdet. Veröffentlichten gemeinsam (u. mit G. Long): „Med.-Checklist" 1. Bd., 1981-1984; 3. Bd. 1986; 4. Bd. 1990. Siehe auch beide Verfasser.
Grev. = Robert Kaye Greville, Bishop Auckland, Durham 13. 12. 1794-4. 6. 1866 Murrayfield, nahe Edinburgh. Engl. Botaniker. Schriften: „Scottish cryptogamic flora", 1822-1828; „Algae britannicae", 1830; „Flora edinensis", 1824; zus. mit G.A. Walker Arnott „Tentamen methodi Muscorum; or, a new arrangement of the genera of mosses", 1822-1826. Nach ihm die Gattung *Kayea* Wall. Siehe auch unter Hook. et Grev.
Grev. et **Balf.** = Robert Kaye Greville u. John Hutton Balfour. Siehe diese.
Grey-Wils. = Christopher Grey-Wilson, 1944 bis . Engl. Botaniker in Kew, Mitarbeiter an Walter, S.M., Hrsg.: „European garden flora", Bd. 3(1), 1989. Schrieb „Impatiens of Africa", 1980.
Grierson = James Andrew Grierson, 1929 bis 1991. Engl. Botaniker am Bot. Garten Edinburgh. Spezialgebiete: *Compositae, Incarvillea.*
Griff. = William Griffith, Ham Common, Surrey 4. 3. 1810-9. 2. 1845 Malakka. Engl. Arzt, Botaniker, Pflanzensammler u. Pflanzenmaler, Konservator am Bot. Garten Kalkutta, in Ver-

tretung Wallichs zeitweise Vorsteher des Gartens. Posthume Schriften (alle von John M'Clelland herausgegeben): „Icones plantarum asiaticarum", 1847-1854; „Palms of British East India", 1850; „... Notulae ad plantas asiaticas...", 1847-1854. Nach ihm die Gattung *Griffithella* (Tul.) Warm.

Griffiths = David Griffiths, Aberystwyth, Wales 16. 8. 1867-19. 3. 1935 Washington, D. C. Nordamer. Landwirtschaftswissenschaftler und Pflanzenzüchter. Bearbeitete für Britton, North American Flora in Bd. 3(1) „Fimetariaceae", 1910 (mit F. J. Seaver).

Griseb. = August Heinrich Rudolf Grisebach, Hannover 17. 4. 1814-9. 5. 1879 Göttingen. Deutscher Botaniker. Schriften: „Spicilegium florae rumelicae et bithynicae...", 1843-1846; „Systematische Untersuchungen über die Vegetation der Karaiben", 1857; „Flora of the British West Indian Islands...", 1859-1864; „Catalogus plantarum cubensium...", 1866; „Die Vegetation der Erde nach ihrer klimatischen Anordnung...", 1872, 2. Aufl. 1884-1885; für Martius, Flora brasiliensis in Bd. III, 1 (1842) „Smilacaceae, Dioscoreaceae"; in Bd. XII, 1 (1858) „*Malpighiaceae*"; für de Candolle, Prodromus in Bd. IX „Gentianaceae", 1845. Nach ihm die Gattungen *Grisebachia* Klotzsch u. *Grisebachiella* Lorentz.

Griseb. et **Schenk** = August Heinrich Rudolf Grisebach u. Joseph August von Schenk. Siehe diese.

Griseb. et **H. Wendl.** = August Heinrich Rudolf Grisebach u. Hermann Wendland. Siehe diese.

Groenl. = Johannes Groenland, Altona 8. 4. 1824-13. 2. 1891 Dahme. Deutscher Gärtner. Zus. mit K. T. Rümpler Hrsg. der 1. Aufl. von „Vilmorins Illustrierte Blumengärtnerei", 1879.

Groenl. et **Rümpl.** = Johannes Groenland u. Karl Theodor Rümpler. Siehe diese.

Gronov. = Jan Frederik Gronovius, Leiden vor 10. 2. 1686-Juli 1762 Leiden. Holl. Botaniker, Senator. Erster Schüler u. Anhänger Linnés in Mitteleuropa. Schriften: „Flora virginica...", 1739-1743, 2. Aufl. 1762; „Flora orientalis...", 1755. Nach ihm die Gattung *Gronovia* L.

H. Gross = Hugo Gross, 19./20. Jahrh. Deutscher Pflanzensammler.

Grosser = Wilhelm Carl Heinrich Grosser, Breslau 4. 5. 1869-?. Deutscher Botaniker. Bearbeitete für Engler, Das Pflanzenreich „Cistaceae", 1903.

Grossh. = Aleksandr Alfonsovič Grossheim, Lichovka, Dnepropetrowsk 1888-1948. Russ. Botaniker. Zus. mit B. K. Schischkin Herausgeber von „Schedae ad Herbarium plantae orientales exsiccatae", 1924-1928. Schrieb u. a. „Flora Kavkaza", 1928-1934, 2. Aufl. 1939 bis 1962; „Opreditel' rastenij Kavkaza", 1949. Mitarbeiter an Komarov, V. L., Flora U. R. S. S., Bd. 4, 1935 bis Bd. 18, 1952.

Guédès = Michel Guédès, Saint-Symphorien 30. 10. 1942-29. 11. 1985 Paris. Franz. Botaniker am Muséum National d'Histoire Naturelle in Paris. Schrieb u. a.: „Morphology of seed plants", 1979.

Guersent = L. B. Guersent, 1776-22. 5. 1848 Paris. Franz. Botaniker.

Guett. (auch **Guettard**) = Jean Étienne Guettard, Étampes 22. 9. 1715-8.(?) 1. 1786 Paris. Franz. Naturwissenschaftler u. Botaniker. Schrieb u. a. „Observations sur les plantes", 1747; „Minéralogie du Dauphiné", 1779, sowie Arbeiten über Pflanzenphysiologie. Nach ihm die Gattung *Guettarda* L.

Guill. = Jean Baptiste Antoine Guillemin, Pouilly sur Saône 20. 11. 1796-15. 1. 1842 Montpellier. Franz. Botaniker, Schriften: „Icones lithographicae plantarum Australasiae rariorum", 1827; Hrsg. von „Archives de botanique", 1833.

Guill. et **Perrott.** = Jean Baptiste Antoine Guillemin u. Georges Samuel Perrottet. Siehe diese.

Guill., **Perrott.** et **A. Rich.** = Jean Baptiste Antoine Guillemin, Georges Samuel Perrottet u. Achille Richard. Gemeinsame Schrift: „Florae Senegambiae tentamen", 1831-1833. Siehe auch die einzelnen Verf.

A. Guill. (auch **Guillaum.**) = André Guillaumin, Arron 21. 6. 1885-1974. Franz. Botaniker. Schrieb „Les fleurs de jardins", 1929 bis 1936; „Les plantes sauvages: biologie et utilisation", 1948; „Les plantes cultivées: histoire, économie", 1946. Mitarbeiter an Lecomte, Flore générale de l'Indo-Chine, von 1911 bis 1946. Siehe auch Bertrand.

Guinier = Philibert Guinier, Grenoble 21. 6. 1876-3. 4. 1962. Franz. Botaniker u. Dendrologe.

Guitt. = Guy Guittonneau, 1934- . Franz. Botaniker.

Gunn. = Johan Ernst Gunner(us), Christiania (Oslo) 16. 2. 1718-25. 9. 1773 Christiansund. Bischof von Trondhjem, norweg. Botaniker. Verf. von „Flora norvegica...", 1766-1772. Nach ihm die Gattung *Gunnera* L.

Günth. = Johannes Ch. Günther, Jauer 10. 10. 1769-18. 1. 1833 Breslau. Deutscher Botaniker u. Mediziner. Schrieb zus. mit Ernst Schenk „Pinakothek der deutschen Giftgewächse...", 1840-1841.

Günth. et **Schummel** = Johannes Ch. Günther u. Th. E. Schummel. Siehe diese.

Gürke = Robert Louis August Maximilian Gürke, Beuthen 17. 11. 1854-16. 3. 1911 Berlin. Deutscher Kakteenspezialist. Zus. mit K. M. Schumann Hrsg. von „Blühende Kakteen", 1900-1911. Für Engler u. Prantl, Die natürlichen Pflanzenfamilien II. 1 „Hydrocharitaceae", 1889 (mit P. F. A. Ascherson), III. 5 „Melianthaceae", 1895, IV. 1 „Ebenaceae, Styracaceae", 1891, IV. 3a „Borraginaceae", 1893. Für Martius, Flora brasiliensis, in Bd. XII, 3 „Malvaceae II (Pavoniae, Hibiscae)", 1892. Nach ihm die Gattung *Guerkea* K. Schum.

Gürke et **Weingt.** = Robert Louis August Maximilian Gürke u. Wilhelm Weingart. Siehe diese.

Guss. = Giovanni Gussone, Villamaina 8. 2. 1787-14. 1. 1866 Neapel. Ital. Botaniker, Vorsteher des Bot. Gartens zu Bocca bei Palermo.

Schrieb u.a. „Florae siculae prodromus...", 1827–1828, Supplementum, 1832 bis 1843; „Plantae rariores...", 1826; „Florae siculae synopsis...", 1842–1845.

Haage jr. (auch **F.A. Haage jr.**) = Friedrich Adolph Haage jr., Erfurt 24. 3. 1796–20. 9. 1866 Erfurt. Gründer (1822) der gleichnamigen Gärtnerei, Besitzer einer der größten Kakteensammlungen seiner Zeit. Sein erstes Samenverzeichnis erschien 1824. Nach ihm die Gattung *Haageocereus* Bckbg.

Haage et **Schmidt** = Bedeutende Erfurter Gärtnerei, gegründet im letzten Drittel des 19. Jahrh. von Johann Nicolaus Haage (1826 bis 1878) u. Ernst Schmidt (1834–1902).

Hack. (auch **Hackel**) = Eduard Hackel, Haida bei Prag 17. 3. 1850–17. 2. 1926 Attersee. Österr. Lehrer u. Gräserkenner. Schrieb u.a. „Monographia Festucarum europaearum", 1882; für Martius, Flora brasiliensis in Bd. II, 3 (1883) „Gramineae V: Andropogoneae, Tristigineae"; für Alph. u. Cas. de Candolle, Monographiae Phanerogamarum in Bd. 6 „Andropogoneae", 1889; für Engler u. Prantl, Die natürlichen Pflanzenfamilien II. 2 „Gramineae", 1887–1888. Nach ihm die Gattung *Hackelochloa* O. Kuntze.

Hacq. = Belsazar Hacquet, Le Conquet, Bretagne 1739–10. 1. 1815 Wien. Österr. Botaniker franz. Abstammung, Bergrat u. Prof. zu Laibach u. Lemberg. Schrieb „Plantae alpinae carniolicae", 1782. Nach ihm die Gattung *Hacquetia* Neck. ex DC.

Haenke = Thaddaeus Peregrinus Xaverius Haenke, Kreibitz, Böhmen 5. 12. 1761–1817 Cochabamba, Bolivien. Böhm. Botaniker, bereiste im Auftrag der span. Regierung die Philippinen u. Südamerika. Hrsg. der 8. Aufl. von „Caroli à Linné... Genera plantarum...", 1791. Die von seinen Reisen nach Böhmen gesandten Pflanzen wurden von K.B. Presl bearbeitet in „Reliquiae Haenkeanae, seu descriptiones et icones plantarum...", 1825–1835.

Haenseler = Felix Hänseler, Durrach bei Kempten 1767–12. 8. 1841 Malaga.

Hagerup = Olaf Hagerup, Jütland 29. 9. 1889–22. 3. 1961 Kopenhagen. Dän. Botaniker, Kurator am Bot. Museum der Universität Kopenhagen. Zus. mit V. Petersson Hrsg. von „Botanisk Atlas", 1956 (Engl. Ausgabe 1963); „A Botanical Atlas vol. II: Mosses, Ferns, Conifers", 1960.

Hal. = Eugen von Halácsy, Wien 11. 11. 1842 bis 16. 12. 1913 Wien. Österr. Botaniker u. Mediziner. Hauptwerk: „Conspectus florae graecae", 1900–1904, Supplemente I u. II, 1908 u. 1912. Schrieb außerdem: „Nachträge zur Flora von Nieder-Oesterreich" [von A. Neilreich], 1882 (mit H. Braun); „Flora von Niederösterreich", 1896. Nach ihm die Gattungen *Halacsyella* Janch. u. *Halacsya* Dörfl.

Hal. et **Bald.** = Eugen von Halácsy u. Antonio Baldacci. Siehe diese.

Hall = siehe van Hall.

A.D. Hall = Sir Alfred Daniel Hall, Rochdale, Lancashire 22. 6. 1864–5. 7. 1942 London. Engl. Direktor verschiedener landwirtschaftlicher Institutionen u. Tulpenkenner. Schrieb „The book of the tulip", 1929; „The Genus Tulipa", 1940.

H.M. Hall = Harvey Munroe Hall, Lee County, Illinois 29. 3. 1874–11. 3. 1932 Washington, D.C. Nordamer. Botaniker. Schrieb u.a. „Compositae of Southern California", 1907; „A Yosemite flora", 1912 (mit C.C. Hall). Bearbeitete für Britton, North American Flora in Bd. 34 (1) „Carduaceae-Baeria, Carduaceae-Lasthenia", 1914; Bd. 34 (2) „Carduaceae-Lasthenia, Carduaceae-Monolopia", 1915.

H.M. Hall et **Clements** = Harvey Munroe Hall u. Frederic Edward Clements. Siehe diese.

Haller = Albrecht von Haller, Bern 16. 10. 1708–12. 12. 1777 Bern. Bedeutender Schweizer Botaniker, Arzt u. Dichter, von 1736–1753 Prof. in Göttingen. Veröffentlichte u.a. „De Allii genere naturali libellus", 1745; „Opuscula sua botanica", 1749; „Historia stirpium indigenarum Helvetiae inchoata", 1768; „Icones plantarum Helvetiae", 1795, neue Aufl. 1813; „Enumeratio plantarum horti regii et agri gottingensis...", 1753; „Bibliotheca botanica", 1771 bis 1772. Nach ihm die Gattung *Halleria* L.

Haller f. = Albrecht von Haller, filius, Bern 22. 6. 1758–1. 5. 1823 Bern. Schweizer Botaniker u. Politiker, Sohn von Albrecht von Haller.

Hallier f. = Hans Gottfried Hallier, Jena 1868 bis 1932 Oegstgeest bei Leiden. Deutscher Botaniker, Sohn von Ernst Hans Hallier, lebte in Leiden. Schriften: „Bausteine zu einer Monographie der Convolvulaceen", 1897; „Über Juliania", 1908.

A.P. Ham. = Anthony Park Hamilton, 1939 bis . Engl. Botaniker. Mitarbeiter an „Flora europaea", 1964–1980.

Hamet (auch **R. Hamet**) = Raymond Hamet, 1890–Okt. 1972. Franz. Jurist u. Botaniker. Spezialgebiet: *Crassulaceae*. Schrieb u.a. zus. mit Marnier-Lapostolle „Le Genre Kalanchoe", 1964.

Hamet et **Perr. de la Bâthie** = Raymond Hamet u. Joseph Marie Alfred Henri Perrier de la Bâthie. Siehe diese.

Hampe = Georg Ernst Ludwig Hampe, Fürstenberg, Weser 5. 7. 1795–23. 11. 1880 Helmstedt. Deutscher Apotheker u. Botaniker in Blankenburg, Harz. Schriften: „Prodromus florae Hercyniae", 1836; „Icones muscorum novorum...", 1844; „Flora hercynica", 1873. Nach ihm die Gattung *Hampea* Schlechtend.

Hance = Henry Fletcher Hance, Brompton 4. 8. 1827–22. 6. 1886 Amoy, China. Engl. Botaniker, Konsul in China. Schrieb: „Florae hongkongensis prostheke", 1872. Nach ihm die Gattung *Hanceola* Kudô.

Hancock = William Hancock, Lurgan, Nordirland 1847–1914 Bristol. Engl. Botaniker u. Pflanzensammler in Japan, China, den Sunda-Inseln u. Zentralamerika.

Hand.-Mazz. = Heinrich Raphael Eduard Freiherr von Handel-Mazzetti, Wien 19. 2. 1882–1. 2. 1940 Wien. Österr. Botaniker u. Forschungs-

reisender. Spezialgebiet: Flora von China. Schrieb u. a. „Naturbilder aus Südwest-China“, 1927; „Monographie der Gattung Taraxacum“, 1907; „Symbolae sinicae“, 1929–1937.
Hanelt = Hans Peter Fritz Hanelt, Görlitz 5. 12. 1930– . Deutscher Botaniker am Institut für Kulturpflanzenforschung in Gatersleben. Spezialgebiete: *Leguminosae*, Systematik der Kulturpflanzen.
Hansen = Carl Hansen, Veile 4. 5. 1848–23. 9. 1903 Kopenhagen. Dän. Gärtner u. Dendrologe. Schrieb: „Pinetum danicum“, 1892.
Hanson = Peter Hanson, (?) 1824–1887. Nordamer. Lilienkenner.
Hanst. = Johannes Ludwig Emil Robert von Hanstein, Potsdam 15. 5. 1822–27. 8. 1880 Bonn. Deutscher Botaniker. Prof in Bonn. Schriften: „Untersuchungen über den Bau und die Entwicklung der Baumrinde“, 1853; „Die Milchsaftgefäße und die verwandten Organe der Rinde“, 1864; „Pilulariae globuliferae generatio cum Marsilia comparata“, 1866; „Die Scheitelzellgruppe im Vegetationspunkt der Phanerogamen“, 1869; für Martius, Flora brasiliensis, Bd. VIII, 1 (1864) „Gesneraceae“. Nach ihm die Gattung *Hansteinia* Oerst.
Hara = Hiroshi Hara, Tokio 5. 1. 1911 bis 24. 9. 1986 Tokio. Jap. Botaniker. U.a. Herausgeber von „Flora of Eastern Himalaya“, 1966; „An enumeration of the flowering plants of Nepal“, 1978–1982 (Mithrsg. W. T. Stearn u. L. H. J. Williams). Schrieb „Enumeratio Spermatophytarum japonicarum“, 1948–1954.
Hardw. = Thomas Hardwicke, 1757–3. 3. 1833 Lambeth, London. Engl. Zoologe, Botaniker, Generalmajor. Veröffentlichte u.a. „Sketches of plants growing about Plettenburg Bay ...“, 1812. Nach ihm die Gattung *Hardwickia* Roxb.
Hariot = Paul Auguste Hariot, Méry-sur-Seine, Febr. 1854–5. 7. 1917 Paris. Franz. Botaniker u. Naturforscher. Schrieb u. a.: „Flore de Pont-sur-Seine“, 1879.
Harling = Gunnar W. Harling, 1920– . Schwed. Botaniker, Professor in Göteborg. Spezialgebiete: *Cyclanthaceae*, Flora von Ekuador. Hrsg. (mit Benkt Sparre, später L. Andersson) von „Flora of Ecuador“, 1973 →.
Harms = Hermann August Theodor Harms, Berlin 16. 7. 1870–27. 11. 1942 Berlin. Deutscher Botaniker am Bot. Museum Berlin. Bearbeiter der Bromeliaceae, Leguminosae, Cucurbitaceae, Araliaceae etc. Langjähriger Schriftleiter von Engler, „Das Pflanzenreich“. Schrieb neben vielem anderen zus. mit K. W. von Dalla Torre „Genera Siphonogamarum ...“, 1900–1908; viele Fam. für Engler u. Prantl, Die natürlichen Pflanzenfamilien, 1. u. 2. Aufl., darunter (2. Aufl.) „Bromeliaceae“, 1930. Für Engler, Das Pflanzenreich „Cucurbitaceae - Cucurbiteae - Cucumerinae“, 1924 (mit C.A. Cogniaux). Nach ihm die Gattung *Harmsia* K. Schum.
R. M. Harper = Roland McMillan Harper, Farmington, Maine 11. 8. 1878–30. 4. 1966 University, Alabama. Nordamer. Botaniker. Schrieb u. a.: „Economic botany of Alabama“, 1913 bis 1928.
Harrow = Robert Lewis Harrow, Kent 1867 bis 22. 12. 1954 Godalming, Surrey. Engl. Gärtner am Bot. Garten Edinburgh; von 1931–1946 Direktor, Royal Horticultural Society Gardens in Wisley.
Hartland = William Baylor Hartland, 19. Jahrh. Irischer Gärtner. Schrieb: „Hartland's ‘original’ little book of daffodils“, 1885.
Hartm. = Carl Johann Hartman, Gefle 14. 4. 1790–27. 8. 1849 Stockholm. Schwed. Arzt u. Botaniker. Schriften: „Svensk och Norsk Excursions-Flora“, 1846; „Handbok i Skandinaviens Flora“, 1820, 2.–5. Aufl. 1832, 1838, 1843, 1849; posthum erschienen 6.–12. Aufl. 1854–1889. Forts. siehe unter Holmberg.
Hartog = Cornelis den Hartog, 1931– . Holl. Botaniker. Spezialgebiet: Asiat. *Alismataceae* u. *Hydrocharitaceae*. Bearbeitete diese Familien für van Steenis (Hrsg.) „Flora Malesiana“, 1957.
Hartw. = Karl Theodor Hartweg, Karlsruhe 18. 6. 1812–3. 2. 1871 Schwetzingen. Deutscher Pflanzensammler für die Royal Horticultural Society London. Sammelte von 1836 bis 1847 in N-, M- u. S-Amerika Pflanzen, die von George Bentham (s. d.) beschrieben wurden („Plantas Hartwegianas imprimis mexicanas ...“, 1839–1857). Nach ihm die Gattungen *Hartwegia* Lindl. u. *Hartwegiella* O. E. Schulz.
Hartwich = Carl Hartwich, Tangermünde 26. 3. 1851–25. 2. 1917 Zürich. Deutscher Botaniker. Mitarbeiter an „Rumphius Gedenkboek“, 1902.
Hartwiss = Nicolai von Hartwiss, 1791–6. 12. 1860.
Harv. = William Henry Harvey, Limerick 5. 2. 1811–15. 5. 1866 Torquay. Irischer Botaniker, Professor in Dublin. Veröffentlichte neben vielen Schriften über Algen „The genera of South African plants ...“, 1838, 2. Aufl. 1868; „Thesaurus capensis ...“, 1859–1863; zus. mit O. W. Sonder „Flora capensis ...“, 1860–1865 (fortgesetzt ab 1896 bis 1925 von W. T. Thiselton-Dyer, u. 1933 von A. W. Hill). Nach ihm die Gattung *Harveya* Hook.
Harv. et **A. Gray** = William Henry Harvey u. Asa Gray. Siehe diese.
Harv. et **Sond.** = William Henry Harvey u. Otto Wilhelm Sonder. Siehe diese.
Harz = Carl Otto Harz, Gammertingen 28. 11. 1842–4. 12. 1906 München. Deutscher Botaniker a. d. Technischen Hochschule in München. Schrieb u. a.: „Landwirthschaftliche Samenkunde“, 1885.
Hasselq. = Frederic Hasselquist, Törnevalla 3. 1. 1722–9. 2. 1752 Izmir, Türkei. Schwed. Botaniker, Schüler Linnés. Bereiste die Levante. Schrieb „Iter palaestinum“, 1757, von Linné nach dessen Tode herausgegeben. Nach ihm die Gattung *Hasselquistia* L.
Hasselt = siehe van Hasselt.
Hassk. = Justus Carl Hasskarl, Kassel 6. 12. 1811–5. 1. 1894 Cleve. Deutscher Botaniker, 1837–1846 am Bot. Garten Buitenzorg (Bogor),

seit 1856 wieder in Europa. Bereiste 1852 Südamerika u. brachte von dort *Cinchona succirubra* nach Java. Schriften: „Plantae javanicae rariores", 1848; „Catalogus plantarum in horto botanico bogoriensi cultarum ...", 1844; „Filices javanicae", 1856; „Hortus bogoriensis descriptus", 1858; „Neuer Schlüssel zu Rumph's Herbarium amboinense", 1866, in Abhandlungen der Naturforschenden Gesellschaft Halle, Bd. 9; „Commelinaceae indicae", 1870. Nach ihm die Gattung *Hasskarlia* Baill.

Hassl. = Emil Hassler, Aarau 20. 6. 1861 bis 5. 11. 1937 Asunción, Paraguay. Schweizer Arzt u. Botaniker. Pflanzengeograph, seit 1885 in Paraguay, dessen Pflanzenwelt er erforschte. Veröffentlichte zus. mit R. H. Chodat „Plantae Hasslerianae", 1898-1907; „Addenda ad Plantas Hasslerianas", 1917. Nach ihm die Gattung *Hasslerella* Chodat.

Haum. = Lucien Haumann, 8. 7. 1880-16. 9. 1965. Belg. Botaniker, lebte von 1904-1925 in Argentinien. Schrieb u. a. „Catalogue des ptéridophytes et phanérogames de la flore belge", 1934 (mit Simone Balle). Nach ihm die Gattungen *Haumania* J. Léonard u. *Haumaniastrum* Duvign. et Plancke.

Hausskn. = Heinrich Carl Haussknecht, Bennungen bei Rossla 30. 11. 1838-7. 7. 1903 Weimar. Deutscher Botaniker („Herbarium Haussknecht" heute in Jena), sammelte in Mesopotamien, im Quellgebiet des Euphrat, in Persien, Griechenland u. dem Balkan. Schrieb „Monographie der Gattung Epilobium", 1884. Nach ihm die Gattung *Haussknechtia* Boiss.

Haw. = Adrian Hardy Haworth, Hull 19. 4. 1768-24. 8. 1833 Chelsea, London. Engl. Gärtner, Botaniker u. Entomologe. Veröffentlichte u. a. „Synopsis plantarum succulentarum ...", 1812, Ausgabe für Deutschl. 1819; „Supplementum plantarum succulentarum ...", 1819. Seine gesammelten Schriften erschienen 1965 in einer Faksimile-Ausgabe „Complete works on succulent plants 1794-1831". Nach ihm die Gattung *Haworthia* Duval.

A. D. Hawkes = Alex Drum Hawkes, 1927 bis 31. 3. 1977 Norbrook, Jamaica. Nordamer. Botaniker u. Gartenbauschriftsteller. Schrieb u. a.: „Orchids, their botany and culture", 1961; „Encyclopedia of cultivated orchids", 1965; „Wild flowers of Jamaica", 1974.

J. G. Hawkes = John Gregory Hawkes, Bristol 27. 6. 1915- . Engl. Genetiker u. Botaniker in Birmingham. Spezialgebiet: *Solanaceae*, bes. *Solanum*.

Haworth-Booth = Michael Haworth-Booth, 8. 7. 1896-19. 5. 1986. Engl. Botaniker. Schrieb „The Hydrangeas", 1950.

Hay = William Perry Hay, Eureka, Ill. 8. 12. 1872-26. 1. 1947. Nordam. Botaniker.

Hayata = Bunzô Hayata, Niigata Präfektur 1874-13. 1. 1934. Jap. Botaniker. Autor von „Icones plantarum formosanarum", 1911 bis 1912; „Shokobutsu burui gaku" [Systematic botany], 1933-1935. Nach ihm die Gattung *Hayataëlla* Matsum.

Hayek = August Edler von Hayek, Wien 14. 12. 1871-11. 6. 1928 Wien. Österr. Arzt u. Botaniker. Veröffentlichte u. a. „Prodromus florae peninsulae balcanicae", 1924-1933 (Bd. 3, 1932 bis 1933, herausg. von F. Markgraf); „Flora von Steiermark", 1908-1956; „Schedae ad Floram stiriacum exsiccatum", 1904 bis 1912; „Allgemeine Pflanzengeographie", 1926.

Hayne = Friedrich Gottlob Hayne, Jüterbogk 18. 3. 1763-28. 4. 1832 Berlin. Deutscher Botaniker. Schriften: „Termini botanici iconibus illustrati oder botanische Kunstsprache durch Abbildungen erläutert", 1799-1812, Neue Ausgabe 1817; „Dendrologische Flora der Umgegend und der Gärten Berlins", 1822; „Getreue Darstellung und Beschreibung der in der Arzneykunde gebräuchlichen Gewächse", 1805 bis 1846 (fortgesetzt von J. F. Brandt, J. F. C. Ratzeburg u. J. F. Klotzsch); zus. mit F. Guimpel u. C. L. Willdenow „Abbildungen der deutschen Holzarten", 1810-1820; zus. mit F. Guimpel u. C. F. Otto „Abbildung der fremden in Deutschland ausdauernden Holzarten", 1819-1830.

H. B. K. = Friedrich Wilhelm Heinrich Alexander von Humboldt, Aimé Jacques Alexandre Goujaud dit Bonpland u. Carl Sigismund Kunth. Siehe diese.

Heckel = Édouard Marie Heckel, Toulon 24. 2. 1843-21. 1. 1916 Marseille. Franz. Schiffsapotheker, später Prof. der Botanik an franz. Universitäten, zuletzt in Marseille. Hauptgebiet: Kolonialbotanik. Schrieb u. a.: „Les kolas africains", 1893; „Les plantes utiles de Madagascar", 1910; „Les plantes utiles de Nouvelle-Calédonie", 1913.

Hedge = Ian Charles Hedge, Edinburgh 18. 11. 1927- . Schott. Botaniker am Bot. Garten Edinburgh. Spezialgebiet: Altweltl. *Salvia*.

Hedl. = Johan Theodor Hedlund, Frötuna, Uppland 24. 11. 1861-26. 3. 1953 Uppsala. Schwed. Botaniker. Professor in Alnarp. Schrieb: „Kritische Bemerkungen über einige Arten der Flechtengattungen Lecanora (Ach.), Lecidea (Ach.) und Micarea (Fr.)", 1892.

Hedrick = Ulysses Prentiss Hedrick, Independence, Iowa 15. 1. 1870-14. 11. 1951 Geneva, New York. Nordamer. Botaniker u. Pomologe. Schrieb u. a. „A Laboratory Manual in Systematic Pomology ...", 1903; „A history of horticulture in America to 1860", 1950 (Facsim. ed., mit Addendum für 1861-1920, von E. Woodburn, 1988). Publizierte mit William Franklin Wight.

Hedw. f. = Romanus Adolf Hedwig, Chemnitz 1772-1. 7. 1806 Leipzig. Deutscher Botaniker, Sohn von Johann Hedwig. Schrieb u. a.: „Aphorismen über die Gewächskunde", 1800; „Observationum botanicarum fasciculus primus", 1802; „Genera plantarum", 1806.

Heer = Oswald von Heer, Niederutzwyl, St. Gallen 31. 8. 1809-27. 9. 1883 Lausanne. Schweizer Paläontologe u. Botaniker, Prof. in Zürich. Schrieb u. a. „Flora fossilis arctica", 1868-1883; „Flora fossilis Helvetiae", 1876 bis 1877; „Miocene Baltische Flora", 1869; „Flora tertiaria Helvetiae", 1854-1859.

Heese = Emil Heese, Treptow a.d. Tollense 5. 3. 1862–6. 6. 1914 Berlin. Deutscher Kakteensammler in Westindien u. Mexiko.
Hegetschw. = Johann Jacob Hegetschweiler, Rifferswil bei Zürich 14. 12. 1789–10. 9. 1839 Zürich-Pfäffikon. Schweizer Arzt, Staatsrat u. Botaniker. Schriften: „Sammlung von Schweizer Pflanzen", 1825-1834 (mit J. David Labram); „Die Giftpflanzen der Schweiz", 1828-1834; „Die Flora der Schweiz", 1838 bis 1840.
Hegi = Gustav Hegi, Rickenbach, Zürich 13. 11. 1876–20./21. 4. 1932 Bendlikon bei Zürich. Schweizer Botaniker, Prof. u. Generalkonsul in München. Hrsg. von „Illustrierte Flora von Mittel-Europa", 7 Bde., 1906–1931, 2. Aufl. 1936 → (noch im Erscheinen begriffen); 3. Aufl. (noch im Erscheinen begriffen), bisher nur Bd. 1(1), 1984 u. 2(2), 1966 →; zus. mit Gustav Dunzinger (nur 1.–4. Aufl.) „Alpenflora", 1905, 7. Aufl. 1930; 9.–24. Aufl. (1950–1976) von Hermann Merxmüller; 25. Aufl., 1977, von Herbert Reisigl.
Hegi et **Schmid** = Gustav Hegi u. Emil Schmid. Siehe diese.
Heilborn = Otto Heilborn, Stockholm 2. 12. 1892–11. 10. 1943 Stockholm. Schwed. Botaniker u. Zytologe.
Heimerl = Anton Heimerl, Budapest 15. 2. 1857–4. 3. 1943. Österr. Botaniker. Spezialgebiet u.a. *Achillea*. Bearbeitete für Engler u. Prantl, Die natürlichen Pflanzenfamilien, III. 1b „Phytolaccaceae, Nyctaginaceae", 1889; 2. Aufl. Bd. 16c „Nyctaginaceae, Phytolaccaceae, Gyrostemonaceae, Achatocarpaceae", 1934. Schrieb u.a. „Schulflora für Österreich u. die angrenzenden Gebiete der Alpen u. Sudetenländer ...", 1902, 3. unveränderte Aufl. 1933; „Flora von Brixen a.E.", 1911.
Heiser = Charles Bixler Heiser jr., Cynthiana, Indiana 5. 10. 1920– . Nordamer. Botaniker, Prof. in Bloomington, Indiana. Schrieb: „Seed to civilization", 2. Aufl. 1951; „Nightshades", 1969, Nachdruck u.d. Titel „The fascinating world of the nightshades", 1987; „The sunflower", 1976; „The gourd book", 1979; „Of plants and people", 1985.
Heist. = Lorenz Heister, Frankfurt a.M. 19. 9. 1683–18. 4. 1758 Bornum bei Königslutter. Deutscher Mediziner u. Botaniker. Prof. der Chirurgie in Helmstedt. Veröffentlichte u.a. „Laurentii Heisteri Systema plantarum ...", 1748; „Descriptio novi generis plantae rarissimae ...", 1753. Nach ihm die Gattung *Heisteria* Jacq.
Heldr. = Theodor Heinrich Hermann von Heldreich, Dresden 18. 2. 1822–7. 9. 1902 Athen. Deutscher Botaniker. Direktor des Bot. Gartens Athen. Erforscher der Flora Griechenlands, Kretas u. Kleinasiens. Schriften: „Schedae Plantarum ad Herbaria graeca normalia", 1854 bis 1900; „Flore de l'île de Céphalonie", 1882 u. 1883. Nach ihm die Gattung *Heldreichia* Boiss.
Heldr. et **Guicc.** = Theodor Heinrich Hermann von Heldreich u. Giacinto Guicciardi, 19. Jahrh. Ital. Pflanzensammler in Griechenland. Siehe ersteren.
Heldr. et **Sart.** = Theodor Heinrich Hermann von Heldreich u. Joseph Sartori, München 30. 6. 1809–15. 9. 1880 München. Deutscher Apotheker u. Pflanzensammler in Griechenland. Nach ihm die Gattung *Sartoria* Boiss. et Heldr. Siehe auch ersteren.
A. Heller (auch **A. Hell.**) = Amos Arthur Heller, Montour County, Pennsylvania 21. 3. 1867–18. 5. 1944 Vacaville, Kalifornien. Nordamer. Botaniker. Schrieb u.a.: „Catalogue of North American plants north of Mexico", 1898, 2. Aufl. 1900, 3. Aufl. 1909 bis 1914.
Helm = Hermann Wilhelm Johannes Helm, Dresden 23. 5. 1906– . Deutscher Botaniker in Gatersleben und Marburg. Mitarbeiter an „Urania Pflanzenreich. Höhere Pflanzen", (Bd. 1–2), 1971–1973.
Hemsl. = William Botting Hemsley, East Hoathly, Sussex 29. 12. 1843–7. 10. 1924 Broadstairs. Engl. Botaniker in Kew. Schrieb u.a. „Biologia centrali-americana ... Botany", 1879–1888; Mitarbeiter an Cheeseman, „Illustrations of the New Zealand flora", 1914. Bearbeitete für Oliver, Flora of Tropical Africa, in Bd. 1 „Rhamneae", 1868, in Bd. 3 „Campanulaceae", 1877, in Bd. 4(2) „Scrophulariaceae", 1906 (mit S.A. Skan), in Bd. 6(1) „Balanophoreae", 1911. Nach ihm die Gattung *Hemsleya* Cogn. Siehe auch F.B. Forbes et Hemsl.
Hemsl. et **Lace** = William Botting Hemsley u. John Henry Lace. Siehe diese.
Hemsl. et **O. Kuntze** = William Botting Hemsley u. Carl Ernst Otto Kuntze. Siehe diese.
Hemsl. et **Wils.** = William Botting Hemsley u. Ernest Henry Wilson. Siehe diese.
Henckel = Graf Leo Victor Felix Henckel von Donnersmarck, Königsberg 25. 6. 1785 bis 10. 7. 1861 Ilmena. Deutscher Botaniker. Schrieb u.a.: „Adumbrationes plantarum nonullarum horti halensis academici selectarum", 1806.
E.G. et **A. Henders.** = Eduard George Henderson, 1782–1876, und Andrews Henderson, dessen Sohn, 1816–1875. Sie schrieben: „Illustrated Bouquet", 3 Bände, London 1857–1864.
L.F. Henders. = Louis Fourniquet Henderson, Roxbury, Massachusetts 17. 9. 1853–14. 6. 1942 Tacoma, Washington. Nordamer. Botaniker und Pflanzensammler im nordwestl. Amerika.
M.D. Henders. = Mayda Doris Henderson, 3. 2. 1928– . Südafr. Botanikerin, verheiratet mit Bernard de Winter. Spezialgebiet: Flora von Südafrika, speziell *Compositae*. Schrieb: „Sixty-six Transvaal trees", 1966 (mit B. de Winter u. D.J.B. Killick).
Henfr. = Arthur Henfrey, Aberdeen 1. 11. 1819–7. 9. 1859 Turnham Green, Middlesex. Engl. Botaniker, Prof. am King's College London. Schrieb u.a. „Outlines of the natural history of Europe. The vegetation of Europe, ...", 1852.
Henkel et **W. Hochst.** = Johann Baptist Henkel, 1815 od. 1825–2. 3. 1871 Tübingen. Deutscher Pharmazeut an der Universität Tübingen; u. Wilhelm Christian Hochstetter, 1825–1881.

Deutscher Gärtner, Inspektor am Botanischen Garten in Tübingen. Schrieben gemeinsam: „Synopsis der Nadelhölzer", 1865.

Hennings = Paul Christoph Hennings, Heide, Holstein 27. 11. 1841-14. 10. 1908 Berlin. Deutscher Botaniker am Bot. Garten Berlin. Bearbeitete für Engler u. Prantl, Die natürlichen Pflanzenfamilien I. 1** „Dacromycetineae, Exobasidiineae, Hymenomycetineae", 1897-1898. Schrieb u.a.: „Botanische Wanderungen durch die Umgebung Kiel's", 1879.

Hennipm. = Elbert Hennipman, 1937- . Holl. Botaniker am Rijksherbarium Leiden. Spezialgebiet: *Pteridophyta.* Schrieb u.a. „A mongraph of the fern genus Bolbitis", 1977; „A monograph of the fern genus Platycerium", 1982 (mit M.C. Ross).

Henriq. = Julio Augusto Henriques, Cabeceiras de Basto 17. 1. 1838-7. 5. 1928 Coimbra. Port. Botaniker. Schrieb: „Expedição scientifica á Serra da Estrella em 1881. Secção de Botanica", 1883.

Henry (auch **A. Henry**) = Augustine Henry, Cookstown, Irland 2. 7. 1857-23. 3. 1930 Dublin. Irischer Botaniker, Dendrologe u. Sammler chin. Pflanzen. Schrieb u.a. zus. mit H.J. Elwes „The trees of Great Britain and Ireland", 7 Bde., 1906-1913.

Henry et **H.H. Thomas** = Augustine Henry u. Henry Hugh Thomas. Siehe diese.

L. Henry = Louis Henry, Montigny-le-Roy, Haute Marne 1853-1903 Barges, Haute Seine. Franz. Gärtner. Schrieb u.a. „Emploi des Chrysanthèmes d'automne, pour plantation de massifs", 1889.

Henschel = August Wilhelm Eduard Theodor Henschel, Breslau 20. 12. 1790-24. 7. 1856 Breslau. Deutscher Arzt u. Botaniker in Breslau. Schrieb „Von der Sexualität der Pflanzen", 1820.

Hensen = Karel S.W. Hensen, 1918- . Holl. Botaniker in Wageningen. Spezialgebiet: Kulturpflanzen.

Hensl. = John Stevens Henslow, Rochester 6. 2. 1796-16. 5. 1861 Hitcham, Suffolk. Engl. Botaniker, Geistlicher u. Mineraloge. Schrieb u.a. „A Dictionary of English-Latin Terms used in Botanical Descriptions" (als Ergänzung zu dem von Benj. Maund hrsg. „Botanic Garden ...", 1825-1851), 1850, neue Ausgabe 1858. Mitarb. von Maund an „The Botanist, ...", 1837-1846.

Hepper = Frank Nigel Hepper, 1929- . Engl. Botaniker in Kew. Spezialgebiet: Flora des trop. Afrikas. Herausg. von Band 2-3 der 2. Aufl. von John Hutchison u. John McEwen Dalziel: „Flora of West Tropical Africa", 1963-1972, u. von „Kew: Garden for science and pleasure", 1982 sowie „Plant hunting for Kew', 1989. Schrieb: „The West African herbaria of Isert and Thonning", 1976; „Bible plants at Kew", 1981.

Herb. = William Herbert, 12. 1. 1778-28. 5. 1847 London. Engl. Botaniker, Dekan von Manchester, beschäftigte sich vor allem mit *Amaryllidaceae* u.a. Zwiebelgewächsen. Verf. von „Amaryllidaceae ...", 1837; „Supplement to the works of ... William Herbert", 1846.

Herbich = Franz Herbich, Wien 8. 5. 1791 bis 29. 9. 1865 Krakau. Österr. Botaniker. Schriften: „Selectus plantarum rariorum Galiciae et Bucovinae", 1836; „Stirpes rariores Bucovinae, oder die seltenen Pflanzen der Bucovina", 1853.

Herd. = Ferdinand Gottfried Maximilian Theobald von Herder, Bayreuth 2. 2. 1828-7. 6. 1896 Grünstadt, Pfalz. Deutscher Botaniker, lebte in Rußland. Hrsg. eines „Catalogus systematicus bibliothecae horti imperialis botanici petropolitani", 1886. Veröffentlichte Band III-IV von „Reisen in den Süden von Ostsibirien ... Botanische Abtheilung", 1864 bis 1885, ein Werk, das die Aufzählung der von Radde in Sibirien gesammelten Pflanzen enthält. Siehe auch unter Regel et Radde. Nach ihm die Gattung *Herderia* Cass.

Hérincq = François Hérincq, Villejuïf bei Paris 4. 6. 1820-15. 6. 1891 Paris. Franz. Gärtner. Mitarb. an P.O. Réveil u.a. „Le Règne végétal, divisé en traité de botanique générale, flore médicale ...", 8 Bde. 1864 bis 1871. Hrsg. von „L'Horticulteur français. Journal des amateurs et ...", 1851-1872. Siehe auch unter Jacques.

Herm. = Friedrich Hermann, Tunzenhausen 24. 11. 1873-29. 1. 1967 Bernburg. Deutscher Rechtsanwalt u. Botaniker. Schrieb „Flora von Deutschland und Fennoskandinavien sowie von Island und Spitzbergen", 1912, 2. Aufl. unter dem Titel „Flora von Nord- und Mitteleuropa", 1956.

Herre = Adolar Gottlieb Julius („Hans") Herre, Dessau 7. 4. 1895-16. 1. 1979 Stellenbosch. Deutscher Gärtner u. Botaniker, Kurator des Bot. Gartens Stellenbosch, Südafrika. Besonderer Kenner der sukkulenten *Aizoaceae.* Schrieb u.a. „The Genera of the Mesembryanthemaceae, 1971. Nach ihm die Gattungen *Herrea* Schwant. u. *Herreanthus* Schwant.

J. Herrm. = Johann Herrmann, Barr, Elsaß 31. 12. 1738-4. 10. 1800 Straßburg. Elsässer Botaniker, arbeitete über Rosen u. Systematik der Heilpflanzen. Schrieb u.a. „Dissertatio inauguralis botanico-medico de Rosa", 1762.

Herter = Wilhelm Gustav Franz Herter, Berlin 10. 1. 1884-17. 4. 1958 Hamburg. Urug. Botaniker deutscher Abstammung, lebte zeitweilig in der Schweiz. Schrieb: „Estudios botánicos en la region uruguya", 1930; „Flora ilustrada del Uruguay", 1939-1957; „Index Lycopodiorum", 1949; „Flora del Uruguay", 1949-1956.

Hertsch = Hermann Hertsch, Zossen 29. 12. 1819-16. 3. 1856. Deutscher Botaniker. Publizierte mit Ernst Friedrich Hermann Itzigsohn (Itzigs.)

Hesse = Hermann Albrecht Hesse, Weener, Ostfriesland 14. 11. 1852-13. 2. 1937 Weener. Deutscher Baumschulbesitzer in Weener (Ems).

Hester = J. Pinkney Hester, publizierte um 1943 über Kakteen.

Heuff. = János A. Heuffel, Modor nahe Preßburg 1800-22. 9. 1857 Lugos, Banat. Ung. Bota-

niker u. Arzt. Veröffentlichte „Enumeratio plantarum in Banatu temesiensi sponte crescentium et frequentius cultarum“, 1858.
Heyder = Eduard Heyder, 3. 12. 1808–30. 9. 1884 Berlin. Deutscher Kakteenkenner in Berlin.
Heynh. = Gustav Heynhold, 1800–ca. 1860. Deutscher Botaniker. Verf. von „Nomenclator botanicus hortensis, ...“, 1840–1841; Fortsetzung unter dem Titel: „Alphabetische und synonymische Aufzählung der ... Gewächse“, 1846–1847.
Heyw. (auch **Heywood**) = Vernon Hilton Heywood, Edinburgh 24. 12. 1927– . Engl. Botaniker an der Universität Reading. Mithrsg. von „Flora europaea“, 1964–1980; Hrsg. von „Modern methods in plant taxonomy“, 1968; Schriften: „Catalogus plantarum vascularium Hispaniae“, 1961; „Plant taxonomy“, 1967, 2. Aufl. 1976 (deutsch: „Taxonomie der Pflanzen“, 1971). Siehe auch unter Davis.
Heyw. et **I.K.B. Richards.** = Vernon Hilton Heywood u. Ian Bertram Kay Richardson. Siehe diese.
H.-Harrison = John Heslop-Harrison, Middlesborough 10. 2. 1920– . Engl. Botaniker. Schrieb: „New concepts in flowering plant taxonomy“, 1953, auch 1960.
Hibb. = James Shirley Hibberd, Dunstan, Stepney 1825–16. 11. 1890 London. Engl. Gärtner. Schriften: „Field flowers“, 1870; „Familiar garden flowers“, 1879–1887 (mit F.E. Hulme).
Hiern = Willliam Philip Hiern, Stafford 19. 1. 1839–29. 11. 1925 Barnstaple. Engl. Botaniker. Veröffentlichte „Catalogue of the African plants collected by Dr. Friedrich Welwitsch in 1853–61“, 1896–1901 (mit Alfred Barton Rendle u. William Carruthers). Bearbeitete für Oliver, Flora of Tropical Africa, in Bd. 2 „Lythraceae“, 1871, in Bd. 3 „Umbelliferae, Araliaceae, Rubiaceae, Valerianeae, Dipsaceae, Compositae (mit D. Oliver), Goodenovieae, Ebenaceae“, 1877. Nach ihm die Gattung *Hiernia* S. Moore.
Hieron. = Georg Hans Emmo Wolfgang Hieronymus, Schöneiche bei Neumarkt, Schlesien 15. 2. 1846–18. 1. 1921 Berlin. Deutscher Botaniker, von 1874–1883 Prof. der Botanik in Córdoba, Argentinien, ab 1892 Kustos am Botan. Museum Berlin. Bearbeitete für Engler u. Prantl, Die natürlichen Pflanzenfamilien, in I. 4 „Selaginellaceae“, 1901 (mit Richard Sadebeck); in II. 4 „Restionaceae, Centrolepidaceae, Eriocaulaceae“, 1887; in III. 1 „Myzodendraceae, Santalaceae“, 1889. Nach ihm die Gattungen *Hieronima* Allem., *Hieronymiella* Pax, *Hieronymusia* Engl.
Hildebr. = Friedrich Hermann Gustav Hildebrand, Köslin 6. 4. 1835–30. 12. 1915 Freiburg i.Br. Deutscher Botaniker. Schriften: „Geschlechtsverteilung bei den Pflanzen“, 1867; „Die Gattung Cyclamen L.“, 1898.
Hildm. = H. Hildmann, gest. 1895. Deutscher Botaniker u. Kakteenkenner.
Hill = John Hill, Peterborough, Northamptonshire 1702–21. 11. 1775 London. Engl. Apotheker, Arzt, Botaniker u. Schriftsteller. Veröffentlichte über 70 Schriften, darunter „The British Herbal“, 1756–1757; „The sleep of plants“, 1757, 2. Aufl. 1762, deutsche Ausgabe 1768; „Flora britanica“, 1760; „The Vegetable System ...“, 26 Bde., 1759–1775, neue Aufl. 1824; „Exotic Botany ...“, 1759, 2. Aufl. 1772; „Herbarium britannicum“, 1769 bis 1770; „The construction of timber, ...“, 1770, 2. Aufl. 1774; „Hortus kewensis“, 1768 u. 1769. Nach ihm die Gattung *Hillia* Jacq.
A.F. Hill = Albert Frederick Hill, 1889 bis 1977. Nordamer. Botaniker an der Harvard University, Cambridge, Mass. Schrieb „Economic botany“, 1937, 2. Aufl. 1952.
A.W. Hill = Sir Arthur William Hill, Watford 11. 10. 1875–3. 11. 1941 Kew. Engl. Botaniker, von 1922 an Direktor an Kew Gardens. Veröffentlichte u.a. „Hand-List of herbaceous plants ... cultivated in the Royal Botanic Gardens, Kew“, 3. Aufl. 1925; Hrsg. von John Nash, „Poisonous Plants, ...“, 1927 u. von Bd. 10(1) von Oliver, „Flora of Tropical Africa“, 1937.
E.J. Hill = Elsworth Jerome Hill, 1833–1917. Nordamerikan. Botaniker.
W. Hill = Walter Hill, Scotsdyke, Schottland 31. 12. 1820–4. 2. 1904 Canonbie Lea nahe Brisbane. Austral. Botaniker schott. Abstammung.
W. Hill et **F. v. Muell.** = Walter Hill u. Sir Ferdinand Jacob Heinrich von Mueller. Siehe diese.
Hillc. = Dorothy Hillcoat, London 7. 1. 1904 bis . Engl. Botanikerin. Spezialgebiet: Flora von Arabien. Publizierte mit Arthur Wallis Exell.
Hilliard = Olive Mary Hilliard, 4. 7. 1925 bis . Südafrikan. Botanikerin an der Universität Natal, Pietermaritzburg, Südafrika. Veröffentlichte u.a. „Compositae in Natal“, 1977; mit B.L. Burtt „An African Plant Study“, 1971 u. „The botany of the southern Natal Drakensberg“, 1987. Spezialgebiete: *Compositae*, Flora von Natal.
Hilliard et. **B.L. Burtt** = Olive Mary Hilliard u. Brian Lawrence Burtt. Mitarbeiter an Launert, E. (Hrsg.) „Flora Zambesiaca“.
Hilsenb. = Carl Theodor Hilsenberg, Erfurt 11. 3. 1802–11. 9. 1824 St. Marie de Madagascar. Deutscher Botaniker. Nach ihm die Gattung *Hilsenbergia* Boj.
Hilsenb. et **Boj.** = Carl Theodor Hilsenberg u. Wenzel Bojer. Siehe diese.
Hitchc. = Albert Spear Hitchcock, Ossawo, Michigan 4. 9. 1865–16. 12. 1935 auf See im Nordatlantik. Nordamer. Botaniker, haupts. Grasforscher. Schrieb u.a. „A text-book of grasses“, 1914; „Manual of the grasses of the United States“, 1935, 2. Aufl. 1951 (von Mary Agnes Chase); außerdem zus. mit Paul C. Standley „Flora of the District of Columbia and vicinity“, 1919; „Methods of descriptive systematic botany“, 1925. Bearbeitete für Britton, North American Flora in Bd. 17(3)–17(8) „Poaceae“, 1915–1939.
L. Hitchc. = Charles Leo Hitchcock, Newhall, Kalifornien 23. 4. 1902–3. 2. 1986 Seattle, Wa-

shington. Nordamer. Botaniker. Schrieb: „Vascular plants of the Pacific Northwest“, 1955 bis 1969 (mit A.J. Cronquist u.a.); „Flora of the Pacific Northwest“, 1973 (mit A.J. Cronquist).
Hjelmqvist = Hakon Hjelmqvist, 1905- . Schwed. Botaniker. Spezialgebiet: *Fagaceae*, Archäologische Botanik. Publizierte 1972 über *Nelumbo nucifera*.
Hochr. = Bénédict Pierre Georges Hochreutiner, Genf 3. 3. 1873-5. 2. 1959 Genf. Schweizer Botaniker u. Theologe. Schrieb u.a.: „Le Sud-Oranais“, 1904.
Hochst. = Christian Ferdinand Hochstetter, Stuttgart 16. 2. 1787-20. 2. 1860 Reutlingen. Deutscher Botaniker, Stadtpfarrer von Eßlingen. Beschrieb neue afr. Pflanzen. Bearbeitete „Naturgeschichte des Pflanzenreiches in Bildern“, 1865 (= 2. Aufl. der Sektion Pflanzenreich von Schubert, Gotthilf Heinrich von: „Lehrbuch der Naturgeschichte“). Schrieb zus. mit E.G. Steudel „Enumeratio plantarum Germaniae Helvetiaeque indigenarum“, 1826. Nach ihm die Gattung *Hochstetteria* DC.
Hoefker = Hinrich Hoefker, Wybelsum bei Emden 21. 11. 1859-8. 4. 1945 Dortmund. Lehrer f. Naturwissenschaft, Botaniker, vor allem Dendrologe. Von 1934 bis 1944 Hrsg. der „Mitteilungen der Deutschen Dendrologischen Gesellschaft“.
Hoehne = Frederico Carlos Hoehne, Juiz de Flora 1. 3. 1882-16. 3. 1959 São Paulo. Brasilian. Botaniker deutscher Abstammung. Veröffentlichte u.a. „Album de Orchidáceas Brasileiras...“, 1930; „Flora brasilica“, fasc. 1-12, 1940-1968; „Plantas aquaticas“, 1948; „Iconografia de Orchidáceas do Brasil“, 1949.
Hoess = Franz Hoess, 1756-30. 3. 1840 Windischmarchwitz, Schlesien. Österr. Botaniker. Schrieb: „Gemeinfassliche Anleitung die Bäume und Sträucher Oesterreichs aus den Blättern zu erkennen“, 1830.
Hoffm. (auch **G.F. Hoffm.**) = Georg Franz Hoffmann, Marktbreit 31. 1. 1760-17. 3. 1826 Moskau. Deutscher Arzt u. Botaniker. 1792-1804 Prof. in Göttingen, 1804 bis zum Tode in Moskau. Schriften: „Enumeratio Lichenum“, 1784 bis 1786; „Deutschlands Flora oder botanisches Taschenbuch für das Jahr 1791“, 1791, 2. Aufl. 1800-1804; „Deutschlands Flora, 2. Teil für das Jahr 1795. Klasse 24: Kryptogamen“, 1796; „Historia Salicum iconibus illustrata“, 1785 bis 1791; „Genera plantarum umbelliferarum...“, 1814, 2. Aufl. 1816; „Plantae lichenosae“, 1789 bis 1801; „Vegetabilia in Hercyniae subterraneis collecta...“, 1811; „Vegetabilia cryptogama“, 1787-1790; „Hortus mosquensis...“, 1808. Nach ihm die Gattung *Hoffmannia* Sw.
J. Hoffm. = Johannes Joseph Hoffmann, Würzburg 16. 2. 1805-18. 1. 1878 Leiden. Deutscher Botaniker u. Pflanzensammler. Schrieb: „Die Angaben schinesischer und japanischer Naturgeschichten von dem Illicium religiosum...“, 1837.
J. Hoffm. et **Schult. f.** = Johannes Joseph Hoffmann u. Julius Hermann Schultes. Schrieben gemeinsam „Noms indigènes d'un choix de plantes du Japon et de la Chine“, 1864. Siehe auch beide Verfasser.
K. Hoffm. = Käthe Hoffmann, 19./20. Jahrh. Deutsche Botanikerin. Bearbeitete zus. mit F.A. Pax für Engler, Das Pflanzenreich „Euphorbiaceae“ (zahlreiche Gruppen), 1910-1924 (andere Bearbeiter dieser Fam.: E. Jablonsky, F.A. Pax, G. Gruening). Siehe auch Pax et K. Hoffm.
O. Hoffm. = Karl August Otto Hoffmann, Beeskow 25. 10. 1853-11. 9. 1909 Berlin. Deutscher Botaniker. Hauptarbeitsgebiet: *Compositae*. Bearbeitete diese Familie für Engler u. Prantl, Die natürlichen Pflanzenfamilien IV. 5 (1890-1894).
Hoffmgg. = Johann Centurius Graf von Hoffmannsegg, Dresden 23. 8. 1766-13. 12. 1849 Dresden. Deutscher Botaniker, Entomologe u. Ornithologe. Schrieb „Verzeichnisse der Pflanzenkulturen in den Gräfl. Hoffmannseggischen Gärten zu Dresden...“, 1824, Nachträge 1828 u. 1842. Nach ihm die Gattung *Hoffmannseggia* Link.
Hoffmgg. et **Link** = Johann Centurius Graf von Hoffmannsegg u. Heinrich Friedrich Link. Veröffentlichten gemeinsam „Flore portugaise...“, 1809-1840. Siehe auch beide Verfasser.
Hogg = Robert Hogg, Coldstream, Schottl. 1818-14. 3. 1897 Pimlico, London. Engl. Gartenbauschriftsteller schott. Abstammung. Hrsg. „The florist“, 1852-1861, Forts. als „The florist and pomologist“, 1862-1870; „The cottage gardener“, Bd. 14-25, 1855-1861, Forts. als „Journal of horticulture“, Bd. 26-63, 1861-1880; ser. 3, Bd. 1-14, 1881-1887. Schrieb: „The wild flowers of Great Britain botanically and popularly described“, 1863-1880. Hrsg. „The Herefordshire pomona“, 1876-1884 (mit Henry Graves Bull).
T. Hogg = Thomas Hogg, London 6. 2. 1820 bis 30. 12. 1892 New York. Nordamer. Pflanzensammler.
Hohen. = Rudolph Friedrich Hohenacker, Oerlikon bei Zürich 10. 7. 1798-14. 11. 1874 Kirchheim unter Teck. Deutscher Pfarrer u. Botaniker, Pflanzensammler. Schrieb: „Enumeratio plantarum quas in initere per provinciam Talysch collegit...“, 1838. Nach ihm die Gattung *Hohenackeria* Fisch. et C.A. Mey.
Holandre = Jean Joseph Jacques Holandre, Fresnes-en-Woëvre 4. 5. 1778-30. 8. 1857 Metz. Franz. Naturforscher, von 1800-1814 Direktor der Forst- u. Bergwerksverwaltung in Istrien, von 1815 an Bibliothekar in Metz. Schrieb „Flore de la Moselle“, 1829, Suppl. 1836, 2. Aufl. 1842.
Holland = John Henry Holland, Thorton Hough, Chester 17. 10. 1869-1950. Engl. Botaniker u. Pflanzensammler. Schrieb: „The useful plants of Nigeria“, 1908.
Holmberg = Otto Rudolf Holmberg, Simrishamn 1. 2. 1874-29. 12. 1930 Lund. Schwed. Botaniker. Schrieb eine Fortsetzung zu „Hartmans Handbok i Skandiaviens flora“, 1922

bis 1931 (z.T. mit Hampus Wilhelm Arnell).

Holmboe (auch **Holmb.**) = Jens Holmboe, Tvedestrand 5. 5. 1880–25. 9. 1943 Oslo. Norweg. Botaniker. Publizierte mit T. Lagerberg „Våre villeplanter", 1937–1940, neue Aufl. 1950–1955.

Holmes = Edward Morell Holmes, Wendover, Buckinghamshire 29. 1. 1843–10. 9. 1930 Sevenoaks, Kent. Engl. Botaniker. Schrieb u.a. „Holmes' botanical note book", 1878; „Revised list of British marine algae", (mit E.A.L. Batters), 1890.

Holtt. = Richard Eric Holttum, Linton, Cambrigdeshire 20. 7. 1895–18. 9. 1990. Engl. Botaniker, Direktor des Bot. Gartens Singapur, später Mitarbeiter am Kew-Herbarium. Spezialgebiet: *Pteridophyta*. Schrieb u.a. „Flora of Malaya", Vol. I: Orchids, 3. Aufl. 1964; Vol. II: Ferns, 1954, 2. Aufl. 1968. Nach ihm die Gattung × *Holttumara* hort.

Holtt. et **Standl.** = Richard Eric Holttum u. Paul Carpenter Standley. Siehe diese.

Holub = Josef Holub, Mlada Boleslav 5. 2. 1930– . Tschech. Botaniker, Systematiker am Bot. Garten Prag. Spezialgebiete: *Lycopodiaceae*, Flora von Mittel- u. SO-Europa.

Holub et **Pouzar** = Josef Holub u. Zdeněk Pouzar. Siehe diese.

Holz. = John Michael Holzinger, Hachtel 14. 5. 1853–31. 5. 1929 Winona, Minnesota. Nordamer. Botaniker deutscher Abstammung. Schrieb: „Report on a collection of plants made by J.H. Sandberg ... in Northern Idaho", 1895.

Homb. = Jacques Bernard Hombron, 1800 bis 1852. Franz. Botaniker, Teilnehmer an der Astrolabe- u. Zélée-Expedition (1837–1840). Veröffentlichte zus. mit H. Jacquinot „Voyage au Pôle Sud et dans l'Océanie ..., Botanique", 1843–1853 (unter Mitarbeit von J.P.F.C. Montagne u. J. Decaisne).

Homb. et **Jacquinot** = Jacques Bernard Hombron u. Honoré Jacquinot. Siehe diese.

Honck. = Gerhard August Honckeny, 1724 bis 17. 10. 1805 Prenzlau. Amtmann und Botaniker in Holm bei Prenzlau. Verf. von „Synopsis plantarum Germaniae", 1792 bis 1793. Nach ihm die Gattung *Honckenya* Ehrh.

Honda = Masaji Honda, 1897–1984. Jap. Botaniker, einer der besten Kenner jap. Gräser. Gemeinsam mit Nakai Hrsg. von „Nova flora japonica", 1938–1951. Schrieb u.a. „Nomina plantarum japonicarum", 1939, neue Aufl. 1957.

J.M. C. Hoog = Johannes Marius Cornelis Hoog, 1865–1950. Holl. Gärtner.

Th. Hoog = Thomas Hoog, 1899– . Holl. Gärtner u. Pflanzenzüchter in Haarlem.

Hoogl. = Ruurd Dirk Hoogland, Leeuwarden, Holland 1922– . Holl. Botaniker in Paris. Spezialgebiete: *Actinidiaceae, Dilleniaceae, Saxifragaceae* u. *Cunoniaceae* von Malaysia. Schrieb (mit J.S. Turner u. C.N. Smithers) „The conservation of Norfolk Island", 1968.

Hook. = Sir William Jackson Hooker, Norwich 6. 7. 1785–12. 8. 1865 Kew. Engl. Botaniker, ab 1841 Direktor des Bot. Gartens Kew. Verf. vieler Schriften, darunter „The British Ferns", 1861; „Exotic Flora", 1822–1827; „Filices exoticae ...", 1857–1859; „Flora boreali-americana, ...", 1829–1840; „Garden Ferns, ...", 1862; „Genera Filicum ...", 1838–1842; „Musci exotici, ...", 1818–1820; „Niger flora: ...", 1849; „Species Filicum, ...", 1844–1864; „Synopsis Filicum", 1865–1868 (mit John Gilbert Baker), 2. Aufl. 1874: Außerdem langjähriger Hrsg. u. Mitarb. von „Botanical Magazine", „Icones Plantarum", „Journal of Botany" etc. Nach ihm die Gattungen *Hookeria* Sm. u. × *Hookerara* hort.

Hook. et **Arn.** = Sir William Jackson Hooker u. George Arnott Walker Arnott. Gemeinsame Schrift: „The botany of Captain Beechey's voyage", 1830–1841. Siehe auch beide Verfasser.

Hook. et **Grev.** = Sir William Jackson Hooker u. Robert Kaye Greville. Gemeinsame Schrift: „Icones Filicum", 1827–1832. Siehe auch beide Verfasser.

Hook. et **Harv.** = Sir William Jackson Hooker u. William Henry Harvey. Siehe diese.

Hook. f. = Sir Joseph Dalton Hooker, Sohn von W.J. Hooker, Halesworth, Suffolk 30. 6. 1817–10. 12. 1911 Sunningdale, Berkshire. Engl. Botaniker, seit 1865 Direktor des Botan. Gartens Kew. Begleitete 1839 Kapitän Ross als Arzt u. Naturwissenschaftler auf seiner Südpolfahrt, bereiste 1848 die östl. Länder des Himalajas. Verf. vieler bot. Schriften, darunter „The Botany of the Antarctic Voyage" (I. Flora antarctica, II. Flora Novae Zelandiae, III. Flora Tasmaniae), 1844–1859, „Illustrations of Himalayan plants", 1855; „The Rhododendrons of Sikkim-Himalaya", 1849 bis 1851; „Handbook of the New Zealand Flora", 1846–1867; „The Flora of British India", 1872–1897; „A Century of Indian Orchids", 1895; für Martius, Flora brasiliensis Bd. XIV, 2 (1867) „Rosaceae"; für de Candolle, Prodromus Bd. 17 (1873) „Nepenthaceae, Cytinaceae"; für Oliver, Flora of Tropical Africa, in Bd. 2 „Melastomaceae, Cucurbitaceae, Begoniaceae", 1871. Außerdem langjähriger Hrsg. u. Mitarb. von „Botanical Magazine" (1865–1904) u. „Hooker's Icones plantarum" (1867–1890). Siehe auch Benth. et Hook. f.

Hook. f. et **Coss.** = Sir Joseph Dalton Hooker u. Ernest Saint-Charles Cosson. Siehe diese.

Hook. f. et **Harv.** = Sir Jospeh Dalton Hooker u. William Henry Harvey. Siehe diese.

Hook. f. et **Thoms.** = Sir Joseph Dalton Hooker u. Thomas Thomson. Schrieben gemeinsam „Flora indica", 1855. Siehe auch beide Verfasser.

Hoola van Nooten (auch **Nooten**) = Bertha Hoola van Nooten-van Dolder, 19. Jahrh. Holl. botanische Künstlerin. Veröffentlichte: „Fleurs, fruits et feuillages ... de l'île de Java", 1863–1864, 2. u. 3. Aufl. 1880.

Hoopes = Josiah Hoopes, West Chester, Pennsylvania 9. 11. 1832–16. 1. 1904. Nordamer. Botaniker, Gärtner u. Gartenbauschriftsteller. Schrieb u.a. „The Book of Evergreens", 1868.

Hoover = Robert Francis Hoover, Modesto, Kalifornien 11. 8. 1913–18. 2. 1970 San Luis Opisbo, Kalifornien. Nordamer. Botaniker. Spezialgebiet: *Amaryllidaceae*.

Hope = John Hope, Edinburgh 10. 5. 1725 bis 10. 11. 1786 Edinburgh. Schott. Botaniker. Schrieb „Termini botanices", 1778; „Genera plantarum, ...", 1780. Nach ihm die Gattung *Hopea* Roxb.

L. S. Hopkins = Lewis Sylvester Hopkins, Highland Co., Ohio 7. 10 1872–1945. Nordamer. Pädagoge u. Botaniker. Schrieb: „The ferns of Allegheny County, Pennsylvania", 1914 (Bot. Soc. W. Pa.)

M. Hopkins = Milton Hopkins, 1906– .

Hoppe = David Heinrich Hoppe, Vilsen, Hannover 15. 12. 1760–1. 8. 1846 Regensburg. Deutscher Botaniker u. Arzt. Veröffentlichte u. a. „Ectypa plantarum ratisbonensium, oder Abdrücke derjenigen Pflanzen, welche um Regensburg wild wachsen", 1787–1793 (8 Bde. mit 800 Naturdrucken); „Botanisches Taschenbuch für die Anfänger dieser Wissenschaft und der Apothekerkunst auf das Jahr 1790", dasselbe 1791 bis 1811 (von 1805–1811 Titel: „Neues botanisches Taschenbuch ...") u. 1849. Von 1808 bis 1842 Hrsg. von „Flora oder allgemeine botanische Zeitung". Nach ihm die Gattung *Hoppea* Willd.

Hoppe et **Sternb.** = David Heinrich Hoppe u. Kaspar Maria Graf von Sternberg. Siehe diese.

Hopffer = C. Hopffer, 1810–?. Deutscher Zoologe u. Besitzer einer großen Kakteensammlung.

Horan. = Pavel Fedorovič Horaninow (Gorjaninov), 1796–1866. Russ. Botaniker. Schrieb u. a. „Primae lineae systematis naturae", 1834; „Prodromus monographiae Scitaminearum", 1862. Nach ihm die Gattung *Horaninovia* Fisch. et C. A. Mey.

Horkel = Johann Horkel, Fehmarn 8. 9. 1769 bis 15. 11. 1846 Berlin. Deutscher Botaniker. Nach ihm die Gattung *Horkelia* Cham. et Schlechtend.

Hornem. = Jens Wilken Hornemann, Marstal auf der Insel Aerø 6. 3. 1770–30. 7. 1841 Kopenhagen. Dän. Botaniker, Direktor des Bot. Gartens Kopenhagen. Hrsg. von Bd. 8 bis 13 der „Flora danica", 1806–1840. Weitere Schriften: „Hortus regius botanicus hafniensis, ...", 1813–1815, Supplementum dazu 1819; „Enumeratio plantarum horti botanici hafniensis", 1804–1807, Suppl. 1805–1809; „Forsøg til en danks oeconomisk Plantelaere", 1796, 2. Aufl. 1806, 3. Aufl. 1821–1837; „Nomenclatura Florae danicae emendata", 1827.

hort. = hortorum (der Gärten), hortulanorum (der Gärtner).

hort. angl. = engl. Gärten.

hort. Benary = Gärtnerei Benary, Erfurt (heute in Hann. Münden).

hort. Berol. = Bot. Garten Berlin.

hort. Bogor. = Bot. Garten Bogor (Buitenzorg).

hort. Bull = Engl. Gärtnerei von William Bull, Chelsea, gegr. 1861.

hort. Chiswick = Garten von Chiswick, England.

hort. Haage et **Schmidt** = Gärtnerei von Haage u. Schmidt in Erfurt.

hort. Hesse = Baumschule Hermann Albrecht Hesse, Weener (Ems).

hort. Makoy = Gärtnerei von Jacob-Makoy u. Co., gegründet 1810 in Lüttich, Belgien.

hort. Muscav. = Garten des Fürsten Hermann von Pückler in Muskau, Niederlausitz.

hort. Paris. = Jardin des Plantes, Paris.

hort. Rollisson = Gärtnerei Rollisson in Upper Tooting, England, begründet von George Rollisson, 1800–1880, u. William Rollisson, ca. 1802–18. 6. 1875.

hort. Sander = Gärtnerei Sander, St. Albans, England, u. Brügge, Belgien. Beide gegründet von Heinrich Friedrich Conrad (Henry Frederick Conrad) Sander, Bremen 1847–23. 12. 1920 Brügge, bedeutendem Orchideenzüchter.

hort. Saund. = Gärtnerei von William Wilson Saunders, Little London, Buckinghamshire 4. 6. 1809–13. 9. 1879 Worthing, Sussex; engl. Sammler u. Kultivateur seltener Pflanzen in Reigate, Sussex, England.

hort. Simon-Louis = Baumschule Simon-Louis in Plantières les Metz, Frankreich.

hort. Späth = Baumschule Späth in Berlin-Baumschulenweg; Gelände heute Arboretum der Humboldt-Universität Berlin.

hort. Veitch = Veitch and Sons, Chelsea-London, weltberühmte engl. Gärtnerei, begründet von John Veitch, Jedburgh, Roxburghshire 1752–1839 Mount Radford, Devon; aufgelöst von Sir Harry James Veitch, Exeter 29. 6. 1840 bis 6. 7. 1924 Slough, Buckinghamshire, im Jahre 1914. Geschichte des Betriebes, seiner Inhaber u. Sammler sowie der Neueinführungen in „Hortus Veitchii", 1906, verfaßt von James Herbert Veitch, Chelsea 1. 5. 1868–13. 11. 1907 Exeter.

hort. Versch. = Gärtnerei Verschaffelt, berühmter Betrieb in Gent, Belgien, der sich unter Ambroise Verschaffelt (Gent 11. 12. 1825–16. 5. 1886 Gent) auf seinem Höhepunkt befand. Durch ihn wurden viele neue Pflanzen eingeführt.

hort. Vilm. = Gärtnerei Vilmorin-Andrieux, gegründet von Philippe Victoire Levèque de Vilmorin (Landrecourt 22. 9. 1764–6. 3. 1804 Paris). Berühmter noch heute bestehender franz. Betrieb.

Hoss. = Carl Curt Hosseus, Stromberg im Thale, Hunsrück 11. 8. 1878–4. 5. 1950 Córdoba, Argentinien. Deutscher Botaniker, Prof. der Botanik in Córdoba, sammelte u. a. in Thailand. Schrieb u. a. „Durch König Tschulalongkorns Reich, eine deutsche Siam-Expedition", 1912; „Notas sobre Cactáceas argentinas", 1939.

Host = Nikolaus Thomas Host, Fiume 6. 12. 1761–13. 1. 1834 Schönbrunn. Kaiserl. österr. Leibarzt u. Botaniker. Schriften: „Icones et descriptiones graminum austriacorum", 1801–1809; „Salix", 1828–1830; „Flora austriaca", 1827–1831. Nach ihm die Gattung *Hosta* Tratt.

Houllet (auch **Houll.**) = R. J. B. Houllet, 1811

(1815?)-24. 4. 1890 Fontenay-sous-Bois, Seine. Franz. Gärtner u. Pflanzensammler, Mitarb. von J. Decaisne am Jardin des Plantes, Paris. Nach ihm die Gattung *Houlletia* Brongn.

House = Homer Doliver House, Kenwood, New York 21. 7. 1878-21. 12. 1949 Loudonville, New York. Nordamer. Botaniker. Schrieb u.a. „Woody plants of western North Carolina", 1913; „Annotated list of the ferns and flowering plants of New York State", 1924; „Bibliography of botany of New York State, 1751-1940", 1941 bis 1942.

Houtt. = Maarten Houttuyn, Hoorn 1720 bis 2. 5. 1798 Amsterdam. Holl. Arzt u. Botaniker. Schriften: „Houtkunde, ...", 1791-1795; „Natuurlijke Historie, ...", 1773-1785 (Übersetzung und Erweiterung von Linnés „Systema Naturae"). Nach ihm die Gattung *Houttuynia* Thunb. corr. Thunb.

Houtte = siehe Van Houtte.

Howard = Richard Alden Howard, Stamford, Connecticut 1. 7. 1917- . Nordamer. Botaniker, früher Direktor des Arnold Arboretums, Jamaica Plains, Mass. Spezialgebiete: Flora von Westindien, trop. Kulturpflanzen etc. Mithrsg. von „International directory of botanical gardens", 1963 (mit B.L. Wagenknecht u. P.S. Green). Hrsg. von „Flora of the Lesser Antilles", 1974 →. Schrieb: „The vegetation of the Grenadines, Windward Islands, BWI", 1952.

Howell = Thomas Jefferson Howell, Cooper County, Missouri 9. 10. 1842-3. 12. 1912 Portland, Oregon. Nordamer. Botaniker. Veröffentlichte u.a. „A Flora of Northwest America", 1897-1903. Nach ihm die Gattung *Howellia* A. Gray.

Hoyle et **Brenan** = Arthur Clague Hoyle, 1905 bis 3. 7. 1986. Engl. Forstbotaniker in Oxford. Spezialgebiet: Afrikanische Holzgewächse, besonders *Leguminosae*; u. John Patrick Micklethwait Brenan. Siehe letzteren.

Hu = Hsen-Hsu Hu, Peking 20. 4. 1894 bis 1968. Chin. Botaniker. Veröffentlichte zus. mit R.-C. Ching „Icones filicum sinicarum", 1930 (fortgesetzt von R.-C. Ching 1934 bis 1958); zus. mit Woon-Young Chun „Icones plantarum sinicarum", 1927-1937.

Hu et **Cheng** = Hsen-Hsu Hu u. Wan-Chun Cheng. Siehe diese.

S.-Y. Hu = Shiu-Ying Hu, Suchow, China 22. 2. 1910- . Nordamer. Botanikerin, publizierte u.a. über *Philadelphus*. Schrieb: „The genera of Orchidaceae in Hong Kong", 1977. Nach ihr die Gattung *Shiuyinghua* Paclt.

Hua = Henri Hua, 1861-30. 4. 1919 Paris. Franz. Botaniker in Paris.

Hubb. = Frederic Tracy Hubbard, Boston 28. 9. 1875-23. 4. 1962 Annisquam, Mass. Nordamer. Botaniker.

Hubb. et **Rehd.** = Frederic Tracy Hubbard u. Alfred Rehder. Siehe diese.

C.E. Hubb. = Charles Edward Hubbard, Appleton, Norfolk 23. 5. 1900-8. 5. 1980. Engl. Botaniker in Kew. Spezialgebiet: *Gramineae*. Bearbeiter dieser Familie für Oliver, Flora of Tropical Africa, Bd. 10(1), 1937. Schrieb: „Grasses", 1954, 2. Aufl. 1968. Nach ihm die Gattung *Hubbardia* Bor. Siehe auch Stapf et C.E. Hubb.

H. Huber = Herbert Franz Josef Huber, 1931 bis . Deutscher Botaniker. Spezialgebiete: *Aristolochiaceae, Crassulaceae, Asclepiadaceae*. Herausgeber von Bd. 4(2A) der 2. Aufl. von Hegi, Gustav: „Illustrierte Flora von Mitteleuropa", 1961-1966.

J.A. Huber = Josef Anton Huber, Landshut 8. 9. 1899- . Deutscher Botaniker.

Hub.-Mor. = Arthur Huber-Morath, Basel 23. 3. 1901-1990. Schweizer Botaniker. Spezialgebiete: Flora von Anatolien, oriental. *Verbascum, Celsia* u. *Stenophragma*. Publizierte mit Peter Hadland Davis.

Huds. = William Hudson, Kendal, Westmoreland 1734-23. 5. 1793 London. Engl. Apotheker u. Botaniker. Schrieb „Flora anglica ...", 1762, 2. Aufl. 1778, 3. Aufl. 1798. Nach ihm die Gattung *Hudsonia* L.

Huegel = Carl Alexander Anselm Freiherr von Hügel, Regensburg 25. 4. 1794-2. 6. 1870 Brüssel. Österr. Weltreisender u. Diplomat. Schriften: „Botanisches Archiv ...", 1837; „Kaschmir und das Reich der Siek", 1840 bis 1848. Nach ihm die Gattung *Huegelia* Rchb.

Huet = Alfred Huet du Pavillon, Blain, Frankreich 1. 1. 1829-18. 11. 1907 Frohsdorf, Schweiz. Franz. Botaniker u. Pflanzensammler. Schrieb: „Description de quelques plantes nouvelles des Pyrénées", 1853. Nach ihm die Gattung *Huetia* Boiss.

A.L.P. Huet = Augustin Louis Pierre Huet, 1814-26. 2. 1888 Pamiers, Ariège. Franz. Botaniker.

Hughes = Dorothy Kate Hughes (Mrs. Wilson Poponoe), Ashford, Kent 19. 6. 1899-31. 12. 1932 Guatemala City. Engl. Botanikerin, später in USA.

Hull = John Hull, Poulton-le-Fylde, Lancashire 1761-17. 3. 1843 London. Engl. Arzt u. Botaniker. Schrieb „The British flora", 1799, 2. Aufl. 1808-1810.

Hult. = Eric Oskar Gunnar Hultén, Halla 18. 3. 1894-1. 2. 1980, Stockholm. Schwed. Botaniker. Schriften: „Atlas of the Distribution of Vascular Plants in NW Europe", 1950; „Flora of Alaska and neighboring territories. A manual of the vascular plants", 1968; „Flora of Kamtchatka", 1927-1930; „Flora of the Aleutian Islands and westernmost Alaska Peninsula", 1937, 2. Aufl. 1960; „Flora of Alaska and Yukon", 1941-1950; „The amphi-Atlantic plants and their phytogeographical connection", 1958, Nachdr. 1973; „The circumpolar plants", 1964-1971; „Comments on the flora of Alaska and Yukon", 1967.

Hult. et **St. John** = Eric Oskar Gunnar Hultén u. Harold St. John. Siehe diese.

Humb. = Friedrich Wilhelm Heinrich Alexander von Humboldt, Berlin 14. 9. 1769-6. 5. 1859 Berlin. Großer deutscher Naturforscher u. Gelehrter. Unternahm von 1799 bis 1804 zus. mit A. Bonpland die berühmte Expedition nach Mittel- und Südamerika, 1829 zus. mit Ehrenberg u. G. Rose eine Forschungsfahrt nach dem Ural, dem Altai, der chin. Dsungarei u. dem Kaspischen Meer. Hauptwerke: „Voyage aux régions équinoxiales du Nouveau Continent, fait en 1799-1804", 30 Bde., 1805-1837; „Ansichten der Natur", 1808; „Kosmos", 1845-1862; zus. mit A. Bonpland u. C. S. Kunth „Nova genera et species plantarum . . .", 1815-1825 (gehört zum großen Reisewerk „Voyage . . .", ebenso wie „Essai sur la géographie des plantes", 1805, mit dem H. die Pflanzengeographie als Wissenschaft begründete). Nach ihm die Gattungen *Humboldtia* Vahl u. *Humboldtiella* Harms sowie die Zeitschrift „Humboldt" (1882-1890).

Humb. et **Bonpl.** = Friedrich Wilhelm Heinrich Alexander von Humboldt u. Aimé Jacques Alexandre Goujaud dit Bonpland. Siehe diese.

Humbert = Jean Henri Humbert 24. 1. 1887-20. 10. 1967 Bazemont bei Paris. Franz. Botaniker, von 1931-1958 Direktor des Herbariums (Phanérogamie) in Paris. Von 1936-1967 Herausgeber der „Flore de Madagascar et des Comores". Veröffentlichte u. a. „Carte internationale du tapis végétal. Madagascar", 1965.

Humphries = Christopher John Humphries, 1947- . Engl. Botaniker am Brit. Museum in London. Spezialgebiet: *Compositae.* Publizierte mit Wilcox u. Karl Bremer.

D.R. Hunt = David Richard Hunt, London 25. 9. 1938- . Engl. Botaniker in Kew. Hrsg. von „Curtis's Botanical Magazine". Spezialgebiete: *Cactaceae, Commelinaceae.*

P.F. Hunt = Peter Francis Hunt, Bristol 29. 2. 1936- . Engl. Botaniker in Kew. Mitarbeiter an „Flora europaea", 1964-1980.

P.F. Hunt et **Summerh.** = Peter Francis Hunt u. Victor Samuel Summerhayes. Siehe diese.

Hunter = Alexander Hunter, Edinburgh 1729 bis 17. 5. 1809 York. Engl. Arzt. Hrsg. von Evelyn, John „Silva, or a discourse of forest trees . . .", 1776, weitere Ausgaben 1786, 1801 u. 1812.

Hutchins. (auch **Hutch.** oder **Hutchinson**) = John Hutchinson, Wark-on-Tyne, Northumberland 7. 4. 1884-2. 9. 1972 Kew. Engl. Botaniker. Schrieb u.a. „The Families of Flowering Plants", 1926-1934, 2. Aufl. 1959, 3. Aufl. 1973; „The Genera of Flowering Plants", 1964-1967; „Key to the families of flowering plants of the world", 1967, Nachdr. 1979; „Common Wild Flowers - More common Wild Flowers - Uncommon Wild Flowers", 1945 bis 1950; „Evolution and phylogeny of flowering plants. Dicotyledons: . . .", 1969. Bearbeitete für Oliver, Flora of Tropical Africa, in Bd. 6(1) „Euphorbiaceae", 1911-1913 (mit N. E. Brown u. D. Prain), in Bd. 6(2) „Moraceae", 1916-1917 (mit A. B. Rendle), „Myricaceae", 1917.

Hutchins. et **Dalziel** = John Hutchinson u. John McEwen Dalziel, Nagpur, Indien 16. 5. 1872 bis 21. 2. 1948 London. Schrieben gemeinsam „Flora of West Tropical Africa . . .", 1927-1936; 2. Aufl., herausg. von R. W. J. Keay u. F. N. Hepper, 1954-1972 (Suppl. siehe unter Alston).

J.B. Hutchins., Silow et **Stephens** = Sir Joseph Burtt Hutchinson (Burton Latimer, England 21. 3. 1902-), Engl. Nutzpflanzenforscher. Hrsg. von „Essays on crop plant evolution", 1965), Roland Alfred Silow (1908-) u. Stanley George Stephens. Siehe letzteren.

Hutchison = Paul Clifford Hutchison, San Francisco, Kalifornien 3. 1. 1924- . Nordamer. Botaniker am Bot. Garten in Berkeley. Seit 1968 Begründer eines privaten Bot. Gartens in Escondido bei San Diego, Kalifornien. Spezialgebiet: *Cactaceae.*

Huth = Ernst Huth, Potsdam 27. 12. 1845-5. 8. 1897 Frankfurt a. d. Oder. Deutscher Botaniker, Oberlehrer am Realgymnasium Frankfurt a. d. Oder. Schrieb „Monographie der Kletterpflanzen", 1887; „Flora von Frankfurt a. Oder und Umgebung", 1885, 3. Aufl. 1909 (von A. Brand). Nach ihm die Gattung *Huthia* Brand.

Hyl. = Nils Hylander, Norköpping 24. 10. 1904-28. 7. 1970 Uppsala. Schwed. Botaniker, Kurator des Bot. Gartens Uppsala. Veröffentlichte u.a. „Nordisk kärlväxtflora", 1953-1966; „Nomenklatorische und systematische Studien über nordische Gefäßpflanzen", 1945; „Våra prydnadsväxters namn", 1948, 2. Aufl. 1960; „Förteckning över Nordens växter", 1955.

Ilse = Hugo Ilse, 14. 8. 1835-25. 2. 1900. Deutscher Botaniker. Schrieb: „Flora von Mittelthüringen", 1866.

Iltis = Hugh Helmut Iltis, Brünn, Mähren 7. 4. 1925- . Nordamer. Botaniker an der University of Wisconsin, Madison. Spezialgebiete: *Zea, Capparaceae.*

Imlay = Gilbert (George) Imlay, 1754-? Engl.-amer. Reiseschriftsteller u. Offizier. Schrieb: „A topographical description of the western territority of North America", 1792 (spätere Ausgaben: London 1793, New York 1793, Dublin 1793, London 1797; deutsch: „Nachrichten von dem westlichen Lande der nord-amerikanischen Freistaaten", Berlin 1793).

Ingram = Collingwood Ingram, 1880-1981. Engl. Gärtner u. Gartenbauschriftsteller. Schrieb u. a. „Ornamental Cherries", 1948.

J. Ingram = John William Ingram jr., Buena Park, Kalifornien 15. 8. 1924- . Nordamer. Botaniker am Bailey Hortorium in Ithaca, New York. Mitherausg. von L.H. Bailey „Hortus third", 1976.

J. Ingram et **H. E. Moore** = John William Ingram jr. u. Harold Emery Moore jr. Siehe diese.

Irish et **N. Tayl.** = Charles Irish, Cleveland, Ohio 4. 9. 1891-20. 11. 1960 Cleveland, Ohio. Nordamer. Pflanzensammler, u. Norman Taylor. Siehe letzteren.

Irmsch. = Edgar Irmscher, Dresden 17. 8. 1887 bis 3. 5. 1968 Sternenfels. Deutscher Botaniker, von 1942-1968 Prof. der Botanik an der Landwirtschaftl. Hochschule Hohenheim. Bedeutender *Begonia*-Systematiker. Bearbeitete für Engler, Die natürlichen Pflanzenfamilien, 2. Aufl. in Bd. 21 „Begoniaceae", 1925; für Pareys Blumengärtnerei, II. Aufl. Bd. 2 „Begoniaceae", 1960; in Engler, Das Pflanzenreich zus. mit H. G. A. Engler „Saxifragaceae-Saxifraga",

1916–1919.
W. Irv. = Walter Irving, Easton Park, Wickham Market, Suffolk 3. 8. 1867–1934. Engl. Gärtner.
H.S. Irwin et **Barneby** = Howard Samuel Irwin, Jr., Louisville, Kent. 28. 3. 1928– , u. Rupert Charles Barneby, nahe Abergavenny, Monmouthshire, England 6. 10. 1911– . Nordamer. Botaniker am N. Y. Bot. Garden. Schrieben gemeinsam: „The American Cassiinae", 1982.
T. Itô = Tokutaro Itô, Nagoya, Japan 1868–1941. Jap. Botaniker. Schrieb u.a.: „Icones plantarum japonicarum ...", 1911–1924. 6 Teile.
Y. Ito = Yoshio Ito, 1907– . Jap. Botaniker am Bot. Garten Tokio. Publizierte vor allem über *Cactaceae*, so „Cacti, cultivation and information", 1954; „Gardening of Cacti", 1962; „The full bloom of Cacti", 1962.
Itzigs. = Ernst Friedrich Hermann Itzigsohn, Neudamm 17. 3. 1814–4. 1. 1879 Berlin. Deutscher Arzt u. Botaniker. Schrieb u.a.: „Verzeichniss der in der Mark Brandenburg gesammelten Laubmoose", 1847.
Itzigs. et **Hertsch** = Ernst Friedrich Hermann Itzigsohn u. Hermann Hertsch. Siehe diese.

Jack = William Jack, Aberdeen 29. 1. 1795 bis 15. 9. 1822 Bencoolen, Sumatra. Schott. Botaniker. Schrieb „Descriptions of Malayan Plants", 1820–1822. Nach ihm die Gattung *Jackia* Wall.
Jacks. = Benjamin Daydon Jackson, Stockwell 3. 4. 1846–12. 10. 1927 London. Engl. Botaniker u. Bibliograph. Schrieb „Guide to the literature of botany", 1881; „Vegetable technology", 1882; „A glossary of botanic terms with their derivation and accent", 1900, 2. Aufl. 1905, 3. Aufl. 1916, 4. Aufl. 1928. Stellte den Text für die beiden Hauptbände von „Index kewensis", 1893–1895, zusammen, mit T.A. Durand auch Suppl. 1, 1902–1906.
A.B. Jacks. = Albert Bruce Jackson, Newbury, Berkshire 14. 2. 1876–14. 1. 1947 Kew. Engl. Botaniker in London. Schrieb „Identification of Conifers", 1946; zus. mit W. Dallimore „A Handbook of Coniferae", 1923, 4. Aufl. 1967 (von S.G. Harrison).
A.B. Jacks. et **Dallim.** = Albert Bruce Jackson u. William Dallimore. Siehe diese.
Jacobi (auch **Jac.**) = G.A. von Jacobi, 1805 bis 1874. Deutscher Botaniker in Berlin.
Jacobi et **Bouché** = G.A. von Jacobi u. Carl David Bouché. Siehe diese.
Jacobs. = Hermann Johannes Heinrich Jacobsen, Hamburg 26. 1. 1898–19. 8. 1978 Kiel. Deutscher Gärtner u. Sukkulentenforscher, ehem. Leiter des Bot. Gartens Kiel. Hauptwerke: „Handbuch der sukkulenten Pflanzen", 3 Bde., 1954–1955; in erweiterter Fassung „A Handbook of succulent Plants", 3 Bde., 1960; „Das Sukkulentenlexikon", 1970, 2. Aufl. 1981; „Lexicon of Succulent Plants", 1974. Nach ihm die Gattung *Jacobsenia* L. Bol. et Schwant.
Jacobs. et **v. Poelln.** = Hermann Johannes Heinrich Jacobsen u. Karl von Poellnitz. Siehe diese.
Jacq. = Nicolaus Joseph von Jacquin, Leiden 16. 2. 1727–24. 10. 1817 Wien. Österr. Arzt, Botaniker, Direktor der Schönbrunner Gärten, sammelte 4 Jahre in Westindien u. Südamerika. Hinterließ ein reiches schriftstellerisches Werk, darunter „Collectanea ad botanicam, chemiam et historiam naturalem spectantia", 1787–1797; „Florae austriacae, ..., icones", 1773–1778; „Hortus botanicus vindobonensis", 1770–1776; „Icones plantarum rariorum", 1781–1795; „Miscellanea austriaca ad botanicam ...", 1779 bis 1781; „Observationum botanicarum iconibus ...", 1764 bis 1771; „Oxalis", 1794; „Stapeliarum in hortis vindobonensibus ...", 1806 bis 1819; „Enumeratio systematica plantarum, quas in insulis caribaeis ..., 1760 u. 1762; „Selectarum stirpium americanarum historia", 1763, 1780 bis 1781 u. 1788. Nach ihm die Gattung *Jacquinia* L. corr. Jacq.
Jacq. f. = Joseph Franz von Jacquin, Sohn des vorigen, Schemnitz 7. 2. 1766–4. 12. 1839 Wien. Österr. Botaniker, Direktor der Schönbrunner Gärten. Schrieb u.a. „Eclogae graminum rariorum aut minus cognitarum", 1813 bis 1844; „Eclogae plantarum rariorum aut minus cognitarum", 1811–1844.
Jacquem. = Victor Jacquemont, Paris 8. 8. 1801–7. 12. 1832 Bombay. Franz. Forschungsreisender. Schrieb „Voyage dans l'Inde ..., pendant les années 1828–1832", erst nach seinem Tode 1835–1844 erschienen. Nach ihm die Gattung *Jacquemontia* Choisy.
Jacques = Henri Antoine Jacques, Chelles, Seine-et-Marne 6. 7. 1782–24. 12. 1866 Châtillon, Seine. Franz. Gärtner, Gartendirektor in Neuilly. Schrieb „Flore des jardins de l'Europe", 1845–1857 (mit F. Hérincq), Neue Ausgabe 1865.
Jacquinot = Honoré Jacquinot, 1814 bis 1887. Franz. Botaniker, Teilnehmer an der Astrolabe- und Zélée-Expedition (1837 bis 1840). Schrieb zus. mit J.B. Hombron „Voyage au Pôle Sud et dans l'Océanie ..., Botanique", 1843–1853 (unter Mitarbeit von J.P.F.C. Montagne u. J. Decaisne).
Jäg. (auch **Jäger** oder **Jaeg.**) = Georg Friedrich von Jäger, Stuttgart 25. 12. 1785–10. 9. 1866 Stuttgart. Deutscher Botaniker, Obermedizinalrat. Schrieb u.a. „Über die Mißbildungen der Gewächse", 1814. Nach ihm die Gattung *Jaegeria* Kunth.
Jajó = Bědrich Jajó, tschech. Kakteenkenner, publizierte um 1947.
Jakowatz = Anton Jakowatz, 1872–?.
Jakubz. = Moisej Markovič Jakubziner, 1898–?. Russ. Landwirtschaftswissenschaftler u. angewandter Botaniker in Leningrad. Weizenspezialist.
Jal. = Arvo Jaakko Juhani Jalas, Hämeenlinna 7. 5. 1920– . Finnischer Botaniker in Helsinki. Hrsg. von „Suuri kasvikirja" [Großes Pflanzenbuch], 1958 sowie von „Atlas florae europaeae", 1972 → (mit Juho Suominen) (bisher erschienen Bd. 1–7, 1972–1986).
James = Edwin James, Weybridge, Vermont 27. 8. 1797–28. 10. 1861 Rock Spring, Illinois.

Nordamer. Arzt u. Botaniker, Pflanzensammler in den Rocky Mountains. Schrieb: „Account of an expedition from Pittsburgh to the Rocky Mountains", 1823. Nach ihm die Gattung *Jamesia* Torr. et A. Gray.
James. = William Jameson, Edinburgh 3. 10. 1796–23. 6. 1873 Quito, Ekuador. Schott. Botaniker, Professor der Botanik in Quito. Schrieb „Synopsis plantarum aequatoriensium", 1865, Neue Aufl. 1940. Nach ihm die Gattung *Jamesonia* Hook. et Grev.
Jan = Georg Jan, Wien 21. 12. 1791–17. 5. 1866 Mailand. Österr. Botaniker ungar. Herkunft, Professor in Parma. Veröffentlichte u. a. „Catalogus plantarum phanerogamarum, ad usum botanophilorum exsiccatarum", 1818; „Elenchus plantarum quae in horto ducali botanico parmensi . . .", 1831.
Janchen (auch **Janch.**) = Erwin Emil Alfred Janchen-Michel Ritter von Westland, Vöcklabruck 15. 5. 1882–10. 7. 1970. Österr. Botaniker. Veröffentlichte u.a. „Catalogus florae Austriae. 1. Pteridophyten und Anthophyten", 1956–1960, 1.–4. Ergänzungsheft 1963 bis 1967; zus. mit G. Wendelberger „Kleine Flora von Wien, Niederösterreich und Burgenland", 1953; „Flora von Wien, Niederösterreich und Nordburgenland", 1966; für Engler, Die natürlichen Pflanzenfamilien, 2. Aufl. Bd. 21 „Cistaceae", 1925.
Janchen et **Neumayer** = Erwin Emil Alfred Janchen - Michel Ritter von Westland u. Hans Neumayer. Siehe diese.
Jancz. = Eduard Janczewski Ritter von Glinka, Blinstrubski, Litauen 14. 12. 1846–17. 7. 1918 Krakau. Poln. Botaniker, Prof. in Krakau. Schrieb u. a.: „Cladosporium herbarum", 1894.
Janka = Victor Janka von Bulcs, Wien 24. 12. 1837–9. 8. 1890 Budapest. Ung. Offizier u. Botaniker. Spezialgebiet: Flora des Donauraumes. Schrieb u. a.: „Violae europaeae", 1882. Nach ihm die Gattung *Jancaea* Boiss.
Janse = Johannes Albertus Janse, 3. 11. 1911– . Holl. Spezialist für sukkulente *Euphorbia*. Bearbeitete die Gattung in „Pareys Blumengärtnerei", 2. Aufl. Bd. I, 1958.
Jaub. = Hippolyte François Comte de Jaubert, Paris 27. 10. 1798–5. 12. 1874 Montpellier. Franz. Minister, Botaniker. Veröffentlichte zus. mit Édouard Spach „Illustrationes plantarum orientalium . . .", 1842–1857. Nach ihm die Gattung *Jaubertia* Guill.
Jaub. et **Spach** = Hippolyte François Comte de Jaubert u. Édouard Spach. Siehe diese.
Jaume St.-Hil. = Jean Henri Jaume Saint-Hilaire, Grasse, Var 30. 10. 1772–18. 2. 1845 Paris. Franz. Botaniker. Schriften: „Exposition des familles naturelles", 1805; „Plantes de la France", 1805–1822.
Jáv. = Sándor A. Jávorka, Hegybánya 12. 3. 1883–28. 9. 1961 Budapest. Ung. Botaniker in Budapest. Schrieb u. a. „Magyar Flóra [Flora hungarica] . . .", 1924–1925; „A Magyar Flóra Képekben. Iconographia florae hungaricae", 1934 (mit V. Csapody); Mitautor von Soó, K. R. von „A Magyar Növényvilág Kézikönyve", 1951.
Jeffrey = Charles Jeffrey, Kensington, London 10. 4. 1934– . Engl. Botaniker in Kew. Schrieb: „An introduction to plant taxonomy", 1968.
Jenman = George Samuel Jenman, Plymouth 24. 8. 1845–28. 2. 1902 Georgetown, Guayana. Engl. Gärtner, Kurator des Bot. Gartens Castleton in Jamaika, später Leiter des Bot. Gartens Georgetown. Veröffentlichte versch. Schriften über Farne, darunter „A handlist of the Jamaica ferns and their allies", 1881. Nach ihm die Gattung *Jenmaniella* Engl.
Jeps. (auch **Jepson**) = Willis Linn Jepson, Vacaville, Kalifornien 19. 8. 1867–7. 11. 1946 Berkeley, Kalifornien. Nordamer. Botaniker in Kalifornien. Schriften: „A Flora of Western Middle California", 1901; „The Silva of California", 1910; „A flora of California", 1909 bis 1943; „A manual of the flowering plants of California", 1923–1925. Nach ihm die Gattung *Jepsonia* Small.
Jess. = Karl Friedrich Wilhelm Jessen, Schleswig 15. 9. 1821–27. 5. 1889 Berlin. Deutscher Botaniker, Prof. in Greifswald. Schriften: „Deutsche Excursions-Flora", 1879; „Botanik der Gegenwart und Vorzeit", 1864; „Die deutschen Volksnamen der Pflanzen", 1882–1884 (mit G. A. Pritzel). Nach ihm die Gattung *Jessenia* Karst.
Jessop = John Peter Jessop, Kapstadt 3. 7. 1939– . Südafr. Botaniker an der Rhodes University, Grahamstown, seit 1975 Leiter des State Herbarium, Bot. Garten, Adelaide. Schrieb u. a. „The genus Asparagus in Southern Africa" (Bothalia 9 (1): 31–96. 1966). Spezialgebiet: *Liliaceae*. Hrsg. der 3. Aufl. von J. M. Black „Flora of South Australia", 1978, sowie, mit H. R. Tölken, der 4. Aufl. 1986. Siehe auch unter N. K. B. Robson.
Jesw. = Jacob Jeswiet, Amsterdam 28. 12. 1879–1960. Holl. Botaniker in Niederl. Ostindien. Spezialgebiet: *Saccharum*. Schrieb: „Die Entwicklungsgeschichte der Flora der holländischen Dünen", 1913.
H. Johns. = Joseph Harry Johnson, 1894 bis ?. Nordamer. Botaniker.
L. Johns. = Lawrence Alexander Sidney Johnson, Cheltenham, New South Wales 25. 6. 1925– . Austral. Botaniker am National Herbarium Sidney. Spezialgebiete *Casuarinaceae, Eucalyptus, Proteaceae* u. *Chenopodiaceae* Südostaustraliens.
Johnst. = Ivan Murray Johnston, Los Angeles 28. 2. 1898–31. 5. 1960 Jamaica Plain, Mass. Nordamer. Botaniker. Spezialgebiet: Andine Pflanzen u. *Boraginaceae*, über die allein er von 1923–1959 30 Schriften („Studies in the Boraginaceae") veröffentlichte. Nach ihm die Gattung *Johnstonella* Brand.
M.C. Johnst. = Marshall Conring Johnston, San Antonio, Texas 10. 5. 1930– . Nordamer. Botaniker an der Univ. Texas in Austin. Spezialgebiete: *Rhamnaceae*, Flora von Texas u. dem nördl. Mexiko.

Jolis = siehe Le Jolis.
Jones = Sir William Jones, London 28. 9. 1746–27. 4. 1794 Kalkutta. Engl. Orientalist, Begründer der Royal Asiatic Society of Bengal in Kalkutta.
B. M. G. Jones = Brian Michael Glyn Jones, 1933– . Engl. Botaniker, Mitarbeiter an „Flora europaea“, 1964–1980.
G. N. Jones = George Neville Jones, Boston, Lincolnshire 26. 1. 1903–25. 6. 1970 Champaign, Illinois. Nordamer. Botaniker engl. Abstammung. Schrieb u. a.: „Flora of Illinois“, 1945, 2. Aufl. 1950, 3. Aufl. 1963; „Vascular plants of Illinois“, 1955 (mit G. D. Fuller); „An annotated bibliography of Mexican ferns“, 1966.
M. E. Jones = Marcus Eugene Jones, Jefferson, Ohio 25. 4. 1852–3. 6. 1934 San Bernardino, Kalifornien. Nordamer. Pflanzensammler u. Botaniker in Kalifornien. Schrieb u. a.: „Ferns of the West“, 1882; „Contributions to Western botany“, 18 Teile, 1891–1935; „Revision of the North-American Species of Astragalus“, 1923.
Jord. (auch **Jordan**) = Claude Thomas Alexis Jordan, 1814–1897. Franz. Botaniker. Schriften: „Catalogue des graines du Jardin botanique de Dijon“, 1848; Observations sur plusieurs plantes nouvelles, rares ou critiques de la France“, 1846–1849; „Pugillus plantarum novarum praesertim gallicarum“, 1852. Nach ihm die Gattung *Jordania* Boiss. et Heldr.
Jord. et **Fourr.** = Claude Thomas Alexis Jordan u. Pierre Jules Fourreau. Schrieben gemeinsam „Breviarum plantarum novarum sive specierum in horto . . .“, 1866–1868; „Icones ad floram Europae novo fundamento instaurandam spectantes“, 1866–1903. Siehe auch beide Verfasser.
Jorissenne = G. Jorissenne. Belg. Gärtner in Gent. Schrieb: „Édouard Morren, sa vie et ses œuvres“, 1887.
Jowitt = John F. Jowitt.
Juel = Hans Oscar Juel, Stockholm 17. 6. 1863 bis 3. 7. 1931. Schwed. Botaniker, Prof. in Uppsala. Schrieb u. a.: „Plantae Thunbergianae“, 1918. Nach ihm die Gattung *Juelia* Asplund.
Jumelle = Henri Lucien Jumelle, 1866–1935. Franz. Botaniker u. Pflanzensammler.
Jumelle et **Perr.** = Henri Lucien Jumelle u. Jean Octave Edmond Perrier de la Bâthie. Siehe diese.
Jungh. = Franz Wilhelm Junghuhn, Mansfeld 26. 10. 1812–24. 4. 1864 Lembang, Niederl. Ostindien. Deutscher Botaniker u. Reisender. Schrieb u. a.: „Topographische und naturwissenschaftliche Reisen durch Java“, 1845; „Java“, 1850–1854, 2. Aufl. 1853–1854, deutsche Ausgabe 1854.
Juratzka = Jakob Juratzka, Olmütz 8. 7. 1821 bis 22. 11. 1878 Wien. Österr. Ingenieur u. Botaniker. Posthum erschien: „Die Laubmoosflora von Oesterreich-Ungarn“, 1882.
Juss. = Antoine Laurent de Jussieu, Lyon 12. 4. 1748–17. 9. 1836 Paris. Franz. Botaniker, Neffe von Bernard de Jussieu. Prof. am Jardin des Plantes, Paris, Begründer eines natürlichen Pflanzensystems. Hauptwerk: „Genera plantarum“, 1789, auch 1791.
A. Juss. = Adrien Henri Laurent de Jussieu, Paris 23. 12. 1797–29. 6. 1853 Paris, Sohn des vorigen. Franz. Botaniker. Veröffentlichte u. a. „De Euphorbiacearum generibus . . .“, 1824; weiter Schriften über *Meliaceae* (1830), *Rutaceae* (1825), *Malphighiaceae* (1843).
B. Juss. = Bernard de Jussieu, Lyon 17. 8. 1699 bis 17. 11. 1776 Paris. Franz. Botaniker, schuf das sog. „ältere Jussieusche Pflanzensystem“. Aufseher des Königl. Botanischen Gartens in Trianon. Hrsg. einer neuen Ausgabe von Tournefort, „Histoire des plantes qui naissent aux environs de Paris“, 1725. Nach ihm die Gattung *Bernardia* Mill.
J. Juss. = Joseph de Jussieu, Lyon 3. 9. 1704 bis 11. 4. 1779 Paris. Franz. Botaniker u. Reisender, Bruder von Bernard de Jussieu. Bereiste die amer. Tropen u. kehrte nach 36jähriger Abwesenheit mit großen Pflanzensammlungen zurück, die später in den Besitz von Antoine Laurent de Jussieu übergingen. Posthum erschien: „Description de l'arbre à quinquina“, 1936.
Juz. = Sergej Vassilievič Juzepczuk, Moskau 28. 1. 1893–8. 1. 1959 Riga. Russ. Botaniker, Teilnehmer an mehreren großen Expeditionen, Mitarb. an vielen Werken, vor allem an Komarov, V. L., Flora U. R. S. S., von Bd. 1, 1934 bis Bd. 27, 1962.
Juz. et **Buk.** = Sergej Vassilievič Juzepczuk u. Sergej Mihajlovič Bukasov. Siehe diese.

Kache = Paul Kache, 1882–1945. Deutscher Gärtner und Gartenbauwissenschaftler, 1920–1929 Dozent für Pflanzenbau in Berlin-Dahlem, 1929–1945 Gartendirektor in Sanssouci. Schriften: „Die Praxis des Baumschulbetriebes“, 1929; „Die Praxis des Samenbaues der Blumenpflanzen“, 1933.
Kalm = Pehr Kalm, Nerpis März 1716–16. 11. 1779 Åbo. Schwed.-finn. Botaniker, Schüler Linnés. Bereiste Nordamerika u. schickte von dort viele neue Pflanzen an Linné. Schrieb u. a. eine Beschreibung dieser Reise („En resa til Norra America“, 1753–1761) u. „Florae fennicae, pars prior“, (1765). Nach ihm die Gattung *Kalmia* L.
Kan. = Agost Kanitz, Lugos, Banat 25. 4. 1843 bis 12. 7. 1896 Klausenburg. Ung. Botaniker, Professor in Klausenburg. Bearbeitete für Martius, Flora brasiliensis in Bd VI, 4 (1878 bis 1885) „Lobeliaceae, Campanulaceae“, in Bd. XIII, 2 (1882) „Halorageae“. Schrieb u. a.: „Geschichte der Botanik in Ungarn“, 1863. Siehe auch Aschers. et Kan.
Karel. = Grigorij Silyč Karelin, Jan. 1801–17.(?) 12. 1872 Guriev. Russ. Botaniker.
Karel. et **Kir.** = Grigorij Silyč Karelin u. Ivan Petrovič Kirilow. Schrieben gemeinsam: „Enumeratio plantarum in desertis Songoriae orientalis . . . collectarum“, 1842. Siehe auch beide Verfasser.
S. Karrer = S. Karrer, 19./20. Jahrh. Obergärtner der Firma Haage u. Schmidt, Erfurt (s. d.).

Publizierte 1912.
Karst. = Gustav Karl Wilhelm Hermann Karsten, Stralsund 6. 11. 1817–10. 7. 1908 Grunewald bei Berlin. Deutscher Botaniker, bereiste von 1844–1847 u. 1848–1856 Venezuela, Ekuador, Kolumbien etc., danach Prof. der Botanik in Berlin u. Wien. Veröffentlichte neben vielem anderen „Florae Columbiae…", 1859–1869; „Chemismus der Pflanzenzelle", 1869; „Deutsche Flora. Pharmaceutisch-medicinische Botanik", 1880–1883, 2. Aufl. 1894–1895.
Karw. = Wilhelm Karwinsky von Karwin, 1780 bis 2. 3. 1855. Deutscher Botaniker u. Forschungsreisender (Mexiko, Brasilien). Nach ihm die Gattung *Karwinskia* Zucc.
Kasapl. = Baki Kasapligil, Istanbul 13. 11. 1918–1992. Nordamer. Botaniker türk. Abstammung. Spezialgebiete: *Corylus, Quercus* in Kleinasien.
Kauffm. = Nikolaj Nikolaevič Kauffmann (N. N. Kaufmann), Moskau 8. 2. 1834–15. 12. 1870 Moskau. Prof. der Botanik in Moskau. Schrieb „Moskovskaja Flora", 1866. Nach ihm die Gattung *Kaufmannia* Regel.
Kaulf. = Georg Friedrich Kaulfuß, 1786–9. 12. 1830 Halle. Deutscher Botaniker, Professor in Halle. Schriften: „Enumeratio filicum, quas in itinere circa terram legit cl. Adalbertus de Chamisso", 1824; „Das Wesen der Farrenkräuter", 1827. Nach ihm die Familie *Kaulfussiaceae* K. B. Presl.
Kearn. = Thomas Henry Kearney, Cincinnati, Ohio 27. 6. 1874–19. 10. 1956 San Francisco, Kalifornien. Nordamer. Botaniker in San Francisco. Spezialgebiete: Neuweltl. *Malvaceae*, Flora von Arizona. Schrieb: „Arizona flora", 1951 (mit Robert Hibbs Peebles), 2. Aufl. 1960 (mit Suppl. von John Thomas Howell u. Elizabeth McClintock).
Keay = Ronald William John Keay, Richmond, Surrey 20. 5. 1920– . Engl. Botaniker. Herausg. von Bd. 1 (1954–1958) der 2. Aufl. von Hutchinson u. Dalziel: „Flora of West Tropical Africa".
Keck = David Daniels Keck, Omaha, Nebraska 24. 10. 1903– . Nordamer. Botaniker am New York Bot. Garden. Spezialgebiete: Neuweltliche *Compositae, Poa, Potentilla, Penstemon* etc. Schrieb u. a.: „The Hawaiian silverswords", 1936. Mitautor für Munz, P. A.: „A California flora", 1959.
Keller = Robert Keller, Winterthur 24. 9. 1854 bis 7. 8. 1939 Winterthur. Schweizer Botaniker. Schrieb u. a. „Flora von Winterthur", 1891 bis 1896; „Synopsis Rosarum spontanearum Europae mediae", 1931. Bearbeitete für Engler u. Prantl, Die natürlichen Pflanzenfamilien III. 6 (1895) „Hypericum". Siehe auch Schinz et Keller.
Keller et **Gams** = Robert Keller u. Helmut Gams. Siehe diese
B. A. Keller et **Schaparenko** = Boris Aleksandrovič Keller, St. Petersburg 16. 8. 1874–1945; u. K. K. Schaparenko, 1908–1941, russ. Botaniker.
Kellerer = Johann Kellerer, 1859– 3. 1933. Österr. Gärtner, sammelte zus. mit F. Sündermann Hochgebirgspflanzen im Balkan.
Kellerer et **Sünderm.** = Johann Kellerer u. Franz Sündermann. Siehe diese.
Kellogg = Albert Kellogg, New Hartford, Connecticut 6. 12. 1813–31. 3. 1887 Alameda, Kalifornien. Nordamer. Botaniker, Gründer der „California Academy of Sciences". Schrieb: „Forest trees of California", 1882.
Kelsey = Harlan Page Kelsey, Pomona, Kansas 9. 7. 1872–1958. Nordamer. Botaniker.
Keng = Yi-Li Keng, Kiangsu Provinz 4. 12. 1897–1975. Chin. Botaniker. Spezialgebiet: *Gramineae.*
Kennedy = Patrick Beveridge Kennedy, Mount Vernon, Schottland 17. 6. 1874–18. 1. 1930 Berkeley, Kalifornien. Nordamer. Botaniker u. Landwirtschaftswissenschaftler. Herausgeber der Zeitschrift „Muhlenbergia".
Kensit (auch **Kens.**) = Harriet Margeret Louisa Kensit, Mädchenname der späteren Harriet Margeret Louisa Bolus. Siehe diese. Nach ihr die Gattung *Kensitia* Fedde.
Kerch. = Oswald Charles Eugène Marie Ghislain de Kerchove de Denterghem, 1. 4. 1844 bis 20. 3. 1906 Gent. Belg. Gärtner u. Politiker. Schriften; „Le livre des Orchidées", 1894; „Les Palmiers", 1878.
Ker-Gawl. = Vor 1804 John Gawler, danach John Bellenden Ker (Ker-Gawler) oder John Ker Bellenden oder Bellenden-Ker, Andover 1764–Juni 1842 Ramridge. Engl. Botaniker. Schrieb von 1815–1829 die Texte für die ersten 14 Bände des „Botanical Register", außerdem u. a. „Iridearum Genera…", 1827. Nach ihm die Gattung *Bellendena* R. Br.
Kerguélen = Michel François Jacques Kerguélen, 1928– . Französ. Saatgutprüfer u. Botaniker in Guyancourt. Spezialgebiete: *Gramineae, Trifolium.* Schrieb: „Les Gramineae (Poaceae) de la flore française", 1975.
Kerner (auch **Kern.**) = Anton Joseph Kerner von Marilaun, Mautern. Niederösterreich 12. 11. 1831–21. 6. 1898 Wien. Österr. Botaniker, zunächst Prof. der Botanik in Innsbruck u. Wien, später Direktor des Bot. Gartens Wien. Schriften: „Das Pflanzenleben der Donauländer", 1863, 2. Aufl. 1929 (von F. Vierhapper jun.); „Schedae ad Floram exsiccatam austrohungaricam", 1881–1913 (Bd. 8–9 von K. Fritsch u. Bd. 10 von R. von Wettstein); „Pflanzenleben", 1886–1891, 2. Aufl. 1896 bis 1898, 3. Aufl. (von Carl Adolph Hansen) 1913–1916.
S. Kerner =Johann Simon Kerner, Kirchheim unter Teck 25. 2. 1755–13. 6. 1830 Stuttgart. Deutscher Botaniker, Lehrer der Botanik u. Pflanzenzeichnung an der „Herzogl. Wirtemb. Carls-Universität" in Stuttgart. Hrsg. vieler illustr. Werke, deren Bilder von ihm selbst gezeichnet u. gestochen wurden, darunter u. a. „Abbildung aller oekonomischen Pflanzen", 1786–1796; „Deutschlands Giftpflanzen…", 1798; „Genera plantarum selectarum specierum iconibus illustrata", 1811–1828; „Giftige und eßbare Schwämme…", 1786; „Hortus

sempervirens, ...", 1795–1830. Nach ihm die Gattung *Kernera* Medik.
Kesselr. = 1. Jakob Kesselring, Kradolf, Thurgau 20. 12. 1835–23. 12. 1909 St. Petersburg. Schweizer Gärtner, der mit E. von Regel eine bedeutende Baumschule im damaligen St. Petersburg gründete.
2. Friedrich Wilhelm Kesselring, St. Petersburg 1876–15. 3. 1966 Darmstadt. Schweizer Gärtner u. bedeutender Pflanzenkenner, von 1909–1919 Mitinhaber u. Leiter der Regel-Kesselringschen Baumschulen. 1926–1947 gärtn. Leiter des Bot. Gartens Darmstadt.
Kikuchi = Akio Kikuchi, 1883–1951. Jap. Botaniker. Spezialgebiete: Pomologie u. Gattung *Pyrus.*
Kikuchi et **Nakai** = Akio Kikuchi u. Takenoshin Nakai. Siehe diese.
Kill. (auch **Killip**) = Ellsworth Paine Killip, Rochester, New York 2. 9. 1890–21. 11. 1968 Redlands, Kalifornien. Nordamer. Botaniker an der Smithsonian Institution, Washington, D.C. Spezialgebiete: Amer. *Passifloraceae*, andine *Pilea, Bomarea.* Schrieb u.a.: „The American species of Passifloraceae", 1938. Nach ihm die Gattungen *Killipia* Gleas., *Killipiella* A.C. Sm., *Killipiodendron* Kobuski.
Kill. et **C.V. Morton** = Ellsworth Paine Killip u. Conrad Vernon Morton. Siehe diese.
Kill. et **A.C. Sm.** = Ellsworth Paine Killip u. Albert Charles Smith. Siehe diese.
Killick = Donald Joseph Boomer Killick, Pietermaritzburg 6. 6. 1926– . Südafr. Botaniker am Botanical Research Institute, Pretoria. Mitherausgeber von „Flora of Southern Africa", 1963 →. Siehe auch unter M.D. Henders.
Kimn. = Myron William Kimnach, 1922 bis . Nordamer. Botaniker an den Huntington Botanical Gardens, San Marino, Kalifornien. Spezialgebiet: *Cactaceae.*
Kimn. et **Hutchison** = Myron William Kimnach u. Paul Clifford Hutchison. Siehe diese.
King = Sir George King, Peterhead 12. 4. 1840 bis 12. 2. 1909 San Remo. Schott. Botaniker, Direktor des Bot. Gartens Kalkutta. Veröffentlichte viele Schriften über indische Pflanzen, darunter „The species of Ficus of the Indo-Malayan and Chinese countries", 1887–1888, Appendix 1889 (zus. mit R. Pantling u. D.D. Cunningham); „The Orchids of the Sikkim-Himalaya", 1898 (mit R. Pantling). Nach ihm die Gattungen *Kingiella* Rolfe u. *Indokingia* Hemsl.
King et **Pantl.** = Sir George King u. Robert Pantling. Siehe diese.
Kipp. = Richard Kippist, Stoke Newington 11. 6. 1812–14. 1. 1882 Chelsea, London. Engl. Bibliothekar u. Botaniker, von 1842 bis 1880 Bibliothekar der Linnean Society in London. Nach ihm die Gattung *Kippistia* Miers.
Kir. = Ivan Petrovič Kirilow, Yalturovsk 1821 bis 11.(?) 9. 1842 Arzamas. Russ. Botaniker. Nach ihm die Gattung *Kirilowia* Bunge. Siehe auch Karel. et Kir.
Kirchner (auch **Kirchn.**) = Georg Kirchner, 1837–17. 6. 1885 Erfurt. Deutscher Gärtner u. Botaniker. Schrieb den bot. Teil von „Arboretum muscaviense", 1864.
Kirk (auch **T. Kirk**) = Thomas Kirk, Coventry 18. 1. 1828–8. 3. 1898 Wellington, Neuseeland. Engl. Botaniker in Neuseeland. Von 1869–1898 veröffentlichte er eine Vielfalt von Schriften über die neuseeländ. Flora, u.a. „The forest flora of New Zealand", 1889. 1899 erschien unvollendet „The Students' Flora of New Zealand and the outlying Islands", 39 Familien behandelnd. Nach ihm die Gattungen *Kirkianella* Allan u. *Kirkophytum* (Harms) Allan.
Kirp. = Moisej E. Kirpicznikov, 1913– . Russ. Botaniker in St. Petersburg. Mitarbeiter an Komarov, V.L., Flora U.R.S.S., Bd. 25–26, 1959–1961 u. Bd. 29, 1964. Schrieb: „Lexicon rossico-latinum in usum botanicorum. Russko-Latinskij slovar' dlja botanikov", 1977 (mit N.N. Zabinkova).
Kirschl. = Fréderic Kirschleger, Münster (Haut-Rhin) 6. 1. 1804–15. 11. 1869 Straßburg. Elsässer Botaniker. Schrieb „Flore d'Alsace et des contrées limitrophes", 1850–1862; „Flore vogéso-rhénane", 1870 (2. Bd. herausgegeben u. z.T. bearbeitet von Ph. Becker).
Kit. = Pál Kitaibel, Mattersdorf bei Ödenburg, Burgenland 3. 2. 1757–13. 12. 1817 Pest. Ung. Arzt, Botaniker, Direktor des Bot. Gartens Pest. Arbeitete u. veröffentlichte zus. mit Franz de Paula Adam Graf von Waldstein „Descriptiones et icones plantarum rariorum Hungariae", 1799–1812. Nach ihm die Gattung *Kitaibelia* Willd.
Kitamura = Siro Kitamura, Katata-cho 22. 9. 1906– . Jap. Botaniker. Schrieb u.a. „Flora of Afghanistan", 1960; „Compositae japonicae", 1937–1957 (in Mem. Coll. Sci. Kyoto Univ. Ser. B.); „Coloured illustrations of trees and shrubs of Japan", 1958 (mit S. Okamoto).
Kladiwa = Leo Kladiwa, Oberberg 17. 3. 1920 bis . Österr. Arzt, Mitarb. d. pharm. Industrie, Amateurbotaniker (Morphologie, Anatomie, Systematik der *Cactaceae*, vor allem des nordamer. Subkontinents). Mitarbeiter an Krainz, H.: „Die Kakteen" (von 1966 bis 1975).
Kladiwa et **Buxb.** = Leo Kladiwa u. Franz Buxbaum. Siehe diese.
Kladiwa et **Fittkau** = Leo Kladiwa u. H.W. Fittkau, Österr. Amateurbotaniker u. Pfarrer. Gemeinsame Bearbeiter der Gattungen *Neolloydia* u. *Thelocactus* für Krainz, H. „Die Kakteen" (1971–1975). Siehe auch ersteren.
Klatt = Friedrich Wilhelm Klatt, Hamburg 13. 2. 1825–3. 3. 1897 Hamburg. Deutscher Pädagoge u. Botaniker. Schriften: „Norddeutsche Anlagenflora ...", 1865; „Flora des Herzogthums Lauenburg", 1865; für Martius, Flora brasiliensis in Bd. III, 1 (1871) „Irideae". Nach ihm die Gattung *Klattia* Bak.
Kleopow = Jurij Dmitrievič Kleopow, Gorodišče Čerkasskogo, Ukraine 9. 8. 1902–Juni 1942. Ukrain. Botaniker.
Klinge = Johannes Christoph Klinge, Dorpat 20. 3. 1851–Febr. 1902 St. Petersburg. Estn. Botaniker, zunächst in Dorpat, später in St. Peters-

burg. Schrieb: „Flora von Est-, Liv- und Churland", 1882.
H. Klinggr. = Hugo Erich Meyer von Klinggräff, Gut Wattkowitz, Westpreußen 23. 4. 1809–26. 3. 1879. Gut Paleschken, Westpreußen. Deutscher Gutsbesitzer u. Botaniker in Marienwerder. Schrieb u. a.: „Die höheren Cryptogamen Preußens", 1858.
Klobukova-Alisova = siehe Alisova-Klobukova.
Klotz = Gerhard Klotz, zeitgenöss. deutscher Botaniker an der Universität Jena. Spezialgebiet: *Cotoneaster.*
Klotzsch (auch **Kl.**) = Johann Friedrich Klotzsch, Wittenberg 9. 6. 1805–5. 11. 1860 Berlin. Deutscher Botaniker, Apotheker, Arzt, Kustos am Bot. Museum Berlin. Schriften: „Pflanzen-Abbildungen und -beschreibungen zur Erkenntnis officineller Gewächse", 1838–1839; zus. mit C.A.F. Garcke „Die botanischen Ergebnisse der Reise ... des Prinzen Waldemar zu Preußen in den Jahren 1845 und 1846", 1862; „Begoniaceen-Gattungen und Arten", 1855. Nach ihm die Gattung *Klotzschia* Cham. et Schlechtend. Siehe auch Link, Klotzsch et Otto sowie unter Hayne.
Klotzsch et **Hanst.** = Johann Friedrich Klotzsch u. Johannes Ludwig Emil Robert von Hanstein. Siehe diese.
Klotzsch et **Rchb. f.** = Johann Friedrich Klotzsch u. Heinrich Gustav Reichenbach. Siehe diese.
Knerr = Elsworth Brownell Knerr, Rochester, Minnesota 3. 12. 1861–1942. Nordamer. Botaniker.
Knight = Joseph Knight, Brindle, Lancashire ca. 1777–27. 7. 1855 Banbury, Oxfordshire. Engl. Gärtner. Schrieb „On the cultivation of the plants belonging to the natural order of Proteeae, ...", 1809.
H. Knight = Henry Knight, 1834–1896.
F. Knoll = Fritz Knoll, Gleisdorf 21. 10. 1883–?. Österr. Botaniker, Direktor des Bot. Gartens Wien. Schrieb: „Die Biologie der Blüte", 1956.
Knoop = Johann Hermann Knoop, bei Kassel um 1700–4. 8. 1769 Amsterdam. Pomologe u. Hofgärtner in Marienburg bei Leeuwarden, Holland. Schrieb vor allem über Obstbäume, so „Fructologia, of beschryving der vrugtbomen en vruchten ..., 1763, weitere Aufl. s. d. u. 1790; „Pomologia, dat is beschryvingen en afbeeldingen ... van appels en peeren ...", 1758, weitere Aufl. s. d. u. 1789.
Knowl. = George Beauchamp Knowles, gest. 1852. Engl. Botaniker. Zus. mit Frederick Westcott Herausgeber von „The Floral Cabinet", 1837–1840.
Knowl. et **Westc.** = George Beauchamp Knowles u. Frederick Westcott. Siehe diese.
F.M. Knuth = Frederic Marcus Knuth von Knuthenborg, 5. 5. 1904–1970. Dän. Botaniker. Schrieb zus. mit C. Backeberg „Kaktus-ABC", 1935.
R. Knuth = Reinhard Gustav Paul Knuth, Berlin 17. 11. 1874–25. 2. 1957 Berlin. Deutscher Pädagoge u. Botaniker. Bearbeitete für Engler, Das Pflanzenreich „Primulaceae", 1905 (mit F.A. Pax); „Geraniaceae", 1912; „Dioscoreaceae", 1924; „Oxalidaceae", 1930; „Lecythidaceae, Barringtoniaceae u. Asteranthaceae", 1939; für Engler, Die natürlichen Pflanzenfamilien, 2. Aufl. Bd. 15a „Dioscoreaceae", 1930, Bd. 19a „Oxalidaceae, Geraniaceae", 1931. Schrieb: „Initia florae venezuelensis", 1926–1928.
Kobuski = Clarence Emmeren Kobuski, Gloversville, New Jersey 9. 1. 1909–9. 5. 1963 Boston, Massachusetts. Nordamer. Botaniker, Kurator des Arnold Arboretums. Herausgeber von „Journal of the Arnold Arboretum" (1949 bis 1958).
C. Koch = siehe K. Koch.
K. Koch (auch **C. Koch**) = Karl Heinrich Emil Koch, Ettersberg bei Weimar 6. 6. 1809–25. 5. 1879 Berlin. Deutscher Botaniker, Dendrologe u. Pomologe. Schrieb u. a. „Dendrologie", 1869–1873; „Die deutschen Obstgehölze", 1876; „Wanderungen im Oriente", 1846; „Hortus dendrologicus", 1853–1854.
K. Koch et **Aug.** = Karl Heinrich Emil Koch u. H. Augustin. Siehe diese.
K. Koch et **Bouché** = Karl Heinrich Emil Koch u. Carl David Bouché. Siehe diese.
K. Koch et **Fint.** = Karl Heinrich Emil Koch u. Gustav Adolph Fintelmann. Siehe diese.
K. Koch et **Lind.** = Karl Heinrich Emil Koch u. Jean Jules Linden. Siehe diese.
K. Koch et **Mathieu** = Karl Heinrich Emil Koch u. Charles Louis Guillaume Mathieu. Siehe diese.
K. Koch et **Sello** = Karl Heinrich Emil Koch u. Fritz Sello. Siehe diese.
K. Koch et **Veitch** = Karl Heinrich Emil Koch u. John Gould Veitch. Siehe diese.
W.D.J. Koch = Wilhelm Daniel Joseph Koch, Kusel bei Zweibrücken 5. 3. 1771–14. 11. 1849 Erlangen. Deutscher Botaniker, Arzt, Direktor des Bot. Gartens Erlangen. Bearbeitete zus. mit Franz Karl Mertens „Deutschlands Flora" von J.C. Röhling, 3. Aufl. 1823–1839; veröffentlichte außerdem „De Salicibus europaeis commentatio", 1828; „Synopsis florae germanicae et helveticae", 1835–1838, 2. Aufl. 1843–1845, 3. Aufl. 1856 bis 1857; „Synopsis der deutschen und Schweizer Flora", 1837–1838, 2. Aufl. 1846–1847, 3. Aufl. 1892–1907 (Hrsg. E.H. Hallier, R. Wohlfarth u. A. Brand); „Taschenbuch der deutschen und Schweizer Flora, ...", 1843 (datiert 1844), weitere Aufl. 1848–1881. Nach ihm die Gattung *Kochia* Roth.
W.D.J. Koch et **Sond.** = Wilhelm Daniel Joseph Koch u. Otto Wilhelm Sonder. Siehe diese.
Kochs = Julius Kochs, 1900–   . Deutscher Botaniker.
Koehne = Bernhard Adalbert Emil Koehne, Sasterhausen bei Striegau 12. 2. 1848–12. 10. 1918 Berlin. Deutscher Lehrer u. Botaniker. Schriften: „Deutsche Dendrologie", 1893; für Engler, Das Pflanzenreich „Lythraceae", 1903; für Engler u. Prantl, Die natürlichen Pflanzenfamilien Bd. III. 7 „Lythraceae", 1892; für Martius, Flora brasiliensis in Bd. XIII, 2 (1877) „Lythraceae". Nach ihm die Gattung *Koehneola* Urb.

Koehne et **Lingelsh.** = Bernhard Adalbert Emil Koehne u. Alexander von Lingelsheim. Siehe diese.

Koel. = Georg Ludwig Koeler, Göttingen 1765-22. 4. 1807 Mainz. Deutscher Botaniker. Schrieb „Descriptio graminum in Gallia et Germania tam sponte nascentium", 1802. Nach ihm die Gattung *Koeleria* Pers.

Koelle = Johann Ludwig Christian Koelle, Mönchberg 18. 3. 1763-30. 7. 1797 Bayreuth. Deutscher Arzt u. Botaniker in Bayreuth. Schrieb: „Spicilegium observationum de Aconito", 1787; „Flora des Fürstenthumes Bayreuth", 1798.

J.G. Koenig = Johann Gerhard König, Lemenen (Ungernhof), Livland 29. 11. 1728 bis 26. 6. 1785 Jagrenathporum, Indien. Deutscher Arzt u. Naturwissenschaftler, der durch Südostasien reiste u. mit Linné korrespondierte. Mitarbeiter von A.J. Retzius, „Observationes botanicae", Fasc. 3, 1783 u. Fasc. 6, 1791. Nach ihm die Gattung *Koenigia* L.

Koern. = Friedrich August Körnicke, Pratau bei Wittenberg 29. 1. 1828-16. 1. 1908 Bonn. Deutscher Botaniker. Schriften: „Monographia scripta de Eriocaulaceis", 1856; „Monographiae Marantearum prodromus", 1859 bis 1862; „Monographie der Rapateaceae", 1872; zus. mit Werner „Handbuch des Getreidebaus", 1885; für Martius, Flora brasiliensis in Bd. III, 1 (1863) „Eriocaulaceae".

Koerte = Franz Körte, Aschersleben 17. 3. 1782 bis 30. 1. 1845 Lüdersdorf bei Wrietzen. Deutscher Botaniker. Siehe auch Schweigg. et Koerte.

Koidz. = Gen'ichi Koidzumi, 1. 11. 1883 bis 1953. Japan. Botaniker. Schrieb außer versch. phytogeographischen Arbeiten Monographien über *Rosaceae, Aceraceae* u. *Morus*; ferner „Florae symbolae orientali-asiaticae", 1930.

Kolak. = Aldored Alekseevič Kolakovski, 1906- . Russ. Botaniker u. Paläontologe. Spezialgebiete: Fossile Pflanzen, *Campanulaceae* von Abchasien, kaukas. *Helleborus*.

Kom. (auch **Komar.**) = Vladimir Leontievič Komarov, St. Petersburg 1. 10. 1869-5. 12. 1945. Russ. Botaniker. Schriften: „Flora Manshuriae", 1901-1907; Herausgeber von Bd. 1-13 der „Flora U.S.S.R.", 1934-1948 (fortgesetzt von B.K. Schischkin u. E.G. Bobrov, Bd. 14-30 u. Indexbd., 1949-1964). Nach ihm die Gattung *Komarovia* Korovin.

Kom. et **Klobukova-Alisova** = Vladimir Leontievič Komarov u. Evgenija Nikolaevna Klobukova-Alisova. Siehe diese.

C. König = Carl Dietrich Eberhard König (Charles Konig), Braunschweig 1771-6. 9. 1851 London. Deutsch-engl. Mineraloge u. Botaniker am Brit. Museum in London. Schrieb „Tracts relative to botany", 1805. Zus. mit John Sims Herausgeber von „Annals of botany", 1804-1806.

Korsh. (auch **Korshinsky**) = Sergej Ivanovič Korshinsky, Astrachan 7. 9. 1861-1. 12. 1900 St. Petersburg. Russ. Botaniker, Professor in Tomsk. Herausg. von Teil 1-2 von „Schedae ad herbarium florae rossicae", 1898-1900 (fortgesetzt von Dmitrij Ivanovič Litvinov, Teil 3-7, 1901-1911). Nach ihm die Gattung *Korshinskia* Lipsky.

Korth. = Pieter Willem Korthals, Amsterdam 1. 9. 1807-8. 2. 1892 Haarlem. Holl. Botaniker, sammelte u.a. Pflanzen in Malesia. Schriften: „Observationes de Naucleis indicis...", 1839; „Verhandelingen over de natuurlijke geschiedenis der Nederlandsche overzeesche bezittingen. Botanie", 1840-1844 (beschrieb darin als erster die Kannenfallen von *Nepenthes*). Nach ihm die Gattungen *Korthalsella* van Tiegh. u. *Korthalsia* Bl.

Korth. et **Rchb. f.** = Pieter Willem Korthals u. Heinrich Gustav Reichenbach. Siehe diese.

Košanin (auch **Koš.**) = Nedelyko Košanin, Vionica, Kreis Čačak, Serbien 13. 10. 1874 bis 22. 3. 1934 Graz. Jugoslaw. Botaniker, Professor in Belgrad.

Kostel. = Vincenz Franz Kosteletzky, Brünn 13. 1. 1801-19. 8. 1887 Dejwitz bei Prag. Böhm. Botaniker, Prof. in Prag. Schrieb „Allgemeine medizinisch-pharmazeutische Flora", 1831 bis 1836; „Index plantarum horti caesarei regii botanici pragensis", 1844. Nach ihm die Gattung *Kosteletzkya* K.B. Presl.

Koster = Henry Koster, Liverpool 1793-1820 Pernambuco. Engl. Botaniker, lebte in Brasilien. Schrieb: „Travels in Brazil", 1816, auch 1817.

Kosterm. = André Joseph Guillaume Henri Kostermans, Poerworedjo, Java 1907- . Holl. Botaniker, lebt in Indonesien. Schrieb: „Studies in South American Malpighiaceae, Lauraceae and Hernandiaceae", 1936; „Bibliographia Lauracearum", 1964; „A monograph of the genus Cinnamomum Schaeff. (Lauraceae)", 1986 (Part 1).

Kotschy = Karl Georg Theodor Kotschy, Ostrau bei Tetschen, Österr.-Schlesien 15. 4. 1813-11. 6. 1866 Wien. Österr. Botaniker u. Pflanzensammler, der von seinen Reisen - meist im Orient - mehr als 300000 Exemplare mitbrachte. Veröffentlichte u.a. „Abbildungen und Beschreibungen neuer und seltener Thiere und Pflanzen, in Syrien und im westlichen Taurus gesammelt", 1843; „Die Eichen Europa's und des Orients", 1858-1862. Nach ihm die Gattung *Kotschya* Endl. Siehe auch Ant. et Kotschy sowie Schott, Nym. et Kotschy.

Kotschy et **Boiss.** = Karl Georg Theodor Kotschy u. Pierre Edmond Boissier. Siehe diese.

Kotschy et **Peyr.** = Karl Georg Theodor Kotschy u. Johann Joseph Peyritsch, Völkermarkt 20. 10. 1835-14. 3. 1889 Gries bei Bozen. Österr. Botaniker. Schrieben gemeinsam: „Plantae Tinneanae", 1867. Siehe auch ersteren.

Kozo-Polj. = Boris Mihajlovič Kozo-Poljansky (Koso-Polianski), Aschkabad, Turkmenistan 7. 1. 1890-1957. Russ. Pflanzensystematiker.

Kraenzl. = Friedrich Wilhelm Ludwig Kränzlin, Magdeburg 25. 7. 1847-9. 3. 1934 Krüssau. Deutscher Botaniker, Orchideenforscher. Mitarb. an Reichenbach „Xenia orchidaceae", Bd. III u. an Sander „Reichenbachia", ser. II, Bd. 1

u. 2. Hauptwerk (unvollendet): „Orchidacearum genera et species", 1897–1904; außerdem für Engler, Das Pflanzenreich „Scrophulariaceae - Antirrhinoideae - Calceolariae", 1907; „Cannaceae", 1912; „Orchidaceae-Coelogyninae", 1907 (mit E. Pfitzer); „Orchidaceae-Dendrobiinae", 1910–1911; „Orchidaceae-Thelasiinae", 1911; „Orchidaceae-Oncidiinae-Ondontoglossae", 1922; „Orchidaceae-Monandrae-Pseudomonopodiales", 1923. Nach ihm die Gattung *Kraenzlinella* O. Kuntze.

Krainz = Hans Krainz, Zürich 13. 5. 1906–30. 5. 1980 Zürich. Schweizer Kakteenforscher, Leiter der Städt. Sukkulentensammlung in Zürich (1931–1972). Hauptwerk: „Die Kakteen", 1956 bis 1975 (unvollendet). Bearbeiter der Cactaceae für „Pareys Blumengärtnerei", 2. Aufl., 1961. Nach ihm die Gattung *Krainzia* Bckbg.

Krainz et **Gräser** = Hans Krainz u. Robert Gräser. Siehe diese.

Krajina = Vladimir Joseph Krajina, Slavice, Slowakei 30. 1. 1905– . Kanad. Botaniker tschechoslowak. Abstammung, in Vancouver, Br. Kol.

Kral. = Jean Louis Kralik, Straßburg 26. 7. 1813 bis 19. 2. 1892 Tresserve. Franz. Botaniker in Paris, Mitarbeiter von E. St.-Ch. Cosson (s d.). Schrieb „Catalogue des Reliquiae Mailleanae", 1869 (mit J. Billon).

Král. = Ján Králik, zeitgen. tschech. Forstbotaniker, Direktor des Bot. Gartens Banska Stiavnica.

Kramer = Carl Cramer, gest. 8. 10. 1882 Lüttich. Belg. Gärtner u. Pflanzensammler, sammelte in Japan u. Mittelamerika.

Krasch. = Ippolit Mihajlovič Krascheninnikow, 1884–1947. Russ. Botaniker. Mitarbeiter an Komarov, V. L., Flora U. R. S. S., Bd. 4, 1935 u. Bd. 7, 1937.

Krasn. = Andrej Nikolaevič Krasnov (Krassnov), 1862–1915. Russ. Botaniker in Charkow, Ukraine. Nach ihm die Gattung *Krasnovia* Popow ex Schischkin.

Krätzl = Franz Krätzl, Krönau 19. 1. 1852–?. Österr. Botaniker.

Kraus = Gregor Konrad Michael Kraus, Orb 9. 5. 1841–14. 11. 1915 Würzburg. Deutscher Botaniker, Prof. in Leipzig, Erlangen, Halle u. von 1898–1914 in Würzburg. Schrieb: „Der botanische Garten der Universität Halle", 1888–1893; „Geschichte der Pflanzeneinführungen in die europäischen botanischen Gärten", 1894.

Krause = Kurt Krause, Potsdam 20. 4. 1883 bis 19. 9. 1963 Berlin. Deutscher Botaniker. Bearbeitete für Engler, Das Pflanzenreich „Aponogetonaceae" (zus. mit H. G. A. Engler), 1906; „Araceae-Monsteroideae", 1908 (zus. mit H. G. A. Engler); „Araceae-Calloideae", 1908; „Goodeniaceae et Brunoniaceae", 1912; „Araceae-Philodendroideae - Philodendreae - Philodendrinae", 1913; „Araceae-Colocasioideae" (zus. mit H. G. A. Engler), 1920; für Engler, Die natürlichen Pflanzenfamilien, 2. Aufl. Bd. 15a „Stemonaceae, Liliaceae", 1930, Bd. 21 „Lacistemaceae", 1925. Siehe auch Engl. et Krause.

E. H. L. Krause = Ernst Hans Ludwig Krause, Stade 27. 7. 1859–1942. Deutscher Arzt u. Botaniker. Schrieb u. a.: „Mecklenburgische Flora", 1893; „Excursionsflora", 1908. Nach ihm die Gattung *Krauseola* Pax et K. Hoffm.

Krauss = Christian Ferdinand Friedrich von Krauss, Stuttgart 9. 7. 1812–15. 9. 1890 Stuttgart. Deutscher Botaniker u. Zoologe in Stuttgart. Bereiste Südafrika. Schrieb: „Beiträge zur Flora des Cap- und Natallandes", 1846. Nach ihm die Gattung *Kraussia* Harv.

H. K. Krauss = Helen K. Krauss, zeitgenöss. nordamer. Begonienkennerin. Schrieb „Begonias for American Homes and Gardens", 1947.

Krecz. = Vladimir L. Kreczetovicz, 20. Jahrh. Russ. Botaniker, Mitarbeiter an Komarov, V. L., Flora U. R. S. S. Bd. 2–3, 1934–1935 u. Bd. 11, 1945. Schrieb: [Fragen der Evolution des Pflanzenreichs], 1952 (in Russisch).

Kreutzer = Karl Joseph Kreutzer, Wien 8. 3. 1809–26. 1. 1866 Graz. Österr. Botaniker. Schrieb u. a. „Anthochronologicon plantarum Europae mediae. Blüthen-Kalender der Pflanzen des mittleren Europa", 1840; „Taschenbuch der Flora Wiens", 1852, 2. Aufl. 1864.

Kreuzgr. = Kurt G. Kreuzinger, zeitgenöss. tschech. Ingenieur u. Kakteenkenner in Eger. Siehe auch Frič et Kreuzgr.

Krischt. = Afrikan Nikolaevič Krištofovič (Krischtofowitsch), Krištopovka 9. 11. 1885 bis 1953. Russ. Paläobotaniker, Pflanzengeograph, Systematiker, Geologe.

Krock. = Anton Johann Krocker, Schönau, Schlesien 6. 5. 1744–27. 5. 1823 Breslau. Deutscher Arzt u. Botaniker. Schrieb „Flora silesiaca . . .", 1787–1823, 2. Aufl. 1796.

Krok = Thorgny Ossian Bolivar Napoleon Krok, Uddevalla 30. 3. 1834–17. 5. 1921 Stockholm. Schwed. Botaniker, Oberschullehrer. Seine berühmte Bibliographie „Bibliotheca botanica suecana" erschien posthum 1925. Nach ihm die Gattung *Krokia* Urb.

Krok et **Almq.** = Thorgny Ossian Bolivar Napoleon Krok u. Sigfrid Oscar Immanuel Almquist. Siehe diese.

Krüssm. = Johann Gerd Krüssmann, Dinslaken, Niederrhein 24. 4. 1910–5. 6. 1980 Bad Salzuflen. Deutscher Dendrologe, ehemaliger Leiter des Bot. Gartens Dortmund. Hrsg. von „Deutsche Baumschule", 1949ff. Veröffentlichte u. a. „Die Baumschule", 1949, 4. Aufl. 1977; „Die Nadelgehölze", 1955, 2. Aufl. 1960 (englisch: „Manual of cultivated conifers", 1985); „Handbuch der Laubgehölze", 1959–1962, 2. Aufl. 1976–1978 (englisch: „Manual of cultivated broad-leaved trees & shrubs", 1984–1986, 3 Bde.); „Rhododendron, andere immergrüne Laubgehölze und Koniferen", 1968; „Die Bäume Europas", 1968; „Handbuch der Nadelgehölze", 1970–1972, 2. Aufl. 1983; „Rosen, Rosen, Rosen", 1974.

O. Ktze. = siehe O. Kuntze

Kudô = Yûshun Kudô, Masuda-machi 6. 3. 1887–8. 1. 1932 Taipei, Formosa. Jap. Botaniker, Direktor des Bot. Gartens in Taipei. Schrieb u.a. „Nihon yuyo jumoku bunruigaku“ [Taxonomy of useful trees of Japan], 1922, weitere Aufl. 1930, 1941; gemeinsam mit K. Miyabe „Flora of Hokkaido and Saghalien“, 1930-1944. Nach ihm die Gattung *Kudoacanthus* Hosokawa.

Kuendig = Jakob Kündig, Zell 25. 3. 1863-19. 4. 1933 Oberstammheim. Schweizer Botaniker. Bearbeitete für Engler u. Prantl, „Die natürlichen Pflanzenfamilien“, Bd. III. 2 „Papaveraceae“, 1889-1891 (mit K.A.E. Prantl).

Kuhn = Maximilian Friedrich Adalbert Kuhn, Berlin 3. 9. 1842-13. 12. 1894 Friedenau bei Berlin. Deutscher Botaniker. Bearbeitete für Martius, Flora brasiliensis in Bd. I, 2 (1884) „Isoetaceae, Marsiliaceae, Salviniacae“; für „Die Forschungsreise SMS Gazelle in den Jahren 1874/1876, IV: Botanik“, 1889, die Farne. Schrieb u.a.: „Filices africanae“, 1868; „Beiträge zur Mexicanischen Farnflora“, 1869.

Kükenth. = Georg Kükenthal, Weißenfels 30. 3. 1864-20. 10. 1955 Coburg. Deutscher Theologe u. Amateurbotaniker. Bearbeitete für Engler, Das Pflanzenreich „Cyperaceae-Caricoideae“, 1909; „Cyperaceae-Scirpoideae-Cypereae“, 1935-1936. Schrieb: „Beiträge zur Flora von Coburg und Umgebung (Rosen und Brombeersträucher)“, 1930 (mit H. Schack).

Kuleshov = Michael Jossiphowitcz Kuleshov, 1878-?. Holl. Landwirtschaftsbotaniker an der Zuckerrohrprüfstelle in Lawang, Java. Publizierte 1930.

Kulpa et **Danert** = ... Kulpa u. Siegfried Danert. Siehe letzteren.

Kunth = Carl Sigismund Kunth, Leipzig 14. 6. 1788-22. 3. 1850 Berlin. Deutscher Botaniker. Hrsg. von A. v. Humboldts „Nova genera et species plantarum“, 1815-1825. Weitere Schriften: „Flora berolinensis“, 1813 (eine andere Schrift mit gleichem Titel erschien 1838); „Mimoses et autres plantes légumineuses du Nouveau Continent...“, 1819-1824; „Synopsis plantarum... collegerunt Alexander von Humboldt et Amatus Bonpland“, 1822-1826; „Enumeratio plantarum...“, 1833-1850; „Revision des Graminées...“, 1829-1834.

Kunth et **Bouché** = Carl Sigismund Kunth u. Carl David Bouché. Siehe diese.

O. Kuntze (auch **O. Ktze.**) = Carl Ernst Otto Kuntze, Leipzig 23. 6. 1843-28. 1. 1907 San Remo. Deutscher Botaniker in Berlin. Schrieb u.a. „Revisio generum plantarum“, 1891 bis 1898; zus. mit Tom Erik von Post Hrsg. von „Lexicon generum phanerogamarum“, 1903, auch 1904.

Kunze = Gustav Kunze, Leipzig 4. 10. 1793 bis 30. 4. 1851 Leipzig. Deutscher Botaniker, Direktor des Bot. Gartens Leipzig. Schriften: „Analecta pteridographica“, 1837; „Die Farrnkräuter, in colorirten Abbildungen“, 1840 bis 1851; „Supplemente zur Schkuhr's Riedgräsern“, 1840-1851. Nach ihm die Gattung *Kunzea* Rchb. Siehe auch Goeb.

Küpfer = Philippe Küpfer, zeitgenöss. Schweizer Botaniker am Bot. Institut in Neuchatel. Spezialgebiet: *Iberis* u. verwandte Gattungen *(Cruciferae)*.

Kupper = Walter Kupper, 1874-1953. Deutscher Botaniker, Kustos des Bot. Gartens München. Spezialist für *Cactaceae, Orchidaceae.* Schrieb u.a. die populären Bücher „Die Kakteen“, 1928; „Orchideen“, 1952; „Kakteen“, 1954. Bereiste von 1930-1932 Mittelamerika u. Mexiko.

Kurtz = Friedrich Kurtz, Berlin 6. 3. 1854-23. 8. 1920 Córdoba, Argentinien. Deutsch-argent. Botaniker, Professor in Córdoba. Schrieb u.a.: „Aufzählung der von K. Graf von Waldburg-Zeil im Jahre 1876 in Westsiberien gesammelten Pflanzen“, 1879; „Essai d'une bibliographie botanique de l'Argentine“, 1900, 2. Aufl. 1913 bis 1915. Publizierte mit Georg Carl Wilhelm Vatke. Nach ihm die Zeitschrift „Kurtziana“ (1961 →).

Kurz = Wilhelm Sulpiz Kurz, München 5. 5. 1834-15. 1. 1878 Pulo Penang, Malakka. Deutscher Botaniker, Kurator des Royal Herbariums in Kalkutta. Schrieb u.a. „Report on the vegetation of the Andaman Islands“, 1870; „Forest flora of British Burma“, 1877.

Kusn. = Nikolaj Ivanovič Kusnetzov, St. Petersburg 5. 12. 1864-22. 5. 1932. Russ. Botaniker. Veröffentlichte „Eugentiana. Gentiana“, 1894; zus. mit N.A. Busch u. A.V. Fomin „Flora caucasica critica“, 1901-1916.

Kütz. = Friedrich Traugott Kützing, Ritteburg bei Artern 8. 12. 1807-9. 9. 1893 Nordhausen. Deutscher Lehrer u. Botaniker. Schrieb hauptsächlich über Algen, Tange, Diatomeen etc., darunter das 20bändige Werk „Tabulae phycologicae oder Abbildungen der Tange“, 1846 bis 1871. Außerdem „Grundzüge der philosophischen Botanik“, 1851-1852.

Kuzen. (auch **Kuzeneva**) = Olga Jakinfovna Kuzeneva-Prochorova, 1887-?. Russ. Botanikerin, ehemals am Arctic-Alpine Botanical Garden Kirovsk. Mitarbeiterin an Komarov, V.L., Flora U.R.S.S., von Bd. 3, 1935 bis Bd. 7, 1937.

L. = Carl von Linné, Räshult in Småland 23. 5. 1707-10. 1. 1778 Uppsala. Berühmter schwed. Naturforscher, Arzt u. Botaniker. Begründer der binären Nomenklatur, nach der jeder Pflanzen- (und Tiername) aus Gattungs- u. Artname (specifischem Epitheton) besteht. Stellte 1735 das „Linnésche System“ auf (ein künstliches System, nach Zahl u. Einfügung der Staubblätter). Hauptwerke: „Systema naturae“, 1735, letzte von ihm selbst besorgte Auflage, 1766-1768; „Genera plantarum“, 1737, 5. Aufl. 1754, 6. Aufl. 1764; „Flora lapponica“, 1737; „Hortus Cliffortianus“, 1737; „Classes plantarum“, 1738; „Philosophia botanica“, 1751; „Species plantarum“, 1753 (Ausgangspunkt der Nomenklatur für *Phanerogamae* u. *Pteridophyta*), 2. Aufl. 1762 bis 1763. Nach ihm die Gattung *Linnaea* Gronov. ex L. sowie die Zeitschrift „Linnaea“ (1826-1882).

L. f. = Carl von Linné, Sohn des vorigen. Falun 20. 1. 1741-1. 11. 1783 Uppsala. Nachfolger seines Vaters auf dem Lehrstuhl für Botanik in

Uppsala (1778–1783). Arbeitete vor allem über Farne u. Moose. Schriften: „... Nova graminum genera ...“, 1779; „Supplementum plantarum systematis vegetabilium“, 1781; „Decas prima (et secunda) plantarum rariorum horti upsaliensis“, 1762–1763.

Labill. = Jacques Julien Houtton de La Billardière, Alençon, Orne 28. 10. 1755–8. 1. 1834 Paris. Franz. Botaniker u. Forschungsreisender. Besuchte u.a. Südeuropa, Syrien, Libanon, Australien, Java. Schriften: „Icones plantarum Syriae rariorum“, 1791–1812; „Novae Hollandiae plantarum specimen“, 1804–1807; „Sertum austro-caledonicum“, 1824–1825; „Relation du voyage à la recherche de la Pérouse ...“, 1800. Nach ihm die Gattung *Billardiera* Sm.

Labour. = J. Labouret, Mitte 19. Jahrh. Franz. Kakteenkenner in Raffec. Schrieb „Monographie de la famille des Cactées“, 1853.

Lace = John Henry Lace, 1857–9. 6. 1918 Exmouth, Devon. Engl. Botaniker, im Forstdienst in Indien u. Burma, 1881–1913. Schrieb: „List of trees, shrubs and principal climbers ... recorded from Burma“, 1913. Publizierte mit William Botting Hemsley (Hemsl.).

Lace et **W.W. Sm.** = John Henry Lace u. Sir William Wright Smith. Siehe diese.

Lag. (auch **Lagasca**) = Mariano Lagasca y Segura, Encinacowa, Aragonien 4. 10. 1776 bis 23. 6. 1839 Barcelona. Span. Botaniker. Schriften: „Amenidades naturales de las Españas ...“, 1811–1821; „Genera et species plantarum, quae aut novae sunt, ...“, 1816; „Memoria sobre las plantas barrilleras de España“, 1817; „Elenchus plantarum, quae in horto regio botanico matritensi colebantur anno 1815, ...“, 1816. Nach ihm die Gattung *Lagascea* Cav. corr. Willd. sowie die Zeitschrift „Lagascalia“, 1971 →.

Lag. et **Rodr.** = Mariano Lagasca y Segura u. José Demetrio Rodriguez. Siehe diese.

Lagerh. = Nils Gustaf von Lagerheim, Stockholm 18. 10. 1860–2. 1. 1926 Stockholm. Schwed. Botaniker, kam 1889 an das Bot. Museum Lissabon, von 1889–1892 nach Quito, 1892–1895 in Tromsö, von 1895 an Prof. der Botanik in Stockholm. Schrieb u.a. „Mykologische Studien“, 1898–1900.

Lahman = Bertha Marion Lahmann, geb. Sherwood, Tiskilwa, Illinois 5. 12. 1872–?. Nordamer. Autorin.

Laing = Robert Malcolm Laing, 1865–1941. Neuseeländ. Botaniker. Schrieb: „Plants of New Zealand“, 1906 (mit E.W. Blackwell); 2. Aufl. 1907, 3. Aufl. 1927, 4. Aufl. 1940, 5. Aufl. 1949, 6. Aufl. 1957, 7. Aufl. 1964. Publizierte mit Leonard Cockayne.

Laínz = Manuel Laínz, Gallo 1923– . Span. Botaniker. Spezialgebiet: Span. *Umbelliferae.*

Lakela = Olga Korhonen Lakela, Kestila, Finnland 11. 3. 1890–?. Nordamer. Botanikerin finn. Abstammung. Schrieb „A monograph of the genus Heuchera“, 1936 (mit F.K. Butters u. C.O. Rosendahl); „A flora of northeastern Minnesota“, 1965; „A flora of tropical Florida“, 1971 (mit R.W. Long), ebenso „Ferns of Florida“, 1976.

La Llave = siehe Llave.

Lallem. = siehe Avé-Lall.

Lam = Hermann Johannes Lam, Veendam 3. 6. 1892–15. 2. 1977 Leiden. Holl. Botaniker am Rijksherbarium Leiden. Bereiste Java, Neuguinea, Neuseeland. Spezialgebiete: *Verbenaceae, Sapotaceae, Sarcospermataceae, Burseraceae* des fernen Ostens. Schrieb u.a.: „The Verbenaceae of the Malayan Archipelago“, 1919.

Lam. (selten **Lamk.**) = Jean Baptiste Pierre Antoine de Monet de Lamarck, Bapaume 1. 8. 1744–18. 12. 1829 Paris. Franz. Botaniker u. Zoologe. Schriften: „Flore françoise“, 1778, 2. Aufl. 1795, 3. Aufl. 1805–1815 (mit A.P. de Candolle, Titel „Flore française“); „Extrait de la flore française“, 1792; „Histoire naturelle des végétaux ...“, 1802 (mit C.P. Brisseau de Mirbel), auch 1830; „Encyclopédie méthodique. Botanique ...“, 1783–1817 (mit Jean Louis Marie Poiret); „Tableau encyclopédique et méthodique des trois règnes de la nature. Botanique“, 1791–1823 (ebenfalls mit Jean Louis Marie Poiret). Stellte in seiner „Philosophie zoologique“, 1809, ein System der Transmutationslehre auf. Nach ihm die Gattung *Lamarckia* Moench corr. Koel.

Lamb. = Aylmer Bourke Lambert, Bath 2. 2. 1761–10. 1. 1842 Kew. Engl. Botaniker. Schriften: „A description of the genus Cinchona“, 1797; „A description of the genus Pinus“, 1803 bis 1824; 2. Aufl. 1828–1837, weitere Aufl. 1832, 1837–1842, 1842 (z.T. unter Mitarbeit von D. Don); „An illustration of the genus Cinchona“, 1821. Nach ihm die Gattung *Lambertia* Sm.

Lambertye = Comte Léonce de Lambertye, Montluçon, Allier 14. 2. 1810–30. 8. 1877 Chalbrait, Marne. Franz. Gartenbauschriftsteller. Schrieb „Catalogue raisonné des plantes vasculaires, qui croissent spontanément dans le départment de la Marne“, 1846.

N.S. Lander = Nicholas S. Lander, 1950– . Botaniker in Perth, Australien.

Landon =John W. Landon, zeitgenöss. Botaniker in St. Louis, USA.

Laness. = Jean Marie Antoine de Lanessan, Saint-André-de-Cubzas, Gironde 13. 7. 1843–17. 11. 1919 Ecuen, Seine-et-Oise. Franz. Arzt, Botaniker u. Staatsmann. Schrieb: „Flore de Paris“, 1884; „Les plantes utiles des colonies françaises“, 1886. Mitarbeiter an Baillon, Henri Ernest: „Dictionnaire de botanique“, 1876 bis 1892.

O.F. Lang = Otto Friedrich Lang, Verden 23. 5. 1817–26. 12. 1847 Verden. Deutscher Botaniker. Schrieb: „Caricineae germanicae et scandinavicae“, 1851.

Lange = Johan Martin Christian Lange, Ødstedgaard, Fredericia 20. 3. 1818–3. 4. 1898 Kopenhagen. Dän. Botaniker, Professor in Kopenhagen. Schriften: „Descriptio iconibus illustrata plantarum novarum ... e Flora hispanica“, 1864–1866; „Haandbog i den Danske Flora“, 1850–1851, 4. Aufl. 1886–1888; „Revisio specierum generis Crataegi ..., quae in hortis Daniae coluntur", 1897; „Arboretum scandinavicum", 1883; zus. mit H. M. Willkomm „Prodromus florae hispanicae...", 1861-1880, Suppl. 1893. Herausgeber von „Flora danica", Lieferung 44 bis 51 (1858-1883; Lieferung 44 mit Johannes Jupetus Smith Steenstrup) u. Suppl., Lieferung 1-3 (1853 bis 1874; Lieferung 1 mit Frederik Michael Liebmann).

Langsd. = Georg Heinrich von Langsdorff, Wöllstein 18. 4. 1774-29. 6. 1852 Freiburg. Deutscher Botaniker, russ. Generalkonsul in Brasilien. Zus. mit F. E. L. von Fischer Hrsg. von „Plantes recueillies pendant le voyage des Russes autour du monde", 1810-1818. Nach ihm die Gattung *Langsdorffia* Mart.

Langsd. et **Fisch.** = Georg Heinrich von Langsdorff u. Friedrich Ernst Ludwig von Fischer. Siehe diese.

Lapeyr. (auch **La Peyr.**) = Philippe Picot Baron de Lapeyrouse, Toulouse 20. 10. 1744 bis 18. 10. 1818 Toulouse. Franz. Generaladvokat, Inspekteur des Bergwesens, Prof. der Naturwissenschaften, Botaniker. Schriften: „Figures de le Flore de Pyrénées, avec des Descriptions", 1795-1801; „Histoire abrégée des Plantes des Pyrénées, ...", 1813, Supplement dazu 1818. Nach ihm die Gattung *Lapeirousia* Pourr.

Lasch = Wilhelm Gottfried Lasch, Berlin 28. 1. 1787-1. 7. 1863 Driesen. Deutscher Apotheker u. Botaniker. Hrsg. des Exsikkatenwerks: „Herbarium norddeutscher Pflanzen", 1860, 2. Aufl. 1863 (zus. mit Carl Gabriel Baenitz).

Laterr. (auch **Laterrade**) = Jean François Laterrade, Bordeaux 23. 1. 1784-30. 10. 1858 Bordeaux. Franz. Botaniker, Direktor des Botan. Gartens Bordeaux. Schrieb „Flore bordelaise", 1811, Suppl. 1817; weitere Auflagen 1821, 1829, 1846.

Latour. = Marc Antoine Louis Claret de Latourrette, Lyon 11. 8. 1729-Aug. 1793 La Tourette bei Lyon. Franz. Botaniker u. Richter. Schrieb u. a. „Chloris lugdunensis", 1785; zus. mit F. Rozier „Demonstrations élémentaires de botanique...", 1766, weitere Aufl. 1773, 1787, 1796.

Laubenf. = Siehe De Laubenf.

Lauche = Friedrich Wilhelm Georg Lauche, Gartow, Hannover 21. 5. 1827-12. 9. 1883 Wildpark bei Potsdam. Bedeutender deutscher Gärtner, Vorsteher der Gärtnerlehranstalt Wildpark bei Potsdam. Erzog als erster Farnbastarde. Schriften: „Deutsche Pomologie", 1879-1882; „Deutsche Dendrologie", 1880, 2. Aufl. 1883; „Handbuch des Obstbaues", 1882.

Lauterb. = Carl Adolf Georg Lauterbach, Breslau 21. 4. 1864-1. 9. 1937 Stabelwitz bei Breslau. Deutscher Forschungsreisender u. Botaniker, bereiste wiederholt Neuguinea (1890, 1896, 1899). Schrieb zus. mit K. Schumann„ Die Flora der deutschen Schutzgebiete in der Südsee", 1900, Nachträge 1905. Nach ihm die Gattungen *Lauterbachia* Perk. u. *Clarorivinia* Pax et K. Hoffm.

Lauth = Thomas Lauth, Straßburg 19. 8. 1758-16. 9. 1826 Bergzabern. Elsässer Arzt u. Botaniker, Professor in Straßburg. Schrieb: „Dissertatio inauguralis botanica de Acere", 1781.

Lavallée (auch **Lav.** u. **Lavall.**) = Pierre Alphonse Martin Lavallée, Paris 1836-3. 5. 1884 Segrez. Franz. Dendrologe. Schrieb u. a. „Arboretum segrezianum. Icones...", 1880 bis 1885; „Les Clématites à grandes fleurs", 1884.

Lavis = Mary Gwendolen Lavis, 1902- . Nordam. Botanikerin.

Lawalrée = André Gilles Célestin Lawalrée, Terwagne 2. 2. 1921- . Belg. Botaniker am Jardin Botanique National de Belgique in Meise. Schrieb u. a. „Flore générale de Belgique. Ptéridophytes", 1950; „Spermatophytes", 1952 →.

Lawr. = George Lawrence. Engl. Gärtner u. Kakteenkenner in Hendon Vicarage, Middlesex. Publizierte 1841.

Laws. = Marmaduke Alexander Lawson, Seaton-Carew, Durham 20. 1. 1840-14. 2. 1896 Madras, Indien. Engl. Botaniker in Oxford, später in Indien. Mitarbeiter an Hooker fil., Flora of British India Bd. 1(3), 1875 (Celastrineae, Rhamneae, Ampelideae) u. wahrscheinl. an Oliver, Flora of Tropical Africa Bd. 2, 1871 (Combretaceae, Myrtaceae).

P. et C. Laws. = Peter Lawson, ca. 1770-1821 u. Charles Lawson, Edinburgh 1794-21. 12. 1873 Edinburgh. Schott. Baumschulbesitzer.

Laxm. = Erich Laxmann, Åbo 24. 7. 1737 bis 16. 1. 1796 auf einer Reise nach Tobolsk. Pastor in Kolywan, Sibirien, Prof. der Ökonomie in St. Petersburg, 1781 Bergrat zu Nertschinsk, russ. Naturwissenschaftler u. Reisender. Schrieb u. a. „Sibirische Briefe", 1769; „Beiträge zur Flora und Fauna Rußlands", in Novi Comment. Acad. Sci. Imp. Petrop. zwischen 1770 u. 1796. Nach ihm die Gattung *Laxmannia* R. Br.

Layens = Georges de Layens, 1834-1897. Franz. Botaniker. Schrieb: „Nouvelle flore...", 1887 (mit Gaston Eugène Marie Bonnier); weitere Aufl. von 1888-1944. Siehe auch Bonnier et Layens.

Leach = Leslie Charles Leach, Southend, Essex, England 18. 11. 1909- . Engl. Botaniker in Südafrika. Spezialgebiete: *Stapelieae*, sukkulente *Euphorbieae*.

Leandri = Jacques Désiré Leandri, Sartène, Korsika 12. 7. 1903-1982. Franz. Botaniker am Muséum National d'Histoire Naturelle, Paris. Spezialgebiete: *Euphorbiaceae, Thymelaeaceae, Moraceae, Urticaceae* etc. von Madagaskar. Nach ihm die Gattung *Leandriella* Benoist.

Lebas = E. Lebas, 19. Jahrh. Franz. Gärtner.

Leconte (auch **Le Conte**) = John Eatton Le Conte, Shrewbury, New Jersey 22. 2. 1784-21. 11. 1860 Philadelphia, Pennsylvania. Nordamer. Botaniker.

Lecoq et **Lamotte** = Henri Lecoq, Avesnes 14. 4. 1802-4. 8. 1871 Clermont-Ferrand, u. Martial Lamotte, Riom 1820-23. 2. 1883 Clermont-Ferrand. Franz. Botaniker. Gemeinsame Schrift: „Catalogue raisonné des plantes vasculaires du Plateau Central de la France", 1848. Nach ersterem die Gattung *Lecokia* DC.

Ledeb. = Carl Friedrich von Ledebour, Greifswald 8. 7. 1785–4. 7. 1851 München. Deutscher Botaniker, von 1811–1836 Direktor des Bot. Gartens u. Prof. in Dorpat (Tartu). Schriften: „Flora altaica", 1829–1834; „Icones plantarum novarum vel imperfecte cognitarum floram rossicam, imprimis altaicam, illustrantes", 1829 bis 1834; „Flora rossica", 1841–1853. Nach ihm die Gattung *Ledebouriella* H. Wolff.

Leeke = Paul Leeke, publizierte um 1907 über *Gramineae.*

Leers = Johann Daniel Leers, Wunsiedel 1727–1774 Herborn. Deutscher Apotheker u. Botaniker in Herborn. Schrieb: „Flora herbornensis", 1775, 2. Aufl. 1789.

Lehm. = Johann Georg Christian Lehmann, Haselau, Holstein 25. 2. 1792–12. 2. 1860 Hamburg. Deutscher Botaniker, Direktor des Bot. Gartens Hamburg. Schriften: „Monographia generis Primularum", 1817; „Monographia generis Potentillarum", 1820, Suppl. 1835; „Novarum et minus cognitarum stirpium pugillus", 1828–1857; „Plantae Preissianae", 1844–1848; „Revisio Potentillarum . . .", 1856.

C.B. Lehm. = Carl B. Lehmann, Besitzer einer *Sempervivum*-Sammlung in Offenbach. Publizierte 1850.

C.B. Lehm. et **Schnittsp.** = Carl B. Lehmann u. Georg Friedrich Schnittspahn. Siehe diese.

C.O. Lehm. = Christian O. Lehmann, 1926 bis . Zeitgenöss. deutscher Botaniker am Institut für Kulturpflanzenforschung in Gatersleben.

F.C. Lehm. et **Kraenzl.** = F.C. Lehmann u. Friedrich Wilhelm Ludwig Kränzlin. Siehe letzteren.

Leichtl. (auch **Leicht.**) = Maximilian Leichtlin, Karlsruhe 20. 10. 1831–3. 9. 1910 Baden-Baden. Deutscher Gärtner, Kaufmann, Pflanzensammler u. Importeur seltener Stauden u. Zwiebelgewächse. Besaß einen bedeutenden bot. Garten, bereiste Argentinien u. Brasilien.

Leighton = Frances Margaret Leighton (später Mrs. William Edwin Isaac), King William's Town 8. 3. 1909– . Südafr. Botanikerin. Schrieb u.a. „A brief review of the genus Agapanthus", in Journal of South African Botany, 1965.

Leitn. = Friedrich August Ludwig Leitner, Stuttgart 4. 2. 1812–15. 1. 1838 Florida. Deutscher Naturforscher in Nordamerika, getötet während des Seminolenkrieges in Florida. Schrieb: „Botanical chart", 1835. Nach ihm die Gattung *Leitneria* Chapm.

Lej. = Alexander Louis Simon Lejeune, Verviers 23. 12. 1779–28. 12. 1853 Verviers. Belg. Arzt u. Botaniker. Schriften: „Flore des environs de Spa", 1811–1813; „Revue de la flore des environs de Spa", 1824; zus. mit R.J. Courtois „Compendium florae belgicae", 1828 bis 1836. Nach ihm die Zeitschrift „Lejeunia" (1937 →).

Le Jolis = Auguste François Le Jolis, Cherbourg 1. 12. 1823–20. 8. 1904 Cherbourg. Franz. Kaufmann u. Botaniker. Gründer der „Société nationale des sciences nat. et math. de Cherbourg". Schrieb „Plantes vasculaires des environs de Cherbourg", 1860.

Lem. (auch **C. Lem.**) = Antoine Charles Lemaire, Paris 1. 11. 1800–22. 6. 1871 Gent. Franz. Gärtner, Botaniker, Kakteenkenner, Gartenbauschriftsteller. Veröffentlichte u.a. „Iconographie descriptive des Cactées, . . .", 1841–1847; redigierte von 1839–1845 „L'Horticulteur universel", von 1851–1854 „Le Jardin fleuriste", von 1854–1869 „L'Illustration horticole", von 1845–1855 zus. mit M.J.F. Scheidweiler u. L. Van Houtte „Flore des Serres et des Jardins de l'Europe". Nach ihm die Gattung *Lemaireocereus* Britt. et Rose.

Léman = Dominique Sebastian Léman, Neapel 30. 12. 1781–28. 2. 1829 Paris. Ital.-franz. Botaniker. Schrieb über die Gattung *Rosa* u. über Kryptogamen. Nach ihm die Gattung *Lemanea* Bory.

Lemée = Albert Victor Marie Lemée, 22. 8. 1872–?. Franz. Kolonialbotaniker. Schrieb: „Dictionnaire descriptif et synonymique des genres de plantes phanérogames", 10 Bände, 1929–1959; „Flora de la Guayane française", 1952–1956.

Lemm. = John Gill Lemmon, Lima, Michigan 2. 1. 1832–24. 11. 1908 Oakland, Kalifornien. Nordamer. Botaniker in Kalifornien. Schrieb u.a.: „Hand-book of West-American conebearers", 1892, 2. Aufl. 1892, 3. Aufl. 1895, 4. Aufl. 1900.

Lemoine = 1. Pierre Louis Victor Lemoine, Delme, Lothringen 21. 10. 1823–12. 12. 1911 Nancy. Bedeutender franz. Gärtner u. Pflanzenzüchter *(Deutzia, Syringa, Philadelphus, Begonia, Gladiolus, Clematis, Fuchsia).* Schrieb: „Atlas des charactères spécifiques des plantes de la flore parisienne", 1880–1881.
2. Émile Lemoine, Nancy 11. 1. 1862–1943, Sohn u. Nachfolger des vorigen.

L.W. Lenz = Lee Wayne Lenz, Bozeman, Montana 12. 10. 1915– . Nordamer. Botaniker.

Léonard = Jean Joseph Gustave Léonard, Couvin 17. 5. 1920– . Belg. Botaniker am Bot. Institut in Brüssel.

Lepech. = Ivan Ivanovič Lepechin, St. Petersburg 20. 9. 1737–8. 4. 1802 St. Petersburg. Russ. Botaniker. Nach ihm die Gattungen *Lepechinia* Willd. u. *Lepichiniella* Popov.

Le Prieur = F.R.M. Le Prieur, Saint-Dié près Nancy 1799–1869 Cayenne, Franz. Guayana. Franz. Apotheker, bereiste die franz. Kolonien.

Leresche = Louis François Jules Rudolphe Leresche, Lausanne 10. 12. 1808–11. 5. 1885 Rolle. Schweizer Geistlicher u. Botaniker. Veröffentlichte zus. mit Émile Levier „Deux excursions botaniques dans le Nord de l'Espagne et le Portugal en 1878 et 1879", 1881.

Lesch. = Jean Baptiste Louis Claude Théodore Leschenault de la Tour, Chalon sur Saône 13. 11. 1773–14. 3. 1826 Paris. Franz. Gelehrter u. Reisender. Bereiste Südasien u. die Südseeinseln, Guayana, Cayenne, Brasilien. Schrieb über Australien u. Tasmanien in F. Pérons „Voyage de decouvertes aux terres australes, pendant les années 1800-1804", 1807-1816, 2. Aufl. 1824. Nach ihm die Gattung *Lechenaultia* R. Br.

Lescuy. = O. Lescuyer, publizierte zwischen 1855 u. 1872.

Less. = Christian Friedrich Lessing, Wartenberg, Schlesien 10. 8. 1809-1862 Krasnojarsk. Deutscher Arzt u. Botaniker, Enkel des Dichters Gotthold Ephraim Lessing. Schrieb „Synopsis generum Compositarum ...", 1832. Nach ihm die Gattung *Lessingia* Cham.

Lestib. = Gaspard Thémistocle Lestiboudois, Lille 12. 8. 1797-12. 11. 1876 Paris. Franz. Botaniker. Schrieb „Essai sur la famille des Cypéracées, ...", 1819 (bildet eine Forts. zu Palisot de Beauvois „Essai d'une nouvelle Agrostographie", 1812); „Botanographie belgique", 1827.

Leute = Gerfried Horand Leute, Klagenfurt 14. 6. 1941- . Österr. Botaniker in Klagenfurt. Spezialgebiete: Flora von Kärnten, *Umbelliferae.*

Lév. (auch **Lévl.**) = Augustin Abel Hector Léveillé, Le Mans 13. 3. 1863-25. 11. 1918 Le Mans. Franz. Botaniker. Schrieb u. a. „Iconographie du genre Epilobium", 1910-1911; „Flore du Kouy Tchéou", 1914-1915; „Catalogue illustré et alphabétique des plantes du Sen-Tchouen", 1918-1919.

Lév. et **Van.** = Augustin Abel Hector Léveillé u. Eugène Vaniot. Siehe diese.

Levier = Émile Levier, Bern 14. 6. 1839-26. 8. 1911 Florenz. Ital. Botaniker. Schrieb u. a.: „Les Tulipes de l'Europe", 1884. Nach ihm die Gattung *Levieria* Becc. Siehe auch Somm. et Levier.

Levier et **Leresche** = Émile Levier u. Louis François Jules Rudolphe Leresche. Siehe diese.

Lévl. = siehe Lév.

Levyns = Margaret Rutherford Bryan Levyns, Kapstadt 24. 10. 1890-1975. Südafr. Botanikerin.

Lewis = Gwendoline Joyce Lewis, Kapstadt 27. 3. 1909-11. 4. 1967 Kapstadt. Südafr. Botanikerin, Spezialistin für südafr. *Iridaceae.*

F. H. Lewis et **M. E. Lewis** = Frank Harlan Lewis, Redlands, Kalifornien 8. 1. 1919- . Nordamer. Botaniker an der University of California, Los Angeles. Spezialgebiet: *Onagraceae*; u. Margaret Ruth Ensign Lewis, Pasadena, Kalifornien 12. 10. 1919- . Nordamer. Botanikerin u. Pflanzensammlerin.

H. F. Lewis = Harrison Flint Lewis, Sag Harbor, N. Y. 15. 12. 1893-1974. Kanad. Botaniker.

Lex. = Juan Martinez de Lexarza, Valladolid, Michoacan, Mexiko 1785-1. 9. 1824 Mexiko City. Mexik. Botaniker. Siehe auch Llave et Lex.

Leyb. = Friedrich Leybold, Großköllnbach bei Landau, Isar 29. 9. 1827-31. 12. 1879 Santiago (Chile). Deutscher Apotheker und Botaniker. Schrieb u. a. „Stirpium in Alpibus orientali-australibus nuperrime repertarum, ...", 1855. Bearbeitete für Martius, Flora brasiliensis, in Bd. IV, 1 „Salicineae", 1855.

Leyss. = Friedrich Wilhelm von Leysser (auch Leyser in seiner Frühzeit), Magdeburg 7. 3. 1731-10. 10. 1815 Halle. Deutscher Botaniker. Schrieb „Flora halensis", 1761, 2. Aufl. 1783.

L'Hérit. = Charles Louis L'Héritier de Brutelle, Paris 15. 6. 1746-16. 8. 1800 Paris. Franz. Jurist u. Botaniker. Schrieb neben mehreren Monographien über einzelne Gattungen u. a. „Stirpes novae aut minus cognitae", 1785 bis 1805; „Geraniologia", 1792 (nur Tafeln ohne Text); „Sertum anglicum", 1789-1792. Die auf den Werken angegebenen Jahreszahlen entsprechen nicht den hier angegebenen tatsächlichen Erscheinungsdaten. Nach ihm die Gattung *Heritiera* Ait.

H. L. Li = Hui-Lin Li, Soochow, China 15. 7. 1911- . Nordamer. Botaniker, Direktor des Herbariums des Morris Arboretums, Philadelphia, Pennsylvania. Schrieb: „Trees of Pennsylvania, the Atlantic States and the Lake States", 1972. Mithrsg. von „Flora of Taiwan", 1976 → (mit T. S. Lin, T. C. Huang, T. Koyama u. C. E. de Vol).

Libon = Joseph Libon, 1821-1861.

Libosch. = Joseph L. Liboschitz, 1783-5. 1. 1824 Wien. Russ. Arzt u. Botaniker in St. Petersburg, später in Wien. Schrieb gemeinsam mit K. W. Trinius „Flore des environs de St. Pétersbourg et de Moscou", 1811-1818.

Lichonos = F. D. Lichonos, zeitgenöss. russischer Botaniker in St. Petersburg. Spezialgebiet: *Malus.*

Liebl. = Franz Kaspar Lieblein, Karlstadt a. M. 15. 9. 1744-28. 4. 1810 Fulda. Deutscher Botaniker. Schrieb „Flora fuldensis", 1784.

Liebm. = Frederik Michael Liebmann, Helsingør 10. 10. 1813-29. 10. 1856 Kopenhagen. Dän. Botaniker, Direktor des Bot. Gartens Kopenhagen, bereiste von 1841-1843 Mexiko. Schriften: „Mexicos Bregner", 1849; „Mexicos Halvgraes", 1850; „Chênes de l'Amérique tropicale", 1869. Herausgeber von „Flora danica", Lieferung 41-43 (1845-1852) u. von Lieferung 1 des Suppl. (1853; mit Johan Martin Christian Lange).

Liebm. et **Fourn.** = Frederik Michael Liebmann u. Eugène Pierre Nicolas Fournier. Siehe diese.

Liebn. = ... Liebner, 19./20. Jahrh. Schrieb in „Monatsschrift für Kakteenkunde", 1895.

Lilja = Nils Lilja, Blinkarp 17. 10. 1808-19. 12. 1870 Lund. Schwed. Botaniker. Schrieb „Flora öfver Sveriges odlade vexter, ...", 1839, Suppl. 1840; „Skånes flora", 1838, neue Aufl. 1870.

Liljebl. = Samuel Liljeblad, 20. 12. 1761-1. 4. 1815. Schwed. Botaniker. Schrieb „Utkast till en svensk flora", 1792, 2. Aufl. 1798, 3. Aufl. 1816.

Lind. = Jean Jules Linden, Luxemburg 3. 2. 1817-12. 1. 1898 Brüssel. Luxemburg. Gärtner, Reisender (von 1835-1844 in Brasilien, Mittel- u. dem trop. Amerika sowie Mexiko), Gartenbauschriftsteller. Inhaber großer Gärtnereien in Luxemburg, Brüssel u. Gent. Hrsg. von „L'Illustration horticole" von 1870-1896, „Lindenia", von 1885 bis zum Tode; veröffentlichte ferner „Hortus Lindenianus", 1859 bis 1860; „Pescatorea" (zus. mit J. E. Planchon, H. G. Reichenbach filius u. G. Lüddemann), 1854-1860. Nach ihm die Gattung *Lindenia* Benth. Siehe auch Planch. et Lind.

Lind. et **André** = Jean Jules Linden u. Édouard François André. Siehe diese.
Lind. et **Rchb. f.** = Jean Jules Linden u. Heinrich Gustav Reichenbach. Siehe diese.
Lind. et **Rodig.** = Jean Jules Linden u. Émile Rodigas. Siehe diese.
Lind. et **Rolfe** = Jean Jules Linden u. Robert Allen Rolfe. Siehe diese.
Lind. et **H. Wendl.** = Jean Jules Linden u. Hermann Wendland. Siehe diese.
Lindau = Gustav Lindau, Dessau 2. 5. 1866 bis 10. 10. 1923 Berlin. Deutscher Botaniker, Kustos am Bot. Museum Berlin. Spezialgebiete: Pilze u. *Acanthaceae*. Bearbeiter zahlreicher Pilzgruppen für Engler und Prantl, Die natürlichen Pflanzenfamilien, I. 1 u. I. 1**, 1896 bis 1900, sowie *Acanthaceae*, IV. 3b, 1895, Verf. zahlreicher, meist mykol. Werke, u.a.: „Hilfsbuch für das Sammeln parasitischer Pilze“, 1901, 2. Auf. 1922; „Hilfsbuch für das Sammeln der Ascomyceten“, 1903; „Hilfsbuch für das Sammeln und Präparieren der niederen Kryptogamen“, 1904, 2. Aufl. 1938 (von O.C. Schmidt). Nach ihm die Gattung *Lindauea* Rendle.
Lindb. = Harald Lindberg, Helsinki 2. 11. 1871 bis 13. 3. 1963 Helsinki. Finn. Botaniker. Schrieb „Enumeratio plantarum in Fennoscandia orientali sponte et subsponte nascentium“, 1901.
Lindem. = Eduard Emanuilovič von Lindemann, Mitau 13. 6. 1825–1900 Kischinew. Russ. Botaniker. Schrieb: „Florula elisabethgradensis“, 1867; „Flora chersonensis“, 1881 bis 1882.
Lindgr. = Sven Johan Lindgren, Vittings, Uppland 22. 6. 1810–19. 9. 1849 Uppsala. Schwed. Botaniker. Hrsg. von „Musci Sveciae exsiccati“, 1835–1844 (mit Knut Frederik Thedenius u. Olof Leopold Sillén).
Lindl. = John Lindley, Catton bei Norwich 5. 2. 1799–1. 11. 1865 Turnham Green, Middlesex. Engl. Botaniker, 40 Jahre lang Sekretär der Royal Horticultural Society, redigierte seit 1841 den bot. Teil von „Gardeners Chronicle“. Schriften: „Rosarum monographia“, 1820; „Digitalium monographia“, 1821; „A Synopsis of the British Flora“, 1829, 2. Aufl. 1835, 3. Aufl. 1841; „An introduction to the natural system of botany“, 1830, davon die 2. Aufl. unter dem Titel „A natural system of botany“, 1836; „The genera and species of orchidaceous plants“, 1830–1840; „The fossil flora of Great Britain“, 1831–1837 (mit W. Hutton); „Flora medica“, 1838; „Sertum orchidaceum“, 1837–1841; „The theory of horticulture“, 1840; „Pomologia britannica“, 1841; „The vegetable kingdom“, 1846, 2. Aufl. 1847, 3. Aufl. 1853; „Collectanea botanica...“, 1821 bis 1826; „Folia orchidacea“, 1852–1859. Nach ihm die Gattung *Lindleya* HBK.
Lindl. et **Gord.** = John Lindley u. George Gordon. Siehe diese.
Lindl. et **T. Moore** = John Lindley u. Thomas Moore. Schrieben gemeinsam „The treasury of botany“, 1866, weitere Aufl. 1870, 1874, 1876, 1884, 1899. Siehe auch beide Verfasser.
Lindl. et **Paxt.** = John Lindley u. Sir Joseph Paxton. Schrieben gemeinsam „Paxton's flower garden“, 1850–1853, neue Aufl. 1880 bis 1885 (von Thomas Baines). Siehe auch beide Verfasser.
Lindm. (auch **Lindman**) = Carl Axel Magnus Lindman, Halmstad 6. 4. 1856–21. 6. 1928 Stockholm. Schwed. Botaniker. Schrieb u.a. „Svensk fanerogamflora“, 1918, 2. Aufl. 1926. Nach ihm die Gattung *Lindmania* Mez.
Linds. = Robert Lindsay, Edinburgh 7. 5. 1846 bis 24. 9. 1913 Edinburgh. Schott. Botaniker, Kurator des Bot. Gartens Edinburgh.
Lingelsh. = Alexander von Lingelsheim, Arolsen 27. 9. 1874–5. 3. 1937 Breslau. Deutscher Botaniker. Bearbeitete für Engler, Das Pflanzenreich „Oleaceae-Fraxineae et -Syringeae“, 1920. Nach ihm die Gattung *Lingelsheimia* Pax.
Link = Heinrich Friedrich Link, Hildesheim 2. 2. 1767–1. 1. 1851 Berlin. Deutscher Botaniker, Direktor des Bot. Gartens Berlin, Mitbegründer der Deutschen Gartenbau-Gesellschaft (1822). Schrieb u.a. „Anatomia plantarum“, 1843 bis 1847; „Icones anatomico-botanicae“, 1837 bis 1842; „Icones selectae anatomico-botanicae“, 1839–1842; „Handbuch zur Erkennung der nutzbarsten und am häufigsten vorkommenden Gewächse“, 1829 bis 1833; „Hortus regius botanicus berolinensis“, 1827–1833; „Filicum species in horto regio botanico berolinensi cultae“, 1841. Siehe auch Hoffmgg. et Link.
Link et **Klotzsch** = Heinrich Friedrich Link u. Johann Friedrich Klotzsch. Siehe diese u. Link, Klotzsch et Otto.
Link, Klotzsch et **Otto** = Heinrich Friedrich Link, Johann Friedrich Klotzsch u. Christoph Friedrich Otto. Schrieben gemeinsam „Icones plantarum rariorum horti regii botanici berolinensis“, 1840–1844. Siehe auch die einzelnen Verfasser.
Link et **Otto** = Heinrich Friedrich Link u. Christoph Friedrich Otto. Schrieben gemeinsam „Icones plantarum selectarum horti regii botanici berolinensis“, 1820–1828; „Icones plantarum rariorum horti regii botanici berolinensis“, 1828–1831. Siehe auch beide Verfasser.
Lint. = Edward Francis Linton, Diddington, Huntigdonshire 16. 3. 1848–9. 1. 1928 Southborne, Hamsphire. Engl. Botaniker. Schrieb „Flora of Bournemouth“, 1900, 2. Aufl. 1919.
Lint. et **Epling** = Edward Francis Linton u. Carl Clawson Epling. Siehe diese.
Lipschitz = Sergej Juliewitsch Lipschitz, 1905 bis 15. 1. 1983 Leningrad. Russ. Botaniker in Leningrad. Schrieb: „Fragmenta monographiae generis Scorzonera“, 1935–1939; „Botanicorum rossicorum lexicon biographo-bibliographicum“, 4 Bände, 1947–1951 (Werk unvollendet). Spezialgebiete: *Scorzonera, Saussurea*, Flora von Mittelasien, Geschichte der Botanik.
Lipsky = Vladimir Ippolitovič Lipsky, Samostrily, Rovensk 1863–1937. Russ. Botaniker. Schrieb „Flora Caucasi“, 1899, Suppl. 1902. Nach ihm die Gattung *Lipskyella* Juzepczuk.
Litvin. = Dmitrij Ivanovič Litvinov, Moskau 17.

11. 1854–5. 7. 1929. Russ. Botaniker. Herausgeber von Teil 3–7 von „Schedae ad herbarium florae rossicae“, 1901–1911 (Teil 1–2 von Sergej Ivanovič Korshinsky, 1898 bis 1900). Nach ihm die Gattung *Litwinowia* Woronow.
Llave (auch **La Llave**) = Pablo de La Llave, Córdoba, Veracruz, Mexiko 11. 2. 1773–Juni 1833 Corral bei Orizaba, Mexiko. Mexik. Botaniker, Geistlicher u. Politiker. Nach ihm die Gattung *Llavea* Lag.
Llave et **Lex.** = Pablo de La Llave u. Juan Martinez de Lexarza. Schrieben gemeinsam: „Novorum vegetabilium descriptiones“, 1824–1825. Siehe auch beide Verfasser.
Lobb = 1. Thomas Lobb, Cornwall 1820 bis 30. 4. 1894 Devoran, Cornwall. Von 1843 bis 1860 Pflanzensammler für die Firma Veitch & Sons. Sammelte in Java u. den angrenzenden Inseln, in den Khasia Hills, Assam u. anderen Teilen Nordostindiens, in Moulmein, Niederburma, der Malay. Halbinsel, Nordborneo u. den Philippinen.
2. William Lobb, Cornwall 1809–Herbst 1863 San Francisco. Von 1840–1857 Pflanzensammler für Veitch & Sons. Bereiste Brasilien, Argentinien, Chile u. das westl. Nordamerika. Beide Brüder führten viele wertvolle Pflanzen in Europa ein.
Lockw. = Tommie Earl Lockwood, 1941–1975.
Lodd. = 1. Conrad Loddiges, 1738–13. 3. 1826 Hackney, London.
2. George Loddiges, Hackney, London 12. 3. 1784–5. 6. 1846 Hackney, London, Sohn des vorigen. Engl. Gärtner u. Botaniker, Besitzer einer bedeutenden Gärtnerei. Gemeinsame Hrsg. des „Botanical Cabinet“, 1817–1833. Der eigentliche Schriftsteller war George Loddiges. Nach C. Loddiges die Gattung *Loddigesia* Sims.
Loefgr. = Albert Löfgren, Stockholm 11. 9. 1854–30. 8. 1918 Rio de Janeiro. Brasil. Botaniker schwed. Abstammung, von 1898 bis 1906 Direktor des Bot. Gartens São Paulo, später am Bot. Garten Rio de Janeiro. Schrieb: „O genero Rhipsalis“, 1915.
Loefgr. et **Dusén** = Albert Löfgren u. Per Karl Hjalmar Dusén. Siehe diese.
Loefl. = Pehr Löfling, Tollforsbrug 31. 1. 1729 bis 22. 2. 1756 in Venezuela. Schwed. Botaniker, Schüler Linnés. Schrieb „Iter hisipanicum ...“, 1758, übersetzt von A.B. Kölpin „Reise, nach den Spanischen Ländern in Europa und America“, 1766. Nach ihm die Gattung *Loeflingia* L.
Loes. = Ludwig Eduard Theodor Loesener, Berlin 23. 11. 1865–2. 6. 1941 Berlin. Deutscher Botaniker. Schrieb u.a. „Monographia Aquifoliacearum“, 1901–1908; für Engler u. Prantl, Die natürlichen Pflanzenfamilien 1. u. 2. Aufl. „Aquifoliaceae, Celastraceae, Hippocrateaceae“, 1892–1893 u. 1942; außerdem für 2. Aufl. „Zingiberaceae, Marantaceae“, 1930. Nach ihm die Gattungen *Loesenera* Harms u. *Loeseneriella* A.C. Sm.
Á. Löve = Áskell Löve, Reykjavik 20. 10. 1916– . Nordamer. Botaniker isländ. Abstammung. Mitarb. an „Flora europaea“, 1964 bis 1980. Schrieb u.a. „Islenzkar Jurtir“, 1945; „Íslenzk Ferdaflóra“, 1970, 2. Aufl. 1977, 3. Aufl. 1981 (engl.: „Flora of Iceland“, 1983); veröffentlichte in „Taxon“ seit 1964 „IOPB Chromosome Number Reports“ (abgeschlossen mit No. C, Nov. 1988).
Á. et **D. Löve** = Áskell u. Doris Benta Maria Löve. Schrieben gemeinsam: „Chromosome numbers of Central and Northwest European plant species“, 1961; „Cytotaxonomical atlas of the Arctic flora“, 1975. Hrsg. von „North Atlantic biota and their history“, 1963. Siehe auch beide Verfasser.
D. Löve = Doris Benta Maria Löve, geb. Wahlen, Kristianstad, Schweden 2. 1. 1918 bis . Nordamer. Botanikerin schwed. Abstammung, mit Áskell Löve verheiratet.
Loisel. = Jean Louis Auguste Loiseleur-Deslongchamps, Dreux 24. 3. 1774–13. 5. 1849 Paris. Franz. Arzt u. Botaniker. Schriften: „Flora gallica ...“, 1806–1807, 2. Aufl. 1828; „Herbier général de l'amateur“, 1817 bis 1827 (begründet von J.C.M. Mordant de Launay, 1814–1816); „Notice sur les plantes à ajouter à la Flore de France ...“, 1810; „Manuel des plantes usuelles indigènes“, 1819. Nach ihm die Gattung *Loiseleuria* Desv.
Lomak. = Aleksandr Aleksandrovič Lomakin, 1863–1903. Russ. Botaniker.
Loos. = Gualterio Looser, Santiago de Chile 4. 9. 1898–1982. Chilen. Botaniker. Spezialgebiet: Chilen. *Pteridophyta.* Übersetzer von Karl Reiche: „Geografía botánica de Chile“, 1934–1937.
Lorent = J. August von Lorent, Charleston, S.C. 12. 12. 1812–9. 7. 1884 Meran. Deutscher Botaniker. Publizierte 1837.
Loret = Henri Loret, 1811–1888. Franz. Botaniker am Bot. Garten u. Herbarium in Montpellier. Schrieb u.a.: „Flore de Montpellier“, 1876 (mit A. Barrenden), 2. Aufl. 1886; „Plantes nouvelles pour le Gard“, 1880.
Loud. = John Claudius Loudon, Cambuslang bei Edinburgh 8. 4. 1783–14. 12. 1843 Bayswater bei London. Engl. Gärtner u. Schriftsteller. Schriften: „Arboretum et fruticetum britannicum“, 1835–1838; „An Encyclopedia of trees and shrubs“, 1842; „An Encyclopedia of gardening“, 1822, weitere Aufl. 1824, 1825, 1826, 1827, 1830, 1834, 1850 u. 1878; „An Encyclopedia of plants“, 1829, weitere Aufl. 1836, 1841, 1855, 1866 u. 1872. Hrsg. von „The Gardener's Magazine“, 1826–1843. Nach ihm die Gattung *Loudonia* Lindl.
Lour. = João de Loureiro, Lissabon (getauft) 8. 9. 1717–18. 10. 1791 Lissabon. Portug. Missionar u. Botaniker, lebte 30 Jahre in Cochinchina u. 3 Jahre in China. Hauptwerk: „Flora cochinchinensis ...“, 1790, 2. Aufl. 1793.
Lourt. = Alicia Lourteig, Buenos Aires, 17. 12. 1913– . Franz. Botanikerin argentinischer Abstammung am Museum National d'Histoire Naturelle in Paris. Spezialgebiet: Flora von Südamerika.
Low = 1. Sir Hugh Low, Clapton, 10. 5. 1824 bis 18. 4. 1905 Alassio, Italien. Engl. Pflanzen-

sammler auf Borneo. Nach ihm die Familie *Lowiaceae* Ridl.
2. Stuart Henry Low, Clapton 4. 1. 1826–1890 Clapton, Bruder des vorigen. Orchideensammler in Venezuela u. Kolumbien, Orchideengärtner u. -züchter, Besitzer einer großen Orchideengärtnerei. Nach ihm die Gattung × *Lowara* hort.

Lowe = Edward Joseph Lowe, Nottingham 11. 11. 1825–10. 3. 1900 Shirenewton, Mon. Engl. Botaniker u. Farnforscher. Schriften: „A Natural History of British Grasses", 1857–1858; „A History of Ferns", 1856–1860; „Our native Ferns", 1865–1869; „A natural History of new and rare Ferns", 1860–1862; zus. mit W. Howard „Beautiful leaved plants", 1859–1861.

Lowry = Porter Peter Lowry, II, zeitgenöss. nordamer. Botaniker am Missouri Botanical Garden, St. Louis, Missouri.

Lowry et **Frodin** = Porter Peter Lowry, II, u. David Gamman Frodin. Siehe diese.

Lozano = Jorge Tadeo Lozano, 18./19. Jahrh. Span. Botaniker. Publizierte 1809 (Übersetzung eines Aufsatzes von Alexander von Humboldt).

Lüdi = Werner Lüdi, Münsingen, Bern 11. 10. 1888–29. 2. 1968 Zollikon, Zürich. Schweizer Botaniker am Geobotanischen Institut in Zürich. Bearbeitete für Hegi, Illustr. Flora von Mitteleuropa in Bd. V, 1 die Familie Primulaceae, 1924/25. Schrieb: „Der Assoziationsbegriff in der Pflanzensoziologie", 1928 (Bibliotheca botanica, Heft 96); Hrsg. von „Die Pflanzenwelt Irlands", 1952; „Die Ergebnisse der Internationalen Pflanzengeographischen Exkursion durch die Ostalpen 1956", 1959; ebenso von „Die Pflanzenwelt der Tschechoslowakei", 1961.

Ludl. = Frank Ludlow, 10. 8. 1885–27. 3. 1972. Engl. Forschungsreisender, Pflanzensammler u. Geistlicher, von 1933–1950 in Bhutan u. SO-Tibet.

Ludw. = Christian Gottlieb Ludwig, Brieg 30. 4. 1709–7. 5. 1773 Leipzig. Deutscher Botaniker. Schriften: „Definitiones generum plantarum ...", 1737, 2. Aufl. 1747, 3. Aufl. (hrsg. von G. R. Boehmer) 1760; „Institutiones historico-physicae regni vegetabilis ...", 1742, 2. Aufl. 1757; „Ectypa vegetabilium ... Nach der Natur verfertigte Abdrücke der Gewächse ...", 1760 bis 1764. Nach ihm die Gattung *Ludwigia* L.

C.F. Ludw. = Christian Friedrich Ludwig, Leipzig 19. 5. 1757–8. 7. 1823 Leipzig, Deutscher Mediziner u. Botaniker, Professor in Leipzig. Schrieb u. a.: „Die neuere wilde Baumzucht", 1783; „Delectus opusculorum ad scientiam naturalem spectantium", 1790.

W. Ludw. = Wolfgang Ludwig, Köln 27. 3. 1924– . Deutscher Botaniker, Pflanzensystematiker am Bot. Institut Marburg, Lahn. Spezialgebiete: Flora von Hessen, Systematik der Gartenpflanzen. Schrieb: „Schriftenverzeichnis zur hessischen Pflanzenwelt 1958 bis 1969", 1975.

W. Ludw. et **Rohw.** = Wolfgang Ludwig u. Otto Rohweder. Siehe diese.

Lueder = Franz Hermann Heinrich Lueder, gest. 31. 12. 1791 Dannenberg. Deutscher Gärtner in Dannenberg. Schrieb: „Botanischpraktische Lustgärtnerey", 1783–1786. 4 Bde.

Luer = Carlyle A. Luer, 1922– . Nordamer. Botaniker an den Marie Selby Botanical Gardens, Sarasota, Florida. Schrieb u. a.: „The native orchids of Florida", 1972; „The native orchids of the United States and Canada, excluding Florida", 1975; „Thesaurus Dracularum", 1988 → (mit R. Escobar; in Deutsch u. Englisch).

Luerss. = Christian Luerssen, Bremen 6. 5. 1843–3. 7. 1916 Berlin. Deutscher Botaniker, Prof. der Botanik in Königsberg. Schriften: „Zur Flora von Queensland", 1874–1875; „Handbuch der systematischen Botanik", 1877–1882. Bearbeitete für Rabenhorst, Gottlob Ludwig: Kryptogamen-Flora von Deutschland, Oesterreich und der Schweiz, 2. Aufl. Bd. 3 „Die Farnpflanzen oder Gefäßbündelkryptogamen (Pteridophyta)", 1884 bis 1889. Nach ihm die Gattung *Luerssenia* Kuhn.

Lunan = John Lunan, 18./19. Jahrh. Haupttätigkeit um 1814. Engl. Pflanzensammler in Jamaika. Schrieb „Hortus jamaicensis", 1814. Nach ihm die Gattung *Lunania* Hook.

Lynch = Richard Irwin Lynch, St. Germans, Cornwall 1. 6. 1850–7. 12. 1924 Torquay, Devon. Engl. Botaniker.

Maack = Richard Maack, St. Petersburg 23. 8.(?) 1825–13.(?) 11. 1886 Irkutsk. Russ. Botaniker u. Pflanzensammler. Publizierte mit Eduard August von Regel. Nach ihm die Gattung *Maackia* Rupr.

Maas = Paul J. M. Maas, 1939– . Holl. Botaniker. Bearbeitete für Harling u. Sparre, Flora of Ecuador no. 6 „Zingiberaceae", 1976; für Flora neotropica Monograph no. 8 „Costoideae (Zingiberaceae)", 1972; no. 18 „Renealmia and additions to Costoideae (Zingiberaceae)", 1977; no. 40–42 „Saprophytic Burmanniaceae, Triuridareac, Saprophytic Gentianaceae", 1986.

Maatsch = Richard Franz Theodor Maatsch, Braunschweig 4. 12. 1904–3. 4. 1992. Deutscher Gartenbauwissenschaftler, Professor, von 1949 bis 1973 Direktor des Instituts für Zierpflanzenbau der Techn. Hochschule Hannover. Hrsg. der 5. Aufl. von „Pareys Illustriertes Gartenbaulexikon", 1955–1956; der 3. Aufl. von Schlechter, „Die Orchideen", 1971 →; Mitarb. an „Pareys Blumengärtnerei", 2. Aufl. 1958–1961; schrieb außerdem u. a. „Cyclamen", 5. Aufl. 1971; „Das Buch der Freilandfarne", 1980.

Macbr. = James Francis Macbride, Kock Valley, Iowa 19. 5. 1892–15. 6. 1976 Riverside, Kalifornien. Nordamer. Botaniker. Schrieb u. a. „Flora of Peru", 1936 →. Nach ihm die Gattung *Macbrideina* Standl.

MacDowell = J. A. MacDowell, 19./20. Jahrh. Kakteensammler, lebte in Coahuila, Mexiko.

Macf. = John Muirhead Macfarlane, Kirkcaldy, Fife 28. 9. 1855–16. 9. 1943 Lancaster, New

Hampshire. Schott. Botaniker, seit 1891 in USA. Bearbeitete für Engler, Das Pflanzenreich „Nepenthaceae", 1908; „Sarraceniaceae", 1908; „Cephalotaceae", 1911.
Macfad. = James Macfadyen, Glasgow 1800 bis 1850 Kingston, Jamaika. Schott. Botaniker, lebte später in Jamaika. Schrieb „The flora of Jamaica...", 1837-1850. Nach ihm die Gattung *Macfadyenia* A. DC.
Mackay = James Townsend Mackay, Kircaldy, Irland 29. 1. 1775-25. 2. 1862 Dublin. Irischer Botaniker u. Gärtner. Gründete 1806 den Bot. Garten Dublin. Schrieb. u.a. „Flora hibernica", 1836.
Mackenz. = Kenneth Kent Mackenzie, Brooklyn, New York 13. 10. 1877-22. 10. 1934 Maplewood, New Jersey. Nordamer. Botaniker. Spezialgebiet: u.a. *Carex*. Bearbeitete für Britton, North American Flora in Bd. 18(1)-18(7) „Cyperaceae", 1931-1935. Schrieb „North American Cariceae", 1940.
Mackenz. et **Bush** = Kenneth Kent Mackenzie u. Benjamin Franklin Bush. Schrieben gemeinsam: „Manual of the flora of Jackson County, Missouri", 1902. Siehe auch beide Verfasser.
MacMillan = Conway MacMillan, Hillsdale, Michigan 26. 8. 1867-5. 6. 1929 Minneapolis, Minnesota. Nordamer. Botaniker. Schrieb u.a.: „Minnesota plant life", 1899.
MacOwan = Peter MacOwan, Hull, Yorkshire 14. 11. 1830-1. 12. 1909 Uitenhage, Südafrika. Engl. Botaniker u. Chemiker. Direktor des Bot. Gartens der Kap-Kolonie. Nach ihm die Gattung *Macowania* Oliv.
Madison = John Herbert Madison, Burlington, Iowa 16. 1. 1918- . Nordamer. Gärtner.
F. Maekawa = Fumio Maekawa, 26. 10. 1908 bis 1984. Jap. Botaniker. Spezialgebiete: *Hosta, Asarum.*
Magyar = Pál Magyar, 20. Jahrh. Ungar. Forstwissenschaftler u. Pflanzensoziologe in Sopron. Publizierte 1930.
Maiden = Joseph Henri Maiden, Saint John's Wood, London 25. 4. 1859-16. 11. 1925 Sydney, Austral. Botaniker u. Pflanzensammler. Schrieb: „The useful native plants of Australia (Including Tasmania)", 1889; „The flowering plants and ferns of New South Wales", 1895 bis 1898. 7 Teile (Werk unvollendet).
Maiden et **Betche** = Joseph Henri Maiden u. R. Ernest Betche. Siehe diese.
Maiden et **Blakely** = Joseph Henri Maiden u. William Faris Blakely. Siehe diese.
Maire = René Charles Joseph Ernest Maire, Lons-Le-Saunier, Jura 29. 5. 1878-24. 11. 1949 Algier. Franz. Botaniker, Prof. in Algier. Schrieb u.a. „Flore de l'Afrique du Nord...", 1952 → (bis 1968 13 Bände); mit E. Jahandiez „Catalogue des plantes du Maroc", 1931 bis 1941 (Bd. 4, 1941 von M.L. Emberger u. R.C.J.E. Maire).
Maire et **Petitm.** = René Charles Joseph Ernest Maire u. Marcel Georges Charles Petitmengin. Schrieben gemeinsam: „Études des plantes vasculaires récoltées en Grèce", 1908. Siehe auch beide Verfasser.
Mak. = Tomitarō Makino, Sakawa 24. 4. 1862 bis 18. 1. 1957 Tokio. Jap. Botaniker u. Pflanzenzeichner. Hauptwerke: „Phanerogamae et Pteridophytae japonicae iconibus illustratae", 1899 bis 1903; „Illustrations of the flora of Japan", 1887ff.; „Icones florae japonicae", 1900 bis 1911; „An illustrated flora of Japan", Enlarged edition 1956 (mit 3235 Abb.); posthum erschien: „Makino's new illustrated flora of Japan", 1961. Hrsg. von „The Botanical Magazine (Tokyo)", 1887ff. u. Jg. 1-8 des „The Journal of Japanese Botany", 1916-1935.
Mak. et **Matsum.** = Tomitarō Makino u. Jinzô Matsumura. Siehe diese.
Mak. et **Nakai** = Tomitarō Makino u. Takenoshin Nakai. Siehe diese.
Mak. et **Shib.** = Tomitarō Makino u. Keita Shibata. Siehe diese.
Mak. et **Uchida** = Tomitarō Makino u. Shigetaro Uchida. Siehe diese.
Makoy = Lambert Jacob-Makoy, Lüttich 12. 11. 1790-4. 3. 1873 Lüttich. Belg. Gärtner in Lüttich. Besaß eine bedeutende Gärtnerei, führte viele neue Pflanzen ein u. verbreitete sie.
Malinv. = Louis Jules Ernest Malinvaud, Paris 26. 2. 1836-22. 9. 1913 Paris. Franz. Botaniker, Geschäftsführer u. später Präsident der Société botanique de France. Spezialgebiet: Nomenklatur. Schrieb: „Matériaux pour l'histoire des Menthes", 1879.
Malte = Malte Oscar Malte, Skillinge, Östra Hoby, Schweden 3. 3. 1880-12. 8. 1933 Ottawa, Ontario, Kanada. Kanad. Botaniker schwed. Abstammung.
F. Malý = Franz de Paula Malý, Winař, Böhmen 18. 2. 1823-11. 9. 1891 Wien. Österr. Gärtner u. Pflanzensammler.
Manden. = I.P. Mandenova, 1907- . Russ. Botanikerin. Veröffentlichte „Kavkazskie Vidy Roda Heracleum", 1950. Mitarbeiterin an Komarov, V.L., Fl. U.R.S.S., Bd. 17, 1951.
Manetti = Xaverio Manetti, Florenz 1723 bis 19. 11. 1785 Florenz. Ital. Arzt u. Botaniker, Vorsteher des Bot. Gartens Florenz. Schrieb: „Viridarium florentinum", 1751; „Regnum vegetabile", 1756. Nach ihm die Gattung *Manettia* Mutis ex L.
Manning = Jacob Warren Manning, Bedford, New Hampshire 20. 2. 1826-16. 9. 1904 Reading, Mass. Nordamer. Gärtner. Führte viele Pflanzen aus der von ihm gegründeten Gärtnerei in die Kultur ein, z.B. *Picea pungens.*
Mansf. = Rudolf Mansfeld, Berlin 17. 1. 1901-30. 11. 1960 Gatersleben. Deutscher Botaniker, zunächst am Bot. Museum Berlin, von 1946-1960 am Institut für Kulturpflanzenforschung in Gatersleben. Schriften: Zus. mit F.R.R. Schlechter „Die Orchideenflora der südamerikanischen Kordillerenstaaten", 1919 bis 1929; „Verzeichnis der Farn- und Blütenpflanzen des Deutschen Reiches", 1941; „Werden und Wesen der wissenschaftlichen Pflanzenbenennung und ihre Regelung", 1942 (in Verh. d. Bot. Vereins d. Provinz Brandenburg 82); „Die Technik der wissenschaftlichen Pflanzenbenen-

nung", 1949; „Vorläufiges Verzeichnis landwirtschaftlich oder gärtnerisch kultivierter Pflanzenarten", 1959 (Die Kulturpflanze, Beiheft 2); 2. Aufl. 1986 (Hrsg. J. Schultze-Motel). Bearbeiter der Orchidaceae in „Pareys Blumengärtnerei", 2. Aufl., 1958.
Marais = Wessel Marais, 1929- . Südafr. Botaniker in Pretoria. Spezialgebiete: *Gladiolus*, Flora von Südafrika.
Maratti = Giovanni Francesco Maratti, 1723 bis 1777 Rom. Ital. Abt u. Botaniker. Prof. der Botanik in Rom. Schriften: „Descriptio de vera florum existentia, vegetatione et forma in plantis dorsiferis, sive epiphyllospermis" [Über die Blüten der Farne], 1760; „Plantarum Romuleae, et Saturniae...", 1772. Posthum erschien „Flora romana", 1822. Nach ihm die Gattung *Marattia* Sw.
March. (auch **Marchal**) = Élie Marchal, Wassigny, Ardennen 1. 3. 1839-19. 2. 1923 Gembloux. Belg. Botaniker. Bearbeitete für Martius, Flora brasiliensis in Band XI, 1 (1878) „Hederaceae".
Marchant = William James Marchant, 1886 bis 1952.
Marcov. = Simon Marcovitch, Grodno, Rußland 12. 12. 1890-?, seit 1900 in USA. Nordamer. Entomologe, Planzenschutzsachverständiger in Knoxville, Tennessee.
Maréchal = Robert Joseph Jean-Marie Maréchal, 1926- .
Marie-Vict. = Frère Marie-Victorin (Joseph Louis Conrad Kirouac), Kingsey Falls, Québec 3. 4. 1895-15. 7. 1944 Saint Hyacinthe, Québec, Kanad. Botaniker u. Geistlicher. Hauptwerk: „Flore laurentienne", 1935, Supplément 1947; 2. Aufl. 1964, von Ernest Rouleau.
Markgr. = Friedrich Markgraf, Berlin 1. 2. 1897 bis 8. 3. 1987 Zürich. Deutscher Botaniker am Bot. Garten Berlin u. München, zuletzt Direktor des Bot. Gartens in Zürich. Schrieb: „Pflanzengeographie von Albanien", 1932 (Bibliotheca botanica, Heft 105). Bearbeitete für Engler, Die natürlichen Pflanzenfamilien, 2. Aufl. Bd. 13 „Gnetales", 1926; für „Flora illustrada Catarinense" die *Apocynaceae*, 1968. Herausg. von Bd. 4(1) der 2. Aufl. von Hegi, Gustav: „Illustrierte Flora von Mitteleuropa", 1958-1963.
Marl. = Hermann Wilhelm Rudolf Marloth, Lübben, Hannover 28. 12. 1855-15. 5. 1931 Kapstadt. Deutsch-südafr. Pharmazeut u. Botaniker. Zunächst in Berlin, von 1883 bis zum Tode in Südafrika. Hauptwerk: „The flora of South Africa", 1913-1932. Nach ihm die Gattungen *Marlothia* Engl., *Marlothiella* H. Wolff, *Marlothistella* Schwant.
Marl. et **Berger** = Hermann Wilhelm Rudolf Marloth u. Alwin Berger. Siehe diese.
Marliac = Joseph (Bory) Latour-Marliac, Granges, Lot-et-Garonne 6. 3. 1830-1911. Franz. Gärtner u. *Nymphaea*-Züchter.
Marn.-Lapost. et **Rauh** = Julien Marnier-Lapostolle, 1905-18. 2. 1976. Franz. Kaufmann, Besitzer eines botan. Gartens u. einer großen Sukkulentensammlung in St. Jean, Cap Ferrat; u. Werner Rauh. Siehe letzteren.
Marnock = Robert Marnock, Kintorc, Aberdeenshire 12. 3. 1800-15. 11. 1889 London. Engl. Gärtner. Schrieb „Florigraphia britannica" (mit R. Deakin), 1837.
Marq. = Cecil Victor Boley Marquand, Richmond, Surrey 7. 6. 1897-1. 7. 1943 Isle of Skye. Engl. Botaniker in Kew.
Marsh. = Humphry Marshall, West Bradford, Pennsylvania 10. 10. 1722-5. 11. 1801 West Bradford. Nordamer. Botaniker. Autor von „Arbustrum americanum...", 1785; Franz. Ausgabe: „Catalogue alphabétique des arbres et arbrisseaux, ...", 1788.
W.T. Marsh. = William Taylor Marshall, 1886 bis 1957. Nordamer. Kakteenforscher. Schrieb u.a. „Arizona's Cactuses", 1950, 2. Aufl. 1953; zus. mit T.M. Bock „Cactaceae", 1941. Nach ihm die Gattung *Marshallocereus* Bckbg.
Marsili = Giovanni M. Marsili, 1727-1794. Ital. Botaniker in Padua. Schrieb „Fungi carrariensis historia", 1766. Nach ihm die Gattung *Marsilea* L.
Mart. = Karl Friedrich Philipp von Martius, Erlangen 17. 4. 1794-13. 12. 1868 München. Deutscher Botaniker, Direktor des Bot. Gartens München. Bereiste von 1817-1820 Brasilien. Begründer u. erster Hrsg. von „Flora brasiliensis", 1840-1906 (Suppl. 1915), für die er selbst einige Beiträge beisteuerte. Weitere Schriften: „Flora cryptogamica erlangensis", 1817; „Historia naturalis Palmarum", 1823 bis 1853 (mit Hugo von Mohl u. F. J. A. N. Unger); Neue Aufl. mit dem Titel: „Genera et species Palmarum", 1856-1857; „Palmarum familia ejusque genera denuo illustrata", 1824; „Hortus regius monacensis", 1829 (mit F. von P. von Schrank); „Icones plantarum cryptogamicarum, quas in itinere annis 1817 ad 1820 per Brasiliam ... instituto collegit et descripsit", 1828-1834; „Nova genera et species plantarum...", 1823-1832. Nach ihm die Gattung *Martiodendron* Gleas.
Mart. et **Meissn.** = Karl Friedrich Philipp von Martius u. Carl Friedrich Meissner. Siehe diese.
Mart. et **Zucc.** = Karl Friedrich Philipp von Martius u. Joseph Gerhard Zuccarini. Letzterer fungierte als Mitarbeiter von Bd. 1 (1823 bis 1826) von Martius Werk „Nova genera et species plantarum". Siehe auch beide Verfasser.
Martens et **Gal.** = Martin Martens, Maastricht 8. 12. 1797-8. 2. 1863 Löwen. Belgischer Botaniker, u. Henri Guillaume Galeotti (s.d.). Schrieben gemeinsam „Enumeratio synoptica plantarum phanerogamicarum ab H. Galeotti in regionibus mexicanis collectarum", 1842 bis 1845.
G. Martens = Georg Matthias von Martens, Mira, Venetien 12. 7. 1788-24. 2. 1872 Stuttgart. Kanzleirat in Stuttgart, schrieb zus. mit Gustav Schübler „Flora von Würtemberg", 1834. 2. Aufl. unter dem Titel: „Flora von Württemberg und Hohenzollern", 1865, von Martens mit Carl Albert Kemmler; 3. Aufl. 1882, von C.A. Kemmler.
Martyn = Thomas Martyn, Chelsea, London 23. 9. 1735-3. 6. 1825 Pertenhall, Bedfordshire.

Engl. Botaniker. Schriften: „Flora rustica...", 1792–1795; „Thirtyeight plates with explanations, intented to illustrate Linnaeus's system of vegetables...", 1788, weitere Auflagen 1794, 1799, 1817.

Masamune = Genkei Masamune, 1899–?. Japanischer Botaniker.

Masf. = Ramón Masferrer y Arquimbau, Vich, Barcelona 1849(?)–5. 4. 1899(?) Zamboanga, Mindanao. Span. Militärarzt u. Botaniker, später auf den Philippinen. Schrieb: „Recuerdos botánicos de Tenerife", 1880 bis 1882.

H.L. Mason = Herbert Louis Mason, Fond du Lac, Wisconsin 3. 1. 1896–?. Nordamer. Botaniker in Berkeley, Kalifornien. Spezialgebiet: *Polemoniaceae*. Schrieb: „A flora of the marshes of California", 1957.

Mass. = Abramo Bartolommeo Massalongo, Tegnago, Verona 13. 5. 1824–25. 5. 1860 Verona. Ital. Pädagoge u. Botaniker. Schriften: „Ricerche sull' autonomia dei licheni crostosi...", 1852; „Memorie lichenografiche", 1853; „Studii sulla flora fossile... del Senigalliese", 1859.

Masson = Francis Masson, Aberdeen Aug. 1741–23. 12. 1805 Montreal. Schott. Gärtner. Erster von Kew ausgesandter Pflanzensammler, der in Südafrika, Westindien u. Nordamerika sammelte. Schrieb: „Stapeliae novae", 1796 bis 1797. Nach ihm die Gattung *Massonia* Thunb. ex L. f.

Mast. (auch **Masters**) = Maxwell Tylden Masters, Canterbury 15. 4. 1833–30. 5. 1907 Ealing, Middlesex. Engl. Botaniker, von 1865–1907 Hrsg. von „Gardeners Chronicle". Mitarb. an Ravenscroft „The Pinetum britannicum", 1863–1884. Weitere Schriften: „Vegetable teratology", 1869, deutsche Ausgabe „Pflanzen-Teratologie" (erweitert von C.L.U. Dammer), 1888; für Martius, Flora brasiliensis in Bd. IV, 2 (1875) „Passifloraceae", in Bd. XIII, 1 (1872) „Aristolochiaceae"; für Alph. u. Cas. de Candolle, Monographieae Phanerogamarum, Bd. 1 „Restiaceae", 1878; für Oliver, Flora of Tropical Africa, in Bd. 1 „Malvaceae, Sterculiaceae, Tiliaceae", 1868, in Bd. 2 „Samydaceae, Loaseae, Turneraceae, Passifloreae", 1871. Nach ihm die Gattung *Mastersia* Benth.

Mast. et **T. Moore** = Maxwell Tylden Masters u. Thomas Moore. Siehe diese.

Math. = Mildred Esther Mathias, St. Louis, Missouri 19. 9. 1906– . Nordamer. Botanikerin in Los Angeles, Kalifornien. Spezialgebiete: *Umbelliferae*, subtrop. Zierpflanzen. Mitarb. an Lundells „Flora of Texas", 1961 bis 1969 *(Umbelliferae)*. Nach ihr die Gattung *Mathiasella* Const. et L. Hitchc.

Math. et **Const.** = Mildred Esther Mathias u. Lincoln Constance. Bearbeiteten gemeinsam für Britton, North American Flora in Bd. 28B(1)–28B(2) „Umbelliferae", 1944–1945; für Harling u. Sparre, Flora of Ecuador no. 5 „Umbelliferae", 1976. Siehe auch beide Verfasser.

J.W. Math. = Joseph William Mathews, Bunbury, Cheshire, England 7. 4. 1871–23. 9. 1949 Durban, Südafrika. Engl. Gärtner, seit 1895 im Kapland. Von 1913–1936 Kurator des National Botanic Garden, Kirstenbosch, Südafrika. Schrieb „The cultivation of non-succulent South African plants", 1938.

J.W. Math. et **L. Bol.** = Joseph William Mathews u. Harriet Margaret Louisa Bolus. Siehe diese.

B. Mathew = Brian F. Mathew, 1936– . Englischer Botaniker am Bot. Garten Kew.

Mathieu = Charles Louis Guillaume Mathieu, 1. 12. 1828–12. 4. 1904 Berlin. Deutscher Pomologe, Hrsg. des „Nomenclator pomologicus", enthaltend die bis 1890 beschriebenen Obstsorten; „Verzeichnis der im Handel befindlichen Rosen...", 1892.

Maton = William George Maton, Salisbury, Wiltshire 31. 1. 1774–30. 3. 1835 London. Engl. Botaniker. Schrieb „Observations relative chiefly to the natural history... of the western counties of England", 1797. Nach ihm die Gattung *Matonia* R. Br. ex Wall.

Matsum. = Jinzô Matsumura, 9. 1. 1856–4. 5. 1928. Jap. Botaniker. Veröffentlichte u.a. „Icones plantarum koisikavenses", 1911 bis 1921; „Index plantarum japonicarum", 1904 bis 1912.

Matsum. et **Koidz.** = Jinzô Matsumura u. Gen'ichi Koidzumi. Siehe diese.

Matsum. et **Nakai** = Jinzô Matsumura u. Takenoshin Nakai. Schrieben gemeinsam „Catalogus seminum et sporarum in horto botanico universitatis imperialis tokyoensis lectorum", 1914–1918. Siehe auch beide Verfasser.

Mattf. = Johannes Mattfeld, Bremerhaven-Lehe 18. 1. 1895–19. 1. 1951 Berlin. Deutscher Botaniker am Bot. Museum Berlin. Schrieb u.a. für die 2. Aufl. von Engler, Die natürlichen Pflanzenfamilien Bd. 16c „Nachtrag zu den Caryophyllaceae", 1934, Bd. 20b „Pentaphylacaceae, Stackhousiaceae", 1942. Nach ihm die Gattung *Mattfeldia* Urb.

Mattuschka = Heinrich Gottfried Graf von Mattuschka, Jauer 22. 2. 1734–9. 11. 1779 Pitschen. Deutscher Botaniker. Schrieb: „Flora silesiaca", 1776–1777.

Matuda = Eizi Matuda, Nagasaki 20. 4. 1894 bis 1978. Mexik. Botaniker japan. Abstammung, seit 1921 in Mexiko. Spezialgebiete: Mexik. *Meliaceae, Araceae, Dioscoreaceae, Commelinaceae.* Mitarbeiter an Martínez, M.: „Familias de la flora del Estado do México", 1953–1974. Nach ihm die Gattung *Matudaea* Lundell.

Mauer = Fedor Mihajlovič Mauer, 1897 bis 1963. Russ. Botaniker.

Maund = Benjamin Maund, 1790–21. 4. 1863 Sandown, Isle of Wight. Engl. Apotheker u. Buchhändler. Hrsg. von „The Botanic Garden...", 1825–1851 (13 Bde.), weitere Aufl. 1851–1854 (3 Bde.), 1878 (12 Bde.) (für eine Ergänzung siehe Hensl.); „The Botanist", 1836 bis 1842; „The Floral Register", 1835–1850 (erschienen als Beilage zu „The Botanic Garden").

Mauri = Ernesto Mauri, Rom 12. 1. 1791–13. 4. 1836 Rom. Ital. Botaniker. Schrieb „Romanorum plantarum centuria decimatertia", 1820

(Fortsetz. von „Florae romanae prodromus", siehe unter Sebast. et Mauri). Nach ihm die Gattung *Mauria* Kunth.
Maw = George Maw, London 10. 12. 1832 bis 7. 2, 1912 Kenly, Surrey. Engl. Fabrikant, sammelte Pflanzen im Mittelmeergebiet. Schrieb „A monograph of the genus Crocus", 1886.
Maxim. = Karl Johann Maximowicz, Tula 23. 11. 1827-26. 2. 1891 St. Petersburg. Russ. Botaniker, seit 1852 Konservator u. Oberbotaniker am Bot. Garten St. Petersburg. Schrieb u.a. „Primitiae florae amurensis", 1859; „Diagnoses breves plantarum Japoniae et Mandshuriae", 1866-1876; „Diagnoses plantarum novarum asiaticarum", 1877-1893.
Maxim. et **Rupr.** = Karl Johann Maximowicz u. Franz Joseph Ruprecht. Siehe diese.
Maxon = William Ralph Maxon, Oneida, New York 27. 2. 1877- 26. 2. 1948 Terraceia, Florida. Nordamer. Botaniker am United States National Herbarium. Schrieb: „Pteridophyta of Porto Rico and the Virgin Islands", 1926 (in Scientific Survey of Portorico and the Virgin Isalnds, Bd. 6(3)). Bearbeitete für Britton, North American Flora in Bd. 16(1) „Filicales (mit Lucien Marcus Underwood), Schizaeaceae, Gleicheniaceae, Cyatheaceae", 1909. Nach ihm die Gattung *Maxonia* C. Chr.
Mayr = Heinrich Mayr, Landsberg am Lech 29. 10. 1856-24. 1. 1911 München. Deutscher Forstmann u. Botaniker. Schrieb „Monographie der Abietineen des Japanischen Reiches", 1890; „Fremdländische Wald- und Parkbäume für Europa", 1906.
Mazzuc. (auch **Mazz.**) = Giovanni Mazzucato, 1787-1814. Ital. Botaniker. Schrieb „Viaggio botanico all' Alpi Giulie . . .", 1811.
M. B. = Friedrich August Freiherr Marschall von Bieberstein, Stuttgart 10. 8. 1768-28. 6. 1826 Marf bei Charkow. Deutscher Botaniker, bereiste Taurien u. Kaukasien, lebte in Rußland. Veröffentlichte „Flora taurico-caucasica", 1808-1819: „Centuria plantarum rariorum Rossiae meridionalis", Teil I 1810, Teil II bis III, 1832-1843. Nach ihm die Gattung *Biebersteinia* Steph.
McClintock = Elizabeth May McClintock, Los Angeles, Kalifornien 7. 7. 1912- . Nordamer. Botanikerin in San Francisco. Spezialgebiete: *Monarda, Teucrium, Physostegia, Hydrangea.* Schrieb: „An annotated checklist of ornamental plants of California, Oregon, & Washington", 1978 (mit A.T. Leiser). Siehe auch unter Kearn.
D. McClintock = David McClintock, Newcastle-upon-Tyne 4. 7. 1913- . Englischer Gartenbauschriftsteller. Veröffentlichte 8 Bücher u. mehr als 800 Artikel. Spezialgebiete: *Ericaceae*, Bambusen.
McClure = Floyd Alonzo McClure, Sidney, Ohio 14. 8. 1897-15. 4. 1970 Bethesda, Maryland. Nordamerikan. Botaniker am U.S. National Herbarium, Washington, D.C. Spezialgebiet: *Gramineae*, vor allem *Bambusoideae.* Schrieb: „Plants of Lantau Island, Kwangtung" (in Lingnan Univ. Science Bull. no. 3, 1931).
McDougall = Walter Byron McDougall, Ypsilanti, Michigan 10. 12. 1883-?. Nordamer. Botaniker. Schrieb: „Seed plants of northern Arizona", 1973.
McGillivray = Donald John McGillivray, Griffith, New South Wales 10. 8. 1935- . Austral. Botaniker. Spezialgebiete: *Proteaceae, Rubiaceae.*
McKelvey = Susan Adams McKelvey, geb. Delano, Philadelphia, Pennsylvania 13. 3. 1883-11. 7. 1964. Nordamer. Botanikerin. Schrieb „The Lilac, a monograph", 1928; „Yuccas of the Southwestern United States", 1938-1947; „Botanical Exploration of the Trans-Mississippi West, 1790-1850", 1955.
M'Clelland = John M'Clelland, 1805-11. 7. 1883 St. Leonards, Sussex. Engl. Geologe u. Botaniker, im medizinischen Dienst in Bengalen, 1830-1865, von 1846-1847 Leiter des Bot. Gartens Kalkutta. Herausgeber von „The Calcutta Journal of Natural History", 1840 bis 1847, sowie zahlreicher Werke von W. Griffith (siehe diesen).
McNab = William McNab, Dailly, Ayrshire 12. 8. 1780-1. 12. 1848 Edinburgh. Schott. Gärtner, Leiter des Bot. Gartens Edinburgh bis 1848. Schrieb „Hints on planting and general treatment of hardy evergreens in the climate of Scotland", 1830. Nach ihm die Gattung *Macnabia* Benth.
McVaugh = Rogers McVaugh, Brooklyn, New York 30. 5. 1909- . Nordamer. Botaniker in Ann Arbor, Michigan, neuerdings in Chapel Hill, North Carolina. Schrieb „Ferns of Georgia"; 1951 (mit J.H. Pyrou); zus. mit R. Ross u. F.A. Stafleu „An annotated glossary of botanical nomenclature", 1968; „Flora novo-galiciana", 1974 →. Spezialgebiete: Amerikanische *Myrtaceae*, Flora von Mexiko.
Medik. = Friedrich Kasimir Medikus, Grumbach 1736-15. 7. 1808 Mannheim. Deutscher Botaniker, Gartendirektor in Schwetzingen u. Mannheim. Einige seiner vielen Schriften, auch über Gartenkunst u. Forstbotanik: „Botanische Beobachtungen des Jahres 1782(-1783)", 1783 bis 1784; „Theodora speciosa", 1786; „Ueber einige künstliche Geschlechter aus der Malven-Familie", 1787; „Philosophische Botanik . . .", 1789-1791; „Ueber nordamerikanische Bäume und Sträucher", 1792; „Pflanzen-Gattungen nach dem Inbegriffe sämtlicher Fruktifikations-Theile gebildet, und nach dem Sexual-Pflanzen-Register geordnet", 1792; „Geschichte der Botanik unserer Zeiten", 1793.
Medv. (früher auch **Medw.**) = Jakov Sergeevič Medvedev (Medwedew), 1847-1923. Russ. Botaniker.
Meerb. = Nicolaas Meerburgh, 1734-20. 3. 1814. Holl. Universitätsgärtner in Leiden. Schriften: „Afbeeldingen van zeldzaame gewassen", 1775-1780; „Plantae rariores . . .", 1789; „Plantarum selectarum icones pictae", 1798.
Meikle = Robert Desmond Meikle, Newtownards, County Down, Nordirland 18. 5. 1923 bis

. Nordirischer Botaniker am Herbarium Kew. Schrieb: „Flora of Cyprus", 1977 →. Hrsg. von „Draft index of author abbreviations compiled at the Herbarium, Royal Botanic Gardens, Kew", 1980.
Meinsh. = Karl Friedrich Meinshausen, Riga 2.(?) 5. 1819-20. 11. (?) 1899 St. Petersburg. Deutsch-russ. Botaniker. Spezialgebiete: *Cyperaceae, Sparganium.* Schrieb u.a.: „Flora ingrica", 1878.
Meissn. = Carl Friedrich Meissner (Meisner), Bern 1. 11. 1800-2. 5. 1874 Basel. Schweizer Botaniker, zeitweilig Direktor des Bot. Gartens Basel. Schriften: „Plantarum vascularium genera", 1837-1843; bearbeitete für Martius, Flora brasiliensis in Bd. V, 1 (1855) „Polygonaceae, Thymelaeaceae, Proteaceae", in Band V, 2 (1866) „Lauraceae, Hernandiaceae", in Bd. VII (1863-1871) „Ericaceae, Convulvulaceae"; für de Candolle, Prodromus in Bd. XIV „Polygonaceae, Proteaceae, Thymelaeaceae", 1856-1857; in Bd. XV, 1 „Lauraceae, Hernandiaceae", 1864.
Melchior = Hans Melchior, Berlin 5. 8. 1894-12. 3. 1984 Berlin. Deutscher Botaniker, zeitweilig Leiter des Bot. Gartens u. Museums Berlin. Bearbeitete für Engler, Die natürlichen Pflanzenfamilien, 2. Aufl. Bd. 21 „Medusagynaceae" (mit H. G. A. Engler), „Theaceae", „Violaceae", 1925, Bd. 17a II „Canellaceae, Nachtrag" (mit W. Schultze-Motel), 1959. Hrsg. der 12. Aufl. von A. Engler „Syllabus der Pflanzenfamilien", 1954 (mit E. Werdermann) u. 1964. Schrieb: „Gewürze", 1974 (mit Hans Kastner). Nach ihm die Gattung *Melchiora* Kobuski (= *Balthasaria* Verdc.).
Meld. = Alexander Melderis, Rußland 1909 bis . Engl. Botaniker am Brit. Museum (Natural History) in London. Spezialgebiete: Flora von Europa, *Gramineae.*
Melville = Ronald Melville, Bristol 12. 3. 1903 bis 6. 8. 1985. Engl. Botaniker in Kew. Spezialgebiete: Flora von Australasien, *Encephalartos* von Mittelafrika, engl. *Rosa.* Veröffentlichte u.a. „Red data book, vol. 5, Angiospermae", 1970.
Melvin = Norman C. Melvin, 1950- . Nordamer. Botaniker in Laurinburg, North Carolina.
Menabde = A. M. Menabde, zeitgenöss. russ. Botaniker am Bot. Garten Tiflis, Georgien. Publizierte mit Leonard Leonardovič Dekaprelevič (Dekapr.).
Menz. = Archibald Menzies, Stix House, Aberfeldy 15. 3. 1754-15. 2. 1842 Kensington. Schott. Gärtner am Bot. Garten in Edinburgh. Posthum erschien: „Hawaii Nei 128 years ago", 1920.
Mérat = François Victor Mérat de Vaumartoise, Paris 16. 7. 1780-März 1851. Französ. Botaniker. Schrieb: „Nouvelle flore des environs de Paris", 1812; 2. Aufl. 1821, 3. Aufl. 1831-1834, 4. Aufl. 1836, 5. Aufl. 1837-1838, 6. Aufl. 1841. Nach ihm die Gattung *Meratia* Cass.
Merr. (auch **Merrill**) = Elmer Drew Merrill, East Auburn, Maine 15. 10. 1876-25. 2. 1956 Jamaica Plain, Mass. Nordamer. Botaniker, langjähriger Direktor des Arnold Arboretums. Schrieb über 500 Abhandlungen u. Bücher, darunter zus. mit E. H. Walker „A Bibliography of Eastern Asiatic Botany", 1938, Suppl. (von E. H. Walker) 1960; „Index Rafinesquianus", 1949; „An enumeration of Philippine flowering plants", 1923-1926; „A flora of Manila", 1912; „An interpretation of Rumphius's Herbarium amboinense", 1917. Nach ihm die Gattungen *Elmerrillia* Dandy, *Merrillanthus* Chun et Tsiang, *Merrillia* Swingle, *Merrillodendron* Kanehira, *Merrilliopanax* H. L. Li.
Merr. et **L.M. Perry** = Elmer Drew Merrill u. Lily May Perry. Siehe diese.
Merr. et **Rolfe** = Elmer Drew Merrill u. Robert Allen Rolfe. Siehe diese.
Merriam = Clinton Hart Meriam, New York City 5. 12. 1855-19. 3. 1942 Washington, D.C. Nordamer. Botaniker. Schrieb: „Results of a biological survey of the San Francisco mountain region and desert of the Little Colorado in Arizona", 1890.
Mert. = Franz Karl Mertens, Bielefeld 3. 4. 1764-9. 6. 1831 Bremen. Deutscher Botaniker. Bearbeitete zus. mit W. D. J. Koch die ersten 3 Bde. der III. Aufl. von „J. C. Röhlings Deutschlands Flora", 1823-1831. Nach ihm die Gattung *Mertensia Roth.*
Mert. et **W.D.J. Koch** = Franz Karl Mertens u. Wilhelm Daniel Joseph Koch. Siehe diese.
Merxm. = Hermann Merxmüller, München 30. 8. 1920-8. 2. 1988. Deutscher Botaniker, Direktor des Bot. Gartens München. U.a. Hrsg. von „Prodromus einer Flora von Südwestafrika", 1966-1972; ebenso der 9.-24. Aufl. von Hegis „Alpenflora", 1950-1976; Mitarb. an „Flora europaea", 1964-1980. Mitautor von „Mitteleuropäische Pflanzenwelt. Kräuter und Stauden" (168 Tafeln), „Sträucher und Bäume" (144 Tafeln), 1954-1960 (Sammlung naturkundlicher Tafeln, hrsg. von E. Cramer), mit R. Kräusel u. H. Nothdurft.
Merxm. et **Podl.** = Hermann Merxmüller u. Dietrich Johannes Georg Podlech. Siehe diese.
Mett. = Georg Heinrich Mettenius, Frankfurt a.M. 24. 11. 1823-19. 8. 1866 Leipzig. Deutscher Botaniker, Professor u. Direktor des Bot. Gartens Leipzig. Schriften: „De Salvinia", 1845; „Filices horti botanici lipsiensis", 1856; „Ueber einige Farngattungen", 1857-1859; „Ueber den Bau von Angiopteris", 1863; „Ueber die Hymenophyllaceae", 1864. Nach ihm die Gattung *Metteniusa* Karst.
Metzg. (auch **Metzger**) = Johann Metzger, 1789-15. 9. 1852 Wildbad. Deutscher Gärtner, zunächst Inspektor des Bot. Gartens Heidelberg, später Direktor der Landwirtschaftl. Anstalt in Karlsruhe. Schriften: „Europäische Cerealien . . .", 1824; „Systematische Beschreibung der kultivierten Kohlarten", 1833; „Die Getreidearten und Wiesengräser", 1841; „Landwirtschaftliche Pflanzenkunde", 1841.
C.A. Mey. = Carl Anton von Meyer, Witebsk 1. 4. 1795-24. 2. 1855 St. Petersburg. Russ. Botaniker, Direktor des Bot. Gartens St. Petersburg.

Schriften: „Verzeichniss der Pflanzen, welche während der ... 1829 und 1830 unternommenen Reise im Caucasus ... eingesammelt worden sind", 1831; „Verzeichniss der im Jahre 1833 am Saisang-Noor ... gesammelten Pflanzen", 1841 (mit A. H. G. von Bongard); „Florula provinciae Tambov", 1844; „Versuch einer Monographie der Gattung Ephedra", 1846; „Florula provinciae Wiatka", 1848. Siehe auch Fisch. et C. A. Mey. u. Trautv. et C. A. Mey.

E. Mey. = Ernst Heinrich Friedrich Meyer, Hannover 1. 1. 1791–7. 8. 1858 Königsberg. Deutscher Botaniker, Direktor des Bot. Gartens Königsberg. Schriften: „Synopsis Juncorum", 1822; „Synopsis Luzularum", 1823; „De plantis labradoricis", 1830; „Commentatorium de plantis Africae australioris ...", 1836–1838; „Preußens Pflanzengattungen", 1839; „Geschichte der Botanik", 1854–1857.

F.K. Mey. = Friedrich Karl Meyer, 1926– . Deutscher Botaniker am Herbarium Haussknecht in Jena. Spezialgebiete: *Malpighiaceae* von Westindien; Flora von M- u. SO-Europa; Geschichte der Botanik.

G. F. W. Mey. = Georg Friedrich Wilhelm Meyer. Hannover 18. 4. 1782–19. 3. 1856 Göttingen. Deutscher Botaniker. Schriften: „Flora hanoverana excursoria", 1849; „Primitiae florae essequeboensis", 1818; „Flora des Königreichs Hannover ...", 1832–1854.

T. Mey. = Teodoro Meyer, 11. 12. 1910– . Argent. Botaniker. Spezialgebiet: Flora von Argentinien. Publizierte mit Fred Alexander Barkley (Barkl.).

Meyen = Franz Julius Ferdinand Meyen, Tilsit 28. 6. 1804–2. 9. 1840 Berlin. Deutscher Arzt u. Botaniker. Schrieb u.a. „Phytotomie", 1830; „Grundriß der Pflanzengeographie", 1836; „Reise um die Erde ...", 1834–1843; „Neues System der Pflanzen-Physiologie", 1837–1839; „Pflanzen-Pathologie", 1841. Nach ihm die Gattung *Meyenia* Nees.

Meyrán = Jorge Meyrán, 1918– . Mexik. Botaniker. Publizierte mit Reid Venable Moran.

Mez = Carl Christian Mez, Freiburg i. Br. 24. 3. 1866–15. 1. 1944 Freiburg i. Br. Deutscher Botaniker, Direktor des Bot. Gartens Königsberg. Schriften: „Lauraceae americanae monographicae descripsit", 1889; bearbeitete für Martius, Flora brasiliensis, in Bd. III. 3 (1891–1892) „Bromeliaceae"; für Cas. de Candolle, Monographiae Phanerogamarum, Bd. 9 „Bromeliaceae", 1896; für Engler, Das Pflanzenreich „Myrsinaceae", 1902; „Theophrastaceae", 1903; „Bromeliaceae", 1934–1935. Nach ihm die Gattungen *Mezia* Schwacke ex Niedenzu, *Meziella* Schindler.

Mez et **C.F. Bak.** = Carl Christian Mez u. Charles Fuller Baker. Siehe diese.

Mez et **J.A. Purp.** = Carl Christian Mez u. Joseph Anton Purpus. Siehe diese.

Mez et **Wercklé** = Carl Christian Mez u. Carlos Wercklé. Siehe diese.

Mich. (auch **Micheli**) = Marc Micheli, Genf 5. 10. 1844–29. 6. 1902 Genf. Schweizer Botaniker. Bearbeitete für Martius, Flora brasiliensis in Bd. XIII, 2 (1875) „Onagraceae", für Alph. u. Cas. de Candolle, Monographiae Phanerogamarum, Bd. 3 „Alismaceae, Butomaceae, Juncaginaceae", 1881.

Michx. = André Michaux, Sartory bei Versailles 7. 3. 1746–13. 11. 1802 Madagaskar. Franz. Botaniker u. Forschungsreisender (1782–1785 Persien, 1785–1796 Nordamerika, 1800 Teneriffa, Madagaskar etc.). Schriften: „Flora boreali-americana", 1803, 2. Aufl. 1820; „Histoire des chênes de l'Amérique", 1801, deutsch: „Geschichte der amerikanischen Eichen", 1802 bis 1804. Nach ihm die Gattung *Michauxia* L'Hérit.

Michx. f. = François André Michaux, Sartory bei Versailles 16. 8. 1770–23. 10. 1855 Vauréal, Pontoise. Sohn des vorigen. Franz. Botaniker u. Reisender. Schriften: „Histoire des Arbres forestiers de l'Amérique septentrionale", 1810 bis 1813; „The North American Sylva", 1817–1819.

Mièqev. = Joseph Mièqeville, Saint-Laurent-de-Neste, Hautes-Pyrénées 5. 6. 1819–21. 3. 1901 Notre-Dame-de-Garaison, Hautes-Pyrénées. Franz. Geistlicher u. Botaniker.

Miers = John Miers, London 25. 8. 1789–17. 10. 1879 Kensington. Engl. Botaniker, bereiste von 1819–1828 Südamerika. Schriften: „On the Apocynaceae of South America", 1878; „Contributions to botany", 1851–1871; „Illustrations of South American plants", 1850–1857; „Travels in Chile and La Plata, ...", 1826. Nach ihm die Gattungen *Miersia* Lindl., *Miersiella* Urb., *Miersiophyton* Engl.

Mikan (auch **Mik.**) = Johann Christian Mikan, Teplitz 5. 12. 1769–28. 12. 1844 Prag. Böhm. Botaniker u. Entomologe, bereiste Brasilien. Veröffentlichte „Delectus florae et faunae brasiliensis", 1820–1825.

Miki = Shigeru Miki, Kagawa Präfektur 1. 1. 1901–21. 2. 1974 Osaka. Jap. Paläontologe u. Botaniker. Schrieb u.a. „The water phanerogams of Japan", 1937; „Metasequoia", 1953 (in Japanisch).

Mildbr. = Gottfried Wilhelm Johannes Mildbraed, Jahnsfelde 19. 12. 1879–24. 12. 1954. Deutscher Botaniker am Bot. Museum Berlin. Teilnehmer an 3 Expeditionen nach dem trop. Afrika (1907–1914). Schrieb u. a. für Engler, Das Pflanzenreich „Stylidiaceae", 1908; für Engler, Die natürlichen Pflanzenfamilien, 2. Aufl. Bd. 16b „Oktoknemaceae", 1935, Bd. 19a „Pandaceae", 1931. Posthum erschien „Grundzüge der Vegetation des tropischen Kontinental-Afrika", 1966 (Willdenowia, Beiheft 2), hrsg. von W. Domke. Nach ihm die Gattungen *Mildbraedia* Pax u. *Mildbraediodendron* Harms.

Mildbr. et **Strauss** = Gottfried Wilhelm Johann Mildbraed u. Heinrich Strauss. Siehe diese.

Milde = Carl August Julius Milde, Breslau 2. 11. 1824–3. 7. 1871 Josephsberg bei Meran. Deutscher Lehrer u. Botaniker. Schriften: „Monographie der deutschen Ophioglossaceen", 1856; „Die höheren Sporenpflanzen Deutschlands und der Schweiz", 1865; „Monographia Equisetorum", 1867; „Filices Europae

et Atlantidis, Asiae minoris et Sibiriae...", 1867; „Monographia generis Osmundae", 1868; „Bryologia silesiaca", 1869. Nach ihm die Gattung *Mildella* Trevis.
Milk. = F. G. Milkuhn, publizierte um 1949.
Mill. = Philip Miller, Deptford oder Greenwich 1691-18. 12. 1771 Chelsea, London. Engl. Gärtner u. Botaniker, seit 1722 Vorsteher des Apothekergartens in Chelsea. Hauptwerk: „The gardeners dictionary", 1. Aufl. 1731, 9. Aufl. „The gardener's and botanist's dictionary, corrected and newly arranged" von Thomas Martyn 1797-1804. Von der 8. Aufl. (1768) an wurde die Linnésche binäre Nomenklatur verwendet. Es erschienen Übersetzungen in Deutsch, Holländisch u. Französisch. Ergänzung zum Dictionary „Figures of the most beautiful, useful, and uncommon plants described in the Gardeners Dictionary", 1755-1760, 2. Aufl. 1771, 3. Aufl. 1809.
J. Mill. = 1. John Miller, ursprünglich Johann Sebastian Müller, Nürnberg 1715-1780 London. Deutsch-engl. Botanikmaler u. Stecher. Hrsg. von „Illustratio systematis sexualis Linnaei", 1770-1777, auch 1789, 1792, 1794 u. 1804.
2. John Frederick Miller, Sohn des vorigen, ebenfalls bot. Künstler, war von 1776-1785 Hrsg. von „Icones animalium et plantarum", außerdem „Cimelia physica", 1796 (Text von George Shaw).
W. Mill. = Wilhelm (später William Tyler) Miller, King William County, Virginia 14. 11. 1869 bis 1919. Nordamer. Botaniker, Mitherausgeber von „Cyclopedia of American horticulture", 1900-1902 (zus. mit Liberty Hyde Bailey).
Millais = John Guille Millais, London 24. 3. 1865-24. 3. 1931 Horsham, Sussex, Engl. Naturforscher, botanischer Künstler u. Gärtner. Schrieb: „Rhododendrons... and the various hybrids", 1917-1924; „Magnolias", 1927.
Millán = Anibal Roberto Millán, 1892-?. Argent. Botaniker. Schrieb „Bibliografia agricola argentina hasta 1930", 1935.
Millsp. = Charles Frederick Millspaugh, Ithaca, New York 20. 6. 1854-15. 9. 1923 Chicago. Nordamer. Botaniker u. Arzt. Schrieb: „American medicinal plants", 1884-1887, neue Aufl. 1892, unter dem Titel „Medicinal plants", auch 1954 „American medicinal plants", Herausg. E. S. Harrar; „The living flora of West Virginia", 1913; mit N.L. Britton „The Bahama flora", 1920.
Milne-Redh. = Edgar Wolston Bertram Handsley Milne-Redhead, Handsley, Somerset 24. 5. 1906- . Engl. Botaniker in Kew. U.a. Hrsg. von „Flora of Tropical East Africa", 1952-1971.
Milne-Redh. et **Schweickerdt** = Edgar Wolston Bertram Handsley Milne-Redhead u. Herold Georg Schweickerdt. Siehe diese.
Miq. = Friedrich Anton Wilhelm Miquel, Neuenhaus, Hannover 24. 10. 1811-23. 1. 1871 Utrecht. Holl. Botaniker, Prof. in Utrecht, seit 1862 Direktor des Rijksherbariums in Leiden. Verf. von mehr als 20 Büchern, darunter „Genera Cactearum", 1839; „Monographia Cycadearum", 1842; „Systema Piperacearum", 1843 bis 1844; „Illustrationes Piperacearum", 1847; „Flora Indiae batavae", 1855-1859; dazu Supplementum primum: „Prodromus florae sumatranae", 1860-1861; für Martius, Flora brasiliensis in Bd. IV, 1 (1852-1853), „Chloranthaceae, Piperaceae, Urticineae"; in Bd. VII (1856/1863) „Ebenaceae, Symplocaceae, Sapotaceae", in Bd. X (1856) „Primulaceae, Myrsinaceae"; „Commentarii phytographici, ...", 1839-1840; „Prolusio florae japonicae", 1865-1867. Nach ihm die Gattung *Miquelia* Meissn.
Mirb. (auch **Mirbel**) = Charles François Brisseau de Mirbel, Paris 28. 3. 1776-12. 9. 1854 Champerret, Paris. Franz. Botaniker, einer der ersten Pflanzenanatomen u. -physiologen. Veröffentlichte u. a. „Traité d'anatomie et de physiologie végétale", 1813; „Exposition de la théorie de l'organisation végétale", 1809; „Éléments de physiologie végétale et de botanique", 1815; „Histoire naturelle, générale et particulière de plantes", 1802-1806. Nach ihm die Gattung *Mirbelia* Sm.
Mischtsch. = Pavel Ivanovič Mischtschenko, 1869-1938. Russ. Botaniker, sammelte in Georgien.
J. Mitch. Stanst. = John Mitchell aus Stanstead, Sussex, 1762-?. Engl. Botaniker. Schrieb: „Dendrologia", 1827.
Mitf. = Algernon Bertram Freeman-Mitford, 1st Baron Redesdale, London 24. 2. 1837-17. 8. 1916 Batsford Park, Gloucestershire. Engl. Diplomat u. Gartengestalter. Schrieb u.a. „The Bamboo Garden", 1896.
Miyabe = Kingo Miyabe, Tokio 27. 4. 1860-1951 Tokio. Japan. Botaniker. Schriften: „Icones of the essential forest trees of Hokkaido", 1920 bis 1931 (mit Yûshun Kudô); „Flora of Hokkaido and Saghalien", 1930-1944 (mit Yûshun Kudô; Mitarbeiter T. Nakai).
Moç. = José Mariano Moçiño Suarez Losada, Temascaltepec, Mexiko 24. 9. 1757-19. 5. 1820 Barcelona. Mexikan. Botaniker, unternahm zus. mit Martin de Sessé y Lacasta von 1795-1804 eine Sammelreise durch Mexiko, aus der 2000 Abbildungen mexik. Pflanzen hervorgingen („Codex Moçiño"), die aber nie gedruckt wurden. Umrißzeichnungen mancher Pflanzen wurden von A. de Candolle herausgegeben unter dem Titel: „Calques des dessins de la flore du Mexique", 1874.
Moç. et **Sessé** = José Mariano Moçiño Suarez Losada u. Martin de Sessé y Lacasta. Siehe diese.
Moench = Conrad Moench (Mönch), Kassel, 15. 8. 1744-6. 1. 1805 Marburg. Deutscher Botaniker u. Chemiker. Schrieb u.a. „Methodus plantas horti botanici et agri marburgensis...", 1794; „Supplementum ad Methodum plantas...", 1802; „Enumeratio plantarum indigenarum Hassiae...", 1777; „Verzeichniss ausländischer Bäume und Stauden des Lustschlosses Weißenstein bei Cassel", 1785. Nach ihm die Gattung *Moenchia* Ehrh.

Moens = Jacob Carel Moens, Kralingen, Niederlande 4. 1. 1837–2. 10. 1886 Haarlem. Holl. Apotheker in Niederl. Indien, von 1875–1885 Direktor der staatlichen *Cinchona*-Kulturen. Schrieb: „De kinacultuur in Azië van 1854 bis 1882".
Mohr = Daniel Matthias Heinrich Mohr, Quickborn bei Pinneberg 8. 4. 1780–26. 8. 1808 Kiel. Deutscher Botaniker in Kiel. Schrieb „Observationes botanicae", 1803. Nach ihm die Gattung *Mohria* Sw. Siehe auch F. Web. et Mohr.
Mol. (auch **Molina**) = Giovanni Ignazio (Juan Ignacio) Molina, Talca, Chile 1737–12. 9. 1829 Bologna. Ital. Jesuit, Missionar, Botaniker u. Pflanzensammler. Autor von „Saggio sulla storia naturale de Chili", 1782, 2. Aufl. 1810. Nach ihm die Gattungen *Molinia* Schrank u. *Moliniopsis* Hayata sowie die Zeitschrift „Moliniana" (1955 →).
Moldenke = Harold Norman Moldenke, Watchung, New Jersey 11. 3. 1909– . Nordamer. Botaniker. Schrieb u.a. zus. mit Alma L. Moldenke „Plants of the Bible", 1952; „A résumé of the Verbenaceae ...", 1959; Mitarb. an Lundells „Flora of Texas". 1961–1969 *(Eriocaulaceae, Avicenniaceae, Verbenaceae)*. Bearbeitete für Britton, North American Flora in Bd. 19(1) „Eriocaulaceae", 1937. Hrsg. der Zeitschrift „Phytologia", 1933 →. Nach ihm die Gattung *Moldenkea* Traub.
Möll. = Ludwig Möller, Blechernkrug bei Schwerin 4. 12. 1847–12. 4. 1910. Deutscher Gartenbauschriftsteller. Herausg. von „Möllers Deutsche Gärtnerzeitung", 1886–1910.
Monv. = M. Monville, 18./19. Jahrh. Franz. Pflanzenliebhaber, Kakteenkenner, Besitzer einer berühmten Kakteensammlung. Publizierte um 1838. Nach ihm die Gattung *Monvillea* Britt. et Rose.
Moon = Alexander Moon, gest. Mai 1825 Ceylon. Schott. Botaniker. Schrieb „A catalogue of the indigenous and exotic plants growing in Ceylon", 1824. Nach ihm die Gattung *Moonia* Arn.
A.H. Moore = Albert Hanford Moore, Zanesville, Ohio 13. 5. 1883–?. Nordamer. Botaniker. Schrieb: „A list of plants collected in Bermuda in 1905", 1906.
C. Moore = Charles Moore, Dundee, Angus 10. 5. 1820–30. 4. 1905 Sydney. Austral. Botaniker schott. Abstammung. Direktor des Bot. Gartens Sydney. Schrieb mit Ernest Betche „Handbook of the flora of New South Wales", 1893.
C. Moore et **F. v. Muell.** = Charles Moore u. Sir Ferdinand Jacob Heinrich von Mueller. Siehe diese.
D.D.T. Moore = Daniel David Tompkins Moore, 1820–1892.
H.E. Moore = Harold Emery Moore jr., Winthrop, Massachusetts 7. 7. 1917–17. 10. 1980. Nordamer. Botaniker am Bailey Hortorium, Ithaca, New York. Schrieb u. a. „African Violets, Gloxinias and their relatives", 1957; in „Principes", Bd. 7 „An Annotated Checklist of Cultivated Palms", 1963; „The Major Groups of Palms and their Distribution", 1973. Mitherausg. von L.H. Bailey „Hortus third", 1976.
H.E. Moore et **Stearn** = Harold Emery Moore jr. u. William Thomas Stearn. Siehe diese.
H.E. Moore et **R.G. Wils.** = Harold Emery Moore jr. u. Robert Gardner Wilson. Siehe diese.
J.W. Moore = John William Moore, bei Jud, Lamour County, N-Dakota 23. 6. 1901– . Nordamer. Botaniker. Schrieb: „A preliminary check-list of the flowering plants, ferns, and fern-allies of Minnesota", 1946 (mit R.M. Tryon).
L.B. Moore = Lucy Beatrice Moore, Warkworth, Neuseeland 14. 7. 1906–1987. Neuseeländ. Botanikerin. Mitverfasserin (mit E. Edgar) von Allan, A.A. „Flora of New Zealand", 1961 bis 1980.
S. Moore (auch **Spencer Moore**) = Spencer Le Marchant Moore, Hampstead 1. 11. 1850–14. 3. 1931. Engl. Botaniker. Herausgeber von Warren, J.B.L. „The flora of Cheshire", 1899. Mitautor (mit Alfred Barton Rendle) von Band 7 von „Flora of Jamaica", 1936.
T. Moore = Thomas Moore, Stoke, Guildford, Surrey 21. 5. 1821–1. 1. 1887 Chelsea, London. Engl. Botaniker, Kurator des Bot. Gartens Chelsea. Schriften: „The Ferns of Great Britain and Ireland", 1855–1856, 2. Aufl. 1857, 3. Aufl. 1869; „The octavo nature-printed British Ferns", 1859–1860; „A popular History of the British Ferns ...", 1851. 2. Aufl. 1855, 3. Aufl. 1859, weitere Aufl. 1862; „Index Filicum: ...", 1857–1862; zus. mit John Lindley „A treasure of botany ... A popular dictionary", 1866. Siehe auch Lindl. et T. Moore.
T. Moore et **Veitch** = Thomas Moore u. John Gould Veitch. Siehe diese.
Moq. = Christian Horace Bénédict Alfred Moquin-Tandon, Montpellier 7. 5. 1804–15. 4. 1863 Paris. Franz. Botaniker, Direktor des Bot. Gartens Toulouse, von 1853 an Prof. der Botanik in Paris. Bearbeitete für de Candolle, Prodromus in Bd. XIII, 2 (1849) „Monochlamydeae: Phytolaccaceae, Salsolaceae, Basellaceae, Amarantaceae"; schrieb „Chenopodearum monographica enumeratio", 1840. Hauptwerk: „Éléments de tératologie végétale", 1841. Nach ihm die Gattungen *Moquinia* DC. u. *Moquiniella* Balle.
Moran = Reid Venable Moran, Los Angeles, Kalifornien 30. 6. 1916– . Nordamer. Botaniker in San Diego, Kalifornien. Spezialgebiete: *Crassulaceae, Cactaceae.*
Moran et **Meyrán** = Reid Venable Moran u. Jorge Meyrán. Siehe diese.
Mordant = Jean Claude Mien Mordant de Launay, um 1750–13. 3. 1816 Le Havre. Franz. Bibliothekar am Jardin des Plantes, Paris. Herausgeber von Band 1 von „Herbier général de l'amateur", 1814–1816. Fortgesetzt von Loiseleur-Deslongchamps 1817–1827.
Mordant et **Loisel.** = Jean Claude Mien Mordant de Launay u. Jean Louis Auguste Loiseleur-Deslongchamps. Siehe diese.
Morel = Francisque Morel, 19./20. Jahrh.

Franz. Gärtner.
Moretti = Giuseppe Moretti, Roncara bei Pavia 30. 11. 1782–1. 12. 1853 Pavia. Ital. Botaniker, Professor in Pavia. Veröffentlichte u.a. „Tentativo diretto ad illustrare la sinonimia delle specie del genere Saxifraga indigene del suolo italiano", 1823. Nach ihm die Gattung *Morettia* DC.
Moric. = Moïse Étienne (gen. Stefano) Moricand, Genf 18. 12. 1779–26. 6. 1854 Chougny bei Genf. Schweizer Botaniker. Schrieb „Flora veneta", 1820; „Plantes nouvelles d'Amérique", 1834–1847. Nach ihm die Gattung *Moricandia* DC.
Moris = Giuseppe Giacinto Moris, Orbassano, Piemont 25. 4. 1796–18. 4. 1869 Turin. Ital. Botaniker. Schriften: „Stirpium sardoarum elenchus", 1827–1829; „Enumeratio seminum regii horti botanici taurinensis", 1831–1860; „Flora sardoa", 1837–1859. Nach ihm die Gattung *Morisia* J. Gay.
Moritzi (auch **Mor.**) = Alexander Moritzi, Chur 24. 2. 1806–13. 5. 1850 Chur. Schweizer Botaniker. Schrieb u.a. „Die Pflanzen der Schweiz", 1832; „Die Flora der Schweiz", 1844, auch 1847. Nach ihm die Gattung *Moritzia* DC. ex Meissn. Publizierte mit Heinrich Zollinger (Zoll.).
Morong = Thomas Morong, Cahawba, Alabama 15. 4. 1827–26. 4. 1894 Ashland, Massachusetts. Nordamer. Geistlicher u. Botaniker. Spezialgebiet: *Potamogeton*. Schrieb: „List of Pteridophyta and Spermatophyta growing without cultivation in Northeastern North America", 1893–1894 (zus. mit Henry Hurd Rusby). Nach ihm die Gattung *Morongia* Britt.
C. Morr. = Charles François Antoine Morren, Gent 3. 3. 1807–17. 12. 1858 Lüttich. Belg. Botaniker u. Gärtner. Gründete mit Louis Van Houtte die Zeitschrift „Horticulteur belge", 1853–1857. Von 1851–1857 Hrsg. von „La Belgique horticole", von seinem Sohn bis 1884 weitergeführt. Schrieb außerdem über *Dodonaea, Fuchsia, Lobelia, Clusia* etc.
C. Morr. et **Decne.** = Charles François Antoine Morren u. Joseph Decaisne. Gaben zus. ein Werk über jap. Pflanzen heraus. Siehe diese.
E. Morr. = Charles Jacques Édouard Morren, Gent 2. 12. 1833–28. 2. 1886 Lüttich. Sohn des vorigen. Belg. Botaniker u. Direktor des Bot. Gartens Lüttich (von 1857–1886). Nach dem Tode seines Vaters (von 1858–1884) Hrsg. von „La Belgique horticole". Ausgezeichneter Kenner der Gartenpflanzen, bes. der Bromelien. Schrieb u.a. „Index bibliographique de l'hortus belgicus", 1887 (mit André DeVos).
E. Morr. et **André** = Charles Jacques Édouard Morren u. Édouard François André. Siehe diese.
E. Morr. et **Jorissenne** = Charles Jacques Édouard Morren u. G. Jorissenne. Siehe diese.
D. Morris = Sir Daniel Morris, 26. 5. 1844–9. 2. 1933. Engl. Botaniker u. trop. Landwirtschaftssachverständiger. Schrieb: „A catalogue of the most interesting forest trees ... [Royal Botanic Gardens, Ceylon]", 1879.
C.V. Morton (auch **Mort.**) = Conrad Vernon Morton, Fresno, Kalifornien 24. 10. 1905–29. 7. 1972 Washington, D.C. Nordamer. Botaniker am United States National Herbarium in Washington, D.C. Spezialgebiete: Mittel- u. südamer. *Gesneriaceae, Pteridophyta.* Nach ihm die Gattungen *Mortoniella* Woods. u. *Mortoniodendron* Standl. et Steyerm.
J.K. Morton = John Kenneth Morton, Tamworth, England 3. 1. 1928– . Kanad. Botaniker engl. Abstammung in Waterloo, Ontario. Spezialgebiete: *Caryophyllaceae, Labiatae.*
Moss = Charles Edward Moss, bei Steckport 7. 2. 1872–11. 11. 1930 Johannesburg. Südafrikan. Botaniker engl. Abstammung in Johannesburg. Schrieb: „Vegetation of the Peak district", 1913; „The Cambridge British flora", 1914–1920.
Mottet = Séraphin Joseph Mottet, Paris 17. 8. 1861–15. 3. 1930 Paris. Franz. Gärtner u. Gartenbauschriftsteller. Hrsg. der franz. Ausgabe von Nicholson, George: „The Illustrated Dictionary of Gardening" = „Dictionnaire Pratique d'Horticulture et de Jardinage", 1892–1899; außerdem neben anderem „Petit Guide Pratique des Jardinage ...", 1920; „Les Primevères", 1912; „Les Œillets", 1898; „Les Conifères et Taxacées", 1902.
Mottram = R. Mottram, zeitgenöss. Kakteenkenner.
Mouillef. = Pierre Mouillefert, Château-Chinon, Niève 1846–26. 12. 1903 Versailles. Franz. Gärtner u. Dendrologe. Veröffentlichte u.a. „Traité des arbres & arbrisseaux forestiers ...", 1891–1898.
Moxl. = George Loucks Moxley, Jefferson, New York 20. 1. 1871–?. Nordamer. Missionar, Pflanzensammler, Botaniker; seit 1898 in Kalifornien. Zus. mit Anstruther Davidson Verfasser von „Flora of Southern California", 1923.
F.v. Muell. = Sir Ferdinand Jacob Heinrich von Mueller, Rostock 30. 6. 1825–10. 10. 1896 Melbourne. Deutsch-austral. Botaniker, seit 1847 in Australien, von 1857–1873 Leiter des Bot. Gartens Melbourne, Regierungsbotaniker der Kolonie Victoria. Erforschte auf ausgedehnten Reisen die Flora Australiens. Hauptwerke: „Fragmenta phytographiae Australiae", 1858–1882; „The plants indigenous to the colony of Victoria", 1860–1865; „Eucalyptographia", 1879–1884; „Iconography of Australian species of Acacia and cognate genera", 1887 bis 1888; „Iconography of Australian salsolaceous plants", 1889–1891; „Iconography of candolleaceous plants", 1892. Nach ihm die Gattung *Muelleranthus* Hutchins., sowie die Zeitschrift „Muelleria" (1955 →).
F.v. Muell. et **Sond.** = Sir Ferdinand Jacob Heinrich von Mueller u. Otto Wilhelm Sonder. Siehe diese.
F.v. Muell. et **Tate** = Sir Ferdinand Jacob Heinrich von Mueller; u. Ralph Tate, 1840–1901. Engl. Naturforscher u. Bergbauexperte, ab 1875 in Adelaide, Australien. Schrieb u.a.: „Flora belfastiensis", 1863; „A handbook of the flora of extratropical South Australia", 1890; „Botany"

(in: Horn Expedition to Central Australia, Bd. 3), 1896. Siehe auch ersteren.
O.F. Muell. = Otto Fri(e)drich Müller, Kopenhagen 2. 3. 1730-26. 12. 1784 Kopenhagen. Dän. Botaniker, Zoologe, Theologe, Staatsrat. Schrieb „Flora fridrichsdalina", 1767. Herausgeber von Bd. 4 u. 5 der „Flora danica" (Tafel 601 bis 900), 1775-1782. Nach ihm die Gattung *Muellera* L.f.
P.J. Muell. = Philipp Jakob Müller, 19. 1. 1832 bis 13. 5. 1889. Elsässer Botaniker. Schrieb: „Versuch einer monographischen Darstellung der gallo-germanischen Arten der Gattung Rubus", 1859.
Muell. Arg. = Johannes (Jean) Müller (Arg. = Argoviensis = aus dem Aargau), Teufenthal im Aargau 9. 5. 1828-28. 1. 1896 Genf. Schweizer Botaniker, Direktor des Bot. Gartens Genf (1870-1874), Professor in Genf (1871-1889). Schrieb: „Monographie de la famille des Résédacées", 1857. Bearbeitete für Martius, Flora brasiliensis in Bd. VI, 1 u. 5 (1860, 1881) „Apocynaceae, Rubiaceae"; in Bd. XI, 2 (1873-1874) „Euphorbiaceae"; für de Candolle, Prodromus in Bd. XV, 2 (1862-1866) zus. mit P.E. Boissier „Euphorbiaceae"; in Bd. XVI, 1 u. 2 (1869, 1868) „Daphniphyllaceae, Buxaceae, Resedaceae". Nach ihm die Gattungen *Muellerargia* Cogn. u. *Argomuellera* Pax.
Mühlenb. (auch **Muhlenb.**) = Gotthilf Henry Ernest Mühlenberg (auch Muhlenberg), New Providence, Pennsylvania 17. 11. 1753-23. 5. 1815 Lancaster, Pennsylvania. Nordamer. Geistlicher u. Botaniker in Lancaster. Schrieb u.a. „Catalogus plantarum Americae septentrionalis", 1813, 2. Aufl. 1818; „Descriptio uberior graminum et plantarum calamariarum Americae septentrionalis", 1817. Nach ihm die Gattung *Muhlenbergia* Schreb., sowie die Zeitschrift „Muhlenbergia" (1900-1915).
Muhlenb. = siehe Mühlenb.
Mühlpf. = F. Mühlenpfordt, 19. Jahrh. Deutscher Mediziner u. Kakteenforscher in Hannover.
Muirh. = C.W. Muirhead, 1915-1985. Englische Botanikerin in Edinburgh.
Mullig. = Brian O. Mulligan, Marino, County Down, Nordirland 10. 6. 1907- . Nordamer. Botaniker, Direktor des Bot. Gartens Seattle, Washington. Spezialgebiete: *Acer, Sorbus.*
Münchh. = Otto Freiherr von Münchhausen, Schwöbber bei Hameln 11. 6. 1716-13. 7. 1774. Landdrost in Kalenberg. Schuf 1778 einen großen Landschaftspark in Schwöbber. Autor von „Der Hausvater", 1765-1774. Nach ihm die Gattung *Munchausia* L.
Munro = Sir William Munro, Druids Stoke, Gloucestershire 1818-29. 1. 1880 Taunton. Engl. Offizier u. Botaniker. Schrieb „A monograph of the Bambusaceae" (in Trans. Linn. Soc. London, Bd. 26), 1868.
Munz = Philip Alexander Munz, Saratoga, Wyoming 1. 4. 1892-10. 4. 1974 Claremont, Kalifornien. Nordamer. Botaniker. Direktor des Santa Ana Bot. Garden, Claremont, Kalifornien. Schrieb u.a. zus. mit David D. Keck „A California flora", 1959; Supplement dazu 1968; „Shore wildflowers of California, Oregon and Washington", 1964; „A flora of Southern California", 1974. Mitarb. an Lundells „Flora of Texas", 1961-1969 *(Onagraceae).* Bearbeitete für Britton, North American Flora in Ser. II, Bd. 5 „Onagraceae", 1965. Nach ihm die Gattung *Munzothamnus* Raven.
Muratova = V.S. Muratova (Muravjova), 1890 bis 1948. Russ. Botanikerin, Pflanzensystematikerin am Institut für Angewandte Botanik in Leningrad. Spezialgebiet: *Leguminosae.* Publizierte um 1930.
Murb. = Svante Samuel Murbeck, Hardeberga 26. 10. 1859-26. 5. 1946 Lund. Schwed. Botaniker. Ausgezeichneter Kenner der Mittelmeerflora u. besonders der Gattung *Verbascum*, die er monographisch bearbeitete. Schrieb u.a.: „Beiträge zur Kenntniss der Flora von Südbosnien und der Hercegowina", 1891; „Contributions à la connaissance de la flore du Maroc", 1922-1923. Nach ihm die Gattung *Murbeckiella* Rothm.
Murith = Laurent Joseph Murith, Saint-Branchier 1742-Oct. 1818 Martigny. Schweizer Geistlicher u. Botaniker. Schrieb: „Le guide du botaniste qui voyage dans le Valais", 1810.
Murr. = Johan Andreas Murray, Stockholm 27. 1. 1740-22. 5. 1791 Göttingen. Schwed. Botaniker u. Mediziner, Schüler Linnés, Professor der Medizin u. Botanik, Vorsteher des Bot. Gartens Göttingen. Schriften: „Prodromus designationis stirpium gottingensium", 1770; „Commentatio de Arbuto uva ursi...", 1764; „Opuscula", 1785-1786; „Apparatus medicaminum", 1776-1792, 2. Aufl. (Bd. 1-2) 1793-1794. Hrsg. von „Caroli a Linné... Systema vegetabilum...", 13. Aufl. 1774, 14. Aufl. 1784. Nach ihm die Gattung *Murraya* J.G. Koenig ex L.corr. Murr.
A. Murr. = Andrew Murray, Edinburgh 19. 2. 1812-10. 1. 1878 Kensington, London. Schott. Botaniker u. Entomologe. Schrieb u.a. „Botanical Expedition to Oregon", 1849-1859; Mitarb. von Ravenscroft, „The Pinetum britannicum" (Teil 4-37), 1863-1884.
E. Murr. = Edward Murray, zeitgenöss. nordamer. Bibliothekar u. Botaniker. Spezialgebiet: *Aceraceae.*
Muschl. = Reinhold („Reno") Conrad Muschler, 9. 8. 1882-10. 12. 1957. Deutscher Botaniker und Dichter. Schrieb: „Systematische und pflanzengeographische Gliederung der afrikanischen Senecio-Arten", 1908; „A manual flora of Egypt", 1912.
Mutel = Pierre August Victor Mutel, Arras 29. 10. 1795-1. 4. 1847 Vincennes. Franz. Botaniker. Autor von „Flore française...", 1834-1838; „Flore du Dauphiné", 1830, 2. Aufl. 1848-1849.
Mutis = José Celestino Bruno Mutis y Bosio, Cadiz 6. 4. 1732-2. 9. 1808 Santa Fé de Bogotá. Span. Botaniker, Gelehrter u. Arzt, im Alter Kanonikus der Kathedrale zu Santa Fé, Schüler Linnés, seit 1760 in Kolumbien. Brachte reich-

haltiges Material der Pflanzen von Kolumbien, Venezuela u. Ekuador zusammen, das er zeichnen ließ, aber nicht zur Veröffentlichung kam. Die 6849 Blatt liegen noch heute im Bot. Garten Madrid. Eine auf 51 Bände berechnete Veröffentlichung u. d. Titel „Flora de la Real Expedición Botánica del Nuevo Reino de Granada" begann 1954; bisher sind davon bis 1979 6 Bände erschienen. Nach ihm die Gattung *Mutisia* L.f. sowie die Zeitschrift „Mutisia" (1952 →).

Nakai = Takenoshin Nakai, Gifu 9. 11. 1882–6. 12. 1952 Tokio. Jap. Botaniker. Schrieb neben vielem anderen „Chosen Shokubutsu" [Corean plants], 1914; „Flora sylvatica koreana", 1915 bis 1939; „Iconographia plantarum Asiae orientalis", 1935–1952; „Nova flora japonica" (unvollendet), 1938–1951 (mit Masaji Honda); „Ordines, familiae, . . . a Nakai adhuc ut novis edita", 1943. Siehe auch Matsum. et Nakai.

Nannf. = Johan Axel Frithiof Nannfeldt, Trelleborg 18. 1. 1904–4. 11. 1985 Uppsala. Schwed. Botaniker, Direktor des Bot. Gartens Uppsala. Schrieb: „Taxonomical and plant-geographical studies in the Poa laxa group", 1935; zus. mit G.E. Du Rietz „Vilda växter i norden. Mossor, lavar, swampar, alger", 1945, 2. Aufl. 1952.

Nash = George Valentine Nash, Brooklyn, New York 6. 5. 1864–15. 7. 1921 New York. Nordamer. Botaniker. Schrieb: „North American plants, collected in (Central Peninsular) Florida", 1894–1895. Bearbeitete für Britton, North American Flora in Bd. 17(1) „Butomaceae, Poaceae", 1909; in Band 17(2)–17(3) „Poaceae", 1912–1915; in Bd. 22(1) „Podostemonaceae", 1905; in Bd. 25(2) „Tropaeolaceae", 1910. Nach ihm die Gattung *Nashia* Millspaugh.

Naud. = Charles Victor Naudin, Autun 14. 8. 1815–19. 3. 1899 Antibes. Franz. Botaniker. Schriften: „Melastomacearum, quae in musaeo parisiensi continentur . . .", 1849–1853; „Nouvelles recherches sur l'hybridité dans les végétaux", 1864; „Monographie du genre Cucumis"; „Revue des Cucurbitacées", beide 1859; zus. mit J. Decaisne „Manuel de l'amateur des jardins", 1862–1872. Nach ihm die Gattung *Naudinia* Planch. et Lind.

Náves = Andrés Náves, Cortina, Asturien 1839 bis 1910 Valladolid. Span. Botaniker auf den Philippinen.

Náves et **F.-Vill.** = Andrés Náves u. Celestino Fernandez-Villar, 1838–1907. Gaben gemeinsam die 3. Aufl. von Manuel Blanco, „Flora de Filipinas . . .", heraus, von 1877–1880. Siehe auch beide Verfasser.

Neck. = Noël Joseph de Necker, Lille 25. 12. 1730–30. 12. 1793 Mannheim. Deutscher Arzt u. Botaniker franz. Abstammung. Schriften: „Deliciae gallo-belgicae silvestres", 1768, 2. Aufl. 1773; „Methodus muscorum", 1771; „Physiologia muscorum", 1774; „Elementa botanica, genera genuina . . .", 1790, auch 1791, 2. Aufl. 1808. Nach ihm die Gattung *Neckera* Hedw.

Née = Luis Née, 18./19. Jahrh. Franz. Botaniker u. Forschungsreisender, lebte seit 1784 in Spanien. Begleitete von 1789 bis 1794 Malaspina auf seiner Reise nach Südamerika, den Philippinen, Australien u. legte dabei ein umfangreiches Herbar an (10000 Arten, davon 4000 neu!).

Nees = Christian Gottfried Daniel Nees von Esenbeck, Reichenberg bei Erbach i. O. 14. 2. 1776–16. 3. 1858 Breslau. Deutscher Botaniker, von 1818–1858 Präses der Kaiserl. Leopoldin. Carolin. Akademie der Naturforscher. Unter seinen vielen Schriften „Handbuch der Botanik", 1820–1821; „Agrostologia brasiliensis", 1829 (in Martius, K.F.P. von: „Flora brasiliensis seu enumeratio plantarum", Bd. 2(1)); „Genera et species Asterearum", 1832; „Systema Laurinarum", 1836. Bearbeitete für de Candolle, Prodromus in Bd. XI „Acanthaceae", 1847; für Martius, Flora brasiliensis in Bd. II, 1 „Cyperaceae", 1842; Bd. IX „Acanthaceae", 1847. Hrsg. von Robert Brown: „Vermischte botanische Schriften", 1825–1834. Nach ihm u. seinem Bruder Theodor Friedrich Ludwig die Gattungen *Esenbeckia* H.B.K., *Neesia* Bl. u. *Neesiella* Schiffn.

Nees et Arn. = Christian Gottfried Daniel Nees von Esenbeck u. George Arnott Walker Arnott. Siehe diese.

Nees et **Mart.** = Christian Gottfried Daniel Nees von Esenbeck u. Karl Friedrich Philipp von Martius. Siehe dort.

Th. Nees = Theodor Friedrich Ludwig Nees von Esenbeck, Reichenberg bei Erbach i. O. 26. 7. 1787–12. 12. 1837 Hyères. Deutscher Botaniker, Bruder des vorigen, mit dem zusammen er viele Werke herausgab. Veröffentlichte u. a. „Genera plantarum florae germanicae", 1833 bis 1860 (fortgesetzt von Spenner, Putterlick, Endlicher, Schnizlein, Bischof, Caspary u. Brandis); „Plantae officinales", 1823–1833 (begonnen von Weihe, Wolter u. Funke); „Sammlung schönblühender Gewächse . . .", 1824–1831 (zus. mit W. Sinning).

Th. Nees et **Eberm.** = Theodor Friedrich Ludwig Nees von Esenbeck u. Carl Heinrich Ebermaier. Schrieben gemeinsam „Handbuch der medicinisch-pharmaceutischen Botanik", 1830–1832. Siehe auch beide Verfasser.

Negodi = Giorgio Carlo Negodi, 1900–1974. Ital. Botaniker, Direktor des Bot. Gartens Modena.

Nekr. = Vera Leontievna Nekrassova, Moskau 4. 11. 1881–1979. Russ. Botanikerin. Mitarbeiterin an Komarov, K. L., Flora U.R.S.S., Bd. 2, 1934 u. Bd. 5, 1936.

Nel = Gert Cornelius Nel, Greytown, Natal 6. 4. 1885–16. 2. 1950 Stellenbosch. Südafr. Botaniker. Veröffentlichte u. a. „Lithops" (eine Monographie der Gattung), 1946; „The Gibbaeum Handbook", herausgegeb. von P. G. Jordaan u. E. W. Shurley 1953. Nach ihm die Gattung *Nelia* Schwant.

A. Nels. = Aven Nelson, Keokuk, Iowa 24. 3. 1859–31. 3. 1952 Colorado Springs, Colorado. Nordamer. Botaniker. Schrieb „First Report on

the Flora of Wyoming", 1896; „Spring Flora of the Intermountain States", 1912. Zus. mit J.M. Coulter „New Manual of Botany of the Central Rocky Mountains", 1909.
A. Nels. et **Kennedy** = Aven Nelson u. Patrick Beveridge Kennedy. Siehe diese.
A. Nels. et **Macbr.** = Aven Nelson u. James Francis Macbride. Siehe diese.
J. Nels. = John Nelson, 19. Jahrh. Engl. Dendrologe in Lymington, Hampshire. Schrieb „Pinaceae", 1866.
Nestl. (auch **Nestler**) = Christian Gottfried (Chrétien Géofroy) Nestler, Straßburg 1. 3. 1778-2. 10. 1832 Straßburg. Elsässer Botaniker. Hauptwerk: „Monographia de Potentilla, ... 1816. Nach ihm die Gattung *Nestlera* Spreng.
Neum. = Joseph Henri François Neumann, Montrouge bei Paris 16. 7. 1800-20. 10. 1858 Paris. Franz. Gärtner u. Gartenbauschriftsteller, von 1832-1858 Mithrsg. der „Revue horticole".
Neumeyer = Hans Neumayer, Wien 27. 9. 1887 bis 8. 10. 1945 Wien. Österr. Botaniker. Publizierte mit Erwin Emil Alfred Janchen-Michel Ritter von Westland.
Nevski = Sergej Arsenjevič Nevski, 1908-1938. Russ. Botaniker. Mitarbeiter an Komarov, V.L., Flora U.R.S.S., Bd. 2, 1934 bis Bd 14, 1949.
Newm. = Edward Newman, Hampstead, London 13. 5. 1801-12. 6. 1876 Peckham, London. Engl. Botaniker u. Verleger, Farnspezialist. Schrieb u.a. „A History of British Ferns and allied Plants", 1840, weitere Auflagen 1844, 1854, 1865, 1875, 1880 u. 1882.
Nichols. = George Nicholson, Ripon, Yorkshire 7. 12. 1847-20. 9. 1908 Richmond. Engl. Gärtner, Kurator des Bot. Gartens Kew. Hauptwerk: „The Illustrated Dictionary of Gardening", 1884-1887, Suppl. 1900-1901. Franz. Ausgabe siehe unter Mottet.
Nicolai = Ernst August Nicolai, 1800-1874. Deutscher Arzt u. Botaniker. Schrieb „Verzeichniß der Pflanzen, die in der Umgebung von Arnstadt wild wachsen", 1836, 2. Aufl. 1872.
Nicols. = Dan Henry Nicolson, Kansas City, Missouri, 5. 9. 1933- . Nordamer. Botaniker, Kurator am U.S. National Herbarium, Smithsonian Institution, Washington, D.C. Spezialgebiete: *Araceae*, Flora der altweltl. Trop. Schrieb: „An interpretation of Van Rheede's Hortus malabaricus", 1988 (mit C.R. Suresh u. K.S. Manilal).
Niedenzu = Franz Josef Niedenzu, Köppernig 29. 11. 1857-30. 9. 1937 Braunsberg, Ostpreußen. Deutscher Botaniker, Prof. an der Theolog.-philosoph. Akademie in Braunsberg, Ostpreußen, Hrsg. der 20.-22. Aufl. (1908-1922) von A. Garcke „Flora von Deutschland". Bearbeitete für Engler, Das Pflanzenreich „Malpighiaceae", 1928; außerdem zahlreiche Familien für Engler u. Prantl, Die natürlichen Pflanzenfamilien, 1. Aufl.; für die 2. Aufl. „Elatinaceae, Tamaricaceae", in Bd. 21, 1925.
Nieuwl. = Julius (Aloysius) Arthur Nieuwland, Gent, Belgien 14. 2. 1878-11. 6. 1936 Washington, D.C. Nordamer. Botaniker u. Geistlicher belg. Abstammung. Herausg. von „American Midland Naturalist", 1909-1934.
Arvid Nilss. = Arvid Nilsson, 1897-?. Schwed. Botaniker.
Hj. Nilss. = Nils Hjalmar Nilsson, Asarum 29. 1. 1856-15. 4. 1925 Svalöv. Schwed. Botaniker.
Nimmo = Joseph Nimmo, gest. 1854. Haupttätigkeit zwischen 1834 u. 1846. Engl., in Bombay lebender Pflanzensammler, sammelte von 1834-1839 in Sokotra. Vollendete das Werk von John Graham „A catalogue of the plants growing in Bomby and its vicinity", 1839.
Noë = Friedrich Wilhelm Noë, gest. 1858. Deutscher Botaniker in Konstantinopel, Türkei. Nach ihm die Gattung *Noaea* Moq. Publizierte mit Pierre Edmond Boissier (Boiss.).
Nois. = Louis Claude Noisette, Châtillon 2. 11. 1772-9. 1. 1849 Paris. Franz. Gärtner, Besitzer einer berühmten Gärtnerei u. Baumschule („Noisetterose"). Hauptwerk: „Le jardinier fruitier", 1813-1821, 2. Aufl. 1832-1839.
Nolte = Ernst Ferdinand Nolte, Hamburg 24. 12. 1791-13. 2. 1875 Kiel. Deutscher Botaniker, Prof. u. Direktor des Bot. Gartens in Kiel. Schriften: „Botanische Bemerkungen über Stratiotes und Sagittaria", 1825; „Novitiae florae holsaticae", 1826, auch 1828.
Nooten = siehe Hoola van Nooten.
Nordal = Inger Nordal, zeitgenöss. norw. Botaniker in Oslo. Mitarbeiter an Satabié, B. u. P. Morat (Hrsg.): „Flore du Cameroun" (Amaryllidacées, Hypoxidacées, mit J.I. Iversen). Publizierte mit Ib Friis.
Nordenst. = R. Bertil Nordenstam, Nyköping 20. 2. 1936- . Schwed. Botaniker in Stockholm. Schrieb: „The genus Wurmbea (Colchicaceae) in the Cape region", 1986.
Nordm. = Alexander von Nordmann, Ruotzensalmi 24. 5. 1803-25. 6. 1866 Helsinki. Finn. Botaniker u. Zoologe in Helsinki.
Norl. (auch **T. Norl.**) = Nils Tycho Norlindh, Glimåkra 13. 5. 1906- . Schwed. Botaniker am Bot. Museum Lund. Schrieb: „Studies in the Calenduleae", 1943-1946; „Flora of the Mongolian steppe and desert areas", 1949.
Noronha = Francisco Noronha (Noroña), ca. 1748-1788. Span. Arzt u. Botaniker, reiste nach Java u. den Philippinen.
Nothdurft = Heinrich Wilhelm Christian Nothdurft, Wispenstein bei Alfeld, Leine 28. 12. 1921- . Deutscher Botaniker in Hamburg.
Novák = František Antonín Novák, 1892-1964. Tschechischer Botaniker.
Nutt. = Thomas Nuttall, Long Preston nahe Settle 5. 1. 1786-10. 9. 1859 Nutgrove nahe Rainhill, Lancashire. Engl. Botaniker, ursprünglich Drucker, Prof. der Botanik in Philadelphia. Bereiste Nordamerika für Benjamin S. Barton von 1808-1841. Autor von „The genera of North American plants", 1818; „The North American sylva", 1842 bis 1849, weitere Ausgaben: 1849, 1852, 1853, 1855, 1857, 1859, 1865; „New genera and species of plants", 1840.
F. Nyl. = Fredrik Nylander, Uleåborg 9. 9. 1820 bis 2. 10. 1880 Contréxeville, Frankreich. Finn.

Arzt u. Botaniker in Helsinki. Schrieb: „Spicilegium plantarum fennicarum", 1843 bis 1846.
Nym. = Carl Fredrik Nyman, Stockholm 31. 8. 1820-26. 4. 1893 Stockholm. Schwed. Botaniker, Kurator am Herbarium des Riksmuseums Stockholm. Schriften: „Conspectus florae europaeae", 1878-1890; „Sylloge florae europaeae", 1854-1855, Supplementum 1865. Nach ihm die Gattung *Nymania* S.O. Lindb. Siehe auch Schott, Nym. et Kotschy.

Oakes = William Oakes, Danvers, Massachusetts 1. 7. 1799-31. 7. 1848 Ipswich, Massachusetts. Schrieb u. a. „Scenery of the White Mountains", 1848.
Oberd. = Erich Oberdorfer, Freiburg i. Br. 26. 3. 1905- . Deutscher Botaniker, Pflanzensoziologe. Schrieb: „Pflanzensoziologische Exkursionsflora", 4. u. 5. Aufl., 1979 u. 1983 (1. Aufl. unter dem Titel: „Pflanzensoziologische Exkursionsflora für Südwestdeutschland und die angrenzenden Gebiete", 1949; 2. u. 3. Aufl. unter dem Titel: „Pflanzensoziologische Exkursionsflora für Süddeutschland und die angrenzenden Gebiete", 1962 u. 1970).
Oberholzer et Tavel = ... Oberholzer u. Rudolf Franz von Tavel. Siehe letzteren.
Oberm. = Anna Amelia Obermeyer-Mauve, geb. Obermeyer, Pretoria 30. 7. 1907- . Südafrikan. Botanikerin am Bot. Research Institute in Pretoria, Spezialgebiet: Petaloide Monokotylen. Publizierte mit Cornelius Elisa Bertus Bremekamp (Bremek.).
O'Brien = James O'Brien, Llanelly, Glamorganshire 28. 1. 1842-30. 12. 1930 Harrow, Middlesex, Walis. Orchideenspezialist, Verf. versch. Schriften über Orchideen.
Ochoterena = Isaac Ochoterena, Atlixco, Puebla, Mexiko 28. 11. 1885-1950. Mex. Botaniker u. Biologe. Schrieb: „Las Cactáceas de Mexico", 1922.
Ockendon = David Jeffrey Ockendon, Redhill, Surrey 29. 12. 1940- . Engl. Botaniker.
Oed. = Georg Christian Oeder, Anspach 3. 2. 1728-28. 1. 1791 Oldenburg, von 1754-1773 in Kopenhagen. Deutscher Botaniker, zuletzt Landvogt in Oldenburg. Schriften: „Elementa botanicae", 1764-1766; Hrsg. von „Flora danica", Bd. I-IV, 1, 1761-1771. Nach ihm die Gattung *Oedera* L.
Oehme = Hanns Oehme, 20. Jahrh. Deutscher Maler, Kakteensammler u. Kakteenkenner; publizierte 1940-1942. Nach ihm die Gattung *Oehmea* Buxb.
Oerst. = Anders Sandøe Ørsted, Rudkjöbing 21. 6. 1816-3. 9. 1872 Kopenhagen. Dän. Botaniker u. Zoologe. Bereiste von 1845-1848 Mittelamerika u. Westindien. Schriften: „Centralamerika's Gesneraceer", 1858; „L'Amérique centrale", 1863; „Recherches sur la classification des Chênes", 1867; „Planterigets Naturhistorie", 1839.
Ohba = Tatsuyuki Ohba, 1936- . Japanischer Botaniker.
Ohashi = Hiroyoshi Ohashi, 26. 4. 1936- . Jap. Botaniker. Publizierte mit Jisaburo Ohwi. Spezialgebiete: Asiat. *Desmodium, Arisaema* in Japan. Schrieb: „The flora of Eastern Himalaya; Third Report", 1975.
Ohle = Harald Ohle, Stettin 27. 6. 1937- . Deutscher Botaniker am Institut für Kulturpflanzenforschung in Gatersleben. Mitarbeiter an der 2. Aufl. von R. Mansfeld „Verzeichnis landwirtschaftlicher und gärtnerischer Kulturpflanzen, 1986.
Ohwi = Jisaburo Ohwi, Tokio 18. 9. 1905-22. 2. 1977. Jap. Botaniker. Autor von „Flora of Japan", 1953 (in jap. Sprache), 1965 in engl. Übersetzung.
Ohwi et Ohashi = Jisaburo Ohwi u. Hiroyoshi Ohashi. Siehe beide.
Oken = Lorenz Oken, Bohlsbach 1. 8. 1779-11. 8. 1851 Zürich. Deutscher Botaniker, Naturphilosoph, Prof. in Jena. Schriften: „Naturphilosophie", 1809; „Lehrbuch der Naturgeschichte", 1813-1826; „Allgemeine Naturgeschichte für alle Stände", 1833-1841; Hrsg. von „Isis oder encyclopädische Zeitschrift für Naturgeschichte ...", 1817-1848.
Oliv. = Daniel Oliver, Newcastle 6. 2. 1830 bis 21. 12. 1916 Kew. Engl. Botaniker in Kew. Schriften: „The botany of the Speke and Grant Expedition ...", 1872-1875 (mit J. A. Grant u. J. G. Baker); „Illustrations of the principal natural orders of the vegetable kingdom", 1874, auch 1893; „Flora of Tropical Africa", 1868-1877 (Bd. 1-3, Forts. siehe Thiselton-Dyer, Prain u. A. W. Hill). Hrsg. versch. Bde. von „Hooker's Icones Plantarum", 1890-1895.
W.R.B. Oliv. = Walter Reginald Brook Oliver, Launceston, Tasmanien 7. 9. 1883-16. 5. 1957 Neuseeland. Austral. Botaniker, von 1896-1957 in Neuseeland. Schrieb: „Vegetation of the Kermadec Islands", 1910; „The vegetation and flora of Lord Howe's Island", 1917; „The genus Coprosma", 1935.
Olivier = Guillaume Antoine Olivier, Arcs bei Toulon 19. 1. 1756-1. 10. 1814 Lyon. Franz. Arzt u. Zoologe, bereiste mit Brugière von 1792-1798 Ägypten u. Persien, sammelte dort viele Pflanzen. Schrieb u. a. „Voyage dans l'empire Othoman, l'Égypte et la Perse", 1801-1807, 3 Bde. Text + 3 Bde. Atlas, kleinere Ausgabe ebenfalls 1801-1807, 6 Bde. Text + 3 Bde. Atlas.
Ooststroom = Simon Jan van Ooststroom, Rotterdam 2. 1. 1906-28. 9. 1982 Oegstgeest. Holl. Botaniker. Schrieb: „A monograph of the genus Evolvulus", 1934; Hrsg. von „Flora neerlandica", 1948-1975.
Opiz = Philipp Maximilian Opiz, Czaslau 5. 6. 1787-20. 5. 1858 Prag. Böhm. Forstbeamter u. Botaniker. Schriften: „Naturalientausch", 1823 bis 1827, Forts. „Beiträge zur Naturgeschichte", 1828-1834; „Seznam Rostlin Květeny Česke", 1852; „Tentamen florae cryptogamicae Boemiae", 1819-1821 (in „Kratos"). Mitverfasser von Berchtold, F. von: „Oekonomisch-technische Flora Böhmens", Bd. 1 (2)-3 (2), 1836 bis 1843. Nach ihm die Gattung *Opizia* J. S. et K. B. Presl.
Orb. = Alcide Dessalines d'Orbigny, Coueron,

Loire 6. 9. 1802-30. 6. 1857 Pierrefitte, Seine. Franz.Naturwissenschaftler, sammelte in Südamerika. Hrsg. von „Voyage dans l'Amérique méridionale... exécuté pendant les années 1826-1833", 1835-1849. Nach ihm die Gattung *Orbignya* Mart. ex Endl.

Orcutt (auch **Orc.**) = Charles Russell Orcutt, Hartland, Vermont 27. 4. 1864-24. 8. 1929 Haiti. Nordamer. Botaniker in Kalifornien. Schrieb u. a.: „Flora of Southern and Lower California", 1885; „Review of the Cactaceae", 1897-1902; „American plants", 1907-1912. Nach ihm die Gattung *Orcuttia* Vasey.

Ornd. = Robert Ornduff, Portland, Oregon 13. 6. 1932- . Nordamer. Botaniker in Berkeley, Kalifornien. Hrsg. von „Index to plant chromosome numbers for 1965 (-1967)", 1967-1969 (in Regnum Vegetabile).

Orph. = Theodoros Georgios Orphanides, 1817-17. 8. 1886 Athen. Griech. Botaniker in Athen. Schrieb: „Prospectus flora graeca exsiccata", 1850. Nach ihm die Gattung *Orphanidesia* Boiss. et Bal.

Ort. = Casimiro Gomez Ortega, Añover de Tajo 4. 3. 1740-30. 8. 1818 Madrid. Span. Botaniker, Direktor des Bot. Gartens Madrid. Schriften: „Novarum, aut rariorum plantarum horti regii botanici matritensis descriptionum decades", 1797-1800; „Florae hispanicae delectus", 1791 bis 1792; „Tabulae botanicae...", 1773, span. Ausgabe 1783 „Táblas botanicas". Nach ihm die Gattung *Ortegia* L. corr. L.

J. G. Ort. = Jesús González Ortega, 3. 3. 1876 bis 11. 6. 1936. Mex. Botaniker. Schrieb: „Flora indigena de Sinaloa", 1929.

Ortgies = Karl Eduard Ortgies, Bremen 19. 2. 1829-6. 12. 1916 Kilchberg bei Zürich. Deutscher Pflanzensammler u. Gärtner, von 1855 bis 1895 Leiter des Bot. Gartens Zürich.

Osbeck = Pehr Osbeck, Hålanda 9. 5. 1723-23. 12. 1805 Hasslöf, Halland. Schwed. Naturwissenschaftler u. Geistlicher. Bereiste von 1750 bis 1752 Ostindien u. China (Kanton). Autor von „Dagbok öfwer en ostindsk Resa", 1757, deutsche Ausgabe „Reise nach Ostindien und China", 1765. Nach ihm die Gattung *Osbeckia* L.

Osborn = Arthur Osborn, Sonning, Berkshire 16. 12. 1878-24. 2. 1964 Kew. Engl. Gärtner in Kew. Schrieb „Shrubs and trees for the garden", 1933.

Ostenf. = Carl Emil Hansen Ostenfeld, Randers 3. 8. 1873-16. 1. 1931 Kopenhagen. Dän. Botaniker. Schrieb zus. mit J. Grøntved „The Flora of Iceland and the Faeroes", 1934. Hrsg. von „Flora arctica", 1902 (mit O. C. L. Gelert).

Ostenf. et **Resv.** = Carl Emil Hansen Ostenfeld u. Hanna Resvoll-Holmsen. Siehe diese.

Otto = Christoph Friedrich Otto, Schneeberg. Erzgebirge 4. 12. 1783-7. 12. 1856 Berlin. Deutscher Gärtner, von 1805-1843 Inspektor des Bot. Gartens Berlin. Veröffentlichte zus. mit H. F. Link „Abbildungen auserlesener Gewächse des königlichen botanischen Gartens", 1820-1828; „Abbildungen neuer und seltener Gewächse...", 1828-1831; „Abbildungen seltener Pflanzen des Königl. botanischen Gartens...", 1840-1844; zus. mit L. G. K. Pfeiffer „Abbildung und Beschreibung blühender Cacteen", 1838-1850; zus. mit F. Guimpel u. F. G. Hayne „Abbildung der fremden in Deutschland ausdauernden Holzarten", 1819-1830. Zus. mit A. G. Dietrich Hrsg. von „Allgemeine Gartenzeitung", 1833-1856. Nach ihm die Gattung *Ottoa* Kunth. Siehe auch Link, Klotzsch et Otto sowie Link et Otto.

Otto et **A. Dietr.** = Christoph Friedrich Otto u. Albert Gottfried Dietrich. Siehe diese.

Oudem. = Cornelis Antoon Jan Abraham Oudemans, Amsterdam 7. 12. 1825-29. 8. 1906 Arnhem. Holl. Arzt u. Botaniker, Prof. der Botanik in Amsterdam. Schrieb „De flora van Nederland", 1859-1862, 2. Aufl. 1871-1874. Posthum erschien: „Enumeratio systematica Fungorum", 1919-1925 (Hrsg. J. W. Moll).

G. Ownb. = Gerald Bruce Ownbey, Kirksville, Missouri 10. 10. 1916- . Nordamer. Botaniker, Kurator am Herbarium der University of Minnesota, Saint Paul. Spezialgebiete: *Argemone*, nordamer. *Papaveraceae* u. *Cirsium*.

Pabst = Guido Frederico João Pabst, Porto Alegre 19. 9. 1914-27. 4. 1980. Bras. Botaniker, Direktor des Herbariums Bradeanum in Rio de Janeiro. Spezialgebiet: *Orchidaceae*.

Paine = John Alsop Paine, Newark, New Jersey 14. 1. 1840-24. 7. 1912 Tarrytown, New York. Nordamer. Botaniker. Schrieb: „Catalogue of plants found in Oneida county and vicinity", 1865.

Pal. = siehe P. Beauvois.

Palib. = Ivan Vladimirovič Palibin, 1872-1949. Russ. Botaniker. Spezialgebiet: Flora von Korea. Mitarbeiter an Komarov, V. L., Flora U. R. S. S., Bd. 3, 1935 bis Bd. 14, 1949. Schrieb u. a. „Conspectus florae Koreae", 1899-1901.

Pall. = Peter Simon Pallas, Berlin 22. 9. 1741-8. 9. 1811 Berlin. Deutsch-russ. Botaniker, Arzt u. russ. Staatsrat, verbrachte 42 Jahre in Rußland, bereiste Sibirien von 1768-1774, die Krim von 1795-1810. Schriften: „Reise durch verschiedene Provinzen des Russischen Reiches", 1771 bis 1776; „Flora rossica...", 1784-1788 (pl. 101 bis 125, 1831); „Illustrationes plantarum...", 1803-1806; „Species Astragalorum...", 1800 bis 1803. Gab Bd. 4 von S. G. Gmelin „Reise durch Rußland zur Untersuchung der drey Natur-Reiche", 1784, heraus. Nach ihm die Gattung *Pallasia* Klotzsch.

Palla = Eduard Palla, Kremsier, Mähren 3. 9. 1864-8. 4. 1922 Graz. Österr. Botaniker, Spezialgebiet: *Cyperaceae*. Redigierte die 2. Aufl. von Dalla Torre, K. W. von: „Atlas der Alpenflora", 1896-1897. Schrieb: „Die Gattungen der mitteleuropäischen Scirpoideen", 1900.

Pamp. = Renato Pampanini, Valdobbiadone 20. 10. 1875-19. 7. 1949. Ital. Botaniker, schrieb u. a. über chin. Pflanzen, außerdem „Prodromo della flora cirenaica", 1930; „Flora della Repubblica di San Marino", 1930; „La flora del Cadore",

1958.
Panč. = Josef Pančić, Břibir, Kroatien 6. 5. 1814–8. 3. 1888 Belgrad. Serbischer Botaniker, Prof. u. Direktor des Bot. Gartens Belgrad. Schrieb u.a. „Elementa ad floram principatus Bulgariae", 1883; „Flora agri belgradensis", 1865; „... Flora principatus Serbiae", 1874, Additamenta, 1884.
Panč. et **Petr.** = Josef Pančić u. Sava Petrovič. Siehe diese.
Pang. (auch **Pangalo**) = Konstantin Ivanovič Pangalo, 1883–1965. Russ. Botaniker, Kulturpflanzensystematiker.
Pant. = József Pantocsek, Nagyszombat, Slowakei 15. 10. 1846–4. 9. 1916 Tavarnok. Slowak. Arzt u. Botaniker. Schrieb: „Adnotationes ad floram et faunam Hercegovinae", 1874.
Pantl. = Robert Pantling, 1857–6. 2. 1910 Suez. Engl. Botaniker u. bot. Künstler. Schrieb mit Sir George King „The Orchids of the Sikkim-Himalaya", 1898. Nach ihm die Gattung *Pantlingia* Prain.
Panzer = Georg Wolfgang Franz Panzer, Etzelwang 31. 5. 1755–28. 6. 1829 Hersbruck. Deutscher Botaniker. Schrieb u.a. „Ideen zu einer künftigen Revision der Gattungen der Gräser", 1813. Mit G.F. Christmann Übersetzer u. Hrsg. von Linné, C.v.: „Vollständiges Pflanzensystem", 1777–1788.
Paol. = Giulo Paoletti, Venedig 28. 11. 1865 bis 1941. Ital. Botaniker. Veröffentlichte zus. mit Adriano Fiori „Iconographia florae italicae", 1895–1904, 2. Aufl. 1921, 3. Aufl. 1933; „Flora analitica d'Italia", 1896–1908 (zusätzl. mit Augusto Béguinot).
Pappe = Karl Wilhelm Ludwig Pappe, Hamburg 1803–14. 10. 1862 Kapstadt. Deutscher Botaniker, bereiste das Kapland. Schrieb zus. mit R.W. Rawson „Synopsis Filicum Africae australis...", 1858. Nach ihm die Gattung *Pappea* Eckl. et Zeyh.
Parish (auch **Par.**) = Charles Samuel Pollock Parish, Calcutta 26. 1. 1822–18. 10. 1897 Roughmoor, Somerset. Engl. Geistlicher u. Botaniker, sammelte vor allem burmesische Orchideen, von denen er viele Arten einführte. Nach ihm die Gattung *Parishia* Hook.f.
Parish et **Rchb.f.** = Charles Samuel Pollock Parish u. Heinrich Gustav Reichenbach. Siehe diese.
Parker = Charles Sandbach Parker, Glasgow, gest. 1869. Engl. Pflanzensammler in Surinam, Guayana u. Westindien (1824); lebte später in Liverpool. Mitarbeiter von William Roscoe an dessen Werk „Monandrian plants", 1828. Nach ihm die Gattung *Parkeria* Hook.
R.N. Parker = Richard Neville Parker, 4. 12. 1884–12. 4. 1958. Engl. Botaniker, von 1905 bis 1939 im Forstdienst in Indien, sammelte u.a. in Burma. Schrieb „A forest flora for the Punjab with Hazara and Delhi", 1918, 2. Aufl. 1924; „Common Indian trees and how to know them", 1933.
Parkins. = Sydney C. Parkinson, Edinburgh 1745–26. 1. 1771 Batavia. Engl. naturhistor. Zeichner, Teilnehmer an Cooks 1. Weltreise (1768–1771). Schrieb „A Journal of a voyage to the South Seas...", 1773, 2. Aufl. 1784.
Parl. = Filippo Parlatore, Palermo 8. 8. 1816–9. 9. 1877 Florenz. Ital. Botaniker, Prof. der Anatomie, später der Botanik in Florenz. Schriften: „Flora italiana", Bd. 1–5, 1848–1875 (Bd. 6–10 von T. Caruel, 1884–1894); „Plantae novae...", 1842; „Le specie dei cotoni", 1866; bearbeitete für de Candolle, Prodromus in Bd. XVI, 2 (1868) „Gnetaceae, Coniferae". Nach ihm die Gattung *Parlatoria* Boiss.
Parment. = Antoine Augustin Parmentier, Montdidier 17. 4. 1737–17. 12. 1813 Montdidier. Franz. Apotheker u. Landwirt. Schrieb über Nutzpflanzen, führte den Anbau der Kartoffel in Frankreich ein, verbesserte die Gewinnung des Trauben- und Rübenzuckers. Nach ihm die Gattung *Parmentiera* DC.
Parodi = Lorenzo Raimundo Parodi, Pergamino, Prov. Buenos Aires 23. 1. 1895–21. 4. 1966 Buenos Aires. Argent. Botaniker u. Verf. vieler Schriften, vor allem über *Gramineae*. Nach ihm die Gattung *Parodia* Spegazz., *Parodianthus* Troncoso, *Parodiodoxa* O.E. Schulz u. *Lorenzochloa* J.R. et C.G. Reeder.
Parry = Charles Christopher Parry, Admington, England 28. 8. 1823–20. 2. 1890 Davenport, Iowa. Nordamer. Botaniker engl. Abstammung. Nach ihm die Gattung *Parryella* Torr. et A. Gray ex A. Gray.
Parsons = Samuel Browne Parsons, Flushing, Long Island 16. 2. 1819–4. 1. 1906 Flushing, Long Island, N.Y. Nordamer. Baumschulbesitzer und Landschaftsgärtner in Flushing, Long Island.
Passer. = Giovanni Passerini, Pieve di Guastalla 16. 6. 1816–17. 4. 1893 Parma. Ital. Botaniker. Schrieb „Flora dei Cantorni di Parma", 1852. Siehe auch Ces., Passer. et Gibelli.
Pau = Carlos Pau y Español, Segorbe 10. 5. 1857–10. 5. 1937 Segorbe. Span. Botaniker. Schrieb „Notas botánicas á la flora espanola", 1887–1895. Nach ihm die Gattung *Paua* Caballero.
Paul = William Paul, Cheshunt, Hertfordshire 16. 6. 1822–31. 3. 1905 Waltham Cross, Hertfordshire. Engl. Baumschulist u. Rosenkenner. Schriften: „The Rose garden", 1848; „Lecture on the Hyacinth...", 1864; „An hour with the Hollyhock", 2. Aufl. 1855.
K.H. Paul = Karl Hermann Gustav Paul, Gartz a.d. Oder 6. 8. 1876–1964 München. Deutscher Botaniker an der Bayerischen Moorversuchsanstalt in München. Bearbeitete für Engler, Die natürlichen Pflanzenfamilien 2. Aufl. in Bd. 10 „Sphagnaceae", 1924.
Pav. = José Antonio Pavon y Jiménez, 1750 bis 1844. Span. Botaniker. Nach ihm die Gattung *Pavonia* Cav. Schriften siehe bei Ruiz et Pav.
Pax = Ferdinand Albin Pax, Königinhof, Böhmen 26. 7. 1858–1. 3. 1942 Breslau. Deutscher Botaniker, Direktor des Bot. Gartens Breslau. Schriften: „Monographische Übersicht über die Arten der Gattung Primula", 1888; „Allgemeine

Morphologie der Pflanzen mit besonderer Berücksichtigung der Blüthenmorphologie", 1890; für Engler u. Drude, Die Vegetation der Erde, Bd. 2 u. 10 „Grundzüge der Pflanzenverbreitung in den Karpathen", 1898-1908; „Schlesiens Pflanzenwelt", 1915; für Engler, Das Pflanzenreich „Aceraceae", 1902; „Primulaceae", 1905 (zus. mit R. Knuth); „Euphorbiaceae", 1910-1924 (teilweise zus. mit K. Hoffmann). Bearbeitete außerdem zahlreiche Familien für Engler u. Prantl, Die natürlichen Pflanzenfamilien, 1. u. 2. Aufl. Nach ihm die Gattung *Paxia* Gilg.

Pax et **K. Hoffm.** = Ferdinand Albin Pax u. Käthe Hoffmann. Bearbeiteten gemeinsam für Engler, Die natürlichen Pflanzenfamilien, 2. Aufl. „Amaryllidaceae", 1930; „Euphorbiaceae, Callitrichaceae", 1931; „Aizoaceae, Portulacaceae, Dysphaniaceae, Caryophyllaceae", 1934; „Capparidaceae, Tovariaceae", 1936. Siehe auch beide Verfasser.

Paxt. = Sir Joseph Paxton, Milton Bryant 3. 8. 1803-8. 6. 1865 Sydenham. Engl. Botaniker, Gärtner u. Architekt. Erbauer des großen Glashauses in Chatsworth u. des Kristallpalastes in London. Veröffentlichte zus. mit John Lindley „Paxton's Flower Garden", 1850-1853, 2. Aufl. „revised by Thomas Baines", 1882-1884. Hrsg. von „Paxton's Magazine of Botany, and Register of Flowering Plants", 1834-1849. Nach ihm die Gattung *Paxtonia* Lindl. Siehe auch Lindl. et Paxt.

Pažout = František Pažout, zeitgenöss. tschechischer Kakteenkenner. Publizierte 1960.

P. Beauv. (auch **Beauv., Pal.** oder **Pal. Beauv.**) = Ambroise Marie François Joseph Palisot de Beauvois, Arras 27. 7. 1752-21. 1. 1820 Paris. Franz. Botaniker u. Forschungsreisender. Schriften: „Essai d'une nouvelle Agrostographie", 1812 (für eine Forts. siehe G. T. Lestiboudois „Essai sur la famille des Cyperacées", 1819); „Flore d'Oware et de Bénin, en Afrique", 1805-1820; „Muscologie ou traité sur les Mousses", 1822; „Prodrome des cinquième et sixième familles de l'Aethéogamie. Les Mousses, Les Lycopodes", 1805. Nach ihm die Gattung *Palisota* Rchb. ex Endl.

H.H.W. Pears. = Henry Harold Welch Pearson, Long Sutton, Lincolnshire 28. 1. 1870-3. 11. 1916 Wynberg, Südafrika. Engl. Botaniker, seit 1903 in Südafrika. Begründer der National Botanical Gardens in Kirstenbosch. Bearbeitete für Oliver, Flora of Tropical Africa in Bd. 6(1) „Thymelaeaceae", 1910; in Bd. 6(2) „Gnetaceae", 1917; für Thiselton-Dyer u. A.W. Hill, Flora capensis in Bd. 5(1) „Verbenaceae", 1901 bis 1910; 5 (2, Suppl.) „Welwitschiaceae", 1933. Nach ihm die Gattung *Pearsonia* Dümme.

Pedley = L. Pedley, zeitgenöss. austral. Botaniker am Queensland Herbarium, Indooroopilly. Spezialgebiet: *Acacia.*

P'ei = Chien P'ei, Chengtu, Szechuan 27. 5. 1903- . Chin. Botaniker, Prof. in Nanking. Schrieb u.a. „Icones of Chinese medicinal plants", 1939-1958 (z.T. mit T.-Y. Chou).

Pellegr. = Gaetano Pellegrini, Fumane 25. 8. 1824-18. 7. 1883 Verona. Ital. Botaniker. Nach ihm die Gattungen *Pellegrinia* Sleum. u. *Pellegriniodendron* J. Léonard.

Pellegrin = François Pellegrin, 1881-1965. Franz. Botaniker am Muséum National d'Histoire Naturelle in Paris. Schrieb: „La flore du Mayombe", 1924-1938.

Pellet. = Pierre Joseph Pelletier, Paris 22. 3. 1788-20. 7. 1842 Paris. Franz. Apotheker u. Chemiker, zuletzt Unterdirektor der „École de Pharmacie" in Paris. Nach ihm die Gattung *Pelletiera* St.-Hil.

Pennell = Francis Whittier Pennell, Wa Wa, Pennsylvania 4. 8. 1886-2. 2. 1952 Philadelphia, Pennsylvania. Nordamer. Botaniker, der sich vor allem mit der Familie *Scrophulariaceae* beschäftigte. Schrieb u.a. „The Scrophulariaceae of eastern temperate North America", 1935; „The Scrophulariaceae of the western Himalayas", 1943. Bearbeitete für Britton, North American Flora in Bd. 24(1) „Fabaceae-Eysenhardtia", 1919. Nach ihm die Gattung *Pennellia* Nieuwl.

Pépin = Pierre Denis Pépin, 1816?-1876. Franz. Gärtner von 1832-1858 Mithrsg. der „Revue horticole".

Pér. = Alexandre Jules César Pérard, Airanes, Pas-de-Calais 2. 6. 1834-15. 2. 1887 Montluçon, Allier. Franz. Botaniker. Schrieb u.a. „Flore du Bourbonnais", 1884-1886.

Perciv. = John Percival, Carperby, Wensleydale 3. 4. 1863-26. 1. 1949 Mortimer. Engl. Landwirtschaftsbotaniker, Weizenforscher; von 1902-1932 Prof. an der Universität Reading. Veröffentlichte u.a. „Agricultural Botany", 1900 (7 weitere Aufl.); „The Wheat Plant", 1921; „Wheat in Great Britain", 1934, 2. Aufl. 1948.

Perdue = Robert Edward Perdue, Norfolk, Virginia 18. 10. 1924- . Nordamer. Botaniker. Spezialgebiet: *Rudbeckia.*

Perr. = Jean Octave Edmond Perrier de la Bâthie, 1843-1916. Franz. Zoologe u. Botaniker, Vater von J.M.A. Perrier de la Bâthie. Publizierte mit Henri Lucien Jumelle.

E. Perr. et **Song.** = Eugène Pierre de Perrier de la Bâthie, Conflans, jetzt Albertville 9. 6. 1825 bis 31. 5. 1916 Conflans. Franz. Landwirtschaftswissenschaftler u. Botaniker; u. André Songeon. Schrieben gemeinsam: „Indication de quelques plantes nouvelles... en Savoie", 1855; „Notes sur des plantes nouvelles ou peus connues de la Savoie", 1859. Siehe auch letzteren.

Perr. de la Bâthie = Joseph Marie Alfred Henri Perrier de la Bâthie, 11. 8. 1873-3. 10. 1958. Franz. Botaniker. Mitarb. an „Flore de Madagascar et des Comores", 1938-1955.

Perrine = Henry Perrine, New Brunswick, New Jersey 5. 4. 1797-7. 8. 1840 Indian Key, Florida. Nordamer. Arzt, Pflanzensammler und Einführer trop. Pflanzen nach Florida. 1827-1837 US-Konsul in Campeche, Yukatan, Mexiko; von 1838-1840, wo er ermordet wurde, Leiter einer Plantage auf der Insel Indian Key.

Perrot = Émile Constant Perrot, Marcilly sur Seine 14. 8. 1867–16. 9. 1951. Franz. Pharmazeut u. Botaniker. Schrieb u. a. „Contribution á l'étude histologique des Lauracées“, 1891; „Atlas colorié des plantes usuelles“, 1900 (mit C. Hoffmann); „Plantes médicinales de France“, 1928–1943. Siehe auch A. Chev. et Perrot.
Perrott. = Georges Samuel Perrottet, Vully, Waadt 1793–13. 1. 1870 Pondicherry. Franz. Botaniker u. Pflanzensammler. Mithrsg. (mit J. B. A. Guillemin u. A. Richard) des „Florae Senegambiae tentamen“, 1830–1833. Nach ihm die Gattung *Perrottetia* Kunth.
L. M. Perry = Lily May Perry, Havelock, New Brunswick, Kanada 5. 1. 1895–11. 3. 1992. Nordamer. Botanikerin am Arnold Arboretum. Spezielgebiete: Nordamerik. *Alchemilla, Syzygium* von China, Borneo u. Fidschi, Flora von Neuguinea. Publizierte mit Elmer Drew Merrill (Merr.).
R. H. Perry = Reginald H. Perry, Enfield 1903–?. Engl. Gärtner u. Pflanzenzüchter.
Pers. = Christiaan Hendrik Persoon, Kapstadt 31. 12. 1761–16. 11. 1836 Paris. In Frankreich lebender Botaniker u. Arzt holl.-deutscher Abstammung, bedeutender Mykologe. Publizierte neben vielen mykol. Schriften wie „Snyopsis methodica fungorum“, 1801, eine „Synopsis plantarum, seu enchiridium botanicum“, 1805 bis 1807; außerdem gab er die 15. Aufl. von Linnés „Systema vegetabilium“, 1797, heraus. Nach ihm die Gattung *Persoonia* Sm. sowie die Zeitschrift „Persoonia“ (1959 →).
Petagna = Vincenzo Petagna, Neapel 17. 1. 1734–6. 10. 1810 Neapel. Ital. Botaniker, Prof. der Botanik an der Universität Neapel. Gründete den Bot. Garten in Monteoliveto. Schrieb „Institutiones botanicae“, 5 Bände, 1785–1787; „Della facultà delle piante“, 1796. Nach ihm die Gattung *Petagnia* Guss.
Peter = Gustav Albert Peter, Gumbinnen 21. 8. 1853–4. 10. 1937 Göttingen. Deutscher Botaniker, Direktor des Bot. Gartens Göttingen, durchforschte 1913–1920 das frühere Deutsch-Ostafrika (heute Tansania) u. wiederholte die Reise 1925–1926. Schrieb u. a.: „Flora von Südhannover nebst den angrenzenden Gebieten“, 1901: „Wasserpflanzen und Sumpfgewächse in Deutsch-Ostafrika“, 1928 (in Abh. d. Ges. d. Wissenschaften zu Göttingen); „Flora von Deutsch-Ostafrika“, 1929–1938 (in Repert. Sp. Nov. Regni Veg. Beih. 40); mit C. W. von Nägeli „Die Hieracien Mittel-Europas“, 1885–1889; bearbeitete für Engler u. Prantl, Die natürlichen Pflanzenfamilien IV. 3 a „Convolvulaceae, Polemoniaceae, Hydrophyllaceae“, 1891–1893, IV. 5 „Hieracium“, 1894. Nach ihm die Gattung *Peterodendron* Sleumer.
Peterm. = Wilhelm Ludwig Petermann, Leipzig 3. 11. 1806–27. 1. 1855 Leipzig. Deutscher Botaniker. Schrieb „Flora lipsiensis excursoria“, 1838: „Deutschlands Flora“, 1846–1849; „Das Pflanzenreich“, 1835–1845, weitere Ausgaben 1847 u. 1857.
O. G. Peters. = Otto Georg Petersen, Terslöse 26. 3. 1847–17. 6. 1937 Kopenhagen. Dän. Botaniker. Bearbeitete für Martius, Flora brasiliensis in Bd. III, 3 „Musaceae, Zingiberaceae, Cannaceae, Marantaceae“, 1890; bearbeitete zahlreiche Familien für Engler u. Prantl, Die natürlichen Pflanzenfamilien, 1. Aufl. Schrieb „Traeer og buske“, 1916.
Petitm. = Marcel Georges Charles Petitmengin, Nancy 3. 1. 1881–19. 10. 1908 Malzéville bei Nancy. Franz. Botaniker. Publizierte mit Julien Godfrin „Flore analytique de poche de la Lorraine“, 1909. Nach ihm die Gattung *Petitmenginia* Bonati. Siehe auch Maire et Petitm.
Petr. = Sava Petrovič, Šabac 14.(?) 1. 1839 bis 20.(?) 1. 1889 Belgrad. Serbischer Arzt u. Botaniker. Schrieb u. a. „Flora agri nyssani“, 1882 u. „Additamenta ad Floram agri nyssani“, 1886. Publizierte mit Josef Pančić (Panč.).
Petrie = Donald Petrie, Morayshire, Schottland 7. 9. 1846–1. 9. 1925. Neuseel. Botaniker schott. Abstammung. Schrieb: „Gramina of the Subantarctic Islands of New Zealand“, 1909 (Report 20 in Chilton, C.: The Subantarctic Islands of New Zealand).
Pfeiff. = Ludwig Georg Karl Pfeiffer, Kassel 4. 7. 1805–2. 10. 1877 Kassel. Deutscher Arzt, Botaniker u. Kakteenkenner. Schriften: „Enumeratio diagnostica Cactearum hucusque cognitarum“, 1837; „Beschreibung und Synonymik der in deutschen Gärten lebend vorkommenden Cacteen“, 1837; „Übersicht der bisher in Kurhessen beobachteten Pflanzen“, 1844; „Flora von Niederhessen und Münden“, 1847–1855; „Nomenclator botanicus“, 1871–1874. Nach ihm die Gattung *Pfeiffera* Salm-Dyck.
Pfeiff. et **Otto** = Ludwig Georg Karl Pfeiffer u. Christoph Friedrich Otto. Schrieben gemeinsam: „Abbildung und Beschreibung blühender Kakteen“, 1838–1850. Siehe auch beide Verf.
Pfitz. = Ernst Hugo Heinrich Pfitzer, Königsberg 26. 3. 1846–3. 12. 1906 Heidelberg. Deutscher Botaniker, Orchideenspezialist, Direktor des Bot. Gartens Heidelberg.. Schriften: „Grundzüge einer vergleichenden Morphologie der Orchideen“, 1882; „Morphologische Studien über die Orchideenblüthe“, 1886; „Entwurf einer natürlichen Anordnung der Orchideen“, 1887; für Engler, Das Pflanzenreich „Orchidaceae-Pleonandrae“, 1903; „Orchidaceae -Monandrae-Coelogyninae“, 1908; Bearbeiter der Orchidaceae in Engler u. Prantl, Die natürlichen Pflanzenfamilien, II. 6 u. Nachtrag (1888–1906).
Phil. = Rudolph Amandus (Rodulfo Amando) Philippi, Charlottenburg bei Berlin 14. 9. 1808–23. 7. 1904 Santiago de Chile. Deutschchilen. Botaniker u. Zoologe, Verf. von „Verzeichniss der von Friedrich Philippi auf der Hochebene der Provinzen Antofagasta und Tarapacá gesammelten Pflanzen“, 1891; „Reise durch die Wüste Atacama . . .“, 1860. Nach ihm die Gattungen *Philippiandra* O. Kuntze u. *Philippiella* Spegazz.
F. Phil. = Federico (Friedrich Heinrich Eunom) Philippi, Neapel 1838–1910 Santiago de Chile,

Sohn von Rudolph Philippi u. dessen Nachfolger als Prof. der Botanik u. Direktor des chilen. Nationalmuseums. Mitarbeiter von K.F. Reiche: „Flora de Chile", 1896-1911.
W.R. et M.N. Philipson = William Raymond Philipson, Newcastle upon Tyne, England 6. 12. 1911- u. Melva N. Philipson, zeitgenöss. neuseel. Botaniker in Christchurch. Spezialgebiet: *Rhododendron.*
Phillips = Edwin Percy Phillips, Kapstadt 18. 2. 1884-12. 4. 1967 Kapstadt. Südafr. Botaniker. Schriften: „The Genera of South African Flowering Plants", 1926, 2. Aufl. 1951; „The weeds of South Africa", 1938; bearbeitete für Thiselton-Dyer, Flora capensis, in Bd. 5(1) „Proteaceae", 1912 (zus. mit J. Hutchinson u. O. Stapf).
Phillips et **Hutchins.** = Edwin Percy Phillips u. John Hutchinson. Siehe diese.
Pichon = Marcel Pichon, Prag 25. 4. 1921-23. 7. 1954 Paris. Franz. Botaniker.
Pierre = Jean Baptiste Louis Pierre, Saint André, Réunion 23. 10. 1833-30. 10. 1905 Paris. Franz. Botaniker, von 1865-1877 Leiter des Bot. Gartens Saigon. Veröffentlichte u.a. „Flore forestière de la Cochinchine", 1880 -1907. Nach ihm die Gattung *Pierranthus* Bonati.
Pike = Radcliffe Barnes Pike, 1903- .
Pilg. = Robert Knud Friedrich Pilger, Helgoland 3. 7. 1876-9. 1. 1953 Berlin. Deutscher Botaniker am Bot. Museum Berlin; zeitweilig dessen Direktor. Schrieb: „Über Verzweigung und Blütenstandsbildung bei den Holzgewächsen", 1922 (Bibliotheca botanica 23). Bearbeitete für Engler, Das Pflanzenreich „Taxaceae", 1903; „Plantaginaceae", 1937; für Engler, Die natürlichen Pflanzenfamilien, 2. Aufl., „Caryocaraceae, Bixaceae, Cochlospermaceae", 1925; „Gymnospermae, Cycadaceae, Ginkgoaceae, Coniferae, Taxaceae, Podocarpaceae, Araucariaceae, Cephalotaxaceae, Pinaceae, Taxodiaceae, Cupressaceae", 1926; „Mayacaceae, Thurniaceae, Rapateaceae, Phylidraceae", 1930; „Santalaceae", 1935; „Gramineae-Panicoideae", 1940; „Gramineae-Micrairoideae, Eragrostioideae, Oryzoideae, Olyroideae", 1956. Nach ihm die Gattung *Pilgerochloa* Eig.
Pillans = Neville Stuart Pillans, Rosebank, Kapstadt 2. 5. 1884-23. 3. 1964 Plumstead, Kapstadt. Südafr. Botaniker.
Pinto da Silva = Antonio Rodrigo Pinto da Silva, Porto 13. 12. 1912- . Portug. Botaniker in Oeiras bei Lissabon. Hrsg. von R.T. Palhinhai „Catalogo das plantas vasculares dos Açores", 1966.
Pio = Giovanni Battista Pio, vor u. nach 1800. Ital. Botaniker. Schrieb „De Viola specimen botanico-medicum", 1813.
Piper = Charles Vancouver Piper, Victoria, Kanada 16. 6. 1867-11. 2. 1926 Washington, D.C. Nordamer. Botaniker. Publizierte u.a. „Flora of the State of Washington", 1906.
Pirotta = Pietro Romualdo Pirotta, Pavia 7. 2. 1853-3. 8. 1936 Rom. Ital. Botaniker, Pflanzenphysiologe, -pathologe, -systematiker, Prof. an der Universität Rom. Beschäftigte sich u.a. mit der Flora von Rom u. Eritrea.
Pit. = Charles Joseph Marie Pitard, 1873-1927. Franz. Botaniker. Schrieb „Contribution à l'étude de la flore du Maroc", 1931. Nach ihm die Gattung *Pitardia* Batt. ex Pit.
Pit. et **Proust** = Charles Joseph Marie Pitard u. Louis Proust. Schrieben gemeinsam „Les Îles Canaries: Flore de l'archipel", 1909. Siehe auch beide Verfasser.
Pitch. et **Manda** = R. Pitcher u. W.A. Manda, Inhaber einer Erwerbsgärtnerei in Sporthills, New Jersey, USA. Pflanzenzüchter u. Importeure zwischen 1890 u. 1910.
Pitt. = Henri François Pittier, Bex, Schweiz 13. 8. 1857-27. 1. 1950 Caracas, Venezuela. Schweizer Botaniker, lebte in Costa Rica u. Venezuela. Schriften: „Catalogue de la flore vaudoise", 1882-1887; „Primitiae florae costaricensis", 1891-1905 (beide Werke mit T.A. Durand); „Manual de las plantas usuales de Venezuela", 1926, „Suplemento", 1939.
Pitt. et **Standl.** = = Henri François Pittier u. Paul Carpenter Standley. Siehe diese.
Planch. = Jules Émile Planchon, Ganges 21. 3. 1823-1. 4. 1888 Montpellier. Franz. Botaniker, reger Mitarb. an „Flore des Serres et des Jardins de l'Europe". Bearbeitete für de Candolle, Prodromus in Bd. XVII (1873) „Ulmaceae", für Alph. u. Cas. de Candolle, Monographia Phanerogamarum, Bd. 5 „Ampelideae", 1887. Mithrsg., mit José Jéronimo Triana, von „Prodromus florae novo-granatensis", 1862-1873. Nach ihm die Gattungen *Planchonia* Bl. u. *Planchonella* Pierre.
Planch. et **Lind.** = Jules Émile Planchon u. Jean Jules Linden. Schrieben gemeinsam: „Preludia florae columbianae", 1853 sowie „Plantae columbianae", 1874/75. Siehe auch beide Verfasser.
Planch. et **Triana** = Jules Émile Planchon u. José Jéronimo Triana. Schrieben gemeinsam „Mémoire sur la famille des Guttifères", 1862. Siehe auch beide Verfasser.
Playne = ... Playne, publizierte um 1856 (mit Edward Armitage u. Sir John Kirk).
Plenck = Joseph Jakob von Plenck, Wien 28. 11. 1738-24. 8. 1807 Wien. Österr. Arzt u. Botaniker. Veröffentlichte u.a. „Icones plantarum medicinalium ...", 1788-1812. Nach ihm die Gattung *Plenckia* Reissek.
Plowman = Timothy Charles Plowman, Harrisburg, Pennsylvania 17. 11. 1944-7. 1. 1989 Chicago. Nordamer. Botaniker in Chicago. Spezialgebiet: *Erythroxylum.*
Plowman, Kress et **H. Kennedy** = Timothy Charles Plowman; W. John Kennedy; u. Helen Kennedy. Siehe ersteren; letztere beide zeitgenöss. nordamer. Botaniker. Publizierten über *Heliconia.*
Pobed. = Evgenija Georgievna Pobedimova, 12. 11. 1898-1973. Russ. Botanikerin. Mitarbeiterin an Komarov, V.L., Flora U.R.S.S., von Bd. 14, 1949 bis Bd. 28, 1963.
Podl. = Dietrich Johannes Georg Podlech, Aa-

chen 28. 4. 1931- . Deutscher Botaniker in München. Hrsg. für Lieferung 5-6 der im Erscheinen begriffenen 3. Aufl. von Bd. 2(1) von Hegi, G.: „Illustrierte Flora von Mitteleuropa". Publizierte mit Hermann Merxmüller (Merxm.).
Podp. (auch **Podpěra**) = Josef Podpěra, Eule bei Prag 8. 11. 1878-18. 1. 1954 Brünn. Tschech. Botaniker, arbeitete über die Flora Mährens. Mitarbeiter an Loeske, L. „Die Laubmoose Europas", 1913-1929.
Poech = Joseph Poech, Schnedowitz bei Weystädtel 22. 5. 1816-20. 1. 1846 Prag. Österr. Botaniker. Schrieb „Enumeratio plantarum hucusque cognitarum insulae Cypri", 1842.
v. Poelln. = Karl von Poellnitz, 4. 5. 1896-15. 2. 1945 Oberbödla bei Altenburg, Thüringen. Deutscher Botaniker u. Sukkulentenforscher. Schrieb: „Die Anthericum-Arten Deutsch-Ostafrikas", 1942. Nach ihm die Gattung *Poellnitzia* Uitew.
Poepp. = Eduard Friedrich Poeppig, Plauen im Vogtland 16. 7. 1798-4. 9. 1868 Wahren bei Leipzig. Deutscher Zoologe, Botaniker u. Forschungsreisender. Reisen: 1823-1824 Kuba, 1824-1826 Pennsylvania, 1826-1829 Chile, 1829-1832 Peru, Amazonas, Ausbeute dieser Reisen etwa 4000 Pflanzenarten. Hauptwerke: „Fragmentum synopseos plantarum phanerogamarum", 1833; „Reise in Chile, Peru u. auf dem Amazonenstrom ... 1827-1832", 1834-1836. Nach ihm die Gattung *Poeppigia* K.B. Presl.
Poepp. et **Endl.** = Eduard Friedrich Poeppig u. Stephan Ladislaus Endlicher. Schrieben gemeinsam „Nova genera ac species plantarum quas in regno chilensi, peruviano et in terra amazonica ...", 1835-1845. Siehe auch beide Verfasser.
Poggenburg = Justus Ferdinand Poggenburg, Hannover 21. 5. 1840-16. 12. 1893 New York. Nordamer. Botaniker deutscher Abstammung. Siehe auch B.S.P.
Pohl = Johann Baptist Emmanuel Pohl, Böhm.-Kamnitz 22. 2. 1782-22. 5. 1834 Wien. Österr. Botaniker, bereiste von 1817-1821 Brasilien. Schriften: „Adumbrationes plantarum juxta exemplaria naturalia", 1804; „Plantarum Brasiliae icones et descriptiones ...", 1826-1833; „Reise im Inneren von Brasilien", 1832-1837.
Poir. = Jean Louis Marie Poiret, St. Quentin 1755-7. 4. 1834 Paris. Franz. Botaniker, Hauptwerke: „Voyage à Barbarie, ..., pendant les années 1785 et 1786", 1789; „Leçons de Flore", 1819-1820 (mit P.J.F. Turpin als Künstler); „Histoire philosophique, littéraire, économique des plantes de l'Europe", 1825 bis 1829. Mitautor, mit J.B.P.A.M. de Lamarck, von „Encyclopédie méthodique, Botanique", ab 1789-1817, u. „Tableau encyclopédique et méthodique des trois règnes de la nature. Botanique", ab 1819 bis 1823. Nach ihm die Gattung *Poiretia* Vent.
Poiss. (auch **Poisson**) = Jules Poisson, 29. 4. 1833-29. 9. 1919. Franz. Botaniker. Mitarbeiter an Baillon, Henri Ernest: „Dictionnaire de botanique", 1876-1892. Nach ihm die Gattung *Poissonia* Baill.
H. Poiss. = Henry Louis Poisson, 24. 8. 1877-8. 5. 1963. Franz. Botaniker u. Ornithologe. Schrieb: „Recherches sur la flore méridionale de Madagascar", 1912.
Poit. = Pierre Antoine Poiteau, Amblecy bei Soissons 23. 3. 1766-27. 2. 1854 Paris. Franz. Botaniker, Gärtner, bedeutender Zeichner, bereiste von 1796 an Haiti, um 1820 Guayana. Gründete 1829 „Revue horticole". Veröffentlichte u.a. „Pomologie française", 1846. Außerdem lieferte er vorzügliche Abbildungen, z.T. zusammen mit Turpin, für viele andere Werke. Nach ihm die Gattung *Poitea* Vent. Siehe auch Risso et Poit.
Poit. et **Turpin** = Pierre Antoine Poiteau u. Pierre Jean François Turpin. Veröffentlichten gemeinsam „Flora parisiensis ...", 1808-1813. Siehe auch beide Verfasser u. Duham.
Pojark. = A.I. Pojarkova, 1897-1980. Russ. Botanikerin. Mitarbeiterin an Komarov, V.L., Flora U.R.S.S., von Bd. 9, 1939 bis Bd. 26, 1961.
Polak. = Helmuth Polakowsky, 1847-1917. Deutscher Botaniker. Sammelte in Costa Rica u. schrieb: „Die Pflanzenwelt von Costa-Rica", 1879 (übersetzt ins Spanische als: „La flora de Costa Rica", 1890, mit Anmerkungen von H.F. Pittier).
Polatsch. = Adolf Polatschek, 1932- Österr. Botaniker am Naturhistor. Museum Wien. Publizierte mit Friedrich Ehrendorfer.
Poll. = Johann Adam Pollich, Kaiserslautern 1. 1. 1740-24. 11. 1780 Kaiserslautern. Deutscher Arzt u. Botaniker. Schrieb: „Historia plantarum in Palatinatu electorali sponte nascentium incepta", 1776-1777. Nach ihm die Gattung *Pollichia* Ait.
Pollard = Charles Louis Pollard, New York 29. 3. 1872-16. 8. 1945 Arlington, Vermont. Nordamer. Botaniker u. Entomologe. Bearbeitete für Britton, North American Flora in Bd. 22(3) „Calycanthaceae", 1908.
Pomel = Auguste Nicolas Pomel, Issoire 20. 9. 1821-2. 8. 1898 Dra el Mizan, Algerien. Franz. Botaniker. Schrieb u.a. „Matériaux pour la flore atlantique", 1860.
Popov = Mihajl Grigorievič Popov, 18. 4. 1893 bis 18. 12. 1955. Russ. Botaniker. Schrieb: „Flora srednej Sibiri", 1957-1959; Mitarb. an Komarov, V.L., Flora U.R.S.S., Bd. 7, 1937 bis Bd. 23, 1958.
Porsch = Otto Porsch, Wien 12. 9. 1875-2. 1. 1959 Wien. Österr. Botaniker. Arbeitete u.a. über Ornithophilie. Schrieb: „Die österreichischen Galeopsis-Arten der Untergattung Tetrahit Reichb.", 1903.
Porta = Pietro Porta, Moërna, Val Vestino 5. 11. 1832-2. 6. 1923 Cologna di Creto. Südtiroler Pfarrer u. Botaniker. Schrieb: „Vegetabilia in itinere iberico austro-meridionali lecta", 1892.
Portenschl. = Franz Edler von Portenschlag-Ledermeyer, Wien 13. 2. 1772-7. 11. 1822 Wien. Österr. Botaniker. Posthum erschien: „Enumeratio plantarum in Dalmatia lectarum", 1824. Nach ihm die Gattung *Portenschlagia* Vis.

Porter = Thomas Conrad Porter, Alexandria, Pennsylvania 22. 1. 1822-27. 4. 1901 Easton, Pennsylvania. Nordamer. Botaniker. Schrieb „Flora of Pennsylvania", 1903. Siehe auch B.S.P.
D.M. Porter = Duncan MacNair Porter, Kelseyville, Kalifornien 20. 4. 1937- . Nordamer. Botaniker. Schrieb (mit I.L. Wiggins) „Flora of the Galápagos Islands", 1970.
Poselg. = Heinrich Poselger, 25. 12. 1818-4. 10. 1883. Deutscher Chemiker u. Kakteenforscher.
G.E. Post = George Edward Post, New York 17. 12. 1838-29. 9. 1909 Beirut. Nordamer. Botaniker u. Geistlicher. Schrieb „Flora of Syria, Palestine, and Sinai, from the Taurus to ...", 1896, 2. Aufl. 1932-1933 (bearbeitet von J.E. Dinsmore). Nach ihm die Gattung *Postia* Boiss. et Blanche.
T.E. Post = Tom Erik von Post, Rejmyre 8. 3. 1858-30. 4. 1912 Stockholm. Schwed. Botaniker.
T.E. Post et **O. Kuntze** = Tom Erik von Post u. Carl Ernst Otto Kuntze. Schrieben gemeinsam „Lexicon generum phanerogamarum", 1903 (auch 1904). Siehe auch beide Verfasser.
Pott = Johann Friedrich Pott, Halberstadt 1738 bis 13. 4. 1805 Braunschweig. Deutscher Arzt u. Botaniker. Hrsg. von „Joh. Phil. Duroi, Die Harbkesche wilde Baumzucht", 2. Aufl., 1795 bis 1800. Schrieb: „Index herbarii mei vivi", 1805.
Potzt. = Eva Hedwig Ingeborg Potztal. Berlin 22. 12. 1924- . Deutsche Botanikerin u. Direktorin am Bot. Museum Berlin. Spezialgebiete: Subtrop. u. trop. *Gramineae, Palmae*. Bearbeitete für Engler, Die natürlichen Pflanzenfamilien. 2. Aufl., „Nachtrag-Gramineae III", 1956. Mitarbeiterin an „Ullstein Lexikon der Pflanzenwelt", 1973. Siehe auch Burret et Potzt.
Pourr. = Pierre André Pourret de Figeac, Narbonne 1754-Sept. 1818 Santiago de Compostela, Spanien. Franz. Geistlicher u. Botaniker. Arbeitete über die Flora der Pyrenäen, schrieb eine Monographie über die Gattung *Cistus* etc.
Pouzar = Zdeněk Pouzar, 1932- . Tschech. Botaniker. Publizierte mit Josef Holub.
Powell = Charles W. Powell, Richmond, Virginia 5. 11. 1854-18. 8. 1927 Balbao, Panama. Nordamer. Gärtner, lebte in der Kanalzone.
Praeg. = Robert Lloyd Praeger, Holywood 25. 8. 1865-5. 5. 1953 Belfast. Irischer Bibliothekar u. Botaniker. Hauptwerke: „An account of the Sempervivum group", 1932; „An account of the genus Sedum as found in cultivation", 1921 (in J. Roy. Hort. Soc. 46); „The botanist in Ireland", 1934.
Prain = Sir David Prain, Fettercairn, Kincardineshire 11. 7. 1857-16. 3. 1944 Whyteleafe, Surrey. Schott. Botaniker, Direktor des Bot. Gartens Kew, von 1905-1922. Veröffentlichte viele system. Schriften. Hrsg. der Bde. 133-146 von „Curtis' Botanical Magazine", 1907-1920, der Bände 28-30, 1905-1944, von „Hooker's Icones Plantarum", sowie von Bd. 6(2) u. 9 von Oliver, D.: „Flora of Tropical Africa", 1916 bis 1934. Bearbeitete für dieses Werk in Bd. 6(1) „Euphorbiaceae", 1911-1913 (mit N.E. Brown u. J. Hutchinson), in Bd. 6(2) „Cycadaceae", 1917. Nach ihm die Gattung *Prainea* King ex Hook.f.
Prantl = Karl Anton Eugen Prantl, München 10. 9. 1849-24. 2. 1893 Breslau. Deutscher Botaniker, Direktor des Bot. Gartens Breslau. Zus. mit H.G.A. Engler Begründer u. Hrsg. des systemat. Sammelwerkes „Die natürlichen Pflanzenfamilien", 1. Aufl., 1887-1893. Bearbeitete zahlreiche Familien für dieses Werk, von 1887 bis 1891.
Prantl et **Kuendig** = Karl Anton Eugen Prantl u. Jakob Kündig. Bearbeiteten gemeinsam für Engler u. Prantl, Die natürlichen Pflanzenfamilien, III. 2 „Papaveraceae", 1889-1891. Siehe auch beide Verfasser.
L. Preiss = Johann August Ludwig Preiss, 21. 11. 1811-21. 5. 1883 Herzberg am Harz. Deutscher Botaniker u. Gutsbesitzer in Hattorf, Harz. Sammelte von 1838-1842 in Westaustralien; die Ausbeute wurde von J.G.C. Lehmann beschrieben in „Plantae Preissianae", 1844 bis 1848.
J.S. Presl = Jan Swatopluk Presl, Prag 4. 9. 1791-6. 4. 1849 Prag. Böhm. Botaniker. Gemeinsam mit Karel Bořiwog Presl Hrsg. von „Flora Čechica ...", 1819; „Deliciae pragenses", 1822. Siehe auch Bercht. et J.S. Presl.
J.S. et **K.B. Presl** (auch **J.** et **C. Presl**) = Jan Swatopluk Presl u. Karel Bořiwog Presl. Siehe diese. Nach ihnen die Gattung *Preslia* Opiz sowie die Zeitschrift „Preslia" (1914 →).
K.B. Presl = Karel (Carel) Bořiwog Presl. Prag 17. 2. 1794-8. 10. 1852 Prag. Böhm. Botaniker, Prof. der Naturgeschichte u. Technologie. Schriften: „Flora sicula, exhibens plantas vasculosas in Sicilia ...", 1826; „Symbolae botanicae ...", 1830-1858; „Reliquiae Haenkeanae, ...", 1825-1835; „Prodromus monographiae Lobeliacearum ...", 1836; „Tentamen pteridographiae", 1836, Supplementum 1845; „Hymenophyllaceae", 1843; „Epimeliae botanicae", 1851.
Preuss = Paul Rudolf Preuss, Thorn 12. 11. 1861-?. Deutscher Pflanzensammler u. Kolonialbotaniker. Gründer u. von 1890-1895 Direktor des Bot. Gartens Victoria in Kamerun. Schrieb: „Die Kokospalme und ihre Kultur", 1911.
Price = William Robert Price, 1886-30./31. 7. 1975. Engl. Botaniker u. Pflanzensammler.
Pritz. (auch **Pritzel**) = Georg August Pritzel, Carolath in Schlesien 2. 9. 1815-14. 6. 1874 Hornheim bei Kiel. Deutscher Bibliograph, Kustos der Königl. Bibliothek in Berlin u. Botaniker. Veröffentlichte „Anemonarum revisio", 1842; „Iconum botanicarum index locupletissimus", 1854-1855, 2. Aufl. 1866; „Thesaurus litteraturae botanicae omnium gentium", 1847-1852, 2. Aufl. 1872-1877; „Die deutschen Volksnamen der Pflanzen", 1882-1884 (mit K.F.W. Jessen).
Pritz. et **Benth.** = Georg August Pritzel u. George Bentham. Siehe diese.
E. Pritz. = Ernst Georg Pritzel, 15. 5. 1875-1946. Deutscher Botaniker. Spezialgebiet u.a. *Lycopo-*

diaceae. Bearbeitete für Engler u. Prantl, Die natürlichen Pflanzenfamilien I, 4 (1901) „Lycopodiaceae, Psilotaceae", 2. Aufl. Bd. 18 (1930) „Pittosporaceae".

Proctor = George Richardson Proctor, Wellesley, Massachusetts 13. 7. 1920- . Nordamer. Botaniker am Institute of Jamaica in Kingston, Jamaica. Spezialgebiet: Flora von Jamaica. Schrieb: „Additions to the Flora of Jamaica", 1967; „Flora of the Cayman Islands", 1984; Mitverf. (mit E.G.B. Gooding u. A.R. Loveless) „Flora of Barbados", 1965.

Prodan = Iuliu Prodan, 1875-1959. Rum. Botaniker. Schrieb: „Flora mică illustrată a României", 1928; „Flora mică illustrată a Republicii Populare Romîne", 1958 sowie 1961 (Hrsg. A. Buia).

Proust = Louis Proust, 1878-1959. Franz. Botaniker. Siehe auch Pit. et Proust.

Puel = Timothée Puel, 1812-1890. Franz. Arzt u. Botaniker in Paris. Schrieb: „Catalogue des plantes vasculaires qui croissent dans le département du Lot", 1845-1853; „Catalogue de l'herbier de Syrie", 1854-1855.

Pugsley = Herbert William Pugsley, Bristol 24. 1. 1868-18. 11. 1947 Wimbledon. Engl. Botaniker. Schrieb u.a. „A monograph of Narcissus subgenus Ajax", 1933 (in J.Roy. Hort. Soc. 58:17).

Pulliat = Victor Pulliat, Chiroubles 27. 4. 1827 bis 12. 8. 1866. Franz. Botaniker.

Purdy = Charlton Elmer Purdy, Dansville, Michigan 16. 3. 1861-8. 8. 1945 Ukiah, Kalifornien. Sammler u. Kenner kalif. Pflanzen, speziell v. Zwiebelgewächsen.

Purk. = Emanuel Ritter von Purkyně, 17. 12. 1831-23. 5. 1882 Weißwasser, Böhmen. Böhm. Botaniker.

C.A. Purp. = Carl Albert Purpus, Hannleshof bei Bürstadt, Pfalz 26. 2. 1851 (oder 1853)-17. 1. 1941 El Mirador bei Huatusco, Veracruz. In Mexiko lebender deutscher Forschungsreisender u. Pflanzensammler. Siehe auch J.A. Purpus. Nach ihm die Gattung *Purpusia* T.S. Brandeg.

J.A. Purp. = Joseph Anton Purpus, 1860-1932. Deutscher Gärtner, von 1882 bis 1888 am Bot. Garten St. Petersburg, 1888-1932 Inspektor des Bot. Gartens Darmstadt. Machte zus. mit seinem Bruder versch. Sammelreisen, vor allem in den Westen Nordamerikas u. in Mexiko, von denen sie viele neue Pflanzen mitbrachten u. beschrieben.

Pursh = Frederick Traugott Pursh (ursprünglich Friedrich Pursch), Großenhain, Sachsen 4. 2. 1774-11. 7. 1820 Montreal, Kanada. Deutschkanad. Botaniker u. Gärtner, seit 1808 in Nordamerika. Hauptwerk: „Flora Americae septentrionalis", 1814. Nach ihm die Gattung *Purshia* DC. ex Poir.

Puschk. = Apollos Apollosovič Mussin-Puschkin, 1760-1805. Russ. Chemiker, der im Kaukasus u. am Ararat Pflanzen sammelte. Nach ihm die Gattung *Puschkinia* Adams.

Putterl. = Aloys Putterlick, Iglau 3. 5. 1810-29. 7. 1845 Wien. Österr. Botaniker. Schrieb: „Synopsis Pittosporearum", 1839; Mitautor (mit Stephan Ladislaus Endlicher) von Lieferung 22-24 von Th. Nees: „Genera plantarum florae germanicae", 1843-1845. Nach ihm die Gattung *Putterlickia* Endl.

Putz. = Jules Antoine Adolphe Henry Putzeys, Lüttich 1. 5. 1809-2. 1. 1882 Ixelles. Belg. Botaniker.

Quehl = Leopold Quehl, Freyburg a.d. Unstrut 7. 11. 1849-22. 2. 1922 Halle a.d. Saale. Deutscher Kakteenforscher, Besitzer einer großen Kakteensammlung in Halle.

Rach = Louis Theodor Rach, 16. 1. 1821-28. 4. 1859 St. Petersburg. Russ. Botaniker u. Gärtner deutscher Abstammung. Publizierte gemeinsam mit Eduard August von Regel u. Friedrich August Körnicke.

Radde = Gustav Ferdinand Richard Johannes Radde, Danzig 27. 11. 1831-15. 3. 1903 Tiflis. Deutsch-russ. Naturwissenschaftler, Direktor des Kaukasus-Museums in Tiflis. Bereiste Sibirien. Ergebnisse seiner Reisen siehe unter Regel et Radde u. Herd. Schrieb für Engler u. Drude, Die Vegetation der Erde, Bd. 3 „Grundzüge der Pflanzenverbreitung in den Kaukasus-Ländern", 1899. Publizierte mit Eduard August von Regel.

Raddi = Giuseppe Raddi, Florenz 9. 2. 1770-6. 9. 1829 auf Rhodos. Ital. Botaniker u. Reisender, von 1817-1818 in Brasilien. Autor von „Plantarum brasiliensium nova genera et species novae . . .", 1825. Nach ihm die Gattungen *Raddia* Bertol. u. *Raddiella* Swallen.

Radlk. = Ludwig Adolph Timotheus Radlkofer, München 19. 12. 1829-16. 2. 1927 München. Deutscher Botaniker, Prof. in München. Schriften: „Die Befruchtung der Phanerogamen", 1856; „Über das Verhältnis der Parthenogenesis zu den anderen Fortpflanzungsarten", 1858; „Monographie der Sapindaceen-Gattung Serjania", 1875; für Engler, Das Pflanzenreich „Sapindaceae", 1931-1934; für Martius, Flora brasiliensis in Bd. XIII, 3 (1892/1900) „Sapindaceae"; für Engler u. Prantl, Die natürlichen Pflanzenfamilien, Bd. III. 5 „Sapindaceae, Didiereacae", 1895-1896, Nachtr. 3 „Bretschneideraceae", 1908. Nach ihm die Gattung *Radlkofera* Gilg.

Raeusch. = Ernst Adolph Räuschel, wirkte zwischen 1772 u. 1797. Deutscher Botaniker. Veröffentlichte zunächst anonym, von der 3. Aufl. an unter seinem Namen „Nomenclator botanicus", 3. Aufl. 1797.

Raf. = Constantin Samuel Rafinesque-Schmaltz, Galata bei Istanbul 22. 10. 1783 bis 18. 9. 1840 Philadelphia. Ital.-nordamer. Naturforscher, bes. Botaniker. Schriften: „Caratteri di alcuni nuovi generi . . . della Sicilia", 1810; „Neogenyton", 1825; „Specchio delle scienze . . .", 1814; „Medical flora, or manual of the medical botany of the United States of North America", 1828-1830; „. . . Herbarium

Rafinesquianum", 1833; „New Flora and Botany of North America", 1836-1838; „Flora telluriana ...", 1837-1838; „Alsographia americana", 1838; „Autikon botanikon", 1840; „Sylva telluriana", 1838; „Atlantic Journal, and Friend of Knowledge", 1832-1833; „American florist: Second series", 1832. Nach ihm die Gattung *Rafinesquia* Nutt.
Raffill = Charles Percival Raffill, Tredegar, Mon April 1876-27. 3. 1951 Coventry, Warwickshire. Engl. Gärtner am Bot. Garten Kew. Publizierte mit L. H. Bailey.
Rafn = Carl Gottlob Rafn, Viborg 31. 7. 1769 bis 17. 5. 1808 Kopenhagen. Dän. Botaniker. Schrieb „Danmarks og Holsteens Flora systematisk, physisk og oekonomisk bearbeyded", 1796-1800.
Ragioneri = Attilio Ragioneri, Sestofiorentino 1856-1933. Ital. Pflanzenzüchter.
Raimann = Rudolf Raimann, 1863-5. 12. 1896 Wien. Österr. Botaniker. Bearbeitete für Engler u. Prantl, Die natürlichen Pflanzenfamilien, III. 7 „Onagraceae, Hydrocaryaceae", 1893.
Ram. (auch **Ramond**) = Baron Louis François Élisabeth Ramond de Carbonières, Straßburg 4. 1. 1753-14. 5. 1827 Paris. Franz. Politiker, Naturwissenschaftler u. Botaniker. Schrieb „Observations faites dans les Pyrénées", 1789; „Voyage au sommet du Mont Perdu", 1807. Nach ihm die Gattung *Ramonda* L. C. Rich. ex Pers.
Ramat. = Thomas Albin Joseph d'Audibert de Ramatuelle, Aix 16. 5. 1750-20. 6. 1794 Paris. Franz. Geistlicher u. Liebhaberbotaniker.
Raoul = Édouard Fiacre Louis Raoul, 23. 7. 1815-30. 3. 1852. Franz. Schiffsarzt u. Botaniker, 1840-1846 in Neuseeland. Hauptwerk: „Choix des plantes de la Nouvelle-Zélande", 1846. Nach ihm die Gattung *Raoulia* Hook. f.
Rasp. (auch **Raspail**) = François Vincent Raspail, Carpentras, Vaucluse 29. 1. 1794-7. 1. 1878 Arcueil bei Paris. Franz. Chemiker u. Botaniker. Schrieb „Mémoires sur la famille des Graminées", 1825-1826; „Nouveau système de physiologie végétale et de botanique", 1837.
Rataj = Karel Rataj, 1925- . Tschech. Botaniker in Prag. Spezialgebiet: *Echinodorus*.
Rauh = Werner Rauh, Niemegk 16. 1. 1913 bis . Deutscher Botaniker, Direktor des Bot. Gartens Heidelberg, bereiste u. a. viele südamer. Staaten, Südafrika, Madagaskar. Schrieb neben vielen systemat. Abhandlungen „Gartenblumen", 4 Bde., 1927-1953 (mit L. Klein); „Alpenpflanzen", 4 Bde., 1951-1953; „Morphologie der Nutzpflanzen", 1941, 2. Aufl. 1950; „Unsere Ziersträucher", 1955; „Unsere Parkbäume", 1957; mit K. Senghas „Balkon- und Zimmerpflanzen", 1959; „Die großartige Welt der Sukkulenten", 1967, 2. Aufl., 1979 (engl.: „The wonderful world of succulents", 1984); „Bromelien für Zimmer u. Gewächshaus", 1970 (Tillandsioideen), 1973 (Bromelioideen und Pitcairnioideen), 2. Aufl. unter dem Titel „Bromelien, Tillandsien und andere kulturwürdige Bromelien", 1981; zus. mit K. Senghas Hrsg. der 81. neugestalteten Aufl. von Schmeil-Fitschen, „Flora von Deutschland ...", 1968, bis 88. Aufl., 1988. Nach ihm die Gattungen *Rauhia* Traub u. *Rauhocereus* Bckbg.
Rauh et **Bckbg.** = Werner Rauh u. Curt Backeberg. Siehe diese.
Rauschert = Stephan Rauschert, 1. 9. 1931-6. 5. 1986 Halle. Deutscher Botaniker, Systematiker u. Pflanzengeograph in Halle. Schrieb u. a. „Wiesen- und Weidepflanzen", 1961, 2. Aufl. 1965. Mitautor von Bd. II von Meusel, H.: „Vergleichende Chorologie der Zentraleuropäischen Flora", 1978 (mit E. Jäger u. E. Weinert).
Raven = Peter Hamilton Raven, Schanghai, China 13. 6. 1936- . Nordamer. Botaniker, Direktor des Missouri Bot. Garden in St. Louis. Schrieb u. a. „Native shrubs of Southern California", 1966; „The genus Epilobium (Onagraceae) in Australasia", 1976 (zus. mit seiner Frau Tamra Engelhorn Raven); „Biology of plants", 3. Aufl. 1981 (mit Ray F. Evert u. Helena Curtis); „Coevolution of animals and plants", 1975 (mit L. E. Gilbert).
Raymond = Joseph Louis Florent Marcel Raymond, Saint-Jean, Québec 2. 12. 1915-23. 8. 1972 Montreal. Kanad. Botaniker, Kurator des Bot. Gartens Montreal. Spezialgebiete: *Cyperaceae, Gesneriaceae, Pteridophyta.*
Rchb. = Heinrich Gottlieb Ludwig Reichenbach, Leipzig 8. 1. 1793-17. 3. 1879 Dresden. Deutscher Botaniker, Direktor des Bot. Gartens Dresden. Von seinen vielen Schriften seien genannt „Flora exotica", 1834-1836; „Iconographia botanica, ...", 1823-1832; „Iconographia botanica exotica ...", 1824-1830; „Icones florae germanicae et helveticae", 1834-1850 (fortgesetzt von H. G. Reichenbach fil. 1850-1885, später von F. G. Kohl u. G. Beck von Mannagetta, beendet 1914); "Monographia generis Aconiti ...", 1820-1821; „Flora germanica excursoria", 1830-1833; „Übersicht der Gattung Aconitum ...", 1819; „Handbuch des natürlichen Pflanzensystems ...", 1837; „Conspectus regni vegetabilis per gradus naturales evoluti", 1828: „Der deutsche Botaniker. Bd. 1. Das Herbarienbuch", 1841, Bd. 2 „Flora saxonica", 1842. Nach ihm die Gattung *Reichenbachia* Spreng.
Rchb. f. = Heinrich Gustav Reichenbach (filius), Sohn des vorigen, Dresden 3. 1. 1824-6. 5. 1889 Hamburg. Deutscher Botaniker, Direktor des Bot. Gartens Hamburg, Orchideenforscher. Schriften: „Xenia orchidacea", 1854-1900: „Deutschlands Flora ...", Bd. 13/14-22, 1850 bis 1886; „Otia botanica hamburgensia", 1878 bis 1881. Mitarb. an „Refugium botanicum", 1869 bis 1882.
Rchb. f. et **Warm.** = Heinrich Gustav Reichenbach u. Johannes Eugen(ius) Bülow Warming. Siehe diese.
Rchb. f. et **Warsc.** = Heinrich Gustav Reichenbach und Józef Warscewicz. Siehe diese.
R. W. Read = Robert William Read, Woodbury, New Jersey 13. 12. 1931- . Nordamerikan. Botaniker am U. S. National Herbarium, Smith-

sonian Institution, Washington, D.C. Spezialgebiet: *Palmae*. Schrieb: „The genus Thrinax (Palmae: Coryphoideae)", 1975.
Rebut = P. Rebut, gest. 1898. Franz. Kakteenkenner u. -händler in Paris. Nach ihm die Gattung *Rebutia* K. Schum.
Rech.f. = Karl Heinz Rechinger, Wien 16. 10. 1906- . Österr. Botaniker am Naturhistor. Museum Wien. Hauptwerke: „Flora aegaea", 1943; „Flora aegaea Supplementum", 1949; „Flora of Lowland Iraq", 1964; Hrsg. von „Flora iranica", 1963ff. u. von Bd. 3(1) u. 3(2) der 2. Aufl. von Hegi, Gustav: „Illustrierte Flora von Mitteleuropa", 1957-1971. Siehe auch unter Greuter.
Redouté (auch **Red.**) = Pierre Joseph Redouté, St. Hubert, Belgien 10. 7. 1759-20. 6. 1840 Paris. Bedeutender belg. Pflanzenzeichner u. Maler, Illustrator bot. Werke, z.B. „Les Liliacées", 1802-1816; „Les Roses", 1817-1824, 2. Aufl. 1824-1826, 3. Aufl. 1828-1829, 4. Aufl. 1835; „Choix des plus belles fleurs, ...", 1827-1833.
Reeves et **Mangelsd.** = Robert Gatlin Reeves, Summitt, Mississippi 24. 6. 1898-?. Nordamer. Genetiker u. Botaniker an der Texas Agricultural Experiment Station. Schrieb u.a.: „Flora of South Central Texas", 1946 (mit D.C. Bain); u. Paul Christoph Mangelsdorf, Atchison, Kansas 20. 7. 1899-?. Nordamer. angewandter Botaniker u. Genetiker. Schrieb: „Corn: its origin, evolution and improvement", 1974.
Regel = Eduard August von Regel, Gotha 1. 8. 1815-27. 4. 1892 St. Petersburg. Deutscher Gärtner u. Botaniker, Direktor des Bot. Gartens St. Petersburg von 1855-1892. Veröffentlichte viele Schriften über Gartenbau, Obstbau, Anlage von Gärten, Dendrologie etc., alle in russ. Sprache, außerdem „Monographia Betulacearum ...", 1861; „Tentamen florae ussuriensis", 1861; „Alliorum adhuc cognitorum monographia", 1875; für de Candolle, Prodromus in Bd. XVI, 2 (1868) „Betulaceae". Begründer (1852) der „Gartenflora", in der er viele neue Arten beschrieb. Nach ihm die Gattung *Regelia* Schau. sowie die Zeitschrift „Regelia" (1950).
Regel et **Herd.** = Eduard August von Regel u. Ferdinand Gottfried Maximilian Theobald von Herder. Siehe diese.
Regel et **Klein** = Eduard August von Regel u. ... Klein. Siehe ersteren.
Regel et **Koern.** = Eduard August von Regel u. Friedrich August Körnicke. Siehe diese.
Regel, Koern. et **Rach** = Eduard August von Regel, Friedrich August Körnicke u. Louis Theodor Rach. Siehe diese.
Regel et **Maack** = Eduard August von Regel u. Richard Maack. Siehe diese.
Regel et **Maxim.** = Eduard August von Regel u. Karl Johann Maximowicz. Siehe diese.
Regel et **Radde** = Eduard August von Regel u. Gustav Ferdinand Richard Johannes Radde. Die von Radde in Sibirien gesammelten Pflanzen wurden von Regel in dem Werk „Reisen in den Süden von Ost-Sibirien. Botanische Abtheilung", Band 1 (Heft 1-2), 1862, beschrieben; neue Taxa tragen oft ein gemeinsames Autorzitat. Für Band III-IV siehe unter Herd. (Band II ist nicht erschienen).
Regel et **Schmalh.** = Eduard August von Regel u. Johannes Theodor Schmalhausen. Siehe diese.
Regel et **C. Winkl.** = Eduard August von Regel u. Constantin (Alexander) J. Winkler. Siehe diese.
Rehd. = Alfred Rehder, Waldenburg, Sachsen 4. 9. 1863-25. 7. 1949. Deutsch-nordamer. Gärtner, Botaniker, Dendrologe, von 1918-1940 Kurator des Arnold Arboretums, Jamaica Plains, Mass. bei Boston. Begründer des „Journal of the Arnold Arboretum". Hauptwerke: „Manual of cultivated trees and shrubs hardy in North America", 1927, 2. Aufl. 1940; „Bibliography of cultivated trees and shrubs", 1949; „The Bradley bibliography, a guide to the literature of the woody plants of the world", 1911-1918. Nach ihm die Gattungen *Rehdera* Moldenke, *Rehderodendron* Hu, *Rehderophoenix* Burret.
Rehd. et **Wils.** = Alfred Rehder u. Ernest Henry Wilson. Siehe diese.
Rehm = Sigmund Eugen Adolf Rehm, München 4. 1. 1911- . Deutscher Pflanzenphysiologe, von 1939-1968 in SW- u. S-Afrika; dann Prof. am Institut für Tropischen und Subtropischen Pflanzenbau in Göttingen-Weende.
Rehm. = Anton Rehmann, Krakau 13. 5. 1840-13. 1. 1917 Lemberg. Österr. Botaniker. Nach ihm die Gattung *Rehmannia* Libosch. ex Fisch. et C.A. Mey.
Reichard = Johann Jakob Reichard, Frankfurt a.M. 7. 8. 1743-21. 1. 1782 Frankfurt a.M. Deutscher Arzt u. Botaniker. Schrieb „Flora moenofrancofurtana", 1772-1778; Herausgeber der 7. Aufl. von Linné, „Genera plantarum", 1778 u. „Systema plantarum", 1779-1780. Nach ihm die Gattung *Reichardia* Roth.
Reiche = Karl Friedrich Reiche, Dresden 31. 10. 1860-26. 2. 1929. Chilen. Botaniker deutscher Abstammung. Schrieb: „Flora de Chile", 1894 bis 1911. Bearbeitete zahlreiche Familien für Engler u. Prantl, Die natürlichen Pflanzenfamilien, 1. Aufl. 1890-1897.
F. Reichenb. = F. Reichenbach, 19./20. Jahrh. Deutscher Ingenieur in Dresden, Kakteenkenner. Publizierte über *Cactaceae*.
Reinsch = Paulus Friedrich Reinsch, Kirchenlamitz, Fichtelgebirge 21. 3. 1836-31. 1. 1914 Erlangen. Deutscher Botaniker u. Paläontologe. Schrieb u.a. „Micro-Palaeophytologia formationis Carboniferae", 1884; „Mikrophotographien über ... der Steinkohle des Carbon", 1883; „Carbonischer Urwald", 1882.
Reinw. = Caspar Georg Carl Reinwardt, Lüttringhausen 3. 6. 1773-6. 3. 1854 Leiden. Holl. Botaniker deutscher Abstammung, von 1816 bis 1822 als „Director of Agriculture, Arts and Sciences" in Java. Begründer des Botan. Gartens Bogor. Seit 1823 Direktor des Botan. Gartens Leiden. Schrieb u.a. „Über den Charakter der Vegetation auf den Inseln des Indischen Archipels", 1828. Nach ihm die Gattung *Rein-*

wardtia Dumort.
Reis. (auch **Reisaeter**) = Oddvin Reisaeter, Ulvik, Hardanger 9. 3. 1913- . Norw. Gartenbauwissenschaftler, Prof. an der Landwirtschaftshochschule in Vollebek. Schrieb zus. mit Arne Thorsrud „Norske plantenavn", 1948.
Reiss. = Siegfried Reissek, Teschen 11. 4. 1819 bis 9. 11. 1871 Wien. Österr. Botaniker am Hofnaturalienkabinett in Wien. Bearbeitete für Martius, Flora brasiliensis in Bd. XI, 1 (1861) „Celastrineae, Ilicineae, Rhamneae". Nach ihm die Gattung *Reissekia* Endl.
Reiss. et **Seem.** = Siegfried Reissek u. Berthold Carl Seemann. Siehe diese.
Reitz = Raulino Reitz, Antonio Carlos, Brasilien 19. 9. 1919-1990. Bras. Botaniker u. Geistlicher am Herbario „Barbosa Rodrigues" in Itajai, Santa Catarina. Spezialgebiet: Bras. *Bromeliaceae.*
Renault = Pierre Antoine Renault, 1750 bis 1835. Franz. Botaniker u. Gartenbauschriftsteller. Schriften: „Mémoire sur les cultures des pommiers", 1794-1795; „Flore du département de l'Orne", 1803/1804.
Rendle = Alfred Barton Rendle, London 19. 1. 1865-11. 1. 1938 Leatherhead, Surrey. Engl. Botaniker. Bearbeitete für Engler, Das Pflanzenreich „Najadaceae", 1901; für Oliver, Flora of Tropical Africa, in Bd. 4(2) „Convolvulaceae", 1905-1906 (mit J.G. Baker), Bd. 6(2) „Ulmaceae, Barbeyaceae, Cannabinaceae, Moraceae (mit J. Hutchinson), Urticaceae", 1916-1917; schrieb „The classification of flowering plants", 1904-1926; „Flora of Jamaica", 1910-1936 (mit W. Fawcett; Bd. 7, 1936, mit Spencer Le Marchant Moore). Nach ihm die Gattung *Rendlia* Chiov. Siehe auch unter Hiern.
Req. = Esprit Requien, Avignon 6. 5. 1788 bis 30. 5. 1851 Bastia, Korsika. Franz. Botaniker. Spezialgebiete: Flora von S-Frankreich u. Korsika. Nach ihm die Gattung *Requienia* DC.
Resv. = Hanna Resvoll-Holmsen, 11. 9. 1873 bis 13. 3. 1943. Norweg. Botanikerin. Schrieb „Svalbards flora med endel om dens plantevekst i nutid og fortid", 1927. Publizierte mit Carl Emil Hansen Ostenfeld (Ostenf.).
Retz. = Anders Jahan Retzius, Kristianstad 3. 10. 1742-6. 10. 1821 Stockholm. Schwed. Botaniker. Schriften: „Observationes botanicae", 1779-1791; „Florae Scandinaviae prodromus", 1779, 2. Aufl. 1795, Suppl. 1-2, 1805-1809; „Flora Virgiliana", 1809; „Försök tlil en Flora oeconomica Sveciae", 1806; „Observationum botanicarum pugillus, ...", 1810. Nach ihm die Gattung *Retzia* Thunb.
G. Reuss = Gustáv Reuss, Groß Röcze, Slowakei 4. 1. 1818-12. 1. 1861 Groß Röcze, Slowakei. Slowak. Botaniker. Schrieb: „Května slovenska", 1853. Nach ihm die Gattung *Reussia* Endl.
Reut. = Georges François Reuter, Paris 30. 11. 1805-23. 5. 1872 Genf. Schweizer Botaniker. Schrieb „Catalogue détaillé des plantes vasculaires ... aux environs de Genève", 1832, Suppl. 1841, 2. Aufl. 1861. Bearbeitete für de Candolle, Prodromus in Bd. XI „Orobanchaceae", 1847. Mitarbeiter von P.E. Boissier (s.d.). Nach ihm die Gattung *Reutera* Boiss. Siehe auch Boiss. et Reut.
Reut. et **Huet** = Georges François Reuter u. Alfred Huet du Pavillon. Siehe diese.
Reynier = Alfred Reynier, Marseille 11. 3. 1845 bis 14. 12. 1932 Marseille. Franz. Botaniker. Publizierte mit Émile Marnac, „Flore phanerogamique des Bouches-du-Rhone", 1910. Publizierte außerdem mit Hippolyte Jacques Coste.
Riccob. = Vincenzo Riccobono, 1861-1943. Ital. Gärtner. Gärtnerischer Leiter des Bot. Gartens Palermo. Kakteenforscher.
A. Rich. = Achille Richard, Paris 27. 4. 1794 bis 5. 10. 1852 Paris, Sohn des folgenden. Franz. Botaniker. Veröffentlichte neben vielem anderen „Nouveaux éléments de botanique ...", 1819, weitere Aufl. 1822, 1825, 1828, 1833, 1838, 1846, 1852, posthum 1864, 1870 u. 1876; „Botanique médicale", 1822 bis 1823; „Dictionnaire de drogues simples et composées", 1827 bis 1829; „Voyage de découvertes de l'Astrolabe", 1834; „Tentamen florae abyssinicae", 1847-1851. Siehe auch Guill., Perrott. et A. Rich.
A. Rich. et **Gal.** = Achille Richard u. Henri Guillaume Galeotti. Siehe diese.
L.C. Rich. = Louis Claude Marie Richard, Auteuil 4. 9. 1754-7. 6. 1821 Paris. Franz. Botaniker, bereiste 1781 Guayana u. die Antillen. U.a. Autor von „Demonstrations botaniques, ou analyse du fruit", 1808; „Analyse botanique des embryons endorhizes ou monocotylédonés", 1811; „Commentatio botanica de Coniferis et Cycadeis", 1826; „De Musaceis commentatio botanica ...", 1831 (von seinem Sohn herausgegeben); „De Orchideis europaeis annotationes, ...", 1817.
Richards. = Sir John Richardson, Dumfries 5. 11. 1787-5. 6. 1865. Grasmere, Westmoreland. Schott. Zoologe u. Botaniker, Teilnehmer an zwei Polarexpeditionen. Von ihm gesammelte Pflanzen wurden beschrieben von Sir W.J. Hooker in „Flora boreali-americana", 1829 bis 1840.
I.B.K. Richards. = Ian Bertram Kay Richardson, 1940- . Engl. Botaniker an der Universität von Reading. Mitarbeiter an „Flora europaea", 1964-1980.
Richt. = Karl Richter, Döbling bei Wien 16. 5. 1855-28. 12. 1891 Wien. Österr. Botaniker. Verf. von „Plantae europaeae. Enumeratio systematica et synonymica ...", Bd. 1, 1890 (fortgesetzt von Gürke, Bd. 2, 1897-1903).
A. Richt. = Vincenz Aladár Richter, Rimaszombat 5. 1. 1868-11. 6. 1927 Budapest. Ung. Botaniker. Schrieb u.a. „Növénytani intézete és botanikus kertje", 1905.
Rickett = Harold William Rickett, Birmingham 30. 7. 1896-29. 11. 1989. Nordamer. Botaniker engl. Abstammung am Bot. Garten New York. Schrieb u.a. „Wild flowers of the United States", 6 Bde., 1966-1973. Herausg. von Britton, North American Flora, 1944 bis 1963, u. Bearbeiter von „Umbellales" in Bd. 28 B(1), 1944 u. „Cor-

nales, Cornaceae, Nyssaceae", in Bd. 28 B(2), 1945.
Rickett et **Stafl.** = Harold William Rickett u. Frans Antonie Stafleu. Schrieben gemeinsam „Nomina generica conservanda et rejicienda spermatophytorum", 1961. Siehe auch beide Verfasser.
Ridd. = John Leonard Riddell, Leyden, Massachusetts 20. 2. 1807–7. 10. 1865 New Orleans. Nordamer. Botaniker u. Chemiker. Schrieb u. a. „A synopsis of the flora of the Western States", 1835. Nach ihm die Gattung *Riddellia* Nutt.
Ridl. = Henry Nicholas Ridley, West Harling, Norfolk 10. 12. 1855–24. 10. 1956 Kew. Engl. Botaniker, 1888–1911 Direktor der Bot. Gärten Singapore u. Penang. Schriften: „Materials for a flora of the Malayan Peninsula", 1907, Index 1908; „The Dispersal of Plants throughout the World", 1930; „The flora of the Malay Peninsula", 1922–1925. Nach ihm die Gattungen *Ridleyella* Schlechter, *Ridleyinda* O. Kuntze u. × *Ridleyara* hort.
Rikli = Martin Albert Rikli, Basel 23. 9. 1868 bis 16. 1. 1951. Schweizer Botaniker. Schrieb u. a. „Vegetationsbilder aus dem westlichen Kaukasus", 1914 (mit E. Rübel); „Das Pflanzenkleid der Mittelmeerländer", 1942–1948, 2. Aufl. (nur Band 1, Lieferung 1–3) 1943.
Risso = Joseph Antoine Risso, Nizza 7. 8. 1777 bis 25. 8. 1845 Nizza. Franz. Apotheker, Zoologe u. Botaniker. Schriften: „Histoire naturelle des principales productions de l'Europe méridionale", 1826–1828; „Flore de Nice", 1844.
Risso et **Poit.** = Joseph Antoine Risso u. Pierre Antoine Poiteau. Schrieben gemeinsam „Histoire naturelle des orangers", 1818–1820. Siehe auch beide Verfasser.
Ritt. = Friedrich Ritter, 9. 5. 1898–1989. Deutscher Reisender, Kakteenforscher u. -sammler. Entdeckte u. beschrieb zwischen 1929 u. 1959 viele neue Kakteenarten. Schrieb: „Die von Curt Backeberg in „Descriptiones Cactacearum Novarum", veröffentlichten Diagnosen „neuer" peruanischer Kakteen nebst grundsätzlichen Erörterungen über taxonomische und nomenklatorische Fragen", 1958. Nach ihm die Gattung *Ritterocereus* Bckbg.
Ritt. et **Buin.** = Friedrich Ritter u. Albert Frederik Hendrik Buining. Siehe diese.
A. et **C. Riv.** = Marie Auguste Rivière, 8. 1. 1821–14. 4. 1877 Paris u. Charles Marie Rivière, 1845–?. Bedeutende franz. Gärtner, der ältere von ihnen Leiter des Jardin de Luxembourg, Paris. Schrieben u. a. „Les Bambous", 1879. A. Riv. schrieb zus. mit É. F. André u. E. Roye „Les Fougères et les Selaginelles", 1867–1868.
Rivas-Goday = Salvador Rivas-Goday, 1. 12. 1905–1981. Span. Botaniker, Direktor des Bot. Gartens Madrid. Schrieb u. a. „Vegetación y Florula de la Cuenca extremeña del Guadiana", 1964. Spezialgebiet: Pflanzengeographie.
Rivas-Goday et **Borja** = Salvador Rivas-Goday u. José Borja Barbonell. Siehe diese.
Rivers = Thomas Rivers, Sawbridgeworth Dez. 1798–17. 10. 1877 Sawbridgeworth. Engl. Gärtner. Schrieb: „The miniature fruit garden, or the culture of pyramidal fruit trees", 1840, 5. Aufl. 1853.
E. P. Roberts = Evan Paul Roberts. 1914– Nordamer. Botaniker, veröffentlichte in „African Violet Magazine", 1950, Beschreibungen zweier neuer *Saintpaulia*-Arten.
Roberty = Guy Édouard Roberty, Marseille 17. 8. 1907–7. 2. 1971 Saint Felicien. Franz. Botaniker. Schrift: „Carte de la végétation de l'Africa tropicale occidentale ...", 1964.
Robins. (auch **Rob.** oder **Robinson**) = Benjamin Lincoln Robinson, Bloomington, Illinois 8. 11. 1864–27. 7. 1935 Jaffrey, New Hampshire. Nordamer. Botaniker, Direktor des Gray Herbariums der Harvard University in Cambridge, Mass. Beendete das Werk von A. Gray „Synoptical flora of North America", 1878–1897. Nach ihm die Gattung *Robinsonella* Rose et Bak. f.
C. B. Robins. = Charles Budd Robinson, Pictou, Nova Scotia 26. 10. 1871–5. 12. 1913 Amboina, Niederl. Ostindien. Kanad. Botaniker u. Pflanzensammler. Schrieb: „The Characeae of North America", 1906. Nach ihm die Gattung *Robinsoniodendron* Merr.
H. E. Robins. et **Brettell** = Harold E. Robinson, zeitgenöss. nordamer. Botaniker am U. S. National Herbarium, Smithsonian Institution, Washington. Spezialgebiet: *Compositae*; u. ... Brettell.
Robs. = Edward Robson, Darlington, Durham 17. 10. 1763–21. 5. 1813 Tottenham, Middlesex. Engl. Botaniker. Nach ihm die Gattung *Robsonia* Spach.
N. K. B. Robson = Norman Keith Bonner Robson, Aberdeen 3. 3. 1928– . Engl. Botaniker am Herbarium Kew. Schrieb u. a.: „Karoo plant wealth", 1970 (mit J. P. Jessop).
Rocha Afonso = Maria Rocha Afonso da Luz de Oliveira Tavares Monteiro da, 1925– . Port. Botanikerin. Publizierte mit João Manuel Antonio Paes do Amaral Franco.
Rochel (auch **Roch.**) = Anton Rochel, Neunkirchen am Steinfeld, Niederösterreich 18. 6. 1770–12. 3. 1847 Graz. Österr. Botaniker. Autor von „Plantae Banatus rariores ...", 1828; „Schedae plantarum ad floram hungaricam exsiccatam", 1810. Nach ihm die Gattung *Rochelia* Rchb.
Rodig. = Émile Rodigas, Saint-Trond, 1. 12. 1831 bis 14. 11. 1902 Gent. Belg. Botaniker u. Zoologe, Schriftleiter der „L'Illustration horticole", 1882–1896; ebenso, aber nur zeitweise, von „Lindenia", 1885–1895.
Rodin = Leonid Efimovič Rodin, 1907– Russ. Botaniker, Pflanzengeograph am Komarov Institut in Leningrad.
Rodion. = Georgi Ivanovich Rodionenko, zeitgen. russ. Botaniker. Veröffentlichte u. a. „Iris", Akad. Nauk SSSR, Moskau 1961.
Rodr. = José Demetrio Rodriguez, Sevilla 1780 bis 1847 Madrid. Span. Botaniker, Direktor des Bot. Gartens Madrid.
Roem. = Johann Jacob Römer, Zürich 8. 1. 1763–15. 1. 1819 Zürich. Schweizer Arzt u. Bo-

taniker. Schriften: „Flora europaea inchoata", 1797–1811; „Encyclopädie für Gärtner und Liebhaber...", 1797; „Collectanea ad omnem rem botanicam spectantia", 1806 bis 1810; „Versuch eines möglichst vollständigen Wörterbuchs der botanischen Terminologie", 1816; zus. mit P. Usteri Herausgeber von „Botanisches Magazin", 1787–1791; „Archiv für die Botanik", 1796–1805. Nach ihm die Gattung *Roemeria* Medik.

Roem. et **Schult.** = Johann Jacob Römer u. Joseph August Schultes. Gaben gemeinsam die 16. Aufl. von Linné, „Systema vegetabilium", 1817–1830, heraus. Siehe auch beide Verfasser.

M.J. Roem. = Max Joseph Roemer, ca. 1791 bis 4. 11. 1849 Würzburg. Deutscher Botaniker. Schrieb „Familiarum naturalium regni vegetabilis synopses monographicae", 1846–1847.

Roessler = Helmut Roessler, Kempten 18. 7. 1926– . Deutscher Botaniker in München.

Roezl = Benedikt Roezl, Horomeritz bei Prag 12. 8. 1824–14. 10. 1885 Prag. Österr. Reisender u. Botaniker, bereiste Südamerika, Mexiko, Kalifornien, führte von dort viele neue Pflanzen, namentlich Orchideen, ein. Schrieb: „Catalogue des graines de Coniferes mexicains", 1857. Nach ihm die Gattung *Roezliella* Schlechter.

Roezl et **Leichtl.** = Benedikt Roezl u. Maximilian Leichtlin. Siehe diese.

Röhl. = Johann Christoph Röhling, Gundershausen 27. 4. 1757–19. 12. 1813 Massenheim, Hessen. Deutscher Pfarrer u. Botaniker. Hauptwerke: „Deutschlands Flora", 1796, 2. Aufl. 1812–1813, 3. Aufl. (bearbeitet von F.K. Mertens u. W.D.J. Koch) 1823–1839; „Deutschlands Moose", 1800.

Rohm. et **Dimpf.** = Ernst Rohmeder, München 13. 3. 1903–11. 7. 1972 München. Deutscher Forstwissenschaftler, Prof. in München; u. ... Dimpf.

Rohr = Julius Philipp Benjamin von Rohr, 1737–1793 auf See auf dem Wege von St. Croix nach Guinea. Dän. Botaniker deutscher Abstammung. Schrieb „Plante-Slaegter", 1792.

Rohrb. = Paul Rohrbach, Berlin 9. 6. 1847–6. 6. 1871. Deutscher Botaniker. Bearbeitete für Martius, Flora brasiliensis in Bd. XIV, 2 (1872) „Tropaeolaceae, Molluginaceae, Alsinaceae, Silenaceae, Portulacaceae, Ficoidaceae, Elatinaceae"; veröffentlichte außerdem „Monographie der Gattung Silene", 1869.

Rohw. = Otto Rohweder, Hamburg 12. 11. 1919 bis . Deutscher Botaniker, Prof. in Zürich. Schrieb u.a. „Die Farinosae in der Vegetation von El Salvador", 1956 (in Abh. Univ. Hamburg, Auslandskunde 61, Reihe 6, 18:1–197); „Anatomische und histogenetische Untersuchungen an Laubsprossen und Blüten der Commelinaceen", 1963 (in Bot. Jahrbücher 82:1–99); „Samenpflanzen: Morphologie und Systematik der Angiospermen und Gymnospermen", 1983 (mit P.K. Endress).

Rojas Acosta = Nicolás Rojas Acosta.

Rojas Clemente = Simón de Rojas Clemente y Rubio, Titaguas 1777–Febr. 1827 Madrid. Span. Botaniker. Schrieb u.a.: „Ensayo sobre las variedades de la vid comun que vegetan en Andalucía", 1807. Posthum erschien: „Plantas que viven espontaneamente en el termino de Titaguas", 1864.

Rolfe = Robert Allen Rolfe, Ruddington 12. 5. 1855–13. 4. 1921 Kew. Engl. Botaniker in Kew, Orchideenspezialist. U.a. zus. mit Ch.Ch. Hurst Hrsg. von „The Orchid Stud-Book", 1909; „Orchid Review", 1893–1920. Bearbeitete für Oliver, Flora of Tropical Africa, in Bd. 5 (2) „Myoporineae, Selagineae", 1900, Bd. 7(1)–7(2) „Orchideae", 1897–1898. Nach ihm die Gattungen *Rolfeëlla* Schlechter u. × *Rolfeara* hort.

Rol.-Goss. (auch **Gosselin**) = Robert Roland-Gosselin, Aas, Basses-Pyrénées 4. 7. 1854 bis Aug. 1925. Franz. Sukkulentenforscher; lebte in Villefranche-sur-Mer.

Roman. = Frédéric Romanet du Caillaud, publizierte zwischen 1881 u. 1888. Franz. Botaniker, führte *Vitis* spec. etc. aus China ein.

Ronn. = Karl Ronniger, Gmunden, Oberösterreich 13. 8. 1871–5. 2. 1954 Mödling bei Wien. Österr. Botaniker. Schrieb u.a. „Bestimmungstabelle für die Thymus-Arten des Deutschen Reiches", 1944.

Ronn. et **Jal.** = Karl Ronniger u. Arvo Jaakko Juhani Jalas. Siehe diese.

Ronse Decraene = Louis-Philippe Ronse Decraene, zeitgenöss. belg. Botaniker in Löwen. Spezialgebiet: *Polygonaceae.*

Rosc. = Wiliam Roscoe, Liverpool 8. 3. 1753–30. 6. 1831 Toxteth-Park bei Liverpool. Engl. Botaniker, gründete 1802 den Bot. Garten in Liverpool. Schrieb „Monandrian plants of the order Scitamineae", 1824–1828. Nach ihm die Gattung *Roscoea* Sm.

Rosc. et **K. Koch** = William Roscoe u. Karl Heinrich Emil Koch. Siehe diese.

Rose =Joseph Nelson Rose, Liberty, Indiana 11. 1. 1862–4. 5. 1928 Washington, D.C. Nordamerik. Botaniker am United States National Herbarium. Bearbeitete für Britton, North American Flora in Bd. 25(3) „Burseraceae", 1911. Nach ihm die Gattung *Roseocactus* Berger. Siehe auch Britt. et Rose.

Rose et **C.A. Purp.** = Joseph Nelson Rose u. Carl Anton Purpus. Siehe diese.

Rosenst. = Eduard Rosenstock, 1856–nach 1928. Deutscher Botaniker in Gotha, Farnspezialist u. Besitzer einer großen Farnsammlung. Schrieb u.a.: „Beschreibung neuer Hymenophyllaceae aus dem Rijks Herbarium zu Leiden", 1912; „Filices palaeotropicae novae herbarii Lugduno-Batavae", 1917.

Roshk. = Olga Ivanovna Roshkova, 1909 bis 1968. Russ. Botanikerin.

R. Ross = Robert Ross, Pinner, Middlesex 14. 8. 1912– . Engl. Botaniker am Brit. Museum, London. Spezialgebiete: *Bacillariophyceae, Ericoideae* außerhalb Südafrikas. Publizierte zus. mit R. McVaugh u. F.A. Stafleu „An annotated glossary of botanical nomenclature", 1968.

Rossi = M.L. Rossi, 1850–1932. Ital. Botaniker.

Roth = Albrecht Wilhelm Roth, Dötlingen, Oldenburg 6. 1. 1757–16. 10. 1834 Vegesack. Deutscher Arzt u. Botaniker. Von seinen zahlreichen Schriften seien genannt: „Beyträge zur Botanik“, 1782–1783; „Tentamen florae germanicae“, 1788–1800; „Catalecta botanica...“, 1797–1806; „Novae plantarum species praesertim Indiae orientalis“, 1821; „Enumeratio plantarum phaenogamarum in Germania sponte nascentium“, 1827; „Manuale botanicum“, 1830. Nach ihm die Gattung *Rothia* Pers.

Rothm. = Werner Hugo Paul Rothmaler, Sangerhausen 20. 8. 1908–13. 4. 1962 Greifswald. Deutscher Botaniker. Veröffentlichte mehr als 190 Schriften, darunter „Taxonomische Monographie der Gattung Antirrhinum“, 1956; „Allgemeine Taxonomie und Chorologie der Pflanzen“, 1950, 2. Aufl. 1955; „Exkursionsflora für die Gebiete der DDR und der BRD“ (früherer Titel: „Exkursionsflora von Deutschland“), 4 Bde., I: 1983, II: 1981 (10. Aufl.), III: 1968 (4. Aufl.), IV: 1982 (5. Aufl.). Nach ihm die Gattung *Rothmaleria* Font Quer.

Rothrock = Joseph Trimble Rothrock, McVeytown, Pennsylvania 9. 4. 1839–2. 1. 1922 Westchester, Pennsylvania. Nordamer. Arzt, Botaniker u. Dendrologe. schrieb: „Preliminary report on the botany of Central Colorado“, 1874 (U.S. Geographical and geological explorations and surveys west of the One Hundreth Meridian).

Rottb. = Christen Friis Rottbøll, Hørby Gård, Seeland 3. 4. 1727–15. 6. 1797 Kopenhagen. Dän. Botaniker u. Arzt. Professor der Medizin u. Direktor des Bot. Gartens Kopenhagen. Schrieb „Descriptionum et iconum rariores et pro maxima parte novas plantas...“, 1773, 2. Aufl. 1786. Nach ihm die Gattung *Rottboellia* L.f.

Rottl. (auch **Rottler**) = Johan Peter Rottler, Straßburg Juni 1749–27. 1. 1836 Vepery, Madras. Missionar, Reisender, Orientalist, Botaniker u. Pflanzensammler in dänischen Diensten. Nach ihm die Gattung *Rottlera* Willd.

Rouhier = Alexandre Rouhier, publizierte um 1926.

Rouleau = Joseph Albert Ernest Rouleau, Montreal, Québec 21. 8. 1916–5. 1. 1991 Montreal. Kanad. Botaniker am Bot. Institut Montreal. Spezialgebiete: Flora von Neufundland, *Populus, Salix*. Veröffentlichte u.a. „Guide to Index kewensis and its supplements“, 1970; „Guide to the generic names appearing in the Index kewensis and its fifteen supplements“, 1981.

Rousi = Arne Rousi, 1931– . Finn. Botaniker in Turku. Spezialgebiete: *Hippophaë, Leontodon, Vicia.*

Rouy = Georges C.Ch. Rouy, Paris 2. 12. 1851 bis 25. 12. 1924 Asnières. Franz. Botaniker. Hauptschriften: „Flore de France“, 1893–1913 (mit Julien Foucaud u. Edmond Gustave Camus); „Conspectus de la flore de France“, 1927; „Illustrationes plantarum Europae rariorum“, 1895–1905. Nach ihm die Gattung *Rouya* Coincy.

Rouy et **E.G. Camus** = Georges C.Ch. Rouy u. Edmond Gustave Camus. Siehe diese.

Rouy et **Fouc.** = Georges C.Ch. Rouy u. Julien Foucaud. Siehe diese.

Rovelli = 1. Renato Rovelli, Isola Madre, Lago Maggiore 1806–11. 1. 1880 Pallanza.
2. Carlo Rovelli, gest. 15. 6. 1902 Pallanza.
3. Achille Rovelli, 19./20. Jahrh. Ital. Gärtner.

G.D. Rowl. = Gordon Douglas Rowley, London 31. 7. 1921– . Engl. Botaniker an der Universität in Reading. Spezialgebiete: *Cactaceae* u. andere sukkulente Pflanzen, *Rosa*. Hrsg. von „Repertorium plantarum succulentarum“, 1951 → (bisher erschienen Bd. 1 bis 31, für die Jahre 1950–1980). Schrieb: „Name that succulent“, 1980; „Caundiciform & pachycaul succulents“, 1987.

Rowlee = Willard Winfield Rowlee, Fulton, New York 15. 12. 1861–8. 8. 1923 Ithaca, New York. Nordamer. Botaniker an der Cornell University, Ithaca, N.Y.

Roxb. = William Roxburgh, Craigie, Ayrshire 3. 6. 1751–18. 2. 1815 Edinburgh. Schott. Botaniker u. Arzt, von 1793–1813 Direktor des Bot. Gartens Kalkutta. Schriften: „Plants of the coast of Coromandel“, 1795–1820; „Hortus bengalensis“, 1814; posthum erschien: „Flora indica, ...“, 1820–1824 (mit Notizen von Nathaniel Wallich) u. 1832 (Kryptogamen 1844, Hrsg. William Griffith).

Roxb. et **Salisb.** = William Roxburgh u. Richard Anthony Salisbury. Siehe diese.

Royen = siehe van Royen.

D. Royen = David van Royen, Leiden, 30. 12. 1727–29. 4. 1799 Leiden. Holländischer Botaniker, Prof. der Botanik in Leiden, Neffe von Adriaan van Royen. Schrieb „Oratio de hortis publicis“, 1754; „Novae plantae Schwenckia, dictae ... descriptio“, 1766.

Royle = John Forbes Royle, Cawnpore, Indien 20. 5. 1798–2. 1. 1858 Acton, Middlesex. Engl. Arzt u. Botaniker, Vorsteher des Bot. Gartens Saharanpur, Indien, von 1823 bis 1832. Hauptwerk: „Illustrations of the botany and other branches ... of the Himalayan mountains and of the flora of Cashmere“, 1833–1840. Nach ihm die Gattung *Roylea* Wall. ex Benth.

Rozan. = M.A. Rozanova, 1885–1957. Russ. Botanikerin.

Rozeira = Arnoldo D.F. Rozeira, 1912– Portug. Botaniker in Porto.

Rud. = Karl Asmund Rudolphi, Stockholm 14. 7. 1771–28. 11. 1832 Berlin. Deutscher Botaniker u. Zoologe. Schrieb u.a. „Anatomie der Pflanzen“, 1807.

Rudd = Velva Elaine Rudd, Fargo, N-Dakota 6. 9. 1910– . Nordamer. Botanikerin in Washington, D.C. Spezialgebiet: *Leguminosae*. Bearbeitete für Britton, North American Flora in Ser. II, Bd. 7 „Leguminosae-Sophoreae“, 1972.

Rudge = Edward Rudge, Evesham 27. 6. 1763–3. 9. 1846 Evesham. Engl. Botaniker. Schrieb u.a. „New Holland Plants“, 1811 (in Transactions of the Linnean Society, London, Bd. 10), „Plantarum Guianae rariorum ...“, 1805–1806. Nach ihm die Gattung *Rudgea* Salisb.

J.H. Rudolph = Johann Heinrich Rudolph,

1744–1809 St. Petersburg. Deutscher Botaniker. Schrieb „Florae jenensis plantae ad Polyandriam Monogynam Linnaei pertinentes", 1781.
Ruhl. = Wilhelm Otto Eugen Ruhland, Schleswig 7. 8. 1878–5. 1. 1960 Unterdeufstetten bei Crailsheim. Deutscher Botaniker, Professor in Halle u. Tübingen, seit 1922 Direktor des Bot. Gartens u. Institutes Leipzig. Bearbeitete für Engler, Das Pflanzenreich, Heft 13, „Eriocaulaceae", 1903; für Engler, Die natürlichen Pflanzenfamilien 2. Aufl. „Musci, Sphagnales, Andreales, Bryales", 1924; „Eriocaulaceae", 1930. Spezialgebiet: Stoffwechselphysiologie.
Ruiz et **Pav.** = Hipólito Ruiz Lopez, Belorado 8. 8. 1754–1815 Madrid u. José Antonio Pavon y Jiménez, 1750–1844. Span. Botaniker, bereisten von 1779–1788 Chile, Peru u. die angrenzenden Gebiete. Gemeinsame Hrsg. von „Florae peruvianae et chilensis prodromus, ...", 1794; „Systema vegetabilium florae peruvianae chilensis", 1798; „Flora peruviana et chilensis, sive descriptiones, et icones ...", 1798–1802. Nach Ruiz die Gattung *Ruizia* Cav., nach Pavon die Gattung *Pavonia* Cav.
Rümpl. = Karl Theodor Rümpler, Alterstedt bei Langensalza 1817–23. 5. 1891 Erfurt. Deutscher Gartenbauschriftsteller u. Pädagoge. Veröffentlichte viele Schriften für Gärtner u. Gartenfreunde. Zus. mit J. Groenland Hrsg. der 1. Aufl. von „Vilmorins illustrierte Blumengärtnerei", 1872–1875, 2. Aufl. von ihm allein hrsg. 1879, Supplemente dazu 1879 u. 1888, ebenso Hrsg. der beiden ersten Auflagen von „Illustriertes Gartenbau-Lexikon", 1882 u. 1890.
Runemark = Hans Runemark, Chicago, Illinois 7. 1. 1927– . Schwed. Botaniker am Institut für Systematische Botanik in Lund. Spezialgebiet: Flora der Ägäis.
Rupp = Herman Montague Rucker Rupp, Port Fairy, Victoria 27. 12. 1872–3. 9. 1956 Sydney. Austral. Botaniker in Sydney. Schrieb: „The orchids of New South Wales", 1944.
Ruppius = Heinrich Bernhard Ruppius, Gießen 27. 8. 1688–7. 3. 1719 Jena. Deutscher Privatgelehrter u. Pflanzensammler. Schrieb „Flora jenensis", 1718, posthum erschienen 2. Aufl. 1726, 3. Aufl. 1745. Nach ihm die Gattung *Ruppia* L.
Rupr. = Franz Joseph Ruprecht, Freiburg i. Br. 1. 11. 1814–4. 8. 1870 St. Petersburg. Deutschruss. Botaniker, lebte seit 1839 in St. Petersburg. Schrieb u. a. „Tange des Ochotskischen Meeres", 1851; „Decas plantarum amurensium", 1859; „Neue oder unvollständig bekannte Pflanzen aus dem nördlichen Theile des Stillen Oceans", 1852; „Flora Caucasi", 1869; „Bambuseae", 1838. Nach ihm die Gattung *Ruprechtia* C. A. Mey.
Rupr. et **Maxim.** = Franz Joseph Ruprecht u. Karl Johann Maximowicz. Siehe diese.
Rusby = Henry Hurd Rusby, Franklin, New Jersey 26. 4. 1855–18. 11. 1940 Sarasota, Florida. Nordamer. Botaniker, bereiste Neumexiko u. Südamerika. Schrieb (zus. mit Thomas Morong): „List of Pteridophyta and Spermatophyta growing without cultivation in Northeastern North America", 1893–1894; „Jungle memories", 1933. Bearbeitete für Britton, North American Flora in Bd. 22(2) „Phyllonomaceae", 1905. Nach ihm die Gattungen *Rusbya* Britt., *Rusbyanthus* Gilg, *Rusbyella* Rolfe ex Rusby.
Rydb. = Per Axel Rydberg, Odh, Schweden 6. 7. 1860–25. 7. 1931 New York. Nordamer. Botaniker. Schriften: „A Monograph of the North American Potentillae", 1898 (in Memoirs from the Department of Botany of Colombia University, Vol. 2); „Flora of the Rocky Mountains and adjacent plains, ...", 1917, 2. Aufl. 1923, Nachdruck 1954 u. 1961; „Flora of the prairies and plains of central North America", 1932, Nachdruck 1965 u. 1972. Hauptmitarbeiter für Britton, North American Flora; Bearbeiter vieler Familien von 1905–1932.
Rylands = Thomas Glazebrook Rylands, Warrington, Lancashire 24. 5. 1818–14. 2. 1900 Warrington. Engl. Fabrikant u. Diatomeenforscher.

Sabine = Joseph Sabine, Tewin, Hertfordshire 6. 6. 1770–24. 1. 1837 London. Engl. Finanzbeamter, einer der Gründer u. späterer Sekretär der Horticultural Society of London (1816 bis 1830). Nach ihm die Gattung *Sabinea* DC.
Sachet = Marie-Helène Sachet, Moulins, Frankr. 19. 4. 1922–19. 7. 1986 Washington, D. C. Nordamer. Botanikerin franz. Abstammung in Washington. Mitherausgeber „Atoll Research Bulletin". Spezialgebiet: Flora von Mikronesien u. Polynesien. Publizierte mit Francis Raymond Fosberg.
Saff. (auch **Safford**) = William Edwin Safford, Chillicothe, Ohio 14. 12. 1859–10. 1. 1926 Washington, D. C. Nordamer. Botaniker am United States Department of Agriculture. Spezialist für *Datura*. Schrieb „The useful plants of the island of Guam", 1905. Nach ihm die Gattung *Saffordia* Maxon.
Saldanha = José Saldanha da Gama, Campos, Rio de Janeiro 7. 8. 1839–8. 1. 1905 Santa Thereza. Brasil. Botaniker. Schrieb u. a. „Classement botanique des plantes alimentaires du Brésil", 1867.
Salisb. = Richard Anthony Salisbury, Leeds 2. 5. 1761–23. 3. 1829 London. Engl. Botaniker, Gärtner u. Zeichner. Veröffentlichte „Icones stirpium rariorum descriptionibus illustrata", 1791; „The Paradisus londinensis, ...", 1805 bis 1808; „Prodromus stirpium in horto ad Chapel Allerton vigentium", 1796.
Salm-Dyck = Joseph Maria Franz Anton Hubert Ignaz Fürst zu Salm-Reifferscheidt-Dyck, Dyck bei Düsseldorf 4. 9. 1773–21. 3. 1861 Nizza. Deutscher Amateurbotaniker, Besitzer einer der reichhaltigsten Sukkulentensammlungen seiner Zeit. Schriften: „Catalogue raisonné des esp. et var. d'Aloées", 1817; „Hortus Dyckensis ...", 1834; „Monographia generum Aloes et Mesembrianthemi", 1836–1842, 1849 bis 1863; „Cacteae in horto Dyckensi cultae", 1841, 1845 u. 1850. Nach ihm die Gattungen *Dyckia* Schult. f. u. *Salmea* DC.

C.E. Salmon = Charles Edgar Salmon, 22. 11. 1872–1. 1. 1930 Reigate, Surrey. Engl. Architekt u. Botaniker. Schrieb „Flora of Surrey“, 1931.

T.M. Salter = Terence MacLeane Salter, England 1883–29. 3. 1969 Kapstadt. Südafr. Botaniker engl. Abstammung in Kapstadt.

Sam. (auch **Samuelsson**) = Gunnar Samuelsson, Norrtälje 22. 8. 1885–14. 4. 1944 Stockholm. Schwed. Botaniker, Mitarb. an „Pflanzenareale“, 1926–1933. Schrieb u.a.: „Studien über die Vegetation der Hochgebirgsgegenden von Dalarne“, 1917; „Die Arten der Gattung Alisma“, 1932; „Die Verbreitung der höheren Wasserpflanzen in Nordeuropa“, 1934. Nach ihm die Gattung *Samuelssonia* Urb. et Ekman.

Sampaio = Gonçalo Antonio da Silva Ferreira Sampaio, Povoa de Lanhosa 29. 3. 1865 bis 27. 7. 1937 Porto. Portug. Botaniker. Veröffentlichte u.a. „Lista des espécies representados no Herbário portoguês“, 1911, Apêndice 1–3, 1914; „Manual da flora portugesa“, 1946–1947 (von A.P. de Lima).

Sand. (auch **Sander**) = Henry Frederick Conrad Sander, Bremen 4. 3. 1847–23. 12. 1920. Deutsch-engl. Gärtner, seit 1867 in England. Begründer bedeutender Gärtnereien in St. Albans, England, u. in Brügge, Belgien; Orchideenzüchter, Einführer vieler neuer Pflanzenarten durch eigene Sammler, u.a. Micholitz, Roezl, Wallis, Endres. Hrsg. von „Reichenbachia. Orchids illustrated and described“, 1888 bis 1895. Nach ihm die Gattung × *Sanderara* hort.

Sandw. = Noel Yvri Sandwith, Harworth, Nottinghamshire 8. 9. 1901–7. 5. 1965 Kew. Engl. Botaniker in Kew. U.a. Spezialist für *Bignoniaceae* u. südamer. Flora. Nach ihm die Gattungen *Sandwithia* Lanj., *Sandwithiodendron* Aubrév. et Pellegr., *Sandwithiodoxa* Aubrév. et Pellegr.

Santi = Giorgio Santi, Pienza 7. 4. 1746–30. 12. 1822 Pienza. Ital. Botaniker. Schrieb u.a. „Viaggio al Montamiata“, 1795 (deutsch: „Naturhistorische Reise durch einen Theil von Toscana“, 1797). Nach ihm Gattung *Santinia* Bl.

Sarg. = Charles Sprague Sargent, Boston, Mass. 24. 4. 1841–22. 3. 1927 Boston. Nordamer. Botaniker, Dendrologe, Gründer u. erster Direktor des Arnold Arboretums. Schriften: „Forest Flora of Japan ...“, 1894; „Manual of the trees of North America“, 1905, 2. Aufl. 1922; „The Silva of North America ...“, 1891–1902; „Trees and shrubs ...“, 1902 bis 1913. Hrsg. von „Garden and Forest“, 1888 bis 1897. Nach ihm die Gattungen *Sargentia* S. Wats. u. *Sargentodoxa* Rehd. et Wils. sowie die Zeitschrift „Sargentia“, 1942–1949.

W. Sauer = Wilhelm Sauer, Überackern 27. 2. 1935– . Österr. Botaniker, Professor der Botanik in Tübingen. Spezialgebiet: *Pulmonaria*.

W. Sauer et **H. Chmelitschek** = Wilhelm Sauer u. H. Chmelitschek. Siehe diese.

Sauv. = Camille François Sauvageau, Angers 12. 5. 1861–5. 8. 1936 Pouget bei Sarchet. Franz. Botaniker, Prof. in Dijon, später in Bordeaux.

Sav. (auch **Savat.**) = Paul Amedée Ludovic Savatier, Oléron, Charente-Inférieure 19. 10. 1830–25. 8. 1891 Saint Georges, Île d'Oléron, Charente-Inférieure. Franz. Marinearzt u. Botaniker. Sammelte von 1866–1871 u. von 1873 bis 1876 Pflanzen in Japan. Veröffentlichte zus. mit Franchet „Enumeratio plantarum in Japonia sponte crescentium“, 1873–1879, das bis dahin vollständigste Verzeichnis jap. Pflanzen.

Savi = Gaetano Savi, Florenz 13. 6. 1769–28. 4. 1844 Pisa. Ital. Botaniker. Schriften: „Flora pisana“, 1798; „Materia medica vegetabile della Toscana“, 1805; „Botanicon etruscum“, 1808 bis 1825; „Flora italiana“, 1818–1824. Nach ihm die Gattung *Savia* Willd.

Savigny = Marie Jules César Lelorgne de Savigny, Provins 5. 4. 1777–5. 10. 1851 Gally bei Versailles. Franz. Zoologe u. Botaniker. Mitarbeiter an Lamarck, J.B.P.A. de M. „Encyclopédie méthodique. Botanique“, Bd. 4, 1797–1798. Nach ihm die Gattung *Savignya* DC.

Schaeffer = Jacob Christian Schäffer, Querfurt 30. 5. 1718–15. 1. 1790 Regensburg. Deutscher Geistlicher u. Botaniker. Hauptwerke: „Fungorum, qui in Bavaria et Palatinatu circa Ratisbonam nascuntur icones ...“, 1762–1774; „Botanica expeditior ...“, 1760, auch 1762. Nach ihm die Gattung *Schaefferia* Jacq.

Schau. = Johann Konrad Schauer, Frankfurt a.M. 16. 2. 1813–24. 10. 1848 Eldena bei Greifswald. Deutscher Botaniker, Prof. in Greifswald. Bearbeitete für Martius, Flora brasiliensis in Bd. IX (1847/51) „Verbenaceae“; für de Candolle, Prodromus in Bd. XI „Verbenaceae“, 1847; schrieb „Commentatio botanica“, o.J. Nach ihm die Gattung *Schaueria* Nees.

Scheele = Georg Heinrich Adolf Scheele, Hannover 4. 7. 1808–6. 9. 1864 Heersum bei Hildesheim. Deutscher Pfarrer u. Botaniker. Nach ihm die Gattung *Scheelea* Karst.

Scheer = Frederick Scheer, Rügen 1792 bis 30. 12. 1868 Northfleet, Kent. Engl. Liebhaberbotaniker. Schrieb „Kew and its Gardens“, 1840. Nach ihm die Gattung *Scheeria* Seem.

Scheff. = Rudolph Herman Christiaan Carel Scheffer, Spaarndam 12. 9. 1844–2. 1. 1880 Sindanglaija, Java. Holl. Botaniker, von 1868–1877 Direktor des Bot. Gartens Buitenzorg (Bogor). Gründer u. erster Hrsg. von „Annales du jardin botanique de Buitenzorg“, 1876ff.

Scheidw. = Michel Joseph François Scheidweiler, Köln 1. 8. 1799–24. 9. 1861 Gent. Deutschbelg. Gärtner-Botaniker, Prof. am Institut Horticole in Gent. Zus. mit A.C. Lemaire u. L. Van Houtte Hrsg. von „Flore des Serres et des Jardins de l'Europe“, 1845 bis 1855. Außerdem zeitweise Redakteur von „Journal d'horticulture belge“, ab 1838, „Journal d'horticulture pratique“, ab 1844.

Schelle = Ernst Schelle, New York 27. 2. 1864 bis 21. 1. 1945 Tübingen. Deutscher Gärtner, Inspektor des Bot. Gartens Tübingen. Schrieb „Die winterharten Nadelhölzer Mitteleuropas“, 1909; „Kakteen“, 1926.

Schenk = Joseph August von Schenk, Hallein,

Salzburg 17. 4. 1815-30. 3. 1891 Leipzig. Deutscher Botaniker u. Paläontologe, Prof. in Würzburg, seit 1868 in Leipzig. Von seinen vielen Schriften seien genannt: „Flora der Umgebung von Würzburg“, 1848; „Beiträge zur Flora der Vorwelt“, 1863; „Beiträge zur Flora des Keupers u. der rhätischen Formation“, 1864; „Die fossile Flora der Grenzschichten des Keupers u. Lias Frankens“, 1867; bearbeitete für Martius, Flora brasiliensis in Bd. III, 1 (1842/71) „Alstroemeriaceae“. Publizierte mit August Heinrich Rudolf Grisebach (Griseb.).

Schick = Carl Schick, 1881-1953. Deutscher Kaufmann in Freiburg i. Br. Publizierte zwischen 1927 u. 1931 mit Arthur Tischer über Sukkulenten, insbes. über *Lithops* u. *Conophytum*.

Schick et **Tisch.** = Carl Schick u. Arthur Tischer. Siehe diese.

Schiede = Christian Julius Wilhelm Schiede, Kassel 3. 2. 1798-Dez. 1836 Mexiko. Deutscher Reisender u. Botaniker, ging 1826 mit dem Berliner Gärtner Deppe nach Mexiko u. führte von dort viele mexik. Pflanzen ein. Nach ihm die Gattung *Schiedea* Cham. et Schlechtend.

Schiffn. = Victor Felix Schiffner, Böhm. Leipa 10. 8. 1862-1. 12. 1944 Baden bei Wien. Österr. Botaniker in Prag u. Wien. Bearbeitete zus. mit Gottsche die Lebermoose in „Die Forschungsreise SMS Gazelle in den Jahren 1874/76“, 1889; für Engler u. Prantl, Die natürlichen Pflanzenfamilien I. 3 „Hepaticae“, 1893-1895.

C. Schimp. et **Spenn.** Carl Friedrich Schimper, Mannheim 15. 2. 1803-21. 12. 1867 Schwetzingen. Deutscher Botaniker u. Dichter, u. Fridolin Carl Leopold Spenner. Siehe auch letzteren.

Schindler = Anton Karl Schindler, Bremen 15. 8. 1879-18. 3. 1964 Düsseldorf. Deutscher Botaniker, Zahnarzt. Bearbeitete für Engler, Das Pflanzenreich „Halorrhagaceae“, 1905. Autor von „Die Desmodiinen in der botanischen Literatur nach Linné“, 1928.

Schinz = Hans Schinz, Zürich 6. 12. 1858-30. 10. 1941 Zürich. Schweizer Botaniker, Direktor des Bot. Gartens Zürich. Schrieb: „Flore de la Suisse“, 1908; für Engler u. Prantl, Die natürlichen Pflanzenfamilien III. 1a „Amarantaceae“, 1893, 2. Aufl. Bd. 16c „Amaranthaceae“, 1934. Nach ihm die Gattung *Schinziella* Gilg. Siehe auch Dur. et Schinz.

Schinz et **Keller** = Hans Schinz u. Robert Keller. Schrieben gemeinsam: „Flora der Schweiz“, 1900, 3. u. 4. Aufl., 1909-1914 u. 1923, bearbeitet von Schinz u. A. Thellung. Siehe auch beide Verfasser.

Schinz et **Thell.** = Hans Schinz u. Albert Thellung. Siehe diese.

Schipcz. = Nikolaj Valerianovič Schipczinski, 1886-1955. Russ. Botaniker. Spezialgebiet: *Ranunculaceae*. Mitarbeiter an Komarov, V.L., Flora U.R.S.S., Bd. 7, 1937.

Schischkin = Boris Konstantinovič Schischkin (Shishkin), 1. 2. 1886-21. 3. 1963 Leningrad. Russ. Botaniker, Mithrsg. mit V.L. Komarov, (Bd. 2-13) u. Hrsg. (Bd. 14-30) der „Flora U.R.S.S.“, 1934-1964. Hrsg. von „Flora Leningradskoj oblasti“, 1953-1966.

Schkuhr = Christian Schkuhr, Pegau bei Leipzig 14. 5. 1741-17. 7. 1811 Wittenberg. Deutscher Universitätsmechaniker u. Botaniker. Schriften: „Botanisches Handbuch der mehresten theils in Deutschland wildwachsenden, theils ausländischen . . . Gewächse“, 1787-1803, 2. Aufl. 1806 bis 1814; „Enchiridion botanicum“, 1805; „Beschreibung und Abbildung . . . Arten von Riedgräsern“, 1801, Nachtrag 1806; „Vier und zwanzigste Klasse des Linnéischen Pflanzensystems oder Kryptogamische Gewächse“, I. Bd. (Farne) 1809, II. Bd. (Moose), 1810-1847. Nach ihm die Gattung *Schkuhria* Roth.

Schlechtend. = Diederich Franz Leonhard von Schlechtendal, Xanten 27. 11. 1794-12. 10. 1866 Halle. Deutscher Botaniker, seit 1833 Direktor des Bot. Gartens Halle. Schuf zus. mit Christian Eduard Langethal u. Ernst Schenk eine 24bändige „Flora von Deutschland“, 1840-1873, 5. Aufl. in 30 Bdn., 1880 bis 1887 (von E.H. Hallier); schrieb außerdem „Adumbrationes plantarum“ (Filices capenses), 1825-1832; „Flora berolinensis“, 1823 bis 1824; „Hortus halensis“, 1841-1853; zus. mit Hugo von Mohl Hrsg. von „Botanische Zeitung“ (von 1843-1866) u. der „Linnaea“ (von 1826-1866). Nach ihm die Gattung *Schlechtendalia* Less.

Schlechtend. et **Cham.** = Diederich Franz Leonhard von Schlechtendal u. Ludolf Karl Adelbert von Chamisso. Siehe diese.

Schlechter = Friedrich Richard Rudolf Schlechter, Berlin 16. 10. 1872-15. 11. 1925 Berlin. Deutscher Botaniker, Kustos am Bot. Museum Berlin. Orchideenspezialist. Unternahm große Sammelreisen. Schriften: „Die Orchideen von Deutsch-Neu-Guinea“, 1914; zus. mit R. Mansfeld „Die Orchideenflora der südamerikanischen Kordillerenstaaten“, 1919 bis 1929; „Orchideologiae sino-japonicae prodromus“, 1919; „Die Orchideen“, 1915, 2. Aufl. 1927, 3. Aufl. 1971 →. Zus. mit G. Keller „Monographie u. Iconographie der Orchideen Europas u. d. Mittelmeergebietes“, 1925-1943; „Blütenanalysen neuer Orchideen“, 1930-1934 (hrsg. von R. Mansfeld). Nach ihm u.a. die Gattungen *Schlechteranthus* Schwant., *Schlechterella* K. Schum., *Schlechteria* H. Bol., *Schlechterosciadium* H. Wolff.

Schlechter et **Diels** = Friedrich Richard Rudolf Schlechter u. Friedrich Ludwig Emil Diels. Siehe diese.

Schleich. = Johann Christoph Schleicher (eigentl. Sawitzky), Hofgeismar 26. 2. 1770-27. 8. 1834 Bex, Schweiz. 1768-1834. Schweizer Apotheker u. Botaniker in Bex, Begründer eines bot. Gartens. Gab 1800 ein Verzeichnis der in der Schweiz wildwachsenden Pflanzen heraus („Catalogus plantarum in Helvetia . . .“). Weitere Aufl. 1808, 1815, 1821. Nach ihm die Gattung *Schleichera* Willd.

Schleid. = Matthias Jacob Schleiden, Hamburg 5. 4. 1804-23. 6. 1881 Frankfurt a.M. Deutscher Jurist u. Botaniker. Schriften: „Grundzüge der wissenschaftlichen Botanik", 1842–1843, 2. Aufl. 1845–1846, 3. Aufl. 1849–1850, 4. Aufl. 1861; „Die Pflanze und ihr Leben", 1847, 6. Aufl. 1864; „Handbuch der medicinisch-pharmaceutischen Botanik und botanischen Pharmacognosie", 1852–1857; „Für Baum und Wald", 1870. Nach ihm die Gattung *Schleidenia* Endl.

Schmalh. = Johannes Theodor Schmalhausen, St. Petersburg 15. 5. 1849–19. 7. 1894 Kiew. Russ. Botaniker. Posthum erschien: „Flora srednej i južnoj Rossii, . . .", 1895–1897.

Schmid = Emil Schmid, Stuttgart-Bad Cannstatt 18. 2. 1891–?. Professor der Botanik in Zürich, Mitarbeiter an Bd. 4 (1) u. 4 (2) von Hegi, Gustav: „Illustrierte Flora von Mittel-Europa", 1913–1923. Schrieb u. a.: „Beiträge zur Flora der Insel Sardinien", 1933.

Schmidel = Casimir Christoph Schmidel, Bayreuth 21. 11. 1718–18. 2. 1792 Erlangen. Deutscher Botaniker. Veröffentlichte „Icones plantarum et analyses partium . . .", 1747 bis 1751, weitere Auf. 1763–1775, 1781–1783, 1793–1797. Hrsg. des literarischen Nachlasses von Conrad Gesner unter dem Titel „Conradi Gesneri Opera botanica", 1751–1771.

Fr. Schmidt = Friedrich Schmidt, Gut Kaisma, Livland 27. 1. 1832–21. 11. 1908 St. Petersburg. Russ. Botaniker. Schrieb: „Reisen im Amur-Lande und auf der Insel Sachalin. Botanischer Theil", 1868.

Franz Schmidt = Franz Schmidt, Austerlitz 1751–1835 Wien. Österr. Gärtner. Schrieb: „Anleitung zur sicheren Erziehung und Vermehrung derjenigen Ahornarten, die allgemein vermehret zu werden verdienen", 1812.

F.W. Schmidt = Franz Willibald Schmidt, Plan, Böhmen 7. 7. 1764–2. 2. 1796 Prag. Böhm. Botaniker u. Pflanzenmaler in Prag. Schrieb „Flora boëmica inchoata", 1793 bis 1794; „Neue und seltene Pflanzen, . . .", 1793.

J.A. Schmidt = Johann Anton Schmidt, Hamburg 6. 5. 1823–21. 1. 1905 Elberfeld. Deutscher Botaniker. Schrieb „Beiträge zur Flora der Cap-Verdischen Inseln", 1852; „Flora von Heidelberg", 1857. Bearbeitete für Martius, Flora brasiliensis in Bd. VI, 4 (1878/85) „Plumbagineae, Plantagineae", in Bd. VIII, 1 (1857/86) „Labiatae, Scrophularineae", in Bd. XIV, 2 (1867/72) „Phytolaccaceae, Nyctaginaceae".

Schneev. = George Voorhelm Schneevoogt, 1775–1850. Holl. Gärtner. Veröffentlichte „Icones plantarum rariorum, . . .", 1792 bis 1795.

Schneid. = Camillo Karl Schneider, Groeppendorf, Sachsen 7. 4. 1876–5. 1. 1951 Berlin. Deutscher Botaniker, Dendrologe, Gartenarchitekt u. Schriftsteller. Bereiste 1907/08 Bulgarien, Serbien, den Kaukasus, 1913 Westchina, von 1915–1918 im Arnold Arboretum. Verf. vieler bot., gartenkünstler. u. gärtn. Schriften. Hauptwerke: „Illustriertes Handbuch der Laubholzkunde", 1904–1912; zus. mit Ernst Graf Silva Tarouca Kulturhandbücher über „Freiland-Stauden", 1910, 5. Aufl. 1934; „Freiland-Laubgehölze", 1912, 3. Aufl. o. J.; „Freiland-Nadelhölzer", 1913, 2. Aufl. 1923; „Illustriertes Handwörterbuch der Botanik", 2. Aufl. 1917 (von K. Linsbauer). Mitherausg. der „Gartenschönheit", 1920–1942.

Schneid. et **Wanger.** = Camillo Karl Schneider u. Walther Leonhard Wangerin. Siehe diese.

Schnittsp. = Georg Friedrich Schnittspahn, Darmstadt 3. 1. 1810–22. 12. 1865 Darmstadt. Deutscher Botaniker, Direktor des Bot. Gartens Darmstadt. Schrieb „Flora der phanerogamen Gewächse des Grossherzogtums Hessen", 1839, 4. Aufl. 1865 (Titel: „Flora der Gefässpflanzen . . .").

Schnittsp. et **C.B. Lehm.** = Georg Friedrich Schnittspahn u. Carl B. Lehmann. Siehe diese.

Schnizl. = Adalbert Carl Friedrich Hellwig Conrad Schnizlein, Feuchtwangen 15. 4. 1814–24. 10. 1868 Erlangen. Deutscher Botaniker, Direktor des Bot. Gartens Erlangen. Schriften: „Iconographia familiarum naturalium regni vegetabilis . . .", 1843–1870; „Die Flora von Bayern", 1847; für Martius, Flora brasiliensis in Bd. IV, 1 (1852/63) „Lacistemaceae". Verfasser von Lieferung 25, 28, 31 von Th. Nees: „Genera plantarum florae germanicae", 1849–1860.

Scholler = Friedrich Adam Scholler, Benk bei Bayreuth 26. 12. 1718–3. 4. 1785 Barby. Deutscher Botaniker. Schrieb „Flora barbiensis", 1775, Suppl. 1787.

H. Scholz = Hildemar Scholz, Berlin 27. 5. 1928– . Deutscher Botaniker am Bot. Garten u. Bot. Museum in Berlin. Mitarbeiter am „Syllabus der Pflanzenfamilien", 12. Aufl. 1964. Spezialgebiete: *Gramineae, Polygonum aviculare.* Hrsg. von: „Botany in Berlin", 1987.

Schomb. = 1. Sir Robert Hermann Schomburgk, Freyburg a.d. Unstrut 5. 6. 1804–11. 3. 1865 Schöneberg bei Berlin. Zunächst Kaufmann, dann Forschungsreisender. Führte gemeinsam mit seinem Bruder viele Pflanzen in Europa ein. Schriften: „A description of British Guiana", 1840 (deutsch 1841); „Views in the interior of Guiana", 1841; „History of Barbadoes", 1847. Hrsg. von „Reisen in Guiana und am Orinoko in den Jahren 1835–1839", 1841. Nach ihm die Gattung *Schomburgkia* Lindl.

2. Sir Moritz Schomburgk, Freyburg a.d. Unstrut 5. 10. 1811–25. 3. 1891 Adelaide, Australien. Deutscher Botaniker, seit 1865 Direktor des Bot. Gartens Adelaide. Bereiste mit seinem Bruder Guayana. Schriften: „Reisen in Britisch-Guiana in den Jahren 1840–1844", 1847–1849; „The grasses and fodder plants in South Australia", 1874; „The flora of South Australia", 1875; „On the naturalised weeds and other plants in South Australia", 1879.

Schönl. (Schonl.) = Selmar Schönland, später Schonland, Frankenhausen 15. 8. 1860–22. 4. 1940 Grahamstown, Südafrika. Deutscher Botaniker, lebte in Südafrika. Bearbeitete für Engler u. Prantl, Die natürlichen Pflanzenfamilien, II. 4 „Commelinaceae", 1887, III. 2a „Crassulaceae", 1890, IV. 5 „Campanulaceae, Goodeniaceae, Candolleaceae", 1889.

Schönl. et **Bak. f.** = Selmar Schönland u. Ed-

mund Gilbert Baker. Siehe diese.
Schoser = Gustav Schoser, Trochtelfingen 22. 8. 1924- . Deutscher Botaniker, 1968-1991 Direktor des Palmengartens, Frankfurt a.M. Spezialgebiet: *Paphiopedilum.*
Schoser et **Sengh.** = Gustav Schoser u. Karlheinz Senghas. Siehe diese.
Schotsman = Henriette D. Schotsman, 1921 bis . Holl. Botanikerin. Bearbeitete für Rechinger f., Flora iranica Lief. 118 „Callitrichaceae", 1976.
Schott = Heinrich Wilhelm Schott, Brünn 7. 1. 1794-5. 3. 1865 Schönbrunn. Österr. Botaniker u. Gärtner, von 1845 bis zum Tode Direktor der kaiserl. Gärten zu Schönbrunn, bereiste von 1817-1821 Brasilien. Hauptwerke: „Rutaceae. Fragmenta botanica", 1834; „Genera Filicum", 1834-1836; „Synopsis Aroidearum", 1856; „Icones Aroidearum", 1857; „Genera Aroidearum exposita", 1858, „Prodromus systematis Aroidearum", 1860; „Aroideae", 1853-1857.
Schott et **Endl.** = Heinrich Wilhelm Schott u. Stephan Ladislaus Endlicher. Schrieben gemeinsam „Meletemata botanica", 1832.
Schott et **Kotschy** = Heinrich Wilhelm Schott u. Karl Georg Theodor Kotschy. Siehe diese.
Schott, Nym. et **Kotschy** = Heinrich Wilhelm Schott, Carl Frederik Nyman u. Karl Georg Theodor Kotschy. Gemeinsame Hersg. von „Analecta botanica", 1854. Siehe auch die einzelnen Verf.
Schousb. = Peder Kofod Anker Schousboe, Rønne 17. 8. 1766-26. 2. 1832 Tanger. Dän. Botaniker, ab 1800 Generalkonsul in Tanger. Schrieb: „Iagttagelser over Vextriget i Marokko" (in Kongel. Danske Vidensk.-Selsk. Skr. 1, 1801); posthum erschien die franz. Übersetzung mit zusätzlichem Titel „Observations sur le règne végétal au Maroc", 1874.
Schrad. = Heinrich Adolph Schrader, Alfeld 1. 1. 1767-21. 10. 1836 Göttingen. Deutscher Arzt u. Botaniker, seit 1794 Direktor des Bot. Gartens Göttingen. Schriften: „Sertum hannoveranum", 1795-1798 (mit Johann Christoph Wendland); „Nova genera plantarum", 1797; „Journal für die Botanik", 1799-1803; „Neues Journal für die Botanik", 1805-1810; „Flora germanica", 1806; „Hortus goettingensis", 1809; „Monographia generis Verbasci", 1813-1823; „Analecta ad floram capensem, 1. Cyperaceae", 1832. Nach ihm die Gattung *Schradera* Vahl.
Schrad. et **H.L. Wendl.** = Heinrich Adolph Schrader u. Heinrich Ludolph Wendland. Siehe diese.
Schrad. et **J.C. Wendl.** = Heinrich Adolph Schrader u. Johann Christoph Wendland. Siehe diese.
Schrank = Franz von Paula von Schrank, Vornbach am Inn 21. 8. 1747-22./23. 12. 1835 München. Deutscher Botaniker, Direktor des Bot. Gartens München. Schrieb neben vielem anderen „Baiersche Reise, ...", 1786; „Baiersche Flora", 1789; „Primitiae florae salisburgensis", 1792; „Flora monacensis", 1811-1818; „Plantae rariores horti academici monacensis", 1817 bis 1822; „Sammlung von Zierpflanzen", 1819. Nach ihm die Gattung *Schrankia* Willd.
Schrank et **Mart.** = Franz von Paula von Schrank u. Karl Friedrich Philipp von Martius. Siehe diese.
Schreb. = Johann Christian Daniel von Schreber, Weißensee 16. 1. 1739-10. 12. 1810 Erlangen. Deutscher Botaniker, Schüler Linnés, Professor der Medizin u. Naturwissenschaften sowie Direktor des Bot. Gartens Erlangen. Schriften: „Icones et descriptiones plantarum minus cognitarum", 1766; „Botanisch-ökonomische Beschreibung der Gräser", 1769-1810 (beendet 1810 von C.C.W. Vogel); „Spicilegium florae lipsicae", 1771; „Caroli à Linné ... genera plantarum", 8. Aufl., 1789-1791. Nach ihm die Gattung *Schrebera* Roxb.
Schrenk = Alexander Gustav von Schrenk, Triznovo bei Tula 16. 2. 1816-7. 7. 1876 Dorpat. Russ. Botaniker am Bot. Garten St. Petersburg, bereiste Rußland u. Turkestan. Schrieb: „Reise nach dem Nordosten des Europäischen Rußlands", 1848-1854. Nach ihm die Gattung *Schrenkia* Fisch. et C.A. Mey.
Schrödinger = Rudolf Schrödinger, Wien 27. 1. 1857-24. 12. 1919. Österr. Botaniker.
F.G. Schroeder = Fred-Günter Schroeder, Dortmund 30. 12. 1930- . Deutscher Botaniker am Systemat.-Geobot. Institut Göttingen. Schrift: „Waldzusammensetzung und Waldbehandlung im Niedersächsischen Tiefland westlich der Weser", 1963 (mit H. Hesmer).
Schub. = Bernice Giduz Schubert, Boston, Massachusetts 6. 10. 1913- . Nordamer. Botanikerin, Pflanzensystematikerin am Arnold Arboretum, Hrsg. von „Journal of the Arnold Arboretum". Publizierte mit Merritt Lyndon Fernald (Fern.) u. Lyman Bradford Smith (L.B. Sm.).
Schübl. = Gustav Schübler, Heilbronn 15. 8. 1787-8. 9. 1834 Tübingen. Deutscher Arzt u. Botaniker, Prof. in Tübingen. Veröffentlichte zahlreiche Dissertationen, hauptsächlich über Blütenfarben.
Schübl. et **G. Martens** = Gustav Schübler u. Georg Matthias von Martens. Schrieben zusammen „Flora von Würtemberg", 1834, 2. Auf. 1865 (bearbeitet von G.M. von Martens u. C.A. Kemmler), 3. Aufl. 1882 (bearbeitet vonn C.A. Kemmler). Siehe auch beide Verfasser.
Schult. = Joseph August Schultes, Wien 15. 4. 1773-21. 4. 1831 Landshut. Österr. Botaniker, Prof. in Wien, Krakau u. Innsbruck. Schriften: „Oestreichs Flora", 1794; „Baierns Flora", 1811; „Grundriß einer Geschichte und Literatur der Botanik", 1817; „Observationes botanicae ...", 1809; „Mantissa ... systematis vegetabilium Caroli a Linné ...", Bd. 1-2, 1822-1824; zus. mit J.J. Römer Herausgeber der 16. Aufl. von „Caroli a Linné systema vegetabilium", 1817 bis 1830. Nach ihm die Gattung *Schultesia* Mart.
Schult. et **Schult. f.** = Joseph August Schultes u. Julius Hermann Schultes. Schrieben gemeinsam „Mantissa ... systematis vegetabilium Caroli a Linné ...", Bd. 3, 1827. Siehe auch beide Verfasser.

Schult. f. = Julius Hermann Schultes, Wien 4. 2. 1804–1. 9. 1840 München. Sohn von Joseph August Schultes. Österr. Botaniker. Siehe auch J. Hoffm. et Schult. f.
Schultz Bip. = Carl Heinrich Schultz, genannt Schultz Bipontinus, Zweibrücken 30. 6. 1805 bis 17. 12. 1867 Deidesheim. Deutscher Arzt u. Botaniker. Schriften: „Analysis Cichoriacearum Palatinatus", 1841; „Beitrag zur Geschichte u. geographischen Verbreitung der Cassiniaceen", 1866.
Schultz Bip. et **F.W. Schultz** = Carl Heinrich Schultz u. Friedrich Wilhelm Schultz. Siehe diese.
F.W. Schultz = Friedrich Wilhelm Schultz, Zweibrücken 3. 1. 1804–30. 12. 1876 Weißenburg, Elsaß. Franz.-deutscher Apotheker u. Botaniker zu Bitsch im Elsaß. Veröffentlichte „Flora der Pfalz", 1846, Zusätze u. Berichtigungen 1859–1861; „Archives de la flore de France et d'Allemagne", 1842–1855; „Archives de flore; journal botanique", 1854 bis 1869; „Archives de la flore d'Europe", 1872–1874.
K.F. Schultz = Karl Friedrich Schultz, Camow Mühle bei Mirow 9. 4. 1766–27. 6. 1837 Neubrandenburg. Deutscher Arzt u. Botaniker. Autor von „Prodromus florae stargardiensis", 1806, Suppl. 1819. Nach ihm die Gattung *Schultzia* Spreng.
J. Schultze-Motel = Jürgen Schultze-Motel, 1930– . Deutscher Botaniker am Zentralinstitut für Genetik u. Kulturpflanzenforschung in Gatersleben. Schrieb: „Verzeichnis forstlich kultivierter Pflanzenarten", 1966. Hrsg. der 2. Aufl. von Mansfeld, R.: „Verzeichnis landwirtschaftlicher und gärtnerischer Kulturpflanzen", 1986. 4 Bde.
O.E. Schulz = Otto Eugen Schulz, Berlin 31. 10. 1874–17. 2. 1936. Deutscher Botaniker. Bearbeitete für Engler, Das Pflanzenreich „Erythroxylaceae", 1907; „Cruciferae-Brassiceae", 1919 u. 1923; „Cruciferae-Sisymbrieae", 1924; „Cruciferae-Draba et Erophila", 1927; für Engler, Die natürlichen Pflanzenfamilien, 2. Aufl. Bd. 17b „Cruciferae", 1936, Bd. 19a „Erythroxylaceae", 1931.
G.M. Schulze = Georg Martin Schulze, Salchau 14. 8. 1909–17. 7. 1985 Berlin. Deutscher Botaniker, Direktor am Bot. Museum Berlin. Spezialgebiete: *Balsaminaceae*, Nomenklatur. Schrieb u.a.: „Vergleichend-morphologische Untersuchungen an Laubknospen und Blättern australischer und neuseeländischer Pflanzen", 1934.
K. Schum. = Karl Moritz Schumann, Görlitz 17. 6. 1851–22. 3 1904 Berlin. Deutscher Botaniker, Kustos am Bot. Museum Berlin. Schrieb u.a. „Gesamtbeschreibung der Kakteen", 1897 bis 1899, Nachträge 1903; „Blühende Kakteen", 1900–1903 (fortgesetzt von R.L.A.M. Gürke u. F.J. Vaupel 1904–1921); „Praktikum für morphologische und systematische Botanik", 1904; für Engler, Das Pflanzenreich „Musaceae", 1900; „Marantaceae", 1902; „Zingiberaceae", 1904; für Martius, Flora brasiliensis in Bd. III, 3 (1890/94) „Musaceae, Zingiberaceae etc."; in Bd. IV, 2 (1869/90) „Cactaceae"; in Bd. VI, 6 (1888/89) „Rubiaceae"; in Bd. VIII, 2 (1896/97) „Bignoniaceae" (mit L.É. Bureau); in Bd. XII, 3 (1886/92) „Sterculiaceae, Tiliaceae etc.". Bearbeitete zahlreiche Familien für Engler u. Prantl, Die natürlichen Pflanzenfamilien, 1. Aufl. sowie „Sterculiaceae" (Bd. 5, 1900) für Engler, Monographien afrikanischer Pflanzen-Familien und -Gattungen. Nach ihm die Gattungen *Schumannia* O. Kuntze, *Schumannianthus* Gagnep., *Schumanniophyton* Harms.
K. Schum. et **Lauterb.** = Karl Moritz Schumann u. Carl Adolf Georg Lauterbach. Schrieben gemeinsam „Die Flora der deutschen Schutzgebiete in der Südsee", 1901, Nachträge 1905. Siehe auch beide Verfasser.
Schumach. = Heinrich Christian Friedrich Schumacher, Glückstadt 15. 11. 1757–9. 12. 1830 Kopenhagen. Dän. Botaniker. Schriften: „Enumeratio plantarum in partibus Saellandiae", 1801–1803; „Den Kjøbenhavnske Flora", 1804; „Medicinsk Plantelaere", 1825 bis 1826. Nach ihm die Gattung *Schumacheria* Vahl.
Schumach. et **Thonn.** = Heinrich Christian Friedrich Schumacher u. Peter Thonning. Das Werk „Beskrivelse af guineiske planter", 1827, wird oft beiden Verfassern zugeschrieben; alle Namen u. Beschreibungen von Pflanzen stammen aber von Schumacher allein. Siehe auch beide Autoren.
Schummel = Theodor Emil Schummel, Breslau 23. 5. 1785–24. 11. 1848 Breslau. Deutscher Entomologe u. Botaniker. Schrieb u.a.: „Ueber die giftigen Pilze, mit besonderer Rücksicht auf Schlesien", 1840. Publizierte mit Johannes Ch. Günther (Günth.).
Schur = Philipp Johann Ferdinand Schur, Königsberg 18. 2. 1799–28. 5. 1878 Bielitz in Österr. Schlesien. Österr. Apotheker, Lehrer u. Botaniker. Autor von „Enumeratio plantarum Transsilvaniae", 1866.
Schust. (auch **Schuster**) = Julius Schuster, München 7. 4. 1886–1949. Deutscher Botaniker, Pflanzenmorphologe u. -systematiker, Paläobotaniker. Bearbeitete für Engler, Das Pflanzenreich „Cycadaceae", 1932.
Schwant. = Gustav Schwantes, Bleckede 18. 9. 1881–17. 11. 1960 Kiel. Deutscher Archäologe u. Botaniker. Veröffentlichte an bot. Schriften u.a. die Bearbeitung der *Aizoaceae* in „Pareys Blumengärtnerei", 2. Aufl., 1958; „The Cultivation of the Mesembryanthemaceae", 1953; „Flowering Stones and Mid-Day Flowers", 1957. Nach ihm die Gattung *Schwantesia* Dint.
Schwarz (auch **O. Schwarz**) = Otto Karl Anton Schwarz, Weimar 28. 4. 1900–1983. Deutscher Botaniker, Professor in Jena, Systematiker. Schrieb u.a. „Monographie der Eichen Europas und des Mittelmeergebietes" (in Repert. spec. nov. 1936–1939); „Die Gattung Globularia", 1938; „Thüringen, Kreuzweg der Blumen", 1952, 2. Aufl. 1954. Mitarbeiter an „Flora europaea", 1964–1980.
Schweickerdt = Herold Georg Wilhelm Johan-

nes Schweickerdt, Schmie, Württemberg 29. 2. 1903–21. 2. 1977 Pretoria. Südafrikan. Pflanzensystematiker. Spezialgebiet: *Gramineae*. Publizierte mit Edgar Milne-Redhead (Milne-Redh.).

Schweigg. = August Friedrich Schweigger, Erlangen 8. 9. 1783–28. 6. 1821 (ermordet in Sizilien). Deutscher Botaniker, Prof. in Königsberg. Schriften: „Specimen flora erlangensis", 1805; „De plantarum classificatione naturalis", 1821. Nach ihm die Gattung *Schweiggeria* Spreng.

Schweigg. et **Koerte** = August Friedrich Schweigger u. Franz Körte. Schrieben gemeinsam: „Flora erlangensis", 1811.

Schweinf. = Georg August Schweinfurth, Riga 29. 12. 1836–19. 9. 1925 Berlin. Deutscher Geograph u. Botaniker, bereiste von 1863–1866 Ägypten, von 1868–1871 Äguatorialafrika, von 1900–1901 Sahara u. Tunis. Schrieb u. a. „Im Herzen von Afrika", 1874, 3. Aufl. 1918; „Beitrag zur Flora Äthiopiens", 1867; „Illustrations d'Égypte", 1889 (zus. mit P. F. A. Ascherson); „Plantae quaedam niloticae", 1862; „Reliquiae Kotschyanae", 1868. Nach ihm die Gattung *Schweinfurthia* A. Braun.

C. Schweinf. = Charles Schweinfurth, Brookline, Massachusetts 13. 4. 1890–16. 11. 1970 Wellesley, Massachusetts. Nordamer. Botaniker am Gray Herbarium, Cambridge, Mass., Orchideenspezialist. Autor von „Orchids of Peru", 1958–1961; First supplement 1970.

Schweinitz = Lewis David von Schweinitz, Bethlehem, Pennsylv. 13. 2. 1780–8. 2. 1834 Bethlehem. Nordamer. Botaniker, Vorstand der Mährischen Brüder in USA. Schrieb „Specimen florae Americae cryptogamicae", 1821; mit Johannes Baptista von Albertini „Conspectus fungorum in Lusatiae superioris agro niskiensi crescentium", 1805.

Scop. = Giovanni Antonio Scopoli, Cavalese, Tirol 3. 6. 1723–8. 5. 1788 Pavia. Österr. Naturwissenschaftler. Schrieb u. a. „Flora carniolica", 1760, 2. Aufl. 1771–1772; „Fundamenta botanica", 1783, weitere Aufl. 1786, 1802; „Deliciae florae et faunae insubricae", 1786–1788. Nach ihm die Gattung *Scopolia* Jacq. corr. Link.

A. J. Scott = A. J. Scott, zeitgenöss. engl. Botaniker.

Scribn. = Frank Lamson-Scribner, Cambridgesport, Massachusetts 19. 4. 1851–22. 2. 1938 Washington, D. C. Nordamer. Botaniker. Spezialgebiet: *Gramineae*. Schrieb: „The grasses of Tennessee", 1892–1894; „Studies on American grasses", 1901 (mit E. D. Merrill u. C. R. Ball).

Scribn. et **J. G. Sm.** = Frank Lamson-Scribner u. Jared Gage Smith. Siehe diese.

Sealy = Joseph Robert Sealy, 1907– . Engl. Botaniker am Herbarium Kew. Schrieb u. a. „Camellia", 1958.

Sebast. = Francesco Antonio Sebastiani, Piofreddo 14. 6. 1782–1821 Aversa bei Neapel. Ital. Botaniker. Autor von „Romanorum plantarum", 1813–1815. Nach ihm die Gattung *Sebastiania* Spreng.

Sebast. et **Mauri** = Francesco Antonio Sebastiani u. Ernesto Mauri. Veröffentlichten gemeinsam „Florae romanae prodromus", 1818. Siehe auch beide Verfasser.

Sebeók = Sándor Sebeók de Szent-Miklós, 18. Jahrh. Ung. Botaniker. Schrieb „Dissertatio medico-botanica de Tataria hungarica", 1779.

Seem. = Berthold Carl Seemann, Hannover 28. 2. 1825–10. 10. 1871 Javali Mine, Nikaragua. Deutsch-engl. Botaniker, Gärtner u. Pflanzensammler, war beteiligt an einer Reise um die Welt von 1845–1851 u. anderen Forschungsreisen. Schriften: „Die Volksnamen der amerikanischen Pflanzen", 1851; „The botany of the voyage of H. M. S. Herald during the years 1845 to 1851 . . .", 1852–1857; „Die in Europa eingeführten Acacien", 1852; „Bonplandia", 1853 bis 1862 (mit Wilhelm Eduard Gottfried Seemann); „Popular History of the Palms", 1856, 2. Aufl. 1866; „The British Ferns", 1860; „Flora vitiensis", 1865–1873. Begründer des „Journal of Botany, British and foreign", 1863 ff. Nach ihm die Gattungen *Seemannia* Regel u. *Seemannaralia* R. Viguier.

Seem. et **H. Wendl.** = Berthold Carl Seemann u. Hermann Wendland. Siehe diese.

Seemen = Karl Otto von Seemen, Sprindlak, Ostpreußen 2. 8. 1838–23. 6. 1910 Berlin. Deutscher Offizier u. Botaniker. Bearbeitete für Ascherson u. Graebner in „Synopsis der Mitteleuropäischen Flora", Bd. 4, 1908–1913, die Gattung *Salix*.

Séguier = Jean François Séguier, Nîmes 25. 11. 1703–1. 9. 1784 Nîmes. Franz. Botaniker u. Reisender, von 1740–1755 in Verona. Schrieb „Bibliotheca botanica", 1740, auch 1760; „Plantae veronenses", 1745–1754. Nach ihm die Gattung *Seguieria* Loefl.

Seibert = Russell Jacob Seibert, Belleville, Illinois 14. 8. 1914– . Nordamer. Botaniker, Direktor von Longwood Gardens, Kennett Square, Pennsylv. Spezialgebiete: *Bignoniaceae, Hevea*.

Sello = Friedrich Sello, später Sellow geschrieben, Potsdam 12. 3. 1789–Sept. 1831 im Franciscostrom, Brasilien, ertrunken. Deutscher Gärtner, Botaniker u. Pflanzensammler. Begleitete von 1815–1817 den Prinzen zu Wied auf einer Reise ins Innere Brasiliens. Nach ihm die Gattung *Selloa* H. B. K. sowie die Zeitschrift „Sellowia", 1954 →.

Sendtn. = Otto Sendtner, München 27. 6. 1813 bis 21. 4. 1859 Erlangen. Deutscher Botaniker. Schriften: „Die Vegetationsverhältnisse Südbayerns . . .", 1854; „Die Vegetationsverhältnisse des bayrischen Waldes", 1860; bearbeitete für Martius, Flora brasiliensis in Bd. X (1846/56) „Solanaceae, Cestrineae".

Sengh. = Karlheinz Senghas, Stuttgart 7. 4. 1928– . Deutscher Botaniker, Orchideenspezialist, am Bot. Garten Heidelberg. Zus. mit W. Rauh Hrsg. der 81. Aufl. von Schmeil-Fitschen „Flora von Deutschland", 1968 bis 88. Aufl. 1988. Schrieb: „Balkon- und Zimmerpflanzen", 1959 (mit W. Rauh). Mitherausgeber der 3. Aufl. von Schlechter, „Die Or-

chideen", 1971 →.
Ser. = Nicolas Charles Seringe, Longjumeau 3. 12. 1776–29. 9. 1858 Lyon. Franz. Botaniker, lebte lange in Genf u. Bern, später Direktor des Bot. Gartens Lyon. Veröffentlichte neben vielem anderen „Mélanges botaniques", 1818 bis 1831; „Mémoire sur la famille des Cucurbitacées", 1825; „Mémoire sur la famille des Mélastomacées", 1830; „Descriptions et figures des Céréales européennes", 1841–1847; „Flora des jardins et des grandes cultures", 1847–1849; bearbeitete für de Candolle, Prodromus in Bd. I „Aconitum, Caryophyllaceae", 1824; in Bd. II „Rosaceae", 1825; in Bd. III „Cucurbitaceae", 1828. Nach ihm die Gattung *Seringia* J. Gay.
Servett. = Camille Servettaz, 1870–1947. Schweizer Botaniker u. Pädagoge. Schrieb: „Monographie des Éléagnacées, 1909.
Sesler = Lionardo Sesler,?–1785. Ital. Arzt u. Botaniker in Venedig. Nach ihm die Gattung *Sesleria* Scop.
Sessé = Martin de Sessé y Lacasta, 11. 12. 1751 bis 4. 10. 1808. Span. Arzt und Botaniker.
Sessé et **Moç.** = Martin de Sessé y Lacasta u. José Mariano Moçiño Suares Losada. Posthum erschien „Plantae Novae Hispaniae", 1887 bis 1890, 2. Aufl. 1893; „Flora mexicana", 1891 bis 1896, 2. Aufl. 1894. Siehe auch beide Verfasser.
Seubert (auch **Seub.**) = Moritz August Seubert, Karlsruhe 2. 6. 1818–6. 4. 1878 Karlsruhe. Deutscher Botaniker. Schriften: „Flora azorica", 1844; „Exkursionsflora für das Großherzogthum Baden", 1863; „Exkursionsflora für das südwestliche Deutschland", 1868; bearbeitete für Martius, Flora brasiliensis in Bd. III, 1 (1842/71) „Xyrideae, Mayacaceae, Commelinaceae", in Bd. V, 1 (1855/1877) „Amarantaceae", in Bd. VII (1865/71) „Styracaceae"; „Lehrbuch der gesamten Pflanzenkunde", 3. Aufl. 1861.
Seybold = Siegmund Gerhard Seybold, Stuttgart 5. 9. 1939– . Deutscher Botaniker in Stuttgart. Mitarbeiter an der 10. bis 14. Aufl. von „Zander", Handwörterbuch der Pflanzennamen, 1972–1993; mit Sebald, Oskar u. Philippi, Georg Hrsg. von „Die Farn- u. Blütenpflanzen Baden-Württembergs", Bd. 1 u. 2, 1990.
Shafer = John Adolph Shafer, Pittsburgh, Pennsylvania 23 2. 1863–1. 2. 1918 Sewickley, Pennsylvania. Nordamer. Botaniker. Publizierte mit N.L. Britton „North American trees", 1908.
H.K. Sharsm. = Helen Katherine Sharsmith, Oakland, Kalif. 26. 8. 1905–10. 11. 1982. Nordamer. Botanikerin an der University of California, Berkeley. Schrieb: „Flora of the Mount Hamilton Range of California", 1940, Nachdruck 1982.
Sheph. = Henry Shepherd, um 1783–14. 1. 1858 Liverpool. Engl. Gärtner, seit 1836 Kurator des Bot. Gartens Liverpool. Kultivierte als erster Farne aus Sporen.
Sherff = Earl Edward Sherff, Flint, Michigan 18. 5. 1886–16. 5. 1966 Hastings, Michigan. Nordamer. Botaniker. Veröffentlichte 143 botan. Schriften, meist systemat. Inhalts. Spezialgebiet: *Compositae*, bes. *Bidens*. Bearbeitete für Britton, North American Flora, Ser. II, Bd. 2 „Compositae-Coreopsidineae", 1955 (mit Edward Johnston Alexander).
Shib. = Keita Shibata, Tokio 20. 9. 1877 bis 19. 11. 1949 Tokyo. Jap. Botaniker, Prof. in Tokio. Publizierte mit Tomitarō Makino (Mak.).
Shinners = Lloyd Herbert Shinners, Alta, Kanada 22. 9. 1918–16. 2. 1971 Dallas, Texas. Nordamer. Botaniker. Spezialgebiet u.a. nordamer. *Compositae*. Hauptwerk: „Spring flora of the Dallas-Fort Worth area", 1958.
Shiras. (auch **Shirasawa**) = Homi Shirasawa, 1868–1947. Jap. Botaniker, Dendrologe. Veröffentlichte u.a. „Iconographie des essences forestières du Japon", 1899–1947.
Shivas = Mary Grant Shivas, 1926– . Englische Botanikerin in Leeds, England, jetzt Mrs. Trevor Walker.
Shurly = Ernest William Shurly, Hampstead, London 17. 8. 1888–11. 11. 1963 St. Albans. Engl. Geschäftsmann, Kakteenforscher, besonders Mammillaria-Spezialist. Schrieb: „A supplementary list of specific names and synonyms of Mammillarias (described 1940 to 1952)", 1952 sowie mehrere Bücher über die Kultur von Kakteen u. Sukkulenten. 16 Jahre lang Herausgeber von „Journal of the Cactus and Succulent Society of Britain".
Sibth. = John Sibthorp, Oxford 28. 10. 1758 bis 8. 2. 1796 Bath. Engl. Botaniker u. Arzt, bereiste von 1786–1787 u. von 1794–1795 Griechenland u. Kleinasien, sammelte dort Pflanzen für eine geplante „Flora graeca", die später von J.E. Smith (1806–1840) herausgegeben wurde. Autor von „Flora oxoniensis", 1794.
Sibth. et **Sm.** = John Sibthorp u. James Edward Smith. Siehe diese.
Sieb. = Philipp Franz von Siebold, Würzburg 17. 2. 1796–18. 10. 1866 München. Deutsch-holl. Botaniker u. Japanforscher. Als Arzt in Japan von 1823–1830 u. von 1859–1862. Hauptwerke: „Nippon, Archiv zur Beschreibung von Japan ...", 1832–1858; „Plantarum, quas in Japonica collegit Dr. Ph. Fr. de Siebold, genera nova ...", 1843. Führte viele jap. Pflanzen nach Europa ein u. verbreitete sie aus eigener Gärtnerei in Leiden. Nach ihm die Zeitschriften „Sieboldia", Leiden, 1875 bis 1883, u. Fukuoka, 1952 →.
Sieb. et **Zucc.** = Philipp Franz von Siebold u. Joseph Gerhard Zuccarini. Schrieben gemeinsam „Florae japonicae familiae naturales", 1843–1846; „Flora japonica", 1835–1870. Siehe auch beide Verfasser.
Sieber = Franz Wilhelm Sieber, Prag 30. 3. 1789–17. 12. 1844 Prag. Österr. Forschungsreisender u. Botaniker, machte von 1822–1824 eine Reise um die Erde, 1817–1819 nach Kreta, Ägypten u. Palästina, brachte bedeutende Sammlungen mit. Schrieb u.a. „Reise nach der Insel Kreta ...", 1823; „Reise von Kairo nach Jerusalem", 1823. Nach ihm die Gattung *Siebera* J. Gay.
Siebert et **Voss** = August Siebert, Barth in Pom-

mern 1. 4. 1854–1. 5. 1923 Franfkurt a. M. 1886 bis 1923 Direktor des Palmengartens, Frankfurt a. M.; u. Andreas Voss. Schrieben gemeinsam den Text für die 3. Aufl. von „Vilmorin's Blumengärtnerei", 1894–1896. Siehe auch letzteren.

Siehe = Walter Siehe, Berlin 15. 1. 1859–10. 3. 1928 Adana. Deutscher Kaufmann u. Pflanzensammler, führte viele kleinasiat. Pflanzen in die Gartenkultur ein, vor allem *Crocus, Iris* u. *Galanthus.*

Silva Manso = Antonio Patricio da Silva Manso, Hú 1788–18. 1. 1818 Campinas. Bras. Mediziner. Schrieb: „Enumeração das substancias brasileiras, que podem promover a catarze", 1836.

Silva Tarouca = Ernst Graf Silva Tarouca, Mähren 1860–15. 8. 1936 Schwergern. Österr. Landwirtschaftsminister, baute in seinem Park Průhonice bei Prag eine große Gehölzsammlung auf. Veröffentlichte zus. mit Camillo Karl Schneider drei Kulturhandbücher über Stauden, Gehölze u. Nadelhölzer.

Silva Tarouca et **Schneid.** = Ernst Graf Silva Tarouca u. Camillo Karl Schneider. Siehe diese.

Sim = Thomas Robertson Sim, Northfield, Scotston, Schottland 25. 6. 1858–23. 7. 1938 Durban, Natal. Schott. Botaniker in Südafrika. Schriften: „The ferns of South Africa", 1892; „The forests and forest flora of the colony of the Cape of Good Hope", 1907; „Forest flora and forest resources of Portuguese East Africa", 1909; „Handbook of the ferns of Kaffraria", 1891.

Simml. = Gudrun Simmler, Hartberg, Steiermark 14. 11. 1884–?. Österr. Botanikerin. Schrieb: „Monographie der Gattung Saponaria", 1910.

N. W. Simmonds = Norman W. Simmonds, 1922 bis . Engl. Botaniker am Imp. College of Tropical Agriculture in Trinidad. Spezialgebiete: Flora von Trinidad u. Tobago, *Musa* und *Ensete.*

Simonet et **Guinochet** = Marc Simonet, 1899 bis 1965, u. Marcel Guinochet, 1909– . Franz. Botaniker. Letzterer schrieb: „Flore de France", 1973– (zus. mit Roger de Vilmorin).

Simonkai = Lajos tól Simonkai (ursprünglich Simkovicz), Nyiregyháza 9. 1. 1851–2. 1. 1910 Budapest. Ungar. Botaniker. Schrieb „Erdély edényes flórájának ... – Enumeratio florae transsilvanicae vasculosae critica ...", 1886.

Simon-Louis = Léon Simon-Louis, 1834–4. 3. 1913 Nancy. Franz. Baumschulbesitzer in Plantière les Metz.

Sims = John Sims, Canterbury, Kent 13. 10. 1749–26. 2. 1831 Dorking. Engl. Botaniker. Hrsg. von „Curtis' Botanical Magazine", Bd. 14 bis 53, 1800–1826; zus. mit Carl Dietrich Eberhard König Hrsg. von „Annals of Botany", 1804 bis 1806. Nach ihm die Gattung *Simsia* Pers.

Sint. = Paul Ernst Emil Sintenis, Seidenberg, Oberlausitz 4. 6. 1847–6. 3. 1907 Kupferberg. Deutscher Apotheker u. Pflanzensammler in vielen Teilen der Welt, u. a. in Puerto Rico u. Westasien. Publizierte mit Joseph Franz Freyn.

Skalická = Anna Skalická, 1932– . Tschechische Botanikerin in Prag.

Skan = Sidney Alfred Skan, Kineton Green bei Solihull, Warwickshire 13. 8. 1870–19. 12. 1939. Engl. Botaniker am Herbarium Kew. Bearbeitete für Oliver, Flora of Tropical Africa, in Bd. 4 (2) „Scrophulariaceae", 1906 (mit W. B. Hemsley), in Bd. 6 (2) „Salicineae, Ceratophylleae", 1917.

Skeels = Homer Collar Skeels, Grand Rapids, Michigan 31. 7. 1873–3. 1. 1934 East St. Louis, Illinois. Nordamer. Botaniker am United States Department of Agriculture.

Skog = Laurence Edgar Skog, 1943– . Nordamer. Botaniker an der Smithsonian Institution, Washington, D. C. Spezialgebiet: *Coriariaceae.* Schrieb: „A provisional checklist of species for Flora North America", 1978 (mit S. G. Shetler).

Skottsb. = Carl Johan Fredrik Skottsberg, Karlshamm 1. 12. 1880–14. 6. 1963 Göteborg. Schwed. Botaniker, Direktor des Bot. Gartens Göteborg. Unternahm ausgedehnte Forschungsreisen, veröffentlichte über 300 Abhandlungen und mehr als 1000 Zeitungsartikel. Bearbeitete für Engler, Die natürlichen Pflanzenfamilien, 2. Aufl. „Myzodendraceae", 1935. Hrsg. von Bd. 2 von „Natural history of Juan Fernandez and Easter Islands", 1920–1951.

Skvorc. = Alexej Konstantinovič Skvorcov (Skvortsov), Želanja bei Smolensk 9. 2. 1920 bis . Russ. Botaniker am Bot Garten Moskau. Spezialgebiete: *Salicaceae, Betula.* Schrieb: „Herbarium", 1977.

Sleum. (auch **Sleumer**) = Hermann Otto Sleumer, Saarbrücken 21. 2. 1906– . Deutsch-holl. Botaniker, ursprünglich am Bot. Museum Berlin, später in Tucumán, Argentinien, dann am Rijksherbarium Leiden. Spezialgebiete: *Ericales, Flacourtiaceae, Proteaceae* von Amerika u. Malaysia. Schrieb: „Die Pflanzenwelt des Kaiserstuhls", 1934. Bearbeitete für Engler, Die natürlichen Pflanzenfamilien 2. Aufl. Bd. 16b „Olacaceae, Opiliaceae", 1935, Bd. 20b „Salvadoraceae, Icacinaceae, Peripterygiaceae, Erythropalaceae", 1942; für Smitinand u. Larsen, Flora of Thailand, „Icacinaceae", 1970.

Sloane = Boyd Lincoln Sloane, 1885–?. Südafr. Botaniker. Schrieb zus. mit Alain C. White „The Stapelieae", 1933, 2. Aufl. 1937; „The succulent Euphorbieae of South Africa", 1941 (auch mit R. A. Dyer).

Slosson = Margaret Slosson, Paris 1872–?. Nordamer. Botanikerin. Spezialgebiet: *Pteridophyta.* Schrieb: „How ferns grow", 1906.

Sm. = Sir James Edward Smith, Norwich 2. 12. 1759–17. 3. 1828 Norwich. Engl. Botaniker. Besitzer der naturwiss. Sammlungen, des Herbariums, der Bücher u. Manuskripte Linnés. Erster Präsident der 1788 in London gegründeten „Linnean Society", in deren Besitz nach seinem Tode das Linnésche Herbarium etc. überging. Neben der Herausgabe der „Flora graeca", (siehe Sibth.) veröffentlichte er u. a. „Exotic botany, ...", 1804–1806; „Icones pictae plantarum rariorum ...", 1790 bis 1793; „Plantarum icones hactenus ineditae plerumque ad plantas in herbario Linnaeano conservatas delineatae", 1789 bis 1791; „English botany ...", 1790–1814; „Flora britannica", 1800–1804; „A grammar of botany", 1821; „A specimen of the botany of New Holland", 1793–1795; „The English flora", 1824–1828, 2. Aufl. 1828–1830; „Reliquiae Rudbeckianae ...", 1789. Nach ihm die Gattung *Smithia* Ait.

A.C. Sm. = Albert Charles Smith, Springfield, Massachusetts 5. 4. 1906– . Nordamer. Botaniker in Honolulu, Hawaii. Spezialgebiet: Flora von Fidschi. Bearbeitete für Britton, North American Flora in Bd. 19 (1) „Mayacaceae", 1937 u. Bd. 28 B (1) „Araliaceae", 1944. Schrieb: „Flora vitiensis nova", 1979 →.

A.R. Sm. = Allan Radcliffe Smith, Tavistock, Devonshire 7. 1. 1938– . Engl. Botaniker am Herbarium Kew. Spezialgebiete: *Euphorbiaceae*, Flora des trop. Indiens. Mitarb. an „Flora europaea", 1964–1980.

C.A. Sm. = Christo Albertyn Smith, Boksburg, Transvaal 26. 4. 1898–23. 11. 1956 Canberra, Australien. Südafr. Botaniker, später Journalist in Australien. Spezialgebiet: Einheimische Namen südafrikanischer Pflanzen. Werk erschien posthum: „Common names of South African plants", 1966.

C.P. Sm. = Charles Piper Smith, Saint Catherines, Ontario, Kanada 25. 4. 1877–6. 1. 1955 Saratoga, Kalifornien. Nordamer. Botaniker; seit 1920 Oberschullehrer in San José, Kalifornien. Spezialist für die Gattung *Lupinus*. Herausgeber der Zeitschrift „Species Lupinorum", 1938 bis 1953.

Chr. Sm. = Christen Smith, Drammen 17. 10. 1785–22. 9. 1816 Kongo, Afrika. Norweg. Botaniker u. Forschungsreisender. Posthum erschien „Dagbog paa en Reise til Congo i Afrika", 1819.

G.E. Sm. = Gerard Edwards Smith, 1804–21. 12. 1881 Ockbrock. Engl. Geistlicher und Botaniker. Schrieb: „A catalogue of rare and remarkable phaenogamous plants, collected in South Kent", 1829.

H. Sm. = Harald (Harry) Karl August Smith, Stockholm 22. 12. 1889–1971. Schwed. Botaniker in Uppsala. Spezialgebiete: Chin. Flora, *Saxifraga, Gentiana*. Schrieb u.a. „Vegetationen och dess utvecklingshistoria i det centralsvenska högfjällsområdet", 1920.

H.G. Sm. = Henry George Smith, Littlebourne, Kent 1852–19. 9. 1924 Sydney, Australien. Engl. Pflanzenchemiker, seit 1883 in Australien. Spezialgebiet: Äther. Öle austral. Pflanzen, bes. *Eucalyptus*. Publizierte mit Richard Thomas Baker (R.T. Bak.).

J. Sm. = John Smith, Aberdour, Fife 5. 10. 1798–14. 2. 1888 Kew. Schott. Gärtner, zuerst am Bot. Garten Edinburgh, dann in Kew. Hauptwerke: „Bible plants", 1877; „Domestic botany", 1871 u. 1883; „Cultivated ferns, or a catalogue of exotic indigenous ferns cultivated in British gardens", 1857; „Ferns, British and foreign ...", 1866; „Historia filicum ...", 1875.

J.D. Sm. = John Donnell Smith, Baltimore, Maryland 5. 6. 1829–2. 12. 1928 Baltimore. Nordamer. Pflanzensammler u. Botaniker. Schrieb u.a.: „Check list of North American plants, including Mexican species which approach the U.S. boundary", 1886; „Enumeratio plantarum guatemalensium", 1889–1907.

J.G. Sm. = Jared Gage Smith, Scottsburg, New York 13. 9. 1866–1925. Nordamer. Landwirtschaftswissenschaftler u. Botaniker. Spezialgebiet: *Gramineae*. Schrieb u.a.: „Fodder and Forage Plants exclusive of the Grasses", 1896.

J.J. Sm. = Joannes Jacobus Smith, Antwerpen 29. 6. 1867–14. 1. 1947 Oegstgeest bei Leiden. Holl. Botaniker. Spezialist für indomalays. Orchideen. Schrieb u.a. „The Orchids of Java", 1905.

L.B. Sm. = Lyman Bradford Smith, Boston, Massachusetts 11. 9. 1904– . Nordamer. Botaniker, Spezialist für *Bromeliaceae*. Veröffentlichte neben vielem anderen „The Bromeliaceae of Brazil", 1955. Bearbeitete für Britton, North American Flora in Bd. 19 (2) „Bromeliaceae", 1938. Siehe auch Wasshausen et L.B. Sm.

L.B. Sm. et **Loos.** = Lyman Bradford Smith u. Gualterio Looser. Siehe diese.

L.B. Sm. et **Reitz** = Lyman Bradford Smith u. Raulino Reitz. Siehe diese.

L.B. Sm. et **Schub.** = Lyman Bradford Smith u. Bernice Giduz Schubert. Siehe diese.

L.B. Sm. et **Wasshausen** = Lyman Bradford Smith u. Dieter C. Wasshausen. Siehe diese.

R.E. Sm. = Ralph Eliot Smith, Boston, Massachusetts 9. 1. 1874–15. 12. 1953 Berkeley, Kalifornien. Nordamer. Botaniker.

R.M. Sm. = Rebecca Merrit Smith. Siehe unter B.L. Burtt et R.M. Sm.

W.G. Sm. = Worthington George Smith, London 23. 3. 1835–27. 10. 1917 Dunstable, Bedfordshire. Engl. Botaniker u. bot. Künstler. Veröffentlichte mit W.H. Fitch „Illustrations of the British flora", 1880, 5. Aufl. 1924; außerdem „Mushrooms and Toadstools", 1867; „Synopsis of British Basidiomycetes", 1908.

W.W. Sm. = Sir William Wright Smith, Lochmaben, Dumfriesshire 2. 2. 1875–15. 12. 1956 Edinburgh. Schott. Botaniker, von 1922–1956 Direktor des Bot. Gartens Edinburgh. Unternahm ausgedehnte Sammelreisen in den Himalaja etc. Spezialgebiete: *Primula, Rhododendron*. Veröffentlichte u.a. mit G. Forrest u. H.R. Fletcher „The genus Primula", 1929–1950, Faksimile-Neudruck der 22 Teile 1977.

W.W. Sm. et **Fletcher** = Sir William Wright Smith u. Harold Roy Fletcher. Siehe diese.

W.W. Sm. et **Forrest** = Sir William Wright Smith u. George Forrest. Siehe diese.

W.W. Sm. et **Jeffrey** = Sir William Wright Smith u. Charles Jeffrey. Siehe diese.

Small = John Kunkel Small, Harrisburg, Pennsylvania 31. 1. 1869–20. 1. 1938 New York. Nordamer. Botaniker, am Bot. Garten New York. Schrieb u.a. „Flora of Miami", 1913; „Manual of the Southeastern Flora", 1933; „Ferns of the Southeastern States", 1938; „Flora of the Southeastern United States", 1903, 2. Aufl. 1913. Bearbeitete für Britton, North American Flora, in Band 17 (1) „Pandanales, Naiadales, Alismales, Alismaceae, Hydrocharitales, Poales", 1909; für Bd. 22 (1) „Rosales", 1905; Bd. 22 (2) „Saxifragaceae, Pterostemonaceae", 1905; Bd. 22 (3) „Crossosomataceae", 1908; Bd. 25 (1) „Geraniales, Geraniaceae (mit L.T. Hanks), Oxalidaceae, Linaceae", 1907; Bd. 25 (2) „Malpighiaceae", 1910; Bd. 25 (3) „Simaroubaceae", 1911; Bd. 25 (4) „Polygonales", 1924, Bd. 29 (1) „Ericales, Monotropaceae, Ericaceae", 1914.

E. Small = Ernest Small, 1940– . Kanad. Botaniker am Biosystematics Research Institute, Agriculture, Ottawa.

E. Small et **Cronq.** = Ernest Small u. Arthur John Cronquist. Siehe diese.

Smirnov = Pavel Aleksandrovič Smirnov, 1896 bis 1980. Russ. Botaniker. Spezialgebiet: *Gramineae* der UdSSR etc.

Snijman = Deirdre Anne Snijman, 1949– . Südafrikan. Botanikerin am Bot. Garten in Kirstenbosch. Spezialgebiet: *Haemanthus*.

Snowden = Joseph Davenport Snowden, 31. 5. 1886–9. 5. 1973. Engl. Botaniker am Department of Agriculture, Uganda. Schrieb: „The cultivated races of Sorghum", 1936.

Soderstrom = Thomas Robert Soderstrom, Chicago, Illinois 9. 1. 1936–1. 9. 1987. Nordamer. Botaniker in Washington, D.C. Spezialgebiet: *Gramineae-Bambusoideae*.

Soderstrom et **Calderon** = Thomas Robert Soderstrom u. ... Calderon. Siehe ersteren.

Sodiro = Luigi Sodiro, Mai 1836–14. Mai 1909. Ital. Botaniker in Ekuador. Nach ihm die Gattungen *Sodiroa* André u. *Sodiroëlla* Schlechter.

Sokolov = S.J. Sokolov, zeitgenöss. russ. Botaniker. Spezialgebiet: Einführung der Gehölze.

Soland. = Daniel Carlsson Solander, Piteå, Norrland, Schweden 19. 2. 1733–13. 5. 1782 London. Schwed.-engl. Botaniker, Schüler Linnés u. Bibliothekar bei Sir J. Banks in London, seit 1760 in England. Nahm mit Banks an der ersten Weltumsegelung von Capt. Cook von 1768–1771 teil; bereiste 1772 mit Banks Island. Posthum erschien zus. mit J. Banks „Illustration of the botany of Captain Cook's voyage round the world in HMS 'Endeavour' in 1768 bis 1771", 1900–1905. Nach ihm die Gattung *Solandra* Sw.

Solereder = Hans Solereder, München 11. 9. 1860–8. 11. 1920 Erlangen. Deutscher Botaniker, Prof. der Botanik in Erlangen. Hauptwerk: „Systematische Anatomie der Dikotyledonen", 1898–1899, Ergänzungsband 1908; „Systematische Anatomie der Monokotyledonen", 1928 bis 1933 (mit F.J. Meyer). Bearbeitete für Engler u. Prantl, Die natürlichen Pflanzenfamilien, III. 1, „Aristolochiaceae", 1889, IV. 2 „Loganiaceae", 1892.

Solms = Hermann Maximilian Carl Ludwig Friedrich Graf zu Solms-Laubach, Laubach bei Gießen 23. 12. 1842–25. 11. 1915 Straßburg. Deutscher Botaniker. Bearbeitete für Martius, Flora brasiliensis in Bd. IV, 2 (1869/90) „Rafflesiaceae", in Bd. XIII, 3 (1874/1900) „Caricaceae"; für Engler u. Prantl, Die natürlichen Pflanzenfamilien II. 1 „Pandanaceae", 1887, III. 1 „Rafflesiaceae, Hydnoraceae", 1889, III. 6a „Caricaceae", 1893; für Engler, Das Pflanzenreich „Rafflesiaceae et Hydnoraceae", 1901; für de Candolle, Prodromus in Bd. XVI, 1 „Chloranthaceae", 1869; in Bd. XII „Lennoaceae", 1873; für Alph. u. Cas. de Candolle, Monographiae Phanerogamarum, Bd. 4 „Pontederiaceae", 1883. Schrieb außerdem „Weizen und Tulpe u. deren Geschichte", 1899. Nach ihm benannt die Gattungen *Solmsia* Baill. u. *Solms-Laubachia* Muschl.

Somm. = Carlo Pietro Stefano Sommier, Florenz 20. 5. 1848–3. 1. 1922 Florenz. Ital. Botaniker. Schrieb mit Alfredo Caruana Gatto „Flora melitensis nova", 1913–1915; ferner „Flora dell' isola di Pantelleria", 1922. Nach ihm die Gattung *Sommieria* Becc.

Somm. et **Levier** = Carlo Pietro Stefano Sommier u. Émile Levier. Schrieben gemeinsam „Enumeratio plantarum anno 1890 in Caucaso lectarum", 1900 (in Acta Horti Petropolitani 16). Siehe auch beide Verfasser.

Sond. = Otto Wilhelm Sonder, Bad Oldesloe 13. 1. 1812–21. 1. 1881 Hamburg. Deutscher Botaniker, Medizinalrat in Hamburg. Autor von „Flora hamburgensis", 1851; Mitherausgeber von „Flora capensis", 1860–1865 (mit W.H. Harvey).

Song. = André Songeon, Chambéry 8. 5. 1826 bis 18. 4. 1905 Chambéry. Franz. Botaniker. Publizierte mit Eugène Pierre de Perrier de la Bâthie (E. Perr.).

Sonn. = Pierre Sonnerat, Lyon 18. 8. 1748 bis 31. 3. 1814 Paris. Franz. Botaniker u. Reisender. Bereiste mit Commerson (s.d.) Madagaskar u. Bourhon, 1771 China u. die angrenzenden Inseln, 1774 Indien, kehrte 1803 mit reichen Pflanzensammlungen zurück. Schrieb u.a. „Voyage à la Nouvelle Guinée", 1776; „Voyage aux Indes orientales et à la Chine", 1782, 2. Aufl. 1806. Nach ihm die Gattung *Sonneratia* L.

Soó = Károly Rezsö Soó von Bere, Szekelyudvarheley 1. 8. 1903–10. 2. 1980 Budapest. Ung. Botaniker. Schrieb zus. mit S. Jávorka „A Magyar növényvilág kézikönyve", 1951; „Növény földrajz", 1945, 4 Aufl. 1956; „A Magyar flóra és vegetáció rendszertani-növényföldrajzi kézikönyve. Synopsis systematico-geobotanica florae vegetationisque Hungariae", 1964–1968.

Soreng et **Cope** = Robert J. Soreng u. Edward A. Cope, zeitgenöss. nordamer. Botaniker am L.H. Bailey Hortorium in Ithaca, New York. Publizierten über kultivierte Arten der Gattung *Chrysanthemum* und verwandter Gattungen (in Baileya 23 (3), 1991).

Sosn. = Dmitrij J. Sosnowski (Sosnowsky), 1885–1952. Russ. Botaniker. Schrieb: „Flora tiphilisiensis", 1925 (mit A.A. Grossheim). Mitarbeiter an Komarov, V.L., Flora U.R.S.S., Bd. 14, 1949 u. Bd. 28, 1963. Nach ihm die Gattung

Sosnovskya Takht.
Soul.-Bod. = Étienne Soulange-Bodin, Touraine 1774–23. 7. 1846 Paris. Franz. Gärtner u. Pflanzenzüchter. Schrieb verschiedene Werke über Pflanzenkultur, die z.T. ins Deutsche übersetzt wurden, u.a.: „Ueber die Pflege der Camellien", 1828.
Sowerby = 1. James Sowerby, London 21. 3. 1757–25. 10. 1822 Lambeth. Engl. botanischer Maler u. Zeichner. Veröffentlichte u.a. „A Botanical Drawing-Book, ...", 1789, 2. Aufl. 1791; „Coloured figures of English fungi or mushrooms", 1796–1815; „Flora luxurians", 1789 bis 1791; „English botany", 1790–1814 (2580 Kupfer, gez. u. gestochen von James u. James de Carle Sowerby, Text von J.E. Smith, s.d.). Nach ihm die Gattung *Sowerbaea* Sm.
2. James De Carle Sowerby, Lambeth 5. 6. 1787–26. 8. 1871 London. Engl. botanischer Maler u. Zeichner, Botaniker, Sekretär der Royal Botanical Society. Siehe auch James Sowerby: „English botany".
Soy.-Willem. = Hubert Félix Soyer-Willemet, Nancy 3. 6. 1791–18. 1. 1867 Nancy. Franz. Bibliothekar u. Botaniker. Schrieb „Observations sur quelques plantes de France...", 1828, u. andere bot. Abhandlungen in Mémoires de la société royale des sciences ... de Nancy.
Soy.-Willem. et **Godr.** = Hubert Félix Soyer-Willemet u. Dominique Alexandre Godron. Siehe diese.
Spach = Édouard Spach, Straßburg 26. 11. 1801–18. 5. 1879 Paris. Franz. Botaniker. Schrieb „Histoire naturelle des végétaux: Phanérogames", 1834–1847 (14 Bände u. Atlas). Zus. mit H.F. Comte de Jaubert Hrsg. vom „Illustrationes plantarum orientalium...", 1842 bis 1857. Nach ihm die Gattung *Spachea* A. Juss.
Spae = Dieudonné Spae, Gent 27. 9. 1819–28. 10. 1858 Gent. Belg. Gärtner. Schrieb: „Mémoire sur les espèces du genre Lis", 1847.
Spanoghe = Johan Baptist Spanoghe, Madras, Indien 22. 8. 1798–20. 5. 1838 Bantam, Java. Holl. Regierungsbeamter, von 1816 bis 1837 in Niederländ.-Indien. Sammelte Pflanzen auf Java u. Timor. Schrieb: „Prodromus florae timorensis", 1841–1842. Nach ihm die Gattung *Spanoghea* Bl.
Späth = 1. Franz Ludwig Späth, Berlin 25. 2. 1839–2. 2. 1913 Berlin. Besitzer einer berühmten Baumschule in Berlin.
2. Hellmut Späth, Sohn des vorigen, Berlin 4. 12. 1885–1945, Baumschulbesitzer u. Botaniker. Veröffentlichungen: „Der Johannistrieb", 1912; „Späthbuch 1730 bis 1930", 1930.
Spegazz. = Carlos Spegazzini, Bairo, Ivrea 20. 4. 1858–1. 7. 1926 La Plata, Argentinien. Ital.-argent. Botaniker, seit 1879 in Argentinien. Dort „Direktor der Landwirtschaft". Schrieb u.a. „Flora de la provincia de Buenos Aires", 1905.
Spegazz. et **Comes** = Carlos Spegazzini u. Orazio Comes. Siehe diese.
Spenn. = Fridolin Carl Leopold Spenner, Säkkingen 25. 9. 1798–5. 7. 1841 Freiburg. Deutscher Botaniker. Schriften: „Flora friburgensis", 1825–1829; „Handbuch der angewandten Botanik", 1834–1836; „Teutschlands phanerogamische Pflanzengattungen nach dem natürlichen und Linnéischen Systeme", 1836. Verfasser von Lieferung 17–21 von Th. Nees: „Genera plantarum florae germanicae", 1839–1840.
Speta = Franz Speta, 1941– . Österr. Botaniker am Oberösterr. Landesmuseum in Linz. Spezialgebiete: *Scilla, Antirrhineae.*
Splitg. = Frederick Louis Splitgerber, Amsterdam 9. 12. 1801–23. 5. 1845 Amsterdam. Holl. Reisender u. Pflanzensammler. Sammelte 1833 in Italien, vom 20. 11. 1837–17. 7. 1838 in Surinam. Schrieb u.a.: „Enumeratio Filicum et Lycopodiacearum quas in Surinamo legit...", 1840. Nach ihm die Gattung *Splitgerbera* Miq.
Spongb. = Stephen Spongberg, zeitgenöss. nordamer. Botaniker am Arnold Arboretum, Cambridge, Massachusetts.
Sprague = Thomas Archibald Sprague, Edinburgh 7. 10. 1877–22. 10. 1958 Cheltenham, Gloucestershire. Engl. Botaniker in Kew. Veröffentlichte 280 versch. Schriften, meist systemat. Inhalts. Spezialgebiet: Bot. Nomenklatur. Bearbeitete für Oliver, Flora of Tropical Africa, in Bd. 4 (2) „Bignoniaceae", 1906, in Bd. 6 (1) „Hernandiaceae", 1909–1910, „Loranthaceae", 1910–1911. Nach ihm die Gattungen *Spraguea* Torr. u. *Spragueanella* Balle.
Sprague et **Burk.** = Thomas Archibald Sprague u. Isaac Henry Burkill. Siehe diese.
Sprague et **Huchins.** = Thomas Archibald Sprague u. John Hutchinson. Siehe diese.
Sprague et **Summerh.** = Thomas Archibald Sprague u. Victor Samuel Summerhayes. Siehe diese.
Sprague et **Takeda** = Thomas Archibald Sprague u. Hisayoshi Takeda. Siehe diese.
Spreeth = A.D. Spreeth, 1940– . Südafrik. Botaniker in Stellenbosch, Südafrika.
Spreng. = Kurt (Curt) Polycarp Joachim Sprengel, Boldekow bei Anklam 3. 8. 1766 bis 15. 3. 1833 Halle. Deutscher Botaniker u. Arzt, Direktor des Bot. Gartens Halle. Neben medizin. Schriften u.a. „Antiquitatum botanicarum specimen", 1798; „Anleitung zur Kenntnis der Gewächse", 1802–1804, 2. Aufl. 1817–1818; „Florae halensis tentamen novum", 1806; „Historia rei herbariae", 1807–1808; „Plantarum minus cognitarum pugillus", 1813–1815; „Species Umbelliferarum minus cognitae illustratae", 1818; „Geschichte der Botanik", 1817–1818; „Plantarum Umbelliferarum prodromus...", 1813; „Neue Entdeckungen...", 1820–1822; „Linnaei Systema vegetabilium...", XVI. Aufl., 1824–1828. Nach ihm die Gattung *Sprengelia* Sm.
A. Spreng. = Anton Sprengel, Halle 13. 9. 1803 bis 25. 1. 1851 Rendsburg. Deutscher Botaniker, Sohn von Kurt Polykarp Joachim Sprengel. Schrieb: „Tentamen supplementi ad Systematis vegetabilium Linnaeani editionem decimam sextam", 1828; „Anleitung zur Kenntniss aller in der Umgegend von Halle wildwachsender

phanerogamischer Gewächse", 1848.
Sprenger = Carl Sprenger, Güstrow 30. 11. 1846-13. 12. 1917 Korfu. Deutscher Gärtner, lebte von 1877-1917 in Neapel.
Spring = Frédéric Antoine Spring, Geroldsbach, Oberbayern 8. 4. 1814-17. 1. 1872 Lüttich. Deutsch-belg. Botaniker. Schriften: „Über die naturhistorischen Begriffe von Gattung, Art und Abart . . .", 1838; „Monographie de la famille des Lycopodiacées", 1842 u. 1849; für Martius, Flora brasiliensis in Bd. I, 2 (1840/84) „Lycopodineae".
Spruce = Richard Spruce, Ganthorpe 10. 9. 1817-28. 12. 1893 Coneysthorpe. Engl. Pflanzensammler u. Botaniker. Schrieb u. a.: „Hepaticae of the Amazon and of the Andes of Peru and Ecuador", 1884-1885; „Notes of a botanist on the Amazon & Andes", 1908 (Hrsg. A.R. Wallace).
Sprun. = Wilhelm von Spruner, Ingolstadt 28. 8. 1805-30. 5. 1874 München. Deutscher Apotheker, sammelte in Griechenland.
Stadelm. = Ernst Stadelmeyer, gest. 1840. Deutscher Botaniker. Schrieb: „Echitis species brasiliensis novae descriptae et adumbratae", 1840.
Stafl. = Frans Antonie Stafleu, Velsen 8. 9. 1921- . Holl. Botaniker am Bot. Museum u. Herbarium Utrecht. Langjähriger Schriftleiter von „Taxon", Journal of the International Association for Plant Taxonomy. Schrieb u. a. „Taxonomic literature", 1967; 2. Aufl. (zus. mit Richard S. Cowan) 1976-1988. 7 Bände; mit R. McVaugh u. R. Ross „An annotated glossary of botanical nomenclature", 1968. Siehe auch Rickett et Stafl.
S.T. et **Schneid.** = Siehe Silva Tarouca et Schneid.
St.-Amans = Jean Florimond Boudon de Saint-Amans, Agen 24. 6. 1748-28. 10. 1831 Agen. Franz. Botaniker. Schrieb „Flore agenaise ou description méthodique des plantes . . .", 1821.
Standl. = Paul Carpenter Standley, Avalon, Missouri 21. 3. 1884-2. 6. 1963 Tegucigalpa, Honduras. Nordamer. Botaniker am Natural History Museum Chicago. Schriften: „Flora of the Glacier National Park, Montana", 1921; „Trees and shrubs of Mexico", 1920 bis 1926; „Flora of the Panama Canal Zone", 1928; „Flora of Costa Rica", 1937-1939; zus. mit J.A. Steyermark u. L.O. Williams „Flora of Guatemala", 1946 bis 1977. Bearbeitete für Britton, Flora of North America in Bd. 21 (1) „Chenopodiales, Chenopodiaceae", 1916; für Bd. 21 (2) „Amaranthaceae", 1917; Bd. 21 (3) „Allioniaceae", 1918; Bd. 25 (4) „Trigoniaceae, Vochysiaceae", 1924; Bd. 32 (1) „Rubiales, Rubiaceae", 1918; Bd. 32 (2) bis 32 (4) „Rubiaceae", 1921-1934. Nach ihm die Gattung *Standleya* Brade. Siehe auch unter Hitchc.
Standl. et **Steyerm.** = Paul Carpenter Standley u. Julian Alfred Steyermark. Siehe diese.
Stapf = Otto Stapf, Ischl, Salzkammergut 23. 3. 1857-3. 8. 1933 Innsbruck. Österr-engl. Botaniker, von 1891-1922 in England als Vorsteher des Herbariums in Kew. Schrieb u. a. „The Aconites of India", 1905; in Thiselton-Dyers Flora capensis, Bd. 7 „Gramineae", 1898-1900; bearbeitete für Engler u. Prantl, Die natürlichen Pflanzenfamilien, IV. 3 b „Pedaliaceae, Martyniaceae", 1895; für Oliver, Flora of Tropical Africa in Bd. 9 (1)-9 (4) „Gramineae", 1917 bis 1920, außerdem zahlreiche andere Familien ab Bd. 4 (1), 1904. Nach ihm die Gattungen *Stapfiella* Gilg, *Stapfiola* O. Kuntze, *Stapfiophyton* Li.
Stapf et **Davy** = Otto Stapf u. Joseph Burtt Davy. Siehe diese.
Stapf et **J.R. Drumm.** = Otto Stapf u. James Ramsay Drummond. Siehe diese.
Stapf et **C.E. Hubb.** = Otto Stapf u. Charles Edward Hubbard. Bearbeiteten zus. für Oliver, Flora of Tropical Africa in Bd. 9 (5)-9 (6) „Gramineae", 1934-1937. Siehe auch beide Verfasser.
R. Stark = Robert Mackenzie Stark, 1815-1873. Schott. Gärtner u. Baumschulenbesitzer in Edinburgh. Schrieb: „A popular history of British mosses", 1854, 2. Auf. 1860.
Staudt = Johann Gustav Günter Staudt. Berlin 10. 8. 1926- . Deutscher Genetiker u. Kulturpflanzenforscher am Max-Planck Institut in Köln-Vogelsang, später Direktor des Weinbauinstituts in Freiburg i. Br. Spezialgebiet: *Fragaria.*
Stearn = William Thomas Stearn, Cambridge, England, 16. 4. 1911- . Engl. Botaniker am Bot. Museum London, Verf. vieler Schriften systemat. u. histor. Inhalts, u. a. „Botanical Latin", 1966, 2. Aufl. 1973, 3. Aufl. 1983; „An introduction to the 'Species Plantarum' and cognate botanical works of Carl Linnaeus" (Ray Society Faksimile von Carl v. Linné, Species Plantarum, Bd. 1), 1957; „Flower Artists of Kew", 1990. Hrsg. von „Humboldt, Bonpland [,] Kunth, „A tropical American botany", 1968; Mithrsg. von „An enumeration of the flowering plants of Nepal", 1978 → (mit H. Hara u. L. H. J. Williams).
Stearn et **Woodc.** = William Thomas Stearn u. Hubert Bayley Drysdale Woodcock. Schrieben gemeinsam „Lilies of the world", 1950.
Stechm. = Johannes Paul Stechmann, 18. Jahrh. Deutscher Arzt u. Botaniker. Schrieb: „Dissertatio inauguralis botanico-medica de Artemisiis", 1775.
Steck = Abraham Steck, 18. Jahrh. Schweizer Arzt u. Botaniker. Schrieb „Dissertatio inauguralis medica de Sagu . . .", 1757.
Steedm. = Henry Steedman, 1866-1953. Engl. Botaniker. Publizierte mit William Faris Blakely.
Steenis = Cornelis Gijsbert Gerrit Jan van Steenis, Utrecht 31. 10. 1901-14. 5. 1986. Holl. Botaniker, bis 1972 Direktor des Rijksherbariums Leiden. Begründete 1948 in Leiden „Flora malesiana", 1948 ff. Schrieb: „The mountain flora of Java", 1972; „Rheophytes of the world", 1981; Hrsg. von „Pacific plant areas", 1963-1975 (mit M. Balgooy).
Steetz = Joachim Steetz, Hamburg 12. 11. 1804 bis 24. 3. 1862 Hamburg. Deutscher Arzt und

Botaniker. Schriften: „Revisio generis Comesperma Labill. et synopsis Lasiopetalarum et Büttneriearum in Nova Hollandia indigenarum“, 1847; „Die Famile der Tremandreen und ihre Verwandtschaft zu der Familie der Lasiopetaleen“, 1853. Nach ihm die Gattung *Steetzia* Lehm.
Stef. = Boris Stefanoff, 1894–Dez. 1979 Sofia. Bulg. Botaniker. Professor in Sofia. Schrieb: „Monographie der Gattung Colchicum“, 1926. Siehe auch Stoj.
Stein = Berthold Stein, Breslau 23. 3. 1847 bis 28. 2. 1899 Breslau. Deutscher bot. Gärtner, zunächst Garteninspektor des Bot. Gartens Innsbruck, später Breslau. Schrieb u. a. „Orchideenbuch“, 1892.
Steinh. = Adolph Steinheil, Okt. 1810–28. 5. 1839. Elsäss. Botaniker in Algerien, später in Straßburg. Schrieb u. a.: „Matériaux pour servir à la flore de Barbarie“, 5 Teile, 1834–1839. Nach ihm die Gattung *Steinheilia* Decne.
Stent = Sydney Margeret Stent, King William's Town, Kapland 11. 10. 1875–19. 4. 1942 Pretoria. Südafr. Botanikerin u. bot. Illustratorin. Spezialgebiet: *Gramineae*. Schrieb: „The grasses of Southern Rhodesia“, 1933.
Steph. (auch **Stephan**) = Christian Friedrich Stephan, Leipzig 1757–17. 12. 1814 Moskau. Deutsch-russ. Botaniker. Veröffentlichte u. a. „Enumeratio stirpium agri mosquensis“, 1792; „Icones plantarum mosquensium . . .“, 1795. Nach ihm die Gattung *Stephania* Lour.
Stephens = Stanley George Stephens, Dudley 2. 9. 1911– . Engl. Cytogenetiker, seit 1945 in den USA. Spezialgebiet: *Gossypium*. Publizierte mit Sir Joseph Burtt Hutchinson u. Ronald Alfred Silow.
F.C. Stern = Sir Frederick Claude Stern, London 8. 4. 1884–10. 7. 1967 London. Engl. Bankier. Schriften: „A Study of the Genus Paeonia“, 1946; „Snowdrops and Snowflakes. A study of the Genera Galanthus and Leucoium“, 1956; „A chalkgarden“, 1960.
Sternb. = Kaspar Maria Graf von Sternberg, Prag 6. 1. 1761–20. 12. 1838 Březina. Böhm. Botaniker, Begründer des Böhmischen Nationalmuseums in Prag. Schriften: „Revisio Saxifragarum iconibus illustrata“, 1810; „Supplementum“, 1822 u. 1831; „Versuch einer geognostisch-botanischen Darstellung der Flora der Vorwelt“, 1820–1838. Nach ihm die Gattung *Sternbergia* Waldst. et Kit.
E.E. Sterns = Emerson Ellick Sterns, Jamestown, New York 7. 1. 1846–24. 9. 1926 Helmuth, New York. Nordamer. Botaniker. Siehe auch B. S. P.
Steud. = Ernst Gottlieb von Steudel, Esslingen 30. 5. 1783–12. 5. 1856 Esslingen. Deutscher Oberamtsarzt u. Botaniker, mit C.F. Hochstetter Begründer des Württembergischen Naturhistorischen Reisevereins. Hauptwerke: „Nomenclator botanicus“, 1821–1824, 2. Aufl. 1840–1841, ein Vorläufer des Index kewensis; „Synopsis plantarum Cyperacearum et affinium . . .“, 1854–1855; „Synopsis plantarum glumacearum . . .“, 1854–1855. Nach ihm die Gattung *Steudelella* Honda. Siehe auch unter Hochst.
Stev. = Christian von Steven, Fredrikshamn, Finnland 19. 1. 1781–17. 4. 1863 Simferopol. Finn. Botaniker, Direktor des Bot. Gartens Nikita, Krim. Schrieb „Monographia Pedicularis“, 1822; „Verzeichnis der auf der taurischen Halbinsel wildwachsenden Pflanzen“, 1857. Nach ihm die Gattungen *Stevenia* Adams et Fisch., *Steveniella* Schlechter.
Steward = Albert Newton Steward, bei Fullerton, Kalifornien 23. 7. 1897–19. 6. 1959 Corvallis, Oregon. Nordamer. Botaniker. Spezialgebiet: *Polygonaceae*. Schrieb u. a.: „The Polgyoneae of Eastern Asia“, 1930; „Manual of vascular plants of the lower Yangtze Valley China“, 1958.
Steyerm. = Julian Alfred Steyermark, St. Louis, Missouri 27. 1. 1909–15. 10. 1988 St. Louis. Nordamer. Botaniker, zunächst am Natural History Museum Chicago, später am Bot. Institut in Caracas, Venezuela. Spezialgebiete: Flora von Guatemala, Brit. Honduras, Ekuador, Venezuela. Schrieb u. a. „Flora of Missouri“, 1962; zus. mit P.C. Standley u. L.O. Williams „Flora of Guatemala“, 1946–1977; „Contributions to the flora of Venezuela“, 1951–1957 (in Fieldiana, Bot. Bd. 28); „Flora del Ávila“, 1978 (mit O. Huber). Nach ihm die Gattung *Steyermarkia* Standl.
St.-Hil. = Augustin François César Prouvançal de Saint-Hilaire, Orléans 4. 10. 1779–30. 9. 1853 Orléans. Franz. Botaniker. Hauptwerke: „Flora Brasiliae meridionalis“, 1824–1833; „Plantes usuelles des Brasiliens“, 1824–1828.
St.-Hil. et **Naud.** = Augustin François César Prouvançal de Saint-Hilaire u. Charles Victor Naudin. Siehe diese.
St. John = Harold St. John, Pittsburgh, Pennsylvania 25. 7. 1892–1991. Nordamer. Botaniker in Hawaii. Spezialgebiete: Flora von Hawaii, Polynesien u. Mikronesien. Schrieb u. a. „Flora of southeastern Washington and adjacent Idaho“, 1937, 2. Aufl. 1956, 3. Aufl. 1963; „Monograph of Cyrtandra (Gesneriaceae) on Oahu, Hawaiian Islands“, 1966.
St.-Lager = Jean Baptiste Saint-Lager, Lyon 4. 2. 1825–29. 12. 1912 Lyon. Franz. Arzt, Botaniker u. Pflanzensammler. Schrieb „Catalogue des plantes vasculaires du bassin du Rhône“, 1873–1883. Siehe auch Cariot et St.-Lager.
Stoj. = Nikolai Andreev Stojanov, Grodno 21. 11. 1883–9. 10. 1968 Sofia. Bulg. Botaniker. Schrieb gemeinsam mit B. Stefanoff (s.d.) „Flore de la Bulgarie“, 1924–1925, 2. Aufl. 1933 (u. d. Titel „Flora na Bulgarija“), 3. Aufl. 1948, 4. Aufl. 1966–1967 (zusätzl. mit B. Kitanov, u. d. Titel „Flora bulgarica“).
Stoj. et **Stef.** = Nikolai Andreev Stojanov u. Boris Stefanoff. Siehe diese.
Stokes = Jonathan Stokes, Chesterfield 1755 bis 30. 4. 1831 Chesterfield. Engl. Arzt u. Botaniker. Schrieb „A botanical materia medica“, 1812; „Botanical commentaries“, 1830. Nach

ihm die Gattung *Stokesia* L'Hérit.
Storie = James G. Storie. 19. Jahrh. Engl. Gärtner. Publizierte um 1880.
Stout = Arlow Burdette Stout, Jackson Center, Ohio 10. 3. 1876–12. 10. 1957 Pleasantville, N.Y. Nordamer. Botaniker u. Pflanzenzüchter. Spezialgebiet: *Hemerocallis*. Schrieb u.a.: „The establishment of varieties in Coleus", 1915; „Daylilies the wild species and garden clones", 1934.
Strauss = Heinrich Christian Strauss, Neuenkirchen bei Otternburg 12. 11. 1850–21. 5. 1922 Berlin. Deutscher Gärtner u. Pflanzenkenner am Bot. Garten Berlin. Publizierte mit Gottfried Wilhelm Johannes Mildbraed (Mildbr.).
Strempel = Johannes Carl Friedrich Strempel, Bössow bei Wismar 20. 8. 1800–1872. Deutscher Botaniker u. Arzt in Rostock. Schrieb: „Filicum berolinensium synopsis", 1822.
Strobl = Gabriel Strobl, Unzmarkt 3. 11. 1846 bis 15. 3. 1925 Admont. Österr. Botaniker u. Geistlicher. Schrieb u.a.: „Flora der Nebroden", 1878–1887; „Flora des Etna", 1880–1888; „Eine Sommerreise nach Spanien", 1880; „Flora von Admont", 1881–1883. 3 Teile (in Jahres-Bericht des k.k. Obergymnasiums zu Melk, no. 31–33).
D. Stuart = D.C. Stuart, 1940– . Englischer Botaniker in Edinburgh. Mitarbeiter an S.M. Walters etc. (Hrsg.), The European Garden Flora, Bd. 1, 1986.
Stuntz = Stephen Conrad Stuntz, Clarno, Wisconsin 4. 4. 1875–1918 Wien. Nordamer. Botaniker u. Bibliograph.
Stur = Dionys Rudolf Josef Stur, Becor, Slowakei 5. 4. 1827–9. 10. 1893 Wien. Slowak.-österr. Botaniker, Geologe u. Paläobotaniker. Schrieb u.a.: „Beiträge zu einer Monographie des Genus Astrantia", 1860; „Beiträge zur Monographie des Genus Draba", 1861; „Geologie der Steiermark", 1871; „Beiträge zur Kenntniss der Flora der Vorwelt", 2 Bände, 1875–1877 u. 1885–1887.
Sturtev. = Edward Louis Sturtevant, Boston, Massachusetts 23. 1. 1842–30. 7. 1898 South Framingham, Massachusetts. Nordamer. Botaniker, Schriftsteller für die Landwirtschaft. Posthum erschien „Sturtevant's notes on edible plants", 1919 (Hrsg. Ulysses Prentiss Hedrick).
St.-Yves = Alfred Saint-Yves, Paris 7. 5. 1855–8. 10. 1933 Vernou-sur-Brenne. Franz. Botaniker. Spezialgebiet: *Gramineae*. Schrieb u.a.: „Tentamen. Claves analyticae Festucarum veteris orbis", 1927.
Suckow = Georg Adolph Suckow, Jena 28. 1. 1751–13. 5. 1813 Heidelberg. Prof. der Physik, Chemie u. Naturgeschichte in Heidelberg. Bot. Schriften: „Oekonomische Botanik", 1777; „Versuche über die Wirkungen verschiedener Luftarten auf die Vegetation", 1782; „Diagnose der Pflanzengattungen", 1792.
Sudw. = George Bishop Sudworth, Kingston, Wisconsin 31. 8. 1864–10. 5. 1927 Washington, D.C. Nordamer. Dendrologe am U.S. Forest Service. Schrieb u.a.: „Nomenclature of the arborescent flora of the United States", 1897; „Check List of the forest trees of the United States", 1898; „Forest trees of the Pacific Slope", 1908.
Suesseng. (auch **Suess.**) = Karl Suessenguth, Münnerstadt, Unterfranken 22. 6. 1893–7. 4. 1955 Porto d'Ischia, Italien. Deutscher Botaniker, Leiter der Bot. Staatssammlung München. Schrieb u.a. „Neue Ziele der Botanik", 1938. Bearbeitete für Engler, Die natürlichen Pflanzenfamilien, 2. Aufl. Bd. 20d „Rhamnaceae, Vitaceae, Leeaceae", 1953. Herausg. von Bd. 1 bis 2 der 2. Aufl. von Hegi: „Illustrierte Flora von Mitteleuropa", 1936–1939. Nach ihm die Gattungen *Suessenguthia* Merxm. u. *Suessenguthiella* Friedr.
Sukatsch. = Vladimir Nikolaevič Sukatschew (Sukachev), Aleksandrovka, Ukraine 7. 6. 1880 bis 9. 2. 1967 Moskau. Russ. Forstbotaniker.
Suksd. = Wilhelm (William) Nikolaus Suksdorf, Dransau, Holstein 15. 9. 1850–3. 10. 1932 Bingen, Washington. Nordamer. Pflanzensammler u. Botaniker deutscher Abstammung. Schrieb: „Werdenda. Beiträge zur Pflanzenkunde", 1923–1931. Nach ihm die Gattung *Suksdorfia* A. Gray.
Summerh. = Victor Samuel Sommerhayes, Street, Somerset 21. 2. 1897–27. 12. 1974. Engl. Botaniker am Herbarium Kew. Spezialgebiet: *Orchidaceae* des trop. u. subtrop. Südafrikas u. der Maskarenen. Schrieb u.a. „An enumeration of the Angiosperms of the Seychelles archipelago", 1931; „The wild Orchids of Britain", 1951, 2. Aufl. 1968.
Summerh. et **Comb.** = Victor Samuel Summerhayes u. Harold Frederick Comber. Siehe diese.
Sünderm. = Franz Sündermann, Würzburg 17. 11. 1864–11. 10. 1946 Lindau. Deutscher Gärtner, Sammler u. Züchter von Hochgebirgspflanzen. Gründete 1886 einen Alpenpflanzengarten in Lindau a.B., führte viele seltene Pflanzen ein.
Suring. = siehe Valcken. Suring.
Suter = Johann Rudolf Suter, Zofingen bei Bern 29. 3. 1766–24. 2. 1827 Bern. Schweizer Botaniker, Prof. in Bern. Schrieb „Flora helvetica", 1802. Nach ihm die Gattung *Sutera* Roth.
Svenson = Henry Knute Svenson, Hinneryd, Schweden 13. 1. 1897–4. 3. 1986 Hyannis, Massachusetts. Nordamer. Botaniker. Bearbeitete für Britton, North American Flora in Bd. 18 (8)–18 (9) „Cyperaceae-Scirpeae", 1947–1957.
Sw. (auch **Swartz**) = Olof Peter Swartz, Norrköping 21. 9. 1760–19. 9. 1818 Stockholm. Schwed. Botaniker, Prof. in Stockholm, bereiste v. 1783–1787 Westindien. Schriften: „Nova genera et species plantarum", 1788; „Icones plantarum incognitarum", 1794 bis 1800; „Flora Indiae occidentalis", 1797–1806; „Synopsis Filicum", 1806; „Summa vegetabilium Scandinaviae", 1814; „Observationes botanicae", 1791. Nach ihm die Gattung *Swartzia* Schreb.
Sw. et **Schrad.** = Olof Peter Swartz u. Heinrich Adolph Schrader. Siehe diese.
Sweet = Robert Sweet, Cockington, S. Devon 1783–20. 1. 1835 Chelsea, London. Engl. Gärt-

ner u. Botaniker. Schriften „Cistineae", 1825 bis 1830; „The British Flower Garden", 1823–1838; „Flora australasica, ...", 1827–1828; „The florists guide, and cultivator's directory, ...", 1827–1832; „Geraniaceae", 1820–1830; „Sweet's Hortus britannicus...", 1826–1827; 2. Aufl. 1830; 3. Aufl. hrsg. von G. Don 1839. Nach ihm die Gattung *Sweetia* Spreng.
Swingle = Walter Tennyson Swingle, Canaan, Pennsylvania 8. 1. 1871–19. 1. 1952 Washington, D.C. Nordamer. Botaniker am U.S. Department of Agriculture. Spezialgebiet: *Citrus*. Schrieb: „Textbook of systematic botany", 1928, 2. Aufl. 1934, 3. Aufl. 1946; „The botany of Citrus and its wild relatives of the orange subfamily (family Rutaceae, subfamily Aurantioideae)", 1943. Nach ihm die Gattung *Swinglea* Merr.
Syme = John Thomas Irvine Boswell (geb. Syme, später Boswell-Syme), Edinburgh 1. 12. 1822–29. 1. 1888 Balmuto, Fife. Schott. Botaniker. Hrsg. der 3. Aufl. von „English botany", 1863–1886.
Szysz. = Ignaz von Szyszylowicz, Granica 30. 7. 1857–17. 2. 1910. Poln. Botaniker. Bearbeitete für Engler u. Prantl, Die natürlichen Pflanzenfamilien, III. 6 „Caryocaraceae, Marcgraviaceae, Theaceae, Strasburgeriaceae", 1893.

Täckholm = Vivi Laurent-Täckholm. Djursholm 7. 1. 1898–3. 5. 1978. Schwed. Botanikerin, Pflanzensystematikerin, Prof. an der Universität Kairo. Schrieb: „Students' flora of Egypt", 1956, 2. Aufl. 1974; zus. mit Mohammed Drar „Flora of Egypt", bisher erschienen Bd. 1–4, 1941 bis 1969.
Tafalla = Juan José Tafalla, 1755(?)–1811. Peruan. Botaniker span. Abstammung in Lima. Neue *Cinchona*-Arten, entdeckt u. gesammelt von Tafalla, wurden beschrieben von Ruiz et Pavon „Suplemento à la Quinologia", 1801.
Tagawa = Motozi Tagawa, 1908–1977. Jap. Botaniker. Spezialgebiet: *Pteridophyta*.
Tagg = Harry Frank Tagg, Maidstone, Kent 1874–9. 8. 1933 Edinburgh. Engl. Botaniker am Bot. Garten Edinburgh. Schrieb: „Notes on museum-methods in use at the Royal Botanic Garden, Edinburgh", 1901.
Tagg et **F.K. Ward** = Harry Frank Tagg u. Francis Kingdon Ward. Siehe diese.
Tagl. = Guiseppe Tagliabue, 18./19. Jahrh. Ital. Botaniker, Direktor des Gartens Litta in Lainate, Lombardei. Publizierte um 1816.
Takeda = Hisayoshi Takeda, 2. 3. 1883 bis 1972. Jap. Botaniker. Schrieb u.a. „Ka san shokobutsi dzu-i" [„A manual of alpine plants"], 1933; „Alpine flowers of Japan", 1938. Gemeinsam mit Kazuo Tanabe u. Yo Takenaka „Illustrated manual of alpine plants of Japan", 1950, spätere Aufl. 1954 u. 1957 stammen allein von Takeda.
Takht. = Armen Leonovič Takhtajan, 1910 bis . Armenischer Botaniker in St. Petersburg. Schriften: „Morfologičeskaja ėvoljucija pokrytosemennyh", 1948; „Vosprosy ėvoljucionnoj morfologii rastenij", 1954; „Die Evolution der Angiospermen", 1959; „Flowering plants: origin and dispersal", 1969; „Evolution und Ausbreitung der Blütenpflanzen", 1973; [„The floristic regions of the world"] (in Russisch), 1978.
Tanaka = Yoshio Tanaka, 1838–1916. Jap. Botaniker. Schrieb u.a. „Yuyo shokubutsu zusetsu" [Illustrations of useful plants], 1891; „Useful plants of Japan described and illustrated", 1895. Nach ihm die Gattung *Tanakaea* Franch. et Sav.
T. Tanaka = Tyôzaburô (Chôzaburô) Tanaka, Osaka 3. 11. 1885–?. Jap. Botaniker. Spezialgebiet: *Citrus*.
Tanfani = Enrico Tanfani, Florenz 28. 9. 1848 bis 14. 6. 1892 Florenz. Ital. Botaniker. Schrieb: „Nuova specie di Tecoma", 1887; „Florula di Giannutri", 1890.
Tang = Hune-Cheung Tang, 24. 9. 1918 bis . Chin. Botaniker in Hongkong.
Tard.-Bl. (auch **Tard.**) = Marie Laure Tardieu-Blot, 1902– . Franz. Botanikerin. Hrsg. der „Flore du Cambodge, du Laos et du Vietnam", im Erscheinen begriffen (ab 1960; Lieferung 15, 1975). Schrieb: „Les pteridophytes de l'Afrique intertropicale française", 1953–1957.
O. Targ.-Tozz. = Ottaviano Targioni-Tozzetti, Florenz 10. 2. 1755–6. 5. 1829 Florenz. Ital. Botaniker. Schrieb u.a. „Istitutioni botaniche", 1794, 2. Aufl. 1802, 3. Aufl. 1813; „Dizionario botanico italiano ...", 1809, 2. Aufl. 1825.
Tatew. = Misao Tatewaki 1899–?. Jap. Botaniker, Direktor des Bot. Gartens in Sapporo. Schrieb u.a. „The vegetations of the northern region", 1945; „Flowers of northern countries", 1947; „Distribution of plants", 1948 (alles in jap. Sprache).
Tatew. et **Ohwi** = Misao Tatewaki u. Jisaburo Ohwi. Siehe diese.
Taub. = Paul Hermann Wilhelm Taubert, Berlin 12. 8. 1862–1. 1. 1897 Manaos, Amazonas, Brasilien. Deutscher Botaniker. Spezialgebiet: *Leguminosae*. Bearbeiter dieser Familie für Engler u. Prantl, Die natürlichen Pflanzenfamilien, III. 3 (1891), außerdem III. 6 „Violaceae", 1895 (zus. mit H. Reiche). Nach ihm die Gattung *Taubertia* K. Schum. ex Taub.
Tausch = Ignaz Friedrich Tausch, Schloß Udritsch, Böhmen 29. 1. 1793–8. 9. 1848 Prag. Böhm. Botaniker. Schriften: „Hortus Canalius, seu plantarum rariorum, quae in horto ...", 1823–1825; „Plantae selectae florae bohemicae", 1837. Nach ihm die Gattung *Tauschia* Schlechtend.
Tavel = Rudolf Franz von Tavel, Bern 10. 5. 1863–1941. Schweizer Botaniker. Schrieb: „Vergleichende Morphologie der Pilze", 1892. Publizierte mit Oberholzer.
G. Tayl. = Sir George Taylor, Edinburgh 15. 2. 1904– . Engl. Botaniker, von 1956–1971 Direktor des Bot. Gartens Kew. Spezialgebiet: *Podostemaceae*. Schrieb: „An account of the genus Meconopsis", 1934; „The Victorian flower garden", 1952.
N. Tayl. = Norman Taylor, Birmingham, England 18. 5. 1883–9. 11. 1967 New York. Seit 1889 in USA. Nordamer. Pflanzensammler u. Bota-

niker in New York. Bearbeitete für Britton, North American Flora in Bd. 17 (1) „Zannichelliaceae, Zosteraceae, Cymodoceaceae, Naiadaceae, Lilaeaceae", 1909. Publizierte mit Charles Irish.

N. P. Tayl. = Nigel Paul Taylor, 1956- . Englischer Botaniker in Kew. Spezialgebiet: *Cactaceae*. Schrieb: „The genus Echinocereus", 1985.

P. Tayl. = Peter Geoffrey Taylor, Luton 16. 1. 1926- . Engl. Botaniker am Herbarium in Kew. Spezialgebiet: *Orchidaceae*. Bearbeitete für Harling u. Sparre, Flora of Ecuador no. 4 „Lentibulariaceae", 1975. Bearbeiter der gleichen Familie für Launert, E.: „Flora Zambesiaca", Bd. 8(3), 1988; „The genus Utricularia", 1989. Publizierte mit Mark W. Wood.

Teijsm. = Johannes Elias Teijsmann, Gelderland 1809-22. 6. 1882 Buitenzorg (Bogor). Holl. Gärtner-Botaniker, von 1831-1869 Kurator des Bot. Gartens Buitenzorg. Nach ihm die Gattung *Teysmannia* Miq., *Teijsmanniodendron* Koorders, *Johannesteijsmannia* H.E. Moore, sowie die Zeitschrift „Teysmannia", 1890 bis 1922.

Teijsm. et **Binn.** = Johannes Elias Teijsmann u. Simon Binnendijk. Schrieben gemeinsam „Catalogus plantarum quae in horto botanico bogoriensi coluntur", 1866. Siehe auch beide Verfasser.

Ten. = Michele Tenore, Neapel 5. 5. 1780 bis 19. 7. 1861 Neapel. Ital. Botaniker. Schriften: „Catalogus plantarum horti regii neapolitani . . .", 1812, Appendix 1815, 2. Aufl. 1819; „Flora napolitana", 1811-1838.

Teppn. = Herwig Teppner, 1941- . Österreichischer Botaniker in Graz.

Téran et **Berland.** = . . . Téran u. Jean Louis Berlandier. Siehe letzteren.

Terrac. = Achille Terracciano, Muro Lucano 5. 10. 1862-8. 8. 1917 Caserta. Ital. Botaniker. Schrieb u. a.: „Revisione monografica delle specie di Gagea della Flora Spagnola", 1905.

Teuscher = Heinrich (Henry) Teuscher, Berlin 29. 5. 1891-9. 8. 1984. Deutsch-kanad. bot. Gärtner, Orchideenspezialist, ehem. Kurator des Bot. Gartens Montreal. Schrieb: „Bestimmungstabelle für die in Deutschlands Klima kultivierbaren Pinus-Arten", 1921. Nach ihm die Gattung *Teuscheria* Garay.

Teuscher et **Garay** = Heinrich (Henry) Teuscher u. Leslie Andrew Garay. Siehe diese.

Thell. = Albert Thellung, Winterthur 12. 5. 1881-26. 6. 1928 Zürich. Schweizer Botaniker. Schrieb u. a. „Die Gattung Lepidium (L.) R. Br.", 1906; „La flore adventice de Montpellier", 1912. Mitarbeiter der 3. u. 4. Aufl. von H. Schinz u. R. Keller, „Flora der Schweiz", 1909 bis 1914 u. 1923. Nach ihm die Gattung *Thellungia* Stapf.

Thiselton-Dyer = siehe Dyer.

Thomas = David Thomas, Montgomery County, Pennsylvania 5. 6. 1776-5. 11. 1859 bei Aurora, Cayuga County, New York. Nordamer. Botaniker.

H. H. Thomas = Henry Hugh Thomas, England, 19. 4. 1904- . Engl. Gärtner. Publizierte mit Augustine Henry.

H. J. Thomps. = Henry Joseph Thompson, New York 5. 9. 1921- . Nordamer. Botaniker an der University of California, Los Angeles. Spezialgebiet: *Loasaceae*.

J. V. Thomps. = John Vaughan Thompson, Berwick-on-Tweed 19. 11. 1779-21. 1. 1847 Sydney, Australien. Engl. Zoologe und Militärarzt. Schrieb: „A catalogue of plants growing in the vicinity of Berwick upon Tweed", 1807.

Thoms. = Thomas Thomson, Glasgow 4. 12. 1817-18. 4. 1878 London. Engl. Botaniker, von 1855-1861 Vorsteher des Bot. Gartens Kalkutta, bereiste Indien u. arbeitete zus. mit J. D. Hooker an der Flora von Indien. Schrieb „Western Himalaya and Tibet", 1852. Nach ihm die Gattung *Thomasonia* Wall. Siehe auch Hook. f. et Thoms.

J. Thoms. = Joseph Thomson, Tornhill 14. 2. 1858-2. 8. 1895 London. Engl. Naturforscher u. Reisender in Afrika. Schrieb u. a.: „Travels in the Atlas and Southern Morocco", 1889.

Thonn. = Peter Thonning, Kopenhagen 9. 10. 1775-29. 1. 1848 Kopenhagen. Dän. Pflanzensammler. Nach ihm die Gattung *Thonningia* Vahl. Siehe auch Schumach. et Thonn.

Thore = Jean Thore, Montaut 3. 10. 1762 bis 27. 4. 1823 Dax. Franz. Arzt u. Botaniker in Dax, schrieb über die Flora seines Heimatdepartements. Nach ihm die Gattung *Thorella* Brig.

Thorsr. = Arne Thorsrud, 1895-20. 12. 1964. Norw. Gartenbauwissenschaftler. Prof. an der Landwirtschaftshochschule in Vollebekk. Hrsg. von „Norsk Hagebruksleksikon", 1960.

Thorsr. et **Reis.** = Arne Thorsrud u. Oddvin Reisaeter. Schrieben gemeinsam „Norske plantenavn", 1948. Siehe auch beide Verfasser.

Thory = Claude Antoine Thory, 26. 5. 1759 bis 1827 Paris. Franz. Gärtner u. Botaniker. Schrieb „Prodrome de la monographie des espèces et variétés connues du genre rosier", 1820; „Monographie ou histoire naturelle du genre grosseillier", 1829; weiter den Text zu Redoutés „Les Roses", 1817-1824.

Thou. (auch **Thouars**) = Louis Marie Aubert Du Petit-Thouars, Schloß Boumois 5. 11. 1758-11. 5. 1831 Paris. Franz. Botaniker u. Reisender. Schrieb u. a.: „Orchidearum africanarum genera", 1804; „Histoire des végétaux recueillis sur les Isles de France, la Réunion (Bourbon) et Madagascar . . .", 1804; „Genera nova madagascariensia . . .", 1806; „Mélanges de botanique et des voyages . . .", 1811; „Histoire particulaire des plantes Orchidées", 1822. Nach ihm die Gattung *Thouarsiora* Homolle ex Arènes.

Thouin = André Thouin, Paris 10. 2. 1747-27. 10. 1824 Paris. Franz. Gärtner, u. a. Autor von „Cours de culture et de naturalisation des végétaux", 1827. Nach ihm die Gattung *Thouinia* Poit.

Thuill. = Jean Louis Thuillier, Creil, Oise 22. 4. 1757-8. 12. 1822 Paris. Franz. Botaniker. Schriften: „Flore des environs de Paris", 1790, weitere Aufl. 1800, 1824; „Le botaniste voyageur aux environs de Paris", 1807.

Thunb. = Carl Peter Thunberg, Jönköping 11. 11. 1743–8. 8. 1828 Thunaberg bei Uppsala. Schwed. Botaniker, wohl bedeutendster Schüler Linnés u. Nachfolger von Linné, Vater u. Sohn, auf dem Lehrstuhl für Naturgeschichte in Uppsala. Bereiste zwischen 1772 u. 1775 Südafrika, von 1775–1776 Japan, 1777–1778 Java u. Ceylon. Schriften: „Flora japonica", 1784; „Icones plantarum japonicarum", 1794 bis 1805; „Resa uti Europa, Africa, Asia", 1788 bis 1793 (deutsch: Berlin 1792–1794); „Prodromus plantarum capensium"; 1794–1800; „Flora capensis", 1807–1820, 2. Aufl. 1823; „Nova genera plantarum ...", 1781–1801; „Plantarum brasiliensium, decas ...", 1817–1821. Nach ihm die Gattung *Thunbergia* Retz.

Thwaites = George Henry Kendrick Thwaites, Bristol 9. 7. 1812–11. 9. 1882 Kandy, Ceylon. Engl. Botaniker, Direktor des Bot. Gartens Peradeniya, Ceylon. Schriften: „Reports on the Royal Botanic Garden, Peradenia", 1856–1867; „Enumeratio plantarum Zeylaniae", 1858–1864 (zus. mit J.D. Hooker); „On Conjugation in the Diatomaceae", 1848.

Tidestrom = Ivar Frederick Tidestrom (Tideström), Hidinge, Schweden 13. 8. 1864–2. 8. 1956 Saint Petersburg, Florida. Nordamer. Botaniker schwed. Abstammung in Washington, D.C. Schrieb „Flora of Utah and Nevada", 1925; „Flora of Arizona and New Mexico", 1941 (zus. mit Sister T. Kittel). Nach ihm die Gattung *Tidestromia* Standl.

Tieg. = E. Tiegel, gest. 1936. Deutscher Kakteenkenner.

Tieghem = siehe van Tiegh.

Timm = Joachim Christian Timm, Wangerin 7. 12. 1734–3. 2. 1805 Malchin. Deutscher Botaniker. Schrieb „Florae megapolitanae prodromus", 1788. Nach ihm die Gattung *Timmia* Hedw.

Tin. = Vincenzo Tineo, Palermo 27. 2. 1791 bis 25. 7. 1856 Palermo. Sizil. Botaniker, Prof. u. Direktor des Bot. Gartens Palermo. Veröffentlichte „Plantarum rariorum Siciliae pugillus primus", 1817.

Tindale = Mary D. Tindale, zeitgenöss. austral. Botanikerin am National Herbarium of New South Wales, Sydney. Spezialgebiet: *Pteridophyta.*

Tisch. = Arthur Tischer, Freiburg i. Br. 20. 4. 1895–?. Deutscher Botaniker. Pflanzensystematiker in Heidelberg. Spezialgebiete: *Lithops, Conophytum.* Mitautor von „Mesembryanthema", 1931 (mit N.E. Brown u. M.C. Karsten).

Tjaden = William Louis Tjaden, Islington, London 26. 4. 1913– . Engl. Gartenbauschriftsteller.

Tobl. = Friedrich Tobler, Berlin 1. 10. 1879 bis 11. 5. 1957 Trogen. Schweiz. Botaniker, Direktor des Bot. Gartens Dresden. Verfaßte außer einigen technisch wichtigen Schriften eine Anzahl bot. Werke, darunter „Die Gattung Hedera", 1912; „Deutsche Faserpflanzen und Pflanzenfasern", 1938; zus. mit H. Ulbricht „Koloniale Nutzpflanzen", 2. Aufl. 1945.

Tod. (auch **Todaro**) = Agostino Todaro, Palermo 14. 1. 1818–18. 4. 1892 Palermo. Sizil. Botaniker, Prof. u. Direktor des Bot. Gartens Palermo. Veröffentlichte u.a. „Hortus botanicus panormitanus, sive plantae novae vel criticae ...", 1876. Nach ihm die Gattung *Todaroa* Parl.

Tölken = Hellmut Richard Tölken, Windhoek 1. 9. 1939– . Südafr. Botaniker, zunächst in Pretoria, nunmehr in Adelaide, Australien. Spezialgebiet: *Crassulaceae.* Mithrsg. von „Flowering plants in Australia", 1983 (mit B.D. Morley) sowie der 4. Aufl. von J.M. Black, Flora of South Australia", 1986 (mit J.P. Jessop).

Topf = Alfred Topf, um 1850. Deutscher Gärtner. Schrieb u.a. „Die Dilettanten-Gärtnerei ...", 1856; „Der Rosengärtner", 1857.

Torr. = John Torrey, New York 15. 8. 1796 bis 11. 3. 1873 New York. Nordamer. Botaniker. Schriften: „A flora of the northern and middle sections of the United States", 1824; „Plantae Fremontianae", 1853; Bd. IV von Reports of exploration and surveys ... no. 4 „Description of the general botanical collections", 1856; Bd. II, Teil 1 von Report on the United States and Mexican Boundary Survey „Botany of the boundary ...", 1859; „A flora of the State of New-York", 1843; Bd. XVII, Teil 2 von Wilkes Report ... „Phanerogamia of the Pacific Coast of North America", 1859 bis 1874. Nach ihm die Gattung *Torreya* Arn. sowie die Zeitschrift „Torreya", 1901–1945.

Torr. et **Frém.** = John Torrey u. John Charles Frémont. Schrieben gemeinsam „Descriptions of some new genera and species of plants", 1845 (Appendix C zu Frémont, J.C.: „Report of the exploring expeditions to the Rocky Mountains"). Siehe auch beide Verfasser.

Torr. et **A.Gray** = John Torrey u. Asa Gray. Schrieben gemeinsam „A flora of North-America", 1838–1843. Siehe auch beide Verfasser.

Touss. Bast. = Toussaint Bastard, Chalonnes-sur-Loire 2. 2. 1784–27. 6. 1864 Chalonnes-sur-Loire. Franz. Botaniker. Verf. von „Essai sur la flore du département de Maine et Loire", 1809, Supplement dazu 1812. Nach ihm die Gattung *Bastardia* HBK.

Trab. (auch **Trabut**) = Charles Louis Trabut, Chambéry, Savoyen 12. 7. 1853–23. 4. 1929 Algier. Franz. Arzt u. Botaniker, seit 1880 Prof. in Algier. Veröffentlichte zus. mit J.A. Battandier „Flore de l'Algérie", 1888–1897, Suppl. 1910; „Atlas de la Flore d'Alger", 1886–1920. Siehe auch Batt. et Trab.

Tracy = Samuel Mills Tracy, Hartford, Vermont 30. 4. 1847–5. 9. 1920 Laurel, Mississippi. Nordamer. Botaniker. Schrieb „Catalogue of the phaenogamous and vascular cryptogamous plants of Missouri", 1886. Nach ihm die Gattung *Tracyina* S.F. Blake. Publizierte mit Charles Vancouver Piper.

Tratt. = Leopold Trattinick, Klosterneuburg 26. 5. 1764–24. 1. 1849 Wien. Österr. Botaniker. Schriften: „Archiv der Gewächskunde", 1811 bis 1818; „Auswahl ... sehr merkwürdiger Gartenpflanzen", 1812–1822; „Die eßbaren

Schwämme des Oestreichschen Kaiserstaates", 1809, 2. Aufl. 1830; „Flora des Oesterreichischen Kaiserthumes", 1816–1822; „Genera nova plantarum...", 1825; „Neue Arten von Pelargonien deutschen Ursprungs", 1825 bis 1843; „Thesaurus botanicus", 1815, 2. Aufl. 1819; „Genera plantarum...", 1802; „Rosacearum monographia", 1823–1824. Nach ihm die Gattung *Trattinickia* Willd.

Traub = Hamilton Paul Traub, Crozier, Iowa 18. 6. 1890–14. 7. 1983. Nordamer. Botaniker. Schrieb u.a. „The Amaryllis manual", 1958. Spezialgebiet: *Amaryllidaceae*, bes. *Hippeastrum*. Hrsg. von „Plant life", 1945 →. Nach ihm die Gattung *Traubia* Moldenke.

Traub et **Moldenke** = Hamilton Paul Traub u. Harold Norman Moldenke. Schrieben gemeinsam: „Tribe Amarylleae", 1949.

Trautv. = Ernst Rudolph von Trautvetter, Mitau 20. 2. 1809–24. 1. 1889 St. Petersburg. Russ. Botaniker. Schriften: „Plantarum imagines et descriptiones floram rossicam illustrantes", 1844–1847; „Reise in den äußersten Norden und Osten Sibiriens während der Jahre 1843 u. 1844", 1. Band, 2. Theil 1847; „Grundriß einer Geschichte der Botanik in Bezug auf Rußland", 1837. Nach ihm die Gattung *Trautvetteria* Fisch. et C.A. Mey.

Trautv. et **C.A. Mey.** = Ernst Rudolph von Trautvetter u. Carl Anton von Meyer. Schrieben gemeinsam „Florula ochotensis phanogama", 1847 (in „Reise in den äußersten Norden und Osten Sibiriens...", 1. Band, 2. Theil). Siehe auch beide Verfasser.

Trécul = Auguste Adolphe Lucien Trécul, Mondoubleau 8. 1. 1818–15. 10. 1896 Paris. Franz. Botaniker. Schrieb u.a. eine Monographie über *Nuphar lutea*. Nach ihm die Gattung *Treculia* Decne. ex Trécul.

Trel. = William Trelease, Mount Vernon, New York 22. 2. 1857–1. 1. 1945 Urbana, Illinois. Nordamer. Botaniker, Direktor des Missouri Botanical Garden St. Louis, Missouri. Schrieb u.a. „The American Oaks", 1924.

Trev. = Conte Vittore Benedotto Antonio Trevisan di San Leon, Padua 5. 6. 1818–8. 4. 1897 Mailand. Ital. Botaniker. Schrieb u.a. „Enumeratio stirpium cryptogamicarum hucusque in provincia patavina observatarum", 1840.

Trevir. = Christian Ludolf Treviranus, Bremen 18. 9. 1779–6. 5. 1864. Deutscher Botaniker, Prof. in Bonn. Schrieb u.a.: „Beiträge zur Pflanzenphysiologie", 1814; „De Delphinio et Aquilegia observationes", 1817; „Die Anwendung des Holzschnitts zur bildlichen Darstellung von Pflanzen", 1855. Nach ihm die Gattung *Trevirana* Willd.

Trew = Christoph Jakob Trew, Lauf bei Nürnberg 26. 4. 1695–18. 7. 1769 Nürnberg. Deutscher Arzt u. Naturwissenschaftler. Hrsg. vieler prächtiger anatomischer u. botanischer Tafelwerke, Besitzer einer 35000 Bände umfassenden Bibliothek. Gab u.a. heraus: „Hortus nitidissimus...", 1750–1786; „Plantae rariores...", 1763; „Plantae selectae ... pinxit Georgius Dionysius Ehret...", 1750 bis 1773, Suppl. 1790; „Uitgezochte Planten...", 1771; „Herbarium Blackwellianum...", 1757–1773. Nach ihm die Gattung *Trewia* L.

Triana = José Jerónimo Triana, Bogotá 22. 5. 1834–31. 10. 1890 Paris. Kolumb. Botaniker. Schriften: „Melastomataceae", 1871 (in Transactions of the Linnean Society London); „Nouvelles études sur les quinquinas...", 1872. Nach ihm die Gattungen *Trianaea* Planch. et Lind., *Trianaeopiper* Trel.

Triana et **Planch.** = José Jerónimo Triana u. Jules Émile Planchon. Schrieben gemeinsam „Prodromus florae novo-granatensis", 1862 bis 1867. Siehe auch beide Verfassser sowie Planch. et Triana.

Trim. (auch **Trimen**) = Henry Trimen, Paddington 26. 10. 1843–16. 10. 1896 Peradeniya, Ceylon. Engl. Botaniker, von 1880–1896 Direktor des Bot. Gartens Peradeniya, Ceylon. Hauptwerke: „A Hand-Book of the Flora of Ceylon", 1893–1931; zus. mit R. Bentley „Medicinal Plants, ...", 1875–1880. Nach ihm die Gattung *Trimenia* Seem.

Trin. = Karl Bernhard von Trinius, Eisleben 7. 3. 1778–12. 3. 1844 St. Petersburg. Deutsch-russ. Botaniker, russ. Staatsrat. Veröffentlichte u.a. „Fundamenta Agrostographiae...", 1822; „Species graminum iconibus et descriptionibus...", 1823–1836; „Genera plantarum ad familias suas redacta", 1835. Nach ihm die Gattung *Trinia* Hoffm. Siehe auch unter Libosch.

Trotter = Alessandro Trotter, Udine 26. 7. 1874 bis 22. 7. 1967. Ital. Botaniker, Professor in Avellino und Portici. Schrieb u.a.: „Osservazioni e notizie intorno alla flora ed alla vegetazione dell' altopiano della Cirenaica", 1923.

Tryon = Rolla Milton Tryon jr., Chicago, Illinois 26. 8. 1916– . Nordamer. Botaniker am Gray Herbarium der Harvard University, Cambridge, Massachusetts. Spezialgebiet: *Filices*. Schrieb: „The ferns and fern allies of Wisconsin", 2. Aufl. 1953 (mit D.W. Dunlop, N.C. Fassett u. M.E. Diemer); „The ferns of Peru", 1964. Siehe auch J.W. Moore u. R.M. Tryon.

A. Tryon = Alice Faber Tryon, Milwaukee, Wisconsin 1. 8. 1920– . Nordamer. Botanikerin am Gray Herbarium der Harvard University, Cambridge, Massachusetts, verheiratet mit Rolla Milton Tryon jr. Spezialgebiet: *Filices*. Schrieb zus. mit R.M. Tryon „Ferns and allied plants", 1982.

Tuckerm. = Edward Tuckerman, Boston, Massachusetts 7. 12. 1817–15. 3. 1886 Amherst, Massachusetts. Nordamer. Botaniker. Schrieb u.a. „An enumeration of North American Lichenes", 1845; „Synopsis of the Lichenes of New England...", 1848; „Genera Lichenum", 1872.

Turcz. = Nikolaj (Nicolaus) Stepanovič Turczaninow, Nikitowka bei Charkow 1796 bis 7. 1. 1864 Charkow. Russ. Botaniker. Schrieb u.a. „Flora baicalensis-dahurica", 1842–1856. Nach ihm die Gattung *Turczaninovia* DC.

Turcz. et **Trautv.** = Nikolaj Stepanovič Turczaninow u. Ernst Rudolph von Trautvetter.

Siehe diese.

Turpin = Pierre Jean François Turpin, Vire 11. 3. 1775–1. 5. 1840 Paris. Franz. Pflanzensammler, Künstler u. Botaniker, lieferte für viele Werke der Zeit die Abbildungen, meist großformatige Tafeln. Siehe auch Poit. et Turpin. Schrieb u. a. „Essai d'une iconographie élémentaire et philosophique des végétaux", 1820; „Organographie végétale", 1827; „Flore usuelle", 1834. Nach ihm die Gattung *Turpinia* Vent.

Turra = Antonio Turra, Vicenza 25. 3. 1730 bis 7. 9. 1796 Vicenza. Ital. Botaniker, Mineraloge und Arzt. Schrieb u. a. „Flora italicae prodromus", 1780; „Farsetia, novum genus", 1765. Nach ihm die Gattung *Turraea* L.

Turrill (auch **Turr.**) = William Bertram Turrill, Woodstock, Oxfordshire 14. 6. 1890–15. 12. 1961 Richmond. Engl. Botaniker. Mithrsg. von „Flora of Tropical East Africa", 1952–1971. Autor von „The plant-life of the Balkan Peninsula", 1929; „British plant life", 1948; „Pioneer plant geography", 1953; „The Royal Botanic Gardens, Kew", 1959; Hrsg. von „Vistas in botany", 1959 bis 1964. Siehe auch Elwes.

Tussac = François Richard de Tussac, Poitou 1751–1837. Franz. Botaniker, lebte in Westindien. Veröffentlichte „Flore des Antilles, ...", 1808–1828 (mit Abb. von Poiteau, Redouté, Turpin etc.)

Tutin = Thomas Gaskell Tutin, Richmond, Surrey 21. 4. 1908–10. 1987. Engl. Botaniker. Mithrsg. der „Flora europaea", 1964–1980. Schrieb gemeinsam mit A.R. Clapham u. E.F. Warburg „Flora of the British Isles", 1952, 2. Aufl. 1962, „Flora of the British Isles. Illustrations", 1957–1965, u. „Excursion flora of the British Isles", 1959, 2. Aufl. 1968, 3. Aufl. 1981.

Tutin et **E.F. Warb.** = Thomas Gaskell Tutin u. Edmund Frederic Warburg. Siehe diese.

Tuzson = János Tuzson, Szászcanád 10. 5. 1870 bis 18. 12. 1943 Budapest. Ungar. Botaniker u. Paläobotaniker. Schrieb: „Morphologie und systematische Gliederung von Nymphaea Lotus", 1909; „Beiträge zur vergleichenden Flora der südrussischen Steppen", 1913.

Tzvelev = Nikolaj Nikolajevič Tzvelev, 1925 bis . Russ. Botaniker in St. Petersburg. Spezialgebiete: *Gramineae, Orobanchaceae, Compositae*. Mitarbeiter an Komarov, V.L., Flora U.R.S.S., Bd. 26, 1961 bis Bd. 29, 1964. Schrieb: „Zlaki SSR", 1976 (engl.: „The grasses of the Soviet Union", 1983); „Sistema zlakov i ich ėvolucija", 1987.

Uchida = Shigetaro Uchida, 1885–?. Japan. Botaniker. Spezialgebiet: *Bambusoideae*. Publizierte mit Tomitarō Makino.

Ucria = Bernardino da Ucria (Michelangelo Aurifici), Ucria 1739–29. 1. 1796 Palermo. Ital. Botaniker. Schrieb: „Hortus regius panhormitanus ...", 1789.

Uechtr. = Rudolf Carl Friedrich von Uechtritz, Breslau 31. 12. 1838–21. 11. 1886 Breslau. Deutscher Botaniker in Breslau. Schrieb 1881 über die schlesische Flora u. publizierte zus. mit Vincze tól Borbás (Borb.). Nach ihm die Gattung *Uechtritzia* Freyn.

Uitew. = Antonius Josephus Adrianus Uitewaal, Utrecht 7. 4. 1899–29. 3. 1963 Amsterdam. Holl. Liebhaberbotaniker. Bearbeitete für Pareys Blumengärtnerei, 2. Aufl., 1958 bis 1961, *Aloë, Adromischus, Gasteria, Haworthia*.

Uittien = Hendrik Uittien, 1898–10. 8. 1944. Holl. Botaniker in Utrecht u. Deventer. Bearbeitete 20 Familien für A. A. Pulle „Flora of Suriname", 1932–1943. Schrieb u.a.: „Ueber den Zusammenhang zwischen Blattnervatur und Sproßverzweigung", 1929; „A short illustrated history of botany in the Netherlands", 1935 (mit J. Lanjouw). Posthum erschien: „De volksnamen van onze planten", 1946.

Ulbr. = Oskar Eberhard Ulbrich, Berlin 17. 9. 1879–4. 11. 1952 Berlin. Deutscher Botaniker, vor allem Mykologe, am Bot. Museum Berlin. Bearbeitete für Engler, Die natürlichen Pflanzenfamilien, 2. Aufl. Bd. 16c „Basellaceae, Thelygonaceae, Chenopodiaceae", 1934. Schrieb: „Deutsche Myrmekochoren", 1919, 2. Aufl. 1939; „Biologie der Früchte und Samen", 1928. Nach ihm die Gattung *Ulbrichia* Urb.

Ule = Ernst Heinrich Georg Ule, Halle 12. 3. 1854–15. 7. 1915 Berlin. Deutscher Botaniker, Pflanzensystematiker u. -geograph. 1876 bis 1879 Gärtner am Bot. Garten Halle, 1879 bis 1883 Gärtner in Berlin, 1883–1903 in Brasilien. Erforscher der Pflanzenwelt dieses Landes, Verfasser zahlreicher Schriften über brasil. Pflanzen, besonders des Amazonasgebietes. Nach ihm die Gattungen *Uleanthus* Harms, *Ulearum* Engl., *Uleiorchis* Hoehne, *Uleophytum* Hieron.

Underw. = Lucien Marcus Underwood, New Woodstock, New York 26. 10. 1853–16. 11. 1907 Redding, Connecticut. Nordamer. Botaniker. Spezialgebiet: *Pteridophyta*. Schrieb: „Our native ferns and how to study them", 1881, 4. Aufl. 1893. Bearbeitete für Britton, North American Flora in Bd. 16 (1) „Ophioglossales, Ophioglossaceae (beide mit R.C. Benedict), Marattiales, Marattiaceae, Filicales" (letztere mit W.R. Maxon), 1909. Auch Herausgeber dieses Werks.

Urb. = Ignatz Urban, Warburg, Westf. 7. 1. 1848–7. 1. 1931 Berlin. Deutscher Botaniker, Unterdirektor am Bot. Garten Berlin. Bearbeitete für Martius, Flora brasiliensis in Bd. I (1906) „Vitae ... Florae brasiliensis ratio edendi chronologica, systema, index familiarum"; in Bd. XI (1861/79) „Umbelliferae"; in Bd. XII, 1 (1858/89) „Moringaceae"; in Bd. XII 2 (1872/77) „Humiriaceae, Lineae"; in Bd. XII, 3 (1874/1900) „Loasaceae". Schrieb außerdem „Monographia Loasacearum", 1900; „Symbolae antillanae seu fundamenta florae Indiae occidentalis", 1898–1928, 9 Bände; „Sertum antillanum", I–XXV, 1914–1925. Nach ihm die Gattungen *Urbania* Phil., *Urbanodendron* Mez, *Urbanoguarea* Harms, *Urbanolophium* Melchior, *Urbanosciadium* H. Wolff.

Urb. et **Ekm.** = Ignatz Urban u. Erik Leonard Ekman. Publizierten: „Plantae haitienses novae vel rariores a cl. Er. L. Ekman lectae", 1921 bis

1931. 10 Teile. Siehe auch beide Verf.
Urb. et **Gilg** = Ignatz Urban u. Ernst Friedrich Gilg. Siehe diese.
Ursch = Eugène Ursch, 1882-1962. Französ. Botaniker, Direktor des Bot. Gartens Tananarive, Madagaskar.
Ursch et **Leandri** = Eugène Ursch u. Jacques Leandri. Siehe diese.
Urum. = Ivan Kiroff Urumoff, Lowač, Bulgarien 22. 2. 1857-9. 10. 1937. Bulg. Botaniker.
Urv. = Julian Sebastian César Dumont d'Urville, Condé sur Noireau 23. 5. 1790-8. 5. 1842 Versailles. Franz. Marineoffizier u. Botaniker, durchforschte die antarktischen Länder. Schrieb u. a. „Voyage au pôle sud et dans l'Océanie", 1841-1854 (den bot. Teil siehe unter Homb.). Nach ihm die Gattung *Urvillea* Kunth.

Vaar. = Otto Antero Vaarama, Kuopio, Finnland 17. 6. 1912-1. 10. 1975. Finn. Botaniker, Professor in Turku. Schrieb: „Wasservegetationsstudien am Grossee Kalavesi", 1939.
Vahl = Martin Vahl, Bergen 10. 10. 1749-24. 12. 1804 Kopenhagen. Dän. Botaniker, Schüler Linnés. Schriften: „Symbolae botanicae...", 1790-1794; „Eclogae americanae", 1796-1807; „Icones illustrationi plantarum americanarum...", 1798-1799; „Enumeratio plantarum...", 1804-1805, weitere Ausgabe 1805 bis 1806. Nach ihm die Gattung *Vahlia* Thunb.
Val. (auch **Valeton**) = Theodoric Valeton, Groningen 28. 6. 1855-11. 9. 1929 Den Haag. Holl. Botaniker. Spezialgebiete: *Rubiaceae, Zingiberaceae.* Schrieb mit S. H. Koorders „Atlas der Baumarten von Java", 1913-1918.
Val. et **Zijp** = Theodoric Valeton u. Coenraad van Zijp. Siehe diese.
Valcken. Suring. = Jan Valckenier Suringar, Leiden 24. 12. 1864-17. 10. 1932 Wageningen. Holl. Botaniker u. Dendrologe. Schrieb u. a.: „Linnaeus", 1908; „Het geslacht Melocactus", 1931.
Van. = Eugène Vaniot, gest. 1913. Franz. Geistlicher u. Botaniker, Professor in Le Mans. Spezialgebiete: *Carex* u. *Compositae.* Publizierte zusammen mit A. A. H. Léveillé (Lév.).
Van Bruggen = Theodore Van Bruggen, Hawarden, Iowa 26. 1. 1926-   . Nordamer. Botaniker.
Vand. = Domingos Vandelli, Padua 8. 7. 1735 bis 27. 6. 1816 Lissabon. Ital. Arzt und Botaniker, Professor in Coimbra. Verf. von „Fasciculus plantarum cum novis generibus e speciebus", 1771; „Florae lusitanicae et brasiliensis specimen...", 1788.
Vandas = Karel Vandas, Tuhăn bei Smečno 21. 10. 1861-15 9. 1923 Skoplje. Tschech. Botaniker, Prof. an der Techn. Hochschule Brünn. Schrieb: „Reliquiae Formánekianae". 1909. Nach ihm die Gattung *Vandasia* Domin.
Van Eseltine = Glen Parker Van Eseltine, Syracuse, New York 21. 10. 1888-1938 Geneva, New York. Nordamer. Botaniker. Schrieb u. a. „Preliminary Study of the Unicorn Plants (Martyniaceae)", 1929 (in New York State Agricult. Experiment. Station Techn. Bulletin 149).
Van Geert = August Van Geert, 1818 bis 1886. Belg. Azaleenzüchter. Veröffentlichte „Iconography of Indian Azaleas", 1881; „Iconographie des Azalées de l'Inde...", 1882.
van Hall = Herman(us) Christiaan van Hall, Amsterdam 18. 8. 1801-12. 1. 1874 Berg en Dal. Holl. Botaniker. Schrieb „Flora Belgii septentrionalis", 1825-1841.
van Hasselt = Johan Coenraad van Hasselt, Doesburg 26. 6. 1797-8. 9. 1823 Buitenzorg, Java. Holl. Arzt u. Botaniker, sammelte Pflanzen auf Java, die z. T. von J. G. S. van Breda (s. d.) beschrieben wurden. Nach ihm die Gattung *Hasseltia* H. B. K.
Van Houtte = Louis Van Houtte, Ypern 29. 6. 1810-9. 5. 1876 Gent. Belg. Gärtner, Gelehrer u. Künstler. Bereiste fast 4 Jahre Brasilien u. die westl. Küstenstriche Afrikas als Pflanzensammler, gründete eine Großgärtnerei u. eine Gartenbauschule (1849). Gründer u. Hrsg. von „Flore des serres et des jardins de l'Europe", 1845-1883. Nach ihm die Gattung *Vanhouttea* Lem.
van Melle = Peter Jacobus van Melle, 1891 bis 1953.
van Royen = Pieter van Royen, 1923-   Holl.-amerik. Botaniker am Rijksherbarium Leiden, später in Neuguinea, jetzt am Bishop Museum in Honolulu, Hawaii. Spezialgebiete: *Podostemaceae, Xyridaceae, Eriocaulaceae, Commelinaceae.* Schrieb: „The alpine flora of New Guinea", 1980 →.
van Soest = Johannes Leendert van Soest, Den Haag 1898 bis 30. 10. 1983 Wageningen. Holl. Industrieller u. Botaniker. Schrieb u. a.: „Het geslacht Taraxacum in Nederland", 1939-1942.
van Steenis = siehe Steenis.
van Tiegh. = Philippe Édouard Léon van Tieghem, Bailleul 19. 4. 1839-28. 4. 1914 Paris. Franz. Botaniker. Schrieb u. a. „Recherches sur la structure du pistil et sur l'anatomie comparé de la fleur", 1871. Nach ihm benannt die Gattungen *Tieghemia* Balle, *Tieghemella* Pierre.
Vanucci = ... Vanucci. Publizierte um 1838.
Vasey = George Vasey, Scarborough, Yorkshire 28. 2. 1822-4. 3. 1893 Washington D. C. Nordamer. Botaniker. Schrieb: „The grasses of the United States", 1883; „Illustrations of North American grasses", 1890-1893.
Vatke = Georg Carl Wilhelm Vatke, Berlin 12. 8. 1849-6. 4. 1889 Berlin. Deutscher Botaniker am Bot. Garten Berlin.
Vatke et **Kurtz** = Georg Karl Wilhelm Vatke u. Friedrich Kurtz. Siehe diese.
Vaup. (auch **Vaupel**) = Friedrich Johann Vaupel, Kreuznach 23. 5. 1876-4. 5. 1927 Berlin. Deutscher Botaniker, Kustos am Bot. Museum Berlin. Vorsitzender der Deutschen Kakteen-Gesellschaft. Schriftleiter der „Zeitschrift für Sukkulentenkunde", Mitarb. an „Blühende Kakteen", 1900-1921. Schrieb „Die Kakteen", 1925-1926; bearbeitete für Engler, Die natürlichen Pflanzenfamilien, 2. Aufl. Bd. 21 „Cactaceae", 1925. Nach ihm die Gattung *Vaupelia* Brand.

Vauvel = Léopold Eugène Vauvel, 1848 bis 13. 4. 1915. Franz. Gärtner.
Vavilov (auch **Vav.**) = Nikolaj Ivanovič Vavilov, Moskau 26. 11. 1887-26. 1. 1943 Magadan, Sibirien. Russ. Botaniker u. Genetiker. Schrieb: „Zemledel'českij Afghanistan. Agricultural Afghanistan“, 1929 (zus. mit D. D. Bukinich); „The origin, variation, immunity and breeding of cultivated plants“, 1951 (übersetzt von K. S. Chester). Nach ihm die Gattung *Vavilovia* Fedorov.
v. A. v. R. = siehe Alderw. van Rosenb.
Veill. = ... Veillard, um 1810. Franz. Botaniker. Mitarb. a.d. neuen Ausg. von Duhamel du Monceau, „Traité des arbres et arbustes“, („Nouveau Duhamel“), 1800-1819.
Veitch = John Gould Veitch, Exeter Apr. 1839 bis 13. 8. 1870 Combe Wood, Surrey. Besitzer einer großen, von seinen Vorfahren gegründeten Gärtnerei. Bereiste von 1860-1862 Japan, China, Philippinen, von 1864-1866 Australien u. führte von dort viele Pflanzen ein. Sein Nachfolger James Herbert Veitch, Chelsea 1. 5. 1868-13. 11. 1907 Exeter, machte von 1891 bis 1893 eine Reise um die Welt.
Die Firma Veitch schickte viele Jahrzehnte hindurch eigene Sammler in alle Welt. Über sie u. die von ihnen eingeführten Pflanzen siehe „Hortus Veitchii“, 1906. Weitere Schriften „A manual of the Coniferae“, 1881, 2. Aufl. 1900 (von A. H. Kent); „A manual of orchidaceous plants cultivated under glass in Great Britain“, 1887-1894. Nach James Veitch jun., Exeter 24. 5. 1815-10. 9. 1869 Chelsea, u. John Gould Veitch die Gattung *Veitchia* H. Wendl.
Velen. (auch **Vel.**) = Jospeh Velenovský, Čekanitz, Böhmen 22. 4. 1858-7. 5. 1949 Mnichovice bei Prag. Tschech. Botaniker. Hauptwerke: „Flora bulgarica“, 1891, dazu zahlreiche Nachträge bis 1910; „Vergleichende Morphologie der Pflanzen“, 1905-1913.
Vell. = José Mariano da Conceição Vellozo (auch Velloso), St. José, Minas Geraes 1742 bis 13. 6. 1811 Rio de Janeiro. Bras. Botaniker. Nach seinem Tode von Fr. Antonio de Arrabida hrsg. „Florae fluminensis, seu descriptionum plantarum ... sistit J. M. D. C. Vellozo 1790“, Text 1825, Atlas 1835. Nach ihm die Gattungen *Vellozia* Vand., *Velloziella* Baill. sowie die Zeitschrift „Vellozia“, 1961 →.
W. Vent = Walter Vent, Suhl, Thüringen 16. 2. 1920- . Deutscher Botaniker in Berlin. Spezialgebiet: *Rhamnaceae.*
Vent. = Étienne Pierre Ventenat, Limoges 1. 3. 1757-13. 8. 1808. Bibliothekar des Pantheon, franz. Botaniker. Schriften: „Choix des plantes, ... cultivées dans le jardin de Cels“, 1803 bis 1808; „Description des plantes nouvelles dans le jardin de J. M. Cels“, 1800-1803; „Jardin de la Malmaison“, 1803-1805; „Principes de botanique ...“, 1795; „Tableau du règne végétale ...“, 1799. Nach ihm die Gattung *Ventenata* Koel.
Verdc. = Bernard Verdcourt, Luton, Bedfordshire 1925- . Engl. Botaniker am Herbarium Kew. Spezialgebiet: Afr. *Leguminosae.* Schrieb: „Common poisonous plants of East Africa“, 1969 (mit E. Trump).
Verdoorn (auch **Verd.**) = Inez Clare Verdoorn, Pretoria 15. 6. 1896-1989. Südafr. Botanikerin am National Herbarium Pretoria. Schrieb u. a.: „Edible wild fruits of the Transvaal', 1938 (Afrikaans 1939); Mitarb. an „Wild Flowers of the Transvaal“, 1962.
Verl. (auch **Verlot**) = Pierre Bernard Lazare Verlot, Longvic bei Dijon 20. 5. 1836-24. 1. 1897 Verrières-le-Bouisson. Franz. Botaniker u. Gärtner. Veröffentlichte u. a. „Les plantes alpines“, 2. Aufl. 1873; „Le guide du botaniste herborisant“, 1865, 2. Aufl. 1879, 3. Aufl. 1886. Nach ihm die Gattung *Verlotia* Fourn.
Vermeulen (auch **Verm.**) = Pieter Vermeulen, Limmen 28. 8. 1899-25. 11. 1981 Heiloo. Holl. Botaniker. Bearbeitete für „Flora neerlandica“, Bd. 1 (5), die *Orchidaceae*, 1958.
Vermoesen = François Marie Camille Vermoesen, 1882-1922. Belg. Botaniker.
Versch. = Ambroise Verschaffelt, Ledeberg bei Gent 10. 12. 1825-16. 5. 1886 Gent. Besitzer einer bedeutenden Gärtnerei in Gent, der Pflanzen aus aller Welt einführte u. verbreitete. Gründer der „Illustration horticole“; Hrsg. von „Nouvelle iconographie des Camellias, ...“, 1848-1860. Nach ihm die Gattung *Verschaffeltia* H. Wendl.
Versch. et **Lem.** = Ambroise Verschaffelt u. Charles Antoine Lemaire. Siehe diese.
Vervoorst = Federico Bernardo Vervoorst, 1923 bis , Botaniker an Fundacion e Instituto Miguel Lillo, Tucumán, Argentinien.
Vest = Lorenz Chrysanth von Vest, Klagenfurt 18. 11. 1776-15. 12. 1840 Graz. Österr. Botaniker. Schrieb „Manuale botanicum inserviens excursionibus botanicis“, 1805; „Anleitung zum gründlichen Studium der Botanik“, 1818. Nach ihm die Gattung *Vestia* Will.
Viala = Pierre Viala, Lavérune, Hérault, Frankr. 24. 9. 1859-11. 2. 1936 Paris. Franz. Landwirtschaftswissenschaftler, Weinbausachverständiger u. Mykologe. Schrieb u. a.: „Une mission viticole en Amérique“, 1889; „Les vignes américaines“, 1892.
Vickery = Joyce Winifred Vickery, Homebush, New South Wales 15. 12. 1908-29. 5. 1979. Austral. Botanikerin am National Museum, Sydney. Spezialgebiet: *Gramineae* von New South Wales. Publizierte mit Neridah Clifton Ford.
Vidal = Sebastian Vidal y Soler, Barcelona 1. 4. 1842-28. 7. 1889 Manila. Span. Botaniker u. Förster auf den Philippinen. Schrieb „Sinopsis de familas y generos de plantes leñosas de Filipinas, ...“, 1883; „Phanerogamae Cumingianae Philippinarum ...“, 1885.
Vieill. = Eugène Vieillard, Périers 9. 4. 1819 bis 7. 11. 1896 Marcey près d'Avranches. Franz. Marinearzt, Botaniker u. Pflanzensammler (1861-1867 in Neukaledonien u. Tahiti), später Direktor des Bot. Gartens in Caen. Schrieb (zus. mit E. Deplanche) „Essais sur la Nouvelle-Calédonie“, 1863.
Vierh. = Friedrich Karl Max Vierhapper, Wiede-

nau 7. 3. 1876-11. 7. 1932 Wien. Österr. Pädagoge u. Botaniker. Schrieb: „Prodromus einer Flora des Innkreises in Oberösterreich", 1885 bis 1889. Bearbeitete für Engler, Die natürlichen Pflanzenfamilien, 2. Aufl. „Juncaceae", 1930.

Vig. = Alexandre L.G. Viguier, Montpellier 1790-18. 10. 1867 Montpellier. Franz. Bibliothekar u. Botaniker in Montpellier. Schrieb „Histoire naturelle, médicale et économique des Pavots et des Argémones", 1814. Nach ihm die Gattung *Viguiera* Kunth.

R. Vig. et **A. Guill.** = René Viguier, 1880-1931, Franz. Botaniker in Caen, Normandie, u. Jean Baptiste Antoine Guillemin. Siehe letzteren. Ersterer schrieb u.a.: „Observatious sur quelques Guttifères malgaches", 1914; „Recherches sur le genre Grewia", 1917.

Vill. = Dominique Villars, Villar, Noyer, Dép. Hautes Alpes 14. 11. 1745-27. 6. 1814 Straßburg. Franz. Botaniker. Schriften: „Histoire des plantes de Dauphine", 1786-1789; „Catalogue méthodique des plantes du jardin de Strasbourg", 1807; „Prospectus de l'histoire des plantes de Dauphiné", 1779. Nach ihm die Gattung *Villarsia* Vent.

F.-Vill. = Celestino Fernandez-Villar, Tudela, Oviedo, Spanien 3. 4. 1838-28. 4. 1907 Manila. Span. Botaniker auf den Philippinen. Siehe auch Náves et F.-Vill. Nach ihm die Gattung *Villaria* Rolfe.

Vilm. = 1. Philippe Victoire Levêque de Vilmorin, Landrecourt, Meuse 22. 9. 1746-6. 3. 1804 Paris.
2. Pierre Louis François Levêque de Vilmorin, Paris 18. 4. 1816-22. 3. 1860 Verrières bei Paris.
3. Charles Philippe Henry Levêque de Vilmorin, Paris 26. 2. 1843-23. 8. 1899 Verrières.
4. Auguste Louis Maurice Levêque de Vilmorin, Verrières 26. 2. 1849-21. 4. 1918 Les Barres, Loiret. Franz. Gärtnerei- u. Baumschulbesitzer, deren Betriebe heute noch bestehen. Hrsg. von „Les fleurs de pleine terres", 1863, 2. Aufl. 1866, 3. Aufl. 1870; „Atlas des fleurs de pleine terre...", 1851 ff. Das Werk ist der Vorläufer von „Vilmorin's Blumengärtnerei", 1872-1875, 2. Aufl. 1879-1888, 3. Aufl. 1894 bis 1896 u. „Pareys Blumengärtnerei", 1931 bis 1932, 2. Aufl. 1958-1961.

Vilm. et **Bois** = Maurice Levêque de Vilmorin u. Désiré Georges Jean Marie Bois. Siehe diese.

Vilmorin-Andrieux = Vilmorin-Andrieux, seit 1779 Name der bedeutenden franz. Gärtnerei u. Baumschule. Siehe Vilm.

Vines = Sydney Howard Vines, Ealing, Middlesex 31. 12. 1849-4. 4. 1934 Exmouth, Devonshire. Engl. Botaniker. Schrieb „A student's text-book of botany", 1894-1895; „The proteases of plants", 1930.

Vines et **Druce** = Sydney Howard Vines u. George Claridge Druce. Gemeinsame Schrift: „An account of the Morisonian Herbarium in the possession of the University of Oxford", 1914. Siehe auch beide Verf.

Vis. = Roberto de Visiani, Šibenik, Dalmatien 9. 4. 1800-4. 5. 1878 Padua. Ital. Botaniker. Verf. von „Flora dalmatica, ...", 1842 bis 1852, Supplemente 1872, 1877, 1882; „Plantae serbicae rariores aut novae, ...", 1862, 1864, 1870; „Plantae quaedam Aegypti ac Nubiae enumeratae...", 1836; „Stirpium dalmaticarum specimen", 1826.

Vis. et **Panč.** = Roberto de Visiani u. Josef Pančić. Siehe diese.

Vitm. = Fulgenzio Vitman, Florenz 11. 8. 1728 bis 5. 3. 1806 Mailand. Ital. Botaniker u. Geistlicher, Professor in Mailand. Schrieb „Summa plantarum...", 1789-1792.

Viv. = Domenico Viviani, Legnaro, Ligurien 29. 7. 1772-15. 2. 1840 Genua. Ital. Botaniker. Schriften: „Flora italicae fragmenta...", 1808; „Florae libycae specimen...", 1824; „I funghi d'Italia...", 1834-1838; „Elenchus plantarum horti botanici...", 1802; „Florae Corsicae specierum novarum...", 1824; „Plantarum aegypticarum...", 1831. Nach ihm die Gattung *Viviania* Cav.

Vogel = Julius Rudolph Theodor Vogel, Berlin 30. 7. 1812-17. 12. 1841 Fernando Póo. Deutscher Botaniker, nahm 1841 an einer Niger-Expedition teil. Schrieb: „Synopsis generis Cassiae", 1837.

Vogler = Johann Andreas Vogler, 18./19. Jahrh. Deutscher Botaniker. Schrieb: „Dissertatio inauguralis botanica sistens Polypodii speciem nuperis auctoribus ignotam, Polypodium montanum vocatum", 1781.

Voigt = Joachim Otto Voigt, Nordborg, Dänemark 22. 3. 1798-22. 6. 1843 London. Dän. Arzt u. Botaniker in Kalkutta. Posthum erschien: „Hortus suburbanus calcuttensis", 1845. Nach ihm die Gattung *Givotia* Griff.

Volkart = Albert Volkart 22. 4. 1873-3. 8. 1951 Zürich. Schweizer Botaniker. Schrieb: „Untersuchungen über den Parasitismus der Pedicularisarten", 1899.

Voll = Otto Voll, gest. um 1959. Deutsch-brasil. Botaniker, Leiter des Bot. Gartens in Rio de Janeiro. Publizierte zus. mit Curt Backeberg.

Vollm. = Franz Vollmann, Lautrach bei Memmingen 16. 2. 1858-11. 5. 1917 München. Deutscher Botaniker. Schrieb u.a. „Flora von Bayern", 1914.

C. de Vos = Anna Petronella Cornelia de Vos, 1893-1958. Holl. Autorin.

Voss = Andreas Voss, Syke bei Bremen 12. 3. 1857-9. 4. 1924 Heiligendamm. Deutscher Gartenbauschriftsteller. Hrsg. der 3. Aufl. von „Vilmorin's Blumengärtnerei", 1894-1896, u. der 2. u. 3. Aufl. von Salomon, C. „Wörterbuch der deutschen Pflanzennamen", 1903 u. 1922; „Botanisches Hilfs- und Wörterbuch", 6. Aufl. 1922. Schrieb: „Internationale einheitliche Pflanzenbenennung", 1903; „Der Botanikerspiegel", 1916. Siehe auch Siebert et Voss.

Vved. = Aleksej Ivanovič Vvedenski (Vvedensky), 1898-1972. Russ. Botaniker. Spezialgebiet: *Liliaceae.* Mitarbeiter an Komarov, V.L., Flora U.R.S.S., Bd. 2, 1934 bis Bd. 22, 1955. Nach ihm die Gattungen *Vvedenskya* Korovin,

Vvedenskyella Botschs.

Wagenitz = Gerhard Werner Friedrich Wagenitz, Potsdam 31. 5. 1927- . Deutscher Botaniker, Professor in Göttingen. Mitarbeiter am „Syllabus der Pflanzenfamilien“, 12. Aufl. 1964. Hrsg. von Bd. 6(1) (mit D. Hartl), 1965-1974, u. Bd. 6 (2)- 6 (4) der 2. Aufl. von Hegi, Gustav „Illustrierte Flora von Mitteleuropa“, 1964 bis 1987. Schrieb: „Bibliographie zur Flora von Mitteleuropa“, 1970 (mit U. Hamann); „Göttinger Biologen 1737-1945“, 1988.
J. Wagner = János Wagner, 1870-1955. Ung. Botaniker u. Pädagoge. Schrieb: „Die Gefäßpflanzen des Túróczer Komitates“, 1901; „Centaureae Hungariae“, 1910.
Wahlenb. = Göran Wahlenberg, Skarphytan, Värmland 1. 10. 1780-23. 3. 1851 Uppsala. Schwed. Botaniker, Nachfolger Thunbergs auf dem Lehrstuhl in Uppsala. Schriften: „Flora lapponica“, 1812; „De vegetatione et climate in Helvetia“, 1813; „Flora Carpathorum“, 1814; „Flora upsaliensis“, 1820; „Flora suecica“, 1824-1826, 2. Aufl. 1831-1833. Hrsg. der Bände 9-11 (3) der „Svensk Botanik“, 1821-1830. Nach ihm die Gattung *Wahlenbergia* Schrad. ex Roth.
Wakef. = Norman Arthur Wakefield, 1918 bis 1972.
Waldst. = Franz de Paula Adam Graf von Waldstein, Wien 24. 2. 1759-24. 5. 1823 Oberleutensdorf, Böhmen. Österr. Botaniker. Nach ihm die Gattung *Waldsteinia* Willd.
Waldst. et **Kit.** = Franz de Paula Adam Graf von Waldstein u. Pál Kitaibel. Veröffentlichten gemeinsam „Descriptiones et icones plantarum rariorum Hungariae“, 1799-1812. Siehe auch beide Verfasser.
Wale = Royden Samuel Wale, gest. Nov. 1952 Leicester. Engl. Alpenpflanzenspezialist. Schrieb „The genus Sempervivum“, 1943.
S. Walker = Stanley Walker, Leeds 7. 4. 1924 bis . Engl. Botaniker u. Genetiker. Spezialgebiet: *Dryopteris.*
Wall. = Nathaniel Wallich (Nathan Wulff), Kopenhagen 28. 1. 1786-28. 4. 1854 London. Dän.-engl. Arzt, Pflanzensammler u. Botaniker, von 1815-1846 mit Unterbrechungen Vorsteher des Bot. Gartens Kalkutta. Schriften: „Descriptions of some rare Indian plants“, 1822 (in Asiatic Researches 13); „Plantae asiaticae rariores . . .“, 1829-1832; „Tentamen florae napalensis illustratae“, 1824-1826; „A numerical list of dried specimens of plants in the East India Company's Museum . . .“, 1828-1849 (z.T. mit George Bentham). Nach ihm die Gattung *Wallichia* Roxb.
Wall. et **Hook.** = Nathaniel Wallich u. William Jackson Hooker. Siehe diese.
Wall. et **Mett.** = Nathaniel Wallich u. Georg Mettenius. Siehe diese.
Wallace = Alfred Russel Wallace, Usk, Mon 8. 1. 1823-7. 11. 1913 Broadstone, Dorset. Engl. Naturwissenschaftler, Botaniker u. Reisender. Schrieb u.a. „Palm trees of the Amazon and their uses“, 1853. Nach ihm die Gattung *Wallacea* Spruce.
Wallis = Gustav Wallis, Lüneburg 1. 5. 1830 bis 20. 6. 1878 Cuença, Ekuador. Deutscher Pflanzensammler in Südamerika. Schrieb: „Die Alpenwelt in ihren Beziehungen zur Gärtnerei“, 1854.
Wallr. = Carl Friedrich Wilhelm Wallroth, Breitenstein bei Stolberg, Harz 13. 3. 1792-22. 3. 1857 Nordhausen. Deutscher Kreisphysikus u. Botaniker. Schriften: „Schedulae criticae de plantis florae halensis selectis“, 1822; „Naturgeschichte der Flechten“, 1825-1827; „Rosae plantarum generis historia succincta“, 1828; „Flora cryptogamica Germaniae“, 1831-1833 (= Bd. 3 u. 4 des „Compendium florae germanicae“, von Bluff u. Fingerhuth).
Wallr. et **DC.** = Carl Friedrich Wilhelm Wallroth u. Augustin Pyramus de Candolle. Siehe diese.
Walp. = Wilhelm Gerhard Walpers, Mühlhausen 26. 12. 1816-18. 6. 1853 Berlin. Deutscher Botaniker. Hauptwerk: „Repertorium botanices systematicae“, 1842-1847, danach unter dem Titel „Annales botanices systematicae“, 1848 bis 1853 (beendet von Carl Müller 1857-1871). Nach ihm die Gattung *Walperia* Harv.
Walt. = Thomas Walter, Hampshire, England 1740-18. 1. 1789 St. John's Parish, South Carolina. Nordamer. Botaniker. Schrieb „Flora caroliniana“, 1788, die erste ernsthafte in Nordamerika geschriebene Flora.
H. Walt. = Hans Paul Heinrich Walter, 1882-?. Deutscher Botaniker. Bearb. für Engler, Das Pflanzenreich: „Phytolaccaceae“, 1909.
Walters = Stuart Max Walters, Oughtibridge bei Sheffield 23. 5. 1920- . Engl. Botaniker an der Universität Cambridge, Direktor des Bot. Gartens. Mitherausgeber von „Flora europaea“, 1964-1980. Mitherausgeber von „Atlas of the British flora“, 1962 (mit F.H. Perring); Mitverfasser von „Plant variation and evolution“, 1969 (mit D. Briggs); deutsche Ausgabe: „Die Abstammung der Pflanzen, Evolution und Variation bei Blütenpflanzen“, 1969. Schrieb: „A guide to the vegetation of Britain and Europe“, 1985 (m. O. Polunin). Hrsg. „The European garden flora“ (bisher erschienen: Bd. 1, 1986, Bd. 2, 1984; Bd. 3(1), 1989).
E. Walth. = Edward Eric Walther, Dresden, Kansas 14. 10. 1892-2. 7. 1959 San Francisco, Kalifornien. Nordamer. Botaniker deutscher Abstammung in San Francisco. Spezialgebiete: *Echeveria*, kalif. Gartenpflanzen. Posthum erschien: „Echeveria“, 1972.
Walton = Elijah Walton, 1832-1880. Engl. Botaniker. Veröffentlichte „Flowers from the upper Alps“, 1869.
Wangenh. = Friedrich Adam Julius von Wangenheim, Sonneborn bei Gotha 8. 2. 1749-25. 3. 1800 Gumbinnen. Deutscher Forstmann, Oberforstmeister in Gumbinnen. Schrieb u.a. „Beitrag zur teutschen holzgerechten Forstwissenschaft, die Anpflanzung nordamerikanischer Holzarten, mit Anwendung auf teutsche Forsten betreffend“, 1787. Nach ihm die Gattung

Wangenheimia Moench.
Wanger. (auch **Wangerin**) = Walther Leonhard Wangerin, Halle 15. 4. 1884–19. 4. 1938 Danzig. Deutscher Botaniker. Bearbeitete für Engler, Das Pflanzenreich „Garryaceae, Nyssaceae, Alangiaceae et Cornaceae", 1910. Nach ihm die Gattung *Wangerinia* Franz.
Warb. = Otto Warburg, Hamburg 20. 7. 1859–10. 1. 1938. Deutscher Botaniker. Schrieb u. a. „Die Pflanzenwelt", 1913–1922, auch 1923–1926; für Engler, Das Pflanzenreich „Pandanaceae", 1900; für Engler u. Prantl, Die natürlichen Pflanzenfamilien, III. 5 „Sabiaceae, Balsaminaceae", 1895, III. 6 „Bixaceae, Canellaceae", 1895, III. 6a „Flacourtiaceae, Datiscaceae, Begoniaceae", 1893–1894. Nach ihm die Gattung *Warburgia* Engl.
E. F. Warb. = Edmund Frederic Warburg, London 22. 3. 1908–9. 6. 1966 Oxford. Engl. Botaniker. Kurator des Druce Herbariums der Universität Oxford. Mitautor von Clapham, A. R., Tutin, T. G. u. Warburg, E. F.: „Flora of the British Isles", 1952, 2. Aufl. 1962, „Flora of the British Isles. Illustrations", 1957–1965, u. „Excursion flora of the British Isles", 1959, 2. Aufl. 1968, 3. Aufl. 1981.
F. K. Ward = Francis Kingdon Ward, Manchester 6. 11. 1885–8. 4. 1958 London. Engl. Botaniker u. Pflanzensammler, vor allem in Westchina u. Nordburma. Entdecker u. Einführer vieler neuer Pflanzen. Schrieb u. a. „The land of the blue Poppy", 1913; „A Plant Hunter in Tibet", 1934; „Plant Hunter's Paradise", 1937. Nach ihm die Gattungen *Wardaster* Small u. *Wardenia* King.
L. F. Ward = Lester Frank Ward, Joliet, Illinois 18. 6. 1841–18. 4. 1913 Washington, D. C. Nordamer. Sozialphilosoph, Geologe u. Botaniker. Schrieb u. a.: „Guide to the flora of Washington and vicinity", 1881.
Warder = John Aston Warder, nahe Philadelphia, Pennsylvania 19. 1. 1812–14. 7. 1883 North Bend, Ohio. Nordamer. Mediziner u. Dendrologe. Schrieb u. a.: „Woody plants of Ohio", 1882 (mit D. L. James u. J. F. James).
Warner = Robert Warner, ca. 1814–17. 12. 1896 Chelmsford, Essex. Engl. Orchideenzüchter. Zus. mit T. Moore u. B. S. Williams Hrsg. von „The Orchid album", 1882–1897; zus. mit B. S. Williams „Select orchidaceous plants ...", 1862–1891.
Warner et **B. S. Williams** = Robert Warner u. Benjamin Samuel Williams. Siehe diese.
Warsc. = Józef Warscewicz, Wilna 1812 bis 31. 12. 1866 Krakau. Poln.-litauischer Pflanzensammler, von 1852 an Inspektor des Bot. Gartens Krakau. Bereiste Südamerika etc. für Van Houtte, Gent. Nach ihm die Gattungen *Warszewiczia* Klotzsch u. *Warscewiczella* Rchb. Publizierte mit Heinrich Gustav Reichenbach (Rchb. f.).
Wartm. = Friedrich Bernhard Wartmann, St. Gallen 8. 12. 1830–3. 6. 1902 St. Gallen. Schweizer Botaniker in St. Gallen. Schrieb „Beiträge zur St. Gallischen Volksbotanik", 1861.
Wasshausen = Dieter C. Wasshausen, Jena 15. 4. 1938– . Nordamer. Botaniker deutscher Abstammung an der Smithsonian Institution, Washington, D. C. Spezialgebiet: Neotrop. *Acanthaceae*. Schrieb: „The genus Aphelandra (Acanthaceae)", 1975.
Wasshausen et **L. B. Sm.** = Dieter C. Wasshausen u. Lyman Bradford Smith. Schrieben gemeinsam: „Begoniaceae" für Harling, G. u. Andersson, L. „Flora of Ecuador", no. 25, 1986. Siehe auch beide Verf.
H. C. Wats. = Hewett Cottrell Watson, Firbeck, Yorkshire 9. 5. 1804–27. 7. 1881 Thames Ditton, Surrey. Engl. Botaniker. Hrsg. (mit G. E. Dennes) von „The London catalogue of British plants", 1844, 8. Aufl. 1883. Schrieb u. a. „Cybele britannica", 1847 bis 1859, Supplemente 1860, 1872; „Topographical botany", 1873–1874, 2. Aufl. 1883. Nach ihm die Zeitschrift „Watsonia", 1949 →.
J. F. Wats. = John Forbes Watson, 1827–1892. Schott. Arzt u. Botaniker, Kurator am India Office Museum in London. Schrieb: „Index to the native and scientific names of Indian and other eastern economic plants", 1868; „A classified and descriptive catalogue of the Indian Department", 1873.
P. W. Wats. = Peter William Watson, Hull August 1761–1. 9. 1830 Cottingham, Hull. Engl. Kaufmann u. Botaniker. Hauptwerk: „Dendrologia britannica", 1823–1825.
S. Wats. = Sereno Watson, East Windsor Hill, Conn. 1. 12. 1826–9. 3. 1892 Cambridge, Massachusetts. Nordamer. Botaniker. Schrieb „Botany" in „Report of the geological exploration of the 40th parallel made ... by Clarence King", vol. 5, 1871; mit J. M. Coulter Herausgeber der 6. Aufl. von A. Gray „Manual of botany", 1890 u. 1891.
W. Wats. = William Watson, Garston, Liverpool 14. 3. 1858–30. 1. 1925 St. Albans, Hertfordshire. Engl. Gärtner, Kurator des Bot. Gartens Kew. Schriften: „Orchids, their culture ...", 1890; „Cactus culture for amateurs ...", 1889, 2. Aufl. 1903; „Rhododendrons and Azaleas", 1911.
Watt = David Allan Poe Watt, Ayrshire, Schottland 1830–13. 12. 1917 Montreal. Kanad. Botaniker. Schrieb: „Botanical notes extracted from the Canadian Naturalist", 1869.
G. Watt = Sir George Watt, Old Meldrum, Aberdeenshire 24. 4. 1851–2. 4. 1930 Lockerbie, Dumfriesshire. Schott. Botaniker in Indien. Veröffentlichte „A dictionary of the economic products of India", 1889–1893; „Wild and cultivated cotton plants of the world", 1907.
Wawra = Heinrich Wawra Ritter von Fernsee, Brünn 2. 2. 1831–24. 5. 1887 Baden bei Wien. Österr. Schiffsarzt u. Botaniker. Begleitete Erzherzog Maximilian 1857 auf der „Carolina", 1859–1860 auf der „Elisabeth" nach Brasilien, 1864 nach Mexiko. Veröffentlichte u. a. „Die botanischen Ergebnisse der Reise ... nach Brasilien", 1866; zus. mit G. Beck von Mannagetta „Itinera principum S. Coburgi", 1883–1888; be-

arbeitete für Martius, Flora brasiliensis in Bd. XII, 1 (1858/89) „Ternstroemiaceae". Nach ihm die Gattung *Fernseea* Bak.

Weatherby = Charles Alfred Weatherby, Hartford, Connecticut 25. 12. 1875–21. 6. 1949 Cambridge, Massachusetts. Nordamer. Botaniker am Gray Herbarium. Spezialgebiet: *Pteridophyta.* Schrieb u. a.: „A list of the vascular plants of Grand Manan, Charlotte County, New Brunswick", 1945.

Weathers = John Weathers, Newmarket, Irland 17. 6. 1867–10. 3. 1928 Isleworth, Middlesex. Engl. Gärtner, Orchideenspezialist u. Gartenbauschriftsteller. Schriften: „Beautiful bulbous plants", 1905; „Beautiful garden flowers", 1904; „Beautiful roses", 1903; „Beautiful flowering trees and shrubs", 1903; „The bulb book or bulbous and tuberous plants", 1911.

Web. = Georg Heinrich Weber, Göttingen 27. 7. 1752–7. 7. 1828 Kiel. Deutscher Botaniker, Prof. in Kiel. Schrieb u. a. „Plantarum minus cognitarum decuria", 1784; „Supplementum florae holsaticae", 1787 (Hauptwerk siehe Wiggers).

C. Web. = Jean-Germaine Claude Weber, Paris 22. 4. 1922– . Schweizer Pädagogin u. Botanikerin, zeitweilig am Bailey Hortorium, Ithaca, New York. Schrieb in Baileya, Bd. 16 „Notes on the nomenclature of some cultivated Begonias", 1968; „Catalogue dynamique de la flore de Genève", 1966.

F. Web. = Friedrich Weber, Kiel 3. 8. 1781 bis 21. 3. 1823 Kiel. Deutscher Botaniker, Prof. in Kiel; Sohn von G.H. Weber. Schrieb „Botanische Briefe an Herrn Professor Kurt Sprengel zu Halle", 1804; „Hortus kiliensis", 1822.

F. Web. et **Mohr** = Friedrich Weber u. Daniel Matthias Heinrich Mohr. Schrieben gemeinsam „Archiv für die systematische Naturgeschichte", 1804, Forts. als „Beiträge zur Naturkunde", 1805–1810; „Naturhistorische Reise durch einen Teil Schwedens", 1804. Siehe auch beide Verf.

F.A.C. Web. = Fréderic Albert Constant Weber, Straßburg 1830–27. 7. 1903 Paris. Franz. Sukkulentenforscher, nahm 1865 bis 1866 an franz. Forschungsexpedition nach Mexiko teil. Nach ihm die Gattung *Weberocereus* Britt. et Rose.

Webb = Philipp Barker Webb, Milford, Surrey 10. 7. 1793–31. 8. 1854 Paris. Engl. Botaniker. Schriften: „Otia hispanica, ...", 1839 u. 1853; „Iter hispaniense", 1838.

Webb et **Berth.** = Philip Barker Webb u. Sabin Berthelot. Gemeinsame Schrift: „Histoire naturelle des Îles Canaries", 1835–1850 (Botanik in Tome III und Atlas). Siehe auch beide Verfasser.

D.A. Webb = David Allardice Webb, Dublin 12. 8. 1912– . Irischer Botaniker an der School of Botany, Trinity College, Dublin. Verf. von „An Irish flora", 1943, 2. Aufl. 1953, 4. Aufl. 1963, 5. Aufl. 1967, 7. Aufl. 1977; Mitherausg. von „Flora europaea", 1964–1983.

D.A. Webb et **Chater** = David Allardice Webb u. Arthur Oliver Chater. Siehe diese.

Wedd. = Hugh Algernon Weddell, Birches-House bei Painswick, Gloucester 22. 6. 1819 bis 22. 7. 1877 Poitiers, Frankreich. Engl. Botaniker, lebte in Frankreich u. bereiste von 1843 bis 1848 u. 1851 Südamerika. Schriften: „Chloris andina", 1855–1861; „Histoire naturelle des quinquinas", 1849; „Monographie de la famille des Urticacées ...", 1856–1857; bearbeitete für de Candolle, Prodromus in Bd. XVI „Urticaceae", 1869; in Bd. XVII „Podostemaceae", 1873. Mitarbeiter an Baillon, Henri Ernest: „Dictionnaire de botanique", 1876–1892. Nach ihm die Gattungen *Weddelina* Tul. u. *Algernonia* Baill.

Wehrh. = Heinrich Rudolf Wehrhahn, Hannover 15. 4. 1887–28. 9. 1940. Deutscher Gartenbauschriftsteller, Botaniker, Direktor der Gartenbauschule Hohenheim. Hauptwerk: „Die Gartenstauden", 1931. Mitarb. an der 1. Aufl. von „Pareys Blumengärtnerei", 1931–1932. Schrieb außerdem: „Die botanischen Pflanzennamen", 6. Aufl. 1955 (von P. Stötzel).

Weick = Alphonse Weick, Mitte 19. Jahrh. Franz. Gärtner in Straßburg.

Weide = H. Weide, 1933– . Deutscher Botaniker.

Weidl. = ... Weidlich, 19./20. Jahrh. Deutscher Kakteenforscher.

Weidl. et **Werderm.** = ... Weidlich u. Erich Werdermann. Siehe diese.

Weigel = Christian Ehrenfried von Weigel, Stralsund 2. 5. 1748–8. 8. 1831 Greifswald. Deutscher Arzt, Chemiker, Botaniker. Verf. von „Flora pomerano-rugica", 1769; „Observationes botanicae", 1762. Nach ihm die Gattung *Weigela* Thunb.

Weihe = Carl Ernst August Weihe, Menninghüffen bei Herford 30. 1. 1779–26. 1. 1834 Herford. Deutscher Arzt u. Botaniker. Hrsg. von „Deutsche (getrocknete) Gräser für Botaniker und Oekonomen", 1823–1830. Schrieb zus. mit C.G.D. Nees von Esenbeck „Rubi germanici descripti et figuris illustrati. Die deutschen Brombeersträucher", 1822–1827 (Text in Latein u. Deutsch). Nach ihm die Gattung *Weihea* Spreng.

Weingt. = Wilhelm Weingart, Hildburghausen 4. 8. 1856–1936. Deutscher Kakteenkenner u. -sammler in Thüringen. Nach ihm die Gattung *Weingartia* Werderm.

Weinm. = Johann Anton Weinmann, Würzburg 12. 12. 1782–5. (?) 8. 1858 Pavlovsk. Deutschruss. Gärtner u. Botaniker, von 1823 an Inspektor des Gartens der Kaiserin Marie Feodorowna zu Pawlowsk bei St. Petersburg. Schriften: „Elenchus plantarum horti imperialis pawlowskiensis et agri petropolitani", 1824; „Hymeno- et Gasteromycetes ...", 1836; „Enumeratio stirpium in agro petropolitano sponte crescentium", 1837; „Der botanische Garten der Kaiserlichen Universität zu Dorpat im Jahre 1810", 1810.

Welw. = Friedrich Martin Josef Welwitsch, Mariasaal, Kärnten 5. 2. 1806–20. 10. 1872 London. Österr. Botaniker, von 1839–1853 Leiter des Bot. Gartens Lissabon. Schriften: „Catalogue of the African plants", herausgegeben von W.P. Hiern 1896-1901; „Apontamentos phytogeographicos...", 1858; „Sertum angolense, ...", 1869 (in Transactions of the Linnean Society London 27); „Synopse explicativa das a mostras de madeiras e drogas medicinaes...", 1862. Nach ihm die Gattung *Welwitschia* Hook. f.

Wender. (auch **Wenderoth**) = Georg Wilhelm Franz Wenderoth, Marburg 17. 1. 1774-5. 6. 1861 Marburg, Lahn. Deutscher Botaniker u. Mediziner, Direktor des Bot. Gartens Marburg. Schriften: „Lehrbuch der Botanik", 1821; „Einige Bemerkungen über verschiedene neue Pflanzenarten des Bot. Gartens in Marburg", 1831; „Flora hassiaca...", 1846.

H. Wendl. = Hermann Wendland, Hannover 11. 10. 1825-12. 1. 1903 Hannover, Sohn des Heinrich Ludolph Wendland. Deutscher Gärtner u. Botaniker, Palmenspezialist, von 1869 an Direktor der königl. Gärten zu Herrenhausen. Bereiste von 1856-1857 Mittelamerika, insbes. El Salvador u. Costa Rica. Schriften: „Die Königlichen Gärten zu Herrenhausen", 1852; mit C.G.O. Drude „Palmae australasicae", 1875. Nach ihm die Gattung *Wendlandiella* Dammer.

H. Wendl. et **Drude** = Hermann Wendland u. Carl Georg Oskar Drude. Siehe diese.

H.L. Wendl. = Heinrich Ludolph Wendland, Hannover 29. 4. 1791-15. 7. 1869 Teplitz. Sohn von Johann Christoph Wendland. Deutscher Gärtner u. Botaniker, Inspektor zu Herrenhausen bei Hannover. Veröffentlichte „Commentatio de Acaciis aphyllis", 1820; „Index Palmarum et Cycadearum cultarum", 1854; zus. mit F.G. Bartling „Beiträge zur Botanik", 1824-1825. Nach ihm die Gattung *Wendlandia* Bartl. ex DC.

J.C. Wendl. (auch **Wendl.**) = Johann Christoph Wendland, Landau 18. 7. 1755-17. 7. 1828 Hannover. Deutscher Gärtner, Botaniker, Zeichner, Inspektor der königl. Gärten Herrenhausen. Schriften: „Hortus herrenhusanus", 1798-1801; „Verzeichnis der Glas- und Treibhauspflanzen, welche... zu Herrenhausen bei Hannover befinden", 1797; „Botanische Beobachtungen...", 1798; „Ericarum icones et descriptiones", 1798-1823; „Collectio plantarum... Sammlungen ausländischer u. einheimischer Pflanzen", 1805-1819.

A. Wendt = A. Wendt, zeitgenöss. deutscher Wasserpflanzenspezialist. Schrieb: „Die Aquarienpflanzen in Wort und Bild", 1952-1958.

Wercklé = Karl Wercklé, Château Salins, Lothringen 18. 7. 1860-24. 11. 1924 San José, Costa Rica. Elsäss. Botaniker. Schrieb „La subregion fitogeográfica costaricense", 1909. Publizierte mit Carl Christian Mez.

Werderm. = Erich Werdermann, Berlin 2. 3. 1892-19. 4. 1959 Bremen. Deutscher Botaniker u. Kakteenspezialist, Direktor des Bot. Gartens Berlin. Veröffentlichte u.a. „Blühende Kakteen u. andere sukkulente Pflanzen", 1930-1939; „Brasilien und seine Säulenkakteen", 1933; zus. mit H. Sočnik, „Meine Kakteen, Arten...", 1937. Bearbeitete für Engler, Die natürlichen Pflanzenfamilien, 2. Aufl. Bd. 21 „Dilleniaceae, Actinidiaceae, Marcgraviaceae", 1925 (mit E.F. Gilg). Hrsg. von Bd. 1 der 12. Aufl. von A. Engler „Syllabus der Pflanzenfamilien", 1954 (mit H. Melchior). Nach ihm die Gattungen *Werdermannia* O.E. Schulz u. *Neowerdermannia* Frič.

Werderm. et **Bckbg.** = Erich Werdermann u. Curt Backeberg. Schrieben gemeinsam „Neue Kakteen", 1931. Siehe auch beide Verfasser.

Werderm. et **Buxb.** = Erich Werdermann u. Franz Buxbaum. Siehe diese.

Wernischek = Johann Jacob Wernischek, Thuróczer Komitat, Ungarn 1743-18. 7. 1804 Wien. Österr. Arzt u. Botaniker. Schrieb „Genera plantarum...", 1763, weitere Ausgaben 1764, 1766.

Wesm. = Alfred Wesmael, Sint-Joost-ten-Node 11. 2. 1832-9. 11. 1905 Nimy bei Mons. Belg. Gärtner u. Dendrologe. Mitverf. (mit H.F. Van Heurck) von: „Prodrome de la flore du Brabant", 1861.

West. (auch **Weston**) = Richard Weston, 1733 bis 20. 10. 1806 Leicester. Engl. Botaniker. Schriften: „Botanicus universalis et hortulanus", 1770-1777; „Flora anglicana. The English flora", 1775, Supplement 1780.

Westc. = Frederick Westcott, gest. 1861. Engl. Botaniker. Zus. mit G.B. Knowles Hrsg. von „The floral cabinet, and magazine of exotic botany", 1837-1840.

Westc. et **Knowl.** = Frederick Westcock u. George Beauchamp Knowles. Siehe beide Verf.

Wettst. = Richard Wettstein, Ritter von Westersheim, Wien 30. 6. 1863-10. 8. 1931 Trins, Tirol. Österr. Botaniker. Veröffentlichte u.a. „Monographie der Gattung Euphrasia", 1896; „Handbuch der systematischen Botanik", 1901-1908, 3. Aufl. 1924, 4. Aufl. 1933-1935 (hrsg. von F. v. Wettstein); bearbeitete für Engler u. Prantl, Die natürlichen Pflanzenfamilien, IV. 3b „Nolanaceae, Solanaceae, Scrophulariaceae, Globulariaceae, Myoporaceae", 1891-1895. Nach ihm die Gattungen *Wettsteinia* Petrak u. *Wettsteiniola* Suesseng.

L.C. Wheeler = Louis Cutter Wheeler, Claremont, Kalifornien 2. 8. 1910-14. 8. 1980. Nordamer. Botaniker. Schrieb u.a.: „Euphorbica subgenus Chamaesyce in Canada and the United States...", 1941.

Wherry = Edgar Theodore Wherry, Philadelphia 10. 9. 1885-19. 5. 1982. Nordamer. Mineraloge u. Botaniker in Philadelphia. Mitarbeiter an Lundells „Flora of Texas", 1961-1969 *(Polemoniaceae)*. Schrieb: „The southern fern guide", 1964 u. 1972; „Atlas of the flora of Pennsylvania", 1979 (mit J.M. Fogg u. H.A. Wahl). Spezialgebiete: *Polemoniaceae, Pteridophyta* der USA.

A. White = Alain Campbell White, Cannes 3. 3. 1880-?. Südafr. Botaniker. Zus. mit Boyd L. Sloane Hrsg. von „The Stapelieae", 1933, 2. Aufl. 1937, u. „The Succulent Euphorbieae of South Africa", 1941 (auch mit R.A. Dyer). Nach ihm und Boyd L. Sloane die Gattung *White-Sloanea* Chiov.

A. White et **Sloane** = Alain Campbell White u.

Boyd Lincoln Sloane. Siehe diese.

F.B. White = Francis Buchanan White, Perth 20. 3. 1842-3. 12. 1894 Perth. Schott. Botaniker. Schrieb: „The Flora of Perthshire", 1898.

Whittall = Edward Whittall, 1815-1917. Engl. Kaufmann, lebte in Smyrna, Türkei. Pflanzensammler. Publizierte 1900.

Wibel = August Wilhelm Eberhard Christoph Wibel, Ernsbach bei Öhringen 1. 8. 1775-25. 12. 1813 Wertheim. Deutscher Arzt u. Botaniker. Schrieb „Primitiae florae werthemensis", 1799.

Widd. = Felix Josef Widder, Klagenfurt 16. 12. 1892-5. 9. 1974 Graz. Österr. Botaniker, Professor in Graz. Hrsg. von „Phyton (Horn)", 1948 bis 1974. Schrieb u.a.: „Die Arten der Gattung Xanthium", 1923.

Widd. et **Wagenitz** = Felix Josef Widder u. Gerhard Werner Friedrich Wagenitz. Siehe diese.

Widm. = Elisabeth Widmer, 1862-1952. Deutsche Botanikerin in München. Schrieb: „Die europäischen Arten der Gattung Primula", 1891.

Wieg. (auch **Wiegand**) = Karl McKay Wiegand, Truxton, New York 2. 6. 1873-12. 3. 1942 Ithaca, New York. Nordamer. Botaniker an der Cornell University, Ithaca, N.Y. Schrieb: „Flora of the Cayuga Lake basin, New York. Vascular plants", 1926 (mit A.J. Eames).

Wiehler = Hans Joachim Wiehler, 1930 bis . Nordamer. Botaniker an der Universität von Miami, Florida.

Wiesb. = Johann Baptist Wiesbaur, Wallnstorf bei Gunskirchen, Oberösterreich 15. 6. 1836-8. 11. 1906 Leschau. Österr. Geistlicher u. Botaniker. Schrieb: „Beiträge zur Rosenflora von Oberösterreich, Salzburg und Böhmen", 1891 (zus. mit M. Haselberger).

Wiggers = Friedrich Heinrich Wiggers (Wichers), Krempe, Holstein 15. 3. 1746-3. 3. 1811 Husum. Deutscher Arzt u. Botaniker. Verteidigte unter J.C. Kerstens als Präses die Dissertation „Primitiae florae holsaticae", 1780. Suppl. siehe unter Web.

Wight = Robert Wight, Milton, Duncra Hill, East Lothian 6 7. 1796-26. 5. 1872 Grazeley, Berkshire. Engl. Schiffsarzt u. Botaniker, von 1819-1853 in Indien, Direktor des Bot. Gartens Madras. Schriften: „Contributions to the botany of India", 1834; „Icones plantarum Indiae orientalis", 1840-1853; „Illustrations of Indian Botany", 1831 (auch in W. Hooker, Botanical Miscellany, Bd. II u. III, 1830 bis 1833); „Illustrations of Indian Botany", 1840 bis 1850; „Spicilegium neilgherrense ...", 1846 bis 1851. Nach ihm die Gattung *Wightia* Wall.

Wight et **Arn.** = Robert Wight u. George Arnott Walker Arnott. Schrieben gemeinsam „Prodromus florae peninsulae Indiae orientalis", 1834. Siehe auch beide Verfasser.

W.F. Wight = William Franklin Wight, Allegan, Michigan 8. 6. 1874-1954. Nordamer. Botaniker. Schrieb: „Native American species of Prunus", 1915.

W.F. Wight et **Hedrick** = William Franklin Wight u. Ulysses Prentiss Hedrick. Siehe diese.

Wijnands = D. Onno Wijnands, 1945-1993. Holl. Botaniker an der Landw. Universität in Wageningen.

Wikstr. = Johann Emanuel Wikström, Wenersborg 1. 11. 1789-4. 5. 1856 Stockholm. Schwed. Botaniker. schrieb u.a. „Conspectus litterature botanicae in Suecia...", 1831; „Stockholms flora", 1840. Nach ihm die Gattung *Wikstroemia* Endl.

R. Wilczek = Rudolf Wilczek, Cierpicz, Polen 1. 11. 1903-19. 5. 1984. Belg. Botaniker poln. Abstammung am Bot. Garten Meise bei Brüssel. Spezialgebiet: Flora des Kongogebiets. Mitarbeiter an W. Robyns et al.: „Flora du Congo Belge et Ruanda-Urundi", Bd. 2-4, 7, 10, 1951 bis 1956.

Wilcox, Bremer et **Humphries** = ... Wilcox; Karl Bremer; u. Christopher John Humphries. Publizierten gemeinsam über *Chrysanthemum* u. verwandte Gattungen. Siehe auch Bremer und Humphries.

Willd. = Karl Ludwig Willdenow, Berlin 22. 8. 1765-10. 7. 1812 Berlin. Deutscher Botaniker, seit 1810 Direktor des Bot. Gartens Berlin. Schriften: „Florae berolinensis prodromus", 1787; „Historia Amaranthorum", 1790, auch 1798; „Hortus berolinensis, sive icones et descriptiones...", 1803-1816; „Enumeratio plantarum horti regii botanici berolinensis...", 1792, weitere Aufl. 1798, 1799, 1802, 1805, 1808, 1810, 1818, 1821, 1831; „Abbildungen der deutschen Holzarten", 1810-1820 (mit F. Guimpel u. F.G. Hayne); „Caricologia", 1805; „C. Linnaei species plantarum", 4. Aufl. 1797-1830; „Phytographia", 1794; „Berlinische Baumzucht", 1796, 2. Aufl. 1811. Nach ihm die Gattung *Willdenowia* Thunb. sowie die Zeitschrift „Willdenowia", 1953 →.

Willem. (auch **Willemet**) = Remi Willemet, Norroy 13. 9. 1735-21. 7. 1807 Nancy. Franz. Botaniker. Schrieb „Monographie pour servir à l'histoire naturelle et botanique de la famille des plantes étoilées, ...", 1791; „Phytographie encyclopédique", 1805.

B.S. Williams = Benjamin Samuel Williams, Hoddesdon, Hertfordshire 2. 3. 1824-24. 6. 1890 Holloway. Engl. Handelsgärtner. Schrieb u.a. „Select Ferns and Lycopods: British and exotic", 1868: „The Orchidgrower's manual", 1852, 7. Aufl. 1894. Siehe auch unter Warner.

B.S. Williams et **T. Moore** = Benjamin Samuel Williams u. Thomas Moore. Siehe diese.

F.N. Williams = Frederick Newton Williams, Brentford, Middlesex 19. 3. 1862-6. 5. 1923 Brentford. Engl. Botaniker. Schrieb u.a. „Notes on the Pinks of Western Europe", 1889; „Prodromus florae britannicae", 1901 bis 1912.

I.J.M. Williams = Ion James Muirhead Williams, Kenilworth, Kapland 29. 6. 1912 bis . Südafr. Ingenieur u. Amateurbotaniker. Spezialgebiet: *Rutaceae*.

L.O. Williams = Louis Otho Williams, Jackson, Wyoming 16. 12. 1908-7. 1. 1991 Rogers, Arkansas. Nordamer. Botaniker, zuletzt Hauptkurator am Chicago Natural History Museum, Department of Botany. Schrieb zus. mit P.C. Standley u. J.A. Steyermark „Flora of Guatemala“, 1946-1977; „Orchids of Panama“, 1980 (mit P.H. Allen). Nach ihm die Gattung *Williamsia* Merr.

Willk. = Heinrich Moritz Willkomm, Herwigsdorf, Sachsen 29. 6. 1821-26. 8. 1895 Schloß Wartenberg, Böhmen. Deutscher Botaniker. Schriften: „Icones et descriptiones plantarum novarum . . ., praecipue Hispaniae“, 1852-1862; „Prodromus florae hispanicae“, 1861-1880, Suppl. 1893 (mit J.M.C. Lange); „Illustrationes florae Hispaniae insularumque Balearium“, 1881-1892; „Forstliche Flora von Deutschland und Oesterreich“, 1872-1875; „Atlas der Botanik“, 1873; für Engler u. Drude, Die Vegetation der Erde, Bd. 1 „Grundzüge der Pflanzenverbreitung auf der iberischen Halbinsel“, 1896. Nach ihm die Gattung *Willkommia* Hack.

Wils. (auch **E.H. Wils.**) = Ernest Henry Wilson, Chipping Campden, Gloucestershire 15. 2. 1876-15. 10. 1930 Worcester, Massachusetts. Engl. Gärtner in Kew, später nordamerikanischer Botaniker am Arnold Arboretum in Jamaica Plain bei Boston. Sammelte von 1899 bis 1905 für Veitch and Sons in West- und Mittelchina, von 1906-1919 für das Arnold Arboretum in China, Japan, Korea. Führte viele wertvolle Pflanzen in die Gartenkultur ein. Publizierte vor allem zus. mit A. Rehder (Rehd.). U.a. Verf. von „Plant hunting“, 1927; „The lilies of Eastern Asia“, 1925.

G.F. Wils. = George Fox Wilson, 26. 1. 1896-9. 1. 1951 Weybridge, Surrey. Engl. Entomologe u. Pflanzenschutzsachverständiger. Schrieb „Pests of ornamental garden plants“, 1937, 2. Aufl. 1950.

P. Wils. = Paul Graham Wilson, Tzaneen, Transvaal, Südafrika 2. 1. 1928- . Austral. Botaniker in South Perth, W. Australien. Spezialgebiete: *Rutaceae, Chenopodiaceae*.

R.G. Wils. = Robert Gardner Wilson, 1911 bis . Nordamer. Gärtnereibesitzer (Fantastic Gardens) in Miami, Florida, Amateurbotaniker u. Pflanzenzüchter. Publizierte mit Harold Emery Moore jr.

Wimm. = Christian Friedrich Heinrich Wimmer, Breslau 30. 10. 1803-12. 3. 1868 Breslau. Deutscher Pädagoge u. Botaniker. Schrieb u.a. „Flora von Schlesien“, 1832; „Flora von Schlesien preußischen und österreichischen Antheils“, 1840, 2. Aufl. 1844, 3. Aufl. 1857; „Phytologiae Aristoteliae fragmenta“, 1838; „Salices europaeae“, 1866; zus. mit H.E. Grabowski „Flora Silesiae“, 1827-1829. Nach ihm die Gattung *Wimmeria* Schlechtend.

F.E. Wimm. = Franz Elfried Wimmer, Niederschrems 30. 11. 1881-2. 5. 1961 Wien. Österr. Theologe u. Botaniker. Bearbeitete für Engler, Das Pflanzenreich „Campanulaceae-Lobelioideae“, 1943-1953.

C. Winkl. = Constantin Georg Alexander Winkler, Velikie Luki 14. 6. 1848-3. 2. 1900. Deutschbaltischer Botaniker, von 1893 bis 1899 leitender Botaniker des Bot. Gartens St. Petersburg. Schrieb: „Decas Compositarum novarum Turkestaniae nec non Bucharae incolarum“, 1885 bis 1891. Nach ihm die Gattung *Winklera* Regel.

Wit = siehe de Wit.

With. = William Withering, Wellington, Shropshire 28. 3. 1741-6. 10. 1799 Larches bei Birmingham. Engl. Arzt u. Botaniker. Verf. von „A botanical arrangement of all the vegetables naturally growing in Great Britain“, 1776. Weitere Aufl., mit wechselndem Titel, 1787-1792, 1796, 1801, 1812, 1818, 1830.

Witte = Henrik Witte, Rotterdam 10. 5. 1829-9. 1. 1917. Holl. botanischer Gärtner in Leiden. Schrieb: „Enumeratio alphabetica nominum et synonymorum Palmarum, . . .“, 1859; „Flora. Afbeeldingen en beschrijvingen van boomen, heesters, eenjarige planten, enz.“, 1868; „Schetsen uit het plantenrijk“, 1869-1870.

Wittm. = Max Carl Ludwig Wittmack, Hamburg 26. 9. 1839-2. 2. 1929 Berlin. Deutscher Botaniker, Inhaber zahlreicher Ehrenämter, Verf. vieler Schriften, auch landwirtschaftl. Inhalts, darunter für Martius, Flora brasiliensis in Bd. XII, 1 (1858/89), „Marcgraviaceae, Rhizoboleae“; für Engler u. Prantl, Die natürlichen Pflanzenfamilien, II. 4 „Bromeliaceae“, 1887 bis 1888. Von 1887 an langjähriger Schriftleiter der „Gartenflora“. Nach ihm die Gattung *Wittmackia* Mez.

Wocke = Erich Wocke, Breslau 11. 9. 1863-1941 Oliva bei Danzig. Deutscher Gärtner, Alpenpflanzenspezialist. Schriften: „Die Alpenpflanzen in der Kultur der Tiefländer“, 1898; „Die Kulturpraxis der Alpenpflanzen“, 2. Aufl. 1928.

Wolf = Franz Theodor Wolf, Bartholomä bei Aalen 13. 9. 1841-1921 Dresden. Deutscher Geologe u. Botaniker. Schrieb u.a. „Monographie der Gattung Potentilla“, 1908.

N.M. Wolf = Nathanael Matthäus von Wolf, Konitz 26. 1. 1724-15. 12. 1787 Danzig. Deutscher Arzt u. Botaniker. Schrieb „Genera plantarum vocabulis characteristicis definita“, 1776; „Concordantia botanica“, 1780.

Wolfg. = Jan F. Wolfgang, Lozowe, Podolien 17. 7. 1776-17. 5. 1859 Poluknic bei Wilna. Poln. Botaniker in Wilna. Schrieb: „Rzecz o Herbacie . . .“, 1823.

Wollaston = George Buchanan Wollaston, Clapton 26. 4. 1814-26. 3. 1899 Chislehurst, Kent. Engl. Pflanzensammler, bes. von Farnen.

A. Wood = Alphonso Wood, Chesterfield, New Hampshire 17. 9. 1810-4. 1. 1881 West Farms, New York. Nordamer. Pädagoge u. Botaniker. Schrieb „A class-book of botany“, 1845 (erschienen bis 1855 in 41 Auflagen!); „Object lessons“, 1862; „Botanist and florist“, 1870; „Plant record“, 1872; „Fourteen weeks in botany“, 1879 (mit Steel).

J.M. Wood = John Medley Wood, Mansfield, Nottinghamshire 1. 12. 1827-26. 8. 1915 Durban. Engl. Botaniker in Südafrika. Schrieb „A popular description of the Natal ferns“, 1877; außerdem (Bd. 1 zus. mit M.S. Evans) „Natal plants, . . .“, 1898-1912. Nach ihm die Gattung

Woodia Schlechter.
M.W. Wood = Mark W. Wood, zeitgenöss. engl. Botaniker. Spezialgebiet: *Paphiopedilum.*
M.W. Wood et **P. Tayl.** = Mark W. Wood u. Peter Geoffrey Taylor. Siehe diese.
Woodc. = Hubert Bayley Drysdale Woodcock, Antigua, Westindien 1867–12. 2. 1957 Bisley, Surrey. Engl. Jurist u. Amateurbotaniker. Schrieb (mit W.T. Stearn) „Lilies of the world", 1950. Siehe auch J. Coutts.
Woods = Joseph Woods, Stoke Newington 24. 8. 1776–9. 1. 1864 Lewes, Sussex. Engl. Architekt u. Amateurbotaniker. Schrieb „The tourist's flora", 1850. Nach ihm die Gattung *Woodsia* R. Br.
Woods. = Robert Everard Woodson, St. Louis, Missouri 28. 4. 1904–23. 1. 1964 St. Louis, Missouri. Nordamer. Botaniker, Kurator des Herbariums, Missouri Botanical Garden, St. Louis. Bearbeitete für Britton, North American Flora in Bd. 29(2) „Apocynaceae", 1938. Hrsg. (mit R.W. Schery) von „Flora of Panama", 1943 bis 1981 (in Ann. Missouri Bot. Gard.) Nach ihm die Gattung *Woodsonia* L.H. Bailey.
Woods. et **Seibert** = Robert Everard Woodson u. Russell Jacob Seibert. Siehe diese.
Woot. = Elmer Otis Wooton, Kokomo, Indiana 19. 9. 1865–20. 11. 1945 Arlington, Virginia. Nordamer. Botaniker. Schrieb zus. mit P.C. Standley „Flora of New Mexico", 1915. Nach ihm die Gattungen *Wootonella* Standl., *Wootonia* Greene.
Woot. et **Standl.** = Elmer Otis Wooton u. Paul Carpenter Standley. Siehe diese.
Woron. = Jurij Nikolaevič Woronow (Voronov), Tiflis 1. 6. 1874–10. 12. 1931 Leningrad. Russ. Botaniker am Bot. Garten Leningrad.
Worsley = Arthington Worsley, 1861–1944. Engl. Botaniker. Schrieb: „Notes on the distribution of Amaryllideae, ...", 1895.
Woynar = Heinrich Karl Woynar, 3. 6. 1865–8. 8. 1917 Graz. Österr. Botaniker. Schrieb: „Bemerkungen über Farnpflanzen Steiermarks", 1913.
Wright = Charles Wright, Wethersfield, Connecticut 29. 10. 1811–11. 8. 1885 Wethersfield, Conncecticut. Nordamer. Naturwissenschaftler. Sammelte Pflanzen auf vielen Reisen, so innerhalb der USA, Kuba etc. Mitarbeiter von Sauvalle, F.A.: „Flora cubana", 1868–1873.
C.H. Wright = Charles Henry Wright, Oxford 5. 6. 1864–21. 6. 1941 Seaton, Devonshire. Engl. Botaniker am Herbarium Kew. Bearbeitete für Oliver, Flora of Tropical Africa zahlreiche Familien, von Bd. 4 (2) bis 8 (2), 1897–1917 (Bände nicht chronolog. erschienen!).
W. Wright = William Wright, 1740–1827. Schott. Arzt u. Botaniker. Schrieb: „A botanical and medical account of the Quassia simaruba", 1778.
Wulf. = Franz Xaver von Wulfen, Belgrad 5. 11. 1728–17. 5. 1805 Klagenfurt. Österr. Mathematiker, Physiker u Botaniker. Schrieb u.a. „Cryptogamia aquatica", 1803; „Plantarum rariorum descriptiones", 1805; „Flora norica", 1858 (erst 53 Jahre nach seinem Tode von Penzl u. Graf herausgegeben). Nach ihm die Gattung *Wulfenia* Jacq.
Wurmb = Frederick van Wurmb, gest. 21. 12. 1783 Batavia. Holl. Botaniker, Sekretär der Gesellschaft der Künste und Wissenschaften in Batavia. Nach ihm die Gattung *Wurmbea* Thunb.
Wydler = Heinrich Wydler, Zürich 24. 4. 1800 bis 6. 12. 1883 Gernsbach, Baden. Schweizer Botaniker, Prof. in Bern von 1835–1853. Schrieb u.a. „Essai monographique sur le genre Scrophularia", 1828. Spezialgebiet: Pflanzenmorphologie. Nach ihm die Gattung *Wydleria* DC.
Wyley = Andrew Wyley, Nordirland ca. 1820–?. Irischer Geologe, von 1855–1859 in Südafrika. Schrieb: „Notes on the botanical features of Namaqualand", 1857.

Yatabe = Ryokichi Yatabe, 1852–8. 8. 1899 Kamakura. Jap. Botaniker. Veröffentlichte u.a. „Nihon shokubutsu dzukai. Iconographia florae japonicae, ...", 1891–1893. Nach ihm die Gattung *Yatabea* Maxim. ex Yatabe.
Yates = James Yates, Toxteth Park bei Liverpool 30. 4. 1789–7. 5. 1871 Highgate. Engl. Pfarrer u. Archäologe. Publizierte über *Cycadaceae.* Nach ihm die Gattung *Yatesia* Carruth.
Yeo = Peter Frederick Yeo, Kingston-upon-Thames 30. 3. 1929– . Engl. Botaniker am Bot. Garten Cambridge. Spezialgebiet: Taxonomie der Kulturpflanzen. Schrieb: „The pollination of flowers", 1973 (mit M. Proctor).
Yuncker = Truman George Yuncker, 20. 3. 1891–6. 2. 1963 Greencastle, Indiana. Nordamer. Botaniker. Schrieb u.a. über neu- u. altweltliche *Cuscuta, Piperaceae* des nördl. Südamerikas u. Brasiliens. Bearbeitete für Britton, North American Flora in Ser. II, Bd. 4 „Cuscuta", 1965. Nach ihm die Gattung *Yunckeria* Lundell.

Zab. (auch **Zabel**) = Hermann Zabel, Neu-Katzow bei Greifswald 22. 9. 1832–26. 4. 1912 Gotha. Deutscher Dendrologe. Schrieb „Die strauchigen Spiräen der deutschen Gärten", 1893. Nach ihm die Gattung *Zabelia* (Rehd.) Mak.
Zahlbr. = Johann Zahlbruckner, Wien 15. 2. 1782–2. 4. 1850 Graz. Österr. Botaniker. Schrieb: „Darstellung der pflanzengeographischen Verhältnisse des Erzherzogthumes Oesterreich unter der Enns", 1832. Nach ihm die Gattung *Zahlbrucknera* Rchb.
Zamels = Aleksandrs Zamels (später, ab 1928: Zamelis), Jaun-Vale bei Smiltene, Lettland 25. 8. 1897–Sept. 1943. Russ.-lettischer Botaniker in Riga. Spezialgebiet: Baltische *Alchemilla* u. *Pulsatilla.*
Zea = Francisco Antonio Zea, Medellin, Kolumbien 21. 10. 1770–28. 11. 1822 Bath, England. Kolumb. Botaniker u. Staatsmann. Spezialgebiet: *Cinchona.*
Zenari = Silvia Zenari, 1896–1956. Ital. Botanikerin, Direktorin des Bot. Instituts u. Gartens Padua. Schrieb u.a. „Flora escursionistica"

(Flora von Norditalien), 1956.
Zeyh. = Carl Ludwig Philipp Zeyher, Dillenburg 2. 8. 1799–30. 12. 1858 Kapstadt. Deutscher Gärtner u. Pflanzensammler, der mit C. F. Ecklon Südafrika bereiste u. dort sammelte. Nach ihm die Gattung *Zeyheria* Mart. Siehe auch Eckl. et Zeyh.
Ziesenh. = Rudolf Christian Ziesenhenne, Chicago, Illinois 15. 2. 1911– . Nordamer. Gärtnereibesitzer u. Amateurbotaniker in Santa Barbara, Kalifornien. Spezialgebiet: *Begonia.*
Zijp = Coenraad van Zijp, Tandjung Pinang, Riouw Archipel, Niederländ.-Indien 1879–?. Holl. Apotheker, bis 1921 in Niederländ.-Indien, seit 1922 in oder in der Nähe von Leiden. Verfasser zahlreicher pharmakologischer, chemischer und botanischer Aufsätze. Publizierte zus. mit Th. Valeton (Val.).
F. Zimm. = Friedrich Zimmermann, Wollbach bei Lörrach 24. 12. 1855–21. 5. 1928 Mannheim. Deutscher Botaniker. Schrieb: „Die Adventiv- u. Ruderalflora von Mannheim, Ludwigshafen und der Pfalz", 1907, 2. Aufl. 1911. Mithrsg. der „Flora exsiccata rhenana", 1909 (mit H. Poeverlein u. W. Voigtländer-Tetzner).
Zimmeter = Albert Zimmeter, Innsbruck 5. 7. 1848–15. 12. 1897 Innsbruck. Österr. Botaniker. Schrieb: „Verwandtschaftsverhältnisse und geographische Verbreitung der in Europa einheimischen Arten der Gattung Aquilegia", 1875.
Zinn = Johann Gottfried Zinn, Schwabach 4. 12. 1727–6. 4. 1759 Göttingen. Deutscher Botaniker. Schrieb „Catalogus plantarum horti academici et agri gottingensis . . .", 1757. Nach ihm die Gattung *Zinnia* L.
Zipp. = Alexander Zippelius, 1797–31. 12. 1828 Timor. Holl. Botaniker. Nach ihm die Gattung *Zippelia* Bl.
Zodda = Guiseppe Zodda, 1877–1968. Ital. Pflanzensystematiker (Bryologe) u. Pflanzengeograph; zuerst in Messina, später Prof. in Bari. Schrieb: „Flora italica cryptogamica Pars IV: Bryophyta", 1934 (nur Fasc. 1 veröff.).
Zoll. = Heinrich Zollinger, Feuerthalen, Kanton Zürich 22. 3. 1818–19. 5. 1859 Kandagan, Java. Schweizer Botaniker, arbeitete von 1841 bis 1848 im Herbarium Buitenzorg. Schrieb „Systematisches Verzeichnis der im Indischen Archipel in den Jahren 1842 bis 1848 gesammelten, sowie der aus Japan empfangenen Pflanzen", 1854–1855. Nach ihm die Gattung *Zollingeria* Kurz.
Zoll. et **Moritzi** (auch **Zoll.** et **Mor.**) = Heinrich Zollinger u. Alexander Moritzi. Siehe diese.
Zucc. = Joseph Gerhard Zuccarini, München 10. 8. 1797–18. 2. 1848 München. Deutscher Botaniker. Schriften: „Monographie der amerikanischen Oxalisarten", 1825, Nachtrag 1831; „Flora der Gegend von München", 1829; „Charakteristik der deutschen Holzgewächse in blattlosem Zustand", 1823–1831; Mitarb. von Siebold an „Florae Japoniae familiae naturales", 1843–1846 u. „Flora japonica", 1835–1870; „Plantarum novarum vel minus cognitarum, . . .", 1832–1845. Nach ihm die Gattung *Zuccarinia* Bl. Siehe auch Mart. et Zucc. u. Sieb. et Zucc.
Zuccagni = Attilio Zuccagni 10. 1. 1754–21. 10. 1807 Florenz. Ital. Botaniker. Schrieb u.a. „Centuria prima observationum botanicarum quas in horto regio florentino . . .", 1806. Nach ihm die Gattung *Zuccagnia* Cav.

Die korrekten Namen für einige im Zierpflanzenbau handelsübliche Bezeichnungen

Handelsübliche Namen	**Korrekte Namen**
Acalýpha péndula hort.	*Acalýpha hispaniólae* Urb.
Adiántum cunéatum Langsd. et Fisch.	*Adiántum raddiánum* K.B. Presl
Agératum mexicánum Sims	*Agératum houstoniánum* Mill.
Alternanthéra amoéna (Lem.) Voss	*Alternanthéra ficoídea* (L.) R. Br. ex Roem. et Schult. 'Amoena'
Alternanthéra bettzickiána (Regel) Voss	*Alternanthéra ficoídea* (L.) R. Br. ex Roem. et Schult. 'Bettzickiana'
Alternanthéra versícolor (Lem.) Seubert	*Alternanthéra ficoídea* (L.) R. Br. ex Roem. et Schult. 'Versicolor'
Alýssum marítimum (L.) Lam.	*Lobulária marítima* (L.) Desv.
Amarýllis vittáta hort.	*Hippeástrum*-Hybriden
Aphelándra fuscopunctáta Markgr.	*Aphelándra fláva* Nees
Arália elegantíssima Veitch ex Mast.	*Schéfflera elegantíssima* (Veitch ex Mast.) Lowry et Frodin
Araucária excélsa R. Br.	*Araucária heterophýlla* (Salisb.) Franco
Araucária imbricáta Pav.	*Araucária araucána* (Mol.) K. Koch
Aregelia O. Kuntze	*Neoregélia* L.B. Sm.
Aspáragus meyéri hort.	*Aspáragus densiflórus* (Kunth) Jessop 'Meyeri'
Aspáragus plumósus Bak.	*Aspáragus setáceus* (Kunth) Jessop
*Aspáragus sprénger*i Regel	*Aspáragus densiflórus* (Kunth) Jessop 'Sprengeri'
Belepérone guttáta T.S. Brandeg.	*Justícia brandegeána* Wasshausen et L.B. Sm.
Brunfélsia calýcina Benth.	*Brunfélsia pauciflóra* (Cham. et Schlechtend.) Benth. var. *calýcina* (Benth.) J.A. Schmidt
Calceolária rugósa Ruiz et Pav.	*Calceolária integrifólia* Murr.
Cárex elegantíssima hort.	*Cárex brúnnea* Thunb. 'Variegata'
Celósia argéntea L.	*Celósia cristáta* L.
var. *cristata* (L.) O. Kuntze	*Celósia cristáta* L. 'Cristata'
var. *plumósa* (Burvenich) Voss	*Celósia cristáta* L. 'Plumosa'
Chamaecéreus silvéstrii (Spegazz.) Britt. et Rose	*Echinópsis chamaecéreus* Friedr. et G.D. Rowl.
Chrysánthemum alpínum L.	*Leucanthemópsis alpína* (L.) Heyw.
Chrysánthemum-Grandiflorum-Hybriden	*Dendránthema*-Grandiflorum-Hybriden
Chrysánthemum-Indicum-Hybriden	*Dendránthema*-Grandiflorum-Hybriden
Chrysánthemum leucánthemum L.	*Leucánthemum vulgáre* (Lam.) DC.
Chrysánthemum-Maximum-Hybriden	*Leucánthemum*-Maximum-Hybriden
Chrysánthemum parthénium (L.) Bernh.	*Tanacétum parthénium* (L.) Schultz Bip.

Chrysánthemum vulgáre (L.) Bernh.	*Tanacétum vulgáre* L.
Cócos plumósa Hook.	*Arecástrum romanzoffiánum* (Cham.) Becc.
Cócos romanzoffiána Cham.	*Arecástrum romanzoffiánum* (Cham.) Becc.
Cócos weddeliána H. Wendl.	*Microcoelum weddeliánum* (H. Wendl.) H. E. Moore
Cordylíne terminális (L.) Kunth	*Cordylíne fruticósa* (L.) A. Chev.
Dieffenbáchia pícta Schott	*Dieffenbáchia maculáta* (Lodd.) D. Don
Dizygothéca elegantíssima (Veitch ex Mast.) R. Vig. et A. Guill.	*Schéfflera elegantíssima* (Veitch ex Mast.) Lowry et Frodin
Dizygothéca kerchoveána (Veitch ex W. Richards) N. Tayl.	*Schéfflera kerchoveána* (Veitch ex W. Richards) Frodin et Lowry
Dizygothéca veitchii (Carr.) N. Tayl.	*Schéfflera veitchii* (Carr.) Frodin et Lowry
Fícus diversifólia Bl.	*Fícus deltoídea* Jack
Fícus nítida Thunb.	*Fícus benjamína* L.
Fícus panduráta hort. Sander	*Fícus lyráta* Warb.
Fícus quercifólia Bl.	*Fícus montána* Burm. f.
Fícus radícans Desf.	*Fícus sagittáta* Vahl
Fícus répens hort. non Rottl.	*Fícus púmila* L.
Fícus stipuláta Thunb.	*Fícus púmila* L.
Gardénia flórida L.	*Gardénia jasminoídes* Ellis
Gardénia grandiflóra Lour.	*Gardénia jasminoídes* Ellis
Gesnéria cardinális Lehm.	*Sinníngia cardinális* (Lehm.) H. E. Moore
Gnaphálium lanátum hort.	*Helichrýsum petioláre* Hilliard et B. L. Burtt
Heimerliodéndron brunoniánum (Endl.) Skottsb.	*Pisónia umbellífera* (J. R. et G. Forst.) Seem. 'Variegata'
Helxíne soleirólii Req.	*Soleirólia soleirólii* (Req.) Dandy
Hippeástrum vittátum hort.	*Hippeástrum*-Hybriden
Impátiens hólstii Engl.	*Impátiens walleriána* Hook. f.
Impátiens sultáni Hook. f.	*Impátiens walleriána* Hook. f.
Íris kaempferi Lem.	*Íris ensáta* Thunb.
Músa enséte J. F. Gmel.	*Enséte ventricósum* (Welw.) E. E. Cheesm.
Peltiphýllum peltátum (Torr. ex. Benth.) Engl.	*Dármera peltáta* (Torr. ex Benth.) Voss
Philodéndron pertúsum Kunth et Bouché	*Mónstera deliciósa* Liebm.
Pisónia brunoniána Endl.	*Pisónia umbellífera* (J. R. et G. Forst.) Seem. 'Variegata'
Platycérium alcicórne hort.	*Platycérium bifurcátum* (Cav.) C. Chr. var. *bifurcátum*
Pleoméle refléxa (Lam.) N. E. Br. 'Song of India'	*Dracaena refléxa* Lam. 'Song of India'
Plumbágo capénsis Thunb.	*Plumbágo auriculáta* Lam.
Póthos aureus Lind. et André	*Epiprémnum pinnátum* (L.) Engl. 'Aureum'
Prímula acaulis (L.) Hill	*Prímula vulgáris* Huds.
Rechsteinéria cardinális (Lehm.) O. Kuntze	*Sinníngia cardinális* (Lehm.) H. E. Moore

Rechsteinéria leucótricha Hoehne	*Sinníngia canéscens* (Mart.) Wiehler
Rechsteinéria macrópoda (Sprague) C.H. Curt.	*Sinníngia macrópoda* (Sprague) H.E. Moore
Rhaphidóphora āurea (Lind. et André) Birdsey	*Epiprémnum pinnátum* (L.) Engl. 'Aureum'
Rhipsalidópsis Britt. et Rose: alle Arten	*Hatióra* Britt. et Rose
Rhōeo díscolor (L'Hérit.) Hance ex Walp.	*Tradescántia spathácea* Sw.
Rhōeo spathácea (Sw.) Stearn	*Tradescántia spathácea* Sw.
Scindápsus āureus (Lind. et André) Engl.	*Epiprémnum pinnátum* (L.) Engl. 'Aureum'
Setcreásia purpúrea Boom	*Tradescántia pállida* (Rose) D.R. Hunt
Tácitus béllus Moran et Meyrán	*Graptopétalum béllum* (Moran et Meyrán) D.R. Hunt
Tibouchína semidecándra hort.	*Tibouchína urvilleána* (DC.) Cogn.
Tradescántia albiflóra Kunth	*Tradescántia fluminénsis* Vell. emend. G. Brückn.
Tradescántia blossfeldiána Mildbr.	*Tradescántia cerinthoídes* Kunth
Tradescántia naviculáris Ortgies	*Callísia naviculáris* (Ortgies) D.R. Hunt
Vínca rósea L.	*Catharánthus róseus* (L.) G. Don
Zauschnéria califórnica K.B. Presl	
ssp. *califórnica*	*Epilóbium cánum* ssp. *angustifólium* Raven
ssp. *latifólia* (Hook.) Greene	*Epilóbium cánum* ssp. *latifólium* (Hook.) Raven
Zauschnéria cána Greene	*Epilóbium cánum* (Greene) Raven
Zebrína péndula Schnizlein	*Tradescántia zebrína* Bosse

Literaturverzeichnis

Hauptsächlich verwendete Schriften

ABRAMS, L., and FERRIS, R. S.: Illustrated Flora of the Pacific States. 4 Bände. Stanford (Calif.) 1923–1960 (Bd. 1 in 2. Aufl. 1940).
ALLAN, H. H. u. a.: Flora of New Zealand, 3 Bände. Wellington 1961–1980.
Arzneibuch, Deutsches. 8. Ausgabe. Frankfurt a. M. 1978.
BACKEBERG, C.: Die Cactaceae. 6 Bände. Jena 1958–1962.
- Das Kakteenlexikon. Jena 1966, 2. Auflage 1970.
BAILEY, L. H.: Manual of Cultivated Plants. 2. Auflage. New York 1949.
- The Standard Cyclopedia of Horticulture. 3 Bände. New York; London 1925; Nachdruck 1937.
- and BAILEY, ETHEL ZOE: Hortus Third. Revised and expanded by The Staff of the Liberty Hyde Bailey Hortorium. New York 1976.
Baileya, A quarterly Journal of Horticultural Taxonomy. Ithaca (N. Y.) 1953 →.
BARNHART, J. H.: Bibliographical Notes upon Botanists. 3 Bände. Boston 1965.
BECHTEL, H., CHRIBB, P., und LAUNERT, E.: Orchideenatlas. Stuttgart 1980.
BERG, J., und HEFT, L.: Rhododendron und immergrüne Laubgehölze. Stuttgart 1979.
BOND, P. and GOLDBLATT, P.: Plants of the Cape flora. A descriptive catalogue. Kirstenbosch 1984.
BOOM, B. K.: Flora de gekweekte, kruidachtige Gewassen. Wageningen 1950, 2. Auflage 1970.
- Nederlandse Dendrologie. 10. Auflage. Wageningen 1978.
- Flora von Kamer- en Kasplanten. Wageningen 1968.
CHITTENDEN, F. J.: The Royal Horticultural Society Dictionary of Gardening. 4 Bände. Oxford 1951, 2. Auflage 1956. 1 Supplementband 1956, 2. Auflage 1969.
CRIBB, P.: The genus Paphiopedilum. London und Kew 1987.
DALLA TORRE, K. W. von, et HARMS, H.: Genera Siphonogamarum ad Systema Englerianum conscripta. Leipzig 1900–1907 (Register 1908).
DANDY, J. E.: List of British Vascular Plants. London 1958.
- Index of Generic Names of Vascular Plants 1753–1774. Utrecht 1967 (Regnum Vegetabile vol. 51).
DE WIT, H. C. D.: Aquarienpflanzen. Stuttgart 1971.
DEN OUDEN, P.: Coniferen, Ephedra en Ginkgo. Wageningen 1949.
- and BOOM, B. K.: Manual of cultivated conifers. Den Haag, 1975.
DESMOND, R.: Dictionary of British and Irish Botanists and Horticulturists including Plant Collectors and Botanical Artists. London 1977.
Draft Index of Author Abbreviations compiled at The Herbarium[,] Royal Botanic Gardens, Kew. 1980 (Hrsg. R. D. MEIKLE).
EHRENDORFER, F., und Mitarb.: Liste der Gefäßpflanzen Mitteleuropas. Wien und Graz 1967, 2. Auflage, Stuttgart 1973.
ENCKE, F. (Hrsg.): Pareys Blumengärtnerei. 2. Auflage. Berlin und Hamburg 1958 bis 1961.
- Die schönsten Kalt- und Warmhauspflanzen. Stuttgart 1968, 2. Auflage unter dem Titel „Kalt- und Warmhauspflanzen“, 1987.

ENCKE, F.: Sommerblumen. Stuttgart 1961.
ENGLER, A.: Das Pflanzenreich. 107 Hefte. Leipzig (zuletzt Berlin) 1900–1953.
- Die natürlichen Pflanzenfamilien. 2 Auflage. Leipzig (ab 1940 Berlin) 1924 →.
- Syllabus der Pflanzenfamilien. 12. Auflage, ed. H. MELCHIOR et E. WERDERMANN. Band 1 und 2, Berlin 1954 und 1964.
- und PRANTL, K.: Die natürlichen Pflanzenfamilien. 1. Auflage. Leipzig 1887 bis 1915.
FARR, E.R., LEUSSINK, J.A. and STAFLEU, F.A.: Index Nominum Genericorum [Plantarum]. 3 Bände. Utrecht 1979.
FELDMAIER, C.: Die neuen Lilien. Stuttgart 1967. 2. Auflage 1982.
FITSCHEN, J.: Gehölzflora. 5. Auflage (Hrsg. F. BOERNER). Heidelberg 1959. 8. Aufl. 1987 (Hrsg. FRANZ H. MEYER u. andere), 9. Aufl. 1990.
Gentes Herbarum. Ithaca (N.Y.) 1920 →.
GILMOUR, J.S.L., u. andere (Hrsg.): Internationaler Code der Nomenklatur der Kulturpflanzen. Deutsche Fassung. Stuttgart 1972.
GLEASON, H.A.: The New Britton and Brown Illustrated Flora of Northeastern United States and Adjacent Canada. 3 Bände. New York 1952.
GRAF, A.B.: Exotica III. Pictoral Cyclopedia of Indoor Plants. Rutherford (N.J.) 1963.
GREUTER, W. et al.: International Code of Botanical Nomenclature adopted by the Fourteenth International Congress, Berlin, July-August 1987. Koenigstein 1988 (Regnum Vegetabile 118).
- und P. HIEPKO: Internationaler Code der Botanischen Nomenklatur ins Deutsche übertragen. Berlin 1989 (Englera 11).
GRUMMANN, V.J.: Biographisch-bibliographisches Handbuch der Lichenologie. Lehre 1974.
HEEGER, E.F.: Handbuch des Arznei- und Gewürzpflanzenbaues. Drogengewinnung. Berlin 1956.
HEGI, G.: Illustrierte Flora von Mitteleuropa. 7 Bände in 13 Teilen. München 1906 bis 1931; 2. Auflage 1936 →. Insgesamt vermutlich 20 Teile; 3. Auflage 1966 →.
HOPPE, H.A.: Drogenkunde. 7. Auflage. Hamburg 1958.
HYLANDER, N.: Våra prydnadsväxters namn. 2. Auflage Stockholm 1960. 3. Auflage (von NILSSON, Ö., NORDIN, I. u. WANDEROY, H.) u.d. Titel: Våra kulturväxters namn på Svenska och Latin. Stockholm 1977.
Index Kewensis. 21 Bände. Oxford 1895–1991. (Verzeichnis aller bis 1991 veröffentlichter Namen für Blütenpflanzen-Arten und -Gattungen).
Internationale Stauden Union. Namen der Stauden. Weihenstephan-Freising 1970.
ISTA. List of stabilized plant names. 2. Auflage. International Seed Testing Association, Zürich 1984. 3. Auflage Zürich 1988.
JACOBSEN, H.: Das Sukkulentenlexikon. Jena 1970.
- A Handbook of Succulent Plants. 3 Bände. London 1960.
JELITTO, L., und SCHACHT, W. (Hrsg.): Die Freiland-Schmuckstauden. Band 1. 2. Auflage. Stuttgart 1963.
KOLOC, K.: So heißen die Werkhölzer. Handelsnamen – Botanische Namen. Leipzig 1961.
KRÜSSMANN, G.: Handbuch der Nadelgehölze. Berlin und Hamburg 1970–1972. 2. Auflage 1983.
- Handbuch der Laubgehölze. 2 Bände. Berlin und Hamburg 1959–1962. 2. Auflage, 3 Bände, 1976–1978.
LEUNIS, J., und FRANK, A.B.: Synopsis der Pflanzenkunde. 2. Auflage. Hannover 1877.
LITTLE, E.L.: Checklist of United States trees (native and naturalized). Washington 1979.

- Atlas of United States trees. 5 Bände. Washington 1971–1978.
MAATSCH, R. (Hrsg.): Pareys Illustriertes Gartenbaulexikon. 5. Auflage. Berlin und Hamburg 1956.
MABBERLEY, D. J.: The plant-book. Cambridge 1987.
MANSFELD, R.: Verzeichnis der Farn- und Blütenpflanzen des Deutschen Reiches. Jena 1940 [1941].
- Vorläufiges Verzeichnis landwirtschaftlich oder gärtnerisch kultivierter Pflanzenarten. Die Kulturpflanze, Beiheft 2. Berlin 1959.
- Verzeichnis landwirtschaftlicher und gärtnerischer Kulturpflanzen. 2. Auflage herausgegeben von SCHULTZE-MOTEL, J. 4 Bände. Berlin usw. 1986.
MOORE jr., H. E.: African Violets, Gloxinias and their relatives. New York 1957.
MOSIG, A.: Kurze Systematik der Arzneipflanzen. 5. Aufl. Dresden und Leipzig 1961.
NISSEN, C.: Die Botanische Buchillustration. Stuttgart 1966 (Neuausgabe, einschl. Supplement).
OBERDORFER, E.: Pflanzensoziologische Exkursionsflora. 5. Auflage. Stuttgart 1983. 6. Auflage 1990.
OHWI, J.: Flora of Japan. Washington, D. C. 1965.
PASCHER, A.: Süßwasserflora von Mitteleuropa. Band 23–24. Pteridophyta und Anthophyta, von S. J. CASPER u. H.-D. KRAUSCH. Jena 1980–1981.
PICHI-SERMOLLI, R. Uppsala Universitets Årsskrift 1958 (6): 70–90. 1958.
PRITZEL, G. A.: Thesaurus Literaturae Botanicae ... 2. Auflage. 1871–1877. Nachdruck Milano 1950; weiterer Nachdruck Koenigstein-Ts. 1972.
RAUH, W.: Die großartige Welt der Sukkulenten. Berlin 1967.
- Bromelien. Stuttgart 1970, 2. Auflage 1981, 3. Auflage 1990.
REHDER, A.: Bibliography of Cultivated Trees and Shrubs. Jamaica Plain (Mass.) 1949.
- Manual of Cultivated Trees and Shrubs. 2. Auflage. New York 1940.
ROTHMALER, W.: Exkursionsflora von Deutschland (jetzt: Exkursionsflora für die Gebiete der DDR und der BRD). Band II: Gefäßpflanzen. Berlin 1957, 10. Aufl. 1981; Band IV: Kritischer Ergänzungsband Gefäßpflanzen (jetzt: Kritischer Band). Berlin 1963, 5. Auflage 1982.
SCHACHT, W.: Blumenzwiebeln für Garten und Heim. Stuttgart 1955.
- Der Steingarten. 5. Auflage. Stuttgart 1978.
SCHLECHTER, R.: Die Orchideen. 2. Auflage. Berlin 1927; 3. Auflage Berlin und Hamburg 1971 →.
SCHMEIL-FITSCHEN: Flora von Deutschland und seinen angrenzenden Gebieten. 88. Auflage von W. RAUH und K. H. SENGHAS. Heidelberg 1988.
SCHNEIDER, C.: Illustriertes Handbuch der Laubholzkunde. 2 Bände und Indexband. Jena 1906–1912.
SCHNEIDER, W., und FREY, A.: Drogenkunde. 4. Auflage. Darmstadt 1970.
SCHULTZE-MOTEL, J.: Verzeichnis forstlich kultivierter Pflanzenarten. Die Kulturpflanze, Beiheft 4. Berlin 1966.
SCOGGAN, H. J.: Flora of Canada. 4 Teile. Ottawa 1978–1979.
Selbyana. The journal of the Marie Selby Botanical Gardens. Sarasota. Bd. 1 →, 1975 →.
SILVA TAROUCA, ERNST GRAF, und SCHNEIDER, C.: Unsere Freilandstauden. 5. Auflage. Leipzig 1934.
- Unsere Freiland-Nadelgehölze. 2. Auflage. Leipzig 1923.
- Unsere Freiland-Laubgehölze. 2. Auflage. Leipzig 1922.
STAFLEU, F. A. and COWAN, R. S.: Taxonomic Literature. 7 Bände. 2. Auflage. Den Haag 1976, 1979, 1981, 1983, 1986, 1988, 1989.
Taxon. Journal of the International Assocation for Plant Taxonomy. Utrecht 1952 →.

TERRELL, E.E. et al.: A checklist of names for 3000 vascular plants of economic importance. Washington, D.C. 1986 (United States Department of Agriculture. Agriculture handbook 505).
The Royal General Bulb-Growers Society of Haarlem: „A tentative list" of Hyacinths and other Bulbous and Tuberous-rooted Plants. Haarlem 1958.
THOMALE, H.: Die Orchideen. 2. Auflage. Stuttgart 1957.
TUTIN, T.G. u.a.: Flora Europaea. Band 1, 2, 3, 4 u. 5. Cambridge 1964, 1968, 1972, 1976 u. 1980.
Verordnung zum Schutz wildlebender Tier- und Pflanzenarten (Bundesartenschutzverordnung - BArtSchV) vom 19. Dezember 1986. In: Bundesgesetzblatt 1986, Nr. 70, 31. 12. 1986.
WAGNER, H.: Pharmazeutische Biologie. Bd. 2: Drogen und ihre Inhaltsstoffe. 3. Auflage. Stuttgart 1985.
WALTERS, S.M. u.a.: The European Garden Flora. Cambridge. Vol. 1, 1986; Vol. 2, 1984; Vol. 3(1), 1989.
WENDT, A.: Die Aquarienpflanzen in Wort und Bild. Stuttgart 1951–1958.
WILLIS, J.C.: A Dictionary of the Flowering Plants and Ferns. 8. Auflage, neubearb. von AIRY SHAW, K.H. Cambridge 1973.

Preisverzeichnisse in- und ausländischer gärtnerischer Betriebe.
Bibliothek des Palmengartens und Senckenbergische Bibliothek, beide in Frankfurt a.M.
Library of the New York Botanical Garden, Bronx (New York), USA.
Spezialarbeiten über Arten, Gattungen und Familien.

Weitere Literatur (insbesondere zur Übersetzung und Erklärung der Artbezeichnungen)

ASCHERSON, P.F.A., K.O.R.P.P. GRAEBNER: Synopsis der mitteleuropäischen Flora. Leipzig 1896–1939.
BACKER, C.A.: Verklarend Woordenboek der wetenschappelijke namen van de in Nederland en Nederlandsch-Indie in het wild groeiende en in tuinen en parken gekweekte varens en planten. Batavia 1936.
BISCHOFF, G.H.: Handbuch zur botanischen Terminologie und Systemkunde. 3 Bände. Nürnberg 1833–1844.
BOERNER, F.: Taschenwörterbuch der botanischen Pflanzennamen. 2. Auflage. Berlin und Hamburg 1966. 4. Auflage 1989.
FERNALD, M.L.: Gray's Manual of Botany. 8. Auflage. New York 1950.
FOURNIER, P.: Les quatre flores de la France, Corse comprise. 2. Auflage. Paris 1977.
GENAUST, H.: Etymologisches Wörterbuch der botanischen Pflanzennamen. Basel, Stuttgart 1976, 2. Auflage 1983.
GEORGES, K.E.: Ausführliches Lateinisch-Deutsches Handwörterbuch. 2 Bände. Hannover 1913.
Langenscheidts Taschenwörterbuch, Lateinisch-Deutsch. 6. Auflage. Berlin, München, Zürich 1967.
LEUNIS, J., A.B. FRANK: Synopsis der Pflanzenkunde. 3 Bände. 3. Auflage. Hannover 1883–1886.
RASCHIG, W.: Die botanischen Kakteennamen. Ingelheim/Rhein 1971.
SMITH, A.W.: A gardener's dictionary of plants names. A handbook on the origin and meaning of some plant names. New York 1963.
STEARN, W.T.: Botanical Latin. London; New York 1966 und 1980.
ZANDER-ENCKE-BUCHHEIM: Handwörterbuch der Pflanzennamen. 9. Auflage. Stuttgart 1964.